Tietgens/Nugel (Hrsg.)

AnwaltFormulare Verkehrsrecht

AnwaltFormulare

Verkehrsrecht

Muster - Erläuterungen - Checklisten

---

9. Auflage 2025

Herausgegeben von
Rechtsanwalt und Fachanwalt für Versicherungsrecht
Dr. Jens Tietgens, Hannover
und
Rechtsanwalt und Fachanwalt für Verkehrsrecht und Fachanwalt für Versicherungsrecht
Dr. Michael Nugel, Essen

Deutscher**Anwalt**Verlag

Zitiervorschlag:
Tietgens/Nugel/Bearbeiter, AnwaltFormulare Verkehrsrecht, § 1 Rn 1

Benutzer-Hinweis für Muster
Für den Download der Mustertexte gehen Sie auf
https://www.anwaltverlag.de/af-verkehrsrecht
Dort erhalten Sie Zugriff auf das zip-Archiv: av_1735_musterdownload.zip

Hinweis
Die Ausführungen in diesem Werk wurden mit Sorgfalt und nach bestem Wissen erstellt. Sie stellen jedoch lediglich Arbeitshilfen und Anregungen für die Lösung typischer Fallgestaltungen dar. Die Eigenverantwortung für die Formulierung von Verträgen, Verfügungen und Schriftsätzen trägt der Benutzer. Herausgeber, Autoren und Verlag übernehmen keinerlei Haftung für die Richtigkeit und Vollständigkeit der in diesem Buch enthaltenen Ausführungen.

Anregungen und Kritik zu diesem Werk senden Sie bitte an
kontakt@anwaltverlag.de
Autoren und Verlag freuen sich auf Ihre Rückmeldung.

Satz: Cicero Computer GmbH, Bonn
Druck: Hans Soldan Druck GmbH, Essen
Umschlaggestaltung: gentura, Holger Neumann, Bochum
ISBN 978-3-8240-1735-5

Bibliografische Information der Deutschen Nationalbibliothek
Die Deutsche Nationalbibliothek verzeichnet diese Publikation in der Deutschen Nationalbibliografie; detaillierte bibliografische Daten sind im Internet über http://dnb.d-nb.de abrufbar.

Vorwort

Wir freuen uns, dass die Erweiterung unseres Formularbuches auf die Bereiche des Straf- und Ordnungswidrigkeitenrechts sowie des Verkehrsverwaltungsrechts in der Praxis einen so regen Zuspruch gefunden hat und setzen diese Erweiterung gerne in der 9. Auflage fort. Diese Neuauflage beinhaltet zahlreiche Ergänzungen und Aktualisierungen unter Berücksichtigung der bis Mai 2024 veröffentlichten Rechtsprechung und Literatur. Einige dieser Änderungen basieren auch auf Anregungen von Lesern der vorherigen Auflage, für die wir uns auf diesem Wege herzlich bedanken.

Weiter ausgebaut wurde dabei das bewährte Blocksatzsystem, so dass die im Buch enthaltenen Muster mit ihren grundsätzlichen Erwägungen und Argumentationshilfen auf eine Vielzahl von Fällen angewendet werden können. Daneben findet sich auch weiterhin in jedem Abschnitt eine ausführliche Erläuterung der rechtlichen Problemstellungen, welche in den beigefügten Mustern aufbereitet werden, um den Anwender mit dem notwendigen Hintergrundwissen zu versorgen. Auch technische Neuerungen, wie beispielsweise der EU-Ereignisspeicher, werden im Abschnitt zum Auslesen der Fahrzeugdaten erfasst und die neue richtungsweisende Rechtsprechung des BGH zum Werkstattrisiko aus 2024 integriert.

Wir bedanken uns ganz herzlich bei allen Mitautoren und den Mitarbeitern des Verlags, welche die Fortsetzung unseres bewährten Werks ermöglicht haben und freuen uns, dem Leser mit der Neuauflage für alle wichtigen Bereiche des Verkehrsrechts weiterhin ein Handbuch für die Praxis zur Verfügung zu stellen.

Hannover im September 2024 — *Dr. Jens Tietgens*, Rechtsanwalt

Essen im September 2024 — *Dr. Michael Nugel*, Rechtsanwalt

Inhaltsübersicht

Inhaltsverzeichnis

Autorenverzeichnis

Torsten Bendig, LL.M.
Rechtsanwalt, Fachanwalt für Verkehrsrecht, Fachanwalt für Versicherungsrecht, Hamburg

Dr. Oliver Brockmann
Diplom-Ingenieur, ö.b.u.v. Sachverständiger für Kraftfahrzeugschäden und -bewertung, Kottenheim

Jens Dötsch
Rechtsanwalt, Fachanwalt für Verkehrsrecht, Fachanwalt für Versicherungsrecht, Andernach

Dr. Matthias Franzke
Rechtsanwalt, Fachanwalt für Versicherungsrecht, Fachanwalt für Verkehrsrecht, Fachanwalt für Arbeitsrecht, Köln

Sebastian Gutt
Rechtsanwalt, Fachanwalt für Verkehrsrecht, Helmstedt

Dr. Matthias Keller
Vorsitzender Richter am Verwaltungsgericht, Aachen

Dr. Benjamin Krenberger
Richter am Amtsgericht, Landstuhl

Dr. Michael Nugel
Rechtsanwalt, Fachanwalt für Verkehrsrecht, Fachanwalt für Versicherungsrecht, Essen

André Schrickel
Diplom-Ingenieur, ö.b.u.v. Sachverständiger für Straßenverkehrsunfälle, Münster

Dr. Jens Tietgens
Rechtsanwalt, Fachanwalt für Versicherungsrecht, Hannover

Musterverzeichnis

Literaturverzeichnis

Verkehrszivilrecht

Anders/Gehle, Zivilprozessordnung, Kommentar, 82. Auflage 2023

Bachmeier, Regulierung von Auslandsunfällen, 3. Auflage 2021

Balke/Reisert/Just/Schulz-Merkel, Regulierung von Verkehrsunfällen, 2. Auflage 2020

Bauer, Die Kraftfahrtversicherung, 6. Auflage 2010

Beckmann/Matusche-Beckmann, Versicherungsrechts-Handbuch, 3. Auflage 2015

Berz/Burmann, Handbuch des Straßenverkehrsrechts, Band 1: Zivilrecht; Band 2: Straf- und Ordnungswidrigkeitenrecht, Verwaltungsrecht, Gebührenrecht, Rechtsschutzversicherung, 48. Auflage 2023, Loseblattausgabe

v. Bühren, Das verkehrsrechtliche Mandat, Band 4: Versicherungsrecht, 3. Auflage 2016

ders. (Hrsg.), Handbuch Versicherungsrecht, 7. Auflage 2017

ders., Unfallregulierung, 10. Auflage 2023

Burmann/Heß/Hühnermann/Jahnke, Straßenverkehrsrecht, Kommentar, 28. Auflage 2024

Burmann/Heß/Stahl, Versicherungsrecht im Straßenverkehr, 2. Auflage 2010

Feyock/Jacobsen/Lemor, Kraftfahrtversicherung, Kommentar, 3. Auflage 2009

Gebhardt, Das verkehrsrechtliche Mandat, Band 1: Verteidigung in Verkehrsstraf- und -ordnungwidrigkeitenverfahren, 9. Auflage 2020

Geigel (Hrsg.), Der Haftpflichtprozess, 29. Auflage 2024

Grüneberg, Bürgerliches Gesetzbuch, Kommentar, 83. Auflage 2024

Grüneberg, Haftungsquoten bei Verkehrsunfällen, 17. Auflage 2022

Hacks/Wellner/Häcker/Klein, SchmerzensgeldBeträge 2023, 42. Auflage 2024

Halm/Engelbrecht/Krahe, Handbuch des Fachanwalts Versicherungsrecht, 6. Auflage 2018

Halm/Kreuter/Schwab, AKB, 3. Auflage 2024

Harbauer, ARB, 9. Auflage 2018

Hentschel/König/Dauer, Straßenverkehrsrecht, Kommentar, 47. Auflage 2023

Himmelreich/Halm (Hrsg.), Handbuch Verkehrsrecht, 7. Auflage 2021

Hinsch-Timm, Das neue Versicherungsvertragsgesetz in der anwaltlichen Praxis, 2008

Jahnke, Unfalltod und Schadenersatz, 2. Auflage 2013

Küppersbusch/Höher, Ersatzansprüche bei Personenschaden, 14. Auflage 2024

Langheid/Rixecker, Versicherungsvertragsgesetz, Kommentar, 7. Auflage 2022

Looschelders/Pohlmann, VVG, Kommentar, 4. Auflage 2024

Ludovisy/Eggert/Burhoff, Praxis des Straßenverkehrsrechts, 6. Auflage 2015

Maier/Stadler, AKB 2008 und VVG-Reform, 2008

Marlow/Spuhl, Das neue VVG kompakt, 4. Auflage 2010

Meixner/Steinbeck, Allgemeines Versicherungsvertragsrecht, 2. Auflage 2011

Meschkat/Nauert, VVG-Quoten, 2008

Naumann/Brinkmann, Die private Unfallversicherung in der Beraterpraxis, 2. Auflage 2012

Neidhart, Unfall im Ausland, Band 1: Ost-Europa, 5. Auflage 2005

ders., Unfall im Ausland, Band 2: West-Europa, 5. Auflage 2006

Neidhart/Nissen, Bußgeld im Ausland, 3. Auflage 2011

NomosKommentar Bürgerliches Gesetzbuch (hrsg. von *Schulze* u.a.), 12. Auflage 2023 (zitiert als NK-BGB/*Bearbeiter*)

Nugel, Kürzungsquoten nach dem VVG, 2. Auflage 2012

Pardey, Berechnung von Personenschäden, 4. Auflage, 2010

ders., Der Haushaltsführungsschaden, 10. Auflage 2021

Prölss/Martin, Versicherungsvertragsgesetz, Kommentar, 31. Auflage 2021

Schah Sedi/Schah Sedi, Das verkehrsrechtliche Mandat, Bd. 5: Personenschäden, 3. Auflage 2017

Schimikowski/Höra, Das neue VVG, 2008

Schneider, Das verkehrsrechtliche Mandat, Band 2: Verkehrszivilrecht, 8. Auflage 2020

Schwintowski/Brömmelmeyer, Praxiskommentar zum Versicherungsvertragsrecht, 4. Auflage 2021

Slizyk, Beck'sche Schmerzensgeldtabelle, 20. Auflage 2023

Thomas/Putzo, Zivilprozessordnung, Kommentar, 45. Auflage 2024

Veith/Gräfe/Lange/Rogler, Der Versicherungsprozess, 5. Auflage 2023

Wellner, BGH-Rechtsprechung zum Kfz-Sachschaden, 6. Auflage 2022

Zeisberger/Woyte/Schmidt/Mennicken, Der merkantile Minderwert in der Praxis, 14. Auflage 2012

Zöller, Zivilprozessordnung, Kommentar, 35. Auflage 2024

Verkehrsstraf- und Bußgeldrecht

BeckOK StPO mit RiStBV und MiStra (hrsg. von *Graf*), 23. Ed. 15.4.2024 (zitiert als BeckOK StPO/*Bearbeiter*)

BeckOK StVR (hrsg. von *Dötsch/Koehl/Krenberger/Türpe*), 51. Ed. 1.4.2024 (zitiert als BeckOK StVR/*Bearbeiter*)

Buck/Gieg, Sachverständigenbeweis im Verkehrs- und Strafrecht, 3. Auflage 2023

Burmann/Heß/Hühnermann/Jahnke, Straßenverkehrsrecht, 28. Auflage 2024

Fischer, Strafgesetzbuch mit Nebengesetzen, 71. Auflage 2024

Freyschmidt/Krumm, Verteidigung in Straßenverkehrssachen, 12. Auflage 2024

Gebhardt, Das verkehrsrechtliche Mandat, Band 1: Verteidigung in Verkehrsstraf- und Ordnungswidrigkeitenverfahren, 9. Auflage 2020

Gerold/Schmidt, Rechtsanwaltsvergütungsgesetz, 26. Auflage 2023

Göhler, Ordnungswidrigkeitengesetz, 19. Auflage 2024

Hartung/Schons/Enders, Rechtsanwaltsvergütungsgesetz, 3. Auflage 2017

Hentschel/Krumm, Fahrerlaubnis – Alkohol – Drogen im Straf- und Ordnungswidrigkeitenrecht, 8. Auflage 2023

Himmelreich/Halm, Handbuch des Fachanwalts Verkehrsrecht, 7. Auflage 2021

Janeczek/Roth, Verkehrsrecht, 5. Auflage 2022

Karlsruher Kommentar zur Strafprozessordnung (hrsg. von *Barthe/Gericke*), 9. Auflage 2023 (zitiert als KK-StPO/*Bearbeiter*)

Krenberger/Krumm, Ordnungswidrigkeitengesetz, 8. Auflage 2024

Meyer-Goßner/Schmitt, Strafprozessordnung, 67. Auflage 2024

Münchener Kommentar zum Straßenverkehrsrecht (hrsg. von *Bender/König*),
Band 1: Verkehrsstrafrecht, Verkehrsverwaltungsrecht, 2016
(zitiert als Müko-StVR/*Bearbeiter*)

NomosKommentar Gesamtes Verkehrsrecht (hrsg. von *Haus/Krumm/Quarch*),
3. Auflage 2021 (zitiert als NK-GVR/*Bearbeiter*)

Schneider/Volpert, AnwaltKommentar RVG, 9. Auflage 2021
(zitiert als AnwK-RVG/*Bearbeiter*)

Verkehrsverwaltungsrecht

Bouska/Laeverenz, Fahrerlaubnisrecht, 3. Auflage 2004

Fischer/Keller/Ott, EU-Recht in der Praxis, 2012

Haus/Zwerger, Das verkehrsrechtliche Mandat, Band 3: Verkehrsverwaltungsrecht einschließlich Verwaltungsprozess, 3. Auflage 2016

Heiler/Jagow, Führerschein, 4. Auflage 1999

Hentschel/König/Dauer, Straßenverkehrsrecht, 47. Auflage 2023

Kalus/Möller/Pießkalla/Uhle, Drogen und Straßenverkehr, 3. Auflage 2016

Karlsruher Kommentar zum Gesetz über Ordnungswidrigkeiten (hrsg. von *Mitsch*), 5. Auflage 2018 (zitiert als KK-OWiG/*Bearbeiter*)

Pießkalla/Quarch/Reisert/DeVol, Die Fahrerlaubnis in der anwaltlichen Beratung, 6. Auflage 2017

Reisert, Das Fahreignungsregister in der anwaltlichen Praxis, 2. Auflage 2016

Schubert/Schneider/Eisenmenger/Stephan, Begutachtungs-Leitlinien zur Kraftfahrereignung, Kommentar, 3. Auflage 2018

Teil 1: Verkehrszivilrecht

§ 1 Mandatsvorbereitung, Informationsbeschaffung und Anmeldung von Ansprüchen

Dr. Michael Nugel

A. Mandatsvorbereitung

I. Datenerfassung

Die Bearbeitung verkehrsunfallrechtlicher Mandate stellt anwaltliches „**Massengeschäft**" dar. Sie führt nur dann zu einem wirtschaftlichen Erfolg, wenn der zur Abwicklung des Mandats erforderliche Aufwand in einem vernünftigen Verhältnis zu den daraus erzielten Gebühreneinnahmen steht. 1

1. Grundsätze der Datenerfassung

Die Effizienz der Mandatsbearbeitung hängt davon ab, ob es dem Bearbeiter gelingt, 2

- den Kontakt zum Mandanten auf ein Minimum zu reduzieren,
- die Akten optimal zu organisieren,
- wiederkehrende Arbeitsabläufe zu standardisieren,
- als Gedankenstütze Checklisten zu erarbeiten und
- Routinearbeiten so weit wie möglich auf Mitarbeiterinnen und Mitarbeiter des Büros zu delegieren.

Die Bewertung anwaltlicher Dienstleistungen ist nicht nur vom Ausgang des Mandats, 3
sondern auch wesentlich von der persönlichen Beziehung zum Mandanten abhängig. Mandantengespräche gehören deshalb unweigerlich zum täglichen Geschäft und können auch durch eine künstliche Intelligenz nicht ersetzt werden, sondern bilden einen besonderen „Pluspunkt". Der dadurch verursachte zeitliche Aufwand sollte im eigenen Interesse und zur Förderung der Effizienz der Mandatsabwicklung auf ein Minimum reduziert werden. Hierzu sollte vor dem Beginn der Bearbeitung eines Mandats individuell geprüft werden,

- ob ein Mandantentermin tatsächlich erforderlich ist und, wenn ja,
- wann er stattfinden soll.

Entgegen weit verbreiteter Auffassung muss nicht jeder Bearbeitung eines Mandats in 4
einer Verkehrsunfallangelegenheit ein **persönliches Gespräch** mit dem anwaltlichen Berater vorausgehen. Erfahrungen zeigen, dass mehr als die Hälfte aller verkehrsunfallrechtlichen Mandate mit dem Mandanten **telefonisch** abgewickelt werden können. Die Entwicklung zeigt ferner, dass es der Mandant häufig auch bevorzugt, die Angelegenheit via Telefon, Fax und E-Mail abzuwickeln und nicht extra einen Termin beim Anwalt

vereinbaren möchte. Insbesondere da der Unfallgeschädigte mit Werkstatt, Sachverständigem, Mietwagen, eigener Versicherung etc. bereits zeitlich eingespannt ist.

Praktisch erfordert dies, dass im Rahmen eines Telefonats mit dem Mandanten sämtliche relevanten Informationen in Erfahrung gebracht werden. Eine unverzichtbare Hilfe hierfür stellen entsprechende Checklisten dar.

2. Widerrufsrecht bei Fernabsatzverträgen

5 Achtung bei einer Einstufung als Fernabsatzvertrag: Mit Urteil[1] vom 23.11.2017 hat der BGH entschieden, dass auch Anwaltsverträge widerrufen werden können, wenn der Vertrag als Fernabsatzvertrag geschlossen wurde. Denn Anwaltsverträge sind Verträge über die Erbringung einer Dienstleistung und können als solche den Regeln über Fernabsatzverträge unterworfen sein. Dabei geht der BGH davon aus, dass dem Verbraucher bei einem mit Fernkommunikationsmitteln geschlossenen Anwaltsvertrag ein Widerrufsrecht nur dann nicht zusteht, sofern der Anwalt darlegen und beweisen kann, dass der Vertragsschluss nicht im Rahmen eines Fernabsatzsystems erfolgt ist.

Dafür genügt es allerdings nicht, dass der Rechtsanwalt als Unternehmer auf seiner Homepage lediglich Informationen über seine Dienstleistungen und seine Kontaktdaten zur Verfügung stellt. Allerdings kann bei einem Rechtsanwalt ein für den Fernabsatz organisiertes Vertriebs- oder Dienstleistungssystem nicht schon bejaht werden, wenn dieser bereits die technischen Möglichkeiten zum Abschluss eines Anwaltsvertrags im Fernabsatz, etwa einen Briefkasten, elektronische Postfächer und/oder Telefon- und Faxanschlüsse vorhält, die auch sonst zur Bewältigung des Betriebs einer Anwaltskanzlei erforderlich sind. Anders sieht es dagegen aus, wenn der Rechtsanwalt bzw. die Kanzlei sich – wie im Fall des BGH – zur Vertragsanbahnung und dem -abschluss eines auf den überregionalen Massenumsatz ausgerichteten Strukturvertriebs (ggf. auch eines Fremdanbieters) bedient und darüber hinaus auch die Beratungsleistungen selbst standardisiert, distanziert und unter ausschließlicher Verwendung von Fernkommunikationsmitteln abwickelt. Ein Rechtsanwalt, der seinen Anwaltsvertrag unter ausschließlicher Verwendung von Fernkommunikationsmitteln abgeschlossen hat, muss darlegen und beweisen, dass seine Vertragsschlüsse nicht im Rahmen eines für den Fernabsatz organisierten Vertriebs- oder Dienstleistungssystems erfolgen.[2] Ist z.B. ein auf ein begrenztes Rechtsgebiet spezialisierter Rechtsanwalt deutschlandweit tätig, vertritt er Mandanten aus allen Bundesländern und erhält er bis zu 200 Neuanfragen für Mandate pro Monat aus ganz Deutschland, kann dies bei einer über die Homepage erfolgenden deutschlandweiten Werbung im Zusammenhang mit dem Inhalt seines Internetauftritts für ein für den Fernabsatz organisiertes Vertriebs- und Dienstleistungssystem sprechen.[3]

Dann ist dem Mandanten vor Vertragsschluss eine Widerrufsbelehrung zu erteilen.

1 BGH, Urt. v. 23.11.2017 – IX ZR 204/16 – juris.
2 BGH, Urt. v. 19.11.2020 – IX ZR 133/19 – juris.
3 BGH, Urt. v. 19.11.2020 – IX ZR 133/19 – juris.

▼ 6

Muster 1.1: Widerrufsbelehrung bei Fernabsatzverträgen

Widerrufsbelehrung

Sie haben das Recht als Verbraucher, binnen vierzehn Tagen ab dem Tag des Vertragsschlusses ohne Angabe von Gründen diesen Vertrag zu widerrufen. Verbraucher i.S.d. § 13 BGB ist jede natürliche Person, die ein Rechtsgeschäft zu Zwecken abschließt, die überwiegend weder ihrer gewerblichen noch ihrer selbstständigen beruflichen Tätigkeit zugerechnet werden können.

Der Widerruf ist zu richten an:

Er muss mittels einer eindeutigen Erklärung wie einem Brief oder einer E-Mail über Ihren Entschluss diesen Vertrag zu widerrufen informieren. Zur Wahrung der Widerrufsfrist reicht es aus, dass Sie die Mitteilung über die Ausübung des Widerrufsrechts vor Ablauf der Widerrufsfrist absenden.

Wenn Sie diesen Vertrag widerrufen, haben wir Ihnen alle Zahlungen, die wir von Ihnen erhalten haben, unverzüglich und spätestens binnen vierzehn Tagen ab dem Tag zurückzuzahlen, an dem die Mitteilung über Ihren Widerruf dieses Vertrages bei uns eingegangen ist.

Haben Sie verlangt, dass die Dienstleistung während der Widerrufsfrist beginnen soll, so haben Sie uns einen angemessenen Betrag zu zahlen, der dem Anteil der bis zu dem Zeitpunkt bereits erbrachten Dienstleistungen im Vergleich zum Gesamtumfang der im Vertrag vorgesehenen Dienstleistungen entspricht.

Das Widerrufsrecht erlischt, wenn unsere Dienstleistung vollständig erbracht wurde und mit der Ausführung der Dienstleistung erst begonnen wurde, nachdem Sie als Verbraucher dazu ihre ausdrückliche Zustimmung gegeben haben und gleichzeitig die Kenntnis bestätigt haben, dass Sie Ihr Widerrufsrecht bei vollständiger Vertragserfüllung durch den Unternehmer verlieren.

▲

Eine telefonische Mandatsaufnahme scheidet aus, wenn 7

- der Mandant ausdrücklich ein persönliches Gespräch wünscht;
- der Unfallhergang am Telefon nicht geschildert werden kann;
- mit dem Mandanten vorliegende Unterlagen wie z.B. Gutachten in seinem Beisein besprochen werden müssen, um über die weitere Schadensabwicklung entscheiden zu können.

Ist eine persönliche Besprechung erforderlich, muss zwingend ein möglichst kurzfristiger Termin vereinbart werden. Die verspätete Beauftragung eines Rechtsanwalts begründet u.U. eine Verletzung der Schadensminderungspflicht. Sie könnte konkreten Einfluss nehmen auf 8

- die Dauer der Anmietung eines Mietfahrzeugs,
- die Dauer der geltend gemachten Nutzungsausfallentschädigung,
- ein Standgeld sowie
- den Finanzierungsschaden.

9 In der Praxis der Verkehrsunfallbearbeitung beschränken sich die Kontakte zum Mandanten bei optimaler Handhabung des Mandats auf **ein Mandatsaufnahmegespräch** sowie maximal **ein bis zwei mündliche oder schriftliche Kontakte** während der Schadensabwicklung. Umso wichtiger ist es, bereits im Rahmen des ersten Gesprächs alle für die Mandatsbearbeitung erforderlichen Informationen vom Mandanten zu erfragen. Darüber hinaus müssen möglichst frühzeitig sämtliche notwendigen schriftlichen Unterlagen und Erklärungen des Mandanten verfügbar sein. Die Abwicklung des Mandats verzögert sich unnötigerweise, wenn z.B. eine Vollmacht oder eine Schweigepflichtentbindungserklärung nachträglich vom Mandanten angefordert werden muss.

10 Um sichergehen zu können, dass tatsächlich sämtliche Informationen, Unterlagen und Erklärungen vorliegen, sollte jeder Bearbeiter verkehrsrechtlicher Mandate über **Checklisten** verfügen. Die nachfolgende Checkliste gibt einen Überblick über alle Daten, die für die Bearbeitung eines verkehrsrechtlichen Mandates von Nöten sein können.

3. Checkliste: Mandatsaufnahmebogen

a) Daten des Mandanten

aa) Persönliche Daten

11
- ■ Adresse
- □ Name, Vorname
- □ Straße, Hausnummer
- □ Postleitzahl, Wohnort
- ■ Telefon/Internet
- □ Privat
- □ Dienstlich
- □ Mobiltelefon
- □ Telefax
- □ E-Mail-Adresse
- ■ Bankverbindung
- □ Geldinstitut
- □ BIC-Nr.
- □ Kontonummer/IBAN-Nr.
- ■ Vorsteuerabzug
- □ Ja
- □ Nein
- □ Umfang des Vorsteuerabzugs
- □ 50 %
- □ 100 %

bb) Fahrzeugdaten

12
- ■ Eigentümer des Fahrzeugs (sofern abweichend vom Mandanten)
- □ Name, Vorname
- □ Straße, Hausnummer
- □ Postleitzahl, Wohnort
- □ Leasinggeber
- □ Sicherungseigentümer
- ■ Fahrer des Fahrzeugs (sofern abweichend vom Mandanten)
- □ Name, Vorname
- □ Straße, Hausnummer
- □ Postleitzahl, Wohnort
- □ Telefonnummer bzw. E-Mail-Adresse
- ■ Fahrzeug
- □ Hersteller
- □ Typ
- □ Baujahr
- □ Vorschäden
- ■ Amtliches Kennzeichen

cc) Versicherungsdaten

- ■ Kfz-Haftpflichtversicherer 13
- □ Unternehmen
- □ Versicherungsschein-Nr.
- ■ Fahrzeugversicherer
- □ Unternehmen
- □ Vollkasko
  - – Ja
  - – Nein
  - – Selbstbehalt
- □ Teilkasko
  - – Ja
  - – Nein
  - – Selbstbehalt
- ■ Privater Unfallversicherer
- □ Unternehmen
- □ Versicherungsschein-Nr.
- ■ Rechtsschutzversicherer
- □ Unternehmen
- □ Versicherungsschein-Nr.
- ■ Krankenversicherer
- □ Unternehmen
- □ gesetzlich
- □ privat
- □ Beihilfe
- ■ Gesetzlicher Unfallversicherer (Berufsgenossenschaft)
- □ Unternehmen/Körperschaft
- □ Mitgliedsnummer
- □ Wegeunfall
  - – Ja
  - – Nein

b) Daten des/der Anspruchsgegner

aa) Fahrer des gegnerischen Unfallfahrzeugs

- ■ Adresse 14
- □ Name, Vorname
- □ Straße, Hausnummer
- □ Postleitzahl, Wohnort
- □ Telefon
- □ Telefax

bb) Halter des gegnerischen Unfallfahrzeugs

- ■ Adresse 15
- □ Name, Vorname
- □ Straße, Hausnummer
- □ Postleitzahl, Wohnort
- □ Telefon
- □ Telefax

cc) Haftpflichtversicherer des gegnerischen Unfallfahrzeugs

- ■ Unternehmen 16
- □ Name
- □ Zuständige Direktion
- □ Zuständiger Sachbearbeiter
- □ Straße, Hausnummer
- □ Postleitzahl, Wohnort
- □ Telefon
- □ Telefax
- □ E-Mail
- ■ Vertrag
- □ Versicherungsschein-Nr.
- □ Doppelkartennummer
- □ Schadensnummer

c) Unfalldaten

17
- ■ Unfallort
- □ Ort, ggf. auch Staat
- □ Straße
- ■ Polizei
- □ Polizeidienststelle
- □ Zuständiger Sachbearbeiter
- □ Postleitzahl, Wohnort
- □ Straße, Hausnummer
- □ Telefon
- □ Telefax
- □ Tagebuch-/Einsatzblattnummer/Az.
- ■ Unfallzeugen
- □ Name, Vorname
- □ Straße, Hausnummer
- □ Postleitzahl, Wohnort
- □ Telefon bzw. E-Mail-Adresse

d) Daten über Sachschäden

18
- ■ Fahrzeugschaden
- □ Reparaturschaden
  - – konkret
  - – fiktiv
- □ Totalschaden
  - – technisch
  - – wirtschaftlich
  - – 130 %-Regelung
  - – konkret
  - – fiktiv
- □ Neuwagenabrechnung
- □ Ersatzwagenbeschaffung
- ■ Wertminderung
- □ technisch
- □ merkantil
- ■ Bezifferung des Fahrzeugschadens
- □ Reparaturkostenrechnung
- □ Sachverständigengutachten
- □ Kostenvoranschlag
- ■ Ausfallschaden
- □ Mietwagenkosten
- □ Nutzungsausfall
  - – konkret
  - – pauschaliert
- □ täglicher Fahrbedarf
- □ Vorhaltekosten
- ■ Sonstige gängige Schadenspositionen
- □ Abschleppkosten
- □ Standgeld
- □ Entsorgungskosten
- □ Umbaukosten
- □ An- und Abmeldekosten
- □ Schilderkosten
- □ Finanzierungskosten
- □ Auslagenpauschale

e) Daten über Personenschäden

- ■ Wegeunfall? Ggf. Berufsgenossenschaft?
- ■ Ärztliche Erstbehandlung
- □ Name, Vorname des Arztes/Klinik
- □ Straße, Hausnummer
- □ Postleitzahl, Wohnort
- □ Ärztliche Weiterbehandlung
- □ Name, Vorname des Arztes/Klinik
- □ Straße, Hausnummer
- □ Postleitzahl, Wohnort
- ■ Geburtsdatum des Mandanten
- ■ Schmerzensgeld
- □ Arztbericht vorhanden
- □ Arztbericht anfordern 19
- ■ Behandlungskosten
- ■ Vermehrte Bedürfnisse
- ■ Verdienstausfall
- ■ Haushaltshilfeschaden
- ■ Bei privater Unfallversicherung
- □ Dauerschaden
  - Ja
  - Nein
- □ Ablauf der Jahresfrist (Invaliditätseintritt)
- □ Ablauf der 15-Monatsfrist (Anmeldung + Feststellung Invalidität)
- □ Ablauf einer kürzeren Frist für Krankenhaustagegeld

f) Erklärungen des Mandanten

- ■ Zivilprozessvollmacht
- ■ Strafprozessvollmacht
- ■ Schweigepflichtentbindungserklärung 20
- ■ Abtretungserklärung(en)

4. Mandantenfragebogen

Um einen ersten Überblick über das Unfallgeschehen zu erhalten, kann es sich – je nach der Art und Weise der Sachbearbeitung und Kontaktaufnahme – anbieten, die notwendigen „Basisdaten“ über einen Fragebogen zu erfahren, welcher von dem Mandanten vor einer Besprechung bzw. bei der ersten Kontaktaufnahme ausgefüllt wird. Der Fragebogen kann beispielsweise von dem Mandanten aus dem Internet als Dateianhang heruntergeladen bzw. diesem per Post vor der Besprechung des Falles zugestellt werden. Nach „Anleitung“ dieses Fragebogens kann der Mandant in Ruhe die angeforderten Informationen eintragen und erhält zugleich einen Hinweis, welche Unterlagen er ggf. für Mandantenbesprechungen mitbringen sollte. Im Übrigen kann dieser Fragebogen auch gemeinsam bzw. nach Angaben des Mandanten bei der Besprechung ausgefüllt werden. 21

Hinweis

Ein besonderes Augenmerk ist darauf zu richten, die Eigentümerstellung zu klären. Gerade bei Fahrzeugen unter drei Jahren ist ein hoher Anteil an Leasingfahrzeugen oder sicherungsübereigneten Pkw vorhanden, bei denen i.d.R. über AGB das Eigentum bei dem Leasinggeber verbleibt oder aber ein sog. Sicherungseigentum an die finanzierende Bank übertragen wird. Darauf richten sich auch viele Nachfragen der Kraftfahrzeughaftpflichtversicherung des Unfallgegners.

22 Inhaltlich sollten über den Fragebogen die wesentlichen Daten zu dem Mandanten, dem Unfallgeschehen und Unfallgegner sowie den entstandenen Schäden erfasst werden, auf denen die weitere Bearbeitung des Falles beruht. Die dort erfolgten Abfragen beziehen sich vor allem auf konkrete Namen und Adressen der Beteiligten und dienen der Feststellung des Sachverhaltes. Sie können von dem Mandanten auch aus eigener Kraft ohne juristischen Sachverstand beantwortet und es kann dem Anwalt dadurch ein erheblicher Arbeitsanteil abgenommen werden. Insbesondere zu den konkret durch den Unfall verursachten Schäden werden weitere Nachfragen nötig sein, die sich jeweils nach den konkreten Umständen des Einzelfalles richten. Hier ist dann die persönliche Einschätzung des Anwaltes gefragt, der zur Erfassung der weiteren notwendigen Daten die oben angeführte „Checkliste" zumindest im Hinterkopf behalten sollte.

23 Diese ersten Fragen an den Mandanten im Fragebogen sind nicht dafür gedacht, in dieser Form an eine gegnerische Haftpflichtversicherung als sog. „Fragebogen für Anspruchssteller" weitergeleitet zu werden. Eine derartige Anspruchsanmeldung setzt vielmehr eine konkrete Aufarbeitung und Präsentation der vorher gewonnenen Erkenntnisse voraus, die von dem Anwalt bzw. von dem von ihm eingesetzten Personal selbst getätigt werden muss. Aufgrund der gewonnenen Daten ist eine gesonderte Selektion von Nöten, welche dieser Angaben in welcher Form weitergeleitet werden.

24 ▼

Muster 1.2: Fragebogen zum Unfallgeschehen

Bitte füllen Sie diesen Fragebogen aus und senden/übergeben uns diesen, um uns einen ersten Überblick zu dem Sachverhalt zu geben und die zügige Bearbeitung Ihres Verkehrsunfalls zu gewährleisten. Die von Ihnen angegebenen Daten werden zum Zwecke der Bearbeitung dieses Mandates gespeichert.

I) Persönliche Angaben:

1. Angaben zur Person

Name:
Vorname:
Geburtsdatum:
Adresse:
Bankverbindung:

Beruf:
Telefon:
Mobil:
E-Mail:

Vorsteuerabzugsberechtigung? ☐ Ja ☐ Nein

2. Angaben zu eigenen bestehenden Versicherungen

Kfz-Haftpflichtversicherung:
Firmenadresse:
Versicherungsnummer:
Vollkasko ☐ bzw. Teilkasko ☐

Rechtsschutz:

Versicherung:
Versicherungs-Nr.:
Versicherungsnehmer:
Adresse:
Selbstbehalt: EUR

Versicherungs-Nr.:
Adresse:
Versicherungsnehmer:

II) Angaben zum Unfallgeschehen

Unfalltag:
Unfallzeit:
Unfallort:

Eigenes Kraftfahrzeug:
Kennzeichen:
Fahrzeugtyp:
Eigentümer:
Adresse:
Fahrer:
Adresse:

Gegnerisches Kraftfahrzeug:
Kennzeichen:
Fahrzeugtyp:
Halter:
Adresse:
Fahrer:
Adresse:

Ggf. Besonderheiten (z.B. Eigentümer nicht identisch mit dem Halter, Leasingfahrzeug etc.):

Gegnerische Kraftfahrzeughaftpflichtversicherung:
Firma:
Adresse:
Versicherungs-Nr.:
Schadennummer:

Oder: Daten aus beigefügten Schreiben ersichtlich: □ Ja

Ggf. weitere Unfallbeteiligte (Name, Adresse, Fahrzeug + Kennzeichen, Versicherung etc.):

Zeugen:

1. Zeuge
Name:
Anschrift:
Telefon:

2. Zeuge
Name:
Anschrift:
Telefon:

Ggf.: Weitere Zeugen gem. Beiblatt? □ Ja

Unfallgeschehen:

Bitte schildern Sie den Unfallhergang so genau wie möglich:

Unfallskizze

Bitte fertigen Sie zur Veranschaulichung eine Unfallskizze auf einem gesonderten Blatt an.

Bilder und Videoaufzeichnungen:

Gibt es eine Aufnahme aus einer Dashcam zum Unfallgeschehen?

Haben Sie Lichtbilder am Unfallort angefertigt?

Polizeiliche Unfallaufnahme

Polizeidienststelle: Aktenzeichen:

Adresse:

III) Angaben bei Fahrzeugschäden

Fahrzeug repariert? ☐ Ja ☐ Nein	Vorsteuerabzugsberechtigung? ☐ Ja ☐ Nein
Wenn ja:	Mietwagen genommen? ☐ Ja ☐ Nein Zeitraum: Tage
	Täglicher Fahrbedarf über 25 km hinaus? ☐ Ja ☐ Nein

Gutachter bereits beauftragt/Gutachten erfolgt? ☐ Ja ☐ Nein

Wenn ja:	Gutachter bereits bezahlt? ☐ Ja ☐ Nein
	Sicherheitsabtretung erfolgt? ☐ Ja ☐ Nein

IV) Angaben bei Personenschäden

Name der verletzten Person:

Ggf. persönliche Daten (Anschrift, Telefon, etc.):

Beruf und Einkommen:

Ärztliche Erstbehandlung: ggf.: Daten aus Bericht ersichtlich ☐

Klinik/Arzt:

Adresse:

Verletzungen:

Ärztliche Folgebehandlung (insb. „Hausarzt“): ggf.: Daten aus Bericht ersichtlich ☐

Klinik/Arzt:

Adresse:

Verletzungen:

Weiter verbleibende Beschwerden:

Arbeitsunfähigkeit über Wochen; ärztlich attestiert ☐ Ja ☐ Nein

Besteht eine Krankenversicherung? ☐ Ja (gesetzlich) ☐ Ja (Privat) ☐ Nein

Ereignete sich der Unfall auf dem Weg zur Arbeit? ☐ Ja ☐ Nein

Wenn ja: Name und Adresse der Berufsgenossenschaft:

V) Weitere Unterlagen als Anhang

Bitte fügen Sie auch die als Anhang angeführten Unterlagen bei, sofern diese bei Ihnen vorhanden sind, und markieren dies jeweils mit einem Kreuz:

☐ Unfallskizze	☐ Bilder vom Unfallort
☐ Gutachten/Reparaturrechnung/ KostenVA	☐ Arztbericht/ärztliches Attest
☐ Unterlagen der eigenen Versicherung	☐ Schweigepflichtentbindungserklärung
☐ Schreiben Polizeidienststelle/Visiten- karte	☐ Rechnungen ärztliche Heilkosten
☐ Schreiben gegnerische Haftpflicht versicherung	☐ Weitere Unterlagen

Datum: Unterschrift:

▲

Dieser Fragebogen ist lediglich eine Möglichkeit, frühzeitig von dem Mandanten die notwendigen ersten Angaben zur Bearbeitung des Falles zu erhalten. Neben den für jedes Mandat nötigen Informationen zu der Person des Mandanten erfährt der Anwalt von bestehenden Versicherungen und kann auf einen Blick erfassen, welche Daten zu dem Unfallgegner und dessen Haftpflichtversicherung dem Mandanten bereits vorliegen. Auch erhält er einen ersten Einblick zu dem Unfallgeschehen sowie ggf. eine Unfallskizze, die insbesondere in den Fällen, in denen keine polizeiliche Unfallaufnahme erfolgt ist, im erheblichen Maße zur Veranschaulichung des Sachverhaltes beitragen kann. Auf der Grundlage dieser ersten Informationen kann die weitere Besprechung mit dem Mandanten vorbereitet werden. Auch lassen sich die geltend zu machenden Schadenspositionen grob erfassen. **25**

Eine weitere Bearbeitungsmethode des verkehrsrechtlichen Mandats besteht darin, bereits frühzeitig sog. „Fragebögen für Anspruchssteller“ einzusetzen. Diese werden von verschiedenen Anbietern als Vordrucke zur Verfügung gestellt und können nicht zur Informationsbeschaffung, sondern in Verbindung mit einem allgemein gehaltenen Begleitschreiben als Grundlage für eine Anspruchsanmeldung verwendet werden. Auf diesem Wege wird das verkehrsrechtliche Mandat in seiner ersten Phase mit einem minimalen Arbeitsaufwand geführt. **26**

Der Nachteil dieser Arbeitsweise liegt allerdings darin, dass zum einen in diesen allgemein gehaltenen Formularen für den konkreten Fall letztendlich nicht benötigte oder gar für den Anspruchssteller u.U. schädliche Informationen an die Gegenseite gelangen können. Zum anderen kann dieses Vorgehen sowohl beim Mandanten und beim Gegner den Eindruck erwecken, hier würde „nur“ mit halber Kraft und Sorgfalt ein „Standardfall“ routiniert abgewickelt. Spätestens bei Verkehrsunfällen, in denen der Sachverhalt umstritten ist und schwierige rechtliche Fragen zur Haftung dem Grunde und der Höhe **27** nach (unter Umständen unter Einschluss einer Vielzahl an Beteiligten) auftauchen, ist eine individueller ausgeprägte Bearbeitung bereits von Anfang an förderlich und geboten.

Es empfiehlt sich in der Situation, den Mandanten zu bitten, das Unfallgeschehen schriftlich im Ablauf so detailliert zu schildern, dass sich ein Dritter ein „gedankliches Bild" von dem Unfallgeschehen machen kann. Dabei soll der Mandant insbesondere auf geschätzte Abstände, Geschwindigkeiten, Kollisionsorte, Fahrzeugstellungen und örtliche Gegebenheiten eingehen. Der Sachverhalt kann dann „gefiltert" durch den Anwalt in einem Aktenvermerk in die Akte aufgenommen werden.

Die Vorteile eines solchen Vorgehens sind:

- Wiedergabe in den Worten des Mandanten, aber komprimiert und auf das Wesentliche beschränkt durch den RA,
- Absicherung des RA bei der Angabe des Sachverhalts gegenüber dem Mandanten und bei späteren Ungereimtheiten,
- Möglichkeit, den Vermerk ggf. auch zur Freigabe dem Mandanten zuzusenden.

28 Auf welche Art und Weise die Erfassung der erforderlichen Daten erfolgt und welche Frageformulare ggf. eingesetzt werden, ist letztlich Geschmackssache. Wichtig ist, dass überhaupt **Checklisten** verwendet werden. Dadurch wird die Bearbeitung und Abwicklung von Unfallsachen für beide Seiten vereinfacht.

II. Aktenaufbau

29 Bei der Beantwortung der Frage, wie Verkehrsunfallakten aufgebaut sein sollten, gibt es kein „richtig" und kein „falsch". Maßgeblich ist allein, dass die Akte durch ihren **klaren Aufbau** einen möglichst schnellen Zugriff auf alle erforderlichen Daten ermöglicht.

1. Trennung der Akten nach Rechtsgebieten

30 Verkehrsunfallrechtliche Mandate können **unterschiedliche Rechtsgebiete** berühren, nämlich

- das Verkehrszivilrecht,
- das Verkehrsordnungswidrigkeiten- und Strafrecht sowie
- das Verkehrsverwaltungsrecht (Entziehung der Fahrerlaubnis, Fahrverbot).
- ggf. eine gesonderte umfangreiche Korrespondenz mit dem Rechtsschutzversicherer als eigener Vorgang.

31 In der Praxis werden vom Rechtsanwalt regelmäßig die zivilrechtliche und die ordnungswidrigkeitenrechtliche Unfallbearbeitung gleichzeitig behandelt.

Es versteht sich von selbst, dass die anwaltliche Interessenvertretung jedes Rechtsgebietes ein selbstständiges Mandat darstellt. Aus diesem Grund sollte für jedes Mandat auch eine separate Akte angelegt werden. Die **getrennte Aktenlage** bietet sich schon deshalb an, weil

- für jedes Mandat eine separate Prozessvollmacht erforderlich ist,
- für jedes Mandat verschiedene Wiedervorlage- und Verjährungsfristen notiert werden müssen,
- jedes Mandat getrennt abzurechnen ist und
- ggf. für jedes Mandat eine separate Deckungszusage beim Rechtsschutzversicherer einzuholen ist.

Neben der durch die getrennte Aktenanlage gewonnenen Übersichtlichkeit ist andererseits zu beachten, dass allen Akten **derselbe Lebenssachverhalt** zugrunde liegt. Erkenntnisse aus der zivilrechtlichen Unfallbearbeitung sind deshalb auch für das Bußgeldverfahren u.U. von erheblicher Bedeutung. Die getrennten Akten sollten deshalb stets **gemeinsam wiedervorgelegt** werden. Ebenso bietet es sich an, die gegenständlich getrennten Akten innerhalb eines Aktendeckels aufzubewahren. Hierzu kann der – zumeist weniger Seiten umfassende – Bußgeldvorgang separat geheftet in die Aktenlasche gelegt oder per Aktenfaszikel eingeheftet werden. 32

2. Anlagenverwaltung

Zu den Anlagen in einer Unfallschadenakte gehören sämtliche **Schadensbelege**, also 33

- Sachverständigengutachten,
- Kostenvoranschlag,
- Rechnungen usw.
- sowie Auszüge aus polizeilichen Ermittlungsakten.

Zur besseren Übersichtlichkeit empfiehlt es sich, die Anlagen nicht zwischen die laufende Korrespondenz in der Schadensakte zu heften, sondern **gesondert** zu verwalten. Hierfür bietet sich u.a. eine Aktenlasche oder eine gesonderte Heftung an. In größeren Schadenssachen sollte ein separater Anlagenordner angelegt werden. 34

III. Annahme des Mandats/Parteiverrat gemäß § 356 StGB

Bereits bei der Annahme des Mandats muss zwingend geprüft werden, ob sich der Anwalt der Gefahr eines **Parteiverrats gem. § 356 StGB** aussetzt. Diese Frage besitzt gerade bei der Bearbeitung von Verkehrsunfallmandaten besondere Bedeutung. Ein Parteiverrat wird u.a. durch die Annahme eines **Doppelmandats** begründet. Das ist beispielsweise dann der Fall, wenn innerhalb desselben Anwaltsbüros die gegnerischen Parteien eines Verkehrsunfalls von unterschiedlichen Anwälten vertreten werden. 35

Eine weitaus weniger bekannte Gefahr eines Parteiverrats steckt in der **Vertretung mehrerer Insassen eines Unfallfahrzeugs**. In dieser Konstellation wird regelmäßig übersehen, dass die Insassen nicht nur Ansprüche gegen den Unfallgegner, sondern u.U. auch gegenüber dem Fahrer und dem Halter des eigenen Fahrzeugs, bei Personenschäden auch gegenüber dessen Kraftfahrzeughaftpflichtversicherung besitzen. Um welche An- 36 sprüche es sich dabei im Einzelnen handelt, wird in den Passagen zu der Haftung nach den §§ 7, 18 StVG noch gesondert behandelt. Werden beispielsweise zwei Eheleute vertreten, von denen einer Fahrer und der andere Beifahrer eines Unfallfahrzeugs waren, müsste u.U. der Beifahrer darüber beraten werden, dass er auch gegenüber dem Fahrer, verschuldensunabhängig gegenüber dem Halter und bei Personenschäden auch gegenüber der Haftpflichtversicherung Ansprüche auf Schadensersatz besitzt. Schon das Zurverfügungstellen einer Ermittlungsakte im Rahmen einer Akteneinsicht an eine weitere Partei kann bei einer Interessenkollision einen Parteiverrat darstellen.[4] Ferner ist zu beachten, dass die Sache dem Rechtsanwalt auch dann i.S.d. § 356 StGB anvertraut bleibt, wenn das Mandat beendet ist („Was dem Rechtsanwalt einmal anvertraut wurde, bleibt dies auch für die Zukunft"). Demzufolge ist ein Parteiverrat längst nicht auf die zeitgleiche Vertretung zweier Parteien mit gegensätzlichen Interessen beschränkt.

Die Annahme eines solchen Mandats birgt erhebliche Risiken für den Anwalt. So hat beispielhaft das LG Saarbrücken[5] hier einen Verstoß gegen § 43a Abs. 4 BRAO gesehen. Es versteht sich von selbst, dass eine solche Beratung gegenüber dem anderen Mandanten einen Parteiverrat darstellt. Ein Geschädigter einerseits und ein unfallverursachender Fahrer bzw. ein nach § 7 Abs. 1 StVG haftender Halter andererseits haben insoweit grundsätzlich unterschiedliche Interessen. Verfolgt ein Rechtsanwalt beide verschieden gelagerten Interessen, dient er in derselben Rechtssache pflichtwidrig mehreren Parteien.[6] Gleichfalls würde es eine Falschberatung begründen, den Beifahrer über seine Rechte zum Schadensersatz gegen Fahrer und Halter des „eigenen Fahrzeuges" nicht aufzuklären. Diese Gefahr besteht nach der durch das 2. Gesetz zur Reform des Schadensersatzrechts begründeten Erweiterung der Halterhaftung umso mehr, da der Halter eines Kfz nach § 7 Abs. 1 StVG und entsprechend der Fahrer nach §§ 18 Abs. 1, 7 Abs. 1 StVG nunmehr (unabhängig von einer entgeltlichen Personenbeförderung) gegenüber allen Insassen seines Fahrzeugs haften.

37 *Hinweis*

Bei derartigen Konstellationen gibt es zwei Lösungswege: Entweder muss von Beginn an klargestellt werden, dass der Anwalt grundsätzlich nur einen Insassen eines Fahrzeugs vertreten kann. Oder es wird eine Vollmacht erteilt, wonach der Anwalt lediglich zur Verfolgung der Ersatzansprüche des Beifahrers gegenüber Anspruchsgegnern ermächtigt wird, die weder Halter noch Fahrer des benutzten Fahrzeugs oder dessen Haftpflichtversicherung darstellen. Eine solche Beschränkung der Vollmacht ist grundsätzlich zulässig und kann auch noch im Prozess erfolgen.[7]

4 OLG Hamburg, Urt. v. 16.12.2014 – 1 Rev 49/14 – juris.
5 LG Saarbrücken, Urt. v. 16.1.2015 – 13 S 124/14 – juris.
6 BayObLG NJW 1995, 606 ff.
7 BGH, Urt. v. 12.3.2019 – VI ZR 227/18 = VersR 2019, 701.

B. Datenschutz

Bisher war die Einhaltung datenschutzrechtlicher Vorschriften bei der Verfolgung von Schadensersatzansprüchen, die aus Verkehrsunfällen im Straßenverkehr resultieren, eher ein Thema von untergeordneter Bedeutung. Seit der unmittelbaren Geltung der DSGVO ab dem 25.5.2018 hat sich dies grundlegend geändert. Für alle Beteiligten im Rahmen der Schadenregulierung nach einem Verkehrsunfall gelten jetzt eine Vielzahl an besonderen Bestimmungen, welche die Praxis bei der Einhaltung datenschutzrechtlicher Vorgaben vor große Herausforderungen stellen. Neben der für jede Kanzlei notwendigen Erstellung eines Verzeichnisses der Verantwortungstätigkeiten nach Art. 30 DSGVO und einer Übersicht zu den technisch und organisatorischen Maßnahmen zur Datensicherheit nach Art. 32 DSGVO (sog. TOM's) sind bei der Verfolgung von Mandaten im Straßenverkehr noch eine Vielzahl an weiteren Besonderheiten zu berücksichtigen, soweit es um das Eingreifen einer Rechtsgrundlage zur Datenverarbeitung, den Umfang der verarbeiteten personenbezogenen Daten und die damit verbundenen Informationspflichten geht. 38

I. Einschlägige Rechtsgrundlage

Personenbezogene Daten dürfen auch bei einem Mandat im Straßenverkehr nur verarbeitet werden, wenn dafür ein Rechtfertigungsgrund besteht, der sich in Art. 6 DSGVO findet, bei der Verarbeitung sog. besonderer Kategorien personenbezogener Daten zusätzlich in Art. 9 DSGVO.[8] Von Bedeutung ist dabei insbesondere eine Einwilligung, eine Verarbeitung auf vertraglicher Grundlage oder aber eine Wahrnehmung berechtigter Interessen im Rahmen einer Güterabwägung. 39

1. Einwilligung nach Art. 6 Abs. 1a DSGVO

Die Einwilligung des datenschutzrechtlich Betroffenen als Rechtsgrundlage findet sich nunmehr in Art. 6 Abs. 1a DSGVO und kommt natürlich auch zumindest im Verhältnis zwischen dem Rechtsanwalt und einem ihm den Auftrag erteilenden Mandanten in Betracht. Sie hat allerdings den Nachteil, dass sie jederzeit widerrufen werden kann, zudem an eine Vielzahl an Hinweisen und Formvorschriften gebunden ist und im Fall eines Widerrufes kontrovers diskutiert wird, ob und in welchem Umfang in diesem Fall eine weitere Verarbeitung der personenbezogenen Daten überhaupt noch erfolgen kann.[9] Im Falle eines Widerrufs ist eine weitere Verarbeitung der personenbezogenen Daten jedenfalls auch nach den Erwägungen der sog. Art. 29 Gruppe ausgewählter Vertreter europäischer Datenschutzbehörden vom 28.11.2017 (dort S. 21 / 22) ohnehin nur dann möglich, wenn schon zum Zeitpunkt der Erteilung der Einwilligung auf alle weiteren in Betracht kommenden Rechtsgrundlagen hingewiesen wird und im Falle eines Widerrufs der Einwilligung anschaulich erläutert wird, auf Basis welcher Rechtsgrundlagen nach 40

8 Vgl. *Plath*, DSGVO, Art. 6 Rn 1.
9 Kühling/*Buchner*, DSGVO, Art. 6 Rn 22 ff. m.w.N.

einem erneuten Abwägungsprozess trotzdem eine Verarbeitung weiterhin für die Zukunft stattfindet.

Hinweis

Die Einwilligung greift mithin nur im Verhältnis zum Mandanten und bedeutet einen erheblichen bürokratischen Aufwand. Sie ist i.d.R. nicht empfehlenswert für die Massenbearbeitung von Unfallschäden.

2. Datenverarbeitung zur Vertragserfüllung nach Art. 6 Abs. 1b DSGVO

41 Im Verhältnis zum betroffenen Mandanten erscheint es daher vorzugswürdig, auf die Rechtsgrundlage des Art. 6 Abs. 1b DSGVO abzustellen. Denn in Erfüllung des ihm erteilten Mandats und des damit verbundenen Dienstleistungsvertrages ist der Rechtsanwalt nach dieser Rechtsgrundlage ermächtigt, die dafür erforderlichen personenbezogenen Daten seines Mandanten zu verarbeiten. Diese Rechtsgrundlage erstreckt sich jedenfalls auf das Verhältnis der beiden Vertragsparteien und ist gegenüber einer Einwilligung aus den dargelegten Gründen vorzugswürdig. Kontrovers wird aber derzeit diskutiert, ob der Vertrag mit einer Partei zugleich auch mit Außenwirkung gegenüber den betroffenen Dritten die Verarbeitung von deren Daten rechtfertigen kann.[10]

Hinweis

Um den sichersten Weg zu wählen, sollte daher durch den Rechtsanwalt bei der Unfallregulierung diesbezüglich auf die Rechtsgrundlage des Art. 6 Abs. 1f DSGVO abgestellt und ggf. in seiner eigenen Datenschutzerklärung hingewiesen werden.

3. Datenverarbeitung nach Interessenabwägung Art. 6 Abs. 1f DSGVO

42 Soweit es um die Verarbeitung personenbezogener Daten weiterer Personen geht, mit denen der Rechtsanwalt kraft Natur der Sache keinen Vertrag abgeschlossen hat und auch eine Einwilligungserklärung offensichtlich nicht in Betracht kommt, bildet im Regelfall der Art. 6 Abs. 1f DSGVO die entscheidende Rechtsgrundlage. Das berechtigte Interesse des Rechtsanwalts liegt dann in der Verarbeitung der Daten zur Erfüllung des ihm übertragenen Mandats. Hieraus ergeben sich weitere besondere Hinweispflichten nach Art. 21 DSGVO zu einem Widerspruchsrecht.

Soweit es sich um die Verarbeitung besonderer Kategorien personenbezogener Daten handelt, wird im Regelfall Art. 9 Abs. 2f DSGVO als Ermächtigungsgrundlage eingreifen. Hierzu gehören insbesondere Gesundheitsdaten i.S.d. Art. 9 Abs. 1 DSGVO. Hiernach ist die Verarbeitung derartiger personenbezogener Daten zur Geltendmachung, Ausübung oder Verteidigung von Rechtsansprüchen im Rahmen einer Güterabwägung gestattet, soweit der Grundsatz der Erforderlichkeit beachtet wird.

10 Kühling/*Buchner*, DSGVO, Art. 6 Rn 33 ff. m.w.N.

4. Weitere wichtige Grundsätze

Egal nach welcher Rechtsgrundlage die Datenverarbeitung erfolgt: Es müssen immer noch die entscheidenden Grundsätze für die Verarbeitung personenbezogener Daten beachtet werden, welche Art. 5 DSGVO aufstellt und zu denen insbesondere der Grundsatz der „Datenminimierung" gehört. Danach ist für jeden Verarbeitungsvorgang zu prüfen, ob der Umfang der verarbeiteten Daten zum Erreichen des begehrten Zwecks auch tatsächlich erforderlich ist. 43

Hinweis

Bei der Verfolgung der Schadensersatzansprüche des Mandanten ist dem Anwalt ex ante ein weiter Beurteilungsspielraum einzuräumen, da es i.d.R. schwer vorhersehbar ist, ob und in welchem Umfang Sachverhalte streitig werden und zur Aufklärung weitreichende personenbezogene Daten erforderlich sind.

II. Informationspflichten gegenüber dem Mandanten nach Art. 13 DSGVO

Zu den wesentlichen Neuerungen der DSGVO gehört auch, dass derjenige, welcher – wie hier der Rechtsanwalt im Rahmen eines anvertrauten Mandats – personenbezogene Daten verarbeitet, die betroffene Person nach den Art. 13, 14 DSGVO über eine Vielzahl an wichtigen Gesichtspunkten und die ihnen zustehenden Rechten informieren muss. 44

Zu unterscheiden sind diese Informationspflichten von dem weitergehenden Auskunftsanspruch des Betroffenen, den der Rechtsanwalt als Verantwortlicher für die Datenverarbeitung aber nur dann erfüllen muss, wenn eine solche Auskunft auch tatsächlich begehrt wird. Die Informationspflichten der Art. 13, 14 DSGVO muss der Rechtsanwalt als Verantwortlicher i.S.d. Art. 4 Nr. 7 DSGVO dagegen von sich aus erfüllen und ein Verstoß kann ein Bußgeld der Aufsichtsbehörde nach Art. 83 DSGVO und im Einzelfall sogar u.U. einen Schadensersatzanspruch des Betroffenen nach Art. 82 DSGVO auslösen.

Der Anwendungsbereich des Art. 13 DSGVO betrifft dabei den Fall, dass die personenbezogenen Daten direkt bei der betroffenen Person erhoben werden. Dies ist insbesondere dann der Fall, wenn der Mandant im persönlichen Gespräch mit dem Rechtsanwalt oder einer entsprechenden direkten Kommunikation ihm selbst alle notwendigen personenbezogenen Daten zur Bearbeitung des Mandats zukommen lässt. In diesem Fall hat sein Rechtsanwalt insbesondere über folgende Umstände zu informieren:

Umfang der Informationspflicht nach Art. 13 DSGVO:

Namen und Kontaktdaten des Verantwortlichen und gegebenenfalls auch des Datenschutzbeauftragten; 45

(1) die Zwecke, für die die personenbezogenen Daten verarbeitet werden sollen sowie die Rechtsgrundlage für die Verarbeitung;
(2) das berechtigte Interesse, welches von den Verantwortlichen i.S.d. Art. 6 Abs. 1f DSGVO verfolgt wird;

(3) die Empfänger oder Kategorien von Empfängern der personenbezogenen Daten
(4) die Dauer, für die die personenbezogenen Daten gespeichert werden sollen;
(5) umfassend über alle dem Betroffenen zustehenden Rechte nach den Art. 15 ff. DSGVO und
(6) zusätzlich die Information, ob die Bereitstellung der personenbezogenen Daten gesetzlich oder vertraglich vorgeschrieben oder für den Vertragsabschluss erforderlich ist und welche Folgen eine Nichtbereitstellung hätten.

Um diese Information zu erteilen und dies auch entsprechend zu dokumentieren, dürfte es sich in der Praxis anbieten, ein entsprechendes datenschutzrechtliches Hinweisblatt zu verwenden und dies dem Mandanten auszuhändigen bzw. sogar die Übergabe schriftlich bestätigen zu lassen. Alternativ ist es denkbar, diese Informationen auf der Homepage des Kanzleianbieters unter einer transparenten Datenschutzerklärung anzuführen und den Mandanten hierauf zum Zeitpunkt der Erteilung der Informationen entsprechend hinzuweisen und zugleich anzubieten, dass auf Anfrage diese Informationen auch in ausgedruckter Form zur Verfügung gestellt werden können. Beide Informationswege können auch miteinander kombiniert werden – z.B. ein bewusst kurz gehaltenes einseitiges Informationsblatt mit weitergehenden Hinweisen auf die Datenschutzerklärung auf der eigenen Kanzleihomepage.

46 ▼

Muster 1.3: Auszug: Datenschutzhinweise nach Art. 13 DSGVO

1.3

Verantwortlicher und Datenschutzbeauftragter

Damit Sie wissen, an wen Sie sich wenden können, wenn es um Ihre Daten geht, teilen wir Ihnen zunächst mit, wer für die Verarbeitung rechtlich die Verantwortung trägt und wer konkreter Ansprechpartner für Ihre Belange ist.

Rechtlicher Verantwortlicher:

Datenschutzbeauftragter:

Datenschutzbeauftragter ist

Wie und zu welchem Zweck werden Ihre Daten verarbeitet?

Erteilte Mandate

Bei der Bearbeitung der uns erteilten Mandate verarbeiten wir unterschiedliche personenbezogene Daten unserer Mandanten, soweit es sich bei diesen oder bei deren Mitarbeitern um natürliche Personen handelt, um die jeweilige Beauftragung vertragsgemäß durchzuführen. Dazu gehört insbesondere die Kommunikation und die inhaltliche Bearbeitung des Mandats einschließlich der Rechtsverteidigung sowie die Durchführung, Vollziehung oder Abwicklung der Aufträge. In Bezug auf unsere Mandanten unterliegen wir einer anwaltlichen Verschwiegenheitspflicht.

Soweit Sie selbst uns mit der Wahrnehmung der rechtlichen Interessen beauftragt haben, erhalten wir von Ihnen selber oder aus weiteren Unterlagen insbesondere folgende personenbezogene Daten:
(1) Anrede, Vorname, Nachname, ggf. auch Geburtsdatum und Geburtsort;
(2) Daten für die Kommunikation wie Anschrift, Telefonnummer und E-Mail-Adresse;

(3) Angaben zu dem Sachverhalt des erteilten Mandats;
(4) ggf. Bankdaten für die Auskehrung von Fremdgeldern;
(5) Ggf. besonders sensible Daten wie Gesundheitsdaten, soweit diese für das jeweilige Mandat erforderlich sind;
(6) Weitere Informationen, die für die Geltendmachung und Verteidigung Ihrer Rechte im Rahmen des Mandats notwendig sind.

Die Verarbeitung dieser personenbezogenen Daten erfolgt, um Sie angemessen anwaltlich vertreten und mit Ihnen kommunizieren sowie darüber hinaus das Mandat einschließlich einer erfolgreichen Rechnungsstellung abwickeln zu können. Zur anwaltlichen Vertretung gehört je nach Auftrag insbesondere das Ziel, eine Verteidigung gegenüber den erhobenen Ansprüchen oder aber eine Durchsetzung der eigenen Rechte zu ermöglichen. Dies gilt ebenso für weitere Auskünfte, die wir von Ihnen im Laufe des Verfahrens einholen.

Diese Datenverarbeitung ist nach Art. 6 Abs. 1b DSGVO zu den genannten Zwecken für die angemessene Bearbeitung des Mandats erforderlich. Darüber hinaus beruht die Verarbeitung auch auf Art. 6 Abs. 1f DSGVO, wobei unser berechtigtes Interesse in der Durchführung des erteilten Mandats liegt.

Soweit besondere Kategorien personenbezogener Daten verarbeitet werden (z.B. Gesundheitsdaten bei Personenschäden), erfolgt dies gemäß Art. 9 Abs. 2f DSGVO zum Zweck der Geltendmachung, Ausübung oder Verteidigung von Rechtsansprüchen im Rahmen des erteilten Mandats.

Daten weiterer Personen bei erteilten Mandanten

Soweit uns ein Mandant erteilt worden ist, können sich aus den geschilderten Sachverhalten und aus den zur Auswertung vorgelegten Unterlagen Daten von Personen ergeben, die mit uns selber in keinem Auftragsverhältnis stehen. Diese Daten werden verarbeitet, soweit es für die Durchführung des uns anvertrauten Mandats erforderlich ist. Wir unterliegen auch bei diesen Daten der anwaltlichen Verschwiegenheitspflicht.

Diese Verarbeitungen werden auf Art. 6 Abs. 1f DSGVO gestützt. Das berechtigte Interesse liegt in der Durchführung des Mandats und dem Schutz bzw. der effektiven Durchsetzung der mit dem Mandat verfolgten Ansprüche.

Weitergabe an Dritte

Soweit dies für die Abwicklung von Mandatsverhältnissen erforderlich ist, werden personenbezogene Daten an Dritte weitergegeben. Hierzu gehört insbesondere die Weitergabe an Gerichte und andere öffentliche Behörden, Parteien eines Rechtsstreits und deren Vertreter sowie mit der Aufklärung des Falles beauftragte Sachverständige oder einen von uns für eine Terminswahrnehmung eingeschalteten weiteren Rechtsanwalt zum Zwecke der Korrespondenz sowie zur Geltendmachung und Verteidigung von Rechten im Rahmen des erteilten Mandats. Im Übrigen erfolgt eine Weitergabe an Dritte nur, soweit wir dazu gesetzlich verpflichtet sind.

Pflicht zur Bereitstellung

Soweit die personenbezogenen Daten für die Durchführung der Mandats- bzw. Geschäftsbeziehung und der damit verbundenen vertraglichen oder gesetzlichen Pflichten erforderlich sind, sind diese Daten von Ihnen bereitzustellen, damit wir unserem Auftrag nachkommen können. Ohne die Bereitstellung der Daten können wir unter Umständen die Leistung nicht mehr, nicht ordnungsgemäß oder nicht vollständig erbringen. Unter Umständen kann die Bereitstellung der Informationen durch Sie auch zur Wahrung einer Obliegenheit gegenüber Ihrer Haftpflichtversicherung erforderlich sein.

Kontaktaufnahme und Kommunikation per E-Mail

Sie können mit uns per Telefon, Fax oder über die bereitgestellte E-Mail-Adresse auf unserer Homepage Kontakt aufnehmen. In diesem Fall werden Ihre mit dem Anruf, dem Fax oder der E-Mail übermittelten personenbezogenen Daten gespeichert.

Rechtsgrundlage ist Art. 6 Abs. 1f DSGVO, wobei unser berechtigtes Interesse in der wirtschaftlichen Optimierung unserer Geschäftstätigkeit liegt. Zielt die Kontaktaufnahme auf den Abschluss oder die Erfüllung eines Vertrages ab, so ist Rechtsgrundlage für die Verarbeitung Art. 6 Abs. 1b DSGVO.

Soweit Sie mit uns per E-Mail kommunizieren, weisen wir zugleich vorsorglich daraufhin, dass in diesem Fall unsere E-Mails lediglich transportverschlüsselt sind, aber darüber hinaus keine Ende-zu-Ende Verschlüsselung erfolgt, wenn nicht gesonderte Maßnahmen getroffen werden. Dies bedeutet, dass die E-Mail und ihre Inhalte gegen unberechtigte Kenntnisnahme durch Dritte nicht besonders geschützt sind, sondern jedenfalls an den Knotenpunkten im Web im Klartext vorliegen.

Wenn Sie ihre E-Mail-Adresse angeben, verstehen wir dies als Vorschlag, diese zur Kommunikation zu verwenden, soweit dem nicht widersprochen wird.

Welche Rechte haben Sie in Bezug auf Ihre verarbeiteten personenbezogenen Daten?

Sie haben gesetzlich folgende Rechte in Bezug auf Ihre personenbezogenen Daten, die wir Ihnen im Überblick darstellen. Wenn bei Ihnen Rückfragen oder Unklarheiten bestehen, was diese Rechte im Einzelnen bedeuten, können Sie bei unserem Datenschutzbeauftragten Rücksprache nehmen.

Auskunftsrecht

Gemäß Art. 15 DSGVO können Sie Auskunft über Ihre von uns verarbeiteten personenbezogenen Daten verlangen. Hierzu gehört insbesondere eine Auskunft über

(1) die Verarbeitungszwecke;
(2) die Kategorie der personenbezogenen Daten;
(3) die Kategorien von Empfängern, gegenüber denen Ihre Daten offengelegt werden;
(4) die geplante Speicherdauer;
(5) das Bestehen eines Rechts auf Berichtigung, Löschung, Einschränkung der Verarbeitung oder Widerspruch;
(6) das Bestehen eines Beschwerderechts;
(7) die Herkunft Ihrer Daten, sofern diese nicht bei uns erhoben wurden und
(8) das Bestehen einer automatisierten Entscheidungsfindung einschließlich Profiling.

Auch können Sie eine Kopie dieser Daten verlangen, solange die Rechte und Freiheiten anderer Personen nicht beeinträchtigt werden.

Recht auf Berichtigung

Gemäß Art. 16 DSGVO können Sie unverzüglich die Berichtigung unrichtiger oder die Vervollständigung Ihrer bei uns gespeicherten personenbezogenen Daten verlangen.

Recht auf Löschung

Gemäß Art. 17 DSGVO können Sie die Löschung Ihrer bei uns gespeicherten personenbezogenen Daten verlangen, wenn einer der nachfolgenden Gründe vorliegt:

(1) Die personenbezogenen Daten sind für die Zwecke, für die sie erhoben oder auf sonstige Weise verarbeitet wurden, nicht mehr notwendig.

(2) Sie widerrufen Ihre Einwilligung, auf die sich die Verarbeitung stützte, und es fehlt an einer anderweitigen Rechtsgrundlage für die Verarbeitung.

(3) Sie legen Widerspruch gegen die Verarbeitung ein.

(4) Die personenbezogenen Daten wurden unrechtmäßig verarbeitet.

(5) Die Löschung der personenbezogenen Daten ist zur Erfüllung einer rechtlichen Verpflichtung nach dem Unionsrecht oder dem Recht der Mitgliedstaaten erforderlich, dem der Verantwortliche unterliegt.

(6) Die personenbezogenen Daten wurden in Bezug auf angebotene Dienste der Informationsgesellschaft gemäß Art. 8 Abs. 1 DSGVO erhoben.

Die Löschung der bei uns gespeicherten personenbezogenen Daten erfolgt, soweit nicht deren Verarbeitung zur Ausübung des Rechts auf freie Meinungsäußerung, zur Erfüllung einer rechtlichen Verpflichtung oder zur Geltendmachung, Ausübung oder Verteidigung von Rechtsansprüchen erforderlich ist.

Recht auf Einschränkung der Verarbeitung

Gemäß Art. 18 DSGVO können Sie die Einschränkung der Verarbeitung Ihrer personenbezogenen Daten verlangen, wenn eine der nachfolgenden Voraussetzungen erfüllt ist:

(1) Soweit die Richtigkeit der Daten von Ihnen bestritten wird.

(2) Die Verarbeitung unrechtmäßig ist, Sie aber deren Löschung ablehnen.

(3) Wir die Daten nicht mehr, Sie diese jedoch zur Geltendmachung, Ausübung oder Verteidigung von Rechtsansprüchen benötigen.

(4) Sie gemäß Art. 21 DSGVO Widerspruch gegen die Verarbeitung eingelegt haben.

Recht auf Datenübertragbarkeit

Gemäß Art. 20 DSGVO haben Sie das Recht, Ihre personenbezogenen Daten, die Sie uns bereitgestellt haben, in einem strukturierten, gängigen und maschinenlesbaren Format zu erhalten oder die technisch machbare Übermittlung an einen anderen Verantwortlichen zu verlangen, sofern die Verarbeitung auf einer Einwilligung beruht oder die Verarbeitung mithilfe automatisierter Verfahren erfolgt und die Rechte und Freiheiten anderer Personen nicht beeinträchtigt werden.

Recht auf Beschwerde bei der Aufsichtsbehörde

Gemäß Art. 77 DSGVO können Sie sich bei einer von Ihnen nach dieser Vorschrift auszuwählenden Aufsichtsbehörde beschweren, wenn Sie der Ansicht sind, dass die Verarbeitung der Sie betreffenden personenbezogenen Daten gegen geltendes Recht, insbesondere die DSGVO verstößt.

Recht auf Widerruf einer Einwilligung

Wenn Sie uns eine Einwilligung zur Verarbeitung Ihrer personenbezogenen Daten gegeben haben, können Sie diese jederzeit und ohne Angabe von Gründen mit Wirkung für die Zukunft widerrufen. Bitte melden Sie sich dazu unter oder bei der Kontaktstelle, bei der Sie die Einwilligung gegeben haben bzw. direkt bei unserem Datenschutzbeauftragten.

Widerspruch gegen unsere Verarbeitung Ihrer Daten, Art. 21 DSGVO

Im Falle einer Verarbeitung personenbezogener Daten zur Wahrnehmung von im öffentlichen Interesse liegenden Aufgaben (Art. 6 Abs. 1e DSGVO) oder zur Wahrnehmung berechtigter Interessen (Art. 6 Abs. 1f DSGVO), können Sie der Verarbeitung der Sie betreffenden personenbezogenen Daten jederzeit mit Wirkung für die Zukunft widersprechen.

▲

47 Kontrovers diskutiert wird dabei, ob ein sog. Medienbruch gestattet ist, indem z.B. bei einem persönlichen Gespräch oder der Kommunikation per Post kein Hinweisblatt überreicht, sondern lediglich auf die Datenschutzerklärung auf der Kanzleihomepage verwiesen wird. Ein solcher Medienbruch wird z.B. derzeit bei den Datenschutzhinweisen nahezu aller Zivilgerichte auf die eigene Datenschutzerklärung im Internet vorgenommen, so dass derselbe Lösungsweg (zumindest bei der postalischen Kommunikation) für Rechtsanwälte ebenfalls in Betracht kommen sollte. Auch der Datenschutzbeauftragte in Bayern hat in seinem Tätigkeitsbericht für 2018 (dort auf S. 43) diese Lösung ausdrücklich für zulässig erachtet und auf Folgendes hingewiesen:

„Auf der ersten Stufe bzw. im ersten Schritt müssen immer die Informationen zur Identität des Verantwortlichen und zu den Zwecken der Verarbeitung gegeben werden, soweit diese Informationen nicht ohnehin schon wegen der Art des Kontakts mit der betroffenen Person offenkundig sind (z.B. bei deren Anruf zu einer Terminvereinbarung mit dem Friseur oder Steuerberater).
Auf zweiter Stufe müssen dann alle Informationen nach Art. 13 bzw. 14 DS-GVO für die betroffene Person erhältlich sein bzw. gegeben werden. Dies kann bspw. per Link zu der entsprechenden Website erfolgen, auf der alle Informationen vorgehalten werden. Möglich ist auch das Bereithalten eines dementsprechenden Informationsblattes, das jederzeit ausgehändigt bzw. übergeben oder zugesandt werden kann.“

Hinweis

Wer sich für den Weg einer praxistauglichen abgestuften Information entscheidet, also auf die Datenschutzerklärung auf der Homepage zu verweisen, sollte dabei folgende Formulierung – insbesondere als Signatur bei gewechselten E-Mails etc. – verwenden:

„Sie haben Fragen zu der Verarbeitung Ihrer personenbezogenen Daten? Dann beachten Sie bitte die Datenschutzerklärung auf unserer Homepage unter www.[…]. Auf Anfrage senden wir Ihnen diese auch gerne per Post zu.“

48 Es bietet sich daher an, im Falle der Verwendung einer eigenen Kanzleihomepage die dortige Datenschutzerklärung über die notwendigen datenschutzrechtlichen Hinweise, die sich auf den Besuch der Webseite beziehen, hinaus deutlich weiter zu fassen und eine Datenschutzerklärung zu integrieren, die auch die notwendigen Hinweise für den eigenen Geschäftsbetrieb erfasst. Dabei kann zugleich auch die ebenfalls für die Praxis

bedeutsame Fallgruppe der Verarbeitung personenbezogener Daten von Geschäftspartnern, Lieferanten und weiteren Kommunikationspartnern erfasst werden.

III. Information an den Mandanten nach Art. 14 DSGVO

Eine Besonderheit greift allerdings ein, wenn die personenbezogenen Daten des Mandanten dem Rechtsanwalt nicht direkt von diesem selbst anvertraut werden. Dies ist beispielsweise der Fall, wenn ein Rechtsanwalt im Auftrag einer Versicherung tätig wird und damit zugleich auch im Rahmen deren Prozessführungsbefugnis die mitversicherten Personen vertritt, die erst einmal über diesen Umstand informiert werden müssen, während der Rechtsanwalt selbst schon über eine Vielzahl an personenbezogenen Daten aus der übergebenen Schadenakte der Versicherung verfügt. Derselbe Sachverhalt liegt vor, wenn das Mandat über einen Auftrag vermittelt und erteilt wird, der beispielsweise bei einer Werkstatt oder einem Sachverständigen vom Mandanten unterschrieben und damit mit allen weiteren Informationen dem Anwalt zur Verfügung gestellt wird. Oder aber eine dritte Person handelt in Vertretung für den Mandanten und lässt dem Prozessbevollmächtigten schon eine Vielzahl an weiteren Informationen zukommen, worüber dann auch der Mandant als Betroffener zu informieren ist. 49

Die Informationspflichten des Art. 14 DSGVO entsprechen vielfach auch den Informationen, die nach Art. 13 DSGVO zu erbringen sind. Zusätzlich ist allerdings auch die Kategorie der personenbezogenen Daten, die verarbeitet werden und die Quelle der personenbezogenen Daten offen zu legen. Anders als im Falle des Art. 13 DSGVO, bei dem die o.g. Hinweise sofort zum Zeitpunkt der Datenverarbeitung erteilt werden müssen, hat der Rechtsanwalt im Anwendungsbereich des Art. 14 DSGVO einen Monat Zeit für die Erteilung der nach dieser Vorschrift zu erbringenden Informationen.

IV. Informationen gegenüber Dritten nach Art. 14 DSGVO

Bei der Übernahme eines verkehrsrechtlichen Mandats ist es im Regelfall unausweichlich, dass der Anwalt auch über eine Vielzahl an personenbezogenen Daten verfügt, die andere Personen als den Mandanten als dritte Personen betreffen. Dies gilt insbesondere bei einem umfangreichen Auszug aus einer amtlichen Ermittlungsakte mit einer Vielzahl an Zeugen, weiteren Beteiligten und ermittelnden Beamten. Für derartige Konstellationen sieht aber Art. 14 Abs. 5b DSGVO einen Ausnahmetatbestand vor. Die Informationen nach dieser Vorschrift müssen nicht erteilt werden, wenn sich dies als unmöglich erweist oder einen unverhältnismäßigen Aufwand erfordern würde. 50

> *Hinweis*
>
> Die Vielzahl an Daten betroffener neuer Personen bei der Einsicht in eine amtliche Ermittlungsakte oder Gerichtsakte stellen mithin bei der Unfallregulierung den Klassiker für diese Ausnahme dar. Es wäre schlichtweg unverhältnismäßig, allen Betroffenen nach einer solchen Akteneinsicht Informationen nach Art. 14 DSGVO zukommen zu lassen.

51 Unabhängig davon sieht Art. 29 BDSG eine Ausnahme von der Informationspflicht nach Art. 14 DSGVO vor, wenn durch die Erfüllung dieser Pflicht Informationen offenbart würden, die ihrem Wesen nach, insbesondere wegen überwiegendem berechtigten Interessen eines Dritten, geheim gehalten werden müssen. Hier ist zu beachten, dass der Rechtsanwalt zur Verschwiegenheit im Hinblick auf eine Information verpflichtet ist, die ihn im Rahmen des ihm anvertrauten Mandats erreichen. Er würde gegen berufsrechtliche Vorschriften verstoßen, wenn er die erteilten Informationen dritten Personen preisgeben würde. Dies wäre aber schon dann der Fall, wenn er die Herkunft und Kategorie der personenbezogenen Daten aus einem ihm erteilten Mandatsverhältnis gegenüber dritten betroffenen Personen zu offenbaren hätte. Allein unter dem Gesichtspunkt dieser berufsrechtlichen Geheimhaltungspflicht besteht gegenüber dritten Personen keine entsprechende Informationsverpflichtung.

V. Beratungspflichten in datenschutzrechtlicher Hinsicht

52 Schwierig zu beurteilen ist die Frage, ob und in welchem Umfang ein Rechtsanwalt seinen Mandanten auch bei der Verfolgung von Schadensersatzansprüchen im Verkehrsrecht über damit verbundene datenschutzrechtliche Anforderungen aufzuklären hat. Im Regelfall dürfte davon auszugehen sein, dass die Einhaltung datenschutzrechtlicher Vorschriften von einem erteilten Auftrag, Schadenersatzansprüche nach einem Verkehrsunfall durchzusetzen, zu trennen ist und eine eigene Angelegenheit darstellt.

Bei der Übernahme von Mandanten durch Privatpersonen ist ohnehin in diesem Kontext die Ausnahme des Art. 2 Abs. 2 Nr. 2 DSGVO zu beachten: Danach findet die DSGVO keine Anwendung durch natürliche Personen zur Ausübung ausschließlich persönlicher oder familiärer Tätigkeiten – wobei dieser Ausnahmetatbestand allerdings eng auszulegen ist.[11]

Wenn aber im Einzelfall bei der damit verbundenen Rechtsverfolgung auch zugleich ein offenkundiger Verstoß gegen datenschutzrechtliche Vorschriften auftreten kann, dürfte eine entsprechende Hinweispflicht des Prozessbevollmächtigten allerdings zu bejahen sein. In diesen Fällen ist das verkehrsrechtliche Mandat offenkundig mit der Einhaltung datenschutzrechtlicher Vorgaben verknüpft, sodass der Mandant im Einzelfall auch hier von seinem Prozessbevollmächtigten eine umfassende Beratung erwarten kann. Diese umfasst insbesondere die Voraussetzungen einer Rechtfertigungsgrundlage nach Art. 6 Abs. 1f DSGVO und mögliche Hinweispflichten des Mandanten nach Art. 14 DSGVO gegenüber den von ihm aufgenommenen Personen.

11 *Kühling/Kühling*, DSGVO, Art. 6 Rn 33 ff. m.w.N.

C. Informationsbeschaffung

Regelmäßig sind bei der Erteilung des Mandats nicht alle für die Unfallbearbeitung erforderlichen Informationen verfügbar. Im Interesse einer effektiven Mandatsbearbeitung müssen die fehlenden Informationen möglichst kurzfristig beschafft werden. Auf welchem Wege dies geschehen kann und was bei der Informationsbeschaffung zu beachten ist, wird nachfolgend dargestellt. **53**

Während die mandantenbezogenen Informationen ohne weiteres über Nachfrage beim Mandanten beschafft werden können, treten bei der **Beschaffung von Fremddaten** regelmäßig Probleme auf.

Hinweis **54**

Die Ermittlung der erforderlichen Daten ist in erster Linie darauf gerichtet, den Kfz-Haftpflichtversicherer des gegnerischen Unfallfahrzeugs zu ermitteln. Hintergrund dieser Grundregel ist der aus § 115 Abs. 1 Nr. 1 VVG resultierende Direktanspruch des Geschädigten gegen den Kfz-Haftpflichtversicherer des den Unfall verursachenden Fahrzeuges. Die weiteren Daten über den Fahrer und Halter des gegnerischen Unfallfahrzeugs werden bei der (rein) außergerichtlichen Abwicklung des Mandats i.d.R. nicht benötigt.

Steht der gegnerische Kfz-Haftpflichtversicherer fest, sollte deshalb keine Zeit mit der Ermittlung weiterer Daten über den Fahrer und Halter verschwendet werden. Anders liegt es jedoch, wenn sich während der vorgerichtlichen Korrespondenz herausstellt, dass nicht alle geltend gemachten Ansprüche erfüllt werden und somit eine gerichtliche Geltendmachung der Ansprüche gegenüber der gegnerischen Kraftfahrzeughaftpflichtversicherung unausweichlich wird. In diesem Fall wird es vielfach geboten sein, den ansonsten als Zeugen zugunsten des gegnerischen Versicherers aussagenden Fahrer mit zu verklagen. Dann bietet es sich an, die Person des Fahrers bereits während der außergerichtlichen Betreuung des Mandates umgehend zu ermitteln. **55**

I. Ermittlung des gegnerischen Fahrers

Name und Anschrift des gegnerischen Unfallfahrers lassen sich regelmäßig über die den Unfall aufnehmende **Polizeidienststelle** in Erfahrung bringen. Fand keine polizeiliche Unfallaufnahme statt, lässt sich die Person des Fahrers allenfalls über weitere **Unfallzeugen** ermitteln. Dieser Weg ist jedoch äußerst beschwerlich und sollte nur in den Fällen gegangen werden, in denen die Person des Fahrers für die weitere Schadensabwicklung benötigt wird. **56**

Dringend erforderlich sind die Fahrerdaten mithin erst wieder im Klageverfahren. Dort bietet es sich an, den Fahrer dadurch als Zeugen „auszuschalten“, dass er mitverklagt wird. Insoweit wird es aber im Einzelfall sorgfältig abzuwägen sein, ob ein solcher „Vorteil“ ggf. einen hohen Ermittlungsaufwand rechtfertigt. Letztendlich wird der betroffene Fahrer aller Voraussicht nach als Partei vom Gericht aus angehört werden und der

Gehalt seiner Aussage ist bei zutreffender Würdigung seines persönlichen Interesses und seiner Beteiligung ungeachtet der formellen Einkleidung seiner Person im Prozess derselbe wie bei einer Zeugenaussage.

Eine Alternative zu einem umfangreichen eigenen Ermittlungsaufwand besteht mithin darin, es dem gegnerischen Kraftfahrzeughaftpflichtversicherer zu überlassen, die Daten „ihres Zeugen" zu ermitteln und diesen im Prozess zu präsentieren. In diesem Fall kann der nunmehr bekannte Fahrer im Laufe des Prozesses mitverklagt werden. Bei einem solchen Vorgehen ist allerdings darauf zu achten, dass die örtliche Zuständigkeit des Gerichtes hierbei vorsorglich über den Unfallort (§ 32 ZPO, § 20 StVG) begründet werden sollte, um frei von einer Gerichtsstandvereinbarung den Fahrer als Beklagten in den Prozess mit einbeziehen zu können.

II. Ermittlung des gegnerischen Halters

57 Name und Anschrift des Halters des gegnerischen Unfallfahrzeugs können ebenso wie Fahrerdaten über die aufnehmende **Polizeidienststelle** erfragt werden. Ist der Halter auch dort nicht bekannt oder wurde der Unfall nicht polizeilich aufgenommen, lässt sich der Halter über eine sog. **Halteranfrage** bei der zuständigen Straßenverkehrsbehörde in Erfahrung bringen.

58 ▼

Muster 1.4: Halteranfrage

Straßenverkehrsamt

– Zulassungsstelle –

Halteranfrage

Pkw , amtl. Kennzeichen

Sehr geehrte Damen und Herren,

ich vertrete die rechtlichen Interessen von aus . Eine Kopie der auf mich lautenden Vollmacht füge ich in der Anlage bei.

Am wurde der im Eigentum meines Mandanten stehende Pkw von dem Pkw mit dem amtlichen Kennzeichen bei einem Verkehrsunfall durch das fremde Fahrzeug beschädigt. Zur Wahrung der zivil- und strafrechtlichen Ansprüche meines Mandanten bitte ich um Benennung des Halters und – soweit bekannt – des Kfz-Haftpflichtversicherers des vorbezeichneten Fahrzeugs.

Mit freundlichen Grüßen

(Rechtsanwalt)

▲

59 Die Halteranfrage setzt voraus, dass

- das Kfz-Kennzeichen des betreffenden Fahrzeugs bekannt ist und
- der Straßenverkehrsbehörde ein rechtliches Interesse an der Auskunft nachgewiesen wird.

Sofern die Halteranfrage für die Verkehrsunfallbearbeitung erforderlich ist, bestehen am rechtlichen Interesse grundsätzlich keine Zweifel.

Ebenso wie die Ermittlung des Fahrers ist die Ermittlung des Halters nicht zwingend erforderlich. Wie bereits ausgeführt, ist es Ziel des Bearbeiters verkehrsunfallrechtlicher Mandate, den Kfz-Haftpflichtversicherer des gegnerischen Unfallfahrzeugs in Erfahrung zu bringen. Ist der Versicherer bekannt, kann auf die Ermittlung des Halters in der Regel verzichtet werden. Ist der Versicherer hingegen nicht bekannt, sind zu dessen Ermittlung die Daten des Halters zwingend erforderlich. Die für die Halteranfrage zuständige Straßenverkehrsbehörde wird über das Kfz-Kennzeichen ermittelt. Auch wenn die Zulassungsstellen in der Regel bekannt sind, kann die Suche nach ihnen in Einzelfällen durchaus detektivische Kleinarbeit erfordern.

III. Ermittlung des gegnerischen Kfz-Haftpflichtversicherers

Die für die tägliche Verkehrsunfallbearbeitung zentrale und annähernd unverzichtbare **60**
Information ist die über den Kfz-Haftpflichtversicherer des gegnerischen Unfallfahrzeugs. Wie bereits dargelegt sollte die gesamte Schadensabwicklung grundsätzlich über den Kfz-Haftpflichtversicherer erfolgen.

Der gegnerische Kfz-Haftpflichtversicherer lässt sich auf einfachem Wege über den sog. **61**
Zentralruf der Autoversicherer ermitteln. Der Zentralruf der Autoversicherer ist die staatliche Auskunftsstelle zur Geltendmachung von Schadensersatzansprüchen nach Verkehrsunfällen in Deutschland und dem europäischen Ausland. Er hilft auch bei Unfällen mit ausländischen Verkehrsteilnehmern in Deutschland.

Hierbei bestehen insbesondere die beiden nachfolgend genannten Wege der Kontaktauf- **62**
nahme:

- Der Zentralruf der Autoversicherer besitzt die bundesweite (gebührenfreie) Rufnummer **0800 – 250 2600**.
- Die Kontaktaufnahme kann auch über die Internetseite des Zentralrufs erfolgen: Das Onlineformular findet sich derzeit unter www.zentralruf.de.
- Um über den Zentralruf der Autoversicherer den Kfz-Haftpflichtversicherer des geg- **63**
nerischen Unfallfahrzeugs ermitteln zu können, müssen ihm in jedem Fall das Kennzeichen, ggf. auch Fahrzeugtyp des gegnerischen Unfallfahrzeugs und Datum des Verkehrsunfalls, wenn möglich auch Name, Vorname und Wohnort des Halters mitgeteilt werden.

Sollte ausnahmsweise direkt mit dem Fahrer bzw. Halter die Korrespondenz geführt **64**
werden müssen, bietet sich das nachfolgende Formular an:

▼

Muster 1.5: Schreiben an den gegnerischen Halter

1.5

Herrn/Frau

Verkehrsunfall vom

Pkw ___, amtl. Kennzeichen ___

Sehr geehrte/r Frau/Herr ___,

ausweislich der in Kopie beigefügten Vollmacht vertrete ich die Interessen des Herrn ___ aus ___. Mein Mandant ist Eigentümer des Pkw ___ mit dem amtlichen Kennzeichen ___. Am ___ wurde das Fahrzeug meines Mandanten in ___ in einen Unfall verwickelt. Unfallverursacher war der Fahrer des Pkw ___ mit dem amtlichen Kennzeichen ___.

Nach den mir vorliegenden Informationen waren Sie zum Unfallzeitpunkt Halter/Fahrer des vorbezeichneten Fahrzeugs. Demgemäß besitzt mein Mandant aus Anlass des Unfallereignisses Ansprüche auf Schadensersatz gegen Sie.

Ich beabsichtige, die Ansprüche meines Mandanten unmittelbar gegenüber dem Kfz-Haftpflichtversicherer für Ihr Fahrzeug abzuwickeln. Hierfür bitte ich um die Benennung des betreffenden Unternehmens sowie der Versicherungsscheinnummer.

Für die Beantwortung meines Schreibens habe ich mir eine Frist bis zum

___ (*1-Wochen-Frist*)

notiert. Sollte ich von Ihnen bis dahin keine Rückantwort erhalten, werde ich die Ansprüche meines Mandanten unmittelbar gegen Sie geltend machen und erforderlichenfalls zwangsweise durchsetzen. Dies sollten Sie im eigenen Interesse vermeiden.

Mit freundlichen Grüßen

(Rechtsanwalt)

▲

65 Ist der Kfz-Haftpflichtversicherer erst einmal ermittelt, ist bereits eine wesentliche Hürde im Rahmen der Datenermittlung für die Verkehrsunfallbearbeitung genommen. Nunmehr sollte dem Versicherer die weitere Schadensbearbeitung erleichtert werden, um dadurch die erwünschte Beschleunigung des Verfahrens zu bewirken. Folgende Daten helfen dem Versicherer, den Unfallschaden dem Versicherungsvertrag für das Kraftfahrzeug zuzuordnen:

- Versicherungsscheinnummer = Vertragsnummer des Kfz-Haftpflichtversicherungsvertrags (oder)
- Elektronische Versicherungsbestätigungs-Nummer (früher: Doppelkartennummer) = vorläufige Vertragsnummer des Kfz-Haftpflichtversicherungsvertrags (oder)
- Schadensnummer = das für den konkreten Schadenfall vergebene Aktenzeichen des Versicherers.

66 Während die **Versicherungsschein-** oder die **Doppelkartennummer** vom Zentralruf der Autoversicherer unter den o.g. Voraussetzungen erfragt werden kann, setzt die **Schadensnummer** voraus, dass der Schaden beim Versicherer bereits bekannt ist. Das ist nur dann der Fall, wenn der Schaden dem Versicherer bereits zuvor von dem Versicherungsnehmer gemeldet wurde. Darüber hinaus erlangt der Versicherer Kenntnis von dem Schadenfall, wenn eine Anfrage an den Zentralruf gerichtet wird. In diesem Fall informiert der Zentralruf den betreffenden Versicherer über die Anfrage. Der Versicherer wird die Information zum Anlass nehmen, eine Schadensnummer zu vergeben und u.U. eine Schadensanzeige vom Versicherungsnehmer abzufordern.

In der Praxis erfährt der Kfz-Haftpflichtversicherer jedoch häufig erst durch den Geschädigten bzw. dessen Anwalt von dem Verkehrsunfall, weshalb die Schadensnummer noch nicht in Erfahrung gebracht werden kann.

In dem Anspruchsschreiben an den Kfz-Haftpflichtversicherer müssen nicht zwingend 67
Angaben über Versicherungsschein-, Doppelkarten- oder Schadensnummer gemacht werden. Die Daten sind durchaus verzichtbar. In der Kraftfahrtversicherung wird der Versicherungsvertrag in erster Linie über das Kennzeichen und erst in zweiter Linie über den Versicherungsnehmer verwaltet. Der Schaden lässt sich deshalb regelmäßig bereits durch die Benennung des amtlichen Kennzeichens und/oder des Versicherungsnehmers dem konkreten Versicherungsvertrag zuordnen. In diesem Fall sollte allerdings vor der Versendung des ersten Anspruchsschreibens durch telefonische Rücksprache bei dem betreffenden Versicherer überprüft werden, ob das Fahrzeug dort tatsächlich versichert ist.

Letztlich ist die Schadensbearbeitung dadurch zu beschleunigen, dass die **örtlich zuständige Direktion des Versicherers** in Erfahrung gebracht und unmittelbar angeschrieben 68
wird. Nahezu alle großen Kfz-Haftpflichtversicherer verfügen über zahlreiche regionale Direktionen, die mit der eigenständigen Bearbeitung von Verkehrsunfällen beauftragt sind. Andere Versicherer regulieren sämtliche Haftpflichtschäden über eine bundesweite Schadenszentrale. Sind dezentrale Direktionen für die Schadensbearbeitung zuständig, verzögert sich die gesamte Schadenssachbearbeitung erheblich, wenn das Anspruchsschreiben an die sachlich unzuständige Direktion des Versicherers versandt wird.

Welche Direktion letztlich zuständig ist, lässt sich in der Regel über eine telefonische Anfrage bei der örtlichen oder nächstgelegenen Vertretung des betreffenden Versicherers in Erfahrung bringen. Bei einer Anfrage an den Zentralruf der Autoversicherer wird i.d.R. auch die örtlich zuständige Direktion bekannt gegeben.

IV. Ermittlung des gegnerischen Unfallfahrzeugs

Die Angaben über das Fahrzeugkennzeichen und ggf. auch den Fahrzeugtyp des gegneri- 69
schen Unfallfahrzeugs sind unabdingbare Voraussetzungen für die Halteranfrage und die Anfrage an den Zentralruf der Autoversicherer. Darüber hinaus sind sie ein wichtiges Hilfsmittel bei Anfragen über bestehenden Versicherungsschutz beim Kfz-Haftpflichtversicherer. Sind die betreffenden Daten nicht verfügbar, lassen sie sich u.U. über eine Anfrage bei der den Unfall aufnehmenden Polizeidienststelle in Erfahrung bringen.

Ist die aufnehmende Polizeidienststelle nicht bekannt oder erfolgte keine Unfallauf- 70
nahme, können solche Informationen allenfalls über den Fahrer oder den Halter des gegnerischen Unfallfahrzeugs oder über Unfallzeugen in Erfahrung gebracht werden.

V. Ermittlung der polizeilichen Unfallakte

71 Ein wichtiges Beweismittel bei der Verkehrsunfallbearbeitung ist die polizeiliche Ermittlungsakte. Unabhängig von den darin festgehaltenen Sach- und Personendaten gibt ein Einblick in die Ermittlungsakte häufig wichtige Hinweise darüber,

- wer den Unfall verursacht und verschuldet hat,
- welche Unfallzeugen zur Verfügung stehen und
- wie sie sich zum Unfallgeschehen geäußert haben.

Auf eine Einsichtnahme kann deshalb in der Regel nicht verzichtet werden. Nichts ist peinlicher, als erst im Prozess zu bemerken, dass den Behauptungen des Mandanten über den angeblichen Unfallhergang Beweise entgegenstehen, die sich allein aus der polizeilichen Ermittlungsakte entnehmen lassen.

72 Die für den Verkehrsunfall **zuständige Polizeidienststelle** bestimmt sich nach dem Ort des Unfallgeschehens und damit nach geographischen Gesichtspunkten. Ist die Zuständigkeitsverteilung zwischen den verschiedenen Polizeidienststellen einer Gemeinde nicht bekannt, kann sie über die Zentrale der zuständigen Polizei erfragt werden.

73 Anfragen an die Polizeidienststelle über konkrete Unfalldaten verlaufen regelmäßig negativ, wenn der Unfall bereits einige Zeit zurückliegt. Dies ist darauf zurückzuführen, dass die Akten nach dem Abschluss der polizeilichen Ermittlungen an die Ordnungsbehörde der Gemeinde oder die Staatsanwaltschaft abgegeben werden.

74 Handelt es sich um einen Unfall minderschweren Ausmaßes, wird der Vorgang nach Abschluss der Ermittlungen an die für die Ahndung von Verkehrsordnungswidrigkeiten zuständige **Ordnungsbehörde** abgegeben. Dort wird geprüft, ob gegen die Beteiligten des Verkehrsunfalls ein Verwarnungs- oder Bußgeldverfahren durchgeführt wird. In diesem Fall sind Akteneinsichtsgesuche unmittelbar an die betreffende Ordnungsbehörde zu richten. Bei der Ordnungsbehörde erhält die Akte ein eigenes Aktenzeichen. Das Aktenzeichen kann bei der ehemals zuständigen Polizeidienststelle erfragt werden. Ist es dort nicht bekannt, ist eine telefonische Anfrage hinsichtlich des Aktenzeichens unmittelbar an die Ordnungsbehörde zu richten.

75 Handelt es sich um einen schwerwiegenderen Verkehrsunfall, bei dem eine Verkehrsstraftat in Betracht kommt, ist die Polizeidienststelle verpflichtet, die Angelegenheit zur weiteren Bearbeitung an die **Staatsanwaltschaft** weiterzuleiten. Dort wird geprüft, ob und inwieweit ein strafrechtliches Ermittlungsverfahren gegen einen oder mehrere Beteiligte des Verkehrsunfalls durchzuführen ist. Eine Verkehrsstraftat kommt bereits in Betracht, wenn eine der am Unfall beteiligten Personen behauptet, bei dem Unfall einen Personenschaden erlitten zu haben. Hierfür reicht es theoretisch bereits aus, ein „Ziehen" im Nacken zu verspüren, was auf ein HWS-Syndrom zurückgeführt werden kann. Dann muss von der Staatsanwaltschaft geprüft werden, ob ein Ermittlungsverfahren wegen des Verdachts einer fahrlässigen Körperverletzung einzuleiten ist.

Auch das von der Staatsanwaltschaft vergebene Aktenzeichen kann u.U. bei der zunächst zuständigen Polizeidienststelle in Erfahrung gebracht werden. Ist es dort noch nicht bekannt, lässt es sich durch eine telefonische Anfrage bei der Eingangsstelle der zuständigen Staatsanwaltschaft ermitteln. Anknüpfungspunkte für die Ermittlung des staatsanwaltschaftlichen Aktenzeichens sind entweder der Eingang der Ermittlungsakte bei der Staatsanwaltschaft oder der bzw. die Namen der Beteiligten, gegen den oder die ein Ermittlungsverfahren durchgeführt wird. 76

Wurde bereits ein Akteneinsichtsgesuch an die betreffende Polizeidienststelle gerichtet und befindet sich die Akte nunmehr bei der Ordnungsbehörde oder der Staatsanwaltschaft, erfordert dies kein nochmaliges Akteneinsichtsgesuch. Die Anfrage an die Polizei wird von dort stets an die Staatsanwaltschaft oder die Ordnungsbehörde weitergeleitet, sofern sie sich nicht bereits bei dem betreffenden Vorgang befindet. 77

> *Hinweis*
>
> Die Ermittlungsakten werden nicht von der Polizeidienststelle, sondern entweder von der Staatsanwaltschaft oder von der Ordnungsbehörde versandt. Nur letztere sind zur Versendung berechtigt. Anfragen oder Beschwerden wegen einer **verzögerten Akteneinsicht** sollten deshalb nicht an die Polizeidienststelle gerichtet werden.

In der Regel werden die amtlichen Ermittlungsakten erst **nach dem Abschluss** der amtlichen Ermittlungen herausgegeben. Dies führt in der Praxis zu erheblichen Verzögerungen in der Schadenabwicklung. Verständlicherweise wird der zuständige Sachbearbeiter eines Kfz-Haftpflichtversicherers bei widersprüchlichen Angaben über den Schadenhergang oder bei fehlender Schadenanzeige des Versicherungsnehmers erst nach der Einsichtnahme in die amtlichen Ermittlungsakten in die Regulierung eintreten. 78

Für die **Anforderung** der polizeilichen Ermittlungsakten sind folgende Daten erforderlich: 79

- Name und Adresse der Polizeidienststelle,
- Name mindestens eines Unfallbeteiligten,
- Aktenzeichen bzw. Tagebuch- oder Einsatzblattnummer der Polizeidienststelle oder
- Angabe über Unfallort und Unfallzeit (Datum und möglichst genaue Uhrzeit).

Dem Anforderungsschreiben ist stets eine Legitimation des Rechtsanwalts in Form einer Prozessvollmacht beizufügen.

▼ 80

Muster 1.6: Anforderung der polizeilichen Ermittlungsakte

Polizei

Tgb-Nr./Ebl-Nr./Az.

Verkehrsunfall vom

Pkw , amtl. Kennzeichen

Sehr geehrte Damen und Herren,

ausweislich der anliegenden Vollmacht hat mich Herr aus mit der Wahrnehmung seiner Interessen in der vorbenannten Ermittlungssache beauftragt. Mein Mandant wird sich zur Sache nur über mich äußern. Vorab bitte ich höflich um die Übersendung der amtlichen Ermittlungsakten für die Dauer von drei Tagen. Etwaige Hinderungsgründe bitte ich mir zeitnah anzuzeigen.

Mit freundlichen Grüßen

(Rechtsanwalt)

▲

81 Häufig macht der gegnerische Haftpflichtversicherer die Regulierung des Schadens von der Einsicht in die Ermittlungsakten abhängig. Ist aus diesen oder anderen Gründen besondere Eile geboten, kann beim Ordnungsamt oder der Staatsanwaltschaft **persönlich Akteneinsicht** genommen werden. Über das Aktenzeichen des Vorgangs lassen sich der zuständige Sachbearbeiter und dessen Sitz im Gebäude des Ordnungsamtes bzw. der Staatsanwaltschaft ermitteln. Es empfiehlt sich, vor der persönlichen Akteneinsicht telefonische Rücksprache über den Aufenthaltsort der Akte zu nehmen, da der Vorgang zur Durchführung weiterer Ermittlungen versandt worden sein kann.

82 Wird die Akte schließlich übersandt, gewährt die betreffende Behörde Akteneinsicht für regelmäßig **drei bis sieben Tage**. In dieser Zeit sollte der wesentliche Inhalt der Ermittlungsakte vervielfältigt werden. Wesentlich sind sämtliche Daten über den Unfallhergang und die sich daran anschließenden Ermittlungen. Unwichtige Verfügungen oder sonstige „neutrale" Schreiben brauchen nicht kopiert zu werden.

83 Für die Übermittlung der Akte können **Kosten** in Rechnung gestellt werden. Die Höhe der Kosten richtet sich nach Landesgesetzen und ist regional unterschiedlich. Die Akteneinsicht bleibt üblicherweise kostenlos, wenn gegen den eigenen Mandanten ein Verwarnungsgeld-, Ordnungswidrigkeiten- oder Strafverfahren durchgeführt wird. Ist die Sachlage hingegen eindeutig und erfolgt die Akteneinsicht augenscheinlich zur Verfolgung zivilrechtlicher Ansprüche, werden Verwaltungsgebühren in Rechnung gestellt.

84 In der Regel beauftragt der Mandant den Rechtsanwalt in Verkehrsunfällen auch mit der Wahrnehmung seiner Interessen in ordnungs- und strafrechtlicher Hinsicht. Mit der Übernahme des Mandats sollte der Mandant darauf hingewiesen werden, dass er sich ab sofort gegenüber den Behörden oder Dritten **nicht mehr zum Unfallhergang äußern** sollte. Stellungnahmen sind möglichst nur noch vom Rechtsanwalt abzugeben, um zu vermeiden, dass widersprüchliche Angaben zu den Akten gelangen. Die anwaltlichen Stellungnahmen sollten ihrerseits erst nach Einsicht in die Ermittlungsakten erfolgen.

85 Kosten, die durch die Einsicht in Ermittlungsakten entstanden sind, stellen i.d.R. notwendige Kosten der Rechtsverfolgung i.S.d. § 249 BGB dar und sind vom Schädiger zu ersetzen. Die entstandenen Kopierkosten sollten zu diesem Zweck in der Akte gesondert dokumentiert werden.

VI. Ermittlung sonstiger Beweismittel für den Unfallhergang

Sofern über den Unfallhergang Streit besteht, lässt sich dessen Ablauf über folgende Beweismittel u.U. rekonstruieren: 86

- **Schadensgutachten**: Lässt der Mandant den Unfallschaden an seinem Fahrzeug sachverständig begutachten, lassen sich daraus häufig Rückschlüsse über den Schadenshergang herleiten. Da das Gutachten dem gegnerischen Kfz-Haftpflichtversicherer übersandt wird, sollten die darin befindlichen Fotografien zumindest kopiert, im Bedarfsfall auch abfotografiert werden.
  Um die Regulierung der Schäden zu beschleunigen, empfiehlt es sich zudem, sich das Schadensgutachten per E-Mail als pdf-Dokument von dem Sachverständigen übermitteln zu lassen, um dieses dann auch als E-Mail an den Haftpflichtversicherer weiterzuleiten. Damit umgeht man Zeitverluste durch Postlaufzeiten sowie die Scanvorgänge beim Haftpflichtversicherer.
- **Rekonstruktionsgutachten/Unfallgutachten**: In einem Unfallgutachten wird der konkrete Unfallhergang durch einen Sachverständigen rekonstruiert. Da das Unfallgutachten mit erheblichen Kosten verbunden ist, spielt es im Rahmen der außergerichtlichen Unfallregulierung nur eine untergeordnete Rolle. Dies mag sich aber ändern, wenn das Auslesen von Fahrzeugdaten immer mehr an Bedeutung gewinnt und dies die Einschaltung eines Sachverständigen erfordert. Kommt es zu einem erheblichen Personenschaden, bietet es sich u.U. an, durch die Stellung eines Strafantrags die staatlichen Strafverfolgungsbehörden zur Einholung eines entsprechenden Unfallgutachtens zu veranlassen.
- **Fotos vom Unfallort** sind hilfreich, wenn sie sichtbare Unfallspuren (z.B. Glasscherben, Bremsspuren) am Unfallort dokumentieren oder den Unfallhergang verdeutlichen. Besondere Bedeutung gewinnen diese Bilder u.U., wenn auf ihnen die Unfallendstellung der Kraftfahrzeuge dokumentiert wird.
- **Dashcam-Aufnahmen** erlangen immer größere Bedeutung bei der Aufklärung von Verkehrsunfallgeschehen und sie bieten für die Auswertungen im Rahmen von Unfallrekonstruktionsgutachten häufig die bestmöglichen Aufklärungschancen. Der Sachverständige hat damit die notwendigen Tatsachen an der Hand, um fundierte Aussagen zum tatsächlichen Unfallablauf treffen zu können.
- **Unfallzeugen**: Als unmittelbare Beweismittel haben Zeugenaussagen ebenfalls einen hohen Beweiswert. Sind die Namen und Daten der Unfallzeugen nicht bekannt, lassen sie sich regelmäßig durch einen Blick in die polizeiliche Ermittlungsakte ermitteln. Noch wichtiger für die Unfallbearbeitung sind bereits vorhandene Zeugenaussagen in der Ermittlungsakte, welche im unmittelbaren zeitlichen Kontext zum Unfallgeschehen erfolgt sind und daher als unverfälschte Wiedergabe des Erlebten einen besonders glaubhaften Aussagegehalt aufweisen.

Hinweis 87

Sind Unfallzeugen bekannt und steht nicht fest, ob sie sich gegenüber der Polizei oder den Strafverfolgungsbehörden zur Sache äußern werden, empfiehlt es sich dringend, sie um eine schriftliche Bestätigung ihrer Beobachtungen zu bitten. Dadurch wird nicht nur die außergerichtliche Beweisführung erleichtert. Kommt es zu einem Prozess, liegt das Verkehrsunfallgeschehen häufig bereits lange Zeit zurück. Viele Zeugen können sich deshalb nicht mehr an alle wesentlichen Einzelheiten des Unfallhergangs erinnern. Haben sie sich bereits kurze Zeit nach dem Unfall schriftlich zum Unfallhergang geäußert, kann ihnen im Prozess die Aussage vorgehalten werden. Dann werden sie in aller Regel ihre ursprünglichen Angaben als richtig bestätigen.

88 ▼

Muster 1.7: Anfrage an Unfallzeugen

Herrn/Frau

Verkehrsunfall vom ,

Pkw , amtl. Kennzeichen

Sehr geehrte/r Frau/Herr ,

ich vertrete die Interessen von aus . Gegenstand meines Auftrags ist der Verkehrsunfall vom in . Nach den mir vorliegenden Informationen waren Sie Zeuge des Verkehrsunfalls. Zur Wahrung der berechtigten Interessen meines Mandanten benötige ich dringend weitere Informationen zum Unfallhergang. Ich wäre Ihnen deshalb sehr verbunden, wenn Sie den beigefügten Kurz-Fragebogen ausfüllen und an mich zurücksenden könnten. Dies kann gerne auch in eingescannter Fassung per E-Mail unter Angabe unseres Az. geschehen.

Für Ihre Mühen bedanke ich mich – auch im Namen meines Mandanten – im Voraus.

Mit freundlichen Grüßen

(Rechtsanwalt)

▲

Bei der Kontaktaufnahme und Anfragen an den Zeugen sollte auch ein Datenschutzhinweis nach Art. 14 DSGVO erteilt werden – entweder unter Verweis auf die Homepage oder aber unter Beifügung eines Hinweisblattes.

89 ▼

Muster 1.8: Zeugenfragebogen

Unfalltag: Unfallzeit:

Unfallort:

Witterungsbedingungen:

Fahrbahn: Nass □ Glatt □ Trocken □ Sonstiges:

Lichtverhältnisse: Hell □ Dämmerung □ Nacht □ Nebel □ Sonstiges:

Beteiligte Fahrzeuge:

Fahrzeug 1: Fahrzeug 2:

Kennzeichen: Kennzeichen:

Fahrzeugtyp: Fahrzeugtyp:

Fahrzeug 3:
Kennzeichen:
Fahrzeugtyp:

Fahrzeug 4:
Kennzeichen:
Fahrzeugtyp:

Unfallgeschehen:

Bitte schildern Sie den Unfallhergang so genau wie möglich:

Sind Ihnen weitere Zeugen bekannt? Ja □ Nein □

Ggf. bitte angeben: Name und Adressen

Zeuge 1:

Zeuge 2:

Zeuge 3:

Unfallskizze:

Bitte fertigen Sie zur Veranschaulichung eine Unfallskizze an und tragen Ihren Standort ein.

Datum:

Unterschrift:

▲

VII. Zusammenfassung

Die Ansprüche sind in erster Linie gegenüber dem gegnerischen Kraftfahrzeughaft- **90**
pflichtversicherer anzumelden. Sofern dieser bekannt ist, ist eine weitere Ermittlung des Fahrers und Halters des gegnerischen Fahrzeugs für die außergerichtliche Abwicklung i.d.R. nicht erforderlich. Erforderlichenfalls sollte der Aufwand für weitere Ermittlungen dieser Personen so gering wie möglich gehalten werden. Ist die Kraftfahrzeughaftlichtversicherung nicht bekannt, kann diese Erfolg versprechend durch eine Nachfrage beim Zentralruf der Autoversicherer bzw. als „Begleitauskunft" durch eine Halteranfrage bei der Zulassungsbehörde in Erfahrung gebracht werden. Für beide Auskünfte ist die Angabe des amtlichen Kennzeichens des gegnerischen Fahrzeugs, bei dem Zentralruf der Autoversicherer ggf. auch die Adresse des Halters sowie die Angabe des Fahrzeugtyps erforderlich. Sofern der Mandant das amtliche Kennzeichen und den Fahrzeugtyp nicht angeben kann, können diese Erkenntnisse bei einer polizeilichen Unfallaufnahme aus der Ermittlungsakte bzw. einem polizeilichen Unfallaufnahmebericht in Erfahrung gebracht werden. Bei einer solchen Unfallaufnahme ist im Übrigen eine Einsicht in die Ermittlungsakte schon deshalb unentbehrlich, um den gesamten Sachverhalt des Unfalles einschließlich ggf. wichtiger Zeugenaussagen zu erfassen und vor unliebsamen „Überraschungen" gefeit zu sein.

D. Anspruchsanmeldung

91 Je nach der Art des konkreten Schadenseintritts stehen dem Geschädigten **unterschiedliche Anspruchsgegner** zur Verfügung. Wird der Schaden durch ein Kraftfahrzeug verursacht, können dies gleichermaßen Fahrer, Halter und der für das Fahrzeug zuständige Kfz-Haftpflichtversicherer sein. Wird der Schaden durch einen Passanten, einen Radfahrer oder beispielsweise ein Tier verursacht, stehen nur die unmittelbaren Schadensverursacher bzw. beim Tier dessen Halter oder Aufseher zur Verfügung. Für diese Schadensverursacher besteht zwar u.U. Versicherungsschutz in einer privaten Haftpflichtversicherung. Gegen diese Versicherer besteht jedoch kein Direktanspruch wie gegen Kfz-Haftpflichtversicherer gemäß § 115 Abs. 1 Nr. 1 VVG. Ausnahemsweise kann auch hier aber ein direkter Anspruch bestehen, wenn über das Vermögen des Versicherungsnehmers das Insolvenzverfahren eröffnet oder der Eröffnungsantrag mangels Masse abgewiesen worden ist oder ein vorläufiger Insolvenzverwalter bestellt worden ist (§ 115 Abs. 1 Nr. 2 VVG) oder wenn der Aufenthalt des Versicherungsnehmers unbekannt ist (§ 115 Abs. 1 Nr. 3 VVG).

92 Ziel der Schadensbearbeitung ist es, in jedem Fall möglichst umgehend einen zuständigen Kfz- oder Privathaftpflichtversicherer zu ermitteln, um mit ihm die weitere Schadenskorrespondenz zu führen. Diese Vorgehensweise hat erhebliche Vorteile, nämlich

- jeder Haftpflichtversicherer ist ein solventer Verhandlungspartner;
- die Sachbearbeiter der Haftpflichtversicherer haben hohe fachliche Kompetenz;
- Haftpflichtversicherer sind u.U. zu einer kostenlosen Schadenschätzung bereit;
- Haftpflichtversicherer sind u.U. zu Vorschusszahlungen bereit.

I. Anspruchsschreiben bei bestehendem Direktanspruch

93 Ein solches Anspruchsschreiben wird im Folgenden exemplarisch anhand eines Musterbeispiels erläutert.

1. Fall

94 Der Mandant A ist Opfer eines polizeilich aufgenommenen Auffahrunfalls. Der gegnerische Kfz-Haftpflichtversicherer ist bekannt. Für den Unfallhergang stehen Zeugen zur Verfügung. Infolge des Unfalls erlitt A Personenschäden und sein Fahrzeug Sachschäden. A hat einen Sachverständigen mit der Begutachtung des Fahrzeugs beauftragt. Die voraussichtlichen Reparaturkosten kann A nicht aus eigenen Geldmitteln bestreiten.

2. Muster: Anspruchsschreiben an die Kfz-Haftpflichtversicherung

▼

Muster 1.9: Anspruchsschreiben an Kfz-Haftpflichtversicherung – konkretes Beispiel bei einem Auffahrunfall 95

1.9

___ Versicherung AG

___

___

Schaden-Nr./VS-Nr./Az ___

Schaden vom ___

Pkw ___, amtl. Kennzeichen ___

Sehr geehrte Damen und Herren,

Herr ___ aus ___ beauftragte mich mit der Wahrnehmung seiner Interessen in der im Betreff genannten Verkehrsunfallangelegenheit. Eine Kopie der auf mich lautenden Vollmacht füge ich in der Anlage bei.

Mein Mandant ist Eigentümer des Pkw ___ mit dem amtlichen Kennzeichen ___. Das Fahrzeug ist bei der ___-Versicherung haftpflicht- und mit ___ EUR vollkaskoversichert.

Dem Verkehrsunfall liegt folgender Sachverhalt zugrunde:

Am Unfalltage befuhr mein Mandant mit seinem Pkw gegen ___ Uhr die ___ in Richtung ___. Im Kreuzungsbereich zur ___-Straße brachte er sein Fahrzeug vor der dort auf Rot geschalteten Lichtzeichenanlage zum Halten. Sodann fuhr Herr ___ als Fahrer des bei ihnen versicherten Fahrzeugs auf das Heck des bereits mehrere Sekunden stehenden Fahrzeugs meines Mandanten auf.

Der Verkehrsunfall wurde allein vom Fahrer des bei Ihnen versicherten Fahrzeugs verursacht und verschuldet.

Der Verkehrsunfall wurde bei der Polizei ___ aufgenommen. Wir haben bereits Akteneinsicht beantragt. Sofern Sie es wünschen, lassen wir Ihnen gerne zu den üblichen Konditionen einen kompletten Auszug aus der Ermittlungsakte zukommen. Darüber hinaus stehen als Unfallzeugen Herr ___ und Frau ___ aus der ___-Straße in ___ zur Verfügung.

Mein Mandant erlitt infolge des Zusammenstoßes nicht unerhebliche Verletzungen. Er ließ den Personenschaden im ___-Krankenhaus in ___ erst- und bei ___ in der ___-Straße ___ in ___ weiterbehandeln. Bitte holen Sie bei den benannten Ärzten Berichte über die erlittenen Unfallverletzungen ein. Mein Mandant erteilt Dispens von der ärztlichen Schweigepflicht mit der Maßgabe, dass Durchschriften der Arztberichte an mein Büro übersandt werden. Eine Schweigepflichtentbindungserklärung meines Mandanten füge ich in der Anlage bei.

An dem Fahrzeug meines Mandanten entstand ein erheblicher Sachschaden, der derzeit sachverständig begutachtet wird. Ich werde den Schaden nach Vorlage des Gutachtens gesondert beziffern. In diesem Zusammenhang weise ich ausdrücklich darauf hin, dass mir von meinem Mandanten keine Empfangsvollmacht für die Entgegennahme erhöhter Restwertangebote erteilt wurde. Sollte Ihnen zu gegebener Zeit ein solches vorliegen, bitte ich Sie, das Angebot unmittelbar an meinen Mandanten zu übersenden.

Mein Mandant ist nicht zum Vorsteuerabzug berechtigt. Bereits jetzt weise ich darauf hin, dass mein Mandant nicht über ausreichende flüssige Geldmittel zur Vorfinanzierung des Unfallschadens verfügt. Zur Meidung eines Zinsschadens bitte ich deshalb um angemessene Akontierung der Ansprüche meines Mandanten nach der Vorlage der Schadensbelege.

Sämtliche Zahlungen leisten Sie bitte unmittelbar auf das Konto meines Mandanten bei der , IBAN .

Für den Fall, dass Sie dennoch Zahlungen unmittelbar an mein Büro erbringen, weise ich bereits jetzt darauf hin, dass ich die Beträge weisungsgemäß auf das Konto meines Mandanten weiterleiten und die dadurch verursachte Hebegebühr gem. Nr. 1009 VV RVG als Schaden gegen Sie geltend machen werde.

Abschließend bitte ich um möglichst umgehende Bestätigung Ihrer uneingeschränkten Eintrittspflicht.

Mit freundlichen Grüßen

(Rechtsanwalt)

▲

96 ▼

1.10

Muster 1.10: Anspruchsschreiben an Kfz-Haftpflichtversicherung – Muster mit Bezifferung des Schadens

Versicherung-AG

Schaden-Nr.:

Verkehrsunfall vom

Örtlichkeit:

Bei Ihnen versichertes Fahrzeug:

Sehr geehrte Damen und Herren,

hiermit zeige ich Ihnen die Vertretung der rechtlichen Interessen des Herrn an. Eine auf mich lautende Vollmacht füge ich in Kopie bei. Ich bitte künftig jegliche Korrespondenz in dieser Angelegenheit über unsere Kanzlei zu führen.

Mein Mandant ist Eigentümer des Pkw mit dem amtlichen Kennzeichen , welches am Vorfallstag mit dem bei Ihnen versicherten Fahrzeug mit dem amtlichen Kennzeichen in einen Verkehrsunfall verwickelt gewesen ist.

Die Haftung dem Grunde nach ist aus unserer Sicht unstreitig. Der Verkehrsunfall ereignete sich wie folgt:

I.

Nach der gemäß §§ 7, 17, 18 StVG vorzunehmenden Haftungsabwägung ist Ihrem VN daher ein Verstoß gegen § der StVO anzulasten. Hinter diesem groben Verstoß gegen § tritt die Betriebsgefahr des Fahrzeugs meines Mandanten zurück.

Wir haben Sie daher aufzufordern, Ihre uneingeschränkte Haftung dem Grunde nach mit Wirkung eines rechtskräftigen Feststellungsurteils bis zum

zu erklären.

II.

Mein Mandant hat bereits ein Sachverständigengutachten in Auftrag gegeben, welches wir in der Anlage beifügen.

Danach beziffern wir den Sachschaden vorläufig wie folgt:

1.	Reparaturkosten	EUR
2.	Sachverständigenkosten	EUR
3.	Nutzungsausfall	EUR
4.	Allgemeine Unkostenpauschale	EUR
5.	**Gesamt**	EUR

Wir erlauben uns bereits jetzt den Hinweis, dass unser Mandant nicht über die finanziellen Mittel verfügt, die Reparaturrechnung auszugleichen. Um erhöhte Nutzungsausfallentschädigung/Mietwagenkosten zu vermeiden, bitten wir daher um schnellstmögliche Anweisung an folgende Bankverbindung:

Als Frist erlaube ich mir den

(*10 Tage*)

zu notieren.

Mit freundlichen Grüßen

(Rechtsanwalt)

▲

Bei der Anmeldung des Anspruchs kann ein ggf. für alle Fälle in Betracht kommender Musterblocksatz anzuwenden sein, der ein Gerüst an sich wiederholenden Passagen enthält, die um die konkreten Ausführungen zum vorliegenden Einzelfall ergänzt werden.

▼ 97

Muster 1.11: Anspruchsschreiben an Kfz-Haftpflichtversicherung – Muster ohne Bezifferung des Schadens

Versicherung AG

Schaden-Nr./VS-Nr./Az

Schaden vom

Pkw , amtl. Kennzeichen

Sehr geehrte Damen und Herren,

in vorbezeichneter Angelegenheit vertreten wir die rechtlichen Interessen von aus . Eine Kopie der auf mich lautenden Vollmacht füge ich in der Anlage bei.

1) Mein Mandant ist Eigentümer des Pkw mit dem amtlichen Kennzeichen . Es werden Ersatzansprüche im Zusammenhang mit einem Verkehrsunfall vom verfolgt, an dem das bei Ihnen versicherte Fahrzeug mit dem amtlichen Kennzeichen beteiligt gewesen ist. Dem Verkehrsunfall liegt folgender Sachverhalt zugrunde:

2) An dem Fahrzeug meines Mandanten entstand ein erheblicher Sachschaden, der derzeit sachverständig begutachtet wird. Ich werde den Schaden nach Vorlage des Gutachtens gesondert beziffern. In diesem Zusammenhang weise ich ausdrücklich darauf hin, dass mir von meinem Mandanten keine Empfangsvollmacht für die Entgegennahme erhöhter Restwertangebote erteilt wurde. Sollte Ihnen zu gegebener Zeit ein solches vorliegen, bitte ich Sie, das Angebot unmittelbar an meinen Mandanten zu übersenden.

3) Mein Mandant ist nicht zum Vorsteuerabzug berechtigt. Bereits jetzt weise ich darauf hin, dass mein Mandant nicht über ausreichende flüssige Geldmittel zur Vorfinanzierung des Unfallschadens verfügt. Zur Meidung eines Zinsschadens bitte ich deshalb um angemessene Akontierung der Ansprüche meines Mandanten nach der Vorlage der Schadensbelege.

Sämtliche Zahlungen leisten Sie bitte im Rahmen der mir erteilten Geldempfangsvollmacht auf das unten ausgewiesene Konto, es sei denn, es liegt seitens der eingeschalteten Sachverständigen bzw. Reparaturfirma eine Sicherungsabtretung vor.

4) Abschließend bitte ich um möglichst umgehende Bestätigung Ihrer uneingeschränkten Haftung dem Grunde nach mit Wirkung rechtskräftigen Feststellungsurteils und Benachrichtigung, falls Sie einen Auszug aus der amtlichen Ermittlungsakte zu den üblichen Konditionen erbeten.

Als Frist erlaube ich mir den

(*10 Tage*)

zu notieren.

Mit freundlichen Grüßen

(Rechtsanwalt)

▲

98 ▼

1.12

Muster 1.12: Anspruchsschreiben Haftpflichtversicherung – Variante mit Fragebogen für Anspruchssteller und Bezifferung

Versicherung-AG

Schaden-Nr.:

Schaden vom:

Bei Ihnen versichertes Fahrzeug:

Sehr geehrte Damen und Herren,

ich vertrete Herrn in vorbenannter Unfallangelegenheit. Eine auf mich lautende Vollmacht füge ich diesem Schreiben bei.

Mein Mandant war an dem aus dem anliegenden Fragebogen für Anspruchsteller ersichtlichen Verkehrsunfall beteiligt. Das im Eigentum meines Mandanten stehende Fahrzeug wurde dabei in Folge des verkehrswidrigen Verhaltens Ihres Versicherungsnehmers erheblich beschädigt. Auf die Sachverhaltsdarstellung in der Anlage nehme ich Bezug.

Den Sachschaden beziffere ich gemäß dem anliegenden Sachverständigengutachten wie folgt:

1. Wiederbeschaffungsaufwand

Wiederbeschaffungswert	EUR
abzgl. Restwert	– EUR
Wiederbeschaffungsaufwand demnach	EUR

Es wird darauf hingewiesen, dass eine Empfangsvollmacht für Restwertangebote nicht besteht, eine Entgegennahme solcher Restwertangebote abgelehnt wird und ausschließlich meine Mandantschaft zu unterrichten ist.

2. Nutzungsausfall

Unfalltag	(1 Kalendertag)	
Sachverständigenbesichtigung am	(1 Kalendertag)	
Wiederbeschaffungsdauer	(14 Tage)	
Insgesamt	16 Kalendertage à EUR	EUR
Allgemeine Unkostenpauschale		EUR
Gesamt		EUR

Ich fordere Sie auf, diesen Betrag bis zum

(*Frist 10 Tage*)

auf die in dem Fragebogen für Anspruchsteller genannte Bankverbindung meines Mandanten anzuweisen.

Für den Fall, dass Sie die Zahlung unmittelbar an unser Büro erbringen, weise ich bereits jetzt darauf hin, dass ich die Beiträge weisungsgemäß auf das Konto meines Mandanten weiterleiten und die dadurch verursachte Hebegebühr gemäß Nr. 1009 VV RVG als Schaden gegen Sie geltend machen werde.

Mit freundlichen Grüßen

(Rechtsanwalt)

▲

In der Regel empfiehlt es sich nicht, dem Anspruchsschreiben die **Originalvollmacht** 99
beizufügen. Die Übersendung einer Kopie reicht völlig aus und wird in der Praxis von den Versicherern akzeptiert. Bei der Originalvollmacht handelt es sich um eine Urkunde, die möglichst bei den Akten verbleiben sollte. Durch sie kann der Nachweis der ordnungsgemäßen Bevollmächtigung auch gegenüber anderen Anspruchsgegnern, dem Rechtsschutzversicherer, sonstigen Versicherern sowie im Prozess im Falle des Bestreitens erbracht werden.

Im Rahmen der Korrespondenz mit dem gegnerischen Kfz-Haftpflichtversicherer wird 100
in der Regel vom „**Fahrer des bei Ihnen versicherten Fahrzeugs**“ und nicht von „Ihrem Versicherungsnehmer“ gesprochen. Diese Formulierung ist zwar recht ungelenk,

rechtlich jedoch nicht zu beanstanden. Auch wenn der Fahrer des Fahrzeugs bekannt ist, muss es sich dabei nicht zwingend um den Versicherungsnehmer, also den Vertragspartner des Versicherers, handeln. Entscheidend ist, dass der Versicherer jedem Fahrer des bei ihm versicherten Fahrzeugs Versicherungsschutz zu gewähren hat. Allein diesem Umstand wird die gewählte Formulierung gerecht.

101 Soweit der gegnerische Versicherer darum gebeten wird, **Arztberichte** bei den benannten Ärzten einzuholen, besteht hierauf kein Rechtsanspruch. Wird der dahingehende Wunsch vom Versicherer zurückgewiesen, ist dies nicht zu beanstanden, da jeder Anspruchsteller dazu verpflichtet ist, die Nachweise für die behaupteten Schäden selbst beizubringen. Dennoch sind Kfz-Haftpflichtversicherer in der Praxis gern dazu bereit, die Arztberichte im eigenen Namen zu beschaffen. Dadurch stellen sie sicher, dass von den Ärzten sämtliche Fragen beantwortet werden, die die Versicherer für die weitere Abwicklung der Schadensache dringend benötigen. Solche Informationen fehlen häufig in den von den Mandanten selbst beigebrachten Arztberichten. Werden die Arztberichte vom Versicherer beschafft, hat dies den Vorteil für den Mandanten, dass er die dadurch verursachten Kosten unabhängig von der Sach- und Rechtslage nicht übernehmen muss. Beschafft er die Arztberichte in Eigenregie, werden ihm hierfür Kosten in Rechnung gestellt, die im Rahmen der Schadenabwicklung das Schicksal der Schadenquote teilen.

102 Es ist dabei zu empfehlen, eine Schweigepflichtentbindungserklärung nur unter der Auflage zu erteilen, dass sich der Versicherer verpflichtet, eine Kopie der Arztberichte an den Mandanten/Anwalt zu übersenden. Dies schließt die Gefahr aus, dass der regulierende Versicherer – in Kenntnis von Arztberichten – Ansprüche ablehnt, ohne die Arztberichte dem Anwalt zugänglich zu machen. Im Übrigen ist der Versicherer nach den Vorgaben des aktuellen Code of Conduct, dem nahezu alle Versicherer beigetreten sind, verpflichtet, eine Abfrage solcher personenbezogenen Daten nur auf Basis einer Einwilligungserklärung des Betroffenen nach Art. 6 Abs. 1a DSGVO vorzunehmen, die jederzeit von dem Betroffenen widerrufen werden kann. Diesem steht im Hinblick auf die so gewonnenen personenbezogenen Daten gegenüber dem Versicherer ein Auskunftsanspruch aus Art. 15 DSGVO einschließlich einer Kopie zu, bei dem i.d.R. die Behandlungsberichte mit allen personenbezogenen Daten im Original vorzulegen sind.[12]

103 Die Information über das Vorliegen einer **Vorsteuerabzugsberechtigung** ist zwingend. Zur Meidung von Rückfragen sollte sie bereits im ersten Schreiben erteilt werden.

104 Es empfiehlt sich dringend, bereits im ersten Anspruchsschreiben auf das etwaige Erfordernis eines **Vorschusses** („**Akontierung**") hinzuweisen. Verfügt der Mandant nicht über ausreichende flüssige Geldmittel und weist er den Anspruchsgegner hierauf frühzeitig hin, stellt die Inanspruchnahme von Fremdmitteln zur Schadensbehebung keine Verletzung der Schadensminderungspflicht dar.

105 Soweit in den Anspruchsschreiben dazu aufgefordert wird, sämtliche Zahlungen **auf das angegebene Konto des Mandanten** zu leisten, ist dies nicht zwingend. Wird dem

12 EuGH, Entsch. v. 26.10.2023 – C 307/22 – juris.

Anwalt in der Vollmacht des Mandanten auch eine Geldempfangsvollmacht eingeräumt, kann auch eine Zahlung an den Anwalt begehrt werden. Zahlungen unmittelbar an den Mandanten haben den Vorteil, dass beim Anwalt kein Buchungsaufwand entsteht. Darüber hinaus übernimmt er nicht das Risiko, dass das Geld bei der Weiterleitung an den Mandanten verloren geht.

Andererseits ist zu beachten, dass bei einer direkten Zahlung an den Mandanten eine **106**
genaue Fristenkontrolle bzgl. des Geldeinganges erschwert wird. Auch ist eine direkte Zahlung aller Schadenspositionen an den Mandanten nur dann aus Sicht des Anwalts zu begrüßen, wenn dieser seinen Honoraranspruch durch eine ausreichende Vorschussnote bzw. eine beständige bzw. vertrauensvolle Zusammenarbeit mit dem Mandanten bereits gesichert hat. Bei der Mandatsbetreuung ohne Vorschussnote und Vertrauensrückhalt sollte auf einen Geldeingang zu Händen des Anwaltes nicht verzichtet werden.

Eine Hebegebühr im Hinblick auf die Weiterleitung empfangener Geldbeträge zählt im **107**
Außenverhältnis zu dem Geschädigten nur ausnahmsweise und unter strengen Anforderungen zu den zu erstattenden Kosten einer notwendigen Rechtsverfolgung (§ 91 ZPO). Zwar lässt sich die Notwendigkeit des Geldeinganges beim Anwalt zwanglos mit dem Erfordernis einer effektiven Kontrolle der Zahlungsfristen begründen. Erfolgt jedoch die Anspruchsanmeldung mit einem Anwaltsschreiben unter Angabe der Geschäftskonten des Anwaltes, so darf der Schädiger darauf vertrauen, dass er an dieses Konto leisten kann, ohne dass weitere Gebühren entstehen. Anders sieht es dagegen aus, wenn der Geschädigte eine Zahlung an sein eigenes Konto begehrt und gesondert auf die andernfalls entstehende Hebegebühr hinweist[13] bzw. zumindest weder ausdrücklich noch konkludent eine Zahlung an seinen Rechtsanwalt begehrt.[14]

▼ **108**

Muster 1.13: Hinweis auf Hebegebühr

Für den Fall, dass Sie die Zahlung unmittelbar an unser Büro erbringen, weise ich bereits jetzt darauf hin, dass ich die Beiträge weisungsgemäß auf das Konto meines Mandanten weiterleiten und die dadurch verursachte Hebegebühr gemäß Nr. 1009 VV RVG als Schaden gegen Sie geltend machen werde (vgl. dazu auch AG München VersR 1980, 983; AG Bonn VersR 1984, 196; AG Rostock NZV 1997, 524).

Mit freundlichen Grüßen

(Rechtsanwalt)

▲

Im Interesse der anzustrebenden kosten- und zeitsparenden Bearbeitung verkehrsunfall- **109**
rechtlicher Mandate sollte das erste Anspruchsschreiben **möglichst frühzeitig** nach Mandatsaufnahme versandt werden. Je schneller die Ansprüche des Mandanten in der gebotenen Form geltend gemacht werden, desto früher werden von den Beteiligten die erforderlichen Schritte zur Abwicklung in die Wege geleitet.

13 AG München VersR 1980, 983; AG Bonn VersR 1984, 196; AG Rostock NZV 1997, 524.
14 AG Dortmund VersR 1981, 490.

110 Der Versicherer erhält häufig durch das Anspruchsschreiben erstmals Kenntnis vom Schadensfall. Als erste Maßnahme wird der zuständige Sachbearbeiter seinen Versicherungsnehmer anschreiben und zur Stellungnahme auffordern. Der Sachbearbeiter gleicht den geltend gemachten Schaden üblicherweise erst nach Vorlage der Schadensanzeige des Versicherungsnehmers aus.

II. Anmeldung bei fehlendem Direktanspruch

111 Im Folgenden wird die Anspruchsanmeldung gegenüber dem Verursacher dargelegt, ohne dass eine direkte Eintrittspflicht einer Kraftfahrzeughaftpflichtversicherung besteht.

1. Fall

112 Der Mandant A ist Opfer eines Verkehrsunfalls. Auf einer Bundesstraße lief ihm eine dänische Dogge direkt vor sein Auto. Um einen Zusammenstoß mit dem Tier zu vermeiden, wich A aus, geriet mit seinem Pkw ins Schleudern und stieß gegen einen Baum. Der Halter und Eigentümer des Hundes ist B.

2. Muster: Anspruchsschreiben an den unmittelbaren Schadensverursacher

113 ▼

Muster 1.14: Anspruchsschreiben an den unmittelbaren Schadensverursacher

1.14 Herrn/Frau

Verkehrsunfall vom

Pkw , amtl. Kennzeichen

Sehr geehrte/r Frau/Herr ,

ausweislich der in Kopie beiliegenden Vollmacht vertrete ich die Interessen des Herrn aus . Gegenstand des Mandats ist der Verkehrsunfall meines Mandanten vom .

Am Unfalltage befuhr mein Mandant die -Straße. Plötzlich und völlig unerwartet lief die in Ihrem Eigentum stehende und von Ihnen gehaltene dänische Dogge über die Straße. Bei dem Versuch, dem Hund auszuweichen, kam es zum Verkehrsunfall. Dabei erlitt mein Mandant erhebliche Personen- und Sachschäden.

Der Unfall wurde durch den in Ihrem Eigentum stehenden und von Ihnen gehaltenen Hund verursacht. Als Halter des Hundes haften Sie meinem Mandanten gemäß § 833 S. 1 BGB auf Schadensersatz. Ich bin bereit, die Ansprüche meines Mandanten unmittelbar gegenüber einem etwaig bestehenden Tierhalterhaftpflichtversicherer geltend zu machen und abzuwickeln. Sollten Sie über entsprechenden Versicherungsschutz verfügen, bitte ich höflich um die Benennung des betreffenden Versicherungsunternehmens sowie der Versicherungsscheinnummer. Hierfür habe ich mir eine Frist bis zum

(*1-Wochen-Frist*)

notiert. Sollten Sie mein Schreiben bis dahin unbeantwortet lassen, werde ich die Ansprüche meines Mandanten unmittelbar gegen Sie geltend machen und erforderlichenfalls zwangsweise durchsetzen. Dies sollten Sie im eigenen Interesse vermeiden. Bitte bedenken Sie auch, dass Sie den Schadensfall selber umgehend Ihrem Haftpflichtversicherer melden müssen, um Ihren Versicherungsschutz im Innenverhältnis zu Ihrem Versicherer nicht zu gefährden.

Mit freundlichen Grüßen

(Rechtsanwalt)

▲

Richtet sich in **Privathaftpflichtfällen** der Anspruch des Mandanten unmittelbar gegen 114
den Schadensverursacher, sollte es dennoch angestrebt werden, die Schadenskorrespondenz mit dem privaten Haftpflichtversicherer des Schädigers zu führen. Auch wenn gegen diesen Versicherer – anders als in Kfz-Fällen – i.d.R. kein Direktanspruch besteht, hat die Abwicklung der Schadensache auf diesem Wege erhebliche Vorteile: Die Korrespondenz mit dem Privathaftpflichtversicherer ist in der Regel wesentlich sachlicher als mit dem Schadensverursacher, der häufig keine Rechtskenntnisse besitzt und nicht einzuschätzen vermag, ob die Ansprüche des Mandanten begründet sind oder nicht. Gegenüber Versicherern lassen sich deshalb begründete Ansprüche wesentlich schneller regulieren.

In jedem Fall ist genauestens zu prüfen, ob die Ansprüche gegen den **Kfz-Haftpflicht-** 115
versicherer oder gegen den **Privathaftpflichtversicherer** geltend zu machen sind. Das Haftpflichtversicherungsrecht ist vom Gedanken der Exklusivität geprägt. Die Deckungsbereiche der einzelnen Haftpflichtversicherungsverträge überlappen sich in der Regel nicht. Ein Schadensfall kann daher grundsätzlich nur entweder in der Kfz-Haftpflichtversicherung oder in der privaten Haftpflichtversicherung zu entschädigen sein. Allenfalls bei dem Aufeinandertreffen zweier Subsidiaritätsklauseln (z.B. die Voraussetzung, dass kein anderweitiger Versicherungsschutz besteht) wäre eine Ausnahme denkbar: Dann liegt aber eine Doppelversicherung vor, bei der jeder der beiden Haftpflichtversicherer in Anspruch genommen werden kann.

Checkliste zur Mandatsübernahme und Anspruchsverfolgung 116

- Ermittlung aller für die Mandatsabwicklung erforderlichen Informationen. Insbesondere: Ermittlung des Anspruchsgegners bzw. der Anspruchsgegner. Absolute Priorität hat die Ermittlung eines Haftpflichtversicherers, der die Regulierung des Unfallschadens übernimmt.
- Es sind die datenschutzrechtlichen Vorgaben, insbesondere die Informationspflichten nach den Art. 13, 14 DSGVO zu beachten.

- Erste Schreiben: Anforderung der polizeilichen Ermittlungsakte Anspruchsschreiben an den bzw. die Anspruchsgegner (in erster Linie an den gegnerischen Haftpflichtversicherer).
- Sicherung der erforderlichen Beweismittel, insbesondere durch Einsichtnahme in die Ermittlungsakte, Erstellung und Auswertung vorhandener Gutachten und Lichtbilder sowie Anschreiben von Zeugen.
- Kontrollprüfung: Fällt der Schadensfall in den Deckungsbereich der Privaten Haftpflichtversicherung oder der Kfz-Haftpflichtversicherung?
- Erste Beratung des/der Mandanten über mögliche Schadenspositionen. Grundprinzip: Schadensminderungspflicht beachten. Erforderliche Maßnahmen zur Schadensschätzung und -abwicklung sind so schnell wie möglich in die Wege zu leiten.

§ 2 Behandlung von „Auslandsschäden“

Dr. Michael Nugel

A. Übersicht

Mit dem Begriff „Auslandsschäden“ sind in diesem Abschnitt sämtliche Verkehrsunfallschäden gemeint, die eine wie auch immer geartete Auslandsberührung aufweisen. Gemeint sind damit folgende Fallkonstellationen: 1

- Verkehrsunfall im Ausland;
- Verkehrsunfall im Inland unter Beteiligung eines ausländischen Kfz;
- Verkehrsunfall im Inland unter Beteiligung eines NATO-Dienstfahrzeugs.

B. Schäden im Ausland

I. Übersicht

Bei der Frage, ob ein Rechtsanwalt ein derartiges Mandat annehmen sollte, ist zu beachten, ob im Hinblick auf das zur Anwendung kommende Recht ausreichende Kenntnisse vorhanden sind. Ggf. stellt sich die Frage, vor welchem Gericht im Streitfall Klage zu erheben ist und ob der Anwalt das Verfahren dann auch weiterhin betreuen kann. Besteht die Möglichkeit, bei Gerichten unterschiedlicher Staaten Klage zu erheben, ist die Möglichkeit eines sog. forum shopping bzw. law shopping zu beachten. 2

II. Erleichterte Korrespondenz durch Einschaltung eines regulierungsbeauftragten Versicherers im Inland

Eine Korrespondenz mit dem ausländischen Versicherer ist bei Unfällen mit Kfz, welche in einem EU-Mitgliedsstaat versichert sind, i.d.R. kein entscheidendes Hindernis mehr: Während früher die Regulierung solcher Schäden oft mit Sprachbarrieren und großem juristischen Aufwand verbunden war, hat nunmehr aufgrund der 4. Kraftfahrthaftpflicht-Richtlinie seit Januar 2003 jeder Versicherer in jedem Mitgliedsland der EU Beauftragte für die Schadenregulierung benannt. Die Richtlinie schließt alle EU-Mitgliedstaaten sowie Island, Norwegen, Liechtenstein und die Schweiz ein. Wer zum Beispiel in Frankreich Opfer eines Verkehrsunfalls wird, kann sich in Deutschland an den Beauftragten der französischen Versicherung des Schädigers wenden. Die Kontaktdaten des zuständigen Beauftragten erfährt der Geschädigte, indem er sich an den Zentralruf der Autoversicherer wendet. 3

Weiterhin ist zu berücksichtigen, dass der ausländische Versicherer, vertreten über ihren „Inlandsbeauftragten“ nach § 3a Abs. 1 PflVG innerhalb von drei Monaten nach Antragsstellung auf den geltend gemachten Schaden entweder mit einem Regulierungsangebot oder einer Ablehnung antworten muss. Erfolgt innerhalb dieser Frist keine derartige

Antwort, so kann der Geschädigte die in Deutschland für derartige Fälle eingerichtete Entschädigungsstelle in Anspruch nehmen. In Deutschland wird die Aufgabe der Entschädigungsstelle gem. § 13a PflVG von der Verkehrsopferhilfe e.V. wahrgenommen, deren Adresse wie folgt lautet:

Verkehrsopferhilfe e.V.
Wilhelmstr. 43/43G
10117 Berlin

Telefon: (030) 20 20 5858
Telefax: (030) 20 20 5722

E-Mail: voh@verkehrsopferhilfe.de
www.verkehrsopferhilfe.de

III. Klagemöglichkeit vor dem international zuständigen Gericht

4 Bei einem Unfall mit Auslandsbezug ist zu prüfen, unter welchen Gesichtspunkten sich die internationale Zuständigkeit eines ggf. anzurufenden Gerichts ergibt. Innerhalb der Europäischen Union (EU) und des Europäischen Wirtschaftsraums (EWR, Ausnahme: Dänemark) wird die internationale Zuständigkeit durch die Verordnung (EU) Nr. 1215/2012 des europäischen Parlaments und des Rates vom 12.12.2012 über die gerichtliche Zuständigkeit und die Anerkennung und Vollstreckung von Entscheidungen in Zivil- und Handelssachen (Brüssel I a VO) geregelt, die am 10.1.2015 in Kraft getreten ist. Diese hat die bisherige Fassung der EuGVVO aus der Verordnung (EG) Nr. 44/2001 des Rates vom 22.12.2000 abgelöst. Die für die folgenden Ausführungen relevanten Artikel sind jedoch im Wortlaut und inhaltlich, wenn auch teilweise in anderen Vorschriften, übernommen worden, so dass die bisherige Anwendung und Rechtsprechung weiterhin Bestand haben werden. Diese Verordnung ist maßgeblich für alle Klagen gegen Beklagte, die in einem EU-Mitgliedsstaat ihren Wohnsitz haben und sie stellt unmittelbares Gemeinschaftsrecht dar, welches nicht in nationales Recht umgesetzt werden muss.

> *Hinweis*
>
> Die Verordnung (EU) Nr. 1215/2012 wird sowohl unter dem Begriff der Brüssel I a VO als auch der EuGVVO erfasst – letztere Bezeichnung wird für die nachfolgenden Ausführungen gewählt und bezieht sich – wenn nicht anders vermerkt – immer auf die EuGVVO in der Fassung der Brüssel I a VO.

1. Allgemeiner Gerichtsstand des Wohnortes

5 Gem. Art. 4 EuGVVO ist das Gericht des Staates zuständig, in dem der Beklagte seinen Wohnsitz hat. Während bei natürlichen Personen der Wohnsitz i.d.R. einfach zu erfassen ist, bestimmt Art. 63 EuGVVO den „Wohnsitz“ einer juristischen Person als den Ort, an dem sich ihr satzungsmäßiger Sitz, ihre Hauptverwaltung oder ihre Hauptniederlassung befindet.

2. Besonderer Gerichtsstand der Streitgenossenschaft

Die oben dargelegten beiden allgemeinen Gerichtsstände decken sich im Wesentlichen 6
mit den Gerichtsständen der §§ 13, 17 ZPO. Weniger bekannt ist, dass die EuGVVO in Art. 8 Nr. 1 auch den Gerichtsstand der Streitgenossenschaft zulässt. Voraussetzung hierfür ist allerdings eine so enge Beziehung zwischen zwei ansonsten gebotenen Klagen, dass eine gemeinsame Verhandlung und Entscheidung geboten erscheint, um zu vermeiden, dass in getrennten Verfahren sich widersprechende Entscheidungen ergehen könnten. Eine derart enge Beziehung ist immer dann anzunehmen, wenn Fahrer, Halter und Kraftfahrzeughaftpflichtversicherer als Gesamtschuldner verklagt werden und eine gemeinsame Verurteilung angestrebt wird.[1] Der Annahme eines solchen besonderen Sachzusammenhanges steht auch nicht entgegen, dass beide Parteien bereits am Gerichtsstand des Unfallortes verklagt werden können.

> *Hinweis*
>
> Eine solche Annexzuständigkeit setzt aber voraus, dass erst einmal gegen einen Beklagten ein allgemeiner Gerichtsstand nach den Art. 4–6 EuGVVO eröffnet ist.[2]

Dieser Annexgerichtsstand kann ggf. sogar eine Klage in Deutschland ermöglichen. 7
Insoweit ist zu beachten, dass gem. § 12a Abs. 3 PflVG der in Berlin ansässige Verein Verkehrsopferhilfe bei einem Verkehrsunfall mit Auslandsbezug für die Regulierung zuständig wird, wenn der ausländische Versicherer keinen Inlandsregulierungsbeauftragten benannt hat bzw. dieser nicht innerhalb einer Frist von drei Monaten eine begründete Antwort zu den angemeldeten Ansprüchen abgibt. In der Literatur wird für diesen Fall die Auffassung vertreten, dass der Verein Verkehrsopferhilfe nicht nur regulierungsbefugt, sondern zugleich auch für eine Klage passivlegitimiert ist.[3] Folgt man dieser Ansicht, könnte die Klage vor einem deutschen Gericht am Geschäftssitz des Vereins in Berlin erhoben werden. Damit wäre zugleich eine Annexzuständigkeit nach Art. 8 Nr. 1 EuGVVO für eine Klage gegen den Fahrer und Halter des gegnerischen Kfz als Streitgenossen vor einem Gericht in Berlin begründet und beide könnten auf diesem Wege ggf. als Zeuge „ausgeschaltet“ werden.

▼ 8

Muster 2.1: Internationale Zuständigkeit des Gerichts in Berlin bei Auslandsunfall

Die Zuständigkeit des angerufenen Gerichts ergibt sich aus den Art. 4, 63, 8 Nr. 1 EuGVVO i.V.m. § 12a Abs. 3 PflVG. Auf der Passivseite wird der Verein Verkehrsopferhilfe verklagt, der nach § 12a Abs. 3 PflVG passivlegitimiert ist. Seine Passivlegitimation ergibt sich daraus, dass der auf der Beklagtenseite tätige Inlandsregulierungsbeauftragte, die   , auf das als Anlage beigefügte Anspruchsanmeldungsschreiben vom   keine begründete Antwort zu den angemeldeten Ansprüchen abgegeben hat. In diesem Fall wird der Verein Verkehrsopferhilfe nicht nur regulierungsbefugt, sondern auch passivlegitimiert (*Backu*, DAR 2003, 149; *Riedmeyer*, zfs 2006, 134; *Nugel*, VRR 2009, 284). 2.1

1 Vgl. auch OLG Brandenburg, Urt. v. 18.2.2016 – 12 U 118/15 = NJW-RR 2016, 1038.
2 BGH NZV 2015, 286; OLG Brandenburg, Urt. v. 18.2.2016 – 12 U 118/15 = NJW-RR 2016, 1038.
3 *Backu*, DAR 2003, 149; *Riedmeyer*, zfs 2006, 134.

Das angerufene Gericht ist an dem Sitz dieses Vereins gem. Art. 2, 63 EuGVVO international zuständig.

Die internationale Zuständigkeit des angerufenen Gerichts bzgl. der anderen mitverklagten Partei ergibt sich aus Art. 8 Nr. 1 EuGVVO i.V.m. § 12a Abs. 3 PflVG. Die Parteien sind als Streitgenossen gesamtschuldnerisch zu verklagen, da eine gemeinsame Verhandlung und Entscheidung geboten erscheint, um zu vermeiden, dass in getrennten Verfahren sich widersprechende Entscheidungen ergehen könnten.

▲

3. Besonderer Gerichtsstand des Unfallortes

9 Gem. Art. 7 Nr. 2 EuGVVO können diese Streitgenossen einzeln oder zusammen am Gerichtsstand des Unfallortes, an dem das schädigende Ereignis eingetreten ist, verklagt werden.

Hinweis

Diese Zuständigkeit erfasst auch die sog. negative Feststellungsklage[4] und führt damit zu der Möglichkeit, durch eine zeitlich vorgezogene Klage an diesem Gerichtsstand eine Klage an einem anderen Ort zu verhindern. Nach Art. 31 EuGVVO hat dann ein anderes (später angerufenes) Gericht das Verfahren auszusetzen – es sei denn, es handelt sich um eine Versicherungsangelegenheit i.S.d. Art. 31 Abs. 4 EuGVVO.

4. Besonderer Gerichtsstand am Wohnsitz des Geschädigten

10 Mit der Entscheidung des EuGH vom 13.12.2007 (Az. C 463/06) hat sich nunmehr die Möglichkeit eröffnet, den gegnerischen Kraftfahrzeughaftpflichtversicherer, der seinen Firmensitz innerhalb der EU hat, am Wohnsitz des Geschädigten zu verklagen, wenn in diesem Staat eine „direkte“ Klage gegen den Versicherer zugelassen ist.

a) Entscheidung des EuGH vom 13.12.2007

11 Gem. Art. 13 Abs. 2 EuGVVO ist auf eine Klage, die der Geschädigte nach Art. 13 Abs. 1 EUGVVO unmittelbar gegen den Versicherer erhebt, Art. 11 EuGVVO anzuwenden. Nach einer früher in der deutschen Rechtsprechung[5] vertretenen strengen Auffassung war der inländische Geschädigte nicht als Begünstigter des Haftpflichtversicherungsvertrags i.S.d. Art. 11 Abs. 1 b EuGVVO eingestuft worden und konnte daher nicht vor einem deutschen Gericht Klage erheben. Der BGH hat dieser Auffassung eine Absage erteilt und sich der Ansicht angeschlossen, wonach eine solche Klage am Wohnort des Geschädigten möglich ist.[6] Zugleich hat der BGH diese Frage dem EuGH zur Entscheidung vorgelegt. Der EuGH hat die Auffassung des BGH bestätigt und legt die oben genannte Verordnung so aus, dass der Geschädigte den ausländischen Versicherer

4 EUGH EWS 2012, 493.
5 LG Hamburg, Urt. v. 28.4.2006 – 331 O 109/05 = VersR 2006, 1065.
6 BGH, EuGH-Vorlage v. 26.6.2006 – VI ZR 200/805 = NJW 2007, 71.

mit EU-Geschäftssitz am Ort seines eigenen Wohnsitzes im Inland verklagen kann, sofern eine solche unmittelbare Klage zulässig ist.[7] Art. 11 Abs. 1 EuGVVO ist dabei dahingehend auszulegen, dass diese Bestimmung sowohl die internationale Zuständigkeit als auch die örtliche Zuständigkeit des Gerichts eines Mitgliedstaats festlegt, in dessen Bezirk sich der Wohnsitz des Klägers befindet.[8]

Hinweis

Dies gilt auch für das Lugano-Abkommen mit der Schweiz, dessen Vorschriften gleich auszulegen sind.[9]

▼ 12

Muster 2.2: Internationale Zuständigkeit des Gerichts am Wohnsitz des Geschädigten im Inland

Die internationale Zuständigkeit des angerufenen Gerichts ergibt sich aus den Art. 13 Abs. 2, 11 EuGVVO. Diese Vorschriften sind immer dann anzuwenden, wenn – wie hier – ein ausländischer Versicherer in Anspruch genommen wird, der seinen Geschäftssitz im EU-Ausland hat und nach dem Recht des angerufenen Gerichts eine Direktklage gegen einen Kraftfahrzeughaftpflichtversicherer zulässig ist (EuGH, Urt. v. 13.12.2007 – C 463/06 = zfs 2008, 139). Der durch den Verkehrsunfall Geschädigte hat seinen Wohnsitz unter der Adresse am Ort des angerufenen Gerichts.

▲

Allerdings ist auf diesen besonderen Gerichtsstand nach Art. 13 Abs. 2 EuGVVO die Annexzuständigkeitsregelung des Art. 8 EuGVVO nicht anwendbar: Der Gerichtsstand der Streitgenossenschaft eröffnet nur eine Annexzuständigkeit an dem Gerichtsstand des allgemeinen Wohnsitz.[10] Eine weitere Ausdehnung dieser Norm über ihren Wortlaut hinaus auf den Anwendungsbereich besonderer Gerichtsstände wäre mit der grundsätzlich restriktiven Rechtsprechung des EuGH[11] schwerlich zu vereinbaren.

▼ 13

Muster 2.3: Keine Annexzuständigkeit bei Inlandsklage

Während Art. 13 Abs. 2 i.V.m. Art. 11 Abs. 1 EuGVVO in der Auslegung des EuGH eine Klage auch außerhalb des Landes, in dem der Haftpflichtversicherer seinen Wohnsitz hat ermöglicht, sieht die Verordnung eine solche internationale Zuständigkeit für eine Klage gegen den Versicherungsnehmer des Haftpflichtversicherers, der seinen Wohnsitz im selben Land wie der Haftpflichtversicherer hat, nicht vor. Insbesondere bietet Art. 8 Nr. 1 EuGVVO keine Annexzuständigkeit, um gleichzeitig den Schädiger bzw. Versicherungsnehmer zu verklagen. Nach Art. 8 Nr. 1 EuGVVO kann eine Person, die ihren Wohnsitz im Hoheitsgebiet eines Mitgliedsstaates hat, auch verklagt werden, wenn mehrere Personen zusammen verklagt werden, sofern zwischen den Klagen eine so enge Bezie-

7 EuGH, Urt. v. 13.12.2007 – C 463/06 = zfs 2008, 139; anschaulich auch OLG Hamm, Urt. v. 19.3.2021 – 7 U 27/19 – juris.
8 EuGH, Urt. v. 30.6.2022 – C-652/20 – juris.
9 BGH VersR 2013, 73.
10 BGH, Urt. v. 24.2.2015 – VI ZR 279/14 = NJW 2015, 2429.
11 Vgl. EuGH, Urt. v. 13.7.2006 – C-103/05 = NJW-RR 2006, 1568.

hung gegeben ist, dass eine gemeinsame Verhandlung und Entscheidung geboten erscheint, um zu vermeiden, dass in getrennten Verfahren widersprechende Entscheidungen ergehen könnten. Da der internationale Gerichtsstand am Wohnsitz des Geschädigten allerdings ein besonderer Gerichtsstand ist, während Art. 8 Nr. 1 EuGVVO die Zuständigkeit an den allgemeinen Gerichtsstand eines der Beklagten knüpft („vor dem Gericht des Ortes, an dem einer der Beklagten seinen Wohnsitz hat“), scheidet eine Zuständigkeitserstreckung auf den Schädiger bzw. Versicherungsnehmer aus (BGH, Urt. v. 24.2.2015 – VI ZR 279/14 = NJW 2015, 2429).

▲

Beispielsfall

Der in Hamburg lebende D wird in Antwerpen in den Niederlanden in einen Verkehrsunfall mit einem in Rotterdam wohnhaften Niederländer (N) verwickelt, dessen Kraftfahrzeughaftpflichtversicherung (VR) in Amsterdam ansässig ist, wo zugleich ein Studienfreund des D als Anwalt tätig ist. Der Anspruch des D wird über seinen Anwalt aus Hamburg in Deutschland gegenüber dem Regulierungsbeauftragten der VR in Deutschland nicht innerhalb von drei Monaten beschieden.

Wenn sich D entscheidet, seine Ansprüche in den Niederlanden vor einem niederländischen Gericht gerichtlich geltend zu machen, stehen ihm folgende Gerichtsstände zur Verfügung: D könnte nunmehr Klage gegen N und dessen VR vor einem niederländischen Gericht in Antwerpen als Gericht des Unfallorts erheben oder auch jeweils N oder VR an dessen Wohn- bzw. Firmensitz verklagen. Reizvoll für D wäre sicherlich die Klage vor einem Gericht in Amsterdam, wo er über einen Kontakt zu einem dort tätigen deutschsprechenden Anwalt verfügt. In diesem Fall könnte er die Klage nach Art. 8 Nr. 1 EuGVVO gegen den N als Streitgenossen erweitern, um diesen als „Zeugen“ auszuschalten.

D kann jedoch auch in Deutschland an seinem Wohnsitz Klage gegen den ausländischen VR „direkt“ erheben. Eine Erweiterung der Klage auf den Fahrer bzw. Halter im Wege der Annexzuständigkeit nach Art. 8 EuGVVO ist in diesem Fall jedoch nicht möglich. Er könnte auch vor einem Berliner Gericht Klage gegen den Verein Verkehrsopferhilfe erheben und diese nach h.M. auf N als Streitgenossen nach Art. 8 Nr. 1 EuGVVO erweitern.

Teilweise wird der Einwand erhoben, dass eine Inlandsklage im Ausland nach dem nationalen Recht des Staats unzulässig wäre, in welchem der Unfall stattgefunden hat. Es müsse dort geklagt werden, um unterschiedliche Ergebnisse zu vermeiden. Dieser Einwand ist unzutreffend.

▼ 14

Muster 2.4: Klagebefugnis im Inland aufgrund vorrangigen EU Rechts

Eine Zuständigkeit des angerufenen Gerichts ist gegeben. Die deutschen Gerichte sind für eine Klage gegen den ausländischen Versicherer wegen behaupteter Schäden aus einem Verkehrsunfall international zuständig. Der Geschädigte kann vor dem Gericht des Ortes in einem Mitgliedstaat, an dem er seinen Wohnsitz hat, eine Klage unmittelbar gegen den Versicherer des Schädigers erheben, sofern eine solche unmittelbare Klage zulässig und der Versicherer im Hoheitsgebiet eines Mitgliedstaats ansässig ist (Art. 13 Abs. 2 i.V.m. Art. 11 Abs. 1 b EuGVVO).

Die Einwendungen dagegen gehen fehl. Wäre auch bei einem grenzüberschreitenden Verfahren lediglich eine Klage zulässig, die sowohl gegen den ausländischen Haftpflichtversicherer als auch gegen den seinen Wohnsitz ebenfalls im EU-Ausland habenden Versicherungsnehmer des Haftpflichtversicherers erhoben wird, wäre im Ergebnis nur noch eine Klage am Sitz des Versicherers gegen diesen möglich. Damit wäre bei einem „Vorrang" der Streitgenossenschaft nach ausländischem Recht eine Klage gegen den Haftpflichtversicherer am Wohnsitz des Geschädigten in keinem Fall mehr zulässig. Eine solche Auslegung der Zuständigkeitsregeln der Verordnung stünde mit europäischem Recht aber nicht in Einklang (BGH, Urt. v. 24.2.2015 – VI ZR 279/14 = NJW 2015, 2429; AG Köln, Urt. v. 29.4.2014 – 268 C 89/11 = DAR 2014, 470).

▲

b) Ungeklärte Fragen

Die Entscheidung des EuGH wirft allerdings eine Reihe an weiteren Fragen auf: 15

Auf welchen Zeitpunkt ist bei der Ermittlung des Wohnsitzes des Geschädigten abzustellen? Den Zeitpunkt des Verkehrsunfalls oder den Zeitpunkt der Klagerhebung? Erste Gerichte sprechen sich dabei z.B. dafür aus, dass hierfür nicht entscheidend ist, wo die aus einem Unfall resultierende Verletzung behandelt wurde, sondern wo das schädigende Ereignis mit der Primärverletzung eingetreten ist.[12]

Wenn der Wohnsitz zum Zeitpunkt der Klage gilt, könnte der Geschädigte ggf. ein sog. forum shopping betreiben, indem er durch einen Wohnortwechsel jeweils ein anderes Gericht anruft und dadurch ggf. ein anderes IPR zur Geltung gelangt. Insoweit ist auch zu bedenken, dass Art. 13 Abs. 2 EuGVVO bereits über den Wortlaut des Art. 11 Abs. 1 b EuGVVO dahingehend erweitert worden ist, dass auch dem Geschädigten ein Klagerecht an seinem Wohnsitz zugestanden wird. Eine solche Ausnahme sollte jedoch ggf. eng ausgelegt und daher auf den Wohnsitz zum Zeitpunkt des Verkehrsunfalls abgestellt werden. Andererseits dienen die Normen der Art. 11, 13 EuGVVO auch dem sozialen Schutz des betroffenen Personenkreises. Für eine Klage des Versicherungsnehmers gegen den VR nach den §§ 11 Abs. 1 b, 13 Abs. 2 EuGVVO ist jedenfalls anerkannt, dass zum Schutz des VN auf den Wohnsitz zum Zeitpunkt der Klagerhebung abzustellen ist. Ob dies auch für den Geschädigten eines Verkehrsunfalls gilt bleibt abzuwarten. Die Lösung mag ggf. darin liegen, dem Versicherer einen Arglisteinwand zu gestatten.[13]

12 OLG Naumburg, Urt. v. 9.10.2023 – 12 U 26/23 – juris.
13 *Riedmeyer*, zfs 2006, 134; *Nugel*, VRR 2009, 284.

16 ▼

Muster 2.5: Internationale Zuständigkeit des Gerichts am Wohnsitz des Geschädigten im Inland bei Wohnsitzwechsel

Die internationale Zuständigkeit des angerufenen Gerichts ergibt sich aus den Art. 13 Abs. 2, 11 EuGVVO. Diese Vorschriften sind immer dann anzuwenden, wenn – wie hier – ein ausländischer Versicherer in Anspruch genommen wird, der seinen Geschäftssitz im EU-Ausland hat und nach dem Recht des angerufenen Gerichts eine Direktklage gegen einen Kraftfahrzeughaftpflichtversicherer zulässig ist (EuGH, Urt. v. 13.12.2007 – C 463/06 – juris = zfs 2008, 139). Der durch den Verkehrsunfall Geschädigte hat seinen Wohnsitz unter der Adresse am Ort des angerufenen Gerichts. Dabei ist auf den oben angeführten Wohnsitz des Betroffenen zum Zeitpunkt der Klagerhebung abzustellen, um dem Betroffenen als unterlegene Partei umfassend zu schützen (*Riedmeyer*, zfs 2006, 134; *Nugel*, VRR 2009, 284).

▲

17 Greifen die vom EuGH zitierten Vorschriften auch ein, wenn Ansprüche des Geschädigten kraft Vereinbarung oder Gesetzes auf Dritte übergehen? Dies hängt insbesondere davon ab, ob eine unterlegene Stellung gegenüber dem Kraftfahrzeughaftpflichtversicherer des Unfallgegners festgestellt werden kann. Der EuGH[14] hat nach diesem Maßstab eine Klagebefugnis des Krankenversicherers im Inland abgelehnt.

> *Hinweis*
>
> Zu beachten ist dabei auch, dass sich die Möglichkeit eines solches Regressanspruchs aus übergegangenem Recht gem. Art. 85 EGV Nr. 883/2004 nach dem Recht des Staates richtet, dem der Sozialversicherer angehört.[15]

Die Zuständigkeitsregelungen der EuGVVO sind nach Ansicht des EuGH eng und so auszulegen, dass sie nicht abhängig von den Besonderheiten des jeweiligen nationalen Rechts und einem darin vorgesehenen Anspruchsübergang abhängen dürften. Auch wäre der Erwägungsgrund Nr. 18 zur EuGVVO zu berücksichtigen. Dieser lautet wie folgt: „Bei Versicherungs-, Verbraucher- und Arbeitssachen sollte die schwächere Partei durch Zuständigkeitsvorschriften geschützt werden, die für sie günstiger sind als die allgemeine Regelung.“ Eine Klagebefugnis im Inland würde daher nur dem Geschädigten zustehen, der sich in einer unterlegenen Position gegenüber dem gegnerischen Kraftfahrzeughaftpflichtversicherer befindet. Auch wenn der Sozialversicherungsträger aus übergegangenem Recht einen Anspruch des unmittelbar Geschädigten verfolgt, wäre er trotzdem nicht als unterlegener Geschädigter im Sinne dieser Vorschriften zu verstehen, da ihm grundsätzlich die gleichen Möglichkeiten wie einem privaten Versicherer offen stünden. Auch der Kaskoversicherer ist daher mangels einer unterlegenen Stellung nicht zu einer Inlandsklage berechtigt.[16]

14 EuGH, Urt. v. 17.9.2009 – C 347/08 = VersR 2009, 1512.

15 EuGH, Urt. v. 2.6.1994 – C-428/92 = JZ 1994, 1113 noch zur EWG 1408/71 – vgl. jetzt EGV Nr. 883/2004.

16 EuGH, Urt. v. 26.5.2005 – C 77/04 = VersR 2005, 1001.

▼ 18

Muster 2.6: Keine Klagebefugnis des Kaskoversicherers bei Inlandsklage

2.6

Hat der bei einem Verkehrsunfall im Ausland Geschädigte wegen des Fahrzeugschadens seine Vollkaskoversicherung in Anspruch genommen ist das Gericht seines Wohnsitzes für die Klage des Kaskoversicherers gegen den ausländischen Haftpflichtversicherer nicht gem. Art. 11 Abs. 1, 13 Abs. 2 EuGVVO international zuständig. Dies gilt auch dann, wenn der Geschädigte den Anspruch des Kfz-Kaskoversicherers in gewillkürter Prozessstandschaft geltend macht. Dieses Recht steht nur der schwächeren Partei gegenüber dem Haftpflichtversicherer zu. Der EuGH (EuGH, Urt. v. 17.9.2009 – C 347/08 – juris) stellt maßgeblich darauf ab, dass beispielsweise ein Sozialversicherungsträger im Verhältnis zum Haftpflichtversicherer keine schwächere Partei ist. Dies muss dann erst recht für den Kaskoversicherer gelten. Dieser ist erst recht keine schwächere Partei als der Haftpflichtversicherer, denn Kasko- und Haftpflichtversicherung werden in der Regel von den gleichen Unternehmen angeboten (LG Hamburg, Urt. v. 8.7.2011 – 306 O 349/10 – juris).

▲

Bei einem Anspruchsübergang auf andere juristische Personen kann sich jedoch eine solche Schutzbedürftigkeit ergeben: In der Rechtsprechung der deutschen Instanzgerichte hat sich z.B. das OLG Celle zu dieser Frage positioniert und dabei anhand der Schutzbedürftigkeit des Geschädigten wie folgt unterschieden: Verfolgt eine GmbH als Arbeitnehmerin aus abgetretenem Recht einen Ersatzanspruch des Geschädigten wegen einem Verdienstausfall würde diese im Verhältnis zu dem ausländischen Haftpflichtversicherer aufgrund ihrer unterlegenen Stellung ebenfalls als „Geschädigte" im Sinne der oben genannten Vorschriften zu verstehen sein und könnte eine Inlandsklage erheben.[17] Diese unterlegene Stellung würde jedoch dann fehlen, wenn ein Sozialversicherungsträger einen nach § 116 SGB X auf ihn übergegangenen Schadensersatzanspruch verfolgen würde und in diesem Fall wäre der Anwendungsbereich der Art. 13 Abs. 2, 11 Abs. 1 EuGVVO nicht eröffnet.[18] Diese Ansicht entsprach auch der überwiegenden Auffassung in der Literatur[19] und erfasst auch den Fall einer Leasinggesellschaft, die grundsätzlich erst einmal klagebefugt ist.[20] Da zur Inlandsklage nur die „schwächere Partei" befugt ist, kann dies allerdings auch auf eine bundesweit tätige Leasinggesellschaft gegenüber dem ausländischen Versicherer nicht zutreffen[21] – diese Umstände sind immer im Einzelfall zu prüfen. 19

Hinweis

Zu beachten ist allerdings, dass in dem Fall, dass das Gericht seine internationale Zuständigkeit verneint, keine Verweisungsmöglichkeit, sondern allenfalls die Möglichkeit der Klagrücknahme besteht. Hier besteht mithin bei juristischen Personen ein nicht unerhebliches Risiko.

17 OLG Celle, Urt. v. 27.2.2008 – 14 U 211/06 = NJW 2009, 86; vgl. auch OLG Köln DAR 2010, 582.
18 OLG Celle, Urt. v. 27.11.2008 – 5 U 106/08 = VersR 2009, 1426.
19 *Riedmeyer*, zfs 2008, 602; *Nugel*, VRR 2009, 284.
20 OLG Frankfurt a.M., Urt. v. 23.6.2014 – 16 U 224/13 = NJW-RR 2014, 1339.
21 LG Düsseldorf, Urt. v. 3.11.2014 – 15 O 1/13 – juris.

20 ▼

Muster 2.7: Internationale Zuständigkeit des Gerichts am Wohnsitz des Geschädigten bei einer Klage des Arbeitgebers aus übergegangenem Recht

Die internationale Zuständigkeit des angerufenen Gerichts ergibt sich aus den Art. 13 Abs. 2, 11 EuGVVO. Diese Vorschriften sind immer dann anzuwenden, wenn – wie hier – ein ausländischer Versicherer in Anspruch genommen wird, der seinen Geschäftssitz im EU-Ausland hat und nach dem Recht des angerufenen Gerichts eine Direktklage gegen einen Kraftfahrzeughaftpflichtversicherer zulässig ist (EuGH, Urt. v. 13.12.2007 – C 463/06 – veröffentlicht über juris = zfs 2008, 139). Der durch den Verkehrsunfall Geschädigte hat seinen Wohnsitz unter der Adresse am Ort des angerufenen Gerichts.

Vorliegend kann auch die Klägerseite als Arbeitgeber des Geschädigten im Inland Klage nach den o.g. Vorschriften erheben, nachdem ein Anspruchsübergang gem. § 6 Entgeltfortzahlungsgesetz erfolgt ist (OLG Celle, Urt. v. 27.2.2008 – 14 U 211/06 – veröffentlicht über juris). Entscheidend ist insoweit, ob sich die klagende Partei gegenüber dem ausländischen Kraftfahrzeughaftpflichtversicherer in einer unterlegenen Position befindet (EuGH, Urt. v. 17.9.2009 – C 347/08 – juris; vgl. dazu auch OLG Frankfurt a.M., Urt. v. 23.6.2014 – 16 U 224/13 = NJW-RR 2014, 1339; OLG Köln 2010, 582 sowie OLG Zweibrücken NZV 2010, 198). Dies ergibt sich im Übrigen auch aus dem Erwägungsgrund Nr. 18 zur EuGVVO, der wie folgt lautet: „Bei Versicherungs-, Verbraucher- und Arbeitssachen sollte die schwächere Partei durch Zuständigkeitsvorschriften geschützt werden, die für sie günstiger sind als die allgemeine Regelung.“ Dies ist vorliegend bei dem Betrieb der Klägerseite der Fall, da .

Dabei ist es auch vorzugswürdig, im Interesse der Rechtssicherheit, auf das Gericht am Wohnsitz des Geschädigten abzustellen, um sicherzustellen, dass vorhersehbar ist, vor welchem Gericht ggf. eine Klage im Inland erfolgt, ohne dass es auf die Einzelheiten des Anspruchsübergangs und des Sitzes des Arbeitgebers ankommt.

▲

Der EuGH hat im Hinblick auf einen Anspruchsübergang an andere Personen in der oben genannten Entscheidung[22] erkennen lassen, dass ein Legalzessionar der Ansprüche des unmittelbar Geschädigten hingegen, der selbst als schwächere Partei angesehen werden kann, in den Genuss der in diesen Bestimmungen festgelegten besonderen Zuständigkeitsregeln kommt. Insbesondere im Fall eines Rechtserwerbs der Erben wäre diesen die gleiche Stellung wie dem Geschädigten einzuräumen und eine Inlandsklage für zulässig zu erachten. Dann bliebe allerdings noch zu entscheiden, ob aus Gründen der Rechtssicherheit gem. dem Wortlaut der Art. 11, 13 Abs. 2 EuGVVO eine Inlandsklage am Wohnsitz des (verstorbenen) Geschädigten erfolgen muss. Dies deshalb, weil nach ständiger Rechtsprechung des EuGH ein informierter, verständiger Beklagter vorhersehen können muss, vor welchem Gericht er außerhalb seines Wohnsitzstaats verklagt werden könnte.[23] Vergleichbar dürfte diese Situation auch bei den Schadenersatzansprüchen unterhaltsberechtigter Personen im Todesfall sein, die sich in einer gleichermaßen

22 EuGH, Urt. v. 17.9.2009 – C 347/08 = VersR 2009, 1512.
23 EuGH, Urt. v. 13.7.2006 – C 103/05 – Reisch Montage – NJW-RR 2006, 1568.

unterlegenen Stellung befinden und u.U. sogar selber als „Geschädigte" i.S.d. dieser Vorschriften angesehen werden könnten.

Anders sieht es dagegen aus, wenn sich ein Gewerbetreibender im Rahmen der Unfallregulierung einen Ersatzanspruch zur Sicherheit abtreten lässt (z.B. den Anspruch in Höhe der Sachverständigen- oder Reparaturkosten). Hier hat der EuGH erkennen lassen, dass der neue Forderungsinhaber die Forderung rechtsgeschäftlich ohne zwingende gesetzliche Vorgabe erhält und im Rahmen der restriktiven Auslegung der Schutzvorschriften zur Inlandsklage i.d.R. nicht berechtigt sein dürfte.[24]

> *Hinweis*
>
> Die fehlende Zuständigkeit muss aber – zumindest nach deutschem Prozessrecht – ausdrücklich gerügt werden; dies auch erneut in der Berufungsinstanz.[25]

▼ 21

Muster 2.8: Internationale Zuständigkeit des Gerichts am Wohnsitz des Geschädigten bei einer Klage des Erben aus übergegangenem Recht 2.8

Die internationale Zuständigkeit des angerufenen Gerichts ergibt sich aus den Art. 13 Abs. 2, 11 EuGVVO. Diese Vorschriften sind immer dann anzuwenden, wenn – wie hier – ein ausländischer Versicherer in Anspruch genommen wird, der seinen Geschäftssitz im EU-Ausland hat und nach dem Recht des angerufenen Gerichts eine Direktklage gegen einen Kraftfahrzeughaftpflichtversicherer zulässig ist (EuGH, Urt. v. 13.12.2007 – C 463/06 = zfs 2008, 139). Der durch den Verkehrsunfall Geschädigte hat seinen Wohnsitz unter der Adresse ______ am Ort des angerufenen Gerichts.

Vorliegend kann auch die Klägerseite als Erbe des Geschädigten im Inland Klage nach den o.g. Vorschriften erheben, nachdem ein Anspruchsübergang kraft Gesetzes erfolgt ist (vgl. auch OLG Celle, Urt. v. 27.2.2008 – 14 U 211/06 = NJW 2009, 86). Entscheidend ist insoweit, ob sich die klagende Partei gegenüber dem ausländischen Kraftfahrzeughaftpflichtversicherer in einer unterlegenen Position befindet (EuGH, Urt. v. 17.9.2009 – C 347/08 = VersR 2009, 1512; vgl. dazu auch OLG Frankfurt a.M., Urt. v. 23.6.2014 – 16 U 224/13 = NJW-RR 2014, 1339; OLG Köln 2010, 582 sowie OLG Zweibrücken NZV 2010, 198). Dies ergibt sich im Übrigen auch aus dem Erwägungsgrund Nr. 18 zur EuGVVO, der wie folgt lautet: „Bei Versicherungs-, Verbraucher- und Arbeitssachen sollte die schwächere Partei durch Zuständigkeitsvorschriften geschützt werden, die für sie günstiger sind als die allgemeine Regelung." Der EuGH hat im Hinblick auf einen Anspruchsübergang an andere Personen in der oben genannten Entscheidung erkennen lassen, dass ein Erbe ebenso schützenswert ist wie der Geschädigte selber und daher eine Klagebefugnis im Inland besteht.

Dabei ist es vorzugswürdig, im Interesse der Rechtssicherheit auf das Gericht am Wohnsitz des Geschädigten abzustellen, um sicherzustellen, dass vorhersehbar ist, vor welchem Gericht ggf. eine Klage im Inland erfolgt, ohne dass es auf die Einzelheiten des Anspruchsübergangs und des Sitzes des Arbeitgebers ankommt.

▲

24 EuGH, Urt. v. 17.9.2009 – C 347/08 = VersR 2009, 1512.
25 BGH NJW 2007, 3501.

Bei der Zustellung der Klage ist zu berücksichtigen, dass der Regulierungsbeauftragte zustellungsbevollmächtigt ist.[26] Dies ergibt sich aus dem Erwägungsgrund 15 der 4. KH Richtlinie, wonach der Regulierungsbeauftragte zwar nicht passiv legitimiert ist, jedoch den ausländischen Versicherer im Gerichtsverfahren vertreten darf. Hierzu zählt auch die Zustellung von Klagschriften.

22 Mit Aufhebung der 4. KH-Richtlinie durch die Richtlinie 2009/103/EG vom 16.9.2009 ist dieser Gesichtspunkt nach Art. 21 Abs. 5 dieser Richtlinie zu beurteilen und ist vom EuGH mit Urt. v. 10.10.2013 (C-306/12 = NJW 2014, 44) nach Vorlage des LG Saarbrücken[27] entschieden worden. Demnach ist die Schadensregulierungsstelle ermächtigt, Schriftstücke rechtswirksam entgegenzunehmen. Zu den ausreichenden Befugnissen der Regulierungsstelle muss die Zustellungsbevollmächtigung gehören.

23 Nach h.M. kann der regulierungsbeauftragte Versicherer aber nicht anstelle des im Ausland ansässigen Kraftfahrzeughaftpflichtversicherers oder neben diesem verklagt werden.[28]

> *Praxistipp*
>
> Wenn eine Zustellung im Ausland verfolgt wird, empfiehlt es sich, die Klage bewusst knapp zu formulieren und im Zweifel auf beigefügte Anlagen zu verweisen, die für die Zustellung nicht übersetzt werden müssen. Etwaige hieraus resultierende Mängel können – ggf. auf Hinweis des Gerichts – mit der nächsten Schriftsatzeingabe in der deutschen Gerichtssprache geheilt werden.

IV. Ermittlung des sachlich anzuwendenden Rechts

24 Ein größeres Hindernis kann das sachlich anzuwendende Recht darstellen. Hierbei ist zu unterscheiden, ob die sog. Rom II-Verordnung eingreift, diese ggf. durch das Haager Übereinkommen (HÜ) verdrängt wird oder der Unfall sich in einem Land ereignet hat, welches nicht der EU angehört und auch dem Haager Übereinkommen nicht beigetreten ist, so dass es bei einer Klage in Deutschland auf die in den Art. 40 ff. EG BGB als IPR geregelten Grundsätze ankommt.[29]

Letztendlich ist dies ist eine Frage des anzuwenden IPR, welches anhand der Rechtsordnung des Staates zu bestimmen ist, dessen Gericht angerufen wird. Im Bereich der EU sind bei der Bestimmung des anzuwendenden sachlichen Rechts grundsätzlich zwei Übereinkommen einschlägig: Die Verordnung vom (EG) Nr. 864/2007 des Europäischen Parlaments und des Rates vom 11.7.2007 über das auf außervertragliche Schuldverhältnisse anzuwendende Recht (Rom II), die seit dem 11.1.2009 Anwendung findet und nach Art. 32 Rom II unmittelbar in allen Mitgliedstaaten gilt sowie das Haager Übereinkommen über das auf Straßenverkehrsunfälle anzuwendende Recht.

26 *Riedmeyer*, zfs 2008, 602; *Nugel*, VRR 2009, 284.
27 LG Saarbrücken, EuGH-Vorlage vom 22.6.2012 – 13 S 12/12 = DAR 2012, 465.
28 Vgl. LG Düsseldorf, Urt. v. 22.6.2007 – 22 S 436/06 – juris und *Riedmeyer*, zfs 2008, 602; *Nugel*, VRR 2009, 284 jeweils m.w.N.
29 Anschaulich zu diesen Grundsätzen: OLG Hamm, Urt. v. 19.3.2021 – 7 U 27/19 – juris.

1. Anzuwendendes Recht nach Rom II

Bei einem außervertraglichen Schadensersatzanspruch ist nach Rom II im Hinblick auf das anzuwendende sachliche Recht wie folgt zu unterscheiden: 25

a) Überblick

Welches Recht auf das außervertragliche Schuldverhältnis anzuwenden ist, wird in den Art. 4, 14 Rom II geregelt. 26

Das nach diesen Vorschriften anzuwendende Recht ist nach Art. 15 Rom II insbesondere maßgebend für

(1) den Grund und den Umfang der Haftung einschließlich der Bestimmung der Personen, die für ihre Handlungen haftbar gemacht werden können;
(2) die Haftungsausschlussgründe sowie jede Beschränkung oder Teilung der Haftung;
(3) das Vorliegen, die Art und die Bemessung des Schadens oder der geforderten Wiedergutmachung;
(4) die Übertragbarkeit einschließlich der Vererbbarkeit und die Bestimmung der Personen, die einen Anspruch haben und
(5) die Frage der Verjährung incl. Hemmung.

Nach Art. 22 Rom II ist dieses Recht auch anzuwenden, soweit es gesetzliche Vermutungen aufstellt oder die Beweislast regelt. Bei einem Unfall, der deutschem Recht unterliegt, kann dies von besonderer Bedeutung sein, da im deutschen Verkehrsrecht der Anscheinsbeweis für typische Verstöße gegen die StVO vielfach die Beurteilung eines Verkehrsunfalls entscheidet, während in anderen Rechtsordnung derart weitreichende Beweiserleichterungen i.d.R. nicht bekannt sind.

Zudem ist nach Art. 21 Rom II eine einseitige Rechtshandlung, die ein außervertragliches Schuldverhältnis betrifft, gültig, wenn sie der Form des Rechts des Staats erfüllt, in dem sie vorgenommen worden ist. Wird bei einem Unfall im Ausland in einem europäischen Unfallbericht ein konkreter Unfallablauf festgehalten, ist im Anwendungsbereich von Rom II zu untersuchen, ob das nach diesem Abkommen anzuwendende Recht diesen Unfallbericht als einseitige Rechtshandlung i.S.d. Art. 21 Rom II anerkennt und dementsprechend ein verbindliches Anerkenntnis vorliegen kann (wie dies derzeit z.B. im französischen Recht der Fall sein kann).

Hiervon ist die Frage zu unterscheiden, welche Sicherheitsvorschriften (insbesondere Straßenverkehrsregeln) zur Anwendung gelangen. Bei der Beurteilung des Verhaltens der Person, deren Haftung geltend gemacht wird, sind nach Art. 17 Rom II faktisch und soweit angemessen die Sicherheits- und Verhaltensregeln zu berücksichtigen, die an dem Ort und zu dem Zeitpunkt des haftungsbegründenden Ereignisses in Kraft sind. Entsprechen die Sicherheitsvorschriften des ausländischen Rechts im Wesentlichen denen des deutschen Rechts kann auch auf die hierzu entwickelten Grundsätze abgestellt werden – so z.B. bei den Sorgfaltsanforderungen bei dem Öffnen einer Fahrzeugtür.[30]

30 AG Frankenthal, Urt. v. 30.6.2017 – 3a C 278/16 – juris.

Problematisch ist die Frage, welcher Maßstab an die Überzeugungsbildung des Gerichts nach welchem Prozessrecht einschlägig ist, wenn im Inland Klage erhoben wird.

27 ▼

Muster 2.9: Erleichterter Beweismaßstab des § 287 ZPO bei Inlandsklage

Wird ein Schadenersatzanspruch aus einem Verkehrsunfall, der sich nach ausländischem Sachrecht richtet, als Direktanspruch gegen den ausländischen Haftpflichtversicherer vor einem deutschen Gericht geltend gemacht, ist § 287 ZPO bei der Bemessung des Schadens anwendbar. Dies deshalb, da sich das Beweismaß nach den Regeln des deutschen Zivilprozessrechts als dem Recht am Ort des angerufenen Gerichts (lex fori) richtet (vgl. bereits BGH, Urt. v. 27.4.1977 – VIII ZR 184/75; LG Saarbrücken, Urt. v. 9.3.2012 – 13 S 51/11, DAR 2012, 265). Anders als die Regeln zur Darlegungs- und Beweislast, die materielle Rechtssätze darstellen, handelt es sich bei den Vorschriften, die das Beweismaß regeln, um Normen des Verfahrensrechts. Nach § 287 Abs. 1 ZPO reicht für die richterliche Überzeugung eine überwiegende, allerdings auf gesicherter Grundlage beruhende Wahrscheinlichkeit eines Schadens aus (BGH, Urt. v. 6.8.2004 – VI ZR 230/03 = VersR 2004, 1477).

▲

b) Bestimmung des anzuwendenden Rechts

28 In den Art. 4, 14 Rom II sind verschiedene Regelungen zur Bestimmung des anzuwendenden Rechts vorgesehen.

aa) Grundregel: Recht des Schadensortes (Art. 4 Abs. 1 Rom II)

29 Ansprüche des geschädigten EU-Staatsbürgers aus unerlaubter Handlung oder der Gefährdungshaftung unterliegen nach Art. 4 Abs. 1 Rom II grundsätzlich dem Recht des Staates, in dem der Schaden eintritt, unabhängig davon, in welchem Staat das schadensbegründende Ereignis oder indirekte Schadensfolgen eingetreten sind. Erfasst werden die primären Folgen wie auch die indirekten Schadensfolgen (wie z.B. für Angehörige), um eine einheitliche Behandlung zu gewährleisten.[31]

30 ▼

Muster 2.10: Geltung des deutschen Rechts wegen des Schadensortes einschließlich Regeln über den Anscheinsbeweis nach Rom II i.V.m. deutschem materiellen Verkehrsrecht

Vorliegend gelangt das deutsche materielle Verkehrsrecht gem. Art. 4 Nr. 1 Rom II zur Geltung, da der Primärschaden am Unfallort in eingetreten ist und eine Ausnahme der Art. 4 Nr. 2, 3 Rom II nicht eingreift (vgl. auch OLG Hamm, Urt. v. 19.3.2021 – 7 U 27/19 – juris; LG Karlsruhe NJW-RR 2021, 157). Die Rom II-Verordnung gilt seit dem 11.1.2009 nach Art. 32 Rom II unmittelbar in allen Mitgliedstaaten. Gem. Art. 22 Rom II ist das so bestimmte deutsche Recht auch anzuwenden, soweit es gesetzliche Vermutungen aufstellt oder die Beweislast regelt, so dass die in der deutschen Rechtsprechung entwickelten Grundsätze des Anscheinsbeweises ebenfalls anzuwenden sind.

▲

31 OLG Saarbrücken, Urt. v. 28.3.2019 – 4 U 18/17 = VRS 135, 249; OLG Hamm, Urt. v. 19.3.2021 – 7 U 27/19 – juris.

bb) Recht des einheitlichen gewöhnlichen Aufenthaltsortes (Art. 4 Abs. 2 Rom II)

Wenn der Verkehrsunfall im Ausland stattgefunden hat, kann **ausnahmsweise inländisches Recht** auf die Abwicklung des Schadensfalls anwendbar sein. Haben nämlich die Person, deren Haftung geltend gemacht wird, und die Person, die geschädigt wurde, zum Zeitpunkt des Schadenseintritts ihren gewöhnlichen Aufenthalt in demselben Staat, so unterliegt die unerlaubte Handlung nach Art. 4 Abs. 2 Rom II dem Recht dieses Staates. Haben beide Unfallbeteiligte ihren gewöhnlichen Aufenthaltsort in Deutschland, gilt mithin deutsches Recht.[32] **31**

> *Beispielsfall*
>
> Ein niederländischer Staatsbürger wird mit seinem Fahrzeug in Düsseldorf in einen Verkehrsunfall mit einem deutschen Staatsbürger verwickelt, der seinen ständigen Wohnsitz zum Zeitpunkt des Unfalls aufgrund seiner Arbeit für einen mehrjährigen Zeitraum in Amsterdam hat. Der gemeinsame Wohnsitz in den Niederlanden begründet die Anwendbarkeit des niederländischen sachlichen Rechts, wenn in Deutschland Klage erhoben wird und Rom II zur Geltung kommt.

cc) Engere Verbindung zu dem inländischen Recht (Art. 4 Abs. 3 Rom II)

Ergibt sich aus der Gesamtheit der Umstände, dass die unerlaubte Handlung eine offensichtlich engere Verbindung mit einem anderen als dem in den § 4 Abs. 1 oder 2 ROM II bezeichneten Staat aufweist, so ist das Recht dieses anderen Staates anzuwenden. Eine offensichtlich engere Verbindung mit einem anderen Staat könnte sich insbesondere aus einem bereits bestehenden Rechtsverhältnis zwischen den Parteien in Form eines Vertrags ergeben, das mit der betreffenden unerlaubten Handlung in enger Verbindung steht (Art. 4 Abs. 3 S. 2 Rom II). **32**

> *Beispielsfall*
>
> Der in Hamburg lebende deutsche Staatsbürger D reist in einem polnischen Reisebus nach Warschau, wo ein Unfall passiert und der D verletzt wird. Wenn der Beförderungsvertrag deutschem Recht unterliegt, ist der Anwendungsbereich des Art. 4 Abs. 3 Rom II ermöglicht und es gilt deutsches Recht.

In der deutschen Rechtsprechung ist darüber hinaus eine derartige enge Verbindung angenommen worden, wenn erstens der Geschädigte seinen gewöhnlichen Aufenthaltsort in Deutschland hat und zweitens beide unfallbeteiligte Kfz[33] oder zumindest das Fahrzeug des Schädigers bei einem deutschen Kraftfahrzeughaftpflichtversicherer versichert sind. In diesem Fall ist die Versicherung gerade auf den Standard des deutschen Rechts zugeschnitten und dem Geschädigten, der seinen ständigen Wohnsitz in Deutschland aufweist, entsteht durch die Anwendung des deutschen Rechts kein Nachteil. **33**

32 OLG Saarbrücken, Urt. v. 6.2.2020 – 4 U 33/18 – juris; AG Frankenthal, Urt. v. 30.6.2017 – 3a C 278/16 – juris.
33 LG Berlin, Urt. v. 8.4.2002 – 58 S 269/01 = NJW-RR 2002, 1107.

34 ▼

Muster 2.11: Geltung des deutschen Rechts wegen einer engeren Beziehung zwischen der unerlaubten Handlung und diesem Recht

Vorliegend gelangt das deutsche materielle Verkehrsrecht gem. Art. 4 Nr. 3 Rom II zur Geltung, da die unerlaubte Handlung eine engere Verbindung i.S. dieser Vorschrift zum deutschen materiellen Verkehrsrecht aufweist. Dies ist in der Rechtsprechung zu den ähnlich gelagerten Vorschriften der Art. 40 ff. EGBGB auch dann bejaht worden, wenn der Geschädigte seinen Wohnsitz in Deutschland hat und die unfallbeteiligten Fahrzeuge in Deutschland versichert sind (LG Berlin, Urt. v. 8.4.2002 – 58 S 269/01 = NJW-RR 2002, 1107). Auf den Wohnsitz der Schädigerseite kommt es insoweit daher nicht an. Hier hat der Geschädigte seinen Wohnsitz in   und beide unfallbeteiligten Pkw sind in Deutschland versichert.

▲

dd) Vereinbartes Recht (Art. 14 Rom II)

35 Gem. Art. 14 Abs. 1 Rom II können die Parteien auch nach dem Unfall vereinbaren, welches sachliche Recht zur Anwendung gelangen soll.[34] Diese Vereinbarung geht den oben genannten Vorschriften vor, lässt den Übergang von Ansprüchen auf Dritte allerdings unberührt. Kann so eine Vereinbarung außergerichtlich nicht erzielt werden, mag es sich unter dem Gesichtspunkt der Prozessökonomie anbieten, eine derartige Verständigung im Prozess im Hinblick auf die Anwendung des materiellen Rechts des angerufenen Gerichts im Inland zu erzielen.

36 ▼

Muster 2.12: Anregung zu einer Vereinbarung über die Anwendung des materiellen Rechts

Wir regen an, dass eine Verständigung über die Anwendung des materiellen   Rechts nach Art. 14 Rom II erfolgt. Sollte dagegen vorliegend das ausländische Recht des Unfallorts zur Anwendung gelangen, wäre ggf. die Einholung eines Rechtsgutachtens geboten, welches Kosten in einer Höhe veranlassen würde, die im Bereich von mehreren Tausend EUR liegen und den hiesigen Streitwert weit übersteigen würden. Zudem wäre mit einer erheblichen Verzögerung des Rechtsstreits zu rechnen. Eine Verständigung über die Anwendung des materiellen Rechts des angerufenen Gerichts dürfte unter dem Gesichtspunkt der Prozessökonomie vorzugswürdig sein.

▲

37 Es ergibt sich also folgende **Prüfungsreihenfolge**:

Maßgeblich ist nach Art. 4 Abs. 1 Rom II in erster Linie das sachliche Recht des Ortes, an dem der Schaden eingetreten ist, es sei denn, es greift eine der nachfolgenden Ausnahmen in folgender Reihenfolge ein:

(1) Vereinbarung der Parteien über das anzuwendende sachliche Recht nach Eintritt des Schadensfalles (Art. 14 Rom II) – zwingend vorrangig

34 Im Überblick: OLG Hamm, Urt. v. 19.3.2021 – 7 U 27/19 – juris.

(2) Offensichtlich engere Verbindung mit dem Recht eines anderen Staates (Art. 4 Abs. 3 Rom II) – vorrangig gegenüber Art. 4 Abs. 1 u. 2 Rom II
(3) Recht des Staates, in dem die beteiligten Personen ihren gewöhnlichen Aufenthalt haben (Art. 4 Abs. 2 Rom II) – vorrangig gegenüber Art. 4 Abs. 1 Rom II

Einen Sonderfall stellt die Prüfung dar, ob die Grundsätze des Anscheinsbeweises zum Tragen kommen, die nicht in jeder Rechtsordnung anerkannt sind.

▼ 38

Muster 2.13: Keine Anwendung des Anscheinsbeweises nach den Regeln der ZPO

Das erkennende Gericht hat gem. Art. 22 Abs. 1 Rom-II-VO die Beweislastregelungen und gesetzlichen Vermutungen des ausländischen Rechts zu beachten, auch wenn diese in der ausländischen ZPO geregelt sind. Durch den autonom auszulegenden Art. 22 Abs. 1 Rom-II-VO sind Beweislastregeln als materiell-rechtliche Vorschrift anzusehen, auch wenn deren Rechtsnatur im nationalen Recht als prozessrechtlich angesehen wird (AG Geldern, Urt. v. 27.10.2010 – 4 C 356/10 – juris). Gem. Art. 22 Abs. 1 Fall 2 Rom-II-VO hat das erkennende Gericht nicht nur die gesetzlich festgeschriebenen Beweislastregeln des ausländischen Rechts anzuwenden, sondern auch die in der dortigen Rechtspraxis aufgestellten tatsächlichen Vermutungen, auf die die Rechtsprechung aufgrund der Lebenserfahrung einen Anscheinsbeweis gründet. Wendet ein deutsches Gericht ausländisches Recht an, hat es dabei nicht nur den Gesetzeswortlaut zu beachten, sondern auch die Rechtswirklichkeit dieser Vorschriften, die sich insbesondere aus deren Anwendung in der ausländischen Rechtsprechung ergibt. Im Anwendungsbereich des Art. 17 Rom-II-VO kann daher alleine auf die mit den am Tatort geltenden (Verkehrs-)Regeln im Zusammenhang stehenden Anscheinsbeweise zurückgegriffen werden (OLG Saarbrücken, Urt. v. 6.2.2020 – 4 U 33/18 – juris).

Es gilt zu der Prüfung, ob die Grundsätze des Anscheinsbeweises Anwendung finden, mithin das Recht des Staates ___. Danach gelten folgende Grundsätze: ___.

▲

Diese Ansicht ist aber umstritten. Es lässt sich auch mit dem nachfolgenden Muster das genaue Gegenteil vertreten.

▼ 39

Muster 2.14: Anwendung des Anscheinsbeweises nach den Regeln der ZPO

Der nach deutschem Recht anerkannte Anscheinsbeweis bei einem Unfall – so z.B. im Kreuzungs- oder Einmündungsbereich – gilt auch bei Anwendung ausländischen Verkehrsrechts (LG Saarbrücken, Urt. v. 25.6.2015 – 13 S 5/15 – juris mit Hinweis auf BGH, Urt. v. 4.10.1984 – I ZR 112/82). Die Anwendbarkeit des Anscheinsbeweises bestimmt sich in Verfahren mit internationalem Bezug nicht nach dem ausländischen Sachrecht (lex causae), sondern nach den Regeln des deutschen Zivilprozessrechts als dem Recht am Ort des angerufenen Gerichts (lex fori) (vgl. BGH, Urt. v. 4.10.1984 – I ZR 112/82 = NJW 1985, 554; LG Saarbrücken, Urt. v. 11.5.2015 – 13 S 21/15 = NJW 2015, 2823; LG Saarbrücken, Urt. v. 13.2.2015 – 13 S 203/15). Dies wird zutreffend damit begründet, dass es sich beim Anscheinsbeweis um eine Beweiswürdigungsregel handelt, mithin um eine Norm des Verfahrensrechts, die den Richter berechtigt und verpflichtet, die durch Erfahrungssätze begründete Wahrscheinlichkeit für das Vorliegen einer behaupteten Tatsache zur Überzeugungsbildung und damit zum Beweis ausreichen zu lassen.

Danach gelten folgende Grundsätze: .

▲

2. Haager Übereinkommen

40 Rom II dürfte das Ziel, europaweit für ein einheitliche Grundsätze bei der Bestimmung des sachlich anzuwendenden Rechts zu sorgen, nur begrenzt erreichen, da nach Art. 28 Abs. 1 Rom II das Haager Übereinkommen über das auf Straßenverkehrsunfälle anzuwendende Recht (HÜ) dieser Verordnung vorgeht. Es ist also genau zu prüfen, ob der Staat, in dem das angerufene Gericht liegt, das HÜ unterzeichnet hat, welches Rom II vorgeht.

41 Folgende Vertragsstaaten haben das Haager Übereinkommen über das auf Straßenverkehrsunfälle anzuwendende Recht vom 4.5.1971 unterzeichnet (in Klammern ist jeweils das Inkrafttreten angegeben – Stand: Dezember 2015):

- Belarus (15.6.1999),
- Belgien (3.6.1975),
- Bosnien und Herzegowina (16.12.1975),
- Frankreich (3.6.1975),
- Kroatien (16.12.1975),
- Lettland (15.10.2000),
- Litauen (24.3.2002),
- Luxemburg (13.12.1980),
- Marokko (25.6.2010),
- Mazedonien (16.12.1975),
- Montenegro (16.12.1975),
- Niederlande (30.12.1978),
- Niederlande-Aruba (1.1.1986),
- Österreich (3.6.1975),
- Polen (28.5.2002),
- Schweiz (2.1.1987),
- Serbien (16.12.1975),
- Slowakei (11.7.1976),
- Slowenien (16.12.1975),
- Spanien (21.11.1987),
- Tschechien (11.7.1976),
- Ukraine (18.12.2011).

Die Bundesrepublik Deutschland ist dem Übereinkommen bisher nicht beigetreten. Gem. Art. 11 wird es jedoch von den Vertragsstaaten auch gegenüber Nichtvertragsstaaten angewandt.

▼ 42

Muster 2.15: Anwendung des Haager Übereinkommens

Vorliegend gelangt das Haager Übereinkommen über das auf Straßenverkehrsunfälle anzuwendende Recht vom 4.5.1971 zur Geltung (HÜ). Dieses Abkommen geht auch gem. Art. 28 Abs. 2 Rom II der Rom II-Verordnung vor. Nach dem Recht des angerufenen Gerichts ist auf das Haager Übereinkommen abzustellen, dem der Staat ____ am ____ beigetreten ist. Gem. Art. ____ HÜ ist vorliegend das Recht das ____ materielle Recht anzuwenden, da ____.

▲

In den meisten Fällen dürfte eine Anwendung von Rom II und HÜ keinen wesentlichen Unterschied ausmachen. Das HÜ sieht in Art. 3 vor, dass das Recht des Staats zur Anwendung gelangt, in dessen Hoheitsgebiet sich der Unfall ereignet hat (Tatortprinzip – das Ereignis, nicht jedoch der Primärschaden entscheidet). Nach Art. 7 HÜ sind (wie nach Art. 17 Rom II) die am Ort und zur Zeit des Unfalls geltenden Verkehrs- und Sicherheitsvorschriften zu berücksichtigen. Tritt der entscheidende Schaden aber als Primärschaden erst an einem anderen grenzüberschreitenden Ort ein (z.B. im Zusammenspiel mit einem anderen Ereignis), wären unterschiedliche Rechtsordnungen je nach Rom II oder HÜ anzuwenden. 43

Die von diesem Grundsatz vorgesehenen Ausnahmen nach dem HÜ sind andere als in der Rom II-Verordnung. Eine Vereinbarung über das anzuwendende sachliche Recht sieht das HÜ anders als Rom II in Art. 14 nicht vor. Auch die Ausnahme des gemeinsamen Aufenthaltsorts findet sich im HÜ nicht. Es gelten vielmehr die in Art. 4 HÜ niedergelegten Ausnahmen. 44

Bei einem Unfall, an dem nur ein Fahrzeug beteiligt ist und das Fahrzeug in einem anderen als dem Staat des Unfallortes zugelassen ist, ist nach Art. 4a des HÜ das Recht des Zulassungsstaats anzuwenden: 45

(1) bei einem Anspruch gegen den Führer, Halter oder Eigentümer des Fahrzeugs,
(2) bei einem Anspruch eines Fahrgastes, wenn er seinen gewöhnlichen Aufenthalt in einem anderen Staat als dem Staat des Unfallortes hatte,
(3) bei einem Anspruch gegen eine Person außerhalb des Fahrzeugs, wenn diese ihren Aufenthaltsort auch in dem Zulassungsstaat hat.

Bei einem Unfall, an dem mehrere Fahrzeuge beteiligt sind, können gegen einen Führer, Halter oder Eigentümer eines Kfz nach Art. 4a HÜ nur dann Ansprüche geltend gemacht werden, wenn nach Art. 4b HÜ alle Fahrzeuge in diesem Staat zugelassen sind. Handelt es sich um den Anspruch eines Geschädigten außerhalb des Fahrzeugs, muss dieser ebenfalls in dem gleichen Staat seinen Wohnsitz haben (Art. 4c HÜ). 46

Geht es um Ansprüche wegen beförderter Gegenstände sieht Art. 5 HÜ wiederum weitere Ausnahmen vor. Gleiches gilt für beschädigte Gegenstände außerhalb der beteiligten Fahrzeuge. 47

3. Wahlrecht des Geschädigten und „forum shopping“ sowie „law shopping“

48 Greifen die Grundsätze der oben genannten EuGH-Rechtsprechung ein, steht dem Geschädigten ein Wahlrecht zu. Er kann den ausländischen VR in den meisten Fällen auch an dessen Firmensitz oder am Unfallort im Ausland verklagen. Es wird also im Einzelfall zu prüfen und abzuwägen sein, welche Vorgehensweise für den Geschädigten am günstigsten ist. Diese Erwägungen sind auch für den VR des Unfallgegners von entscheidender Bedeutung, der die eigenen Haftungsrisiken zu beurteilen und Rückstellungen zu bilden hat, die je nach betroffener Rechtsordnung anders ausfallen können.

49 Unter Umständen ergibt sich so die Möglichkeit für den Geschädigten, über die Auswahl des Gerichtsstands im Rahmen des sog. forum shopping auch das sachlich anzuwendende Recht zu bestimmten. Zur Bestimmung des anzuwendenden Rechts gilt das IPR des Staates, in dem das angerufene Gericht liegt. Je nachdem, ob der Staat das HÜ unterzeichnet hat, gelangt dieses Abkommen oder sonst die Rom II-Verordnung zur Anwendung. Die sich hieraus ergebenden Möglichkeiten sind beispielhaft anhand zweier Unfallkonstellationen der Nachbarschaftsländer Polen und Deutschland darzulegen. Polen hat das HÜ unterzeichnet, Deutschland jedoch nicht. Dies kann zu erstaunlich anmutenden Ergebnissen führen:

> *Beispielsfall*
>
> Der in Polen lebende Student P fährt mit einem in Holland zugelassenen Reisebus nach Rotterdam. Der Beförderungsvertrag mit dem holländischen Busunternehmen wird in Polen abgeschlossen. Auf der Höhe von Berlin in Deutschland geschieht ein Unfall, bei dem der Bus wegen Übermüdung des Fahrers von der Straße abkommt und der P verletzt wird.
>
> Erfolgt die Klage vor einem deutschen Gericht am Unfallort in Berlin gilt Rom II. Grundsätzlich wäre deutsches Recht nach Art. 4 Abs. 1 Rom II anzuwenden. Es greift aufgrund des Beförderungsvertrags, der polnischem Recht unterliegt, aber Art. 4 Abs. 3 Rom II und es gilt polnisches Recht. Erfolgt die Klage in Holland oder Polen, greift dagegen das HÜ ein. Grundsätzlich wäre danach auch wieder deutsches Recht als Recht des Unfallorts anzuwenden. Jedoch dürfte die Ausnahme des Art. 4a HÜ eingreifen, da der Bus in Holland, d.h. einem anderen Staat als dem Staat des Unfallortes, zugelassen ist und der verletzte Fahrgast ebenfalls nicht in dem Staat des Unfallorts wohnhaft ist. Nach Art. 4a HÜ kommt sowohl bei der Klage in Polen wie auch in Holland das holländische Recht zur Anwendung.

50 Für den Geschädigten mag eine solche Unterscheidung geboten sein, wenn er durch die Wahl des angerufenen Gerichts zugleich das sachlich anzuwendende Recht bestimmt und dabei je nach einschlägigem Recht unterschiedliche Ergebnisse auftreten.

Beispielsfall

Der in Berlin wohnende deutsche Staatsbürger wird in Polen in einem Verkehrsunfall mit dem polnischen Staatsbürger P verwickelt, der als „Gastarbeiter“ in Deutschland seinen gewöhnlichen Aufenthalt hat. Beide Fahrzeugführer beschuldigen sich gegenseitig, unachtsam einen Fahrstreifenwechsel verursacht zu haben. Zeugen gibt es keine und das konkrete Unfallgeschehen wird voraussichtlich nicht über Sachverständigengutachten aufgeklärt werden können.

Wenn D seine Ansprüche gerichtlich durchsetzen muss, stehen ihm Gerichtsstände in Polen am Unfallort bzw. Firmensitz des polnischen VR und in Deutschland an seinem Wohnsitz oder dem Wohnsitz des P zu. Bei letzterem Gerichtsstand könnte auch der polnische VR im Wege der Annexzuständigkeit nach Art. 8 EuGVVO in Anspruch genommen werden. Bei einer Klage in Polen kommt das HÜ zur Anwendung und es gilt polnisches Verkehrsrecht. Nach polnischem Recht besteht eine Haftung bei einem Unfall unter zwei Fahrzeugen nur dann, wenn der Gegenseite ein Verschulden nachgewiesen werden könnte. D würde mithin keinen Schadensersatz erhalten.

Klagt er dagegen in Deutschland, greift die Rom II-Verordnung ein und es ist aufgrund des gemeinsamen Aufenthaltsorts nach Art. 4 Abs. 2 Rom II deutsches Recht anzuwenden. Dies führt bei Annahme eines unaufklärbaren Unfallgeschehens dazu, dass D seine Ansprüche aufgrund der Gefährdungshaftung aus den §§ 7, 17 StVG zur Hälfte ersetzt erhält. Die Wahl des Gerichtsstandes entscheidet zugleich darüber, ob D Chancen hat, seinen Ersatzanspruch (wenigstens zur Hälfte) durchzusetzen.

Für die beteiligten Parteien kann es daher auch interessant sein, jeweils die Ergebnisse **51** nach beiden Rechtsordnungen gegenüberzustellen und eine Vereinbarung über das anzuwendende materielle Recht zu treffen, welches für die jeweilige Partei günstig ist. Für den Geschädigten besteht so die Möglichkeit des „law shopping“.

4. Anwendung des Art. 40 EGBGB

Gelangt weder die Rom II-Verordnung noch das Haager Übereinkommen zur Geltung, **52** richtet sich die Anwendung des materiellen Rechts bei einer Klage in Deutschland nach den Art. 40 ff. EGBGB.

Auch hier gilt grundsätzlich das sog. **Tatortprinzip gem.** Art. 40 Abs. 1 EGBGB. An- **53** sprüche aus unerlaubter Handlung wie auch der Gefährdungshaftung unterliegen nach Art. 40 Abs. 1 BGB grundsätzlich dem Recht des Staates, in dem der Schädiger gehandelt hat.

Auch wenn der Verkehrsunfall im Ausland stattgefunden hat, kann **ausnahmsweise** **54** **Deutsches Recht** nach den Art. 40 ff. EGBGB auf die Abwicklung des Schadensfalls anwendbar sein. Dies ist nach dem für Auslandsunfälle seit 1999 geltenden Art. 40 Abs. 2 EGBGB dann der Fall, wenn beide Unfallbeteiligten ihren gewöhnlichen Aufenthaltsort zum Zeitpunkt des Schadensereignisses in Deutschland hatten.[35] Mit der erfolgten Neuregelung dieser Vorschrift ist die alte Rechtsprechung nicht mehr zu beachten, wonach kraft Richterrechts bestimmte Gemeinsamkeiten wie der Wohnort im gleichen Staat und weitere Indizien vorhanden sein mussten, um das Tatortprinzip zu durchbrechen. Demzufolge ist es für die Anwendung deutschen Schadensersatzrechtes in diesen Fällen nicht mehr erforderlich, dass die Fahrzeuge beider Unfallbeteiligten in Deutschland versichert sind. Verletzt ein Deutscher im Ausland einen anderen deutschen Staatsbürger ist deutsches Recht anzuwenden.[36]

Hinweis

Bei Inanspruchnahme eines europäischen Kraftfahrzeughaftpflichtversicherers ist ferner zu berücksichtigen, dass nach der sog. Asienklausel in den meisten Versicherungen kein Versicherungsschutz für Verkehrsunfälle besteht, welche sich außerhalb der östlichen Ländergrenzen Europas ereignen. Beispielsweise wird die Grenze zu dem (nicht vom Versicherungsschutz erfassten) asiatischen Bereich innerhalb der Türkei mit dem Überqueren des Bosporus gezogen.

55 Die Frage des örtlich zuständigen Gerichtes richtet sich in den Fällen des Art. 40 Abs. 2 EGBGB ebenfalls nach deutschem Recht. Ein besonderer gemeinsamer Gerichtsstand für den gegnerischen Unfallbeteiligten und dessen Kraftfahrzeughaftpflichtversicherung findet sich insoweit nach den § 32 ZPO, § 20 StVG bei dem am Unfallort zuständigen ausländischen Gericht. Ungeachtet dessen kann jeweils der Anspruchsgegner gem. dem Wahlrecht des Gläubigers (§ 35 ZPO) an seinem Wohnort bzw. die Versicherung an ihrem Firmensitz nach den §§ 12, 17 ZPO verklagt werden.

56 In einer besonderen Ausnahmekonstellation kann auch bei einem Auslandsunfall von Unfallbeteiligten, die nicht ihren ständigen Wohnsitz in Deutschland haben, deutsches Recht Anwendung finden. Nach Art. 41 Abs. 1 EGBGB ist dies der Fall, wenn der Verkehrsunfall mit dem deutschen Recht eine engere Verbindung aufweist als mit dem Recht, welches am Unfallort gilt. Eine derartige enge Verbindung lässt sich bejahen, wenn erstens der Geschädigte seinen gewöhnlichen Aufenthaltsort in Deutschland hat und zweitens beide unfallbeteiligten Kfz[37] oder zumindest das Fahrzeug des Schädigers bei einem deutschen Kraftfahrzeughaftpflichtversicherer versichert ist. In diesem Fall ist die Versicherung gerade auf den Standard des deutschen Rechts zugeschnitten und dem Geschädigten, der seinen ständigen Wohnsitz in Deutschland aufweist, entsteht durch die Anwendung des deutschen Rechts kein Nachteil.

35 Vgl. auch OLG Brandenburg, Urt. v. 18.2.2016 – 12 U 118/15 = NJW-RR 2016, 1038.
36 OLG Hamm, Urt. v. 7.5.2001 – 27 U 209/00 = VersR 2002, 318.
37 LG Berlin, Urt. v. 8.4.2002 – 58 S 269/01 = NJW-RR 2002, 1107.

C. Schäden im Inland unter Beteiligung eines ausländischen Kraftfahrzeugs

I. Übersicht

Kommt es im Inland zu einem Verkehrsunfall unter Beteiligung eines ausländischen Kraftfahrzeugs, ist i.d.R. das **Deutsche Büro Grüne Karte e.V.** in Hamburg einzuschalten (Homepage: *www.gruene-karte.de*). Der Verein Grüne Karte e.V. ist neben dem Schädiger und dem ausländischen Haftpflichtversicherer passivlegitimiert, wenn er nach § 2 des Gesetzes über die Haftpflichtversicherung für ausländische Kraftfahrzeuge und Kraftfahrzeuganhänger vom 24.7.1956 (AuslPflVG) die Pflichten eines Haftpflichtversicherers übernommen hat. Derzeit übernimmt dieses Büro aufgrund entsprechender Übereinkommen bei grenzüberschreitendem Verkehr aus 46 Staaten, welche dem System „Grüne Karte" beigetreten sind, die Pflichten eines Kraftfahrzeughaftpflichtversicherers. Die Voraussetzungen hierfür richten sich danach, ob das ausländische Kraftfahrzeug aus einem Staat kommt, in dem das multilaterale Garantieabkommen (MAG) oder das Uniform Agreement (UA) gilt. Während die Büros im Rahmen des erstgenannten Abkommens einen Versicherungsschutz auf Grundlage der sog. Grünen Karte garantieren, garantieren die am MAG-Abkommen beteiligten Büros den Versicherungsschutz auf Grundlage des amtlichen Kennzeichens des Kfz. Je nach Herkunftsland und betroffenem Büro hat der Geschädigte mithin unterschiedliche Nachweise vorzulegen. 57

Stammt das gegnerische Unfallfahrzeug aus einem Mitgliedsstaat des Uniform Agreement, ist die sog. **Internationale Grüne Versicherungskarte** vorzulegen. Eine genaue und aktuelle Liste der jeweiligen Mitgliedstaaten dieses Abkommens findet sich auf der Homepage *www.gruene-karte.de*. Dort finden sich auch entsprechende Links zu Ansprechpartnern in den jeweiligen Herkunftsländern. 58

Die „Grüne Versicherungskarte" übernimmt eine Art Garantiefunktion und wird als ausreichender Haftpflichtdeckungsnachweis anerkannt. Sie garantiert im Einzelnen, dass der Karteninhaber bei der Einreise in ein anderes Land, in dem die Grüne Versicherungskarte anerkannt wird, über in diesem Land als Mindestmaß geforderten Versicherungsschutz verfügt. Kann die „Grüne Versicherungskarte" nicht vorgelegt werden, müssen möglichst sämtliche Informationen daraus mitgeteilt werden. Als weitere Informationen benötigt der Verein Grüne Karte e.V. in diesen Fällen: 59

- Namen und Anschriften der am Schadensfall unmittelbar Beteiligten,
- Unfallort,
- Unfalldatum.

Stammt das Fahrzeug aus einem Mitgliedsstaat des multilateralen Garantieabkommens (dazu zählen: Belgien, Dänemark, Estland, Finnland, Frankreich, Griechenland, Vereinigtes Königreich von Großbritannien und Nordirland, Irland, Island, Italien, Lettland, Liechtenstein, Litauen, Luxemburg, Monaco, Niederlande, Norwegen, Österreich, Polen, Portugal, San Marino, Schweden, Schweiz, Slowakische Republik, Spanien, Tschechische Republik, Ungarn und der Vatikan), reicht als Nachweis das amtliche Kfz-Kennzei- 60 chen aus. In diesem Fall benötigt der Verein Grüne Karte e.V. folgende Informationen zur Sachbearbeitung:

- amtliches Kennzeichen des Schädigerfahrzeugs,
- Namen und Anschriften der am Schadensfall unmittelbar Beteiligten,
- Unfallort,
- Unfalldatum,
- möglichst Namen des ausländischen Haftpflichtversicherers und die Versicherungsschein-Nr.,
- möglichst Marke und Typ des Schädigerfahrzeugs.

61 Kommt der ausländische Verkehrsteilnehmer aus einem Land, das den Nachweis bestehenden Versicherungsschutzes nicht allein über das Kfz-Kennzeichen führt und verfügt der Fahrer bei der Einreise nach Deutschland nicht über eine „Grüne Versicherungskarte“, ist er dazu verpflichtet, sich den Versicherungsschutz bei der „**Gemeinschaft der Grenzversicherer**“ zu beschaffen. Hierbei handelt es sich um einen Zusammenschluss deutscher Kfz-Haftpflichtversicherer auf der Basis des § 2 Abs. 2 AusPflVG. Die „Gemeinschaft der Grenzversicherer“ stellt über den bestehenden Versicherungsschutz einen „**Rosa Grenzversicherungsschein**“ aus.

Die Geschäfte der Gemeinschaft der Grenzversicherer werden zwar vom Verein Grüne Karte e.V. wahrgenommen. Anders als bei den o.g. Fällen ist jedoch bei Klagen aus Direktansprüchen auf der Basis eines Rosa Grenzversicherungsscheins nicht der Verein Grüne Karte e.V., sondern allein die Gemeinschaft der Grenzversicherer passivlegitimiert.[38]

62 Stammt der ausländische Verkehrsteilnehmer aus einem Land, das nicht Mitglied des Vereins „Grüne Karte“ ist und besteht auch kein Versicherungsschutz über die Gemeinschaft der Grenzversicherer, so ist daran zu denken, die Verkehrsopferhilfe e.V. in Anspruch zu nehmen. Hierbei handelt es sich um eine Einrichtung der deutschen Auto-Haftpflichtversicherer, welche Verkehrsopfern als eine Art Garantiefonds in bestimmten Fällen hilft. Erfasst werden dabei auch die Fälle, in denen der Unfall durch ein nicht versichertes Kraftfahrzeug verursacht wird. Nähere Einzelheiten hierzu und zu einer Kontaktaufnahme finden sich auf der Homepage unter *www.verkehrsopferhilfe.de* (siehe auch Rdn 3).

II. Hinweise

63 Sobald die Ermittlungen abgeschlossen sind und die Eintrittspflicht des Deutschen Büros Grüne Karte e.V. gegeben ist, beauftragt es einen bundesdeutschen Kfz-Haftpflichtversicherer mit der Regulierung des Schadensfalls. Die damit verbundene Antwort enthält die erforderlichen Informationen über Name und Adresse des Versicherers sowie über die Schadensnummer, unter der die Schadensache dort angelegt wurde. Darüber hinaus zeigt der betreffende Versicherer seine Bereitschaft zur Schadensabwicklung gesondert

38 *Feyock/Jacobsen/Lemor*, § 6 AuslPflVG Rn 2.

gegenüber dem Geschädigten bzw. dem von ihm beauftragten Rechtsanwalt an. Die gesamte weitere Schadenskorrespondenz ist über diesen Versicherer zu führen.

Kommt es mit dem Versicherer zum Streit über die Abwicklung des Schadensfalls und 64
muss das Klageverfahren bestritten werden, ist zu beachten, dass das Deutsche Büro Grüne Karte e.V. unmittelbar **passivlegitimiert** ist. Die Klage darf deshalb **nicht** gegen den lediglich mit der Regulierung beauftragten Kfz-Haftpflichtversicherer geführt werden.[39] Neben dem Verein „Büro Grüne Karte" können auch der ausländische Kraftfahrzeughaftpflichtversicherer und ggf. der Fahrer verklagt werden. In diesem Fall ist jedoch eine Zustellung der Klage im Ausland geboten. Angesichts der damit verbundenen Zeitverluste ist es sehr genau zu überlegen, ob es gerechtfertigt ist, den Fahrer als Partei mitzuverklagen, um ihn als Zeugen „auszuschalten" – dieser wird im Zweifel immer (noch) als Partei anzuhören sein und damit lediglich seine formale Einbindung in den Prozess geändert.

Weiterhin ist zu bedenken, dass das Deutsche Büro Grüne Karte e.V. oder die Gemeinschaft der Grenzversicherer für den jeweiligen Unfallschaden nur bis zur Höhe der gesetzlich vorgeschriebenen Mindestdeckungssumme einsteht. Geht der Schaden darüber hinaus, so müssen die Ansprüche direkt gegenüber dem ausländischen Unfallverursacher und seiner Haftpflichtversicherung geltend gemacht werden.

D. Schäden im Inland unter Beteiligung eines NATO-Dienstfahrzeugs

Auch Angehörige der in Deutschland stationierten **ausländischen Streitkräfte** müssen 65
sowohl für ihre Privatfahrzeuge als auch für ihre Dienstfahrzeuge Kfz-Haftpflichtversicherungsschutz nachweisen. Bei der **Stationierung von Streitkräften aus NATO-Staaten und ihren Angehörigen sowie des zivilen Gefolges in Deutschland** gelten für diese Personen besondere Rechte und Pflichten, die im NATO-Truppenstatut vom 19.6.1951 geregelt sind.

Da ausländische Truppen nicht der deutschen Gerichtsbarkeit unterliegen, erfolgt die Schadensregulierung über die innerstaatliche Regelung des Art. 8 Abs. 6 NATO-Truppenstatut. Demnach ist der Schädiger nach wie vor Schuldner, jedoch kann nur die Bundesrepublik Deutschland in die Regulierung genommen werden, wenn der Unfall bei einer **dienstbezogenen Tätigkeit** geschehen ist.

Zuständig zur **Regulierung von Schadensfällen** nach dem NATO-Truppenstatut ist die Bundesanstalt für Immobilienaufgaben (*http://www.bundesimmobilien.de*), die bundesweit in Erfurt, Koblenz, Soltau und Nürnberg jeweils vier regional zuständige Schadensregulierungsstellen eingerichtet hat, soweit es sich um einen Schaden mit einem Dienstfahrzeug gehandelt hat.[40]

39 Vgl. OLG München, Urt. v. 18.11.2011 – 10 U 1146/11.
40 Zuständig sind an sich die Schadensregulierungsstellen des Bundes, die aber der Bundesanstalt für Immobilien untergeordnet sind – vgl. die weiteren Nachweise auf der Homepage *http://www.bundesfinanzministerium.de*.

Für ausländische Streitkräfte, die nicht Teil der NATO sind, gelten im Ergebnis wegen der Verweisung aus Art. 3 § 5 SkAufG auf die entsprechenden Regulierungsvorschriften des NATO-Truppenstatutes die gleichen Grundsätze; ebenso für die sog. „Befreundeten Staaten“, die in den jeweiligen bilateralen Abkommen Regelungen ähnlich dem NATO-Truppenstatut getroffen haben oder über die Regelung des Art. 1 SkAufG zur Haftung der Bundesrepublik kommen.

66 Für Unfälle unter Beteiligung eines Dienstfahrzeugs der ausländischen Streitkräfte gilt: Es ist zu beachten, dass gem. Art. 6 Abs. 1 des NATO-Truppenstatuts (NTS)[41] jedwede Ansprüche aus dem Schadensfall innerhalb einer Ausschlussfrist von drei Monaten seit dem Schadensfall schriftlich oder zur Niederschrift bei der zuständigen Behörde anzumelden sind. Eine vollständige Geltendmachung des Schadens ist dabei noch nicht erforderlich.[42]

Die Versäumnis der Frist ist von den Gerichten als vorprozessuale Ausschlussfrist von Amts wegen zu beachten und führt zu einem vollständigen Verlust des Anspruches.[43]

Der Bescheid der Regulierungsbehörde ist für die Bundesrepublik in Höhe und dem Grunde nach bindend, sobald er unanfechtbar geworden ist.[44] Es handelt sich dabei um ein Rechtsinstitut besonderer Art.[45] Diese Bindung findet ihre Grenze nach den Regeln von Treu und Glauben und entfällt insbesondere, wenn vom Berechtigten verschwiegene Tatsachen zu einer völlig anderen Bewertung des Sachverhalts führen.[46] Ebenso tritt keine Bindung ein, wenn es sich lediglich um die Aufteilung einer bestimmten Entschädigung auf mehrere Geschädigte handelt.

Lehnt die Behörde einen Bescheid über die Regulierung des Schadensfalls ab, so besteht eine zweimonatige Klagefrist gem. § 12 Abs. 4 NTS. Die Klage ist unabhängig vom Streitwert beim Landgericht einzureichen (§ 71 Abs. 2 GVG).

> *Hinweis*
>
> Dabei ist zu beachten, dass die Bundesrepublik lediglich in Prozessstandschaft für den Entsendestaat auftritt. Der entsprechende Antrag muss daher wie folgt lauten:
>
> „Die Beklagte wird verurteilt, für (Bezeichnung des Truppenentsendestaates) an die Klägerin EUR nebst EUR Zinsen zu bezahlen.“

Ist am Unfall zwar ein Truppenfahrzeug beteiligt, liegt aber keine Dienstbezogenheit der Fahrt, z.B. bei Diebstahl oder „Schwarzfahrt“, vor, kommt es darauf an, ob sich die Truppe exkulpieren kann. Trägt sie Mitverantwortung, ist wie oben zu verfahren. Exkulpiert sie sich, so prüft die Bundesrepublik gem. Art. 8 Abs. 6a NTS, ob im Einzelfall dennoch eine Entschädigung festzusetzen ist. Die Ansprüche gegen den Schädiger bleiben daneben jedoch gem. Art. 8 Abs. 6d NTS bestehen.

41 BGBl II 1961, S. 1183.
42 BGH, Urt. v. 6.11.1986 – III ZR 193/85 = VersR 1987, 409.
43 BGH, Urt. v. 6.7.1990 – III ZR 142/89 = VersR 1990, 1019.
44 BGH, Urt. v. 8.7.1976 – III ZR 109/74 = VersR 1976, 1156.
45 BGH, Urt. v. 8.12.2011 – III ZR 72/11 = VersR 2012, 768.
46 BGH, Urt. v. 18.1.1979 – III ZR 72/77 = VersR 1979, 423.

Für Schadenfälle mit Privatfahrzeugen ist der jeweilige Kraftfahrzeug-Haftpflichtversicherer des Fahrzeugs zuständig. Die Registrierung und Zulassung privater Kfz und Anhänger von Truppenangehörigen erfolgt durch die zuständigen Militärbehörden der Truppen. Bei diesen sind Auskünfte über den zuständigen Kfz-Haftpflichtversicherer des Unfallgegners zu erhalten. 67

Eine Besonderheit bei den Privatfahrzeugen der Truppenangehörigen besteht insofern, als diese auch bei einem Versicherer im Entsendestaat, also bei einem ausländischen Versicherer versichert sein können. Nach Art. 11 des Zusatzabkommens zum NATO-Truppenstatut ist dafür Voraussetzung, dass neben diesem ausländischen Versicherer ein in Deutschland zum Geschäftsbetrieb befugter Versicherer oder ein Verband solcher Versicherer die Pflichten eines Haftpflichtversicherers für Schadenfälle im Bundesgebiet übernommen hat. 68

Schadenfälle können dann beim Deutschen Büro Grüne Karte e.V. angemeldet werden, wenn für das Fahrzeug des Unfallgegners eine Grüne Versicherungskarte des ausländischen Versicherers vorgelegt werden kann. Dies gilt auch für den Fall, dass das Fahrzeug ein deutsches Kennzeichen führt.[47] Für Privatfahrzeuge der Truppenangehörigen aus Belgien, Großbritannien und Frankreich reicht sogar die Angabe des amtlichen Kennzeichens aus.

Daraus ergibt sich eine Vielzahl an möglichen Gerichtsständen: Diese können sich aus der Zuständigkeit des Büros Grüne Karte in Berlin ergeben (§ 12 ZPO), des Weiteren aus dem Unfallort (§ 32 ZPO, § 20 StVG) und in Fällen der Anwendbarkeit der EuGVVO aus dem Wohnsitz des Geschädigten und dem Sitz des Versicherers im Ausland.

Wegen der Einzelheiten zur Abwicklung von Auslandsschäden wird auch auf das „Merkblatt zur Bearbeitung von Auto-Haftpflichtschäden durch den Verein Deutsches Büro Grüne Karte und den Verein Verkehrsopferhilfe sowie über die Möglichkeiten der Hilfestellung des Deutschen Büros Grüne Karte bei Schadensfällen im Ausland" verwiesen, erhältlich über *www.gruene-karte.de*. 69

E. Checkliste: Unfall mit Auslandsberührung

- Ein Unfall im Ausland mit Ausländer muss mit einem ausländischen Versicherer abgewickelt werden. Dieser hat jedoch im Inland des Geschädigten einen Regulierungsbeauftragten (d.h. einen inländischen Versicherer als Ansprechpartner) zu stellen, der über den Zentralruf der Autoversicherer in Erfahrung gebracht werden kann. 70
- Ein Unfall im Ausland zwischen zwei Inländern kann über einen deutschen Versicherer abgewickelt werden. Art. 4 Rom II bzw. Art. 40 EGBGB begründet i.d.R. eine Zuständigkeit Deutscher Gerichte.

47 Vgl. auch *Bachmaier*, Regulierung von Auslandsschäden, 1. Aufl. 2013, § 3 Rn 141 ff.

- Bei einem Unfall innerhalb der EU kann der inländische Geschädigte am Gericht seines Wohnortes in Deutschland den ausländischen Kraftfahrzeughaftpflichtversicherer verklagen, sofern dieser seinen Sitz in der EU hat. Anwendbar ist in der Sache dann aber das i.d.R. ausländische Recht, welches am Unfallort gilt.
- Im Einzelfall ist zu prüfen, ob sich das anzuwendende Recht nach der Rom II-Verordnung oder aber dem Haager Übereinkommen ergibt. Ggf. kann sich bei der Anrufung unterschiedlicher Gerichte mit unterschiedlichem IPR die Möglichkeit des „law shopping“ oder „forum shopping“ ergeben.
- Ein Unfall im Inland mit Ausländer wird über das Deutsche Büro Grüne Karte e.V. in Hamburg abgewickelt.
- Ein Unfall im Inland mit einem NATO-Dienstfahrzeug ist über die Ämter für Verteidigungslasten abzuwickeln.

§ 3 Anspruchsgrundlagen

Dr. Michael Nugel/Victoria Nordmann

A. Übersicht

Im Rahmen der Verkehrsunfallbearbeitung stehen dem Geschädigten verschuldensabhängige und verschuldensunabhängige Anspruchsgrundlagen aus dem Straßenverkehrsgesetz (**StVG**), dem Bürgerlichen Gesetzbuch (**BGB**) sowie dem Haftpflichtgesetz (**HPflG**) zur Verfügung. Alle drei Gesetze beinhalten Anspruchsgrundlagen, die sowohl auf den **Ausgleich materieller Positionen des Sach- und Personenschadens wie auch des immateriellen Schadens gerichtet sind**. 1

Die Halterhaftung aus § 7 Abs. 1 StVG ist als Gefährdungshaftung ausgestaltet und greift grundsätzlich ein, wenn durch den **Betrieb eines Kraftfahrzeugs** oder eines Anhängers, der dazu bestimmt ist, von einem Kraftfahrzeug mitgeführt zu werden, Schäden verursacht werden. Die haftungsbegründenden Voraussetzungen der Halterhaftung sind mithin Folgende: 2

- Halter,
- Kraftfahrzeug bzw. Anhänger, der dazu bestimmt ist, von einem Kraftfahrzeug mitgeführt zu werden,
- Betrieb eines Kraftfahrzeugs bzw. Anhängers im obigen Sinne,
- haftungsbegründende Kausalität,
- Schaden.

Darlegungs- und Beweislast liegen insoweit beim Anspruchsteller. Von entscheidender Bedeutung ist dabei, dass die Haftung – anders als § 823 BGB – **kein Verschulden** erfordert.

Die Haftung des Halters kann aber in folgenden Fällen aufgrund des StVG **ausgeschlossen** sein: 3

- Höhere Gewalt, § 7 Abs. 2 StVG,
- „Schwarzfahrt", § 7 Abs. 3 StVG,
- Unabwendbarkeit, § 17 Abs. 3 StVG, bei einer Schadensverursachung durch mehrere Kraftfahrzeuge, § 17 StVG,
- wirksame Vereinbarung einer Haftungsbegrenzung (Umkehrschluss aus § 8a StVG).

Die Darlegungs- und Beweislast für einen derartigen Haftungsausschluss liegen bei dem in Anspruch genommenen Halter. Diese Haftungsvoraussetzungen sowie die vier oben angeführten Ausschlüsse werden im Folgenden dargelegt.

I. Kraftfahrzeug und Anhänger i.S.d. § 7 Abs. 1 StVG

1. Kraftfahrzeug

4 Kraftfahrzeuge i.S.d. § 7 StVG sind sämtliche **Landfahrzeuge, die durch Maschinenkraft** bewegt werden, ohne an Bahngleise gebunden zu sein (§ 1 Abs. 2 StVG). Maßgeblich für die Qualifikation eines Kraftfahrzeugs ist, dass das Gefährt mit Maschinenkraft betrieben wird. Dabei kann dahingestellt bleiben, ob es sich um Explosionsenergie, elektrische Energie oder Dampf handelt. Auch wenn danach definitorisch z.B. Krankenfahrstühle zu Kraftfahrzeugen i.S.d. StVG gehören, nimmt § 8 StVG solche Fahrzeuge von der Gefährdungshaftung des § 7 Abs. 1 StVG aus, da sie auf ebener Bahn mit keiner höheren Geschwindigkeit als 20 km/h fahren können.

Demgemäß gilt die in § 7 StVG geregelte Gefährdungshaftung **nicht** für **Fahrradfahrer**. Ein „Kraftfahrzeug" liegt erst dann vor, wenn das Fahrrad über einen Hilfsmotor verfügt, der eine bestimmte Geschwindigkeit ermöglicht. Eine „Betriebsgefahr" spielt ansonsten bei Ansprüchen gegen Fahrradfahrer keine Rolle. Dies gilt auch für sog. Pedelecs, die durch einen Elektromotor lediglich eine Unterstützung erfahren und nicht schneller als 25 km/h fahren. Diese Pedelecs, bei denen der Motor ausschließlich unterstützend arbeitet und bei denen die maximale Höchstgeschwindigkeit auf 25 km/h begrenzt ist, sind nach § 1 Abs. 3 StVG verkehrsrechtlich als Fahrrad ohne eigene Betriebsgefahr einzuordnen.[1] Dessen ungeachtet kann der Fahrradfahrer auch bei einem Pedelec bei einem schwerwiegenden Verstoß gegen die StVO gegenüber einem Kfz alleine haften.[2] Davon zu unterscheiden sind sog. „Speed Pedelecs", die mithilfe des Motors auf bis zu 45 km/h beschleunigen können und für deren Benutzung ein Rollerführerschein erforderlich ist und die Helmpflicht gilt.[3] Auch für E-Scooter gibt es keine verschuldensunabhängige Haftung aus der Betriebsgefahr.

5 ▼

Muster 3.1: Keine Betriebsgefahr für E-Scooter

3.1 Weder die verschuldensunabhängige Gefährdungshaftung des § 7 StVG noch die Haftung für vermutetes Verschulden nach § 18 StVG ist auf einen E-Scooter als Elektrokleinstfahrzeug anwendbar. Es entspricht daher ständiger Rechtsprechung, dass bei einer solchen Konstellation eines „nicht-getunten" E-Scooters eine verschuldensunabhängige Haftung aus Betriebsgefahr ausscheidet (vgl. OLG Bremen, Urt. v. 15.11.2023 – I U 15/23 – juris; LG Münster, Urt. v. 9.3.2020 – 8 O 272/19 = Recht und Schaden 2020, 225; AG Frankfurt a.M., Urt. v. 22.4.2021 – 29 C 2811/20; AG Berlin, Urt. v. 9.5.2023 – 151 C 60/22 – juris).

▲

1 OLG Hamm, Beschl. v. 10.4.2018 – I-7 U 5/18 = NJW-RR 2018, 1117; OLG Nürnberg, Beschl. v. 31.1.2019 – 2 U 1967/18 – juris; LG Detmold, Urt. v. 15.5.2015 – 10 S 43/15 – juris; ebenso LG Arnsberg, Urt. v. 7.3.2017 – 4 O 111/16 – juris.

2 LG Düsseldorf, Urt. v. 1.6.2018 – 13 O 138/15 – juris; LG Essen, Urt. v. 8.5.2015 – 9 O 254/14 – juris.

3 Vgl. dazu *Koehl*, SVR 2019, 212–213.

2. Anhänger

§ 7 Abs. 1 StVG erfasst auch die Haftung für Kraftfahrzeuganhänger. Hierunter fallen 6
alle Fahrzeuge, die dazu bestimmt sind, an ein Kraftfahrzeug angehängt zu werden. (Liegengebliebene) Kraftfahrzeuge werden von diesem Begriff nicht erfasst, da sie dazu bestimmt sind, mit eigener Motorkraft zu fahren. Ausgeschlossen von der Haftung nach § 7 Abs. 1 StVG sind auch alle Anhänger, die von anderen Fahrzeugen als Kraftfahrzeugen gezogen werden sollen (z.B. Fahrradanhänger).

II. Betrieb eines Kraftfahrzeugs/Kraftfahrzeuganhängers

Der Begriff des **Betriebs** eines Kraftfahrzeugs (und jetzt auch eines Kraftfahrzeuganhän- 7
gers) ist weit auszulegen, um den hohen Gefahren im Straßenverkehr gerecht zu werden.[4] Von ihm werden sämtliche Schäden umfasst, die durch Gefahren adäquat verursacht werden, die dem Kraftfahrzeug **typischerweise innewohnen. Das Tatbestandsmerkmal „bei dem Betrieb eines Kraftfahrzeugs“ i.S.d. § 7 Abs. 1 StVG setzt nicht grundsätzlich einen nahen zeitlichen Zusammenhang zwischen Schadensfall und Fahrzeugbetrieb voraus. Maßgeblich ist, ob der Schaden entweder beim Betrieb des Fahrzeugs selbst bzw. in einem nahen örtlichen und zeitlichen Zusammenhang damit oder aber durch eine Betriebseinrichtung des schädigenden Kraftfahrzeugs eintritt.**[5] Diese weite Auslegung des Tatbestandsmerkmals „bei dem Betrieb eines Kraftfahrzeugs“ entspricht dem weiten Schutzzweck des § 7 Abs. 1 StVG und findet darin ihre innere Rechtfertigung. Die Haftung nach § 7 Abs. 1 StVG ist sozusagen der Preis dafür, dass durch die Verwendung eines Kfz – erlaubterweise – eine Gefahrenquelle eröffnet wird. So ist z.B. auch die Gefahr, die von einer gerade entleerten Mülltonne auf der Straße für andere Verkehrsteilnehmer ausgeht, dem Betrieb des Müllabfuhrfahrzeugs zuzurechnen.[6]

▼ 8

Muster 3.2: Weite Auslegung des Merkmals „bei Betrieb“

Das Haftungsmerkmal „bei dem Betrieb“ ist entsprechend dem umfassenden Schutzzweck der Vorschrift weit auszulegen und umfasst daher alle durch den Kfz-Verkehr beeinflussten Schadensabläufe. Es genügt, dass sich eine von dem Kfz ausgehende Gefahr ausgewirkt hat und das Schadensgeschehen in dieser Weise durch das Kfz mitgeprägt worden ist (BGH, Urt. v. 18.7.2023 – VI ZR 16/23 – juris; BGH, Urt. v. 24.3.2015 – VI ZR 265/14 = VersR 2015, 1681; BGH, Urt. v. 27.11.2007 – VI ZR 210/06 = SP 2008, 207; BGH, Urt. v. 26.4.2005 – VI ZR 168/04 = VersR 2005, 992, 993). Ein Schaden ist bei dem Betrieb eines Kfz entstanden, wenn sich in ihm die vom Kfz ausgehende Gefahr ausgewirkt hat und das Schadensgeschehen durch das Kfz mitgeprägt worden ist.

Ob dies der Fall ist, muss mittels einer am Schutzzweck der Haftungsnorm orientierten wertenden Betrachtung beurteilt werden. An einem auch im Rahmen der Gefährdungshaf-

4 BGH, Urt. v. 24.3.2015 – VI ZR 265/14 = VersR 2015, 1681 ff.
5 OLG Hamm, Urt. v. 24.8.2018 – I 7 U 23/18 – juris.
6 BGH, Urt. v. 12.12.2023 – VI ZR 77/23 – juris.

tung erforderlichen Zurechnungszusammenhang fehlt es erst, wenn die Schädigung nicht mehr eine spezifische Auswirkung derjenigen Gefahren ist, für die die Haftungsvorschrift den Verkehr schadlos halten will.

▲

Insoweit ist zu beachten, dass selbst dann eine Betriebsgefahr in Betracht zu ziehen ist, wenn das Fahrzeug sich außerhalb des öffentlichen Verkehrsraums befindet.

9 ▼

Muster 3.3: Betriebsgefahr außerhalb des öffentlichen Verkehrsraums

Der Betrieb eines Kfz erfordert nicht den Einsatz des Kfz auf einer öffentlichen Verkehrsfläche und kann beispielsweise auch innerhalb einer privaten Tiefgarage erfolgen (BGH, Urt. v. 21.1.2014 – VI ZR 253/13 = NJW 2014, 1182). Konsequent besteht auch eine Haftung der Kfz- Haftpflichtversicherung für Fahrzeuge bei einem Unfallereignis außerhalb des öffentlichen Verkehrsraums, solange ein Zusammenhang zur Funktion des Kfz als Transportmittel besteht (EUGH, Urt. v. 15.11.2018 – C 648/17 = r+s 2019, 452). Der Wortlaut des § 7 Abs. 1 StVG enthält jedenfalls keine Einschränkung dahingehend, dass der Betrieb eines Fahrzeugs beendet ist, wenn es an einem Ort außerhalb des allgemeinen Verkehrs abgestellt wird. Eine Haftung nach § 7 Abs. 1 StVG entfällt vielmehr erst in den Fällen, in welchen die Fortbewegungs- und Transportfunktion des Kfz keine Rolle mehr spielt (OLG Düsseldorf, Urt. v. 14.9.2010 – 1 U 6/10 = MDR 2011, 157; so auch zum Gebrauch des Kfz die Vorgabe des EUGH, Urt. v. 15.11.2018 – C 648/17 = r+s 2019, 452).

▲

Eine generelle Privilegierung durch ein Absehen einer Betriebsgefahr für ordnungsgemäß abgestellte Fahrzeuge dürfte dem Zweck einer umfassenden Halterhaftung zuwiderlaufen. Eine gebotene Zurückhaltung ist vielmehr durch eine angemessene Abwägung der betroffenen Betriebsgefahren zu erreichen, bei welchen die geringe Gefahr eines ordnungsgemäß abgestellten Kfz i.d.R. gegenüber anderen Verursachungsbeiträgen zurücktreten wird. Auch kann bei Beteiligung zweier Kraftfahrzeuge am Unfall für den ordnungsgemäß Parkenden mangels erkennbarer Gefahrensituation u.U. ein unabwendbares Ereignis vorliegen.[7]

10 ▼

Muster 3.4: Betrieb eines Kfz durch „Falschparken“

Für die Frage, ob ein Kraftfahrzeug zum Zeitpunkt eines Verkehrsunfalls „in Betrieb“ war, stellt die Rechtsprechung nicht darauf ab, ob es sich in Bewegung befand oder der Motor lief. Maßgeblich ist vielmehr, ob es sich im öffentlichen Straßenverkehr befindet und dadurch eine Gefahr für andere Verkehrsteilnehmer darstellt (BGHZ 29, 163, 166). Auch bei einem ruhenden Fahrzeug, das verbotswidrig abgestellt worden ist und dadurch Gefahren für andere begründet, besteht mithin eine Betriebsgefahr fort (OLG Karlsruhe VersR 1986, 155). Dies entspricht auch der europarechtlichen Vorgabe, dass auch bei einem stehenden Kfz eine Haftung der Kfz-Haftpflichtversicherung wegen dem Gebrauch des Kfz eröffnet ist (EUGH, Urt. v. 15.11.2018 – C 648/17 = r+s 2019, 452).

▲

7 OLG Köln, Urt. v. 30.10.2002 – 13 U 105/01 – juris.

Diese Fallkonstellation zeigt, dass ein Kraftfahrzeug nicht nur dann in Betrieb ist, wenn 11
es noch zu Zwecken der Fortbewegung benutzt wird. Vielmehr bleibt es auch solange in Betrieb, wie Arbeitsvorgänge, die für das betreffende Kraftfahrzeug typisch sind, ausgeführt werden – solange diese zumindest einen Zusammenhang zu der Nutzung des Kfz als Transportmittel erkennen lassen. Letztlich wird es vom Betriebsbegriff des § 7 StVG auch erfasst, wenn Schäden durch die transportierte Ladung[8] oder durch Insassen eines Kraftfahrzeugs[9] verursacht werden. Voraussetzung ist aber nach der aktuellen Vorgabe des EUGH, dass ein Zusammenhang zu dem Einsatz als Transportmittel besteht. Wird das Kfz dagegen nur als (stationäre) Arbeitsmaschine genutzt besteht keine Haftung der Kraftfahrzeughaftpflichtversicherung unter dem Gesichtspunkt des Gebrauchs eines Kfz und damit auch der Haftung aus Betriebsgefahr.[10] Auch erfasst der Beladevorgang zu einem Transportfahrzeug nicht mehr das gut 100m entfernte Rangieren eines auf den Transporter aufzuladenden Kfz,[11] denn reine Vorbereitungshandlungen erfassen nicht die typische vom Kfz ausgehende Gefahr.[12]

▼ 12

Muster 3.5: Betrieb eines Kfz beim „Entladevorgang"

Versicherung AG

Schaden-Nr./VS-Nr./Az.

Schaden vom

Pkw , amtl. Kennzeichen

Sehr geehrte Damen und Herren,

entgegen der von Ihnen vertretenen Auffassung haften Sie meinem Mandanten gem. § 7 Abs. 1 StVG auf Schadensersatz, da das Fahrzeug Ihres Versicherungsnehmers sich zum Unfallzeitpunkt in Betrieb i.S.d. § 7 Abs. 1 StVG befunden und sich dabei eine dem Betrieb zurechenbare Gefahr realisiert hat. Auf eine verschuldensabhängige Haftung aus Deliktsrecht kommt es daneben nicht an.

Für die Frage, ob ein Kraftfahrzeug zum Zeitpunkt eines Verkehrsunfalls „in Betrieb" war, stellt die Rechtsprechung nicht darauf ab, ob es sich in Bewegung befand oder der Motor lief. Maßgeblich ist vielmehr, ob es sich im öffentlichen Straßenverkehr befindet und dadurch eine Gefahr für andere Verkehrsteilnehmer begründet (BGHZ 29, 163, 166 – vgl. auch EUGH, Urt. v. 15.11.2018 – C 648/17 = r+s 2019, 452). Der Begriff der Betriebsgefahr ist weit auszulegen, so dass eine solche Haftung zu bejahen ist, wenn bei wertender Betrachtung der Schaden durch das Kfz zumindest mitversursacht worden ist (BGH, Urt. v. 18.12.2015 – VI ZR 139/15 = NJW 2016, 1162; OLG Hamm, Beschl. v. 14.9.2019 – I 7 U 89/18 – juris). Zu dem Betrieb eines Kraftfahrzeugs zählt insoweit auch das Ladegeschäft (BGHZ 105, 65). Dies gilt auch, wenn sich die Ladeeinrichtung schädigend auf

8 BGH VersR 1964, 411, 412; OLG München, Urt. v. 10.7.2015 – 10 U 3577/14 – juris.
9 LG Saarbrücken, Urt. v. 20.11.2015 – 13 S 117/15 – juris.
10 EUGH, Urt. v. 4.9.2014 – C 162/13 – juris.
11 OLG Hamm, Beschl. v. 14.9.2019 – I 7 U 89/18 – juris.
12 So schon BGH, Urt. v. 23.2.1997 – IV ZR 59/76 = VersR 1977, 418.

andere Teilnehmer im öffentlichen Straßenverkehr auswirkt (OLG München, Urt. v. 10.7.2015 – 10 U 3577/14 – juris; OLG Hamm NZV 1992, 115) oder aber zumindest die von der Ladeeinrichtung oder Ladung ausgehende Gefahr ursächlich auswirkt (OLG Saarbrücken, Urt. v. 1.6.2005 – 5b U 328/04 = r+s 2005, 416; LG Köln, Urt. v. 30.11.1994 – 23 S 13/94 = zfs 1996, 61; vgl. zu diesen Grundsätzen auch OLG Hamm, Beschl. v. 14.9.2019 – I 7 U 89/18 – juris).

Hier besteht ein solcher Zusammenhang zu einem Entladevorgang:

Danach war das bei Ihnen versicherte Fahrzeug zum Schadenszeitpunkt in Betrieb und hat eine Gefahrenquelle für andere Verkehrsteilnehmer begründet.

Nach alledem bitte ich höflich um die Bestätigung Ihrer Eintrittspflicht bis zum

(*10-Tages-Frist*).

Mit freundlichen Grüßen

(Rechtsanwalt)

▲

13 Die Einstandspflicht des KH – VR geht aber auch weiter als allein die Betriebsgefahr und erstreckt sich auf Schäden, die bei dem Gebrauch eines Kfz entstehen und aufgrund derer Schadensersatzansprüche privatrechtlichen Inhalts erhoben werden (vgl. Abschnitt A.1.1.1 AKB 2015). Der Begriff des Gebrauchs geht weiter als der des Betriebs des Kfz.[13] Seine Grenze findet er aber nach der aktuellen Vorgabe des EUGH zu den maßgeblichen europarechtlichen Vorschriften darin, dass ein Zusammenhang zu dem Einsatz des Kfz zum Transport[14] bestehen muss. Davon abzugrenzen ist der reine Einsatz als Arbeitsmaschine, welcher nicht der Deckung in der Kfz-Haftpflichtversicherung unterfällt – so z.B. bei dem Einsatz eines Traktors als reine Arbeitsmaschine für den Einsatz einer Pumpe zur Bewässerung eines Feldes.[15] Auch bei den Betankungsfällen wird i.d.R. ein ausreichender Zusammenhang zu der Transportfunktion des Tanklasters zu bejahen sein.[16] Wird der Schaden aber durch eine Verwechslung der zu befüllenden Tanks verursacht liegt kein ausreichender Zusammenhang zu der Betriebsgefahr oder dem Gebrauch des Kfz mehr vor.[17] Bei einem Kfz mit Arbeitsfunktion ist es im Übrigen erforderlich, dass ein Zusammenhang mit der Bestimmung des Kfz als eine der Fortbewegung und dem Transport dienende Maschine besteht.[18] Wird ein Kfz mit Arbeitsfunktion eingesetzt, kann dabei zu berücksichtigen sein, ob der Arbeitseinsatz auf oder in örtlicher Nähe zu einer Straßenverkehrsfläche oder aber dagegen auf einem Privatgelände stattfindet. Wird z.B. durch ein Leck in der Dieselleitung eines „Traubenvollernters“ ein Schaden bei den geernteten Trauben als Ladung verursacht, scheidet eine Haftung aus der Betriebsgefahr aus, wenn das Fahrzeug sich lediglich während der

13 BGH NJW 1990, 257; OLG Hamm, Beschl. v. 14.9.2019 – I 7 U 89/18 – juris.
14 EUGH, Urt. v. 15.11.2018 – C 648/17 = r+s 2019, 452.
15 EUGH, Urt. v. 4.9.2014 – C 162/13 – juris.
16 So bisher der BGH, Urt. v. 8.12.2015 – VI ZR 139/15 = NJW 2016, 1162.
17 OLG München, Urt. v. 24.4.2015 – 25 U 4874/14 = r+s 2016, 298.
18 BGH, Urt. v. 18.7.2023 – VI ZR 16/23 – juris.

Arbeitsfunktion (Ernte) auf einem privaten Gelände fortbewegt und die Arbeitsfunktion im Vordergrund steht.[19]

Auch ein Fahrzeug, das ohne jede Fortbewegungs- und Transportfunktion als Anker für die Winde und ein Seil im Rahmen eines Bergungsvorgangs dient, ist nicht im Betrieb i.S.d. § 7 Abs. 1 StVG. Dieses Kfz kommt jedoch in Betrieb, wenn es sodann seine Fahrt mittels eigener Motorkraft fortsetzt, und Fahrer und Halter haften für die Verletzung eines danebenstehenden Helfers.[20]

Die Unterscheidung zwischen Transportfunktion und Arbeitsmaschine kann zu schwierigen weiteren Abgrenzungsfragen führen – etwa bei sog. „Spritzschäden". Hier ist entscheidend, ob sich ein Risiko realisiert hat, welches dem Gebrauch des Fahrzeugs und damit dem KH – VR oder vielmehr dem landwirtschaftlichen Betrieb und daher dem Betriebshaftpflicht-VR zuzurechnen ist. Insoweit ist bisher in der Rechtsprechung darauf abgestellt worden, ob beispielsweise die schadensverursachende Spritzmaschine fest am Kfz angebracht war. Trifft dies zu, liegt ein technisches Versagen des Kfz bei seinem Betrieb vor, während bei einer bloß vorübergehenden Anbringung der Schadensfall als Risiko des landwirtschaftlichen Betriebs zu sehen ist.[21] Entscheidend dürfte im Zweifel sein, ob im Schadensfall die Gefahren des Gewerbebetriebs oder des Fahrzeuggebrauchs überwiegen.[22]

III. Halter des Kfz

Halter ist derjenige, der das Kfz **für eigene Rechnung gebraucht**, also sämtliche 14
Kosten dafür bestreitet und über seine Verwendung entscheidet, d.h. Anlass, Ziel und Zeit seiner Fahrten selber bestimmt. Wer auf diese Weise über das Kfz verfügt ist selbst dann Halter, wenn das Fahrzeug auf einen Dritten zugelassen worden ist, der die „fixen Kosten" bezahlt.

▼ 15

Muster 3.6: Haltereigenschaft

Halter eines Kfz ist nach gefestigter Rechtsprechung, wer das Fahrzeug für eigene Rechnung in Gebrauch hat und die Verfügungsgewalt besitzt, die ein solcher Gebrauch voraussetzt (BGHZ 13, 351, 354; BGHZ 87, 133, 135; LG Essen, Urt. v. 12.3.2015 – 3 O 315/13 – juris). Für die Haltereigenschaft ist in jedem Fall eine gewisse zeitliche Dauer der Gebrauchsüberlassung als Voraussetzung für eine Verfestigung der tatsächlichen, vornehmlich wirtschaftlichen Zuständigkeit für das Kfz erforderlich (BGH, Urt. v. 3.12.1991 – VI ZR 378/90 = NZV 1992, 145; LG Wuppertal, Urt. v. 8.6.2012 – 5 O 198/11 – juris). Dementsprechend endet die Stellung als Halter eines Kraftfahrzeugs erst dann, wenn die tatsächliche Möglichkeit, den Einsatz des Kraftfahrzeugs zu bestim-

19 BGH, Urt. v. 18.7.2023 – VI ZR 16/23 – juris.
20 OLG Hamm, Urt. v. 7.3.2023 – 7 O 130/22.
21 BGH MDR 1993, 44.
22 OLG Schleswig SP 2002, 253.

men als Verfügungsgewalt auf eine nicht nur vorübergehende Zeit fehlt (BGH, Urt. v. 26.11.1996 – VI ZR 97/96 = zfs 1997, 89).

▲

16 Der Begriff des Halters ist dabei von den folgenden Begriffen streng abzugrenzen, mit denen er nicht notwendig identisch ist:

- **Eigentümer**: Wer Eigentümer eines Fahrzeugs ist, richtet sich allein nach den maßgeblichen zivilrechtlichen Vorschriften über den Eigentumserwerb. Erforderlich sind also grundsätzlich Einigung und Übergabe (§ 929 S. 1 BGB). Auch wenn der Halter in der Regel mit dem Eigentümer identisch ist, ist dies nicht zwingend. Nach seiner Eigentumserlangung kann der Erwerber das Fahrzeug durchaus anderen Personen zum eigenen Gebrauch überlassen.
- **Unmittelbarer Besitzer**: Auch der unmittelbare Besitz richtet sich allein nach den zivilrechtlichen Vorschriften, also nach der tatsächlichen Sachherrschaft über das Fahrzeug (§ 854 BGB).
- **Versicherungsnehmer**: Wer Versicherungsnehmer für ein Kfz ist, richtet sich allein danach, mit wem der Versicherer den maßgeblichen Versicherungsvertrag abgeschlossen hat.

17 Die Kenntnis über die Unterschiede zwischen den genannten Personen kann im Rahmen der zivilrechtlichen Unfallbearbeitung von entscheidender Bedeutung sein. Sitzen beispielsweise im gegnerischen Unfallfahrzeug zwei Eheleute und kommen diese als einzige Zeugen für den Unfall in Betracht, können beide verklagt und vom Zeugen zur Partei des Rechtsstreits gemacht werden, wenn sie gemeinsam Halter des Fahrzeugs sind.

18 *Beispielsfall*

Die Eheleute A und B erwerben gemeinschaftlich einen Pkw VW Golf. In dem Kaufvertrag werden beide als Käufer des Fahrzeugs aufgeführt. A und B stellen das Fahrzeug ihrem Sohn C dauernd zur Verfügung, der sämtliche Kosten für die Unterhaltung des Kraftfahrzeugs trägt. C entscheidet allein darüber, wer das Fahrzeug wann benutzen darf. Er überlässt den Pkw für eine einmalige Probefahrt seinem Freund D, der damit einen Verkehrsunfall verursacht, bei dem der Pkw des E beschädigt wird.

Aus der Fallkonstellation ergeben sich folgende Grundsätze für die Abwicklung des Verkehrsunfalls:

- Eigentümer des Pkw VW Golf sind die Eheleute A und B.
- Halter des Kraftfahrzeugs ist C.
- Besitzer und Fahrer des Kraftfahrzeugs zur Unfallzeit ist D.

Der Drittgeschädigte E besitzt Ansprüche auf Schadensersatz gegen D als unmittelbaren Schadensverursacher aus § 823 BGB und – wie später noch erörtert werden wird – aus § 18 StVG. Darüber hinaus kommt eine Haftung des C aus seiner Haltereigenschaft gem. § 7 Abs. 1 StVG in Betracht.

IV. Ausschluss bei höherer Gewalt, gem. § 7 Abs. 2 StVG

Die verschuldensunabhängige und damit sehr weit reichende Gefährdungshaftung aus § 7 Abs. 1 StVG wird dadurch abgemildert, dass der Gesetzgeber in § 7 Abs. 2 StVG einen Haftungsausschluss für den Fall vorsieht, dass der Unfall durch höhere Gewalt verursacht wird. Sinn und Zweck dieser Neufassung des Gesetzes, die für alle Unfälle ab dem 1.8.2002 gilt (vgl. Art. 229 § 5 EGBGB), ist es, eine Haftung für Risiken auszuschließen, welche in keinem Zusammenhang mit dem Betrieb eines Kraftfahrzeugs stehen. Folglich liegt höhere Gewalt bei einem betriebsfremden, unvorhersehbaren Ereignis vor, das durch Naturgewalt oder dritte Personen von außen hervorgerufen wird und auch bei äußerster Sorgfalt nicht vermieden werden konnte. 19

Dieser Haftungsausschluss gilt für alle Unfälle, an denen das Kraftfahrzeug des Halters beteiligt ist. Der früher vorgesehene Haftungsausschluss aufgrund eines „unabwendbaren Ereignisses“ findet nach der Gesetzesänderung nur in den Fällen eine Anwendung, in denen ein Verkehrsunfall durch zwei Kraftfahrzeuge verursacht worden ist und beschränkt sich dabei auf die Haftung der Halter und Fahrer dieser Kraftfahrzeuge zueinander. In diesem Ausnahmefall besteht mithin ein erweiterter Haftungsausschluss zugunsten des Halters, dem aber (wie noch zu erläutern sein wird) aufgrund der umfassenden Abwägung der Betriebsgefahren aller beteiligten Fahrzeuge häufig keine besondere Relevanz zukommt. 20

▼ 21

Muster 3.7: Kein Ausschluss wegen höherer Gewalt bei Tierunfall

Höhere Gewalt liegt nur dann vor, wenn es sich um ein betriebsfremdes, unvorhersehbares Ereignis handelt, das durch Naturgewalt oder dritte Personen von außen hervorgerufen worden ist und auch bei äußerster Sorgfalt nicht vermieden werden konnte (BGHZ 62, 351, 354). 3.7

Vorliegend handelt es sich aber nicht um ein unvorhersehbares Naturereignis, das auch bei äußerster Sorgfalt nicht hätte vermieden werden können. Zum einen ist bereits fraglich, ob Ihr Versicherungsnehmer überhaupt die äußerst mögliche Sorgfalt gewahrt hat, da .

Zum anderen gehört das Betreten einer Fahrbahn durch ein Tier gerade eine typische Gefahr für Verkehrsteilnehmer auf derartigen Straßenabschnitten und mithin vorhersehbar.

▲

V. Unabwendbarkeitsbeweis

Vor der Neufassung des § 7 StVG durch das 2. Gesetz zur Modernisierung des Schadensersatzrechtes war die verschuldensunabhängige und damit sehr weit reichende Gefährdungshaftung aus § 7 Abs. 1 StVG dadurch abgemildert, dass der Gesetzgeber in **§ 7 Abs. 2 StVG** den sog. **Unabwendbarkeitsbeweis** zugelassen hatte. Dieser Ausschluss behält seine weit reichende Wirkung nach der Gesetzesänderung lediglich für Unfälle, die vor dem 1.8.2002 eingetreten sind. Für alle Unfälle, die sich ab diesem Tag ereignet 22 haben, findet das „neue" Schadensersatzrecht Anwendung (vgl. Art. 229 § 5 EGBGB). Dieses sieht einen generellen Haftungsausschluss zugunsten des Halters nur noch für höhere Gewalt vor.

23 Lediglich für die Fallkonstellation, dass sich ein Unfall ereignet hat, bei dem ein Schaden durch (mindestens) zwei Kraftfahrzeuge verursacht wird, ist ein Haftungsausschluss für den Halter im Fall eines unabwendbaren Ereignisses möglich (vgl. § 17 Abs. 1 StVG). Dieser Haftungsausschluss wirkt aber gem. § 17 Abs. 3 StVG nur im „Innenverhältnis" zu dem anderen betroffenen Kraftfahrzeughalter/-führer. Für Schäden gegenüber Dritten haftet der Halter des Kfz im „Außenverhältnis" weiterhin ohne die Möglichkeit eines solchen Haftungsausschlusses.

Nach § 17 Abs. 3 S. 1 StVG scheidet eine Haftung aus, wenn der Schadenseintritt auch **nicht durch die äußerste mögliche Sorgfalt** abgewendet werden konnte. Maßgeblich sind die durchschnittlichen Anforderungen eines „Idealfahrers".[23]

24 Für den Haftungsausschluss des § 17 Abs. 3 StVG ist ein sachgemäßes, geistesgegenwärtiges Handeln erforderlich, das erheblich über dem Maßstab der im Verkehr erforderlichen Sorgfalt i.S.d. § 276 BGB liegt.[24] Zur Feststellung des Fahrlässigkeitsvorwurfs wird lediglich das verkehrswidrige Verhalten im Straßenverkehr dem verkehrsgemäßen gegenübergestellt. Ausgangspunkt der Prüfung des Unabwendbarkeitsbeweises ist demgegenüber eine Abgrenzung der aus dem Betrieb des Kraftfahrzeugs resultierenden typischen Gefahren gegenüber anderen Gefahrenkreisen, die eine Gefährdungshaftung nach ihrem Sinn und Zweck nicht mehr gerechtfertigt erscheinen lassen.[25]

25 ▼

Muster 3.8: Unabwendbarkeit i.S.d. § 17 Abs. 3 StVG

3.8

Unabwendbar i.S.d § 17 Abs. 3 StVG ist ein Ereignis, das auch durch äußerst mögliche Sorgfalt – nämlich durch sachgemäßes, geistesgegenwärtiges Handeln über den persönlichen Maßstab hinaus – nicht abgewendet werden kann. Unabwendbarkeit bedeutet nicht die absolute Unvermeidbarkeit des Unfalls, sondern ein Ereignis, dass bei äußerster Sorgfalt nicht hätte vermieden werden können (BGHZ 117, 337). Dies erfordert die Berücksichtigung aller möglichen Gefahrmomente einschließlich erheblicher fremder Fehler (OLG Rostock, Urt. v. 10.12.2010 – 5 U 27/10 = SP 2011, 207). Ein unabwendbares Ereignis liegt demnach vor, wenn ein idealer Fahrer bei idealer Fahrweise mit einem idealen Fahrzeug den Unfall nicht vermeiden und dessen Schadensfolgen auch nicht verringern kann (OLG Celle, Urt. v. 28.3.2012 – 14 U 156/11 = Verkehrsrecht aktuell 2012, 93). Dabei ist der Entlastungsbeweis im Rahmen von § 17 Abs. 3 StVG grundsätzlich erst dann geführt, wenn der Beweisführer alle konkret denkbaren Unfallverläufe entkräften kann, die eine Verantwortung des Halters begründen (OLG Frankfurt a.M., Urt. v. 15.4.2014 – 16 U 213/13 = Schaden-Praxis 2014, 406). Die Prüfung darf sich dabei nicht darauf beschränken, ob der Fahrzeugführer sich in der konkreten Situation wie ein Idealfahrer verhalten hat. Vielmehr muss frei von Zweifeln nachgewiesen werden, ob ein

23 BGHZ 117, 337, 340 ff.
24 BGH, Urt. v. 18.1.2005 – VI ZR 115/04 = DAR 2005, 263.
25 *Müller*, VersR 1995, 489, 491.

Idealfahrer überhaupt in eine solche Verkehrslage geraten wäre (OLG Naumburg, Urt. v. 6.6.2008 – 10 U 72/07 = Schaden-Praxis 2008, 351; vgl. auch LG Wuppertal, Urt. v. 18.12.2014 – 9 S 174/14 – juris).

▲

VI. Ausschluss des Unabwendbarkeitsbeweises gem. § 17 Abs. 3 S. 1 StVG

Beruht der Schadenseintritt allein auf **technischen Mängeln**, die auf einen Fehler in der Beschaffenheit des Kraftfahrzeugs oder auf ein Versagen seiner Vorrichtungen zurückzuführen sind, ist der Unabwendbarkeitsbeweis grundsätzlich gem. § 17 Abs. 3 S. 1 StVG ausgeschlossen. Auch diese Regelung ist unmittelbarer Ausfluss des Gedankens der Gefährdungshaftung. Basiert ein Schadenseintritt allein darauf, dass sich die spezifische Gefahr eines Kraftfahrzeugs unabhängig von dem Verhalten seines Fahrers oder Halters verwirklicht, muss der Halter als Nutzer des Kraftfahrzeugs hierfür uneingeschränkt haften. 26

VII. Haftungsausschluss bei „Schwarzfahrten"

Gem. § 7 Abs. 3 StVG wird die Halterhaftung aufgehoben, wenn jemand das Fahrzeug **ohne Wissen und Willen** des Halters benutzt. Der „Austausch" der Halterhaftung zwischen dem eigentlichen Halter und dem unberechtigten Benutzer erfolgt allerdings nicht unbegrenzt. Vielmehr haften Halter und unberechtigter Nutzer dem Geschädigten gemeinsam, sofern die „Schwarzfahrt" durch den Halter schuldhaft ermöglicht worden ist. Hierbei sind an die erforderliche Haltersorgfalt strenge Anforderungen zu stellen: Der Halter hat alles ihm zumutbare zu tun, um eine unbefugte Ingebrauchnahme zu verhindern. 27

Daneben bleibt die Halterhaftung bestehen, wenn die „Schwarzfahrt" durch einen Angestellten oder eine andere Person durchgeführt wird, dem das Fahrzeug zuvor vom Halter übergeben wurde. Hierbei ist allerdings auch genau zu prüfen, ob der Halter durch die Übergabe nicht insgesamt für längere Dauer die Verfügungsgewalt über das Fahrzeug und damit seine Haltereigenschaft verloren hat.

VIII. Unwirksamkeit einer vereinbarten Haftungsreduzierung gem. § 8a StVG

Nach der Neufassung des § 8a StVG haftet der Halter nach § 7 Abs. 1 StVG nunmehr grundsätzlich uneingeschränkt für alle Schäden, die beförderte Personen erleiden. Dies gilt – anders als noch das Haftungsprivileg nach § 8a StVG a.F. – für alle Personenbeförderungen unabhängig davon, ob die Beförderung gegen Entgelt erfolgt oder geschäftsmäßig betrieben wird. 28

Diese Haftung kann auch durch eine vertragliche Abrede nicht eingeschränkt werden, wenn es sich um eine entgeltliche und zugleich geschäftsmäßige Personenbeförderung handelt. In anderen Fällen können die Parteien zumindest durch eine individualvertragliche Abrede einen solchen Haftungsausschluss vereinbaren. Eine entgeltliche Beförderung liegt vor, wenn für die Fahrt ein (wenn auch nur mittelbarer) wirtschaftlicher Vorteil als Gegenleistung erbracht wird. Geschäftsmäßig handelt, wer die Beförderung wiederholen und zum Gegenstand seiner Beschäftigung machen möchte.[26]

29 ▼

Muster 3.9: Entgeltliche geschäftsmäßige Personenbeförderung

Versicherung AG

Schaden-Nr./VS-Nr./Az.

Schaden vom

Pkw , amtl. Kennzeichen

Sehr geehrte Damen und Herren,

wir vertreten die Interessen des Herrn aus . Eine Kopie der auf uns lautenden Vollmacht fügen wir in der Anlage bei.

Gegenstand des Mandats ist die im Betreff genannte Verkehrsunfallangelegenheit. Soweit Sie die Auffassung vertreten, Ihrer Haftung stehe der zwischen meinem Mandanten und dem Fahrer des bei Ihnen versicherten Fahrzeugs vereinbarte Haftungsausschluss entgegen, vermag ich mich hiermit nicht einverstanden zu erklären.

Die Voraussetzungen für eine entgeltliche geschäftsmäßige Personenbeförderung liegen vor, da unser Mandant für die Fahrt EUR zu entrichten hatte. Entgegen der von Ihnen vertretenen Auffassung war sie auch geschäftsmäßig. Der von unserem Mandanten gezahlte Betrag ging deutlich über die notwendigen Benzinkosten hinaus. Ihr Versicherungsnehmer erzielte aus der Fahrt somit einen Gewinn. Auch handelte es sich nicht lediglich um eine einmalige oder gelegentliche Fahrt. Vielmehr . Auch wenn Ihr Versicherungsnehmer die Fahrten nach Berlin nicht hauptberuflich durchführt, steht dies einer Geschäftsmäßigkeit nicht entgegen.

Angesichts dessen habe ich Sie aufzufordern, Ihre uneingeschränkte Eintrittspflicht hinsichtlich der geltend gemachten Ansprüche unverzüglich, spätestens jedoch bis zum

anzuerkennen. Bitte haben Sie Verständnis dafür, dass wir unserem Mandanten im Falle einer nicht fristgemäßen Beantwortung unseres Schreibens eine gerichtliche Klärung empfehlen müssen.

Mit freundlichen Grüßen

(Rechtsanwalt)

▲

26 BGHZ 114, 348, 350.

IX. Checkliste: Halterhaftung

- Grundsatz: Verschuldensunabhängige Haftung für Schäden, die durch den Betrieb eines Kraftfahrzeugs oder Kraftfahrzeuganhängers verursacht werden. 30
- Kraftfahrzeug: grundsätzlich nur mit Motorkraft betriebene Fahrzeuge. Pedelecs sind trotz eines Hilfsmotors Fahrräder ohne eigene Betriebsgefahr, solange sie mit dem Hilfsmotor nicht schneller als 25 km/h fahren können.
- Für Beginn und Ende des Betriebes eines Kraftfahrzeugs ist nicht maßgeblich, ob es sich im öffentlichen Straßenverkehr befindet – ausreichend ist, dass es unabhängig vom Ort eine Gefahr für andere Verkehrsteilnehmer darstellt und diese sich im Zusammenhang mit der Transportfunktion des Kfz realisiert hat.
- Zum Betrieb gehören Arbeitsvorgänge, die für das betreffende Kfz typisch sind, nur dann, wenn sie zugleich auch die Transportfunktion des Kfz betreffen. Ohne Bezug zur Transportfunktion und bei dem reinen Einsatz als Arbeitsmaschine ist weder die Betriebsgefahr noch eine Haftung aus dem Gebrauch des Kfz betroffen.
- Halter ist derjenige, der das Kfz für eigene Rechnung gebraucht und über seine Verwendung entscheidet.
- Die Halterhaftung ist ausgeschlossen, wenn höhere Gewalt vorliegt, d.h. der Unfall durch ein betriebsfremdes unvorhersehbares Ereignis eintritt, das auch bei äußerster Sorgfalt nicht vermieden werden konnte.
- Wird der Schaden durch zwei Kraftfahrzeuge verursacht, ist eine Halterhaftung im Verhältnis der Kraftfahrzeughalter zueinander bei einem unabwendbaren Ereignis ausgeschlossen. Unabwendbar ist ein Ereignis, wenn es auch bei der äußerst möglichen Sorgfalt durch einen Idealfahrer nicht hätte vermieden werden können.
- Die Haftung ist auch bei Unabwendbarkeit gegeben, wenn der Schaden auf technische Mängel am Fahrzeug zurückzuführen ist.
- Die Halterhaftung des § 7 Abs. 1 StVG trifft nicht den Halter, sondern den Fahrer, wenn der Fahrer das Fahrzeug ohne Wissen und Willen des Halters benutzt hat (Schwarzfahrt).
- Die Grundsätze der Schwarzfahrt führen nicht zur Entlastung des Halters, wenn er die Schwarzfahrt schuldhaft ermöglicht und das Fahrzeug dem Fahrer vorher überlassen hat.
- Grundsätzlich haftet der Halter auch gegenüber Insassen des Kfz. Bei einer entgeltlichen, geschäftsmäßigen Beförderung ist zudem jeglicher vertraglich vereinbarte Haftungsausschluss unwirksam.

B. Fahrerhaftung nach dem StVG

Im Vergleich zum BGB enthält das StVG für den Geschädigten nicht nur Anspruchserleichterungen gegenüber dem Halter (Gefährdungshaftung), sondern in § 18 StVG auch gegenüber dem Fahrer. Zwar haftet der Fahrer nicht verschuldensunabhängig wie der Halter in § 7 StVG. **§ 18 StVG** enthält jedoch eine erhebliche **Beweiserleichterung** 31 für den Geschädigten. Danach wird vermutet, dass der Unfall durch ein schuldhaftes Fehlverhalten des Fahrers verursacht wurde. Um der Inanspruchnahme aus § 18 StVG zu entgehen, ist es deshalb Aufgabe des Fahrers, sich von der Verschuldensvermutung zu entlasten. Was dabei ungeklärt bleibt, geht zu Lasten des Fahrers.[27]

C. Anspruchsgrundlagen nach BGB

32 Das BGB stellt dem Geschädigten eines Verkehrsunfalls verschiedene Anspruchsgrundlagen zur Verfügung. Zentrale Norm hierfür ist **§ 823 Abs. 1 BGB** mit den Tatbestandsmerkmalen

- Rechtsgutverletzung,
- Schadenseintritt,
- haftungsbegründende Kausalität,
- haftungsausfüllende Kausalität,
- Rechtswidrigkeit,
- Verschulden.

Die Prüfung der Tatbestandsmerkmale bei Vorliegen eines Verkehrsunfalls bereiten in aller Regel keine Probleme. Von entscheidender Bedeutung ist nicht selten der Nachweis des Verschuldens. Ebenso wie im Bereich des StVG kommen auch nach dem BGB als Anspruchsverpflichtete Fahrer und Halter des betreffenden Kraftfahrzeugs in Betracht.

I. Fahrerhaftung nach BGB

33 Von praktischer Bedeutung ist in erster Linie die Haftung des Fahrers als **unmittelbarer Schadensverursacher**. Der Fahrer haftet nach allgemeinen deliktischen Grundsätzen gegenüber jedem, der durch sein Fehlverhalten einen Schaden erleidet.

34 Wird der Versicherungsnehmer als Beifahrer in seinem eigenen Fahrzeug verletzt, begründet dies u.U. Ansprüche gegen den Fahrer aus § 823 BGB. Auch hierfür muss der Kfz-Haftpflichtversicherer des Unfallfahrzeugs grundsätzlich Versicherungsschutz gewähren. Im Verhältnis zwischen dem Versicherungsnehmer und dem Versicherer enthält Abschnitt A.1.5.6 AKB 2015 jedoch insoweit eine wesentliche Einschränkung. Danach sind vom Versicherungsschutz Haftpflichtansprüche des Versicherungsnehmers gegen mitversicherte Personen wegen Sachschäden oder Vermögensschäden ausgenommen. Der Ausschluss umfasst aber keine Personenschäden.

35 ▼

Muster 3.10: Versicherungsnehmer im eigenen Fahrzeug als Beifahrer

3.10 Versicherung AG

27 BGH VersR 1974, 1030, 1031.

Schaden-Nr./VS-Nr./Az.

Schaden vom

Pkw , amtl. Kennzeichen

Sehr geehrte Damen und Herren,

wir vertreten die Interessen Ihres Versicherungsnehmers aus . Eine Kopie der auf uns lautenden Vollmacht fügen wir in der Anlage bei.

Unser Mandant erlitt als Beifahrer in seinem bei Ihnen versicherten Fahrzeug einen erheblichen Personenschaden. Verursacht und verschuldet wurde der Schaden von Herrn aus als berechtigtem Fahrer des Fahrzeugs. Der Schaden ereignete sich wie folgt:

Nach alledem haftet Herr unserem Mandanten gem. den § 18 StVG, §§ 823 Abs. 1, 253 Abs. 2 BGB auf Schmerzensgeld. Gem. § 115 Abs. 1 Nr. 1 VVG sind Sie für das Fehlverhalten des Herrn in vollem Umfang eintrittspflichtig. Ihrer Eintrittspflicht stehen auch keine Ausschlusstatbestände nach den AKB entgegen. Gem. Abschnitt A.1.5.6 AKB 2015 sind vom Versicherungsschutz lediglich Haftpflichtansprüche des Versicherungsnehmers gegen mitversicherte Personen wegen Sach- oder Vermögensschäden ausgenommen. Personenschäden werden vom Haftungsausschluss im Verhältnis des Versicherungsnehmers zu mitversicherten Personen des Versicherungsvertrags somit gerade nicht ausgeschlossen.

Danach bitte ich höflich um zeitnahe Bestätigung Ihrer uneingeschränkten Eintrittspflicht.

Mit freundlichen Grüßen

(Rechtsanwalt)

▲

Nach der Gesetzesänderung zum 1.8.2002 besteht nunmehr auch eine verschuldensunab- 36
hängige Haftung des Fahrzeugführers auf die Zahlung von Schmerzensgeld gem. § 18 StVG, § 253 Abs. 2 BGB. Daneben besteht aufgrund des Verschuldens bei der Unfallverursachung auch eine Haftung aus § 823 Abs. 1 BGB, u.U. auch aus § 823 Abs. 2 BGB i.V.m. § 229 StGB.

Dieser Anspruch wird bei sog. Gefälligkeitsfahrten i.d.R. auch nicht durch eine konkludente Vereinbarung einer Haftungsbeschränkung ausgeschlossen. Zwar hält die Rechtsprechung grundsätzlich bei Gefälligkeitsverhältnissen eine stillschweigend vereinbarte Haftungsbeschränkung auf Vorsatz und grobe Fahrlässigkeit für möglich. Bei dem (von Gesetzes wegen vorgeschriebenen) Bestehen einer Kfz-Haftpflichtversicherung wird jedoch davon ausgegangen, dass aus Sicht der Beteiligten keine Notwendigkeit für einen solchen Haftungsausschluss besteht.

Aufgrund der potentiellen Anspruchsvielfalt können sich aus der Übernahme verkehrs- 37
rechtlicher Mandate **Interessenkollisionen** für den Rechtsanwalt ergeben Es sollte mithin niemals neben dem Fahrer (bzw. ggf. auch Halter) auch ein Fahrzeuginsasse vertreten werden, da es sich hierbei aufgrund der gegensätzlichen Interessen beider Mandanten um einen Parteiverrat i.S.d. § 356 StGB handelt – es sei denn, es wird die Vollmacht für

die Vertretung derart begrenzt, dass Ansprüche gegen die Seite des eigenen Fahrers/Halters und der hinter ihnen stehenden Haftpflichtversicherung ausgeschlossen sind.

II. Geschäftsherrenhaftung gem. § 831 BGB

38 § 831 BGB enthält einen deliktischen Anspruchstatbestand, der zu einer wesentlichen **Beweiserleichterung für den Geschädigten** führt. Dennoch wird der Tatbestand häufig übersehen.

Gem. § 831 Abs. 1 BGB haftet derjenige, der einen anderen zu einer Verrichtung bestellt, für den Schaden, den der „Verrichtende" (richtig: **Verrichtungsgehilfe**) bei der Ausführung seiner Verrichtung einem anderen zufügt. Anknüpfungspunkt für die Verschuldensprüfung ist dabei nicht das etwaige fremde Verschulden des Verrichtungsgehilfen bei der Verursachung des Schadens, sondern das **eigene Verschulden des Geschäftsherrn bei der Auswahl, Überwachung und Leitung** des Verrichtungsgehilfen.

Aus § 831 Abs. 1 BGB folgen zwei für die Praxis wichtige **Vermutungen**, nämlich dass

- der Schadeneintritt auf einer schuldhaften Verletzung der Pflicht zur ordnungsgemäßen Auswahl, Überwachung und Leitung des Verrichtungsgehilfen durch den Geschäftsherrn beruht und
- zwischen dem vermuteten Verschulden und dem Schadeneintritt ein ursächlicher Zusammenhang besteht (haftungsbegründende Kausalität).

Aufgabe des Geschäftsherrn ist es deshalb, die vorgenannten Vermutungen zu entkräften und zu widerlegen. Da an den Entlastungsbeweis hohe Anforderungen gestellt werden, gelingt er nur in sehr seltenen Fällen.

39 Letztendlich ist eine Haftung aus § 831 BGB (wie auch § 823 BGB) angesichts der nunmehr bestehenden umfassenden Gefährdungshaftung, die einen Schmerzensgeldanspruch einschließt, i.d.R. ohne eigenständige haftungsrechtliche Bedeutung. Selbst wenn Halter und Geschäftsherr divergieren wird angesichts der umfassenden Haftung des Kfz-Haftpflichtversicherers kein Interesse an einer gesonderten Inanspruchnahme des Geschäftsherrn bestehen. Ein eigenständiger Anwendungsbereich wird für § 831 BGB daher beispielsweise für die seltenen Fälle verbleiben, wo finanzschwache Halter und der solvente Geschäftsherr verschieden sind und keine Kfz-Haftpflichtversicherung besteht. Ein besonderer Anwendungsbereich ergibt sich auch zur Begründung eines Ausgleichsanspruchs des Leasinggebers gegenüber dem Leasingnehmer, der ggf. sogar ein Gesamtschuldverhältnis mit der Kfz-Haftpflichtversicherung des Unfallgegners begründen kann.

III. Tierhalterhaftung gem. § 833 BGB

40 Einen Gefährdungshaftbestand bietet das BGB für Verkehrsunfälle unter Beteiligung von Tieren. Die Einzelheiten hierzu regeln die §§ 833 und 834 BGB.

Gem. § 833 BGB haftet der Halter eines Tieres **verschuldensunabhängig** auf Ausgleich der durch das Tier verursachten Sach- oder Personenschäden, solange es sich nicht um ein Haustier handelt, das dem Berufe, der Erwerbstätigkeit oder dem Unterhalt des Tierhalters zu dienen bestimmt ist. Liegt einer der letzteren Fälle eines sog. Nutztieres vor, besteht zwar eine verschuldensabhängige Haftung. Bei dieser wird jedoch nach § 833 Abs. 1 S. 2 BGB das Verschulden des Halters ebenso wie eine Kausalität vermutet. Dies hat zur Folge, dass sich der Halter entsprechend exkulpieren muss. Hierzu folgendes Beispiel:

▼ 41

Muster 3.11: Unfall unter Beteiligung von Tieren 3.11

Herrn/Frau

___

Schaden vom ___

Pkw ___, amtl. Kennzeichen ___

Sehr geehrter Herr ___,

ausweislich der in der Anlage beigefügten Vollmacht vertreten wir die Interessen des Herrn ___ aus ___.

Gegenstand des Mandats ist der Verkehrsunfall am ___. Der Schaden ereignete sich wie folgt:

___

Durch Schreiben vom ___ machte unser Mandant gegen Sie Ansprüche auf Schadensersatz aus Anlass des Verkehrsunfalls in Höhe von ___ EUR geltend. Der Zahlungsaufforderung unseres Mandanten hielten Sie durch Schreiben vom ___ entgegen, Sie hätten alles menschenmögliche unternommen, um zu verhindern, dass sich Ihr Hund losreißt. Deshalb sei der Schaden von Ihnen nicht verschuldet worden.

Für Ihre Haftung ist dies hingegen ohne Relevanz. Maßgeblich sind im vorliegenden Fall die Regelungen der Tierhalterhaftung gem. § 833 BGB. Danach haftet der Halter eines Tieres für den Eintritt des dadurch verursachten Schadens unabhängig von einem etwaigen Verschulden, solange es sich bei dem Tier nicht um ein Haustier handelt, das dem Beruf oder der Erwerbstätigkeit des Tierhalters dient. Bei Ihrem Hund handelt es sich hingegen um ein sog. Luxustier, das ohne Bezug zu einem von Ihnen ausgeübten Beruf gehalten wird. Folglich finden auf ihn die Grundsätze der verschuldensunabhängigen Gefährdungshaftung gem. § 833 BGB uneingeschränkte Anwendung. Für Ihre Haftung kommt es nicht darauf an, ob und inwieweit das Ausreißen des Hundes von Ihnen verschuldet wurde. Maßgeblich ist allein die Schadensverursachung. Die zum Schaden führenden Begleitumstände sind irrelevant.

Danach habe ich Sie aufzufordern, den bereits mit Schreiben vom ___ bezifferten Schaden in Höhe von ___ unverzüglich, spätestens jedoch bis zum

___ (*10-Tages-Frist*)

auszugleichen. Nach fruchtlosem Fristablauf werde ich meinem Mandanten empfehlen, gerichtliche Hilfe in Anspruch zu nehmen.

Sollten Sie über Versicherungsschutz in einer Tierhalterhaftpflichtversicherung verfügen, bin ich gern bereit, die weitere Korrespondenz in der Schadensache unmittelbar mit dem Versicherer zu führen. In diesem Fall bitte ich um die Benennung des Versicherers sowie der Versicherungsscheinnummer innerhalb der o.g. Frist. Bitte denken Sie auch daran, dem Tierhaftpflichtversicherer den Schadensfall unverzüglich zu melden, um die Ihnen insoweit obliegenden Pflichten zu erfüllen. Eine unterlassene Meldung des Schadens kann zum Verlust des Versicherungsschutzes führen.

Mit freundlichen Grüßen

(Rechtsanwalt)

▲

42 Der dogmatische Ansatzpunkt für die verschuldensunabhängige Haftung ist darin zu sehen, dass sich durch den Unfall die in dem Hund steckende **spezifische Tiergefahr** realisiert hat. Die vom Tier ausgehende unberechenbare Gefahr für die Allgemeinheit rechtfertigt eine Abweichung von dem allgemeinen Grundsatz, dass für jede Haftung ein Verschulden erforderlich ist.

Bei dem vorliegenden Verkehrsunfall scheidet ein Mitverschulden des A aus. Er durfte angesichts der von der Größe des Tieres ausgehenden Gefahr kein Ausweichmanöver durchführen. Letztendlich ist aber zu beachten, dass bei der Abwägung der Verursachungsbeiträge die Betriebsgefahr des Kfz einerseits und die Sachgefahr des Hundes andererseits abzuwägen sind, § 17 Abs. 3 StVG. Im Fall einer gerichtlichen Auseinandersetzung ist zu erwarten, dass die verbleibende Betriebsgefahr des Kfz je nach konkreter Unfallsituation nicht gänzlich hinter der Sachgefahr eines frei laufenden Hundes zurücktritt, sondern in Höhe von 20–40 % zu berücksichtigen sein kann.

IV. Ansprüche gegen Passanten/Fahrradfahrer/Kinder

43 Verursachen Passanten, Fahrradfahrer oder sonstige am Verkehrsgeschehen Beteiligte Schäden an Kraftfahrzeugen, stellt dies im Rahmen der Verkehrsunfallbearbeitung insoweit einen Sonderfall dar, als die Schädiger über keinen Versicherungsschutz in einer Kfz-Haftpflichtversicherung verfügen. Ein Direktanspruch gem. § 115 Abs. 1 Nr. 1 VVG scheidet demgemäß von vornherein aus. Um die Abwicklung derartiger Schadensfälle zu erleichtern, sollte es Ziel des anwaltlichen Bearbeiters sein, Ansprüche des Mandanten gegenüber dem etwaig vorhandenen **privaten Haftpflichtversicherer** des Schädigers geltend zu machen und durchzusetzen.

1. Ansprüche gem. § 823 Abs. 1 BGB

44 Jeder Teilnehmer am öffentlichen Straßenverkehr haftet im Falle der schuldhaften Verletzung geschützter Rechtsgüter ebenso **wie jeder andere** nach den Grundsätzen des § 823 Abs. 1 BGB auf Schadensersatz.

2. Haftung Minderjähriger gem. § 828 BGB

45 Das Deliktsrecht sieht in den §§ 823 ff. BGB eine Haftung nur dann vor, wenn der Schädiger schuldhaft gehandelt hat. Dies setzt voraus, dass eine Verschuldensfähigkeit besteht. Bei Kindern unter sieben Jahren ist zu beachten, dass diese nach § 828 Abs. 1

BGB für von ihnen verursachte Schäden nicht verantwortlich sind. Minderjährige (d.h. Kinder und Jugendliche von sieben bis 17 Jahren) sind nach §§ 828 Abs. 2 und Abs. 3 BGB nur bedingt verantwortlich. § 828 Abs. 2 BGB ist mit dem 2. Schadensrechtsänderungsgesetz neu gefasst worden und dient dem umfassenden Schutz von Kindern bestimmter Altersgruppen aufgrund einer Überforderungssituation im Verkehr.

Nach § 828 Abs. 2 S. 1 BGB besteht ein Haftungsausschluss, wenn der Minderjährige zwar das siebte, aber noch nicht das zehnte Lebensjahr vollendet hat und er bei einem Unfall mit einem Kraftfahrzeug (ebenso Schienen- oder Schwebebahn) einen Schaden verursacht hat. Dieser Haftungsausschluss entfällt nach § 828 Abs. 2 S. 2 BGB, wenn der Minderjährige den Schaden vorsätzlich herbeiführt.

Von besonderer Relevanz ist dieser Haftungsausschluss in zweierlei Hinsicht: Zum einen sind verschuldensabhängige Ansprüche gegen das Kind als Schadensverursacher betroffen. Zum anderen kann eine Kürzung der eigenen Ansprüche des Kindes wegen eines Mitverschuldens ausgeschlossen sein. Dem Wortlaut dieser Vorschrift nach kommt diese Haftungsbeschränkung für jeden Unfall mit einem Kraftfahrzeug in Betracht.

Die Rechtsprechung nimmt nach Sinn und Zweck dieser Vorschrift jedoch eine teleologi- 46
sche Reduktion vor. Ein Ausschluss der Verantwortlichkeit ist nur dann möglich, wenn sich in dem Unfall eine **typische Überforderungssituation** des Kindes **durch die spezifischen Gefahren des motorisierten Verkehrs realisiert** hat.[28] Dem liegt die Annahme zu Grunde, dass der Gesetzgeber einen Ausschluss der Verantwortlichkeit erreichen wollte, wenn altersbedingte Defizite des Kindes zu einem Unfall führen – wie z.B. die mangelnde Fähigkeit, Entfernung und Geschwindigkeit herannahender Fahrzeuge richtig einschätzen zu können. Bei anderen Situationen (im ruhenden Verkehr) ist von Seiten des Gesetzgebers dagegen davon ausgegangen worden, dass Kinder generell nicht überfordert sind. Darauf, ob sich diese Überforderungssituation konkret ausgewirkt hat oder ob das Kind aus anderen Gründen nicht in der Lage war, sich verkehrsgerecht zu verhalten, kommt es im Hinblick auf die generelle Heraufsetzung der Deliktsfähigkeit von Kindern durch § 828 Abs. 2 S. 1 BGB in der Fassung des Zweiten Gesetzes zur Änderung schadensrechtlicher Vorschriften vom 19.7.2002 (BGBl I S. 2674) nicht an.[29]

Entscheidendes Kriterium für die Einschränkung des Anwendungsbereiches des § 828 Abs. 2 BGB ist nunmehr die „**spezifische Gefahrensituation des motorisierten Verkehrs**“.

Nach diesen Grundsätzen ist ggf. eine teleologische Reduktion der Vorschrift vorzuneh- 47
men, wenn sich keine typische Überforderungssituation des Kindes durch die spezifischen Gefahren des motorisierten Verkehrs realisiert hat. Hiernach hat der BGH die Haftungsfreistellung verneint in Fällen, in denen Kinder der privilegierten Altersgruppe mit einem Kickboard oder Fahrrad gegen ein ordnungsgemäß geparktes Fahrzeug ge-

28 BGH NJW 2005, 354 (Sturz mit dem „Kickbord“ gegen ein parkendes Fahrzeug); BGH NJW-RR 2005, 327 (Fahrradsturz gegen ein parkendes Fahrzeug); LG Saarbrücken NJW 2010, 944 (Beschädigung eines ordnungsgemäß geparkten Pkw).

29 BGH VersR 2007, 855.

stoßen sind und dieses beschädigt haben.[30] Demgegenüber hat der BGH eine typische Überforderungssituation für einen Minderjährigen unter zehn Jahren in mehreren Fällen bejaht: So für einen achtjährigen Jungen, der mit dem Fahrrad gegen einen in einer Straßeneinmündung anhaltenden Pkw stieß, wobei die Sicht für ihn durch eine Hecke beeinträchtigt war;[31] bei einem Zusammenstoß zwischen dem führungslos rollenden Fahrrad eines achtjährigen Jungen und dem Fahrzeug des Geschädigten, das in diesem Augenblick vorbeifuhr;[32] zuletzt für das Fahren mit dem Fahrrad gegen die geöffneten hinteren Türen eines am Straßenrand stehenden Pkw.[33] Aus diesen Senatsentscheidungen ergibt sich, dass für das Eingreifen des Haftungsprivilegs nicht grundsätzlich zwischen dem fließenden und dem ruhenden Verkehr zu unterscheiden ist, wenn es auch im fließenden Verkehr häufiger als im sog. ruhenden Verkehr eingreifen mag. In besonders gelagerten Fällen kann sich auch im ruhenden Verkehr eine spezifische Gefahr des motorisierten Verkehrs verwirklichen.[34] Für die Frage, ob der Haftungsausschluss nach § 828 Abs. 2 S. 1 BGB überhaupt in Betracht kommt, ist maßgebend darauf abzustellen, ob eine typische Fallkonstellation der Überforderung des Kindes durch die Schnelligkeit, die Komplexität und die Unübersichtlichkeit der Abläufe im motorisierten Straßenverkehr gegeben war. Allerdings kommt es nicht darauf an, ob sich die Überforderungssituation konkret ausgewirkt hat oder ob das Kind aus anderen Gründen nicht in der Lage war, sich verkehrsgerecht zu verhalten. Um eine klare Grenzlinie für die Haftung von Kindern zu ziehen, hat der Gesetzgeber die Fallgestaltungen vielmehr einheitlich in der Weise geregelt, dass er die Altersgrenze der Deliktsfähigkeit von Kindern für den Bereich des motorisierten Verkehrs generell auf die Vollendung des 10. Lebensjahres heraufgesetzt hat.[35] Der Geschädigte, der sich darauf beruft, hat darzulegen und erforderlichenfalls zu beweisen, dass sich nach den Umständen des Falles die typische Überforderungssituation des Kindes durch die spezifischen Gefahren des motorisierten Verkehrs bei einem Unfall nicht realisiert hat.[36]

48 Im Übrigen haften Minderjährige nach § 828 Abs. 3 BGB dann nicht, wenn sie bei der Begehung der unerlaubten Handlung nicht die erforderliche Einsicht hatten, Unrecht zu tun. Entscheidend dafür ist, ob der Minderjährige seiner individuellen Verstandesentwicklung nach fähig ist, das Gefährliche seines Tuns zu erkennen und sich der Verantwortung für die Folgen seines Tuns bewusst zu sein.[37] Der Minderjährige hat diesen Haftungsausschluss darzulegen und zu beweisen (vgl. die Formulierung „nicht verantwortlich, wenn …“).

30 BGH BGHZ 161, 180 = Urt. v. 30.11.2004 – VI ZR 365/03 = VersR 2005, 380 und Urt. v. 21.12.2004 – VI ZR 276/03 = VersR 2005, 378.
31 BGHZ 172, 83 ff.
32 BGH, Urt. v. 16.10.2007 – VI ZR 42/07 = VersR 2007, 1669.
33 BGH, Beschl. v. 11.3.2008 – VI ZR 75/07 = VersR 2008, 701.
34 BGH BGHZ 161, 180, 185.
35 BGH BGHZ 172, 83, 86.
36 BGH VersR 2009, 1136.
37 BGH NJW-RR 1997, 1110; BGH NJW 2005, 354.

Bei Kindern ab zehn Jahren darf allerdings gemäß § 828 Abs. 3 BGB widerleglich vermutet werden, dass sie den geltenden Verkehrsregeln Beachtung schenken können. Bei diesen älteren Kindern muss sich ein Fahrzeugführer daher nur dann auf die Möglichkeit eines unbesonnenen und verkehrswidrigen Verhaltens einstellen, wenn besondere Umstände auf eine solche Möglichkeit hindeuten. Dies kann allerdings z.B. der Fall sein, wenn sich ein Kind bereits verkehrswidrig verhält oder wenn seine Aufmerksamkeit erkennbar anderweitig in Anspruch genommen ist.[38]

▼ 49

Muster 3.12: Schadenersatz von Minderjährigen

3.12

Versicherung AG

Schaden-Nr./VS-Nr./Az.

Schaden vom

Lkw , amtl. Kennzeichen

Sehr geehrte Damen und Herren,

in vorbenannter Schadensache nehmen Sie unzutreffenderweise einen Haftungsausschluss nach § 828 Abs. 2 S. 1 BGB an. Zwar handelt es sich um einen Unfall, bei dem das Kraftfahrzeug unseres Mandanten beschädigt worden ist. Wir geben jedoch höflich zu bedenken, dass § 828 Abs. 2 BGB nach seinem Sinn und Zweck Minderjährige vor den Gefahren schützen will, die typischerweise vom motorisierten Verkehr ausgehen. Demzufolge entspricht es der höchstrichterlichen Rechtsprechung, dass ein Ausschluss der Verantwortlichkeit nur dann möglich ist, wenn sich im Unfall eine **typische Überforderungssituation** des Kindes **durch die spezifischen Gefahren des motorisierten Verkehrs realisiert** hat (BGH VersR 2007, 855; BGH NJW 2005, 354; BGH NJW-RR 2005, 327).

Hieran fehlt es aber vorliegend. Das Fahrzeug unseres Mandanten stand seit und stellte kein anderes Hindernis dar als beispielsweise eine Mauer oder ein Baum. Die spezifische Gefährlichkeit eines motorisierten Fahrzeugs liegt demgegenüber in seiner Fortbewegung und der damit verbundenen, für Kinder schwer einzuschätzenden Gefahr. Diese Gefahr hat sich vorliegend nicht realisiert. Vielmehr hat der BGH bereits entschieden, dass die o.g. Haftungsprivilegierung nicht eingreift, wenn ein Kind gegen ein ordnungsgemäß geparktes Fahrzeug fährt und dieses beschädigt (BGHZ 161, 180).

Wir haben Sie daher aufzufordern, den bereits bezifferten Schaden umgehend binnen zehn Tage bis zum

für Ihren Versicherungsnehmer auszugleichen. Sollte diese Frist erfolglos verstreichen, werden wir unserem Mandanten raten, umgehend Klage gegen Ihren Versicherungsnehmer zu erheben.

Mit freundlichen Grüßen

(Rechtsanwalt)

▲

38 OLG Düsseldorf, Urt. v. 15.2.2018 – 1 U 160/15 = NJW-RR 2018, 1039.

50 Gegen den privaten Haftpflichtversicherer besteht (anders als gegen den Kfz-Haftpflichtversicherer) grundsätzlich kein Direktanspruch, so dass eine Klage sich allein gegen den minderjährigen Schädiger, vertreten durch seine Eltern, zu richten hat.

3. Haftung des Aufsichtspflichtigen gem. § 832 BGB

51 Wer Minderjährigen oder sonstigen Personen gegenüber aufsichtspflichtig ist, hat in besonderem Maße dafür zu sorgen, dass die zu beaufsichtigenden Personen keine Schäden an geschützten Rechtsgütern Dritter verursachen. In der Praxis der Verkehrsunfallbearbeitung kommt es nicht selten zu Schäden, die durch minderjährige Radfahrer oder Passanten verursacht werden. Jeder dieser Schäden trägt per se die **Vermutung einer Aufsichtspflichtverletzung** in sich. Der Umfang der Aufsichtspflicht richtet sich nach Alter, Eigenart und Charakter des Kindes, nach der Voraussehbarkeit des schädigenden Verhaltens sowie danach, was den Eltern im konkreten Fall zugemutet werden kann.[39]

Die Haftung des Aufsichtspflichtigen ist in § 832 BGB geregelt und setzt voraus, dass ein Minderjähriger in rechtswidriger Weise einen Schaden verursacht und eine Aufsichtspflicht des Inanspruchgenommenen (sei es aus Vertrag oder Gesetz) besteht. Die Haftung entfällt nach § 832 S. 2 BGB, wenn der Aufsichtspflichtige sich dadurch von seinem vermuteten Verschulden exkulpieren kann, dass er seiner Aufsichtspflicht genüge getan hat bzw. der Schaden auch bei gehöriger Sorgfalt eingetreten wäre. Zu beachten ist, dass der nach der Gesetzesänderung erfolgte Haftungsausschluss des nicht zehn Jahre alten Kindes nach § 828 Abs. 2 BGB nicht zu einer Erweiterung und Verschärfung der Aufsichtspflicht der Eltern führt.[40] Diese Grundsätze verdeutlicht folgender Fall:

52 ▼

Muster 3.13: Schadenersatz von Minderjährigen und ihren Eltern

Herrn/Frau

Schaden vom

Pkw , amtl. Kennzeichen

Sehr geehrte Frau /sehr geehrter Herr ,

ich vertrete die Interessen des Herrn aus . Eine Kopie der auf mich lautenden Vollmacht füge ich in der Anlage bei.

Namens und in Vollmacht meines Mandanten mache ich gegen Ihr minderjähriges Kind wegen einer von ihm verursachten Sachbeschädigungen und gegen Sie wegen der Verletzung der Ihnen obliegenden Aufsichtspflicht Ansprüche auf Schadensersatz aus Anlass des Schadensereignisses vom geltend. Am Vorfallstage hatte mein Mandant seinen Pkw ordnungsgemäß in der -Straße abgestellt. Sodann . Dadurch entstand an dem Fahrzeug erheblicher Sachschaden. Ausweislich des in der Anlage beigefügten belaufen sich die voraussichtlichen Reparaturkosten zur Beseitigung des Schadens auf EUR.

39 BGH NJW 2013, 1441; BGH NJW 1993, 1003.
40 OLG Oldenburg VersR 2005, 807.

Der Schaden an dem Fahrzeug wurde von Ihrem Kind verursacht und verschuldet. Dieses haftet meinem Mandanten auf Schadensersatz gemäß § 823 Abs. 1 BGB. Der Eintrittspflicht steht nicht entgegen, dass das Kind zum Tatzeitpunkt erst Jahre alt und damit minderjährig war. In jedem Fall besaß es zum Tatzeitpunkt die zur Erkenntnis seiner Verantwortlichkeit erforderliche Einsicht.

Zugleich sind Sie als aufsichtspflichtige Person meinem Mandanten nach § 832 BGB aufgrund der verursachten Schäden ersatzpflichtig. Gem. § 832 Abs. 1 BGB besteht die Vermutung, dass der Eintritt des Schadens auf einer schuldhaften Verletzung der Ihnen obliegenden Aufsichtspflicht basiert. Gleichermaßen wird vermutet, dass zwischen der Verletzung der Aufsichtspflicht und dem Eintritt des Schadens ursächlicher Zusammenhang besteht. Es ist deshalb Ihre Aufgabe den Nachweis zu führen, dass der Schaden auch bei Beobachtung der gehörigen Sorgfalt eingetreten wäre. Dieser Nachweis ist nicht erbracht.

Sollten Sie über Versicherungsschutz in einer privaten Haftpflichtversicherung verfügen, bin ich gern bereit, die weitere Korrespondenz in der Schadensache unmittelbar mit Ihrem Haftpflichtversicherer zu führen. In diesem Fall bitte ich höflich um zeitnahe Benennung des betreffenden Versicherungsunternehmens sowie der Versicherungsscheinnummer. Hierfür habe ich mir eine Frist bis zum

(*10-Tages-Frist*)

notiert. Sollte ich von Ihnen innerhalb der vorgenannten Frist keine Rückantwort erhalten, gehe ich davon aus, dass die Ansprüche unmittelbar gegen Sie geltend gemacht und erforderlichenfalls zwangsweise durchgesetzt werden sollen.

Mit freundlichen Grüßen

(Rechtsanwalt)

▲

4. Haftung aus Billigkeitsgründen gem. § 829 BGB

Haftet beispielsweise ein Minderjähriger nach Maßgabe des § 828 BGB deshalb nicht, **53**
weil er bei der Begehung der Tat nicht die zur Erkenntnis der Verantwortlichkeit erforderliche Einsicht besitzt, heißt dies nicht, dass er in keinem Fall für den eingetretenen Schaden haftet. Der Schädiger kann u.U. Ansprüche aus Haftung nach Billigkeitsgrundsätzen gem. § 829 BGB geltend machen. Hierzu folgender Beispielsfall:

a) Fall

Die 70-jährige Mandantin A ist Opfer eines schweren Personenschadens. Sie ging am **54**
Schadenstag mit ihrem Hund einkaufen. Sie befand sich gerade auf dem Bürgersteig vor einem Warenhaus, als sich auf dem Bürgersteig der sechsjährige B auf seinem Fahrrad näherte. B wollte den Hund der A dadurch erschrecken, dass er möglichst nah an ihm vorbeifährt. Dabei verschätzte er sich jedoch und kollidierte mit A. Durch den Sturz erlitt A einen schweren Bruch des Hüftgelenks. Da A bereits zuvor diverse Hüftgelenksoperationen durchführen lassen musste, ist der nunmehr eingetretene Schaden irreparabel. A wird Zeit ihres Lebens an einen Rollstuhl gefesselt sein. B ist Sohn des sehr wohlhabenden Fabrikanten C. C verfügt über eine private Haftpflichtversicherung. Nachdem A

ihre Ansprüche auf Schadensersatz und Schmerzensgeld gegenüber dem Haftpflichtversicherer geltend gemacht hatte, lehnte dieser mit dem Argument ab, es bestehe keine Haftung, da B zum Schadenszeitpunkt nicht deliktsfähig war und seinen Eltern keine Verletzung der Aufsichtspflicht zur Last gelegt werden könne.

b) Muster: Billigkeitshaftung Nicht-Deliktsfähiger

55 ▼

Muster 3.14: Billigkeitshaftung Nicht-Deliktsfähiger

3.14

Versicherung AG

Schaden-Nr./VS-Nr./Az.

Schaden vom

Pkw , amtl. Kennzeichen

Sehr geehrte Damen und Herren,

in der im Betreff genannten Schadensache zeige ich an, dass mich Frau aus mit der Wahrnehmung ihrer Interessen beauftragt hat. Eine Kopie der auf mich lautenden Vollmacht füge ich in der Anlage bei.

Der schadenbegründende Sachverhalt ist Ihnen aufgrund der bislang mit meiner Mandantin geführten Korrespondenz bekannt. Danach erlitt meine Mandantin infolge des vom minderjährigen verursachten und verschuldeten Unfalls einen erheblichen Personenschaden. Der beim Sturz erlittene Hüftbruch ist irreparabel. Meine Mandantin wird Zeit ihres Lebens an den Rollstuhl gefesselt sein.

In Ihrem Schreiben vom lehnten Sie Ihre Eintrittspflicht ab. Nach eingehender Prüfung der hier interessierenden Fragen zur Sach- und Rechtslage vermag ich mich dem nicht anzuschließen.

Zwar trifft es durchaus zu, dass der zum Schadenszeitpunkt minderjährige Schadensverursacher mangels Deliktsfähigkeit gem. § 828 Abs. 1 BGB für den eingetretenen Schaden nicht haftet. Soweit Sie allerdings die Auffassung vertreten, den Eltern des könne keine Aufsichtspflichtverletzung gem. § 832 BGB zur Last gelegt werden, ist dies nach Maßgabe der in vergleichbaren Fällen ergangenen gerichtlichen Entscheidungen zumindest streitig. Insoweit haben sich Ihre Versicherungsnehmer von einem vermuteten Verschulden zu exkulpieren. Verbleibende Zweifel gehen dabei zu ihren Lasten.

Letztlich kann dies jedoch dahingestellt bleiben. In jedem Fall ist eine Ersatzpflicht aus Billigkeitsgründen gem. § 829 BGB geboten. Die dafür erforderlichen tatbestandlichen Voraussetzungen liegen vor. Zumindest nach der von Ihnen vertretenen Auffassung greift eine Ersatzpflicht der aufsichtspflichtigen Eltern nicht ein. Im Übrigen erfordert die Billigkeit unter Berücksichtigung der hier maßgeblichen Umstände eine Schadloshaltung meiner Mandantin. Grundsätzlich ist hierfür ein erhebliches wirtschaftliches Gefälle zwischen den Vermögensverhältnissen des Schädigers und des Geschädigten erforderlich (BGH, Urt. v. 29.11.2016 – VI ZR 606/15 – zfs 2017, 261; BGH NJW 1979, 2096). Überdies bedarf es eines erheblichen Gefälles im beiderseitigen und zum Schadenseintritt führenden Verschulden (BGH NJW 1969, 1762). Auch ist eine Billigkeitshaftung bei

Vorliegen weiterer Indizien umso eher anzunehmen, wenn der Schädiger durch eine Haftpflichtversicherung abgesichert ist (BGHZ 127, 186, 190 = BGH NJW 1995, 452; LG Mosbach NJW-RR 1986, 24).

Diese Voraussetzungen liegen hier vor. Meine Mandantin ist Rentnerin und lebt in wirtschaftlich einfachen Verhältnissen. Demgegenüber handelt es sich bei den Versicherten Ihres Haftpflichtversicherungsvertrags um eine sehr vermögende Fabrikantenfamilie, die zudem durch eine Haftpflichtversicherung abgesichert ist. Der Eintritt des Schadens wurde von meiner Mandantin nicht im Geringsten mitverschuldet. Alleiniger Verursacher des Unfalls war der minderjährige . Entsprechend seiner Einlassung hatte er versucht, den Hund meiner Mandantin dadurch zu erschrecken, dass er möglichst nah an diesem vorbeifährt. Dabei verschätzte er sich jedoch und es kam zur Kollision mit meiner Mandantin. Das Fehlverhalten des minderjährigen ist von einem erheblichen Maß an Rücksichtslosigkeit geprägt. Indem er möglichst nah an den Hund heranzufahren versuchte, hat er die Sorgfalt außer Acht gelassen, die sich jedem verständigen Menschen sofort aufgedrängt hätte und handelte mithin grob fahrlässig. Letztlich gebieten auch die besonders schweren Verletzungsfolgen eine Haftung nach Billigkeitsgrundsätzen gem. § 829 BGB.

Nach alledem haben wir Sie aufzufordern, Ihre Eintrittspflicht für den Schadensfall unverzüglich zu bestätigen und die nachfolgend bezifferten Schadenspositionen auszugleichen.

Mit freundlichen Grüßen

(Rechtsanwalt)

▲

Wann die Ersatzpflicht nach Billigkeitsgründen zu erfolgen hat, ist kaum schematisierbar. Fest steht in jedem Fall, dass der Ersatzanspruch ein **wirtschaftliches Gefälle** zwischen Schädiger und Geschädigtem zugunsten des Schädigers voraussetzt und eine Haftung nach § 829 BGB nur ausnahmsweise in Betracht kommt.[41] Dies gilt insbesondere nach der neu geschaffenen Vorschrift des § 828 Abs. 2 BGB, die einen umfassenden Schutz von Kindern im Straßenverkehr bezweckt und die nicht über eine Haftung aus § 829 BGB umgangen werden darf. Bei der Abwägung aller Umstände kann auch das Bestehen einer Haftpflichtversicherung auf Seiten des Schädigers eine gewichtige Rolle spielen.[42] Als alleiniges Kriterium zur Annahme einer Billigkeitshaftung genügt dies jedoch nicht.[43] Auch ist grundsätzlich zwischen dem Bestehen einer Pflichthaftpflichtversicherung und einer freiwilligen Haftpflichtversicherung zu unterscheiden. Letztere rechtfertigt eine Durchbrechung des Trennungsprinzips grundsätzlich nicht und kann daher auch im Rahmen des § 829 BGB nicht anspruchsbegründend wirken.[44] 56

41 BGH, Urt. v. 29.11.2016 – VI ZR 606/15 – zfs 2017, 261.
42 BGHZ 127, 186, 190 = BGH NJW 1995, 452; LG Mosbach NJW-RR 1986, 24.
43 BGH, Urt. v. 11.10.1994 – VI ZR 303/93 – juris; LG Heilbronn NJW 2004, 2391.
44 BGH, Urt. v. 29.11.2016 – VI ZR 606/15 – juris; LG Wuppertal, Urt. v. 1.10.2015 – 9 S 114/15 – juris.

V. Haftung gem. § 839 BGB, Art. 34 GG

57 Die Haftung öffentlich-rechtlicher Körperschaften und Beamter bzw. vergleichbarer Personen ist je nach Charakter der Fahrt unterschiedlich. Ebenso wie jeder andere Verkehrsteilnehmer können auch Körperschaften des öffentlichen Rechts im Fall eines Verkehrsunfalls unter Beteiligung eines ihrer Fahrzeuge sowohl aus Gefährdungs- als auch aus Verschuldenshaftung haften. Für die Halterhaftung gem. § 7 Abs. 1 StVG bestehen insoweit keine Besonderheiten.

Im Bereich der Verschuldenshaftung ist allerdings der Sondertatbestand des § 839 BGB zu beachten. **§ 839 Abs. 1 S. 2 BGB** enthält ein sog. **Verweisungsprivileg**. Danach besteht – vorausgesetzt es liegt eine schuldhafte unerlaubte Handlung des Beamten vor – nur dann eine Haftung, wenn der Geschädigte keine anderweitige Ersatzmöglichkeit besitzt. Dies bedeutet, dass dem Wortlaut nach grundsätzlich eine Haftung der öffentlich-rechtlichen Körperschaft bei Bestehen einer Kfz-Haftpflichtversicherung aus § 839 BGB ausscheiden müsste.

Das **Verweisungsprivileg** gilt **jedoch nicht**, wenn der Schadeneintritt bei der Teilnahme am allgemeinen Verkehr stattfand.[45] Das ist immer dann der Fall, wenn sich die Teilnahme am Straßenverkehr durch den Beamten nicht von anderen Verkehrsteilnehmern unterscheidet. In diesen Fällen ist eine Privilegierung der Körperschaft gegenüber anderen Verkehrsteilnehmern nicht gerechtfertigt. Im Übrigen bleibt eine Haftung aus § 7 StVG von diesem Verweisungsprivileg unberührt.

58 Der Begriff des Beamten ist aufgrund der Wertung des Art. 34 GG weit zu verstehen. Hierunter wird jede Person verstanden, die vom Staat mit den Befugnissen zur Ausübung öffentlicher Gewalt ausgestattet ist.

Ein Verschulden folgt i.d.R. aus einem Verstoß gegen die betroffenen Vorschriften der StVO. Hierbei ist zu berücksichtigen, dass bestimmte Stellen (insbesondere Polizei und Rettungsdienst) nach § 35 StVO mit Sonderrechten ausgestattet sind und unter bestimmten Voraussetzungen ein Vorrangrecht genießen. Gegenüber diesen Fahrzeugen behält der Vorfahrtsberechtigte zwar grundsätzlich sein Vorfahrtsrecht. Dieses tritt jedoch zurück (= dem Einsatzfahrzeug ist ein Vorrangrecht zur „Missachtung der Vorfahrt" einzuräumen), wenn alle vorgeschriebenen Einsatzsignale (i.d.R. Blaulicht und Martinshorn) eingeschaltet sind. Der Fahrer des Fahrzeugs mit Sonderrechten darf sich nur unter besonderer Sorgfalt über das bestehende Vorfahrtsrecht anderer Verkehrsteilnehmer hinwegsetzen und muss sich insbesondere vergewissern, dass andere Verkehrsteilnehmer seine Einsatzsignale auch wahrgenommen haben.

59 In Fällen dieser Art haftet allein die Anstellungskörperschaft des Beamten grundsätzlich allein. Es darf also keinesfalls der Beamte unmittelbar verklagt werden, auch wenn dies mit unangenehmen Beweisproblemen verbunden sein kann. Schließlich steht der Gegenseite in diesen Fällen der den Unfall verursachende Beamte weiterhin als Zeuge

45 BGH VersR 1977, 541; KG zfs 2007, 260.

zur Verfügung. Eine gemeinsame Haftung ist nur in wenigen und eng umgrenzten Ausnahmefällen anerkannt, in denen der Beamte vorsätzlich gehandelt hat.

Ferner ist zu beachten, dass Gemeinden mit über 100.000 Einwohnern von der Pflicht zum Abschluss einer Kfz-Haftpflichtversicherung befreit sind. In diesen Fällen besteht kein Direktanspruch gegen den Kfz-Haftpflichtversicherer nach § 115 Abs. 1 Nr. 1 VVG, sondern der Anspruch muss allein gegen die betreffende öffentlich-rechtliche Körperschaft gerichtet werden. 60

Ein Sonderfall liegt bei Unfällen unter Einsatz von Sonderrechtsmitteln vor. Bei derartigen Schäden greift das Verweisungsprivileg wieder ein. Hierbei handelt es sich um Verkehrsunfälle, an denen Fahrzeuge der Polizei, der Feuerwehr und sonstiger Träger hoheitlicher Gewalt beteiligt sind und bei denen der Schadeneintritt unter Einsatz von Sonderrechten gem. § 35 StVO erfolgt. Die Abwägung der Haftung der am Unfall beteiligten Verkehrsteilnehmer bereitet in derartigen Fällen häufig Schwierigkeiten. 61

VI. Checkliste: Anspruchsgrundlagen nach BGB

- Grundsätzlich erfordert die Haftung nach Deliktsrecht Verschulden. Die Bedeutung der Haftung eines Fahrers/Halters eines Kfz aus Deliktsrecht ist nach der Erweiterung des § 253 Abs. 2 BGB aber gering, da nunmehr auch aus der Gefährdungshaftung des § 7 StVG ein Schmerzensgeld gefordert werden kann. 62
- Bei einem Unfall trifft in erster Linie den Fahrer ein etwaiger Verschuldensvorwurf. Im Hinblick auf eine deliktsrechtliche Haftung ist daneben zu prüfen, ob den Halter eines Kfz der Vorwurf eines Mitverschuldens trifft (z.B., weil er schuldhaft Mängel am Kfz verursacht bzw. nicht behoben hat).
- Die Tierhalterhaftung nach § 833 BGB ist grundsätzlich Gefährdungshaftung und stellt eine Ausnahme vom Verschuldensprinzip dar. Diese Gefährdungshaftung gilt nur für „Luxustiere". Für „Nutztiere" gilt eine Verschuldensvermutung mit Exkulpationsmöglichkeit.
- Werden Schäden im Straßenverkehr durch Passanten/Fahrradfahrer/Kinder verursacht, können Ansprüche nur aus den §§ 823 ff. BGB hergeleitet werden.
- Kinder haften bis zum siebten Lebensjahr überhaupt nicht und anschließend nur beschränkt.
- Minderjährige zwischen dem siebten und zehnten Lebensjahr haften bei Unfällen mit Kraftfahrzeugen nach § 828 Abs. 2 BGB grundsätzlich nicht, es sei denn, der Geschädigte weist nach, dass sich bei dem Unfall keine typische Gefahr des motorisierten Verkehrs realisiert hat bzw. eine vorsätzliche Schädigung vorliegt.
- Minderjährige haften daneben nach § 828 Abs. 3 BGB dann nicht, wenn sie zum Schadenszeitpunkt nicht die erforderliche Einsicht hatten. Ihre Einsichtsfähigkeit wird dabei vermutet.
- Werden Schäden durch Minderjährige verursacht, ist stets die Haftung des oder der Aufsichtspflichtigen zu prüfen.

- Scheidet eine Haftung Minderjähriger oder Schuldunfähiger aus, ist stets zu prüfen, ob eine Haftung aus Billigkeitsgründen gem. § 829 BGB in Betracht kommt.
- Kommt es zu einem Unfall mit einem Dienstfahrzeug der öffentlichen Verwaltung, ist § 839 BGB zu beachten.

D. Direktanspruch gem. § 115 Abs. 1 Nr. 1 VVG

I. Übersicht

63 Von zentraler Bedeutung für die Verkehrsunfallbearbeitung ist der aus § 115 Abs. 1 Nr. 1 VVG resultierende **Direktanspruch** des Geschädigten gegen den Kfz-Haftpflichtversicherer des gegnerischen Unfallfahrzeugs. Danach haftet der Kfz-Haftpflichtversicherer dem Geschädigten in demselben Maße wie die Versicherten seines Vertrags. Anders als bei allgemeinen Haftpflichtversicherungsverträgen kann der Geschädigte den Kfz-Haftpflichtversicherer unmittelbar auf Schadensersatz in Anspruch nehmen und erforderlichenfalls auch verklagen.

Der Kfz-Haftpflichtversicherer haftet neben der versicherten Person nach § 115 Abs. 1 Nr. 4 VVG als Gesamtschuldner im Wege des gesetzlichen Schuldbeitritts. Hiervon streng zu trennen ist aber ein Gesamtschuldverhältnis zwischen mehreren Schädigern (§§ 7, 18 StVG i.V.m. § 840 BGB), von denen jede versicherte Person in einer anderen Kfz-Haftpflichtversicherung ist. Der Kfz-Haftpflichtversicherer wird in ein Gesamtschuldverhältnis zwischen den unterschiedlichen Schädigern nicht mit einbezogen.[46]

64 Wichtig ist, dass sich der Direktanspruch **ausschließlich auf die Kraftfahrzeug-Haftpflichtversicherung** beschränkt. Dazu gehört auch die Pflichtversicherung für einen E-Scooter, solange dieser die gesetzlichen Vorgaben für eine Zulassung einhält – auch wenn diesem keine eigene Betriebsgefahr innewohnt. Für private Haftpflichtversicherer gilt die Regelung des § 115 Abs. 1 Nr. 1, 4 VVG hingegen nicht. Die durch ein Tier, einen Fahrradfahrer oder einen Passanten verursachten Schäden begründen grundsätzlich keinen Direktanspruch gegen einen Privat-Haftpflichtversicherer des Schädigers.

Dennoch kommt es nicht selten vor, dass Direktklagen gegen Privathaftpflichtversicherer eingereicht und sodann mangels Passivlegitimation auf kurzem Wege abgewiesen werden. Dass derartige Klagen überhaupt anhängig gemacht werden, ist darauf zurückzuführen, dass die vorprozessuale Regulierung eines von einem Tier, einem Fahrradfahrer oder einem Passanten verursachten Schadens in aller Regel über einen privaten Haftpflichtversicherer abgewickelt wird. Auch wenn der Versicherer dabei in die Regulierung eintritt, ändert dies nichts an der Tatsache, dass weiterhin der Tierhalter, Fahrradfahrer bzw. Passant alleiniger Anspruchsgegner bleibt.

65 Das System der Pflichtversicherung bietet eine sehr weitgehende Gewähr dafür, dass für jedes im öffentlichen Straßenverkehr geführte Kraftfahrzeug Versicherungsschutz in

46 BGH VersR 1981, 134; OLG Karlsruhe VersR 1986, 155.

einer Kfz-Haftpflichtversicherung besteht. Sinn und Zweck dieser Regelung ist es, der sehr weit reichenden Haftung aus verschuldensabhängigen und verschuldensunabhängigen Anspruchsgrundlagen einen solventen Anspruchsgegner zur Verfügung zu stellen. Auf den Umfang der Eintrittspflicht des Versicherers im Rahmen des Direktanspruchs übt das Innenverhältnis zwischen dem Versicherer und seinem Versicherungsnehmer grundsätzlich keinen Einfluss aus. Sollte der Versicherungsnehmer versicherungsvertragliche Verpflichtungen gegenüber dem Versicherer verletzen, die den Versicherer zur Kündigung des Versicherungsvertrags berechtigen, ändert dies zumindest für einen bestimmten Zeitraum nichts an der grundsätzlichen Verpflichtung des Versicherers, den Versicherungsnehmer im Außenverhältnis von berechtigten Schadensersatzansprüchen Dritter freizustellen.

II. Nachhaftung

Die Haftung des Versicherers ist jedoch auch im Außenverhältnis nicht grenzenlos. Hat 66
der Versicherer den Versicherungsvertrag z.B. wegen Prämienverzuges des Versicherungsnehmers wirksam gekündigt, haftet er gem. § 117 VVG auch im Außenverhältnis nur noch bis zum Ablauf einer **Frist von einem Monat** nach der Mitteilung der Beendigung des Versicherungsverhältnisses gegenüber „der hierfür zuständigen Stelle“, also der Straßenverkehrsbehörde.

▼ 67

Muster 3.15: Eintrittspflicht trotz Vertragskündigung

Versicherung AG 3.15

Schaden-Nr./VS-Nr./Az.

Schaden vom

Pkw , amtl. Kennzeichen

Sehr geehrte Damen und Herren,

in der im Betreff genannten Schadensache komme ich zurück auf Ihr Schreiben vom . Darin lehnen Sie Ihre Eintrittspflicht mit der Begründung ab, der Vertrag mit dem Versicherungsnehmer sei bereits vor dem Schadensereignis wirksam gekündigt worden.

Entgegen der von Ihnen vertretenen Auffassung vermag Ihr bisheriger Tatsachenvortrag Ihre Eintrittspflicht nicht ohne weiteres zu beseitigen. Unstreitig gewährten Sie für das unfallverursachende Fahrzeug Versicherungsschutz. Demgemäß haften Sie grundsätzlich gem. § 115 Abs. 1 Nr. 1 VVG. Der Direktanspruch wird nur unter den Voraussetzungen des § 117 Abs. 2 VVG beseitigt. Um sich hierauf berufen zu können, ist von Ihnen nachzuweisen, dass Sie den Versicherungsvertrag gegenüber dem Versicherungsnehmer wirksam gekündigt und die Beendigung des Versicherungsvertrags der zuständigen Straßenverkehrsbehörde wirksam mitgeteilt haben. Auch nach der Mitteilung besteht Ihre Haftung im Außenverhältnis für die Dauer eines weiteren Monats fort. Erst nach Ablauf der

Monatsfrist können Sie sich im Verhältnis zu meinem Mandanten auf Ihre Leistungsfreiheit berufen.

Danach bitte ich höflich um die Vorlage der Nachweise für Ihre behauptete Leistungsfreiheit bis zum

(10-Tagesfrist)

Nach fruchtlosem Fristablauf gehe ich davon aus, dass der Direktanspruch weiterhin besteht.

Mit freundlichen Grüßen

(Rechtsanwalt)

▲

III. Haftungsausschluss bei vorsätzlicher und widerrechtlicher Schadensherbeiführung

68 Jeder Haftpflichtversicherungsvertrag dient dazu, den Versicherungsnehmer vom Risiko eines zwar fahrlässig verursachten, aber letztlich zufälligen Schadenseintritts zu befreien. Diesem Sinn und Zweck liefe es zuwider, wenn der Versicherungsnehmer gezielt und beabsichtigt einem Dritten einen Schaden zufügen und dies dennoch auf die Gemeinschaft der Versicherten abwälzen könnte. Vorsätzlich herbeigeführte Schadensfälle werden deshalb von Haftpflichtversicherungsverträgen nicht gedeckt. Dieser Grundsatz gilt auch für den Bereich der Pflichtversicherung. Die Einzelheiten hierzu regelt § 103 VVG Erfolgt eine **vorsätzliche und widerrechtliche** Herbeiführung des Verkehrsunfalls, wobei der **Vorsatz alle entstandenen Schäden umfasst**, wirkt sich der subjektive Risikoausschluss nach § 103 VVG auch auf die Haftung des Versicherers nach § 115 Abs. 1 Nr. 1, 4 VVG aus: Obwohl nach dem Wortlaut des § 117 Abs. 1 VVG an sich eine Haftung des Kfz-Haftpflichtversicherers im Außenverhältnis bestehen müsste, besteht nach Sinn und Zweck der betroffenen Vorschriften in diesen Fällen kein Durchgriffsanspruch gegen den Versicherer.[47]

Beruft sich ein Kfz-Haftpflichtversicherer auf Leistungsfreiheit wegen Vorsatzes, muss dies aber für jede Person geprüft werden, für die der Versicherer Versicherungsschutz zu gewähren hat. Die Leistungsfreiheit des Versicherers ist für jede versicherte Person im Innen- wie im Außenverhältnis gleichermaßen gesondert zu prüfen. Handelte der Fahrer, nicht aber der Halter bzw. Versicherungsnehmer vorsätzlich und rechtswidrig, so kann sich der Versicherer nicht auf eine Leistungsfreiheit nach § 103 VVG berufen.[48] Bei einer vorsätzlichen Schädigung im Rahmen einer sog. Schwarzfahrt ist zudem ein möglicher Haftungsausschluss zugunsten des Halters und damit der Versicherung nach § 7 Abs. 3 StVG zu berücksichtigen.

47 BGH VersR 1971, 239; BGH VersR 1990, 888; OLG Nürnberg, Urt. v. 7.6.2011 – 3 U 188/11 = zfs 2011, 554; OLG Celle, Urt. v. 30.6.2010 – 14 U 6/10 – juris.

48 BGH NJW 1981, 113; BGH VersR 1971, 239; OLG Köln VersR 1982, 383; OLG Hamm NZV 1993, 68; OLG Nürnberg, Urt. v. 7.6.2011 – 3 U 188/11 – juris.

▼

Muster 3.16: Kein Haftungsausschluss trotz vorsätzlicher, widerrechtlicher Schadensherbeiführung bei Personenverschiedenheit 69

3.16

Versicherung AG

Schaden-Nr./VS-Nr./Az.

Schaden vom

Pkw , amtl. Kennzeichen

Sehr geehrte Damen und Herren,

ich komme zurück auf die im Betreff genannte Schadensache. Durch Schreiben vom lehnten Sie Ihre Eintrittspflicht für das Schadensereignis mit der Begründung ab, ein Direktanspruch scheide wegen vorsätzlicher Herbeiführung des Versicherungsfalls durch den Fahrer aus. Nach eingehender Prüfung der Sach- und Rechtslage vermag ich mich hiermit nicht einverstanden zu erklären.

In der Kfz-Haftpflichtversicherung führt eine vorsätzliche Herbeiführung des Versicherungsfalles jedoch nur in den Fällen zur Leistungsfreiheit des Haftpflichtversicherers, in denen der Schaden durch sämtliche mitversicherten Personen, für die bedingungsgemäß Versicherungsschutz zu gewähren ist, vorsätzlich herbeigeführt wurde. Dies ist hier gerade nicht der Fall. Insoweit kann dahinstehen, ob der Fahrer tatsächlich vorsätzlich gehandelt und den Schaden zumindest billigend in Kauf genommen hat. Darüber hinaus besitzt mein Mandant jedoch einen Anspruch auf Schadensersatz gegenüber dem Halter des Kraftfahrzeugs gem. § 7 Abs. 1 StVG. Halter des Kraftfahrzeugs ist . Gem. der dem Vertrag zugrunde liegenden AKB ist der Halter des versicherten Fahrzeugs mitversicherte Person des Versicherungsvertrags. Hinsichtlich des Halters mag hingegen keine Leistungsfreiheit wegen vorsätzlicher Herbeiführung des Versicherungsfalls bestehen. Ein möglicher Haftungsausschluss wegen Vorsatz im Hinblick auf den Fahrer als mitversicherte Person berührt den daneben bestehenden Anspruch gegen den Halter/Versicherungsnehmer nach ständiger höchstrichterlicher Rechtsprechung nicht (vgl. BGH NJW 1981, 113; BGH VersR 1971, 239; OLG Köln VersR 1982, 383). Demgemäß sind Sie meinem Mandanten weiterhin in dem Maße eintrittspflichtig, in dem Sie den Halter von den berechtigten Ansprüchen meines Mandanten freizustellen haben.

Danach habe ich Sie aufzufordern, die mit Schreiben vom bezifferten Ansprüche auf Schadensersatz in Höhe von EUR unverzüglich, spätestens jedoch bis zum

(*10-Tages-Frist*)

auf das Ihnen bekannte Konto meines Mandanten auszugleichen. Nach fruchtlosem Fristablauf werde ich meinem Mandanten empfehlen, die Angelegenheit einer gerichtlichen Klärung zuzuführen.

Mit freundlichen Grüßen

(Rechtsanwalt)

▲

IV. Träger der Pflichtversicherung

70 Träger der gem. § 1 PflVG abzuschließenden Pflichtversicherung sind grundsätzlich **privatrechtlich organisierte Haftpflichtversicherer**. Gem. § 2 Abs. 1 PflVG werden von der Versicherungspflicht bestimmte Körperschaften des öffentlichen Rechts ausgenommen. Es handelt sich hierbei in erster Linie um den Bund, die Länder und die Gemeinden. Gem. § 2 Abs. 2 PflVG werden diejenigen Körperschaften, die gem. § 2 Abs. 1 PflVG von der Pflichtversicherung ausgenommen sind, entsprechenden Versicherungsschutz auf anderem Wege zur Verfügung stellen. Es handelt sich dabei um sog. **Eigenversicherer**. In der Praxis der Verkehrsunfallbearbeitung hat dies zur Folge, dass Ansprüche aus Verkehrsunfällen, die beispielsweise durch polizeiliche Einsatzfahrzeuge verursacht wurden, unmittelbar gegenüber der betreffenden Körperschaft des öffentlichen Rechts geltend zu machen sind. Einzelne Körperschaften sind überdies dem sog. kommunalen Schadensausgleich angeschlossen. Vor der Geltendmachung derartiger Ansprüche empfiehlt es sich deshalb, telefonisch abzuklären, welche Einrichtung für die Abwicklung der Schadensache zuständig ist. Gegen „Eigenversicherer" besteht kein Direktanspruch. Eine Klage kann deshalb nur unmittelbar gegen den Halter und gegebenenfalls gegen den Fahrer gerichtet werden. Bei der Haftung des Fahrers ist allerdings das Verweisungsprivileg des § 839 Abs. 1 S. 2 BGB zu beachten.

V. „Krankes Versicherungsverhältnis"

71 Ein „krankes Versicherungsverhältnis" liegt vor, wenn der Kfz-Haftpflichtversicherer im Innenverhältnis gegenüber seinem Versicherungsnehmer bzw. den mitversicherten Personen des Versicherungsvertrags leistungsfrei ist, im Außenverhältnis jedoch gegenüber dem geschädigten Dritten aufgrund des Direktanspruchs gem. § 115 Abs. 1 Nr. 1 VVG weiterhin zur Leistung verpflichtet bleibt. Die Einzelheiten hierzu regelt § 117 VVG. Grund für die Leistungsfreiheit des Versicherers gegenüber seinem Versicherungsnehmer bzw. den versicherten Personen kann sein, dass sich der Versicherungsnehmer mit dem Ausgleich der Versicherungsprämie im Verzug befindet, sein Verhalten eine Gefahrerhöhung gem. §§ 23 ff. VVG, eine Obliegenheitsverletzung vor oder nach dem Versicherungsfall begründet.

72 Beruft sich ein Kfz-Haftpflichtversicherer berechtigterweise auf das Vorliegen eines „kranken Versicherungsverhältnisses", ist zunächst zu beachten, dass sich dessen Haftung i.d.R. nur auf die Mindestversicherungssummen beschränkt (§ 117 Abs. 3 S. 1 VVG) Im Fall des Prämienverzugs, der Nachhaftung und der Gefahrerhöhung liegt in jedem Fall eine solche Beschränkung vor. Im Fall einer Obliegenheitsverletzung kann in den Versicherungsbedingungen in zulässiger Weise der Direktanspruch des Geschädigten auf die Mindestversicherungssumme beschränkt werden.

Weitaus größere praktische Bedeutung hat die Tatsache, dass der Kfz-Haftpflichtversicherer in Fällen dieser Art nur noch **subsidiär** haftet. Gem. § 117 Abs. 3 VVG scheidet eine Inanspruchnahme des Kfz-Haftpflichtversicherers durch den Geschädigten aus, soweit dieser bei einem anderen Schadenversicherer (insbesondere: Vollkaskoversicherer) oder Sozialversicherungsträger anderweitigen Ersatz zu erlangen vermag. Dieses Verweisungsprivileg besteht jedoch nicht, wenn die Leistungsfreiheit des Kfz-Haftpflichtversicherers darauf beruht, dass ein unberechtigter Fahrer bzw. Fahrer ohne Fahrerlaubnis das Fahrzeug geführt hat bzw. das Fahrzeug nicht den Betriebsvorschriften der StVZO entsprach. Es scheidet ferner in bestimmten Fällen aus, in denen die Kfz-Haftpflichtversicherung den Fahrzeughalter in Regress nehmen kann. Treffen eine Obliegenheitsverletzung in Form eines Fahrens ohne Fahrerlaubnis bzw. einer unberechtigten Fahrt mit einer Obliegenheitsverletzung in Form einer Trunkenheitsfahrt zusammen, kann sich der Versicherer weiterhin auf eine subsidiäre Haftung nach § 117 Abs. 3 VVG berufen.[49] Allerdings ist zu beachten, dass ein Großteil der Kraftfahrzeughaftpflichtversicherer ein gegenseitiges Abkommen unterzeichnet haben, wonach gegenseitig auf eine solche Verweisung verzichtet wird. Dies ist in Absprache mit den beteiligten Versicherern, d.h. der eigenen Kaskoversicherung und der Kfz-Haftpflichtversicherung des Unfallgegners zu klären.

Beruft sich ein Kfz-Haftpflichtversicherer wirksam auf das Vorliegen eines kranken **73** Versicherungsverhältnisses, muss der Geschädigte grundsätzlich seinen Fahrzeugschaden bei seinem Vollkaskoversicherer geltend machen, wenn er über entsprechenden Versicherungsschutz verfügt, es sei denn, zwischen den beiden beteiligten Versicherern besteht ein gegenseitiger Verzicht auf eine solche Verweisung. Eine solche Inanspruchnahme führt jedoch nicht zwingend zur Rückstufung in der Vollkaskoversicherung. Sie bewirkt allein, dass der Vollkaskoversicherer in Höhe seiner Aufwendungen beim Versicherungsnehmer des Kfz-Haftpflichtversicherers Regress nehmen kann. Die Höhe dieses Regressanspruchs hängt wiederum von den Umständen der Schadensverursachung und den u.U. zwischen den Versicherern zur Regulierung derartiger Ansprüche getroffenen Vereinbarungen ab.

VI. Checkliste bzgl. des Direktanspruches gegen den Kfz-Haftpflichtversicherer

- Zentrale Anspruchsgrundlage der Unfallbearbeitung ist § 115 Nr. 1 VVG und der dort **74** geregelte Direktanspruch des Geschädigten gegen den Kfz-Haftpflichtversicherer.
- Der Kfz-Haftpflichtversicherer haftet in dem Umfang, wie die Versicherten seines Vertrags (Fahrer, Halter etc.) haften. Der Kfz-Haftpflichtversicherer ist jedoch nur im Verhältnis zu der bei ihm versicherten Person Gesamtschuldner, wenn Ansprüche des Geschädigten geltend gemacht werden.
- Für Privathaftpflichtversicherer existiert grundsätzlich kein Direktanspruch. Hier muss – von Ausnahmefällen abgesehen – unmittelbar der Schädiger verklagt werden.

49 OLG Hamm VersR 2000, 1139; OLG Stuttgart NJW-RR 2001, 965.

- Der Direktanspruch wird grundsätzlich nicht dadurch beeinträchtigt, dass der Versicherungsnehmer Pflichten gegenüber dem Versicherer verletzt. Im Fall eines „kranken“ Versicherungsverhältnisses kann die Haftung des Versicherers gegenüber dem Geschädigten ausscheiden, wenn dieser bei einem anderen Schadenversicherer oder Sozialversicherungsträger anderweitigen Ersatz zu erlangen vermag.
- Der Kfz-Haftpflichtversicherer haftet im Außenverhältnis bis zum Ablauf der Nachhaftung.
- Der Direktanspruch ist ausnahmsweise nach § 103 VVG ausgeschlossen, wenn der Schaden vorsätzlich und widerrechtlich verursacht wird. Dies ist aber für jede versicherte Person gesondert zu prüfen.
- Träger der Pflichtversicherung sind in der Regel private Kfz-Haftpflichtversicherer. Insbesondere Körperschaften können „Eigenversicherer“ sein, welche die Schäden eigenständig abwickeln. Gegen „Eigenversicherer“ besteht kein Direktanspruch.
- Steht dem Geschädigten kein Kfz-Haftpflichtversicherer zur Verfügung oder scheidet dessen Haftung aus, können u.U. Ansprüche gegen die Verkehrsopferhilfe e.V. in Hamburg geltend gemacht werden.

E. Ansprüche gegen die Verkehrsopferhilfe gem. §§ 12 ff. PflVG

75 Das System der Pflichtversicherung nach dem Pflichtversicherungsgesetz (PflVG) bietet einen weitgehenden Schutz des Geschädigten. Der Schutz ist jedoch nicht lückenlos. In folgenden Fällen steht **kein Kfz-Haftpflichtversicherer** zur Verfügung, der auf Ausgleich des eingetretenen Unfallschadens in Anspruch genommen werden kann:

- Das den Unfall verursachende Fahrzeug ist nicht zu ermitteln, da Verkehrsunfallflucht begangen wurde.
- Das den Unfall verursachende Fahrzeug wurde pflichtwidrigerweise nicht Kfz-haftpflichtversichert bzw. es besteht hierfür eine im Gesetz vorgesehene Ausnahme von der Versicherungspflicht.
- Trotz bestehenden Versicherungsschutzes ist der Versicherer leistungsfrei, da der Schaden vorsätzlich herbeigeführt wurde (§ 152 VVG).
- Der eintrittspflichtige Kfz-Haftpflichtversicherer kann wegen Zahlungsunfähigkeit nicht leisten.

In diesen Fällen besteht für den Geschädigten die Möglichkeit, seine Ersatzansprüche gegen den „**Entschädigungsfonds für Schäden aus Kraftfahrzeugunfällen**“ geltend zu machen. Rechtsgrundlage für den Entschädigungsfonds ist **§ 12 PflVG**. Die Stellung des Entschädigungsfonds wurde durch die Verordnung über den Entschädigungsfonds für Schäden aus Kraftfahrzeugunfällen[50] dem rechtsfähigen Verein „Verkehrsopferhilfe“ in Berlin zugewiesen.

50 BGBl I 1965, S. 2093.

Der Entschädigungsfonds wird aus Beiträgen aller Kfz-Haftpflichtversicherer gespeist. Ansprüche sind zu richten gegen den Verein Verkehrsopferhilfe e.V., Wilhelmstr. 43/43G, 10117 Berlin, Telefon: (030) 20 20 5858, Telefax: (030) 20 20 5722, *www.verkehrsopferhilfe.de*.

Bevor die Verkehrsopferhilfe in Anspruch genommen werden kann, ist zu prüfen, ob der Geschädigte anderweitige Ersatzmöglichkeiten besitzt. Der Verein leistet keinen Ersatz, wenn die entstandenen Schäden z.B. durch Leistungen aus der Kasko- oder der Sozialversicherung ersetzt werden können. 76

▼ 77

Muster 3.17: Ansprüche gegen die Verkehrsopferhilfe e.V.

3.17

Verein Verkehrsopferhilfe e.V., Wilhelmstr. 43/43G, 10117 Berlin

Schaden vom

Pkw , amtl. Kennzeichen

Sehr geehrte Damen und Herren,

Herr aus beauftragte mich mit der Wahrnehmung seiner Interessen. Eine Kopie der auf mich lautenden Vollmacht füge ich in der Anlage bei.

Namens und in Vollmacht meines Mandanten mache ich Ansprüche auf Leistungen aus dem Entschädigungsfonds für Schäden aus Kraftfahrzeugunfällen vom 14.12.1965 aus Anlass eines Verkehrsunfallschadens vom geltend. Der Schaden ereignete sich wie folgt:

Infolge des Schadensereignisses erlitt mein Mandant u.a. einen schwerwiegenden Fahrzeugschaden. Näheres hierzu entnehmen Sie bitte dem in der Anlage beigefügten Gutachten des Sachverständigen . Mein Mandant verfügt über keinen Versicherungsschutz in einer Fahrzeugversicherung.

Darüber hinaus erlitt mein Mandant einen erheblichen Personenschaden. Näheres hierzu entnehmen Sie bitte dem in der Anlage beigefügten Arztbericht des Herrn Dr. . Nach Maßgabe dieser Unterlagen beziffere ich den Schaden meines Mandanten wie folgt:

Abschließend bitte ich höflich um zeitnahe Bestätigung Ihrer Eintrittspflicht sowie um den Ausgleich der bezifferten Schadenspositionen. Hierfür habe ich mir vorsorglich eine Frist bis zum

(2-Wochen-Frist)

notiert.

Mit freundlichen Grüßen

(Rechtsanwalt)

▲

78 Der **Umfang der Leistungen** des Vereins Verkehrsopferhilfe e.V. ergibt sich aus § 12 Abs. 2 PflVG. Danach besteht in den Fällen der Verkehrsunfallflucht nach § 12 Abs. 1 Nr. 1 PflVG lediglich ein sehr begrenzter Anspruch auf Schadensersatz:

- Der Ersatz des Sachschadens am Fahrzeug ist von vornherein ausgeschlossen, es sei denn, wenn der Entschädigungsfonds zugleich zum Ersatz eines erheblichen Personenschadens eines Insassen verpflichtet ist.
- Sonstige Sachschäden werden nur ersetzt, wenn sie über einen Betrag von 500 EUR hinausgehen.
- Ansprüche nach § 253 Abs. 2 BGB können nur geltend gemacht werden, wenn und soweit die Leistung einer Entschädigung wegen der besonderen Schwere der Verletzung zur Vermeidung einer groben Unbilligkeit erforderlich ist.

F. Anspruchsgrundlagen nach dem HPflG

79 Kommt es im öffentlichen Straßenverkehr zu einem Verkehrsunfall mit Beteiligung einer Eisen-, Straßen-, Stadt-, Untergrund- oder Schwebebahn usw., finden die bislang dargelegten Grundsätze zumindest teilweise keine Anwendung. § 7 Abs. 1 StVG setzt den Betrieb eines Kraftfahrzeugs voraus. Auch wenn eine Straßenbahn nicht mit Muskel-, sondern mit Maschinenkraft betrieben wird, handelt es sich dabei nicht um ein „Kraftfahrzeug“ in diesem Sinne. Die Einzelheiten hierzu regelt § 1 Abs. 2 StVG. Danach gelten als Kraftfahrzeuge im Sinne des StVG nur Landfahrzeuge, die mit Maschinenkraft bewegt werden, sofern sie nicht an Bahngleise gebunden sind.

Auf Fälle dieser Art ist vielmehr das **Haftpflichtgesetz (HPflG)** anwendbar. Dieses Gesetz bildet das Pendant zur StVG-Haftung für „Kraftfahrzeuge“, die an Bahngleise gebunden sind.

80 § 1 HPflG begründet u.a. die Gefährdungshaftung des Betriebsunternehmers einer **Schienen- oder Schwebebahn**. Der Anspruch setzt ebenso wie § 7 StVG den Betrieb der für die Allgemeinheit gefährlichen Bahn voraus. Die Tatbestandsmerkmale für Ansprüche aus § 1 Abs. 1 HPflG lauten:

- Schienen- oder Schwebebahn,
- Betrieb,
- Rechtsgutverletzung,
- haftungsbegründende Kausalität,
- Schaden,
- haftungsausfüllende Kausalität,
- Rechtswidrigkeit.

Nicht erforderlich ist somit der Nachweis eines Verschuldens.

Auch diese Haftung ist nicht grenzenlos. Das Gegenstück zu § 7 Abs. 2 StVG und dem dort geregelten Unabwendbarkeitsbeweis enthält § 1 Abs. 2 HPflG. Danach ist die Haftung ausgeschlossen, wenn der Unfall durch höhere Gewalt verursacht wurde. Die §§ 5, 6 und 8 HPflG entsprechen denjenigen der §§ 10, 11 und 13 StVG. 81

▼ 82

Muster 3.18: Personenschaden bei Anfahren der Bahn

Städtische Verkehrsbetriebe

Schaden vom

Pkw , amtl. Kennzeichen

Sehr geehrte Damen und Herren,

wir vertreten die Interessen der Frau aus . Eine Kopie der auf uns lautenden Vollmacht fügen wir in der Anlage bei.

Gegenstand des Mandates ist der Schadensfall in der Stadtbahn der Linie vom . Dem Schadenseintritt liegt folgender Sachverhalt zugrunde:

Nach Maßgabe des geschilderten Sachverhalts haften Sie unserer Mandantin als Betriebsunternehmer der Stadtbahn gem. § 1 Haftpflichtgesetz auf Ausgleich des dadurch verursachten Personenschadens. Zudem besteht ein Anspruch unserer Mandantin nach § 1 Haftpflichtgesetz i.V.m. § 253 Abs. 2 BGB auf Zahlung eines angemessenen Schmerzensgelds. Der Eintritt des Schadens wurde durch den Betrieb der Stadtbahn herbeigeführt. Der Fahrer Ihres Stadtbahnzuges kann sich nicht auf höhere Gewalt gem. § 1 Abs. 2 Haftpflichtgesetz berufen. Höhere Gewalt liegt nur vor bei einem außergewöhnlichen, betriebsfremden, von außen durch elementare Naturkräfte oder Handlungen dritter Personen herbeigeführten Ereignis, das nach menschlicher Einsicht und Erfahrung nicht vorhersehbar ist und mit wirtschaftlich erträglichen Mitteln auch durch die äußerste, vernünftigerweise zu erwartende Sorgfalt nicht vergütet oder unschädlich gemacht werden kann (BGH NJW 1974, 1770, 1771; BGH NJW 1986, 2312, 2313). Im vorliegenden Fall hatte der Fahrer der Stadtbahn jedoch aus Unachtsamkeit übersehen, dass die Fahrbahn noch nicht frei war. Bei Beachtung der gebotenen Sorgfalt wäre dies vermeidbar gewesen.

Da es sich bei dem Stadtbahnfahrer um einen Verrichtungsgehilfen Ihres Unternehmens handelt, haften Sie wegen dessen schuldhaften Fehlverhaltens auch gem. § 831 BGB i.V.m. § 253 Abs. 2 BGB auf die Zahlung eines angemessenen Schmerzensgelds.

Den Schaden selbst beziffere ich wie folgt:

Mit freundlichen Grüßen

(Rechtsanwalt)

▲

Die Gerichte sind allerdings sehr restriktiv bei einem Schadensersatzanspruch des Fahrgastes im Fall eines Sturzes wegen einer Bremsung des Schienenfahrzeugs. I.d.R. wird ein Verstoß des Fahrgastes gegen sich selbst angenommen, wenn er weder einen sicheren 83

Halt ergriffen noch eine schützende Sitzposition eingenommen hatte, hinter dem die einfache Betriebsgefahr der Straßenbahn zurücktritt.[51] Im vorliegenden Fall dürfte über die allgemeine Betriebsgefahr hinaus ein Verschulden des Straßenbahnführers anzunehmen sein, welches eine zumindest überwiegende Haftung begründen dürfte.

Ein dem § 115 VVG entsprechender Direktanspruch gegen einen Haftpflichtversicherer besteht bei Schäden aus Zusammenstößen mit Schienenbahnen nicht. Werden zur Abwicklung der Schadensache Verhandlungen mit einem Haftpflichtversicherer oder entsprechenden Ersatzorganisationen wie etwa dem kommunalen Schadensausgleich geführt und scheitern diese Verhandlungen, darf der Versicherer **keinesfalls mitverklagt** werden.

51 OLG Celle, Urt. v. 2.5.2019 – 14 U 183/18 – juris; OLG Dresden VRS 110, 261; LG München NZV 2006, 478.

§ 4 Quotenbildung

Dr. Michael Nugel

A. Übersicht

Nach Maßgabe der vorangegangenen Ausführungen stehen dem durch einen Verkehrsunfall Geschädigten wahlweise verschuldensabhängige und verschuldensunabhängige Anspruchsgrundlagen zur Durchsetzung seiner Ansprüche zur Verfügung. Die daraus jeweils resultierende Haftung des Anspruchsgegners ist jedoch nicht per se uneingeschränkt. Zu prüfen ist vielmehr stets, ob sich der Anspruchsteller eine Mithaftung entgegenhalten lassen muss, die zu einer **Quotelung** der Ansprüche führt. 1

Hierbei ist zwischen zwei richtungsweisenden Konstellationen zu unterscheiden: 2

- Bei dem Verkehrsunfall wird der Schaden durch zwei Kraftfahrzeuge verursacht. In diesem Fall richtet sich die vorzunehmende Abwägung im „Innenverhältnis" der Kraftfahrzeughalter/-führer nach § 17 Abs. 1 StVG.
- Ein Verkehrsteilnehmer, der als „Dritter" weder Kraftfahrzeughalter noch Kraftfahrzeugführer ist, macht selber einen Schadensersatzanspruch geltend bzw. gegen ihn wird ein entsprechender Anspruch auf Schadensersatz erhoben. Hier findet § 17 Abs. 1 StVG keine Anwendung. Vielmehr wird eine – ggf. zu bildende – Haftungsquote allein nach den § 254 BGB, § 9 StVG bestimmt.

Exkurs: Erläuterung des „Blocksatzsystems" 3

Von besonderer Bedeutung ist für dieses Kapitel des Formularhandbuchs das System des Arbeitens mit knappen sog. Blocksätzen, welche zu bestimmten rechtlichen Fragen der Quotenbildung die jeweils einschlägigen Vorgaben der höchstrichterlichen bzw. obergerichtlichen Rechtsprechung darstellen. Diese immer wiederkehrenden Gesichtspunkte können über die Blocksätze, insbesondere in Schriftsätzen bei einer gerichtlichen Auseinandersetzung, zeitsparend verwendet und an den entscheidenden Stellen **arbeitsökonomisch integriert** werden. Als Beispiel sei auf einen Unfall abgestellt, bei dem für den Kläger ein Ersatzanspruch bei einem Unfall verfolgt wird, bei dem die Gegenseite unachtsam aus dem fließenden Verkehr nach links in einen Parkplatz eingebogen ist (§ 9 Abs. 5 StVO) und eine Mithaftung wegen des Überholens in einer unklaren Verkehrslage (§ 5 Abs. 3 Nr. 1 StVO) im Raum steht.

Hier kann der Abschnitt aus der Klage (ggf. auch Klagerwiderung) zu der rechtlichen Beurteilung durch zwei einfache Blocksätze aus dem hiesigen Formularbuch ökonomisch ergänzt und ohne erheblichen Aufwand fertig gestellt werden.

Formulierungsbeispiel

[…] In rechtlicher Hinsicht ergibt sich hieraus Folgendes:

1) Der Beklagte zu 1) hat den streitgegenständlichen Verkehrsunfall durch einen schuldhaften Verstoß gegen § 9 Abs. 5 StVO bei seinem Abbiegevorgang aus dem fließenden in den ruhenden Verkehr allein verursacht.

Achtung:

Im gleichen Absatz erfolgt sodann als Muster folgender Blocksatz (Anscheinsbeweis bei Abbiegen nach links in ein Grundstück – Muster 4.47, siehe Rdn 126):

Im Wege des Anscheinsbeweises wird ein schuldhafter Verstoß gegen § 9 Abs. 5 StVO zu Lasten desjenigen vermutet, der im zeitlichen und örtlichen Zusammenhang mit dem Verkehrsunfall in ein Grundstück abgebogen ist (OLG Düsseldorf, Urt. v. 2.4.2019 – I 1 U 108/18 – juris; OLG Hamburg, Urt. v. 1.9.2009 – 3 U 36/09 = MDR 2010, 26; KG, Urt. v. 7.10.2002 – 12 U 41/01 = MDR 2003, 507). Dies insbesondere im Hinblick auf die in § 9 Abs. 1 S. 4 StVO zugrunde gelegte doppelte Rückschaupflicht (OLG Düsseldorf, Urt. v. 2.4.2019 – I 1 U 108/18 – juris; OLG Stuttgart, Urt. v. 4.6.2014 – 3 U 15/14 = Schaden-Praxis 2014, 404 ff.; OLG Naumburg, Urt. v. 12.12.2008 – 6 U 106/08 = VersR 2009, 373). Hierhinter tritt die einfache Betriebsgefahr eines anderen unfallbeteiligten Fahrzeugs zurück (OLG München, Urt. v. 11.6.2010 – 10 U 2282/10 = NJW Spezial 2010, 489; OLG Hamburg, Beschl. v. 20.3.2012 – 15 U 15/12 – juris).

Sodann wird der Schriftsatz in einem zweiten Absatz wie folgt weiter aufgebaut:

2) Auf der Klägerseite ist dagegen kein Verschulden festzustellen. […]

Achtung:

An dieser Stelle mag es sich anbieten, folgendes Muster als Blocksatz angesichts des außergerichtlich erhobenen Mithaftungseinwands zu integrieren, um die eigene Position zu festigen (Kein Überholen in einer unklaren Verkehrslage – Muster 4.49, siehe Rdn 134):

Es fehlt an einem schuldhaften Verstoß gegen die StVO, insbesondere in Form eines Überholens in einer unklaren Verkehrslage (§ 5 Abs. 3 Nr. 1 StVO). Einen solchen Verstoß muss derjenige beweisen, der sich hierauf beruft, ohne dass ihm ein Anscheinsbeweis zur Seite steht (OLG Hamm, Urt. v. 7.3.2014 – 9 U 210/13 – juris). Für eine unklare Verkehrslage genügt es nicht, dass das vorausfahrende Fahrzeug langsamer oder zum Fahrbahnrand gelenkt wird (OLG Hamm, Beschl. v. 14.6.2018 – 4 RBs 174/18 = VRR 10/2018, S. 3; KG, Urt. v. 12.7.2010 – 12 U 177/09 – juris; OLG Celle, Urt. v. 18.11.2004 – 14 U 108/04 = MDR 2005, 569), selbst wenn das Fahrzeug bereits zur Fahrbahnmitte orientiert wird (OLG Naumburg, Urt. v. 12.12.2008 – 6 U 106/08 = VersR 2009, 373). Vielmehr ist erforderlich, dass der Abbiegende erstens überhaupt und zweitens rechtzeitig seinen Blinker gesetzt hat

(KG, Urt. v. 4.1.2006 – 12 U 202/05 = NZV 2006, 369; vgl. im Überblick Nugel, NJW Spezial 2007, 351).

Diesem abstrakten Blocksatz schließt sich ein kurzes Eingehen auf den Sachverhalt an, um durch die zitierte Rechtsprechung die richtige „Weichenstellung" für die Entscheidung des Falles mit zutreffender Anwendung des Anscheinsbeweises zu stellen:

[...] Diese Voraussetzungen sind erkennbar nicht erfüllt. Der in der Ermittlungsakte angeführte Zeuge hat zu einem Setzen des Blinkers überhaupt keine Angaben getätigt. Erst recht nicht zu dem zeitlichen Abstand zum Abbiegevorgang. Das bloße Langsamerwerden begründet keine unklare Verkehrslage und das Fahrzeug der Beklagtenseite durfte überholt werden.

Mit diesem Vorgehen wird eine zeit- und arbeitsaufwendige Recherche zu immer wiederkehrenden Fragen bzw. Ausgangspositionen bei einer rechtlichen Bewertung auf ein Minimum beschränkt und kann im Zusammenspiel mit einem knappen überzeugenden Eingehen auf den Sachverhalt den Fall bereits im Ausgangspunkt entscheiden. Der Unfallgegner muss aus Sicht des Gerichts den gegen ihn sprechenden Anscheinsbeweis widerlegen und er haftet nach der zitierten Rechtsprechung erst einmal alleine. Zugleich werden „hohe Hürden" für die behauptete Mithaftung der Klägerseite aufgebaut.

B. Fahrer- und Halterhaftung bei einem Unfall mit mehreren Kraftfahrzeugen

I. Grundlegende Erläuterung: Das „Waagemodell"

Die im Straßenverkehr wohl häufigste Unfallsituation ist diejenige, dass an dem Unfall 4
(zumindest) zwei Kraftfahrzeuge beteiligt sind. In diesem Fall hängt die Ersatzpflicht der jeweiligen Kraftfahrzeugführer und -halter gem. § 17 Abs. 1 StVG im **Verhältnis untereinander** von den **Umständen** des Falles ab. Dies gilt sowohl in dem Fall, dass der Schaden bei einem Dritten entstanden ist (§ 17 Abs. 1 StVG), als auch in den Fällen, in denen die Schäden allein an den beteiligten Kraftfahrzeugen verursacht worden sind (§ 17 Abs. 2 StVG).

Ansprüche von oder gegen den Dritten im sog. Außenverhältnis fallen nicht unter diese 5
Vorschrift. Der Dritte kann bei Beteiligung mehrerer Fahrzeuge gegen jeden Fahrzeughalter einen Anspruch in voller Höhe des insgesamt zu ersetzenden Schadens geltend machen, sofern dem Grunde und der Höhe nach eine Haftung nach § 7 StVG besteht. Die betroffenen Fahrzeughalter haften insoweit im Außenverhältnis als Gesamtschuldner. Dies gilt sowohl für die Halterhaftung nach § 7 Abs. 1 StVG wie auch die Fahrerhaftung nach § 18 Abs. 1 und 2 StVG.

6 Bei der Abwägung der Umstände nach § 17 Abs. 1 StVG kommt es in erster Linie auf die (verschuldensunabhängigen) **Verursachungsbeiträge** an. Daneben ist auch das **Verschulden** eines Beteiligten zu berücksichtigen. Maßgeblich sind für die Frage der Verursachung bei zwei am Unfall beteiligten Kraftfahrzeugen die von diesen Fahrzeugen ausgehenden Betriebsgefahren. Von jedem Kraftfahrzeug, das sich in Betrieb und im öffentlichen Verkehrsraum befindet, geht eine Gefahr für andere Verkehrsteilnehmer aus, die anhand der Umstände des Einzelfalles zu bestimmen ist. Aufgrund dieser Betriebsgefahr besteht grundsätzlich eine **verschuldensunabhängige Haftung** des Halters.

7 Maßgeblich für die Einschätzung der jeweiligen Betriebsgefahr sind sämtliche durch die Eigenart des jeweiligen Kfz begründeten Umstände, die eine Gefahr in den Verkehr tragen.[1] Dies gilt allerdings nur, wenn sie sich unfallursächlich auswirken.[2] Die Betriebsgefahr jedes Fahrzeugs ist individuell zu beurteilen.

8 Diese Haftung bei der Beteiligung zweier Kraftfahrzeuge lässt sich am besten durch das sog. **Waagemodell** erläutern.[3] Beide am Unfall beteiligten Kraftfahrzeuge weisen für sich gesehen eine Betriebsgefahr auf, die grundsätzlich als gleich hoch zu bewerten sind. Dies führt dazu, dass zu Lasten beider Fahrzeughalter/-führer grundsätzlich ein gleich großer Haftungsanteil besteht. Ein Kraftfahrzeugführer kann sich jedoch im Straßenverkehr so verhalten, dass er eine erhöhte Gefahr für andere Verkehrsteilnehmer schafft. Dies kann zu einem dadurch geschehen, dass er gegen Vorschriften der StVO verstößt, wie z.B. falsch überholt und dadurch andere Verkehrsteilnehmer gefährdet (vgl. § 5 Abs. 2 StVO), oder eine Vorfahrtsverletzung begeht (vgl. § 8 StVO). Maßgeblich ist das Verschulden des Fahrzeugführers – trotz Einschaltung eines Assistenzsystems – z.B. als Einparkhilfe – bleibt die Verantwortung für ein mögliches Verschulden nach geltendem Recht beim Fahrzeugführer.[4]

9 Ein solcher Verstoß indiziert zugleich ein Missachten der gebotenen Sorgfalt und damit ein Verschulden. Unabhängig von einem solchen Verschulden kann eine **erhöhte Betriebsgefahr** aber bereits allein dadurch entstehen, dass (lediglich) ein besonders gefahrenträchtiges Verhalten an den Tag gelegt wird, wie z.B.

- die unfallursächliche Fahrt mit mehr als 130 km/h auf der Autobahn (= Überschreiten der Richtgeschwindigkeit),[5]
- das Ausscheren zu einem Überholen,[6]
- das Abbiegen nach links über die Gegenfahrbahn.[7]

1 BGH, Urt. v. 20.11.2007 – VI ZR 8/07 = NJW 2008, 1305; BGH, Urt. v. 11.1.2005 – VI ZR 352/03 = VersR 2005, 702; OLG Hamm, Urt. v. 20.9.2010 – I-6 U 222/09 – juris.
2 BGH, Urt. v. 28.4.2015 – VI ZR 206/14 – juris; BGH, Urt. v. 12.12.06 – VI ZR 75/06 = VersR 2007, 263.
3 Vgl. hierzu auch *Nugel*, NJW 2013, 193 ff.
4 AG Gelsenkirchen, Urt. v. 3.5.2016 – 427 C 74/15 – juris.
5 OLG Hamm, Urt. v. 25.11.2010 – 6 U 71/10 = NZV 2011, 248; OLG Jena, Urt. v. 13.9.2005 – 8 U 28/05 = MDR 2006, 748; OLG Hamm, Urt. v. 6.2.2003 – 6 U 190/02 = r+s 2003, 342.
6 LG Saarbrücken, Urt. v. 13.6.2014 – 13 S 56/14 – juris.
7 BGH, Urt. v. 11.1.2005 – VI ZR 352/03 = VersR 2005, 702 = NJW 2005, 1351.

Auch in einem zulässigen Verhalten eines Verkehrsteilnehmers kann daher eine Erhöhung der „einfachen" Betriebsgefahr liegen, ohne dass er dabei in schuldhafter Weise gegen die StVO verstößt.[8] Diese Überlegung ist mithin von besonderer Bedeutung in den Fällen, in denen ein schuldhaftes Verhalten – auch unter Berücksichtigung möglicher Anscheinsbeweise – nicht nachgewiesen werden kann. Alleine aufgrund eines vorgenommenen gefahrenträchtigen Manövers können bereits die Betriebsgefahr des betroffenen Fahrzeuges und damit der Haftungsanteil ansteigen. Ein klassisches Beispiel für eine möglicherweise erhöhte Betriebsgefahr stellt ein Überholvorgang dar: Dabei hängt es von den Umständen des Einzelfalles (z.B. dem Sicherheitsabstand, den betroffenen Örtlichkeiten bzw. der Fahrbahnbeschaffenheit und der gefahrenen Geschwindigkeit) ab, ob die allgemeine Betriebsgefahr unabhängig von einem Verschulden bereits als wesentlich erhöht anzusehen ist.[9] Auch bei der Einfahrt in eine Engstelle[10] oder der Anwendung des Reißverschlusssystems zum Umfahren eines Hindernisses auf einer Fahrspur[11] wird die Betriebsgefahr der beteiligten Fahrzeuge im Zweifel erhöht sein, ohne dass es dazu eines Verschuldens bedarf. Gleiches gilt bei dem ungebremsten Auffahren auf ein (überraschendes) Hindernis[12] oder dem Liegenbleiben des eigenen Fahrzeugs.[13] 10

▼ 11

Muster 4.1: Erhöhte Betriebsgefahr

Eine die Mitverantwortung erhöhende Betriebsgefahr ist auch ohne ein Verschulden zu bejahen, wenn die Gefahr, die regelmäßig und notwendigerweise mit dem Betrieb eines Kfz verbunden ist, durch ein Hinzutreten besonderer Umstände erhöht wird, die sich auch auf den Unfall ausgewirkt haben. Jedes Fahrmanöver, das besondere Gefahren für andere Verkehrsteilnehmer mit sich bringt, führt zu einer erhöhten Betriebsgefahr (BGH, Urt. v. 11.1.2005 – VI ZR 352/03 = VersR 2005, 702 = NJW 2005, 1351; OLG Koblenz, Hinweisbeschluss v. 19.1.2023 – 12 U 1933/22; OLG Saarbrücken, Urt. v. 16.11.2017 – 4 U 100/16 = r+s 2018, 96; OLG Hamm, Urt. v. 20.9.2010 – I-6 U 222/09 = NJW 2010, 3790; *Nugel*, NJW 2013, 193). Die Erhöhung der Betriebsgefahr setzt dabei nicht zwingend voraus, dass der jeweilige Fahrzeugführer schuldhaft gehandelt hat. Auch in einem zulässigen Verhalten eines Verkehrsteilnehmers kann eine Erhöhung der „einfachen" Betriebsgefahr liegen, soweit durch ein Fahrmanöver besondere Gefahren für andere Verkehrsteilnehmer geschaffen werden (BGH a.a.O.; OLG Hamm, Urt. v. 20.9.2010 – I-6 U 222/09 – juris).

▲

Die auf diese Weise erhöhte Betriebsgefahr muss sich aber auch ursächlich auf den Verkehrsunfall ausgewirkt haben. 12

8 BGH, Urt. v. 11.1.2005 – VI ZR 352/03 = VersR 2005, 702 = NJW 2005, 1351; OLG Hamm, Urt. v. 20.9.2010 – I-6 U 222/09 – juris.

9 OLG Braunschweig, Urt. v. 11.4.1995 – 2 U 121/94 = DAR 1995, 328; OLG Hamm, Urt. v. 29.10.1985 – 27 U 285/85 = VersR 1987, 692.

10 *Brüseken/Krumbholz/Thiermann*, NZV 2000, 443; Münchener Quotentabelle zur Einfahrt in die Engstelle.

11 OLG Frankfurt a.M., Beschl. v. 8.12.2003 – 16 U 173/03 = zfs 2004, 205; LG Wuppertal, Urt. v. 18.12.2014 – 9 S 174/ 4 – juris; AG Hamburg, Urt. v. 7.7.2005 – 50 A C 102/05 = SP 2005, 369.

12 OLG Karlsruhe, Urt. v. 26.3.1982 – 10 U 245/81 = VRS 62, 408.

13 KG, Urt. v. 30.9.2002 – 12 U 52/01 = VersR 2003, 1054 = MDR 2003, 84.

13 Da § 17 StVG aber insgesamt von den „Umständen" des Verkehrsunfalls spricht, kann zusätzlich zu Lasten einer Seite auch ein erhebliches Verschulden zu berücksichtigen sein, wobei sich der Halter ein mögliches Verschulden des Fahrers zurechnen lassen muss. Beide bilden zusammen eine Zurechnungseinheit.[14] Zu Lasten des Eigentümers, der nicht zugleich Halter des Fahrzeugs ist (wie z.B. in der Regel der Leasinggeber) besteht eine solche Zurechnungseinheit jedoch nicht.[15]

Zu beachten ist zudem, dass ein nach § 18 StVG vermutetes Verschulden des Fahrers nur dann bei der Quotenbildung zu berücksichtigen ist, wenn ein solches Verschulden (frei von Zweifeln) tatsächlich festgestellt werden kann.[16]

14 ▼

Muster 4.2: Keine Berücksichtigung vermuteten Verschuldens

Es ist einerseits zwischen der Prüfung der Haftung dem Grunde nach und den Umständen andererseits zu unterscheiden, die bei der Bildung der Haftungsquote zu berücksichtigen sind. Ein Verschulden, das nur gesetzlich vermutet wird (z.B. § 18 StVG, § 831 BGB), darf bei der Bildung der Haftungsquote jedenfalls nicht berücksichtigt werden (BGH, Urt. v. 20.3.2012 – VI ZR 3/11; BGH, Urt. v. 10.1.1995 – VI ZR 247/94; BGH, Urt. v. 23.11.1965 – VI ZR 158/64; BGH, Urt. v. 15.11.1960 – VI ZR 30/60; BGH, Urt. v. 16.10.1956 – VI ZR 162/55).

▲

15 Nach feststehender ständiger Rechtsprechung des BGH und der OLG dürfen im Rahmen der nach § 17 StVG vorzunehmenden Abwägung der Verursachungsbeiträge indessen ausschließlich solche Umstände Berücksichtigung finden, die nach Grund und Gewicht erwiesen sind und sich auf den Unfall ausgewirkt, d.h. zur Entstehung des Schadens bzgl. der Haftung dem Grunde als haftungsbegründende oder der Höhe nach als haftungsausfüllende Kausalität beigetragen haben.[17] Bei der Abwägung wird eine (erhöhte) Betriebsgefahr daher berücksichtigt, wenn sie sich ursächlich auf den Verkehrsunfall ausgewirkt hat. Beispielsweise wird häufig versucht, aus dem Umstand einer fehlenden Fahrerlaubnis eine Mithaftung abzuleiten. Der Nachweis, dass hierdurch ein besonderes Gefahrenmoment geschaffen worden ist, welches sich auf den Unfall ursächlich ausgewirkt hat, ist in der Regel aber kaum zu führen. Folgende Argumentation aus dem vom BGH entschiedenen Fall kann dem Mithaftungseinwand entgegengehalten werden.

16 ▼

Muster 4.3: Fehlende Fahrerlaubnis als Abwägungsfaktor

In die Abwägung nach § 17 StVG, § 254 BGB können nur diejenigen unstreitigen oder erwiesenen Faktoren einbezogen werden, die zur Entstehung des Schadens beigetragen haben und einem der Beteiligten zuzurechnen sind (BGH, Urt. v. 28.4.2015 – VI ZR 206/14 – juris; BGH, Urt. v. 25.3.2003 – VI ZR 161/02 = DAR 2003, 309; OLG Saarbrücken,

14 Vgl. *Nugel*, NJW 2013, 193 ff. m.w.N.
15 BGH, Urt. v. 10.7.2007 – VI ZR 199/06 = DAR 2007, 636.
16 So bereits grundlegend: BGH, Urt. v. 23.11.1965 – VI ZR 158/64 = VersR 1966, 164 f.
17 BGH, Urt. v. 28.4.2015 – VI ZR 206/14 – juris; OLG Saarbrücken, Urt. v. 3.8.2017 – 4 U 156 & 16 = zfs 2018, 137; OLG Schleswig, Urt. v. 22.12.2015 – 7 U 111/14 – juris; OLG Düsseldorf, Urt. v. 20.9.2016 – I 1 U 146/1 – juris; OLG Frankfurt a.M., Urt. v. 15.4.2014 – 16 U 213/13 = SP 2014, 406.

Urt. v. 3.8.2017 – 4 U 156 & 16 = zfs 2018, 137; OLG Schleswig, Urt. v. 22.12.2015 – 7 U 111/14 – juris; OLG Düsseldorf, Urt. v. 20.9.2016 – I 1 U 146/15 – juris; OLG Karlsruhe, Urt. v. 21.9.2009 – 1 U 74/09 = DAR 2009, 702). Dass ein Beteiligter ohne Fahrerlaubnis gefahren ist, darf nur dann zu berücksichtigen sein, wenn feststünde, dass sich dieser Umstand in dem Unfall tatsächlich ausgewirkt hat (BGH, Urt. v. 12.12.2006 – VI ZR 75/06 = VersR 2007, 263). Die Beweislast hierfür liegt auf der Gegenseite. Selbst wenn ein anderes Fehlverhalten vorliegen sollte, führt dies nicht automatisch zu dem Schluss, dass die fehlende Fahrerlaubnis die Ursache hierfür gewesen ist, und beide Faktoren können nicht ohne weiteres als Abwägungsfaktor verdoppelt werden (BGH a.a.O.).

▲

Derjenige, der sich auf eine fehlende Fahrerlaubnis als Abwägungsfaktor beruft, trägt 17
für die behauptete Unfallursächlichkeit die Darlegungs- und Beweislast. Hierbei kann ihm aber der Anscheinsbeweis zu Gute kommen.

▼ 18

Muster 4.4: Fehlende Fahrerlaubnis und Anscheinsbeweis

In die Abwägung nach § 17 StVG, § 254 BGB ist vorliegend auch einzustellen, dass der Fahrer des unfallbeteiligten Fahrzeugs über keine Fahrerlaubnis verfügt. Hierfür kann bereits der Anscheinsbeweis sprechen – insbesondere, wenn ein typischer Fahrfehler vorliegt, der üblicherweise nicht im Verkehr vorkommt (BGH, Urt. v. 12.12.2006 – VI ZR 75/06 = VersR 2007, 263). Der Anscheinsbeweis greift zumindest immer dann ein, wenn derselbe Fahrfehler begangen wird, der auch zu dem Verlust der Fahrerlaubnis geführt hat (LG Leipzig, Urt. v. 25.4.1996 – 12 S 9114/95 = NJW-RR 1997, 25). Wird der gegen den Fahrzeugführer sprechende Anscheinsbeweis nicht widerlegt, begründet die fehlende Fahrerlaubnis eine erhöhte Betriebsgefahr, die in die Haftung miteinzubeziehen ist (LG Stralsund, Urt. v. 5.5.1997 – 5 O 40/97 = SP 1997, 388).

▲

Häufig wird als Abwägungsfaktor eine Fahruntüchtigkeit eines unfallbeteiligten Fahr- 19
zeugführers berücksichtigt. Auch hier gilt aber, dass diese nur dann berücksichtigt werden darf, wenn sie sich ursächlich ausgewirkt hat. Zu Gunsten der hierfür beweispflichtigen Partei kann zwar der Anscheinsbeweis eingreifen. Dies setzt jedoch voraus, dass diese Partei nachweisen[18] kann (bzw. unstreitig ist), dass ein nüchterner Verkehrsteilnehmer die Unfallsituation gemeistert hätte. Diese Grundsätze gelten auch bei Radfahrern.[19]

▼ 20

Muster 4.5: Trunkenheitsfahrt als Abwägungsfaktor

Eine absolute oder relative Fahruntüchtigkeit eines am Unfall beteiligten Kfz-Führers darf bei der Abwägung nach § 17 StVG nur berücksichtigt werden, wenn feststeht, dass sich ihre Auswirkung im Unfall niedergeschlagen hat (OLG Saarbrücken, Urt. v. 25.2.2003 – 3 U 514/02 = SP 2004, 6; OLG Hamm, Urt. v. 22.11.1993 – 6 U 154/93 = NZV 1994, 319). Zwar kann hierfür der Anscheinsbeweis sprechen. Dies setzt jedoch den Nachweis voraus, dass sich der Unfall in einer Verkehrslage ereignet, die ein nüchterner Fahrer

18 OLG Saarbrücken, Urt. v. 25.2.2003 – 3 U 514/02 = SP 2004, 6.
19 OLG Köln, Urt. v. 29.1.2002 – 3 U 117/01 = VersR 2002, 1040.

hätte meistern können (BGH, Urt. v. 10.1.1995 – VI ZR 247/94 = NJW 1995, 1029; OLG Brandenburg, Urt. v. 14.6.2007 – 12 U 188/06 = SP 2007, 316; OLG Saarbrücken, Urt. v. 25.2.2003 – 3 U 514/02 = SP 2004, 6; OLG Köln, Urt. v. 29.1.2002 – 3 U 117/01 = VersR 2002, 1040).

▲

II. Bildung der Haftungsquote

21 Nahezu jeder Verkehrsunfall unter Beteiligung zweier Kraftfahrzeuge wird denknotwendig dadurch begründet, dass zumindest einer der beiden Fahrzeugführer ein gefahrenträchtiges Fahrmanöver vornimmt, welches zu dem Verkehrsunfall führt und i.d.R. gegen die StVO verstößt. Dies zieht wie dargelegt eine erhöhte Betriebsgefahr dieses Kraftfahrzeugs und einen höheren Haftungsanteil nach sich. Im Gegenzug sinkt der Haftungsanteil des anderen Teils. Zu entscheiden ist in diesen Fällen, welche Höhe jeweils die beiden Haftungsanteile aufweisen und wie diese sog. Haftungsquote zu bestimmen ist. Insbesondere geht es darum, ob den anderen Teil überhaupt eine verbleibende Haftung trifft.

1. „100 zu 0"-Fälle

22 Ein Fahrzeugführer verstößt in schuldhafter Weise gegen sog. Kardinal- bzw. Garantiepflichten im Straßenverkehr, während bei dem anderen Teil nur die einfache Betriebsgefahr verbleibt. In diesem Fall treten die einfache Betriebsgefahr des anderen Fahrzeugs und damit die Haftung des anderen Teils hinter der erhöhten Betriebsgefahr des anderen Fahrzeugs und dem (zusätzlich festgestellten) Verschulden des anderen Fahrzeugführers zurück.

Angesichts der an sich vom Gesetz vorgesehenen umfassenden Gefährdungshaftung des Halters tritt seine Haftung i.d.R. nur dann vollständig zurück, wenn neben einer erhöhten Betriebsgefahr auch ein schuldhaftes Verhalten des anderen Teils gegeben ist.[20] In der Rechtsprechung wird ein schuldhaftes Verhalten i.d.R. bei einem Verstoß gegen eine Kardinal- oder Garantiepflicht nach der StVO bejaht, da der Fahrzeugführer insoweit nahe liegende Verhaltenspflichten der StVO nicht sorgfaltsgemäß beachtet hat.[21] Letztendlich ist und bleibt dies aber eine Entscheidung des Einzelfalls. Fehlt es an einem solchen besonders schwerwiegender Verstoß (bei sogenannten verkehrsrechtlichen „Todsünden") im Straßenverkehr, verbleibt es bei der Mithaftung aus der einfachen Betriebsgefahr in Höhe von mindestens 20 %.[22]

20 *Nugel*, NJW 2013, 193 ff. m.w.N.
21 Grundlegend: BGH, Urt. v. 23.1.1996 – VI ZR 291/94 = NZV 1996, 272.
22 BGH, Urt. v. 28.4.2015 – VI ZR 206/14 – juris; OLG Stuttgart, Urt. v. 6.10.1999 – 4 U 73/99 = DAR 2000, 35; LG Wuppertal, Urt. v. 18.12.2014 – 9 S 174/14 – juris; LG Saarbrücken, Urt. v. 13.6.2014 – 13 S 56/14 – juris.

2. Anscheinsbeweis und typische „100 zu 0"-Fälle

Von besonderer Bedeutung ist in diesem Zusammenhang, dass bei einer Vielzahl der 23
oben dargelegten Kardinalvorschriften der StVO bei bestimmten Unfallkonstellationen im Wege des Anscheinsbeweises ein schuldhafter Verstoß vermutet wird. Ein solcher Anscheinsbeweis liegt vor, wenn **feststehende Tatsachen** nach der allgemeinen Lebenserfahrung auf eine bestimmte Ursache für den Erfolgseintritt hinweisen.[23] Besteht über die einen Anscheinsbeweis begründenden Umstände Streit und bleibt das Unfallgeschehen insoweit unaufklärbar, greifen die Grundsätze eines Anscheinsbeweises dagegen nicht.[24]

Die Anwendung des Anscheinsbeweises setzt bei Verkehrsunfällen zudem einen Geschehensablauf voraus, bei dem sich nach der allgemeinen Lebenserfahrung der Schluss aufdrängt, dass ein Verkehrsteilnehmer seine Pflicht zur Beachtung der im Verkehr erforderlichen Sorgfalt verletzt hat. Daher muss es sich um einen Sachverhalt handeln, für den nach der Lebenserfahrung eine schuldhafte Verursachung typisch ist. Ob der Sachverhalt in diesem Sinne im Einzelfall wirklich typisch ist, kann nur aufgrund einer umfassenden Betrachtung aller tatsächlichen Elemente des Gesamtgeschehens beurteilt werden. Wenn im Rahmen einer solchen Einzelfallprüfung weitere Umstände des Unfallereignisses bekannt sind, die als Besonderheiten gegen die bei derartigen Fallgestaltungen gegebene Typizität sprechen, greift der Anscheinsbeweis nicht mehr ein.[25]

Im Übrigen ist ein Anscheinsbeweis dann erschüttert, wenn Umstände bewiesen sind, die einen anderen als den typischen Geschehensablauf ernstlich als möglich erscheinen lassen. In diesem Fall muss die beweisbelastete Partei die Anspruchsvoraussetzungen „voll" beweisen.[26]

▼ 24

Muster 4.6: Erschütterung Anscheinsbeweis

4.6

Vorliegend kann dahinstehen, ob tatsächlich der behauptete Anscheinsbeweis besteht, denn dieser wäre ohnehin erschüttert. Ein Anscheinsbeweis ist bereits dann erschüttert, wenn die auf Tatsachen gestützte ernsthafte Möglichkeit besteht, dass der Verkehrsunfall auf einem anderen atypischen Geschehensablauf beruht (BGH, Urt. v. 21.1.1986 – VI ZR 35/85 = zfs 1986, 195; *Nugel*, NJW 2013, 193 m.w.N.). Dafür genügt es, dass durch bestimmte Tatsachen – z.B. belegt durch ein Sachverständigengutachten – ein Ablauf ebenfalls zumindest als möglich erachtet wird, ohne dass ein vollständiger „Gegenbeweis" geführt werden muss (OLG Düsseldorf, Urt. v. 20.9.2016 – I 1 U 146 -15 – juris). Erschüttert ist der Anscheinsbeweis also, wenn die ernsthafte (reale) Möglichkeit eines anderen als des erfahrungsgemäßen Geschehensablaufs besteht (OLG München, Urt. v. 11.5.2022 – 10 U 2165/21 – juris).

▲

23 BGH, Urt. v. 13.2.1996 – VI ZR 126/95 = VersR 1996, 513, 514.

24 Beispielhaft: Streit über den Unfallhergang in Form eines Rückwärtsfahrens des Vordermannes oder Auffahrens des Hintermannes auf ein stehendes Hindernis OLG Köln, Urt. v. 19.3.1986 – 2 U 167/85 = NJW-RR 1986, 773.

25 BGH, Urt. v. 10.10.2023 – VI ZR 287/22 – juris; BGH, Urt. v. 15.12.2015 – VI ZR 6/15 – juris.

26 BGH, Urt. v. 12.2.1963 – VI ZR 70/62 = BGHZ 39, 107, 107 ff.

25 Häufig kann bereits über den Hinweis zu diesem Anscheinsbeweis eine Regulierung der Haftpflichtversicherung erreicht werden. Im Prozess werden die meisten Fälle bei widerstreitenden Zeugenangaben bzw. unterschiedlichen Aussagen der beteiligten Fahrzeugführer über den Anscheinsbeweis gelöst. Diese Konstellationen zu kennen, ist daher von entscheidender Bedeutung für den Verkehrsjuristen. Da sich viele hiermit verbundene Grundsatzfragen wiederholen, kann nach der Erfahrung des Verfassers ein erheblicher Arbeitsaufwand erspart werden, wenn die wichtigsten Grundsätze zu diesen Konstellationen in Mustern erfasst werden. Die wichtigsten Muster zu den „100 zu 0"-Konstellationen werden im Folgenden dargestellt.

a) Auffahrunfall

26 Fährt ein Verkehrsteilnehmer auf ein vor ihm befindliches Fahrzeug auf, wird im Wege des Anscheinsbeweises regelmäßig ein schuldhafter Verstoß des Auffahrenden gegen § 4 Abs. 1 S. 1 StVO vermutet.[27] Dies gilt auch bei dem grob fahrlässigen Auffahrvorgang eines Radfahrers auf einen Pkw.[28] Voraussetzung hierfür ist aber zumindest ein achsparalleler Anstoß, um eine typische Auffahrsituation zu begründen. In diesem Fall haftet der Auffahrende regelmäßig alleine.

27 ▼

Muster 4.7: Auffahrunfall und Anscheinsbeweis

4.7

Fährt jemand auf ein vor ihm befindliches Fahrzeug auf, spricht der Beweis des ersten Anscheins dafür, dass er entweder nicht den notwendigen Sicherheitsabstand eingehalten bzw. nicht die gebotene Sorgfalt bei der Beobachtung des vor ihm fahrenden Verkehrs beachtet hat, ggf. auch einfach zu schnell gefahren ist. Im Wege des Anscheinsbeweises wird ein schuldhafter Verstoß gegen § 4 Abs. 1 S. 1 StVO (BGH, Urt. v. 13.12.2016 – VI ZR 32/16 = NJW 2017, 117; BGH, Urt. v. 23.1.2007 – VI ZR 146/06 = MDR 2007, 717) im Falles des zu schnellen Fahrens auch gegen § 3 Abs. 1 StVO vermutet (OLG Düsseldorf, Urt. v. 29.9.2005 – 10 U 203/04 = NZV 2006, 200; LG Berlin, Urt. v. 3.2.2003 – 58 S 248/02 = SP 2003, 158). Hinter dem überragenden Fehlverhalten des Auffahrenden tritt die Betriebsgefahr des davor befindlichen Fahrzeugs im vollen Umfang zurück (OLG Köln, Urt. v. 29.6.2004 – 9 U 176/03 = SP 2004, 329; LG Duisburg, Urt. v. 10.4.2015 – 10 O 192/14 – juris; LG Wuppertal, Urt. v. 27.11.2012 – 2 O 398/10 = SP 2013, 251; LG Duisburg, Urt. v. 15.1.20145 – 5 S 97/13 – juris).

▲

28 Schwieriger wird die Beurteilung dieses Sachverhalts, wenn der auffahrende Fahrzeugführer sich damit verteidigt, dass der vordere Kraftfahrzeugführer kurz zuvor einen unachtsamen Fahrstreifenwechsel vorgenommen und dadurch den Unfall verursacht hätte. Wenn der Anstoß deshalb in einer Schrägstellung erfolgt ist, also kein achsparalleler Anstoß vorliegt, spricht der Anscheinsbeweis gegen den Fahrstreifenwechsler und dieser haftet im Zweifel alleine.

27 OLG Düsseldorf, Urt. v. 29.9.2005 – 10 U 203/04 = NZV 2006, 200.
28 OLG Celle, Urt. v. 23.3.2001 – 14 U 109/00 = MDR 2001, 1349.

▼ 29

Muster 4.8: Auffahrunfall und Fahrstreifenwechsel mit Schrägstellung

4.8

Liegt kein achsparalleler Anstoß vor, sondern deuten die dokumentierten Schäden darauf hin, dass das vorausfahrende Fahrzeug in Schrägstellung bei einem Fahrstreifenwechsel befindlich gewesen ist, greift zu Lasten des Hintermanns kein Anscheinsbeweis wegen eines unachtsamen Auffahrvorgangs. Vielmehr spricht der Anscheinsbeweis dafür, dass der den Fahrstreifen wechselnde Fahrzeugführer dabei eine Gefährdung anderer Verkehrsteilnehmer nicht ausgeschlossen und dadurch gegen § 7 Abs. 5 StVO verstoßen hat (OLG Schleswig, Urt. v. 22.12.2015 – 7 U 111/14 – juris; OLG Karlsruhe, Urt. v. 24.6.2008 – 1 U 5/08 = SP 2009, 66; OLG Hamm, Beschl. v. 27.10.2014 – I 9 U 60/14 – juris; LG Essen, Urt. v. 12.2.2014 – 5 O 125/13 – juris; LG Dortmund, Urt. v. 14.4.2015 – 21 O 319/13 – juris; zum Indiz der Schrägstellung vgl. KG, Urt. v. 22.1.2001 – 22 U 1044/00 = MDR 2001, 808). Hinter diesem groben Fehlverhalten tritt die einfache Betriebsgefahr des nachfolgenden Fahrzeugs zurück.

▲

Dieser Fall ist aber anders zu beurteilen, wenn sich der Vorausfahrende nach einem Fahrstreifenwechsel bereits vollständig auf der Fahrspur des Auffahrenden eingeordnet hat und der zeitliche Zusammenhang zwischen dem Fahrstreifenwechsel und dem Auffahrvorgang streitig ist. In diesem Fall sind zwei mögliche Ausgangssituationen zu unterscheiden: Ist ein achsparalleler Anstoß erfolgt und der behauptete Fahrstreifenwechsel des Vordermanns streitig spricht erst einmal gegen den Auffahrenden allein der Beweis des ersten Anscheins, den dieser zu erschüttern hat. 30

▼ 31

Muster 4.9: Auffahrunfall und streitiger Fahrstreifenwechsel

4.9

In dem vorliegenden Fall greift ein Anscheinsbeweis des Auffahrenden wegen eines Verstoßes gegen § 4 Abs. 1 StVO. Dieser ist im Rahmen eines achsparallelen Anstoßes auf den Vordermann aufgefahren und es liegt damit erst einmal eine typische Auffahrsituation, bei welcher vermutet wird, dass der Auffahrende zu schnell oder unaufmerksam gefahren ist bzw. nicht den notwendigen Sicherheitsabstand eingehalten hat (BGH, Urt. v. 13.12.2016 – VI ZR 32/16 = NJW 2017, 117; BGH, Urt. v. 16.1.2007 – VI ZR 248/05 = MDR 2007, 717). Dies wäre nur dann anders, wenn ein Fahrstreifenwechsel des Vorausfahrenden nachgewiesen oder unstreitig ist – aber dies trifft auf den vorliegenden Fall gerade nicht zu. Insoweit unterscheidet sich dieser Fall auch von der Konstellation, bei welcher ein Fahrstreifenwechsel des Vordermanns an sich unstreitig ist, aber über dessen zeitliche Nähe zum Auffahrunfall gestritten wird.

▲

Hat dagegen unstreitig oder bewiesener Maßen vor der Kollision ein Fahrstreifenwechsel des Vordermanns stattgefunden und streiten die Parteien nur noch darüber, ob dieser Fahrstreifenwechsel in einem engen zeitlichen und räumlichen Zusammenhang mit der anschließenden Kollision stattgefunden hat, fehlt es an einem typischen Auffahrunfall und es greift kein damit verbundener Anscheinsbeweis ein. 32

33 ▼

Muster 4.10: Auffahrunfall und Fahrstreifenwechsel bei streitigem zeitlichem Kontext

Der Beweis des ersten Anscheins bei einem Auffahrunfall setzt voraus, dass beide Fahrzeuge – unstreitig oder erwiesenermaßen – so lange in einer Spur hintereinander hergefahren sind, dass sich beide Fahrzeugführer auf die vorangegangenen Fahrbewegungen hätten einstellen können (BGH, Urt. v. 13.12.2011 – VI ZR 177/10 = zfs 2012, 195; OLG Hamm, Beschl. v. 27.10.2014 – I 9 U 60/14 – juris; *Bendig/Nugel*, VRR 2012, 404). Ein Anscheinsbeweis für das Verschulden des Auffahrenden ist mithin nicht gegeben, wenn der Vorausfahrende im unmittelbaren örtlichen und zeitlichen Zusammenhang mit dem Unfall den Fahrstreifen gewechselt hat (BGH, Urt. v. 30.11.2010 – VI ZR 15/10 = MDR 2011, 157; OLG Hamm, Beschl. v. 27.10.2014 – I 9 U 60/14 – juris). Dabei genügt es, dass als eine Ursache ein Fahrstreifenwechsel aufgrund konkreter Tatsachen zumindest möglich erscheint, so dass kein typischer Auffahrvorgang mehr besteht (OLG München, Urt. v. 13.12.1013 – 10 U 2372/13 = SP 2014, 223; OLG Hamm, Hinweisbeschl. v. 7.11.2016 – I 6 U 79/16 – juris; OLG Koblenz, Urt. v. 3.2.2014 – 12 U 607/13 – juris). Ist eine solche typische Auffahrsituation wie hier streitig, greifen die Grundsätze des Anscheinsbeweises nicht. Lässt sich bei einem Verkehrsunfallgeschehen nur feststellen, dass es zu einer Auffahrsituation gekommen ist, lässt sich aber nicht klären, ob es sich um einen typischen Auffahrunfall handelt, oder ob dem Unfallgeschehen ein Spurwechsel des Vorausfahrenden unmittelbar vorangegangen ist, dann kommen die Regeln über den Anscheinsbeweis nicht zur Anwendung (OLG Hamm, Urt. v. 3.3.2012 – 6 U 174/10 = VRR 2012, 162).

▲

34 Eine Haftungsquote kann ggf. zu bejahen sein, wenn der vorausfahrende Fahrzeugführer seinerseits stark und ohne einen zwingenden Grund i.S.d. § 4 Abs. 1 S. 2 StVO abbremst und dadurch zu dem Unfall beiträgt. Die Beweislast hierfür trägt allerdings der Auffahrende. Wichtig ist in diesem Zusammenhang, dass auch in dieser Situation gegen den Auffahrenden der Anscheinsbeweis zu bejahen ist.

35 ▼

Muster 4.11: Anscheinsbeweis bei Auffahrunfall und starkem Abbremsen

Fährt jemand auf ein vor ihm befindliches Fahrzeug auf, spricht der Beweis des ersten Anscheins dafür, dass er entweder nicht den notwendigen Sicherheitsabstand eingehalten bzw. nicht die gebotene Sorgfalt bei der Beobachtung des vor ihm fahrenden Verkehrs beachtet hat, ggf. auch einfach zu schnell gefahren ist. Der Anscheinsbeweis ist auch nicht dadurch erschüttert, dass das vorausfahrende Kfz eine Vollbremsung durchführt, denn ein plötzliches scharfes Bremsen muss ein Kraftfahrer einkalkulieren (BGH, Urt. v. 13.12.2016 – VI ZR 32/16 = NJW 2017, 117; BGH, Urt. v. 23.1.2007 – VI ZR 146/06 = MDR 2007, 717).

Behauptet der Auffahrende dagegen eine Mithaftung des Vorausfahrenden wegen eines starken Abbremsens ohne zwingenden Grund, hat er dies zweifelsfrei zu beweisen (OLG Düsseldorf, Beschl. v. 8.3.2014 – 1 U 152/03 = SVR 2005, 28; LG Duisburg, Urt. v. 10.4.2015 – 10 O 192/14 – juris). Selbst wenn er diesen Beweis frei von Zweifeln führen kann, haftet der Auffahrende aufgrund des Verstoßes gegen die Kardinalvorschrift des

§ 4 Abs. 1 S. 1 StVO im Zweifel überwiegend zu $^{2}/_{3}$ (KG, Urt. v. 11.7.2002 – 12 U 9923/00 = NZV 2003, 41).

▲

Der Mithaftungsanteil des Abbremsenden kann allerdings auch ganz erheblich sein. Er ist jedenfalls umso größer, je unwahrscheinlicher in der konkreten Verkehrssituation ein starkes Abbremsen gewesen ist und kann daher auch ohne weiteres 50 % erreichen.[29] 36

Das Blatt wendet sich allerdings, wenn der Auffahrende beweisen kann, dass der Vorausfahrende Fahrzeugführer zu „Disziplinierungsmaßnamen" grundlos stark abgebremst hat. In diesem Fall kann den vorausfahrenden „Verkehrsrowdy" die alleinige Haftung treffen. 37

▼ 38

Muster 4.12: Alleinhaftung bei Nötigung durch Abbremsen

Ein Abbremsen ohne verkehrsbedingten Anlass allein um den nachfolgenden Fahrzeugführer zu disziplinieren, führt zu einer alleinigen Haftung des Vordermanns. Dieses Verhalten ist, wenn nicht sogar als vorsätzlich schädigend, so doch zumindest als derart grob fahrlässig anzusehen ist, dass jegliche Mithaftung der Beklagten aus Betriebsgefahr ausscheidet. Derartige Akte der Selbstjustiz im Straßenverkehr widersprechen in schwerwiegender Weise den im Straßenverkehr geltenden Geboten der Vorsicht und Rücksichtnahme (OLG München, Urt. v. 22.2.2008 – 10 U 4455/07 = NJW Spezial 2008, 393; LG Duisburg, Urt. v. 23.3.2012 – 10 O 244/10 = SP 2013, 5 ff.). Gegen den Auffahrenden spricht dagegen wegen dieser atypischen Situation gerade kein Anscheinsbeweis (OLG München a.a.O.). Bremst der Vordermann scharf und ohne verkehrsbedingten Anlass einzig aus dem Grund ab, um den Hintermann zu disziplinieren, haftet er daher wegen dieses groben Fehlverhaltens alleine (LG Essen, Urt. v. 12.1.2018 – 17 O 235/16 – juris; AG Bremen, Urt. v. 13.6.2013 – 9 C 16/13 – juris).

▲

b) Fahrstreifenwechsel

Ereignet sich ein Verkehrsunfall im zeitlichen und räumlichen Zusammenhang mit einem Fahrstreifenwechsel spricht der Anscheinsbeweis dafür, dass der den Fahrstreifen wechselnde Fahrzeugführer in schuldhafter Weise gegen die Vorschrift des § 7 Abs. 5 StVO verstoßen hat. Ein Indiz für einen solchen engen zeitlichen und räumlichen Zusammenhang ist eine schräge Kollisionsstellung[30] eines Unfallbeteiligten bzw. gar ein seitlicher Anstoß. 39

▼ 40

Muster 4.13: Anscheinsbeweis und Fahrstreifenwechsel

Ereignet sich ein Unfall im unmittelbaren zeitlichen und örtlichen Zusammenhang mit einem Fahrstreifenwechsel, spricht gegen den Fahrstreifenwechsler der Beweis des ersten Anscheins, der einen schuldhaften Verstoß gegen § 7 Abs. 5 StVO begründet (OLG Hamm, Beschl. v. 27.10.2014 – I 9 U 60/14 – juris; OLG Schleswig, Urt. v. 22.12.2015 –

29 OLG Hamm, Urt. v. 9.12.2013 – I 6 U 54/13 = Schaden-Praxis 2014, 186; OLG Karlsruhe, Urt. v. 20.12.2012 – 9 U 88/11 = NJW 2013, 247.

30 AG HH-Blankenese, Urt. v. 5.10.2004 – 509 C 208/03 = VersR 2005, 1549.

7 U 111/14 – juris; OLG Düsseldorf, Urt. v. 17.5.2011 – I 1 U 132/10 = Schaden-Praxis 2012, 66; OLG Hamm, Urt. v. 13.5.2009 – 13 U 106/08 = NJW-RR 2009, 1624; OLG Brandenburg, Urt. v. 21.6.2007 – 12 U 2/07 und OLG München, Urt. v. 1.12.2006 – 10 U 4707/06 – juris). Den strengen Sorgfaltsanforderungen des § 7 Abs. 5 StVO bei einem Fahrstreifenwechsel genügt ein Fahrer nur dann, wenn er vor dem Fahrstreifenwechsel in Innen- und Außenspiegel schaut, sich mit einem Schulterblick umsieht und den Wechsel mittels des Fahrtrichtungsanzeigers rechtzeitig anzeigt sowie bei dem anschließenden Fahrstreifenwechsel die Gefährdung anderer Verkehrsteilnehmer ausschließt. Kann er den gegen ihn sprechenden Anscheinsbeweis nicht erschüttern, haftet der Fahrstreifenwechsler aufgrund seines überragenden Fehlverhaltens grundsätzlich alleine und die Betriebsgefahr des anderen Fahrzeuges tritt dahinter vollständig zurück (OLG Hamm, Beschl. v. 27.10.2014 – I 9 U 60/14 – juris; OLG Jena, Urt. v. 8.12.2005 – 1 U 474/05 = NZV 2006, 147; OLG Hamm, Urt. v. 16.11.2004 – 9 U 110/04 = DAR 2005, 285).

▲

41 Eine besondere Konstellation liegt vor, wenn der Unfall sich im Zusammenhang mit einem Fahrstreifenwechsel vor dem Hintergrund der Verengung von zwei auf eine Fahrbahn ereignet. Auch hier spricht der Anscheinsbeweis aber erst einmal zu Lasten des Fahrstreifenwechslers.

42 ▼

Muster 4.14: Anscheinsbeweis bei Fahrstreifenwechsel und Fahrbahnverengung

Ereignet sich ein Unfall im unmittelbaren zeitlichen und örtlichen Zusammenhang mit einem Fahrstreifenwechsel, spricht gegen den Fahrstreifenwechsler der Beweis des ersten Anscheins, der einen schuldhaften Verstoß gegen § 7 Abs. 5 StVO begründet (OLG Hamm, Beschl. v. 27.10.2014 – I 9 U 60/14 – juris; OLG Düsseldorf, Urt. v. 17.5.2011 – I 1 U 132/10 = SP 2012; OLG Hamm, Urt. v. 13.5.2009 – 13 U 106/08 = NJW-RR 2009, 1624). Dies gilt auch dann, wenn der Fahrstreifenwechsler bei einer Engstelle erfolgt (OLG Düsseldorf, Urt. v. 22.7.2014 – I 1 U 152/13 = Schaden-Praxis 2015, 4; LG Berlin, Urt. v. 11.6.2003 – 3 C 190/03 = SP 2003, 301; LG Darmstadt, Urt. v. 15.3.2001 – 6 S 464/00 – juris). Kann er den gegen ihn sprechenden Anscheinsbeweis nicht erschüttern, haftet der Fahrstreifenwechsler aufgrund seines überragenden Fehlverhaltens grundsätzlich alleine und die Betriebsgefahr des anderen Fahrzeuges tritt dahinter i.d.R. vollständig zurück (OLG Hamm, Urt. v. 16.11.2004 – 9 U 110/04 = DAR 2005, 285). Dies gilt grundsätzlich auch dann, wenn der Fahrstreifenwechsel wie hier vor dem Hintergrund einer Engstelle erfolgt ist (KG, Beschl. v. 19.10.2009 – 12 U 227/08 – juris; AG Essen – Steele, Urt. v. 24.1.2019 – 25 C 106/17 – juris).

▲

43 Bei Unfällen an Fahrbahnverengungen, an denen das Reißverschlussprinzip gilt, besteht die Besonderheit, dass zu Lasten jedes beteiligten Fahrzeugs aufgrund der örtlich bedingten Enge eine erhebliche Betriebsgefahr bestehen kann. Selbst wenn die andere Seite (insbesondere der den Fahrstreifen wechselnde Fahrer) ein erheblicher Verschuldensvorwurf trifft, wird die Betriebsgefahr des beschädigten Fahrzeugs nur in den seltensten Fällen gänzlich hinter dem Fehlverhalten der anderen Seite zurücktreten.

▼ 44

Muster 4.15: Erhöhte Betriebsgefahr bei Fahrt in der Engstelle

4.15

Kommt es an einer Stelle der Fahrbahn, an der sich diese auf einen Fahrstreifen verengt und die vor den Unfallbeteiligten fahrenden Verkehrsteilnehmer das Reißverschlussverfahren anwenden, zu einer Kollision, ist (unabhängig von einem Verschulden) von einer erhöhten Betriebsgefahr des geradeaus fahrenden Unfallbeteiligten auszugehen, die zu einer Mithaftung von mindestens 30 % (OLG Frankfurt a.M., Urt. v. 8.12.2003 – 16 U 173/03 = zfs 2004, 205; AG Hamburg, Urt. v. 7.7.2005 – 50A C 102/05 = SP 2005, 369) bzw. zumindest 25 % führt (AG Leipzig, Urt. v. 16.1.1997 – 4 C 12906/96 = SP 1997, 387). Dies allein wegen der mit der in die Einfahrt in die Engstelle verbundenen Gefahren (vgl. hierzu OLG Frankfurt a.M., Urt. v. 8.12.2003 – 16 U 173/03 = zfs 2004, 205).

▲

Diese Auffassung ist aber nicht zwingend. Nach einer Auffassung in der Rechtsprechung trifft den Fahrzeugführer auf der durchgehenden Fahrbahn nur dann eine Mithaftung, wenn er den Unfall hätte vermeiden können und ihm ein schuldhafter Verstoß gegen § 1 Abs. 2 StVO nachgewiesen werden kann. Ihn trifft dann im Regelfall eine Haftung, die nicht mehr als 25 % beträgt.[31] Hat der durchgehende Verkehr allerdings eine besondere Rücksicht zu nehmen (z.B. gegenüber einen mit einer Warnleuchte im Einsatz befindlichen Müllfahrzeug) haftet er zu 1/3 mit.[32] 45

▼ 46

Muster 4.16: Keine Haftung ohne Verschulden im Engstellenbereich

4.16

§ 7 Abs. 4 StVO enthält eine Vorrangregelung dahin, dass derjenige, der den durchgehenden Fahrstreifen befährt, Vorrang vor demjenigen hat, der auf seinem Fahrstreifen nicht durchfahren kann (KG, Urt. v. 17.5.1979 – 22 U 702/79 = DAR 1980, 186). Eine Mithaftung des daher Bevorrechtigten kommt nur dann in Betracht, wenn er die Gefahr einer Kollision auf sich zukommen sehen musste und unfallverhütend reagieren kann. Einen solchen schuldhaften Verstoß gegen die StVO muss der Fahrstreifenwechsler dem Unfallgegner aber nachweisen (KG, Urt. v. 19.10.2009 – 12 U 227/08 – NZV 2010, 507).

▲

Eine kontrovers erörterte Unfallsituation liegt vor, wenn der Fahrstreifenwechsler mit einem Fahrzeug kollidiert, welches vom Fahrbahnrand anfährt bzw. von einem Grundstück in den fließenden Verkehr einfährt. Umstritten ist in diesem Fall, ob die Sorgfaltsanforderungen im fließenden Verkehr bei einem Fahrstreifenwechsel auch dem Anfahrenden bzw. Einfahrenden zu Gute kommen sollen. Eine ältere Auffassung in der Rechtsprechung bejaht dies, so dass bei einer Kollision mit einem Fahrstreifenwechsler des fließenden Verkehrs im Zweifel eine Haftungsteilung auf Basis von 50 % geboten wäre.[33] Diese Rechtsprechung vermag jedoch nicht zu überzeugen: Der Anfahrende/Einfahrende hat sich so zu verhalten, dass die Gefährdung anderer Verkehrsteilnehmer vollkommen ausgeschlossen ist. Diese dürfen darauf vertrauen, dass er das Vorrecht des fließenden 47

31 KG, Urt. v. 19.10.2009 – 12 U 227/08 = NVZ 2010, 507.
32 KG, Urt. v. 23.10.1995 – 12 U 1861/94 = VerkMitt 1996, Nr. 27.
33 OLG Köln, Urt. v. 4.2.1986 – 22 U 159/85 = VersR 1986, 666.

Verkehrs über die ganze Fahrbahn beachtet. Der Einfahrende/Anfahrende dagegen darf jedoch nicht darauf vertrauen, dass herannahende Fahrzeuge ihre Fahrspur auch beibehalten.[34] Erfolgt ein Fahrspurwechsel im herannahenden fließenden Verkehr, greift mithin die Sorgfaltsvorschrift des § 7 Abs. 5 StVO ihrem Schutzzweck nach nicht ein und der Einfahrende/Anfahrende haftet im Zweifel allein.[35] Dies ändert sich erst dann, wenn dem Fahrzeugführer im fließenden Verkehr seinerseits nachgewiesen werden kann, dass er eine Kollision bei einer rechtzeitigen Reaktion hätte vermeiden können und nunmehr gegen § 1 Abs. 2 StVO verstoßen hat. Oder aber sein Fahrstreifenwechsel wird wegen der Gefahren dieses Fahrmanövers mit einer erhöhten Betriebsgefahr verbunden, die ausnahmsweise zu einer wenn auch geringen Mithaftung führen kann.

48 ▼

Muster 4.17: Einfahrt in den fließenden Verkehr und Fahrstreifenwechsel

Es kann dahinstehen, ob ein unachtsamer Fahrstreifenwechsel vorliegt. Die Sorgfaltsnorm des § 7 Abs. 5 StVO schützt nicht den Verkehrsteilnehmer, der vom ruhenden in den fließenden Verkehr einfährt (BGH, Urt. v. 8.3.2022 – VI ZR 1308/20 – juris; KG, Urt. v. 29.10.2007 – 12 U 5/07 = KGR Berlin 2008, 855 sowie KG, Beschl. v. 15.12.2005 – 12 U 165/05 = DAR 2006, 454). § 10 StVO legt vielmehr dem vom Fahrbahnrand anfahrenden bzw. dem von bestimmten Örtlichkeiten auf die Fahrbahn einfahrenden Fahrzeugführer die Verantwortung für die Gefahrlosigkeit seines Fahrmanövers grundsätzlich allein auf. Von ihm wird äußerste Sorgfalt gefordert (BGH, Urt. v. 25.4.1985 – III ZR 53/84 = VersR 1985, 835) und er haftet auch bei einer Kollision mit einem bevorrechtigten Teilnehmer des fließenden Verkehrs, der einen Fahrstreifenwechsel vornimmt, alleine (KG, Beschl. v. 15.12.2005 – 12 U 165/05 = DAR 2006, 454; OLG München, Urt. v. 25.3.1994 – 10 U 4856/93 = NJW-RR 1994, 1443).

▲

c) Anscheinsbeweis und Vorfahrtsverletzung

49 Ein klassischer „100 zu 0“-Fall liegt vor, wenn ein wartepflichtiger Verkehrsteilnehmer die Vorfahrt eines insoweit berechtigten Fahrzeugführers verletzt. In diesem Fall wird im Wege des Anscheinsbeweises ein schuldhafter Verstoß des wartepflichtigen Fahrzeugführers gegen § 8 StVO vermutet, hinter dem grundsätzlich die Betriebsgefahr des anderen Fahrzeugs zurücktritt.

50 ▼

Muster 4.18: Anscheinsbeweis bei Vorfahrtsverletzung

Stoßen zwei Fahrzeuge auf einer Kreuzung bzw. einer Einmündung i.S.d. § 8 StVO zusammen, wird eine schuldhafte Vorfahrtsverletzung des Wartepflichtigen im Wege des Anscheinsbeweises vermutet (BGH, Urt. v. 18.11.1975 – VI ZR 172/74 = NJW 1976, 1317; OLG Hamm, Beschl. v. 16.12.2016 – I 11 U 170/15 – juris; OLG Celle, Urt. v. 20.10.2010 –14 U 47/10 – juris; OLG Köln, Urt. v. 14.2.2002 – 12 U 142/01 = SP 2002, 263; OLG Köln, Urt. v. 9.4.2002 – 3 U 166/01 = VersR 2002, 998). Hinter diesem

34 So auch OLG Köln, Urt. v. 4.2.1986 – 22 U 159/85 = VersR 1986, 666.

35 KG, Beschl. v. 4.1.2006 – 12 U 202/05 = DAR 2006, 454; OLG München, Urt. v. 25.3.1994 – 10 U 4856/93 = NJW-RR 1994, 1443.

Fehlverhalten tritt die einfache Betriebsgefahr des anderen Fahrzeugs im vollen Umfang zurück (OLG Hamm, Urt. v. 8.5.2001 – 27 U 201/00 = DAR 2001, 506).

▲

Häufig verteidigt sich der wartepflichtige Verkehrsteilnehmer mit dem Argument, er habe bereits den unmittelbaren Kreuzungsbereich verlassen und es wäre ein typischer Auffahrunfall im gleichgerichteten Verkehr erfolgt. Solange aber ein zeitlicher und räumlicher Zusammenhang mit der Einfahrt in die vorfahrtsberechtigte Straße besteht, greift der Anscheinsbeweis zu Lasten des Einbiegenden jedoch weiter bis zu dem Zeitpunkt ein, zu dem dieser sich vollständig in die vorfahrtsberechtigte Straße mit der dort vorherrschenden Geschwindigkeit des fließenden Verkehrs eingegliedert hat. In der Hamburger Rechtsprechung wird hierzu i.d.R. auf eine Wegstrecke von 30m abgestellt, die der wartepflichtige Fahrzeugführer in der Vorfahrtsstraße zurückzulegen hat. **51**

Will der Wartepflichtige den gegen ihn sprechenden Anscheinsbeweis erschüttern, hat er zu beweisen, dass zum Zeitpunkt seines Einfahrentschlusses das vorfahrtsberechtigte Fahrzeug noch nicht erkennbar gewesen ist.[36] In diesen Fallkonstellationen steht zumindest eine Mithaftung des vorfahrtsberechtigten Fahrzeugführers wegen einer Überschreitung der zulässigen Höchstgeschwindigkeit im Raum, die sich allerdings auch unfallursächlich ausgewirkt haben muss. Hierzu gilt: Ein Ursachenzusammenhang zwischen dem Unfallereignis und dem behaupteten Fehlverhalten in Form der zu schnellen Geschwindigkeit ist nur dann gegeben, wenn der Unfall bei Beachtung der Verkehrsvorschriften durch den betroffenen Fahrzeugführer zum Zeitpunkt des Eintritts der kritischen Verkehrssituation vermeidbar gewesen wäre.[37] Ein Geschwindigkeitsverstoß ist für den Schaden aber auch dann kausal – und bei der Haftungsabwägung nach § 17 StVG zu gewichten – wenn der Unfall bei Einhaltung der vorgeschriebenen Geschwindigkeit zwar nicht vermieden worden, die Unfallfolgen aber wesentlich geringer ausgefallen wären.[38] **52**

Der Anteil seiner Haftung orientiert sich in diesem Fall daran, um wie viel Prozent er die zulässige Höchstgeschwindigkeit überschritten hat, wobei eine geringfügige Überschreitung von bis zu 10 % in der Regel noch keine Mithaftung begründet.[39]

Eine weitere besondere Unfallsituation liegt vor, wenn der Vorfahrtsberechtigte seinerseits gegen das Rechtsfahrgebot verstößt. Zu seinen Gunsten ist dabei allerdings zu berücksichtigen, dass die Vorschrift des § 2 Abs. 2 StVO grundsätzlich nur den gleichgerichteten Verkehr schützt[40] und sich das Vorfahrtsrecht auf die gesamte Fahrbahnbreite erstreckt.[41] **53**

36 BGH, Urt. v. 21.1.1986 – VI ZR 35/85 = DAR 1986, 142; KG, Urt. v. 21.6.2001 – 12 U 1147/00 = DAR 2002, 66 = NZV 2002, 79; OLG Koblenz, Urt. v. 11.4.1988 – 12 U 559/87 = VersR 1989, 1310.

37 OLG Celle, Urt. v. 27.5.2009 – 14 U 2/09 – juris.

38 OLG Saarbrücken, Urt. v. 14.8.2014 – 4 U 150/13 = NJW-Spezial 2014, 681; OLG Frankfurt a.M., Urt. v. 15.4.2014 – 16 U 213/13 = SP 2014, 406.

39 OLG Hamm, Urt. v. 8.5.2001 – 27 U 201/0 = DAR 2001, 506.

40 BGH, Urt. v. 19.5.1981 – VI ZR 8/80 = NJW 1981, 2301.

41 KG, Urt. v. 6.10.2005 – 12 U 104/04 = NZV 2006, 202.

54 ▼

Muster 4.19: Vorfahrtsverletzung und Rechtsfahrgebot

Auch in der hier vorliegenden Konstellation ist von einer Vorfahrtsverletzung auszugehen. Stoßen zwei Fahrzeuge auf einer Kreuzung bzw. einer Einmündung i.S.d. § 8 StVO zusammen, wird eine schuldhafte Vorfahrtsverletzung des Wartepflichtigen im Wege des Anscheinsbeweises vermutet (BGH, Urt. v. 20.9.2011 – VI ZR 282/10 = zfs 2012, 76; OLG Köln, Urt. v. 14.2.2002 – 12 U 142/01 = SP 2002, 263; OLG Hamm, Urt. v. 8.5.2001 – 27 U 201/00 = DAR 2001, 506; OLG Köln, Urt. v. 9.4.2002 – 3 U 166/01 = VersR 2002, 998). Das Vorfahrtsrecht erstreckt sich dabei auf die gesamte Breite der Vorfahrtsstraße (KG, Urt. v. 6.10.2005 – 12 U 104/04 = NZV 2006, 202; OLG Hamm, Urt. v. 23.2.2016 – I 9 U 43/15 = zfs 2017, 16). Selbst wenn der Vorfahrtsberechtigte gegen das Rechtsfahrgebot verstoßen sollte und die linke Fahrbahn befährt, geht es ihm nicht verloren (OLG Jena, Urt. v. 9.5.2000 – 5 U 1346/99 = DAR 2000, 570).

Ein schuldhafter Verstoß des Vorfahrtsberechtigten gegen das Rechtsfahrgebot scheidet dagegen aus. Das Rechtsfahrgebot dient allein dem Schutz der Verkehrsteilnehmer, die sich in Längsrichtung auf derselben Straße bewegen (BGH, Urt. v. 20.9.2011 – VI ZR 282/10 = zfs 2012, 76; OLG Hamm, Urt. v. 23.2.2016 – I 9 U 43/15 = zfs 2017, 16; OLG Stuttgart; Urt. v. 4.6.2014 – 3 U 15/14 = SP 2014, 40; LG Düsseldorf, Beschl. v. 12.4.2012 – 22 S 25/12 – juris; LG Mönchengladbach, Urt. v. 9.9.2015 – 6 O 54/15 – juris; LG Leipzig, Urt. v. 15.3.2011 – 102 C 2368/08 – juris; im Überblick *Bendig/Nugel*, VRR 2012, 404), nicht jedoch derjenigen, welche erst in die Fahrbahn einbiegen wollen (OLG Jena, Urt. v. 9.5.2000 – 5 U 1346/99 = DAR 2000, 570) oder ihrerseits im Gegenverkehr nach links abbiegen (BGH, Urt. v. 19.5.1981 – VI ZR 8/80 = NJW 1981, 2301).

▲

55 Unabhängig von einem schuldhaften Verstoß gegen die StVO kann den Vorfahrtsberechtigten jedoch eine Mithaftung treffen, wenn zu seinen Lasten aus seinem Fahrmanöver eine erhöhte Betriebsgefahr abgeleitet wird.[42] Sie wird in der Regel allerdings gegenüber dem Vorfahrtsverstoß von geringerem Gewicht sein.[43]

56 ▼

Muster 4.20: Mithaftung des Vorfahrtsberechtigten aus Betriebsgefahr bei Abkommen auf die Gegenfahrbahn

Es kann vorliegend dahinstehen, ob zu Lasten des Vorfahrtsberechtigten die Vorschrift des § 2 Abs. 2 StVO zur Anwendung gelangt. Allein durch sein zu weites „Linksfahren" wird auch ohne einen schuldhaften Verstoß gegen die StVO die von dem Betrieb des Fahrzeuges ausgehende Gefahr erheblich vergrößert (OLG Köln, Urt. v. 5.6.2013 – 16 U 106/11 – juris; OLG Jena, Urt. v. 9.5.2000 – 5 U 1346/99 = DAR 2000, 570; zu einer Mithaftung vgl. auch OLG Köln, Urt. v. 31.3.2000 – 19 U 159/99 = VersR 2001, 1042). Eine Erhöhung der Betriebsgefahr setzt dabei keinen schuldhaften Verstoß gegen die StVO voraus und jedes über ein schlichtes Geradeausfahren hinausgehenden Fahrmanöver erhöht per se die Betriebsgefahr (Grundlegend: BGH, Urt. v. 11.1.2005 – VI ZR 352/03 = VersR 2005, 702). Denn auch wenn der Schutzzweck einer Verhaltensnorm nicht einschlägig ist und ein Verschulden ausscheidet, kann trotzdem durch ein

42 OLG Jena, Urt. v. 9.5.2000 – 5 U 1346/99 = DAR 2000, 570.

43 Zur Mithaftung von 30 % vgl. OLG Köln, Urt. v. 31.3.2000 – 19 U 159/99 = VersR 2001, 1042.

bestimmtes Fahrmanöver die Betriebsgefahr des Pkw so erhöht sein, dass sie zu einer Mithaftung führt (OLG Hamm, Urt. v. 20.9.2010 – I-6 U 222/09 = NJW 2010, 3790). Eine Mithaftung in Höhe von mindestens 50 % erscheint allein unter diesem Gesichtspunkt angemessen (vgl. KG, Urt. v. 6.10.2005 – 12 U 104/04 = NZV 2006, 202).

▲

d) Verstöße gegen die Kardinalvorschrift des § 9 Abs. 5 StVO

Im Wege des Anscheinsbeweises wird ein schuldhafter Verstoß gegen § 9 Abs. 5 StVO 57 zu Lasten desjenigen festgestellt, der im zeitlichen und örtlichen Zusammenhang mit dem Verkehrsunfall in ein Grundstück abgebogen ist.[44] Entscheidend für die Annahme eines Abbiegens in ein Grundstück ist nach Sinn und Zweck dieser Vorschrift, ob der Abbiegevorgang ein Verlassen des fließenden Verkehrs nach sich zieht, so dass als Grundstück alle Verkehrsflächen (wie beispielsweise auch Parkplätze, Hofeinfahrten etc.) anzusehen sind, die nicht dem fließenden Verkehr dienen.[45] Der in diese Orte abbiegende Fahrzeugführer hat die Gefährdung anderer Verkehrsteilnehmer auszuschließen und dabei auch die Sorgfaltsnormen des § 9 Abs. 1 StVO zu beachten, wonach er den Abbiegevorgang rechtzeitig durch Setzen des Blinkers, bei Abbiegen nach links zusätzlich durch ein (wenn möglich) Einordnen zur Fahrbahnmitte hin anzukündigen und doppelte Rückschau zu nehmen hat. Im Wege des Anscheinsbeweises wird eine Verletzung der doppelten Rückschaupflicht vermutet.[46]

▼ 58

Muster 4.21: Alleinhaftung beim Abbiegen in ein Grundstück

Im Wege des Anscheinsbeweises wird ein schuldhafter Verstoß gegen § 9 Abs. 5 StVO 4.21 zu Lasten desjenigen vermutet, der im zeitlichen und örtlichen Zusammenhang mit dem Verkehrsunfall in ein Grundstück abgebogen ist (OLG Düsseldorf, Urt. v. 2.4.2019 – I 1 U 108/18 – juris; OLG Bremen, Urt. v. 1.9.2009 – 3 U 36/09 = MDR 2010, 26; KG, Urt. v. 7.10.2002 – 12 U 41/01 = MDR 2003, 507; OLG Dresden, Urt. v. 24.4.2002 – 11 U 2948/01 = SP 2003, 304). Dies insbesondere im Hinblick auf die in § 9 Abs. 1 S. 4 StVO zugrunde gelegte doppelte Rückschaupflicht (OLG Stuttgart, Urt. v. 4.6.2014 – 3 U 15/14 = SP 2014, 404 ff.; OLG Naumburg, Urt. v. 12.12.2008 – 6 U 106/08 = VersR 2009, 373). Hierhinter tritt die einfache Betriebsgefahr eines anderen unfallbeteiligten Fahrzeugs zurück (OLG Düsseldorf, Beschl. v. 27.2.2012 – 15 U 15/12 = SP 2012, 392; OLG München, Urt. v. 11.6.2010 – 10 U 2282/10 = NJW Spezial 2010, 489; OLG Hamburg, Beschl. v. 20.3.2012 – 15 U 15/12 – juris; KG, Urt. v. 15.8.2005 – 12 U 41/05 = NZV 2006, 309; OLG Koblenz, Urt. v. 26.1.2004 – 12 U 1439/02 = NZV 2005, 413).

▲

Der Anscheinsbeweis wegen eines schuldhaften Verstoßes gegen § 9 Abs. 5 StVO greift 59 auch zu Lasten desjenigen ein, der im zeitlichen Zusammenhang mit einem Verkehrsunfall ein Wendemanöver durchgeführt hat. Der wendende Fahrzeugführer haftet grund-

44 BGH, Urt. v. 25.3.1969 – VI ZR 263/67 = VersR 1969, 614; KG, Urt. v. 7.10.2002 – 12 U 41/01 = MDR 2003, 507; OLG Dresden, Urt. v. 24.4.2002 – 11 U 2948/01 = SP 2003, 304.

45 OLG Düsseldorf, Urt. v. 28.12.1992 – 5 Ss 363/90 – 146/90 I = NZV 1993, 198.

46 KG, Urt. v. 7.10.2002 – 12 U 41/01 = NZV 2003, 89; OLG Saarbrücken, Urt. v. 12.4.1991 – 3 U 96/90 = NZV 1992, 234.

sätzlich ebenfalls alleine, es sei denn, er kann dem anderen Unfallbeteiligten ebenfalls ein Verschulden nachweisen.

60 ▼

Muster 4.22: Alleinhaftung bei Wendemanöver

4.22 Im Wege des Anscheinsbeweises wird ein schuldhafter Verstoß gegen § 9 Abs. 5 StVO zu Lasten desjenigen vermutet, der im zeitlichen und örtlichen Zusammenhang gewendet hat (OLG Düsseldorf, Urt. v. 20.9.2016 – I 1 U 146/15 – juris; OLG Düsseldorf, Urt. v. 17.5.2011 – I-1 U 132/10 = SP 2012, 66; KG, Beschl. v. 31.8.2009 – 12 U 129/09 = NZV 2010, 468, vgl. auch BGH, Urt. v. 4.6.1985 – VI ZR 15/84 = DAR 1985, 316). Hinter diesem überragenden Fehlverhalten tritt die einfache Betriebsgefahr eines anderen unfallbeteiligten Fahrzeugs in vollem Umfang zurück (OLG Düsseldorf, Urt. v. 13.10.2015 – I 1 U 179/14 – juris; OLG Düsseldorf, Urt. v. 17.5.2011 – I-1 U 132/10 = SP 2012, 66; KG, Beschl. v. 31.8.2009 – 12 U 129/09).

▲

61 Der Anscheinsbeweis greift auch dann ein, wenn der Unfall sich im zeitlichen Zusammenhang mit einer Rückwärtsfahrt ereignet. Hier wird ebenfalls ein schuldhafter Verstoß gegen § 9 Abs. 5 StVO vermutet, der zu einer alleinigen Haftung des Rückwärtsfahrenden führen kann.

62 ▼

Muster 4.23: Alleinhaftung bei Rückwärtsfahrt

4.23 Im Wege des Anscheinsbeweises wird ein schuldhafter Verstoß gegen § 9 Abs. 5 StVO zu Lasten desjenigen vermutet, der im zeitlichen und örtlichen Zusammenhang mit dem Verkehrsunfall rückwärts gefahren ist (BGH, Urt. v. 15.12.2015 – VI ZR 6/15 = MDR 2016, 2668: BGH, Urt. v. 27.6.1.2016 – VI ZR 179/15 = NJW Spezial 2016, 138; OLG Köln, Urt. v. 13.7.2011 – 5 U 26/11 = DAR 2011, 640; OLG Saarbrücken, Urt. v. 24.8.2004 – 3 U 739/03 = zfs 2005, 13). Hinter diesem überragenden Fehlverhalten tritt die einfache Betriebsgefahr eines anderen unfallbeteiligten Fahrzeugs in vollem Umfang zurück (OLG Köln, Urt. v. 2.6.1997 – 19 U 213/96 = SP 1998, 43).

▲

63 Häufig verteidigt sich der Rückwärtsfahrende mit dem Argument, er habe sein Fahrzeug zum Zeitpunkt der Kollision bereits zum Stillstand gebracht. Dies vermag aber in den meisten Fällen nicht zu überzeugen, solange noch ein zeitlicher und räumlicher Zusammenhang zwischen der Rückwärtsfahrt und dem Unfallereignis besteht. Auch hier greift der Anscheinsbeweis zu Lasten des Rückwärtsfahrenden ein.[47] Ansonsten wäre es auch dem Zufall überlassen, ob es dem Rückwärtsfahrenden gelingt, sein Fahrzeug (gerade noch) vor der Kollision zum Stillstand zu bringen.

64 Der Anscheinsbeweis wegen eines Verstoßes gegen § 9 Abs. 5 StVO setzt jedoch voraus, dass es sich erwiesenermaßen oder unstreitig um eine Situation handelt, bei der das Fahrzeug überhaupt zurückgesetzt wird und damit typischerweise ein Verstoß gegen die besonderen Sorgfaltsanforderungen beim Rückwärtsfahren vermutet werden kann. Ist diese Situation streitig weil z.B. durch die Gegenseite ein typischer Auffahrunfall be-

47 LG Bad Kreuznach, Urt. v. 25.7.2007 – 1 S 29/07 = zfs 2007, 559.

hauptet wird, muss jede Seite die für sie günstigen Anknüpfungstatsachen beweisen und ein Anscheinsbeweis greift nicht ohne weiteres ein.[48]

e) Anscheinsbeweis und Einfahrt in den fließenden Verkehr

Ein „100 zu 0"-Fall liegt erst einmal auch dann vor, wenn der Unfall durch einen Fahrzeugführer verursacht wird, der im zeitlichen und räumlichen Zusammenhang aus dem ruhenden in den fließenden Verkehr einfährt. Er hat in diesem Fall die Gefährdung anderer Verkehrsteilnehmer auszuschließen und im Wege des Anscheinsbeweises wird ein schuldhafter Verstoß gegen § 10 StVO vermutet. Ein enger zeitlicher und räumlicher Zusammenhang mit der Einfahrt in den fließenden Verkehr ist auch dann noch zu bejahen, wenn das Fahrzeug mehrere Fahrzeuglängen zurückgelegt hat.[49] Das Einfahren endet räumlich erst dann, wenn sich das Fahrzeug endgültig in den fließenden Verkehr eingeordnet hat und jede Einflussnahme des Anfahrvorgangs auf den fließenden Verkehr ausgeschlossen ist.[50] 65

▼ 66

Muster 4.24: Anscheinsbeweis bei Einfahrt in den fließenden Verkehr

§ 10 S. 1 StVO legt dem vom Fahrbahnrand anfahrenden bzw. dem von bestimmten Örtlichkeiten auf die Fahrbahn einfahrenden Fahrzeugführer die Verantwortung für die Gefahrlosigkeit seines Fahrmanövers grundsätzlich allein auf. Von ihm wird äußerste Sorgfalt gefordert (BGH, Urt. v. 8.3.2022 – VI ZR 1308/20 – juris; BGH, Urt. v. 25.4.1985 – III ZR 53/84 = VersR 1985, 835). Kommt es bei diesem Fahrmanöver zu einem Unfall mit dem fließenden Verkehr, spricht der Beweis des ersten Anscheins für einen schuldhaften Verstoß gegen § 10 StVO und die einfache Betriebsgefahr des Pkw im fließenden Verkehr tritt hinter diesem überragenden Fehlverhalten zurück (BGH, Urt. v. 8.3.2022 – VI ZR 1308/20 – juris; BGH, Urt. v. 20.9.2011 = VI ZR 282/10 = VersR 2011, 1540; OLG Saarbrücken, Urt. v. 3.8.2017 – 4 U 156 & 16 = zfs 2018, 137; OLG Hamm, Urt. v. 27.3.2015 – I-11 U 44/14 – juris; OLG München, Urt. v. 9.11.2012 – 10 U 834/12 – juris; OLG Köln, Urt. v. 13.7.2011 – 5 U 26/11 = DAR 2011, 640). 4.24

▲

Auch in diesen Fällen verteidigt sich der Einfahrende häufig mit dem Argument, er habe zum Unfallzeitpunkt bereits gestanden. Genau wie bei derselben Situation im Zusammenhang mit einer Rückwärtsfahrt gilt aber, dass der Anscheinsbeweis zu seinen Lasten fortbestehen bleibt. Er hat im **zeitlichen und räumlichen Zusammenhang** mit der Einfahrt jegliche Gefährdung anderer Verkehrsteilnehmer auszuschließen. Die von ihm geschaffene Gefahrenlage besteht auch fort, wenn es ihm (zufällig) gelingt, kurz vor der Kollision sein Fahrzeug zum Stillstand zu bringen. 67

48 OLG Hamm, Urt. v. 21.3.2001 – 13 U 216/00 = MDR 2001, 866; OLG Köln, Urt. v. 19.3.1986 – 2 U 167/85 = NJW-RR 1986, 773; LG Detmold, Urt. v. 19.4.2000 – 2 S 19/00 = zfs 2000, 385.

49 OLG Hamm, Urt. v. 7.3.2014 – 9 U 210/13 – juris.

50 OLG Hamm, Urt. v. 27.3.2015 – I-11 U 44/14 – juris; KG, Urt. v. 27.2.2012 – 22 U 166/11 = SP 2012, 317; OLG Köln DAR 2005, 27; LG Essen, Urt. v. 5.5.2015 – 12 O 214/13 – juris; LG Frankfurt a.M., Urt. v. 25.11.2009 – 2–18 O 99/09 – juris; LG Berlin SP 2002, 197.

68 ▼

Muster 4.25: Anscheinsbeweis bei Einfahrt in den fließenden Verkehr

4.25 Kommt es bei dem Einfahren vom ruhenden in den fließenden Verkehr zu einem Unfall mit dem fließenden Verkehr, spricht der Beweis des ersten Anscheins für einen schuldhaften Verstoß gegen § 10 StVO und die einfache Betriebsgefahr des Pkw im fließenden Verkehr tritt hinter diesem überragenden Fehlverhalten zurück (BGH, Urt. v. 8.3.2022 – VI ZR 1308/20 – juris; BGH, Urt. v. 20.9.2011 – VI ZR 282/10 = VersR 2011, 1540; OLG Saarbrücken, Urt. v. 3.8.2017 – 4 U 156 & 16 = zfs 2018, 137; OLG Hamm, Urt. v. 27.3.2015 – I-11 U 44/14 – juris). Dabei kann es dahinstehen, ob das Fahrzeug bereits gestanden hat. Denn der Anscheinsbeweis greift zu Lasten des vom Fahrbahnrand in den fließenden Verkehr einfahrenden Fahrzeugführers auch dann ein, wenn dieser zum Kollisionszeitpunkt bereits zum Stehen gekommen, gleichwohl aber ein enger zeitlicher und räumlicher Zusammenhang mit seiner Fahrbewegung gegeben ist oder er aber gerade erst angefahren ist (OLG Hamm, Beschl. v. 8.1.2016 – 9 U 125/15 – juris; OLG Hamm, Urt. v. 7.3.2014 – 9 U 210/13 = VRR 2014, 162). Dies gilt selbst dann, wenn das Fahrzeug als Hindernis für 2–3 Minuten im fließenden Verkehr gestanden hat, da der Einfahrende jede Gefährdung des fließenden Verkehrs bis zu dem Zeitpunkt auszuschließen hat, zu dem er sich vollständig in den fließenden Verkehr mit der dort herrschenden Geschwindigkeit eingegliedert hat (OLG Köln, Urt. v. 19.7.2005 – 4 U 35/04 = DAR 2006, 27; vgl. auch KG, Beschl. v. 29.10.2007 – 12 U 5/07 = KGR Berlin 2008, 855 sowie KG, Beschl. v. 27.11.2006 – 12 U 181/06 = NZV 2007, 359).

▲

69 Eine weitere Situation, die zur Anwendung des Anscheinsbeweises führt, liegt in dem Fall vor, wenn durch ein Türöffnen eine Unfallursache geschaffen wird. Kommt es in einem örtlichen und zeitlichen Zusammenhang mit dem Öffnen der Fahrertür eines Pkw, zu einer Kollision mit einem anderen Fahrzeug, so spricht der Anscheinsbeweis für eine Verletzung der Sorgfaltspflichten aus § 14 StVO.[51]

70 ▼

Muster 4.26: Anscheinsbeweis beim Türöffnen

4.26 Wer aus einem Fahrzeug aussteigt, hat gem. § 14 StVO die Gefährdung anderer Verkehrsteilnehmer auszuschließen. Ereignet sich ein Unfall in Verbindung mit dem Türöffnen beim Ein- bzw. Aussteigen, spricht gegen den Ein- bzw. Aussteigenden der Anscheinsbeweis bzgl. eines schuldhaften Verstoßes gegen § 14 StVO (BGH, Urt. v. 6.10.2009 – VI ZR 316/08 = VersR 2009, 1641; OLG Düsseldorf, Urt. v. 4.3.2014 – I-1 U 101/13 – juris; KG, Urt. v. 22.4.2004 – 12 U 330/02 = NZV 2005, 196; OLG Saarbrücken, Urt. v. 9.10.2007 – 4 U 80/07 = DAR 2008, 212) und begründet im Zweifel eine alleinige Haftung (LG Bochum, Urt. v. 22.10.2003 – 3 O 704/02 = SP 2004, 80 – im Überblick *Nugel/Talian*, zur Bildung der Haftungsquote bei Verkehrsunfällen mit einer geöffneten Tür, AnwZert VerkR 22/2018, Anm. 2).

▲

51 KG, Beschl. v. 30.7.2009 – 12 U 175/08 = NZV 2010, 343.

Häufig verteidigt sich der Aussteigende damit, dass die von ihm geöffnete Tür bereits über einen längeren Zeitraum geöffnet und als solche gut erkennbar gewesen sei. Es fehle an einer Überraschungssituation für den Unfallgegner, so dass ein Anscheinsbeweis ausscheiden würde.[52] Ein schuldhafter Verstoß gegen § 14 StVO ist in dieser Unfallsituation jedoch nicht ausgeschlossen und der Anscheinsbeweis kommt weiter zum Tragen.[53] 71

▼ 72

Muster 4.27: Anscheinsbeweis bei länger geöffneter Fahrzeugtür

4.27

Gem. § 14 StVO muss sich, wer ein- oder aussteigt, so verhalten, dass eine Gefährdung anderer Verkehrsteilnehmer ausgeschlossen ist. Diese Sorgfaltsanforderung gilt für die gesamte Dauer eines Ein- oder Aussteigevorgangs, also für alle Vorgänge, die in einem unmittelbaren zeitlichen und örtlichen Zusammenhang damit stehen, wobei der Vorgang des Einsteigens erst mit dem Schließen der Fahrzeugtüre, der Vorgang des Aussteigens erst mit dem Schließen der Fahrzeugtüre und dem Verlassen der Fahrbahn beendet ist (BGH, Urt. v. 6.10.2009 – VI ZR 316/08 = VersR 2009, 1641; OLG Düsseldorf, Urt. v. 4.3.2014 – I-1 U 101/13 – juris; KG, Urt. v. 22.11.2007 – 12 U 199/06 = NZV 2008, 245; OLG Hamburg, Urt. v. 11.6.2004 – 14 U 35/04 = OLGR Hamburg 2005, 84; OLG Hamm, Urt. v. 22.4.2004 – 6 U 240/03 = NZV 2004, 408). Diese Sorgfaltspflicht gilt nicht ausschließlich für solche Vorgänge, bei denen sich durch das unvorsichtige Öffnen einer Fahrzeugtür ein Überraschungsmoment für andere Verkehrsteilnehmer ergibt (BGH, Urt. v. 6.10.2009 – VI ZR 316/08 = VersR 2009, 1641; *Nugel/Talian*, zur Bildung der Haftungsquote bei Verkehrsunfällen mit einer geöffneten Tür, AnwZert VerkR 22/2018, Anm. 2). Das Gesetz stellt nicht auf das überraschende Öffnen einer Fahrzeugtür ab, sondern auf das Aus- und Einsteigen als solches, da ein solcher Vorgang aus unterschiedlichen Gründen mit erheblichen Gefahren für den fließenden Verkehr verbunden sein kann. Dies ergibt sich schon daraus, dass die Sorgfaltsanforderung auch für Einsteigevorgänge gilt, bei denen der Einsteigende in der Regel für den fließenden Verkehr erkennbar ist. Bei einer bereits geöffneten Fahrzeugtür ist insbesondere auch zu verhindern, dass diese weiter aufgestoßen oder auch durch den mit der Fahrt verbundenen „Sog" des vorbeifahrenden Fahrzeugs weiter geöffnet wird (BGH a.a.O.).

▲

f) Anscheinsbeweis und Abkommen auf die Gegenfahrbahn

Setzt ein Fahrzeugführer die entscheidende Unfallursache durch ein Abkommen auf die **Gegenfahrbahn**, spricht gegen ihn ebenfalls der Beweis des ersten Anscheins und er haftet wegen des hieraus folgenden groben Verstoßes gegen § 2 Abs. 1 StVO allein. Schlagspuren auf dem Straßenbelag können insoweit zur Unfallrekonstruktion wichtige Hinweise geben.[54] 73

52 So beispielsweise auch LG Berlin, Urt. v. 22.1.2001 – 58 S 194/00 = VersR 2002, 864.
53 BGH, Urt. v. 6.10.2009 – VI ZR 316/08 = VersR 2009, 1641.
54 *Schrickel/Nugel*, VRR 2015, Heft 6 S. 3 ff.

74 ▼

Muster 4.28: Anscheinsbeweis bei Abkommen auf die Gegenfahrbahn

4.28 Der Beweis des ersten Anscheins spricht für ein Verschulden des Kraftfahrers in Form eines Verstoßes gegen § 2 Abs. 1 StVO, wenn dieser ohne erkennbaren Anlass auf die Gegenfahrbahn gerät und dort mit einem entgegenkommenden Fahrzeug zusammenstößt (BGH, Urt. v. 19.11.1985 – VI ZR 176/84 = VersR 1986, 343; OLG Hamm, Urt. v. 8.9.2015 – I 9 U 131/14 = RuS 2015, 518; OLG Frankfurt a.M., Urt. v. 4.3.2014 – 15 U 144/12 = SP 2014, 295; OLG München, Urt. v. 16.5.2008 – 10 U 1701/07 – juris Rn 28). Hinter der hierdurch erhöhten Betriebsgefahr des auf die Gegenfahrbahn abkommenden Fahrzeug tritt die Betriebsgefahr des entgegenkommenden Fahrzeugs im vollen Umfang zurück (KG, Urt. v. 1.10.1998 – 12 U 5185/97 – juris), und zwar selbst dann, wenn es sich um einen breiten Lkw handelt (OLG München a.a.O. – juris Rn 57).

▲

3. Zurechnung schreckbedingten Fehlverhaltens

75 Sowohl Garantie- als auch Kardinalpflichtverletzungen der StVO vermögen die Betriebsgefahr des gegnerischen Unfallfahrzeugs nicht zu konsumieren, wenn dem Fahrzeugführer dieses Fahrzeugs seinerseits ein Verschulden zur Last fällt. Dabei ist jedoch zu beachten, dass das „**schreckbedingte Fehlverhalten**“, das erst durch den Verkehrsverstoß des Unfallgegners verursacht wird, seinerseits nicht ohne weiteres **nicht haftungsbegründend** ist.[55] Nach ständiger Rechtsprechung ist das falsche Reagieren eines Verkehrsteilnehmers dann kein Verschulden, wenn er in einer ohne sein Verschulden eingetretenen, für ihn nicht voraussehbaren Gefahrenlage keine Zeit zu ruhiger Überlegung hat und deshalb nicht das Richtige und Sachgemäße unternimmt, um den Unfall zu verhüten, sondern aus verständlicher Bestürzung objektiv falsch reagiert.[56] Ihm schadet dann nur eine völlig verfehlte Reaktion. Dies ist insbesondere bei dem Sturz eines Motorradfahrers relevant, der auf das sorgfaltswidrige Verhalten eines anderen Verkehrsteilnehmers mit einer Bremsung reagiert.[57] In der Regel wird eine solche Bremsung subjektiv vertretbar und dem Motorradfahrer damit allein kein Verschuldensvorwurf zu unterbreiten sein.[58]

76 ▼

Muster 4.29: Unfall durch schreckbedingte Fehlreaktion

4.29 Vorliegend kann es dahinstehen, ob es sich bei dem Fahrmanöver um eine fehlerhafte Reaktion auf ___ gehandelt hat. Nach ständiger Rechtsprechung ist das falsche Reagieren eines Verkehrsteilnehmers dann kein Verschulden, wenn er in einer ohne sein Verschulden eingetretenen, für ihn nicht voraussehbaren Gefahrenlage keine Zeit zu ruhiger Überlegung hat und deshalb nicht das Richtige und Sachgemäße unternimmt, um den Unfall zu verhüten, sondern aus verständlicher Bestürzung objektiv falsch reagiert

55 BGH, Urt. v. 25.4.1960 – III ZR 75/59 = VersR 1960, 850, 851, 907, 908.

56 Z.B. im Fall eines geplatzten Reifens – vgl. BGH, Urt. v. 16.3.1976 – VI ZR 62/75 = DAR 1976, 184; bei der Reaktion eines Motorradfahrers vgl. OLG Düsseldorf, Urt. v. 10.0.2008 – I-1 U 188/07 – veröffentlicht über juris; zur „falschen Reaktion“ des Geschädigten vgl. auch OLG Köln, Urt. v. 14.5.1981 – 14 U 222/77 = VersR 1983, 44.

57 OLG Düsseldorf, Urt. v. 1.10.2003 – 1 U 206/00 = SP 2002, 171.

58 OLG Düsseldorf, Urt. v. 20.2.2006 – 1 U 137/05 = NZV 2006, 415.

(bereits grundlegend BGH, Urt. v. 16.3.1976 – VI ZR 62/75 = DAR 1976, 185; OLG Düsseldorf, Urt. v. 1.10.2003 – 1 U 206/00 = SP 2002, 171). Selbst wenn es sich um eine Schreckreaktion in plötzlicher und unverschuldeter Gefahr gehandelt haben sollte, so wäre eine solche Reaktion auch dann nicht vorwerfbar, wenn aus nachträglicher Sicht ein anderes Verhalten zweckmäßiger gewesen wäre (OLG Düsseldorf, Urt. v. 20.2.2006 – 1 U 137/05 = NZV 2006, 415; LG Mönchengladbach, Urt. v. 16.2.2021 – 5 S 29/20 – juris).

▲

4. Sonderfall: Halter und Eigentümer des Kfz fallen auseinander

Die Zurechnung eines Fehlverhaltens des Fahrers bzw. der vom Fahrzeug ausgehenden Betriebsgefahr nach § 17 StVG erfolgt jedoch nur gegenüber dem Halter, nicht jedoch gegenüber dem Eigentümer. Dies ist insbesondere in den Fällen von Bedeutung, bei denen ein **geleastes Fahrzeug** im Sicherungseigentum des Leasinggebers verbleibt, der Leasingnehmer aber über den Einsatz bestimmt und die laufenden Kosten trägt, mithin als Halter anzusehen ist.[59] Hier fallen Eigentümer und Halterstellung auseinander. 77

a) Urteile des BGH

Für diese Konstellation hat der BGH[60] wiederholt hervorgehoben, dass der Leasinggeber sich als Eigentümer ein Verschulden des Fahrzeugführers weder über § 17 StVG noch § 9 StVG zurechnen lassen muss. Eine Zurechnung ergibt sich im Übrigen auch nicht aus § 254 BGB, da der Fahrer des Leasingfahrzeugs i.d.R. nicht Erfüllungsgehilfe des Leasinggebers ist. 78

b) Einzelne Unfallvarianten

Ausgehend von diesen Urteilen zeigt sich, dass ggf. zwischen den einzelnen Unfallkonstellationen zu unterscheiden ist, damit beurteilt werden, kann ob dem nicht haltenden Eigentümer gegenüber Einwendungen zu einer Mithaftung dem Grunde nach erhoben werden können. Angesichts der besonderen Bedeutung des Kfz-Leasings wird der nicht haltende Eigentümer im Folgenden als Leasinggeber angeführt. Die andere Partei des Verkehrsunfalls wird schlicht als Unfallgegner bezeichnet. 79

Kann nur dem Fahrer des gegnerischen Fahrzeugs ein Verschulden nachgewiesen werden, steht dem Leasinggeber ein Schadensersatzanspruch aus § 823 Abs. 1 BGB zu. Er muss sich in diesem Fall die von seinem Fahrzeug ausgehende Betriebsgefahr nicht entgegenhalten lassen. 80

59 BGH, Urt. v. 22.3.1983 – VI ZR 108/81 = NJW 1983, 1492.
60 BGH, Urt. v. 18.4.2023 – VI ZR 345/21 = NJW 2023, 2778; BGH, Urt. v. 7.3.2017 – VI ZR 125/16 = NJW 2017, 2352; BGH, Urt. v. 7.10.2010 – VI ZR 288/09 = zfs 2011, 196; BGH, Urt. v. 10.7.2007 – VI ZR 199/06 = VersR 2007, 1387.

81 ▼

Muster 4.30: Keine Zurechnung bei Anspruch des Leasinggebers aus § 823 BGB

Es besteht ein Ersatzanspruch aus § 823 Abs. 1 BGB wegen eines schuldhaften Verstoßes gegen die StVO. Dabei ist zu berücksichtigen, dass vorliegend nicht der Leasinggeber, sondern der Leasingnehmer als Halter des unfallbeteiligten Fahrzeugs anzusehen ist (BGH, Urt. v. 22.3.1983 – VI ZR 108/81 = NJW 1983, 1492). Dem Ersatzanspruch des Leasinggebers kann daher weder ein Verschulden des Fahrzeugführers noch eine Betriebsgefahr entgegengehalten werden (BGH, Urt. v. 7.3.2017 – VI ZR 125/16 = NJW 2017, 2352; BGH, Urt. v. 18.4.2023 – VI ZR 345/21 = NJW 2023, 2778; BGH, Urt. v. 7.10.2010 – VI ZR 288/09 = zfs 2011, 196; BGH, Urt. v. 10.7.2007 – VI ZR 199/06 = VersR 2007, 1387).

▲

82 Ein ähnliches Bild ergibt sich, wenn beide Fahrzeugführer nachweislich ein Verschulden trifft. Auch in diesem Fall ändert sich nichts daran, dass dem Leasinggeber ein Schadensersatzanspruch aus § 823 Abs. 1 BGB zusteht und er sich dabei das Verschulden seines Fahrzeugführers nicht entgegenhalten lassen muss. Auf die Frage, ob der Leasinggeber sich bei einem auf § 7 StVG gestützten Schadensersatzanspruch das Verschulden seines Fahrers zurechnen lassen muss, kommt es dann nicht an, und diese Frage kann vom Gericht ggf. offen gelassen werden.[61]

83 Trifft den Fahrer des Leasingfahrzeugs dagegen allein ein Verschuldensvorwurf, steht dem Leasinggeber kein Schadensersatzanspruch aus § 823 BGB zu. Ihm kann dann nur noch ggf. ein Ersatzanspruch aus § 831 BGB helfen. Ansonsten stellt sich die Frage, ob der Leasinggeber sich bei einem Schadensersatzanspruch aus § 7 StVG ein Verschulden des eigenen Fahrzeugführers nach § 9 StVG entgegenhalten lassen muss.

84 ▼

Muster 4.31: Mithaftung des Leasinggebers über § 9 StVG

Der Leasinggeber, der nicht zugleich Fahrzeughalter ist, muss sich – auch nach der aktuellen BGH Rechtsprechung wie jeder andere Anspruchssteller – bei der Geltendmachung möglicher Ansprüche aus der Gefährdungshaftung gemäß StVG das (Mit-) Verschulden des Fahrzeugführers nach § 9 StVG, § 254 BGB zurechnen lassen (BGH, Urt. v. 7.12.2010 – VI ZR 288/09 = zfs 2011, 196; LG Berlin, Urt. v. 30.4.2008 – 58 S 296/07 = NZV 2009, 244; so bereits auch OLG Celle, Urt. v. 27.9.2001 – 14 U 296/00 und OLG Hamm, Urt. v. 30.5.1996 – 6 U 16/96 = r+s 1996, 339). Der Bundesgerichtshof hat zwar entschieden, dass ein Leasinggeber, der nicht Halter des Kraftfahrzeugs ist, sich bei einem Anspruch aus § 823 BGB keinerlei Einwendungen, die ein Fehlverhalten des Leasingnehmers oder Fahrers betreffen, entgegenhalten lassen müsste. Hieraus folgt jedoch umgekehrt, dass der Anwendungsbereich des § 9 StVG im Rahmen der Gefährdungshaftung der §§ 7 Abs. 1, 18 Abs. 1 S. 1 StVG nicht einzuschränken ist (LG Berlin a.a.O.; vgl. auch BGH, Urt. v. 7.3.2017 – VI ZR 125/16 = NJW 2017, 2352).

▲

61 OLG Bamberg, Urt. v. 3.6.2008 – A5 U 208/07 – juris.

Ist keinem der beteiligten Fahrzeugführer ein Verschulden nachweisbar und greift auch 85
§ 831 BGB als Anspruchsgrundlage nicht ein, kann dem Leasinggeber lediglich ein Schadensersatzanspruch aus § 7 StVG und § 18 StVG zustehen. Es kommt dann zur Haftungsabwägung nach § 17 Abs. 1, 2 StVG, für diesen Fall hat der BGH[62] jedoch entschieden, dass der nicht haltende Leasinggeber sich eine Betriebsgefahr seines Kfz nicht entgegenhalten lassen muss. Dem Leasinggeber kann in diesen Fällen bzgl. der Haftung dem Grunde nach kein Mithaftungseinwand erhoben werden. Dem Unfallgegner bleibt nur der Unabwendbarkeitsbeweis des § 17 Abs. 3 StVG.

III. Quotenbildung bei einzelnen Verkehrssituationen

Scheidet die Alleinhaftung eines der Unfallbeteiligten aus, ist unter Berücksichtigung 86
der beiderseitigen Haftungs- und Verschuldensanteile eine Quote zu bilden. Trotz aller Versuche einer Schematisierung der beiderseitigen Tatbeiträge lassen sich nicht alle denkbaren Haftungskonstellationen tabellarisch erfassen. Die Quotelung ist vielmehr von Fall zu Fall zu entscheiden.

Für eine Darstellung wird von vier Grundsituationen bei Zusammenstößen von zwei 87
Kraftfahrzeugen ausgegangen:

1. Zusammenstößen auf Kreuzungen mit einem Kfz des Querverkehrs
2. Zusammenstöße mit einem Kfz des Gegenverkehrs
3. Zusammenstöße zwischen Kfz im gleichgerichteten Verkehr
4. Sonderkonstellation: Kettenauffahrunfall und Parkplatzunfälle

1. Zusammenstoß auf Kreuzungen mit Kfz des Querverkehrs

a) Verkehrsregelung durch eine Lichtzeichenanlage

Ist zwischen den Parteien umstritten, welcher Fahrzeugführer bei Grün eingefahren ist 88
und kann dies nicht aufgeklärt werden, verbleibt es bei den Betriebsgefahren der beteiligten Fahrzeuge und es ist eine Haftungsteilung auf Basis von 50 % anzunehmen.[63]

▼ 89

Muster 4.32: Einwand der Erfüllung bei ungeklärter LZA

Kann ein Rotlichtverstoß nicht nachgewiesen werden, verbleibt es bei zwei als gleich 4.32
groß anzusetzenden Betriebsgefahren und es ist eine Haftungsteilung in Höhe von 50 % vorzunehmen (OLG Frankfurt a.M., Urt. v. 9.10.2012 – 22 U 109/11 = NJW–RR 2013, 664; OLG Karlsruhe, Urt. v. 12.10.2001 – 10 U 126/01 = OLGR Karlsruhe 2002, 61; LG Essen, Urt. v. 8.10.2015 – 3 O 509/14 – juris).

▲

Ein Fall **überragenden Fehlverhaltens** liegt dagegen vor, wenn der Querverkehr bei 90
Rot oder auch der letzten Gelbphase in den Kreuzungsbereich einfährt, obwohl er rechtzeitig hätte anhalten können. Trifft den Einfahrenden kein Verschulden, liegt ein

62 Grundlegend schon BGH, Urt. v. 26.11.1985 – VI ZR 149/84 = NJW 1986, 1044; vgl. auch BGH, Urt. v. 7.3.2017 – VI ZR 125/16 = NJW 2017, 2352 und BGH, Urt. v. 18.4.2023 – VI ZR 345/21 = NJW 2023, 2778.

63 OLG Karlsruhe, Urt. v. 12.10.2001 – 10 U 126/01 = OLGR Karlsruhe 2002, 61.

überragendes Fehlverhalten vor, welches jegliche Betriebsgefahr des bei Grün anfahrenden Kfz des Unfallgegners konsumiert. Der bei Rot Einfahrende **haftet grundsätzlich alleine**.[64] Dies gilt auch gegenüber einer Straßenbahn, deren Fahrzeugführer unter Rücksichtnahme auf eine den Unfall vermeidende Notbremsung verzichtet.[65] Gleiches gilt, wenn der Querverkehr in die Kreuzung in der **allerletzten Gelbphase** einfährt und es dann zur Kollision mit dem bei Grün anfahrenden Verkehr kommt.

91 ▼

Muster 4.33: Alleinhaftung bei Rotlichtverstoß

4.33 Wer bei roter LZA in den Kreuzungsbereich einfährt, begeht einen schwerwiegenden Verstoß gegen § 37 StVO. Hinter diesem überragenden Fehlverhalten tritt die Betriebsgefahr des im Querverkehr einfahrenden Fahrzeugs in vollem Umfang zurück (OLG Hamm, Beschl. v. 1.3.2019 – I 7 U 73/18 – juris; OLG München, Urt. v. 9.5.2014 – 10 U 3652/13 = VRR 2014, 322; OLG Hamm, Urt. v. 20.3.1996 – 32 U 108/95 = OLGR Hamm 1996, 97; OLG Frankfurt a.M., Urt. v. 22.9.1993 – 9 U 75/92 = DAR 1994, 21).

▲

92 Je nach den Abstufungen der Verursachungs- und Verschuldensbeiträge kann sich dann die Quote zu Lasten des Einfahrenden verschieben. Ihn trifft dann ein erheblicher Haftungsanteil, wenn er mit einem sog. fliegenden Start in die Kreuzung einfuhr. Treffen ein „**fliegender Start**" und ein Rotlichtverstoß des Querverkehrs zusammen, so bleibt jedoch mit 75 % der überwiegende Haftungsanteil bei dem Querverkehr bestehen. Die Mithaftung des Querverkehrs ergibt sich dabei unter dem Gesichtspunkt der durch die durchgehende Einfahrt erhöhten Betriebsgefahr. Zusätzlich kann dabei auch noch ein Verschulden eingreifen: Das Grünlicht entbindet nach § 37 Abs. 2 Nr. 1 S. 5 StVO nicht von jeglicher Sorgfaltspflicht, so dass sich insbesondere derjenige, der eine Lichtzeichenanlage kurz nach dem Umschalten auf „Grün" passiert („fliegender Start") nicht ohne weiteres darauf verlassen darf, dass der Kreuzungsbereich bereits frei ist und keine Nachzügler die Kreuzung noch überqueren wollen. Das Hineinfahren in eine unübersichtliche Kreuzung mit fliegendem Start ist nur erlaubt, wenn sich der Einfahrende vorher davon überzeugt hat, dass die Kreuzung von bevorrechtigtem Querverkehr frei ist.[66] Jedoch ist von dem bei „Grün" Anfahrenden nicht zu fordern, dass er auch noch den Bereich hinter der Ampelanlage des Querverkehrs beobachtet; insoweit kann er darauf vertrauen, dass diejenigen Verkehrsteilnehmer, die sich in diesem Bereich befinden, das Haltegebot der Rotlicht zeigenden Ampel beachten werden. Fahrlässig handelt der Fahrzeugführer jedoch, wenn er bei Einsetzen des grünen Lichtes trotz Sichtbehinderung mit unvermindert hoher Geschwindigkeit in eine verkehrsreiche Kreuzung einfährt.[67]

64 OLG Hamm, Urt. v. 20.3.1996 – 32 U 108/95 = OLGR Hamm 1996, 97; OLG Frankfurt a.M., Urt. v. 22.9.1993 – 9 U 75/92 = DAR 1994, 21; OLG München, Urt. v. 9.5.2014 – 10 U 3652/13 = VRR 2014, 322; LG Düsseldorf, Urt. v. 1.4.2015 – 16 O 284/13 – juris.

65 LG Karlsruhe, Urt. v. 30.1.2009 – 6 O 332/06 – juris.

66 OLG Hamm, Urt. v. 25.4.2002 – 27 U 200/01 = SP 2002, 407.

67 BGH, Urt. v. 14.4.1961 – 152/60 = MDR 1961, 589.

▼ 93

Muster 4.34: Mithaftung trotz Rotlichtverstoß bei fliegendem Start

4.34

Selbst wenn der Querverkehr bei einer Rot anzeigenden Lichtzeichenanlage in die Kreuzung einfährt, verbleibt bei dem Anfahrenden mit einem „fliegenden Start" ein Haftungsanteil, der i.d.R. mit 25 % zu beurteilen ist (OLG Zweibrücken, Urt. v. 19.12.1980 – 1 U 98/08 = VersR 1981, 581; KG, Urt. v. 14.12.1978 – 12 U 2666/78 = VersR 1979, 356). Auch ohne Verschulden ist die Betriebsgefahr des im Wesentlichen mit unverminderter Geschwindigkeit weiterfahrenden Fahrzeugs bereits deshalb erhöht, weil die Wahrscheinlichkeit, dass diese Einfahrt zu einem Verkehrsunfall führt verhältnismäßig groß. Dies deshalb, da es recht häufig vorkommt, dass Teilnehmer des Querverkehrs noch bei gerade beginnendem „Rot" in die Kreuzung gelangen. Zudem muss noch mit möglichen Verkehrsteilnehmern gerechnet werden, welche die Kreuzung erst allmählich „räumen" (OLG Hamm, Urt. v. 25.4.2002 – 27 U 200/01 = SP 2002, 407).

▲

Eine besondere und schwierig zu beurteilende Konstellation liegt vor, wenn der An- bzw. Einfahrende mit einem im Kreuzungsraum verbliebenen Fahrzeug des Querverkehrs kollidiert.[68] Bei diesen Konstellationen kommt es auf den jeweiligen Einzelfall an; die Grundsätze des Anscheinsbeweises kommen dabei i.d.R. weder der einen noch der anderen Seite zu gute.[69] 94

Dabei ist in erster Linie zwischen einem sog. berechtigten (echten) und unberechtigten (unechten) Kreuzungsräumer zu unterscheiden. 95

Die Einstufung als **echter Kreuzungsräumer** setzt voraus, dass der Querverkehr berechtigt in die Kreuzung über den für ihn geltenden Haltebalken hinaus eingefahren ist und im eigentlichen Kreuzungsbereich nunmehr ein Hindernis für den anfahrenden Verkehr darstellt. In dieser Situation kommt dem Kreuzungsräumer in entsprechender Anwendung des § 11 Abs. 1 StVO ein Vorrangrecht gegenüber den Anfahrenden zu (obwohl dessen LZA Grün zeigt), welche dem Kreuzungsräumer das Eingliedern in den anfahrenden Verkehrsfluss zu ermöglichen haben. Ein Vorrangrecht steht dem Querverkehr jedoch nur zu, wenn er berechtigt in die Kreuzung eingefahren ist. Unberechtigt ist dagegen eine Einfahrt bei Rot oder Spätgelb bzw. zu einem Zeitpunkt, zu dem der Fahrzeugführer bereits erkennen kann, dass er die Kreuzung nicht vor dem Anfahren räumen kann. 96

▼ 97

Muster 4.35: Vorrang des Kreuzungsräumers

4.35

Wer bei grünem Licht in die Kreuzung einfährt und dort aufgrund des Verkehrsfluss vor einem Abbiegevorgang zum Stehen kommt, dem steht nach § 11 Abs. 1 StVO ein Vorrangrecht vor dem anfahrenden Verkehr als sog. Kreuzungsräumer zu (Grundlegend: BGH, Urt. v. 9.11.1976 – VI ZR 264/75 = NJW 1977, 1394; vgl. auch OLG Hamm, Urt. v. 26.8.2016 – 7 U 22/16 – juris sowie OLG Köln, Urt. v. 21.11.1986 – Ss 659/86 =

68 Im Überblick: *Nugel*, DAR 2008, 548, 551.

69 LG Hamburg, Urt. v. 7.4.2004 – 331 S 22/04 = DAR 2004, 397; anders AG Hamburg-Altona, Urt. v. 30.12.2003 – 316 C 347/03 = DAR 2004, 157 mit einem Anscheinsbeweis zugunsten des bei Grün in die Kreuzung einfahrenden Verkehrsteilnehmers.

VRS 72, 212). Ein Kraftfahrer, der bei Grünlicht sodann im Querverkehr in Kreuzung einfahren will, hat zunächst dem in der Kreuzung „hängengebliebenen" Querverkehr als Kreuzungsräumer die Möglichkeit zu geben, die Kreuzung zu verlassen (BGH, Urt. v. 11.5.1971 – VI ZR 11/70 = NJW 1971, 1407). Das Hineinfahren in eine Kreuzung ist nur erlaubt, wenn sich der Einfahrende vorher davon überzeugt hat, dass die Kreuzung von bevorrechtigtem Querverkehr frei ist (OLG Hamm, Urt. v. 25.4.2002 – 27 U 200/01 = SP 2002, 407). Verstößt er gegen diese Pflicht haftet er zumindest überwiegend zu 2/3 (OLG Karlsruhe, Urt. v. 15.10.2012 – 1 U 66/12 = BeckRS 2013, 02390; KG, Urt. v. 28.6.2004 – 12 U 94/03 = DAR 2004, 700), bei einem schwerwiegenden Verstoß mit zumindest 80 % (OLG Hamm, Urt. v. 17.1.2003 – 9 U 112/02 = NZV 2003, 573).

▲

98 Befindet sich der Querverkehr noch nicht im eigentlichen Kreuzungsbereich oder in einem sog. Schattenraum, innerhalb dessen er den anfahrenden Verkehr nicht behindert, ist er nach überwiegender Auffassung in der Rechtsprechung nicht als berechtigter Kreuzungsräumer anzusehen[70] (sog. **unechter Kreuzungsräumer**). Nach anderer Auffassung kommt als Kreuzungsräumer jedem das Vorrangrecht zu, der bei grünem Ampellicht in den eigentlichen Kreuzungsbereich eingefahren ist; jedenfalls genügt auch nur eine geringfügige mögliche Behinderung, um ihm ein Vorrangrecht einzuräumen.[71] Zum eigentlichen Kreuzungsbereich, den der Querverkehr nach beiden Auffassungen zumindest erreicht haben muss, zählt der gesamte Verkehrsraum, der durch die Fluchtlinien der sich kreuzenden Fahrbahnen bestimmt wird.[72]

99 Hieraus ergeben sich folgende Haftungsquoten als grobe Richtlinie:

Hätte der Anfahrende den bevorrechtigten Kreuzungsräumer bei Beachtung der gebotenen Sorgfalt erkennen können, trifft ihn nachweisbar ein (leichtes) Verschulden und im Zweifel die überwiegende Haftung. Der bevorrechtigte Kreuzungsräumer befindet sich aber in einer derart exponierten Verkehrssituation mit besonderen Gefahrenmomenten, dass zu seinen Lasten eine erhöhte Betriebsgefahr[73] zu berücksichtigen ist und i.d.R. eine Mithaftung begründet. Auch der bevorrechtigte Kreuzungsräumer ist gehalten, bei der Weiterfahrt auf den einsetzenden Verkehr zu achten.[74] Ggf. muss er sich durch den Kreuzungsbereich hindurchtasten und die Verständigung mit dem herannahenden Verkehr suchen.[75] In der Rechtsprechung werden diese Fallkonstellationen zwischen einem berechtigten Kreuzungsräumer und einem anfahrenden Kfz i.d.R. mit einer Haftung von 2/3 zu Lasten des Anfahrenden und 1/3 zu Lasten des Kreuzungsräumers beurteilt.[76] Ist zu Lasten des Kreuzungsräumers zusätzlich auch ein Verschulden zu

70 OLG Hamm, Urt. v. 2.5.2005 – 6 U 193/04 = MDR 2006, 203 = NZV 2005, 411; OLG Hamburg, Urt. v. 18.2.2000 – 14 U 266/98 = DAR 2001, 217; OLG Koblenz, Urt. v. 8.9.1997 – 12 U 1355/96 = NZV 1998, 465; OLG Düsseldorf, Urt. v. 30.6.1997 – 1 U 185/96 = VersR 1997, 1251; OLG München, Urt. v. 27.10.1994 – 24 U 178/94 = OLGR München 1995, 38 = zfs 1995, 169; LG Hamburg, Urt. v. 7.4.2004 – 331 S 22/04 = DAR 2004, 397.

71 KG, Urt. v. 27.9.2004 – 12 U 270/02 = KGR Berlin 2005, 98.

72 OLG Hamm, Urt. v. 2.5.2005 – 6 U 193/04 = MDR 2006, 203 = NZV 2005, 411; OLG Hamburg, Urt. v. 18.2.2000 – 14 U 266/98 = DAR 2001, 217.

73 OLG Hamm, Urt. v. 2.5.2005 – 6 U 193/04 = MDR 2006, 203 = NZV 2005, 411.

74 OLG München, Urt. v. 27.10.1994 – 24 U 178/94 = zfs 1995, 169.

75 AG Hamburg-Altona, Urt. v. 30.12.2003 – 316 C 347/03 = DAR 2004, 157.

76 KG, Urt. v. 28.6.2004 – 12 U 94/03 = DAR 2004, 700; KG, Urt. v. 26.5.2003 – 12 U 319/01 = DAR 2003, 516.

berücksichtigen, da er beispielsweise auf den deutlich erkennbaren, zügig anfahrenden Verkehr nicht reagiert hat, kann sein Mithaftungsanteil bis zu 50 % ansteigen.[77]

▼ 100

Muster 4.36: Mithaftung des bevorrechtigten Kreuzungsräumers

4.36

Selbst wenn eine Stellung als bevorrechtigter Kreuzungsräumer unterstellt wird, ist unter dem Gesichtspunkt eines Verschuldens, zumindest aber einer erhöhten Betriebsgefahr eine erhebliche Mithaftung gegeben. Auch der berechtigte Kreuzungsräumer ist gehalten, bei der Weiterfahrt auf den einsetzenden Verkehr zu achten (OLG Hamm, Urt. v. 26.8.2016 – 7 U 22/16 – juris; OLG München, Urt. v. 27.10.1994 – 24 U 178/94 = zfs 1995, 169) und muss sich durch den Kreuzungsbereich hindurchtasten sowie die Verständigung mit dem herannahenden Verkehr suchen. Und selbst wenn eine Beachtung dieser erhöhten Sorgfalt angenommen wird, verbleibt alleine Mithaftung, die sich unter dem Gesichtspunkt der erhöhten Betriebsgefahr wegen der exponierten Stellung im Kreuzungsbereich ergibt (OLG Hamm, Urt. v. 2.5.2005 – 6 U 193/04 = MDR 2006, 203). Eine Mithaftung in Höhe von 50 % ist daher zumindest zu berücksichtigen (KG, Urt. v. 26.5.2003 – 12 U 319/01 = DAR 2003 516; OLG München, Urt. v. 27.10.1994 – 24 U 178/94 = zfs 1995, 169).

▲

Steht dem Kreuzungsräumer dagegen kein Vorrangrecht zu, weil er bei Spätgelb bzw. Rot in die Kreuzung eingefahren ist oder er sich in einem geschützten Schattenraum befindet und von dort unter Verstoß gegen die §§ 11 Abs. 1, Abs. 2 StVO weiter fährt, ändert sich die Haftungsquote grundlegend. In diesen Fällen trifft ihn die überwiegende, wenn nicht gar die alleinige Haftung.[78] Ein Nachzügler, welcher zum Stehen kommt, bevor er die Fluchtlinien der Gehwegkanten passiert hat, hat im Übrigen ebenfalls nach Umschalten der Ampel dem einsetzenden Querverkehr den Vorrang einzuräumen.[79] Zu berücksichtigen ist allerdings, dass der Anfahrende immer noch das Gebot der Rücksichtnahme zu beachten hat und auch im Hinblick auf mögliche „unechte Kreuzungsräumer" besonders aufmerksam und bremsbereit zu fahren hat.[80] Sofern ihm insoweit ein schuldhafter Verstoß gegen § 1 Abs. 2 StVO nachgewiesen wird, trifft den Anfahrenden ein Mithaftungsanteil, der in der Regel 1/3 betragen wird, jedoch bei einem groben Verstoß gegen das Rücksichtnahmegebot auf bis zu 50 %[81] ansteigen kann. 101

▼ 102

Muster 4.37: Mithaftung des Anfahrenden gegenüber dem unechten Kreuzungsräumer

4.37

Selbst wenn eine fehlende Vorrangstellung als berechtigter Kreuzungsräumer unterstellt wird, ist zu beachten, dass der Anfahrende immer noch das Gebot der Rücksichtnahme zu beachten hat und auch im Hinblick auf mögliche „unechte Kreuzungsräumer" besonders aufmerksam und bremsbereit zu fahren hat, da auch „unechte" Kreuzungsräumer erfahrungsgemäß dazu neigen, doch noch dem Querverkehr zuvorzukommen und in den

77 KG, Urt. v. 26.5.2003 – 12 U 319/01 = DAR 2003 516; OLG München, Urt. v. 27.10.1994 – 24 U 178/94 = zfs 1995, 169.
78 Vgl. dazu LG Aachen, Urt. v. 30.7.2014 – 8 O 42/13 = SP 2014, 409.
79 OLG Hamm, Urt. v. 26.8.2016 – 7 U 22/16 – juris.
80 OLG Hamburg, Urt. v. 14.7.2000 – 14 U 175/99 = OLGR Hamburg 2001, 22.
81 OLG Hamburg a.a.O.

eigentlichen Kreuzungsbereich einzufahren. Den anfahrenden Verkehrsteilnehmer trifft dann eine Mithaftung von zumindest 50 % (OLG Hamburg OLGR Hamburg 2001, 22; *Nugel*, DAR 2008, 548).

▲

b) Kreuzungen ohne Lichtzeichenanlage

103 Wer in einem Kreuzungsbereich ohne Lichtzeichenanlage dem Bevorrechtigten die Vorfahrt nimmt, haftet im Zweifel allein.[82] Dieses überragende Fehlverhalten verdrängt jegliche „einfache" Betriebsgefahr des Unfallgegners.[83] Der schuldhafte Verstoß des Wartepflichtigen gegen § 8 StVO wird im Wege des **Anscheinsbeweises** vermutet.[84] Kann der Wartepflichtige nicht sehen, ob er bei der Einfahrt einen Vorfahrtsberechtigten gefährdet oder wesentlich behindert, darf er sich nur vorsichtig in die Kreuzung und nur zentimeterweise bis zu dem Punkt **hineintasten**, an dem er die erforderliche Übersicht erlangt.[85]

104 Auch eine **erhöhte Geschwindigkeit** des Vorfahrtsberechtigten ist grundsätzlich geeignet, den Anscheinsbeweis zu erschüttern, sofern der Vorfahrtsberechtigte im erheblichen Umfang zu schnell gefahren ist und sich dies ursächlich auf den Verkehrsunfall ausgewirkt hat.[86] Die entsprechende Beweislast trägt der Wartepflichtige. Der Vorfahrtsberechtigte darf jedenfalls grundsätzlich mit der zulässigen Höchstgeschwindigkeit in den Kreuzungsbereich einfahren, solange er keine andere Veranlassung hat.[87] Er verstößt aber gegen das Gebot des Fahrens auf Sicht, wenn er in einem unübersichtlichen Kreuzungsbereich seine Geschwindigkeit nicht der für ihn einsehbaren Strecke anpasst.[88]

Die Wartepflicht und der daraus resultierende Anscheinsbeweis gelten aber nur in den Fällen, bei denen das bevorrechtigte Fahrzeug in dem Augenblick des Einfahrens für den Wartepflichtigen sichtbar gewesen ist.[89] Die fehlende Sichtbarkeit hat der Wartepflichtige in vollem Umfang zu beweisen, um die Voraussetzungen für einen Anscheinsbeweis zu entkräften.[90] Kann der Wartepflichtige nicht sehen, ob er bei der Einfahrt einen

82 BGH, Urt. v. 4.1.1966 – VI ZR 152/64 = VersR 1966, 264; OLG Celle, Urt. v. 20.10.2010 – 14 U 47/10 – juris; OLG München, Urt. v. 29.7.1998 – 20 U 3498/98 = NJW-RR 1999, 909; OLG Köln, Urt. v. 7.7.1995 – 19 U 252/94 = VRS 90, 343.

83 Ebenso die Münchener Quotentabelle: *Brüseken/Krumbholz/Thiermann*, NZV 2000, 443.

84 OLG Hamm, Beschl. v. 16.12.2016 – I 11 U 170/15 – juris; OLG Celle, Urt. v. 20.10.2010 – 14 U 47/10 – juris; KG, Urt. v. 22.2.2001 – 12 U 7599/99 = VersR 2002, 998; OLG Hamm, Urt. v. 15.8.2000 – 9 U 27/00 = DAR 2001, 506.

85 BGH, Urt. v. 21.5.1985 – VI ZR 201/83 = NJW 1985, 2757; KG, Urt. v. 17.1.2000 – 12 U 6678/98 = NZV 2000, 377.

86 BGH, Urt. v. 21.1.1986 – VI ZR 35/85 = DAR 1986, 142; KG, Urt. v. 21.6.2001 – 12 U 1147/00 = DAR 2002, 66 = NZV 2002, 79; OLG Koblenz, Urt. v. 11.4.1988 – 12 U 559/87 = VersR 1989, 1310.

87 BGH, Urt. v. 11.1.1977 – VI ZR 268/74 = VersR 1977, 524; KG, Urt. v. 21.6.2001 – 12 U 1147/00 = DAR 2002, 66 = NZV 2002, 79.

88 OLG München, Urt. v. 13.2.1996 – 5 U 2060/95 = VersR 1998, 733, 245; OLG Koblenz, Urt. v. 15.6.1992 – 12 U 462/92 = VersR 1993, 1169.

89 BGH, Urt. v. 18.9.1984 – VI ZR 289/82 = VersR 1984, 1147; OLG Hamm, Urt. v. 2.2.2000 – 13 U 155/99 = DAR 2001, 362; OLG Celle, Urt. v. 2.12.2004 – 14 U 63/04 = OLGR Celle 2005, 51; OLG München, Urt. v. 13.2.1996 – 5 U 2060/95 = VersR 1998, 733.

90 OLG München, Urt. v. 13.2.1996 – 5 U 2060/95 = zfs 1997, 245.

Vorfahrtsberechtigten gefährdet oder wesentlich behindert, darf er sich nur vorsichtig in die Kreuzung bis zu dem Punkt hineintasten, an dem er die erforderliche Übersicht erlangt.[91]

▼

Muster 4.38: Erschütterung Anscheinsbeweis wegen Vorfahrtsverletzung 105

4.38

Ein eventuell bestehender Anscheinsbeweis wegen einer behaupteten Vorfahrtsverletzung ist vorliegend erschüttert. Die Wartepflicht und der daraus resultierende Anscheinsbeweis gelten nämlich nur in den Fällen, bei denen das bevorrechtigte Fahrzeug in dem Augenblick des Einfahrens für den Wartepflichtigen sichtbar gewesen ist (bereits grundlegend: BGH, Urt. v. 18.9.1984 – VI ZR 289/82 = VersR 1984, 1147; vgl. auch OLG Hamm, Urt. v. 2.2.2000 – 13 U 155/99 = DAR 2001, 362 und OLG Celle, Urt. v. 2.12.2004 – 14 U 63/04 = OLGR Celle 2005, 51). Wenn dies – wie hier vorliegend – nicht der Fall ist, kann dem Wartepflichtigen kein schuldhafter Verstoß gegen die Wartepflicht vorgeworfen werden Dies ist insbesondere dann der Fall, wenn der vorfahrtsberechtigte Fahrzeugführer wegen einer erheblichen Überschreitung der zulässigen Höchstgeschwindigkeit zum Zeitpunkt des Einfahrtentschlusses nicht erkennbar gewesen ist (BGH, Urt. v. 21.1.1986 – VI ZR 35/85 = DAR 1986, 142; KG, Urt. v. 21.6.2001 – 12 U 1147/00 = DAR 2002, 66). In dem Fall einer solch gravierenden Geschwindigkeitsübertretung haftet der „Vorfahrtsberechtigte" alleine (OLG Saarbrücken, Urt. v. 4.2.2003 – 3 U 103/02–14 = DAR 2004, 93; OLG Hamm, Urt. v. 2.2.2000 – 13 U 155/99 = DAR 2001, 362; KG, Urt. v. 22.6.1992 – 12 U 7008/91 = DAR 1992, 433).

▲

In den Fällen einer sog. **halben Vorfahrt**, d.h. den Vorfahrtsberechtigten trifft seinerseits 106
nach rechts eine Wartepflicht, kann ein Mithaftungsanteil des Vorfahrtsberechtigten in Höhe von 20 % bereits unter dem Gesichtspunkt der durch die Einfahrt erhöhten Betriebsgefahr angemessen sein. Dies gilt erst recht, wenn auch der Vorfahrtsberechtigte seinerseits gegen die StVO verstößt. Der Vorfahrtsberechtigte muss gem. § 8 Abs. 2 S. 1 StVO mit mäßiger Geschwindigkeit auf die Kreuzung zu fahren und hat die Annährungsgeschwindigkeit zu wahren, die notwendig ist, um seinerseits sein Vorfahrtsrecht zu wahren. Verstößt er gegen die Pflicht, wird ihn i.d.R. eine Mithaftung von 25 % treffen.[92] Entscheidend ist bei dieser Wertung vor allem, wie gut der Vorfahrtsberechtigte den Kreuzungsbereich einsehen konnte und ob er bei schlechten Sichtverhältnissen nicht seinerseits erst einmal anhalten musste.[93] Auch in diesen Fällen kann es aber bei der alleinigen Haftung des wartepflichtigen Kraftfahrzeugführers verbleiben,[94] wenn der Verstoß des Wartepflichtigen ungleich schwerer wiegt.

91 BGH, Urt. v. 21.5.1985 – VI ZR 201/83 = NJW 1985, 2757; KG, Urt. v. 17.1.2000 – 12 U 6678/98 = NZV 2000, 377.

92 BGH, Urt. v. 21.6.1977 – VI ZR 97/76 = VersR 1977, 917; OLG Hamm, Urt. v. 6.5.2002 – 13 U 221/01 = NZV 2003, 377; OLG Karlsruhe, Urt. v. 22.11.1995 – 13 U 203/93 = DAR 1996, 56.

93 KG, Urt. v. 21.6.2001 – 12 U 1147/00 = VersR 2002, 589; *Brüseken/Krumbholz/Thiermann*, NZV 2000, 444.

94 Beispielhaft: LG Erfurt, Urt. v. 7.10.2002 – 6 O 746/01 = zfs 2003, 71.

107 ▼

Muster 4.39: Mithaftung bei „halber Vorfahrt"

4.39 Vorliegend besteht die Besonderheit, dass im Kreuzungsbereich der Grundsatz der sog. halben Vorfahrt eingreift. Hier trifft den Vorfahrtsberechtigten seinerseits nach rechts eine Wartepflicht. Er muss gem. § 8 Abs. 2 S. 1 StVO mit mäßiger Geschwindigkeit auf die Kreuzung zu fahren und hat die Annährungsgeschwindigkeit zu wahren, die notwendig ist, um seinerseits sein Vorfahrtsrecht zu wahren. Wird – wie hier – diese Pflicht verletzt, ist selbst bei einer unterstellten Vorfahrtsverletzung des wartepflichtigen Fahrzeugführers eine Mithaftung des vorfahrtsberechtigten zu 25 % geboten (OLG Hamm, Beschl. v. 1.10.2015 – I-9 U 73/15 – juris; OLG Hamm, Urt. v. 6.5.2002 – 13 U 221/01 = NZV 2003, 377).

▲

108 Eine Mithaftung des Vorfahrtsberechtigten kann sich auch unter dem Gesichtspunkt einer **irreführenden Fahrweise** ergeben, durch die der Vorfahrtsberechtigte bei dem Wartepflichtigen den Anschein erweckt, er werde in die wartepflichtige Straße einbiegen. Allein das Herabsetzen der Geschwindigkeit durch den Vorfahrtsberechtigten genügt hierfür jedoch nicht.[95] Eine Mithaftung des Vorfahrtsberechtigten wird allerdings dadurch begründet, dass er (irrtümlich) den Blinker für ein Abbiegen nach rechts setzt, jedoch weiter geradeaus fährt und so einen Vertrauenstatbestand bei dem Wartepflichtigen erschafft. In diesem Fall ist eine Mithaftung von 30 %[96] bzw. 1/3[97] in der Regel angemessen. Ein weitergehender Haftungsanteil des Vorfahrtsberechtigten wird bei dem bloßen irrtümlichen Blinken i.d.R. nicht gegeben sein, da der Wartepflichtige auch damit rechnen muss, dass das Blinken irrtümlich erfolgte.[98] Kann der Wartepflichtige einen irreführend gesetzten Blinkers des Vorfahrtsberechtigten nicht nachweisen, bleibt es im Zweifel bei der alleinigen Haftung des Wartepflichtigen.[99]

109 Kommen zu dem irreführenden Blinken auch noch eine deutliche Herabsetzung der Geschwindigkeit und/oder ein Einordnen nach rechts hinzu, wiegt der Verursachungsanteil des Vorfahrtsberechtigten schwerer. Dies kann dazu führen, dass der Haftungsanteil des Vorfahrtsberechtigten überwiegt und einen Anteil bis zu 75 % ausmacht.[100]

110 ▼

Muster 4.40: Mithaftung bei irreführender Fahrweise

4.40 Eine überwiegende Haftung des Vorfahrtsberechtigten ist immer dann gegeben, wenn er bei dem wartepflichtigen Verkehrsteilnehmer aufgrund einer irreführenden Fahrweise in Form des Setzens des rechten Blinkers und der deutlichen Herabsetzung der Fahrgeschwindigkeit den Eindruck erweckt, er würde seinerseits im Kreuzungsbereich vor dem Wartepflichtigen einbiegen. Aufgrund dieser irreführenden Fahrweise ist eine Haftung

95 OLG Köln, Urt. v. 14.2.2002 – 12 U 142/01 = SP 2002, 263.
96 OLG Celle, Beschl. v. 30.3.2004 – 5 U 24/04 = DAR 2004, 390; OLG Hamm, Urt. v. 29.9.2003 – 6 U 95/03 = r+s 2004, 168; OLG Dresden, Urt. v. 23.9.1993 – 8 U 745/93 = VersR 1995, 234; LG Hannover, Urt. v. 24.7.1991 – 12 O 107/91 = VersR 1992, 1486.
97 OLG Hamm, Urt. v. 11.3.2003 – 9 U 169/02 = DAR 2003, 521.
98 OLG Celle, Beschl. v. 30.3.2004 – 5 U 24/04 = DAR 2004, 390.
99 OLG Düsseldorf, Urt. v. 26.6.1967 – 1 U 319/66 = VersR 1967, 957.
100 LG Rostock, Urt. v. 25.1.2001 – 1 S 184/00 = DAR 2001, 227.

des Vorfahrtsberechtigten zu 75 % geboten (LG Rostock, Urt. v. 25.1.2001 – 1 S 184/00 = DAR 2001, 227). Selbst wenn eine deutliche Herabsetzung der Fahrgeschwindigkeit nicht gegeben sein sollte, führt allein das irreführende Blinken zu einer Mithaftung von mindestens $^1/_3$ (OLG Düsseldorf, Urt. v. 15.9.2015 – I-1 U 168/14 = DAR 2016, 648; OLG Hamm, Urt. v. 11.3.2003 – 9 U 169/02 = DAR 2003, 521).

▲

Anders sieht es aber aus, wenn der Vorfahrtsberechtigte nur die Geschwindigkeit ver- **111**
langsamt.

▼ **112**

Muster 4.41: Keine Haftung bei bloßer Geschwindigkeitsverringerung

Allein aufgrund der Verringerung der Geschwindigkeit durch den Vorfahrtsberechtigten darf der Wartepflichtige nicht darauf vertrauen, dass dieser auf seine Vorfahrt verzichten oder abbiegen will. Ein Vertrauenstatbestand ist erst begründet, wenn der Vorfahrtsberechtigte gleichzeitig den rechten Fahrtrichtungsanzeiger setzt (OLG München, Urt. v. 15.9.2017 – 10 U 4380/16 = zfs 2018, 315; OLG Köln, Urt. v. 14.2.2002 – 12 U 142/01 = SP 2002, 263).

▲

Kann dem Vorfahrtsberechtigten eine **unangepasste Geschwindigkeit** bzw. ein Verstoß gegen eine Geschwindigkeitsüberschreitung nachgewiesen werden, die sich ursächlich auf den Verkehrsunfall ausgewirkt hat, so trifft ihn in der Regel ein erheblicher Mithaftungsanteil.[101] Der Wartepflichtige muss jedoch grundsätzlich mit einer Geschwindigkeitsübertretung des Vorfahrtsberechtigten rechnen, dessen Vorfahrtsrecht auch in diesen Fällen bestehen bleibt. Das Fehlverhalten des Wartepflichtigen ist daher grundsätzlich als so schwerwiegend anzusehen, dass sein Haftungsanteil überwiegt. Letztendlich entscheidet jedoch die Höhe der Geschwindigkeitsüberschreitung des anderen Unfallbeteiligten.

2. Zusammenstöße mit Kfz des Gegenverkehrs

a) Linksabbieger und Gegenverkehr

Ereignet sich beim Linksabbiegen ein Unfall mit dem Gegenverkehr auf der Gegenfahr- **113**
bahn,[102] spricht gegen den Abbiegenden erst einmal der Beweis des ersten Anscheins, der einen schuldhaften Verstoß des Abbiegenden gegen § 9 Abs. 3 StVO begründet. Dessen Fehlverhalten wiegt in der Regel so schwer, dass die einfache Betriebsgefahr des Fahrzeugs des Gegenverkehrs dahinter zurücktritt.[103] Dies gilt selbst dann, wenn der Gegenverkehr dem Abbieger durch Setzen eines Lichtzeichens den Vortritt einräumt (sog. **gefährdende Höflichkeit**).[104] Der Gegenverkehr behält sein Vorrangrecht auch, wenn er seinerseits nach rechts abbiegt und ihm steht das Recht des ersten Abbiegevor-

101 AG Hamburg-Wandsbek, Urt. v. 27.2.2002 – 714B C 249/01 = zfs 2002, 335.
102 OLG Saarbrücken, Urt. v. 4.2.2003 – 3 U 103/02 = DAR 2004, 93 = zfs 2003, 537.
103 BGH, Urt. v. 13.2.2007 – VI ZR 58/06 = MDR 2007, 884; OLG München, Urt. v. 25.9.2009 – 10 U 1921/09 – juris; OLG Köln, Urt. v. 15.2.1995 – 13 U 152/94 = VRS 89, 352.
104 KG, Urt. v. 25.11.2002 – 12 U 110/01 = MDR 2003, 626.

gangs zu, bis er sich vollständig in den neuen Straßenbereich eingegliedert und dort lange genug geradeaus gefahren ist, um sich auf andere Fahrzeuge im gleichgerichteten Verkehr einzustellen.[105]

114 ▼

Muster 4.42: Anscheinsbeweis gegen den Linksabbieger nach § 9 Abs. 3 StVO

4.42

Kollidiert der nach links abbiegende Fahrzeugführer mit einem entgegenkommenden Kfz, spricht der Anscheinsbeweis für einen schuldhaften Verstoß des Linksabbiegers gegen § 9 Abs. 3 StVO und dessen Fehlverhalten wiegt in der Regel so schwer, dass die einfache Betriebsgefahr des Fahrzeuges des Gegenverkehrs dahinter zurücktritt (BGH, Urt. v. 7.2.2011 – VI ZR 133/11 = SP 2012, 171; BGH, Urt. v. 13.2.2007 – VI ZR 58/06 = MDR 2007, 884; OLG München, Urt. v. 25.9.2009 – 10 U 1921/09 – juris; LG Essen, Urt. v. 14.1.2015 – 11 O 94/13 – juris; LG Mönchengladbach, Urt. v. 9.1.2017 – 11 O 233/15 – juris).

▲

115 Der Anscheinsbeweis greift allerdings nur dann ein, wenn der Unfall im Bereich der Gegenfahrbahn stattgefunden hat,[106] wobei die Pflicht des Abbiegenden zum Abwarten sich auch gegenüber dem Geradeausfahrer erstreckt, der zu weit links[107] oder unerlaubt auf einem Sonderstreifen[108] fährt. Gegen den abbiegenden Fahrzeugführer spricht aber nicht der Beweis des ersten Anscheins, wenn für ihn nicht erkennbar war, dass ein verkehrswidriges Geradeausfahren des Gegenverkehrs unter Ausnutzung der Abbiegespur erfolgen wird und deshalb der Abbiegevorgang hätte zurückgestellt werden müssen.[109]

116 ▼

Muster 4.43: Voraussetzung für den Anscheinsbeweis nach § 9 Abs. 3 StVO

4.43

Ein Anscheinsbeweis wegen eines schuldhaften Verstoßes gegen § 9 Abs. 3 StVO beim Abbiegen setzt voraus, dass das abbiegende Fahrzeug bereits in den Bereich der Gegenfahrbahn eingefahren ist (OLG Düsseldorf, Urt. v. 18.3.1992 – 15 U 57/91 = OLGR Düsseldorf 1992, 174; LG Berlin, Urt. v. 9.11.2000 – 58 S 98/00 – juris). Dies ist als Voraussetzung des Anscheinsbeweises von demjenigen darzulegen und zu beweisen, der sich hierauf beruft. Ist ein solches Abkommen auf die Gegenfahrbahn nicht bewiesen, greift auch der Anscheinsbeweis nicht ein. Im Übrigen besteht die Wartepflicht des Abbiegers nur in dem Fall, dass sich der Gegenverkehr zum Zeitpunkt des Abbiegens bereits in Sichtweise befunden hat (OLG Saarbrücken, Urt. v. 4.2.2003 – 3 U 103/02 = DAR 2004, 9).

▲

Diese fehlende Sichtbarkeit bzw. die Möglichkeit eines anderen Geschehensablaufes zur Erschütterung des gegen ihn sprechenden Anscheinsbeweises hat der Abbiegende zu

105 LG Essen, Urt. v. 14.1.2015 – 11 O 94/13 – juris.

106 OLG Düsseldorf, Urt. v. 18.3.1992 – 15 U 57/91 = OLGR Düsseldorf 1992, 174; LG Berlin, Urt. v. 9.11.2000 – 58 S 98/00 – juris.

107 OLG Saarbrücken, Urt. v. 30.1.2007 – 4 U 409/06 = MDR 2007, 1069.

108 OLG Stuttgart, Urt. v. 31.5.1994 – 2 Ss 56/94 = DAR 1995, 32.

109 OLG Hamm, Beschl. v. 1.3.2019 – I 7 U 73/18 – juris.

beweisen.[110] Ein solcher anderer Geschehensablauf kommt beispielsweise in Betracht, wenn der Gegenverkehr erwiesenermaßen die zulässige Höchstgeschwindigkeit um 100 % überschritten hat.[111]

Kommt es dagegen an einer ampelgeregelten Kreuzung zu einem Zusammenstoß zwi- 117
schen dem Gegenverkehr und einem Linksabbieger, dessen Einfahrt möglicherweise über eine Ampelschaltung mit „**grünem Pfeil**" gestattet war, greifen die Grundsätze des Anscheinsbeweises nicht ein.[112] Vielmehr muss der entgegenkommende Verkehrsteilnehmer ggf. beweisen, dass der grüne Pfeil für den Linksabbieger nicht aufgeleuchtet hat.[113] Bleibt dies ungeklärt, haften beide Seiten lediglich aus Betriebsgefahr und es verbleibt bei einer Haftungsteilung.[114] Teilweise wird eine erhöhte Betriebsgefahr des Abbiegenden mit einer Haftungsquote von 2/3 zu seinen Lasten angenommen.[115] Im Gegenzug darf der Linksabbieger bei dem Aufleuchten des grünen Pfeils darauf vertrauen,[116] dass dem entgegenkommenden Verkehr die Weiterfahrt durch ein rotes Lichtzeichen versperrt ist und mit einem Rotlichtverstoß des entgegenkommenden Fahrzeugführers muss er nur rechnen, wenn ein konkreter Anlass besteht.[117] Wenn der entgegenkommende Fahrzeugführer bei einem späten Rot einfährt, haftet dieser im Zweifel alleine.[118]

▼ 118

Muster 4.44: Kein Anscheinsbeweis bei „grünem Abbiegerpfeil"

4.44

Gegen den abbiegenden Kreuzungsführer spricht vorliegend kein Anscheinsbeweis wegen eines angeblichen Verstoßes gegen § 9 Abs. 3 StVO. Insoweit ist zu beachten, dass die vorliegende Linksabbiegerampel mit einem gesonderten Abbiegerpfeil vorhanden ist, so dass ein Verstoß des Abbiegenden gegen § 9 Abs. 3 StVO nicht typischerweise angenommen werden kann (BGH, Urt. v. 3.12.1991 – VI ZR 98/91 = VersR 1992, 203). Vielmehr muss der entgegenkommende Verkehrsteilnehmer ggf. beweisen, dass der grüne Pfeil für den Linksabbieger nicht aufgeleuchtet hat (BGH MDR 1996, 907). Der Linksabbieger darf jedenfalls bei dem Aufleuchten des grünen Pfeils darauf vertrauen, dass dem entgegenkommenden Verkehr die Weiterfahrt durch ein rotes Lichtzeichen versperrt ist (OLG Koblenz, Urt. v. 7.7.1997 – 12 U 1074/96 = SP 1997, 386); und hinter einem Rotlichtverstoß des Gegenverkehrs tritt die Betriebsgefahr des abbiegenden Fahrzeugs im vollen Umfang zurück (KG, Urt. v. 7.2.1991 – 12 U 7341/89 = DAR 1991, 336).

▲

Den Gegenverkehr kann jedoch eine erhebliche Mithaftung treffen, wenn er in **unbe-** 119
rechtigter Weise in den Kreuzungsbereich eingefahren ist. Erfolgt diese Einfahrt bei

110 OLG Oldenburg, Urt. v. 21.2.1995 – 5 U 162/94 = VersR 1995, 1457.
111 OLG Saarbrücken, Urt. v. 4.2.2003 – 3 U 103/02 = DAR 2004, 93; ebenso BGH, Urt. v. 4.6.1985 – VI ZR 15/84 = DAR 1985, 316 bei einem Wendemanöver.
112 BGH, Urt. v. 3.12.1991 – VI ZR 98/91 = VersR 1992, 203.
113 BGH, Urt. v. 13.2.1996 – VI ZR 126/95 = MDR 1996, 907.
114 OLG Frankfurt a.M., Urt. v. 22.6.1999 – 17 U 15/98 = NZV 2000, 212.
115 KG, Urt. v. 7.2.1991 – 12 U 7341/89 = DAR 1991, 336.
116 OLG Koblenz, Urt. v. 7.7.1997 – 12 U 1074/96 = SP 1997, 386.
117 BGH, Urt. v. 3.12.1991 – VI ZR 98/91 = NZV 1992, 108.
118 KG, Urt. v. 7.2.1991 – 12 U 7341/89 = DAR 1991, 336.

dem allerletzten Gelblicht oder gar Rotlicht, trifft ihn die überwiegende Haftung. Auch in diesen Fällen trifft den Abbiegenden aber weiterhin die Sorgfaltspflicht, das Fahrverhalten des Gegenverkehrs genau zu beobachten, und ggf. eine Wartepflicht.[119] Erst wenn er die Lichtzeichenanlage des Gegenverkehrs einsehen kann, darf er darauf vertrauen, dass diese entsprechend Rot anzeigt und der Gegenverkehr daraufhin jede Einfahrt in die Kreuzung unterlässt. Nur in diesen Fällen scheidet angesichts des Rotlichtverstoßes des Gegenverkehrs jegliche Haftung des Abbiegenden aus, den nachweislich kein Verschulden trifft. Die Darlegungs- und Beweislast für die insoweit erforderliche Erschütterung des gegen ihn sprechenden Anscheinsbeweises trägt der Abbiegende.

120 Kann er die Lichtzeichenanlage des Gegenverkehrs nicht einsehen, spricht dies dafür, dass eine Mithaftung des Abbiegenden bestehen bleibt, die zumindest mit 20 % zu bemessen ist. Es bietet sich an, danach zu unterschieden, ob der Gegenverkehr bei spätem Gelblicht, frühem oder länger anzeigenden Rotlicht in die Kreuzung eingefahren ist. Im ersten Fall eines Gelblichtverstoßes wird in der Rechtsprechung noch eine überwiegende Haftung des Abbiegenden mit 2/3[120] bzw. 70 %[121] angenommen. Fährt der Gegenverkehr in der ersten Sekunde des für ihn geltenden Rotlichts ein, wird dem Abbiegenden dagegen bereits eine geringere Mithaftung in Höhe von 50 % auferlegt.[122] Das Verschulden des Geradeausfahrers wegen seines Rotlichtverstoßes ist dagegen schwerer zu gewichten und es ist ihm mit 3/4 der überwiegende Haftungsanteil aufzuerlegen, wenn für den Abbiegenden ein separater Abbiegepfeil gilt und somit im Wege des Anscheinsbeweises kein Verschulden des Abbiegenden vermutet wird.[123] Ist der Gegenverkehr bei einem längere Zeit anzeigenden Rotlicht eingefahren, haftet er mindestens zu 80 % und bei Hinzutreten weiterer Umstände sogar allein. Dies ist beispielsweise der Fall, wenn der Gegenverkehr die rote Lichtzeichenanlage einsehen oder seinerseits auf einen grünen Abbiegepfeil[124] vertrauen konnte bzw. bereits seinen Abbiegevorgang weitestgehend abgeschlossen hatte.[125]

121 ▼

Muster 4.45: Mithaftung des Abbiegenden bei Rotlichtverstoß des Gegenverkehrs

4.45 Selbst wenn ein Rotlichtverstoß angenommen wird, trifft den Abbiegenden weiterhin eine Mithaftung. Auch in diesen Fällen trifft den Abbiegenden weiterhin die Sorgfaltspflicht, das Fahrverhalten des Gegenverkehrs genau zu beobachten, und ggf. eine Wartepflicht.[126] Erst wenn er die Lichtzeichenanlage des Gegenverkehrs einsehen kann, darf er darauf vertrauen, dass diese entsprechend Rot anzeigt und der Gegenverkehr daraufhin jede Einfahrt in die Kreuzung unterlässt. In der Regel ist daher zu Lasten des Abbiegenden eine Mithaftung von mindestens 1/3, eher 40 % wegen eines im Wege des An-

119 LG Düsseldorf, Urt. v. 24.4.2003 – 21 S 122/02 = SP 2003, 268.
120 OLG Hamm, Urt. v. 30.5.2001 – 13 U 249/00 = DAR 2002, 126.
121 OLG Köln, Urt. v. 30.10.1991 – 11 U 82/91 = VersR 1992, 1016.
122 OLG Düsseldorf, Urt. v. 30.9.2002 – 1 U 43/02 = NZV 2003, 379; OLG Hamm, Urt. v. 2.1.1988 – 13 U 7/88 = NZV 1989, 191.
123 OLG Rostock, Urt. v. 2.9.1999 – 1 U 311/97 = OLGR Rostock 2000, 65.
124 KG, Urt. v. 7.2.1991 – 12 U 7341/89 = DAR 1991, 336.
125 KG, Urt. v. 27.3.1995 – 12 U 4186/93 – juris.
126 LG Düsseldorf, Urt. v. 24.4.2003 – 21 S 122/02 = SP 2003, 268.

scheinsbeweises vermuteten Verstoßes gegen § 9 Abs. 3 StVO anzunehmen (OLG Frankfurt a.M., Urt. v. 22.11.1994 – 10 U 338/93 = SP 1995, 162; LG Düsseldorf, Urt. v. 24.4.2003 – 21 S 122/02 = SP 2003, 268). Und unabhängig von einem Verstoß gegen § 9 Abs. 3 StVO ist eine Mithaftung anlässlich der erhöhten Betriebsgefahr des abbiegenden Kfz mit 25 % veranlasst (OLG Rostock, Urt. v. 2.9.1999 – 1 U 311/97 = OLGR Rostock 2000, 65).

▲

Hat sich eine **überhöhte Geschwindigkeit** des Gegenverkehrs unfallursächlich ausgewirkt, ergibt sich i.d.R. eine ähnliche Haftungsquote wie bei einem gleichgelagerten Verstoß des Vorfahrtsberechtigten. 122

Normaler Begegnungsverkehr: 123

Grundsätzlich haftet der auf die Gegenfahrbahn abgekommene Fahrzeugführer wegen eines Verstoßes gegen § 2 Abs. 1 S. 1 StVO alleine.[127] Gegen ihn spricht insoweit der Beweis des ersten Anscheins wegen einer schuldhaften Verursachung des Verkehrsunfalls.[128] Dies gilt auch, wenn er ohne Behinderung auf die falsche Fahrbahnseite gerät oder wenn er „aus der Kurve getragen" wird.[129]

▼ 124

Muster 4.46: Anscheinsbeweis bei Abkommen auf die Gegenfahrbahn

4.46

Kommt ein Fahrzeugführer auf die Gegenfahrbahn und führt dadurch den Verkehrsunfall herbei, spricht gegen ihn der Beweis des ersten Anscheins im Hinblick auf einen schuldhaften Verstoß gegen § 2 Abs. 1 S. 1 StVO (Grundlegend: BGH, Urt. v. 19.11.1985 – VI ZR 176/84 = DAR 1986, 112; OLG Hamm, Urt. v. 8.9.2015 – I 9 U 131/14 = RuS 2015, 518; OLG Frankfurt a.M., Urt. v. 14.7.1992 – 7 U 244/91 = zfs 1992, 329). Er haftet für die Folgen des Verkehrsunfalls alleine, während die Betriebsgefahr des entgegenkommenden Kfz hinter seinem groben Fehlverhalten zurücktritt (OLG Frankfurt a.M., Urt. v. 4.3.2014 – 15 U 144/12 = Schaden-Praxis 2014, 295; OLG Naumburg, Urt. v. 10.1.2014 – 10 U 11/13 = zfs 2015, 27; OLG Düsseldorf, Urt. v. 6.3.2006 –I-1 U 171/05 – juris; OLG Saarbrücken, Urt. v. 23.12.2003 – 3 U 121/03 = SP 2004, 257).

▲

Dieser Anscheinsbeweis greift zu Lasten des auf die Gegenfahrbahn kommenden Fahrzeugführers auch ein, wenn das andere Fahrzeug aufgrund seines Fahrverhaltens bremst und dabei seinerseits von der Fahrbahn abkommt.[130] Eine Haftung des verkehrswidrig überholenden Verkehrsteilnehmers ist aufgrund eines Ursachenzusammenhangs auch dann gegeben, wenn es nicht zur Kollision gekommen ist, aber der Gegenverkehr ein zum Unfall führendes Ausweichmanöver durchführt.[131] Dabei genügt es, dass das Aus- 125

127 OLG Hamm, Urt. v. 22.5.1995 – 13 U 193/94 = OLGR Hamm 1995, 161 und OLG Hamm, Urt. v. 26.4.1993 – 13 U 266/92 = OLGR Hamm 1993, 255; OLG Düsseldorf, Urt. v. 6.3.2006 – I-1 U 171/05 – juris; OLG Saarbrücken, Urt. v. 23.12.2003 – 3 U 121/03 = SP 2004, 257.

128 BGH, Urt. v. 19.11.85 – VI ZR 176/84 = DAR 1986, 112; OLG Frankfurt a.M., Urt. v. 14.7.1992 – 7 U 244/91 = zfs 1992, 329.

129 OLG Hamm, Urt. v. 4.2.1993 – 6 U 203/92 = NZV 1993, 354.

130 OLG Karlsruhe, Urt. v. 21.11.1985 – 4 U 89/84 = VersR 1987, 692.

131 AG Ueckermünde, Urt. v. 6.9.2006 – 1 C 287/05 = SP 2007, 8.

weichmanöver in der **Schrecksekunde** subjektiv vertretbar ist, obwohl es objektiv (ex post) gar nicht erforderlich gewesen wäre.[132]

126 ▼

Muster 4.47: Anscheinsbeweis bei Abkommen auf die Gegenfahrbahn ohne Fahrzeugberührung

4.47

Kommt ein Fahrzeugführer auf die Gegenfahrbahn und führt dadurch den Verkehrsunfall herbei, spricht gegen ihn der Beweis des ersten Anscheins im Hinblick auf einen schuldhaften Verstoß gegen § 2 Abs. 1 S. 1 StVO (so bereits BGH, Urt. v. 19.11.1985 – VI ZR 176/84 = DAR 1986, 112) und er haftet für die Folgen des Verkehrsunfalls alleine, während die Betriebsgefahr des entgegenkommenden Kfz hinter seinem groben Fehlverhalten zurücktritt (OLG Düsseldorf, Urt. v. 6.3.2006 – I-1 U 171/05 – juris). Diese alleinige Haftung des verkehrswidrig überholenden Verkehrsteilnehmers ist aufgrund eines Ursachenzusammenhangs auch dann gegeben, wenn es nicht zur Kollision gekommen ist, aber der Gegenverkehr ein zum Unfall führendes Ausweichmanöver durchführt (vgl. OLG Karlsruhe, Urt. v. 21.11.1985 – 4 U 89/84 = VersR 1987, 692 – vgl. auch grundsätzlich BGH, Urt. v. 21.9.2010 – VI ZR 263/09 = NJW-Spezial 2010, 681; OLG Hamm, Urt. v. 23.11.1999 – 27 U 93/99 = NZV 2000, 369; OLG Hamburg, Beschl. v. 26.7.2017 – 14 U 208/16 = zfs 2018, 78). Dabei kann es auch dahinstehen, ob das Ausweichmanöver ex post betrachtet gar nicht erforderlich gewesen wäre. Es genügt, dass ein solches Ausweichmanöver in der Schrecksekunde subjektiv vertretbar gewesen ist (OLG Karlsruhe, Urt. v. 30.3.2004 – 12 U 61/04 – juris – zu diesem Grundsatz vgl. auch OLG Saarbrücken, Urt. v. 3.8.2017 – 4 U 156 & 16 = zfs 2018, 137; OLG Düsseldorf, Urt. v. 20.2.2006 – 1 U 137/05 = NZV 2006, 415).

▲

127 Kann der auf die Gegenfahrbahn abgekommene Fahrzeugführer jedoch nachweisen, dass der Unfallgegner den Unfall durch einen Fahrfehler mitverursacht hat, indem dieser beispielsweise entgegen dem **Rechtsfahrgebot** des § 2 Abs. 2 StVO an der Mittellinie entlang fuhr oder in unfallursächlicher Weise zu schnell gefahren ist, trifft den Gegenverkehr ebenfalls eine erhebliche Mithaftung. I.d.R. wird aber der Haftungsanteil desjenigen, der auf die Gegenfahrbahn abgekommen ist, aufgrund dieses gravierenden Fahrfehlers überwiegen und mit gut 75 % zu veranschlagen sein.[133]

128 **Unfälle im Begegnungsverkehr beim Überholen:**

Bei einer Kollision mit dem Gegenverkehr wird grundsätzlich eine Haftung des Überholenden in Höhe von 100 % gegeben sein. Je nach den Besonderheiten des Einzelfalles kann den Gegenverkehr auch ein Haftungsanteil treffen. Üblicherweise wird (wie bei der Fallgruppe des „grundlosen" Abkommens auf die Gegenfahrbahn auch) z.B. ein Verstoß des entgegenkommenden Fahrzeugführers gegen das Rechtsfahrgebot des § 2 Abs. 2 StVO eine Mithaftung von 1/3 begründen. Bei einem gleichzeitigen Überholen ist bei einem Fehlen weiterer bewiesener Umstände eine Haftungsquote von 50 % zugrunde zu legen.

132 OLG Karlsruhe, Urt. v. 30.3.2004 –12 U 61/04 = SP 2004, 221/267.
133 OLG Koblenz, Urt. v. 20.11.2000 – 12 U 1461/99 = SP 2001, 46.

Beim gleichzeitigen Überholvorgang ist jedoch zu beachten, dass demjenigen der Vorrang zusteht, der in deutlich erkennbarer Weise zuerst seinen Überholvorgang eingeleitet hat.[134] Ist zwischen den Parteien streitig, ob einem Unfallbeteiligten nach dem **Prioritätsprinzip** der Vorrang einzuräumen ist und kann dies nicht zweifelsfrei aufgeklärt werden, verbleibt es bei den einfachen Betriebsgefahren der beteiligten Fahrzeuge bzw. ggf. einem gleich hoch anzusetzenden Verschulden und der daraus folgenden Haftungsteilung auf Basis von 50 %. 129

b) Begegnungsverkehr an Hindernissen und Fahrbahnverengungen

Bei diesen Unfällen ist typischerweise zwischen Unfallkonstellationen zu unterscheiden, die einerseits auf dem Umfahren von Hindernissen beruhen, die dem normalen Straßenverkehr zuzurechnen sind und anderseits auf das Passieren einer Fahrbahnverengung zurückzuführen sind, welche die Fahrbahneigenschaft der betroffenen Seite aufheben. 130

Tritt im Straßenverkehr auf einer Fahrspur ein **mobiles, nicht ortsfestes Hindernis** auf, trifft den an der Weiterfahrt auf derselben Fahrspur gehinderten Fahrzeugführer gem. § 6 StVO[135] eine Wartepflicht gegenüber dem Gegenverkehr, soweit dieser sichtbar ist. An einer unübersichtlichen Stelle gebietet ansonsten § 1 StVO die Einfahrt erst nach dem Geben von Warnzeichen (Licht- und Schallhupe).[136] Kommt es bei der Umfahrt des Hindernisses auf der Gegenfahrbahn zu einer Kollision, spricht gegen den auf die Gegenfahrbahn geratenen Fahrzeugführer der Beweis des ersten Anscheins und er haftet grundsätzlich alleine.[137] So hat beispielsweise auch der BGH die Haftung zu 100 % auf Seiten eines wartepflichtigen Lkw gesehen, der auf der Gegenfahrbahn mit einem zum Stillstand gekommenen Motorrad im bevorrechtigten Gegenverkehr kollidiert ist.[138] Ist das entgegenkommende Fahrzeug noch in Bewegung, kann dies auch ohne ein Verschulden zu einer Mithaftung aus einer verbleibenden Betriebsgefahr von 20 %,[139] ausnahmsweise in einer besonderen Situation (wie etwa der Vorbeifahrt an einem haltenden Bus) zu 25 %[140] führen. 131

▼ 132

Muster 4.48: Alleinhaftung des Wartepflichtigen wegen Verstoß gegen § 6 StVO

Tritt im Straßenverkehr auf einer Fahrspur ein mobiles, nicht ortsfestes Hindernis auf, trifft den an der Weiterfahrt auf derselben Fahrspur gehinderten Fahrzeugführer gem. § 6 StVO eine Wartepflicht gegenüber dem Gegenverkehr. Kommt es bei der Umfahrt des Hindernisses auf der Gegenfahrbahn zu einer Kollision, spricht gegen den auf die Gegen- 4.48

134 Beispielhaft: OLG Koblenz, Urt. v. 13.10.1983 – 1 Ss 350/83 = VRS 66, 219.

135 OLG Zweibrücken, Urt. v. 28.5.1993 – 1 U 34/92 = SP 1994, 141; LG Berlin, Urt. v. 18.8.1993 – 24 O 656/92 = SP 1994, 3.

136 OLG Schleswig, Urt. v. 23.5.1996 – 7 U 173/94 = OLGR Schleswig 1996, 210.

137 LG Berlin, Urt. v. 7.12.2005 – 24 O 422/05 = SP 2006, 125; ebenso die Münchener Quotentabelle: *Brüseken/Krumbholz/Thiermann*, NZV 2000, 443 und *Grüneberg*, Haftungsquoten bei Verkehrsunfällen, III Rn 195.

138 BGH, Urt. v. 20.10.1961 – VI ZR 39/61 = VersR 1962, 156; ebenso LG Berlin, Urt. v. 18.8.1993 – 24 O 656/92 = SP 1994, 3.

139 LG Hagen, Urt. v. 22.1.2002 – 1 S 152/02 = zfs 2003, 121; AG Bad Lobenstein, Urt. v. 11.5.2000 – C 276/99 = zfs 2000, 482.

140 OLG Zweibrücken, Urt. v. 28.5.1993 – 1 U 34/92 = SP 1994, 141.

fahrbahn geratenen Fahrzeugführer der Beweis des ersten Anscheins und er haftet grundsätzlich alleine (Grundlegend bereits BGH, Urt. v. 20.10.1961 – VI ZR 39/61 = VersR 1962, 156; KG, Urt. v. 2.7.2007 – 22 U 198/06 = zfs 2008, 12; OLG Celle, Urt. v. 8.11.2001 – 14 U 267/00 – juris; LG Berlin, Urt. v. 7.12.2005 – 24 O 422/05 = SP 2006, 125).

▲

133 Kann dem bevorrechtigten Gegenverkehr ein Mitverschulden nachgewiesen werden, weil z.B. auf die erkennbare Gefahrenlage nicht rechtzeitig reagiert worden ist, trifft diese eine entsprechende höhere Mithaftung. Gemäß **dem Gebot der Rücksichtnahme** aus § 1 Abs. 2 StVO muss auch der bevorrechtigte Fahrzeugführer ggf. zurückstehen und darf sein Recht „nicht erzwingen"; ggf. hat er auch die Sorgfaltsanforderungen aus § 11 StVO zu beachten.[141] Zu seinen Lasten verbleibt deshalb häufig ein Mithaftungsanteil, der mit 1/3[142] bzw. 25 %[143] zu bemessen ist, während angesichts des erheblichen Fehlverhaltens des Wartepflichtigen i.d.R. jedoch dessen Haftungsanteil überwiegt. Auch ein Verstoß des in einer Kurve entgegenkommenden bevorrechtigten Fahrzeugführers gegen das Sichtfahrgebot begründet seine Mithaftung in Höhe von 1/3.[144]

134 ▼

Muster 4.49: Mithaftung des entgegenkommenden Fahrzeugführers

4.49

Gemäß dem Gebot der Rücksichtnahme aus § 1 Abs. 2 StVO muss auch der bevorrechtigte Fahrzeugführer zurückstehen und darf sein Recht „nicht erzwingen" und ggf. hat er auch die Sorgfaltsanforderungen aus § 11 StVO zu beachten (KG, Urt. v. 2.7.2007 – 22 U 198/06 = zfs 2008, 12). Hiergegen ist zumindest dadurch verstoßen worden, dass das Fahrzeug weiterbewegt worden ist, obwohl ein Fahrzeug im Gegenverkehr erkennbar herannahte. Wegen des hierdurch begründeten Verstoßes gegen zumindest § 1 Abs. 2 StVO ist eine Mithaftung in Höhe von 1/3 allemal angemessen (OLG Koblenz, Urt. v. 3.8.1992 – 12 U 1034/91 = NZV 1993, 195), zumindest aber 25 % (LG Rottweil, Urt. v. 20.2.2017 – 1 O 104/16 – juris). Auch ohne einen schuldhaften Verstoß gegen die StVO resultiert im Übrigen allein aus der Einfahrt in die Engstelle bzw. der Weiterfahrt eine Mithaftung in Höhe von mindestens 20 % (LG Hagen, Urt. v. 22.1.2002 – 1 S 152/02 = zfs 2003, 121).

▲

135 Kann der Wartepflichtigen den gegen ihn sprechenden Anscheinsbeweis entkräften und trifft die andere Seite auch kein Verschulden, sind lediglich die jeweiligen Betriebsgefahren der Fahrzeuge gegeneinander abzuwägen. Angesichts der Fahrt auf die Gegenfahrbahn und des damit verbundenen besonderen Gefahrenpotentials, welches über ein normales „Geradeausfahren" hinausgeht, ist zu Lasten des Wartepflichtigen eine erhöhte Betriebsgefahr zu berücksichtigen. Hieraus resultiert seine überwiegende Haftung, die

141 KG, Urt. v. 2.7.2007 – 22 U 198/06 = zfs 2008, 12.

142 OLG Koblenz, Urt. v. 13.10.2003 – 12 U 1163/02 = IVH 2004, 105 und OLG Koblenz, Urt. v. 3.8.1992 – 12 U 1034/91 = NZV 1993, 195.

143 KG, Urt. v. 2.7.2007 – 22 U 198/06 = zfs 2008, 12; OLG Schleswig, Urt. v. 23.5.1996 – 7 U 173/94 = OLGR Schleswig 1996, 210; OLG Zweibrücken, Urt. v. 28.5.1993 – 1 U 34/92 = SP 1994, 141; OLG Bamberg, Urt. v. 7.4.1981 – 5 U 1/81 = VersR 1982, 583.

144 AG Hadamar, Urt. v. 9.9.1999 – 3 C 99/99 = zfs 2000, 11.

beispielsweise nach dem in der Hamburger Rechtsprechung vorherrschenden Dezimalsystem i.d.R. bei 60 % anzusetzen ist.[145]

Eine besondere Konstellation liegt vor, wenn trotz des mobilen Hindernisses die Fahrbahn für **zwei Fahrzeuge gleichzeitig passierbar** ist. In diesem Fall richten sich die Verhaltenspflichten nach § 1 Abs. 2 StVO.[146] Je nachdem, wie sich die Fahrzeugführer verhalten und insbesondere auf den Gegenverkehr Rücksicht nehmen und dem Rechtsfahrgebot genügen, ist eine entsprechende Haftungsteilung vorzunehmen. Dabei kann die Haftung desjenigen, auf dessen Seite sich kein Hindernis befindet, trotzdem mit 2/3 überwiegen, wenn er durch einen eklatanten Verstoß gegen § 1 Abs. 2 StVO den Unfall verursacht hat.[147] In besonderen Ausnahmefällen kann sogar eine alleinige Haftung desjenigen vorliegen, der in erheblicher Weise gegen das Rechtsfahrgebot verstoßen hat.[148] 136

▼ 137

Muster 4.50: Erschütterung des Anscheinsbeweises bei breiter Fahrbahn

Vorliegend kommt die Vorschrift des § 6 StVO mit einem etwaigen Anscheinsbeweis nicht zum Tragen, da die Fahrbahn breit genug ist, dass bei Beachtung der gebotenen Sorgfalt zwei sich entgegenkommende Fahrzeug aneinander vorbeifahren können. § 6 StVO greift nur dann ein, wenn ein Hindernis die Fahrbahn derart versperrt, dass rechts von dem Hindernis ein Vorbeifahren unmöglich ist und links so wenig Platz verbleibt, dass sich begegnende Fahrzeuge die Engstelle nicht gleichzeitig passieren können (OLG Saarbrücken, Urt. v. 9.1.2014 – 4 U 405/12 = NJW Spezial 2014, 105; KG, Urt. v. 26.6.1995 – 12 U 480/94 = VersR 1997, 73; OLG Karlsruhe, Urt. v. 14.5.2004 – 10 U 214/03 = VersR 2005, 1597 m.w.N.). Hier gelten vielmehr die §§ 1 Abs. 2, 2 StVO und solange kein Fahrzeugführer dem anderen ein Verschulden nachweist verbleiben es allein bei den jeweils als gleich groß anzusetzenden Betriebsgefahren (OLG Köln, Urt. v. 19.8.2009 – 16 U 80/08 – juris). 4.50

▲

Sind auf jeder Fahrbahn entsprechende mobile Hindernisse vorhanden, hat der Fahrzeugführer Vorrang, der die Engstelle mit deutlichem Vorsprung zuerst erreicht.[149] Ist dies nicht der Fall, hat sich jeder Verkehrsteilnehmer bremsbereit und besonders vorsichtig der Engstelle zu nähern. Im Zweifel haften beide Seiten bei einer Kollision zur Hälfte. 138

Erfolgt die Fahrbahnverengung aufgrund eines ortsfesten Hindernisses und hebt die Fahrbahneigenschaft auf, kommt nach einer Ansicht innerhalb Rechtsprechung dem Fahrzeugführer gem. dem Prioritätsprinzip der Vorrang zu, welcher die Fahrbahnverengung deutlich erkennbar als erster erreicht.[150] Den anderen Fahrzeugführer trifft dementsprechend eine Wartepflicht. Verstößt er gegen diese Wartepflicht, trifft ihn die überwie- 139

145 Vgl. die sog. Hamburger Quotentabelle, *Bursch/Jordan*, VersR 1985, 512 ff.
146 OLG Köln, Urt. v. 19.8.2009 – 16 U 80/08 – juris; vgl. auch KG, Urt. v. 26.6.1995 – 12 U 480/94 = VersR 1997, 73 zur Bestimmung einer „Engstelle".
147 OLG Karlsruhe, Urt. v. 14.5.2004 – 10 U 214/03 = DAR 2004, 648.
148 KG, Urt. v. 26.6.1995 – 12 U 480/94 = VersR 1997, 73.
149 LG Essen, Urt. v. 7.3.2000 – 13 S 552/99 = SP 2000, 262.
150 OLG Hamm, Urt. v. 23.1.1997 – 6 U 163/96 = MDR 1997, 934.

gende Haftung. Zu berücksichtigen ist jedoch auch, dass bei der Einfahrt in die Engstelle auch zu Lasten des bevorrechtigten Fahrzeuges eine erhöhte Betriebsgefahr unabhängig von einem Verschulden besteht. Bleibt ungeklärt, wem gem. dem Prioritätsprinzip der Vorrang zusteht, verbleibt es im Zweifel bei einer Haftungsteilung mit 50 %.[151] Demgegenüber wird nach anderer Auffassung in der Rechtsprechung auch die Vorschrift des § 6 StVO angewandt, nach welcher zu Lasten desjenigen eine Wartepflicht besteht, dessen Fahrspur verengt wird.[152]

3. Zusammenstöße im gleichgerichteten Verkehr

a) Zusammenstoß zwischen einem Linksabbieger und nachfolgendem Kfz

140 Der Unfall zwischen einem nach links abbiegenden Kfz und einem überholenden nachfolgenden Kfz wird häufig durch das Eingreifen des Anscheinsbeweises zu Lasten des Linksabbiegers entschieden, wobei aber zu differenzieren ist, ob der Linksabbiegevorgang in eine Straße einerseits oder andererseits ein Grundstück bzw. vergleichbaren Ziel i.S.d. § 9 Abs. 5 StVO erfolgt und damit erhöhte Sorgfaltsanforderungen auslöst. Eine Mithaftung des überholenden Fahrzeugführers kann sich aus einem schuldhaften Verursachungsbeitrag, d.h. in erster Linie dem Überholen in einer unklaren Verkehrslage oder verschuldensunabhängig unter dem Gesichtspunkt der durch den Überholvorgang per se erhöhten Betriebsgefahr ergeben.

aa) Abbiegen nach links in ein Grundstück

141 Im Wege des Anscheinsbeweises wird ein schuldhafter Verstoß gegen § 9 Abs. 5 StVO zu Lasten desjenigen festgestellt, der im zeitlichen und örtlichen Zusammenhang mit dem Verkehrsunfall in ein Grundstück abgebogen ist.[153]

142 ▼

Muster 4.51: Anscheinsbeweis bei Abbiegen nach links in ein Grundstück

4.51 Im Wege des Anscheinsbeweises wird ein schuldhafter Verstoß gegen § 9 Abs. 5 StVO zu Lasten desjenigen vermutet, der im zeitlichen und örtlichen Zusammenhang mit dem Verkehrsunfall in ein Grundstück abgebogen ist (OLG Düsseldorf, Urt. v. 2.4.2019 – I 1 U 108/18 – juris; OLG Hamburg, Urt. v. 1.9.2009 – 3 U 36/09 = MDR 2010, 26; KG, Urt. v. 7.10.2002 – 12 U 41/01 = MDR 2003, 507). Dies insbesondere im Hinblick auf die in § 9 Abs. 1 S. 4 StVO zugrunde gelegte doppelte Rückschaupflicht (OLG Düsseldorf, Urt. v. 2.4.2019 – I 1 U 108/18 – juris; OLG Stuttgart, Urt. v. 4.6.2014 – 3 U 15/14 = Schaden-Praxis 2014, 404 ff.; OLG Naumburg, Urt. v. 12.12.2008 – 6 U 106/08 = VersR 2009, 373). Hierhinter tritt die einfache Betriebsgefahr eines anderen unfallbeteiligten Fahrzeugs zurück (OLG München, Urt. v. 11.6.2010 – 10 U 2282/10 = NJW Spezial 2010, 489; OLG Hamburg, Beschl. v. 20.3.2012 – 15 U 15/12 – juris).

▲

151 AG Aachen, Urt. v. 6.7.2001 – 9 C 617/00 = SP 2002, 6.

152 OLG Celle, Urt. v. 8.11.2000 – 14 U 267/00 – juris; AG Erkelenz, Urt. v. 14.11.2002 – 14 C 165/02 = SP 2003, 191.

153 BGH, Urt. v. 25.3.1969 – VI ZR 263/67 = VersR 1969, 614; KG, Urt. v. 7.10.2002 – 12 U 41/01 = MDR 2003, 507; OLG Dresden, Urt. v. 24.4.2002 – 11 U 2948/01 = SP 2003, 304.

Den überholenden Kraftfahrzeugführer kann eine Mithaftung unter dem Gesichtspunkt des Überholens in einer unklaren Verkehrslage treffen (§ 5 Abs. 3 Nr. 1 StVO). Eine unklare Verkehrslage liegt immer dann vor, wenn nach allen Umständen ein ungefährdetes Überholen nicht möglich ist, da nicht sicher beurteilt werden kann, wie sich der Vorausfahrende verhalten wird.[154] Nach überzeugender Rechtsprechung ist dies aber nicht schon dann der Fall, wenn der Vorausfahrende lediglich die Geschwindigkeit verlangsamt oder sein Fahrzeug an den Fahrbahnrand[155] lenkt. Sobald aber rechtzeitig der Blinker zum Abbiegen[156] gesetzt worden ist, wird i.d.R. eine Verkehrslage gegeben sein, die ein ungefährdetes Überholen nicht mehr zulässt. Für die Rechtzeitigkeit des gesetzten Fahrtrichtungsanzeigers kommt es auf die Zeit zwischen dem Setzen und dem Abbiegevorgang an. Bei einer Geschwindigkeit von 30 km/h ist ein Zeitraum von 5 Sekunden ausreichend, damit sich der nachfolgende Verkehr auf das Abbiegen einstellen kann.[157] 143

▼ 144

Muster 4.52: Mithaftung wegen Überholens in einer unklaren Verkehrslage

4.52

Eine unklare Verkehrslage liegt immer dann vor, wenn nach allen Umständen ein ungefährdetes Überholen nicht möglich ist, da nicht sicher beurteilt werden kann, wie sich der Vorausfahrende verhalten wird (OLG Düsseldorf, Urt. v. 2.4.2019 – I 1 U 108/18 – juris; KG, Beschl. v. 13.8.2009 – 12 U 223/08 – juris = NZV 2010, 298; LG Hamburg, Urt. v. 23.1.2015 – 302 O 220/14 = zfs 2015, 380). Dies ist bereits dann gegeben, wenn – wie hier – der Vorausfahrende Fahrzeugführer rechtzeitig den linken Blinker gesetzt hat (OLG Stuttgart, Beschl. v. 8.4.2011 – 13 U 2/11 – juris; OLG Hamm, Beschl. v. 23.2.2006 – 6 U 126/05 – juris; KG, Urt. v. 4.1.2006 – 12 U 202/05 = NZV 2006, 369). Im Übrigen folgt zumindest aus einem deutlichen Langsamerwerden des vorausfahrenden Fahrzeugs und einer Orientierung zur Fahrbahnmitte hin eine unklare Verkehrslage. In jedem Fall ist ein Überholen in einer unklaren Verkehrslage zu bejahen, wenn die Fahrweise auf ein bevorstehendes Linksabbiegen hindeutet (OLG Hamm, Beschl. v. 23.2.2006 – 6 U 126/05 – juris; OLG Düsseldorf, Urt. v. 2.4.2019 – I 1 U 108/18 – juris). Insbesondere eine ungewöhnliche Geschwindigkeit begründet ein Misstrauen im Hinblick auf das künftige Fahrverhalten des langsam Fahrenden (OLG Düsseldorf, Urt. v. 10.3.2008 – 1 U 175/07 – juris = Schaden-Praxis 2008, 356).

▲

Unter welchen Umständen eine **unklare Verkehrslage** bereits dann vorliegt, wenn der Vorausfahrende die **Geschwindigkeit verlangsamt** und sich zur Fahrbahnmitte bzw. einem Grundstück hin einordnet, ist in der Rechtsprechung umstritten. Ein leichtes Einordnen nach links genügt nach einer Auffassung noch nicht.[158] Eine strengere Auffassung lässt auch ein **Einordnen nach links** zusammen mit einem Abbremsen noch nicht 145

154 KG, Urt. v. 15.8.2005 – 12 U 41/05 = NZV 2006, 309.
155 OLG Celle, Urt. v. 18.11.2004 – 14 U 108/04 = MDR 2005, 569; KG, Urt. v. 7.10.2002 – 12 U 41/01 = NZV 2003, 89; LG Saarbrücken, Urt. v. 15.5.2009 – 13 S 10/09 = VRR 2009, 387.
156 KG, Urt. v. 15.8.2005 – 12 U 41/05 = NZV 2006, 309 und KG, Urt. v. 4.1.2006 = NZV 2006, 369.
157 KG, Urt. v. 6.12.2004 – 12 U 21/04 = MDR 2005, 806.
158 KG, Urt. v. 7.10.2002 – 12 U 41/01 = NZV 2003, 89.

genügen.[159] Jedoch deutet ein Verhalten des Vorausfahrenden auf ein Abbiegen hin, wenn zwei vorausfahrende Fahrzeuge erkennbar im erheblichen Umfang langsamer werden, sich in deutlich sichtbarer Weise zur Fahrbahnmitte hin orientieren sowie der erste Fahrzeugführer auch noch den linken Fahrtrichtungsanzeiger setzt[160] Befindet sich vor dem Überholenden eine Kolonne aus mehreren Fahrzeugen und wird das erste Fahrzeug langsamer, muss sich der Überholende auch fragen, warum die vor ihm befindlichen Fahrzeugführer ihrerseits ein Überholen unterlassen, obwohl dies angesichts der Straßenführung möglich wäre. Auch in dieser Situation kann eine unklare Verkehrslage begründet sein.[161] Verbleibende Zweifel an einer solchen Verkehrslage gehen diese aber zu Lasten des beweispflichtigen Abbiegers.

146 ▼

Muster 4.53: Kein Überholen in einer unklaren Verkehrslage

4.53 Es fehlt an einem schuldhaften Verstoß gegen die StVO, insbesondere in Form eines Überholens in einer unklaren Verkehrslage (§ 5 Abs. 3 Nr. 1 StVO). Einen solchen Verstoß muss derjenige beweisen, der sich hierauf beruft, ohne dass ihm ein Anscheinsbeweis zur Seite steht (OLG Hamm, Urt. v. 7.3.2014 – 9 U 210/13 – juris). Für eine unklare Verkehrslage genügt es nicht, dass das vorausfahrende Fahrzeug langsamer oder zum Fahrbahnrand gelenkt wird (OLG Hamm, Urt. v. 8.7.2022 – 7 U 106/20 – juris; OLG Hamm, Beschl. v. 14.6.2018 – 4 RBs 174/18 = VRR 10/2018, S. 3; KG, Urt. v. 12.7.2010 – 12 U 177/09 – juris; OLG Celle, Urt. v. 18.11.2004 – 14 U 108/04 = MDR 2005, 569), selbst wenn das Fahrzeug bereits zur Fahrbahnmitte orientiert wird (OLG Naumburg, Urt. v. 12.12.2008 – 6 U 106/08 = VersR 2009, 373). Vielmehr ist erforderlich, dass der Abbiegende erstens überhaupt und zweitens rechtzeitig seinen Blinker gesetzt hat (KG, Urt. v. 4.1.2006 – 12 U 202/05 = NZV 2006, 369; vgl. im Überblick *Nugel*, NJW Spezial 2007, 351).

▲

147 Selbst wenn dieser ein Überholen in einer unklaren Verkehrslage nachweisen und damit eine Mithaftung begründen kann, wird der Abbiegende den gegen ihn sprechenden Anscheinsbeweis i.d.R. nicht (vollends) erschüttern können. Üblich ist in diesen Fällen eine Haftungsteilung auf Basis von 50 %,[162] die aber je nach den Umständen des Einzelfalles in eine Quote von 60 % bzw. 2/3 zu Lasten der einen oder anderen Seite abweichen kann.[163] Dabei kann es sich anbieten, mit der Hamburger Quotentabelle[164] zu differenzieren: Wenn der Abbiegende lediglich gegen die Pflicht zur doppelten Rückschau versto-

159 OLG Celle, Urt. v. 12.5.2005 – 14 U 223/04 = SP 2005, 333.

160 OLG Koblenz, Urt. v. 26.1.2004 – 12 U 1439/02 = DAR 2005, 403.

161 OLG Celle, Urt. v. 21.9.2000 – 14 U 252/99 = SP 2001, 45.

162 OLG Schleswig, Urt. v. 7.7.2005 – 7 U 3/03 = MDR 2006, 202; OLG Celle, Urt. v. 19.6.2003 – 14 U 170/02 = OLGR Celle 2003, 368; OLG Brandenburg, Urt. v. 26.9.2001 – 14 U 24/01 = VRS 102, 28; KG VRS 95, 406; OLG Karlsruhe, Urt. v. 12.9.1997 – 10 U 84/97 = NZV 1999, 166; OLG Köln, Urt. v. 18.12.1998 – 19 U 103/98 = VRS 96, 407; LG Halle, Urt. v. 3.4.2007 – 2 S 315/06 = SVR 2007, 384; LG Limburg, Urt. v. 20.2.2004 – 3 S 231/09 = SP 2004, 186.

163 Beispielhaft: OLG Koblenz, Urt. v. 26.1.2004 – 12 U 1439/02 = NZV 2005, 413 = DAR 2005, 403 mit einer Haftung von 2/3 zu Lasten des Überholenden (Abbiegende hatte erkennbar Geschwindigkeit verlangsamt und sich zur Mitte hin eingeordnet); ebenso LG Berlin, Urt. v. 8.9.2005 – 58 S 135/05 = SP 2006, 3, wobei der Abbiegende bereits erkennbar den Blinker gesetzt und sich zur Mitte hin eingeordnet hatte.

164 *Busch/Jordan*, VersR 1985, 513 ff.

ßen hat, überwiegt die Haftung des Überholenden mit 60 % leicht.[165] Hat der Abbiegende darüber hinaus erwiesenermaßen auch nicht rechtzeitig den Blinker gesetzt oder sich nicht zur Mitte hin eingeordnet, trifft ihn mit 60 % die überwiegende Haftung. Wird zudem auch eine Kolonne überholt, begründet die dadurch erhöhte Betriebsgefahr eine Mithaftung des Überholenden in Höhe von mindestens 2/3[166] bis hin zu 3/4.[167]

bb) Abbiegen nach links in eine Straße

Ein ähnliches Bild bietet sich bei dem Unfall, bei dem der Abbiegevorgang nicht in ein 148
Grundstück, sondern in eine andere Straße erfolgt. Auch in diesem Fall wird im Wege des Anscheinsbeweises ein schuldhafter Verstoß des Abbiegenden gegen die in § 9 Abs. 1 StVO normierte doppelte Rückschaupflicht festgestellt.[168]

▼ 149

Muster 4.54: Anscheinsbeweis Verletzung der doppelten Rückschaupflicht

Im Wege des Anscheinsbeweises wird ein schuldhafter Verstoß gegen die in § 9 Abs. 1 StVO normierte Verpflichtung zur doppelten Rückschau zu Lasten desjenigen vermutet, der im zeitlichen und örtlichen Zusammenhang mit dem Verkehrsunfall nach links abgebogen ist (OLG Hamm, Beschl. v. 8.1.2016 – 9 U 125/15 – juris; OLG Hamm, Urt. v. 7.3.2014 – 9 U 210/13 – juris; OLG Stuttgart; Urt. v. 4.6.2014 – 3 U 15/14 = SP 2014, 404 ff.; KG, Urt. v. 26.1.2004 – 12 U 1439/02 = NZV 2005, 413; OLG Celle, Urt. v. 14.5.1992 – 5 U 32/91 = SP 1993, 3).

▲

Ein Unterschied liegt allerdings darin, dass der Überholvorgang im Kreuzungsbereich 150
erfolgt und hierin ein besonders gefahrenträchtiges Fahrmanöver liegt. Den überholenden Fahrzeugführer wird daher i.d.R. auch ohne ein Verschulden allein aufgrund der erhöhten Betriebsgefahr eine Mithaftung treffen, die sachgerecht bei 25 %[169] anzusetzen sein dürfte.

▼ 151

Muster 4.55: Mithaftung des Überholenden aus Betriebsgefahr bei Abbiegen im Kreuzungsbereich

Vorliegend ist zu beachten, dass der Abbiegevorgang nicht in den ruhenden Verkehr mit den dabei geltenden Haftungsverschärfungen des § 9 Abs. 5 StVO erfolgt ist, sondern in einem gut erkennbaren Kreuzungsbereich durchgeführt wurde. Wird auf dem Bereich einer solchen Kreuzung ein Überholmanöver durchgeführt, haftet der Überholende mit mindestens 25 % verschuldensunabhängig allein aufgrund der durch dieses Fahrmanöver erhöhten Betriebsgefahr, da ein solches Überholen typischerweise die Gefahr einer Kollision im Kreuzungsbereich schafft (OLG Frankfurt a.M., Urt. v. 8.7.2002 – 1 U 113/01 = OLGR Frankfurt 2002, 300).

▲

165 Vgl. auch LG Berlin, Urt. v. 8.9.2005 – 58 S 135/05 = SP 2006, 3: Haftung des Überholenden zu 2/3.
166 OLG Koblenz, Urt. v. 26.1.2004 – 12 U 1439/02 = DAR 2005, 403 (zwei Pkw überholt).
167 OLG München, Urt. v. 15.10.1993 – 10 U 3156/93 = SP 1994, 171.
168 OLG Celle, Urt. v. 14.5.1992 – 5 U 32/91 = SP 1993, 3; OLG Celle, Urt. v. 20.5.1976 – 5 U 66/75 = VersR 1978, 94.
169 OLG Frankfurt a.M., Urt. v. 8.7.2002 – 1 U 113/01 = OLGR Frankfurt 2002, 300.

152 Hat der von hinten herannahende Fahrzeugführer auch in einer unklaren Verkehrslage überholt, erhöht sich die Betriebsgefahr derart, dass mindestens eine Haftung zu gleichen Anteilen (z.B. beim Abbiegen in einen Feldweg),[170] wenn nicht gar eine leicht überwiegende Haftung des Überholenden mit 2/3[171] bis zu 70 %[172] gegeben ist.

Eine **unklare Verkehrslage** kann hier bereits dann anzunehmen sein, wenn der Vorausfahrende seine Geschwindigkeit verlangsamt und sich zur Fahrbahnmitte hin einordnet, wenn ein Abbiegen aufgrund des gut erkennbaren Kreuzungsbereichs naheliegt.[173] Des Nachweises eines rechtzeitig gesetzten Blinkers bedarf es dann nicht mehr.

Wenn der abbiegende Fahrzeugführer den gegen ihn sprechenden Anscheinsbeweis erschüttern kann, bleibt zu seinen Lasten aufgrund der im Abbiegevorgang liegenden erhöhten Betriebsgefahr i.d.R. eine Mithaftung von 20 % bestehen.

153 ▼

Muster 4.56: Überholen in unklarer Verkehrslage im Kreuzungsbereich

4.56

Eine unklare Verkehrslage liegt immer dann vor, wenn nach allen Umständen ein ungefährdetes Überholen nicht möglich ist, da nicht sicher beurteilt werden kann, wie sich der Vorausfahrende verhalten wird (OLG Düsseldorf, Urt. v. 2.4.2019 – I 1 U 108/18 – juris; KG, Beschl. v. 13.8.2009 – 12 U 223/08 – juris = NZV 2010, 298; LG Hamburg, Urt. v. 23.1.2015 – 302 O 220/14 = zfs 2015, 380). Dies ist bereits dann gegeben, wenn – wie hier – der vorausfahrende Fahrzeugführer rechtzeitig den linken Blinker gesetzt hat (OLG Stuttgart, Beschl. v. 8.4.2011 – 13 U 2/11 – juris; OLG Hamm, Beschl. v. 23.2.2006 – 6 U 126/05 – juris; KG, Urt. v. 4.1.2006 – 12 U 202/05 = NZV 2006, 369).

Im Übrigen ist vorliegend die Besonderheit zu berücksichtigen, dass ein Überholmanöver im Kreuzungsbereich erfolgt ist. Selbst wenn der Blinker nicht rechtzeitig gesetzt worden sein sollte, so war für den nachfolgenden Verkehr jedoch nicht klar, aus welchem Grund das vorausfolgende Fahrzeug abgebremst wird. Zumindest im Kreuzungsbereich folgt aus dem Abbremsen und einem ggf. möglichen Einordnen zur Fahrbahnmitte hin eine unklare Verkehrslage, in welcher sich ein Überholvorgang für den nachfolgenden Verkehr verbietet (LG Lüneburg, Urt. v. 25.4.2001 – 8 S 140/00 = SP 2002, 122).

▲

b) Zusammenstoß zwischen Rechtsabbieger und nachfolgendem Kfz

154 Auch bei dem Abbiegevorgang nach rechts spricht gegen den Abbiegenden der Anscheinsbeweis im Hinblick auf eine schuldhafte Verletzung der doppelten Rückschaupflicht. Darüber hinaus sind ggf. die erhöhten Sorgfaltsanforderungen des § 9 Abs. 5 StVO bei dem Abbiegen in ein Grundstück zu berücksichtigen.

155 Kann der Rechtsabbieger den gegen ihn sprechenden Anscheinsbeweis nicht widerlegen und wird ihm dazu nachgewiesen, dass er sich auch auf einen falschen Fahrstreifen eingeordnet hat, von dem aus er nicht abbiegen durfte, haftet der Rechtsabbieger aufgrund seines überragenden Fehlverhaltens alleine. Kann der Rechtsabbieger in diesen

170 OLG Brandenburg, Urt. v. 26.9.2001 – 14 U 24/01 = VRS 102, 28.
171 LG Karlsruhe, Urt. v. 12.10.2007 – 8 O 294/07 = zfs 2008, 82.
172 AG Hamburg, Urt. v. 2.8.2005 – 54A C 124/04 = SP 2005, 372.
173 LG Lüneburg, Urt. v. 25.4.2001 – 8 S 140/00 = SP 2002, 122.

Fällen aber nachweisen, dass er den Blinker rechtzeitig gesetzt hat, haftet der Überholende wegen des Überholens in einer unklaren Verkehrslage mit einer Quote, die gegenüber dem gewichtigeren Fehlverhalten des Abbiegenden regelmäßig mit 30 %[174] bzw. 1/3[175] zu veranschlagen ist. Ein Überholen in einer unklaren Verkehrslage ist auch dann gegeben, wenn ein nach rechts **abbiegender Lkw** vorher bauartbedingt nach links ausschwenkt[176] oder auf der linken Spur Fahrzeuge ohne ersichtlichen Grund warten.

c) Unfälle beim Überholen

Kollidiert ein Überholender mit einem ebenfalls zum Überholen ansetzenden Vorder- 156
mann, kommt es insbesondere darauf an, wie lange und gut der vom Vordermann eingeleitete Überholversuch für den von hinten herannahenden Überholenden zu erkennen war und ob der Vordermann bei seinem Überholvorgang die gebotene Rückschau gehalten hat.[177] Das Überholen einer Fahrzeugkolonne durch einen von hinten herannahenden Verkehrsteilnehmer ist jedenfalls nicht verboten. Demjenigen, der **zuerst** unter Betätigung des Fahrtrichtungsanzeigers zum **Überholen ansetzt**, gebührt der Vortritt gegenüber einem in der Kolonne weiter vorne fahrenden Fahrzeugführer, der die erste Möglichkeit zum Überholen nicht wahrgenommen hat,[178] wobei jedoch bei dem Aufheben eines Überholverbots wiederum dem ersten vorausfahrenden Kfz vorab Gelegenheit zum Überholen zu geben ist.[179]

▼ 157

Muster 4.57: Vorrang des zuerst Überholenden

Von einem nachfolgenden Fahrzeugführer ist zu verlangen, die konkrete Verkehrssitua- 4.57
tion auch auf andere Umstände hin zu beobachten, die es nahelegen können, dass der Vorausfahrende seinerseits überholen will (BGH, Urt. v. 23.9.1986 – VI ZR 46/85 = DAR 1987, 53). Diesem steht das Recht zu, zuerst zu überholen, wenn sich nach längerer Fahrt eine erste Überholmöglichkeit bietet (KG, Urt. v. 30.1.1995 – 12 U 2820/93 = NZV 1995, 359).

▲

d) Unfall beim Fahrstreifenwechsel

Ereignet sich ein Unfall im unmittelbaren zeitlichen und örtlichen Zusammenhang mit 158
einem Fahrstreifenwechsel, spricht gegen den Fahrstreifenwechsler der Beweis des ersten Anscheins, der einen schuldhaften Verstoß gegen § 7 Abs. 5 StVO begründet.[180] Für eine solche typische Konstellation eines Fahrstreifenwechsels spricht der Umstand, dass sich das Fahrzeug des Unfallverursachers infolge des Fahrstreifenwechsels noch in

174 LG Göttingen, Urt. v. 19.2.2003 – 9 S 46/02 = VRS 105, 12.
175 AG Freudenstadt, Urt. v. 26.1.1994 – 5 C 640/93 = SP 1994, 206.
176 OLG Saarbrücken, Urt. v. 10.2.1979 – 3 U 60/77 – juris; AG Wiesbaden, Urt. v. 2.7.2007 – 92 C 6660/06 = SP 2007, 387; AG Hamburg-Harburg, Urt. v. 19.11.2007 – 646A C 219/07 = SVR 2008, 107.
177 Grundlegend: BGH, Urt. v. 23.9.1986 – VI ZR 46/85 = DAR 1987, 53.
178 KG, Urt. v. 30.1.1995 – 12 U 2820/93 = NZV 1995, 359.
179 BGH, Urt. v. 23.9.1986 – VI ZR 46/85 = DAR 1987, 53.
180 OLG Hamm, Urt. v. 13.5.2009 – 13 U 106/08 = NJW-RR 2009, 1624; LG Berlin, 7.5.2003 – 24 O 34/03 = SP 2003, 301.

Schrägstellung befindet.[181] Den strengen Sorgfaltsanforderungen des § 7 Abs. 5 StVO bei einem Fahrstreifenwechsel genügt ein Fahrer nur dann, wenn er vor dem Fahrstreifenwechsel in Innen- und Außenspiegel schaut, sich mit einem Schulterblick umsieht und den Wechsel mittels des Fahrtrichtungsanzeigers rechtzeitig anzeigt.[182] Im Regelfall haftet der Fahrstreifenwechsler aufgrund eines überragenden Fehlverhaltens alleine.[183]

159 Der gegen ihn sprechende Anscheinsbeweis ist dann erschüttert, wenn der Unfall sich zu einem Zeitpunkt ereignete, zu dem der **Fahrstreifenwechsel bereits abgeschlossen** war. Dies ist in der Regel dann der Fall, wenn der den Fahrstreifen Wechselnde sich bereits vollständig in den Verkehr auf dem anderen Fahrstreifen integriert hat und der nachfolgende Verkehr sich auf dieses Kfz einstellen kann.[184] Inwiefern trotz des Einordnens noch ein unmittelbarer zeitlicher und räumlicher Zusammenhang zu dem Fahrstreifenwechsel besteht, ist eine Frage des Einzelfalles.[185] Ohne einen solchen Zusammenhang greift der Beweis des ersten Anscheins jedenfalls nicht ein.[186]

160 Eine weitere Besonderheit liegt vor, wenn der Fahrstreifenwechsler auf der Autobahn mit dem von hinten herannahenden Fahrzeugführer kollidiert, der die Autobahnrichtgeschwindigkeit überschritten hat. Eine verschuldensunabhängige Mithaftung des nachfolgenden Verkehrsteilnehmers kann aber insbesondere bei einem Verkehrsunfall auf der Autobahn gegeben sein, wenn der nachfolgende Verkehr die Autobahnrichtgeschwindigkeit von 130 km/h zum Unfallzeitpunkt deutlich überschritten hat. Durch das zulässige, aber schnellere Fahren, als es die Richtgeschwindigkeit vorsieht, wird eine besondere Gefahrenlage geschaffen und es ist eine erhöhte Betriebsgefahr zu berücksichtigen. Dies setzt allerdings voraus, dass sich diese höhere Geschwindigkeit unstreitig bzw. erwiesenermaßen auf das Unfallgeschehen ausgewirkt hat.[187] Die Beweislast für das Überschreiten der Geschwindigkeit wie auch die Ursächlichkeit trägt der Unfallgegner. Kann er diesen Beweis führen, kommt eine Mithaftung in einer Größenordnung von 20 %[188] bzw. 30 %[189] in Betracht.

161 ▼

Muster 4.58: Mithaftung wegen Überschreitung der Autobahnrichtgeschwindigkeit

4.58 Unabhängig davon, ob ein Verschulden vorliegt, begründet bereits ein Überschreiten der auf der Autobahn gültigen Richtgeschwindigkeit eine Mithaftung, wenn dies zum Verkehrsunfall beigetragen hat. Durch das zulässige, aber schnellere Fahren als die Richtgeschwindigkeit wird eine besondere Gefahrenlage geschaffen. Die hierdurch begründete erhöhte Betriebsgefahr führt regelmäßig zu einer Mithaftung von 30 % (OLG

181 AG Hamburg-Blankenese, Urt. v. 5.10.2004 – 509 C 208/03 = VersR 2005, 1549.
182 OLG Frankfurt a.M., Urt. v. 5.4.1976 – 2 S 134/76 = DAR 1977, 81.
183 OLG Jena, Urt. v. 8.12.2005 – 1 U 474/05 = NZV 2006, 147; OLG Hamm, Urt. v. 16.11.2004 – 9 U 110/04 = DAR 2005, 285.
184 BGH, Urt. v. 30.11.2010 – VI ZR 15/10 = MDR 2011, 157.
185 Beispielhaft: OLG Düsseldorf, Urt. v. 21.7.2003 – 1 U 217/02 = SP 2003, 335.
186 OLG München, Urt. v. 24.4.1989 – 10 U 5867/88 = NZV 1989, 277.
187 OLG Naumburg, Urt. v. 6.6.2008 – 12 U 72/07 = NZV 2008, 618.
188 AG Düsseldorf, Urt. v. 28.8.2003 – 39 C 81/02 = SP 2003, 371.
189 OLG Hamm, Urt. v. 6.2.2003 – 6 U 190/02 = r+s 2003, 342; OLG Düsseldorf, Urt. v. 21.7.2003 – 1 U 217/02 = SP 2003, 335; OLG Jena, Urt. v. 13.9.2005 – 8 U 28/05 = MDR 2006, 748.

Düsseldorf, Urt. v. 21.11.2017 – I 1 U 44/17 = zfs 2018, 376; OLG Jena, Urt. v. 13.9.2005 – 8 U 28/05 = MDR 2006, 748; OLG Hamm, Urt. v. 6.2.2003 – 6 U 190/02 = r+s 2003, 342) bzw. zumindest 25 % (OLG Schleswig, Urt. v. 15.11.2022 – 7 U 41/22 – juris; OLG Schleswig, Urt. v. 30.7.2009 –7 U 12/09 – juris; LG Wiesbaden, Urt. v. 27.9.2016 – 8 O 94/14 – juris). Überschreitet ein Fahrzeugführer bei der Fahrt auf der Autobahn die Richtgeschwindigkeit von 130 km/h kann er sich jedenfalls nicht auf eine Unabwendbarkeit berufen (BGH, Urt. v. 17.3.1992 – VI ZR 62/91 – juris; OLG Frankfurt a.M., Urt. v. 9.4.2015 – 22 U 238/13 – juris; OLG Nürnberg, Urt. v. 9.9.2010 – 13 U 712/10 = DAR 2010, 707).

▲

Da der die Fahrspur wechselnde Fahrzeugführer nach dem Maßstab des § 286 ZPO die Beweislast dafür trägt, dass bei Einhaltung der Autobahnrichtgeschwindigkeit der Unfall vermieden worden wäre, wirken sich verbleibende Zweifel zu seinen Lasten aus. Im Übrigen ist bei der Haftungsabwägung das Fehlverhalten des Fahrstreifenwechslers zu gewichten und dies kann bei einem schwerwiegenden Sorgfaltspflichtverstoß zur alleinigen Haftung führen.[190] Ein solches überragendes Fehlverhalten liegt z.B. vor, wenn der Fahrstreifenwechsler direkt von der Beschleunigungsspur über mehrere Fahrstreifen auf die links gelegene Überholspur gezogen ist.[191] In diesem Fall ist ebenfalls ein Verstoß gegen die Vorschrift des § 18 Abs. 3 StVO, teilweise sogar § 10 Abs. 1 StVO[192] zu berücksichtigen. Auch ist die Überschreitung einer Geschwindigkeitsgrenze (und damit auch der Autobahnrichtgeschwindigkeit) grundsätzlich erst dann relevant, wenn die Überschreitung mehr als 10 % beträgt.[193] 162

▼ 163

Muster 4.59: Unerhebliche Überschreitung der Richtgeschwindigkeit

4.59

Eine angebliche Überschreitung der Autobahnrichtgeschwindigkeit kann nur dann als Abwägungsfaktor berücksichtigt werden, wenn sich dieses erwiesenermaßen ursächlich ausgewirkt hat (OLG München, Urt. v. 7.12.2007 –10 U 4653/07 – juris).

Ein Nachweis, dass bei Einhaltung der Autobahnrichtgeschwindigkeit der Unfall hätte vermieden werden können, liegt nicht vor. Im Übrigen wäre allenfalls eine Überschreitung der Autobahnrichtgeschwindigkeit von nicht mehr als 10 % denkbar, die i.d.R. unbeachtlich ist (OLG Hamm, Urt. v. 8.5.2001 – 27 U 201/00 = DAR 2001, 506). Und schlussendlich führt ein schwerwiegender Sorgfaltspflichtverstoß des Fahrstreifenwechslers dazu, dass hierhinter jede denkbar erhöhte Betriebsgefahr wegen einer angeblichen Überschreitung der Richtgeschwindigkeit zurücktritt (OLG Hamm, Urt. v. 21.6.1993 – 6 U 51/93 = NZV 1994, 229).

▲

190 OLG Hamm, Urt. v. 15.3.2002 – 9 U 188/01 = VersR 2002, 1120.
191 OLG Hamm, Urt. v. 21.6.1993 – 6 U 51/93 = NZV 1994, 229.
192 OLG Düsseldorf, Urt. v. 13.12.2004 – 1 U 135/04 = Verkehrsrecht aktuell 2005, 24.
193 OLG Hamm, Urt. v. 8.5.2001 – 27 U 201/00 = DAR 2001, 506.

4. Unfälle im Parkplatzbereich

164 Bei einem Unfall im Bereich eines Parkplatzes findet die StVO nur eingeschränkte Anwendung. Gleiches gilt für den Bereich eines öffentlichen Parkhauses,[194] ggf. auch eines Betriebsgeländes.[195] Der BGH geht grundsätzlich davon aus, dass allein die Vorschrift des allgemeinen Rücksichtnahmegebots nach § 1 Abs. 2 StVO anzuwenden ist, die aber auch den Rechtsgedanken bestimmter Garantiepflichten wie den Ausschluss der Gefährdung anderer Verkehrsteilnehmer nach § 9 Abs. 5 StVO bei einer Rückwärtsfahrt beinhaltet.[196] Solange ein Fahrzeug zum Zeitpunkt der Kollision auf einem Parkplatz auch rückwärts fährt, ergibt sich hieraus mithin auch ein Verschulden, welches im Wege des Anscheinsbeweises vermutet wird.[197]

Es ist in jedem Fall gesondert zu prüfen, ob die Vorschriften aufgrund einer vergleichbaren Verkehrslage entsprechend anzuwenden sind.[198] Daneben ist zu berücksichtigen, dass auch bei einer Geltung der Vorschriften der StVO der andere Kraftfahrzeugführer nicht im gleichen Maße wie im fließenden Verkehr auf die Beachtung der StVO vertrauen darf. Vielmehr erfährt das Gebot der Rücksichtnahme bei dem Befahren eines Parkplatzes eine besondere Ausprägung.[199] Aufgrund der erforderlichen Rücksichtnahme auf ein- und ausparkende Kraftfahrer und die Fahrbahnen nutzende Fußgänger ist im Parkplatzbereich folgerichtig eine geringe Geschwindigkeit der Fahrzeuge geboten und die sich begegnenden Fahrzeuglenker müssen aufeinander Rücksicht nehmen und sich ggf. weiter verständigen.[200] Jeder Fahrzeugführer muss daher stets **bremsbereit und mit mäßiger Geschwindigkeit** fahren[201] und ständig mit rangierenden Fahrzeugen rechnen.[202] Auch der auf einem „Fahrstreifen" an Parkbuchten vorbeifahrende Fahrzeugführer kann nicht uneingeschränkt auf die Achtung eines Vorrangrechts vertrauen.[203] Es kommen daher nur selten Fälle vor, bei denen eine alleinige Haftung eines unfallbeteiligten Fahrzeugführers gegenüber dem Unfallgegner gegeben ist. In der Regel wird zumindest eine Mithaftung in Höhe von 20 % geboten sein.[204]

165 Selbst wenn der Unfallgegner gegen eine der Kardinalvorschriften der StVO wie die §§ 8, 9 StVO, die entsprechend angewendet werden können, verstoßen haben sollte, trifft den anderen Fahrzeugführer, dessen Fahrzeug zum Unfallzeitpunkt ebenfalls in

194 AG Osnabrück, Urt. v. 18.3.1993 – 6 C 629/92 = VersR 1994, 1002.
195 KG, Urt. v. 30.5.2005 – 12 U 82/04 = VersR 2006, 563.
196 BGH, Urt. v. 15.12.2015 – VI ZR 6/15 = MDR 2016, 2668.
197 BGH, Urt. v. 15.12.2015 – VI ZR 6/15 = MDR 2016, 2668; BGH, Urt. v. 26.1.2016 – VI ZR 179/15 = NJW Spezial 2016, 138; LG Düsseldorf, Beschl. v. 1.2.2016 – 20 S 105/15 – juris; LG Saarbrücken, Urt. v. 10.2.2012 – 13 S 181/11 = NZV 2012, 288.
198 Für eine entsprechende Anwendung: OLG Hamm, Urt. v. 28.6.1993 – 13 U 58/93 – juris; AG Viersen, Urt. v. 16.5.2006 – 17 C 21/06 = SP 2006, 416.
199 OLG Hamm, Urt. v. 15.3.1993 – 6 U 251/92 = NZV 1993, 477; LG Potsdam, Urt. v. 7.6.2001 – 3 S 430/00 = SP 2001, 335.
200 BGH, Urt. v. 22.11.2022 – VI ZR 344/21 = MDR 2023, 228.
201 KG, Urt. v. 4.2.2002 – 12 U 111/01 = NZV 2003, 381; AG Bad Bramstedt, Urt. v. 20.3.1998 – 4a C 8/98 = zfs 1999, 55.
202 LG Potsdam, Urt. v. 7.6.2001 – 3 S 430/00 = SP 2001, 335.
203 OLG Stuttgart, Urt. v. 19.1.1990 – 2 U 23/89 = zfs 1990, 257.
204 LG Hamburg, Urt. v. 4.1.2009 – 306 O 221/08 – juris.

Bewegung war, eine Mithaftung, es sei denn, er ist mit Schrittgeschwindigkeit bremsbereit gefahren und konnte eine Kollision nicht vermeiden oder sein Fahrzeug stand zum Unfallzeitpunkt über einen längeren Zeitraum. Bei einem Lkw kann sich darüber hinaus eine Mithaftung aus der Betriebsgefahr allein unter dem Gesichtspunkt der bauartbedingt eingeschränkten Sichtverhältnisse ergeben.[205]

▼ 166

Muster 4.60: Mithaftung beim Parkplatzunfall aus § 1 Abs. 2 StVO i.V.m. einer erhöhten Betriebsgefahr 4.60

Vorliegend ist unter Berücksichtigung der Besonderheiten des Unfallortes wie der sich hieraus ergebenden Abwägungsfaktoren in jedem Fall eine Mithaftung gegeben.

Bei einem Unfall im Bereich eines Parkplatzes darf der andere Kraftfahrzeugführer nicht im gleichen Maße wie im fließenden Verkehr auf die Beachtung der StVO vertrauen (BGH, Urt. v. 22.11.2022 – VI ZR 344/21 = MDR 2023, 228; KG, Urt. v. 30.5.2005 – 12 U 82/04 = VersR 2006, 563; OLG Hamm, Urt. v. 11.9.2012 – 9 U 32/12 – juris; KG VersR 2006, 563; LG Hamburg, Urt. v. 4.12.2009 – 306 O 221/08 – juris; LG Potsdam, Urt. v. 7.6.2001 – 3 S 430/00 = SP 2001, 335). Jeder Fahrzeugführer muss daher stets bremsbereit mit mäßiger Geschwindigkeit fahren und ständig mit rangierenden Fahrzeugen rechnen (LG Bochum, Urt. v. 15.11.2002 – 5 S 209/02 = SP 2003, 124; AG Düsseldorf, Urt. v. 17.4.2014 – 30 C 13623/12 – juris). Dies sind üblicherweise nicht mehr als 10 km/h (OLG Hamm, Urt. v. 11.9.2012 – 9 U 32/12 – juris). Diese hohen Sorgfaltsanforderungen sind vorliegend nicht beachtet worden, da ___.

Hinzukommt, dass die Betriebsgefahr des eigenen Fahrzeugs auch ohne ein Verschulden dadurch erhöht wird, dass auf engem Raum rangiert und allein dadurch die Gefahr einer Kollision mit einem anderen Fahrzeug erhöht wird. Für diese Erhöhung der Betriebsgefahr genügt auch jedes eigene Fahrmanöver oder die Einfahrt in eine gefahrenträchtige Örtlichkeit, ohne dass es eines Verschuldens bedarf (vgl. auch BGH, Urt. v. 11.1.2005 – VI ZR 352/03 = VersR 2005, 702 sowie *Nugel*, NJW 2013, 193 m.w.N.). Allein unter diesen Gesichtspunkten besteht eine Mithaftung von mindestens 1/3 (OLG Saarbrücken, Urt. v. 6.6.2020 – 4 U 89 / 18 = zfs 2020, 76; LG Heidelberg, Urt. v. 20.2.2015 – 3 O 93/ 14 – juris; LG Köln, Urt. v. 14.4.1994 – 19 S 273/93 = SP 1994, 274).

▲

Bei der Haftungsabwägung war bisher nach einer Ansicht in der Rechtsprechung auch 167
zu beachten, dass allein die Tatsache, dass eines der Fahrzeuge im Parkplatzbereich zum Unfallzeitpunkt bereits gestanden hat, für sich gesehen häufig nicht genügen sollte, um eine Mithaftung aus einer Betriebsgefahr auszuschließen. Entscheidend war nach dieser Ansicht für die Zurechnung einer durch ein Fahrmanöver wie beispielsweise ein **rückwärtiges Ausparken erhöhten Betriebsgefahr**, ob zu diesem Fahrmanöver noch ein enger zeitlicher und räumlicher Zusammenhang bestanden hat.[206]

Diese weite Anwendung eines Anscheinsbeweises wegen einer Rückwärtsfahrt hat der 168
BGH jedoch im Parkplatzbereich abgelehnt. Bei diesen Unfällen würde der Fahrer seiner Sorgfalt nach § 1 Abs. 2 StVO genügen, wenn er rechtzeitig vor der Kollision zum

205 LG Erfurt, Urt. v. 14.2.2008 – 1 S 248/07 – juris.
206 Anschaulich: LG Bochum, Hinweisbeschl. v. 21.1.2009 – I-10 S 107/08 – juris – m.w.N.

Stillstand kommt. Solange dies nicht ausgeschlossen werden kann, ist nach Ansicht des BGH trotz einer vorangehenden, aber zwischenzeitlich beendeten Rückwärtsfahrt kein Anscheinsbeweis wegen eines engen zeitlichen und räumlichen Zusammenhangs mit einem Verstoß gegen § 1 Abs. 2 StVO i.V.m. § 9 Abs. 5 StVO gegeben.

169 ▼

Muster 4.61: Kein Anscheinsbeweis bei stehendem Fahrzeug nach einer Rückwärtsfahrt

4.61

Es greift gerade kein Beweis des ersten Anscheins wegen einer unachtsamen Rückwärtsfahrt und eines dadurch bedingten Verstoßes gegen die §§ 1 Abs. 2, 9 Abs. 5 StVO ein. Die für die Anwendung eines Anscheinsbeweises gegen einen Rückwärtsfahrenden erforderliche Typizität des Geschehensablaufs liegt nämlich nicht vor, wenn beim rückwärtigen Ausparken von zwei Fahrzeugen aus Parkbuchten eines Parkplatzes zwar feststeht, dass vor der Kollision ein Fahrzeugführer rückwärts gefahren ist, aber nicht ausgeschlossen werden kann, dass – wie hier – ein Fahrzeug im Kollisionszeitpunkt bereits stand, als der andere – rückwärtsfahrende – Unfallbeteiligte mit seinem Fahrzeug in das Fahrzeug hineingefahren ist (BGH, Urt. v. 15.12.2015 – VI ZR 6/15 = MDR 2016, 2668).

▲

170 Eine besondere Konstellation liegt vor, wenn ein von rechts und ein von links kommenden Fahrzeug miteinander kollidieren. Die Vorschrift des § 8 StVO, die dem von rechts kommenden ein **Vorfahrtsrecht** sichert, findet nach einer Auffassung in der Rechtsprechung nur dann entsprechende Anwendung, wenn das Fahrzeug eine Fahrspur benutzt, die baulich erkennbar abgetrennt und deutlich für den fließenden Verkehr bestimmt ist.[207] Es muss sich um Fahrspuren handeln, die baulich erkennbar vom Parkplatzbereich quasi als „eigenes Netz" abgetrennt sind.

171 ▼

Muster 4.62: Anwendung des § 8 StVO beim Parkplatzunfall

4.62

Bei einem Unfall außerhalb des eigentlichen fließenden Verkehrs im Parkplatzbereich findet § 8 StVO nicht zwangsläufig Anwendung: Die Vorfahrtsregel „rechts vor links" findet nämlich auf öffentlichen Parkplätzen ohne ausdrückliche Vorfahrtsregelung weder unmittelbar noch im Rahmen der Pflichtenkonkretisierung des Rücksichtnahmegebots Anwendung, soweit den dort vorhandenen Fahrspuren kein eindeutiger Straßencharakter zukommt (BGH, Urt. v. 22.11.2022 – VI ZR 344/21 = MDR 2023, 228). Diese Kardinalvorschrift der StVO ist vielmehr nur dann anzuwenden, wenn eine Fahrspur benutzt wird, die baulich erkennbar abgetrennt und deutlich für den fließenden Verkehr bestimmt ist (OLG Nürnberg, Urt. v. 28.7.2014 – 14 U 2515/13 = zfs 2014, 679; OLG Saarbrücken, Urt. v. 9.10.2014 – 4 U 46/14 = DAR 2014, 703; LG Frankfurt a.M., Urt. v. 30.9.2013 – 15 S 145/13 = DAR 2014, 390; LG Detmold, Urt. v. 2.5.2012 – 10 S 1/12 – juris; OLG Koblenz, Urt. v. 14.12.1998 – 12 U 1249/97 = DAR 1999, 405; LG Kempten, Urt. v. 3.4.1991 – 2 O 286/91 = SP 1992, 200). Es muss sich dabei um Fahrspuren handeln, die baulich erkennbar vom Parkplatzbereich quasi als „eigenes Netz" abgetrennt sind. Dies setzt voraus, dass die Verbindungswege in puncto Markierung, Breite und Verkehrs-

207 OLG Koblenz, Urt. v. 14.12.1998 – 12 U 1249/97 = DAR 1999, 405; LG Kempten, Urt. v. 3.4.1991 – 2 O 286/91 = SP 1992, 200; AG Solingen, Urt. v. 30.11.07 – 11 C 193/06 = zfs 2008, 133.

führung gleichartig sind (LG Detmold, Urt. v. 2.5.2012 – 10 S 1/12 – juris; AG Gladbeck, Urt. v. 18.11.2014 – 11 C 359/14 – juris).

Beim hiesigen Unfallort .

▲

Nach anderer Ansicht gilt zumindest auf einem öffentlichen Parkplatz grundsätzlich immer die Regel „rechts vor links" des § 8 Abs. 1 StVO.[208] Überzeugender Weise wird dieser Grundsatz aber nur dann Anwendung finden können, wenn für jeden Verkehrsteilnehmer klar ersichtlich ist, dass es sich um Fahrspuren handelt, die als Durchgangsspur gedacht sind und einer Fahrbahn im fließenden Verkehr gleichstehen; dies entspricht auch der aktuellen Vorgabe des BGH.[209] Dies kann sich nur ändern, wenn die StVO über Schilder für unmittelbar anwendbar erklärt wird. 172

Findet die ein Vorfahrtsrecht begründenden Vorschrift des § 8 StVO einschließlich des damit verbundenen Anscheinsbeweises Anwendung, wird die Haftungsquote des Wartepflichtigen i.d.R. 70 % (bzw. 2/3) betragen, während der Vorfahrtsberechtigte angesichts der besonderen Rücksichtnahmepflicht im Parkplatzbereich eine verbleibende Haftung von 30 %[210] bzw. von 1/3,[211] zumindest aber 25 %[212] trägt. 173

▼ 174

Muster 4.63: Mithaftung der vorfahrtsberechtigten Gegenseite bei einem Parkplatzunfall 4.63

Selbst wenn eine Vorfahrtsberechtigung in analoger Anwendung des § 8 StVO zu bejahen sein sollte, so bleibt bei dem hier vorliegenden Verkehrsunfall im Parkplatzbereich eine Mithaftung in Höhe von mindestens 1/3 bestehen. Hier muss der Vorfahrtsberechtigte im besonderen Maße mit Vorfahrtsverletzungen rechnen (OLG Köln, Urt. v. 8.12.1994 – 18 U 117/94 = VersR 1995, 719; AG Duisburg-Hamborn, Urt. v. 9.4.2015 – 8 C 117–13 – juris) und dem Gebot der Rücksichtnahme kommt eine besondere Ausprägung zu (KG, Urt. v. 30.5.2005 – 12 U 82/04 = VersR 2006, 563). Von dieser Mithaftung des Vorfahrtsberechtigten kann nur dann abgesehen werden, wenn feststeht, dass er langsam und stets bremsbereit gefahren ist und dessen ungeachtet eine Kollision nicht vermeiden konnte (AG Bad Bramstedt, Urt. v. 20.3.1998 – 4a C 8/98 = zfs 1999, 55).

▲

Ereignet sich der Unfall im Zusammenhang mit der **Öffnung einer Fahrzeugtür**, spricht auch im Parkplatzbereich der Beweis des ersten Anscheins für einen schuldhaften Verstoß gegen § 14 StVO.[213] Der andere Fahrzeugführer hat aber das Rücksichtnahmegebot des § 1 Abs. 2 StVO zu beachten und darf ggf. nur mit äußerster Sorgfalt und Schrittge- 175

208 OLG Celle, Urt. v. 29.8.1996 – 5 U 230/95 = SP 1996, 339; KG, Urt. v. 4.2.2002 – 12 U 111/01 = VersR 2003, 480; AG Detmold, Urt. v. 12.2.1998 – 8 C 428/97 = zfs 1999, 54; AG Paderborn, Urt. v. 21.6.1999 – 56 C 677/98 = DAR 1999, 556; generell ablehnend dagegen z.B. AG Osnabrück, Urt. v. 18.3.1993 – 6 C 629/92 = VersR 1994, 1002.

209 BGH, Urt. v. 22.11.2022 – VI ZR 344/21 = MDR 2023, 228.

210 LG Hamburg, Urt. v. 6.9.2002 – 331 S 200/01 = SP 2003, 8.

211 KG, 4.2.2002 – 12 U 111/01 = NZV 2003, 381; OLG Frankfurt a.M., Urt. v. 8.7.1999 – 15 U 193/98 = NZV 2001, 36; LG Kempten, 3.4.1991 – 2 O 286/91 = SP 1992, 200.

212 OLG Köln, Urt. v. 8.12.1994 – 18 U 117/94 = VersR 1995, 719.

213 AG Neubrandenburg, Urt. v. 4.3.2003 – 12 C 1324/02 = zfs 2003, 231.

schwindigkeit neben einem anderen Fahrzeug einparken, dessen Fahrzeuginsassen noch nicht ausgestiegen sind. Der Verstoß des Aussteigenden gegen § 14 StVO wird dabei i.d.R. den Verstoß des anderen Fahrzeugführers gegen § 1 Abs. 2 StVO überwiegen und zu einer leicht überwiegenden Haftung mit 2/3[214] bzw. 70 %[215] führen. Tritt zu dem rangierenden Fahrzeug eine Bauart bedingte erhöhte Betriebsgefahr (z.B. bei einem Lkw)[216] hinzu, kann eine Haftungsteilung angemessen sein.

C. Quotenbildung bei Beteiligung nicht motorisierter Verkehrsteilnehmer

I. Hinweise

176 Sofern es um Ansprüche geht, die Verkehrsteilnehmer erheben, die weder Fahrer noch Halter eines Kraftfahrzeugs (= Dritte i.S.d. § 17 Abs. 1 StVG) sind, richtet sich die vorzunehmende Abwägung nach den § 9 StVG, § 254 BGB. § 17 Abs. 1 StVG findet seinem Wortlaut nach keine Anwendung. Dies gilt unabhängig davon, ob der Anspruch gegen Kraftfahrzeughalter/-führer oder andere Verkehrsteilnehmer geltend gemacht wird.

177 Zu prüfen ist in diesen Fällen, ob den Anspruchsteller ein Mitverschulden i.S.d. § 254 BGB trifft. Wird gegenüber dem Anspruchsgegner ein Anspruch aus dem StVG, d.h. ein Anspruch gegen den Halter aus § 7 StVG oder gegen den Fahrer aus § 18 StVG, wegen der Beschädigung einer Sache geltend gemacht, ist nach § 9 StVG neben einem (direkten) Mitverschulden des Verletzten auch ein Mitverschulden desjenigen zu berücksichtigen, der die **tatsächliche Gewalt** über die Sache ausgeübt hat. § 9 StVG erweitert folglich die auf einem Mitverschulden begründete Haftung im Fall von Sachschäden im Bereich des StVG.[217]

178 Ein Mitverschulden bei der Entstehung des Schadens richtet sich nach § 254 Abs. 1 BGB. Diese Norm begründet eine Obliegenheit des Geschädigten, die gebotene Sorgfalt anzuwenden, um die Entstehung eines eigenen Schadens zu vermeiden. Maßgeblich ist auch hier in erster Linie der jeweilige Verursachungsbeitrag. Erst in zweiter Linie ist auf ein Verschulden im technischen Sinne abzustellen. Dogmatische Rechtsgrundlage ist der Gedanke, dass zwar die Rechtsordnung eine Selbstgefährdung bzw. Selbstschädigung grundsätzlich nicht verbietet, von jedem Teilnehmer am Rechtsverkehr jedoch erwartet werden kann, dass jeder Geschädigte diejenige Sorgfalt beachtet, die ein ordentlicher und verständiger Mensch zur Vermeidung eigenen Schadens anzuwenden pflegt.[218]

214 LG Saarbrücken, Urt. v. 29.5.2009 – 13 S 181/08 – juris.
215 AG Weilburg, Urt. v. 7.8.2001 – 5 C 503/00 = SP 2002, 89.
216 AG Kempten, Urt. v. 29.7.2002 – 11 C 33/02 = SP 2003, 159.
217 Zu den Grundsätzen vgl. *Krause/Nugel*, VRR 2014, 84 ff. m.w.N.
218 BGH, Urt. v. 2.10.1990 – VI ZR 14/90 = VersR 1990, 1362.

In der Rechtsprechung ist ferner anerkannt, dass zu Lasten des Fahrzeug- oder Tierhalters die von seiner Sache ausgehende Gefahr im Rahmen der § 9 StVG, § 254 BGB zu berücksichtigen ist.[219] Diese Normen gewähren mithin eine umfassende Haftungsabwägung, bei der alle Umstände zu berücksichtigen sind, die zur Entstehung des Schadens beigetragen haben. Dies ist insbesondere bei den Unfällen von Bedeutung, bei denen ein Kraftfahrzeug mit einem Tier kollidiert, von dem auch eine bestimmte „Tiergefahr" ausgeht, die unabhängig von einem etwaigen Verschulden des Tierhalters zu berücksichtigen ist. Bei der Bildung der Haftungsquote sind demgegenüber auch die Betriebsgefahr des beteiligten Kraftfahrzeuges zu Lasten des Halters und ein etwaiges Verschulden des Fahrzeugführers zu berücksichtigen, wenn sich beides unfallursächlich ausgewirkt hat.[220] Die Beweislast für ein Verschulden des Fahrzeugführers als weiteren Abwägungsfaktor trägt wiederum der Dritte.[221] 179

Eine Besonderheit greift allerdings ein, wenn der **vom Halter verschiedene Fahrzeugführer** gegenüber dem Dritten einen eigenen Schadensersatzanspruch geltend macht: Der Fahrzeugführer muss sich in diesem Fall nicht die Betriebsgefahr des fremden Kraftfahrzeuges zurechnen lassen.[222] Als Abwägungsfaktor zu seinen Lasten kann daher nur ein eigenes Verschulden (§ 823 BGB oder § 18 StVG) berücksichtigt werden.[223] 180

▼ 181

Muster 4.64: Keine Zurechnung der Betriebsgefahr gegenüber dem nicht haltenden Fahrzeugführer 4.64

Vorliegend kann dem Fahrzeugführer eine möglicherweise zu berücksichtigende Betriebsgefahr des von ihm gelenkten Fahrzeugs im Rahmen der Haftungsabwägung nicht entgegengehalten werden. Er ist nicht der das Fahrzeug wirtschaftlich unterhaltende Halter, so dass eine Zurechnung der Betriebsgefahr nach § 17 StVG ausscheidet. Dies erst recht bei dem geltend gemachten Anspruch aus § 823 BGB. Als Abwägungsfaktor kann zu seinen Lasten allenfalls ein Verschulden berücksichtigt werden (BGH, Urt. v. 17.11.2009 – VI ZR 64/08 = VersR 2010, 268), welches vorliegend aber nicht ersichtlich ist.

▲

Genau wie bei der Abwägung nach § 17 StVG können aber auch bei der Bildung der Haftungsquote nach den § 9 StVG, § 254 BGB nur solche Umstände berücksichtigt werden, die sich unfallursächlich ausgewirkt haben.[224] Hingegen sind solche Verursachungsbeiträge nicht zu berücksichtigen, die nicht feststehen. 182

219 Anschaulich zur Tierhalterhaftung: OLG Karlsruhe, Urt. v. 19.3.2009 – 4 U 166/07 = MDR 2009, 1162.
220 OLG Hamm, Urt. v. 29.8.1994 – 6 U 245/93 = VersR 1995, 546.
221 OLG Nürnberg, Urt. v. 23.11.04 – 3 U 2818/04 = DAR 2005, 160.
222 BGH, Urt. v. 10.7.1961 – VIII ZB 13/61 = VersR 1961, 854.
223 BGH, Urt. v. 17.11.2009 – VI ZR 64/08 – juris.
224 BGH, Urt. v. 27.6.2000 – VI ZR 126/99 = DAR 2000, 524.

183 ▼

Muster 4.65: Kausalitätserfordernis bei der Mithaftung nach § 254 BGB

4.65 Bei der Bildung der Haftungsquote nach den § 9 StVG, § 254 BGB dürfen nur solche Umstände berücksichtigt werden, die sich unfallursächlich ausgewirkt haben und Umstände, bei denen dies nicht feststeht, sind außen vor zu lassen (BGH, Urt. v. 27.6.2000 – VI ZR 126/99 = DAR 2000, 524). Außerdem spielen – nachgewiesene – Umstände des Geschehens keine Rolle, wenn diese zwar abstrakt eine Gefahrerhöhung bewirkt haben, jedoch im konkreten Fall nicht nachgewiesen werden konnte, dass die Umstände sich auf den Schaden, bzw. auf die Höhe des Schadens, (mit) ausgewirkt haben (OLG Karlsruhe, Urt. v. 19.3.2009 – 4 U 166/07 = MDR 2009, 1162). Derjenige, der sich auf solche Umstände beruft, hat ihre Ursächlichkeit ggf. zu beweisen (BGH, Urt. v. 20.10.1983 – III ZR 78/83 = VersR 1983, 1162).

▲

184 Außerdem spielen – nachgewiesene – Umstände des Geschehens keine Rolle, wenn diese zwar abstrakt eine Gefahrerhöhung bewirkt haben, jedoch im konkreten Fall nicht nachgewiesen werden konnte, dass die Umstände sich auf den Schaden, bzw. auf die Höhe des Schadens, (mit) ausgewirkt haben.[225] Derjenige, der sich auf solche Umstände beruft, hat ihre Ursächlichkeit ggf. zu beweisen.[226]

II. Unfälle zwischen Kraftfahrzeug und Radfahrer

185 Für einen Radfahrer als fahrenden Verkehrsteilnehmer gelten genau wie für motorisierte Fahrzeugführer die grundlegenden Verhaltensvorschriften im Straßenverkehr in Form von Garantie- und Kardinalpflichten.

1. Alleinhaftung des Radfahrers

186 Ereignet sich ein Verkehrsunfall im Zusammenhang mit einem solchen Fahrmanöver, spricht bei einem unmittelbaren zeitlichen und räumlichen Zusammenhang auch gegen den Radfahrer ein damit verbundener Anscheinsbeweis, der einen schuldhaften Verstoß gegen diese Vorschriften und damit eine Mithaftung oder gar alleinige Haftung begründen kann. Verstößt ein Radfahrer gegen eine dieser grundlegenden, ihm obliegenden Sorgfaltspflichten, kann dieses Fehlverhalten so schwer wiegen, dass ihn die alleinige Haftung trifft und die Betriebsgefahr des unfallbeteiligten Fahrzeuges vollständig zurücktritt.[227] Dies gilt erst recht, wenn es sich um ein eingesetztes Pedelec mit einem eigenen Motor und einer möglichen Geschwindigkeit von über 25 km/h handelt.[228]

225 OLG Karlsruhe, Urt. v. 19.3.2009 – 4 U 166/07 = MDR 2009, 1162; vgl. auch BGH, Urt. v. 10.1.1995 – VI ZR 247/94 = DAR 1995, 196 zu der Abwägung nach § 17 StVG.

226 BGH, Urt. v. 20.10.1983 – III ZR 78/83 = VersR 1983, 1162.

227 OLG Nürnberg, Urt. v. 14.7.2005 – 13 U 901/05 = NZV 2007, 205; LG Meiningen, Urt. v. 29.3.2007 – 4 S 177/06 = zfs 2007, 496.

228 OLG Hamm, Beschl. v. 8.1.2016 – 9 U 125/15 – juris.

▼ 187

Muster 4.66: Alleinhaftung Radfahrer

Verstößt ein Radfahrer gegen eine der Kardinalvorschriften der StVO und ist ihm dabei ein erhebliches Verschulden anzulasten, tritt dahinter die einfache Betriebsgefahr des Fahrzeugs des Unfallgegners zurück (OLG Düsseldorf, Urt. v. 7.12.2021 – I-1 U 216/20 – juris; OLG Hamm, Beschl. v. 8.1.2016 – I 9 U 125/15 – juris; OLG Nürnberg, Urt. v. 14.7.2005 – 13 U 901/05 = NZV 2007, 205; OLG Schleswig, Urt. v. 21.8.2008 – 7 U 89/07 = MDR 2009, 141; OLG Oldenburg, Urt. v. 31.7.2014 – 1 U 19/14 = DAR 2015, 94; im Überblick *Krause/Nugel*, VRR 2014, 84 ff.). 4.66

▲

2. Mithaftung des Radfahrers, der entgegen der Fahrtrichtung bzw. auf dem Gehweg fährt

188 In der Rechtsprechung ist umstritten, ob der Radfahrer trotz des Fahrens in falscher Fahrtrichtung sein Vorrangrecht beibehält: Während eine Auffassung dies ablehnt,[229] hat sich überwiegend die Ansicht durchgesetzt, dass dem Radfahrer sein Vorrangrecht erhalten bleibt.[230] Dementsprechend trifft den unfallbeteiligten Kraftfahrzeugführer bei einem (im Wege des Anscheinsbeweises) nachgewiesenen Verschulden die überwiegende Haftung, wobei sein Haftungsanteil i.d.R. mit 2/3 bzw. gar 75 %[231] (insbesondere bei einem irreführenden Anhalten)[232] anzusetzen sein dürfte.

▼ 189

Muster 4.67: Vorrang des Radfahrers trotz „falscher Fahrtrichtung"

Auch wenn ein Radfahrer den Radweg entgegen der Fahrtrichtung befährt, behält er ein ihm zustehendes Vorrangrecht (BGH, Urt. v. 15.7.1986 – 4 StR 192/86 = DAR 1986, 361; OLG Düsseldorf, Urt. v. 10.4.2000 – 1 U 206/99 = DAR 2001, 78; OLG Hamm, Urt. v. 10.3.1995 – 9 U 208//94 = DAR 1996, 322). Den wartepflichtigen Fahrzeugführer trifft daher selbst die weit überwiegende Haftung, die mit mindestens 75 % anzusetzen ist (OLG Hamm, Urt. v. 10.3.1995 – 9 U 208//94 = DAR 1996, 322). Dies gilt insbesondere dann, wenn – wie hier – . 4.67

▲

190 Angesichts des schuldhaften Verstoßes des Radfahrers gegen § 2 Abs. 4 S. 2 StVO ist sein Haftungsanteil bei der nach den § 9 StVG, § 254 BGB vorzunehmenden Haftungsabwägung mit 1/3[233] bzw. 25 %[234] zu berücksichtigen. Der Radfahrer muss trotz seines Vorrangrechtes damit rechnen, dass er aufgrund der Fahrt entgegen der Fahrtrichtung von einem anderen Verkehrsteilnehmer nicht wahrgenommen wird.[235] Einen gleichen

229 OLG Bremen, Urt. v. 11.2.1997 – 3 U 69/96 = DAR 1997, 272.

230 BGH, Urt. v. 15.7.1986 – 4 StR 192/86 = DAR 1986, 361; OLG Düsseldorf, Urt. v. 10.4.2000 – 1 U 206/99 = DAR 2001, 78; OLG Hamm, Urt. v. 10.3.1995 – 9 U 208//94 = DAR 1996, 322.

231 OLG Hamm, Urt. v. 26.3.1992 – 6 U 335/91 = OLGR Hamm 1992, 392.

232 OLG Hamm, Urt. v. 10.3.1995 – 9 U 208//94 = DAR 1996, 322.

233 OLG Hamm, Urt. v. 24.10.1996 – 6 U 68/96 = NZV 1997, 123; LG Berlin, Urt. v. 1.9.2003 – 58 S 129/03 = SP 2003, 415.

234 OLG Saarbrücken, Urt. v. 13.1.2004 – 3 U 244/03 = SP 2004, 219; zumindest im Fall eines gerade beendeten Radwegs – vgl. OLG Düsseldorf, Urt. v. 11.6.2001 – 1 U 205/00 = SP 2002, 87.

235 LG Hannover, Urt. v. 3.12.1987 – 3 S 302/87 = DAR 1988, 166.

Mitverschuldensanteil von 1/3[236] bzw. ein Mitverschulden von 30 %[237] trifft den Radfahrer, wenn er zwar in Fahrtrichtung, aber auf dem Gehweg fährt. Hat der Radfahrer aufgrund eines kurzfristigen Anhaltens des Pkw darauf vertraut, dass dessen Führer den Radfahrer erkannt hat, kann sich der Haftungsanteil des Radfahrers auf 25 % reduzieren.[238] Ist das Fahrzeug dagegen gut erkennbar und nimmt der Fahrradfahrer ein gefahrenträchtiges Fahrmanöver um dieses herum vor, haftet der Radfahrer zu 50 % mit.[239]

191

Muster 4.68: Mithaftung des Radfahrers wegen Fahren in „falscher Fahrtrichtung"

4.68

Verstößt ein Radfahrer gegen die Vorschrift des § 2 Abs. 4 S. 2 StVO trifft ihn ein erheblicher Mithaftungsanteil. Selbst wenn zu seinen Gunsten weiterhin ein Vorrangrecht angenommen wird, muss der Radfahrer damit rechnen, dass er aufgrund der Fahrt entgegen der Fahrtrichtung von einem anderen Verkehrsteilnehmer nicht wahrgenommen wird (LG Hannover, Urt. v. 3.12.1987 – 3 S 302/87 = DAR 1988, 166). Verstößt er gegen diese Sorgfaltsanforderung, trifft ihn eine Mithaftung von mindestens 1/3 (OLG Hamm, Urt. v. 4.8.2017 – 9 U 173/16 – juris; OLG Frankfurt a.M., Urt. v. 23.1.2004 – 24 U 118/03 = DAR 2004, 393; OLG Hamm, Urt. v. 24.10.1996 – 6 U 68/96 = NZV 1997, 123; LG Wuppertal, Urt. v. 4.1.2013 – 2 O 407/10 – juris; LG Berlin, Urt. v. 1.9.2003 – 58 S 129/03 = SP 2003, 415). Dies insbesondere, wenn – wie hier – .

192 Die Haftungsquote verändert sich grundlegend zu Lasten des Radfahrers, wenn er nicht nur entgegen der Fahrtrichtung, sondern auch auf dem Gehweg fährt. Ein Vorrangrecht gegenüber einem Abbiegenden/Einbiegenden steht ihm dann auch nach h.M. nicht mehr zu.[240] Das Fahren eines Radfahrers auf dem Gehweg ist grob verkehrswidrig und rücksichtslos und daher als erhebliches Verschulden zu bewerten.[241] Ihm gegenüber muss ein Kraftfahrzeugführer zwar noch die gebotene Rücksichtnahme im Straßenverkehr ausüben. Bzgl. eines solchen schuldhaften Verstoßes gegen § 1 Abs. 2 StVO greift aber kein Anscheinsbeweis als Beweiserleichterung ein. Trifft den Kraftfahrzeugführer kein Verschulden, haftet der Radfahrer angesichts seines grob fehlerhaften Verhaltens alleine.[242]

236 OLG Hamm, Urt. v. 19.12.1995 – 27 U 147/95 = NZV 1996, 449.
237 OLG Hamburg, Urt. v. 18.10.1991 – 14 U 12/91 = NZV 1992, 281.
238 OLG Hamm, Urt. v. 10.3.1995 – 9 U 208/94 = DAR 1996, 322.
239 OLG Hamm, Urt. v. 26.5.1998 – 9 U 12/98 = NZV 1999, 86.
240 OLG Frankfurt a.M., Beschl. v. 11.9.1998 – 2 Ws (B) 465/98 OWiG = DAR 1999, 39; OLG Celle, Beschl. v. 31.1.2003 – 14 U 222/02 = OLGR Celle 2003, 140.
241 OLG Hamm, Urt. v. 13.10.1994 – 27 U 153/93 = NZV 1995, 152; OLG Karlsruhe, Urt. v. 14.12.1990 – 10 U 117/90 = NZV 1991, 154.
242 OLG Celle, Beschl. v. 31.1.2003 – 14 U 222/02 = OLGR Celle 2003, 140; LG Erfurt, Urt. v. 14.3.2007 – 8 O 1790/06 = NZV 2007, 522; LG Stralsund, Urt. v. 10.5.2006 – 6 O 560/05 = SP 2007, 246; AG Potsdam, Urt. v. 16.3.2005 – 34 C 314/04 = SP 2005, 227.

▼ 193

Muster 4.69: Alleinhaftung des Radfahrers, der auf dem Gehweg fährt

Fährt ein Radfahrer auf dem Gehweg steht ihm gegenüber einem Kraftfahrzeugführer kein Vorrangrecht zu (OLG Frankfurt a.M., Beschl. v. 11.9.1998 – 2 Ws (B) 465/98 OWiG = DAR 1999, 39; OLG Celle, Beschl. v. 31.1.2003 – 14 U 222/02 = OLGR Celle 2003, 140). Das Fehlverhalten des Radfahrers ist als grob verkehrswidrig und rücksichtslos zu qualifizieren und führt zu seiner alleinigen Haftung (OLG München, Urt. v. 18.7.1996 – 24 U 699/95 = SP 1996, 371; LG Berlin, Urt. v. 10.5.2011 – 41 O 41/11 = SP 2012, 248; LG Kleve, Urt. v. 28.2.2014 – 5 S 126/13 = SP 2014, 298; LG Meiningen, Urt. v. 29.3.2007 – 4 S 177/06 = zfs 2007, 496). Dies gilt insbesondere dann, wenn – wie hier – .

▲

Einem Radfahrer, der auf einen Fußgängerüberweg fährt, steht kein Vorrangrecht gegenüber einem herannahenden Pkw zu.[243] Dies gilt auch dann, wenn er verkehrsbedingt anhält.[244] Ein solches Vorrangrecht genießen nur Fußgänger. Als Fußgänger wird der Radfahrer erst dann angesehen, wenn er sein Fahrrad schiebt. Kommt es bei dem Befahren des Fußgängerüberweges nun zu einem Verkehrsunfall, trifft den Radfahrer eine erhebliche Mithaftung, die je nach den Umständen des Falles 50 %,[245] 2/3[246] oder 70 %[247] betragen kann. Zu Lasten des beteiligten Kraftfahrzeuges wird im Zweifel allerdings auch eine verbleibende Betriebsgefahr zu berücksichtigen sein, die i.d.R. zu einer Mithaftung von 30 %, höchstens 50 % führt. Überquert der Radfahrer dagegen bei einer roten Lichtzeichenanlage fahrend die Fußgängerfurt, haftet er alleine. Ein Verschuldensvorwurf trifft den Kraftfahrzeugführer dagegen nur, wenn für ihn rechtzeitig erkennbar war, dass der Radfahrer den Überweg befahren wollte.[248] 194

▼ 195

Muster 4.70: Mithaftung des Radfahrers, der auf dem Fußgängerüberweg fährt

Einem Radfahrer, der einen Fußgängerüberweg überquert, ohne abzusteigen, steht gegenüber einem herannahenden Kraftfahrzeug kein Vorrangrecht zu. Ein Vorrangrecht steht nur Fußgängern zu und der Radfahrer kann nur dann als „Fußgänger“ angesehen werden, wenn er – was hier nicht der Fall ist – sein Fahrrad schiebt (OLG Celle, Urt. v. 30.6.1994 – 5 U 177/92 = SP 1994, 406). Den Radfahrer trifft bei diesem Unfallhergang eine Mithaftung in Höhe von mindestens 70 % (OLG Celle, a.a.O.). Dies gilt insbesondere dann, wenn – wie hier – .

▲

Ob den Radfahrer eine Mithaftung trifft, weil er keinen **Schutzhelm** getragen hat, ist eine Frage des Einzelfalls unter Berücksichtigung des allgemein in der Bevölkerung vorhandenen Schutzbewusstseins. Voraussetzung für eine Mithaftung ist in jedem Fall, 196

243 OLG Celle, Urt. v. 30.6.1994 – 5 U 177/92 = SP 1994, 406.
244 AG Hanau, Urt. v. 27.11.1992 – 31 C 1302/92–11 = SP 1993, 139.
245 AG Brakel, Urt. v. 27.11.1996 – 7 C 676/95 = SP 1997, 66.
246 OLG Oldenburg, Urt. v. 26.9.1997 – 6 U 136/97 = VersR 1998, 1004.
247 OLG Celle, Urt. v. 30.6.1994 – 5 U 177/92 = SP 1994, 406.
248 AG Hanau, Urt. v. 27.11.1992 – 31 C 1302/92–11 = SP 1993, 139.

dass durch das Tragen des Helms die Verletzung des Radfahrers zumindest geringer gewesen wäre. Darlegungs- und beweisbelastet hierfür ist der Unfallgegner. Es gilt derzeit (noch), dass ein fehlendes Tragen eines Schutzhelms erst dann einen Mitverschuldensvorwurf gem. § 254 BGB begründet, wenn sich der Radfahrer als sportlich ambitionierter Fahrer besonderen Risiken aussetzt oder wenn in seiner persönlichen Disposition ein gesteigertes Gefährdungspotenzial besteht.[249] Wird das Radfahren hobbymäßig außerhalb eines Vereins als Sport betrieben und steht dabei die Erzielung hoher Geschwindigkeiten im Vordergrund, so besteht daher die Obliegenheit zum Tragen eines Schutzhelms, während den herkömmlichen Freizeitfahrradfahrer diese Obliegenheit mangels entsprechender allgemeiner Übung nicht trifft.[250] Ein Radfahrer, der ein mit „Speed Pedelec" ausgerüstetes Fahrrad fährt und damit vergleichbare Geschwindigkeiten wie mit einem Rennrad erreichen kann, ist jedoch ein Mitverschulden von 50 % entgegenzuhalten, wenn er bei dem Verkehrsunfall keinem Helm getragen hat, mit dessen Hilfe die Verletzungen zumindest geringer ausgefallen wären.[251]

197 Zu der Gruppe der besonders gefährdeten Verkehrsteilnehmer, bei denen das Tragen eines Schutzhelms erwartet werden kann, können auch Kinder gehören. Bei einem 10-jährigen Kind hat z.B. das LG Krefeld mit dieser Argumentation ein Mitverschulden von 50 % angenommen.[252] Bei der Fahrt auf einem privaten Hof hat das OLG Düsseldorf dagegen ein Mitverschulden bei einem 11-jährigen Jungen allein wegen des fehlenden Tragens eines Schutzhelms abgelehnt.[253]

III. Unfall zwischen Fußgänger und Kfz

198 Bei einem Unfall zwischen Kraftfahrzeug und Fußgänger richtet sich die vorzunehmende Abwägung ebenfalls nach den § 9 StVG, § 254 BGB.

1. Mithaftung des Fußgängers wegen Verstoß gegen § 25 Abs. 3 StVO

199 Den Fußgänger kann eine Mithaftung im Rahmen der nach § 9 StVG, § 254 Abs. 1 BGB vorzunehmenden Haftungsabwägung treffen, wenn er in schuldhafter Weise gegen die StVO, insbesondere § 25 Abs. 3 StVO verstößt. Dies gilt unabhängig davon, dass nach der Neufassung des § 7 StVG eine Haftung des Kfz-Halters bei einem Unfall mit nicht motorisierten Verkehrsteilnehmern nur noch bei höherer Gewalt entfällt. Hiervon strikt zu trennen ist jedoch die Frage, ob hinter einem überragenden Fehlverhalten eines Verkehrsteilnehmers die „einfache" Betriebsgefahr des am Unfall beteiligten Kfz zurück-

249 BGH, Urt. v. 17.6.2014 – VI ZR 281/13 = NJW 2014, 2493; OLG Celle, Urt. v. 12.2.2012 – 14 U 113/13 = DAR 2014, 199; OLG Saarbrücken, Urt. v. 9.10.2007 – 4 U 80/07 = NZV 2008, 202.
250 OLG Celle, Urt. v. 12.2.2012 – 14 U 113/13 = DAR 2014, 199; OLG Düsseldorf, Urt. v. 12.2.2007 – 1 U 182/06 = DAR 2007, 458.
251 LG Bonn, Urt. v. 11.12.2014 – 18 O 388/12 – juris.
252 LG Krefeld, Urt. v. 22.12.2005 – 3 O 179/05 = NZV 2006, 205.
253 OLG Düsseldorf, Urt. v. 14.8.2006 – 1 U 9/06 = NZV 2007, 38.

tritt. Die reine Betriebsgefahr eines Kfz ist jedenfalls auch nach der Gesetzesreform nicht höher einzustufen.[254]

Ereignet sich der Unfall auf der Fahrbahn, wird der Fußgänger häufig gegen die Vorschrift des § 25 Abs. 3 StVO verstoßen haben. Zu seinen Lasten kann sogar ein Anscheinsbeweis eingreifen.[255] 200

▼ 201

Muster 4.71: Verstoß des Fußgängers gegen § 25 Abs. 3 StVO

Gemäß § 25 Abs. 3 StVO hat ein Fußgänger eine Fahrbahn unter Beachtung des Vorrangs des Fahrzeugverkehrs zu überqueren. Er muss beim Betreten der Fahrbahn besonders vorsichtig sein und hat den fließenden Verkehr vor dem Betreten und auch beim Überqueren der Fahrbahn genau zu beobachten (BGH, Urt. v. 27.6.2000 – VI ZR 126/99 = NJW 2000, 3069). Die Fahrbahn darf er nur überqueren, wenn er die andere Straßenseite rechtzeitig vor dem Eintreffen eines herannahenden Pkw erreichen kann (BGH, Urt. v. 12.7.1983 – VI ZR 286/81 = NJW 1984, 50; OLG Celle, Urt. v. 19.3.2015 – 5 U 185/11 – juris). Ereignet sich der Unfall auf der Fahrbahn, spricht gegen den Fußgänger insoweit der Beweis des ersten Anscheins (OLG Hamm, Urt. v. 16.11.2007 – 9 U 92/07 = NJW-RR 2008, 1349) und ihn trifft erst einmal die alleinige Haftung (OLG Dresden, Urt. v. 9.5.2017 – 4 U 1596/16 = zfs 2017, 555; OLG München, Urt. v. 10.11.2017 – 10 U 491/17 – juris). Dieser Anscheinsbeweis wird vorliegend noch dadurch erhärtet, dass .

▲

Verstößt der Fußgänger gegen § 25 Abs. 3 StVO, stehen sich als Abwägungsfaktoren einerseits die Betriebsgefahr des unfallbeteiligten Kfz und das i.d.R. als grob fahrlässig zu bewertende Verschulden des Fußgängers gegenüber. Unter Umständen kann dabei die einfache, nicht erhöhte Betriebsgefahr des Kfz hinter dem überragenden Fehlverhalten des Fußgängers im vollen Umfang zurücktreten. Teilweise wird in der Rechtsprechung sogar der Grundsatz aufgestellt, dass von einer alleinigen Haftung des Fußgängers auszugehen ist, wenn er versucht, (unmittelbar) vor einem herannahenden Kfz die Fahrbahn zu überqueren und es zum Unfall kommt, ohne dass der Fahrzeugführer fahrlässig handelt.[256] Zumindest bei Hinzutreten weiterer besonderer Umstände zu Lasten des Fußgängers dürfte aber seine alleinige Haftung bei fehlendem Verschulden des Kfz-Führers gegeben sein. Dies ist z.B. der Fall, wenn 202

- der Fußgänger die Straße direkt vor[257] bzw. bei[258] einer für ihn Rot zeigenden LZA überquert,
- bei Nacht die Straße laufend vor einem herannahenden Kfz überquert,[259]

254 OLG Jena, Urt. v. 15.4.2009 – 7 U 744/08 = NZV 2009, 455; OLG Celle, Urt. v. 3.3.2004 – 14 W 65/03 = MDR 2004, 994; OLG Nürnberg, Urt. v. 23.11.2004 – 3 U 2818/04 = DAR 2005, 160.

255 OLG Hamm, Urt. v. 16.11.2007 – 9 U 92/07 = NJW-RR 2008, 1349.

256 OLG Celle, Urt. v. 19.3.2015 – 5 U 185/11 – juris; OLG Hamm, Beschl. v. 7.5.2012 – I-6 U 59/12 = SP 2013, 3 ff.; LG Bonn, Urt. v. 24.7.2012 – 13 O 87/12 = SP 2013, 101; KG, Urt. v. 4.11.2002 – 12 U 113/01 = NZV 2003, 383; vgl. auch OLG Hamburg, Urt. v. 10.8.2001 – 14 U 46/01 = SP 2002, 9.

257 OLG Hamm, Urt. v. 21.2.2002 – 27 U 178/01 = SP 2003, 84.

258 OLG Koblenz, Urt. v. 11.12.2006 – 12 U 1184/04 – juris.

259 OLG Düsseldorf, Urt. v. 29.6.1998 – 1 U 159/97 = SP 1998, 386.

- direkt zwischen parkenden oder haltenden Fahrzeugen hervortritt,[260]
- im alkoholisierten Zustand nachts direkt vor das herannahende Fahrzeug tritt.[261]

203 Die Annahme, dass die Betriebsgefahr des unfallbeteiligten Pkw vollständig hinter dem Verschulden des Fußgängers zurücktritt, ist jedoch nicht zwingend. Teilweise wird in der Rechtsprechung auch vertreten, dass die Betriebsgefahr des beteiligten Fahrzeug mit 25 %[262] bzw. 30 %[263] zu berücksichtigen ist, es sei denn, der beteiligte Kraftfahrzeugführer weist nach, dass der Unfall für ihn unvermeidbar gewesen ist. Steht dagegen fest, dass der Unfall für den Fahrzeugführer unvermeidbar war, haftet der Fußgänger wegen eines Verstoßes gegen § 25 Abs. 3 StVO alleine.[264]

204 Die Haftungsquote verändert sich, wenn den Fahrer des unfallbeteiligten Kfz auch ein Verschulden trifft, z.B. weil er Hinweise auf ein Betreten der Fahrbahn durch den Fußgänger fahrlässig verkannt oder eine deshalb gebotene Geschwindigkeitsreduzierung unterlassen hat.[265] Ein solches Verschulden muss der Fußgänger allerdings nach dem Maßstab des § 286 ZPO beweisen. Wird ein Fußgänger, der von links kommt, von einem Fahrer auf dessen rechter Fahrbahnhälfte angefahren, kann der Beweis des ersten Anscheins für ein Verschulden des Fahrers sprechen.[266] Bei beiderseitigem Verschulden ist im Zweifel eine Haftungsteilung geboten.[267] Wird in eklatanter Weise das drohende Betreten der Fahrbahn verkannt, kann der Haftungsanteil des Fahrers bis zu 75 % ansteigen.[268] In jedem Fall ist genau zu prüfen, ob zugunsten des Fahrzeugführers noch der sog. Vertrauensgrundsatz eingreifen kann.

205 ▼

Muster 4.72: Kein Vertrauensgrundsatz bei Fahrbahnüberquerung

4.72

Hat ein aus Sicht des Kraftfahrers von links die Fahrbahn querender Fußgänger die Fahrbahn bereits betreten und ist noch in Bewegung, darf der Kraftfahrer nicht mehr darauf vertrauen, der Fußgänger werde in der Mitte der Fahrbahn stehenbleiben und ihn vorbeilassen. Denn einem Vertrauen darauf, der Fußgänger werde mittig der Straße anhalten und das bevorrechtigte Fahrzeug passieren lassen, ist jedenfalls dann die Grundlage entzogen, wenn bei verständiger Würdigung aller Umstände Anlass für den Kraftfahrer besteht, am verkehrsgerechten Verhalten des Fußgängers zu zweifeln (BGH, Urt. v. 4.4.2023 – VI ZR 11/21 = NJW 2023, 2108).

Dies insbesondere, wenn – wie hier – .

▲

260 OLG Hamm, Urt. v. 28.9.1999 – 9 U 62/99 = NZV 2000, 371.
261 OLG Jena, Urt. v. 15.6.2017 – 1 U 540/16 – juris.
262 BGH, Urt. v. 22.4.1969 – VI ZR 11/68 = VersR 1969, 750; OLG Düsseldorf, Urt. v. 13.1.1993 – 15 U 18/92 = NZV 1994, 70; OLG Hamm, Urt. v. 22.10.2012 – I-6 U 56/12 – juris; OLG Saarbrücken, Urt. v. 16.4.2015 – 4 U 15 /14 – juris; kritisch OLG Jena, Urt. v. 15.4.2009 – 7 U 744/08 = NZV 2009, 455.
263 OLG Düsseldorf, Urt. v. 10.4.2018 – 1 U 196/14 – juris; LG Trier, Urt. v. 5.9.2006 – 11 O 348/05 = SP 2007, 207.
264 OLG Celle, Urt. v. 19.3.2015 – 5 U 185/11 – juris; OLG Hamm, Beschl. v. 26.4.2012 – 6 U 59/12 – juris.
265 Grundlegend: BGH, Urt. v. 27.6.2000 – VI ZR 126/99 = DAR 2000, 524.
266 OLG Brandenburg, Urt. v. 19.6.2007 – 12 W 11/07 = VRR 2007, 282.
267 OLG Hamm, Urt. v. 4.5.1994 – 13 U 225/93 = r+s 1994, 294; vgl. auch KG VM 1985, 25.
268 OLG Köln, Urt. v. 22.8.2001 – 2 U 34/00 = NZV 2002, 131.

2. Haftungsquote bei einem Unfall auf einem „Zebrastreifen"

Erfasst ein Kraftfahrer einen Fußgänger bei der Überquerung einer Fußgängerfurt, liegt 206
i.d.R. ein Verstoß des Kraftfahrzeugführers gegen eine Kardinalpflicht im Straßenverkehr vor, da er das Vorrecht des Fußgängers aus § 26 StVO missachtet hat, die zu seiner alleinigen Haftung führt.

Ist für den Kraftfahrzeugführer nach den Gesamtumständen[269] erkennbar, dass sich ein 207
Fußgänger dem Fußgängerüberweg mit der Absicht nähert, diesen zu betreten, hat der Kraftfahrer nach § 26 StVG mit mäßiger Geschwindigkeit heranzufahren, das Überqueren zu ermöglichen und ggf. zu warten.[270] Verstößt er hiergegen, kann dies die alleinige Haftung des Kraftfahrers begründen.[271] Diese besonderen Sorgfaltspflichten werden jedoch noch nicht ausgelöst, wenn der Fußgänger sich parallel zu dem Übergang bewegt, der sich in einem rechten Winkel zu dem Fußgänger befindet.[272] Ausreichend kann jedoch bereits das zügige Zugehen auf den Fußgängerüberweg sein; bereits bei dem geringsten Zweifel ist dem Fußgänger Vorrang zu gewähren.[273]

▼ 208

Muster 4.73: Haftung des Fahrzeugführers bei Verstoß gegen § 26 StVO

Der Unfall ereignete sich vorliegend im Bereich eines Fußgängerüberweges. Ein herannahender Kraftfahrzeugführer hat deshalb in der Umgebung befindliche Fußgänger genau zu beobachten. Wenn – wie hier – ersichtlich ist, dass ein Fußgänger den Überweg überqueren will, hat der Kraftfahrzeugführer mit mäßiger Geschwindigkeit heranzufahren, das Überqueren zu ermöglichen und ggf. zu warten (BGH, Urt. v. 20.4.1966 – III ZR 184/64 = NJW 1966, 1211). Bereits bei dem geringsten Zweifel ist dem Fußgänger Vorrang zu gewähren (KG, Beschl. v. 10.10.1991 – 2 Ss 113/91 – 3 Ws (B) 145/1 = NZV 1992, 40). Verstößt der Fahrer hiergegen, begründet dies seine alleinige Haftung (KG, Urt. v. 3.6.2004 – 12 U 68/03 = DAR 2004, 699). Dies insbesondere, wenn – wie hier – .

▲

Im Bereich eines Fußgängerüberweges ist allerdings zu berücksichtigen, dass der Fuß- 209
gänger sich (wie auch der Kraftfahrzeugführer) nicht uneingeschränkt auf den Vertrauensgrundsatz berufen kann.[274] Er hat daher den Überweg und die herannahenden Kraftfahrzeuge sorgfältig zu beobachten[275] und darf nicht „im blinden Vertrauen" auf den Fußgängerüberweg treten. Verstößt der Fußgänger erwiesenermaßen gegen diese Sorgfaltspflicht, trifft ihn ein Mitverschulden, welches mit 20 %[276] bzw. 25 %[277] zu berücksichtigen sein kann. Kein Mitverschulden liegt aber vor, wenn der Fußgänger die Fahr-

269 BGH, Urt. v. 9.4.1965 – 4 StR 147/65 = NJW 1965, 1236; KG, Beschl. v. 10.10.1991 – 2 Ss 113/91 – 3 Ws (B) 145/1 = NZV 1992, 40.
270 BGH, Urt. v. 20.4.1966 – III ZR 184/64 = NJW 1966, 1211.
271 KG, Urt. v. 3.6.2004 – 12 U 68/03 = DAR 2004, 699.
272 OLG Hamm, Urt. v. 14.7.2003 – 6 U 39/03 = NZV 2004, 577.
273 KG, Beschl. v. 10.10.1991 – 2 Ss 113/91 – 3 Ws (B) 145/1 = NZV 1992, 40.
274 OLG Hamburg, Urt. v. 12.1.1966 – 1 Ss 76/65 = DAR 1966, 251.
275 BGH, Urt. v. 8.6.1982 – VI ZR 260/80 = NJW 1982, 2384.
276 OLG Celle, Urt. v. 5.6.2000 – 14 U 220/99 = NZV 2001, 79.
277 KG, 20.5.1976 – 12 U 325/76 = VersR 1977, 1008.

bahn zu einem Zeitpunkt betritt, zu dem sich das herannahende Fahrzeug noch in einer Entfernung von 70m befand.[278]

3. Haftungsquoten bei einer Kollision mit einem Fußgänger am Fahrbahnrand

210 Erfasst ein Kraftfahrzeugführer einen am Fahrbahnrand gehenden Fußgänger und ist kein separater Fußgängerweg vorhanden, trifft den Fahrzeugführer i.d.R. die alleinige Haftung.[279] Jedoch ist (gerade bei Dunkelheit) gesondert zu prüfen, ob den Fußgänger nicht eine Mithaftung trifft, weil er gehalten war, gegenüber dem gut erkennbar herannahenden Kraftfahrzeug neben die Fahrbahn zu treten. Dieses Mitverschulden hat die Gegenseite jedoch zu beweisen und verbleibende Zweifel gehen zu ihren Lasten.[280] Kann dieser Beweis erfolgreich geführt werden, kommt eine Mithaftung von 20[281]–25 %[282] in Betracht. Beachtet der Fußgänger den Fahrzeugverkehr gar nicht, kann seine Mithaftungsquote bis zu 1/3 betragen.[283] Die Haftungsquote des Fußgängers kann sich erhöhen und sogar mit bis zu 75 % überwiegen, wenn er in erheblichen Umfang alkoholisiert war und sich dies erwiesenermaßen unfallursächlich ausgewirkt hat, da er aufgrund der Alkoholisierung plötzlich und unkontrolliert (weiter) auf die Fahrbahn getreten ist.[284]

D. Checkliste: Kriterien der Quotenbildung

211
- Wird der Schaden durch zwei Kraftfahrzeuge verursacht, ergibt sich die Haftung der Fahrzeughalter/-führer im Verhältnis untereinander allein aus § 17 StVG. Sobald es aber um den Anspruch eines Dritten bzw. einen Anspruch gegen einen Dritten geht, erfolgt die Ermittlung der Haftungsquote allein aus § 254 BGB i.V.m. § 9 StVG.
- Obwohl (Mit)Verschulden (Verhaltensunrecht) und Mitverursachung (Verursachungsunrecht) unterschiedliche dogmatische Ausgangspunkte haben, sind beide Kriterien sowohl im Rahmen des § 254 BGB als auch im Rahmen des § 17 StVG bei der Quotenbildung zu berücksichtigen. Maßgeblicher Abwägungsfaktor ist in erster Linie die Verursachung des Schadens, modifiziert durch etwaige Verschuldensbeiträge.
- Im Rahmen der Haftungsabwägung gem. § 17 StVG bleibt die Betriebsgefahr des Fahrzeugs des Geschädigten unberücksichtigt, wenn dem Schädiger aufgrund einer schuldhaft erhöhten Betriebsgefahr ein überragendes Fehlverhalten zur Last fällt und auf Seiten des Geschädigten keine erhöhte Betriebsgefahr und auch kein Verschuldensvorwurf besteht.

278 BGH, Urt. v. 8.6.1982 – VI ZR 260/80 = NJW 1982, 2384.
279 BGH, Urt. v. 21.3.1967 – VI ZR 152/65 = VersR 1967, 706; OLG Köln, Urt. v. 16.3.2001 – 19 U 130/00 = NJW-RR 2002, 962.
280 OLG München, Urt. v. 2.6.2006 – 10 U 1685/06 = VersR 2008, 799.
281 OLG Nürnberg, Urt. v. 25.10.2002 – 6 U 1150/02 = zfs 2003, 230.
282 OLG Hamm, Urt. v. 10.10.1994 – 6 U 334/91 = NZV 1995, 483; OLG Düsseldorf, Urt. v. 6.3.1975 – 12 U 153/74 = VersR 1975, 1052.
283 OLG Brandenburg, Urt. v. 20.12.2007 – 12 U 141/07 = DAR 2008, 520.
284 BGH, Urt. v. 22.4.1969 – VI ZR 11/68 = VersR 1969, 750.

- Das Gewicht eines Vorwurfs macht sich daran fest, gegen welche Vorschriften der StVO verstoßen wurde. Dabei ist zwischen Garantiepflichten, Kardinalpflichten und sonstigen Pflichten zu unterscheiden.
- Auch bei einem Verstoß gegen die StVO ist ein Zurücktreten der Halterhaftung/Fahrerhaftung denkbar, wenn dieser Verstoß auf einem schreckbedingten Fehlverhalten basiert, das vom Unfallgegner verursacht wurde.
- Die konkrete Haftungsquote ist immer im Einzelfall zu bestimmen. Eine erste Einschätzung lässt sich mit Hilfe von sog. Quotentabellen ermitteln. Von besonderer Bedeutung ist dabei das Eingreifen des Anscheinsbeweises.
- Ereignet sich ein Unfall zwischen einem Fahrradfahrer und einem Kraftfahrzeugführer und bleibt das Unfallgeschehen insbesondere im Hinblick auf die Verschuldensfrage unklar, haftet im Zweifel der Kfz-Halter aus der verbleibenden Betriebsgefahr allein.
- Bei dem erheblichen Mitverschulden eines nicht motorisierten Verkehrsteilnehmers kann (auch nach der Gesetzesreform) dahinter die einfache Betriebsgefahr eines Kfz vollständig zurücktreten.

§ 5 Haftungsausschluss bei Personenschäden

Dr. Jens Tietgens

A. Übersicht

Auch wenn ein haftungs- und anspruchsbegründendes Fehlverhalten vorliegt, das die Voraussetzungen einer der vorangegangenen Anspruchsgrundlagen erfüllt, heißt dies nicht in jedem Fall, dass der Geschädigte den Schädiger uneingeschränkt auf Schadensersatz in Anspruch nehmen kann. Von besonderer Bedeutung sind hierbei die Regelungen der §§ 104 ff. SGB VII. Sie beschäftigen sich mit dem Recht der gesetzlichen Unfallversicherung und der darin geregelten Haftungsprivilegien. Hierbei handelt es sich um die gesetzlichen Folgeregelungen, die bis zum 1.1.1997 in der Reichsversicherungsordnung (RVO) geregelt wurden. Ein Teil der zur RVO ergangenen Rechtsprechung kann deshalb weiterhin zur Falllösung herangezogen werden. Die Regeln zum Haftungsprivileg müssen immer dann beachtet werden, wenn es aus Anlass eines Verkehrsunfalls oder sonstigen Schadensfalls zu einem Personenschaden gekommen ist. Erfüllt ein solcher Unfall die tatbestandlichen Voraussetzungen eines privilegierten Arbeitsunfalls im Sinne der gesetzlichen Unfallversicherung, ist der Geschädigte darauf beschränkt, wegen der erlittenen Personenschäden ausschließlich Ansprüche auf Leistungen aus der gesetzlichen Unfallversicherung gegenüber dem hierfür zuständigen Träger geltend zu machen. Träger der gesetzlichen Unfallversicherung sind in der Regel die Berufsgenossenschaften. Liegt ein privilegierter Unfall in der gesetzlichen Unfallversicherung vor, sind Ansprüche auf Schadensersatz gegenüber dem Schädiger komplett ausgeschlossen. Werden trotz Eingreifens des Haftungsprivilegs Ansprüche auf Schadensersatz gegenüber dem unmittelbaren und privilegierten Schädiger geltend gemacht, ist eine Klage von vornherein materiell unbegründet und komplett abzuweisen. Die Kenntnis der für ein Haftungsprivileg infrage kommenden Tatbestände ist deshalb für die erfolgreiche Durchsetzung von Ansprüchen auf Schadensersatz zum Ausgleich von Personenschäden unverzichtbar. Dennoch wird die Relevanz dessen in der Praxis häufig übersehen. Hierbei sind die nachfolgenden Konstellationen zu unterscheiden: 1

- Der Unfall geschieht im Rahmen einer abhängigen Arbeit. Hier kann eine Haftungsfreistellung zugunsten des Unternehmers, von im Betrieb tätigen Personen oder gar zugunsten der versicherten Mitarbeiter anderer Unternehmen bei einer gemeinsamen Betriebsstätte eingreifen. Beispiele:
- – Ein Arbeitnehmer verunfallt während einer Dienstfahrt mit einem Dienstwagen, der von seinem Arbeitgeber nicht ordnungsgemäß gewartet wurde und wegen der unterlassenen Wartung verunglückte. Ansprüche gegen den Arbeitgeber sind ausgeschlossen.
- – Ein Arbeitnehmer erleidet während einer Dienstfahrt als Beifahrer einen Personenschaden, der von seinem Kollegen als Fahrer verursacht und verschuldet wurde.

Ansprüche gegen den Fahrer, Halter und den zuständigen Kfz-Haftpflichtversicherer sind ausgeschlossen.[1]

- Auf einem Parkplatz, der ausschließlich von Betriebsangehörigen eines Unternehmens benutzt werden darf, kommt es zur Kollision zwischen den Fahrzeugen zweier Betriebsangehöriger.[2] Ansprüche gegen den Unfallgegner sind ausgeschlossen.

■ Zudem ist auch im privaten Bereich eine derartige Haftungsfreistellung (insbesondere bei sog. Wie-Beschäftigten) denkbar. Hierbei handelt es sich um Fälle, in denen außerhalb eines Arbeitsverhältnisses, aber im Rahmen eines (weit gefassten) gemeinsamen „Unternehmens" Privatleute mit einer Tätigkeit betraut werden, die mit einer angestellten Tätigkeit vergleichbar ist. Beispiele:

- Ein nicht als Arbeitnehmer zu qualifizierender Praktikant erleidet einen Unfallschaden.[3] Ansprüche des Praktikanten gegen den Arbeitgeber und die Mitarbeiter sind ausgeschlossen.
- Im Rahmen einer Pannenhilfe erleidet der Helfende einen Personenschaden.[4] Ansprüche gegen den Unfallverursacher sind ausgeschlossen.
- Während der Reparatur eines Kfz erleidet der Werkunternehmer durch das Fehlverhalten des Auftraggebers (Betätigen des Anlassers) einen Personenschaden.[5] Ansprüche gegen den Schadenverursacher sind ausgeschlossen.

■ Die Haftungsfreistellung kann auch Fälle der sog. unechten Unfallversicherung erfassen, zu denen insbesondere Unfälle in Kindertageseinrichtungen, Schulen und Hochschulen gehören (§ 2 Abs. 1 Nr. 8 SGB VII). Beispiele:

- Ein Kind erleidet einen Personenschaden als Mitfahrer in einem verunglückten Schulbus.[6] Ansprüche gegen den Schadenverursacher und gegen die Schule sind ausgeschlossen.
- Aufgrund einer Rangelei im Bereich einer Bushaltestelle gerät ein Schüler unter den herannahenden Bus.[7] Ansprüche gegen den die Rangelei verursachenden Schüler und gegen den Fahrer, Halter und Haftpflichtversicherer des Busses sind ausgeschlossen.

2 Für die Betreuung von Verkehrsunfällen ist insbesondere die erste, häufig aber auch die zweite Konstellation von besonderer Bedeutung und soll somit Gegenstand der weiteren Erörterungen sein.[8] Danach ist nach einem sog. **Arbeitsunfall** die Haftung des Unternehmers und jeder anderen im Betrieb tätigen Person gegenüber dem geschädigten Arbeitskollegen insoweit ausgeschlossen, als es sich um den Ausgleich von Personenschäden handelt. Ausgangspunkt des sog. **Haftungsprivilegs** sind die §§ 2 ff. SGB VII. Danach

1 OLG Celle, Beschl. v. 25.9.2018 – 14 W 34/18 – juris.
2 Vgl. LG Mannheim VersR 2015, 1256; LG Bochum NJW 2005, 104.
3 Vgl. OLG Jena SP 2009, 106.
4 OLG Jena NZV 2004, 466.
5 OLG Stuttgart VersR 2004, 68.
6 OLG München OLGR München 2004, 266.
7 OLG Koblenz NJW-RR 2013, 152.
8 Einen guten Überblick für einen Einstieg in diese komplexe Materie bietet der Aufsatz von *Waltermann*, NJW 2004, 901 ff.

genießt jeder Arbeitnehmer Versicherungsschutz in der **gesetzlichen Unfallversicherung**, sofern ein Arbeitsunfall vorliegt.

Die gesetzliche Unfallversicherung bietet weitreichenden Versicherungsschutz mit dem 3
Ziel, dem Arbeitnehmer eine Wiedereingliederung in das Arbeitsleben zu ermöglichen. Sie gewährt ärztliche Heilbehandlung, Verletztengeld oder Übergangsgeld und andere Unterstützungsleistungen. Bei tödlich verlaufenden Arbeitsunfällen gewährt sie den Hinterbliebenen Sterbegeld und eine Hinterbliebenenrente. Zu beachten ist allerdings, dass das SGB VII keine Leistungen in der Form eines Schmerzensgeldes vorsieht.

Kehrseite des weitreichenden Versicherungsschutzes in der gesetzlichen Unfallversiche- 4
rung ist das Haftungsprivileg der §§ 104 ff. SGB VII. Aus den §§ 104, 105 SGB VII ergibt sich, dass bei Vorliegen eines Arbeitsunfalls der Geschädigte eines Personenschadens keinen Anspruch auf Schadensersatz gegen den Schädiger hat, wenn es sich hierbei um seinen Arbeitgeber und/oder um seinen Arbeitskollegen handelt. Von Bedeutung ist ferner der Haftungsausschluss nach § 106 SGB VII. Hierunter fallen Schäden, die entstehen, wenn mehrere Versicherte unterschiedlicher Unternehmen vorübergehend betriebliche Tätigkeiten auf einer sog. gemeinsamen Betriebsstätte ausführen.

Zu beachten ist ferner die Bindungswirkung des § 108 SGB VII. Die Zivilgerichte sind an eine rechtskräftige[9] Entscheidung des Sozialversicherungsträgers bzw. Sozialgerichts zu der Frage gebunden,[10] ob ein Arbeitsunfall vorliegt. Diese Entscheidung bindet aber nur die Betroffenen, die am entsprechenden Verfahren beteiligt gewesen sind.[11] Liegt eine verbindliche Entscheidung des Sozialversicherungsträgers vor, hat das Zivilgericht ggf. selbstständig zu prüfen, ob die weiteren Voraussetzungen der §§ 104 ff. SGB VII erfüllt sind (z.B. ein Wege- oder Betriebswegeunfall vorliegt).

Dies hat somit zur Konsequenz, dass sich die Ansprüche, die aus Anlass des Unfalls gegenüber dem Träger der gesetzlichen Unfallversicherung geltend gemacht werden können, auf den Leistungskatalog der gesetzlichen Unfallversicherung im SGB VII beschränken. Hiernach wird kein Schmerzensgeld als Ausgleich für immaterielle Risiken gezahlt. Wegen des Haftungsprivilegs ist es auch nicht möglich, sich wegen vermeintlicher Ansprüche auf Ausgleich eines Schmerzensgeldes an den oder die unmittelbar haftenden Schädiger zu wenden. Vielmehr sind Ansprüche auf Schmerzensgeld aus Anlass von Unfällen, in denen das Haftungsprivileg greift, komplett ausgeschlossen. Hierfür müssen folgende Voraussetzungen gegeben sein:

- der Schädiger und der Geschädigte sind der Unternehmer des Betriebes bzw. eine im Betrieb tätige Person,
- es liegt ein Arbeitsunfall bei einer betrieblichen Tätigkeit vor und
- es greift kein Ausschlusstatbestand (kein Wegeunfall oder vorsätzliche Schädigung).

9 BGH NZV 2008, 396.
10 BGH VersR 2009, 1074.
11 BGH NZV 2008, 396.

B. Voraussetzungen der Haftungsprivilegierung nach den §§ 104, 105 SGB II

I. Versicherte Tätigkeit als Beschäftigter

5 Der Geschädigte muss den Personenschaden bei einer Tätigkeit erlitten haben, bei der er gesetzlich unfallversichert gewesen ist. Hierunter fällt zum einen der klassische „Arbeitnehmer". Die Haftungsfreistellung ist jedenfalls auf die Haftung anderer im Betrieb tätiger Personen beschränkt. Dies sind erst einmal alle Arbeitskollegen. Über die formale Betriebszugehörigkeit hinaus werden aber auch alle Schädiger erfasst, die eine dem Betrieb dienende Tätigkeit ausgeführt haben.

Voraussetzung für die Annahme des Haftungsprivilegs ist, dass sich der Schadensfall im Rahmen einer betrieblichen Tätigkeit ereignete. Als betriebliche Tätigkeit des Schädigers ist grundsätzlich jede gegen Arbeitsunfall versicherte Tätigkeit zu qualifizieren.[12] Entscheidend ist, ob es sich um eine betriebsbezogene Tätigkeit handelt, die dem unmittelbaren Schädiger von dem Betrieb oder für den Betrieb übertragen war oder die von ihm im Betriebsinteresse ausgeführt worden ist.[13] Dabei kommt es nicht darauf an, ob der Schädiger Betriebsangehöriger war und insoweit dem Weisungs- und Direktionsrecht des Inhabers des Unfallbetriebs bzw. dessen Bevollmächtigten unterlag und ob er die Fürsorgepflicht des Unfallbetriebs beanspruchen konnte.[14] Der Begriff der betrieblichen Tätigkeit ist weit auszulegen und objektiv zu bestimmen. Erforderlich ist eine unmittelbar mit dem Zweck der betrieblichen Beschäftigung zusammenhängende und eine dem Betrieb dienliche Tätigkeit. Maßgeblich ist, ob der Schaden in Ausführung einer betriebsbezogenen Tätigkeit und nicht nur „bei Gelegenheit" verursacht wurde.[15]

Bei dem Geschädigten muss es sich um einen Beschäftigten gemäß § 7 Abs. 1 S. 1 SGB IV handeln. Hiervon werden Personen erfasst, die einer nichtselbstständigen Arbeit nachgehen. Die Abgrenzung von Beschäftigten zu Selbstständigen muss anhand einer wertenden Betrachtung des Einzelfalles erfolgen. Wesentliches Abgrenzungsmerkmal stellt hierfür die persönliche Abhängigkeit, die sich insbesondere durch die Weisungsgebundenheit und die Eingliederung des Betroffenen in eine fremde Arbeitsorganisation ausdrückt, dar.[16]

6 Erfasst werden auch sog. Wie-Beschäftigte nach § 2 Abs. 2 SGB VII. Hierbei handelt es sich um Personen, die zwar nicht bei dem Unternehmer angestellt sind, aber mit dessen Willen eine Tätigkeit verrichten, die auch ein Arbeitnehmer durchführen könnte. Der Unfallversicherungsschutz hängt somit nicht von einem formellen Beschäftigungsverhältnis ab. Vielmehr können auch kurzfristige Verrichtungen in den Versicherungsschutz einbezogen werden. § 2 Abs. 2 S. 1 SGB VII will aus sozialpolitischen und rechtssystematischen Gründen den Versicherungsschutz auf Tätigkeiten erstrecken, die zwar nicht

12 OLG Celle, Beschl. v. 25.9.2018 – 14 W 34/18 – juris, Rn 7–8; OLG Celle, Urt. v. 8.7.2020 – 14 U 25/18 – juris.
13 OLG Hamm VersR 1999, 597 – juris, Rn 16.
14 OLG Hamm a.a.O. – juris, Rn 18 m.w.N.
15 BGH, Beschl. v. 18.3.2011 – VI ZR 339/10 – juris.
16 OLG Frankfurt a.M., Urt. v. 17.5.2023 – 17 U 167/22 = NJWE-Spezial 2023, 745 ff.

sämtliche Merkmale eines Arbeits- oder Beschäftigungsverhältnisses aufweisen, in ihrer Grundstruktur aber einer abhängigen Beschäftigung ähneln, indem eine ernstliche, einem fremden Unternehmen dienende, dem wirklichen oder mutmaßlichen Willen des Unternehmers entsprechende Tätigkeit von wirtschaftlichem Wert erbracht wird, die ihrer Art nach sonst von Personen verrichtet werden könnte, die in einem abhängigen Beschäftigungsverhältnis stehen.[17]

Die dabei ausgeübte Tätigkeit hat objektiv einer Arbeitsleistung aufgrund eines Beschäftigungsverhältnisses zu ähneln.[18] Auch kurzfristige unentgeltliche Tätigkeiten fallen hierunter, wenn sie über ganz unerhebliche Gefälligkeiten hinausgehen.[19] Hierunter kann z.B. auch die sog. Pannenhilfe fallen[20] – selbst wenn diese vom ADAC ausgeführt wird.[21] Voraussetzung für das Eingreifen des Haftungsprivilegs ist in Fällen der Pannenhilfe allerdings, dass der Geschädigte eine Tätigkeit ausführen muss, die zumindest auch fremden und nicht nur eigenen Interessen dient.[22] Liegt eine ernstliche Arbeitstätigkeit für ein Unternehmen vor, lässt sich der Versicherungsschutz jedenfalls nicht mit der Begründung verneinen, die Tätigkeit sei eigenwirtschaftlich, weil sie während der Freizeit verrichtet wurde.[23] Auch wer am Privatfahrzeug eines anderen unentgeltlich oder aus Gefälligkeit Wartungsarbeiten (wie z.B. einen Ölwechsel) durchführt, verrichtet eine ernsthafte Arbeit im Interesse des Autohalters, die zur Erhaltung oder Wiederherstellung der Funktionstüchtigkeit des Fahrzeugs erforderlich ist und ist als „Wie-Beschäftigter" anzusehen.[24] Auch betrieblich tätige unversicherte Personen, die aus Gefälligkeit dem Betrieb dienliche Verrichtungen vornehmen oder solche, die aufgrund enger verwandtschaftlicher Beziehungen eine betriebliche Tätigkeit verrichten, sind ebenfalls Begünstigte der Haftungsprivilegierung. Diese Anforderungen treffen beispielsweise auf den Ehegatten eines Unternehmers zu, der als Fahrzeugführer für eine Versorgungsfahrt für den Betrieb (hier: Arztpraxis) fungiert.[25] Folglich muss der Unfallverursacher nicht notwendig selbst Angehöriger des Unfallbetriebes sein.[26] 7

Subjektiv ist erforderlich, dass der Geschädigte „fremdnützig" tätig gewesen ist, also nicht primär ein eigenwirtschaftliches Interesse gehabt hat. Dies ist z.B. nicht gegeben, wenn der Pkw-Eigentümer auf Weisung der Werkstatt das Fahrzeug auf eine Hebebühne fährt und anschließend ein Unfall geschieht.[27] 8

17 BSG, Urt. v. 13.9.2005 – B 2 U 6/05 R – juris; BSG, Urt. v. 18.1.2011 – B 2 U 9/10 R – juris.
18 OLG München zfs 2009, 381.
19 OLG Brandenburg VersR 2007, 1133.
20 OLG Thüringen NZV 2004, 466; OLG Düsseldorf VersR 2012, 188.
21 LG Hamburg SP 2003, 345.
22 OLG Düsseldorf VersR 2015, 1577.
23 BSG, Urt. v. 27.11.985 – 2 RU 37/84 – juris.
24 BGH NJW 1987, 1643; OLG Köln NZV 1994, 114.
25 LG Münster, Urt. v. 29.3.2018 – 16 O 213/17 – juris.
26 *Rolfs*, in: Erfurter Kommentar zum Arbeitsrecht, § 105 SGB VII Rn 2.
27 BGH VersR 1994, 579.

Dem Versicherungsschutz steht auch nicht grundsätzlich entgegen, dass unter Verwandten die Bereitschaft zu Freundschafts- oder Gefälligkeitsleistungen größer ist und deshalb die Tätigkeit, die sonst aufgrund eines Beschäftigungsverhältnisses oder jedenfalls gegen Entgelt verrichtet wird, unentgeltlich erbracht wird.[28] Versicherungsschutz nach § 2 Abs. 2 SGB VII besteht aber dann nicht, wenn es sich um einen aufgrund der konkreten sozialen Beziehungen geradezu selbstverständlichen Hilfsdienst handelt oder die zum Unfall führende Verrichtung als Erfüllung gesellschaftlicher, nicht rechtlicher Verpflichtungen anzusehen ist, die bei besonders engen Beziehungen zwischen Verwandten, Freunden oder Nachbarn typisch, üblich und deshalb zu erwarten ist.[29] Auf die Zeitdauer der Verrichtung kommt es dabei allein nicht an.[30] Voraussetzungen für eine arbeitnehmerähnliche Tätigkeit sind: Sie

- hat wirtschaftlichen Wert und dient einem Unternehmen, in dem der Handelnde nicht bereits als Beschäftigter versichert ist,
- entspricht dem wirklichen oder mutmaßlichen Willen des Unternehmers,
- kann ihrer Art nach von Arbeitnehmern verrichtet werden und
- wird konkret unter arbeitnehmerähnlichen Umständen vorgenommen.[31]

9 ▼

Muster 5.1: Voraussetzungen eines „Wie-Beschäftigten"

5.1

Voraussetzung für eine „Wie-Beschäftigung" ist eine ernstliche Tätigkeit von wirtschaftlichem Wert, die erstens einem fremden Unternehmen dienen soll, zweitens dem wirklichen oder mutmaßlichen Willen des Unternehmers entspricht, drittens unter solchen Umständen ausgeübt wird, die einer Tätigkeit aufgrund eines Beschäftigungsverhältnisses ähnlich sind, und viertens nicht auf einer Sonderbeziehung beruht (BSG, Urt. v. 26.6.2007 – B 2 U 35/06 R – juris, Rn 18 m.w.N.). Maßgeblich ist die hierbei zu erkennende Handlungstendenz (so bereits BSG, Urt. v. 30.6.1993 – 2 RU 40/92 – juris; beispielhaft das Schleswig-Holsteinische LSG, Urt. v. 10.11.2009 – L 8 U 71/08 – juris). Dabei genügt es, dass die auf die Belange des Unternehmens gerichtete Handlungstendenz anhand objektiver Kriterien nachvollziehbar ist, wobei alle Umstände des Einzelfalls und das sich daraus ergebende Gesamtbild in Betracht zu ziehen sind (BSG, Urt. v. 12.4.2005 – B 2 U 5/04 R – juris, Rn 19). In Abgrenzung hierzu genießt eine Person, die mit ihrem Verhalten im Wesentlichen allein eigene Angelegenheiten verfolgt, die nicht mit fremdwirtschaftlicher Zweckbestimmung und somit nicht wie in einem Beschäftigungsverhältnis, sondern wie ein Unternehmer eigenwirtschaftlich tätig wird, dagegen keinen Versicherungsschutz (BSG, Urt. v. 26.6.2007 – B 2 U 35/06 R – juris, Rn 18 m.w.N.).

▲

28 OLG Celle, Urt. v. 5.10.2022 – 14 U 19/22 = VersR 2022, 1442 ff., Rn 54.
29 OLG Sachsen-Anhalt, Urt. v. 27.11.2017 – 1 U 105/17 – juris, Rn 44.
30 LSG Baden-Württemberg, Urt. v. 28.7.2017 – L 8 U 2083/16 – juris.
31 OLG Celle, Urt. v. 5.10.2022 – 14 U 19/22 = VersR 2022, 1442, Rn 51.

Problematisch können dabei die Fälle einer Hilfeleistung bei einer „Autopanne" sein. 10
Hier ist eine genaue Prüfung des Einzelfalls erforderlich. Nicht in jedem Fall greift die auf den ersten Blick nahe liegende Haftungsprivilegierung.

▼ 11

Muster 5.2: Keine Haftungsprivilegierung bei „Pannenhilfe"

Bei einer „Pannenhilfe" ist i.d.R. eine Tätigkeit des Starthelfers nicht als „Wie-Beschäftigter" anzunehmen. Voraussetzung hierfür ist, dass es sich um eine Tätigkeit handelt, die einer Tätigkeit aufgrund eines Beschäftigungsverhältnisses ähnlich ist, weil sie ihrer Art nach sonst von Personen verrichtet wird, die zu dem Unternehmen in persönlicher und wirtschaftlicher Abhängigkeit stehen. Die ist bei einer sog. Pannenhilfe regelmäßig zu verneinen. So hat das OLG München (München zfs 2009, 381) zutreffend auf folgendes hingewiesen:

„Starthilfe für den Pkw des Geschädigten, die sich darauf beschränkt, die Zündung des anderen Pkw zu betätigen, nachdem der Geschädigte selbst mit Überbrückungskabeln die Verbindung zwischen den Batterien in den beiden Fahrzeugen hergestellt hat, kann nicht als ernsthafte Arbeit, die noch dem allgemeinen Arbeitsmarkt zuzurechnen ist, angesehen werden. Die deliktische Haftung von Fahrzeughalter und -führer ist daher nicht nach § 105 SGB VII ausgeschlossen."

Nach Maßgabe dieser Voraussetzungen ist vorliegend ebenfalls eine Stellung als „Wie-Beschäftigter" abzulehnen und es überwiegt der Charakter eines reinen Gefälligkeitsverhältnisses. Insbesondere .

▲

II. Begriff des Unternehmers

Der Begriff des Unternehmers bzw. Unternehmens wird weit verstanden. Unternehmer 12
ist nach § 136 Abs. 3 Nr. 1 SGB VII derjenige, dem das Ergebnis des Unternehmens unmittelbar zum Vorteil gereicht. Ein Unternehmen setzt eine auf Dauer ausgerichtete Vielzahl an Tätigkeiten voraus, die auf einen einheitlichen Zweck ausgerichtet sind und mit einer gewissen Regelmäßigkeit ausgeübt werden.[32] Mithin kann auch ein Privatmann, der kein Gewerbe betreibt, als Unternehmer in den Genuss einer Haftungsfreistellung gelangen – und zwar auch gegenüber Freunden, die aus Gefälligkeit über längere Zeit für ihn tätig werden und als „Wie-Beschäftigte" im obigen Sinne angesehen werden können.[33] § 105 Abs. 2 S. 1 SGB VII sieht dabei eine Haftung des Unternehmers selbst dann vor, wenn er nicht versichert ist. Besteht in diesen Fällen eine Haftungsfreistellung, wird in § 105 Abs. 2 S. 2–4 SGB VII konsequenterweise für den (an sich nicht versicherten) Unternehmer als Ausgleich für die Haftungsfreistellung kraft Gesetzes ein Versicherungsschutz geschaffen. Die Frage, wann dies der Fall ist, ist nicht immer leicht zu

32 BSGE 36, 111, 115.
33 BSG NJW 2004, 966; BSGE 35, 140, 142.

beantworten. Folgende Rechtsprechung unter Eingehen auf die entwickelten Kriterien mag eine Prüfung einleiten:

13 ▼

Muster 5.3: Abgrenzung von abhängiger und selbstständiger Tätigkeit

5.3 Anhaltspunkte für eine Beschäftigung sind eine Tätigkeit nach Weisungen und eine Eingliederung in die Arbeitsorganisation des Weisungsgebers. Grundsätzlich setzt eine Beschäftigung voraus, dass der Arbeitnehmer vom Arbeitgeber persönlich abhängig ist. Bei einer Beschäftigung in einem fremden Betrieb ist dies der Fall, wenn der Beschäftigte in den Betrieb eingegliedert ist und er dabei einem Zeit, Dauer, Ort und Art der Ausführung umfassenden Weisungsrecht des Arbeitgebers unterliegt (BSG HVBG-INFO 2005, 606; SG Freiburg, Urt. v. 27.3.2009 – S 9 U 279/05 – juris). Demgegenüber ist eine selbstständige Tätigkeit vornehmlich durch das eigene Unternehmerrisiko, das Vorhandensein einer eigenen Betriebsstätte, die Verfügungsmöglichkeit über die eigene Arbeitskraft und die im Wesentlichen frei gestaltete Tätigkeit und Arbeitszeit gekennzeichnet. Ob jemand abhängig beschäftigt oder selbstständig tätig ist, hängt davon ab, welche Merkmale überwiegen. Maßgebend ist stets das Gesamtbild der Arbeitsleistung. Weichen die Vereinbarungen von den tatsächlichen Verhältnissen ab, geben letztere den Ausschlag (BSG HVBG-INFO 2003, 2857; SG Freiburg, Urt. v. 27.3.2009 – S 9 U 279/05 – juris).

▲

III. Keine vorsätzliche Schädigung

14 Die Haftungsfreistellung gilt zugunsten des Schädigers nicht, wenn er den Schaden vorsätzlich herbeigeführt hat (§§ 104 Abs. 1 S. 1, 105 Abs. 1 S. 1 SGB VII). Hierbei muss der Vorsatz des Schädigers nicht nur die Verletzungshandlung, sondern auch den Verletzungserfolg umfassen.[34] Der Sozialversicherungsträger bleibt in diesen Fällen allerdings weiterhin zur Leistung verpflichtet, so dass der Geschädigte wählen kann, wen er in Anspruch nimmt.

C. Wegeunfall und Unfall auf dem Betriebsweg

I. Übersicht

15 Bei Wegeunfällen i.S.d. § 8 Abs. 2 Nr. 1–4 SGB VII tritt keine Haftungsbeschränkung ein, da der Versicherte diese Schäden als „normaler" Teilnehmer am Straßenverkehr verursacht und sich gerade keine besonderen Risiken des Arbeitsplatzes realisieren. Der Sozialversicherungsträger bleibt auch in diesen Fällen weiterhin zur Leistung verpflichtet. Daneben besteht auch die u.U. weiter gehende Haftung des Schädigers und ggf. einer Kfz-Haftpflichtversicherung. Ein Wegeunfall liegt unter anderem bei einem Verkehrsunfall vor, der sich auf dem Weg von der Wohnung zur Arbeitsstätte unmittelbar vor dem Betriebsgelände ereignet.[35]

34 BGH NJW 2003, 1605.
35 OLG Brandenburg, Urt. v. 7.4.2022 – 12 U 26/21 = u.a. NZV 2022, 394.

Geschieht der Unfall jedoch auf dem sog. Betriebsweg, greift die Haftungsbeschränkung wieder ein. Entscheidend für diese Abgrenzung ist, ob sich ein besonders betriebliches Risiko (das auch der Arbeitgeber beherrschen kann) verwirklicht hat.[36] Zu dem Betriebsweg gehören typischerweise Fahrten von einer Niederlassung zu der anderen bzw. zu einer Außenstelle der Arbeit (wie etwa eine Baustelle). Zu dem Betriebsweg zählt auch der sog. Werksverkehr. In diesen Fällen lässt der Unternehmer seine Angestellte durch einen Fahrdienst mit einem Betriebsfahrzeug („Sammeltransport") zur Betriebsstätte bringen.[37]

II. Unfall auf dem Betriebsweg

Zur Abgrenzung der Unfälle, die unter das Haftungsprivileg der §§ 104 ff. SGB VII 16
fallen, von sonstigen Wegeunfällen i.S.d. § 8 Abs. 2 Nr. 1 bis 4 SGB VII, bei denen die durch das Privileg gesperrte Haftung wiederum „entsperrt" wird, ist zu prüfen, ob nach dem Sinn und Zweck der §§ 104 ff. SGB VII eine Haftungsbeschränkung geboten ist, weil sich aufgrund der bestehenden betrieblichen Gefahrengemeinschaft ein betriebsbezogenes Haftungsrisiko verwirklicht hat, von dem der Unternehmer auch hinsichtlich eventueller Freistellungs- und Erstattungsansprüche grundsätzlich befreit werden soll. Maßgeblich ist dabei das Verhältnis des Geschädigten zu dem in Anspruch genommenen Schädiger. Im Unfall muss sich das betriebliche Verhältnis zwischen Schädiger und Geschädigtem manifestiert haben. Dann gelten die Haftungsbefreiungen der §§ 104, 105 SGB VII. Stand jedoch das betriebliche Verhältnis zu dem Unfall in keinem oder nur einem losen Zusammenhang, scheidet eine Haftungsprivilegierung aus. Es kommt deshalb darauf an, inwieweit der Unfall mit dem Betrieb und der Tätigkeit des Versicherten zusammenhing und ob er Ausdruck der betrieblichen Verbindung zwischen ihm und dem Unternehmen war, derentwegen das Haftungsprivileg nach § 105 SGB VII besteht.[38]

Die §§ 104 ff. SGB VII dienen nämlich dem Schutz des Arbeitgebers, indem seine Haftung durch die – nicht zuletzt den Arbeitnehmer absichernde – Einstandspflicht der gesetzlichen Unfallversicherung beschränkt wird, wobei sowohl das Risiko von Arbeitsunfällen für den Arbeitgeber kalkulierbar wird als auch der Betriebsfrieden innerhalb der betrieblichen Gefahrgemeinschaft gewahrt wird.[39] Von einem Unfall auf einem Betriebsweg ist somit nur dann auszugehen, wenn die gemeinsame Fahrt der Arbeitskollegen selbst als Teil des innerbetrieblichen Organisations- und Funktionsbereichs erscheint.[40]

Nimmt ein Arbeitnehmer die Möglichkeit in Anspruch, mit einem Arbeitskollegen, der mit einem betriebseigenen Fahrzeug Gerätschaften und Material vom Betriebsgelände zum auswärtigen Beschäftigungsort transportiert, mitzufahren, so handelt es sich daher

36 BAG NJW 2001, 2039; OLG Celle, Urt. v. 8.7.2020 – 14 U 25/18 = NJW-RR 2020, 1485.
37 BGH NJW 2004, 949 sowie BGH NJW 2001, 442.
38 BGH, Urt. v. 25.10.2005 – VI ZR 334/04 = VersR 2006, 221, Rn 11 m.w.N.
39 OLG Dresden, Urt. v. 24.7.2013 – 7 U 2032/12 = NJW-RR 2014, 143 – juris Rn 22 m.w.N.
40 BGH, Urt. v. 2.12.2003 – VI ZR 349/02 = VersR 2004, 379 – juris Rn 17.

bei der Fahrt um einen nach § 8 Abs. 1 SGB VII versicherten Betriebsweg.[41] Dies ist auch dann der Fall, wenn der Arbeitgeber seinen Arbeitnehmern ein betriebseigenes Fahrzeug mit Firmenbeschriftung zur Verfügung stellt, um hiermit Fahrten von und zu einer auswärtigen Arbeitsstelle durchführen zu können und es kommt auf einer solchen Fahrt zu einem Unfall.[42] Wird ein Arbeitnehmer zusammen mit Kollegen im Rahmen eines vom Arbeitgeber durchgeführten Sammeltransports in einem betriebseigenen Fahrzeug mit einem betriebseigenen Fahrer zu einer auswärtigen Arbeitsstelle und von dort wieder nach Hause transportiert, so handelt es sich bei der Fahrt um einen Betriebsweg und nicht um einen Weg zur Arbeitsstelle.[43] Hierzu kann auch die Fahrt mit einem Privatwagen zu einem Feuerwehreinsatz gehören.[44] Ein Betriebswegeunfall kann auch dann vorliegen, wenn mehrere Arbeitskollegen gemeinsam mit einem Pkw des Arbeitgebers auf dessen Anordnung im Firmeninteresse auf der Fahrt zu einem Firmenkunden verunglücken.[45] Zu den privilegierten Unfällen auf Betriebswegen gehören auch sämtliche Unfälle, die sich auf dem Firmengelände zutragen.[46] Für Mitglieder der Feuerwehr beginnt die dienstliche Fahrt nicht erst am unmittelbaren Einsatzort, sondern bereits auf der Fahrt dorthin.[47] Bei einem Verkehrsunfall auf dem Betriebsweg haften der Arbeitgeber und der als Fahrer eingesetzte Mitarbeiter gegenüber dem geschädigten Arbeitnehmer für Personenschäden nur bei Vorsatz.[48]

17 ▼

Muster 5.4: Werksverkehr und Betriebsweg

5.4

Für die Unterscheidung, ob der Versicherungsfall auf einem Betriebsweg oder einem – von der Haftungsbeschränkung ausgenommenen – versicherten Weg eingetreten ist, kann hinsichtlich der Kriterien innerbetrieblicher Vorgänge die zu § 636 Abs. 1 S. 1 RVO ergangene Rechtsprechung herangezogen werden. Danach geht es bei der Abgrenzung des innerbetrieblichen Vorgangs gegenüber der „Teilnahme am allgemeinen Verkehr" darum, ob sich ein betriebliches Risiko oder ein „normales" Risiko verwirklichte, das nach dem Willen des Gesetzgebers aus Gründen der Gleichbehandlung nicht zu einem Haftungsausschluss gegenüber dem Schädiger führen sollte (vgl. BGHZ 116, 30, 35). Ein Werksverkehr, bei dem der Unternehmer Betriebsangehörige laufend mit dem werkseigenen Fahrzeug zur Betriebsstätte bringen lässt, wird schon seit Langem als zu der versicherten Tätigkeit zählender Betriebsweg beurteilt (vgl. BGHZ 116, 30, 35). Dies kann nicht anders gesehen werden, wenn der Arbeitgeber einen einzurichtenden Werksverkehr an Fremd- oder Subunternehmen vergibt (sog. Outsourcing). Dabei ist die Frage entscheidend, ob der Verkehr ausschließlich auf die Bedürfnisse des Arbeitgebers und dessen Arbeitnehmer ausgerichtet ist oder ob es sich um die Teilnahme an einem öffentlichen Verkehr zusammen mit anderen handelt, bei der der Arbeitgeber lediglich Erleichterungen

41 BGH VersR 2004, 788.
42 OLG Naumburg, Urt. v. 16.2.2015 – 12 U 167/14 – juris.
43 OLG Dresden MDR 2013, 1289; LG Dortmund SP 2011, 142.
44 Vgl. OLG Celle SP 2010, 214.
45 OLG Celle, Beschl. v. 25.9.2018 – 14 W 34/18 = NJW-RR 2020, 412.
46 LG Mannheim VersR 2015, 1256.
47 OLG Celle SP 2010, 214; OLG München, Urt. v. 15.12.2006 – 10 U 3618/06 – juris.
48 BGH DAR 2004, 344.

(etwa besondere Haltestellen oder verbilligter Fahrpreis) organisiert hat (OLG München, Urt. v. 31.3.2012 – 10 U 3927/11 – juris).

▲

D. Gemeinsame Betriebsstätte

I. Übersicht

Gemäß § 106 Abs. 3 Var. 3 SGB VII wird das Haftungsprivileg der §§ 104, 105 SGB VII erweitert um Schäden, die entstehen, wenn mehrere Versicherte unterschiedlicher Unternehmen vorübergehend betriebliche Tätigkeiten auf einer sog. gemeinsamen Betriebsstätte ausführen und damit eine gemeinsame Gefahrengemeinschaft bilden. Für die Annahme einer „gemeinsamen Betriebsstätte" reicht das Vorhandensein „derselben" Betriebsstätte noch nicht aus.[49] Eine gemeinsame Betriebsstätte setzt vielmehr Aktivitäten beider Unternehmen voraus, die bewusst und gewollt ineinander greifen, sich ergänzen und unterstützen. Diese Tätigkeiten müssen **miteinander verknüpft** sein.[50] Hierfür genügt es, dass die Tätigkeiten in der konkreten Unfallsituation gleichzeitig ausgeführt werden und deshalb eine Verständigung über ein bewusstes Nebeneinander im Verfahrensablauf erfolgt.[51] Eine bloße Berührung der Tätigkeiten und das Zusammentreffen mehrerer Risikosphären reichen hingegen zur Annahme einer gemeinsamen Betriebsstätte nicht aus. Es ist weiterhin in der Regel davon auszugehen, dass derjenige, der Aufgaben wahrnimmt, die sowohl in den Aufgabenbereich seines Unternehmens als auch in denjenigen eines fremden Unternehmens fallen, allein zur Förderung der Interessen seines Unternehmens tätig wird. Erst wenn die Tätigkeit nicht mehr als Wahrnehmung einer Aufgabe seines Unternehmens bewertet werden kann, kann ein Versicherungsschutz aufgrund der Zuordnung zu einem fremden Unternehmen gegeben sein. So liegt eine gemeinsame Betriebsstätte beispielsweise vor, wenn der geschädigte Lkw-Fahrer seinen Lkw von einem schädigenden Gabelstaplerfahrer be- oder entladen lässt[52] oder ein anliefernder Lkw-Fahrer mit einem Landwirt beim Entladen von Tieren vom Lkw Hand-in-Hand arbeitet und der Lkw-Fahrer dabei einen Schaden erleidet.[53] Bei dem Beladen eines Lkw mit tonnenschweren Papierrollen mittels eines Gabelstaplers und den absprachegemäßen Tätigkeiten des beteiligten Lkw-Fahrers (u.a. Öffnen der Türen des Aufliegers und Freimachen der Ladefläche) handelt es sich nicht mehr um bloße Vorbereitungshandlungen des Ladevorganges, sondern um arbeitsteilige „Aktivitäten", die bewusst und gewollt bei der Beladung i.S. einer „gemeinsamen Betriebsstätte" ineinandergreifen.[54] Auch liegt eine haftungsprivilegierte gemeinsame Betriebsstätte vor, wenn der Arbeitgeber für die Transporte seiner Arbeitnehmer zur Arbeitsstätte einen 18

49 BGH NJW-RR 2001, 741.
50 BGH zfs 2013, 381.
51 BGH NJW 2005, 288; BGH NJW-RR, 2003, 1104.
52 BGH NJW 2008, 2916.
53 OLG Oldenburg VRS 129, 1–4.
54 OLG Schleswig, Urt. v. 15.9.2016 – 7 U 117/15 – juris.

Subunternehmer einsetzt und es dabei zu einem Verkehrsunfall kommt.[55] Dasselbe gilt für den Fall, dass ein Fleischermeister die Tötung eines Mastbullen auf dem Gelände eines Landwirtschaftsbetriebs vornimmt und dabei mit einer Schusswaffe einen Angestellten des Landwirtschaftsbetriebs verletzt.[56]

19 ▼

Muster 5.5: Prüfung der gemeinsamen Betriebsstätte

Nach inzwischen gefestigter Rechtsprechung erfasst der Begriff der gemeinsamen Betriebsstätte über die Fälle der Arbeitsgemeinschaft hinaus betriebliche Aktivitäten von Versicherten mehrerer Unternehmen, die bewusst und gewollt bei einzelnen Maßnahmen ineinandergreifen, miteinander verknüpft sind, sich ergänzen oder unterstützen, wobei es ausreicht, dass die gegenseitige Verständigung stillschweigend durch bloßes Tun erfolgt (BGH VersR 2004, 604). Die Beurteilung, ob in einer Unfallsituation eine „gemeinsame Betriebsstätte" vorlag, muss sich auf konkrete Arbeitsvorgänge beziehen (BGH, Urt. v. 1.2.2011 – VI ZR 227/09 – juris). Es kommt darauf an, dass in der konkreten Unfallsituation eine gewisse Verbindung der Tätigkeiten als solche, die sich als bewusstes Miteinander im Betriebsablauf darstellen und im faktischen Miteinander der Beteiligten aufeinander bezogen, miteinander verknüpft oder auf gegenseitige Ergänzung oder Unterstützung ausgerichtet sind, gegeben ist (BGH, Urt. v. 11.10.2011 – VI ZR 248/10 – juris).

▲

II. Gefahrengemeinschaft

20 Dieses Haftungsprivileg kann auch in Fällen einer sog. Gefahrengemeinschaft eingreifen, so dass der Haftpflichtversicherer privilegiert ist. Die Grundsätze der Gefahrengemeinschaft greifen z.B. dann, wenn in der Umschlaghalle eines Logistikzentrums zwei Mitarbeiter unterschiedlicher Unternehmen als Führer von Flurförderfahrzeugen zusammenstoßen und dabei Personenschäden erleiden.[57]

21 ▼

Muster 5.6: Gemeinsame Betriebsstätte bei Gefahrengemeinschaft

Nach inzwischen gefestigter Rechtsprechung erfasst der Begriff der gemeinsamen Betriebsstätte über die Fälle der Arbeitsgemeinschaft hinaus betriebliche Aktivitäten von Versicherten mehrerer Unternehmen, die bewusst und gewollt bei einzelnen Maßnahmen ineinandergreifen, miteinander verknüpft sind, sich ergänzen oder unterstützen, wobei es ausreicht, dass die gegenseitige Verständigung stillschweigend durch bloßes Tun erfolgt (BGH, Urt. v. 11.10.2011 – VI ZR 248/10 – juris; BGH VersR 2004, 604). Diese Grundsätze gelten insbesondere bei einer sog. Gefahrengemeinschaft, welche die Rechtfertigung für den Haftungsausschluss des § 106 Abs. 3 Var. 3 SGB VII bildet (BGH VersR 2008, 642). Eine Gefahrengemeinschaft ist dadurch gekennzeichnet, dass jeder der (in enger Berührung miteinander) Tätigen sowohl zum Schädiger als auch zum Geschädigten werden kann (vgl. BGHZ 157, 213, 218 f. m.w.N.; OLG Düsseldorf r+s 2015, 525). Es reicht die Möglichkeit aus, dass es durch das enge Zusammenwirken wechselseitig

55 OLG München r+s 2012, 257.
56 OLG Jena, Urt. v. 13.11.2020 – 4 U 165/20 = RuS 2021, 55.
57 OLG Frankfurt a.M., Urt. v. 17.8.2018 – 16 U 51/16 – Rn 1 – juris.

zu Verletzungen kommen kann (BGH VersR 2004, 1045). Demgemäß kann eine Gefahrengemeinschaft auch bestehen, wenn eine wechselseitige Gefährdung zwar eher fern liegt, aber auch nicht völlig ausgeschlossen ist (BGH VersR 2008, 642; vgl. OLG Frankfurt a.M. r+s 2007, 524, 525).

▲

Zu beachten ist, dass eine Haftungsfreistellung nach § 106 SGB VII einen Versicherungsschutz voraussetzt, d.h. sowohl der Schädiger als auch der Geschädigte müssen bei der gesetzlichen Unfallversicherung versichert sein.[58] § 106 Abs. 3 SGB VII regelt die Voraussetzungen einer Haftungsfreistellung bei einer gemeinsamen Betriebsstätte abschließend.[59] Die erweiterte Haftungsfreistellung für nicht versicherte Unternehmer (§ 105 Abs. 2 S. 1 SGB VII) wurde in diese Vorschrift gerade nicht, auch nicht über Verweisungen, einbezogen. 22

Der nicht selbst auf der gemeinsamen Betriebsstätte tätige Unternehmer, der neben seinem nach § 106 Abs. 3 Var. 3. SGB VII haftungsprivilegierten Verrichtungsgehilfen lediglich nach den §§ 831, 823, 840 Abs. 1 BGB als Gesamtschuldner haftet, ist gegenüber dem Geschädigten nach den Grundsätzen des gestörten Gesamtschuldverhältnisses von der Haftung für erlittene Personenschäden freigestellt; ein im Innenverhältnis zwischen dem Verrichtungsgehilfen und dem Geschäftsherrn etwa bestehender arbeitsrechtlicher Freistellungsanspruch bleibt dabei außer Betracht.

Die Haftung des nicht auf der gemeinsamen Betriebsstätte tätigen Unternehmers bleibt im Rahmen des gestörten Gesamtschuldverhältnisses auf die Fälle beschränkt, in denen ihn nicht nur eine Haftung wegen vermuteten Auswahl- und Überwachungsverschuldens gemäß § 831 BGB, sondern eine eigene „Verantwortlichkeit" zur Schadensverhütung, etwa wegen der Verletzung von Verkehrssicherungspflichten oder wegen eines Organisationsverschuldens trifft.[60]

Eine (weitere) besondere Konstellation liegt vor, wenn zwei Unternehmer bzw. die für sie tätigen Arbeitnehmer den Schaden verursachen und nur zugunsten des Erstschädigers (aufgrund einer gemeinsamen Betriebsstätte mit dem Geschädigten) eine Haftungsfreistellung erfolgt. In diesem Fall eines sog. gestörten Gesamtschuldverhältnisses erfolgt die Lösung zu Lasten des Geschädigten: Dessen Anspruch gegen den Zweitschädiger wird um den Verantwortungsbeitrag des von der Haftung freigestellten Erstschädigers gekürzt.[61] 23

> *Beispiel*
>
> Mitarbeiter des Unternehmers A schädigen den Bauarbeiter B auf einer gemeinsamen Baustelle im Zusammenwirken mit einem nicht an der Baustelle beteiligten Unternehmer C. Die Verursachungsbeiträge sind gleichgewichtig. Die Gesamtschuld der Schädiger berechtigt den Geschädigten grundsätzlich dazu, jeden einzelnen Schädiger auf

58 BGHZ 151, 198, 201.
59 *Waltermann*, NJW 2004, 901 ff.
60 BGH VersR 2005, 1397.
61 BGH NJW 2003, 2984.

den gesamten Schaden in Anspruch nehmen zu können. Aufgrund des aus dem Haftungsprivileg resultierenden gestörten Gesamtschuldverhältnisses kann der Geschädigte B gegen den Unternehmer C nur einen um 50 % gekürzten Haftungsanspruch geltend machen.

Letztendlich hängt die Annahme einer gemeinsamen Betriebsstätte immer von den Umständen des Einzelfalls ab.

E. Bindung der Gerichte

24 Hat aus Anlass eines Verkehrsunfalls ein Zivilgericht darüber zu entscheiden, ob ein privilegierter Versicherungsfall i.S.d. gesetzlichen Unfallversicherung gem. §§ 104 ff. SGB VII vorliegt, ist es an die unanfechtbare Entscheidung der zuständigen Behörde oder des Sozialgerichts hierüber gebunden. Diese Entscheidung bindet die Zivilgerichte auch dahingehend, nach welcher Vorschrift Versicherungsschutz besteht. Die Bindungswirkung ist davon unabhängig, ob die verwaltungsrechtliche oder sozialgerichtliche Entscheidung auf unzutreffender oder auf unvollständiger Tatsachengrundlage erging.[62] Der Bindungswirkung des § 108 Abs. 1 SGB VII unterliegt hingegen nicht die Frage, ob ein Haftungsausschluss nach § 104 SGB VII bzw. § 105 SGB VII aufgrund einer vorsätzlichen Schädigung ausgeschlossen ist. Dasselbe gilt für die Frage, ob der Arbeitsunfall und damit der Versicherungsfall auf einem nach § 8 Abs. 2 Nr. 1 bis Nr. 4 SGB VII versicherten Weg (Wegeunfall) herbeigeführt wurde.[63]

Wurde über die Anerkennung des Unfalls als privilegierter Arbeitsunfall noch keine verwaltungsrechtliche bzw. sozialgerichtliche Entscheidung herbeigeführt, muss das Zivilgericht das Gerichtsverfahren bis zur Entscheidung aussetzen, § 108 Abs. 2 S. 1 SGB VII. Anders als bei § 148 ZPO handelt es sich hierbei nicht um eine Ermessensentscheidung.[64] Wurde ein solches Verfahren noch nicht eingeleitet, bestimmt das Gericht eine Frist, innerhalb derer das Verfahren eingeleitet werden kann. Wird das Verfahren hingegen nicht fristgemäß eingeleitet, ist eine Wiederaufnahme des ausgesetzten Verfahrens zulässig.[65]

Die Bindungswirkung gem. § 108 SGB VII beschränkt sich allerdings nur auf die Feststellung, ob ein Versicherungsfall vorliegt, nicht aber darauf, ob es sich hierbei um einen Betriebswegeunfall gem. § 8 Abs. 1 SGB VII oder um einen Wegeunfall gem. § 8 Abs. 2 SGB VII handelt, insoweit sind die Zivilgerichte in ihrer Entscheidung frei.[66]

62 BAG NZA 2007, 262.
63 BAG, Urt. v. 28.11.2019 – 8 AZR 35/19 = NZA 2020, 745.
64 BGH, Urt. v. 20.4.2004 – IV ZR 189/03 – juris.
65 OLG Celle, Beschl. v. 5.3.2010 – 14 W 1/10 – juris.
66 Thüringer Landessozialgericht, Urt. v. 9.6.2016 – L 1 U 171/15 – juris.

§ 6 Anspruchsübergang

Dr. Jens Tietgens

A. Übersicht

Aus den vorangegangenen Ausführungen ist zu entnehmen, wann und unter welchen rechtlichen Voraussetzungen ein Geschädigter Ansprüche aus Anlass eines Verkehrsunfalls gegen den Schadensverursacher oder Dritte geltend machen kann. Die Ausführungen betreffen somit die Anspruchsentstehung. 1

Demgegenüber beschäftigen sich die nachfolgenden Ausführungen mit den Fragenkomplexen, 2

- aufgrund welcher Anspruchsgrundlage,
- in welchen Fallkonstellationen,
- zu welchem Zeitpunkt und
- mit welchen rechtlichen Konsequenzen

die bereits entstandenen Ansprüche auf Dritte übergehen.

B. § 116 SGB X

Die Regelung des § 116 SGB X ist bei der Verkehrsunfallbearbeitung stets zu beachten. 3
Sie ist immer dann relevant, wenn der Geschädigte aus Anlass des Unfallereignisses Ansprüche auf Leistungen gegen Träger der Sozialversicherung und/oder der Sozialhilfe geltend machen könnte. Von besonderer Bedeutung ist dabei, dass die dem Geschädigten gegen den Schädiger zustehenden Ansprüche auf Schadensersatz bereits eine logische Sekunde nach dem Schadenseintritt auf den Träger der Sozialversicherung und der Sozialhilfe übergehen können und der Anspruchsübergang u.U. unabhängig davon erfolgt, ob der Geschädigte bereits Leistungen des Sozialversicherungs- bzw. Sozialhilfeträgers in Anspruch genommen hat. Folglich sind grundlegende Kenntnisse über das System des Anspruchsübergangs gem. § 116 SGB X für die tägliche Unfallbearbeitung zwingend erforderlich. Die nachfolgenden Ausführungen geben einen Überblick über die Problematik.

I. Systematik des Anspruchsübergangs

Erleidet ein Geschädigter infolge eines Verkehrsunfalls einen erheblichen Personenschaden, löst dies unabhängig von der Verursachungs- und Verschuldensfrage in aller Regel Ansprüche gegen die **Träger der Sozialversicherung** und der Sozialhilfe aus. In Frage kommen z.B. Ansprüche des Geschädigten gegen seinen gesetzlichen Krankenversicherer auf Ausgleich der Behandlungskosten, gegen den Träger der gesetzlichen Unfallversi- 4 cherung auf Verletztengeld oder gegen den gesetzlichen Rentenversicherungsträger auf Zahlung einer Erwerbsunfähigkeitsrente.

Durch sämtliche Leistungen der Sozialleistungsträger verringert sich der beim Geschädigten eingetretene Schaden. Dies soll dem Schädiger jedoch nicht zugutekommen. Die Einzelheiten hierzu regelt § 116 SGB X. Danach gehen die dem Geschädigten gegenüber dem Schädiger zustehenden Schadensersatzansprüche auf die Träger der Sozialversicherung und der Sozialhilfe in dem Maße über, in dem sie an den Geschädigten Sozialleistungen erbringen, die mit dem vom Schädiger zu erbringenden Ersatzleistungen art- und wesensgleich (kongruent) sind.

5 Infolge des Anspruchsübergangs nimmt der Sozialversicherungsträger in Höhe der von ihm erbrachten deckungsgleichen (**schadenkongruenten**) Leistungen beim Schädiger Regress. Auf diesem Wege wird verhindert, dass die von der Solidargemeinschaft der Sozialversicherten erbrachten Leistungen den Schädiger entlasten. Der Schädiger hat in Höhe dieser Leistungen weiterhin Schadensersatz zu leisten. Es findet lediglich ein Austausch der Anspruchsberechtigten vom Geschädigten zum Sozialversicherungsträger statt.

II. Träger der Sozialversicherung und der Sozialhilfe

6 Die Regelung des § 116 SGB X betrifft die Träger der Sozialhilfe und die Träger der Sozialversicherung, also die

- gesetzliche Kranken- und Pflegeversicherung (bei der privaten Krankenversicherung erfolgt der Anspruchsübergang gem. § 86 Abs. 1 VVG),
- gesetzliche Unfallversicherung (Leistungen der privaten Unfallversicherung berechtigten nicht zum Regress, da es sich hierbei um eine Summenversicherung handelt, die auf individueller Vorsorge des Geschädigten beruht. Die hieraus resultierenden Leistungen muss sich der Geschädigte deshalb nicht auf seinen Schaden anrechnen lassen.),
- gesetzliche Rentenversicherung (z.B. Deutsche Rentenversicherung),
- gesetzliche Arbeitslosenversicherung (Bundesagentur für Arbeit) und die
- örtlichen und überörtlichen Träger der Sozialhilfe (in Nordrhein-Westfalen sind dies beispielsweise die Kreise, die kreisfreien Städte und die Landschaftsverbände).

III. Übergangsfähige Schadensersatzansprüche

7 Der Anspruchsübergang betrifft wortwörtlich die auf anderen gesetzlichen Vorschriften beruhenden Ansprüche auf Ersatz eines Schadens. Damit sind nicht nur **gesetzliche Schadensersatzansprüche** im eigentlichen Sinn, sondern auch **vertragliche Schadensersatzansprüche** gemeint, beispielsweise aus den §§ 280 ff. BGB.[1]

1 BGHZ 26, 365, 368 ff.

Vertragliche oder vertragsähnliche Erfüllungsansprüche werden hingegen von § 116 SGB X nicht mit umfasst. Aufwendungsersatzansprüche gem. den §§ 683, 670 BGB gehen deshalb nicht gem. § 116 SGB X über.[2] 8

IV. Schadenskongruenz

Gem. § 116 SGB X gehen nur diejenigen Schadensersatzansprüche auf den betreffenden Sozialversicherungs- und Sozialhilfeträger über, die mit der von ihm erbrachten Sozialleistung sachlich und zeitlich „kongruent", also **art- und wesensgleich** sind. Nur wenn der Kostenträger eine „der Behebung eines Schadens der gleichen Art dienende" Sozialleistung erbracht hat, löst dies den Forderungsübergang nach § 116 Abs. 1 S. 1 SGB X aus.[3] Dies muss für jede Schadensposition separat geprüft werden.[4] Hierbei lassen sich folgende Kategorien unterscheiden: 9

- Heilungskosten, wie z.B. Arzt und Arzneikosten und Krankenhauspflege inklusive Fahrtkosten,[5]
- Erwerbsschaden, wie z.B. Verletzten-, Übergangs- und Krankengeld,
- vermehrte Bedürfnisse, wie z.B. Mehraufwendungen für Pflege und Ernährung,
- Unterhalt, wie z.B. eine Hinterbliebenenrente, Unterhaltsvorschussleistungen,[6]
- Sachschäden, wie z.B. Körperersatzstücke und Hilfsmittel,
- Sterbegeld.[7]

Sachliche Kongruenz besteht beispielsweise zwischen dem an einer Brille entstandenen Sachschaden und den darauf erbrachten Leistungen des Krankenversicherers sowie dem Erwerbsschaden eines Arbeitnehmers und dem darauf vom Krankenversicherer gezahlten Krankengeld, dem vom Unfallversicherer gezahlten Verletzten- und Übergangsgeld sowie der Erwerbs- und Berufsunfähigkeitsrente des Rentenversicherers. Auch ist bereits höchstrichterlich entschieden, dass eine Erwerbsunfähigkeitsrente,[8] eine Verletztenrente[9] und eine Witwenrente[10] anzurechnen sind, soweit Ersatzansprüche wegen der Haushaltsführung für Dritte betroffen sind. Ein besonderer Fall liegt vor, wenn beispielsweise eine Krankenkasse Krankengeld erbringt, und der Geschädigte einen Haushaltsführungsschaden erleidet. Hier kann eine Kongruenz zu bejahen sein, wenn ein Mehrpersonenhaushalt betroffen ist, wobei zwischen einem Erwerbsschaden und der eigenen Bedarfsdeckung zu unterscheiden ist.[11]

2 MüKo/*Grunsky*, vor § 249 Rn 153 m.w.N.
3 BGH NZV 2007, 33; OLG Jena, Urt. v. 10.2.2010 – 4 U 353/09 – juris; OLG Brandenburg, Urt. v. 14.12.2006 – 12 U 106/06 – juris; OLG Hamm r+s 2001, 506.
4 Übersichten über sachliche Kongruenz zwischen den einzelnen Arten des Personenschadens und den jeweiligen Leistungen der Sozialversicherer enthalten Geigel/*Plagemann*, Kap. 30 Rn 22 ff.; MüKo/*Grunsky*, vor § 249 Rn 155 ff.
5 OLG Naumburg, Urt. v. 6.7.2023 – 9 U 125/22 = RuS 2023, 923.
6 LG Hannover, Urt. v. 10.8.2023 – 6 O 38/18 = RuS 2023, 783.
7 OLG Saarbrücken NJW-RR 2014, 810.
8 BGH NJW 1974, 41 = VersR 1974, 162.
9 BGH NJW 1985, 735 = VersR 1985, 356.
10 OLG Saarbrücken SP 2013, 394.
11 So OLG Hamm r+s 2001, 506; ablehnend die ältere Auffassung des OLG Koblenz StVE, § 843 BGB Nr. 17.

10 ▼

Muster 6.1: Anspruchsübergang auf die Krankenkasse bei Krankengeld und Haushaltsführungsschaden

Das von der gesetzlichen Krankenkasse gezahlte Krankengeld ist nicht nur als Ausgleich für eine außerhäusliche Berufstätigkeit anzusehen. Die für einen Anspruchsübergang nach § 116 SGB X erforderliche Kongruenz ist gegeben. Diese ist immer dann zu bejahen, wenn die Sozialleistung einerseits und der Schadensersatzanspruch andererseits derselben Schadensart zuzuordnen sind. Das Krankengeld dient dem Ausgleich des Erwerbsschadens. Die Haushaltstätigkeit stellt ebenfalls, soweit sie nicht der eigenen Bedarfsdeckung dient, sondern für andere Haushaltsangehörige – im Mehr-Personen-Haushalt – erbracht wird, eine Erwerbstätigkeit i.S.d. §§ 842, 843 BGB dar (vgl. BGH, VersR 1996, 1565). Das Krankengeld dient dem gesamten Ausgleich der unfallbedingten Behinderung, die Arbeitskraft als Erwerbsquelle nutzen zu können; damit ist auch der Bereich einer eingeschränkten Haushaltsführung für die Familie abgedeckt. Deshalb geht der Anspruch auf Ersatz des Haushaltsführungsschadens, soweit er sich auf den Ausfall bei der Versorgung von Familienangehörigen bezieht, in Höhe der Krankengeldzahlungen gem. SGB X § 116 Abs. 1 S. 1 auf die Krankenkasse über (OLG Hamm r+s 2001, 506).

Diese Voraussetzungen sind vorliegend erfüllt. Die verletzte Person war in einem Haushalt mit ____ Personen tätig. ____.

▲

11 Neben der sachlichen Kongruenz setzt ein Anspruchsübergang auf den Träger der Sozialleistung auch zeitliche Kongruenz voraus. Der Anspruchsübergang erfolgt somit nur für den Zeitraum, für den sowohl ein Anspruch auf Schadensersatz bestand und für den der Träger der Sozialleistung Leistungen erbracht hat. Endet die Leistungspflicht des Trägers der Sozialhilfe oder der Sozialversicherung, lebt der Anspruch des Geschädigten gegen den Schädiger auf Schadensersatz wieder auf.

12 *Hinweis*

Erhalten die Erben des getöteten Fußgängers Sterbegeld eines Sozialversicherungsträgers, ist ebenfalls der gesetzliche Übergang des Schadensersatzanspruchs nach SGB X § 116 Abs. 1 zu beachten.[12]

V. Zeitpunkt des Anspruchsübergangs

13 Wichtig ist, dass sich der Rechtsübergang in Form der cessio legis gem. § 116 SGB X in der Regel bereits zum **Zeitpunkt des Schadenseintritts** vollzieht.[13] Dies gilt aber nur dann, wenn zu diesem Zeitpunkt ein Versicherungsverhältnis bestanden hat.[14] Besteht das Versicherungsverhältnis zum Zeitpunkt des Unfalls noch nicht, erfolgt der Anspruchsübergang frühestens dann, wenn es begründet wird.[15] Handelt es sich bei dem Geschädigten beispielsweise um ein Kind, das zum Zeitpunkt des Schadensereignisses

12 OLG Köln MDR 1995, 362.

13 BGH NZV 2007, 33; bereits grundlegend BGHZ 19, 177; OLG Hamm r+s 1999, 418; OLG Brandenburg VIZ 1999, 757.

14 BGH, Urt. v. 24.4.2012 – VI ZR 329/10 = SP 2012, 284.

15 BGH, Urt. v. 18.10.2022 – VI ZR 1177/20 = VersR 2023, 129.

noch nicht rentenversicherungspflichtig ist, gehen die Schadensersatzansprüche des Geschädigten nicht bereits am Unfalltag, sondern erst mit der Begründung der Mitgliedschaft des Geschädigten in der Rentenversicherung auf den Rentenversicherungsträger über.[16]

Die Rechtsprechung[17] folgert dies aus der in § 116 Abs. 1 SGB X gewählten Formulierung, wonach für den Anspruchsübergang maßgeblich ist, dass die Sozialversicherungsträger Leistungen zu erbringen haben. Die Pflicht zur Leistungserbringung setzt eine logische Sekunde nach dem Schadenseintritt ein. Folglich ist der Geschädigte bereits unmittelbar nach dem Schadenseintritt hinsichtlich zahlreicher Schadenspositionen nicht mehr anspruchsberechtigt, obwohl von den Sozialversicherungsträgern noch keine Leistungen erbracht wurden. Dies hat wichtige Konsequenzen: Der Geschädigte

- kann über die bereits übergegangenen Ansprüche – z.B. im Rahmen eines Vergleichs – nicht mehr wirksam verfügen und
- ist im Rahmen einer klageweisen Geltendmachung seiner Schadensersatzansprüche aus Anlass des Unfallschadens hinsichtlich der bereits übergegangenen Ansprüche nicht mehr aktivlegitimiert.

▼ 14

Muster 6.2: Anspruchsübergang zum Unfallzeitpunkt

Der in § 116 Abs. 1 SGB X normierte Anspruchsübergang findet bei Sozialleistungen, die aufgrund eines Sozialversicherungsverhältnisses erbracht werden, in aller Regel bereits im Zeitpunkt des schadenstiftenden Ereignisses statt, sofern zu diesem Zeitpunkt ein Versicherungsverhältnis besteht. Es handelt sich um einen Anspruchsübergang dem Grunde nach, der den Sozialversicherungsträger vor Verfügungen des Geschädigten schützt (BGH, Urt. v. 24.4.2012 – VI ZR 329/10 = NJW-Spezial 2012, 394; BGH, Urt. v. 8.7.2003 – VI ZR 274/02 – juris). Ein Anspruchsübergang auf den Sozialversicherungsträger erfolgt nur dann nicht im Zeitpunkt des Schadenseintritts, wenn die Entstehung einer Leistungspflicht völlig unwahrscheinlich, also geradezu ausgeschlossen ist. 6.2

▲

Dies gilt aber nicht uneingeschränkt: Bei Sozialleistungen, die nicht aufgrund eines Sozialversicherungsverhältnisses erbracht werden, ist für den Zeitpunkt des Rechtsübergangs maßgebend, dass nach den konkreten Umständen des jeweiligen Einzelfalls eine Leistungspflicht ernsthaft in Betracht zu ziehen ist. Die von der Rechtsprechung entwickelten Grundsätze für Sozialleistungen, die nicht an das Bestehen eines Sozialversicherungsverhältnisses anknüpfen, sind jedenfalls nicht auf Sozialleistungen eines Sozialversicherungsträgers zu übertragen.[18] Auch scheidet ein Anspruchsübergang zum Zeitpunkt des Schadenseintritts aus, wenn die Entstehung einer Leistungspflicht durch den Sozialleistungsträger völlig unwahrscheinlich ist.[19] 15

16 LG Kiel, Urt. v. 22.12.2020 – 5 O 84/20 = VersR 2021, 1324.
17 BGHZ 99, 62, 66.
18 BGH, Urt. v. 24.4.2012 – VI ZR 329/10 = SP 2012, 284.
19 OLG Koblenz zfs 2014, 79.

Hinweis

Etwaige Unkenntnis über den bereits erfolgten Anspruchsübergang kann unangenehme Folgen nach sich ziehen.

16 *Beispiel*

A erleidet bei einem schweren Verkehrsunfall weit reichende Personenschäden. Die Haftungsfrage ist streitig. Es bestehen unterschiedliche Aussagen zum Unfallhergang. Der Personenschaden zwingt A dazu, seinen Beruf aufzugeben und seinen gesamten Hausstand behindertengerecht umzugestalten. Darüber hinaus muss er eine Pflegekraft beschäftigen und täglich umfangreiche Rehabilitationsmaßnahmen über sich ergehen lassen. Der Haftpflichtversicherer des Unfallgegners lehnt jedwede Zahlungen ab. Mit der von ihm angestrengten Klage begehrt A Schadenersatz in Höhe von insgesamt 300.000 EUR. Hierzu gehören u.a. ein Erwerbsschaden in Höhe von 50.000 EUR und der Ausgleich vermehrter Bedürfnisse in Höhe von 100.000 EUR. Während des Klageverfahrens stellt sich heraus, dass es der Prozessbevollmächtigte des A verabsäumt hat zu prüfen, welche Ansprüche gem. § 116 SGB X bereits auf Sozialversicherungsträger übergegangen sind. Diese Ansprüche haben ein Volumen von ca. 150.000 EUR. Obwohl sich im Rahmen der Beweisaufnahme herausstellt, dass der Unfallgegner zu 100 % haftet, wird die Klage zu 50 % abgewiesen mit der Folge, dass A auch die Hälfte der Prozesskosten zu tragen hat.

17 Macht der Sozialversicherungsträger einen Regressanspruch nach § 116 SGB X geltend, weil der Versicherte unter Verstoß gegen den gesetzlichen Forderungsübergang eine Zahlung des Schädigers angenommen hat, so liegt eine öffentlich-rechtliche Streitigkeit vor, so dass der Sozialgerichtsweg gegeben ist. § 116 SGB gewährt dem Sozialversicherungsträger bei unberechtigter Annahme von Schadensersatzleistungen einen eigenen Herausgabeanspruch gegen den Versicherten und verschärft dessen Haftung dadurch, dass er ihm die Einrede der Entreicherung verwehrt.[20]

VI. Familienprivileg

18 Gemäß § 116 Abs. 6 S. 1 SGB X ist ein Forderungsübergang nach § 116 Abs. 1 SGB X bei nicht vorsätzlichen Schädigungen durch Familienangehörige, die im Zeitpunkt des Schadensereignisses mit dem Geschädigten in häuslicher Gemeinschaft leben, ausgeschlossen. Mit § 116 Abs. 6 SGB X hat der Gesetzgeber für den Bereich des Sozialgesetzbuchs die schon zuvor entwickelte Rechtsprechung des BGH normiert, wonach der Forderungsübergang bei allenfalls fahrlässigen Schädigungen durch Familienangehörige, die mit dem Versicherten in häuslicher Gemeinschaft leben, entsprechend der Regelung in § 67 Abs. 2 VVG a.F. für alle Zweige der Sozialversicherung ausgeschlossen ist.[21] Sinn und Zweck des Familienprivilegs ist es, zu verhindern, dass der Geschädigte, der Sozialleistungen bezieht, durch einen Rückgriff des Sozialversicherungsträgers ge-

20 OLG Frankfurt a.M. NJW-RR 1997, 1087.
21 BGH, Urt. v. 5.2.2013 – VI ZR 274/12 – juris.

gen den in seiner häuslichen Gemeinschaft lebenden Familienangehörigen selbst in Mitleidenschaft gezogen wird. Dabei wird davon ausgegangen, dass die in häuslicher Gemeinschaft zusammenlebenden Familienangehörigen meist eine gewisse wirtschaftliche Einheit bilden und dass bei der Durchführung des Rückgriffs der Geschädigte im Ergebnis das, was er mit der einen Hand vom Sozialversicherungsträger erhalten hat, mit der anderen wieder herausgeben müsste.[22] Zugleich soll im Interesse der Erhaltung des häuslichen Familienfriedens verhindert werden, dass Streitigkeiten über die Verantwortung für Schadenszufügungen gegen Familienangehörige ausgetragen werden.[23] Die Sperre des Übergangs der Forderung auf den Sozialversicherungsträger gilt nicht nur für den gegen den Familienangehörigen gerichteten Schadensersatzanspruch, sondern auch für den Direktanspruch gegen den Haftpflichtversicherer.[24]

Die höchstrichterliche Rechtsprechung hat das Familienprivileg auf Partner einer nichtehelichen Lebensgemeinschaft übertragen.[25]

C. § 6 Entgeltfortzahlungsgesetz

I. Übersicht

Erleidet der Arbeitnehmer infolge eines Verkehrsunfalls einen Personenschaden, auf- 19
grund dessen er krankgeschrieben wird und seine berufliche Tätigkeit nicht mehr ausüben kann, hat ihm sein Arbeitgeber gem. § 1 Entgeltfortzahlungsgesetz (EFZG) für die Dauer von sechs Wochen den Lohn weiterzuzahlen.

Auch diese Zahlungen des Arbeitgebers sollen dem Schädiger nicht zugutekommen. § 6 EFZG bestimmt deshalb, dass der Anspruch des verletzten Arbeitnehmers auf Ersatz seines Erwerbsschadens auf den Arbeitgeber übergeht, soweit dieser das Arbeitsentgelt weiterzahlt und darauf entfallende Sozialversicherungsbeiträge abführt. Auch hierbei handelt es sich um eine cessio legis. Dabei ist zu beachten, dass ein Forderungsübergang nach § 6 Abs. 3 EFZG auf den Betrag begrenzt ist, der zur vollen Deckung des Schadens des Verletzten nicht mehr erforderlich ist.

Da der Arbeitgeber Ansprüche auf Schadensersatz aus übergegangenem Recht geltend macht, muss er ebenso wie der ursprüngliche Anspruchsinhaber die tatbestandlichen Voraussetzungen für das Vorliegen eines durch den Unfall verursachten Personenschadens im Rahmen des Strengbeweises gemäß § 286 ZPO beweisen.[26]

22 BGH, Urt. v. 17.10.2017 – VI ZR 423/16 – juris.
23 BGH, Urt. v. 5.2.2013 – VI ZR 274/12 – juris.
24 BGH, Urt. v. 17.10.2017 – VI ZR 423/16 – juris.
25 BGH, Urt. v. 5.2.2013 – VI ZR 274/12 = VersR 2013, 520; OLG Köln, Urt. v. 1.9.2016 – I-15 U 179/15 – Rn 44 – juris.
26 BGH, Urt. v. 23.6.2020 – VI ZR 435/19 = DAR 2020, 501.

Eine vergleichbare Regelung zu § 6 EFZG findet sich für Beamte und Soldaten in § 87a BBG bzw. § 30 Abs. 3 SoldG. Auch im Beamtenrecht ist der Anspruchsübergang auf den Dienstherrn nach § 87a Abs. 2 BBG auf den Betrag begrenzt, der zur Deckung des Schadens beim Verletzten nicht erforderlich ist.

20 ▼

Muster 6.3: Ausgleich der Entgeltfortzahlung

Versicherung AG

Schaden-Nr./VS-Nr./Az.

Schaden vom

Pkw , amtl. Kennzeichen

Sehr geehrte Damen und Herren,

ich vertrete die Interessen des Herrn aus . Eine Kopie der auf mich lautenden Vollmacht füge ich in der Anlage bei.

Mein Mandant ist Inhaber der Firma . Zu seinen Angestellten gehört , der im Rahmen des im Betreff genannten Verkehrsunfalls einen Personenschaden erlitten hat. Wegen dieses Personenschadens fiel Herr für die Dauer von Wochen krankheitsbedingt aus. In diesem Zeitraum erbrachte mein Mandant für seinen Angestellten Entgeltfortzahlungsleistungen. Gem. § 6 EFZG gingen die Ansprüche des Geschädigten auf Ausgleich der Entgeltfortzahlungsleistungen auf meinen Mandanten per cessio legis über.

Die Ansprüche meines Mandanten beziffere ich wie folgt:

Für den Ausgleich des vorgenannten Schadensbetrags habe ich mir eine Frist bis zum

(*3-Wochen-Frist*)

notiert.

Mit freundlichen Grüßen

(Rechtsanwalt)

▲

21 *Hinweis*

Bei einem stationären Aufenthalt ist zu beachten, dass bereits der Sozialversicherungsträger die Kosten der Krankenpflege trägt. Dadurch erspart der Verletzte eigene Aufwendungen zur Verpflegung. Diese ersparten Kosten sind von der Forderung des Arbeitgebers abzuziehen. Gleiches kann für ersparte Fahrtkosten gelten, die sonst regelmäßig bei der Fahrt zur Arbeit entstehen – sofern die ersparten Fahrtkosten die weggefallene Steuerersparnis für die ansonsten durchgeführten Fahrten übersteigen.

II. Muster: Abzug ersparter Eigenaufwendungen

▼ 22

Muster 6.4: Abzug ersparter Eigenaufwendungen

6.4

Nicht erstattungsfähig ist bei einem stationären Aufenthalt die Schadensposition „Zuzahlung von Krankenpflege", da der Verletzte aufgrund seiner Versorgung im Krankenhaus zugleich Verpflegungskosten spart, die andernfalls zu Hause angefallen wären (LG Lübeck SP 1997, 285). Bei Fehlen eines solchen Zuschlags sind im Übrigen ersparte Eigenaufwendungen während eines stationären Aufenthalts abzuziehen (OLG München zfs 1985, 2) und nach § 287 ZPO auf 7,50 EUR pro Tag zu schätzen (OLG Düsseldorf VersR 2000, 71) bzw. zumindest auf 5 EUR festzulegen, wenn der Geschädigte ansonsten kostengünstig bei seinen Eltern gewohnt hatte (LG Duisburg SVR 2007, 181).

▲

Der Geschädigte hat dem Arbeitgeber den **Bruttolohn einschließlich sämtlicher Arbeitgeberanteile** zur Sozialversicherung, nicht jedoch die Beiträge zur gesetzlichen Unfallversicherung zu erstatten. Weiterhin sind zu erstatten die vermögenswirksamen Leistungen des Arbeitgebers, das anteilige Urlaubs- und das anteilige Weihnachtsgeld. 23

Anders als im Bereich des § 116 SGB X erfolgt der Anspruchsübergang nicht zum Zeitpunkt des Schadenseintritts, sondern erst **zum Zeitpunkt der Leistung** durch den Arbeitgeber.[27] Folglich ist es dem Geschädigten unbenommen, vor der Leistungserbringung mit dem Schädiger vergleichsweise Regelungen über diesen Anspruch zu treffen oder anderweitig darüber zu verfügen. Allerdings ist in diesem Zusammenhang Vorsicht geboten, wenn es zum Abschluss eines Abfindungsvergleichs mit dem Schädiger bzw. dessen Kfz-Haftpflichtversicherer kommt. Beinhaltet der Abfindungsvergleich eine umfassende Abgeltung sämtlicher zukünftiger materieller und immaterieller Ansprüche, werden hiervon auch sämtliche Verdienstausfallschäden umfasst, die der Geschädigte aufgrund der durch den Unfall verursachten Personenschäden zukünftig erleidet. Kommt es in der Zukunft zu einer unfallbedingten Arbeitsunfähigkeit und leistet der Arbeitgeber dem Geschädigten während dieser Zeit Entgeltfortzahlung, kann ein Anspruchsübergang gem. § 6 EFZG zugunsten des Arbeitgebers nicht mehr erfolgen. Schließlich wurden die ursprünglich übergangsfähigen Ersatzansprüche des Geschädigten durch den Abfindungsvergleich bereits abgefunden. Der Arbeitgeber kann diese missliche Situation u.U. zum Anlass nehmen, eine Entgeltfortzahlung an den Geschädigten zu verweigern. Dieses Risiko kann nur dadurch vermieden werden, dass in den Abfindungsvergleich ein entsprechender Vorbehalt aufgenommen wird. Folgender Wortlaut bietet sich an: „Vom Vergleich ausgenommen bleiben zukünftige unfallbedingte Verdienstausfallschäden, soweit diese auf aktuelle oder zukünftige Arbeitgeber des Geschädigten übergehen." 24

27 BGH VersR 1978, 660, 662.

25 *Hinweis*

Übrigens: Lässt der Arbeitgeber den Schadensersatzanspruch gem. § 6 EFZG durch einen Rechtsanwalt geltend machen, besitzt er wegen der dadurch verursachten Rechtsanwaltskosten grundsätzlich keinen Kostenerstattungsanspruch gegen den Schädiger. Der Kostenerstattungsanspruch steht nur dem unmittelbar Geschädigten zu. Demgegenüber handelt es sich beim Arbeitgeber um einen „Dritten", der insoweit keinen Schutz genießt. Darüber hinaus wäre die Einschaltung regelmäßig nicht „erforderlich" i.S.d. § 249 BGB, da die Bezifferung des Entgeltfortzahlungsschadens i.d.R. keine Probleme bereitet. Eine Erstattung der Rechtsanwaltskosten ist somit für den Arbeitgeber grundsätzlich nur unter dem Gesichtspunkt des Verzugs seitens des Schädigers möglich.[28]

III. Muster: Einwand gegenüber den begehrten Rechtsanwaltskosten

26 ▼

Muster 6.5: Einwand gegenüber den begehrten Rechtsanwaltskosten

Einem Arbeitgeber, der an seinen durch einen Verkehrsunfall schuldlos verletzten Arbeitnehmer den Lohn weiterzahlt und einen Rechtsanwalt beauftragt, den gem. § 6 Abs. 1 EFZG auf ihn übergegangenen Schadensersatzanspruch gegen den Schädiger und dessen Haftpflichtversicherung geltend zu machen, steht ein Anspruch gegen den Schädiger und dessen Haftpflichtversicherung auf Ersatz der Anwaltskosten nur dann zu, wenn sich der Schädiger bzw. dessen Haftpflichtversicherung bereits in Verzug befanden, als der Arbeitgeber den Rechtsanwalt beauftragte (LG Koblenz VersR 1977, 1060; AG Dortmund NZV 2001, 383).

Dies ist vorliegend jedoch nicht der Fall.

▲

D. Anspruchsübergang auf den Versicherer gem. § 86 Abs. 1 VVG

27 Einen weiteren Fall des gesetzlichen Forderungsübergangs im Rahmen der Verkehrsunfallbearbeitung regelt **§ 86 Abs. 1 VVG (früher: § 67 Abs. 1 VVG a.F.)**. Danach geht der dem Geschädigten zustehende Schadensersatzanspruch auf den Versicherer über, soweit dieser dem Versicherungsnehmer den Schaden ersetzt.

Für die Verkehrsunfallbearbeitung spielt diese Regelung eine bedeutende Rolle, weil der Forderungsübergang die **Leistungen des Kaskoversicherers** betreffen kann. Der Anspruch nach § 86 Abs. 1 VVG (§ 67 VVG a.F.) umfasst auch solche Sachverständigenkosten, die der Versicherer aufwendet, um einen Ersatzanspruch des Versicherungsnehmers gegen einen ersatzpflichtigen Dritten feststellen zu lassen.[29]

28 AG Dortmund NZV 2001, 383; AG Völklingen JurBüro 2002, 535.
29 AG Ahrensburg, Urt. v. 7.8.2009 – 46 C 32/09 – juris.

Beispiel

A und B verursachen mit ihren Fahrzeugen einen Verkehrsunfall. Da die Haftungsfrage nicht eindeutig geklärt ist, entschließt sich A dazu, seinen Vollkaskoversicherer auf Ausgleich des Fahrzeugschadens unter Abzug des vereinbarten Selbstbehalts in Anspruch zu nehmen. In Höhe der vom Kaskoversicherer erbrachten Leistungen gehen die dem A gegen B zustehenden Ansprüche auf Schadensersatz auf den Kaskoversicherer über.

Gem. § 86 Abs. 1 S. 2 VVG kann der Anspruchsübergang „nicht zum Nachteil des Versicherungsnehmers geltend gemacht werden". Diese gesetzliche Regelung beinhaltet ein sog. Quotenvorrecht. Ebenso wie im Rahmen des § 6 EFZG findet der Anspruchsübergang nicht zum Zeitpunkt des Schadenseintritts, sondern erst zum **Zeitpunkt der Leistungserbringung** statt. Diese Grundsätze gelten auch dann, wenn sich der Versicherungsnehmer dazu entschließt, Leistungen seines Kaskoversicherers erst nachträglich und nach der anteiligen Regulierung des Schadens durch den gegnerischen Haftpflichtversicherer in Anspruch zu nehmen.[30] **28**

Richtet sich der Ersatzanspruch des Versicherungsnehmers gegen eine Person, mit der er bei Eintritt des Schadens in häuslicher Gemeinschaft lebt, kann der Übergang gem. § 86 Abs. 3 VVG nicht geltend gemacht werden, es sei denn, diese Person hat den Schaden vorsätzlich verursacht. Weitere Ausführungen zu diesem Forderungsübergang befinden sich im Abschnitt zur Kaskoversicherung. **29**

Achtung: Regressfalle! – Obliegenheit gem. § 86 Abs. 2 S. 1 VVG **30**

Die Vorschrift des § 86 Abs. 2 S. 2 VVG enthält das so genannte Aufgabeverbot. Danach ist der Versicherungsnehmer gegenüber dem Versicherer verpflichtet, seinen Ersatzanspruch gegenüber dem Dritten zu wahren. In Konsequenz dessen ist dem Versicherungsnehmer jegliches Handeln verboten, das zum Verlust des Anspruchs gegen den Dritten führt oder dessen Realisierung hindert, worunter auch der Abschluss eines Vergleichs fallen kann.[31]

Verzichtet ein Versicherungsnehmer durch einen Abfindungsvergleich auf zukünftige Ansprüche gegen einen Dritten, so liegt hierin gegenüber seinem Versicherer eine Obliegenheitsverletzung i.S.v. § 86 Abs. 2 S. 1 VVG. Die Obliegenheitsverletzung kann den Versicherer je nach dem Grad des Verschuldens dazu berechtigen, seine Leistung zu kürzen oder komplett zu verweigern. Basiert der Verzicht auf einem Prozessvergleich, so ist hinsichtlich des Verschuldens dieser Obliegenheitsverletzung gemäß § 85 Abs. 2 ZPO auf die Person des Prozessbevollmächtigten und nicht auf die des Versicherungsnehmers abzustellen. Dies kann zur Annahme einer vorsätzlichen Obliegenheitsverletzung und damit zum kompletten Verlust des Versicherungsschutzes führen.[32]

30 BGH, Urt. v. 31.5.2023 – IV ZR 299/22 = VersR 2021, 1156.
31 Prölss/Martin/*Armbrüster*, VVG, 31. Aufl. 2021, § 86 Rn 78.
32 LG Saarbrücken, Urt. v. 22.11.2018 – 14 O 221/17 – juris.

Ein Verzicht kann beispielsweise dazu führen, dass dem eigenen Haftpflichtversicherer die Möglichkeit genommen wird, einen Anspruch auf Gesamtschuldnerausgleich geltend zu machen. Von Bedeutung ist das Aufgabeverbot auch für den Kaskoversicherer und für den privaten Krankenversicherer.

31 Nimmt der Geschädigte während eines Rechtsstreits Leistungen seines Kaskoversicherers in Anspruch, geht zwar gemäß § 86 Abs. 1 VVG der dem Geschädigten gegenüber dem Schädiger zustehende Anspruch auf Schadensersatz auf den Kaskoversicherer über. Dennoch ist der Geschädigte dazu berechtigt, gemäß § 265 Abs. 2 S. 1 ZPO in gewillkürter Prozessstandschaft den Anspruch auf Schadensersatz im eigenen Namen, aber für den Kaskoversicherer geltend zu machen.[33] Der Geschädigte muss allerdings Zahlung an den Kaskoversicherer beantragen.

33 BGH, Urt. v. 15.12.2022 – I ZR 135/21 = VersR 2023, 336.

§ 7 Verjährung und Abfindungsvergleich

Dr. Jens Tietgens

A. Übersicht

Bei der **Verjährung** handelt es sich um eine Einrede und nicht um eine Einwendung. Sie steht einem wirksam entstandenen Anspruch deshalb nur dann dauerhaft entgegen, wenn sich die gegnerische Partei darauf ausdrücklich **beruft** (vgl. § 214 BGB). 1

Für die bei einem **Verkehrsunfall** maßgeblichen Schadensersatzansprüche der §§ 7, 18 StVG finden gem. § 14 StVG die gleichen Verjährungsvorschriften Anwendung wie für die deliktischen Ansprüche aus den §§ 823 ff. BGB. Eine entsprechende Regelung für den Direktanspruch gegen den Kraftfahrzeughaftpflichtversicherer aus § 115 Abs. 1 Nr. 1 VVG befindet sich in § 115 Abs. 2 S. 1 VVG. Für alle diese Ansprüche ist folglich die regelmäßige dreijährige Verjährungsfrist des § 195 BGB zu beachten, nachdem das Schuldrecht für deliktische Ansprüche keine eigenständigen Verjährungsfristen mehr kennt. Zu beachten ist allerdings, dass gemäß § 115 Abs. 2 S. 2 VVG gegenüber dem Kfz-Haftpflichtversicherer die Verjährungsfrist nach zehn Jahren endet. 2

B. Verjährungsbeginn

I. Übersicht

Die regelmäßige Verjährungsfrist des § 195 BGB beginnt gem. § 199 Abs. 1 BGB mit dem Ablauf des Jahres, in welchem 3

- der Anspruch entstanden ist *und*
- der Gläubiger Kenntnis bzw. aufgrund grober Fahrlässigkeit keine Kenntnis hat von
- – den Umständen, die seinen Anspruch begründen *und*
- – der Person des Schuldners.

Für das **Entstehen** eines Schadensersatzanspruches gilt der **Grundsatz der Schadenseinheit.**[1] Nach diesem Grundsatz entsteht der Anspruch einheitlich einschließlich aller in Zukunft fällig werdenden Beträge, sobald ein erster (Teil-)Betrag im Wege der Leistungsklage geltend gemacht werden kann.[2] Eine Ausnahme gilt allerdings für solche (Folge-)Schäden, die zum Zeitpunkt des „Erstschadens" nicht vorherzusehen waren.[3] In diesen Fällen beginnt die Verjährungsfrist erst mit Ablauf des Jahres, in dem der spätere Folgeschaden eingetreten ist. 4

Der Gläubiger hat **Kenntnis** von der Person des Schädigers, wenn er dessen Namen und Anschrift kennt.[4] Zu den anspruchsbegründenden Umständen zählen alle Tatsachen, die

1 Zur Genese z.B. NK-BGB/*Mansel/Stürner*, § 199 Rn 23 f m.w.N.
2 Z.B. BGHZ 119, 69, 71.
3 Z.B. BGH, Urt. v. 16.11.1999 – VI ZR 37/99 = NJW 2000, 861.
4 Z.B. BGH, Urt. v. 6.3.2001 – VI ZR 30/00 = NJW 2001, 1721.

die Voraussetzungen der anspruchsbegründenden Norm erfüllen. Insoweit genügt es, wenn der Gläubiger aufgrund der ihm bekannten Tatsachen eine Klage (und sei es auch eine Feststellungsklage) mit hinreichender Aussicht auf Erfolg hätte erheben können.[5] Bei **objektiv** vorhersehbaren Spätfolgen gilt auch dann nichts anderes, wenn der Geschädigte wegen unrichtiger Beratung (z.B. durch einen beigezogenen Arzt) die Erhebung einer Feststellungsklage unterlassen hat.[6]

5 ▼

Muster 7.1: Einheitlichkeit des Verjährungsbeginns

Eine für die Verjährung maßgebliche Schadensentstehung ist unter drei alternativen Voraussetzungen anzunehmen:

1. wenn der Schaden wenigstens dem Grunde nach bereits erwachsen ist, auch wenn seine Höhe noch nicht beziffert werden kann;
2. wenn durch die Verletzungshandlung eine als Schaden anzusehende Verschlechterung der Vermögenslage eingetreten ist, ohne dass feststehen muss, ob ein Schaden bestehen bleibt und damit endgültig wird;
3. wenn eine solche Verschlechterung der Vermögenslage bzw. ein endgültiger Teilschaden entstanden ist und mit der nicht fernliegenden Möglichkeit weiterer, noch nicht erkennbarer, adäquat verursachter Nachteile bei verständiger Würdigung zu rechnen ist (BGH, Urt. v. 2.7.1992 – IX ZR 268/91 = NJW 1992, 2766; grundlegend bereits BGHZ 100, 228, 231 f. und BGHZ 114, 150, 152).

▲

6 Bei einem nicht vorhersehbaren **Spätschaden** besteht kein einheitlicher Verjährungsbeginn mit den sonstigen Schäden. Gleiches gilt für nicht vorhersehbare Folgen eines bekannten Schadens.[7] In beiden Fällen beginnt die Verjährung nach § 199 BGB erst mit dem Schluss des Jahres, in welchem der Geschädigte von dem Schaden bzw. dem Ursachenzusammenhang zwischen Schaden und Schadensereignis Kenntnis erlangt hat.[8] Für die Frage nach der **Vorhersehbarkeit** entscheidend ist der Wissensstand der einschlägigen Facharztdisziplin, und zwar zum Zeitpunkt des Tages, an welchem der Verletzte von dem Schaden bzw. der Schadensfolge Kenntnis erlangt hat.[9] In anderen Fallkonstellationen, in denen ein Spätschaden wenig wahrscheinlich, aber durchaus möglich und sein Eintritt ggf. durch ein Gutachten zu klären ist,[10] lässt sich über die Frage trefflich streiten, ab wann aus der Sicht des Gläubigers eine hinreichende Erfolgsaussicht für (zumindest) eine (Feststellungs-)Klage gegeben ist. Insoweit mag es sich anbieten, den Sachbearbeiter des Versicherers mit dem Hinweis auf die Vermeidung einer (u.U. unnötigen) Klage im beiderseitigen Interesse dazu zu bringen, auf die Einrede der Verjährung bis zum Zeitpunkt der Fertigstellung eines ärztlichen Gutachtens zu verzichten.[11]

5 Z.B. NK-GVR/*Pardey*, § 14 StVG Rn 15.
6 OLG Frankfurt a.M., Urt. v. 30.11.2011 – 4 U 63/11 – juris.
7 NK-GVR/*Pardey*, § 14 StVG Rn 14.
8 OLG Brandenburg, Urt. v. 29.11.2006 – 7 U 3/06 = zfs 2007, 621 m. Anm. *Diehl*.
9 BGH, Urt. v. 3.6.1997 – VI ZR 71/96 = NJW 1997, 2448.
10 Vgl. zu einem solchen Fall BGH, Urt. v. 20.4.1982 – VI ZR 197/80 = VersR 1982, 703.
11 Allgemein zum Verjährungsverzicht z.B. NK-BGB/*Mansel/Stürner*, § 202 Rn 43 ff.

Eine in der Praxis häufig übersehende Vorschrift ist § 207 Abs. 1 S. 2 Nr. 2a BGB. Sie wird dann relevant, wenn beispielsweise ein Kind als Beifahrer in einem Pkw im Rahmen eines Verkehrsunfallereignisses von seinem Elternteil geschädigt wird. In diesem Fall ist der Lauf der Verjährung der Ansprüche gegen den Elternteil bis zur Vollendung des 21. Lebensjahres des Kindes gehemmt[12].

Die Verjährungsfrist hinsichtlich eines Anspruchs auf Prozesszinsen beginnt nicht erst ab Rechtskraft der Entscheidung, sondern bereits mit der Rechtshängigkeit der Hauptforderung zu laufen. Sowohl Verzugs- als auch Prozesszinsen unterliegen der regelmäßigen Verjährungsfrist der §§ 195, 199 BGB.[13]

II. Muster: Aufforderung zum Verzicht auf die Einrede der Verjährung

▼ 7

Muster 7.2: Aufforderung zum Verzicht auf die Einrede der Verjährung

Versicherung AG

Schaden-Nr./VS-Nr./Az.

Schaden vom

Pkw , amtl. Kennzeichen

Sehr geehrte Damen und Herren,

in vorbezeichneter Schadensache steht ein Ausgleich der gesamten für meine Mandantschaft angemeldeten Schadensersatzansprüche weiterhin aus. Zur Vermeidung eines vor Gericht zu verfolgenden Feststellungsanspruchs gebe ich Ihnen Gelegenheit, auf die Einrede der Verjährung, zunächst beschränkt auf Jahre, zu verzichten, hilfsweise den geltend gemachten Anspruch dem Grunde nach mit Wirkung eines rechtskräftigen Feststellungsurteils anzuerkennen. Zur Abgabe dieser Erklärung habe ich mir eine Frist von 2 Wochen bis zum notiert.

Mit freundlichen Grüßen

(Rechtsanwalt)

▲

Gibt der Versicherer eine Erklärung ab, wonach seine Eintrittspflicht mit Wirkung eines rechtskräftigen Feststellungsurteils anerkannt wird, so ist die Vorschrift des § 197 Abs. 2 i.V.m. Abs. 1 Nr. 3 BGB zu beachten. Hiernach verjährt ein Anspruch auf regelmäßig wiederkehrende Leistungen innerhalb von drei Jahren (§ 195 BGB) auch dann, wenn ein rechtskräftiges Feststellungsurteil vorliegt. Diese Verjährungsfrist ist ggf. gesondert zu notieren und der Versicherer rechtzeitig vor Ablauf erneut zu einer weiteren Einstandserklärung aufzufordern. 8

12 OLG Brandenburg, Urt. v. 6.1.2022 – 12 U 235/20 – juris.
13 OLG Düsseldorf, Urt. v. 11.7.2017 – I-1 U 167/16 – juris.

9 *Praxistipp*

Verzichtet der Versicherer auf die Einrede der Verjährung, wird dieser Verzicht häufig zeitlich begrenzt. Wenn nach Ablauf dieses Zeitraums nicht erneut auf die Einrede der Verjährung verzichtet wird, kann ein schnelles Handeln zur Absicherung geboten sein, da der Lauf der Verjährungsfrist durch den temporären Verzicht nicht gehemmt worden ist. Der Gläubiger muss daher in diesem Fall seinen Anspruch innerhalb einer angemessenen Zeitspanne notfalls gerichtlich geltend machen. Bei der Bemessung dieser Frist sind die Umstände des jeweiligen Einzelfalls von Bedeutung. Hierbei kommt es insbesondere auf den Umfang und die Schwierigkeit der Rechtssache an. Im Grundsatz besteht Einigkeit, dass der Gläubiger zügig handeln muss, wobei eine **Frist von einem Monat ab dem Auslaufen der Verzichtserklärung** nicht überschritten werden sollte.[14]

C. Verjährungshemmung

I. Übersicht

10 Gem. § 209 BGB wird der Zeitraum, während dessen die Verjährung gehemmt ist, in die Verjährungsfrist **nicht eingerechnet**. Praktisch hat dies zur Folge, dass die Verjährungsfrist um den Hemmungszeitraum zu verlängern ist.

Die Gründe für eine Hemmung der Verjährung nach allgemeinem Schuldrecht finden sich in den §§ 203–211 BGB. Bei der Bearbeitung von verkehrsrechtlichen Mandanten sind folgende Tatbestände von Relevanz:

- Hemmung der Verjährung bei Verhandlungen über den Anspruch gem. § 203 BGB,
- Hemmung der Verjährung durch Rechtsverfolgung gem. § 204 BGB, insbesondere
  - Erhebung der Klage gem. § 204 Nr. 1 BGB bzw. Zustellung des Mahnbescheides § 204 Nr. 3 BGB,
  - Geltendmachung der Aufrechnung im Prozess gem. § 204 Nr. 5 BGB,
  - Veranlassung der Bekanntgabe eines PKH-Antrags gem. § 204 Nr. 14 BGB.
  - Hemmung erst nach Verjährungsbeginn

Im Rahmen der Verjährungshemmung wird ein Zeitraum in die Verjährungsfrist nur dann nicht eingerechnet, wenn er nach deren Beginn verstrichen ist. Liegen die Voraussetzungen eines Hemmungstatbestands ausschließlich vor Beginn der Verjährung vor, ist dieser bei Berechnung der Verjährungsfrist nicht zu berücksichtigen.[15]

11 Eine präzisierende Regelung **enthält § 115 Abs. 2 S. 3 VVG** für den Direktanspruch des Geschädigten gegenüber dem Kraftfahrzeug-Haftpflichtversicherer. Die Hemmung beginnt hier, sobald der Geschädigte seinen Anspruch gem. § 119 Abs. 1 VVG in Textform bei dem Versicherer angemeldet hat,[16] und endet mit dem ebenfalls in Textform

14 OLG Saarbrücken, Urt. v. 14.11.2006 – 4 U 227/06 = SP 2007, 392.

15 BGH, Urt. v. 25.4.2017 – VI ZR 386/16 – Rn 12 – juris; BGH, Urt. v. 14.7.2009 – XI ZR 18/08 – juris; OLG Naumburg, Urt. v. 23.10.2008 – 9 U 19/08 – juris.

16 NK-GVR/*Link/Moos*, § 115 VVG Rn 13.

zu erfolgenden Zugang dessen Entscheidung über seine Eintrittspflicht. Der maßgebliche Begriff der **Textform** ist in § 126b BGB legal definiert und umfasst z.B. auch die Versendung per E-Mail[17] oder SMS.[18] Die inhaltlichen Anforderungen an eine verjährungshemmende Anmeldung sind nicht hoch;[19] es reicht aus, dass der Geschädigte zu erkennen gibt, ernsthaft vom Versicherer Schadensersatz zu fordern.[20] Dabei kann es dahingestellt bleiben, ob sich der angemeldete Schadensersatzanspruch nur auf einzelne Schadenspositionen bezieht. Denn die Anmeldung führt zur Hemmung der Verjährung sämtlicher auch bislang noch nicht angemeldeter, aber voraussehbarer Schadensersatzpositionen.[21] § 115 Abs. 2 S. 3 VVG betrifft jedoch nur die erstmalige Geltendmachung von Ansprüchen gegenüber dem Versicherer.[22] Gem. § 115 Abs. 2 S. 4 VVG wirkt die Hemmung bzw. der Neubeginn der Verjährung auch gegenüber dem gem. § 7 StVG ersatzpflichtigen Versicherungsnehmer.

Gem. § 115 Abs. 2 S. 3 VVG (§ 3 Nr. 3 S. 1 PflVG a.F.) ist die Verjährung bis zum Eingang der schriftlichen Entscheidung des Versicherers gehemmt, wenn der Anspruch des Dritten bei dem Versicherer angemeldet worden ist. Zwar kann nicht nur eine ablehnende, sondern auch eine anspruchsbejahende, für den Geschädigten positive Erklärung des Versicherers eine Entscheidung in diesem Sinne darstellen. Eine positive Entscheidung des Versicherers beendet die Verjährungshemmung i.S.d. § 115 Abs. 2 S. 3 VVG jedoch nur dann, wenn der Anspruchsteller aufgrund dieser Entscheidung sicher sein kann, dass auch künftige Forderungen aus dem Schadensfall freiwillig bezahlt werden, sofern er die entsprechenden Schadensposten der Höhe nach ausreichend belegt. Demgemäß muss die Erklärung zu den Ansprüchen erschöpfend, umfassend und endgültig sein.[23] Dabei hängt die Wertung, ob eine Erklärung des Versicherers den insoweit maßgeblichen Anforderungen genügt, wesentlich von der Würdigung der Umstände des Einzelfalls ab.[24] Die schriftliche vorbehaltlose Erklärung des Versicherers, zukünftige Schäden mit einer Haftungsquote von 75 % zu regulieren, ist eine Entscheidung i.S.d. § 115 Abs. 2 S. 3 VVG und beendet die Hemmung der Verjährung.[25] Dasselbe gilt, wenn der Versicherer eine abschließende Erklärung über die Höhe des nach seiner Auffassung angemessenen Schmerzensgeldes abgibt und den Schädiger dazu auffordert, die Bezifferung des materiellen Schadens abschließend zu belegen, damit ein abschließendes Regulierungsgespräch stattfinden kann.[26] Auch ein Abfindungsvergleich mit vorbehaltenen zukünftigen Ansprüchen führt zu einer Beendigung der Hemmung gem. § 115 Abs. 2 S. 3 VVG.[27]

17 MüKo-BGB/*Einsele*, § 126b Rn 6; vgl. auch BGH, Urt. v. 15.5.2014 – III ZR 368/13 = NJW 2014, 2857.
18 NK-BGB/*Noack-Kremer*, § 126b Rn 18.
19 NK-GVR/*Link/Moos*, § 115 VVG Rn 13.
20 BGH, Urt. v. 7.4.1987 – VI ZR 55/86 = DAR 1987, 285, 286.
21 BGH, Urt. v. 29.1.2002 – VI ZR 230/01 = NJW 2002, 1878.
22 BGH, Urt. v. 5.1.2002 – VI ZR 416/01 = NJW 2003, 895.
23 BGH, Urt. v. 14.3.2017 – VI ZR 226/16 – juris; BGH, Urt. v. 5.12.1995 – VI ZR 50/95 = NJW-RR 1996, 474.
24 OLG Frankfurt a.M., Urt. v. 3.11.2017 – 8 U 239/16 – Rn 67–72 – juris.
25 OLG Dresden, Beschl. v. 21.12.2017 – 7 U 1290/17 – juris.
26 KG, Beschl. v. 10.7.2023 – 25 U 46/22 = VersR 2024, 419.
27 OLG Brandenburg, Urt. v. 9.8.2022 – 7 U 90/22 = NJW 2023, 528.

Eine vorbehaltlose Ersatzleistung auf einzelne Schadenspositionen enthält zunächst lediglich ein Anerkenntnis i.S.d. § 212 Abs. 1 Nr. 1 BGB.[28] Ein derartiges Anerkenntnis, das zu einem Neubeginn der Verjährung des Gesamtanspruchs zu führen vermag, ist aber einer die Verjährungshemmung des § 115 Abs. 2 S. 3 VVG beendenden Entscheidung nicht ohne weiteres gleichzusetzen. Verjährungsneubeginn und Verjährungshemmung können in entsprechenden Fällen nebeneinander treten.[29] Die zum Wegfall der Verjährungshemmung führende anspruchsbejahende Erklärung des Versicherers muss nicht nur ein Anerkenntnis i.S.d. § 212 Abs. 1 Nr. 1 BGB umfassen, sondern dem Geschädigten auch umfassend und endgültig Klarheit über die Einstandsbereitschaft des Versicherers hinsichtlich aller in Betracht kommenden Schadenspositionen geben.[30] Hierfür reicht eine vorbehaltlose Ersatzleistung auf eine Schadensposition noch nicht aus.

II. Muster: Verjährungshemmung wegen § 115 Abs. 2 S. 3 VVG

12 ▼

Muster 7.3: Verjährungshemmung wegen § 115 Abs. 2 S. 3 VVG

7.3 Die Verjährungsfrist beträgt gem. § 195 BGB, § 115 Abs. 2 S. 3 VVG drei Jahre. Diese Frist begann mit dem Ablauf des Jahres zu laufen, in welchem sich der Unfall ereignete und mein Mandant Kenntnis vom Schädiger und von allen anspruchsbegründenden Umständen hatte. Gem. § 115 Abs. 2 S. 3 VVG wurde der Lauf der Verjährung durch mein Anspruchsschreiben/meine E-Mail vom ___ gehemmt. Zwischen dem Schadenseintritt und dem vorgenannten Schreiben vergingen wenige Tage. Seitdem wurde der Hemmungszeitraum nicht wirksam beendet. Gem. § 115 Abs. 2 S. 3 VVG bedarf es hierfür des Zugangs einer Entscheidung des Versicherers in Textform. Eine entsprechende Erklärung wurde von Ihnen nicht abgegeben.

Vorsorglich ist darauf hinzuweisen, dass der Hemmungszeitraum auch nicht durch etwaige Telefonate beendet worden ist. Das Telefonat vermochte die zwingend erforderliche Erklärung des Versicherers in Textform (§ 126b BGB) nicht zu ersetzen. Wegen der Einzelheiten hierzu verweise ich auf die Entscheidung des BGH, Urt. v. 18.2.1997 – VI ZR 356/95 = NZV 1997, 227.

▲

13 In der Praxis der Verkehrsunfallbearbeitung wird regelmäßig übersehen, dass **Beifahrer gegen den Fahrer** nach §§ 7, 18 StVG Ansprüche auf Schadensersatz haben können. Diese Ansprüche können auch von dem Beifahrer als einem „Dritten" gem. § 115 Abs. 1 Nr. 1, 4 VVG gegenüber dem für das Fahrzeug zuständigen Kfz-Haftpflichtversicherer geltend gemacht werden.[31]

28 Vgl. etwa BGH, Urt. v. 14.3.2017 – VI ZR 226/16 = NJW 2017, 2271, 2272.

29 Vgl. hierzu etwa BGH, Urt. v. 16.2.1984 – III ZR 208/82 = VersR 1984, 441, 442; Urt. v. 14.3.2017 – VI ZR 226/16 = NJW 2017, 2271, 2272.

30 OLG Frankfurt a.M., Urt. v. 3.11.2017 – 8 U 239/16 – Rn 67–72 – juris.

31 Zum weiten Begriff des „Dritten" z.B. Prölss/Martin/*Knappmann*, VVG, § 115 Rn 3; zum Beifahrer jetzt *Walter*, SVR 2016, 209.

Einen interessanten und in der Praxis kaum beachteten Hemmungstatbestand enthält für derartige Fälle § 207 BGB. Danach ist der Lauf der Verjährung zwischen Ehegatten bzw. Lebenspartnern gehemmt, solange die Ehe/Lebenspartnerschaft besteht. Das Gleiche gilt gem. § 207 S. 2 BGB u.a. für Ansprüche zwischen Eltern und Kindern während der Minderjährigkeit der Kinder. Die Hemmung endet allerdings, sobald der Anspruch kraft Gesetzes oder durch Abtretung auf einen Dritten übergeht.[32]

Wurden in einer Vergleichs- und Abfindungsvereinbarung nach einem Verkehrsunfall zukünftige, unfallbedingte Verdienstausfallansprüche ausdrücklich von der vergleichsweisen Regelung ausgenommen, so unterliegen diese Ansprüche der Regelverjährung. Dabei bewirkt die Vergleichs- und Abfindungsvereinbarung keine Hemmung der nicht erfassten Ansprüche, sondern beendet auch im Hinblick auf die nicht erfassten Ansprüche die durch die Anmeldung der Ansprüche eingetretene Verjährungshemmung.[33] 14

D. Neubeginn der Verjährung

I. Übersicht

Anders als die Verjährungshemmung beginnt bei bestimmten Ereignissen nach § 212 BGB die Verjährung erneut zu laufen. Der bis zum unterbrechenden Anlass verstrichene Zeitraum bleibt dann außer Betracht. Ein solcher **Neubeginn der Verjährung** ist die Ausnahme und erfolgt nur bei folgenden zwei Ereignissen: 15

- Anerkenntnis gem. § 212 Abs. 1 Nr. 1 BGB oder
- Antrag auf Vornahme einer gerichtlichen oder behördlichen Vollstreckungshandlung gem. § 212 Abs. 1 Nr. 2 BGB.

Ein **Anerkenntnis** i.S.d. § 212 BGB ist gegeben, wenn der Schuldner durch ein tatsächliches Verhalten zeigt, dass er sich des Bestehens seiner Schuld bewusst ist und so bei dem Gläubiger das Vertrauen darauf begründet, er werde nach dem Ablauf der Verjährungsfrist nicht sofort die Einrede der Verjährung erheben.[34] Ob es sich so verhält, ist durch Auslegung der gesamten Vorkorrespondenz zu prüfen.[35] Ein deklaratorisches Schuldanerkenntnis stellt regelmäßig ein Anerkenntnis i.S.v. § 212 BGB dar.[36] Dabei bindet das Anerkenntnis des Kfz-Versicherers auch den Versicherten.[37] Bei Verwendung des Zusatzes „ohne Anerkennung einer Rechtspflicht" liegt indes im Regelfall kein Anerkenntnis vor.[38] Sind beide Unfallgegner bei demselben Versicherer haftpflichtversichert und erkennt der Versicherer die Ansprüche des einen durch Regulierung an, so folgt daraus kein Verzicht auf Gegenansprüche des anderen unfallbeteiligten Versicherungsnehmers zu dessen Lasten. Denn die Vollmacht aus den AKB betrifft niemals

32 BGH, Beschl. v. 25.1.2012 – XII ZB 461/11 = NJW-RR 2012, 579.
33 OLG Hamm, Beschl. v. 22.3.2017 – 11 U 23/17 – juris.
34 BGH, Urt. v. 27.1.2015 – VI ZR 87/14 = NJW 2015, 1589.
35 BGH, Urt. v. 27.1.2015 – VI ZR 87/14 = NJW 2015, 1589.
36 OLG Brandenburg, Urt. v. 11.3.2015 – 4 U 93/14 – juris.
37 BGH, Urt. v. 27.1.2015 – VI ZR 87/14 = NJW 2015, 1589.
38 BGH, Beschl. v. 9.7.2014 – VI ZR 161/13 = NJW 2014, 3368.

Aktivansprüche des Versicherungsnehmers aus dem Schadenereignis, und zwar auch dann nicht, wenn beide unfallbeteiligte Kfz-Eigentümer denselben Versicherer haben.[39] Leistet der Schuldner nur auf bestimmte Schadenspositionen, erstreckt sich der Verjährungsneubeginn im Zweifel auf die Gesamtforderung,[40] es sei denn, der Schuldner hat in deutlicher Weise erkennen lassen, dass er seine Ersatzpflicht nur auf einen Teil des Schadens beschränken möchte.[41] Dazu nachfolgender Fall:

II. Muster: Neubeginn der Verjährung durch Abschlagszahlung

16 ▼

Muster 7.4: Neubeginn der Verjährung durch Abschlagszahlung

Nach eingehender Prüfung der hier interessierenden Fragen zur Sach- und Rechtslage vermag ich mich der von Ihnen vertretenen Auffassung nicht anzuschließen. Auch wenn der Verkehrsunfall bereits vor verursacht wurde, ist die dreijährige Verjährungsfrist der § 195 BGB noch nicht abgelaufen. Insoweit kann dahingestellt bleiben, für welche Zeiträume der Lauf der Verjährung gehemmt war. In jedem Fall begründete die Zahlung Ihrer Abschlagssumme mit Schreiben vom einen Neubeginn der Verjährung gem. § 212 Abs. 1 Nr. 1 BGB im Hinblick auf alle aus diesem Unfall herrührenden Schadenspositionen. Da der gesamte einer unerlaubten Handlung entspringende Schaden eine Einheit darstellt (vgl. BGH, Urt. v. 20.4.1982 – VI ZR 197/80 = VersR 1982, 703), liegt ein den Anspruch auf den Ersatz dieses Schadens insgesamt umfassendes Anerkenntnis vor, wenn sich der Schaden aus mehreren Schadensarten zusammensetzt, der Geschädigte nur einzelne dieser Schadensteile geltend macht und der Schädiger allein hierauf zahlt. Hierdurch erweckt nämlich der Schädiger bei dem Geschädigten das Vertrauen, auch auf die anderen Schadensgruppen, soweit sie geltend gemacht werden, Ersatz leisten zu wollen (vgl. BGH, Urt. v. 2.12.2008 – VI ZR 312/07 = NJW-RR 2009, 455). Schließlich benennt § 212 Abs. 1 Nr. 1 BGB die Abschlagszahlung ausdrücklich als ein Beispiel für ein Anerkenntnis im Sinne dieser Norm.

Durch Ihre Zahlung vom haben Sie bei unserem Mandanten das Vertrauen erweckt, alle berechtigten Schadensgruppen regulieren zu wollen, sobald diese Schäden bei Ihnen geltend gemacht werden. Eine Beschränkung Ihrer Ersatzpflicht auf einzelne Positionen haben Sie ausdrücklich nicht vorgenommen.

▲

E. Ablauf der Verjährungsfristen

17 Der Direktanspruch des Geschädigten gegen den Versicherer aus § 115 Abs. 1 VVG verjährt gem. § 115 Abs. 2 S. 2 VVG spätestens 10 Jahre nach dem Schadenseintritt. Hierbei handelt es sich allerdings um keine absolute Grenze. Sofern die Verjährung zum

39 KG, Beschl. v. 7.1.2010 – 12 U 20/09 = NZV 2011, 38.

40 BGH, Urt. v. 2.12.2008 – VI ZR 312/07 = NJW-RR 2009, 455.

41 BGH, Urt. v. 29.10.1985 – VI ZR 56/84 = NJW-RR 1986, 324; OLG Koblenz, Urt. v. 7.10.1993 – 5 W 521/93 = NJW-RR 1994, 1049.

Ablauf der 10-Jahres-Frist noch gehemmt ist (Rdn 10 ff.), kann erst nach dem Ablauf der Hemmung tatsächlich Verjährung eintreten.[42]

Die weiteren Schadensersatzansprüche aus dem Verkehrsunfall verjähren unabhängig von deren Kenntnis oder grob fahrlässigen Nichtkenntnis bzgl. Körperschäden gem. §§ 14 StVG, 199 Abs. 2 BGB spätestens 30 Jahre und bzgl. Sach- und sonstigen Schäden gem. §§ 14 StVG, 199 Abs. 4 BGB spätestens 10 Jahre nach dem Schadensereignis.

Bei Körperschäden besteht also hinsichtlich des Direktanspruchs gegen den Haftpflichtversicherer (§ 115 Abs. 1 VVG) und des allgemeinen Schadensersatzanspruchs gegen den Halter/Fahrer (§§ 7, 18 StVG) eine unterschiedliche Verjährungsobergrenze. Diese kann dazu führen, dass der Geschädigte nach dem Ablauf der 10-Jahres-Frist nur noch von dem Halter des gegnerischen Fahrzeugs Schadensersatz verlangen kann; dann aber der Haftpflichtversicherer trotz der Verjährung des gegen ihn gerichteten Direktanspruchs seinen Versicherungsnehmer wiederum im Innenverhältnis freistellen muss.[43] Der Anspruch des Halters gegen seinen Haftpflichtversicherer auf den entsprechenden Gesamtschuldnerausgleich aus § 116 Abs. 1 VVG verjährt dann gem. § 116 Abs. 2 VVG in dreijähriger Regelverjährungsfrist (§ 195 BGB),[44] beginnend mit dem Ende des Jahres, in welchem der Geschädigte befriedigt worden ist (§ 199 Abs. 1 BGB).

F. Abfindungsvergleich

I. Hinweise

Der gegnerische Kfz-Haftpflichtversicherer ist (insbesondere) bei größeren Personenschäden stets darum bemüht, mit dem Geschädigten einen Abfindungsvergleich zu schließen, mit dem **sämtliche zukünftigen Ansprüche** abgegolten werden. Für den Geschädigten hat dies den Vorteil, dass er den gesamten Schadensersatzanspruch ohne Zukunftsrisiko – ggf. kapitalisiert – erhält und sich nicht immer wieder mit dem Schadensfall befassen muss. Ca. 95 % aller Personen-Großschadensfälle werden mit einem solchen Abfindungsvergleich reguliert, was die **große praktische Bedeutung dieses Rechtsinstruments** zeigt.[45] Abfindungsvergleiche resultieren üblicherweise aus dem angemessenen Ersatzanspruch für Personen- und Personenfolgeschäden (z.B. Schmerzensgeld, Verdienstausfallschaden, vermehrte Bedürfnisse), dem ein Zuschlag für zukünftige Schadensrisiken hinzuaddiert wird. Eine Gesamtabfindungsvereinbarung stellt einen Vergleichsvertrag i.S.v. § 779 BGB dar.[46] Dieser ist z.B. dann wirksam zustande gekommen, wenn die gegnerische Haftpflichtversicherung in ihrem Schreiben ausdrücklich und eindeutig klarstellt, dass für sie nur „ein endgültiger, d.h. vorbehaltloser Abfin- 18

42 OLG Düsseldorf, Urt. v. 17.4.1989 – 1 U 110/88 = NJW-RR 1990, 472.
43 NK-GVR/*Link/Moos*, § 115 VVG Rn 12.
44 NK-GVR/*Link/Moos*, § 116 VVG Rn 5.
45 *Schah Sedi/Schah Sedi*, Das verkehrsrechtliche Mandat, Bd. 5, § 7 Rn 1.
46 *Schah Sedi/Schah Sedi*, Das verkehrsrechtliche Mandat, Bd. 5, § 7 Rn 2.

dungsvergleich aller Ansprüche“ in Betracht komme und der Geschädigte eine hierauf bezogene Abfindungsvereinbarung unterschreibt.[47]

II. Bindungswirkung des Abfindungsvergleichs

19 Nur in sehr seltenen Fällen ist eine Abfindungsvereinbarung nichtig oder kann durch Anfechtung beseitigt werden.[48] Auch ein Anspruch auf **Anpassung eines umfassenden Vergleiches** kommt angesichts der insoweit sehr zurückhaltenden Rechtsprechung nur ausnahmsweise in Betracht,[49] wenn das Festhalten an der getroffenen Vereinbarung für den Geschädigten nach Treu und Glauben (§ 242 BGB) nicht mehr zumutbar ist. Dafür ist Voraussetzung, dass entweder die Geschäftsgrundlage des Vergleiches wegfällt/sich ändert oder eine erhebliche Äquivalenzstörung zwischen den vereinbarten Leistungen der Parteien eintritt.[50] Eine Anpassung des Vergleiches kommt dann nicht in Betracht, wenn es der Verletzte, wie regelmäßig bei der Kapitalisierung seiner Ansprüche, in Kauf nimmt, dass sich die maßgebenden Berechnungsfaktoren aufgrund der zu treffenden Prognosen und Schätzungen unvorhersehbar negativ entwickeln.[51] Der Geschädigte trägt das **Risiko** des Übersehens oder des nachträglichen Bekanntwerdens von Schadenspositionen.[52]

Der Abfindungsvergleich entfaltet Bindungswirkung nur **inter partes**. Führt ein grober ärztlicher Kunstfehler zu einer massiven Verschlechterung der unfallbedingten Gesundheitsstörung des Geschädigten, so steht ein von ihm mit seinem Haftpflichtversicherer geschlossener Abfindungsvergleich einer Schmerzensgeldklage gegen den Krankenhausträger nicht entgegen.[53]

1. Wegfall der Geschäftsgrundlage

20 Die eine Fallgruppe für die Anpassung des Abfindungsvergleichs bildet der **Wegfall der Geschäftsgrundlage** (§ 313 BGB). Die **Darlegungs- und Beweislast** trifft insoweit den Geschädigten.[54] Zu einer Anpassung berechtigt nicht jede nachträgliche Änderung der Tatsachen, die dem Vergleich als Kalkulationsgrundlage zugrunde gelegt worden sind. Wer eine Kapitalabfindung wählt, nimmt vielmehr das Risiko in Kauf, dass maßgebliche Berechnungsfaktoren auf Schätzungen und unsicheren Prognosen beruhten. Der Schädiger darf sich darauf verlassen, dass mit Begleichung der Kapitalabfindung, die gerade auch zukünftige Entwicklungen einschließen solle, die Sache für ihn ein für

47 OLG Bamberg, Beschl. v. 27.10.2008 – 5 U 126/08 = SP 2009, 181.
48 Vgl. *Schah Sedi/Schah Sedi*, Das verkehrsrechtliche Mandat, Bd. 5, § 7 Rn 9–11.
49 Vgl. *Schah Sedi/Schah Sedi*, Das verkehrsrechtliche Mandat, Bd. 5, § 7 Rn 3.
50 Zuletzt KG, Beschl. v. 10.11.2014 – 22 U 72/14 = NZV 2016, 189; ebenso z.B. OLG Jena, Beschl. v. 6.7.2011 – 7 U 277/11 = r+s 2012, 147.
51 St. Rspr., vgl. BGH, Urt. v. 19.6.1999 – VI ZR 255/89 = VersR 1990, 984; BGH, Urt. v. 12.2.2008 – VI ZR 154/07 = NZV 2008, 448; OLG Koblenz, Urt. v. 29.9.2003 – 12 U 854/02 = NZV 2004, 197.
52 Zuletzt KG, Beschl. v. 10.11.2014 – 22 U 72/14 = NZV 2016, 189.
53 OLG Oldenburg, Urt. v. 8.7.2015 – 5 U 28/15 = VersR 2016, 664.
54 *Schah Sedi/Schah Sedi*, Das verkehrsrechtliche Mandat, Bd. 5, § 7 Rn 12.

allemal erledigt ist. Soweit der Geschädigte das Risiko in Kauf nimmt, dass die für die Berechnung des Ausgleichsbetrages maßgebenden Faktoren auf Schätzungen und unsicheren Prognosen beruhen und sie sich demgemäß unvorhersehbar positiv oder negativ verändern können, ist ihm die Berufung auf eine Veränderung der Vergleichsgrundlage verwehrt.[55]

Ob und in welchem Umfang der Geschädigte das Risiko künftiger Veränderungen übernommen hat, ist durch Auslegung der getroffenen Vereinbarung zu ermitteln. Gehen die Vertragspartner einer Abfindungsvereinbarung davon aus, eine bestimmte Drittleistung – z.B. die dem Kläger aufgrund der unfallbedingten Frühpensionierung zustehende Pension – sei Bestandteil der dem Geschädigten unfallbedingt zufließenden Ausgleichsmittel, und muss der Schädiger bzw. sein Haftpflichtversicherer diese Leistungen sogar im Regresswege erstatten, so ist ein Ausschluss der Risikoübernahme durch den Geschädigten unter Umständen zwar möglich, jedoch bei Abgabe einer umfassenden und vorbehaltlosen Abfindungserklärung ein Ausnahmefall, der konkreter Darlegung durch den Geschädigten bedarf.[56] Ein von Anfang an bestehender Irrtum beider Parteien über einen wesentlichen Berechnungsfaktor erleichtert jedoch die Anpassung eines Abfindungsvergleichs.[57] 21

Maßgeblich ist ggf. auch, ob es sich um Verletzungen/Spätschäden handelt, die von den Parteien bei Abschluss des Abfindungsvergleiches weder erwartet worden sind noch erkannt werden konnten.[58] Entscheidend ist insoweit die Sichtweise eines objektiven[59] Dritten als einem verständigen und redlichen Vertragspartner.[60] Dabei ist auch zu berücksichtigen, ob die Parteien den möglichen Eintritt derartiger Spätfolgen zum Vertragszeitpunkt unter Heranziehung von Fachleuten hätten erkennen können.[61] War dies der Fall, kommt eine Vertragsanpassung wegen Wegfalls der Geschäftsgrundlage kaum noch in Betracht.[62] 22

2. Äquivalenzstörung

Die andere Fallgruppe für eine Anpassung einer Abfindungsvereinbarung bildet die Konstellation, dass nachträglich erhebliche **Äquivalenzstörungen** in den Leistungen der Parteien eingetreten sind, die für den Geschädigten nach den gesamten Umständen des Falls eine ungewöhnliche Härte bedeuten würden.[63] An eine solche „krasse" Äquivalenzstörung werden strenge Anforderungen gestellt. Teilweise wird gefordert, dass der tat- 23

55 BGH, Urt. v. 19.6.1999 – VI ZR 255/89 = VersR 1990, 984; BGH VersR 1983, 1034; OLG Jena, Beschl. v. 6.7.2011 – 7 U 277/11 = r+s 2012, 147; *Nugel*, zfs 2006, 190.
56 BGH, Urt. v. 12.2.2008 – VI ZR 154/07 = MDR 2008, 563.
57 BGH, Urt. v. 16.9.2008 – VI ZR 296/07 = VersR 2008, 1648.
58 BGH, Urt. v. 21.12.1965 – VI ZR 168/64 = VersR 1966, 243; OLG Nürnberg, Urt. v. 1.7.1999 – 2 U 531/99 = VersR 2001, 982.
59 OLG Oldenburg, Urt. v. 28.2.2003 – 6 U 231/01 = VersR 2004, 64.
60 OLG Schleswig, Urt. v. 30.8.2000 – 4 U 158/98 = VersR 2001, 983.
61 OLG Oldenburg, Urt. v. 28.2.2003 – 6 U 231/01 = VersR 2004, 64; OLG Schleswig, Urt. v. 30.8.2000 – 4 U 158/98 = VersR 2001, 983, 984.
62 OLG München, Urt. v. 17.3.2006 – 10 U 4632/05 = NZV 2007, 423.
63 BGH, Urt. v. 19.6.1990 – VI ZR 255/89 = MDR 1990, 995.

sächlich eingetretene Schaden die Vergleichssumme um ein 10-faches übersteigen muss, damit für den Geschädigten ein Festhalten am Abfindungsvergleich eine unzumutbare Härte darstellt.[64] In anderen Entscheidungen ist schon bei einem Anstieg des tatsächlichen Schadens um den Faktor 5 eine unzumutbare Härte angenommen worden.[65] Bei einem Faktor von 2,75 zwischen tatsächlich begründeter Schmerzensgeldforderung und der im Abfindungsvergleich vereinbarten Summe ist die Opfergrenze indes noch nicht erreicht.[66]

24 Ausnahmsweise kann auch bei einem geringeren Missverhältnis eine unzumutbare Härte bejaht werden: Dies ist z.B. in dem Fall bejaht worden, wenn der tatsächliche absehbare Schaden die Vergleichssumme um den Faktor 2,5 übersteigt und zusätzlich zu dieser „Quote" zu berücksichtigen ist, dass der Geschädigten nach den Spätfolgen nunmehr in seiner gesamten Lebensführung schwer beeinträchtigt ist und mit einer ungewissen Prognose leben muss.[67] Lediglich bestehende Befürchtungen einer Verschlimmerung bleiben jedoch i.d.R. außer Betracht.[68] Soweit die eingetretenen Veränderungen in den Risikobereich fallen, für den der Geschädigte sich als abgefunden erklärt hat, muss dieser grundsätzlich auch bei erheblichen Opfern, die sich später herausstellen, die Folgen tragen.[69]

III. Muster: Unverbindlichkeit des Abfindungsvertrags

25 ▼

Muster 7.5: Unverbindlichkeit des Abfindungsvertrags

Nach eingehender Prüfung der hier interessierenden Fragen zur Sach- und Rechtslage vermag ich mich mit der von Ihnen vertretenen Auffassung nicht einverstanden zu erklären. Zwar trifft es zu, dass der zwischen Ihnen und meinem Mandanten geschlossene Abfindungsvergleich grundsätzlich bindend ist und weitere Ansprüche auf Schadensersatz aus Anlass des in Rede stehenden Schadensereignisses ausgeschlossen sind. Unter Berücksichtigung der besonderen Schadenssituation meines Mandanten ist hier jedoch das Festhalten am Abfindungsvergleich rechtsmissbräuchlich. Die Rechtsprechung lässt eine Bindung an den Abfindungsvergleich unter Berücksichtigung der Grundsätze des § 242 BGB entfallen, wenn zwischen dem Abfindungsbetrag und dem tatsächlichen Schaden ein krasses Missverhältnis besteht (BGH, Urt. v. 19.6.1990 – VI ZR 255/89 = VersR 1990, 984; OLG Oldenburg, Urt. v. 28.2.2003 – 6 U 231/01 = VersR 2004, 64; OLG Schleswig, Urt. v. 30.8.2000 – 4 U 158/98 = VersR 2001, 983).

Das ist hier der Fall:

Die das Missverhältnis begründenden Tatsachen fallen nicht in die Risikosphäre, die gerade durch den Abfindungsvergleich ausgeglichen werden sollte. Beide Parteien gin-

64 OLG Frankfurt a.M., Beschl. v. 14.8.2003 – 1 W 52/03 = zfs 2004, 16.
65 BGH, Beschl. v. 3.7.1984 – VI ZR 7/84 = VersR 1984, 871; OLG Nürnberg, Urt. v. 1.7.1999 – 2 U 531/99 = VersR 2001, 982.
66 BGH, Urt. v. 19.6.1990 – VI ZR 255/89 = MDR 1990, 995.
67 OLG Oldenburg, Urt. v. 28.2.2003 – 6 U 231/01 = VersR 2004, 64; vgl. auch OLG Köln, Urt. v. 3.7.1987 – 13 U 230/86 = NJW-RR 1988, 924.
68 BGH, Urt. v. 19.6.1990 – VI ZR 255/89 = NJW 1991, 1535.
69 BGH, Urt. v. 12.2.2008 – VI ZR 154/07 = MDR 2008, 563.

gen bei Abschluss des Abfindungsvergleichs davon aus, dass . Damit stellt das Festhalten am Abfindungsvergleich für meine Mandantschaft eine außergewöhnliche Härte dar, weil dadurch die zumutbare Opfergrenze überschritten würde (OLG Frankfurt a.M., Urt. v. 6.2.1992 – 15 U 223/90 = VersR 1993, 1147 f.).

▲

IV. Aufklärung des Mandanten

Über die mit dem Abschluss des Vergleiches verbundenen Risiken ist der Mandant **26**
umfassend aufzuklären.[70] Der Rechtsanwalt ist dabei innerhalb der Grenzen des ihm erteilten Mandats verpflichtet, seinen Auftraggeber umfassend und erschöpfend zu belehren, um ihm eine eigenverantwortliche und sachgerechte Entscheidung darüber zu ermöglichen, wie er seine Interessen in rechtlicher und wirtschaftlicher Hinsicht zur Geltung bringen will.[71] Eigenverantwortlich kann der Mandant diese Entscheidung nur treffen, wenn ihm die Chancen und Risiken der Prozessführung umfassend verdeutlicht werden, also die Aussichten, den Prozess zu gewinnen oder zu verlieren. Sodann muss der Mandant über Inhalt und Tragweite des beabsichtigten Vergleichs informiert werden.[72]

Da mit dem Abschluss eines Abfindungsvergleiches sämtliche zukünftigen Ansprüche **27**
abgegolten werden, ist der Mandant in besonderem Maße über die **Endgültigkeit der Regulierung** und die damit verbundenen Zukunftsrisiken aufzuklären. Bei unklarem Heilungsverlauf und nicht absehbaren Dauerschäden sollte der Abschluss eines Abfindungsvergleiches reiflich überlegt werden. Umso mehr muss der Anwalt seine Mandantschaft über die mit einem Abfindungsvergleich verbundenen Risiken aufklären. Ggf. muss er vom Abschluss des angebotenen Vergleiches abraten.[73]

V. Muster: Aufklärung gegenüber dem Mandanten

▼ **28**

Muster 7.6: Aufklärung gegenüber dem Mandanten

7.6

Herrn/Frau

Schaden vom

Sehr geehrter Herr , sehr geehrte Frau ,

in Ihrer Unfallsache übersende ich Ihnen beiliegend das Schreiben des gegnerischen Kfz-Haftpflichtversicherers vom . Diesem Schreiben beigefügt war die ebenfalls in der Anlage im Original beigefügte Abfindungserklärung. Wie Sie dem Schreiben entnehmen können, bietet die Gegenseite zur pauschalen Abgeltung sämtlicher Ansprüche aus dem Unfallereignis die Zahlung eines Betrags in Höhe von EUR an. Ich erachte

70 *Schah Sedi/Schah Sedi*, Das verkehrsrechtliche Mandat, Bd. 5, § 7 Rn 86 ff.
71 BGH, Urt. v. 15.1.2009 – IX ZR 166/07 = NJW 2009, 1589.
72 BGH, Urt. v. 7.12.1995 – IX ZR 238/94 = NJW-RR 1996, 567.
73 BGH, Beschl. v. 26.1.2012 – IX ZR 222/09 = BRAK-Mitteilungen 2012, 73; zur **Beweislast** im Regressprozess LG Wuppertal, Urt. v. 18.3.2015 – 3 O 465/10 = BRAK-Mitteilungen 2016, 63.

diesen Schadensersatzbetrag durchaus für angemessen. Bevor Sie allerdings über das Angebot der Gegenseite abschließend entscheiden, erlaube ich mir, nachfolgend die wesentlichen Vor- und Nachteile des Vergleichsvorschlags zu skizzieren:

1) Von Vorteil ist zunächst, dass das Angebot der Gegenseite einen Aufschlag enthält, um zukünftige Risiken bei der Schadensregulierung durch eine Einmalzahlung abzugelten. Bei einer Einmalzahlung wird zugleich das Risiko einer späteren Insolvenz des Versicherers ausgeschaltet und Sie können das erhaltene Geld ab sofort anlegen. Zudem ist der erhaltene Geldbetrag in Ihr Vermögen bereits jetzt übergegangen, während bei einer ansonsten erfolgenden Ratenzahlung ein Vorversterbensrisiko besteht und unter Umständen dann nicht mehr die gleiche Summe durch die Schädigerseite zu erbringen ist.

2) Allerdings ist der Abschluss des Abfindungsvergleichs mit nicht unerheblichen Risiken verbunden. Durch den Abfindungsvergleich werden sämtliche Ansprüche aus der Schadensache abgefunden. Sollte es zu Komplikationen in Ihrem Heilungsverlauf kommen, könnte dies nicht zum Anlass genommen werden, von der Gegenseite weitere Zahlungen einzufordern. Dies gilt auch dann, wenn es sich bei den Komplikationen um derzeit nicht voraussehbare Spätfolgen des Personenschadens handelt. Nach einhelliger Auffassung in Rechtsprechung und Literatur ist der Schädiger trotz Vorliegens eines Abfindungsvergleichs nur in sehr eng umgrenzten Ausnahmefällen zu weiteren Schadensersatzleistungen verpflichtet. Dies ist z.B. dann der Fall, wenn der Geschädigte infolge des Schadensereignisses völlig unvorhersehbare Spätfolgen erleidet und die bislang gezahlte Abfindung in krassem Missverhältnis zum tatsächlichen Anspruch des Geschädigten auf Schadensersatz steht. In der Praxis wurden derartige Ausnahmen nur in sehr seltenen Fällen zugelassen.

3) Zusammenfassend beinhaltet der Vergleichsvorschlag der Gegenseite derzeit finanzielle Vorteile, für die Zukunft jedoch erhebliche Haftungsrisiken. Nach Maßgabe der mir vorliegenden ärztlichen Unterlagen ist Ihr zukünftiger Heilungsprozess m.E. absehbar. Bei ungeklärten Gesichtspunkten empfehle ich Ihnen in jedem Fall, mit Ihrem behandelnden Arzt über die medizinischen Risiken Ihrer zukünftigen Heilung Rücksprache zu halten. Sie sollten dem Abfindungsvergleich nur dann zustimmen, wenn auch Ihr Arzt das Zukunftsrisiko als vertretbar erachtet.

4) Die höchstrichterliche Rechtsprechung verpflichtet mich dazu, Sie eingehend über die Risiken eines Abfindungsvergleiches aufzuklären. Dies habe ich mit den vorangegangenen Ausführungen getan. Damit ich dies für die Zukunft auch dokumentieren kann, bitte ich Sie höflich, mir das in der Anlage beigefügte Doppel meines Schreibens gegenzuzeichnen und an mich zurückzusenden. Sollten Sie mit dem Abfindungsvergleich der Gegenseite einverstanden sein, so senden Sie mir die von Ihnen unterschriebene Abfindungserklärung ebenfalls im Original zu. Ich werde sie sodann unverzüglich an die Gegenseite weiterleiten.

Mit freundlichen Grüßen

(Rechtsanwalt)

▲

Die Rechtsprechung stellt **hohe Anforderungen** an die ausreichende Beratung und 29
Belehrung des Mandanten über die Risiken eines Abfindungsvergleichs. Auch wenn der Anwalt über eine vom Mandanten unterschriebene Risikoaufklärung verfügt, sollte er es in jedem Fall vermeiden, die vom Kfz-Haftpflichtversicherer vorgelegte Abfindungserklärung in Vollmacht des Mandanten zu unterzeichnen. Die Unterschrift sollte in jedem Fall vom Mandanten **höchstpersönlich** gefertigt werden. Unterzeichnet der Anwalt den Abfindungsvergleich, könnte der Mandant im Rahmen eines späteren Regressprozesses behaupten, die Unterschrift sei nicht mit seinem Einverständnis gefertigt worden.[74]

VI. Teilabfindungsvergleich

In der Praxis werden auch Teilabfindungsvergleiche abgeschlossen. Diese setzen einen 30
Abfindungsbetrag lediglich für einzelne Schadenspositionen oder bestimmte Zeiträume fest. In diesen Fällen wird i.d.R. ein entsprechender **Vorbehalt** in die Abfindungserklärung mit aufgenommen, welcher klarstellt, welche Anspruchspositionen nicht mit abgegolten sind. Eine solche Vorgehensweise mag sich z.B. dann anbieten, wenn der Mandant grundsätzlich eine sofortige Erledigung durch einen Abfindungsvergleich wünscht, aber ärztlicherseits eine bestimmte spätere Verletzungsfolge oder Behandlungsmaßnahme nicht ausgeschlossen werden kann. Zumindest für dieses mögliche (wenn auch vielleicht fernliegende) Ereignis sollte in den Vergleichstext *neben* der Vereinbarung des Abfindungsbetrages auch eine Vorbehaltserklärung aufgenommen werden, welche gleichzeitig das **Verjährungsrisiko** für die vorbehaltenen Positionen soweit wie möglich minimiert (siehe Rdn 36 ff.).

Ein unbeschränkter Zukunftsschadensvorbehalt könnte wie folgt lauten: 31

▼

Muster 7.7: Unbeschränkter Zukunftsschadensvorbehalt

Die ____ Versicherung verpflichtet sich mit der Wirkung eines zum ____ rechtskräftigen Feststellungsurteils, Frau/Herrn ____ sämtliche immateriellen und materiellen Schäden, welche ihr/ihm aus dem Unfallereignis vom ____ entstanden sind und noch entstehen werden, zu ersetzen. Diese Erklärung gilt gleichermaßen für die bei der ____ Versicherung versicherten Personen.[75]

▲

Es ist nicht unbedingt davon auszugehen, dass sich der Haftpflichtversicherer auf einen 32
so weit gehenden Vorbehalt einlassen wird.[76] Zumindest muss der Mandant damit rechnen, dass die eigentliche Abfindungssumme um einen Zukunfts-Risikofaktor gekürzt wird. Eine andere Einigungsoption ist es, die unbeschränkte Vorbehaltserklärung wieder zu modifizieren. Es könnte dann wie folgt formuliert werden:

74 *Schah Sedi/Schah Sedi*, Das verkehrsrechtliche Mandat, Bd. 5, § 7 Rn 103.
75 Nach *Schah Sedi/Schah Sedi*, Das verkehrsrechtliche Mandat, Bd. 5, § 7 Rn 31.
76 Zum taktischen Vorgehen vgl. *Schah Sedi/Schah Sedi*, Das verkehrsrechtliche Mandat, Bd. 5, § 7 Rn 23 ff.

▼

7.8 **Muster 7.8: Beschränkter Zukunftsschadensvorbehalt**

Die ___ Versicherung verpflichtet sich mit der Wirkung eines zum ___ rechtskräftigen Feststellungsurteils, Frau/Herrn ___ sämtliche immateriellen und materiellen Schäden, welche ihr/ihm aus dem Unfallereignis vom ___ entstanden sind und noch entstehen, zu ersetzen. Davon ausgenommen ist der ___ *(Schaden)*, welcher bereits vollständig abgegolten worden ist. Diese Erklärung gilt gleichermaßen für die bei der ___ Versicherung versicherten Personen.[77]

▲

33 Wichtig ist, dass ein Zukunftsvorbehalt immer **so genau wie möglich** beschrieben sein sollte. Es kann nicht präzise genug gearbeitet werden. Unklare Formulierungen wie z.B. „bei wesentlicher Verschlechterung“ sind für eine Vielzahl an Wertungen zugänglich und fördern im Zweifel neue Rechtsstreitigkeiten.[78] Geht es beispielsweise darum, dass bestimmte Verletzungsfolgen ausgenommen werden sollen, so sind diese so präzise wie möglich anzuführen, wie z.B.

- „für den Fall der Amputation des rechten Armes“ oder
- „für den Fall, dass die unfallbedingte Minderung der Erwerbsunfähigkeit den Wert von ___ % dauerhaft übersteigt“.

34 Je nach den Besonderheiten des Einzelfalles kommen noch zahlreiche weitere Vorbehaltserklärungen in Betracht.[79]

Eine problematische Konstellation stellen z.B. solche Anspruchspositionen dar, welche im Wege des **gesetzlichen Forderungsübergangs** auf Dritte übergehen, z.B. nach §§ 116 Abs. 1, 119 Abs. 1 SGB X auf den Sozialversicherungs- bzw. Sozialhilfeträger.[80] Sofern der Versicherer auf solche Schadenspositionen leistet, obwohl diese bereits nach § 116 Abs. 1 SGB X auf den Sozialversicherungsträger übergegangen sind, muss der Geschädigte die empfangenen Beträge gem. § 116 Abs. 7 SGB X an diesen erstatten. Um hier Komplikationen zu vermeiden, kommt folgende Vorbehaltsklausel in Betracht:

▼

7.9 **Muster 7.9: Vorbehalt für übergegangene Ansprüche**

Alle bestehenden und zukünftigen Ansprüche des Geschädigten, welche kraft Gesetzes auf Dritte übergegangen sind oder noch übergehen werden, werden von dem Abfindungsvergleich nicht erfasst und sind mit dem Abfindungsbetrag nicht abgegolten. Gleiches gilt auch für zukünftige Ansprüche, welche aufgrund einer veränderten Gesetzeslage entstehen werden und daher gegenwärtig noch bekannt sind.[81]

▲

77 Nach *Schah Sedi/Schah Sedi*, Das verkehrsrechtliche Mandat, Bd. 5, § 7 Rn 32.
78 Z.B. OLG Jena, Urt. v. 9.8.2006 – 7 U 289/06 = zfs 2007, 27.
79 Z.B. in: OLG Oldenburg, Urt. v. 8.7.2015 – 5 U 28/15 = VersR 2016, 664.
80 Vgl. BGH, Urt. v. 24.4.2012 – VI ZR 329/10 = NJW 2012, 3639; OLG Hamm, Urt. v. 17.8.2009 – 13 U 109/08 = VersR 2010, 1058, und dazu *Günter*, SVR 2014, 54, 58 f.; zum Verdienstausfallschaden BGH, Urt. v. 23.2.2010 – VI ZR 331/08 = NJW 2010, 1532.
81 Nach *Schah Sedi/Schah Sedi*, Das verkehrsrechtliche Mandat, Bd. 5, § 7 Rn 39.

Einen weiteren problematischen Komplex stellt die **steuerrechtliche Seite** des Schadensersatzanspruches dar. Hier können sich Fallkonstellationen ergeben, in welchen dem Geschädigten aufgrund des Abfindungsvergleiches über seinen unfallbedingten Schaden hinaus ein zusätzlicher Steuerschaden in Form einer höheren Steuerlast entsteht.[82] Deshalb ist es zu empfehlen, diesen möglichen Steuerschaden im Wege eines Vorbehaltes aus der Abfindungsvereinbarung auszuschließen, um diesen ggf. später nachträglich geltend machen zu können. Insoweit bedarf es keiner komplizierten Formulierung: 35

▼

Muster 7.10: Vorbehalt für Steuerschäden 7.10

Steuerschäden bleiben mit der Wirkung eines ab dem formell rechtskräftigen Feststellungsurteils vorbehalten.[83] Auf die Entschädigungszahlungen zu entrichtende Steuern sind auf Nachweis zusätzlich zu übernehmen.

▲

VII. Abfindungsvergleich und Verjährung

Schließt der Versicherer einen Abfindungsvergleich, in dem eine Ausnahme für in der Zukunft mögliche Schäden vorgesehen ist, so beendet dieser Vergleich nach § 115 Abs. 2 S. 3 VVG für alle (d.h. auch die zukünftigen) Schäden die durch die Anmeldung der Schadensersatzforderungen eingetretene **Hemmung der Verjährung**. Eine gesonderte schriftliche Entscheidung des Versicherers über die angemeldeten Ansprüche ist nicht erforderlich, wenn in dem Abfindungsvergleich der Wille des Versicherers deutlich erkennbar wird, die Schadensregulierung endgültig abschließen zu wollen.[84] 36

Im Übrigen ist zu beachten, dass einem Teilabfindungsvergleich mit Vorbehalt kein Verzicht auf die **Einrede der Verjährung** immanent ist.[85] Der Abfindungsvergleich stellt vielmehr i.d.R. lediglich ein Anerkenntnis i.S.d. § 212 BGB dar, das den Neubeginn der – dann „ungebremst“ laufenden – dreijährigen Verjährungsfrist des § 195 zur Folge hat.[86] Beispielsweise hat ein Schmerzensgeld-Abfindungsvergleich unter Vorbehalt materieller Ansprüche für eventuelle Spätschäden für die Verjährung der Ansprüche keine Bedeutung. Der Rechtsanwalt des Geschädigten muss auch zur Vermeidung einer Eigenhaftung dafür Sorge tragen, dass künftige Ansprüche des Geschädigten nicht verjähren. Dazu kann er entweder einen Verjährungsverzicht oder ein sogenanntes titelersetzendes Anerkenntnis in den Abfindungsvergleich aufnehmen lassen. Anders als beim Verjährungsverzicht werden bei dem titelersetzenden Anerkenntnis die Ansprüche zwar 30 Jahre lang offengehalten. Der weitere Schaden muss allerdings spätestens drei Jahre 37

82 Dazu jetzt eingehend *Cordula Schah Sedi*, Besteuerung von Erwerbsschadensersatz bei Personenschäden, Vortrag im Arbeitskreis III des 54. Deutschen Verkehrsgerichtstags 2016, in: 54. Deutscher Verkehrsgerichtstag 2016, S. 87 ff.; vgl. zur Problematik ebenfalls *Höke*, NZV 2016, 10.

83 Nach *Cordula Schah Sedi*, Besteuerung von Erwerbsschadensersatz bei Personenschäden, S. 94.

84 BGH, Urt. v. 29.1.2002 – VI ZR 230/01 = NJW 2002, 1878; OLG Koblenz, Urt. v. 30.1.2012 – 12 U 1178/10 = NZV 2012, 233.

85 OLG Rostock, Urt. v. 22.10.2010 – 5 U 225/09 = r+s 2011, 490; dazu *Günter*, SVR 2014, 54, 55.

86 OLG Koblenz, Urt. v. 30.1.2012 – 12 U 1178/10 = NZV 2012, 233; dazu *Günter*, SVR 2014, 54, 55 f.

nach dem Schluss des Jahres, in dem der Geschädigte Kenntnis davon erlangt hat, geltend gemacht werden.[87]

38 Diese Absicherung wird durch § 202 Abs. 2 BGB ermöglicht, nach welchem die Parteien eines Vertrages eine Vereinbarung über die Länge der Verjährungsfrist bis zu einer Obergrenze von 30 Jahren ab gesetzlichem Verjährungsbeginn treffen können. Deshalb bietet es sich an, in dem jeweiligen Vorbehalt eine ausdrückliche Bezugnahme auf einen gesetzlichen Verjährungstatbestand mit der längst möglichen, also 30-jährigen, Verjährungsfrist festzuschreiben. Einen solchen Verjährungstatbestand enthält § 197 Abs. 1 Nr. 3 BGB, nach welchem Ansprüche aus einem rechtskräftigen Feststellungsurteil innerhalb von 30 Jahren verjähren, wobei der Lauf dieser Frist gem. § 201 BGB mit dem Eintritt der formellen Rechtskraft des Urteils einsetzt.[88]

39 Um zu verhindern, dass die für die Zukunft vorbehaltenen Ansprüche innerhalb der regelmäßigen Verjährungsfrist von drei Jahren (§ 195 BGB) verjähren, sollte in dem Abfindungsvergleich deshalb ausdrücklich festgehalten werden, dass das Anerkenntnis, zum Ausgleich der vorbehaltenen zukünftigen Ansprüche verpflichtet zu sein, **mit den Wirkungen eines rechtskräftigen Feststellungsurteils** erklärt wird. Damit ist für das Stammrecht, also die vorbehaltene Schadensersatzforderung, dem Grunde nach die 30jährige Verjährungsfrist des § 197 Abs. 1 BGB eröffnet, welche mit dem Tag des Abschlusses der Vereinbarung in Gang gesetzt wird.

Allerdings verhält es sich so, dass gem. § 197 Abs. 2 BGB auch über ein rechtskräftiges Feststellungsurteil oder eine vergleichbare Erklärung des Versicherers abgesicherte **Ansprüche auf wiederkehrende Leistungen** nicht in 30 Jahren verjähren, sondern insoweit doch die dreijährige Regelverjährung des § 195 BGB gilt. Es sollte daher erstrebt werden, dass der Versicherer auf die entsprechende Einrede verzichtet; ansonsten muss alle drei Jahre ein neues Anerkenntnis mit der „Neustart-Wirkung" des § 212 BGB bzw. eine neue Verjährungsverzichtserklärung eingeholt oder eine dann – ausnahmsweise zulässige – (weitere) verjährungshemmende Feststellungsklage erhoben werden.[89]

40 Optimal ist daher folgender Vereinbarungstext:

▼

7.11

Muster 7.11: Vorbehalt mit titelersetzender Wirkung

Alle Vorbehalte werden mit der Wirkung eines am Tag der Unterzeichnung des Abfindungsvergleiches formell rechtskräftig werdenden Feststellungsurteils erklärt (§ 197 Abs. 1 Nr. 3 BGB). Auf die Einrede aus § 197 Abs. 2 BGB wird von Seiten des Haftpflichtversicherers verzichtet.[90]

▲

87 OLG Schleswig, Urt. v. 9.8.2022 – 7 U 90/22 = NJW 2023, 528.
88 NK-BGB/*Mansel/Stürner*, § 201 Rn 6.
89 Vgl. OLG Saarbrücken, Urt. v. 21.4.2016 – 4 U 76/15 = NJW-Spezial 2016, 394.
90 Nach *Schah Sedi/Schah Sedi*, Das verkehrsrechtliche Mandat, Bd. 5, § 7 Rn 56.

▼ 41

Muster 7.12: Einwand der Verjährung nach einem Abfindungsvergleich

7.12

Die verfolgten Ersatzansprüche sind verjährt. Mit einem Abfindungsvergleich endet die Hemmung der Verjährung auch hinsichtlich der vorbehaltenen Ansprüche, und die dreijährige Verjährungsfrist beginnt insoweit neu zu laufen. Dem Versicherer ist es dabei auch nicht verwehrt, sich auf die eingetretene Verjährung zu berufen (OLG Koblenz, Urt. v. 30.1.2012 – 12 U 1178/10 = NZV 2012, 233).

▲

VIII. Regressrisiko

Wie bereits dargelegt, beinhaltet ein Abfindungsvergleich eine Abgeltung sämtlicher aus einem Schadensfall resultierender Ansprüche auf Schadensersatz für die Vergangenheit, die Gegenwart und die Zukunft. Erstreckt sich die Abgeltungswirkung ausschließlich auf eigene Ansprüche des Geschädigten, begründet dies kein Problem. Bei jedem Abfindungsvergleich muss hingegen geprüft werden, ob der Abfindungsvergleich auch Ansprüche des Geschädigten umfasst, die zukünftig auf Dritte übergehen könnten. 42

Dieses Risiko betrifft zunächst das Verhältnis des Geschädigten als Arbeitnehmer zu seinem Arbeitgeber. Fällt der Geschädigte aus unfallbedingten Gründen als Arbeitskraft aus und erhält er hierfür von seinem Arbeitgeber Entgeltfortzahlung, gehen die dem Geschädigten gegenüber dem Schädiger zustehenden Ansprüche auf Ausgleich eines unfallbedingten Verdienstausfallschadens gem. § 6 EntgFG auf den Arbeitgeber über. Der Anspruchsübergang erfolgt erst im Augenblick der Leistung durch den Arbeitgeber.[91] Hat der Geschädigte jedoch bereits zuvor auf sämtliche zukünftigen Schadensersatzansprüche gegenüber dem Schädiger und seinem Haftpflichtversicherer verzichtet, erfolgt auch kein Anspruchsübergang gem. § 6 EntgFG zugunsten des Arbeitgebers. In Konsequenz dessen ist der Arbeitgeber gem. § 7 Abs. 1 Nr. 2 EntgFG dazu berechtigt, die Entgeltfortzahlung gegenüber dem Geschädigten zu verweigern. Hat er sie bereits erbracht, ist er dazu berechtigt, sie vom Geschädigten zurückzufordern oder gegen Ansprüche auf Lohnzahlung die Aufrechnung zu erklären.[92]

Das gleiche Problem stellt sich, wenn der Geschädigte nach dem Abschluss eines Abfindungsvergleichs beispielsweise Leistungen seiner privaten Krankenversicherung in Anspruch nimmt. Wurden die Leistungen aus Anlass von Personenschäden in Anspruch genommen, die sich als Folge eines Unfalls darstellen, gehen die dem Geschädigten gegen den Schädiger zustehenden Ansprüche auf Schadensersatz gem. § 86 Abs. 1 VVG im Augenblick der Leistung auf den privaten Krankenversicherer über. Dieser Anspruchsübergang geht jedoch ins Leere, wenn der Geschädigte bereits zuvor in einem Abfindungsvergleich auf den Ausgleich zukünftiger unfallbedingter Personenschäden verzichtet hat. Der Anspruchsverzicht des Geschädigten begründet eine Obliegenheitsverletzung gem. § 86 Abs. 2 VVG, die den Versicherer dazu berechtigen kann, den 43

91 LG Bremen, Urt. v. 29.4.2014 – 7 O 2228/12 – juris.
92 BAG, Urt. v. 7.12.1988 – 5 AZR 757/87 = BAGE 60, 258–263.

Geschädigten in Höhe der erbrachten Leistungen teilweise oder komplett in Regress zu nehmen.[93]

Wird der Geschädigte bei dem Abschluss eines Abfindungsvergleichs anwaltlich beraten oder vertreten, ist es Aufgabe des Rechtsberaters zu prüfen, ob zu erwarten steht, dass der Geschädigte zukünftig aus Anlass des Schadensfalls Leistungen Dritter in Anspruch nimmt, die einen Anspruchsübergang nach sich ziehen. Es ist dann Aufgabe des Rechtsberaters sicherzustellen, dass der Abfindungsvergleich dem Anspruchsübergang nicht im Wege steht. Andernfalls macht sich der Rechtsberater gegenüber dem Geschädigten schadensersatzpflichtig.

Um dem Problem vorzubeugen, sollte ein Abfindungsvergleich deshalb stets folgenden Zusatz enthalten:

> Vom Vergleich ausgenommen sind sämtliche Ansprüche, die bereits auf Sozialversicherungs- und Sozialleistungsträger oder sonstige Dritte übergangen sind oder zukünftig übergehen werden.

44 Die skizzierten Probleme sind wie folgt zusammenzufassen:

- Erfolgt ein Forderungsübergang z.B. gem. § 116 SGB X im Unfallzeitpunkt, ist es dem Geschädigten nicht mehr möglich, hierüber einen Vergleich zu schließen, da er insoweit nicht mehr aktivlegitimiert ist.
- Erfolgt ein Forderungsübergang z.B. gem. §§ 6 EntgFG; 86 VVG erst im Augenblick der Leistung, kann der Geschädigte vorher wirksam über diese Ansprüche verfügen, auch wenn dies zulasten des künftigen Anspruchsinhabers erfolgt.[94]
- Unterzeichnet der Geschädigte eine vorbehaltlose Abfindungserklärung, ist ab diesem Zeitpunkt ein Forderungsübergang weder nach § 6 EntgFG auf den Arbeitgeber noch nach § 86 VVG möglich.
- Hieraus können Rechtsverluste des Arbeitgebers und des Versicherers eines Privat-Versicherungsvertrages resultieren.
- Erleidet der Geschädigte hierdurch einen Schaden, kommt ein Schadenersatzanspruch gegenüber seinem Rechtsberater wegen Verletzung der aus dem Anwaltsvertrag resultierenden Beratungspflichten in Betracht.
- Zur Meidung dessen muss in jeden Abfindungsvergleich ein Passus aufgenommen werden, der sicherstellt, dass vom Vergleich Ansprüche ausgenommen werden, die erst zukünftig auf Dritte übergehen.

93 Vgl. KG, Urt. v. 5.10.2001 – 6 U 7340/99 = KGR Berlin 2002, 253.
94 OLG Frankfurt a.M., Urt. v. 3.3.1993 – 19 U 222/91 – juris.

§ 8 Sachschaden

A. Unmittelbarer Fahrzeugschaden

Dr. Michael Nugel

I. Übersicht

Es liegt in der Natur der Sache, dass annähernd jedes verkehrsrechtliche Mandat einen Fahrzeugschaden zum Gegenstand hat. Zum Fahrzeugschaden gehören alle Schäden am Fahrzeug sowie an Teilen des Fahrzeugs, die fest damit verbunden sind. Wegen seiner zentralen Bedeutung für die Unfallabwicklung ist es besonders wichtig zu wissen, auf welch unterschiedliche Art und Weise der Fahrzeugschaden abgerechnet werden kann. 1

Um den ursprünglich vor dem Verkehrsunfall vorhandenen Zustand wiederherzustellen, können dem Geschädigten bis zu drei verschiedene Möglichkeiten zur Verfügung stehen:[1] 2

- Es werden die Reparaturkosten verlangt.
- Der Geschädigte rechnet auf Basis der Kosten für eine gleichwertige Ersatzbeschaffung ab und muss sich dabei einen ggf. vorhandenen Restwert seines verunfallten Fahrzeugs anrechnen lassen.
- Im Ausnahmefall kann der Geschädigte unter Anrechnung des Restwerts bzw. Übergabe des verunfallten Fahrzeugs ein Neufahrzeug als Ersatzfahrzeug anschaffen.

Dabei muss der Geschädigte sich grundsätzlich bei gleichwertigen Möglichkeiten der Kompensation des Schadens auf die günstigste Variante verweisen lassen,[2] es sei denn, es besteht ein schützenswertes Integritätsinteresse. Die näheren Einzelheiten hierzu ergeben sich aus dem sog. 4-Stufen-Modell des BGH, welches in den nachfolgenden Abschnitten erläutert wird. 3

Im Rahmen dieses Stufenmodells steht dem es Geschädigten ferner frei, zwei unterschiedliche Varianten der Abrechnung auszuwählen: 4

(1) Er kann **konkret** abrechnen und orientiert sich dabei an der tatsächlich von ihm gewählten Form der Schadensbeseitigung. Die von ihm dabei getätigten Aufwendungen werden dabei üblicherweise belegt und er erhält die dabei angefallene und ausgewiesene Mehrwertsteuer ersetzt. Bei einer konkreten Abrechnung ist jedoch eine Vorlage der Belege über die Aufwendungen nicht zwingend erforderlich, solange der Nachweis einer vollständigen und fachgerechten Beseitigung des Schadens auf anderem Weg erfolgt.

(2) Er rechnet den Schaden in Abweichung von der tatsächlich gewählten Form der Schadensbeseitigung **fiktiv** ab, ohne die konkrete Form der Schadenskompensation nachzuweisen und verzichtet dabei auf den Ersatz der Mehrwertsteuer.

1 Im Überblick *Nugel/Penders*, ZAP 2015, 919 ff.

2 BGH, Urt. v. 7.6.2005 – VI ZR 192/04 = NJW 2005, 2541; *Nugel*, SP 2012, 398 ff.

5 Entscheidet der Geschädigte sich allerdings für eine Abrechnung auf Neuwagenbasis, hat er konkret nachzuweisen, dass er tatsächlich ein gleichwertiges Ersatzfahrzeug als Neufahrzeug angeschafft hat.[3] Auch bei einer Abrechnung auf Basis der dritten Stufe im Bereich der sog. 130 %-Fälle ist nur eine konkrete Abrechnung zulässig, wenn die Reparaturkosten zugesprochen werden sollen.[4]

II. Grundzüge bei konkreter Abrechnung des Reparaturschadens

6 Jeder Reparaturschaden grenzt sich von dem später erörterten Totalschaden dadurch ab, dass die Reparatur des Fahrzeugs **technisch möglich und wirtschaftlich vernünftig ist**. Liegt dagegen ein sog. technischer oder wirtschaftlicher Totalschaden vor, erhält der Geschädigte für den entstandenen Fahrzeugschaden lediglich einen Geldersatz zur Deckung des Wiederbeschaffungsaufwandes (Wiederbeschaffungswert abzgl. Restwert). Eine besondere Abrechnungsform stellt daneben die im „Grenzbereich“ liegende „130 %“-Abrechnung dar.

7 Zu beachten ist, dass sowohl die Reparatur des Fahrzeugs als auch eine Ersatzbeschaffung nach ständiger Rechtsprechung eine Form der Naturalrestitution darstellen.[5] Dies bedeutet, dass § 249 BGB in beiden Fällen Anwendung findet. Da der Schädiger gem. § 249 Abs. 2 S. 1 BGB dem Geschädigten den zur Beseitigung des Schadens „erforderlichen“ Betrag zu ersetzen hat, ist in beiden Fällen das sog. Wirtschaftlichkeitspostulat zu beachten.[6] Es ist also stets zu prüfen, was ein wirtschaftlich und vernünftig denkender Geschädigter zur Beseitigung des Schadens aufwenden würde.[7] Maßgeblich ist dann der kostengünstigste Weg.[8] Überdies ist gem. § 249 Abs. 2 S. 2 BGB sowohl bei der Reparatur des Fahrzeugs als auch bei einer Ersatzanschaffung die Mehrwertsteuer nur zu ersetzen, wenn und soweit sie tatsächlich angefallen ist.

8 Beim konkret abgerechneten Reparaturschaden lässt der Geschädigte sein Fahrzeug i.d.R. in einer Werkstatt reparieren und beziffert den eingetretenen und auszugleichenden Schaden konkret auf der Grundlage der vorliegenden Reparaturkostenrechnung. Eine solche Abrechnung bietet sich insbesondere dann an,

- wenn das Fahrzeug verhältnismäßig neuwertig ist und/oder
- der Geschädigte durch eine fachgerechte Reparatur sicherstellen will, dass sich das Fahrzeug auch nach der Reparatur in einem einwandfreien Zustand befindet.

1. Ersatz höherer Reparaturkosten als ursprünglich geschätzt

9 Schadensrechtlich stellt die Abrechnung auf konkreter Reparaturkostenbasis den klassischen Anwendungsfall der Differenzhypothese dar. Der Geschädigte erhält denjenigen

3 BGH, Urt. v. 9.6.2009 – VI ZR 210/08 = NJW 2009, 3022.
4 BGH, Urt. v. 8.12.2009 – VI ZR 119/09 = VersR 2010, 363; BGH, Urt. v. 2.6.2015 – VI ZR 387/14 – juris.
5 BGH, Urt. v. 15.2.2005 – VI ZR 70/04 = VersR 2005, 663.
6 BGH, Urt. v. 29.4.2003 – VI ZR 398/02 = NJW 2003, 2086.
7 BGH, Urt. v. 15.10.1991 – VI ZR 67/91 = NJW 1992, 305.
8 BGH, Urt. v. 7.6.2005 – VI ZR 192/04 = NJW 2005, 2541; *Nugel*, SP 2012, 398 ff.

Betrag vom Schädiger ersetzt, den er konkret aufgewendet hat. Durch die fachgerechte Reparatur seines Fahrzeugs wird der Geschädigte grundsätzlich weder besser noch schlechter gestellt als ohne das schadenbegründende Ereignis. Dies kann auch dann gelten, wenn der Betrag der Reparaturkosten von den Kosten abweicht, die ursprünglich als erforderlich angesehen werden. Hier ist aber ggf. eine gesonderte Begründung erforderlich.

▼

Muster 8.1: Geltendmachung konkreter Reparaturkosten oberhalb der Schadensschätzung 10

___ Versicherung AG

___

___

Schaden-Nr./VS-Nr./Az. ___

Schaden vom ___

Pkw ___, amtl. Kennzeichen ___

Sehr geehrte Damen und Herren,

wie bereits mitgeteilt, hat meine Mandantschaft das beschädigte Fahrzeug in der Fachwerkstatt der Fa. ___ instand setzen lassen. Ausweislich der in der Anlage beigefügten Reparaturkostenrechnung beliefen sich die Reparaturkosten auf ___ (brutto). Insoweit ist zu beachten, dass das eingeholte Gutachten lediglich einen ersten Schätzwert bildet und dass der tatsächliche Aufwand eine zuverlässigere Auskunft über den erforderlichen Herstellungsaufwand gibt (BGH NJW 1989, 3009; vgl. auch BGH, Urt. v. 3.12.2013 – VI ZR 24/13 = VersR 2014, 214). Insbesondere sind auch Abweichungen von bis zu 30 % ohnehin aus Sicht des Geschädigten nicht zu beanstanden (BGH, Urt. v. 16.1.2024 – VI ZR 266/22). Soweit die tatsächlichen Reparaturkosten von den Angaben des Sachverständigen abweichen, ist dies darauf zurückzuführen, dass sich der Gutachter hinsichtlich der voraussichtlichen Reparaturkosten verschätzt hat. Erst bei der Reparatur des Fahrzeugs stellte sich heraus, dass die im Gutachten angeführten Schäden im Bereich ___ einen weiteren Instandsetzungsaufwand rechtfertigen.

Wegen der näheren Einzelheiten verweise ich auf die als Anlage beigefügte Rechnung der Werkstatt, in der die konkret notwendigen Reparaturarbeiten im Einzelnen angeführt sind. Fest steht daher, dass es sich bei den von der Fa. ___ verursachten Reparaturkosten um den zur Wiederherstellung „erforderlichen Geldbetrag" i.S.d. § 249 Abs. 2 S. 1 BGB handelt. Es wird um Ausgleich eines Betrages in Höhe von ___ EUR binnen der nächsten ___ Tage bis zum

___

gebeten.

Mit freundlichen Grüßen

(Rechtsanwalt)

▲

2. Abzug einer Wertverbesserung („Neu für Alt")

11 Der Grundsatz, dass der Geschädigte durch die Abrechnung des Fahrzeugschadens auf Reparaturkostenbasis nicht mehr und nicht weniger erhält als ihm zusteht, gilt dort nicht mehr, wo sein Fahrzeug durch die Reparatur eine **Wertverbesserung** erfährt. Das schadenrechtliche Verbot einer Besserstellung rechtfertigt in Fällen dieser Art einen sog. **Abzug „neu für alt"**.[9] Dafür ist erforderlich, dass durch die Reparatur der Wert des Kfz erhöht wird oder der Geschädigte Aufwendungen erspart, die er später hätte machen müssen.[10] Dies ist der Fall bei der Auswechslung von sog. Verschleißteilen, die einen mehr als nur geringen Wert haben, und wenn durch den Austausch eine längere Lebensdauer herbeigeführt wird.[11] Werden hingegen Teile des Fahrzeugs ersetzt, die im Allgemeinen die Lebensdauer des Fahrzeugs erreichen, tritt eine Wertverbesserung durch deren Austausch nicht ein.[12]

12 Zu den verbrauchsabhängigen Teilen, die im Laufe der Lebensdauer des Fahrzeugs ausgetauscht werden müssen, zählen insbesondere:

- Reifen,[13]
- Motor,[14]
- Lackierung,[15]
- Kupplung,
- Schmierstoffe,
- Batterie,[16]
- Dichtungen.

13 Voraussetzung für den Abzug „neu für alt" ist selbstverständlich in jedem Fall, dass ein neues oder neuwertiges Ersatzteil in ein gebrauchtes Fahrzeug eingebaut werden soll. Ein solcher Abzug lässt sich also beispielsweise bei einer Kupplung vermeiden, wenn eine gebrauchte Kupplung eingebaut wird, die dem Lebensalter des ausgetauschten Altteils entspricht.

Wird ein Abzug „neu für alt" berechtigterweise vorgenommen, kann er sich auch auf die dabei anfallenden Lohnkosten erstrecken.[17]

9 Grundlegend bereits BGH, Urt. v. 24.3.1959 – VI ZR 90/58 = NJW 1959, 1078.
10 OLG Celle, Urt. v. 8.11.1973 – 5 U 58/73 = VersR 1974, 1032.
11 OLG Düsseldorf, Urt. v. 25.6.2001 – 1 U 126/00 = NZV 2002, 87.
12 KG, Urt. v. 5.11.1970 – 12 U 724/70 = NJW 1971, 142.
13 OLG Düsseldorf, Urt. v. 25.6.2001 – 1 U 126/00 = NZV 2002, 87.
14 OLG Hamm, Urt. v. 8.7.2003 – 21 U 24/03 = NJW-RR 2004, 311.
15 OLG Karlsruhe, Urt. v. 5.3.1986 – 1 U 249/85 = zfs 1986, 263; OLG München, Urt. v. 29.7.1969 – 10 U 2623/68 – juris; LG Essen, Urt. v. 3.2.2012 – 20 C 463/11 – juris: 30 % bei einem alten Kfz.
16 Je nach den Umständen des Einzelfalls: OLG Karlsruhe, Urt. v. 26.5.1989 – 10 U 318/88 = NJW-RR 1989, 1112.
17 OLG Hamburg, Urt. v. 16.4.1999 – 14 U 90/97 = NZV 1999, 513.

3. Ersatzpflicht des Schädigers unter Übernahme des „Werkstattrisikos“

Erweisen sich Reparaturarbeiten einer Werkstatt als mangelhaft, stellt sich die Frage, wer die daraus resultierenden Folgeschäden (z.B. Kosten einer Nachbesserung, verlängerter Ausfallschaden) zu tragen hat. Dieses Risiko hat i.d.R. die Schädigerseite zu tragen, die ja ebenfalls für die Mehraufwendungen aufkommen müsste, wenn sie (theoretisch) selber die Reparaturwerkstatt ausgewählt hätte.[18] Im Gegenzug ist der Geschädigte allerdings dazu verpflichtet, dem Schädiger die ihm gegen die Werkstatt zustehenden Ansprüche (ggf. in analoger Anwendung des § 667 BGB) abzutreten.[19] Auf diesem Wege wird es dem Schädiger ermöglicht, die Mehrkosten bei der Reparaturwerkstatt beizutreiben. 14

▼ 15

Muster 8.2: Mehrkosten wegen mangelhafter Reparatur

Versicherung AG

Schaden-Nr./VS-Nr./Az.

Schaden vom

Pkw , amtl. Kennzeichen

Sehr geehrte Damen und Herren,

ich nehme Bezug auf Ihr Schreiben vom . Darin vertreten Sie die Auffassung, die durch die mangelhafte Reparatur verursachten Mehrkosten seien von meinem Mandanten zu tragen. Hiermit vermag ich mich nicht einverstanden zu erklären.

Entgegen der von Ihnen vertretenen Auffassung muss sich meine Mandantschaft das Fehlverhalten der von ihm beauftragten Werkstatt nicht zurechnen lassen. Nach einhelliger Auffassung in der Rechtsprechung ist die Reparaturwerkstatt nicht Erfüllungsgehilfe des Geschädigten. Führt die vom Geschädigten beauftragte Reparaturwerkstatt die Reparaturarbeiten unsachgemäß aus, hat der Schädiger auch die dadurch verursachten Mehrkosten zu übernehmen (vgl. BGH, Urt. v. 16.1.2024 – VI ZR 253/22; BGH, Urt. v. 16.1.2024 – VI ZR 266/22; BGH NJW 1992, 302; OLG Hamm NZV 1995, 442). Mein Mandant tritt Ihnen im Gegenzug einen möglichen Regressanspruch gegenüber der beauftragten Werkstatt wegen angeblich zu hoch abgerechneter Reparaturkosten ab.

Danach habe ich Sie aufzufordern, den von Ihnen in Abzug gebrachten Reparaturkostenbetrag umgehend, spätestens jedoch bis zum

(*10-Tages-Frist*)

auszugleichen. Im Gegenzug wird Ihnen mein Mandant die ihm möglicherweise zustehenden Mängelgewährleistungsrechte und Regressansprüche gegen die Reparaturwerkstatt abtreten, sofern Sie dies möchten.

18 BGH, Urt. v. 16.1.2024 – VI ZR 253/22; BGH, Urt. v. 16.1.2024 – VI ZR 266/22; BGH, Urt. v. 15.10.1991 – VI ZR 314/90 = NJW 1992, 302; OLG München, Urt. v. 7.7.2006 – 10 U 2270/06 = BeckRS 2006, 08156; OLG Karlsruhe, Urt. v. 19.10.2004 – 17 U 107/04 = NJW-RR 2005, 248.

19 Bereits grundlegend: BGH, Urt. v. 29.10.1974 – VI ZR 42/73 = NJW 1975, 160; vgl. auch LG Hagen, Urt. v. 4.12.2009 – 8 O 97/09 – juris Rn 32.

Sollte der Ausgleich der weiteren Reparaturkosten nicht innerhalb der gesetzten Frist erfolgen, werde ich meinem Mandanten empfehlen, gerichtliche Hilfe in Anspruch zu nehmen.

Mit freundlichen Grüßen

(Rechtsanwalt)

▲

16 Das Werkstattrisiko einer unsachgemäßen oder verzögerten Reparatur verbleibt daher grundsätzlich beim Geschädigten.[20] Dies gilt auch dann, wenn durch fehlerhafte Reparaturarbeiten ein weiterer nicht unfallkompatibler Schaden verursacht worden ist.[21] Im Gegenzug steht der Schädigerseite ein Anspruch auf Abtretung möglicher Ersatzansprüche des Geschädigten als Vertragspartner gegenüber der Reparaturwerkstatt wie schon dargelegt zu[22] und diesbezüglich kann die Schädigerseite zumindest ein Zurückbehaltungsrecht geltend machen.

17 Das Werkstattrisiko greift zugunsten des Geschädigten auch bei einer unbezahlten Rechnung ein: Übergibt der Geschädigte nämlich das beschädigte Fahrzeug einer Fachwerkstatt zur Instandsetzung, ohne dass ihn insoweit ein Auswahl- oder Überwachungsverschulden trifft, sind die dadurch angefallenen Reparaturkosten im Verhältnis Geschädigter zum Schädiger unter Berücksichtigung seiner eingeschränkten Fachkenntnis auch dann vollumfänglich zu ersetzen, wenn die Reparaturkosten wegen überhöhter Ansätze von Material und Arbeitszeit oder unsachgemäßer oder unwirtschaftlicher Arbeitsweise als unangemessen und mithin nicht erforderlich i.S.d. § 249 Abs. 2 BGB zu beanstanden sind.

18 Um in den Genuss dieser Schutzwirkung zu kommen, müssen allerdings weitere Voraussetzungen durch den Geschädigten beachtet werden: Anders als bei einer bezahlten Rechnung kann der Geschädigte sich zu seinen Gunsten nur auf dieses Werkstattrisiko berufen, wenn er eine Auszahlung gegenüber der Werkstatt verlangt. Wenn er dagegen eine Zahlung an sich selber verfolgt, besteht ansonsten aus Sicht des BGH das Risiko, dass der Geschädigte vom Haftpflichtversicherer des Unfallgegners einen vollen Schadensersatz erhält, bei berechtigten Einwendungen des Haftpflichtversicherers dann aber im Verhältnis zur Werkstatt eine eigene Kürzung vornimmt und in diesem Fall ungerechtfertigt bereichert wäre. Deshalb muss aus Sicht des BGH bei einer unbezahlten Rechnung die Zahlung an die Werkstatt verfolgt werden, wenn der Geschädigte unter Berufung auf das Werkstattrisiko geschützt werden soll.

19 Bei einem solchen Antrag auf Zahlung an die eingeschaltete Werkstatt bleibt nach Ansicht des BGH[23] der Geschädigte selber der Gläubiger des verfolgten Anspruchs,

20 Grundlegend: BGH, Urt. v. 16.1.2024 – VI ZR 253/22; BGH, Urt. v. 16.1.2024 – VI ZR 266/22; BGH, Urt. v. 29.10.1974 – VI ZR 42/73 = NJW 1975, 160; ebenso OLG Hamm, Urt. v. 31.1.1995 – 9 U 168/94 = NZV 1995, 442.

21 BGH, Urt. v. 16.1.2024 – VI ZR 253/22; BGH, Urt. v. 16.1.2024 – VI ZR 266/22; LG Hagen, Urt. v. 14.12.2009 – 8 O 97/09 – juris.

22 BGH, Urt. v. 29.10.1974 – VI ZR 42/73 = NJW 1975, 160; LG Hagen, Urt. v. 14.12.2009 – 8 O 97/09 – juris Rn 32.

23 BGH, Urt. v. 16.1.2024 – VI ZR 253/22; BGH, Urt. v. 16.1.2024 – VI ZR 266/22.

sodass eine Aufrechnung mit einem unterstellten Gegenanspruch der Kfz-Haftpflichtversicherung wegen eines zu hoch gezahlten Betrags gegenüber der Werkstatt nicht eingreifen kann. Gleiches gilt für die sogenannte Dolo-Agit-Einrede, die ein „Hin- und Her-Verschieben von Zahlungsbeträgen“ verhindern soll. Auch dieser Einwand kann aus Sicht des BGH nur im Verhältnis der jeweiligen Parteien zueinander eingreifen und geht daher ins Leere, wenn der Geschädigte selber klagt. Mit diesem Einwand kann der Haftpflichtversicherer des Unfallgegners also nicht gehört werden.

Allerdings kann die betroffene Werkstatt nicht selber im Wege der Abtretung eine Zahlungsklage an sich selber verfolgen und sich auf das Werkstattrisiko berufen. Denn nur allein im Verhältnis zu dem Geschädigten ist die Durchführung des Vorteilsausgleichs möglich.[24] 20

▼ 21

Muster 8.3: Werkstattrisiko bei unbezahlter Rechnung

8.3

Selbst wenn der Vortrag der Gegenseite zutrifft und die mit der Reparatur beauftragte Werkstatt zu hohe Reparaturkosten oder gar einen nicht erforderlichen Reparaturaufwand abgerechnet hätte, kann dies der Klägerseite vorliegend nicht entgegengehalten werden: Übergibt nämlich der Geschädigte wie in diesem Fall das beschädigte Fahrzeug einer Fachwerkstatt zur Instandsetzung, ohne dass ihn insoweit ein Auswahl- oder Überwachungsverschulden trifft, sind die dadurch angefallenen Reparaturkosten im Verhältnis Geschädigter zum Schädiger unter Berücksichtigung seiner eingeschränkten Fachkenntnis auch dann vollumfänglich zu ersetzen, wenn die Reparaturkosten wegen überhöhter Ansätze von Material und Arbeitszeit oder unsachgemäßer oder unwirtschaftlicher Arbeitsweise als unangemessen und mithin nicht erforderlich i.S.d. § 249 Abs. 2 BGB zu beanstanden sind (BGH, Urt. v. 16.1.2024 – VI ZR 253/22; BGH, Urt. v. 16.1.2024 – VI ZR 266/22; BGH, Urt. v. 16.1.2024 – VI ZR 51/23; BGH NJW 1975, 160). Die Klägerseite begehrt insoweit im Einklang mit dieser Rechtsprechung bei der vorliegend von ihr noch nicht bezahlten Rechnung allein eine Auszahlung an die Werkstatt und tritt hiermit einen möglichen Regressanspruch wegen der Reparatur des Kfz mit dem Kennzeichen ___ vom ___ durch die Werkstatt ___ an die Beklagtenseite Zug um Zug gegen Auszahlung der noch offenen Differenz aus der o.g. Reparaturrechnung ab.

▲

Zudem betont der BGH[25] auch, dass die Grundsätze des Werkstattrisikos auch dann eingreifen, wenn nicht der Geschädigte selbst, sondern eine von ihm beauftragte Werkstatt in seinem Namen den Sachverständigen eingeschaltet hat, auf dessen Gutachten dann eine durchgeführte Reparatur beruht. Selbst wenn bestimmte angeblich zu hoch abgerechnete Positionen tatsächlich umgesetzt worden wären, würde dies unter Beachtung der Grundsätze des Werkstattrisikos nicht zu Lasten der Klägerseite gehen, solange diese keine Anhaltspunkte dafür gehabt hat, dass dieser Bestandteil der Reparaturmaßnahmen nicht tatsächlich durchgeführt worden wäre. Auch wenn die Auswahl des Sachverständigen nicht durch den Geschädigten selbst, sondern nach der Vermittlung einer 22

24 BGH, Urt. v. 16.1.2024 – VI ZR 253/22; BGH, Urt. v. 16.1.2024 – VI ZR 266/22.
25 BGH, Urt. v. 16.1.2024 – VI ZR 51/23 – juris.

Werkstatt oder eines Rechtsanwaltes im Rahmen eines Schadensservice einer Hand erfolgt, steht dies nach Ansicht des BGH mithin einer subjektbezogenen Schadensbetrachtung unter den Grundsätzen des Werkstattrisikos nicht entgegen. Alleine diese Vorgehensweise kann aus Sicht des Geschädigten, auf die es maßgeblich ankommt, keine durchgreifenden Zweifel daran wecken, dass die vom Sachverständigen vorgenommene Kalkulation sachlich zu beanstanden wäre.

23 Selbst wenn in einem Gerichtsprozess dennoch eine Beweisaufnahme durchgeführt worden ist, kann von einem Verschulden des Geschädigten bei der Überwachung der Werkstatt nicht deshalb ausgegangen werden, weil der Geschädigte aufgrund eines gerichtlich eingeholten Sachverständigengutachtens nunmehr Kenntnis davon hat, dass die in Rechnung gestellten Kosten (teilweise) objektiv nicht erforderlich sind.[26] Die Grundsätze zum Werkstattrisiko würden in ihr Gegenteil verkehrt, würde mit dem Ergebnis einer nicht veranlassten, sich prozessual verbietenden Beweisaufnahme ein Überwachungsverschulden aufgrund nunmehr veränderter Erkenntnismöglichkeiten des Geschädigten begründet und dieser darauf verwiesen, diese neu gewonnenen Erkenntnisse selbst gegenüber der Werkstatt geltend zu machen. Mit einer diesbezüglichen Auseinandersetzung soll der Geschädigte gerade nicht belastet werden.

24 Für den Geschädigten bedeutet dies dagegen einen weitreichenden Schutz, sodass er aus der entsprechenden Kommunikation und streitigen Auseinandersetzungen zwischen dem Haftpflichtversicherer einerseits und der eingeschalteten Werkstatt bzw. dem Gutachter, der die Grundlage für die durchgeführten Arbeiten der Werkstatt berechnet hat, herausgehalten wird. Zu beachten ist dabei aber auch, dass diese Grundsätze nicht eingreifen, wenn der Geschädigte einen sogenannten Freistellungsanspruch verfolgt, den er alternativ als Klageantrag stellen kann. Möchte er lediglich eine Freistellung von der Verbindlichkeit haben, welche ihm gegenüber seine Werkstatt wegen der durchgeführten Reparatur erhoben hat, sind wiederum die werkvertraglichen Grundsätze maßgeblich. Sollte dem Geschädigten dann ein Minderungsanspruch wegen unsachgemäßen oder nicht erforderlichen Arbeiten gegenüber dem Autohaus zustehen, kann ihm gegenüber dies eingewendet werden und die Grundsätze des Werkstattrisikos greifen aus Sicht des BGH ebenfalls nicht ein.[27]

25 Ist der Fall im Übrigen dadurch geprägt, dass nicht der Geschädigte selber, sondern die Werkstatt im Wege einer Abtretung vorgeht, sind Einwendungen in der Sache sehr wohl möglich. Denn insoweit ist zu beachten, dass der Geschädigte bei einer unbezahlten Rechnung sich nur dann auf das Werkstattrisiko berufen kann, wenn er die Klage auf eine Zahlung an die Werkstatt richtet. Wenn nun die Werkstatt selber aus diesem Recht klagen würde, ist dies aus Sicht des BGH mit einer Inhaltsänderung verbunden, die nach § 399 Var. 1 BGB nicht zulässig ist – die Grundsätze des Werkstattrisikos können also nicht im Wege der Abtretung übertragen werden. Dabei ist auch zu beachten, dass der Schädiger ein besonderes Interesse daran hat, dass der Geschädigte in diesem Fall sein

26 BGH, Urt. v. 16.1.2024 – VI ZR 266/22 – juris.
27 Vgl. zu dieser Fallgruppe auch *Nugel*, VRR 2023 S. 5 ff.

Gläubiger bleiben würde. Aus Sicht des BGH ist jedenfalls allein im Verhältnis zu dem Geschädigten die Durchführung des Vorteilsausgleichs möglich, da der Schadenersatzanspruch gegen den Schädiger und die im Wege des Vorteilsausgleichs abzutretenden etwaigen Ansprüche gegen die Werkstatt nur in diesem Fall in einer Hand, also beim Geschädigten verbleiben. Dies ist dagegen nach der Abtretung der Schadensersatzforderung an die Werkstatt gerade nicht der Fall und der Schädiger verliert damit das Recht, seine eigene Zahlungsverpflichtung Zug um Zug gegen Abtretung der Ansprüche des Geschädigten zu erfüllen. Folgerichtig geht der BGH davon aus, dass die Option des Geschädigten, sich auf das Werkstattrisiko zu berufen, nicht im Wege der Abtretung auf Dritte übertragen werden kann.

Zudem weist der BGH[28] auch darauf hin, dass nur bei Gelegenheit des Unfallereignisses durchgeführte Instandsetzungsarbeiten und daher insbesondere die Beseitigung unfallfremder Altschäden nicht vom Werkstattrisiko erfasst sind. Insoweit bleibt es dabei, dass der Geschädigte weiterhin die Darlegungs- und Beweislast für die Unfallbedingtheit eines eingetretenen Schadens trägt und er auch den Anforderungen des von der Rechtsprechung geforderten Vortrags bei einem Vorschaden genügen muss.[29] 26

▼ 27

Muster 8.4: Zurückbehaltungsrecht im Prozess wegen Ersatzanspruch gegenüber der Werkstatt 8.4

Selbst wenn der Vortrag der Klägerseite zutrifft und diese keine Verantwortung für den verfolgten Schaden trifft, sondern hierfür allein die eingeschaltete Reparaturwerkstatt verantwortlich sein sollte, so steht der Schädigerseite bei Übernahme des sog. Werkstattrisikos ein Anspruch gegen den Geschädigten auf Abtretung eines Ersatzanspruchs gegenüber der Werkstatt zu (BGH, Urt. v. 16.1.2024 – VI ZR 253/22; BGH, Urt. v. 16.1.2024 – VI ZR 266/22; BGH NJW 1975, 160; LG Hagen, Urt. v. 14.12.2009 – 8 O 97/09 – juris Rn 32). Ein solcher Anspruch berechtigt zu der Einrede des

Zurückbehaltungsrechts,

welches für den Fall geltend gemacht wird, dass die Einwendungen zur Verantwortlichkeit der Klägerseite nicht eingreifen und der Beklagtenseite das alleinige „Werkstattrisiko" auferlegt wird. Es könnte allenfalls ein Verurteilung Zug-um-Zug erfolgen.

▲

Der Grundsatz, wonach sich der Geschädigte im Rahmen seiner freien Auswahl der Reparaturwerkstatt kein Fehlverhalten der Reparaturwerkstatt zurechnen lassen muss, findet dort seine Grenze, wo die fehlerhaften Reparaturarbeiten durch unsachgemäße Beauftragung oder Auswahl der Reparaturwerkstatt vom Geschädigten mitverschuldet oder mitverursacht wurden.[30] Dies ist der Fall, wenn die vom Geschädigten beauftragte Reparaturwerkstatt erkennbar und voraussehbar nicht über ausreichende Sachkunde für die Durchführung der Reparatur verfügt.[31] Allein das Überschreiten der bisher geschätz- 28

28 BGH, Urt. v. 16.1.2024 – VI ZR 253/22.
29 *Böhm/Nugel*, DAR 2011, 666 ff.; *Nugel*, zfs 2020, 490 ff.
30 BGH, Urt. v. 16.1.2024 – VI ZR 253/22.
31 OLG Hamm, Urt. v. 31.1.1995 – 9 U 168/94 = NZV 1995, 442.

ten Reparaturkosten führt aber nicht zu einem Überwachungsverschulden: selbst wenn der Rechnungsbetrag der Werkstatt 27 % über dem Betrag liegt, der in dem vor der Reparatur erstellten Sachverständigengutachten kalkuliert wurde, reicht dies nicht aus, um ein Verschulden des Geschädigten zu bejahen.[32]

29 Die **Schadensminderungspflicht** gebietet dem Geschädigten jedoch in Ausnahmefällen, auf eine vom Schädiger empfohlene Reparaturwerkstatt zurückzugreifen. Der Geschädigte hat grundsätzlich einen Anspruch darauf, sein Fahrzeug in einer markengebundenen Fachwerkstatt seiner Wahl zu den dort üblichen Stundensätzen reparieren zu lassen.[33] Er bleibt insoweit Herr des Restitutionsgeschehens.

30 Dies ändert sich erst dann, wenn dem Geschädigten zwei qualitativ gleichwertige Wege zur Reparatur zur Verfügung stehen und einer der beiden Wege mit geringeren Kosten verbunden ist. In diesem Fall gebietet es die Schadensminderungspflicht dem Geschädigten bei Vorliegen weiterer Voraussetzungen, den kostengünstigeren Weg zu wählen.[34] Derzeit wird eine konkrete Verweisung auf die Reparatur in einer günstigeren, nicht markengebundenen Fachwerkstatt seitens der regulierenden Kfz-Haftpflichtversicherungen allein im Rahmen einer fiktiven Abrechnung durchgeführt, weshalb auf die Erörterung der weiteren Einzelheiten im nächsten Abschnitt über die fiktive Abrechnung verwiesen wird.[35]

31 Eine weitere für die Praxis bedeutsame Frage ist es, ob der Geschädigte sich im Rahmen seiner Schadensminderungspflicht auf sog. **Sonderkonditionen** verweisen lassen muss, die ihm eingeräumt werden. Dies kann nach den Umständen des Einzelfalls zu bejahen sein. So ist z.B. der Schaden für die Beschaffung eines Ersatzfahrzeugs unter Berücksichtigung eines Rabattes zu berechnen, den der Fahrzeughersteller Schwerbehinderten generell gewährt.[36]

32 ▼

Muster 8.5: Werkstattrabatt

8.5

Vorliegend ist ein Werkstattrabatt in Höhe von mindestens ____ % auf die Reparaturkosten zu berücksichtigen. Ein solcher üblicherweise eingeräumte Werkstattrabatt ist bei der Schadensabrechnung zu berücksichtigen und mindert den Ersatzbetrag des Geschädigten, der ansonsten unzulässig bereichert wäre (BGH, Urt. v. 18.10.2011 – VI ZR 17/11 = VRR 2011, 402; ebenso BGH, Urt. v. 14.7.2020 – VI ZR 268/19 = NJW 2021, 241; OLG Karlsruhe, Urt. v. 22.6.2009 – 1 U 13/09 = SP 2009, 437; LG Bremen, Beschl. v. 10.10.2014 – 7 S 184/14 – juris; AG Dortmund, Urt. v. 3.11.2015 – 425 C 5001/15 – juris; AG Hannover, Urt. v. 16.12.2010 – 422 C 9236/10 = Schaden-Praxis 2011, 295; AG Plauen SP 2010, 403). Dies gilt erst recht im Rahmen einer fiktiven Abrechnung, denn auch in diesem Fall besteht die Schadensminderungspflicht des § 254 Abs. 2 BGB fort

32 BGH, Urt. v. 16.1.2024 – VI ZR 266/22 – juris.
33 BGH, Urt. v. 28.4.2015 – VI ZR 267/14 = NJW 2015, 2110; BGH, Urt. v. 29.4.2003 – VI ZR 398/02 = NJW 2003, 2086.
34 BGH, Urt. v. 28.4.2015 – VI ZR 267/14 = NJW 2015, 2110; BGH, Urt. v. 29.4.2003 – VI ZR 398/02 = NJW 2003, 2086.
35 BGH, Urt. v. 20.10.2009 – VI ZR 53/09 = VersR 2010, 225.
36 OLG Frankfurt a.M., Urt. v. 3.6.2019 – 29 U 203/18 – juris.

(AG Dortmund, Urt. v. 3.11.2015 – 425 C 5001/15 – juris, bestätigt durch den Hinweisbeschluss des LG Dortmund als Berufungsgericht im Verfahren (21 S 59/15)). Der Rabatt kann dabei im Rahmen des tatrichterlichen Ermessens bei der Schadensschätzung i.d.R. sogar mit 15 % angesetzt werden (OLG Karlsruhe a.a.O.). Vorliegend ist insoweit zu berücksichtigen, dass ___.

▲

33 Zum einen ist der Geschädigte gem. § 254 Abs. 2 BGB verpflichtet, den Schaden so gering wie möglich zu halten. Zum anderen darf er wirtschaftlich nicht bessergestellt sein als ohne das schädigende Ereignis. Nach diesen Grundsätzen ist der Geschädigte zwar nicht verpflichtet, überobligatorische Anstrengungen im Interesse des Schädigers zu unternehmen, um einen möglichst geringen Preis zu erhalten oder nach „Schnäppchen" Ausschau zu halten, wohl aber dazu, handelsübliche Rabatte oder aber solche, die ihm ohne jeglichen Verhandlungsaufwand offenstehen, wahrzunehmen. Dies hat jedoch die Schädigerseite zu beweisen, während bei dem Geschädigten allerdings eine sekundäre Darlegungslast verbleibt.[37] Daher muss auch der Geschädigte, der im Wege der konkreten Schadensabrechnung Ersatz der Kosten für ein fabrikneues Ersatzfahrzeug begehrt, sich einen Nachlass für Menschen mit Behinderung anrechnen lassen, den er vom Hersteller aufgrund von diesem generell und nicht nur im Hinblick auf ein Schadensereignis gewährter Nachlässe erhält.[38]

34 Ein ganz besonderer Fall liegt vor, wenn der Geschädigte eine eigene Werkstatt unterhält: Wird bei einem Verkehrsunfall ein Kfz beschädigt, hat der Geschädigte, der einen auf Gewinnerzielung ausgerichteten Reparaturbetrieb führt, zwar grundsätzlich Anspruch auf Ersatz der Kosten einer Fremdreparatur einschließlich des Gewinnanteils. Allerdings muss sich der Geschädigte in diesem Fall unter dem Gesichtspunkt der Schadensminderungspflicht auf eine gleichwertige Reparaturmöglichkeit in seiner eigenen Werkstatt verweisen lassen, wenn sein Betrieb nicht ausgelastet und es ihm zumutbar ist, ansonsten ungenutzte Kapazitäten für die notwendige Reparatur zu nutzen. Dies gilt sowohl bei der konkreten als auch bei der fiktiven Schadensabrechnung.[39]

4. Nachweis der angefallenen Mehrwertsteuer

35 Nach § 249 Abs. 2 S. 2 BGB ist die Mehrwertsteuer im Rahmen der Schadensbeseitigung nur zu ersetzen, soweit sie tatsächlich angefallen ist. Die Darlegungs- und Beweislast für diese Anspruchsvoraussetzung obliegt dem Geschädigten. Den ihm obliegenden Nachweis wird er i.d.R. durch Vorlage einer Rechnung mit ausgewiesener Mehrwertsteuer führen.

36 Ein besonderes Problem ergibt sich, wenn der Geschädigte die in Rechnung gestellte Mehrwertsteuer bezahlt, tatsächlich aber keine Pflicht zur Zahlung dieser Steuer bestand.

37 OLG Karlsruhe, Urt. v. 22.6.2009 – 1 U 13/09 = SP 2009, 437; LG Bremen, Beschl. v. 10.10.2014 – 7 S 184/14 – juris.
38 BGH, Urt. v. 14.7.2020 – VI ZR 268/19 = NJW 2021, 241.
39 BGH, Urt. v. 26.5.2023 – VI ZR 274/22 = MDR 2023, 1044.

Insoweit ist zu differenzieren: Hat der Geschädigte von der fehlenden Verpflichtung gewusst oder hätte er dies unschwer erkennen können, so hat er durch die Zahlung der Mehrwertsteuer gegen seine Schadensminderungspflicht verstoßen und sein Anspruch ist entsprechend zu kürzen. War die fehlende Verpflichtung jedoch für ihn nicht ohne weiteres erkennbar, sprechen gewichtige Gründe dafür, dass in konsequenter Fortsetzung der Rechtsprechung zum „Werkstattrisiko“ der Schädiger auch das Risiko einer zu Unrecht gezahlten Mehrwertsteuer trägt.[40] Hätte der Schädiger selber die Reparatur in die eigenen Hände genommen, so wäre ihm mangels Erkennbarkeit der fehlenden Verpflichtung aller Voraussicht nach der gleiche Fehler unterlaufen.

5. Checkliste: Konkreter Reparaturschaden

37
- Die Bezifferung des Schadens erfolgt durch eine Reparaturkostenrechnung.
- Eine Abweichung der Rechnung vom Gutachten ist irrelevant, solange keine Altschäden repariert wurden.
- Gegebenenfalls kommt ein Abzug „neu für alt“ bei sog. Verschleißteilen in Betracht.
- Die Reparaturwerkstatt ist nicht Erfüllungsgehilfe des Geschädigten; das sog. Werkstattrisiko liegt im Rahmen einer Abrechnung auf der Basis der tatsächlich angefallenen Reparaturkosten beim Schädiger.
- Dies gilt auch bei einer unbezahlten Rechnung, wenn der Geschädigte eine Zahlung an die Reparaturwerkstatt Zug um Zug gegen Abtretung eines möglichen Rückforderungsanspruchs verlangt.
- Das Werkstattrisiko kann aber nicht im Wege der Abtretung auf den Reparaturbetrieb übertragen werden.
- Der Geschädigte ist in der Auswahl der Reparaturwerkstatt grundsätzlich frei, muss sich aber unter bestimmten Umständen auf die Reparatur in einer qualitativ gleichwertigen, aber kostengünstigeren Reparaturwerkstatt verweisen bzw. einen Werkstattrabatt entgegenhalten lassen.

III. Fiktiver Reparaturschaden

1. Übersicht

38 Wird ein Fahrzeugschaden „fiktiv“ abgerechnet, ist damit gemeint, dass die Abrechnung in **Abweichung von der tatsächlichen Schadensbehebung** erfolgt.

Dogmatische Grundlage hierfür ist **§ 249 Abs. 2 S. 1 BGB**, wonach der Schädiger dem Geschädigten den Ausgleich des für die Wiederherstellung des ursprünglichen Zustandes „erforderlichen“ Geldbetrags schuldet. Zutreffenderweise wird aus der in § 249 Abs. 2 S. 1 BGB gewählten Formulierung gerade nicht der Rückschluss hergeleitet, dass der Geschädigte diesen Geldbetrag auch tatsächlich zur Durchführung der erforderlichen

40 *Lemcke*, r+s 2002, 272.

Reparaturarbeiten verwenden muss. Das Geld steht vielmehr zu seiner freien Disposition. Er kann deshalb

- auf die Reparatur des Fahrzeugs gänzlich verzichten,
- nur einen Teil des Fahrzeugschadens reparieren lassen oder
- einen kostengünstigeren Weg der Reparatur wählen.

In jedem Fall steht ihm grundsätzlich der für eine fachgerechte Reparatur volle Geldbetrag zu. Allerdings sieht § 249 Abs. 2 S. 2 BGB in der seit dem 1.8.2002 geltenden Fassung wie bereits dargelegt vor, dass eine Mehrwertsteuer nur ersetzt wird, wenn und soweit diese tatsächlich angefallen ist. Diese Regelung bestätigt zugleich in einem Umkehrschluss, dass eine Schadensabrechnung auch ohne Bezug zu den tatsächlichen Reparaturkosten zulässig ist. **39**

Hinweis

Zu beachten ist dabei, dass sowohl die Reparatur des Fahrzeugs als auch eine Ersatzbeschaffung nach stetiger Rechtsprechung eine Form der Naturalrestitution darstellen.[41] Dies bedeutet, dass § 249 BGB in beiden Fällen Anwendung findet. Nach § 249 Abs. 2 S. 2 BGB ist daher sowohl bei der Reparatur des Fahrzeugs als auch bei einer Ersatzanschaffung die Mehrwertsteuer nur zu ersetzen, wenn und soweit sie tatsächlich angefallen ist.

2. Bezifferung des fiktiven Reparaturschadens

Da der Geschädigte – anders als beim konkreten Reparaturschaden – keine Reparaturkostenrechnung zur Bezifferung seines Schadens vorzulegen vermag, erfolgt die Bezifferung zweckmäßigerweise auf der Grundlage eines **Kostenvoranschlags** oder eines **Sachverständigengutachtens**. Zur Vorlage von Belegen im Hinblick auf die tatsächlich gewählte Form der Schadenskompensation ist der Geschädigte dabei grundsätzlich nicht verpflichtet.[42] **40**

▼ **41**

Muster 8.6: Keine Pflicht zur Vorlage von Belegen bei fiktiver Schadensabrechnung 8.6

Versicherung AG

Schaden-Nr./VS-Nr./Az.

Schaden vom

Pkw , amtl. Kennzeichen

Sehr geehrte Damen und Herren,

Sie machen den Ausgleich der bezifferten Reparaturkosten unzutreffenderweise von der Vorlage der Reparaturkostenrechnung bzw. der Vorlage von Schadensbelegen abhängig.

41 BGH, Urt. v. 15.2.2005 – VI ZR 70/04 = VersR 2005, 663.
42 BGH, Urt. v. 20.6.1989 – VI ZR 334/88 = NJW 1989, 3009.

Meine Mandantschaft macht von ihrem Recht Gebrauch, den an dem Fahrzeug entstandenen Schaden fiktiv und auf der Grundlage des Ihnen vorliegenden Gutachtens des Sachverständigen abzurechnen. Auch bei einer tatsächlich durchgeführten Reparatur besteht nicht die Verpflichtung zur Vorlage weiterer Belege im Hinblick auf die gewählte Form der Schadenskompensation. Unabhängig von der konkreten Schadensbehebung besitzt mein Mandant einen Anspruch auf Ausgleich der vom Sachverständigen geschätzten voraussichtlichen Reparaturkosten (BGH NJW 1989, 3009). In welchem Verhältnis diese Kosten zu den tatsächlichen Aufwendungen meines Mandanten zur Schadensbehebung stehen, spielt dabei keine Rolle. In jedem Fall ist mein Mandant nicht zur Vorlage von Belegen über den von ihm eingeschlagenen Weg zur Schadensbeseitigung einerseits und die dadurch verursachten Kosten andererseits verpflichtet (BGH a.a.O.).

Danach habe ich Sie aufzufordern, den mit Schreiben vom ______ bezifferten Schaden unverzüglich, spätestens jedoch bis zum

______ (*10-Tages-Frist*)

auf das Ihnen bekannte Konto meines Mandanten unter Mitteilung an mich auszugleichen. Sollte mein Mandant innerhalb der gesetzten Frist keinen Zahlungseingang in entsprechender Höhe feststellen, werde ich ihm eine gerichtliche Klärung der hier interessierenden Frage empfehlen.

Mit freundlichen Grüßen

(Rechtsanwalt)

▲

42 Die überwiegende Rechtsprechung[43] lehnt die Pflicht zur Vorlage der konkreten Schadensnachweise durch den Schädiger zu Recht ab. Der Geschädigte hat als Herr des Restitutionsgeschehens grundsätzlich die freie Wahl, ob er sein Fahrzeug gemäß den Vorgaben des Sachverständigen oder auf einem anderen Reparaturweg ausbessert.[44] In der Praxis ergibt sich eine erhebliche Differenz immer dann, wenn der Sachverständige zur Schadensbeseitigung den Einbau von Neuteilen für erforderlich hält und der Geschädigte sich stattdessen mit einer (fachgerechten) Instandsetzung der vorhandenen „alten" Bauteile begnügt. In diesen Fällen bleibt die tatsächlich durchgeführte Reparatur in ihrem Umfang hinter der Reparatur zurück, auf die der Geschädigte zur Wiederherstellung des ursprünglichen Zustandes einen Anspruch hat. Gerade bei erheblichen Fahrzeugschäden muss er nicht den „Makel" hinnehmen, sein Fahrzeug mit lediglich instand gesetzten oder ausgetauschten Altteilen weiter zu nutzen. Eine günstigere Reparatur in Form einer Instandsetzung beweist mithin i.d.R. gerade nicht, wie der erforderliche und angemessene Reparaturweg auszusehen hat.[45] Insoweit kann dem gegnerischen Haftpflichtversicherer auch kein Anspruch auf eine Auskunft über einen Reparaturweg und die dabei angefallenen Kosten zustehen, wenn der gewählte Reparaturweg keine Aussage über den erforderlichen und angemessenen Umfang der Schadensbeseitigung trifft.

43 BGH, Urt. v. 20.6.1989 – VI ZR 334/88 = NJW 1989, 3009; LG Saarbrücken, Urt. v. 15.5.2015 – 13 S 12/15 = NZV 2015, 547.
44 BGH, Urt. v. 29.4.2003 – VI ZR 393/02 = NJW 2003, 2085.
45 BGH, Urt. v. 20.6.1989 – VI ZR 334/88 = NJW 1989, 3009.

Der BGH hatte diesbezüglich den Fall zu entscheiden, dass der Geschädigte sein Fahrzeug nach den Vorgaben des Gutachtens sach- und fachgerecht hat reparieren lassen und die Reparaturkosten hierbei die vom Sachverständigen angesetzten Kosten unterschritten haben. In diesem Fall hat der Geschädigte keinen Anspruch auf Zahlung des vom Sachverständigen angesetzten Nettobetrages zzgl. der tatsächlich gezahlten Umsatzsteuer, soweit dieser Betrag die tatsächlich gezahlten Bruttoreparaturkosten übersteigt, da anderenfalls eine ungerechtfertigte Bereicherung des Geschädigten vorliegen würde.[46] Legt der Geschädigte also diese Rechnung selbst im Nachgang zu einer ersten fiktiven Abrechnung vor, kann er über den Netto-Betrag der Reparaturkosten hinaus nicht nachträglich auch zusätzlich die in der Rechnung enthaltene Mehrwertsteuer verlangen. Er hat dann seine Abrechnung auf eine konkrete Abrechnung umgestellt, und der dabei angefallene Reparaturaufwand stellt die Obergrenze des erstattungsfähigen Schadens dar. 43

▼ 44

Muster 8.7: Verweisung auf konkret durchgeführte günstigere Reparatur

Lässt der Geschädigte den Kraftfahrzeugsachschaden nach eigenen Angaben sach- und fachgerecht beseitigen und unterschreiten die von der beauftragten Werkstatt berechneten Reparaturkosten die ursprünglich geschätzten Kosten, so beläuft sich auch im Rahmen einer fiktiven Abrechnung der zur Herstellung erforderliche Geldbetrag auf die tatsächlich angefallenen Kosten. Der Geschädigte hat in diesem Fall keinen Anspruch auf Zahlung des vom Sachverständigen angesetzten Nettobetrags zuzüglich der tatsächlich gezahlten Umsatzsteuer, soweit dieser Betrag die tatsächlich gezahlten Bruttoreparaturkosten übersteigt (BGH, Urt. v. 3.12.2013 – VI ZR 24/13 = VersR 2014, 214). Auch im Rahmen einer fiktiven Abrechnung sind die Reparaturkosten dann auf diesen Betrag beschränkt und ein weiterer Aufschlag ist nicht zu erstatten (OLG Celle, Urt. v. 10.11.2021 – 14 U 136 / 20 = r+s 2022, 111). Mit anderen Worten: In diesem Fall hat sich der konkrete Aufwand zur Wiederherstellung des ursprünglichen Zustandes bei einer vollständigen und fachgerechten Reparatur tatsächlich als geringer herausgestellt, als sie ursprünglich geschätzt wurde und einer weitergehenden Forderung steht das schadensersatzrechtliche Bereicherungsverbot entgegen (BGH a.a.O.; OLG Karlsruhe, Urt. v. 10.5.1996 – 10 U 122 /95 = SP 1996, 348).

Dies ist vorliegend der Fall:

▲

Erfolgt die Reparatur dagegen in Eigenregie unter Verzicht auf angemessene Reparaturschritte bzw. unter Einsatz eigener überobligatorischer Anstrengungen, so kann weiter auf fiktiver Basis abgerechnet werden, da insoweit allein dem Gutachten der erforderliche Aufwand zur Schadensbeseitigung zu entnehmen ist.[47] 45

46 BGH, Urt. v. 3.12.2013 – VI ZR 24/13 = NJW 2014, 535.
47 KG, Urt. v. 5.11.1984 – 12 U 1192/84 = VersR 1985, 272.

3. Kürzung bei den Stundenverrechnungssätzen

46 Auch wenn sowohl Kostenvoranschläge als auch Sachverständigengutachten grundsätzlich verlässliche Aussagen über die Höhe des auszugleichenden Sachschadens treffen, sind in bestimmten Fallkonstellationen **Abzüge** daran vorzunehmen. Das Problem betrifft zunächst die der fiktiven Abrechnung zugrunde gelegten Stundenverrechnungssätze.

a) Übersicht

47 Hinreichend geklärt ist jetzt durch zahlreiche Urteile, ob und unter welchen Voraussetzungen sich der Geschädigte nach einem Verkehrsunfall von der gegnerischen Kfz-Haftpflichtversicherung auf die Reparatur in einer von dieser ausgewählten nicht markengebundenen Fachwerkstatt mit der Begründung verweisen lassen muss, diese Werkstatt könne die erforderlichen Reparaturarbeiten zu einem günstigeren Stundensatz mit der gleichen gebotenen Qualität durchführen, wie sie eine markengebundene Fachwerkstatt anbietet. Üblicherweise erfolgt hierbei ein Hinweisschreiben der Versicherung, mit welchem dem Geschädigten eine oder mehrere Fachwerkstätten angezeigt werden, die (angeblich) das betroffene Fahrzeug zu günstigeren Stundensätzen reparieren können, einen kostenlosen Hol- und Bringservice anbieten und bei der Reparatur als Meisterbetrieb Originalersatzteile und Beachtung der Herstellerrichtlinien mit einer branchenüblichen Garantie verwenden.

48 Der BGH hat zu diesem Themenkomplex bisher mehrere Grundsatzentscheidungen getroffen. In dem sog. „Porsche-Urteil“[48] hat er ausgeführt, dass der Geschädigte sich grundsätzlich nicht auf einen abstrakten günstigeren Stundensatz aller Fachwerkstätten in einer Region verweisen lassen muss, sondern als Herr des Restitutionsgeschehens nach den in einem Gutachten ausgewiesenen Stundenlöhnen einer markengebundenen Fachwerkstatt abrechnen kann. Allerdings hat der BGH in diesem Urteil auch darauf hingewiesen, dass der Geschädigte sich auf eine ohne weiteres zugängliche gleichwertige Reparaturmöglichkeit verweisen lassen muss, wenn es sich um eine gleichwertige Reparaturmöglichkeit handelt, die für ihn ohne weiteres erreichbar ist.

> *Hinweis*
>
> Die Verweisung ist auch statthaft, wenn der Geschädigte von sich aus schon günstigere Stundensätze einer nicht markenbezogenen Fachwerkstatt auswählt oder gar auf die durchschnittlichen regionalen Stundensätze abstellt, da ihn in jedem Fall die Pflicht trifft, sich auf einen noch günstigeren Betrieb bei einer fiktiven Abrechnung verweisen zu lassen.[49]

48 BGH, Urt. v. 29.4.2003 – VI ZR 398/02 = NJW 2003, 2086.
49 BGH, Urt. v. 25.9.2018 – VI ZR 65/18 = NJW 2019, 852.

Der BGH hat diese Möglichkeit des Verweises des Geschädigten auf eine konkret benannte alternative Reparaturmöglichkeit in mehreren Entscheidungen[50] bestätigt und die hierfür erforderlichen Voraussetzungen konkretisiert. 49

b) Gleiche Qualität und Zumutbarkeit der Reparatur

Die als Alternative benannte Fachwerkstatt muss die erforderlichen Reparaturarbeiten mit der gleichen Qualität wie eine markengebundene Fachwerkstatt durchführen.[51] Der Geschädigte muss nicht das Risiko eingehen, eine minderwertige Reparatur zu erfahren und ihm muss eine solche Reparatur zumutbar sein. Hierbei ist wie folgt zu unterscheiden: 50

aa) Fahrzeuge bis drei Jahre

Ist das Fahrzeug zum Unfallzeitpunkt nicht älter als drei Jahre, so ist eine Reparatur in einer anderen als einer markengebundenen Fachwerkstatt für den Geschädigten in der Regel selbst dann nicht zumutbar, wenn die Reparatur technisch gleichwertig ist.[52] Der Geschädigte muss sich nicht auf eine Reparatur verweisen lassen, die ihm bei einer späteren Inanspruchnahme von Gewährleistungsrechten, einer Herstellergarantie oder Kulanzleistungen Schwierigkeiten bereiten würde. 51

▼ 52

Muster 8.8: Unzulässige Verweisung auf eine andere Reparaturmöglichkeit bei „jungem“ Fahrzeug

Vorliegend sind die Stundenverrechnungssätze einer markengebundenen Fachwerkstatt, so wie sie dem vorgelegten Gutachten zugrunde gelegt worden sind, in Ansatz zu bringen. Das Fahrzeug meiner Mandantschaft ist am ___ zugelassen worden und war zum Unfallzeitpunkt erst ___ Jahre alt. Die Verweisung auf eine günstigere Reparaturmöglichkeit ist meiner Mandantschaft vor diesem Hintergrund nicht zuzumuten, da die Gefahr besteht, dass bei einer späteren Inanspruchnahme von Gewährleistungsrechten, einer Herstellergarantie oder Kulanzleistungen Schwierigkeiten auftreten können (BGH, Urt. v. 28.4.2015 – VI ZR 267/14 = NJW 2015, 2110; BGH, Urt. v. 20.10.2009 – VI ZR 53/09 = NJW 2010, 606).

▲

bb) Fahrzeuge älter als drei Jahre

Auch bei älteren Fahrzeugen kann es dem Geschädigten u.U. unzumutbar sein, sich auf die Reparatur in einer nicht markengebundenen Fachwerkstatt verweisen lassen zu müssen. Hierbei kann es auch von Bedeutung sein, ob es sich um ein „scheckheftgepflegtes“ Fahrzeug handelt und in welcher Werkstatt es nach dem Unfall tatsächlich repariert 53

50 BGH, Urt. v. 28.4.2015 – VI ZR 267/14 = NJW 2015, 2110; BGH, Urt. v. 15.7.2014 – VI ZR 313/13 = NJW 2014, 3236; BGH, Urt. v. 14.5.2013 – VI ZR 320/12 = NJW 2013, 2817; BGH, Urt. v. 13.7.2010 – VI ZR 259/09 = NJW 2010, 2941; BGH, Urt. v. 23.2.2010 – VI ZR 91/09 = NJW 2010, 2118; BGH, Urt. v. 20.10.2009 – VI ZR 53/09 = NJW 2010, 606 – im Jahr 2018 vgl. BGH, Urt. v. 25.9.2018 – VI ZR 65/18 = NJW 2019, 852.

51 BGH, Urt. v. 28.4.2015 – VI ZR 267/14 = NJW 2015, 2110 m.w.N.; BGH, Urt. v. 25.9.2018 – VI ZR 65/18 = NJW 2019, 852.

52 BGH, Urt. v. 28.4.2015 – VI ZR 267/14 = NJW 2015, 2110 m.w.N.; BGH, Urt. v. 20.10.2009 – VI ZR 53/09 = NJW 2010, 606.

worden ist. Der BGH hat in dem oben genannten „VW-Urteil"[53] ausdrücklich zwei Fälle erwähnt, bei denen eine Verweisung für den Geschädigten allein unter wirtschaftlichen Gesichtspunkten unzumutbar ist.[54] Dies ist zum einen der Fall, wenn der Geschädigte durch eine konkrete Reparaturrechnung nachweist, dass er sein Fahrzeug tatsächlich in einer markenbezogenen Fachwerkstatt hat reparieren lassen. Zum anderen wäre eine Verweisung unzumutbar, wenn der Geschädigte sein Fahrzeug bisher stets in einer markenbezogenen Fachwerkstatt hat warten und reparieren lassen. Der Geschädigte muss dabei im Rahmen seiner sekundären Darlegungslast zu den in der Vergangenheit erfolgten Wartungen und Reparaturarbeiten Stellung nehmen.

54 ▼

Muster 8.9: Unzulässigkeit der Verweisung bei einem älteren Fahrzeug

Vorliegend sind die Stundenverrechnungssätze einer markengebundenen Fachwerkstatt in Ansatz zu bringen. Das Fahrzeug meiner Mandantschaft ist am zugelassen worden und war zum Unfallzeitpunkt erst Jahre alt. Die Verweisung auf eine günstigere Reparaturmöglichkeit ist meiner Mandantschaft vor diesem Hintergrund nicht zuzumuten.

Zum einen bereits deshalb nicht, da eine solche Verweisung auch bei einem zum Unfallzeitpunkt über 3 Jahre alten Fahrzeug ausscheidet, wenn dieses in der Vergangenheit stets in einer markengebundenen Fachwerkstatt gewartet und repariert worden ist (BGH, Urt. v. 20.10.2009 – VI ZR 53/09 = NJW 2010, 606 und BGH, Urt. v. 23.2.2010 – VI ZR 91/09 = NJW 2010, 2118). Dies ist vorliegend der Fall. Wir überreichen insoweit als Nachweis .

Zum anderen scheidet vorliegend eine Verweisung auch deshalb aus, da die Gefahr besteht dass bei einer späteren Inanspruchnahme von Gewährleistungsrechten, einer Herstellergarantie oder Kulanzleistungen Schwierigkeiten auftreten können (BGH, Urt. v. 20.10.2009 – VI ZR 53/09 = NJW 2010, 606). Nach Auskunft des Herstellers ist bei dem hier betroffenen Fahrzeugtyp eine Herstellergarantie von Jahren vorgesehen.

Zudem setzt der Hersteller nach den Richtlinien zur Reparatur folgende Umstände voraus, deren Vorhandensein bei der von Ihnen benannten Fachwerkstatt nicht nachgewiesen ist: .

▲

55 Zu beachten ist, dass der BGH dem Geschädigten eine sekundäre Darlegungslast im Hinblick auf die in seinem Wissens- und Herrschaftsbereich liegenden Umstände auferlegt hat, die für die Bestimmung der Zumutbarkeit der Verweisung auf die Reparatur in einer nicht markengebundenen Fachwerkstatt von Bedeutung sind. Dabei kann der Richter im Prozess auf Antrag der Schädigerseite dem Geschädigten oder einem Dritten gem. § 142 Abs. 1 ZPO auferlegen, in seinem Besitz befindliche Urkunden (insb. Wartungs- oder Reparaturrechnungen) vorzulegen. Die bloße Behauptung des Geschädigten, er habe sein Fahrzeug in der Vergangenheit immer in einer markengebundenen Fachwerkstatt warten lassen, genügt ohne Vorlage von Belegen jedoch nicht.[55]

53 BGH, Urt. v. 20.10.2009 – VI ZR 53/09 = NJW 2010, 606.
54 Bestätigt in BGH, Urt. v. 23.2.2010 – VI ZR 91/09 = NJW 2010, 2118.
55 LG Halle, Urt. v. 26.3.2010 – 2 S 191/09 = NJW-RR 2010, 1537.

▼ 56

Muster 8.10: Subjektive Darlegungslast bei Streit über die in der Vergangenheit erfolgte Wartung

Die pauschale, mangels Belegen nicht überprüfbare Behauptung des Geschädigten, ihm wäre eine Verweisung auf die Reparatur in einer anderen nicht markengebundenen Werkstatt nicht zumutbar, da sein Fahrzeug in der Vergangenheit immer in einer Markenwerkstatt gewartet und repariert worden sei, ist unbeachtlich. Bzgl. dieser allein in seinem Wissen gestellten Umstände obliegt dem Geschädigten eine sekundäre Darlegungslast, welcher er substantiiert und durch Vorlage von Belegen (vgl. § 142 Abs. 1 ZPO) nachzukommen hat (BGH, Urt. v. 20.10.2009 – VI ZR 53/09 = NJW 2010, 606; BGH, Urt. v. 23.2.2010 –VI ZR 91/09 = NJW 2010, 2118). Bzgl. der angeblich angefallenen Arbeiten in einer markengebundenen Fachwerkstatt ist im Einzelnen darzulegen, wann diese angeblichen Arbeiten mit welchem Inhalt bei welcher Werkstatt erfolgt sind (AG Mülheim, Urt. v. 25.7.2011 – 13 C 677/11 – juris). Ohne einen derartigen Vortrag kommt die Geschädigtenseite ihrer Darlegungslast nicht nach und ihr diesbezügliches Vorbringen ist unbeachtlich (LG Nürnberg-Fürth, Urt. v. 13.1.2010 – 8 S 6446/09 – juris; LG Halle, Urt. v. 26.3.2010 – 2 S 191/09 – juris).

Das Fahrzeug muss jedenfalls unabhängig davon, ob der Besitzer gewechselt hat, in der Vergangenheit bei einer markengebundenen Fachwerkstatt gewartet und repariert worden sein. Nur dann besteht ein entsprechend schützenswertes Vertrauen des Marktes. Auch in dem Urteil des BGH vom 13.7.2010 – VI ZR 259/09 = NJW 2010, 2941 heißt es, „unzumutbar könne der Verweis auf eine technisch gleichwertige Reparaturmöglichkeit außerhalb der markengebundenen Fachwerkstatt sein, wenn der Geschädigte sein Fahrzeug bisher stets in einer markengebundenen Fachwerkstatt habe warten und reparieren lassen“. Demzufolge ist die Rechtsprechung des VI. Zivilsenats des BGH so zu verstehen, dass es auf eine durchgängige Wartung und Reparatur in einer markengebundenen Fachwerkstatt ankommt und es deswegen nicht ausreicht, wenn das Fahrzeug einmal in einer solchen gewartet oder repariert worden ist (LG Düsseldorf, Urt. v. 8.7.2011 – 22 S 8/11 – juris). Hierzu hat der Geschädigte konkret vorzutragen und ggf. Belege einzureichen (AG Essen, Urt. v. 12.3.2019 – 20 C 365/17 – juris; AG Essen, Urt. v. 2.8.2017 – 10 C 24/16 – juris; AG Solingen, Urt. v. 8.4.2016 – 13 C 181 / 15 – juris).

▲

Für den Prozess ist ferner wichtig, dass die Schädigerseite eine gleichwertige Reparatur- 57
möglichkeit zu beweisen hat. Auch dieser Vortrag darf nicht pauschal erfolgen.

▼ 58

Muster 8.11: Einwand der pauschalen Behauptung der Gleichwertigkeit

Der Vortrag der Beklagtenseite zu der angeblich gleichwertigen Reparaturqualität in der benannten alternativen Werkstatt ist zu bestreiten und zudem als unsubstantiiert zu rügen. Eine Beweisaufnahme würde auf einen unzulässigen Ausforschungsbeweis hinauslaufen. Der Schädigerseite obliegt die Darlegungs- und Beweislast im Hinblick auf die behauptete gleichwertige Reparaturmöglichkeit (BGH, Urt. v. 20.10.2009 – VI ZR 53/09 = VersR 2010, 225 und BGH, Urt. v. 23.2.2010 – VI ZR 91/09 = NJW 2010, 2118). Hierfür genügt ein pauschaler Sachvortrag ohne Einzelheiten zu der benannten Fachwerkstatt und der Qualität des dort eingesetzten Personals und der gewährleisteten Arbeit nicht und die Klage ist ohne einen Eintritt in die Beweisaufnahme abzuweisen. Dies gilt auch für den pauschalen Hinweis auf angebliche Zertifizierungen, die nicht näher dargelegt werden.

So liegt der Fall auch hier. Insbesondere .

▲

59 Kommt die Schädigerseite ihrer Darlegungslast jedoch nach und erfolgt zu der gleichwertigen Reparaturqualität ein substantiierter Vortrag, genügt wiederum ein einfaches Bestreiten seitens des Geschädigten nicht mehr und ist unbeachtlich.

60 ▼

Muster 8.12: Einwand des pauschalen Bestreitens zu der Qualität der benannten Reparaturwerkstatt

Von der Beklagtenseite sind substantiiert die Kriterien dargelegt worden, welche eine in technischer Hinsicht gleichwertige Reparatur in der benannten Fachwerkstatt gewährleisten. Ein einfaches Bestreiten der Gleichwertigkeit der Reparaturqualität genügt insoweit nicht. Vielmehr hat die Gegenseite konkret vorzutragen, warum eine gleichwertige Reparaturmöglichkeit vor diesem Hintergrund nicht möglich sein soll (OLG Hamm, Urt. v. 28.3.2017 – I 26 U 72/16 – juris; OLG Düsseldorf, Urt. v. 27.3.2012 – 1 U 139/11 = NJW 2012, 2044). Wenn dies nicht erfolgt, ist auch ohne eine Beweisaufnahme eine gleichwertige Reparaturqualität anzunehmen und die Klage abzuweisen (beispielhaft: LG Nürnberg-Fürth, Urt. v. 13.1.2010 – 8 S 6446/09 – juris; LG Aachen, Urt. v. 21.2.2011 – 5 S 156/10 – juris).

Bei einem wie hier einfach gelagerten Fall sprechen Art und Höhe des Schadens auch ohne einen Eintritt in die Beweisaufnahme dafür, dass der Schaden auch durch eine Werkstatt beseitigt werden kann, welche regelmäßig Unfallfahrzeuge repariert, ohne dass es sich um eine markengebundene Fachwerkstatt handeln muss (LG Halle, Urt. v. 26.3.2010 – 2 S 191/09 = NJW-RR 2010, 1537). Dies insbesondere, wenn Originalersatzteile verwendet werden, geschultes Fachpersonal eingesetzt wird und Herstellerrichtlinien beachtet werden (LG Mannheim, Urt. v. 31.3.2010 – 1 S 144/08 = BeckRS 2010, 11185). Auch der BGH hat bestätigt, dass ein zertifizierter Fachbetrieb in Meisterhand Arbeiten an der Fahrzeugkarosserie aller Marken hochwertig durchführen und der Richter dies im Rahmen der tatrichterlichen Schätzung nach § 287 ZPO auch ohne einen Eintritt in die Beweisaufnahme feststellen kann (BGH, Urt. v. 23.2.2010 – VI ZR 91/09 = NJW 2010, 2118).

Die technische Gleichwertigkeit der Reparatur in einer freien Fachwerkstatt ist jedenfalls in ausreichendem Maße dargelegt, wenn es sich bei der fraglichen Werkstatt um einen Kfz-Meisterbetrieb handelt, der als Karosserie-Fachbetrieb zertifiziert ist, Originalersatzteile verwendet, Reparaturen der Fahrzeugmarke des verunfallten Fahrzeugs nach den Richtlinien der Fahrzeughersteller durchführt, eine mehrjährige Garantie übernimmt und regelmäßig von einer Fachorganisation kontrolliert wird (LG Essen, Urt. v. 8.10.2015 – 3 O 509/14 – juris; LG Arnsberg, Urt. v. 11.8.2017 – I 1 O 88/16 – juris; AG Köln, Urt. v. 25.11.2011 – 271 C 169/11 – juris).

▲

Hinweis 61

Eine gleichwertige Reparaturqualität liegt im Übrigen nahe, wenn der Fachbetrieb ohnehin bereits als Subunternehmer für andere markenbezogene Autohäuser tätig ist.[56] Erhebt der Geschädigte jedoch substantiierte Einwendungen zur gleichwertigen Reparaturqualität, muss die Schädigerseite diese Behauptungen widerlegen.[57]

c) Zugänglichkeit ohne erheblichen Aufwand und Hinweispflicht der Schädigerseite

Des Weiteren muss die alternative Fachwerkstatt für den Geschädigten ohne weiteres 62
zugänglich sein.[58] Ein erster Anhaltspunkt dafür ist die Lage einer markengebundenen Fachwerkstatt zum Wohnsitz des Geschädigten.[59] Sobald die alternative Fachwerkstatt für den Geschädigten erheblich weiter entfernt liegt als die markenbezogene Fachwerkstatt, muss er sich grundsätzlich nicht auf diese verweisen lassen. Ein erheblicher Mehraufwand kann dabei je nach den geographischen Besonderheiten des Einzelfalles in der Stadt bei einer (weiteren) Fahrt von 5–15 km, auf dem „Land" i.d.R. erst ab 20 km gesehen werden. Dem „VW-Urteil"[60] des BGH lag eine Entfernung von gut 15 km zugrunde, die seitens des BGH nicht beanstandet worden ist. In der Rechtsprechung wird eine Entfernung von bis zu 13 km[61] für zumutbar erachtet. Auch kann eine um 16 bzw. 10 km höhere Entfernung als der Weg zur nächstgelegenen Markenwerkstatt dem Geschädigten ohne weiteres zugemutet werden, wenn erhebliche Einsparungen erfolgen.[62]

Zudem wird von den benannten alternativen Fachwerkstätten häufig ein sog. kostenloser „Hol- und Bringservice" angeboten. Wenn die Abholung des Kfz für den Geschädigten kostenlos erfolgt und ihm das Fahrzeug auch wiedergebracht wird, entsteht für ihn kein Mehraufwand. Die alternative Fachwerkstatt ist dann für ihn ohne weiteres zugänglich, selbst wenn sie beispielsweise 26 km entfernt liegt.[63]

Der BGH hat in seiner Grundsatzentscheidung ausdrücklich betont, dass den Geschädig- 63
ten nicht die Pflicht trifft, sich selber über eine günstigere Reparaturmöglichkeit als die Stundenlöhne in einer markengebundenen Fachwerkstatt seines Fahrzeugtyps zu informieren.[64]

d) zum Zeitpunkt der Verweisung

Mit Urt. v. 14.5.2013[65] hat der BGH auch entschieden, dass der Verweis des Schädigers 64
auf eine günstigere Reparaturmöglichkeit in einer mühelos und ohne weiteres zugängli-

56 AG Weinheim, Urt. v. 18.8.2011 –1 C 88/09 – juris.
57 OLG Frankfurt a.M., Urt. v. 30.5.2011 – 1 U 109/10 – juris.
58 BGH, Urt. v. 28.4.2015 – VI ZR 267/14 = NJW 2015, 2110.
59 BGH, Urt. v. 23.2.2010 – VI ZR 91/09 = NJW 2010, 2118.
60 BGH, Urt. v. 20.10.2009 – VI ZR 53/09 = NJW 2010, 606.
61 LG Hagen, Beschl. v. 15.3.2012 – 7 S 11/12 – juris; AG Dortmund, Urt. v. 22.2.2012 – 404 C 7705/11 – juris.
62 LG Essen, Urt. v. 28.3.2011 – 15 S 147/11 – juris.
63 AG Düsseldorf, Urt. v. 14.3.2012 – 39 C 14728/11 – juris.
64 BGH, Urt. v. 29.4.2003 – VI ZR 398/02 = NJW 2003, 2086, 2087.
65 BGH, Urt. v. 14.5.2013 – VI ZR 310/12 = NJW 2013, 2817.

chen anderen markengebundenen oder freien Fachwerkstatt noch im Rechtsstreit erfolgen kann, soweit dem nicht prozessuale Gründe, wie die Verspätungsvorschriften, entgegenstehen.

65 Der BGH begründet diese Möglichkeit des Verweises des Schädigers noch im anhängigen Prozess damit, dass bei einer fiktiven Abrechnung entscheidend sei, dass in solchen Fällen der objektiv zur Herstellung erforderliche Betrag ohne Bezug zu tatsächlich getätigten Aufwendungen zu ermitteln ist. Der Geschädigte disponiere daher dahingehend, dass er sich mit einer Abrechnung auf dieser objektiven Grundlage zufriedengebe.

66 Der BGH hat die Möglichkeit des Werkstattverweises im laufenden Prozess in seiner Entscheidung vom 15.7.2014[66] nicht nur nochmals bestätigt, sondern auch entschieden, dass es einem solchen Verweis nicht entgegensteht, wenn der Geschädigte den Fahrzeugschaden in der Zwischenzeit bereits behoben hat, aber weiterhin fiktiv auf Gutachtenbasis abrechnet.

67 ▼

Muster 8.13: Zulässige Verweisung im Prozess

Dass eine Verweisung erst im laufenden Prozess erfolgt ist, kann nicht beanstandet werden. Entscheidet sich der Geschädigte für eine fiktive Abrechnung der Reparaturkosten, wird er in zeitlicher Hinsicht nicht geschützt, so dass auch erst im Prozess bzw. nach einer (angeblich) durchgeführten Reparatur eine Verweisung erfolgen kann (BGH, Urt. v. 15.7.2014 – VI ZR 313/13 = NJW 2014, 3236 und Urt. v. 14.5.2013 – VI ZR 310/12 = NJW 2013, 2817).

▲

4. Erstattungsfähigkeit von Preisaufschlägen für das Invorrathalten von Ersatzteilen

68 Umstritten ist auch die Erstattungsfähigkeit von Materialaufschlägen für das Invorrathalten von Ersatzteilen (sog. UPE-Zuschläge). Ausgangspunkt ist auch hier die Grundsatzentscheidung des BGH aus dem Jahr 2003,[67] wonach der Geschädigte im Regelfall die Aufwendungen erstattet erhält, die bei der Reparatur in einer markengebundenen Fachwerkstatt anfallen. Danach darf der Geschädigte, sofern die Voraussetzungen für eine fiktive Schadensberechnung vorliegen, dieser grundsätzlich die üblichen Ersatzteilkosten einer markengebundenen Fachwerkstatt zugrunde legen, die ein von ihm eingeschalteter Sachverständiger auf dem allgemeinen regionalen Markt ermittelt hat[68] – mit der Folge, dass die h.M. in der Rechtsprechung in einem solchen Fall auch bei einer fiktiven Abrechnung eine Erstattungsfähigkeit annimmt.[69]

66 BGH, Urt. v. 15.7.2014 – VI ZR 313/13 = NJW 2014, 3236.
67 BGH, Urt. v. 29.4.2003 – VI ZR 398/02 = NJW 2003, 2086.
68 BGH, Urt. v. 25.9.2018 – VI ZR 65/18 = NJW 2019, 852.
69 Beispielhaft: KG, Beschl. v. 7.1.2010 – 12 U 20/09 – juris; OLG Düsseldorf, Urt. v. 25.6.2001 – 1 U 126/00 = NZV 2002, 87; LG Münster, Urt. v. 30.4.2009 – 8 S 10/09 – juris; LG Bonn, Urt. v. 20.1.2008 – 8 S 195/07 – juris; LG Dortmund, Beschl. v. 30.1.2009 – 4 S 166/08 – juris; LG Aachen, Urt. v. 7.4.2005 – 6 S 200/04 = NZV 2005, 649.

▼ 69

Muster 8.14: Erstattungsfähigkeit UPE-Aufschläge

Versicherung AG

Schaden-Nr./VS-Nr./Az.

Schaden vom

Pkw , amtl. Kennzeichen

Sehr geehrte Damen und Herren,

in vorbezeichneter KH-Schadensache komme ich zurück auf Ihr Schreiben vom . Darin rechneten Sie den Fahrzeugschaden meines Mandanten in Höhe von EUR ab. Hiermit vermag sich mein Mandant berechtigterweise nicht einverstanden zu erklären.

Mein Mandant besitzt einen Anspruch auf Ausgleich der gemäß § 249 BGB „erforderlichen" Reparaturkosten. Er ist grundsätzlich dazu berechtigt, die Reparaturkosten fiktiv und auf der Grundlage des Kostenvoranschlags abzurechnen. Hierfür ist maßgeblich, welche Kosten durch eine Reparatur in einer markenbezogenen Fachwerkstatt verursacht worden wären (BGH NJW 2003, 2086). UPE Aufschläge sind ebenso wie Verbringungskosten zum Lackierer zu erstatten, wenn diese üblicherweise in der betroffenen Region anfallen (BGH, Urt. v. 25.9.2018 – VI ZR 65/18 = NJW 2019, 852; OLG Schleswig, Urt. v. 29.8.2023 – 7 U 40 / 23 – juris; OLG Düsseldorf, Urt. v. 5.6.2018 – 1 U 127/17 – juris). Dies ist vorliegend der Fall:

In diesem Fall sind die Aufschläge auch zu erstatten.

Zudem weise ich darauf hin, dass durch das Bereithalten von Ersatzteilen eine zeitliche Verzögerung der Reparatur vermieden wird, die andernfalls durch eine Zusendung der Ersatzteile vom Herstellerwerk entstehen würde. Durch die eingesparte Reparaturzeit reduziert sich gleichermaßen auch der Anspruch meines Mandanten auf Ersatz der Mietwagenkosten bzw. einen Nutzungsausfall. Die geringeren Aufpreise für das Vorrätighalten von Ersatzteilen entsprechen mithin nicht nur den üblichen Kosten einer markengebundenen Fachwerkstatt, sondern tragen durch eine verkürzte Reparaturzeit zu einer Minderung des entstandenen Schadens bei. Sie stellen auch unter diesem Gesichtspunkt einen erforderlichen Aufwand zur Schadensbeseitigung dar. Vor diesem Hintergrund habe ich Sie aufzufordern, den offenen Restschaden in Höhe von EUR unverzüglich, spätestens jedoch bis zum

(*10-Tages-Frist*)

auf das Ihnen bekannte Konto meines Mandanten unter Mitteilung an mich zu überweisen.

Mit freundlichen Grüßen

(Rechtsanwalt)

▲

Dieselben Grundsätze gelten bei der Prüfung, ob bei fiktiver Abrechnung der Reparaturkosten auch die sog. Verbringungskosten ausgleichsfähig sind. Hierbei handelt es sich um die Kosten, die von der Reparaturwerkstatt dafür in Rechnung gestellt werden, dass das Fahrzeug nach der Fertigstellung der Reparaturarbeiten zum Lackierer verbracht 70 werden muss. Auch hier ist wieder der Ausgangspunkt, welche Kosten üblicherweise anfallen würden, wenn das Fahrzeug in einer markengebundenen Fachwerkstatt repariert wird. Die meisten Werkstätten unterhalten keine eigene Lackierwerkstatt, so dass bundesweit i.d.R. eine Verbringung zum Lackierer erforderlich ist. Die überwiegende Auffassung in der Rechtsprechung bejaht die Erstattungsfähigkeit der Verbringungskosten daher mit dem Argument, dass i.S.d. „erforderlichen" Reparaturkosten gemäß § 249 Abs. 2 S. 1 BGB sämtliche voraussichtlichen Kosten auszugleichen seien. Dabei könne es nicht darauf ankommen, ob die Kosten auch tatsächlich angefallen sind, da dies dem Grundsatz der fiktiven Abrechnung widerspreche. Eine Erstattungsfähigkeit ist zumindest dann anzunehmen, wenn die Lackierkosten bei einer Reparatur in der am Wohnort des Geschädigten gelegenen (markenbezogenen) Fachwerkstatt anfallen würden.[70]

71 ▼

Muster 8.15: Kosten bei Verbringung des Fahrzeugs

8.15

Versicherung AG

Schaden-Nr./VS-Nr./Az.

Schaden vom

Pkw , amtl. Kennzeichen

Sehr geehrte Damen und Herren,

in Ihrem Schreiben vom gleichen Sie den für meinen Mandanten auf der Grundlage des vorliegenden Gutachtens geltend gemachten Fahrzeugschaden exklusive EUR Kosten für die Verbringung des Fahrzeugs zum Lackierer aus. Soweit Sie zur Begründung des Abzugs die Auffassung vertreten, ein Anspruch auf Ausgleich dieser Kosten bestehe nur dann, wenn mein Mandant nachweise, dass die Kosten im Rahmen einer Reparatur des Fahrzeugs auch tatsächlich angefallen sind, steht dies im Widerspruch zu den Grundsätzen der fiktiven Abrechnung des Fahrzeugschadens.

Grundsätzlich besitzt mein Mandant einen Anspruch auf Ausgleich der „erforderlichen" Reparaturkosten gemäß § 249 Abs. 2 S. 1 BGB. Danach sind alle Kosten auszugleichen, die im Falle einer ordnungsgemäßen Reparatur in einer Fachwerkstatt entstehen würden. Welche Kosten dies im Einzelnen sind, ist den Ausführungen des Sachverständigen in seinem Gutachten vom zu entnehmen. Danach gehören zu den erforderlichen Reparaturkosten auch die Kosten für die Verbringung des Fahrzeugs zum Lackierer. Im Rahmen seiner Dispositionsbefugnis steht es meinem Mandanten frei, beispielsweise auf eine Reparatur zu verzichten oder die Lackierarbeiten in Eigenregie durchführen zu lassen. Sofern dabei keine Verbringungskosten anfallen, kann dies in keinem Fall dem Schädiger bzw. Ihnen zugutekommen.

Im Übrigen steht meinem Mandanten als Geschädigtem auch die Wahl zu, in welcher Fachwerkstatt seines Vertrauens er die notwendigen Lackierungsarbeiten ausführen

70 OLG Düsseldorf, Urt. v. 16.6.2008 – 1 U 246/07 = DAR 2008, 523; OLG Düsseldorf, Urt. v. 25.6.2001 – 1 U 126/00 = NZV 2002, 87; OLG Dresden, Urt. v. 13.6.2001 – 13 U 600/01 = DAR 2001, 455.

lässt. Diese Arbeiten kann er von einer auf Lackierarbeiten spezialisierten Fachwerkstatt ausführen lassen. Die bei der Verbringung zu dieser Fachwerkstatt anfallenden Kosten stellen daher einen angemessenen und erforderlichen Aufwand zur Schadensbeseitigung dar. Dieser ist im Rahmen der von meinem Mandanten gewählten fiktiven Abrechnung ohne weitere Nachweise zu ersetzen (BGH, Urt. v. 25.9.2018 – VI ZR 65/18 = NJW 2019, 852; OLG Düsseldorf, Urt. v. 16.6.2008 – 1 U 246/07 = DAR 2008, 523; OLG Dresden, Urt. v. 13.6.2001 – 13 U 600/01 = DAR 2001, 455).

Nach alledem habe ich mir für den Ausgleich der ausstehenden EUR eine Frist bis zum

(*10-Tages-Frist*)

notiert. Sollte mein Mandant innerhalb der gesetzten Frist keinen Zahlungseingang feststellen können, werde ich ihm die Inanspruchnahme gerichtlicher Hilfe empfehlen.

Mit freundlichen Grüßen

(Rechtsanwalt)

▲

Eine Sonderkonstellation liegt ferner vor, wenn der Geschädigte sich im Rahmen der ihm obliegenden Pflicht zur Schadenminderung auf die Reparatur in einer Werkstatt mit geringeren Stundenlöhnen verweisen lassen muss, die zugleich auch die erforderlichen Lackierarbeiten fachgerecht und ohne weitere Verbringungskosten durchführen kann. In diesem Fall sind fiktive Verbringungskosten nicht zu erstatten. Sie stellen dann keinen erforderlichen Aufwand zur Schadensbeseitigung dar.[71] 72

▼ 73

Muster 8.16: UPE-Aufschläge bei Werkstattverweis

Auch im Hinblick auf die angeführten UPE-Zuschläge wurde ein berechtigter Abzug vorgenommen. Hierbei handelt es sich um sogenannte Zusatzkosten, die für das „Invorrathalten“ bestimmter Ersatzteile berechnet werden. Die Berechnung erfolgt üblicherweise dahingehend, dass ein pauschaler und willkürlicher prozentualer Betrag von den gesamten Ersatzteilkosten zugeschlagen wird.

Im vorliegenden Fall sind von der Klägerseite sogenannte „UPE-Zuschläge“ für das Invorrathalten von Ersatzteilen mit % in Höhe von EUR zzgl. anteiliger „Kleinteile“ mit EUR insgesamt aufgeschlagen worden. Dies stellt jedoch keinen erforderlichen Aufwand zur Schadensbeseitigung dar, da die oben angeführte Fachwerkstatt keine Aufschläge für das Invorrathalten von Ersatzteilen erhebt.

Beweis:

Es wäre auch nicht zu begründen, warum bei einem zumutbaren Verweis auf eine technisch gleichwertige Werkstatt zwischen den dortigen Stundenverrechnungssätzen einerseits und den dort (gerade nicht anfallenden) Verbringungskosten und UPE-Aufschlägen unterschieden werden sollte (BGH, Urt. v. 14.5.2013 – VI ZR 320/12 = SVR 2013, 266; LG Hamburg, Beschl. v. 17.4.2012 – 302 S 84/11 – juris; LG Osnabrück, Urt. v. 29.3.2011 – 10 S 641/08 – juris; LG Lübeck, Urt. v. 7.5.2010 – 1 S 117/09 = NJW-RR 2010, 1255).

71 BGH, Urt. v. 14.5.2013 – VI ZR 320/12 = SVR 2013, 266; LG Hamburg, Beschl. v. 17.4.2012 – 302 S 84/11 – juris; LG Osnabrück, Urt. v. 29.3.2011 – 10 S 641/08 – juris; LG Lübeck, Urt. v. 7.5.2010 – 1 S 117/09 = NJW-RR 2010, 1255.

Die Beklagte ist verpflichtet, auf eine ganz konkrete Werkstatt zu verweisen, deren Qualitätsstandard und Konditionen sie im Einzelnen darlegen muss. Der Abrechnungsmaßstab der fiktiven Reparatur verschiebt sich dadurch von den Konditionen ortsüblicher Markenfachwerkstätten auf die Konditionen der konkret benannten Werkstatt. Ein Unterschied zwischen Verrechnungssätzen, UPE-Aufschlägen oder Verbringungskosten besteht insoweit nicht. In jedem Fall handelt es sich um Konditionenverbesserungen, die der Geschädigte aus Gründen der Schadensminderung gegen sich gelten lassen muss.

▲

74 Ein weiteres umstrittenes Feld eröffnet sich derzeit bei den Kosten für die Beilackierung nicht beschädigter Fahrzeugteile. Die Erstattung dieser fiktiven Kosten wird den Angaben in einem Gutachten folgend auch gerne konsequent bejaht. Ein Anspruch auf Ersatz der Beilackierungskosten bei fiktiver Abrechnung kann jedenfalls nicht mit der Begründung verneint werden, die Erforderlichkeit der Beilackierungskosten lasse sich erst nach durchgeführter Reparatur sicher beurteilen. Es liegt vielmehr in der Natur der Sache, dass bei der fiktiven Abrechnung eines Fahrzeugschadens stets eine (gewisse) Unsicherheit verbleibt, ob der objektiv zur Herstellung erforderliche (ex ante zu bemessende) Betrag demjenigen entspricht, der bei einer tatsächlichen Durchführung der Reparatur angefallen wäre oder anfallen würde. Zu prüfen ist daher auch bei der fiktiven Abrechnung, ob es sich um einen erforderlichen Aufwand zur Schadensbeseitigung in diesem Einzelfall handelt.[72]

75 ▼

Muster 8.17: Erstattung der Beilackierungskosten

8.17

Meine Mandantschaft hat einen Anspruch auf Ersatz der im Schadensgutachten angesetzten Kosten der Beilackierung in Höhe von ______ EUR.

Dies aus dem Grund, dass im Rahmen einer Reparatur des entstandenen Fahrzeugschadens eine Beilackierung nach dem vorgelegten Gutachten zwingend erforderlich ist. Da es sich um eine fiktive Abrechnung handelt, genügt es vollkommen, wenn ein Sachverständiger diese Aufwendungen mit überwiegender Wahrscheinlichkeit für erforderlich hält, um den ursprünglichen Farbton wiederherzustellen. Es kommt gerade nicht darauf an, ob eine Reparatur konkret durchgeführt wird (BGH, Urt. v. 17.9.2019 – VI ZR 494 / 18 – juris; LG Köln, Urt. v. 10.5.2016 – 11 S 360/15 – juris; AG Dortmund, Urt. v. 11.7.2017 – 423 C 4146/16 – juris).

Beilackierungskosten sind wie hier insbesondere dann zu erstatten, wenn der unfallbedingte Zustand des beschädigten Fahrzeugs erkennen lässt, dass eine solche erforderlich werden wird (BGH, Urt. v. 17.9.2019 – VI ZR 494 / 18 – juris). Maßgeblich hierfür sind insbesondere Faktoren wie verwendete Lackfarbe und -art, Umgebungsbedingungen bei der Lackierung, Lackierverfahren und verwendetes Material. Dabei ist auch zu berücksichtigen, dass Lackhersteller trotz Angabe des gleichen Farbcodes geringfügige Unterschiede zwischen den jeweiligen Chargen des Lackes produzieren und zu dieser Vermeidung eine Beilackierung i.d.R. notwendig wird (AG Kassel, Urt. v. 4.6.2019 –

72 BGH, Urt. v. 17.9.2019 – VI ZR 494 / 18 – juris.

435 C 1567/18 – juris und AG Ansbach, Urt. v. 16.2.2018 – 4 C 707/17 – juris; jeweils nach sachverständiger Beratung).

▲

▼ 76

Muster 8.18: Keine Erstattung der Beilackierungskosten

Die Klägerseite hat auch keinen Anspruch auf Ersatz der im Schadensgutachten ange- 8.18
setzten Kosten der Beilackierung in Höhe von EUR.

Dies aus dem Grund, dass im Rahmen einer Reparatur des entstandenen Fahrzeugschadens eine Beilackierung nicht zwingend erforderlich ist, sondern sich vielmehr erst im Rahmen der tatsächlichen Reparatur und Lackierung der betroffenen Fahrzeugteile zeigt, ob sich ein farblicher Unterschied zu der ursprünglichen Lackierung ergibt.

Gegenbeweis: Sachverständigengutachten

Dass damit vorliegend letztlich nicht geklärt ist, ob eine Beilackierung tatsächlich erforderlich ist, geht zu Lasten des Geschädigten, der sich für eine fiktive Abrechnung entschieden hat und die Darlegungs- und Beweislast für die fiktiv eingeforderte Schadenshöhe trägt (vgl. OLG Hamm, Urt. v. 28.3.2017 – I 26 U 72/16 – juris; LG Essen, Beschl. v. 3.9.2014 – 10 S 234/14 – juris; LG Berlin, Urt. v. 23.8.2012 – 44 O 262/11 – juris; AG Bochum, Urt. v. 21.10.2014 – 40 C 325/13 – juris; LG Bielefeld, Beschl. v. 19.5.2014 – 20 S 109/13 = SP 2014, 412; AG Gummersbach, Urt. v. 3.2.2012 – 11 C 392/11 = SP 2012, 154).

▲

Letztendlich dürfte dies jedoch eine Frage sein, die ein technischer Sachverständiger zu 77
beantworten hat. Wenn aus technischer Sicht eine solche Beilackierung zu fordern ist, um Farbdifferenzen zu vermeiden, gehören diese Aufwendungen zu den Kosten der Reparatur in einer markengebundenen Fachwerkstatt und sind auch bei einer fiktiven Abrechnung zu erstatten. Dies dürfte für einen Sachverständigen auch ohne tatsächlich durchgeführte Reparatur klar sein.[73]

5. Fiktive Abrechnung und zusätzliche Anforderung der bei der Reparatur tatsächlich entstandenen Mehrwertsteuer

Wenn der Geschädigte die laut Gutachten erforderlichen Reparaturkosten gegenüber 78
dem Schädiger zunächst fiktiv abrechnet, stellt sich die Frage, ob er sich mit dieser Wahl der Schadensabrechnung zugleich gebunden hat oder ob er nachträglich auch die tatsächlich entstandene Mehrwertsteuer gesondert einfordern kann. Der Geschädigte kann jedenfalls grundsätzlich nicht eine fiktive und konkrete Schadensabrechnung kombinieren.[74] Der Unfallgeschädigte, der lediglich eine Teil-Reparatur seines verunfallten Kfz vornimmt und nunmehr von dem Schädiger den Ersatz der fiktiven (vollen) Reparaturkosten auf Gutachtenbasis geltend macht, kann auch nicht gleichzeitig die auf die erfolgte preisgünstigere – Teil-Reparatur entfallende Mehrwertsteuer fordern.[75]

73 So in dem Fall OLG Düsseldorf, Urt. v. 27.3.2012 – 1 U 139/11 = NJW 2012, 2044.

74 BGH, Urt. v. 2.10.2018 – VI ZR 40/18 – juris; BGH, Urt. v. 30.5.2006 – VI ZR 174/05 = NJW 2006, 2320: Bei einer fiktiven Abrechnung der Reparaturkosten können nicht zugleich die konkreten Nebenkosten einer Ersatzbeschaffung (z.B. An- und Abmeldekosten) geltend gemacht werden.

75 BGH, Urt. v. 5.4.2022 – VI ZR 7/21 = NJW 2022, 1884; OLG Celle, Urt. v. 1.12.2021 – 5 U 131/21 – juris.

79 Die Rechtsprechung lässt allerdings im Rahmen des dem Geschädigten zustehenden Wahlrechts entsprechend dem Gesetzeswortlaut des § 249 Abs. 2 S. 2 BGB die Geltendmachung der Mehrwertsteuer im Anschluss an eine fiktive Abrechnung i.d.R. zu, wenn und soweit sie tatsächlich angefallen ist und auf eine konkrete Abrechnung umgestellt wird. In einem zunächst gestellten Verlangen nach Schadensersatz im Wege einer fiktiven Abrechnung liegt jedenfalls regelmäßig kein Verzicht auf eine Nachforderung.[76] Eine Geltendmachung der später angefallenen Mehrwertsteuer ist demnach grundsätzlich möglich, wenn der Geschädigte sich dadurch für eine konkrete Schadensabrechnung entscheidet (die letztendlich den fiktiven Reparaturkostenanteil als Minus ohne MwSt. beinhaltet). Er ist grundsätzlich nicht an die zuerst erfolgte Abrechnung gebunden, die sich allein an den von einem Gutachter geschätzten Reparaturkosten orientiert.[77]

80 ▼

Muster 8.19: Ersatz der angefallenen Mehrwertsteuer im Anschluss an den Ersatz fiktiver Reparaturkosten

Versicherung AG

Schaden-Nr./VS-Nr./Az.

Schaden vom

Pkw , amtl. Kennzeichen

Sehr geehrte Damen und Herren,

mit der Abrechnung des Fahrzeugschadens in vorbezeichneter Unfallangelegenheit vermag ich mich nicht einverstanden zu erklären. Entgegen der von Ihnen vertretenen Auffassung besitzt meine Mandantschaft einen Anspruch auf Ausgleich der tatsächlichen angefallenen Mehrwertsteuer.

Nach der höchstrichterlichen Rechtsprechung kann der Geschädigte im Rahmen des ihm zustehenden Wahlrechtes die Mehrwertsteuer gem. § 249 Abs. 2 S. 2 BGB auch im Anschluss an eine fiktive Abrechnung geltend machen, wenn und soweit diese tatsächlich angefallen ist. In der (erstmaligen) Geltendmachung des entstandenen Schadens ist gerade kein Verzicht auf eine Nachforderung zu sehen (BGH, Urt. v. 20.4.2004 – VI ZR 109/03 = NJW 2004, 1943). Vielmehr steht es dem Geschädigten frei, nach einer ersten Abrechnung auf Basis des Gutachtens die höheren Kosten einer tatsächlich durchgeführten Reparatur des Kfz zu verlangen (BGH, Urt. v. 17.10.2006 – VI ZR 249/05 = NJW 2007, 67; LG Saarbrücken, Urt. v. 7.6.2019 – 13 S 50/19 – juris). Die durch die Reparatur tatsächlich angefallene und von meinem Mandanten bezahlte Mehrwertsteuer ist Ihnen durch die Rechnung und Quittung der von meinem Mandanten beauftragten Reparaturwerkstatt nachgewiesen worden.

Im Übrigen weise ich Sie darauf hin, dass ich namens meiner Mandantschaft bei den Ihnen gegenüber mit Schreiben vom geltend gemachten fiktiven Reparaturkosten eine spätere Nachforderung der tatsächlich angefallenen Mehrwertsteuer ausdrücklich

76 BGH, Urt. v. 20.4.2004 – VI ZR 109/03 = NJW 2004, 1943.
77 BGH, Urt. v. 17.10.2006 – VI ZR 249/05 = NJW 2007, 67.

vorbehalten habe. Mithin greift allein aus diesem Grund Ihr Argument, mein Mandant habe sich mit der fiktiven Geltendmachung des Schadensersatzes verbindlich auf diese Art der Abrechnung festgelegt, nicht ein.

Danach fordere ich Sie zum unverzüglichen Ausgleich der offenen Restreparaturkosten auf. Hierfür habe ich mir eine Frist bis zum

(*10-Tages-Frist*)

notiert. Nach fruchtlosem Fristablauf werde ich meinem Mandanten die Inanspruchnahme gerichtlicher Hilfe empfehlen.

Mit freundlichen Grüßen

(Rechtsanwalt)

▲

Es empfiehlt sich, bei der (ersten) Abrechnung des Fahrzeugschadens auf fiktiver Gutachtenbasis die spätere Geltendmachung der tatsächlich angefallenen Mehrwertsteuer ausdrücklich vorzubehalten. Dadurch wird jegliche Argumentation, dass eine Festlegung auf eine Abrechnungsart erfolgt sei, von vorne herein unterbunden. **81**

Hinweis **82**

Bei der Vorlage einer Reparaturrechnung, die geringere Kosten ausweist als den Betrag, der im Gutachten als erforderlich angesehenen wird, ist zu beachten, dass bei einer Abrechnung auf fiktiver Gutachtenbasis der Geschädigte das „Werkstattrisiko" trägt.[78] Dies birgt folgendes Risiko: In vielen Fällen wird der Schädiger bzw. sein Versicherer bei der Nachforderung nunmehr bestreiten, dass der im Gutachten angeführte Betrag der tatsächlich erforderliche Aufwand zur Schadensbeseitigung ist. Ggf. kann dann der Schädiger bzw. sein Kfz-Haftpflichtversicherer erfolgreich einen Rückforderungsanspruch aus § 812 BGB gegen den Geschädigten geltend machen. Die Nachforderung der tatsächlich angefallenen Mehrwertsteuer sollte mithin wohlüberlegt und umso zurückhaltender ausgeübt werden, je größer die Differenz zwischen den laut Gutachten erforderlichen und den tatsächlichen Reparaturkosten ist.

6. Checkliste: Fiktive Reparaturkosten

- Die Reparatur ist technisch möglich und wirtschaftlich vernünftig. **83**
- Die Reparatur des Fahrzeugs ist nicht erforderlich.
- Bei der Abrechnung auf fiktiver Reparaturkostenbasis wird eine Mehrwertsteuer nicht erstattet. Diese kann jedoch nachgefordert werden, wenn und soweit sie tatsächlich angefallen ist, es sei denn, es wurde hierauf unmissverständlich verzichtet.
- Die Bezifferung des Schadens erfolgt durch Gutachten/Kostenvoranschlag.
- Bei Reparatur und fiktiver Abrechnung besteht grundsätzlich keine Pflicht zur Vorlage von Belegen.
- Ggf. ist der Abzug „neu für alt" bei sog. Verschleißteilen vorzunehmen.

78 OLG Hamm, Urt. v. 18.3.1999 – 6 U 104/98 = NZV 1999, 297.

- Für die Abrechnung des Schadens sind grundsätzlich die Stundenverrechnungssätze einer markengebundenen Fachwerkstatt entscheidend. Der Geschädigte muss sich im Rahmen der ihm obliegenden Schadensminderungspflicht jedoch auf die Reparatur in einer konkret benannten kostengünstigeren Reparaturwerkstatt verweisen lassen, wenn diese eine technisch gleichwertige Reparatur gewährleistet für ihn ohne weiteres zugänglich ist und eine solche Reparatur dem Geschädigten zugemutet werden kann. Bei einem Fahrzeugalter von bis zu drei Jahren zum Unfallzeitpunkt ist eine Verweisung für den Geschädigten i.d.R. nicht zumutbar.
- Ob die Kosten für das Vorhalten von Ersatzteilen (UPE-Zuschläge) und Verbringungskosten zum Lackierer bei einer fiktiven Abrechnung zu erstatten sind, hängt davon ab, ob diese in der betroffenen Region üblicherweise anfallen.
- Beilackierungskosten müssen – am Besten in einem Gutachten – konkret begründet werden, können aber fiktiv abgerechnet werden.
- In der (erstmaligen) Abrechnung auf Gutachtenbasis liegt i.d.R. kein Verzicht auf eine Nachforderung der Mehrwertsteuer. Der Geschädigte kann jedoch nicht eine fiktive und konkrete Schadensabrechnung kombinieren. Mit der Nachforderung der Mwst. muss er sich daher auf eine konkrete Schadensabrechnung festlegen und ggf. die Reparaturkosten offenlegen.

IV. Grundsätze der Abrechnung auf Basis des Wiederbeschaffungsaufwands

1. Übersicht

84 Die Abrechnung auf Basis der Reparaturkosten ist nur die eine Abrechnungsart, die dem Geschädigten offensteht. Unter Umständen kann er auch gehalten sein, auf Basis der Kosten für die Wiederbeschaffung eines gleichwertigen Ersatzfahrzeugs abzurechnen. Ob die Aufwendungen für eine Reparatur oder aber die Kosten für eine Wiederbeschaffung abzurechnen sind, ergibt sich aus dem sog. „4-Stufen-Modell" des BGH, welches im nächsten Kapitel erläutert wird.

85 Bei der Abrechnung auf Basis der Kosten der Ersatzbeschaffung ist wie folgt zu unterscheiden: Die Kosten, die für die Beschaffung eines gleichwertigen Kraftfahrzeugs anfallen würden, bilden den sog. **Wiederbeschaffungswert**. Daneben kann der dem Fahrzeug nach dem Unfall weiter beizumessende **Restwert** zu berücksichtigen sein. Unter Anrechnung dieses Restwertes auf den Wiederbeschaffungswert ergibt sich der sog. **Wiederbeschaffungsaufwand** als die Kosten, die bei einer Ersatzbeschaffung unter Berücksichtigung einer Einnahme durch Veräußerung des verunfallten Fahrzeugs anfallen. Der Ersatz des Wiederbeschaffungsaufwandes kann (wie auch bei den Reparaturkosten) konkret über den Nachweis einer Ersatzbeschaffung einschließlich der dabei angefallenen Mehrwertsteuer oder aber fiktiv auf Basis des Schadensgutachtens unter Ausschluss der Mehrwertsteuer erfolgen.

2. Wiederbeschaffungswert

Die **Bezifferung des Wiederbeschaffungswerts** erfolgt in aller Regel auf der Grundlage der Angaben des Sachverständigen in seinem Gutachten. Liegt kein Sachverständigengutachten vor, kann der Wiederbeschaffungswert durch einen Blick in **Gebrauchtwagenlisten** (z.B. „Eurotax-Schwacke“) ermittelt werden. Allerdings beinhaltet diese Liste lediglich Angaben für Fahrzeuge, die maximal zehn Jahre alt sind. Die Bezifferung des Wiederbeschaffungswerts älterer Fahrzeuge oder besonderer Fahrzeugtypen, die in Gebrauchtwagenlisten nicht vermerkt sind, erfordert eine konkrete Marktanalyse. Anhaltspunkte für die Bezifferung des Wiederbeschaffungswerts derartiger Fahrzeuge bieten Angebote über entsprechende Fahrzeuge bei Gebrauchtwagenhändlern, insbesondere über die einschlägigen Internetportale oder Kleinanzeigen der lokalen oder der Fachpresse. Dabei muss allerdings beachtet werden, dass Anzeigen in überregionalen Fachzeitschriften oder gar im Internet i.d.R. keinen Aufschluss über das regionale Marktgefüge am Ort des Geschädigten geben. Aus diesem Grund ist einer Bezifferung des Wiederbeschaffungswerts durch einen Sachverständigen in der Regel der Vorzug einzuräumen. 86

Hinweis

Für die Ermittlung des Wiederbeschaffungswerts ist allein der Eintritt des Schadensfalls maßgeblich. Ein zwischenzeitlicher **Preisverfall** geht zu Lasten des Schädigers.[79]

3. Restwert

a) Übersicht

Unter dem Begriff „**Restwert**“ wird der **Wert des beschädigten Unfallfahrzeugs** verstanden. Auch dieser Wert macht sich an konkreten Marktwerten fest. Früher konnte für jedes noch so beschädigte Fahrzeug ein Restwert als „Schrottwert“ erzielt werden. Da die Fahrzeuge heutzutage aufgrund der verschärften Umweltgesetzgebung ordnungsgemäß entsorgt werden müssen, verursacht die Verwertung des Unfallfahrzeugs u.U. sogar Kosten, so dass nicht mehr in jedem Fall ein Restwert erzielt werden kann. 87

Für die Bestimmung des Restwerts gilt, dass der Geschädigte sich grundsätzlich den Restwert anrechnen lassen muss, der in dem Sachverständigengutachten ausgewiesen wird. Hiervon gibt es jedoch eine Reihe an Ausnahmen, die sich in folgende zwei Problemfelder eingrenzen lassen: Zum einen geht es um die Frage, ob ein tatsächlich erzielter (geringerer oder größerer) Restwert maßgeblich werden kann. Zum anderen kann dem Geschädigten in bestimmten Ausnahmefällen der Vorwurf eines erheblichen Mitverschuldens gemacht werden. 88

79 OLG Düsseldorf, Urt. v. 30.6.1997 – 1 U 212/96 = NZV 1997, 483.

b) Restwert lässt sich insgesamt nicht mehr erzielen

89 Der vom Sachverständigen angeführte Restwert stellt lediglich einen Schätzwert dar, der sich im Einzelfall nicht immer realisieren lässt. In diesen Fällen ist darauf zu achten, dass alle Verkaufsbemühungen des Mandanten in substantiierter Weise dargelegt und ggf. dokumentiert werden können, um den Versicherer davon zu überzeugen, dass die erste Schätzung des Sachverständigen tatsächlich unzutreffend ist. Durch eine entsprechende Anzeige und Fristsetzung zur Vermittlung eines zutreffenden Angebots wird von vorneherein unterbunden, dass dem Mandanten gegenüber der Vorwurf eines Mitverschuldens erhoben werde könnte. Auch werden weitere erhebliche Aufwendungen des Mandanten zur Ermittlung eines Restwertkäufers vermieden.

90 ▼

Muster 8.20: Nichterzielung des geschätzten Restwerts

8.20

Versicherung AG

Schaden-Nr./VS-Nr./Az.

Schaden vom

Pkw , amtl. Kennzeichen

Sehr geehrte Damen und Herren,

in der im Betreff genannten Schadensache bemühte sich meine Mandantschaft in der Zwischenzeit vergeblich um eine Verwertung des Unfallfahrzeugs. So wurde erfolglos die als Anlage beigefügte Anzeige im Internet aufgegeben. Auch wurden die aus der Anlage erkenntlichen Händler angerufen, jedoch immer nur eine abschlägige Antwort erhalten. Entgegen den Angaben des Sachverständigen lässt sich der geschätzte Restwert von EUR nicht realisieren. Im Gegenteil stehen weitere Kosten für die Verschrottung des Fahrzeugs zu erwarten.

Sollten Sie anderer Auffassung sein, bitte ich höflich um die Benennung eines Aufkäufers, der gewillt ist, den vom Sachverständigen geschätzten Restwert oder einen anderen Betrag zu bezahlen. Hierfür habe ich mir eine Frist bis zum

(*10-Tages-Frist*)

notiert. Sollte ich von Ihnen bis zu diesem Tage keine Rückantwort erhalten, wird mein Mandant das Unfallfahrzeug verschrotten lassen und Ihnen die dadurch verursachten weiteren Kosten gesondert aufgeben.

Mit freundlichen Grüßen

(Rechtsanwalt)

▲

c) Verbindlichkeit des vom Sachverständigen ermittelten Restwertes und Vertrauensschutz des Geschädigten

91 Der Geschädigte bewegt sich in den für die Schadensbehebung gezogenen Grenzen, wenn er die Veräußerung seines beschädigten Kraftfahrzeugs zu demjenigen Preis vor-

nimmt, den ein von ihm eingeschalteter Sachverständiger als Wert auf dem allgemeinen regionalen Markt ermittelt hat.[80] Er ist grundsätzlich nicht verpflichtet, einen Sondermarkt für Restwertaufkäufer im Internet in Anspruch zu nehmen. Dies gilt sowohl für den Fall einer Ersatzbeschaffung als auch der Reparatur und Weiternutzung des beschädigten Fahrzeug.[81] Wird beispielsweise außergerichtlich oder im Prozess durch einen Sachverständigen der Schädigerseite eine Schätzung vorgenommen, die sich nicht auf den regionalen Markt bezieht, ist diese grundsätzlich nicht maßgeblich und der Geschädigte muss sich nur unter eng umgrenzten Ausnahmen auf andere Angebote verweisen lassen.[82]

▼ 92

Muster 8.21: Zurückweisung eines höheren überregional ermittelten Restwertes

Der angeführte Restwert in Höhe von EUR ist zurückzuweisen. Der Geschädigte bewegt sich in den für die Schadensbehebung gezogenen Grenzen, wenn er die Veräußerung seines beschädigten Kraftfahrzeugs zu demjenigen Preis vornimmt, den ein von ihm eingeschalteter Sachverständiger als Wert auf dem allgemeinen regionalen Markt ermittelt hat. Er ist grundsätzlich nicht verpflichtet, einen Sondermarkt für Restwertaufkäufer im Internet in Anspruch zu nehmen (BGH, Urt. v. 13.10.2009 – VI ZR 318/08 = NZV 2010, 193; BGH, Urt. v. 10.7.2007 – VI ZR 217/06 = NJW 2007, 2918). Ein ggf. höherer Restwert, der sich nicht auf ein Angebot des regionalen Marktes bezieht, ist grundsätzlich unbeachtlich (OLG Hamm, Urt. v. 31.10.2008 – 9 U 48/06 = NZV 2009, 183).

▲

Hinweis 93

Der Geschädigte muss der Versicherung auch keine Zeitspanne zum Ermitteln eines höheren Restwertangebots einräumen. Er ist weder unter dem Gesichtspunkt des Wirtschaftlichkeitsgebots noch unter dem Gesichtspunkt der Schadensminderungspflicht dazu verpflichtet, über die Einholung des Sachverständigengutachtens hinaus noch eigene Marktforschung zu betreiben und dabei die Angebote auch räumlich entfernter Interessenten einzuholen oder einen Sondermarkt für Restwertaufkäufer im Internet in Anspruch zu nehmen. Auch ist er nicht gehalten abzuwarten, um dem Schädiger oder dessen Haftpflichtversicherer vor der Veräußerung des beschädigten Fahrzeugs Gelegenheit zu geben, zum eingeholten Gutachten Stellung zu nehmen und gegebenenfalls bessere Restwertangebote vorzulegen.[83]

Seitens des Schädigers kann in einem Prozess jedoch bestritten werden, dass der im 94
Gutachten ausgewiesene Restwert zutreffend auf dem regionalen Markt ermittelt worden ist. Dabei ist insbesondere von Bedeutung, dass der Sachverständige den Restwert über drei Angebote aus dem regionalen Markt zu belegen und diese in seinem Gutachten

80 BGH, Urt. v. 13.10.2009 – VI ZR 318/08 = NZV 2010, 193; BGH, Urt. v. 10.7.2007 – VI ZR 217/06 = NJW 2007, 2918; OLG Hamm, Urt. v. 31.10.2008 – 9 U 48/08 = NZV 2009, 183.
81 BGH, Urt. v. 13.10.2009 – VI ZR 318/08 = NVZ 2010, 193.
82 OLG Hamm, Urt. v. 31.10.2008 – 9 U 48/08 = NZV 2009, 183.
83 BGH, Urt. v. 27.9.2016 – VI ZR 673/15 – juris.

auszuweisen hat.[84] Dies kann auch zu Lasten des Geschädigten gehen: Will der Geschädigte das Risiko vermeiden, einen zu geringen Restwert zu erzielen, muss er sich vor dem Verkauf des beschädigten Fahrzeugs mit dem Haftpflichtversicherer abstimmen oder aber ein eigenes Gutachten mit einer korrekten Wertermittlung einholen, auf dessen Grundlage er die Schadensberechnung vornehmen kann. Hat der vom Geschädigten beauftragte Sachverständige dagegen den Restwert auf dem regionalen Markt unter Ausweis von mindestens drei Angeboten ermittelt, so kann die Schädigerseite zwar immer noch bestreiten, dass ein höherer Restwert erzielt werden kann. Dies kann jedoch dem Geschädigten bei der Verfolgung seiner Ansprüche nicht entgegengehalten werden, es sei denn, der Versicherer übermittelt dem Geschädigten rechtzeitig ein konkretes und höheres Restwertangebot, welches mit einem einfachen „Ja“ angenommen werden kann.[85]

95 ▼

Muster 8.22: Einwendung zu dem ermittelten Restwert

Will der Geschädigte das Risiko vermeiden, einen zu geringen Restwert zu erzielen, muss er sich vor dem Verkauf des beschädigten Fahrzeugs mit dem Haftpflichtversicherer abstimmen oder aber ein eigenes Gutachten mit einer korrekten Wertermittlung einholen, auf dessen Grundlage er die Schadensberechnung vornehmen kann. Eine solche korrekte Wertermittlung ist aber nur dann gegeben, wenn der Sachverständige mindestens drei Angebote aus dem regionalen Markt in seinem Gutachten ausweist. Der pauschale Hinweis auf nicht näher bezeichnete, aber angeblich eingeholte Ankaufsangebote genügt nicht (BGH, Urt. v. 13.10.2009 – VI ZR 318/08 = NZV 2010, 193). Hier finden sich in dem vorgelegten Gutachten des Sachverständigen vom keine drei solche Angebote, sondern vielmehr .

▲

d) Zur Möglichkeit der Verweisung auf Restwertangebote aus dem überregionalen Markt (Restwertbörse)

96 Der Geschädigte ist grundsätzlich nicht verpflichtet, einen Sondermarkt für Restwertaufkäufer im Internet in Anspruch zu nehmen. Er muss sich jedoch einen höheren Erlös anrechnen lassen, den er bei tatsächlicher Inanspruchnahme eines solchen Sondermarktes ohne besondere Anstrengungen erzielt.[86] Dabei können besondere Umstände dem Geschädigten Veranlassung geben, eine ihm ohne weiteres zugängliche, günstigere Verwertungsmöglichkeit wahrzunehmen, und so den entstandenen Schaden so gering wie möglich zu halten.[87] Wird dem Geschädigten eine Verwertungsmöglichkeit aufgezeigt, die ihm ohne weitere erhebliche Anstrengungen ermöglicht, das Fahrzeug zu veräußern, kann dies eine Obliegenheit zur Schadensminderung begründen.[88] Dies ist insbesondere

84 BGH, Urt. v. 13.10.2009 – VI ZR 318/08 = NZV 2010, 193.
85 BGH, Urt. v. 1.6.2010 – VI ZR 316/09 = NJW 2010, 2722; OLG Köln, Hinweisbeschl. v. 16.7.2012 – 13 U 80/12 = NJW-RR 2013, 224; OLG München, Urt. v. 21.10.2011 – 10 U 2304/10 = SVR 2012, 227.
86 BGH, Urt. v. 1.6.2010 – VI ZR 316/09 = NJW 2010, 2722; OLG Köln, Hinweisbeschl. v. 16.7.2012 – 13 U 80/12 = NJW-RR 2013, 224; OLG München, Urt. v. 21.10.2011 – 10 U 2304/10 = SVR 2012, 227.
87 Grundlegend: BGH, Urt. v. 30.11.1999 – VI ZR 219/98 = NJW 2000, 800.
88 OLG Hamm, Urt. v. 31.10.2008 – 9 U 48/08 = NZV 2009, 183.

dann der Fall, wenn dem Geschädigten ein verbindliches Kaufangebot vorgelegt und das Fahrzeug bei ihm – ohne dass weitere Kosten für ihn entstehen[89] – abgeholt wird. **Allerdings** ist der Geschädigte zur Annahme eines Restwertangebots nur verpflichtet, wenn auf diesem klar und deutlich die kostenfreie Abholung gegen Barzahlung vermerkt ist und er ohnehin bereit ist, das Fahrzeug sofort zu verkaufen.[90]

▼ 97

Muster 8.23: Verweisung auf ein Angebot aus einer „Restwertbörse"

Der Geschädigte ist im Rahmen seiner Schadensminderungspflicht verpflichtet, ein ihm von der Schädigerseite zugeleitetes verbindliches Restwertangebot auch dann anzunehmen, wenn dieses aus einer sog. Internetbörse stammt, sofern dies für ihn nicht mit weiteren Aufwendungen verbunden ist (BGH, Urt. v. 1.6.2010 – VI ZR 316/09 = NJW 2010, 2722; OLG Köln, Beschl. v. 16.7.2012 – 13 U 80/12 = NJW-RR 2013, 224; OLG München, Urt. v. 21.10.2011 – 10 U 2304/11 = SVR 2012, 227; OLG Hamm, Urt. v. 31.10.2008 – 9 U 48/08 = NZV 2009, 183). Dies vor dem Hintergrund, dass dem Geschädigten entgegengehalten werden kann, unter besonderen Umständen eine ihm ohne weiteres zugängliche, günstigere Verwertungsmöglichkeit wahrzunehmen und durch eine entsprechende Verwertung seines Fahrzeuges den ihm entstandenen Schaden im Rahmen seiner Schadensminderungspflicht auszugleichen (grundlegend: BGH, Urt. v. 30.11.1999 – VI ZR 219/98 = NJW 2000, 800).

In dem hiesigen Fall liegt ein solches verbindliches Ankaufsangebot vor:

▲

Die Verweisung des Geschädigten auf ein höheres Restwertangebot ist jedoch ein **Ausnahmefall**. Diese Ausnahmen, deren Voraussetzungen zur Beweislast des Schädigers stehen, werden in engen Grenzen gehalten, weil andernfalls die dem Geschädigten zustehende Ersetzungsbefugnis unterlaufen würde, wonach es Sache des Geschädigten ist, in welcher Weise er mit dem beschädigten Fahrzeug verfährt. Insbesondere dürfen dem Geschädigten bei der Schadensbehebung nicht die vom Haftpflichtversicherer des Schädigers gewünschten Verwertungsmodalitäten aufgezwungen werden.[91] Der bloße Hinweis auf eine preisgünstigere Möglichkeit der Verwertung, um deren Realisierung sich der Geschädigte erst noch hätte bemühen müssen, genügt nicht, um Schadensminderungsobliegenheiten auszulösen.[92] Vielmehr muss das Restwertangebot so ausgestaltet sein, dass es der Geschädigte mit einem einfachen „Ja" annehmen kann.[93] 98

▼ 99

Muster 8.24: Stellungnahme zum Restwertangebot der Versicherung nach Veräußerung

Versicherung AG

89 OLG Hamm, Urt. v. 23.6.1999 – 6 U 16/99 = r+s 1999, 326.
90 OLG Frankfurt a.M., Urt. v. 19.1.2010 – 22 U 49/08 – juris.
91 BGH, Urt. v. 10.7.2007 – VI ZR 217/06 = NJW 2007, 2918.
92 BGH, Urt. v. 30.11.1999 – VI ZR 219/98 = NJW 2000, 800.
93 OLG Koblenz, Urt. v. 12.12.2011 – 12 U 1059/10 = BeckRS 2012, 01230.

Schaden-Nr./VS-Nr./Az.

Schaden vom

Pkw , amtl. Kennzeichen

Sehr geehrte Damen und Herren,

in vorbenannter Schadensache legen Sie der Abrechnung des Fahrzeugschadens einen Restwert von zugrunde. Zur Begründung führen Sie aus, Sie hätten im Vergleich zu den Angaben des Sachverständigen ein erhöhtes Restwertangebot vorgelegt, an das mein Mandant gebunden sei. Ihre Abrechnung steht jedoch nicht im Einklang mit der einhelligen Auffassung in Rechtsprechung und Literatur.

Liegt ein wirtschaftlicher Totalschaden vor, darf der Geschädigte grundsätzlich den vom Sachverständigen in seinem Gutachten ermittelten Restwert für die Abrechnung des Schadens in Ansatz bringen (BGH, Urt. v. 30.5.2006 – VI ZR 174/05 = NJW 2006, 2320; BGH, Urt. v. 30.11.1999 – VI ZR 219/98 = NJW 2000, 800). Der Geschädigte darf sich insoweit auf die Sachkunde des Sachverständigen verlassen. Er ist hingegen nicht dazu verpflichtet, vor der Veräußerung des Unfallfahrzeugs vorab mit dem Schädiger oder seinem Haftpflichtversicherer über die Konditionen der Verwertung Rücksprache zu halten (OLG Düsseldorf, Urt. v. 7.6.2004 – 1 U 12/04 = NJW-RR 2004, 1470). Auch im Internet hat er ohne weitere Veranlassung nicht von sich aus eigene Nachforschungen anzustellen (OLG Düsseldorf a.a.O.).

Meine Mandantschaft muss sich auch nicht auf das von Ihnen vorgelegte höhere Restwertangebot verweisen lassen. Der bloße Hinweis auf eine preisgünstigere Möglichkeit der Verwertung, um deren Realisierung sich der Geschädigte erst noch hätte bemühen müssen, genügt nicht, um Schadensminderungsobliegenheiten auszulösen (BGH, Urt. v. 30.11.1999 – VI ZR 219/98 = NJW 2000, 800). Es ist weder zweifelsfrei ersichtlich, dass es sich um ein verbindliches Angebot handelt, noch dass zu seiner Wahrnehmung kein weiterer Aufwand meiner Mandantschaft nötig gewesen wäre. Auf einen – wie hier – allgemein gehaltenen Standardbrief hin muss der Geschädigte jedenfalls von sich aus keinen Kontakt mit dem angeblichen Restwertankäufer aufnehmen (OLG Koblenz, Urt. v. 12.12.2011 – 12 U 1059/10 = SP 2012, 220). Insbesondere .

Nach diesen Grundsätzen war mein Mandant dazu berechtigt, das Unfallfahrzeug ohne vorherige Rücksprache mit Ihnen zum Restwert von EUR zu veräußern. Ich habe Sie deshalb zum unverzüglichen Ausgleich der noch offenen EUR aufzufordern. Hierfür habe ich mir eine Frist bis zum

(*10-Tages-Frist*)

notiert. Nach fruchtlosem Fristablauf werde ich meinem Mandanten die Inanspruchnahme gerichtlicher Hilfe empfehlen.

Mit freundlichen Grüßen

(Rechtsanwalt)

▲

100 Behauptet der Geschädigte, das (unstreitig vorhandene) Restwertangebot der Schädigerseite erst im Anschluss an die eigene Verwertung erhalten zu haben, ist er für den Zeitpunkt der Veräußerung zumindest darlegungs-, nach einer Ansicht[94] sogar beweis-

94 OLG Düsseldorf, Urt. v. 22.12.1997 – 1 U 53/97 = VersR 1998, 518.

pflichtig. Auch wenn der Schädiger zwar grundsätzlich die Beweislast für die Verletzung einer Schadensminderungspflicht trägt, hat der Geschädigte die allein in seiner Sphäre erfolgte Veräußerung vor Eingang des Restwertangebots zu beweisen. Hierfür genügt die Vorlage des Fahrzeugscheins für das erworbene Fahrzeug i.d.R. nicht, da hierin keine Beweiskraft im Hinblick auf den Veräußerungszeitpunkt des alten Fahrzeugs liegt.[95] Der Schädiger hat demgegenüber den Zugang eines alternativen Restwertangebots zu beweisen.[96]

Ist der Geschädigte bereits einen verbindlichen Kaufvertrag über das beschädigte Fahrzeug eingegangen und erreicht ihn dann ein vom gegnerischen Versicherer vermitteltes höheres Restwertangebot, ist er nicht verpflichtet, bei dem bereits abgeschlossenen Kaufvertrag nach zu verhandeln. Er durfte vielmehr in berechtigter Weise auf die Richtigkeit des im Sachverständigengutachten angeführten Restwerts vertrauen.[97] 101

▼ 102

Muster 8.25: Darlegungs- und Beweislast des Geschädigten zu der angeblichen Veräußerung

8.25

Soweit der Geschädigte sich im hiesigen Fall darauf beruft, er habe vor dem Zugang des höheren Restwertangebots sein beschädigtes Fahrzeug bereits veräußert, so hat er diesen in seiner Wissenssphäre liegenden Umstand genau darzulegen und durch Vorlage entsprechender Dokumente zu belegen (zu dieser sekundären Darlegungslast durch Vorlage der Belege vgl. BGH, Urt. v. 20.10.2009 – VI ZR 53/09 = NZV 2010, 133). Der Geschädigte hat in dieser Fallkonstellation jedenfalls zu beweisen, dass er sein Fahrzeug vor dem Erhalt des Restwertangebots veräußert hat (OLG Düsseldorf, Urt. v. 22.12.1997 – 1 U 53/97 = VersR 1998, 518).

▲

▼ 103

Muster 8.26: Restwertangebot der Versicherung vor der Veräußerung

8.26

Versicherung AG

Schaden-Nr./VS-Nr./Az.

Schaden vom

Pkw , amtl. Kennzeichen

Sehr geehrte Damen und Herren,

in vorbenannter Schadensache legen Sie der Abrechnung des Fahrzeugschadens einen Restwert zugrunde, der um EUR zu hoch liegt. Insoweit gehen Sie zu Unrecht von einem Mitverschulden meines Mandanten aus.

Selbst wenn das von Ihnen vermittelte „Angebot“ meinen Mandanten vor Abschluss des Kaufvertrags bzgl. des beschädigten Fahrzeugs erreicht haben sollte, genügt dies allein

95 OLG Düsseldorf, Urt. v. 22.12.1997 – 1 U 53/97 = VersR 1998, 518.
96 LG Mannheim, Urt. v. 22.6.2007 – 1 S 13/07 = zfs 2007, 687.
97 OLG Düsseldorf, Urt. v. 22.12.1997 – 1 U 53/97 = VersR 1998, 518.

nach den Vorgaben der höchstrichterlichen Rechtsprechung nicht, um eine entsprechende Obliegenheit zur Verwertung eben dieses Angebots bei meinem Mandanten zu begründen. Es fehlt vorliegend viel mehr daran, dass eine ohne weiteres zugängliche günstigere Verwertungsmöglichkeit aufgezeigt worden wäre, die meine Mandantschaft jederzeit ohne erhebliche Bemühungen und Aufwendungen realisieren kann (BGH, Urt. v. 30.11.1999 – VI ZR 219/98 = NJW 2000, 800; OLG Düsseldorf, Urt. v. 7.6.2004 – 1 U 12/04 = NJW-RR 2004, 1470). Unklar bleibt insbesondere, wo die als angeblicher Kaufinteressent angeführte Firma ihren Firmensitz hat und an welchem Ort das Fahrzeug auf wessen Kosten zu übergeben ist. Auch diesen Gesichtspunkt kann nicht von einem verbindlichen Kaufangebot ausgegangen werden, das sich ohne weitere Mühen realisieren ließ. Auf einen – wie hier – allgemein gehaltenen Standardbrief hin muss der Geschädigte jedenfalls von sich aus keinen Kontakt mit dem angeblichen Restwertankäufer aufnehmen (OLG Koblenz, Urt. v. 12.12.2011 – 12 U 1059/10 = SP 2012, 220).

Ich habe Sie deshalb zum unverzüglichen Ausgleich der noch offenen ______ EUR aufzufordern. Hierfür habe ich mir eine Frist bis zum

______ (*10-Tages-Frist*)

notiert. Nach fruchtlosem Fristablauf werde ich meinem Mandanten die Inanspruchnahme gerichtlicher Hilfe empfehlen.

Mit freundlichen Grüßen

(Rechtsanwalt)

▲

e) Erhöhtes Restwertangebot des Versicherers wird vom Rechtsanwalt nicht weitergeleitet

104 Übernimmt ein Rechtsanwalt die Vertretung des Geschädigten, ist er damit grundsätzlich im Rahmen der ihm erteilten Vollmacht berechtigt, Restwertangebote der Versicherung anzunehmen und im Innenverhältnis zu seinem Mandanten verpflichtet, diese unverzüglich weiterzuleiten. Der Geschädigte muss sich dabei die Kenntnis eines Rechtsanwalts von dem höheren Restwertangebot zurechnen lassen.[98]

105 *Hinweis*

Das Problem des Rechtsanwalts, für eine verspätete Übersendung eines Restwertangebots und die daraus resultierenden Folgen haften zu müssen, lässt sich dadurch beseitigen, dass der gegnerische Haftpflichtversicherer bereits im ersten Anspruchsschreiben ausdrücklich darauf hingewiesen wird, dass der Rechtsanwalt keine Empfangsvollmacht für die Entgegennahme von Restwertangeboten besitzt. Dann müssen derartige Angebote unmittelbar an den Mandanten übersandt werden, sofern die Vollmacht auch tatsächlich eine solche Einschränkung enthält.

98 LG Erfurt, Urt. v. 10.6.2011 – 2 S 84/10 – juris.

Muster 8.27: Regressanmeldung beim Rechtsanwalt 106

8.27

Herrn Rechtsanwalt/Frau Rechtsanwältin

Az.

Schaden vom

Sehr geehrter Herr Kollege , sehr geehrte Frau Kollegin ,

Herr aus beauftragte mich mit der Wahrnehmung seiner Interessen. Eine Kopie der auf mich lautenden Vollmacht füge ich in der Anlage bei.

Gegenstand des Mandats ist die Abwicklung des Unfallschadens meines Mandanten vom , die von Ihnen auftragsgemäß durchgeführt wurde. Obwohl mein Mandant für das Unfallfahrzeug einen Erlös von nur EUR erzielte, legte der gegnerische Kfz-Haftpflichtversicherer der Abrechnung des Totalschadens einen Restwert von EUR zugrunde. Hierzu war er berechtigt, da er Ihnen ein Restwertangebot in Höhe von EUR am und damit rechtzeitig vor der Veräußerung des Unfallfahrzeugs durch meinen Mandanten übermittelte. Bedauerlicherweise wurde das Restwertangebot nicht rechtzeitig an meinen Mandanten weitergeleitet.

Im Rahmen des mit meinem Mandanten abgeschlossenen Anwaltsvertrags waren Sie zu einer unverzüglichen Weiterleitung des Restwertangebots verpflichtet. Mein Mandant musste sich Ihr bedauerliches Versäumnis als eigenes Fehlverhalten zurechnen lassen (LG Erfurt, Urt. v. 10.6.2011 – 2 S 84/10 – juris).

Das Fehlverhalten verursachte einen Schaden in Höhe von EUR. Ich bitte höflich um zeitnahe Rückantwort, ob der Schadensbetrag unmittelbar von Ihnen übernommen wird oder gegenüber Ihrem Haftpflichtversicherer geltend gemacht werden soll. In diesem Fall bitte ich um die Benennung Ihres Haftpflichtversicherers nebst Versicherungsscheinnummer.

Für die Beantwortung meines Schreibens habe ich mir eine Frist bis zum

(*10-Tages-Frist*)

notiert, um deren Einhaltung ich höflich bitte.

Mit freundlichen kollegialen Grüßen

(Rechtsanwalt)

f) Erhöhter Restwert

107 Erzielt der Geschädigte bei der Veräußerung einen Erlös, der den vom Sachverständigen geschätzten Restwert übersteigt, ist wie folgt zu unterscheiden:

- Grundsätzlich muss sich der Geschädigte als Herr des Restitutionsgeschehens einen höheren Restwerterlös, der seine Ursache nicht in der Beschaffenheit des Fahrzeugs hat, nicht anrechnen lassen.[99]
- Hat der Geschädigte den höheren Erlös jedoch ohne weitere überobligatorische Anstrengungen ermöglicht, muss er sich den erzielten Ertrag in vollem Umfang anrechnen lassen. In diesen Fällen verstößt ein bei ihm verbleibender Mehrerlös gegen das Verbot der schadensrechtlichen Bereicherung. Die Beweislast für einen derartigen, eng zu fassenden Ausnahmefall trägt allerdings der Schädiger.[100] Um sich auf „überobligationsmäßige Verkaufsbemühungen" stützen zu können, reichen allerdings einige Telefonate zur besseren Verwertung des Fahrzeugs noch nicht aus.[101] Andererseits kommt dem Schädiger ein besonderes Verkaufsgeschick des Geschädigten nicht zugute.[102]

108 ▼

Muster 8.28: Auswirkung besonderer Verkaufsbemühungen auf Restwert

Versicherung AG

Schaden-Nr./VS-Nr./Az.

Schaden vom

Pkw , amtl. Kennzeichen

Sehr geehrte Damen und Herren,

soweit Sie in vorbezeichneter Schadensache der Abrechnung des Fahrzeugschadens die von meiner Mandantschaft tatsächlich erzielten EUR zugrunde legen, vermag ich mich hiermit in keinem Fall einverstanden zu erklären.

Basiert nämlich die Erzielung des höheren Restwerts auf besonderen Verkaufsbemühungen, muss sich der Geschädigte den höheren Restwerterlös nicht anrechnen lassen (BGH, Urt. v. 7.12.2004 – VI ZR 119/04 = NJW 2005, 357; BGH, Urt. v. 30.11.1999 – VI ZR 219/98 = NJW 2000, 800). Das war hier der Fall. Die Verkaufsbemühungen meiner Mandantschaft beschränkten sich gerade nicht darauf, das Unfallfahrzeug auf hiesigen Gebrauchtwagenmärkten oder in der örtlichen Presse zum Verkauf anzubieten. Vielmehr .

99 BGH, Urt. v. 7.12.2004 – VI ZR 119/04 = NJW 2005, 357 unter Verweis auf BGH, Urt. v. 5.3.1985 – VI ZR 204/83 = NJW 1985, 2469.

100 BGH, Urt. v. 7.12.2004 – VI ZR 119/04 = NJW 2005, 357; BGH, Urt. v. 30.11.1999 – VI ZR 219/98 = NJW 2000, 800.

101 LG Mainz, Urt. v. 27.1.1999 – 3 S 218/98 = zfs 1999, 239.

102 OLG Düsseldorf, Urt. v. 14.6.1993 – 1 U 142/92 = zfs 1993, 338.

Zusammenfassend habe ich Sie aufzufordern, den offenen Restbetrag von EUR unverzüglich an meinen Mandanten auszugleichen. Sollte die Zahlung nicht bis zum

(*10-Tages-Frist*)

erfolgen, werde ich meinem Mandanten eine gerichtliche Klärung dieser Frage empfehlen.

Mit freundlichen Grüßen

(Rechtsanwalt)

▲

g) Geringerer Restwert

Erzielt der Geschädigte bei der Veräußerung des Kfz einen geringeren Restwert als denjenigen, der im Gutachten ausgewiesen ist, muss er sich jedoch nicht generell den vom Gutachter geschätzten höheren Wert anrechnen lassen. Vielmehr kann er seiner Schadensberechnung grundsätzlich den konkret erzielten Restwertbetrag zugrunde legen.[103] Dies gilt auch bei einer rein fiktiven Schadensabrechnung. Der konkret erzielte Restwert stellt dann einen wichtigen Anhaltspunkt für den vom Richter im Wege der Schätzung nach § 287 ZPO zu ermittelnden tatsächlich gegebenen Restwert dar. Der BGH hat es ausdrücklich gebilligt, dass der Tatrichter sich im Rahmen des ihm zustehenden Ermessens an dem konkret erzielten Restwert orientiert hat.[104] Macht der Haftpflichtversicherer des **Schädigers** demgegenüber geltend, auf dem regionalen Markt hätte ein höherer Restwert erzielt werden müssen, liegt die Darlegungs- und Beweislast bei ihm.[105] **109**

▼ **110**

Muster 8.29: Fiktive Abrechnung mit geringerem tatsächlich erzielten Restwert

8.29

Versicherung AG

Schaden-Nr./VS-Nr./Az.

Schaden vom

Pkw , amtl. Kennzeichen

Sehr geehrte Damen und Herren,

zu Unrecht haben Sie den vollen vom Sachverständigen geschätzten Restwert bei der Regulierung in Abzug gebracht. Mein Mandant muss sich nicht generell auf den vom Sachverständigen geschätzten Restwert verweisen lassen. Vielmehr kann er seiner Schadensberechnung den tatsächlich erzielten Restwert auch bei einer rein fiktiven Abrechnung zugrunde legen. Der tatsächlich erzielte Restwert bildet auch für einen erkennenden Richter die für die Bemessung des Restwertes heranzuziehende Schätzungsgrundlage im Rahmen der von meinem Mandanten gewählten rein fiktiven Schadensabrechnung (BGH, Urt. v. 30.5.2006 – VI ZR 174/05 = NJW 2006, 2320). Der im Gutachten

103 BGH, Urt. v. 30.5.2006 – VI ZR 174/05 = NJW 2006, 2320; BGH, Urt. v. 12.7.2005 – VI ZR 132/04 = NJW 2005, 3134.
104 BGH, Urt. v. 30.5.2006 – VI ZR 174/05 = NJW 2006, 2320.
105 BGH, Urt. v. 12.7.2005 – VI ZR 132/04 = NJW 2005, 3134.

angeführte höhere Restwert stellt lediglich eine erste Schätzung dar, die sich vorliegend bei der konkreten Abwicklung des Falles nicht bestätigt hat. Sie tragen die Darlegungs- und Beweislast dafür, dass ein höheres Restwertangebot tatsächlich hätte erzielt werden können (BGH, Urt. v. 12.7.2005 – VI ZR 132/04 = NJW 2005, 3134). Zusammenfassend habe ich Sie aufzufordern, den offenen Restbetrag von ___ EUR unverzüglich an meinen Mandanten auszugleichen. Sollte die Zahlung nicht bis zum

___ (*10-Tages-Frist*)

erfolgen, werde ich meinem Mandanten eine gerichtliche Klärung dieser Frage empfehlen.

Mit freundlichen Grüßen

(Rechtsanwalt)

▲

111 Der Schädiger ist für ein von ihm behauptetes Mitverschulden des Geschädigten bei der Erzielung des Restwertes darlegungs- und beweisbelastet.[106] Die hinter ihm stehende Kfz-Haftpflichtversicherung hätte daher im obigen Fall aufzuzeigen und ggf. zu beweisen, dass der Geschädigte auf dem regionalen für ihn zugänglichen Markt ohne Weiteres einen höheren Restwert hätte erzielen können. Ein Mitverschulden dürfte dagegen in aller Regel ausscheiden, wenn der gegnerischen Kfz-Haftpflichtversicherung rechtzeitig mitgeteilt worden ist, dass die bisherigen Bemühungen des Geschädigten nur zu Angeboten mit einem geringeren als im Gutachten angegebenen Restwert geführt haben und um die Vermittlung eines höheren Angebots unter Fristsetzung gebeten wird.

4. Umfang der Geldersatzleistung

112 Liegt ein Totalschaden vor, gebührt dem Geschädigten der **Wiederbeschaffungsaufwand**. Dies ist der Betrag, der für die Beschaffung eines dem Unfallfahrzeug vergleichbaren Ersatzfahrzeugs im unbeschädigten Zustand erforderlich ist (**Wiederbeschaffungswert**) abzüglich des Werts, der dem Unfallfahrzeug nach dem schädigenden Ereignis weiterhin innewohnt (**Restwert**). Für die Ermittlung des Wiederbeschaffungswerts ist allein der Eintritt des Schadensfalls maßgeblich. Ein zwischenzeitlicher **Preisverfall** geht zu Lasten des Schädigers.[107]

a) Ersatz der Mehrwertsteuer, wenn und soweit diese angefallen ist

113 Dem Gesetzeswortlaut des § 251 Abs. 2 BGB ist nicht zu entnehmen, ob in den Fällen eines technischen oder wirtschaftlichen Totalschadens der Geschädigte gleichermaßen „fiktiv“ den Wiederbeschaffungsaufwand einschließlich der im Gutachten angeführten Mehrwertsteuer erhält oder ob die Mehrwertsteuer lediglich dann zu erstatten ist, wenn sie tatsächlich angefallen ist. Diese Grundsatzfrage hat der BGH dahingehend entschieden, dass er die Fälle des Totalschadens in Bezug auf die Erstattungsfähigkeit der

106 BGH, Urt. v. 30.5.2006 – VI ZR 174/05 = NJW 2006, 2320.
107 OLG Düsseldorf, Urt. v. 30.6.1997 – 1 U 212/96 = NZV 1997, 483.

Mehrwertsteuer ebenso behandelt wie die Fälle der Naturalrestitution.[108] Diese Gleichsetzung bedeutet Folgendes:

- So hat der Geschädigte auch im Falle eines wirtschaftlichen Totalschadens einen Anspruch auf Ersatz von Umsatzsteuer nur dann, wenn diese tatsächlich angefallen ist. Unabhängig davon kann er den Wiederbeschaffungsaufwand rein fiktiv ohne weitere Nachweise abrechnen. Wenn bei dem Erwerb eines vergleichbaren Fahrzeuges mit hoher Wahrscheinlichkeit eine Mehrwertsteuer anfallen würde, kann der Geschädigte diese jedoch bei einer fiktiven Abrechnung nicht erhalten.[109]
- Erwirbt der Geschädigte ein Ersatzfahrzeug zu einem Preis, der dem in einem Sachverständigengutachten ausgewiesenen (Brutto-) Wiederbeschaffungswert des unfallbeschädigten Kraftfahrzeugs entspricht oder diesen übersteigt, kann er im Wege konkreter Schadensabrechnung die Kosten der Ersatzbeschaffung bis zur Höhe des (Brutto-) Wiederbeschaffungswertes des unfallbeschädigten Kraftfahrzeugs – unter Abzug des Restwertes – ersetzt verlangen. Auf die Frage, ob und in welcher Höhe in dem im Gutachten ausgewiesenen (Brutto-) Wiederbeschaffungswert Umsatzsteuer enthalten ist, kommt es in diesem Zusammenhang nicht an.[110]

▼ 114

Muster 8.30: Nachforderung der Mehrwertsteuer bei Ersatzbeschaffung als volle Re-Investition 8.30

Zwischenzeitlich hat meine Mandantschaft ein Ersatzfahrzeug angeschafft. Der entsprechende Rechnungsbeleg wird als Anlage beigefügt und weist einen Kaufpreis in Höhe von   EUR aus, welcher den Wiederbeschaffungswert des verunfallten Pkw erreicht. Meine Mandantschaft kann daher im Wege konkreter Schadensabrechnung die Kosten der Ersatzbeschaffung bis zur Höhe des (Brutto-) Wiederbeschaffungswertes des unfallbeschädigten Kraftfahrzeugs – unter Abzug des Restwertes – ersetzt verlangen (vgl. nur BGH, Urt. v. 1.3.2005 – VI ZR 91/04 = NJW 2005, 2220). Auf die Frage, ob und in welcher Höhe in dem im Gutachten ausgewiesenen (Brutto-) Wiederbeschaffungswert Umsatzsteuer enthalten ist, kommt es in diesem Zusammenhang nicht an (BGH a.a.O.), wenn wie hier der Fall einer konkreten Ersatzbeschaffung vorliegt, bei welcher der Wiederbeschaffungswert des Pkw meines Mandanten bei der Ersatzbeschaffung in voller Höhe erreicht und re-investiert wird.

Der somit als Höchstgrenze im Gutachten ausgewiesene Betrag des Wiederbeschaffungswerts liegt bei   EUR. Bisher wurden lediglich   EUR abgerechnet. Unter Anrechnung des Restwerts des Restwertes in Höhe von   EUR verbleibt eine Differenz in Höhe von   EUR.

▲

108 BGH, Urt. v. 2.7.2013 – VI ZR 351/12 = r+s 2013, 518; BGH, Urt. v. 20.4.2004 – VI ZR 109/03 = NJW 2004, 1943; BGH, Urt. v. 18.5.2004 – VI ZR 267/03 = NJW 2004, 2086.

109 BGH, Urt. v. 9.5.2006 – VI ZR 225/05 = NJW 2006, 2181; OLG München, Urt. v. 9.11.2018 – 10 U 550/18 – juris.

110 BGH, Urt. v. 5.2.2013 – VI ZR 363/11 = DS 2013, 148; BGH, Urt. v. 1.3.2005 – VI ZR 91/04 = NJW 2005, 2220.

115 Es stellt sich des Weiteren die Frage, ob der Geschädigte auf Basis des Wiederbeschaffungsaufwandes abrechnen darf, jedoch dabei die konkret angefallene Mehrwertsteuer über eine durchgeführte Reparatur nachweist. Wählt der Geschädigte aber den Weg der fiktiven Schadensabrechnung, kann er den Ersatz von Umsatzsteuer nicht verlangen. Dies gilt auch dann, wenn im Rahmen einer durchgeführten Reparatur tatsächlich Umsatzsteuer angefallen ist. Eine Kombination fiktiver und konkreter Schadensberechnung ist insoweit nicht zulässig.[111]

116 Festzuhalten ist daher, dass der Geschädigte den konkret angefallenen Mehrwertsteuerbetrag bei einer rein fiktiven Abrechnung nicht ersetzt erhält, wenn er ein deutlich günstigeres Ersatzfahrzeug ankauft.[112]

> *Beispiel*
>
> Der Wiederbeschaffungswert beträgt 10.000 EUR (netto). Der Geschädigte kauft jedoch ein kleines günstigeres Ersatzfahrzeug für 5.000 EUR zzgl. 950 EUR MwSt. Er erhält gerade nicht 10.000 EUR als Wiederbeschaffungswert (netto) zzgl. der tatsächlich angefallenen MwSt. von 950 EUR, sondern muss sich zwischen der fiktiven Abrechnung mit 10.000 EUR oder der konkreten mit den deutlich geringeren 5.950 EUR entscheiden.

b) Abzug der Mehrwertsteuer: Regelbesteuerung oder Differenzbesteuerung?

117 Da eine Mehrwertsteuer nur ersetzt wird, wenn und soweit diese tatsächlich angefallen ist, bestimmt die konkrete Wahl bei der Anschaffung eines Ersatzfahrzeugs, ob und in welcher Höhe die Mehrwertsteuer angefallen ist. Ein im Gutachten ausgewiesener Mehrwertsteuerbetrag ist dabei unerheblich: Rechnet der Geschädigte konkret nach den bei der Wiederbeschaffung entstandenen Kosten ab, sind diese der einzige Maßstab für den Umfang des Schadensersatzanspruchs.[113] Im Wege der konkreten Schadensberechnung kann der Geschädigte die Kosten der Ersatzbeschaffung bis zur Höhe des Wiederbeschaffungsaufwandes für das unfallbeschädigte Fahrzeug ersetzt verlangen.

118 Dies gilt konsequent auch, wenn der Geschädigte ein Ersatzfahrzeug erwirbt, das (ein wenig) teurer als ein gleichwertiges Fahrzeug ist. In diesem Fall steht dem Geschädigten der tatsächlich aufgewendete Betrag zu, begrenzt auf den Wiederbeschaffungswert des verunfallten Fahrzeugs.[114]

119 Ist tatsächlich keine Mehrwertsteuer angefallen bzw. rechnet der Geschädigte den Wiederherstellungsaufwand fiktiv ab, stellt sich die Frage, ob und in welcher Höhe vom Bruttowiederbeschaffungswert ein Abzug wegen der nicht angefallenen Mehrwertsteuer vorzunehmen ist. Da es sich um eine fiktive Abrechnung handelt, ist entscheidend, auf

111 BGH, Urt. v. 5.4.2022 – VI ZR 7 / 21 = NJW 2022, 1884.
112 BGH, Urt. v. 2.10.2018 – VI ZR 40/18 = NJW-RR 2019, 144; BGH, Urt. v. 13.9.2016 – VI ZR 654/15 = NJW 2017, 1310.
113 BGH, Urt. v. 2.7.2013 – VI ZR 351/12 = r+s 2013, 518; BGH, Urt. v. 1.3.2005 – VI ZR 91/04 = NJW 2005, 2220, 2221.
114 BGH, Urt. v. 9.5.2006 – VI ZR 225/05 = NJW 2006, 2181; BGH, Urt. v. 1.3.2005 – VI ZR 91/04 = NJW 2005, 2220, 2221.

welche Art und Weise ein entsprechendes Ersatzfahrzeug i.d.R. zu erwerben wäre. Im Fall einer gerichtlichen Auseinandersetzung hat der Tatrichter zu klären, ob das betroffene Fahrzeug üblicherweise auf dem Gebrauchtwagenmarkt nach § 10 UstG regelbesteuert, nach § 25a UstG differenzbesteuert oder von privater Hand ohne Umsatzsteuer angeboten wird. Maßgeblich ist dabei, auf welche Art und Weise das Fahrzeug mit überwiegender Wahrscheinlichkeit auf dem Markt angeboten wird.[115]

Hierbei ist zwischen den nachfolgenden drei Konstellationen zu unterscheiden:[116]

- Es ist davon auszugehen, dass das Fahrzeug i.d.R. aus **privater Hand** erworben wird. In diesem Fall fällt keine Mehrwertsteuer an und es ist dementsprechend auch kein Abzug vorzunehmen.[117] Solche Fälle liegen nahe, wenn es sich um derart alte Fahrzeuge handelt, dass kein Händler regelmäßig für diese eine Gewährleistung geben und sie veräußern würde. So wird beispielsweise in der Rechtsprechung angenommen, dass i.d.R. ab einem Fahrzeugalter von sieben Jahren,[118] spätestens aber zehn Jahren[119] davon auszugehen ist, dass kein Händler mehr die bei einem Verkauf anfallende Garantieerklärung abgeben möchte und deshalb von einem Erwerb aus privater Hand auszugehen ist. Bei hochwertigen Markenfahrzeugen, z.B. des Typs Mercedes, kann mit überwiegender Wahrscheinlichkeit bei einem Fahrzeugalter von sechs Jahren jedoch noch von der Veräußerung durch einen Gebrauchtwagenhändler ausgegangen werden.[120]
- Es handelt sich um ein **Neufahrzeug**, das von einem **Händler** erworben wird. In diesem Fall ist von einem Abzug in Höhe von 19 % auszugehen. In dieser Höhe würde eine Mehrwertsteuer beim Erwerb vom Händler anfallen.
- Es ist davon auszugehen, dass das Fahrzeug i.d.R. von einem **Kfz-Händler** erworben wird. Hier ist wie folgt weiter zu unterscheiden:

– Der Händler erwirbt das Fahrzeug regelmäßig von einem **anderen Händler** bzw. einer Person, die ebenfalls zum Vorsteuerabzug berechtigt ist. In diesen Fällen verbleibt es bei der Regelbesteuerung in Höhe von 19 %, die ohne einen entsprechenden Nachweis ihres Anfalles abzuziehen ist.

– Es ist davon auszugehen, dass der Händler das Fahrzeug aus **privater Hand** erwirbt. In diesen Fällen greift § 25a UStG, d.h. der Händler hat eine Mehrwertsteuer nur auf den Differenzbetrag zwischen dem Preis, zu welchem er das Fahrzeug einkauft und dem Verkaufspreis abzuführen.

115 BGH, Urt. v. 13.9.2016 – VI ZR 654/15 = NJW 2017, 1310; BGH, Urt. v. 15.11.2005 – VI ZR 26/05 = NJW 2006, 2181.

116 Anschaulich dazu: BGH, Urt. v. 13.9.2016 – VI ZR 654/15 = NJW 2017, 1310 sowie LG Hamburg, Urt. v. 11.10.2007 – 323 S 34/07 = DAR 2008, 31.

117 BGH, Urt. v. 2.7.2013 – VI ZR 351/12 = r+s 2013, 518.

118 OLG Köln, Urt. v. 5.12.2003 – 19 U 85/03 = NJW 2004, 1465.

119 LG Wiesbaden, Urt. v. 9.12.2005 – 9 S 12/05 = SP 2006, 174.

120 OLG Köln, Urt. v. 8.11.2005 – 9 U 44/05 = r+s 2006, 102.

120 *Beispiel*

Der Händler H kauft das Fahrzeug für 10.000 EUR aus privater Hand und veräußert es für 12.000 EUR an den Geschädigten. In diesem Fall hat der Händler lediglich auf den Differenzbetrag von 2.000 EUR die Mehrwertsteuer (i.H.v. 380 EUR) zu entrichten.

121 Da die Händler in den wenigsten Fällen bereit sein werden, ihre konkrete Gewinnspanne offenzulegen, ist im Zweifel die Händlergewinnspanne zu schätzen. Insoweit ist es unschädlich, wenn die Rechnung über ein Ersatzfahrzeug die Mehrwertsteuer nicht ausweist.[121] Bleiben jedoch restliche Zweifel bestehen, ist von einem Mehrwertsteueranteil von 19 % auszugehen.[122] Bei gebrauchten Kraftfahrzeugen wird jedoch in der Regel eine Differenzbesteuerung anzunehmen sein.[123]

122 Steht fest, dass von einer Differenzbesteuerung auszugehen ist, so wird in der Rechtsprechung teilweise angenommen, die Händlergewinnspanne läge bei 15 %. Dies entspricht einem Mehrwertsteueranteil von gut 2,75 %[124] auf den Händlereinkaufspreis. In vielen Gerichtsbezirken hat sich die Schätzung eines Mehrwertsteueranteils in Höhe von (gerundet) 2–3 % durchgesetzt.[125] Auch der BGH hat eine Schätzung in Höhe von 2 % durch den Tatrichter nicht beanstandet.[126] Stellenweise wird der Anteil aber auch bei 3,2 % vom Wiederbeschaffungswert auf Grundlage angesetzt (in diesem Fall war der zu versteuernde Gewinnanteil zwischen den Parteien mit 20 % unstreitig geblieben).[127]

123 *Beispiel*

Der Händlereinkaufspreis beträgt 10.000 EUR. Eine Gewinnspanne von 15 % bedeutet in diesem Fall einen Gewinn in Höhe von 1.500 EUR, der mit 19 % MwSt. zu belegen ist. Die Mehrwertsteuer beträgt dann 275 EUR (= 19 % von 1.500 EUR). Dies sind 2,75 % von dem Händlereinkaufspreis.

121 AG Halle, Urt. v. 27.5.2003 – 7 C 632/02 = NJW 2003, 2616.
122 LG Magdeburg, Urt. v. 2.9.2003 – 2 S 181/03 = NZV 2003, 536; AG Waiblingen, Urt. v. 22.10.2003 – 9 C 1152/03 = NZV 2004, 301.
123 OLG Köln, Urt. v. 5.12.2003 – 19 U 85/03 = NJW 2004, 1465.
124 Vgl. zur Berechnung bei 16 % MwSt. = 2,4 %: AG Aachen, Urt. v. 5.12.2003 – 10 C 315/03 = NZV 2004, 302; AG Essen, Urt. v. 2.7.2003 – 29 C 23/03 = NZV 2003, 535; AG Bielefeld, Urt. v. 13.5.2003 – 42 C 25/03 = NJW-RR 2003, 1337.
125 OLG Rostock, Urt. v. 18.2.2005 – 8 U 75/04 = DAR 2005, 632; LG Hamburg, Urt. v. 11.10.2007 – 323 S 34/07 = DAR 2008, 31.
126 BGH, Urt. v. 9.5.2006 – VI ZR 225/05 = NJW 2006, 2181.
127 OLG Köln, Urt. v. 8.1.2004 – 14 U 18/03 = NJW-RR 2004, 597.

▼ 124

Muster 8.31: Kein Mehrwertsteuerabzug 8.31

Versicherung AG

Schaden-Nr./VS-Nr./Az.

Schaden vom

Pkw , amtl. Kennzeichen

Sehr geehrte Damen und Herren,

mit Ihrer Schadensregulierung können wir uns nicht einverstanden erklären. Sie haben angenommen, dass das vorliegende Fahrzeug i.d.R. nur regelbesteuert auf dem Gebrauchtwagenmarkt angeboten wird. Diese Annahme ist jedoch unzutreffend und findet ihre Grundlage auch nicht in dem erstellten Sachverständigengutachten. Vielmehr ist aufgrund des hohen Alters des Fahrzeugs unseres Mandanten von Jahren mit der in der Rechtsprechung geforderten überwiegenden Wahrscheinlichkeit (vgl. BGH, Urt. v. 13.9.2016 – VI ZR 654/15 = NJW 2017, 1310; BGH, Urt. v. 9.5.2006 – VI ZR 225/05 = NJW 2006, 2181) davon auszugehen, dass kein Händler einen solchen Pkw üblicherweise verkaufen und dabei die vom Kunden erwartete Garantie abgeben würde. Das hohe Alter spricht vielmehr dafür, dass dieses Fahrzeug regelmäßig nur noch von einer Privatperson erworben werden kann. Bereits bei einem Fahrzeugalter von vier, spätestens sieben Jahren wird in der Rechtsprechung der überwiegende Erwerb aus privater Hand angenommen (vgl. OLG Köln, Urt. v. 5.12.2003 – 19 U 85/03 = NJW 2004, 1465). Wir verweisen insoweit auch auf den beigefügten Auszug aus repräsentativen Anzeigen im Internet unter der Homepage . Dieser Übersicht können Sie entnehmen, dass die meisten gefundenen Anzeigen Inserate von privaten Anbietern darstellen. Bei derartigen Verkäufen aus privater Hand fällt aber keine Mehrwertsteuer an. Folglich haben Sie zu Unrecht einen Abzug wegen des angeblich fehlenden Nachweises einer Mehrwertsteuer verlangt.

Namens meines Mandanten fordere ich Sie daher auf, den verbleibenden Restbetrag von EUR bis zum

(*2-Wochen-Frist*)

auszugleichen. Andernfalls werde ich meinem Mandanten empfehlen, gerichtliche Schritte einzuleiten.

Mit freundlichen Grüßen

(Rechtsanwalt)

▲

5. Totalschaden/Nebenkosten

125 Sämtliche mit einem Totalschaden unmittelbar zusammenhängenden Nebenkosten sind vom Schädiger auszugleichen. Dies gilt nach einer Auffassung in der Rechtsprechung z.B. für die Kosten der Untersuchung des neu zu erwerbenden Fahrzeugs durch einen Sachverständigen vor dem Erwerb, wenn der Geschädigte dies auch bei dem Erwerb des nunmehr verunfallten Pkw veranlasst hatte.[128]

126 ▼

Muster 8.32: Ersatz der Sachverständigenkosten bei Totalschaden

8.32

Versicherung AG

Schaden-Nr./VS-Nr./Az.

Schaden vom

Pkw , amtl. Kennzeichen

Sehr geehrte Damen und Herren,

in vorbezeichneter Schadensache lehnten Sie durch Schreiben vom den Ausgleich der für die Untersuchung des Ersatzfahrzeugs entstandenen Sachverständigenkosten in Höhe von EUR ab. Entgegen der von Ihnen vertretenen Auffassung besitzt mein Mandant einen Anspruch auf Ausgleich dieses Betrags.

Im Rahmen Ihrer Verpflichtung zum Schadensersatz ist mein Mandant so zu stellen, wie er ohne das schadenbegründende Ereignis stünde. Liegt wie hier ein Totalschaden vor, sind Sie zum Ausgleich sämtlicher Kosten verpflichtet, die meinem Mandanten durch die Beschaffung eines Ersatzwagens entstanden sind. Hierzu gehören auch die Kosten für die sachverständige Untersuchung des Fahrzeugs. Wegen der Einzelheiten hierzu verweise ich auf die Entscheidung des LG Osnabrück v. 24.5.1984 (9 O 511/82 = VersR 1985, 250).

Die dort manifestierten Grundsätze finden auf den vorliegenden Sachverhalt uneingeschränkte Anwendung. Mein Mandant hatte sein Unfallfahrzeug vor dem Hintergrund einer gleichen Voruntersuchung erworben. Vor dem Abschluss des Kaufvertrags hatte er es ebenfalls einer entsprechenden Besichtigung unterziehen lassen. Zum Nachweis für diese Untersuchung füge ich anliegend eine Kopie der betreffenden Rechnung der Fa. vom bei. Die Sachverständigenkosten stehen somit im unmittelbaren Zusammenhang mit dem Schadensereignis.

Danach erwarte ich den Ausgleich der offenen EUR bis zum

(*10-Tages-Frist*).

Sollten Sie die Frist ungenutzt verstreichen lassen, werde ich meinem Mandanten eine gerichtliche Klärung dieser Frage empfehlen.

Mit freundlichen Grüßen

(Rechtsanwalt)

▲

128 LG Osnabrück, Urt. v. 24.5.1984 – 9 O 511/82 = VersR 1985, 250.

Als weitere Nebenkosten im Totalschadenfall sind anerkannt: 127

- An- und Abmeldekosten inkl. Kennzeichen – ggf. auch mit pauschaler Abrechnung.[129]
- Kfz-Steuer;
- Prämien in der Kraftfahrzeug-Versicherung;
- Inserate;
- Reisen zur Besichtigung des Ersatzfahrzeugs;
- Vermittlungsprovisionen;
- Überführungskosten (dies aber nur dann, wenn der Geschädigte sein Unfallfahrzeug als Neufahrzeug erworben hatte);
- Einbaukosten für eine Anhängerkupplung;
- Kosten für Firmenbeschriftungen;
- Resttreibstoff im Tank.

Diese Nebenkosten sind allerdings nur dann zu ersetzen, wenn sie tatsächlich angefallen sind. Sie können nicht fiktiv geltend gemacht werden.

▼ 128

Muster 8.33: Pauschale Abrechnung der An- und Abmeldekosten

Ferner sind die Kosten zu ersetzen, die in Form einer Abmeldung des verunfallten Fahrzeugs und der Anmeldung des neuen Ersatzfahrzeugs angefallen sind. Eine pauschale Abrechnung dieser Positionen ist in der Rechtsprechung anerkannt und es sind dabei Aufwendungen in Höhe von mindestens 70 EUR (OLG Nürnberg, Urt. v. 15.8.2008 – 5 U 29/08 = DAR 2009, 37) bzw. zumindest 50 EUR anzusetzen (LG Duisburg, Urt. v. 27.3.2018 – 11 O 89 / 16 – juris; LG Hagen, Urt. v. 14.11.2007 – 10 S 35/07 – juris).

▲

Ein Anspruch auf Ausgleich der vorgenannten Schadenspositionen besteht nicht, wenn 129
ein Reparaturschaden vorliegt und sich der Geschädigte dennoch dazu entschließt, sich ein Ersatzfahrzeug zuzulegen. Dann sind die Kosten nicht Folge des Unfallschadens, sondern allein Folge der Disposition des Geschädigten.

6. Checkliste: Grundsätze der Abrechnung auf Basis des Wiederbeschaffungsaufwandes

- Der Wiederherstellungsaufwand ergibt sich aus dem Wiederbeschaffungswert abzüg- 130
  lich des anzurechnenden Restwerts.
- Der Wiederbeschaffungswert bemisst sich im Zweifel am konkreten Markt.
- Kann der vom Sachverständigen ermittelte Restwert nicht erzielt werden, sollte vor der Veräußerung mit der Gegenseite Rücksprache gehalten werden, um von vorneherein jeglichen Vorwurf eines möglichen Mitverschuldens zu unterbinden und dem Mandanten auch einen entsprechenden Aufwand bei der Suche nach einer angemessenen Verwertungsmöglichkeit zu ersparen.

129 OLG Nürnberg, Urt. v. 15.8.2008 – 5 U 29/08 = DAR 2009, 37; OLG Hamm, Urt. v. 28.6.1994 – 9 U 61/94 = VersR 1995, 1369; LG Düsseldorf, Urt. v. 10.1.2008 – 21 S 121/07 = BeckRS 2008, 09443.

- Der Geschädigte kann das Fahrzeug nach der Vorlage des Gutachtens zu dem dort genannten Restwert ohne Information an die Gegenseite veräußern, sofern der Restwert korrekt unter Ausweis dreier eingeholter Ankaufsangebote ermittelt wird.
- Der Geschädigte muss sich nur in besonderen Ausnahmefällen auf ein höheres, für ihn ohne weiteres zugängliches und verbindliches Restwertangebot der Schädigerseite verweisen lassen, wenn ihm dies rechtzeitig vor Verkauf des verunfallten Fahrzeugs zugeht.
- Ein tatsächlich erzielter höherer Restwert bleibt unberücksichtigt, wenn er auf besonderen Verkaufsbemühungen basiert.
- Bei einem wirtschaftlichen Totalschaden wird die Mehrwertsteuer nur ersetzt, wenn diese tatsächlich angefallen ist. Dabei darf keine Vermengung zwischen fiktiver und konkreter Abrechnung vorgenommen werden.
- Fällt keine Mehrwertsteuer an, hängt der vorzunehmende Abzug davon ab, wie das Fahrzeug regelmäßig auf dem Kfz-Markt erworben wird:
  - Bei einem Erwerb von Privat fällt keine Mehrwertsteuer an, so dass auch kein Abzug geboten ist.
  - Bei dem Erwerb eines Neufahrzeugs von einem Händler fällt die Regelbesteuerung von 19 % an.
  - Bei einem Erwerb eines Gebrauchtwagens von einem Händler ist wie folgt zu unterscheiden:
    - Wird das Kfz regelmäßig von einem anderen Händler erworben, fällt gleichwohl die Regelbesteuerung von 19 % an.
    - Bei einem Erwerb aus privater Hand muss der Händler dagegen allein seine Gewinnspanne versteuern. Diese ist zu schätzen. Der Mehrwertsteueranteil beträgt dann i.d.R. zwischen 2 und 3 %.
- Der Schädiger muss sämtliche Nebenkosten ersetzen, die durch den Totalschaden verursacht werden, soweit diese tatsächlich angefallen sind.

V. Abrechnung nach dem sog. 4-Stufen-Modell

131 Der BGH in der Vergangenheit seine Rechtsprechung zum Ersatz des Fahrzeugschadens in einer Vielzahl an Entscheidungen fortentwickelt und konkretisiert. Dabei ist zwischen vier „Stufen" der Fahrzeugschäden zu unterscheiden, welche dem Geschädigten unterschiedliche Varianten der Schadensabrechnung ermöglichen bzw. diese begrenzen. Zur Bestimmung der einzelnen Stufen sind jeweils die Reparaturkosten (zzgl. merkantiler Minderwert) brutto dem Wiederbeschaffungswert (brutto) gegenüberzustellen, es sei denn, es besteht eine Vorsteuerabzugsberechtigung beim Geschädigten.[130] Dabei muss der Geschädigte sich grundsätzlich bei gleichwertigen Möglichkeiten der Kompensation

130 BGH, Urt. v. 23.11.2010 – VI ZR 35/10 = NJW 2011, 667; BGH, Urt. v. 3.3.2009 – VI ZR 2009 – VI ZR 100/08 = NJW 2009, 1340.

des Schadens auf die günstigste Variante verweisen lassen,[131] es sei denn, es besteht ein schützenswertes Integritätsinteresse.

> Reparaturkosten + Minderwert ⟺ Wiederbeschaffungswert
> Für diese Vergleichsbetrachtung zählen grundsätzlich die Brutto – Werte inklusive MwSt, es sei denn, der Geschädigte ist zum Vorsteuerabzug berechtigt (BGH, Urt. v. 3.3.2009 – Az. VI ZR 100/08 – NJW 2009, 1340).

1. Erste Stufe

Der Reparaturaufwand ist geringer als der Wiederbeschaffungsaufwand 132

Die Abrechnung auf dieser Stufe führt in der Regel zu keinen besonderen Problemen. Der Geschädigte kann lediglich die Reparaturkosten abrechnen, die den kostengünstigsten Aufwand bei der Wiederherstellung des ursprünglichen Zustandes darstellen.[132] Hierbei kann er fiktiv die Reparaturkosten unter Ausschluss der Mehrwertsteuer begehren oder aber konkret unter Vorlage der Reparaturrechnung abrechnen und auch die darin ausgewiesene Mehrwertsteuer ersetzt verlangen. Im Regelfall kann er sogar nach einer zuerst erfolgten fiktiven Abrechnung die Abrechnungsart wechseln und unter Vorlage der Reparaturkostenrechnung die angefallene Mehrsteuer nachträglich ersetzt verlangen, es sei denn, er hat vorher auf eine weitergehende Abrechnung verzichtet.[133]

▼ 133

Muster 8.34: Nachforderung der Mehrwertsteuer 8.34

Versicherung AG

Schaden-Nr./VS-Nr./Az.

Schaden vom

Pkw , amtl. Kennzeichen

Sehr geehrte Damen und Herren,

in vorbezeichneter Schadensache hat mein Mandant sein Fahrzeug zwischenzeitlich reparieren lassen. Dabei ist ausweislich der in Kopie beigefügten Rechnung vom eine Mehrwehrsteuer in Höhe von EUR angefallen. Hierzu erlaube ich mir den Hinweis, dass die ursprünglich erfolgte fiktive Abrechnung zu einem späteren Zeitpunkt auf eine konkrete Abrechnung umgestellt werden kann und die dabei anfallende Mehrwertsteuer zu ersetzen ist (BGH, Urt. v. 17.10.2006 – VI ZR 249/05 = NJW 2007, 67).

131 BGH, Urt. v. 5.2.2013 – VI ZR 363/11 = NZV 2013, 22; BGH, Urt. v. 29.4.2003 – VI ZR 393/02 = NJW 2003, 2085.
132 So bereits BGH, Urt. v. 15.10.1991 – VI ZR 67/91 = NJW 1992, 68.
133 BGH, Urt. v. 17.10.2006 – VI ZR 249/05 = NJW 2007, 67.

Für den Ausgleich des oben genannten von Ihnen nach dieser Rechtsprechung auch zu ersetzenden Betrags habe ich mir vorsorglich eine Frist bis zum

(*10-Tages-Frist*)

notiert.

Mit freundlichen Grüßen

(Rechtsanwalt)

▲

134 Der Geschädigte kann sich auch entscheiden, sein Fahrzeug nicht zu reparieren und stattdessen ein Ersatzfahrzeug anzuschaffen. Die dabei anfallenden Kosten erhält er aber nur bis zur Grenze der Reparaturkosten ersetzt. Fällt bei der Anschaffung des Ersatzfahrzeugs auch eine Mehrwertsteuer an, ist diese ebenfalls bis zur Grenze der Reparaturkosten zu ersetzen.[134] Er darf aber nicht eine konkrete Abrechnung mit der fiktiven Abrechnung vermengen.[135]

2. Zweite Stufe

135 **Der „100 % Fall"**

Der Anwendungsbereich der zweiten Stufe ist erreicht, wenn die Reparaturkosten weiterhin unter dem Wiederbeschaffungswert liegen, jedoch den Wiederbeschaffungsaufwand (d.h. den Wiederbeschaffungswert abzüglich des Restwerts) übersteigen. Da zu überprüfen ist, welche Schadenskompensation günstiger ist, wenn sie tatsächlich durchgeführt wird, ist überzeugenderweise auf die Bruttowerte[136] abzustellen, es sei denn, es besteht eine Vorsteuerabzugsberechtigung. Dieser Vergleich ermöglicht die zutreffende Einordnung der richtigen Stufe, welche die weiteren Voraussetzungen der Abrechnung des Fahrzeugschadens selbst dann bestimmt, wenn die Netto-Werte eine andere Abrechnung nahelegen.

Beispiel

Die Reparaturkosten betragen 11.900 EUR brutto = 10.000 EUR netto. Der Wiederbeschaffungswert bei dem regelbesteuerten neuwertigen Kfz liegt bei 23.800 EUR brutto = 20.000 EUR netto und der Restwert steuerneutral bei 11.000 EUR. Der Wiederbeschaffungsaufwand beträgt damit brutto 12.800 EUR, netto dagegen nur 9.000 EUR. Maßgeblich für die Einstufung innerhalb der vier Stufen ist bei Privatpersonen ohne Vorsteuerabzugsberechtigung die Betrachtung der Brutto-Werte. Danach handelt es sich um einen Fall der ersten Stufe als reiner Reparaturfall, da die Reparaturkosten brutto bei 11.900 EUR und damit unterhalb des Wiederbeschaffungsaufwandes von 12.800 EUR liegen. Es sind daher immer die Reparaturkosten zu erstatten, auch wenn bei der Betrachtung der Netto-Werte der Wiederbeschaffungsaufwand

134 BGH, Urt. v. 5.2.2013 – VI ZR 363/11 = NZV 2013, 229.
135 BGH, Urt. v. 5.4.2022 – VI ZR 7 / 21 = NJW 2022, 1884; BGH, Urt. v. 2.10.2018 – VI ZR 40/18 = NJW-RR 2019, 144; BGH, Urt. v. 13.9.2016 – VI ZR 654/15 = NJW 2017, 1310.
136 BGH, Urt. v. 23.11.2010 – VI ZR 35/10 = NJW 2011, 667; *Nugel*, Schaden-Praxis 2013, 222.

mit 9.000 EUR unter den Reparaturkosten netto von 10.000 EUR liegt – denn es wird das Wahlrecht des Geschädigten als Herr des Restitutionsgeschehens geschützt und er muss sich nicht auf eine fiktive Abrechnung festlegen. Mit anderen Worten: Bei einer konkreten Abrechnung sind die Reparaturkosten bis zur Obergrenze von 11.900 EUR zu erstatten, bei einer fiktiven Abrechnung die Reparaturkosten mit 10.000 EUR netto.

Da der Geschädigte sich bei zwei gleichwertigen Möglichkeiten zur Schadenskompensa- **136**
tion auf die günstigere verweisen lassen muss, kann er grundsätzlich nur auf Basis des Wiederbeschaffungsaufwandes abrechnen,[137] es sei denn, er weist ein schützenswertes Integritätsinteresse auf.

▼ **137**

Muster 8.35: Verweis auf den Wiederbeschaffungsaufwand im Prozess

Die von der Klägerseite verfolgten Reparaturkosten als Mehrbetrag über dem Wiederbeschaffungsaufwand stehen ihr – zumindest derzeit – im Rahmen der gewählten Abrechnung nicht zu. Vorliegend liegen die Reparaturkosten mit ___ EUR (brutto) unterhalb des Wiederbeschaffungswertes von ___ EUR (brutto). Sie sind jedoch größer als der lediglich ___ EUR betragende Wiederbeschaffungsaufwand unter Berücksichtigung des Restwerts von ___ EUR. Die nunmehr rein fiktiv verfolgten Reparaturkosten von ___ EUR (netto) sind nicht in voller Höhe zu erstatten. Als erforderlicher Aufwand zur Schadensbeseitigung bei zwei gleichwertigen Mitteln der Schadenskompensation kann vorliegend nur der Wiederbeschaffungsaufwand angesehen werden (BGH, Urt. v. 5.2.2013 – VI ZR 363/11 = NZV 2013, 229; BGH, Urt. v. 7.6.2005 – VI ZR 192/04 = NJW 2005, 2541).

▲

Der Geschädigte kann aber die Reparaturkosten abrechnen, wenn er ein schützenswertes **138**
Integritätsinteresse hat. Die Anforderungen hieran sind unterschiedlich hoch, je nachdem, ob der Geschädigte konkret oder fiktiv abrechnet.

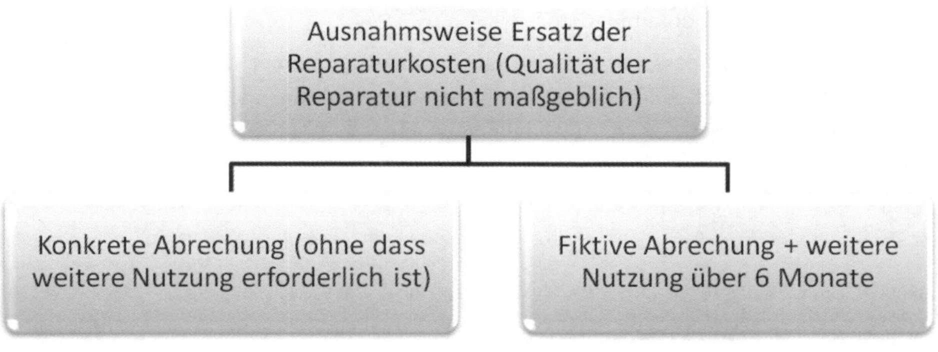

137 BGH, Urt. v. 5.2.2013 – VI ZR 363/11 = NZV 2013, 229; BGH, Urt. v. 7.6.2005 – VI ZR 192/04 = NJW 2005, 2541.

Rechnet der Geschädigte **konkret** ab, nachdem er das Fahrzeug repariert hat, weist er ein schützenswertes Integritätsinteresse auf und kann die **Reparaturkosten** ersetzt verlangen.[138] Es kommt nicht darauf, ob die Reparatur nicht vollständig und fachgerecht den Vorgaben aus dem Gutachten entspricht. Denn es kommt nicht auf die Qualität der durchgeführten Reparatur an, solange die Reparaturkosten nicht den Wiederbeschaffungswert übersteigen.[139]

139 ▼

Muster 8.36: Abrechnung der konkreten Reparaturkosten auf der zweiten Stufe

8.36 Der als Anlage beigefügten Rechnung vom bitten wir zu entnehmen, dass das beschädigte Fahrzeug unserer Mandantschaft für EUR instandgesetzt worden ist. Ihr steht daher ein Anspruch auf Ersatz dieser Reparaturkosten zu, die unterhalb des Wiederbeschaffungswertes liegen, ohne dass sie sich auf die Kosten einer Ersatzbeschaffung verweisen lassen muss (BGH, Urt. v. 23.11.2010 – VI ZR 35/10 = NJW 2011, 667; BGH, Urt. v. 5.12.2006 – VI ZR 77/06 = NJW 2007, 588). Dabei kommt es nicht auf die Qualität der durchgeführten Reparatur an, solange die Reparaturkosten nicht den Wiederbeschaffungswert übersteigen (BGH, Urt. v. 29.4.2003 – VI ZR 393/02 = NJW 2003, 208).

▲

140 Rechnet der Geschädigte dagegen **fiktiv** ab, muss er sich grundsätzlich auf den **Wiederbeschaffungsaufwand** verweisen lassen. Ihm stehen aber bei einer rein fiktiven Abrechnung die Reparaturkosten (netto) zu, wenn er sein Fahrzeug repariert und für einen Zeitraum von i.d.R. mindestens sechs Monaten weiter nutzt.[140] Nach überzeugender Ansicht in der Rechtsprechung setzt die fiktive Abrechnung von Reparaturkosten anstelle des (geringeren) Wiederbeschaffungsaufwands voraus, dass das Fahrzeug verkehrssicher repariert und in diesem Zustand sechs Monate weiter genutzt wird.[141] Auch der BGH betont, dass das Kfz durch die Reparatur – soweit erforderlich – wieder in einen verkehrssicheren Zustand versetzt werden muss.[142] Das bloße Behalten des unfallbeschädigten, nicht verkehrssicheren Fahrzeugs genügt nicht, um das Integritätsinteresse des Geschädigten ausreichend zu dokumentieren.[143]

141 Allein der Umstand, dass der Geschädigte weiter Eigentümer des – abgemeldeten – Unfallfahrzeugs bleibt, bildet keine Weiternutzung, die eine Schadensregulierung auf der Basis fiktiver rechtfertigt. Entscheidet ist eine durchgehende Nutzung über den Zeitraum von i.d.R. sechs Monaten.[144]

138 BGH, Urt. v. 23.11.2010 –VI ZR 35/10 = NJW 2011, 667; BGH, Urt. v. 5.12.2006 – VI ZR 77/06 = NJW 2007, 588.
139 BGH, Urt. v. 29.4.2003 – VI ZR 393/02 = NJW 2003, 208.
140 BGH, Urt. v. 29.4.2008 – VI ZR 20/07 = NJW 2008, 1941; BGH, Urt. v. 23.5.2006 – VI ZR 192/05 = NJW 2006, 2179; OLG Dresden, Urt. v. 27.2.2014 – 7 U 1181/13 = BeckRS 2014, 05836.
141 OLG Hamburg, Urt. v. 8.4.2015 – 14 U 112/14 = VersR 2015, 1181.
142 BGH, Urt. v. 23.11.2010 – VI ZR 35/10 – NJW 2011, 667.
143 OLG Saarbrücken, Urt. v. 15.9.2022 – 4 U 110/21 – juris.
144 OLG Rostock, Urt. v. 23.10.2009 – 5 U 275/08 = BeckRS 2009, 88813.

▼

Muster 8.37: Einwand Wiederbeschaffungsaufwand und Anforderungen an den Nachweis der Nutzung 142

8.37

Im Rahmen der von der Klägerseite verfolgten fiktiven Abrechnung können nur dann ausnahmsweise die Reparaturkosten insgesamt ersetzt werden, wenn ein schützenswertes Integritätsinteresse durch die Reparatur und Weiterbenutzung des nunmehr verkehrssicheren Fahrzeugs über einen Zeitraum von sechs Monaten nachgewiesen wird (BGH, Urt. v. 29.4.2008 – VI ZR 20/07 = NJW 2009, 1941; OLG Dresden, Urt. v. 27.2.2014 – 7 U 1181/13 = BeckRS 2014, 05836). Das Fahrzeug muss dabei in einen verkehrssicheren Zustand versetzt werden (OLG Hamburg, Urt. v. 8.4.2015 – 14 U 112/14 = VersR 2015, 1181).

▲

Von erheblicher praktischer Relevanz ist in diesem Zusammenhang die Frage, ob der Geschädigte nach dem Nachweis der Reparatur bereits die vollständigen Reparaturkosten verlangen kann, obwohl die sechsmonatige Frist noch nicht abgelaufen ist. Es stellt sich daher die Frage, ob eine über den Wiederbeschaffungsaufwand hinausgehende Zahlung der Reparaturkosten bereits mit Durchführung der Reparatur fällig ist oder erst nach Ablauf der sechsmonatigen Frist zur Weiternutzung. Der BGH[145] nimmt diesbezüglich nachfolgende Unterscheidung vor: 143

> *„Vor Ablauf der Sechs-Monats-Frist kann der Geschädigte, der sein Fahrzeug tatsächlich repariert oder reparieren lässt, Reparaturkosten, die den Wiederbeschaffungswert nicht übersteigen, regelmäßig nur ersetzt verlangen, wenn er den konkret angefallenen Reparaturaufwand geltend macht.“*

Im Falle des Nachweises der konkreten Reparaturkosten kann der Geschädigte daher bereits vor Ablauf der Sechs-Monats-Frist die Reparaturkosten ersetzt verlangen, welche den Wiederbeschaffungsaufwand übersteigen. Im Falle einer fiktiven Abrechnung, d.h. ohne konkreten Nachweis der Reparaturkosten, sind die den Wiederbeschaffungsaufwand übersteigenden Reparaturkosten dagegen erst nach Ablauf von sechs Monaten, in welchen der Geschädigte das Fahrzeug weiter genutzt hat, zu erstatten.

Der BGH nimmt damit eine unterschiedliche Beurteilung dieser Frage zu der dritten Stufe vor, bei welcher die Reparaturkosten oberhalb des Wiederbeschaffungswertes, jedoch innerhalb der 130 %-Grenze liegen. Bei diesen Fällen, welche nachfolgend noch genauer dargestellt werden, muss der Geschädigte den Schaden vollständig und fachgerecht beseitigen lassen, um die den Wiederbeschaffungswert übersteigenden Reparaturkosten ersetzt verlangen zu können. Es ist dem Geschädigten in diesem Fall nach Ansicht des BGH[146] daher nicht zuzumuten, noch sechs Monate trotz vollständiger und fachgerechter Reparatur auf die Erstattung der gesamten Reparaturkosten zu warten, zumal der Geschädigte diese Fälle nicht fiktiv abrechnen kann. 144

145 BGH, Urt. v. 23.11.2010 – VI ZR 35/10 = NJW 2011, 667.
146 BGH, Beschl. v. 18.11.2008 – VI ZB 22/08 = NJW 2009, 910.

145 Der Ablauf der sechsmonatigen Frist ist jedoch nicht zwingend immer als Voraussetzung notwendig. So besteht keine Rückforderung, wenn die Aufgabe des Fahrzeugs erzwungen wird – z.B. durch Unfall oder Änderung der finanziellen Situation.[147] Bei einer Nutzung durch Dritte ist zu unterscheiden: Kein Rückforderungsanspruch besteht, wenn vorher auch eine Nutzung durch Dritte erfolgt ist – anders jedoch bei erstmaliger Abgabe an Dritte.[148]

3. Dritte Stufe

146 **Der „130 % Fall“**

Die Reparaturkosten liegen oberhalb des Wiederbeschaffungswertes, betragen aber nicht mehr als 130 % desselben. Liegen die Reparaturkosten über dem Wiederbeschaffungswert, so liegt grundsätzlich ein wirtschaftlicher Totalschaden vor, bei dem der Geschädigte wie auf der zweiten Stufe grundsätzlich lediglich den Wiederbeschaffungsaufwand ersetzt erhält.[149] Maßgeblich ist auch hier die Gegenüberstellung der jeweiligen Brutto-Werte inkl. Mehrwertsteuer, es sei denn, der Geschädigte ist zum Vorsteuerabzug berechtigt. Zu den Reparaturkosten ist ggf. der merkantile Minderwert aufzuschlagen.[150]

147 ▼

Muster 8.38: Gegenüberstellung der „Netto-Werte“ bei Vorsteuerabzugsberechtigung

8.38 Die notwendige Vergleichsbetrachtung der Reparaturkosten einerseits und des Wiederbeschaffungswertes andererseits hat sich vorliegend an den jeweiligen „Netto-Werten“ unter Ausschluss der Mehrwertsteuer zu orientieren. Zwar hat der BGH in seiner Entscheidung vom 3.3.2009 (VI ZR 100/08 = NJW 2009, 119) entschieden, dass bei dieser Vergleichsbetrachtung grundsätzlich auf die Brutto-Werte abzustellen ist, da diese bei einer tatsächlichen Instandsetzung des Fahrzeugs auch anfallen würden. Dies ist vorliegend jedoch nicht der Fall. Meine Mandantschaft betreibt ein Gewerbe, für welches das verunfallte Fahrzeug genutzt wird und ist daher im vorsteuerabzugsberechtigt. Bei der Wiederherstellung des ursprünglichen Zustandes würde daher auch keine Mehrwertsteuer anfallen. Für diesen Fall hat der BGH in einem obiter dictum in der oben genannten Entscheidung anschaulich dargelegt, dass allein die „Netto-Werte“ maßgeblich sind.

▲

148 Dem Geschädigten wird auf der dritten Stufe jedoch ausnahmsweise gestattet, auf Basis der Reparaturkosten abzurechnen, wenn er das verunfallte Fahrzeug nach Vorgabe des Gutachtens vollständig und fachgerecht reparieren lässt und i.d.R. für einen Zeitraum von sechs Monaten weiter nutzt.[151]

147 BGH, Beschl. v. 18.11.2008 – VI ZB 22/08 = NJW 2009, 910.
148 OLG Düsseldorf, Urt. v. 10.5.2011 – 1 U 144/10 = BeckRS 2011, 20226.
149 BGH, Urt. v. 15.2.2005 – VI ZR 70/04 = NJW 2005, 1108.
150 BGH, Urt. v. 3.3.2009 – VI ZR 100/08 = NJW 2009, 1340.
151 BGH, Urt. v. 15.11.2011 – VI ZR 30/11 = NJW 2012, 52; BGH, Urt. v. 15.2.2005 – VI ZR 70/04 = NJW 2005, 1108.

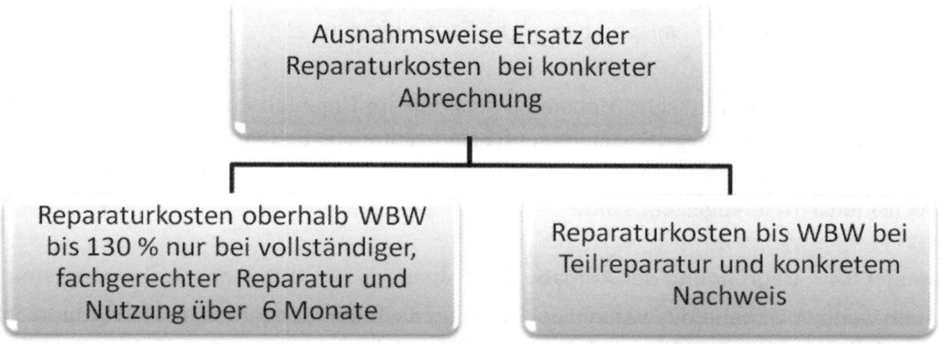

Die Rechtsprechung begründet die Zulässigkeit dieser nach wirtschaftlichen Grundsätzen eigentlich „unvernünftigen" Reparatur mit dem schützenswerten Integritätsinteresse des Geschädigten, welches über den reinen „Marktwert" hinausgehe. Die Rede ist in diesem Zusammenhang auch vom sog. **Integritätszuschlag**. Die Frist von sechs Monaten hat dabei nur eine beweismäßige Bedeutung für den Nachweis des besonderen Integritätsinteresses, stellt aber keine Fälligkeitsvoraussetzung dar.[152] Dies bedeutet, dass der Kfz-Haftpflichtversicherer bei dem Nachweis einer fachgerechten Reparatur die Reparaturkosten innerhalb der 130 %-Grenze erst einmal zu ersetzen hat. Dies wird häufig jedoch unter einem Rückforderungsvorbehalt geschehen. Im Gegenzug wird dem Versicherer nach der Auszahlung ein Auskunftsanspruch gegenüber dem Geschädigten nach Ablauf der sechs Monate zustehen. Verweigert der Geschädigte eine Auskunft dazu, ob der das Fahrzeug weiter in Besitz hat, muss er ggf. mit einer Stufenklage des Versicherers rechnen, die sich zuerst auf eine Auskunft und ggf. auf der zweiten Stufe auf ein Rückzahlungsbegehren stützt.

▼ 149

Muster 8.39: Auskunftsanspruch gegenüber dem Geschädigten nach Ablauf von sechs Monaten

8.39

Bei dem hiesigen Unfall vom ______ ist seitens meiner Mandantschaft unter dem ______ eine Auszahlung der Reparaturkosten in Höhe von ______ EUR unter Rückforderungsvorbehalt erfolgt. Diese Auszahlung hat der BGH ausdrücklich gebilligt (BGH, Beschl. v. 18.11.2008 – VI ZB 22/08 = NJW 2009, 910). Im Gegenzug steht meiner Mandantschaft nunmehr ein Auskunftsanspruch im Hinblick darüber zu, ob der reparierte Pkw bis zu dem Ablauf des Zeitraums von sechs Monaten genutzt worden ist bzw. weiterhin genutzt wird. Nur vorsorglich wird darauf hingewiesen, dass allein die Tatsache, dass das Fahrzeug weiter im Eigentum bzw. Besitz befindlich ist als Nachweis einer erforderlichen Nutzung nicht genügt (OLG Rostock, Urt. v. 23.10.2009 – 5 U 275/08 = BeckRS 2009, 88813). Der Nachweis einer Nutzung kann daher auch nicht mit einer Zulassungsbescheinigung geführt werden. Zur Vermeidung einer ansonsten gebotenen Stufenklage mit

152 BGH, Urt. v. 18.11.2008 – VI ZB 22/08 = NJW 2009, 910; BGH, Beschl. v. 26.5.2009 – VI ZB 71/08 = r+s 2009, 434.

einem vorrangigen Auskunftsbegehren wird um Stellungnahme mit einem konkreten Nachweis der weiteren Nutzung binnen 14 Tagen bis zum gebeten.

▲

150 Die Weiternutzung für sechs Monate ist auch nur im Regelfall ein ausreichendes Indiz für ein bestehendes Integritätsinteresse. Es sind zahlreiche Fallgestaltungen denkbar, bei denen die Nutzung des Fahrzeugs aus besonderen Gründen bereits lange vor Ablauf der Sechsmonatsfrist eingestellt wird.[153]

151 ▼

Muster 8.40: Begründung der Aufgabe des Fahrzeugs vor Ablauf der Sechsmonatsfrist

Auch wenn vorliegend das verunfallte Fahrzeug nach der fachgerechten Reparatur nicht für sechs Monate genutzt worden sein sollte, so liegt trotzdem ein schützenswertes Integritätsinteresse vor, welches eine Abrechnung auf Basis der 130 %-Rechtsprechung rechtfertigt. Die Weiternutzung für sechs Monate ist nur im Regelfall ein ausreichendes Indiz für ein bestehendes Integritätsinteresse. Es sind indes zahlreiche Fallgestaltungen denkbar, bei denen die Nutzung des Fahrzeugs aus besonderen Gründen bereits lange vor Ablauf der Sechsmonatsfrist eingestellt wird, etwa infolge eines weiteren Unfalls oder deshalb, weil eine Fahrzeugnutzung aus finanziellen Gründen nicht mehr möglich ist. In diesen Fällen liegt eine erzwungene und damit jedenfalls schadensrechtlich unschädliche Nutzungsaufgabe vor (BGH, Beschl. v. 18.11.2008 – VI ZB 22/08 = NJW 2009, 910).

Der Wille zur fortdauernden Nutzung nach der Reparatur war bei meiner Mandantschaft vorhanden und wird bereits dadurch indiziert, dass das Fahrzeug tatsächlich mit einem erheblichen Aufwand repariert worden ist. Jedoch trat dann folgendes Ereignis ein:

▲

152 Voraussetzung ist ferner, dass die Reparatur erstens fachgerecht und in einem Umfang durchgeführt wird, wie ihn der Sachverständige zur Grundlage seiner Kostenschätzung gemacht hat und zweitens diese Reparaturkosten entweder konkret angefallen sind oder der Geschädigte nachweisbar wertmäßig in einem Umfang repariert hat, der den Wiederbeschaffungsaufwand übersteigt.[154] Eine rein fiktive Schadensabrechnung ohne Nachweis einer konkret durchgeführten Reparatur führt in diesem Fall dagegen dazu, dass der Geschädigte nur den Wiederbeschaffungsaufwand verlangen kann. Auch wenn nicht nur unerhebliche Restunfallschäden nach der Reparatur verbleiben, muss der Geschädigte sich auf den Wiederbeschaffungsaufwand verweisen lassen.[155]

Eine hiernach erforderliche vollständige Reparatur des Fahrzeugs setzt voraus, dass alle Reparaturarbeiten, welcher der Sachverständige für notwendig gehalten hat, tatsächlich ausgeführt worden sind. Dies gilt selbst dann, wenn ein Gerichtssachverständiger trotz Fehlens einzelner Reparaturschritte darauf hinweist, dass keine optischen Mängel bestehen. Denn es kommt im Rahmen der Vergleichsbetrachtung nach Ansicht des BGH[156]

153 Siehe BGH, Beschl. v. 18.11.2008 – VI ZB 22/08 = NJW 2009, 910.

154 BGH, Urt. v. 8.12.2009 – VI ZR 119/09 = NJW-RR 2010, 377; BGH, Urt. v. 3.3.2009 – VI ZR 100/08 = NJW 2009, 1340; BGH, Urt. v. 15.2.2005 – VI ZR 70/04 = NJW 2005, 1108.

155 BGH, Urt. v. 15.2.2005 – VI ZR 70/04 = NJW 2005, 1108.

156 BGH, Urt. v. 2.6.2015 – VI ZR 387/14 = NJW 2015, 2958: Keine vollständige und fachgerechte Reparatur, wenn Austausch von Zierleisten unterblieben ist.

alleine auf den nach objektiven Kriterien zu beurteilenden und damit nachzuprüfenden Reparaturaufwand an. Es ist daher nicht möglich, die Reparaturkosten durch Nichtvornahme einzelner Reparaturschritte unter die 130 %-Grenze zu „drücken", auch wenn es sich lediglich um optische Reparaturarbeiten handelt.

Ersetzt werden können auch die Kosten einer Teilreparatur bis zur Höhe des Wiederbe- **153**
schaffungswertes, wenn sie konkret angefallen sind,[157] Noch nicht entschieden hat der BGH aber, ob der Geschädigte in diesem Fall ebenfalls die sechsmonatige Frist zur weiteren Nutzung zu wahren hat. Vorsorglich sollte dies dem Mandanten daher angeraten werden.

Den Entscheidungen des BGH zu diesem Themenkomplex ist nicht zu entnehmen, dass **154**
das Fahrzeug zwingend fachgerecht durch die Verwendung von Neuteilen repariert werden muss, damit die Reparaturkosten im Toleranzbereich auch bei einem wirtschaftlichen Totalschaden erstattungsfähig sind. Vielmehr führt der BGH selber an, dass ein entsprechend zu schützendes Integritätsinteresse bereits dann gegeben sein kann, wenn das Fahrzeug fachgerecht in allen betroffenen Teilen instand gesetzt wird.[158] Hierfür genügt eine Billigreparatur bzw. eine bloße Wiederherstellung der Fahrtüchtigkeit nicht.[159] Vielmehr ist der frühere Zustand im Hinblick auf Qualität und Vollständigkeit entscheidend.[160] Das Fahrzeug muss in den gleichen Zustand wie vor dem Unfall versetzt werden.[161] Eine Verwendung von Neuteilen (wie u.U. im Gutachten vorgesehen) ist dafür nicht unbedingt zwingend.[162]

▼ **155**

Muster 8.41: Abrechnung im 130 %-Fall bei Einbau von Gebrauchtteilen

Versicherung AG 8.41

Schaden-Nr./VS-Nr./Az.

Schaden vom

Pkw , amtl. Kennzeichen

Sehr geehrte Damen und Herren,

in vorbezeichneter Schadensache lehnen Sie eine Abrechnung auf Basis der 130 %-Rechtsprechung mit dem Argument ab, dass eine vollständige und fachgerechte Wiederherstellung des ursprünglichen Zustandes nur bei der Verwendung von Neuteilen gegeben wäre.

157 BGH, Urt. v. 8.12.2009 – VI ZR 119/09 = NJW-RR 2010, 377.
158 BGH, Urt. v. 15.2.2005 – VI ZR 70/04 = NJW 2005, 1108.
159 OLG Stuttgart, Urt. v. 18.12.2002 – 3 U 172/02 = NZV 2003, 340; OLG Schleswig, Urt. v. 14.5.1997 – 9 U 95/96 = VersR 1999, 202.
160 LG Bonn, Urt. v. 7.7.1999 – 2 S 29/99 = VersR 2000, 1296; OLG Düsseldorf, Urt. v. 28.12.1994 – 1 U 263/93 = zfs 1995, 253.
161 BGH, Urt. v. 15.2.2005 – VI ZR 70/04 = NJW 2005, 1108.
162 OLG Oldenburg, Urt. v. 20.3.2000 – 11 U 92/99 = VersR 2001, 997; OLG Karlsruhe, Urt. v. 10.5.1996 – 10 U 122/95 = SP 1996, 348; AG Siegen, Urt. v. 12.1.1999 – 24 C 304/98 = NJW-RR 2000, 1044; andere Ansicht (vor der BGH-Entscheidung): OLG Düsseldorf, Urt. v. 28.12.1994 – 1 U 263/93 = NZV 1995, 232.

Dies ist jedoch nicht zutreffend. Den Entscheidungen des BGH zu diesem Themenkomplex ist nicht zu entnehmen, dass das Fahrzeug fachgerecht durch die Verwendung von Neuteilen repariert werden müsste. Entscheidend ist vielmehr, dass ein entsprechend zu schützendes Integritätsinteresse bereits dann gegeben ist, wenn das Fahrzeug fachgerecht in allen betroffenen Teilen instandgesetzt wird (BGH, Urt. v. 15.2.2005 – VI ZR 70/04 = NJW 2005, 1108). Es ist in der Rechtsprechung anerkannt, dass eine Verwendung von Neuteilen dafür nicht zwingend erforderlich ist (OLG Oldenburg, Urt. v. 20.3.2000 – 11 U 92/99 = VersR 2001, 997; OLG Karlsruhe, Urt. v. 10.5.1996 – 10 U 122/95 = SP 1996, 348).

Eine fachgerechte Reparatur, mit welcher der ursprüngliche Zustand wiederhergestellt wird, ist vorliegend unter Berücksichtigung des Fahrzeugalters und der eingetretenen Schäden bei dem Einbau gebrauchter Fahrzeugteile gegeben, wie der als Anlage beigefügten Stellungnahme des Sachverständigen vom zu entnehmen ist.

Meine Mandantschaft beabsichtigt ferner, das reparierte Fahrzeug für mindestens 6 Monate weiter zu nutzen. Dieser Zeitraum stellt anerkannten Maßen keine Fälligkeitsvoraussetzung dar (BGH, Beschl. v. 26.5.2009 – VI ZB 71/08 = r+s 2009, 434), so dass eine Abrechnung auf Basis der dargelegten Reparaturkosten einschließlich der nachgewiesenen Mehrwertsteuer in Höhe von EUR zu erfolgen hat.

Für den Ausgleich des Schadens habe ich mir vorsorglich eine Frist bis zum

(*10-Tages-Frist*)

notiert.

Mit freundlichen Grüßen

(Rechtsanwalt)

▲

156 Der Geschädigte kann bei einer Reparatur in Eigenregie auch den Ersatz der „Netto-Reparaturkosten" ohne Mehrwertsteuer verlangen, solange er nur nachweist, dass das Fahrzeug vollständig und fachgerecht repariert worden ist.[163] Halten sich bei tatsächlicher Reparatur die vom Geschädigten auf der Grundlage eines Sachverständigengutachtens geltend gemachten Instandsetzungskosten in diesem Rahmen, so kann der Geschädigte sie hiernach beanspruchen, ohne ihre Entstehung im Einzelnen belegen zu müssen. Da der Geschädigte hier im Einklang mit dem tatsächlich gewählten Reparaturweg abrechnet, handelt es sich ebenfalls um eine (zulässige) konkrete Abrechnung. Eine Mehrwertsteuer kann hierbei aber nur in dem Umfang angefordert werden, wie sie tatsächlich angefallen ist (d.h. in der Regel nur bei dem Ankauf von Ersatzteilen). Häufig wird bei einer Reparatur in Eigenregie daher nur der Betrag der Reparaturkosten (netto) verlangt.

163 So jedenfalls BGH, Urt. v. 17.3.1992 – VI ZR 226/91 = NJW 1992, 1618; OLG Karlsruhe, Urt. v. 29.4.1999 – 19 U 268/97 = DAR 1999, 313.

▼

Muster 8.42: Ersatz der Reparaturkosten unterhalb der 130 %-Grenze bei Reparatur in Eigenregie 157

8.42

Versicherung AG

Schaden-Nr./VS-Nr./Az.

Schaden vom

Pkw , amtl. Kennzeichen

Sehr geehrte Damen und Herren,

vielen Dank für den Ausgleich des vorläufig bezifferten Fahrzeugschadens in der im Betreff genannten Schadensache.

In der Zwischenzeit hat mein Mandant sein Unfallfahrzeug vollständig und fachgerecht in Eigenregie repariert. Zum Nachweis der fachgerechten Reparatur übersende ich Ihnen anliegend eine Fotografie vom Unfallfahrzeug, das mein Mandant nach dem Abschluss der Reparaturarbeiten fertigte. Sollte Ihnen das Foto als Nachweis nicht ausreichen, ist mein Mandant gern dazu bereit, das Unfallfahrzeug einem Sachverständigen erneut vorzustellen und die fachgerechte Reparatur schriftlich bestätigen zu lassen. In diesem Fall bitte ich höflich um kurzfristigen Rückruf. Vorsorglich weise ich darauf hin, dass die Besichtigung durch den Sachverständigen weitere Kosten verursachen wird, die von Ihnen zu tragen wären.

Danach bitte ich um Abrechnung des Schadens auf fiktiver Reparaturkostenbasis unter Berücksichtigung der 130 %-Rechtsprechung. Zu einer entsprechenden Abrechnung ist mein Mandant nach Maßgabe der höchstrichterlichen Rechtsprechung berechtigt. Ich verweise hierzu vorsorglich auf die Entscheidungen des BGH (Urt. v. 17.3.1992 – VI ZR 226/91 = NJW 1992, 1618) sowie des OLG Karlsruhe (Urt. v. 29.2.1999 – 19 U 268/97 = DAR 1999, 313). Auch bei einer – wie hier – vollständig und fachgerecht in Eigenregie durchgeführten Reparatur greift die 130 %-Rechtsprechung zugunsten unseres Mandanten ein (BGH, Urt. v. 15.2.2005 – VI ZR 70/04 = NJW 2005, 1108, 1110).

Meine Mandantschaft beabsichtigt ferner, das reparierte Fahrzeug für mindestens 6 Monate weiter zu nutzen. Dieser Zeitraum stellt anerkannten Maßen keine Fälligkeitsvoraussetzung dar (BGH, Beschl. v. 26.5.2009 – VI ZB 71/08 = r+s 2009, 434), so dass eine Abrechnung bereits jetzt zu erfolgen hat.

Laut Gutachten übersteigen die voraussichtlichen Reparaturkosten den Wiederbeschaffungswert um nicht mehr als 30 %. Danach beläuft sich der Fahrzeugschaden meines Mandanten auf EUR (netto). Hierauf zahlten Sie bislang EUR. Für den Ausgleich der noch offenen EUR habe ich mir eine Frist bis zum

(*10-Tages-Frist*)

notiert.

Mit freundlichen Grüßen

(Rechtsanwalt)

▲

158 Ein durch die vollständige und fachgerechte Reparatur belegtes schützenswertes Integritätsinteresse kann nicht nur bei einem Pkw oder Lkw, sondern auch bei einem Anhänger vorliegen.[164] Ferner steht eine gewerbliche Nutzung der Annahme eines Integritätsinteresses ebenfalls nicht entgegen.[165]

159 ▼

Muster 8.43: Integritätsinteresse bei einem Anhänger

Auch wenn vorliegend ein Anhänger meiner Mandantschaft betroffen ist, kann diese nach den anerkannten Grundsätzen auf Basis der „130 %-Rechtsprechung" des BGH abrechnen. Dies gilt anerkanntermaßen auch bei einer gewerblichen Nutzung (BGH, Urt. v. 8.12.1998 – VI ZR 66/98 = NJW 1999, 500). Das besondere Interesse am Erhalt des Sattelaufliegers ist nicht davon abhängig, ob ein Motor oder ein Getriebe vorhanden ist. Sowohl bei der Zugmaschine als auch beim Anhänger kommt es jeweils auf die besondere technische Zuverlässigkeit an, da von beiden eine Betriebsgefahr im Verkehr ausgeht. Der Wert des Anhängers ergibt sich aus der Gebrauchstauglichkeit und Anwendungsvertrautheit, so dass die (fachgerechte) Reparatur der vertrauten Sache das Integritätsinteresse des Geschädigten in stärkerem Maße zu befriedigen vermag als eine Ersatzbeschaffung, weil sie die Nutzung im gewohnten Maß ermöglicht und Änderungen nicht erforderlich macht (anschaulich: OLG Celle, Urt. v. 2.12.2009 – 14 U 123/09 = NJW-RR 2010, 600).

▲

4. Vierte Stufe

160 **Die Reparaturkosten machen mehr als 130 % des Wiederbeschaffungswertes aus**

Liegen die (voraussichtlichen) Kosten der Reparatur eines Kraftfahrzeugs mehr als 30 % über dem Wiederbeschaffungswert, so ist die Instandsetzung in aller Regel wirtschaftlich unvernünftig und der Geschädigte kann vom Schädiger nur die Wiederbeschaffungskosten verlangen.[166] Er kann die Reparaturkosten auch nicht aufspalten und die Kosten einer bloßen Teilreparatur erstattet erhalten.[167] Diese Wertgrenze gilt auch für „Unikate".[168] Ausnahmsweise kann ein Ersatz der unterhalb des Wiederbeschaffungswertes „gesenkten" Reparaturkosten erfolgen, wenn das Kfz vollständig und fachgerecht repariert wird und die Reparatur wirtschaftlich vernünftig ist. Dies ist jedoch bei einem „Rabatt" der Werkstatt nicht der Fall.[169] Die Einhaltung der 130 %-Grenze kann im Einzelfall jedoch durch den Einbau von Gebrauchtteilen gewahrt werden.[170]

164 OLG Celle, Urt. v. 2.12.2009 – 14 U 123/09 = NJW-RR 2010, 600.
165 BGH, Urt. v. 8.12.1998 – VI ZR 66/98 = NJW 1999, 500; OLG Dresden, Urt. v. 4.4.2001 – 6 U 2824/00 = NZV 2001, 346.
166 BGH, Urt. v. 10.7.2007 – VI ZR 258/06 = NJW 2007, 2917.
167 BGH, Urt. v. 10.7.2007 – VI ZR 258/06 = NJW 2007, 2917.
168 BGH, Urt. v. 3.2.2010 – VI ZR 144/09 = NJW 2010, 2121.
169 BGH Urt. v. 8.2.2011 – VI ZR 79/10 = NJW 2011, 1435.
170 BGH, Urt. v. 14.12.2010 – VI ZR 231/09 = NJW 2011, 669.

▼

Muster 8.44: Einhaltung der 130 %-Grenze durch Einbau von Gebrauchtteilen 161

8.44

Versicherung AG

Schaden-Nr./VS-Nr./Az.

Schaden vom

Pkw , amtl. Kennzeichen

Sehr geehrte Damen und Herren,

in vorbezeichneter Schadensache ist Ihre Einschätzung, es wäre die sog. 130 %-Grenze überschritten, unzutreffend. Der als Anlage beigefügten Auskunft des Sachverständigen vom ist zu entnehmen, dass vorliegend unter Berücksichtigung des Fahrzeugalters und der betroffenen Fahrzeugteile und aufgetretenen Schäden eine Instandsetzung unter Einbau von gebrauchten Fahrzeugteilen zur Wiederherstellung des ursprünglichen Zustandes genügt. Dies genügt nach der Rechtsprechung, um eine Abrechnung innerhalb der 130 %-Grenze herbeizuführen (BGH, Urt. v. 14.12.2010 – VI ZR 231/09 = NJW 2011, 669). Hierfür ist vorliegend lediglich ein Aufwand in Höhe von EUR notwendig, so dass die von Ihnen vorgelegte Kalkulation deutlich zu hoch angesetzt und zu beanstanden ist.

Meine Mandantschaft hat das verunfallte Fahrzeug ausweislich der als Anlage beigefügten Bestätigung des Sachverständigen vom vollständig und fachgerecht gem. den Vorgaben des Sachverständigen repariert.

Bei der Reparatur sind die aus der Anlage ersichtlichen Aufwendungen in Höhe von EUR angefallen.

Meine Mandantschaft beabsichtigt ferner, das reparierte Fahrzeug für mindestens 6 Monate weiter zu nutzen. Dieser Zeitraum stellt anerkannten Maßen keine Fälligkeitsvoraussetzung dar (BGH, Beschl. v. 26.5.2009 – VI ZB 71/08 = r+s 2009, 434), so dass eine Abrechnung auf Basis der dargelegten Reparaturkosten einschließlich der nachgewiesenen Mehrwertsteuer in Höhe von EUR zu erfolgen hat.

Für den Ausgleich des Schadens habe ich mir vorsorglich eine Frist bis zum

(*10-Tages-Frist*)

notiert.

Mit freundlichen Grüßen

(Rechtsanwalt)

▲

Zudem ist zu beachten, dass der Geschädigte grundsätzlich nicht das Risiko trägt, dass die zur Wiederherstellung des ursprünglichen Zustandes erforderlichen Reparaturkosten höher ausfallen als vom Sachverständigen geschätzt.[171] 162

171 BGH, Urt. v. 15.10.1991 – VI ZR 314/90 = NZV 1992, 66.

163 ▼

Muster 8.45: Tatsächliche Reparaturkosten liegen über 130 %-Grenze

Versicherung AG

Schaden-Nr./VS-Nr./Az.

Schaden vom

Pkw , amtl. Kennzeichen

Sehr geehrte Damen und Herren,

durch Schreiben vom glichen Sie in der im Betreff genannten Schadensache den Fahrzeugschaden meines Mandanten auf der Grundlage einer Totalschadenabrechnung aus. Entgegen der von Ihnen vertretenen Auffassung besitzt mein Mandant jedoch einen Anspruch auf Ausgleich der tatsächlichen Reparaturkosten in Höhe von EUR. Er beruft sich insoweit auf die Grundsätze der 130 %-Rechtsprechung. Dem steht nicht entgegen, dass die tatsächlichen Reparaturkosten diese Grenze überstiegen.

Mein Mandant traf die Entscheidung zur Durchführung der Reparatur nach Vorlage des Gutachtens des Sachverständigen. Danach überstiegen die voraussichtlichen Reparaturkosten den Wiederbeschaffungswert um nicht mehr als 30 %. Mein Mandant war deshalb dazu berechtigt, die Reparaturarbeiten in Auftrag zu geben. Letztlich blieben die vom Sachverständigen geschätzten Reparaturkosten hinter den tatsächlich erforderlichen zurück. Die Konsequenzen aus den fehlerhaften Angaben des Sachverständigen sind jedoch nicht von meinem Mandanten, sondern von Ihnen zu tragen. Nach Auffassung der herrschenden Rechtsprechung (u.a. BGH, Urt. v. 15.10.1991 – VI ZR 314/90 = NZV 1992, 66) trägt bei einer Abrechnung der tatsächlich angefallenen Kosten nicht der Geschädigte, sondern allein der Schädiger das sog. Prognoserisiko, also das Risiko, dass sich der Sachverständige bei der Bezifferung der voraussichtlichen Reparaturkosten verschätzt. Der Geschädigte darf sich darauf verlassen, dass die Angaben des Sachverständigen zum Reparaturumfang zutreffen. Stellen sich die Schätzungen im Nachhinein als fehlerhaft dar, muss der Schädiger dennoch die gesamten Reparaturkosten ausgleichen.

Danach habe ich Sie aufzufordern, den offenen Restschaden in Höhe von EUR unverzüglich, spätestens jedoch bis zum

(*10-Tages-Frist*)

auszugleichen. Andernfalls werde ich meinem Mandanten die Inanspruchnahme gerichtlicher Hilfe empfehlen.

Mit freundlichen Grüßen

(Rechtsanwalt)

▲

164 Insgesamt ist festzuhalten, dass das vom BGH entwickelte 4-Stufen-Modell dem Geschädigten eine Vielzahl an Abrechnungsmodalitäten eröffnet, die auch den Rechtsanwender vor eine Reihe an schwierigen und längst nicht in allen Facetten höchstrichterlich entschiedenen Gesichtspunkte stellen.

Checkliste: 4-Stufen-Modell 165

Die Grundzüge des sog. **4-Stufen-Modell** des BGH sind in einer Übersicht wie folgt zusammenzufassen:

1. Stufe: Die Reparaturkosten sind geringer als der Wiederbeschaffungsaufwand

Liegen die Reparaturkosten unterhalb des Wiederbeschaffungsaufwandes (d.h. des Wiederbeschaffungswertes abzüglich des Restwerts), kann der Geschädigte lediglich die Reparaturkosten abrechnen, die den kostengünstigsten Aufwand bei der Wiederherstellung des ursprünglichen Zustandes darstellen. Hierbei kann er fiktiv die Reparaturkosten unter Ausschluss der Mehrwertsteuer begehren oder aber konkret unter Vorlage der Reparaturrechnung abrechnen und auch die darin ausgewiesene Mehrwertsteuer ersetzt verlangen.

2. Stufe: Die Reparaturkosten liegen über dem Wiederbeschaffungsaufwand, aber unterhalb des Wiederbeschaffungswertes

Der Anwendungsbereich der zweiten Stufe ist erreicht, wenn die Reparaturkosten weiterhin unter dem Wiederbeschaffungswert liegen, jedoch den Wiederbeschaffungsaufwand übersteigen. Da der Geschädigte sich bei zwei gleichwertigen Möglichkeiten zur Schadenskompensation auf die günstigere verweisen lassen muss, kann er grundsätzlich nur auf Basis des Wiederbeschaffungsaufwandes abrechnen, es sei denn, er weist ein schützenswertes Integritätsinteresse auf. Rechnet der Geschädigte konkret ab, weist er dieses Interesse durch die Reparatur des Fahrzeugs nach, ohne dass es auf die Qualität der Reparatur oder die weitere Nutzung des Fahrzeugs ankommt. Rechnet der Geschädigte dagegen fiktiv ab, stehen ihm die Reparaturkosten (netto) nur zu, wenn er sein Fahrzeug repariert und für einen Zeitraum von i.d.R. mindestens 6 Monate verkehrssicher weiter nutzt.

3. Stufe: Die Reparaturkosten liegen oberhalb des Wiederbeschaffungswertes, betragen aber nicht mehr als 130 %

Liegen die Reparaturkosten über dem Wiederbeschaffungswert bis zur Grenze von 130 %, so liegt grundsätzlich ein wirtschaftlicher Totalschaden vor, bei dem der Geschädigte wie auf der zweiten Stufe grundsätzlich lediglich den Wiederbeschaffungsaufwand ersetzt erhält. Maßgeblich ist auch hier die Gegenüberstellung der jeweiligen Brutto-Werte inkl. Mehrwertsteuer, es sei denn, der Geschädigte ist zum Vorsteuerabzug berechtigt. Zu den Reparaturkosten ist ggf. der merkantile Minderwert aufzuschlagen.

Dem Geschädigten wird auf der dritten Stufe jedoch ausnahmsweise gestattet, auf Basis der Reparaturkosten konkret abzurechnen, wenn er das verunfallte Fahrzeug nach Vorgabe des Gutachtens vollständig und fachgerecht reparieren lässt und i.d.R. für einen Zeitraum von sechs Monaten weiter nutzt.

4. Stufe: Die Reparaturkosten machen mehr als 130 % des Wiederbeschaffungswertes aus

Liegen die (voraussichtlichen) Kosten der Reparatur eines Kraftfahrzeugs mehr als 30 % über dem Wiederbeschaffungswert, so ist die Instandsetzung in aller Regel wirtschaftlich unvernünftig und der Geschädigte kann vom Schädiger nur die Wiederbeschaffungskosten verlangen. Er kann die Reparaturkosten auch nicht aufspalten und die Kosten einer bloßen Teilreparatur erstattet erhalten. Diese Grenze kann i.d.R. nicht durch Rabatte, ggf. aber den Einsatz von Gebrauchtteilen zur Absenkung der Reparaturkosten gewahrt werden, wenn dies wirtschaftlich vernünftig ist.

166 Insbesondere die Besonderheiten der Abrechnung im Rahmen der „130 %-Rechtsprechung" auf der dritten Stufe bieten ein nicht zu unterschätzendes Gestaltungs- aber auch Haftungspotential.

167 **Checkliste: 130 %-Abrechnung**

- Die Reparatur wird tatsächlich vollständig und fachgerecht durchgeführt und das Fahrzeug wird (i.d.R.) sechs Monate weiter genutzt, wobei letzterer Voraussetzung lediglich eine beweismäßige Bedeutung zukommt.
- Die Reparaturkosten betragen nicht mehr als 130 % des Wiederbeschaffungswerts, wobei grundsätzlich die Brutto-Werte maßgeblich sind.
- Die Reparaturkosten können nur konkret abgerechnet werden. Dies schließt eine Reparatur in Eigenregie jedoch nicht aus. Eine rein fiktive Abrechnung der Reparaturkosten ist jedoch nicht zulässig.
- Werden die vom Sachverständigen geschätzten Reparaturkosten im Rahmen der Reparatur überschritten, trägt der Schädiger das Prognoserisiko des Sachverständigen, es sei denn, es wird ein bisher unbekannter Schaden entdeckt.
- Eine Entschädigungsleistung wird bereits vor Ablauf der sechs Monate bei einer vollständigen und fachgerechten Reparatur fällig. Der Schädigerseite kann jedoch die Zahlung unter Rückforderungsvorbehalt erbringen und nach Ablauf von sechs Monaten eine Auskunft über die weitere Nutzung begehren.
- Im Fall der erzwungenen Aufgabe ist eine Veräußerung vor dem Ablauf von sechs Monaten i.d.R. unschädlich, wenn der Geschädigte bei Reparaturauftrag den Willen zur Weiterbenutzung des Fahrzeugs gehabt hat.

VI. Neuwagenabrechnung

1. Überblick

168 Der Geschädigte ist ausnahmsweise berechtigt, den Fahrzeugschaden auf sog. **Neuwagenbasis** abzurechnen, wenn die Reparatur des Fahrzeugs zwar technisch möglich und wirtschaftlich vernünftig ist, sie dem Geschädigten aber nicht zugemutet werden kann. Dies ist der Fall, wenn ein absolut **neuwertiges Fahrzeug** einen erheblichen Unfallscha-

den erleidet.[172] Durch die Abrechnung auf „Neuwagenbasis“ soll der Geschädigte in die Lage versetzt werden, sich ein Neufahrzeug zulegen zu können.

Bei dem Unfallfahrzeug kann es sich gleichermaßen um einen Pkw wie um ein Motor- 169
rad[173] handeln. Bei Nutzfahrzeugen scheidet jedoch eine Neuwagenabrechnung grundsätzlich aus.[174] Der vom Bundesgerichtshof sog. Schmelz der Neuwertigkeit spielt in diesem Fall keine Rolle, da es ausreicht, wenn solche Fahrzeuge ihren Zweck erfüllen[175] – so z.B. bei einem Wohnwagen.[176] Dass es sich bei dem Unfallfahrzeug um ein Leasingfahrzeug handelt, steht der Neuwagenabrechnung hingegen nicht entgegen.[177] Auch bei einem privat und gewerblich genutzten Fahrzeug ist eine Abrechnung auf Neuwagenbasis möglich.[178]

Eine Abrechnung auf Neuwagenbasis ist an folgende drei Voraussetzungen gebunden:[179] 170

- Es muss sich um ein neuwertiges Fahrzeug gehandelt haben.
- Es muss ein erheblicher Fahrzeugschaden eingetreten sein.
- Der Geschädigte muss ein gleichwertiges Ersatzfahrzeug als Neuwagen angeschafft haben.

2. Anschaffung eines gleichwertigen Ersatzfahrzeugs

Während früher vertreten worden ist, dass eine Abrechnung auf Neuwagenbasis auch 171
lediglich fiktiv erfolgen kann, hat der BGH nun entschieden, dass der Geschädigte, dessen neuer Pkw erheblich beschädigt worden ist, den ihm entstandenen Schaden nur dann auf Neuwagenbasis abrechnen kann, wenn er ein fabrikneues Ersatzfahrzeug gekauft hat.[180] Zur Begründung stellt der BGH darauf ab, dass der Geschädigte zu einer solchen Abrechnung, welche zu seinen Gunsten die Opfergrenze überschreitet, nur dann berechtigt ist, wenn er ein schützenswertes Integritätsinteresse nachweist. Dies wäre nur dann der Fall, wenn ein gleichwertiges Neufahrzeug angeschafft wird.

Mit dieser Entscheidung des BGH dürfte die in der Praxis immer wieder vorkommende 172
Intention des anwaltlich beratenden Geschädigten, einen „Deal“ mit dem gegnerischen Kfz-Haftpflichtversicherer zu erzielen, bei dem auf eine Neupreisentschädigung gegen Zahlung eines „Aufschlags“ verzichtet wird, an Bedeutung verlieren. Für eine Neuwagenabrechnung muss der Geschädigte die Anschaffung eines fabrikneuen und gleichwertigen Ersatzfahrzeugs nachweisen. Eine bloße unverbindliche Order oder auch ein ggf. aufhebbarer Kaufvertrag als allein schuldrechtliche Verpflichtung dürften hierfür im

172 BGH, Urt. v. 9.6.2009 – VI ZR 110/08 – juris; OLG Stuttgart, Urt. v. 21.12.2017 – 2 U 136/17 – juris; OLG Celle, Urt. v. 19.6.2003 – 14 U 168/02 = NJW-RR 2003, 1381.
173 OLG Schleswig, Urt. v. 19.9.1984 – 9 U 210/83 = BeckRS 2008, 18990.
174 OLG Stuttgart, Urt. v. 19.1.1982 – U 180/81 = VersR 1983, 92.
175 OLG Naumburg, Urt. v. 27.10.1999 – 6 U 62/99 = VRS 100, 244.
176 OLG Hamm, Urt. v. 9.1.1989 – 13 U 257/88 NJW-RR 1989, 1433.
177 OLG Nürnberg, Urt. v. 7.6.1994 – 3 U 1020/94 = NJW-RR 1995, 919.
178 OLG Hamburg, Urt. v. 28.3.2008 – 14 U 95/07 = NZV 2008, 555.
179 BGH, Urt. v. 9.6.2009 – VI ZR 210/08 = NJW 2009, 3022; OLG Düsseldorf, Urt. v. 2.3.2009 – 1 U 58/08 = SP 2009, 368; OLG Stuttgart, Urt. v. 21.12.2017 – 2 U 136/17 – juris.
180 BGH, Urt. v. 9.6.2009 – VI ZR 210/08 = NJW 2009, 3022.

Zweifel nicht genügen. Im Fall der 130 %-Abrechnung wird ja auch eine über den Reparaturauftrag hinausgehende tatsächliche Reparatur vorausgesetzt. Im Übrigen hat der BGH zutreffend darauf hingewiesen, dass ein gleichwertiges Ersatzfahrzeug beschafft werden muss. Die Anschaffung irgendeines – nicht dem beschädigten Fahrzeugtyp entsprechenden – Ersatzfahrzeugs dürfte nicht genügen. Auch bei der Fallgruppe der 130 %-Rechtsprechung wird die Aufrechterhaltung des ursprünglichen Zustandes durch eine Reparatur gemäß Gutachten vorausgesetzt und keine „günstigere alternative Reparatur" akzeptiert.

173 ▼

Muster 8.46: Nachweis der Anschaffung eines Neufahrzeugs bei der Neuwagenabrechnung

Der Geschädigte, dessen neuer Pkw erheblich beschädigt worden ist, kann den ihm entstandenen Schaden nur dann auf Neuwagenbasis abrechnen, wenn er ein fabrikneues Ersatzfahrzeug gekauft hat (BGH, Urt. v. 9.6.2009 – VI ZR 210/08 = NJW 2009, 3022). Dies setzt nicht nur voraus, dass das ausgewählte Ersatzfahrzeug als Neufahrzeug gleichwertig ist. Vielmehr kann nur bei der tatsächlich erfolgten Anschaffung ein besonderes Integritätsinteresse angenommen werden. Eine bloße, ggf. sogar nur unverbindliche Bestellung genügt nicht. Dies zeigt bereits der vom BGH selber vorgenommene Vergleich zu dem Nachweis eines schützenswerten Integritätsinteresses im Rahmen „130 %-Rechtsprechung": Dort ist die tatsächliche Vornahme einer Reparatur erforderlich, um das Integritätsinteresse zu begründen (vgl. BGH, Urt. v. 10.7.2007 – VI ZR 258/06 = NJW 2007, 2917). Auch bei der Abrechnung auf Neuwagenbasis ist daher der konkrete Nachweis der Inbesitznahme eines nutzungsbereiten Fahrzeugs zu fordern.

▲

174 Noch nicht abschließend geklärt ist, wie sich der Geschädigte zu verhalten hat, wenn er eine Abrechnung auf Neuwagenbasis begehrt, aber zu einer Vorfinanzierung nicht in der Lage ist oder darüber hinaus Streit über die weiteren Voraussetzungen der Abrechnung auf Neuwagenbasis besteht. Zu diesem Zweck wird in der Rechtsprechung anerkannt, dass der Geschädigte Feststellungsklage erheben kann, um seinen Anspruch gerichtlich klären zu lassen.[181] Dann wäre aber zu klären, ob ein berechtigtes Feststellungsinteresse nicht zumindest eine verbindliche Bestellung eines Neufahrzeugs voraussetzt oder der Geschädigte nicht sogar eine Stufenklage erheben kann. Angesichts der damit verbundenen Unsicherheiten mag sich eine Verständigung mit dem gegnerischen Haftpflichtversicherer anbieten.

181 OLG Stuttgart, Urt. v. 21.12.2017 – 2 U 136/17 – juris.

▼ 175

Muster 8.47: Verständigung über eine Zahlungszusage bei einer Abrechnung auf Neuwagenbasis

Versicherung AG

Schaden-Nr./VS-Nr./Az.

Schaden vom

Pkw , amtl. Kennzeichen

Sehr geehrte Damen und Herren,

in vorbezeichneter Schadensache haben wir Ihnen bereits dargelegt, dass angesichts der Neuwertigkeit des Fahrzeugs unserer Mandantschaft sowie dem eingetretenen erheblichen Fahrzeugschaden eine Abrechnung auf Neuwagenbasis statthaft ist.

Hierfür ist jedoch eine Vorfinanzierung der Anschaffung eines Neufahrzeugs geboten. Ihre diesbezügliche Eintrittspflicht nach Nachweis der Neuanschaffung kann daher vorliegend nicht ernsthaft in Abrede gestellt werden. Zur Absicherung des Anspruchs unserer Mandantschaft wäre daher grundsätzlich eine Feststellungsklage zulässig (vgl. OLG Stuttgart, Urt. v. 21.12.2017 – 2 U 136/17 – juris), zumal der BGH in seiner diesbezüglichen Grundsatzentscheidung vom 9.6.2009 – VI ZR 210/08 = NJW 2009, 3022 anschaulich dargelegt hat, dass eine diesbezügliche Abrechnung sogar nachträglich erfolgen kann. Zur Vermeidung einer aus unserer Sicht unnötigen Feststellungsklage regen wir an, dass Sie uns schriftlich gegenüber bestätigen, dass Sie die Kosten für die Anschaffung eines gleichwertigen Neufahrzeugs übernehmen, sobald Ihnen gegenüber der Nachweis einer Anschaffung und Übergabe an unsere Mandantschaft erbracht worden ist.

Ich bitte um Rückantwort und Veranlassung bis zum

(*14-Tages-Frist*)

Bitte haben Sie Verständnis dafür, dass ich meinem Mandanten nach dem fruchtlosen Ablauf der vorgenannten Frist empfehlen werde, die Angelegenheit einer gerichtlichen Klärung zuzuführen.

Mit freundlichen Grüßen

(Rechtsanwalt)

▲

Zu beachten ist auch, dass eine Neuanschaffung innerhalb eines bestimmten Zeitraums erfolgen muss, um ein Integritätsinteresse zu begründen. Der Anspruch auf Erstattung der Kosten für einen Neuwagen ist also zeitlich zu befristen. Nutzt der Geschädigte das Unfallfahrzeug einen gewissen Zeitraum weiter, anstatt einen Neuwagen zu erwerben, ist sein besonderes Integritätsinteresse an einem Neuwagen widerlegt. Dies ist z.B. der Fall bei einer fehlenden Neuanschaffung über 17 Monate,[182] zwölf Monate[183] oder sogar 176

182 OLG München, Beschl. v. 1.12.2009 – 10 U 4364/09 – juris.
183 OLG Celle, Urt. v. 29.2.2012 – 14 U 181/11 – juris.

nur sieben Monate.[184] In jedem Fall ist daher auch eine Feststellungsklage zeitlich zu befristen, wobei in der Rechtsprechung sechs Monate erwogen werden.[185]

Hinweis

In die Regelfrist von sechs Monaten ist jedoch der Zeitraum der Schadensregulierung nicht einzurechnen. Ab dem Zeitpunkt, in dem der Geschädigte gegenüber dem Schädiger oder seinem Haftpflichtversicherer die Erstattung der Kosten für einen Neuwagen verlangt hat, kann in der Weiternutzung des Unfallwagens kein Rückschluss auf das Fehlen seines besonderen Integritätsinteresses gezogen werden. Erst wenn der Geschädigte auch tatsächlich durch den Schädiger in die Lage versetzt wurde, seinen Entschluss umzusetzen, sind derartige Rückschlüsse wieder zulässig. Dies ist im Allgemeinen der Augenblick, in dem der Geschädigte über Rechtssicherheit in der Form eines Anerkenntnisses eines solventen Schuldners (insbesondere des gegnerischen Haftpflichtversicherers) oder in Form eines rechtskräftigen Feststellungsurteils verfügt (OLG Stuttgart, Urt. v. 21.12.2017 – 2 U 136/17 – juris).

3. Neuwertigkeit des Fahrzeugs

177 Die **Neuwertigkeit** eines Unfallfahrzeugs macht sich am **Fahrzeugalter** und seiner **Laufleistung** zum Unfallzeitpunkt fest. Grundsätzlich sollte die Laufleistung zum Schadenszeitpunkt nicht mehr als 1.000 km betragen haben.[186] Auch hiervon gibt es jedoch Ausnahmen, da unfallfreie Wagen mit einer derart geringen Laufleistung auf dem Automarkt kaum erhältlich sind. Folgende drei Ausnahmen können aus Sicht des BGH gegeben sein[187] und eine Abrechnung auf Neuwagenbasis bei einem Kilometerstand zwischen 1.000 und 3.000 km bzw. bis zu einem Fahrzeugalter von einem Monat rechtfertigen:

- Es sind Teile beschädigt worden, die für die Sicherheit des Fahrzeugs von Bedeutung sind und bei denen trotz Reparatur ein Unsicherheitsfaktor verbleibt.[188]
- Nach einer durchgeführten Reparatur verbleiben erhebliche Schönheitsfehler am Fahrzeug.
- Die Reparatur kann die Garantieansprüche des Eigentümers zumindest beweismäßig gefährden und die Gegenseite erklärt nicht alsbald nach dem Unfall verbindlich ihre Einstandspflicht.

184 KG, Beschl. v. 2.8.2010 – 12 U 49/10 – juris.
185 OLG Stuttgart, Urt. v. 21.12.2017 – 2 U 136/17 – juris.
186 BGH, Urt. v. 9.6.2009 – VI ZR 210/08 = NJW 2009, 3022; OLG Düsseldorf, Urt. v. 2.3.2009 – 1 U 58/08 = SP 2009, 368; OLG Hamm, Urt. v. 22.9.1999 – 13 U 54/99 = NZV 2010, 170; LG Mönchengladbach, Urt. v. 25.10.2005 – 5 S 53/05 = MDR 2006, 687.
187 Bereits BGH, Urt. v. 3.11.1981 – VI ZR 234/80 = NJW 1982, 433; bestätigt durch BGH, Urt. v. 9.6.2009 – VI ZR 210/08 = NJW 2009, 3022.
188 Beispielhaft: LG Saarbrücken, Urt. v. 29.11.2001 – 12 O 456/00 = zfs 2002, 282.

Hinweis 178

Eine Laufleistung von 4.200 km ist jedoch bereits deutlich zu viel.[189] Selbst bei einer kurzen Nutzungszeitspanne wird auch schon eine Fahrleistung von 3.300 km als zu groß angesehen.[190]

Neben der geringen Laufleistung wird eine Abrechnung auf Neuwagenbasis nur anerkannt, wenn die tatsächliche Nutzungszeit ebenfalls gering ist. Der BGH hat Anfang der 80er-Jahre einen Zeitraum von „etwa einem Monat" als Grenze vorgegeben.[191] Eine längere Nutzungszeit könne einer Abrechnung auf Neuwagenbasis entgegenstehen. In der seitdem ergangenen Rechtsprechung wird teilweise die Grenze der zeitlichen Nutzung auf Zeiträume von zwei[192] bzw. drei[193] Monaten als zulässig, in erster Linie aber der tatsächlich gefahrene Kilometerstand als maßgeblich erachtet.[194] Auch die Kilometer einer Überführungsfahrt sind mit zu berücksichtigen.[195] 179

▼ 180

Muster 8.48: Neuwagenabrechnung bei einer Laufleistung zwischen 1.000 und 3.000 km

Vorliegend ist eine Abrechnung auf Neuwagenbasis statthaft. Insoweit gibt es keine absolute Grenze von 1.000 km, die als Laufleistung des Fahrzeugs einer Abrechnung auf Neuwagenbasis entgegenstehen könnte. Der BGH (BGH, Urt. v. 3.11.1981 – VI ZR 234/80 = NJW 1982, 433) hat vielmehr hervorgehoben, dass eine derartige Abrechnung auf Neuwagenbasis bis zu einer Grenze von 3.000 km auch dann zulässig ist, wenn Teile beschädigt worden, die für die Sicherheit des Fahrzeugs von Bedeutung sind und bei denen trotz Reparatur ein Unsicherheitsfaktor verbleibt (vgl. hierzu auch LG Saarbrücken, Urt. v. 29.11.2001 – 12 O 456/00 = zfs 2002, 282) oder nach einer durchgeführten Reparatur erhebliche Schönheitsfehler am Fahrzeug verbleiben.

Diese Voraussetzungen sind vorliegend gegeben: Die Laufleistung hat zum **Unfallzeitpunkt** ___ km betragen und liegt damit unterhalb der Höchstgrenze von 3.000 km und es sind folgende Teile des Fahrzeugs erheblich beschädigt worden, welche die Sicherheit des Fahrzeug beeinträchtigen bzw. bei denen die Gefahr einen bleibenden Fehlers nach der Reparatur besteht: ___

▲

4. Erheblicher Fahrzeugschaden

Von der Rechtsprechung wird für eine Abrechnung auf Neuwagenbasis zudem gefordert, dass bei einem fabrikneuen Fahrzeug eine erhebliche Beschädigung vorliegen muss.[196] Einigkeit besteht insoweit, dass die Erheblichkeit einer Beschädigung nicht in erster 181

189 OLG Celle, Urt. v. 29.2.2012 – 14 U 181/11 = SP 2012, 258.
190 OLG Hamm, Urt. v. 29.5.2018 – 9 U 5/18 – juris.
191 BGH, Urt. v. 3.11.1981 – VI ZR 234/80 = NJW 1982, 433.
192 OLG Hamm, Urt. v. 11.4.1994 – 6 U 247/93 = r+s 1994, 338.
193 OLG Karlsruhe, Urt. v. 24.10.1985 – 9 U 73/85 = NJW-RR 1986, 254; OLG Hamm, Urt. v. 22.9.1999 – 13 U 54/99 = NZV 2000, 170.
194 OLG Celle, Urt. v. 29.2.2012 – 14 U 181/11 = NJW-RR 2012, 990.
195 LG Bielefeld, Urt. v. 5.12.2017 – 2 O 47/17 – juris.
196 OLG Düsseldorf, Urt. v. 23.2.2010 – 1 U 119/09 = SVR 2010, 181.

Linie anhand der Schwere des eingetretenen Unfallschadens, sondern anhand des Zustands zu beurteilen ist, in dem sich das Fahrzeug nach einer fachgerechten Reparatur befinden würde.[197] Dabei ist eine erhebliche Beschädigung zu verneinen, wenn der Unfall lediglich Fahrzeugteile betroffen hat, die im Rahmen einer fachgerecht durchgeführten Reparatur spurenlos ausgewechselt werden können, und die Funktionstüchtigkeit und die Sicherheitseigenschaften des Fahrzeugs, insbesondere die Karosseriesteifigkeit und das Deformationsverhalten nicht beeinträchtigt sind (wie beispielsweise bei der Beschädigung von Anbauteilen wie Türen, Scheiben, Stoßstangen, etc.).[198] Für den Geschädigten ist die Lage dagegen günstig, wenn sicherheitsrelevante Fahrzeugteile betroffen sind bzw. zumindest die Fahrzeugstruktur angegriffen worden ist – wie z.B. bei einem Schaden an der sog. A-, B- oder C-Säule des Fahrzeugs.[199] Bei Beschädigung eines fabrikneuen Pkw, der vor weniger als einem Monat zugelassen wurde und eine Laufleistung von weniger als 1.000 km aufweist, muss sich ein Geschädigter jedenfalls nicht auf die Reparaturkostenabrechnung in Verbindung mit der Erstattung einer Wertminderung verweisen lassen, wenn es sich um einen Schaden handelt, der sich nicht durch bloßes Auswechseln von Teilen folgenlos beseitigen lässt. Erst bei einer Laufleistung von mehr als 1.000 km zum Unfallzeitpunkt wäre zu fordern, dass sicherheitsrelevante Fahrzeugteile betroffen sein müssen.[200]

182 Unter Umständen kann nach dieser Ansicht daher auch bei geringeren Schadensfolgen bei einem absolut neuwertigen Fahrzeug eine Abrechnung auf Neuwagenbasis in Betracht kommen – so z.B. bei einem absolut neuwertigen Fahrzeug, welches nur 15 Tage alt gewesen ist und lediglich 412 km gefahren wurde und bei dem lediglich das Heckabschlussblech beschädigt worden ist.[201] Das OLG Oldenburg[202] vertritt sogar die Auffassung, von einem erheblichen Schaden sei immer dann auszugehen, wenn an dem Unfallfahrzeug Lackierarbeiten vorgenommen werden müssten, da in diesem Fall das Risiko späterer Farbabweichungen oder Farbveränderungen bestehe. Diese Auffassung ist allerdings nicht unumstritten: Nach Ansicht des OLG Düsseldorf stehen nach dem heutigen Stand der Technik sowohl für eine Neuteillackierung als auch für eine Neulackierung in Form der Reparaturlackierung Lacke zur Verfügung, die auch bei einer Zweischicht-Metalliclackierung optisch einwandfreie Ergebnisse mit optimaler Farbtongenauigkeit gewährleisten, so dass das Zurückbleiben von Schönheitsfehlern praktisch ausgeschlossen sein soll.[203]

183 Im Übrigen liegt ein erheblicher Schaden, der eine Abrechnung auf Neuwagenbasis bei Vorliegen der übrigen Voraussetzungen rechtfertigt, grundsätzlich auch dann vor, wenn

197 BGH, Urt. v. 9.6.2009 – VI ZR 210/08 = NJW 2009, 3022; OLG Düsseldorf, Urt. v. 2.3.2009 – 1 U 58/08 = SP 2009, 368.
198 BGH, Urt. v. 9.6.2009 – VI ZR 210/08 = NJW 2009, 3022.
199 Das OLG Hamburg, Urt. v. 28.3.2008 – 14 U 95/07 = NZV 2008, 555 lässt einen Strukturschaden an der A-Säule genügen, der nur geringfügige Richtarbeiten erfordert hätte.
200 OLG Nürnberg, Urt. v. 15.8.2008 – 5 U 29/08 = DAR 2009, 37.
201 LG Mönchengladbach, Urt. v. 25.10.2005 – 5 S 53/05 = MDR 2006, 687.
202 OLG Oldenburg, Urt. v. 17.12.1996 – 5 U 154/96 = zfs 1997, 136.
203 OLG Düsseldorf, Urt. v. 23.5.2005 – 1 U 216/04 = SP 2004, 158.

infolge der Unfallbeschädigungen die bei einem Neufahrzeug besonders geschätzten Gewährsansprüche wenigstens beweismäßig gefährdet erscheinen. Dies ergibt sich hier jedoch nicht schon ohne weiteres aus der Art und dem Umfang der vorliegenden Schäden; der Umstand, dass die Reparatur unproblematisch erscheint, spricht eher gegen eine solche Annahme.[204]

▼ 184

Muster 8.49: Erheblicher Fahrzeugschaden bei Beschädigung tragender Fahrzeugteile

Bei einer Abrechnung auf Neuwagenbasis ist die Erheblichkeit einer Beschädigung nicht in erster Linie anhand der Schwere des eingetretenen Unfallschadens, sondern anhand des Zustands zu beurteilen, in dem sich das Fahrzeug nach einer fachgerechten Reparatur befinden würde (BGH, Urt. v. 9.6.2009 – VI ZR 210/08 = NJW 2009, 3022; OLG Düsseldorf, Urt. v. 2.3.2009 – 1 U 58/08 = SP 2009, 368). Eine erhebliche Beschädigung wird in aller Regel zumindest dann anzunehmen sein, wenn beim Unfall tragende oder sicherheitsrelevante Teile, insbesondere das Fahrzeugchassis oder die Tragekonstruktion (vgl. dazu OLG Stuttgart, Urt. v. 21.12.2017 – 2 U 136/17 – juris), beschädigt wurden und die fachgerechte Instandsetzung nicht völlig unerhebliche Richt- oder Schweißarbeiten am Fahrzeug erfordert. Denn durch derartige Arbeiten wird in erheblicher Weise in das Gefüge des Fahrzeugs eingegriffen (BGH a.a.O.). Auch ein festgestellter nicht unerheblicher merkantiler Minderwert spricht dafür, dass dem Geschädigten bei einem neuwertigen Fahrzeug eine Reparatur nicht zuzumuten ist (OLG Oldenburg, Urt. v. 21.5.1997 – 4 U 5/97 = MDR 1997, 734). Entscheidend ist im Übrigen, dass es sich um einen Schaden handelt, der sich nicht durch bloßes Auswechseln von Teilen folgenlos beseitigen lässt (OLG Nürnberg, Urt. v. 15.8.2008 – 5 U 29/08 = DAR 2009, 37).

Hier hat der beauftragte Sachverständige einen merkantilen Minderwert in Höhe von ______ EUR festgestellt, was für sich gesehen bereits einen merkantilen Minderwert nahelegt. Darüber hinaus ist zu berücksichtigen, dass folgende erhebliche Schäden eingetreten sind, die sich auf die Fahrzeugstruktur bzw. sogar tragende Fahrzeugteile auswirken bzw. deren Folgen sich nicht durch bloßes Auswechseln beseitigen lassen: ______

▲

Für die Seite des Schädigers liegt der Fall dagegen günstig, wenn gerade keine sicherheitsrelevanten Teile des Fahrzeugs beschädigt sind und daher im Zweifel davon auszugehen ist, dass die festgestellten Schäden beseitigt und die Neuwertigkeit wiederhergestellt werden können, ohne dass ein sicherheitsrelevanter Nachteil verbleibt. Eine Abrechnung auf Neuwagenbasis wäre danach nur zulässig, wenn die Karosserie oder das Fahrwerk so stark beschädigt sind, dass sie in wesentlichen Teilen wieder aufgebaut werden müssen.[205] Eine erhebliche Beschädigung liegt dagegen nicht vor, wenn nach dem spurenlosen Auswechseln von zwei Türen nur noch geringfügige Karosseriearbeiten durchzuführen sind.[206] Beschränkt sich die Reparatur auf den Austausch von Montageteilen, verbunden mit einer Teillackierung der Karosserie, wird in aller Regel die Schadensregulierung auf Neuwagenbasis abzulehnen sein.[207] Dies ist nur anders, wenn tragende 185

204 OLG Düsseldorf, Urt. v. 2.3.2009 – 1 U 58/08 = SP 2009, 368.
205 OLG Celle, Urt. v. 19.6.2003 – 14 U 268/02 = NJW-RR 2003, 1381.
206 OLG Hamm, Urt. v. 3.7.2001 – 9 U 49/01 = VersR 2002, 632.
207 OLG Celle, Urt. v. 20.6.2002 – 14 U 209/01 = SP 2003, 59.

oder sicherheitsrelevante Teile betroffen sind.[208] Selbst wenn sicherheitsrelevante Teile betroffen sein sollten, so kann dem Geschädigten in der Regel zugemutet werden, dass Fahrzeug weiter zu nutzen, wenn diese Teile durch Neuteile ausgetauscht werden und keine Nachteile zu befürchten sind.[209]

186 ▼

Muster 8.50: Kein erheblicher Fahrzeugschaden bei einfach gelagerten Schäden

Bei einer Abrechnung auf Neuwagenbasis ist die Erheblichkeit einer Beschädigung nicht in erster Linie anhand der Schwere des eingetretenen Unfallschadens, sondern anhand des Zustands zu beurteilen, in dem sich das Fahrzeug nach einer fachgerechten Reparatur befinden würde (BGH, Urt. v. 9.6.2009 – VI ZR 210/08 = NJW 2009, 3022; OLG Düsseldorf, Urt. v. 2.3.2009 – 1 U 58/08 = SP 2009, 368). Danach ist eine erhebliche Beschädigung zu verneinen, wenn der Unfall lediglich Fahrzeugteile betroffen hat, die im Rahmen einer fachgerecht durchgeführten Reparatur spurlos ausgewechselt werden können, und die Funktionstüchtigkeit und die Sicherheitseigenschaften des Fahrzeugs, insbesondere die Karosseriesteifigkeit und das Deformationsverhalten nicht beeinträchtigt sind (wie beispielsweise bei der Beschädigung von Anbauteilen wie Türen, Scheiben, Stoßstangen, etc.). Dabei ist auch zu berücksichtigen, dass sich derartige Beschädigungen mit Hilfe der heutigen Reparatur- und Lackiertechnik häufig in einer Weise beseitigen lassen, die den schadensrechtlichen Charakter der Neuwertigkeit des Fahrzeugs uneingeschränkt wiederherstellt (BGH a.a.O.; OLG Düsseldorf, Urt. v. 23.5.2005 – 1 U 216/04 = SP 2004, 158). Dem Geschädigten ist daher grundsätzlich eine Weiterbenutzung des reparierten Unfallfahrzeugs zumutbar, wenn durch den Unfall ausschließlich Teile betroffen waren, durch deren spurenlose Auswechslung der frühere Zustand voll wieder hergestellt werden kann (OLG Düsseldorf, Urt. v. 2.3.2009 – 1 U 58/08 = SP 2009, 368). Dies ist nur anders, wenn tragende oder sicherheitsrelevante Teile betroffen sind (OLG Hamm, Urt. v. 19.6.2003 – 14 U 268/02 = NJW-RR 2003, 1381).

Hier sind ausweislich des vorgelegten Sachverständigengutachtens vom ___ allein die nachfolgend genannten Fahrzeugteile betroffen, die unter Berücksichtigung der fortgeschrittenen Reparatur- und Lackiertechnik eine Wiederherstellung des ursprünglichen und weiterhin neuwertigen Zustandes ohne verbleibende Spuren ermöglichen: ___

▲

5. Abrechnung des Schadens

187 Die Abrechnung des Schadens auf „Neuwagengrundlage“ sieht vor, dass der Geschädigte die Wiederbeschaffungskosten für ein Neufahrzeug zum Zeitpunkt der Schadensregulierung erhält. Hiervon kann der Restwert des Unfallfahrzeugs in Abzug zu bringen sein.[210] Durch diese Abrechnung wird der Geschädigte in die Lage versetzt, sich nach der Veräußerung seines Unfallfahrzeugs mit dem daraus erzielten Erlös sowie der vom Schädiger zu zahlenden Restentschädigung ein Neufahrzeug zu beschaffen.

208 OLG Hamm, Urt. v. 19.6.2003 – 14 U 268/02 = NJW-RR 2003, 1381.
209 OLG Schleswig, Urt. v. 18.12.2008 – 7 U 21/08 = NZV 2009, 298.
210 BGH, Urt. v. 14.6.1983 – VI ZR 213/81 = NJW 1983, 2694.

In der praktischen Abwicklung ist zu beachten, dass der Geschädigte das Recht besitzt, 188
dem Schädiger bzw. seinem Haftpflichtversicherer das Unfallfahrzeug in analoger Anwendung des **§ 255 BGB** anzubieten.[211] Eine Pflicht zum Angebot des Unfallfahrzeugs besteht hingegen nicht.[212] Erfolgt ein solches Angebot, braucht sich der Geschädigte den Restwert seines Fahrzeugs grundsätzlich nicht anrechnen zu lassen.[213] Nur wenn allein dem Geschädigten die Möglichkeit zu der Erzielung eines erheblich höheren Restwerts bietet, kann seine Schadensminderungspflicht es gebieten, dass er selber die Verwertung vornimmt.

Im Übrigen ist die Höhe der Abzüge für die Nutzung des Fahrzeugs noch nicht abschlie- 189
ßend geklärt. Sie können 1–2 % des Anschaffungslistenpreises als „Abschreibungsverlust" oder auch pauschal 0,08 EUR pro Kilometer betragen.[214] In Betracht kommt ein Abzug i.d.R. erst dann, wenn das Fahrzeug bereits mehr als 1.000 km gefahren ist.[215] Dann kann es angebracht sein, pauschal für jede gefahrenen 1.000 Kilometer jeweils 1 % vom Neupreis in Abzug zu bringen.[216]

Ist die Frage der Abrechnung streitig oder kann der Geschädigte eine Neuanschaffung 190
nicht aus eigener Kraft finanzieren, kann ihm nach h.M. ggf. eine Feststellungsklage zustehen, um die Neuanschaffung abzusichern (ggf. ergänzt durch eine Sicherungsabtretung zugunsten des Verkäufers). Diese Erklärung kann auch schon außergerichtlich gefordert werden.

▼ 191

Muster 8.51: Feststellungsausspruch zur Neuwagenabrechnung

Wie dargelegt ist meine Mandantschaft zu einer Abrechnung auf Neuwagenbasis berech- 8.51
tigt. Eine solche Anschaffung wird voraussichtlich ____ EUR kosten. Zu der Finanzierung eines solchen Betrags ist meine Mandantschaft weder in der Lage noch verpflichtet, ohne eine Absicherung zu haben, dass diese Aufwendungen auch von Ihnen übernommen werden. Ich habe Sie daher aufzufordern, dass Sie mit Wirkung eines rechtskräftigen Urteils mit Wirkung für ein Jahr bis zum ____ erklären, die Kosten für die Anschaffung eines vergleichbaren Neufahrzeug zu übernehmen, sobald meine Mandantschaft den Erwerb eines solchen Fahrzeugs – vorzugsweise durch Vorlage des Kaufvertrags und der Zulassungsbescheinigung – nachgewiesen hat. Nur vorsorglich weisen wir daraufhin, dass die Zahlungspflicht für den Fall des Nachweises der Anschaffung eines Ersatzfahrzeugs notfalls im Wege der Feststellungsklage geltend gemacht werden kann (OLG Stuttgart, Urt. v. 21.12.2017 – 2 U 136/17 – juris; OLG Celle, Urt. v. 29.2.2012 – 14 U 181/11 = SP 2012, 258; LG Nürnberg-Fürth, Urt. v. 2.12.2010 – 8 O 4576/10 – juris).

▲

211 OLG Köln, Urt. v. 12.11.1992 – 7 U 88/92 = NZV 1993, 188.
212 KG, Urt. v. 26.5.1986 – 22 U 2843/85 = NJW-RR 1987, 16.
213 BGH, Urt. v. 14.6.1983 – VI ZR 213/81 = NJW 1983, 2694.
214 OLG Oldenburg, Urt. v. 21.5.1997 – 4 U 5/97 = MDR 1997, 734.
215 BGH, Urt. v. 14.6.1983 – VI ZR 213/81 = NJW 1983, 2694; OLG Oldenburg, Urt. v. 21.5.1997 – 4 U 5/97 = MDR 1997, 136; OLG Nürnberg, Urt. v. 15.8.2008 – 5 U 29/08 – juris; OLG Stuttgart, Urt. v. 21.12.2017 – 2 U 136/17 – juris.
216 LG München, Urt. v. 25.10.1985 – 11 O 4165/85 = NJW-RR 1986, 772.

192 Sollte auch eine Sicherungsabtretung i.V.m. dem Feststellungsausspruch nicht ausreichen, bleibt abzuwarten, ob die Rechtsprechung auch eine Vorfinanzierungspflicht bei fehlender wirtschaftlicher Leistungsfähigkeit bejaht.

6. Checkliste: Neuwagenabrechnung

193
- Der Neuwagen erleidet einen erheblichen Schaden.
- Das Fahrzeug darf beim Schadenseintritt grundsätzlich nicht länger als einen, in jedem Fall nicht länger als drei Monate seit der Erstzulassung in Gebrauch sein.
- Die Laufleistung darf bei Schadenseintritt grundsätzlich nicht mehr als 1.000 km betragen. Ausnahme: Bei schwerem Schaden, verbleibenden Schönheitsfehlern oder einer Beweisgefährdung darf die Laufleistung bis zu 3.000 km betragen. Dann ist aber ein Abzug für die bisherige Nutzung vorzunehmen.
- Eine Auszahlung der Neuwagenentschädigung kann erst bei Anschaffung eines gleichwertigen Neufahrzeugs verlangt werden, wobei der Geschädigte sich durch einen „Feststellungsausspruch“ absichern kann.
- Nach einer solchen Erklärung bzw. einem Feststellungsurteil muss die Anschaffung zeitnah, d.h. im Regelfall binnen sechs Monaten zur Wahrung des Integritätsinteresses erfolgen.
- Berechnung: Wiederbeschaffungswert des Neufahrzeugs abzüglich Restwert für Unfallfahrzeug, es sei denn, dem Schädiger wird das Fahrzeug zur Übernahme angeboten.

B. Minderwert

Dr. Michael Nugel

I. Übersicht

194 Bestandteil des Fahrzeugschadens ist neben der daran eingetretenen Beschädigung auch die Beeinträchtigung des Fahrzeugwerts, die trotz durchgeführter Reparatur daran verbleibt. Die Rede ist vom sog. **Minderwert**.

Zu unterscheiden sind dabei die beiden Fallgruppen des
- technischen Minderwerts und
- merkantilen Minderwerts.

195 Ein **technischer Minderwert** liegt vor, wenn trotz durchgeführter Reparaturarbeiten nicht sämtliche Schäden an dem Unfallfahrzeug in technisch einwandfreier Art und Weise beseitigt werden konnten. Fälle dieser Art sind angesichts der fortschreitenden Reparaturtechnik äußerst selten geworden.

196 Wesentlich häufiger zu beachten ist der **merkantile Minderwert**. Dabei handelt es sich um den Makel, den das Fahrzeug trotz fachgerechter Reparatur dadurch behält, dass es als Unfallfahrzeug zu qualifizieren ist. Durch den Anspruch auf Ersatz des merkantilen Minderwerts soll der Schaden ausgeglichen werden, der darauf beruht, dass auf dem

Gebrauchtwagenmarkt Unfallfahrzeuge gegenüber unfallfreien erfahrungsgemäß mit Preisabschlägen gehandelt werden.[217] Mit dem Ausgleich dieser Schadensposition wird der allgemeinen Verkehrsauffassung Rechnung getragen, dass der durch einen Unfall betroffene Wagen nach seiner Instandsetzung unbeschadet seiner technisch einwandfreien Herstellung geringer bewertet wird als vor dem Unfall. Dabei können auch wiederum wertsteigernde Faktoren zu berücksichtigen sein, wie der Einbau eines neuen Motors.[218]

Grundsätzlich spielt es keine Rolle, um was für einen Fahrzeugtyp es sich handelt. Die Rechtsprechung gewährt merkantile Wertminderung auch für Nutzfahrzeuge[219] und für Motorräder.[220]

Die nachfolgenden Ausführungen beschäftigen sich ausschließlich mit dem merkantilen 197
Minderwert. **Voraussetzungen** hierfür sind

- Verhältnismäßige Neuwertigkeit des Fahrzeugs,
- Erheblichkeit des Schadens,
- keine wesentlichen Vorschäden am Fahrzeug.

Für den Anspruch auf merkantile Wertminderung spielt es keine Rolle, ob der Unfallschaden repariert wird oder nicht.[221] Die einzelnen Voraussetzungen, unter denen eine Neuwertigkeit des Fahrzeuges und eine Erheblichkeit des Schadens angenommen werden, unterliegen derzeit einem Wandel in der Rechtsprechung und werden nicht mehr so rigide wie früher gehandhabt. Einigkeit besteht allerdings darüber, dass der Einbau von Neuteilen der Annahme eines merkantilen Minderwerts grundsätzlich nicht entgegensteht.[222] Es gibt auch keinen sachlichen Grund, bei der Bemessung der Wertminderung zwischen gewerblichem Handel und privatem Verkauf zu differenzieren.[223]

II. Verhältnismäßige Neuwertigkeit des Fahrzeugs

In der älteren Rechtsprechung hatte sich insoweit die Faustformel gebildet, dass ein 198
merkantiler Minderwert nur bis zu einem Fahrzeugalter von fünf Jahren[224] oder einer Laufleistung von bis zu 100.000 km[225] erstattet werden könnte. Bereits im Rahmen dieser älteren Rechtsprechung war aber anerkannt, dass auch bei einer Laufleistung über 100.000 km ein merkantiler Minderwert zu erstatten ist, wenn ein Sachverständiger dies im Einzelfall bejaht.[226] Diese Grenzziehung entspricht nach neuer Auffassung nicht

217 BGH, Urt. v. 23.11.2004 – VI ZR 357/03 = VersR 2005, 284; bereits grundlegend BGH, Urt. v. 3.10.1961 – VI ZR 238/60 = NJW 1961, 2253.
218 LG Düsseldorf, Urt. v. 9.8.2018 – 19 S 34/18 – juris.
219 OLG Stuttgart, Urt. v. 19.11.1981 – 10 U 119/81 = VersR 1986, 773.
220 LG Ulm, Urt. v. 11.4.1984 – 1 S 27/84 = VersR 1984, 1178.
221 BGH, Urt. v. 2.4.1981 – III ZR 186/79 = NJW 1981, 1663; LG Oldenburg, Urt. v. 18.5.1999 – 1 S 651/98 = zfs 1999, 335.
222 AG Chemnitz, Urt. v. 6.4.2004 – 16 C 127/04 = zfs 2004, 262.
223 LG Berlin, Urt. v. 9.10.2006 – 58 S 120/05 = SP 2007, 359.
224 OLG Schleswig, Urt. v. 22.2.1979 – 9 U 115/78 = VersR 1979, 1037; KG, Urt. v. 16.8.2004 – 12 U 155/03 = NZV 2005, 46.
225 BGH, Urt. v. 18.9.1979 – VI ZR 16/79 = VersR 1980, 46.
226 Vgl. OLG Düsseldorf, Urt. v. 12.7.2012 – 1 U 139/11 = SP 2012, 323.

mehr den Marktgegebenheiten[227] und es sind die sich wandelnden Gegebenheiten auf dem Gebrauchtwagenmarkt zu berücksichtigen, die einen Minderwert bei einem Fahrzeugalter von bis zu zwölf Jahren als möglich erscheinen lassen.[228] Für den Anspruch auf merkantile Wertminderung ist letztlich entscheidend, ob und inwieweit sich ein Vorschaden auf den Verkaufswert des Fahrzeugs auswirkt. Dies kann sowohl bei älteren als auch bei Fahrzeugen mit hoher Laufleistung der Fall sein.[229] Dies gilt zumindest, wenn die o.g. Grenzen nur geringfügig überschritten werden und das Fahrzeug bei 104.000 km Laufleistung gerade einmal sechs Jahre alt ist.[230] Maßgeblich ist also der tatsächliche Verlust an Marktwert, der sich aus einem Vergleich zwischen konkreten Verkaufsdaten für Fahrzeuge des beschädigten Typs mit und ohne Vorschaden ableitet. Ein dahin gehender Nachweis kann durch die Einholung eines Sachverständigengutachtens geführt werden.[231] Auch eine Laufleistung von annähernd 190.000 km steht einem Anspruch auf merkantile Wertminderung im Einzelfall nicht entgegen.[232] Dies insbesondere dann nicht, wenn tragende Fahrzeugteile beschädigt worden sind.[233] Bei einem Fahrzeugalter von 16 Jahren und einer Laufleistung von 164.000 km ist dagegen ein merkantiler Minderwert in der Regel zu verneinen. Auch wenn grundsätzlich bei älteren Fahrzeugen merkantiler Minderwert in Betracht kommt, kann dieser im Übrigen ausgeschlossen sein, wenn es sich täglich um einfache Instandsetzungsarbeiten handelt und das Fahrzeug ohnehin noch weitere den Wert mindernde Faktoren aufweist – wie beispielsweise keine durchgehende Wartung oder gar den Einsatz als Fahrschulfahrzeug.[234]

199 ▼

Muster 8.52: Merkantile Wertminderung bei älteren Fahrzeugen

8.52

Eine absolute Obergrenze für die Erstattungsfähigkeit des merkantilen Minderwerts bei 5 Jahren oder 100.000 km besteht nicht. Bereits im Jahr 1961 hat der BGH die Annahme eines merkantilen Minderwerts bei einer über 100.000 km liegenden Laufleistung bestätigt, nachdem ein Sachverständiger einen solchen Minderwert bei der Weiterveräußerung des Fahrzeugs bejaht hatte (BGH, Urt. v. 3.10.1961 – VI ZR 238/60 = NJW 1961, 2253). Im Jahr 2004 hat der BGH nunmehr ausgeführt, dass angesichts der technischen Entwicklung und der zunehmenden Langlebigkeit der Fahrzeuge (z.B. infolge längerer Haltbarkeit von Motoren, vollverzinkter Karosserien etc.) ein merkantiler Minderwert auch bei älteren Fahrzeugen in Betracht kommt und der Gebrauchtwagenmarkt sich dahingehend geändert hat, dass bis zu einem Alter von 12 Jahren ein Minderwert in Betracht kommen dürfte (BGH, Urt. v. 23.11.2004 – VI ZR 357/03 = NJW 2005, 277; ebenso OLG Düsseldorf, Urt. v. 12.7.2012 – 1 U 139/11 = SP 2012, 323). Ein entsprechender Wandel auf dem Gebrauchtwagenmarkt spiegelt sich insbesondere in der Bewertung von Gebrauchtfahrzeugen durch Schätzorganisationen wie Schwacke und DAT wieder, die in ihren Notierungen inzwischen bis auf 12 Jahre zurückgehen und ausdrücklich darauf

227 OLG Oldenburg, Urt. v. 1.3.2007 – 8 U 246/06 = NZV 2008, 158; LG Kaiserlautern SP 2005, 132.
228 BGH, Urt. v. 23.11.2004 – VI ZR 357/03 = NZV 2005, 82.
229 BGH, Urt. v. 23.11.2004 – VI ZR 357/03 = NZV 2005, 82.
230 AG Ettlingen, Urt. v. 10.2.2006 – 3 C 139/05 = MDR 2006, 928.
231 LG Braunschweig, Urt. v. 7.1.1999 – 7 S 93/97 = r+s 1999, 508.
232 LG Oldenburg, Urt. v. 18.5.1999 – 1 S 651/98 = zfs 1999, 335.
233 AG Hamburg, Urt. v. 16.7.2003 – 52 C 1044/03 = SP 2004, 127.
234 OLG Düsseldorf, Urt. v. 7.2.2017 – I 1 U 34 / 16 – juris.

hinweisen, dass sich sämtliche Marktnotierungen auf unfallfreie Fahrzeuge beziehen, so dass auf eine starre Kilometer- oder Altersgrenze nicht mehr abgestellt werden kann (OLG Oldenburg, Urt. v. 1.3.2007 – 8 U 246/06 = NZV 2008, 158).

Vor diesem Hintergrund ist es in der Rechtsprechung anerkannt, dass auch bei Fahrzeugen mit einem Alter von über 5 Jahren oder auch einer hohen Laufleistung von bis zu 195.000 km ein merkantiler Minderwert verbleibt (OLG Oldenburg, Urt. v. 1.3.2007 – 8 U 246/06 = NZV 2008, 158; LG Berlin, Urt. v. 25.6.2009 – 41 S 15/09 – juris).

▲

Ist das Fahrzeug älter als fünf Jahre und wird trotzdem ein merkantiler Minderwert 200
bejaht, ist dem Fahrzeugalter jedoch durch einen gesonderten Abschlag Rechnung zu tragen: Bei einem neun Jahre alten Kfz kann der Minderwert daher gegenüber einem drei Jahre alten/neuwertigen Fahrzeug auf 1/3 zu reduzieren sein.[235]

III. Erheblichkeit des Schadens

Das Fahrzeug muss einen erheblichen Schaden erlitten haben. **Reine Blechschäden** 201
werden hiervon grundsätzlich ausgenommen.[236] Ebenso wenig reichen sog. **Bagatellschäden**, also Schäden geringeren Umfangs, für einen Anspruch auf Ausgleich merkantiler Wertminderung aus. Auch wenn die Reparaturkosten höher liegen, kann bei lediglich äußeren Beschädigungen in Form von Lackkratzern ein merkantiler Minderwert nicht zu erstatten sein.[237] Die Tatsache, dass es sich um einen offenbarungspflichtigen Vorschaden handelt, begründet für sich gesehen keinen merkantilen Minderwert.[238] Teilweise wird auch gefordert, dass ein Fahrzeugteil betroffen sein muss, welches nicht ohne weiteres auszuwechseln ist (wie z.B. Schäden am Rahmen oder Fahrgestell) bzw. ein sog. Tragendes Fahrzeugteil darstellt.[239] Zu den tragenden Teilen zählen

- Längsträger,
- Querträger,
- Türsäulen (A-, B- oder C-Säule),
- Achsbefestigung.

▼ 202

Muster 8.53: Kein Merkantiler Minderwert bei unerheblichem Fahrzeugschaden

Ein merkantiler Minderwert kann nur bei einem erheblichen Fahrzeugschaden bejaht werden. Dieser Schaden muss im Verkehr selbst nach ordnungsgemäßer Reparatur den Verdacht rechtfertigen, es sei ein unsichtbarer „innerlicher Restschaden" verblieben, welcher erfahrungsgemäß Anlass gebe würde, den Preis des gebrauchten Wagens unter den Listenpreis zu „drücken" (OLG Frankfurt a.M., Urt. v. 28.10.2005 – 24 U 111/05 = DAR 2006, 23). Reine „Blechschäden" oder einfache Lackierarbeiten genügen hierfür nicht (AG Ebersberg, Urt. v. 9.8.2012 – 2 C 745/11 – juris). Erforderlich ist vielmehr,

235 LG Kaiserslautern, Urt. v. 18.8.2004 – 2 O 724/03 – juris.
236 AG Krefeld, Urt. v. 1.2.2012 – 1 C 113/11 = SP 2012, 330.
237 OLG Frankfurt a.M., Urt. v. 28.10.2005 – 24 U 111/05 = DAR 2006, 23; AG Frankfurt a.M., Urt. v. 14.2.2012 – 30 C 2420/11 = SP 2012, 331.
238 AG Dieburg, Urt. v. 17.12.2001 – 27 C 137/01 = SP 2002, 169.
239 AG Münster, Urt. v. 12.6.2002 – 48 C 818/02 = zfs 2002, 527 L.

dass tragende Fahrzeugteile bzw. Fahrzeugkomponenten wie Rahmen und Fahrgestell beschädigt worden sind, die nicht ohne weiteres ausgetauscht werden können (LG Dortmund, Urt. v. 9.1.2003 – 15 S 225/02 = SP 2003, 241). Ohne einen Schaden an der Fahrzeugstruktur scheidet ein merkantiler Minderwert aus (OLG Frankfurt a.M., a.a.O.).

▲

203 Auch von diesem Grundsatz werden in besonderen Fallkonstellationen Ausnahmen (beispielsweise ein „reiner Blechschaden" bei einem fabrikneuen, hochwertigen Pkw)[240] zugelassen. Teilweise wird auch bei der Beschädigung nicht tragender Fahrzeugteile ein merkantiler Minderwert anerkannt, jedoch der Ersatz in der Höhe durch die Berechnung allein nach einer bestimmten Methode beschränkt.[241]

204 ▼

Muster 8.54: Merkantiler Minderwert bei einem Luxusfahrzeug trotz Bagatellschaden

8.54

Auch wenn es sich um einen sog. Bagatellschaden handelt, bei dem die Schadenssumme weniger als 10 % der Reparaturkosten beträgt bzw. keine schwerwiegenden Fahrzeugschäden aufgetreten sind, ist ein merkantiler Minderwert zu erstatten, wenn es sich um ein hochwertiges Fahrzeug handelt. Potentielle Käufer derartiger Luxusfahrzeuge legen nicht einen geringeren, sondern gerade einen gesteigerten Wert darauf, dass das Fahrzeug gewissermaßen makellos und insbesondere unfallfrei ist. Ein Interessent, der es sich leisten kann, für einen Pkw einen Kaufpreis in einer ganz erheblichen Größenordnung zu zahlen, will entweder von vorn herein überhaupt nur ein unfallfreies Fahrzeug erwerben oder entscheidet sich für einen Pkw, der bereits einen Unfall gehabt hat, nur bei einem deutlichen Abschlag vom Wiederbeschaffungswert. Dies ist durch einen merkantilen Minderwert auszugleichen (vgl. AG Bühl, Urt. v. 27.3.2007 – 3 C 171/06 = SP 2007, 292; nach sachverständiger Beratung), der im Übrigen sogar einen Aufschlag wegen der Exklusivität des Fahrzeugs von bis zu 100 % erfahren kann (OLG München, Urt. v. 16.11.2018 – 10 U 1563/18 – juris).

▲

IV. Bezifferung des merkantilen Minderwerts

205 Die Höhe der merkantilen Wertminderung wird im Zeitpunkt der beendeten Instandsetzung des Unfallfahrzeugs ermittelt.[242] Die Bezifferung dieser Schadensposition bereitet keine Schwierigkeiten, wenn ein Sachverständigengutachten vorliegt, das entsprechende Wertangaben enthält. Solche Angaben sind allerdings stets kritisch zu überprüfen. Diese konkrete Einschätzung durch einen Sachverständigen geht im Zweifel aber einer pauschalen Berechnung durch eine der anerkannten Berechnungsmethoden vor.[243]

Liegt kein Sachverständigengutachten vor, muss der merkantile Minderwert eigenständig ermittelt werden. Die Höhe der merkantilen Wertminderung ist nach § 287 ZPO frei zu schätzen, wobei auf anerkannte Berechnungsmethoden zurückgegriffen werden kann.[244]

240 LG Stuttgart, Urt. v. 11.6.2002 – 16 O 75/01 = DAR 2002, 458.
241 LG Heilbronn, Urt. v. 1.6.2004 – 2 O 710/03 = SP 2005, 93.
242 BGH, Urt. v. 2.12.1966 – VI ZR 72/65 = NJW 1967, 552.
243 AG Hannover, Urt. v. 28.5.2004 – 548 C 3958/04 = SP 2004, 375.
244 OLG Köln, Urt. v. 16.2.2006 – 7 U 73/05 = SP 2006, 245.

Hierfür stehen letztendlich unterschiedliche **Berechnungsmethoden** zur Verfügung. Die bekanntesten sind:

- *Ruhkopf/Sahm*;
- *Halbgewachs*;
- 13. Verkehrsgerichtstag bzw. das ihm vorangehende sog. Hamburger Modell;
- BVSK Modell;
- Marktrelevanz- und Faktorenmethode.

Entscheidend ist als erste Bezugsgröße der Brutto-Wert.[245] Nach einer Auffassung wirkt **206**
sich der merkantile Minderwert insoweit steuerneutral aus und ist daher auch dem Geschädigten in voller Höhe zu erstatten, der zum Vorsteuerabzug berechtigt ist.[246] Dies vermag aber weniger zu überzeugen, denn der merkantile Minderwert kann ja nur die Differenz ausgleichen, die bei einem Verkauf des Fahrzeugs auftritt. Bei dem zum Vorsteuerabzug berechtigten Geschädigten ergibt sich dann für ihn lediglich eine Differenz in Höhe der jeweils zu vergleichenden Nettowerte. Um eine Bereicherung des vorsteuerabzugsberechtigten Geschädigten zu vermeiden, ist daher nach anderer Ansicht ein merkantiler Minderwert nur unter Abzug von 19 % zu erstatten.[247]

Die herrschende Rechtsprechung favorisierte lange Zeit die Methode von „*Ruhkopf und* **207**
Sahm".[248] Diese Berechnungsmethode ermittelt den merkantilen Minderwert aus einem gestaffelten Prozentsatz aus der Summe der Wiederbeschaffungskosten für das unbeschädigte Fahrzeug einerseits und der Reparaturkosten andererseits. Für die Staffelung ist zunächst maßgeblich, in welchem Verhältnis die Reparaturkosten zum Wiederbeschaffungswert stehen. Darüber hinaus wird das Fahrzeugalter berücksichtigt. Der Berechnungsmethode liegt folgende tabellarische Übersicht zugrunde:

Zulassungsjahr	**Verhältnis der Reparaturkosten zum Wiederbeschaffungswert**		
	10–30 %	30–60 %	60–90 %
1.	5 %	6 %	7 %
2.	4 %	5 %	6 %
ab 3.	3 %	4 %	5 %

Beispiel **208**

Das beschädigte Fahrzeug ist seit zwei Jahren zugelassen. Die Reparaturkosten betragen 10.000 EUR, der Wiederbeschaffungswert 20.000 EUR (jeweils brutto). Die Reparaturkosten betragen mithin 50 % vom Wiederbeschaffungswert. Folglich beträgt

245 AG Hamburg, Urt. v. 9.10.2008 – 51a C 139/08 – juris.

246 AG München, Urt. v. 26.9.2022 – 336 C 1795/22 – juris; AG Soltau, Urt. v. 20.2.203 – 4 C 150/22 – juris; AG Aschaffenburg, Urt. v. 30.3.2023 – 130 C 302 / 22 – juris; *Jaeger*, zfs 2009, 602, 608.

247 LG Karlsruhe, Urt. v. 26.5.2023 – 20 S 23/22 – juris; LG Essen, Urt. v. 7.4.2021 – 17 O 329/18; LG Schweinfurt, Beschl. v. 15.3.2023 – 33 S 4/23; LG Dortmund, Urt. v. 8.11.2022 – 21 O 363/21; LG Ellwangen, Urt. v. 22.11.2023 – 2 O 346/22 – juris; AG Remscheid, Urt. v. 10.11.2017 – 8a C 190/16 – juris.

248 OLG Köln, Urt. v. 16.2.2006 – 7 U 73/05 = SP 2006, 245; LG Mannheim, Urt. v. 25.2.1999 – 10 S 83/98 = zfs 1999, 239.

der merkantile Minderwert 5 % der Summe aus Reparaturkosten und Wiederbeschaffungswert. 5 % von 30.000 EUR ergeben einen Minderwert in Höhe von 6.000 EUR.

209 Je nach Anwendung der anderen o.g. Berechnungsmethoden gelangt man zu unterschiedlichen Ergebnissen bei der Bezifferung des merkantilen Minderwerts. So führt die oben dargestellte Berechnung nach der Methode von *Ruhkopf/Sahm* regelmäßig dazu, dass der merkantile Minderwert umso größer wird, je höher die Reparaturrechnung durch den vorgesehenen Einbau von Neuteilen gestaltet wird. Dies führt teilweise zu erheblichen Abweichungen von der Berechnungsmethode nach *Halbgewachs*, dessen differenzierte, aber häufig auch recht kompliziert anmutende Bewertung viel geringere Beträge als Ergebnis hat.

210 Einen anderen Weg wählt das sog. Hamburger Modell,[249] das gerade bei Fahrzeugen mit einer hohen Laufleistung auch von Gerichten außerhalb Hamburgs angewendet wird.[250] Nach diesem Modell wird der Minderwert zunächst nach den beiden Bezugsgrößen der Betriebsleistung des Pkw zum Unfallzeitpunkt und der Höhe der Reparaturkosten bestimmt. Hieraus ergibt sich die nachfolgende Tabelle:

Betriebsleistung	Merkantiler Minderwert
bis 20.000 km	30 % der Reparaturkosten
bis 50.000 km	20 % der Reparaturkosten
bis 75.000 km	15 % der Reparaturkosten
bis 100.000 km	10 % der Reparaturkosten

211 Diese Tabelle entspricht als erste Berechnungsgrundlage auch der im Handelsverkehr üblichen Faustregel „Minderwert = 20 % der Reparaturkosten“. Insoweit ist zu beachten, dass bei den in Frage kommenden Fällen die Betriebsleistung des betroffenen Pkw häufig im Bereich zwischen 20.000 und 50.000 km liegen wird. In seltenen Ausnahmefällen kann auch bei Fahrzeugen mit höherer Laufleistung als 100.000 km ein merkantiler Minderwert verbleiben und z.B. bei einem Fahrzeug der höheren Preisklasse mit 7,5 % der Reparaturkosten anzusetzen sein.[251] In einem zweiten Schritt ist der aus dieser Tabelle gewonnene Wert je nach der Art der Beschädigung und Reparatur ggf. zu modifizieren. Der aus der Tabelle entnommene Wert bildet die Obergrenze, die bei einer fehlenden Beschädigung tragender Teile bzw. keinem schwerwiegenden Eingriff und/oder dem Einbau von Neuteilen entsprechend zu reduzieren ist. Auch dieses Vorgehen entspricht den Gepflogenheiten auf dem Gebrauchtwagenmarkt: Wenn keine tragenden Teile des Kfz betroffen sind und/oder die Reparatur durch die Verwendung von Neuteilen erfolgen wird, wird auf dem Markt i.d.R. der Abzug geringer ausfallen.

249 OLG Hamburg, Urt. v. 6.10.1981 – 7 U 105/80 = VersR 1981, 1186; vgl. zuletzt AG Hamburg, Urt. v. 9.10.2008 – 51a C 139/08 – juris.
250 LG Kiel, Urt. v. 27.9.2001 – 7 S 64/01 = DAR 2002, 318.
251 AG Hamburg, Urt. v. 26.4.2000 – 53a C 2280/99 = DAR 2000, 365.

212
Beispiel

Es gelten die gleichen Ausgangswerte wie im obigen Beispiel (Reparaturkosten 10.000 EUR, Wiederbeschaffungswert 20.000 EUR). Das Fahrzeug ist in den zwei Jahren der Zulassung 50.000 km gefahren. Die Reparatur sieht den Einbau von vielen Neuteilen vor. Allerdings sind auch tragende Teile des Fahrzeugs (A- + B-Säule) betroffen. Aus der Tabelle erfolgt bei der Zugrundelegung des „Hamburger Modells" der Wert von 2.000 EUR als Obergrenze. Wegen der zahlreichen Verwendung von Neuteilen ist dieser Wert um 20 % auf 1.600 EUR zu reduzieren.

Neu entwickelt worden ist die sog. Marktrelevanz- und Faktorenmethode,[252] um auf die fortschreitenden Entwicklungen im Bereich der Fahrzeugtechnik und Langlebigkeit zu reagieren und die bisher bekannt gewordenen Berechnungsmethoden zeitgemäß zu vereinen. Die Bestimmung des Minderwertes erfolgt dabei nach vier methodischen Ansätzen, die im Folgenden dargestellt werden: 213

Im Ausgangspunkt wird bei dem 1. methodischen Ansatz davon ausgegangen, dass alleine durch den Verkehrsunfall ein sog. Sockelbetrag an Wertminderung entsteht. Hierfür ist der Wert des Fahrzeugs bei einer Veräußerung vor dem Verkehrsunfall die entscheidende Größe. Der Sockelbetrag beläuft sich dabei auf 1 % des Veräußerungswertes. 214

Hinzu kommen eine Reihe an Einflussfaktoren, die mit dem konkreten Fahrzeug zusammenhängen. Diese werden dadurch berechnet, dass das Verhältnis vom Neupreis zum Veräußerungswert (jeweils brutto) ebenfalls berücksichtigt wird. 215

Neben diesen vom eingetretenen Schaden unabhängigen Kriterien ist auch die Ausprägung des Schadens selber zu berücksichtigen. Dies zum einen durch die Schadenshöhe in Form der Reparaturkosten, zum anderen durch einen zu bestimmenden Schadenumfangfaktor. Die Bandbreite der Einschätzung reicht dabei von 0,2 als geringsten Wert, der eine Wertminderung nur in einem geringen Umfang rechtfertigt, bis zu einem Wert von 1, wenn eine Wertminderung in vollem Umfang berechtigt ist. Dazu hilft folgende Tabelle: 216

SU Faktor	Schaden
1	Erneuerung oder erhebliche Instandsetzung tragender Fahrzeugteile (z.B. Längsträger etc.)
0,8	es sind mittragende Fahrzeugteile betroffen (z.B. Kofferraumboden oder Seitenwand)
0,6	geringe Instandsetzungsarbeiten bei tragenden oder mittragenden Karosserieteilen
0,4	Erneuerung oder Instandsetzung von geschraubten Karosserieteilen
0,2	Erneuerung oder Instandsetzung von Anbauteilen

252 Grundlegend: *Zeisberger/Woyte/Schmidt/Mennicken*, Der merkantile Minderwert in der Praxis, S. 51 ff.

217 Ist an dem Fahrzeug bereits ein Vorschaden vorhanden, führt dies im Regelfall nach der Bewertung auf den Markt dazu, dass ein weiterer Abschlag vorzunehmen ist. Dies deshalb, da der Verdacht auf Vorliegen weiterer Schäden bei einem bereits eingetretenen Schaden aus Sicht des Marktes höher einzuschätzen ist. Die Einschätzung erfolgt ebenfalls in Schritten von 0,2 über 0,4, 0,6 und 0,8 bis hin zu dem vollen Wert von 1. Letzterer Wert greift ein, wenn kein Vorschaden vorhanden ist. Der Wert von 0,2 gilt für erhebliche Vorschäden.

218 Des Weiteren kann es geboten sein, wegen des Fahrzeughalters einen weiteren Korrekturfaktor zu berücksichtigen. Wegen der näheren Einzelheiten ist auf die Berechnung nach dem oben genannten Werk zu verweisen. Die hierzu vorhandene Tabelle geben wir auszugsweise wie folgt wieder:

Alter in Monaten	**Korrekturfaktor**
0	0,25
12	0,22
18	0,19
24	0,17
30	0,14
36	0,12
42	0,10
48	0,08
54	0,07
60	0,06
72	0,05
84	0,05
96	0,05
108	0,03
120	0

219 Unter Umständen kommt noch eine Korrektur über die Marktgängigkeit des Fahrzeugs hinzu, die aber letztendlich nur ein Sachverständiger festlegen kann (Bandbreite 0,6 bis 1,4).[253]

253 *Zeisberger/Woyte/Schmidt/Mennicken*, Der merkantile Minderwert in der Praxis, S. 57.

Beispiel 220

Beschädigt wird ein Mittelklassefahrzeug mit einem Neupreis von 25.000 EUR bei einem Alter von sechs Monaten und einem Veräußerungswert von 19.000 EUR. Die Reparaturkosten betragen 5.000 EUR. Es besteht kein Vorschaden und der Umfang des Schadens wird bei 0,6 festgesetzt (geringe Instandsetzungsarbeiten bei bedeutsamen Teilen). Die Berechnung sieht wie folgt aus:

(0,01 × Veräußerungswert + (Veräußerungswert geteilt durch Neuwert) × Reparaturkosten × Alterskorrektur × Schadenumfangfaktor) × Vorschadenfaktor

In Zahlen:

0,01 × 19.000 EUR + 0,76 × 5.000 EUR × 0,25 × 0,6 = 760 EUR

Dies alles noch einmal multipliziert um den Vorschadenfaktor – dieser liegt bei „1", so dass sich dadurch nichts ändert. Der merkantile Minderwert beträgt 760 EUR und wäre allenfalls weiter durch eine Bewertung der Marktgängigkeit noch durch einen Sachverständigen zu korrigieren.[254]

Diese Methode kann als derzeit wohl aktuellste Methode viele Vorzüge in Anspruch 221 nehmen und führt beispielsweise auch dazu, dass auch bei älteren Kfz bis zehn Jahren ein merkantiler Minderwert bejaht wird – dann aber sachgerecht in einem kleinen Umfang als bei einem deutlich jüngeren Fahrzeug.

V. Checkliste: Minderwert

- Technischer Minderwert: Trotz Reparatur verbleibt am Fahrzeug ein Restschaden. 222
- Merkantiler Minderwert: Makel des Vorschadens führt bei Veräußerung zu Mindererlös. Nachfolgende Anmerkungen gelten nur für merkantilen Minderwert.
- Der merkantile Minderwert wird nur für neuwertige Fahrzeuge gewährt. Während in der älteren Rechtsprechung die Grenze i.d.R. bei fünf Jahren Zulassung bzw. 100.000 km gezogen wurde, berücksichtigt die aktuelle Rechtsprechung im zunehmenden Maße die gestiegene Werthaltigkeit neuer Kfz-Modelle und stellt auf den konkreten Marktwert des Fahrzeugs im Einzelfall unabhängig von diesen starren Grenzen ab. Bis zu einem Alter von 12 Jahren erscheint ein merkantiler Minderwert möglich.
- Das Fahrzeug muss einen erheblichen Schaden erlitten haben.
- Die Bezifferung der merkantilen Wertminderung erfolgt durch Gutachten. Ansonsten erfolgt eine gerichtliche Schätzung gemäß § 287 ZPO. Anhaltspunkte liefern die verschiedenen Berechnungsmethoden.
- Ältere Methoden erscheinen oft nicht mehr zeitgemäß. Immer mehr an Bedeutung gewinnt derzeit die Marktrelevanz- und Faktorenmethode, die auch bei älteren Kfz als fünf Jahren einen Minderwert zulässt.

254 Weitere Beispiele bei *Zeisberger/Woyte/Schmidt/Mennicken*, Der merkantile Minderwert in der Praxis, S. 62 ff.

C. Bezifferung des Fahrzeugschadens

Dr. Michael Nugel/Sebastian Gutt

223 Erleidet der Geschädigte einen Unfallschaden, ist es seine Aufgabe, die Höhe des entstandenen Schadens gegenüber dem Schädiger nachzuweisen. Hierfür stehen ihm grundsätzlich folgende Alternativen zur Verfügung:

- Reparaturkostenrechnung,
- Sachverständigengutachten,
- Kostenvoranschlag.

I. Vorlage der Reparaturrechnung

224 Die Bezifferung des Fahrzeugschadens auf der Grundlage einer **Reparaturkostenrechnung** bietet sich an, wenn der Geschädigte das Fahrzeug fachgerecht reparieren lassen und die dadurch verursachten Reparaturkosten ersetzt erhalten möchte. Liegt ein Reparaturschaden vor, steht es dem Geschädigten grundsätzlich frei, den Schaden konkret auf der Grundlage einer Reparaturkostenrechnung oder fiktiv auf der Grundlage eines **Gutachtens** oder eines **Kostenvoranschlags** abzurechnen. Der Anwalt sollte gleichwohl genau hinschauen, wenn er die Reparaturrechnung erhält. Es kommt durchaus vor, dass die Reparaturkosten über den kalkulierten Reparaturkosten liegen. Dann sollte mit dem Mandanten besprochen werden, ob nicht doch besser fiktiv abzurechnen ist – das ist zulässig.

II. Sachverständigengutachten

1. Übersicht

225 Ziel des Geschädigten sollte es sein, zur Bezifferung des Fahrzeugschadens ein neutrales Sachverständigengutachten einzuholen. Die damit verbundenen Kosten gehören zu den mit dem Schaden unmittelbar verbundenen Vermögensnachteilen und sind zu ersetzen, soweit die Begutachtung zur Geltendmachung des Schadens erforderlich und zweckmäßig ist.[255] Die Einholung eines Sachverständigengutachtens hat folgende Vorteile:

- Durch das Sachverständigengutachten wird zweifelsfrei geklärt, ob ein wirtschaftlicher Totalschaden vorliegt oder das Fahrzeug noch reparaturwürdig ist.
- Die Vorlage eines Sachverständigengutachtens ermöglicht eine fiktive Abrechnung des Fahrzeugschadens.
- Das Gutachten hat beweissichernden Charakter, da es die am Unfallfahrzeug eingetretenen Schäden in aller Regel durch Fotografien dokumentiert.

255 BGH, Urt. v. 23.1.2007 – VI ZR 67/06 = NJW 2007, 1450; BGH VersR 2005, 380.

2. Anspruch des Geschädigten auf Einholung eines „eigenen“ Gutachtens

Der Geschädigte ist bei Vorliegen eines fremdverursachten und fremdverschuldeten 226
Schadens grundsätzlich dazu berechtigt, zur Bestimmung des Schadensumfangs ein Sachverständigengutachten einzuholen.[256] Fraglich ist, ob das Recht zur Einholung eines Gutachtens auch besteht, wenn der Gegner bereits ein Gutachten eingeholt hat. Dies gilt zumindest dann, wenn das erste Gutachten Fehler aufweist. Ggf. kann es auch genügen, dass begründete Zweifel an der Richtigkeit oder Vollständigkeit Werte aus dem ersten Sachverständigengutachten bestehen.

▼ 227

Muster 8.55: Recht zur Beauftragung eines „eigenen“ Sachverständigen

Versicherung AG

Schaden-Nr./VS-Nr./Az.

Schaden vom

Pkw , amtl. Kennzeichen

Sehr geehrte Damen und Herren,

soweit Sie in Ihrem Schreiben vom den Ausgleich der Kosten für den Sachverständigen ablehnen, vermag ich mich damit in keinem Fall einverstanden zu erklären.

Entgegen der von Ihnen vertretenen Auffassung war mein Mandant durchaus zur Beauftragung eines weiteren Sachverständigen berechtigt. Dem steht auch nicht das bereits von Ihnen in Auftrag gegebene Gutachten des Sachverständigen entgegen. Das Recht zur Einholung eines weiteren Gutachtens folgt bereits aus dem Gebot der „Waffengleichheit“ (AG Oldenburg (Holstein), Urt. v. 22.4.2008 – 22 C 1021/07 – juris). Dies gilt umso mehr, wenn Zweifel an der Richtigkeit der Angaben im bislang vorliegenden Gutachten bestehen (KG VersR 1977, 155, 156). Das war hier der Fall.

Wie sich im Nachhinein herausstellte, waren die Angaben des Sachverständigen zum Umfang der erforderlichen Reparaturkosten unzutreffend. Entgegen den Angaben im bislang vorliegenden Gutachten betragen die für eine fachgerechte Reparatur erforderlichen Reparaturkosten tatsächlich EUR (brutto). Hierbei ist insbesondere zu berücksichtigen, dass .

Nach alledem habe ich Sie aufzufordern, die Kosten für das Gutachten in Höhe von EUR zur Meidung einer gerichtlichen Klärung unverzüglich, spätestens jedoch bis zum

(*10-Tages-Frist*)

auszugleichen.

Mit freundlichen Grüßen

(Rechtsanwalt)

▲

256 U.a. OLG Karlsruhe, Urt. v. 16.5.1968 – 4 U 169/66 = NJW 1968, 1333; OLG Stuttgart, Urt. v. 30.1.1974 – 13 U 125/73 = NJW 1974, 951.

3. Kostenrisiko bei Haftungsquote

228 Den aus der Einholung eines Sachverständigengutachtens resultierenden Vorteilen stehen nicht zu unterschätzende Nachteile gegenüber: Als Auftraggeber des Sachverständigen ist der Geschädigte dessen **alleiniger Kostenschuldner**. Daran ändert auch die Sicherungsabtretungserklärung nichts, die sich die Sachverständigen üblicherweise durch den Geschädigten unterschreiben lassen. Zahlt der Versicherer nicht oder nicht vollständig, wird sich der Sachverständige an den Geschädigten halten. Der Geschädigte hat deshalb unabhängig von der Haftungslage zunächst die Kosten des Sachverständigen zu verauslagen. Diese Kosten werden ihm nur dann erstattet, wenn die Haftung des Gegners feststeht. Bei einer Quotelung des Schadens trägt der Geschädigte in Höhe seiner Mithaftung die anteiligen Kosten des Sachverständigengutachtens.[257]

Ist die Haftungsfrage nicht oder nicht eindeutig geklärt, sollte deshalb kritisch geprüft werden, ob eine Schadensbezifferung auf anderem Wege möglich ist. Hierfür bieten sich drei Alternativen an:

- Beschaffung eines Kostenvoranschlags. Dadurch wird jedoch nicht die Frage beantwortet, ob ein Totalschaden vorliegt.
- Einholung eines Gutachtens durch den gegnerischen Haftpflichtversicherer und auf dessen Kosten. Nachteil ist, dass der Sachverständige für seinen Auftraggeber, nämlich den gegnerischen Haftpflichtversicherer, tätig und sich an dessen Weisungen halten wird.
- Meldung des Schadens beim Vollkaskoversicherer des Mandanten. Dieser wird ein Gutachten auf seine Kosten in Auftrag geben. Der Vollkaskoversicherer sollte dann aber sinnvollerweise darauf hingewiesen werden, dass er mit seiner Zahlung bis zur endgültigen Klärung des Sachverhalts mit dem gegnerischen Haftpflichtversicherer zuwartet. Nachteilig an dieser Vorgehensweise kann sein, dass der Geschädigte mit Eröffnung des Falles bei seinem Versicherer zunächst zurückgestuft wird. Darauf sollte der Mandant hingewiesen werden.

229 ▼

Muster 8.56: Anforderung eines Gutachtens beim gegnerischen Versicherer

8.56 Versicherung AG

Schaden-Nr./VS-Nr./Az.

Schaden vom

Pkw , amtl. Kennzeichen

Sehr geehrte Damen und Herren,

in der im Betreff genannten Schadensache ist die Haftungsfrage nach Maßgabe des derzeitigen Sachstandes völlig offen. Mein Mandant ist auf ein Kraftfahrzeug dringend angewiesen. Er beabsichtigt deshalb, die erforderlichen Reparaturarbeiten bzw. eine ggf.

257 BGH, Urt. v. 7.2.2012 – VI ZR 249/11 = SP 2012, 180.

in Betracht zu ziehende Ersatzbeschaffung möglichst umgehend in Angriff nehmen zu lassen. Vor der Schadenskompensation sollte der derzeitige Zustand des Fahrzeugs im allseitigen Interesse festgehalten werden. Ich rege deshalb an, einen Ihrer Gutachter mit der Besichtigung des Fahrzeugs zu beauftragen. Hierzu erbitte ich höflich Ihre möglichst umgehende – notfalls auch telefonische – Rückantwort. Sollte ich von Ihnen bis zum

(7-Tages-Frist)

Mit freundlichen Grüßen

(Rechtsanwalt)

▲

4. „Bagatellgrenze“ für die Einholung eines Sachverständigengutachtens

Obwohl der Geschädigte grundsätzlich zur Einholung eines Sachverständigengutachtens **230**
berechtigt ist, hat er dabei stets die ihm obliegende Schadensminderungspflicht zu beachten. Die Vorgaben des § 254 Abs. 2 BGB werden verletzt, wenn die Kosten für das Gutachten im Verhältnis zu den Reparaturkosten des Unfallfahrzeugs unverhältnismäßig hoch sind. Die früher bei einem Schaden in Höhe von 500 EUR gezogene **Verhältnismäßigkeitsgrenze** wird von der Rechtsprechung zunehmend als zu starr und zu gering betrachtet. So erachten einzelne Gerichte erst eine Grenze von 700[258]–839,91 EUR,[259] sogar bis zu 1.000 EUR unter Bezugnahme auf den Wert, der im Rahmen des § 142 StGB einem „nicht bedeutenden Schaden“ entspricht,[260] für die Einholung eines Sachverständigengutachtens als angemessen. Die Annahme einer Erstattungsfähigkeit von Gutachterkosten ab einem Schadenswert von 715 EUR hat der BGH ausdrücklich als zulässige tatrichterlicher Beurteilung bestätigt. Bei der tatrichterlichen Würdigung darf somit die ermittelte Schadenshöhe mit berücksichtigt werden.[261]

▼ **231**

Muster 8.57: Verletzung der Schadensminderungspflicht durch Einholung eines Sachverständigengutachtens 8.57

Bei den hier betroffenen geringen Reparaturkosten war daher die Einholung eines Sachverständigengutachtens nicht geboten und unverhältnismäßig. Schadensgutachten dürfen nicht routinemäßig und ohne wirkliche Notwendigkeit eingeholt werden, sondern nur, wenn aus der Sicht des Geschädigten auch bei Berücksichtigung der Verhältnismäßigkeit in Bezug auf die zu erwartenden Reparaturkosten ein vernünftiger Grund hierfür besteht (LG München I SP 2001, 428, AG Ratingen, Urt. v. 5.1.2010 – 10 C 252/10 – juris). Ein derartiger Grund zur Einholung eines Sachverständigengutachtens ist in der Regel nur dann anzunehmen, wenn die in der Rechtsprechung entwickelte Bagatellgrenze von 750 EUR bzw. 800 EUR überschritten wird (Beispielhaft: AG Gelsenkirchen, Urt. v. 27.9.2009 – 32 C 230/09 – juris; AG Detmold zfs 1997, 297). Diese Grenzziehung ist

258 AG Erding VersR 1998, 607; AG Dortmund, Urt. v. 26.1.2005 – 134 C 13376/04 – juris; AG Leverkusen, Urt. v. 3.5.1999 – 23 C 35/99 – juris; AG Gelsenkirchen-Buer, Urt. v. 2.10.2012 – 27 C 231/11 – juris.

259 AG Essen, Urt. v. 13.1.2015 – 11 C 361/14 – juris; AG München, Urt. v. 4.4.2014 – 331 C 34366/13 – juris.

260 AG Schwerte, Urt. v. 23.3.2012 – 7 C 123/11 – juris.

261 BGH, Urt. v. 30.11.2004 – VI ZR 365/03 = NJW 2005, 356.

auch vom BGH bestätigt worden (vgl. BGH NJW 2005, 356: Eine Grenze bei 715 EUR ist nicht zu beanstanden).

Bei dem hier vorliegenden Schaden i.H.v. EUR war daher die Einholung eines Sachverständigengutachtens nicht geboten. Dies gilt erst Recht, wenn es – wie hier – sich gut erkennbar um einen rein oberflächlichen Fahrzeugschaden mit einfachen Reparaturarbeiten, insbesondere einer Instandsetzung bei leichten Fahrzeugdeformierungen, handelt (AG Ratingen, Urt. v. 5.1.2010 – 10 C 252/10 – juris; AG Wiesbaden, Urt. v. 13.1.2011 – 92 C 2205/10 (13) – juris).

▲

232 Diese Grenze zum sog. Bagatellschaden ist aber nicht zwingend. Vielmehr sind alle Umstände des Einzelfalls abzuwägen. Dabei ist insbesondere auch das eingetretene Schadenbild zu berücksichtigen. Für den Geschädigten günstig ist eine Rechtsprechung, die auf die Erkennbarkeit eines sog. Bagatellschadens abstellt. So wird zunehmend von den Gerichten entschieden, dass unabhängig von einer sog. starren Bagatellgrenze die Gutachterkosten zu erstatten sind, da im Zweifel der Geschädigte den Aufwand zur Schadensbehebung als Laie betrachtet und insbesondere nicht einschätzen kann, ob verborgene, äußerlich nicht ohne Weiteres erkennbare Schäden vorhanden sind.[262] Gerade im Bereich der Stoßfänger stellt sich bei vermeintlich minimalen Beschädigungen mitunter heraus, dass nicht nur die Verkleidung, sondern auch dahinter Schäden vorliegen. Nur bei offensichtlich an der Oberfläche liegenden Schäden, deren Geringwertigkeit für den Laien ohne weiteres erkennbar ist, sind die Kosten eines Sachverständigengutachtens mangels Erforderlichkeit nicht erstattungsfähig.[263] Anders liegt die Sachlage beispielsweise bei Auffahrunfällen im Heckbereich, bei denen i.d.R. die Möglichkeit weiter gehender nicht erkennbarer Schäden besteht.[264] Sind weitere Beweisschwierigkeiten zu befürchten, ist im Zweifel die Einholung eines Sachverständigengutachtens auch bei einem Schaden unterhalb von 500 EUR erforderlich.[265] Bei älteren Fahrzeugen kann zudem ein erforderliches Interesse daran bestehen, die Relation zwischen Reparaturschaden und Totalschaden feststellen zu lassen, was ausschließlich über ein Gutachten möglich ist.[266]

233 ▼

8.58

Muster 8.58: Keine Verletzung der Schadensminderungspflicht durch Einholung eines Sachverständigengutachtens

Versicherung AG

Schaden-Nr./VS-Nr./Az.

262 AG Kiel, Urt. v. 30.11.2011 – 113 C 145/11 – juris; AG Bad Segeberg, Urt. v. 28.4.2011 – 17 C 388/09 – juris; AG München NJW-RR 1999, 721; AG Nürnberg zfs 2002, 581.
263 AG Hamm, Urt. v. 24.11.2010 – 24 C 209/10 – juris; AG Hadamar zfs 1998, 291.
264 AG Mainz zfs 2002, 74.
265 AG Köln, Urt. v. 23.12.1996 – 262 C 462/96 = VersR 1997, 1245.
266 LG Darmstadt, Urt. v. 5.7.2013 – 6 S 34/13 = NJW 2014, 237.

Schaden vom

Pkw , amtl. Kennzeichen

Sehr geehrte Damen und Herren,

soweit Sie den Ausgleich der geltend gemachten Kosten für das Sachverständigengutachten ablehnen, vermag ich mich damit nicht einverstanden zu erklären. Eine Verletzung der Schadensminderungspflicht liegt entgegen der von Ihnen vertretenen Auffassung nicht vor.

Es gibt insoweit keine feste Wertegrenze der Schadenshöhe, sondern lediglich einen Richtwert, der Abweichungen nach unten und oben zulässt (AG Bonn zfs 1996, 55).[267] Maßgeblich für die Verletzung der Schadensminderungspflicht ist, ob und inwieweit das Unterschreiten einer etwaigen Bagatellgrenze für den Geschädigten erkennbar und vermeidbar war bzw. ob ein Laie den Kostenumfang verlässlich auf einen Bagatellbetrag abschätzen konnte (AG Köln, Urt. v. 24.8.2015 – 270 C 159/14 – juris; AG Detmold zfs 1997, 297; AG Nürnberg zfs 1999, 517). Sind weitere Beweisschwierigkeiten zu befürchten, ist im Zweifel die Einholung eines Sachverständigengutachtens auch bei einem Schaden unterhalb einer möglichen Bagatellgrenze erforderlich (AG Köln VersR 1997, 1245).

Danach kann meinem Mandanten nicht der Vorwurf einer Verletzung der Schadensminderungspflicht gemacht werden. Für meinen Mandanten war der tatsächliche Umfang des eingetretenen Schadens nicht erkennbar. Insbesondere ist zu berücksichtigen, dass .

Nach alledem sind Sie zum Ausgleich der geltend gemachten Sachverständigenkosten in Höhe von EUR verpflichtet. Hierfür habe ich mir eine Frist bis zum

(*10-Tages-Frist*)

notiert. Nach dem Ablauf der vorgenannten Frist werde ich meinen Mandanten über die Möglichkeiten einer gerichtlichen Überprüfung dieser Frage informieren.

Mit freundlichen Grüßen

(Rechtsanwalt)

▲

In Grenzfällen sollte in jedem Fall vorab der Sachverständige zum Umfang der voraus- 234
sichtlichen Reparaturkosten befragt werden. Selbst wenn der Geschädigte durch die Beauftragung eines Sachverständigen aufgrund eines erkennbaren Bagatellschadens tatsächlich gegen seine Schadensminderungspflicht verstoßen haben sollte, steht ihm i.d.R. zumindest ein Ersatzanspruch in Höhe des ansonsten zu erstattenden Kostenvoranschlags zu.[268] Dieser kann derzeit auf 50 EUR geschätzt werden. Zu beachten ist allerdings, dass derartige Kostenvoranschläge bei einer tatsächlich durchgeführten Reparatur üblicherweise auf die Reparaturkosten angerechnet werden.

267 AG Bonn zfs 1996, 55.

268 AG Gelsenkirchen-Buer, Urt. v. 13.3.2015 – 9 C 319/14 – juris; AG Köln VersR 1976, 1169.

5. Überhöhte Sachverständigenkosten

235 Der Schädiger hat die durch die Einschaltung eines Sachverständigen verursachten Kosten grundsätzlich und uneingeschränkt zu erstatten, soweit die Begutachtung erforderlich und zweckmäßig gewesen ist. In der Praxis werden jedoch von den Sachverständigen unterschiedlich hohe Kosten in Rechnung gestellt. Erstattungsfähig ist aber nur der nach § 249 Abs. 2 BGB erforderliche Geldbetrag. Der Geschädigte ist im Rahmen des ihm Zumutbaren gehalten, den wirtschaftlichsten Weg der Schadensbeseitigung zu wählen, sofern er die Höhe der für die Schadensbeseitigung erforderlichen Kosten beeinflussen kann.

236 Der Geschädigte ist allerdings im Regelfall berechtigt, einen Gutachter seiner Wahl zu beauftragen und muss den für ihn zugänglichen Markt nicht auf einen möglichst günstigen Sachverständigen untersuchen.[269] Anders als im Bereich der sog. Unfallersatztarife hat sich auf dem Markt der Kfz-Sachverständigen kein gesonderter erhöhter „Unfalltarif" gebildet, der eine Übertragung der von der Rechtsprechung im Bereich des Unfallersatztarifes gebildeten Grundsätze rechtfertigen könnte.[270]

237 Der Vertrag mit dem Sachverständigen ist ein Werkvertrag, bei dem die zu zahlende Vergütung sich in erster Linie aus der getroffenen Vereinbarung und bei deren Fehlen aus der üblichen Vergütung i.S.d. § 632 BGB ergibt. Auch über AGB kann ggf. eine wirksame Vergütungsvereinbarung erfolgen.[271] Letztendlich kann die Wirksamkeit der getroffenen Vergütungsvereinbarung jedoch dahinstehen: In jedem Fall ist durch den Schädiger nur die Vergütung zu erstatten, die als erforderlich i.S.d. § 249 BGB angesehen werden kann.[272] In der Rechtsprechung überwiegt dabei die Auffassung, dass hinsichtlich des Grundhonorars ein in Relation zur Schadenshöhe berechnetes Sachverständigenhonorar als erforderlicher Herstellungsaufwand i.S.d. § 249 Abs. 2 S. 1 BGB erstattet verlangt werden kann.[273] Der BGH hat diese Einschätzung nicht beanstandet und fordert für eine abweichende Einschätzung, dass der erkennende Richter – ggf. mit sachverständiger Hilfe – Feststellungen trifft, die eine andere Vergütung als üblich erscheinen lassen.[274] Der BGH stellt zudem klar, dass die Bemessung der Höhe des Schadensersatzanspruchs grundsätzlich Sache des nach § 287 ZPO besonders frei gestellten Tatrichters ist.[275]

269 BGH, Urt. v. 22.7.2014 – VI ZR 357/13 = NJW 2014, 3151; BGH, Urt. v. 23.1.2007 – VI ZR 67/06 = NJW 2007, 1450.

270 BGH, Urt. v. 23.1.2007 – VI ZR 67/06 = NJW 2007, 1450; LG Berlin SP 2006, 76.

271 AG Saarbrücken, Urt. v. 22.3.2007 – 5 C 826/06 – juris.

272 BGH, Urt. v. 23.1.2007 – VI ZR 67/06 = NJW 2007, 1450.

273 OLG München, Urt. v. 28.2.2016 – 10 U 579/15 – juris; OLG München, Beschl. v. 14.12.2015 – 10 U 579/15 – juris; LG Stuttgart, Urt. v. 29.7.2015 – 13 S 58/14 – juris; LG Halle zfs 2006, 91; AG Berlin-Mitte SP 2005, 175; AG Nürnberg zfs 2004, 131; AG Weinheim zfs 2004, 18; AG Dresden DAR 2002, 459; a.A. dagegen LG Köln SP 2002, 320.

274 BGH, Urt. v. 23.1.2007 – VI ZR 67/06 = NJW 2007, 1450.

275 BGH, Urt. v. 5.6.2018 – VI ZR 185/16 = DAR 2018, 674.

Dieses vorausgeschickt ist im Hinblick auf die Erstattungsfähigkeit des Sachverständigenhonorars wie folgt zu unterscheiden: 238

Verfolgt der Geschädigte selber das angefallene Sachverständigenhonorar, greifen dieselben Grundsätze wie bei dem sog. „Werkstattrisiko" ein: Der BGH[276] hat die in seiner Grundsatzentscheidung vom 16.1.2024 aufgestellten Grundlagen für die Anwendung des Werkstattrisikos bei einer unbezahlten Rechnung auch für das Verhältnis zwischen Geschädigtem, Sachverständigen und Kraftfahrzeughaftpflichtversicherung des Schädigers im Hinblick auf das sogenannte Sachverständigenrisiko übertragen. Denn den Erkenntnissen und Einwirkungsmöglichkeiten des Geschädigten sind nach Ansicht des BGH nicht nur in dem werkvertraglichen Verhältnis zu der eingeschalteten Reparaturwerkstatt, sondern auch in dem Verhältnis zu einem Kfz-Sachverständigen Grenzen gesetzt, solange er selbst nicht fachkundig ist. Ersatzfähig sind damit im Verhältnis des Geschädigten zum Schädiger auch im Bereich der Schadensermittlung durch einen Sachverständigen die Rechnungspositionen, die ohne Schuld des Geschädigten nicht als erforderlich i.S.d. § 249 Abs. 2 BGB einzustufen sind. Beispielsweise kann ein nicht erkennbar überhöhter Ansatz des Sachverständigenhonorars vorliegen, wenn der Gutachter den Schaden (ohne dass der Geschädigte einen Vorschaden verschwiegen hat) unzutreffend zu hoch eingeschätzt hat und dies der Geschädigte als Laie nicht erkennen kann. Insoweit kann der Schädiger vielmehr im Rahmen des Vorteilsausgleichs eine Abtretung gegebenenfalls bestehender Ansprüche des Geschädigten gegen den Sachverständigen verlangen. 239

Zugleich weist der BGH allerdings darauf hin, dass die Kosten der Begutachtung als unfallbedingt einzustufen sein müssen, damit sie gegenüber dem Geschädigten erstattet werden. Verfolgt dieser also unfallfremde Vorschäden, sind die Kosten der Begutachtung entsprechend nicht unfallbedingt und auch gegenüber dem Geschädigten grundsätzlich nicht zu erstatten. Des Weiteren muss der Geschädigte beachten, dass er auch wirtschaftlich vorzugehen hat und sowohl bei der Beauftragung als auch bei der Überwachung des Sachverständigen die Interessen des Schädigers an einer Geringhaltung des Schadensermittlungsaufwandes berücksichtigen muss. Deshalb trifft den Geschädigten insbesondere eine Obliegenheit zu einer gewissen Plausibilitätskontrolle der vom Sachverständigen bei Vertragsabschluss geforderten und später berechneten Preise. Verlangt der Sachverständige also solche Preise, die für den Geschädigten erkennbar deutlich überhöht sind, kann sich die Beauftragung des Sachverständigen insoweit auch gegenüber dem Geschädigten als nicht erforderlich i.S.v. § 249 Abs. 2 BGB erweisen. Darüber hinaus ist ein Überwachungsverschulden denkbar, wenn die Rechnung für den Geschädigten erkennbar von der Honorarvereinbarung abweicht oder wenn der Sachverständige für den Geschädigten erkennbar überhöhte Nebenkosten angesetzt hat. 240

276 BGH v. 12.3.2024 – VI ZR 280/22 – juris.

241 Solange den Geschädigten aber insoweit kein Verschuldensvorwurf trifft, betont der BGH noch einmal, dass die Anwendung der Grundsätze zum Werkstattrisiko auch der Sachverständigenkosten, also das Sachverständigenrisiko, nicht voraussetzt, dass der Geschädigte die Rechnung des Sachverständigen bereits bezahlt hat. Jetzt verweist der BGH vielmehr auch zu dieser Fallgruppe der Erstattung der Reparaturkosten auf die Option, dass der Geschädigte eine Zahlung an den Sachverständigen verlangen kann, Zug um Zug gegen Abtretung etwaiger, dieses Risiko betreffender, Ansprüche des Geschädigten gegen den Sachverständigen. Soweit der BGH bisher diese Option in seiner älteren Rechtsprechung nicht eröffnet hat, hält der BGH ausdrücklich an dieser Rechtsprechung nicht mehr fest und dies ist die ganz entscheidende Abweichung von der bisherigen Rechtsprechung.

242 ▼

Muster 8.59: Sachverständigenrisiko bei unbezahlter Rechnung

8.59 Selbst wenn der Vortrag der Gegenseite zutrifft und der mit der Begutachtung beauftragte Sachverständige zu hohe Reparaturkosten oder gar einen nicht erforderlichen Reparaturaufwand abgerechnet hätte, kann dies der Klägerseite vorliegend nicht entgegengehalten werden, da es insoweit an einem Auswahl- oder Überwachungsverschulden fehlt (BGH v. 12.3.2024 – VI ZR 280/22 – juris; grundlegend BGH, Urt. v. 16.1.2024 – VI ZR 253/22). Die Klägerseite begehrt insoweit im Einklang mit dieser Rechtsprechung bei der vorliegend von ihr noch nicht bezahlten Rechnung allein eine Auszahlung an den eingeschalteten Sachverständigen und tritt hiermit einen möglichen Regressanspruch wegen der Begutachtung des Kfz mit dem Kennzeichen vom durch den Sachverständigen an die Beklagtenseite Zug um Zug gegen Auszahlung der noch offenen Differenz aus der o.g. Honorarrechnung ab.

▲

243 Hat sich allerdings der Sachverständige die Schadenersatzforderung des Geschädigten in Höhe der Honorarforderung abtreten lassen, kann er sich als Zessionar – ebenso wie bei den Reparaturkosten – nicht auf das Sachverständigenrisiko berufen.[277] Die insoweit vom BGH in seiner Entscheidung vom 16.1.2024[278] entwickelten Grundsätze gelten auch entsprechend für den Sachverständigen. Der Gutachter selber trägt daher das Sachverständigenrisiko und nicht die Kraftfahrzeughaftpflichtversicherung des Unfallgegners. Nach diesen Grundsätzen muss ein Gutachter, der aus abgetretenem Recht vorgeht, darlegen und beweisen, dass die abgerechnete Tätigkeit tatsächlich durchgeführt worden ist und auch ihrer Höhe nach nicht über das erforderliche Maß hinausgeht.

244 Die Prüfung eines Sachverständigenhonorars hat folgendes zu beachten:

Als Schätzungsgrundlage greifen die Gerichte (wie auch bei den Mietwagenkosten) zunehmend auf entsprechende Befragungen zu dem anfallenden Honorar zurück. Der BGH hat ausdrücklich gebilligt, dass geeignete Listen oder Tabellen Verwendung finden können und falls das Gericht Zweifel an der Eignung einer Tabelle hat, sein Ermessen

277 BGH vom 12.3.2024 – VI ZR 280/22 – juris.
278 BGH, Urt. v. 16.1.2024 – VI ZR 253/22.

hinsichtlich der Anwendung dieser Tabelle beschränkt sein kann.[279] In der Praxis werden zwei Schätzungsgrundlagen herangezogen.

Dabei handelt es sich zum einen um die in Abständen von mehreren Jahren erfolgende 245
Befragung des BVSK Verbandes, dem mit über 900 Mitgliedern etwa 20 % der im Bundesgebiet tätigen Sachverständigen angehören und die im Internet vollständig heruntergeladen werden kann. Die Angaben aus dieser Tabelle in Form des dort genannten Grundhonorars wie auch der Nebenkosten werden von vielen Gerichten als taugliche Schätzungsgrundlage angesehen. Kritisiert wird an ihr allerdings, dass es sich um eine Befragung handelt, deren Zweck offengelegt und den Mitgliedern wohlbekannt ist, die sich durch ihre eigenen, nicht überprüften Angaben die Grundlage für ihre eigene „gerichtsfeste" Abrechnung schaffen. Überprüfungen durch unabhängige Sachverständige haben ergeben, dass in dieser Befragung im Einzelfall ein deutlich überhöhtes Sachverständigenhonorar verfolgt wird.[280] Dies auch häufig unter dem Gesichtspunkt einer „verdeckten Erhöhung" des Grundhonorars durch eine Abrechnung der Nebenkosten, welche sodann nahezu die gleiche Größenordnung wie das Grundhonorar erreichen. Der in der Rechtsprechung vertretenen Auffassung, die ersatzfähigen Nebenkosten auf üblicherweise 25 % des Grundhonorars[281] oder pauschal auf 100 EUR zu begrenzen,[282] hat der BGH eine Absage erteilt, da dies einer hinreichend tragfähigen Grundlage für eine Schätzung nach § 287 ZPO entbehrt.[283]

6. Auswahl des Sachverständigen

Der Geschädigte ist bei der Auswahl des Sachverständigen grundsätzlich frei. Ein Ver- 246
schulden des Gutachters hat er grundsätzlich nicht zu vertreten, da der Gutachter nicht der Erfüllungsgehilfe des Geschädigten ist und sein Fehlverhalten bei einer direkten Beauftragung durch den Schädiger diesen genauso treffen würde.[284]

▼ 247

Muster 8.60: Kein Auswahlverschulden des Geschädigten bei der Beauftragung des Sachverständigen

8.60

Die begehrten Sachverständigenkosten sind zu erstatten, selbst wenn das Gutachten objektiv fehlerhaft sein sollte. Grundsätzlich ist der Schädiger bzw. sein Kfz-Haftpflichtversicherer nur dann dazu berechtigt, den Ausgleich der in Rechnung gestellten Sachverständigenkosten abzulehnen, wenn das Gutachten als neutrale Abrechnungsgrundlage nicht geeignet ist und die falschen bzw. unbrauchbaren Angaben auf ein schuldhaftes Fehlverhalten des Geschädigten zurückzuführen sind (OLG Hamm r+s 1993, 102; OLG

279 BGH, Urt. v. 24.10.2017 – VI ZR 61/17 = DAR 2018, 676; vgl. auch OLG Bremen, Urt. v. 26.9.2018 – 1 U 14/18 – juris.

280 Beispielhaft: AG Hagen, Urt. v. 14.4.2009 – 17 C 263/08 – juris unter Einholung eines Gutachtens zur üblichen Bestimmung des Honorars bei einer Schadenshöhe von 2.100 EUR (netto).

281 AG Arnsberg, Urt. v. 17.6.2009 – 3 C/99/09 – juris; AG Dortmund, Urt. v. 22.3.2010 – 417 C 11866/09 – juris und AG Altena, Urt. v. 17.2.2010 – 2 C 455/09 – juris.

282 AG Münster, Urt. v. 5.2.2014 – 96 C 1956/13 – juris.

283 BGH, Urt. v. 22.7.2014 – VI ZR 357/13 = NJW 2014, 3151.

284 LG Berlin, Urt. v. 11.1.2011 – 24 O 200/08 = SP 2011, 304; OLG Hamm VersR 2001, 249; AG Bonn, Urt. v. 21.12.2010 – 106 C 216/10 – juris; OLG Saarbrücken, Urt. v. 4.7.2013 – 4 U 65/12.

Düsseldorf, Urt. v. 11.2.2008 – I-1 U 181/07 – juris). Voraussetzung dafür ist, dass dem Geschädigten ein eigenes Verschulden zur Last fällt, das für das mangelhafte Gutachten ursächlich ist. Dabei kann es sich um ein Ausfallverschulden oder um falsche Angaben gegenüber dem Sachverständigen handeln (OLG Hamm, Urt. v. 13.4.1999 – 27 U 278/98 – juris). Ein Auswahlverschulden scheidet von vornherein aus, wenn der beauftragte Sachverständige über eine technische Ausbildung verfügt und seit mehreren Jahren in der Kfz-Branche tätig ist (LG Düsseldorf zfs 2000, 538).

Dieses vorausgeschickt zeigt sich, dass vorliegend ein Auswahlverschulden nicht ersichtlich ist. Es wurde ein seit vielen Jahren in Verkehrsunfallangelegenheiten tätiger und erfahrener Sachverständiger beauftragt. Anhaltspunkte dafür, dass dieser Sachverständige ggf. ein angeblich mangelbehaftetes Gutachten erstellt, bestanden zum Zeitpunkt der Beauftragung nicht. Die begehrten Gutachterkosten sind zu erstatten.

▲

248 Unter Umständen kann der Erstattung der Gutachterkosten jedoch entgegenstehen, dass den Geschädigten ein Verschulden bei der Auswahl oder der Information des Sachverständigen über relevante Vorschäden am Fahrzeug trifft.[285] Unter Umständen kann der Erstattung der Gutachterkosten jedoch entgegenstehen, dass den Geschädigten ein Verschulden bei der Auswahl oder der Information des Sachverständigen über relevante Vorschäden am Fahrzeug trifft[286] oder das Gutachten aufgrund gravierender Mängel völlig unbrauchbar ist.

a) Gravierende Mängel

249 Gravierende Mängel in dem Gutachten werden in der Praxis eher selten von den Gerichten angenommen und dem Geschädigten regelmäßig kein Auswahlverschulden angelastet (siehe Rdn 246).

Argumentiert werden kann, dass der Geschädigte keine Nachteile hat, wenn die Übernahme der Gutachterkosten bei gravierenden Mängeln abgelehnt wird. Denn der Geschädigte hat ggf. die Möglichkeit, vom Vertrag zurückzutreten, §§ 633, 634 Nr. 3, 323 Abs. 1, 636 BGB.[287] Das setzt aber voraus, dass der Gutachter den Geschädigten noch nicht zur Zahlung aufgefordert und dieser auch noch nicht gezahlt hat. Diese Entscheidung des OLG Hamm ist allerdings nicht unproblematisch. Sie führt dazu, dass dem Geschädigten abgenötigt wird, zu prüfen, ob die Einwände des Schädigers/dessen Haftpflichtversicherers bzgl. der Brauchbarkeit des eingeholten Sachverständigengutachtens stichhaltig sind oder nicht. Das wird nur durch ein weiteres Gutachten zu klären sein.[288] Zugleich greift dieser Einwand nur ein, wenn der Geschädigte einen Freistellungsanspruch verfolgt.

285 LG Berlin SP 2006, 76; OLG Düsseldorf, Beschl. v. 10.7.2012 – I-1 W 19/12 – juris.
286 LG Berlin SP 2006, 76; OLG Düsseldorf, Beschl. v. 10.7.2012 – I-1 W 19/12 – juris.
287 Vgl. OLG Hamm, Urt. v. 21.12.2016 – I-11 U 54/15 = r+s 2017, 218.
288 *Burmann*, jurisPR-VerkR 14/2017 Anm. 1.

▼ 250

Muster 8.61: Kein Anspruch auf Freistellung von den Sachverständigenkosten

Der Kläger hat auch keinen Anspruch auf Freistellung von den Sachverständigenkosten für das von ihm eingeholte Sachverständigengutachten.

Der Kläger sieht sich keines durchsetzungsfähigen Vergütungsanspruchs des Sachverständigen gem. § 631 BGB ausgesetzt. Aufgrund der festgestellten und gravierenden Mängel in dem Gutachten des Sachverständigen hat der Kläger die Möglichkeit, vom Werkvertrag zurückzutreten. Der Kläger ist dem Sachverständigen gegenüber daher berechtigt, gem. §§ 633, 634 Nr. 3, 323 Abs. 1, 636 BGB von dem geschlossenen Vertrag zurückzutreten oder die Werklohnleistung auf null zu mindern (OLG Hamm r+s 2017, 218.)[289]

▲

b) Vorschäden

Der Geschädigte hat den Sachverständigen jedenfalls über Vorschäden zu informieren, sofern diese nicht offensichtlich erkennbar sind oder im bloßen Bagatellbereich liegen. Verschweigt der Geschädigte mehrere erhebliche Vorschäden, die beispielsweise den Wiederbeschaffungswert beeinflussen, sind die Gutachterkosten nicht zu ersetzen.[290] Das Verschweigen ist dem Geschädigten nachzuweisen,[291] wobei eine fahrlässige Fehlinformation des Sachverständigen über das Vorhandensein von Vorschäden genügt.[292] 251

▼ 252

Muster 8.62: Fehlende Erstattungsfähigkeit der Gutachterkosten bei verschwiegenem Vorschaden

Die Sachverständigenkosten sind nicht zu ersetzen, da das Gutachten aufgrund eines eigenen Fehlverhaltens des Geschädigten für die Schadensregulierung unbrauchbar ist. Der Geschädigte hat den Sachverständigen jedenfalls über Vorschäden zu informieren, sofern diese nicht offensichtlich erkennbar sind oder im bloßen Bagatellbereich liegen. Verschweigt der Geschädigte einen erheblichen Vorschäden, sind die Gutachterkosten für das deshalb objektiv für die Schadenregulierung unbrauchbare Gutachten nicht zu ersetzen (vgl. OLG Düsseldorf, Urt. v. 13.6.2023 – I 1 U 173/22 – juris; OLG Hamm, Beschl. v. 3.8.2018 – I 9 U 111 / 18 – juris; OLG Köln, Urt. v. 23.2.2012 – 7 U 134/11 – juris).

▲

Ein weiteres Problem kann sich ergeben, wenn die neutrale Stellung des Sachverständigen fraglich ist. Ein Sachverständigengutachten soll als Regulierungsgrundlage verwendet werden können. Die dafür erforderliche objektive Schadensermittlung ist in Frage gestellt, wenn der Sachverständige ein erkennbares Interesse daran hat, den Schaden so hoch wie nur möglich zu bestimmen. Daher ist der Schädiger nicht verpflichtet, 253

289 Nach OLG Hamm, Urt. v. 21.12.2016 – I-11 U 54/15 = r+s 2017, 218.

290 KG NZV 2003, 335; LG Heilbronn SP 2004, 390; AG Berlin SP 2006, 259, KG, Urt. v. 27.8.2015 – 22 U 152/14 – juris.

291 AG Mainz SP 2005, 249; AG Bad Segeberg, Urt. v. 28.4.2011 – 17 C 388/09 – juris.

292 OLG Köln, Urt. v. 23.2.2012 – 7 U 134/11 – juris; LG Essen, Urt. v. 13.6.2012 – 12 O 440/10 – juris; AG Essen-Steele, Urt. v. 30.4.2015 – 8 C 460/14 – juris.

Gutachterkosten eines Sachverständigen zu erstatten, wenn dieser Zugleich Inhaber oder Mitinhaber der die Reparatur ausführenden Werkstatt ist.[293] Auch hier gilt aber, dass der Geschädigte sich dies nur entgegenhalten lassen muss, wenn er hiervon erwiesenermaßen Kenntnis gehabt hat.[294] Fehlt es an dieser Kenntnis kann der Geschädigte die Erstattung der Gutachterkosten lediglich Zug um Zug gegen Abtretung seines Rückforderungsanspruchs verlangen.[295]

254 **Exkurs: Nachbesichtigungsrecht des Versicherers**

Streitig ist, ob ein Anspruch auf Ausgleich der Sachverständigenkosten ausscheidet, wenn der Geschädigte eine Nachbesichtigung des Unfallfahrzeugs durch einen vom Schädiger beauftragten Sachverständigen verhindert.[296] Das ist grundsätzlich nicht der Fall – mit einer Ausnahme: Ein Anspruch des Kfz-Haftpflichtversicherers auf Nachbesichtigung soll bei einem „Verdacht auf betrügerische Geltendmachung von Unfallschäden" bestehen.[297] Im Übrigen ist ein Anspruch auf Nachbesichtigung abzulehnen.[298] Der Versicherer wird jedoch seine Regulierung verweigern, sollte ihm kein Nachbesichtigungsrecht eingeräumt werden. Damit ist dem Mandanten nicht geholfen. Aus taktischen Gründen kann es daher sinnvoll sein, die Besichtigung zu gewähren und eine eventuelle Differenz auf Grundlage des „eigenen" Gutachtens im Anschluss einzuklagen. Dann hat der Mandant i.d.R. zumindest schon einen Teil des Schadensersatzes durch den Versicherer erstattet bekommen und die Not dürfte nicht mehr ganz so groß sein.

255 ▼

Muster 8.63: Aufklärung Mandant Nachbesichtigung

8.63 Sehr geehrter Herr ,

mit beigefügtem Schreiben teilt der Versicherer mit, dass er das Fahrzeug gerne nachbesichtigen würde.

Nach diesseitiger Auffassung besteht ein solches Nachbesichtigungsrecht nicht. Sie haben den Schaden an Ihrem Fahrzeug begutachten lassen. Das Gutachten ist dem Versicherer nebst Fotos zur Verfügung gestellt worden. Schon aus diesem Grund ist eine Nachbesichtigung nicht erforderlich. Gestützt wird diese Auffassung auch durch die Rechtsprechung (LG München I zfs 1991, 123; LG Kleve zfs 1999, 239).

Hinzuweisen ist jedoch darauf, dass der Versicherer sehr wahrscheinlich nicht zahlen wird, sollte ihm die Nachbesichtigung nicht gewährt werden. Dann müsste Klage erhoben werden.

Zu empfehlen ist daher, die Nachbesichtigung – ohne Anerkennung einer Rechtspflicht – zu gewähren und eine etwaige Differenz zu dem von Ihnen eingeholten Gutachten im

293 AG Köln VersR 1988, 279.
294 AG Köln VersR 1988, 582.
295 AG Köln VersR 1988, 582.
296 OLG Düsseldorf VersR 1995, 107; a.A. LG Kleve zfs 1999, 239; LG München zfs 1991, 123, AG Otterndorf, Urt. v. 30.10.2013 – 2 C 181/13 – juris, wonach der Versicherer keinen Anspruch auf eine Nachbesichtigung des Unfallfahrzeugs hätte.
297 AG Rostock zfs 2000, 151; AG Siegen, Urt. v. 18.7.2013 – 14 C 2207/12 – juris.
298 LG München I, Urt. v. 20.12.1990 – 19 S 11609/90 = zfs 1991, 123; LG Kleve zfs 1999, 239.

Nachgang klageweise geltend zu machen. In diesem Fall ist es sehr wahrscheinlich, dass der Versicherer zumindest einen Teil der ermittelten Reparaturkosten zahlen wird.

Wegen des weiteren Vorgehens bitte ich höflich um Ihre Rückmeldung.

Mit freundlichem Gruß

(Rechtsanwalt)

▲

III. Kostenvoranschlag

Die Einholung eines Kostenvoranschlags bietet sich an, wenn 256

- nicht feststeht, ob dem Geschädigten ein Mitverschulden oder eine Mitverursachung des Verkehrsunfalls zur Last gelegt wird und der gegnerische Kfz-Haftpflichtversicherer nicht zur Einholung eines Gutachtens bereit ist oder
- die voraussichtlichen Reparaturkosten weniger als 500, ggf. 700 EUR betragen.

Wird ein Kostenvoranschlag erstellt, berechnet die Reparaturwerkstatt in aller Regel pauschale Beträge in Höhe von 20 bis 70 EUR. In Ausnahmefällen werden für Kostenvoranschläge auch bis zu 10 % des Reparaturkostenbetrags berechnet. In Rechtsprechung und Literatur wird kontrovers diskutiert, ob diese Kosten vom Schädiger zu ersetzen sind.[299] Eine ältere Auffassung in der Rechtsprechung stellt auf die gesetzliche Wertung des § 632 Abs. 3 BGB ab, wonach ein Kostenvoranschlag i.d.R. kostenfrei erstellt wird und lehnt eine Erstattungsfähigkeit ab. Gerade hierauf weisen Versicherer regelmäßig hin, wenn neben der durchgeführten Reparatur die Kosten für den Kostenvoranschlag gesondert geltend gemacht werden. Zu erkennen ist, dass mitunter viele Werkstätten argumentieren, die Erstellung des Kostenvoranschlags stelle eine zusätzliche Arbeit dar, welche nicht in der eigentlichen Reparatur Berücksichtigung finden könne. Das sollte sich der Anwalt indes schriftlich seitens der Werkstatt bestätigen lassen und die Bestätigung an den Versicherer weiterleiten.

▼ 257

Muster 8.64: Schreiben an die Werkstatt zwecks Kostenvoranschlags

Sehr geehrte Damen und Herren, 8.64

wir vertreten Ihren Kunden anlässlich des Ihnen bekannten Verkehrsunfalls.

Sie haben hinsichtlich der zu erwartenden Reparaturkosten einen Kostenvoranschlag erstellt und hierfür unserem Mandanten 50,00 EUR netto in Rechnung gestellt.

Der Versicherer vertritt die Auffassung, dass die Kosten für den Kostenvoranschlag bei späterer Reparatur in Ihrem Hause mit den Reparaturkosten verrechnet würden.

Wir wären Ihnen dankbar, wenn Sie kurz mitteilen könnten, ob dem tatsächlich so ist oder aber die Kosten separat und unabhängig von der Reparatur erhoben werden.

Mit freundlichem Gruß

(Rechtsanwalt)

▲

299 Ablehnend beispielsweise LG Aachen zfs 1983, 292; a.A. AG Neuss, Urt. v. 5.11.2005 – 70 C 4249/05 – juris.

258 ▼

Muster 8.65: Erstattungsfähige Aufwendungen für einen Kostenvoranschlag

8.65

Die Aufwendungen für den vorliegenden Kostenvoranschlag sind als erforderlich i.S.d. § 249 Abs. 2 BGB anzusehen und zu erstatten. Dem Geschädigten ist es grundsätzlich erlaubt, seinen Schaden auf fiktiver Basis abzurechnen. Bereits aus diesem Grund sind die für einen Kostenvoranschlag aufgewendeten Kosten erstattungsfähig. Würde man in Bezug auf den Geschädigten die Erstattung der dabei anfallenden Aufwendungen ablehnen, so würde dies dazu führen, dass der Geschädigte bei einem Schaden unterhalb der Bagatellgrenze entweder nicht auf fiktiver Basis abrechnen könnte oder bei Abrechnung auf fiktiver Basis einen Teil seines Schadens, nämlich die für den Voranschlag verauslagten Kosten, nicht ersetzt bekäme. Das würde aber Sinn und Zweck des § 249 BGB zuwiderlaufen, wonach bei dem Geschädigten aus dem schädigenden Ereignis kein wirtschaftlicher Nachteil verbleiben soll (LG Hildesheim, Urt. v. 4.9.2009 – 7 S 107/09 = DAR 2009, 651). Daher ist es in der Rechtsprechung auch anerkannt, dass die hiermit verbundenen Aufwendungen ersetzt werden, zumal in der Praxis ein solcher Kostenvoranschlag angesichts des mit seiner Erstellung verbundenen Aufwandes i.d.R. vergütet wird (Beispielhaft: LG Hildesheim, Urt. v. 4.9.2009 – 7 S 107/09 = DAR 2009, 651; AG Köln SP 2007, 62; AG Neuss SP 2006, 174; AG Gelsenkirchen, Urt. v. 27.9.2009 – 32 C 230/09 – juris; AG Essen, Urt. v. 17.8.2005 – 29 C 170/05 – juris; AG Weilheim, Urt. v. 7.3.2008 – 9 C 001/07 – juris).

▲

IV. Checkliste: Bezifferung des Fahrzeugschadens

259

- Die Bezifferung kann erfolgen durch Rechnung, Gutachten oder Kostenvoranschlag.
- Liegen dem Schädiger Rechnung und Gutachten vor, ist bei einer Reparatur gem. den Vorgaben aus dem Gutachten bei auftretenden Differenzbeträgen für die Abrechnung grundsätzlich die höhere Rechnung maßgeblich, da sie die konkretere Abrechnungsgrundlage darstellt.
- Der Geschädigte hat grundsätzlich einen Anspruch auf Einholung eines „eigenen" Gutachtens.
- Die Kosten für das Gutachten werden vom Schädiger nur nach Maßgabe der Haftungsquote ersetzt.
- Betragen die Reparaturkosten weniger als 800 EUR, kann die Einholung eines Gutachtens eine Verletzung gegen § 254 Abs. 2 BGB darstellen. Dies setzt aber nach der im Vordringen befindlichen Ansicht in der Rechtsprechung voraus, dass die Geringfügigkeit der Reparatur auch für einen Laien erkennbar war.
- Die Schädigerseite und nicht der Geschädigte trägt das sog. Sachverständigenrisiko.
- Der Schädiger kann daher dem Geschädigten i.d.R. nicht vorwerfen, die Kosten des Sachverständigen seien überhöht, wenn er dies zum Zeitpunkt der Beauftragung nicht erkennen konnte. Eine Marktforschung braucht der Geschädigte nicht anzustellen. Die Schädigerseite ist in diesem Fall gehalten, dem Geschädigten die Gutachterkosten zu erstatten und ggf. bei den Sachverständigen in Regress zu nehmen.

- Das Sachverständigenrisiko kann aber nicht im Wege der Abtretung zugunsten des Sachverständigen eingreifen.
- Der Geschädigte ist in der Wahl des Gutachters frei. Fehler des Gutachters gehen grundsätzlich zu Lasten des Schädigers, der bei einer tatsächlich durchgeführten Reparatur das Prognoserisiko trägt, es sei denn, den Geschädigten trifft ein Auswahl- oder Informationsverschulden.
- Sind die Reparaturkosten zu gering, sollte ein Kostenvoranschlag eingeholt werden. Nach überwiegender Ansicht in der Rechtsprechung sind die dafür in Rechnung gestellten Kosten vom Schädiger auch bei einer Abrechnung auf fiktiver Basis auszugleichen. Eine Anrechnung ist aber i.d.R. geboten, wenn das Fahrzeug später in der gleichen Werkstatt repariert wird.

D. Ersatz für den Ausfall des Unfallfahrzeugs

Dr. Michael Nugel/Sebastian Gutt

Ist das Unfallfahrzeug nach dem Schadenseintritt nicht mehr fahrfähig oder zumindest **260**
nicht mehr verkehrssicher, darf es im öffentlichen Straßenverkehr nicht mehr geführt werden. Der Geschädigte hat in diesem Fall unter besonderen Voraussetzungen einen Anspruch darauf, für die Zeit bis zum Reparaturende bzw. bis zur Beschaffung eines Ersatzfahrzeugs

- ein Mietfahrzeug in Anspruch zu nehmen oder
- eine Nutzungsausfallentschädigung zu erhalten
- bzw. kann er u.U. sogar beides kombinieren.

I. Mietwagenkosten

Der Anspruch auf Ausgleich der Mietwagenkosten ist darauf gerichtet, dass der Geschä- **261**
digte vom Schädiger für den Ausfallzeitraum ein Ersatzfahrzeug zur Verfügung gestellt bekommt. In demselben Maße ist der Geschädigte dazu berechtigt, ein Mietfahrzeug für den Ausfallzeitraum in Anspruch zu nehmen.

Die Grenzen dieser Berechtigung werden zunächst durch § 249 Abs. 2 S. 1 BGB gesteckt. Danach sind nur die „erforderlichen“ Kosten auszugleichen. In diesem Sinne sind Mietwagenkosten „**erforderlich**“, wenn sie von einem verständigen und wirtschaftlich vernünftig denkenden Fahrzeugeigentümer in der Lage des Geschädigten verursacht worden wären.[300]

1. Mietwagenkosten und unfallbedingte Verletzungen

Auch im Bereich der Mietwagenkosten hat jeder Geschädigte die ihm obliegende Pflicht **262**
zur Schadensminderung bzw. -geringhaltung gem. § 254 Abs. 2 BGB zu beachten. Da-

300 BGH NJW 2013, 1539; OLG Köln VersR 1996, 121.

nach widerspräche es wirtschaftlicher Vernunft, ein Mietfahrzeug in Anspruch zu nehmen, wenn dem Geschädigten ein **Zweitfahrzeug** zur freien Verfügung steht.

Ebenso wenig darf ein Mietfahrzeug in Anspruch genommen werden, wenn der Geschädigte infolge des durch den Unfall verursachten **Personenschadens** nicht dazu in der Lage ist, das Fahrzeug auch tatsächlich zu benutzen.[301] Dabei muss aber stets geprüft werden, ob und inwieweit die konkrete Beeinträchtigung der körperlichen Unversehrtheit Einfluss auf die Fähigkeit genommen hat, einen Pkw sicher zu führen. Bei einer Verletzung der Halswirbelsäule muss dies zum Beispiel nicht zwangsläufig der Fall sein. Anders kann dies aber bei der Nutzung eines Motorrades sein.[302] Daneben ist zu beachten, dass sich der für einen Ersatz der Mietwagenkosten nötige Fahrbedarf bei einem krankheitsbedingten Fernbleiben vom Arbeitsplatz auf ein nicht mehr erstattungsfähiges Maß reduzieren kann.

263 ▼

Muster 8.66: Ausgleich von Mietwagenkosten bei einer HWS-Verletzung

8.66

Versicherung AG

Schaden-Nr./VS-Nr./Az.

Schaden vom

Pkw , amtl. Kennzeichen

Sehr geehrte Damen und Herren,

in vorbezeichneter Angelegenheit lehnten Sie den Ausgleich der geltend gemachten Mietwagenkosten mit der Begründung ab, mein Mandant sei von seinem Arzt krankgeschrieben worden, weshalb er aus gesundheitlichen Gründen nicht in der Lage gewesen sei, ein Mietfahrzeug praktisch zu nutzen. Diese Schlussfolgerung ist jedoch nicht zutreffend. Ob ein Geschädigter dazu in der Lage ist, ein Kraftfahrzeug zu führen, macht sich nicht daran fest, ob er krankgeschrieben wurde und deshalb nicht mehr arbeitsfähig ist. Entscheidend ist vielmehr der Umfang des konkreten Personenschadens. Der Fahrfähigkeit steht es grundsätzlich nicht entgegen, dass dem Geschädigten ärztlicherseits Bettruhe verordnet wurde (OLG Hamm NJW-RR 1994, 793). Zu prüfen ist vielmehr, ob der Geschädigte trotz seines Personenschadens das Fahrzeug noch führen kann.

Entgegen der von Ihnen vertretenen Auffassung war mein Mandant trotz des erlittenen HWS-Syndroms noch zum Führen eines Kraftfahrzeugs in der Lage. Ein sog. Schleudertrauma steht der Inanspruchnahme eines Mietfahrzeugs grundsätzlich nicht entgegen (LG Köln SP 2014, 198; AG Gießen zfs 1995, 453). Anhaltspunkte dafür, dass bei meinem Mandanten besondere Umstände vorgelegen haben, die bei einer HWS-Verletzung zugleich eine Fahruntüchtigkeit begründen, sind vorliegend nicht erkennbar. Damit unterliegt die Anmietung eines Ersatzfahrzeugs der freien Entscheidung meines Mandanten.

301 LG Köln SP 2014, 198; OLG Saarbrücken NJW-RR 2010, 1252; OLG Karlsruhe NZV 1994, 316.
302 KG MDR 2007, 887.

Nach alledem habe ich Sie aufzufordern, die mit EUR bezifferten Mietwagenkosten unverzüglich, spätestens jedoch bis zum

(10-Tages-Frist)

auf das Ihnen bekannte Konto meines Mandanten auszugleichen. Nach fruchtlosem Fristablauf werde ich meinem Mandanten die Inanspruchnahme gerichtlicher Hilfe empfehlen.

Mit freundlichen Grüßen

(Rechtsanwalt)

▲

2. Mietwagen bei Personenschaden und Nutzung durch nahe Angehörige

Sofern der Geschädigte das Fahrzeug aus gesundheitlichen Gründen höchstpersönlich **264**
nicht führen kann, ist die Inanspruchnahme des Mietfahrzeugs nicht zu beanstanden, wenn das Fahrzeug regelmäßig von nahen Angehörigen benutzt wird[303] oder er sich von diesen während seines Krankschreibungszeitraumes chauffieren lässt.[304] Eine dem Mietwagenunternehmen zu zahlende Gebühr für einen zweiten Fahrer ist ebenfalls zu ersetzen, wenn das Unfallfahrzeug auch von einer weiteren Person genutzt wurde und ein Zweitfahrzeug nicht vorhanden ist.[305]

▼ **265**

Muster 8.67: Ausgleich von Mietwagenkosten bei Nutzung durch Angehörige

Versicherung AG 8.67

Schaden-Nr./VS-Nr./Az.

Schaden vom

Pkw , amtl. Kennzeichen

Sehr geehrte Damen und Herren,

ich komme zurück auf die vorbezeichnete Schadensache. Durch Schreiben vom lehnten Sie den Ausgleich der geltend gemachten Mietwagenkosten ab. Zur Begründung führten Sie aus, mein Mandant sei aufgrund seines schweren Personenschadens nicht dazu in der Lage gewesen, das Mietfahrzeug zu führen. Demgemäß sei die Inanspruchnahme des Mietwagens nicht erforderlich gewesen.

Entgegen der von Ihnen vertretenen Auffassung ist der Anspruch meines Mandanten durchaus begründet. Es kann insoweit dahinstehen, ob er selber in der Lage gewesen ist, dass Fahrzeug zu nutzen. Der Eigentümer eines beschädigten Kfz kann vom Schädiger Ersatz der Mietwagenkosten trotz nicht beabsichtigter eigener Nutzung verlangen, wenn er das Fahrzeug zur Nutzung durch einen Familienangehörigen oder eine andere Person (z.B. Schwager, Verlobter, Freund) angeschafft hat und das Fahrzeug von dieser

303 OLG Düsseldorf VersR 2012, 120; OLG Frankfurt a.M. DAR 1995, 23.
304 OLG Hamm NJW-RR 1993, 1053.
305 OLG Köln NZV 2014, 314; LG Stuttgart MRW 2012, 35; LG Bayreuth DAR 2004, 94.

Person während der Reparaturzeit auch tatsächlich genutzt worden wäre (OLG Düsseldorf VersR 2012, 120; OLG Frankfurt a.M. DAR 1995, 23).

Mein Mandant hat das Fahrzeug angeschafft, damit dieses auch durch genutzt werden kann. Diese Nutzung erfolgte in der Vergangenheit u.a. für und wäre auch in dem Zeitraum erfolgt, zu dem das Fahrzeug wegen des Verkehrsunfalls nicht zur Verfügung stand.

Nach alledem habe ich Sie aufzufordern, die bezifferten Mietwagenkosten in Höhe von 2.250 EUR unverzüglich, spätestens jedoch bis zum

(10-Tages-Frist)

auf das Ihnen bekannte Konto meines Mandanten auszugleichen. Nach fruchtlosem Fristablauf werde ich meinem Mandanten die Inanspruchnahme gerichtlicher Hilfe empfehlen.

Mit freundlichen Grüßen

(Rechtsanwalt)

▲

3. Mietwagen trotz geringer Nutzung

266 Auf die Inanspruchnahme eines Mietfahrzeugs soll insgesamt verzichten, wer mit dem Fahrzeug lediglich eine sehr geringe Fahrleistung absolviert. Die sog. **Missbrauchsgrenze** liegt nach Auffassung eines großen Teils der Rechtsprechung bei 20 km.[306] Lediglich 12[307] bzw. 18[308] Kilometer sind dagegen bereits als nicht ausreichend erachtet worden. Auch bei einem täglichen Fahrbedarf von 22 km[309] oder 30 bis 40 km[310] pro Tag kann es dem Geschädigten zumutbar sein, jeweils ein Taxi zu nehmen.

267 ▼

Muster 8.68: Erfordernis eines täglichen Fahrbedarfs

8.68 Der Geschädigte darf einen Mietwagen erst bei einem täglichen Fahrbedarf von mehr als 20 km auf Kosten des Schädigers in Anspruch nehmen und muss sich ansonsten auf die Inanspruchnahme öffentlicher Verkehrsmittel oder eines Taxis verweisen lassen (OLG Bamberg DAR 2015, 639; OLG Hamm NZV 1995, 356; OLG München VersR 1993, 768). Ausweislich der Mietwagenrechnung sind mit dem angemieteten Fahrzeug in Tagen lediglich Kilometer gefahren worden. Dies entspricht

Kilometer täglich. Es hätte sich aufdrängen müssen, dass Mietwagenkosten von weit über unverhältnismäßig sind im Vergleich zu Taxikosten, die unter liegen (OLG Hamm NZV 2002, 82).

306 OLG Bamberg DAR 2015, 639; OLG Frankfurt a.M., Urt. v. 17.1.1996 – 13 U 258/94 – juris; OLG München VersR 1993, 768: LG Frankenthal SVR 2007, 344; LG Baden-Baden zfs 2003,16; LG Darmstadt VersR 1995, 1328; AG Kassel zfs 1995, 373.

307 OLG Hamm NJOZ 2001, 1590; AG Osnabrück SP 2009, 404.

308 LG München SP 2005, 386.

309 OLG Hamm NZV 1995, 356; LG München SP 2005, 386.

310 LG Gera, Urt. v. 8.12.2010 – 1 S 461/07 – juris; LG Wuppertal NJW 2012, 1971.

Bei einem derart geringen Fahrbedarf ist dem Geschädigten ein Ausweichen auf öffentliche Nahverkehrsmittel oder ggf. ein Taxi zumutbar (LG München SP 2005, 386; AG Kehl, Urt. v. 18.2.2015 – 4 c 344/14 – juris).

▲

Ob ein ausreichender Fahrbedarf für die Anmietung eines Ersatzfahrzeugs besteht, ist 268
immer nach den Besonderheiten des Einzelfalls zu prüfen:[311] Grundsätzlich hat der Geschädigte das Erfordernis einer ständigen Verfügbarkeit seines Pkw trotz des geringen Fahrbedarfs näher zu begründen. Eine solche Ausnahme kann vorliegen, wenn der Geschädigte auf das Mietfahrzeug aus beruflichen oder familiären Gründen ständig angewiesen ist und das Fahrzeug quasi „abrufbereit" benötigt.[312] Auch persönliche eingeschränkte körperliche Mobilität ist relevant.[313] Diese Erwägungen können insbesondere im ländlichen Raum eingreifen, wenn vor Ort keine ausreichenden öffentlichen Verkehrsmittel vorhanden sind[314] oder bei einer Familie mit zwei Kleinkindern, wo jederzeit nicht vorhersehbare Fahrten notwendig sein können.[315] Auch kann die ständige Verfügbarkeit aus betrieblichen Gründen bei nicht vorhersehbaren Auslieferungsfahrten begründet sein.[316] Wird ein täglicher Fahrbedarf in ausreichender Höhe abgelehnt, steht dem Geschädigten aber immerhin ein entsprechender pauschal zu berechnender Nutzungsausfall zu.[317]

▼ 269

Muster 8.69: Ausgleich von Mietwagenkosten bei geringer Nutzung 8.69

Versicherung AG

Schaden-Nr./VS-Nr./Az.

Schaden vom

Pkw , amtl. Kennzeichen

Sehr geehrte Damen und Herren,

in vorbezeichneter Schadensache lehnen Sie zu Unrecht den Ersatz der geforderten Mietwagenkosten ab.

Die Erforderlichkeit des Fahrbedarfs bei der Anmietung eines Ersatzfahrzeugs richtet sich nach dem Einzelfall (BGH NJW 2013, 1149) und den konkreten Umständen, die den Lebensbereich des Geschädigten prägen und findet ihre Grenze erst in einem reinen Bequemlichkeits- oder Statusdenken des Geschädigten (LG Stendal NZV 2006, 42). Der Geschädigte ist trotz verhältnismäßig geringer Fahrleistung zur Inanspruchnahme eines Mietfahrzeugs berechtigt, wenn ausnahmsweise besondere berufliche oder familiäre

311 BGH NJW 2013, 1149; LG Stendal NJW 2005, 3787; AG Bremervörde, Urt. v. 28.3.2014 – 5 C 300/13 – juris.
312 OLG Hamm NZV 1995, 356; LG Aschaffenburg zfs 1994, 167, 168.
313 LG Stendal NZV 2006, 42; AG Bremen NZV 2013, 451.
314 OLG München, Urt. v 14.6.2013 – 10 U 3314/12 – juris; LG Aschaffenburg zfs 1994, 167; AG Schwandorf MRW 2015, 17.
315 LG München DAR 1989, 388.
316 AG Brühl zfs 1998, 380.
317 OLG Hamm NJOZ 2001, 1590.

Gründe die ständige Kfz-Verfügbarkeit erfordern (OLG Bamberg DAR 2015, 639; OLG Hamm NZV 1995, 356). Das war hier der Fall. Hier ist zu berücksichtigen, dass

Demgemäß besitzt mein Mandant einen Anspruch auf Ausgleich der gesamten Mietwagenkosten. Ich habe Sie deshalb aufzufordern, den noch offenen Restbetrag in Höhe von EUR unverzüglich, spätestens jedoch bis zum

(10-Tages-Frist)

auf das Ihnen bekannte Konto meines Mandanten auszugleichen. Nach fruchtlosem Fristablauf werde ich meinem Mandanten die Inanspruchnahme gerichtlicher Hilfe empfehlen.

Mit freundlichen Grüßen

(Rechtsanwalt)

▲

4. Pflicht zur Einholung von Preisvergleichen vor der Anmietung – Erstattungsfähigkeit des Unfallersatztarifs

a) Übersicht

270 In welcher Höhe die Kosten für die Anmietung eines Ersatzfahrzeug als erforderlich i.S.d. § 249 BGB anzusehen sind und welche Pflichten den Geschädigten zur Minderung dieses Aufwandes nach § 254 Abs. 2 BGB treffen wird in der Rechtsprechung und Literatur kontrovers erörtert. Während früher der BGH diese Fragen weitestgehend zugunsten des Geschädigten entschied, hat sich diese Rechtsprechung vor dem Hintergrund gewandelt, dass sich in der Mietwagenbranche neben dem üblicherweise anfallenden Tarif als sog. Normaltarif ein höherer sog. Unfallersatztarif entwickelt hat.

271 Hierbei hat der BGH in einer Reihe Entscheidungen folgende Grundsätze aufgestellt und konkretisiert: Der Geschädigte kann als erforderlichen Herstellungsaufwand i.S.d. § 249 Abs. 2 BGB nur den Ersatz der Mietwagenkosten verlangen, die ein verständiger, wirtschaftlich denkender Mensch in der Lage des Geschädigten für zweckmäßig und notwendig halten darf. Hierbei ist er gehalten, von mehreren Möglichkeiten im Rahmen des ihm Zumutbaren den günstigeren Weg der Schadensbeseitigung zu wählen.[318] Dies ist in der Regel zumindest der Mietwagenpreis, der üblicherweise bei der Anmietung eines gleichwertigen Ersatzfahrzeugs in der betroffenen Region anfällt. Auf die Frage, ob der Mietwagentarif zwischen dem Geschädigten und dem Mietwagenunternehmen wirksam vereinbart worden ist, kommt es dabei nicht an.[319]

272 Einen darüber hinausgehenden Mietwagentarif, kann der Geschädigte im Rahmen des § 249 BGB mit zwei möglichen Begründungen ersetzt erhalten:

(1) Der Geschädigte weist nach, dass ihm die Anmietung zu einem günstigeren Tarif, insbesondere zum „Normaltarif", nach den konkreten Umständen nicht zugänglich gewe-

318 St. Rspr. des BGH seit BGHZ 160, 377, 383 ff. = VersR 2006, 133 = NZV 2005, 32; BGH, Urt. v. 19.1.2010 – VI ZR 112/09 = zfs 2010, 206; BGH, Urt. v. 5.3.2013 – VI ZR 245/11 = NJW 2013, 1870.

319 BGH, Urt. v. 9.10.2007 – VI ZR 27/07 = zfs 2008, 22.

sen ist.[320] In diesem Fall sind die konkret angefallenen Mietwagenkosten selbst dann zu erstatten, wenn sie gegenüber dem Normaltarif nicht wirtschaftlich gerechtfertigt wären.

(2) Der Geschädigte weist nach, dass ein sog. Aufschlag auf den „Normaltarif" mit Rücksicht auf die Unfallsituation (etwa die Vorfinanzierung, das Risiko eines Ausfalls mit der Ersatzforderung wegen falscher Bewertung der Anteile am Unfallgeschehen etc.) gerechtfertigt ist, weil die Besonderheiten auf Leistungen des Vermieters beruhen, die durch die Unfallsituation veranlasst und zur Schadensbehebung nach § 249 Abs. 2 S. 1 BGB erforderlich sind.[321]

Auf diese Frage, ob ein solcher Aufschlag gerechtfertigt ist, kommt es jedoch nicht an, **273** wenn die Schädigerseite dem Geschädigten nachweist, dass er ein Ersatzfahrzeug ohne Weiteres zu dem „Normaltarif" hätte anmieten können und durch die Anmietung zu einem höheren Tarif gegen seine Schadensminderungspflicht nach § 254 BGB verstößt.[322]

b) Bestimmung des ortsüblichen „Normaltarifs"

Vor dem Hintergrund der Rechtsprechung des BGH ist in der unterinstanzlichen Recht- **274** sprechung ein Streit darüber entstanden, auf welcher Basis der Tatrichter den als ortsüblich anzusehenden Normaltarif im Rahmen der Schadensschätzung nach § 287 ZPO zu bestimmen hat, den der Geschädigte zumindest als erforderlichen Aufwand i.S.d. § 249 Abs. 2 S. 1 BGB ersetzt erhält.

Der BGH hält sich als Revisionsgericht bei der Bestimmung dieser Aufwendungen **275** bedeckt und gibt dem Tatrichter im Rahmen der nachfolgend angeführten Grundsätze weitestgehend „freie Hand". Bei der Prüfung der Angemessenheit der Mietwagenkosten ist grundsätzlich das Preisniveau an dem Ort maßgebend, an dem das Fahrzeug angemietet und übernommen wird, weil dort der Bedarf für ein Mietfahrzeug entsteht.[323] In Ausübung seines Ermessens nach § 287 ZPO kann der Tatrichter den „Normaltarif" auf der Grundlage eines sog. Mietwagenspiegels – unter Berücksichtigung der Umstände des Einzelfalls etwa ergänzt durch Abschläge bzw. Zuschläge oder sachverständige Hilfe – berechnen.[324] Der BGH hat wiederholt entschieden, dass in Ausübung des tatrichterlichen Ermessens nach § 287 ZPO der Normaltarif sowohl auf Grundlage des Schwacke-Mietpreisspiegels als auch der Fraunhofer-Liste ermittelt werden kann. Eine Schätzung nach dem arithmetischen Mittel beider Erhebungen hat er auch nicht als rechtsfehlerhaft erachtet.[325]

320 BGH VersR 2013, 330.
321 St. Rspr. des BGH seit BGHZ 160, 377, 383 ff. = VersR 2006, 133 = NZV 2005, 32; BGH, Urt. v. 19.1.2010 – VI ZR 112/09 = zfs 2010, 206; BGH, Urt. v. 5.3.2013 – VI ZR 245/11 = NJW 2013, 1870.
322 BGH VersR 2006, 564 und VersR 2006, 1254; BGH VersR 2007, 706.
323 BGH NJW 2008, 1519.
324 BGH, Urt. v. 18.12.2012 – VI ZR 316/11 = VersR 2013, 330; BGH NJW 2007, 2916.
325 BGH, Urt. v. 18.12.2012 – VI ZR 316/11 = VersR 2013, 330; BGH, Urt. v. 8.5.2010 – VI ZR 293/08 = VersR 2010, 1054; VersR 2011, 643; BGH, Urt. v. 27.3.2012 – VI ZR 40/10 = NJW 2012, 2026; BGH, Urt. v. 12.4.2011 – VI ZR 300/09 = NJW 2011, 1947.

Die Schadenshöhe darf lediglich nicht auf der Grundlage falscher und offenbar unsachlicher Erwägungen festgesetzt werden und ferner dürfen wesentliche die Entscheidung bedingende Tatsachen nicht außer Betracht bleiben. Die Eignung von Listen oder Tabellen, die bei der Schadensschätzung Verwendung finden können, bedarf nur der Klärung, wenn mit konkreten Tatsachen aufgezeigt wird, dass geltend gemachte Mängel sich auf den zu entscheidenden Fall auswirken.[326] Bedenken gegen eine Schätzgrundlage muss nicht durch Beweiserhebung nachgegangen werden, wenn eine andere geeignete Schätzgrundlage zur Verfügung steht.[327] Etwa hatte der BGH über mehrere Verfahren zu entscheiden, bei denen der Tatrichter auf Basis des sog. Schwacke-Mietpreisspiegels den als ortsüblich anzusehenden Normaltarif ermittelt hat.[328] In diesen Fällen hat der BGH keine ausreichenden Einwendungen angenommen, die mit konkreten Tatsachen eine Eignung des Schwacke-Mietpreisspiegels als Schätzungsgrundlage erschüttert hätten.[329] Hierbei ist genau zu prüfen, ob durch Vorlage konkreter Vergleichsangebote deutlich geringere Mietwagenpreise aufgezeigt werden und dadurch ein Mietpreisspiegel als Schätzungsgrundlage erschüttert wird.[330] Dabei ist zu beachten, dass die Angebote den Konditionen der Anmietsituation (Datum, Übergabeort, Nebenkosten) etwa den Werten der vorgezogenen Liste entsprechen.[331]

276 Bei der Umsetzung dieser Vorgaben des BGH hat sich derzeit in der Rechtsprechung je nach der betroffenen Region ein fester Lösungsweg bei der Bestimmung der als erforderlich anzusehenden Mietwagenkosten etabliert. Dies vor dem Hintergrund, dass derzeit zwei jährlich erscheinende Mietpreisspiegel als Schätzungsgrundlage in Betracht kommen: Es handelt sich dabei um den sog. Schwacke-Mietpreisspiegel und die Befragung des Fraunhofer Instituts. Der größte methodische Unterschied zwischen beiden Befragungen dürfte darin bestehen, dass die Fraunhofer Befragung anonym im Rahmen einer nachgestellten Anmietsituation erfolgt sein soll, während Schwacke gegenüber den befragten Mietwagenunternehmen das Befragungsziel offen gelegt hat. Ein Großteil der Befragung seitens des Fraunhofer Institut erfolgte allerdings über sog. Internetangebote mit einem größeren Raster an Postleitzahlgebieten bei der Erfassung der Angebote.

277 Dem Tatrichter ist jedenfalls ein weiter Ermessensspielraum eröffnet. Zum Ausgleich von Vor- und Nachteilen beider einschlägiger vorbenannter Listen ist ein großer Teil der Obergerichte dazu übergegangen, anhand einer Mittelweglösung den Schaden zu schätzen, statt ein häufig als unwirtschaftlich anzusehendes Sachverständigengutachten einzuholen. Bei dieser sog. „Fracke-Lösung“ bildet der Tatrichter aus der Summe der Miet-

326 BGH NJW 2013, 1539; BGH 12.4.2011 – VI ZR 300/09 = zfs 2011, 441; BGH, Urt. v. 11.3.2008 – VI ZR 164/07 = NJW 2008, 1519 = zfs 2008, 383; anschaulich auch OLG Saarbrücken, Urt. v. 22.12.2009 – 4 U 294/09 – juris.

327 BGH, Urt. v. 12.4.2011 – VI ZR 300/09 = NJW 2011, 1947; BGH, Urt. v. 14.10.2008 – VI ZR 308/07 = zfs 2009, 82.

328 BGH, Urt. v. 27.3.2012 – VI ZR 40/10 = NJW 2012, 2026.

329 Vgl. BGH, Urt. v. 19.1.2010 – VI ZR 112/09 – juris; ebenso BGH, Urt. v. 14.10.2008 – VI ZR 308/07 = zfs 2009, 82; BGH, Urt. v. 11.3.2008 – VI ZR 164/07 = NJW 2008, 1519 = zfs 2008, 383.

330 BGH, Urt. v. 17.5.2012 – VI ZR 142/10 = NJW-RR 2011, 1109; BGH, Versäumnisurt. v. 17.5.2011 – VI ZR 142/10 = SP 2011, 290; BGH VersR 2010, 683; OLG Hamm SP 2012, 75.

331 Vgl. etwa BGH VersR 2013, 330; OLG Hamm SP 2012, 75; OLG Celle NJW-RR 2012, 802.

preise aus der Schwacke- und der Fraunhofer-Liste das arithmetische Mittel. Zu diesem ermittelten Normaltarif werden noch die als erstattungsfähig angesehenen Nebenkosten (Zustellkosten, Kosten für die Vollkaskoversicherung etc.) addiert.[332]

Die vierte Vorgehensweise besteht darin, dass der Tatrichter sich zwar grundsätzlich für eine Befragung als taugliche Schätzungsgrundlage entscheidet, dabei aber auch die dazu erhobenen Einwendungen bzw. weitere Unsicherheiten mit einem Aufschlag (bei Fraunhofer) bzw. Abschlag (bei Schwacke) berücksichtigt. So hat sich eine Vorgehensweise durchgesetzt, bei welcher der Wert aus der Befragung des Fraunhofer-Instituts zum Ausgleich für methodische Unsicherheiten ein Aufschlag von 20 %[333] bzw. 25 %[334] oder auch nur 15 %[335] vorgenommen wird. Von anderen Gerichten[336] wird weiter an dem Schwacke-Mietpreisspiegel festgehalten und den methodischen Bedenken durch einen Sicherheitsabschlag, so z.B. um 17 % Rechnung getragen. 278

aa) Bestimmung des Normaltarifs anhand des Schwacke-Mietpreisspiegels

In der Rechtsprechung wird von einigen Gerichten weiter an der Heranziehung des Schwacke-Mietpreisspiegels festgehalten.[337] Hauptargument für diese Vorgehensweise ist sicherlich, dass der BGH diese Tabelle in einer Reihe an Entscheidungen bereits als taugliche Schätzungsgrundlage bestätigt hat. Hinzu kommt, dass die Schwacke-Liste gegenüber dem Fraunhofer Mietpreisspiegel den Vorzug einer detaillierten Untergliederung in Postleitzahlgebiete hat, wodurch insbesondere größeren regionalen Unterschieden im ländlichen Raum Rechnung getragen werden kann. 279

Erfolgt die Berechnung des ortsüblichen Normaltarifs anhand des Schwacke-Mietpreisspiegels ist zu berücksichtigen, dass in diesem Tabellenwerk Nebenkosten gesondert ausgewiesen werden und eine ergänzende Abrechnung geboten ist. 280

▼ 281

Muster 8.70: Erstattungsfähige Nebenkosten bei der Abrechnung nach dem Schwacke-Mietpreisspiegel

8.70

Die erforderlichen Mietwagenkosten berechnen sich somit nach dem gewichteten Mittel („Modus“) des Schwacke-Mietpreisspiegels unter Berücksichtigung der Wochen- und Dreitagespauschalen, jeweils bezogen auf das Postleitzahlen-Gebiet, in welchem das Fahrzeug übernommen worden ist. Da die Normaltarife der Schwacke-Liste keine Nebenkosten enthalten, werden diese hinzugerechnet, soweit sie tatsächlich angefallen sind.

332 OLG Celle, Urt. v. 15.3.2016 – 14 U 127/15 – juris; OLG Hamm, Urt. v. 18.3.2015 – I-9 U 142/15, 9 U 142/15; OLG Bamberg DAR 2015, 639; OLG Saarbrücken, Urt. v. 9.10.2014 – 4 U 46/14 = NJW-RR 2015, 223; OLG Köln, Urt. v. 1.7.2014 – I-15 U 31/14, 15 U 31/14 – juris; OLG Zweibrücken, Urt. v. 22.1.2014 – 1 U 165/11 – juris; OLG Karlsruhe, Entsch. v. 1.2.2013 – 1 U 130/12 – juris; LG Offenburg, Urt. v. 4.10.2011 – 1 S 4/11 – juris; LG Bielefeld, Urt. v. 9.10.2009 – 21 S 27/09 – juris = VRR 2009, 465; LG Rostock, Urt. v. 31.8.2009 – 1 S 76/09 – juris.

333 Beispielhaft: LG Duisburg, Urt. v. 13.6.2012 – 11 S 226/11 – juris; LG Kempten, Urt. v. 9.11.2010 – 52 S 1327/10 – juris.

334 LG Ansbach, Urt. v. 1.3.2012 – 1 S 962/11 – juris; LG Ingolstadt, Urt. v. 23.8.2011 – 22 S 143/11 – juris.

335 OLG Saarbrücken, Urt. v. 26.5.2023 – 3 U 20/23 – juris.

336 LG Nürnberg-Fürth, Urt. v. 26.1.2012 – 8 S 9381/11; Urt. v. 29.9.2011 – 2 S 185/11 – juris.

337 OLG Dresden, Urt. v. 26.3.2014 – 7 U 1110/13 = SP 2014, 272; Thüringer OLG, Urt. v. 26.10.2011 – 7 U 1088/10 – juris; LG Stuttgart MRW 2014, 66; LG Frankfurt a.M., Urt. v. 13.3.2014 – 2/15 S 148/13, 2/15 S 148/13 – juris.

Für die Einbeziehung dieser Positionen ist auf die Nebenkostentabelle von Schwacke zurückzugreifen (KG, Urt. v. 8.5.2014 – 22 U 119/13 – juris; OLG Köln, Urt. v. 20.3.2012 – 15 U 170/11, DAR 2012, 333; OLG Dresden, Urt. v. 4.5.2012 – 1 U 1797/11 – juris; OLG Köln NZV 2009, 447).

Wird für ein bei einem Verkehrsunfall beschädigtes Kraftfahrzeug ein Ersatzwagen angemietet und dabei Vollkaskoschutz ohne Selbstbeteiligung vereinbart, sind die hierfür erforderlichen Mehraufwendungen in der Regel als adäquate Schadensfolge auch dann anzusehen, wenn das eigene Fahrzeug des Geschädigten nicht vollkaskoversichert war (BGH NJW 2005, 1041). Die hierdurch bedingten Aufwendungen in Höhe von EUR sind zu erstatten.

Soweit – wie hier – Kosten für die Zustellung und Abholung des Ersatzfahrzeugs erforderlich waren, erstreckt sich der Ersatzanspruch auch darauf (BGH, Urt. v. 5.3.2013 – VI ZR 245/11, NJW 2013, 1870; OLG Köln NZV 2007, 199; OLG Karlsruhe VersR 2008, 1992; LG Gießen, Urt. v. 9.12.2009 – 1 S 21/09 – juris). Die Kosten der Zustellung und Abholung in Höhe von EUR sind mithin ebenso zu erstatten.

Erstattungsfähig ist auch eine Vergütung für den zweiten Fahrer, zumal dessen Nutzung des Fahrzeugs im Mietvertrag eigens vereinbart ist und die Kosten extra in Rechnung gestellt wurden (vgl. BGH, Urt. v. 27.3.2012 – VI ZR 40/10, VersR 2012, 874) – in diesem Fall in Höhe von EUR.

Erstattungsfähig sind ebenfalls die Kosten für einen branchenüblichen Aufschlag der Winterreifen mit EUR (BGH, Urt. v. 5.3.2013 – VI ZR 245/11, NJW 2013, 1870; OLG Köln VersR 2014, 1268; OLG Dresden SP 2014, 272; OLG Celle NJW-RR 2012, 80). Ob die Kosten der Winterbereifung mit dem Grundmietpreis abgegolten sind oder im Winterhalbjahr eine Sonderpauschale abgerechnet wird, obliegt allein der freien – und damit weder durch den Geschädigten noch durch den Schädiger überprüfbaren – unternehmerischen Kalkulationsentscheidung der Mietwagenunternehmen. Im Übrigen zeigen die meisten bekannten Vergleichsangebote, dass Mietfahrzeuge auf dem Mietwagenmarkt mit Winterbereifung tatsächlich nur gegen Zahlung eines Zuschlags für dieses Ausstattungsmerkmal angeboten werden. Dann aber ist der zusätzliche Kostenaufwand für die Ausstattung mit Winterbereifung auch erforderlich i.S.v. § 249 Abs. 2 S. 1 BGB. Die Erforderlichkeit ist dabei nicht nur dann von vornherein zu bejahen, wenn das verunfallte Kfz seinerseits mit Winterreifen ausgestattet war, sondern auch dann, wenn während der Mietdauer ernstlich mit der Möglichkeit von Wetterlagen gerechnet werden musste, die mit Rücksicht auf § 2 Abs. 3a StVO eine Winterausrüstung des Mietwagens erforderlich machen.

▲

282 Vielfach wird wie dargelegt zu den Nebenkosten auch die Bereitstellung von Winterreifen gezählt, wenn dies geschäftsüblich ist.[338] Zwingend ist dies jedoch nicht.

283 Ggf. kann es auch geboten sein, bei den Kosten für den Abschluss einer Vollkaskoversicherung unter dem Gesichtspunkt des Vorteilsausgleiches einen Abzug vorzunehmen.

338 Vgl. BGH, Urt. v. 5.3.2013 – VI ZR 245/11 = NJW 2013, 730; OLG Koblenz NJW 2015, 1615; OLG Dresden SP 2014, 272; OLG Karlsruhe, Entsch. v. 1.2.2013 – 1 U 130/12 – juris; OLG Celle NJW-RR 2012, 802; OLG Stuttgart NZV 2011, 556.

▼ 284

Muster 8.71: Vorteilsausgleich bei Anmietung mit Vollkaskoversicherung

8.71

Die geltend gemachten Kosten einer Vollkaskoversicherung für das angemietete Fahrzeug sind nur zur Hälfte zu ersetzen, da die Klägerseite bei ihrem Fahrzeug vor dem Unfallereignis auch keine Vollkaskoversicherung unterhalten hatte. Zwar ist zu berücksichtigen, dass grundsätzlich die Benutzung eines Mietwagens mit einem erheblichen Schädigungsrisiko verbunden ist. Zugleich wird der Geschädigte dadurch bessergestellt, dass er im Fall eines Fahrzeugschadens vollständig abgesichert ist, während er vor dem Unfall bei einem selbstverschuldeten Unfall seines eigenen Fahrzeugs den Schaden selber zu tragen hätte. Das beschädigte Fahrzeug ist deutlich älter (Erstzulassung) als das höherwertige Mietfahrzeug. Es ist daher sachgerecht, gem. § 287 ZPO die Prämien für die Haftungsfreistellung lediglich zur Hälfte zu ersetzen (OLG Karlsruhe NZV 2008, 456; LG Hagen zfs 1995, 215) – vgl. auch BGH NZV 2005, 301, wonach es der tatrichterlichen Beurteilung gem. § 287 ZPO unterliegt, ob im Einzelfall ein Vollkaskoschutz ganz oder nur teilweise zu erstatten ist. Im Übrigen kann der Gesichtspunkt eines solchen Vorteilsausgleichs dahinstehen, wenn den Werten aus der Fraunhofer Befragung gefolgt wird, die bereits den branchenüblichen Abschluss einer Vollkaskoversicherung umfassen (vgl. anschaulich OLG Hamburg MDR 2009, 800).

▲

bb) Bestimmung des Normaltarifs anhand des Fraunhofer Mietpreisspiegels

Eine Reihe an Oberlandesgerichten zieht statt des Schwacke-Mietpreisspiegels die Be- 285
fragung des Fraunhofer Instituts als taugliche Schätzungsgrundlage zur Bestimmung des Normaltarifs vor.[339] In erster Linie wird die Anwendung dieses Mietpreisspiegels mit der nachgestellten anonymen Anmietsituation begründet, die gegenüber der „offenen" Befragung des Schwacke-Mietpreisspiegels vorzugswürdig wäre.

Es gibt jedoch auch einige Gerichtsentscheidungen, welche den Schwacke-Mietpreis- 286
spiegel bei einem Vergleich mit der Fraunhofer Befragung weiterhin vorzuziehen. Dies insbesondere vor dem Hintergrund der detaillierten Untergliederung in verschiedene PLZ-Gebiete und der in Frage gestellten Aussagekraft der Internetangebote, welche das überwiegende Datenmaterial der Fraunhofer Befragung darstellen.

▼ 287

Muster 8.72: Einwendungen gegen die Tauglichkeit des Fraunhofer Mietpreisspiegel als Schätzungsgrundlage

8.72

Die Befragung des Fraunhofer Instituts stellt unter mehreren Gesichtspunkten keine taugliche Schätzungsgrundlage dar. Dies bereits deshalb nicht, da diese Befragung aufgrund einer Auftragsstellung des Gesamtverbandes der Versicherungswirtschaft erfolgt ist und daher mit ihr eine einseitige Zielvorgabe erfolgt.

Grundlage des vom Fraunhofer-Institut im einseitigen Auftrag der Versicherungswirtschaft erstellten Marktpreisspiegels ist eine Erhebung von Daten über Telefon und Internet. Die

339 OLG Düsseldorf, Urt. v. 24.3.2015 – I-1 U 42/14, 1 U 42/14 = MDR 2015, 454; OLG Koblenz NJW 2015, 1615; OLG Frankfurt a.M., Urt. v. 24.6.2010 – 16 U 14/10 – juris; OLG Hamburg NZV 2009, 394 = VRR 2009, 346; OLG Bamberg SP 2009, 330; OLG Köln NZV 2009, 600 = VRR 2009, 465 (6. Zivilsenat); OLG München r+s 2008, 439 und OLG Jena r+s 2009, 40.

Datenerfassung hat sich auf Situationen beschränkt, in denen ein Mietwagen per Telefon oder über das Internet gebucht wird. Die dadurch ermittelten Preise beruhen auf Sonderkonditionen, die bei einer normalen Anmietsituation nicht gewährleistet sind (anschaulich: OLG Köln NZV 2009, 447; LG Frankfurt a.M. MRW 2014, 58; LG Dortmund, Urt. v. 5.11.2009 – 4 S 72/09 – juris). Auch der BGH hat in seiner Entscheidung vom 2.2.2010 (VI ZR 7/09, zfs 2010, 561, dort Rn 21) darauf hingewiesen, dass der Gesichtspunkt des auf diese Weise eröffneten Sondermarktes seitens des Tatrichters zu berücksichtigen ist. Im Übrigen ist für den vorliegenden Fall gar nicht nachgewiesen, dass vor einer Anmietung eine umfassende Recherche über das Internet mit einer anschließenden Buchung möglich gewesen wäre.

Zudem sind die Preise ausschließlich auf der Grundlage einer einwöchigen Vorbuchungsfrist ermittelt worden. Eine solche Frist steht – wie auch im hiesigen Fall – bei der Anmietung eines Ersatzfahrzeugs nach einem Verkehrsunfall nicht zur Verfügung. Da die in der Fraunhofer-Studie ausgewiesenen Werte auf der Grundlage einer einwöchigen Vorlauffrist erfragt worden sind, bestehen vielmehr durchgreifende Bedenken an der die Besonderheiten gerade der hier zu beurteilenden Schadensfälle erfassenden Repräsentativität der in dieser Studie abgebildeten – niedrigeren – Werte und deren Vergleichbarkeit mit den in dem Schwacke-AMS ausgewiesenen Modi bzw. gewichteten Mittel. Dafür, dass die einwöchige Vorlauffrist für Mietwagenbuchungen auf die für die Anmietung eines Mietfahrzeugs geforderten Preise von nicht lediglich unerheblichem Einfluss ist, spricht neben der allgemeinen Lebenserfahrung auch der Umstand, dass vorgelegten Preise für die Anmietung von Pkw bei größeren Mietwagenunternehmen je nach der Vorbuchungsfrist teilweise deutlich variieren (LG Fulda, Urt. v. 29.8.2014 – 1 S 25/14 – juris; OLG Köln, Urt. v. 8.11.2011 – 15 U 54/11 = SVR 2011, 454).

Im Ergebnis nichts anderes gilt hinsichtlich der gegenüber der Erhebungsmethode der den Mietwerten des Schwacke-AMS zugrundeliegenden Daten vorgebrachten Einwände. Selbst wenn diese Methode, bei welcher unstreitig der Zweck der Befragung gegenüber den befragten Mietwagenunternehmern offengelegt worden ist, bei einer nicht unbeachtlichen Anzahl der Befragten dazu geführt haben sollte, höhere als die tatsächlich geforderten Mietwagenpreise zu nennen, um so Einfluss auf das als ersatzfähig anzuerkennende Preisniveau zu nehmen, rechtfertigt dies nicht den Rückschluss darauf, dass über das gesamte Bundesgebiet verteilt alle Angeschriebenen gleichermaßen dieser Tendenz in einem Umfang erlegen sind, dass hierdurch das in dem Schwacke-AMS abgebildete Preisgefüge seine Repräsentativität bzw. Aussagekraft die tatsächlichen Marktverhältnisse betreffend eingebüßt hat und deshalb seine Eignung als Schätzungsgrundlage zu verwerfen ist (OLG Köln a.a.O.).

Außerdem ist die Recherche auf eine zweistellige Zuordnung von Postleitzahlen bezogen (LG Zweibrücken, Urt. v. 27.5.2014, MRW 2015, 8). Dem Vorteil, den die Anonymität der Anfragen bieten mag, steht somit das im Verhältnis zur Schwacke-Liste geringere Ausmaß der Datenerfassung gegenüber (OLG Rostock, Urt. v. 23.5.2014 – 5 U 96/12, MRW 2014, 51; OLG Köln NZV 2009, 447).

Und schlussendlich werden bei dem Fraunhofer Mietpreisspiegel keine Nebenkosten berücksichtigt, obwohl die An- und Abholkosten anerkanntermaßen zu erstatten sind (LG Rostock, Urt. v. 31.8.2009 – 1 S 76/09 – juris). Soweit in der Fraunhofer Befragung die Kosten einer Vollkaskoversicherung enthalten sind sehen diese zudem einen erheblichen

Selbstbehalt vor, so dass auch hier eine Korrektur geboten ist (LG Dortmund, Urt. v. 5.11.2009 – 4 S 72/09 – juris).

▲

cc) Bestimmung des Normaltarifs anhand eines Mittelwerts

Die gegen beide Befragungen vorgebrachten Bedenken haben zahlreiche Gerichte bewo- 288
gen, keines der beiden Tabellenwerke als taugliche Schätzungsgrundlage anzuwenden. Anstatt aber ein aufwendiges Sachverständigengutachten einzuholen geht der Tatrichter in diesem Fall jedoch einen anderen Weg und berechnet einen Mittelwert, der sich aus der Abrechnung nach der Fraunhofer Befragung einerseits und der Abrechnung nach dem Schwacke-Mietpreisspiegel einschließlich einer Addition der erstattungsfähigen Nebenkosten ergibt.[340] Für den Geschädigten mag dieser Lösungsweg zugleich die Basis für eine Verständigung, um im Rahmen eines Konsens einen Ausgleich der insgesamt anfallenden Mietwagenkosten zu erreichen: da den Mietwagenfirmen der Streit über die Erstattungsfähigkeit des vereinbarten Tarifs bekannt ist besteht auf dieser Seite häufig eine Bereitschaft, die Mietwagenkosten dem Preis anzupassen, der ggf. vom Gericht als ortsüblicher Normaltarif geschätzt wird. Wenn mithin ein solcher Vergleichsvorschlag des Gerichts im laufenden Verfahren vorliegt mag dies die Basis dafür bieten, dass unter Einbezug des Vermieters eine prozessökonomische Verständigung erzielt wird, bei welcher der Geschädigte letztendlich keinen finanziellen Nachteil erleidet.

▼ 289

Muster 8.73: Anfrage bei der Mietwagenfirma zwecks Zustimmung zum Vergleich

In vorbezeichneter Angelegenheit zeigen wir an, dass wir in einem Rechtsstreit vor dem Gericht (Az.) vertreten, in welchem ein Streit mit der Versicherung AG über die Höhe der als erstattungsfähig anzusehenden Mietwagenkosten besteht. Diese Versicherung hatte lediglich EUR als angeblich ortsüblichen Normaltarif erstattet. 8.73

Seitens des Gerichts ist nunmehr der aus dem beigefügten Beschl. v. ersichtliche Vergleichsvorschlag unterbreitet worden, der die Bildung eines Mittelwerts aus den beiden Tabellenwerken von Schwacke und des Fraunhofer Instituts vorsieht und zu einer weiteren Zahlung in Höhe von EUR führen würde, so dass insgesamt Mietwagenkosten in Höhe von EUR erstattet werden würden.

Vor diesem Hintergrund bitte ich um Rücksprache, ob – auch unter Berücksichtigung der strengen Rechtsprechung des BGH zu einer Aufklärungspflicht des Vermieters über einen ggf. als erhöht anzusehenden Tarif (vgl. BGH DAR 2009, 399) eine Einigung dahingehend erzielt werden kann, dass die von meiner Mandantschaft zu erstattenden Mietwagenkosten auf diesen Betrag reduziert werden.

340 OLG Frankfurt a.M., Urt. v. 15.3.2021 – 7 U 214/20 – juris; OLG Stuttgart, Urt. v. 11.12.2019 – 3 U 8/19 – juris; OLG Düsseldorf, Urt. v. 5.3.2019 – I-U 74/18 = DAR 2019, 328; OLG Celle, Urt. v. 15.3.2016 – 14 U 127/15 – juris; OLG Hamm, Urt. v. 18.3.2015 – I-9 U 142/15, 9 U 142/15; OLG Bamberg DAR 2015, 639; OLG Saarbrücken, Urt. v. 9.10.2014 – 4 U 46/14 = NJW-RR 2015, 223; OLG Köln, Urt. v. 1.7.2014 – I-15 U 31/14, 15 U 31/14 = VersR 2014, 1268; OLG Zweibrücken, Urt. v. 22.1.2014 – 1 U 165/11 = zfs 2014, 619; OLG Karlsruhe, Entsch. v. 1.2.2013 – 1 U 130/12 – juris.

Nur vorsorglich weise ich darauf hin, dass bei streitiger Fortsetzung des Verfahrens aus anwaltlicher Vorsorge ansonsten gehalten wäre, Ihrem Haus wegen eines möglicherweise drohenden Regresses den Streit zu verkünden. Eine prozessökonomische Verständigung aller Beteiligten im oben genannten Sinne dürfte vorzugswürdig sein. Angesichts des laufenden Prozesses wird um eine zeitnahe Rücksprache bis zum gebeten.

Mit freundlichen Grüßen

▲

dd) Beibehaltung des Fraunhofer Mietpreisspiegels

290 Wie dargelegt kann auch an einem Mietpreisspiegel als Schätzungsgrundlage festgehalten werden, wenn den bekannten Bedenken durch einen „Sicherheitsaufschlag" Rechnung getragen wird.

291 ▼

Muster 8.74: Hilfsweiser Risikoaufschlag auf Fraunhofer

8.74 Wie dargelegt ist der in der Fraunhofer Befragung enthaltene Mietwagenpreis vorzugswürdig. Wenn dessen ungeachtet – z.B. im Vergleich zu vorgelegten Mietwagenangeboten Unsicherheiten verbleiben sollten, kann diesen durch einen Risikoaufschlag von 20 % (OLG Koblenz NJW 2015, 1615) bzw. 15 % (OLG Saarbrücken, Urt. v. 26.5.2023 – 3 U 20/23 – juris) Rechnung getragen werden.

▲

c) Erstattungsfähigkeit eines Unfallersatztarifs bzw. prozentualer Aufschlag auf den Normaltarif

292 Einen über den sog. Normaltarif hinausgehenden Mietwagentarif kann der Geschädigte im Rahmen des § 249 BGB in voller Höhe nur dann erstattet erhalten, wenn er nachweist, dass ihm gar kein anderer Tarif zugänglich gewesen ist.[341] Gelingt ihm dieser Nachweis nicht kann es aus wirtschaftlicher Sicht zumindest gerechtfertigt sein, bei der zeitnahen Anmietung eines Ersatzfahrzeug nach dem Verkehrsunfall einen prozentualen Aufschlag zu erstatten,[342] es sei denn, die Schädigerseite kann dem Geschädigten nachweisen, dass ihm ein günstigerer Tarif ohne Weiteres zugänglich gewesen ist und er daher gegen seine Schadensminderungspflicht verstoßen hat.[343]

aa) Fehlende Zugänglichkeit eines anderen Tarifs als des Unfallersatztarifs

293 In erster Linie steht dem Geschädigten die Möglichkeit offen, den Nachweis zu führen, dass ihm ein günstigerer Tarif nicht ohne Weiteres zugänglich gewesen ist. Er muss lediglich im Rahmen der ihm zumutbaren Arten der Schadensbeseitigung die günstigere wählen.[344] Hierbei handelt es sich um einen Ausfluss der stets zu beachtenden subjekti-

341 BGH VersR 2006, 1273; BGH NJW 2006, 2693.

342 St. Rspr. des BGH seit BGHZ 160, 377, 383 ff. = VersR 2006, 133 = NZV 2005, 32; vgl. BGH, Urt. v. 19.1.2010 – VI ZR 112/09 = zfs 2010, 206.

343 BGH VersR 2006, 564 und VersR 2006, 1254; BGH VersR 2007, 706.

344 BGH NJW 2013, 1539; BGH NJW 2005, 51, 53.

ven Schadenskomponente als Anspruchsvoraussetzung, die der Geschädigte zu beweisen hat.[345]

Einen (objektiv) ungerechtfertigt überhöhten „Unfallersatztarif" kann der Geschädigte nur ersetzt verlangen, wenn er darlegt und ggf. auch beweist, dass ihm unter Berücksichtigung seiner individuellen Erkenntnis- und Einflussmöglichkeiten kein wesentlich günstigerer Tarif zugänglich war.[346] Dabei ist insbesondere auf die für den Geschädigten zumutbaren Anstrengungen unter Berücksichtigung des zeitlich – und örtlich – relevanten Marktes einzugehen. Bejaht worden ist eine solche Erkenntnismöglichkeit beispielsweise für einen Geschädigten, der als Kfz-Sachverständiger tätig ist[347] sowie in den Fällen, in denen unstreitig eine Aufklärung durch das Mietwagenunternehmen über die verschiedenen Tarife erfolgt war.[348]

Entscheidend für die Frage der Zugänglichkeit ist, ob ein vernünftiger und wirtschaftlich denkender Geschädigter unter dem Aspekt des Wirtschaftlichkeitsgebotes zu einer Nachfrage nach dem günstigeren Tarif gehalten gewesen wäre[349] und ob er Bedenken gegen die Angemessenheit des ihm angebotenen Unfallersatztarifes, insbesondere aufgrund der Höhe der Mietzahlungen gehabt hätte.[350] Dabei kann es je nach Lage des Einzelfalles geboten sein, sich nach anderen Tarifen zu erkundigen und ggf. ein oder zwei Konkurrenzangebote einzuholen.[351] Allein das Vertrauen darauf, dass vom Vermieter der für den Geschädigten passende, erstattungsfähige Tarif ausgewählt wird, genügt nicht, um einen Unfallersatztarif zu akzeptieren.[352] Besteht keine besondere Eilsituation wird der Geschädigte sich in der Regel nach weiteren Tarifen erkundigen müssen; dies gilt insbesondere dann, wenn er ein Fahrzeug zu derart hohen Preisen nicht ohne Weiteres angemietet hätte, wenn er den Mietpreis selber hätte bezahlen müssen.[353] **294**

In diesem Zusammenhang ist zu berücksichtigen, dass in der Rechtsprechung eine Verpflichtung des Mietwagenanbieters ausgesprochen wird, den Kunden u.U. über die verschiedenen Tarifarten aufzuklären.[354] Bietet der Vermieter dem Unfallgeschädigten einen Tarif an, der deutlich über dem Normaltarif auf dem örtlich relevanten Markt liegt und besteht deshalb die Gefahr, dass die Haftpflichtversicherung nicht den vollen Tarif übernimmt, so muss er den Mieter darüber aufklären. Danach ist es erforderlich, aber auch ausreichend, den Mieter unmissverständlich darauf hinzuweisen, dass die gegnerische Haftpflichtversicherung den angebotenen Tarif möglicherweise nicht in vollem Umfang erstattet.[355] Erfolgt diese Aufklärung nicht, kann dem Geschädigten ein Scha- **295**

345 BGH NJW 2006, 2106.
346 BGH NJW 2013, 1539; OLG Bamberg DAR 2015, 639; OLG Dresden VRS 127, 32.
347 LG Heilbronn SP 2001, 12, 13.
348 LG Wuppertal NJW 2005, 1437 ff.
349 BGH NJW 2013, 1539; NJW 2006, 1508; NJW 2006, 2693.
350 BGH NJW 2007, 1125.
351 BGH NJW 2007, 1122, 1123.
352 BGH NJW 2007, 1122, 1123.
353 LG Erfurt, Urt. v. 23.8.2007 – 1 S 102/07 – juris.
354 Beispielhaft: LG Duisburg VersR 2005, 520.
355 BGH NZV 2009, 438; BGH, NJW-RR 2008, 470; BGH NJW 2006, 2618.

densersatzanspruch aus c.i.c. in Höhe der Differenz zwischen Normal- und Unfallersatztarif zustehen. Wenn eine derartige Aufklärung zur Absicherung der Rechtsposition des Mietwagenunternehmens erfolgt wird es dem Geschädigten sehr schwer fallen, eine entsprechend eingeschränkte Informationsmöglichkeit über die verschiedenen Tarife zur vollen Überzeugung des Gerichtes darzulegen und zu beweisen. Bei einem ausdrücklichen Hinweis des Vermieters auf andere Tarife ist der Geschädigte jedenfalls zu weiteren Preisvergleichen angehalten.[356]

296 Im Einzelfall können folgende Faktoren eine Rolle spielen:

- Wie schnell benötigte der Geschädigte ein Ersatzfahrzeug?
- Bestand vor Ort (Kleinstadt, Großstadt, Werktag?) die Möglichkeit, Vergleichsangebote einzuholen?
- Ist der Geschädigte geschäftserfahren? Hat er in der Vergangenheit bereits Erfahrungen bei der Anmietung von Ersatzfahrzeugen gesammelt? Beherrscht er die deutsche Sprache?
- Ist er ggf. einer Empfehlung seiner Fachwerkstatt gefolgt?

297 Die Rechtsprechung geht insoweit davon aus, dass dem Geschädigten i.d.R. ein Preisvergleich und eine daraus resultierende Anmietung zum sog. Normaltarif möglich und zumutbar gewesen ist, es sei denn, es liegt eine sog. Notsituation vor. Ein Eil- oder Notbedarf, der eine weitere Erkundigungsmöglichkeit auszuschließen vermag, ist i.d.R. nicht gegeben, wenn der Geschädigte das Ersatzfahrzeug in einer größeren Stadt an einem Werktag nach dem Unfall angemietet hat.[357] Mietet der Geschädigte erst vier Tage nach dem Unfall ein Ersatzfahrzeug an, hat er ausreichend Zeit, sich bei regionalen Anbietern nach den dort üblichen Konditionen zu erkundigen und war bei Anfragen nicht gezwungen offen zu legen, dass er Unfallgeschädigter und nicht Selbstzahler ist.[358] Erst Recht ist davon auszugehen, dass eine Anmietung zum Normaltarif in großstädtischen Ballungsraum gut acht Tage nach dem Unfallereignis möglich ist.[359]

Oft weisen die Versicherer in ihren ersten Schreiben darauf hin, zu welchen Konditionen die Anmietung eines Ersatzfahrzeugs möglich ist und dass sie bei der Anmietung behilflich sind. Hierzu gilt: Ein Unfallgeschädigter kann aufgrund der ihn gemäß § 254 Abs. 2 S. 1 BGB treffenden Schadenminderungspflicht auch gehalten sein, ein ihm vom Kfz-Haftpflichtversicherer vermitteltes günstigeres Mietwagenangebot in Anspruch zu nehmen, wenn dem günstigeren Angebot ein Sondertarif zugrunde liegt, der ihm ohne Mithilfe des Versicherers außerhalb eines Unfallersatzgeschäfts nicht zur Verfügung stehen würde.[360]

356 OLG Jena SP 2008, 223.
357 BGH VersR 2013, 730; BGH, Urt. v. 9.5.2006 – VI ZR 117/05, Rn 13 = NJW 2006, 2106.
358 OLG Saarbrücken, Urt. v. 22.12.2009 – 4 U 294/09 – juris.
359 OLG Hamburg NZV 2009, 394.
360 BGH zfs 2019, 320; BGH NZV 2016, 419.

Anders sieht es jedoch aus, wenn der Geschädigte sich in einer Eil- bzw. Notsituation befunden hat. So hat das OLG Köln entschieden, dass einem in Verkehrsunfallsachen gänzlich unerfahrenen Geschädigten, der einen Tag nach dem Unfall kurz vor dem Wochenende ein dringend benötigtes Ersatzfahrzeug zum Unfallersatztarif anmietet, nicht entgegengehalten werden kann, dass er sich nach einem günstigeren „Normaltarif" hätte erkundigen und auf dieser Basis das Ersatzfahrzeug hätte anmieten müssen, wenn der Vermieter ausschließlich den Unfallersatztarif angeboten hat, die Überteuerung des Tarifs nicht ins Auge sprang, und dem Geschädigten die Anmietung eines Ersatzfahrzeugs zum Normaltarif aus wirtschaftlichen Gründen nicht zumutbar war.[361] Auch das OLG Stuttgart hat eine solche Notsituation angenommen, wenn der Unfall ereignete sich im ländlichen Bereich ereignet hat, außerdem musste außerhalb der üblichen Geschäftszeiten nach einem Ersatzwagen gesucht werden musste und der Geschädigte wegen einer Rückreise dringend auf ein Ersatzfahrzeug angewiesen war.[362] Dies gilt erst Recht, wenn die Geschädigte wegen der Versorgung eines behinderten Kindes auf die sofortige Anmietung eines Ersatzfahrzeugs angewiesen ist.[363] Bei der Anmietung eines Pkw für die Heimfahrt nach einem mitten in der Nacht geschehenen Verkehrsunfall muss der Geschädigte keine Vergleichsangebote von Autovermietungen einholen, sondern kann das möglicherweise überteuerte Angebot einer zu dieser Zeit geöffneten Autovermietung annehmen. Muss der Geschädigte darüber hinaus am Folgetag, einem Sonntag, abends zu seiner Arbeitsstelle fahren, ist nicht zu erwarten, dass er am Sonntag mit zumutbarem Aufwand noch ein geeignetes Ersatzfahrzeug zum Normaltarif hätte anmieten können.[364] Der Vortrag eines Geschädigten, er sei nach dem Unfall erst spät abends erschöpft nach Hause gekommen und habe am anderen Morgen bereits um 9.00 Uhr einen Termin wahrnehmen müssen, reicht für eine Darlegung dafür, dass ihm ein adäquates Mietfahrzeug zum Normaltarif nicht zugänglich gewesen ist, jedoch nicht aus.[365] Im Fall einer Eilanmietung kann etwa der konkrete Aufwand für die ersten drei Werktage ggf. zzgl. Sonn- und Feiertage berücksichtigt werden, bevor auf die fiktive Schätzung anhand der Tabellenwerke zurückgegriffen wird.[366] 298

▼ 299

Muster 8.75: Vollständiger Ersatz der Mietwagenkosten wegen einer Notsituation auf der Urlaubsreise 8.75

Einen über den sog. Normaltarif hinausgehenden Mietwagentarif ist dem Geschädigte im Rahmen des § 249 BGB in voller Höhe zu erstatten, wenn er nachweist, dass ihm gar kein anderer Tarif zugänglich gewesen ist (BGH NJW 2009, 58; BGH VersR 2006, 1273; BGH NJW 2006, 2693). Dies ist immer dann der Fall, wenn der Geschädigte sich in einer sog. Not- bzw. Eilsituation befunden hat und dringend auf die Anmietung eines Ersatzfahrzeugs, ggf. auch außerhalb der üblichen Geschäftszeiten angewiesen ist (OLG

361 OLG Köln SP 2007, 13.
362 OLG Stuttgart NZV 2009, 563.
363 LG Köln SP 2009, 188.
364 LG Braunschweig, Urt. v. 10.2.2009 – 7 S 404/08 – juris.
365 OLG Hamm, Urt. v. 21.4.2008 – 6 U 188/07 – juris.
366 LG Braunschweig, Urt. v. 30.12.2015 – 7 S 328/14 – juris.

Stuttgart NZV 2009, 563; OLG Köln SP 2007, 13; insbesondere zur Nachtzeit vgl. LG Braunschweig, Urt. v. 10.2.2009 – 7 S 404/08 – juris).

Vorliegend ereignete sich der Unfall auf der Reise von nach . Aufgrund des Verkehrsunfalls musste dringend ein Ersatzfahrzeug für die Weiterfahrt am gleichen Tag angemietet werden und die beteiligten Personen standen verständlicher Weise unter dem Eindruck des Unfallereignisses. Eine umfassende Recherche war weder möglich noch zumutbar. Dis gilt erst recht für die Einholung von Preisvergleichen über das Internet. Zudem ist zu berücksichtigen, dass

▲

300 Kann der Geschädigte nachweisen, dass ihm die verschiedenen Tarifarten in zumutbarer Weise nicht zugänglich waren, erhält er den Unfallersatztarif erstattet (ggf. sind lediglich Abzüge wegen ersparter Eigenaufwendungen vorzunehmen). Im Anschluss hieran stellt sich die Frage, ob nicht der gegnerische Kfz-Haftpflichtversicherer zum Ausgleich der Mietwagenkosten nur Zug um Zug gegen eine Abtretung möglicher Schadensersatzansprüche gegen das Mietwagenunternehmen verpflichtet ist. Ein solches Zurückbehaltungsrecht gegenüber dem Geschädigten hat der BGH jedoch abgelehnt.[367] Das Rechtsverhältnis zwischen Schädiger und Geschädigtem bleibt insoweit von Schadensersatzansprüchen gegenüber Dritten unberührt.

bb) Unfallersatztarif als erforderlicher Aufwand zur Schadensbeseitigung

301 Kann nicht geklärt werden, ob dem Geschädigten ein günstigerer Tarif in zumutbarer Weise möglich war, steht dem Geschädigten die Möglichkeit offen, darzulegen und zu beweisen, dass der von ihm gewählte Tarif einen erforderlichen Aufwand zur Schadensbeseitigung darstellt. Der Geschädigte ist gehalten, im Rahmen des ihm Zumutbaren von mehreren möglichen den wirtschaftlichsten Weg und damit das günstigste Mietwagenangebot zu wählen.[368] Ein Unfallersatztarif begründet nur dann einen erforderlichen Aufwand zur Schadensbeseitigung, wenn die Besonderheiten dieses Tarifs mit Rücksicht auf die Unfallsituation einen gegenüber dem Normaltarif höheren Preis aus betriebswirtschaftlicher Sicht rechtfertigen.[369]

302 Teilweise waren die Instanzgerichte[370] dazu übergegangen, den Geschädigten bzw. einem Mietwagenunternehmen, welches aus abgetretenem Recht vorgeht, aufzuerlegen, die konkreten Berechnungsgrundlagen für den betroffenen Unfallersatztarif in Abgrenzung zu anderen Tarifen offen zu legen. Diese Rechtsprechung hat der BGH aber als zu weitgehend zurückgewiesen.[371] Bei der Prüfung, ob ein Unfallersatztarif einen erforderlichen Aufwand darstellt, ist es nicht zwingend geboten, die Kalkulation des Vermieters

367 BGH VersR 2005, 11, 12.
368 BGH NJW 2006, 2106.
369 BGH VersR 2013, 730; OLG Rostock MRW 2014, 51.
370 U.a. LG Bayreuth NJW 2007, 1122.
371 BGH, Urt. v. 19.1.2010 – VI ZR 112/09 – juris.

nachzuvollziehen. Es ist vielmehr lediglich zu prüfen, ob spezielle Leistungen bei der Vermietung an Unfallgeschädigte einen allgemeinen Mehrpreis rechtfertigen.[372] Dabei kann es allerdings im Einzelfall erforderlich sein, dass vorgebrachte Argumente durch konkrete Berechnungen und Zahlen gestützt werden.[373]

Der Tatrichter kann sich dabei eines Sachverständigen bedienen.[374] Er kann aber auch 303
in Ausübung des ihm nach § 287 ZPO zustehenden Ermessens eine Schätzung vornehmen. Dabei ist es zulässig, den Normaltarif auf Grundlage des gewichtigen Mittels des „Schwacke-Mietpreisspiegels" im Postleitzahlengebiet des Geschädigten – ggf. mit sachverständiger Beratung – zu ermitteln.[375] Die Ausübung dieses Schätzungsrechts ist zumindest dann geboten, wenn der Geschädigte kein Sachverständigengutachten als Beweis anbietet bzw. zur Einzahlung eines dafür benötigten Vorschusses nicht bereit ist.[376] Selbst wenn das betroffene Mietwagenunternehmen nur einen einheitlichen Tarif anbietet, ist der Richter gehalten, diesen Tarif mit dem „Normaltarif" auf Grundlage des gewichtigen „Schwacke-Mietpreisspiegels" in Postleitzahlengebiet des Klägers zu vergleichen.[377]

Bzgl. der Erforderlichkeit eines höheren Mietpreises im Rahmen eines Unfallersatztarifs 304
sind folgende fünf Argumente zu berücksichtigen, die einzeln oder im Zusammenspiel einen erforderlichen Aufwand begründen können:[378]

- Ein Unfallersatztarif erfordert es aufgrund der zu jeder Stunde eintretenden Unfälle, dass ein 24-stündiger Notdienst eingerichtet wird. Dabei ist jedoch eine gleichmäßige Auslastung wie im Normalgeschäft nicht gewährleistet.[379]
- Angesichts der Möglichkeit eines Zusammentreffens einer Vielzahl an Unfällen ist ein größerer Fuhrpark als Bestand vorrätig zu halten.[380]
- Da Dauer und Beginn einer Reparatur bei der Anmietung im Regelfall nicht absehbar sind, kann aufgrund der unbestimmten Mietdauer kein Rabatt gegeben werden, sondern die ungewisse Länge der Mietzeit rechtfertigt einen besonderen Tarif.[381]
- Ferner ist zu berücksichtigen, dass die Verwaltungskosten höher liegen, da eine ständige Verfügbarkeit, ggf. auch ein Bringservice, durch einen entsprechenden Personaleinsatz gewährleistet sein muss.[382]

372 BGH NJW 2007, 1122; NJW 2007, 1124; NJW 2006, 360; NJW 2006, 1506; NJW 2006, 1726.
373 BGH NJW 2007, 1122.
374 BGH NJW 2007, 1125.
375 BGH NJW 2007, 1125.
376 BGH NJW 2007, 1125.
377 BGH NJW 2006, 2106.
378 Anschaulich: BGH NJW 2005, 51.
379 OLG Saarbrücken, Urt. v. 17.7.2007 – 4 U 714/03.
380 OLG Köln NZV 2007, 199.
381 OLG Köln NZV 2007, 199.
382 OLG Saarbrücken, Urt. v. 17.7.2007 – 4 U 714/03.

- Zudem muss mangels eines Vorschusses und einer Sicherheit das Ausfallrisiko[383] des Kunden mitfinanziert und eine entsprechende Absicherung über die höheren Erlöse aller Vermietungen aus einem Unfallersatztarif erreicht werden. Verfügt der Geschädigte über keine Kreditkarte, können ihm in der Regel zumindest die Vorfinanzierungskosten ersetzt werden, die ihm das Mietwagenunternehmen auferlegt und deren pauschale Abgeltung mit einem Aufschlag von 18 % auf den Mietpreis vom BGH für zulässig erachtet worden ist.[384]

305 In der Rechtsprechung wird es vor diesem Hintergrund in der Regel als ausreichend erachtet, wenn der Geschädigte unter Bezugnahme auf die oben genannten Gesichtspunkte die wirtschaftliche Erforderlichkeit eines Aufschlags bei der Anmietung eines Ersatzfahrzeug unmittelbar nach dem Unfallereignis begründet und es wird sodann ein prozentualer Aufschlag auf den Normaltarif zugesprochen. So hat der gerichtliche Sachverständige in dem Verfahren, das dem BGH, Urt. v. 24.6.2008 (VI ZR 234/07, zfs 2008, 622) zugrunde liegt, aufgrund verschiedener in der Fachliteratur vertretener Ansichten und nach Überprüfung der Plausibilität der einzelnen Risikofaktoren einen Aufschlag von 15,13 % wegen spezifischer Sonderleistungen für erforderlich erachtet.[385] Vor diesem Hintergrund wird in der Rechtsprechung i.d.R. auf die besagten 15 %,[386] 20 %,[387] 25 %[388] oder gar 30 %[389] geschätzt. Unzulässig ist es aber, zur Berechnung des erstattungsfähigen Mietwagentarifs auf die Nutzungsausfalltabelle von *Sanden/Danner* zurückzugreifen und diese ggf. um einen Faktor von 2 oder 3 zu multiplizieren.[390]

306 ▼

Muster 8.76: Wirtschaftlich gerechtfertigter Aufschlag auf den Normaltarif

8.76

Nach der inzwischen gefestigten Rechtsprechung des Bundesgerichtshofs ist ein höherer Betrag als der Normaltarif nur ersatzfähig, wenn dieser erhöhte Tarif mit Rücksicht auf die Besonderheiten der Unfallsituation (z.B. Notwendigkeit der Vorfinanzierung, Ausfallrisiko der Forderung u.Ä.) gerechtfertigt ist (BGH VersR 2013, 730; BGH DAR 2010, 464). Ob und in welcher Höhe unfallbedingte Zusatzleistungen des Vermieters die Erstattung höherer Mietwagenkosten als der nach dem Normaltarif rechtfertigen, ist gem. § 287 ZPO vom Tatrichter zu schätzen (BGH, Urt. v. 14.2.2006 – VI ZR 126/05 = NJW 2006, 1506, 1507). Dabei muss die jeweilige Kalkulationsgrundlage des konkreten Anbieters vom Geschädigten beziehungsweise vom Gericht nicht im Einzelnen betriebswirtschaftlich nachvollzogen werden; die Mehrleistungen und besonderen Risiken müssen aber generell einen erhöhten Tarif – unter Umständen auch durch einen pauschalen Aufschlag

383 BGH NJW 2005, 51; LG Arnsberg zfs 2007, 506.
384 BGH NJW 2006, 2106.
385 BGH, Urt. v. 24.6.2008 – VI ZR 234/07 – NJW 2009, 2910.
386 LG Saarbrücken, Urt. v. 16.10.2009 – 13 S 171/09 – juris.
387 OLG Koblenz, Urt. v. 2.2.2015 – 12 U 925/13 – juris; OLG Düsseldorf, Urt. v. 21.1.2015 – I-1 U 114/14 – juris; OLG Dresden SP 2014, 272; OLG Köln VersR 2014, 1268; OLG Hamm SP 2012, 75; Stuttgart NZV 2009, 563; OLG Karlsruhe VersR 2008, 92; OLG Köln NZV 2007, 199; LG Dortmund, Urt. v. 5.11.2009 – 4 S 72/09; LG Bochum, Urt. v. 21.7.2009 – I-9 S 32/09; LG Aachen, Urt. v. 5.3.2009 – 12 O 388/07; LG Frankfurt a.M., Urt. v. 16.9.2009 – 2–24 S 186/08 – juris; LG Rostock, Urt. v. 31.8.2009 – 1 S 76/09 – juris.
388 OLG Saarbrücken SP 2008, 223.
389 OLG Jena SP 2008, 223; LG Bielefeld, Urt. v. 7.3.2007 – 22 S 292/06 – juris.
390 BGH NJW Spezial 2007, 400.

auf den „Normaltarif" – rechtfertigen. Folgende Gesichtspunkte rechtfertigen vorliegend einen solchen Aufschlag, der in Höhe von bis 30 % (LG Frankenthal, Urt. v. 3.9.2014 – 2 S 57/14 – juris; LG Kempten, Beschl. v. 22.10.2015 – 51 S 1292/15 – juris, hier Aufschlag auf Fraunhofer; OLG Jena SP 2008, 223), mindestens aber 25 % (OLG Saarbrücken SP 2008, 223) geboten ist:

- Es ist mit einem erheblichen Mehraufwand zu jeder Stunde ein Ersatzfahrzeug vorzuhalten.
- Angesichts der Möglichkeit eines Zusammentreffens einer Vielzahl an Unfällen ist ein größerer Fuhrpark als Bestand vorrätig zu halten.
- Da Dauer und Beginn einer Reparatur bei der Anmietung im Regelfall nicht absehbar sind, kann aufgrund der unbestimmten Mietdauer kein Rabatt gegeben werden.
- Ferner ist zu berücksichtigen, dass die Verwaltungskosten höher liegen, da eine ständige Verfügbarkeit, ggf. auch ein Bringservice, durch einen entsprechenden Personaleinsatz gewährleistet sein muss.
- Zudem muss mangels eines Vorschusses und einer Sicherheit das Ausfallrisiko[391] des Kunden mitfinanziert und eine entsprechende Absicherung über die höheren Erlöse aller Vermietungen aus einem Unfallersatztarif erreicht werden.

Allein der zuletzt genannte Gesichtspunkt rechtfertigt aus Sicht des BGH bereits für sich gesehen einen Aufschlag in Höhe von 18 % (BGH NJW 2006, 2106). Im Zusammenspiel aller oben genannten Faktoren dürfte ein Aufschlag von mindestens ______ geboten sein, was das Gericht aus eigener Sachkunde beurteilen können dürfte und nur hilfsweise unter den Beweis eines Sachverständigengutachtens gestellt wird.

▲

Kann der Geschädigte darlegen und beweisen, dass ein erforderlicher Aufwand zur Schadensbeseitigung gegeben ist, besteht grundsätzlich ein begründeter Anspruch,[392] es sei denn, es ist als erwiesen anzusehen, dass ihm ein anderer Tarif ohne Weiteres zugänglich gewesen ist.[393] Die Darlegungs- und Beweislast für diesen Gesichtspunkt trifft die Schädigerseite, die dem Geschädigten deshalb die Verletzung seiner Schadensminderungspflicht vorwirft. Hier kommt der Schädigerseite allerdings die vom BGH bestätigte Annahme zu Gute, dass der Geschädigte i.d.R. bereits bei der Anmietung eines Ersatzfahrzeugs am nächsten Werktag Preisvergleiche einholen und ein Fahrzeug zum sog. Normaltarif anmieten kann. 307

d) Aktivlegitimation

Im Übrigen ist zu berücksichtigen, dass viele Vermieter im Rahmen eines Unfallersatztarifes (vorläufig) auf die Geltendmachung der Ansprüche gegen den Mieter verzichten und sich stattdessen dessen Schadensersatzansprüche zur Sicherheit der Mietzinsforderung abtreten lassen. Vor einer Klage ist daher unbedingt die Aktivlegitimation des Mandanten zu prüfen und ggf. zu differenzieren, ob lediglich eine Einzugsermächtigung im fremden Namen oder eine Abtretung des gesamten Anspruches vorliegt. Sofern es dem Mietwagenunternehmen im Wesentlichen darum geht, die ihm durch die Abtretung 308

391 BGH NJW 2005, 51; LG Arnsberg zfs 2007, 506.
392 BGH NJW 2005, 1041, 1043.
393 BGH NJW 2007, 1123; NJW 2007, 1124, 1126.

eingeräumten Sicherheiten zu verwirklichen, so besorgt es keine Rechtsangelegenheit des geschädigten Kunden, sondern eine eigene Angelegenheit und eine Nichtigkeit der Abtretung nach § 134 BGB i.V.m. Art. 1 § 1 RBerG scheidet aus.[394]

309 Die Einziehung einer an ein Mietwagenunternehmen abgetretenen Schadensersatzforderung des Geschädigten auf Erstattung von Mietwagenkosten ist gem. § 5 Abs. 1 S. 1 RDG grundsätzlich erlaubt, wenn allein die Höhe der Mietwagenkosten streitig ist.[395] Etwas anderes gilt, wenn die Haftung dem Grunde nach oder die Haftungsquote streitig ist oder Schäden geltend gemacht werden, die in keinem Zusammenhang mit der Haupttätigkeit stehen.[396]

5. Schadensminderungspflicht während der Anmietungszeit

310 Während der Anmietung des Unfallfahrzeugs ist der Geschädigte dazu verpflichtet, die **Anmietungszeit** so kurz wie möglich zu halten. Dies gilt gleichermaßen für den Beginn wie für das Ende der Anmietungszeit. Der Geschädigte ist dabei zunächst verpflichtet, im Falle eines Reparaturschadens den Reparaturauftrag so schnell wie möglich zu erteilen. Dabei darf er beispielsweise nicht die Vorlage der Reparaturkostenübernahmebestätigung durch den Versicherer abwarten.[397] Allerdings begründet es kein Fehlverhalten des Geschädigten, wenn sich der Reparaturbeginn dadurch verzögert, dass der Reparateur die Vorlage der Reparaturkostenübernahmebestätigung durch den gegnerischen Haftpflichtversicherer abwartet.

311 Weiterhin muss der Geschädigte sicherstellen, dass die Durchführung einer Kfz-Reparatur auf den unumgänglichen notwendigen **Zeitraum** beschränkt wird.[398] Steht fest, dass die Reparaturarbeiten z.B. wegen Fehlens der erforderlichen Reparaturteile nicht zügig durchgeführt werden können, ist der Geschädigte dazu verpflichtet zu prüfen, ob das Fahrzeug durch eine sog. Notreparatur in einen fahrfähigen und verkehrssicheren Zustand versetzt werden kann.[399] Ein Verstoß gegen die Schadensminderungspflicht des Geschädigten in Zusammenhang mit den anfallenden Mietwagenkosten liegt aber nicht vor, wenn es zu Verzögerungen bei der Reparaturdurchführung durch Krankheitsfälle in der beauftragten Werkstatt und/oder Lieferung eines fehlerhaften Ersatzteils kam, wodurch eine zeitnahe Auslieferung des Fahrzeugs nicht möglich war. Eine Pflichtverletzung scheidet insbesondere dann aus, wenn der Geschädigte immer wieder in der Reparaturwerkstatt angerufen hat, um sich nach der Reparaturdauer zu erkundigen.[400] Im Hinblick auf die Finanzierung des Mietwagens hat der Geschädigte ggf. Fremdmittel in Anspruch zu nehmen, soweit ihm dies möglich und zumutbar ist. Dies hängt weitestge-

394 BGH NJW 2006, 1726.
395 BGH DAR 2013, 325; NJW 2013, 1870, NJW 2006, 1726.
396 BGH, Urt. v. 31.1.2012 – VI ZR 143/11 = NJW 2012, 1005.
397 OLG Hamm VersR 1986, 43; AG Berlin-Mitte, Urt. v. 23.2.2011 – 110 C 3241/10 – juris.
398 OLG Zweibrücken, Urt. v. 11.6.2014 – 1 U 157/13 = zfs 2015, 151; OLG Stuttgart VersR 1981, 1161; OLG Frankfurt a.M. DB 1985, 1837; LG Amberg DAR 1983, 25.
399 OLG Karlsruhe, Urt. v. 10.2.2014 – 13 U 213/11 = SP 2014, 193; OLG Stuttgart VersR 1981, 1161; VersR 1992, 1485.
400 OLG München, Urt. v. 25.1.2019 – 10 U 441/18 – juris.

hend von den Umständen des Einzelfalles ab. Eine zwingende Verpflichtung, zur Finanzierung die eigene Kreditkarte einzusetzen, besteht jedoch nicht.[401] Dies gilt insbesondere vor dem Hintergrund, dass der Einsatz einer Kreditkarte eine Art „Blanko-Genehmigung" zum Einzug von Mietvertragsgebühren darstellt und der Geschädigte im Zweifelsfall das Risiko eines Rückforderungsprozesses bei einer überhöhten Abbuchung trägt.

Im Zweifel sollte der Geschädigte umgehend den Kfz-Haftpflichtversicherer des Schädigers über die fehlenden Mittel informieren, um auf diesem für ihn zumutbaren Wege die Möglichkeit einer Vorfinanzierung zu schaffen und den Vorwurf eines Verstoßes gegen seine Schadensminderungspflicht zu vermeiden. Erfolgt ungeachtet dieses Hinweises keine Vorfinanzierung durch den Schädiger bzw. dessen Kfz-Haftpflichtversicherer kann der Geschädigte ggf. ausfallbedingt auch für einen sehr langen Zeitraum einen Mietwagen in Anspruch nehmen bzw. alternativ Nutzungsausfall verlangen.[402]

Auch bei der **Rückgabe** des Mietwagens muss die Pflicht zur Geringhaltung des Schadens beachtet werden. 312

Beispiel 313

Der Geschädigte gibt sein Unfallfahrzeug bei seiner Werkstatt in Reparatur. Zeitgleich nimmt er ein Mietfahrzeug in Anspruch. Die Reparaturwerkstatt teilt ihm am Freitagmittag fernmündlich mit, die Reparaturarbeiten seien abgeschlossen und das Fahrzeug könne abgeholt werden. Dennoch holt der Geschädigte das reparierte Fahrzeug erst am darauffolgenden Montag ab und gibt das Mietfahrzeug zeitgleich zurück. Für den Geschädigten bestand keinerlei sachliche Berechtigung, das Mietfahrzeug am Wochenende zu behalten. Er wird die dadurch verursachten Mehrkosten selber tragen müssen.

6. Nachweis der Erforderlichkeit und der Dauer der Anmietung

Die angemessene Anmietungszeit sowie deren Nachweis richten sich nach der Art des eingetretenen Schadens und dem vom Geschädigten eingeschlagenen Weg zur Schadensbeseitigung. 314

▼ 315

Muster 8.77: Inanspruchnahme eines Mietwagens bei Reparatur in Fachwerkstatt

Versicherung AG 8.77

Schaden-Nr./VS-Nr./Az.

Schaden vom

Pkw , amtl. Kennzeichen

401 BGH NJW 2005, 1933, 1935.
402 BGH r+s 2005, 263 ff.

Sehr geehrte Damen und Herren,

ich komme zurück auf die im Betreff genannte Schadensache. In der Zwischenzeit ließ mein Mandant das Unfallfahrzeug in der Reparaturwerkstatt fachgerecht reparieren. Zum Nachweis hierüber übersende ich Ihnen beiliegend eine Kopie der Reparaturkostenrechnung vom .

Mein Mandant war und ist zwingend auf die Nutzung eines Kraftfahrzeugs angewiesen. Während des schadenbedingten Ausfalls seines Kraftfahrzeugs nahm er ein Mietfahrzeug in Anspruch. Hierüber füge ich Ihnen anliegend eine Kopie der Mietwagenkostenrechnung der Firma bei. Daraus ist zu entnehmen, dass mein Mandant das Mietfahrzeug bis zum in Anspruch genommen hat. An diesem Tag waren die Reparaturarbeiten bei der Firma beendet. Näheres hierzu ist der Reparaturkostenrechnung zu entnehmen.

Soweit mein Mandant das Mietfahrzeug auch bis zur Beauftragung der Reparaturwerkstatt in Anspruch genommen hat, war dies erforderlich. Durch den Unfallschaden wurde sowohl die Fahrfähigkeit als auch die Verkehrssicherheit des Fahrzeugs meines Mandanten aufgehoben. Zur Abkürzung der Ausfalldauer war es nicht möglich, an dem Fahrzeug eine Notreparatur durchführen zu lassen.

Nach alledem bitte ich höflich um Ausgleich der mit EUR bezifferten Mietwagenkosten bis zum

(*10-Tages-Frist*).

Mit freundlichen Grüßen

(Rechtsanwalt)

▲

316 ▼

Muster 8.78: Inanspruchnahme eines Mietwagens bei Reparatur in Eigenregie

8.78

Versicherung AG

Schaden-Nr./VS-Nr./Az.

Schaden vom

Pkw , amtl. Kennzeichen

Sehr geehrte Damen und Herren,

ich komme zurück auf die im Betreff genannte Schadensache. In der Zwischenzeit hat mein Mandant das Unfallfahrzeug fachgerecht in Eigenregie repariert. Zum Nachweis der durchgeführten Reparaturarbeiten füge ich Ihnen in der Anlage eine Fotografie des reparierten Unfallfahrzeugs bei. Sollte Ihnen dies als Nachweis der fachgerechten Reparatur nicht ausreichen, ist mein Mandant gern dazu bereit, das Fahrzeug zur Nachbesichtigung dem Sachverständigen vorzustellen. Allerdings weise ich darauf hin, dass die dadurch verursachten Kosten von Ihnen zu tragen wären.

Die Reparaturarbeiten waren am abgeschlossen. Danach betrugen sie weit mehr als die vom Sachverständigen geschätzte Reparaturdauer von Tagen. Dennoch beschränkte sich mein Mandant darauf, das Mietfahrzeug lediglich während der vom

Sachverständigen als angemessen angesehenen Reparaturdauer in Anspruch zu nehmen. Nach der Schätzung des Sachverständigen betrug die angemessene Reparaturdauer Kalendertage. Der Schaden trat am ein. Anschließend gebührte meinem Mandanten eine angemessene Bedenkzeit von mindestens drei Kalendertagen, um über den konkreten Weg der Schadensbeseitigung entscheiden zu können. Danach hätte frühestens am eine Werkstatt mit der Durchführung der erforderlichen Reparaturarbeiten beauftragt werden können. Die Arbeiten wären nach Schätzung des Sachverständigen am abgeschlossen gewesen. Bis zu diesem Tage nahm mein Mandant ein Mietfahrzeug in Anspruch.

Danach bitte ich höflich um Ausgleich der entstandenen Mietwagenkosten in Höhe von EUR bis zum

(*10-Tages-Frist*)

auf das Ihnen bekannte Konto meines Mandanten.

Mit freundlichen Grüßen

(Rechtsanwalt)

▲

Wichtig 317

Regelmäßiger Gegenstand von Auseinandersetzungen bei der Abrechnung des Ausfallschadens (Mietwagenkosten, Nutzungsausfall) ist die Frage, ob und inwieweit dem Geschädigten eine **angemessene Frist** zusteht, um sich **überlegen** zu können, auf **welche Art und Weise die Beseitigung des Unfallschadens** vorgenommen werden soll. Diese Frist beträgt nach überwiegender Auffassung sieben bis zehn Tage.[403]

▼ 318

Muster 8.79: Mietwagenkosten bis zum Kauf eines Ersatzfahrzeugs bei Totalschaden

Versicherung AG 8.79

Schaden-Nr./VS-Nr./Az.

Schaden vom

Pkw , amtl. Kennzeichen

Sehr geehrte Damen und Herren,

ich komme zurück auf die im Betreff genannte Schadensache. In der Zwischenzeit legte sich mein Mandant für das Unfallfahrzeug ein Ersatzfahrzeug zu. Zum Nachweis hierüber übersende ich Ihnen beiliegend eine Kopie des Fahrzeugscheins des Ersatzfahrzeugs.

Bis zur Beschaffung des Ersatzfahrzeugs nahm mein Mandant ein Mietfahrzeug bei der Firma in Anspruch. Die dadurch verursachten Mietwagenkosten belaufen sich auf EUR. Näheres hierzu entnehmen Sie bitte der in Anlage beigefügten Mietwagenkostenrechnung.

403 BGH NJW 1975, 160 (sieben Tage); AG Gießen zfs 1995, 93 (zehn Tage).

Die Gesamtanmietungszeit belief sich auf Tage und entsprach damit der vom Sachverständigen als angemessen bezifferten Wiederbeschaffungsdauer.

Die dadurch verursachten Mietwagenkosten von EUR gleichen Sie bitte bis zum

 (*10-Tages-Frist*)

auf das Ihnen bekannte Konto meines Mandanten aus.

Mit freundlichen Grüßen

(Rechtsanwalt)

▲

319 Ungeachtet dieser allgemeinen Regeln kommt es in der Praxis häufig zu Streitigkeiten zwischen dem Versicherer und dem Geschädigten über die **Angemessenheit** der in Anspruch genommenen **Mietdauer**. Ursprung des Streits ist häufig der „pauschale" Blick des Versicherers in das Gutachten des Sachverständigen. Beträgt danach die angemessene Reparaturdauer zehn Tage und wird diese Zeitdauer überschritten, reduziert der Versicherer in der Regel die Mietwagenkosten in entsprechendem Verhältnis. Diese Vorgehensweise ist in aller Regel unzutreffend. Sie lässt sich zunächst durch einen Hinweis darauf korrigieren, dass es sich bei den Angaben des Sachverständigen um pauschale Schätzungen handelt, die keinesfalls verbindlichen Charakters sind. Verlängert sich die tatsächliche Reparaturzeit und ist diese Verlängerung nicht vom Geschädigten zu vertreten, sind die dadurch verursachten Mietwagenkosten vom Schädiger bzw. seinem Kfz-Haftpflichtversicherer uneingeschränkt auszugleichen.[404] Im Übrigen ist der „pauschale" Abzug wegen angeblich überlanger Inanspruchnahme eines Mietfahrzeugs unter Berücksichtigung der konkreten Chronologie der Schadensabwicklung unberechtigt. Es empfiehlt sich deshalb in jedem Fall, die Mietwagenzeit durch einen Blick in den Kalender konkret zu belegen. Häufig enthalten Sachverständigengutachten Angaben über Reparatur- bzw. Wiederbeschaffungszeiträume, die in „Werktagen" angegeben sind. Werktage sind durch Hinzurechnung der Wochenenden und Feiertage in Kalendertage umzurechnen.

320 Wie bereits ausgeführt (siehe Rdn 317), kann bereits die Bedenkzeit sieben[405] oder zehn Tage[406] betragen. Ist aus dem Gutachten jedoch ein eindeutiger Totalschaden ersichtlich, wird dem Geschädigten in der Rechtsprechung teilweise kein Überlegungszeitraum eingeräumt, da der abrechnungsfähige Weg der Schadenskompensation vorgegeben wäre.[407]

321 Verlängert sich die Ausfalldauer dadurch, dass sich der Geschädigte während der Reparatur dazu entschließt, die Reparatur abzubrechen und sich ein Ersatzfahrzeug zu beschaffen, stellt dies keine Verletzung der Schadenminderungspflicht gem. § 254 Abs. 2 BGB dar, wenn erst während der Reparatur weitere Schäden zutage treten.[408]

404 LG Düsseldorf, Urt. v. 4.7.2014 – 20 S 113/13 = MRW 2014, 68.
405 BGH NJW 1975, 160.
406 AG Gießen zfs 1995, 93.
407 KG MDR 2010, 79.
408 LG Hagen zfs 1999, 517.

7. Kosten der Anmietung und Abzug für Eigenersparnis

Grundsätzlich bemessen sich die ausgleichspflichtigen Mietwagenkosten nach den Angaben in der **Vermieterrechnung**. Gleichermaßen streitig wie noch nicht abschließend entschieden ist, in welchen Fällen sich der Geschädigte Abzüge hiervon gefallen lassen muss. 322

Nach gefestigter Rechtsprechung[409] muss sich der Geschädigte auf die entstandenen Mietwagenkosten sog. **ersparte Eigenkosten** anrechnen lassen. Hierzu gehören die Kosten für Öl und Schmierstoffe, Bereifung und Reparaturanteile, die sich bei normalen Verhältnissen auf Durchschnitts-Kilometersätze aufschlüsseln lassen.

Problematisch und nicht abschließend entschieden ist die Frage, wie die Eigenersparnis zu berechnen ist und ob sie in jedem Fall anfällt. Eine Auffassung in der Rechtsprechung nimmt dann keinen Abzug für ersparte Eigenaufwendungen vor, wenn der Geschädigte sich mit einem „weniger" begnügt und ein klassentieferes Ersatzfahrzeug anmietet.[410] 323

▼ 324

Muster 8.80: Kein Abzug ersparter Eigenaufwendungen bei der Anmietung eines klassentieferen Ersatzfahrzeugs

Ein Abzug ersparter Eigenaufwendungen ist nicht geboten, wenn ein klassentieferes Fahrzeug angemietet wird und der Geschädigte sich insoweit mit einem „weniger" als Kompensation begnügt (BGH VersR 2013, 730; OLG Stuttgart NZV 2009, 563; OLG Hamm SP 2000, 384; OLG Nürnberg NJW-RR 1994, 924). Statt eines Fahrzeugs vom Typ , welches in der Mietwagenklasse einzuordnen ist, erfolgte die Abrechnung auf Basis eines Fahrzeugs vom Typ , welches in der darunter liegenden Fahrzeugklasse einzuordnen ist.

▲

Diese Ansicht ist jedoch umstritten. Teilweise wird auch in diesem Fall der Abzug ersparter Eigenaufwendungen für geboten gehalten.[411] 325

▼ 326

Muster 8.81: Abzug ersparter Eigenaufwendungen bei Anmietung eines klassentieferen Ersatzfahrzeugs

Auch bei der Anmietung eines klassentieferen Fahrzeugs sind ersparte Eigenaufwendungen unter dem Gesichtspunkt des Vorteilsausgleichs vorzunehmen (OLGR Saarbrücken 2000, 306; OLG Düsseldorf DAR 1998, 103; OLG Karlsruhe SP 1996, 348; OLG Köln DAR 1995, 385; OLG Frankfurt a.M. DAR 1990, 144; LG Berlin VersR 2005, 847 unter Bezug auf die ständige Rspr. des KG und das Gutachten von *Wallentowiz/Diekamp*, SP 1995, 12). Bereits der BGH hat in einer grundlegenden Entscheidung anschaulich dargelegt, dass der Unterschied der Wagenklasse bei der Anmietung eines klassentieferen Fahrzeugs allein noch keinen Anspruch auf zusätzlichen Ersatz begründet (BGH NJW 1967, 552). Die Benutzung eines weniger komfortablen bzw. leistungsschwächeren

409 Grundlegend: BGH NJW 1963, 1399.

410 Vgl. BGH VersR 2013, 730; Stuttgart NZV 2009, 563; OLG Celle NJW-RR 1993, 1052; OLG Nürnberg NJW-RR 1994, 924. LG Chemnitz MRW 2015, 28.

411 Vgl. etwa LG Braunschweig, Urt. v. 30.12.2015 – 7 S 328/14 – juris.

Fahrzeuges für eine kurze Zeit stellt nämlich in der Regel keinen Vermögensnachteil dar. Dass bei der Inanspruchnahme eines klassentieferen Mietfahrzeugs auf Seiten des Schädigers ein Vermögensvorteil entsteht, ist kein zu missbilligendes oder auszugleichendes Ergebnis, weil – was entscheidend ist – auf Seiten des Geschädigten kein auszugleichender Vermögensnachteil entstanden ist (OLG Köln DAR 1985, 385). Hinzu kommt, dass die anzurechnende Eigenersparnis im Kern darauf beruht, dass der Geschädigte sein eigenes Fahrzeug nicht nutzt und hierdurch Eigenbetriebskosten erspart (*Born*, VersR 1978, 777, 779). Diese Ersparnis tritt auch bei einem klassenniedrigeren Fahrzeug ein (OLGR Saarbrücken 2000, 306).

▲

327 Wenn ersparte Eigenaufwendungen abzuziehen sind ist die Rechtsprechung bei der Berechnung der Höhe dieses Abzugs ebenfalls nicht einheitlich. Nach der früher vorherrschenden Ansicht in der Rechtsprechung wurden im Wege der gerichtlichen Schätzung pauschal 15 % der Mietwagenkosten als ersparte Eigenaufwendungen abgezogen.[412] Ein pauschaler Abzug in dieser Höhe ist aber fraglich: Bereits Anfang der 90er Jahre konnte durch das Gutachten von *Meining* nachgewiesen werden, dass die ersparten Aufwendungen je nach Fahrzeugtyp und Fahrleistung im Bereich zwischen 1 und 10 % der Mietwagenkosten liegen.[413] Die wichtigste Übersicht hierzu ist wie folgt wiederzugeben:

Fahrzeuggruppe	40 km täglich	83 km täglich	137 km täglich	Mittelwert
1	2,9 %	6 %	10 %	4,9 %
3	2,6 %	3,9 %	6,5 %	4,4 %
6	1,7 %	3,4 %	5,7 %	2,8 %
10	1,5 %	3 %	5 %	2,4 %

328 Der Auffassung von *Meining* zu einer Reduzierung des vorzunehmenden Abzugs haben sich bereits eine Reihe an OLG angeschlossen.[414] Vor diesem Hintergrund kann mit guten Argumenten der Betrag an ersparten Eigenaufwendungen mit 3 % geschätzt werden.[415] Allerdings ist auch zu beachten, dass sich diese Untersuchung an den bekanntermaßen hohen Unfallersatztarifen orientiert hat. Andere Untersuchungen[416] kommen zu dem Ergebnis, dass die Eigenersparnis je nach Fahrzeugtyp und Mietwagentarif zwischen 5 % und 20 % liegen kann.

329 Im Einzelfall mag es sich bei hochwertigen Fahrzeugen und geringen Fahrleistungen anbieten, unter Bezugnahme auf die Untersuchung von *Meining* einen noch geringeren

412 OLG Celle SP 2001, 204; OLG Hamm VersR 1996, 1358; OLG Karlsruhe SP 1996, 348; OLG Nürnberg VersR 1994, 328; KG VersR 1989, 56; OLG Köln VersR 1986, 1031; OLG München DAR 1982, 69; weiterhin Rspr. im Bezirk des KG, vgl. LG Berlin VersR 2005, 849.

413 Vgl. die Untersuchung von *Meining*, DAR 1993, 281.

414 OLG Celle SP 2010, 78; OLG Stuttgart NJW-RR 1994, 921; OLG Karlsruhe DAR 1996, 56; OLG Düsseldorf VersR 1996, 987; OLG Nürnberg VersR 2001, 208.

415 Kritisch zu diesem Gutachten dagegen LG Ravensburg NJW-RR 1994, 796.

416 Z.B. *Wallentowitz/Diekamp*, SP 1995, 12.

Betrag konkret zu benennen. Bei Fahrzeugen einer geringeren Klasse ist dagegen zu bedenken, dass die konkret zu beziffernden ersparten Eigenaufwendungen je nach Fahrbedarf auch deutlich über 3 % liegen können.

Demzufolge werden ersparte Eigenaufwendungen in Höhe von 3 % berücksichtigt.[417] 330
Eine Vielzahl der Gerichte geht weiterhin von ersparten Aufwendungen in Höhe von 10 % aus.[418] Dies kann aber zu reduzieren sein, wenn ein Unfallersatztarif erstattet wird.[419] Das OLG Düsseldorf ist dagegen beispielsweise von einem pauschalen Abzug in Höhe von 10 %[420] bereits zu einem solchen von 5 %[421] gewechselt. Auch das OLG Celle nimmt einen Abzug in Höhe von 5 % vor.[422] Das OLG Köln hat im Jahr 2007 bei einem erstattungsfähigen Unfallersatztarif ersparte Eigenaufwendungen in Höhe von 4 % berücksichtigt.[423]

▼ 331

Muster 8.82: Anrechnung ersparter Eigenkosten 8.82

Versicherung AG

Schaden-Nr./VS-Nr./Az.

Schaden vom

Pkw , amtl. Kennzeichen

Sehr geehrte Damen und Herren,

in vorbezeichneter Schadensache zahlten Sie auf die bezifferten Mietwagenkosten durch Schreiben vom lediglich EUR. Die Differenz von 300 EUR begründeten Sie damit, von den Mietwagenkosten seien ersparte Eigenkosten in Abzug zu bringen, die mit 15 % der Mietwagenkosten zu beziffern seien.

Entgegen der von Ihnen vertretenen Auffassung hat mein Mandant einen Anspruch auf Ausgleich der gesamten Mietwagenkosten. Mein Mandant war grundsätzlich zur Inanspruchnahme eines Mietfahrzeugs berechtigt. Nach den Erkenntnissen fachkundiger Untersuchungen (*Meining*, DAR 1993, 281 ff.) wäre allenfalls ein Abzug ersparter Eigenaufwendungen in Höhe 3 % gerechtfertigt.

Dieser Einschätzung haben sich zwischenzeitlich auch die überwiegende Anzahl der Oberlandesgerichte angeschlossen (OLG Celle NJW-RR 2012, 802; OLG Nürnberg VersR 2001, 208; OLG Stuttgart NJW-RR 1994, 921; OLG Karlsruhe DAR 1996, 56; OLG Düsseldorf VersR 1996, 987). Dies gilt erst recht, wenn vorliegend die Fahrleistung meiner Mandantschaft in Höhe von km berücksichtigt wird.

417 OLG Nürnberg NJW-RR 2002, 528; OLG Karlsruhe DAR 1996, 56–59; OLG Stuttgart DAR 2000, 352: 3,5 %.
418 BGH NJW 2010, 1445; OLG Hamm, Urt. v. 21.4.2008 – 6 U 188/07 – juris sowie OLG Hamm VersR 2001, 206; OLG Dresden NZV 2009, 604; OLG Saarbrücken OLGR Saarbrücken 2000, 306; OLG Dresden SP 1997, 298.
419 OLG Hamm, Urt. v. 21.4.2008 – 6 U 188/07 – juris.
420 OLG Düsseldorf VersR 1996, 987.
421 OLG Düsseldorf VersR 1998, 1523; Urt. v. 21.4.2015 – I-1 U 114/14 – juris.
422 OLG Celle NJW-RR 2012, 802.
423 OLG Köln SP 2007, 13.

Nach alledem habe ich Sie aufzufordern, den noch offenen Restmietwagenkostenbetrag in Höhe von EUR unverzüglich, spätestens jedoch bis zum

(*10-Tages-Frist*)

auf das Ihnen bekannte Konto meines Mandanten zu überweisen. Nach fruchtlosem Fristablauf werde ich meinem Mandanten die Inanspruchnahme gerichtlicher Hilfe empfehlen.

Mit freundlichen Grüßen

(Rechtsanwalt)

▲

332 Neben einem pauschalen Abzug wird in der Rechtsprechung auch die Ansicht vertreten, dass die Eigenersparnis an den konkret ersparten Aufwendungen des Geschädigten berechnet werden muss.[424] Diese Kosten ergeben sich aus der ADAC-Tabelle „Autokosten und Steuern“.

8. Mietwagenkosten bei Anmietung aus privater Hand

333 Der Geschädigte hat grundsätzlich auch dann einen Anspruch auf Ausgleich der Mietwagenkosten, wenn er das Mietfahrzeug nicht von einem gewerblichen Vermieter, sondern aus privater Hand erhält.

334 ▼

Muster 8.83: Mietwagenkosten bei Anmietung von Privat

8.83

Versicherung AG

Schaden-Nr./VS-Nr./Az.

Schaden vom

Pkw , amtl. Kennzeichen

Sehr geehrte Damen und Herren,

in vorbezeichneter Angelegenheit lehnten Sie durch Schreiben vom den Ausgleich der geltend gemachten Mietwagenkosten in Höhe von EUR insgesamt ab. Die zur Begründung Ihrer Auffassung dargelegten Argumente sind objektiv falsch und liegen neben der Sache.

Zwar trifft es zu, dass meinem Mandanten das Mietfahrzeug aus privater Hand von zur Verfügung gestellt wurde. Diese Person war jedoch weder aus einer sittlichen Anstandspflicht noch aus sonstigen Gründen dazu verpflichtet, dies ohne Gegenleistung zu tun. Vielmehr war besteht eine Berechtigung, für die Bereitstellung des Mietfahrzeugs eine Gegenleistung zu verlangen. Insoweit wurde über die Stellung eines Mietfahrzeugs einen wirksamen Mietvertrag gem. §§ 535 ff. BGB abgeschlossen. Den in Rechnung gestellten Betrag hat mein Mandant auch tatsächlich gezahlt.

424 OLG Frankfurt a.M. zfs 1996, 214; OLG Hamm NJW-RR 1994, 375.

Letztlich sind die in Rechnung gestellten Mietwagenkosten auch nicht überhöht. Hätte mein Mandant ein Mietfahrzeug eines gewerblichen Vermietungsunternehmens in Anspruch genommen, wären weitaus höhere Mietwagenkosten verursacht worden. Der durchschnittliche Mietpreis für ein vergleichbares Mietfahrzeug beträgt pro Tag EUR. Wegen der Einzelheiten hierzu verweise ich auf die in der Anlage in Kopie beigefügten Preisbeispiele diverser Vermietungsfirmen am Orte meines Mandanten.

Grundsätzlich ist mein Mandant dazu berechtigt, ein Mietfahrzeug auch von Privat anzumieten. Erforderlich i.S.d. §249 Abs. 2 S. 1 BGB und damit ersatzfähig sind zwar nicht die Tarife der gewerblichen Kraftfahrzeug-Vermieter, sondern die auf ein wirtschaftlich vernünftiges Maß zurückgeführten Kosten (BGH NJW 1975, 255). Diese auf ein wirtschaftlich vernünftiges Maß zurückzuführenden Kosten belaufen sich auf 50 % der Tarife der gewerblichen Kraftfahrzeug-Vermieter (OLG Hamm NJW-RR 1993, 1053).

Danach sind die meinem Mandanten in Rechnung gestellten Mietwagenkosten nicht überhöht und in vollem Umfang ausgleichspflichtig. Ich habe Sie deshalb aufzufordern, die geltend gemachten Mietwagenkosten in Höhe von EUR unverzüglich, spätestens jedoch bis zum

(*10-Tages-Frist*)

auszugleichen. Sollten Sie die Frist ungenutzt verstreichen lassen, werde ich meinem Mandanten die unverzügliche Inanspruchnahme gerichtlicher Hilfe empfehlen.

Mit freundlichen Grüßen

(Rechtsanwalt)

▲

9. Checkliste: Mietwagenkosten

Allgemeine Voraussetzungen: 335

- Der Unfallwagen ist nicht mehr verkehrssicher.
- Es ist kein Zweitfahrzeug vorhanden.
- Es besteht ein täglicher Fahrbedarf, der je nach Rechtsprechung zwischen 15 und 30 km liegen muss.
- Der Geschädigte ist körperlich in der Lage, ein Fahrzeug zu führen. Ansonsten: Die Nutzung durch nahe Angehörige reicht ggf. aus, wenn sie das Unfallfahrzeug auch schon vor dem Unfall benutzt haben.
- Vor der Anmietung ist zu beachten, dass der Geschädigte grundsätzlich keine „Marktforschung" betreiben, jedoch bei der Anmietung an einem nachfolgenden Werktag i.d.R. Preisvergleiche einholen bzw. sich ggf. im Ausnahmefall sogar nach einem Langzeittarif erkundigen muss.
- Bei einem „Unfallersatztarif" als Aufschlag ist folgendes zu beachten: Ausgangspunkt ist die Frage, ob dem Geschädigten ein günstigerer Tarif nicht ohne weiteres zugänglich gewesen ist. Kann der Geschädigte dies beweisen, steht ihm der Unfallersatztarif (ggf. nach Abzug ersparter Eigenaufwendungen) zu.
- Steht dagegen zur Überzeugung des Gerichts fest, dass dem Geschädigten ohne weiteres ein anderer günstigerer Tarif zugänglich war, steht ihm der geltend gemachte

Unfallersatztarif nicht zu, soweit dieser den Normaltarif übersteigt – selbst wenn diese Erhöhung des Preises im Rahmen eines Unfallersatztarifs wirtschaftlich gerechtfertigt gewesen ist. Dem Geschädigten steht jedoch der sog. Normaltarif zu, den der Richter (unter Abzug ersparter Eigenaufwendungen, ggf. anhand der „Schwacke-Mietpreisliste", dem Fraunhofer Mietpreisspiegel (ggf. mit Risikozuschlag bzw. Abzug) oder einem Mittelwert aus beiden Befragungen) zu schätzen hat.

- Kann der Geschädigte nicht beweisen, dass ihm ein günstigerer Tarif als der Unfallersatztarif nicht ohne Weiteres zugänglich war und steht aber auch nicht positiv fest, dass er ohne Weiteres einen günstigeren Tarif hätte erhalten können, ist zu prüfen, ob der Unfallersatztarif einen erforderlichen Aufwand zur Schadensbeseitigung darstellt. Hier hat es sich in der Rechtsprechung durchgesetzt, einen Aufschlag auf den Normaltarif in Höhe von 15–30 % vorzunehmen.
- Zur Meidung des Abzugs für Eigenersparnis ist ggf. eine niedrigere Fahrzeugklasse anzumieten.
- Während der Anmietung ist zu beachten:
  - Die Anmietungszeit muss so kurz wie möglich sein.
  - Die Anmietung ist auf die Reparatur abzustimmen.
  - Ggf. ist eine Notreparatur durchzuführen.
- Die Dauer der Anmietungszeit beträgt:
  - Bei Reparaturschaden: Reparaturdauer (es sei denn, der Pkw ist nicht mehr verkehrssicher, dann Zeitspanne zwischen Unfall und Reparaturende). Nachweis durch Reparaturkostenrechnung.
  - Dasselbe gilt bei Ersatzwagenbeschaffung trotz Reparaturwürdigkeit.
  - Bei fiktiver Abrechnung: Voraussichtliche Reparaturdauer in einer Fachwerkstatt. Nachweis der Reparatur durch Foto oder durch Wiedervorstellen beim Gutachter.
  - Bei Totalschaden: Wiederbeschaffungsdauer. Nachweis der Ersatzwagenbeschaffung nach bestrittener Auffassung nicht erforderlich.
- Die Kosten der Anmietung:
  - Eigenersparnisanteil kann nach neuerer Rechtsprechung 3–10 % der Mietwagenkosten betragen.
  - Kein Abzug von Eigenersparnis bei Anmietung niedrigerer Fahrzeugklasse (streitig).
  - Kostenschuldner: Geschädigter. Erstattung durch Kfz-Haftpflichtversicherer je nach Haftung.
  - Bei Anmietung von Privat: 50 % der gewerblichen Mietwagenkosten können in Rechnung gestellt werden.

II. Nutzungsausfallschaden

1. Übersicht

336 Verzichtet der Geschädigte darauf, den unfallbedingten Ausfallzeitraum seines Kraftfahrzeugs durch Inanspruchnahme eines Mietfahrzeugs zu überbrücken, heißt dies nicht, dass er für den Ausfall des Fahrzeugs keinen Ersatz erhält. Je nachdem, zu welchem

Zweck das Fahrzeug konkret genutzt wurde, kann der Geschädigte den entstandenen Schaden

- konkret oder
- pauschaliert

beziffern. Wichtig ist in diesem Zusammenhang, dass in jedem Fall kein Anspruch auf Ausgleich eines „fiktiven" Nutzungsausfallschadens besteht.[425] Der Geschädigte muss vielmehr einen tatsächlichen Nutzungsausfall und fortbestehenden Nutzungswillen nachweisen.[426] Ausnahmen können bei einem wirtschaftlichen Totalschaden gelten. Anders als bei einem Ersatz der Mietwagenkosten, die bei einem geringen täglichen Fahrbedarf unverhältnismäßig sein können, ist ein Nutzungsausfall aber unabhängig von einem solchen Fahrbedarf erstattungsfähig.[427]

2. Konkreter Nutzungsausfallschaden

Immer dann, wenn das Unfallfahrzeug **unmittelbar zur Einnahmeerzielung** dient und durch den unfallbedingten Ausfall in Höhe der nicht erzielten Einnahmen ein belegbarer Schaden entstanden ist, ist der Geschädigte gehalten, den entstandenen Schaden konkret zu beziffern.[428] Denn der BGH hat sich bei seiner Rechtsprechung zur Nutzungsausfallentschädigung vom privat genutzten Pkw leiten lassen. Dies gilt beispielsweise für den Ausfall von Taxis, Bussen oder Transportfahrzeugen.[429] Anspruchsgrundlage sind in diesen Fällen die §§ 249, 252 BGB. Eine abstrakte Geltendmachung eines Schadens ist nicht zulässig.[430] **337**

Bei der gewerblichen Nutzung eines Fahrzeuges bemisst sich der Schaden vielmehr grundsätzlich nach dem dadurch entgangenen Gewinn gemäß § 252 BGB, alternativ den Vorhaltekosten eines tatsächlich vorgehaltenen Reservefahrzeuges oder aber der tatsächlich aufgewendeten Miete für ein Ersatzfahrzeug.[431] Wird insoweit ein Kfz unmittelbar zur Gewinnerzielung eingesetzt, also der Gewinn wie bei einem Taxi, Reisebus oder Lkw unmittelbar mit der Transportleistung erzielt, muss der Geschädigte den ihm durch den Ausfall des Fahrzeuges entgangenen Gewinn auch konkret berechnen, wenn er keine Reservekosten geltend macht oder ein Ersatzfahrzeug anmietet. In diesem Fall scheidet ein abstrakter Nutzungsausfall nach ständiger Rechtsprechung des BGH entsprechend aus – ein Schaden muss konkret dargelegt werden.

425 BGH NJW 1976, 1396.
426 BGH NJW 1985, 2471.
427 OLG Hamm NJOZ 2001, 1590.
428 OLG Stuttgart, Urt. v. 13.8.2015 – 13 U 28/15 – juris; OLG Düsseldorf NZV 1999, 472; AG Hannover SP 2014, 275.
429 BGHZ 70, 99; BGH, Beschl. v. 21.1.2014 – VI ZR 366/13 = DAR 2014,144; OLG Hamm NJW-RR 1989, 1194; OLG Hamm zfs 2000, 341.
430 OLG Düsseldorf, Urt. v. 13.10.2015 – I-1 U 179/14 = r+s 2016,95; KG NZV 2007, 244; AG Heidelberg SP 2014, 342.
431 BGH, Beschl. v. 21.1.2014 – VI ZR 366/13.

338 ▼

8.84

Muster 8.84: Geltendmachung konkreten Nutzungsausfallschadens

Versicherung AG

Schaden-Nr./VS-Nr./Az.

Schaden vom

Pkw , amtl. Kennzeichen

Sehr geehrte Damen und Herren,

in vorbezeichneter Schadensache entstand meinem Mandanten während des reparaturbedingten Ausfalls seines Unfallfahrzeugs ein Ausfallschaden. Mein Mandant ist selbstständiger Fuhrunternehmer. Er verfügt lediglich über einen Lkw. Dieses Fahrzeug fiel ihm während der Reparaturzeit von bis aus. In dieser Zeit konnten von meinem Mandanten diverse Fuhren endgültig nicht durchgeführt werden. Im Einzelnen handelte es sich um folgende Aufträge: .

Die vorgenannten Aufträge konnten nicht nachgeholt werden. Beigefügt überreiche ich Bestätigungen von Kunden meines Mandanten. Aus den Bestätigungen ergibt sich, dass mein Mandant ursprünglich beauftragt war, wegen des Ausfalls seines Lkws und der Dringlichkeit für die Kunden aber ein anderer Fuhrunternehmer beauftragt werden musste. Der Gewinn, den mein Mandant aus den Aufträgen erwirtschaftet hätte, ging ihm demgemäß endgültig verloren. Aus dem entgangenen Bruttoumsatz in Höhe von EUR resultiert ein entgangener Bruttogewinn in Höhe von EUR. Näheres hierzu ist der in der Anlage beigefügten Aufstellung des Steuerberaters meines Mandanten zu entnehmen. Hieraus resultiert ein effektiver Netto-Gewinnentgang in Höhe von EUR. Auch hierzu verweise ich auf die in der Anlage in Kopie beigefügte Aufstellung des Steuerberaters meines Mandanten.

Für den Ausgleich des Ausfallschadens in Höhe von EUR habe ich mir eine Frist bis zum

(2-Wochen-Frist)

notiert. Ich bitte höflich um fristgemäße Erledigung.

Mit freundlichen Grüßen

(Rechtsanwalt)

▲

Wenn aber kein konkret bezifferbarer Verdienstentgang vorliegt, ist es dem Geschädigten grundsätzlich nicht verwehrt, an Stelle des Verdienstentgangs eine Nutzungsentschädigung zu verlangen, wenn weitere Voraussetzungen vorliegen, also insbesondere ein fühlbarer wirtschaftlicher Nachteil für den Geschädigten eingetreten ist.[432] Erfasst werden die Fälle, bei denen sich die Gebrauchsentbehrung nicht unmittelbar in einer Minderung des Gewerbeertrages niederschlägt. Aber auch in diesem Fall ist ein weiteres Kriterium aufzustellen: Denn hier kommt ein Nutzungsausfall theoretisch über eine

432 BGH DAR 2014, 144; BGH VersR 2008, 369; BGHZ 66, 239; BGHZ 40, 345.

fühlbare wirtschaftliche Beeinträchtigung in Betracht, die ausreichend konkret vorgetragen werden muss.[433] Können darüber hinaus die materiellen Auswirkungen des Ausfalls des Fahrzeuges qualifiziert werden, ist der Geschädigte zusätzlich gehalten, die wirtschaftlichen Auswirkungen der Gebrauchsentbehrung konkret darzulegen und den dadurch hervorgerufenen Erwerbsschaden ebenso konkret zu bemessen.[434]

Dies ist insbesondere der Fall, wenn das Fahrzeug im Gewerbebetrieb nutzbringend auf eine Weise eingesetzt wird, dass aufgezeigt werden kann, ob und wie sich sein vorübergehender Ausfall schadensmindernd ausgewirkt hat. So etwa, weil sich ein entsprechender Ertrag vermindert hat, ausgefallene Leistungen durch Dritte kostenpflichtig ausgeführt worden sind oder konkrete Gewinne aus bestimmten Aufträgen entgangen sind, die zumindest im Grundsatz darzulegen sind. Wenn in diesem Fall auch konkrete Kosten eines Drittanbieters als Gewinnminderung eingefordert und ausgeglichen worden sind, besteht kein Bedürfnis, darüber hinaus eine pauschalierte Nutzungsausfallentschädigung zu erstatten und der bloßen Betriebsbereitschaft eines gewerblich genutzten Kfz kommt kein eigenständiger Vermögenswert zu.[435]

Die Bezifferung des konkreten Nutzungsausfallschadens ist regelmäßig nicht ohne **339**
fremde Hilfe durch einen Steuerberater möglich. Um den damit verbundenen und nicht selten erheblichen Aufwand zu vermeiden, sollte dem Mandanten empfohlen werden, den Ausfallzeitraum möglichst durch ein Mietfahrzeug zu überbrücken. Über die dadurch gewonnenen Vorteile bei der Bezifferung des Ausfallschadens hinaus wird durch den Einsatz von Mietfahrzeugen vermieden, dass weiter gehender Schaden infolge des Verlustes der Kundschaft eintritt. Stellenweise wird in der Rechtsprechung bei bestimmten Schadenskonstellationen auch eine pauschalierte Berechnung für zulässig erachtet. So wird beispielsweise im Gerichtsbezirk Hamburg bei der Reparatur eines gewerblich genutzten Taxis eine Verdienstausfallpauschale anerkannt, die bei einem „Ein-Schichtbetrieb“ 40 EUR, bei einem „Zwei-Schichtbetrieb“ mit 80 EUR angesetzt wird.

Im Übrigen ist genau zu untersuchen, ob im Einzelfall nicht doch ein abstrakter Nut- **340**
zungsausfall bei einer gewerblichen Nutzung geltend gemacht werden kann. Zwar wird in der Rechtsprechung und Literatur die Entscheidung des Großen Senats dahin interpretiert, dass bei gewerblich genutzten Fahrzeugen eine Nutzungsentschädigung nicht in Betracht komme, sondern in diesen Fällen der Schaden nur nach dem entgangenen Gewinn, den Vorhaltekosten eines Reservefahrzeugs oder den Mietkosten für ein Ersatzfahrzeug zu bemessen sei; dieser so eingeschränkte Nutzungsschaden müsse jeweils konkret dargelegt und – im Bestreitensfalle – nachgewiesen werden.[436] Demgegenüber wird in weiten Teilen der neueren obergerichtlichen Rechtsprechung die Auffassung vertreten, die Entscheidung des Großen Senats schließe eine Nutzungsausfallentschädigung auch für gewerblich genutzte Fahrzeuge bei Vorliegen der dafür erforderlichen

433 BGH, Beschl. v. 21.1.2014 – VI ZR 366/13.
434 BGH, Urt. v. 12.6.2018 – VII ZR 285/17.
435 BGH, Urt. v. 12.6.2018 – VII ZR 285/17.
436 Vgl. OLG Hamm r+s 1999, 458, 459; OLG Köln VersR 1995, 719, sowie m.w.N. bei BGH, Urt. v. 4.12.2007 – VI ZR 241/06 = r+s 2008, 127, 128 Tz 9.

Voraussetzungen nicht aus.[437] Der 6. Zivilsenat des BGH hat in einer hierzu ergangenen Entscheidung im Jahr 2007 zum Ausdruck gebracht, dass er dazu neige, auch oder gerade mit Blick auf die dortigen rechtsdogmatischen Erwägungen eine Nutzungsausfallentschädigung unabhängig von der konkreten Darlegung eines Ertragsentganges oder etwaiger Vorhaltekosten oder Kosten für einen Mietwagen ebenfalls bei einer (teilweisen) gewerblichen Nutzung im Grundsatz anzuerkennen, sofern die speziellen Voraussetzungen des Nutzungswillens und der Nutzungsmöglichkeit und schließlich der fühlbaren Beeinträchtigung durch den Nutzungsausfall feststellbar sind.[438] Die Tendenz besteht ausweislich der Erwägungen im BGH-Beschluss aus dem Jahr 2014 fort.[439]

341 ▼

Muster 8.85: Abstrakter Nutzungsausfall bei gewerblich genutzten Kfz

8.85 Auch bei einem gewerblich genutzten Kfz ist die abstrakte Geltendmachung eines Nutzungsausfalls zulässig. Der 6. Zivilsenat des BGH hat in seiner Entscheidung vom 4.12.2007 – VI ZR 241/06 = r+s 2008, 127 zum Ausdruck gebracht, dass er dazu neigt, auch oder gerade mit Blick auf die dortigen rechtsdogmatischen Erwägungen eine Nutzungsausfallentschädigung unabhängig von einer konkreten Darlegung eines Ertragsentganges oder etwaiger Vorhaltekosten oder Kosten für einen Mietwagen ebenfalls bei einer (teilweisen) gewerblichen Nutzung im Grundsatz anzuerkennen, sofern die speziellen Voraussetzungen des Nutzungswillens und der Nutzungsmöglichkeit und schließlich der fühlbaren Beeinträchtigung durch den Nutzungsausfall feststellbar sind. Mit BGH-Beschl. v. 21.1.2014, DAR 2014, 144 wird hiervon nicht abgewichen. Dies entspricht auch der überwiegenden Auffassung in der obergerichtlichen Rechtsprechung (beispielhaft: OLG Zweibrücken r+s 2015, 158; OLG Oldenburg, Urt. v. 6.9.2011 – 13 U 43/10 = SP 2011, 450; OLG München DAR 2009, 703; OLG Naumburg NJW 2008, 2511; OLG Schleswig MDR 2006, 202 f.; OLG Stuttgart, Urt. v. 16.11.2004 – 10 U 186/04 = NZV 2005, 309). Voraussetzung für eine Zubilligung des „abstrakten" Nutzungsausfalls ist neben einem Nutzungsausfallzeitraum und Nutzungswillen wegen des Vorranges der konkreten Schadensermittlung zusätzlich, dass eine solche im konkreten Streitfall nicht möglich ist (OLG Oldenburg a.a.O.; OLG Düsseldorf SP 2009, 365).

Diese Voraussetzungen sind vorliegend gegeben. Ein Nutzungswille wird bereits angesichts der vor dem Unfall erfolgten Nutzung vermutet und durch die durchgeführte Reparatur belegt, die zugleich den konkreten Ausfallzeitraum von ___ begründet. Des Weiteren ist ungeachtet der gewerblichen Nutzung eine konkrete Berechnung eines entgangenen Gewinns nicht möglich, da ___.

▲

342 Nutzt ein Geschädigter ein Kraftfahrzeug sowohl gewerblich als auch privat, hat er nach einer Ansicht in der Rechtsprechung den Nutzungsausfall entsprechend der anteiligen

437 Vgl. OLG Zweibrücken r+s 2015, 158; OLG Düsseldorf NJW-RR 2010, 687; OLG Oldenburg SP 2011 450; OLG Naumburg NJW 2008, 2511; OLG Bamberg NJW-RR 2010, 687; OLG Schleswig MDR 2006, 202 f.; OLG Stuttgart, 10. Zivilsenat, Urt. v. 16.11.2004 – 10 U 186/04 = NZV 2005, 309; OLG Stuttgart, 3. Zivilsenat, Urt. v. 12.7.2006 – 3 U 62/06 = NZV 2007, 414; OLG München DAR 2009, 703; lesenswert auch AG Eisenach, Urt. v. 14.9.2011 – 59 C 173/11 = SP 2012, 184.

438 BGH, Urt. v. 4.12.2007 – VI ZR 241/06 – juris = r+s 2008, 127, 128.

439 BGH, Beschl. v. 21.1.2014 – VI ZR 366/13 = DAR 2014, 144; BGH, Urt. v. 5.2.2013 – VI ZR 290/11 = DAR 2013, 194.

Nutzung teilweise konkret und teilweise pauschal[440] zu beziffern.[441] Lassen sich die gewerbliche und die private Nutzung aber praktisch nicht trennen, kann der pauschalierte Nutzungsausfall für die gewerbliche und die private Nutzung jedoch anhand des für den privaten Nutzungsausfall vorhandenen Tabellenwerts bestimmt werden.[442] Ob für den unfallbedingten Ausfall eines Polizeifahrzeuges vom zuständigen Land Nutzungsausfall begehrt werden kann, wird zum Teil als zweifelhaft betrachtet.[443]

3. Pauschalierter Nutzungsausfallschaden

a) Übersicht

Für alle **sonstigen Kraftfahrzeuge** kann der durch den Ausfall verursachte Schaden 343
nicht derart konkret beziffert werden. Seit dem Urteil des III. Zivilsenats des BGH vom 30.9.1963[444] ist in der Rechtsprechung des BGH anerkannt, dass derjenige, der Ersatz für die Beschädigung eines Kraftfahrzeugs zu leisten hat, grundsätzlich auch verpflichtet ist, dem Geschädigten Geldersatz für den Nutzungsausfall des Kraftfahrzeugs zu leisten, wenn dieser auf die Inanspruchnahme eines Ersatzfahrzeugs verzichtet und insoweit keine Mittel zur Vermeidung oder Minderung des Schadens aufgewandt hat.[445]

Als allgemeiner Grundsatz bleibt ist also festzustellen, dass eine Pauschalierung des Nutzungsausfallschadens nur demjenigen zusteht, der nicht dazu in der Lage ist, den durch den Ausfall verursachten Schaden konkret zu beziffern. Bei einer gewerbsmäßigen Nutzung ist dagegen für eine abstrakte Berechnung i.d.R. kein Raum.[446]

Theoretisch billigt die höchstrichterliche Rechtsprechung eine pauschale Nutzungsaus- 344
fallentschädigung für den Ausfall jeder Sache zu. Bei der Prüfung, ob nach der Verkehrsauffassung auch in anderen Fällen als bei Kraftfahrzeugschäden der vorübergehende Verlust der Nutzungsmöglichkeit des beschädigten Gegenstandes als wirtschaftlicher Schaden gewertet werden kann, ist ein strenger Maßstab anzulegen. Es bedarf stets einer Abwägung im Einzelfall, ob nach der Verkehrsauffassung die Benutzbarkeit einer Sache als selbstständiger Vermögenswert neben ihrem Substanzwert angesehen wird und damit ihre Beeinträchtigung einen Vermögensschaden darstellt. Voraussetzung ist weiter, dass der Geschädigte derart auf die Sache und deren ständige Verfügbarkeit angewiesen ist, dass der zeitweise Verlust der Möglichkeit des Gebrauchs dieser Sache infolge eines deliktischen Eingriffs einen ersatzfähigen Vermögensschaden darstellt.[447] Aus diesem Grundsatz folgt zunächst, dass eine Nutzungsausfallentschädigung nicht für den Ausfall jedes x-beliebigen Gegenstandes geltend gemacht werden kann. Die Rechtsprechung

440 OLG Frankfurt a.M. VersR 1987, 2004: Schätzung nach der von der Finanzverwaltung vorgenommenen Aufteilung in gewerbliche und private Nutzung; AG Hamburg SP 2013.
441 Vgl. auch OLG Hamm NJW-RR 1989, 1194; AG Hannover, Urt. v. 26.7.2012 – 55 C 10/12 – juris.
442 LG Stuttgart, Urt. v. 14.6.2022 – 12 O 423/20 – juris.
443 LG Düsseldorf SP 2015, 151.
444 BGHZ 40, 345.
445 BGHZ 45, 212; BGH DAR 1966, 154.
446 OLG Schleswig VersR 1996, 866.
447 BGH zfs 1986, 362.

lehnte eine pauschale Nutzungsausfallentschädigung deshalb ab z.B. für den Verzicht auf

- einen Pelzmantel,[448]
- ein Schwimmbad,[449]
- ein Motorboot[450] und
- ein Navigationsgerät,[451]

da es sich hierbei jeweils nicht um „ein für die Lebenshaltung zentrales Gut“ handelt. Bejaht wurde die pauschale Nutzungsausfallentschädigung neben Kraftfahrzeugen auch für

- selbstgenutzte Wohnhäuser[452] und
- Küchen.[453]
- Eine bloße Genussschmälerung, bei welcher das betroffene Fahrzeug keine ständige Wiederverfügbarkeit für die eigenwirtschaftliche Lebensbedeutung ausgemacht hat, ist vom Bundesgerichtshof beispielsweise bei einem Wohnmobil bzw. Wohnwagen angenommen worden.[454]
- Gleiches gilt für Nutzungsausfall bei dem Ausfall eines Motorsportbootes.[455]

345 Ob eine Nutzungsausfallentschädigung bei Beschädigung eines Fahrrades verlangt werden kann, ist in der Rechtsprechung umstritten. Richtigerweise ist auch für Fahrräder eine Nutzungsausfallentschädigung zu zahlen. Denn der Große Zivilsenat des BGH hat entschieden, dass ein Nutzungsausfall dann als ein zu ersetzender Vermögensschaden anzusehen ist, wenn es sich um einen Gegenstand handelt, auf dessen ständige Verfügbarkeit der Berechtigte für die eigenwirtschaftliche Lebenshaltung typischerweise angewiesen ist.[456] Unter Zugrundelegung dieser Rechtsprechung ist es sachgerecht anzunehmen, dass auch der Verlust der Nutzungsmöglichkeit eines Fahrrades als ersatzfähiger Vermögensschaden anzusehen ist, wenn Fahrräder etwa regelmäßig für den Weg zur Arbeit genutzt werden. In diesen Fällen ist die Voraussetzung, dass der Berechtigte auf die ständige Verfügbarkeit typischerweise angewiesen ist, grundsätzlich erfüllt.[457] Dies ist insbesondere anzunehmen, wenn beispielsweise einem Arbeitnehmer vom Arbeitgeber ein E-Bike als sogenanntes Dienstrad angeboten wird, wodurch auch ein geldwerter Vorteil für den Arbeitnehmer entsteht, der sogar gesondert steuerrechtlich zu erfassen ist – ein Modell, das in der Praxis immer mehr an Bedeutung gewinnt, wenn Arbeitnehmer auch mit dem Fahrrad im Rahmen der geförderten Verkehrswende zum Arbeitsplatz fahren. Bei einem solchen Sachverhalt spricht vieles dafür, eine ausreichende Bedeutung

448 BGH NJW 1975, 733, 735.
449 BGH VersR 1980, 480.
450 BGH VersR 1984, 142, 143.
451 AG Wiesbaden NZV 2014, 364.
452 BGH NJW 2014, 1374; BGH NJW 1992, 1500.
453 LG Tübingen NJW 1989, 1613.
454 BGH, Urt. v. 15.11.1983 – VI ZR 269/81; BGH, Urt. v. 28.2.1980 – VI ZR 183/79.
455 BGH, Urt. v. 15.12.1982 – VIII 315/80.
456 BGH GSZ NJW 1987, 50.
457 LG Lübeck, SP 2012, 183; a.A. LG Hamburg NZV 1993, 33 m.w.N. Hauptargument ist, dass bei Fahrrädern mangels Auswirkung auf Haltungskosten und wirtschaftlichen Wert der Benutzung Nutzungsausfall nicht anzuerkennen ist.

des Fahrrades für die allgemeine Lebensführung und damit auch Erstattung eines Nutzungsausfalls zu bejahen. Daher ist auch bei einem für tägliche Fahrten zur Schule[458] oder zum Arbeitsplatz[459] genutzten Fahrrad eine Nutzungsausfallentschädigung zugesprochen worden. Der Geschädigte kann in diesem Fall für die Dauer der Wiederbeschaffungszeit eine Nutzungsausfallentschädigung in Höhe der Kosten für ein Mietfahrrad beanspruchen.[460]

Zur Höhe ist auch zu beachten, dass es zwischenzeitlich auch nachvollziehbare Tagespreise für die Anmietung eines Fahrrades oder auch eines E-Bikes gibt. Demzufolge ist es auch in der Rechtsprechung anerkannt, die Tagespauschale für die Kosten eines Mietfahrrades als Hilfe zur Schätzung zugrunde zu legen.[461] Dabei kann es sich anbieten, in Anlehnung an die beispielsweise für die Einholung von Restwertangeboten entwickelten Grundsätze zumindest drei Vergleichsangebote zur Bestimmung eines Durchschnittswerts heranzuziehen. Von dem auf diesem Wege ermittelten Betrag ist sodann ein Abschlag für den Unternehmergewinn vorzunehmen, der bei 40 % geschätzt werden kann, um sodann einen Tageswert für die Entschädigung festzulegen. Bei einem längeren Ausfall kann dieser schon ab der dritten Woche noch weiter herabzusetzen sein, da längere Anmietungen entsprechend günstiger werden.

▼ 346

Muster 8.86: Nutzungsausfallentschädigung für Fahrrad 8.86

Sehr geehrte Damen und Herren,

Sie lehnen die Zahlung einer Nutzungsausfallentschädigung für die Dauer der Reparatur des Fahrrads meines Mandanten zu Unrecht ab.

Mein Mandant hat kein Auto. Er kann auch nicht den ÖPNV nutzen. Er ist daher auf sein Fahrrad angewiesen und nutzt dieses täglich für den Weg zu Arbeit.

Der Große Zivilsenat des BGH hat entschieden, dass ein Nutzungsausfall dann als ein zu ersetzender Vermögensschaden anzusehen ist, wenn es sich um einen Gegenstand handelt, auf dessen ständige Verfügbarkeit der Berechtigte für die eigenwirtschaftliche Lebenshaltung typischerweise angewiesen ist (BGH GSZ NJW 1987, 50). Unter Zugrundelegung dieser Rechtsprechung ist auch der Verlust der Nutzungsmöglichkeit eines Fahrrades als ersatzfähiger Vermögensschaden anzusehen, wenn Fahrräder etwa regelmäßig für den Weg zur Arbeit genutzt werden. Dies ist dann der Fall, wenn die Voraussetzung, dass der Berechtigte auf die ständige Verfügbarkeit typischerweise angewiesen ist, grundsätzlich erfüllt ist (LG Lübeck, Urt. v. 8.7.2011 – 1 S 16/11 = SP 2012, 183). Das ist hier der Fall. Mein Mandant kann für die Dauer der Wiederbeschaffungszeit eine Nutzungsausfallentschädigung beanspruchen (KG NZV 1994, 393; AG Frankfurt a.M. NZV 1990, 237; AG Kehl zfs 1990, 411; AG Kiel, Urt. v. 2.4.1990 – 4 C 604/89; AG Frankfurt a.M., Urt. v. 16.2.1990 – 32 C 5136/89).

458 Vgl. AG Kiel, Urt. v. 2.4.1990 – 4 C 604/89 – juris.
459 LG Lübeck, Urt. v. 8.7.2011 – 1 S 16/11; AG Frankfurt a.M., Urt. v. 16.2.1990 – 32 C 5136/89 – jeweils juris.
460 KG NZV 1994, 393; AG Frankfurt a.M. NZV 1990, 237; AG Kehl zfs 1990, 411 (Schülerfahrrad: 5,00 DM/Tag).
461 Vgl. LG Lübeck, Urt. v. 8.7.2011 – 1 S 16/11; AG Frankfurt a.M., Urt. v. 16.2.1990 – 32 C 5136/89.

Zur Höhe: Es ist in der Rechtsprechung anerkannt, die Tagespauschale für die Kosten eines Mietfahrrades als Hilfe zur Schätzung zugrunde zu legen (LG Lübeck, Urt. v. 8.7.2011 – 1 S 16/11 = SP 2012, 183). Entsprechend den beigefügten Vergleichsangeboten liegt ein Tagespreis bei der Anmietung eines vergleichbaren Rades pro Tag bei EUR für ein Mietfahrrad. 60 % davon betragen als Nutzungsausfallentschädigung EUR. Das Fahrrad meines Mandanten wurde für die Dauer von Tagen repariert, so dass die Entschädigung insgesamt beträgt.

Der Zahlung sehe ich entgegen bis spätestens

(*14-Tages-Frist*)

Mit freundlichem Gruß

(Rechtsanwalt)

▲

347 In einem Urteil aus dem Jahr 2018 hat der BGH allerdings auch betont, dass eine saisonale bzw. witterungsbedingte Nutzung des Fahrzeuges wie etwa bei einem Motorrad auch zu beachten ist. Wenn in einer bestimmten Saison eine Nutzung nicht erfolgt, ist ein Anspruch auf eine Nutzungsausfallentschädigung nicht gegeben (vgl. BGH, Urt. v. 23.1.2018 – VI ZR 57/17). Hier ist also genau zu prüfen, ob der Geschädigte tatsächlich willens und in der Lage gewesen ist, das beschädigte Fahrrad im Ausfallzeitraum zu nutzen und in welcher Saison und unter welchen Wetterbedingungen er dieses auch in der Vergangenheit benutzt hat. Die Darlegungs- und Beweislast liegt dann beim Geschädigten, ist aber beispielsweise auch dem Zeugenbeweis oder einer allgemeinen Lebenserfahrung – zum Beispiel bei täglichen Fahrten zur Schule oder einem kurzen Weg zur Arbeit – zugänglich.

348 Genau wie bei Motorrädern scheidet auch bei Fahrrädern eine Entschädigung bei einer Nutzung als reines Sport- und Freizeitrad aus.[462] Dies gilt insbesondere für Rennräder. So ist in der Rechtsprechung bereits anerkannt, dass der zeitweilige Verlust der Gebrauchsfähigkeit eines ausschließlich zur sportlichen Betätigung dienenden Rennrades nicht zu erstatten ist.[463] Dies gilt insbesondere für ein Rennrad, welches noch besonders für die sportliche Betätigung individuell angepasst worden ist.[464]

349 Ebenso wie im Bereich der Mietwagenkosten scheidet ein Anspruch auf Nutzungsausfallentschädigung für denjenigen aus, der über ein Zweitfahrzeug verfügt, dessen Einsatz ihm zuzumuten ist.[465] Fehlt es an der Fühlbarkeit der Entbehrung der Nutzung eines Kraftfahrzeugs – auch bei einem Oldtimer wegen des Vorhandenseins eines adäquaten Zweitwagens, so besteht infolge eines Verkehrsunfalls kein Anspruch auf Ersatz des Nutzungsausfalls.[466] Bei der Beschädigung eines wertvollen Oldtimers kommt ein Anspruch im Übrigen nur dann in Betracht, wenn die Verfügbarkeit des Fahrzeuges eine

462 LG Frankenthal, Urt. v. 5.6.2020 – 4 O 10/19 – juris.
463 OLG Stuttgart, Beschl. v. 9.9.2013 – 13 U 102/13 – juris.
464 LG Heilbronn, Urt. v. 24.5.2013 – 5 O 30/13 – juris.
465 BGH, Urt. v. 10.11.2022 – VI ZR 35 / 22; BGH, Beschl. v. 11.9.2012 – VI ZR 92/12 = SP 2012, 438; BGH, Urt. v. 5.2.2013 – VI ZR 290/11 – juris; BGH NJW 1976, 286; OLG Köln MDR 2015, 826.
466 OLG Düsseldorf SP 2012, 324; OLG Düsseldorf v. 15.11.2011 – 1 U 50/11 = NZV 2012, 376.

Bedeutung für die eigenwirtschaftliche Lebensführung des Eigentümers hat. Erforderlich ist eine Nutzung des Oldtimers im Alltag als normales Verkehrs- und Beförderungsmittel, so dass beispielsweise ein reines Liebhaberinteresse an der Nutzung – auch Ausflugsfahrten in der Oldtimersaison – nicht ausreichend ist.[467]

Mit der Verfügbarkeit eines Zweitfahrzeuges hatte sich der BGH[468] auch in einer weiteren Entscheidung aus dem Jahr 2022 befasst. In diesem Fall stand der Klägerin statt dem ausgefallenen Porsche Cabrio für eine Urlaubsfahrt lediglich ein BMW3 Kombi zur Verfügung und sie argumentierte, dass sie eine erhebliche und wirtschaftlich messbare Einbuße dadurch erlitten hat, dass der Porsche über ein höheres Prestige verfügen würde, ein besseres Fahrgefühl vermittelt und den individuellen Genuss erhöhen würde. Diesem stand der BGH jedoch kritisch gegenüber und hat insbesondere darauf hingewiesen, dass die Bewertung der Klägerin lediglich einen die Lebensqualität erhöhenden Vorteil darstellt, dem der BGH aber keinen ersatzfähigen materiellen Wert beigemessen hat. Denn entscheidend wäre alleine die alltägliche Nutzbarkeit zur eigenwirtschaftlichen Lebensführung und die persönliche Bewertung eines höheren Fahrgefühls oder Prestige bei einem Porsche entzieht sich daher nach Auffassung des BGH einer vermögensrechtlichen Bewertung. Dies hat zur Folge, dass das Vorhandensein des zweiten Pkw in jedem Fall einem Nutzungsausfall entgegensteht, auch wenn der ausgefallene Pkw von der betroffenen Person deutlich wertvoller eingeschätzt wird.[469]

Zu beachten ist aber auch, dass der Geschädigte bei einem langen Ausfallzeitraum i.d.R. **350** nicht verpflichtet ist, zur Wahrung seiner Schadensminderungspflicht ein wegen der Langzeitanmietung günstigeres Ersatzfahrzeug anzumieten.[470]

Nutzungsmöglichkeit und Nutzungswille sind unabdingbare Voraussetzungen für den **351** Anspruch auf Nutzungsausfallschaden.[471]

b) Nutzungswille

Zwar liegt der Schluss nahe, dass der Geschädigte nach dem Unfall sein Fahrzeug wie **352** bisher weiter nutzen will. Da dies aber nicht zwingend ist, sondern der Unfall für den Geschädigten auch den Anlass geben kann, sein Fahrzeug nicht weiter nutzen zu wollen, hat er seinen Nutzungswillen und die ihm mögliche Nutzung zumindest dann darzulegen und zu beweisen, wenn die Gegenseite dies bestreitet.[472] Der Nutzungswille muss dann festgestellt werden.[473] Zum Nachweis des Nutzungswillens genügt insoweit eine Reparaturbestätigung bzw. der Nachweis einer Neuanschaffung.[474] An der **Nutzungsmöglich-**

467 OLG Karlsruhe, Urt. v. 27.10.2011 – 9 U 29/11 = NJW-RR 2012, 548.
468 BGH, Urt. v. 11.10.2022 – VI ZR 35/22 – juris.
469 BGH, Urt. v. 11.10.2022 – VI ZR 35/22 – juris; ebenso OLG Frankfurt a.M., Urt. v. 21.7.2022 – 11 U 7/21 = NJW 2022, 3083.
470 OLG Karlsruhe, Urt. v. 13.2.2012 – 12 U 1265/10 = SP 2012, 259.
471 BGH NJW 1985, 2471; LG Hannover, Urt. v. 5.8.2014 – 18 O 312/12 = SP 2015, 184; LG Ingolstadt, Urt. v. 7.12.2011 – 51 O 1715/10 = SP 2012, 224.
472 OLG Köln DAR 2005, 2869.
473 BGHZ 45, 212; KG VersR 1995, 978; LG Osnabrück SP 1996, 354; LG Osnabrück r+s 1988, 367.
474 OLG Düsseldorf NJOZ 2001, 2056.

keit fehlt es, wenn der Geschädigte aufgrund eines **Personenschadens** kein Fahrzeug führen kann.[475] Freilich sind Verletzungsarten denkbar, die den Geschädigten nicht beim Führen des Fahrzeugs einschränken, so dass eine pauschale Ablehnung des gegnerischen Versicherers nur wegen eines Personenschadens unzulässig ist. Denkbar ist etwa, dass derjenige, der an seinem linken Bein verletzt ist, noch sein Fahrzeug mit Automatikgetriebe nutzen kann. Bei einer HWS-Verletzung kann dies mitunter anders aussehen, wenn beispielsweise eine Cervicalstütze („Halskrawatte") verordnet wurde und getragen wird. Dann dürfte es dem Geschädigten nicht möglich sein, das Fahrzeug zu führen, da er beispielsweise nicht in der Lage sein wird, den Schulterblick vorzunehmen. Dieser Grundsatz greift dann jedoch nicht, wenn das unfallbeschädigte Fahrzeug von nahen Angehörigen oder anderen Personen benutzt worden wäre.[476] In diesen Fällen ist allerdings zu beachten, dass aufgrund der Subjektbezogenheit des Schadens u.U. nur die Vorhaltekosten zu erstatten sind.[477]

353 ▼

Muster 8.87: Nutzungsausfall trotz Personenschadens

8.87

Versicherung AG

Schaden-Nr./VS-Nr./Az.

Schaden vom

Pkw , amtl. Kennzeichen

Sehr geehrte Damen und Herren,

soweit Sie in vorbezeichneter Schadensache durch Schreiben vom den Ausgleich jedweden Nutzungsausfallschadens ablehnen, vermag ich mich damit nicht einverstanden zu erklären.

Während der Reparatur in der Zeit vom bis stand das Unfallfahrzeug meinem Mandanten nicht zur Verfügung. Zwar war es ihm aufgrund des durch den Unfall verursachten erheblichen Personenschadens nicht möglich, das Fahrzeug in dieser Zeit praktisch zu nutzen. Dem Anspruch auf Nutzungsausfallentschädigung steht dies jedoch nicht entgegen. Nach einhelliger Auffassung in der Rechtsprechung und Literatur reicht es für die Nutzungsmöglichkeit aus, wenn das Unfallfahrzeug während der Ausfallzeit von nahen Angehörigen des Geschädigten genutzt worden wäre (BGH DAR 1974, 18, 19; OLG Koblenz NJW-RR 2004, 747; OLG Oldenburg (Oldenburg), Urt. v. 26.6. 2014 – 1 U 132/13 = DAR 2015, 527).

Hier wurde das Fahrzeug vor dem Unfall gemeinsam von und meinem Mandanten genutzt.

475 OLG München VersR 1991, 324; LG Ingolstadt, Urt. v. 7.12.2011 – 51 O 1715/10 = SP 2012, 224; OLG Frankfurt a.M., Urt. v. 8.2.2011 – 22 U 162/08 = SP 2011, 291.

476 BGH DAR 1974, 18, 19; BGH NJW 1968, 1779, 1780; OLG Oldenburg (Oldenburg), Urt. v. 26.6.2014 – 1 U 132/13 = DAR 2015, 527.

477 OLG Koblenz NJW-RR 2004, 747.

Während des reparaturbedingten Ausfalls stand das Unfallfahrzeug beiden nicht zur Verfügung.

Nach alledem ist der Anspruch meines Mandanten auf Ausgleich des bezifferten Ausfallschadens begründet. Für den Ausgleich des geltend gemachten Betrags habe ich mir eine letzte Frist bis zum

(*10-Tages-Frist*)

notiert. Nach fruchtlosem Fristablauf werde ich meinem Mandanten die Inanspruchnahme gerichtlicher Hilfe empfehlen.

Mit freundlichen Grüßen

(Rechtsanwalt)

▲

▼ 354

Muster 8.88: Kein Nutzungsausfall bei Personenschaden 8.88

Dem Kläger steht eine Nutzungsausfallentschädigung nicht zu.

Es fehlt an der Nutzungsmöglichkeit. An der Nutzungsmöglichkeit fehlt es, wenn der Geschädigte aufgrund eines Personenschadens kein Fahrzeug führen kann (OLG München VersR 1991, 324; LG Ingolstadt SP 2012, 224; OLG Frankfurt a.M. SP 2011, 291).

So liegt der Fall hier.

Der Kläger lässt vortragen, er nutze das verunfallte Fahrzeug allein. Er legt als Anlage K den ärztlichen Bericht seines behandelnden Arztes vor. Daraus ergibt sich, dass der Kläger für insgesamt 10 Tage wegen seiner diagnostizierten HWS-Verletzung eine Cervicalstütze („Halskrawatte") tragen musste. Damit war der Kläger nicht in der Lage, ein Fahrzeug verkehrssicher im Straßenverkehr zu führen. Aufgrund der Cervicalstütze war es ihm nämlich etwa nicht möglich, den Schulterblick durchzuführen, der aber beispielsweise in Abbiegekonstellationen von der StVO und Rechtsprechung sogar mehrfach vorausgesetzt wird, z.B. beim Überholen, § 5 StVO.

Beweis: Sachverständigengutachten

Mangels Nutzungsmöglichkeit ist dem Kläger daher keine Nutzungsausfallentschädigung zu erstatten.

▲

Das Vorliegen des notwendigen Nutzungswillens ist grundsätzlich anzunehmen.[478] Er 355
hat sich auf das verunfallte Fahrzeug zu beziehen.[479] Der Wille zur Nutzung des Unfallfahrzeugs während der Ausfallzeit fehlt, wenn der Geschädigte den Unfall dazu zum Anlass nimmt, zukünftig auf ein Kfz zu verzichten. Fraglich ist, wann der fehlende Wille unterstellt werden kann. Im Falle eines zweimonatigen Wartens mit der Reparatur kann eine tatsächliche Vermutung gegen einen Nutzungswillen sprechen.[480] Letztendlich ist aber immer der Einzelfall zu prüfen: Im Rahmen des Anspruchs auf Nutzungsausfallentschädigung ist z.B. bei einem Zeitraum von mehr als zwei Monaten zwischen dem Verkehrsunfall und dem Reparaturbeginn jedenfalls dann ein Nutzungswille des Geschä-

478 OLG Celle VersR 1973, 718; LG Nürnberg-Fürth DAR 2000, 72; AG Berlin-Mitte SP 1999, 382.
479 OLG Stuttgart DAR 2000, 235.
480 OLG Köln, Urt. v. 8.3.2004 – 16 U 111/03 = MDR 2004, 1114; AG Essen, Urt. v. 26.8. 2015 – 20 C 70/15 – juris.

digten anzunehmen, wenn dieser die Haftpflichtversicherung des Schädigers zeitnah nach dem Unfall darauf hingewiesen hat, dass er die Reparatur nicht vorfinanzieren könne, und mit der Reparatur alsbald nach der Regulierungszusage bzw. Zahlung der Haftpflichtversicherung begonnen wird. Ob der zwischenzeitliche Zeitablauf auf einem der Haftpflichtversicherung zurechenbaren zögerlichen Regulierungsverhalten beruht oder auf äußeren Umständen, ist dann unerheblich.[481]

356 ▼

Muster 8.89: Nachweis des Nutzungswillens

Versicherung AG

Schaden-Nr./VS-Nr./Az.

Schaden vom

Pkw , amtl. Kennzeichen

Sehr geehrte Damen und Herren,

in vorbezeichneter Schadensache ist Ihre Weigerung, die mit Schreiben vom geltend gemachte Nutzungsausfallentschädigung auszugleichen, rechtlich unbegründet. Sie steht nicht im Einklang mit der einhelligen Auffassung der Rechtsprechung zum Nachweis des Nutzungswillens. Bereits das OLG München (VersR 1969, 1098) führte aus, dass sich der Nutzungswille aus der allgemeinen Lebenserfahrung ergebe (so auch OLG Düsseldorf BeckRS 2011, 20164; LG Oldenburg zfs 1999, 288). Die Anschaffung und Haltung eines Kfz sind erfahrungsgemäß mit großen Kosten verbunden. Es wird deshalb in der Regel niemand die hohen Kosten einer Anschaffung und einer Unterhaltung eines Kfz aufwenden, wenn er das Fahrzeug tatsächlich nicht nutzen will. Folglich spricht bereits eine Vermutung für das Vorliegen eines Nutzungswillens. Danach ist es Ihre Aufgabe, diese Vermutung auszuräumen. Dies ist Ihnen bislang nicht gelungen und wird Ihnen auch zukünftig nicht gelingen können.

Insbesondere folgt der fehlende Nutzungswille nicht bereits aus der Tatsache, dass mein Mandant während der dauernden Verhandlung mit Ihrem Hause auf die Nutzung seines Kraftfahrzeugs verzichtete. Vielmehr darf er insoweit abwarten, bis Sie den Schaden regulieren (LG Saarbrücken, Urt. v. 14.2.2014 – 13 S 189/13 = NZV 2014, 362; AG Schweinfurt DAR 1999, 256). Zudem hat er bei der Geltendmachung der Ansprüche aus dem Unfallschaden klargestellt, dass er nicht über die für eine Reparatur des Fahrzeugs erforderlichen flüssigen Geldmittel verfüge. Er behielt sich ausdrücklich die Geltendmachung eines umfassenden Nutzungsausfallschadens vor. Danach besaß mein Mandant während des gesamten Ausfallschadens den Willen zur Nutzung seines Unfallfahrzeugs.

481 AG Wiesbaden, Urt. v. 6.10.2021 – 93 C 3797/20 (22) – juris.

Ich habe Sie deshalb aufzufordern, den bezifferten Nutzungsausfallschaden unverzüglich, spätestens jedoch bis zum

(*10-Tages-Frist*)

auf das Ihnen bekannte Konto meines Mandanten auszugleichen. Sollten Sie die Frist ungenutzt verstreichen lassen, werde ich meinem Mandanten die Inanspruchnahme gerichtlicher Hilfe empfehlen.

Mit freundlichen Grüßen

(Rechtsanwalt)

▲

Der Nutzungswille fehlt demjenigen Geschädigten, der aus Anlass des Verkehrsunfalls 357
zukünftig auf ein Kraftfahrzeug dauerhaft verzichtet. Dies muss insbesondere bei **Saisonfahrzeugen** (z.B. Cabriolets, Motorräder) gesondert geprüft werden. Auch wird der fehlende Nutzungswille unterstellt, wenn im Falle eines Totalschadens das Ersatzfahrzeug erst lange Zeit (hier fünf Monate) nach dem Unfall beschafft und statt eines Pkw ein Motorrad gekauft wurde.[482]

c) Nutzungsausfallzeitraum

Für den Anspruch auf Nutzungsausfallentschädigung muss ein **tatsächlicher Ausfall** 358
des unfallbeschädigten Fahrzeugs nachgewiesen werden.[483] Ein Anspruch auf fiktive Nutzungsausfallentschädigung scheidet grundsätzlich aus.[484] Der konkrete Nachweis wird je nach Art der Schadensabwicklung auf unterschiedliche Art und Weise erbracht:

aa) Konkreter Reparaturschaden

Liegt ein Reparaturschadenfall vor, ist für die **Bemessung der Ausfalldauer** grundsätz- 359
lich der Zeitraum zwischen Unfall und Reparatur-Ende maßgeblich. Der Geschädigte muss sich eine Verkürzung dieser Frist gefallen lassen, wenn die Ausfalldauer schuldhaft verlängert wurde. Dies ist z.B. der Fall, wenn der Geschädigte die Bezifferung des Fahrzeugschadens oder den Beginn der Reparaturarbeiten schuldhaft verzögert hat. Wichtig ist im Übrigen, dass eine etwaige Verzögerung der Reparaturarbeiten durch die Reparaturwerkstatt grundsätzlich nicht zu Lasten des Geschädigten geht.

Der Tag des Schadenseintritts ist für den Beginn der Nutzungsausfalldauer allerdings 360
nur dann maßgeblich, wenn das Fahrzeug durch den Verkehrsunfall in seiner Fahrfähigkeit und/oder Verkehrssicherheit beeinträchtigt wurde. Andernfalls beschränkt sich die Ausfalldauer auf die konkrete Reparaturzeit. Liegt die Verkehrssicherheit nur deshalb nicht vor, weil beispielsweise das Blinkerglas beschädigt wurde, ist der Geschädigte u.U. gehalten, den Ausfallzeitraum dadurch erheblich zu reduzieren, dass er zunächst nur eine sog. **Notreparatur** durchführen lässt.[485]

482 AG Bielefeld r+s 1984, 161.
483 OLG Düsseldorf, Urt. v. 13.10.2015 – I-1U 179/14 = r+s 2016, 95; LG Oldenburg zfs 1997, 173.
484 BGH VersR 1976, 874.
485 OLG Stuttgart VersR 1992, 1485; vgl. LG Bad Kreuznach, Urt. v. 25.7.2014 – 3 O 28/12 = NJW-RR 2015, 227.

361 Allgemein anerkannt ist, dass dem Geschädigten nach Zugang des Gutachtens für die Entscheidung eine angemessene Überlegungsfrist zuzubilligen ist, ob und gegebenenfalls in welchem Umfang eine Reparatur durchgeführt werden soll.[486] Dem Geschädigten ist zuzubilligen, innerhalb der angemessenen Überlegungsfrist zu entscheiden, ob eine Reparatur tatsächlich durchgeführt, auf Basis des Gutachtens eine fiktive Schadensabrechnung vorgenommen oder trotz etwaiger finanzieller Einbußen eine Ersatzbeschaffung vorgenommen werden soll. Die Entscheidung hierüber obliegt allein der Dispositionsfreiheit des Geschädigten.[487] Die Zubilligung eines Überlegungszeitraums ist insbesondere in den Fällen konsequent, in denen ein Grenzfall zwischen Reparatur- und wirtschaftlichem Totalschaden vorliegt.[488] Nach Auffassung des AG Gießen[489] gebührt dem Geschädigten eine **angemessene Überlegungsfrist** von zehn Tagen nach der Vorlage des Gutachtens, innerhalb derer er sich über die konkrete Schadensbeseitigung entscheiden kann. Der BGH beziffert die Überlegungsfrist mit sieben Tagen (BGH NJW 1975, 160). Teilweise wird auch nur eine Überlegungszeit von bis zu fünf Tagen für angemessen erachtet.[490]

Die Berechnung des Nutzungsausfalls besteht richtigerweise aus drei Zeiträumen, nämlich dem Schadensermittlungszeitraum, dem Überlegungszeitraum und dem Wiederbeschaffungszeitraum.[491]

362 ▼

Muster 8.90: Überlegungszeitraum

8.90

Sehr geehrte Damen und Herren,

bei der Regulierung der Nutzungsausfallentschädigung orientieren sie sich starr an der tatsächlichen Reparaturdauer. Sie verkennen dabei, dass meinem Mandanten auch ein Überlegungszeitraum zusteht und er deshalb nach Zugang des Gutachtens noch drei Tage überlegen durfte, ob die Reparatur durchgeführt wird. Der BGH hat sogar sieben Tage anerkannt (BGH NJW 1975, 160). Das gilt hier umso mehr, als der Schaden nach dem Gutachten nahezu ein wirtschaftlicher Totalschaden ist und mein Mandant auch über eine Neuanschaffung nachgedacht hat (vgl. hierzu *Gutt*, jurisPR-VerkR 11/2014 Anm. 3). Die Entscheidung hierüber obliegt allein der Dispositionsfreiheit des Geschädigten (LG Bonn VersR 2013, 1147; AG München DV 2017, 100).

Sie werden daher zur Zahlung der vollständig bezifferten Nutzungsausfallentschädigung bis spätestens zum

(*14-Tages-Frist*)

aufgefordert.

Mit freundlichem Gruß

(Rechtsanwalt)

▲

486 OLG München VersR 1974, 1186; OLG Celle NJW 2008, 446; LG Bonn VersR 2013, 1147.
487 LG Bonn VersR 2013, 1147; AG München DV 2017, 100.
488 *Gutt*, jurisPR-VerkR 11/2014 Anm. 3.
489 AG Gießen zfs 1995, 93.
490 AG Aschaffenburg zfs 1999, 103.
491 AG Wiesbaden SP 2013, 80.

Auch eine außergewöhnlich lange Überschreitung der vom Sachverständigen geschätzten Ausfalldauer steht einem Ausgleich für den gesamten Ausfallzeitraum nicht entgegen, solange die verlängerte Ausfalldauer nicht vom Geschädigten zu vertreten ist.[492] Verzögert sich die Reparatur dadurch, dass der Reparateur von seinem Werkunternehmerpfandrecht Gebrauch macht und der Geschädigte keine eigenen Geldmittel zur Verfügung hat, um das Fahrzeug „auszulösen", empfiehlt es sich dringend, zur Meidung des Vorwurfs, die Schadenminderungspflicht gem. § 254 Abs. 2 BGB verletzt zu haben, den Versicherer hierüber zu informieren.[493] 363

bb) Fiktiver Reparaturschaden

Rechnet der Geschädigte den Unfallschaden fiktiv ab und weist er nicht nach, das Fahrzeug repariert oder sich ein Ersatzfahrzeug zugelegt zu haben, scheidet ein Anspruch auf Nutzungsausfallentschädigung aus. Wie bereits dargelegt, setzt jeder Anspruch auf Nutzungsausfallentschädigung den Nachweis eines **tatsächlichen Ausfallzeitraums** voraus. 364

Rechnet der Geschädigte den Unfallschaden fiktiv ab und lässt er das Fahrzeug reparieren, steht dem Anspruch auf Nutzungsausfallentschädigung grundsätzlich nichts entgegen. Der Nachweis des Nutzungsausfallzeitraums setzt voraus, dass neben der erfolgten Reparatur auch die konkrete Dauer nachgewiesen wird. Lichtbilder von dem reparierten Fahrzeug oder eine Reparaturbestätigung treffen insoweit keine Aussage über die tatsächliche Dauer der Reparatur und des daraus bedingten Ausfallzeitraums. Allerdings zeigt sich an der Praxis, dass die Versicherer eine Nutzungsausfallentschädigung für die von dem Sachverständigen kalkulierte Reparaturdauer durchaus anerkennen. 365

Die Aktualität der Lichtbilder und damit die kürzlich durchgeführte Reparatur können beispielsweise dergestalt nachgewiesen werden, dass der Geschädigte auf die reparierten Stellen eine aktuelle Tageszeitung legt und diese mitfotografiert oder den Sachverständigen, der das Schadengutachten erstellt hat, darum bittet, dass er die Reparatur bestätigt.

Die Reparatur erfolgt in diesen Fällen aus Gründen der Kostenersparnis häufig in einer freien Werkstatt. Wird dadurch die Reparaturdauer verlängert, geht dies nicht zu Lasten des Schädigers. Der angemessene Ausfallzeitraum ist auf die Reparaturdauer in einer Fachwerkstatt, ggf. zuzüglich eines angemessenen Überlegungszeitraums, begrenzt.[494] 366

492 OLG Köln VersR 2000, 336: 75 Tage bei aufwendiger Ersatzteilbeschaffung für ein ausländisches Fahrzeug; AG Saarbrücken zfs 1999, 289: 52 Tage; OLG Karlsruhe VersR 1999, 1036: bei 585 Tagen Ausfalldauer bemisst sich der Ausfallschaden nach den Vorhaltekosten zzgl. eines auf den Einzelfall bezogenen Zuschlags.

493 OLG Frankfurt a.M., Urt. v. 31.10.2013 – 15 U 127/13 = SP 2014, 304; OLG Karlsruhe VersR 2012, 590; OLG Frankfurt a.M. DAR 1984, 318.

494 BGH, Urt. v. 15.7.2003 – VI ZR 361/02 = NJW 2003, 3480; LG Saarbrücken NZV 2015, 547; LG Saarbrücken DAR 2014, 30; OLG München, Urt. v. 13.9.2013 – 10 U 859/13 = DAR 2014, 30; AG Hanau VersR 1990, 164.

367 ▼

Muster 8.91: Nutzungsausfall bei Eigenreparatur

Versicherung AG

Schaden-Nr./VS-Nr./Az.

Schaden vom

Pkw , amtl. Kennzeichen

Sehr geehrte Damen und Herren,

in vorbezeichneter Schadensache liegt Ihnen bereits das Gutachten des Sachverständigen vor. Danach entstand an dem Fahrzeug meines Mandanten ein Reparaturschaden. In der Zwischenzeit ließ mein Mandant den Schaden in Eigenregie beseitigen. Zum Nachweis der fachgerechten Reparatur übersende ich Ihnen beiliegend eine Fotografie, die mein Mandant nach dem Abschluss der Reparaturarbeiten fertigte. Die Aktualität der Bilder ergibt sich aus der auf den Lichtbildern abgebildete Tageszeitung. Sollte Ihnen dies als Nachweis nicht ausreichen, ist mein Mandant dazu bereit, das Fahrzeug zur erneuten Besichtigung dem Sachverständigen vorzustellen. Allerdings weise ich bereits jetzt darauf hin, dass die dadurch verursachten Mehrkosten von Ihnen zu übernehmen wären.

Die Reparaturarbeiten erstrecken sich tatsächlich auf einen Zeitraum von zwölf Kalendertagen. Selbstverständlich beschränkt sich der Anspruch meines Mandanten auf Ausgleich einer angemessenen Nutzungsausfallentschädigung auf die Ausfalldauer, die im Falle einer fachgerechten Reparatur angefallen wäre. Der Sachverständige bezifferte diese Reparaturdauer mit Kalendertagen. Bei der Bezifferung des Nutzungsausfallzeitraums ist zu berücksichtigen, dass durch den Unfallschaden sowohl die Fahrfähigkeit als auch die Verkehrssicherheit des Fahrzeugs meines Mandanten aufgehoben wurde. Im Falle einer fachgerechten Reparatur hätte er den Reparaturauftrag erst nach der Vorlage des Sachverständigengutachtens sowie nach Ablauf einer angemessenen Bedenkzeit erteilen können. Das Gutachten des Sachverständigen lag meinem Mandanten am vor. Zuzüglich einer Überlegenszeit von fünf Tagen, die in der Rechtsprechung als angemessen anerkannt wird (vgl. BGH NJW 1975, 160; AG Aschaffenburg zfs 1999, 103). sowie einer angemessenen Reparaturdauer von weiteren fünf Kalendertagen beträgt der gesamte Nutzungsausfallzeitraum meines Mandanten zehn Tage. Daraus ergibt sich ein Nutzungsschaden in Höhe von EUR, um dessen Ausgleich ich bis zum

(*10-Tages-Frist*)

bitte.

Mit freundlichen Grüßen

(Rechtsanwalt)

▲

368 Wird das Unfallfahrzeug in Eigenregie repariert, stellt die Rechtsprechung **strengere Anforderungen** an den Nachweis des Nutzungsausfallschadens. Ein entsprechender Anspruch besteht in jedem Fall dann nicht, wenn der Geschädigte an der Reparatur des

Fahrzeugs mitgewirkt hat.[495] In diesem Fall ist es ihm unmöglich, gleichzeitig das Fahrzeug zu nutzen. Entscheidet sich der Geschädigte trotz Vorliegens eines Reparaturfalls dazu, sich ein Ersatzfahrzeug zu beschaffen, ist der Nutzungsausfallschaden auf die angemessene Reparaturzeit begrenzt.[496] Der Nachweis des Nutzungswillens erfolgt durch Vorlage einer Kopie des Fahrzeugscheins oder eines anderen Nachweises für die Anschaffung eines Ersatzfahrzeugs.[497]

cc) Wirtschaftlicher Totalschaden

Liegt ein Totalschaden vor, kann der Geschädigte seinen Willen zur Weiterbenutzung 369
auch durch die Reparatur des Unfallfahrzeugs nachweisen. In diesem Fall beschränkt sich der relevante Ausfallzeitraum allerdings auf die **angemessene Wiederbeschaffungsdauer** für ein vergleichbares Ersatzfahrzeug. In jedem Fall ist aber ein Nachweis der Neuanschaffung zu führen, der die Ausfallzeit wie auch den Nutzungswillen dokumentiert:[498] Anders als bei einem Reparaturschaden entsteht ein Nutzungsausfall während der Zeit, die der Geschädigte für die Neuanschaffung benötigt. Ohne eine Neuanschaffung bleibt die Geltendmachung des Ausfallschadens fiktiv und ist nicht zu erstatten. Die Wiederbeschaffungsdauer beginnt i.d.R. mit dem Erhalt des Gutachtens, dessen Inhalt der Geschädigte binnen zwei Tagen abzufragen hat.[499]

▼ 370

Muster 8.92: Nutzungsausfall bei wirtschaftlichem Totalschaden ohne Ersatzfahrzeug, 1 8.92

Versicherung AG

Schaden-Nr./VS-Nr./Az.

Schaden vom

Pkw , amtl. Kennzeichen

Sehr geehrte Damen und Herren,

soweit Sie den Anspruch meines Mandanten auf Ausgleich einer angemessenen Nutzungsausfallentschädigung ablehnen, vermag ich mich hiermit nicht einverstanden zu erklären.

Nach Maßgabe des Ihnen vorliegenden Sachverständigengutachtens trat an dem Fahrzeug meines Mandanten ein wirtschaftlicher Totalschaden ein. Meinem Mandanten steht deshalb grundsätzlich für die Zeit der Wiederbeschaffung eines gleichwertigen Fahrzeugs ein Anspruch auf Nutzungsausfallentschädigung zu, da er durch den Verkehrsunfall an der Nutzung des bisher vorhandenen Kfz gehindert war.

495 AG Mainz zfs 1995, 56.
496 LG Berlin DAR 1992, 264.
497 OLG Hamm zfs 2002, 132.
498 LG Saarbrücken zfs 2002, 282.
499 AG Emmerdingen VRS 107, 162.

Zu dem Ausfallzeitraum ist anzumerken, dass meinem Mandanten ein angemessener Zeitraum zustand, innerhalb dessen er sich entscheiden konnte, ob er ein Neufahrzeug erwirbt, eine (wenn auch nicht vollständige) günstigere Reparatur durchführen lässt oder gar kein Fahrzeug erwirbt. Eine solche Bedenkzeit ist in der Rechtsprechung anerkannt und wird grundsätzlich mit sieben Tagen (BGH NJW 1975, 160), in Ausnahmefällen sogar mit zehn Tagen (AG Gießen zfs 1995, 93) beziffert. Auch im Fall eines wirtschaftlichen Totalschadens darf mein Mandant sein Fahrzeug reparieren und kann sich die dabei anfallende Mehrwertsteuer ersetzen lassen (BGH NJW 2004, 1943), so dass ihm in jedem Fall eine entsprechende Bedenkzeit zusteht. Diese bildet zusammen mit den vom Gutachter als für eine Neuanschaffung erforderlich angesehen Tagen die Summe von Tagen, auf die sich die unserem Mandanten zustehende Nutzungsausfallentschädigung stützt.

Nach alledem habe ich Sie aufzufordern, den mit EUR bezifferten Ausfallschaden unverzüglich, spätestens jedoch bis zum

(*10-Tages-Frist*)

zur Meidung gerichtlicher Weiterungen auszugleichen.

Mit freundlichen Grüßen

(Rechtsanwalt)

▲

Sehr früh hat der BGH entschieden, dass aus dem Begriff des Vermögensschadens und der Schadensersatzpflicht der §§ 249 ff. BGB sich ergebe, dass die infolge der Beschädigung verursachte Unmöglichkeit, den Kraftwagen vorübergehend zu benutzen, ein Vermögensschaden auch dann ist, wenn ein Ersatzwagen während der Zeit der Nichtbenutzbarkeit nicht beschafft wird.[500] Das Kammergericht schließt hieraus, dass die Anschaffung eines Ersatzfahrzeuges keine Voraussetzung des Anspruchs auf Nutzungsentschädigung ist.[501] Auf eine Nutzungsentschädigung hat der Geschädigte auch Anspruch, wenn er sich kein neues Fahrzeug angeschafft und das beschädigte Fahrzeug nicht repariert hat, denn für dieses Verhalten kann es verschiedene und nachvollziehbare Gründe geben.[502] In einem vom OLG Düsseldorf entschiedenen Fall hatte der Kläger vorgetragen, er hätte seinen BMW ohne den Unfall in dem von dem Sachverständigen für die Wiederbeschaffung angegebenen Zeitraum von acht bis zehn Tagen für die Fahrten von seiner Wohnung zu seiner Arbeitsstelle und für weitere berufliche und private Fahrten benötigt. Das OLG Düsseldorf urteilte, dass zu solchen Zwecken üblicherweise ein Fahrzeug angeschafft und gehalten werde. Damit sah es den Nutzungswillen als gegeben an. Der Nutzungswille und die hypothetische Nutzungsmöglichkeit, die die nach der Rechtsprechung erforderliche fühlbare Beeinträchtigung belegen sollen, sind dementsprechend richtigerweise auch auf das verunfallte Fahrzeug, nicht auf das Ersatzfahrzeug zu beziehen.[503] Wäre das Fahrzeug des Geschädigten aber nicht verunfallt, hätte der Kläger sein Fahrzeug grundsätzlich auch weiterhin benutzen können.

500 BGHZ 40, 345.
501 KG NZV 2004, 470.
502 OLG Düsseldorf NZV 2003, 379.
503 OLG Stuttgart DAR 2000, 35.

▼

Muster 8.93: Nutzungsausfall bei wirtschaftlichem Totalschaden ohne Ersatzfahrzeug, 2 371

8.93

Sehr geehrte Damen und Herren,

es trifft zu, dass das Fahrzeug meines Mandanten einen wirtschaftlichen Totalschaden erlitten hat und mein Mandant weder repariert, noch eine Ersatzbeschaffung vorgenommen hat. Trotzdem steht ihm entgegen Ihrer geäußerten Ansicht die bezifferte Nutzungsausfallentschädigung zu.

Sehr früh hat der BGH entschieden, dass sich aus dem Begriff des Vermögensschadens und der Schadensersatzpflicht der §§ 249 ff. BGB ergebe, dass die infolge der Beschädigung verursachte Unmöglichkeit, den Kraftwagen vorübergehend zu benutzen, ein Vermögensschaden auch dann sei, wenn ein Ersatzwagen während der Zeit der Nichtbenutzbarkeit nicht beschafft werde (BGHZ 40, 345.) Das Kammergericht schließt hieraus, dass die Anschaffung eines Ersatzfahrzeuges keine Voraussetzung des Anspruchs auf Nutzungsentschädigung ist (KG NZV 2004, 470). Auf eine Nutzungsentschädigung hat der Geschädigte somit auch Anspruch, wenn er sich kein neues Fahrzeug angeschafft und das beschädigte Fahrzeug nicht repariert hat, denn für dieses Verhalten kann es verschiedene und nachvollziehbare Gründe geben (OLG Düsseldorf NZV 2003, 379). Mein Mandant hätte sein Fahrzeug ohne den Unfall, in dem von dem Sachverständigen für die Wiederbeschaffung angegebenen Zeitraum von 8 bis 10 Tagen, für die Fahrten von seiner Wohnung zu seiner Arbeitsstelle und für weitere berufliche und private Fahrten benötigt und genutzt. Zu solchen Zwecken wird üblicherweise ein Fahrzeug angeschafft und gehalten. Damit liegt ein Nutzungswille vor (OLG Düsseldorf a.a.O.). Der Nutzungswille und die hypothetische Nutzungsmöglichkeit, die die nach der Rechtsprechung erforderliche fühlbare Beeinträchtigung belegen sollen, sind dementsprechend richtigerweise auch auf das verunfallte Fahrzeug, nicht schließlich auf das Ersatzfahrzeug zu beziehen (OLG Stuttgart DAR 2000, 35). Wäre das Fahrzeug meines Mandanten nicht verunfallt, hätte er es weitergenutzt.

Ich sehe daher der Zahlung der Nutzungsausfallentschädigung entgegen bis spätestens zum

_____ (*14-Tages-Frist*)

Mit freundlichem Gruß

(Rechtsanwalt)

▲

Bei der Beschaffung eines Ersatzfahrzeugs gelten folgende **Grundsätze**: 372

Grundsätzlich richtet sich der Nutzungsausfallzeitraum nach der sog. Wiederbeschaffungsdauer. Angaben über die angemessene Wiederbeschaffungsdauer enthält das Sachverständigengutachten. Wird diese Dauer unterschritten, ist der konkrete Ausfallzeitraum maßgeblich. Fällt die Wiederbeschaffungsdauer wesentlich länger aus, als vom Sachverständigen geschätzt, beschränkt sich die Nutzungsausfallentschädigung auf die angemessene Wiederbeschaffungsdauer laut Sachverständigengutachten. Dabei ist jedoch stets zu beachten, dass es sich bei den Angaben des Sachverständigen nur um eine Schätzung handelt. Weist der Geschädigte nach, dass ein Ersatzfahrzeug nicht innerhalb der vom

Sachverständigen geschätzten Wiederbeschaffungsdauer beschafft werden konnte, gilt der konkrete Ausfallzeitraum.

Für den Nachweis einer konkreten Ersatzwagenbeschaffung reicht es in der Praxis häufig aus, dem gegnerischen Kfz-Haftpflichtversicherer eine Kopie des Fahrzeugscheins des Ersatzfahrzeugs zu übersenden.

Entscheidet der Geschädigte sich dafür, ein Neufahrzeug mit einer längeren Bestelldauer anzuschaffen, hat er im Rahmen seiner Schadensminderungspflicht zu prüfen, ob die Kosten für die Anschaffung eines Interimsfahrzeug nicht (deutlich) günstiger sind und ein solches Fahrzeug von ihm daher anzuschaffen und als Übergangslösung zu nutzen ist Wenn dies der Fall ist erhält der Geschädigte auch nur die Kosten für das Ersatzfahrzeug ersetzt, soweit diese konkret angefallen sind – nicht dagegen aber einen abstrakten Nutzungsausfall, beschränkt auf diese Kosten eines Interimsfahrzeug.[504]

4. Anspruchshöhe

373 Die Höhe des Nutzungsausfallschadens richtet sich zunächst danach, ob der Ausfallschaden

- pauschal oder
- konkret

abgerechnet werden kann bzw. werden muss.

a) Anspruchshöhe bei konkreter Bezifferung

374 Wie bereits ausgeführt, scheidet eine Pauschalierung der Nutzungsausfallentschädigung dort aus, wo dem Geschädigten eine konkrete Bezifferung des dadurch verursachten Schadens möglich ist. Wird das Unfallfahrzeug gewerblich oder behördlich genutzt und dient es unmittelbar der Einnahmeerzielung, findet die Gebrauchsentbehrung in aller Regel ihren Niederschlag im **entgangenen Gewinn**. Hierzu bedarf es grundsätzlich spezifizierter Darlegungen, welche Umsätze gerade im Ausfallzeitraum mit dem konkreten Fahrzeug erzielt worden wären und welche im Einzelnen darzulegenden Kosten des gesamten Betriebs dem gegenüberstanden.[505]

375 *Beispiele*

Handelt es sich bei dem Unfallfahrzeug um einen Fahrschulwagen, stellt sich der Nutzungsausfallschaden als konkret zu beziffernder Netto-Gewinnausfall dar, der sich aus den ausgefallenen Fahrstunden während der Ausfallzeit ergibt.[506]

Handelt es sich bei dem Unfallfahrzeug um ein Taxi, wird der entgangene Gewinn dadurch errechnet, dass von den Bruttoeinnahmen die ersparten Aufwendungen abgezogen werden.[507] Wird das Taxi sowohl privat als auch gewerblich genutzt, kann für

504 BGH NJW 2010, 2426; BGH VersR 2009, 697.
505 OLG Köln VersR 1997, 506.
506 BGH DAR 1971, 266, 267.
507 BGH VersR 1979, 936.

den privaten Nutzungsausfall pauschalierte Nutzungsausfallentschädigung und für den gewerblichen Ausfall der Gewinnentgang geltend gemacht werden.[508] In einzelnen Gerichtsbezirken (u.a. Hamburg) wird der Verdienstausfall zur Vermeidung zeit- und kostenintensiver Sachverständigengutachten im Wege der richterlichen Schätzung mit 40 EUR (Einschichtbetrieb) bzw. 80 EUR pro Tag (Zweischichtbetrieb) bestimmt.

b) Anspruchshöhe bei pauschalierter Bezifferung

Bei allen anderen Fahrzeugen, die nicht unmittelbar der Einnahmeerzielung dienen und **376**
bei denen eine konkrete Bezifferung des Ausfallschadens nicht möglich ist, bestimmt sich die Höhe der Nutzungsausfallentschädigung nach **Pauschalsätzen** gem. der Schwackeliste *Sanden/Danner/Küppersbusch*. Die Liste wird jährlich aktualisiert. Der Auffälligkeitswert und das Fahrvergnügen eines Oldtimers stellen dabei eine subjektive Wertschätzung dar, die sich einer Bemessung der Nutzungseinbußen nach objektiven Maßstäben entzieht und keinen Aufschlag rechtfertigt.[509]

Nach den allgemeinen Grundsätzen zur Nutzungsausfallentschädigung kann das Alter des Fahrzeugs eine Rolle spielen. Nun darf aber nicht unberücksichtigt bleiben, dass viele Oldtimer in der heutigen Zeit sogar als Kapitalanlage angeschafft werden und sich der (ursprüngliche) Wert des Fahrzeugs vervielfacht. In Abgrenzung zu den genannten allgemeinen Grundsätzen ist es daher in einem solchen Fall jedenfalls konsequent, wenn das Alter nur eine untergeordnete Rolle spielt, sofern der Oldtimer einen Nutzungswert vergleichbar mit dem eines neuen Fahrzeugs hat, bzw. diesen sogar übersteigt. Dann ist eine Vergleichbarkeit grundsätzlich gegeben.[510] Das gilt jedenfalls für solche Fahrzeuge, die im täglichen Verkehr zugelassen sind. Die Rechtsprechung geht überwiegend davon aus, dass der immaterielle Wert eines Oldtimers nicht mit einem Liebhaberzuschlag zu berücksichtigen ist.[511]

Zur Bezifferung des Nutzungsausfallschadens ist die Anzahl der Ausfalltage mit dem **377**
Tagespauschalsatz für das betreffende Fahrzeug zu multiplizieren.

▼ **378**

Muster 8.94: Standardbezifferung der pauschalen Nutzungsausfallentschädigung

8.94

Versicherung AG

Schaden-Nr./VS-Nr./Az.

Schaden vom

Pkw , amtl. Kennzeichen

508 OLG Düsseldorf zfs 1993, 338, 339; OLG Hamm NJW-RR 1989, 1194.
509 OLG Düsseldorf v. 15.11.2011 – 1 U 50/11 = NZV 2012, 376.
510 AG Düsseldorf SP 1997, 327.
511 OLG Düsseldorf SP 1995, 217.

Sehr geehrte Damen und Herren,

in vorbezeichneter Schadensache ließ mein Mandant sein Unfallfahrzeug in der Zwischenzeit reparieren. Zum Nachweis der durchgeführten Reparaturarbeiten übersende ich Ihnen beiliegend eine Kopie der Reparaturkostenrechnung. Danach entstand meinem Mandanten in der Zeit vom ___ bis zum ___ ein Nutzungsausfallschaden von insgesamt ___ Tagen Dauer. Bei dem Pkw handelt es sich um ein Fahrzeug des Typs ___. Die tägliche Nutzungsausfallpauschale beträgt nach Maßgabe der Liste *Sanden/Danner/Küppersbusch* ___ EUR (Gruppe ___). Danach beläuft sich der Nutzungsausfallschaden meines Mandanten auf insgesamt ___ EUR.

Für den Ausgleich dieses Betrags habe ich mir eine Frist bis zum

___ (*10-Tages-Frist*)

notiert.

Mit freundlichen Grüßen

(Rechtsanwalt)

▲

379 Streitig ist, ob die Tagespauschalen für ältere Fahrzeuge zu reduzieren sind. Nach Maßgabe der herrschenden Rechtsprechung gilt die Liste *Sanden/Danner/Küppersbusch* nur für Fahrzeuge, die nicht älter als fünf Jahre sind. Für ältere Fahrzeuge soll jeweils die nächst niedrigere Tagespauschale oder der Satz der Vorhaltekosten maßgeblich sein.[512] Bei einem Alter von über zehn Jahren soll konsequent die Einstufung um eine weitere Gruppe tiefer oder gar die Beschränkung auf Vorhaltekosten geboten sein.[513] Bei einem 20 Jahre alten Fahrzeug mit einer Laufleistung von 200.000 km ist beispielsweise eine Beschränkung auf den Ersatz der Vorhaltekosten (20 EUR pro Tag) vorgenommen worden.[514]

380 Der BGH hat wiederholt bei einem zehn Jahre alten Fahrzeug eine im Wege der richterlichen Schätzung nach § 287 ZPO erfolgte Herabstufung um eine Klasse tiefer als zulässig erachtet.[515] Dies heißt aber nicht, dass in anderen Fällen nicht eine Ausnahme geboten sein kann. Maßgeblich bliebt auch nach der BGH-Rechtsprechung immer eine einzelfallbezogene[516] Betrachtung. Weist das Fahrzeug einen guten Pflegezustand auf, kann die Nutzungsausfallentschädigung angesichts der Langlebigkeit heutiger Fahrzeuge auch nicht mit Rücksicht auf das hohe Alter von zwölf Jahren herabgemindert werden.[517] Das Alter kann dementsprechend ausreichende Berücksichtigung durch Herabstufung um zwei Gruppen finden.[518]

512 OLG Karlsruhe VersR 1989, 58; LG Bochum zfs 1993, 121; OLG Hamm DAR 1996, 400, 401; a.A. KG VersR 1981, 536; OLG Frankfurt a.M. DAR 1984, 318, 319; OLG Naumburg zfs 1995, 254; AG Kiel zfs 1997, 253.

513 OLG Hamm DAR 1994, 24; OLG Frankfurt a.M. DAR 1985, 58; OLG München zfs 1988, 312; LG Nürnberg-Fürth SP 1994, 187; AG Wiesbaden SP 2002, 393.

514 AG Rendsburg SP 2003, 314; vgl. AG Schwelm zfs 2012, 203 Herabstufung um drei Gruppen bei 21 Jahre altem Pkw.

515 BGH DAR 2005, 265; BGH MDR 2005, 268.

516 Vgl. BGH, Urt. v. 23.11.2004 – VI ZR 357/03 = NJW 2005, 277; OLG Hamm DAR 2000, 265.

517 LG Kiel NJW-RR 2001, 1606; vgl. auch OLG Schleswig VersR 1993, 1124 und LG Berlin DAR 1998, 354.

518 BGH NZV 2005, 82.

381

8.95

▼

Muster 8.95: Kein Abzug innerhalb der Nutzungsausfallentschädigung wegen des Fahrzeugalters

Versicherung AG

Schaden-Nr./VS-Nr./Az.

Schaden vom

Pkw , amtl. Kennzeichen

Sehr geehrte Damen und Herren,

soweit Sie in Ihrem Schreiben vom die Auffassung vertreten, der Nutzungsausfallschaden beziffere sich nach den Vorhaltekosten für ein vergleichbares Fahrzeug, vermag ich mich dem nicht anzuschließen.

Bei dem Pkw meines Mandanten handelt es sich um einen gut gepflegten, wertstabilen Pkw vom Typ . Er wurde in der Vergangenheit jährlich gewartet, wobei insbesondere zu berücksichtigen ist, dass

Soweit Sie dessen ungeachtet zur Begründung der von Ihnen vertretenen Auffassung auf die z.T. in der Rechtsprechung vertretene Auffassung verweisen, für ältere Fahrzeuge sei die tägliche Ausfallpauschale erheblich zu reduzieren, kann dem bereits aus grundsätzlichen Erwägungen nicht gefolgt werden. Allein das fortgeschrittene Alter eines Unfallfahrzeugs rechtfertigt noch nicht eine Reduzierung der Ausfallpauschale. Erforderlich ist vielmehr, dass ein altersbedingt beeinträchtigter Nutzungswert vorliegen muss (AG Kiel zfs 1997, 252; AG Haßfurt zfs 1997, 298). Nach ihrem dogmatischen Ausgangspunkt soll die Nutzungsausfallentschädigung den Verlust der ständigen Verfügbarkeit eines Gegenstandes und nicht dem Ersatz für eine bestimmte Nutzungsqualität dienen (BGH NJW 1987, 50). Demgemäß übt das Alter eines Kraftfahrzeugs nur dann Einfluss auf die Höhe des Nutzungsausfallschadens aus, wenn es sich in einem besonders schlechten Zustand befindet (OLG Karlsruhe DAR 89, 67). Befindet sich das Fahrzeug dagegen – wie hier – in einem besonders gut gepflegten Zustand, ist ein Anzug bei der Nutzungsausfallentschädigung nicht gerechtfertigt (LG Kiel NJW-RR 2001, 1606; OLG Schleswig VersR 1993, 1124 und LG Berlin DAR 1998, 354).

Nach alledem ist der Anspruch meines Mandanten auf Ausgleich der bezifferten Nutzungsausfallentschädigung uneingeschränkt begründet. Zum Ausgleich des offenen Restbetrags habe ich mir eine Frist bis zum

(*10-Tages-Frist*)

notiert. Nach fruchtlosem Fristablauf werde ich meinem Mandanten die gerichtliche Klärung der Angelegenheit empfehlen.

Mit freundlichen Grüßen

(Rechtsanwalt)

▲

382 Wird mit der wohl überwiegenden Auffassung in der Rechtsprechung eine Reduzierung der Ausfallpauschale für ältere Fahrzeuge bejaht, ist Folgendes zu beachten: Nach der überwiegenden Auffassung in der Rechtsprechung[519] sind für Fahrzeuge bis zu einem Fahrzeugalter von fünf Jahren keine Abzüge vorzunehmen. Für Fahrzeuge mit einem Alter ab fünf Jahren ist die tägliche Ausfallpauschale auf die nächst niedrigere Gruppe zu reduzieren. Bei Fahrzeugen, die älter als zehn Jahre sind, wird teilweise die Auffassung vertreten, es bestehe lediglich Anspruch auf Ausgleich der sog. Vorhaltekosten,[520] der doppelten Vorhaltekosten,[521] der halben Nutzungsausfallpauschale[522] oder der ein bis zwei Klassen niedrigeren Nutzungsausfallpauschale.[523] Auch diese Auffassungen sind hingegen keinesfalls zwingend. Bei einem 20 Jahre alten Fahrzeug mit einer Laufleistung von 200.000 km wird dagegen nur der Betrag der Vorhaltekosten ersetzt und beispielsweise auf 20 EUR pro Tag geschätzt.[524]

5. In Frage kommende Fahrzeugtypen

383 Nutzungsausfallentschädigung wird prinzipiell für Motorräder[525] gewährt. Das Motorrad wird auch heute noch überwiegend als ein Hobby- und Freizeitgegenstand angesehen. Will der Geschädigte eine Nutzungsausfallentschädigung geltend machen, hat er in diesem Fall nachzuweisen, inwiefern er auf die ständige Verfügbarkeit/Nutzung des Kraftrads angewiesen ist.[526] Der Geschädigte hat im Rahmen seines Vortrags mitzuteilen, ob er das Motorrad berufsbedingt nutzt oder daneben noch einen Pkw zur Verfügung hat. Wird eine Nutzungsausfallentschädigung akzeptiert, gilt eine nach Größe des Hubraums gestaffelte Ausfallliste.

384 ▼

Muster 8.96: Nutzungsausfallentschädigung Motorrad

8.96

Sehr geehrte Damen und Herren,

entgegen Ihrer Auffassung ist für den reparaturbedingten Ausfall des Motorrades meines Mandanten eine Nutzungsausfallentschädigung zu zahlen.

Sie verkennen, dass mein Mandant das Motorrad gerade nicht nur zu Hobby- und Freizeitzwecken nutzt, sondern – wie vorgetragen – es sich um das alleinige Fahrzeug handelt und er damit auch zur Arbeit fährt.

Der BGH (zfs 2018, 438) hat bestätigt, dass in diesem Fall eine Nutzungsausfallentschädigung zu zahlen ist. Der Entzug der Gebrauchsmöglichkeit eines Motorrads, das als einziges dem Geschädigten zur Verfügung stehendes Kraftfahrzeug nicht ausschließlich zu Freizeitzwecken genutzt wird, stellt sich nicht lediglich als individuelle Genussschmälerung dar und kann ebenso wie der Entzug der Gebrauchsmöglichkeit eines Pkw den

519 U.a. OLG Karlsruhe zfs 1993, 304; vgl. BGH NJW 2005, 277.
520 AG Wiesbaden SP 2002, 393; AG Düsseldorf zfs 93, 266; a.A. AG Dieburg zfs 1999, 468.
521 OLG Düsseldorf zfs 1991, 15.
522 LG Koblenz zfs 1988, 170.
523 AG Aschaffenburg zfs 1998, 379; AG Waiblingen NZV 1999, 339.
524 AG Rendsburg SP 2003, 314.
525 OLG Hamm MDR 1983, 932; AG Bochum SP 2014, 82.
526 BGH zfs 2018, 438; OLG Saarbrücken, NZV 1990, 312.

Anspruch auf Nutzungsausfallentschädigung begründen (vgl. OLG Hamm MDR 1983, 932; OLG Düsseldorf NJW 2008, 1964).

Ich sehe daher der Zahlung der bezifferten Nutzungsausfallentschädigung entgegen bis spätestens zum

(*14-Tages-Frist*)

Mit freundlichem Gruß

(Rechtsanwalt)

Für Fahrräder wird eine tägliche Ausfallpauschale zwischen (früher) 5 EUR[527] und 385
10 EUR,[528] nunmehr bis zu 13 EUR[529] gewährt.

Für Wohnmobile kann eine Nutzungsausfallentschädigung dann geltend gemacht werden, wenn diese wie ein Pkw laufend genutzt werden.[530] Nur in diesem Fall ist die vom BGH vorgegebene Voraussetzung, dass die Nutzungsentschädigung für den Entzug von Sachen in Frage kommt, auf deren ständige Verfügbarkeit der Geschädigte für die eigenwirtschaftliche Lebenshaltung angewiesen ist. Bei bloßer Nutzung am Wochenende scheidet dies aus.[531] In diesem Fall überwiegt die Nutzung für Freizeit und Erholung.

6. Checkliste: Nutzungsausfallschaden

Konkreter Ausfallschaden: 386

- Bei Fahrzeugen, die unmittelbar der Einnahmeerzielung dienen;
- Nachweis des konkreten Schadens erforderlich, der durch Ausfall verursacht wurde; es sei denn, eine konkrete Berechnung ist mangels eines konkret erzielten Gewinnes nicht möglich.

Pauschalierter Nutzungsausfallschaden:

- Auch dann, wenn kostenlos ein Ersatzfahrzeug von Dritten zur Verfügung gestellt wird.
- Kein Nutzungsausfall, wenn ein Zweitfahrzeug zur Verfügung steht – auch wenn dieses nicht den gleichen Standard wie das beschädigte Kfz aufweist.
- Nutzungsmöglichkeit fehlt, wenn aufgrund Personenschadens ein Fahrzeug nicht geführt werden kann.
  Ausnahme: Fahrzeug wurde von nahen Angehörigen genutzt.
- Nutzungswille fehlt, wenn der Schaden zum Anlass genommen wurde, zukünftig auf ein Fahrzeug zu verzichten.

527 AG Paderborn zfs 1999, 195.
528 OLG Hamm zfs 2000, 218; OLG Düsseldorf zfs 2001, 173; AG Paderborn zfs 1999, 195.
529 LG Lübeck, Urt. v. 8.7.2011 – 1 S 16/11 = SP 2012, 183.
530 OLG Hamm NZV 1989, 230.
531 BGH SVR 2008, 381; OLG München, Urt. v. 24.11.2006 – 10 U 4845/06 – juris; OLG Hamm NZV 1989, 230; LG Karlsruhe zfs 1983, 202; *Splitter*, DAR 1995, 133.

- Die Höhe des Anspruchs richtet sich nach Maßgabe der Liste von *Sanden/Danner/Küppersbusch*.
- Bei älteren Fahrzeugen: I.d.R. ab fünf Jahren nächst niedrigere Gruppe, ab zehn Jahren zwei Klassen niedriger oder Vorhaltekosten; bei gutem Pflegezustand ist eine Herabstufung nicht zwingend.
- Auch für Motorräder und Fahrräder, wenn es sich nicht um reine Freizeitobjekte handelt.

III. Vorhaltekosten

387 Trotz reparaturbedingten Ausfalls eines Kfz kommt es vor, dass dem Geschädigten kein konkreter oder abstrakter Nutzungsausfallschaden entsteht, weil er über eine sog. **Betriebsreserve** verfügt. Solche Fahrzeuge werden für den Fall vorgehalten, dass andere Fahrzeuge wegen regelmäßig anfallender Instandsetzungs- oder Reparaturarbeiten ausfallen. Über Betriebsreserven verfügen in erster Linie öffentliche Verkehrsunternehmen und private Reisedienste, Vermietungs-, Transport- und Taxiunternehmen. Auch wenn dem Geschädigten aufgrund seiner Schadensvorsorge durch den unfallbedingten Ausfall eines Kraftfahrzeugs in diesen Fällen kein Nutzungsausfallschaden entsteht, billigt ihm die Rechtsprechung[532] zu, die Kosten für die Vorhaltung des Reservefahrzeugs dem Schädiger aufzugeben. Hierbei handelt es sich um die allgemeinen Kosten der Anschaffung, des Kapitaldienstes sowie der Unterhaltung. Ein Beispiel für die Berechnung der Vorhaltekosten bei dem Ausfall eines Lkw findet sich in der Entscheidung des AG Bad Neuenahr-Ahrweiler.[533] Darin wurde eine Nutzungsdauer von acht Jahren, eine jährliche Nutzung von 250 Tagen und eine entsprechende Fahrleistung zugrunde gelegt.

Werden Vorhaltekosten begehrt, muss jedenfalls der Nachweis erbracht werden, dass auf die Nutzung – etwa reparaturbedingt – verzichtet werden musste und tatsächlich ein Reservefahrzeug vorgehalten worden ist.[534] Bei diesen Vorhaltekosten handelt es sich mithin um tatsächlich entstandene Kosten des Geschädigten, die anders als eine Nutzungsausfallentschädigung auch konkret darzulegen sind.[535] Ein Anspruch auf die Erstattung von Vorhaltekosten scheidet dagegen aus, wenn der Geschädigte zur Überbrückung der Reparaturzeit nicht auf seine Betriebsreserve zurückgegriffen hat und sich diese mithin nicht schadensmindernd auswirkt.[536]

532 BGHZ 32, 280; BGH VersR 1976, 170; OLG Frankfurt a.M. SP 2014, 304.
533 AG Bad Neuenahr-Ahrweiler SP 2004, 164.
534 OLG Saarbrücken, Urt. v. 16.10.2014 – 4 U 145/13 = SP 2015,40; LG Berlin SP 2002, 130; OLG Hamm, Urt. v. 3.3.2004 – 13 U 162/03 = VersR 2004, 157.
535 OLG Celle, Urt. v. 7.6.2023 – 14 U 137/22 – juris; grundlegend bereits BGHZ 70, 199, 201.
536 OLG Celle, Urt. v. 7.6.2023 – 14 U 137/22 – juris.

▼

Muster 8.97: Ersatz der Vorhaltekosten 388

Versicherung AG

Schaden-Nr./VS-Nr./Az.

Schaden vom

Pkw , amtl. Kennzeichen

Sehr geehrte Damen und Herren,

soweit Sie in der im Betreff genannten Schadensache die Zahlung jedweden Ausfallschadens ablehnen, vermag ich mich damit nicht einverstanden zu erklären. Zwar mag es sein, dass mein Mandant keinen Anspruch auf Nutzungsausfallentschädigung besitzt. In jedem Fall hat er jedoch einen Anspruch auf Ersatz der sog. Vorhaltekosten. In der Rechtsprechung ist anerkannt, dass Aufwendungen, die ein Betrieb hat, um immer genügend Fahrzeuge bereit zu haben, um Ersatz zu schaffen in Fällen, in denen andere Fahrzeuge durch Reparatur bzw. Beschädigung durch Fremdverschulden ausfallen, dem Schädiger in Rechnung gestellt werden können (BGH VersR 1966, 192). Dies gilt auch für gewerbliche Vermieter von Kraftfahrzeugen (OLG Hamm DAR 1994, 278).

Wie sich aus den von Ihnen eingesehenen Geschäftsunterlagen meines Mandanten entnehmen lässt, sind von den Fahrzeugen des beschädigten Fahrzeugtyps in der Regel ausgelastet. Die weiteren Fahrzeuge dienen einerseits dazu, um etwaigen Spitzenbedarf abzudecken. Darüber hinaus werden durch den „Überhang" reparatur- oder unfallbedingte Lücken geschlossen. Die durch das Vorhalten der Fahrzeuge verursachten Kosten sind vom Schädiger zu ersetzen. Die Höhe der Vorhaltekosten sind der Liste *Sanden/Danner/Küppersbusch* zu entnehmen. Nach Maßgabe der aktuellen Version betragen die Vorhaltekosten für einen Pkw des beschädigten Typs pro Tag EUR. Unter Berücksichtigung des Ausfallzeitraums von Tagen beträgt der Anspruch meines Mandanten auf Ausgleich der in diesem Zeitraum entstandenen Vorhaltekosten EUR. Für den Ausgleich dieses Betrags habe ich mir eine Frist bis zum

(*10-Tages-Frist*)

notiert.

Mit freundlichen Grüßen

(Rechtsanwalt)

▲

Ein Ersatz von Vorhaltekosten kann nicht neben der Nutzungsausfallentschädigung verlangt werden. Wenn der Geschädigte Ersatz der Vorhaltekosten beansprucht, entfällt der Entschädigungsanspruch wegen entgangener Gebrauchsvorteile (BGHZ 70, 199, 203; OLG Karlsruhe, Urt. v. 15.2.1989 – 1 U 289/88 = NZV 1989, 231).

E. Sonstige Schadenspositionen

Dr. Michael Nugel/Victoria Nordmann

I. Abschleppkosten

389 Muss ein Kraftfahrzeug unfallbedingt abgeschleppt werden, sind die dadurch verursachten Kosten grundsätzlich vom Schädiger zu erstatten.[537] Allerdings ist auch bei dieser Schadensposition die Pflicht zur Schadensminderung gemäß § 254 Abs. 2 BGB zu beachten. Der Geschädigte hat erforderlichenfalls noch am Schadensort zu prüfen bzw. prüfen zu lassen, ob die Abschleppkosten bei kleineren Schäden durch eine Behelfsreparatur vermieden werden können. Muss das Fahrzeug in jedem Fall abgeschleppt werden, beschränken sich die ausgleichsfähigen Kosten i.d.R. auf die Abschleppkosten zur nächstgelegenen (ggf. markengebundenen) Reparaturwerkstatt.[538] Darüber hinausgehende Abschleppkosten werden nur in Ausnahmefällen erstattet.[539] Im Fall eines wirtschaftlichen Totalschadens sind Abschleppkosten aber auch für einen weiteren Transport an den Entsorger zu bezahlen.[540]

390 ▼

Muster 8.98: Schadensminderungspflicht bei Abschleppkosten

8.98

Versicherung AG

Schaden-Nr./VS-Nr./Az.

Schaden vom

Pkw , amtl. Kennzeichen

Sehr geehrte Damen und Herren,

in vorbezeichneter Schadensache zahlten Sie auf die mit EUR bezifferten Abschleppkosten bislang lediglich EUR. Die Abrechnung entspricht nicht der Sach- und Rechtslage.

Die angefallenen Abschleppkosten sind zu ersetzen und ein Verstoß meiner Mandantschaft gegen die Schadensminderungspflicht liegt nicht vor.

Ein Verstoß gegen § 254 Abs. 2 BGB läge nur dann vor, wenn bei einem postengenauen Vergleich durch das Abschleppen des Unfallfahrzeugs höhere Kosten verursacht wurden, als im Falle des Abschleppens zur nächstgelegenen Reparaturwerkstatt (OLG Köln VersR 1992, 719). Dies war jedoch nicht der Fall.

Der Unfallschaden trat auf der Fahrt von nach auf. An dem Fahrzeug wurde ein Reparaturschaden verursacht. Wären am Unfallort die erforderlichen Reparaturarbeiten zur Wiederherstellung der Fahrfähigkeit und Verkehrssicherheit durchgeführt

537 Grundlegend: OLG Karlsruhe MDR 1975, 930. Aus der jüngsten Rechtsprechung: OLG Brandenburg NZV 2009, 554; OLG Saarbrücken SP 2009, 376.

538 OLG Köln VersR 1992, 719; AG Ratingen, Urt. v. 29.11.2013 – 9 C 292/13 – juris; AG Köln, Urt. v. 27.2.2019 – 269 C 96/18 – juris.

539 OLG Celle VersR 1968, 1196; AG Stade, Urt. v. 4.5.2015 – 61 C 233/15 – juris.

540 AG Emmerdingen VRS 107, 162.

worden, hätte dies einen Arbeitsaufwand von mehreren Tagen erfordert. Während dieser Zeit wären Übernachtungskosten angefallen, welche höher als die Abschleppkosten zum Wohnort meines Mandanten, zumindest aber nicht deutlich geringer gewesen wären. Darüber hinaus hätte das Unfallfahrzeug nach dem Abschluss der Reparaturarbeiten vom Unfallort zum Heimatort meines Mandanten verbracht werden müssen. Auch die dadurch verursachten Kosten hätten die Abschleppkosten bei weitem überschritten.

Das Abschleppen des Unfallfahrzeugs stellte die mit Abstand kostengünstigste Alternative dar. Zusammenfassend ist der gegen meinen Mandanten erhobene Vorwurf der Verletzung der Schadensminderungspflicht unbegründet. Der von ihm gewählte Weg zur Schadensbeseitigung stellte die günstigste Alternative dar. Demgemäß habe ich Sie aufzufordern, die ausstehende Forderung in Höhe von ______ unverzüglich, spätestens jedoch bis zum

______ (*10-Tages-Frist*)

auf das Ihnen bekannte Konto meines Mandanten auszugleichen. Nach fruchtlosem Fristablauf werde ich meinem Mandanten empfehlen, gerichtliche Hilfe in Anspruch zu nehmen.

Mit freundlichen Grüßen

(Rechtsanwalt)

▲

391 Häufig sind die Abschleppfälle nach einem Verkehrsunfall dadurch gekennzeichnet, dass der Abschleppdienst erst einmal durch Dritte bzw. eine sog. Abschleppzentrale informiert wird und der Fahrzeugführer mit diesem vor Ort keine konkrete Vergütungsvereinbarung trifft. Erstattungsfähig sind dann die üblichen Kosten, zu deren Schätzung in der Rechtsprechung[541] auf die alle zwei Jahre erfolgte Umfrage des Verbandes der Abschleppunternehmen (VBA e.V.) abgestellt wird. Nach dieser Umfrage ist die übliche Abrechnung dadurch gekennzeichnet, dass ein pauschaler Stundensatz für den Einsatz eines Abschleppfahrzeugs erfolgt, der auch den Einsatz des Fahrers und die Kilometerpauschale sowie leichte Aufräumarbeiten beinhaltet. Maßgeblich ist dann die angefallene Einsatzzeit, wobei der Einsatz mit der Abfahrt vom Hof beginnt und dem Abstellen des – ggf. gereinigten – Fahrzeugs endet. Je nach eingesetztem Fahrzeugtyp, wobei zwischen dem Pkw und Lkw Auftragsbereich unterschieden wird, ergibt sich ein jeweiliger Stundensatz, der i.d.R. zwischen 180 und 280 EUR liegt.

392 Verfolgt der Geschädigte die Übernahme der Abschleppkosten durch den Haftpflichtversicherer des Schädigers, ist zu beachten, dass dieser das „Abschlepprisiko" trägt und nicht der Geschädigte. Es gelten dann dieselben Grundsätze, die der BGH[542] zum sog. „Werkstattrisiko" mit seinem Urt. v. 16.1.2024 aufgestellt hat: Übergibt der Geschädigte nämlich das beschädigte Fahrzeug einer Fachwerkstatt zur Instandsetzung, ohne dass ihn insoweit ein Auswahl- oder Überwachungsverschulden trifft, sind die dadurch ange-

541 LG Stuttgart, Urt. v. 30.11.2017 – 5 S 293 / 16 – juris; LG Chemnitz, Urt. v. 25.4.2019 – 3 S 1/18 – juris, Rd. 41 zum Standgeld; LG Bielefeld, Urt. v. 26.10.2022 – 21 S 58 / 22 – juris.

542 BGH, Urt. v. 16.1.2024 – VI ZR 253/22; BGH, Urt. v. 16.1.2024 – VI ZR 266/22; BGH, Urt. v. 16.1.2024 – VI ZR 51/23.

fallenen Reparaturkosten im Verhältnis Geschädigten zum Schädiger unter Berücksichtigung seiner eingeschränkten Fachkenntnis auch dann vollumfänglich zu ersetzen, wenn die Reparaturkosten wegen überhöhter Ansätze von Material und Arbeitszeit oder unsachgemäßer oder unwirtschaftlicher Arbeitsweise als unangemessen und mithin nicht erforderlich i.S.d. § 249 Abs. 2 BGB zu beanstanden sind.

393 Um in den Genuss dieser Schutzwirkung zu kommen, müssen allerdings weitere Voraussetzungen durch den Geschädigten beachtet werden: Anders als bei einer bezahlten Rechnung kann der Geschädigte sich zu seinen Gunsten nur auf dieses Werkstattrisiko berufen, wenn er eine Auszahlung gegenüber der Werkstatt verlangt.[543] Wenn er dagegen eine Zahlung an sich selber verfolgt, besteht ansonsten aus Sicht des BGH das Risiko, dass der Geschädigte vom Haftpflichtversicherer des Unfallgegners einen vollen Schadensersatz erhält, bei berechtigten Einwendungen des Haftpflichtversicherers dann aber im Verhältnis zur Werkstatt eine eigene Kürzung vornimmt und in diesem Fall ungerechtfertigt bereichert wäre. Deshalb muss aus Sicht des BGH bei einer unbezahlten Rechnung die Zahlung an die Werkstatt verfolgt werden, wenn der Geschädigte unter Berufung auf das Werkstattrisiko geschützt werden soll.

394 Der BGH[544] hat die in seiner Grundsatzentscheidung vom 16.1.2024 aufgestellten Grundlagen für die Anwendung des Werkstattrisikos bei einer unbezahlten Rechnung auch für das Verhältnis zwischen Geschädigtem, Sachverständigen und Kraftfahrzeughaftpflichtversicherung des Schädigers im Hinblick auf das sogenannte Sachverständigenrisiko übertragen. Denn den Erkenntnissen und Einwirkungsmöglichkeiten des Geschädigten sind nach Ansicht des BGH nicht nur in dem werkvertraglichen Verhältnis zu der eingeschalteten Reparaturwerkstatt, sondern auch in dem Verhältnis zu einem Kfz-Sachverständigen Grenzen gesetzt, solange er selbst nicht fachkundig ist. Ersatzfähig sind damit im Verhältnis des Geschädigten zum Schädiger auch im Bereich der Schadensermittlung durch einen Sachverständigen die Rechnungspositionen, die ohne Schuld des Geschädigten nicht als erforderlich i.S.d. § 249 Abs. 2 BGB einzustufen sind. Und damit ist zugleich klargestellt, dass diese Grundsätze für jeden vom Geschädigten eingeschalteten Dienstleister zutreffen, wenn dessen Tätigkeit durch eine besondere Fachkunde geprägt ist – wie eben bei einem Abschleppunternehmen.

395 ▼

Muster 8.99: Schädiger trägt das Abschlepprisiko

8.99

Selbst wenn der Vortrag der Gegenseite zutrifft und das Abschleppunternehmen zu hohe Kosten oder gar einen nicht erforderlichen Aufwand abgerechnet hätte, kann dies der Klägerseite vorliegend nicht entgegengehalten werden: Übergibt nämlich der Geschädigte wie in diesem Fall das beschädigte Fahrzeug einem Fachbetrieb für weitere Leistungen, ohne dass ihn insoweit ein Auswahl- oder Überwachungsverschulden trifft, sind die dadurch angefallenen Kosten im Verhältnis Geschädigter zum Schädiger unter Berücksichtigung seiner eingeschränkten Fachkenntnis auch dann vollumfänglich zu ersetzen,

543 BGH, Urt. v. 16.1.2024 – VI ZR 253/22; BGH, Urt. v. 16.1.2024 – VI ZR 266/22; BGH, Urt. v. 16.1.2024 – VI ZR 51/23.

544 BGH vom 12.3.2024 – VI ZR 280/22 – juris.

wenn die Kosten wegen unsachgemäßer oder unwirtschaftlicher Arbeitsweise als unangemessen und mithin nicht erforderlich i.S.d. § 249 Abs. 2 BGB zu beanstanden sind (zum Werkstattrisiko bei einem Reparaturbetrieb vgl. BGH, Urt. v. 16.1.2024 – VI ZR 253/22; BGH, Urt. v. 16.1.2024 – VI ZR 266/22; BGH, Urt. v. 16.1.2024 – VI ZR 51/23; BGH NJW 1975, 160). Diese Grundsätze gelten auch für das Sachverständigenrisiko (BGH v. 12.3.2024 – VI ZR 280/22 – juris) und damit auch vergleichbare Tätigkeiten anderer vom Geschädigten beauftragter Dienstleister, die eine eigene Fachkunde in Anspruch nehmen – wie etwa einem Abschleppunternehmen.

Die Klägerseite begehrt insoweit im Einklang mit dieser Rechtsprechung bei der vorliegend von ihr noch nicht bezahlten Rechnung allein eine Auszahlung an das Abschleppunternehmen und tritt hiermit einen möglichen Regressanspruch im Zusammenhang mit dem Abschleppvorgang des Kfz mit dem Kennzeichen vom durch die Firma an die Beklagtenseite Zug um Zug gegen Auszahlung der noch offenen Differenz aus der o.g. Reparaturrechnung Nr. ab.

▲

Liegt ein **Totalschaden** vor, ist es dem Geschädigten grundsätzlich zuzumuten, das Fahrzeug noch vor Ort zu veräußern bzw. verschrotten zu lassen.[545] Auch dieser Grundsatz gilt hingegen nicht uneingeschränkt. Stellt sich nach einem Abschleppen an den Heimatort heraus, dass eine Reparatur auf der Grundlage der 130 %-Rechtsprechung möglich ist und lässt der Geschädigte das Fahrzeug tatsächlich reparieren, ist die Erforderlichkeit der Abschleppkosten wie beim Reparaturschaden durch einen postengenauen Vergleich mit zumutbaren Alternativen zur Schadensbehebung zu ermitteln. **396**

Die Überführung des Unfallfahrzeugs vom Unfallort an den Wohnort des Geschädigten lässt sich nicht allein damit rechtfertigen, das Unfallfahrzeug habe am Heimatort durch einen bestimmten Sachverständigen besichtigt werden sollen. Solange die Besichtigung durch einen Sachverständigen auch am Unfallort durchgeführt werden kann, muss der Geschädigte auf diese Möglichkeit zurückgreifen.[546] **397**

Liegt zwischen dem Unfallort und dem Heimatort des Geschädigten eine erhebliche Entfernung, wird von einem Teil der Rechtsprechung[547] die Auffassung vertreten, es sei dem Geschädigten nicht zuzumuten, für die Überführung des Fahrzeugs vom Unfallort zum Heimatort eigene Freizeit zu opfern. Vielmehr sei er dazu berechtigt, das Unfallfahrzeug auf Kosten des Schädigers überführen zu lassen. **398**

II. Standgeld

Hat der Geschädigte noch keine endgültige Entscheidung über die Schadensabwicklung getroffen, verbleibt das Unfallfahrzeug bis auf weiteres auf dem Gelände einer Reparaturwerkstatt. Hierfür berechnet die Reparaturwerkstatt in aller Regel Standgeld als Ausgleich dafür, dass das Unfallfahrzeug einen Stellplatz auf dem Werkstattgelände in Anspruch nimmt. Die Kosten für Standgelder betragen i.d.R. 12–25 EUR pro Tag. Die **399**

545 AG Kulmbach zfs 1990, 8, 9.
546 AG Hildesheim NZV 1999, 212.
547 AG Freiburg DAR 1999, 554.

Ersatzfähigkeit derartiger Standgelder steht grundsätzlich nicht in Zweifel.[548] Bei der Berechnung der branchenüblichen Höhe bietet sich auch ein Rückgriff auf die o.g. Umfrage des VBA e.V. an.[549]

400 Der Geschädigte hat wie stets die ihm obliegende **Schadensminderungspflicht** gemäß § 254 Abs. 2 BGB zu beachten. In Erfüllung dieser Pflicht hat er den Zeitraum, für den Standgeld berechnet wird, so kurz wie möglich zu halten. Beispielsweise stellt es einen Verstoß gegen § 254 Abs. 2 BGB dar, wenn die Besichtigung des Fahrzeugs durch den Sachverständigen infolge eines verspäteten Auftrags verzögert wird und sich dadurch das Standgeld erhöht.[550]

401 Grundsätzlich sollte der gegnerische Haftpflichtversicherer davon in Kenntnis gesetzt werden, dass laufend Standgelder anfallen.[551] Dadurch wird es dem Versicherer ermöglicht, durch eigene Dispositionen dafür zu sorgen, dass das Fahrzeug kostenlos oder zumindest kostengünstiger untergestellt werden kann.

402 ▼

Muster 8.100: Minimierung des Standgelds

8.100 Versicherung AG

Schaden-Nr./VS-Nr./Az.

Schaden vom

Pkw , amtl. Kennzeichen

Sehr geehrte Damen und Herren,

in vorbezeichneter Schadensache übersende ich Ihnen beiliegend das Original des nunmehr vorliegenden Schadensgutachtens des Sachverständigen . Danach trat an dem Unfallfahrzeug meines Mandanten ein wirtschaftlicher Totalschaden ein.

Das Unfallfahrzeug befindet sich weiterhin auf dem Gelände der Abschleppfirma . Dort wird pro Tag ein Standgeld in Höhe von EUR fällig. Da das Unfallfahrzeug nach Maßgabe der Feststellungen des Sachverständigen keinen Restwert mehr aufweist, beabsichtigt mein Mandant, das Unfallfahrzeug zur Meidung weiterer Standgelder unverzüglich verschrotten zu lassen.

Nach Maßgabe meines bisherigen Kenntnisstandes gehe ich davon aus, dass die Verschuldens- und Verursachungsfrage für das Schadensereignis zwischen den Parteien streitig ist. Sollten Sie deshalb die Einholung eines verkehrsanalytischen Rekonstruktionsgutachtens für erforderlich erachten, bitte ich höflich um Rückantwort bis zum

(*4-Tages-Frist*).

548 LG Köln VersR 1974, 1232, 1235; LG Duisburg, Urt. v. 6.3.2015 – 2 O 205/12 – juris.
549 LG Chemnitz, Urt. v. 25.4.2019 – 3 S 1/18.
550 AG Oldenburg zfs 1997, 16; OLG Düsseldorf, Urt. v. 7.4.2008 – I-1 U 212/07, 1 U 212/07 – juris.
551 AG Oldenburg zfs 1997, 16.

Nach Ablauf der vorgenannten Frist gehe ich davon aus, dass keine Einwände gegen die Verschrottung des Unfallfahrzeugs bestehen. In diesem Fall wird mein Mandant die dafür erforderlichen Schritte in die Wege leiten. Das bis dahin verursachte Standgeld werde ich Ihnen zu gegebener Zeit gesondert nachweisen.

Mit freundlichen Grüßen

(Rechtsanwalt)

▲

III. Entsorgungskosten

Während früher für jedes beschädigte Unfallfahrzeug zumindest noch ein „Schrottwert“ 403
erzielt werden konnte, sind Unfallfahrzeuge nunmehr aufgrund der verschärften Umweltvorschriften **ordnungsgemäß zu entsorgen**. Die dadurch verursachten Kosten sind grundsätzlich vom Schädiger zu ersetzen.[552]

Zu beachten ist allerdings, dass vor der Entsorgung des Unfallfahrzeugs mit dem gegneri- 404
schen Haftpflichtversicherer geklärt werden sollte, ob er für das Fahrzeug einen Restwert zu erzielen vermag. Eine solche Rückfrage ist unvermeidlich, wenn ein Sachverständigengutachten vorliegt und darin ein Restwert ausgewiesen wird. Lässt sich dieser Restwert nicht erzielen, darf das Unfallfahrzeug nicht ohne Weiteres entsorgt werden.

▼ 405

Muster 8.101: Restwert nicht realisierbar 8.101

Versicherung AG

Schaden-Nr./VS-Nr./Az.

Schaden vom

Pkw , amtl. Kennzeichen

Sehr geehrte Damen und Herren,

ich komme zurück auf die im Betreff genannte Schadensache. Nach Maßgabe des Ihnen bereits vorliegenden Gutachtens des Sachverständigen trat an dem Fahrzeug meines Mandanten ein wirtschaftlicher Totalschaden ein. Der Sachverständige bezifferte den Restwert mit EUR. Trotz erheblicher Bemühungen gelang es meinem Mandanten bislang nicht, den vom Sachverständigen geschätzten Restwert zu realisieren. Es fanden sich keinerlei Kaufinteressenten. Mein Mandant beabsichtigt deshalb, das Unfallfahrzeug schnellstmöglich verschrotten zu lassen. Ich gebe Ihnen hiermit die Gelegenheit, mir bzw. meinem Mandanten einen potentiellen Aufkäufer zu benennen bzw.

552 AG Frankfurt a.M. NZV 1994, 115; AG Düsseldorf, Urt. v. 24.9.2015 – 232 C 56/15 – juris.

mitzuteilen, wie und auf welchem Wege eine Verwertung des Kraftfahrzeugs erfolgen soll. Sollte ich von Ihnen bis zum

(*1-Wochen-Frist*)

keine Rückantwort erhalten, gehe ich davon aus, dass der Verschrottung des Fahrzeugs nichts im Wege steht. In diesem Fall werde ich Ihnen zu gegebener Zeit die Kosten der Verschrottung gesondert nachweisen und aufgeben.

Mit freundlichen Grüßen

(Rechtsanwalt)

▲

IV. Umbaukosten

406 Werden aus einem total beschädigten Fahrzeug vor dessen Verschrottung bzw. anderweitiger Verwertung Fahrzeugteile, wie z.B.

- Radiogerät,
- Kassettenabspielgerät,
- Telefon oder
- eine behindertengerechte Ausrüstung

ausgebaut, sind die dadurch verursachten Kosten vom Schädiger zu ersetzen. Die Abrechnung kann jedoch nur konkret erfolgen.[553] Der übliche Satz für den Ausbau eines Radiogeräts beträgt pauschal 40 bis 50 EUR.

407 Ein Anspruch auf Ausgleich der Ausbaukosten scheidet allerdings aus, wenn ein Gutachten vorliegt und der betreffende Bestandteil des Kraftfahrzeugs bereits bei der Bezifferung des Wiederbeschaffungswerts berücksichtigt wurde. Im Gutachten wird dies unter der Rubrik „Sonderzubehör" vermerkt.

408 ▼

Muster 8.102: Ausbau einer Anhängerkupplung

8.102 Versicherung AG

Schaden-Nr./VS-Nr./Az.

Schaden vom

Pkw , amtl. Kennzeichen

Sehr geehrte Damen und Herren,

ich komme zurück auf die im Betreff genannte Verkehrsunfallangelegenheit. In der Zwischenzeit beschaffte sich mein Mandant ein Ersatzfahrzeug. Zuvor ließ er die Anhängerkupplung aus dem Unfallfahrzeug aus- und in das Ersatzfahrzeug einbauen. Ausweislich der in der Anlage beigefügten Rechnung der Firma vom wurden dafür EUR berechnet. Auch diese Kosten sind im Rahmen Ihrer Eintrittspflicht nach

553 AG Jülich SP 2006, 68; AG Rendsburg SP 2003, 312.

Vorlage konkreter Belege zu erstatten (vgl. AG Jülich SP 2006, 68; AG Rendsburg, SP 2003, 312). Ich habe mir für die Zahlung des in Rede stehenden Betrags eine Frist bis zum

(10-Tages-Frist)

notiert. Zur Meidung unnötiger gerichtlicher Weiterungen bitte ich höflich um fristgemäßen Ausgleich.

Mit freundlichen Grüßen

(Rechtsanwalt)

▲

V. Finanzierungskosten/Zinsschaden

Entstehen **Zinskosten** für die Vorfinanzierung der Reparaturkosten oder der Ersatzwa- 409
genbeschaffung, sind diese vom Schädiger grundsätzlich zu erstatten.[554]

Allerdings ist es dem Geschädigten vor der Inanspruchnahme kostspieliger Fremdmittel 410
zuzumuten, seine etwaig vorhandene Vollkaskoversicherung in Anspruch zu nehmen.[555] Andererseits ist der Geschädigte zur Kreditaufnahme verpflichtet, wenn der dadurch verursachte Zinsschaden erheblich geringer ist, als der durch den Ausfall eines gewerblich genutzten Fahrzeugs verursachte Verdienstausfallschaden. Jede Disposition des Geschädigten wird somit an der Einhaltung der **Schadensminderungspflicht** gemessen.

Ob der gegnerische Haftpflichtversicherer auf die Gefahr der Inanspruchnahme von 411
Fremdmitteln hinzuweisen ist, wird von einem Teil der Rechtsprechung abgelehnt.[556] Zur Begründung wird darauf hingewiesen, dass die Aufnahme von Fremdmitteln für den Fahrzeugschaden und sämtliche Folgekosten Teil des Herstellungsaufwands gem. § 249 Abs. 2 S. 1 BGB sind, weshalb der Schädiger bzw. sein Kfz-Haftpflichtversicherer den daraus resultierenden Schaden auch ohne Verzug zu ersetzen hat.[557] Gem. dem Gebot des „sichersten Weges“ sollte dem gegnerischen Versicherer jedoch die Möglichkeit einer – erforderlichenfalls unter dem Vorbehalt der Rückforderung erklärten – Akontierung gegeben werden. Dies umso mehr, als es dem Schädiger schwer fallen wird, dem Geschädigten eine Verletzung der Schadensminderungspflicht vorzuwerfen, wenn ihm durch die rechtzeitige Anzeige drohender Schäden die Möglichkeit zur Abhilfe gegeben wurde.

Ein Finanzierungsschaden kann auch bei verspätetem Ausgleich eines Verdienstausfall- 412
schadens und dadurch verursachter Aufnahme von Fremdmitteln eintreten. Auch in diesem Fall setzt die Eintrittspflicht des Kfz-Haftpflichtversicherers keinen Verzug des Versicherers voraus. Allerdings muss der Versicherer auf den drohenden Schaden vorab hingewiesen werden.[558]

554 BGH VersR 1974, 90.
555 OLG München VersR 1984, 1054.
556 AG Maulbronn VersR 1977, 264; AG Ettlingen VersR 1982, 1157.
557 BGH VersR 1974, 143.
558 OLG Nürnberg zfs 2000, 12.

413 Die Höhe des Finanzierungsschadens muss der Geschädigte durch Vorlage einer Bankbescheinigung nachweisen. Eine Pauschalierung oder fiktive Abrechnung ist grundsätzlich nicht möglich.

414 Vom Finanzierungsschaden ist der Zinsschaden des Geschädigten zu unterscheiden. Neben dem allgemeinen Zinsschaden des § 288 BGB ist im Bereich der Verkehrsunfallbearbeitung § 849 BGB zu beachten. Danach erhält der Geschädigte Zinsen für die Entziehung der Sache oder die Beschädigung einer Sache. Der Anspruch kann ab dem Zeitpunkt verlangt werden, „welcher der Bestimmung des Werts zugrunde gelegt wird". Mit dieser „verklausulierten" Formulierung ist gemeint, dass der Geschädigte ab dem Eintritt des Schadens einen Zinsausgleich nur für eine endgültig verbleibende Einbuße an der Substanz oder der Nutzbarkeit der Sache erhalten soll. Für den Verlust der Nutzbarkeit der Sache soll der Geschädigte wahlweise Ausgleich des Nutzungsausfallschadens oder des Zinsschadens erhalten. Beides kann hingegen nicht nebeneinander geltend gemacht werden.[559]

415 ▼

Muster 8.103: Kreditaufnahme trotz vorhandener Vollkaskoversicherung

8.103

Versicherung AG

Schaden-Nr./VS-Nr./Az.

Schaden vom

Pkw , amtl. Kennzeichen

Sehr geehrte Damen und Herren,

ich komme zurück auf die im Betreff genannte Schadensache. Mein Mandant beabsichtigt, das Unfallfahrzeug möglichst umgehend reparieren zu lassen. Hierfür fehlen ihm jedoch die erforderlichen flüssigen Geldmittel. Die voraussichtlichen Reparaturkosten belaufen sich nach Maßgabe des vorliegenden Sachverständigengutachtens auf ca. EUR. Es ist meinem Mandanten unmöglich, diesen Betrag aus seinen vorhandenen Mitteln zu bestreiten. Dies wäre ihm auch nicht zumutbar, da die Verwendung der Mittel zu einer Einschränkung seiner gewohnten Lebensführung führen würde. In Fällen dieser Art ist der Geschädigte zur Inanspruchnahme von Fremdmitteln grundsätzlich berechtigt (vgl. BGHZ 61, 350; OLG Düsseldorf, Urt. v. 8.11.2004 – 1 U 14/11 – juris).

Zur Vermeidung des drohenden Zinsschadens besteht ebenfalls die Möglichkeit, den Vollkaskoversicherer meines Mandanten in Anspruch zu nehmen. Mein Mandant wird dies allerdings nur dann veranlassen, wenn Sie sich zur Übernahme des dadurch verursachten Rückstufungsschadens sowie des Verlustes des Schadensfreiheitsrabatts bereit erklären.

Ich gebe Ihnen hiermit die Möglichkeit zur Stellungnahme und zur Abwendung des drohenden Zinsschadens bis zum

(*10-Tages-Frist*).

559 BGHZ 87, 38.

Nach fruchtlosem Fristablauf wird mein Mandant zur Vorfinanzierung der Reparaturkosten einen Kredit in Anspruch nehmen. Den dadurch verursachten Zinsschaden würde ich Ihnen zu gegebener Zeit gesondert nachweisen.

Mit freundlichen Grüßen

(Rechtsanwalt)

▲

VI. Rückstufungsschaden

Ein Rückstufungsschaden entsteht dem Geschädigten dadurch, dass infolge eines Schadenereignisses entweder sein Kfz-Haftpflichtversicherer[560] oder sein Vollkaskoversicherer in Anspruch genommen wird. Dadurch wird er in seinem jeweiligen Versicherungsvertrag zurückgestuft. 416

Ein Rückstufungsschaden in der Kfz-Haftpflichtversicherung kann gegenüber dem Unfallgegner grundsätzlich nicht geltend gemacht werden, da er nicht vom Gegner, sondern vom Mandanten selbst verursacht wurde. Er ist als allgemeiner Vermögensnachteil in der Form des Sachfolgeschadens regelmäßig nicht ersatzfähig.[561] 417

Eine Geltendmachung dieses Rückstufungsschadens kommt nur dann in Betracht, wenn der Mandant sein Fahrzeug jemand anderem überlässt und dieser schuldhaft einen Schaden gegenüber einem Dritten verursacht, der zur Rückstufung in der Kfz-Haftpflichtversicherung führt. Nur in diesem Fall liegt für den Mandanten ein fremdbestimmter Schadenfall vor. 418

Die nachfolgenden Ausführungen beschäftigen sich allein mit der Rückstufung im Falle der **Inanspruchnahme des Vollkaskoversicherers**. Dieser Rückstufungsschaden kann u.U. gegenüber dem Unfallgegner und dessen Kfz-Haftpflichtversicherer geltend gemacht werden. Auch bei nur anteiliger Schadensverursachung haftet der Schädiger für den Rückstufungsschaden, der dadurch eintritt, dass der Geschädigte die Kaskoversicherung in Anspruch nimmt,[562] wenn: 419

- der gegnerische Kfz-Haftpflichtversicherer die Regulierung schuldhaft verzögert,
- der Schädiger bzw. dessen Kfz-Haftpflichtversicherer den Schaden nicht reguliert und dem Geschädigten ein Zuwarten nicht zugemutet werden kann, weil die Regulierung absehbar besonders lange Zeit in Anspruch nehmen wird,[563] oder
- von vornherein feststeht, dass der Geschädigte für den eingetretenen Schaden mithaftet[564] bzw. der gegnerische Haftpflichtversicherer den Schaden auch später nur teilweise oder gar nicht ausgleicht.[565]

560 Merke: In der privaten Haftpflichtversicherung erfolgt – anders als in der Kfz-Haftpflichtversicherung – keine Rückstufung.
561 BGH NZV 2006, 476; LG Karlsruhe, Urt. v. 18.4.2008 – 3 O 335/07 – juris.
562 BGH NZV 2006, 476.
563 Z.B. bei einer Regulierung durch eine Behörde; OLG Hamm VersR 1993, 1544.
564 AG Gießen DAR 1995, 29; OLG Stuttgart DAR 1989, 27.
565 AG Münster VersR 2001, 781.

420 Auch wenn der Geschädigte für einen Teil des Schadens selber einzustehen hat, ist in Höhe der entsprechenden Quote der Rückstufungsschaden zu ersetzen.[566] Der so entstandene Schaden ist adäquat kausal durch den Unfall verursacht worden.[567]

421 Nimmt der Geschädigte seinen Kaskoversicherer hingegen nur deshalb in Anspruch, weil er die in den AKB vorgesehene Neuwertentschädigung erstrebt, ist der dadurch verursachte Rückstufungsschaden vom Schädiger nicht auszugleichen.[568] Gleiches gilt wegen der Verletzung der Schadensminderungspflicht, wenn der Geschädigte die Vollkaskoversicherung vor einer Anspruchsanmeldung an die gegnerische Versicherung in Anspruch nimmt und diese den Sachschaden am Fahrzeug später im vollen Umfang ausgleicht.[569]

422 Ist ein Rückstufungsschaden dem Grunde nach auszugleichen, bestimmt sich seine **Höhe** nach den Prämiennachteilen, die der Geschädigte in seiner Kaskoversicherung so lange erleidet, bis sein Vertrag dieselbe Schadensfreiheitsklasse aufweist wie zum Zeitpunkt des Verkehrsunfalls. Der daraus resultierende Schadensbetrag ist in aller Regel nicht abschließend bezifferbar. Zwar kann beim eigenen Kaskoversicherer eine Übersicht angefordert werden, aus der zu entnehmen ist, welche erhöhten Versicherungsbeträge den Rückstufungsschaden bei unverändertem Schadensverlauf voraussichtlich ausmachen. Die Abrechnung ist jedoch in jedem Fall spekulativ, da nicht feststeht, inwieweit weitere Schadensereignisse Einfluss auf den Prämienverlauf nehmen werden. Der aus den angesprochenen Übersichten zu entnehmende voraussichtliche Rückstufungsschaden dient deshalb allenfalls als Anhaltspunkt für eine vergleichsweise Einigung mit der Gegenseite.

423 Im Prozess kann ein bezifferter Rückstufungsschaden nur für den zurückliegenden Prämienzeitraum geltend gemacht werden.[570] Für die Titulierung des zukünftigen Rückstufungsschadens bedarf es eines Feststellungsantrags.[571]

424 Auch die Anwaltskosten für die Inanspruchnahme des eigenen Kaskoversicherers können ggf. zu ersetzen sein, wenn diese Rechtsverfolgungskosten aus der Sicht des Geschädigten zur Wahrnehmung seiner Rechte erforderlich und zweckmäßig waren.[572]

566 BGH, Urt. v. 19.12.2017 – VI ZR 577/16 – juris.
567 LG Ulm VersR 1993, 334.
568 OLG Stuttgart VersR 1987, 65; LG Bremen VersR 1993, 710; AG Vechta, Urt. v. 5.12.1994 – 11 C 934/94 – juris.
569 OLG Stuttgart VersR 1987, 65; LG Köln VersR 1988, 1074; AG Münster VersR 2001, 781.
570 Vgl. OLG Frankfurt a.M. VersR 1987, 204; LG Ulm VersR 1993, 334.
571 BGH zfs 1992, 48.
572 BGH, Urt. v. 11.7.2017 – VI ZR 90/17 – juris; KG, Urt. v. 21.2.2019 – 22 U 122/17 – juris.

▼ 425

Muster 8.104: Anspruch auf Rückstufungsschaden bei Mithaftung 8.104

Versicherung AG

Schaden-Nr./VS-Nr./Az.

Schaden vom

Pkw , amtl. Kennzeichen

Sehr geehrte Damen und Herren,

soweit Sie in vorbezeichneter Schadensache den Ausgleich jedweden Rückstufungsschadens ablehnen, vermag ich mich damit nicht einverstanden zu erklären.

Entgegen der von Ihnen vertretenen Auffassung war mein Mandant zur Inanspruchnahme seines Vollkaskoversicherers ohne vorherige Rücksprache mit Ihnen durchaus berechtigt. Angesichts der unstreitigen Verkehrsunfallsituation stand von vornherein fest, dass eine 50 %ige Mithaftung meines Mandanten bestand. Aus diesem Grunde bestand für ihn keine Veranlassung, die Bestätigung dieser Haftungsquote durch Ihr Unternehmen abzuwarten. Angesichts der eindeutigen Sach- und Rechtslage bedurfte es keines vorangehenden Regulierungsversuches gegenüber Ihrem Unternehmen. In Fällen der vorliegenden Art ist der Geschädigte zur unmittelbaren Inanspruchnahme des Kaskoversicherers berechtigt (BGH NZV 2006, 476; OLG Karlsruhe VersR 1992, 67) Demgemäß haften Sie meinem Mandanten auf Ausgleich von 50 % des durch die Inanspruchnahme seines Vollkaskoversicherers verursachten Rückstufungsschadens. Selbstverständlich beschränkt sich der Anspruch meines Mandanten auf den jährlich abzurechnenden konkreten Rückstufungsschaden. Nach Maßgabe der vorliegenden Bescheinigung beläuft sich der potentielle Rückstufungsschaden auf insgesamt EUR. Unter Berücksichtigung der Haftungsquote beschränkt sich der Anspruch meines Mandanten auf maximal EUR. Aus Vereinfachungsgründen schlage ich eine Pauschalierung des Rückstufungsschadens in Höhe von EUR vor. Dadurch ließe sich der zeit- und arbeitsaufwendige Nachweis des jährlichen Rückstufungsschadens vermeiden. Dies dürfte im beiderseitigen Interesse sein.

Ich weise darauf hin, dass der Vorschlag nur für den Fall einer außergerichtlichen Einigung unterbreitet wird. Im Falle einer gerichtlichen Auseinandersetzung würde mein Mandant den gesamten ihm zustehende Rückstufungsschaden einer gerichtlichen Titulierung zuführen.

Ich bitte deshalb höflich um Stellungnahme zu meinem Vergleichsvorschlag bis zum

(*10-Tages-Frist*).

Sollten Sie die Frist ungenutzt verstreichen lassen, gehe ich davon aus, dass Sie den Ausgleich jedweden Rückstufungsschadens weiterhin ablehnen. In diesem Fall werde ich meinem Mandanten die Inanspruchnahme gerichtlicher Hilfe empfehlen.

Mit freundlichen Grüßen

(Rechtsanwalt)

▲

VII. Rechtsanwaltskosten

426 Dass der Schädiger dem Geschädigten auch die durch die außergerichtliche Einschaltung eines Rechtsanwalts verursachten Kosten zu erstatten hat, wurde zwar vom BGH früher abgelehnt,[573] ist nunmehr jedoch absolut herrschende Meinung.[574] Dies kann selbst dann gelten, wenn die Gegenseite eine Haftung dem Grunde nach anerkannt hat.[575] Entscheidend für den dabei zu berücksichtigenden Gegenstandswert sind die begründeten Schadensersatzforderungen des Geschädigten.[576]

427 Der Anspruch auf Ausgleich der durch die Einschaltung eines Rechtsanwalts verursachten Kosten gilt allerdings nicht uneingeschränkt. Ebenso wie für alle Schadenspositionen sind auch die Rechtsanwaltskosten am Grundsatz der „**Erforderlichkeit**" i.S.d. § 249 Abs. 2 S. 1 BGB zu messen. Im Ausgangspunkt umfasst der dem Geschädigten zustehende Schadensersatzanspruch grundsätzlich auch den Ersatz der durch das Schadensereignis erforderlich gewordenen Rechtsverfolgungskosten. Dabei sind aber nur die Kosten zu erstatten, die aus Sicht des Geschädigten zur Wahrnehmung seiner Rechte erforderlich und zweckmäßig waren. Auch dabei ist gemäß dem Grundsatz der subjektbezogenen Schadensbetrachtung Rücksicht auf die spezielle Situation des Geschädigten zu nehmen. Es kommt also darauf an, wie sich die voraussichtliche Abwicklung des Schadensfalls aus der Sicht des Geschädigten darstellt. Handelt es sich dabei nicht um einen einfach gelagerten Fall, ist der Geschädigte, gleich ob Privatperson, Behörde oder Unternehmen, ungeachtet etwaiger Erfahrungen und Fachkenntnisse zur eigenen Mühewaltung bei der Schadensabwicklung nicht verpflichtet, so dass bei Privatpersonen i.d.R. von Anfang die Einschaltung eines Rechtsanwalts nicht zu beanstanden ist. Denn die schadensrechtliche Abwicklung eines Verkehrsunfalls, an dem zwei Fahrzeuge beteiligt waren, stellt jedenfalls im Hinblick auf die Schadenshöhe regelmäßig keinen einfach gelagerten Fall dar.[577] Dabei wird zu Recht darauf abgestellt, dass bei einem Fahrzeugschaden die rechtliche Beurteilung nahezu jeder Schadensposition in Rechtsprechung und Lehre seit Jahren intensiv und kontrovers diskutiert wird, die umfangreiche, vielschichtige und teilweise uneinheitliche Rechtsprechung hierzu nach wie vor fortentwickelt wird und dementsprechend zwischen den Geschädigten und den in der Regel hoch spezialisierten Rechtsabteilungen der Haftpflichtversicherer nicht selten um einzelne Beträge – wie auch vorliegend – bis in die letzte Gerichtsinstanz gestritten wird.

Darüber hinaus kann es auch einem mit Schadensabwicklungen vertrauten Unternehmen nicht verwehrt werden, einen Rechtsanwalt zu beauftragen, sofern nicht zweifelsfrei ist, dass und inwieweit der Haftpflichtversicherer des Unfallgegners den Schaden regulieren wird.[578] Maßgeblich ist dabei der Zeitpunkt der Beauftragung des Rechtsanwalts, also

573 BGHZ 12, 213, 217.
574 BGH VersR 1995, 183.
575 LG Essen r+s 1996, 408.
576 BGH, Urt. v. 9.1.2018 – VI ZR 82/17 – juris; BGH VersR 1970, 573.
577 BGH, Urt. v. 29.10.2019 – VI ZR 45/19 – juris.
578 BGH, Urt. v. 29.10.2019 – VI ZR 45/19 – juris.

die Sicht ex ante, so dass i.d.R. auch bei einem großen Leasingunternehmen die Einschaltung eines Rechtsanwalts nicht zu beanstanden ist.

▼

Muster 8.105: Erforderlichkeit der Einschaltung eines Anwalts nach einem Verkehrsunfall 428

8.105

Vorliegend war die Einschaltung eines Rechtsanwalts nach dem Verkehrsunfall trotz der einfachen Haftungslage erforderlich und die damit verbundenen Kosten sind als Schadensersatz zu erstatten. Denn wenn es sich nicht um einen einfach gelagerten Fall handelt, ist der Geschädigte, gleich ob Privatperson, Behörde oder Unternehmen, ungeachtet etwaiger Erfahrungen und Fachkenntnisse zur eigenen Mühewaltung bei der Schadensabwicklung nicht verpflichtet. Insoweit ist zu beachten, dass die schadensrechtliche Abwicklung eines Verkehrsunfalls, an dem zwei Fahrzeuge beteiligt waren, jedenfalls im Hinblick auf die Schadenshöhe regelmäßig keinen einfach gelagerten Fall darstellt (BGH, Urt. v. 29.10.2019 – VI ZR 45/19 – juris). Dabei ist zu beachten, dass bei einem Fahrzeugschaden die rechtliche Beurteilung nahezu jeder Schadensposition in Rechtsprechung und Lehre seit Jahren intensiv und kontrovers diskutiert wird, die umfangreiche, vielschichtige und teilweise uneinheitliche Rechtsprechung hierzu nach wie vor fortentwickelt wird und dementsprechend zwischen den Geschädigten und den in der Regel hoch spezialisierten Rechtsabteilungen der Haftpflichtversicherer nicht selten um einzelne Beträge. Dies gilt insbesondere auch bei den hier betroffenen Schadenspositionen

▲

Auch steht es dem Ausgleich der Rechtsanwaltskosten nicht entgegen, dass ein Rechtsanwalt in eigener Sache zur Abwicklung eines Verkehrsunfallschadens tätig wird.[579] Der Geschädigte muss nicht allein deswegen seine Ansprüche kostenfrei geltend machen, weil er selbst Rechtsanwalt ist. Ihm ist es in der Regel nicht zuzumuten, seine besonderen beruflichen Fähigkeiten in den Dienst des Schädigers zu stellen.[580] Das gilt auch für Verkehrsunfälle.[581] In diesem Fall muss allerdings das Tätigwerden eines Rechtsanwalts „erforderlich" sein.[582] Das kann nicht der Fall sein, wenn die Abwicklung der Schadenssache keinerlei Schwierigkeiten bereitet.[583] 429

Darüber hinaus billigt die Rechtsprechung u.U. einen Ausgleichsanspruch für diejenigen Kosten zu, die dadurch entstanden sind, dass der Geschädigte aus Anlass des Verkehrsunfalls Verhandlungen mit seinem Kasko-Versicherer aufnehmen musste.[584] Die Erforderlichkeit der Einschaltung wird ggf. dadurch begründet, dass der Versicherer die Regulierung verzögert.[585] Im Übrigen ist immer im konkreten Einzelfall zu prüfen, ob diese Rechtsverfolgungskosten aus der Sicht des Geschädigten zur Wahrnehmung seines Rechts erforderlich und zweckmäßig waren.[586] 430

579 AG Freiburg DAR 1983, 83; BGH DAR 1995, 67; AG Fulda DAR 1999, 270.
580 BAG ZIP 1995, 499.
581 AG Hamburg, Urt. v. 19.9.2012 – 51a C 63/12 – n.v.
582 OLG Karlsruhe VersR 1991, 1297.
583 AG Brackenheim VersR 2000, 1272.
584 U.a. LG Kaiserslautern DAR 1993, 196 und LG Bielefeld NJW-RR 1989, 1431.
585 AG Gießen zfs 1999, 306; OLG Stuttgart zfs 1989, 83.
586 OLG Schleswig OLGR Schleswig 2009, 546; AG Leipzig SP 2009, 232.

431 Beauftragt der Mandant seinen Rechtsanwalt mit der Abwicklung seiner Ansprüche aus der Vollkaskoversicherung, können ggf. auch die dadurch verursachten Rechtsanwaltskosten im Rahmen der Abwicklung des Kfz-Haftpflichtschadens vom gegnerischen Versicherer zu übernehmen sein.

432 Dies gilt in jedem Fall dann, wenn der gegnerische Kfz-Haftpflichtversicherer mit dem Ausgleich des geltend gemachten Schadens in Verzug gerät.[587] Auch im Quotenfall sind die Kosten für die Einschaltung eines Rechtsanwalts durch den Geschädigten gegenüber dem Kaskoversicherer zu ersetzen. Diese werden als kongruente Schadensposition vom Quotenvorrecht erfasst.[588] Denn ist es aus Sicht des Geschädigten erforderlich, anwaltliche Hilfe in Anspruch zu nehmen, so gilt das grundsätzlich auch für die Anmeldung des Versicherungsfalls bei dem eigenen Versicherer.[589] Ist eine Haftungsteilung für die Regulierung anzunehmen, ist zugleich aus Sicht des Geschädigten als Laie nicht auszuschließen, dass der Kaskoversicherer einer Zahlung zumindest teilweise ablehnend gegenübersteht. Auch kann sich die Erforderlichkeit einer anwaltlichen Beratung daraus ergeben, dass zu prüfen ist, ob und wie sich die Inanspruchnahme der eigenen Versicherung auf den Anspruch gegen den Unfallgegner auswirken würde.[590]

433 Nicht ohne weiteres erstattungsfähig sind aber Kosten, die bei der Einschaltung eines Rechtsanwalts im Hinblick auf die Deckungszusage eines Rechtsschutzversicherers entstehen. Dies ist nur der Fall, wenn eine Reihe an Voraussetzungen erfüllt ist:[591]

(1) Es muss ein konkreter Auftrag zur eigenständigen Betreuung dieser Angelegenheit vorliegen, bei welchem der Mandant über gesondert anfallende Kosten aufgeklärt wird und der über einen Annex zur Verfolgung des Anspruchs aus dem Verkehrsunfall hinausgeht.

(2) Zum Zeitpunkt der Beauftragung muss sich die gegnerische Haftpflichtversicherung (auch unter Beachtung ihres 3–6-wöchigen Prüfungszeitraums) in Verzug befunden haben.

(3) Die Einschaltung eines Rechtsanwalts muss dabei – sei es wegen der fehlenden Erfahrung des Geschädigten oder aber der komplexen Angelegenheit – erforderlich gewesen sein und die bloße Anfrage des Geschädigten unter Vorlage des Schriftverkehrs seines Anwalts nicht ausreichen.

434 Der für die Berechnung der Anwaltsgebühren maßgebliche Streitwert für die Deckungsschutzanfrage entspricht den voraussichtlichen Kosten einer Deckungsschutzklage, also den aller Voraussicht nach entstehenden beiderseitigen Rechtsanwaltskosten sowie den Gerichtskosten für eine Instanz.[592]

587 U.a. OLG Stuttgart zfs 1989, 83; AG Erfurt zfs 1999, 31.

588 BGH, Urt. v. 9.1.2018 – VI ZR 82/17 – juris; OLG Frankfurt a.M., Urt. v. 8.2.2011 – 22 U 109/11; nach OLG Oldenburg, Urt. v. 6.9.2011 – 13 U 43/10 sind nur anteilig Kosten zu erstatten.

589 BGH NJW 2005, 1112.

590 AG Köln, Urt. v. 5.7.2012 – 274 C 22/12 – juris.

591 BGH, Urt. v. 13.12.2011 – VI ZR 274/10 = NZV 2012, 169.

592 AK Karlsruhe AGS 2009, 355.

▼

Muster 8.106: Ersatz der Kosten der Einschaltung eines Anwalts bei Einholung einer Deckungszusage 435

Versicherung AG

Schaden-Nr./VS-Nr./Az.

Schaden vom

Pkw , amtl. Kennzeichen

Sehr geehrte Damen und Herren,

soweit Sie in der im Betreff genannten Schadensache die Auffassung vertreten, meine Mandantin habe keinen Anspruch auf Ausgleich der geltend gemachten Rechtsanwaltskosten für die Einholung einer Deckungszusage bei ihrem Rechtsschutzversicherer, ist dies rechtsfehlerhaft. Die Kosten für die Einholung einer Deckungszusage sind vorliegend zu ersetzen. Die insoweit vom BGH aufgestellten Voraussetzungen sind vorliegend gegeben:

1) Es liegt ein konkreter Auftrag zur eigenständigen Betreuung dieser Angelegenheit vor, bei welchem unsere Mandantschaft über gesondert anfallende Kosten aufgeklärt worden ist. Insoweit verweise ich auf die als Anlage beigefügte Korrespondenz, in welcher

2) Zum Zeitpunkt der Beauftragung am und damit gut Wochen nach dem Verkehrsunfall vom haben Sie sich in Verzug befunden, nachdem unsere Zahlungsaufforderung vom unter Fristsetzung zum nicht beachtet worden ist.

3) Die Einschaltung eines Rechtsanwalts war insoweit auch erforderlich. Dies sowohl unter Berücksichtigung der Person unserer Mandantschaft wie auch der Sach- und Rechtslage im vorliegenden Fall.

a) Zu unserer Mandantschaft ist insoweit darauf hinzuweisen, dass

b) Auch in der Sache war es geboten, einen Anwalt hinzuzuziehen. Es war dabei erforderlich, die Erfolgsaussichten sowohl zur Haftung dem Grunde als auch der Höhe nach näher zu begründen. Dabei ist zu beachten, dass .

Nach alledem habe ich Sie aufzufordern, die mit EUR bezifferten Rechtsanwaltskosten unverzüglich, spätestens jedoch bis zum

(*10-Tages-Frist*)

unmittelbar an mich auszugleichen. Ich besitze Geldempfangsvollmacht. Sollten Sie die Frist ungenützt verstreichen lassen, werde ich meiner Mandantin die Inanspruchnahme gerichtlicher Hilfe empfehlen.

Mit freundlichen Grüßen

(Rechtsanwalt)

▲

436 In den meisten Fällen werden unter Beachtung dieser strengen Voraussetzungen die Kosten für die Einholung einer Deckungszusage allerdings nicht zu ersetzen sein.

437 ▼

Muster 8.107: Keine Erstattung der Kosten für die Einholung einer Deckungszusage

8.107 Die Kosten für die Einholung einer Deckungszusage sind nicht zu erstatten.

1) Für Deckungsanfragen bei der Rechtsschutzversicherung stehen dem Rechtsanwalt nämlich keine zusätzlichen Gebühren zu. Der Mandant darf darauf vertrauen, dass sein Anwalt für ihn insoweit gebührenfrei tätig wird (OLG München, Urt. v. 4.12.1990 – 13 U 3085/90 = JurBüro 1993, 163; LG Koblenz, Urt. v. 2.2.2010 – 6 S 236/09 = VersR 2010, 1331). Die Einholung der Deckungszusage ist von den Gebühren für die außergerichtliche Tätigkeit bzw. spätestens im Zusammenhang mit dem so finanzierten Klageverfahren erfasst (LG Schweinfurt NJW-RR 2009, 1254).

In diesem Zusammenhang scheitert eine Erstattung im Übrigen bereits daran, dass der Geschädigte nicht wie erforderlich über die möglicherweise gesondert anfallenden Kosten bei der Annahme einer umfangreichen gesonderten weiteren Tätigkeit des eigenen Anwalts aufgeklärt worden ist (vgl. zu den Anforderungen BGH, Urt. v. 13.12.2011 – VI ZR 274/10 = zfs 2012, 223; OLG Celle, Urt. v. 12.1.2011 – 14 U 78/10 = AGS 2011, 152 und LG Nürnberg-Fürth, Urt. v. 9.9.2010 – 8 O 1617/10 = NZV 2012, 140).

2) Folgeschäden eines Verkehrsunfalls fallen dann nicht mehr unter den Schutzzweck der Schadensersatznorm, wenn sie bei wertender Betrachtung die Verwirklichung eines allgemeinen Lebensrisikos bzw. des allgemeinen Prozessrisikos darstellen (OLG Celle, Urt. v. 12.1.2011 – 14 U 78/10). Soweit der Geschädigte seinen Rechtsschutzversicherer in Anspruch nimmt, basiert dies auf seiner freien Entschließung, eine entsprechende Vorsorge treffen zu wollen. Die eigene Vorsorge fällt jedoch nicht in den Schutzbereich der §§ 823 BGB, 7 StVG.

3) Darüber hinaus ist festzuhalten, dass die Einschaltung eines eigenen Anwalts für die Einholung einer Deckungszusage bei einem wie hier überschaubaren Sachverhalt nicht als erforderlich i.S.d. § 249 Abs. 2 BGB anzusehen ist, bzw. zumindest gegen die Schadensminderungspflicht des Geschädigten verstößt (BGH, Urt. v. 9.3.2011 – VIII ZR 132/10 = AGS 2011, 254; BGH, Urt. v. 13.12.2011 – VI ZR 274/10 = zfs 2012, 223; OLG Karlsruhe, Urt. v. 13.10.2011 – 1 U 105/11 = SP 2012, 33 und anschaulich LG Münster, Urt. v. 4.5.2010 – 3 S 12/10 = AGS 2011, 154).

4) Und schlussendlich ist zu beachten, dass eine Erstattungsfähigkeit allein unter dem Gesichtspunkt eines Verzugs überhaupt denkbar wäre. Zum Zeitpunkt der Beauftragung bestand jedoch kein Verzug:

▲

438 Erstatzungsfähig können auch die Rechtsanwaltskosten sein, die dadurch entstehen, dass der Geschädigte über seinen Anwalt einen Anspruch bei dem Unfallversicherer anmeldet. Um dem Interesse des Geschädigten an umfassendem Schadensausgleich Genüge zu tun, kann auch dieser Vergütungsanspruch erfasst werden, wenn im Einzelfall die

Inanspruchnahme des Anwalts kausal auf den Verkehrsunfall zurückzuführen ist und die Inanspruchnahme anwaltlicher Hilfe erforderlich war.[593]

Eine Grenze ist allerdings zu ziehen, wenn die Leistung des Unfallversicherers nicht mehr der Wiederherstellung der Gesundheit dient. Allerdings kann auch in diesen Fällen die Notwendigkeit der Einschaltung eines Rechtsanwalts bestehen, wenn der Geschädigte selber nicht in der Lage ist, den Anspruch gegenüber seinem Unfallversicherer anzumelden, z.B. aus einem Mangel an geschäftlicher Gewandtheit oder aufgrund erheblicher Verletzungen.

▼ 439

Muster 8.108: Erforderlichkeit einer Tätigkeit gegenüber dem Unfallversicherer

8.108

Versicherung AG

Schaden-Nr./VS-Nr./Az.

Schaden vom

Pkw , amtl. Kennzeichen

Sehr geehrte Damen und Herren,

in vorbezeichneter Angelegenheit besteht sehr wohl ein Erstattungsanspruch unseres Mandanten bzgl. der von ihm bereits ausgeglichenen Rechtsanwaltskosten, die durch die Anmeldung seiner Ansprüche bei seinem Unfallversicherer entstanden sind. Der BGH stellt das Interesse des Geschädigten an einer vollständigen Restitution in den Vordergrund, so dass die oben genannten Kosten grundsätzlich zu erstatten sind, es sei denn, der Versicherungsnehmer würde Leistungen erhalten, die er alleine anmelden kann und die der Wiederherstellung seiner Gesundheit auch nicht zum Teil dienen (BGH VersR 2006, 521).

Für meinen Mandanten ist angesichts der schweren Folgen des von Ihrem Versicherungsnehmer schuldhaft verursachten Verkehrsunfalls ein Dauerschaden verblieben, der seinen Unfallversicherer zu der Zahlung einer Invaliditätssumme verpflichtet. Diesen Betrag will mein Mandant für kostenintensive Heilmaßnahmen einsetzen, die neben seiner gesundheitlichen Situation sein Wohlbefinden steigern werden. Ein Bezug der Unfallversicherungsleistung zu der beabsichtigten Rehabilitation meines Mandanten ist daher erkennbar gegeben. Im Übrigen ist mein Mandant aufgrund seiner erheblichen Verletzungen und der dadurch resultierenden stationären Behandlung nicht in der Lage, selber erfolgversprechend einen Anspruch gegenüber seinem Unfallversicherer zu begründen. Auch fehlt es ihm hierfür – unabhängig von seinem Gesundheitszustand – an der notwendigen Geschäftserfahrung; allein unter diesem, vom BGH in dem oben genannten Urteil anerkannten Gesichtspunkt besteht Ihre Einstandspflicht.

593 BGH VersR 2006, 521 = zfs 2006, 448.

Nach alledem habe ich Sie aufzufordern, die mit EUR bezifferten Rechtsanwaltskosten unverzüglich, spätestens jedoch bis zum

(*10-Tages-Frist*)

unmittelbar an mich auszugleichen. Ich besitze Geldempfangsvollmacht. Sollten Sie die Frist ungenützt verstreichen lassen, werde ich meinem Mandanten die Inanspruchnahme gerichtlicher Hilfe empfehlen.

Mit freundlichen Grüßen

(Rechtsanwalt)

▲

440 Grundsätzlich sind die außergerichtlichen Rechtsanwaltsgebühren im Wege eines Freistellungsanspruchs geltend zu machen, soweit der Mandant diese noch nicht ausgeglichen hat. Ein Freistellungsanspruch wandelt sich jedoch in einen Zahlungsanspruch des Geschädigten, wenn der Schädiger jeden Schadenersatz ernsthaft und endgültig verweigert und der Geschädigte Geldersatz fordert.[594]

VIII. Schaden an Ausrüstung und Kleidung

441 Kommt es zu einem Sturz eines Motorradfahrers oder erleidet ein Fahrzeuginsasse einen Personenschaden, werden bei dem Schadenfall in aller Regel Kleidungsstücke und Ausrüstungsgegenstände beschädigt. Selbstverständlich sind die dadurch verursachten Schäden vom Schädiger zu ersetzen. Probleme bereiten in der Praxis die Bezifferung des Kleidungsschadens und die Berechtigung zum Abzug „neu für alt".

442 ▼

8.109

Muster 8.109: Schadensnachweis bei Kleidungsschaden und Abzug neu für alt für Ausrüstungsgegenstände

Versicherung AG

Schaden-Nr./VS-Nr./Az.

Schaden vom

Pkw , amtl. Kennzeichen

Sehr geehrte Damen und Herren,

in vorbezeichneter Angelegenheit bestätige ich den Zugang Ihres Schreibens vom und nehme hierzu wie folgt Stellung:

1. Kleidungsschaden

Soweit Sie den Anspruch meines Mandanten auf Ausgleich des Kleidungsschadens mit der Begründung ablehnen, dieser sei nicht hinreichend nachgewiesen, vermag ich mich damit nicht einverstanden zu erklären. Zwar trifft es zu, dass mein Mandant nicht mehr

594 Grundlegend: BGH NJW 2004, 1868; im Verkehrsrecht: OLG Brandenburg, Urt. v. 23.10.2008 – 12 U 45/08 – juris; LG Düsseldorf, Urt. v. 1.4.2015 – 16 O 284/13 – juris; OLG Frankfurt a.M., Urt. v. 23.8.2011 – 6 U 49/11 – juris.

über die Anschaffungsrechnungen für die Kleidungsstücke verfügt. Dies heißt jedoch nicht, dass ein Schadensersatzanspruch insgesamt ausscheidet.

Wie bereits mitgeteilt, wurden die Kleidungsstücke von den am Unfallort eintreffenden Rettungssanitätern zerschnitten, um die notwendige ärztliche Erstversorgung zu gewährleisten. Sämtliche Kleidungsstücke stehen meinem Mandanten noch zur Verfügung. Aus der nachfolgenden Auflistung sind die einzelnen Kleidungsstücke, ihr jeweiliges Anschaffungsjahr, ihre jeweiligen Anschaffungskosten, ihre voraussichtliche Lebensdauer sowie der sich daraus ergebene Wiederbeschaffungswert zum Zeitpunkt des Unfalltags zu entnehmen. Sämtliche Daten basieren auf einer Schätzung meines Mandanten gem. § 287 ZPO. Für die Richtigkeit der Anschaffungsjahre und -kosten steht als Zeuge/ Zeugin zur Verfügung. *(Tabelle)*

Sollten Sie weiterhin den Ausgleich des mit EUR bezifferten Kleidungsschadens ablehnen, werde ich meinem Mandanten empfehlen, die Höhe dieser Schadensposition im Rahmen eines selbstständigen Beweisverfahrens feststellen zu lassen oder unverzüglich das Klageverfahren einzuleiten.

2. Ausrüstungsgegenstände

Darüber hinaus nahmen Sie in Ihrem Schreiben vom einen Abzug „neu für alt" für den Motorradhelm, die Motorradhandschuhe sowie die Motorradkombi vor. Ihre dahin gehende Auffassung steht nicht im Einklang mit der hierzu vertretenen einhelligen Auffassung in Rechtsprechung und Literatur.

Bei dem Verkehrsunfall wurden die genannten Ausrüstungsgegenstände erheblich beschädigt. Auch wenn sie nicht völlig zerstört wurden, ist meinem Mandanten eine Weiterbenutzung dieser Gegenstände nicht zumutbar. Durch den Aufschlag kann nicht ausgeschlossen werden, dass der Helm bei einem weiteren Unfall nicht mehr die volle Schutzwirkung entfalten würde. Dasselbe gilt sowohl für die Handschuhe als auch für die Schutzkleidung. In diesen Teilen befinden sich Schutzplatten, die bei dem Unfall beschädigt wurden.

Da die Gegenstände somit einen Totalschaden aufweisen, ist mein Mandant in die Lage zu versetzen, sich entsprechenden Ersatz zu verschaffen. Hierzu ist unabhängig von ihrem Alter und entgegen der von Ihnen vertretenen Auffassung allein auf den Neuwert der Ausrüstungsgegenstände abzustellen.

Bei den genannten Ausrüstungsgegenständen handelt es sich ausschließlich um Gegenstände, die dem Schutz meines Mandanten dienten. Keiner der Gegenstände unterlag einem natürlichen Verschleiß. Ein Abzug „neu für alt" scheidet für die Ausrüstungsgegenstände von vornherein aus. Durch die Ersatzbeschaffung hat mein Mandant keine Aufwendungen erspart. Die Neuanschaffung der Gegenstände führt somit nicht zu einer Vermögensmehrung bei meinem Mandanten. Wegen der Einzelheiten hierzu verweise ich auf die Entscheidungen LG Oldenburg DAR 2002, 171; AG Bad Schwartau DAR 1999, 458 sowie AG Lahnstein zfs 1998, 294.

Danach habe ich Sie aufzufordern, auch diese Schadensposition wie beziffert und ungekürzt auszugleichen. Ich habe mir hierzu eine Frist bis zum

(10-Tages-Frist)

notiert.

Mit freundlichen Grüßen

(Rechtsanwalt)

▲

443 Nach anderer Auffassung in der Rechtsprechung ist auch bei einer Motorradschutzbekleidung nur der alters- und abnutzungsbedingte Zeitwert unter Berücksichtigung des Abzugs „neu für alt" zu erstatten ist.[595] Nach Auffassung des OLG Hamm[596] soll bei einem Kleiderschaden ein Abzug „neu für alt" dagegen ausscheiden, wenn es sich bei dem beschädigten Gegenstand um eine Goretex-Jacke handelt, die zum Schadenszeitpunkt erst sechs Monate alt war. Aufgrund ihrer Qualität sollen derartige Jacken über eine besonders lange Lebensdauer verfügen.

IX. Auslagen für Telefon, Porti etc.

444 Durch die Abwicklung des Schadensfalles entstehen dem Geschädigten in aller Regel Nebenkosten, deren Bezifferung schwierig ist und ihm deshalb nicht zugemutet werden kann. Es handelt sich hierbei in erster Linie um die Positionen

- Portokosten,
- Telefonkosten und
- Fahrtkosten.

Für diese Positionen werden in aller Regel keine Belege ausgestellt bzw. nicht aufbewahrt. Die Rechtsprechung billigt eine Pauschalierung dieser Nebenkosten auf dem Wege des § 287 ZPO zu, sogar dann, wenn der Schaden nicht durch einen Verkehrsunfall, sondern durch andere Fremdeinwirkung verursacht wird.[597] Die Höhe der Pauschale wird von der Rechtsprechung bislang mit Beträgen von 20 EUR,[598] 25 EUR[599] und auch 30 EUR[600] beziffert.

595 OLG München, Urt. v. 7.5.2012 – 11 U 4489/11; OLG Karlsruhe, Urt. v. 21.9.2009 – 15 U 71/08; OLG Celle, Urt. v. 19.12.2007 – 14 U 97/07 – juris.

596 OLG Hamm DAR 1996, 402.

597 AG Eutin MDR 2001, 990, i.H.v. 20 EUR.

598 OLG Düsseldorf, Urt. v. 11.8.2015 – 1 U 130/14; LG Hamburg, Urt. v. 15.11.2013 – 306 S 48/13; OLG Schleswig, Urt. v. 5.9.2012 – 7 U 15/12 – juris; LG Stendal, Urt. v. 28.4.2011 – 22 S 84/10 – juris; KG, Urt. v. 16.8.2010 – 22 U 15/10 – juris.

599 OLG Hamm, Urt. v. 31.10.2014 – 11 U 57/13; OLG Saarbrücken, Urt. v. 8.5.2014 – 4 U 61/13 (st. Rspr. des Senats); OLG München, Urt. v. 26.4.2013 – 10 U 4938/12 (st. Rspr. des Senats); OLG Köln, Urt. v. 26.2.2013 – 3 U 141/12; OLG Celle, Urt. v. 14.11.2012 – 14 U 70/12 (st. Rspr. des Senats); OLG Koblenz, Urt. v. 21.6.2012 – 1 U 01601086/11; OLG Stuttgart, Urt. v. 21.4.2010 – 3 U 218/09; OLG Stuttgart, Urt. v. 7.4.2010 – 3 U 216/09 – jeweils juris; Palandt/*Grüneberg*, BGB, 74. Aufl. 2015, § 249 Rn 79 mit Verweis auf BGH NJW 2011, 2871.

600 LG Aachen, Urt. v. 11.2.2005 – 9 O 360/04; LG Ingolstadt, Urt. v. 14.5.2007 – 2 S 1437/06; AG Leipzig, Urt. v. 16.12.2009 – 109 C 6579/09 – veröffentlicht über das Mitteilungsblatt der ARGE Verkehrsrecht, 1/2010, 20; AG Nürtingen NJOZ 2003, 1851; AG Starnberg DAR 2007, 593; Nürtingen NJOZ 2003, 755; AG Kehlheim DAR 2003, 178.

Der BGH hat jedenfalls bestätigt, dass die Bestimmung der Kostenpauschale mit 25,00 EUR durch den Tatrichter nicht zu beanstanden ist.[601]

▼

Muster 8.110: Schadenspauschale 30 EUR 445

Durch die Abwicklung des Schadensfalles sind eine Vielzahl an Nebenkosten in Form von Porto-, Telefon und Fahrtkosten entstanden, die pauschal geltend gemacht werden. Angesichts der steigenden Kosten sowie der ständigen inflationären Wertentwicklung ist eine Pauschale von 30 EUR angemessen (LG Aachen, Urt. v. 11.2.2005 – 9 O 360/04 = n.v.; LG Ingolstadt, Urt. v. 14.5.2007 – 2 S 1437/06 – n.v.; AG Schwandorf, Urt. v. 19.4.2023 – 2 C 263/22; AG Leipzig, Urt. v. 16.12.2009 – 109 C 6579/09 = DV 2010, 20; AG Starnberg DAR 2007, 593; AG Nürtingen NJOZ 2003, 755; AG Kehlheim DAR 2003, 178). Der bisher in der Rechtsprechung anerkannte Betrag von 25 EUR ist inflationsbedingt angemessen zu erhöhen.

▲

Die Pauschalierung dieser Nebenkosten schließt eine konkrete Abrechnung der Schadenspositionen grundsätzlich nicht aus. Betragen die konkreten Unkosten mehr als die oben benannten pauschalen Beträge, müssen sie im Einzelnen bewiesen bzw. belegt werden. Werden Fahrtkosten individuell belegt, wird eine Auslagenpauschale nur noch für die dann übrig gebliebenen Telefon- und Portokosten zugebilligt. In besonderen Fällen ist auch eine erheblich höhere Pauschale angemessen. 446

▼

Muster 8.111: Vereinbarung über eine erhöhte Pauschale bei Auslandsbezug 447

Versicherung AG

Schaden-Nr./VS-Nr./Az.

Schaden vom

Pkw , amtl. Kennzeichen

Sehr geehrte Damen und Herren,

nach dem Ausgleich sämtlicher Personenschäden in der im Betreff genannten Schadenssache bedürfen noch die allgemeinen Auslagen meiner Mandantschaft der Abrechnung. Während der sehr zeitaufwendigen Abwicklung der Schadensache fielen für meine Mandanten erhebliche Kosten für erforderliche Telefonate mit mir sowie der Übersendung der erforderlichen Schadensbelege an mein Büro an. Die Ermittlung der konkreten Anzahl von Schreiben und Telefonaten wäre mit erheblichem Aufwand verbunden. Ich schlage deshalb eine Pauschalierung dieser Aufwendungen vor, wobei außer Zweifel stehen dürfte, dass die üblicherweise in Schadensfällen anzusetzende Auslagenpauschale in Höhe von 25 EUR dem tatsächlichen Schadensaufwand bei weitem nicht gerecht würde. Selbst bei einer vorsichtigen Schätzung belaufen sich die Gesamtaufwendungen auf mindestens EUR. Sollten Sie sich hiermit nicht einverstanden erklären können, würde ich meiner Mandantschaft empfehlen, die Gesamtaufwendungen für Telefon und

601 BGH, Urt. v. 4.5.2011 – VIII ZR 171/10 = NZV 2011, 440.

Porti konkret nachzuweisen. Dabei gehe ich davon aus, dass die dadurch verursachten Kosten weit höher ausfallen würden, als die bis auf weiteres zugrunde gelegte Pauschale.

Ich bitte höflich um entsprechende Veranlassung bis zum

(*10-Tages-Frist*).

Mit freundlichen Grüßen

(Rechtsanwalt)

▲

448 Die Pauschale für die Kosten der Akteneinsicht i.H.v. 12 EUR gehört ebenfalls zu den erstattungsfähigen, schadensbedingten Aufwendungen.[602]

X. Ergänzende Stellungnahme des Sachverständigen

449 Der Erstattungsanspruch von Kosten für eine ergänzende Stellungnahme des Sachverständigen, wie z.B. für eine Reparaturbestätigung, ist in der Rechtsprechung umstritten. Nach einer Ansicht steht dem Geschädigten ein solcher Anspruch zu, da er z.B. nach einer Reparatur in Eigenregie mit Hilfe einer derartigen Bescheinigung bei einem weiteren Schadensfall die ordnungsgemäße und fachgerechte Durchführung der Reparatur beweisen kann.[603]

450 Nach anderer Ansicht sind derartige Kosten grundsätzlich nicht erstattungsfähig.[604] Die Kosten für die Stellungnahme eines Sachverständigen seien ansonsten im Rahmen des Kostenfestsetzungsverfahrens und der dabei gegebenen Möglichkeit eines vollstreckbaren Titels zu berücksichtigen. Sie begründeten daher keinen eigenen Schadenersatzanspruch im Erkenntnisverfahren.

451 Eine vermittelnde Ansicht vertritt hierzu die Position, die für die Erstellung einer Reparaturbestätigung anfallenden Kosten seien nur dann eine ersatzfähige Schadensposition, wenn der Schädiger oder dessen Versicherer den Geschädigten zur Vorlage einer solchen Bestätigung aufgefordert hätte.[605]

XI. Inkassokosten

452 Inkassokosten sind nicht erstattungsfähig, sofern nicht nachweislich zum Zeitpunkt der Abgabe an das Inkassounternehmen Verzug eingetreten war. Ungeachtet dessen ist zu berücksichtigen, dass die Einschaltung eines Inkassounternehmens für die Erstattungsfähigkeit von deren Kosten erforderlich gewesen sein muss. Dies dürfte regelmäßig nicht der Fall sein. Das Inkassounternehmen nimmt – anders als ein Rechtsanwalt – keine inhaltliche Prüfung der Forderung vor und begründet diese auch nicht gegenüber dem Schädiger, wodurch dieser ggf. dazu bewegt werden würde, von seiner bisherigen

602 OLG Frankfurt a.M., Urt. v. 29.3.2012 – 12 U 163/10 = SP 2012, 391.
603 AG Fulda, Urt. v. 5.5.2015 – 33 C 3/15; AG Stuttgart, Urt. v. 20.2.2015 – 44 C 5090/14 – juris.
604 AG Ibbenbüren, Urt. v. 17.6.2015 – 3 C 91/15; LG Krefeld, Beschl. v. 14.3.2014 – 3 O 348/12 – juris.
605 AG Gelsenkirchen, Urt. v. 26.1.2015 – 204 C 82/14; AG Saarlouis, Urt. v. 12.6.2012 – 28 C 482/12; OLG Düsseldorf, Urt. v. 27.3.2012 – I-1 U 139/11, 1 U 139/11 – juris.

Rechtsauffassung abzuweichen. Insofern werden durch die Abgabe der Forderung an ein Inkassounternehmen unnötige zusätzliche Kosten geschaffen. Darin ist ein Verstoß gegen die dem Geschädigten obliegende Schadenminderungspflicht zu sehen, denn es ist weiterhin absehbar, dass es zu einer gerichtlichen Auseinandersetzung kommen wird, für die ohnehin ein Rechtsanwalt beauftragt werden muss bzw. wird.[606]

F. Besonderheiten bei dem Verkehrsunfall eines Leasingfahrzeugs

Dr. Jens Tietgens

Handelt es sich bei dem unfallbeschädigten Kraftfahrzeug des Mandanten um ein Leasingfahrzeug, sind diverse Besonderheiten im Rahmen der Schadensabwicklung zu beachten. **453**

I. Übersicht über die zu beachtenden Besonderheiten

Eigentümer des Leasingfahrzeugs ist nicht der Leasingnehmer, sondern der Leasinggeber, der sich dieses zur Sicherheit über die Geschäftsbedingungen vorbehalten hat. **454** Folglich beschränken sich die unmittelbaren Ansprüche des Mandanten als Leasingnehmer ausschließlich auf die aus dem Besitz des Fahrzeugs resultierenden Ansprüche (Nutzungsausfall, Mietwagenkosten, Abschleppkosten, Sachverständigen- und Anwaltskosten, ggf. auch entgangener Gewinn) wegen einer Besitzstörung,[607] während die Eigentumsansprüche (Fahrzeugschaden, merkantiler Minderwert) originär dem Leasinggeber zustehen. Der Schaden des Leasingnehmers besteht deshalb nicht in der Belastung mit den Leasingraten, sondern nur in dem Entzug der Sachnutzung.[608] Ob der Leasingnehmer dazu berechtigt ist, Eigentumsansprüche geltend machen zu können, wurde vom BGH noch nicht entschieden.[609] Sollen für den Mandanten auch die Eigentumsansprüche geltend gemacht werden, bedarf es hierzu einer ausdrücklichen Ermächtigung durch den Leasinggeber. Eine solche findet sich in aller Regel in den dem Leasingvertrag zugrunde liegenden Allgemeinen Leasingbedingungen. Wird der Leasingnehmer in den Allgemeinen Leasingbedingungen nicht dazu ermächtigt, Eigentumsansprüche aus Anlass eines Schadensfalles im eigenen Namen und auf eigene Rechnung geltend zu machen und erforderlichenfalls zwangsweise durchzusetzen, sollte beim Leasinggeber vorsorglich eine ausdrückliche Ermächtigung angefordert werden. In derartigen Konstellationen überträgt der Leasinggeber das Mandat zur Durchsetzung der Ansprüche allerdings häufig an „seinen“ Rechtsanwalt und lehnt eine Übertragung des Mandats an den Anwalt des Leasingnehmers ab. Dennoch sollte in jedem Fall der Versuch unternommen werden, das Mandat vom Leasinggeber zu erhalten.

606 BGH, Beschl. v. 20.1.2005 – VII ZB 53/05; AG Brandenburg, Urt. v. 27.8.2012 – 31 C 266/11; AG Dieburg, Urt. v. 20.7.2012 – 20 C 646/12 – jeweils juris.
607 BGH NJW 1992, 553; OLG München NZV 2015, 315.
608 OLG München NJW 2013, 3728.
609 Ausdrücklich offen gelassen in BGH, Urt. v. 29.1.2019 – VI ZR 481/17 – juris Rn 20.

455 ▼

Muster 8.112: Keine Aktivlegitimation bei Leasingfahrzeug

8.112 Ist der Anspruchsteller zum Zeitpunkt des Unfalls bzgl. des von ihm geführten Fahrzeugs lediglich Leasingnehmer und damit lediglich Besitzer des Fahrzeugs, kann dieser Schadensersatzansprüche nur dann geltend machen, wenn er nach dem Leasingvertrag berechtigt ist, Ansprüche der Leasinggeber im Wege der gewillkürten Prozessstandschaft im eigenen Namen geltend zu machen und darlegt, dass hierfür ein eigenes rechtliches Interesse gegeben ist. Dabei kann der Anspruchsteller wegen möglicher Ansprüche der Leasinggeberin nicht Leistung an sich, sondern nur an die Leasinggeberin verlangen (LG Hagen, Urt. v. 18.4.2011 – 2 O 397/10 – SP 2011, 414 f.).

▲

456 Im Übrigen wird in der Rechtsprechung aber auch erwogen, dass der Leasingnehmer den Fahrzeugschaden unter dem Gesichtspunkt einer Verletzung des unmittelbaren Besitzes selber geltend machen kann. Anspruchsgrundlage ist insoweit § 823 Abs. 1 BGB, der auch den unmittelbaren Besitz als geschützte Rechtsposition erfasst.[610] Auch bei einem solchen Vorgehen sollte aber vorher Rücksprache mit dem Leasinggeber als Eigentümer gehalten werden, zumal eine solche Auseinandersetzung im Innenverhältnis ggf. unter Annahme einer Gesamtgläubigerschaft von Eigentümer und Besitzer wegen Ersatzansprüchen bzgl. der beschädigten Sache nachfolgen würde. Unter Umständen kann der Leasingnehmer bei einem solchen Vorgehen im Außenverhältnis lediglich berechtigt sein, eine Zahlung an den Leasingnehmer als Sicherungseigentümer oder zumindest beide als Gesamtgläubiger zu verlangen. Hat der Leasingnehmer die Pflicht zur Instandsetzung gegenüber dem Leasinggeber und Eigentümer für jeden Schadensfall übernommen und im konkreten Schadensfall nicht erfüllt, kann er nicht ohne Zustimmung des Eigentümers gemäß § 249 Abs. 2 S. 1 BGB statt der Herstellung die fiktiven Herstellungskosten verlangen.[611]

457 In den Allgemeinen Leasingbedingungen wird der Leasingnehmer dazu verpflichtet, den Leasinggeber unverzüglich über das Schadensereignis zu unterrichten. Sodann ist es Aufgabe des Leasingnehmers, die zur Wiederherstellung des Fahrzeugs erforderlichen Reparaturarbeiten durchführen zu lassen. Dabei ist zu beachten, dass die Leasingbedingungen u.U. vorgeben, in welcher Reparaturwerkstatt die Reparaturarbeiten durchzuführen sind.

458 Liegt an dem Fahrzeug kein Totalschaden vor, übersteigen die Reparaturkosten jedoch 60 % des Wiederbeschaffungswerts, ist der Geschädigte in aller Regel in seiner Entscheidung frei, ob er das Fahrzeug reparieren lässt oder den Leasingvertrag kündigt. Entscheidet er sich zur Reparatur und verlangt er vom Schadensverursacher die schadenbedingten Reparaturkosten ersetzt, ist er dazu verpflichtet, diesen Betrag auch tatsächlich zur Reparatur des Fahrzeugs zu verwenden.

610 BGH MDR 1976, 1009; KG VRS 104, 92; LG Berlin MDR 2001, 630.
611 BGH, Urt. v. 29.1.2019 – VI ZR 481/17 – juris Rn 20.

Hat das Fahrzeug einen Totalschaden erlitten oder entscheidet sich der Leasingnehmer gegen eine Reparatur in einem „60 %-Fall“, fällt dadurch nicht automatisch die Pflicht zur Leistung der Leasingraten weg. Vielmehr muss der Leasingvertrag üblicherweise nach den AGB möglichst umgehend außerordentlich gekündigt werden. Hierauf ist der Mandant in jedem Fall hinzuweisen. Anderenfalls liegt ein Beratungsverschulden vor. Ein solches Kündigungsrecht bei einer wesentlichen Beschädigung oder dem Verlust muss dem Leasingnehmer im Übrigen zwingend als Ausgleich für die i.d.R. vereinbarte Übertragung der Sach- und Preisgefahr als vertragliches Kündigungsrecht zugestanden werden.[612]

Macht der Leasingnehmer die ihm zustehenden Nutzungsansprüche auf Ausgleich ent- **459**
standener Mietwagenkosten bzw. Nutzungsausfallentschädigung geltend, ist zu beachten, dass die Leasingbedingungen u.U. eine Sicherheitsabtretung dieser Ansprüche an den Leasinggeber vorsehen.

Nicht einheitlich ist geregelt, wem im Reparaturfall der Anspruch auf Ausgleich der **460**
merkantilen Wertminderung zusteht. Da der merkantile Minderwert Bestandteil des Fahrzeugschadens ist, wird er rechtlich dem Leasinggeber zustehen. Dennoch sehen die Leasingbestimmungen vereinzelt ein Wahlrecht des Leasingnehmers vor. Hiernach steht es ihm frei, den merkantilen Minderwert zu behalten und bei Ende des Leasingvertrags das Risiko zu tragen, dass der Vorschaden zu einer Verringerung des Restwerts führt. Dieses Risiko kann der Leasingnehmer dadurch umgehen, dass er den merkantilen Minderwert dem Leasinggeber zur Verfügung stellt. Dann ist es dem Leasinggeber verwehrt, den Vorschaden zu Lasten des Leasingnehmers bei der Abrechnung des Leasingfalls zu berücksichtigen. In jedem Fall ist der Leasingnehmer dazu berechtigt, einen Anspruch auf Ausgleich eines merkantilen Minderwertes im Wege gewillkürter Prozessstandschaft geltend machen zu können.[613]

II. Anzeige des Leasingfalls und Absprachen mit dem Leasinggeber

In den Allgemeinen Leasingbedingungen wird der Leasingnehmer wie dargelegt i.d.R. **461**
dazu verpflichtet, den Leasinggeber unverzüglich über das Schadensereignis zu unterrichten.

▼ **462**

Muster 8.113: Schadensmeldung an den Leasinggeber

8.113

Vertrags-Nr.

Schaden vom

Pkw , amtl. Kennzeichen

612 BGH NJW 1996, 1888.
613 LG Düsseldorf, Urt. v. 28.2.2014 – 6 O 217/11 – juris.

Sehr geehrte Damen und Herren,

Herr aus beauftragte mich mit der Wahrnehmung seiner Interessen. Eine Kopie der auf mich lautenden Vollmacht füge ich in der Anlage bei.

Mein Mandant ist unter der im Betreff genannten Vertragsnummer Leasingnehmer des Pkw , amtliches Kennzeichen . Die Leasingsache wurde im Rahmen eines Verkehrsunfalls am in erheblich beschädigt. Der Schadensumfang wird derzeit vom Sachverständigen aus ermittelt.

Meinem Mandanten stehen bedauerlicherweise nicht mehr die dem Vertrag zugrunde liegenden Allgemeinen Leasingbedingungen zur Verfügung. Ich bitte deshalb höflich um möglichst umgehende Übersendung eines entsprechenden Exemplars sowie insbesondere um Mitteilung, ob mein Mandant zur selbstständigen Durchsetzung sämtlicher Schadensersatzansprüche aus Anlass des Verkehrsunfalls berechtigt und verpflichtet ist. Sollte dies nicht der Fall sein, bitte ich um Mitteilung, ob die Abwicklung der Schadensache von Ihnen veranlasst wird.

Bitte führen Sie die weitere Korrespondenz in der Schadensache unmittelbar mit meinem Büro.

Mit freundlichen Grüßen

(Rechtsanwalt)

▲

463 Hierbei ist folgende Besonderheit bei einem Verkehrsunfall zwischen zwei Kraftfahrzeugen zu berücksichtigen: Der BGH hält in st. Rspr. daran fest, dass sich der Leasinggeber als Eigentümer, aber nicht Halter des beschädigten Kfz bei der Bildung der Haftungsquote nach § 17 StVG weder eine Betriebsgefahr des Leasingfahrzeugs noch ein Verschulden des Fahrers zurechnen lassen muss, da es hierfür an der erforderlichen Zurechnungsnorm fehlt.[614] Dies hat zur Folge, dass der Leasinggeber als Eigentümer in der Regel den Fahrzeugschaden vom gegnerischen Kfz-Haftpflichtversicherer ersetzt erhält. Macht der Leasingnehmer in Prozessstandschaft für den Leasinggeber dessen deliktische Ansprüche wegen Verletzung des Eigentums geltend und verlangt er aufgrund einer Ermächtigung des Leasinggebers Zahlung an sich selbst, kann der Schädiger die dolo-agit-Einwendung im Hinblick auf den ihm gegen den Halter zustehenden Ausgleichsanspruch gemäß § 426 BGB nicht erheben. Es besteht lediglich die Möglichkeit, den Ausgleichsanspruch im Wege der (Hilfs-) Widerklage gegen den Halter geltend zu machen.[615] Macht der Leasingnehmer nach Durchführung der Reparatur die angefallenen Reparatur- und Sachverständigenkosten jedoch als eigenen Haftungsschaden geltend, kann der Schädiger auch den Ansprüchen aus § 823 Abs. 1 BGB ein Mitverschulden des Leasingnehmers oder des Fahrzeugführers entgegensetzen.[616] Im Übrigen ist bei einer Gemengelage mit eigenen und fremden Ansprüchen Vorsicht geboten. Wird das Klagebegehren sowohl auf eigene als auch auf abgetretene Ansprüche ohne Angabe

614 BGH, Urt. v. 17.1.2023 – VI ZR 203/22 – juris; BGH, Urt. v. 10.7.2007 – VI ZR 199/06 – juris; BGH VersR 1965, 523; OLG Karlsruhe NJW 2014, 1392.

615 BGH, Urt. v. 17.1.2023 – VI ZR 203/22 – juris.

616 OLG Saarbrücken, Urt. v. 24.3.2023 – 3 U 9/23 – juris.

einer Prüfungsreihenfolge gestützt, liegt eine alternative Klagehäufung vor, die wegen des Verstoßes gegen das Gebot, den Klagegrund bestimmt zu bezeichnen, unzulässig ist.[617]

Handelt es sich um einen Quotenfall, wird der gegnerische Kfz-Haftpflichtversicherer im Innenverhältnis unter Gesamtschuldnern von dem Fahrer bzw. Leasingnehmer des Leasingfahrzeugs einen anteiligen Ausgleich fordern, wenn dieser seinerseits dem Leasinggeber aus den §§ 280, 823 ff. BGB zum Ersatz verpflichtet ist.[618] Der Fahrer bzw. Leasingnehmer sollte in einem solchen Fall möglichst frühzeitig die eigene Kaskoversicherung informieren, um seine Obliegenheiten aus dem Kaskovertrag zu wahren und eine Übernahme des (verbleibenden) Fahrzeugschadens am Leasingfahrzeug sicherzustellen. 464

Beispiel 465

Der Fahrer des Leasingfahrzeugs verursacht einen Verkehrsunfall mit Fremdschaden durch ein scharfes Abbremsen ohne verkehrsbedingten Anlass, indem er bei einem Automatikfahrzeug die Bremse fälschlich als „Kupplung“ betätigt. Der Unfallgegner fährt wegen Unachtsamkeit seinerseits auf dieses Fahrzeug auf. Beide Verschuldensanteile sind i.d.R. als gleich zu gewichten, so dass grundsätzlich eine Haftungsteilung geboten wäre. Den am Leasingfahrzeug entstandenen Schaden kann der Leasinggeber aber zu 100 % gegenüber dem Unfallgegner und dessen Kfz-Haftpflichtversicherung geltend machen, ohne sich eine Betriebsgefahr oder gar das Verschulden des Fahrers zurechnen lassen zu müssen, da ihm ein Schadensersatzanspruch aus § 823 BGB zusteht.

Der Unfallgegner bzw. sein Kfz-Haftpflichtversicherer kann jedoch von dem Fahrer des Leasingwagens im Wege des Gesamtschuldnerausgleichs im Innenverhältnis einen Ausgleich der Ersatzansprüche des Leasinggebers verlangen. Dieser ist nicht durch die eigene Kfz-Haftpflichtversicherung abgesichert, da nach den jeweiligen AKB der Kfz-Haftpflichtversicherung kein Versicherungsschutz für die Beschädigung des versicherten Fahrzeugs besteht (vgl. A.1.5.3 AKB 2008).[619] In der Regel dürfte aber eine Vollkaskoversicherung einstandspflichtig sein, die das entsprechende Sacherhaltungs- wie auch Sachersatzinteresse absichert.[620]

Auf den ersten Blick könnte man hierbei auf den Gedanken kommen, dass die Kfz-Haftpflichtversicherung des Leasingfahrzeugs den Fahrer auch von diesem gegen ihn erhobenen Anspruch freizustellen bzw. selber den Regressanspruch der Kfz-Haftpflichtversicherung des Unfallgegners auszugleichen hat. Dies hätte zur Folge, dass der Fahrzeugschaden am Leasingfahrzeug bei einem überragenden Fehlverhalten des Fahrers letztendlich von der eigenen Kfz-Haftpflichtversicherung getragen und diese die Funktion einer Vollkaskoversicherung übernehmen würde. Allerdings ist

617 BGH, Urt. v. 17.1.2023 – VI ZR 203/22 – juris.
618 *Nugel*, zfs 2008, 4, 6 ff.
619 *Nugel*, zfs 2008, 4, 7.
620 *Nugel*, NZV 2009, 313, 317.

zu beachten, dass nach den jeweiligen AKB der Kfz-Haftpflichtversicherung kein Versicherungsschutz für die Beschädigung des versicherten Fahrzeugs besteht (vgl. A.1.5.3 AKB 2008). Letztendlich trägt der Leasingnehmer bzw. sein Fahrer den Schaden am Leasingfahrzeug mithin alleine, es sei denn, es ist eine Vollkaskoversicherung abgeschlossen worden.

466 In einem 100 % Fall, bei dem ersichtlich keine Streitigkeit über die Haftungsquote zu erwarten ist, mag es sich anbieten, dass alle Schadensersatzansprüche durch den Anwalt des Leasingnehmers geltend gemacht werden, der sowieso mit der Angelegenheit betraut ist. Dies hat den zusätzlichen Vorteil, dass der Leasinggeber nicht Gefahr läuft, bei einem derart einfachen Schadensfall den Einwand zu erfahren, dass die Einschaltung eines Rechtsanwalts nicht erforderlich ist: Während dies i.d.R. für den Leasingnehmer mit seinen geschäftserfahrenen Mitarbeitern – zumindest für die erste Anspruchsanmeldung – fraglich sein kann,[621] darf der Leasingnehmer als Privatperson i.d.R. immer einen Rechtsanwalt einschalten, ohne dass die Erforderlichkeit in Zweifel steht. Zudem hält ein Teil der Rechtsprechung die bei der Schadensbeseitigung anfallende Mehrwertsteuer für erstattungsfähig, soweit es um den Ersatz für den nicht vorsteuerbezugsberechtigten Leasingnehmer geht (zumindest dann, wenn es um einen Reparaturfall geht).[622]

467 ▼

Muster 8.114: Anfrage Leasinggeber

8.114

Vertrags-Nr.

Schaden vom

Pkw , amtl. Kennzeichen

Sehr geehrte Damen und Herren,

Herr aus beauftragte mich mit der Wahrnehmung seiner Interessen. Eine Kopie der auf mich lautenden Vollmacht füge ich in der Anlage bei.

Mein Mandant ist unter der im Betreff genannten Vertragsnummer Leasingnehmer des Pkw , amtliches Kennzeichen . Die Leasingsache wurde im Rahmen eines Verkehrsunfalls am in erheblich beschädigt. Der Schadensumfang wird derzeit vom Sachverständigen aus ermittelt.

Das Unfallgeschehen ist zwischen den Unfallparteien unstreitig. Der Fahrer des gegnerischen Pkw hat den Unfall allein schuldhaft verursacht. Ich bin bzgl. der Geltendmachung von Schadensersatzansprüchen bereits in das Unfallgeschehen eingearbeitet. Unser Mandant ist als Leasingnehmer und unmittelbarer Besitzer auch berechtigt, den Fahrzeugschaden in eigenem Namen geltend zu machen (BGH MDR 1976, 1009; KG VRS 104, 92). Bei der unstreitigen Haftung der Gegenseite kommt es auch nicht auf das „Quotenprivileg" des Leasinggebers an.

Aus hiesiger Sicht wird um Abstimmung gebeten, wie der Fahrzeugschaden verfolgt werden soll. Ich rege an, dass alle Schäden einheitlich durch mich im Namen meines

621 Ablehnend bei einem einfach gelagerten Schadensfall: LG Kiel VersR 2005, 1743; AG Frankfurt a.M. zfs 2006, 286; AG Köln SP 1996, 151; a.A.: LG Bielefeld NZV 1990, 3.

622 OLG Hamm MDR 2001, 213; LG München NZV 2002, 191; LG Arnsberg NZV 1994, 444.

Mandanten als Leasingnehmer verfolgt werden. Von Ihrer Seite wäre keine Einarbeitung in das konkrete Unfallgeschehen sowie die Schadensabrechnung erforderlich. Sollten Sie selber einen Rechtsanwalt bei diesem einfach gelagerten Sachverhalt einschalten, birgt dies die Gefahr, dass die dadurch begründeten Kosten keinen erforderlichen Aufwand zur Schadensbeseitigung darstellen (vgl. LG Kiel VersR 2005, 1743; AG Frankfurt a.M. zfs 2006, 286).

Bei der Verfolgung der Schadensersatzansprüche im Namen unseres Mandanten wird nach der überwiegenden Auffassung in Rechtsprechung auch die bei der Schadensbeseitigung anfallende Mehrwertsteuer ersetzt (OLG Hamm MDR 2001, 213; LG München NZV 2002, 191). Wir bitten daher um Ihre zeitnahe Zustimmung zu dem oben genannten Vorgehen.

Bitte führen Sie die weitere Korrespondenz in der Schadenssache unmittelbar mit meinem Büro.

Mit freundlichen Grüßen

(Rechtsanwalt)

▲

III. Korrespondenz mit dem Schädiger/Kfz-Haftpflichtversicherer

Unter Beachtung der obigen Ausführungen ergeben sich auch Besonderheiten bei der Korrespondenz mit dem gegnerischen Haftpflichtversicherer. 468

1. Schadensanzeige

Auch dem Schädiger bzw. dessen Kfz-Haftpflichtversicherer sollten bereits im ersten Anspruchsschreiben die maßgeblichen Rechtsverhältnisse am Leasinggut angezeigt und mitgeteilt werden, in welchem Umfang der Mandant zur selbstständigen Geltendmachung und erforderlichenfalls Durchsetzung von Schadensersatzansprüchen aus Anlass des Schadensereignis berechtigt ist. 469

▼ 470

Muster 8.115: Benachrichtigung des Unfallgegners über Leasingeigenschaft

Versicherung AG 8.115

Schaden-Nr./VS-Nr./Az.

Schaden vom

Pkw , amtl. Kennzeichen

Sehr geehrte Damen und Herren,

Herr aus beauftragte mich mit der Wahrnehmung seiner Interessen. Eine Kopie der auf mich lautenden Vollmacht füge ich Ihnen in der Anlage bei.

Gegenstand des Mandats ist die im Betreff genannte Schadensache. Mein Mandant ist Leasingnehmer und Besitzer des Pkw mit dem amtlichen Kennzeichen . Eigentümer des Fahrzeugs ist die Fa. .

Ausweislich § der in der Anlage in Kopie beigefügten Allgemeinen Leasingbedingungen ist mein Mandant gleichermaßen dazu berechtigt wie verpflichtet, den Unfallschaden im eigenen Namen geltend zu machen.

Der Unfallschaden ereignete sich wie folgt:

Mit freundlichen Grüßen

(Rechtsanwalt)

▲

2. „Leasingschaden"

471 Aus Anlass der vorzeitigen Beendigung des Leasingvertrags fordert der Leasinggeber vom Leasingnehmer einen sog. Ablösebetrag. In der Rechtsprechung und Literatur war lange Zeit umstritten, ob und inwieweit dem Geschädigten dadurch ein separater „Leasingschaden" entsteht. Der BGH lehnt dies ab.[623] Zur Begründung führt er aus, dass bei postengenauem Vergleich der Vermögenslagen vor und nach dem schädigenden Ereignis i.S.d. Differenzhypothese kein Schaden verbleibe.

Ungeachtet dessen kann der Leasingnehmer vom Schädiger generell verlangen, so gestellt zu werden, dass er sich ein gleichwertiges Fahrzeug verschaffen kann. Sämtliche damit im Zusammenhang stehenden Schadenspositionen sind vom Schädiger auszugleichen.[624]

Ein Schaden kann bei einer vorzeitigen Beendigung eines Leasingvertrags allenfalls daraus resultieren, dass der bei der Abrechnung des Leasingvertrags anfallende Abzinsungsbetrag auf einmal entrichtet werden muss und dafür Zins- und Finanzierungskosten entstehen.[625] Zur Absicherung des Risikos, im Schadenfall durch eine vorzeitige Ablösung des Leasingvertrages einen Ablösebetrag an den Leasinggeber zahlen zu müssen, kann im Rahmen der Fahrzeugversicherung einen so genannte „GAP-Versicherung" abgeschlossen werden.

472 ▼

Muster 8.116: Geltendmachung von Finanzierungskosten

8.116

Versicherung AG

Schaden-Nr./VS-Nr./Az.

Schaden vom

Pkw , amtl. Kennzeichen

Sehr geehrte Damen und Herren,

in vorbezeichneter Schadensache bedanke ich mich für den Ausgleich des Fahrzeugschadens.

623 BGH NJW 1992, 553.
624 BGH NJW 1992, 553.
625 BGH NJW 1992, 553; BGH VersR 1976, 943.

Mein Mandant hat den Leasingvertrag aus Anlass des Schadensereignisses gekündigt. Dadurch wurde ein Ablösebetrag in Höhe von ____ EUR fällig. Der von Ihnen gezahlte Fahrzeugschaden reichte nicht aus, um diesen Betrag auszugleichen. Den Differenzbetrag musste mein Mandant mangels verfügbarer flüssiger Geldmittel durch Aufnahme eines Bankkredites vorfinanzieren. Ausweislich der beigefügten Zinsbescheinigung betragen die in Rechnung gestellten Zinsen ____ EUR.

Im Rahmen Ihrer Eintrittspflicht für den Unfallschaden sind Sie auch zum Ausgleich dieses Zinsbetrags verpflichtet. Der Zinsschaden stellt eine unmittelbare Folge der vorzeitigen Beendigung des Leasingvertrags dar. Nach einhelliger Auffassung in Rechtsprechung und Literatur sind Sie zum Ausgleich sämtlicher Nachteile verpflichtet, die aus einer vorzeitigen Beendigung eines Leasingvertrags resultieren. Hierzu gehören auch Zinskosten zur Finanzierung des Ablösebetrags. Ich verweise hierzu auf die Entscheidung des BGH VersR 1992, 553.

Für den Ausgleich des Betrags habe ich mir vorsorglich eine Frist bis zum

____ (*10-Tages-Frist*)

notiert.

Mit freundlichen Grüßen

(Rechtsanwalt)

▲

3. Anspruch auf Ausgleich der Mehrwertsteuer

Ist der Geschädigte zum Vorsteuerabzug berechtigt, erhält er vom Schädiger die auf die Schadenspositionen anfallende Mehrwertsteuer nicht ersetzt. Der Geschädigte lässt sich die von ihm zu zahlende Mehrwertsteuer im Rahmen der Umsatzsteuervoranmeldung vom Finanzamt erstatten. Deshalb erleidet er insoweit keinen Schaden. **473**

Kommt es zu einem Verkehrsunfall, ist der Leasinggeber im Hinblick auf den Fahrzeugschaden Geschädigter. Da Leasinggeber stets zum Vorsteuerabzug berechtigt sind, besitzen sie keinen Anspruch auf Ausgleich der auf den Fahrzeugschaden entfallenden Mehrwertsteuer. Fraglich ist, ob der Mandant als Leasingnehmer einen Anspruch auf Ausgleich der auf den Schadensbetrag entfallenden Mehrwertsteuer besitzt (soweit diese beim Schadensausgleich tatsächlich anfällt), wenn er nicht zum Vorsteuerabzug berechtigt ist. Im Fall einer wegen des Unfalls erfolgten einvernehmlichen Aufhebung des Leasingvertrags steht dem Leasinggeber gegen den Leasingnehmer ein Anspruch auf Erstattung der Mehrwertsteuer zu.[626] In dieser Höhe entsteht dem Leasingnehmer mithin auch ein zu ersetzender Schaden. Unabhängig von dieser Sonderkonstellation ist in der Rechtsprechung umstritten, ob die angefallene Mehrwertsteuer zu erstatten ist: Ein Teil der Rechtsprechung[627] bejaht dies, während andere Gerichte im Rahmen einer wirtschaftlichen Betrachtung lediglich auf die Verhältnisse des Leasinggebers abstellen und eine Erstattungsfähigkeit der Mehrwertsteuer folgerichtig ablehnen.[628] Für eine Erstattungsfä-

626 OLG Schleswig SchlHA 1997, 132.
627 OLG Hamm MDR 2001, 213; LG München NZV 2002, 191; LG Arnsberg NZV 1994, 444.
628 OLG Stuttgart NZV 2005, 309; LG Hamburg VersR 1995, 411; LG Mainz SP 1990, 244.

higkeit zumindest im Reparaturfall spricht, dass i.d.R. im Leasingvertrag eine Verpflichtung des Leasingnehmers zur Vornahme der Reparatur auf eigene Kosten vorgesehen ist und er daher letztendlich derjenige ist, welcher die Reparaturkosten im Verhältnis zum Leasinggeber zu tragen hat. Ungeachtet dessen wird stets zu prüfen sein, ob beim Geschädigten hinsichtlich der im Rahmen der Schadensbeitigung anfallenden Mehrwertsteuer tatsächlich ein Schaden verbleibt.[629]

474 ▼

Muster 8.117: Geltendmachung von Mehrwertsteuer

8.117 Versicherung AG

Schaden-Nr./VS-Nr./Az.

Schaden vom

Pkw , amtl. Kennzeichen

Sehr geehrte Damen und Herren,

ich komme zurück auf die im Betreff genannte Schadensache. Entgegen der von Ihnen vertretenen Auffassung hat mein Mandant durchaus einen Anspruch auf Ausgleich der gesamten Reparaturkosten in Höhe von EUR inkl. Mehrwertsteuer.

Maßgeblich ist insoweit nicht die Vorsteuerabzugsberechtigung des Leasinggebers. Vielmehr kommt es darauf an, von wem der Mehrwertsteuerbetrag letztlich zu zahlen und zu tragen ist (OLG Hamm MDR 2001, 213; LG München NZV 2002, 191; LG Hamburg VersR 1999, 90; LG Arnsberg NZV 1994, 444). Dies ist hier mein Mandant und nicht der Leasinggeber. Nach Maßgabe der in der Anlage in Kopie beigefügten und dem Leasingvertrag zugrunde liegenden Allgemeinen Leasingbedingungen ist mein Mandant dazu verpflichtet, die Reparatur des Fahrzeugs in eigener Regie und in eigener Verantwortung durchzuführen. Demgemäß stellt die auf den Reparaturkostenbetrag entfallene Mehrwertsteuer für meinen Mandanten einen endgültigen Schaden dar. Ein Recht zum Vorsteuerabzug besteht insoweit nicht.

Ich habe Sie deshalb aufzufordern, den noch offenen Restschadenbetrag umgehend, spätestens jedoch bis zum

(*10-Tages-Frist*)

auf das Ihnen bekannte Konto meines Mandanten auszugleichen. Nach fruchtlosem Fristablauf werde ich meinem Mandanten die unverzügliche Inanspruchnahme gerichtlicher Hilfe empfehlen.

Mit freundlichen Grüßen

(Rechtsanwalt)

▲

629 OLG München NZV 2015, 305.

IV. Abrechnung des Schadens durch den Leasinggeber

Rechnet der Leasinggeber den Schaden ab, sind hierbei Besonderheiten zu beachten. 475
Diese Besonderheiten müssen somit auch dann berücksichtigt werden, wenn der Geschädigte den Fahrzeugschaden im Namen des Leasinggebers oder in Prozessstandschaft gegenüber dem Schädiger bzw. gegenüber dessen Haftpflichtversicherer geltend macht.

Verlangt der Leasinggeber vom Schädiger den Ersatz des Wiederbeschaffungsaufwands, 476
ist für die Ermittlung des Restwerts der regionale Markt am Ort des Leasingnehmers nicht maßgeblich. Der Leasinggesellschaft ist es vielmehr zumutbar, selbst oder aber über die im Rahmen ihrer Geschäftstätigkeit eingeschalteten Autohäuser Zugriff auf den Sondermarkt der Restwertaufkäufer im Internet zu nehmen. Sie hat ein so ermitteltes günstigeres Restwertangebot ihrer Abrechnung zugrunde zu legen.[630]

Lässt der Leasingnehmer in Abstimmung mit dem Leasinggeber den Fahrzeugschaden 477
in einer freien, nicht markengebundenen Fachwerkstatt preisgünstig reparieren, so kann der Fahrzeugschaden nicht fiktiv auf Basis des Sachverständigengutachtens abgerechnet werden, da dies dem im Schadensrecht geltenden Bereicherungsverbot widerspräche. Darüber hinaus muss sich der Geschädigte einen von ihm in Anspruch genommenen Großkundenrabatt anrechnen lassen, der in der Regel bei 15 % liegen dürfte.[631]

Streitig ist, ob die Rechtslage anders zu beurteilen ist, wenn der Leasinggeber den 478
Reparaturschaden fiktiv abrechnet. Nach einer Auffassung soll es in diesen Fällen unerheblich sein, ob der Leasinggeber bei Reparaturen in einer Markenwerkstatt einen Großkundenrabatt erhält oder nicht. Begründet wird dies damit, dass die Dispositionsfreiheit zwischen fiktiver und konkreter Abrechnung eingeschränkt wäre, wenn der Geschädigte stets die für den Schädiger günstigere Alternative der Reparatur wählen müsste, um keinen Vermögensverlust zu erleiden.[632] Nach anderer Auffassung in der Rechtsprechung soll sich der Leasinggeber auch bei einer fiktiven Schadensabrechnung einen ihm gewährten Großkundenrabatt anrechnen lassen müssen.[633] Diese Auffassung verdient den Vorzug, da der Geschädigte zur Schadensminderung verpflichtet ist. Auch widerspräche es dem schadensrechtlichen Bereicherungsverbot, einen eingeräumten Rabatt bei der Schadensberechnung unberücksichtigt zu lassen.

Der Unfallgeschädigte kann nach § 249 Abs. 2 S. 1 BGB Ersatz der Mietwagenkosten 479
nur für denjenigen Zeitraum beanspruchen, in dem sein Fahrzeug „unfallbedingt“, also gerade wegen der durch den Unfall erforderlich gewordenen Reparaturarbeiten ausgefallen ist. In den Risikobereich des Geschädigten fallen Umstände, die aus seiner eigenen Sphäre rühren, wie etwa Abstimmungsschwierigkeiten zwischen ihm selbst und seinem Leasinggeber über die Frage der Reparaturfreigabe. Von daher kann eine Reparaturunter-

630 OLG Düsseldorf, Urt. v. 15.3.2018 – I-1 U 55/17 – juris.
631 OLG Karlsruhe, Urt. v. 22.6.2009 – 1 U 13/09 – juris.
632 LG Münster, Urt. v. 8.5.2018 – 3 S 139/17 – juris.
633 AG Rheine, Urt. v. 25.1.2017 – 4 C 199/16 – juris.

brechung wegen einer vom Leasingnehmer ausbedungenen „Überlegungszeit“ dem Schädiger nicht zugerechnet werden.[634]

V. Checkliste: Abwicklung von Schäden an Leasingfahrzeugen

480
- Eigentümer des Leasingfahrzeugs ist der Leasinggeber, nicht der Leasingnehmer.
- Die Ansprüche des Leasingnehmers beschränken sich grundsätzlich auf Besitz- und Nutzungsansprüche.
- Der Leasingnehmer ist u.U. zur Geltendmachung von Schadensersatzansprüchen berechtigt und verpflichtet. Es sind die Allgemeinen Leasingbedingungen maßgeblich.
- Unmittelbar nach Schadenseintritt ist eine Schadensmeldung beim Leasinggeber zu machen.
- Bei Totalschaden (u.U. bei Schaden ab 60 % vom Wiederbeschaffungswert) muss der Leasingvertrag unverzüglich gekündigt werden.
- Das Leasingverhältnis sollte gegenüber dem Anspruchsgegner angezeigt werden.
- Dem Leasinggeber wird ein Mitverschulden des eigenen Fahrzeugführers nicht zugerechnet, wenn ihm gegen den Schädiger ein Anspruch aus den §§ 823 ff. BGB zusteht.
- Der bei der Beendigung eines Leasingvertrags fällig werdende Ablösebetrag stellt keinen vom Schädiger zu ersetzenden Schaden dar.
- „Leasingschaden“ stellt allenfalls der Zinsschaden dar, der durch die etwaige Finanzierung des Ablösebetrags entsteht.
- Trotz Vorsteuerabzugsberechtigung des Leasinggebers hat der Leasingnehmer nach überwiegender Auffassung einen Anspruch auf Ersatz der auf die Reparaturkosten entfallenen Mehrwertsteuer, wenn er zur selbstständigen Schadensbeseitigung gemäß den Leasingbedingungen verpflichtet und seinerseits nicht zum Vorsteuerabzug berechtigt ist.

634 AG Hamburg-St. Georg, Urt. v. 4.1.2018 – 923 C 76/17 – juris.

§ 9 Personenschaden bei Verletzung

Dr. Jens Tietgens/Hilmar Stobbe

A. Schmerzensgeld

Während sich die vorangegangenen Ausführungen allein damit beschäftigten, welche unmittelbaren und mittelbaren Schadensersatzansprüche aus der Beschädigung von Sachen aus Anlass eines Verkehrsunfalls resultieren, beziehen sich die nachfolgenden Ausführungen auf die durch die **Verletzung des Körpers oder der Gesundheit** verursachten Schadenspositionen. 1

Sämtliche Personenschäden lassen sich unterteilen in die Untergliederungspunkte 2

- Schmerzensgeld,
- Heilbehandlungskosten,
- vermehrte Bedürfnisse,
- Erwerbsschaden inklusive Haushaltsführungsschaden.

Nach der Gesetzesänderung zum 1.8.2002 steht für den Schmerzensgeldanspruch **§ 253 Abs. 2 BGB als Anspruchsnorm** für sämtliche Schadensersatzansprüche wegen der Verletzung von Körper und Gesundheit zur Verfügung. Hierzu gehören die deliktischen Ansprüche ebenso wie die Ansprüche aus Gefährdungshaftung. Verlangt werden kann eine billige Entschädigung in Geld bei den für Verkehrsunfälle allein relevanten Verletzungen des Körpers und der Gesundheit, soweit der Schaden keinen Vermögensschaden darstellt. 3

Das Schadensersatzrecht ist vom **Grundgedanken des Ausgleichs** geprägt. Ziel ist es, den ursprünglichen Zustand wiederherzustellen, der ohne das schadenbegründende Ereignis bestand. Dieser Grundsatz gilt auch für das Schmerzensgeld. Der Verletzte soll dadurch in die Lage versetzt werden, sich Erleichterungen und andere Annehmlichkeiten anstelle derer zu verschaffen, deren Genuss ihm durch die Verletzung unmöglich gemacht wurde.[1] 4

Neben den klassischen Ausgleichsgedanken tritt im Bereich des Schmerzensgeldes die sog. **Genugtuungsfunktion**.[2] Damit dient das Schmerzensgeld in bestimmten Fallkonstellationen nicht nur der reinen Wiederherstellung des ursprünglichen Zustandes, sondern gewinnt quasi-strafenden Charakter. Der pönale Aspekt des Schmerzensgeldes tritt allerdings im Rahmen der Verkehrsunfallbearbeitung in aller Regel zurück.[3] 5

> *Beispiel*
>
> Erleidet ein Geschädigter im Rahmen eines fahrlässig verursachten Verkehrsunfalls einen Nasenbeinbruch, fällt das dafür zu zahlende Schmerzensgeld geringer aus, als

1 OLG München SVR 2006 180; OLG Hamm zfs 2005, 122.
2 BGHZ 18, 149, 154.
3 OLG Celle, Beschl. v. 23.1.2004 – 14 W 51/03 = NJW 2004, 1185; KG DAR 2002, 266.

wenn der Schädiger den Schaden durch einen gezielten und vorsätzlichen Faustschlag verursacht hätte.

6 Findet die Genugtuungsfunktion im Rahmen der Schmerzensgeldbezifferung aus Anlass eines Verkehrsunfalls generelle Berücksichtigung, wirkt es sich jedoch nicht schmerzensgeldmindernd aus, wenn der Schädiger wegen des begangenen Unrechts bereits strafrechtlich belangt wurde.[4] Zu beachten ist weiterhin, dass nach der Haftungserweiterung auf eine reine Gefährdungshaftung der Aspekt der Genugtuung an Gewicht verloren hat und zumindest in den Fällen einer verschuldensunabhängigen Haftung keine wesentliche Rolle mehr spielen wird.[5] Andererseits ist die Genugtuungsfunktion auch nach der Gesetzesreform in Fällen einfacher Fahrlässigkeit berücksichtigt worden.[6] Zumindest in Fällen eines groben Verschuldens des Schädigers dürfte die Genugtuungsfunktion daher auch weiterhin schmerzensgelderhöhend wirken.[7]

I. Nachweis des Schadensumfangs

7 Ebenso wie für jede andere Schadensposition trägt der Geschädigte auch für die Höhe des Schmerzensgeldes die **Darlegungs- und Beweislast**. Danach ist es allein seine Aufgabe, geeignete Belege zum Umfang des eingetretenen Personenschadens vorzulegen.

In der Praxis erfolgt der Nachweis des eingetretenen Personenschadens durch Vorlage von Arztberichten bzw. -gutachten. Solche werden auf Anforderung des Geschädigten regelmäßig vom Haftpflichtversicherer des Unfallgegners beschafft.

Erklärt sich der Haftpflichtversicherer hierzu bereit, ist ihm eine Erklärung des Geschädigten vorzulegen, wonach er den oder die Ärzte von der ärztlichen Schweigepflicht befreit, soweit dies für die Anfertigung der Arztberichte aus Anlass des Verkehrsunfalls erforderlich ist. Der Haftpflichtversicherer wendet sich sodann unter Vorlage der Schweigepflichtentbindungserklärung an die betreffenden Ärzte und fordert dort Arztberichte an, die für gewöhnlich in formularmäßige Fragebögen einzufügen sind. Durchschriften dieser Arztberichte leitet der Haftpflichtversicherer an den Geschädigten bzw. seinen Rechtsanwalt weiter, auf deren Grundlage sodann die Bezifferung des Schmerzensgeldes erfolgt.

8 Hat der Verletzte Kenntnis davon, dass der Haftpflichtversicherer beabsichtigt, einen Arztbericht einzuholen, kann er die Kosten eines gleichwohl von ihm selbst eingeholten ärztlichen Attestes nicht erstattet verlangen. Er hat die ihm obliegende Schadensminderungspflicht nicht beachtet.[8]

4 BGH VersR 1996, 382; LG Hanau zfs 1996, 13.
5 OLG Celle, Beschl. v. 23.1.2004 – 14 W 51/03 = NJW 2004, 1185.
6 KG VersR 2004, 1569; anders OLG Celle NJW 2004 1185, wonach nur ein erhebliches Verschulden schmerzensgelderhöhend wirkt.
7 OLG Saarbrücken, Urt. v. 27.11.2007 – 4 U 276/07 = NJW 2008, 1166 (Vorsatz); OLG Frankfurt a.M., Urt. v. 29.8.2005 – 12 U 190/14 – juris (grobe Fahrlässigkeit); *Diederichsen*, VersR 2005, 433–442.
8 LG Bochum, Urt. v. 16.5.1988 – 8 O 134/88 = zfs 1988, 383; AG Garmisch-Partenkirchen, Urt. v. 24.4.1990 – 7 C 196/90 = zfs 1990, 339.

▼

Muster 9.1: Anmeldung von Schmerzensgeldansprüchen beim Versicherer 9

___ Versicherung AG

___

___

Schaden-Nr./VS-Nr./Az. ___

Schaden vom ___

Pkw ___, amtl. Kennzeichen ___

Sehr geehrte Damen und Herren,

ausweislich der in der Anlage in Kopie beigefügten Vollmacht vertrete ich die Interessen des Herrn ___ aus ___ anlässlich des Verkehrsunfalls vom ___.

Die uns erteilte Vollmacht legen wir in Kopie als **Anlage** anbei. An dem Verkehrsunfall war ___ als bei Ihnen im Rahmen der Kfz-Haftpflichtversicherung versicherte Person mit dem bei Ihnen versicherten Fahrzeug mit dem amtlichen Kennzeichen ___ beteiligt (vgl. Sie bitte auch die Vertragsnummer im Betreff). Unsere Mandantschaft ist Eigentümer des Fahrzeugs mit dem amtlichen Kennzeichen ___. Der konkrete Unfallhergang ergibt sich aus dem als **Anlage** beigefügten ___. Hiernach hat die bei Ihnen versicherte Person den Unfall durch einen Verstoß gegen ___ StVO herbeigeführt, indem ___.

Bei dem Zusammenstoß erlitt meine Mandantschaft einen erheblichen Personenschaden. Die Erstbehandlung meines Mandanten erfolgte im Krankenhaus ___ in ___. Behandelnder Arzt war dort Dr. ___. Nach Abschluss des dreiwöchigen Krankenhausaufenthaltes erfolgte die Weiterbehandlung bei Herrn Dr. ___ in ___. Dort ist mein Mandant weiterhin in Behandlung.

Nach Maßgabe der üblichen Gepflogenheiten bitte ich höflich darum, bei den behandelnden Ärzten Arztberichte einzuholen. Mein Mandant erteilt den behandelnden Ärzten Dispens von der ärztlichen Schweigepflicht mit der Maßgabe, dass Sie Durchschriften der eingeholten Arztberichte an mein Büro übersenden, auf deren Grundlage ich sodann die Schmerzensgeldansprüche meines Mandanten beziffern werde. Eine Schweigepflichtentbindungserklärung meines Mandanten füge ich in der **Anlage** bei.

Abschließend bitte ich höflich um zeitnahe Bestätigung Ihrer uneingeschränkten Eintrittspflicht.

Mit freundlichen Grüßen

(Rechtsanwalt)

▲

Praxistipp 10

Manche Ärzte lassen sich viel Zeit mit dem Ausfüllen des Formulars des Versicherers. Dadurch verzögert sich die Regulierung. Den Versicherer zu mahnen hilft nicht. Den eigenen Mandanten einzuschalten, damit er bei seinem Arzt um beschleunigte Bearbeitung bittet, kann hingegen hilfreich sein. Der Arzt hat auch ein Interesse an zufriedenen Patienten.

11 Muster für eine Schweigepflichtentbindungserklärung senden auf Anfrage auch die regulierenden Haftpflichtversicherer zu. Die Schadensbearbeitung wird jedoch beschleunigt, wenn eine solche Erklärung bereits bei der Anspruchsanmeldung vorgelegt wird.

12 ▼

Muster 9.2: Schweigepflichtentbindungserklärung

9.2 Hiermit erteile ich, , geb. am , wohnhaft in , , sämtlichen Ärzten, die mich aus Anlass des Verkehrsunfallereignisses vom behandelt haben bzw. behandeln werden, Befreiung von der ärztlichen Schweigepflicht gegenüber

- den beteiligten Versicherungsgesellschaften,
- den beteiligten Gerichten und Strafverfolgungsbehörden,
- den beteiligten Rechtsanwälten/Rechtsanwältinnen

unter der Bedingung, dass die Ärzte Auskünfte und Stellungnahmen schriftlich erteilen und davon jeweils eine Kopie dem von mir beauftragten Rechtsanwaltsbüro aus zusenden.

(Unterschrift)

▲

13 ▼

Muster 9.3: Schreiben an den Arzt wegen Arztbericht

9.3 Dr.

Patient

Geboren am

Sehr geehrter Herr Dr. ,

Ihr Patient aus , geb. am , beauftragte mich mit der Wahrnehmung seiner Interessen in der Verkehrsunfallangelegenheit vom , aus deren Anlass Sie meinen Mandanten behandelt haben bzw. noch behandeln. Eine Kopie der mir erteilten Vollmacht liegt anbei.

Zur Bezifferung der meinem Mandanten gegenüber dem Unfallverursacher zustehenden Ansprüche bitte ich höflich um die Beantwortung nachfolgender Fragen aus dem als Anlage beigefügten Musterfragebogen:

Sollten durch die Anfertigung des Arztberichtes Kosten entstehen, bitte ich diese gesondert in Rechnung zu stellen. Abschließend bedanke ich mich – auch im Namen meines Mandanten – im Voraus herzlich für Ihre Mühewaltung.

Mit freundlichen Grüßen

(Rechtsanwalt)

▲

14 *Praxistipp*

Es bietet sich an, die entscheidenden Fragen in einem Muster zusammenzufassen und dieses für das zu erstellende Attest als gesonderten Anhang beizufügen.

Muster 9.4: Attest des behandelnden Arztes 15

Ärztliches Attest

Aufgrund des Unfallereignisses vom

Behandelter Patient

Name, Vorname:

Anschrift:

Geburtsdatum:

1. Es wurden folgende Verletzungen festgestellt:

a)

b)

c)

d)

2. Diese Verletzungen beruhen nach vorläufiger Einschätzung

a) allein auf dem Unfallereignis

☐ nein ☐ ja

b) zum Teil auf dem Unfallereignis

☐ nein ☐ ja

Wenn b) bejaht: Welche Vorerkrankungen sind zu berücksichtigen?

Wie hoch ist der Verursachungsanteil der Vorerkrankung? %

3. Die Behandlung erfolgte

a) stationär in der Zeit vom bis

b) ambulant in der Zeit vom bis

4. Aufgrund des Unfallereignisses war eine Beeinträchtigung der Arbeitsfähigkeit – ggf. abnehmend auf 0 – wie folgt gegeben:

a) zu 100 % in folgendem Zeitraum:

b) zu % in folgendem Zeitraum:

c) zu % in folgendem Zeitraum:

d) zu % fortlaufend seit: .

5. Werden fortdauernde Beeinträchtigungen bestehen?

a) Keine Dauerfolgen

☐ nein ☐ ja

b) Folgende Dauerfolgen

Ggf.: Wie hoch ist der Verursachungsanteil der Vorerkrankung? %

c) Derzeit nicht sicher einzuschätzen

☐ nein ☐ ja

6. Handelt es sich um einen Wegeunfall?

☐ unbekannt ☐ nein ☐ ja

Ggf. Berufsgenossenschaft:

7. Weiterbehandlung durch nachfolgende Ärzte?

a)

b)

8. Die Kosten für dieses Attest nach der GOÄ: EUR

IBAN:

Geldinstitut:

Anschrift des Instituts/Stempel:

Datum:

Unterschrift:

▲

16 Soweit einzelne Versicherer von dieser weit verbreiteten Übung abweichen und dem Geschädigten aufgeben, eigenverantwortlich Arztberichte zu beschaffen, ist dies unter Berücksichtigung der generellen Nachweispflicht des Geschädigten nicht zu beanstanden. In diesen Fällen muss entsprechend dem obigen Muster unmittelbar beim behandelnden Arzt ein Bericht angefordert werden. Die damit verbundenen Kosten sind i.d.R. bei entsprechender Haftung vom Schädiger zu tragen und ggf. als gesonderte Schadensposition geltend zu machen.

II. Bezifferung des Schmerzensgeldes

17 Liegen dem Geschädigten Arztberichte vor, ist die Höhe des Schmerzensgeldes zu bestimmen. Ein Schmerzensgeld als angemessener Ausgleichsbetrag muss unter Berücksichtigung der Ausgleichs- und Genugtuungsfunktion für jeden einzelnen Fall durch Würdigung und Abwägung aller ihn prägenden Umstände gewonnen werden.[9] Das auf diese Weise gewonnene Ergebnis ist anschließend im Hinblick auf den Gleichheitsgrundsatz anhand von in sog. Schmerzensgeldtabellen erfassten Vergleichsfällen zu überprüfen.[10]

18 Die Tabellen[11] enthalten mehrere tausend leitsatzartig zusammengestellte Gerichtsentscheidungen, die entweder nach der Höhe des Schmerzensgeldes oder der Art der erlittenen Personenschäden gestaffelt sind. Dabei ist allerdings zu beachten, dass die Tabellen allenfalls richtungsweisende Funktion haben und lediglich Anregungen für die Bewer-

9 BGH VersR 1976, 967; OLG Hamm zfs 2005, 122.
10 OLG München SVR 2006, 180.
11 Die gängigsten Schmerzensgeldtabellen sind diejenigen von *Hacks/Wellner/Häcker/Klein*, *Jaeger/Luckey* und *Slizyk*.

tung geben können. Die individuelle Ermittlung des billigen Ausgleichsbetrags aufgrund tatsächlicher Feststellungen kann dadurch nicht ersetzt werden.[12]

Die Höhe des zuzubilligenden Schmerzensgeldes hängt entscheidend vom Maß der durch das Haftungsereignis verursachten körperlichen und seelischen Beeinträchtigungen. Maßgeblicher Zeitpunkt ist im Gerichtsverfahren der Schluss der mündlichen Verhandlung, zu dem die Beeinträchtigen entweder vorliegen müssen oder mit ihnen als Verletzungsfolge ernstlich gerechnet werden muss.[13]

Die Gerichtsentscheidungen dienen als Orientierungshilfen für die Bezifferung des kon- 19
kreten Schmerzensgeldanspruchs des Geschädigten. Bei der Suche nach vergleichbaren Entscheidungen sind u.a. folgende **Schmerzensgeldkriterien** zu berücksichtigen:[14]

- Art und Umfang der eingetretenen Verletzungen;
- Art und Umfang der Behandlungsmaßnahmen;
- Größe, Heftigkeit und Dauer erlittener Schmerzen;
- Dauer einer etwaigen Arbeitsunfähigkeit (MdE = Minderung der Erwerbsfähigkeit);
- verbleibender Dauerschaden als besonderer Abwägungsfaktor;[15]
- Schwere des Schuldvorwurfs gegenüber dem Schädiger;[16]
- Mitverschulden des Geschädigten;
- ästhetische Beeinträchtigung (Narben etc.);
- Beeinträchtigungen des allgemeinen Lebensgefühls und der Freizeitgestaltung;
- das Alter des Geschädigten.[17]

Insgesamt lässt sich festhalten, dass die Schwere dieser Belastungen vor allem durch die 20
Stärke, Heftigkeit und Dauer der erlittenen Schmerzen und Funktionsbeeinträchtigungen bestimmt wird.[18]

Praxistipp 21

Bei einem vorhersehbar langwierigen Heilungsprozess kann es sinnvoll sein, den Mandanten frühzeitig die Verbesserungen protokollieren zu lassen. Das erleichtert die Darstellung der Kriterien für die Höhe des Schmerzensgeldes.

12 OLG Köln DAR 1977, 301.
13 OLG München, Urt. v. 3.5.2013 – 10 U 285/13 – juris; OLG München, Urt. v. 1.7.2005 – 10 U 2544/05 = SVR 2006, 180.
14 OLG Saarbrücken, Urt. v. 3.12.2015 – 4 U 157/14; OLG Nürnberg, Urt. v. 23.12.2015 – 12 U 1263/14 – juris.
15 OLG Hamm, Urt. v. 12.9.2003 – 9 U 50/99 = zfs 2005, 122.
16 OLG Saarbrücken, Urt. v. 27.11.2007 – 4 U 276/07 = NJW 2008, 1166; OLG Frankfurt a.M., Urt. v. 29.8.2005 – 12 U 190/14 – juris; OLG Köln VRS 1998, 414; LG Köln VersR 1990, 1129.
17 OLG Saarbrücken, Beschl. v. 12.3.2015 – 4 U 187/13 = MDR 2015, 647; OLG Saarbrücken, Urt. v. 27.7.2010 – 4 U 585/09 = NJW 2011, 933.
18 OLG Saarbrücken, Urt. v. 3.12.2015 – 4 U 157/14; OLG Hamm, Urt. v. 12.9.2003 – 9 U 50/99 = zfs 2005, 122.

22 Die gefundenen Werte sind in folgenden Fällen angemessen zu erhöhen:

- Wenn als Vergleichsmaßstab ältere Entscheidungen herangezogen werden. Die in solchen Urteilen ausgewiesenen Schmerzensgelder sind aufgrund der zwischenzeitlich eingetretenen Geldentwertung nach Maßgabe der gestiegenen Lebenshaltungskosten anzupassen.[19]
- Wenn der Geschädigte schwere Verletzungen erlitten hat. Die allgemeine Entwicklung in der Schmerzensgeldrechtsprechung ist davon geprägt, für Bagatellverletzungen keine und für schwerwiegende Verletzungen erhöhte Schmerzensgelder auszuurteilen. Hat der Geschädigte einen erheblichen Personenschaden erlitten, grenzen die ermittelten Schmerzensgeldentscheidungen das angemessene Schmerzensgeld deshalb in aller Regel nach unten und nicht nach oben ab.
- Wenn der Schädiger bzw. sein Kfz-Haftpflichtversicherer die Regulierung des Personenschadens schuldhaft verzögert[20] oder grundlos herabwürdigende Behauptungen über den Geschädigten aufstellt[21] bzw. ein völlig uneinsichtiges vorgerichtliches Verhalten des Schädigers/seines Haftpflichtversicherers vorliegt.[22] Zögerliches oder kleinliches Regulierungsverhalten wirkt schmerzensgelderhöhend, wenn dies auf einem vorwerfbaren oder jedenfalls nicht nachvollziehbaren Verhalten beruht, welches sich in unangemessen niedrigen vorprozessualen Leistungen mit anschließenden verfahrensverzögernden Einwendungen gegen die Schmerzensgeldhöhe, unverständlich verzögerter Regulierung oder unvertretbarem vorprozessualen Verhalten, das über die verständliche Rechtsverteidigung hinausgeht, niederschlägt.[23] Wirkt das Regulierungsverhalten auf den Geschädigten wie ein Zermürbungsversuch, so sind die Gerichte verpflichtet, einem Missbrauch wirtschaftlicher Macht dadurch entgegenzuwirken, dass sie dem Geschädigten ein höheres Schmerzensgeld zusprechen.[24] Das bloße Bestreiten der Verletzungsfolgen durch den Versicherer stellt aber kein treuwidriges Regulierungsverhalten dar.[25]

23 *Beispiel*

Der Mandant A ist Opfer eines fremdverschuldeten Verkehrsunfalls. Als Fahrradfahrer kollidierte er mit dem Pkw des Unfallgegners B. Dabei zog er sich schwere Kopfverletzungen zu. Die Diagnose lautete auf Schädelbruch, schwere Gehirnerschütterung, große Kopfplatzwunde, diverse Hämatome im Gesichtsfeld und Halswirbeltrauma. Die medizinische Behandlung erforderte einen dreiwöchigen Krankenhausaufenthalt. Anschließend war A für weitere drei Wochen bettlägerig. Die Ärzte schrieben A für insgesamt drei Monate arbeitsunfähig. In der Folgezeit nahm die

19 KG, Urt. v. 15.3.2004 – 12 U 333/02 = VersR 2004, 473; OLG Köln zfs 1992, 405; OLG Karlsruhe NJW 1973, 851.
20 OLG Frankfurt a.M. VersR 1994, 615; OLG Braunschweig zfs 1995, 90; OLG Köln SP 1995, 267; OLG Nürnberg DAR 1998, 276.
21 OLG Nürnberg NZV 1997, 358.
22 OLG Naumburg NJW-RR 2002, 672.
23 OLG Naumburg DAR 2018, 631 Tz. 43; vgl. OLG München, Urt. v. 21.3.2014 – 10 U 1750/13, Tz. 32 ff.
24 OLG Karlsruhe NJW 1973, 851; OLG Hamm, Urt. v. 15.2.2019 – 11 U 136/16 – juris Rn 64.
25 OLG Düsseldorf, Urt. v. 13.11.2018 – 1 U 67/17 – BeckRS 2018, 38629, beck-online.

Minderung der Erwerbsfähigkeit sukzessiv ab. Allerdings blieb ein Dauerschaden zurück. A klagt seit dem Verkehrsunfall unter einem sog. Tinnitus. Dabei handelt es sich um ein ständiges Ohrenklingeln. A spielt Gitarre und ist Freizeitmusiker. Darüber hinaus übt er Tischtennis als Leistungssport aus. Beide Freizeitbeschäftigungen kann er aufgrund des starken Ohrenklingelns so gut wie nicht mehr ausüben.

▼

Muster 9.5: Schmerzensgeldberechnung 24

9.5

___ Versicherung AG

___

___

Schaden-Nr./VS-Nr./Az. ___

Schaden vom ___

Pkw ___, amtl. Kennzeichen ___

Sehr geehrte Damen und Herren,

in der im Betreff genannten Schadensache bedanke ich mich für die Übersendung der Arztberichte durch Schreiben vom ___. Nach Maßgabe der dortigen Ausführungen erlitt mein Mandant infolge des Verkehrsunfalls weit reichende Personenschäden. Im Einzelnen diagnostizierten die behandelnden Ärzte eine Schädelfraktur, eine schwere Gehirnerschütterung, eine großflächige Platzwunde, diverse Hämatome im Gesichtsfeld, ein HWS-Syndrom sowie in der Folgezeit einen Tinnitus. Die Behandlung der Personenschäden erforderte einen dreiwöchigen Krankenhausaufenthalt. Die 100 %ige MdE erstreckte sich auf einen Zeitraum von drei Monaten. Die ärztlichen Behandlungen konnten in der Zwischenzeit abgeschlossen werden. Dennoch verblieb infolge des Tinnitus ein Dauerschaden von 20 % MdE.

Bei der Bezifferung des Schmerzensgeldes ist über das skizzierte Krankheitsgeld hinaus zu berücksichtigen, dass der Dauerschaden insbesondere die Freizeitgestaltung meines Mandanten erheblich beeinträchtigt. Bis zum Schadensereignis war mein Mandant Freizeitmusiker. Er spielte in einer Musikgruppe Gitarre. Darüber hinaus spielte er als Leistungssportler Tischtennis. Beide Freizeitbetätigungen erfordern ein Höchstmaß an Konzentration. Aufgrund des ständigen Ohrenklingelns ist es meinem Mandanten seit dem Verkehrsunfall nicht mehr möglich, die Freizeitbetätigungen in dem gewohnten Maße auszuüben.

Ausgangspunkt der konkreten Schmerzensgeldbezifferung ist die in der Liste *Hacks/Wellner/Häcker/Klein* unter den lfd. Nr. ___ veröffentlichte Entscheidung des LG ___ vom ___. Der Entscheidung des Gerichts lag ein vergleichbares Krankheitsbild zugrunde. Das Gericht erachtete ein Schmerzensgeld in Höhe von 20.000 EUR als angemessen. Dabei war eine derart umfangreiche Beeinträchtigung der Freizeitgestaltung wie im Falle meines Mandanten nicht zu berücksichtigen. Allein dieser Umstand führt zu einer erheblichen Erhöhung des Schmerzensgeldes. Ausgangspunkt der Bezifferung ist demgemäß ein Betrag in Höhe von mindestens 15.000 EUR. Dabei ist weiterhin zu berücksichtigen, dass das Urteil des LG ___ vom ___ datiert. Die Entscheidung ist mithin bereits ___ Jahre alt. Nach einhelliger Auffassung in der Rechtsprechung und Literatur sind ältere Gerichtsentscheidungen an die zwischenzeitige Preisentwicklung anzupassen (OLG Köln zfs 1992, 405). Nach Maßgabe der in der Liste *Hacks/Wellner/*

Häcker/Klein veröffentlichten Kapitalisierungstabelle ist das Schmerzensgeld demgemäß mit dem Faktor zu multiplizieren. Danach beträgt das angemessene Schmerzensgeld mindestens .

Für den Ausgleich des vorgenannten Betrags habe ich mir eine Frist bis zum

(*14-Tages-Frist*)

notiert.

Mit freundlichen Grüßen

(Rechtsanwalt)

▲

25 Eine verzögerte Schadensregulierung kann als Bemessungsfaktor zur Erhöhung des Schmerzensgeldes führen. Dies setzt jedoch voraus, dass sich der leistungsfähige Schuldner einem erkennbar begründeten Anspruch ohne schutzwürdiges Interesse widersetzt.[26] **Die Erhöhung des Schmerzensgeldes darf keinen Sanktionscharakter besitzen.**[27] Sie ist nur dann gerechtfertigt, wenn die verzögerte Zahlung das gemäß § 253 BGB geschützte Interesse des Gläubigers beeinträchtigt. Davon ist etwa dann auszugehen, wenn der Geschädigte unter der langen Dauer der Schadensregulierung leidet oder den Schadensersatz dazu verwenden kann, um die Auswirkungen seiner gesundheitlichen Beeinträchtigungen zu lindern.[28] Ausnahmsweise kann es auch genügen, wenn der gezahlte Betrag angesichts schwerer Verletzung vollkommen unverständlich ist.[29] Anders sieht dies jedoch aus, wenn die Haftung dem Grunde nach streitig ist und der Versicherer den Ausgang des Verfahrens mit berechtigten Gründen abwarten kann.[30] Insoweit ist auch zu berücksichtigen, dass ein möglicherweise berechtigter Anspruch des Geschädigten bei weiterlaufendem Prozess zu 5 % über dem Basiszinssatz verzinst wird und i.d.R. keine Veranlassung besteht, der Schädigerseite weitere Nachteile aufzuerlegen, wenn diese – wie hier – ein prozessual zulässiges Verhalten an den Tag legt und sich verteidigt.[31]

26 Auf der Grundlage einer Veröffentlichung von *Schwintowski/Schah Sedi/Schah Sedi*, in: Handbuch Schmerzensgeld, 2013, vertritt das OLG Frankfurt a.M.[32] die Auffassung, die Höhe des angemessenen Schmerzensgeldes ergebe sich nicht aus einem Vergleich mit anderen Schmerzensgeldentscheidungen. Vielmehr bedürfe es einer taggenauen Berechnung dieses Anspruchs. Dem liegen zwei Faktoren zugrunde: der allgemeine, prozentuale Tagessatz und der individuelle, zeitliche Krankenverlauf. Das OLG legt der Ermittlung des Schmerzensgeldes somit einen Tagessatz zugrunde, der dem Geschädigten über die Dauer der Behandlungen und die Dauer der Schadensfolgen gezahlt werden muss.

26 OLG München, Urt. v. 21.3.2014 – 10 U 1750/13 = NZV 2014, 577; OLG Naumburg, Urt. v. 15.10.2007 – 1 U 46/07 = NJW-RR 2008, 693.
27 OLG Saarbrücken, Urt. v. 27.7.2010 – 4 U 585/09 = NJW 2011, 933.
28 OLG Saarbrücken, Urt. v. 27.7.2010 – 4 U 585/09 = NJW 2011, 933.
29 OLG Köln, Urt. v. 27.6.2012 – 5 U 38/10 = VersR 2013, 113.
30 BGH, Urt. v. 12.7.2005 – VI ZR 83/04 = VersR 2005, 1559; OLG Saarbrücken, Urt. v. 27.7.2010 – 4 U 585/09 = NJW 2011, 933.
31 OLG Jena, Urt. v. 28.10.2008 – 5 U 596/06 – juris.
32 OLG Frankfurt a.M., Urt. v. 18.10.2018 – 22 U 97/16 – juris.

Bei der zeitlichen Komponente seien auch die unterschiedlichen Behandlungsarten, wie Krankenhaus- und Reha-Aufenthalte zu berücksichtigen. Der Tagessatz selbst errechne sich aus dem jährlichen durchschnittlichen Bruttonationaleinkommen (BNE) je Einwohner und einem prozentual ermittelten Faktor für den Grad der Schädigungsfolgen.

Die Auffassung des OLG Frankfurt a.M. überzeugt jedoch nicht. So erschließt es sich bereits nicht, warum zur Bezifferung des Schmerzensgeldes das Bruttonationaleinkommen herangezogen wird. Es erscheint willkürlich, als Richtgröße für das zu bemessende Schmerzensgeld pro Tag Krankenhausaufenthalt den von den Autoren des Handbuches angesetzten Betrag von 10 % des Bruttonationaleinkommens anzusetzen. Ebenso willkürlich erscheint es, bei der Dauer der Arbeitsunfähigkeit pro Tag (maximal) 7 % von dem Bruttonationaleinkommen je Einwohner in Ansatz zu bringen. Überdies kommt es auch nach dieser schematisierenden Herangehensweise im Ergebnis stets entscheidend auf die Umstände des Einzelfalls an. Eine Erleichterung der Berechnung des Schmerzensgeldes kann hiermit also nicht erreicht werden.[33] In Konsequenz dessen erteilte der BGH[34] dem Modell des „taggenauen Schmerzensgeldes" eine ausdrückliche Absage. Diese Berechnungsmethode kann auch nicht als Plausibilitätskontrolle in Fällen von Dauerschäden herangezogen werden.[35] 27

Kein Anspruch auf Schmerzensgeld besteht, wenn der Geschädigte lediglich eine sog. **Bagatellverletzung** erlitten hat. Darunter sind Beeinträchtigungen zu verstehen, die sowohl von der Intensität als auch der Art der Primärverletzung her nur ganz geringfügig sind und üblicherweise den Verletzten nicht nachhaltig beeindrucken, weil es sich um vorübergehende, im Alltagsleben typische und häufig auch aus anderen Gründen als einem besonderen Schadensfall entstehende Beeinträchtigungen des körperlichen oder seelischen Wohlbefindens handelt, die im Einzelfall weder unter dem Blickpunkt der Ausgleichs- noch der Genugtuungsfunktion ein Schmerzensgeld als billig erscheinen lassen.[36] Hierunter fallen beispielsweise leichte Kratzer oder Prellungen. 28

Auch im Rahmen der Bezifferung wirkt sich ein etwaiges **Mitverschulden** auf den Umfang des Schmerzensgeldanspruchs aus. Anders als bei anderen Schadenspositionen kann ein Mitverschulden nicht rechnerisch vom ansonsten angemessenen Betrag in Abzug gebracht werden. Vielmehr ist es im Rahmen eines einheitlichen Anspruchs auf Schmerzensgeld anspruchsmindernd zu berücksichtigen.[37] In der Praxis läuft dies jedoch letztlich auf dasselbe Ergebnis hinaus. 29

Das Mitverschulden kann sich sowohl auf den Grund als auch auf die Höhe beziehen. Neben die Mithaftung z.B. für die Betriebsgefahr und die schuldhafte Mitverursachung 30

33 OLG Düsseldorf, Urt. v. 28.3.2019 – 1 U 66/18 – juris, Rn 41–46.
34 BGH, Urt. v. 15.2.2022 – VI ZR 937/20 – juris.
35 BGH, Urt. v. 22.3.2022 – VI ZR 16/21 – juris.
36 OLG Köln, Beschl. v. 6.5.1998 – 13 W 52/97 = VersR 1999, 115–117; BGH, Urt. v. 14.1.1992 – VI ZR 120/91 = NJW 1992, 1043.
37 OLG München, Urt. v. 18.3.2015 – 20 U 3360/14 – juris; BGH, Urt. v. 12.3.1991 – VI ZR 173/90 = NZV 1991, 305.

des Schadenereignisses können Umstände treten, die sich nur auf die Entstehung des Personenschadens auswirken: Kriterien des Mitverschuldens sind u.a.:

- Verstoß des Geschädigten gegen Vorschriften der StVO;
- Nichtanlegen des Sicherheitsgurtes,[38] des Motorradhelms oder anderer Motorradschutzbekleidung[39] (nicht jedoch Fahrradhelm),[40]
- Mitfahren bei einem erkennbar alkoholisierten Kraftfahrer;[41]
- Betriebsgefahr des eigenen Kfz.[42]

31 Diese Umstände dürfen aber nur dann berücksichtigt werden, wenn sie sich auch unfallursächlich ausgewirkt haben. Ein Verstoß gegen § 21a Abs. 1 S. 1 StVO kann ebenfalls nur dann eine anspruchsmindernde Mithaftung bewirken, wenn im Einzelfall festgestellt ist, dass nach der Art des Unfalls die erlittenen Verletzungen tatsächlich verhindert worden oder zumindest weniger schwerwiegend gewesen wären.[43]

32 ▼

Muster 9.6: Mitverschulden wegen Nichtanlegen des Sicherheitsgurtes

Hat ein Fahrzeuginsasse sich nicht angeschnallt und sind seine durch den Unfall erlittenen Verletzungen (zumindest in ihrem Schweregrad) hierauf zurückzuführen, trifft ihn gem. § 254 BGB eine Mithaftung, die i.d.R. mit 50 % zu bewerten ist (vgl. OLG Braunschweig zfs 2006, 439; LG Meiningen DAR 2007, 708) und bei besonderen Umständen sogar darüber hinausgehen kann (BGH VersR 2001, 57). Sind die erlittenen Verletzungen typischerweise auf einen Anstoß des nicht angeschnallten Fahrzeuginsassen oder gar seinem Herausschleudern aus dem Fahrzeug zurückzuführen, wird ein unfallursächlicher schuldhafter Verstoß gegen die Anschnallpflicht dabei im Wege des Anscheinsbeweises vermutet (OLG Düsseldorf SP 2001, 47; LG Frankfurt a.M. NZV 2005, 524).

Diese Voraussetzungen sind in dem hier vorliegenden Fall gegeben:

▲

33 Zu einer Reduzierung des Anspruchs auf Schmerzensgeld kann es darüber hinaus führen, wenn der Geschädigte bereits vor dem Schadenfall unter erheblichen Vorerkrankungen gelitten hat.[44] Allerdings kann sich der Schädiger nicht darauf berufen, dass der Geschädigte besonders anfällig für den Schaden war.[45]

34 Der Geschädigte hat die Pflicht zur Geringhaltung des Schadens auch im Bereich des Personenschadens zu beachten. Im Rahmen der Schadenminderungspflicht muss er alles Erforderliche zur Beschleunigung der Genesung in die Wege leiten. Hierzu kann es u.U.

38 OLG Hamm, Urt. v. 14.5.2012 – 6 U 187/11; BGH, Urt. v. 28.2.2012 – VI ZR 10/11 = NJW 2012, 2027; BGH, Urt. v. 12.12.2000 – VI ZR 411/99; BGH, Urt. v. 29.9.1992 – VI ZR 286/91.

39 Bejahend: OLG Brandenburg, Urt. v. 23.7.2009 – 12 U 29/09 = VersR 2009, 1284; OLG Düsseldorf, Urt. v. 20.2.2006 – 1 U 137/05 = NZV 2006, 415; verneinend: OLG Nürnberg, Beschl. v. 9.4.2013 – 3 U 1897/12 = zfs 2013, 436; offen lassend: OLG Saarbrücken, Beschl. v. 12.3.2015 – 4 U 187/13 = MDR 2015, 647.

40 BGH, Urt. v. 17.6.2014 – VI ZR 281/13 = NJW 2014, 957.

41 U.a. BGH MDR 1961, 404; BGH VersR 1967, 974; OLG München zfs 1989, 335; OLG Zweibrücken zfs 1993, 152; LG Saarbrücken zfs 1989, 402.

42 BGH VersR 1963, 359.

43 BGH, Urt. v. 28.2.2012 – VI ZR 10/11 = NJW 2012, 2027; BGH, Urt. v. 1.4.1980 – VI ZR 40/79, VersR 1980, 824; BGH, Urt. v. 20.3.1979 – VI ZR 152/78, BGHZ 74, 25, 33.

44 OLG Hamm; Urt. v. 13.6.2014 – 9 U 201/13 – juris; BGH, Urt. v. 5.11.1996 – VI ZR 275/95 = VersR 1997, 122.

45 BGH, Urt. v. 30.4.1996 – VI ZR 55/95 = VersR 1996, 990.

auch gehören, sich einem operativen Eingriff unterziehen zu müssen, soweit dieser erfolgreich und zumutbar ist.[46]

III. Schmerzensgeldrente und Kapitalisierung

Grundsätzlich wird Schmerzensgeld durch eine **Einmalzahlung** abgegolten.[47] Dies gilt auch dann, wenn der Geschädigte einen schweren Dauerschaden erlitten hat. Ausnahmsweise gewährt die Rechtsprechung unter eng umgrenzten Voraussetzungen die Zahlung eines Schmerzensgeldes in Form einer lebenslangen Rente.[48] 35

▼ 36

Muster 9.7: Schmerzensgeld als Rente

9.7

Neben einem Schmerzensgeldbetrag kann zusätzlich eine Schmerzensgeldrente zuerkannt werden, wenn schwere lebenslange Beeinträchtigungen anstehen und sich der Geschädigte der schweren Beschränkungen seiner Lebenssphäre auch bewusst werden kann (OLG Karlsruhe, Urt. v. 24.6.2013 – 1 U 136/12 = NZV 2014, 404). Maßgeblich sind die Schwere und Fortdauer der Verletzung (OLG Zweibrücken, Urt. v. 22.4.2008 – 5 U 6/07 = MedR 2009, 88). In der Regel muss der Geschädigte eine schwere Verletzung mit besonders gravierenden Dauerfolgen erlitten haben, bei denen er die daraus resultierende Lebensbeeinträchtigung permanent und schmerzlich aufs Neue erlebt, wie etwa bei Verlust oder Lähmung wichtiger Gliedmaßen, dem Verlust von Sinnesorganen oder bleibenden Gehirnschädigungen, gravierenden Narben oder schweren Entstellungen infolge von Brandverletzungen (OLG Brandenburg, Urt. v. 23.6.2011 – 12 U 263/08 = SP 2011, 361). Die Voraussetzungen für eine Rente sind insbesondere bei schweren lebenslangen Dauerschäden zu bejahen. Eine solche Rente gibt dem Geschädigten dabei insbesondere die Möglichkeit, sein beeinträchtigtes Lebensgefühl stets von Neuem durch zusätzliche Erleichterungen und Annehmlichkeiten zu heben. Um diesem Zweck genügen zu können, muss auch die einzelne Rentenzahlung als angemessener Ausgleich für Schmerzen und verminderte Lebensfreude empfunden werden und nicht lediglich als geringfügige Einnahme, die für den laufenden Lebensunterhalt verbraucht wird (LG Kleve, Urt. v. 9.2.2005 – 2 O 370/01 = zfs 2005, 235).

Diese Voraussetzungen sind vorliegend zu bejahen: .

▲

Im Ergebnis darf die Zubilligung der **Schmerzensgeldrente** nicht dazu führen, dass das angemessene Schmerzensgeld höher als bei einer Einmalzahlung ausfällt.[49] 37

▼ 38

Muster 9.8: Einwendung Schmerzensgeldrente

9.8

Eine Schmerzensgeldrente kommt lediglich in Ausnahmefällen bei schwersten, voraussichtlich lebenslangen Dauerschäden in Betracht (BGH NJW 1976, 967), die der Geschädigte immer wieder als besonders schmerzlich empfindet (OLG Brandenburg r+s 2006,

46 BGH, Urt. v. 15.3.1994 – VI ZR 44/93 = zfs 1994, 354: OLG München, Urt. v. 30.9.1993 – 24 U 566/90 = VersR 1993, 1529.
47 OLG Düsseldorf, Urt. v. 3.2.1981 – 4 U 142/80 = VersR 1981, 557; BGH VersR 1976, 967.
48 BGH, Urt. v. 2.2.1968 – VI ZR 167/66 = VersR 1968, 475.
49 BGH DAR 1976, 244.

260). Da die Schmerzensgeldrente dem Anliegen dient, einen spürbaren Ausgleich für entgangene Lebensfreude zu gewährleisten, findet sie nur bei schwersten Verletzungen Anwendung (OLG Brandenburg, Urt. v. 23.6.2011 – 12 U 263/08 = SP 2011, 361), die im Übrigen zumindest einen Betrag von mindestens 50 EUR pro Monat rechtfertigen (OLG Jena SP 2002, 414), wie einer Querschnittslähmung oder schwerwiegenden Hirnschäden. Derart schwerwiegende Verletzungsfolgen sind vorliegend glücklicherweise nicht gegeben.

Selbst wenn eine solche Rentenzahlung ausnahmsweise zugebilligt wird, ist zudem zu berücksichtigen, dass die – kapitalisierte und zu diesem Zweck abgezinste – Schmerzensgeldrente und ein daneben bestehender Kapitalbetrag zusammen im Wege einer Gesamtbetrachtung ein angemessenes Schmerzensgeld ergeben müssen (OLG Brandenburg, Urt. v. 23.6.2011 – 12 U 263/08 = SP 2011, 361; OLG Düsseldorf VersR 1997, 65; OLG Jena zfs 1990, 419). Eine Schmerzensgeldrente erhöht daher nicht den als angemessen anzusehenden Schmerzensgeldbetrag.

Dies vorausgeschickt ist erkennbar, dass die erhobenen Ansprüche deutlich überzogen sind: ______.

▲

Ob die Berechnung eines „Gesamtschmerzensgeldes" angemessen ist, ist durch die Kapitalisierung des Rentenbetrags zu überprüfen. Kapitalisierungen erfolgen anhand der „Allgemeinen Deutschen Sterbetafeln". Der Kapitalisierungsbetrag ergibt sich aus dem Lebensalter des Geschädigten sowie einem angenommenen Zinsfuß. Aus der Sterbetafel lässt sich anhand dieser beiden Parameter ein Kapitalisierungsfaktor entnehmen, der mit der Jahresrente zu multiplizieren ist. Zur Arbeitserleichterung können Kapitalisierungstabellen[50] verwendet werden.

> *Beispiel*
>
> Der Mandant A ist 48 Jahre alt und hat infolge eines fremdverschuldeten Verkehrsunfalls eine Querschnittslähmung mit Inkontinenz und Impotenz erlitten. Aus vergleichbaren Schmerzensgeldentscheidungen ist zu entnehmen, dass ihm ein Gesamtschmerzensgeld in Höhe von 300.000 EUR zusteht. Es ist geplant, einen Teilbetrag des Schmerzensgeldes durch eine monatliche Rente in Höhe von 500 EUR und den Rest durch eine Einmalzahlung abzugelten.

39 ▼

9.9

Muster 9.9: Verrentung des Schmerzensgeldes

______ Versicherung AG

______

______

Schaden-Nr./VS-Nr./Az. ______

Schaden vom ______

Pkw ______, amtl. Kennzeichen ______

50 *Küppersbusch/Höher*, S. 298 ff.; *Quirmbach/Gräfenstein/Deller*, § 4.

Sehr geehrte Damen und Herren,

ich komme zurück auf die vorbezeichnete Verkehrsunfallangelegenheit. Nach Maßgabe der vorliegenden ärztlichen Gutachten hat mein Mandant infolge des in Rede stehenden Verkehrsunfallereignisses schwerste Personenschäden erlitten. Mein Mandant wird zeit seines Lebens querschnittsgelähmt sein. Die Querschnittslähmung ist mit dauerhafter Inkontinenz und Impotenz verbunden. Infolge der schwerwiegenden Verletzungen trat bei meinem Mandanten eine umfangreiche Wesensänderung ein. Alle Lebensbereiche meines Mandanten werden durch das Schadensereignis nachhaltig beeinträchtigt.

Nach Maßgabe der bislang in vergleichbaren Fällen ergangenen Urteile erachte ich ein Gesamtschmerzensgeld in Höhe von mindestens 300.000 EUR als angemessen. Wegen der Einzelheiten hierzu verweise ich auf die Entscheidungen .

Aufgrund der besonderen und außergewöhnlich schwerwiegenden Umstände des Schadensfalls erachte ich hier ausnahmsweise eine teilweise Verrentung der Schmerzensgeldansprüche meines Mandanten für geboten. Eine Verrentung kommt in Betracht, wenn der Geschädigte einen lebenslangen schweren Dauerschaden erlitten hat, dem er sich immer wieder neu und schmerzlich bewusst wird und der auch in Zukunft das körperliche und seelische Wohlbefinden oder die Lebensfreude beeinträchtigt (OLG Karlsruhe, Urt. v. 24.6.2013 – 1 U 136/12 = NZV 2014, 404; BGH VersR 1968, 475, 476; OLG Frankfurt a.M. DAR 1992, 62, 63). Nach Maßgabe des geschilderten Krankheitsbildes liegen diese Anspruchsvoraussetzungen hier vor.

Unter Berücksichtigung des Alters meines Mandanten von 48 Jahren und einem Zinsfuß von 5 % beträgt der Kapitalisierungsfaktor 15,332 (Kapitalisierungstabelle 2015). Bei einer monatlichen Rente in Höhe von 500 EUR beläuft sich der zu kapitalisierende Betrag auf (500 x 12 x 15,332 =) 91.992 EUR. Der danach verbleibende Restschmerzensgeldbetrag beläuft sich auf 208.008 EUR. Dieser Betrag sollte im Interesse meines Mandanten auf mindestens 210.000 EUR aufgerundet werden.

Mit der höflichen Bitte um Stellungnahme sowie um abschießende Regulierung bis zum

(*14-Tages-Frist*)

verbleibe ich mit freundlichen Grüßen

(Rechtsanwalt)

▲

Der Rentenkapitalbetrag würde sich verringern, wenn ein höherer **Zinsfuß** angenommen würde. Die Angemessenheit des gewählten Zinsfußes ergibt sich aus der voraussichtlichen durchschnittlichen Verzinsung während der Laufzeit der Rente. Je höher der Zinsfuß ist, desto höher sind die Zinserträge und desto niedriger fällt der Rentenbetrag aus. Üblicherweise beträgt der Zinsfuß 5 %.[51] Ob dem Geschädigten eine Einmalzahlung und/ oder eine Schmerzensgeldrente zugebilligt wird, ist allein vom Tatrichter zu entscheiden. Dabei hat er alle berücksichtigungsfähigen Aspekte sowohl des Geschädigten als auch des Schädigers zu beachten. So ist nach Auffassung des BGH eine Verrentung des Schmerzensgeldes auch dann zulässig, wenn sich der Schädiger in einer ungünstigen 40

51 So bereits BGH VersR 1983, 283; vgl. auch OLG Brandenburg, Urt. v. 23.6.2011 – 12 U 263/08 = SP 2011, 361.

wirtschaftlichen Situation befindet und durch die Rentenzahlung an den Geschädigten weniger belastet wird.[52]

41 Eine gravierende Veränderung des Lebenshaltungskostenindexes (> 25 %) kann Anlass zu einer Erhöhung der Schmerzensgeldrente auf dem Weg einer Abänderungsklage gemäß § 323 ZPO geben.[53]

42 Unabhängig von der Frage, ob das Schmerzensgeld als Kapitalbetrag oder zusätzlich als Rente gezahlt wird, gilt der **Grundsatz der Einheitlichkeit des Schmerzensgeldes**.[54] Mit dem auf eine unbeschränkte Klage insgesamt zuzuerkennenden Schmerzensgeld sind deswegen alle bereits eingetretenen und auch alle erkennbaren und objektiv vorhersehbaren künftigen unfallbedingten Verletzungsfolgen abgegolten.[55] Ist jedoch mit dem Eintritt weiterer Schäden zu rechnen, die nicht absehbar sind, kann das nach § 256 ZPO erforderliche Feststellungsinteresse für die Feststellung der Ersatzpflicht zukünftiger immaterieller Schäden bejaht werden, wenn aus der Sicht des Geschädigten bei verständiger Würdigung Grund besteht, mit dem Eintritt eines weiteren Schadens wenigstens zu rechnen.

IV. Vererbbarkeit des Schmerzensgeldanspruchs

43 Seit einer Gesetzesänderung aus dem Jahr 1990 sind Schmerzensgeldansprüche vererbbar. Aus diesem Grunde ist bei jedem tödlich verlaufenden Verkehrsunfall stets zu prüfen, ob der Geschädigte bis zum Eintritt des Todes noch einen Schmerzensgeldanspruch erworben hat, der mit dem Todeseintritt auf die Erben übergegangen ist.

44 ▼

Muster 9.10: Schmerzensgeld bei tödlich verlaufendem Verkehrsunfall

9.10

Versicherung AG

Schaden-Nr./VS-Nr./Az.

Schaden vom

Pkw , amtl. Kennzeichen

Sehr geehrte Damen und Herren,

noch zu Lebzeiten ist der Schmerzensgeldanspruch des Verstorbenen entstanden, der im Wege des Erbes übergegangen ist. Insoweit ist zu berücksichtigen, dass der Tod nicht bereits an der Unfallstelle, sondern später eingetreten ist: .

Zwischen dem Schadenseintritt und dem Tod des Sohnes meiner Mandanten verstrichen mindestens zwei Stunden. In dieser Zeit erwarb er einen Schmerzensgeldanspruch, der im Rahmen der gesetzlichen Erbfolge auf meine Mandanten übergegangen ist. Diesem

52 BGHZ 18, 149, 159 ff.
53 BGH, Urt. v. 15.5.2007 – VI ZR 150/06 = VersR 2007, 961; OLG Nürnberg VersR 1992, 623.
54 BGHZ 18, 149; BGH, Urt. v. 20.1.2004 – VI ZR 70/03 = NJW 2004, 1243.
55 BGH, Urt. v. 20.1.2004 – VI ZR 70/03 = NJW 2004, 1243; BGH, Urt. v. 8.7.1980 – VI ZR 72/79 = VersR 1980, 975.

Anspruch steht nicht entgegen, dass der Verstorbene in der Zeit zwischen dem Schadenseintritt und seinem Ableben bewusstlos war.

Unter Berücksichtigung der skizzierten Umstände und insbesondere der Tatsache, dass der Betroffene erkennbar und nachweislich über den Zeitraum von Stunden erhebliche Schmerzen zu erleiden hatte, erachte ich ein Schmerzensgeld in Höhe von EUR als angemessen. Wegen der Einzelheiten hierzu verweise ich auf die in der Schmerzensgeldtabelle *Hacks/Wellner/Häcker/Klein* veröffentlichten Entscheidungen unter den laufenden Nr. .).

Für den Ausgleich des Schmerzensgeldbetrags habe ich mir eine Frist bis zum

 (*14-Tages-Frist*)

notiert. Nach fruchtlosem Fristablauf werde ich meiner Mandantschaft empfehlen, gerichtliche Hilfe in Anspruch zu nehmen.

Mit freundlichen Grüßen

(Rechtsanwalt)

▲

Je länger die Zeitspanne des Überlebens ist, desto höher fällt das Schmerzensgeld **45**
aus.[56] Daneben wird das Schmerzensgeld bei tödlich verlaufenden Unfällen auch als symbolischer Akt der Wiedergutmachung verstanden,[57] für den es auf die Dauer des Überlebens nicht ankommen kann. Letztendlich erfordert die Bemessung des Schmerzensgelds eine Gesamtbetrachtung aller Umstände unter besonderer Berücksichtigung der Art und Schwere der Verletzung, des dadurch bewirkten Leidens und seiner Wahrnehmung durch den Verletzten.[58] Der Tod selbst ist kein bei der Bemessung des Schmerzensgeldes maßgebender Gesichtspunkt. Er ist begrifflich ausgeschlossen, dem Geschädigten hierfür einen Schadensersatz zu gewähren. Die Ausgleichs- und Genugtuungsfunktion kann hier nicht mehr Platz greifen. Unerheblich ist, welchen fiktiven Anspruch der Getötete haben könnte, wenn er überlebt hätte. Auch auf das Miterleben Dritter kommt es an dieser Stelle nicht an.[59]

Der Anspruch kann abzulehnen sein, wenn die Körperverletzung gegenüber dem alsbald eintretenden Tod keine abgrenzbare immaterielle Beeinträchtigung darstellt. Dies kann insbesondere der Fall sein, wenn der Verletzte unmittelbar nach dem Unfall verstirbt.[60]

V. Schockschaden

Das Schadensersatzrecht ist vom Grundgedanken geprägt, dass nur der unmittelbar **46**
Geschädigte anspruchsberechtigt sein kann. **Drittschäden** werden grundsätzlich nicht ersetzt. Eine Ausnahme von diesem Grundsatz stellt der sog. **Schockschadenersatzanspruch** dar. Solche Schäden werden dadurch verursacht, dass nahe Angehörige bei der

56 *Jahnke*, § 3 Rn 67 ff.; *Küppersbusch/Höher*, Rn 290.
57 OLG Düsseldorf VersR 1989, 1203; BGH, Urt. v. 16.12.1975 – VI ZR 175/74 = NJW 1976, 1147.
58 OLG Naumburg, Beschl. v. 7.3.2005 – 12 W 118/04 = NZV 2005, 530; BGHZ 138, 388 ff. = NJW 1998, 2741 ff.
59 LG Berlin, Beschl. v. 17.10.2003 – 24 O 291/03 – juris; KG, Urt. v. 11.7.1996 – 12 U 3625/95 = VersR 1997, 327; KG, NJW 1974, 607 f. = VersR 1974, 249.
60 OLGR Hamm 2001, 153.

Überbringung der Nachricht über den Unfalltod oder eine schwere Unfallverletzung einen Schock erleiden und dadurch ein Schockzustand verursacht wird.[61] Schockschäden begründen Schmerzensgeldansprüche nur dann, wenn sie **pathologisch** fassbar sind und über die gesundheitlichen Beeinträchtigungen hinausgehen, denen Hinterbliebene bei der Benachrichtigung von dem Unfall eines nahen Angehörigen oder dem Miterleben eines solchen Unfalls erfahrungsgemäß ausgesetzt sind.[62] Ohne pathologisch fassbare Auswirkungen sind selbst Depression, Schlafstörungen, Albträume, Seelenschmerzen, Weinkrämpfe, vorübergehende Kreislaufstörungen bis hin zu Kollaps-Belastungen, in denen sich nach der Wertung des Gesetzes lediglich das „normale“ Lebensrisiko der Teilnahme an den Ereignissen der Umwelt auswirken, nicht ausreichend für die Annahme eines Schockschadens.[63] Nur dann, wenn Trauer und Schmerz den „üblichen Rahmen“ verlassen und Krankheitswert erreichen, werden sie als Gesundheitsschädigung i.S.d. § 823 Abs. 1 BGB angesehen.[64]

47 Der Nachweis über das Vorliegen eines Schockschadens kann nur durch die Vorlage einer entsprechenden ärztlichen Bescheinigung geführt werden.[65]

48 ▼

Muster 9.11: Schmerzensgeld bei Schockschäden

9.11

Versicherung AG

Schaden-Nr./VS-Nr./Az.

Schaden vom

Pkw , amtl. Kennzeichen

Sehr geehrte Damen und Herren,

nachfolgend mache ich Ansprüche meiner Mandanten auf Schmerzensgeld geltend.

Infolge des Verkehrsunfalls erlitt meine Mandantschaft einen schweren Schockschaden. Durch die Überbringung der Todesnachricht erlitten sie erhebliche gesundheitliche Beeinträchtigungen, die über das „übliche“ Maß beim Tod naher Angehöriger weit hinausgehen. Grundsätzlich kann ein Schockschaden, der durch das Miterleben oder auch durch die Nachricht vom Tode eines Angehörigen ausgelöst wird, einen Schadenersatzanspruch gegen den Unfallverursacher begründen, wenn die dritte Person hierdurch – wie hier meine Mandantschaft – eine Gesundheitsbeschädigung von beträchtlichem Umfang erleidet, welche über die Auswirkungen hinausgeht, die nahe Angehörige in dieser Situation des Verlustes erfahrungsgemäß erleiden müssen (OLG Düsseldorf, Urt. v. 15.1.2011 – 1 U 255/10 – SP 2012, 110).

61 BGH VersR 1985, 499, 500; BGH zfs 1989, 298.

62 BGH, Urt. v. 13.1.1976 – VI ZR 58/74 = VersR 1976, 539, 540; BGH, Urt. v. 31.1.1984 – VI ZR 56/82 = VersR 1984, 439; BGH, Urt. v. 4.4.1989 – VI ZR 97/88 = VersR 1989, 853; BGH, Urt. v. 6.2.2007 – VI ZR 55/06 = VersR 2007, 803; BGH, Urt. v. 20.3.2012 – VI ZR 114/11 = VersR 2012, 634; BGH, Urt. v. 27.1.2015 – VI ZR 548/12; BGH, Urt. v. 10.2.2015 – VI ZR 8/14.

63 OLG Celle, Urt. v. 24.8.2022 – 14 U 22/22.

64 BGH, Urt. v. 6.12.2022 – VI ZR 168/21 – juris.

65 OLG Stuttgart NJW-RR 1989, 477; BGH Z 56, 163.

Mein Mandant befindet sich seit der Überbringung der Nachricht in ständiger psychiatrischer Behandlung in der Praxis von Dr. . In der Anlage füge ich Ihnen den ärztlichen Kurzbericht bei. Danach leidet mein Mandant im Einzelnen unter .

Ebenso erlitt mein Mandant infolge des Schadensereignisses einen schweren Schockschaden. Seit dem Schadenseintritt leidet er unter einer tief greifenden Depression mit diesen Folgen: . Näheres zum genauen Schadensbild entnehmen Sie bitte der ebenfalls in der Anlage beigefügten ärztlichen Bescheinigung von Dr. .

Unter Berücksichtigung der aufgezeigten Unfallfolgen erachte ich ein Schmerzensgeld für meine Mandantschaft von EUR als angemessen. Wegen der Einzelheiten hierzu verweise ich auf die in der Schmerzensgeldtabelle *Hacks/Wellner/Häcker/Klein* unter den laufenden Nr. veröffentlichten Entscheidungen. Für den Ausgleich der vorgenannten Schmerzensgeldbeträge habe ich mir eine Frist bis zum

(*14-Tages-Frist*)

notiert.

Mit freundlichen Grüßen

(Rechtsanwalt)

▲

Hinweis 49

Zu beachten ist dabei aber auch, dass ein Mitverschulden des verstorbenen oder schwer verletzten Angehörigen zu einer Anspruchskürzung auch des eigenen Anspruchs des Angehörigen führt.

▼ 50

Muster 9.12: Anspruchskürzung wegen Mitverschulden bei Schockschaden 9.12

Da eine psychisch vermittelte Schädigung auf einer besonderen persönlichen Bindung an den unmittelbar Verletzten beruht, muss sich der Angehörige das Mitverschulden des unmittelbar Verletzten analog §§ 254, 242 BGB aus Billigkeitserwägungen anrechnen lassen. Dieses ist hinsichtlich geltend gemachter Schmerzensgeldansprüche auch deswegen zu bejahen, weil das Schmerzensgeld eine nach den Gesamtumständen billige Entschädigung sein soll (OLG Düsseldorf, Urt. v. 15.1.2011 – 1 U 255/10 = SP 2012, 110). Dies führt vorliegend zu einer Anspruchskürzung um .

▲

Nicht zum Schockschaden im vorbezeichneten Sinne gehört der Schaden, den ein unmittelbar an einem Unfall beteiligter Dritter dadurch erleidet, dass er den Unfall unmittelbar miterlebt. Ein dadurch verursachter Schock stellt einen unmittelbaren Personenschaden im herkömmlichen Sinne dar.[66] Die Rechtsprechung zu Schmerzensgeldansprüchen in Fällen psychisch vermittelter Gesundheitsbeeinträchtigungen mit Krankheitswert bei der Verletzung oder Tötung von Angehörigen oder sonst nahestehenden Personen ist auch nicht auf Fälle psychischer Gesundheitsbeeinträchtigungen im Zusammenhang mit der Verletzung oder Tötung von Tieren zu erstrecken.[67] 51

66 OLG Hamm NZV 1998, 328.

67 BGH, Urt. v. 20.3.2012 – VI ZR 114/11 = NJW 2012, 1730.

Der Schock steht in mittelbarer Beziehung zum Unfall des Verletzten oder Getöteten und unmittelbarer Beziehung zur Nachricht über die Unfallfolgen. Der Anspruch entsteht originär beim nahen Angehörigen. Aus diesem Grunde steht der Geltendmachung des Schockschadens ein Haftungsausschluss zwischen Schädiger und Geschädigten nicht entgegen.[68] Anders als der Anspruch auf Ausgleich eines Hinterbliebenengeldes[69] wird der Anspruch auf Ausgleich eines Schockschadens vom Haftungsausschluss der §§ 104 ff. SGB VII nicht erfasst.[70]

VI. Sonderproblem: HWS-Syndrom

52 Der am absolut häufigsten und geradezu regelmäßig vorkommende Personenschaden ist das sog. **Halswirbelsäulen(= HWS)-Syndrom**, auch genannt „HWS-Distorsion", „Schleudertrauma" oder „Cervico-Cephales-Beschleunigungssyndrom". Durch den Unfall kommt es zu Relativbewegungen zwischen Kopf und Rumpf. Während die Bewegung des Oberkörpers durch den Sicherheitsgurt, den Sitz oder die Seitenverkleidung des Fahrzeugs beschränkt ist, kann sich der Kopf weitestgehend frei bewegen. Beschränkt ist seine Bewegung durch die Halswirbelsäule und Muskeln und Bänder in diesem Bereich. An ihnen kann es unfallbedingt zu Schäden kommen, die unter den Sammelbegriff HWS-Distorsion fallen.

53 Die posttraumatische HWS-Distorsion stellt ein in der Unfallregulierung häufig auftretendes Problem dar. Die Streitpunkte liegen in juristischen, medizinischen und technischen Bereichen. Weil eine posttraumatische HWS-Distorsion nicht objektiv (z.B. wie eine Fraktur durch Röntgen) nachweisbar ist, kann der behandelnde – und attestierende – Arzt nur auf die Angaben seines Patienten vertrauen. Da es außerdem eine Vielzahl an Symptomen gibt, die nicht alle auftreten müssen, lässt sich eine Diagnose auch darüber nicht verifizieren. Weil eine Vielzahl an Symptomen auch andere Ursachen haben können und das Verletzungsbild zu Missbrauch genutzt werden könnte,[71] fühlen sich die Versicherer oftmals betrogen und die Geschädigten oftmals als Betrüger abgestempelt.

54 Technische und medizinische Sachverständige sind das Problem von verschiedenen Seiten angegangen und haben unterschiedliche Ergebnisse erzielt. Klar ist derzeit nur, dass es keine herrschende Meinung gibt. Das beginnt mit der Klassifizierung der Verletzung in Schweregrade. Gebräuchlich sind die Einordnungen nach Erdmann in 3 Grade aber auch noch Quebec in 5 Grade. Auch die Fragen, ob unterhalb einer bestimmten Geschwindigkeit (z.B. 10 km/h) keine HWS-Distorsion eintreten kann und ob eine „out-of-position-Haltung" den Eintritt der Verletzung begünstigen kann, sind wissenschaftlich umstritten. Letztlich besteht Streit über den Umfang einzuholender Beweismittel. Alle dies wirkt sich jedoch nur im Bereich kleinerer Unfälle aus. Bei einem Auffahrunfall, bei dem das Heck des angestoßenen Fahrzeugs stark eingedrückt wurde, wird der Eintritt

68 BGH, Urt. v. 6.2.2007 – VI ZR 55/06 = VersR 2007, 803.
69 BGH, Urt. v. 8.2.2022 – VI ZR 3/21 – juris.
70 BGH, Urt. v. 6.2.2007 – VI ZR 55/06 – juris.
71 Siehe hierzu insbesondere *Lemcke*, Das HWS-Schleudertrauma aus juristischer Sicht, NZV 1996, 337 ff.

einer HWS-Distorsion oftmals unstreitig bleiben. Die folgenden Ausführungen betreffen daher potentiell streitige Fälle.

Die erste Schwierigkeit liegt im **Nachweis der Verletzung**. Da bildgebende Methoden überwiegend ausscheiden, muss die Diagnose auf Symptomen beruhen. Hilfreich ist, wenn der Mandant den zeitlichen Ablauf genau darstellen kann. Von Bedeutung kann sein, welches Symptom wann eintrat, sich wie entwickelte und wann wieder verschwand. Die Schmerzen und die Einschränkungen müssen nicht alle gleichzeitig entstehen oder verschwinden. Zu den typischen Symptomen gehören 55

- Schmerzens im Hals- und Nackenbereich,
- Myogelosen (Verhärtung der Muskulatur,
- Kopfschmerzen,
- Schwindel,
- Parästhesien, Hypästhesien (Kribbel- und Taubheitsgefühl).

Anhand der Symptome kann ein Sachverständiger wenigstens die Plausibilität bestätigen. Im Zusammenhang mit entsprechenden ärztlichen Berichten kann das für die Beweisführung genügen. Es gilt der Maßstab des § 286 ZPO. Er erfordert keine absolute oder unumstößliche Gewissheit und auch keine „an Sicherheit grenzende Wahrscheinlichkeit", sondern einen für das praktische Leben brauchbaren Grad von Gewissheit, der verbleibenden Zweifeln Schweigen gebietet.[72] Abzustellen ist außerdem auf den gesamten Inhalt der Verhandlung und des Ergebnisses der Beweisaufnahme. Es stehen die üblichen Beweismittel zur Verfügung, die auch einzuholen sind.[73] Gegen die Anhörung der Partei, der behandelnden Ärzte und Zeugen aus dem Familien- oder Freundeskreis werden jedoch Einwände erhoben, weil sich die objektiv schlecht nachweisbare Verletzung ihren Wahrnehmungen entzieht. Als Beweismittel abgelehnt wurden

- Atteste[74]
- Anhörung behandelnder Ärzte[75]
- Beweis des engen zeitlichen Zusammenhangs[76]
- Anhörung der Partei und Zeugen aus dem Umfeld der Partei.

Mit dem gleichen Beweismaßstab ist die **Kausalität** zu beweisen. Die für den Anspruch dargelegten Schmerzen und körperlichen Beeinträchtigungen müssen auf das Schadenereignis zurückzuführen sein. Auch hier kann nicht nur auf den zeitlichen Zusammenhang abgestellt werden.[77] Im Gegenzug können der Schädiger und sein Haftpflichtversicherer nicht schlicht auf eine „Harmlosigkeitsgrenze" abstellen.[78] 56

72 BGH, Urt. v. 28.1.2003 – VI ZR 139/02.
73 BGH, Urt. v. 19.11.2013 – VI ZR 202/13 = r+s 2014, 94.
74 OLG Celle, Urt. v. 20.1.2010 – 14 U 126/09 = SP 2010, 284; KG, Urt. v. 12.11.2008 – 12 U 49/08; LG Duisburg, Urt. v. 26.8.1999 – 22 S 148/99 = SP 2000, 12.
75 KG, Urt. v. 3.12.2009 – 12 U 232/08.
76 OLG Hamm, Beschl. v. 16.12.1999 – 6 W 47/99 = r+s 2000, 153; BGH, Urt. v. 4.11.2003 – VI ZR 28/03 = NJW 2004, 777.
77 OLG München, Urt. v. 21.5.2010 – 10 U 2853/06 – juris.
78 BGH, Urt. v. 28.1.2003 – VI ZR 139/02 = VersR 2003, 167.

57 Insgesamt gelingt die Beweisführung am ehesten über ein Gutachten.[79] Allerdings kann nicht schlicht ein medizinisches oder nur ein technisches Gutachten eingeholt werden. Erforderlich ist stets ein **interdisziplinäres Gutachten**, ggf. auch ein **biomechanisches Rekonstruktionsgutachten**. Ausgehend von der allgemeine Feststellung, dass eine Verletzung nur eintreten kann, wenn die auftretende Kraft so groß ist, dass sie die Grenze der Elastizität und/oder Stabilität überschreitet. Wenn sich die auf den Geschädigten und dort auf die HWS wirkende Kraft technisch feststellen lässt, könnte ein Mediziner beurteilen, wie sich diese Kraft auf den konkreten Körper des Geschädigten auswirkt. Erforderlich ist also eine Auseinandersetzung mit dem konkreten Unfallereignis und dem tatsächlichen körperlichen Zustand des Geschädigten zur Unfallzeit.

In der Praxis muss der Geschädigte alle Tatsachen und Indizien vortragen und sämtliche Beweismittel einschließlich der Einholung eines interdisziplinären Gutachtens anbieten, während die Anspruchsgegner sich auf das Bestreiten (und Gegenbeweisangebote) beschränken können. Das betrifft neben dem Personenschaden auch den Unfallhergang und den Umfang der Schäden. Das Beweislastrisiko trägt der Anspruchsteller. Das Kostenrisiko trifft beide Parteien. Die Gerichte regen daher aus wirtschaftlichen Gründen einen Vergleich an.

58 ▼

Muster 9.13: Kein Nachweis der HWS-Verletzung über Arztberichte

9.13

Das angeführte ärztliche Attest genügt zur Erbringung des der Klägerseite obliegenden Vollbeweises für eine unfallbedingte Kausalität nicht (vgl. OLG Frankfurt a.M. zfs 2008, 264; KG SP 2007, 355; OLG Hamm VersR 2002, 992). Dies folgt daraus, dass sich i.d.R. weder im Rahmen einer üblichen Untersuchung noch beim Röntgen oder einer Kernspintomographie die für ein HWS maßgeblichen Verletzungen an Knochen und Gewebe zeigen. Folglich beschränkt sich der behandelnde Arzt darauf, die o.g. subjektiven Befindlichkeitsstörungen des Geschädigten zu schildern und lediglich eine Verdachtsdiagnose zu erstellen (vgl. OLG Nürnberg r+s 2003, 174). Der BGH hat daher zutreffend darauf hingewiesen, dass die Frage einer unfallbedingten HWS-Verletzung am besten durch einen medizinischen Sachverständigen beurteilt werden kann. Eine Vernehmung der behandelnden Ärzte als Zeugen oder sachverständige Zeugen ist mithin entbehrlich, wenn das Ergebnis ihrer Befundung schriftlich niedergelegt, vom Sachverständigen gewürdigt und in die Beweiswürdigung einbezogen worden ist (BGH NZV 2008, 502 = zfs 2008, 562).

▲

59 *Hinweis*

Zu beachten ist aber auch, dass dem Geschädigten sehr wohl eine Vorerkrankung und weitere verletzungsfördernde Faktoren den Nachweis einer unfallbedingten Verletzung der HWS erleichtern können.

79 BGH NZV 2008, 501 und 502.

▼ 60

Muster 9.14: Unfallbedingte HWS-Verletzung bei OOP

Zum Unfallzeitpunkt ist bezüglich der Sitzhaltung Folgendes zu berücksichtigen: . 9.14

Zu diesem Zeitpunkt befand sich die verletzte Person mithin in einer Sitzposition, die als sog. „out of Position" bezeichnet wird. Dabei handelt es sich um einen verletzungsfördernden Faktor, der bei der Beweisführung zu berücksichtigen ist (BGH, Urt. v. 8.7.2008 – VI ZR 274/07 = NZV 2008, 501; LG Fulda, Urt. v. 19.3.2008 – 2 O 21/06 – juris).

▲

Hinweis 61

Bei einer Geschwindigkeitsdifferenz von über 15 km/h spricht dagegen nach einer in der Rechtsprechung vertretenen Auffassung der Anscheinsbeweis für eine Verursachung einer (feststehenden) HWS-Distorsion durch den Unfall.[80] Angesichts der vom BGH jedoch gerade abgelehnten „Harmlosigkeitsgrenze" erscheint dies zweifelhaft.

▼ 62

Muster 9.15: Schmerzensgeld bei HWS-Verletzung – Anspruchsanmeldung

Mein Mandant erlitt aufgrund des Unfallereignis ein HWS-Schleudertrauma mit . 9.15
Wegen der näheren Einzelheiten verweise ich auf das als Anlage beigefügte Attest des Arztes vom . Aufgrund dieser Verletzung war mein Mandant in der Zeit vom bis zum unfallbedingt arbeitsunfähig. Auch in der nachfolgenden Zeit verblieben weiterhin abklingende Beeinträchtigungen, die mein Mandant allerdings nicht zum Anlass genommen hat, sich weiter krankschreiben zu lassen. Aufgrund dieser Verletzung war mein Mandant im Übrigen im erheblichen Umfang bei der Ausübung des Haushaltes und seiner Freizeitaktivitäten beeinträchtigt. Insbesondere

Vor dem Hintergrund dieses unfallbedingten Beschwerdebildes ist ein Schmerzensgeld in Höhe von mindestens angemessen. Als Vergleichsmaßstab verweise ich auf die in der Schmerzensgeldtabelle *Hacks/Wellner/Häcker/Klein* veröffentlichten Entscheidungen unter den laufenden Nr. .

▲

Praxistipp 63

Wird eine Unfallbedingtheit der HWS Verletzung von der Haftpflichtversicherung des Schädigers abgelehnt, bedarf es einer weiteren Argumentation zur Verfolgung des Anspruchs, notfalls auch gerichtlich.

80 KG NZV 2004, 460; einen Anscheinsbeweis ablehnend bei 11 km/h KG VersR 2004, 350.

64 ▼

Muster 9.16: Schmerzensgeld bei HWS-Syndrom – Nachweis der Unfallbedingtheit

9.16

Versicherung AG

Schaden-Nr./VS-Nr./Az.

Schaden vom

Pkw , amtl. Kennzeichen

Sehr geehrte Damen und Herren,

soweit Sie die Auffassung vertreten, der geltend gemachte Schmerzensgeldanspruch meines Mandanten sei unbegründet, vermag ich mich dem nicht anzuschließen.

Der Nachweis des behaupteten Personenschadens folgt zunächst aus dem Ihnen bereits vorliegenden Arztbericht des Herrn Dr. vom . Danach bestätigte Herr Dr. bei meinem Mandanten einen Tag nach dem Verkehrsunfallereignis eine endgradige Bewegungseinschränkung des Kopfes sowie Verspannungen im Bereich der Nacken- und Halsmuskulatur. Die festgestellten Beeinträchtigungen haben im Hinblick auf das behauptete HWS-Syndrom zumindest Indizwirkung. Zwar trifft es zu, dass Herr Dr. das HWS-Syndrom im Rahmen der bildgebenden Untersuchungsmethode nicht zu verifizieren vermochte. Diese Tatsache spricht jedoch nicht gegen das Vorliegen eines HWS-Syndroms. Nach einhelliger Auffassung in der Rechtsprechung setzt die Schadensersatzpflicht für psychische Unfallauswirkungen nicht voraus, dass sie eine organische Ursache haben. Vielmehr genügt die hinreichende Gewissheit, dass die psychisch bedingten Ausfälle ohne den Unfall nicht eingetreten wären.

Entscheidende Bedeutung gewinnt dabei die Tatsache, dass mein Mandant bis zum Verkehrsunfall unter keinerlei Beschwerden und Beeinträchtigungen im Bereich der Hals- und Nackenregion klagte. Dies ist zunächst zeugenschaftlich durch seine Ehefrau, Frau , belegbar. Überdies folgt aus dem in der Anlage in Kopie beigefügten Bericht des Hausarztes meines Mandanten, dass er bis zum Schadensereignis unter keinerlei degenerativen Veränderungen der Halswirbelsäule litt.

Im Streitfall stünden sowohl die Ehefrau meines Mandanten als auch Herr Dr. als Zeugen zur Verfügung. Die zu Erwartung stehenden Zeugenaussagen reichen als Anknüpfungstatsachen für den von meinem Mandanten zu führenden Strengbeweis aus.

Soweit Sie dem behaupteten Schmerzensgeldanspruch im Übrigen entgegenhalten, aufgrund des objektiven Schadensbildes stehe fest, dass die Aufprallgeschwindigkeit des bei Ihnen versicherten Fahrzeugs zu gering war, um das behauptete HWS-Syndrom verursachen zu können, trifft dies ebenfalls nicht zu. Nach Maßgabe des Schadensbildes betrug die Auffahrgeschwindigkeit des bei Ihnen versicherten Fahrzeugs mindestens 15 km/h. Nach gesicherten wissenschaftlichen Erkenntnissen reicht eine derartige Auffahrgeschwindigkeit grundsätzlich aus, um ein HWS-Syndrom verursachen zu können. Wir verweisen hierzu auf *Becke* u.a., NZV 2000, 225 ff. Im Übrigen ist höchstrichterlich entschieden, dass auch bei einem Unfall mit einer geringen kollisionsbedingten Geschwindigkeitsänderung im angestoßenen Fahrzeug eine HWS-Distorsion entstehen kann (BGH VersR 2003, 474). Die von Ihnen vorgenommene Beschränkung der Würdigung des Falles auf allein biomechanische Gesichtspunkte findet somit in der höchstrichterlichen Rechtsprechung keine Stütze und lässt im Übrigen alle weiteren oben angeführten und hier entscheidenden Umstände außer Betracht.

Auch die mit EUR bezifferte Anspruchshöhe ist angemessen. Wie aus dem Arztbericht zu entnehmen ist, führte das von meinem Mandanten erlittene HWS-Syndrom zu einer 100 %igen MdE. Der gesamte Genesungszeitraum war mit erheblichen Schmerzen und Beeinträchtigungen verbunden. Nach Maßgabe der in vergleichbaren Fällen ergangenen Gerichtsentscheidungen ist ein Schmerzensgeld in der o.g. Höhe angemessen. Wegen der Einzelheiten hierzu verweise ich auf die in der Schmerzensgeldtabelle *Hacks/Wellner/Häcker/Klein* veröffentlichten Entscheidungen unter den laufenden Nr. .

Für den Ausgleich des vorgenannten Schmerzensgeldes habe ich mir eine Frist bis zum

(*14-Tages-Frist*)

notiert. Nach fruchtlosem Fristablauf werde ich meinem Mandanten empfehlen, gerichtliche Hilfe einzuschalten.

Mit freundlichen Grüßen

(Rechtsanwalt)

▲

Die **angemessene Schmerzensgeldhöhe** ist erheblichen Unsicherheiten unterworfen. 65
Allein die Schmerzensgeldtabelle *Hacks/Wellner/Häcker/Klein*[81] enthält zahllose Rechtsprechungshinweise, die sich mit diesem Krankheitsbild beschäftigen. Das tauglichste Unterscheidungskriterium bei der Bezifferung ist die Dauer der 100 %igen MdE. Dementsprechend hat sich beispielsweise in der Rechtsprechung bei einem HWS-Syndrom die Faustregel von 200[82]–250 EUR Schmerzensgeld für jede Woche der 100 %igen MdE durchgesetzt. Hierbei ist allerdings zu beachten, dass es sich nur um eine erste Richtlinie handelt, die bei weiteren schwerwiegenden Verletzungen und Beschwerden erhebliche Steigerungen erfahren kann.

> *Achtung*
>
> Ungeachtet dessen verbietet sich – ebenso wie in anderen Schmerzensgeldfällen – grundsätzlich jede Schematisierung, da sich das angemessene Schmerzensgeld aus den Besonderheiten des Einzelfalls ergibt. Auch wenn die Schmerzensgeldtabellen einen wichtigen Anhaltspunkt für die Bezifferung der Ansprüche bieten, ist gerade in Fällen des HWS-Syndroms die Auffassung des angerufenen Gerichts von entscheidender Bedeutung. Liegen lediglich geringfügige Verletzungen mit kurzzeitigen Arbeitsunfähigkeitszeiträumen vor, wird häufig die Grenze zu sog. Bagatellverletzungen nicht überschritten sein

Ob über die bewiesene Primärverletzung hinaus weitere Verletzungen auf den Unfall 66
zurückzuführen sind, unterliegt dagegen der richterlichen Schätzung nach § 287 ZPO.[83]

81 SchmerzensgeldBeträge 2016, 34. Aufl. 2016.
82 KG NJW 2008, 2656.
83 OLG München, Urt. v. 21.5.2010 – 10 U 2853/06 – juris; BGH, Urt. v. 12.2.2008 – VI ZR 221/06 = NJW 2008, 1381; BGH, Urt. v. 4.11.2003 – VI ZR 28/03 = NJW 2004, 777; OLG Brandenburg, Urt. v. 25.9.2008 – 12 U 17/08 = NJW-Spezial 2008, 682.

Dies gilt i.d.R. auch für psychische Beeinträchtigungen, die aufgrund einer unfallbedingten körperlichen Beeinträchtigung als Folgeerscheinung eingetreten sind. Hier ist allerdings genau zu prüfen, ob es sich nicht letztendlich um eine anlagebedingte Entwicklung handelt, die aufgrund erheblicher psychischer Vorbelastungen zu einem späteren Zeitpunkt auch ohne das Unfallereignis eingetreten wäre.

VII. Berücksichtigung von Vorerkrankungen und Veranlagung zur Schadentendenz

67 Kommt es zu einem Personenschaden, ist bei der Bezifferung des daraus resultierenden Schmerzensgeldes zu berücksichtigen, dass dies i.d.R. zu einer erleichterten Beweisführung für den Eintritt des Schadens führt, jedoch im Gegenzug auch Abzüge bei der Höhe erfolgen.

68 Das Vorhandensein von Vorschäden begründet für die Bemessung der Höhe durchaus Kausalitätsprobleme, da bestimmt werden muss, in welchem Umfang die erlittenen Schmerzen und sonstigen Beeinträchtigungen bereits durch die Vorerkrankung verursacht wurden. Es reicht jedoch für die Haftung dem Grunde nach aus, dass das Unfallgeschehen sich mitursächlich ausgewirkt hat. In Konsequenz dessen müssen Prädispositionen auch bei der Höhe des Schmerzensgeldes berücksichtigt werden.[84]

69 ▼

9.17

Muster 9.17: Berücksichtigung von Vorerkrankungen bei der Bemessung des Schmerzensgeldes

Versicherung AG

Schaden-Nr./VS-Nr./Az.

Schaden vom

Pkw , amtl. Kennzeichen

Sehr geehrte Damen und Herren,

soweit Sie mit Schreiben vom die Auffassung vertreten, der Schmerzensgeldanspruch meiner Mandantin sei erheblich zu reduzieren, vermag ich mich damit nicht einverstanden zu erklären. Ihre hierzu angeführten Argumente überzeugen nicht. Sie stehen im Widerspruch zur einhelligen Auffassung in Rechtsprechung und Literatur.

Dies gilt zunächst für Ihre Auffassung, der erhebliche Personenschaden meiner Mandantin sei Folge ihrer Vorerkrankung. Tatsächlich kommt es hierauf nicht an. Für die Bezifferung des Schmerzensgeldes ist entscheidend, ob und inwieweit degenerative Vorschäden konkreten Einfluss auf das jetzige Beschwerdebild hatten.

Richtig ist zwar, dass meine Mandantin bereits seit längerem an erkrankt ist. Die Erkrankung führte jedoch bis zum Verkehrsunfall zu keinerlei Beschwerden im Bereich der . Dies wird erforderlichenfalls durch den Hausarzt meiner Mandantin zeugen-

84 BGH, Urt. v. 11.11.1997 – VI ZR 376/96 = BGHZ 137, 142.

schaftlich bestätigt werden können. Folglich führt die Vorerkrankung zu keiner Reduzierung des Schmerzensgeldanspruchs.

Dasselbe gilt für den von Ihnen erhobenen Einwand, meine Mandantin habe aufgrund ihrer Vorerkrankung eine besondere Veranlagung zu . Das Risiko, durch einen verhältnismäßig geringfügigen Unfallhergang einen weit reichenden Personenschaden zu verursachen, trägt allein der Schädiger und nicht der Geschädigte (OLG Köln MDR 1968, 1008). Die besondere Anfälligkeit des Geschädigten zu Personenschäden ist allein vom Schädiger zu vertreten (BGH zfs 1996, 290). Im Übrigen ist eine Unfallursächlichkeit auch bereits dann anzunehmen, wenn aufgrund einer Vorverletzung ausnahmsweise schon geringe auf den Körper einwirkende Kräfte zur Herbeiführung der Verletzungsfolgen ausreichen können (OLG Stuttgart VersR 2005, 424). Folglich können Sie sich nicht darauf berufen, meine Mandantin habe lediglich einen geringeren Anspruch auf Schmerzensgeld.

Zusammenfassend habe ich Sie aufzufordern, den mit Schreiben vom bezifferten Schmerzensgeldbetrag in Höhe von unverzüglich, spätestens jedoch bis zum

 (*14-Tages-Frist*)

auszugleichen. Andernfalls werde ich meiner Mandantin empfehlen, eine gerichtliche Klärung dieser Frage herbeizuführen.

Mit freundlichen Grüßen

(Rechtsanwalt)

▲

Hinweis 70

Zu beachten ist in diesem Zusammenhang allerdings, dass der BGH[85] dennoch die Auffassung vertritt, eine besondere Schadensbereitschaft könne bei der Bezifferung der Schmerzensgeldhöhe Berücksichtigung finden.

▼ 71

Muster 9.18: Berücksichtigung von Vorerkrankungen bei der Höhe des Schmerzensgeldes

Bei Bemessung der Höhe des Schmerzensgeldes ist unter dem Gesichtspunkt der Billigkeit zu berücksichtigen, dass die Handlung des Schädigers nur eine schon vorhandene Schadensbereitschaft ausgelöst hat und/oder entsprechende Vorverletzungen bereits vorhanden gewesen sind (BGH VersR 1981, 1178; OLG Celle, Urt. v. 1.2.2011 – 14 W 47/10 und LG Magdeburg, Urt. v. 18.7.2007 – 9 O 361/01 – jeweils juris). Bei erheblichen und überwiegenden Vorschäden bzw. einer primär ursächlichen Schadensveranlagung kann das in vergleichbaren Fällen ohne diese Gesichtspunkte für angemessen erachtete Schmerzensgeld unter dem Gesichtspunkt der Billigkeit um bis zu 80 % zu reduzieren sein (OLG Frankfurt a.M. VersR 1993, 853 = NZV 1993, 67).

Dies ist vorliegend auch der Fall. Selbst wenn die von der Klägerseite behaupteten Verletzungen als unfallbedingt angesehen werden, ist ein erheblicher Abschlag in Höhe von % geboten. Dies insbesondere unter Berücksichtigung, dass .

▲

85 BGH zfs 1998, 93.

VIII. Psychischer Folgeschaden

72 Nach ständiger Rechtsprechung des BGH hat der Schädiger für eine psychische Fehlverarbeitung als haftungsausfüllende Folgewirkung eines Unfallgeschehens einzustehen, wenn hinreichende Gewissheit besteht, dass die Folge ohne den Unfall nicht eingetreten wäre.[86] Der Zurechnungszusammenhang kann in drei Fallgruppen zu verneinen sein: Bagatellunfall, Begehrensneurose und überholende Kausalität.[87] Bei einer Begehrensneurose wird kein vorwerfbares Verhalten des Geschädigten sanktioniert, sondern es wird dem Umstand Rechnung getragen, dass eine Haftung des Schädigers nicht gerechtfertigt ist, wenn bei der Entstehung der Schadensfolgen die Existenz des Schadensersatzanspruches als solche eine entscheidende Rolle gespielt hat. Denn es widerspricht dem Normzweck, wenn der Schädiger für Schadensfolgen aufkommen muss, die zwar kausal auf dem Unfallgeschehen beruhen, bei denen aber ein neurotisches Streben nach Versorgung und Sicherheit prägend im Vordergrund steht. In solchen Fällen realisiert sich das allgemeine Lebensrisiko und nicht mehr das vom Schädiger zu tragende Risiko der Folgen einer Körperverletzung. Dabei muss die Begehrenshaltung nicht allein maßgeblich sein, vielmehr ist es ausreichend, dass die Beschwerden entscheidend durch eine neurotische Begehrenshaltung geprägt sind.[88]

Der Geschädigte muss eine Anspruchskürzung wegen der Verletzung der Schadensminderungspflicht (§ 254 Abs. 2 S. 1 BGB) hinnehmen, wenn er keinerlei Versuche unternimmt, seine psychischen Unfallfolgen adäquat behandeln zu lassen.[89] Kommt es durch den Unfall zu einer schweren Anpassungsstörung, so muss sich der Geschädigte deutlich anspruchsmindernd entgegenhalten lassen, dass er seiner Obliegenheit zur Schadensgeringhaltung i.S.d. § 254 Abs. 2 BGB nicht nachgekommen ist, wenn er keine ernsthaften Therapieversuche unternommen und damit nicht alles Zumutbare getan hat, um seiner Anpassungsstörung „Herr“ zu werden.[90]

IX. Zeitlich befristetes Schmerzensgeld

73 Ein Anspruch auf Zahlung eines zeitlich befristeten „Teil-Schmerzensgeldes“ besteht grundsätzlich nicht. Ein Klageantrag, mit dem ein Schmerzensgeld für die bis zur Klageerhebung eingetretenen immateriellen Beeinträchtigungen begehrt wird, ist unzulässig.[91] Der Zulässigkeit eines solchen Antrags steht der Grundsatz der Unteilbarkeit des Schmerzensgeldanspruchs entgegen. Dieser Grundsatz macht es erforderlich, die Höhe des dem Geschädigten zustehenden Schmerzensgeldes aufgrund einer ganzheitlichen Betrachtung der den Schadensfall prägenden Umstände unter Einbeziehung der absehbaren künftigen Entwicklung des Schadensbildes zu bemessen.[92] Demgemäß kann ein Teil-

86 BGH, Urt. v. 10.2.2015 – VI ZR 8/14 – juris Rn 11.
87 OLG Schleswig, Urt. v. 19.3.2024 – 7 U 93/23 – juris.
88 OLG Schleswig, Urt. v. 21.2.2019 – 7 U 134/16 – juris Rn 73.
89 OLG Schleswig, Urt. v. 21.2.2019 – 7 U 134/16 – juris Rn 78–79.
90 OLG Düsseldorf, Urt. v. 13.11.2018 – I-1 U 67/17 – juris.
91 OLG Oldenburg, Urt. v. 16.12.2021 – 14 U 32/21 – juris.
92 BGH NJW 2004, 1243.

Schmerzensgeld für einen bestimmten Zeitraum nicht zugesprochen werden.[93] Etwas anderes kommt nur dann und ausnahmsweise in Betracht, wenn der Anspruch quantitativ abgrenzbar und eindeutig individualisierbar ist. Die hierfür erforderlichen Voraussetzungen liegen in der Regel nicht vor.

X. Schmerzensgeld nach rechtskräftigem Schmerzensgeldurteil

Erleidet ein Geschädigter einen schweren Personenschaden, ist bei der Prozessführung 74 zu beachten, dass neben dem Antrag auf Zahlung eines der Höhe nach in das Ermessen des Gerichts gestellten Schmerzensgeldes auch ein Feststellungsantrag des Inhalts gestellt wird, dass der Schädiger und sein Haftpflichtversicherer dazu verpflichtet sind, dem Geschädigten alle zukünftigen materiellen und immateriellen Schäden zu ersetzen, sofern sie Folge des streitgegenständlichen Schadensfalls sind. Entspricht das erkennende Gericht diesen Klageanträgen, werden dem Geschädigten also ein Schmerzensgeldkapital und der Feststellungsanspruch für zukünftige immaterielle Schäden zugesprochen, stellt sich die Frage, unter welchen Voraussetzungen der Geschädigte ein weiteres Schmerzensgeld einfordern kann. Mit dem dem Geschädigten zuerkannten Betrag werden alle Schadensfolgen abgegolten, die entweder bereits eingetreten und objektiv erkennbar waren oder deren Eintritt jedenfalls vorhergesehen und bei der Entscheidung berücksichtigt werden konnte.[94] Nur solche Verletzungsfolgen, die zum Beurteilungszeitpunkt noch nicht eingetreten waren und deren Eintritt objektiv nicht vorhersehbar war, mit denen also nicht oder nicht ernstlich gerechnet werden musste und die deshalb zwangsläufig bei der Bemessung des Schmerzensgeldes unberücksichtigt bleiben müssen, werden von der vom Gericht ausgesprochenen Rechtsfolge nicht umfasst und können deshalb Grundlage für einen Anspruch auf weiteres Schmerzensgeld sein.[95] Ob Verletzungsfolgen im Zeitpunkt der Zuerkennung eines Schmerzensgeldes erkennbar waren, beurteilt sich nicht nach der subjektiven Sicht des Geschädigten, des Schädigers oder des erkennenden Gerichts, sondern nach objektiven Gesichtspunkten, d.h. nach den Kenntnissen und Erfahrungen eines insoweit Sachkundigen,[96] also eines medizinischen Sachverständigen. Maßgebend ist, ob sich im ursprünglichen Klageverfahren eine Verletzungsfolge als derart naheliegend darstellte, dass sie schon damals bei der Bemessung des Schmerzensgeldes berücksichtigt werden konnte.[97] Ist dies der Fall, scheidet die Zubilligung eines weiteren Schmerzensgeldes selbst dann aus, wenn es nach der Rechtskraft der Schmerzensgeldentscheidung zu einer unfallbedingten Verschlechterung des Gesundheitszustandes des Geschädigten kommt.

93 OLG Frankfurt a.M., Beschl. v. 14.4.2020 – 15 W 18/30 – juris.
94 BGH, Urt. v. 14.2.2006 – VI ZR 322/04, veröffentlicht u.a. in NJW-RR 2006, 712 ff.; BGH, Urt. v. 11.6.1963 – VI ZR 135/62, VersR 1963, 1048, 1049.
95 BGH, Urt. v. 14.2.2006 – VI ZR 322/04, veröffentlicht u.a. in NJW-RR 2006, 712 ff.; BGH, Urt. v. 8.7.1980 – VI ZR 72/79, MDR 1981, 42 = VersR 1980, 975 f.
96 BGH, Urt. v. 24.5.1988 – VI ZR 326/87, MDR 1988, 951.
97 BGH, Urt. v. 8.7.1980 – VI ZR 72/79, MDR 1981, 42 = VersR 1980, 975 f.

Praxistipp:

Kommt es nach einer rechtskräftigen Schmerzensgeldentscheidung zu einer Verschlechterung des Gesundheitszustandes, empfiehlt es sich, einen Arzt des Vertrauens oder einen medizinischen Sachverständigen mit der Prüfung der Frage zu beauftragen, ob die nun eingetretene Verschlechterung des Gesundheitszustandes zum Zeitpunkt des Schlusses der mündlichen Verhandlung im Schmerzensgeldprozess für einen medizinischen Fachmann bereits absehbar war oder nicht. War dies nicht der Fall, sollte auf der Grundlage dieser medizinischen Feststellung gegenüber dem Schädiger bzw. dessen Haftpflichtversicherer ein weiteres Schmerzensgeld gefordert werden.

XI. Checkliste: Schmerzensgeld

75
- Für Unfälle nach dem 1.8.2002 kann ein Schmerzensgeldanspruch bei der Verletzung des Körpers und der Gesundheit gem. § 253 Abs. 2 BGB unabhängig von einem Verschulden auch bei einer Gefährdungshaftung entstehen.
- Der Nachweis des Personenschadens erfolgt aufgrund von Arztberichten, die vom gegnerischen Versicherer eingeholt werden oder selbstständig beschafft werden müssen.
- Eine Schweigepflichtentbindungserklärung des Mandanten ist erforderlich.
- Das Schmerzensgeld hat primär eine Ausgleichsfunktion. Daneben kann bei einem erheblichen Verschulden auch die Genugtuungsfunktion zu berücksichtigen sein.
- Die abstrakte Bezifferung des Schmerzensgelds ist anhand Art und Umfang der Verletzungen, Umfang der Schmerzen, Dauerschaden usw. vorzunehmen.
- Die konkrete Bezifferung des Schmerzensgelds erfolgt aufgrund von Vergleichsurteilen aus Schmerzensgeldlisten.
- Ältere Vergleichsurteile sind an den gestiegenen Lebenshaltungsindex anzupassen.
- Es erfolgt eine allgemeine Erhöhung der ermittelten Werte bei schwerwiegenden Verletzungen.
- Eine allgemeine Erhöhung ist auch bei verzögerter Schadensregulierung durch den Gegner vorzunehmen.
- Nur ausnahmsweise besteht ein Anspruch auf Schmerzensgeldrente.
- Der Anspruch auf Schmerzensgeld ist vererbbar.
- Ein Schockschaden ist ein Drittschaden naher Angehöriger bei der Überbringung einer Todesnachricht.
- Die Unfallursächlichkeit für eine HWS-Distorsion im Bereich der sog. „Harmlosigkeitsgrenze“ bei einer Geschwindigkeitsdifferenz von 4–10 km/h ist nicht schlechterdings ausgeschlossen. Vielmehr ist eine interdisziplinäre Betrachtung im Einzelfall geboten, die sich nicht allein auf biomechanische Gesichtspunkte beschränkt.

- Auch psychische Folgeschäden des Unfallgeschädigten müssen vom Schädiger ausgeglichen werden.
- Nach einem rechtskräftigen Schmerzensgeldurteil kommt die Zubilligung eines weiteren Schmerzensgeldes nur dann in Betracht, wenn die eingetretene Verschlechterung für einen medizinischen Sachverständigen zum Schluss der mündlichen Verhandlung nicht vorhersehbar war.

B. Heilbehandlungskosten

Grundsätzlich stellen sämtliche Arzt- und Behandlungskosten, die zur Wiederherstellung des ursprünglichen Gesundheitszustandes oder zur Linderung unfallbedingt verursacht werden, ausgleichspflichtige Schadenspositionen dar. Dennoch muss sich der Bearbeiter verkehrsunfallrechtlicher Mandate mit solchen Ansprüchen in aller Regel nicht befassen. Denn aufgrund des bestehenden **Sozialversicherungssystems** werden die meisten Heilungskosten vom gesetzlichen oder privaten Krankenversicherer des Geschädigten übernommen (siehe auch § 6 Rdn 4 ff.). **76**

Ungeachtet dessen verbleiben dem Geschädigten u.U. Heilbehandlungskosten, die von dem Krankenversicherer des Geschädigten nicht übernommen werden und die vom anwaltlichen Vertreter des Geschädigten ermittelt und vom Schädiger ersetzt werden müssen. Hierzu zählen u.a. folgende Schadenspositionen: **77**

- Eigenanteile für Zahnbehandlungs- und Krankentransportkosten;
- Kosten einer Ersatzbrille, je nach Alter und Veränderung der Sehstärken unter Berücksichtigung eines Abzugs „neu für alt“;[98]
- Haushalts-Hilfskraft für eine Mutter, die ständig im Krankenhaus beim verunfallten Kind sein muss;[99]
- ärztlich verordnete Kuraufenthalte, die vom Sozialversicherungsträger nicht übernommen werden;[100]
- Auslandsbehandlungskosten, sofern diese medizinisch erforderlich sind;[101]
- Kosten für kosmetische Narbenbehandlungen;[102]
- Kosten für ein erforderliches Muskelaufbautraining in einem Fitnessstudio;[103]
- Kosten für ein TV im Krankenhaus, sofern „gesundheitsförderlich“;[104]
- Fahrtkosten zum Arzt.[105]

98 OLG Nürnberg, Urt. v. 23.12.2015 – 12 U 1263/14 – juris; OLG Rostock, Urt. v. 25.6.2010 – 5 U 195/09 = NZV 2011, 503; LG Düsseldorf, Urt. v. 18.2.2009 – 2b O 213/06 = VRR 2009, 162 (Zeitwert auch ohne Veränderung der Sehstärken); LG Münster, Urt. v. 24.2.2011 – 12 O 381/08 = SP 2011, 326, 328.
99 LG Münster MDR 1969, 481.
100 BGH VersR 1967, 903, 904.
101 OLG Hamburg VersR 1988, 858; BGH VersR 1969, 1040, 1041.
102 BGH NJW 1975, 640; *Hentschel*, § 11 StVG Rn 4 m.w.N; KG VersR 1981, 64 (in angemessener Höhe).
103 OLG Köln VRS 98, 414.
104 OLG Düsseldorf NJW-RR 1994, 352.
105 OLG Frankfurt a.M. VersR 1981, 239.

Die Aufzählung ist beispielhaft und keinesfalls abschließend. Ob weitere Heilbehandlungskosten zu ersetzen sind, hängt vom konkreten Einzelfall ab und ist stets konkret zu prüfen.

Ein Anspruch auf Ausgleich von Zuzahlungen während eines Krankenhausaufenthaltes besteht i.d.R. nicht. Während eines stationären Aufenthaltes fallen die üblichen Aufwendungen für die Ernährung und ähnliches nicht an.[106] Diese Ersparnis mindert den Schaden.[107] Entsprechende Ersparnisse sind auch bei Nichterwerbstätigen zu berücksichtigen. Die tägliche Ersparnis wird mit ca. 10 EUR beziffert.[108] Angesichts dessen gehen die vom Geschädigten während eines stationären Aufenthaltes ersparten Aufwendungen über die von ihm gezahlten Zuzahlungen i.d.R. hinaus. Per Saldo verbleibt somit kein Schaden. Ist der Geschädigte aus unfallbedingten Gründen darauf angewiesen, Arzneimittel zu beziehen, ist er zur Geringhaltung des Schadens nicht verpflichtet, die Leistungen von Internet-Apotheken in Anspruch zu nehmen.[109]

78 Werden Fahrtkosten aus Anlass eines Haftpflichtschadens geltend gemacht, sind für die Berechnung der Kilometerkosten nicht die steuerlichen Sätze für Werbungskosten maßgeblich. Infrage kommen u.a. die Sätze des § 5 Abs. 2 Nr. 1 JVEG (ehemals § 9 Abs. 3 ZSEG) in Höhe von 0,25 EUR pro Kilometer.[110] Eine im Vordringen befindliche Rechtsprechung beziffert die Kilometerpauschale mit 0,30 EUR.[111]

I. Besuchskosten naher Angehöriger

79 Erleidet ein Geschädigter einen schwerwiegenden Verkehrsunfallschaden, der einen Krankenhausaufenthalt erfordert, können Kosten dadurch entstehen, dass der Geschädigte von Angehörigen und Freunden besucht wird. Die bei den Besuchern eintretenden Aufwendungen stellen grundsätzlich nicht ausgleichspflichtige Drittschäden dar. Von diesem Grundsatz macht die Rechtsprechung unter besonderen Voraussetzungen eine Ausnahme. Wird der stationär aufgenommene Geschädigte von nächsten Angehörigen besucht und ist dieser Besuch **medizinisch notwendig**, um die durch den Unfall verursachte psychische Beeinträchtigung des Geschädigten zu lindern, sind dadurch verursachte Kosten vom Schädiger auszugleichen.[112] Zu den „nächsten Angehörigen deren Kosten für Besuchsfahrten dem materiellen Schaden eines Verletzten zugerechnet werden können, kann nach der wohl überwiegenden Rechtsprechung auch der „Lebensgefährte“ zählen, und zwar auch dann, wenn die Partner nicht ständig zusammen gewohnt haben.[113] Teilweise wird dies jedoch von der älteren Rechtsprechung auch abgelehnt.[114]

106 *Küppersbusch*, Ersatzansprüche bei Personenschaden, Rn 240, 241.
107 BGH NJW 1984, 2628.
108 OLG Saarbrücken NJW 2011, 933; LG Oldenburg r+s 1989, 85; AG Grevesmühlen SP 2003, 235.
109 LG München I, Urt. v. 1.4.2022 – 26 O 18070/20 – juris.
110 BGH, Urt. v. 17.11.2009 – VI ZR 64/08; OLG Hamm VersR 2000, 66; VersR 1996, 1513.
111 U.a. KG, Urt. v. 23.8.2023 – 25 U 141/19 – juris.
112 BGH, Urt. v. 19.2.1991 – VI ZR 171/90 – juris = NJW 1991, 2340 ff.; OLG Hamm r+s 1993, 20.
113 KG VRR 2009, 300; LG Münster r+s 1997, 460.
114 OLG Oldenburg zfs 1989, 78.

Wie viele Besuche konkret angemessen sind, hängt zum einen von der Nähebeziehung zwischen Besucher und Verletztem, zum anderen von der Schwere der Verletzung ab.[115] Speziell bei verletzten Kindern ist dabei von einer deutlich höheren Besuchsfrequenz durch die Eltern auszugehen.[116] Grundsätzlich kann von folgenden „Faustregeln" ausgegangen werden:[117] 80

(1) Schwerste Verletzungen mit Lebensgefahr: anfänglich 5–6 Besuche pro Woche, nach 1–2 Wochen abnehmende Frequenz auf wöchentlich 2–4 Besuche.
(2) Schwere Verletzungen ohne Lebensgefahr: anfänglich 4–5 Besuche pro Woche, bei Stabilisierung des Zustandes wöchentlich 2–4 Besuche.
(3) Mittelschwere Verletzungen: 2–3 Besuche pro Woche.
(4) Leichte Verletzungen: wöchentlich 1–2 Besuche.

Können Besuchskosten als außergewöhnliche Belastungen i.S.v. § 33 Einkommenssteuergesetz beim Finanzamt geltend gemacht werden, ist der Steuervorteil im Wege des Vorteilsausgleichs anzurechnen. Wird die außergewöhnliche Belastung von den Angehörigen der Klägerin, um deren Aufwendungen es letztlich geht, nicht geltend gemacht, liegt ein Verstoß gegen die Schadensminderungspflicht vor.[118] 81

▼ 82

Muster 9.19: Medizinische Notwendigkeit täglicher Besuche

Versicherung AG

Schaden-Nr./VS-Nr./Az.

Schaden vom

Pkw , amtl. Kennzeichen

Sehr geehrte Damen und Herren,

mein Mandant wurde zwischenzeitig aus dem Krankenhaus entlassen. Er befindet sich weiterhin in ärztlicher Behandlung bei Herrn Dr. .

Während des Krankenhausaufenthaltes entstanden weit reichende Besuchskosten. Mein Mandant wurde an von besucht. Die Besuche waren medizinisch erforderlich, weil insbesondere Dass die täglichen Besuche medizinisch geboten waren, kann erforderlichenfalls der behandelnde Arzt Dr. bestätigen. Die dadurch entstandenen Fahrtkosten sind zu ersetzen (BGH NJW 1991, 2340 ff.; KG VRR 2009, 300).

Während des Krankenhausaufenthaltes waren meine Mandanten nachweislich an Tagen im Krankenhaus. Sämtliche Fahrten wurden per Pkw zurückgelegt. Die einfache Entfernung zwischen der Wohnung der anreisenden Person sowie dem Krankenhaus beträgt km. Nach Maßgabe der Entscheidungen des OLG Hamm VersR 1997,

115 *Küppersbusch/Höher*, Rn 236, Fn 44 mit Nachweisen aus der Rechtsprechung.
116 OLG Saarbrücken, Urt. v. 23.10.1987 – 3 U 176/85 = NZV 1989, 25.
117 *Küppersbusch/Höher*, Rn 236 ff.
118 OLG Hamm r+s 1993, 20; LG Stralsund, Urt. v. 28.11.2006 – 7 O 354/05 – juris = SP 2007, 389.

1291 und VersR 2000, 66, beträgt die Pauschale pro gefahrenem Kilometer in Anlehnung an § 5 Abs. 2 Nr. 1 JVEG, 0,25 EUR. Danach berechnen sich die Fahrtkosten wie folgt:

(Tage) x (km) x 2 (Hin- und Rückfahrt) x 0,25 EUR = EUR

Darüber hinaus fielen bei jeder Besuchsfahrt Parkkosten für das Parken auf dem Krankenhausgelände an. Einen entsprechenden Musterbeleg füge ich Ihnen in der Anlage in Kopie bei. Danach betragen die Parkgebühren pro Tag pauschal EUR. Die Parkgebühren belaufen sich somit auf insgesamt

(Tage) x (EUR) = EUR.

Den Gesamtbetrag in Höhe von EUR gleichen Sie bitte möglichst umgehend, spätestens jedoch bis zum

(*14-Tages-Frist*)

auf das Ihnen bekannte Konto meiner Mandantschaft aus.

Mit freundlichen Grüßen

(Rechtsanwalt)

▲

II. Kosten privatärztlicher Behandlung

83 Grundsätzlich macht sich auch der Umfang der vom Schädiger auszugleichenden Heilbehandlungskosten am Gebot der „**Erforderlichkeit**" des § 249 Abs. 2 S. 1 BGB fest. Fraglich ist dabei, wann ein Mandant aus Anlass eines Verkehrsunfalls privatärztliche Behandlungsmaßnahmen in Anspruch nehmen darf, obwohl er Kassenpatient ist. Dies ist im Normalfall abzulehnen.[119] Von diesem Grundsatz werden jedoch Ausnahmen zugelassen.[120] Beispielsweise umfasst die Haftpflicht des Schädigers die Kosten einer privatärztlichen Behandlung, wenn das Leistungssystem der gesetzlichen Krankenversicherung nur unzureichende Möglichkeiten zur Schadensbeseitigung bietet oder die Inanspruchnahme der vertragsärztlichen Leistung aufgrund besonderer Umstände ausnahmsweise dem Geschädigten nicht zumutbar ist.[121] Ein besonderer Grund für die Erstattungsfähigkeit der Kosten einer privatärztlichen Behandlung liegt ferner vor, wenn der Behandelte schwere Verletzungen erlitten hat, sich von Anfang an privat behandeln ließ, sich auch heute noch privat behandeln lässt sowie zu den ihn behandelnden Ärzten ein besonderes Vertrauen gefasst hat.[122]

119 OLG München, Urt. v. 29.7.2004 – 24 U 827/03 = DAR 2004, 651; OLG Düsseldorf, Urt. v. 5.4.1990 – 8 U 23/89 = VersR 1991, 884; AG Dortmund VersR 1999, 1230.

120 BGH, Urt. v. 6.7.2004 – VI ZR 266/03 = NJW 2004, 3324.

121 OLG Koblenz, Urt. v. 5.11.2013 – 3 U 421/13 = zfs 2014, 79; BGH, Urt. v. 6.7.2004 – VI ZR 266/03 = NJW 2004, 3324; BGH, Urt. v. 23.9.1969 – VI ZR 69/68 = VersR 1981, 169 f.

122 OLG München, Urt. v. 29.7.2004 – 24 U 827/03 = DAR 2004, 651.

▼

Muster 9.20: Privatärztliche Behandlung eines Kassenpatienten 84

9.20

Versicherung AG

Schaden-Nr./VS-Nr./Az.

Schaden vom

Pkw , amtl. Kennzeichen

Sehr geehrte Damen und Herren,

soweit Sie die Übernahme der durch Schreiben vom geltend gemachten Heilbehandlungskosten ablehnen, vermag ich mich damit nicht einverstanden zu erklären. Entgegen der von Ihnen vertretenen Auffassung war die Inanspruchnahme privatärztlicher Behandlungsmaßnahmen „erforderlich" i.S.d. § 249 Abs. 2 S. 1 BGB.

Zwar trifft es zu, dass mein Mandant „lediglich" Kassenpatient ist. Dieser Umstand ist für die Pflicht zur Erstattung der von ihm in Anspruch genommenen Wahlleistungen hingegen nicht von entscheidender Bedeutung. Maßgeblich ist vielmehr, ob der Geschädigte die zusätzlichen Kosten der ärztlichen Wahlleistungen auch dann getragen hätte, wenn kein eintrittspflichtiger Schädiger vorhanden gewesen wäre (*Küppersbusch/Höher*, Ersatzansprüche bei Personenschaden, Rn 231). Entscheidendes Indiz ist hierfür, ob und inwieweit sich der Verletzte auch schon in der Vergangenheit privat hat behandeln lassen (OLG München DAR 2004, 651; LG Ravensburg zfs 1981, 334). Dies ist vorliegend der Fall.

Ich weise darauf hin, dass .

Danach sind Sie zur Übernahme der geltend gemachten Kosten uneingeschränkt verpflichtet. Obwohl mein Mandant Kassenpatient ist, nahm er bereits vor dem schadenbegründenden Ereignis stets privatärztliche Wahlleistungen in Anspruch. Zum Nachweis hierfür übersende ich Ihnen beiliegend Belege für diverse ärztliche Wahlleistungen, die nur teilweise von der gesetzlichen Krankenkasse meines Mandanten übernommen wurden. Die jeweiligen Restbeträge waren stets von ihm zu tragen.

Nach alledem habe ich mir für den Ausgleich der mit EUR bezifferten Mehrkosten eine Frist bis zum

(*14-Tages-Frist*)

notiert. Nach fruchtlosem Fristablauf werde ich meinen Mandanten über die Möglichkeit einer gerichtlichen Durchsetzung seiner Ansprüche informieren.

Mit freundlichen Grüßen

(Rechtsanwalt)

▲

Allen vorgenannten Schadenspositionen ist gemein, dass sie **konkret nachzuweisen** und abzurechnen sind. Eine fiktive Abrechnung ist grundsätzlich nicht möglich.[123] 85

123 BGH, Urt. v. 14.1.1986 – VI ZR 48/85 = DAR 1986, 141; OLG Köln, Beschl. v. 21.11.2011 – 5 U 109/11 – juris; OLG Köln, Urt. v. 19.5.1999 – 5 U 247/98 = VersR 2000, 1021.

86 Der Geschädigte muss sich die während seines Krankenhausaufenthaltes ersparten Aufwendungen in der privaten Lebensführung im Rahmen des Vorteilsausgleichs entgegenhalten lassen.[124] In der Praxis wird hierfür ein pauschaler Betrag von 5[125]–10[126] EUR pro Tag vom Schadensersatzanspruch des Geschädigten in Abzug gebracht.[127] Nicht erstattungsfähig ist bei einem stationären Aufenthalt ferner die Schadensposition „Zuzahlung von Krankenpflege“, wenn der Verletzte aufgrund seiner Versorgung im Krankenhaus zugleich Verpflegungskosten spart, die andernfalls zu Hause angefallen wären.[128]

87 Der privat krankenversicherte Mandant erhält die Behandlungskosten bei gesundem Deckungsverhältnis vom Krankenversicherer in der Regel schneller als vom Unfallgegner. Der Krankenversicherer kann – anders als der Unfallgegner – auch keinen Mithaftungseinwand erheben. Der Forderungsübergang umfasst allerdings nicht die vertraglich vereinbarte Selbstbeteiligung.

Erhält der Mandant eine **Beitragsrückerstattung** für den Fall, dass die Krankenversicherung nicht in Anspruch genommen wird, kann die Beitragsrückerstattung „gerettet“ werden, indem ausschließlich der Unfallgegner auf Erstattung der Behandlungskosten in Anspruch genommen wird. Eine Vorteilsanrechnung findet nicht statt. Nimmt der Mandant gleichwohl die Krankenversicherung in Anspruch, ist die ausbleibende Beitragsrückerstattung ein ersatzfähiger Schaden,[129] der sich um die Mithaftung reduziert.[130] Gleichwohl dürfte die Schadenminderungspflicht zu beachten sein, deren Verletzung einem Erstattungsanspruch entgegenstehen kann.

88 ▼

9.21

Muster 9.21: Beitragsrückerstattung/Selbstbeteiligung in der privaten Krankenversicherung

Sehr geehrte Damen und Herren,

in der Anlage übersende ich Kopien der Behandlungsrechnungen meines Mandanten. Er ist privat krankenversichert. Die Rechnungen wurden im Original beim Krankenversicherer eingereicht und unter Berücksichtigung einer vertraglich vereinbarten Selbstbeteiligung i.H.v. EUR erstattet. Das entsprechende Regulierungsschreiben vom ist ebenfalls beigefügt.

Durch die Inanspruchnahme der Krankenversicherung verliert mein Mandant die ansonsten zu erwartende Beitragsrückerstattung i.H.v. EUR, die als Teil des Schadens zu erstatten ist (OLG Köln VersR 1990, 908). Außer den unfallbedingten Behandlungen erfolgte im Jahr des Unfalls keine Inanspruchnahme der Krankenversicherung. Erforderlichenfalls wird eine Bestätigung des Versicherers beigebracht.

124 OLG München zfs 1985, 2; KG VersR 1969, 190.
125 LG Duisburg SVR 2007, 181.
126 OLG Hamm, Urt. v. 18.6.2013 – 9 U 1/13 = r+s 2014, 44 (10 EUR); OLG Oldenburg, Urt. v. 21.3.2012 – 3 U 70/11 = SP 2012, 426 (8 EUR); OLG Saarbrücken, Urt. v. 27.7.2010 – 4 U 585/09 = NJW 2011, 933 (7,50 EUR); OLG Düsseldorf, Urt. v. 26.10.1998 – 1 U 245/97 = VersR 2000, 71 (20 DM); OLG Frankfurt a.M. zfs 1988, 382.
127 OLG Frankfurt a.M. zfs 1988, 382.
128 LG Lübeck SP 1997, 285.
129 OLG Köln, Urt. v. 7.6.1990 – 7 U 32/90 = VersR 1990, 908.
130 LG Regensburg, Urt. v. 29.9.2012 – 1 O 61/11 – juris.

Namens und in Vollmacht meines Mandanten fordere ich Sie auf, beide Beträge und somit insgesamt EUR umgehend, spätestens jedoch bis zum

(*14-Tages-Frist*)

auf das Ihnen bekannte Konto meines Mandanten zu überweisen und mich über die erfolgte Regulierung schriftlich zu informieren.

Mit freundlichen Grüßen

(Rechtsanwalt)

▲

Checkliste: Heilbehandlungskosten 89

- Heilbehandlungskosten dienen – anders als vermehrte Bedürfnisse – der Wiederherstellung der Gesundheit.
- Eine fiktive Abrechnung ist nicht möglich, da es sich bei den Heilbehandlungskosten um einen „Ersatzanspruch" handelt.
- Bei Kassenpatienten sind sämtliche Positionen zu ersetzen, die vom Krankenversicherer nicht übernommen werden.
- Kosten naher Angehöriger für den Besuch im Krankenhaus sind ersatzfähig, wenn sie dem Gesundungsprozess förderlich sind.
- Kosten privatärztlicher Behandlungen sind ersatzfähig, wenn das Leistungssystem der Krankenkasse unzureichend ist oder der Geschädigte üblicherweise entsprechende Leistungen in Anspruch nimmt.

C. Vermehrte Bedürfnisse

Während es sich bei den zuvor behandelten Heilbehandlungskosten um vorübergehende 90
Aufwendungen bis zur Wiederherstellung der vollen Gesundheit des Geschädigten handelt, stellen vermehrte Bedürfnisse unfallbedingte Mehraufwendungen zum Ausgleich von Nachteilen dar, die aufgrund einer **dauernden Beeinträchtigung des Wohlbefindens** erforderlich werden.[131] Es muss sich um Mehraufwendungen handeln, die dauernd und regelmäßig erforderlich sind. Sie dürften nicht der Wiederherstellung der Gesundheit dienen, also nicht unter die Heilbehandlungskosten fallen.[132] Nicht umfasst sind außerdem allgemeine Lebenshaltungskosten. § 843 Abs. 1 BGB betrifft nur den Aufwand, den ein Geschädigter im Vergleich zu einem gesunden Menschen als Mehraufwand hat.[133] Abzugrenzen ist ferner, was der Wiederherstellung der Lebensqualität dient und deswegen zum immateriellen Schaden zählt.[134]

131 BGH, Urt. v. 20.1.2004 – VI ZR 46/03 = VersR 2004, 482; BGH, Urt. v. 19.5.1981 – VI ZR 108/79 = VersR 1982, 238; BGH, Urt. v. 30.6.1970 – VI ZR 5/69 = VersR 1970, 899; BGH, Urt. v. 25.5.1958 – VI ZR 130/57 = VersR 1958, 454.

132 BGH, Urt. v. 20.1.2004 – VI ZR 46/03 = VersR 2004, 482; BGH, Urt. v. 19.5.1981 – VI ZR 108/79 = VersR 1982, 238; BGH, Urt. v. 19.11.1955 – VI ZR 134/54 = VersR 1956, 22, 23.

133 BGH, Urt. v. 20.1.2004 – VI ZR 46/03 = VersR 2004, 482; BGH, Urt. v. 11.2.1992 – VI ZR 103/91 = VersR 1992, 1235.

134 BGH, Urt. v. 20.1.2004 – VI ZR 46/03 = VersR 2004, 482.

91 Bei schwerwiegenden Personenschäden können die vermehrten Bedürfnisse zahllose Schadenspositionen umfassen, die den gesamten Lebensbereich des Geschädigten betreffen. Der anwaltliche Vertreter muss den Mandanten deshalb frühzeitig darauf hinweisen, dass sämtliche Schadenspositionen exakt und fortlaufend dokumentiert werden müssen.

92 Als Schadenspositionen der vermehrten Bedürfnisse kommen u.a. in Betracht:

- laufende Ausgaben für eine bessere Verpflegung;[135]
- Erneuerung dauerhaft erforderlicher künstlicher Gliedmaßen;
- Aufwand für Pflegepersonal;[136]
- Kleidermehrbedarf: Zu prüfen ist allerdings, ob ein durch die Unfallfolgen verursachter Mehrbedarf (z.B. für Rollstuhlfahrer) durch einen unfallbedingt eingesparten Minderbedarf kompensiert wird;[137]
- orthopädisches Schuhwerk;[138]
- Mehraufwendungen für eine Wohnung an einem anderen Ort;[139]
- unfallbedingt gesteigerte Betriebskosten für die Unterkunft;[140]
- unfallbedingter Mehrbedarf für Mobiliar;[141]
- Umrüstung eines Pkw oder Mehrkosten beim Erwerb;[142] die Kosten für den behindertengerechten Umbau eines Motorrades sind hingegen nicht als vermehrte Bedürfnisse zu qualifizieren, wenn das Mobilitätsbedürfnis des Geschädigten bereits durch einen behindertengerecht ausgerüsteten Pkw erfüllt wurde;[143]
- erhöhte Ausbildungskosten;[144]
- Kurkosten;[145]
- Mehrkosten für Begleitpersonen während einer Urlaubsreise);[146] allerdings kommt die Zuerkennung einer Rente für potentielle und zukünftige Urlaubsmehrkosten grundsätzlich nicht Betracht. Erforderlich ist vielmehr ein tatsächlich unfallbedingt entstandener und vom Geschädigten nachgewiesener Mehrbedarf;[147]
- Unfallbedingte und medizinisch erforderliche Anschaffung eines Hundes.[148]

93 Für vermehrte Bedürfnisse besteht in **§ 843 BGB** eine besondere gesetzliche Regelung. Danach besitzt der Geschädigte u.U. einen Anspruch auf eine Geldrente, die gemäß § 843 Abs. 3 BGB auch kapitalisierungsfähig ist, wenn ein wichtiger Grund dafür vorliegt.

135 BGH, Urt. v. 19.5.1981 – VI ZR 108/79 = VersR 1982, 238.
136 BGH NJW 1974, 41, 42.
137 OLG Celle, Urt. v. 26.6.2019 – 14 U 154/18 – juris Rn 206–207.
138 LG Hannover VRS 7, 404.
139 OLG Celle NJW 1964, 2162.
140 OLG Hamm, Urt. v. 15.2.2019 – 11 U 136/16 – juris Rn 108.
141 OLG Hamm, Urt. v. 15.2.2019 – 11 U 136/16 – juris Rn 110.
142 BGH, Urt. v. 18.2.1992 – VI ZR 367/90 = VersR 1992, 618.
143 BGH, Urt. v. 20.1.2004 – VI ZR 46/03 – juris.
144 BGH NJW-RR 1992, 791.
145 LG Bonn VersR 1996, 381.
146 BGH, Urt. v. 10.3.2020 – VI ZR 316/19 – juris.
147 OLG Celle, Urt. v. 26.6.2019 – 14 U 154/18 – juris Rn 206–207.
148 OLG Hamm, Urt. v. 15.2.2019 – 11 U 136/16 – juris Rn 80.

Ist der Geschädigte ein **Dauerpflegefall**, gebührt ihm ein Anspruch auf Ausgleich des Pflegeaufwandes. Soweit die Pflege professionell erbracht wurde, ist der konkret angefallene Kostenbetrag zu ersetzen.[149] In der Praxis werden die Pflegeleistungen häufig von nahen Angehörigen erbracht. Auch wenn derartige Pflegeleistungen einer sittlichen Anstandspflicht entsprechen, führt dies nicht zu einer Entlastung des Schädigers. Nach der Rechtsprechung des BGH[150] liegt die Bestimmung der Höhe eines Pflegegeldes im tatrichterlichen Ermessen. Die Höhe des zu ersetzenden Mehrbedarfs bei häuslicher Pflege ist allerdings dadurch begrenzt, dass die Aufwendungen zu ersetzen sind, die durch eine von dem Geschädigten gewählte und ihm in seiner besonderen Lage zumutbare Lebensgestaltung notwendig werden. Nicht ersatzfähig sind dagegen solche Kosten, die in keinem vertretbaren Verhältnis mehr zur Qualität der Versorgung des Geschädigten stehen.[151] Während bei professionellen Pflegekräften die Brutto-Kosten in den Grenzen der Erforderlichkeit und Schadenminderungspflicht zu erstatten sind, kann bei der kostenlosen, meist familiären Pflege nur ein fiktiver Nettolohn einer vergleichbaren Hilfskraft gefordert werden.[152] Der Stundensatz kann wie bei der Berechnung des Haushaltsführungsschadens (siehe Rdn 140) angenommen werden.[153] Eine Grundlage für die Schätzung des angemessenen Stundensatzes kann der jeweilige Mindestlohn sein. Auch im Rahmen dieser Betrachtung muss jedoch berücksichtigt werden, dass es sich beim Mindestlohn um den Bruttolohn handelt. Der Mindestlohn beträgt seit dem 1.1.2018 10,55 EUR. Hieraus leitet ein Teil der Rechtsprechung eine Netto-Vergütung von 8,00 EUR her.[154] Bei Schwerverletzten muss im Rahmen der Pflege durch nahe Angehörige überdies zwischen Zeiten aktiver Pflege und Zeiten passiver Bereitschaft unterschieden werden. Hierfür wird ein Betrag von netto 6,00 EUR pro Stunde für angemessen erachtet.[155] 94

▼ 95

Muster 9.22: Pflege durch nahe Angehörige 9.22

Versicherung AG

Schaden-Nr./VS-Nr./Az.

Schaden vom

Pkw , amtl. Kennzeichen

149 OLG Celle, Urt. v. 26.6.2019 – 14 U 154/18 – juris Rn 149.
150 BGH, Urt. v. 1.10.1985 – VI ZR 195/84, VersR 1986, 59 – juris Rn 2.
151 OLG Koblenz, Urt. v. 18.9.2000 – 12 U 1464/99 = VersR 2002, 244.
152 BGH, Urt. v. 10.11.1998 – VI ZR 354/97 = NJW 1999, 421.
153 *Küppersbusch/Höher*, Rn 265.
154 OLG Celle, Urt. v. 26.6.2019 – 14 U 154/18 – juris.
155 OLG Celle, Urt. v. 26.6.2019 – 14 U 154/18 – juris.

Sehr geehrte Damen und Herren,

soweit Sie in Ihrem Schreiben vom die Übernahme der mit EUR bezifferten monatlichen Rente ablehnen, steht dies im Widerspruch zu den hier maßgeblichen Rechtsgrundsätzen.

Unstreitig besitzt mein Mandant einen Anspruch auf Ausgleich der durch das Schadensereignis verursachten und erforderlichen Pflegeleistungen. Nach Maßgabe unserer Ausführungen im Schreiben vom beträgt der tägliche Pflegeaufwand ca. drei Stunden. Dieser Pflegeaufwand ist von Ihnen gemäß § 843 Abs. 1 BGB unter dem Gesichtspunkt der „vermehrten Bedürfnisse" auszugleichen.

Dem steht nicht entgegen, dass die Pflegeleistungen nicht von einer professionellen Pflegekraft erbracht und dafür entsprechende Geldbeträge in Rechnung gestellt werden. Erfolgt die Pflege in der Familie des Geschädigten kostenlos, kommt dies dem Schädiger nicht zugute (*Küppersbusch/Höher*, Ersatzansprüche bei Personenschaden, Rn 265, 45 m.w.N.). Die von den nahen Angehörigen des Geschädigten erbrachte zusätzliche Mühewaltung ist vom Schädiger angemessen auszugleichen (BGH NJW 1999, 421; BGH VersR 1986, 173; BGH VersR 1986, 391). Demgemäß kann dahingestellt bleiben, ob die von der erbrachten Pflegeleistungen bereits einer sittlichen Anstandspflicht entsprechen. Selbst wenn dies der Fall wäre, käme dies keinesfalls Ihnen zugute.

Auch die geltend gemachte Anspruchshöhe ist nach Maßgabe der von der höchstrichterlichen Rechtsprechung hierzu entwickelten Grundsätze nicht zu beanstanden. Zwar ist grundsätzlich nicht auf die Kosten einer professionellen Pflegekraft abzustellen (BGH VersR 1986, 173). Dennoch ging die Rechtsprechung von einem Stundensatz von früher 10 DM aus (OLG Köln VersR 1992, 506, 507; OLG Hamm zfs 1993, 333, 335). Dies entspricht unter Berücksichtigung der gestiegenen Lebenshaltungs- und Lohnkosten derzeit dem Betrag von mindestens EUR, zumal im Rahmen einer intensiven Pflege auch bereits ein Stundensatz von 11,6 EUR anerkannt ist (LG Detmold NZV 2004, 198). Unter Berücksichtigung des täglichen Pflegeaufwandes von durchschnittlich drei Stunden belaufen sich die monatlichen Pflegekosten auf EUR. Mein Mandant besitzt in entsprechender Höhe einen Rentenanspruch gemäß § 843 BGB. Nach alledem habe ich Sie aufzufordern, unverzüglich, spätestens jedoch bis zum

(*14-Tages-Frist*)

schriftlich zu bestätigen, dass Sie zu Rentenzahlungen in entsprechender Höhe bereit sind. Darüber hinaus bitte ich um Ausgleich der bislang angefallenen Pflegeleistungen in Höhe von EUR. Hierbei handelt es sich um die monatlichen Pflegebeträge seit der Entlassung meines Mandanten aus dem Krankenhaus am . Auch insoweit erwarte ich den Zahlungseingang innerhalb der o.g. Frist. Sollten Sie die Frist ungenutzt verstreichen lassen, werde ich meinem Mandanten die unverzügliche Inanspruchnahme gerichtlicher Hilfe empfehlen.

Mit freundlichen Grüßen

(Rechtsanwalt)

Die nach § 843 BGB zugesprochene Rente kann nach Maßgabe des gesteigerten **Lebenshaltungsindexes** turnusmäßig angepasst werden.[156] Es gelten insoweit die Grundsätze der Abänderungsklage gemäß § 323 ZPO. 96

Rechtsdogmatisch vermittelt § 843 BGB keinen Erstattungs-, sondern einen originären Schadensersatzanspruch i.S.d. §§ 249 ff. BGB. Gemäß § 249 Abs. 2 S. 1 BGB besteht ein Anspruch auf Ausgleich des „erforderlichen" Geldbetrags. Folglich kommt es nicht darauf an, ob der Geschädigte die Aufwendungen auch tatsächlich tätigt.[157] Eine „fiktive" Abrechnung der Pflegekosten ist möglich. Für die vermehrten Bedürfnisse kommt es hingegen auf den tatsächlichen Anfall der Kosten an.[158] 97

Zu prüfen ist auch, ob die **Eintrittspflicht eines Sozialversicherungsträgers** oder sonstigen Dritten besteht, weil der Forderungsübergang (vgl. § 6 Rdn 1 ff.) zum Wegfall der Aktivlegitimation des Mandanten führt, z.B. beim Wegeunfall. Dagegen betrifft der Arbeitsunfall wegen seiner Haftungsprivilegierung (vgl. § 5 Rdn 1 ff.) die Passivlegitimation des Anspruchsgegners. Da der Sozialversicherungsträger Leistungen ohne Prüfung eines Mitverschuldens erbringt, kann sich der Zugriff auf den Leistungskatalog (z.B. §§ 26–103 SGB VII) für den Mandanten lohnen. 98

So besteht beim Wegeunfall neben den Behandlungskosten (§§ 27–30 SGB VII) auch ein Anspruch auf Erstattung vermehrter Bedürfnisse, wie z.B. Kostenerstattung für Hilfsmittel (§ 31 SGB VII, z.B. Brille) und Leistungen zur Teilhabe am Leben in der Gemeinschaft, wie z.B. Erstattung der Kosten für Beschaffung oder Umbau eines Kraftfahrzeuges (§ 40 SGB VII), Kosten für den Umzug oder den Umbau der Wohnung (§ 41 SGB VII), Haushaltshilfe (§ 42 SGB VII) und Reisekosten (§ 43 SGB VII). In den §§ 56–62 SGB VII sind u.a. Rentenzahlungen geregelt, die deckungsgleich mit dem Erwerbsschaden des Geschädigten sein können. Da die Rentenzahlung Barunterhalt ist und sich der Haushaltsführungsschaden des Geschädigten aus Real- und Barunterhalt zusammensetzt, besteht auch insoweit Kongruenz. 99

Praxistipp 100

Kommt ein Wege- oder Arbeitsunfall in Betracht, ist eine Meldung beim Unfallversicherungsträger stets sinnvoll. Der Leistungskatalog des SGB umfasst neben Behandlungskosten auch vermehrte Bedürfnisse, nicht aber Schmerzensgeld.

Checkliste: Vermehrte Bedürfnisse 101

- Anders als Heilbehandlungskosten dienen vermehrte Bedürfnisse dem Ausgleich laufender Aufwendungen als Folge eines Dauerschadens.
- Da es sich um einen Schadensersatzanspruch gemäß § 249 BGB handelt, ist eine fiktive Abrechnung möglich.
- Die Kosten für Pflegekräfte sind auch dann auszugleichen, wenn die Pflegeleistungen von nahen Angehörigen erbracht werden.

156 OLG München VersR 1984, 245, 246.
157 KG VersR 1969, 260.
158 *Küppersbusch/Höher*, Rn 264; BGH, Urt. v. 14.1.1986 – VI ZR 48/85 = NJW 1986, 1538.

- Bei lebenslangen Aufwendungen erfolgt i.d.R. eine Verrentung der Ansprüche.
- Rentenansprüche können gemäß § 323 ZPO nach Maßgabe der gestiegenen Lebenshaltungskosten angepasst werden.

D. Erwerbsschaden

102 Unter dem Begriff des **Erwerbsschadens** werden alle Schadenspositionen zusammengefasst, die aus dem **unfallbedingten Arbeitsausfall** des Geschädigten resultieren. Woraus der Schaden im Einzelnen besteht, hängt vom Status des Geschädigten ab.

Dabei ist zu unterscheiden zwischen
- Lohnempfängern,
- Selbstständigen,
- Auszubildenden/Schülern/Kindern,
- Haushaltsvorständen,
- sonstigen Anspruchsberechtigten.

I. Lohnempfänger

103 **Arbeiter** und **Angestellte** besitzen gegen ihren jeweiligen Arbeitgeber einen Anspruch auf Lohnfortzahlung während ihres krankheits- oder unfallbedingten Ausfalls (§ 3 EFZG). Die Lohnfortzahlung erfolgt während der ersten sechs Wochen der Erkrankung. Bei der Berechnung des fortzuzahlenden Arbeitsentgelts gilt das **Lohnausfallprinzip**: Der Arbeitnehmer erhält grundsätzlich diejenige Vergütung, die er bezogen hätte, wenn er nicht arbeitsunfähig erkrankt wäre. Für die Berechnung des Verdienstausfallschadens ist hingegen zu beachten, dass Überstunden keine Berücksichtigung finden (§ 4 EFZG). Hätte der Geschädigte während des Ausfallzeitraums nachweislich Überstunden geleistet, kann dieser Ausfall auch während des Entgeltfortzahlungszeitraums geltend gemacht werden.

104 Nach dem Ablauf des Fortzahlungszeitraums erhält der Verletzte von seiner Krankenversicherung sog. **Krankengeld** (§§ 44–51 SGB V). Das Krankengeld wird nach Maßgabe des Einkommens vor dem Beginn der Arbeitsunfähigkeit berechnet. In der Regel beträgt es 70 % des letzten Brutto-, aber höchstens 90 % des Nettoeinkommens (§ 47 SGB V). Bei der Berechnung werden auch die Einmalzahlungen im letzten Jahr vor der Arbeitsunfähigkeit berücksichtigt. Davon fallen noch Beiträge zur Renten-, Arbeitslosen- und Pflegeversicherung an, die von der Krankenkasse einbehalten und an die entsprechenden Versicherungsträger abgeführt werden. Die Beitragsanteile des Arbeitgebers übernimmt währen des Krankengeldbezuges die Krankenkasse. In der Krankenversicherung besteht während des Bezuges von Krankengeld Beitragsfreiheit. Bei Arbeitslosen werden die Beiträge aus dem Krankengeld komplett von der Krankenkasse bezahlt. Die Berechnung des Krankengeldes erfolgt für den Kalendertag. Bezugszeiten von Krankengeld werden von Renten- und Arbeitslosenversicherung als Beitragszeiten angerechnet.

Im Ergebnis entsteht somit in jedem Fall ein Erwerbsschaden, wenn die Erkrankung den Lohnfortzahlungszeitraum von sechs Wochen übersteigt. Dann stellt die Differenz zwischen gezahltem Krankengeld und dem letzten Arbeitslohn einen Erwerbsschaden dar.

Die Berechnung des Erwerbsschadens nach dem Abschluss des Entgeltfortzahlungszeit- 105
raums erfolgt nach der sog. **modifizierten Nettolohnmethode.**[159] Da die Krankenkassen nach dem Ende des Entgeltfortzahlungszeitraums Krankengeld an den Geschädigten zahlt und dabei auch die Rentenversicherungsbeiträge begleicht, verbleibt beim Geschädigten nur noch ein Schaden in Höhe der Differenz zwischen dem fiktiven Nettolohn seines Arbeitgebers und den vom Krankenversicherer entrichteten Krankengeldzahlungen.

▼ 106

Muster 9.23: Erwerbsschaden bei Krankengeldzahlung

Versicherung AG

Schaden-Nr./VS-Nr./Az.

Schaden vom

Pkw , amtl. Kennzeichen

Sehr geehrte Damen und Herren,

mein Mandant geht seit dem wieder seiner Erwerbstätigkeit nach. Während seiner Krankschreibung erlitt er einen nicht unerheblichen Erwerbsschaden. Dies betrifft die Zeitdauer nach Abschluss des Entgeltfortzahlungszeitraums am bis zur Wiederaufnahme seiner beruflichen Tätigkeit am . Die Berechnung des Erwerbsschadens erfolgt nach Maßgabe der herrschenden Rechtsprechung (BGH VersR 1995, 104) auf der Grundlage der modifizierten Nettolohntheorie. In der Anlage füge ich Ihnen die Gehaltsabrechnungen meines Mandanten für die Zeit von Monaten vor dem schadenbegründenden Ereignis bei. Die durchschnittliche monatliche Nettovergütung betrug in dem vorgenannten Zeitraum EUR. Daraus ergibt sich ein tägliches Nettoentgelt in Höhe von EUR.

Hierauf erbrachte der Krankenversicherer meines Mandanten nach dem Abschluss des Entgeltfortzahlungszeitraums bis zur Wiederaufnahme seiner beruflichen Tätigkeit Krankengeldzahlungen. Ausweislich des in der Anlage in Kopie beigefügten Bescheides der Krankenkasse vom beliefen sich die täglichen Krankengeldzahlungen auf EUR. Die Differenz zum fiktiven Nettoentgelt beträgt demgemäß EUR. Der Ausfallzeitraum, in dem Krankengeld geleistet wurde, beträgt Tage. Daraus ergibt sich ein ausgleichspflichtiger Erwerbsschaden in Höhe von EUR.

Für den Ausgleich des vorgenannten Betrags habe ich mir eine Frist bis zum

(14-Tages-Frist)

notiert.

159 BGH, Urt. v. 15.11.1994 – VI ZR 194/93 = VersR 1995, 104.

Im Übrigen behält sich mein Mandant ausdrücklich die Nachbezifferung seines Erwerbsschadens für den Fall steuerlicher Nachteile vor. Die Bezifferung des Erwerbsschadens erfolgte auf der Grundlage des Nettoeinkommens meines Mandanten. Die darauf entfallenden Einkommensteuern sind in dem Erwerbsschaden mithin nicht enthalten. In welcher Höhe die darauf zu entrichtenden Steuern anfallen, ist erst nach der entsprechenden Steuerfestsetzung feststellbar. Ich bitte deshalb um schriftliche Bestätigung, dass die aus der Nachversteuerung des Erwerbsschadens resultierenden Einkommensteuern von Ihnen auf entsprechenden Nachweis (Vorlage des Steuerbescheides) entrichtet werden. Auch insoweit erwarte ich Ihre Rückantwort innerhalb der o.g. Frist.

Mit freundlichen Grüßen

(Rechtsanwalt)

▲

107 Die Höhe des Anspruchs richtet sich grundsätzlich nach dem letzten gezahlten Lohn. Hierzu gehören sämtliche Bestandteile, die vom Arbeitgeber regelmäßig gezahlt werden,[160] also auch

- Weihnachtsgeld,[161]
- Urlaubsgeld,
- Sondergratifikationen,
- Treuegelder,
- Überstundenvergütungen.

108 Eine **Gehaltserhöhung** ist dabei zu berücksichtigen, sofern der Geschädigte nachweist, dass sie für ihn sicher in Aussicht stand. Nicht zu berücksichtigen sind hingegen sämtliche Lohnbestandteile, die reine Aufwandsentschädigungen darstellen und die der Geschädigte durch den Unfall eingespart hat. Hierzu zählen u.a. Schmutzzulagen, Spesen und Fahrtkostenersatz.

109 Gemäß **§ 6 EFZG** gehen die Ersatzansprüche des Geschädigten in Höhe der Lohnfortzahlung auf den Arbeitgeber über (siehe im Einzelnen § 6 Rdn 19 ff.). Beauftragt der Arbeitgeber einen Rechtsanwalt mit der Geltendmachung und Durchsetzung des auf ihn übergegangenen Geldfortzahlungsschadens, sind die Kosten der anwaltlichen Beauftragung nach überwiegender Auffassung[162] mangels Erforderlichkeit nicht erstattungspflichtig. Eine Ausnahme besteht nur dann, wenn sich der Anspruchsgegner mit dem Ausgleich der vom Arbeitgeber angemeldeten Ansprüche im Verzug befindet, bevor der Anwalt erstmals tätig wird.[163] Der Anspruch aus übergegangenem Recht unterliegt jedoch den gleichen Kürzungen wie sie auch der Arbeitnehmer selber erfährt.

160 BGH, Urt. v. 13.5.1986 – VI ZR 80/85 = VersR 1986, 968; OLG Köln, Urt. v. 6.3.2007 – 3 U 188/06 = SP 2007, 427; a.A. LAG Baden-Württemberg, Urt. v. 27.7.2011 – 13 Sa 15/11 = VRR 2012, 225 mit umfassender Begründung.
161 BGH NJW 1996, 2296.
162 AG Essen, Urt. v. 2.4.2014 – 17 C 260/13 = SVR 2015, 64 m. Anm. *Balke*; LG Koblenz VersR 1977, 1060.
163 AG Dortmund NZV 2001, 383; AG Völklingen JurBüro 2002, 535.

▼ 110

Muster 9.24: Anspruchskürzung wegen ersparter Eigenaufwendungen 9.24

Nach einhelliger Auffassung in Rechtsprechung (u.a. BGH VersR 80, 455) und Literatur (*Küppersbusch*, Ersatzansprüche bei Personenschaden, Rn 78) muss sich der Geschädigte sämtliche infolge des Unfalls weggefallene oder reduzierte Werbungskosten oder sonstige Aufwendungen im Zusammenhang mit seiner Erwerbstätigkeit auf den Schaden anrechnen lassen. Hierzu gehören insbesondere Fahrtkosten zur Arbeitsstätte (BGH VersR 1980, 455), Verpflegungsmehrkosten, Beiträge zu Berufsverbänden, erhöhter Kleiderverschleiß sowie Reinigungskosten für berufsbedingt benutzte Kleidung, Kosten für Arbeitsmittel und Fortbildungskosten. Die ersparten Kosten sind gemäß § 278 ZPO zu schätzen. Die Rechtsprechung schätzt die ersparten Aufwendungen in der Regel mit 10 % des Nettoeinkommens (OLG München, Urt. v. 26.3.2019 – 24 U 2290/18 – juris; OLG Naumburg, Urt. v. 18.2.2013 – 12 U 162/12 – juris; OLG Stuttgart NJW 85, 310; LG Tübingen zfs 92, 82; OLG Naumburg SP 99, 90; LG Münster NJW-RR 1011, 1593; OLG München, Urt. v. 21.4.2011 – 10 U 4208/10 – juris). Der Abzug von 10 % ist nicht zu beanstanden, solange der Geschädigte nicht nachweist, geringere Ersparnisse gehabt zu haben (*Küppersbusch*, a.a.O.).

▲

II. Selbstständige

Die Berechnung des Verdienstausfallschadens ist bei Selbstständigen wesentlich komplizierter und aufwendiger. Eine Lohnfortzahlung findet nicht statt. Der Verdienstausfallschaden besteht aus den Einbußen, die der selbstständig Tätige während seines unfallbedingten Arbeitsausfalls konkret erlitten hat. Die Schadensbezifferung setzt entweder den Nachweis **konkret entgangener Geschäfte** oder einer **Gewinnminderung** voraus. Dieser Nachweis hängt von vielen Unbekannten ab und lässt sich häufig nur unter Mithilfe von Steuerberatern, Wirtschaftsprüfern oder entsprechenden Sachverständigen vornehmen. 111

Da Umsatz, Kosten, Steuern und somit der Gewinn eines Selbstständigen Schwankungen unterworfen sind, ist eine exakte Berechnung unmöglich. In der Regel hilft eine Darstellung von Umsatz, Kosten und Gewinn in den Jahren vor dem Unfall und eine Gegenüberstellung der einzelnen Werte im Jahr des Unfalls und ggfs. dem Folgejahr.[164] Maßgebend ist, wie sich das vom Selbstständigen betriebene Unternehmen ohne den Unfall voraussichtlich entwickelt hätte.[165] Ebenfalls zu berücksichtigen sind besondere Effekte, z.B. saisonal bedingte umsatzstarke Zeiten. Auch die konkrete Tätigkeit des Selbstständigen, der Zeitpunkt und die Dauer der unfallbedingten Arbeitsunfähigkeit haben Auswirkungen auf die Berechnung des Schadens. So vielfältig wie die Tätigkeiten von Selbstständigen sind, so vielfältig ist auch die Darlegung des Erwerbsschadens. Beispielsweise kann bei einem Taxifahrer, der seine tägliche Tätigkeit nicht nachholen kann, schon ein kurzfristiger Arbeitsunfall zu einem Erwerbsschaden führen, während der Betreiber 112

164 OLG Celle, Urt. v. 9.9.2009 – 14 U 41/09 = OLGR Celle 2009, 1003.

165 OLG München, Urt. v. 29.10.2010 – 10 U 3255/10 – juris; BGH, Urt. v. 31.3.1992 – IV ZR 143/91 = VersR 1992, 973; BGH, Urt. v. 6.2.2001 – VI ZR 339/99 = NJW 2001, 1640.

einer Eisdiele bei einem zweimonatigen Arbeitsunfall in den Wintermonaten keinen Gewinnrückgang verzeichnen wird. Um den geltend gemachten Schaden nachvollziehbar darlegen zu können und dadurch Streit in der Regulierung zu vermeiden, ist eine frühzeitige Besprechung mit dem Mandanten hinsichtlich seiner konkreten selbstständigen Tätigkeit und Gewinnerzielung und eine Beratung des Mandanten vor allem vor dem Hintergrund der Schadenminderungspflicht unumgänglich.

113 Wegen der Unmöglichkeit der exakten Berechnung und der erforderlichen Prognose der hypothetischen Geschäftsentwicklung kommen dem Geschädigten **Beweiserleichterungen** nach § 252 S. 2 BGB und § 287 Abs. 1 ZPO zugute.[166] Für die Schätzung des Erwerbsschadens müssen aber hinreichende Anknüpfungstatsachen dargelegt und bewiesen werden.[167] Auch die erleichterte Schadensberechnung lässt eine völlig abstrakte Berechnung eines Erwerbsschadens nicht zu.[168]

114 Ist die Erwerbsfähigkeit des Geschädigten nur gemindert, verbietet sich eine abstrakte Schätzung aufgrund des Grades der MdE. Gefordert ist auch hier keine konkrete Darstellung. Die Beeinträchtigung der Erwerbsfähigkeit verpflichtet nur zum Schadensersatz, soweit durch sie tatsächlich ein Vermögensschaden entstanden ist, d.h. soweit der Verletzte durch die Minderung der Erwerbsfähigkeit tatsächlich einen Verdienstausfall erlitten hat.[169]

115 Aufgrund der Probleme bei der Bezifferung des Verdienstausfallschadens sollte stets geprüft werden, ob der Ausfall der Arbeitskraft des Mandanten durch die Einstellung einer Ersatzkraft aufgefangen werden kann. Die dadurch verursachten Kosten stellen einen leicht zu bestimmenden und vom Schädiger zu ersetzenden Schaden dar.[170] Eine fiktive Abrechnung für eine gleichwertige, aber tatsächlich nicht eingestellte Ersatzkraft ist jedoch unzulässig. Der Ausfall der Arbeitskraft muss sich negativ in einer entsprechenden Bilanz niedergeschlagen haben.[171]

116 ▼

Muster 9.25: Kosten einer Ersatzkraft

9.25

Versicherung AG

Schaden-Nr./VS-Nr./Az.

166 BGH, Urt. v. 3.3.1998 – VI ZR 385/96 = VersR 1998, 772.

167 BGH, Urt. v. 23.2.2010 – VI ZR 331/08 = VersR 2010, 550; BGH, Urt. v. 3.3.1998 – VI ZR 385/96 = VersR 1998, 772.

168 BGH, Urt. v. 23.2.2010 – VI ZR 331/08 = VersR 2010, 550; BGH, Urt. v. 16.3.2004 – VI ZR 138/03 = VersR 2004, 874.

169 OLG Celle, Urt. v. 9.9.2009 – 14 U 41/09 = OLGR Celle 2009, 1003; BGH, Urt. v. 24.10.1978 – VI ZR 142/77 = VersR 1978, 1170; BGH VersR 1970, 640; BGH VersR 1968, 396.

170 BGH, Urt. v. 21.6.1977 – VI ZR 16/76 = VersR 1977, 916.

171 BGH, Urt. v. 31.3.1992 – IV ZR 143/91 = NJW-RR 1992, 852; OLG Oldenburg, Urt. v. 17.6.1997 – 5 U 21/97 = VersR 1998, 1285.

Schaden vom

Pkw , amtl. Kennzeichen

Sehr geehrte Damen und Herren,

der Arbeitsunfähigkeitszeitraum meines Mandanten ist nunmehr abgeschlossen. Seit dem übt er wieder seinen Beruf als selbstständiger aus. Während des Ausfallzeitraums beschäftigte mein Mandant . Grundlage des Beschäftigungsverhältnisses war der in der Anlage in Kopie beigefügte befristete Arbeitsvertrag. Danach betrug die Bruttovergütung für die Aushilfe EUR. Hierauf hatte mein Mandant anteilige Sozialversicherungsbeiträge in Höhe von zu leisten. Diese Beträge setzen sich wie folgt zusammen:

Danach beträgt der Erwerbsschaden meines Mandanten insgesamt EUR. Für den Ausgleich dieses Betrags habe ich mir eine Frist bis zum

(*14-Tages-Frist*)

notiert. Äußerst vorsorglich weise ich bereits jetzt darauf hin, dass durch den Einsatz der Hilfskraft der Geschäftsbetrieb meines Mandanten nur teilweise, aber nicht vollständig aufrechterhalten werden konnte. Mein Mandant behält sich deshalb vor, nach Abschluss des Wirtschaftsjahres etwaig nachweisbare Gewinneinbußen gesondert geltend zu machen.

Mit freundlichen Grüßen

(Rechtsanwalt)

Der Ausgleich der Kosten der Ersatzkraft kann vollständig abgelehnt werden, wenn sie betriebswirtschaftlich unvertretbar sind und die Einstellung der Ersatzkraft einen Verstoß gegen die Schadenminderungspflicht bedeutet.[172] Der Schädiger ist dazu berechtigt, die Kosten der Ersatzkraft nur anteilig auszugleichen, wenn ihm der Nachweis gelingt, dass der Gewinn des Geschäftsbetriebes durch den Einsatz der Ersatzkraft nicht nur kompensiert, sondern sogar erhöht wurde. Andererseits kann der Geschädigte neben den Kosten der Ersatzkraft auch Schadensersatzansprüche wegen entgangenem Gewinn geltend machen, sofern die Ersatzkraft den Ausfall des Geschädigten nicht auszugleichen vermochte. **117**

III. Kinder, Schüler und Auszubildende

Die Prognose der voraussichtlichen Gehaltsentwicklung ist im Vergleich zu Selbstständigen noch komplizierter, wenn es sich bei dem Geschädigten um ein Kind, einen Schüler oder einen Auszubildenden handelt. Erleidet beispielsweise ein 16-jähriger unfallbedingt eine Querschnittslähmung, muss eine Prognose über die berufliche Entwicklung getroffen werden, die der Geschädigte ohne den Unfall genommen hätte. Hierzu muss der Geschädigte konkrete Anhaltspunkte für diese Prognose dartun und gegebenenfalls beweisen. Auf der Grundlage gesicherter Anknüpfungspunkte ist ein Wahrscheinlichkeits- **118**

172 KG, Beschl. v. 8.7.2010 – 12 U 81/10 = zfs 2011, 141.

urteil über die nach dem gewöhnlichen Lauf der Dinge anzunehmende berufliche Entwicklung des Geschädigten zu fällen.[173] Fällt beispielsweise ein Schüler für ein oder zwei Schuljahre unfallbedingt aus, besteht sein Schaden in dem **verspäteten Eintritt in das Berufsleben**. Daraus können Nachteile bei der Karriereplanung und beim Verdienst resultieren. Die konkrete Bezifferung des Verdienstausfallschadens ist in der Regel nicht ohne Hilfe eines Gutachters möglich. Zur Bezifferung des Schadens muss eine Gegenüberstellung des hypothetischen Verlaufs ohne Unfall unter Darstellung möglichst konkreter Anhaltspunkte und des tatsächlichen Verlaufs nach dem Unfall unter Berücksichtigung der konkreten unfallbedingten Auswirkungen erfolgen.[174]

119 *Beispiel*

Der Mandant A ist Medizinstudent. Kurz vor seinem Physikum wird er Opfer eines fremdverschuldeten Verkehrsunfalls. Dabei erleidet er eine Gehirnerschütterung sowie ein HWS-Syndrom 2. Grades. A wird für mehrere Wochen krankgeschrieben. In den Krankschreibungszeitraum fällt das Physikum. A kann die Prüfung krankheitsbedingt nicht absolvieren. Da die Prüfung im laufenden Semester nicht nachgeholt werden kann, verzögert sich der Studienabschluss des A um ein Semester. A weist nach, dass er nach dem Abschluss des Studiums eine Assistenzarztstelle in einem Krankenhaus antreten kann. Schadensbedingt kann die Stelle erst mit einem halben Jahr Verspätung angetreten werden. Für diese Zeit macht er gegenüber dem gegnerischen Kfz-Haftpflichtversicherer einen Erwerbsschaden geltend.

120 ▼

Muster 9.26: Verspäteter Eintritt ins Erwerbsleben

9.26

Versicherung AG

Schaden-Nr./VS-Nr./Az.

Schaden vom

Pkw , amtl. Kennzeichen

Sehr geehrte Damen und Herren,

ich komme zurück auf die vorbezeichnete Schadensache. Infolge des Verkehrsunfalls hat mein Mandant einen erheblichen Personenschaden erlitten. Nach Maßgabe der Ihnen vorliegenden Arztberichte erlitt er eine schwere Gehirnerschütterung sowie ein HWS-Syndrom 2. Grades. Mein Mandant ist Medizinstudent. Infolge des Schadensfalls war es ihm nicht möglich, das für den geplante Physikum zu absolvieren. Ausweislich der in der Anlage in Kopie beigefügten Bestätigung der Universität hatte er sich für das Physikum ordnungsgemäß angemeldet. Eine Wiederholung dieser Prüfung ist erst im nächsten Semester möglich. Dadurch verzögert sich der Eintritt meines Mandanten in sein Berufsleben um sechs Monate. Der unfallbedingt verzögerte Eintritt in das Erwerbsle-

173 OLG Brandenburg, Urt. v. 27.4.2023 – 12 U 65/21 – juris.

174 OLG Köln, Urt. v. 9.8.2013 – 19 U 137/09 = SVR 2014, 383; KG, Urt. v. 23.7.2001 – 12 U 980/00 = NZV 2002, 95; BGH, Urt. v. 6.6.2000 – VI ZR 172/99 = VersR 2000, 1521.

ben und die dadurch verursachten finanziellen Nachteile stellen einen vom Schädiger zu ersetzenden Schaden dar (vgl. OLG Hamm VersR 2000, 234).

Mein Mandant hat nach dem Abschluss seiner Berufsausbildung eine Assistenzarztstelle im Krankenhaus angetreten. Näheres hierzu entnehmen Sie bitte der in der Anlage in Kopie beigefügten Bestätigung des Krankenhauses vom . Der um sechs Monate verzögerte Beginn seiner beruflichen Tätigkeit führt bei meinem Mandanten zu einem erheblichen Erwerbsschaden. Ausweislich des in der Anlage beigefügten Musteranstellungsvertrags beträgt die monatliche Bruttovergütung von Assistenzärzten in dem betreffenden Krankenhaus EUR. Zur Ermittlung des für die Bezifferung des Erwerbsschadens maßgeblichen Nettoverdienstausfalls sind hiervon die von meinem Mandanten anteilig zu erbringenden Sozialversicherungsbeiträge sowie die auf den Bruttolohn entfallende Lohnsteuer in Abzug zu bringen. Danach ergibt sich folgende Berechnung:

Monatlicher Bruttolohn	EUR
Beiträge zur gesetzlichen Krankenversicherung	EUR
Beiträge zur gesetzlichen Rentenversicherung	EUR
Beiträge zur gesetzlichen Arbeitslosenversicherung	EUR
Beiträge zur gesetzlichen Pflegeversicherung	EUR
Anteilige Lohnsteuer unter Berücksichtigung eines Jahresverdienstes in Höhe von EUR	EUR
Daraus ergebender Nettoverdienst	EUR

Auf der Grundlage eines monatlichen Nettoverdienstes in Höhe von EUR beträgt der Erwerbsschaden für den um sechs Monate verzögerten Eintritt in das Berufsleben vorläufig EUR. Ich bitte um Ausgleich dieses Betrags bis zum

(*14-Tages-Frist*)

auf das Ihnen bekannte Konto meines Mandanten.

Die Geltendmachung eines weiter gehenden Erwerbsschadens behält sich mein Mandant ausdrücklich vor. Dies betrifft insbesondere einen etwaigen Minderverdienst infolge verspäteter Einkommenssteigerungen sowie eine etwaige Kürzung seiner Altersrente aus Anlass des verspäteten Beginns der Beitragszahlungen. Ich bitte insoweit um Ihre schriftliche Bestätigung, dass Sie sich zum Ausgleich der zukünftigen Erwerbsnachteile meines Mandanten aus Anlass des in Rede stehenden Schadensereignisses verpflichten. Auch insoweit bitte ich höflich um Rückantwort innerhalb der o.g. Frist.

Mit freundlichen Grüßen

(Rechtsanwalt)

▲

Der Geschädigte muss sich grundsätzlich auch Vorteile auf den Schadenumfang anrech- **121**
nen lassen, die durch den Unfall herbeigeführt wurden, z.B. ersparten Wehrdienst,[175] aber auch ersparte Aufwendungen, die in dem nach dem Soll-Verlauf ausgeübten Beruf

175 OLG Hamm, Urt. v. 26.11.1997 – 13 U 92/96 = VersR 2000, 234.

angefallen wären (Fahrtkosten, Berufsbekleidung oder weitergezahlte Stipendien).[176] Kann der Geschädigte trotz des Unfalls ein Einkommen erzielen, reduziert sich der Schadensersatzanspruch entsprechend bzw. entfällt bei gleich hohem Einkommen vollständig.[177] Die Anrechnung tatsächlich erzielter Einkünfte scheidet jedoch aus, wenn dem eine überobligationsmäßige Erwerbstätigkeit des Geschädigten zugrunde liegt.[178]

122 Im Übrigen kann der konkrete Verdienstausfallschaden bei einem verspäteten Eintritt in das Berufsleben erst ab dem Zeitpunkt geltend gemacht werden, zu dem er tatsächlich in das Erwerbsleben eingetreten wäre. Zukünftige Ansprüche müssen deshalb zwingend durch Feststellungsanträge gesichert werden.

IV. Haushaltsvorstände (Haushaltsführungsschaden)

123 Der nicht berufstätige Geschädigte erleidet einen Erwerbsschaden, wenn er während des verletzungsbedingten Ausfalls seinen Haushalt nicht mehr führen kann. Der Haushaltsführungsschaden des Nichtberufstätigen wird in der Praxis der Verkehrsunfallbearbeitung häufig übersehen.

124 Die Haushaltsführung stellt eine Erwerbstätigkeit i.S.d. § 842 BGB dar und/oder begründet einen Anspruch auf Ausgleich vermehrter Bedürfnisse gemäß § 843 BGB.[179] Um einen Erwerbsschaden gemäß § 842 BGB handelt es sich in den Fällen, in denen Unterhaltspflichten gemäß § 1360 BGB aufgrund unfallbedingten Ausfalls nicht mehr erfüllt werden können.

> *Beispiel*
>
> A ist verheiratet. Seine Ehefrau ist berufstätig, während er den Haushalt führt und für die Erziehung der Kinder zuständig ist. Durch den Unfall erleidet A einen Personenschaden. Dadurch kann er seiner Unterhaltspflicht gemäß § 1360 BGB nicht mehr entsprechen.

Die Beeinträchtigung der Haushaltsführung ist allerdings nur dann ein nach §§ 842, 843 BGB zu ersetzender Erwerbsschaden, wenn die Tätigkeit der Erfüllung einer gesetzlichen Unterhaltspflicht dient. Die Pflege der Mutter der Geschädigten ist deshalb bei der Bemessung des Haushaltsführungsschadens nicht zu berücksichtigen, sofern eine entsprechende Unterhaltsverpflichtung gem. § 1602 Abs. 1 BGB nicht konkret vorgetragen worden ist.[180] In einer nichtehelichen Lebensgemeinschaft besteht grundsätzlich kein Anspruch auf Ausgleich eines unfallbedingten Mehrbedarfs, da hinsichtlich der für den Lebensgefährten erbrachten Hausarbeit keine rechtliche Verpflichtung zur Erbringung von Unterhaltsleistungen besteht.[181] Wurde hingegen zwischen den Partnern einer nichtehelichen Lebensgemeinschaft bereits vor dem Schadenereignis eine vertragliche

176 *Küppersbusch/Höher*, Rn 176.
177 OLG Köln, Urt. v. 21.3.1997 – 19 U 158/96 = VersR 1998, 507.
178 OLG Brandenburg, Urt. v. 27.4.2023 – 12 U 65/21 – juris.
179 BGH NJW 1974, 41.
180 OLG Brandenburg, Urt. v. 13.10.2016 – 12 U 180/15 – juris.
181 OLG Düsseldorf, Urt. v. 2.1.2019 – 1 U 158/16 – juris.

Vereinbarung darüber getroffen, dass Haushaltsleistungen als Gegenleistung zu Unterhaltsleistungen erbracht werden sollen, ergibt sich hieraus ein ersatzfähiger Vermögensschaden.[182] Die Unterscheidung zwischen dem Haushaltsführungsschaden als Erwerbsschaden oder als Bestandteil der vermehrten Bedürfnisse ist wichtig für die Frage, ob und in welchem Umfang sich der Geschädigte Leistungen von Sozialversicherungsträgern auf den Haushaltsführungsschaden anrechnen lassen muss. Maßgeblich ist hierfür die Frage, der Kompensation welchen Schadens die Leistung des Sozialversicherungsträgers dient.

Der Haushaltshilfeschaden stellt vermehrte Bedürfnisse dar, wenn die Möglichkeit wegfällt, eigene Bedürfnisse zu befriedigen. **125**

Beispiel

A ist alleinstehend. Unfallbedingt ist es ihm nicht mehr in vollem Umfang möglich, seinen eigenen Haushalt zu führen.

Ansprüche auf Ausgleich eines Haushaltsführungsschadens können folgende Personen geltend machen: **126**

- die (Nur-)**Hausfrau** wie der (Nur-)**Hausmann**,
- **Berufstätige** nur, soweit sie neben ihrem Verdienstausfall auch in ihrer Haushaltsführung beeinträchtigt sind,
- **Eltern** auch wegen der Versorgung und Erziehung ihrer Kinder im Haushalt,
- **Kinder**, wenn sie im Haushalt erheblich mitgeholfen haben – es muss sich dabei jedoch um einen eigenen Schaden des Kindes handeln (soweit es um die entgangene Mithilfe der Kinder im Haushalt geht, kommt primär ein unmittelbarer Anspruch der Eltern aus § 845 BGB in Betracht). Zwar kann das im Haushalt der Eltern wohnende, volljährige und berufstätige Kind keinen Haushaltsführungsschaden nach § 843 Abs. 1 Alt. 1 BGB unter dem Gesichtspunkt des Erwerbsschadens geltend machen, da das Kind, welches seine volle Arbeitskraft für eine eigene entgeltliche Berufstätigkeit einsetzt, keine Verpflichtung zur Mitarbeit gemäß § 1619 BGB mehr trifft. Jedoch kann dies unter dem Gesichtspunkt vermehrter eigener Bedürfnisse, § 843 Abs. 1 Alt. 2 BGB Ansprüche geltend machen.[183] Die Konstellation ist insoweit einem Single-Haushalt vergleichbar, für welchen ein Anspruch auf Erstattung des Haushaltsführungsschadens anerkannt ist. Es kann keinen haftungsrechtlich relevanten Unterschied darstellen, ob der eigene Haushalt in eigenen bzw. angemieteten Räumen oder noch in Räumen des elterlichen Anwesens geführt wird.
- **eingetragene Lebenspartner** nach dem LPartG. Ab dem 1.10.2017 gilt gem. § 1353 Abs. 1 S. 1 BGB die „Ehe für alle". Sie setzt voraus, dass sie von zwei Personen gleichen oder unterschiedlichen Geschlechts auf Lebenszeit geschlossen wird.

182 OLG Düsseldorf, Urt. v. 12.6.2006 – I-1 U 241/05 – juris.
183 OLG Saarbrücken, Urt. v. 1.6.2017 – 4 U 122/16 – juris Rn 73.

127 Umstritten ist, ob dem Verletzten in einer nichtehelichen Lebensgemeinschaft auch ein Anspruch auf einen Erwerbsschaden zusteht. Hiergegen spricht, dass ein solcher Anspruch nur dann besteht, wenn der Betroffene für andere Personen in Erfüllung einer geschuldeten Unterhaltsverpflichtung eine Hausarbeit leistet. Diese Verpflichtung folgt bei Ehegatten aus § 1360 BGB und erstreckt sich gerade nicht auf die nichteheliche Gemeinschaft. Insoweit wird von der h.M. in der Rechtsprechung vertreten, dass lediglich ein Anspruch auf den Ausgleich vermehrter Bedürfnisse besteht.[184]

128 ▼

Muster 9.27: Ablehnung des Haushaltsführungsschadens bei nicht ehelicher Lebensgemeinschaft

Bei dem Ersatz des Haushaltsführungsschadens wird nicht schon die Betätigung der Arbeitskraft als solche, sondern nur die für andere in Erfüllung einer gesetzlich geschuldeten Unterhaltsverpflichtung geleistete Haushaltstätigkeit eine der Erwerbstätigkeit ersetzt, weil nur diese eine dem auf Erzielung von Gewinn zur Deckung des Lebensbedarfs gerichteten Arbeitseinsatz vergleichbare, wirtschaftlich ins Gewicht fallende Arbeitsleistung darstellt (so bereits BGH NJW 1974, 41) Diese Einschränkung ist erforderlich, weil es bei den §§ 842 f. BGB um den Ersatz von Vermögensschäden geht. Das Vermögen kann aber nur dann betroffen sein, wenn durch das Unterbleiben der Hausarbeit für dritte Personen eine bestehende Unterhaltspflicht mit der Folge unerfüllt bliebe, dass die Verletzte an sich gehalten wäre, auf andere Weise ihren Beitrag zum Familienunterhalt zu leisten. Kann die fragliche Hausarbeit dagegen nach Belieben geleistet oder unterlassen werden, so berührt eine Verletzung, die ihre Erbringung unmöglich macht, die Vermögenssphäre nicht. Dementsprechend wird ein Haushaltsführungsschaden wegen eines Erwerbsschadens in der Rechtsprechung zu Recht abgelehnt, wenn – wie hier – keine gesetzliche Unterhaltspflicht besteht (KG, Urt. v. 26.7.2010 – 12 U 77/09 = MDR 2010, 1460; OLG Celle, SP 2009, 288; OLG Düsseldorf, Urt. v. 12.6.2006 – 1 U 241/05 = NJW-RR 2006, 1535; OLG Nürnberg MDR 2006, 93).

▲

129 Kommt es zu einem verletzungsbedingten Ausfall einer Haushaltsführungskraft, kommt es für die Berechnung des Haushaltsführungsschadens allein darauf an, in welchem Umfang der Geschädigte vor dem Unfall tatsächlich Arbeitsleistungen im Haushalt erbracht hat.[185] Anders als beim Ausfall der Haushaltsführungskraft infolge eines tödlich verlaufenden Unfalls wird also nicht auf die gesetzlich geschuldeten, sondern auf die tatsächlich erbrachten Leistungen abgestellt. Inwieweit der Ehegatte nach § 1356 BGB zur Mitarbeit im Haushalt verpflichtet ist, richtet sich nach der zwischen den Ehegatten getroffenen und gelebten Regelung.[186]

184 KG, Urt. v. 26.7.2010 – 12 U 77/09 = MDR 2010, 1460; OLG Celle, Urt. v. 12.2.2009 – 5 U 138/08 = SP 2009, 288; OLG Düsseldorf, Urt. v. 12.6.2006 – 1 U 241/05 = NJW-RR 2006, 1535; OLG Nürnberg, Urt. v. 10.6.2005 – 5 U 195/05 = MDR 2006, 93; OLG Düsseldorf VersR 1992, 1418; OLG Köln zfs 1984, 32; LG Hildesheim VersR 2002, 1431.

185 BGH, Urt. v. 8.10.1996 – VI ZR 247/95 = r+s 1997, 22.

186 OLG Celle, Urt. v. 26.6.2019 – 14 U 154/18 – juris Rn 155.

Die Ermittlung des konkreten Ausfalls der Haushaltskraft ist mit erheblichen Problemen verbunden. Einen wichtigen Anhaltspunkt für die Bezifferung bietet das sog. **Münchener Modell**.[187] Danach wird der konkrete Ausfallzeitraum anhand folgender Kriterien ermittelt: 130

- Haushaltstyp,
- regelmäßig anfallende Wochenarbeitszeit im konkreten Haushalt,
- Art der Verletzung,
- Einfluss der Verletzung auf die Haushaltsführung.

Das „Münchener Modell“ wurde u.a. in die Veröffentlichung von *Schulz-Borck/Hofmann*,[188] nunmehr *Pardey*, (Der Haushaltsführungsschaden) eingearbeitet. Die Berechnung des Haushaltsführungsschadens auf der Grundlage dieser Veröffentlichung wird nur noch von einem abnehmenden Teil der Rechtsprechung anerkannt. In der Veröffentlichung befinden sich diverse Tabellen und Fragebögen, die auf statistischen Erhebungen basieren und zur Ermittlung des konkreten bzw. gesetzlich geschuldeten Ausfalls dienen. Allerdings wurde in der Rechtsprechung berechtigte Kritik an den Tabellenwerten geäußert. So sind die dort angegebenen Werte allzu oft willkürlich gewählt, empirisch nicht abgesichert und werden der heutigen Lebenswirklichkeit kaum gerecht.[189] Der überwiegende Teil der aktuellen obergerichtlichen Rechtsprechung legt daher die gängigen Tabellenwerke (*Schulz-Borck/Hofmann*; *Pardey*; *Schah Sedi*) der Schadensschätzung bei der Bemessung des Haushaltsführungsschadens nicht mehr zugrunde.[190] Stattdessen wird der Haushaltsführungsschaden auf der Basis der konkreten Lebensverhältnisse des Geschädigten ermittelt. Dies setzt voraus, dass der Anspruchsteller zu den einzelnen Anspruchsvoraussetzungen substantiiert vorträgt.[191] Hierfür bedarf es zunächst substantiierter Angaben zur Größe und Ausstattung des Haushalts des Geschädigten.[192] Sodann muss der Geschädigte vortragen und beweisen, welche Tätigkeiten er im Haushalt ausgeführt und welche Zeit er dafür aufgewandt hat. Weiterhin muss er darlegen und beweisen, welche Tätigkeiten er in den einzelnen Zeitabschnitten nach dem Unfall nicht mehr habe ausüben können. Auch muss er dazu vortragen, welche Arbeiten sich trotz einer internen Umverteilung nicht mehr erledigen lassen.[193] 131

Die Feststellung des konkreten Arbeitsanfalls im Haushalt des Geschädigten kann deshalb nicht ausschließlich auf der Grundlage abstrakter Tabellenwerte erfolgten. Vielmehr wird hierdurch konkreter Vortrag des Anspruchstellers nicht entbehrlich.[194] 132

187 Veröffentlicht u.a. in *Buschbell*, S. 398 ff.
188 Schadensersatz bei Ausfall von Hausfrauen und Müttern im Haushalt, 6. Aufl. 2000.
189 So OLG Celle, Urt. v. 26.6.2019 – 14 U 154/18 – juris Rn 162.
190 U.a. OLG Celle, Urt. v. 26.6.2019 – 14 U 154/18 – VersR 2019, 1157; OLG Dresden, Urt. v. 29.5.2020 – 22 U 699/19 – juris.
191 OLG Celle, Urt. v. 26.6.2019 – 14 U 154/18 – juris Rn 173.
192 OLG Dresden, Urt. v. 29.5.2020 – 22 U 699/19.
193 OLG Hamm, Urt. v. 5.5.2020 – I-9 U 1/20 – juris.
194 OLG Frankfurt a.M., Urt. v. 18.10.2018 – 22 U 97/16, MDR 2018, 1492; OLG Celle, Urt. v. 26.6.2019 – 14 U 154/18 – juris Rn 171.

133 ▼

Muster 9.28: Fragebogen zur Erfassung des Haushaltsführungsschadens

9.28

1) Personen im Haushalt

Anzahl: , darunter Kinder.

a) Ehemann

Wöchentliche Arbeitszeit: h

Einkommen (netto ca.): EUR

b) Ehefrau

Wöchentliche Arbeitszeit: h

Einkommen (netto ca.): EUR

c) Kind:

Geburtsdatum:

eventuell Beruf/Ausbildung/Studium:

d) Kind:

Geburtsdatum:

eventuell Beruf/Ausbildung/Studium:

e) Kind:

Geburtsdatum:

eventuell Beruf/Ausbildung/Studium:

f) Kind:

Geburtsdatum:

eventuell Beruf/Ausbildung/Studium:

g) Im Haushalt lebende Verwandte:

Alter:

Mithilfe in Stunden:

2. Wohnverhältnisse

a. Wohnfläche: qm

b. Anzahl Räume:

c. Heizart:

d. Garten: Größe: qm

davon Ziergarten: qm

Nutzgarten: qm

Lage: am Haus □ oder Entfernung ca. km

3. Technische Ausstattung:

Kühlschrank □ Gefrierschrank □ Gefriertruhe □
Geschirrspülmaschine □ Waschvollautomat □ Wäschetrockner □

4. Mahlzeiten

☐ Ehemann: ___ Anzahl Mahlzeiten/Woche
☐ Ehefrau: ___ Anzahl Mahlzeiten/Woche
☐ 1. Kind: ___ Anzahl Mahlzeiten/Woche
☐ 2. Kind: ___ Anzahl Mahlzeiten/Woche
☐ 3. Kind: ___ Anzahl Mahlzeiten/Woche
☐ 4. Kind: ___ Anzahl Mahlzeiten/Woche

5. Konkret ausgeübte Tätigkeit der verletzten Person

a. Mahlzeiten zubereiten:
– ___
– ___
– ___

b. Einkaufen:
– ___
– ___

c. Putzen:
– ___
– ___
– ___

d. Wäsche:
– ___
– ___
– ___

e. Kinderbetreuung:
– ___
– ___
– ___
– ___

f. Gartenarbeit:
– ___

g. Sonstiges (z.B. Haustiere):
– ___
– ___

6. Ersatzkraft anlässlich des Unfalls

Wurde eine solche eingestellt?

☐ nein ☐ ja

von wann bis wann: ___.
Arbeitszeit je Woche: ___ h
Bruttolohn: ___ EUR

7. Sonstige Besonderheiten des Haushalts:

Insbesondere:

☐ pflegebedürftige Personen:
  Pflegeaufwand: Std./Woche

☐ Schichtarbeit:

☐ Montage-/ Pendelarbeit:

▲

134 Wichtig: Das Ausmaß der konkreten Behinderung wird in der Praxis häufig mit der Minderung der Erwerbsfähigkeit gleichgestellt. Das ist falsch.[195] Auch wenn der Geschädigte aufgrund einer Verletzung zu 100 % arbeitsunfähig ist, kann er dennoch – ggf. unter Hinzuziehung technischer Hilfsmittel – dazu in der Lage sein, Tätigkeiten im Haushalt auszuführen. In der Regel bleibt die konkret zu bemessende[196] Behinderung bei der Haushaltsführung erheblich hinter der Minderung der Erwerbsfähigkeit zurück.[197] Besonders deutlich wird dies bei psychischen Beschwerden: Diese mögen einer beruflichen Tätigkeit entgegenstehen, beeinträchtigen aber i.d.R. nicht die Verrichtung einfacher Tätigkeiten im Haushalt.[198] Demgemäß ist in der Rechtsprechung anerkannt, dass eine Minderung der Haushaltsführungskraft (MdH) nicht mit einer MdE gleichzusetzen ist oder begründet werden kann.[199] Um die Beeinträchtigung in der Haushaltsführung konkret zu bemessen, sind genaue Angaben nötig; der pauschale Hinweis auf den üblichen Beitrag in einem gemeinsamen Haushalt genügt nicht.[200] Es ist vielmehr eine konkrete Lebenssituation mit ausreichenden Anknüpfungstatsachen für eine richterliche Schätzung nach § 287 ZPO geboten.[201]

135 Geringfügige Verletzungen bleiben beim Haushaltshilfeschaden ersatzlos, da dadurch die Fähigkeit der Haushaltsführung nicht nennenswert beeinträchtigt wird.[202] Als Grenze wird dabei eine MdH von weniger als 10 %,[203] teilweise von weniger als 20 %[204] angesehen. Abgestellt wird darauf, dass es dem Geschädigten im Rahmen des § 254 BGB zuzumuten ist, den Haushalt umzuorganisieren, so dass die Arbeitskraft des Geschädigten optimal eingesetzt werden kann. Allerdings darf die Umorganisation des Haushalts

195 OLG München, Urt. v. 21.5.2010 – 10 U 1748/07 – juris; LG Dortmund, Urt. v. 29.6.2011 – 21 O 562/09 = SP 2012, 73 f.
196 OLG Hamm, Urt. v. 26.3.2002 – 27 U 185/01 = VersR 2002, 1430.
197 Beispielhaft: OLG Nürnberg DAR 2001, 336 (100 % MdE = 60 % MdH; 70 % MdE = 30 % MdH).
198 OLG Celle, Urt. v. 28.9.2000, 14 U 215/99 – juris.
199 OLG München SBR 2006, 180; OLG Hamm VersR 2002, 1430; LG Saarbrücken zfs 2006, 500.
200 OLG Koblenz, Urt. v. 3.7.2003 – 5 U 27/03 = zfs 2003, 444 = NZV 2004, 33.
201 OLG München, Urt. v. 1.7.2005 – 10 U 2544/05 – juris; BGH VersR 1992, 618; OLG Koblenz, Urt. v. 3.7.2003 – 5 U 27/03 = NZV 2004, 33; OLG Düsseldorf NJW-RR 2003, 87; OLG Hamm DAR 2003, 118.
202 OLG Oldenburg r+s 1993, 101; OLG Düsseldorf DAR 1988, 24.
203 OLG Rostock, Urt. v. 14.6.2002 – 8 U 79/00 – juris; OLG Karlsruhe OLGR Karlsruhe 1998, 213; OLG München DAR 1993, 353; OLG Oldenburg r+s 1993, 101.
204 KG, Urt. v. 26.2.2004 – 12 U 276/02 = VersR 2005, 237; OLG Hamm SP 2001, 376; OLG Nürnberg zfs 1983, 165; LG Aachen, Urt. v. 30.10.2002 – 4 O 69/01 = NZV 2003, 137.

nicht dazu führen, dass ein anderes Haushaltsmitglied als Folge des Unfalls in stärkerem Umfang als bisher im Haushalt mitarbeiten muss.[205] Demgemäß beschränkt sich die Obliegenheit zur Umverteilung darauf, die Arbeitsleistungen in dem vor dem Unfall praktizierten Umfang neu zu verteilen.[206] Zwar verbietet sich der Schluss, ohne Berücksichtigung der konkreten Umstände des Einzelfalls eine Geringfügigkeitsgrenze anzuerkennen, deren Unterschreitung die Gewährung von Haushaltsführungsschäden grundsätzlich entgegensteht. Dennoch ist es im Rahmen des Schätzungsermessens gemäß § 287 Abs. 1 ZPO nicht rechtsfehlerhaft, von dem Erfahrungssatz auszugehen, dass eine Beschränkung der Haushaltsführung von 10 % und weniger zumindest im Regelfall vollständig schadensfrei kompensiert werden kann.[207]

Eine Schätzung des Haushaltsführungsschadens kann der Tatrichter nach § 287 ZPO jedoch nur vornehmen, wenn ein ausreichend konkreter Vortrag sowohl zu dem Umfang der Tätigkeit im Haushalt und den konkreten Grad der Beeinträchtigungen bei diesen Tätigkeiten erfolgt. **136**

▼ **137**

Muster 9.29: Einwand fehlender Schlüssigkeit

Ein Haushaltsführungsschaden kann nur berechnet werden, wenn die konkrete Lebenssituation mit allen anfallenden Arbeiten und der angeblichen Auswirkung der Verletzung auf diese Arbeiten als ausreichende Tatsachengrundlage für eine richterliche Schätzung dargelegt und unter Beweis gestellt wird. Der Verweis auf die Tabellen von *Schulz-Borck/Hofmann* ersetzt keinen eigenen notwendigen Tatsachenvortrag (OLG Celle, Urt. v. 20.10.2009 – 14 U 126/09 – juris; OLG München SVR 2006, 180; KG VRS 111, 16). Andernfalls ist die Klage als unschlüssig abzuweisen (OLG Düsseldorf NJW-RR 2003, 87), zumal diesen Tabellen auch konkrete Fragebögen zugrunde gelegt worden sind (OLG Koblenz VersR 2004, 1011). 9.29

Vorliegend mangelt es an einem solchen Tatsachenvortrag. Insbesondere .

▲

In der Veröffentlichung von *Schulz-Borck/Hofmann* befinden sich zwar diverse Tabellen, aus denen zu entnehmen ist, in welchem Umfang sich bestimmte Verletzungsbilder auf die Befähigung zur Haushaltsführung auswirken. Aus den bereits genannten Gründen können die Tabellen jedoch nur noch eingeschränkt herangezogen werden. Zur konkreten Bestimmung des Umfangs des Ausfalls empfiehlt es sich deshalb, den Arzt des Geschädigten darum zu bitten, Angaben über den Ausfall des Geschädigten bei bestimmten Haushaltstätigkeiten zu machen. Dadurch wird wenigstens die Möglichkeit einer außergerichtlichen Einigung eröffnet. Der Geschädigte hat mithin im ersten Schritt einen konkreten Tatsachenvortrag zu den einzelnen Tätigkeiten im Haushalt zu erbringen und (erst) sodann kann die Bestimmung der Höhe des Schadens unter Rückgriff auf das Tabellenwerk erfolgen. **138**

205 OLG München, Urt. v. 25.10.2019 – 10 U 3171/18 – juris.
206 OLG Köln, Beschl. v. 19.11.2012 – 19 U 125/12 – juris.
207 OLG München, Urt. v. 25.10.2019 – 10 U 3171/18 – juris.

139 Über den Haushaltsführungsschaden kann konkret anhand der angemessenen und tatsächlich erfolgten Aufwendungen oder fiktiv abgerechnet werden. Dies gilt auch nach der Entscheidung des BGH vom 22.2.2018.[208] In dem dortigen Fall hat der für das Baurecht zuständige 7. Senat entschieden, dass es zukünftig im Baurecht keine fiktive Schadensbemessung von Mängelbeseitigungskosten mehr gibt. Hieraus leitete ein Teil der Rechtsprechung die Auffassung her, die Entscheidung erfasse sämtliche Schadensersatzansprüche, gleich, ob sie sich aus vertraglich begründeten Schuldverhältnissen herleiten.[209] Ein anderer Teil der Rechtsprechung überträgt das BGH-Urteil auch auf Mangelbeseitigungskosten im Kaufrecht,[210] was von einer weiteren Auffassung in der Rechtsprechung ausdrücklich abgelehnt wird.[211] Eine Übertragung dieser Grundsätze auf das Schadensersatzrecht überzeugt jedoch nicht,[212] weshalb in der Praxis der Verkehrsunfallbearbeitung weiterhin fiktiv abgerechnet wird. Dies gilt auch und insbesondere für die Schadensposition des Haushaltsführungsschadens.[213]

Bei fiktiver Abrechnung bemisst sich die Höhe des Haushaltsführungsschadens nach den Kosten für eine gleichwertige Ersatzkraft. Rechnet der Geschädigte den Schaden fiktiv ab, ist hierfür der Nettolohn maßgeblich. Stellt er eine konkrete Ersatzkraft ein, richtet sich die Schadenhöhe nach dem Bruttolohn. Ein Haushaltsführungsschaden kann jedoch auch fiktiv angerechnet werden.[214] Dann kann jedoch kein Ersatz der Bruttobeträge verlangt werden (vgl. § 249 Abs. 2 BGB).

140 Die Höhe der ersatzfähigen Nettostundenvergütung wird vom Gericht gemäß § 287 ZPO geschätzt. Grundlage dessen ist teilweise der TVÖD, wobei die dort geltende Eingruppierung 1 i.d.R. einschlägig ist und sich somit kein höherer Stundenlohn als 8 EUR (netto) ergibt.[215] Alternativ hierzu wird entsprechend der Empfehlung des Arbeitskreis IV des VGT 2010 in Goslar auf einen einschlägigen Tarifvertrag und damit Vergütungsgruppe IV des Tarifvertrages zwischen den Landesverbänden des Deutschen Hausfrauenbundes als Arbeitgebervertretung und den Landesbezirken der Gewerkschaft Nahrungs-Genuss-Gaststätten abgestellt. Die Gruppe IV des Tarifvertrags erfasst sogar die Betreuung von Kindern und ist im Regelfall angemessen.[216] Legt man der Bezifferung des fiktiven Stundenlohns den gesetzlichen Mindestlohn zugrunde, führt dies (zumindest derzeit) zu keinem wesentlich höheren Betrag. Seit dem 1.1.2024 beträgt der gesetzliche Mindestlohn 12,41 EUR/Stunde, ab dem 1.1.2015 wird er 12,82 EUR/Stunde betragen. Der sich hieraus ergebende Nettolohn beläuft sich auf ca. 8,20 EUR.

208 VII ZR 46/17, veröffentlicht u.a. in DAR 2019, 32.
209 LG Darmstadt, Urt. v. 20.3.2019 – 23 O 132/17 – juris.
210 OLG Frankfurt a.M., Urt. v. 21.1.2019 – 29 U 183/17 – juris.
211 OLG Naumburg, Urt. v. 13.11.2018 – 12 U 100/18 – juris.
212 Vgl. u.a. *Wessel*, Schäden im Schadensersatzrecht, DAR 2019, 182 ff.
213 OLG Celle, Urt. v. 26.6.2019 – 14 U 154/18 – juris.
214 BGH VersR 1992, 618.
215 OLG Rostock, Urt. v. 14.6.2002 – 8 U 79/00 = zfs 2003, 233; OLG Celle, Urt. v. 26.6.2019 – 14 U 154/18.
216 OLG Dresden, Urt. v. 1.11.2007 – 7 U 3/07 – juris = SP 2008, 292.

Diese Grundsätze gelten auch dann, wenn Familienangehörige oder Freunde einspringen.[217] Fallen allerdings nur für kurze Zeiten Hilfsarbeiten oder Bereitschaftszeiten an, die durch Familienangehörige aufgefangen werden können, sind diese nicht nach den fiktiven Kosten einer Hilfskraft, sondern lediglich „angemessen" zu vergüten.[218] Als Stundenlohn für die Inanspruchnahme von Verwandten und Bekannten einen sind i.d.R. allerdings (nur) netto 5,00 EUR zugrunde zu legen: Bei der Inanspruchnahme von Verwandten, die die Leistungen eines haushaltsführenden Ehegatten übernehmen, ist zu berücksichtigen, dass diese die Versorgung der Kinder rationeller (mit weniger Zeitaufwand) gestalten können und dass bei der Wahl der Vergütungsgruppe der Verwandte in der Regel keine ausgebildete Fachkraft ist.[219] **141**

Für die Berechnung des fiktiven Haushaltsführungsschadens gilt sodann folgende Formel:[220] **142**

Erforderlicher Zeitaufwand × prozentualer Grad der Behinderung × Nettostundensatz der Hilfskraft

Beispiel

Bei einer nicht erwerbstätigen Frau mit einem sechsjährigen Kind ist von einem Arbeitszeitaufwand für den Haushalt von 47,8 Stunden in der Woche auszugehen. Liegt bei ihr eine Verletzung der HWS vor, ist sie in ihren Tätigkeiten (gem. der Tabelle *Schulz-Borck/Hofmann*) um maximal 22 % eingeschränkt. Insoweit steht ihr ein Ersatz für eine Haushaltshilfe für 10,5 Stunden in der Woche, d.h. 1,5 Stunden am Tag zu.[221] Ausgehend von einem pauschalen Stundenlohn (netto) in Höhe von 8 EUR[222] steht ihr bei 21 Tagen einer Behinderung ein Ersatzanspruch in Höhe von 252 EUR zu.

▼ **143**

Muster 9.30: Fiktive Abrechnung einer Haushaltshilfe

Versicherung AG

Schaden-Nr./VS-Nr./Az.

Schaden vom

Pkw , amtl. Kennzeichen

Sehr geehrte Damen und Herren,

in der Zwischenzeit konnte der Heilungsprozess meiner Mandantschaft weitestgehend abgeschlossen werden. Wie Ihnen aufgrund der vorliegenden Arztberichte bekannt ist, erlitt meine Mandantin infolge des Verkehrsunfalls folgende Verletzungen: .

217 BGH NJW 1989, 2539; BGH NJW-RR 1990, 34.
218 BGH VersR 1982, 874, 875; BGH VersR 1986, 391.
219 OLG Dresden SP 2008, 292.
220 OLG Oldenburg SP 2001, 196.
221 Fallbeispiel entnommen der Entscheidung des LG Heilbronn SP 2002, 347.
222 Vgl. OLG Celle NJW-RR 2004, 1673.

Meine Mandantschaft hat vor dem Unfallereignis in einem erheblichen Umfang im Haushalt mitgearbeitet. Die konkreten einzelnen Tätigkeiten ergeben sich aus dem in Kopie beigefügten Fragebogen und haben sich auf einen wöchentlichen Zeiteinsatz von summiert.

Diese Tätigkeiten konnten aufgrund des Verletzungsbildes unserer Mandantin nur eingeschränkt weiter wahrgenommen werden. Es ergeben sich in den genannten Kategorien folgende Stundenzeiten, bei denen jeweils der konkrete Grad der Behinderung zu berücksichtigen ist:

1) Mahlzeiten zubereiten: h x % Beeinträchtigung = Ausfallzeit
2) Einkaufen: h x % Beeinträchtigung = Ausfallzeit
3) Putzen: h x % Beeinträchtigung = Ausfallzeit
4) Wäsche: h x % Beeinträchtigung = Ausfallzeit
5) Kinderbetreuung: h x % Beeinträchtigung = Ausfallzeit
6) Gartenarbeit: h x % Beeinträchtigung = Ausfallzeit
7) Sonstiges: h x % Beeinträchtigung = Ausfallzeit

Insgesamt ergibt sich ein Ausfallzeitraum von h. Dieser Schaden wird fiktiv abgerechnet und ein Stundenlohn in Höhe von EUR zugrunde gelegt, der sich aus dem Tarifvertrag und Rückgriff auf die dort enthaltende Vergütungsgruppe ergibt. Hieraus ergibt sich bei einer zeitlichen Beeinträchtigung von h in der Woche x Wochen und einem Stundenlohn EUR ein Betrag in Höhe von EUR.

Für den Ausgleich dieses Betrags habe ich mir eine Frist bis zum

(*14-Tages-Frist*)

notiert.

Mit freundlichen Grüßen

(Rechtsanwalt)

▲

144 In einer Ehe mit beiderseitiger Haushaltsführung müssen die Eheleute durch eine Umverteilung der Hausarbeit dafür sorgen, dass sich die Behinderung des Verletzten möglichst geringfügig auswirkt. Das darf aber nicht dazu führen, dass ein anderer als der Geschädigte als Folge des Unfalls in stärkerem Umfang als ohne diesen im Haushalt mitarbeiten muss, um so den Schädiger zu entlasten. Vielmehr geht es um eine Umverteilung der im Haushalt anfallenden Arbeit, bei der am Ende weder der Geschädigte noch sein Familienangehöriger oder Ehegatte mehr arbeiten muss als vor dem Unfall.[223] Lediglich kleinere Hilfeleistungen, die über eine geringfügige und zumutbare Unterstützung nicht hinausgehen, haben keinen vermögenswerten und damit ausgleichswürdigen Charakter.[224]

145 Der Geschädigte eines Personenschadens muss sich Lohnersatzleistungen auf den Schaden anrechnen lassen, wenn zwischen der Ersatzleistung und der Schadensposition sachliche und zeitliche Kongruenz besteht. Hierzu gehört beispielsweise die Verletztenrente

223 Vgl. KG, Urt. v. 26.2.2004 – 12 U 276/02, VersR 2005, 237 – juris Rn 11.
224 Vgl. KG, Urt. v. 6.10.2010 – 14 U 55/10, Schaden-Praxis 2011, 215 – juris Rn 48 ff. m.w.N.; OLG Celle, Urt. v. 26.6.2019 – 14 U 154/18 – juris Rn 155.

gemäß §§ 56 ff. SGB VII des gesetzlichen Unfallversicherungsträgers, da sie dem Ausgleich des Erwerbsschadens dient. Eine aufgrund der Verletzung gezahlte Rente der Berufsgenossenschaft ist nur auf den Teil anzurechnen, der auf die Minderung der Erwerbsfähigkeit entfällt. Soweit der Ausfall den vermehrten Bedürfnissen zuzurechnen ist, besteht keine sachliche Kongruenz zu Lohnersatzleistungen, weshalb in diesen Fällen ein Forderungsübergang gem. § 116 SGB X ausscheidet. Ist der Schadensersatz hingegen als Erwerbsschaden zu qualifizieren, besteht bei Ehegatten und Kindern Kongruenz mit einer Rente wegen verminderter Erwerbsfähigkeit, einer Verletztenrente eines Unfallversicherungsträgers und mit Krankengeld.

V. Sonstige Anspruchsberechtigte

Im Rahmen des Erwerbsschadens hat der Schädiger sämtliche Nachteile zu ersetzen, die aus dem zeitweisen Verlust der Arbeitskraft des Geschädigten resultieren. Der dadurch verursachte Schaden realisiert sich nicht nur in Einkommensnachteilen. 146

> *Fallbeispiel*
>
> Der Mandant A erleidet durch einen von B verursachten Verkehrsunfall einen schweren Personenschaden, aufgrund dessen er für die Dauer von sechs Monaten erwerbsunfähig ist. Unmittelbar vor dem Unfall hatte A mit dem Bau seines Eigenheims begonnen. Aufgrund seiner handwerklichen Begabung hatte er geplant, ca. 50 % aller erforderlichen Arbeiten selbst auszuführen. Da ihm dies nun nicht mehr möglich ist, heuert er diverse Handwerker an, die die von A auszuführenden Arbeiten erledigen. Dadurch entstehen A Lohnkosten in Höhe von 10.000 EUR, die er vom gegnerischen Kfz-Haftpflichtversicherer ersetzt verlangt.

▼ 147

Muster 9.31: Ausfall von Eigenleistungen beim Eigenheimbau 9.31

Versicherung AG

Schaden-Nr./VS-Nr./Az.

Schaden vom

Pkw , amtl. Kennzeichen

Sehr geehrte Damen und Herren,

in der Zwischenzeit ist der Heilungsprozess meines Mandanten abgeschlossen. Seit dem ist er wieder arbeitsfähig. Demgemäß erstreckt sich sein Ausfallzeitraum auf insgesamt sechs Monate. In dieser Zeit erlitt mein Mandant einen verletzungsbedingten Erwerbsnachteil, der von Ihnen auszugleichen ist. Unmittelbar vor dem Unfall hatte mein Mandant mit dem Bau seines Eigenheims in der straße begonnen. Aufgrund seiner handwerklichen Begabung hatte er geplant, ca. 50 % aller erforderlichen Arbeiten selbst auszuführen. Im Einzelnen handelte es sich um folgende Tätigkeiten:

Die Eigenleistungen meines Mandanten waren fester Bestandteil des Finanzierungskonzepts zur Erstellung des Hausbaus. Ich verweise hierzu auf den Finanzierungsplan der -Bank vom , den ich anliegend in Kopie übersende.

Aufgrund seines unfallbedingten Ausfalls konnten diese Arbeitsleistungen nicht von ihm ausgeführt werden. Um die fristgemäße Fertigstellung seines Eigenheims nicht zu gefährden, war er darauf angewiesen, Ersatzkräfte anzustellen, die die von ihm auszuführenden Arbeiten erledigten. Allein dadurch ließ sich der vom Architekten   vorgegebene zeitliche Ablauf der Fertigstellung des Eigenheims einhalten.

Durch die Anstellung der Hilfskräfte entstanden meinem Mandanten erhebliche Kosten. Näheres hierzu entnehmen Sie bitte den in der Anlage beigefügten Aufstellungen über die gezahlten Nettolöhne, die von meinem Mandanten abgeführten Beiträge zur Sozialversicherung und zur gesetzlichen Unfallversicherung sowie die von meinem Mandanten abgeführten Lohnsteuern. Die Gesamtaufwendungen meines Mandanten belaufen sich auf   EUR. Ich bitte um Ausgleich dieses Betrags bis zum

 (*14-Tages-Frist*)

auf das Ihnen bekannte Konto meines Mandanten.

Mit freundlichen Grüßen

(Rechtsanwalt)

▲

148 Die Arbeitskraft, die ein Geschädigter zur Abwicklung eines Unfallschadens aufwendet, ist grundsätzlich kein vermögenswertes Gut, das vom Schädiger auszugleichen ist. Kann der Geschädigte hingegen seine Arbeitskraft verletzungsbedingt nicht verwerten, sind alle dadurch verursachten Schäden zu ersetzen.[225] Danach hat der Geschädigte auch einen Anspruch auf Ausgleich derjenigen Kosten, die dadurch entstehen, dass er entgegen seiner Planung Eigenleistungen bei seinem Hausbau nicht erbringen kann.[226]

149 Die Pflicht des Schädigers, alle verletzungsbedingten Erwerbsnachteile des Geschädigten auszugleichen, gilt nicht uneingeschränkt.

150 Ein Anspruch auf Ersatz eines Erwerbsschadens scheidet aus, wenn der Verdienst aus Geschäften resultiert, die vom Gesetzgeber verboten werden. Hierzu gehören u.a. Verdienste, die aus Schwarzarbeit resultieren.[227]

VI. Hinweise für alle Arten des Erwerbsschadens

151 Soweit der Erwerbsschaden und die vermehrten Bedürfnisse des Geschädigten infolge einer bereits vorhandenen Erkrankung oder Disposition auch ohne das schadenstiftende Ereignis zu einem bestimmten Zeitpunkt ganz oder teilweise eingetreten wären, ist der Schaden dem Schädiger nicht zuzurechnen.[228] Rechtlich handelt es sich darum, dass bei Vorhandensein einer Schadensanlage, die zum gleichen Schaden geführt hätte (soge-

225 BGH NJW 1984, 1811, 1812.
226 BGH VersR 1989, 857.
227 BGH zfs 1986, 236.
228 BGH, Urt. v. 23.10.1984 – VI ZR 24/83, VersR 1985, 60 Rn 12.

nannte Reserveursache), die Schadensersatzpflicht auf die Nachteile beschränkt ist, die durch den früheren Schadenseintritt bedingt sind.[229] Allerdings kann ein solcher Umstand zu Ungunsten des Geschädigten nur dann Beachtung finden, wenn der Schädiger zur Überzeugung des Gerichts nachgewiesen hat, dass er tatsächlich eingetreten wäre.[230]

Im Rahmen des Erwerbsschadens ist jeder Geschädigte dazu verpflichtet, die ihm ver- **152** bliebene Arbeitskraft schadensmindernd einzusetzen.[231] Andernfalls verletzt er die Schadensminderungspflicht gem. § 254 Abs. 2 BGB. Als Ausfluss dieser Pflicht muss sich der Geschädigte zunächst darum bemühen, eine ihm zumutbare Stelle zur Verwertung der **Restarbeitskraft** zu finden.[232] Verstößt der Geschädigte gegen die ihm obliegende Schadensminderungspflicht, weil er es unterlässt, einer ihm zumutbaren Erwerbstätigkeit nachzugehen, sind die erzielbaren (fiktiven) Einkünfte auf den Schaden anzurechnen.[233] Eine quotenmäßige Anspruchskürzung der anrechenbaren fiktiven Einkünfte kommt dabei nicht in Betracht.[234] In welchem Umfang die verbliebene Restarbeitskraft einzusetzen ist, richtet sich nach Zumutbarkeitskriterien wie z.B. Ausbildungsstand, bisherige Tätigkeit, Umfang der unfallbedingten Körperschäden. Im Rahmen der Schadensminderungspflicht kann ein Geschädigter auch dazu verpflichtet sein, eine Umschulung durchzuführen. Die dadurch verursachten Kosten sind selbstverständlich vom Schädiger zu ersetzen.[235] Es ist Sache des Geschädigten, zu seinen Bemühungen um die Verwertung der ihm verbliebenen Restarbeitskraft substantiiert vorzutragen. Für den Vortrag, dass ein solches Bemühen von vornherein erfolglos gewesen wäre, ist der Geschädigte Darlegungs- und beweisbelastet.[236] Wird ein Geschädigter allerdings von der Bundesagentur für Arbeit aufgrund seines Gesundheitszustandes für nicht vermittlungsfähig erachtet, muss er keine Eigeninitiative hinsichtlich der Aufnahme von Arbeit entfalten.[237]

Unter dem Gesichtspunkt der Schadensminderungspflicht kann der Geschädigte auch **153** dazu verpflichtet sein, sich medizinischen Heilbehandlungsmaßnahmen zu unterziehen, um hierdurch seine Restarbeitskraft wiederherzustellen oder zu erhöhen. Auch bei unfallbedingten gesundheitlichen Störungen muss sich der Geschädigte grundsätzlich eine Anspruchskürzung wegen einer unterlassenen ärztlichen Behandlung gefallen lassen.[238] Für die Zumutbarkeit einer stationären psychiatrischen oder mit belastenden Nebenwirkungen behafteten medikamentösen Behandlung zur Wiederherstellung oder jedenfalls

229 BGH, Beschl. v. 31.5.2016 – VI ZR 305/15 – juris Rn 9.
230 BGH, Urt. v. 22.3.2016 – VI ZR 467/14, Rn 14 z.V.b.
231 BGH VersR 1991, 437; *Küppersbusch/Höher*, Rn 54.
232 BGH, Urt. v. 26.9.2006 – VI ZR 124/05 = NJW 2007, 64; OLG Hamm zfs 1998, 459.
233 BGH, Urt. v. 26.9.2006 – VI ZR 124/05 = NJW 2007, 64.
234 BGH, Urt. v. 21.9.2021 – VI ZR 91/19 = VersR 2021, 1583; BGH, Urt. v. 24.1.2023 – VI ZR 152/21 = VersR 2023, 519.
235 BGH, Urt. v. 26.2.1991 – VI ZR 149/90 = VersR 1991, 596 = DAR 1991, 293.
236 OLG Celle, Urt. v. 7.4.2021 – 14 U 134/20 – juris.
237 OLG Celle, Urt. v. 31.5.2023 – 14 U 134/20 = RuS 2023, 880; BGH, Urt. v. 24.1.2023 – VI ZR 152/21 = VersR 2023, 519.
238 OLG Schleswig, Urt. v. 31.1.2023 – 7 U 134/16 – juris.

Verbesserung der unfallbedingt beeinträchtigten Arbeitskraft wird allerdings die sichere Aussicht einer wesentlichen Besserung des Gesundheitszustandes gefordert.[239]

154 Während des Personenschadens erspart der Geschädigte grundsätzlich Aufwendungen dafür, dass er seiner beruflichen Tätigkeit nicht nachgehen muss. Es kann sich hierbei z.B. um Aufwendungen für die Fahrt zur Arbeit und/oder um ersparte Kosten für die Reinigung der Arbeitskleidung handeln. In der Praxis der Schadensregulierung werden die ersparten Aufwendungen häufig in Höhe eines Prozentsatzes vom Nettoeinkommen pauschaliert. Bei der Berechnung des Verdienstausfalles muss sich der Geschädigte bei einer verletzungsbedingten Arbeitsunfähigkeit ersparte berufsbedingte Eigenaufwendungen (Fahrtkosten, Kleidungskosten, Verpflegungsmehrkosten etc.) in Höhe von 10 %[240] seines Nettoeinkommens bzw. zumindest in Höhe von 5 %[241] seines Nettoeinkommens anrechnen lassen.[242]

155 Als Alternative kann es sich anbieten, die ersparten Fahrtkosten zwischen Wohnung und Arbeitsstätte ebenso wie die Besuchskosten gem. § 5 Abs. 2 Nr. 1 JVEG mit 0,25 EUR pro gefahrenen Kilometer zu beziffern.[243] Eine solche Schätzung setzt voraus, dass die Entfernung des Wohnortes des Geschädigten von seiner Arbeitsstelle und die Kosten des Fahrzeugs bekannt sind. Andernfalls scheidet eine Schätzung aus.[244]

156 ▼

Muster 9.32: Berechnung ersparter Aufwendungen

9.32

Versicherung AG

Schaden-Nr./VS-Nr./Az.

Schaden vom

Pkw , amtl. Kennzeichen

Sehr geehrte Damen und Herren,

Sie haben bei der Abrechnung der angemeldeten Ansprüche ersparte Eigenaufwendungen in Höhe von 10 % berücksichtigt. Dieser Wert ist deutlich zu hoch angesetzt. Zum einen wird in der Rechtsprechung lediglich eine Pauschale in Höhe von 5 % angesetzt (OLG Celle MDR 2006, 985), so dass alleine aus diesem Grund eine Korrektur geboten ist.

239 BGH, Urt. v. 21.9.2021 – VI ZR 91/19 – juris.
240 OLG Schleswig, Urt. v. 28.11.2013 – 7 U 158/12 – juris; OLG München, Urt. v. 29.4.2011 – 10 U 4208/10 – juris m. Anm. *Nugel*; LG Münster, Urt. v. 10.6.2011 – 16 O 280/10 = NZV 2012, 78; OLG Naumburg, Urt. v. 23.9.1998 – 12 U 31/98 = SP 1999, 90; LG Tübingen zfs 1992, 82.
241 OLG Celle, Urt. v. 19.12.2007 – 14 U 97/07 = SP 2008, 176; OLG Celle, Urt. v. 29.11.2005 – 14 U 58/05 = MDR 2006, 985; OLG Dresden, Urt. v. 12.12.2001 – 11 U 2940/00 – juris.
242 BGH, Urt. v. 9.11.2010 – VI ZR 300/08 = VersR 2011, 229 mit Verweis auf *Jahnke*, Kap. 8 Rn 16 ff., 33 ff.; *Küppersbusch/Höher*, Rn 78 f.
243 OLG Saarbrücken, Beschl. v. 3.12.2015 – 4 U 157/14 – juris; BGH, Beschl. v. 13.1.2015 – VI ZR 551/13 = r+s 2015, 212.
244 OLG Düsseldorf, Urt. v. 12.8.2014 – 1 U 52/52 = DAR 2015, 333; OLG Düsseldorf, Urt. v. 13.3.2000 – 1 U 152/99 = zfs 2000, 531.

Im Übrigen ist eine konkrete Bestimmung der ersparten Eigenaufwendungen einer pauschalen Schadensschätzung vorzuziehen. Meine Mandantschaft hat bzgl. der „Arbeitskleidung“ keine Aufwendungen erspart, da . Bzgl. der Fahrt zum Arbeitsplatz ist lediglich eine geringe Entfernung von täglich (hin und zurück) km zu berücksichtigen. Daraus ergeben sich bei einem Satz von 0,25 EUR Kilometer täglich EUR, d.h. EUR monatlich. Lediglich dieser Betrag kann in Anrechnung gebracht werden. Ich habe Sie daher binnen der nächsten Tage zu einer Nachzahlung in Höhe von EUR aufzufordern.

Mit freundlichen Grüßen

(Rechtsanwalt)

▲

VII. Rentenzahlung bei Dauerschaden oder Geldabfindung

Verbleibt bei dem Geschädigten aufgrund dauerhafter Verletzungen eine monatliche **157**
unfallbedingte Einbuße, z.B. in Form eines entgangenen Verdienstausfalls, ist diese i.d.R. als monatlicher Entschädigungsbetrag in Form von (vierteljährlich im Voraus zu zahlenden) Renten auszugleichen. Der Anspruch auf Zahlung einer Rente besteht bis zum fiktiven Ende der Lebensarbeitszeit. Dies kann bei Lohnempfängern und Beamten der Eintritt ins Renten- oder Pensionsalter sein. Bei Selbstständigen ist die Lebensarbeitszeit u.U. deutlich höher. Wird ein Rentenanspruch durch rechtskräftiges Urteil festgestellt, kommt eine spätere Abänderung des Urteils nur unter den Voraussetzungen des § 323 ZPO in Betracht. Nach dem Wortlaut des § 323 Abs. 1 S. 2 ZPO verlangt eine Abänderungsklage eine „wesentliche“ Veränderung der Verhältnisse (ca. 10 %).[245] Jede Rente, die dem Ausgleich eines Verdienstausfallschadens oder eines Haushaltsführungsschadens dient, bedarf grundsätzlich einer zeitlichen Befristung. Im Falle eines Erwerbstätigen ist hierfür das fiktive Renteneintrittsalter des Geschädigten maßgeblich. Ob eine Befristung des Rentenschadens auch im Falle eines Haushaltsführungsschadens möglich ist, ist streitig. Teilweise wird die Auffassung vertreten, ein Rentenanspruch zum Ausgleich zukünftiger Haushaltsführungsschäden bestehe nur bis zur Vollendung des 75. Lebensjahres.[246] Bei der Beurteilung dessen sei zu berücksichtigen, dass die Arbeitskraft älter werdender Menschen und damit auch die Fähigkeit, Hausarbeiten zu verrichten, ab einem gewissen Lebensalter nachlässt.[247] Andere Gerichte lehnen eine Befristung einer Rente zum Ausgleich des Haushaltsführungsschadens insgesamt[248] bzw. mit der Maßgabe ab, dass keine konkreten Umstände in der Person des Geschädigten vorliegen, die eine Begrenzung rechtfertigen könnten.[249]

245 OLG München, Urt. v. 5.7.2019 – 10 U 946/19 – juris Rn 5.
246 OLG Saarbrücken, Urt. v. 20.4.2023 – 3 U7/23 – juris; OLG München, Urt. v. 10.3.2021 – 10 U 176/20 – juris.
247 So BGH, Urt. v. 7.5.1974 – VI ZR 10/73 – juris.
248 U.a. OLG Koblenz, Urt. v. 18.4.2016 = DAR 2017, 198.
249 OLG Celle, Urt. v. 8.7.2020 – 14 U 27/20 – juris.

Nur in besonderen Ausnahmefällen kann dem Geschädigten ein Anspruch auf eine einmalige Kapitalabfindung nach § 843 BGB zustehen.[250]

158 ▼

Muster 9.33: Keine Kapitalabfindung bei Dauerschaden

9.33 Die Voraussetzungen für eine Kapitalabfindung sind vorliegend nicht gegeben. § 843 BGB enthält einen Schadensersatzanspruch, der einen Ausgleich für erlittene Verletzungen ermöglicht und dafür i.d.R. eine Rentenzahlung vorsieht. Ein solcher Ausschluss der Kapitalabfindung kann nur in besonderen Umständen unzulänglich sein. Wichtige Gründe lassen sich sowohl in der Sphäre des Ersatzpflichtigen als auch in der Sphäre des Geschädigten finden.

Aus der aus Sicht des Gesetzgebers vorrangigen Sphäre des Ersatzpflichtigen kann ausnahmsweise für eine Kapitalabfindung sprechen, wenn der Ersatzpflichtige für die Zahlung der Rente keine ausreichende Sicherheit bietet oder eine große Zahl an Erben hinterlässt. Andere Gründe können drohende Insolvenz, Zahlungsschwierigkeiten, die Notwendigkeit der Vollstreckung im Ausland oder ein häufiger Wechsel des Wohnsitzes durch den Ersatzpflichtigen sein (so bereits OLG Nürnberg FamRZ 1968, 478). Dagegen kann die Existenz einer Versicherungsgesellschaft dazu führen, einen wichtigen Grund trotz Zahlungsschwierigkeiten des Schädigers nicht anzunehmen (vgl. LG Hamburg, Urt. v. 26.7.2011 – 302 O 192/08 = NJW-Spezial 2012, 11; Palandt/*Sprau*, BGB, § 843 Rn 18). Allein die Tatsache, dass vorliegend eine Haftpflichtversicherung in Anspruch genommen wird, spricht mithin gegen die zwingende Notwendigkeit einer Kapitalabfindung.

Bei der Interpretation der Vorschrift des § 843 BGB darf hierbei auch nicht aus den Augen verloren werden, dass Abs. 3 eine Ausnahme zu der Grundregel der Rentenzahlung in Abs. 1 formuliert. Die Rentenzahlung ist zunächst logische Konsequenz der Naturalrestitution. Der Ausnahmecharakter der Kapitalabfindung verlangt, den wichtigen Grund eng auszulegen. Es können nur Gründe von erheblichem Gewicht in Betracht kommen (OLG Koblenz OLGR 1997, 332). Erforderlich sind besondere Gegebenheiten, die objektiv oder in der Person des Geschädigten die Rentenzahlung als erheblich ungeeignet oder unsicher erscheinen lassen. Gleichzeitig bedeutet dies, dass die Erforderlichkeit einer Kapitalabfindung nicht zur unüberprüfbaren Disposition des Geschädigten steht. Der unbestimmte Rechtsbegriff des wichtigen Grundes ist vielmehr durch die Gerichte voll überprüfbar. Jede andere Auslegung ließe den Ausnahmecharakter der Kapitalabfindung entfallen, bis hin zu einem von der Klägerin postulierten Wahlrecht des Geschädigten (LG Hamburg, Urt. v. 26.7.2011 – 302 O 192/08 = NJW-Spezial 2012, 11).

Hieraus folgt, dass .

▲

159 *Hinweis*

Für eine Kapitalabfindung muss der Geschädigte mithin eine Vielzahl an überzeugenden Gründen vortragen. Diese werden sich häufig eher in seiner Person finden lassen.

250 *Küppersbusch/Höher*, Rn 853

▼ 160

Muster 9.34: Kapitalabfindung bei Dauerschaden

Die Voraussetzungen für eine Kapitalabfindung sind vorliegend gegeben. § 843 BGB enthält einen Schadensersatzanspruch, der einen Ausgleich für erlittene Verletzungen ermöglicht und dafür i.d.R. eine Rentenzahlung vorsieht. Ein solcher Ausschluss der Kapitalabfindung kann bei – wie hier gegebenen – besonderen Umständen unzulänglich sein. Wichtige Gründe lassen sich sowohl in der Sphäre des Ersatzpflichtigen als auch in der Sphäre des Geschädigten finden. Diese Umstände in der Sphäre des Geschädigten können z.B. darin liegen, dass eine Kapitalabfindung einen günstigen bzw. eine Rente einen ungünstigen Einfluss auf den Gesundheitszustand des Geschädigten haben würde (OLG Koblenz OLGR 1997, 332) oder dass die Kapitalabfindung dem Verletzten dazu dienen kann, sich selbstständig zu machen (LG Hamburg, Urt. v. 26.7.2011 – 302 O 192/08 = NJW-Spezial 2012, 11;).

Dieses vorausgeschickt ist Folgendes zu berücksichtigen: .

▲

VIII. Rentenschaden wegen fehlender Beitragszahlungen

Kommt es zu einem unfallbedingten Personenschaden, stellt sich für den Geschädigten regelmäßig die Frage, ob er während des Arbeitsunfähigkeitszeitraums einen Rentenschaden erleidet. Die dahin gehende Sorge ist in aller Regel unbegründet. Während des Arbeitsunfähigkeitszeitraums zahlt der Rentenversicherungsträger die Rentenversicherungsbeiträge nach Maßgabe der letzten bekannten Einkommensverhältnisse auf das Rentenkonto des Geschädigten. Etwaige Gehaltserhöhungen während des Arbeitsunfähigkeitszeitraums werden dabei berücksichtigt. Zur Bestimmung des fiktiven Einkommens wendet sich der Rentenversicherungsträger an den letzten Arbeitgeber des Geschädigten und fordert ihn dazu auf, entsprechende Auskünfte zu erteilen. Die vom Rentenversicherungsträger eingezahlten Rentenversicherungsbeiträge werden sodann beim Schädiger bzw. bei dessen Haftpflichtversicherer regressiert. Die hierfür maßgebliche Vorschrift ist § 119 SGB X. Im Ergebnis wird der Geschädigte deshalb so gestellt, als hätte er seine berufliche Tätigkeit ohne Unfall fortgesetzt. Ein Rentenschaden wird dadurch von vornherein ausgeschlossen. 161

Ein Rentenschaden kommt nur dann in Betracht, wenn auch im Schadenfall keine Einzahlungen auf das Rentenkonto des Geschädigten erfolgen. Dies gilt insbesondere für ausländische Geschädigte, die in Deutschland einen Schaden erleiden und nach dem Schadenseintritt in ihr Heimatland zurückkehren. Existiert im betreffenden Heimatland keine Regelung über die Einzahlung von Rentenversicherungsbeträgen während des unfallbedingten Ausfalls, entsteht dem Geschädigten ein echter Rentenschaden. Insbesondere bei schweren Verkehrsunfällen mit der Folge einer dauerhaften Arbeitsunfähigkeit kann der Rentenschaden enorme Größenordnungen annehmen. 162

IX. Steuerschaden/Steuervorteile

163 Wird der Verdienstausfallschaden – wie üblich – netto abgerechnet, zählen die vom Schädiger an den Geschädigten zu leistenden Ersatzzahlungen zu den der Einkommensteuer unterliegenden Einkünften des Geschädigten (§ 24 Abs. 1 Nr. 1a i.V.m. § 2 Abs. 1 S. 1 EStG). Folglich sind die hierauf zu entrichtenden Steuern Bestandteil des vom Schädiger zu ersetzenden Schadens. Der Nachweis des Steuerschadens erfolgt über die Vorlage der Steuerbescheide auf der Grundlage der vorangegangenen Steuerveranlagung. Der Schädiger ist dazu verpflichtet, dem Geschädigten die aus der Versteuerung der Ersatzleistung resultierenden Steuerbeträge zu erstatten. Überdies sind sämtliche weiteren durch den Unfall verursachten steuerlichen Nachteile auszugleichen. So kann ein Geschädigter, der mit seinem Ehegatten zur Einkommensteuer zusammen veranlagt wird, vom Schädiger, der ihm neben dem entgangenen Nettoverdienst auch die hierauf anfallenden Steuern zu ersetzen hat, den steuerlichen Nachteil ersetzt verlangen, der sich auf der Grundlage der Zusammenveranlagung ergibt.[251]

Im Gegenzug muss sich der Geschädigte steuerliche Vorteile auf den Schaden anrechnen lassen. Dies gilt beispielsweise hinsichtlich der steuerfreien oder nur mit einem Ertragsanteil zu versteuernden Leistungen von Sozialversicherungsträgern.[252] Erhält der Geschädigte allerdings einen Pauschbetrag für Körperbehinderte gemäß § 33b EStG, muss er sich den hieraus resultierenden Vorteil nach dem Sinn und Zweck der Steuervergünstigung nicht auf den entstandenen Schaden anrechnen lassen.[253]

X. Checkliste: Erwerbsschaden

164
- ■ Lohnempfänger:
- – Während des Lohnfortzahlungszeitraumes (sechs Wochen) entsteht kein Schaden bei Zahlung von 100 % der letzten Bruttobezüge.
- – Nach dem Ende der Lohnfortzahlung erhält der Geschädigte Krankengeld von seinem Krankenversicherer. Der Schaden besteht in der Differenz zwischen dem Lohn und dem geringer liegenden Krankengeld unter Berücksichtigung ggf. ersparter Eigenaufwendungen.
- – Nach dem Ende des Lohnfortzahlungszeitraumes wird der Schaden nach der Bruttolohn- oder der modifizierten Nettolohnmethode berechnet, da der Krankenversicherer die Sozialversicherungsbeiträge nach Maßgabe der letzten Bruttobezüge bezahlt.
- – Während der Krankschreibung entgangene Überstunden stellen stets einen Schaden dar.
- ■ Selbstständige:
- – Maßgeblich sind der entgangene Gewinn (komplizierte und aufwendige Berechnung) oder ausnahmsweise die Kosten einer Ersatzkraft.

251 BGH, Urt. v. 8.6.2021 – VI ZR 924/20 – juris.
252 BGH VersR 2000, 65.
253 BGH NJW-RR 1988, 470.

- Kinder, Schüler, Auszubildende:
  - Zu ersetzen ist jeder Schaden, der durch einen verhinderten oder verspäteten Eintritt in das Berufsleben entstanden wäre.
- Haushaltsvorstände/Haushaltsführungsschaden:
  - Der Geschädigte erhält einen Ausgleich für seinen Ausfall als Haushaltskraft.
  - Die Abrechnung der Kosten einer Ersatzkraft kann konkret oder fiktiv erfolgen.
  - Grundsätzlich bedarf es einer Schätzung des personenschadenbedingten Ausfalls gemäß § 287 ZPO, für die der Geschädigte allerdings konkret die von ihm ausgeübte Tätigkeit darzulegen hat
  - Anhaltspunkte für die hierauf aufbauende Schätzung gibt die Veröffentlichung von *Schulz-Borck/Hofmann* bzw. die Neuauflage *Pardey*. Danach sind maßgeblich: konkreter Haushaltstyp, regelmäßig anfallende Wochenarbeitszeit im konkreten Haushalt, Art der Verletzung, Einfluss der Verletzung auf die Haushaltsführung. Die Faustformel der fiktiven Berechnung lautet wie folgt:

    Erforderlicher Zeitaufwand × prozentualer Grad der Behinderung × Nettostundenlohn einer Hilfskraft

§ 10 Personenschaden bei Tötung

Dr. Jens Tietgens/Hilmar Stobbe

A. Übersicht

Stirbt ein Geschädigter bei oder infolge eines Verkehrsunfalls, entstehen unterschiedliche Ansprüche, die zur Vereinfachung der Geltendmachung getrennt werden sollten. 1

- Es entstehen eigene Ansprüche des Geschädigten (z.B. Schmerzensgeld, Haushaltsführungsschaden, Behandlungskosten). Die Entstehung des Anspruchs und dessen Höhe hängen auch vom Zeitablauf ab. In der Person des Geschädigten entstehen die Ansprüche bis zu seinem Tod. Mit dem Tod gehen sie durch Universalsukzession auf die Erben über. Insoweit machen sie keine eigenen, sondern übergegangene Ansprüche geltend.
- Es entstehen originäre Ansprüche Dritter. Hierzu gehören Beerdigungskosten (§ 844 Abs. 1 BGB), Unterhaltsansprüche (§ 844 Abs. 2 BGB) und neuerdings Ansprüche auf Zahlung eines Hinterbliebenengeldes (§ 844 Abs. 3 BGB). Die Anspruchsberechtigten müssen nicht zwingend Erben sein.
- Es entstehen eigene Ansprüche, soweit ein unmittelbarer Schaden entsteht. Hierzu gehört der Schmerzensgeldanspruch wegen des Schockschadens naher Angehöriger (siehe § 9 Rdn 46 ff.)

B. Beerdigungskosten

Bei einem Unfall mit tödlichem Ausgang hat der Schädiger die Kosten der Beerdigung gemäß **§ 844 Abs. 1 BGB** zu ersetzen. 2

Anspruchsberechtigt ist derjenige, der die Kosten zu tragen hat. In erster Linie ist dies der Erbe (§ 1968 BGB), bei mehreren Erben die Erbengemeinschaft. Stirbt ein Unterhaltsberechtigter, trägt die Kosten der Beerdigung der Unterhaltsverpflichtete, soweit die Kosten vom Erben nicht zu erlangen sind (§ 1615 Abs. 2 BGB). Anspruchsberechtigt kann auch der Partner der eingetragenen Lebensgemeinschaft sein (§ 5 LPartG). In Ausnahmefällen kommen Dritte (z.B. nichteheliche Partner) in Betracht (siehe Rdn 10).

Die Beerdigungskosten sind auch dann zu erstatten, wenn der Getötete schwerstkrank war und nur noch kurze Zeit zu leben hatte.[1] Überholende Kausalität kann nicht eingewandt werden. 3

1 OLG Düsseldorf, Beschl. v. 11.2.1994 – 13 U 129/93 = zfs 1994, 405.

4 Der Höhe nach beschränkt sich der Anspruch auf die Haftungsquote des Schädigers. Dem Getöteten ist ein **Mitverschulden** entgegen zu halten (§ 846 BGB). Das umfasst auch die Betriebs- oder Tiergefahr.[2]

5 Der Umfang der Kosten bestimmt sich nach der Angemessenheit. Der Schädiger kann den Anspruch nicht auf das kürzen, was einer notdürftigen Beerdigung entspricht. Der Anspruchsteller ist jedoch auf eine standesgemäße Beerdigung beschränkt, auch wenn der Begriff aus § 1968 BGB gestrichen wurde. Abzustellen ist auf die Lebensstellung des Verstorbenen, seine Herkunft und wirtschaftlichen Verhältnisse.[3]

6 Zu den erstattungsfähigen Kosten gehören

- Anzeigen[4] und Trauerkarten,[5]
- Sarg,[6]
- Grabstelle und Grabstein,[7]
- Gebühren (kirchliche und behördliche)[8]
- Trauerfeier mit Bewirtung,[9]
- Trauerkleidung der Erben (nicht Dritter),[10] wenn den Erben das Tragen von Trauerkleidung aufgrund ihrer wirtschaftlichen Lage sonst nicht möglich wäre[11] (Abzug für Vorteilsausgleich[12]),
- Erstbepflanzung (nicht laufende Pflege) der Grabstelle,[13]
- Überführungskosten eines Ausländers in sein Heimatland.[14]

Welche Beerdigungskosten im Einzelnen noch angemessen sind, richtet sich nach den individuellen Verhältnissen des Getöteten und ist demgemäß von Fall zu Fall zu entscheiden. Ausgangspunkt und Kontrollfrage muss stets sein, welche Verpflichtung die Erben im Rahmen des § 1968 BGB trifft, für den Verstorbenen eine angemessene Trauerfeier und Beerdigung zu organisieren.

7 Nicht zu ersetzen sind

- die Kosten für ein Doppelgrab (erstattungsfähig sind dann nur die anteiligen, auf den Getöteten entfallenden Kosten),[15]
- die Kosten der weiteren Grabpflege,[16]

2 Grüneberg/*Sprau*, § 846 BGB Rn 1.
3 BGH VersR 1974, 140; OLG Bremen, Urt. v. 25.5.2007 – 2 U 77/06; *Küppersbusch/Höher*, Rn 450.
4 LG München I, Urt. v. 23.2.1973 – 9 O 555/72 = VersR 1975, 73.
5 OLG Frankfurt a.M., Urt. v. 11.3.2004 – 26 U 28/98 = zfs 2004, 452.
6 OLG Köln, Urt. v. 18.12.2006 – 16 U 40/06.
7 BGH VersR 1974, 140; OLG Düsseldorf, Urt. v. 23.3.1994 – 15 U 282/92 = VersR 1995, 1195.
8 LG Magdeburg, Urt. v. 10.1.2012 – 9 O 164/09.
9 LG München I, Urt. v. 23.2.1973 – 9 O 555/72 = VersR 1975, 73.
10 OLG Köln VersR 1956, 646, 647.
11 OLG Karlsruhe, Urt. v. 13.3.1998 – 10 U 239/97; OLG Karlsruhe, Urt. v. 22.3.1996 – 10 U 169/95; BGH, Urt. v. 19.2.1960 – VI ZR 30/59.
12 OLG Stuttgart, Urt. v. 29.10.2008 – 3 U 111/08 mit Verweis auf OLG Hamm VersR 1982, 961 (50 %).
13 BGH VersR 1974, 140; OLG Hamm VRS 2, 105; LG Rottweil VersR 1988, 1246.
14 LG Gießen DAR 1984, 151.
15 BGH VersR 1974, 140.
16 OLG Köln, Beschl. v. 21.11.2014 – I-20 W 94/13.

- der Nachlassverwaltung oder Testamentseröffnung,[17]
- frustrierte Aufwendungen (z.B. für eine gebuchte Reise, die unfallbedingt nicht angetreten werden konnte) sind grundsätzlich nicht erstattungsfähig,[18]
- Kosten für einen Erbschein.[19] Dies gilt selbst dann, wenn Ansprüche aufgrund der Erbfolge geltend gemacht werden und der in Anspruch genommene Kfz-Haftpflichtversicherer zum Nachweis der Erbfolge die Vorlage eines Erbscheins verlangt.[20]

In der Regel sind die Reisekosten eines Angehörigen zur Beerdigung nicht zu erstatten.[21] 8
Eine Ausnahme kann sich ergeben, wenn sich der standesgemäße Aufwand nach fremden Kulturkreisen richtet.[22] Der BGH bejaht eine Erstattungsfähigkeit ausnahmsweise, wenn der nahe Angehörige aufgrund eigener Bedürftigkeit ohne Reisekostentragung des Nachlasses an der Beerdigung nicht teilnehmen könnte.[23]

I. Muster: Fahrtkosten von gering verdienenden Erben zur Trauerfeier

▼ 9

Muster 10.1: Fahrtkosten von gering verdienenden Erben zur Trauerfeier

Versicherung AG

Schaden-Nr./VS-Nr./Az.

Schaden vom

Pkw , amtl. Kennzeichen

Sehr geehrte Damen und Herren,

soweit Sie durch Schreiben vom den Ausgleich der mit EUR bezifferten Fahrtkosten von des verstorbenen ablehnen, vermag ich mich damit nicht einverstanden zu erklären.

Wie Sie zutreffend ausführen, richtet sich die Ersatzpflicht nach den §§ 844 Abs. 1, 1968 BGB. Danach ist für die Ersatzpflicht bestimmend, in welchem Umfang der für die Durchführung der Beerdigung verantwortliche Erbe zur Übernahme von Kosten verpflichtet ist, die durch die Beerdigung verursacht werden. Zwar sind vom Erben grundsätzlich die Fahrtkosten der an der Trauerfeier teilnehmenden Gäste nicht zu übernehmen. Dieser Grundsatz gilt jedoch nicht uneingeschränkt. Die Verpflichtung zur Übernahme jedweder Kosten aus Anlass der Beerdigungsfeier macht sich an den Grundsätzen von Sitte und Anstand fest. Diese Grundsätze gebieten es zwar noch nicht, generell Fahrtkosten naher Angehöriger zur Trauerfeier zu übernehmen. Etwas anderes gilt jedoch dort, wo nahe Angehörige infolge Bedürftigkeit gehindert wären, die Reisekosten zur Teilnahme an der Beerdigung aufzubringen. In diesen Fällen ist der Erbe nach sittlicher Anschauung

17 OLG Düsseldorf, Urt. v. 13.10.2003 – 1 U 234/02.
18 BGH VersR 1989, 853, 854.
19 LG Verden, Urt. v. 1.9.2006 – 8 O 3/06 – Rn 37 – juris.
20 AG Landshut, Urt. v. 19.3.2007 – 3 C 111/07 – juris.
21 BGH, Urt. v. 19.2.1960 – VI ZR 30/59 = BGHZ 32, 72.
22 KG, Urt. v. 10.11.1997 – 12 U 5774/96 = VersR 1999, 504.
23 BGH, Urt. v. 19.2.1960 – VI ZR 30/59 = BGHZ 32, 72.

gehalten, nahen Angehörigen die Teilnahme an der Trauerfeier durch den Ersatz der Reisekosten zu ermöglichen. Wegen der Einzelheiten hierzu verweise ich auf die Entscheidung des BGH DAR 1960, 179.

Die Übernahme der Reisekosten des Verstorbenen entsprach einer sittlichen Anstandspflicht. Die Familie des Verstorbenen lebt in finanziell beengten Verhältnissen. Zum Nachweis hierüber übersende ich Ihnen folgende Belege: . Die Anreise zur Trauerfeier verursachte infolge der großen Entfernung zwischen dem Wohnort und dem Ort der Trauerfeier erhebliche Kosten in Höhe von EUR. Aufgrund der aufgezeigten beengten finanziellen Verhältnisse war es nicht möglich, die Fahrtkosten aus eigenen Mitteln zu bestreiten. Nach alledem habe ich Sie aufzufordern, die bezifferten Fahrtkosten in Höhe von EUR unverzüglich, spätestens jedoch bis zum

(*14-Tages-Frist*)

auszugleichen. Nach fruchtlosem Fristablauf werde ich meiner Mandantin empfehlen, die Streitfrage einer gerichtlichen Prüfung unterziehen zu lassen.

Mit freundlichen Grüßen

(Rechtsanwalt)

▲

10 Nach überwiegender Meinung in Rechtsprechung und Literatur, hat auch derjenige, der als naher Angehöriger eines an den Folgen eines Unfalls Verstorbenen im Rahmen seiner Verpflichtung zur Totenfürsorge die Beerdigungskosten getragen hat, ohne hierzu verpflichtet zu sein, weil er nicht zu den Erben/Unterhaltsverpflichteten gehört, nicht nur einen Erstattungsanspruch gegen den Erben, sondern auch gegen den Unfallschädiger aus Geschäftsführung ohne Auftrag.[24]

II. Muster: Anspruch auf Ersatz der Beerdigungskosten aus GoA

11 ▼

Muster 10.2: Anspruch auf Ersatz der Beerdigungskosten aus GoA

10.2

Versicherung AG

Schaden-Nr./VS-Nr./Az.

Schaden vom

Pkw , amtl. Kennzeichen

Sehr geehrte Damen und Herren,

die von Ihnen zurückgewiesenen Kosten der Beerdigung, die meine Mandantschaft übernommen hat, sind von Ihnen zu erstatten. Dies unabhängig davon, ob meine Mandantschaft als Erbe anzusehen ist.

Nach einhelliger Auffassung in Rechtsprechung hat derjenige, der als naher Angehöriger eines an den Folgen eines Unfalls Verstorbenen im Rahmen seiner Verpflichtung zur

24 LG Mannheim, Urt. v. 15.12.2006 – 1 S 147/06 = NZV 2007, 367; KG OLGZ 1979, 428; OLG Saarbrücken VersR 1964, 1257.

Totenfürsorge die Beerdigungskosten getragen hat, ohne hierzu verpflichtet zu sein, weil er nicht zu den Erben/Unterhaltsverpflichteten gehört, nicht nur einen Erstattungsanspruch gegen den Erben, sondern auch gegen den Unfallschädiger aus Geschäftsführung ohne Auftrag (LG Mannheim, Urt. v. 15.12.2006 – 1 S 147/06 = NZV 2007, 367; KG OLGZ 1979, 428; OLG Saarbrücken VersR 1964, 1257; MüKo, BGB, 4. Aufl., § 844 Rn 15). Derjenige, der nach einem Verkehrsunfall mit tödlichem Ausgang die Kosten der Bestattung des Getöteten auf sich nimmt, ohne hierzu verpflichtet zu sein, führt ein fremdes Geschäft. Er kann Befreiung bzw. Ersatz für die Kosten der Beerdigung von demjenigen verlangen, der für die Kosten aufzukommen hat. Das ist nicht nur der Erbe und/oder der Unterhaltsverpflichtete (§§ 1968, 1615 Abs. 2 BGB) sondern auch der zum Ersatz der Kosten verpflichtete Schädiger. Dieser ist zwar nicht gehalten, die Beerdigung als solche vorzunehmen. Er ist aber gemäß § 10 Abs. 1 StVG verpflichtet, deren Kosten zu bezahlen.

Zwar hat vorliegend meine Mandantschaft für die Beerdigung aufgrund ihrer persönlichen Beziehungen zu dem Unfallopfer gesorgt. Das schließt jedoch nicht aus, dass sie mit der Besorgung der Beerdigung auch ein fremdes Geschäft gemäß §§ 677, 683 BGB führte und zwar nicht für den Erben, sondern für die Schädigerin. Sie hatte keine Veranlassung, die Kosten der Beerdigung auf sich zu nehmen, soweit die Beklagte haftet (vgl. OLG Saarbrücken VersR 1964, 1257). Die vorgenommene Befreiung von einer Verbindlichkeit liegt grundsätzlich im Interesse der Beklagten als Schuldnerin (vgl. KG a.a.O.).

Ich habe Sie daher aufzufordern, die geltend gemachten Beerdigungskosten in Höhe von ___ EUR binnen ___ Tagen zu erstatten.

Mit freundlichen Grüßen

(Rechtsanwalt)

▲

C. Unterhaltsschaden

War der durch den Unfall Getötete Dritten (z.B. Ehepartnern oder Kindern) gegenüber gesetzlich zum Unterhalt verpflichtet, hat der Schädiger diese Verpflichtung zu übernehmen. Im Einzelnen hat er an die Unterhaltsberechtigten eine Geldrente in Höhe der Unterhaltsverpflichtung des Getöteten zu zahlen. Bei wichtigem Grund hat der Schädiger den Hinterbliebenen einen sich aus der kapitalisierten Rente ergebenen Einmalbetrag zu zahlen (§§ 844 Abs. 2 S. 1, 843 Abs. 3 BGB). 12

Die Unterhaltsverpflichtung bleibt so lange bestehen, wie sie für den Getöteten bestanden hätte. Die Höhe des Unterhaltsschadens richtet sich nicht danach, was der zum Unterhalt Verpflichtete dem Hinterbliebenen tatsächlich geleistet hat, sondern was er ihm **nach Maßgabe der gesetzlichen Vorschriften** der §§ 1360a Abs. 1 (Ehegattenunterhalt), 1602 Abs. 2, 1610 BGB (Kindesunterhalt) schuldete.[25] 13

25 BGH, Urt. v. 5.6.2012 – VI ZR 122/11; BGH VersR 1988, 1166.

Die Unterhaltsberechtigung richtet sich ausschließlich nach den gesetzlichen Vorschriften, nicht danach, was der Verstorbene meinte, aus einer sittlichen Verpflichtung an Dritte leisten zu müssen. **Anspruchsberechtigt** sind:

- Ehegatten untereinander, §§ 1360 ff. BGB
  - Bei intakter Ehe, § 1360 BGB
  - Während des Getrenntlebens, § 1361 BGB
  - Nach der Scheidung, §§ 1559 ff. BGB
- Eltern untereinander bei Geburt eines nichtehelichen Kindes, § 1615l BGB
- Verwandte gerader Linie, § 1601 BGB
  - Eheliche Kinder gegenüber ihren leiblichen Eltern
  - Nichteheliche Kinder gegenüber ihren leiblichen Eltern, § 1615a BGB
  - Adoptiertes Kind gegenüber Adoptiveltern, § 1754 BGB
  - Eltern gegenüber ihren Kindern
- Partner einer gleichgeschlechtlichen Lebensgemeinschaft, § 3 LPatG

Kein Anspruch auf Ausgleich eines Unterhaltsschadens haben:

- Verlobte
- Partner einer nichtehelichen Lebensgemeinschaft
- Stiefkinder gegenüber Stiefeltern[26]
- Berechtigter auf Gewährung eines Altenteils gem. § 14 HöfeO
- Derjenige, der erst dadurch unterhaltsverpflichtet wird, dass der bislang Unterhaltsverpflichtete verstirbt[27]
- Derjenige, dessen Unterhaltspflicht sich dadurch erhöht, dass der ebenfalls unterhaltsverpflichtete Ehegatte verstirbt. Es besteht kein Anspruch auf Ausgleich der Unterhaltserhöhung
- Derjenige, der freiwillig und ohne gesetzliche Verpflichtung Unterhalt leistet

I. Klage auf Feststellung eines zukünftigen Unterhaltsschadens

14 Ist eine Person verstorben, die zum Zeitpunkt des Todeseintritts noch nicht unterhaltsverpflichtet war, bei der jedoch die Möglichkeit besteht, dass sie ohne den Tod zukünftig unterhaltsverpflichtet geworden wäre, können unterhaltsberechtigte Personen u.U. einen Anspruch auf die Feststellung der zukünftigen Unterhaltsverpflichtung gegenüber dem Schädiger haben. Dies kommt beispielsweise dann in Betracht, wenn der Vater eines minderjährigen Kindes, der mangels eigener Leistungsfähigkeit keine Unterhaltsleistungen erbringt, tödlich verunglückt. Das schützenswerte Feststellungsinteresse resultiert aus der Möglichkeit, dass der Verstorbene zu einem späteren Zeitpunkt (beispielsweise nach dem Ende einer Ausbildung) leistungsfähig geworden wäre. Dieselbe Möglichkeit besteht, wenn ein Kind verstirbt und die unterhaltsberechtigten Eltern behaupten, ohne den Schadensfall hätte die Möglichkeit bestanden, dass zu einem späteren Zeitpunkt eine Unterhaltsverpflichtung des Kindes gegenüber den Eltern eingetreten wäre.

26 BGH NJW 1984, 977.
27 RGZ 64, 344.

▼

Muster 10.3: Feststellungsinteresse der zukünftigen Ersatzverpflichtung 15

10.3

Ein gemäß § 1601 BGB unterhaltsberechtigter Elternteil kann die Feststellung einer Ersatzverpflichtung gem. § 844 Abs. 2 BGB beantragen, wenn die Möglichkeit im Raum steht, dass der verunglückte Sohn bei eigener Leistungsfähigkeit und Bedürftigkeit der Eltern unterhaltspflichtig werden würde. Begründet ist das Begehren dann, wenn nach der Erfahrung des Lebens und dem gewöhnlichen Lauf der Dinge die spätere Verwirklichung dieses Unterhaltsanspruchs nicht ausgeschlossen ist. An die Beweiswürdigung ist dabei kein strenger Maßstab anzulegen (BGH, Urt. v. 3.12.1951 – III ZR 119/51 – BGHZ 4, 133; OLG Koblenz, Urt. v. 18.11.2002 – 12 U 1035/01 = NJW 2003, 521; OLG Schleswig, Urt. v. 6.9.2007 – 7 U 34/07, SchlHA 2008, 457; OLG Stuttgart, Urt. v. 29.10.2008 – 3 U 111/08; OLG Hamm, Urt. v. 23.11.2012 – I-9 U 179/11 = FamFR 2013, 103). Die Verpflichtung zur Zahlung von Verwandtenunterhalt nach § 1603 Abs. 1 BGB findet dort ihre Grenze, wo der Unterhaltspflichtige bei Berücksichtigung seiner sonstigen Verpflichtungen außerstande ist, ohne Gefährdung seines angemessenen Unterhalts den Unterhalt des Berechtigten zu gewähren. § 1603 Abs. 1 BGB gesteht damit jedem Unterhaltspflichtigen vorrangig die Sicherung seines eigenen angemessenen Unterhalts zu, den er zur Deckung seines allgemeinen Bedarfs benötigt (BGH, Urt. v. 18.1.2017 – XII ZB 118/16, MDR 2017, 337; BGH, Urt. v. 9.3.2016 – XII ZB 693/14 – BGHZ 209, 243). Maßgebend ist beim Elternunterhalt die Lebensstellung, die dem Einkommen, Vermögen und sozialen Rang des Verpflichteten entspricht, mithin der gesamte individuelle Lebensbedarf einschließlich einer angemessenen Altersversorgung. Zur Beurteilung der potentiellen Leistungsfähigkeit des verunfallten Kindes sind die Unterhaltsrechtlichen Leitlinien der sog. Düsseldorfer Tabelle heranzuziehen (OLG Köln, Urt. v. 26.7.2017 – I-11 U 16/17 – juris).

▲

II. Maßgeblicher Zeitpunkt für die Unterhaltspflicht

In besonderen Fallkonstellationen kann es von Bedeutung werden, auf welchen Zeitpunkt abzustellen ist, um die Unterhaltsverpflichtung festzustellen. Diese Frage stellt sich u.a. dann, wenn das Unfallopfer einen schweren Personenschaden erleidet, im Anschluss daran heiratet und anschließend verstirbt. Stellt man auf den Zeitpunkt des Todeseintritts ab, hätte der Ehepartner einen Anspruch auf Ausgleich eines Unterhaltsschadens erworben. Dies ist jedoch falsch. Vielmehr ist zur Bestimmung der Unterhaltsverpflichtung auf den Zeitpunkt des Verletzungserfolgs abzustellen. Der trat bereits vor der Eheschließung ein. Folglich besteht in derartigen Fallkonstellationen kein Anspruch auf Ausgleich eines Unterhaltsschadens, da die Unterhaltsberechtigung infolge der Eheschließung erst nach dem Verletzungserfolg begründet wurde.[28] 16

28 BGH NJW 1996, 1674.

III. Wegfall des Unterhaltsanspruchs wegen grober Unbilligkeit gem. § 1579 BGB

17 Grundsätzlich fällt ein einmal begründeter Unterhaltsanspruch nachträglich nicht weg. Ausnahmen hiervon bestehen im Bereich des Geschiedenenunterhalts (nachehelicher Unterhalt) gem. § 1570 BGB und beim Unterhaltsanspruch bei Getrenntleben (gem. 1361 Abs. 3 BGB gelten die Fälle des § 1579 Nr. 2 bis 8 BGB entsprechend). In diesen Fällen besteht die Möglichkeit, den Unterhaltsanspruch wegen grober Unbilligkeit gem. § 1579 BGB zu versagen, herabzusetzen oder zeitlich zu begrenzen. Dies gilt u.a. in Fällen, in denen

- die Ehe nur von kurzer Dauer war,
- der Berechtigte wieder in einer verfestigten Lebensgemeinschaft lebt,
- der Berechtigte sich eines Verbrechens oder eines schweren vorsätzlichen Vergehens gegen den Verpflichteten oder eines nahen Angehörigen des Verpflichteten schuldig gemacht hat,
- der Berechtigte seine Bedürftigkeit mutwillig herbeigeführt hat,
- der Berechtigte sich über schwerwiegende Vermögensinteressen des Verpflichteten mutwillig hinweggesetzt hat,
- der Berechtigte vor der Trennung längere Zeit hindurch seine Pflicht, zum Familienunterhalt beizutragen, gröblich verletzt hat,
- dem Berechtigten ein offensichtlich schwerwiegendes, eindeutig bei ihm liegendes Fehlverhalten gegen den Verpflichteten zur Last fällt.

IV. Durchsetzbarkeit des Unterhaltsanspruchs

18 Die Begründetheit eines Unterhaltsanspruchs setzt voraus, dass er gegenüber dem Verpflichteten überhaupt realisierbar gewesen wäre. Zum Nachweis dessen kann sich der Geschädigte der Beweiserleichterung des § 287 ZPO bedienen. Beruft sich der Schädiger oder sein Haftpflichtversicherer darauf, der Unterhaltsanspruch wäre in Ermangelung der hierfür erforderlichen Geldmittel nicht realisierbar gewesen, reicht dies für sich genommen nicht aus, um den Unterhaltsanspruch abzuwehren. Vielmehr ist ein Unterhaltsanspruch erst dann nicht durchsetzbar, wenn die Zwangsvollstreckung aus einem Unterhaltstitel und eine Strafverfolgung wegen der Verletzung von Unterhaltspflichten nicht zu Unterhaltsleistungen geführt hätte. Die Beweislast hierfür trägt der Schuldner.[29]

29 OLG Hamm, NZV 2006, 85.

V. Dauer des Unterhaltanspruchs

Der Unterhaltsberechtigte kann den Unterhaltsanspruch bis zu seinem fiktiven Ende ohne den Schadensfall geltend machen. Die Dauer des Anspruchs fällt deshalb unterschiedlich aus: 19

- Beim Tod des Unterhaltsverpflichteten als Alleinverdiener:
- Bis zum prognostizierten Lebensende des Unterhaltsverpflichteten. Dabei ist allerdings dessen konkreter Gesundheitszustand zu berücksichtigen.[30]
- Bei Freiberuflern und Selbstständigen über das Lebensende des Unterhaltsverpflichteten hinaus, wenn der Getötete zur Bildung von Rücklagen unterhaltsrechtlich verpflichtet war, zu denen es infolge des Todes nicht mehr gekommen ist.[31]
- Der fiktive Eintritt ins Rentenalter ist maßgeblich für das Ende der Unterhaltspflicht, wenn keine Altersvorsorge geleistet wurde.
- Während der Dauer des Unterhaltsanspruchs bedarf es einer Anpassung des Unterhaltsanspruchs bei veränderten Einkommensverhältnissen.
- **Bei Kindern:**
- Bis zum Ende der Bedürftigkeit des Kindes gem. § 1602 BGB,
- Im Zweifel bis zur Vollendung des 18. Lebensjahres,
- Praxis: Bis zum Zeitpunkt der voraussichtlichen Beendigung der Ausbildung
  - Grundsätzlich für *eine* Ausbildung
  - Kein Anspruch für Studium oder Fachabitur nach der Lehre
  - Kein Unterhaltsanspruch für eine Weiterbildung nach der Aufnahme einer beruflichen Tätigkeit
  - Ausnahme: Zweiter Bildungsweg, wenn:
  - Ausbildung wird abgebrochen, weil sie nicht den Fähigkeiten des Kindes entspricht[32]
  - Wenn der Ausbildungsgang Abitur-Lehre-Studium gewählt wird
  - Bachelor- und Masterstudium gelten als eine Ausbildung.[33]

Die **Ermittlung des Unterhaltsschadens** ist ausgesprochen komplex. Der Anspruch setzt sich aus Barunterhalt und Naturalunterhalt zusammen. Für Ersteren wird im Ausgangspunkt auf das Nettoeinkommen abgestellt, für Letzteren auf die Haushaltsführung. 20

Die Berechnung des **Barunterhalts** hängt von vielen Parametern ab.[34] Die Berechnung unterscheidet sich bereits danach, ob der Verstorbene Einzelverdiener war oder ob 21

30 BGH NJW 1972, 1515.
31 OLG Stuttgart, VersR 2002, 1520.
32 OLG Brandenburg, NZFamR 2014, 857: Abbruch bis 18 Monate oder bis zum 3. Semester.
33 OLG Celle, FamRZ 2010, 1456.
34 Grundsätze: BGH, Urt. v. 6.10.1987 – VI ZR 155/86 = VersR 1987, 1243; BGH, Urt. v. 31.5.1988 – VI ZR 116/87 = VersR 1988, 954, 955, 957; BGH, Urt. v. 5.12.1989 – VI ZR 276/88 = VersR 1990, 317; BGH, Urt. v. 2.12.1997 – VI ZR 142/96.

Doppelverdiener berücksichtigt werden müssen. Beim Tod eines Alleinverdieners ist wie folgt vorzugehen:

- Ermittlung des **Nettoeinkommens**: Addition sämtlicher Gehaltsbestandteile, also
- Weihnachts- und Urlaubsgeld, Überstundenvergütung, Treueprämien Aufwandsentschädigungen, die regelmäßig nicht komplett verbraucht werden,[35] Einkünfte aus Renten, z.B. Verletztenrente.[36]
- Nicht zum Einkommen zählen:
  - Einkünfte aus illegalen/sittenwidrigen Geschäften (z.B. Schwarzarbeit),
  - Kindergeld und Arbeitnehmersparzulage, da es sich hierbei um staatliche Förderung und nicht um Gehalt handelt,[37]
  - Aufwandsentschädigungen, wenn ihnen tatsächliche Aufwendungen gegenüberstehen,[38]
  - Abzüglich Steuern und Sozialabgaben,
  - Bewertung der Mitarbeit im Familienbetrieb,[39]
  - Maßgeblich ist der Beitrag, den der Getötete zum Betriebsgewinn beigesteuert hat. Hierzu muss zunächst der Betriebsgewinn ermittelt werden. Vom Betriebsgewinn werden etwaige Rücklagen abgezogen (=Reingewinn). Der Reingewinn wird auf die Eheleute je nach Arbeitsleistung aufgeteilt,
  - Bewertung der Arbeitsleistungen des Getöteten am eigenen Haus.[40] Kosten für Instandsetzung und Erhaltung können geltend gemacht werden. Anspruch muss wegen § 844 BGB als Rentenanspruch (!) geltend gemacht werden. Kein Anspruch für Ausbau der Immobilie, da dies der Vermögensbildung dient,
  - Pauschaler Abschlag für das Risiko eines Arbeitsplatzverlustes.[41] Abzug kommt nur bei konkret nachgewiesenen Risiken in Betracht. Hierfür ist eine Prüfung der Erwerbsbiografie erforderlich. Ergibt sich hieraus kein Risiko, scheidet ein pauschaler Abschlag aus.
- Abzug der **fixen Kosten** vom ermittelten Nettoeinkommen: Abzug sämtlicher Kosten, die zur Haushaltsführung erforderlich sind und die auch nach dem Schadenseintritt weiterlaufen. Wegen der Einzelheiten hierzu wird auf die Auflistung im nachfolgenden Mustertext verwiesen. U.a. sind folgende Besonderheiten zu beachten:
- Darlehenszinsen für ein Eigenheim sind bis zu den fiktiven Mietkosten berücksichtigungsfähig,
- Keine fixen Kosten sind Kosten für die Errichtung eines Eigenheims (Tilgungsleistungen) und Kosten für personengebundene Versicherung (z.B. Risikolebensversicherung),

35 OLG Hamm VersR 1983, 927.
36 OLG Braunschweig, VersR 1979, 1124.
37 BGH NJW 1980, 2251.
38 BGH VersR 1986, 264.
39 Vgl. BGH NJW 1984, 979.
40 Vgl. BGH VersR 2004, 1192.
41 Vgl. OLG Naumburg, Urt. v. 26.7.2018 – 4 U 16/17 – juris.

- Aber: Kosten für Kapitallebensversicherung sind als fixe Kosten zu berücksichtigen, wenn sie z.B. bei einem Selbstständigen der Altersabsicherung dienen,[42]
- Mehrkosten für den Umzug in eine größere Wohnung können ausnahmsweise zu berücksichtigen sein,[43]
- Reduzierung von Kosten ist zu berücksichtigen, z.B. für Umzug in kleinere Wohnung, Verkauf eines Zweitwagens,
- Reduzierung von Schuldzinsen durch den Einsatz einer Lebensversicherungsleistung aus Anlass des Todes.[44]

■ Ermittlung des Unterhaltsanteils des/der Hinterbliebenen am verbleibenden Betrag: Die Düsseldorfer Tabelle findet hier keine Anwendung.[45] Vielmehr wird mit pauschalen Unterhaltsquoten gearbeitet.[46] Verstirbt der Ehemann, erhält die Witwe des Verstorbenen 50 % bei einer Berechnung ohne fixe Kosten und 45 % bei einer Berechnung mit fixen Kosten. Existiert ein Kind, erhalten die Ehefrau 35 % und das Kind 20 % bei Berechnung ohne fixe Kosten, und die Ehefrau 40 % sowie das Kind 20 % bei Berechnung mit fixen Kosten. Bei weiteren Kindern verändern sich die Prozentsätze entsprechend.

■ Hinzurechnung der oben ermittelten fixen Kosten: Durch diese Vorgehensweise wird gewährleistet, dass die Hinterbliebenen in jedem Fall ihren bisherigen Lebensstandard aufrechterhalten können. Darüber hinaus wird das Interesse der Hinterbliebenen erkennbar, die fixen Kosten möglichst umfassend zu quantifizieren.

■ Abzug der mit dem Tod verbundenen Vermögensvorteile:
- Anrechnung von Witwen- und Waisenrenten,[47]
- Keine Anrechnung sonstiger Renten (z.B. private Lebensversicherung, private Unfallversicherung, Sterbegeldversicherung, Betriebsrente, die durch die Arbeitsleistung des Verstorbenen erworben wurde),
- Anrechnung des Erbes: Keine Anrechnung des Vermögensstamms, aber Anrechnung der Erträge aus der Erbschaft (Zinsen, Dividenden, Mieteinnahmen, Geschäftsgewinne), es sei denn, die Erträge dienen der Vermögensbildung,
- Wiederverheiratung: Kein Wegfall des Unterhaltsanspruchs gegenüber dem Schädiger, aber Anrechnung des Unterhalts gegenüber dem neuen Ehegatten,[48]
- Erneute Scheidung: Unterhaltsanspruch gegenüber dem Schädiger lebt wieder auf,
- Bei Versorgung durch neuen Lebenspartner: Pflicht zur Wiederverheiratung?,[49]

42 OLG Frankfurt a.M., Urt. v. 2.7.2015 – 12 U 170/13 – juris; OLG München, Urt. v. 31.10.2014 – 10 U 2755/12 – juris.
43 OLG Naumburg, Urt. v. 26.7.2018 – 4 U 16/17 – juris.
44 OLG München, Urt. v. 31.10.2014 – 10 U 2755/12 – juris.
45 BGH, Urt. v. 1.10.1985 – VI ZR 36/84 = VersR 1986, 39.
46 *Wenker*, VersR 2014, 680, 682.
47 OLG Frankfurt a.M., Urt. v. 2.7.2015 – 12 U 170/13 – Rn 86, juris: OLG Düsseldorf, Urt. v. 23.6.2015 – I-1 U 137/12 – juris.
48 BGH, Urt. v. 16.3.2016 – XII ZR 148/14 – juris.
49 So MüKo/*Wagner*, § 844 Rn 85 – sehr zweifelhaft.

- Verletzung der Schadensminderungspflicht durch die Erben: Aufgabe eines vom Verstorbenen ererbten Gewerbebetriebes,[50]
- Verletzung der Erwerbsobliegenheit durch den überlebenden Ehegatten: Grundsätzlich muss jeder Geschädigte den Schaden dadurch so gering wie möglich halten. Im Zuge dessen ist er ggf. auch dazu verpflichtet, einer Erwerbstätigkeit nachzugehen, sofern ihm dies möglich und zumutbar ist,
- Nimmt der überlebende Ehegatte nach dem Schadenseintritt eine Erwerbstätigkeit auf, begründet dies ein Indiz dafür, dass die Aufnahme einer Erwerbstätigkeit zumutbar ist,[51]
- Konsequenz aus der Verletzung der Schadenminderungspflicht: keine quotale Kürzung des Unterhaltsanspruchs,[52] sondern Anrechnung der erzielbaren fiktiven Einkünfte.[53]

22 ▼

Muster 10.4: Keine Verletzung der Erwerbsobliegenheit

10.4

Im vorliegenden Fall kommt eine Verletzung der Erwerbsobliegenheit nicht in Betracht, da unsere Mandantin minderjährige Kinder zu versorgen hat. Auch scheidet eine Anrechnung der von ihr tatsächlich erzielten Einkünfte auf den Unterhaltsschaden aus. Auf Ersatzansprüche aus § 844 Abs. 2 BGB sind nur diejenigen finanziellen Vorteile anzurechnen, die mit dem Schadensereignis korrespondieren. Die Anrechnung des Vorteils muss im Einzelfall nach Sinn und Zweck des Schadensersatzrechts unter Berücksichtigung der gesamten Interessenlage der Beteiligten dem Geschädigten nach Treu und Glauben zumutbar sein (BGH NJW 1984, 2520, 2521). Den tatsächlichen Verhältnissen kommt eine entscheidend indizielle Bedeutung für den rechtlich geschuldeten Unterhalt zu. Wird minderjährigen Kindern die Betreuung und Erziehung eines Elternteils durch die Schuld eines Dritten genommen, haben sie ein erhöhtes schutzwürdiges Interesse daran, dass ihre Versorgung und Erziehung durch den überlebenden Elternteil nicht wegen einer Erwerbsobliegenheit belastet oder gar gestört wird (BGH VersR 2006, 1081, 1082, *Luthin*, FamRZ 2006, 1110; BGH NJW 1984, 2520, 2522; NJW 1952, 299; OLG München, Urt. v. 31.10.2014 – 10 U 2755/12 – Rn 51 – juris). Dem Umstand, dass eine Witwe tatsächlich und trotz ihres noch zu versorgenden Kindes einer Erwerbstätigkeit nachgeht, rechtfertigt es dann nicht, wenn sie damit eine überobligationsmäßige Leistung erbringt, das erzielte Entgelt auf den Schadensersatzanspruch anzurechnen (BGH NJW 1984, 2520, 2522 mit Hinweis auf BGH NJW 1952, 299 sowie BGH VersR 1969, 469; OLG Düsseldorf, Urt. v. 15.3.2011 – I-1 U 110/10 – Rn 57 – juris).

▲

50 BGH, Urt. v. 22.3.1966 – VI ZR 229/64 – juris.
51 BGH NJW 1976, 1501.
52 So aber OLG Oldenburg, Urt. v. 13.5.2005 – 6 U 10/05 – unveröffentlicht.
53 BGH, Urt. v. 26.9.2006 – VI ZR 124/05 – juris.

23 **Muster 10.5: Berechnung des Unterhaltsschadens**

Versicherung AG

Schaden-Nr./VS-Nr./Az.

Schaden vom

Pkw , amtl. Kennzeichen

Sehr geehrte Damen und Herren,

nach Maßgabe der nachfolgenden Ausführungen mache ich Ansprüche auf Unterhaltsschaden gemäß § 844 Abs. 2 BGB geltend.

1. Ermittlungen des Nettoeinkommens des Getöteten

Der Ehemann meiner Mandantin war von Beruf leitender Angestellter der Firma in . Sein monatliches Grundbruttogehalt betrug nach Maßgabe der in der Anlage in Kopie beigefügten Gehaltsbescheinigungen der letzten Monate EUR.

Hinzuzurechnen ist das anteilige Weihnachts- und Urlaubsgeld, das als Monatsgehalt ausgezahlt wurde. Zum Nachweis hierfür füge ich in der Anlage die letzten Abrechnungen bei. Danach ist das monatliche Grundbruttogehalt um zu erhöhen, also um EUR.

Wie Sie den vorliegenden Gehaltsbescheinigungen entnehmen können, leistete der verstorbene Herr regelmäßig Überstunden. Die durchschnittliche monatliche Überstundenzahl betrug in den letzten Monaten vor dem Schadenseintritt Stunden. Unter Berücksichtigung eines Bruttostundenlohns in Höhe von EUR führt dies zu einem Betrag in Höhe von EUR.

Sämtliche Gehaltsbestandteile addieren sich deshalb zusammen zu einem Gesamtbrutto in Höhe von EUR. Soweit in den Gehaltsbescheinigungen Fahrtkostenzuschüsse abgerechnet wurden, bleiben diese bei der Nettoeinkommensberechnung unberücksichtigt, da sie Aufwandsentschädigungen darstellen.

Von dem zuvor ermittelten Bruttobetrag sind folgende Positionen in Abzug zu bringen:

monatliche Beiträge zur gesetzlichen Krankenversicherung	EUR
monatliche Beiträge zur gesetzlichen Rentenversicherung	EUR
monatliche Beiträge zur gesetzlichen Arbeitslosenversicherung	EUR
monatliche Beiträge zur gesetzlichen Pflegeversicherung	EUR
monatliche Einkommensteuer per Lohnsteuerabzug	EUR
daraus ergibt sich ein Gesamtabzugsbetrag in Höhe von	EUR
das Nettoeinkommen des Getöteten beträgt demgemäß	EUR

2. Fixkosten der Haushaltsführung

Von dem zuvor ermittelten monatlichen Nettoeinkommen des Verstorbenen sind sämtliche Kosten herauszurechnen, die der allgemeinen Haushaltsführung der Eheleute dienten. Im Einzelnen handelte es sich um folgende Positionen:

monatliche Mietkosten gemäß in Kopie beigefügtem Mietvertrag	EUR
monatliche Mietnebenkosten gemäß in Kopie beigefügter Nebenkostenabrechnung vom	EUR
monatliche Kosten für Tageszeitung, Fernsehen und Radio gemäß beigefügten Abrechnungen	EUR
durchschnittliche monatliche Telefongebühren auf der Grundlage der in Kopie beigefügten Abrechnungsbelege für die letzten 6 Monate	EUR
Versicherungsbeiträge für Pkw-Haftpflichtversicherung	EUR
Hausrat	EUR
Privathaftpflicht	EUR
Rechtsschutz	EUR
Rücklagen für die Anschaffung und Reparatur von Wohnungseinrichtungen sowie für Schönheitsreparaturen in der Wohnung pauschal	EUR
danach betragen die gesamten fixen Kosten monatlich	EUR

3. Unterhaltsanteil meiner Mandantin

Nach Abzug der fixen Kosten vom ermittelten Nettoeinkommen verbleibt ein verteilungsfähiger Restbetrag in Höhe von EUR.

Hiervon gebührt meiner Mandantin ein Anteil von 45 %, also in Höhe von EUR. Die Verteilung im Verhältnis 55 % zu 45 % zugunsten des Unterhaltsverpflichteten ist vertretbar und geboten (OLG Hamm r+s 1992, 413).

4. Ermittlung der monatlichen Rente

Zusammenfassend steht meiner Mandantschaft als monatlicher Rentenbetrag die Summe aus den festgestellten fixen Kosten in Höhe von EUR sowie den ihr zustehenden Anteil am bereinigten Nettoeinkommen in Höhe von EUR zu. Die monatliche Rente beträgt demgemäß EUR.

Nach alledem habe ich Sie aufzufordern, für den zurückliegenden Zeitraum seit dem Tode des Ehemannes meiner Mandantin am und damit für Monate rückwirkende Unterhaltsleistungen in Höhe von insgesamt EUR zu erbringen. Darüber hinaus bitte ich um Ihre schriftliche Bestätigung, dass Sie gewillt sind, auch zukünftig die bezifferten Rentenleistungen bis zum potentiellen Ende der Erwerbstätigkeit des Verstorbenen zu erbringen, dies mit Wirkung eines **rechtskräftigen Feststellungsurteils**. Hierfür habe ich mir eine Frist bis zum

(2-Wochen-Frist) notiert.

Mit freundlichen Grüßen

(Rechtsanwalt)

▲

Hinweis 24

Im Einzelfall kann es schwierig sein, genau festzulegen, welche Faktoren bei den sog. fixen Kosten zu berücksichtigen sind. Dies insbesondere dann, wenn es sich um Versicherungsleistungen handelt.

▼ 25

Muster 10.6: Berechnung fixer Kosten bei Versicherungsleistungen

Zur Berechnung des Barunterhaltsschadens sind nach der Ermittlung des für Unterhaltszwecke verfügbaren fiktiven Nettoeinkommens des Getöteten in einem zweiten Schritt die „fixen Kosten" vorweg abzusetzen und – nach quotenmäßiger Verteilung des verbleibenden Einkommens auf den Getöteten und seine unterhaltsberechtigten Hinterbliebenen – in voller Höhe den einzelnen Unterhaltsgeschädigten anteilig zuzurechnen (bereits grundlegend: BGH, Urt. v. 1.10.1985 – VI ZR 36/84 – VersR 1986, 39, 40). Unter „fixen Kosten" sind dabei jene Ausgaben zu verstehen, die weitgehend unabhängig vom Wegfall eines Familienmitgliedes als feste Kosten des Haushalts weiterlaufen und deren Finanzierung der Getötete familienrechtlich geschuldet hätte (BGH, Urt. v. 5.6.2012 – VI ZR 122/11 – juris; BGH, Urt. v. 11.10.1983 – VI ZR 251/81 – VersR 1984, 79, 81).

Nicht zu den fixen Kosten zählen dabei mangels Unterhaltspflicht die Aufwendungen für eine Unfallversicherung. Die Kosten für die Lebensversicherung des verstorbenen Unterhaltspflichtigen sind ebenfalls nicht zu berücksichtigen, da diese Verpflichtung mit dem Tod endet (BGH, Urt. v. 5.6.2012 – VI ZR 122/11 – juris).

Die Aufwendungen für die Lebensversicherung des überlebenden Ehegatten können aber sehr wohl als fixe Kosten zu berücksichtigen sein, wenn es sich um Aufwendungen und Rücklagen von Selbstständigen zur Altersvorsorge handelt, die während der Zeit der aktiven beruflichen Tätigkeit erbracht werden (BGH, Urt. v. 14.4.1964 – VI ZR 89/63 – VersR 1964, 778, 779). Aufwendungen und Rücklagen zur Altersvorsorge können, soweit den betreffenden Personen keine ausreichende gesetzliche Altersrente zur Verfügung steht, nicht stets in vollem Umfang als Beiträge für „freiwillige" Versicherungen behandelt werden. Insoweit kann es sich vielmehr durchaus um „notwendige" und damit „fixe Kosten" des Haushalts handeln. Da Prämien für Kapitallebensversicherungen je nach Lage des Falls sowohl der Eigen- bzw. Altersvorsorge als auch der Absicherung der Unterhaltsberechtigten dienen können und insoweit eine besondere Form des Unterhalts darstellen, sind sie gegebenenfalls mit dem Anteil, der nicht der Vermögensbildung dient, bei der Bemessung vom unterhaltsrechtlich relevanten Nettoeinkommen abzuziehen (BGH, Urt. v. 5.6.2012 – VI ZR 122/11 – juris).

Dabei unterfällt die Höhe des als „fixe Kosten" zu berücksichtigenden Anteils regelmäßig der tatrichterlichen Schätzung gem. § 278 ZPO (BGH, Urt. v. 5.6.2012 – VI ZR 122/11 – juris; OLG Hamm, Urt. v. 6.6.2008 – I-9 U 123/055 – juris, Rn 148), wobei nach Lage des Falls auch zu berücksichtigen sein kann, in welchem Maße beide Ehegatten zum Familieneinkommen beigetragen haben.

▲

Die Aufteilung dieser fixen Kosten auf die Überlebenden des Haushalts hängt maßgeblich von den Umständen des Einzelfalles ab.[54] Im Regelfall wird die für eine sachgerechte 26

54 BGH NJW 2007, 506; BGH VersR 1988, 954.

Verteilung gebotene Betrachtung, in welchem Maße die Haushaltsmitglieder an den hinter den fixen Kosten stehenden Leistungen teilhaben, zu einer höheren Quote für den hinterbliebenen Elternteil im Vergleich zum Kind führen. Bei den fixen Kosten handelt es sich um Aufwendungen, die der Unterhaltsverpflichtete dem Unterhaltsberechtigten nach Maßgabe seines Lebensbedarfs schuldet. Das Gericht kann jedoch, anstatt die Leistungen im Einzelnen auf die Leistungsempfänger zu verteilen, nach § 287 ZPO schätzen und dabei einen Mittelwert berücksichtigen. Der BGH hat deshalb eine Verteilung von 2:1 bei einem Elternteil mit Kind nicht beanstandet und dabei dem Erfahrungssatz Rechnung getragen, dass der Unterhaltsbedarf eines Elternteils im Allgemeinen höher ist als der eines Kindes.[55]

VI. Unterhaltsschaden im Prozess

27 In einem auf Ersatz eines Unterhaltsschadens gerichteten Prozess muss zunächst berücksichtigt werden, dass sich die Forderungen in der Regel aus bereits entstandenen Ansprüchen für die Vergangenheit, aus Rentenansprüchen für die Zukunft und aus einem Feststellungsanspruch für weitere zukünftige Risiken zusammensetzen. Auch ist es erforderlich, einen Klageantrag zu stellen, bei dem die Dauer des Unterhaltsanspruchs bestimmbar ist. Dies setzt eine kalendermäßige Fixierung des Unterhaltsendes voraus. Ist die Dauer des Unterhaltsanspruchs (ausnahmsweise) nicht bestimmbar, z.B. beim Tod eines minderjährigen Kindes und einer Klage der Eltern, muss ein Feststellungsantrag gestellt werden. Zwischen einem bezifferten Klageantrag und einem Feststellungsantrag kann auch eine Mischform gewählt werden. Dies ist beispielsweise dann möglich, wenn für einen Minderjährigen zunächst ein bezifferter Antrag bis zur Vollendung des 18. Lebensjahres und für die Zeit danach ein Feststellungsantrag gestellt wird.

Ausnahmsweise soll auch ein unbezifferter Klageantrag zulässig sein, bei dem die Höhe des Anspruchs in das Ermessen des Gerichts gestellt wird.[56] Voraussetzung hierfür ist, dass die ungefähre Größenordnung für die Höhe des Anspruchs angegeben werden muss. Ein unbezifferter Anspruch hat den Vorteil, dass lediglich geringfügige Abweichungen zur Höhe des Anspruchs noch keine Kostentragungspflicht nach sich ziehen. Auch ist bei bezifferten Klageanträgen § 308 ZPO zu berücksichtigen. Danach ist das Gericht nicht dazu befugt, einer Partei etwas zuzusprechen, was nicht beantragt ist. Bleibt ein Klageantrag hinter dem bestehenden Anspruch zurück, darf das Gericht somit nicht von Amts wegen über den bezifferten Klageantrag hinausgehen. Ein solches Risiko ist besonders hoch, wenn in einer Klage mehrere Hinterbliebene Ansprüche auf Ausgleich von Unterhaltsschäden geltend machen. In diesen Fällen muss der als Unterhalt zu leistende Betrag unter den Unterhaltsberechtigten aufgeteilt werden, was besondere Prozessrisiken begründet. Alternativ zum unbezifferten Klageantrag besteht auch die Möglichkeit, dass sich bei mehreren Unterhaltsberechtigten die Kläger bzw. die Kläge-

55 BGH VersR 1988, 954; ebenso wohl BGH NJW 2007, 506.
56 MüKo/*Wagner*, § 844 Rn 89.

rinnen ausdrücklich mit einer abweichenden Verteilung der Ansprüche einverstanden erklären.[57]

Wichtig ist, dass bei mehreren Berechtigten rechtlich selbstständige Ansprüche für jeden Hinterbliebenen geltend gemacht werden müssen. Wird ein einheitlicher Anspruch für sämtliche Hinterbliebenen in einer Summe geltend gemacht, ist dies unzulässig **(BGH NJW 1981, 2462)**.

> *Hinweis:*
>
> Werden mehrere Berechtigte in einem Unterhaltsprozess von ein und demselben Anwalt vertreten, kann dies das Problem des Parteiverrats begründen. Da jeder Unterhaltsberechtigte ein Interesse daran hat, einen möglichst hohen Anteil am Unterhaltsanspruch zu erhalten, begründet dies bei mehreren Berechtigten die Vertretung widerstreitender Interessen.
>
> Ändern sich die Umstände der Unterhaltsgewährung, besteht die Möglichkeit, den Unterhaltsanspruch über eine Abänderungsklage gem. § 323 ZPO anzupassen.

▼ 28

Muster 10.7: Klageanträge bei Unterhaltsschaden

Beispiel 1: Minderjähriges Kind

Die Beklagten werden als Gesamtschuldner verurteilt,

1. an den Kläger rückständigen Unterhalt in Höhe von   zuzüglich Zinsen in Höhe von 5 Prozentpunkten aus   EUR seit dem   , aus   EUR seit dem   und aus   EUR seit dem   zu zahlen und
2. an den Kläger vierteljährlich im Voraus bis zum 3. Werktag eine Geldrente in Höhe von   EUR ab dem   und bis zum   (Vollendung des 18. Lebensjahres) zu zahlen.
3. Es wird festgestellt, dass die Beklagten als Gesamtschuldner dazu verpflichtet sind, dem Kläger sämtliche weiteren und über die Klageanträge zu 1 und zu 2 hinausgehenden zukünftigen materiellen Schäden aus dem Verkehrsunfall in   am   zu ersetzen.

Beispiel 2: Mehrere Anspruchsteller

Die Beklagten werden als Gesamtschuldner verurteilt,

1. an den Kläger zu 1) rückständigen Unterhalt in Höhe von   EUR nebst Zinsen in Höhe von 5 Prozentpunkten über dem Basiszinssatz aus   EUR seit dem   und aus   EUR seit dem   zu zahlen,
2. an den Kläger zu 1) vierteljährlich im Voraus bis zum 3. Werktag eine monatliche Geldrente in Höhe von   EUR für den Zeitraum vom   bis zum   zu zahlen.
3. an den Kläger zu 2) rückständigen Unterhalt in Höhe von   EUR nebst Zinsen in Höhe von 5 Prozentpunkten über dem Basiszinssatz aus   EUR seit dem   und aus   EUR seit dem   zu zahlen,

57 BGH NJW 1981, 2426.

4. an den Kläger zu 2) vierteljährlich im Voraus bis zum 3. Werktag eine monatliche Geldrente in Höhe von EUR für den Zeitraum vom bis zum zu zahlen.
5. Es wird festgestellt, dass die Beklagten als Gesamtschuldner dazu verpflichtet sind, den Klägern zu 1) und zu 2) sämtliche weiteren, über die Anträge 1 bis 4 hinausgehenden materiellen Schäden aus dem Verkehrsunfall, vom in zu ersetzen.

Die Kläger erklären sich mit einer abweichenden Verteilung der Ansprüche einverstanden (BGH NJW 1981, 2426).

▲

D. Haushaltsführungsschaden/Naturalunterhalt

29 Wird bei einem Verkehrsunfall die haushaltsführende Person getötet, verursacht dies ebenso wie im Falle der Verletzung des Unfallopfers Ansprüche auf Ausgleich eines Haushaltsführungsschadens. Letztlich handelt es sich beim Haushaltsführungsschaden im Falle der Tötung um einen Bestandteil des Unterhaltsanspruchs in der Form des Naturalunterhalts. Während der Barunterhalt dem Ausgleich des weggefallenen Einkommens des Getöteten dient, wird durch den Naturalunterhalt/Haushaltsführungsschaden der Wegfall der Mithilfe im Haushalt kompensiert. Bei der konkreten Bestimmung der Ansprüche muss zwischen zwei Phasen unterschieden werden:

- Bis zum Eintritt des Todes hat der Geschädigte eigene Ansprüche auf Ausgleich eines Haushaltsführungsschadens erworben, die durch den Tod auf die Erben des Verstorbenen übergehen. Die Ermittlung dieser Ansprüche richtet sich nach den für die Verletzung von Unfallopfern geltenden Grundsätzen (siehe hierzu § 9 Rdn 1 ff.).
- Durch den Eintritt des Todes erwerben die Personen, denen gegenüber der Getötete unterhaltsverpflichtet war, einen Anspruch auf Ausgleich des Schadens, der durch den Wegfall der Haushaltsführungskraft verursacht wurde. Es handelt sich also um eigene Ansprüche der Unterhaltsberechtigten gem. § 844 Abs. 2 BGB. Die nachfolgenden Ausführungen beschäftigen sich ausschließlich mit diesen Ansprüchen.

30 Zu unterscheiden sind die allgemeinen und besonderen Voraussetzungen des Anspruchs auf Ausgleich des Haushaltsführungsschadens bei der Tötung eines Getöteten.

Allgemeine Voraussetzungen sind:

- Unterhaltsberechtigung: Der Anspruchsteller muss gegenüber dem Getöteten unterhaltsberechtigt sein. Dies ist bei Verwandten in gerader Linie gem. § 1601 BGB und bei Ehegatten gem. § 1360 BGB der Fall.
- Leistungsfähigkeit: Der Getötete muss überhaupt dazu in der Lage gewesen sein, seiner Unterhaltspflicht entsprechen zu können. Die Leistungsfähigkeit des Unterhaltsverpflichteten fehlt, wenn der Unterhaltsanspruch nicht durchsetzbar gewesen wäre.
- Haftung: Die Haftung des Schädigers besteht nur in dem Umfang, in dem der Getötete seinerseits Ansprüche auf Schadensersatz im Falle des Überlebens erworben hätte.

Zu berücksichtigen sind also Mitverschulden gem. § 254 Abs. 1 BGB und Mitverursachung gem. § 17 StVG.

- Bedürftigkeit: Gem. § 1602 Abs. 1 BGB ist nur derjenige unterhaltsberechtigt, der außerstande ist, sich selbst zu unterhalten. Dieser Einwand ist gegenüber dem Ehegatten unbeachtlich.
- Unterhaltsumfang: Gem. § 844 Abs. 2 BGB richtet sich der Umfang des Anspruchs grundsätzlich danach, in welchem Umfang der Getötete dem Berechtigten gegenüber zum Unterhalt verpflichtet gewesen wäre. Dieser Grundsatz wird allerdings durch die Regelung in § 1356 Abs. 1 BGB relativiert. Danach regeln Ehegatten die Haushaltsführung im gegenseitigen Einvernehmen. Die Einvernehmensregelung wird durch den Grundsatz der Angemessenheit begrenzt. Führt das Einvernehmen der Ehegatten zu einer unangemessenen Erweiterung der Unterhaltspflicht über das Gesetz hinaus, bleibt es bei der Ermittlung des rechtlich Geschuldeten unberücksichtigt.[58]

▼ 31

Muster 10.8: Grundsätze der Berechnung des Naturalunterhaltsschadens bei Eheleuten

Nach § 844 Abs. 2 BGB hat der Schädiger in dem Umfang Ersatz zu leisten, in dem der Getötete zur Unterhaltsgewährung verpflichtet gewesen wäre. Maßgeblich ist also der gesetzlich geschuldete, nicht der tatsächlich geleistete Unterhalt. Der Umfang der gesetzlichen Unterhaltspflicht hängt dabei von den Lebensumständen und den persönlichen Bedürfnissen ab. Der Umfang eines zu leistenden Barunterhalts bestimmt sich bei einer intakten Ehe grundsätzlich nach dem gesamten Einkommen beider Ehegatten und dem dadurch geprägten Lebensstil (vgl. bereits BGH, Urt. v. 22.1.1985 – VI ZR 71/83 – VersR 1985, 365 ff.). Die Eheleute sind allerdings gemäß §§ 1356, 1360, 1360a BGB berechtigt, die Art und Weise der gegenseitigen Unterhaltsgewährung i.R.d. Angemessenen frei zu gestalten. Getroffene Vereinbarungen sind dann nicht nur unterhaltsrechtlich, sondern auch haftungsrechtlich verbindlich (OLG Oldenburg, Urt. v. 14.8.2009 – 6 U 118/09 – juris).

Es entspricht ständiger Rechtsprechung, dass nach dem modernen Verständnis einer Ehe als einer Lebensgemeinschaft gleichberechtigter Partner und dem Fortfall des ursprünglichen gesetzlichen Leitbilds der sog. Hausfrauenehe die Ehegatten frei vereinbaren können, wer und in welchem Umfang durch eine Erwerbstätigkeit den materiellen Unterhalt der Familie sicherstellt, und wer und in welchem Umfang den Haushalt führt (BGH, Urt. v. 22.1.1985 – VI ZR 71/83 – VersR 1985, 365 ff.). Dabei sind auch Mischformen möglich sowie allgemein üblich. Aus der tatsächlichen Handhabung der Haushaltsführung kann auf eine entsprechende einvernehmliche Regelung der Ehepartner geschlossen werden (vgl. *Küppersbusch*, Ersatzansprüche bei Personenschaden, Rn 362, 363). Maßgebend für die Ersatzverpflichtung sind die tatsächlichen Verhältnisse vor dem Unfall.

Danach ist vorliegend von Folgendem auszugehen: .

▲

58 Vgl. OLG Celle, Urt. v. 9.8.2017 – 14 U 27/17 – juris.

32 Die **besonderen Voraussetzungen** des Haushaltsführungsschadens bei Tötung richten sich wiederum nach dem bereits skizzierten „Münchener Modell“ in der Veröffentlichung von *Schulz-Borck/Hofmann* bzw. nunmehr *Schulz-Borck/Pardey*.

E. Schmerzensgeld

33 Nahe Angehörige des Getöteten können gegen den Schädiger in zweierlei Hinsicht Ansprüche auf Schmerzensgeld besitzen:

- ererbte Ansprüche, die der Getötete zu Lebzeiten erworben hatte;
- „eigene“ Ansprüche auf Schmerzensgeld wegen sog. Schockschäden.

Wegen der näheren Einzelheiten der Bemessung dieses Anspruchs wird auf das vorangehende Kapitel verwiesen (siehe § 9 Rdn 1 ff.).

F. Hinterbliebenengeld

34 Für Schadensfälle ab dem 22.7.2017 gilt die Regelung des § 844 Abs. 3 BGB. Danach hat der Ersatzpflichtige dem Hinterbliebenen, der zur Zeit der Verletzung zu dem Getöteten in einem besonderen Näheverhältnis stand, für das dem Hinterbliebenen zugefügte seelische Leid eine angemessene Entschädigung in Geld zu leisten. Ein besonderes persönliches Näheverhältnis wird vermutet, wenn der Hinterbliebene der Ehegatte, der Lebenspartner, ein Elternteil oder ein Kind des Getöteten war. Diese Vermutung kann beispielsweise dadurch widerlegt werden, dass das Näheverhältnis bei Ehepartnern nicht mehr gegeben ist, weil die Beziehung zerrüttet ist.[59] Mit § 844 Abs. 3 BGB wurde für Hinterbliebene eine Anspruchsgrundlage geschaffen, wenn eine ihnen nahestehende Person getötet wird. Eine eigene Rechtsgutverletzung beim Anspruchsteller ist dabei nicht erforderlich. Bei § 844 Abs. 3 BGB handelt es sich um eine Durchbrechung des Grundsatzes, dass Drittschäden nicht ausgeglichen werden.

35 Anspruchsberechtigt ist, wer zu der getöteten Person in einem besonderen persönlichen Näheverhältnis gestanden hat, namentlich der Ehepartner, der Partner nach dem Partnerschaftsgesetz, Kinder, Eltern sowie Personen, bei denen der Grad des Näheverhältnisses eine gleiche Intensität aufweist, wie in diesen im Gesetz ausdrücklich genannten Fällen. Ansatzpunkt für eine Anspruchsberechtigung könnte sein, dass die Interaktion nicht geringer ist als die zwischen den privilegierten Familienmitgliedern untereinander bzw. sonst eine besonders enge Verbundenheit besteht (BT-Drucks 18/11397 v. 7.3.2017, S. 13). Ein vergleichbares Näheverhältnis kommt in Betracht, wenn der Anspruchsteller mit dem Getöteten einen gemeinsamen Hausstand unterhalten und dabei eine emotionale Bindung untereinander bestanden hat, die derjenigen zu einem nächsten Familienangehörigen entspricht. Dies kann beispielsweise für Großeltern und Pflegeeltern gelten. Auf

59 LG Traunstein, Urt. v. 11.2.2020 – 1 O 1047/19 – juris.

die Dauer der Beziehung kommt es dabei nicht an.[60] Ein besonderes Näheverhältnis kann angenommen werden, wenn es beispielsweise einer „Mutter-Tochter-Beziehung" gleicht.[61] Handelt es sich bei dem Geschädigten um einen Nasciturus, soll ein Anspruch auf ein Hinterbliebenengeld nach dem Tod eines Elternteils nicht bestehen.[62] Diese Auffassung begegnet allerdings Bedenken (u.a. *Wagner*, NJW 2017, 2641). Für die Bemessung des Hinterbliebenengeldes stellt es kein Kriterium dar, ob sich der Hinterbliebene in einem finanziellen Abhängigkeitsverhältnis zum Verstorbenen befand.[63]

Anspruchsvoraussetzung ist entweder eine Haftung aus Delikt oder aus der Betriebsgefahr des den Schaden verursachenden Kraftfahrzeugs. Folglich scheiden vertragliche Ansprüche zur Begründung eines Hinterbliebenengeldes aus. **36**

Weitere Voraussetzung für ein Hinterbliebenengeld ist der Todeseintritt des Geschädigten. Der Ausgleich soll dem durch den Tod erlittenen Leid dienen. Dieses Leid muss aber (anders als beim Schockschadensersatz) medizinisch nicht fassbar sein.[64] Bei der Bemessung des Anspruchs spielt deshalb (anders als beim Schmerzensgeld) die Ausgleichsfunktion keine Rolle.[65] Das Hinterbliebenengeld dient vielmehr allein dem Ausgleich der Trauer, die durch den Verlust eines nahen Familienangehörigen verursacht wird. **37**

Ebenso wie das Schmerzensgeld ist die Ermittlung der Höhe des Hinterbliebenengeldes grundsätzlich Sache des Schätzungsermessens des Tatrichters gemäß § 287 ZPO. Maßgeblich für die Höhe der Entschädigung sind im Wesentlichen die Intensität und Dauer des erlittenen seelischen Leids und der Grad des Verschuldens des Schädigers.[66] Dabei bietet der im Gesetzentwurf genannte Betrag i.H.v. 10.000 EUR (BT-Drucks 18/11397, S. 11) eine Orientierungshilfe, von der im Einzelfall sowohl nach unten als auch nach oben abgewichen werden kann. Folglich handelt es sich hierbei nicht um eine Obergrenze.[67] Beispiele für zugesprochene Beträge sind: **38**

- Tod des nichtehelichen Lebensgefährten nach kurzer Beziehung: 5.000 EUR[68]
- Grob fahrlässige Tötung der 80-jährige Mutter: 7.500 EUR[69]
- Tötung des 81-jährigen Vaters: 8.000 EUR[70]
- Tod der Ehefrau: 10.000 EUR[71]
- Tod des Ehemannes nach langjähriger Ehe: 12.000 EUR[72]

60 OLG Celle, Urt. v. 21.9.2022 – 5 U 97/22 = NZV 2023, 180.
61 LG Koblenz, Urt. v. 24.4.2020 – 12 O 137/19 – juris, nachgehend: OLG Koblenz, Urt. v. 21.12.2020 – 12 U 711/20 = VersR 2021, 320.
62 OLG München, Urt. v. 5.8.2021 – 24 U 5354/20 = VersR 2022, 56.
63 BGH, Urt. v. 23.5.2023 – VI ZR 161/22 – juris.
64 BT-Drucks 18/11397, S. 8, 13.
65 BT-Drucks 18/11397, S. 8, 13.
66 OLG Celle, Urt. v. 24.8.2022 – 14 U 22/22 – juris.
67 BGH, Urt. v. 6.12.2022 – VI ZR 73/21 – juris.
68 OLG Celle, Urt. v. 21.9.2022 – 5 U 97/22 = NZV 2023, 180.
69 LG Neuruppin, Urt. v. 10.2.2022 – 1 O 110/21 – juris.
70 OLG Schleswig, Urt. v. 23.2.2021 – 7 U 149/20 – juris, Vergleich nach Zurückverweisung durch den BGH.
71 LG Münster, Urt. v. 28.10.2021 – 111 O 70/19 = VersR 2003, 1416.
72 LG Tübingen, Urt. v. 17.5.2019 – 3 O 108/18 – juris.

- Tod der 77-jährige Mutter: 12.000 EUR[73]
- vorsätzliche Tötung der Ex-Ehefrau: 15.000 EUR[74]
- Tod des minderjährigen Kindes: 15.000 EUR[75]

Der Anspruch auf Hinterbliebenengeld ist vererblich.[76] Der gezahlte Betrag unterliegt nicht der Steuerpflicht, da er keiner der Einkunftsarten des Einkommensteuergesetzes zugeordnet werden kann und auch nicht dem Ersatz des Verdienstausfallschadens dient.[77] Wichtig ist, dass der Haftungsausschluss gemäß §§ 104 ff. SGB VII auch die Ansprüche auf Ausgleich eines Hinterbliebenengeldes gemäß § 844 Abs. 3 BGB erfasst.[78]

G. Checkliste: Personenschäden bei Tötung

39
- Beerdigungskosten:
  - Es besteht ein Anspruch auf Ersatz der Kosten einer angemessenen Beerdigung gemäß § 1968 BGB.
  - Häufiger Fehler: Ausgleichspflichtig sind nur die Kosten der Erstbepflanzung des Grabes, nicht die Kosten der laufenden Pflege.
  - Grundsätzlich besteht für den Schädiger keine Pflicht zur Übernahme von Kosten Dritter. Ausnahme: Die Übernahme der Kosten entspricht sittlicher Verpflichtung.
- Unterhaltsschaden:
  - Der Schädiger hat sämtliche Unterhaltsverpflichtungen des Getöteten zu übernehmen. Hierbei handelt es sich um Barunterhalt und Naturalunterhalt (Haushaltsführungsschaden).
  - Der Unterhaltsschaden besteht in der Zahlung einer Geldrente an Hinterbliebene mit Unterhaltsanspruch.
  - Die Dauer der Rentenverpflichtung richtet sich nach der fiktiven Verpflichtung des Getöteten.
- Schmerzensgeld:
  - In Frage kommen ererbte Ansprüche des Getöteten oder eigene Ansprüche des Mandanten wegen sog. Schockschäden.
- Hinterbliebenengeld:
  - Hinterbliebene, die zum Getöteten in einem besonderen Näheverhältnis standen, erhalten für die durch den Tod verursachte Trauer eine Entschädigung.

73 OLG München, Urt. v. 19.3.2024 – 24 U 541/24 e – juris.
74 LG Nürnberg-Fürth – Strafkammer – 5 Ks 103 Js 2698/20 – juris.
75 OLG Celle, Urt. v. 24.8.2022 – 14 U 22/22 – juris.
76 *Lang/Nugel*, VersR 2023, 1416 m.w.N.
77 U.a. *Burmann/Jahnke*, NZV 2017, 401.
78 BGH, Urt. v. 8.2.2022 – VI ZR 3/21 – juris.

§ 11 Klage und selbstständiges Beweisverfahren

Jens Dötsch

A. Vorbereitung der Klage

I. Verzug des Anspruchsgegners

Die außergerichtliche Regulierung ist geprägt von einem Interessenkonflikt: Auf der einen Seite wünscht der Geschädigte die schnellstmögliche Durchsetzung des ihm entstandenen Schadens. Auf der anderen Seite ist dem KH-Versicherer eine angemessene Zeit zur Prüfung der angemeldeten Ansprüche zuzubilligen. Welche Regulierungsfrist angemessen ist, lässt sich nicht einheitlich bestimmen, sondern hängt auch davon ab, ob die Haftungsfrage geklärt ist oder auch davon, ob einzelne Schadenspositionen geprüft werden müssen. 1

Je nach den Besonderheiten des Einzelfalls kann eine Prüfungszeit von zwei oder drei Wochen,[1] einem Monat[2] oder sechs Wochen[3] angemessen sein. Bei Auslandsbezug kann ein Prüfungszeitraum von acht Wochen nicht zu beanstanden sein.[4]

Wird Klage vor Ablauf der angemessenen Prüfungsfrist erhoben, kann der Schädiger unter Verwahrung gegen die Kostenlast anerkennen. Zudem bewirkt eine zu kurz bemessene Frist keinen Verzugseintritt und Zinsen können nicht ab dem Zeitpunkt des Ablaufs der Frist berechnet werden.

▼ 2

Muster 11.1: Ablauf Prüfungszeitraum

11.1

Die Dauer der angemessenen Prüffrist wird in der Rechtsprechung unterschiedlich beurteilt, von zwei Wochen (OLG Saarbrücken, MDR 2007, 1190) bis etwa einen Monat (OLG Frankfurt a.M., OLGR 1996, 77). Nach Ansicht der herrschenden Meinung ist davon auszugehen, dass die Dauer der Prüffrist von der Lage des Einzelfalls abhängig ist, in der Regel aber maximal vier Wochen beträgt (AG Andernach, Urt. v. 2.7.2013 – 64 C 68/13; OLG Frankfurt a.M., Beschl. v. 6.2.2018 – 22 W 2/18). Dabei ist auch der technische Fortschritt in der Schadensbearbeitung zu berücksichtigen, weshalb auch deutlich kürzere Fristen zu erwägen sind. Dementsprechend ist auch eine Prüfungsfrist von drei Wochen aus Rechtsgründen nicht zu beanstanden (OLG München, Beschl. v. 29.7.2010 – 10 W 1789/10; OLG Düsseldorf, Beschl. v. 5.9.2013 – I-1 W 31/13). Die ggf. vom Versicherer als erforderlich angesehene Ermittlungsakteneinsicht hat jedenfalls keinen Einfluss auf die Dauer der Frist (OLG München, a.a.O.).

▲

1 OLG Saarbrücken zfs 1992, 22; OLG Saarbrücken MDR 2007, 1190.
2 OLG Düsseldorf, Beschl. v. 27.6.2007 – I-1 W 23/07 und OLG Frankfurt a.M., Beschl. v. 18.5.2004 – 17 W 18/04 – juris; LG Köln VersR 1989, 303.
3 OLG Rostock MDR 2001, 935; LG Bremen, Urt. v. 5.6.2018 – 7 O 1158/17 – juris.
4 OLG Saarbrücken, Beschl. v. 25.9.2017 – 4 W 18/17; LG Berlin, Beschl. v. 6.1.2016 – 44 O 133/15 – juris.

3 Die Verfügung von Wiedervorlagen sollte sich am üblichen Regulierungsablauf des Versicherers orientieren. Dieser ist zwar nicht einheitlich, die nachfolgenden Regulierungsgrundsätze sind jedoch weit verbreitet: Bei einem reibungslosen Ablauf der Unfallsache bestätigt der Kfz-Haftpflichtversicherer innerhalb der ersten zwei Wochen nach Eingang des ersten Anspruchsschreibens schriftlich dessen Eingang. In diesem Schreiben äußert er sich noch nicht zur Sache, sondern bestätigt lediglich, dass er für die Regulierung der Unfallsache zuständig ist.

- Parallel mit der Anlage der Schadensakten versendet der Kfz-Haftpflichtversicherer einen Fragebogen an seinen Versicherungsnehmer und fordert ihn auf, den Schaden schriftlich anzuzeigen. Liegt die Schadensanzeige vor und ist die Haftungsfrage geklärt, wird der Schaden reguliert. Voraussetzung ist natürlich, dass dem Kfz-Haftpflichtversicherer in der Zwischenzeit alle Schadensnachweise vorgelegt wurden.
- Ist die Haftung ungeklärt, wird der Kfz-Haftpflichtversicherer vor einer abschließenden Stellungnahme zur Haftung entweder die polizeiliche Unfallakten einsehen wollen und/oder Unfallzeugen schriftlich auffordern, sich zum Unfallhergang zu äußern.

1. Versicherer reguliert nicht, weil ihm Unterlagen oder Informationen fehlen

4 Scheitert die Regulierung an fehlenden Schadensbelegen, gibt der Versicherer keine Veranlassung zur Klage. Mangels vorliegender Schadensnachweise ist der Anspruch des Geschädigten auf Schadensersatz nicht fällig.

5 ▼

Muster 11.2: Anerkenntnis mit Kostenlast der Gegenseite

Werden berechtigterweise Belege zur Begründung des Anspruchs verlangt, jedoch außergerichtlich nicht vorgelegt, hat der Kläger die Kosten des Rechtsstreits zu tragen, wenn die Gegenseite nach Vorlage dieser Belege im Prozess den geltend gemachten Anspruch in der durch die Belege berechtigten Höhe anerkennt (KG VersR 1981, 464). Wird z.B. das Scheckheft des Fahrzeugs über die stetige Wartung in einer Fachwerkstatt erst im Prozess vorgelegt, trägt der Geschädigte bei einem sofortigen Anerkenntnis bzw. einer zeitnahen Auszahlung die Kosten des Verfahrens, da er selber und nicht die Beklagtenseite insoweit die Veranlassung zur Klage gegeben hat (AG Mülheim, Urt. v. 12.4.2012 – 23 C 1193/11 – juris). Auch kann eine verweigerte Nachbesichtigung und ein hierauf im Prozess eingeholtes Gutachten mit anschließendem Anerkenntnis zu einer Kostentragung des Klägers führen (OLG Saarbrücken, Beschl. v. 29.5.2018 – 4 W 9/18).

▲

6 Anders ist die Situation, wenn der Versicherer die weitere Regulierung von folgenden Umständen abhängig macht:

- die Vorlage der Schadensanzeige des Versicherungsnehmers
- die Einsichtnahme in die amtlichen Ermittlungsakten
- dem Ausgang eines Ordnungswidrigkeiten- oder Strafverfahrens gegen einen der Unfallbeteiligten

Diese Argumente bewirken keine Verlängerung der Regulierungsfrist. Legt der Versicherungsnehmer die Schadensanzeige nicht vor, betrifft dies lediglich das Innenverhältnis zwischen dem Kfz-Haftpflichtversicherer und dem Versicherungsnehmer und führt ggf. zur Leistungsfreiheit des Versicherers wegen einer Obliegenheitsverletzung im Innenverhältnis. Auf das Außenverhältnis zum Geschädigten und damit zur Schadensersatzpflicht des Versicherers hat das Fehlverhalten des Versicherungsnehmers keinerlei Einfluss. Auch bei vorsätzlichen Obliegenheitsverletzungen bleibt der Versicherer gegenüber dem Geschädigten leistungsverpflichtet.

▼ 7

Muster 11.3: Schadensregulierung nach Akteneinsicht

11.3

Versicherung AG

Schaden-Nr./VS-Nr./Az.

Schaden vom

Pkw , amtl. Kennzeichen

Sehr geehrte Damen und Herren,

soweit Sie in der im Betreff genannten Schadensache die Regulierung der bezifferten und belegten Schadenspositionen mit dem Argument ablehnen, Sie hätten noch keine Einsicht in die amtlichen Ermittlungsakten nehmen können, ist dies für Ihre Pflicht zur Regulierung des Schadens ohne Bedeutung.

Es ist einhellige Auffassung in der Rechtsprechung, dass die Schadensregulierung nicht von der Einsicht in die Ermittlungsakten abhängig gemacht werden darf (OLG Frankfurt a.M., Urt. v. 6.2.2018 – 22 W 2/18; OLG München, Beschl. v. 29.7.2010 – 10 W 1789/10). Der Ermittlungsaktenauszug ist zur Regulierung des Schadens nie zwingend erforderlich. Zur Regulierung reichen die Angaben des Geschädigten oder des eigenen Versicherungsnehmers. Soweit der Versicherer den Akteneingang abwartet, um vom Akteninhalt sein Regulierungsverhalten abhängig zu machen, so ist dies die alleinige Entscheidung des Versicherers. Verlangt der Geschädigte in der Zwischenzeit aufgrund seiner ordnungsgemäßen Schadensanzeige die Schadensbeseitigung, so geht jedes weitere Zuwarten bis zum Eingang der Akten zu Lasten des Versicherers.

Jede andere Deutung würde darauf hinauslaufen, dass die Regulierung eines Verkehrsunfalls von der Arbeit der Polizei im Blick auf die Unfallaufnahme und der Aktenanlage abhinge. Der Erstattungsanspruch entsteht jedoch mit dem schädigenden Ereignis. Der Anspruch wird fällig, wenn der Versicherer ordnungsgemäß vom Versicherungsfall Kenntnis erhalten hat, wie dies vorliegend durch die ordnungsgemäße Schadensanzeige geschehen ist.

Seit dem Verkehrsunfall sind nunmehr Wochen vergangen. Nach alledem habe ich Sie aufzufordern, die mit EUR bezifferten Schadenspositionen unverzüglich, spätestens jedoch bis zum

(2-Wochen-Frist)

auf das Ihnen bekannte Konto meines Mandanten auszugleichen. Sollten Sie die Frist verstreichen lassen, werde ich meinem Mandanten die unverzügliche Inanspruchnahme gerichtlicher Hilfe empfehlen.

Mit freundlichen Grüßen

(Rechtsanwalt)

▲

8 Lagen die Ermittlungsakten dem anwaltlichen Vertreter bereits zur Einsicht vor, kann dem Versicherer die Übersendung eines Aktenauszuges angeboten werden. Eine Pflicht hierzu besteht aber nicht.

2. Versicherer reguliert unter Rückforderungsvorbehalt

9 Es kommt vor, dass Versicherer – sei es ganz oder teilweise – unter Rückforderungsvorbehalt regulieren. Der Anwalt muss den für den Mandanten sichersten Weg beschreiten, andernfalls können Regressansprüche des Mandanten entstehen. Der Anwalt sollte daher auf den Vorbehalt reagieren. Dies insbesondere, weil dies in einem etwaigen Prozess unter Umständen die Kostentragungslast beeinflussen kann (hierzu: LG Aschaffenburg, Urt. v. 29.5.2018 – 33 O 437/17).

10 ▼

Muster 11.4: Rückforderungsvorbehalt des Versicherers

11.4

Versicherung AG

Schaden-Nr./VS-Nr./Az.

Schaden vom

Pkw , amtl. Kennzeichen

Sehr geehrte Damen und Herren,

Sie haben die Zahlung ausdrücklich unter Rückforderungsvorbehalt gestellt. Nach heute allgemein anerkannter Meinung sind wegen der Erfüllungsgeeignetheit einer Zahlung unter Rückforderungsvorbehalt zwei Fallgruppen zu unterscheiden: Die eine besteht darin, dass der Schuldner die Wirkung des § 814 BGB ausschließt und sich die Möglichkeit offenhält, das Geleistete nach § 812 BGB zurückzufordern, sofern er, der Schuldner, das Nichtbestehen der Forderung beweist. Ein solcher Vorbehalt berührt die Ordnungsgemäßheit der Erfüllung nicht, weil der Gläubiger nach dem Gesetz nur einen Anspruch auf die geschuldete Leistung (§ 362 Abs. 1 BGB), nicht aber auf Anerkennung des Bestehens der Forderung hat. Trotz eines Vorbehaltes im dargelegten Sinne tritt deshalb die Erfüllungswirkung ein. Der Gläubiger ist nicht berechtigt, die mit einem derartigen Vorbehalt versehene Leistung abzulehnen (BGHZ 139, 357, 367 f.). Der Schuldner kann seine Leistung auf eine nicht bestehende Forderung nach § 812 Abs. 1 BGB zurückverlangen, wenn er das Nichtbestehen der Schuld beweist, sofern er nicht in Kenntnis der Nichtschuld geleistet hat, § 814 BGB. Hat aber der Gläubiger keinen Anspruch auf Anerkenntnis des Bestehens der Schuld und ist trotz des Vorbehalts die Erlöschenswirkung aufgrund der

Erfüllung eingetreten, besteht grundsätzlich kein rechtliches Interesse des Gläubigers auf Feststellung des Nichtbestehens eines Rückforderungsanspruchs.

Die andere Fallgruppe liegt vor, wenn der Schuldner in dem Sinne unter Vorbehalt an den Gläubiger leistet, dass er diesem für den Fall eines späteren Rückforderungsstreits die volle Beweislast für das Bestehen der Forderung aufbürdet (Staudinger/*Olzen*, BGB, Neubearb. 2000, § 362 Rn 24 ff.; MüKO/*Fetzer*, 8. Aufl., Bd. 3, § 362 Rn 8; Soergel/*Zeiss*, BGB 12. Auflage, Rn 15). Ein Vorbehalt i.d.S. stellt keine Erfüllung dar (BGHZ 139, 357, 368). Der Gläubiger hat deshalb in diesem Falle ein rechtliches Interesse an der Beseitigung des Vorbehalts, damit klargestellt ist, ob der von ihm geltend gemachte Anspruch durch Erfüllung erloschen ist, § 362 BGB.

Ich erwarte daher die Erklärung, wie ihre auslegungsbedürftige Willenserklärung zu verstehen ist, bis zum (*2-Wochen-Frist*)

Erhalte ich innerhalb der gesetzten Frist keine Antwort, gehe ich davon aus, dass der Rückforderungsvorbehalt in letztgenanntem Sinne zu verstehen ist und werde empfehlen, negative Feststellungsklage zu erheben.

Mit freundlichen Grüßen

(Rechtsanwalt)

▲

3. Mahnung und Klageandrohung

Reguliert der Versicherer trotz Vorliegens sämtlicher Informationen und Schadenbelege nicht oder nicht vollständig, sollte einmal gemahnt werden. Um den Verzug des Versicherers zu begründen, muss ihm eine Zahlungsfrist gesetzt werden, die „kalendermäßig bestimmt" (vgl. § 284 Abs. 2 BGB) ist. Formulierungen wie „Wir erwarten den Ausgleich der offenen Forderung innerhalb von zwei Wochen" reichen hierfür nicht aus, da nicht feststeht, ab wann die Frist zu laufen beginnt. Vielmehr sollte es heißen: „Ich bitte um Ausgleich der Schadenforderung bis zum", wobei dann ein exaktes Datum folgen sollte. **11**

Die Zahlungsfrist sollte so bemessen sein, dass dem Versicherer ein Ausgleich des geforderten Betrags auch tatsächlich möglich ist. Fristen von weniger als einer Woche sind deshalb in der Regel sinnlos. **12**

II. Kostenanforderung für das Klageverfahren

Zur Vorbereitung eines Klageverfahrens gehört es auch, für eine ausreichende Deckung der mit dem Klageverfahren verursachten Kosten zu sorgen. Die Gesamtkosten teilen sich in Anwalts- und Gerichtskosten auf. **13**

Im Blick auf die dem Anwalt zustehenden Kosten sollte umfassend vom Recht zur Vorschussliquidation gem. § 9 RVG Gebrauch gemacht werden. Nach dieser Norm ist der Rechtsanwalt berechtigt, von seinem Auftraggeber für die bereits entstandenen und die voraussichtlich künftig entstehenden Gebühren und Auslagen einen angemessenen Vorschuss zu fordern. Es spricht nichts dagegen, wenn der Anwalt sich alle bereits **14** angefallenen und künftig etwaig entstehenden Gebühren bevorschussen lässt, selbst wenn ein Rechtsschutzversicherer hinter dem Mandanten steht. Ansonsten besteht die Gefahr, dass der Rechtsschutzversicherer mit etwaig offenen Beiträgen des Versicherungsnehmers die Aufrechnung erklärt.

15 Im Blick auf die mit dem Klageverfahren einhergehenden Gerichtskosten ist § 34 Abs. 1 GKG zu beachten. Danach, und nach Maßgabe der Anlage 1 zu § 11 Abs. 1 GKG (Kostenverzeichnis), sind drei volle Gerichtsgebühren (KV Nr. 1210) als Vorschuss einzuzahlen. Die gesamten Vorschüsse sind entweder beim Mandanten oder – sofern vorhanden – beim Rechtsschutzversicherer anzufordern. Der Kostenanforderung – ausgestellt auf den Mandanten, nicht auf den Rechtschutzversicherer – sollte ein Entwurf der Klageschrift beigefügt werden. Dies hat einerseits den Vorteil, dass der Mandant die Ausführungen zum Sachverhalt nochmals auf Richtigkeit und Vollständigkeit hin prüfen kann. Zum anderen erleichtert der Klageentwurf die vom Rechtsschutzversicherer zwingend durchzuführende Prüfung der Erfolgsaussichten für das Klageverfahren. Eine Pflicht zur Vorlage des Entwurfs vor Ausgleich einer etwaigen Vorschussgebührennote besteht aber nicht.

16 ▼

Muster 11.5: Deckungsanfrage an den Rechtsschutzversicherer

11.5

Versicherung AG

Schaden-Nr./VS-Nr./Az.

Schaden vom

Pkw , amtl. Kennzeichen

Sehr geehrte Damen und Herren,

Ihr Versicherungsnehmer, aus , hat uns mit der Wahrnehmung seiner Interessen in einer Verkehrsunfallangelegenheit beauftragt. Zur Durchsetzung der Ansprüche ist Klage zu erheben. Näheres hierzu entnehmen Sie bitte dem als Anlage beigefügten Klageentwurf. Ich bitte um die Erteilung der Deckungszusage sowie um den Ausgleich der voraussichtlichen Kosten unserer Beauftragung (§ 9 RVG) und der mit dem Klageverfahren einhergehenden Gerichtskosten.

Mit freundlichen Grüßen

(Rechtsanwalt)

▲

17 ▼

Muster 11.6: Kostenforderung an den Mandanten

11.6

Herrn/Frau

Schaden vom

Pkw , amtl. Kennzeichen

Sehr geehrter Herr , sehr geehrte Frau ,

vereinbarungsgemäß habe ich in der Zwischenzeit einen Klageentwurf gefertigt, von dem ich Ihnen eine Kopie in der Anlage übersende. Bitte prüfen Sie die dortigen Angaben genauestens auf Richtigkeit und Vollständigkeit und teilen Sie mir etwaige Änderungs- bzw. Ergänzungswünsche bitte umgehend mit.

Die Einleitung des Klageverfahrens verursacht nicht unerhebliche Anwalts- und Gerichtskosten. Näheres hierzu entnehmen Sie bitte der in der Anlage beigefügten Vorschussliquidation, um deren Ausgleich ich bitte. Bitte beachten Sie, dass der Gegenseite die Klage ohne Zahlung der Gerichtskosten nicht zugestellt wird, so dass ich einen zeitnahen Ausgleich empfehle, damit die Klage schnell zugestellt werden kann.

Ich werde die Klage unmittelbar nach Ihrer Freigabe sowie dem Ausgleich der Vorschussliquidation einreichen.

Mit freundlichen Grüßen

(Rechtsanwalt)

▲

B. Klage

I. Klageaufbau

Es gibt, wie für jede andere Klage, auch für die Klage aus Anlass eines Verkehrsunfalls keinen zwingenden Aufbau. Um dem Gericht das Verständnis des Klagebegehrens zu erleichtern, sollte die Klage klar gegliedert sein. Tatsächlicher Vortrag sollte von rechtlichem Vortrag und Vortrag zum Anspruchsgrund vom Vortrag zur Anspruchshöhe getrennt werden. **18**

Um keine zur Schlüssigkeit der Klage gehörenden Bestandteile zu vergessen, sollte ein stets wiederkehrendes Muster für die Erstellung einer Klage verwendet werden. Folgende Grobgliederung hat sich für Schadensersatzklagen aus Anlass eines Verkehrsunfalls bewährt:

1. Checkliste: Grobgliederung einer Musterklage

Begründung: **19**

Vorstellung der Parteien und ihrer Verhältnisse zu den am Unfall beteiligten Kraftfahrzeugen.

Sachverhaltsschilderung

- Erläuterung der Fahrweise des Mandanten mit seinem Unfallfahrzeug
- Erläuterung der Fahrweise des gegnerischen Kraftfahrzeugs
- Angabe der dafür vorhandenen Beweismittel, also
- – unmittelbare Tatzeugen
- – mittelbare Tatzeugen, insbesondere aufnehmende Polizeibeamte, die die Einlassungen der Unfallbeteiligten bestätigen können

- Schadensgutachten, die Schlüsse auf den Unfallhergang zulassen
- verkehrsanalytisches Unfallgutachten/Rekonstruktionsgutachten (selten vorhanden)
- Fotos vom Unfallort zur Verdeutlichung des Unfallhergangs verbunden mit dem Antrag auf Einnahme des Augenscheins

■ ergänzend: Antrag auf Beiziehung der polizeilichen oder staatsanwaltschaftlichen Ermittlungsakten zu Beweiszwecken

Rechtslage

■ Obersatz: „Der Unfall wurde von (…) allein/überwiegend verursacht und verschuldet.“ Bei Vollhaftung des Gegners: „Der Schadenseintritt war für den Kläger unabwendbar. In jedem Fall konsumiert das überragende Fehlverhalten des (…) jeden Tatbeitrag des Klägers sowie die Betriebsgefahr des von ihm geführten Kraftfahrzeugs.“

■ Darstellung des konkreten Fehlverhaltens mit Nennung der verletzten Normen aus der StVO

■ Darstellung, warum den Kläger kein oder nur ein anteiliges Verschulden trifft

■ Abwägung der beiderseitigen Verursachungs- und Verschuldensanteile mit Nennung einer konkreten Quote, möglichst belegt durch vergleichbare Gerichtsentscheidungen

Schadensumfang

■ Materielle Schäden
- Sachschäden mit jeweiligen Belegen
- Personenschäden mit jeweiligen Belegen

■ Immaterielle Schäden mit Arztberichten/Zeugenaussagen

Verzugseintritt und Zinsanspruch

■ Benennung des den Verzugseintritt begründenden Abrechnungsschreibens mit Fristsetzung

■ Benennung des konkreten Ablehnungsschreibens oder des Verzugseintritts

■ Beleg für konkreten Zinssatz, soweit mehr als der gesetzliche Zins beantragt wird

2. Muster: Klageschrift

20 ▼

Muster 11.7: Klageschrift

11.7

An das

Amtsgericht

Klage

des/der aus

– Kläger/in –

Prozessbevollmächtigte:

gegen

1. den/die aus

2. die … -Versicherungs-AG in …, vertreten durch den Vorstand, dieser vertreten durch den Vorsitzenden …, ebenda, Schadens-Nr.: …

– Beklagte –

wegen Schadensersatzes aus Verkehrsunfall,

Streitwert: … EUR

Namens und in Vollmacht des Klägers erhebe ich Klage. Im Termin zur mündlichen Verhandlung werde ich beantragen,

1. die Beklagten als Gesamtschuldner zu verurteilen, an den an den Kläger … EUR nebst Zinsen in Höhe von 5 Prozentpunkten über dem Basiszinssatz seit dem … zu zahlen;
2. die Beklagten als Gesamtschuldner zu verurteilen, an den Kläger ein in das Ermessen des Gerichts gestelltes angemessenes Schmerzensgeld, dessen Höhe … jedoch nicht unterschreiten sollte, nebst Zinsen in Höhe von 5 Prozentpunkten über dem Basiszinssatz seit dem … zu zahlen;
3. die Beklagten als Gesamtschuldner zu verurteilen, den Kläger von der Forderung seiner Prozessbevollmächtigten in Höhe von … EUR gem. der Gebührennote vom … anlässlich des Verkehrsunfalls vom … freizustellen;
4. für den Fall der Säumnis oder des Anerkenntnisses, Versäumnis- oder Anerkenntnisurteil ohne mündliche Verhandlung zu erlassen;
5. von einer zugunsten des Klägers ergehenden Entscheidung vollstreckbare Ausfertigung nebst Zustellungsnachweis zu unseren Händen zu erteilen.

Begründung:

Die Parteien streiten um Schadensersatz aus einem Verkehrsunfall vom … in …. …

I.

Der Klage liegt folgender Sachverhalt zu Grunde:

Der Kläger ist Eigentümer des Pkw … mit dem amtlichen Kennzeichen …. Der Beklagte zu 1. ist Fahrer und Halter des bei der Beklagten zu 2. haftpflichtversicherten Pkw … mit dem amtlichen Kennzeichen ….

Am Unfalltag befuhr der Kläger in dessen Pkw die …straße in …. … (Weiterer Unfallablauf). Angesichts des überraschenden Fahrverhaltens des Beklagten zu 1) konnte der Kläger eine Kollision nicht mehr vermeiden.

Beweis:
1. Parteivernehmung des Klägers, hilfsweise Parteianhörung
2. Zeugnis des …
3. Sachverständigengutachten

Der Verkehrsunfall war Gegenstand eines polizeilichen Ermittlungsverfahrens. Wir beantragen die

Beiziehung der bei der Bußgeldbehörde der Stadt … unter dem Aktenzeichen … geführten Ermittlungsakten zu Informations- und Beweiszwecken.

II.

Der Verkehrsunfall wurde allein vom Beklagten zu 1. verursacht und verschuldet. Für den Kläger war der Schadenseintritt unabwendbar. In jedem Fall konsumiert das weit überwiegende Verschulden des Beklagten zu 1. jeden Tatbeitrag des Klägers sowie die Betriebsgefahr des von ihm geführten Kraftfahrzeugs. Aufgrund der Vorfahrtverletzung des Beklagten zu 1. haften die Beklagten dem Kläger uneingeschränkt und zu 100 % auf Schadensersatz gem. den §§ 7 Abs. 1, 17, 18 StVG, § 823 BGB, § 115 Abs. 1 Nr. 1 VVG.

Auf der Beklagtenseite wurde gegen die Vorschrift des § ___ verstoßen. Der Unfall ereignete sich im unmittelbaren zeitlichen und räumlichen Zusammenhang mit ___.

III.

Infolge des Zusammenstoßes beider Fahrzeuge erlitt der Kläger Sach- und Personenschaden.

1. Nach Maßgabe des als

Anlage K 1

in Kopie nur für das Gericht beigefügten Gutachtens des Sachverständigen ___ trat am Fahrzeug des Klägers ein Totalschaden ein. Der Ersatzanspruch wegen des Fahrzeugschadens beträgt demgem. die Differenz aus Wiederbeschaffungswert ___ EUR (netto) und Restwert ___ EUR (brutto), also ___ EUR.

Der Sachverständige berechnete für die Anfertigung des Sachverständigengutachtens ___ EUR. Wegen der Einzelheiten hierzu verweisen wir auf die als

Anlage K 2

in Kopie nur für das Gericht beigefügte Rechnung des Sachverständigen ___ vom ___. Diese Rechnung hat der Kläger bereits ausgeglichen.

In der Zwischenzeit legte sich der Kläger ein Ersatzfahrzeug zu. Zum Nachweis hierüber sowie die aufgrund der Ersatzbeschaffung angefallene Umsatzsteuer verweisen wir auf die als

Anlage K 3

beigefügte Rechnung, die einen Umsatzsteueranteil in Höhe von ___ EUR ausweist sowie den als

Anlage K 4

in Kopie nur für das Gericht beigefügten Fahrzeugschein. Danach erfolgte die Anmeldung des Ersatzfahrzeugs am ___. In der Zeit zwischen dem Schadenseintritt und der Ersatzwagenbeschaffung entstand dem Kläger ein Nutzungsausfallschaden, weil der Kläger das Fahrzeug nicht nutzen konnte. Die tägliche Nutzungsausfallpauschale beträgt nach Maßgabe der Liste *Sanden/Danner/Küppersbusch* ___ EUR (Gruppe ___). Die Ausfalldauer betrug effektiv ___ Tage, der Ausfallschaden demgemäß ___ EUR.

Die Kosten für die Abmeldung des Unfallfahrzeugs sowie die Anmeldung des Ersatzfahrzeugs und die dafür erforderlichen Schilder belaufen sich auf insgesamt ___ EUR. Wegen der Einzelheiten hierzu verweisen wir auf die als

Sammelanlage K 5

in Kopie nur für das Gericht beigefügten Schadensbelege.

Die erlittenen Schadenspositionen fassen wir wie folgt zusammen:

1.	Wiederbeschaffungsaufwand	… EUR
2.	Bei der Neuanschaffung angefallene Umsatzsteuer	… EUR
3.	Nutzungsausfall	… EUR
4.	Sachverständigenkosten	… EUR
5.	An- und Abmeldekosten	… EUR
6.	Allgemeine Schadenspauschale	… EUR

Danach beläuft sich der Sachschaden des Klägers auf die mit dem Klageantrag zu Ziff. 1. verfolgten … EUR.

2. Darüber hinaus erlitt der Kläger infolge des Verkehrsunfalls einen nicht unerheblichen Personenschaden. Bei dem Anstoß erlitt er eine Gehirnerschütterung, Schnittverletzungen im Gesicht sowie multiple Prellungen. Die Verletzungen führten zu einer 100 %-igen MdE für die Dauer von drei Wochen. Näheres hierzu ist dem als Anlage K 6 in Kopie nur für das Gericht beigefügten Bericht des behandelnden Arztes Dr. … vom … zu entnehmen. Die mit der Verletzung einhergehenden Schmerzen in Gestalt von … dauerten auch nach Wiederherstellung der Arbeitsfähigkeit über … Tage/Wochen an. Während dieser Zeit musste der Kläger noch ihm verordnete Schmerzmittel nehmen.

Art und Umfang der eingetretenen Verletzungen rechtfertigen ein Schmerzensgeld in Höhe von mindestens … EUR. Wegen der Einzelheiten hierzu verweisen wir auf die in der Schmerzensgeldtabelle *Hacks/Wellner/Häcker* unter den lfd. Nrn. … veröffentlichten Entscheidungen. Der dortige Geschädigte erlitt ebenfalls (Verletzungen), derentwegen er für … Tage/Woche arbeitsunfähig war. Aufgrund der Vergleichbarkeit der unfallbedingten Verletzungen und deren Folgen ist daher ebenfalls ein Schmerzensgeld in Höhe von … angemessen, somit der Antrag zu 2. begründet.

IV.

Der Kläger forderte die Beklagte zu 2. durch anwaltliches Schreiben vom … zum Ausgleich der bezifferten Schadenspositionen bis zum … auf. Die Beklagte zu 2. ließ die Frist verstreichen. Demgemäß befinden sich die Beklagten seit dem … in Verzug.

V.

Der Freistellungsanspruch steht dem Kläger im Hinblick auf eine 1,3 Geschäftsgebühr zu, die durch die vorprozessuale Anmeldung der Ansprüche des Klägers gegenüber den Beklagten entstanden ist. Im Rahmen des ihnen nach den §§ 315 ff. BGB i.V.m. § 14 RVG zustehenden Ermessens haben die Prozessbevollmächtigten des Klägers angesichts dieses Verkehrsunfalls die zu erstattende Geschäftsgebühr mit einer Höhe von 1,6 festgelegt. Die Höhe der Kosten ergibt sich aus der als Anlage beigefügten Kostennote vom …. Die aufgrund der Beauftragung entstandenen Rechtsanwaltskosten werden vom Kläger gem. der Rechtsprechung des BGH (BGH NJW 2007, 2049, 2050) in voller Höhe als nicht streitwerterhöhende Nebenforderung geltend gemacht.

…

Mit freundlichem Gruß

(Rechtsanwalt)

▲

3. Teilklage

21 Scheut der Mandant das Kostenrisiko einer umfangreichen Schadensersatzklage, kann es sich anbieten, zunächst nur einen Teilschaden gerichtlich geltend zu machen. Auf die Formulierung der Klageanträge wirkt sich eine Teilklage nicht aus. Es wird Zahlung einer bestimmten Summe beantragt. Zwingend zu beachten ist allerdings, dass der betreffende Teilschaden in der Klagebegründung genauestens zu benennen ist, um nicht Gefahr zu laufen, dass sich die Rechtskraft der Klage auf den gesamten weiteren Anspruch des Mandanten bezieht. Bei Erhebung einer Teilklage besteht die Gefahr, dass der Beklagte Widerklage wegen des nicht rechtshängigen Anspruchs erhebt, um feststellen zu lassen, dass ein über die Teilklage hinausgehender Anspruch nicht besteht.

Darüber hinaus läuft die Verjährung wegen der nicht rechtshängigen Ansprüche weiter. Dies muss im Blick behalten werden.

Auch bei einem Schmerzensgeldanspruch kann eine Teilklage ausnahmsweise zulässig sein, wenn sich noch nicht endgültig sagen lässt, welche Änderungen des gesundheitlichen Zustandes eintreten werden.[5]

22 ▼

Muster 11.8: Teilklage

11.8 Mit der Klage verfolgt der Kläger derzeit lediglich Ersatz eines Teils des tatsächlich entstandenen Schadens. Bei der im Klageantrag genannten Summe von   handelt es sich ausschließlich um den (oder   % des) durch den Verkehrsunfall verursachten Fahrzeugschaden(s). Sie bezieht sich auf folgende Schadenspositionen:

▲

23 Der Ausgang des Rechtsstreits hat zwar keine unmittelbare rechtliche Wirkung auf die nicht anhängig gemachten Schadenspositionen, jedoch ist eine solche Klage von erheblicher präjudizieller Wirkung für die weitere Schadensabwicklung.

II. Gerichtszuständigkeit/Gerichtsstandvereinbarung

24 Die sachliche Gerichtszuständigkeit regelt sich auch in Verkehrsunfallsachen nach den allgemeinen Regeln. Da es sich um vermögensrechtliche Streitigkeiten handelt, ist für die Zuständigkeit des Amtsgerichts gem. § 23 Nr. 1 GVG maßgeblich, ob der Gegenstandswert der Klage die Summe von 5.000 EUR nicht übersteigt.

25 Die örtliche Zuständigkeit für Klagen aus Anlass von Verkehrsunfällen richtet sich ebenfalls nach den allgemeinen Vorschriften (§§ 12 ff. ZPO). Werden mehrere Parteien verklagt (Fahrer, Halter, Haftpflichtversicherer), haben diese regelmäßig ihren allgemeinen Wohnsitz gem. § 12 ZPO an unterschiedlichen Orten. In diesen Fällen muss der Geschädigte auf den besonderen Gerichtsstand der unerlaubten Handlung gem. § 32 ZPO bzw. des Unfallorts, § 20 StVG, zurückgreifen. Geht es um einen Anspruch aus der Kaskoversicherung gegen den eigenen Versicherer, kann der Versicherungsnehmer

5 BGH NJW 2004, 1243; OLG Stuttgart, Urt. v. 14.3.2017 – 12 U 193/16; KG, Urt. v. 14.9.2017 – 22 U 174/16.

den Versicherer gem. § 215 VVG an dem Gericht verklagen, das für den Wohnsitz des Versicherungsnehmers zuständig ist. Wegen der näheren Einzelheiten hierzu wird auf den Abschnitt zur Vollkaskoversicherung verwiesen.

Die Bestimmung des örtlich und sachlich zuständigen Gerichts bereitet teilweise Schwierigkeiten, wenn vom konkreten Unfallort lediglich bekannt ist, dass er sich beispielsweise auf der BAB 7 bei km 335,5 zugetragen hat. Das für die Unfallstelle örtlich zuständige Gericht lässt sich unter Umständen durch einen Blick in die polizeiliche Ermittlungsakten feststellen. Darin wird meist die Gemarkung des betreffenden Autobahnkilometers genannt. Mittels dieser Information lässt sich unter Mithilfe von „Müllers großes deutsches Ortsbuch“[6] bzw. des Ortsverzeichnisses des Deutschen Anwaltverlags[7] das zuständige Gericht bestimmen. 26

Hat sich der Verkehrsunfall im EU-Ausland ereignet, besteht für den Geschädigten die Möglichkeit, an seinem Wohnsitz im Inland gegen den ausländischen Versicherer, der seinen Firmensitz innerhalb der EU hat, Klage zu erheben (Art. 9, 11 EuGVVO). Ansonsten ist grundsätzlich nach der EuGVVO eine Klage im Ausland geboten. Dies gilt erst Recht, wenn sich der Unfall im Ausland außerhalb der EU ereignet hat, es sei denn, es greift eine der Ausnahmen der Art. 40 ff. EGBGB ein. Wegen der näheren Einzelheiten wird auf das Kapitel zur Behandlung der Auslandsschäden verwiesen. 27

In besonderen Einzelfällen kann zu prüfen sein, ob der ordentliche Rechtsweg gem. § 13 GVG eröffnet ist, z.B. wenn sich die Ansprüche aus einem Verkehrsunfall gegen einen Arbeitgeber oder Arbeitnehmer des Mandanten richten. In den meisten Fällen dieser Art greift § 2 Nr. 3, 9 ArbGG. Danach sind für sämtliche bürgerlichen Rechtsstreitigkeiten zwischen Arbeitnehmern und Arbeitgebern sowie zwischen Arbeitnehmern untereinander die Arbeitsgerichte zuständig. Dies gilt auch für eine Schadenersatzklage eines Arbeitgebers gegen seinen Arbeitnehmer. Klagen vor den Arbeitsgerichten können insbesondere deshalb nachteilig sein, weil in der Regel jede Partei ihre Kosten selber tragen muss (§ 12a ArbGG). Nimmt aber ein Versicherungsunternehmen einen Arbeitnehmer auf Schadensersatz für die Beschädigung des vom Arbeitgeber geleasten Firmenfahrzeugs aus übergegangenem Recht den Leasinggeber in Anspruch, ist der Rechtsweg zu den Gerichten für Arbeitssachen nicht gegeben.[8] 28

6 Müllers Großes Deutsches Ortsbuch, 37. Aufl. 2021.
7 Ortsverzeichnis des Deutschen Anwaltverlags, 35. Aufl. 2019.
8 BAG MDR 2009, 1228.

III. Aktiv- und Passivlegitimation

1. Aktivlegitimation

a) Übersicht

29 Die Bestimmung der Aktivlegitimation bereitet grundsätzlich keine Schwierigkeiten. Die Klage ist stets von demjenigen zu erheben, der Inhaber der geltend zu machenden Ansprüche ist. Bei Fahrzeugschäden ist dies allein der Eigentümer, was nicht nur bei Leasing- oder finanzierten Fahrzeugen gewissenhafter Prüfung bedarf.

b) Antrag auf Zahlung an Dritte bei gewillkürter Prozessstandschaft

aa) Übersicht

30 Stellt sich im Laufe eines Prozesses heraus, dass der Mandant wegen einer Schadensposition nicht aktivlegitimiert ist, muss der Antrag auf Zahlung an den tatsächlich Anspruchsberechtigten umgestellt werden. Voraussetzung für eine Umstellung des Klageantrags auf Zahlung an den tatsächlich Anspruchsberechtigten ist, dass ein Fall der sog. gewillkürten Prozessstandschaft vorliegt. Dies setzt voraus, dass der Mandant ein eigenes rechtliches und wirtschaftliches Interesse an der Geltendmachung des fremden Rechts hat.[9] Die Rechtsprechung bejaht ein derartiges Interesse u.a. dann, wenn dem Kläger die eingeklagte Schadensersatzforderung letzten Endes zugutekommt, also ein Fall des Drittschadens vorliegt.[10]

Zu beachten ist bei einer Umstellung des Antrags, dass ein Kostenrisiko droht, denn bei richtiger Betrachtung handelt es sich um eine teilweise Klagerücknahme, weil zuvor unbedingte Zahlung an den Kläger verlangte wurde und nun Zahlung an einen Dritten. Der Kläger erklärt also selbst, nicht – mehr – Inhaber des Anspruchs zu sein.

bb) Fall

31 Der Mandant A beauftragt seinen Rechtsanwalt mit der Abwicklung eines Unfallschadens an „seinem" Kfz, das einen Totalschaden erlitten hat. Bei dem Unfallfahrzeug handelt es sich um ein geleastes Firmenfahrzeug, das im Eigentum des Leasinggebers L steht. A versäumt, seinen Anwalt hierüber zu informieren. Während des Klageverfahrens stellt sich heraus, dass nicht A, sondern der Leasinggeber L Eigentümer des Kraftfahrzeugs ist.

cc) Muster: Umstellung des Klageantrags bei Leasingfahrzeug

32 ▼

Muster 11.9: Umstellung des Klageantrags bei Leasingfahrzeug

11.9

Im Termin zur mündlichen Verhandlung werden wir nunmehr beantragen:

1. Die Beklagten werden als Gesamtschuldner verurteilt, ______ EUR nebst Zinsen in Höhe von fünf Prozentpunkten über dem Basiszinssatz seit Rechtshängigkeit an die Fa. ______ zur Leasingvertrags-Nr. ______ zu zahlen.

9 BGHZ 96, 151, 152; OLG Hamm, Urt. v. 16.7.2015 – 10 U 38/14.
10 BGHZ 25, 250, 258; OLG Hamm, Urt. v. 8.9.2016 – I-6 U 179/15.

2. Die Beklagten werden als Gesamtschuldner verurteilt, EUR nebst Zinsen in Höhe von fünf Prozentpunkten über dem Basiszinssatz seit Rechtshängigkeit an den Kläger zu zahlen.

Begründung:

Der Kläger war bislang irrtümlich davon ausgegangen, er sei Eigentümer des Unfallfahrzeugs und insoweit anspruchsberechtigt. Wie sich nunmehr herausstellte, ist dies tatsächlich nicht der Fall. Eigentümerin des Fahrzeugs ist vielmehr die Leasingfirma . Zum Nachweis hierüber übersenden wir als

Anlage

für Gericht und Gegner eine Kopie des Leasingvertrags vom . Dem Leasinggeber steht als Eigentümer des Unfallfahrzeugs der Anspruch auf Ersatz des Fahrzeugschadens zu. Dieser Schaden ist Gegenstand des Klageantrags zu Ziffer 1. Insoweit handelt es sich um einen Fall der gewillkürten Prozessstandschaft. Der Leasinggeber ist mit der prozessualen Geltendmachung der Ansprüche durch den Kläger einverstanden. Wir verweisen hierzu auf die als

Anlage

in Kopie für Gericht und Gegner beigefügte Erklärung. Der Kläger hat ein schutzwürdiges Interesse an der Geltendmachung des fremden Rechts und ist zur Prozessstandschaft berechtigt (LG Köln, Urt. v. 18.3.2008 – 8 O 96/06 – juris). Der aus dem Fahrzeugschaden resultierende Ersatzanspruch führt im Rahmen der Abrechnung des Leasingvertrags zur Reduzierung des Ablösebetrags, der vom Kläger auszugleichen ist.

Hinsichtlich der Besitzansprüche (Nutzungsausfall etc.) ist der Kläger weiterhin aktivlegitimiert. Die Ansprüche sind Gegenstand des Klageanspruchs zu Ziff. 2.

(Rechtsanwalt)

▲

dd) Hinweise

Stellt sich während des Prozesses heraus, dass nicht der Kläger, sondern ein naher Angehöriger Inhaber der klageweise geltend gemachten Ansprüche ist, lässt sich dasselbe Ergebnis auf einfacherem Wege durch eine Abtretung erreichen. Hier ist jedoch § 410 BGB zu beachten und der Antrag auf Zahlung Zug um Zug gegen Herausgabe der Abtretungsurkunde im Original umzustellen. Auch hierin liegt eine teilweise Klagerücknahme mit entsprechender Kostenfolge. Der Kläger verlangt nicht mehr unbedingte Zahlung an sich, sondern Zug um Zug an einen Dritten. 33

2. Passivlegitimation

Der Geschädigte ist grundsätzlich in der Entscheidung frei, den gegnerischen Fahrer, Halter und Haftpflichtversicherer alternativ oder kumulativ gerichtlich in Anspruch zu nehmen. 34

35 Wird der Kfz-Haftpflichtversicherer ebenfalls verklagt, ist genau auf die zutreffende Firmierung nebst Vertretungsverhältnissen zu achten, andernfalls kann die Klage unzulässig sein und ist abzuweisen.[11]

> *Beispiel*
>
> Vorsicht ist geboten bei ähnlich klingenden Gesellschaftsformen:
>
> LVM Landwirtschaftlicher Versicherungsverein Münster a.G., dieser vertreten durch den Vorstand, dieser vertreten durch den Vorsitzenden XY, Kolde-Ring 21, 48151 Münster
>
> Falsch wäre:
>
> LVM AG, Kolde-Ring 21, 48151 Münster
>
> Ebenfalls ist Vorsicht geboten bei verschiedenen Gesellschaften mit ähnlichen Namen:
>
> HUK-COBURG-Allgemeine Versicherung AG, vertreten durch den Vorstand, dieser vertreten durch den Vorsitzenden XY, Bahnhofsplatz, 96450 Coburg
>
> Ebenso existiert die:
>
> HUK-COBURG Haftpflicht-Unterstützungs-Kasse kraftfahrender Beamter Deutschlands a.G. in Coburg, vertreten durch den Vorstand, dieser vertreten durch den Vorsitzenden XY, Bahnhofsplatz, 96450 Coburg

Um dem Versicherer die Zuordnung des Schadensfalls zu erleichtern, sollte in der Klageschrift die Schadensnummer genannt werden.

36 Ist der Fahrer namentlich nicht bekannt und wird er erst während des Verfahrens von der Gegenseite benannt, kann die Klage im Wege einer subjektiven Klageerweiterung auch noch während des Prozessverfahrens um ihn erweitert werden. Hier ist aber Vorsicht geboten: Kann sich der gegnerische Fahrer nach § 18 StVG exkulpieren, ist die gegen ihn erhobene Klage unbegründet mit entsprechender Kostenfolge.

IV. Klageanträge

1. Berücksichtigung der Gesamtschuld bei mehreren Beklagten

a) Übersicht

37 Wie zuvor dargelegt, werden bei Klagen aus Anlass von Verkehrsunfällen in der Regel mehrere Parteien gerichtlich in Anspruch genommen. Der Haftpflichtversicherer haftet mit dem Halter und dem mitversicherten Fahrer des in Rede stehenden Fahrzeugs gem. § 3 Nr. 2 PflVG bzw. § 115 VVG gesamtschuldnerisch. Dies ist im Klageantrag entsprechend zu berücksichtigen.

11 BGH MDR 2013, 420; BGH, Urt. v. 29.3.2017 – VIII ZR 11/16.

b) Muster: Antrag bei gesamtschuldnerischer Haftung

▼ 38

Muster 11.10: Antrag bei gesamtschuldnerischer Haftung

Die Beklagten werden als Gesamtschuldner verurteilt, an den Kläger EUR nebst 5 % Zinsen über dem Basiszinssatz seit dem zu zahlen.

▲

2. Unbezifferte Klageanträge

a) Übersicht

Klageanträge müssen grundsätzlich bezifferte Klagesummen enthalten (§ 253 ZPO). 39
Ausnahmen hiervon werden zugelassen für Ansprüche auf Schmerzensgeld und merkantile Wertminderung.[12] Überdies dürfte ein unbezifferter Antrag auch bezüglich eines begehrten Haushaltsführungsschadens zulässig sein. Unstreitig ist ein Haushaltsführungsschaden durch richterliche Schätzung gem. § 287 ZPO zu ermitteln.[13] Ist ein Betrag jedoch aufgrund richterlicher Schätzung gem. § 287 ZPO zu ermitteln, ist auch ein unbezifferter Zahlungsantrag trotz § 253 Abs. 2 Nr. 2 ZPO zulässig.[14]

b) Muster: Antrag auf merkantile Wertminderung

▼ 40

Muster 11.11: Antrag auf merkantile Wertminderung

Die Beklagten werden als Gesamtschuldner verurteilt, an den Kläger eine der Höhe nach in das Ermessen des Gerichts gestellte merkantile Wertminderung von mindestens EUR nebst 5 % Zinsen über dem Basiszinssatz seit dem (Unfalltag) zu zahlen.

▲

c) Muster: Antrag auf Schmerzensgeld

Die Klage auf Schmerzensgeld muss eine ungefähre Vorstellung des Klägers von der 41
Höhe des angemessenen Schmerzensgeldes enthalten.[15] Die Mindesthöhe des Schmerzensgeldes kann in den Klageantrag oder in die Klagebegründung aufgenommen werden.[16]

▼ 42

Muster 11.12: Antrag auf Schmerzensgeld

Die Beklagten werden als Gesamtschuldner verurteilt, an den Kläger ein in das Ermessen des Gerichts gestelltes Schmerzensgeld (in Höhe von mindestens EUR) nebst 5 % Zinsen über dem Basiszinssatz seit Rechtshängigkeit zu zahlen.

▲

12 BGH zfs 1982, 78.
13 U.a. OLG Koblenz NJW 2003, 2834, 2835; BGH NJW-RR 1992, 792; OLG Dresden, Urt. v. 22.5.2018 – 4 U 1231/17; OLG München, Urt. v. 10.3.2021 – 10 U 176/20.
14 Thomas/Putzo/*Seiler*, § 253 ZPO Rn 12.
15 BGH NJW 1992, 311.
16 BGH DAR 1967, 192; BGH zfs 1996, 290.

43 Die angegebene Größenordnung des begehrten Schmerzensgeldes stellt keine Obergrenze i.S.d. § 308 ZPO dar, die vom angerufenen Gericht nicht überschritten werden darf.[17] Für das Berufungsverfahren ergibt sich die Beschwer aus der Differenz zwischen der vom Kläger angegebenen Mindesthöhe des Schmerzensgeldes und dem tatsächlich ausgeurteilten Betrag.[18]

Die Angabe des Mindestbetrags ist keine Zulässigkeitsvoraussetzung. Sie dient aber der Feststellung der Beschwer. Erhält der Kläger den angegebenen Mindestbetrag, scheitert das Rechtsmittel an der fehlenden Beschwer, auch wenn das zugesprochene Schmerzensgeld objektiv viel zu niedrig ist.[19]

44 Unsicherheiten über die nach Auffassung des Gerichts angemessene Höhe des Schmerzensgeldes können durch einen Antrag auf Streitwertfestsetzung beseitigt werden.[20]

45 Grundsätzlich ist es nicht möglich, ein Schmerzensgeld auf einen in der Vergangenheit liegenden Zeitraum oder auf die Zeit bis zur letzten mündlichen Verhandlung zu begrenzen.[21] Wird ein Schmerzensgeldanspruch geltend gemacht, werden davon vielmehr auch alle voraussichtlichen Spätfolgen umfasst. Hierfür reicht es aus, dass ihr Eintritt nicht ausgeschlossen werden kann. Einer späteren Klage wegen eines weiteren Schmerzensgeldes wegen Spätfolgen stünde die Rechtskraft des bereits ergangenen Urteils entgegen.[22] War hingegen eine Verletzungsfolge zum Zeitpunkt des Urteils nicht naheliegend, ist die Zubilligung eines weiteren Schmerzensgeldes möglich.[23]

46 Auch bei einem Schmerzensgeldanspruch kann eine Teilklage ausnahmsweise zulässig sein, wenn sich noch nicht endgültig sagen lässt, welche Änderungen des gesundheitlichen Zustandes eintreten werden.[24] In diesem Fall kann dem Kläger der Betrag zugesprochen werden, der ihm (nach dem derzeitigen Kenntnis- und Entwicklungsstand) mindestens zusteht, und zwar allein für die bislang erlittenen Verletzungen.

47 Bei schweren Personenschäden bietet es sich an, das Schmerzensgeld entweder abschließend und inklusive eines Zuschlags für Zukunftsschäden zu beziffern oder eine sog. offene Teilklage einzureichen. Eine solche Klage beschränkt sich auf ein Teilschmerzensgeld für alle Beeinträchtigungen bis zum Schluss der letzten mündlichen Verhandlung ergänzt um einen Feststellungsantrag bezüglich künftiger Risiken.[25]

17 BGH DAR 1996, 290; OLG Frankfurt a.M., Urt. v. 6.9.2017 – 6 U 216/16.
18 BGH NZV 1996, 194.
19 BGH VersR 1999, 902; *Gerlach*, VersR 2000, 525.
20 BGH VersR 1996, 990, 993.
21 OLG Hamm NJW-RR 2000, 1623; LG Aachen, Urt. v. 9.9.2021 – 11 O 278/20.
22 *Gerlach*, VersR 2000, 530.
23 BGH zfs 1995, 172.
24 BGH NJW 2004, 1243.
25 OLG Düsseldorf VersR 1996, 984.

d) Muster: Antrag auf Teilschmerzensgeld

▼

Muster 11.13: Antrag Teilschmerzensgeld 48

11.13

Die (Teil-) Schmerzensgeldklage ist zulässig. Soweit der Kläger mit seiner Klage ein Teilschmerzensgeld begehrt, handelt es sich in rechtlicher Sicht um eine Teilklage, weil der Kläger nur den Betrag des Schmerzensgeldes zugesprochen haben will, der ihm bis zur letzten mündlichen Verhandlung aufgrund der bereits jetzt eingetretenen Verletzungen entstanden ist (vergleiche zur Abgrenzung der Teilklage im Schmerzensgeldprozess von der Geltendmachung eines Teilschmerzensgeldes BGH, Urt. v. 20.1.2004 – VI ZR 70/03). Eine solche Teilklage ist nach allgemeiner Ansicht zulässig, weil der Schmerzensgeldanspruch grundsätzlich teilbar ist. Die Frage der Zulässigkeit einer Teilklage auf Zahlung von Schmerzensgeld korrespondiert mit den Voraussetzungen der Feststellungsklage. Im Grundsatz gilt, dass das Schmerzensgeld aufgrund einer ganzheitlichen Betrachtung der den Schadensfall prägenden Umstände unter Einbeziehung der absehbaren künftigen Entwicklungen des Schadensbildes zu bemessen ist. Mit dem auf eine unbeschränkte Klage insgesamt zuzuerkennenden Schmerzensgeld werden nicht nur alle bereits eingetretenen, sondern auch alle erkennbaren und objektiv vorhersehbaren künftigen unfallbedingten Verletzungen abgegolten (*Himmelreich/Halm*, Handbuch des Fachanwalts für Verkehrsrecht, 4. Aufl. 2011, Rn 230). Lässt sich jedoch nicht endgültig sagen, welche Änderungen des gesundheitlichen Zustandes noch eintreten können, so hat schon das Reichsgericht (RG, Urt. v. 4.12.1916 – IV 328/16) für zulässig erachtet, den Betrag des Schmerzensgeldes zuzusprechen, der dem Verletzten zum Zeitpunkt der Entscheidung mindestens zusteht und später den zuzuerkennenden Betrag auf die volle Summe zu erhöhen, die der Verletzte aufgrund einer ganzheitlichen Betrachtung der für den immateriellen Schaden maßgeblichen Umstände beanspruchen kann, wenn sich zum Zeitpunkt der letzten mündlichen Verhandlungen nicht endgültig sagen lässt, welche Änderungen des gesundheitlichen Zustandes noch eintreten können.

Dieser Auffassung des Reichsgerichts hat sich der BGH angeschlossen. Er hat für den Fall, dass mit dem Eintritt weiterer Schäden zu rechnen ist, die letztlich jedoch noch nicht abzusehen sind, das Feststellungsinteresse für die Feststellung der Ersatzpflicht künftiger immaterieller Schäden bejaht, wenn aus der Sicht des Geschädigten bei verständiger Würdigung der Grund zur Annahme besteht, mit dem Eintritt eines weiteren Schadens wenigstens zu rechnen (BGH, Urt. v. 16.1.2001 – VI ZR 381/99; BGH, Urt. v. 20.3.2001 – VI ZR 325/99; BGH, Urt. v. 2.4.2014 – VIII ZR 19/13).

Zwar gebietet es der Grundsatz der Einheitlichkeit des Schmerzensgeldes, die Höhe des dem Geschädigten zustehenden Schmerzensgeldes aufgrund einer ganzzeitlichen Betrachtung im Regelfall unter Einbeziehung der absehbaren künftigen Entwicklungen des Schadensbildes zu bemessen. Diese ganzzeitliche Betrachtung verbietet sich jedoch, wenn wegen der ungewissen und nicht absehbaren Schadensentwicklung die tatsächlichen Grundlagen für die Gewichtung der das Schmerzensgeld determinierenden Faktoren nicht verlässlich bestimmt werden können. In einem solchen Fall führt kein Weg daran vorbei, dem Geschädigten zunächst denjenigen Betrag des Schmerzensgeldes zuzusprechen, der ihm zum Zeitpunkt der Entscheidung mindestens zusteht, um das Schmerzensgeld in einem Folgeprozess auf die volle Summe zu erhöhen, die der Verletzte aufgrund der dann verlässlichen Beurteilung der weiteren Entwicklung beanspruchen kann (MüKo/BGB-*Oetker*, 8. Aufl., § 253 Rn 63). Diese Durchbrechung des Grundsatzes von der Einheitlichkeit des Schmerzensgeldes eröffnet dem Geschädigten in den Fällen der noch nicht abgeschlossenen und unüberschaubaren Schadensentwicklung die Option zur Erhebung einer offenen Teilklage (Palandt/*Grüneberg*, 78. Aufl., § 253 Rn 15 ff.). Denn auch ein einheitlicher Anspruch ist im rechtlichen Sinne teilbar, solange er qualitativ abgrenzbar und eindeutig individualisierbar ist (OLG Frankfurt a.M., Urt. v. 22.2.2010 – 16 U 146/08; OLG Brandenburg, Urt. v. 30.8.2007 – 12 U 55/07; OLG Celle, Urt. v. 16.9.2009 – 14 U 71/06).

Voraussetzung für die Zulässigkeit der offenen Teilklage ist damit zum einen, dass die Schadensentwicklung noch nicht gänzlich abgeschlossen ist und künftig die Gefahr einer Weiterung besteht, zum anderen muss die Klage erkennen lassen, für welche Verletzungsfolgen das Schmerzensgeld gelten soll.

Beide Voraussetzungen sind erfüllt.

Es besteht künftig die Gefahr weiterer Komplikationen im Heilbehandlungsverlauf, da

Das mit der Klage geltend gemachte Schmerzensgeld soll nur für die bislang erlittenen Verletzungen gezahlt sein, und zwar für folgende:

-
-
-

Damit ist erkennbar, um welchen Teil des Gesamtanspruches es sich handelt.

▲

49 Wird die Größenordnung des angestrebten Schmerzensgeldes im Rahmen der gerichtlichen Entscheidung um mindestens 20 % unterschritten, führt dies zu einem verhältnismäßigen Unterliegen mit einer entsprechenden Kostenfolge.[26]

50 ▼

Muster 11.14: Kostenentscheidung Schmerzensgeld bei Teilunterliegen

11.14 Gem. § 92 Abs. 2 Nr. 2 ZPO kann das Gericht einer Partei sämtliche Kosten des Rechtsstreits auferlegen, wenn die Höhe des geltend gemachten Betrages von der Ausübung richterlichen Ermessens abhängig ist. Dies soll beim unbezifferten Klageantrag den Kläger vor dem Kostenrisiko einer überhöhten Klage schützen (*Zöller*, ZPO-Kommentar, 32. Aufl., § 253, Rn 14a i.V.m. § 92, Rn 12). Dies gilt jedenfalls dann, wenn die Abweichung nur zwischen 20 % und 33 % des genannten Mindestbetrages liegt (OLG Köln VersR 95, 358; OLG Düsseldorf, NJW-RR 1995, 955). Eine anteilige Kostenentscheidung zu Lasten des Klägers ist demnach vorliegend nicht veranlasst.

▲

3. Feststellungsanträge

a) Übersicht

51 Eine weitere Ausnahme vom Grundsatz der beziffert zu stellenden Klageanträge enthält § 256 ZPO. Der Antrag ist gerichtet auf die Feststellung des Bestehens oder Nichtbestehens eines Rechtsverhältnisses. Der Kläger muss für einen Feststellungsantrag ein beson-

26 BGH VersR 1979, 472; BGH VersR 1984, 538.

deres Interesse an der Feststellung des Rechtsverhältnisses besitzen und nachweisen. Für den Bereich der Verkehrsunfallbearbeitung sind Feststellungsanträge zu stellen bei Ansprüchen auf Ausgleich des künftigen Rückstufungsschadens und bei nicht absehbaren Folgen eines schweren Personenschadens, wie bereits zuvor gezeigt.

b) Muster: Antrag auf Feststellung bei einem Rückstufungsschaden

▼ 52

Muster 11.15: Antrag auf Feststellung bei einem Rückstufungsschaden

Es wird festgestellt, dass die Beklagten als Gesamtschuldner verpflichtet sind, dem Kläger sämtliche Schäden zu ersetzen, die aus der Inanspruchnahme seiner Vollkaskoversicherung unter der Versicherungsschein-Nr. ______ bei der X-Versicherung aus Anlass des Verkehrsunfalls vom ______ (in Höhe einer Quote vom – für den Fall eines Mitverschuldens) entstehen.

▲

c) Muster: Antrag auf Feststellung künftiger Schäden

53 Der Antrag ist darauf gerichtet, feststellen zu lassen, dass die Beklagten verpflichtet sind, dem Geschädigten sämtliche materiellen oder immateriellen Schäden aus dem in Rede stehenden Schadensereignis zu ersetzen. Wichtig ist insoweit, dass ein solcher Antrag einen Zusatz enthalten muss, der berücksichtigt, dass diverse Ansprüche bereits auf Sozialversicherungsträger gem. § 116 SGB X oder andere Dritte übergegangen sind und der Mandant insoweit nicht mehr anspruchsberechtigt ist.

▼

Muster 11.16: Antrag auf Feststellung künftiger Schäden

Es wird festgestellt, dass die Beklagten als Gesamtschuldner verpflichtet sind, dem Kläger sämtliche materiellen und immateriellen künftigen Schäden zu ersetzen, die aus dem Verkehrsunfallereignis vom ______ resultieren, soweit sie nicht bereits auf Sozialversicherungsträger oder andere Dritte übergegangen sind oder übergehen werden.

▲

d) Hinweise

54 Bei jedem Personenschaden ist zu prüfen, ob auch ein Feststellungsantrag wegen etwaiger Zukunftsschäden gestellt werden muss. Dies ist der Fall, wenn die weitere Entwicklung des Personenschadens noch nicht endgültig abzusehen ist. Das besondere Rechtsschutzbedürfnis für den Feststellungsantrag resultiert bereits aus der Gefahr der Anspruchsverjährung.[27] Ein besonderes Feststellungsinteresse besteht im Übrigen bereits dann, wenn der spätere Eintritt von Schadensfolgen überhaupt, wenn auch nur entfernt, möglich ist.[28]

27 BGH VersR 1953, 497.
28 BGH NJW 1991, 2707.

55 Im Kosteninteresse muss der gegnerische Kfz-Haftpflichtversicherer vor dem Stellen des Feststellungsantrags in Verzug gesetzt werden. Anderenfalls droht im Prozess ein sofortiges Anerkenntnis unter Verwahrung gegen die Kostenlast gem. § 93 ZPO.

56 Erhebt die Gegenseite Einwände gegen die Feststellungsklage, kann hierauf wie folgt erwidert werden:

▼

11.17

Muster 11.17: Reaktion auf Einwände der Gegenseite gegen eine Feststellungsklage

Die Klage ist als allgemeine Feststellungsklage zulässig. Das rechtliche Interesse des Geschädigten an einer alsbaldigen Feststellung der Ersatzpflicht des Schädigers i.S.d. § 256 Abs. 1 ZPO ergibt sich daraus, dass sich der anspruchsbegründende Sachverhalt zur Zeit der Klageerhebung noch in der Entwicklung befand. Bei Klageerhebung war erst ein Teil des Schadens entstanden. Die Entstehung weiteren Schadens – beispielsweise des Nutzungsausfallschadens oder der Umsatzsteuer für den Fall der Reparatur – ist nach dem Vorbringen des Geschädigten noch zu erwarten. In einer derartigen Fallgestaltung ist die Feststellungsklage nach der ständigen Rechtsprechung des BGH insgesamt zulässig. Der Geschädigte ist nicht gehalten, seine Klage in eine Leistungs- und eine Feststellungsklage aufzuspalten (vgl. Senatsurt. v. 8.7.2003 – VI ZR 304/02, VersR 2003, 1256; v. 28.9.1999 – VI ZR 195/98, VersR 1999, 1555, 1556; BGH, Urt. v. 21.2.1991 – III ZR 204/89, VersR 1991, 788, 789; AG Andernach, Urt. v. 21.11.2014 – 62 C 504/14).

Zudem ergibt sich das Feststellungsinteresse aus dem Umstand, dass nicht ausgeschlossen ist, dass der Geschädigte einen Schaden unter Umständen erst nach Jahren beheben lässt. Der erst dann fällige Ersatzanspruch ist gegen den Eintritt der Verjährung zu sichern (AG Minden, Urt. v. 22.7.2013 – 22a C 311/03).

Zwar fehlt grundsätzlich das Feststellungsinteresse, wenn ein Kläger dasselbe Ziel mit einer Leistungsklage erreichen könnte, jedoch besteht keine allgemeine Subsidiarität der Feststellungsklage gegenüber der Leistungsklage. Vielmehr bleibt die Feststellungsklage dann zulässig, wenn ihre Durchführung unter dem Gesichtspunkt der Prozesswirtschaftlichkeit eine sinnvolle und sachgemäße Erledigung der aufgetretenen Streitpunkte erwarten lässt (BGH, Urt. v. 4.12.1986 – III ZR 205/85; Urt. v. 5.2.1987 – III ZR 16/86). Das ist insbesondere dann der Fall, wenn die beklagte Partei die Vermutung rechtfertigt, sie werde auf ein rechtskräftiges Feststellungsurteil hin ihren rechtlichen Verpflichtungen nachkommen, ohne dass es eines weiteren, auf Zahlung gerichteten Vollstreckungstitels bedarf (BGH, Urt. v. 28.9.1999 – VI ZR 195/98). Das hat der BGH bereits mehrfach angenommen, wenn es sich bei der beklagten Partei um eine Bank, eine Behörde oder um ein großes Versicherungsunternehmen handelt (BGH, Urt. v. 15.3.2006 – IV ZR 4/05).

▲

4. Rentenanträge

a) Übersicht

57 Ein Anspruch auf Zahlung einer Schadensrente kann aus einem Schmerzensgeldanspruch, einem Unterhaltsschaden, einem Erwerbsschaden und einem Anspruch auf Zahlung vermehrter Bedürfnisse resultieren. Die monatlich oder jährlich zu zahlende Rente muss zwingend beziffert werden. Eine Zuvielforderung führt zur teilweisen Klageabwei-

sung mit negativer Kostenfolge. Im Antrag müssen Rentenbeginn und -ende angegeben werden. Schmerzensgeldrenten und Renten für vermehrte Bedürfnisse werden lebenslänglich gezahlt, während eine Unterhaltsrente nur bis zum Ende der Unterhaltsverpflichtung reicht. Verstirbt der unterhaltsverpflichtete Ehegatte, hat der überlebende Ehegatte Anspruch auf Zahlung einer monatlichen Unterhaltsrente bis zum potentiellen Ende der Erwerbstätigkeit des verstorbenen Ehegatten.

b) Muster: Antrag bei lebenslanger Rente

▼ 58

Muster 11.18: Antrag bei lebenslanger Rente

Die Beklagten werden als Gesamtschuldner verurteilt, dem Kläger ab dem eine lebenslange und vierteljährliche im Voraus zu zahlende Schmerzensgeldrente von monatlich zu zahlen. 11.18

▲

c) Muster: Antrag bei zeitlich begrenzter Rente

▼ 59

Muster 11.19: Antrag bei zeitlich begrenzter Rente

Die Beklagten werden als Gesamtschuldner verurteilt, dem Kläger ab dem eine vierteljährlich im Voraus zu zahlende monatliche Unterhaltsrente von EUR bis zum zu zahlen. 11.19

▲

d) Hinweise

Gem. § 760 Abs. 2 BGB sind Geldrenten grundsätzlich drei Monate im Voraus zu zahlen. 60
Der Streitwert für einen Rentenantrag bestimmt sich nach § 9 ZPO und beläuft sich auf den maximal dreieinhalbfachen Jahresbetrag der Rente.

5. Zinsanträge

Der Zinsanspruch hat sich durch die Änderung des § 288 BGB erheblich erhöht. Nach 61
§ 288 Abs. 1 BGB ist der Anspruch des Berechtigten ab Verzug oder ab Rechtshängigkeit mit 5 % über dem Basiszinssatz zu verzinsen. § 288 Abs. 3 BGB lässt aus einem besonderen Grund auch höhere Zinsen zu.

Für Ansprüche auf merkantile Wertminderung gilt die Sonderregelung des § 849 BGB, 62
nach der ein Zinsanspruch bereits seit dem Eintritt des Schadens besteht. Im Übrigen ist zu beachten, dass unbezifferte Ansprüche auf Schmerzensgeld grundsätzlich erst ab Rechtshängigkeit zu verzinsen sind.[29]

> *Hinweis* 63
>
> Häufig wird auch nicht beachtet, dass Gerichtskostenvorschüsse zu verzinsen sein können.

29 BGH VersR 1965, 531.

64 ▼

Muster 11.20: Zinsen bei Gerichtskostenvorschuss

11.20 […] festzustellen, dass die Beklagte verpflichtet ist, auf die klägerseits verauslagten Gerichtskosten Zinsen in Höhe von 5 Prozentpunkten über dem Basiszinssatz für die Zeit von dem Eingang der eingezahlten Gerichtskosten bis zum Eingang eines Kostenfestsetzungsantrages nach Maßgabe der auszuurteilenden Kostenquote zu zahlen.

[…]

Begründung:

Der Antrag auf Feststellung der Zinspflicht wegen der verauslagten Gerichtskosten stellt einen Teil des Schadensersatzanspruchs dar (OLG Hamburg, Urt. v. 25.3.2004 – 3 U 184/03 – juris, Rn 3; BGH, Urt. v. 26.4.2023 – VIII ZR 125/21). Gem. §§ 7, 17, 18 StVG, §§ 823, 249 Abs. 2 BGB i.V.m. § 115 Abs. 1 S. 1 Nr. 1 VVG sind sämtliche durch den Verkehrsunfall entstandenen Schäden zu ersetzen. § 104 Abs. 1 S. 2 ZPO enthält für den begehrten Zinsschaden keine Regelung (AG Hamburg St. Georg, Urt. v. 25.7.2012 – 915 C 161/12 – juris).

▲

6. Haftungshöchstsummen

65 Richtet sich die Klage – wie üblich – auch gegen den gegnerischen Kfz-Haftpflichtversicherer, ist seine Haftung auf die versicherungsvertraglich vereinbarte Deckungssumme begrenzt. Dennoch ist es nach Auffassung der höchstrichterlichen Rechtsprechung nicht erforderlich, dies bei der Formulierung eines Feststellungsantrags zu berücksichtigen. Der BGH[30] führt hierzu aus, es sei insoweit ausreichend, dass sich die Begrenzung der Leistungspflicht aus den Entscheidungsgründen entnehmen lasse. Dies sei immer dann der Fall, wenn sich der Anspruch gegen den Versicherer unzweifelhaft auf § 3 Abs. 1 PflVG stütze.

V. Beweisfragen

1. Übersicht

66 Selbstverständlich gelten auch im Rahmen der Verkehrsunfallbearbeitung die allgemeinen Beweisgrundsätze. Danach ist es Aufgabe des Anspruchstellers, sämtliche anspruchsbegründenden Tatbestandsmerkmale nachzuweisen. Hierfür kommen ihm u.U. Beweiserleichterungen wie zum Beispiel das Institut des Anscheinsbeweises zugute

2. Anscheinsbeweis

67 Der Anscheinsbeweis (prima-facie-Beweis) greift ein bei Fallgestaltungen, denen ein typischer Ablauf innewohnt.[31] Kommen mehrere Möglichkeiten für den Unfallablauf in Frage, scheidet ein Anscheinsbeweis aus.

30 BGH VersR 1986, 565.
31 BGH VersR 1964, 184, 186; BGH NJW 1987, 1944; ausführlich: *Herz*, NJW-Spezial 2018, 201.

Beispiel

Bei Auffahrunfällen auf der Autobahn greift ein Anscheinsbeweis regelmäßig nicht ein, wenn zwar feststeht, dass vor dem Unfall ein Spurwechsel des vorausfahrenden Fahrzeugs stattgefunden hat, der Sachverhalt aber im Übrigen nicht aufklärbar ist (BGH, Urt. v. 13.12.2011 – VI ZR 177/10).

Zur Erschütterung des ersten Anscheins muss der Anspruchsgegner darlegen und beweisen, dass ein atypischer Unfallverlauf vorliegt.[32] **68**

Soweit angeführt wird, dass ein Anscheinsbeweis für ein Alleinverschulden spreche, ist dies missverständlich und falsch. Missverständlich deshalb, weil Kraftfahrzeugführer bzw. -halter nicht nur aus (Allein-) Verschulden haften, sondern auch die Betriebsgefahr zu berücksichtigen ist. Falsch ist es deshalb, weil der Erfahrungssatz nur beschreibt, dass sich derjenige, gegen den er spricht, falsch verhalten hat. Einen Erfahrungssatz dahingehend, dass sich derjenige, zu dessen Gunsten der Anscheinsbeweis greift, vollumfänglich richtig verhalten hat, existiert demgegenüber nicht, erst Recht kein Erfahrungssatz, dass der Unfall für ihn unvermeidbar war.[33] Dementsprechend kommt eine Mithaftung dessen, zu dessen Gunsten der Anscheinsbeweis greift, trotz Vorliegens der Voraussetzungen desselben sehr wohl in Betracht.

3. Schadenschätzung gem. § 287 ZPO

Gelingt dem Geschädigten mit den Mitteln des Strengbeweises gem. § 286 ZPO der Nachweis eines unfallbedingten Schadens, eröffnet § 287 ZPO eine Schätzung der Schadenshöhe. Auch wenn § 287 Abs. 1 S. 1 ZPO von der „Entstehung des Schadens“ spricht, ist der Regelungsgehalt auf die haftungsausfüllende Kausalität (Ursächlichkeit zwischen Rechtsgutverletzung und Schaden) beschränkt. Die Frage der haftungsbegründenden Kausalität (Ursächlichkeit zwischen Handlung und Rechtsgutverletzung) ist nach den Beweisgrundsätzen des § 286 ZPO zu beantworten. **69**

Auch für eine Schadenschätzung gem. § 287 ZPO müssen dem Gericht ausreichende Ausgangs- und Anknüpfungstatsachen dargelegt werden, soweit dies dem Geschädigten möglich und zumutbar ist.[34] Fehlt es an jeglichen Anknüpfungstatsachen, scheidet eine Schadenschätzung aus.[35] **70**

Im Bereich der Verkehrsunfallbearbeitung kommen Schadenschätzungen insbesondere bei folgenden Positionen in Betracht: **71**

- merkantile Wertminderung
- Mietwagen-/Nutzungsausfalldauer
- Schmerzensgeld
- Haushaltshilfeschaden

32 BGH VersR 1989, 54.
33 *Janeczek*, zfs 2015, 244.
34 BGH NJW 1991, 1412; OLG München, Urt. v. 10.3.2021 – 10 U 176/20.
35 BGH NJW-RR 1992, 202.

- vermehrte Bedürfnisse
- An-/Abmeldekosten
- Erwerbsschaden

4. Abtretung

a) Übersicht

72 Um die Beweissituation zu verbessern, sollte stets geprüft werden, ob durch eine Abtretung eine Konzentration der Ansprüche in einer Person herbeigeführt werden kann. Der Wirksamkeit einer solchen Abtretung steht es grundsätzlich nicht entgegen, dass sie augenscheinlich den alleinigen Zweck verfolgt, sich einen prozessualen Vorteil zu verschaffen. Die Rechtsprechung[36] berücksichtigt allerdings die durch eine Abtretung gewonnene Zeugenaussage und das in der Regel hohe Interesse des Zedenten am Ausgang des Rechtsstreits im Rahmen der Beweiswürdigung.

b) Muster: Abtretungserklärung

73 ▼

Muster 11.21: Abtretungserklärung

11.21 Hiermit trete ich, (*Vorname, Name, Straße, Wohnort*), meine gesamten Ansprüche auf Schadensersatz – insbesondere den Anspruch auf –, die mir aus Anlass des Verkehrsunfalls vom in gegen (*Fahrer, Halter, Kfz-Haftpflichtversicherer*) zustehen, an (*Vorname, Name, Straße, Wohnort*) ab.

(*Ort, Datum, Unterschrift*)

Hiermit nehme ich, (*Vorname, Name, Straße, Wohnort*), diese Abtretung an.

(*Ort, Datum, Unterschrift*)

▲

c) Hinweise

74 Grundsätzlich verfolgt die Abtretung dasselbe Ziel wie die nachfolgend behandelte Drittwiderklage. In beiden Fällen bezweckt der Geschädigte, seine Beweissituation durch gezielte Maßnahmen zu verbessern. Anders als im o.g. Fall stellt die Abtretung von Rechten keinen „prozessualen Gestaltungsmissbrauch“ dar. Die Rechtsprechung hat deshalb grundsätzlich keine Bedenken gegen die Zulässigkeit einer solchen Abtretung.[37]

Die Lösung derartiger beweisrechtlicher Probleme ist in dem allgemeinen Gebot der „prozessualen Waffengleichheit“ zu suchen. Der Ausgang eines Rechtsstreits darf nicht davon abhängig gemacht werden, ob einer Partei durch eine zufällige Verschiebung zwischen Partei- und Zeugenrolle ein Unfallzeuge zur Verfügung steht, dessen Aussage letztlich einer Verdoppelung der Parteierklärung gleichkommt.

36 BGH WM 1985, 613, 614; OLG Karlsruhe NJW-RR 1990, 753, 754.
37 OLG Karlsruhe NJW-RR 1990, 753.

5. Widerklage/Drittwiderklage

a) Übersicht

Die häufigste Ursache für ein Klageverfahren aus Anlass eines Verkehrsunfalls ist der Streit zwischen den Parteien über den tatsächlichen Unfallhergang. Kommt es hierüber zu einer Beweisaufnahme, besitzen Zeugenaussagen große Bedeutung. Umso wichtiger ist es, erheblichen Beweisnachteilen durch eine zufällige Verschiebung der Partei- und Zeugenrolle entgegenzuwirken. 75

Als „Weg aus der Beweisnot“ bietet es sich in bestimmten Fallkonstellationen an, eine Widerklage und Drittwiderklage einzureichen. Hierbei ist allerdings auch zu berücksichtigen, dass das Gericht i.d.R. die betroffenen Parteien persönlich anzuhören hat. Mithin ist genau zu prüfen, ob die „Belastung“ eines Prozesses mit einer Widerklage tatsächlich geboten ist. Seitens der Gerichte wird eine solche Konstellation bei den i.d.R. gegebenen Haftungsquoten aufgrund der komplizierten Kostenentscheidung keine „Begeisterungsstürme“ auslösen. Hierbei kann die Gefahr bestehen, dass das Gericht bei mehreren gut vertretbaren Entscheidungsmöglichkeiten im Zweifel diejenige wählt, die mit dem geringsten Aufwand verbunden ist und die sich u.U. gegen den Widerkläger auswirkt.

b) Muster: Wider- und Drittwiderklage

▼ 76

Muster 11.22: Wider- und Drittwiderklage

11.22

Widerklage

In Sachen

des Herrn C. … aus …

– Kläger und Widerbeklagter –

Prozessbevollmächtigte: …

gegen

1. A …
2. X-Versicherung …

– Beklagte und zu 1. Widerkläger –

Prozessbevollmächtigte: …

gegen

1. B …
2. Y-Versicherung …

– Drittwiderbeklagte –

beantragen wir im Wege der Widerklage,

den Kläger und die Drittwiderbeklagten als Gesamtschuldner zu verurteilen, an den Widerkläger … EUR nebst 5 % Zinsen über dem Basiszinssatz seit Rechtshängigkeit zu zahlen.

Begründung: …

Die Parteien des Rechtsstreits streiten um Schadensersatz aus dem Verkehrsunfall vom …. Nach Maßgabe der Ausführungen in der Klageerwiderung vom … wurde der Verkehrsunfall allein vom Drittwiderbeklagten zu 1. verursacht und verschuldet. Zur Meidung unnötiger Wiederholungen verweisen wir auf die dortigen Ausführungen.

Soweit sich der Kläger zum Beweis des von ihm behaupteten und tatsächlich nicht zutreffenden Unfallhergangs auf das Zeugnis des Drittwiderbeklagten zu 1. bezieht, scheidet seine Vernehmung als Zeuge aus. Mit der Erhebung der Widerklage ist der Drittwiderbeklagte zu 1. Partei des Rechtsstreits.

Mit der Widerklage verfolgt der Beklagte den Ausgleich folgender Schadenspositionen:

(Rechtsanwalt)

▲

6. Parteivernehmung gem. § 448 ZPO

a) Übersicht

77 Steht einer Partei dessen Fahrer als Zeuge zur Verfügung, während der Mandant Partei des Rechtsstreits ist und deshalb nicht als Zeuge aussagen kann, bietet u.U. § 448 ZPO einen Weg aus der daraus resultierenden Beweisnot. Danach ist das Gericht in bestimmten Fällen dazu berechtigt, auf Anregung bzw. Antrag einer Prozesspartei diese als Partei zu hören und zu vernehmen. § 448 ZPO stellt eine Ausnahme vom Grundsatz des § 445 ZPO dar, wonach für eine Parteivernehmung nur die gegnerische Prozesspartei in Betracht kommt. Der BGH, vgl. Beschl. v. 27.9.2017 – XII ZR 48/17, hat noch einmal bekräftigt, dass es dem Tatrichter nach § 286 ZPO jedoch grundsätzlich erlaubt ist, allein aufgrund des Vortrags der Parteien und ohne Beweiserhebung festzustellen, was für wahr und was für nicht wahr zu erachten ist.

b) Muster: Parteivernehmung bei Beweisnot

78 ▼

Muster 11.23: Parteivernehmung bei Beweisnot

11.23 Nach Maßgabe der vorangegangenen Ausführungen entspricht der vom Kläger behauptete Unfallhergang nicht den Tatsachen. Dem Zusammenstoß beider Fahrzeuge liegt vielmehr ein eindeutiger Auffahrunfall zugrunde. Sofern das Gericht beabsichtigt, den vom Kläger benannten Zeugen zum Unfallhergang zu vernehmen, regen wir eine Vernehmung des Beklagten zu 1. als Partei gem. § 448 ZPO an. Die Tatbestandsvoraussetzungen des § 448 ZPO liegen vor. Die Beklagten befinden sich in akuter Beweisnot. Lediglich aufgrund einer zufälligen Verschiebung der Partei- zur Zeugenrolle steht dem Kläger der Fahrer seines Kraftfahrzeugs als Zeuge zur Verfügung. Demgegenüber verfügen die Beklagten über kein vergleichbares Beweismittel. Bereits aus dem Gebot der „Waffengleichheit" ist eine Vernehmung des Beklagten zu 1. als Partei dringend geboten. Im Übrigen sprechen bereits die objektiven Unfallspuren gegen die Einlassung des Klägers zum Unfallhergang.

▲

c) Hinweise

79 Ergänzend bietet es sich für das Gericht stets an, gem. § 273 Abs. 2 Nr. 3 ZPO das persönliche Erscheinen der Parteien anzuordnen und diese informatorisch zum Unfall-

hergang zu befragen. Da das Gericht im Zweifel auch die Parteien nach § 141 Abs. 1 ZPO persönlich anhören muss, um den streitigen Sachverhalt aufzuklären, kommt es letztendlich nicht im entscheidenden Maße auf die Art und Weise an, wie die Aussage in den Prozess eingeführt wird. Ungeachtet der formalen Einkleidung wird das Gericht das hohe persönliche Eigeninteresse der Partei bzw. des Zeugen zu berücksichtigen haben.

C. Selbstständiges Beweisverfahren

I. Übersicht

Die Einleitung eines selbstständigen Beweisverfahrens gem. §§ 485 ff. ZPO stellt ein **80**
probates Mittel dar, um streitige Fragen aus Anlass eines Verkehrsunfalls über

- den Umfang eines Sach- oder Personenschadens und
- die Schadensursache und/oder den Schadenshergang

gerichtlich klären zu lassen. Dadurch lässt sich u.U. ein umfassendes Klageverfahren vermeiden. Außerhalb eines laufenden Rechtsstreits kann das selbstständige Beweisverfahren ausschließlich die Einholung eines Sachverständigengutachtens zur Klärung der in Rede stehenden Fragen zum Gegenstand haben. Als Zulässigkeitsvoraussetzung muss der Antragsteller nachweisen, dass er ein rechtliches Interesse an der Durchführung des selbstständigen Beweisverfahrens besitzt. Das Interesse wird bejaht, wenn das Verfahren zur Vermeidung eines Rechtsstreits dienen kann. Bei der Abwicklung von Verkehrsunfällen mit dem Schädiger bzw. dessen Kfz-Haftpflichtversicherer dürfte dies in aller Regel der Fall sein.[38] Auch nach einem Personenschaden ist es grundsätzlich zulässig, den entgangenen Gewinn im selbstständigen Beweisverfahren gem. § 485 Abs. 2 S. 1 Nr. 3 ZPO feststellen zu lassen. Der Antragsteller muss in diesem Fall aber ausreichende Anknüpfungstatsachen für die begehrte Feststellung durch den Sachverständigen vortragen.[39] Der Geschädigte verstößt jedoch gegen seine Schadenminderungsobliegenheit, wenn er sich des Beweissicherungsverfahrens bedient, bevor er seinen Anspruch gegenüber dem Schädiger oder dessen Versicherung geltend gemacht hat und Streit über den Umfang und die Höhe des Schadens besteht.[40]

Beispiel **81**

Der Mandant A ist Opfer eines Verkehrsunfalls, bei dem sein Pkw erheblich beschädigt wurde. Unfallgegner ist B, der bei C Kfz-haftpflichtversichert ist. Beide Fahrzeuge stießen auf einer einsamen Landstraße frontal zusammen. A behauptet, B sei unmittelbar vor dem Zusammenstoß von seiner Fahrspur auf die des A geraten und habe dadurch den Verkehrsunfall verursacht und verschuldet. B behauptet dasselbe von A. Der Unfallhergang ist zwischen den Parteien streitig. Es existieren keinerlei

38 Beispielhaft: OLG Düsseldorf MDR 2009, 588.
39 BGH VersR 2010, 133 sowie BGH, Beschl. v. 10.11.2015 – VI ZB 11/15.
40 LG Düsseldorf VersR 1968, 262.

Unfallzeugen. Die Polizei hat sämtliche Unfallspuren gesichert und maßstabsgetreue Unfallskizzen gefertigt. Beide Unfallfahrzeuge wurden noch nicht repariert.

II. Muster

82 ▼

Muster 11.24: Antrag auf Einholung eines Gutachtens

An das

Amts-/Landgericht …

Antrag auf Einholung eines Sachverständigengutachtens im selbstständigen Beweisverfahren

gem. § 485 Abs. 1, Abs. 2 ZPO

des A …

– Antragsteller –

Verfahrensbevollmächtigte: Rechtsanwälte …

gegen

1. B …
2. die C-Versicherung, vertreten durch den Vorstand, dieser vertreten durch den Vorstandsvorsitzenden …, ebenda,

– Antragsgegner –

Streitwert: 15.000 EUR.

Namens und in Vollmacht des Antragstellers wird beantragt, im Wege der Beweissicherung ein verkehrsanalytisches Rekonstruktionsgutachten eines Kfz-Sachverständigen über folgende Fragen einzuholen:

1. Wie kam es zum Verkehrsunfall zwischen dem Pkw …, amtliches Kennzeichen …, des Antragstellers und dem Pkw …, amtliches Kennzeichen …, des Antragsgegners zu 1. am … in …, …-straße? Insbesondere: Kam der Antragsgegner zu 1) auf die vom Antragsteller befahrene Fahrbahn ab?
2. War der Verkehrsunfall für den Antragsteller unvermeidbar?
3. Wie hoch sind die voraussichtlichen Reparaturkosten, der Wiederbeschaffungswert und der Restwert am Unfallfahrzeug des Antragsgegners?
4. Wird an dem Unfallfahrzeug des Antragsgegners trotz Reparatur ein merkantiler Minderwert zurückbleiben? Wenn ja, in welcher Höhe?

Begründung:

Der Antragsteller ist Eigentümer des Pkw …, amtliches Kennzeichen …, der Antragsgegner zu 1. ist Eigentümer des bei der Antragsgegnerin zu 2. haftpflichtversicherten Pkw …, amtliches Kennzeichen ….

Am … kam es zwischen beiden Fahrzeugen auf der …-straße in … zu einem Verkehrsunfall. Der Antragsteller befuhr mit seinem Pkw die Landstraße … in Richtung …. Der Antragsgegner befuhr mit seinem Fahrzeug dieselbe Straße in entgegengesetzter Richtung. In Höhe km … kam es zum Frontalzusammenstoß zwischen beiden Fahrzeugen.

Der Verkehrsunfall wurde polizeilich aufgenommen. Die Staatsanwaltschaft führt gegen den Antragsteller sowie den Antragsgegner zu 1. ein Ermittlungsverfahren wegen des Verdachts der fahrlässigen Körperverletzung unter dem Aktenzeichen durch. Wir beantragen die

Beiziehung der Ermittlungsakten zu Beweiszwecken.

Der Verkehrsunfall wurde dadurch verursacht, dass der Pkw des Antragsgegners unmittelbar vor dem Zusammenstoß beider Fahrzeuge auf die Fahrspur des Antragstellers geriet. Die Antragsgegner bestreiten dies und behaupten, der Antragsteller sei mit seinem Pkw auf die Fahrspur des Antragsgegners geraten.

Glaubhaftmachung: Schreiben der Antragsgegnerin zu 2. vom .

Die Antragsgegnerin zu 2. lehnte den Ausgleich jedweder Ansprüche auf Schadensersatz in ihrem vorbenannten Schreiben ab. Der Antragsteller beabsichtigt, sein Unfallfahrzeug möglichst umgehend reparieren zu lassen. Zur Klärung der Unfallverursachung sowie des eingetretenen Schadensumfangs ist die Einholung eines Sachverständigengutachtens dringend geboten. Durch das Gutachten wird sich mit an Sicherheit grenzender Wahrscheinlichkeit ein sonst erforderlicher Rechtsstreit zwischen den Parteien vermeiden lassen, anderenfalls könnte das Gutachten in einem etwaigen Prozess zur Hauptsache für beide Parteien bindend verwendet werden.

(Rechtsanwalt)

▲

Der große Vorteil der Einleitung eines selbstständigen Beweisverfahrens besteht darin, 83
dass bei bestehender Rechtsschutzdeckung der Versicherer für das selbstständige Beweisverfahren eintrittspflichtig ist.

Das selbstständige Beweisverfahren ist aber nicht zulässig, wenn es zu einer (zeitlichen) 84
Bevorzugung des Anspruchsstellers gegenüber anderen Verfahren und Klägern führen würde, da die Beweisaufnahme zu einem gesamten Unfallgeschehen vorgelagert wird.

▼ 85

Muster 11.25: Unzulässigkeit des selbstständigen Beweisverfahrens

Die Einholung eines Sachverständigengutachtens zur Aufklärung des Unfallgeschehens ist nicht statthaft nach dem Maßstab des § 485 ZPO. Denn die Durchführung des selbstständigen Beweisverfahrens nach § 485 Abs. 1 ZPO führt notwendig zu einer zeitlichen Bevorzugung des betroffenen Verfahrens vor allen anderen Verfahren, was wegen der Begrenztheit gerichtlicher Kapazitäten zu Lasten dieser anderen Verfahren geht. Eine solche Sonderbehandlung eines Verfahrens wäre nicht gerechtfertigt, wenn sie aus Gründen geschähe, die – wie bei dem Verblassen der Zeugenerinnerung durch Zeitablauf – für **alle** Verfahren gleichermaßen zutrifft. Zudem sind die Zulässigkeitsvoraussetzungen des § 485 Abs. 1 ZPO nicht zu großzügig auszulegen, weil der Umfang der Beweissicherung von einer gerichtlichen Erheblichkeitsprüfung nicht abhängt, d.h. im Wesentlichen in den Händen des Antragstellers liegt. Eine gerichtlich nicht kontrollierbare, letztlich entscheidungsunerhebliche Belastung eines Spruchkörpers mit selbstständigen Beweisverfahren verschärft jedoch den o.g. belastenden Effekt für die anderen Verfahren. Vor dem Hintergrund, dass erfahrungsgemäß nur die wenigsten Beweisantritte in Rechtsstreitigkeiten entscheidungserheblich sind, würde die Auffassung des Antragstellers zudem zu einer erheblichen und unnützen Mehrbelastung der Justiz führen, die in Zeiten knapper staatlicher Mittel nicht vertretbar ist (OLG München, Beschl. v. 29.7.2011 – 10 W 1226/11 – juris).

Zudem ist die Einvernahme von Zeugen und selbstverständlich die Anhörung der Parteien – zweckmäßigerweise in Gegenwart des unfallanalytischen Sachverständigen – vorrangig durchzuführen. Eine Nichtberücksichtigung der Parteibekundungen und Zeugenaussagen durch den Sachverständigen müsste zwingend zu einer weiteren, zumindest ergänzenden Begutachtung nach § 412 ZPO führen, so dass das vom Antragsteller angestrebte selbstständige Beweisverfahren weder zu einer Verfahrensbeschleunigung noch zu einer Kostenreduzierung führt (OLG München, Beschl. v. 29.7.2011 – 10 W 1226/11 – juris; LG Köln, Beschl. v. 28.4.2016 – 2 OH 1/16).

▲

D. Kostenfestsetzungsverfahren

I. Übersicht

86 Im Kostenfestsetzungs- bzw. Kostenausgleichungsverfahren wird immer wieder übersehen, dass auch Kosten der Partei, die aufgrund der Teilnahme an einem oder mehreren Gerichtsterminen entstanden sind, zur Festsetzung bzw. Ausgleichung angemeldet werden können. Grundlage ist das JVEG. Die Höhe der Entschädigung richtet sich gem. § 22 JVEG und somit nach dem Bruttoverdienst, jedoch gekappt auf einen Betrag von maximal 25,00 EUR je Stunde. Fahrtkosten werden mit 0,35 EUR pro km entschädigt, § 5 JVEG.

87 ▼

Muster 11.26: Parteikosten zur Erstattung anmelden

11.26

Eine Erstattung für Zeitverlust einer juristischen Person, deren Organ an einem Gerichtstermin teilnimmt, ergibt sich jedenfalls dann aus § 91 Abs. 1 S. 2 ZPO i.V.m. § 22 JVEG, wenn, wie hier, das Gericht zu einem Verhandlungstermin das persönliche Erscheinen eines der Organe der juristischen Person oder eines sachkundigen Mitarbeiters angeordnet und die Partei eine solche Person zum Termin entsandt hat (vgl. statt vieler: BGH, Beschl. v. 2.12.2008 – VI ZB 63/07). Nach § 91 Abs. 1 S. 2 ZPO erfasst die Kostenerstattung auch die Entschädigung für die aufgrund notwendiger Reisen oder aufgrund der notwendigen Wahrnehmung von Terminen entstandene Zeitversäumnis. Die für die Entschädigung von Zeugen geltenden Vorschriften sind entsprechend anzuwenden (LG Koblenz, Beschl. v. 25.6.2014 – 5 O 154/13).

Demgemäß kann einer Partei, die als natürliche Person selbst einen Gerichtstermin wahrnimmt oder als juristische Person in einem solchen Termin durch einen Geschäftsführer oder anderen Mitarbeiter vertreten wird, eine Entschädigung wegen der Zeitversäumnis bzw. des Verdienstausfalls aufgrund der Teilnahme an einem solchen Termin zugebilligt werden (BGH, a.a.O.; Zöller/*Herget*, § 91, Rn 13 „Reisekosten"). Der Nachweis eines konkreten Verdienstausfalls ist nicht erforderlich, es genügt der reine Zeitverlust. Die Höhe der Entschädigung richtet sich gem. § 22 JVEG und somit nach dem Bruttoverdienst, jedoch gekappt auf einen Betrag von maximal 25,00 EUR je Stunde.

Neben den Terminen, in welchen das Gericht das persönliche Erscheinen angeordnet hat, ist eine Erstattungsfähigkeit auch dann gegeben, wenn die Teilnahme der Partei oder des von ihr entsandten Vertreters notwendig war (KG, Beschl. v. 13.3.2007 – 1 W 257/06). Reisekosten sind grundsätzlich auch dann erstattungsfähig, wenn eine Vertretung der Partei durch einen Rechtsanwalt erfolgt.

▲

Beispiel 88

Es findet ein Termin vor einem Gericht statt, dass 100 km vom Wohnort der Partei entfernt liegt, zu dem die Partei – unabhängig von der Pflicht zum persönlichen Erscheinen – anreist. Es können dann die Fahrtkosten mit 200 km zu je 0,35 EUR sowie die persönliche Zeitversäumnis bzw. der Verdienstausfall zur Festsetzung bzw. Ausgleichung angemeldet werden.

Auch Flugkosten sind unter Umständen erstattungsfähig, wenn sie angemessen waren (u.A. BGH, Beschl. v. 13.12.2007 – IX ZB 112/05).

II. Muster

▼ 89

Muster 11.27: Monierung der Gegenseite hinsichtlich angemeldeter Parteikosten

11.27

Nach der Rechtsprechung des BGH (BGH NJW-RR 2008, 654) ist die Teilnahme der Partei an einem gerichtlichen Termin grundsätzlich notwendig. Dies gilt nach Auffassung des BGH unabhängig davon, ob die Partei anwaltlich vertreten ist oder ob das Gericht das persönliche Erscheinen angeordnet hat. Dabei ist es auch nicht von Bedeutung, ob es sich um einen Verhandlungstermin oder um einen Beweisaufnahmetermin handelt. Dies begründet der BGH mit dem Fragerecht der Partei in der mündlichen Verhandlung und der Verpflichtung des Gerichts, in jeder Lage des Verfahrens auf eine gütliche Beilegung des Rechtsstreits hinzuwirken. Bei der Teilnahme an einem Termin zur Beweisaufnahme stellt der BGH ferner auf den Grundsatz der Parteiöffentlichkeit ab, weil eine anwesende Partei in einem Termin zur Beweisaufnahme nicht selten etwaige Unklarheiten unmittelbar durch eine einfache Rückfrage leicht beseitigen kann.

Diese Rechtsprechung hat der BGH auch auf einen vom gerichtlich bestellten Sachverständigen anberaumten Ortstermin übertragen.

Eine Kostenerstattung scheidet nur dann aus, wenn von vornherein erkennbar ist, dass eine gütliche Einigung ausscheidet oder die Partei zur Klärung des Sachverhalts aus persönlicher Kenntnis nichts beitragen kann.

Unter Berücksichtigung dessen ist die Entschädigung nach dem JVEG wie beantragt zuzusprechen.

(Rechtsanwalt)

▲

Es kann hier je nach angemeldeten Kosten und der Kostenquote durchaus zu nennenswerten Erstattungsbeträgen kommen, die dem Mandanten zu Gute kommen. Hierbei ist, sollte ein Rechtschutzversicherer involviert sein, selbstverständlich das Quotenvorrecht zu berücksichtigen. Alle etwaig festgesetzten Beträge können daher zunächst auf alle Kosten der Partei verrechnet werden. 90

§ 12 Unfallrekonstruktion im Prozess

Dr. Michael Nugel/André Schrickel

A. Vorbemerkung

Ist der Unfallhergang und/oder der Umfang des unfallbedingten Schadens streitig, wird der Rechtsstreit häufig durch die Feststellungen entschieden, die der vom Gericht beauftragte Sachverständige trifft. Welche Grundsätze dabei aus technischer Sicht und welche Vorgaben aus juristischer Sicht zu beachten sind, wird mit dem nachfolgenden Abschnitt dargestellt. 1

B. Die juristischen Vorgaben für die Erstellung eines Sachverständigengutachtens

Der Weg zur Erstellung eines Sachverständigengutachtens im Prozess enthält eine Reihe von Vorgaben, die vom Gericht und den Beteiligten zu beachten sind. 2

I. Gesetzliche Grundlagen

Gesetzliche Grundlage des Tätigwerdens eines Sachverständigen im Auftrag des Gerichts sind die §§ 402 ff. ZPO. Daneben sind als rechtliche Grundlage des Sachverständigenbeweises auch stets die „Allgemeinen Vorschriften über die Beweisaufnahme" in den §§ 355–370 ZPO sowie die in den §§ 373–401 ZPO geregelten Vorschriften über den Zeugenbeweis zu beachten, da für den Sachverständigenbeweis gem. § 402 ZPO im Ausgangspunkt nichts anderes gilt, als für den Beweis durch Zeugen. 3

II. Beweisantritt

Damit im Rahmen eines gerichtlichen Verfahrens überhaupt ein Sachverständigengutachten zur Aufklärung bestimmter – streitiger – Tatsachen eingeholt werden kann, bedarf es grundsätzlich zunächst einmal überhaupt eines entsprechenden Beweisantrittes der für den aufzuklärenden Punkt beweisbelasteten Partei. Eine Aufklärung von Amts wegen kommt im Zivilverfahren hingegen nur in Ausnahmefällen in Betracht. 4

1. Beweisantritt einer Partei

Gem. § 403 ZPO erfolgt der Beweisantritt der Partei, indem die durch den Sachverständigen zu begutachtenden Tatsachen **bestimmbar** bezeichnet werden.[1] Weitere Voraussetzung für die Einholung eines Sachverständigengutachtens ist, dass die aufzuklärende Tatsache zwischen den Parteien streitig und für den Ausgang des Rechtsstreits entschei- 5

1 Vgl. BGH, Urt. v. 10.10.1994 – II ZR 95/93 = NJW 1995, 130, 131.

dungserheblich ist. Unbestrittener Vortrag einer Partei gilt nach § 138 Abs. 3 ZPO nämlich als zugestanden, so dass eine weitere Tatsachenaufklärung durch einen Sachverständigen gar nicht erforderlich ist. Gleiches gilt selbstverständlich auch, wenn die Tatsache, zu welcher ein Sachverständigengutachten als Beweis angeboten worden ist, für die Entscheidung des Rechtsstreits gar nicht von Relevanz ist. In diesen Fällen muss das Gericht einem entsprechenden Beweisantritt einer Partei nicht nachgehen.

6 In den übrigen Fällen, d.h. wenn die zu beweisende Tatsache hinreichend bezeichnet ist und es zur Entscheidung des Rechtsstreits hierauf auch entscheidend ankommt, ist das Gericht verpflichtet, dem Beweisangebot der beweisbelasteten Partei nachzugehen.

7 Eine **Ausnahme** hiervon wird nur für den Fall zugelassen, dass das Gericht die erforderliche Sachkunde selbst besitzt und daher die entscheidungserhebliche Frage selbst beantworten kann, wofür es dann aber einer entsprechenden ausführlichen Begründung des Gerichts bedarf, woher es die eigene Sachkunde nimmt und aus diesem Grund auf die Einholung eines Sachverständigengutachtens verzichtet.[2] Im Rahmen eines Verkehrsunfallgeschehens wird dies in der Praxis so gut wie nie vorkommen, da die Gerichte weder die erforderliche Sachkunde besitzen, ein Unfallgeschehen unfallanalytisch zu begutachten, noch z.B. aus eigener Sachkunde den unfallbedingt entstandenen Fahrzeugschaden feststellen können.

2. Sachverständigengutachten von Amts wegen

8 Eine Aufklärung von Amts wegen kommt demgegenüber nur ausnahmsweise gem. § 144 Abs. 1 S. 1 ZPO in Betracht. Es handelt sich um eine pflichtgemäße Ermessensentscheidung des Gerichts, ob es ein Sachverständigengutachten von Amts wegen anordnet.[3] Hierbei sind neben dem berechtigten Interesse der Parteien an der Aufklärung des streitigen Sachverhalts auch die Interessen der nicht beweisbelasteten Partei zu berücksichtigen, da im Zivilverfahren grundsätzlich der Beibringungsgrundsatz gilt.

9 In der Praxis wird das Gericht diese Ermessensentscheidung daher regelmäßig dergestalt umgehen, dass es gem. § 139 Abs. 1 S. 2 ZPO auf einen sachdienlichen Beweisantrag hinwirkt.[4] Ein solches Vorgehen dient auch der Wahrung der Dispositionsmaxime der Parteien, da es im Einzelfall auch im Interesse einer Partei liegen kann, von einem entsprechenden Beweisantrag zur Einholung eines Sachverständigengutachtens abzusehen.

III. Beweisbeschluss als „Aufgabenliste" des Sachverständigen

10 Gelangt das Gericht entweder aufgrund eines ausdrücklichen Beweisantrittes der beweisbelasteten Partei oder in den Fällen des § 144 Abs. 1 S. 1 ZPO von Amts wegen zu

2 BGH, Urt. v. 21.1.1997 – VI ZR 86/96 = NJW 1997, 1446.
3 BGH, Urt. v. 22.9.2006 – V ZR 239/05 = NJW-RR 2006, 1677; BGH, Urt. v. 4.2.1976 – VIII ZR 167/74 = NJW 1976, 715, 716.
4 Vgl. BGH, Urt. v. 11.5.2011 – V ZR 492/99 = NJW 2001, 2464, 2465.

dem Entschluss, dass es zur Entscheidung des Rechtsstreits auf die Einholung eines Sachverständigengutachtens ankommt, so ordnet das Gericht die Einholung eines solchen Gutachtens durch einen Beweisbeschluss an.

Dieser Beweisbeschluss stellt nicht nur die grundsätzliche Anordnung zur Einholung eines Sachverständigengutachtens dar, sondern dient zugleich auch als „Aufgabenliste“ des Sachverständigen, d.h. der Sachverständige muss sich bei seiner Begutachtung strikt an die Vorgaben sowie die Beweisfragen des Beweisbeschlusses halten.

1. Bedeutung des Beweisbeschlusses

Dem Beweisbeschluss kommt damit eine entscheidende Bedeutung zu, da er vorgibt, 11
in welcher Richtung der Sachverständige tätig wird und welche Beweisfragen er auf Anordnung des Gerichts beantworten soll. Sollte in einem anhängigen Rechtsstreit daher ein Beweisbeschluss des Gerichts zur Einholung eines Sachverständigengutachtens erlassen werden, so sollte dieser nicht nur darauf geprüft werden, ob die eigene Partei die Vorschusspflicht zu tragen hat, sondern insbesondere auch sorgfältig geprüft werden, welchen Sachverhalt das Gericht in dem Beweisbeschluss vorgibt und ob aus Sicht der eigenen Partei alle relevanten Beweisfragen gestellt werden.

Sollte eine aus der eigenen Sicht streitentscheidende Beweisfrage in dem Beweisbe- 12
schluss nämlich nicht gestellt worden sein, so wird der Sachverständige – sofern er sich an die Vorgaben des Beweisbeschlusses hält und keine Nachforschungen auf eigene Faust betreibt – hierzu in seiner Gutachtenerstellung auch keine Stellung nehmen. Eine sorgfältige Überprüfung des Beweisbeschlusses auf Richtigkeit und Vollständigkeit erspart daher eine Menge Aufwand, so z.B. wenn in Form eines Ergänzungsgutachtens eine weitere Begutachtung stattfinden muss, da im ursprünglichen Beweisbeschluss nicht alle relevanten Beweisfragen gestellt worden sind.

Auch wenn der Beweisbeschluss nach § 355 Abs. 2 ZPO **unanfechtbar** ist, hat das 13
Gericht jederzeit die Möglichkeit, diesen abzuändern oder gar komplett aufzuheben (vgl. § 360 ZPO), so dass seitens der Parteien zumindest die Möglichkeit besteht, das Gericht auf einen fehlerhaften oder unvollständigen Beweisbeschluss hinzuweisen. Sollte das Gericht sich trotz eines solchen Hinweises einer Partei auf die Unrichtigkeit des Beweisbeschlusses nicht dazu bewegen lassen, den Beweisbeschluss abzuändern, so lassen sich diese Mängel des Beweisbeschlusses nur mit dem Rechtsmittel gegen das Urteil geltend machen, d.h. insbesondere mittels der Berufung gegen das auf der Grundlage des Beweisbeschlusses ergangene Urteil.

> *Praxistipp* 14
>
> Neben unvollständigen Beweisbeschlüssen, in welchen entweder dem Sachverständigen die Anknüpfungstatsachen nicht ausreichend vorgegeben oder entscheidungserhebliche Beweisfragen nicht gestellt werden, kommt es in der Praxis durchaus auch immer wieder vor, dass Beweisfragen gestellt werden, auf die es gar nicht (mehr)

ankommt. Auch hierauf sollte der Beweisbeschluss überprüft werden, da jede Beweisfrage den Arbeitsaufwand des Sachverständigen und damit auch die Kosten erhöht.

Ggf. lassen sich manche Beweisfragen auch von dem Ergebnis der vorausgehenden Beweisfrage abhängig machen. Sollte der Sachverständige unter Beweisfrage 1 z.B. feststellen, dass die geltend gemachten Schäden gar nicht aus dem streitgegenständlichen Unfallereignis stammen können, so kommt es dann gar nicht mehr darauf an, welche Reparaturkosten diese Schäden ausmachen, da der klageweise geltend gemachte Anspruch bereits dem Grunde nach ausscheidet, ohne dass es auf die – bestrittene – Höhe des Anspruchs dann überhaupt noch entscheidend ankommt. Die Ermittlung der Höhe der Reparaturkosten kann daher davon abhängig gemacht werden, dass der Sachverständige überhaupt zu dem Ergebnis gelangt, dass die Schäden auf die streitgegenständliche Kollision zurückgeführt werden können.

So lassen sich auch im Falle eines negativen Ausgangs der Begutachtung für die eigene Partei jedenfalls die Kosten so gering wie möglich halten.

2. Inhalt des Beweisbeschlusses

15 Der Inhalt des Beweisbeschlusses richtet sich nach § 359 ZPO. Dieser muss nachfolgende Punkte enthalten:

- die Bezeichnung der streitigen Tatsache, über die Beweis zu erheben ist;
- die Bezeichnung der Beweismittel unter Benennung der zu vernehmenden Zeugen und Sachverständigen oder der zu vernehmenden Partei;
- die Bezeichnung der Partei, die sich auf das Beweismittel berufen hat.

16 Insbesondere das **Beweisthema**, d.h. die streitigen Tatsachen, über die Beweis zu erheben ist, ist in dem Beschluss genau zu bezeichnen, da keine Ausforschung zugunsten der beweisbelasteten Partei vorgenommen werden soll. Die Substantiierungspflicht der Partei darf daher nicht dadurch ausgehebelt werden, dass die gesamte Sachverhaltsaufklärung dem Sachverständigen überlassen wird. Vielmehr hat die beweisbelastete Partei die erforderlichen Anknüpfungstatsachen darzulegen, so dass eine Überprüfung durch den Sachverständigen stattfinden kann. Dementsprechend sieht § 404a Abs. 3 ZPO auch vor, dass das Gericht dem Sachverständigen die dem Gutachten zugrunde zu legenden Tatsachen vorzugeben hat.[5] Dies kann z.B. dann notwendig sein, wenn das bisherige Beweisergebnis eine bestimmte Bandbreite enthält – so z.B. bei einem technischen Gutachten zur kollisionsbedingten Geschwindigkeitsänderung als Grundlage für eine weitere medizinische Begutachtung. Denn wegen der beim Geschädigten verbleibenden Beweislast kann hier nur der geringste Wert innerhalb einer Bandbreite angesetzt werden und diesen hat das Gericht dann dem medizinischen Sachverständigen vorzugeben.

5 Vgl. auch BGH, Urt. v. 13.7.1962 – IV ZR 21/62 = NJW 1962, 1770.

▼ 17

Muster 12.1: Antrag auf Ergänzung eines Beweisbeschlusses 12.1

Beantragen wir,

den Beweisbeschluss vom wie folgt zu ergänzen:

Der medizinische Sachverständige wird angewiesen, nach dem eingeholten technischen Gutachten eine kollisionsbedingte Geschwindigkeitsänderung von km/h zugrunde zu legen.

Begründung

Wird wie hier durch den technischen Sachverständigen eine Bandbreite für die kollisionsbedingte Geschwindigkeitsänderung ermittelt, ist zu beachten, dass die Beweislast beim Geschädigten liegt und aufgrund verbleibender Zweifel daher nur der geringste ermittelte Wert einer biomechanischen Belastung zugrunde gelegt werden kann (LG Essen, Urt. v. 6.11.2015 – 3 O 270/14 – juris; AG Gelsenkirchen – Buer, Urt. v. 13.4.2015 – 36 C 308/12 – juris). Diesen Wert allein hat der medizinische Sachverständige mithin für seine weitere Begutachtung zugrunde zu legen. § 404a Abs. 3 ZPO sieht insoweit vor, dass das Gericht dem Sachverständigen die dem Gutachten zugrunde zu legenden Tatsachen vorzugeben hat und dies gilt erst recht für den o.g. Gesichtspunkt, der auf einer juristischen Wertung beruht. Es wird gebeten, den Beweisbeschluss entsprechend zu ergänzen.

▲

Bei einem Verkehrsunfall wird seitens der Gerichte häufig im Beweisbeschluss nur angegeben, es solle „über den Unfallhergang“ Beweis erhoben werden. Dies reicht nach der Rechtsprechung dann aus, wenn sich aus den übrigen Angaben in dem Beweisbeschluss bzw. jedenfalls der Gerichtsakte ergibt, welches Unfallgeschehen genau gemeint ist und der Vortrag der Parteien jedenfalls so substantiiert ist, dass der Sachverständige über ausreichend Anknüpfungstatsachen zur Erstellung seines Gutachtens verfügt.[6] 18

Praxistipp 19

Es sollte daher stets darauf geachtet werden, ob das vom Gericht vorgegebene Beweisthema so genau bezeichnet ist, dass eine zur Entscheidung des Rechtsstreits geeignete Begutachtung stattfindet.

Sollte z.B. nur eine behauptete Geschwindigkeitsüberschreitung eines der Unfallbeteiligten streitig sein, während der gesamte restliche Unfallhergang unstreitig (bzw. durch Zeugenbeweis bereits nachgewiesen) ist, so bedarf es keiner Beweiserhebung „über den Unfallhergang“, was eine umfangreiche Begutachtung auch der unstreitigen bzw. nachgewiesenen Punkte nach sich ziehen würde, sondern dem Sachverständigen sollte in diesem Fall ausdrücklich aufgegeben werden, nur zu der Behauptung der Geschwindigkeitsüberschreitung Stellung zu nehmen.

6 Vgl. OLG Frankfurt a.M., Beschl. v. 1.11.1994 – 20 W 510/94 = NJW-RR 1995, 637.

Andersherum kann es ebenfalls erforderlich sein, auch bei einer weit gefassten Beweisfrage wie der Aufklärung des Unfallgeschehens bei insgesamt streitigem Unfallhergang ausdrücklich auf bestimmte streitige Tatsachen hinzuweisen, so z.B. wiederum bei einer behaupteten Geschwindigkeitsüberschreitung, damit der Sachverständige hierzu ausdrücklich Stellung nimmt. Andernfalls könnte es passieren, dass der Sachverständige diesen Punkt übersieht oder aus seiner Sicht nicht für besonders relevant hält und daher hierzu keine Stellung nimmt.

Bereits bei der Bezeichnung des Beweisthemas ist daher der Beweisbeschluss sorgfältig zu überprüfen, da hierdurch frühzeitig die Weichen für das Tätigwerden des Sachverständigen gestellt und eine sonst ggf. erforderliche ergänzende Begutachtung durch den Sachverständigen mit dem entsprechenden Kosten- und Zeitaufwand vermieden werden kann.

20 ▼

Muster 12.2: Antrag auf Ergänzung eines Beweisbeschlusses

12.2

Beantragen wir,

den Beweisbeschluss vom hinsichtlich der Beweisfrage zu wie folgt zu ergänzen:

Hätte das Unfallgeschehen durch bei Einhaltung der zulässigen Höchstgeschwindigkeit von vermeiden werden können?

Begründung

Auch wenn der Beweisbeschluss grundsätzlich unanfechtbar ist, so kann das Gericht den Beweisbeschluss insbesondere auf Antrag einer Partei hin von Amts wegen ändern und insbesondere eine Ergänzung und Präzisierung des Beweisthemas vornehmen. Eine Zustimmung beider Parteien ist in diesem Fall nicht erforderlich, sofern hierdurch das Beweisthema nicht völlig verändert, sondern nur ergänzt wird.

Vorliegend ist eine solche Ergänzung der Beweisfrage sachdienlich, da der Sachverständige nach dem bisherigen Beweisbeschluss lediglich die gefahrenen Geschwindigkeiten aufklären soll, hiermit dann aber noch nicht feststeht, wie sich diese Geschwindigkeiten aus technischer Sicht auf das gegenständliche Unfallgeschehen ausgewirkt haben, insbesondere ob durch geringere Geschwindigkeiten das Unfallgeschehen vermeidbar gewesen wäre.

Nach feststehender ständiger Rechtsprechung dürfen im Rahmen der nach § 17 StVG vorzunehmenden Abwägung der Verursachungsbeiträge ausschließlich solche Umstände Berücksichtigung finden, die nach Grund und Gewicht erwiesen sind und sich auf den Unfall ausgewirkt, d.h. zur Entstehung des Schadens bzgl. der Haftung dem Grunde als haftungsbegründende oder der Höhe nach als haftungsausfüllende Kausalität beigetragen haben (BGH, Urt. v. 28.4.2015 – VI ZR 206/14 – juris; OLG Saarbrücken, Urt. v. 3.8.2017 – 4 U 156/16 = zfs 2018, 137; OLG Frankfurt a.M., Urt. v. 15.4.2014 – 16 U 213/13 = SP 2014, 406). Ein Ursachenzusammenhang i.d.S. zwischen dem Unfallereignis und dem behaupteten Fehlverhalten ist nur dann gegeben, wenn der Unfall bei Beachtung der Verkehrsvorschriften durch den betroffenen Fahrzeugführer zum Zeitpunkt des Eintritts der kritischen Verkehrssituation vermeidbar gewesen wäre (OLG Celle, Urt. v. 27.5.2009 – 14 U 2/09 – juris). Auch dieser Umstand bedarf daher der Prüfung durch den Sachverständigen. Die beantragte Ergänzung ist damit geeignet, den Sachverhalt umfassend in technischer Sicht aufzuklären und eine ggf. sonst erforderliche ergänzende Begutachtung obsolet zu machen.

▲

3. Auswahl des Sachverständigen

Die Auswahl des Sachverständigen erfolgt gem. § 404 Abs. 1 ZPO grundsätzlich durch 21
das Prozessgericht. Eine Ausnahme von diesem **Bestimmungsrechts des Gerichts** besteht nach § 404 Abs. 4 ZPO nur dann, wenn sich die Parteien auf einen bestimmten Sachverständigen geeinigt haben. In diesem Fall hat das Gericht der Einigung der Parteien Folge zu leisten.

In der Praxis wird das Gericht insbesondere bei Verkehrsunfällen stets mit denselben 22
Sachverständigen zusammenarbeiten. Sollte das Gericht jedoch keinen geeigneten Sachverständigen benennen können, z.B. weil es um einen besonderen zu begutachtenden Punkt geht, welcher nicht in den Fachbereich der „bekannten" Sachverständigen fällt, so kann das Gericht bei den Berufsverbänden bzw. der Industrie- und Handelskammer um Benennung eines geeigneten Sachverständigen bitten. Ferner kann das Gericht auch nach § 404 Abs. 3 ZPO die Parteien auffordern, mögliche Sachverständige zu benennen.

Der Begriff des Sachverständigen ist in Deutschland, Österreich und Liechtenstein recht- 23
lich nicht geschützt. D.h., jede beliebige Person kann im Grunde als Sachverständiger tätig werden. Es gibt aber unterschiedliche Möglichkeiten der Zertifizierungen.

Eine solche ist die öffentliche Bestellung und Vereidigung. Sie wird auf Antrag von den Industrie- und Handelskammern vorgenommen. Sie dient dem Zweck, Auftraggebern solche Sachverständige zur Verfügung zu stellen, deren besondere Qualifikation und persönliche Integrität überprüft wurden. Sie sollen darauf vertrauen können, dass diese Sachverständigen ihre Gutachten unparteiisch, unabhängig und nach bestem Wissen und Gewissen erstatten.

Sachverständige, die einen solchen Titel führen dürfen, verfügen über eine besondere Sachkunde auf ihrem Sachgebiet, die sie vor einem Fachgremium unter Beweis gestellt haben. Um für diese Prüfung zugelassen zu werden, müssen bereits besondere Qualifikationen erfüllt werden. So müssen Unfallsachverständige ein geeignetes Hochschulstudium an einer deutschen oder gleichwertigen ausländischen Hochschule oder Fachhochschule der Fachrichtung Fahrzeugtechnik, Maschinenbau, Elektrotechnik, Physik oder vergleichbare Studiengänge erfolgreich abgeschlossen haben. Nach ihrem Studium müssen sie über mehrjährige Berufserfahrung auf ihrem Gebiet verfügen.

Die öffentliche Bestellung ist auf fünf Jahre begrenzt. Sie wird auf Antrag um diese Zeitspanne verlängert, wenn die Fachkompetenz durch eine regelmäßige Gutachtertätigkeit und Weiterbildungen nachgewiesen wird.

Bei der Bestimmung des Sachverständigen ist das Gericht sodann grundsätzlich wieder 24
frei, nach § 404 Abs. 3 ZPO soll jedoch öffentlich bestellten Sachverständigen der Vor-

zug gegeben und nur wenn besondere Umstände es erfordern, ein nicht öffentlich bestellter Sachverständiger ausgewählt werden. Nicht ausreichend ist es ferner, wenn das Gericht statt einer Person des Sachverständigen lediglich eine Sachverständigenorganisation (z.B. TÜV, Dekra, etc.) benennt und dort entschieden werden soll, welcher Sachverständige tätig wird. Ein diesbezüglicher Fehler muss seitens der Parteien jedoch rechtzeitig gem. § 295 ZPO gerügt werden.

25 ▼

12.3 **Muster 12.3: Antrag auf Benennung eines anderen Sachverständigen, der öffentlich bestellt ist**

Lehnen wir den gerichtlich bestellten Sachverständigen ___ ab.

Zugleich beantragen wir,

stattdessen einen Sachverständigen zu ernennen, der für das hier einschlägige Fachgebiet öffentlich bestellt und vereidigt ist.

Begründung

Gem. § 404 Abs. 1 S. 1 ZPO erfolgt die Auswahl des Sachverständigen zwar durch das Prozessgericht nach freiem Ermessen. Allerdings sollen hierbei gem. § 404 Abs. 3 ZPO vorrangig öffentlich bestellte Sachverständige herangezogen werden. Andere Personen sollen hingegen nur dann gewählt werden, wenn besondere Umstände es erfordern. Solche Umstände sind vorliegend nicht ersichtlich, so dass vorrangig auf einen öffentlich bestellten Sachverständigen zurückgegriffen werden sollte, welcher aufgrund seiner öffentlichen Bestellung erfahrungsgemäß über besondere Sachkunde verfügt und gem. § 407 Abs. 1 ZPO auch nicht die Erstellung des Gutachtens ablehnen kann.

▲

26 Sollte das Gericht einen Sachverständigen ernennen, mit dem eine oder sogar beide Parteien nicht einverstanden sind, so bleibt den Parteien die Möglichkeit der Ablehnung des Sachverständigen, sofern ein entsprechender Ablehnungsgrund besteht.

IV. Prozess der Begutachtung durch den Sachverständigen

27 Nachdem der Beweisbeschluss erlassen und der Sachverständige durch das Gericht bestimmt wurde, kann der Sachverständige mit der Begutachtung und Beantwortung der in dem zugrunde liegenden Beweisbeschluss aufgestellten Fragen beginnen. Hierbei ist der Sachverständige grundsätzlich frei in seiner Vorgehensweise, allerdings steht dem Gericht gem. § 404a ZPO ein Leitungs- und Weisungsrecht gegenüber dem Sachverständigen zu.

1. Regelung des § 404a Abs. 3 ZPO

28 Besondere praktische Relevanz kommt insoweit der Regelung des § 404a Abs. 3 ZPO zu, wonach das Gericht bei streitigem Sachverhalt zu bestimmen hat, welche Tatsachen der Sachverständige seiner Begutachtung zugrunde legen soll.[7] Dies gilt bei einem

7 Siehe auch BGH, Urt. v. 21.1.1997 – VI ZR 86/96 = NJW 1997, 1446.

Verkehrsunfallgeschehen insbesondere dann, wenn zuvor bereits eine mündliche Verhandlung durchgeführt und im Rahmen dieser Zeugen angehört wurden, welche sich hinsichtlich des streitigen Unfallhergangs widersprochen haben. Es ist dann nicht die Aufgabe des Sachverständigen, diese Zeugenaussagen zu würdigen, sondern das Gericht hat dem Sachverständigen mitzuteilen, welche Zeugenaussagen er seiner Begutachtung zugrunde legen soll.[8]

Sollte keine Zeugenaussage aufgrund offenkundiger Unwahrheit von vornherein ausscheiden, so hat das Gericht dem Sachverständigen grundsätzlich aufzugeben, das Unfallgeschehen einmal unter Berücksichtigung der einen und einmal unter Berücksichtigung der anderen Unfallschilderung technisch aufzuklären.[9] Es obliegt dann nämlich nicht dem Sachverständigen, eine Würdigung der Zeugenaussagen vorzunehmen, welche seiner Meinung nach glaubhafter bzw. wahrscheinlicher ist, sondern der Sachverständige hat dann nur zu überprüfen, ob sich die technischen Anknüpfungstatsachen (Schadensbild, Spurenlage, Kollisionsendstellung, etc.) mit beiden Unfallvarianten in Einklang bringen lassen. Welche Unfallvariante das Gericht sodann nach diesem Ergebnis für wahrscheinlicher hält, obliegt alleine der Würdigung des Tatrichters (§ 286 ZPO).

Sollten sich die vom Sachverständigen getroffenen Feststellungen mit einer Unfallschilderung gar nicht in Einklang bringen lassen, d.h. nicht bloß keine Plausibilität gegeben sein, sondern feststehende bzw. festgestellte Tatsachen eindeutig entgegenstehen, so hat der Sachverständige hierauf selbstverständlich hinzuweisen und als Ergebnis in seinem Gutachten so festzuhalten, ohne dass hierin eine verbotene Würdigung des Sachverständigen liegt.

2. Beschaffung der erforderlichen Tatsachen

Im Verkehrsunfallprozess steht dem Sachverständigen im Ausgangspunkt zunächst die Gerichtsakte sowie ggf. die beigezogene amtliche Ermittlungsakte nebst der darin enthaltenen Einlassungen der Parteien und Zeugen, sofern zuvor bereits eine mündliche Verhandlung stattgefunden hat, zur Verfügung. Weitere wichtige Anknüpfungstatsachen liefern bei einem Unfallgeschehen stets die Schadensgutachten zu den Schäden an den beteiligten Fahrzeugen sowie eventuell an der Unfallstelle angefertigte Lichtbilder, welche idealerweise noch die Unfallendstellung der Fahrzeuge zeigen. 29

Aus diesem Grund wird der Sachverständige stets versuchen, die Original-Lichtbilddateien anstelle der in der Gerichtsakte befindlichen Ausdrucke zu erhalten. Zu diesem Zweck kann entweder eine Anfrage an die Parteien zur Überlassung dieser Dateien über das Gericht oder durch eine direkte Anfrage bei den Prozessbevollmächtigten der Parteien erfolgen. 30

In der Praxis ist es so, dass die Parteien in der Regel nicht über diese Originale verfügen. Sie sind bei den Schadengutachtern archiviert und werden direkt dort angefordert. Der

8 BGH, Urt. v. 30.1.1957 – V ZR 186/55 = NJW 1957, 906.
9 BGH, Urt. v. 21.1.1997 – VI ZR 86/96 = NJW 1997, 1446.

Aufwand für das Heraussuchen, das Übertragen auf einen Datenträger und den Versand wird von dort üblicherweise in Rechnung gestellt und vom Gerichtsgutachter als Fremdrechnung in die eigene Abrechnung übernommen.

Wichtig ist, dass die Dateien in unkomprimierter Form zur Verfügung gestellt werden. Für die Qualität ist die Anzahl der Bildpunkte (Pixel) entscheidend. In den folgenden Abbildungen ist dies verdeutlicht. Beide Fotos erscheinen in den Totalen vollkommen identisch. Bei der Vergrößerung eines Bildausschnittes werden die Unterschiede aber deutlich, wenn die Pixel direkt angezeigt werden.

Stehen die unbearbeiteten Bilddateien zur Verfügung, lassen sich aus den abgespeicherten Metadaten im Exchangeable Image File Format (EXIF) zusätzliche Informationen wie Aufnahmedatum und -zeit, Brennweite, Blende, Belichtungsdauer und andere technische Parameter, ggf. auch geographische Koordinaten des Aufnahmeorts, gewinnen.

31 Es mag selbstverständlich erscheinen, dass dem Gutachter vor Auftragserteilung ausreichende Informationen zu den Unfallfahrzeugen vorliegen. Es ist aber nicht selten, dass aus der Akte nur die amtlichen Kennzeichen hervorgehen. Da Fahrzeugparameter bei der Analyse essenziell sind, sollten diese von den Prozessparteien bereits vorab mitgeteilt werden. In Schadengutachten werden sie ausreichend zusammengefasst. Aus Kostenvoranschlägen oder Reparaturrechnungen gehen sie nur unvollständig hervor. Sinnvoll ist es deshalb, eine Kopie des Fahrzeugscheins beizufügen.

War am Unfall ein Lkw oder Bus beteiligt, ergeben sich weitere Anknüpfungspunkte aus den Aufzeichnungen von Tachografen (auch Fahrtenschreiber oder EG-Kontrollgeräte genannt). Dabei handelt es sich um ein Tachometer mit angeschlossenem Messschreiber, der Lenk- und Ruhezeiten, Lenkunterbrechungen und – für die Unfallrekonstruktion besonders interessant – gefahrene Wegstrecken und Geschwindigkeiten aufzeichnet. Solche Geräte sind – von Ausnahmen abgesehen – in allen innerhalb der Europäischen Union und weiterer AETR-Staaten[10] gewerblich genutzten Lkw und Omnibussen ab 3,5t Gesamtgewicht bzw. 9 Fahrgastplätzen vorgeschrieben. Die Aufzeichnungen (digital oder auf Tachoscheiben) müssen vom Unternehmer mindestens 1 Jahr lang archiviert werden.

Umfangreiche Informationen können spezielle Unfalldatenspeicher (auch als „Black Box" bezeichnet) liefern. Es handelt sich dabei um Kontrollgeräte, die in der Regel wenige Sekunden vor und nach einem Unfall neben Geschwindigkeiten weitere Fahrdaten wie Längs- und Querbeschleunigungen und auch Aufzeichnungen zu Signaleinrichtungen (Blinker, Sondersignale) festhalten.

10 Das **AETR-Abkommen** *(frz. Accord Européen sur les Transports Routiers, deutsch: „Europäisches Übereinkommen über die Arbeit des im internationalen Straßenverkehr beschäftigten Fahrpersonals", englisch: „European Agreement concerning the work of crews of vehicles engaged in international Road Transport"), bestimmt grenzübergreifend die Lenk- und Ruhezeiten im gewerblichen Transportverkehr (Lkw und Bus).* [Quelle: Wikipedia].

Praxistipp 32

Ist bei einem Verkehrsunfallgeschehen davon auszugehen, dass ein unfallanalytisches Sachverständigengutachten oder auch nur ein solches betreffend der streitigen Schadenshöhe eingeholt wird, so ist es ratsam, bereits frühzeitig die entsprechenden Lichtbilddateien zu einem ggf. vorhandenen Schadensgutachten einzuholen, damit diese auf entsprechende Anfrage des Sachverständigen hin diesem umgehend zur Verfügung gestellt werden können.

▼ 33

Muster 12.4: Antrag auf Anordnung nach § 144 ZPO

Beantragen wir,

dem Sachverständigen … gem. § 144 ZPO aufzuerlegen, die Lichtbilder zum Gutachten Nr. … vom … in digitaler Form vorzulegen, damit diese dem gerichtlich bestellten Sachverständigen zur Verfügung gestellt werden können.

Begründung

Erfahrungsgemäß benötigen die gerichtlich bestellten Sachverständigen die im Anschluss an ein Unfallgeschehen im Rahmen der Schadensermittlung erstellten Lichtbilder in digitaler Form, um diese hinreichend auswerten zu können. Nach § 144 Abs. 1 ZPO besteht für das Gericht die Möglichkeit, im Rahmen der Begutachtung durch einen Sachverständigen anzuordnen, dass auch ein Dritter, der nicht am Rechtsstreit beteiligt ist, Unterlagen vorlegen muss, die für die Beweiserhebung erforderlich sind. Dies ist vorliegend hinsichtlich der beim Sachverständigen … vorhandenen Lichtbilddateien der Fall, da nur mittels dieser der gerichtlich bestellte Sachverständige sein Gutachten erstellen kann, da das verunfallte Fahrzeug des Klägers/des Beklagten für eine Nachbesichtigung im unfallbeschädigten Zustand nicht mehr zur Verfügung steht.

▲

Weitere wichtige Erkenntnisse zieht der Sachverständige aus einer eventuell erfolgenden 34
Ortsbesichtigung der Unfallstelle sowie Nachbesichtigung der unfallbeteiligten Fahrzeuge. Die entsprechenden Besichtigungstermine sind den Parteien rechtzeitig vorher anzuzeigen, um den Parteien bzw. den Prozessbevollmächtigten die Möglichkeit einzuräumen, an diesen Terminen teilzunehmen.[11]

V. Die Gutachtenerstattung

Nachdem der Sachverständige alle erforderlichen Feststellungen zur Beantwortung der 35
Beweisfragen getroffen hat, erfolgt die Gutachtenerstattung, welche je nach Anordnung des Gerichts schriftlich oder mündlich erfolgen kann.

11 OLG München, Urt. v. 3.11.1983 – 24 U 185/83 = NJW 1984, 807.

1. Schriftliches Gutachten

36

Abb. 12.1 und 12.2: Fotos mit 10 Mio. Pixeln

Abb. 12.3 und 12.4: Fotos mit 1 Mio. Pixeln

Im Regelfall wird die Gutachtenerstattung gem. § 411 ZPO schriftlich erfolgen, auch wenn gesetzlich als Regelfall die mündliche Gutachtenerstattung durch Vernehmung des Sachverständigen vorgesehen ist (vgl. § 402 ZPO). Ob stattdessen eine schriftliche Begutachtung stattfinden soll, steht im Ermessen des Gerichts, ohne dass er hierzu einer Zustimmung der Parteien bedarf.

Sollte das Gericht den Parteien ausnahmsweise einmal die Wahlmöglichkeit überlassen, ob ein Gutachten schriftlich oder mündlich erstattet werden soll, so ist – vorbehaltlich besonderer Einzelfälle – stets anzuraten, eine schriftliche Begutachtung durch den Sachverständigen herbeizuführen, um sich in Ruhe – ggf. unter Hinzuziehung eines eigenen Sachverständigen – mit dem Ergebnis des Gutachtens auseinandersetzen zu können.

37 ▼

Muster 12.5: Schriftliches Gutachten

12.5 Nehmen wir Bezug auf die Anfrage des Gerichts vom ___ und bitten, dem Sachverständigen aufzugeben, sein Gutachten schriftlich zu erstatten.

Dies hat gegenüber einer mündlichen Erstattung des Gutachtens den Vorteil, dass die Parteien und das Gericht sich deutlich umfassender mit dem Ergebnis der Begutachtung auseinandersetzen können, insbesondere bei komplexen technischen Vorgängen, wie sie vorliegend streitentscheidend sind, bei welchen ggf. noch eine Rücksprache mit eigenen beratenden Sachverständigen erforderlich sein wird.

Demgegenüber hat die mündliche Gutachtenerstattung den Nachteil, dass im Regelfall eine unmittelbare Reaktion auf das Ergebnis der Begutachtung noch im Termin zur mündlichen Verhandlung mangels der eigenen technischen Sachkunde der Parteien und der Prozessvertreter nicht möglich ist, so dass eine weitere schriftliche Stellungnahme erforderlich werden kann. Dies birgt die Gefahr, dass Übertragungsfehler auftreten, da gerade kein schriftliches Ergebnis des Gutachtens vorliegt.

Ferner besteht auch im Rahmen einer schriftlichen Begutachtung gem. § 411 Abs. 3 ZPO für das Gericht die Möglichkeit, den Sachverständigen bei Unklarheiten oder weiteren Rückfragen zur mündlichen Erläuterung des Gutachtens zu laden. Diese mündliche Erläuterung kann bei Vorliegen eines schriftlichen Gutachtens durch das Gericht und die Parteien deutlich besser vorbereitet werden, als wenn das Ergebnis der Begutachtung erstmalig im Termin zur mündlichen Verhandlung durch den Sachverständigen dargestellt wird.

▲

2. Mündliches Gutachten

Alternativ zu einer schriftlichen Gutachtenerstattung kann – auf entsprechende Anordnung des Gerichts – auch eine mündliche Gutachtenerstattung erfolgen, d.h. der Sachverständige präsentiert das Ergebnis seiner Begutachtung im Rahmen einer mündlichen Verhandlung. Dieses Verfahren bietet gewisse Vor-, aber auch Nachteile. **38**

Der **Vorteil** dieser Vorgehensweise ist, dass schnell ein Ergebnis erzielt werden kann, da ggf. aufkommende Rückfragen direkt im Rahmen der mündlichen Gutachtenerstattung im Termin geklärt werden können. Sollten neben der schriftlichen Unfallschilderungen der Parteien auch noch Zeugen vorhanden sein, so ist der Sachverständige während der Vernehmung der Zeugen anwesend und kann seinerseits direkt Fragen stellen, welche aus seiner Sicht zur Aufklärung des Sachverhalts von Relevanz sind. **39**

Dieser Vorteil einer mündlichen Gutachtenerstattung kann aber auch zugleich einen **Nachteil** darstellen. Anders als bei einer vorherigen schriftlichen Gutachtenerstattung mit anschließender mündlicher Erläuterung, ist den Parteien bei einer von vornherein angeordneten mündlichen Gutachtenerstattung das Ergebnis vorher nicht bekannt, so dass im Termin je nach Ergebnis des Gutachtens kurzfristig auf die Ausführungen des Sachverständigen reagiert werden muss. Dies kann im Einzelfall durchaus schwierig sein, wenn komplexe technische Hergänge streitig sind, welche ggf. ohne Rücksprache mit einem eigenen beratenden Sachverständigen für einen Juristen nicht zu bewerten sind. **40**

Eine mündliche Gutachtenerstattung bietet sich vor diesem Hintergrund daher lediglich für eher einfach gelagerte Alltagsfälle an. Sobald es komplizierter wird und ggf. eine detailliertere Auseinandersetzung mit dem Ergebnis des Gutachtens stattzufinden hat, bietet sich eine schriftliche Begutachtung an, da in diesem Fall nach Erhalt des Gutachtens ausreichend Zeit bleibt, die Feststellungen des Sachverständigen zu überprüfen und sodann ggf. zu beantragen, den Sachverständigen zu einer mündlichen Erläuterung seines Gutachtens zu laden. **41**

VI. Sachverständigengutachten und Datenschutz

42 Der Sachverständige im Zivilprozess wird aufgrund seiner Ernennung durch das Gericht zur Erfüllung der sich daraus ergebenden Verpflichtungen tätig und verarbeitet vor diesem Hintergrund die ihm im Zuge dieser Aufgabe anvertrauten personenbezogenen Daten i.S.d. Art. 4 DSGVO. Dafür bedarf er mithin einer eigenständigen Rechtfertigungsgrundlage nach dem Maßstab des Art. 6 DSGVO, da er erst einmal selber als Verantwortlicher i.S.d. Art. 4 Nr. 7 DSGVO anzusehen ist. Zwar würde grundsätzlich auch eine datenschutzrechtliche Privilegierung als Auftragsverarbeiter nach dem Maßstab des Art. 28 DSGVO in Betracht kommen. Einen solchen Vertrag schließt aber i.d.R. kein Gericht mit einem Sachverständigen ab, der zudem auch im Regelfall einen derart weiten Ermessensspielraum bei der Ausübung seiner Aufgabe ausübt, dass eine Auftragsverarbeitung mangels ausreichend konkreten Weisungen eines Auftraggebers, hier also des Gerichts ausscheidet und der Sachverständige selber als Verantwortlicher Zweck und Mittel der Datenverarbeitung i.S.d. Art. 4 Nr. 7 DSGVO bestimmt.[12]

Dies führt u.a. dazu, dass der Sachverständige im Rahmen der ihm als Verantwortlichen obliegenden Informationspflicht nach Art. 14 DSGVO auch auf die Rechtsgrundlage seiner Datenverarbeitung hinweisen muss. Dies geschieht am besten – wie dies auch die Gerichte vornehmen – durch einen Verweis auf die Datenschutzerklärung des Sachverständigen. Diese kann den Parteien entweder direkt mit der Bestätigung der Bestellung von dem Sachverständigen (ggf. mit einer Zustellung über das Gericht) zugesendet werden oder es kann als Alternative auf die Datenschutzerklärung zumindest darauf hingewiesen werden, dass die Fundstelle auf der Homepage des Sachverständigen benannt und zugleich eine postalische Zusendung angeboten wird. Eine solche Datenschutzerklärung sollte daher auch den nachfolgenden Hinweis auf die in Betracht kommenden Rechtfertigungsgrundlagen enthalten.

43 ▼

12.6

Muster 12.6: Hinweis auf die Rechtsgrundlage für die Verarbeitung personenbezogener Daten

Diese Datenverarbeitung ist nach Art. 6 Abs. 1e DSGVO zu den genannten Zwecken für die angemessene Bearbeitung des vom Gericht erteilten Gutachterauftrags erforderlich. Zugleich wird damit unsere rechtliche Verpflichtung aus dem erteilten Gutachterauftrag auf Grundlage des Art. 6 Abs. 1c DSGVO erfüllt. Gestützt wird die Verarbeitung ferner auf Art. 6 Abs. 1f DSGVO, wobei unser berechtigtes Interesse in der Durchführung bzw. Abwicklung des erteilten Auftrags liegt.

▲

Der Sachverständige bedarf dagegen i.d.R. keiner gesonderten Einwilligung der Parteien als Rechtsgrundlage für seine Tätigkeit und dies gilt auch für das Auslesen von Fahrzeugdaten. Sowohl der Art. 6 Abs. 1c als auch Art. 6 Abs. 1e DSGVO bieten eine ausreichende Grundlage für seine Tätigkeit. Er hat dabei aber auch den Grundsatz der Datensparsamkeit nach Art. 5 Abs. 1c DSGVO zu beachten und darf nur solche Daten verarbei-

12 *Nugel*, DS 2018, 231.

ten, welche für die Erfüllung seines Auftrags erforderlich sind. Entscheidet er sich zudem, z.B. für das Auslesen der Fahrzeugdaten eine Einwilligung der Parteien einzuholen, muss diese insbesondere den Formerfordernissen des Art. 7 DSGVO genügen.[13] I.d.R. werden diese bei den Abfragen von Sachverständigen in der Praxis nicht mit der gebotenen Genauigkeit beachtet.

VII. Spannungsfeld zwischen Aufklärung und Betriebsgeheimnissen

Erfahrungen aus der Praxis zeigen, dass der Sachverständige bei seinen Ermittlungen **44** sehr schnell Umstände aufdecken kann, welche als Betriebsgeheimnis des Herstellers einzustufen sein können bzw. gar – rein objektiv betrachtet – eine taugliche Hilfestellung und Anleitung für das Überwinden von Sicherungsmaßnahmen des Herstellers darstellen. Werden durch ein Gutachten im Auftrag des Gerichts Manipulationsmöglichkeiten bzgl. elektronischer Fahrzeugkomponenten und Schutzsysteme aufgezeigt, kann dies mit einem Eingriff in Betriebsgeheimnisse des Herstellers verbunden sein. Das dabei auftretende Spannungsfeld zwischen dem Gebot effektiven Rechtsschutzes und dem Eingriff in grundrechtlich nach Art. 12 GG geschützte Betriebsgeheimnisse erfordert eine Güterabwägung zwischen den betroffenen Rechten unter Beachtung der Grundsätze der Erforderlichkeit und Verhältnismäßigkeit.

Für die durch gebotene sorgfältige und kritische Nachprüfung eines gerichtlichen Sachverständigengutachtens durch das Gericht und zur Wahrung des Anspruchs der Parteien auf ein rechtsstaatliches Verfahren und effektiven Rechtsschutz kann es geboten sein, dass der Sachverständige tatsächliche Umstände, die er mangels Erfahrungswissens selbst erhoben und seinem Gutachten zugrunde gelegt hat, offen legt und dafür auch an sich schützenswerte Informationen preisgibt.[14] Auf der anderen Seite kann der Schutz von Betriebsgeheimnissen im Ausnahmefall sogar so weit gehen, dass Teile eines Sachverständigengutachtens nicht erörtert werden, wenn ein besonders schützenswerter Urheberrechtsschutz besteht.[15]

Im Regelfall wird dies aber nicht erforderlich sein: Einem berechtigten Geheimhaltungsinteresse kann im Einzelfall durch Ausschluss der Öffentlichkeit nach § 172 Nr. 2 GVG und die Verpflichtung zur Verschwiegenheit nach § 174 Abs. 3 GVG Rechnung getragen werden.[16] Gerade eine (strafbewehrte) Geheimhaltungsanordnung nach § 174 Abs. 3 GVG ermöglicht die Prüfung entscheidungsrelevanter Tatsachen, die ansonsten einem Geschäfts- oder gar Berufsgeheimnis unterliegen.[17]

In der Praxis wird es daher erst einmal genügen, wenn der Sachverständige die von ihm aufgedeckte Manipulationsmöglichkeit mit einem konkreten Erfolg aufzeigt, ohne die dabei von ihm umgesetzten einzelnen Schritte im Detail offenzulegen. Besteht eine

13 Im Überblick *Nugel*, DS 2018, 231.
14 BGH MDR 2007, 1445.
15 OLG Nürnberg, GRUR 1984, 736.
16 BGH NJW-RR 2016, 606.
17 BGH NJW 2009, 2894; KG VersR 2018, 344.

Partei zur Überprüfung des Gutachtens auf einer solchen detaillierten Offenlegung, bieten sich diese Anordnungen des Gerichts zur Verschwiegenheit und dem Ausschluss der Öffentlichkeit ebenso wie eine Demonstration des Eingriffs in einem Ortstermin an.[18]

C. Anforderungen an ein unfallanalytisches Sachverständigengutachten aus technischer Sicht

I. Die Arbeit des Sachverständigen

45 Der Unfallsachverständige wird hinzugezogen, wenn die Aufklärung des Unfallgeschehens dies als erforderlich erscheinen lässt.

1. Gutachten schon im Strafverfahren als mögliche Grundlage für die spätere Verwertung im Zivilprozess

46 Dies kann bereits in einer sehr frühen Phase geschehen, wenn nämlich aufgrund der Schwere eines Unfalls der Verursacher im Rahmen eines Strafprozesses ermittelt werden soll. Die Polizei kann in Abstimmung mit der Staatsanwaltschaft einen Sachverständigen bereits zur Unfallaufnahme hinzuziehen. Sachverständige können eine Rufbereitschaft anbieten, so dass sie auch außerhalb ihrer Bürozeiten zu einem Zeitpunkt tätig werden können, bei dem sich die Situation so darstellt, wie sie in der Regel auch von der Polizei vorgefunden wird.

Dem Sachverständigen bietet sich in dieser Phase die Möglichkeit, sämtliche zur Verfügung stehenden objektiven Anknüpfungspunkte selbstständig zu sichern. Da er aufgrund seiner Sachkunde einschätzen kann, welche Anknüpfungspunkte für die Ausarbeitung erforderlich sind, kann er eine detailliertere Beweissicherung durchführen als Polizisten, die für Verkehrsunfälle nicht gesondert geschult sind. Er kann bereits an der Unfallstelle Vorstellungen zum Unfallablauf entwickeln und seine Spurensicherung darauf abstimmen. In dieser Phase liegt eine besondere Verantwortung auf ihm, weil Versäumnisse bei der Beweissicherung nachträglich nicht mehr korrigiert werden können. So verschwinden beispielsweise Splitterfelder und Endpositionen direkt bei der Räumung der Unfallstelle. Auch Aufzeichnungen in Tachografen oder Steuergeräten können überschrieben werden, wenn die Unfallfahrzeuge wieder in Betrieb gesetzt werden.

Der Sachverständige sollte sich bewusst sein, dass seine erste Begutachtung richtungsweisend für die Regulierung der Unfallfolgen ist. Sein Ergebnis kann darüber entscheiden, ob überhaupt ein Rechtsstreit begonnen wird. Hier getroffene Fehleinschätzungen lassen sich nachträglich nur mit großem Aufwand wieder korrigieren.

47 In der Regel wird der Sachverständige aber erst tätig, nachdem das Unfallgeschehen bereits länger zurückliegt. Dies kann noch im Rahmen des Strafverfahrens der Fall sein. Die Beauftragung erfolgt üblicherweise durch die Staatsanwaltschaft. Deren Interesse

18 *Holtkötter/Nugel*, NZV 2018, 201 ff.

liegt darin, den Schuldigen zu ermitteln und zur Verantwortung zu ziehen. Dem Beschuldigten muss sein Fehlverhalten eindeutig nachgewiesen werden. Dies bedeutet für den Sachverständigen, dass er sämtliche Unwägbarkeiten zugunsten des Beschuldigten annimmt und sein Gutachten dementsprechend abfasst. Im Rahmen des Strafverfahrens kann darauf verzichtet werden, den Ereignisbereich nach oben abzugrenzen, d.h., die Betrachtungen mit Annahmen zugunsten der Geschädigten durchzuführen.

Praxistipp **48**

Für den Juristen bedeutet dies, dass ein Gutachten im Strafprozess i.d.R. ganz andere Vorgaben als im Zivilverfahren als Grundlagen hat und daher eine uneingeschränkte Verwertung nach § 411a ZPO genau zu prüfen ist.

2. Das Unfallrekonstruktionsgutachten im Zivilprozess

Der Sachverständige kann auch erst in einem Zivilverfahren hinzugezogen werden. **49** Seine Befugnisse werden dabei durch einen konkreten Gutachtenauftrag, der in einem Beweisbeschluss formuliert wird, beschränkt. D.h., dem Sachverständigen ist es nicht erlaubt, in dieser Phase eigenständige Ermittlungen durchzuführen. Er kann nur auf das Material zurückgreifen, das von den Prozessparteien als Beweismittel beantragt wird. Üblicherweise wird ihm ein größerer Spielraum dadurch eingeräumt, dass durch das Gutachten der gesamte Unfallhergang geklärt werden soll und ihm erlaubt wird, eigenständig Material von den Prozessparteien anzufordern.

Im Rahmen eines Zivilprozesses muss der gesamte Ereignisbereich eingegrenzt werden. **50** D.h., es müssen Grenzbetrachtungen in der Art durchgeführt werden, dass die Annahmen sowohl zugunsten als auch zuungunsten beider Prozessparteien getroffen werden. Nur dadurch ist gewährleistet, dass die Begutachtung objektiv erfolgt. Deshalb darf der Sachverständige das Unfallgeschehen und hier insbesondere die Aussagen von Parteien oder Zeugen auch nicht direkt bewerten.

Die Begutachtung soll die Entscheidungsfindung unterstützen. Das Gutachten unterliegt **51** aber der freien Würdigung durch das Gericht.

3. Umfang und Aufgabenstellung eines Parteigutachtens

Der Sachverständige kann auch direkt von Unfallbeteiligten, Versicherungen oder Ange- **52** hörigen mit einem Gutachtenauftrag versehen werden. Der Auftraggeber verfolgt dabei das Ziel, den Rechtsstreit in seinem Sinne zu entscheiden. Dementsprechend steht es dem Sachverständigen frei, nur Betrachtungen zugunsten seines Auftraggebers durchzuführen. Auch in diesem Fall muss er aber seine Begutachtung nach bestem Wissen und Gewissen durchführen. Eine einseitige Begutachtung birgt die Gefahr der Parteilichkeit.

4. Wichtige Arbeitsschritte bei allen Gutachten

53 Wenn der Sachverständige den Gutachtenauftrag erhalten hat, verläuft die Ausarbeitung unabhängig von der konkreten Aufgabenstellung nach den gleichen Grundsätzen. Es wird das zur Verfügung stehende Material auf die darin enthaltenen Anknüpfungspunkte für die Rekonstruktion des Unfallgeschehens geprüft.

54 Das umfangreichste Material steht natürlich dann zur Verfügung, wenn der Sachverständige selbst den Unfall aufgenommen hat. In diesem Fall bieten sich auch zusätzliche Auswertemöglichkeiten. Die sichergestellten Fahrzeuge können nachbesichtigt werden. Dabei ist es unter Umständen möglich, die im Fahrzeug verbauten Steuergeräte auszulesen und aus diesem Datenmaterial zusätzliche Informationen zum Unfallgeschehen zu gewinnen. In den Steuergeräten werden physikalische Kenngrößen wie z.B. Drehzahl, Geschwindigkeiten, Beschleunigungen usw., die über Sensoren erfasst werden, mit hinterlegten Sollgrößen verglichen und gegebenenfalls nachgeregelt. Bei Störungen, wie z.B. durch einen Unfall, werden sie gespeichert. Diese Größen stellen aber nur Anknüpfungspunkte dar, wie z.B. Reifenspuren und Fahrzeugschäden. Sie müssen vom Sachverständigen erst noch interpretiert werden.

55 Insbesondere bei Ausarbeitung nach Aktenlage bildet das nach dem Unfall angefertigte Fotomaterial die wesentlichste Grundlage. Aus diesen Fotos gehen die örtlichen Gegebenheiten, die Fahrzeugschäden, vorhandene Spuren usw. hervor. Es handelt sich dabei um objektive Anknüpfungspunkte, weil sie durch die Lichtbilder unverfälscht dokumentiert sind. Sie haben deswegen für die technische Analyse ein größeres Gewicht als die Angaben der Unfallbeteiligten und Zeugen. Unfallbeteiligte treten im Prozess als Partei auf. Es kann deshalb nicht vorausgesetzt werden, dass ihre Angaben unparteiisch erfolgen. Zeugen nehmen oftmals nur einen Teil des Unfallgeschehens wahr. Selbst wenn sie dasselbe gesehen haben, ist es selten, dass zwei Zeugen die gleichen Wahrnehmungen schildern.

56 Erfolgt die Ausarbeitung nach vorliegendem Aktenmaterial, lässt sich leider sehr oft feststellen, dass die für die Rekonstruktion erforderlichen Anknüpfungspunkte oftmals nicht enthalten sind. D.h., vom Gericht werden zwar Beweisfragen formuliert, es wird allerdings oftmals nicht überprüft, ob die dafür zur Verfügung stehenden Anknüpfungspunkte bereits in der Akte vorliegen. Wesentliche Informationen zum Unfallgeschehen gehen in der Regel aus der Polizeiakte oder der Bußgeld- bzw. Strafakte hervor. Darin sind oftmals auch Bilder der Polizei und Verkehrsunfallskizzen enthalten. Dieses Material, was in der Regel von den Prozessparteien bereits als Beweismittel beantragt wird, sollte also vor Übersendung der Zivilakte für die Ausarbeitung des Gutachtens dem Sachverständigen auch direkt zur Verfügung gestellt werden. Es ist auch darauf zu achten, dass die in der Akte meist als Kopien enthaltenen Fotos schon als Originale angefordert und an den Sachverständigen weitergeleitet werden. Vor allem hinsichtlich der neuerdings direkt bei Auftragserteilung gesetzten Fristen ist dies eine sehr wichtige Voraussetzung, damit der Sachverständige direkt nach Eingang der Akte auch tätig

werden kann und nicht erst gezwungen ist, dass fehlende Material bei den Prozessparteien, der Polizei oder den Schadengutachtern anzufordern.

Der Sachverständige muss offenlegen, welche Anknüpfungspunkte ihm zur Verfügung 57 standen und wie er sie verwertet hat. Das Ergebnis des Gutachtens muss mit den zur Verfügung stehenden objektiven Anknüpfungspunkten im Einklang stehen. Widersprüche zu den Angaben der Zeugen und Prozessparteien sind demgegenüber in der Regel unvermeidlich, weil die Parteien im Normalfall das Unfallgeschehen gegensätzlich schildern.

Im Gutachten dürfen nicht nur die gewonnenen Ergebnisse wiedergegeben werden. Es 58 muss auch der dahin führende Lösungsweg offengelegt werden. Die Nachvollziehbarkeit eines Gutachtens wird durch die Visualisierung in Form von Fotos, Grafiken, Diagrammen o.ä. deutlich vereinfacht. In der Unfallrekonstruktion hat sich die Verwendung von Vergleichsversuchen bewährt. Anhand der in Versuchen auftretenden Fahrzeugbeschädigungen lassen sich die Berechnungsergebnisse sehr gut auf ihre Plausibilität überprüfen, ohne dass die physikalischen Zusammenhänge dafür bekannt sein müssen. Der Jurist sollte dabei immer vor Augen haben, dass es dem Sachverständigen in der Regel nicht möglich ist, die konkreten Unfallfahrzeuge für solche Versuche zu verwenden. Der dafür erforderliche Kostenaufwand steht meistens im Widerspruch zum Streitwert des Prozesses.

Die Berechnungsergebnisse in einem Gutachten basieren nicht allein auf den zur Verfü- 59 gung stehenden objektiven Anknüpfungspunkten, sondern auch auf Annahmen, die der Sachverständige trifft. Beispielsweise lässt sich die Länge einer Bremsspur im Foto erkennen. Der auf dieser Bremsstrecke erzielte Geschwindigkeitsverlust ist aber davon abhängig, welche Verzögerung gewirkt hat. Diese Verzögerungen wurden durch Bremsversuche in ausgedehnten Studien ermittelt. Ähnlich verhält es sich auch mit anderen Annahmen in der Begutachtung. Für die Nachvollziehbarkeit der Ergebnisse ist es deshalb auch notwendig, dass diese getroffenen Annahmen offengelegt werden. Die verwendeten Studien sind zu benennen und in Form von Diagrammen oder ähnlichem dem Gutachten beizufügen.

Der Sachverständige darf sich nicht dazu hinreißen lassen, Behauptungen aufzustellen, 60 die er nicht nachvollziehbar belegen kann. So kann er ein eindeutiges Ergebnis nicht formulieren, wenn das zur Verfügung stehende Material dies gar nicht zulässt. Das Ergebnis eines Gutachtens liegt immer in technisch möglichen Grenzen (Kollisionsgeschwindigkeiten, Annäherungsgeschwindigkeiten, Handlungsweisen der Beteiligten). Im Ergebnis sollte der gesamte Unfallablauf geschlossen dargestellt werden. Eine bewährte Möglichkeit besteht darin, die Unfallentstehung in Weg-Zeit-Diagrammen aufzubereiten. In sehr anschaulicher Weise lassen sich darin die Handlungsweisen der Beteiligten direkt gegenüberstellen. Beispielsweise erfolgt die einer Abwehrhandlung vorangehende Reaktion eines Unfallbeteiligten immer nur dann, wenn ein entsprechendes Signal des Unfallgegners vorliegt. Mit diesen grafischen Lösungen lässt sich die Zuordnung einer Reaktion zur konkreten Gefahrensituation deutlich einfacher darstellen als eine

Beschreibung durch Einzelwerte. Fehlerhafte Interpretationen können damit vermieden werden.

Zur Visualisierung seiner Ergebnisse kann der Sachverständige auch Simulationsprogramme nutzen. Damit ist eine anschauliche Darstellung direkt innerhalb von zwei- oder auch dreidimensionalen Umgebungen möglich.

61 Der Sachverständige muss sich bei seiner Arbeit grundsätzlich immer bewusst sein, dass seine Angaben im Gutachten gravierende Folgen auf den Prozessverlauf haben können. So wäre es möglich, dass seine Äußerungen neue Themen aufwerfen, die im Prozess bisher überhaupt keine Rolle gespielt haben. Aus diesem Grund muss sich der Sachverständige immer auf die konkreten Beweisfragen beschränken und darüber hinausgehende Interpretationen unterlassen.

II. Die Beurteilung eines Gutachtens

62 Der Sachverständige macht grundsätzlich Aussagen über Vorgänge, an denen er nicht beteiligt war und die er nicht gesehen hat. Diese Vorgänge analysiert er mit wissenschaftlichen Methoden. Dabei ist zu beachten, dass technische Gutachten grundsätzlich sichere Ergebnisse hervorbringen können. Hierfür ist es erforderlich, sämtliche möglichen Rahmenbedingungen in die Betrachtung mit einzubeziehen und den überhaupt möglichen Ereignisbereich sicher abzugrenzen. In einem technischen Gutachten sollten deshalb immer Grenzbetrachtungen durchgeführt werden. Sämtliche möglichen Ergebnisse müssen immer zwischen diesen Grenzen liegen. Wie eng die Grenzen gesteckt werden können, hängt davon ab, wie tief in die Problematik eingedrungen wurde und welche Anknüpfungspunkte zur Verfügung standen. Diese Vorgehensweise ermöglicht auch eine praktikable Bewertung eines Sachverständigengutachtens, wobei extrem unwahrscheinliche Ereignisse unberücksichtigt bleiben.

63 Für die Entscheidung eines Rechtsstreites ist sicherlich der Sachverständige am hilfreichsten, der ein eindeutiges Ergebnis liefert. Allerdings sollte eine eindeutige Aussage – vor allem wenn sie mit dem „gesunden Menschenverstand" nicht zwanglos zu vereinbaren ist – umfassend belegt und begründet werden.

64 Ein Sachverständiger, der alle erdenklichen Möglichkeiten berücksichtigt, formuliert im Grunde unangreifbar, weil er auch die geringsten Wahrscheinlichkeiten in seine Betrachtungen mit einbezieht. Dies kann aus Unsicherheiten der Anknüpfungspunkte oder aber der Art der Ausarbeitung resultieren. Die Aussagen eines solchen Gutachtens sind für die Entscheidung eines Rechtsstreites sicher am wenigsten hilfreich.

65 Um klare Aussagen zu treffen, kann ein Sachverständiger seine Analyse auf die Beobachtungen anderer (Akten, Literatur, Studien) stützen. Er führt in der Regel Berechnungen zur Bestimmung fehlender Größen durch. Er kann diese Ergebnisse durch Vergleichsversuche weiter erhärten. Dabei dienen seine Berechnungsergebnisse dann als Eingabegrößen. Ein Vorgang, der in der Vergangenheit stattfand, kann damit quasi in die Gegenwart übertragen werden. Lassen sich damit Auswirkungen wie bei dem Unfall-

oder Schadenereignis reproduzieren, erhöht dies die Sicherheit einer Begutachtung. Ein Sachverständiger sollte sich dies immer vor Augen halten. Auch wenn nicht möglich ist, für jeden Einzelfall extra Versuche durchzuführen, kann er auf bereits vorhandene zurückgreifen, die z.B. auch in Datenbanken im Internet verfügbar sind.

Werden die Ergebnisse anschaulich und verständlich präsentiert, ist es auch dem technischen Laien möglich, die Aussagen mit eigenen Erfahrungen und Kenntnissen abzugleichen. Anhand des für die Ausarbeitung des Gutachtens erkennbaren Aufwands lässt sich auch abschätzen, wie wahrscheinlich Abweichungen von den Untersuchungsergebnissen sind. Damit kann auch entschieden werden, ob diese Eventualitäten für die Gesamtbeurteilung überhaupt relevant sind.

Der gravierendste Fehler eines Sachverständigen ist wohl der, dass er nicht alle zur **66** Verfügung stehenden Möglichkeiten ausschöpft und einfach Behauptungen aufstellt, die er nicht belegen kann. Sein Eifer darf sich dabei aber gleichzeitig nur auf Fragestellungen erstrecken, die ihm konkret vorgegeben wurden.

III. Einzelne mögliche Prüfungspunkte

Für die Rekonstruktion eines Unfallgeschehens ist es in der Regel unerlässlich, Berech- **67** nungen durchzuführen, um die eingehaltenen Geschwindigkeiten zu bestimmen. Hierfür stehen die unterschiedlichsten Anknüpfungspunkte zur Verfügung. Selbst wenn im Idealfall Datenaufzeichnungen aus Tachographen, Steuergeräten oder ähnlichem vorliegen, sind diese Daten toleranzbehaftet. Dies trifft in noch größerem Maße auf die Angabe von Messergebnissen in Unfallskizzen zu. Selbst wenn ein sogenanntes Monobildverfahren (Kombination aus Fotodokumentation und Messen) zur Anwendung kam, lassen sich Spuren und Endlagen niemals vollkommen exakt sichern. Da sämtliche Berechnungen in einem Sachverständigengutachten auf solchen Daten beruhen, ist es natürlich, dass auch die Ergebnisse mit Toleranzen behaftet sind. Die Angabe von eindeutigen Geschwindigkeiten, möglicherweise sogar noch mit Nachkommastellen, suggeriert eine Genauigkeit, die im Rahmen der Unfallrekonstruktion niemals gewährleistet werden kann. Es ist ja keine Willkür, dass selbst bei standardisierten Messverfahren die dabei gemessenen Geschwindigkeiten mit Verkehrsfehlergrenzen von 3 % toleriert werden.

1. Anknüpfungstatsachen

Die Anknüpfungspunkte bilden die wichtigste Grundlage für das Ergebnis eines Gutach- **68** tens. Wird ein Sachverständiger direkt zur Unfallaufnahme hinzugezogen, bieten sich ihm die idealen Voraussetzungen, diese Anknüpfungspunkte in vollem Umfang und in hoher Qualität zu sichern. Versäumnisse in dieser Phase können nachträglich nicht mehr korrigiert werden. Ausnahmen bilden allerdings die örtlichen Gegebenheiten und Fahrzeuge, die von Beteiligten bis zur Entscheidung des Rechtsstreits im beschädigten Zustand aufbewahrt werden. Hier kann eine Nachbesichtigung auch nach längerer Zeit erfolgen. Dies erfordert höheren Aufwand, ist aber immer dann sinnvoll, wenn aus der vorliegenden Dokumentation nicht die nötigen Informationen hervorgehen. Bei der Zuordnung von Schäden aus Kleinkollisionen kommt es auch auf kleinste Details an. Diese können in einer Fotodokumentation möglicherweise nicht enthalten sein, weil z.B. die Bilddateien zur Einsparung von Speicherressourcen kleingerechnet wurden und in der Originalauflösung nicht mehr vorliegen.

69 Zusätzlich ist zu beachten, dass bei der Dokumentation von Schäden die Fahrzeuge in den seltensten Fällen mit einem Maßstab fotografiert werden. Die höhenmäßige Zuordnung der Schäden kann dann nur mit Vergleichsfahrzeugen durchgeführt werden. Stehen die Unfallfahrzeuge noch zur Verfügung, sollte die Möglichkeit genutzt werden, die Schadenzuordnung anhand dieser Fahrzeuge vorzunehmen. In diesem Fall erübrigen sich Diskussionen über die Genauigkeit.

70 Bei der Höhenzuordnung sind auch die Beladungszustände zu berücksichtigen. Wie die folgenden Lichtbilder zeigen, macht es einen deutlichen Unterschied, ob ein Pkw leer ist oder eine 500 kg Last im Kofferraum transportiert.

Abb. 12.5: Beladungszustand leer

Beladungszustand 500 kg

Auch aus den örtlichen Gegebenheiten ergeben sich Unterschiede. Durch eine Ortsbesichtigung ist deshalb zu klären, ob z.B. der Untergrund über Unebenheiten verfügt oder eine Bordsteinkante vorhanden ist.

2. Erfordernis der Nachbesichtigung

Aber auch bei heftigen Kollisionen ist eine Nachbesichtigung der Unfallstelle und der Fahrzeuge sinnvoll. Bei einer Gegenverkehrskollision mit hoher Relativgeschwindigkeit entstehen in den überwiegenden Fällen sogenannte Schlagmarken. Diese werden dadurch hervorgerufen, dass Teile des Unterbodens infolge der hohen Kollisionskräfte auf die Fahrbahn gepresst werden. Lassen sich die betreffenden Bauteile bestimmen, kann der Kollisionsort genau rekonstruiert und die bei einer solchen Kollision wichtigste Frage, wer seine Fahrspur verlassen hatte, geklärt werden. 71

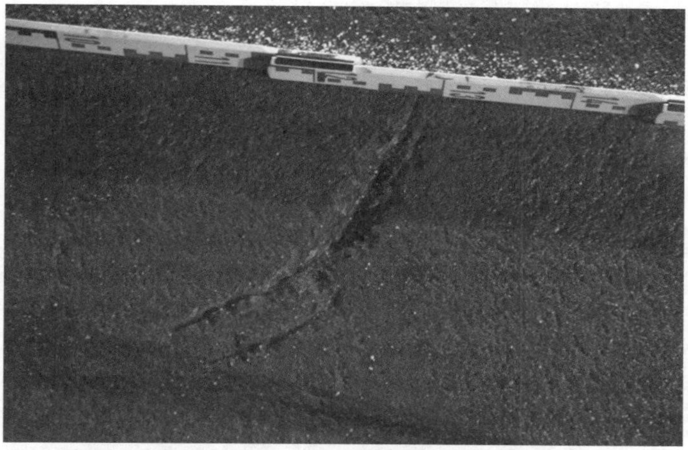

Abb. 12.7 bis 12.9: Schlagspuren

72 Bei Kollisionen mit geringer Überdeckung bewegen sich die Fahrzeuge aneinander vorbei, wenn es zu einem Abgleiten kommt. Dabei lässt sich öfter beobachten, dass mehrere Schlagspuren an völlig unterschiedlichen Stellen auf der Fahrbahn entstehen können. Die Bestimmung des Kollisionsortes wird dadurch erschwert.

Abb. 12.10 bis 12.12: Bestimmung des Kollisionsortes
© Abb. 12.10 (links) und Abb. 12.11 (rechts oben) Bild aus der Ermittlungsakte
© Abb. 12.12 (rechts unten) Aufnahme einer Partei

Auch wenn heutzutage hoch auflösende Luftbilder von den Unfallstellen vorliegen, kann auf Ortsbesichtigungen nicht in jedem Fall verzichtet werden. Dies ist insbesondere dann gegeben, wenn an der Unfallstelle Gefällestrecken vorhanden sind. Die Neigung der Fahrbahn hat Auswirkungen auf die möglichen Bremsverzögerungen. Sie wirkt sich somit auf die Bestimmung der Geschwindigkeit aus. Aus den Neigungen ergeben sich möglicherweise auch Sichtproblematiken, die nur vor Ort geklärt werden können. 73

Bei der Bestimmung der Sichtmöglichkeiten vor Ort ist darauf zu achten, dass die für die Unfallbeteiligten korrekte Sichthöhe berücksichtigt wird. Ein Lkw-Fahrer sitzt mit seinen Augen weit oberhalb der Fahrbahn. Dies ist bei der Erstellung der Fotodokumentation zu beachten, weil ansonsten die Aussagekraft nicht gegeben ist. 74

Abb. 12.13: Sicht aus Traktor (4m K 190m)

Abb. 12.14: Sicht aus Pkw

75 Für die Beurteilung eines Unfallgeschehens ist es grundsätzlich wichtig, zunächst den Unfallablauf so genau wie möglich zu rekonstruieren. Erst damit lässt sich beurteilen, inwieweit ein Fehlverhalten vorlag. Ein solches Fehlverhalten wäre z.B. bei einer überhöhten Annäherungsgeschwindigkeit oder verspäteten Reaktion gegeben. Es können dann Alternativen diskutiert werden, die sich unfallvermeidend ausgewirkt hätten.

76 Durch den Fortschritt in der Fahrzeugtechnik ergeben sich für die konventionelle Unfallrekonstruktion weniger Anknüpfungspunkte. Durch den Einsatz von ABS kommt es infolge von Vollbremsungen in den wenigsten Fällen zu Spurzeichnungen. Die Annäherungsgeschwindigkeit ist dadurch nicht in dem Maße eindeutig nachweisbar.

77 In der Praxis finden sich Beispiele dafür, dass bei der Entscheidung von Verfahren die Möglichkeit einer Geschwindigkeitsreduzierung vor der Kollision völlig außer Acht gelassen wird, obwohl sich aus den Gesamtumständen Anhaltspunkte für eine frühzeitigere Gefahrenerkennung ergeben. Die Problematik besteht nämlich darin, den Zeitpunkt festzulegen, bei dem eine eindeutige Gefahrensituation für den die Vollbremsung durchführenden Unfallbeteiligten vorlag.

3. Bedeutung der Signalposition

78 Die Betrachtung dazu erfolgt in einem Weg-Zeit-Diagramm. Hierin werden die Annäherungsvorgänge der beiden Unfallbeteiligten aufgetragen. Eine direkte Verknüpfung ergibt sich mit der Kollision. Hier sind die Positionen und Geschwindigkeiten in der Regel mit engen Toleranzen einzugrenzen. Eine zweite Verknüpfung der Handlungsweisen der Beteiligten ergibt sich durch die Reaktion. Eine Vollbremsung wird als Abwehr eines hohen Gefahrenpotentials ausgeführt. Der zweite Unfallbeteiligte muss sich zu diesem Zeitpunkt in einer sogenannten Signalposition befunden haben, die für den die Vollbremsung Ausführenden eine eindeutige Gefahrensituation darstellt.

79 Die Festlegung dieser Signalposition hat gravierende Auswirkungen auf die Bestimmung der Anfangsgeschwindigkeit des ersten Unfallbeteiligten. Sie hängt von den unterschiedlichsten Faktoren ab. Vorab sind insbesondere die entscheidenden juristischen Vorgaben zu berücksichtigen.

Maßgeblich für die Vermeidbarkeitsbetrachtung ist die Bestimmung der kritischen Verkehrssituation, ab der ein an sich bevorrechtigter Fahrzeugführer nicht mehr darauf vertrauen kann, dass sein Vorrangrecht durch den anderen Verkehrsteilnehmer gewahrt und mithin eine Signalposition für eine sofort zu erwartende Reaktion gesetzt wird.[19] Die kritische Verkehrslage beginnt für einen Verkehrsteilnehmer jedenfalls dann, wenn die ihm erkennbare Verkehrssituation konkreten Anhalt dafür bietet, dass eine Gefahrensituation unmittelbar entstehen kann.[20]

19 BGH, Urt. v. 20.9.2011 – VI ZR 282/10 = NJW-RR 2012, 157; OLG Saarbrücken, Urt. v. 3.8.2017 – 4 U 156 & 16 = zfs 2018, 137; OLG Celle, Urt. v. 27.5.2009 – 14 U 2/09 – juris.

20 BGH, Urt. v. 22.11.2016 – VI ZR 533/15 – juris.

Davon zu unterscheiden ist die sog. Warnposition, bei welcher noch nicht ernsthaft eine Missachtung des Vorrangrechts anzunehmen ist, dies aber zumindest (z.B. aufgrund einer schnellen oder ungebremsten Zufahrt) möglich ist. Dann ist nämlich der bevorrechtigte Fahrzeugführer gehalten, seine Geschwindigkeit zumindest angemessen zu verringern und bremsbereit zu sein, woraus sich auch eine verminderte Reaktionszeit ergibt.[21]

▼ 80

Muster 12.7: Korrektur der Signalposition

Die vom Sachverständigen gewählte Signalposition, ab welcher er davon ausgeht, dass eine Reaktionsaufforderung für ein Vermeidbarkeitsverhalten vorliegt, ist bei der gebotenen juristischen Würdigung zu korrigieren. Maßgeblich für die Vermeidbarkeitsbetrachtung ist die Bestimmung der kritischen Verkehrssituation, ab der ein an sich bevorrechtigter Fahrzeugführer nicht mehr darauf vertrauen kann, dass sein Vorrangrecht durch den anderen Verkehrsteilnehmer gewahrt wird und mithin eine Signalposition für eine sofort zu erwartende Reaktion gesetzt wird (BGH, Urt. v. 22.11.2016 – VI ZR 533/15 – juris; BGH, Urt. v. 20.9.2011 – VI ZR 282/10 = NJW-RR 2012, 157; OLG Saarbrücken, Urt. v. 3.8.2017 – 4 U 156 & 16 = zfs 2018, 137).

Insoweit wird dieser Moment vom Sachverständigen bestimmt, als das in die vorfahrtsberechtigte Straße einfahrende Fahrzeug die Fluchtlinie in der Kreuzung mit ___ überschritten hat. Dabei wird jedoch nicht beachtet, dass dieses Fahrzeug mit einer so hohen Geschwindigkeit in den Kreuzungsbereich eingefahren ist, dass bereits deutlich vorher erkennbar war, dass der Fahrzeugführer niemals rechtzeitig anhalten kann, um die Vorfahrt zu gewähren. Die aus juristischer Sicht zutreffende Signalposition ist daher in einer Distanz von ___ Meter vor dem Kreuzungsbereich anzusetzen. Der Sachverständige mag eine ergänzende Berechnung der Vermeidbarkeitsbetrachtung unter dieser Vorgabe vornehmen.

▲

Für verschiedene Fallgruppen sind in der Rechtsprechung diesbezüglich auch schon verschiedene Vorgaben entwickelt worden. Betritt beispielsweise ein Fußgänger zügig die Fahrbahn und ist es ernsthaft möglich, dass er diesen Weg auch auf die zweite Fahrbahnhälfte fortsetzt, wird schon in diesem Moment eine Warnposition ausgelöst, jedoch noch keine Signalposition.[22] 81

Das Aufleuchten der Rückwärtsscheinwerfer als Ankündigung einer möglichen Rückwärtsfahrt begründet für sich gesehen auch noch keine kritische Reaktionsaufforderung, sondern allenfalls eine Warnposition. Denn es gibt genug Situationen, bei denen der Fahrzeugführer, welcher rückwärtsfahren möchte, dieses Fahrmanöver noch zurückstellt und den Vorrang des anderen Verkehrsteilnehmers beachtet, auch wenn er in Vorbereitung der Rückwärtsfahrt schon den dafür maßgeblichen Gang eingelegt hat.[23] 82

Eine Reaktionsaufforderung besteht demgegenüber aber schon, wenn ein wartepflichtiger Verkehrsteilnehmer direkt auf einen Kreisverkehr zufährt und mit seiner ungebrems- 83

21 BGH, Urt. v. 23.4.2002 – VI ZR 180/01 = VersR 2002, 911, 912; OLG Hamm, Urt. v. 6.4.2017 – 6 U 2/16 = zfs 2017, 560.
22 OLG Hamm, Urt. v. 6.4.2017 – 6 U 2/16 = zfs 2017, 560.
23 LG Düsseldorf, Beschl. v. 1.2.2016 – 20 S 105/15 – juris.

ten Einfahrt zu rechnen ist.[24] Bei einem Abbiegen liegt der kritische Moment der Reaktionsaufforderung vor, wenn das abbiegende Kfz erkennbar über die Trennlinie gelenkt wird (OLG Hamm, Urt. v. 4.2.2022 – I 26 U 39/21 – juris).

84 Die späteste Reaktionsaufforderung liegt aus technischer Sicht im Übrigen dann vor, wenn der Unfallgegner direkt in den Fahrbereich des Bevorrechtigten eindringt. Die Intensität der Gefahr ergibt sich aber auch aus der Geschwindigkeit mit der dieses Eindringen stattfindet. Aus der Kombination des Abstandes des Unfallgegners beim Erreichen der Signalposition vom späteren Kollisionsort und der eingehaltenen Geschwindigkeit ergibt sich die für den Bevorrechtigten zur Verfügung stehende Abwehrzeit. Bei der Bestimmung der Distanz ist auch die Anstoßstelle am Unfallgegner zu berücksichtigen. Die Signalposition erreicht der Unfallgegner in der Regel mit der Fahrzeugfront. Erfolgt der Anstoß aber erst gegen den Heckbereich, so verlängert sich die zwischen der Signalposition und der Kollision zurückgelegte Wegstrecke. Im Weg-Zeit-Diagramm sind bei der Betrachtung dann zwei Fahrlinien für den Unfallgegner sinnvoll.

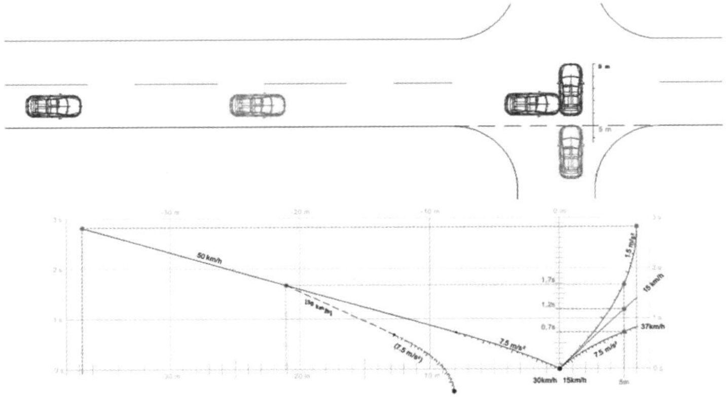

Abb. 12.15: Signalpositionen

85 Zur Verdeutlichung der Unterschiede dient das Beispiel in der Abbildung 12.15. Es wird davon ausgegangen, dass sich ein untergeordneter Pkw für den Bevorrechtigen von rechts annähert. Als Signalposition wird das Erreichen der rechten Spurabtrennung für den Bevorrechtigten berücksichtigt. Der Bevorrechtigte nähert sich in der Mitte seiner Fahrspur an. Zum rechten Fahrbahnrand verbleibt ein Abstand von 1 m. Der untergeordnete Unfallgegner wird bei der Kollision im Bereich des Hinterrades getroffen. Von der Signalposition bis zur Kollision legt dieses Fahrzeug somit eine Strecke von etwa 5 m zurück. Bei der Kollision hält es etwa 15 km/h ein. Diese Geschwindigkeit kann es auch mit einem normalen Anfahrvorgang mit Start 1 m vor der Trennlinie zur bevorrechtigen Fahrbahn erzielen.

24 AG Bergisch Gladbach, Urt. v. 15.9.2017 – 63 C 172/16 – juris.

Praxistipp

Ein in der Praxis durchaus feststellbarer Fehler liegt in jedem Fall dann vor, wenn der Sachverständige den Start des untergeordneten Beteiligten als Signalposition deklariert. Dies ist eindeutig auszuschließen, weil der Bevorrechtigte ja erst eine Bewegung des Unfallgegners erkennen muss, bevor er von einer Gefahr ausgehen kann.

Es ergeben sich aber möglicherweise Besonderheiten, wenn der vorfahrtpflichtige Pkw mit konstanter Geschwindigkeit in die Kollision hineinfuhr. Gleichermaßen wäre es auch möglich, dass er die Gefahr selbst noch erkannte und infolge einer Vollbremsung eine Vermeidung herbeiführen wollte. 86

Praxistipp

Es obliegt daher dem Juristen, die Fahrzeugführer genau zu ihrem Verhalten vor der Kollision in Form von Abbremsen, Anhalten bzw. Ausweichen oder anderen Lenkmanövern zu befragen.

Bei identischer Signalposition ergeben sich hieraus für den Bevorrechtigten deutlich unterschiedliche Abwehrzeiten. Diese konnten zwischen 0,7 und 1,7 s liegen. Im vorliegenden Fall hat dies gravierende Auswirkungen. Bei einer üblichen Reaktionsdauer von 1 s konnte der Bevorrechtigte entweder nicht mehr bremsen oder aber die Anfangsgeschwindigkeit bis zur Kollision mit einer Vollbremsung um 20 km/h verringern. Das hat gravierende Auswirkungen auf die Beurteilung des Unfalls. Der Bevorrechtigte könnte sich vollkommen korrekt verhalten oder aber die zulässige Höchstgeschwindigkeit deutlich überschritten haben. Das Unfallgeschehen wäre je nach Fahrweise deutlich vermeidbar gewesen. 87

Es lässt sich zeigen, dass selbst bei einer direkten Vorgabe der Signalposition durch den Juristen die Abwehrzeiten für den Unfallbeteiligten je nach Fahrweise variieren. 88

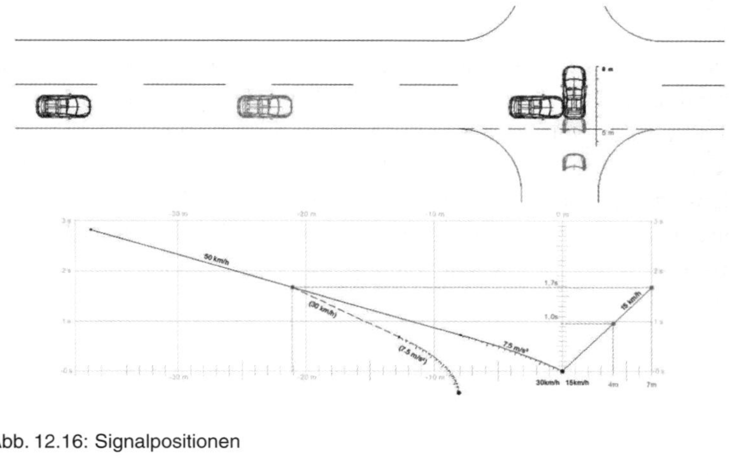

Abb. 12.16: Signalpositionen

89 Mit dem zweiten Beispiel in Abbildung 12.16 lässt sich der direkte Einfluss der Festlegung der Signalposition zeigen, wenn die Fahrweise des untergeordneten Pkw unstreitig ist. Näherte er sich mit der späteren Kollisionsgeschwindigkeit an, variiert die Abwehrzeit des Bevorrechtigten zwischen 1,0 und 1,7s, je nachdem ob als Reaktionsaufforderung erst das Eindringen in die Bewegungsbahn oder aber bereits eine Position 2 m vor der Haltelinie gewertet wird.

Für die Beurteilung des Unfallgeschehens durch den Juristen ist es für den Sachverständigen unerlässlich, die möglichen Variationen offen zu legen.

Mit den vorangegangen Überlegungen folgt für den Bevorrechtigten der Zeitpunkt, zu dem er die Gefahr realisieren und darauf reagieren konnte. Dieser Zeitpunkt ist durch die Signalposition des Unfallgegners bestimmt worden. Die zur Verfügung stehende Abwehrzeit ist für den Bevorrechtigten damit fest vorgegeben. Wie weit er sich bei Reaktion noch vor der Kollisionsstelle befand, ist abhängig von der zu diesem Zeitpunkt eingehaltenen Geschwindigkeit. Diese Geschwindigkeit wurde durch die Unfallanalyse eingegrenzt.

Eine Vermeidbarkeit ist nur dann zu diskutieren, wenn sie oberhalb der zulässigen Höchstgeschwindigkeit lag. Bei der Alternativbetrachtung wird anstelle der Geschwindigkeit zum Unfallzeitpunkt nun die zulässige Höchstgeschwindigkeit berücksichtigt. Die beim Unfall vorliegende Abwehrhandlung – üblicherweise Reaktion und Vollbremsung – bleibt dabei unverändert. Durch die geringere Geschwindigkeit nähert sich der Bevorrechtigte der Unfallstelle langsamer an. Bereits während der Reaktion legt er dadurch eine kürzere Strecke zurück. Für die sich anschließende Vollbremsung steht ihm dann im Vergleich zum Unfall eine längere Strecke zur Verfügung. Wegen der geringeren Anfangsgeschwindigkeit verkürzt sich bei identischer Verzögerung zusätzlich die Bremsstrecke. Beides zusammen führt zu einem kürzeren Anhalteweg (Summe aus Reaktion und Vollbremsung) als beim Unfall. Gelingt es dem Bevorrechtigten dadurch, noch vor der Kollisionsstelle zum Stillstand zu kommen, war das Unfallgeschehen räumlich vermeidbar.

90 Einen typischen Fehler bei einem unfallanalytischen Sachverständigengutachten bei einem Kreuzungsunfall stellt es auch dar, wenn der Sachverständige in einem Fall der sog. „halben Vorfahrt" für den Vorfahrtsberechtigten auch die Verpflichtung annimmt, vor der Einfahrt in den Kreuzungsbereich nach links zu schauen und aus diesem Grund die Signalposition unmittelbar mit dem Moment der Einfahrt des Wartepflichtigen in den Kreuzungsbereich ansetzt. Der Vorfahrtsberechtigte muss aber i.d.R. nur nach rechts sehen, um seinerseits eine Vorfahrt zu beachten und gewähren zu können.[25]

25 OLG Karlsruhe, Urt. v. 12.1.2012 – 9 U 169/10 = DAR 2012, 212.

▼ 91

Muster 12.8: Korrektur der Blickrichtung für die Vermeidbarkeit 12.8

Die vom Sachverständigen gewählte Signalposition, ab welcher er davon ausgeht, dass eine Reaktionsaufforderung für ein Vermeidbarkeitsverhalten des hier vorfahrtsberechtigten Fahrzeugführers vorliegt, ist bei der gebotenen juristischen Würdigung zu korrigieren. Insoweit wird dieser Moment vom Sachverständigen bestimmt, als das in die vorfahrtsberechtigte Straße einfahrende Fahrzeug aus Sicht des Vorfahrtsberechtigten von links kommend in die Kreuzung eingefahren ist. Diesen Bereich muss der Vorfahrtsberechtigte jedoch nicht überwachen und der Moment der Reaktionsaufforderung erfolgt viel später.

Der vorfahrtsberechtigte Fahrzeugführer darf auf die Beachtung seines Vorfahrtsrechts vertrauen und muss ohne konkrete Anhaltspunkte daher auch nicht nach links schauen, um zu sehen, ob ein anderer Verkehrsteilnehmer sein Vorrangrecht beachtet (OLG Karlsruhe, Urt. v. 12.1.2012 – 9 U 169/10 = DAR 2012, 212; LG Dortmund, Urt. v. 19.2.2015 – 21 O 148/14 – juris; bestätigt durch OLG Hamm, Beschl. v. 1.10.2015 – I 9 U 73/15 – juris; LG Düsseldorf, Urt. v. 24.9.2015 – 3 O 279/12 – juris). Selbst wenn also allein unter technischen Gesichtspunkten bei einem solchen Blick nach links die anschließende Kollision vermeidbar gewesen wäre, kommt es darauf aus rechtlicher Hinsicht gar nicht an. Der Sachverständige mag daher eine Berechnung der Vermeidbarkeit mit der Maßgabe vornehmen, dass er eine Blickzuwendung des Vorfahrtsberechtigten nach rechts zugrunde legt. Diese wird zu einer Unvermeidbarkeit der Kollision aus technischer Sicht führen.

▲

Der Vorfahrtsberechtigte darf im Übrigen auch grds. auf die Einhaltung seines Vorfahrtsrechts vertrauen, wenn er an einem vor ihm abbiegenden Fahrzeug auf der Vorfahrtsstraße vorbeifährt und dabei den wartepflichtigen Fahrzeugführer nur eingeschränkt sehen kann, da die bloß abstrakte Möglichkeit einer Vorfahrtsverletzung den Vertrauensgrundsatz nicht einschränkt.[26] 92

4. Parkplatzunfälle und Aussagekraft eines Sachverständigengutachtens

Die Einholung eines Sachverständigengutachtens bietet sich auch dann an, wenn nur wenige Anknüpfungspunkte zur Verfügung stehen, wie beispielsweise bei Parkplatzunfällen. Dabei handelt es sich i.d.R. um sogenannte Bagatellunfälle. Diese Unfälle werden oftmals gar nicht bzw. nur unzureichend von der Polizei aufgenommen. Da sie auf geringem Geschwindigkeitsniveau stattfinden, fehlen Splitterfelder oder Spuren auf der Fahrbahn gänzlich. Die Fahrzeuge werden nach dem Unfallereignis oftmals versetzt, so dass auch die Endpositionen nicht bekannt sind. Da die Sachschäden von den Beteiligten geltend gemacht werden, liegen i.d.R. aber Reparaturrechnungen und/oder Gutachten einschließlich Fotos vor. 93

Gegenstand von gerichtlichen Verfahren ist der Vorwurf, dass der Unfallgegner die entscheidende Ursache gesetzt hätte, während der Unfall für den eigenen Fahrzeugführer unvermeidbar war.

26 AG Essen, Urt. v. 19.12.2014 – 11 C 429/14 – juris.

Aus unfallanalytischer Sicht zeigt sich, dass derartige Unfälle zwar häufig im Detail nicht aufzuklären sind, jedoch unter Beachtung juristischer Vorgaben und der Verpflichtung des Fahrzeugführers, während des gesamten Vorgangs der Rückwärtsfahrt die Gefährdung anderer auszuschließen, die Kollision für beide Fahrzeugführer in vielen Fällen vermeidbar ist.

Unterschiede ergeben sich dabei aus den Anfangsszenarien. Wenn die Beteiligten schildern, dass sie aus gegenüberliegenden Parkbuchten gestartet waren, sind aus technischer Sicht drei Möglichkeiten gegeben.

Entsprechend Abbildung 12.17 können beide aus direkt gegenüberliegenden Parkbuchten gestartet sein. Je nach Fahrweise können sich hieraus unterschiedliche Anstoßkonstellationen ergeben.

Abb. 12.17: Start aus gegenüberliegenden Parkbuchten

Fahren beide geradlinig rückwärts heraus, so ergibt sich ein Zusammenstoß der Fahrzeughecks mit großer Überdeckung und geringer bis überhaupt keiner Winkelstellung (12.18). Es ist dann bereits mit bekannter Kollisionsstelle schwierig, zu unterscheiden, welcher Beteiligte zuerst gestartet war. Im Bild wäre wegen der längeren Fahrstrecke zu vermuten, dass dies der von oben kommende Pkw war. Da das Erreichen der Kollisionsstelle auch abhängig von den Geschwindigkeiten ist, konnte aber bei sehr langsamer Fahrt auch das untere Fahrzeug zuerst gestartet sein.

Abb. 12.18: Heckkollision mit voller Überdeckung

Eine bessere Einschätzung ist bei gleicher Ausgangslage dann möglich, wenn beim Zusammenstoß eine Winkelstellung wie in den Abbildungen 12.19a und b vorlag. Eine solche Konstellation ergibt sich, wenn beide ihre Parkplätze in einer Bogenfahrt verlassen, um im Anschluss dem Fahrbahnverlauf direkt folgen zu können.

In den Anstoßzonen können sich dann Charakteristiken ausbilden, die Rückschlüsse auf den Bewegungszustand zum Kollisionszeitpunkt zulassen. Aus der Anstoßkonfiguration folgen auch Hinweise darauf, wer zuerst ausgeparkt hatte.

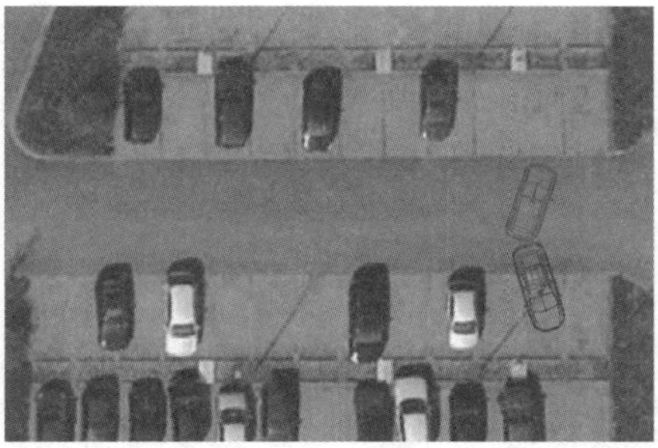

und

Abb. 12.19 a Heckkollision mit einer Winkelstellung

b Anstoß gegen die Fahrzeugseite

Auch beim Ausparken aus versetzten Parkbuchten können sich Konstellationen mit voller Überdeckung oder Winkelstellungen beim Zusammenstoß ergeben (vgl. Abb. 12.20 a und b). Auch damit ist es möglich, aufgrund der Bewegungszustände zum Anstoßzeitpunkt und den zurückgelegten Wegstrecken, Rückschlüsse auf den Unfallhergang zu ziehen. 94

Für die Beurteilung der Vermeidbarkeitsmöglichkeiten ist nicht nur der Bewegungszustand zum Kollisionszeitpunkt maßgeblich, sondern vor allem die Erkennbarkeit des Fahrvorgangs des Unfallgegners. Die Vermeidbarkeitsmöglichkeiten sind teilweise abhängig von der Ausgangssituation.

Beim Ausparken von gegenüberliegenden Parkplätzen können sich die Unfallgegner am besten beobachten, weil der Unfallgegner zu jedem Zeitpunkt sichtbar ist. Mögliche Fahrvorgänge werden frühzeitig durch das Aufleuchten des Bremslichtes oder aber des Rückfahrscheinwerfers angezeigt. Beides liegt im direkten Sichtbereich des Unfallgegners. Auch ohne, dass sich das gegnerische Fahrzeug in Bewegung setzt, wird hierdurch eine mögliche Absicht frühzeitig angezeigt.

Der Unfallgegner ist bereits beim Start sowohl über die Spiegel als auch durch das Heckfenster sichtbar. Er bleibt es auch bis zum Zusammenstoß. Bei dieser Unfallkonstellation wird sich der juristische Anscheinsbeweis, der für eine Vermeidbarkeit spricht, aus technischer Sicht i.d.R. erhärten.

Eingeschränktere Erkennbarkeitsmöglichkeiten ergeben sich dann, wenn die Unfallgegner ursprünglich in versetzten Parkbuchten standen. Wenn die ursprünglichen Abstände sehr groß sind, kann der Startvorgang des Unfallgegners möglicherweise nicht gesehen werden. Dies ist besonders dann der Fall, wenn sich zwischen den Parkbuchten weitere Fahrzeuge befinden. Dabei kann auch die Fahrzeugart eine Rolle spielen. Die Sicht aus einem SUV oder Van über andere geparkte Fahrzeuge hinweg ist natürlich besser als aus einem tiefer liegenden Sportwagen heraus.

Auch bei dieser Konstellation ergeben sich aber mit der weiteren Annäherung der Unfallgegner gute Sichtmöglichkeiten, so dass auch hier i.d.R. Vermeidbarkeitsmöglichkeiten gegeben sind.

und

Abb. 12.20 a Start aus zueinander versetzten Parkpositionen

b Start aus zueinander versetzten Parkpositionen

D. Reaktionsmöglichkeiten auf ein Sachverständigengutachten

Liegt das Sachverständigengutachten vor, stellt sich für den Juristen die Frage, wie er dieses zu würdigen hat und wie ggf. die Aussage eines Gutachtens überprüft oder gar der Sachverständige selber angegriffen bzw. die Einholung eines neuen Gutachten veranlasst werden kann. 95

I. Würdigung des Gutachtens

Nachdem das Gutachten seitens des Sachverständigen erstattet wurde, sei es schriftlich oder im Rahmen einer mündlichen Verhandlung, beginnt für die Prozessbevollmächtigten (jedenfalls für einen von beiden) erst richtig die Arbeit. Insbesondere wenn das Gutachten nämlich zulasten der eigenen Partei ausfällt ist zu überprüfen, ob die darin getroffenen Ergebnisse zutreffen oder ob noch eine Möglichkeit besteht, das Gutachten anzugreifen. 96

Insoweit ist auch zu beachten, dass auch ein Sachverständigengutachten nach § 286 Abs. 1 ZPO der freien Beweiswürdigung des Gerichts unterliegt, d.h. der Tatrichter ist nicht an das Ergebnis der Begutachtung gebunden. In der Praxis wird dies, insbesondere bei einem Verkehrsunfall, selten der Fall sein, zumal eine entsprechende Abweichung vom Ergebnis des Gutachtens seitens des Tatrichters besonders begründet werden muss.[27] Dennoch sollte auch in dem Fall, dass das Gutachten zugunsten der eigenen Partei ausfällt, überprüft werden, ob die Feststellungen des Sachverständigen nachvollziehbar und schlüssig erscheinen, um ggf. durch eigene Nachfragen eine ergänzende Stellungnahme des Sachverständigen zu bestimmten Punkten herbeizuführen. 97

1. Stellungnahmefrist

Sollte das Gutachten schriftlich erstattet worden sein, so wird das Gericht mit der Übersendung dieses Gutachtens an die Parteien i.d.R. gem. § 411 Abs. 4 i.V.m. § 296 ZPO eine Frist setzen, binnen derer die Parteien zu dem Ergebnis des Gutachtens Stellung nehmen können. 98

Ebenso besteht nach einer mündlichen Gutachtenerstattung die Möglichkeit, eine Schriftsatzfrist zu beantragen, um zu dem Ergebnis der Begutachtung Stellung nehmen zu können.

2. Antrag auf Ergänzungsgutachten bzw. mündliche Erläuterung des Gutachtens

Sollte sich bei der Überprüfung des eingeholten Gutachtens zeigen, dass der Sachverständige entweder eine in dem zugrunde liegenden Beweisbeschluss aufgestellte Beweisfrage nicht oder nicht hinreichend beantwortet hat, oder sogar ein inhaltlicher Fehler in dem Gutachten auftauchen, so besteht innerhalb der vom Gericht gesetzten Frist die 99

27 BGH, Urt. v. 9.5.1989 – VI ZR 268/88 = NJW 1989, 2948.

Möglichkeit, Einwendungen gegen das Gutachten zu erheben und eine ergänzende Begutachtung durch den Sachverständigen zu beantragen.

Diese ergänzende Begutachtung kann entweder (erneut) schriftlich erfolgen,[28] was sich insbesondere bei umfangreicheren Einwänden oder komplexen Sachverhalten anbietet, oder aber das Gericht kann den Sachverständigen zur mündlichen Erläuterung des Gutachtens laden (§ 411 Abs. 3 ZPO).

100 Die Entscheidung des Gerichts zur Anordnung der mündlichen Erläuterung des Gutachtens liegt grundsätzlich im pflichtgemäßen **Ermessen** des Gerichts.[29] Allerdings ist das Ermessen des Gerichts dahingehend gebunden, dass es alle vorhandenen Aufklärungsmöglichkeiten zur Beseitigung von Zweifeln und Unklarheiten des Gutachtens ausschöpfen muss, wozu insbesondere eine mündliche Erläuterung des Gutachtens gehört.[30]

101 Unabhängig von der dem Gericht nach § 411 Abs. 3 ZPO eingeräumten Möglichkeit der Anordnung einer mündlichen Erläuterung des Gutachtens muss das Gericht auf **Antrag einer Partei** hin den Sachverständigen zur mündlichen Anhörung laden, auch wenn das Gericht selbst keinen weiteren Erläuterungsbedarf sieht (§§ 402, 397 ZPO).[31]

102 Wenn eine mündliche Erläuterung des Gutachtens beantragt wird, ist es insoweit auch nicht erforderlich, die dem Sachverständigen zu stellenden Fragen vorab konkret mitzuteilen, sondern es genügt, wenn dargelegt wird, in welche Richtung der Wunsch zur weiteren Aufklärung des Sachverhalts geht.[32] Eine genauere Eingrenzung bzw. das Stellen konkreter Nachfragen ermöglicht es dem Sachverständigen jedoch, sich konkret auf diese Frage einzustellen und vorzubereiten, so dass je nach Einzelfall entschieden werden sollte, ob die Ergänzungsfragen bereits schriftlich oder doch erst im Termin gestellt werden sollen.

103 ▼

Muster 12.9: Keine Pflicht zur Ausformulierung von Ergänzungsfragen an den Sachverständigen

Wir weisen nur vorsorglich darauf hin, dass sich die konkret an den Sachverständigen zu stellenden Fragen aus dem Ablauf der mündlichen Verhandlung ergeben werden. Es ist jedenfalls nicht erforderlich, die Fragen vorab konkret mitzuteilen, sondern ausreichend darzulegen, in welcher Richtung der Wunsch zur weiteren Aufklärung geht (ständige Rechtsprechung – siehe nur BGH, Beschl. v. 10.7.2018 – VI ZR 580/15 = NJW 2018, 3097; BGH, Urt. v. 5.9.2006 – VI ZR 176/05 = NJW-RR 2007, 212).

▲

28 BGH, Urt. v. 1.2.2002 – V ZR 361/00 = NJW-RR 2002, 1147.
29 BGH, Urt. v. 21.10.1986 – VI ZR 15/85 = NJW-RR 1987, 339.
30 BGH, Urt. v. 10.12.1991 – VI ZR 234/90 = NJW 1992, 1459.
31 BGH, Urt. v. 5.9.2006 – VI ZR 176/05 = NJW-RR 2007, 212; BGH, Urt. v. 29.10.2002 – VI ZR 353/01 = NJW-RR 2003, 208.
32 BGH, Urt. v. 5.9.2006 – VI ZR 176/05 = NJW-RR 2007, 212; BGH, Beschl. v. 8.11.2005 – VI ZR 121/05 = NJW-RR 2006, 1503.

3. Berücksichtigung eines Privatgutachtens

Wurde während oder bereits zur Vorbereitung des anhängigen Prozesses ein Privatgutachten eingeholt, so hat sich das Gericht, sollten sich das Ergebnis dieses Privatgutachtens und des gerichtlichen Gutachtens widersprechen, mit diesen Widersprüchen auseinandersetzen.[33] Dem Gerichtsgutachten darf daher nicht einfach ohne eine entsprechende Begründung der Vorzug gegeben werden, nur weil es sich bei dem anderen Gutachten um ein im Auftrag einer Partei eingeholtes Gutachten handelt. Unter Umständen ist daher dem gerichtlich bestellten Sachverständigen seitens des Gerichts aufzugeben, sich mit dem Ergebnis des Privatgutachtens auseinanderzusetzen. 104

Hierzu bietet sich insbesondere die mündliche Anhörung des gerichtlichen Sachverständigen nach § 411 Abs. 3 ZPO an, im Rahmen derer dem Sachverständigen das abweichende Ergebnis des Privatgutachtens vorgehalten werden kann. Eines Antrags der beweispflichtigen Partei bedarf es hierfür nicht.[34] In einem solchen Fall bietet es sich aus Sicht der Partei, welche das Privatgutachten eingeholt hat, zu welchem sich der gerichtliche Sachverständige in Widerspruch gesetzt hat, an, den von der Partei eingeschalteten Sachverständigen an dem Termin zur Erläuterung des gerichtlichen Sachverständigengutachtens teilnehmen zu lassen, damit eine direkte Gegenüberstellung der Meinungen der Sachverständigen stattfinden kann.[35] 105

▼ 106

Muster 12.10: Berücksichtigung des Ergebnisses eines Privatgutachters 12.10

Legt eine Partei ein eigenes Gutachten vor, das im Gegensatz zu den Erkenntnissen des gerichtlich bestellten Sachverständigen steht, so ist vom Tatrichter besondere Sorgfalt gefordert. Er darf in diesem Fall – wie auch im Fall sich widersprechender Gutachten zweier gerichtlich bestellter Sachverständiger – den Streit der Sachverständigen nicht dadurch entscheiden, dass er ohne einleuchtende und logisch nachvollziehbare Begründung einem von ihnen den Vorzug gibt (ständige Rechtsprechung – siehe nur BGH, Urt. v. 26.2.2020 – IV ZR 220 / 19 – juris; BGH, Beschl. v. 10.7.2018 – VI ZR 580/15 = NJW 2018, 3097; BGH, Beschl. v. 21.3.2014 – V ZR 204/12 = BeckRS 2013, 07392 und Beschl. v. 12.1.2011 – IV ZR 190/08 – juris).

Einwänden, die sich aus einem Privatgutachten gegen das Gutachten des gerichtlichen Sachverständigen ergeben, muss das Gericht nachgehen und insbesondere Widersprüche weiter aufklären. Dazu kann es den Sachverständigen zu einer schriftlichen Ergänzung seines Gutachtens veranlassen. Insbesondere bietet sich die mündliche Anhörung des gerichtlichen Sachverständigen gemäß § 411 Abs. 3 ZPO an. Ein Antrag der beweispflichtigen Partei ist dazu nicht erforderlich (BGH, Beschl. v. 18.5.2009 – IV ZR 57/08 = NJW-RR 2009, 1192).

33 BGH, Beschl. v. 21.3.2013 – V ZR 204/12 = BeckRS 2013, 07392; BGH, Beschl. v. 12.1.2011 – IV ZR 190/08 – juris.

34 BGH, Beschl. v. 18.5.2009 – IV ZR 57/08 = NJW-RR 2009, 1192.

35 BGH, Beschl. v. 18.5.2009 – IV ZR 57/08 = NJW-RR 2009, 1192; BGH, Urt. v. 14.4.1981 – VI ZR 264/79 = BeckRS 1981, 30391648.

Zweckmäßigerweise hat das Gericht den Sachverständigen unter Gegenüberstellung mit dem Privatgutachter anzuhören, um dann entscheiden zu können, inwieweit es den Ausführungen des Sachverständigen folgen will (BGH, Beschl. v. 18.5.2009 – IV ZR 57/08 = NJW-RR 2009, 1192; BGH, Urt. v. 14.4.1981 – VI ZR 264/79 = BeckRS 1981, 30391648).

▲

107 Von besonderer praktischer Relevanz ist diesbezüglich auch die Frage, wer am Ende die **Kosten** für ein solches eingeholtes **Privatgutachten**, insbesondere wenn dieses während des Prozesses eingeholt wird, zu tragen hat.

Nach dem Grundsatz des § 91 Abs. 1 S. 1 ZPO hat die unterliegende Partei die Kosten des Rechtsstreits zu tragen, insbesondere die dem Gegner erwachsenen Kosten zu erstatten, soweit sie zur zweckentsprechenden Rechtsverfolgung oder Rechtsverteidigung notwendig waren. Maßgebliches Kriterium für die Erstattungsfähigkeit von Kosten, welche im Zusammenhang mit einem anhängigen Prozess entstanden sind, ist also die Frage, ob diese Kosten zweckentsprechend angefallen sind. Dies ist bei einem Privatgutachten dann der Fall, wenn eine verständige und wirtschaftlich vernünftig denkende Partei die Kosten auslösende Maßnahme ex ante als sachdienlich ansehen durfte.[36] Nicht vorausgesetzt wird hingegen, dass das Privatgutachten im Rahmen einer ex-post Betrachtung tatsächlich die Entscheidung des Gerichts beeinflusst hat oder überhaupt in den Rechtsstreit eingeführt worden ist.[37]

108 ▼

Muster 12.11: Antrag auf Festsetzung der Kosten für ein Privatgutachten

12.11

Die beantragten Sachverständigenkosten sind festzusetzen, da die Einschaltung des Sachverständigen zum Zeitpunkt seiner Beauftragung sachdienlich gewesen ist. Die Beurteilung der Erstattungsfähigkeit der Kosten für die Einholung eines Privatgutachtens hat sich jedenfalls daran auszurichten, ob eine verständige und wirtschaftlich vernünftig denkende Partei die Kosten auslösende Maßnahme ex-ante als sachdienlich ansehen durfte (BGH, Beschl. v. 20.12.2011 – VI ZB 17/11 = NJW 2012, 1370). Dies gilt insbesondere bei fehlender eigener Sachkunde einer Partei und einem komplexen Verfahrensinhalt (BGH, Beschl. v. 12.9.2018 – VII ZB 56/15 – juris).

Die Erstattungsfähigkeit solcher Kosten setzt dagegen nicht zusätzlich voraus, dass das Privatgutachten im Rahmen einer ex-post-Betrachtung tatsächlich die Entscheidung des Gerichts beeinflusst hat oder überhaupt in den Rechtsstreit eingeführt worden ist (BGH, Beschl. v. 26.2.2013 – VI ZB 59/12 = NJW 2013, 1823).

▲

II. Ein Sachverständigengutachten eines neu ernannten Gutachters

109 Der Begriff des „Obergutachtens“ wird in der Praxis häufig fehlerhaft dafür verwendet, dass eine Partei die Einholung eines weiteren Gutachtens beantragt. Zutreffend wird der Begriff des Obergutachtens jedoch (nur) für den Fall verwendet, dass in derselben

36 BGH, Beschl. v. 20.12.2011 – VI ZB 17/11 = NJW 2012, 1370.
37 BGH, Beschl. v. 26.2.2013 – VI ZB 59/12 = NJW 2013, 1823.

Sache zwei auf gerichtliche Anordnung hin erstattete Gutachten zu unterschiedlichen Ergebnissen gelangen, so dass nunmehr durch ein drittes Gutachten die Widersprüche der beiden Gutachten aufgeklärt werden sollen.[38]

Vor Einholung eines solchen weiteren Gutachtens eines neu bestellten Sachverständigen muss seitens des Gerichts zuvor durch Anhörung der Sachverständigen gem. § 411 Abs. 3 ZPO versucht werden, die Widersprüche aufzuklären, wobei insbesondere ein besonderes Augenmerk auf die Frage zu legen ist, ob beide Sachverständigen von derselben Tatsachengrundlage ausgegangen sind, denn nur dann liegt überhaupt ein tatsächlicher Widerspruch zwischen den Sachverständigen vor.[39]

Auch bei zwei sich widersprechenden Gutachten ist das Gericht jedoch nicht gezwungen, ein Obergutachten einzuholen, sondern der Tatrichter kann nach dem Grundsatz der freien Beweiswürdigung gem. § 286 ZPO eine **Würdigung beider Gutachten** vornehmen und sich im Ergebnis einem von beiden anschließen. Hierfür bedarf es jedoch einer entsprechenden ausreichenden Begründung, da sich das Gericht somit im Ergebnis aus eigener Beurteilung heraus über die Feststellungen eines Sachverständigen hinwegsetzt.[40]

Abzugrenzen hiervon ist der **Antrag einer Partei auf Einholung eines neuen Gutachtens**. Dies kann das Gericht nach § 412 Abs. 1 ZPO dann anordnen, wenn es das Gutachten für ungenügend erachtet. Ein solcher Antrag kann insbesondere dann erforderlich sein, wenn ein Sachverständiger weder in seinem Gutachten, noch im Rahmen einer ergänzenden Begutachtung die aufgeworfenen Beweisfragen (hinreichend) beantwortet oder sich mit den Einwendungen der Parteien nicht auseinandersetzt.[41] 110

▼ 111

Muster 12.12: Antrag auf Einholung eines neuen Gutachtens 12.12

Beantragen wir,

gem. § 412 Abs. 1 ZPO eine neue Begutachtung durch einen anderen Sachverständigen anzuordnen.

Begründung

Gem. § 412 Abs. 1 ZPO kann das Gericht eine neue Begutachtung durch einen anderen Sachverständigen anordnen, wenn es das vorliegende Gutachten für ungenügend erachtet. Ein Gutachten ist insbesondere dann ungenügend, wenn es unvollständig, widersprüchlich oder inhaltlich nicht überzeugend ist, so dass die Beweisfragen nicht hinreichend beantwortet werden. Ein ungenügendes Gutachten liegt ferner dann vor, wenn es bereits von unzutreffenden Anschlusstatsachen ausgeht oder der Sachverständige schlicht und einfach nicht die erforderliche Sachkunde besitzt, um die gestellten Beweisfragen zu beantworten.

38 OLG Koblenz, Beschl. v. 9.7.2009 – 10 U 959/08 = NJW-RR 2010, 41.
39 Zum Umfang der Aufklärungspflicht: BGH, Urt. v. 4.3.1997 – VI ZR 354/95 = NJW 1997, 1638; BGH, Urt. v. 24.9.1996 – VI ZR 303/95 = NJW 1997, 794.
40 BGH, Urt. v. 9.6.1992 – VI ZR 222/91 = NJW 1992, 2291; BGH, Urt. v. 23.9.1986 – VI ZR 261/85 = NJW 1987, 442.
41 OLG München, Schlussurt. v. 13.5.2011 – 10 U 3951/10 = NJW 2011, 3729, 3731; OLG Frankfurt a.M., Urt. v. 7.3.2006 – 9 U 30/04 = NJW-RR 2007, 19.

Hierbei sind auch die substantiierten Einwendungen einer Partei gegen das Gutachten oder die Person des Sachverständigen zu berücksichtigen, insbesondere wenn sie aufgrund eines vorgelegten Privatgutachtens erhoben werden (grundlegend BGH, Urt. v. 6.3.1986 – III ZR 245/84 = NJW 1986, 1928; vgl. auch BGH, Beschl. v. 18.5.2009 – IV ZR 57/08 = NJW-RR 2009, 1192).

Vorliegend

▲

III. Ablehnung des Sachverständigen

112 Sollte es im Einzelfall so weit kommen, dass ein Sachverständiger von einer der Parteien abgelehnt werden soll, so richten sich die Voraussetzungen hierfür gem. § 406 Abs. 1 ZPO nach den Anforderungen, welche auch für die Ablehnung eines Richters gelten. Zu unterscheiden ist damit zwischen den absoluten Ablehnungsgründen und der Ablehnung des Sachverständigen wegen der Besorgnis der Befangenheit.

113 Die **absoluten Ablehnungsgründe** ergeben sich aus § 41 ZPO, wobei gem. § 406 Abs. 1 S. 2 ZPO eine Ausnahme für den Fall gilt, dass der Sachverständige bereits als Zeuge vernommen worden ist. Während dies nach § 41 Nr. 5 ZPO einen absoluten Ablehnungsgrund für den Richter darstellt, trifft dies auf den Sachverständigen nicht zu.

114 Daneben kann der Sachverständige auf wegen der **Besorgnis der Befangenheit** von den Parteien abgelehnt werden. Erforderlich ist insoweit nach § 406 i.V.m. § 42 Abs. 2 ZPO, dass hinreichende Gründe vorliegen, die vom Standpunkt einer vernünftigen Partei aus geeignet sind, Zweifel an der Unparteilichkeit des Sachverständigen zu wecken.[42] Ob der gerichtlich bestellte Sachverständige tatsächlich parteilich ist oder ob das Gericht Zweifel an der Unparteilichkeit hegt, ist dabei unerheblich. Entscheidend ist allein, ob für die ablehnende Partei ein objektiver Grund besteht, welcher den Anschein einer nicht vollständigen Unvoreingenommenheit und Objektivität begründet.[43]

115 Gründe hierfür können dann vorliegen, wenn der Sachverständige ein **eigenes Interesse** am Ausgang des Verfahrens hat oder **persönliche und/oder wirtschaftliche Beziehungen** zu einer Partei bestehen.[44] Ferner ist i.d.R. ein Grund zur Besorgnis der Befangenheit gegeben, wenn der Sachverständige früher bereits in derselben oder einer ähnlich gelagerten Angelegenheit tätig gewesen ist.[45]

116 Darüber hinaus kann auch das **Verhalten des Sachverständigen bei der aktuellen Begutachtung** einen Ablehnungsgrund einer Partei begründen, wobei es insoweit jeweils einer Betrachtung des Einzelfalls bedarf, ob sich aus der Erledigung des Gutachterauftrags der Ausdruck einer unsachlichen Grundhaltung gegenüber einer Partei ergibt.[46]

42 BGH, Beschl. v. 15.4.1975 – X ZR 52/75 = NJW 1975, 1363.
43 BGH, Beschl. v. 23.10.2007 – X ZR 100/05 = GRUR 2008, 191; BGH, Beschl. v. 15.3.2005 – VI ZB 74/04 = NJW 2005, 1869.
44 BGH, Beschl. v. 23.10.2007 – X ZR 100/05 = GRUR 2008, 191.
45 BGH, Urt. v. 1.2.1972 – VI ZR 134/70 = NJW 1972, 1133.
46 BGH, Beschl. v. 11.4.2013 – VII ZB 32/12 = NJW-RR 2013, 851.

Die Gründe, welche aus Sicht der Partei zu einer Ablehnung des Sachverständigen führen, sind gem. § 406 Abs. 3 ZPO glaubhaft zu machen. 117

▼ 118

Muster 12.13: Ablehnung eines Sachverständigen wegen Besorgnis der Befangenheit

Beantragen wir, 12.13

den Sachverständigen wegen der Besorgnis der Befangenheit abzulehnen.

Die Besorgnis der Befangenheit des gerichtlich bestellten Sachverständigen ergibt sich daraus, dass .

Glaubhaftmachung:

Nicht erforderlich ist insoweit, dass der Sachverständige tatsächlich parteilich ist oder das Gericht entsprechende Zweifel an der Unparteilichkeit des Sachverständigen hat. Vielmehr genügt gem. § 406 i.V.m. § 42 Abs. 2 ZPO, wenn eine Partei bei vernünftiger Würdigung aller Umstände Veranlassung hat, an der Unvoreingenommenheit und Objektivität des Sachverständigen zu zweifeln. Dies ist vorliegend der Fall, da

▲

Der Ablehnungsantrag ist gem. § 406 Abs. 2 S. 1 ZPO spätestens binnen zwei Wochen nach Verkündung oder Zustellung des Beschlusses über die Ernennung bei dem Gericht zu stellen, das den Sachverständigen ernannt hat. Eine Ablehnung nach dieser 2-Wochen-Frist ist gem. § 406 Abs. 2 S. 2 ZPO nur dann möglich, wenn der Antragsteller glaubhaft machen kann, dass er ohne sein Verschulden verhindert war, den Ablehnungsgrund früher geltend zu machen. Dies kann z.B. dann der Fall sein, wenn sich der Ablehnungsgrund erst aus dem schriftlichen Gutachten selbst ergibt. In diesem Fall steht den Parteien eine angemessene Frist zur Prüfung des Gutachtens zu, welche allerdings keinen Zeitraum von 5 Wochen in Anspruch nehmen sollte (OLG Brandenburg, Beschl. v. 14.11.2000 – 9 UF 267/00 = NJW-RR 2001, 1433). 119

IV. Verwertung von Sachverständigengutachten aus anderen Verfahren

Ausnahmsweise kann die schriftliche Begutachtung gem. § 411a ZPO durch die Verwertung eines gerichtlich oder staatsanwaltschaftlich eingeholten Sachverständigengutachtens aus einem anderen Verfahren ersetzt werden. Es steht hierbei im pflichtgemäßen Ermessen des Gerichts, ob ein Gutachten aus einem anderen Verfahren verwertet oder aber eine neue Begutachtung angeordnet wird. 120

Die entsprechende Anordnung der Verwertung eines Gutachtens aus einem anderen Verfahren erfolgt durch Beschluss des Gerichts, gegen welchen unmittelbar kein Rechtsmittel gegeben ist (§ 355 ZPO). Allerdings müssen die Parteien vor der Verwertung des Gutachtens die Möglichkeit zur Stellungnahme erhalten.[47]

47 BGH, Beschl. v. 23.11.2011 – IV ZR 49/11 = ZEV 2012, 100.

121 *Praxistipp*

Bei der Übernahme eines im Rahmen eines Strafverfahrens eingeholten Sachverständigengutachtens in ein Zivilverfahren sollte stets beachtet werden, welche Tatsachen durch das Gutachten aufgeklärt werden sollten. Diese müssen nämlich nicht mit denjenigen identisch sein, die für die Entscheidung des Zivilverfahrens von entscheidender Bedeutung sind. Auch ist zu berücksichtigen, dass im Strafverfahren der Grundsatz „in dubio pro reo“ gilt, während im Zivilverfahren nach § 286 ZPO das Gericht eine freie Beweiswürdigung vornehmen kann, so dass das Ergebnis eines Gutachtens aus dem Strafverfahren nicht zwingend demjenigen im Zivilverfahren entsprechen muss.

122 Auch ist der Sachverständige auf Antrag oder von Amts wegen gem. § 411 Abs. 3 ZPO zur mündlichen Erläuterung des Gutachtens zu laden[48] und den Parteien steht die Möglichkeit zu, den Sachverständigen unter den Voraussetzungen des § 406 ZPO abzulehnen.[49]

48 BGH, Urt. v. 22.5.2001 – VI ZR 268/00 = NJW-RR 2001, 1431.
49 BGH, Beschl. v. 23.11.2011 – IV ZR 49/11 = ZEV 2012, 100.

§ 13 Verkehrsunfallmanipulation

Dr. Michael Nugel/Dr. Matthias Franzke

A. Einleitung

Manipulierte Verkehrsunfälle spielen in der gerichtlichen und anwaltlichen Praxis eine erhebliche Rolle. Ein Blick in die veröffentlichte Judikatur bestätigt diese Feststellung. Die einschlägigen Fachzeitschriften und Rechtsprechungsportale dokumentieren eine Fülle[1] höchstrichterlicher und instanzgerichtlicher Urteile und Beschlüsse, in denen vom beklagten Kraftfahrzeug-Haftpflichtversicherer vorgetragen wird, der präsentierte Unfall sei inszeniert und bezwecke die Erschleichung von Versicherungsleistungen. Der BGH hat bereits in einer Leitentscheidung aus dem Jahre 1977 die Problematik manipulierter Verkehrsunfälle erkannt und auf den hierdurch entstehenden Gesamtschaden der Versicherungswirtschaft hingewiesen.[2] 1

Der mit der Verkehrsunfallbearbeitung befasste Anwalt kommt aus gewichtigen Gründen nicht umhin, sich mit dem Einwand der Unfallmanipulation eingehend zu befassen. Betrugsindizierte Verkehrsunfallprozesse weisen – dazu nachfolgend – zahlreiche Besonderheiten im Rahmen der Darlegungs- und Beweislast auf. Deren Kenntnis ist unabdingbar, soll ein frühzeitiger Prozessverlust mangels ausreichendem und unter Beweis gestellten Sachvortrags vermieden werden. 2

Daneben ist im Mandatsverhältnis grundsätzlich zu beachten, dass der Anwalt als Interessenvertreter seiner Partei zur bestmöglichen Verteidigung gegenüber dem Einwand behaupteter Unfallmanipulation verpflichtet ist.[3] Andererseits besteht das Risiko, entgegen anwaltlichem Selbstverständnis vom Unfallmanipulanten instrumentalisiert zu werden.[4] Nicht selten geraten die vom vermeintlichen Unfallopfer beauftragten Dienstleister selbst in den Fokus strafrechtlicher Ermittlungen. 3

Schließlich sind es auch wirtschaftliche Erwägungen, die der Geschädigtenanwalt bei behaupteter Unfallmanipulation zu berücksichtigen hat. Stellt sich nach Durchführung der Beweisaufnahme heraus, dass der Mandant durch unrichtige Darstellung des Streit- 4

1 Lesenswert zu den Grundlagen: OLG Hamm, Urt. v. 13.5.2019 – 6 U 144/17 – juris; OLG Frankfurt a.M., Urt. v. 8.4.2019 – 23 U 112/17 – juris; OLG Hamm, Urt. v. 22.2.2019 – 9 U 111/17 – juris; OLG Hamm, Beschl. v. 21.12.2018 – 26 U 172/18 – juris; OLG Schleswig, Beschl. v. 23.10.2018 – 7 U 18/18 – juris; OLG Brandenburg, Urt. v. 18.10.2018 – 12 U 70/17 – juris; OLG Schleswig, Beschl. v. 2.7.2018 – 7 U 119/17 – juris; KG, Beschl. v. 12.4.2018 – 25 U 148/17 – juris; OLG Düsseldorf, Urt. v. 20.2.2018 – I-1 U 59/17 – juris; OLG Saarbrücken, Urt. v. 21.12.2017 – 4 U 124/16 – juris; OLG München, Urt. v. 7.7.2017 – 10 U 4341/16 – juris; OLG Köln, Urt. v. 22.6.2017 – 8 U 19/16 – juris.

2 BGH, Urt. v. 13.12.1977 – VI ZR 206/75 = VersR 1978, 862, 863. Aktuell geht der Gesamtverband der Deutschen Versicherungswirtschaft davon aus, dass durch manipulierte Verkehrsunfälle jährlich ein Gesamtschaden von 2 Milliarden EUR entsteht.

3 Bis zum Beweis des Gegenteils gilt auch der manipulationsverdächtigte Anspruchsteller als „unschuldig“, vgl. Art. 6 Abs. 2 EMRK.

4 *Schulz-Merkel* in jurisPR-VersR 12/2016 Anm. 5 empfiehlt wegen der straf- sowie berufsrechtlichen Folgen bei der Geltendmachung offensichtlich unberechtigter Schadensersatzansprüchen, ggf. das Mandat niederzulegen.

verhältnisses die für die Bewilligung von Prozesskostenhilfe maßgebenden Voraussetzungen vorgetäuscht hat, kann das Gericht die Bewilligung von Prozesskostenhilfe aufheben.[5] Ebenso häufen sich in der Praxis diejenigen Fälle, in denen der Rechtsschutzversicherer des Mandanten nach Übermittlung eines klageabweisenden und auf den Tatbestand einer Unfallmanipulation gestützten Urteils den ursprünglich erteilten Deckungsschutz rückwirkend versagt.

B. Erscheinungsformen der Unfallmanipulation

5 Auch wenn die Terminologie teilweise divergiert, haben sich in der Praxis folgende Betrugsvarianten herauskristallisiert.[6]

I. Gestellter oder verabredeter Verkehrsunfall

6 Der gestellte oder abgesprochene Verkehrsunfall zeichnet sich dadurch aus, dass zwischen den Fahrzeugen zwar eine Kollision stattgefunden hat, Schädiger und Geschädigter diese aber im Vorhinein verabredet haben. Dabei handelt es sich um die häufigste Erscheinungsform der Unfallmanipulation mit dem Ziel, schwer verwertbare Fahrzeuge zu „entsorgen“, finanziellen Gewinn mittels Abrechnung auf fiktiver Reparaturkostenbasis und Billigreparatur zu generieren oder bereits vorhandene Fahrzeugschäden einem angeblich späteren Unfallereignis unterzuschieben. Eine besondere Form des gestellten Verkehrsunfalls ist das sogenannte „Berliner Modell“. Ein parkendes Fahrzeug wird mit einem kurz zuvor gestohlenen Fahrzeug angefahren, wonach der Täter flüchtet und hierdurch unbekannt bleibt.[7]

II. Provozierter Verkehrsunfall

7 Auch bei den provozierten Verkehrsunfällen kommt es zu einer Kollision der beteiligten Fahrzeuge. Es fehlt allerdings an einem dolosen Zusammenwirken der Unfallbeteiligten. Der Täter führt den Zusammenstoß der Fahrzeuge gezielt herbei, indem er die Unachtsamkeit eines anderen Verkehrsteilnehmers ausnutzt, wobei folgende Tatvarianten besonders praxisrelevant sind: Der Unfallprovokateur legt es darauf an, vor Ampelanlagen, Fußgängerüberwegen, Kreisverkehrsanlagen oder Straßeneinmündungen den nachfolgenden Verkehrs dadurch auffahren zu lassen, dass er abbremst, ohne durch die Verkehrs-

5 OLG Hamm, Beschl. v. 14.11.2014 – I-9 U 165/13 = NZV 2015, 452.

6 Grundlegend hierzu *Lemcke*, r+s 1993, 121 ff.; *Born*, NZV 1996, 257 ff. und *Franzke/Nugel*, NJW 2015, 2071.

7 KG, Urt. v. 29.4.2002 – 12 U 7995/00 – juris sowie VersR 2003, 610 ff.; OLG Celle, Beschl. v. 13.9.2012 – 14 U 116/12 – juris; LG Münster, Urt. v. 28.10.2013 – 115 O 96/11 – juris, für den Kaskobereich; zu den Vorteilen dieser Konstellation vgl. auch *Laumen*, MDR 2018, 1153, 1154.

lage dazu gezwungen zu sein. In einer weiteren Spielart nutzt er sein Vorfahrtsrecht oder einen Spurwechsel zur Herbeiführung eines Verkehrsunfalls aus.[8]

8 Diese Betrugsvariante ist von hoher krimineller Energie geprägt, da mögliche Personenschäden des vermeintlichen Unfallgegners einkalkuliert werden. Sie erfüllt den Straftatbestand des gefährlichen Eingriffs in den Straßenverkehr nach § 315b Abs. 1 StGB,[9] und zwar regelmäßig in der – verbrechensbegründenden – Qualifikation nach § 315b Abs. 3 StGB.[10]

III. Fingierter Verkehrsunfall

9 Als reine „Papierunfälle" treten fingierte Verkehrsunfälle in Erscheinung. Dazu wird von den „Beteiligten" ein Unfallgeschehen behauptet und übereinstimmend dargestellt, ein solches hat jedoch nicht stattgefunden. Finanzielles Motiv ist in diesen Fällen regelmäßig die Inanspruchnahme eines Kraftfahrt-Haftpflichtversicherers für Schäden, die bereits eingetreten sind und für die kein anderweitiger Versicherungsschutz besteht.

IV. Ausgenutzter Verkehrsunfall

10 Beim ausgenutzten Verkehrsunfall hat eine Kollision zwischen den Fahrzeugen zwar stattgefunden. Sie wird allerdings vom Geschädigten missbraucht, um bereits vorhandene Vorschäden am Kraftfahrzeug mit geltend zu machen oder den Schaden nachträglich zu vergrößern. Diese Manipulationsvariante ist eng verknüpft mit dem verabredeten Unfall. Nach instanzgerichtlicher Rechtsprechung sollen vorgeschädigte Fahrzeuge signifikant häufig an verabredeten Verkehrsunfällen beteiligt sein.[11] Die damit einhergehenden materiell-rechtlichen und prozessualen Besonderheiten sind in den Ausführungen zum Schadensumfang verortet.

C. Aktivlegitimation des Geschädigten

11 In betrugsindizierten Verkehrsunfallprozessen bestreitet der mitverklagte Kraftfahrt-Haftpflichtversicherer regelmäßig mit Nichtwissen das Eigentum am Kraftfahrzeug und damit die Aktivlegitimation des Geschädigten. Dies schon deshalb, weil unklare Eigentumsverhältnisse am Fahrzeug oder ein auffälliger Ablauf des behaupteten Eigentumserwerbs ebenso als Belastungsindizien für eine Unfallmanipulation qualifiziert werden[12]

8 Beispielhaft OLG München, Urt. v. 8.9.2017 – 10 U 4665/16 – juris; OLG Hamm, Beschl. v. 14.11.2014 – I-9 U 165/13 – juris sowie NZV 2015, 452; OLG Düsseldorf, Urt. v. 19.3.2013 – I-1 U 99/12 – juris; KG, Beschl. v. 27.7.2009 – 12 U 200/08 = NZV 2010, 202; LG Essen, Urt. v. 2.9.2014 – 8 O 223/13 – juris; im Überblick *Franzke/Nugel*, NJW 2015, 2071 ff.

9 BGH, Urt. v. 22.7.1999 – 4 StR 90/99 = NJW 1999, 3132 zur Unfallprovokation durch Bremsvorgänge; BGH, Beschl. v. 29.4.2008 – 4 StR 617/07 = NStZ-RR 2008, 289.

10 BGH, Urt. v. 12.12.1991 – 4 StR 488/91 = NZV 1992, 157.

11 KG, Beschl. v. 31.8.2009 – 12 U 203/08 – juris m.w.N.

12 OLG Brandenburg, Urt. v. 25.9.2008 – 12 U 202/07 – juris; OLG Düsseldorf, Urt. v. 28.5.2013 – I-1 U 132/12 – juris.

wie der Umstand, dass bestehendes Sicherungseigentum zugunsten eines Dritten nicht offengelegt wird.[13] Aus den Nachweisen über einen möglichen Eigentumserwerb können sich weitere wichtige Prüfungsmöglichkeiten zu Vorschäden am Fahrzeug, dessen Laufleistung und der Redlichkeit des Vortrags des Anspruchsstellers ergeben.[14]

12 Ob der Geschädigte als Fahrzeugbesitzer durch bloßes Bestreiten der Aktivlegitimation zu konkretem Sachvortrag den Eigentumserwerb betreffend gezwungen werden kann, ist in der Rechtsprechung durchaus umstritten. Teilweise wird dies abgelehnt, da die Vermutungswirkung des § 1006 BGB den Besitzer nicht nur von der Beweis-, sondern auch von der Darlegungslast freistelle, dass und auf welcher Weise er mit dem Besitz das Eigentum erworben habe. Es sei dann Sache des Anspruchsgegners, die Eigentumsvermutung zu widerlegen.[15]

Nach der wohl überwiegenden Auffassung schließt die Regelung des § 1006 BGB demgegenüber nicht aus, dass den Besitzer wegen der Nähe zum darzulegenden Geschehensablaufs eine sekundäre Darlegungslast für die Umstände des vom Versicherer bestrittenen Eigentumserwerbs trifft.[16] Ein Bestreiten der Aktivlegitimation gegenüber dem Besitzer sei nach § 138 Abs. 4 ZPO auch zulässig, da jeder Anspruchsgegner eine ihm nicht bekannte Behauptung des klagenden Geschädigten mit Nichtwissen bestreiten könne.[17]

Der Anwalt des Geschädigten wird im Einzelfall die Ansicht des streitentscheidenden Gerichts zu berücksichtigen haben. Festzustellen ist, dass die Versicherer zunehmend greifbare Anhaltspunkte vortragen, aus denen sich nachvollziehbare Zweifel am Eigentum des Geschädigten ergeben, beispielsweise schlechte wirtschaftliche Verhältnisse mit ausgeschlossener Gläubigerbefriedigung zum Zeitpunkt des angeblichen Fahrzeugerwerbs, anderer Fahrzeughalter, das Fehlen eines schriftlichen Kaufvertrags oder einer Rechnung, Beauftragung des Sachverständigen, Anmietung eines Ersatzfahrzeugs oder Weiterveräußerung des Fahrzeugs jeweils durch einen Dritten. Dann ist der Anspruchssteller zur ordnungsgemäßen Darlegung des Eigentumserwerbs gehalten.

Der Nachweis der streitigen Eigentümerstellung – Übereignung des Kraftfahrzeugs an den Geschädigten – richtet sich nach den allgemeinen Regeln der §§ 929 ff. BGB. Vom Geschädigten ist substantiiert vorzutragen, von wem er das Fahrzeug erworben und wie sich der behauptete Erwerbsvorgang vollzogen hat. Hierbei muss der Anwalt auf einen konsistenten Vortrag seines Mandanten hinwirken. Widersprüche und Unstimmigkeiten

13 OLG Celle, Urt. v. 8.10.2015 – 5 U 175/14 – juris.
14 Vgl. *Franzke/Nugel*, NJW 2015, 2071.
15 OLG Düsseldorf, Urt. v. 19.6.2018 – I-1 U 164/17 – juris; OLG Saarbrücken, Urt. v. 8.5.2014 – 4 U 393/11 – juris.
16 OLG Hamm, Urt. v. 13.5.2019 – 6 U 144/17 – juris; OLG Frankfurt a.M., Beschl. v. 4.3.2014 – 4 U 182/13 – juris; OLG Hamm, Beschl. v. 11.10.2013 – I-9 U 35/13 – juris; KG, Urt. v. 30.8.2010 – 12 U 175/09 – juris; KG, Beschl. v. 12.11.2008 – 12 U 49/08 – juris; LG Essen, Urt. v. 17.12.2012 – 2 O 126/12 – juris; LG Bochum, Urt. v. 29.10.2012 – 3 O 150/12 – juris.
17 OLG Frankfurt a.M., Beschl. v. 4.3.2014 – 4 U 182/13 – juris; KG, Beschl. v. 29.10.2007 – 12 U 83/07 – juris.

bei späterer informatorischer Anhörung des Anspruchstellers und Einvernahme von Zeugen führen bereits auf dieser Ebene häufig zur Klageabweisung.[18]

Die Eigentumsvermutung des § 1006 Abs. 1 S. 1 BGB greift nur ein, wenn der Geschädigte zum Zeitpunkt des streitigen Unfallereignisses Besitzer des Fahrzeugs nach § 854 Abs. 1 BGB war. Solches wird vom Prozessgegner regelmäßig bestritten, so dass zunächst hierzu Beweis erhoben werden muss.[19] Hatte der Geschädigte das Kraftfahrzeug zum Unfallzeitpunkt einem anderen Fahrer überlassen, der nicht bloß Besitzdiener war – so regelmäßig bei der Gebrauchsüberlassung innerhalb der Familie –, fehlt es an den Voraussetzungen der Vermutungsregel.[20] Gleiches gilt, sofern der Geschädigte behauptet, der Pkw sei zum Unfallzeitpunkt geparkt gewesen mit abweichendem Aufenthalt des Anspruchstellers. 13

Entgegen weit verbreiteter Auffassung folgt eine Eigentümerstellung des Geschädigten nicht bereits daraus, dass dieser zum Zeitpunkt des Unfalls in der Zulassungsbescheinigung Teil II (Fahrzeugbrief) eingetragen war. Die Zulassungsbescheinigung Teil II dokumentiert als verwaltungsrechtliche Urkunde ohne öffentlichen Glauben lediglich, auf welche Person ein Kraftfahrzeug bei der Zulassungsstelle zugelassen ist, sie ist kein Traditionspapier.[21] Entsprechend findet sich in der Zulassungsbescheinigung Teil II unter dem Namen und der Anschrift des Halters der Hinweis darauf, dass der Inhaber der Zulassungsbescheinigung nicht als Eigentümer des Fahrzeugs ausgewiesen wird. Ohnehin beweist die Zulassungsbescheinigung Teil II nicht, dass die eingetragene Person Verfügungsberechtigter oder Halter des Fahrzeugs ist, auf welches sich die Bescheinigung bezieht.[22] 14

Die bloße Vorlage eines Vertrages über die spätere Veräußerung des Fahrzeugs durch den Geschädigten indiziert ebenso wenig Eigentum am Kraftfahrzeug im relevanten Zeitpunkt.[23] 15

D. Besondere Darlegungs- und Beweislastfragen im betrugsindizierten Verkehrsunfallprozess

In seiner Leitentscheidung vom 13.12.1977 hat der BGH das prozessuale Programm der Parteien eines Unfallmanipulationsprozesses festgelegt. Danach muss der Geschädigte 16

18 Äußerst instruktiv: OLG Düsseldorf, Urt. v. 15.1.2013 – I-1 U 105/11 – juris; OLG Düsseldorf, Urt. v. 2.3.2010 – I-1 U 111/09 – juris.

19 So auch OLG Düsseldorf, Urt. v. 19.6.2018 – I-1 U 164/17 – juris.

20 Vgl. auch *Reimer*, NZV 2018, 527.

21 OLG Düsseldorf, Urt. v. 15.1.2013 – I-1 U 105/11 – juris sowie SP 2013, 343; OLG Hamm, Beschl. v. 11.10.2013 – I-9 U 35/13 – juris sowie NJW 2014, 1894; KG, Beschl. v. 12.11.2008 – 12 U 49/08 – juris; LG Essen, Urt. v. 17.12.2012 – 2 O 126/12 – juris; LG Berlin, Urt. v. 12.12.2006 – 17 O 525/05, BeckRS 2008, 12322.

22 BGH, Beschl. v. 2.12.2014 – 1 StR 31/14 = NJW 2015, 802; vgl. jüngst auch OLG Frankfurt a.M., Urt. v. 10.9.2015 – 22 U 73/14 – juris, wonach Halter nur derjenige ist, wer das Kraftfahrzeug für eigene Rechnung gebraucht, nämlich die Kosten bestreitet und die „Verwaltungsnutzungen“ zieht, außerdem tatsächlich und wirtschaftlich über die Fahrzeugbenutzung verfügen kann.

23 LG Essen, Urt. v. 17.12.2012 – 2 O 126/12 – juris.

zunächst den äußeren Tatbestand der behaupteten Rechtsgutverletzung beweisen. Gelingt ihm dies, hat der Schädiger bzw. dessen Kraftfahrt-Haftpflichtversicherer die Einwilligung des Geschädigten als Rechtfertigungsgrund darzutun und zu beweisen.[24] Gleichsam auf dritter Ebene obliegt dem Geschädigten der Beweis des Schadenumfangs.

I. Äußerer Tatbestand der Rechtsgutverletzung

17 Kraftfahrt-Haftpflichtversicherer bestreiten in Fällen des Manipulationsverdachts regelmäßig das vom Anspruchsteller behauptete Unfallereignis. Ein solches Bestreiten kann dahin zielen, dass eine Kollision der Fahrzeuge gänzlich in Abrede gestellt wird, oder dass sich das behauptete haftungsbegründende Verkehrsgeschehen an dem geschilderten Unfallort, zur angegebenen Zeit mit den angeblich involvierten Personen ereignet hat. Ein Bestreiten mit Nichtwissen von Unfall und Unfallhergang wird in Fällen behaupteter Unfallmanipulation als zulässig i.S.d. § 138 Abs. 4 ZPO erachtet, unabhängig davon, dass der Versicherer zugleich als Streithelfer seines Versicherungsnehmers auftritt.[25]

1. Anforderungen an den Sachvortrag des Geschädigten

18 Eine Haftung nach §§ 7 Abs. 1, 18 StVG setzt voraus, dass der Betrieb eines Kraftfahrzeugs adäquat kausal zu einem Schaden am Fahrzeug des Anspruchstellers geführt hat. Für diesen Kausalzusammenhang ist der Geschädigte mit dem strengen Beweismaßstab des § 286 ZPO beweispflichtig, und zwar auch dann, wenn der Anspruchsteller unfallabwesend war.[26] Allerdings kann von einem unfallabwesenden Geschädigten keine weitergehende oder andere Unfalldarstellung verlangt werden als von dem Schädiger. Widersprüche im Vortrag des unfallanwesenden Schädigers dürfen nicht zum Nachteil des Geschädigten gewürdigt werden.[27]

19 War der Geschädigte am Geschehen selbst beteiligt, muss er den Unfall so detailliert wie möglich darstellen bzw. vortragen, inwieweit dieser durch ein Fehlverhalten des Dritten verursacht worden und es insoweit zur Entstehung eines konkreten Schadens gekommen ist.[28] In der Rechtsprechung wird wiederholt betont, die Anforderungen an den Nachweis des äußeren haftungsbegründenden Schadensereignisses dürften nicht überspannt werden. Dieser sei nicht schon dann erschüttert, wenn Zweifel daran bestehen, ob sich das Unfallgeschehen in sämtlichen Details so ereignet hat, wie dies der

24 BGHZ 71, 339 ff. = VersR 1978, 862 ff.: „Auszugehen ist von dem Grundsatz, dass demjenigen, der in die Schädigung seines Rechtsgutes durch einen anderen ausdrücklich einwilligt, kein ersatzfähiges Unrecht geschieht (volenti non fit iniuria)." – zur nachfolgenden Judikatur der Instanzgerichte vgl. die Übersicht bei *Franzke/Nugel*, NJW 2015, 2071.

25 BGH, Urt. v. 1.10.2019 – VI ZR 164 / 18 = r+s 2020, 47; BGH, Beschl. v. 25.3.2014 – VI ZR 438/13 – juris; BGH, Beschl. v. 29.11.2011 – VI ZR 201/10 – juris, sowie VersR 2012, 434; OLG Dresden, Urt. v. 15.8.2014 – 7 U 1421/13 – juris sowie NZV 2015, 80 ff.; zur Zulässigkeit des Bestreitens der Unfallbeteiligung des versicherten Fahrzeugs mit Nichtwissen vgl. auch BGH, Urt. v. 23.7.2019 – VI ZR 337/18 – juris.

26 OLG Saarbrücken, Urt. v. 4.12.2014 – 4 U 36/14 – juris sowie NJW-RR 2015, 593.

27 OLG Dresden, Urt. v. 15.8.2014 – 7 U 1421/13 – juris; anders bei einem völlig unplausiblen Fahrmanöver des Geschädigten und fehlender Glaubwürdigkeit des Geschädigten: OLG Frankfurt a.M., Urt. v. 8.4.2019 – 23 U 112/17 – juris.

28 Veith/Gräfe/Lange/Rogler/*Halbach*, Der Versicherungsprozess, § 5 E Rn 317 m.w.N.

Geschädigte beschrieben hat.[29] Auch die Einzelheiten des Unfallmechanismus seien keine essentiellen Bestandteile des streitbefangenen Lebenssachverhalts.[30]

Nach Auffassung mehrerer Obergerichte ist der Nachweis des äußeren Tatbestands der Rechtsgutverletzung nicht erbracht, wenn bei einem Fehlen objektiver Beweisanzeichen für das behauptete Unfallgeschehen – z.B. keine unbeteiligten Zeugen, die Kompatibilität der Schäden wird vom Sachverständigen nur für möglich erachtet oder dem Fehlen von zu erwartenden Beschädigungen an einem weiteren Kontaktpartner – durchgreifende Bedenken gegen die Glaubhaftigkeit der Unfallschilderung bestehen und weitere objektive Indizien für ein manipuliertes Ereignis sprechen.[31] Bei wechselndem und nicht nachvollziehbarem Vortrag zum Unfallgeschehen sowie zum nachfolgenden Verhalten der Prozessparteien, typischen Beweisanzeichen für ein manipuliertes Ereignis und nur möglicher Schadenkompatibilität gelangt das OLG Saarbrücken zu einer Klageabweisung bereits auf der Ebene der Rechtsgutverletzung.[32] 20

Bei der Darstellung des äußeren Tatbestands der Rechtsgutverletzung ist danach größtmögliche Sorgfalt geboten. Der Sachvortrag zum behaupteten Unfallgeschehen muss zeitlich und örtlich ausreichend präzisiert, widerspruchsfrei und plausibel sein. Verbleiben aufgrund der festgestellten Beweisanzeichen Zweifel an der Richtigkeit des vom Geschädigten geschilderten Lebenssachverhalts und sind gewichtige Anhaltspunkte dafür vorhanden, dass die Fahrzeuge an anderer Stelle und unter anderen Umständen miteinander kollidiert sind, geht dies zu Lasten des darlegungs- und beweisbelasteten Klägers.[33] 21

2. Sonderproblem: Der „So-nicht-Unfall"

Steht fest, dass die beteiligten Kraftfahrzeuge miteinander kollidiert sind, besteht in der Regel kein ernsthafter Zweifel daran, dass der äußere Schadenhergang so gewesen ist, wie behauptet. Anderes gilt, wenn die Kollision zwar möglich erscheint, der gerichtliche Sachverständige jedoch feststellt, dass die Schäden nicht zu dem von den Beteiligten vorgetragenen Geschehen passen[34] oder der Geschehensablauf nicht so wie behauptet gewesen sein kann und ein anderer Hergang, der einen Schadensersatzanspruch begründen könnte, nicht dargelegt ist.[35] Derartige Konstellationen werden in der Rechtspre- 22

29 OLG Saarbrücken, Urt. v. 16.5.2013 – 4 U 461/11 – juris sowie NZV 2013, 438.

30 OLG Saarbrücken, Urt. v. 16.5.2013 – 4 U 461/11 – juris sowie NZV 2013, 438.

31 OLG Saarbrücken, NZV 2013, 288; OLG Nürnberg, Urt. v. 19.12.2011 – 4 U 2659/10 – juris sowie NZV 2012, 489.

32 OLG Saarbrücken, Urt. v. 4.12.2014 – 4 U 36/14 – juris, sowie NJW-RR 2015, 593.

33 OLG Hamm, Beschl. v. 23.5.2016 – I-6 U 201/15 – juris; OLG Köln, Urt. v. 22.6.2017 = NJW-RR 2017, 1370, 1371; OLG Frankfurt a.M., Beschl. v. 24.9.2014 – 13 U 84/13 – juris.

34 KG, Beschl. v. 7.5.2009 – 12 U 56/09 – juris; OLG Hamm, Urt. v. 18.11.1998 – 13 U 101/98 – juris. Für die Kaskoversicherung vgl. auch OLG Hamm, Urt. v. 21.1.2005 – 20 U 228/03 – juris sowie NZV 2006, 89; weitere Rechtsprechungshinweise bei *Laumen*, MDR 2018, 1153, 1154.

35 OLG Köln, Beschl. v. 23.10.2014 – 19 U 79/14 – juris; OLG Hamm, Urt. v. 15.10.2013 – I-9 U 53/13 – juris; OLG Hamm, Urt. v. 15.3.2001 – 6 U 197/00 – juris; OLG Brandenburg, Urt. v. 23.11.2006 – 12 U 101/06 – juris; LG Essen, Urt. v. 18.3.2013 – 20 O 140/12 – juris.

chung als „So-nicht-Unfälle“ behandelt und führen zur Klageabweisung, ohne dass es auf den Manipulationseinwand des Versicherers ankommt.[36]

23 ▼

Muster 13.1: So Nicht Unfall

Der Anspruchssteller muss den Nachweis führen, dass der Betrieb des versicherten Kfz adäquat kausal zu einem Schaden geführt hat. Dieser Nachweis ist insbesondere dann nicht geführt, wenn wie hier Zweifel daran bleiben, ob sich der Unfall in der vom Geschädigten nach Zeit und Ort beschriebenen Weise tatsächlich so zugetragen hat, selbst wenn die Schäden kompatibel sein mögen (OLG Hamm, Beschl. v. 23.5.2016 – I 6 U 201/15 – juris). Dies gilt erst recht, wenn der Schaden nicht auf diese Art und Weise entstanden sein kann (OLG Hamm, Beschl. v. 30.9.2015 – I 9 U 164/15 – juris) oder Zweifel daran bestehen, ob sich der Unfall in der vom Geschädigten nach Ort und Zeit beschriebenen Weise tatsächlich so zugetragen hat (OLG Köln, Urt. v. 22.6.2017 – 8 U 19/16 = zfs 2018, 195; im Überblick *Nugel*, zfs 2023, 124 ff.). Dabei ist zu beachten, dass das vorgetragene Verkehrsunfallgeschehen den Streitgegenstand der Klage bildet und daher das Gericht davon überzeugt sein muss, dass der Unfall sich in der vom Kläger nach Ort und Zeit beschriebenen Weise tatsächlich ereignet hat (OLG Düsseldorf, Hinweisbeschluss vom 28.8.2023 – I-1 U 123/22 – juris).

▲

24 Kann nicht mit überwiegender Wahrscheinlichkeit i.S.d. § 287 ZPO festgestellt werden, dass die vom Geschädigten eingeklagten Schäden ganz oder teilweise bei dem streitbefangenen Unfall entstanden sind, ist nach der Rechtsprechung ebenfalls ein Schadensersatzanspruch zu verneinen. Teilweise findet sich auch in diesem Zusammenhang die Begründung eines „So-nicht-Unfalls“ bezogen auf den Schadensumfang bzw. auf die haftungsausfüllende Kausalität.[37]

II. Beweis der Einwilligung des Geschädigten

25 Der Beweis einer Unfallmanipulation gestaltet sich für den Kraftfahrzeug-Haftpflichtversicherer regelmäßig schwierig.[38] Das schädigende Ereignis ist außerhalb seiner Sphäre eingetreten, unbeteiligte Zeugen oder gar ein wirksames (Manipulations-)Geständnis eines der Beteiligten haben in der Praxis Seltenheitswert. Da der direkte Beweis einer Kollusionsabsprache mithin kaum gelingen kann, ist anerkannt, dass der Versicherer den Tatbestand einer Einwilligung des vermeintlich Geschädigten durch den Nach-

36 Im Überblick *Nugel*, zfs 2023, 124 ff.

37 OLG Hamm, Urt. v. 15.10.2013 – I-9 U 53/13 – juris sowie NZV 2014, 225.

38 Vgl. BGH, Beschl. v. 17.12.2012 – VI ZB 56/02 – juris sowie NJW 2003, 1398 im Zusammenhang mit der Frage, inwieweit vorprozessual vom Versicherer aufgewandte Sachverständigenkosten erstattungsfähig sind.

weis einer ungewöhnlichen Häufung von Indizien führen kann, welche die Feststellung eines verabredeten Unfalls rechtfertigen.[39] Es gilt dabei der Maßstab des § 286 ZPO.[40]

1. Anscheins- oder Indizienbeweis

Prozessual stellt sich die Frage, ob für die Einwilligung des Geschädigten in das Unfall- 26
geschehen der Anscheinsbeweis als Instrument der Beweiswürdigung herangezogen werden kann. Die Rechtsprechung hierzu ist bis heute uneinheitlich. Der BGH schließt die Anwendung des Anscheinsbeweises beim Verdacht eines gestellten Unfalls nicht grundsätzlich aus, wenngleich betont wird, dieser sei nur in Ausnahmefällen denkbar, weil die Entkräftung eines Anscheins von den Beteiligten gleichsam eingeplant werde.[41] Allerdings könne eine besonders typische Gestaltung des angeblichen Unfallgeschehens dazu führen, dass es Sache des Geschädigten ist, den gegen ihn sprechenden Anschein einer Manipulation zu entkräften.[42]

Zahlreiche Obergerichte folgen dieser Ansicht und sehen bei einer signifikanten Häufung 27
von Beweisanzeichen, die auf eine Manipulation des Unfallgeschehens hindeuten, den Anscheinsbeweis als geführt.[43] Weite Teile der Judikatur stellen demgegenüber hinsichtlich der Kollusionsabrede und der damit verbundenen Einwilligung des Geschädigten in die Beschädigung seines Eigentums auf den Indizienbeweis ab.[44] Der Anwalt des Geschädigten sollte mit dieser Gemengelage vertraut sein, da er bei Annahme einer Anscheinsbeweisführung konkrete Tatsachen vorzutragen und nachzuweisen hat, aus welchen sich die ernsthafte Möglichkeit eines anderen als eines typischen Geschehensab-

39 BGH, Urt. v. 13.12.1977 – VI ZR 206/75 – juris sowie BGHZ 71, 339 ff., 343; OLG Hamm, Urt. v. 13.5.2019 – 6 U 144/17 – juris; OLG Frankfurt a.M., Urt. v. 8.4.2019 – 23 U 112/17 – juris; KG, Beschl. v. 12.4.2018 – 25 U 148/17 – juris; OLG Hamm, Beschl. v. 21.12.2018 – 26 U 172/18 – juris; OLG Schleswig, Beschl. v. 23.10.2018 – 7 U 18/18 – juris; OLG Saarbrücken, Urt. v. 21.12.2017 – 4 U 124/16 – juris; OLG Köln NJW-RR 2017, 1371 ff.; OLG Schleswig, Beschl. v. 18.6.2015 – 7 U 167/14 – juris; OLG Köln, Urt. v. 8.5.2015 – 19 U 47/13 – juris; OLG Düsseldorf, Urt. v. 24.6.2014 – I-1 U 122/13 – juris; OLG Saarbrücken, Urt. v. 4.12.2014 – 4 U 36/14 – juris; OLG München, Urt. v. 8.3.2013 – 10 U 3241/12 – juris; KG, Beschl. v. 31.8.2009 – 12 U 203/08 – juris.

40 BGH, Urt. v. 1.10.2019 – VI ZR 164/18 = r+s 2020, 47.

41 BGH, Urt. v. 1.10.2019 – VI ZR 164/18 = r+s 2020, 47; BGH, Urt. v. 13.12.1977 – VI ZR 206/75 – juris sowie BGHZ 71, 339 ff., 346.

42 BGH, Urt. v. 6.3.1979 – VI ZR 269/76 – juris sowie VersR 1979, 514.

43 OLG Dresden, Urt. v. 11.6.2019 – 4 U 150/19 – juris; OLG Köln, Urt. v. 12.4.2013 – 19 U 96/12 – juris; OLG Köln, SP 2014, 113; OLG Celle, Beschl. v. 15.9.2011 – 14 W 28/11 – juris; OLG Dresden, Urt. v. 15.8.2014 – 7 U 1421/13 – juris sowie NJW-RR 2014, 1441; OLG Bremen, Urt. v. 5.11.2002 – 3 U 106/01 – juris sowie VersR 2003, 1553; präferierend auch OLG Frankfurt a.M., Urt. v. 21.9.2006 – 16 U 75/06 – juris sowie NZV 2007, 313; OLG Naumburg, Urt. v. 3.4.2014 – 4 U 59/13 – juris, mit zumindest entsprechender Anwendung des Anscheinsbeweises; OLG Koblenz, Urt. v. 4.10.2005 – 12 U 1114/04 = VersR 2006, 523. Zur Kritik vgl. *Eggert*, Sonderheft zu r+s 2011, 24, 25 ff.; *Laumen*, MDR 2018, 1153, 1155.

44 OLG Brandenburg, Urt. v. 18.10.2018 – 12 U 70/17 – juris; OLG Stuttgart, Beschl. v. 21.9.2018 – 10 U 137/18 – juris; OLG Schleswig, Beschl. v. 2.7.2018 – 7 U 119/17 – juris; KG, Beschl. v. 12.4.2018 – 25 U 148/17 – juris; OLG Frankfurt a.M., Urt. v. 8.12.2017 – 15 U 37/16 – juris; OLG Köln, Urt. v. 22.6.2017 – 8 U 19/16 – juris; OLG Düsseldorf, Urt. v. 20.10.2015 – I -1 U 188/14 – juris; OLG Düsseldorf, Urt. v. 24.6.2014 – I-1 U 122/13 – juris; OLG Hamm, Urt. v. 15.10.2007 – 6 U 2/07 – juris; OLG Köln, Urt. v. 22.4.2015 – 11 U 154/14 – juris; OLG Hamm, Urt. v. 11.3.2013 – 6 U 167/12 – juris, bei nachgewiesener Unfallprovokation; OLG München, Urt. v. 8.3.2013 – 10 U 3241/12 – juris; KG, Beschl. v. 9.3.2011 – 22 U 10/11 – juris; OLG Schleswig, Urt. v. 14.11.2012 – 7 U 42/12 – juris.

laufs ergibt. Konsens besteht darin, dass beim provozierten Unfall die Anwendung des Anscheinsbeweises ausgeschlossen ist.[45]

2. Beweismaß

28 Für den vom Kraftfahrt-Haftpflichtversicherer zu erbringenden Nachweis einer Einwilligung des Geschädigten gilt der Beweismaßstab des § 286 ZPO. Die Rechtsprechung verlangt keine absolute Gewissheit oder eine an Sicherheit grenzende Wahrscheinlichkeit, ebenso wenig eine mathematisch lückenlose Gewissheit,[46] die ohnehin bei einem Indizienbeweis kaum zu erlangen ist. Vielmehr genügt nach der bekannten Formel des BGH „ein für das praktische Leben brauchbarer Grad an Gewissheit, der den Zweifeln Schweigen gebietet, ohne sie völlig auszuschließen."[47]

29 Nach ständiger Rechtsprechung reicht daher die Feststellung typischer Indizien aus, die in lebensnaher Zusammenschau und praktisch vernünftiger Gewichtung den Schluss auf ein kollusives Zusammenwirken zulassen.[48] Dabei kommt es nicht darauf an, dass bestimmte, nach ihrer Anzahl und/oder ihrer äußeren Erscheinungsform immer gleiche Beweisanzeichen festgestellt werden müssen. Entscheidend ist stets die Werthaltigkeit der Indizien in ihrer Gesamtschau und nicht die isolierte Würdigung der einzelnen Umstände, die für sich betrachtet auch als unverdächtig erklärt werden können.[49]

30 Freilich müssen die einzelnen Hilfstatsachen feststehen, also unstreitig oder bewiesen sein.[50] Ebenfalls sind im Rahmen der fallbezogenen Gesamtwürdigung sowohl belastende als auch entlastende Umstände zu berücksichtigen. Daraus entsteht, wie es das OLG Köln anschaulich formuliert hat, ein Mosaik, welches im Gesamtbild erkennen lässt, ob ein Unfall fingiert ist.[51] Liegen massive Belastungsindizien für die Annahme einer Unfallmanipulation vor, bedarf es u.U. nicht mehr der Einholung eines Gutachtens zu der Frage, ob die geltend gemachten Schäden auch kompatibel auf das streitige Ereignis zurückgeführt werden können.[52]

45 Im Ergebnis BGH, Urt. v. 28.3.1989 – VI ZR 232/88 = NZV 1989, 468; OLG Hamm, Urt. v. 11.3.2013 – 6 U 167/12 – juris; OLG Düsseldorf, Urt. v. 19.3.2013 – I-1 U 99/12 – juris.

46 BGH, Urt. v. 13.12.1977 – VI ZR 206/75 – juris; OLG Dresden, Urt. v. 11.6.2019 – 4 U 150/19 – juris; OLG Köln, Urt. v. 22.6.2017 – 8 U 19/16 – juris; OLG Köln, Urt. v. 18.10.2013 – 19 U 78/13 – juris.

47 BGH, Urt. v. 28.1.2003 – VI ZR 139/02 = NJW 2003, 1116; BGH, Urt. v. 4.11.2003 – VI ZR 28/03 = NJW 2004, 777; OLG Hamm, Urt. v. 13.5.2019 – 6 U 144/17 – juris; OLG Schleswig, Beschl. v. 18.6.2015 – 7 U 167/14 – juris; OLG München, Urt. v. 8.3.2013 – 10 U 3241/12 – juris; OLG Düsseldorf, Urt. v. 19.1.2009 – I-1 U 209/07 – juris; OLG Köln, r+s 2010, 192 ff.; OLG Frankfurt a.M., Urt. v. 20.7.2010 – 22 U 14/10 = NZV 2010, 623.

48 OLG Hamm, Urt. v. 13.5.2019 – 6 U 144/17 – juris; OLG Frankfurt a.M., Urt. v. 8.4.2019 – 23 U 112/17 – juris; KG, Beschl. v. 12.4.2018 – 25 U 148/17 – juris; OLG Köln, Urt. v. 8.5.2015 – 19 U 47/13 – juris; OLG Hamm, Urt. v. 3.3.2014 – 13 U 183/03 – juris; OLG Schleswig, Urt. v. 24.6.2010 – 7 U 102/09 – juris.

49 OLG Köln, Urt. v. 22.6.2017 – 8 U 19/16 – juris; OLG Köln, Urt. v. 8.5.2015 – 19 U 47/13 – juris; KG, Beschl. v. 7.9.2010 – 12 U 210/09 – juris; OLG München, Urt. v. 8.3.2013 – 10 U 3241/12 – juris.

50 BGH, Urt. v. 28.3.1989 – VI ZR 232/88 = NJW 1989, 3161, 3162; OLG München, Urt. v. 8.3.2013 – 10 U 3241/12 – juris; OLG Hamm, Urt. v. 15.10.2007 – 6 U 2/07 = NZV 2008, 91, 92.

51 OLG Köln, Urt. v. 22.4.2015 – I-11 U 154/15 – juris.

52 OLG Schleswig, Urt. v. 8.5.2018 – 7 U 52/17 – juris.

3. Checkliste der eher für oder eher gegen eine Einwilligung sprechenden Umstände

Die Feststellung, ob der vermeintlich Geschädigte in die Beschädigung seines Kraftfahrzeugs eingewilligt hat oder nicht, kann in einem ersten Schritt anhand der nachfolgenden Checkliste erfolgen.[53] 31

a) Motiv

- **Belastend:**
  - Abrechnung auf Reparaturkostenbasis[54]
  - Fahrzeug des Geschädigten schwer zu vermarkten[55]
  - Vorgeschädigtes Fahrzeug[56]
- **Entlastend:**
  - Reparatur in einer Fachwerkstatt[57]
  - Fahrzeug des Geschädigten ist eher neu und marktgängig
  - Fahrzeug des Geschädigten ist vollkaskoversichert
  - Geringe Nebenforderungen

b) Art des Unfalls

- **Belastend:**
  - Auffahrunfall[58]
  - Unfall im Zusammenhang mit Parkvorgängen/stehendes Fahrzeug[59]
  - Fahrspurwechsel[60]
  - Beschädigung eines am Fahrbahnrand geparkten Fahrzeugs[61]
  - Mehrfache, nicht als unabsichtlich zu erklärende Kollision[62]

53 Die Checkliste orientiert sich an der grundlegenden Darstellung von *Lemcke*, r+s 1993, 121, 125 f., die im Schrifttum allgemeine Akzeptanz gefunden hat; vgl. neuerdings auch *Laumen*, MDR 2018, 1153, 1156 ff.; *Röttger*, zfs 2018, 184, 190.

54 OLG Hamm, Beschl. v. 21.12.2018 – 26 U 172/18 – juris; OLG Saarbrücken, Urt. v. 21.12.2017 – 4 U 124/16 – juris; OLG Köln, Urt. v. 22.6.2017 = NJW-RR 2017, 1370, 1373; OLG Köln, Urt. v. 8.5.2015 – 19 U 47/13 – juris; OLG Düsseldorf, Urt. v. 24.6.2014 – I-1 U 122/13 – juris; OLG Saarbrücken, Urt. v. 8.5.2014 – 4 U 393/11 – juris.

55 OLG Hamm, Beschl. v. 24.6.2016 – I-9 U 28/16 – juris; OLG Celle, Urt. v. 8.10.2015 – 5 U 175/14 – juris; OLG Celle, Urt. v. 30.6.2010 – 14 U 6/10 – juris.

56 KG, Beschl. v. 9.3.2011 – 22 U 10/11 – juris sowie Beschl. v. 31.8.2009 – 12 U 203/08 – juris, m.w.N.; LG Duisburg, Urt. v. 11.6.2016 – 3 O 194/14 – juris.

57 OLG Saarbrücken, Urt. v. 3.2.2009 – 4 U 402/08 – juris.

58 OLG Saarbrücken, Urt. v. 3.4.2014 – 4 U 60/13 – juris; OLG Hamm, Urt. v. 11.3.2013 – I-6 U 167/12 – juris.

59 OLG Hamm, Beschl. v. 21.12.2018 – 26 U 172/18 – juris; OLG Hamm, Beschl. v. 22.1.2016 – 26 U 164/15 – juris; OLG Schleswig, Beschl. v. 23.9.2016 – 7 U 58/16 – juris; OLG Köln, Urt. v. 18.10.2013 – I-19 U 78/13 – juris; OLG Hamm, Urt. v. 3.3.2004 – 13 U 183/03 – juris.

60 OLG Düsseldorf, Urt. v. 28.5.2013 – I-1 U 132/12 – juris.

61 OLG Düsseldorf, Urt. v. 20.10.2015 – I-1 U 188/14 – juris; OLG Köln, Urt. v. 8.5.2015 – 19 U 47/13 – juris; OLG Celle, Beschl. v. 13.9.2012 – 14 U 116/12 – juris.

62 OLG Köln, Urt. v. 8.5.2015 – 19 U 47/13 – juris.

- **Entlastend:**
– Unbeherrschbarkeit und Gefahrenträchtigkeit des Unfalls[63]
– Kollision mit Drittbeteiligung
– Kreuzungskollision

c) Behaupteter Unfallhergang, Ort und Zeit des Unfalls

- **Belastend:**
– Geringe Kollisionsgeschwindigkeit[64]
– Abgelegener Unfallort[65]
– Zeit des Geschehens[66]
– Aufenthalt an der Unfallstelle ist nicht nachvollziehbar[67]
– Nicht objektiv überprüfbarer Grund für angeblichen Fahrfehler[68]
– Keine unbeteiligten Zeugen[69]
– Kein oder nur geringes Verletzungsrisiko[70]
– Schadenshergang nicht plausibel[71]
- **Entlastend:**
– Belebte Unfallstelle[72]
– Brems- oder Ausweichversuch
– Hohe Geschwindigkeit/Autobahnunfall[73]
– Hohes Risiko von Personenschäden

63 OLG Köln, Urt. v. 22.4.2015 – I-11 U 154/14 – juris.
64 OLG Hamm, Urt. v. 22.2.2019 – 9 U 111/17 – juris; OLG Hamm, Beschl. v. 21.12.2018 – 26 U 172/18 – juris; OLG Köln, Urt. v. 8.5.2015 – 19 U 47/13 – juris; LG Mönchengladbach, Urt. v. 26.6.2015 – 11 O 61/13 – juris.
65 OLG Frankfurt a.M., Urt. v. 8.4.2019 – 23 U 112/17 – juris; OLG Köln, Urt. v. 22.6.2017 = NJW-RR 2017, 1370, 1373; OLG Frankfurt a.M., Urt. v. 18.2.2004 – 7 U 87/03 – juris.
66 OLG Köln, Urt. v. 22.6.2017, NJW-RR 2017, 1370, 1373; OLG Köln, Urt. v. 8.5.2015 – 19 U 47/13 – juris; OLG Düsseldorf, Urt. v. 24.6.2014 – I-1 U 122/13 – juris; OLG Hamm, Urt. v. 11.3.2013 – I-6 U 167/12 – juris.
67 OLG Hamm, Urt. v. 22.2.2019 – 9 U 111/17 – juris; OLG Düsseldorf, Urt. v. 20.10.2015 – I-1 U 188/14 – juris; OLG Schleswig, Urt. v. 27.2.2013 -7 U 114/12 – juris; LG Hannover, Urt. v. 25.1.2017 – 11 O 97/15 – juris.
68 OLG Düsseldorf, Urt. v. 20.10.2015 – I-1 U 188/14 – juris (Kollision beim Versuch, eine herunter gefallene Coladose im Fußraum aufzuheben); OLG Celle, Beschl. v. 3.9.2014 – 14 U 127/14 – juris (Blick in den Fußraum der Beifahrerseite); KG, Beschl. v. 31.8.2009 – 12 U 203/08 – juris (Kollision wegen Zwangs zum Niesen); KG, Urt. v. 17.4.2003 – 12 U 272/01 = NZV 2003, 530 (Irritation durch Wespe oder Biene); LG Essen, Urt. v. 21.3.2017 – 19 O 259/13 – juris.
69 OLG Köln, Urt. v. 22.6.2017, NJW-RR 2017, 1370, 1373; OLG Düsseldorf, Urt. v. 24.6.2014 – I-1 U 122/13 – juris; OLG Saarbrücken, Urt. v. 27.2.2014 – 4 U 248/11 – juris; OLG Köln, Urt. v. 12.4.2013 – 19 U 96/12 – juris; LG Aachen, Urt. v. 17.2.2017 – 8 O 438/14 – juris.
70 OLG Frankfurt a.M., Urt. v. 8.4.2019 – 23 U 112/17 – juris; OLG Hamm, Beschl. v. 22.1.2016 – 26 U 164/15 – juris; OLG Celle, Beschl. v. 3.9.2014 – 14 U 127/14 – juris; OLG Köln, Urt. v. 18.10.2013 – I-19 U 78/13 – juris; OLG Schleswig, Urt. v. 27.2.2013 – 7 U 114/12 – juris.
71 OLG Hamm, Beschl. v. 21.12.2018 – 26 U 172/18 – juris.
72 OLG Saarbrücken, Urt. v. 8.5.2014 – 4 U 393/11 – juris.
73 Vgl. aber auch KG, Beschl. v. 29.11.2007 – 12 U 185/07 = NZV 2008, 243, 244, wonach auch hohe Geschwindigkeiten und das Risiko von Körperverletzungen nicht zwingend gegen eine Unfallmanipulation sprechen.

d) Unfallfolgen

- **Belastend:**
- Fehlende, zweifelhafte, nicht vollständige Schadenkompatibilität[74]
- Vorschäden[75]
- Behebbarkeit oder Reparatur der Schäden in einer „Billigwerkstatt" oder in Eigenregie[76]
- Reparaturaufwand unter Wiederbeschaffungswert[77]
- Lukrativer Seitenschaden[78]
- Hohe Folgekosten[79]
- **Entlastend:**
- Schäden sind kompatibel und plausibel auf Unfallhergang zurückzuführen
- Rahmenschäden
- Wirtschaftlicher Totalschaden
- Erhebliche Verletzungen der Beteiligten

e) Kraftfahrzeug des Geschädigten

- **Belastend:**
- Fahrzeug der Luxusklasse, Oberklasse oder gehobenen Mittelklasse[80]
- Fahrzeug nicht mehr „marktgängig"[81]
- Reparierte oder unreparierte Vorschäden[82]
- Ausreichender Wiederbeschaffungswert aufgrund umfangreicher Sonderausstattung[83]
- Kurz zurückliegende Zulassung[84]
- Fahrzeug erst kurz zuvor angeschafft[85]

74 OLG Saarbrücken, Urt. v. 27.2.2014 – 4 U 248/11 – juris; OLG Frankfurt a.M., Beschl. v. 24.9.2014 – 13 U 84/13 – juris; LG Aachen, Urt. v. 17.2.2017 – 8 O 438/14 – juris; vgl. aber auch OLG Hamm, Urt. v. 31.8.2018 – I-7 U 33/17 – juris, wonach bei inkompatiblen Schäden verschiedene Gründe in Betracht kommen können.
75 OLG Hamm, Beschl. v. 21.12.2018 – 26 U 172/18 – juris; KG, Beschl. v. 31.8.2009 – 12 U 203/08 – juris, m.w.N.
76 OLG Hamm, Beschl. v. 21.12.2018 – 26 U 172/18 – juris; OLG Schleswig, Beschl. v. 30.1.2017 – 7 U 120/16 – juris; OLG Düsseldorf, Urt. v. 28.5.2013 – I-1 U 132/12 – juris; OLG Stuttgart, Urt. v. 9.7.2008 – 3 U 31/08 – juris.
77 OLG Düsseldorf, Urt. v. 10.3.2015 – I-1 U 73/14 – juris.
78 OLG Hamm, Beschl. v. 21.12.2018 – 26 U 172/18 – juris; OLG Schleswig, Beschl. v. 30.1.2017 – 7 U 120/16 – juris; OLG Saarbrücken, Urt. v. 28.4.2016 – 4 U 96/15 – juris; OLG Düsseldorf, Urt. v. 24.6.2014 – I-1 U 122/13 – juris.
79 OLG Frankfurt a.M., Urt. v. 21.9.2006 – 16 U 75/06 – juris (teurer Mietwagen).
80 OLG Hamm, Urt. v. 13.5.2019 – 6 U 144/17 – juris; OLG Köln, Urt. v. 8.5.2015 – 19 U 47/13 – juris; OLG Düsseldorf, Urt. v. 24.6.2014 – I-1 U 122/13 – juris; KG, Beschl. v. 9.3.2011 – 22 U 10/11 – juris; KG, Urt. v. 22.4.2002 – 12 U 20/01 = NZV 2003, 233.
81 OLG Celle, Urt. v. 30.6.2010 – 14 U 6/10 – juris.
82 OLG Hamm, Beschl. v. 21.12.2018 – 26 U 172/18 – juris; KG, Beschl. v. 31.8.2009 – 12 U 203/08 – juris, m.w.N.
83 OLG Köln, Urt. v. 22.6.2017 = NJW-RR 2017, 1370, 1373; OLG Düsseldorf, Urt. v. 19.3.2013 – I-1 99/12 – juris.
84 OLG Saarbrücken, Urt. v. 28.4.2016 – 4 U 96/15 – juris; OLG Köln, Urt. v. 8.5.2015 – 19 U 47/13 – juris; KG, Beschl. v. 29.11.2007 – 12 U 185/07 = NZV 2008, 243; LG Hagen, Urt. v. 17.7.2012 – 6 O 192/11 – juris.
85 LG Düsseldorf, Urt. v. 5.7.2012 – 3 O 281/11 – juris.

– Unklare Eigentumsverhältnisse[86]
– Veräußerung – kurz – nach dem Unfall[87]
- **Entlastend:**
– Jüngeres Kraftfahrzeug
– Gepflegt und gut verkäuflich
– Finanziertes Fahrzeug
– Leasingfahrzeug
– Geringer Wiederbeschaffungswert

f) Kraftfahrzeug des Schädigers

- **Belastend:**
– Mietwagen[88]
– Älteres Kfz mit hoher Laufleistung/Schrottfahrzeug[89]
– Rotes Kennzeichen/Kurzzeitkennzeichen[90]
– Zulassung erst kurz vor dem Unfall[91]
– Vollkaskoversicherung[92]
- **Entlastend:**
– Werthaltiges, gepflegtes Fahrzeug
– Keine Vorschäden
– Keine Vollkaskoversicherung
– Kleinwagen
– Hohe Selbstbeteiligung bei Mietwagen

g) Beteiligte Personen

- **Belastend:**
– Vorstrafen[93]
– Mehrere Vorunfälle[94]
– Schlechte Vermögensverhältnisse[95]

86 OLG Brandenburg, Urt. v. 25.9.2008 – 12 U 202/07 – juris; OLG Düsseldorf, Urt. v. 28.5.2013 – I-1 U 132/12 – juris.
87 OLG Schleswig, Beschl. v. 30.1.2017 – 7 U 120/16 – juris; OLG Hamm, Beschl. v. 24.6.2016 – I-9 U 28/16 – juris; OLG Hamm, Urt. v. 11.3.2013 – I-6 U 167/12 – juris.
88 OLG Schleswig, Beschl. v. 30.1.2017 – 7 U 120/16 – juris; OLG Celle, Urt. v. 8.10.2015 – 5 U 175/14 – juris; OLG Düsseldorf, Urt. v. 24.6.2014 – I-1 U 122/13 – juris; OLG Köln, Beschl. v. 23.7.2010 – I-2 U 32/10 – juris.
89 OLG Hamm, Urt. v. 13.5.2019 – 6 U 144/17 – juris; OLG Köln, Urt. v. 8.5.2015 – 19 U 47/13 – juris; OLG Celle, Urt. v. 30.6.2010 – 14 U 6/10 – juris.
90 OLG Saarbrücken, Urt. v. 28.4.2016 – 4 U 96/15 – juris; OLG Celle, Urt. v. 30.6.2010 – 14 U 6/10 – juris; OLG Koblenz, Urt. v. 4.10.2005 – 12 U 1114/04 – juris.
91 OLG Rostock, Urt. v. 5.2.2010 – 5 U 83/09 – juris.
92 OLG Schleswig, Urt. v. 14.11.2012 – 7 U 42/12 – juris.
93 OLG Düsseldorf, Urt. v. 28.5.2013 – I-1 U 132/12 – juris.
94 OLG Köln, Urt. v. 22.6.2017 = NJW-RR 2017, 1370, 1373; OLG Hamm, Beschl. v. 25.6.2014 – I- 20 U 66/14 – juris; OLG Köln, Urt. v. 12.4.2013 – I-19 U 96/12 – juris; OLG Düsseldorf, Urt. v. 28.5.2013 – I-1 U 132/12 – juris.
95 OLG Schleswig, Beschl. v. 30.1.2017 – 7 U 120/16 – juris; OLG Düsseldorf, Urt. v. 5.5.2015 – I-1 U 50/14 – juris; OLG Köln, Urt. v. 12.4.2013 – I-19 U 96/12 – juris; OLG Köln, Urt. v. 2.3.2010 – I-9 U 122/09 – juris; KG, Beschl. v. 30.6.2010 – 12 U 151/09 – juris; LG Essen, Urt. v. 21.3.2017 – 19 O 259/13 – juris.

- Bezug zum Kfz-Gewerbe/Bastler[96]
- Bei demselben Arbeitgeber beschäftigt[97]
- (Verschwiegene) Bekanntschaft[98]

■ **Entlastend:**

- Keine Vorstrafen
- Geordnete wirtschaftliche und persönliche Verhältnisse
- Keine Vorunfälle
- Fahranfänger

h) Verhalten nach dem Unfall

■ **Belastend:**

- Polizei wird nicht herbeigerufen[99]
- Beteiligte werden von Polizei als auffällig ruhig und distanziert beschrieben[100]
- Verschweigen von Vorschäden[101]
- Schuldanerkenntnis des angeblichen Schädigers[102]
- Vereitelung einer Nachbesichtigung[103]
- Sofortige Veräußerung oder Verschrottung der Fahrzeuge[104]
- Aufkäufer des Geschädigten-Kfz wird nicht genannt[105]
- Widersprüchliche Angaben[106]
- Keine Mithilfe bei der Aufklärung[107]

96 OLG Hamm, Urt. v. 2.10.1997 – 6 U 104/97 – juris; LG Essen, Urt. v. 21.3.2017 – 19 O 259/13 – juris; LG Münster, Urt. v. 10.9.2012 – 2 O 392/11 – juris (Provozierter Unfall).

97 OLG Köln, Urt. v. 2.3.2010 – I-9 U 122/09 – juris.

98 OLG Düsseldorf, Urt. v. 20.2.2018 – I-1 U 59/17 – juris; OLG Hamm, Urt. v. 24.6.2016 – I-9 U 28/16 – juris; OLG Saarbrücken, Urt. v. 28.4.2016 – 4 U 96/15 – juris; OLG Hamm, Beschl. v. 25.6.2014 – I-20 U 66/14 – juris; LG Berlin, Urt. v. 17.10.2012 – 42 O 166/10 – juris. Dass eine Unfallverabredung auch ohne Bekanntschaft der beteiligten Fahrer angenommen werden kann vgl. OLG Köln, Urt. v. 8.5.2015 – 19 U 47/13 – juris; OLG Düsseldorf, Urt. v. 24.6.2014 – I-1 U 122/13 – juris.

99 OLG Frankfurt a.M., Urt. v. 8.4.2019 – 23 U 112/17 – juris; OLG Hamm, Beschl. v. 22.1.2016 – 26 U 164/15 – juris; OLG Saarbrücken, Urt. v. 27.2.2014 – 4 U 248/11 – juris; OLG Nürnberg, Urt. v. 19.12.2011 – 4 U 2659/10 – juris.

100 OLG Düsseldorf, Urt. v. 28.5.2013 – I-1 U 132/12 – juris.

101 KG, Beschl. v. 9.3.2011 – 22 U 10/11 – juris; OLG Düsseldorf, Urt. v. 5.10.2010 – I-1 U 190/09 – juris.

102 OLG Düsseldorf, Urt. v. 5.5.2015 – I-1 U 50/14 – juris; OLG Nürnberg, Urt. v. 19.12.2011 – 4 U 2659/10 – juris; OLG Stuttgart, SP 2009, 137; OLG Koblenz, Urt. v. 4.10.2005 – 12 U 1114/04 = VersR 2006, 523; LG Essen, Beschl. v. 24.1.2017 – 15 S 130/16 – juris.

103 OLG Rostock, Urt. v. 5.2.2010 – 5 U 83/09 – juris; OLG Saarbrücken, Urt. v. 28.2.2013 – 4 U 406/11 – juris, wenngleich im Ergebnis eine Unfallmanipulation nicht angenommen wurde; KG, Beschl. v. 31.8.2009 – 12 U 203/08.

104 OLG Frankfurt a.M., Urt. v. 21.9.2006 – 16 U 75/06 – juris.

105 OLG Koblenz, Urt. v. 4.10.2005 – 12 U 1114/04 = VersR 2006, 523.

106 OLG Schleswig, Beschl. v. 30.1.2017 – 7 U 120/16 – juris; OLG Düsseldorf, Urt. v. 24.6.2014 – I-1 U 122/13 – juris; OLG Köln, Urt. v. 12.4.2013 – 19 U 96/12 – juris; KG, Beschl. v. 31.8.2009 – 12 U 203/08 – juris.

107 OLG Hamm, Urt. v. 30.11.1998 – 6 U 148/97 = VersR 2000, 252; LG Mönchengladbach, Urt. v. 15.12.2017 – 1 O 181/14 – juris.

- **Entlastend:**
– Einschaltung der Polizei[108]
– Konsistente Angaben zum Unfallhergang
– Reparatur in Fachwerkstatt mit Rechnung
– Mithilfe bei der Aufklärung[109]
– Kraftfahrzeuge können nachbesichtigt werden

i) Verhalten im Prozess

- **Belastend:**
– Detailarme, dürftige Schilderung des Unfallgeschehens[110]
– Widersprüchliche Angaben der Beteiligten[111]
– Fehlende Inanspruchnahme des Unfallgegners[112]
– Ausbleiben im Prozess[113]
– Einlassung zum Unfallhergang lebensfremd[114]
– Angepasster Sachvortrag des Geschädigten[115]
- **Entlastend:**
– Schädiger macht eigene Ansprüche geltend
– Schädiger bestreitet Unfallhergang
– Unfallbeteiligte sind um Aufklärung bemüht
– Plausible Darstellung des Unfalls

32 *Praxistipp*

Die belastenden Beweisanzeichen und entlastenden Umstände sind für alle Prozessbeteiligten von Bedeutung. Dem Anwalt des Geschädigten bietet die Checkliste eine Entscheidungsgrundlage dafür, ob er den Verdachtsfall übernehmen möchte und wenn ja, inwieweit für seinen Mandanten Gegenargumente angesetzt werden können. Dem Haftpflichtversicherer und dessen Prozessbevollmächtigten wiederum dient sie zur Prüfung, in welche Richtung ggf. noch Ermittlungen zu tätigen sind. Die Checkliste verdeutlicht ebenfalls, dass neben eher weichen oder neutralen Kriterien (z.B. hohe oder nur geringe Nebenforderungen) harte Fakten (insbesondere verschwiegene Bekanntschaft; technisch belegte Indizien) zu berücksichtigen sind, die in der Gesamtwürdigung den Ausschlag für oder gegen die Annahme einer Unfallmanipulation geben können.

108 *Laumen* in MDR 2018, 1153, 1157 weist allerdings darauf hin, dass das Herbeirufen der Polizei einen manipulierten Unfall keineswegs ausschließe.
109 OLG Frankfurt a.M., Urt. v. 21.4.2009 – 16 U 175/08 – juris.
110 OLG Hamm, Urt. v. 13.5.2019 – 6 U 144/17 – juris; OLG Celle, Beschl. v. 30.3.2017 – 14 U 38/17 – juris; OLG Düsseldorf, Urt. v. 7.3.2017 – I-1 U 31/16 – juris; OLG Saarbrücken, Urt. v. 27.2.2014 – 4 U 248/11 – juris.
111 OLG Karlsruhe, r+s 2010, 254; LG Stuttgart, Urt. v. 19.8.2014 – 24 O 41/14 – juris.
112 OLG Celle, Beschl. v. 30.3.2017 – 14 U 38/17 – juris; OLG Hamm, Beschl. v. 24.6.2016 – I-9 U 28/16 – juris; LG Hannover, Urt. v. 25.1.2017 – 11 O 97/15 – juris.
113 OLG Schleswig, Beschl. v. 30.1.2017 – 7 U 120/16 – juris; OLG Düsseldorf, Urt. v. 24.6.2014 – I-1 U 122/13 – juris.
114 OLG Saarbrücken, Urt. v. 27.2.2014 – 4 U 248/11 – juris.
115 OLG Düsseldorf, Urt. v. 5.6.2012 – I-1 U 141/11 – juris.

4. Besonderheiten beim provozierten Unfall

Für den Fall des Verdachts eines provozierten Unfalls gelten die allgemein für manipulierte Verkehrsunfälle von der Rechtsprechung entwickelten Grundsätze.[116] Danach ist es Sache des Schädigers bzw. dessen Haftpflichtversicherers, darzulegen und zu beweisen, dass ein Schadensersatzanspruch aufgrund einer Einwilligung des Provokateurs ausscheidet. Konsens besteht dahingehend, dass beim provozierten Unfall die Anwendung des Anscheinsbeweises ausgeschlossen und eine Beweisführung mittels Indizienbeweises mit dem Beweismaßstab des § 286 ZPO zu leisten ist.[117] 33

Einigen Indizien wird hierbei ein besonderes Gewicht beigemessen. So soll neben den bereits oben angesprochenen typischen Unfallsituationen (Auffahrunfall, Vorfahrtsituation, Spurwechselfälle) die auffällige Anzahl gleichgelagerter (Vor-)Ereignisse ein werthaltiges Manipulationsindiz sein.[118] Hierbei kann die bloße Beteiligung des vermeintlich Geschädigten genügen, da allein die Häufung von Verkehrsunfällen innerhalb eines kürzeren Zeitraums verdächtig ist.[119] Einen Schwerpunkt setzen die einschlägigen Entscheidungen hinsichtlich der Fahrzeughistorie. Als provokationstypisch bewertet wird der Einsatz älterer Fahrzeuge der gehobenen Mittelklasse bis Oberklasse mit hoher Laufleistung, die über eine umfangreiche Sonderausstattung (ausreichender Wiederbeschaffungswert für fiktive Abrechnung ist damit garantiert) verfügen und mehrfach vorgeschädigt sind.[120] 34

III. Beweis des Schadenumfangs und Vorschadensproblematik

Der Gesamtverband der Deutschen Versicherungswirtschaft betreibt über die informa HIS GmbH das Hinweis- und Informationssystem. Gem. Verlautbarung des GdV soll dieses System die Versicherer bei der Aufklärung von Schadenfällen mit Manipulationsverdacht unterstützen. Danach können Fahrzeuge gemeldet werden, soweit als besondere Schadenfolge ein Fahrzeugschaden fiktiv abgerechnet wird, eine gewisse Schadenhöhe überschritten oder ein Totalschaden eingetreten ist. 35

Angesichts dessen verwundert es nicht, dass sich der Anwalt des Geschädigten zunehmend mit dem Einwand des Haftpflichtversicherers auseinandersetzen muss, das unfallgeschädigte Fahrzeug habe nach entsprechenden Recherchen bereits einen oder mehrere, möglicherweise massive Vorschäden erlitten. Der Versicherer kann insoweit auch die 36

116 Vgl. OLG Düsseldorf, Urt. v. 19.3.2013 – I-1 U 99/12 – juris; OLG Hamm, Urt. v. 11.3.2013 – I-6 U 167/12 – juris.

117 Im Ergebnis BGH, Urt. v. 28.3.1989 – VI ZR 232/88 = NZV 1989, 468; OLG Hamm, Urt. v. 11.3.2013 – 6 U 167/12 – juris; OLG Düsseldorf, Urt. v. 19.3.2013 – I-1 U 99/12 – juris.

118 OLG Hamm, Urt. v. 14.11.2014 – I-9 U 165/13 – juris; OLG Düsseldorf, Urt. v. 19.3.2013 – I-1 U 99/12 – juris; OLG Hamm, Urt. v. 11.3.2013 – I-6 U 167/12 – juris. LG Münster, Urt. v. 10.9.2012 – 2 O 392/11 – juris, zustimmend auch *Laumen*, MDR 2018, 1153, 1159.

119 BGH, Urt. v. 13.12.1977 – VI ZR 206/75 – juris; OLG Düsseldorf, Urt. v. 19.3.2013 – I-1 U 99/12 – juris; OLG Hamm, Urt. v. 29.9.2003 – 13 U 16/03 – juris; LG Münster, Urt. v. 10.9.2012 – 2 O 392/11 – juris.

120 OLG Düsseldorf, Urt. v. 19.3.2013 – I-1 U 99/12 – juris; LG Essen, Urt. v. 6.8.2012 – 4 U 29/11 – juris; OLG Hamm, Urt. v. 29.9.2003 – 13 U 16/03 – juris.

Schadenshöhe mit Nichtwissen bestreiten. Aus dieser Grundkonstellation hat sich zwischenzeitlich eine reichhaltige Rechtsprechung entwickelt,[121] die terminologisch unter den Begriff der Vorschadensproblematik subsumiert werden kann.

1. Grundsätze

37 Nach allgemeinen Grundsätzen obliegt dem Geschädigten die Beweislast für die Entstehung und die Höhe des behaupteten Fahrzeugschadens.[122] Die Darlegungs- und Beweisanforderungen zur haftungsausfüllenden Kausalität werden durch § 287 Abs. 1 ZPO abgemildert. Danach genügt es, wenn der Geschädigte eine geeignete Schätzungsgrundlage beibringt, welche Anhaltspunkte für die Einschätzung des Schadens und seiner Höhe bietet. Dies gilt insbesondere für die Darlegung und den Nachweis, dass ein Schaden nach Art und Umfang auf das behauptete Unfallereignis zurückzuführen ist.[123] Als Schätzungsgrundlage im Sinne substantiierten Parteivortrags akzeptieren die Gerichte grundsätzlich das vom Geschädigten eingeholte Schadensgutachten.

38 Die Beweiserleichterung nach § 287 ZPO erfährt indessen Einschränkungen, sofern am betroffenen Kraftfahrzeug Vorschäden ausgemacht werden können. Zwar kann der Geschädigte auch dann einen Anspruch auf Schadensersatz haben, wenn sein Fahrzeug bereits vorgeschädigt ist.[124] Allerdings ist vom Schädiger im Wege der Naturalrestitution nach § 249 Abs. 1 BGB nur derjenige (wirtschaftliche) Zustand wiederherzustellen, der ohne das schädigende Ereignis bestünde. Werden vom Haftpflichtversicherer einschlägige Vorschäden behauptet, hat sich der Geschädigte zur Schadenshöhe substantiiert zu erklären.[125] Von ihm ist darzulegen und zu beweisen, dass die konkret ersetzt verlangten Schäden in ihrer Gesamtheit oder zumindest ein abgrenzbarer Teil hiervon mit überwiegender Wahrscheinlichkeit bei dem Unfall entstanden sind.[126]

121 Vgl. aus der jüngeren Rechtsprechung OLG Saarbrücken, Urt. v. 18.7.2019 – 4 U 102/17 – juris; OLG Saarbrücken, Urt. v. 28.2.2019 – 4 U 56/18 – juris; OLG Hamm, Urt. v. 4.12.2018 – 9 U 113/17 – juris; OLG Celle, Beschl. v. 20.9.2018 – 14 U 124/18 – juris; OLG Hamm, Beschl. v. 10.4.2018 – I-9 U 199/17 – juris mit Anmerkung *Gutt*, jurisPR-VerkR 13/2018 Anm. 3; instruktiv auch OLG Düsseldorf, Urt. v. 7.3.2017 – I-1 U 31/16 – juris; OLG Köln, Beschl. v. 17.1.2017 – 11 W 1/17, NZV 2018, 273; aus der jüngeren Literatur vgl. *Exter*, NZV 2017, 310 ff.; *Franzke*, NZV 2018, 274 f.; *Böhm/Nugel*, VRR 2017, 4 ff.; *Hagedorn*, NJW-Spezial 2012, 513 ff.

122 Vgl. BGH, Urt. v. 13.12.1977 – VI ZR 206/77 – juris; OLG Saarbrücken, Urt. v. 18.7.2019 – 4 U 102/17 – juris; KG, Beschl. v. 7.5.2009 – 12 U 56/09 – juris.

123 Vgl. nur OLG Düsseldorf, Urt. v. 10.7.2012 – 1 W 19/12 – juris.

124 OLG Saarbrücken, Urt. v. 18.7.2019 – 4 U 102/17 – juris; OLG Frankfurt a.M., Urt. v. 21.9.2006 – 16 U 75/06 – juris.

125 So im Grundsatz auch *Eggert*, in: Praxis des Straßenverkehrsrechts, § 12 Rn 143.

126 OLG Saarbrücken, Urt. v. 18.7.2019 – 4 U 102/17 – juris; OLG Hamm, Beschl. v. 10.4.2018 – I-9 U 199/17 – juris; OLG Düsseldorf, Urt. v. 7.3.2017 – I-1 U 31/16 – juris; OLG Hamm, Urt. v. 10.3.2015 – I-9 U 246/13 = NZV 2015, 549; OLG Hamm, Urt. v. 15.10.2013 – I-9 U 53/13 = NZV 2014, 225.

2. Fallgruppen

Folgende Fallgruppen sind zu unterschieden:[127] 39

a) Unreparierter angegebener Vorschaden

Wird vom Geschädigten ein ganz oder teilweise unreparierter Vorschaden angegeben, 40 welcher im erneut betroffenen Fahrzeugbereich liegt, stellt sich in der Praxis die Frage nach der Abgrenzbarkeit. Ist der Vorschaden hinreichend deutlich vom aktuellen Folgeschaden abgrenzbar, besteht ein Schadensersatzanspruch des Geschädigten in Höhe des ausschließlich geltend gemachten Neuschadens.[128] War durch das frühere Ereignis ein Fahrzeugteil bereits derart vorgeschädigt, dass es zur Schadensbeseitigung hätte ausgewechselt werden müssen, führt ein weiterer Schaden an diesem Fahrzeugteil allerdings zu keiner wirtschaftlich messbaren Schadensvertiefung und damit zur Klageabweisung.[129] Wenn ein Gutachter aber Alt- und Neuschäden trennen kann, ist eine Berechnung des neuen Schadens im Prozess i.d.R. vorzunehmen. Stellt jedenfalls ein vom Gericht beauftragter Sachverständiger grundsätzlich einen zumindest teilweise unfallbedingten Schaden fest, ist eine Beweisaufnahme zur Höhe des unfallbedingten Schadens in Abgrenzung von den festgestellten unreparierten Altschäden fortzuführen, ohne dass zu hohe Anforderungen an den Sachvortrag des Geschädigten als Kläger gestellt werden dürfen.[130]

b) Unreparierter verschwiegener oder bestrittener Vorschaden

Streitig sind diejenigen Konstellationen, in denen der Geschädigte Kenntnis von einem 41 unreparierten Vorschaden im erneut anstoßrelevanten Fahrzeugbereich hat, diesen jedoch gegenüber dem Kraftfahrzeug-Haftpflichtversicherer und dem erkennenden Gericht verschweigt oder dessen Existenz bestreitet. Wird durch einen vom Gericht bestellten Sachverständigen bestätigt, dass wegen der im Unfallzeitpunkt nicht reparierten Vorschäden ein zusätzlicher Schaden nicht festgestellt werden kann, entfällt ein Schadensersatzanspruch des klagenden Geschädigten, wenn eine Abgrenzung nicht erfolgen kann.[131] Ansonsten lässt der BGH aber grundsätzlich eine Abgrenzung zu, wenn dies technisch möglich ist.[132] Es bleibt der Beklagtenseite aber der Einwand des Rechtsmissbrauchs offen, den zumindest einzelne Tatgerichte anerkennen, der aber nur bei einem gezielt arglistigen und treuwidrigen Vorgehens eingreifen kann.

127 Vgl. hierzu instruktiv *Grunewald/Nugel*, SP 2013, 293 f.
128 AG Essen, Urt. v. 24.11.2014 – 135 C 23/14 – juris.
129 AG Essen, Urt. v. 15.3.2017 – 20 C 365/15 – juris; AG Berlin-Mitte, Urt. v. 1.10.2013 – 3 C 3341/11 – juris; AG Mettmann, Urt. v. 8.5.2012 – 25 C 159/11 – juris; AG Mönchengladbach-Rheydt, Urt. v. 2.1.2012 – 20 C 267/10 – juris.
130 BGH, Beschl. v. 6.6.2023 – VI ZR 197/21 – juris.
131 Vgl. KG, Beschl. v. 22.2.2010 – 12 U 59/09 – juris; KG, Beschl. v. 26.4.2007 – 12 U 76/07 – juris.
132 BGH, Beschl. v. 6.6.2023 – VI ZR 197/21 – juris.

42 ▼

Muster 13.2: Einwand der Verwirkung

13.2 Ein Anspruchsteller verwirkt seinen Schadensersatzanspruch, wenn er einen überwiegend nicht unfallbedingten Schaden verfolgt, dies aber durch ein Sachverständigengutachten im Auftrag des Gerichts im Prozess entdeckt wird und zudem nachgewiesen wird, dass der Anspruchsteller von Anfang an gezielt einen nicht reparierten Altschaden verschwiegen hat, um die Versichertengemeinschaft im Rahmen eines gesetzlichen Schuldverhältnisses zu schädigen (LG Bochum, Urt. v. 2.5.2023 – I 8 U 297/21 – juris mit Besprechung *Kemperdiek*, jurisPR-VerkR 3/2024 Anm. 2; LG Münster, Urt. v. 8.8.2014 – 11 O 279 – 11 = NJW Spezial 2014, 618; LG Münster, Urt. v. 23.4.2014 – 2 O 462/11 = NJW-RR 2014, 1498; im Überblick *Nugel*, zfs 2020, 490ff.).

▲

43 Die überwiegende instanzgerichtliche Rechtsprechung geht einen Schritt weiter. Danach kann der Geschädigte selbst kompatible Schäden nicht ersetzt verlangen, wenn nicht mit überwiegender Wahrscheinlichkeit auszuschließen ist, dass sie bereits im Rahmen eines Vorschadens entstanden sind und nicht sämtliche vom Geschädigten geltend gemachten Schäden auf das Unfallereignis zurückzuführen sind.[133] Andere Gerichte urteilen weniger streng. Auch bei einem verschwiegenen oder bestrittenen relevanten Vorschaden bestehe ein Ersatzanspruch insoweit, als der geltend gemachte Folgeschaden sich technisch und rechnerisch eindeutig vom Vorschaden abgrenzen lässt.[134] Diese Richtung bestätigt auch der BGH mit seinem Urteil aus 2023.[135]

Bei einem vorsätzlichen Verschweigen eines bekannten Vorschadens oder bei wahrheitswidriger Behauptung einer fachgerechten Reparatur des Vorschadens liegt ein Verstoß gegen die prozessuale Wahrheitspflicht nach § 138 Abs. 1 ZPO vor.[136] Teilweise wird darin wie dargelegt ein besonders grober Treueverstoß nach § 242 BGB gesehen, welcher zum Verlust des Schadensersatzanspruchs führen kann.[137]

44 Liegt mithin ein Vorschaden mit Schadensüberlagerung in Bezug auf den Neuschaden vor und bestreitet der Haftpflichtversicherer die unfallbedingte Kausalität der geltend gemachten Schäden, trifft den Geschädigten eine gesteigerte Darlegungslast. Der Geschädigte muss in diesen Fällen im Einzelnen ausschließen, dass Schäden gleicher Art und gleichen Umfangs bereits vorhanden waren, wofür er im Einzelnen zu der Art der

133 OLG Saarbrücken, Urt. v. 18.7.2019 – 4 U 102/17 – juris; OLG Celle, Beschl. v. 20.9.2018 – 14 U 124/18 – juris; OLG Hamm, Beschl. v. 10.4.2018 – I-9 U 199/17 – juris; KG, Beschl. v. 27.8.2015 – 22 U 152/14 – juris; KG, Beschl. v. 12.12.2011 – 22 U 151/11 – juris; KG, Beschl. v. 22.2.2010 – 12 U 59/09 – juris; OLG Köln, Beschl. v. 8.4.2013 – I-11 U 214/12 – juris; OLG Köln, VersR 1999, 865; OLG Frankfurt a.M., NZV 2007, 313; OLG Hamm, Beschl. v. 8.11.2013 – I-25 U 61/13 – juris; OLG Brandenburg, Urt. v. 17.3.2005 – 12 U 163/04 = SP 2005, 413; OLG Hamburg, Urt. v. 28.3.2001 – 14 U 87/00 = MDR 2001, 1111.

134 OLG Düsseldorf, Urt. v. 11.2.2008 – I-1 U 181/07 = NZV 2008, 295; OLG München, Urt. v. 27.1.2006 – 10 U 4904/05 = NZV 2006, 261; vgl. aber auch OLG Düsseldorf, Urt. v. 7.3.2017 – I-1 U 31/16 – juris: Klageabweisung mangels ausreichender Substantiierung bei Verschweigen und Bagatellisierung von Vorschäden.

135 BGH, Beschl. v. 6.6.2023 – VI ZR 197/21 – juris.

136 Vgl. auch OLG Düsseldorf, Urt. v. 7.3.2017 – I-1 U 31/16 – juris.

137 LG Münster, Urt. v. 23.4.2014 – 2 O 462/11 – juris, m.w.N.

Vorschäden und deren behaupteter Reparatur vortragen muss.[138] Zeugen zur Vorschadensreparatur sind nur dann zu vernehmen, wenn der Vortrag des Geschädigten zu Art und Ausführung der Vorschadensreparatur ausreichend substantiiert ist. Andernfalls handelt es sich um einen unzulässigen Ausforschungsbeweis.[139]

Praxistipp

Bestreitet der Haftpflichtversicherer aufgrund eines einschlägigen Vorschadensereignisses substantiiert die unfallbedingte haftungsausfüllende Kausalität, ist für den Anwalt des Geschädigten erhöhte Vorsicht geboten. Denn verschweigt sein Mandant weiterhin einen relevanten Vorschaden oder leugnet diesen hartnäckig, hat dies den Verlust der Beweiserleichterungen nach § 287 ZPO zur Folge. Einzig sinnvoll ist daher, zu der Vorschadensproblematik umfassend und wahrheitsgemäß vorzutragen, zumal durch die Bestellung eines Sachverständigen ganz erhebliche Prozesskosten produziert werden. Ist der Vorschaden beim früheren Eigentümer eingetreten, sollte der Vorbesitzer kontaktiert und um Übermittlung von Reparaturbelegen gebeten werden.

Nach älterer Rechtsprechung soll dies auch dann gelten, wenn der Vorschaden außerhalb der Besitzzeit des Geschädigten eingetreten ist.[140] Dies hat der BGH allerdings mit seinem Grundsatzurteil aus 2019 anders entschieden. Insbesondere, wenn es sich dabei um einen Schaden aus der Vorbesitzzeit handelt, kann dem Geschädigten, der über das Vorhandensein eines solchen Vorschadens getäuscht worden ist, auch nicht verwehrt werden, dass durch eine Beweisaufnahme aufgeklärt wird, ob und in welchem Umfang und mit welcher Qualität ein solcher Vorschaden repariert worden ist – und zwar ohne dass der Geschädigte hierzu einen weiteren konkreten Tatsachenvortrag erbringen muss.[141]

▼ 45

Muster 13.3: Schaden in der Vorbesitzzeit

13.3

Vorliegend ist zu beachten, dass sich der von Ihnen erwähnte Vorschaden in der Vorbesitzzeit meiner Mandantschaft ereignet hat. Dementsprechend dürften keine überzogenen Anforderungen an den Nachweis der Reparatur eines solchen Schadens gestellt werden: Behauptet der Geschädigte eines Verkehrsunfalles wie hier meine Mandantschaft, von einem eventuellen Vorschaden selbst keine Kenntnis und den beschädigten Pkw in unbeschädigtem Zustand erworben zu haben, kann ihr nicht verwehrt werden, eine tatsächliche Aufklärung auch hinsichtlich solcher Punkte zu verlangen, über die kein zuverlässiges

138 OLG Saarbrücken, Urt. v. 18.7.2019 – 4 U 102/17 – juris; OLG Saarbrücken, Urt. v. 28.2.2019 – 4 U 56/18 – juris; OLG Hamm, Urt. v. 4.12.2018 – 9 U 113/17 – juris; OLG Hamm, Beschl. v. 10.4.2018 – I-9 U 199/17 – juris; OLG Köln, Beschl. v. 17.1.2017 – 11 W 1/17, NZV 2018, 273; OLG Hamm, Urt. v. 4.3.2014 – 9 U 181/13 – juris; OLG Köln, Beschl. v. 8.4.2013 – I-11 U 214/12 – juris; KG, Beschl. v. 22.2.2010 – 12 U 59/09 – juris; KG, Urt. v. 29.6.2009 – 12 U 146/08 – juris; OLG Brandenburg, Urt. v. 17.3.2005 – 12 U 163/04 = SP 2005, 413.

139 OLG Hamm, Beschl. v. 10.4.2018 – I-9 U 199/17 – juris; OLG Köln, Beschl. v. 17.1.2017 – 11 W 1/17, NZV 2018, 273.

140 KG, Urt. v. 27.8.2015 – 22 U 152/14 – juris; KG, Beschl. v. 12.12.2011 – 22 U 151/11 – juris; OLG Hamm, Beschl. v. 8.11.2013 – I-25 U 61/13 – juris; OLG Köln, Beschl. v. 8.4.2013, I-11 U 214/12 – juris.

141 Grundlegend: BGH, Urt. v. 15.10.2019 – VI ZR 377/18 = NJW 2020, 393.

Wissen vorliegt. Meine Mandantschaft ist deshalb grundsätzlich nicht gehindert, die von ihr nur vermutete fachgerechte Reparatur des Vorschadens zu behaupten und unter Zeugenbeweis zu stellen. Darin liegt weder eine Verletzung der prozessualen Wahrheitspflicht noch ein unzulässiger Ausforschungsbeweis (BGH, Urt. v. 15.10.2019 – VI ZR 377/18 = NJW 2020, 393).

▲

Diese Grundsätze ändern sich aber, wenn sich der Schaden zwar in der Vorbesitzzeit ereignet hat, dem Geschädigten aber das Fahrzeug unter Offenlegung des Vorschadens verkauft worden ist und er selber angeblich den Vorschaden mit einer Reparatur beseitigt haben will. Dann kann er auch zu den näheren Umständen der Reparatur vortragen.[142]

c) Reparierter bekannter Vorschaden

46 Ist ein Vorschaden bekannt und repariert worden, gelten die zur Fallgruppe b) dargestellten Hinweise. Die Bestätigung eines Sachverständigen, ein früherer Vorschaden sei beseitigt worden, genügt allerdings nicht, wenn – wie in der Praxis häufig – nur aufgrund einer Sichtprüfung die Reparatur bestätigt wird.[143] Ebenso wenig genügen erkennbar unvollständige oder widersprüchliche Auflistungen angeblich durchgeführter Reparaturarbeiten.[144] Sinnvoll erscheint es, die fachgerechte und vollständige Beseitigung der Vorschäden unter Beweis zu stellen durch Zeugnis des Kfz-Mechanikers, welcher die Reparatur auch tatsächlich durchgeführt hat.

d) Vorschaden und Totalschadensabrechnung

47 Liegt der Vorschaden in einem anderen Schadensbereich als aktuell betroffen, kann dies gleichwohl Bedeutung für die Bestimmung des Schadenumfangs haben, wenn der Fahrzeugschaden auf Basis des Wiederbeschaffungsaufwandes abgerechnet werden soll. Den Geschädigten treffen auch hier gesteigerte Darlegungs- und Beweispflichten im oben beschriebenen Sinne, da ohne detaillierte Kenntnisse vom Vorschaden und dessen Beseitigung eine seröse Ermittlung des Wiederbeschaffungswertes nicht möglich ist.[145]

48 ▼

Muster 13.4: Vorschaden bei Totalschadenabrechnung

13.4 Das Fahrzeug der Klägerseite weist mithin einen Vorschaden auf, der den Wiederbeschaffungswert dieses Fahrzeuges beeinträchtigt. Auch in diesem Fall ist zu dem Umfang des Vorschadens und einer möglichen Reparatur vorzutragen, da ohne detaillierte Kenntnis über den Umfang des Vorschadens und seine ggf. erfolgte Reparatur der aktuelle Wiederbeschaffungswert nicht bestimmt werden kann (KG, Urt. v. 27.8.2015 – 22 U 152/14 = DAR 2016, 461 = r+s 2015, 571 – OLG Hamm, Urt. v. 15.12.2022 – I 7 U 74/22 – juris; OLG Hamm, Beschl. v. 4.2.2022 – I 9 U 155/22 – juris; OLG Köln, Hinweisbeschluss vom 31.7.2018 – 9 U 73/18 – juris; OLG Düsseldorf, Urt. v. 7.3.2017 – I 1 U 31/16 – juris). Selbst wenn der Vorschaden sich auf einen anderen Schadensbereich als der

142 OLG Hamm, Beschl. v. 2.9.2022 – I-26 U 67/22 – juris.
143 OLG Hamburg, Beschl. v. 18.10.2010 – 14 W 89/10 – juris.
144 KG, Beschl. v. 4.1.2011 – 22 U 173/10 = SP 2011, 255.
145 OLG Saarbrücken, Urt. v. 28.2.2019 – 4 U 56/18 – juris; OLG Celle, Beschl. v. 20.9.2018 – 14 U 124/18 – juris; OLG Düsseldorf, Urt. v. 7.3.2017 – I-1 U 31/16 – juris; OLG Hamburg, Beschl. v. 6.5.2003 – 14 U 12/03 – juris.

angeblich neue Schaden bezieht, lässt sich mithin ohne weitere Angaben ein erstattungsfähiger Fahrzeugschaden nicht feststellen (OLG Bremen, Beschl. v. 20.9.2022 – 3 U 20/22 – juris; OLG Hamm, Beschl. v. 8.4.2016 – I 9 U 79/15 – juris; im Überblick *Böhm/Nugel*, DAR 2011, 666).

▲

3. Folgepositionen

Kann ein erstattungsfähiger Fahrzeugschaden nicht festgestellt werden, entfällt damit auch ein Ersatzanspruch der darauf aufbauenden Folgepositionen, z.B. Nutzungsausfallentschädigung, Unkostenpauschale.[146] Insbesondere aber besteht nach gefestigter Rechtsprechung kein Anspruch auf Ersatz von Sachverständigenkosten, wenn der Geschädigte wegen fehlerhafter Angaben, insbesondere Verschweigen relevanter Vorschäden, die Unbrauchbarkeit des von ihm beauftragten Gutachtens zu vertreten hat.[147] 49

E. Sonstige Implikationen des manipulierten Verkehrsunfalls

Manipulierte Verkehrsunfälle zeigen in der forensischen Praxis weitere Besonderheiten auf, deren Kenntnis für die Prozessbeteiligten von erheblicher Bedeutung ist. 50

I. Zulässigkeit der Nebenintervention und deren Reflexwirkung

In Wahrnehmung des versicherungsvertraglichen Prozessführungsrechts beauftragen Kraftfahrzeug-Haftpflichtversicherer eigene Anwälte auch zur Wahrnehmung der Interessen mitverklagter Versicherungsnehmer und versicherter Personen. Dem Anwalt des Haftpflichtversicherers ist es untersagt, im Widerspruch zum Versicherungsnehmer oder anderen versicherten Personen vorzutragen, es handele sich um einen verabredeten Verkehrsunfall. 51

Andererseits hat der verklagte Kraftfahrt-Haftpflichtversicherer ein berechtigtes Interesse daran, ein klageabweisendes Urteil auch gegen seinen Versicherungsnehmer und mitversicherte Personen zu erreichen. Dies folgt aus der Bindungswirkung des Haftpflichtprozesses für den späteren Deckungsprozess. Wird der Schädiger – ggf. auch aufgrund beabsichtigter Säumnis – verurteilt, könnte der vermeintlich Geschädigte den Deckungsanspruch des Schädigers gegen seinen Haftpflichtversicherer pfänden und anschließend Deckungsklage erheben. 52

Höchstrichterlich und instanzgerichtlich anerkannt ist daher, dass es dem Versicherer nicht verwehrt werden kann, sich umfassend zu verteidigen, und zwar auch mit der Behauptung, das schadensbegründende Ereignis sei nicht – wie vom Geschädigten behauptet – unfreiwillig erlitten, sondern von den angeblich Unfallbeteiligten einvernehm- 53

146 LG Aachen, Urt. v. 14.11.2012 – 10 O 487/11 – juris.

147 OLG Düsseldorf, Urt. v. 27.2.2018 – I-1 U 64/17 = NZV 2019, 207, mit Praxishinweis *Christensen*; OLG Celle, Urt. v. 13.7.2016 – 14 U 64/16 – juris; KG, r+s 2015, 571; OLG Köln, Urt. v. 23.2.2012 – I-7 U 134/11 – juris; OLG Düsseldorf, Urt. v. 15.1.2013 – I-1 U 153/11 – juris; KG DAR 2004, 352.

lich herbeigeführt worden.[148] Beim Verdacht einer Unfallmanipulation darf daher der neben dem Versicherungsnehmer und/oder dem versicherten Fahrer verklagte Haftpflichtversicherer sowohl als Streitgenosse als auch als Streithelfer nach §§ 61, 69 ZPO seine eigenen Interessen wahrnehmen und dabei abweichend von der unterstützten Partei vortragen.[149]

54 ▼

Muster 13.5: Nebenintervention des mitverklagten Haftpflichtversicherers

13.5 In Sachen

hat uns die Beklagte zu 2) in diesem Rechtsstreit mit ihrer Vertretung beauftragt. Namens und im Auftrage der Beklagten zu 2) zeigen wir fristgerecht Verteidigungsbereitschaft an.

Ferner treten wir namens und im Auftrage der Beklagten zu 2) dem Beklagten zu 1) als streitgenössische Nebenintervenientin nach §§ 61, 69 ZPO bei und erklären für diesen ebenfalls Verteidigungsbereitschaft.

Aufgrund werthaltiger Beweisanzeichen geht die Beklagte zu 2) davon aus, dass das streitbefangene Unfallereignis von Kläger und Beklagtem zu 1) verabredet wurde, mithin ein manipulierter Verkehrsunfall vorliegt. In diesen Fällen ist allgemein anerkannt, dass der Haftpflichtversicherer zur Wahrung seiner berechtigten Interessen sein Prozessführungsrecht auch mit Wirkung für den Versicherungsnehmer und/oder für den mitverklagten Fahrer wahrnehmen und abweichend von diesem vortragen kann (vgl. BGH, Beschl. v. 25.3.2014 – VI ZR 438/13 – juris; BGH, Urt. v. 15.9.2010 – VI ZR 107/09 – juris; OLG Frankfurt a.M., Urt. v. 8.4.2019 – 23 U 112/17 – juris; OLG Hamm, Beschl. v. 4.3.2014 – I-9 U 181/13 – juris; OLG Koblenz VersR 2006, 523).

▲

55 Die Zulässigkeit der Nebenintervention in Fällen der Unfallmanipulation entfaltet Reflexwirkung in Richtung des mitverklagten Fahrers. Wird vom Haftpflichtversicherer im Prozess der Vorwurf einer Unfallverabredung erhoben, so muss er den Fahrer im Rahmen seiner Rechtsschutzverpflichtung von den Kosten für die Vertretung durch einen eigenen Rechtsanwalt freistellen, auch wenn er ihm als Streithelfer beigetreten ist und sein Prozessbevollmächtigter für beide Klageabweisung beantragt hat.[150] Denn der Versicherte bedarf wegen des erhobenen Betrugsvorwurfs in besonderem Maße des rechtlichen Beistands. Gleiches gilt, soweit der beklagte Fahrer/Halter im Zusammenhang mit dem Einwand einer kollusiven Absprache Prozesskostenhilfe beantragt und seine Rechtsverteidigung auch erfolgversprechend ist.[151]

56 Schwierig sind dabei die Fälle, in denen die Klage aus anderen Gründen, z.B. wegen fehlender Aktivlegitimation, abgewiesen wurde. Im Rahmen der Schadensminderungsobliegenheit nach § 82 VVG kann der Versicherungsnehmer verpflichtet sein, den Aus-

148 BGH, Beschl. v. 25.3.2014 – VI ZR 438/13 – juris; BGH, Beschl. v. 29.11.2011 – VI ZR 201/10 – juris; BGH, Urt. v. 15.9.2010 – VI ZR 107/09 – juris; OLG Frankfurt a.M., Urt. v. 8.4.2019 – 23 U 112/17 – juris; OLG Hamm, Beschl. v. 4.3.2014 – I-9 U 181/13 – juris; OLG Koblenz VersR 2006, 523.

149 Vgl. dazu BGH, Beschl. v. 29.11.2011 – VI ZR 201/10 – juris.

150 Grundlegend BGH, Urt. v. 15.9.2010 – VI ZR 107/09 – juris.

151 BGH, Beschl. v. 6.7.2010 – VI ZB 30/08 – juris.

gang des Kostenfestsetzungsverfahrens abzuwarten und seine Kosten zunächst gegen den Kläger geltend zu machen.

II. Geständnis des vermeintlichen Unfallverursachers

Nicht selten bestätigt der vermeintliche Schädiger das behauptete Unfallgeschehen und 57 sein Alleinverschulden. Erfolgt dies noch am Unfallort, fehlt es regelmäßig an einem entsprechenden Rechtsbindungswillen zur Schaffung eines konstitutiven – Schriftform erforderlich – oder deklaratorischen Schuldanerkenntnisses.[152] Die Judikatur qualifiziert entsprechende Erklärungen des Schädigers daher nur als Indiz im Rahmen der Beweiswürdigung.[153]

Räumt der angebliche Schädiger im Prozess anlässlich seiner Vernehmung den kläger- 58 seits behaupteten Unfallhergang ein, ist zu differenzieren: Kein gerichtliches Geständnis i.S.d. § 288 ZPO liegt vor, wenn der Schädiger nicht postulationsfähig ist[154] oder im Rahmen seiner Vernehmung als Partei lediglich Angaben zur Sache macht.[155] Auch Angaben im Zuge einer Parteianhörung nach § 141 ZPO sollen kein wirksames Geständnis im prozessualen Sinne begründen können.[156] Schließlich ist ein Geständnis des Schädigers unerheblich, wenn das Gericht zu der Überzeugung einer Unfallmanipulation gelangt. Denn ein Geständnis, welches auf einen Betrug zu Lasten eines Dritten hinzielt, ist unwirksam.[157]

III. Gutachten mit Auswertung von EDR-Daten/Dash-Cam

Das Auslesen von Daten zur Unfallrekonstruktion gewinnt auch im Zusammenhang mit 59 der Aufklärung manipulierter Verkehrsunfälle immer mehr an Bedeutung.[158] Zahlreiche Firmen- und Mietwagen sind mit sog. Unfalldatenspeichern (Event Data Recorder = EDR) ausgestattet, die in unmittelbarem Zusammenhang mit einem Verkehrsunfall u.a. Geschwindigkeit, Beschleunigung, Bewegungsrichtung und Bremstätigkeit des Fahrers aufzeichnen.[159] Zum Fahrzeugverhalten werden Daten erzeugt und gespeichert vor der Kollision, während der Kollision und nachkollisionär.

Die technischen und rechtlichen Implikationen beim Auslesen und Verwenden von Fahrzeugdaten werden in einem eigenen Kapitel des Formularwerks erörtert. Hinzuwei-

152 BGH, Urt. v. 10.1.1984 – VI ZR 64/82 = NJW 1984, 799; OLG Brandenburg, Urt. v. 30.4.2009 – 12 U 219/08 = VersR 2009, 1352.
153 OLG Saarbrücken, Urt. v. 1.3.2011 – 4 U 370/10 – juris; OLG Düsseldorf, Urt. v. 16.6.2008 – I-1 U 246/07 – juris mit Anmerkung *Nugel*.
154 Vgl. BGH, Urt. v. 7.2.2006 – VI ZR 20/05 = VersR 2006, 663; OLG Saarbrücken – Urt. v. 4.12.2014 – 4 U 36/14 – juris.
155 BGH, Urt. v. 14.3.1995 – VI ZR 122/94 – juris.
156 BGH, Urt. v. 7.2.2006 – VI ZR 20/05 = NZV 2006, 412.
157 BGH, Urt. v. 22.5.1970 – IV ZR 1084/68 = VersR 1970, 826, 827; OLG Hamm, Beschl. v. 4.3.2014 – I-9 U 181/13 – juris; OLG Karlsruhe, r+s 2010, 254.
158 Vgl. *Röttger*, zfs 2018, 184, 191 ff.; *Laumen*, MDR 2018, 1153, 1160; *Balzer/Nugel*, NJW 2016, 193 ff.; *Franzke/Nugel*, NJW 2015, 2071, 2076.
159 Zu den technischen Möglichkeiten vgl. auch *Brockmann/Nugel*, zfs 2016, 64 ff.; *Dietrich/Nugel*, zfs 2017, 664 ff.

sen ist in vorliegendem Zusammenhang, dass die Judikatur bereits mehrfach unter Heranziehung eines verkehrsunfallanalytischen Gutachtens mit Einbeziehung der Datenlage eines EDR zur Annahme einer Unfallmanipulation gelangt ist.[160] Insoweit wurde auf die Zuverlässigkeit der EDR-Daten und den Gleichlauf mit den Mitteln der klassischen Unfallrekonstruktion ausdrücklich hingewiesen.[161] Ebenso darauf, dass die Verwendung der Daten im Rahmen der erforderlichen Interessenabwägung zulässig sei.[162]

Auch Dash-Cam-Aufnahmen können nach höchstrichterlicher Rechtsprechung im Rahmen eines Zivilprozesses je nach den Umständen des Einzelfalls verwertet werden.[163] Relevant wird dies bei der Abwehr von Ansprüchen aus einem provozierten Unfallereignis.[164]

IV. Gutachterkosten, Detektivkosten und Sachbearbeitungskosten

60 Nach Abschluss des betrugsindizierten Verkehrsunfallprozesses werden vom Kraftfahrt-Haftpflichtversicherer regelmäßig Kosten für außergerichtlich eingeholte Privatgutachten angemeldet. Diese Gutachten werden unter anderem in Auftrag gegeben zur Prüfung der Plausibilität des behaupteten Unfallgeschehens oder zur Kompatibilität der eingetretenen Fahrzeugschäden. Angesichts der Komplexität der technischen Aspekte können die hierdurch entstehenden Kosten nahezu den Wert des begehrten Anspruchs erreichen.

61 Die Rechtsprechung hat sich insgesamt zustimmend positioniert, wenn ein dringender Verdacht eines manipulierten Unfalls besteht. Zwar sind vorprozessual aufgewandte Kosten für die Erstattung eines Privatgutachtens nur ausnahmsweise als Kosten des Rechtsstreits anzusehen. In Fällen des Verdachts eines Versicherungsbetrugs gestalte sich jedoch für den Versicherer der Nachweis erfahrungsgemäß schwierig. Der Versicherer bedürfe regelmäßig sachverständiger Hilfe, um den zur Rechtsverteidigung notwendigen Vortrag halten zu können.[165] Er könne nicht darauf verwiesen werden, zunächst die Einholung eines Gutachtens durch das erkennende Gericht abzuwarten.[166] Auch bei zeitlich größerer Distanz zwischen Anmeldung von Schadensersatzansprüchen und Klageandrohung wird die Erstattungsfähigkeit von Sachverständigenkosten bejaht.[167] Zum einen genügt es, dass der Versicherer bei verständiger Bewertung des der Forderung zugrunde liegenden Sachverhalts von dem Verdacht eines versuchten Versicherungsbetrugs ausgehen kann. Denn in einer solchen Konstellation wird sich der Versicherer

160 OLG Hamm, Urt. v. 13.5.2019 – 6 U 144/17 – juris; LG Bochum, Urt. v. 7.11.2016 – I-5 O 291/15 – juris mit Anmerkung *Nugel*, jurisPR-VerkR 11/2017 Anm. 2; KG, VRS 111 (2006), 4 ff.; LG Berlin, Urt. v. 2.3.2015 – 44 O 129/14 – BeckRS 2015, 20991.

161 OLG Hamm, Urt. v. 13.5.2019 – 6 U 144/17 – juris.

162 Vgl. LG Bochum, Urt. v. 7.11.2016 – I-5 O 291/15 – juris mit Anmerkung *Nugel*, jurisPR-VerkR 11/2017 Anm. 2.

163 Grundlegend BGH, Urt. v. 15.5.2018 – VI ZR 233/17 – juris; OLG Nürnberg, Beschl. v. 10.8.2017 – 13 U 851/17 – juris.

164 Vgl. LG Brandenburg, NJW-RR 2018, 790 ff.

165 Grundlegend BGH, Beschl. v. 17.12.2002 – VI ZB 56/02 = VersR 2003, 481; BGH, Beschl. v. 18.11.2008 – VI ZB 24/08 – juris; vgl. auch BGH, Beschl. v. 12.9.2018 – VII ZB 56/15 – juris, zur Erstattungsfähigkeit der Kosten eines von der beklagten Partei eingeholten Sachverständigengutachtens bei fehlender eigener Sachkunde.

166 Grundlegend BGH, Beschl. v. 17.12.2002 – VI ZB 56/02 = VersR 2003, 481.

167 BGH, Beschl. v. 14.10.2008 – VI ZB 16/08 = VersR 2009, 280.

zu einer freiwilligen Leistung nicht bereitfinden und kann bereits frühzeitig von der Notwendigkeit einer gerichtlichen Klärung ausgehen.[168] Zum anderen ist ein Privatgutachten auch dann als prozessbezogen zu qualifizieren, wenn zwar der Auftrag zur Gutachtenerstattung vor Klageandrohung erfolgte, das Gutachten aber erst nach Androhung der Klage erstattet wird.[169]

Dabei setzt die Erstattungsfähigkeit solcher Kosten nicht voraus, dass das Privatgutachten im Rahmen einer ex-post Betrachtung tatsächlich die Entscheidung des Gerichts beeinflusst hat[170] oder im Rechtsstreit und Kostenfestsetzungsverfahren vorgelegt wird und Überzeugungskraft hat.[171] Dient das eingeholte Gutachten dagegen der allgemeinen und routinemäßigen Prüfung der Einstandspflicht, sind die Kosten nicht erstattungsfähig.[172] Besteht aber der begründete Verdacht auf ein manipuliertes Unfallereignis, darf eine Versicherung einen eigenen Sachverständigen zur Überprüfung des gegnerischen Vortrags einschalten.[173] Für einen solchen Verdacht kann es schon genügen, wenn ein auffallend hoher Schaden geltend gemacht wird, der erkennbar nicht ohne Weiteres mit dem behaupteten Unfallhergang in Einklang zu bringen ist.[174]

Strenger beurteilt die Rechtsprechung die Erstattungsfähigkeit von Detektivkosten. Dies 62
folgt aus dem Gebot einer sparsamen Prozessführung.[175] Grundsätzlich müssen sich diese Kosten gemessen an den wirtschaftlichen Verhältnissen der Parteien und der Bedeutung des Streitgegenstandes in vernünftigen Grenzen halten.[176] Darüber hinaus muss der Auftrag prozessbezogen, konkret umrissen und zur Bestätigung eines bestimmten Verdachts erfolgen.[177] Der Auftrag ist daher so zu gestalten, dass der beauftragende Versicherer die Ausführung überwachen kann und die Entscheidung über Beginn, Inhalt, Umfang, Dauer und Abbruch der Ermittlungen nicht völlig dem Detektiv überlässt.[178]

Der BGH formuliert hinsichtlich der Erstattungsfähigkeit von Detektivkosten nach § 91 Abs. 1 ZPO in ständiger Rechtsprechung, dass eine vernünftige Prozesspartei berechtigte Gründe haben muss, eine Detektei zu beauftragen. Hinzukommen müsse, dass die Detektivkosten sich – gemessen an den wirtschaftlichen Verhältnissen der Parteien und der Bedeutung des Streitgegenstandes – in vernünftigen Grenzen halten und prozessbezogen waren, die erstrebten Feststellungen wirklich notwendig waren sowie die Ermittlungen aus ex-ante-Sicht nicht einfacher und/oder billiger erfolgen konnten. Die Beeinflussung des Prozessausgangs sei regelmäßig ein Indiz für die Notwendigkeit, nicht jedoch Vo-

168 BGH NJW-RR 2009, 422; BGH NJW 2003, 1398.
169 BGH NJW 2006, 2415.
170 BGH, Beschl. v. 20.12.2011 – VI ZB 17/11 = r+s 2013, 103; kritisch OLG Köln, Beschl. v. 30.12.2014 – 17 W 152/14 – juris.
171 BGH, Beschl. v. 26.2.2013 – VI ZB 59/12 – juris.
172 OLG Köln, Beschl. v. 29.1.2015 – 17 W 135/14 – juris.
173 BGH, Beschl. v. 26.2.2013 – VI ZB 59/12 – juris; OLG Hamm, Beschl. v. 16.10.2014 – I 25 W 166 / 14 – juris.
174 OLG Düsseldorf, Beschl. v. 22.3.2011 – 4 W 1 / 11 = RUS 2014, 531.
175 OLG Hamm, Beschl. v. 23.2.1993 – 23 W 23/93 = MDR 1994, 103.
176 OLG Bremen, Beschl. v. 16.11.2015 – 1 T 417/15 – juris.
177 OLG Koblenz, Urt. v. 9.4.2002 – 11 WF 70/02 = VersR 2003, 1554; KG, Beschl. v. 6.5.2003 – 1 W 35/01 = MDR 2003, 1444.
178 OLG Koblenz, Beschl. v. 29.10.2010 – 14 W 757/10 – n.v.

raussetzung der Erstattungsfähigkeit. Des Weiteren wird verlangt, dass der Auftrag an die Detektei zur Bestätigung eines bestimmten festen Verdachts erteilt wurde.[179]

An diesen Voraussetzungen muss sich auch der Detektiveinsatz des in Anspruch genommenen KH-Versicherers messen lassen. Der Versicherer muss insbesondere prüfen, ob aufgrund der Aktenlage und bereits vorhandener Indizien ein konkreter Verdacht der Unfallmanipulation besteht und ob weitere Ermittlungsmaßnahmen – insbesondere bezüglich einer möglichen Bekanntschaft oder Freundschaft der Unfallbeteiligten und sonstigen involvierten Personen – den Einsatz eines Detektivs erfordern.

63 Bislang kaum beachtet ist die Möglichkeit des Haftpflichtversicherers, in begründeten Verdachtsfällen Schadenssachbearbeitungskosten im Kostenfestsetzungsverfahren geltend zu machen. Zustimmende Entscheidungen begründen einen Erstattungsanspruch des Versicherers damit, dass die Bearbeitung eines Betrugsfalls mit einem erhöhten Verwaltungsaufwand verbunden ist und nicht zum originären Aufgabenkreis des Versicherers zählt.[180] Voraussetzung eines Anspruchs ist allerdings, dass der Versicherer konkret darlegt, welche Arbeitsschritte erforderlich waren und zur Schadensschätzung eine prüfbare Aufstellung über Kosten in der Schadenssachbearbeitung vorlegt.

179 BGH, Beschl. v. 15.5.2013 – XII ZB 107/08 – juris.
180 AG Hameln, Urt. v. 4.1.2012 – 32 C 352/11 – juris; AG Grimma, Urt. v. 11.9.2007 – 4 C 134/07 = NJW-RR 2008, 113.

§ 14 Kaskoversicherung

Dr. Michael Nugel

A. Übersicht

Kasko- oder Fahrzeug-Versicherungsverträge bieten Schutz vor Eigenschäden, also vor Schäden, für die keine Dritten haftbar gemacht werden können (bzw. sollen). Der Fahrzeugversicherung liegen die Allgemeinen Versicherungsbedingungen für die Kraftfahrtversicherung (AKB) zugrunde. Darin wird zwischen Teil- und Vollkasko unterschieden. 1

B. Anmeldung von Ansprüchen

I. Übersicht

Da es sich bei Ansprüchen auf Leistung aus einer Fahrzeugversicherung um vertragliche Ansprüche handelt, ist die Anmeldung derartiger Ansprüche nicht Gegenstand des Mandats, welches sich gegen die Haftpflichtversicherung des Schädigers richtet. Wird der Anwalt mit der Geltendmachung der Ansprüche gegenüber dem Kaskoversicherer beauftragt, erhält der Mandant die dadurch verursachten Anwaltskosten nicht in jedem Fall ersetzt. Gegenüber dem Kaskoversicherer besteht nur dann ein Kostenerstattungsanspruch, wenn er sich mit der Versicherungsleistung im Verzug befindet.[1] Liegt ein Haftpflichtfall vor und nimmt der Mandant dennoch seinen Kaskoversicherer in Anspruch, sind die dadurch verursachten Anwaltskosten vom Schädiger bzw. dessen Haftpflichtversicherer nicht in jedem Fall und im Übrigen nur entsprechend der Haftungsquote zu ersetzen. Hierüber muss der Mandant in jedem Fall beraten werden. 2

Hinweis

Allein der Umstand, dass bei der späteren Regulierung durch den Kaskoversicherer auch ein Quotenvorrecht des Geschädigten zu berücksichtigen sein kann, reicht nicht aus, um aus der maßgeblichen Sicht des Geschädigten die Erforderlichkeit der anwaltlichen Vertretung schon bei der ersten Kontaktaufnahme mit seinem Kaskoversicherer zu begründen (BGH, Urt. v. 11.7.2017 – VI ZR 90/17 = NJW 2017, 3527).

Allerdings: Wird in einem solchen Fall eine Vertretung durch einen Rechtsanwalt im späteren Verlauf erforderlich, führt die zu frühe Einschaltung des Rechtsanwalts – für sich genommen – nicht notwendig zu einem vollständigen Ausschluss des gemäß zu schätzenden Schadens wegen der Rechtsverfolgungskosten, sondern es kommt auch eine anteilige Übernahme in Betracht.

Ausnahmsweise kann auch eine Erstattungspflicht durch den Kaskoversicherer im Rahmen eines Verzugs bestehen.

1 OLG Schleswig, Urt. v. 23.6.2011 – 16 U 134 / 10 – juris; OLG Köln, Urt. v. 28.6.2016 – 9 U 4/16 – juris.

3 ▼

Muster 14.1: Übernahme der Kosten des Rechtsanwalts durch die Kaskoversicherung

Sie haben auch die durch unsere Beauftragung entstanden Kosten als Schadensersatz unter dem Gesichtspunkt des Verzugs zu erstatten (OLG Zweibrücken, Urt. v. 31.10.2018 – 1 U 93/17 – juris). Die vor unserer Beauftragung zu dem Datum des gesetzte Frist haben Sie verstreichen lassen, ohne in die zu diesem Zeitpunkt bereits gebotene Regulierung einzutreten. Zu diesem Zeitpunkt lagen alle Informationen vor, damit ihre Leistungsprüfung abgeschlossen werden konnte und die begehrte Versicherungsleistung mithin fällig i.S.d. § 14 VVG geworden ist:

▲

4 Zu beachten ist dabei auch, dass dem Versicherer ein weiter Ermessensspielraum bei der Prüfung zusteht, welche Tatsachen er im Einzelnen für eine Prüfung der Haftung dem Grunde und der Höhe nach für notwendig hält.[2] Lehnt der Versicherer aber eine Leistung ernsthaft und endgültig ab setzt er damit zugleich die Grundlage für einen Verzugstatbestand nach § 286 Abs. 2 VVG.

II. Anfertigung eines Gutachtens durch Versicherung

5 ▼

Muster 14.2: Anfertigung eines Gutachtens durch Versicherung

Versicherung AG

Schaden-Nr./VS-Nr./Az.

Schaden vom

Pkw , amtl. Kennzeichen

Sehr geehrte Damen und Herren,

Ihr Versicherungsnehmer aus beauftragte mich mit der Wahrnehmung seiner Interessen aus Anlass einer Verkehrsunfallangelegenheit. Eine Kopie der auf mich lautenden Vollmacht füge ich in der Anlage bei.

Unter der im Betreff genannten Versicherungsscheinnummer unterhält mein Mandant in Ihrem Hause eine Fahrzeugvollversicherung. Der versicherte Pkw wurde im Rahmen eines Verkehrsunfalls am erheblich beschädigt. Namens und in Vollmacht meines Mandanten melde ich hiermit Ansprüche auf Versicherungsleistungen aus dem Fahrzeugversicherungsvertrag an.

Das Fahrzeug befindet sich derzeit auf dem Gelände der Firma . Zur Feststellung des Schadensumfangs bitte ich Sie, einen Sachverständigen Ihres Hauses mit der Begutachtung des Fahrzeugs zu beauftragen. Den konkreten Besichtigungstermin stimmen Sie bitte unmittelbar mit der Firma , Telefon , ab.

Im Übrigen bitte ich Sie darum, die zukünftige Korrespondenz in der Schadensache unmittelbar mit meinem Büro zu führen.

2 BGH, Urt. v. 22.2.2017 – IV ZR 289/14 = zfs 2017, 212.

Bitte übersenden Sie mir zu gegebener Zeit eine Durchschrift des von Ihnen eingeholten Kaskogutachtens.

Mit freundlichen Grüßen

(Rechtsanwalt)

▲

Nach Maßgabe der jedem Fahrzeugversicherungsvertrag zugrunde liegenden Allgemeinen Versicherungsbedingungen für die Kraftfahrtversicherung ist i.d.R. der Versicherer in der Kaskoversicherung dazu verpflichtet, die Kosten zur Feststellung des Schadensumfangs in Form eines Sachverständigengutachtens zu übernehmen, wenn der Sachverständige vom Versicherer beauftragt worden oder zumindest mit dessen Zustimmung tätig geworden ist. Hierzu gehören auch die Kosten für die Anfertigung eines Sachverständigengutachtens. 6

Hinweis

Beauftragt der Versicherungsnehmer selber einen Sachverständigen werden diese Kosten nach den AKB i.d.R. nicht vom Versicherer übernommen, wenn dieser der Beauftragung nicht zugestimmt hat. Hat der Versicherungsnehmer im Haftpflichtfall schon einen eigenen Sachverständigen beauftragt und will erst später seinen Kaskoversicherer in Anspruch nehmen, bietet es sich an, mit dem Kaskoversicherer abzusprechen, ob und in welchem Umfang das unter Haftpflichtgesichtspunkten erstellte Gutachten auch vom Vollkaskoversicherer als Regulierungsgrundlage übernommen werden kann – dann ist dieser auch häufig bereit, die Gutachterkosten mitzutragen.

C. Teilkaskoversicherung

I. Übersicht

Die Teilkaskoversicherung bietet gem. Ziff. A.2.2.1 AKB 2015 Schutz u.a. vor Schäden durch Brand oder Entwendung des Fahrzeugs, Elementarschäden wie z.B. Sturm, Hagel oder Blitzschlag sowie Schäden durch Glasbruch. 7

Besonderheiten ergeben sich insbesondere nach dem Drei-Stufen-Modell des BGH[3] bei dem Nachweis einer Entwendung des Kfz.: Auf der ersten Ebene hat der Versicherungsnehmer den Nachweis einer solchen Entwendung nach dem Maßstab des § 286 ZPO zu führen. Wegen der insoweit für ihn bestehenden Beweisnot, da in den seltensten Fällen die Entwendung als solche durch Zeugen wahrgenommen wird, genügt hierfür erst einmal der Beweis von Tatsachen, aus denen sich das äußere Bild eines Diebstahls mit hinreichender Wahrscheinlichkeit nachvollziehen lässt. Wenn aber das äußere Bild eines Diebstahls bewiesen wird, muss der Versicherer wiederum Tatsachen beweisen, aus denen sich mit erheblicher Wahrscheinlichkeit die Vortäuschung einer Entwendung schließen lässt. Für diesen Gegenbeweis des Versicherers ist kein Vollbeweis erforder- 8

3 BGH, Urt. v. 8.4.2015 – IV ZR 171/13 – juris; vgl. auch Prölss/Martin/*Klimke*, VVG, 31. Aufl. 2021, AKB A.2.2.1 Nr. 28 m.w.N.

lich, sondern lediglich der Nachweis konkreter Tatsachen, die in der Gesamtschau mit erheblicher Wahrscheinlichkeit darauf schließen lassen, dass der Diebstahl nur vorgetäuscht war.[4] Maßgeblich hierfür ist eine Gesamtschau der einzelnen Indizien und Umstände. Die erhebliche Wahrscheinlichkeit für den Gegenbeweis kann sich dabei sowohl aus allgemeinen Tatsachen als auch aus dem Verhalten des Anspruchstellers oder der anderen Beteiligten ergeben – insbesondere bei Zweifeln an der Glaubwürdigkeit des Versicherungsnehmers im Zusammenhang mit unrichtigen oder widersprüchlichen Angaben bei der Schadensabwicklung. Ebenfalls zu beachten ist die Ungewöhnlichkeit des behaupteten Geschehens oder eine auffallende Häufung von nicht erklärbaren Widersprüchen.[5]

II. Glasbruchschäden

9 In der Praxis der Verkehrsunfallbearbeitung können in erster Linie Glasbruchschäden eine Rolle spielen. Gem. Ziff. A.2.2.1.5 AKB 2015 ist der Kaskoversicherer zum Ausgleich sämtlicher „Bruchschäden an der Verglasung des Fahrzeugs" verpflichtet, wobei allerdings Folgeschäden ausgeschlossen sind. In Ziff. A.2.2.1.5 AKB 2015 wird – anders als in Ziff. A.2.2.5 AKB 2008 und § 12 Abs. 2 AKB a.F. – der Begriff „Verglasung" näher definiert. Zur Verglasung gehören danach Glas- und Kunststoffscheiben (z.B. Front-, Heck-, Dach-, Seiten- und Trennscheiben), Spiegelglas und Abdeckungen von Leuchten. Versichert ist damit jede Art von Scheiben, unabhängig davon, ob sie aus Glas oder Kunststoff bestehen.[6] Auch Scheinwerfer- oder Blinkerabdeckungen aus Kunststoff dürften daher unter den Versicherungsschutz fallen. Nicht zur Verglasung gehören hingegen Glas- und Kunststoffteile von Informationssystemen, Displays, oder Monitoren sowie auch Leuchtmittel wie z.B. Glühbirnen.[7] Dabei kommt es immer auf den Einzelfall an, ob auch schon bei geringeren Beeinträchtigungen ein Glasbruch i.S.d. AKB vorliegt.

10 ▼

Muster 14.3: Umfang des Glasbruchschadens

14.3

Der durchschnittliche Versicherungsnehmer darf unter einem versicherten Bruchschaden an der Verglasung des Fahrzeugs nicht nur verstehen, dass die Scheibe zerbrochen sein muss, sondern auch, dass bereits Einschnitte, Risse oder Sprünge in Scheiben z.B. durch Steinschlag als „Glasbruch" angesehen werden. Nur bloße Trübungen und oberflächliche Beschädigungen an den Fahrzeugscheiben können ausscheiden – und dies auch nur dann, wenn die Kratzer ersichtlich keine Auswirkung auf die Verkehrssicherheit haben und ein Austausch der Scheibe in erster Linie aus kosmetischen Gründen erfolgen würde (LG Saarbrücken, Urt. v. 10.2.2023 – 13 S 109/22 – juris).

▲

4 OLG Hamm, Urt. v. 13.2.2019 – 20 U 123/18; OLG Hamm, Urt. v. 11.6.2010 – I-20 U 212/09; OLG Celle, Urt. v. 30.5.2013 – 8 U 275/12 – Schaden-Praxis 2013, 299.

5 OLG Hamm, Urt. v. 11.6.2010 – I-20 U 212/09 – juris.

6 Anders noch LG Köln, Urt. v. 22.4.1999 – 24 S 114/98 = SP 1999, 322; AG Köln, Urt. v. 2.11.1998 – 142 C 109/98 = VersR 2000, 1412; AG Düsseldorf, Urt. v. 2.8.2001 – 50 C 6608/01 = SP 2002, 69 jeweils zu § 12 Abs. 2 AKB a.F.

7 AG Stuttgart, Urt. v. 10.12.1987 – 15 C 9783/87 = VersR 1988, 1019.

Problematisch kann die Prüfung werden, ob und inwieweit bei der Abrechnung von Glasbruchschäden Abzüge „neu für alt“ zu vorzunehmen sind. 11

▼ 12

Muster 14.4: Kein Abzug „neu für alt“ bei Glasbruchschäden an der Windschutzscheibe

Versicherung AG

Schaden-Nr./VS-Nr./Az.

Schaden vom

Pkw , amtl. Kennzeichen

Sehr geehrte Damen und Herren,

mit der Abrechnung der Schadensache vermag ich mich nicht einverstanden zu erklären. Durch Schreiben vom brachten Sie von der vom Sachverständigen ermittelten Entschädigungsleistung pauschal EUR in Abzug. Zur Begründung führten Sie aus, der Abzug diene dem Ausgleich „neu für alt“. Der Abzug ist im Wesentlichen unbegründet.

Der Umfang Ihrer Ersatzpflicht richtet sich nach den dem Vertrag zugrundeliegenden AKB. Danach ist der Schaden bis zur Höhe des Wiederbeschaffungswerts zu ersetzen. Von den Kosten der Ersatzteile ist grundsätzlich ein dem Alter und der Abnutzung entsprechender Abzug zu machen. Der Abzug „neu für alt“ richtet sich nach denselben Grundsätzen wie die schadensrechtliche „Vorteilsausgleichung“. Ein Abzug „neu für alt“ setzt voraus, dass der Geschädigte durch eine Ersatzleistung Aufwendungen erspart, die er im Laufe der Lebensdauer eines Kraftfahrzeugs hätte tätigen müssen, da sie Folge eines allgemeinen Verschleißes sind. Die Fensterscheiben eines Kfz erreichen i.d.R. aber die gleiche Lebenslänge wie das Kfz selbst.

Fahrzeugverglasungen stellen mithin keine „Verschleißteile“ dar, die im Laufe der Lebensdauer des Kraftfahrzeugs ausgetauscht werden müssen. Danach scheidet ein Abzug „neu für alt“ bei Glasbruchschäden grundsätzlich aus (OLG München, Urt. v. 25.6.1987 – 24 U 556/86 = NJW-RR 1988, 90; OLG Karlsruhe, Urt. v. 17.12.1992 – 12 U 116/92 = zfs 1994, 20 = VersR 1993, 1144; AG Wetzlar, Urt. v. 20.9.2001 – 35 C 1211/01 = VersR 2002, 752). Einzige Ausnahme hiervon kann in Einzelfällen die Windschutzscheibe sein. Die Rechtsprechung akzeptiert hier aber nur ausnahmsweise einen Abzug „neu für alt“, der sich dann allerdings nach dem Grad ihrer Zerkratzung und den konkreten Alterserscheinungen bemisst (LG Aachen, Urt. v. 25.11.1988 – 5 S 343/88 = r+s 1989, 320; AG Schweinfurt, Urt. v. 3.7.1989 – C 423/89 = r+s 1989, 321; AG Gießen, Urt. v. 21.9.1995 – 46 C 1824/95 = zfs 1996, 20).

Das Fahrzeug meines Mandanten war zum Unfallzeitpunkt erst Jahre alt. Die Windschutzscheibe wies keinerlei bzw. nur völlig belanglose Zerkratzungen auf. Dies ist erforderlichenfalls zeugenschaftlich belegbar. Ein Abzug „neu für alt“ scheidet danach hier aus.

Ich habe Sie deshalb aufzufordern, die offene Versicherungsleistung von EUR zur Meidung einer gerichtlichen Klärung unverzüglich, spätestens jedoch bis zum

(*10-Tages-Frist*)

auszugleichen.

Mit freundlichen Grüßen

(Rechtsanwalt)

▲

III. Sturmschäden

13 Einen häufigen Streitpunkt zwischen dem Versicherungsnehmer einer Teilkaskoversicherung und dem Versicherer bilden sog. Sturmschäden. Gem. Ziff. A.2.2.1.3 AKB 2015 ist die unmittelbare Einwirkung eines Sturms auf das Fahrzeug versichert. Voraussetzung eines versicherten Sturmschadens ist, dass ein Sturm vorliegt, der unmittelbar auf das Fahrzeug eingewirkt hat.

14 Als Sturm gilt gem. Ziff. A.2.2.1.3 AKB 2015 eine wetterbedingte Luftbewegung von mindestens Stärke 8. Der Versicherungsnehmer muss das Vorliegen eines solchen Sturms beweisen. Die bloße Möglichkeit oder Wahrscheinlichkeit eines solchen Sturms genügt nicht.[8] Die Darlegung eines Pkw-Sturmschadens erfordert im Übrigen zumindest den Vortrag von Umständen, die den Schluss auf sturmartige Windgeschwindigkeiten an der Unfallstelle zulassen.[9] Der Beweis der notwendigen Sturmstärke ist am einfachsten durch die genaue Bezeichnung des Unfalltages und -ortes und die Vorlage eines Gutachtens des zuständigen Wetteramtes möglich.[10] Für den Ersatz eines Sturmschadens an einem versicherten Fahrzeug gelten die gleichen Grundsätze wie zum Nachweis eines Diebstahls eines versicherten Fahrzeugs. Der Versicherungsnehmer muss demnach die Umstände darlegen und gegebenenfalls beweisen, aus denen sich mit hinreichender Wahrscheinlichkeit auf eine Sturmbedingtheit der behaupteten Schäden schließen lässt. Insoweit ist darzulegen, dass das Fahrzeug zu einer bestimmten Zeit an einem bestimmten Ort abgestellt und dort nach Rückkehr zu einer bestimmten Zeit in einer bestimmten Position sowie einem bestimmten Zustand vorgefunden wurde.[11]

15 Durch den Sturm muss unmittelbar ein Schaden am Fahrzeug verursacht worden sein. Auch diese Voraussetzung muss der Versicherungsnehmer beweisen. Er muss dazu einen Lebenssachverhalt darlegen, aus dem sich ergibt, dass die Naturgewalt einzige oder zumindest letzte Ursache für den eingetretenen Schaden gewesen ist,[12] d.h. eine andere Ursache wie etwa überhöhte Geschwindigkeit bei Aquaplaning oder ein Fahrfehler ausscheidet. Ist dagegen nach dem eigenen Sachvortrag des Versicherungsnehmers nahe-

8 LG Görlitz, Urt. v. 9.2.1998 – 2 O 224/97 = SP 1998, 396.
9 OLG Koblenz, Urt. v. 20.12.1973 – 4 U 573/73 = VersR 1975, 32.
10 AG Koblenz, Urt. v. 16.3.1990 – 17 C 3711/89 = zfs 1990, 205.
11 AG Düsseldorf, Urt. v. 3.6.2015 – 235 C 14139/14 – juris.
12 OLG Köln, Urt. v. 1.12.1998 – 9 U 103/98 = zfs 1999, 338 = NJW-RR 1999, 468; LG Rostock, Urt. v. 25.7.2003 – 3 O 421/02 = SP 2004, 22; LG Bochum, Urt. v. 7.11.2014 – 4 O 252/12 – juris.

liegend, dass andere Umstände die letzte Ursache gebildet haben, ist die Klage abzuweisen und eine Beweisaufnahme entbehrlich.[13]

Nach Ziff. A.2.2.1.3 AKB 2015 sind ferner Schäden in den Versicherungsschutz eingeschlossen, die durch den Sturm infolge auf den Pkw geworfener Gegenstände verursacht werden. Hierher gehört auch der Fall, dass durch den Sturm ein nicht versichertes Fahrzeugteil gegen das Fahrzeug geworfen wird.[14] Ausgeschlossen sind jedoch nach den AKB Schäden, die auf ein durch den Sturm veranlasstes Verhalten des Fahrers zurückzuführen sind. Bei letzterer Klausel handelt es sich nicht etwa um einen vom Versicherer zu beweisenden Ausschlusstatbestand, sondern um eine Beschreibung der Voraussetzung der unmittelbaren Einwirkung des Sturms auf das versicherte Fahrzeug.[15] Der Versicherungsnehmer hat daher darzulegen und ggf. zu beweisen, dass kein sturmbedingter Fahrfehler den Schaden verursacht hat. Kein Versicherungsschutz besteht beispielsweise, wenn der Fahrer durch eine Windböe zu einer Gegenlenkbewegung veranlasst wird und dadurch von der Fahrbahn abkommt.[16] Führt die Windböe dagegen dazu, dass das Fahrzeug ohne Hinzutun des Fahrers von der Fahrbahn abkommt, liegt ein versicherter Schaden vor.[17] Hierfür muss der Versicherungsnehmer darlegen und ggf. beweisen, dass die Windkraft eines Sturms objektiv geeignet gewesen ist, die Haftkraft des Kfz zu überwinden.[18] 16

Ein in der Rechtsprechung unterschiedlich beurteilter Fall liegt vor, wenn vor das Fahrzeug des Versicherungsnehmers durch den Sturm Gegenstände auf die Fahrbahn geworfen werden, die dieser dann überfährt. So handelt es sich um eine versicherte unmittelbare Einwirkung des Sturms, wenn die Gegenstände (was der Versicherungsnehmer beweisen muss) so nah vor das Fahrzeug geworfen werden, dass der Fahrer diese zwangsläufig überfahren musste.[19] Dies deshalb, da der Fahrer in dieser Situation der gleichen höheren Gewalt ausgesetzt ist, wie wenn die Gegenstände direkt gegen sein Fahrzeug geworfen werden. Anders kann der Fall jedoch liegen, wenn das Überfahren der Gegenstände dazu führt, dass im Zusammenspiel mit einer Lenkbewegung des Fahrers das Fahrzeug von der Fahrbahn abkommt. In diesem Fall kann für die Schäden, die auf das Abkommen des Fahrzeugs von der Fahrbahn zurückzuführen sind, kein Versicherungsschutz bestehen.[20] 17

13 OLG Köln, Urt. v. 1.12.1998 – 9 U 103/98 = zfs 1999, 338 = NJW-RR 1999, 468.
14 LG Neubrandenburg, Urt. v. 12.9.1996 – 1 S 76/96 = SP 1997, 113.
15 BGH, Urt. v. 26.4.2006 – IV ZR 154/05 = zfs 2006, 511; OLG Hamm, Urt. v. 15.6.1988 – 20 U 261/87 = zfs 1989, 96 = NJW-RR 1989, 26.
16 OLG Hamm, Urt. v. 15.6.1988 – 20 U 261/87 = zfs 1989, 96 = NJW-RR 1989, 26; LG Rostock, Urt. v. 25.7.2003 – 3 O 421/02 = SP 2004, 22.
17 LG Rostock, Urt. v. 25.7.2003 – 3 O 421/02 = SP 2004, 22.
18 LG Chemnitz, Urt. v. 19.3.2004 – 6 S 98/02 = zfs 2004, 325.
19 LG Düsseldorf, Urt. v. 25.1.2001 – 20 S 287/00 = SP 2002, 208 m.w.N.
20 LG Köln, Urt. v. 2.11.1988 – 19 S 158/88 = zfs 1989, 132.

18 ▼

Muster 14.5: Ersatz eines „Sturmschadens“ bei der Überfahrt eines Astes

14.5

Versicherung AG

Schaden-Nr./VS-Nr./Az.

Schaden vom

Pkw , amtl. Kennzeichen

Sehr geehrte Damen und Herren,

mit der Ablehnung der Ansprüche meines Mandanten aus dem Ihnen gemeldeten Versicherungsfall vermag ich mich nicht einverstanden zu erklären.

Entgegen Ihrer Auffassung liegt eine unmittelbare Einwirkung des unstreitig zum Unfallzeitpunkt bestehenden Sturms auf das Fahrzeug meines Mandanten vor, die zu dem geltend gemachten Schaden geführt hat. Eine solche Einwirkung ist immer gegeben, wenn der Sturm die letzte Ursache zu dem Schadensfall gesetzt hat (OLG Köln, Urt. v. 1.12.1998 – 9 U 103/98 = zfs 1999, 338 = NJW-RR 1999, 468; LG Rostock, Urt. v. 25.7.2003 – 3 O 421/02 = SP 2004, 22; LG Bochum, Urt. v. 7.11.2014 – 4 O 252/12 – juris). Dies ist auch dann der Fall, wenn durch den Sturm Astteile direkt vor das versicherte Fahrzeug geweht werden und der Fahrer deshalb nicht mehr ausweichen kann (LG Düsseldorf, Urt. v. 25.1.2001 – 20 S 287/00 = SP 2002, 208 m.w.N.). Diese Situation ist vergleichbar mit derjenigen, dass durch den Sturm direkt gegen das Fahrzeug Astteile geweht werden. In beiden Fällen tritt kein Verhalten des Fahrers als letzte Ursache hinzu, der bei beiden Sachverhalten einen Schaden auch nicht vermeiden kann.

Genauso liegt der Fall auch hier. Die angeführten Astteile sind durch den Sturm direkt vor das Fahrzeug meines Mandanten geweht worden. Dass dieser versucht hat, den Astteilen auszuweichen, ist unerheblich, da diese instinktive Lenkbewegung keine Ursache zu dem eingetretenen Schaden gesetzt hat. Vielmehr ist es so, dass die Astteile so nah vor das Fahrzeug meines Mandanten geweht sind, dass dieser nicht mehr ausweichen konnte. Die Lenkbewegung kann daher hinweggedacht werden und der eingetretene Schaden wäre derselbe. Eine unmittelbare Einwirkung durch einen Sturm i.S.d. oben genannten Rechtsprechung ist daher gegeben.

Ich habe Sie deshalb aufzufordern, die offene Versicherungsleistung von EUR zur Meidung einer gerichtlichen Klärung unverzüglich, spätestens jedoch bis zum

(*10-Tages-Frist*)

auszugleichen.

Mit freundlichen Grüßen

(Rechtsanwalt)

▲

D. Vollkaskoversicherung

I. Übersicht

Weitaus wichtiger für die Praxis der Verkehrsunfallbearbeitung sind Vollkasko-Versicherungsverträge. Sie bieten auch Schutz bei Unfallschäden. Zu einer wesentlichen Besserstellung des Geschädigten kann die Anwendung des sog. Quotenvorrechts gem. § 86 Abs. 1 S. 2 VVG führen. Nimmt der Geschädigte seine Vollkaskoversicherung in Anspruch, gehen seine Ersatzansprüche gegen den Schädiger zwar auf den Vollkaskoversicherer über. Der Anspruchsübergang erfolgt jedoch nur insoweit, als der Anspruch zusammen mit der gezahlten Versicherungssumme den Schaden des geschädigten Versicherungsnehmers übersteigt. **19**

Die Inanspruchnahme des Vollkaskoversicherers bietet sich in erster Linie an, wenn **20**

- der Schaden allein vom Versicherungsnehmer verursacht und verschuldet wurde,
- dem Versicherungsnehmer ein Mitverschulden oder eine Mitverursachung zur Last fällt (dann ist das sog. Quotenvorrecht zu beachten) oder
- sich die Regulierung des Schadens durch den Schädiger oder dessen Haftpflichtversicherer verzögert.

Wichtigstes versichertes Ereignis in der Vollkaskoversicherung ist der Unfall als unmittelbar von außen plötzlich mit mechanischer Gewalt auf das Fahrzeug einwirkendes Ereignis. Eine solche Unmittelbarkeit liegt auch dann vor, wenn der Schaden nicht unmittelbar, sondern erst bei dem weiteren Betrieb des Kfz eintritt.[21] Tritt jedoch eine unterlassene Handlung des Versicherungsnehmers hinzu (wie etwa die unterlassene Reparatur eines undichten Dachs) fehlt es am Unmittelbarkeitszusammenhang.[22] **21**

Voraussetzung ist ferner, dass das Schadensereignis von außen auf das Kfz einwirkt. Dies dienst der Abgrenzung von nicht versicherten Betriebsschäden – ein solcher innerer Betriebsvorgang liegt beispielsweise vor, wenn sich Reifenteile ohne Einwirkung von außen verschleißbedingt lösen und dann das Kfz weiter beschädigen.[23]

Schwierig ist die Abgrenzung zu den Ausschlüssen eines Brems- und Betriebsvorgangs. Ausgenommen sind aber nur Schäden, die allein durch einen Bremsvorgang hervorgerufen werden, die insbesondere bei dem Motor denkbar sind. Weitere Folgen des Bremsens wie etwa eine Kollision sind natürlich mitversichert.[24] Bei der Annahme eines Schadens durch einen nicht versicherten reinen Betriebsvorgang kommt es darauf an, ob sich bei der Einwirkung das normale Betriebsrisiko des Kfz gem. seiner Zweckbestimmung realisiert hat und der Fahrer damit rechnen konnte.[25] Diese Klärung der Verwendung des Fahrzeugs ist daher insbesondere bei Transport-Lkw, Traktoren und Baustellenfahrzeugen von besonderer Bedeutung. Wenn z.B. das Befahren von unbefestigten Wegen

21 Grundlegend: BGH VersR 1954, 113.
22 OLG München VersR 1959, 103.
23 OLG Düsseldorf zfs 1998, 180.
24 So schon BGH VersR 1969, 940.
25 OLG Koblenz VersR 2000, 485; OLG Hamm NZV 1994, 156.

zum gewöhnlichen Betrieb gehört, unterfällt diese Nutzung dem gewöhnlichen Betriebsrisiko.[26] Anders kann es dann wiederum bei einem Aufprallschaden sein.

22 ▼

Muster 14.6: Deckungsschutz bei Unfallereignis als „Anprallschaden"

Versicherung AG

Schaden-Nr./VS-Nr./Az.

Schaden vom

Pkw , amtl. Kennzeichen

Sehr geehrte Damen und Herren,

Ihr Versicherungsnehmer aus beauftragte mich mit der Wahrnehmung seiner Interessen in der im Betreff genannten Vollkaskoschadensache. Eine Kopie der auf mich lautenden Vollmacht füge ich in der Anlage bei.

Durch Schreiben vom lehnten Sie Ihre Eintrittspflicht für den Schadensfall vom insgesamt mit dem Hinweis auf einen angeblichen Betriebsschaden ab. Diesen Risikoausschluss haben aber Sie zu beweisen und der Sachverhalt bietet hier ein anderes Bild.

In diesem Fall geht es aber um einen Schaden, der direkt durch den „Sturz" des versicherten Kfz bei einem Baustellenunfall als Aufprallschaden eingetreten ist:

Die Schäden, welche durch dieses Umstürzen versursacht wurden, sind als Unfallschaden gedeckt, da aus Sicht des durchschnittlichen Versicherungsnehmers derartige Schäden nicht mehr dem Betrieb zuzurechnen sind (So schon BGH VersR 1969, 940; BGH VersR 1998, 179 und OLG Celle r+s 1999, 360). Es handelt sich dann nicht mehr um ein im Rahmen der Zweckbestimmung für den Betrieb des Kfz mitkalkuliertes Risiko.

Abschließend habe ich Sie daher aufzufordern, die mit EUR bezifferte Kaskoentschädigung abzüglich des vertraglich vereinbarten Selbstbehalts in Höhe von EUR unverzüglich, spätestens jedoch bis zum

(*10-Tages-Frist*)

auszugleichen. Nach fruchtlosem Fristablauf werde ich meinem Mandanten die unverzügliche Inanspruchnahme gerichtlicher Hilfe empfehlen.

Mit freundlichen Grüßen

(Rechtsanwalt)

▲

26 OLG Hamm NZV 1990, 436.

II. Grob fahrlässige Herbeiführung des Versicherungsfalls

1. Übersicht

Für die Leistungspflicht des Vollkaskoversicherers ist es grundsätzlich ohne Bedeutung, von wem der Unfallschaden verursacht bzw. verschuldet wurde. Nach § 81 Abs. 1 VVG ist der Versicherer jedoch bei einer vorsätzlichen Herbeiführung des Versicherungsfalls vollständig leistungsfrei. Im Fall der grob fahrlässigen Verursachung des Versicherungsfalls sieht § 81 Abs. 2 VVG ein Kürzungsrecht des Versicherers vor, das sich an der Schwere des Verschuldens des Versicherungsnehmers orientiert. Die bei dieser Quotenbildung zu berücksichtigenden Kriterien werden in dem diesem Kapitel nachfolgenden Abschnitt behandelt. 23

Für die Praxis der Verkehrsunfallbearbeitung sind die Fälle der grob fahrlässigen Herbeiführung des Versicherungsfalls von besonderer Bedeutung. Hier ist aber zu beachten, dass viele Versicherungen mit Ausnahme sog. Basistarife derzeit in ihren Bedingungen den Einwand der groben Fahrlässigkeit mit folgender Klausel einschränken:

> *„Wir verzichten in der Fahrzeugversicherung auf den Einwand der grob fahrlässigen Herbeiführung des Schadens. Der Verzicht gilt nicht, wenn der Schaden grob fahrlässig durch Ermöglichung der Entwendung des Fahrzeuges oder seiner Teile oder infolge des Genusses alkoholischer Getränke oder anderer berauschender Mittel herbeigeführt wurde."*

Bei einem solchen Verzicht sind die möglichen Einwendungen nach § 81 VVG auf die beiden o.g. Fallgruppe beschränkt.

Die Rechtsprechung nahm die grob fahrlässige Herbeiführung eines Versicherungsfalls bei Verkehrsunfällen u.a. in folgenden Fällen an, sofern die nachfolgend angeführten Verhaltensweisen nachweislich zu dem Unfall geführt haben: 24

- erhebliche Überschreitung der zulässigen Höchstgeschwindigkeit;[27]
- Verkehrsunfall infolge eines Rotlichtverstoßes,[28] es sei denn, es liegt ein sog. Augenblicksversagen vor, zu dem allerdings weitere entlastende Umstände hinzukommen müssen;
- Unfallverursachung im Zustand absoluter Fahruntüchtigkeit;[29]
- Abkommen von der Fahrbahn wegen des Aufhebens eines Gegenstandes, ggf. erst bei Hinzutreten weiterer erschwerender Umstände;[30]

27 Z.B. OLG Koblenz, Urt. v. 5.3.1999 – 10 U 155/98 = SP 1999, 209; OLG Nürnberg, Urt. v. 27.1.2000 – 8 U 3128/99 = r+s 2000, 364; OLG Düsseldorf, Urt. v. 28.9.2000 – 4 U 198/99 = zfs 2001, 265; OLG Köln, Urt. v. 11.3.2003 – 9 U 45/02 = zfs 2003, 553; LG Köln, Urt. v. 4.3.2009 – 20 O 246/07 = SP 2009, 444.

28 Siehe nur BGH, Urt. v. 8.7.1992 – IV ZR 223/91 = zfs 1992, 378 = VersR 1992, 1085; BGH, Urt. v. 29.1.2003 – IV ZR 173/01 = zfs 2003, 242.

29 Siehe nur BGH, Urt. v. 9.10.1991 – IV ZR 264/90 = zfs 1992, 15 = VersR 1991, 1367; BGH, Urt. v. 22.6.2011 – IV ZR 225/10 = zfs 2011, 511.

30 Z.B. OLG München, Urt. v. 10.12.1999 – 10 U 2792/99 = SP 2000, 173; LG München I, Urt. v. 22.2.1999 – 27 O 21039/98 = SP 1999, 210; LG Lüneburg, Urt. v. 8.5.2002 – 8 O 57/02 = zfs 2002, 439; vgl. auch OLG Dresden, Urt. v. 15.6.2001 – 3 U 468/01 = DAR 2001, 498.

- Überholen trotz Gegenverkehrs;[31]
- erkennbare Übermüdung, über die sich der Fahrer bewusst hinweggesetzt hat.[32]

Der Versicherer trägt die Beweislast für das behauptete grob fahrlässige Fehlverhalten.

2. Muster

25 Kontrovers wird in der Rechtsprechung dabei erörtert, ob bzw. unter welchen Umständen der Versicherungsnehmer den Versicherungsfall grob fahrlässig herbeiführt, wenn er sich vor dem Unfallereignis nach einem herabgefallenen Gegenstand bückt. Da der Versicherer die Beweislast für den von ihm behaupteten Risikoausschluss trägt, gehen verbleibende Zweifel zu seinen Lasten. Der Versuch, z.B. eine Handy-Halterung aufzufangen, nachdem sich diese gelöst hatte, ist nicht als grob fahrlässig zu bewerten, weil es sich vielmehr um eine reflexartige Bewegung handelt, die keine objektiv schwere und subjektiv unentschuldbare Pflichtverletzung darstellt.[33]

26 ▼

Muster 14.7: Keine grobe Fahrlässigkeit wegen kurzer Unaufmerksamkeit des Fahrzeugführers

Versicherung AG

Schaden-Nr./VS-Nr./Az.

Schaden vom

Pkw , amtl. Kennzeichen

Sehr geehrte Damen und Herren,

Ihr Versicherungsnehmer aus beauftragte mich mit der Wahrnehmung seiner Interessen in der im Betreff genannten Vollkaskoschadensache. Eine Kopie der auf mich lautenden Vollmacht füge ich in der Anlage bei.

Durch Schreiben vom lehnten Sie Ihre Eintrittspflicht für den Schadensfall vom insgesamt ab. Zur Begründung beriefen Sie sich auf eine angeblich grob fahrlässige Herbeiführung des Versicherungsfalls. Danach werfen Sie meinem Mandanten vor, er habe den Schaden dadurch grob fahrlässig herbeigeführt, dass er sich nach einem herabgefallenen Gegenstand gebückt und deswegen einen Verkehrsunfall herbeigeführt hat.

31 Z.B. OLG Hamm, Urt. v. 21.9.1994 – 20 U 140/94 – juris; OLG Düsseldorf, Urt. v. 15.12.1998 – 4 U 235/97 = r+s 1999, 311; OLG Düsseldorf, Urt. v. 28.9.2000 – 4 U 198/99 = zfs 2001, 265; KG, Urt. v. 20.4.2004 – 6 U 57/04 = SP 2005, 21; vgl. auch OLG Schleswig, Urt. v. 13.12.2007 – 7 U 86/06 = MDR 2008, 913.

32 BGH, Urt. v. 1.3.1977 – VI ZR 263/74 = VersR 1977, 619; BGH, Urt. v. 21.3.2007 – I ZR 166/04 = VersR 2008, 515 = TranspR 2007, 361; OLG München, Urt. v. 27.3.1963 – 7 U 575/63 = VersR 1963, 1044; OLG Frankfurt a.M., Urt. v. 3.7.1997 – 3 U 109/96 = MDR 1998, 215; OLG Zweibrücken, Urt. v. 23.7.1997 – 1 U 134/96 = zfs 1998, 341; OLG Koblenz, Urt. v. 12.12.1997 – 10 U 226/97 = r+s 1998, 187; OLG Oldenburg, Urt. v. 16.9.1998 – 2 U 139/98 = NJW-RR 1999, 469; OLG Celle, Urt. v. 3.2.2005 – 8 U 82/04 = SP 2005, 313; OLG Koblenz, Beschl. v. 8.6.2006 – 10 U 1161/05 = VersR 2007, 57; OLG Koblenz, Urt. v. 12.1.2007 – 10 U 949/06 = VersR 2007, 365; OLG Rostock, Urt. v. 24.11.2011 – 3 U 151/10 = r+s 2012, 533.

33 OLG Hamm, Urt. v. 4.5.2022 – 30 U 200/21 – juris.

Dieser Vorwurf, für den Sie beweisbelastet sind, ist zurückzuweisen. Eine nur kurze Unaufmerksamkeit des Fahrzeugführers rechtfertigt i.d.R. nicht den Vorwurf der groben Fahrlässigkeit (OLG München a.a.O.). Sie haben vielmehr darzulegen und zu beweisen, dass sich der Versicherungsnehmer grob verkehrswidrig und unverständlich sorglos verhalten hat. Bringt der Versicherer hierzu allein vor, dem Versicherungsnehmer sei ein Gegenstand heruntergefallen und durch den Versuch, diesen aufzuheben, sei er von der Straße abgekommen, reicht dies – jedenfalls in einer besonders ungefährlichen Verkehrssituation – nicht aus, um dem Versicherungsnehmer vorzuwerfen, er habe das unbeachtet gelassen, was im gegebenen Fall jedem hätte einleuchten müssen (OLG Dresden, Urt. v. 15.6.2001 – 3 U 468/01 = DAR 2001, 498). Bleiben naheliegende Möglichkeiten offen, die das Verhalten des Versicherungsnehmers in milderem Licht erscheinen lassen, so geht dies – wie hier – zu Lasten des Versicherers (OLG Düsseldorf, Urt. v. 23.2.1999 – 4 U 76/98 = SP 1999, 210).

Insoweit haben Sie folgende Umstände nicht ausreichend gewürdigt:

Abschließend habe ich Sie daher aufzufordern, die mit EUR bezifferte Kaskoentschädigung abzüglich des vertraglich vereinbarten Selbstbehalts in Höhe von EUR unverzüglich, spätestens jedoch bis zum

(10-Tages-Frist)

auszugleichen. Nach fruchtlosem Fristablauf werde ich meinem Mandanten die unverzügliche Inanspruchnahme gerichtlicher Hilfe empfehlen.

Mit freundlichen Grüßen

(Rechtsanwalt)

▲

Nach anderer Ansicht in der Rechtsprechung wird i.d.R. ein grob fahrlässiges Fehlverhalten des Versicherungsnehmers bejaht, wenn dieser sich etwa nach einer herabgefallenen Zigarette bückt, dabei den Blick von der Fahrbahn nimmt und keine Vorkehrungen gegen die Vermeidung dieser Gefahrensituation (beispielsweise das Bereithalten eines Aschenbechers) getroffen hat. 27

▼ 28

Muster 14.8: Grob fahrlässige Suche nach herabgefallenen Gegenständen

Als grob fahrlässig ist es anzusehen, wenn sich ein Autofahrer durch die Suche nach heruntergefallenen Gegenständen in einer Weise von dem Verkehrsgeschehen ablenken lässt, dass er die Übersicht darüber verliert und es – sei es auch nur reflexartig – dann zu Fehlreaktionen oder dazu kommt, dass er die Herrschaft über sein Fahrzeug verliert (OLG Frankfurt a.M., Urt. v. 8.2.1995 – 23 U 108/94 = zfs 1996, 61 = MDR 1995, 905; OLG Köln, Urt. v. 10.3.1998 – 9 U 184/97 = zfs 1998, 259; vgl. auch OLG Jena, Urt. v. 17.12.1997 – 4 U 805/97 = VersR 1998, 838; OLG Zweibrücken, Urt. v. 10.3.1999 – 1 U 65/98 = r+s 1999, 406; OLG München, Urt. v. 10.12.1999 – 10 U 2792/99 = SP 2000, 173; OLG Frankfurt a.M., Urt. v. 21.2.2001 – 7 U 214/99 = NVersZ 2001, 322; LG Dresden, Urt. v. 17.12.1999 – 11 O 2167/99 = SP 2000, 173; LG Köln, Urt. v. 7.12.2000 – 24 O 186/00 = SP 2001, 209; LG Lüneburg, Urt. v. 8.5.2002 – 8 O 57/02 = zfs 2002, 439; LG Coburg, Urt. v. 10.12.2003 – 21 O 705/03 = SP 2004, 241; AG Hanau, Urt. v. 6.8.2010 – 39 C 121/10 (19) = SVR 2010, 429). Greift der Versicherungsnehmer sogar 14.8

nach dem herabgefallenen Gegenstand, genügt auch eine Ablenkung für „kurze Zeit" (OLG Köln, Urt. v. 10.3.1998 – 9 U 184/97 = zfs 1998, 259).

Diese Voraussetzungen sind vorliegend erfüllt. Insbesondere ist zu berücksichtigen, dass .

▲

29 Wie schon dargelegt, ist aber zu beachten, dass viele Versicherungen mit Ausnahme sog. Basistarife derzeit in ihren Bedingungen den Einwand der groben Fahrlässigkeit mit folgender Klausel einschränken:

> „Wir verzichten in der Fahrzeugversicherung auf den Einwand der grob fahrlässigen Herbeiführung des Schadens. Der Verzicht gilt nicht, wenn der Schaden grob fahrlässig durch Ermöglichung der Entwendung des Fahrzeuges oder seiner Teile oder infolge des Genusses alkoholischer Getränke oder anderer berauschender Mittel herbeigeführt wurde."

Bei einem solchen Verzicht sind die möglichen Einwendungen nach § 81 VVG auf die beiden o.g. Fallgruppen beschränkt, auf die im Folgenden der Schwerpunkt gelegt wird.

3. Alkoholbedingte Fahruntüchtigkeit

30 Die Herbeiführung eines Verkehrsunfalls im Zustand der Fahruntüchtigkeit aufgrund der Einnahme berauschender Mittel ist für die Praxis von erheblicher Bedeutung. So verwundert es auch nicht, dass im Bereich der Kraftfahrtversicherung für diese Fälle eine gesonderte Vereinbarung getroffen wird. Ziff. D.1.2 AKB 2015 (bzw. Ziff. D.2.1 AKB 2008) sieht folgende, speziell für die Kfz-Haftpflichtversicherung geltende Obliegenheit vor:

> *„Das Fahrzeug darf nicht gefahren werden, wenn der Fahrer durch alkoholische Getränke oder andere berauschende Mittel nicht in der Lage ist, das Fahrzeug sicher zu führen. Außerdem dürfen Sie, der Halter oder der Eigentümer des Fahrzeugs, dieses nicht von einem Fahrer fahren lassen, der durch alkoholische Getränke oder andere berauschende Mittel nicht in der Lage ist, das Fahrzeug sicher zu führen."*

Diese Obliegenheit kann sowohl durch den Fahrer, der das haftpflichtversicherte Fahrzeug im Zustand der Fahruntüchtigkeit selbst führt, als auch durch den von diesem personenverschiedenen Versicherungsnehmer, den Halter oder den Eigentümer des Fahrzeugs begangen werden, der dieses einem fahruntüchtigen Fahrer überlässt und dabei (zumindest) grob fahrlässig handelt. Hierbei sind wiederum die Trunkenheitsformen der absoluten und relativen Fahruntüchtigkeit zu unterscheiden. Eine absolute Fahruntüchtigkeit wird unwiderlegbar vermutet, wenn eine BAK von 1,1 Promille oder mehr gegeben ist.[34] Diese Grenze gilt auch im Versicherungsvertragsrecht.[35] Steht eine alkoholbedingte absolute Fahruntüchtigkeit fest, wird vermutet, dass sie zu dem Unfallereig-

34 BGH, Urt. v. 9.10.1991 – IV ZR 264/90 = zfs 1992, 15 = VersR 1991, 1367.

35 BGH, Urt. v. 9.10.1991 – IV ZR 264/90 = zfs 1992, 15 = VersR 1991, 1367; BGH, Urt. v. 22.6.2011 – IV ZR 225/10 = zfs 2011, 511 = NJW 2011, 3299.

nis geführt hat.[36] Dieser Anscheinsbeweis ist nur widerlegt, wenn der Versicherungsnehmer den Nachweis dafür erbringt, dass eine andere Unfallursache als wahrscheinlich anzusehen ist.[37]

▼ 31

Muster 14.9: Anscheinsbeweis bei Trunkenheitsfahrt 14.9

Bei feststehender alkoholbedingter absoluter Fahruntüchtigkeit wird ein Ursachenzusammenhang mit dem Verkehrsunfall nach ständiger höchstrichterlicher Rechtsprechung im Wege des Anscheinsbeweises vermutet (BGH, Urt. v. 9.10.1991 – IV ZR 264/90 = zfs 1992, 15 = VersR 1991, 1367). Dieser Anscheinsbeweis ist nur widerlegt, wenn der Versicherungsnehmer den Nachweis dafür erbringt, dass eine andere Unfallursache als wahrscheinlich anzusehen ist (OLG Naumburg, Urt. v. 16.9.2004 – 4 U 38/04 = r+s 2005, 54 = VersR 2005, 1233; LG Saarbrücken, Urt. v. 18.2.2015 – 14 O 108/14 – juris; LG Tübingen, Urt. v. 26.4.2010 – 4 O 326/09 = zfs 2010, 394). Es genügt eine Mitursächlichkeit des Alkoholkonsums (OLG Köln, Hinweisbeschl. v. 20.7.2017 – 9 U 20/17 – juris).

Vorliegend erhärtet sich dieser Anscheinsbeweis sogar durch nachfolgende Indizien: .

▲

Liegt die festgestellte BAK unterhalb des Grenzwertes von 1,1 Promille, aber mindestens bei 0,3 Promille, kann eine sog. relative Fahruntüchtigkeit vorliegen.[38] In diesem Fall muss aber neben der Alkoholisierung eine alkoholtypische Ausfallerscheinung oder ein alkoholbedingter Fahrfehler[39] nachgewiesen werden, die den Schluss auf die alkoholbedingte Herbeiführung des Versicherungsfalls rechtfertigen.[40] Je höher der Alkoholisierungsgrad, desto plausibler muss ggf. ein anderer alkoholunabhängiger Schadensverlauf sein.[41] Die Anforderungen an die Feststellung der relativen Fahruntüchtigkeit sind dabei umso geringer, je höher die Blutalkoholkonzentration ist.[42] Es gibt typische Konstellationen, bei denen eine relative Fahruntüchtigkeit naheliegt. Steht aber erst einmal eine relative Fahruntüchtigkeit fest, wird in der Rechtsprechung i.d.R. ihre Unfallursächlichkeit im Wege des Anscheinsbeweises vermutet.[43] 32

36 BGH, Urt. v. 9.10.1991 – IV ZR 264/90 = zfs 1992, 15 = VersR 1991, 1367; OLG Naumburg, Urt. v. 16.9.2004 – 4 U 38/04 = r+s 2005, 54 = VersR 2005, 1233; OLG Saarbrücken, Urt. v. 4.4.2013 – 4 U 31/12 = zfs 2013, 466; OLG Saarbrücken, Urt. v. 30.10.2014 – 4 U 165/13 = NJW-RR 2015, 411; LG Saarbrücken, Urt. v. 18.2.2015 – 14 O 108/14 = SP 2016, 55; vgl. auch BGH, Urt. v. 21.1.1987 – IVa ZR 129/85 = NJW 1987, 1826 zu den AUB.

37 OLG Naumburg, Urt. v. 16.9.2004 – 4 U 38/04 = r+s 2005, 54 = VersR 2005, 1233.

38 OLG Hamm, Urt. v. 25.8.2010 – 20 U 74/10 = zfs 2010, 634; OLG Saarbrücken, Urt. v. 30.10.2014 – 4 U 165/13 = NJW-RR 2015, 411.

39 Etwa OLG München, Urt. v. 27.6.2008 – 10 U 5654/07 = Blutalkohol 45 (2008), 403; OLG Hamm, Urt. v. 25.8.2010 – 20 U 74/10 = zfs 2010, 634; OLG Saarbrücken, Urt. v. 30.10.2014 – 4 U 165/13 = NJW-RR 2015, 411.

40 OLG Saarbrücken, Urt. v. 7.4.2004 – 5 U 688/03 = zfs 2004, 323 = VersR 2004, 1262; OLG Saarbrücken, Urt. v. 28.1.2009 – 5 U 698/05 = zfs 2009, 510.

41 OLG Saarbrücken, Urt. v. 7.4.2004 – 5 U 688/03 = zfs 2004, 323 = VersR 2004, 1262.

42 BGH, Urt. v. 22.4.1982 – 4 StR 43/82 = NJW 1982, 2612; OLG Düsseldorf, Urt. v. 23.12.2000 – 10 U 40/99 = r+s 2000, 362; OLG Köln, Urt. v. 6.5.2003 – 9 U 160/02 = r+s 2003, 315; OLG Düsseldorf, Urt. v. 20.4.2004 – 4 U 132/03 = NJW-RR 2004, 1329; OLG München, Urt. v. 27.6.2008 – 10 U 5654/07 = Blutalkohol 45 (2008), 403; OLG Hamm, Urt. v. 25.8.2010 – 20 U 74/10 = zfs 2010, 634.

43 OLG Hamm, Urt. v. 25.8.2010 – 20 U 74/10 = zfs 2010, 634 = NJW 2011, 85; LG Düsseldorf, Urt. v. 18.3.2003 – 24 S 311/02 = SP 2004, 23; LG Kaiserslautern, Urt. v. 7.2.2014 – 3 O 323/13 = zfs 2014, 332.

33 ▼

Muster 14.10: Relative Fahruntüchtigkeit bei Abkommen von der Fahrbahn

Kommt der Versicherungsnehmer – wie hier – auf einer trockenen, übersichtlichen Fahrbahn aus der Fahrspur und prallt gegen ein Hindernis, ist davon auszugehen, dass es für das Unfallgeschehen keine andere erkennbare Ursache als eine alkoholbedingte Fahruntüchtigkeit gibt (OLG Köln, Urt. v. 6.5.2003 – 9 U 160/02 = r+s 2003, 315; LG Aurich, Urt. v. 21.3.2003 – 3 O 1002/02 = SP 2004, 272; LG Kaiserslautern, Urt. v. 7.2.2014 – 3 O 323/13 = zfs 2014, 332). Bei einem solchen Abkommen von der Fahrbahn ohne erkennbaren Grund spricht jedenfalls eine tatsächliche Vermutung dafür, dass ein alkoholbedingter Fahrfehler die Ursache des Abkommens war (OLG Hamm, Urt. v. 29.1.2003 – 20 U 179/02 = zfs 2003, 408 = r+s 2003, 188). Je höher der Alkoholisierungsgrad, desto plausibler muss im Übrigen ein anderer alkoholunabhängiger Schadensverlauf sein (OLG Saarbrücken, Urt. v. 7.4.2004 – 5 U 688/03 = zfs 2004, 323 = VersR 2004, 1262).

Dieses vorausgeschickt gilt Folgendes: .

▲

34 Wurde der Eintritt des Versicherungsfalls grob fahrlässig herbeigeführt, ist der Versicherer nach § 81 VVG zu einer Kürzung der Versicherungsleistung berechtigt, die sich an der Schwere des Verschuldens orientiert.

35 *Hinweis*

Für die Kürzungsquote im Fall einer Trunkenheitsfahrt gilt aber, dass – insbesondere unter Berücksichtigung der normativen Vorprägung der mit der Trunkenheitsfahrt verwirklichten Straftatbestände der §§ 315c, 316 StGB[44] – i.d.R. eine weitreichende Leistungskürzung in Betracht kommt, die bis zur vollständigen Leistungsfreiheit reichen kann.[45]

36 ▼

Muster 14.11: Faktoren der Quotenbildung bei Trunkenheitsfahrt

Bei der Bildung der Kürzungsquote nach § 81 Abs. 2 VVG ist zu berücksichtigen, dass bei einer grob fahrlässigen Herbeiführung des Versicherungsfalls durch das Führen eines Kfz im Zustand absoluter Fahruntüchtigkeit aufgrund des dadurch begründeten erheblichen Gefährdungspotentials i.d.R. eine Leistungskürzung in Höhe von 100 % geboten und der Versicherer in der hier in Rede stehenden Fallgruppe i.d.R. zu einer vollständigen Leistungsfreiheit berechtigt ist (BGH, Urt. v. 22.6.2011 – IV ZR 225/10 = zfs 2011, 511 = NJW 2011, 3299, fortgeführt durch BGH, Urt. v. 11.1.2012 – IV ZR 251/10 = zfs 2012, 212 zu § 28 Abs. 2 S. 2 VVG; OLG Köln, Hinweisbeschl. v. 20.7.2017 – 9 U 20/17 – juris; OLG Saarbrücken, Urt. v. 4.4.2013 – 4 U 31/12 – juris; OLG Dresden, Urt. v. 15.9.2010 – 7 U 466/10 = zfs 2010, 633; OLG Stuttgart, Beschl. v. 18.8.2010 – 7 U 102/10 = NJW-RR 2011, 185; OLG Karlsruhe, Urt. v. 18.1.2013 – 12 U 117/12 = zfs 2013, 214; LG Münster, Urt. v. 24.9.2009 – 15 O 275/09 = DAR 2010, 473; LG Tübingen, Urt. v.

44 OLG Stuttgart, Beschl. v. 18.8.2010 – 7 U 102/10 = NJW-RR 2011, 185; OLG Hamm, Urt. v. 25.8.2010 – 20 U 74/10 = zfs 2010, 634 = NJW 2011, 85; vgl. auch AG Bitterfeld-Wolfen, Urt. v. 19.8.2010 – 7 C 1001/09 – juris zur Kfz-Haftpflichtversicherung.

45 BGH, Urt. v. 22.6.2011 – IV ZR 225/10 = zfs 2011, 511 = NJW 2011, 3299; *Nugel*, Kürzungsquoten nach dem VVG, § 2 Rn 9 ff.

26.4.2010 – 4 O 326/09 = zfs 2010, 394; LG Oldenburg, Urt. v. 24.9.2010 – 13 O 1964/10 = r+s 2010, 461; LG Dortmund, Urt. v. 27.2.2014 – 2 O 370/13 = zfs 2014, 399; LG Saarbrücken, Urt. v. 18.2.2015 – 14 O 108/14; vgl. auch OLG Saarbrücken, Urt. v. 30.10.2014 – 4 U 165/13 = NJW-RR 2015, 411; näher zu dieser Problematik *Nugel*, Kürzungsquoten nach dem VVG, 2. Aufl. 2012, § 2 Rn 9 ff. m.w.N.). Dies entspricht auch der Empfehlung Nr. 5 des Arbeitskreises IV auf dem 46. Verkehrsgerichtstag in Goslar im Jahr 2008.

Im vorliegenden Fall ergibt sich daher eine berechtigte Leistungskürzung um 100 %. Dabei ist als Abwägungsfaktor zu berücksichtigen, dass vorliegend der Straftatbestand des § 315c StGB erfüllt sein dürfte. Diese Strafnorm spiegelt das hohe Gefährdungspotential des Verhaltens des Versicherungsnehmers wider und führt zu einer entsprechenden Berechtigung des Versicherers zu einer weitreichenden Leistungskürzung (OLG Stuttgart a.a.O.; *Nugel*, a.a.O. § 2 Rn 9). Dies gilt erst recht, wenn berücksichtigt wird, dass die auf der Versicherungsnehmerseite zumindest gegebene grobe Fahrlässigkeit angesichts der erheblichen Alkoholisierung eine enge Nähe zu einer Fahrt im Trunkenheitszustand mit bedingtem Vorsatz aufweist. Eine solche Vorsatznähe ist ebenfalls als Abwägungsfaktor zu berücksichtigen (BGH, Urt. v. 22.6.2011, a.a.O.). Darüber hinaus stellen Trunkenheitsfahrten wie die hier vorliegende Fahrt einen der schwersten Verkehrsverstöße dar (BGH, Urt. v. 22.6.2011, a.a.O.), und zwar insbesondere dann, wenn sich die Trunkenheitsfahrt über einen längeren Zeitraum erstreckt, was zusätzlich als weiterer Abwägungsfaktor zu Lasten des Versicherungsnehmers zu berücksichtigen ist (*Nugel*, a.a.O., § 2 Rn 10). Und schlussendlich wirkt sich zu Lasten der Versicherungsnehmerseite aus, dass die Auswirkungen eines Alkoholkonsums im Straßenverkehr heute hinlänglich bekannt sind (u.a. KG, Beschl. v. 11.6.2010 – 6 U 28/10 = VersR 2011, 742)

Dieses vorausgeschickt gilt Folgendes: .

▲

Nach der Empfehlung des Goslarer Orientierungsrahmens[46] und der wohl vorherrschenden Auffassung in der Literatur[47] ist unter Berücksichtigung der o.g. Kriterien in den Fällen einer unfallursächlichen Fahrt im Zustand der absoluten Fahruntüchtigkeit gegenüber dem eigenhändig fahrenden Versicherungsnehmer i.d.R. eine vollständige Leistungsfreiheit gerechtfertigt. Diese Kürzungsquote in Höhe von 100 % erscheint zudem i.d.R. angemessen, wenn die normative Vorprägung der mit der Trunkenheitsfahrt zugleich verwirklichten §§ 315c, 316 StGB und die erhebliche und wohlbekannte Gefährdung, die aus dem Fehlverhalten, nämlich dem Fahren trotz absoluter Fahruntüchtigkeit resultiert, berücksichtigt werden. Von jener Quote sollte nur in begründeten Ausnahmefällen abgewichen werden.[48] Die vollständige Leistungskürzung als Regelfall gilt auch für eine relative Fahruntüchtigkeit, die im Grenzbereich zur absoluten Fahruntüchtigkeit liegt, zumal es häufig vom Zufall abhängt, ob der Grenzwert von 1,1 Promille geringfügig überschritten wird oder die BAK – gerade bei Messunsicherheiten – hierunter bleibt. Im Fall einer relativen Fahruntüchtigkeit bietet es sich im Übrigen an, bei einem 37

46 Vgl. die Darstellung bei *Nehm*, zfs 2010, 12 ff. sowie bei *Nugel*, MDR 2010, 597 ff.
47 Vgl. die Übersicht bei *Nugel*, Kürzungsquoten nach dem VVG, § 2 Rn 12 m.w.N.
48 Ebenso die Empfehlung Nr. 7 des AK II des 47. VGT 2009, NZV 2009, 125, 126: „Musterquote“.

Grenzwert von 0,3 Promille in die Quotenbildung einzusteigen und die Kürzungsquote mit ansteigendem Alkoholisierungsgrad bis zur vollständigen Leistungskürzung zu erhöhen.[49]

Allerdings mag es durchaus Fälle geben, bei denen die Erkennbarkeit der eigenen Fahruntüchtigkeit deutlich geringer ist als bei einer absoluten Fahruntüchtigkeit. Wird (auch) auf diesen Gesichtspunkt bei der Bestimmung des Verschuldensgrades abgestellt, mag es sich anbieten, nach dem Grad der Alkoholisierung eine Abstufung auch unterhalb einer vollständigen Leistungsfreiheit vorzunehmen.[50]

38 ▼

14.12

Muster 14.12: Einwände bei der vollständigen Leistungskürzung bei relativer Fahruntüchtigkeit

Versicherung AG

Schaden-Nr./VS-Nr./Az.

Schaden vom

Pkw , amtl. Kennzeichen

Sehr geehrte Damen und Herren,

in vorbezeichneter Angelegenheit komme ich zurück auf Ihre Leistungsablehnung in Höhe von 100 %, die zu beanstanden ist.

1) Soweit Sie sich auf eine grob fahrlässige Herbeiführung des Versicherungsfalls im Zustand der relativen Fahruntüchtigkeit berufen, haben Sie zu beweisen, dass neben der Alkoholisierung auch ein alkoholbedingter Fahrfehler gegeben ist, der sich ursächlich auf das Unfallereignis ausgewirkt hat. Eine schlüssige und nachvollziehbare Begründung hierfür fehlt. Insbesondere lassen Sie außer Acht, dass

2) Selbst wenn mein Mandant tatsächlich den Versicherungsfall in grob fahrlässiger Weise im Zustand der relativen Fahruntüchtigkeit verursacht haben sollte, steht Ihnen kein Kürzungsrecht in Höhe der gesamten von Ihrem Sachverständigen ermittelten Schadenshöhe zu. Insoweit ist zu berücksichtigen, dass Ihnen als Versicherer nach der Begründung des Regierungsentwurfs zu § 28 Abs. 2 VVG, BT-Drucks 16/3945 v. 20.12.2006, S. 69 die Beweislast für den von Ihnen verfolgten Kürzungsgrad obliegt. Dies dürfte im Rahmen des § 81 Abs. 2 VVG umso mehr gelten, als eine grobe Fahrlässigkeit des Versicherungsnehmers schon vom Versicherer zu beweisen ist. Sie haben daher die Umstände darzulegen und zu beweisen, die eine derart hohe Kürzungsquote rechtfertigen. Bisher haben Sie jedoch nur einen Sachverhalt geschildert, der allenfalls einem durchschnittlichen Fall einer grob fahrlässigen Verursachung des Versicherungsfalls entspricht.

Zugunsten meines Mandanten haben Sie im Übrigen folgende Umstände nicht berücksichtigt: .

49 OLG Hamm, Urt. v. 25.8.2010 – 20 U 74/10 = zfs 2010, 634 = NJW 2011, 85; *Nugel*, Kürzungsquoten nach dem VVG, § 2 Rn 16.

50 KG, Beschl. v. 28.9.2010 – 6 U 87/10 = NZV 2011, 495.

Bitte beachten Sie, dass Sie diese Umstände zu widerlegen haben, wenn sie nach Ihrer Ansicht nicht zutreffen sollten (BGH, Urt. v. 22.6.2011 – IV ZR 225/10 = zfs 2011, 511 = NJW 2011, 3299; *Nugel*, Kürzungsquoten nach dem VVG, 2. Aufl. 2012, § 1 Rn 29).

Eine Kürzungsquote in Höhe von 100 % kann dadurch nicht einmal im Ansatz begründet werden. Vielmehr ist bei einem durchschnittlichen Fall grober Fahrlässigkeit von keiner höheren Kürzungsquote als in Höhe von 50 % auszugehen. Dies entspricht auch der Empfehlung innerhalb des „Goslarer Orientierungsrahmens" (vgl. die Darstellung bei *Nehm*, zfs 2010, 12 ff. sowie bei *Nugel*, MDR 2010, 597 ff.) zu den Fällen einer relativen Fahruntüchtigkeit.

Ich fordere Sie daher auf, Ihre Rechtsposition nochmals zu überdenken und den von meinem Mandanten verfolgten Kaskoschaden vollständig, hilfsweise aber zumindest in Höhe von 50 % auszugleichen. Hierfür habe ich mir vorsorglich eine Frist notiert bis zum

(*10-Tages-Frist*).

Mit freundlichen Grüßen

(Rechtsanwalt)

▲

4. Drogen- bzw. medikamentenbedingte Fahruntüchtigkeit

Anders als bei den Folgen des Alkoholkonsums, die weithin bekannt sind, sind in der Tat auch Fälle einer drogen- oder medikamentenbedingten Fahruntüchtigkeit (z.B. nach einer Medikamenteneinnahme) denkbar, bei denen allerdings eine Erkennbarkeit der Fahruntüchtigkeit nicht ohne Weiteres gegeben ist. Hier wird auf die Umstände des Einzelfalls und insbesondere auf den Bekanntheitsgrad der Auswirkungen der Drogen- bzw. Medikamenteneinnahme abzustellen sein. Angesichts der normativen Vorprägung durch die §§ 315c, 316 StGB wird bei Medikamenten mit bekanntem Alkoholgehalt auch i.d.R. eine Kürzungsquote von 50 % aufwärts geboten sein. Fehlen dagegen derart bekannte Wirkstoffe, so spricht vieles für eine geringere Leistungskürzung im Bereich von 30 %.[51] 39

▼ 40

Muster 14.13: Einwände bei der Leistungskürzung bei durch Medikamente bedingter Fahruntüchtigkeit 14.13

Versicherung AG

Schaden-Nr./VS-Nr./Az.

Schaden vom

Pkw , amtl. Kennzeichen

Sehr geehrte Damen und Herren,

in vorbezeichneter Angelegenheit komme ich zurück auf Ihre Leistungsablehnung in Höhe von %, die zu beanstanden ist.

51 *Nugel*, Kürzungsquoten nach dem VVG, § 2 Rn 20.

1) Soweit Sie sich auf eine grob fahrlässige Herbeiführung des Versicherungsfalls im Zustand der durch Einnahme von Medikamenten bedingten Fahruntüchtigkeit berufen, haben Sie zu beweisen, dass eine Fahruntüchtigkeit gegeben ist, die sich ursächlich auf das Unfallereignis ausgewirkt hat. Eine schlüssige und nachvollziehbare Begründung hierfür fehlt. Insbesondere lassen Sie außer Acht, dass

2) Im Übrigen ist kein grob fahrlässiges Fehlverhalten meiner Mandantschaft anzunehmen. Dies insbesondere deshalb, weil

3) Selbst wenn mein Mandant tatsächlich den Versicherungsfall in grob fahrlässiger Weise im Zustand der Fahruntüchtigkeit verursacht haben sollte, steht Ihnen kein Kürzungsrecht in der begehrten Höhe zu.

Insoweit ist bei der Bildung der Kürzungsquote zu berücksichtigen, dass bei dem hier eingesetzten Medikament nicht davon ausgegangen werden kann, dass dessen Auswirkung auf die Fahrtüchtigkeit allgemein bekannt ist. Zudem dürfte es sich bei dem Fehlverhalten meiner Mandantschaft um ein verzeihliches Augenblicksversagen handeln. Darüber hinaus ist zu berücksichtigen, dass . Es kann daher allenfalls eine unterhalb des durchschnittlichen Falls liegende grobe Fahrlässigkeit denkbar sein, die zu keiner höheren Kürzungsquote als 30 % berechtigt (vgl. auch *Nugel*, Kürzungsquoten nach dem VVG, 2. Aufl. 2012, § 2 Rn 20 ff.).

Ich fordere Sie daher auf, Ihre Rechtsposition nochmals zu überdenken und den von meinem Mandanten verfolgten Kaskoschaden vollständig, hilfsweise aber zumindest in Höhe von EUR auszugleichen. Hierfür habe ich mir vorsorglich eine Frist notiert bis zum

(*10-Tages-Frist*).

Mit freundlichen Grüßen

(Rechtsanwalt)

▲

5. Diebstahl

41 Der Versicherer hat nachzuweisen, dass der Versicherungsnehmer den Versicherungsfall durch einen unachtsamen Umgang mit dem Fahrzeugschlüssel verursacht hat. Dabei hat der Versicherer grundsätzlich den Vollbeweis[52] zu erbringen, so dass er sich grundsätzlich nicht auf einen Anscheinsbeweis stützen kann, sondern einen für die Überzeugungsbildung i.S.d. § 286 ZPO erforderlichen „Mindestsachverhalt“ positiv nachweisen muss. Mit anderen Worten ist der Versicherer nur dann zu einer Leistungskürzung berechtigt, wenn feststeht, dass das betreffende grob fahrlässige Verhalten des Versicherungsnehmers für den Diebstahl des Fahrzeugs ursächlich geworden ist.[53] Eine grob fahrlässige Verursachung ist zu bejahen, wenn der Versicherungsnehmer bewusst das Fahrzeug nachmittags unverschlossen vor seinem Haus abstellt sowie den Kfz-Schlüssel und den

52 BGH, Beschl. v. 13.4.2005 – IV ZR 62/04 = VersR 2005, 1387 zur vorsätzlichen Herbeiführung des Versicherungsfalls; OLG Koblenz, Urt. v. 5.3.1999 – 10 U 155/98 = VersR 2000, 720; OLG Koblenz, Urt. v. 13.3.2009 – 10 U 1038/08 = VersR 2009, 1526; OLG Koblenz, Beschl. v. 26.3.2009 – 10 U 1243/08 = VersR 2009, 1527.

53 Verneinend z.B. OLG Naumburg, Urt. v. 14.3.2013 – 4 U 47/12 = zfs 2014, 93.

Kfz-Schein darin zurücklässt und das Fahrzeug über Nacht entwendet wird.[54] Wird der Fahrzeugschlüssel grob fahrlässig im Fahrzeug zurückgelassen, muss vom Versicherer allerdings bewiesen werden, dass durch das Zurücklassen des Schlüssels die Entwendung erst ermöglicht oder zumindest gefördert worden ist. Voraussetzung ist regelmäßig die Verwendung des Schlüssels durch den Dieb.[55] Das Steckenlassen des Schlüssels im Zündschloss ist auch bei einem kurzen Abstellen grob fahrlässig, wenn der Dieb anschließend mit dem Schlüssel das Fahrzeug entwendet.[56] Auch das Zurücklassen des Schlüssels in der Hosentasche der Jeans, die unbeaufsichtigt und unverschlossen in der Umkleidekabine einer Sporthalle verblieben ist, stellt sich als grob fahrlässiges Verhalten dar, das gem. § 81 Abs. 2 VVG zu einer quotalen Leistungskürzung führt.[57]

Bei der Quotenbildung wird es entscheidend darauf ankommen, welcher konkreten Gefährdung das Fahrzeug ausgesetzt worden ist.[58] Hierzu gehört auch, wie lange die Gefahrenlage bestanden hat, und welchen Wert das Fahrzeug besitzt. Die Anforderungen an den Schutz des versicherten Objekts mögen dabei höher sein, je wertvoller dieses ist, bzw. der Anreiz zu einem Diebstahl mag entsprechend steigen. Maßgeblich ist sicher auch der Ort, wo das Fahrzeug abgestellt wurde, und ob dort Sicherungsmaßnahmen vorhanden sind. Häufig wird zugunsten des Versicherungsnehmers allerdings ein sog. Augenblicksversagen zu berücksichtigen sein. Angesichts der Vielzahl der Fallgestaltungen lässt sich nur ein äußerst grobes Quotenraster erstellen. In der Literatur wird i.d.R. ein Kürzungsrahmen von 40–80 % erörtert.[59] 42

▼ 43

Muster 14.14: Einwände bei der Leistungskürzung beim unachtsamen Umgang mit dem Fahrzeugschlüssel

Versicherung AG

Schaden-Nr./VS-Nr./Az.

Schaden vom

Pkw , amtl. Kennzeichen

Sehr geehrte Damen und Herren,

in vorbezeichneter Angelegenheit komme ich zurück auf Ihre Leistungsablehnung in Höhe von %, die zu beanstanden ist.

1) Es ist kein grob fahrlässiges Fehlverhalten meiner Mandantschaft anzunehmen, welches sich ursächlich ausgewirkt hat. Sie haben für die ursächliche Entwendung des Fahrzeugs mit dem angeblich grob fahrlässig aufbewahrten Schlüssel den Vollbeweis

54 OLG Koblenz, Beschl. v. 26.3.2009 – 10 U 1243/08 = VersR 2009, 1527.
55 LG Köln, Urt. v. 15.1.2009 – 24 O 365/08 = SP 2010, 120.
56 OLG Rostock, Urt. v. 7.11.2008 – 5 U 153/08 = SP 2009, 222.
57 AG Charlottenburg, Urt. v. 21.6.2007 – 223 C 244/06 = SP 2008, 157; ähnlich LG Hannover, Urt. v. 4.8.2006 – 8 O 326/05 = SP 2007, 334.
58 *Nugel*, Kürzungsquoten nach dem VVG, § 2 Rn 120.
59 *Nugel*, Kürzungsquoten nach dem VVG, § 2 Rn 121.

mit einem für die Überzeugungsbildung i.S.d. § 286 ZPO erforderlichen „Mindestsachverhalt“ zu erbringen (OLG Koblenz, Urt. v. 13.3.2009 – 10 U 1038/08 = VersR 2009, 1526; OLG Koblenz, Beschl. v. 26.3.2009 – 10 U 1243/08 = VersR 2009, 1527; vgl. auch OLG Naumburg, Urt. v. 14.3.2013 – 4 U 47/12 = zfs 2014, 93). Voraussetzung hierfür ist regelmäßig die Verwendung des Schlüssels durch den Dieb (OLG Jena, Urt. v. 5.8.1998 – 4 U 135/98 = zfs 1999, 23; LG Köln, Urt. v. 15.1.2009 – 24 O 365/08 = SP 2010, 120). Diesen Nachweis haben Sie nicht erbracht. Insbesondere ist darauf hinzuweisen, dass

2) Selbst wenn mein Mandant tatsächlich grob fahrlässig gehandelt haben sollte, steht Ihnen kein Kürzungsrecht in der begehrten Höhe zu. Maßgeblich sind insoweit die Dauer der Gefährdung, der Wert des versicherten Objekts und die Vorhersehbarkeit bzw. Wahrscheinlichkeit einer solchen Tat (*Nugel*, Kürzungsquoten nach dem VVG, 2. Aufl. 2012, § 2 Rn 120). Hier ist zu berücksichtigen, dass . Zweifel wirken sich auch hier zu Ihren Lasten als beweisbelastete Partei aus.

Ich fordere Sie daher auf, Ihre Rechtsposition nochmals zu überdenken und den von meinem Mandanten verfolgten Kaskoschaden vollständig, zumindest aber in Höhe von EUR auszugleichen. Hierfür habe ich mir vorsorglich eine Frist notiert bis zum

(*10-Tages-Frist*).

Mit freundlichen Grüßen

(Rechtsanwalt)

▲

III. Zurechnung des Verhaltens Dritter (Repräsentant)

44 Die Leistungsfreiheit des Versicherers bei grob fahrlässiger Herbeiführung des Versicherungsfalls setzt nach dem Wortlaut des § 81 VVG voraus, dass das betreffende Fehlverhalten unmittelbar vom Versicherungsnehmer verwirklicht wird. Dieser Grundsatz wurde jedoch von der Rechtsprechung erweitert. Danach tritt die (teilweise) Leistungsfreiheit des Versicherers auch dann ein, wenn der Versicherungsfall von einem sog. Repräsentanten des Versicherungsnehmers grob fahrlässig herbeigeführt wurde. Repräsentant ist derjenige, der im Geschäftsbereich, zu dem das versicherte Risiko gehört, aufgrund eines Vertretungs- oder ähnlichen Verhältnisses an die Stelle des Versicherungsnehmers getreten ist.[60] Repräsentant kann nur sein, wer bei Würdigung der Gesamtumstände befugt ist, selbstständig in einem nicht ganz unbedeutenden Umfang für den Versicherungsnehmer zu handeln (Risikoverwaltung)[61] oder Rechte und Pflichten aus dem Versicherungsvertrag eigenverantwortlich wahrzunehmen hat (Vertragsverwaltung).[62]

60 Zuletzt BGH, Beschl. v. 24.7.2013 – IV ZR 110/12 = zfs 2013, 633; LG Arnsberg, Urt. v. 15.5.2016 – 2 O 365/13 – juris.

61 BGH, Urt. v. 14.5.2003 – IV ZR 166/02 = zfs 2003, 411 = r+s 2003, 367; BGH, Urt. v. 23.6.2004 – IV ZR 219/03 = zfs 2004, 568; BGH, Urt. v. 18.5.2011 – IV ZR 168/09 = zfs 2011, 518.

62 BGH, Urt. v. 14.3.2007 – IV ZR 102/03 = zfs 2007, 335 = NJW 2007, 2038.

Die bloße Überlassung der Obhut über das versicherte Risiko reicht hierbei jedoch noch nicht aus.[63] Andererseits muss die versicherte Sache auch nicht allein vom Repräsentanten genutzt werden.[64] Der Ehemann der Versicherungsnehmerin ist aber als Repräsentant anzusehen, wenn er das Fahrzeug unterhält und es auch wie ein eigenes nutzt.[65] Die Rechtsprechung legt den Begriff des Repräsentanten grundsätzlich restriktiv aus. Überträgt der Versicherungsnehmer einem Dritten seine Befugnisse nur in einem bestimmten, abgrenzbaren Geschäftsbereich, ist die Zurechnung des Repräsentantenverhaltens darauf beschränkt und kann nicht auf andere Tätigkeitsbereiche ausgedehnt werden.[66] Führt beispielsweise der Vertragsverwalter den Versicherungsfall grob fahrlässig herbei, wird dies dem Versicherungsnehmer mithin nicht zugerechnet, da der Versicherungsfall nicht bei der Vertragsverwaltung, sondern bei der Nutzung des Fahrzeugs eingetreten ist.

In der Kaskoversicherung setzt die Repräsentantenstellung des Kfz-Führers mithin voraus, dass ihm das Fahrzeug zur eigenverantwortlichen Nutzung anvertraut worden ist und er zudem für die Unterhaltung und Verkehrssicherheit des Kfz zu sorgen hat.[67] Der Kaskoversicherer hat die Umstände darzulegen und ggf. zu beweisen, aus denen sich die Repräsentantenstellung eines Dritten ergibt.[68] Es ist deshalb stets kritisch zu prüfen, ob ein Dritter tatsächlich als Repräsentant des Versicherungsnehmers zu qualifizieren ist.

▼ 45

Muster 14.15: Keine Zurechnung des Verhaltens Dritter bei grob fahrlässiger Herbeiführung des Versicherungsfalls 14.15

Versicherung AG

Schaden-Nr./VS-Nr./Az.

Schaden vom

Pkw , amtl. Kennzeichen

Sehr geehrte Damen und Herren,

in vorbezeichneter Angelegenheit lehnten Sie durch Schreiben vom Ihre Eintrittspflicht mit der Begründung ab, der Schaden sei vom Fahrer des versicherten Fahrzeugs grob fahrlässig herbeigeführt worden und mein Mandant habe sich das dahin gehende Fehlverhalten des zurechnen zu lassen.

63 St. Rspr., u.a. BGH, Urt. v. 21.4.1993 – IV ZR 34/92 = zfs 1993, 306 = VersR 1993, 828; BGH, Urt. v. 10.7.1996 – IV ZR 287/95 = zfs 1996, 418; BGH, Urt. v. 14.5.2003 – IV ZR 166/02 = zfs 2003, 411; BGH, Urt. v. 18.5.2011 – IV ZR 168/09 = zfs 2011, 518; LG Arnsberg, Urt. v. 15.5.2016 – 2 O 365/13 – juris.

64 BGH, Urt. v. 14.5.2003 – IV ZR 166/02 = zfs 2003, 411.

65 OLG Düsseldorf, Urt. v. 31.3.2008 – 4 U 140/07 = SP 2008, 336; ferner LG München I, Urt. v. 9.7.2009 – 37 O 5394/08 = VersR 2010, 1209.

66 BGH, Urt. v. 14.3.2007 – IV ZR 102/03 = zfs 2007, 335 = NJW 2007, 2038.

67 OLG Karlsruhe, Urt. v. 18.1.2013 – 12 U 117/12 = zfs 2013, 214; LG Saarbrücken, Urt. v. 18.2.2015 – 14 O 108/14 = SP 2016, 55.

68 OLG Koblenz, Urt. v. 12.3.2004 – 10 U 550/03 = zfs 2004, 367 = VersR 2004, 1410.

Nach eingehender Prüfung vermögen wir uns der von Ihnen vertretenen Auffassung zur Sach- und Rechtslage nicht anzuschließen. Entgegen der von Ihnen vertretenen Auffassung ist nicht als Repräsentant unseres Mandanten zu qualifizieren. Voraussetzung hierfür wäre, dass aufgrund eines Vertretungs- oder ähnlichen Verhältnisses an die Stelle unseres Mandanten getreten ist (vgl. nur BGH, Urt. v. 14.5.2003 – IV ZR 166/02 = zfs 2003, 411; BGH, Urt. v. 18.5.2011 – IV ZR 168/09 = zfs 2011, 518; BGH, Urt. v. 21.4.1993 – IV ZR 34/92 = zfs 1993, 306 = VersR 1993, 828). Die bloße Überlassung der Obhut über das versicherte Risiko reichte hierfür noch nicht aus (BGH a.a.O.; LG Arnsberg, Urt. v. 15.5.2016 – 2 O 365/13 – juris). muss vielmehr in einem gewissen, nicht ganz unbedeutenden Umfang berechtigt gewesen sein, für unseren Mandanten zu handeln.

Richtig ist zwar, dass bereits des Öfteren das Fahrzeug unseres Mandanten benutzt hatte. Dennoch verblieb unserem Mandanten die alleinige Entscheidungsgewalt darüber, wer wann mit dem Fahrzeug fahren durfte. Darüber hinaus wurden und werden sämtliche Kosten für das Fahrzeug allein von unserem Mandanten bestritten. Letztlich werden sämtliche Rechte aus dem Versicherungsvertrag allein von unserem Mandanten wahrgenommen. Danach ist gerade nicht als Repräsentant unseres Mandanten zu qualifizieren.

Zur Meidung unnötiger gerichtlicher Weiterungen haben wir Sie deshalb aufzufordern, den Reparaturkostenbetrag in Höhe von abzüglich des vertraglich vereinbarten Selbstbehalts in Höhe von umgehend, spätestens bis zum

 (*10-Tages-Frist*)

auf das Ihnen bekannte Konto unseres Mandanten zu überweisen. Nach fruchtlosem Fristablauf werden wir unserem Mandanten empfehlen, unverzüglich gerichtliche Hilfe in Anspruch zu nehmen.

Mit freundlichen Grüßen

(Rechtsanwalt)

▲

46 Für die Annahme einer Repräsentantenstellung muss sich der Versicherungsnehmer der Verfügungsbefugnis und der Verantwortlichkeit für den versicherten Gegenstand vollständig begeben haben.[69] Handelt es sich um eine versicherte Sache, die wie bei einem Kfz einer ständigen Betreuung bedarf, so beinhaltet die Überlassung der alleinigen, nicht nur vorübergehenden Obhut i.d.R. auch die Übertragung der alleinigen Risikoverwaltung.[70] Lediglich im Bereich der Kfz-Haftpflichtversicherung ist jedoch aufgrund deren Besonderheiten anerkannt, dass in der Übergabe eines Fahrzeugs an einen berechtigten Fahrer im Allgemeinen noch keine solche Übertragung der Risikoverwaltung zu sehen ist.[71] In der Kaskoversicherung wurde eine Repräsentantenstellung daher auch nur für einen leitenden Angestellten mit umfassenden Befugnissen angenommen, der einen

69 BGH, Urt. v. 26.4.1989 – IVa ZR 242/87 = zfs 1989, 319 = VersR 1989, 737; BGH, Urt. v. 25.3.1992 – IV ZR 17/91 = zfs 1992, 204 = VersR 1992, 865.

70 BGH, Urt. v. 21.4.1993 – IV ZR 34/92 = zfs 1993, 306 = VersR 1993, 828.

71 BGH, Urt. v. 10.7.1996 – IV ZR 287/95 = zfs 1996, 418.

Firmenwagen benutzt.[72] Im Übrigen wurde die Repräsentantenstellung je nach Fallkonstellation für folgende Personengruppen abgelehnt:

- Ehegatten;[73]
- sonstige Familienmitglieder;[74]
- Mieter/Pächter;[75]
- Gesellschafter.[76]

E. Zur Bildung der Kürzungsquote

Das VVG sieht in den Fällen der Gefahrerhöhung, der Obliegenheitsverletzung, der Schadensherbeiführung und der Verletzung der Pflicht zur Minderung des Schadens statt des bisher geltenden „Alles-oder-Nichts-Prinzips" vor, dass sich der Versicherer (lediglich) auf eine quotale Leistungsfreiheit berufen kann, die sich an der Schwere des Verschuldens des Versicherungsnehmers orientiert, sofern diesem grobe Fahrlässigkeit anzulasten ist. Wie genau die Bildung dieser Kürzungsquote zu erfolgen hat, erläutert das Gesetz indes nicht näher. Erfasst werden folgende Leistungskürzungstatbestände: 47

(1) Die Verletzung vertraglicher Obliegenheiten (§ 28 VVG)
(2) Die Leistungsfreiheit wegen einer Gefahrerhöhung (§ 26 VVG)
(3) Die grob fahrlässige Herbeiführung des Versicherungsfalls (§ 81 VVG)
(4) Die Verletzung der Obliegenheit zur Schadensminderung und dem Befolgen von Weisungen des Versicherers (§ 82 Abs. 2 VVG) einschließlich einer Kürzung bei Rettungskosten (§ 83 VVG) und Schadensermittlungskosten (§ 85 VVG)
(5) Die Verletzung der Obliegenheit zur Wahrung von Ersatzansprüchen (§ 86 Abs. 2 VVG)
(6) Teilweiser Ersatz nicht erforderlicher Rettungskosten (§§ 82 f. VVG – strittig)

72 BGH, Urt. v. 10.7.1996 – IV ZR 287/95 = zfs 1996, 418; OLG Frankfurt a.M., Urt. v. 27.7.1994 – 17 U 259/93 = zfs 1996, 341 = VersR 1996, 838; OLG Koblenz, Urt. v. 22.12.2000 – 10 U 508/00 = zfs 2001, 364.

73 BGH, Urt. v. 4.5.1994 – IV ZR 298/93 = zfs 1994, 294 = NJW-RR 1994, 988; OLG Koblenz, Urt. v. 12.3.2004 – 10 U 550/03 = zfs 2004, 367 = VersR 2004, 1410; OLG Frankfurt a.M., Urt. v. 11.8.2004 – 7 U 156/03 = zfs 2005, 245; OLG Karlsruhe, Urt. v. 18.1.2013 – 12 U 117/12 = zfs 2013, 214; LG Paderborn, Urt. v. 9.5.2007 – 4 O 651/06 = zfs 2007, 636; LG Nürnberg-Fürth, Urt. v. 4.8.2010 – 8 O 744/10 = r+s 2010, 412; LG Hechingen, Urt. v. 3.12.2012 – 1 O 124/12 = zfs 2013, 392.

74 OLG Hamm, Urt. v. 25.10.1989 – 20 U 141/89 = zfs 1990, 24 = VersR 1990, 516; OLG Köln, Urt. v. 19.3.1992 – 5 U 115/91 = r+s 1992, 155; OLG Hamm, Urt. v. 2.11.1994 – 20 U 142/94 = NJW-RR 1995, 482; OLG Frankfurt a.M., Urt. v. 22.5.2002 – 7 U 179/01 = zfs 2003, 128; OLG Köln, Urt. v. 3.6.2003 – 9 U 182/02 = r+s 2003, 278; OLG Köln, Urt. v. 20.4.2004 – 9 U 86/03 = SP 2005, 23; OLG Koblenz, Urt. v. 4.2.2005 – 10 U 1561/03 = NJW-RR 2005, 828.

75 BGH, Urt. v. 26.4.1989 – IVa ZR 242/87 = zfs 1989, 319 = VersR 1989, 737 zur Feuerversicherung; LG Hannover, Urt. v. 28.1.2009 – 6 O 358/07 – juris; vgl. auch BGH, Beschl. v. 9.6.2004 – IV ZR 454/02 zur Luftfahrzeugkaskoversicherung.

76 LG Bremen, Urt. v. 15.2.1990 – 2 O 1573/89 = r+s 1990, 229.

48 Im Rahmen der quotalen Leistungskürzung sind insbesondere die nachfolgenden Gesichtspunkte zu beachten:

1. Die Reichweite des Kürzungsrechts
2. Der Einstieg bei der Bildung der Quote und die Beweislastverteilung
3. Das Vorgehen in Kürzungsschritten
4. Die Quotenbildung bei mehreren Pflichtverletzungen.

I. Reichweite des Kürzungsrechts

49 In der Literatur war nach der Reform des VVG lange Zeit umstritten, ob im Ausnahmefall auch bei einem (lediglich) grob fahrlässigen Fehlverhalten eine vollständige Leistungskürzung des Versicherers (auf Null) gerechtfertigt sein kann. Diese Frage hat der BGH entschieden und ein solches weitreichendes Kürzungsrecht im Ausnahmefall zugelassen.

50 ▼

Muster 14.16: Vollständige Leistungsfreiheit

14.16 Der Versicherer kann auch bei grob fahrlässiger Herbeiführung des Versicherungsfalls durch den Versicherungsnehmer in Ausnahmefällen die Leistung in vollem Umfang kürzen (BGH, Urt. v. 22.6.2011 – IV ZR 225/10 = zfs 2011, 511; BGH, Urt. v. 11.1.2012 – IV ZR 251/10 = zfs 2012, 212 für § 28 Abs. 2 VVG). Hierfür ist eine Abwägung aller Umstände des Einzelfalls erforderlich, wobei eine solche weitreichende Leistungskürzung insbesondere im Grenzbereich zu einem sog. „Eventualvorsatz" naheliegt (BGH, Urt. v. 22.6.2011 – IV ZR 225/10 = zfs 2011, 511; *Nugel*, Kürzungsquoten nach dem VVG, 2. Aufl. 2012, § 1 Rn 8 ff.).

In dem hier vorliegenden Fall ist eine solche weitreichende Leistungskürzung der Schwere des Verschuldens angemessen: .

▲

51 *Hinweis*

Eine solche weitreichende Kürzung ist jedoch die Ausnahme und bedarf einer sorgfältigen Begründung. Dabei ist auch zu beachten, dass der Versicherer die Beweislast für alle Umstände trägt, welche die Quote der Leistungskürzung begründen. Bei dem Versicherungsnehmer verbleibt dagegen eine sekundäre Darlegungslast, so dass es genügt, wenn er die zu seinen Gunsten sprechenden Umstände schlüssig vorträgt.

52 ▼

Muster 14.17: Keine vollständige Leistungsfreiheit

14.17 Eine vollständige Leistungskürzung des Versicherers ist ein Ausnahmefall, der in der Regel auf ein Verschulden beschränkt ist, welches im Grenzbereich zu einem Vorsatz liegt (BGH, Urt. v. 22.6.2011 – IV ZR 225/10 = zfs 2011, 511). Hierfür ist eine Abwägung aller Umstände des Einzelfalls erforderlich (BGH, Urt. v. 22.6.2011 – IV ZR 225/10 = zfs 2011, 511; BGH, Urt. v. 11.1.2012 – IV ZR 251/10 = zfs 2012, 212 für § 28 Abs. 2 VVG). Hat der Versicherungsnehmer entlastende Umstände vorgetragen, die den Vorwurf der groben Fahrlässigkeit jedenfalls im subjektiven Bereich in milderem Licht erscheinen lassen, und kann der Versicherer diese nicht ausräumen, so kommt nur eine anteilige

Kürzung in Betracht. Hieraus folgt zugleich, dass die Beweislast für alle Umstände, welche eine weitreichende Kürzung rechtfertigen, beim Versicherer liegt (BGH, Urt. v. 22.6.2011 – IV ZR 225/10 = zfs 2011, 511; *Nugel*, Kürzungsquoten nach dem VVG, 2. Aufl. 2012, § 1 Rn 29).

Dieses vorausgeschickt zeigt sich, dass vorliegend eine vollständige Leistungsfreiheit nicht der Schwere des Verschuldens entspricht, wobei verbleibende Zweifel und Unsicherheiten zu Lasten des beweisbelasteten Versicherers gehen: .

▲

II. Quotenbildung und die Beweislastverteilung

Einigkeit besteht darüber, dass der Versicherer auch nach neuem Recht im Einklang mit **53**
den bisherigen Rechtsprechungen die Voraussetzungen für eine Obliegenheitsverletzung oder Gefahrerhöhung beweisen muss, während sich der Versicherungsnehmer nach einer festgestellten Obliegenheitsverletzung oder Gefahrerhöhung von einer vermuteten groben Fahrlässigkeit zu exkulpieren hat. Kontrovers wird aber die Beweislast für die Umstände diskutiert, die der Versicherer seiner Kürzungsquote zugrunde legt und die ihn zu der Kürzung in einer bestimmten Höhe berechtigen sollen.

1. Beweislastverteilung bei Obliegenheitsverletzung

Denkbar wäre folgende Lösung: Will der Versicherer eine höhere Kürzung vornehmen, **54**
müsste er die ihn dazu berechtigenden Umstände beweisen. Wenn jedoch der Versicherungsnehmer eine geringere Kürzung für gerechtfertigt hält, müsste er die Umstände beweisen, kraft derer von einem geringeren Verschulden auszugehen wäre.[77]

Diese Auffassungen stehen jedoch im Gegensatz zu dem Willen des Gesetzgebers. **55**
Zwar ist die Beweislastverteilung bzgl. des Nachweises der einzelnen Verschuldensgrade innerhalb der groben Fahrlässigkeit im Gesetz nicht ausdrücklich geregelt.[78] In der Erläuterung zum Regierungsentwurf findet sich allerdings der Hinweis, dass der Versicherer die Beweislast für das Verschuldensmaß trägt, welches der zu bildenden Quote zugrunde liegt.[79] Dieser Wille des Gesetzgebers ist daher auch für die Rechtsprechung verbindlich, zumal die dadurch geschaffene Beweislage auch der Ratio der betroffenen Vorschriften Rechnung trägt, wonach das „Alles-oder-Nichts-Prinzip" grundsätzlich aufgegeben wird und es in diesem Zusammenhang naheliegt, dass der Versicherer auch die Umstände zu beweisen hat, welche die von ihm gewollte Kürzung rechtfertigen. Diese Einwände gelten natürlich erst recht, wenn dem Versicherungsnehmer die gesamte Beweislast auferlegt wird.

77 *Felsch*, r+s 2007, 485, 493; *Grote/Schneider*, BB 2007, 2689, 2695.
78 *Deutsch*, VersR 2004, 1485, 1488.
79 Begründung des RegE vom 16.10.2006, S. 173, u.a. einzusehen über *www.bmj.bund.de*.

56 ▼

Muster 14.18: Keine Beweislast bei dem Versicherungsnehmer

Soweit vorliegend die Auffassung vertreten wird, den Versicherungsnehmer würde die Beweislast für ihn bei der Bildung der Kürzungsquote entlastende Umstände treffen, steht diese Ansicht im Widerspruch zu dem dokumentierten Willen des Gesetzgebers. In der Erläuterung zum Regierungsentwurf findet sich unmissverständlich der Hinweis, dass der Versicherer die Beweislast für das Verschuldensmaß trägt, welches der zu bildenden Quote zugrunde liegt (Begründung des RegE vom 16.10.2006, S. 173, u.a. einzusehen über *www.bmj.bund.de*). Würde dem Versicherungsnehmer darüber sogar die gesamte Beweislast auferlegt, wäre der Versicherer im Ausgangspunkt zu einer Kürzung in Höhe von 100 % gerechtfertigt. Hierdurch würde aber der Wille des Gesetzgebers, das Alles-oder-Nichts-Prinzip abzuschaffen, gegenstandslos werden. Zu Recht wird diese Auffassung daher auch in der Literatur nahezu einhellig abgelehnt (vgl. *Nugel*, Kürzungsquoten nach dem VVG, 2. Aufl. 2012, § 1 Rn 29 m.w.N.). Vielmehr hat auch der BGH entschieden, dass der Versicherungsnehmer bei der Quotenbildung lediglich ihn entlastende Umstände vortragen muss, die der Versicherer sodann (im Rahmen der ihm obliegenden Beweislast) widerlegen muss (BGH, Urt. v. 22.6.2011 – IV ZR 225/10 = zfs 2011, 511 = NJW 2011, 3299). Den Versicherungsnehmer trifft also lediglich eine sekundäre Darlegungslast (LG Kassel, Urt. v. 27.5.2010 – 5 O 2653/09 = zfs 2011, 33; ähnlich LG Hannover, Urt. v. 17.9.2010 – 13 O 153/08 = VersR 2011, 112).

▲

57 Es hat daher dabei zu verbleiben, dass der Versicherer die Umstände zu beweisen hat, aus denen sich seine Berechtigung zur Kürzung ergibt.[80] Allerdings ist im Gegenzug zu berücksichtigen, dass es viele Umstände gibt, die für die Bestimmung der Kürzungsquote von Bedeutung sind, und die allein im Wissen des Versicherungsnehmers liegen.[81] Dies gilt insbesondere für innere Umstände, die mit der Willensbildung des Versicherungsnehmers zusammenhängen. In der Rechtsprechung[82] ist es insoweit anerkannt, dass der Versicherungsnehmer die in seinem Wissen liegenden (inneren) Umstände im Rahmen der ihm obliegenden sekundären Darlegungslast substantiiert zu erläutern und vom Versicherer aufgestellte Behauptungen zu entkräften hat. Erfolgt ein solcher substantiierter Vortrag, ist das Gegenteil sodann vom Versicherer zu beweisen. Dabei sind hohe Anforderungen an die Plausibilität und Glaubhaftigkeit der Darlegung des Versicherungsnehmers zu stellen, um zu verhindern, dass dieser durch nicht überprüfbare Behauptungen eine ungerechtfertigte Leistung erhält.[83]

Beispiel

Der Kaskoversicherer beruft sich auf eine (teilweise) Leistungsfreiheit wegen einer grob fahrlässigen Herbeiführung des Versicherungsfalls. Dass es sich dabei um ein

80 OLG Karlsruhe, Urt. v. 17.9.2013 – 12 U 43/13 = zfs 2013, 695; OLG Karlsruhe, Urt. v. 31.7.2014 – 12 U 44/14 = SP 2015, 90; OLG Saarbrücken, Urt. v. 30.10.2014 – 4 U 165/13 = NJW-RR 2015, 411; *Marlow*, VersR 2007, 43, 44; *Nugel*, MDR 2007, Sonderbeilage Heft 22, 23 ff.

81 *Nugel*, MDR 2007, Sonderbeilage Heft 22, 23 ff.

82 BGH, Urt. v. 29.1.2003 – IV ZR 173/01 = zfs 2003, 242 = MDR 2003, 505; BGH, Beschl. v. 7.11.2007 – IV ZR 103/06 = zfs 2008, 92 = r+s 2008, 62; OLG Köln, Urt. v. 12.10.2010 – 9 U 84/10 = VersR 2011, 1051.

83 *Günther/Spielmann*, r+s 2008, 177, 179; *Nugel*, MDR 2007, Sonderbeilage Heft 22, 23 ff.

grob fahrlässiges Fehlverhalten handelt, hat der Versicherer als Voraussetzung der Kürzung nach § 81 VVG zu beweisen. Steht eine grobe Fahrlässigkeit jedoch fest und beruft sich der Versicherungsnehmer auf besondere Umstände, welche seine Fahrlässigkeit in einem anderen Licht erscheinen lassen (z.B. eine besondere Ablenkung sowie ein sog. Augenblicksversagen), hat er dies im Rahmen seiner sekundären Darlegungslast schlüssig und widerspruchsfrei vorzutragen. Es obliegt dann dem Versicherer, diesen entlastenden Umstand zu widerlegen.

2. Einstieg in die Quotenbildung

Es verbleibt die Frage, ob der Einstieg in die Quotenbildung nun mit einem Wert von 50 % vorzunehmen ist. Nach einer Ansicht ist als Ausgangspunkt für die Quotenbildung jeweils eine Kürzung von 50 % unter Annahme eines durchschnittlichen Verschuldensgrades der groben Fahrlässigkeit (sog. grobe Fahrlässigkeit „mittlerer Art und Güte") anzunehmen.[84] Sodann wäre anhand der Umstände des Einzelfalls zu prüfen, ob diese Quote zugunsten oder zu Lasten des Versicherungsnehmers zu verschieben ist. Wie dargelegt ist jedoch nicht zu erwarten, dass der BGH diesem folgen wird: Die beiden Grundsatzentscheidungen lassen bisher erkennen, dass den Versicherungsnehmer lediglich eine sekundäre Darlegungslast treffen kann.[85] Damit ist aber auch das Mittelwertmodell seines Anwendungsbereichs „beraubt". Es verbleibt aber die Frage, ob es nicht dessen ungeachtet einen „Mittelwert" gibt. 58

▼ 59

Muster 14.19: Leistungskürzung bei „durchschnittlicher" grober Fahrlässigkeit

Legen die unstreitigen oder vom Versicherer bewiesenen Umstände eine grobe Fahrlässigkeit nahe, die weder besonders leicht noch besonders schwer wiegt, ist eine Leistungskürzung um 50 % i.d.R. angemessen (OLG Dresden, Urt. v. 12.4.2019 – 4 U 557/18 – juris; OLG Hamm, Beschl. v. 21.4.2010 – 20 U 182/09 = NJW-Spezial 2010, 297; OLG Saarbrücken, Urt. v. 26.1.2011 – 5 U 356/10 – zfs 2011, 331 für § 82 Abs. 3 VVG i.V.m. § 83 Abs. 2 VVG; OLG Hamm, Urt. v. 21.10.2011 – 20 U 41/11 = VersR 2012, 479; LG Traunstein, Urt. vom 12.5.2011 – 1 O 3826/10 – juris). Dabei können die einzelnen Umstände auch eine Kürzungsquote ober- bzw. unterhalb von 50 % nahelegen, wenn sie sich sodann gegenseitig wieder „aufheben" und die grobe Fahrlässigkeit quasi als Durchschnittsfall zu bewerten ist (OLG Hamm, Beschl. v. 21.4.2010 – 20 U 182/09 = NJW-Spezial 2010, 297; vgl. auch OLG Hamm, Urt. v. 25.8.2010 – 20 U 74/10 = zfs 2010, 634; LG Lüneburg, Urt. v. 15.9.2016 – 5 O 18/16 – juris). 14.19

Demnach ist vorliegend von einer Kürzungsquote auszugehen, die .

▲

84 LG Kassel, Urt. v. 27.5.2010 – 5 O 2653/09 = zfs 2011, 33; LG Hannover, Urt. v. 17.9.2010 – 13 O 153/08 = VersR 2011, 112; LG Hechingen, Urt. v. 3.12.2012 – 1 O 124/12 = zfs 2013, 392; *Felsch*, r+s 2007, 485, 493; *Langheid*, NJW 2007, 3665, 3669; *Meixner/Steinbeck*, Allgemeines Versicherungsvertragsrecht, § 6 Rn 140; *Nugel*, MDR 2007, Sonderbeilage Heft 22, 23 ff.

85 BGH, Urt. v. 22.6.2011 – IV ZR 225/10 = zfs 2011, 511 = NJW 2011, 3299; BGH, Urt. v. 11.1.2012 – IV ZR 251/10 = zfs 2012, 212 = NZV 2012, 225 für § 28 Abs. 2 VVG.

3. Schritte der Quotenbildung

60 Nicht vorgegeben hat der Gesetzgeber die Schritte, mit welchen die Bildung der Kürzungsquote erfolgen kann. Hier haben sich zwei verschiedene Lösungswege in der Praxis etabliert. Nach einer Ansicht bietet sich die Vorgehensweise in Schritten von 10 % an, um gerade bei großen Schäden einzelfallgerechte Lösungen zu bieten.[86] Nach einer anderen Ansicht ist gerade im Bereich der Kraftfahrtversicherung als Massengeschäft unter dem Gesichtspunkt der Gleichbehandlung ein Vorgehen nur in groben Schritten von 25, 50 und 75 bis zu 100 % geboten.[87]

III. Bildung der Kürzungsquote bei Berücksichtigung des Selbstbehalts

61 Noch nicht abschließend geklärt ist, wie ein vertraglich vereinbarter Selbstbehalt des Versicherungsnehmers bei der Bildung der Kürzungsquote zu berücksichtigen ist. Hierbei können je nach Vorgehensweise ganz erhebliche Unterschiede im Ergebnis auftreten. Dies kann am Beispiel eines vom OLG Naumburg[88] entschiedenen Falls aufzeigt werden. Das OLG hatte beim Abkommen von der Fahrbahn, als der Fahrer sich bei Glatteisbildung und durchdrehenden Rädern eine Zigarette angezündet hat, eine Leistungsfreiheit in Höhe von 75 % für angemessen erachtet. Der verursachte Fahrzeugschaden hat 23.000 EUR (gerundet), der vereinbarte Selbstbehalt 2.500 EUR betragen.

62 Hier kommen nun zwei Vorgehensweisen in Betracht. Wird auf den Fahrzeugschaden erst eine Kürzungsquote gebildet, ergibt sich ein Leistungsbetrag von 5.750 EUR (25 % von 23.000 EUR). Wenn sodann hiervon der vereinbarte Selbstbehalt abgezogen wird, erhält der Versicherungsnehmer einen Betrag in Höhe von 2.250 EUR (Quote vor Selbstbehalt). Wenn dagegen die andere Vorgehensweise gewählt wird, ergibt sich zugunsten des Versicherungsnehmers ein wesentlich höherer Auszahlungsbetrag. Wird nämlich zuerst der Selbstbehalt von der Schadenhöhe abgezogen, ergibt sich ein Betrag in Höhe von 21.500 EUR (23.000 EUR abzüglich 2.500 EUR). 25 % hiervon ergeben einen Auszahlungsbetrag in Höhe von 5.125 EUR (Selbstbehalt vor Quote).

63 Das OLG Naumburg hat sich für letztere Vorgehensweise entschieden, ohne dies aber näher zu begründen. Den gleichen Weg haben auch das OLG Saarbrücken[89] sowie das OLG Karlsruhe[90] oder OLG Dresden[91] bei der Berechnung des Leistungsanspruchs der Höhe nach im Kaskofall gewählt. Das LG Aachen[92] spricht sich ebenfalls dafür aus, erst den Selbstbehalt von der Leistungshöhe abzuziehen und sodann erst eine quotale Leistungskürzung vorzunehmen. Begründet wird dies mit dem pauschalen Hinweis, dass

86 Beispielhaft OLG Hamm, Urt. v. 20.8.2010 – 20 U 74/10 = zfs 2010, 634; LG Magdeburg, Urt. v. 11.9.2018 – 11 O 217/18 – juris.
87 OLG Saarbrücken, Urt. v. 15.12.2010 – 5 U 147/10 = zfs 2011, 211.
88 OLG Naumburg, Urt. v. 3.12.2009 – 4 U 133/08 = SP 2010, 227.
89 OLG Saarbrücken, Urt. v. 1.12.2010 – 5 U 395/09 = zfs 2011, 151.
90 OLG Karlsruhe, Urt. v. 15.4.2014 – 9 U 135/13 = zfs 2014, 574.
91 OLG Dresden, Urt. v. 12.4.2019 – 4 U 557/18 – juris.
92 LG Aachen, Urt. v. 14.7.2011 – 2 S 61/11 = SP 2011, 375.

der vereinbarte Selbstbehalt sich auf die Leistung des Versicherers beziehen würde. Dem hat sich nunmehr der 4. Senat des OLG Saarbrücken[93] ausdrücklich angeschlossen.

▼

Muster 14.20: Selbstbehalt vor Quote 64

Nach gefestigter Rechtsprechung ist bei der Ermittlung der Leistung in der Kaskoversicherung im Rahmen einer Leistungskürzung erst der Selbstbehalt und sodann die Kürzungsquote zu ermitteln (Beispielhaft: OLG Dresden, Urt. v.12.4.2019 – 4 U 557/18 – juris; OLG Saarbrücken, Urt. v. 1.12.2010 – 5 U 395/09 = zfs 2011, 151; OLG Karlsruhe, Urt. v. 15.4.2014 – 9 U 135/13 = zfs 2014, 574; OLG Saarbrücken, Urt. v. 30.10.2014 – 4 U 165/13 = NJW-RR 2015, 411; LG Aachen, Urt. v. 14.7.2011 – 2 S 61/11 = SP 2011, 375; LG Hechingen, Urt. v. 3.12.2012 – 1 O 124/12 = zfs 2013, 392; ebenso OLG Naumburg, Urt. v. 3.12.2009 – 4 U 133/08 = SP 2010, 227 jeweils in der Sachversicherung).

Es ergibt sich danach folgende Berechnung: Nach Abzug des Selbstbehalts von ___ EUR verbleibt ein Betrag von ___ EUR. Sodann ist eine quotale Leistungskürzung mit ___ % um ___ EUR vorzunehmen. Dies führt zu einer nach der Kürzung verbleibenden Versicherungsleistung in Höhe von ___ EUR. Demnach ___.

▲

Die Rechtsprechung verfährt jedoch nicht einheitlich. So hat etwa das OLG Köln[94] (allerdings ohne nähere Begründung) zunächst die Wassersport-Kaskoentschädigung wegen grob fahrlässiger Herbeiführung einer Havarie um 30 % gekürzt und erst dann den vereinbarten Selbstbehalt berücksichtigt. Ebenso ist seitens des AG Düsseldorf[95] zuerst die Kürzungsquote gebildet und dann der Selbstbehalt abgezogen worden, und diese Entscheidung wurde durch das LG Düsseldorf bestätigt.[96] Auch diese Vorgehensweise wurde nicht näher begründet. Gleichermaßen sind ferner beispielsweise das LG Traunstein[97] und das LG Berlin[98] in der Kaskoversicherung vorgegangen, ohne die Vorgehensweise bei der Berechnung näher zu erläutern. Schließlich hat das LG Erfurt[99] in der Gebäudeversicherung zuerst eine quotale Leistungskürzung in Höhe von 90 % vorgenommen und sodann festgestellt, dass sich der verbleibende Leistungsbetrag innerhalb des bei 1.500 EUR liegenden Selbstbehalts befindet und daher jeglicher Leistungsanspruch ausscheiden würde. 65

Letztendlich dürfte diese Frage davon abhängen, welche Vereinbarung sich in den dem Versicherungsvertrag zugrunde liegenden AVB findet, und wie diese aus Sicht eines durchschnittlichen verständigen Versicherungsnehmers zu verstehen ist.[100] In den Muster 66

93 OLG Saarbrücken, Urt. v. 30.10.2014 – 4 U 165/13 = NJW-RR 2015, 411.
94 OLG Köln, Urt. v. 24.6.2014 – 9 U 225/13 = VersR 2014, 1205.
95 AG Düsseldorf, Urt. v. 29.6.2010 – 230 C 14977/09 = SP 2011, 227.
96 LG Düsseldorf, Beschl. v. 25.10.2010 – 22 S 196/10 – juris.
97 LG Traunstein, Urt. v. 12.5.2011 – 1 O 3826/10 – juris.
98 LG Berlin, Urt. v. 9.1.2013 – 42 O 397/11 = r+s 2013, 488.
99 LG Erfurt, Urt. v. 8.6.2010 – 8 O 1204/09 = VersR 2011, 335.
100 *Böhm/Nugel*, MDR 2012, 693, 695.

AKB 2015 A.2.5.8 (bzw. AKB 2008 A.2.12) findet sich z.B. folgende Formulierung: *„Ist eine Selbstbeteiligung vereinbart, wird diese bei jedem Schadenereignis von der Entschädigung abgezogen."* Dies spricht eher dafür, dass erst einmal der zur Entschädigung ausstehende Betrag zu ermitteln ist, bevor die Selbstbeteiligung abgezogen wird. Der Begriff der Entschädigung dürfte aus Sicht eines durchschnittlichen Versicherungsnehmers so zu verstehen sein, dass der an ihn auszuzahlende Betrag ermittelt wird. Dieser ergibt sich aber erst nach Abzug der Kürzungsquote.

67 ▼

Muster 14.21: Quote vor Selbstbehalt

14.21

Nach gefestigter Rechtsprechung ist bei der Ermittlung der Leistung in der Kaskoversicherung im Rahmen einer Leistungskürzung erst die Kürzungsquote zu berücksichtigen und sodann der Selbstbehalt abzuziehen (Beispielhaft: OLG Köln, Urt. v. 24.6.2014 – 9 U 225/13 = VersR 2014, 1205; LG Traunstein, Urt. v. 12.5.2011 – 1 O 3826/10 – juris; LG Berlin, Urt. v. 9.1.2013 – 42 O 397/11 = r+s 2013, 488; AG Düsseldorf, Urt. v. 29.6.2010 – 230 C 14977/09 = SP 2011, 227; AG Lüdenscheid, Urt. v. 26.4.2013 – 93 C 133/12 = SP 2013, 409; ebenso LG Erfurt, Urt. v. 8.6.2010 – 8 O 1204/09 = VersR 2011, 335 jeweils in der Sachversicherung). Hierfür spricht auch der Wortlaut der hier betroffenen AKB. Dort steht in Ziffer :

„Ist eine Selbstbeteiligung vereinbart, wird diese bei jedem Schadenereignis von der Entschädigung abgezogen."

Dies spricht eher dafür, dass erst einmal der zur Entschädigung ausstehende Betrag zu ermitteln ist, bevor die Selbstbeteiligung abgezogen wird. Der Begriff der Entschädigung dürfte aus Sicht eines durchschnittlichen Versicherungsnehmers so zu verstehen sein, dass der an ihn auszuzahlende Betrag ermittelt wird. Dieser ergibt sich aber erst nach Abzug der Kürzungsquote (vgl. auch *Nugel*, Kürzungsquoten nach dem VVG, 2. Aufl. 2012, § 1 Rn 83).

Es ergibt sich danach folgende Berechnung: Zuerst ist eine quotale Leistungskürzung mit % um EUR vorzunehmen. Dies führt zu einer nach der Kürzung verbleibenden Versicherungsleistung in Höhe von EUR. Nach Abzug des Selbstbehalts von EUR verbleibt ein Betrag von EUR. Demnach .

▲

IV. Quotenbildung bei mehreren Pflichtverletzungen des Versicherungsnehmers

68 Dem Gesetz ist auch nicht zu entnehmen, wie eine Quotenbildung bei mehreren grob fahrlässigen Pflichtverletzungen des Versicherungsnehmers zu erfolgen hat. Einigkeit besteht aber jedenfalls dahingehend, dass erst einmal für jede Pflichtverletzung des

Versicherungsnehmers als Abwägungsfaktor eine Quote zu bilden ist. Für das weitere Vorgehen werden sodann aber unterschiedliche Lösungswege erörtert:[101]

(1) Additionsmodell:[102] Die einzelnen Quoten sind bis zu einer Kürzungsquote von höchstens 100 % zu addieren.
(2) Eine Quotenmultiplikation nach dem Stufenmodell:[103] Die einzelnen Quoten sind in Stufen nacheinander mathematisch genau im Wege einer Multiplikation zu einer Gesamtquote zusammenzuführen.
(3) Gesamtabwägungsmodell:[104] Nach dieser Ansicht ist grundsätzlich eine Gesamtabwägung unter Berücksichtigung aller Erwägungen vorzunehmen. Allerdings gilt eine Ausnahme im Bereich der Kfz-Haftpflichtversicherung:[105] Hier wären die Leistungskürzungen, die jeweils aus der Gruppe der Obliegenheitsverletzungen vor und nach Eintritt des Versicherungsfalls folgen, zu addieren.
(4) Konsumtionsmodell:[106] Nur die schwerwiegendste Pflichtverletzung zählt und konsumiert die anderen.

Beispiel

Der Versicherungsnehmer begeht jeweils eine Obliegenheitsverletzung vor und nach Eintritt des Versicherungsfalls. Die Obliegenheitsverletzung vor Eintritt des Versicherungsfalls wäre für sich gesehen mit einer Kürzungsquote von 60 %, die andere Obliegenheitsverletzung nach Eintritt des Versicherungsfalls mit 40 % zu erfassen.

(1) Nach der Additionstheorie ergibt sich eine Leistungsfreiheit von 100 %, zusammengesetzt aus 60 % + 40 %.
(2) Nach dem Stufenmodell ergibt sich eine Kürzungsquote von 76 %: Ausgangspunkt ist die Kürzungsquote wegen der ersten Obliegenheitsverletzung mit 60 %. Diese Quote ist noch einmal um 16 % (40 % von den verbleibenden 40 %), also auf insgesamt 76 % zu erhöhen.
(3) Nach der kombinierenden Auffassung dürfte eine Gesamtabwägung zu einer Leistungskürzung im Bereich von 70 %–90 % führen.
(4) Nach der Konsumtionstheorie wäre nur eine Kürzung in Höhe von 60 % wegen der schwerwiegendsten Obliegenheitsverletzung anzunehmen.

Eine schlichte Addition der Kürzungsquoten benachteiligt den Versicherungsnehmer 69
unangemessen und führt sehr schnell dazu, dass bereits bei zwei Pflichtverletzungen von jeweils 50 % im Ergebnis über die Kürzungsquote von 100 % das „Alles-oder-

101 Vgl. auch Übersicht bei *Felsch*, r+s 2007, 485, 496 f.

102 So LG Kassel, Urt. v. 27.5.2010 – 5 O 2653/09 = zfs 2011, 33; ebenso im Bereich der Kraftfahrtversicherung *Maier/Stadler*, AKB 2008, Rn 144–146, es sei denn, die Obliegenheitsverletzung liegt in derselben Handlung.

103 LG Hechingen, Urt. v. 3.12.2012 – 1 O 124/12 = zfs 2013, 392; *Marlow/Spuhl*, Das neue VVG, S. 74; *Nugel*, MDR 2007, Sonderbeilage zu Heft 22, 31.

104 LG Dortmund, Urt. v. 15.7.2010 – 2 O 8/10 = zfs 2010, 515; *Looschelders*, ZVersWiss 2009, 13, 30; *Rixecker*, ZVersWiss 2009, 3, 9.

105 Grundlegend BGH, Urt. v. 14.9.2005 – IV ZR 216/04 = zfs 2006, 94; OLG Celle, Beschl. v. 26.7.2012 – 8 W 39/12 = zfs 2012, 571; OLG Frankfurt a.M., Urt. v. 24.7.2014 – 3 U 66/13 = zfs 2015, 276; auch *Maier/Stadler*, AKB 2008, Rn 146 für diese Fallkonstellation.

106 *Felsch*, r+s 2007, 485, 497.

Nichts-Prinzip“ wieder eingeführt wird.[107] Anders ist dies jedoch bei dem Regress des Kfz-Haftpflichtversicherers: Hier ist anerkannt, dass die Regressbeträge des Versicherers wegen der Obliegenheitsverletzungen vor und nach Eintritt des Versicherungsfalls zu addieren sind.[108]

70 Die von *Felsch* hervorgehobene Vorgehensweise der Konsumtion mag zwar für die Praxis die Lösung vereinfachen, verkennt aber, dass der Versicherungsnehmer mit mehreren Pflichtverstößen auch ein gesteigert schuldhaftes Verhalten an den Tag gelegt hat. Sie würde zudem den Versicherungsnehmer privilegieren, der mehrere (insbesondere gleichgewichtige) Obliegenheitsverletzungen begangen hat, und vermag daher nicht zu überzeugen. Eine pauschale Gesamtabwägung scheint sich daher in der Literatur durchzusetzen und ist ggf. als Berechnungsgrundlage durch das Stufenmodell zu ergänzen.[109]

71 ▼

Muster 14.22: Gesamtquotenbildung

Vorzugswürdig ist bei mehreren Pflichtverletzungen, die jeweils für sich gesehen zu einer Leistungskürzung berechtigten, die Bildung einer sog. Gesamtquote. Hierzu wird für jede Pflichtverletzung erst einmal eine Einzelquote gebildet. Die so gebildeten Einzelquoten werden anschließend im Rahmen einer wertenden Betrachtung zu einer Gesamtquote zusammengeführt, die mehr als die höchste Einzelquote, aber weniger als die (reine) Summe der Einzelquoten ausmacht (LG Dortmund, Urt. v. 15.7.2010 – 2 O 8/10 = zfs 2010, 515; *Nugel*, Kürzungsquoten nach dem VVG, 2. Aufl. 2012, § 1 Rn 56 m.w.N.). Entscheidend ist dabei insbesondere, wie eng die begangenen Pflichtverletzungen miteinander verbunden sind (*Nugel* a.a.O.).

Für die erste Pflichtverletzung in Form der ______ ist, wie dargelegt, eine Kürzungsquote in Höhe von ______ %, für die zweite Pflichtverletzung in Form der ______ eine Quote von ______ % angemessen. Insgesamt sollte daher die zu bildende Gesamtquote deutlich unterhalb des Additionsbetrags von ______ %, jedoch zugleich höher als die höchste Einzelquote wegen der schwerwiegendsten Pflichtverletzung von ______ % liegen. Es überzeugt daher eine Gesamtquote von ______ %, wenn berücksichtigt wird, dass ______.

▲

Bei der Verletzung mehrerer Obliegenheiten mit unterschiedlichem Kausalitätsumfang verbietet sich jede schematische Lösung. Hier ist die Kürzungsquote aufgrund einer wertenden Gesamtbetrachtung aller Umstände zu bestimmen, um den Besonderheiten des Einzelfalls gerecht zu werden.[110]

107 *Felsch*, r+s 2007, 485, 496.

108 Grundlegend BGH, Urt. v. 14.9.2005 – IV ZR 216/04 = zfs 2006, 94; OLG Celle, Beschl. v. 26.7.2012 – 8 W 39/12 = zfs 2012, 571; OLG Frankfurt a.M., Urt. v. 24.7.2014 – 3 U 66/13 = zfs 2015, 276; *Nugel*, MDR 2008, 1320, 1324.

109 Überblick bei *Nugel*, MDR 2008, 1320, 1324 f.

110 LG Dortmund, Urt. v. 15.7.2010 – 2 O 8/10 = zfs 2010, 515.

V. Kriterien der Quotenbildung

Die nachfolgende Kriterien sind bei der Bildung der Kürzungsquote insbesondere zu beachten. 72

1. Objektive Kriterien und normative Vorprägung

Ausgangspunkt für die Quotenbildung ist mithin erst einmal das objektiv festzustellende Verschulden. Dabei enthält der Goslarer Orientierungsrahmen folgenden Hinweis: *„Zu berücksichtigen sind normative Vorprägungen aus anderen Rechtsgebieten ebenso wie die einschlägige Rechtsprechung zur groben Fahrlässigkeit. Der Rückgriff auf die Rechtsprechung schließt allerdings nicht aus, dort deutlicher zu differenzieren, wo es nach bisheriger Rechtslage auf eine exakte Bewertung des Verschuldensgrades nicht ankam."* 73

Für die konkrete Quotenbildung ist mithin bereits eine normative Vorprägung aus anderen Rechtsgebieten maßgeblich.[111] Hierzu zählen insbesondere folgende Entscheidungen des Gesetzgebers, die im Orientierungsrahmen als Kriterien der Quotenbildung ausdrücklich hervorgehoben werden: 74
(1) „Ordnungswidrigkeit oder Straftat
(2) Verstoß gegen konkrete Ge- oder Verbote oder Verletzung allgemeiner Sorgfaltspflichten
(3) Schädigung anderer Rechtsgüter
(4) Art und Maß staatlicher Sanktionen".

Diese normative Vorprägung dürfte gerade bei Straf- und Ordnungswidrigkeitentatbeständen des Verkehrsstrafrechts eine besondere Rolle spielen. Es sind insbesondere die Straftatbestände der §§ 315, 316 StGB ebenso wie die im sog. Bußgeldkatalog vorgesehenen Sanktionen zu berücksichtigen. Neben der normativen Vorprägung sind weitere Kriterien des objektiven Verschuldens zu berücksichtigen. Im Goslarer Orientierungsrahmen werden diesbezüglich ausdrücklich genannt: 75
(1) „Voraussehbare (nicht tatsächliche) Schadenshöhe[112]
(2) Dauer der Pflichtverletzung[113]
(3) Mitverschulden Dritter
(4) Körperliche Beeinträchtigungen".

Ergänzend stellt die Rechtsprechung auch auf die Intensität der Pflichtverletzung ab.[114]

111 *Nugel*, Kürzungsquoten nach dem VVG, § 1 Rn 129 ff.
112 OLG Hamm, Beschl. v. 21.4.2010 – 20 U 182/09 = NJW-Spezial 2010, 297; OLG Saarbrücken, Urt. v. 15.12.2010 – 5 U 147/10 = zfs 2011, 221; LG Berlin, Urt. v. 5.12.2012 – 23 O 438/11 = VersR 2013, 998.
113 OLG Hamm, Beschl. v. 21.4.2010 – 20 U 182/09 = NJW-Spezial 2010, 297; OLG Saarbrücken, Urt. v. 15.12.2010 – 5 U 147/10 = zfs 2011, 221; LG Hechingen, Urt. v. 3.12.2012 – 1 O 124/12 = zfs 2013, 392; LG Berlin, Urt. v. 5.12.2012 – 23 O 438/11 = VersR 2013, 998.
114 OLG Hamm, Beschl. v. 21.4.2010 – 20 U 182/09 = NJW-Spezial 2010, 297; siehe auch OLG Saarbrücken, Urt. v. 15.12.2010 – 5 U 147/10 = zfs 2011, 221; LG Berlin, Urt. v. 5.12.2012 – 23 O 438/11 = VersR 2013, 998.

2. Subjektives Verschulden

76 Dieses sog. objektive Verschulden stellt nach dem Goslarer Orientierungsrahmen nur einen ersten Anhaltspunkt im Rahmen der Quotenbildung dar und ist ggf. zu ergänzen. So wird insbesondere auf Folgendes hingewiesen: „*Das objektive Verschulden kann durch subjektive Umstände verringert oder gesteigert werden. In Betracht kommen:*
(1) Augenblicksversagen
(2) Besondere Gründe der Ablenkung
(3) Gesteigerte Risikobereitschaft“.

77 Diese Kriterien entsprechen den Erwägungen innerhalb der Literatur[115] zu möglichen weiteren Abwägungsfaktoren, zu denen der Versicherungsnehmer zumindest im Rahmen seiner sekundären Darlegungslast detailliert und schlüssig vorzutragen hat. Ein Abgrenzungskriterium bildet nach dem Willen des Gesetzgebers die Nähe der groben Fahrlässigkeit zu einem vorsätzlichen Verhalten des Versicherungsnehmers.[116] Ein wichtiges Indiz hierfür ist gegeben, wenn der Versicherungsnehmer sich seines gefährlichen Fehlverhaltens bewusst gewesen ist. Ist der Versicherungsnehmer sich seines riskanten Verhaltens bewusst und erkennt er zugleich die Möglichkeit der Verursachung des Versicherungsfalls, wird in Abgrenzung zum Vorsatz zu prüfen sein, ob er bei dem bewusst eingegangenen Risiko noch auf den guten Ausgang vertraut (bewusste Fahrlässigkeit) oder sich mit dem möglichen Schadenseintritt, ggf. im Bewusstsein seiner Absicherung über einen Leistungsträger, zumindest abgefunden hat (Eventualvorsatz).

78 Ein geringerer Verschuldensvorwurf innerhalb der Spanne der groben Fahrlässigkeit wird den Versicherungsnehmer treffen, der sein Fehlverhalten aufgrund eines sog. Augenblicksversagens begangen hat.[117] Dieses ist insbesondere dann anzunehmen, wenn der Versicherungsnehmer im Rahmen einer momentanen Unaufmerksamkeit den Sorgfaltsanforderungen nicht gerecht wird, die er ansonsten immer anstandslos erfüllt hat. Nach der bisherigen höchstrichterlichen Rechtsprechung genügt ein solches Augenblicksversagen alleine nicht, um den Vorwurf eines grob fahrlässigen Fehlverhaltens zu entkräften, wenn objektiv eine grobe Fahrlässigkeit bewiesen ist.[118] Bei Annahme einer groben Fahrlässigkeit ist allerdings zur Entlastung bei der Quotenbildung ein solches Augenblicksversagen des Versicherungsnehmers zu seinen Gunsten zu berücksichtigen.[119]

115 *Nugel*, Kürzungsquoten nach dem VVG, § 1 Rn 139 ff.
116 Abschlussbericht der Reformkommission, S. 354 Nr. 13 zu § 83 VVG-E 2006.
117 *Felsch*, r+s 2007, 485, 495; *Nugel*, MDR 2007, Sonderbeilage Heft 22, 23 ff.
118 Grundlegend BGH, Urt. v. 8.7.1992 – IV ZR 223/91 = zfs 1992, 378 = VersR 1992, 1085; siehe auch BGH, Urt. v. 29.1.2003 – IV ZR 173/01 = zfs 2003, 242; BGH, Urt. v. 10.5.2011 – VI ZR 196/10 = zfs 2011, 571.
119 *Nugel*, Kürzungsquoten nach dem VVG, § 1 Rn 140; ebenso *Looschelders*, VersR 2008, 1, 6.

▼ 79

Muster 14.23: Kriterien der Bildung der Kürzungsquote

Für die Quotenbildung ist zu fragen, ob es sich eher um einen Grenzfall zur einfachen Fahrlässigkeit oder aber zum bedingten Vorsatz handelt (BGH, Urt. v. 22.6.2011 – IV ZR 225/10 = zfs 2011, 511 = SP 2011, 300; OLG Saarbrücken, Urt. v. 15.12.2010 – 5 U 147/10 = zfs 2011, 221; OLG Saarbrücken, Urt. v. 4.4.2013 – 4 U 31/12 = zfs 2013, 466; OLG Saarbrücken, Urt. v. 30.10.2014 – 4 U 165/13 = NJW-RR 2015, 411). Von besonderer Bedeutung ist dabei die vom Verhalten des Versicherungsnehmers ausgehende Gefahr als objektiver Gesichtspunkt und die damit einhergehende Leichtfertigkeit (OLG Naumburg, Beschl. v. 28.3.2011 – 4 W 12/11 = NJW-RR 2011, 901; OLG Saarbrücken, Urt. v. 30.10.2014 – 4 U 165/13 = NJW-RR 2015, 411; LG Münster, Urt. v. 24.9.2009 – 15 O 275/09 = DAR 2010, 473; LG Tübingen, Urt. v. 26.4.2010 – 4 O 326/09 = zfs 2010, 394; LG Saarbrücken, Urt. v. 18.2.2015 – 14 O 108/14 = SP 2016, 55). Dies erst recht, wenn es sich um einen offenkundigen Pflichtenverstoß handelt (KG, Beschl. v. 11.6.2010 – 6 U 28/10 = VersR 2011, 742; LG Bonn, Urt. v. 31.7.2009 – 10 O 115/09 = DAR 2010, 24; LG Essen, Urt. v. 11.7.2018 – 18 O 318/17 – juris; *Nugel*, MDR 2010, 597 ff. unter Bezugnahme auf den Goslarer Orientierungsrahmen). Dabei kann auch die normative Vorprägung durch die Wertung aus anderen Rechtsgebieten wie dem Strafrecht zu beachten sein (BGH, Urt. v. 22.6.2011 – IV ZR 225/10 = zfs 2011, 511 = SP 2011, 300; *Nugel*, Kürzungsquoten nach dem VVG, 2. Aufl. 2012, § 1 Rn 129 m.w.N.). Verschuldensmindernd ist dagegen das Ergreifen von getroffenen Sicherungsmaßnahmen, um einen Schaden zu verhindern (LG Magdeburg, Urt. v. 11.9.2018 – 11 O 217/18 – juris).

Für die Quotenbildung ist ferner die drohende Schadenshöhe von besonderer Bedeutung (OLG Hamm, Hinweisbeschl. v. 21.4.2010 – 20 U 182/09 = NJW-Spezial 2010, 297; vgl. auch LG Dortmund, Urt. v. 15.7.2010 – 2 O 8/10 = zfs 2010, 515). Einen gewichtigen Umstand bei der Quotenbildung stellt ferner die Dauer der Pflichtverletzung dar (OLG Hamm a.a.O.; LG Hechingen, Urt. v. 3.12.2012 – 1 O 124/12 = zfs 2013, 392; LG Essen, Urt. v. 11.7.2018 – 18 O 318/17 – juris). Je länger das Fehlverhalten dauert, desto schwerer wiegt das Verschulden (OLG Saarbrücken, Urt. v. 15.12.2010 – 5 U 147/10 = zfs 2011, 221; LG Berlin, Urt. v. 5.12.2012 – 23 O 438/11 = VersR 2013, 998).

Dieses vorausgeschickt ergibt sich folgende Leistungskürzung: .

▲

F. Leistungskürzung wegen einer Obliegenheitsverletzung und der Kausalitätsgegenbeweis

Beruft sich der Versicherer auf eine Leistungsfreiheit wegen einer grob fahrlässigen Obliegenheitsverletzung der versicherten Person und kann er diese Obliegenheitsverletzung nachweisen, wird ein grob fahrlässiges Fehlverhalten der versicherten Person gem. § 28 Abs. 2 S. 2 Hs. 2 VVG vermutet. Der Versicherungsnehmer kann jedoch ggf. den sog. Kausalitätsgegenbeweis führen. § 28 Abs. 3 S. 1 VVG sieht vor, dass der Versicherer zur Leistung verpflichtet bleibt, soweit die Verletzung der Obliegenheit weder für den Eintritt oder die Feststellung des Versicherungsfalles noch für die Feststellung oder den 80

Umfang der Leistungspflicht des Versicherers ursächlich ist. Der Versicherungsnehmer hat zu beweisen, dass sich seine Obliegenheitsverletzung entweder gar nicht oder nur zu einem bestimmten Teil nicht ausgewirkt hat.[120] Dabei hat er alle Einwendungen des Versicherers zu entkräften.[121] Es gilt ein sog. konkreter Kausalitätsgegenbeweis.[122]

81 ▼

Muster 14.24: Kausalitätsgegenbeweis bei Verschweigen eines Vorschadens

14.24

Versicherung AG

Schaden-Nr./VS-Nr./Az.

Schaden vom

Pkw , amtl. Kennzeichen

Sehr geehrte Damen und Herren,

in vorbezeichneter Angelegenheit komme ich zurück auf Ihre Leistungsablehnung, die zu beanstanden ist. Mein Mandant hat weder vorsätzlich noch gar arglistig einen Vorschaden verschwiegen. Vielmehr kann ihm allenfalls der Vorwurf eines fahrlässigen Fehlverhaltens gemacht werden. Dies hat zur Folge, dass selbst bei einem unterstellten grob fahrlässigen Fehlverhalten eine Leistungsfreiheit von Ihnen nur in Höhe des Minderwerts bestehen kann, der sich aus der Berücksichtigung des Vorschadens ergibt.

1) Es ist richtig, dass das Fahrzeug meines Mandanten vor gut Jahren einen Vorschaden erlitten hat. Dieser Schaden ereignete sich in der Zeit des vorherigen Eigentümers. Mein Mandant hat das Fahrzeug bereits vor Jahren erworben und dabei auch von dem Vorschaden erfahren. Jedoch hat er bei der Anfertigung der Schadensanzeige an diesen derart lang zurückliegenden Schaden nicht mehr gedacht, zumal mein Mandant den Schaden selber auch nicht verursacht hat. Eine – im Übrigen von Ihnen zu beweisende – vorsätzliche Falschangabe, die als Obliegenheitsverletzung gewertet werden könnte, ist nicht gegeben.

Dies hat zur Folge, dass Ihnen allenfalls ein Leistungskürzungsrecht für den Fall zustehen könnte, dass es sich um eine grob fahrlässige Obliegenheitsverletzung handelt. Dann müsste mein Mandant die im Verkehr gebotene Sorgfalt in einem besonders hohen Maße außer Acht gelassen und Überlegungen nicht berücksichtigt haben, die sich jedem verständigen Versicherungsnehmer an seiner Stelle geradezu aufgedrängt hätten. Dies ist jedoch vorliegend nicht der Fall. Es mag nachlässig gewesen sein, dass sich mein Mandant zum Zeitpunkt des Ausfüllens der Schadensanzeige nicht an die vor Jahren erfolgten Angaben des Verkäufers des Fahrzeugs zu einem Vorschaden erinnert hat. Eine solche Erinnerungslücke kann jedoch auch unter Beachtung der gebotenen Sorgfalt bei der Betrachtung in der Vergangenheit liegender Vorgänge vorkommen und

120 OLG Dresden, Urt. v. 12.4.2019 – 4 U 557/18 – juris; OLG Oldenburg, Beschl. v. 27.5.2011 – 5 U 27/11 = VersR 2011, 1437; auch OLG Saarbrücken, Urt. v. 30.10.2014 – 4 U 165/13 = NJW-RR 2015, 411.

121 BGH, Urt. v. 4.4.2001 – IV ZR 63/00 = VersR 2001, 756 zu § 6 Abs. 3 S. 2 VVG a.F.; KG, Beschl. v. 6.7.2010 – 6 W 6/10 = VersR 2010, 1488; *Nugel*, VRR 2008, 164, 166.

122 OLG Oldenburg, Beschl. v. 4.7.2011 – 5 U 27/11 = zfs 2012, 91; KG, Beschl. v. 10.12.2013 – 6 U 155/13 = r+s 2015, 66; vgl. auch OLG Oldenburg, Beschl. v. 22.8.2013 – 5 W 38/13 – juris; OLG Köln, Urt. v. 15.10.2013 – 9 U 69/13 = zfs 2014, 217; OLG Saarbrücken, Urt. v. 30.10.2014 – 4 U 165/13 = NJW-RR 2015, 411.

stellt in keinem Fall eine besonders gravierende Sorgfaltspflichtverletzung dar. Mangels eines groben Verschuldens meines Mandanten scheidet daher eine teilweise oder gar vollständige Leistungsfreiheit Ihres Hauses wegen einer angeblichen Obliegenheitsverletzung aus.

2) Selbst wenn aber das Verhalten meines Mandanten als grob fahrlässig anzusehen sein sollte, so hat sich dieses jedoch gar nicht auf Ihre Feststellungen zum Versicherungsfall und lediglich in Höhe von maximal EUR auf Ihre Feststellungen zur Schadenshöhe ausgewirkt. Es gilt insoweit nach § 28 Abs. 3 S. 1 VVG ein sog. konkreter Kausalitätsgegenbeweis (OLG Oldenburg, Beschl. v. 4.7.2011 – 5 U 27/11 = zfs 2012, 91; KG, Beschl. v. 10.12.2013 – 6 U 155/13 = r+s 2015, 66; vgl. auch OLG Oldenburg, Beschl. v. 22.8.2013 – 5 W 38/13 – juris; OLG Köln, Urt. v. 15.10.2013 – 9 U 69/13 = zfs 2014, 217; OLG Saarbrücken, Urt. v. 30.10.2014 – 4 U 165/13 = NJW-RR 2015, 411). Da das Verschweigen des Vorschadens darüber hinaus keine Auswirkungen auf die Bestimmung der Versicherungsleistung hat, haben Sie in jedem Fall den durch ein Gutachten ermittelten Wiederbeschaffungswert abzüglich des Restwerts unter quotaler Berücksichtigung des Vorschadens in Höhe von EUR auszugleichen.

Ich fordere Sie daher auf, den geschuldeten Betrag in Höhe von EUR, zumindest aber unter quotaler Berücksichtigung des Vorschadens einen Betrag in Höhe von EUR auszuzahlen. Hierfür habe ich mir eine Frist notiert bis zum

(*10-Tages-Frist*).

Mit freundlichen Grüßen

(Rechtsanwalt)

▲

Dem Versicherungsnehmer ist es jedoch verwehrt, sich auf den Kausalitätsgegenbeweis **82**
zu berufen, wenn er arglistig i.S.d. § 28 Abs. 3 S. 2 VVG gehandelt hat. Insoweit ist zu berücksichtigen, dass eine vom Versicherer zu beweisende Arglist nicht den Nachweis eines betrügerischen Handelns voraussetzt. Es genügt, dass z.B. der Versicherungsnehmer falsche Angaben tätigt und es dabei zumindest billigend in Kauf nimmt, durch diese falschen Angaben die Regulierungsentscheidung des Versicherers zu seinen Gunsten zu beeinflussen.[123] Eine Bereicherungsabsicht ist nicht erforderlich.[124] Es muss lediglich der Wille erkenntlich sein, die Regulierungsentscheidung des Versicherers durch Vorspiegelung falscher oder Verschweigen wahrer Tatsachen und einen darauf beruhenden Irrtum zu seinen Gunsten zu beeinflussen.[125] Arglistig handelt bereits, wer ohne hinreichende Erkenntnisgrundlage „ins Blaue hinein" unrichtige Angaben tätigt.[126] Dabei bedarf es keiner positiven Feststellung dahingehend, dass dem Versicherungsnehmer die

123 Zuletzt BGH, Beschl. v. 23.10.2013 – IV ZR 122/13 = VersR 2014, 398.

124 Z.B. BGH, Urt. v. 22.6.2011 – IV ZR 174/09 = zfs 2011, 573; BGH, Beschl. v. 23.10.2013 – IV ZR 122/13 = VersR 2014, 398; OLG München, Urt. v. 25.4.2014 – 10 U 3357/13 = zfs 2015, 213; KG, Beschl. v. 13.5.2014 – 6 U 190/13 – juris; OLG Köln, Urt. v. 15.7.2014 – 9 U 204/13 = zfs 2015, 38; KG, Beschl. v. 31.10.2014 – 6 U 200/13 – juris; OLG Hamm, Beschl. v. 6.2.2015 – 20 U 9/15 = VersR 2015, 1289.

125 BGH, Urt. v. 28.2.2007 – IV ZR 331/05 = zfs 2007, 343; BGH, Beschl. v. 4.5.2009 – IV ZR 62/07 = zfs 2009, 463; BGH, Versäumnisurt. v. 24.11.2010 – IV ZR 252/08 = zfs 2011, 211; OLG Hamm, Urt. v. 11.4.2014 – 20 U 171/13 = zfs 2015, 633.

126 OLG Frankfurt a.M., Beschl. v. 24.7.2008 – 3 U 68/08 = zfs 2009, 269; OLG Saarbrücken, Urt. v. 6.10.2010 – 5 U 88/10 = zfs 2011, 454; KG, Beschl. v. 10.12.2013 – 6 U 155/13 = r+s 2015, 66.

Unrichtigkeit seiner Angabe bekannt war.[127] Dies gilt selbst dann, wenn der Erklärende selber gutgläubig davon ausgeht, dass seine Angaben stimmen, jedoch zugleich verschweigt, dass er gar nicht über die zur sicheren Beurteilung erforderliche Kenntnis zum Zeitpunkt der Erklärung verfügt.[128] Ein solcher Wille des Versicherungsnehmers liegt jedenfalls bei mehreren falschen Angaben nahe.[129] Arglist liegt auch nahe, wenn der Versicherungsnehmer noch zuvor gegenüber der Polizei wahrheitsgemäße bzw. umfassende Angaben gemacht hat, die sodann gegenüber dem Versicherer abgeändert bzw. wichtige Umstände verschwiegen werden.[130] Gleiches gilt bei wahrheitsgemäßen Angaben zuvor gegenüber Dritten.[131] Bloße Nachlässigkeit oder Überforderung steht aber der Annahme von Arglist entgegen.[132]

83 Von besonderer Bedeutung ist auch, dass den Versicherungsnehmer, der objektiv falsche Angaben getätigt hat, eine sekundäre Darlegungslast trifft, wenn der Versicherer den Arglisteinwand erhebt.[133] Der Versicherungsnehmer muss dann plausibel darlegen, wie und warum es zu den falschen Angaben gekommen ist.[134] An diesen Vortrag ist ein strenger Maßstab anzulegen.

84 ▼

Muster 14.25: Arglisteinwand zugunsten des Versicherers

14.25

Vorliegend ist ein arglistiges Verhalten zu bejahen. Für die Annahme einer Arglist genügt es, dass der Versicherungsnehmer mit einer Falschangabe einen gegen die Interessen des Versicherers gerichteten Zweck verfolgt, etwa indem er Schwierigkeiten bei der Durchsetzung (ggf. auch berechtigter) Ansprüche ausräumen will und weiß, dass sein Verhalten den Versicherer bei der Schadenregulierung möglicherweise beeinflussen kann (BGH, Urt. v. 22.6.2011 – IV ZR 174/09 = zfs 2011, 573; BGH, Beschl. v. 23.10.2013 – IV ZR 122/13 = VersR 2014, 398; OLG München, Urt. v. 25.4.2014 – 10 U 3357/13 = zfs 2015, 213; KG, Beschl. v. 13.5.2014 – 6 U 190/13 – juris; OLG Köln, Urt. v. 15.7.2014 – 9 U 204/13 = zfs 2015, 38; KG, Beschl. v. 31.10.2014 – 6 U 200/13 – juris; OLG Hamm, Beschl. v. 6.2.2015 – 20 U 9/15 = VersR 2015, 1289). Eine Bereicherungsabsicht ist nicht erforderlich (zuletzt BGH, Beschl. v. 23.10.2013 – IV ZR 122/13 = VersR 2014, 398). Ausreichend ist es jedenfalls, wenn für die Falschangaben keine anderen Motive als eine Beeinflussung des Versicherers verständlich sind (OLG München, Urt. v. 9.3.2011 – 20 U 1643/09 – juris; LG Münster, Urt. v. 14.3.2011 – 115 O 108/09 = r+s 2012, 82; LG Paderborn, Urt. v. 31.5.2012 – 3 O 141/11 – juris) bzw. davon auszugehen ist, dass der Versicherungsnehmer den Versicherer vorsorglich von weiteren Ermittlungen abhalten will (OLG Stuttgart, Urt. v. 1.12.2016 – 7 U 114/16 = zfs 2017, 398; OLG

127 KG, Beschl. v. 10.12.2013 – 6 U 155/13 = r+s 2015, 66.
128 OLG Frankfurt a.M., Beschl. v. 24.7.2008 – 3 U 68/08 = zfs 2009, 269.
129 OLG Köln, Beschl. v. 28.3.2008 – 20 U 231/07 = VersR 2008, 1063; OLG München, Urt. v. 25.4.2014 – 10 U 3357/13 = zfs 2015, 213.
130 KG, Beschl. v. 1.2.2011 – 6 U 138 / 10 = r+s 2015, 63.
131 KG, Beschl. v. 10.12.2013 – 6 U 155 / 13 = r+s 2015, 66.
132 OLG Dresden, Urt. v. 12.4.2019 – 4 U 557/18 – juris.
133 BGH, Beschl. v. 7.11.2007 – IV ZR 103/06 = zfs 2008, 92; BGH, Beschl. v. 12.3.2008 – IV ZR 330/06 = zfs 2008, 391.
134 BGH, Beschl. v. 7.11.2007 – IV ZR 103/06 = zfs 2008, 92; KG, Beschl. v. 13.5.2014 – 6 U 190/13 – juris; OLG Hamm, Beschl. v. 6.2.2015 – 20 U 9/15 = VersR 2015, 1289; ferner KG, Beschl. v. 31.10.2014 – 6 U 200/13 – juris.

Düsseldorf, Urt. v. 6.2.2018 – 4 U 164/15 = r+s 2018, 206; KG, Beschl. v. 14.9.2010 – 6 U 205/09 = SP 2011, 83; LG Köln, Urt. v. 26.5.2011 – 24 O 452/10 = SP 2011, 404; LG Saarbrücken, Urt. v. 6.9.2011 – 14 S 2/11 = VersR 2012, 98).

Den Versicherungsnehmer trifft dabei eine sekundäre Darlegungslast und er hat insbesondere zu den inneren Tatsachen und seiner Motivation bei der falschen Angabe vorzutragen (BGH, Beschl. v. 7.11.2007 – IV ZR 103/06 = zfs 2008, 92; KG, Beschl. v. 13.5.2014 – 6 U 190/13 – juris; OLG Hamm, Beschl. v. 6.2.2015 – 20 U 9/15 = VersR 2015, 1289). Dabei sind hohe Anforderungen an die Plausibilität und Schlüssigkeit des Vorbringens zu den Gründen für die Obliegenheitsverletzung zu stellen um zu verhindern, dass durch bloße Behauptungen eine nicht gerechtfertigte Leistung begründet wird (vgl. OLG Frankfurt a.M., Urt. v. 23.6.2010 – 7 U 90/09 – juris; KG, Urt. v. 20.9.2013 – 6 U 194/12 = r+s 2015, 65; dazu auch KG, Beschl. v. 10.12.2013 – 6 U 155/13 = r+s 2015, 66; *Nugel*, MDR 2008, 1320, 1322).

Dies vorausgeschickt zeigt sich, dass vorliegend eine Arglist gegeben ist. .

▲

Ein Recht zur Leistungskürzung nach § 28 Abs. 2 VVG bei der Verletzung einer Auskunfts- oder Anzeigeobliegenheit besteht für den Versicherer aber nur dann, wenn der Versicherer den Versicherungsnehmer durch gesonderte Mitteilung in Textform auf diese Rechtsfolge hingewiesen hat (§ 28 Abs. 4 VVG). Aber Obacht: Im Fall eines arglistigen Fehlverhaltens ist der Versicherungsnehmer auch nicht schützenswert und es bedarf keiner Belehrung über die Folgen einer falschen Auskunft.[135] 85

Der Wirksamkeit einer solchen Regelung in den AGB der Versicherer steht im Übrigen auch nicht entgegen, dass in der anschließenden Bestimmung über die Folgen der Verletzung von Obliegenheiten zwar auf den vollständigen oder teilweisen Verlust des Versicherungsschutzes, nicht aber auf die Hinweispflicht des § 28 Abs. 4 VVG gesondert verwiesen wird.[136]

In der höchstrichterlichen Rechtsprechung[137] hat sich mittlerweile die Ansicht durchgesetzt, dass eine Belehrung auf demselben Formular wie der Schadensanzeige genügt. Für diese Auffassung dürfte insbesondere sprechen, dass dem Versicherungsnehmer durch einen Hinweis auf dem Formular, auf welchem er seine Angaben tätigt, im konkreten Sachzusammenhang die Bedeutung einer falschen Angabe vor Augen geführt wird, ohne dass die Gefahr besteht, dass entsprechende Zeilen auf einem gesonderten Beiblatt schlicht und ergreifend „untergehen" bzw. gar nicht erst gelesen werden.[138]

135 BGH, Urt. v. 12.3.2014 – IV ZR 306/13 – juris; OLG Hamm, Beschl. v. 7.12.2018 – I 20 U 64/18 – juris; OLG Stuttgart, Urt. v. 1.12.2016 – 7 U 114/16 = zfs 2017, 398; OLG Köln, Urt. v. 3.5.2013 – 20 U 224/12 = VersR 2013, 1428; LG Saarbrücken, Urt. v. 16.12.2014 – 14 S 22/14 – juris.

136 BGH, Urt. v. 4.4.2018 – IV ZR 104/17 = NJW 2018, 1544.

137 BGH, Urt. v. 9.1.2013 – IV ZR 197/11 = zfs 2013, 153.

138 *Nugel*, zfs 2009, 307.

86 ▼

Muster 14.26: Gesonderte Belehrung auf der Schadensanzeige

14.26

Dem Formerfordernis einer gesonderten Mitteilung in Textform gem. § 28 Abs. 4 VVG genügt eine Belehrung im Schadensanzeigeformular, sofern sie (etwa durch eine andere Farbe, Schriftart bzw. -größe, Fettdruck, durch Einrücken, Einrahmen oder in sonstiger Weise) drucktechnisch so hervorgehoben ist, dass sie sich deutlich vom übrigen Text abhebt und vom Versicherungsnehmer nicht übersehen werden kann (BGH, Urt. v. 9.1.2013 – IV ZR 197/11 = zfs 2013, 153 m.w.N.; vgl. auch OLG Stuttgart, Urt. v. 17.4.2014 – 7 U 253/13 = VersR 2014, 985; OLG Karlsruhe, Urt. v. 22.10.2015 – 12 U 53/15 = VersR 2016, 105 jeweils zu § 19 Abs. 5 VVG). Durch die anlassbezogene Belehrung im unmittelbaren Kontext mit den an den Versicherungsnehmer gerichteten Fragen wird der vom Gesetz bezweckten Warnfunktion der Belehrung besser Rechnung getragen (BGH a.a.O.). Denn bei der Belehrung in einem gesonderten Formular besteht die Gefahr, dass diese Belehrung gar nicht oder in einem anderen Kontext beachtet wird (*Nugel*, MDR 2009, 186, 187).

Demnach .

▲

G. Regress des Kaskoversicherers

87 Eine für sämtliche Bereiche der Schadensversicherung und damit auch für die Kaskoversicherung wichtige gesetzliche Regelung enthält § 86 VVG. Danach gehen sämtliche Ansprüche des Versicherungsnehmers auf Schadensersatz in dem Maße auf den Versicherer über, in dem dieser Leistungen aus der Schadensversicherung erbringt. Hierbei handelt es sich um einen Fall des gesetzlichen Forderungsübergangs (cessio legis). Anders als beim gesetzlichen Forderungsübergang gem. § 116 SGB X erfolgt der Übergang nicht bereits zum Zeitpunkt des Schadenseintritts, sondern erst im Zeitpunkt der konkreten Erbringung der Leistung durch den Versicherer. Durch den Übergang erwirbt der Schadensversicherer die komplette Rechtsposition des Versicherungsnehmers gegenüber dem Schädiger.

In der Kraftfahrtversicherung ist darüber hinaus Ziff. A.2.8 AKB 2015 zu beachten. Danach kann der Kaskoversicherer den Anspruchsübergang nur dann gegenüber dem berechtigten Fahrer, anderen in der Kfz-Haftpflichtversicherung mitversicherten Personen (vgl. Ziff. A.1.2 AKB 2008/2015) dem Mieter oder dem Entleiher geltend machen, wenn von ihnen der Versicherungsfall vorsätzlich oder grob fahrlässig herbeigeführt wurde. Anders als die AKB 2008 und die älteren AKB-Fassungen sieht Ziff. A.2.8 AKB 2015 nunmehr vor, dass bei grober Fahrlässigkeit eine Quotelung nach der Schwere des Verschuldens entsprechend § 81 Abs. 2 VVG erfolgt.

88 Der Anspruchsübergang erfolgt jedoch nicht uneingeschränkt. Gem. § 67 Abs. 2 VVG a.F. war nach der alten Rechtslage der Übergang von Ansprüchen gegen einen Familienangehörigen ausgeschlossen, mit dem der Versicherungsnehmer in häuslicher Gemeinschaft lebte. In § 86 Abs. 3 VVG n.F. wird dieser Schutz auch im neuen Recht mit

einigen Änderungen aufrechterhalten und nunmehr als Wohnungsprivileg ausgestaltet. Damit wird der Schutz auf alle Personen erweitert, die mit dem Versicherungsnehmer in einer häuslichen Gemeinschaft leben, sofern diese Gemeinschaft bereits zum Zeitpunkt des Schadensfalls bestanden hat. Folge einer solchen Gemeinschaft ist, dass der Versicherer trotz des Übergangs des Regressanspruchs kein Regressrecht hat, während im alten Recht der Anspruchsübergang ausgeschlossen war, der Versicherungsnehmer also Anspruchsinhaber blieb. Die Schutzwirkung des § 86 Abs. 3 VVG greift allerdings nicht, wenn die in häuslicher Gemeinschaft lebende Person den Versicherungsfall vorsätzlich verursacht hat.

▼

Muster 14.27: Kein Regress des Kaskoversicherers bei gemeinsamem Haushalt 89

___ Versicherung AG

___

___

Schaden-Nr./VS-Nr./Az. ___

Schaden vom ___

Pkw ___, amtl. Kennzeichen ___

Sehr geehrte Damen und Herren,

ausweislich der in der Anlage beigefügten Vollmacht beauftragte mich Herr ___ aus ___ mit der Wahrnehmung seiner Interessen in der im Betreff genannten Angelegenheit.

Aus Anlass des Verkehrsunfalls vom ___ nehmen Sie meinen Mandanten in Höhe der von Ihnen an den Versicherungsnehmer erbrachten Kaskoversicherungsleistung in Regress.

Insoweit kann dahinstehen, ob Ihrem Versicherungsnehmer infolge des fraglichen Schadenfalls gegen meinen Mandanten Ansprüche auf Schadensersatz gem. § 823 Abs. 1 BGB wegen Eigentumsverletzung zustehen, die gem. § 86 VVG auf Sie übergegangen sind. Denn ein Regress gegen meinen Mandanten scheidet aus zweierlei Gründen aus.

Zunächst steht der Durchsetzung Ihrer Ansprüche die Regelung des § 86 Abs. 3 VVG entgegen. Danach kann der Regressanspruch nicht gegen Personen durchgesetzt werden, die mit dem Versicherungsnehmer in häuslicher Gemeinschaft leben. Mein Mandant unterhält gemeinsam mit Ihrem Versicherungsnehmer eine häusliche Gemeinschaft unter der oben angegebenen Anschrift. Danach ist die Durchsetzung des übergegangenen Ersatzanspruchs von vornherein ausgeschlossen.

Darüber hinaus verweisen wir auf Ziff. A.2.8 der dem Vollkaskoversicherungsvertrag zugrunde liegenden Allgemeinen Bedingungen für die Kraftfahrtversicherung (AKB). Danach kann der Regressanspruch gegenüber dem berechtigten Fahrer nur dann durchgesetzt werden, wenn der Schadenfall vorsätzlich oder grob fahrlässig herbeigeführt wurde. Diese Voraussetzung, die Sie zu beweisen haben, ist vorliegend auch nicht gegeben. Bleiben naheliegende Möglichkeiten offen, die das Verhalten des Versicherungsnehmers in milderem Licht erscheinen lassen, so geht dies zu Lasten des Versicherers (OLG

Düsseldorf, Urt. v. 23.2.1999 – 4 U 76/98 = SP 1999, 210). Diese Rechtsprechung dürfte hier entsprechend anwendbar sein. Wir weisen darauf hin, dass

Wir können unserem Mandanten deshalb nicht empfehlen, den von Ihnen angeforderten Betrag auszugleichen. Im Gegenteil haben wir Sie aufzufordern, uns umgehend und spätestens bis zum

(*10-Tages-Frist*)

zu bestätigen, dass Sie keine Regressansprüche gegen unseren Mandanten geltend machen. Für den Fall des fruchtlosen Fristablaufs werden wir unserem Mandanten empfehlen, die Rechtslage durch eine negative Feststellungsklage klären zu lassen.

Mit freundlichen Grüßen

(Rechtsanwalt)

▲

90 Ist der Fahrer zugleich Arbeitnehmer des Versicherungsnehmers, ergeben sich eine Reihe von Besonderheiten, die bei dem Regress zu berücksichtigen sind.

91 Nach den Grundsätzen der beschränkten Arbeitnehmerhaftung kann sich auch bei grob fahrlässiger Schadensverursachung das Betriebsrisiko des Arbeitgebers mit realisieren, so dass eine Quotelung des Schadens in Betracht zu ziehen ist. Insbesondere in Fällen, in denen das Schadensrisiko in einem deutlichen Missverhältnis zu dem zu erzielenden Einkommen steht, kommt aufgrund der existenzgefährdenden Wirkung der Haftung eine Schadensteilung in Betracht. Eine Quotelung scheidet hingegen bei Schäden, die nicht erheblich über einem Monatsgehalt liegen, aus. Eine Haftungsobergrenze von drei Bruttomonatsverdiensten ist nicht zwingend.[139] Nach Auffassung des BAG gibt es eine feste, summenmäßig beschränkte Haftungsobergrenze ohnehin nicht, deren Festlegung allein dem Gesetzgeber vorbehalten bleibt.[140]

92 Die arbeitsrechtliche Haftungsbeschränkung gilt nicht, wenn der Arbeitgeber nicht Eigentümer des dem Arbeitnehmer überlassenen Kfz ist, dieses z.B. geleast oder sicherungsübereignet hat. Außerdem ist in diesem Fall der Rechtsweg zu den ordentlichen Gerichten, nicht zu den Arbeitsgerichten eröffnet.[141]

93 *Praxistipp*

Häufig wird ebenfalls nicht beachtet, dass im Arbeitsrecht Ausschlussfristen für die – i.d.R. schriftliche – Anmeldung und die gerichtliche Geltendmachung eines Schadensersatzanspruchs des Arbeitgebers gelten, die im Fall des Regresses auch für den Versicherer verbindlich sind, da dieser aus einem übergegangenem Recht vorgeht.[142] Derartige Ausschlussfristen können im Arbeitsvertrag vereinbart sein. Auf eine etwaige Unwirksamkeit der regelmäßig formularmäßig vereinbarten Ausschlussfristen nach § 307 BGB wird sich der Versicherer nicht berufen können, da auch der Arbeitgeber als Klauselverwender i.S.d. § 305 BGB die Unwirksamkeit von ihm

139 *Keysers/Nugel*, NJW-Spezial 2008, 681.
140 BAG, Urt. v. 15.11.2012 – 8 AZR 705/11 = DB 2013, 705.
141 BAG, Beschl. v. 7.7.2009 – 5 AZB 8/09 = zfs 2010, 29 = VersR 2009, 1528.
142 *Keysers/Nugel*, NJW-Spezial 2008, 681.

selbst verwendeter AGB grundsätzlich nicht einwenden kann.[143] Ausschlussfristen sind regelmäßig auch in Tarifverträgen enthalten, die entweder wegen wechselseitiger Tarifbindung bzw. Allgemeinverbindlichkeit oder durch Inbezugnahme im Arbeitsvertrag Anwendung finden.

Im Zusammenhang mit der vertraglichen Regressbeschränkung wurde bei Geltung der AKB 2008 diskutiert, ob bei einem grob fahrlässigen Fehlverhalten lediglich eine Quotelung vorzunehmen ist. Würde beispielsweise der Versicherungsnehmer selbst den Versicherungsfall grob fahrlässig herbeiführen, könnte der Versicherer den Leistungsanspruch des Versicherungsnehmers gem. § 81 Abs. 2 VVG nur anteilig entsprechend der Schwere des Verschuldens kürzen. Eine Verpflichtung, den vom Versicherungsnehmer personenverschiedenen Fahrer auch am Grundsatz der Quotenregelung teilhaben zu lassen, besteht jedoch nach den AKB 2008 nicht.[144] Die Quotenregelung des § 81 Abs. 2 VVG gilt nach ihrem Sinn und Zweck erst einmal nur zugunsten des Versicherungsnehmers.[145] 94

Diese Problematik stellt sich bei Geltung der AKB 2015 nicht mehr, soweit die Musterbedingungen des GdV umgesetzt werden. Gem. Ziff. A.2.8 AKB 2015 kann der Versicherer den Regressanspruch wie schon dargelegt gegen den grob fahrlässig handelnden Fahrer jetzt nur noch nach Maßgabe des § 81 Abs. 2 VVG durchsetzen. 95

H. Quotenvorrecht

I. Übersicht

Fällt dem Geschädigten ein Mitverschulden oder eine Mitverursachung zur Last und soll dessen eigener Vollkaskoversicherer neben dem Kfz-Haftpflichtversicherer des Unfallgegners in Anspruch genommen werden, führt dies unter Berücksichtigung des sog. Quotenvorrechts zu einer erheblichen Besserstellung des Geschädigten. 96

Nimmt der Geschädigte zunächst seine Vollkaskoversicherung in Anspruch, ist § 86 Abs. 1 VVG zu beachten. Danach geht der dem Versicherungsnehmer zustehende Ersatzanspruch gegen den Schädiger in dem Maße auf den Versicherer über, in dem dieser dem Versicherungsnehmer den Schaden ersetzt. Gleicht also der Vollkaskoversicherer dem Geschädigten den etwa durch einen Verkehrsunfall erlittenen Fahrzeugschaden aus, geht der Anspruch des Geschädigten auf Schadensersatz gegen den Schädiger bzw. dessen Kfz-Haftpflichtversicherer in dieser Höhe auf den Kaskoversicherer über. 97

Der Gesetzgeber regelt in § 86 Abs. 1 S. 2 VVG jedoch, dass sich der Forderungsübergang nicht zum Nachteil des Versicherungsnehmers auswirken darf. Folge des daraus resultierenden, von der Rechtsprechung entwickelten „Quotenvorrechts des Verletzten" ist, dass er Gläubiger des Anspruchs gegenüber dem Schädiger bleibt, soweit sein 98

143 BGH, Urt. v. 4.12.1986 – VII ZR 354/85 = NJW 1987, 837; BAG, Urt. v. 27.10.2005 – 8 AZR 3/05 = NZA 2006, 257.

144 *Maier/Stadler*, AKB 2008, Rn 226.

145 BAG, Urt. v. 15.11.2012 – 8 AZR 705/11 = DB 2013, 705; LAG München, Urt. v. 27.7.2011 – 11 Sa 319/11 = SP 2012, 104; *Keysers/Nugel*, NJW-Spezial 2008, 681.

Schaden vom Versicherer nicht gedeckt worden ist. Der BGH[146] hat § 67 Abs. 1 S. 2 VVG a.F. i.S.d. sog. Differenztheorie ausgelegt. Danach geht der Ersatzanspruch nur insoweit auf den Kaskoversicherer über, als er zusammen mit der gezahlten Versicherungssumme den Schaden des Versicherungsnehmers übersteigt. Dies wird auch für § 86 Abs. 1 S. 2 VVG gelten, der wörtlich mit § 67 Abs. 1 S. 2 VVG a.F. übereinstimmt.

Mit anderen Worten: Reicht die Leistung des Kaskoversicherers nicht aus, um den sog. kongruenten, also den deckungsgleichen Fahrzeugschaden in voller Höhe auszugleichen, bleibt der Versicherungsnehmer bis zur Höhe des gesamten Fahrzeugschadens im Verhältnis zum Schadensverursacher anspruchsberechtigt. Nur in Höhe des darüber hinausgehenden Betrags geht der Anspruch auf den Kaskoversicherer über.[147] Vereinbart der Mieter eines Kraftfahrzeugs mit dem Vermieter gegen Entgelt eine Haftungsbefreiung mit Selbstbeteiligung, so findet die Rechtsprechung zum Quotenvorrecht ebenfalls entsprechende Anwendung.[148]

99 Zu den von der Rechtsprechung als deckungsgleich (kongruent) qualifizierten Schadenspositionen zählen:

- der Fahrzeugschaden,
- die merkantile Wertminderung,[149]
- die Abschleppkosten,[150]
- die Sachverständigenkosten.[151]

Nach einer Ansicht sind die bei der Verfolgung der Ersatzansprüche gegenüber der Vollkaskoversicherung anfallenden Rechtsanwaltsgebühren ebenfalls als kongruente Schadensposition anzusehen.[152]

100 ▼

Muster 14.28: Anwaltskosten als kongruente Schadensposition

14.28 Die Kosten, welche durch die Verfolgung der Ersatzansprüche gegenüber der Vollkaskoversicherung durch einen Rechtsanwalt entstanden sind, stellen eine kongruente Schadensposition dar, die vom Quotenvorrecht erfasst wird (OLG Frankfurt a.M., Urt. v. 8.2.2011 – 22 U 162/08 = SP 2011, 291; OLG Jena, Urt. v. 26.10.2011 – 7 U 1088/10 – juris; OLG Frankfurt a.M., Urt. v. 9.10.2012 – 22 U 109/11 = NJW-RR 2013, 664; LG

146 U.a. BGH, Urt. v. 8.12.1981 – VI ZR 153/80 = VersR 1982, 283.

147 Anschaulich zur Berechnung: OLG Celle, Urt. v. 8.8.2006 – 14 U 36/06 = OLGR Celle 2006, 705.

148 BGH, Urt. v. 25.11.2009 – XII ZR 211/08 = zfs 2010, 265 = DAR 2010, 85.

149 BGH, Urt. v. 8.12.1981 – VI ZR 153/80 = VersR 1982, 283; OLG Jena, Urt. v. 28.4.2004 – 3 U 221/03 = NJW-RR 2004, 1030; OLG Celle, Urt. v. 8.8.2006 – 14 U 36/06 = OLGR Celle 2006, 705; OLG Düsseldorf, Urt. v. 15.6.2010 – 1 U 186/09 – juris; OLG Frankfurt a.M., Urt. v. 8.2.2011 – 22 U 162/08 = SP 2011, 291; OLG Frankfurt a.M., Urt. v. 9.10.2012 – 22 U 109/11 = NJW-RR 2013, 664.

150 BGH, Urt. v. 12.1.1982 – VI ZR 265/80 = VersR 1982, 383; OLG Dresden, Urt. v. 23.10.2008 – 4 U 1135/08 = NJW-RR 2009, 683; OLG Düsseldorf, Urt. v. 15.6.2010 – 1 U 186/09 – juris; OLG Frankfurt a.M., Urt. v. 8.2.2011 – 22 U 162/08 = SP 2011, 291; OLG Frankfurt a.M., Urt. v. 9.10.2012 – 22 U 109/11 = NJW-RR 2013, 664.

151 BGH, Beschl. v. 29.1.1985 – VI ZR 59/84 = VersR 1985, 441; OLG Dresden, Urt. v. 23.10.2008 – 4 U 1135/08 = NJW-RR 2009, 683; OLG Düsseldorf, Urt. v. 15.6.2010 – 1 U 186/09 – juris; OLG Frankfurt a.M., Urt. v. 8.2.2011 – 22 U 162/08 = SP 2011, 291; OLG Frankfurt a.M., Urt. v. 9.10.2012 – 22 U 109/11 = NJW-RR 2013, 664.

152 OLG Jena, Urt. v. 26.10.2011 – 7 U 1088/10 – juris; LG Gera, Urt. v. 14.12.2011 – 1 S 96/11 = DV 2012, 29; AG Herford, Urt. v. 8.3.2002 – 12 C 1609/01 = SP 2002, 247; AG Ansbach, Urt. v. 28.12.2007 – 1 C 1266/07 = AGS 2008, 411; AG Kirchhain, Urt. v. 29.1.2008 – 7 C 359/07 = AGS 2008, 412.

Gera, Urt. v. 14.12.2011 = – 1 S 96/11). Insbesondere wenn ein Anwalt zur Verfolgung des Anspruchs gegenüber der Kaskoversicherung erforderlich ist, würde es dem Quotenvorrecht zuwiderlaufen, diese Position nur anteilig auszugleichen.

▲

Ein Teil der Rechtsprechung geht dagegen davon aus, dass die hier in Rede stehenden Anwaltskosten als Folgeschaden nicht vom Quotenvorrecht erfasst werden.[153] **101**

▼ **102**

Muster 14.29: Anwaltskosten sind keine kongruente Schadensposition

Die Kosten, welche durch die Verfolgung der Ersatzansprüche gegenüber der Vollkaskoversicherung durch einen Rechtsanwalt entstanden sind, stellen keine kongruente Schadensposition dar, die vom Quotenvorrecht erfasst wird (LG Wuppertal, Urt. v. 7.4.2010 – 8 S 92/09 = zfs 2010, 519 = DAR 2010, 388; AG Köln, Urt. v. 5.7.2012 – 274 C 22/12 = AGS 2012, 436; LG Bochum, Urt. v. 24.5.2011 – 9 S 29/11 – juris). Die Ersatzforderung verbleibt nach der Zahlung des Kaskoversicherers beim Geschädigten nur hinsichtlich derjenigen Schadenspositionen, die ihrer Art nach in den Schutzbereich des Versicherungsvertrags fallen (sog. kongruente Schäden), während die verbleibenden Schadenspositionen nur nach der Haftungsquote zu erstatten sind. Die hier in Rede stehenden Anwaltskosten sind grundsätzlich kein von der Kaskoversicherung abgedeckter Schaden und unterfallen als Folgeposition im Haftpflichtfall nicht dem Quotenvorrecht.

▲

Bei allen anderen Schadenspositionen findet das Quotenvorrecht keine Berücksichtigung.[154] Werden also beispielsweise Ansprüche auf Ausgleich von Nutzungsausfallentschädigung, Mietwagenkosten oder Standgeld geltend gemacht, ist hierfür allein die dem Verkehrsunfall zugrunde liegende Haftungsquote maßgeblich.[155] Gleiches gilt für den Höherstufungsschaden.[156] **103**

Beispiel **104**

Der Mandant A wird mit seinem Pkw in einen Verkehrsunfall verwickelt. Die Haftungsquote beträgt 50 %. Er verfügt über eine Vollkaskoversicherung mit 650 EUR Selbstbehalt. Folgende Schäden sind entstanden:

Fahrzeugschaden	10.000 EUR
merkantiler Minderwert	1.000 EUR
Sachverständigenkosten	1.000 EUR
Nutzungsausfallentschädigung	850 EUR
Abschleppkosten	550 EUR
Auslagenpauschale	20 EUR
Gesamtschaden	13.420 EUR

153 Zum Streitstand vgl. OLG Celle, Urt. v. 3.2.2011 – 5 U 171/10 = NJW-RR 2011, 830.

154 Anschaulich: Z.B. LG Kassel, Urt. v. 8.3.2013 – 5 O 118/12 – juris; LG Lüneburg, Urt. v. 7.4.2015 – 9 S 104/14 = NJW-RR 2015, 979.

155 OLG Celle, Urt. v. 8.8.2006 – 14 U 36/06 = OLGR Celle 2006, 705; dazu auch OLG Stuttgart, Urt. v. 30.6.2014 – 5 U 28/14 = NJW 2014, 3317; LG Lüneburg, Urt. v. 7.4.2015 – 9 S 104/14 = NJW-RR 2015, 979.

156 OLG Celle, Urt. v. 3.2.2011 – 5 U 171/10 – juris.

Unter Berücksichtigung der Haftungsquote von 50 % würde A von der gegnerischen Haftpflichtversicherung 6.710 EUR ersetzt erhalten. A nimmt jedoch zunächst seinen Vollkaskoversicherer in Anspruch, von dem er den Fahrzeugschaden abzüglich des vereinbarten Selbstbehalts, also 9.350 EUR erhält. Die weiteren Schadensbeträge möchte er gegenüber dem Haftpflichtversicherer des Unfallgegners geltend machen.

II. Muster: Geltendmachung von Schadensersatz nach Inanspruchnahme der eigenen Vollkaskoversicherung

105 ▼

Muster 14.30: Geltendmachung von Schadensersatz nach Inanspruchnahme der eigenen Vollkaskoversicherung

Versicherung AG

Schaden-Nr./VS-Nr./Az.

Schaden vom

Pkw , amtl. Kennzeichen

Sehr geehrte Damen und Herren,

in vorbezeichneter Schadensache nahm mein Mandant in der Zwischenzeit seinen Vollkaskoversicherer auf Ausgleich des Fahrzeugschadens in Anspruch. Eine Kopie des Abrechnungsschreibens der -Versicherung füge ich Ihnen in der Anlage bei. Danach zahlte der Versicherer an meinen Mandanten unter Abzug des vertraglich vereinbarten Selbstbehalts 9.350 EUR.

Den darüber hinausgehenden Schaden rechnet mein Mandant auf der Grundlage des Quotenvorrechts gem. § 86 Abs. 1 S. 2 VVG ab. Danach blieb mein Mandant im Verhältnis zu Ihnen anspruchsberechtigt, soweit durch die Kaskoentschädigung seine kaskokongruenten Schadenspositionen nicht ausgeglichen wurden. Nur in Höhe des weitergehenden Betrags geht der Anspruch auf den Kaskoversicherer über. Im Einzelnen bedeutet dies:

a) Schadenskongruente Schadenspositionen

verbleibender Fahrzeugschaden	650 EUR
merkantile Wertminderung	1.000 EUR
Sachverständigenkosten	1.000 EUR
Abschleppkosten	550 EUR
Gesamt	3.200 EUR

Unter Berücksichtigung der hier maßgeblichen Haftungsquote von 50 % hätten Sie auf die schadenskongruenten Schadenspositionen in Höhe von insgesamt 12.550 EUR bis zu einem Betrag in Höhe von 6.275 EUR Entschädigungsleistungen zu erbringen. Bis zu diesem Betrag sind Sie zum Ausgleich der noch offenen Ansprüche meines Mandanten verpflichtet. Mein Mandant hat auf die schadenskongruenten Positionen insgesamt den Betrag von 9.350 EUR erhalten. Die Summe der offenen schadenskongruenten Schadenspositionen beträgt daher tatsächlich 3.200 EUR (12.550 EUR abzüglich der bereits gezahlten 9.350 EUR). Folglich ist dieser Betrag in voller Höhe von Ihnen auszugleichen.

b) Sonstige Schadenspositionen

Darüber hinaus erhält mein Mandant von den nicht schadenskongruenten Schadenspositionen eine Entschädigung entsprechend der Haftungsquote. Hierbei handelt es sich um die Positionen

Nutzungsausfall	850 EUR
Auslagenpauschale	20 EUR
Gesamt	870 EUR
Davon 50 %	435 EUR

Danach bitte ich um Ausgleich eines Gesamtbetrags von 3.635 EUR. Hierfür habe ich mir vorsorglich eine Frist notiert bis zum

(*10-Tages-Frist*).

Mit freundlichen Grüßen

(Rechtsanwalt)

▲

Hinweise 106

Zusammenfassend erhielt A bei einer Abrechnung nach Quotenvorrecht

von seinem Kaskoversicherer	9.350 EUR
vom gegnerischen Haftpflichtversicherer auf die kaskokongruenten Schadenspositionen	3.200 EUR
vom gegnerischen Haftpflichtversicherer auf die nicht kaskokongruenten Schadenspositionen	435 EUR
und damit insgesamt	12.985 EUR

Hätte A darauf verzichtet, seinen Vollkaskoversicherer in Anspruch zu nehmen, hätte er von dem gegnerischen Haftpflichtversicherer lediglich 6.710 EUR erhalten. Die Inanspruchnahme des Vollkaskoversicherers führt letztlich zu einer Besserstellung in Höhe von 6.275 EUR.

I. Ersatz der Mehrwertsteuer

107 In den vom Versicherer in der Kraftfahrtversicherung verwendeten AKB wurde früher in § 13 AKB a.F. in unterschiedlichen Ausgestaltungen vorgesehen, dass eine Mehrwertsteuer nur dann ersetzt wird, wenn diese tatsächlich angefallen ist. Die Klausel „*Die Mehrwertsteuer ersetzt der Versicherer nur, wenn der Versicherungsnehmer diese tatsächlich bezahlt*“ ist wegen Verstoßes gegen das Transparenzgebot unwirksam, wenn nicht hinreichend klar ist, ob diese Klausel auch in dem Fall eingreift, dass das Fahrzeug zwar reparaturwürdig ist, jedoch tatsächlich ein Ersatzfahrzeug beschafft wird.[157] Die AGB-rechtlich beanstandete Mehrwertsteuerklausel war damals als letzter Satz des Abs. 1 des mit der Überschrift „Wiederherstellung des Fahrzeugs“ überschriebenen § 13 II AKB a.F. nicht in einem eigenständigen Absatz enthalten.

108 Allerdings haben die Versicherer ihre AKB jedoch geändert und im Zuge der VVG-Reform weiter angepasst. Nunmehr findet sich eine entsprechende Vereinbarung in Ziff. A.2.5.4 AKB 2015 (vgl. auch Ziff. A.2.9 AKB 2008) die weder dem Fall des wirtschaftlichen Totalschadens noch dem Reparaturfall in missverständlicher Form zugeordnet ist. Üblich ist folgende Vereinbarung:

„Mehrwertsteuer erstatten wir nur, wenn und soweit diese für Sie bei der von Ihnen gewählten Schadenbeseitigung tatsächlich angefallen ist. Die Mehrwertsteuer erstatten wir nicht, soweit Vorsteuerabzugsberechtigung besteht.“

109 Eine derartige Klausel, die in einem gesonderten eigenen Absatz geregelt ist, wird von der obergerichtlichen Rechtsprechung als wirksam erachtet.[158] Eine Klausel, nach der der Versicherer Umsatzsteuer nur zu ersetzen hat, wenn und soweit sie tatsächlich angefallen ist, die mithin eine Mehrwertsteuererstattung auf fiktiver Abrechnungsbasis in jedem Fall ausschließt, ist jedenfalls auch nach der Auffassung des BGH wirksam.[159]

J. Checkliste: Kaskoversicherung

110
- Teilkasko bietet Schutz bei Elementarschäden (Sturm, Hagel etc.), Brand, Entwendung und Glasbruch.
- Vollkasko bietet darüber hinaus Schutz bei Unfällen.
- Kaskoleistungen sind nach § 81 VVG ausgeschlossen, wenn der Schaden wenigstens grob fahrlässig herbeigeführt wurde. Nach dieser Vorschrift führt nur noch die vorsätzliche Herbeiführung des Versicherungsfalls zu einer vollständigen Leistungsfreiheit, während bei einer grob fahrlässigen Verursachung der Versicherer berechtigt ist, eine Kürzung vorzunehmen, die sich an der Schwere des Verschuldens orientiert.

157 BGH, Urt. v. 24.5.2006 – IV ZR 263/03 = zfs 2006, 575 = NJW 2006, 2545; OLG Karlsruhe, Urt. v. 10.10.2003 – 15 U 26/02 = NJW 2004, 1116.

158 OLG Köln, Urt. v. 8.11.2005 – 9 U 44/05 = SP 2006, 253; OLG Celle, Beschl. v. 28.3.2008 – 8 W 19/08 = zfs 2008, 333 = NJW-RR 2008, 1559.

159 BGH, Beschl. v. 4.11.2009 – IV ZR 35/09 = zfs 2010, 93 = VersR 2010, 208.

- Durch die Kaskoleistung erwirbt der Kaskoversicherer sämtliche Schadensersatzansprüche des Versicherungsnehmers gegen den Schädiger.
- Der Regress des Kaskoversicherers setzt gegenüber dem berechtigten Fahrer voraus, dass der Schadensfall mindestens grob fahrlässig herbeigeführt wurde. Hier ist aber bei Geltung der AKB 2008 keine quotale Leistungskürzung vorzunehmen. Dagegen findet nach den AKB 2015 bei grober Fahrlässigkeit des Fahrers jetzt eine Quotierung nach der Schwere des Verschuldens entsprechend § 81 Abs. 2 VVG statt.
- Bei Mithaftung führt Vollkaskoschutz bei Abrechnung nach Quotenvorrecht zu einer erheblichen Besserstellung des Geschädigten. Dabei ist eine Trennung nach schadenskongruenten und nicht schadenskongruenten Schadenspositionen vorzunehmen.

§ 15 Vertragliche Ansprüche in der Kfz-Haftpflichtversicherung

Dr. Michael Nugel

A. Übersicht

Soweit in der Verkehrsunfallbearbeitung von der „Kfz-Haftpflichtversicherung" die Rede ist, muss zwischen drei grundlegend unterschiedlichen Anspruchsrichtungen unterschieden werden, nämlich zwischen 1

- den Haftpflichtansprüchen gegen den Kfz-Haftpflichtversicherer des gegnerischen Kfz,
- den Haftpflichtansprüchen gegen den Kfz-Haftpflichtversicherer des eigenen Kfz und
- den vertraglichen Ansprüchen zwischen Versicherungsnehmer bzw. versicherten Personen und dem Kfz-Haftpflichtversicherer des eigenen Kfz.

Die nachfolgenden Ausführungen beschränken sich allein auf eine Darstellung eines Teils der vertraglichen Ansprüche zwischen dem Versicherungsnehmer bzw. den versicherten Personen des Kfz-Haftpflichtversicherungsvertrags und dem Kfz-Haftpflichtversicherer.

Aus dem Verhältnis des Mandanten zu seinem eigenen Kfz-Haftpflichtversicherer kann eine Vielzahl rechtlicher Probleme resultieren. Die nachfolgenden Ausführungen beschränken sich auf beispielhafte Konstellationen aus Anlass eines Schadenfalls in der Kfz-Haftpflichtversicherung. Wegen typischer Vertragsprobleme, die auch außerhalb eines Schadensfalls auftreten können (z.B. Beginn und Ende des Versicherungsvertrags, Verzug mit der Erst- oder Folgeprämie, Kündigung des Versicherungsvertrags usw.), wird auf die einschlägige versicherungsrechtliche Fachliteratur verwiesen. 2

Durch das System der Kfz-Pflichtversicherung wird gewährleistet, dass der Kfz-Haftpflichtversicherer den Mandanten von sämtlichen Schadensersatzansprüchen Dritter aus Anlass eines Verkehrsunfalls freistellt. Der konkrete Leistungsumfang des Versicherers ist den „Allgemeinen Bedingungen für die Kraftfahrtversicherung (AKB)" zu entnehmen, die jedem Kfz-Haftpflichtversicherungsvertrag zugrunde liegen. Die nachfolgenden Ausführungen orientieren sich am Wortlaut der Muster-AKB des Verbandes der Schadenversicherer aus dem Jahre 2015 mit dem derzeitigen auf der Homepage des GdV veröffentlichten Stand 12–2017. 3

In der Kfz-Haftpflichtversicherung ist der Versicherer dazu verpflichtet, begründete Ansprüche Dritter zu befriedigen und unbegründete Ansprüche abzuwehren. Er hat dabei eine Regulierungsvollmacht, die mit einem erheblichen Ermessensspielraum einhergeht. Der Versicherer hat die Rechtsverteidigungskosten für die Abwehr unbegründeter Ansprüche zu tragen. 4

Der Kfz-Haftpflichtversicherer hat diese Leistungen sowohl gegenüber dem Versicherungsnehmer als auch gegenüber sämtlichen mitversicherten Personen des Versicherungsvertrags zu erbringen. Wer dies ist, wird in A.1.2 AKB 2015 abschließend aufgezählt. Danach erstreckt sich der Versicherungsschutz insbesondere auch auf den Halter, den Eigentümer und den Fahrer des Fahrzeugs.

B. Obliegenheiten vor dem Versicherungsfall

I. Übersicht

5 Nach Maßgabe der dem Kfz-Haftpflichtversicherungsvertrag zugrunde liegenden AKB haben der Versicherungsnehmer und alle sonstigen mitversicherten Personen des Versicherungsvertrags sowohl vor als auch nach dem Versicherungsfall bestimmte Obliegenheiten zu erfüllen. Wird einer Obliegenheit zuwider gehandelt, kann dies dazu führen, dass der Versicherer im Innenverhältnis zum Versicherungsnehmer oder der mitversicherten Person ganz oder teilweise gem. § 28 VVG leistungsfrei wird. Dabei wird im Folgenden zwischen den vor und nach Eintritt des Versicherungsfalls zu beachtenden Obliegenheiten differenziert.

6 Die dem Versicherungsnehmer vertraglich auferlegten Obliegenheiten vor Eintritt des Versicherungsfalles sind in Abschnitt D.1 AKB 2015 geregelt. Danach kann Leistungsfreiheit insbesondere bei Verwendung des Fahrzeugs eintreten

- zu einem anderen als im Versicherungsantrag angegebenen Zweck;
- durch einen unberechtigten Fahrer;
- ohne die dafür erforderliche Fahrerlaubnis;
- zu Rennen einschließlich Übungsfahrten;
- unter Einfluss alkoholischer Getränke oder anderer berauschender Mittel, wenn dadurch das Fahrzeug nicht mehr sicher geführt werden kann.

7 Wird einer Obliegenheit zuwider gehandelt, kann dies dazu führen, dass der Versicherer im Innenverhältnis zum Versicherungsnehmer oder der mitversicherten Person ganz oder teilweise gem. § 28 Abs. 2 VVG leistungsfrei wird. Dies ändert jedoch nichts an der Verpflichtung des Versicherers, die berechtigten Ansprüche des Geschädigten auf Schadensersatz aus Anlass des Schadensfalls zu befriedigen. Es gilt insoweit der aus § 115 VVG resultierende Direktanspruch. Nach § 117 Abs. 1 VVG bleibt die Verpflichtung zur Leistung gegenüber einem Dritten auch dann bestehen, wenn der Versicherer im Innenverhältnis zu seinem Versicherungsnehmer ganz oder teilweise leistungsfrei ist. Es handelt sich bei den Regressansprüchen des Versicherers gegen seinen Versicherungsnehmer/die mitversicherte Person daher um einen Gesamtschuldnerinnenausgleich. Die teilweise oder vollständige Leistungsfreiheit berechtigt den Versicherer also „lediglich“ dazu, den Versicherungsnehmer in entsprechender Höhe in Regress zu nehmen.

8 Verletzt der Versicherungsnehmer eine vor Eintritt des Versicherungsfalls zu beachtende Obliegenheit, ist der Versicherer nach § 28 Abs. 1 VVG zu einer fristlosen Kündigung

des Vertragsverhältnisses berechtigt. Er muss dies jedoch nicht tun, um leistungsfrei zu werden. Sowohl eine Leistungsfreiheit als auch ein Kündigungsrecht des Versicherers setzen aber voraus, dass der Versicherungsnehmer zumindest grob fahrlässig oder gar vorsätzlich gehandelt hat. Allerdings wird gem. § 28 Abs. 2 S. 2 VVG bei einer feststehenden Obliegenheitsverletzung eine grobe Fahrlässigkeit des Versicherungsnehmers vermutet. Dieser muss dann beweisen, dass ein geringerer oder gar kein Verschuldensgrad gegeben ist.

Der Versicherer wird bei einer vorsätzlichen Obliegenheitsverletzung insoweit leistungs- 9
frei, wie sich die Obliegenheit auf den Eintritt des Versicherungsfalles bzw. die Feststellungen des Versicherers zur Haftung dem Grunde oder der Höhe nach ausgewirkt haben. Dem Versicherungsnehmer wird mithin gem. § 28 Abs. 3 S. 1 VVG die Möglichkeit des Kausalitätsgegenbeweises eröffnet, es sei denn, er hat die Obliegenheitsverletzung arglistig begangen. Zu beachten ist allerdings, dass bei Alkoholfahrten eine bloße Mitursächlichkeit des Alkohols für den Eintritt des Versicherungsfalls bereits ausreicht.[1]

II. Muster: Einwand bei Regress des Versicherers wegen alkoholbedingter Fahruntüchtigkeit nach dem neuen VVG

▼ 10

Muster 15.1: Einwand bei Regress des Versicherers wegen alkoholbedingter Fahruntüchtigkeit nach dem neuen VVG 15.1

Versicherung AG

Schaden-Nr./VS-Nr./Az.

Schaden vom

Pkw , amtl. Kennzeichen

Sehr geehrte Damen und Herren,

ausweislich der beiliegenden Vollmacht beauftragte mich Ihr Versicherungsnehmer, Herr aus , mit der Wahrnehmung seiner Interessen in der im Betreff genannten Angelegenheit. Anlass zur Beauftragung gibt Ihr Schreiben vom . Darin machen Sie gegen meinen Mandanten aus Anlass des Schadensfalls vom einen Regressanspruch in Höhe von EUR geltend. Zur Begründung führen Sie aus, mein Mandant habe den Verkehrsunfall im Zustand alkoholbedingter Fahruntüchtigkeit herbeigeführt.

Nach eingehender Prüfung der hier interessierenden Fragen zur Sach- und Rechtslage vermag ich mich der von Ihnen vertretenen Auffassung nicht anzuschließen.

(1) Mein Mandant war in der Lage, ein Kfz sicher zu führen. Auch im Rahmen des Abschnitts D.1.2 AKB 2015 ist zwischen absoluter und relativer Fahruntüchtigkeit im strafrechtlichen Sinn zu unterscheiden. Da die BAK im Falle meines Mandanten weniger als 1,1g ‰ betrug, lag keine absolute Fahruntüchtigkeit vor. Danach steht die Fahruntüch-

1 OLG Düsseldorf, Urt. v. 23.12.2010 – I-4 U 101/10, 4 U 101/10.

tigkeit nicht allein wegen der festgestellten BAK fest. Vielmehr ist es erforderlich, dass neben dem Einfluss alkoholischer Getränke weitere Umstände hinzukommen, die auf eine Fahruntüchtigkeit schließen lassen (u.a. OLG Frankfurt a.M. r+s 1993, 289). Hier liegt ein Fahrfehler vor, der im Straßenverkehr häufig vorkommt: . Der von Ihnen frei von Zweifeln zu beweisende Zusammenhang mit einer Fahruntüchtigkeit meines Mandanten ist nicht gegeben.

(2) Unabhängig davon verkennen Sie, dass Sie gem. § 28 Abs. 2 S. 2 VVG nur dann leistungsfrei werden, wenn mein Mandant mindestens grob fahrlässig verkannt hat, dass er fahruntüchtig gewesen ist und deshalb eine Obliegenheitsverletzung begeht. Unter Berücksichtigung folgender Umstände ist ein diesbezüglich als grob fahrlässig anzusehendes Fehlverhalten jedoch abzulehnen. Eine grobe Fahrlässigkeit wäre nur gegeben, wenn die im Verkehr erforderliche Sorgfalt in besonders hohem Maße außer Acht und das Nächstliegende, das jedem in der gegebenen Situation einleuchtet, nicht beachtet worden wäre. In subjektiver Hinsicht muss unter Berücksichtigung der individuellen Fähigkeiten ein unentschuldbares Fehlverhalten und gesteigertes Verschulden vorliegen (BGH VersR 1989, 141). Beide Voraussetzungen sind vorliegend nicht gegeben: .

(3) Zu guter Letzt ist zu berücksichtigen, dass Sie eine vollständige Leistungsfreiheit geltend machen, ohne dass für eine – von Ihnen zu beweisende – vorsätzliche Obliegenheitsverletzung meines Mandanten Anhaltspunkte ersichtlich wären. Gem. § 28 Abs. 2 S. 2 VVG sind Sie daher – für den Fall einer unterstellten groben Fahrlässigkeit meines Mandanten – allenfalls zu einer Kürzung in einer Höhe berechtigt, die der Schwere des Verschuldens entspricht. Im Fall einer relativen Fahruntüchtigkeit hat sich als Einstiegswert eine Kürzungsquote von 50 % durchgesetzt (OLG Hamm, Urt. v. 25.8.2010 – 20 U 74/10 = zfs 2010, 643; *Nugel*, Kürzungsquoten nach dem VVG, § 2 Rn 16 m.w.N.), und Umstände, welche eine weitergehende Kürzung rechtfertigen, sind von Ihnen zu beweisen. Hieran fehlt es vorliegend jedoch, da .

Zusammenfassend habe ich Sie deshalb aufzufordern, innerhalb einer Frist von

(*10-Tages-Frist*)

schriftlich zu bestätigen, dass Sie aus Anlass des Schadensfalls keinen Regressanspruch gegen meinen Mandanten geltend machen. Sollten Sie die Frist ungenutzt verstreichen lassen, werde ich meinen Mandanten über die Möglichkeiten einer negativen Feststellungsklage informieren.

Mit freundlichen Grüßen

(Rechtsanwalt)

▲

11 Ein gewichtiges Indiz für eine besonders schwerwiegende grobe Fahrlässigkeit des Versicherungsnehmers kann darin liegen, wenn er mit seinem Verhalten bei der Verursachung des Versicherungsfalles zugleich einen Straftatbestand erfüllt. Die gesetzgeberische Wertung, zum Schutz der betroffenen Rechtsgüter ein gefährliches Verhalten mit einer Strafrechtsnorm unter die höchste Sanktion zu stellen, welche der Staat gegenüber dem Bürger bei einem Verstoß androhen kann, bildet zugleich die Basis, um zu Lasten des Versicherungsnehmers von einem besonders erheblichen Fehlverhalten auszugehen. Hierzu zählen insbesondere die Vorschriften der §§ 315c, 316 StGB im Verkehrsbereich.[2]

Angesichts der erheblichen Gefährdung anderer Verkehrsteilnehmer, des hohen Bekanntheitsgrades der Auswirkungen einer alkoholisierten Fahrt sowie der Wertung der §§ 315c, 316 StGB ist zu überlegen, ob es – zumindest in den Fällen einer absoluten Fahruntüchtigkeit – angemessen ist, i.d.R. eine vollständige Leistungsfreiheit des Versicherers anzunehmen und hiervon nur in begründeten Ausnahmefällen abzuweichen.[3] Diese Auffassung teilt der BGH nicht. Zwar erlauben der Wortlaut, die Entstehungsgeschichte der Norm und Sinn und Zweck eine Kürzung auf null im Ausnahmefall.[4] In seinen Grundsatzentscheidungen hat der BGH darauf hingewiesen, dass eine derartige pauschale Bewertung nicht zulässig ist. Es bedürfe stets einer gesonderten Prüfung des Einzelfalls.[5] 12

Für die Fallgruppe, dass der Versicherungsnehmer im Zustand der relativen Fahruntüchtigkeit das Fahrzeug führt, wird unter Berücksichtigung der Tatsache, dass es sich (immer noch) um einen der schwerwiegendsten Verkehrsverstöße handelt, eine Kürzungsquote vorgeschlagen, die bei einer BAK von 0,3 Promille bei 50 % beginnt und mit zunehmender Alkoholisierung bis hin zu einer vollständigen Leistungsfreiheit ansteigt.[6] Dabei ist zu betonen, dass es sich nur um einen Einstiegswert handelt, dem sich eine genaue Prüfung des Einzelfalls, insbesondere im Hinblick auf subjektive Momente, anschließt. 13

III. Regresshöchstgrenzen

Gem. § 5 KfzPflVV berechtigt eine solche Obliegenheitsverletzung den Versicherer dazu, den Versicherungsnehmer oder eine andere versicherte Person, die die Obliegenheit verletzt hat, in Höhe eines Betrags von bis zu 5.000 EUR je Versicherungsfall im Innenverhältnis unter Gesamtschuldnern gem. § 116 Abs. 1 S. 2 VVG in Regress zu nehmen. Liegt lediglich eine grob fahrlässige Obliegenheitsverletzung des Versicherungsnehmers vor, ist der Versicherer nach § 28 Abs. 2 S. 2 VVG an sich nur zu einer Leistungskürzung in Form einer Quote berechtigt, die sich am Verschuldensgrad des Versicherungsnehmers orientiert. Insoweit gilt der Grundsatz „Quote vor Regress“: Es wird erst eine Kürzungsquote gebildet und der Regressbetrag um diese gekürzt. Im zweiten Schritt erfolgt die Kürzung auf den Haftungshöchstbetrag (Quote vor Höchstgrenze).[7] 14

2 OLG Saarbrücken, Urt. v. 4.4.2013 – 4 U 31/12 – juris; *Nugel*, Kürzungsquoten nach dem VVG, § 2 Rn 10 ff.
3 Ebenso die Empfehlung des AK 2 des 47. VGT 2009, NZV 2009, 125.
4 BGH, Urt. v. 11.1.2012 – IV ZR 251/10.
5 BGH, Urt. v. 22.6.2011 – IV ZR 225/10 – SP 2011, 300; BGH, Urt. v. 11.1.2012 – IV ZR 251/10.
6 OLG Hamm, Urt. v. 25.8.2010 – 20 U 74/10 = zfs 2010, 634.
7 LG Bochum, Urt. v. 2.3.2012 – I-5 S 102/11 – juris; LG Saarbrücken, Urt. v. 30.3.2012 – 13 S 49/11 – juris; AG Senftenberg, Urt. v. 22.5.2017 – 21 C 376/16 – juris; *Nugel*, Kürzungsquoten nach dem VVG, § 1 Rn 67 m.w.N.

C. Obliegenheiten nach dem Versicherungsfall

I. Übersicht

15 Die Obliegenheiten in der Kfz-Haftpflichtversicherung nach dem Versicherungsfall werden in den AKB in Abschnitt E.1.1 und für die KH-Versicherung zusätzlich in Abschnitt E.1.2 AKB 2015 geregelt. Danach ist der Versicherungsnehmer u.a. dazu verpflichtet,

- jeden Versicherungsfall unverzüglich gegenüber dem Versicherer anzuzeigen (Anzeigepflicht);
- alles zu tun, was zur Aufklärung des Tatbestandes dienlich sein kann (Aufklärungspflicht);
- alles zu tun, was zur Minderung des Schadens dienlich sein kann (Schadensminderungspflicht);
- die Erhebung einer Klage gegen den Versicherungsnehmer unverzüglich anzuzeigen;
- dem Versicherer im Falle einer gerichtlichen Auseinandersetzung die Prozessführung zu überlassen (Prozessführungsbefugnis des Versicherers).

16 Zur Aufklärungspflicht des Versicherungsnehmers oder der mitversicherten Person gehört es u.a., sich nicht unerlaubt vom Unfallort zu entfernen.[8] Darüber hinaus darf kein Nachtrunk begangen werden.[9] Das Verbleiben am Unfallort ist jetzt ausdrücklich wie folgt erfasst worden:

> *„Sie dürfen den Unfallort nicht verlassen, ohne die gesetzlich erforderlichen Feststellungen zu ermöglichen und die dabei gesetzlich erforderliche Wartezeit zu beachten (Unfallflucht).“*

Mit dieser Formulierung wird klargestellt, dass aus Sicht des verständigen Versicherungsnehmers der Tatbestand einer Unfallflucht nach dem Maßstab des § 142 StGB zu bestimmen ist und die dafür entwickelten Grundsätze eingreifen. Diese Obliegenheit stellt mithin keine eigenständige Pflicht besonderer Art dar, sondern es muss ein vorsätzliches und rechtswidriges unerlaubtes Entfernen vom Unfallort mit einem entsprechenden Fremdschaden vorliegen.[10]

Besonderheiten können aber bei einem Unfall auf der Autobahn bestehen, bei dem einem Fahrer im Einzelfall ein Abwarten am Unfallort unzumutbar gewesen sein kann: Das sich aus § 18 Abs. 8 StVO ergebende Halteverbot auf Autobahnen kann bei einem Schutzplankenschaden der Annahme einer Verletzung der Aufklärungsobliegenheit aus E.1 AKB 2015 entgegenstehen (OLG Celle, Urt. v. 25.4.2019 – 8 U 210/18 – juris). E.1 AKB 2015 begründet in diesem Fall aber keine der Verpflichtung aus § 142 Abs. 2 StGB entsprechende Obliegenheit, nachträglich Feststellungen zu ermöglichen.

Rechtsfolge der Obliegenheitsverletzung in der Kfz-Haftpflichtversicherung nach dem Versicherungsfall ist ebenfalls die beschränkte Leistungsfreiheit des Versicherers. Der

8 BGH zfs 2000, 68 ff.
9 BGH VersR 1967, 125.
10 OLG Hamm, Urt. v. 15.4.2016 – 20 U 240/15, VersR 2016, 1365; OLG Saarbrücken, Urt. v. 10.2.2016 – 5 U 75/14, VersR 2016, 1368.

Regress wird gem. § 6 Abs. 1 KfzPflVV in der Regel auf 2.500 EUR je Versicherungsfall, in besonders schwerwiegenden Fällen auf 5.000 EUR je Versicherungsfall (Abs. 3) beschränkt. Letzteres wird z.B. bejaht, wenn der Versicherungsnehmer im Zustand der Trunkenheit einen Unfall mit besonders schweren Schäden verursacht, den Sachverhalt jedoch verschleiern möchte.

Zu beachten ist ferner, dass die Leistungsfreibeträge bei der Verletzung von sowohl vor **17**
als auch nach Eintritt des Versicherungsfalls zu beachtenden Obliegenheiten addiert werden können.[11] Dies ergibt sich aus den unterschiedlichen Schutzrichtungen der jeweiligen Obliegenheiten. Aufgrund der Addition kann zu einer Leistungsfreiheit von bis zu 10.000 EUR je Versicherungsfall kommen.

▼ **18**

Muster 15.2: Regress bei schwerwiegender Aufklärungspflichtverletzung

Eine besonders schwerwiegende Verletzung der Aufklärungsobliegenheit ist gegeben, wenn sich der Verschuldensvorwurf von einer üblichen Obliegenheitsverletzung deutlich abhebt. Dabei ist auch das Ausmaß des verursachten Schadens zu berücksichtigen, so dass bei einem unerlaubten Entfernen vom Unfallort bei einem Personenschaden eine solche schwerwiegende Verletzung anzunehmen ist (OLG Karlsruhe zfs 1999, 478). Dies gilt erst recht, wenn die versicherte Person dazu noch einen Nachtrunk vornimmt und damit die Ermittlung ihrer Alkoholisierung erschwert (OLG Bamberg VersR 1981, 65). Auch zusätzliche falsche Angaben tragen zu einer schwerwiegenden Obliegenheitsverletzung bei (OLG Köln r+s 1982, 223).

▲

Genau wie bei einer Obliegenheitsverletzung vor Eintritt des Versicherungsfalls gilt **19**
auch bei einer Obliegenheitsverletzung nach Eintritt des Versicherungsfalls, dass der Versicherer lediglich bei einer vorsätzlichen Obliegenheitsverletzung im vollen Umfang leistungsfrei wird. Im Fall der grob fahrlässig begangenen Obliegenheitsverletzung steht dem Versicherer ein vom ihm auszuübendes Leistungskürzungsrecht zu, welches sich an der Schwere des Verschuldens zu orientieren hat.

Von besonderer Bedeutung ist, dass der Versicherungsnehmer eine Leistungskürzung **20**
des Versicherers verhindern kann, wenn er nachweist, dass seine Obliegenheitsverletzung sich weder auf die Feststellung des Versicherungsfalles noch auf die Feststellungen des Versicherers zu einer Leistungsverpflichtung dem Grunde oder der Höhe nach ausgewirkt hat, § 28 Abs. 3 S. 1 VVG. Der Versicherer wird mithin nur leistungsfrei, soweit sich die Obliegenheitsverletzung ausgewirkt hat. Insbesondere wenn ein Fahrzeugführer sich unerlaubt vom Unfallort entfernt hat, aber durch Zeugen bzw. zeitnahe Ermittlungen der Polizei als Fahrzeugführer festgehalten wird, der Hergang hinreichend aufgeklärt werden kann und insbesondere auch eine Fahruntüchtigkeit ausgeschlossen werden kann kommt dem Kausalitätsgegenbeweis eine besondere Bedeutung zu.[12] Ohne einen konkreten Tatsachenvortrag ist jedoch einem solchen Kausalitätsgegenbeweis nicht nachzuge-

11 BGH, Urt. v. 14.9.2005 – IV ZR 216/04.
12 Vgl. OLG Stuttgart, Urt. v. 13.12.2018 – 7 U 188/18 – VersR 2019, 809.

hen.[13] Hier ist also darauf zu achten, konkret vorzutragen und zu möglichen Einwendungen ebenso konkret Stellung zu nehmen.

21 ▼

Muster 15.3: Kausalitätsgegenbeweis bei einer Unfallflucht

15.3

Mein Mandant kann den ihm obliegenden sog. Kausalitätsgegenbeweis nach § 28 Abs. 3 S. 1 VVG führen.

Dabei ist vorliegend zu beachten, dass mein Mandant relativ kurz nach dem Unfallgeschehen von der Polizei aufgegriffen wurde und diese ganz offenbar keinerlei Anhaltspunkte für eine Alkoholisierung hatte, weil sie anderenfalls entsprechende ergänzende Feststellungen getroffen hätte. Es verbleibt zwar die denktheoretische Möglichkeit, dass mein Mandant dennoch alkoholisiert war und seine Alkoholisierung sich gerade in der geringen Zeit zwischen dem Unfall und dem Eintreffen der Polizei so weit reduzierte, dass die Polizei keine Veranlassung zu ergänzenden Feststellungen hatte, die sie aber unmittelbar nach dem Unfall womöglich noch gehabt hätte. Konkrete Anhaltspunkte hierfür fehlen aber und in diesem Fall steht meinem Mandanten der Kausalitätsgegenbeweis offen (OLG Hamm, Urt. v. 28.2.2018 – I-20 U 188/17 = zfs 2018, 451). Denn die von Ihnen augenscheinlich vertretene allgemeine Annahme, bei jedem Verkehrsunfall, bei dem sich der Fahrer entfernt oder nachträgliche Feststellungen nicht ermöglicht, bestehe eine gewisse Wahrscheinlichkeit für eine alkohol- bzw. betäubungsmittelbedingte Verkehrsuntüchtigkeit des Fahrers, ist zu weitgehend und würde die Möglichkeit des Kausalitätsgegenbeweis unzumutbar einschränken (OLG Hamm, Urt. v. 28.2.2018 – I-20 U 188/17 = zfs 2018, 451; ebenso OLG Saarbrücken, Urt. v. 1.2.2017 – 5 U 26/16 = r+s 2017, 470, Rn 44).

Weitere Feststellungsnachteile können Ihnen nicht entstanden sein, soweit es die Frage der schuldhaften Unfallverursachung als solche betrifft, denn diese ist von meinem Mandanten sogleich eingeräumt worden, nachdem ihn die Polizei aufgesucht hatte. Auch Nachteile hinsichtlich einer etwaigen Haftungsquote bestehen bei dem klaren Unfallhergang nicht und damit ist der Kausalitätsgegenbeweis geführt (OLG Hamm a.a.O.).

▲

Bei dem Verdacht auf eine Trunkenheitsfahrt als Unfallursache mag dieser Beweis aber vielfach nicht gelingen: Folgenlos ist eine Obliegenheitsverletzung bereits dann nicht, wenn dadurch sichere Feststellungen zur Alkoholisierung unmöglich gemacht werden.[14] Der Versicherungsnehmer kann in diesem Fall den Kausalitätsgegenbeweis auch häufig nicht durch die Benennung von Zeugen für seine Behauptung, in seiner Fahrtauglichkeit nicht durch Alkohol beeinträchtigt gewesen zu sein, antreten. Dies zumindest dann, wenn er sich auf verschiedene Zeugen beruft, deren Aussagen aber keinen Aufschluss über den letzten Fahrtabschnitt, bei dem der Kläger allein in dem Fahrzeug war, geben können, vor allem aber Feststellungen zur tatsächlichen Fahrtüchtigkeit oder einer alko-

13 OLG Frankfurt a.M., Urt. v. 2.4.2015 – 14 U 208/14 = zfs 2015, 396; OLG Stuttgart, Urt. v. 16.10.2014 – 7 U 121/14 = zfs 2015, 96.

14 OLG Stuttgart, Urt. v. 16.10.2014 – 7 U 121/14 = zfs 2015, 96; OLG Naumburg, Urt. v. 21.6.2012 – 4 U 85/11 – juris; OLG Saarbrücken, Urt. v. 28.1.2009 – 5 U 424/08 = zfs 2009, 396 ff.

holischen Beeinflussung des Klägers nicht mit der gleichen Sicherheit und Eindeutigkeit zulassen wie eine direkt nach dem Unfall durchgeführte Blutprobe.[15]

Damit der Versicherungsnehmer im Übrigen nicht risikolos derartige Falschangaben tätigen kann, hat der Gesetzgeber in § 28 Abs. 3 S. 2 VVG eine Leistungsfreiheit des Versicherers trotz fehlender Kausalität der Falschangabe vorgesehen, wenn der Versicherungsnehmer arglistig gehandelt hat. In der Gesetzesbegründung heißt es hierzu, dass der betrügerische Versicherungsnehmer nicht geschützt werden dürfe.[16] Diese Begründung ist aber zu eng gefasst und verkennt die Reichweite des in der Rechtsprechung entwickelten Arglistbegriffs. Der BGH hat bisher Arglist bereits dann angenommen, wenn der Versicherungsnehmer sich der Möglichkeit bewusst gewesen ist, durch die falschen Angaben die Schadensregulierung beeinflussen zu können.[17] Für diese Annahme kann das Bestreben des Versicherungsnehmers genügen, Schwierigkeiten bei der Regulierung vermeiden zu wollen.[18]

▼ 22

Muster 15.4: Bestimmung von Arglist

15.4

Für die Annahme einer Arglist genügt es, dass der Versicherungsnehmer mit einer Falschangabe einen gegen die Interessen des Versicherers gerichteten Zweck verfolgt, etwa indem er Schwierigkeiten bei der Durchsetzung – ggf. auch berechtigter – Ansprüche ausräumen will und weiß, dass sein Verhalten den Versicherer bei der Schadenregulierung möglicherweise beeinflussen kann (BGH, Urt. v. 22.6.2011 – IV ZR 174/09 = zfs 2011, 573; OLG Saarbrücken, Urt. v. 6.7.2022 – 5 U 92/21 – juris; OLG Köln, Urt. v. 15.7.2014 – 9 U 204/13 = Schaden Praxis 2014, 344; OLG Stuttgart, Urt. v. 1.12.2016 – 7 U 114/16 = zfs 2017, 398). Eine Bereicherungsabsicht ist dabei nicht erforderlich (OLG Hamm, Beschl. v. 7.12.2018 – I 20 U 64/18 – juris; KG, Beschl. v. 1.2.2011 – 6 U 138/10 = r+s 2015, 63). Ausreichend ist es vielmehr, wenn der Versicherungsnehmer Schwierigkeiten bei der Feststellung der von ihm sogar als berechtigt angesehenen Ansprüche vermeidet (OLG Düsseldorf, Urt. v. 6.2.2018 – 4 U 164/15 = r+s 2018, 206; OLG Hamm, Urt. v. 2.3.2011 – I-20 U 124/10 = SP 2011, 379) bzw. den Versicherer von weiteren Ermittlungen abhalten und die Regulierung so beschleunigen möchte (KG, Beschl. v. 14.9.2010 – 6 U 205/09 = SP 2011, 83; LG Köln, Urt. v. 18.4.2019 – 24 O 315/18 – juris).

▲

Eine besondere Bedeutung kann dem Arglisteinwand bei dem Vorwurf einer Unfallflucht zukommen, wenn der Verdacht besteht, dass der Fahrer sich entfernt, um die Aufklärung einer möglichen Trunkenheitsfahrt zu verhindern: Drängt sich eine Fahrt im fahruntüchtigen Zustand nach dem Geschehensablauf auf, stellt dies ein gewichtiges Indiz für die

15 OLG Hamm, Urt. v. 5.11.2018 – 6 U 123/18 – juris; OLG Frankfurt a.M., Urt. v. 2.4.2015 – 14 U 208/14 = zfs 2015, 396; LG Magdeburg, Beschl. v. 13.9.2018 – 2 S 45/18 – juris; KG, Beschl. v. 27.8.2010 – 6 U 66/10 = VersR 2011, 875.

16 Begründung des RegE vom 16.10.2006, S. 141 ff., u.a. einzusehen über *www.bmj.bund.de*.

17 BGH VersR 1987, 149.

18 BGH VersR 1986, 77; OLG Frankfurt a.M. NVersZ 2001, 37; OLG Saarbrücken VersR 1997, 826.

Annahme eines arglistigen Entfernens vom Unfallort dar.[19] Selbst wenn der betroffene Fahrzeugführer in erster Linie eine strafrechtliche Ahndung wegen einer Fahruntüchtigkeit verhindern will, ist i.d.R. davon auszugehen, dass er – zumindest als notwendige Begleitfolge – auch in dem Bewusstsein handelt, dass er eine diesbezügliche Aufklärung durch den Versicherer als Grundlage einer Leistungsfreiheit mit in Kauf nimmt.[20] Dies bedarf aber immer einer Prüfung des Einzelfalls und es kann nicht generell eine Arglist bei einer Unfallflucht bejaht werden.

23 ▼

Muster 15.5: Keine Arglist bei Unfallflucht

Sofern Sie pauschal eine Arglist zu Lasten meines Mandanten unterstellen, ist diese nicht zwingend immer bei einer Unfallflucht zu bejahen und Sie müssen eine Arglist konkret und frei von Zweifeln nachweisen – was bisher gerade nicht der Fall ist.

Insoweit ist zu beachten, dass nicht jedes unerlaubte Entfernen vom Unfallort pauschal auch als arglistig im Sinne der versicherungsrechtlichen Regelungen zur Obliegenheitsverletzung angesehen werden kann, sondern dass stets die Umstände des Einzelfalls entscheidend sind (BGH, Urt. v. 21.11.2012 – IV ZR 97/11, r+s 2013, 61, Rn 28 ff.; OLG Stuttgart, Urt. v. 13.12.2018 – 7 U 188/18 – VersR 2019, 809; OLG Hamm, Urt. v. 28.2.2018 – I-20 U 188/17 = zfs 2018, 451; OLG Saarbrücken, Urt. v. 10.2.2016 – 5 U 75/14, VersR 2016, 1368; LG Karlsruhe, Urt. v. 13.4.2017 – 20 S 101/16, r+s 2017, 523).

Vielmehr sprechen folgende Umstände gegen eine Arglist:

▲

II. Falsche Angaben zum Unfallhergang

24 Eine in der Praxis häufig vorkommende Obliegenheitsverletzung ist die Angabe eines in dieser Art und Weise nicht zutreffenden Schadensherganges. Auch ein derartiger falscher Vortrag begründet eine Obliegenheitsverletzung nach Eintritt des Versicherungsfalls.

1. Vorsatz und grob fahrlässige Falschauskunft des Versicherungsnehmers

25 Beruft sich der Versicherer darauf, dass der Versicherungsnehmer eine falsche Angabe zum Hergang getätigt hat, ist von einem grob fahrlässigen Handeln des Versicherungsnehmers zunächst auszugehen. Es obliegt dem Versicherungsnehmer, sich hiervon zu entlasten. Eine genaue Prüfung des Einzelfalls ist geboten. Sollte der Versicherer allerdings von einem vorsätzlichen Handeln des Versicherungsnehmers ausgehen, so trägt er insoweit die Beweislast.

19 OLG Saarbrücken, Urt. v. 1.2.2017 – 5 U 26/16 = zfs 2017, 694; vgl. auch LG Düsseldorf, Urt. v. 8.6.2010 – 20 S 7/10 – juris; LG Duisburg, Urt. v. 13.4.2017 – 6 O 396/15 – juris.

20 OLG Saarbrücken, Urt. v. 1.2.2017 – 5 U 26/16 = zfs 2017, 694.

Beispiel

Ergibt ein unabhängiges Gutachten, dass der Versicherungsnehmer entgegen seiner Behauptung doch rückwärts gefahren ist und nicht bereits 10 Sekunden vor einem angeblichen Auffahrunfall stand, dürfte eine vorsätzliche Falschauskunft des Versicherungsnehmers nahe liegen. Hat der Versicherungsnehmer dagegen lediglich behauptet, er wäre lediglich einen Augenblick vor der Kollision wegen eines Abbremsens bei der Rückwärtsfahrt zum Stehen gekommen, dürfte diese Fehleinschätzung des konkreten Unfallablaufs bzgl. einzelner Sekundenabschnitte verzeihlich sein und keine grob fahrlässige Falschangabe vorliegen.

2. Kausalitätsgegenbeweis und Arglist

Wird der Versicherer durch die Falschangabe des Versicherungsnehmers zur Aufnahme eines Prozesses veranlasst und stellt sich im Prozess heraus, dass eine (bewusste) Falschangabe des Versicherungsnehmers vorliegt, hat sich die Falschauskunft des Versicherungsnehmers bereits konkret in der Form ausgewirkt, dass bei wahrheitsgemäßer Auskunft kein Prozess aufgenommen und die dadurch verursachten Kosten erspart worden wären. Stellt sich bereits bei der außergerichtlichen Regulierung durch den Versicherungsnehmer heraus, dass die Unfallversion des Versicherungsnehmers nicht stimmt und reguliert der Versicherer sodann aus seiner Sicht angemessen, hat sich die Falschauskunft auf die Regulierung nicht ausgewirkt. Im Fall einer arglistigen Falschauskunft wäre aber auch in diesem Fall dem Versicherungsnehmer der Kausalitätsgegenbeweis verwehrt und der Versicherer könnte im Rahmen der Höchstgrenzen des § 6 KfzPflVV regressieren. Im Übrigen hätte sich die Falschauskunft auch konkret ausgewirkt, wenn dem Versicherer Aufwendungen bei der Einholung eines Gutachtens entstanden sind, mit dem erst der konkrete Sachverhalt ermittelt werden konnte. 26

3. Belehrungserfordernis

In den Fällen der Verletzung einer nach Eintritt des Versicherungsfalls zu beachtenden Obliegenheit ist jedoch immer gesondert zu prüfen, ob der Versicherer eine dem Erfordernis des § 28 Abs. 4 VVG entsprechende Belehrung erteilt hat. Liegen lediglich mündliche Auskünfte des Versicherungsnehmers in einem Telefonat oder eine ergänzende Angabe gegenüber dem vom Versicherer beauftragten Sachverständigen vor, kann es an einer solchen Belehrung fehlen. Zu beachten ist aber auch, dass dem Versicherungsnehmer i.d.R. ein Schadensanzeigeformular zugesandt worden sein wird, in welchem sich eine umfassende Belehrung befindet. Diese wirkt i.d.R. für einen längeren Zeitraum fort,[21] so dass der Versicherer nicht bei jeder sich anschließenden Befragung eine gesonderte Belehrung erteilen muss.[22] 27

21 OLG Köln SP 2005, 392: Zwei Wochen sind unschädlich; weitergehend OLG Hamm, Urt. v. 28.3.2003 – 20 U 196/02 – juris: Eine Belehrung wirkt auch über vier Wochen fort.

22 Bei einer weiteren Auskunft, die ein Jahr zurückliegt, muss aber eine gesonderte Belehrung erfolgen, vgl. OLG Hamm zfs 2001, 117.

> *Hinweis:*
>
> Im Fall eines arglistiges Fehlverhaltens ist der Versicherungsnehmer nicht schützenswert und es bedarf keiner Belehrung über die Folgen einer falschen Auskunft.[23]

28 Das Belehrungserfordernis entfällt, wenn es sich um eine spontan vom Versicherungsnehmer zu beachtende Obliegenheit handelt, wie die Obliegenheit, sich nicht unerlaubt vom Unfallort zu entfernen.

29 ▼

15.6

Muster 15.6: Einwand bei Regress des Versicherers bei unzutreffender Schilderung des Unfalls

Versicherung AG

Schaden-Nr./VS-Nr./Az.

Schaden vom

Pkw , amtl. Kennzeichen

Sehr geehrte Damen und Herren,

ausweislich der beiliegenden Vollmacht beauftragte mich Ihr Versicherungsnehmer, Herr aus , mit der Wahrnehmung seiner Interessen in der im Betreff genannten Angelegenheit. Anlass zur Beauftragung gibt Ihr Schreiben vom . Darin machen Sie gegen meinen Mandanten aus Anlass des Schadensfalls vom einen Regressanspruch in Höhe von 2.500 EUR geltend. Zur Begründung führen Sie aus, mein Mandant habe durch angeblich falsche Angaben eine Obliegenheitsverletzung begangen. Nach eingehender Prüfung der hier interessierenden Fragen zur Sach- und Rechtslage vermag ich mich der von Ihnen vertretenen Auffassung nicht anzuschließen.

1) Es fehlt bereits an einer vorsätzlichen Falschauskunft. Die Sachverhaltsschilderung meiner Mandantschaft ist in der Sache zutreffend bzw. angesichts des schnellen Verlaufs des Unfallgeschehens liegt zumindest keine bewusste Falschauskunft vor: .

2) Unabhängig hiervon scheidet ein Regress bereits deshalb aus, weil Ihnen der nach ihrer Meinung zutreffende Sachverhalt bereits bekannt ist und sich eine unterstellte Falschauskunft nicht ursächlich auf Ihre Feststellungen i.S.d. § 28 Abs. 3 S. 1 VVG ausgewirkt hat: .

3) Und zudem ist darauf hinzuweisen, dass es an einer rechtzeitigen sowie formal und inhaltlich korrekten Belehrung i.S.d. § 28 Abs. 4 VVG fehlt. Zumindest haben Sie nicht den Nachweis dafür erbracht, dass meinen Mandanten eine solche gesonderte Belehrung rechtzeitig vor der erteilten Auskunft erreicht hat: .

4) Zusammenfassend habe ich Sie deshalb aufzufordern, innerhalb einer Frist von

(*10-Tages-Frist*)

schriftlich zu bestätigen, dass Sie aus Anlass des Schadensfalls keinen Regressanspruch gegen meinen Mandanten geltend machen. Sollten Sie die Frist ungenutzt verstreichen

23 BGH, Urt. v. 12.3.2014 – IV ZR 306/13 – zfs 2014, 277; OLG Hamm, Beschl. v. 7.12.2018 – I 20 U 64/18 – juris; OLG Stuttgart, Urt. v. 1.12.2016 – 7 U 114/16 = zfs 2017, 398; OLG Köln, Urt. v. 3.5.2013 – 20 U 224/12 = VersR 2013, 1428.

lassen, werde ich meinen Mandanten über die Möglichkeiten einer negativen Feststellungsklage informieren.

Mit freundlichen Grüßen

(Rechtsanwalt)

▲

III. Keine Schadensanzeige durch den Versicherungsnehmer

In der Kfz-Versicherung kommt es auch häufiger vor, dass der Versicherungsnehmer 30
eine Schadensanzeige insgesamt oder innerhalb der in den AKB vorgesehenen Frist von einer Woche unterlässt. Auch dies stellt eine Obliegenheitsverletzung nach Eintritt des Versicherungsfalls dar, die den Versicherer zu einem Regress berechtigen kann.

1. Vorsatz und grobe Fahrlässigkeit

Die Rechtsprechung geht davon aus, dass der Versicherungsnehmer i.d.R. nicht bewusst 31
seinen Versicherungsschutz gefährdet, also insoweit nicht vorsätzlich handelt. Zu Gunsten des Versicherers kann jedoch von einem vorsätzlichen Unterlassen der Schadensanzeige ausgegangen werden, wenn der Versicherungsnehmer trotz mehrfacher Aufforderung die ihm zugesendeten Schadensanzeigeformulare nicht ausfüllt und zurücksendet. Eine vorsätzliche Nichtanzeige liegt auch vor, wenn der Versicherungsnehmer die Anzeige nur deshalb unterlässt, weil er davon ausgeht, dass aus rechtlichen Gründen kein Anspruch gegen ihn besteht und sich sodann bewusst über seine Anzeigepflicht hinwegsetzt.[24] Es liegt dann bei dem Versicherungsnehmer im Rahmen seiner sekundären Darlegungslast, den Grund für Obliegenheitsverletzung plausibel zu erklären. Im Übrigen muss sich der Versicherungsnehmer zumindest von seiner vermuteten groben Fahrlässigkeit exkulpieren, wobei die Rechtsprechung davon ausgeht, dass es dem Versicherungsnehmer unschwer möglich gewesen wäre, seine diesbezügliche Obliegenheit durch einen Blick in die AKB zu erkennen und dass Unterlassen dieser Einsicht i.d.R. grob fahrlässig[25] ist.

2. Kausalitätsgegenbeweis und Arglist

Dem Versicherungsnehmer dürfte es aber im Bereich der Kraftfahrzeughaftpflichtversi- 32
cherung in vielen Fällen möglich sein, den Kausalitätsgegenbeweis zu führen. Der Versicherer wird, wenn keine rechtzeitige Stellungnahme des Versicherungsnehmers vorliegt, im Rahmen des ihm zustehenden Regulierungsermessens und der ihm in der Rechtsprechung eingeräumten Prüfungsfrist von 4–6 Wochen[26] gut vertretbar den vom Unfallgegner geschilderten Sachverhalt seiner Regulierung zugrunde legen können. Zwingend ist eine solche „frühe" Regulierung jedoch nicht. Spätestens wenn der Versi-

24 OLG Köln VersR 2005, 1231; OLG Saarbrücken VersR 2002, 51.
25 OLG Koblenz OLGR Koblenz 2009, 195; KG r+s 2003, 199; OLG Hamm VersR 1975, 749.
26 Vgl. OLG Rostock MDR 2001, 935.

cherer Einsicht in die amtliche Ermittlungsakte erhält dürfte er i.d.R. über ausreichende Erkenntnisse verfügen, um den Verkehrsunfall einer vertretbaren Regulierung zuführen zu können, ohne dass eine darüber hinausgehende Stellungnahme des Versicherungsnehmers dem entgegensteht. Insoweit unterscheidet sich der Tatbestand der verspäteten Anzeige im Bereich der Kfz-Haftpflichtversicherung von der der Kaskoversicherung, wenn der Versicherungsnehmer den Unfall nicht polizeilich aufnehmen lässt und die Anzeige so spät erfolgt, dass eigene erfolgversprechende Ermittlungen des Versicherers vereitelt werden.[27]

33 ▼

Muster 15.7: Einwand bei Regress des Versicherers bei fehlender Schadensanzeige

___ Versicherung AG

___

___

Schaden-Nr./VS-Nr./Az. ___

Schaden vom ___

Pkw ___, amtl. Kennzeichen ___

Sehr geehrte Damen und Herren,

ausweislich der beiliegenden Vollmacht beauftragte mich Ihr Versicherungsnehmer, Herr ___ aus ___, mit der Wahrnehmung seiner Interessen in der im Betreff genannten Angelegenheit. Anlass zur Beauftragung gibt Ihr Schreiben vom ___. Darin machen Sie gegen meinen Mandanten aus Anlass des Schadensfalls vom ___ einen Regressanspruch in Höhe von 2.500 EUR geltend. Zur Begründung führen Sie aus, mein Mandant habe eine Obliegenheitsverletzung in Form einer fehlenden Schadensanzeige begangen. Nach eingehender Prüfung der hier interessierenden Fragen zur Sach- und Rechtslage vermag ich mich der von Ihnen vertretenen Auffassung nicht anzuschließen.

1) Es fehlt bereits an einer vorsätzlichen Falschauskunft. Die Rechtsprechung geht davon aus, dass der Versicherungsnehmer i.d.R. nicht bewusst seinen Versicherungsschutz gefährdet und daher zugunsten des Versicherers keine entsprechende Vermutung eingreift (BGH VersR 1979, 1117; OLG Hamm zfs 2005, 193). Im Übrigen liegt ein bewusstes Unterlassen der Schadensanzeige auch deshalb fern, weil ___.

2) Unabhängig hiervon scheidet ein Regress bereits deshalb aus, weil Ihnen der nach ihrer Meinung zutreffende Sachverhalt bereits bekannt ist und sich eine unterstellte Falschauskunft nicht ursächlich auf Ihre Feststellungen i.S.d. § 28 Abs. 3 S. 1 VVG ausgewirkt hat: ___.

3) Und zudem ist darauf hinzuweisen, dass es an einer rechtzeitigen sowie formal und inhaltlich korrekten Belehrung i.S.d. § 28 Abs. 4 VVG fehlt. Zumindest haben Sie nicht den Nachweis dafür erbracht, dass meinen Mandanten eine solche gesonderte Belehrung rechtzeitig vor der erteilten Auskunft erreicht hat: ___.

27 Vgl. OLG Koblenz OLGR Koblenz 2009, 195.

4) Zusammenfassend habe ich Sie deshalb aufzufordern, innerhalb einer Frist von

(*10-Tages-Frist*)

schriftlich zu bestätigen, dass Sie aus Anlass des Schadensfalls keinen Regressanspruch gegen meinen Mandanten geltend machen. Sollten Sie die Frist ungenutzt verstreichen lassen, werde ich meinen Mandanten über die Möglichkeiten einer negativen Feststellungsklage informieren.

Mit freundlichen Grüßen

(Rechtsanwalt)

▲

D. Regulierungsvollmacht des Versicherers

Gemäß Abschnitt A.1.1.4, E.1.2.4 AKB 2015 gilt der Versicherer als bevollmächtigt, 34
im Namen der versicherten Personen Ansprüche aus Anlass eines Schadensfalls zu befriedigen und/oder abzuwehren und alle dafür zweckmäßig erscheinenden Erklärungen im Rahmen pflichtgemäßen Ermessens abzugeben. Die Regulierungsvollmacht des Versicherers umfasst das Recht zum Anerkenntnis, zur Zahlung, zum Abschluss gerichtlicher oder außergerichtlicher Vergleiche, zur Aufnahme von Prozessen, zu Kostenübernahmeerklärungen, zum Verzicht auf die Einrede der Verjährung und auch zur Beauftragung von Rechtsanwälten für den Versicherer und die versicherten Personen.

Hintergrund dieser Regelung ist, dass der Kfz-Haftpflichtversicherer sämtliche begründeten Ansprüche aus Anlass eines Schadensfalls ausgleichen muss. Wenn er hierzu verpflichtet ist, soll er auch grundsätzlich allein darüber entscheiden dürfen, in welchen Fällen er in die Regulierung eintritt und in welchen nicht. Im Rahmen dieser Entscheidung ist er allein an die Grundsätze pflichtgemäßen Ermessens gebunden.[28] Das Regulierungsermessen ist einer gerichtlichen Überprüfung zwar zugänglich, jedoch ist eine Regulierungsentscheidung des Versicherers nur in bestimmten Ausnahmefällen für den Versicherungsnehmer nicht verbindlich.[29] Das Regulierungsermessen des Versicherers ist grundsätzlich weit gefasst[30] und kann durch das Gericht nur auf grobe Fehler hin überprüft werden.[31] Dabei ist der Versicherer sogar dazu berechtigt, einen Rechtsstreit durch eine Regulierung zu vermeiden, wenn dies allein aus wirtschaftlichen Überlegungen erfolgt.[32]

Wird ein Schaden durch den Kfz-Haftpflichtversicherer reguliert, führt dies automatisch 35
zur Rückstufung des Versicherungsnehmers in der Schadensfreiheitsklasse. Dieser Umstand allein ist nicht dazu geeignet, die Regulierungsvollmacht zu begrenzen.[33] Eine

28 OLG Hamm NJW 2005, 3077; OLG Koblenz VersR 1979, 342; LG Berlin r+s 2007, 10.
29 *Nugel*, VRR 2008, 244 ff.
30 LG München NZV 2003, 333; AG Mannheim SP 2004, 387; AG Senftenberg, Urt. v. 22.5.2017 – 21 C 376/16 – juris.
31 AG Mettmann, Urt. v. 20.1.2017 – 21 C 70/16 – juris; AG Berlin SP 2003, 434.
32 LG Essen, Hinweisbeschl. v. 2.12.2015 – 13 S 79/15 – juris; LG Marburg SP 2001, 247.
33 BGH VersR 1957, 442.

Regulierung durch den Versicherer hat somit nicht nur Vorteile. Der Vorteil, durch den Versicherer von einer Schadensersatzverpflichtung befreit zu werden, kehrt sich in einen Nachteil um, wenn die Regulierung zu Unrecht erfolgt. Der Versicherungsnehmer muss eine Entscheidung des Versicherers dann nicht gegen sich gelten lassen, wenn offensichtlich ist, dass der Versicherer sein Regulierungsermessen falsch ausgeübt hat.[34] Dies erfordert, dass die Regulierungsentscheidung erstens objektiv unrichtig war und die Fehlbearbeitung zweitens auf grober Nachlässigkeit beruht.[35] Letzteres ist der Fall, wenn der Sachbearbeiter des Versicherers nahe liegende Überlegungen ignoriert oder einen erkennbar bzw. leicht nachweisbar unbegründeten Schadensersatzanspruch[36] ausgeglichen hat. Dabei muss der offensichtlich unbegründete Anspruch der Gegenseite auch leicht abzuwehren sein.[37] Maßgeblich ist jeweils der Kenntnisstand des Sachbearbeiters des Versicherers zum Zeitpunkt der Regulierungsentscheidung.[38]

Dem Versicherungsnehmer kann gegen den Versicherer ein Schadensersatzanspruch aus § 280 Abs. 1 BGB zustehen, wenn seitens des Versicherers eine ermessensfehlerhafte Regulierung erfolgt, die einen Verstoß gegen eine dem Versicherer obliegende leistungsbezogene Nebenpflicht i.S.d. § 241 BGB darstellt. Der Versicherungsnehmer hat eine solche Pflichtverletzung und ein Verschulden des Mitarbeiters des Versicherers zu beweisen. Der Anspruch des Versicherungsnehmers gegen den Versicherer ist dann darauf gerichtet, so gestellt zu werden, als sei richtig reguliert worden.[39]

36 *Beispiel*

A unterhält bei der H-Versicherung einen Kfz-Haftpflichtversicherungsvertrag für seinen Pkw Mercedes Benz. Das Fahrzeug wird in einen Unfall auf einer beampelten Kreuzung mit dem Pkw des B verwickelt. Die Verursachungs- und Verschuldensfrage ist zwischen A und B streitig. Beide behaupten, ihre Ampel habe grün gezeigt. Der Unfall wird polizeilich aufgenommen. Nach dem Unfall meldet sich ein Zeuge bei der Polizei, der bestätigt, B sei bei Rotlicht über die Ampel gefahren. In der Zwischenzeit meldet B bei der H-Versicherung Ansprüche auf Schadensersatz an. Aufgrund der widersprüchlichen Angaben von A und B über den Unfallhergang entscheidet der zuständige Sachbearbeiter der H-Versicherung, die Ansprüche des B auf der Grundlage einer Haftung von 50 % zu regulieren. Zuvor nahm er keine Einsicht in die amtlichen Ermittlungsakten. Infolge der Regulierung des Schadens wird A in die nächst höhere Schadensfreiheitsklasse eingestuft.

34 LG München NZV 2003, 333.
35 LG Marburg SP 2001, 247.
36 LG Düsseldorf SP 2010, 121; AG Bitterfeld SP 1998, 295; AG Mannheim SP 2004, 387.
37 AG Düsseldorf SP 2002, 254.
38 LG München NZV 2003, 333.
39 AG Dortmund SP 1995, 350.

▼

Muster 15.8: Missbrauch der Regulierungsvollmacht des Kfz-Haftpflichtversicherers 37

15.8

Versicherung AG

Schaden-Nr./VS-Nr./Az.

Schaden vom

Pkw , amtl. Kennzeichen

Sehr geehrte Damen und Herren,

Ihr Versicherungsnehmer aus bat mich um anwaltliche Assistenz. Eine Kopie der auf mich lautenden Vollmacht füge ich in der Anlage bei.

Gegenstand des Mandats ist der im Betreff genannten Schadenfall in der Kfz-Haftpflichtversicherung vom . Durch Schreiben vom teilten Sie meinem Mandanten mit, Sie hätten die Ansprüche des Unfallgegners auf der Grundlage einer Haftung von 50 % reguliert und einen Betrag von an B gezahlt. Infolge Ihrer Regulierung wurde mein Mandant in der Zwischenzeit in der Schadenfreiheitsklasse SF höher gestuft.

Bei einer Überprüfung der mir vorliegenden Unterlagen kam ich zu dem Ergebnis, dass die Höherstufung meines Mandanten auf einem Missbrauch der Ihnen zustehenden Regulierungsvollmacht basiert. Entgegen der von Ihnen vertretenen Auffassung hätte der Schaden von Ihnen nicht reguliert werden dürfen. Zwar trifft es zu, dass die Verursachungs- und Verschuldensfrage zwischen meinem Mandanten und dem Anspruchsteller streitig war. Dennoch hätten Sie bei der Regulierung nicht von einem ungeklärten Unfallhergang ausgehen dürfen.

Der Verkehrsunfall wurde polizeilich aufgenommen. Ausweislich Bl. d. EA. meldete sich nach dem Verkehrsunfall der unbeteiligte Zeuge bei der Polizei. Nach Maßgabe seiner Angaben steht fest, dass der Unfallgegner bei Rotlicht in den Kreuzungsbereich eingefahren ist. Folglich wurde der Unfall allein von verursacht und verschuldet.

Zwar steht Ihnen grundsätzlich die alleinige Entscheidungsbefugnis darüber zu, ob und inwieweit ein Schaden in der Kfz-Haftpflichtversicherung ausgeglichen werden soll. Nach der sog. Regulierungsvollmacht sind Sie jedoch daran gebunden, Ihre Entscheidungen im Rahmen pflichtgemäßen Ermessens zu fällen. Im Rahmen pflichtgemäßen Ermessens darf ein Ausgleich des Geschädigten nicht ohne Prüfung der Sachlage und damit „auf gut Glück" befriedigt werden (BGH VersR 1981, 180). Hierzu gehört es u.a., vor der Entscheidung über eine streitige Verursachungs- und Verschuldensfrage Einsicht in amtliche Ermittlungsakten zu nehmen (vgl. dazu AG Köln, Urt. v. 6.5.1996 – 264 C 310/95 = Schaden-Praxis 1996, 399). Dies muss erst recht im vorliegenden Fall gelten, in dem sich die Angaben der unfallbeteiligten Fahrzeugführer widersprechen und mithin jede weitere Erkenntnisquelle auszuschöpfen ist. Dieser zwingenden Vorgabe handelten Sie schuldhaft zuwider. Aus diesem Grund habe ich Sie aufzufordern, die Rückstufung meines Mandanten aus Anlass des in Rede stehenden Schadensfalls unverzüglich, spätestens jedoch bis zum

(*10-Tages-Frist*)

rückgängig zu machen und mir dies schriftlich zu bestätigen. Andernfalls werde ich meinem Mandanten empfehlen, diese Frage gerichtlich klären zu lassen.

Mit freundlichen Grüßen

(Rechtsanwalt)

▲

§ 16 Verarbeitung und Verwertung von personenbezogenen Daten aus Kfz und darin eingesetzten Kameras

A. Auslesen von Daten aus Kraftfahrzeugen zur Unfallrekonstruktion

Dr. Michael Nugel/Dr. Oliver Brockmann

Bei der Rekonstruktion von Verkehrsunfällen ist die Sicherung und Auswertung der von den unfallbeteiligten Fahrzeugen erzeugten Spuren ein zentrales Element, wird jedoch aufgrund der immer weiteren Verbreitung von fahrdynamisch wirksamen Systemen immer schwieriger. Daraus folgt der Bedarf der Erschließung alternativer Informationsquellen, welche Rückschlüsse auf das vorkollisionäre Bewegungsverhalten eines Fahrzeugs ermöglichen. Die in immer größerem Umfang in Kraftfahrzeugen enthaltenen elektronischen Systeme bieten hierfür großes Potential. Dabei sind die nachfolgenden benannten Möglichkeiten des Auslesens von besonderer Bedeutung. 1

I. Gespeicherte Daten im Fahrzeug

Insoweit ist zu berücksichtigen, dass in modernen Fahrzeugen bereits eine Vielzahl an Daten anfällt und gespeichert wird, welche für die Unfallrekonstruktion von besonderer Bedeutung sein können.[1] Diese lassen sich dabei wie folgt aufteilen: 2

- Daten zur Erkennung von Anstößen und ggf. Auslösung von Rückhaltesystemen (z.B. Airbags, Gurtstraffer, u.a.)
- Daten zur Auslösung von Fußgängerschutzsystemen
- Daten zum Eingreifen von Assistenzsystemen (z.B. ABS, ESP, Bremsassistenzsysteme, sowie Systemen zur teil- oder ggf. zukünftig vollautonomen Fahrzeugführung)
- Daten zur Geschwindigkeit des Fahrzeugs vor der Kollision und zur kollisionsbedingten Geschwindigkeitsänderung
- Daten zum Lenk- und Bremsverhalten des Fahrers und/oder aktiver Assistenzsysteme vor, während und nach der Kollision
- Daten aus EDR-(Event Data Recorder)Systemen im Airbagsteuergerät oder ähnlichen/verwandten Steuergeräten des Fahrzeugs
- Begleitdaten bei dem Ausfall bestimmter Fahrzeugkomponenten, wie z.B. die Geschwindigkeit
- GPS Daten, insbesondere aus Navigationssystemen

Hintergrund der so in den Pkw hinterlegten Daten ist i.d.R. die Dokumentation von Ausfällen oder des Auftretens von unplausiblen Zuständen (wichtiger) Fahrzeugsysteme, sowie der Umgebungsbedingungen zum Zeitpunkt des Auftretens/Ausfalls. Die Daten 3

1 Vgl. den Überblick bei *Nugel*, ZD 2019, 341; *Kreuter/Nugel*, NJW 2023, 177 ff.; *Klimke*, r+s 2015, 217; *Mielchen*, SVR 2014, 81; *Roßnagel*, SVR 2014, 281; *Brenner*, DAR 2014, 619; *Balzer/Nugel*, NJW 2016, 196 ff.; *Brockmann/Nugel*, zfs 2016, 64 ff.

werden je nach Bedeutung für kurze oder längere Zeit in einem oder mehreren Steuergeräten hinterlegt. Insbesondere beim Auslösen von Airbags, anderen Rückhalte- oder Fußgängerschutzsystemen wird i.d.R. eine größere Datenmenge gespeichert, bis diese gelöscht bzw. überschrieben wird. Zumindest temporär werden dabei augenscheinlich bestimmte Begleitdaten bei der Überprüfung einzelner Systeme gespeichert, zu denen insbesondere die gefahrene (angezeigte) Geschwindigkeit, aber auch weitere Informationen gehören. Zu denken ist dabei insbesondere an folgende Daten:

- Angaben zu dem Status von Bedienelementen in Form des Gas- und Bremspedals, Leuchteinheiten und der Gangstufe
- Angaben zum Status der Rückhaltesysteme einschließlich Belegung und Sitzposition der Insassen
- Angaben zum Lenkwinkel, Raddrehzahlen sowie der Drehzahl des Motors und der Beschleunigung bzw. Verzögerung des Fahrzeugs

Hintergrund dieser umfassenden Speicherung ist, dass moderne Fahrzeuge über eine umfangreiche Ausstattung an Assistenzsystemen verfügen, welche maßgebliche Daten zum eigenen Fahrzeug wie Geschwindigkeit, Lenkeinschlag oder Motorleistung erfassen.

4 Derzeit können diese Daten aus den Speichergeräten in vielen Fällen nur mithilfe des Herstellers ausgelesen werden, wobei auch die Vertragswerkstätten vor Ort wie auch bei ihnen tätige Sachverständige in vielen Fällen auf Unterstützung aus einer zentralen Abteilung des Herstellers angewiesen sind. Eine Ausnahme stellen Fahrzeuge dar, die den Zugriff auf die Daten in Airbag Steuergeräten über das sog. CDR-Tool der Firma Bosch ermöglichen, was eine validierte Datenzugriffsmöglichkeit über eine offiziell definierte Schnittstelle darstellt. Das zentrale Problem in allen anderen Fällen stellt die häufig vom Hersteller vorgenommene Verschlüsselung der Daten da, aufgrund derer diese ohne seine Mithilfe nicht ausgewertet werden können. Teilweise wird diese Verschlüsselung auch bei den im EDR gespeicherten Daten vorgenommen.

II. Unfalldatenschreiber

5 Neben diesen in Fahrzeugen vorhandenen Möglichkeiten der Datenaufzeichnung besteht natürlich auch die Möglichkeit, dass diese zusätzlich mit einem sog. Unfalldatenschreiber ausgestattet sind. Dies ist z.B. häufig bei Einsatzfahrzeugen von Polizei oder Rettungskräften, aber auch Firmen- oder Mietwagenflotten der Fall. Die gespeicherten Daten sollen der Unfallrekonstruktion dienen und werden daher i.d.R. dauerhaft nur im zeitlichen Zusammenhang mit einem Unfallereignis aufgezeichnet. Erfasst werden insbesondere

- Geschwindigkeit
- Beschleunigung
- Bewegungsrichtung
- Aufleuchten von Signaleinrichtungen
- Bremstätigkeit des Fahrers

Auslöser sind i.d.R. ein Anstoß an das Fahrzeug bzw. ggf. schon eine starke Bremsung oder auch eine manuelle Auslösung. Aufgrund der hohen Anforderungen an die Datenerfassung sind diese Messwerte i.d.R. sehr zuverlässig und werden bei Gericht[2] als Grundlage für eine Unfallrekonstruktion bereits seit langem akzeptiert und sogar als Grundlage für die Prüfung unfallbedingter Gesundheitsbeschädigungen zugelassen.[3]

▼ 6

Muster 16.1: Antrag auf Auslesung des Unfalldatenschreibers des Unfallgegners

16.1

Es wird beantragt,

dem vom Gericht zur Unfallrekonstruktion bestellten Sachverständigen aufzugeben, bei dem unfallbeteiligten Kfz mit dem Kennzeichen ___ eine Auswertung der im Unfalldatenschreiber vorhandenen Aufzeichnungen, insbesondere zur Geschwindigkeit, Beschleunigung und Bewegungsrichtung, aber auch dem Aufleuchten von Signaleinrichtungen und der Bremstätigkeit des Fahrers vorzunehmen.

Unter Berücksichtigung dieser Daten ist auch dann ggf. noch eine Unfallrekonstruktion möglich, wenn keinerlei ausreichende vorkollisionäre Spurzeichnungen dokumentiert sind. Selbst bei Vorhandensein solcher Spuren ergibt sich durch dieses Auslesen der o.g. Daten eine deutlich bessere Ermittlung der für die weitere Unfallrekonstruktion notwendigen Anknüpfungstatsachen.

▲

III. eCall System

Zu beachten ist ferner, dass auf europäischer Ebene die Einführung des eCall-Systems erfolgt ist und daher alle neuen Automodelle ab April 2018 mit diesem System ausgestattet sein müssen. Dies führt zum Vorhandensein eines Notfallsystems im Fahrzeug, welches automatisch bei einem Unfall bzw. bei dem Auslösen eines Airbags einen Notruf absendet, die aktuellen Positionsdaten des Fahrzeugs übermittelt, sowie eine Kommunikation mit den Fahrzeuginsassen unter Integration einer Notruftaste ermöglichen soll und bei denen auch das individuelle Fahrzeug erkennbar ist.[4] Der Notrufdienst funktioniert europaweit gleich: eCall nutzt Mobilfunk und Satellitenortung, um nach einem Unfall aus dem Auto heraus (automatisch oder manuell) eine Telefonverbindung zur einheitlichen Rufnummer 112 der nächstgelegenen Rettungsleitstelle herzustellen. Zusätzlich zur Sprachverbindung überträgt das im Fahrzeug montierte eCall-System Informationen zum Unfallort, zur Art der Auslösung und zum Fahrzeug. 7

Wird ein Notruf automatisch oder manuell abgesetzt, erreichen folgende Daten die Rettungsleitstelle:

- Zeitpunkt des Unfalls
- Auslöseart: manuell oder automatisch
- die 17-stellige Fahrzeugidentifizierungsnummer (FIN)

2 KG, Urt. v. 6.2.2006 – 12 U 4/04 = NZV 2007, 43; KG, Urt. v. 16.11.2006 – 22 U 267/04 = SP 2007, 355; vgl. auch *Figgener/Ziegenhardt*, NZV 2014, 116.

3 OLG Saarbrücken, Urt. v. 8.5.2014 – 4 U 393/11 = NZV 2015, 235.

4 Vgl. auch *Kinast/Kühnl*, NJW 2014, 3057.

- Antriebsart (z.B. Benzin, Diesel, Gas, Elektro) und Fahrzeugklasse
- Fahrzeugposition
- die letzten zwei Fahrzeugpositionen (Längen- und Breitengradunterschiede in Bezug zur aktuellen Fahrzeugposition)
- Fahrtrichtung des Autos
- Anzahl der Insassen (sofern die Sicherheitsgurte angelegt wurden)
- optionale Zusatzdaten (nicht festgelegt; können beispielsweise eine (IP-)Adresse enthalten, unter der weitere relevante Daten oder Funktionen abrufbar sind)

B. Unfallrekonstruktion mithilfe von Event Data Recordern und dem EU-Ereignisspeicher

Dr. Michael Nugel/Dr. Oliver Brockmann

8 Innerhalb der Möglichkeiten des Auslesens von Fahrzeugdaten kann einem Vorgehen mit Rückgriff auf den sog. Event Data Recorder (EDR) eine besondere Bedeutung zukommen. Der Einsatz von EDR-Daten erschließt dabei eine Reihe an neuen wichtigen Erkenntnisquellen zur Unfallrekonstruktion.[5]

I. Historische Entwicklung

9 In den 1990er Jahren wurde bei dem Fahrzeughersteller General Motors im Rahmen von Bestrebungen zur Verbesserung der passiven Fahrzeugsicherheit nach einer Möglichkeit gesucht, die Leistungsfähigkeit von Rückhaltesystemen im realen Unfallgeschehen zu untersuchen. Daher wurde eine Funktion in die Airbagsteuergeräte des Herstellers eingebaut, die es erlaubte, Informationen zum Hergang eines Unfalls, zu dessen Schwere und zu den Auslöseentscheidungen des Airbagsteuergeräts zu speichern. Der Zugriff auf diese Daten war zunächst dem Hersteller vorbehalten, die Existenz der Zugriffsmöglichkeit blieb jedoch nicht verborgen und in der Folge wurde der Hersteller mit einer Vielzahl von externen Anfragen konfrontiert. Zudem wurden in Einzelfällen Bedenken hinsichtlich einer möglichen Veränderung der Daten durch den Hersteller geäußert. Vor diesem Hintergrund entschied sich GM ein Werkzeug zur Auslesung der EDR-Daten extern zur Verfügung zu stellen. Im Jahr 1999 war es unter dem Namen Crash Data Retrieval (CDR) Tool erstmals öffentlich verfügbar und ist heute als Bosch CDR-Tool erhältlich. In den USA ist der Einsatz dieses Werkzeugs seit mehr als 10 Jahren anerkannter Stand der Technik. In Europa ist es seit 2013 ebenfalls offiziell erhältlich.

5 *Brockmann/Nugel*, zfs 2016, 64 ff.

II. Grundzüge des EDR/CDR

Die Bedeutung des Vorhandenseins und der Verfügbarkeit von crashbezogenen Daten in der Fahrzeugelektronik für die Steigerung der Verkehrssicherheit wurde vom Gesetzgeber in den USA erkannt und es existiert dort eine gesetzliche Regulierung (49 CFR Part 563) [NHTSA1], welche eine Begriffliche Bestimmung von Event Data Recordern (EDR) vornimmt, sowie die Genauigkeit, Speicherung, Dauerhaftigkeit und Auslesbarkeit von EDR-Daten vorschreibt. Erwähnenswert ist, dass im Begründungstext zu der Regelung explizit auch auf die Nützlichkeit von EDR bei der Einführung von Crash Notification Systemen hingewiesen wird. Dabei handelt es sich um Systeme, die nach einem Unfall automatisch Daten zum Ereigniseintritt und zur Unfallschwere nach außen (z.B. über Mobilfunknetze) übermitteln. 10

Gemäß der Vorgabe müssen in den USA Fahrzeuge, die am oder nach dem 1.9.2012 hergestellt wurden und mit einem EDR ausgestattet sind, die Auslesbarkeit der EDR-Daten durch ein Werkzeug ermöglichen, das kommerziell frei erhältlich ist. Ferner hat die amerikanische Verkehrssicherheitsbehörde NHTSA signalisiert, dass es beabsichtigt ist die Ausrüstung von Fahrzeugen mit EDR-Systemen als verpflichtend zu regeln. Dies erfolgte durch eine sogenannte Notice of proposed rulemaking (NPRM, hier: 49 CFR Part 571), in der als Datum für die verpflichtende Ausrüstung der 1.9.2014 genannt wurde. Allerdings wurde dies bislang nicht in geltendes Recht umgesetzt, d.h. es gilt auch in den USA immer noch der Grundsatz, dass nur dann wenn ein EDR im Fahrzeug vorhanden ist, dieser auch auslesbar sein muss. Ein EDR wird in der 49 CFR Part 563 (auch als Part 563 Rule bezeichnet) definiert als ein Gerät oder eine Funktion, welche Daten zur Dynamik eines Fahrzeugs unmittelbar vor oder während eines Crash in Form einer Zeitreihe zum Zwecke einer späteren Auslesbarkeit aufzeichnet. Bei der Definition wird ausdrücklich erwähnt, dass damit keine Audio- oder Videodaten gemeint sind. Somit ist ein Fahrzeughersteller, der eine EDR-Funktion in einem Fahrzeug einbaut, verpflichtet die Auslesbarkeit des EDR sicherzustellen. Der überwiegende Teil der Fahrzeughersteller erreicht dies durch eine Zusammenarbeit mit der Firma Bosch, die für die betreffenden Fahrzeuge eine Unterstützung in das CDR-Tool-Produkt integriert. Es gibt indes auch einige wenige Hersteller, die – wie derzeit zwei Hersteller aus Korea – ein eigenes Werkzeug zum Auslesen anbieten. 11

Nach einer Erhebung der amerikanischen Verkehrssicherheitsbehörde NHTSA waren im Jahr 2005 64 % und im Jahr 2013 96 % der Pkw in den USA mit EDR-Systemen ausgerüstet. Mit Inkrafttreten der Part 563 Rule wurden verpflichtende Datenelemente, die von einem EDR auslesbar zur Verfügung gestellt werden müssen, standardisiert. Fahrzeughersteller haben weiterhin die Möglichkeit darüber hinausgehende Datenelemente zur Verfügung zu stellen. Auf die Daten wird im folgenden Abschnitt eingegangen. 12

III. Auslesbare EDR-Daten

13 Grundsätzlich sind in EDR-Daten Informationen zum Fahrzeugverhalten vor der Kollision (Precrash-Daten), zur Kollision (Crash-Daten) und zum Auslauf des Fahrzeugs (Postcrash-Daten) verfügbar. Das folgende Bild gibt eine Übersicht über typische Datenelemente.

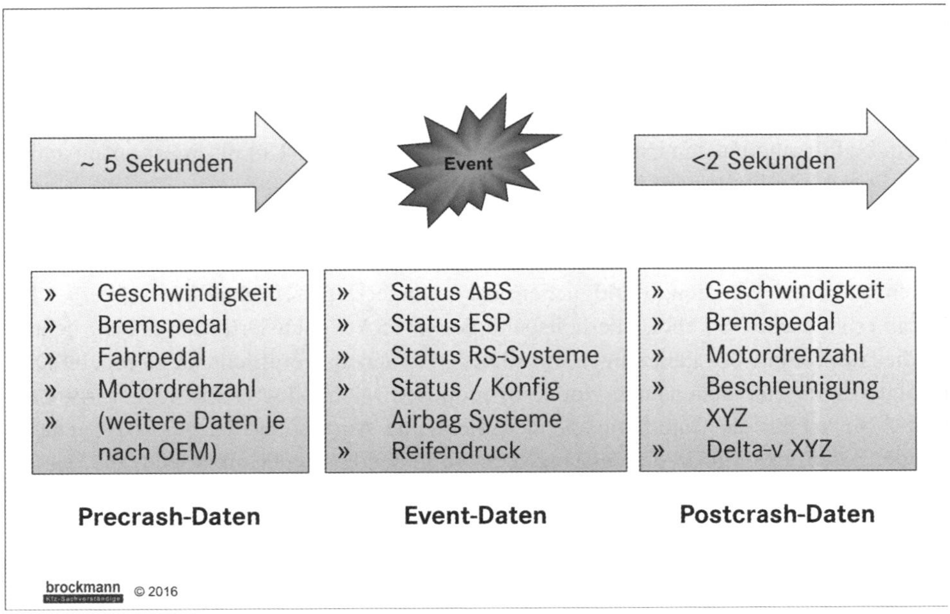

Abb. 16.1: Precrash-, Event- und Postcrash-Daten

14 Gemäß der Gesetzgebung in den USA muss ein Fahrzeughersteller, wenn ein EDR vorhanden ist die Datenelemente der sogenannten Tabelle 1 implementieren (verpflichtende Elemente). Weiterhin kann er auch Datenelemente der Tabelle 2 implementieren (optionale Elemente). Die jeweiligen Tabellen beschreiben die Werte, deren zeitliche Auflösung, den Zeitbereich der Aufzeichnung und die Mindestgenauigkeit der Erfassung.

15 Unterschieden werden bei den Daten solche zu Ereignissen (Events), bei denen eine Airbag Auslösung stattgefunden hat (Deployment Events) und solche ohne (Non Deployment Events). D.h. es finden ggf. auch Datenspeicherungen in Unfallsituationen statt, in denen es zu keiner Auslösung von Rückhaltesystemen gekommen ist.

Einige Hersteller gehen bei dem Umfang der Daten über die geforderten Mindestdatenelemente hinaus und speichern über längere Zeiträume vor der Kollision. Aus den optionalen Daten in modernen Fahrzeugen kann aufgrund der Aufzeichnung von Lenkwinkel, Gaspedalstellung, Motordrehzahl, eingelegtem Gang, sowie Bremsdruck und wirksamen Verzögerungen der Bewegungspfad eines Fahrzeugs vor der Kollision aus den EDR-Daten rekonstruiert werden. So können auch Unfallhergänge betrachtet werden, bei denen keinerlei vorkollisionären Spurzeichnungen dokumentiert sind.

Die Speicherung der Daten in den Steuergeräten erfolgt in dedizierten EEPROM bzw. Flash Speichern oder integriert in Mikrocontrollern, die speziell für Automotive Anwendungen entwickelt worden sind. Hierdurch wird eine dauerhafte sichere Speicherung der Event Daten und deren Integrität gewährleistet. Die Softwarelogik der Steuergeräte verhindert generell, dass Deployment Events überschrieben oder gelöscht werden. Non Deployment Events können ggf. überschrieben werden, wenn der durch sie belegte Speicherplatz für die Ablage eines Deployment Events benötigt wird. 16

Gespeicherte Daten sind für sehr lange Zeit in den Speicherbausteinen stabil. D.h. auch Jahre nach einem Crash können ggf. noch Daten ausgelesen werden. Auch aus extrem stark zerstörten Fahrzeugen und nach Vollbränden sind die Daten in der Regel noch auslesbar.

IV. EU-Ereignisspeicher

Mit der Neufassung der europäischen General Safety Regulation, EU-Verordnung 2019/2144, wird seit dem Juli 2022 eine ereignisbezogene Datenspeicherung bei Pkw und leichten Nutzfahrzeugen verpflichtend, die ab diesem Datum als neuer Fahrzeugtyp innerhalb der EUG zugelassen werden. 17

1. Fahrzeugtypen und Zeitrahmen

In der hierzu ergangenen Verordnung ist ein europäischer Ereignisdatenspeicher für die sog. Fahrzeugklassen M_1 beschrieben. Davon erfasst werden die für die Personenbeförderung ausgelegten und gebauten Kraftfahrzeuge mit höchstens acht Sitzplätzen außer dem Fahrersitz. Erfasst wird ferner die Fahrzeugklasse N_1, d.h. für die Güterbeförderung ausgelegte und gebaute Kraftfahrzeuge mit einer zulässigen Gesamtmasse bis zu 3,5 Tonnen. Dieser Ereignisspeicher bezieht sich in den technischen Spezifikationen auf die UN-Regelung Nr. 160 Event Data Recorder (EDR) und wird durch weitere Anforderungen an Datenabruf, Datenschutz und Datensicherheit ergänzt. Während diese Regelung aktuell nur neu homologierte Fahrzeugtypen erfasst, wird die Ereignisspeicherung ab 7.7.2024 für alle Neufahrzeuge dieser Fahrzeugklassen verpflichtend. Ab 2026 ist darüber hinaus auch eine Ereignisdatenspeicherung bei Bussen und Lkw angedacht. Jedoch muss für diese Fahrzeuge noch eine geeignete technische Lösung erarbeitet werden. 18

2. Auslöseparameter und Zugriff

Zu diesem Zweck wird ein Ereignis vom EDR aufgezeichnet werden, wenn die Änderung der Längs- und / oder Quergeschwindigkeit des Fahrzeugs mehr als 8 km/h innerhalb eines Intervalls von 150 ms oder weniger beträgt. Die Aufzeichnung beginnt auch, 19 wenn die Aktivierung eines nicht reversiblen Insassen-Rückhaltesystems erfolgt ist oder das sekundären Sicherheitssystem für ungeschützte Verkehrsteilnehmer aktiviert wurde.

20 Die Datenaufzeichnung und -speicherung soll laut der Verordnung im Rahmen eines geschlossenen Systems erfolgen und über eine standardisierte Schnittstelle im Fahrzeug abrufbar sein. Ein Abruf über Schnittstellen, die ohne Entriegelung des Fahrzeugs und ohne Werkzeug zugänglich sind, wird explizit ausgeschlossen. Diese gespeicherten Informationen dürfen also nicht dem Zugriff des Herstellers über ein sog. over the air system ausgesetzt sein, sondern müssen unverändert im Fahrzeug fortbestehen. Dies eröffnet dem Eigentümer bzw. Nutzer und Besitzer des Kfz die Möglichkeit, auf die Daten in unveränderter Form zuzugreifen, um den Unfallhergang zu überprüfen und sichert ihm auch die Hoheit über diese Datensätze, solange er auch über das Kfz selber verfügt und niemand anderem zur Verfügung stellt. Dieser Umstand kann gerade auch für die Überprüfung von Produkthaftungsfragen von Bedeutung sein. Der Hersteller kann so dem Betroffenen nicht ohne Weiteres diese Daten vorenthalten. Ein Umstand, der gerade bei dem fortschreitenden Einsatz von Assistenzsystemen an Bedeutung gewinnen wird.

21 Fahrzeuge und ihre Ereignisdatenspeicher müssen so ausgelegt sein, dass das Werkzeug zum Datenabruf, bestehend aus Hardware und Software, Ereignisberichte erstellen kann, die die Datenelemente der UN-Regelung Nr. 160 sowie den genauen Fahrzeugtyp, die Variante und Version (einschließlich der eingebauten aktiven Sicherheits- und Unfallvermeidungssysteme) des Fahrzeugs enthalten. Der Fahrzeughersteller hat sicherzustellen, dass die Daten des Ereignisdatenspeichers in einem maschinenlesbaren Format verfügbar sind und keine Informationen enthalten oder zusammen mit Informationen zur Verfügung gestellt werden, die es ermöglichen, diese Daten mit einer natürlichen Person in Verbindung zu bringen. Erst einmal handelt es sich um sog. sachbezogene Datensätze, wenn nur die Informationen im Kfz selber isoliert betrachtet werden. Da dies jedoch selten der Fall ist, wie im zweiten Teil noch dargestellt werden wird, handelt es sich durchweg um personenbezogene Daten, bei denen der Verantwortliche durch Hinzutreten weiterer Informationen bestimmbar wird. Eine Zuordnung zu einem bestimmten Namen oder vergleichbaren Informationen darf der Datensatz aus dem Ereignisspeicher mithin aber nicht erkennen lassen.

3. Umfang der enthaltenen Informationen

22 Der EU-Rechtsakt verweist immer wieder auf die Änderungsserie 01 der UN-Regelung Nr. 160, die umfassende Vorgaben enthält. Sie regelt insbesondere die Datenelemente, die der Ereignisdatenspeicher aufzeichnen muss und das Format dieser Daten. Zugleich enthält sie Vorgaben zu den Anforderungen an die Datenerfassung einschließlich der Aufzeichnung und dem Überschreiben von Daten, erfasst auch die fahrzeugseitige Speicherung und das Sperren bestimmter Datensätze und regelt zugleich die Anforderungen an die Durchführung von Aufpralltests sowie die Anforderungen an eine Überlebensfähigkeit. Von besonderer Bedeutung ist dabei der Anhang 4 der Regelung, in welchem

derzeit 41 verpflichtende Datenelemente aufgeführt werden. Diese Datenelemente beinhalten Informationen zu fahrdynamischen Größen bis zu fünf Sekunden vor der Kollision, zu Fehlern von Systemen, zu Status und Auslösung von Rückhaltesystemen, zur stoßbedingten Geschwindigkeitsänderung und Beschleunigung, zur Anzahl und zu zeitlichen Abständen mehrerer Ereignisse sowie zum Ereignistyp.

Eine besondere Bedeutung kommt dabei für die Unfallrekonstruktion den vorkollisionä- 23
ren Fahrdynamikdaten – ebenso wie beim DER zu, welche die Daten zu den Beschleunigungswerten und dem Gurtstatus der Insassen ergänzen. Diese Fahrdynamikdaten werden mindestens mit zwei Werten pro Sekunde (2 Hz) angegeben und beinhalten die angezeigte Geschwindigkeit des Tachos, die Betätigung des Bremspedals, die Motordrehzahl, die ABS-Aktivität, die ESP-Aktivität und den Lenkradwinkel.

Besonders wichtig für die Unfallrekonstruktion sind dabei neben der gefahrenen Ge- 24
schwindigkeit die Informationen zur Stellung des Gaspedals und des Bremspedals, die neben der Rekonstruktion des Unfallgeschehens aus technischer Sicht dem Juristen auch Rückschlüsse über die Motivation und Zielsetzung eines bestimmten Fahrmanövers geben können. Ebenso wichtig ist die Erfassung des Lenkwinkels, um eine umfassende Unfallrekonstruktion zu ermöglichen – eine Information, die beispielsweise bei den US-Vorgaben zum EDR aktuell nicht zwingend vorgeschrieben ist. Zu beachten ist auch, dass diese Informationen immer einer genauen Analyse bedürfen und anhand weiterer Anknüpfungstatsachen überprüft werden müssen, um ein Gesamtbild zu gewinnen.

V. Unfallrekonstruktion mithilfe des EDR / Ereignisspeichers

Zum Standard eines den aktuellen Erkenntnissen entsprechenden unfallanalytischen 25
Sachverständigengutachtens muss daher auch die Prüfung und Auslesung von Daten aus dem EDR bzw. EU-Ereignisspeichern gehören. Der Prozessanwalt kann dies mit eigenen Anträgen fördern.

▼ 26

Muster 16.2: Antrag auf Auslesung des EDR

Es wird beantragt,

dem vom Gericht zur Unfallrekonstruktion bestellten Sachverständigen aufzugeben, bei den unfallbeteiligten Pkw auch die im sog. Electronic Data Recorder (EDR) bzw. EU Ereignisspeicher vorhandenen Aufzeichnungen zur Unfallrekonstruktion, insbesondere die gefahrene Geschwindigkeit, dem Einsatz von Gas- und Bremspedal, Angaben zum Lenkwinkel und Lenkverhalten, dem eingelegten Gang sowie Bremsdruck und zu einer kollisionsbedingten Geschwindigkeitsänderung auszulesen und bei der Unfallrekonstruktion zu berücksichtigen.

Unter Berücksichtigung dieser Daten ist auch eine Unfallrekonstruktion möglich, wenn keinerlei ausreichende vorkollisionäre Spurzeichnungen dokumentiert sind. Eine Speicherung dieser Daten setzt im Übrigen auch nicht zwingend das Auslösen eines Airbags voraus, sondern es genügt ein sog. „Non Deployment Event“, bei dem entsprechende Aufzeichnungen gespeichert werden, die auch im Fall einer Reparatur nicht ohne weiteres überschrieben werden und auch Monate nach dem Unfallereignis i.d.R. noch abrufbar sind. Wegen der näheren Einzelheiten zu der Bedeutung dieses Datenauslesens auf die Unfallrekonstruktion wird verwiesen auf den Beitrag von *Brockmann/Nugel*, zfs 2016, 64 ff und *Kreuter/Nugel*, NJW 2023, 177 ff.

▲

VI. Einzelne Fallgruppen

27 Das Auslesen von Fahrzeugdaten mit Hilfe des EDR als Unterstützung für eine erfolgreiche Unfallrekonstruktion bietet für den letztendlich den Fall am Ende entscheidenden Juristen eine Reihe an Vorteilen bei der Aufklärung und Bewertung dieser Unfallereignisse.

1. Ungeklärter Kollisionspunkt

28 Steht z.B. der konkrete Punkt der Kollision im Begegnungsverkehr oder aber auf einer Kreuzung nicht fest, kann ggf. durch Ermittlung der Lenkbewegungen der Fahrzeugführer ermittelt werden, wer auf wessen Fahrbahn geraten ist. Dementsprechend kann dann auch ein Anscheinsbeweis bei dem Abkommen auf die Gegenfahrbahn,[6] dem Abbiegen in den Gegenverkehr[7] oder der Einfahrt in den Kreuzungsbereich[8] als wartepflichtiger Verkehrsteilnehmer eingreifen.

29 ▼

Muster 16.3: Antrag auf Auslesung des EDR bei ungeklärter Kollisionsstellung

16.3 Es wird beantragt,

dem vom Gericht zur Unfallrekonstruktion bestellten Sachverständigen aufzugeben, bei den unfallbeteiligten Pkw auch die im sog. Electronic Data Recorder (EDR) bzw. EU-Ereignisspeicher vorhandenen Aufzeichnungen zur Unfallrekonstruktion, insbesondere die gefahrene Geschwindigkeit, dem Einsatz von Gas- und Bremspedal, Angaben zum Lenkwinkel und Lenkverhalten, dem eingelegten Gang sowie Bremsdruck und zu einer kollisionsbedingten Geschwindigkeitsänderung auszulesen und bei der Unfallrekonstruktion zu berücksichtigen.

Unter Berücksichtigung dieser Daten ist auch eine Unfallrekonstruktion möglich, wenn keinerlei ausreichenden vorkollisionären Spurzeichnungen dokumentiert sind. Eine Speicherung dieser Daten setzt im Übrigen auch nicht zwingend das Auslösen eines Airbags voraus, sondern es genügt ein sog. „Non Deployment Event", bei dem entsprechende Aufzeichnungen gespeichert werden, die auch im Fall einer Reparatur nicht ohne weiteres überschrieben werden und auch Monate nach dem Unfallereignis i.d.R. noch abrufbar sind. Wegen der näheren Einzelheiten zu der Bedeutung dieses Datenauslesens auf die Unfallrekonstruktion wird verwiesen auf den Beitrag von *Brockmann/Nugel*, zfs 2016, 64 ff.

6 OLG Hamm, Urt. v. 8.9.2015 – I 9 U 131/14 – juris; OLG Frankfurt a.M., Urt. v. 4.3.2014 – 15 U 144/12 = SP 2014, 295.

7 BGH, Urt. v. 13.2.2007 – VI ZR 58/06 = MDR 2007, 884; OLG München, Urt. v. 25.9.2009 – 10 U 1921/09 – juris.

8 OLG Celle, Urt. v. 20.10.2010 – 14 U 47/10 – juris; OLG Köln, Urt. v. 14.2.2002 – 12 U 142/01 = SP 2002, 263.

Die besondere Bedeutung des Auslesens des EDR ergibt sich daraus, dass vorliegend der Kollisionspunkt mangels einer dokumentierten Spurenzeichnung nicht sicher festgestellt werden kann, auf welchem Punkt der Fahrbahn die Fahrzeuge zusammengestoßen sind. Insbesondere das Lenkverhalten und der Lenkwinkel bei den betroffenen Fahrzeugen dürften aber wichtige Anknüpfungstatsachen für die Aufklärung dieser Gesichtspunkte darstellen.

▲

2. Überschreitung der zulässigen Geschwindigkeit

Derzeit ist die Unfallrekonstruktion von erheblichen Unsicherheiten bei der Ermittlung der Ausgangsgeschwindigkeit der betroffenen Fahrzeugführer geprägt. Bei Fehlen von Spuren zu einem möglichen Abbremsen oder anderen Ausweichverhalten können allenfalls die subjektiven Angaben der Fahrzeugführer zu einer möglichen Reduzierung der Geschwindigkeit durch ein Abbremsen bzw. gar der Ausgangsgeschwindigkeit zugrunde gelegt werden. Für den Beweis einer bestimmten Überschreitung der zulässigen Höchstgeschwindigkeit ist der Zeugenbeweis jedoch ein denkbar ungeeignetes Beweismittel, wenn nicht die besondere Sachkunde des Zeugen dargelegt oder Bezugstatsachen erläutert werden.[9] Mit dem Auslesen des EDR ist es dagegen möglich, bereits die gefahrene Geschwindigkeit vor der Kollision ebenso wie den möglichen Punkt einer ersten Reaktion durch eine Bremsung bzw. Lenkbewegung zu berücksichtigen. 30

▼ 31

Muster 16.4: Antrag auf Auslesung des EDR bei ungeklärter Geschwindigkeit 16.4

Es wird beantragt,

dem vom Gericht zur Unfallrekonstruktion bestellten Sachverständigen aufzugeben, bei den unfallbeteiligten Pkw auch die im sog. Electronic Data Recorder (EDR) bzw. EU-Ereignisspeicher vorhandenen Aufzeichnungen zur Unfallrekonstruktion, insbesondere die gefahrene Geschwindigkeit, dem Einsatz von Gas- und Bremspedal, Angaben zum Lenkwinkel und Lenkverhalten, dem eingelegten Gang sowie Bremsdruck und zu einer kollisionsbedingten Geschwindigkeitsänderung auszulesen und bei der Unfallrekonstruktion zu berücksichtigen.

Unter Berücksichtigung dieser Daten ist auch dann ggf. noch eine Unfallrekonstruktion möglich, wenn keinerlei ausreichende vorkollisionäre Spurzeichnungen dokumentiert sind. Eine Speicherung dieser Daten setzt im Übrigen auch nicht zwingend das Auslösen eines Airbags voraus, sondern es genügt ggf. ein sogenannter „Non Deployment Event“, bei dem entsprechende Aufzeichnungen gespeichert werden, die auch im Fall einer Reparatur nicht ohne weiteres überschrieben werden und auch Monate nach dem Unfallereignis i.d.R. noch abrufbar sind. Wegen der näheren Einzelheiten zu der Bedeutung dieses Datenauslesens auf die Unfallrekonstruktion wird verwiesen auf den Beitrag von *Brockmann/Nugel*, zfs 2016, 46 ff.

Die besondere Bedeutung des Auslesens des EDR ergibt sich daraus, dass vorliegend die Geschwindigkeit der am Unfall beteiligten Pkw mangels einer dokumentierten Spuren-

9 KG, Beschl. v. 15.1.2007 – 12 U 205/06 = NZV 2007, 524.

zeichnung nicht sicher festgestellt werden kann. Insbesondere die im EDR hinterlegten Daten zu der gefahrenen Geschwindigkeit sowie dem Betätigen des Gas- bzw. Bremspedals bei den betroffenen Fahrzeugen dürften aber wichtige Anknüpfungstatsachen für die Aufklärung dieser Gesichtspunkte darstellen.

▲

3. Ermittlung der kollisionsbedingten Geschwindigkeitsänderung

32 Auch für die Aufklärung von Unfallfolgen können die Ergebnisse aus einem EDR bedeutsam sein. So insbesondere, wenn es um die Ermittlung der Belastung des Fahrzeuginsassen durch eine kollisionsbedingte Geschwindigkeitsänderung geht, die auch bei der vorzunehmenden Gesamtwürdigung durch einen medizinischen Sachverständigen im Rahmen einer interdisziplinären Begutachtung von besonderer Bedeutung ist.[10] Üblicherweise wird diese anhand der dokumentierten Fahrzeugschäden und einer Einordnung anhand von Versuchen mit einer bestimmten Bandbreite ermittelt. Zur Präzisierung dieser Erkenntnisse wird i.d.R. das Auslesen der im Fahrzeug selber ermittelten und festgehaltenen kollisionsbedingten Geschwindigkeitsänderung eine deutlich genauere Einschätzung ermöglichen können, wenn denn eine ausreichende Schwere des Anstoßes zum Auslösen einer Dokumentation vorliegt.

33 ▼

16.5

Muster 16.5: Antrag auf Auslesung zur Ermittlung der kollisionsbedingten Geschwindigkeitsänderung

Es wird beantragt,

dem vom Gericht zur Unfallrekonstruktion bestellten Sachverständigen aufzugeben, bei dem unfallbeteiligten Pkw auch die im sog. Electronic Data Recorder (EDR) bzw. EU Ereignisspeicher vorhandenen Aufzeichnungen zur Unfallrekonstruktion, insbesondere die dort hinterlegten Daten zu einer kollisionsbedingten Geschwindigkeitsänderung auszulesen und bei der Unfallrekonstruktion zu berücksichtigen.

Unter Berücksichtigung dieser Daten ist auch eine Unfallrekonstruktion möglich, wenn keinerlei ausreichende weitere Spuren dokumentiert sind. Eine Speicherung dieser Daten setzt im Übrigen auch nicht zwingend das Auslösen eines Airbags voraus, sondern es genügt ein sog. „Near Deployment Event“ oder „Non Deployment Event“, bei dem entsprechende Aufzeichnungen gespeichert werden, die auch im Fall einer Reparatur nicht ohne weiteres überschrieben werden und auch Monate nach dem Unfallereignis i.d.R. noch abrufbar sind. Wegen der näheren Einzelheiten zu der Bedeutung dieses Datenauslesens auf die Unfallrekonstruktion wird verwiesen auf den Beitrag von *Brockmann/Nugel*, zfs 2016, 64 ff.

Die besondere Bedeutung des Auslesens des EDR ergibt sich daraus, dass zur Überprüfung unfallbedingter Verletzungen eine möglichst genaue Bestimmung der kollisionsbedingten Geschwindigkeitsänderung zu erfolgen hat. Diese wird üblicherweise anhand der Auswertung des Beschädigungsbildes des betroffenen Kfz vorgenommen und führt zur

10 BGH, Urt. v. 8.7.2008 – VI ZR 274/07 = NZV 2008, 502 = zfs 2008, 562; BGH, Urt. v. 3.6.2008 – VI ZR 235/07 = NZV 2008, 502.

Bestimmung innerhalb einer bestimmten Bandbreite. Diese kann durch die gewonnenen Erkenntnisse des EDR aus dem betroffenen Pkw ergänzt und vor allem deutlich präzisiert werden.

▲

C. Auslesen von Fahrzeugdaten und Datenschutz

Dr. Michael Nugel

Diese technisch fast unbegrenzten Möglichkeiten sind aber in den rechtlichen Rahmen des Datenschutzes zu fassen. Dies gilt schon für die entscheidende Prüfung vorab, ob und in welchem Umfang überhaupt personenbezogene Daten betroffen sind. Diesem schließt sich dann die Frage an, unter welchen Voraussetzungen das Verwenden dieser Daten rechtmäßig ist und welche Rechte dem Betroffenen, auch ggf. gegenüber dem Fahrzeughersteller, zustehen können. **34**

I. Grundlagen des Datenschutzes

Soweit die in den Fahrzeugen verwendeten Daten als personenbezogen einzustufen sind, unterliegt das Auslesen und Verwerten dieser Informationen dem Datenschutzrecht. **35**

1. Vorrangige Spezialregelungen

Seit dem 25.5.2018 entfaltet die DSGVO als europaweit einheitliches Datenschutzrecht unmittelbare Wirkung. In ihrem Anwendungsbereich gibt es weiterhin ein Verbot mit Erlaubnisvorbehalt als Ausgangspunkt jeder Rechtmäßigkeitsprüfung. Im Bereich des Auslesens von Fahrzeugdaten ist jetzt zugunsten der Betroffenen zu beachten, dass ihre Rechte nach den Art. 12 ff. DSGVO verstärkt und ausgebaut worden sind. Dies gilt insbesondere für den wichtigen Grundsatz des Transparenzgebots nach Art. 12 DSGVO, der bereits jetzt bei dem Auslesen von Fahrzeugdaten in der Diskussion eine große Rolle spielt. Auch die erweiterten Auskunftsrechte nach Art. 15 DSGVO haben gerade in diesem Bereich im ganz erheblichen Umfang Auswirkungen auf die Grundlagen für ein Auslesen der Fahrzeugdaten. **36**

2. Personenbezug der Daten

Die Anwendbarkeit der datenschutzrechtlichen Vorschriften hängt davon ab, ob es sich um sog. personenbezogene Daten handelt, die ausgelesen werden sollen. Nach Art. 4 Nr. 1 DSGVO sind personenbezogenen Daten alle Information, die sich auf eine identifizierte oder identifizierbare natürliche Person beziehen. Nach dem Erwägungsgrund 26 zur DSGVO sind hierfür alle Mittel zu berücksichtigen, die von dem Verantwortlichen oder auch einer anderen Person nach allgemeinem Ermessen wahrscheinlich eingesetzt werden. Nach den Vorgaben des EUGH ist dabei insbesondere zu prüfen, über welche rechtliche Mittel verfügt wird, um sich die Daten zugänglich zu machen. Dabei haben **37** jedoch Mittel bleiben außer Betracht zu bleiben, die einen unverhältnismäßigen Aufwand an Zeit, Kosten und Arbeitskräften erfordern.[11]

Folgerichtig ist das Abstellen auf das Wissen eines jeden beliebigen Dritten nicht maßgeblich, sondern zumindest eine Beteiligung mit faktischen und rechtlichen Möglichkeiten am Identifizierungsprozess erforderlich.[12] Im Rahmen einer konkreten Betrachtung[13] ist daher auf die faktischen und rechtlichen Möglichkeiten der Person abzustellen, welche als verantwortliche Stelle eingestuft werden soll und über Mittel zur Identifikation verfügt. Folgerichtig ist dann ein personenbezogenes Datum i.d.R. anzunehmen:[14] So hat beispielsweise des OVG Münster bei einem Kfz Kennzeichen einen solchen Personenbezug bejaht, wenn es nur möglich erscheint, dass der Verantwortliche für eine Datenverarbeitung einen Ersatzanspruch gegen den Halter dieses Fahrzeugs hat und deswegen über eine Auskunft nach § 39 StVG seine Identität erfahren kann.[15] Gleiches gilt bei der FIN zu einem Kfz – so z.B. über eine Ermittlung des Halters. So wird die FIN zu einem personenbezogenen Datum, wenn derjenige, der Zugang zu ihr hat, über Mittel verfügt, die ihm die Identifizierung des Halters des Fahrzeugs ermöglichen, sofern der Halter eine natürliche Person ist.[16]

Spätestens wenn es bei dem Auslesen von Fahrzeugdaten um die Aufklärung eines Unfallgeschehens wegen möglicher Ersatzansprüche geht, handelt es sich nach diesem Maßstab um personenbezogene Daten.[17] Diese ermöglichen sowohl einen Bezug zum Halter als auch zu dem ggf. personenverschiedenen Fahrer. Soweit es um die Aufklärung seines konkreten Fahrverhaltens geht wird dieser dann sogar allein als datenschutzrechtlich betroffene Person einzustufen sein. Gleiches gilt für Insassen, wenn es z.B. bei einer weiteren Prüfung auf das Anlegen eines Sicherheitsgurts und die dazu im Fahrzeug enthaltenen Daten ankommt. Dabei hat es auch derjenige, der eine Auskunft für sich selber verfolgt, in der Hand, spätestens durch die Angabe seiner Person als Nutzer des Kfz erst einmal lediglich fahrzeugbezogene Daten mit dem notwendigen Personenbezug zu versehen und dadurch ein personenbezogenes Datum zu schaffen.

38 ▼

Muster 16.6: Einstufung als personenbezogene Daten

16.6 Vorliegend handelt es sich um personenbezogene Daten mit der Folge, dass der Anwendungsbereich der DSGVO eröffnet ist. Nach Art. 4 Nr. 1 DSGVO sind personenbezogenen Daten alle Information, die sich auf eine identifizierte oder identifizierbare natürliche Person beziehen. Nach dem Erwägungsgrund 26 zur DSGVO sind hierfür alle Mittel zu berücksichtigen, die von dem Verantwortlichen oder auch einer anderen Person nach allgemeinem Ermessen wahrscheinlich eingesetzt werden. Dabei ist dabei insbesondere

11 EUGH, Urt. v. 19.10.2016 – C-582/14 = NJW 2016, 3579 mit Anm. *Kühling/Klar*, ZD 2017, 24.
12 Kühling/Buchner/*Klar/Kühling*, DS-GVO, Art. 4 Rn 26 ff.; vgl. auch BGH, Urt. v. 16.5.2017 – IV ZR 135/13.
13 Vgl. dazu *Brink/Eckhardt*, ZD 2015, 205.
14 Im Überblick: *Klink-Straub/Straub*, NJW 2018, 3201; *Weichert*, NZV 2017, 507; vgl. auch *Wendt*, ZD-Aktuell 2018, 06034.
15 OVG Münster, Urt. v. 19.10.2017 – 16 A 770/17 = ZD 2018, 596.
16 EuGH, Urt. v. 9.11.2023 – C-319/22.
17 *Nugel*, ZD 2019, 341.

zu prüfen, über welche rechtliche Mittel verfügt wird, um sich die Daten zugänglich zu machen (EUGH, Urt. v. 19.10.2016 – C-582/14 = NJW 2016, 3579). Maßgeblich dafür ist wiederum, ob die im konkreten Einzelfall die Daten verwendende Person in der Lage ist, einen Bezug zur betroffenen Person – zumindest mit vertretbarem wirtschaftlichem und zeitlichem Aufwand – herzustellen (vgl. LG Köln, Urt. v. 24.4.2014 – 6 S 248/13 = DAR 2015, 342 und LG Hannover, Urt. v. 12.3.2013 – 8 S 1/13 – juris). Dabei genügt es, dass bei einem berechtigten Interesse über das Kennzeichen der Halter des betroffenen Kfz ermittelt werden kann (EuGH, Urt. v. 9.11.2023 – C-319/22; OVG Münster, Urt. v. 19.10.2017 – 16 A 770/17 = ZD 2018, 596).

Dies ist bei den hier betroffenen, ggf. erst einmal fahrzeugbezogenen Daten, aufgrund folgender Umstände im konkreten Fall zu bejahen, bei dem die maßgebliche Zuordnung zu einer bestimmten Person als Fahrzeugführer (Vgl. dazu *Nugel,* ZD 2019, 341 sowie *Balzer/Nugel*, NJW 2016, 16 ff.) mit überschaubarem Aufwand ganz einfach möglich ist.

▲

3. Verarbeitung personenbezogener Daten

39 Nach Art. 4 Nr. 2 DSGVO stellt eine Verarbeitung jeden ausgeführten Vorgang im Zusammenhang mit personenbezogenen Daten dar, zu denen das Erheben, das Erfassen, die Speicherung, das Auslesen, die Abfrage, die Verwendung, Verbreitung und der Abgleich gehören. Das Auslesen von Fahrzeugdaten und die darauf basierende Analyse stellen also geradezu einen klassischen Fall der Verarbeitung personenbezogener Daten dar.[18]

4. Rechtmäßigkeit der Verarbeitung

40 Nach Art. 6 DSGVO besteht grundsätzlich ein entsprechendes Verbot mit Erlaubnisvorbehalt und die Verarbeitung dieser personenbezogenen Daten bedarf daher einer Rechtfertigungsgrundlage.

a) Einwilligung nach Art. 6 Abs. 1a DSGVO

41 Als Grundlage für ein Auslesen der Fahrzeugdaten kommt insbesondere die Einwilligung des Betroffenen zur Verarbeitung der personenbezogenen Daten für einen bestimmten Zweck in Betracht.[19] Hier ist zu beachten, dass die datenschutzrechtlich betroffene Person nicht zwingend derjenige sein muss, auf den das Fahrzeug als Halter zugelassen oder dessen Eigentümer dieser ist. Dies hängt vielmehr von der geplanten Aufklärung ab. Geht es z.B. um ein konkretes Fahrverhalten sind personenbezogene Daten des Fahrzeugführers betroffen und allein dessen Einwilligung ist maßgeblich.[20] Geht es dagegen um z.B. das Anlegen des Sicherheitsgurtes durch den Beifahrer ist dessen Einwilligung entscheidend. Die Einwilligung kann bei der weiten zunehmenden Verbrei-

18 Vgl. auch *Klink-Straub/Straub*, NJW 2018, 3201; *Brockmann/Nugel*, zfs 2016, 69 f.
19 Vgl. auch *Klink-Straub/Straub*, NJW 2018, 3201.
20 *Balzer/Nugel*, NJW 2016, 193.

tung von „online Kfz“ auch eine Angabe dazu erhalten, ob der Verantwortliche berechtigt sein soll, für den Betroffenen im Rahmen eines Auskunftsanspruchs nach Art. 15 DSGVO an den Fahrzeughersteller heranzutreten und von diesem bei ihm vorhandene Daten in einem auslesefähigen Zustand anzufordern.[21]

Die Einwilligung kann zwar nach Art. 7 DSGVO formfrei erfolgen, sollte aber zu Beweiszwecken naturgemäß dokumentiert werden. Sie muss freiwillig abgegeben und transparent gestaltet sein.[22] Letzteres bedeutet, dass in der Einwilligungserklärung idealerweise genau angegeben wird, zu welchem konkreten Zweck das Auslesen erfolgt, welche Personen sodann als Verantwortliche die Daten verarbeiten und welche konkreten Daten mit welchen möglichen Erkenntnissen erhoben werden.[23] Der Betroffene muss sich zu all diesen Punkten ein umfassendes Bild machen können und die Einwilligung darf vertraglich nicht mit dem Fortbestand eines Vertrags gekoppelt werden. Die Einwilligung muss also klar und unmissverständlich den verfolgten Zweck und die betroffenen Daten und ihrem Umfang erkennen lassen und dem Transparenzgebot genügen. Insbesondere zu letzterem Gesichtspunkt ist eine genaue Erfassung der aus technischer Sicht sinnvollen und vom Verwender freizugebenden Daten von Bedeutung, die mit einem bestimmten Zweck verbunden sein sollten.

42 ▼

16.7

Muster 16.7: Übersicht der aus dem Fahrzeug zur Unfallrekonstruktion auszulesenden Daten

Die nachfolgenden Daten können aus dem Fahrzeug zum Zwecke der Rekonstruktion des Verkehrsunfalls vom ausgelesen werden, soweit sie geeignet sind, zur Aufklärung beizutragen:

- zur Erkennung von Anstößen und ggf. Auslösung von Rückhaltesystemen (z.B. Airbags, Gurtstraffer, u.a.),
- zur Auslösung von Fußgängerschutzsystemen,
- zu dem Eingreifen von Assistenzsystemen (z.B. ABS, ESP, Bremsassistenzsystemen, sowie Systemen zur teil- oder ggf. vollautonomen Fahrzeugführung),
- zur Geschwindigkeit vor der Kollision und zur kollisionsbedingten Geschwindigkeitsänderung des Fahrzeugs,
- zum Lenk- und Bremsverhalten des Fahrers und/oder aktiver Assistenzsysteme vor, während und nach der Kollision,
- aus EDR- (Event Data Recorder) Systemen im Airbagsteuergerät oder ähnlichen/verwandten Steuergeräten des Fahrzeugs,
- zum Aufenthaltsort des Pkw zum Schadenszeitpunkt (z.B. im Navigationsgerät hinterlegte Daten zum Standort zum Zeitpunkt des Versicherungsfalls).
- Sonstige:

▲

21 *Nugel*, ZD 2019, 341.
22 Zu den Anforderungen – z.B. bei einem Carsharing Betreiber – vgl. auch *Bockslaff/Kadler*, ZD 2017, 166; zum Transparenzbegriff bei der Einwilligung vgl. LG München, ZD 2019, 174.
23 *Nugel*, ZD 2019, 341.

Von wesentlicher Bedeutung bei der Erstellung ist die Sicherstellung von Freiwilligkeit und Transparenz der Einwilligungserklärung. Inhaltlich müssen die umfassten personenbezogenen Daten aufgeführt werden, so dass kein Zweifel über den Umfang der Daten besteht. Darüber hinaus ist auf den konkreten Zweck der Datenverwendung einzugehen, ggf. auch auf potentielle Empfänger der Daten hinzuweisen.[24] 43

Die Einwilligung kann jederzeit mit Wirkung für die Zukunft widerrufen werden und darauf ist der Betroffene auch einschließlich der dafür vorgesehenen Möglichkeiten hinzuweisen. Die Möglichkeit des Widerrufs zeigt zugleich einen besonderen Nachteil dieses Rechtfertigungsgrundes: Die Einwilligung scheidet bei einem Widerruf für die Zukunft als Grundlage der weiteren Verarbeitung der Daten aus. Eine weitere Verarbeitung auf Basis einer anderen Rechtsgrundlage sollte jedoch zumindest dann zugelassen werden, wenn der Betroffene dem Gebot der Transparenz entsprechend hierüber bereits bei Abgabe seiner Einwilligung informiert worden ist und dies von Anfang an berücksichtigen konnte.[25] I.d.R. wird insoweit eine Güterabwägung nach Art. 6 Abs. 1f DSGVO in Betracht kommen und der Widerruf der Einwilligung zugleich als diesbezüglicher Widerspruch i.S.d. Art. 21 DSGVO auszulegen sein. Der Verantwortliche hat dann eine weitere Interessenabwägung vorzunehmen und den Betroffenen darüber zu informieren, ob trotz des Widerrufs weiter eine Verarbeitung erfolgen soll – so z.B. zum Schutz überwiegender Interessen bei der Verfolgung berechtigter zivilrechtlicher Ansprüche oder der Abwehr unberechtigter Ansprüche i.S.d. Art. 6 Abs. 1f DSGVO.

b) Erfüllung eines Vertrages – Art. 6 Abs. 1b DSGVO

Einen weiteren Rechtfertigungsgrund bietet Art. 6 Abs. 1b DSGVO, wenn die Verarbeitung der personenbezogenen Daten für die Erfüllung des Vertrages, dessen Vertragspartei die betroffene Person ist, erfolgt.[26] Dieser Rechtfertigungsgrund kommt mithin insbesondere dann in Betracht, wenn es um das Auslesen aus dem Fahrzeug eines Versicherungsnehmers als Vertragspartei geht. Der Rechtfertigungsgrund gerät aber schon dann an seine Grenzen, wenn die betroffene Person nicht zugleich Vertragspartner oder mitversicherte Personen im Rahmen der Kraftfahrzeughaftpflichtversicherung ist. Diesbezüglich wird kontrovers erörtert, ob und inwieweit dieser Rechtfertigungsgrund auch die Verarbeitung von personenbezogenen Daten Dritter erfassen kann, die nicht von dieser Vertragsbeziehung erfasst sind.[27] 44

c) Erfüllung einer rechtlichen Verpflichtung – Art. 6 Abs. 1c DSGVO

Ein weiterer Rechtfertigungsgrund kommt nach Art. 6 Abs. 1c DSGVO in Betracht, wenn ein Sachverständiger im Auftrag eines Zivilgerichts mit der Aufklärung des Unfallgeschehens beauftragt wurde und zu diesem Zweck entsprechende Daten ausliest, um 45

24 OLG Hamm, RDV 2006 Rn 263.

25 Zu den Anforderungen und Ansichten in der Literatur hierzu vgl. die Übersicht von Kühling/Buchner/ *Buchner/Petri*, DS-GVO, Art. 6 Rn 22 m.w.N.; *Plath*, DSGVO Art. 6 Rn 6.

26 *Klink-Straub/Straub*, NJW 2018, 3201.

27 Übersicht in Kühlin/Buchner/*Buchner/Petri*, DS-GVO Art. 6 Rn 71.

den Verpflichtungen aus seiner Ernennung als Sachverständiger nachzukommen. Die Vorschrift ist zugleich der Rechtfertigungsgrund für den Fahrzeughersteller, der im Zivilprozess auf Anordnung des Gerichts nach den §§ 142, 144 ZPO entsprechende personenbezogene Daten in einem auslesefähigen Format herausgibt.[28]

d) Wahrung berechtigter Interessen – Art. 6 Abs. 1f DSGVO

46 Außerdem wird i.d.R. eine Verarbeitung zur Wahrung überwiegender Interessen i.S.d. Art. 6 Abs. 1f DSGVO in Betracht kommen. Dies ist immer dann der Fall, wenn die Verarbeitung zur Wahrung der berechtigten Interessen des Verantwortlichen oder eines Dritten erforderlich ist und die Interessen und Grundrechte der betroffenen Person, die den Schutz personenbezogener Daten erfordern, dahinter im Rahmen einer Güterabwägung zurückstehen.[29] Im Anwendungsbereich des BDSG a.F. war eine solche Güterabwägung nach dem Maßstab des § 28 BDSG a.F. vorzunehmen und ermöglichte die Grundlage für eine zulässige Beweiserhebung: Geht es z.B. um die Aufklärung eines Unfallgeschehens mit dem Verdacht, dass es sich um ein abgesprochenes Unfallereignis handelt, bei dem der betroffene Fahrzeugführer bewusst gegen ein geparktes Fahrzeug gefahren ist, wurde in der Rechtsprechung ein solches überwiegendes Interesse ohne weiteres bejaht.[30]

Aber auch bei einem Unfallereignis ohne Betrugsverdacht wird i.d.R. das Auslesen von Fahrzeugdaten zum Zwecke der Unfallrekonstruktion durch eine Güterabwägung nach Art. 6 Abs. 1f DSGVO zulässig sein.[31] Die damit verbundenen Daten ermöglichen die Aufklärung eines Verhaltens des Fahrzeugführers, welches sich im Rahmen der sog. Öffentlichkeitssphäre bewegt und ergänzen die Erkenntnisse aus der klassischen Unfallrekonstruktion, welche bei modernen Fahrzeugen wegen der häufig ausbleibenden Spurenlage nur eingeschränkte Ergebnisse liefern kann. Die so ermöglichte deutlich präzisere Aufklärung eines Unfallgeschehens dient damit auch dem Ziel der materiellen Gerechtigkeit und damit einem effektiven Rechtsschutz nach Art. 19 Abs. 4 GG.[32]

II. Auskunftsanspruch gegenüber dem Fahrzeughersteller

47 Angesichts der zunehmenden Bedeutung des Umgangs mit den Daten, welche in modernen Fahrzeugen in wachsender Vielzahl entstehen und einen Personenbezug aufweisen können, haben die Datenschutzbeauftragten des Bundes und der Länder und der Verband der Automobilindustrie (VDA) eine gemeinsame Erklärung zu den datenschutzrechtlichen Aspekten bei der Nutzung von Kfz am 26.1.2016 abgegeben.[33] Diese Grundsätze

28 *Nugel*, ZD 2019, 341.
29 Zu den Anforderungen vgl. *Roßnagel/Nebel/Petri*, ZD 2015, 455.
30 LG Bochum, Urt. v. 17.10.2016 – I 5 O 291/15 = VRR 2017 Nr. 2 S. 10 ff.
31 *Nugel*, ZD 2019, 341.
32 Vgl. zur Güterabwägung nach § 28 BDSG a.F. beim Auslesen der Fahrzeugdaten auch *Balzer/Nugel*, NJW 2016, 193.
33 Vgl. *https://www.vda.de/de/themen/innovation-und-technik/vernetzung/gemeinsame-erklaerung-vda-und-datenschutzbehoerden-2016.html.*

gelten erst recht im Anwendungsbereich der DSGVO fort, welche die Rechte des Betroffenen nach den Art. 12 ff. DSGVO noch im erheblichen Umfang gestärkt hat.

Bei der weiteren Prüfung ist zu unterscheiden, ob es sich um Kraftfahrzeuge handelt, bei denen eine Datenspeicherung innerhalb des Fahrzeugs stattfindet („offline"), oder ob eine Übermittlung von Daten aus dem Fahrzeug heraus erfolgt („online"), wie etwa bei der Übermittlung und Speicherung von Fahrzeugdaten auf Backend-Servern.

Diese Unterscheidung ist sachgerecht, denn mit ihr kann den unterschiedlichen Sachverhalten und technischen Voraussetzungen Rechnung getragen werden, die im Einzelfall auch unterschiedlich rechtlich zu bewerten sein können.[34]

Bei „Online"-Autos findet bereits im Zeitpunkt der Datenkommunikation aus dem Fahrzeug heraus eine Erhebung durch eine verantwortliche Stelle – also i.d.R. den Fahrzeughersteller statt.

Einen weiteren wichtigen Gesichtspunkt bildet für die Praxis das Auskunftsrecht des **48**
Betroffenen.

Im Anwendungsbereich des BDSG a.F. stand dem Betroffenen ein Auskunftsanspruch nach Art. 34 BDSG zur Verfügung, mit dem er zumindest eine Auskunft über die Kategorien der betroffenen Daten erhalten konnte.[35] Art. 15 Abs. 3 S. 1 DSGVO geht nun deutlich weiter und führt dazu, dass der Verantwortliche eine Kopie der personenbezogenen Daten, die Gegenstand der Verarbeitung sind, dem Betroffenen zur Verfügung zu stellen hat. Das Recht auf Erhalt einer solchen Kopie ist weit reichend und soll dem Betroffenen insbesondere die Möglichkeit geben, festzustellen, in welchem Umfang personenbezogene Daten betroffen sind und ob der Auskunftsanspruch schon vollständig erfüllt worden ist.[36]

Der Begriff der „Kopie" bezieht sich zwar nicht auf ein Dokument als solches, sondern auf die personenbezogenen Daten, die es enthält und die vollständig sein müssen. Die Daten müssen vollständig und originalgetreu wiedergegeben werden. Dabei kann es sich als unerlässlich erweisen, Auszüge aus Dokumenten oder ganze Dokumente komplett zu reproduzieren, wenn die verarbeiteten Daten nur im Kontext verständlich dargelegt werden können. Insbesondere, wenn personenbezogene Daten aus anderen Daten generiert werden, kann eine vollständige Reproduktion unerlässlich sein, damit die betroffene Person eine transparente Auskunft und eine verständliche Darstellung dieser Daten erhalten kann.[37] Dies bedeutet, dass der Hersteller alle Daten zu dem Verhalten eines Fahrers, die in der Fahrzeugelektronik hinterlegt sind, transparent als Information darlegen muss.[38]

34 *Nugel*, ZD 2019, 341.

35 *Roßnagel*, SVR 2014, 281; *Balzer/Nugel*, NJW 2016, 193.

36 Vgl. die Übersicht bei Kühling/Buchner/*Bäcker*, Art. 15 Rn 39 ff.; Plath/*Kamlah*, DS-GVO, Art. 15 Rn 18; *Köhnlechner*, DSRITB 2018, 173.

37 EuGH, Entsch. v. 4.5.2023 – C 487/21.

38 *Kreuter/Nugel*, NJW 2023, 177ff.

49 Dieser Anspruch bildet zusammen mit dem datenschutzrechtlichen Transparenzgebot die Grundlage für eine umfassende Auskunftspflicht des Herstellers. Im Fall eines „Online Kfz" hat er alle in seinem Herrschafts- und Organisationsbereich gespeicherten Daten auf Anfrage zur Verfügung zu stellen, wobei es der Anspruchssteller in der Hand hat, diesen Auskunftsanspruch durch konkrete Nachfragen zu gestalten und zu präzisieren, um die aus seiner Sicht relevanten Daten mit Personenbezug wie etwa gespeicherte Daten zur gefahrenen Geschwindigkeit, der Betätigung von Gas- und Bremspedale, den Eingriffen von Sicherheitssystem nebst Begleitdaten und Daten zum Lenkwinkel zu erhalten. Unbeschadet dessen erfasst der Auskunftsanspruch nach Art. 15 Abs. 1 DSGVO auch die Kategorie aller erfassten personenbezogenen Daten und die damit verbundenen Quellen und ergänzt damit den Anspruch auf Erhalt einer Datenkopie.[39]

50 ▼

Muster 16.8: Auskunftsanspruch nach den Art. 12, 15 DSGVO

16.8 In vorbezeichneter Angelegenheit zeigen wir an, dass wir die rechtlichen Interessen von als Eigentümer und Besitzer des Fahrzeugs vom Typ mit der FIN vertreten und machen Ihnen gegenüber als Hersteller einen Auskunftsanspruch nach Art. 15 DSGVO i.V.m. dem datenschutzrechtlichen Transparenzgebot des Art. 12 DSGVO für unseren Mandanten im Hinblick auf bei Ihnen als verantwortliche Stelle i.S.d. Art. 4 Abs. 7 DSGVO verarbeitete personenbezogene Daten geltend. Konkret geht es um die bei Ihnen als Hersteller vorhandenen Informationen zu dem Verhalten des Fahrzeugführers bzgl. eines Unfallgeschehens am um mit dem o.g. Kfz, wobei wir wegen der Einzelheiten auf folgende beigefügte Dokumente verweisen:

Sie als Hersteller werden dabei als Verantwortlicher i.S.d. Art. 4 Nr. 7 DSGVO eingestuft, da nur Ihr Haus über die Organisationsherrschaft zur Einrichtung und Sicherung der bei der Nutzung des Kfz verarbeiteten personenbezogenen Daten verfügt und ggf. auch allein über die Freigabe oder Aufbereitung von diesen Daten aus dem System des Fahrzeugs im Zusammenhang mit einer eingesetzten Codierung zum Schutz dieser Daten entscheiden kann (vgl. *Nugel*, ZD 2019, 341). Zudem ist das hier betroffene Kfz als sog. „Online Kfz" so ausgestaltet, dass im Fall eines Unfallereignisses bestimmte Daten an Sie als Hersteller über eine Schnittstelle „over the air" übertragen werden.

Konkret geht es um eine Auskunft zu folgenden Informationen, insbesondere aus einem Event data Recorder oder EU Ereignisspeicher bei diesem Unfallereignis:

- zur Erkennung von Anstößen und ggf. Auslösung von Rückhaltesystemen (z.B. Airbags, Gurtstraffer, u.a.),
- zur Auslösung von Fußgängerschutzsystemen,
- zu dem Eingreifen von Assistenzsystemen (z.B. ABS, ESP, Bremsassistenzsysteme, sowie Systemen zur teil- oder ggf. vollautonomen Fahrzeugführung),
- zur Geschwindigkeit vor der Kollision und zur kollisionsbedingten Geschwindigkeitsänderung des Fahrzeugs,
- zum Lenk- und Bremsverhalten des Fahrers und/oder aktiver Assistenzsysteme vor, während und nach der Kollision,

39 Kühling/Buchner/*Bäcker*, Art. 15 Rn 41.

- aus EDR- (Event Data Recorder) Systemen im Airbagsteuergerät oder ähnlichen/verwandten Steuergeräten des Fahrzeugs,
- zum Aufenthaltsort des Pkw zu einem bestimmten Zeitpunkt (z.B. im Navigationsgerät hinterlegte Daten zum Standort zum Zeitpunkt des Versicherungsfalls).

Des Weiteren bitten wir um Auskunft, ob eine Übermittlung von Daten aus dem Fahrzeug heraus zu Ihren Händen oder anderen Dritten erfolgt und um welche Daten es sich dabei im Einzelnen unter Bezugnahme auf die obige Auflistung handelt und wie lange diese Daten bei Ihrer externen Speicherung verfügbar sind.

Die Daten müssen vollständig und originalgetreu bei dieser Auskunft wiedergegeben werden. Dabei ist es unerlässlich, alle Informationen zu dem Fahrverhalten komplett zu erfassen und zu reproduzieren, wenn die verarbeiteten Daten wie hier nur im Kontext verständlich dargelegt werden können (EuGH, Entsch. v. 4.5.2023 – C 487/21).

Ihrer Auskunft sehen wir bis zum ____ entgegen und stehen Ihnen ggf. für weitere Rücksprachen gerne zur Verfügung.

▲

D. Aufnahmen aus Dashcams

Dr. Michael Nugel

Ob und in welchem Umfang Aufnahmen aus Minikameras im Straßenverkehr gegen das geltende Datenschutzrecht verstoßen bzw. in einem Zivilprozess zur Unfallrekonstruktion verwertet werden können wurde lange Zeit in der Rechtsprechung und Literatur kontrovers erörtert. Zwischenzeitlich hat sich der BGH[40] in einer Grundsatzentscheidung dafür ausgesprochen, dass diese Aufnahmen i.d.R. im Zivilprozess verwertbar sind. Ungeklärt ist weiterhin die Frage, unter welchen Voraussetzungen diese Aufnahmen datenschutzrechtlich zulässig sein können. Überzeugender Weise lassen sich die damit verbundenen Fragen nur lösen, wenn in einem ersten Schritt die technischen Grundlagen und Möglichkeiten richtig erfasst werden und darauf aufbauend unter Beachtung der von der Rechtsprechung entwickelten Kriterien eine sachgerechte Einzelfallprüfung vorgenommen wird. 51

I. Der Einsatz von Dashcams

Diese Kameras werden in der Regel nach vorne gerichtet im Fahrzeug montiert, wobei einzelne Varianten auch eine zweite Kamera beinhalten, die den Bereich hinter dem Fahrzeug filmt und beide Aufnahmen verbindet. Sogar einzelne Fahrzeughersteller bieten bereits in Zusammenarbeit mit Kameraherstellern den festen Einbau solcher Kameras im Pkw an, welche mit der Bordelektronik verbunden sind. Auch für viele Handys gibt es inzwischen als sog. App eine Software, welche solche Aufnahmen ermöglicht, ohne dass eine gesonderte Kamera erworben werden muss.[41] 52

40 BGH, Urt. v. 15.5.2018 – VI ZR 233/17 – juris.
41 Zu den Einsatzmöglichkeiten vgl. auch *Bachmeier*, DAR 2014, 15 und *Balzer/Nugel*, NJW 2014, 1622.

1. Aufnahmearten

53 Im Regelfall wird die Kamera mit dem Stromsystem des Fahrzeuges gekoppelt und beginnt mit der Aufnahme, wenn der Motor gestartet wird. Es handelt sich dann um eine dauerhafte fortlaufende Aufnahme bis zu dem Moment, an dem der Motor wieder ausgestellt wird. Unabhängig davon besteht die Möglichkeit, die Kamera grundsätzlich ausgeschaltet zu lassen und sie erst manuell mit einer gesonderten Anweisung des Verwenders einzusetzen. Daneben gehen einzelne Hersteller dazu über, Kameras auch selber in Fahrzeuge einzubauen, die aber dauerhafte Aufnahmen nur anlassbedingt speichern, wenn über Sensoren ein Aufprall erkannt wird und Assistenzsysteme wegen einer drohenden Kollision oder vergleichbaren Sachverhalten eingreifen.

2. Möglichkeiten der Speicherung

54 Nahezu alle derzeit auf dem Markt angebotenen Kameras bieten zur Speicherung der Filmaufnahmen eine so genannte Schleifenlösung. Dies bedeutet, dass getätigte Aufnahmen im Rahmen einer so genannten Endlosschleife bei dem Erschöpfen der Speicherkapazität wieder von Anfang an überschrieben werden. Die Aufnahmen werden also nicht unbegrenzt aufbewahrt, sondern im regelmäßigen Betrieb immer wieder überschrieben. Als Speichermedium wird dabei i.d.R. eine vom Verwender einzusetzende SD-Karte verwendet. Er entscheidet damit in der Regel selber, wie groß der zur Verfügung stehende Speicherplatz ist und wie schnell die (i.d.R. erst einmal im Dauerbetrieb) angefertigten Aufnahmen wieder überschrieben werden.

55 Eine dauerhafte Speicherung auf der Karte erfolgt im Regelfall nur dann, wenn entweder der Verwender dies manuell über einen entsprechenden Befehl anordnet oder aber ein so genannter Notfall von der Kamera selber erkannt wird. Als Grundlage dafür dient in der Regel ein so genannter „G Sensor“, der Erschütterungen oder eine scharfe Bremsung des Fahrzeuges misst. Erfasst er einen solchen Tatbestand wird ein entsprechender Zeitabschnitt, den der Verwender im Rahmen der Voreinstellungen im Regelfall selber bestimmen kann, dauerhaft gespeichert, um ihn gegen ein Überschreiben im Rahmen der Endlosschleife zu schützen. I.d.R. wird hierfür von den Kameraanbietern ein Zeitrahmen von 1, 3 oder 5 Minuten als mögliche Voreinstellung angeboten.

3. Umfang der gewonnenen Daten

56 Die ureigene Funktion der Kamera liegt darin, das Geschehen vor der Kamera entsprechend aufzuzeichnen, wobei i.d.R. auch das Datum der Aufzeichnung nebst Uhrzeit wiedergegeben wird. Darüber hinaus sind viele Kameras auch mit einem GPS Sensor ausgestattet. Dieser ermöglicht eine Bestimmung des Standortes des Fahrzeuges zum Zeitpunkt der Aufnahme. Darüber hinaus ermöglicht er auch im Regelfall eine eigene Messung der gefahrenen Geschwindigkeit. Hier kann der Verwender selber entscheiden, ob diese Geschwindigkeit auch in dem Film angezeigt wird. Unabhängig davon sind diese Begleitdaten im Regelfall aber immer in der Kamera vorhanden und könnten selbst

dann, wenn sie ausgeblendet werden, im Rahmen einer genauen Analyse wiedergewonnen werden. Daneben bieten viele Kameras auch die Funktion an, dass der Verwender sein eigenes Kennzeichen zur Identifizierung anzeigen lassen kann. Einzelne Kameras werden auch zusammen mit einer Softwarelösung angeboten, mit deren Hilfe sodann die Aufnahmen am Rechner einschließlich der Zuordnung gem. GPS auf einer weiteren Kartei angezeigt werden kann.

II. Rechtliche Bewertung

Aufbauend auf diesen technischen Erkenntnissen und dem insoweit aufzuklärenden Sachverhalt schließt sich sodann die Prüfung an, ob diese Aufnahmen gegen Datenschutzrecht verstoßen und daraus ein Verwertungsverbot im Zivilprozess resultiert. Mit den nachfolgenden Ausführungen wird dabei die tragende Grundsatzentscheidung des BGH vom 15.5.2018[42] dargelegt. **57**

1. Anwendungsbereich des Datenschutzes (Beweiserhebung)

Dass eine Videoaufzeichnung im Straßenverkehr das allgemeine Persönlichkeitsrecht anderer Personen betrifft und sogar personenbezogene Daten mit der Videoaufzeichnung erhoben und gespeichert werden, entspricht der herrschenden Meinung.[43] Dies deshalb, da im Regelfall bereits auf dem Video auch Personen erkennbar sein können, die über ihre Gesichter identifizierbar sind. Ganz abgesehen davon, dass über das Fahrzeugkennzeichen auch mit einem überschaubaren Aufwand eine Identifizierung zumindest des Halters und damit des gegebenenfalls betroffenen Fahrers möglich ist und aus diesem Zweck personenbezogene Daten vorliegen. Und spätestens im Rahmen der polizeilichen Unfallaufnahme i.V.m. dem Video ist ein Personenbezug zu den betroffenen Fahrzeugführern möglich.[44] **58**

So auch im Fall des BGH: Der Unfallgegner konnte über die Unfallaufnahme und das dokumentierte Kennzeichen als Betroffener identifiziert werden und die mit der Videoaufzeichnung erfolgte Verarbeitung dieser personenbezogenen Daten ist nach Ansicht des BGH nur dann datenschutzrechtlich zulässig, wenn dafür ein Rechtfertigungsgrund besteht. **59**

Dies erfordert aus Sicht des BGH die Erforderlichkeit der Datenerhebung im Sinne eines mildesten Mittels und dies war im BGH Fall bei einer 4 Stunden permanenten Aufnahme und damit verbundener Speicherung nicht der Fall. Insbesondere sei nicht die Möglichkeit genutzt worden, die Aufnahme auf eine kurzzeitige anlassbezogene Speicherung zu beschränken und nach dem Grundsatz „Privacy by Design“ die Persönlichkeitsrechte

42 BGH, Urt. v. 15.5.2018 – VI ZR 233/17 – juris.

43 Vgl. *Atzert/Frank*, RDV 2014, 136; *Ahrens*, MdR 2015, 926; *Bachmeier*, DAR 2014, 15; *Balzer/Nugel*, NJW 2014, 1622; *Nugel*, VRR Heft 2 2015, S 4 ff.; ablehnend dagegen *Klann*, DAR 2013, 188 und differenzierend *Greger*, NZV 2015, 114; bejaht bei staatlichen Aufnahmen dagegen durch BVerfG, Urt. v. 11.3.2008 – 1 BvR 2074/05, 1 BvR 1254/07 = NJW 2008, 1505.

44 Vgl. auch *Greger*, NZV 2015, 114.

dritter Personen so weit wie möglich zu schützen. Hier bestünde insbesondere die Gefahr einer weitreichenden heimlichen Überwachung im Straßenverkehr bis hin zur Erstellung von Persönlichkeitsprofilen, während für eine Unfallrekonstruktion nur ein geringer Zeitraum im Zusammenhang um das Unfallgeschehen notwendig ist. Eine Bewertung zugunsten des Kamerabetreibers käme überhaupt nur in Betracht, wenn die vielfältigen Möglichkeiten des „Privacy by Design" genutzt würden. Der BGH hebt dabei insbesondere sog. anlassbezogene Aufnahmen hervor, die erst bei einer Kollision oder starken Verzögerung ausgelöst werden. Bei permanenten Aufnahmen wird insbesondere auf die Möglichkeit einer sog. Schleifenlösung verwiesen, bei welcher die gespeicherte Aufnahme kurzfristig wieder überschrieben wird, wenn ein konkreter Anlass für eine dauerhafte Speicherung ausbleibt. Bei beiden Aufzeichnungsarten wären auch weitere technische Möglichkeiten wie beispielsweise eine Verpixelung oder eine Beschränkung des Zugriffs des Benutzers denkbar. Welche konkreten Anforderungen dafür im Einzelfall zu erfüllen sind musste der BGH in diesem Fall nicht mehr entscheiden.

60 Soweit es um die datenschutzrechtliche Zulässigkeit und konkret das Eingreifen eines Rechtfertigungsgrundes geht, wird sich dies seit dem 25.5.2018 aus den Vorschriften der DSGVO ergeben, ggf. ergänzt durch den Anwendungsbereich des § 4 BDSG n.F. Soweit es um die Videoüberwachung nicht öffentlicher Stellen geht, wird diese überzeugenderweise an dem allgemeinen Rechtfertigungsgrund des Art. 6 Abs. 1f DSGVO zu messen sein.[45] § 4 BDSG n.F. wird europarechtskonform auszulegen sein und es gelten dann insbesondere die Vorgaben der Art. 6 ff. DSGVO.

61 Art. 6 Abs. 1f DSGVO als Rechtfertigungsgrund läuft in der Sache wiederum auf eine Güterabwägung hinaus, wie diese den bekannten Grundsätzen aus dieser Grundsatzentscheidung des BGH entspricht. Die Verarbeitung muss zur Wahrnehmung berechtigter Interessen erforderlich sein und es dürfen nicht überwiegende Interessen oder Grundrechte der datenschutzrechtlich Betroffenen entgegenstehen. Dabei ist insbesondere auch der Grundsatz der Datensparsamkeit nach Art. 5 Abs. 1c DSGVO zu beachten und die Verarbeitung muss auf das notwendige Maß beschränkt sein. Dies führt insbesondere dazu, dass die vom BGH hervorgehobenen Grundsätze eines „Privacy by Design" bei dem Einsatz technischer Mittel zu beachten sind. Dabei dürfte insbesondere auf den jeweiligen Stand der Technik zum Verarbeitungszeitpunkt abzustellen sein, wie dies beispielsweise die DSGVO auch in § 32 DSGVO bei dem Maßstab für die zur Datensicherheit anzuwenden technisch und organisatorischen Maßnahmen (sog. „TOM´s) fordert und dies ja auch schon vor der DSGVO für die Dashcam-Fälle zu Recht gefordert worden ist.

45 Kühling/Buchner/*Buchner*, DS-GVO, § 4 BDSG Rn 3 m.w.N.; *Frank*, ZD 2018, 345.

2. Prüfung eines Verwertungsverbots (Beweisverwertung)

Ob bei einem solchen unterstellten Verstoß gegen das BDSG eine Verwertung gerechtfertigt ist, muss für jeden Einzelfall durch eine Abwägung der widerstreitenden Interessen ermittelt werden. Denn auch wenn ein Gesetzesverstoß vorliegen würde kann im Rahmen der vorzunehmenden Güterabwägung eine Verwertung im Zivilprozess immer noch zulässig sein.[46] Im Bereich der Prüfung des Verwertungsverbots im Zivilprozess kommt insoweit aber noch ein wichtiger Gesichtspunkt hinzu: Insoweit ist nämlich zusätzlich das öffentliche Interesse an einer wirksamen Zivilrechtspflege mit dem Ziel der Durchsetzung der materiellen Gerechtigkeit als weiterer Umstand zu berücksichtigen.[47] Das Streben nach einer materiellen Gerechtigkeit stellt insoweit als Voraussetzung einer funktionstüchtigen Rechtspflege einen wichtigen Belang des Gemeinwohls dar.[48] Dies kann zwar für sich gesehen allein noch keinen Eingriff in das allgemeine Persönlichkeitsrecht rechtfertigen,[49] ist jedoch bei der anschließenden Güterabwägung mit zu berücksichtigen.[50] 62

Auf diesen Grundsätzen basierend hat der BGH[51] in seiner Entscheidung eine Verwertbarkeit der Aufzeichnung bejaht, obwohl die Beweiserhebung unter Verstoß gegen das BDSG (hier a.F.) erfolgt ist. Allein das Interesse an einer funktionierenden Zivilrechtspflege würde dabei für eine Verwertbarkeit alleine noch nicht genügen. Auf Seiten der Beklagten wäre auch der Schutz des allgemeinen Persönlichkeitsrechts bei einer heimlichen Aufnahme zu berücksichtigen, während diesem das Interesse des Klägers an der Durchsetzung seines zivilrechtlichen Anspruchs i.V.m. dem Gebot einer effektiven Zivilrechtspflege und der Sicherung einer materiellen Gerechtigkeit gegenüberstehen würde. In dem hier betroffenen Einzelfall würden die Interessen des Klägers aber überwiegen. 63

Dabei sei insbesondere zu beachten, dass es sich um einen Eingriff in das allgemeine Persönlichkeitsrecht des Beklagten zu 1 handelt, welcher die sog. Öffentlichkeitssphäre betrifft und daher weniger schwer wiegt als ein Eingriff in die Privat- oder gar die grundsätzlich unantastbare Intimsphäre. Der Eingriff wäre auch nicht so schwer wie dem heimlichen Aufnehmen oder Mithören eines Gesprächs. Hier hätte der Beklagte zu 1 sich freiwillig in den öffentlichen Straßenverkehr begeben und damit selbst der Wahrnehmung und Beobachtung Dritter ausgesetzt. Im Übrigen wäre auch im Bereich des Mithörens eines Gesprächs anerkannt, dass eine Verwertbarkeit zumindest dann i.d.R. zu bejahen ist, wenn der Redner selber bewusst so laut rede, dass auch weitere Personen ihn in der Öffentlichkeit wahrnehmen können. Auch wäre zu beachten, dass der Kläger sich in einer entsprechenden Beweisnot befunden habe, da unbeteiligte Zeugen nicht zur Verfügung stehen und das eingeholte Sachverständigengutachten nicht 64

46 LG Frankenthal, Urt. v. 30.12.2015 – 4 O 358/15 – juris; *Greger*, NZV 2015, 114 m.w.N.
47 *Greger*, NZV 2015, 114.
48 BVerfG, Beschl. v. 9.10.2002 – 1 BvR 1611/96, 1 BvR 805/98 = NJW 2002, 3619.
49 AG Nürnberg, Urt. v. 8.5.2015 – 18 C 8938/14 = DAR 2015, 47.
50 BGH, Urt. v. 27.1.1994 – I ZR 326/91 = NJW 1994, 2289.
51 BGH, Urt. v. 15.5.2018 – VI ZR 233/17 – juris.

ergiebig gewesen ist, während die Aufnahme im Übrigen auch Umstände zugunsten des Beklagten zu 1 enthalten kann. Ferner wäre auch das Interesse an der Wahrung der materiellen Gerechtigkeit und der Verhinderung eines Prozessbetrugs zu berücksichtigen.

65 Der Annahme eines überwiegenden Interesses des Klägers würde auch nicht entgegenstehen, dass möglicherweise bei der permanenten Aufzeichnung durch den Kläger auch ein unzulässiger Eingriff in das Persönlichkeitsrecht dritter Personen erfolgt. Ihrem Schutz würde durch Vorschrift des Datenschutzes Rechnung getragen, die aber nicht zwingend auf ein Beweisverwertungsverbot abzielen. Für die Frage der Verwertbarkeit wäre der Eingriff in Rechte Dritter mithin nicht entscheidend und Verstöße gegen das Datenschutzrecht könnten nach dem BDSG ausreichend geahndet werden. Diesem folgend wird in der Praxis[52] in der Regel eine Videoaufzeichnung zur Aufklärung eines Verkehrsunfalls für zulässig erachtet. Wird aber darüber hinaus ein Verkehrsunfall über eine an einem Haus angebrachte Kamera im Rahmen einer permanenten Aufzeichnung erfasst, kann bei einem Widerspruch dieses Video als Beweismittel im Verkehrsunfallprozess nicht verwertbar sein.[53] Es kommt also weiterhin immer auf eine Prüfung des Einzelfalls an.

52 Beispielhaft: LG Aachen, Urt. v. 15.6.2023 – 12 O 398/22; sogar für die Bilder aus einer stationären Webcam OLG Saarbrücken, Urt. v. 13.10.2022 – 4 U 111/21 – juris; ablehnend aber LG Mülhausen, Urt. v. 12.5.2020 – 6 O 486/18 – juris.

53 AG Geilenkirchen, Urt. v. 5.1.2023 – 10 C 114/21 – juris.

§ 17 Gebühren des Anwalts

Jens Dötsch

A. Allgemeines

I. Erstattungsfähigkeit von Rechtsanwaltskosten

Beauftragt der Geschädigte einen Anwalt zur Durchsetzung von Schadensersatz aus einem Verkehrsunfall, sind die dadurch entstehenden Anwaltskosten grundsätzlich vom Schädiger – im Gegensatz zur Durchsetzung von Schadensersatz in der allgemeinen Haftpflichtversicherung – zu erstatten. Teilweise wird der Erstattungsanspruch vom Schädiger in Abrede gestellt, sei es wegen des vorgeblich einfach gelagerten Sachverhalts oder wegen der geschäftlichen Gewandtheit des Geschädigten. Beide Argumente lassen den Ersatzanspruch nicht entfallen. 1

▼ 2

Muster 17.1: Erstattungsanspruch gegen den Schädiger

Versicherung AG

Schaden-Nr./VS-Nr./Az.

Schaden vom

Pkw , amtl. Kennzeichen

Sehr geehrte Damen und Herren,

nach ständiger Rechtsprechung des BGH (u.a. BGH NJW 2018, 935) hat der Schädiger solche Rechtsverfolgungskosten zu ersetzen, die aus der Sicht des Geschädigten zur Wahrnehmung seiner Rechte erforderlich und zweckmäßig waren. Dabei sind an die Voraussetzungen des materiell-rechtlichen Kostenerstattungsanspruchs keine überzogenen Anforderungen zu stellen (BGH, NJW 2005, 1112). Für die Frage der Erstattungsfähigkeit von außergerichtlichen Rechtsverfolgungskosten ist daher allein entscheidend, ob das gegenständliche Unfallereignis so einfach gelagert ist, dass an der Haftung weder dem Grunde noch der Höhe nach kein Zweifel bestehen kann und auch nicht daran, dass der Schädiger ohne weiteres seiner Eintrittspflicht nachkommen wird (BGH, NJW 1995, 446). Im vorerwähnten Verfahren ging es um eine Kollision zwischen einem Fahrzeug und einer Leitplanke.

Bei der Einordnung als einfach gelagertem Schadensfall kommt es nur auf die Beurteilung eines Privatmanns ex ante an, also nicht etwa auf die Einschätzung eines beauftragten Rechtsanwalts oder einer anderen Person, die rechtlich bewandert oder gar dauerhaft mit Schadensfällen befasst ist (LG Frankfurt a.M., Urt. v. 18.7.2012 – 2/16 S 58/12; AG Balingen, Urt. v. 28.10.2014 – 4 C 322/14; AG München, Urt. v. 11.7.2018 – 332 C 8584/18; LG Nürnberg-Fürth, Beschl. v. 25.6.2018 – 2 S 929/18).

Sind zwei Fahrzeuge beteiligt, stellt sich automatisch die Frage der jeweiligen Betriebsgefahren, deren Beantwortung gerade nicht einfach gelagert ist und die Hinzuziehung eines

Anwalts erfordert (vgl. LG Krefeld, Urt. v. 7.4.2011 – 3 S 39/10; *Greißinger*, zfs 1999, 504; AG Köln, Urt. v. 23.3.2015 – 274 C 209/14). Zudem kann unter Berücksichtigung der heutigen Regulierungspraxis der Versicherer kaum noch angenommen werden, dass eine Regulierung der Höhe nach ohne Abzug erfolgen wird, weshalb Rechtsanwaltskosten grundsätzlich erstattungsfähig, weil erforderlich, sind (AG Mitte, Urt. v. 2.6.2015 – 102 C 3305/14). Zur Erstattungsfähigkeit einzelner Schadenspositionen besteht zudem eine umfangreiche und unterschiedliche Rechtsprechung, die kein Laie kennt (AG Köln, Urt. v. 23.3.2015 – 274 C 209/14).

Auch juristische Personen, die in wirtschaftlichen Dingen geübt sind, können die Rechtsanwaltskosten als erforderliche Kosten zur Durchsetzung des Schadens erstattet verlangen, es sei denn, die juristische Person verfügt über eine mit der Abwicklung von Verkehrsunfallschäden befasste Rechtsabteilung oder es liegen sonstige bewiesene oder unbestrittene Umstände vor, aus denen sich ergibt, dass der Geschädigte über besondere juristische Kenntnisse auf dem Gebiet des Verkehrsunfallrechts verfügt (AG Hechingen, Urt. v. 11.10.2013 – 2 C 248/13; AG Hamburg-St. Georg, Urt. v. 5.11.2013 – 914 C 69/13). Denn die Geschäftserfahrung einer juristischen Person erstreckt sich nicht auch auf die Regulierung von Unfällen (AG Köln, Urt. v. 23.3.2015 – 274 C 209/14). Daher steht auch Betreibern gewerblicher Flotten ein Anspruch auf Erstattung der Rechtsanwaltskosten zu (AG Münster, Urt. v. 8.5.2013 – 55 C 4095/12; AG Heidelberg, Urt. v. 6.6.2013 – 21 C 95/13; BGH, Urt. v. 29.10.2019 – VI ZR 45/19).

Ich erwarte daher die Erstattung der außergerichtlichen Rechtsverfolgungskosten. Sollte der offene Betrag in Höhe von EUR nicht bis zum

(*10-Tages-Frist*)

gezahlt sein, werde ich Klageerhebung empfehlen. Geldempfangsvollmacht ist beigefügt.

Mit freundlichen Grüßen

(Rechtsanwalt)

▲

3 Unter Berücksichtigung des vorerwähnten scheidet eine Erstattungspflicht für Rechtsanwaltskosten einzig und allein dann aus, wenn der Schädiger seine Ersatzpflicht sowohl dem Grunde als auch der Höhe nach bereits vor Beauftragung des Rechtsanwalts anerkannt hat.

II. Ermittlung des Gegenstandswertes

4 Die Höhe des Gebührenanspruchs gegenüber dem Mandanten richtet sich nach dem (tatsächlichen) Wert des erteilten Auftrags (sog. Gegenstandswert), § 2 RVG. Fordert der Rechtsanwalt auftragsgemäß (und entsprechend der – vielleicht auch vorläufigen – Sach- und Rechtslage) vom Anspruchsgegner die Zahlung eines bestimmten Betrags, so schuldet der Mandant Gebühren aus der Höhe dieser Forderung, auch wenn sich nur 50 % der Forderung durchsetzen lassen oder sich der Ersatzanspruch im Nachhinein – aufgrund neuer Erkenntnisse – nur als teilweise begründet oder sogar als unbegründet herausstellt.

Maßgeblich für die Erstattungspflicht des Schädigers ist nicht der Gegenstandswert, sondern der sog. Erledigungswert.[1] Der Erledigungswert setzt sich allein aus dem Wert der Ersatzleistungen des Schädigers zusammen, die begründet sind.[2] Etwaig darüber hinausgehende Forderungen des Geschädigten, die sich im Nachhinein als übersetzt und damit falsch erweisen, wirken sich auf den Kostenerstattungsanspruch nicht werterhöhend aus. Bei der Abrechnung der Gebühren ist daher zwischen dem Gegenstandswert im Innenverhältnis zum Mandanten und dem Erledigungswert im Außenverhältnis zwischen Mandant und Schädiger zu unterscheiden.[3] Problematisch ist dies aufgrund der Rechtsprechung des BGH (u.a. Urt. v. 9.1.2018 – VI ZR 82/17) insbesondere bei fiktiver Abrechnung und der Kürzung durch den Versicherer des Schädigers. 5

Zur Ermittlung des Erledigungswerts sind die Werte sämtlicher Leistungen des Schädigers zu addieren. Dabei kommt es regelmäßig bei folgenden Fallgestaltungen zu Abrechnungsschwierigkeiten: 6

- Der Geschädigte hat einen Teil seines Anspruchs abgetreten
- Der Versicherer erbringt eine Zahlung, bevor ihm die Mandatierung eines Anwalts bekannt ist
- Bei fiktiver Abrechnung und Verweisung auf einen Referenzbetrieb

III. Ermittlung des Gegenstandswertes bei Abtretung

Teilweise verlangen ebenfalls an der Unfallabwicklung Beteiligte wie Werkstätten, Sachverständige oder Mietwagenfirmen die Abtretung des dem Geschädigten insoweit zustehenden Anspruchs und verzichten im Gegenzug – vorläufig – auf die Abrechnung gegenüber dem Geschädigten. In diesen Fällen kann der Versicherer mit schuldbefreiender Wirkung nur an den Abtretungsempfänger (Zessionar) leisten und nimmt dies teilweise zum Anlass, die insoweit erbrachte Zahlung aus dem Erledigungswert herauszurechnen. 7

▼ 8

Muster 17.2: Erledigungswert bei Abtretung von Ansprüchen

Versicherung AG 17.2

Schaden-Nr./VS-Nr./Az.

Schaden vom

Pkw , amtl. Kennzeichen

Sehr geehrte Damen und Herren,

soweit Sie in der im Betreff genannten Schadensache lediglich einen Teil der geltend gemachten Rechtsanwaltskosten ausgeglichen haben, geschah dies zu Unrecht.

1 BGH NJW 1970, 1122 = VersR 1970, 573.
2 OLG Saarbrücken SP 2005, 50.
3 BGH VRR 2008, 236; OLG Hamm zfs 2008, 587.

Zwar trifft es zu, dass mein Mandant seinen Anspruch auf Ausgleich der an in Höhe von EUR abgetreten hat. Die Abtretung hat jedoch keine Auswirkung auf den unfallbedingten Schaden unseres Mandanten und damit auf den Erledigungswert, aus welchem Sie die Kosten meiner Tätigkeit zu erstatten haben. Der Umstand, dass der ersatzfähige Schaden unseres Mandanten an einen Dritten gezahlt werden soll, ändert nichts am Schaden selbst, sondern nur daran, an wen einzelne Positionen zu zahlen sind. Die Abtretung erfolgte nur zur Sicherung des Anspruchs des . Selbstverständlich bleibt unser Mandant zahlungspflichtig gegenüber dem Zessionar, denn dieser wollte mit der Abtretung nicht auf seinen, in voller Höhe gegenüber unserem Mandanten bestehenden, Anspruch verzichten, sollte eine Haftung Ihres Hauses nur zum Teil gegeben sein oder die Schadenshöhe gekürzt werden. Der Schaden unseres Mandanten ist daher erst dann vollständig wiedergutgemacht, wenn Sie in voller Höhe – an den Zessionar – leisten, so dass bis zur Zahlung auch die zur Sicherung abgetretene Forderung in den Erledigungswert einzurechnen ist.

Sollte der offene Betrag in Höhe von EUR nicht bis zum

(*10-Tages-Frist*)

gezahlt sein, werde ich Klageerhebung insoweit empfehlen. Geldempfangsvollmacht ist beigefügt.

Mit freundlichen Grüßen

(Rechtsanwalt)

▲

IV. Ermittlung des Gegenstandswertes bei Zahlung vor Beauftragung

9 Schwierigkeiten bei der Bestimmung des Erledigungswerts können auch Zahlungen begründen, die vor Eingang der Anspruchsanmeldung des Rechtsanwalts beim Schädiger von selbigem geleistet werden. Auch wenn die Zahlung des Versicherers vor dem Absenden des ersten Anspruchsschreibens erfolgt, führt dies nicht automatisch zu einer entsprechenden Reduzierung des Erledigungswerts. Maßgeblich ist allein der Wert des Auftrags zum Zeitpunkt der Erteilung desselben durch den Geschädigten. Alle Zahlungen, die der Versicherer nach diesem Zeitpunkt erbringt, sind bei der Berechnung des Erledigungswerts zu berücksichtigen. Es sollte deshalb sichergestellt werden, dass das Datum der Beauftragung in den Akten vermerkt wird und erforderlichenfalls bewiesen werden kann.

10 Teilzahlungen mindern den Erledigungswert zudem auch dann nicht, wenn diese nur pauschal und damit ohne Verrechnung auf einzelne Schadenspositionen „als Vorschuss mit dem Vorbehalt beliebiger späterer Verrechnung auf den Gesamtschaden“ geleistet werden. In diesem Fall umfasst der Auftrag des Rechtsanwalts auch sämtliche bereits erfolgte Teilzahlungen, weil zum einen wegen der fehlenden Zahlungsbestimmung eine Erledigung in Höhe der Teilzahlungen nicht eingetreten ist. Zum anderen ist es mangels Zahlungsbestimmung auf einzelne Schadenspositionen nicht möglich, bestimmte Schadenspositionen bei der anwaltlichen Tätigkeit außen vor zu lassen.[4] Dementsprechend

4 *Ludovisy/Eggert/Burhoff*, Praxis des Straßenverkehrsrechts, 4. Aufl., § 13 Rn 60 ff.

sind in einem solchen Fall bei der Bestimmung des Erledigungswerts auch alle Teilzahlungen vor der Mandatserteilung zu berücksichtigen.

Wird zwar unter Verrechnung auf einzelnen Schadenspositionen, jedoch unter dem Vorbehalt der Rückforderung reguliert, erhöhen auch diese Zahlungen den Erledigungswert, weil insoweit wegen des Vorbehalts keine Erfüllung eingetreten ist.[5] 11

Demgegenüber ist einer Zahlung auf bestimmte Schadenspositionen (lediglich) „ohne Anerkenntnis einer Rechtspflicht" nur ausnahmsweise die Erfüllungswirkung zu versagen, nämlich dann, wenn es sich um ein bloßes Abrechnungsschreiben ohne Prüfung der Forderung handelt oder nicht auf einzelne Schadenspositionen gezahlt wird und sich aus den Umständen des Einzelfalls ergibt, dass eine Rückforderung vorbehalten bleibt.[6] Eine solche Zahlung verringert daher grundsätzlich den Erledigungswert. 12

▼ 13

Muster 17.3: Erledigungswert bei Zahlung vor Eingang des Anspruchsschreibens 17.3

Versicherung AG

Schaden-Nr./VS-Nr./Az.

Schaden vom

Pkw , amtl. Kennzeichen

Sehr geehrte Damen und Herren,

soweit Sie in vorbezeichneter Sache den Ausgleich der Kosten meiner Beauftragung ablehnen, ist dies unbegründet.

Für Ihre Erstattungspflicht kommt es nicht darauf an, wann mein Anspruchsschreiben bei Ihnen eingegangen ist und ob Sie gegebenenfalls bereits zuvor den Ausgleich der geltend gemachten Schadenspositionen veranlasst haben (jedoch ohne, dass unser Mandant hiervon Kenntnis hatte). Für die Erstattungspflicht kommt es einzig und allein darauf an, ob der Geschädigte zum Zeitpunkt der Erteilung des Mandats davon ausgehen durfte, dass die Beauftragung eines Rechtsanwalts zur Durchsetzung seines Anspruchs „erforderlich" i.S.d. § 249 BGB ist. Dies war hier der Fall (*siehe ergänzend Muster 17.1 in* Rdn 2). Der Wert dieses Auftrags ist danach zu bemessen, welche Schadenspositionen zu diesem Zeitpunkt noch offen waren. Ausweislich der Ihnen bereits vorliegenden Vollmacht erfolgte die Auftragserteilung am und damit vor Eingang Ihrer Zahlung am .

Wäre – wie Sie zu Unrecht annehmen – der Zeitpunkt des Eingangs der Anspruchsanmeldung entscheidend, erhielte der Geschädigte für den Fall eines – aus welchen Gründen auch immer – nicht erfolgten Zugangs der anwaltlichen Anspruchsanmeldung keinen Erstattungsanspruch im Blick auf die bereits mit der vorherigen Auftragserteilung entstandenen Anwaltskosten. Eine Erstattungspflicht hinge sodann von willkürlichen und dem

5 OLG Naumburg, Urt. v. 8.11.2011 – 9 U 106/11; AG Andernach, Urt. v. 26.7.2013 – 62 C 404/13; AG Sigmaringen, Urt. v. 5.10.2021 – 2 C 144/21.

6 BGH, Urt. v. 18.9.1992 – V ZR 84/91; OLG Frankfurt a.M., Beschl. v. 15.8.2008 – 19 U 153/08; OLG Karlsruhe, Urt. v. 1.2.2013 – 1 U 130/12; zur Auslegung: OLG Karlsruhe, Urt. v. 14.1.2019 – 1 U 25/18.

Einfluss des Geschädigten entzogenen Umständen ab. Eine solche Annahme ist dem Gesetz jedoch fremd.

Geht der offene Betrag auch bis zum

(10-Tages-Frist)

nicht ein, werde ich Klageerhebung empfehlen. Geldempfangsvollmacht ist beigefügt.

Mit freundlichen Grüßen

(Rechtsanwalt)

▲

B. Außergerichtliche Gebührentatbestände

I. Beratungsgebühr

14 Wird ein Rechtsanwalt auftragsgemäß nur im Innenverhältnis zum Mandanten beratend tätig, so handelt es sich um einen Rat bzw. um eine Auskunft i.S.v. § 34 RVG. Mangels einer Gebührenvereinbarung bestimmt sich die Vergütung nach § 34 RVG i.V.m. § 612 Abs. 2 BGB. Die ortsübliche Vergütung für eine beratende Tätigkeit beträgt 190 EUR netto pro Stunde.[7]

II. Geschäftsgebühr

15 Die Geschäftsgebühr erhält der Rechtsanwalt für das Betreiben des Geschäfts einschließlich der Information und für die Mitwirkung bei der Gestaltung eines Vertrags (Vorbemerkung 2.3 Abs. 3 VV RVG). Mit der Geschäftsgebühr wird beispielsweise die gesamte Korrespondenz mit dem Kfz-Haftpflichtversicherer abgegolten. Hat der Rechtsanwalt den Auftrag erhalten, für den Geschädigten nach außen tätig zu werden, entsteht die Geschäftsgebühr bereits mit der Erteilung des Mandats, genauer gesagt, mit der Entgegennahme von Informationen.[8] Sollten bereits gefertigte Schreiben nicht mehr zum Versand gelangen, hat dies auf die Höhe der bereits entstandenen Geschäftsgebühr keinen Einfluss.

16 Im Blick auf die Gebührenhöhe sieht Nr. 2300 VV RVG eine Satzrahmengebühr von 0,5 bis 2,5 vor. Gleichzeitig kann nach der Anmerkung zu Nr. 2300 VV RVG eine Gebühr oberhalb von 1,3 nur gefordert werden, wenn die Tätigkeit umfangreich oder schwierig ist. Dies bedeutet nach Ansicht der Rechtsprechung,[9] dass es lediglich eine rechnerische Mittelgebühr gibt, welche 1,5 beträgt. Solange der Fall aber weder umfangreich noch schwierig ist, wird die Gebühr auf 1,3 gekappt (Kappungsgrenze). Für eine Überschreitung der Kappungsgrenze genügt jedoch, dass die Bearbeitung alternativ entweder umfangreich oder schwierig ist.

7 AG Bielefeld, AGS 2010, 160.
8 Gerold/Schmidt/*Müller-Rabe*, RVG, 23. Aufl., § 1 Rn 103.
9 BGH MDR 2007, 491 = NZV 2007, 181.

Ausgangspunkt für die Bemessung der zu erstattenden Gebühr sind die Vorschriften der §§ 315 ff. BGB i.V.m. § 14 RVG. Danach bestimmt der Rechtsanwalt nach billigem Ermessen, welche Gebühr angemessen ist.[10] Hat er sein Ermessen ausgeübt, ist er hieran gebunden, kann also nicht nachträglich Ermessengründe nachschieben und erhöht abrechnen.[11] Die von ihm erfolgte Bestimmung ist für den Dritten bindend, es sei denn, sie wäre unbillig, § 14 Abs. 1 S. 4 RVG. Hierbei sind neben allen Umständen des Einzelfalls vor allem folgende Kriterien ausschlaggebend: 17

- die Schwierigkeit der Sach- und Rechtslage
- der Umfang der Sache
- die Einkommensverhältnisse des Mandanten
- die Bedeutung der Angelegenheit für den Mandanten
- das Haftungsrisiko.

Bei Verkehrsunfällen ist in einem durchschnittlich gelagerten Fall von der auf 1,3 gekappten Mittelgebühr als Regelgebühr auszugehen.[12] Denn auch bei zügiger Regulierung muss der Anwalt zur erfolgreichen Anmeldung des Anspruchs eine Vielzahl an Recherchen betreiben, um alle zu ersetzenden Positionen zu erfassen.[13] Aus der problemlosen und schnellen Abwicklung kann nicht zwingend der Schluss gezogen werden, dass die anwaltliche Tätigkeit unterdurchschnittlich war, da diese Regulierung auf der umfangreichen Klärung der Sach- und Rechtslage durch den Anwalt beruhen kann. Eine 1,3 Geschäftsgebühr fällt zumindest dann an, wenn der Rechtsanwalt über eine einfache Schadensaufstellung hinaus tätig werden muss, indem er nach einem Informationsgespräch mit dem Mandanten den gegnerischen Kfz-Haftpflichtversicherer zunächst zur Anerkennung dessen voller Einstandspflicht auffordert und den Schaden mit einem weiteren Schreiben vorläufig beziffert und später nach Eingang des Sachverständigengutachtens mit Reparaturkosten knapp unterhalb des Wiederbeschaffungswertes die ermittelten Werte überprüft und anschließend mit dem Mandanten ein abschließendes Beratungsgespräch führt.[14] 18

Die Darlegungs- und Beweislast für die Angemessenheit einer höheren als der gekappten Mittelgebühr trägt der Geschädigte.[15] 19

Bei einem Personenschaden kann der Umfang dagegen sehr schnell überdurchschnittlich werden, ebenso wie die Schwierigkeit der Sach- und Rechtslage. In Fällen, in denen der Geschädigte schwer verletzt wurde und er einen Verdienstausfall geltend macht, ist 20

10 Zu den dabei geltenden Grundsätzen: OLG Düsseldorf, VersR 2008, 1347.

11 OLG Brandenburg, JurBüro 2008, 364; a.A. OLG Frankfurt a.M., Urt. v. 7.2.2020 – 27 U 1/16.

12 BGH MDR 2007, 491 = NZV 2007, 181; OLG München VersR 2007, 267; OLG Düsseldorf VA 2006, 189; AG Landstuhl NJW 2005, 161; AG Aachen RVGreport 2005, 60; AG Bielefeld RVGreport 2005, 109; AG München RVGreport 2005, 62; AG Gelsenkirchen RVGreport 2005, 149; AG Greifswald NJOZ 2005, 1696; AG Gießen NJOZ 2005, 1230; AG Hof NJOZ 2005, 1693; AG Kelheim AnwBl 2005, 224; AG Singen NJOZ 2005, 1694; AG Ingolstadt DAR 2005, 178; anders AG Berlin-Mitte RVGreport 2005, 63; AG Duisburg-Hamborn VersR 2005, 571 (jeweils 0,9); AG Gronau r+s 2005, 216 (1,0).

13 AG Hof NJOZ 2005, 1693.

14 LG Oldenburg Verkehrsrecht aktuell 2008, 129; AG Wuppertal, Urt. v. 2.7.2018 – 37 C 150/17.

15 *Gerold/Schmidt*, RVG, 25. Aufl. 2021, § 14 Rn 8.

beispielsweise eine 1,8 oder gar 2,0 Gebühr angesichts der umfangreichen und schwierigen Berechnung des Verdienstausfallschadens als angemessen erachtet worden.[16]

Auch Besonderheiten des beschädigten Fahrzeugs (Taxi) können eine 1,8 Geschäftsgebühr rechtfertigen.

21 ▼

Muster 17.4: Erhöhte Geschäftsgebühr bei Unfall mit einem Taxi

Unstreitig handelt es sich beim beschädigten Fahrzeug um ein Taxi, weshalb ein entsprechender Nutzungsausfall bzw. Gewinnentgang zu berechnen und geltend zu machen war. Hierbei handelt es sich bereits von der rechtlichen und tatsächlichen Schwierigkeit sowie vom Bearbeitungsumfang her schon nicht um einen Durchschnittsfall (AG Mayen, Urt. v. 15.7.2011 – 2d C 224/11). In einem solchen Fall ist eine Geschäftsgebühr in Höhe von 1,8 nicht zu beanstanden, weil angemessen (AG Mayen, a.a.O.).

▲

Die Vorlage einer Gegenrechnung (ControlExpert o.ä.) rechtfertigt eine Geschäftsgebühr von 1,6.

22 ▼

Muster 17.5: Erhöhte Geschäftsgebühr bei Vorlage einer Gegenrechnung

Legt der Schädiger eine Gegenrechnung vor und kürzt er auf deren Grundlage den geltend gemachten Anspruch, ist der Geschädigte mangels eigener Sachkunde gehalten, diese Gegenrechnung dem von ihm beauftragten Sachverständigen zum Zwecke der Stellungnahme vorzulegen, damit dieser hierzu Position beziehen kann. Die mit der ergänzenden Stellungnahme anfallenden Sachverständigenkosten sind dann zum einen erstattungsfähig, weil erforderlich. Zum anderen rechtfertigt dieser Mehraufwand eine Geschäftsgebühr in Höhe von 1,6 (AG Koblenz, Urt. v. 10.1.2014 – 411 C 422/13).

▲

Die Berechnung einer 2,5 Geschäftsgebühr (Höchstgebühr) ist nicht unbillig, wenn bei dem Verkehrsunfall drei Familienmitglieder zu Tode gekommen und neben dem Schmerzensgeld auch Unterhaltsansprüche zu ermitteln sind.[17]

23 Streitig ist, ob für den Fall der Vertretung mehrerer Geschädigter aus einem Unfall die Geschäftsgebühr jeweils gesondert oder einmalig mit entsprechender Erhöhung nach Nr. 1008 VV RVG aus dem Gesamterledigungswert für alle Geschädigten abzurechnen ist.[18] Es stellt sich also die Frage, ob eine Angelegenheit i.S.v. § 15 Abs. 2 RVG vorliegt oder nicht. Nur die Verneinung der Frage führt zum richtigen Ergebnis.

24 Zwar wird vertreten, dass auch bei getrennten Forderungsschreiben der Rechtsanwalt wegen des bestehenden einheitlichen Lebensvorganges keine zweite Angelegenheit herbeiführen kann,[19] weil er nicht allein mit der Art der Bearbeitung der Sache seine

16 LG Saarbrücken JurBüro 2005, 306; AG Wildeshausen Verkehrsrecht aktuell 2006, 5; OLG Saarbrücken, Urt. v. 8.2.2017 – 5 U 24/13; AG Lübeck, Urt. v. 4.10.2018 – 26 C 560/18; OLG Düsseldorf, Urt. v. 15.3.2018 – 1 U 57/17.
17 LG Zweibrücken, zfs 2008, 708.
18 Zu Unrecht ablehnend: OLG Koblenz, Urt. v. 22.6.1993 – 14 W 407/92.
19 AG Dortmund SP 1994, 399.

Gebühren erhöhen kann, solange kein hinreichender Sachgrund für eine einheitliche Bearbeitung vorliegt.[20]

Ein solcher hinreichender Sachgrund liegt jedoch bei der Geltendmachung von Ersatzansprüchen verschiedener Geschädigter aus einem Unfall vor, und zwar aus mehreren Gründen: 25

Der Anwalt muss bei der Bearbeitung widerstreitende Interessen der verschiedenen Geschädigten unterstellen, also den Umstand, dass der eine Geschädigte nicht will, dass der andere Geschädigte vom Inhalt des Mandats – und unter Umständen auch vom Inhalt von Krankenakten – Kenntnis erhält. Dies ist ein hinreichender sachlicher Grund, um zwei verschiedene Angelegenheiten anzunehmen und damit auch abzurechnen. 26

Nähme man eine einheitliche Angelegenheit an, so führte dies zudem dazu, dass der dem Anwalt erteilte und jederzeit ohne Angabe von Gründen kündbare Auftrag nur von allen Auftraggebern gemeinsam gekündigt werden könnte. Mithin wäre ein unzufriedener Mandant an den Auftrag gebunden und könnte sich von diesem nicht ohne Zustimmung aller anderen Geschädigten lösen. Eine solche Bindung kennt das Gesetz jedoch nicht. Ein Wille zu einer einheitlichen Auftragserteilung kann deshalb nicht unterstellt werden, im Gegenteil. 27

Soweit teilweise, insbesondere bei Ehegatten, von der Rechtsprechung ein einheitlicher Auftrag angenommen wird, ergibt sich diese Annahme nicht aus dem Gesetz. Zwar mag es ein familienrechtliches Band zwischen den Ehegatten geben, jedoch kein vermögensrechtliches im Blick auf etwaige Ersatzansprüche aus einem Unfall. Es steht jedem Ehegatten frei, ob und in welchem Umfang er Ersatzansprüche durchsetzen will. Zudem führte die Annahme eines einheitlichen Auftrags zu ausufernden Ergebnissen, weil sich nicht aus dem Gesetz ergibt, wo das familienrechtliche Band, welches zur Annahme einer einheitlichen Sache angenommen wird, endet. Befindet sich im Fahrzeug beispielsweise eine Familie mit drei volljährigen Kindern, so besteht selbstverständlich zwischen allen Insassen ein familienrechtliches Band. Aufgrund der Volljährigkeit der Kinder können diese aber selbst entscheiden, welche Informationen an die Eltern, insbesondere aus Arztberichten, weitergegeben werden oder nicht und können daher auch selbst entscheiden, dass ein gesondertes Mandat erteilt wird. Nähme man einen einheitlichen Auftrag an, hätten die Eltern jedoch Anspruch auf Einblick in sämtliche Unterlagen aller Geschädigten. 28

Ein innerer Zusammenhang wird dann zu Unrecht angenommen, wenn die verschiedenen Gegenstände im Falle einer gerichtlichen Geltendmachung in einem Verfahren verfolgt werden könnten. Dies ist bei Schadensersatzansprüchen des einen und Schmerzensgeldansprüchen des anderen Geschädigten durchaus möglich. 29

Hieraus eine Sache im Sinne des RVG abzuleiten, verbietet sich jedoch.

20 BGH v. 11.12.2003 – IX ZR 109/00.

30 Es besteht auch insoweit ein hinreichender Grund für eine gesonderte Bearbeitung und damit gesonderte gerichtliche Geltendmachung. Ist beispielsweise für den Fall des Sachschadens die Haftung dem Grunde und der Höhe nach außer Streit, wird jedoch, aus welchen Gründen auch immer, nicht (vollständig) reguliert und gilt für den Körperschaden des anderen Geschädigten das Gegenteil, so führte die einheitliche Geltendmachung zu einer erheblichen Verzögerung des Prozesses zulasten desjenigen Geschädigten, dem nur ein Sachschaden entstanden ist. Es besteht kein Anspruch auf Erlass eines Teilurteils. Dementsprechend erhielte derjenige, dem nur ein Sachschaden entstanden ist, diesen Betrag erst nach Einholung diverser Gutachten zur Unfallursächlichkeit der Verletzungen des anderen Geschädigten erstattet. Wäre der Sachschaden gar ein Totalschaden und wäre eine Vorfinanzierung mangels eigener ausreichender finanzieller Mittel nicht möglich, würde der Schädiger einen Verstoß gegen die Schadensminderungsobliegenheit aus § 254 BGB einwenden, wenn der Sachschaden erst in einem einheitlichen Schlussurteil mit dem Körperschaden nach Ablauf von ein bis zwei Jahren ausgeurteilt würde.

31 Zudem ist bei einem einheitlichen Auftrag zu berücksichtigen, dass beide Auftraggeber als Gesamtschuldner für den Vergütungsanspruch haften. Fällt ein Gebührenschuldner aus, müsste der andere den vollen Betrag erstatten, obwohl die Gebühren wegen des Ersatzanspruchs des Zahlungsunfähigen höher liegen als für den Fall der getrennten Geltendmachung. Man müsste demnach, wenn man eine einheitliche Angelegenheit annehmen will, auch unterstellen, dass jeder der Auftraggeber das Insolvenzrisiko des anderen Auftraggebers übernehmen will. Eine solche Annahme kann vernünftigerweise jedoch nicht unterstellt werden.

32 ▼

Muster 17.6: Erhöhungsgebühr bei Vertretung mehrerer Geschädigter

17.6

Eine einheitliche Angelegenheit liegt dann vor, wenn drei Voraussetzungen erfüllt sind: Ein einheitlicher Auftrag, ein einheitlicher Tätigkeitsrahmen sowie ein innerer Zusammenhang zwischen den einzelnen Tätigkeiten. Nur wenn alle diese drei Voraussetzungen erfüllt sind, liegt eine Angelegenheit vor; fehlt eine der Voraussetzungen, sind mehrere Angelegenheiten gegeben (vgl. *Gerold/Schmidt*, RVG, 25. Aufl. 2021, § 15 Rn 5 ff.).

Daher ist bei Erteilung von zwei Aufträgen und bei Anlage von zwei verschiedenen Akten für verschiedene Geschädigte auch von zwei Angelegenheiten auszugehen (LG Passau, Urt. v. 21.5.2015 – 3 S 101/14; AG Limburg, Urt. v. 27.6.2016 – 4 C 208/16 (15)).

▲

Bei dieser Betrachtung soll die Problematik des Verbots der Vertretung widerstreitender Interessen (§ 43a Abs. 4 BRAO, § 356 StGB), die vorab zu klären ist, außen vor bleiben.[21]

21 Hierzu im Einzelnen: BGH, Urt. v. 12.5.2016 – IX ZR 241/14; LG Saarbrücken, Urt. v. 16.1.2015 – 13 S 124/14.

III. Verhältnis der Geschäftsgebühr zur Verfahrensgebühr

1. Verfahrensgebühr

Die Verfahrensgebühr entsteht nach Vorbemerkung 3 Abs. 2 VV RVG, wenn der Rechtsanwalt einen unbedingten Klagauftrag erhält. Die Verfahrensgebühr entsteht in der 1. Instanz grundsätzlich in Höhe einer vollen 1,3 Gebühr, Nr. 3100 VV RVG. Vertritt der Rechtsanwalt mehrere Personen in derselben Sache, erhöht sich die Gebühr um jeweils 0,3 für jeden weiteren Auftraggeber. Der Rechtsanwalt erhält jedoch lediglich eine 0,8 Verfahrensgebühr, wenn der ihm erteilte Verfahrensauftrag endet, bevor er eine in Nr. 3101 VV RVG benannte Tätigkeit entfaltet hat (= insbesondere einen das Gerichtsverfahren einleitenden Antrag gestellt oder einen Schriftsatz, der Sachanträge enthält, bei Gericht eingereicht hat). 33

2. Anrechnung der Geschäftsgebühr

Mit Wirkung zum 5.8.2009 ist § 15a RVG eingeführt worden, der die Anrechnung einer Gebühr regelt. Der Gesetzgeber wollte mit dieser Vorschrift die Probleme beseitigen, welche die geänderte Rechtsprechung des BGH zur Anrechnung der Geschäftsgebühr geschaffen hatte.[22] Die Vorschrift gilt für alle nach dem RVG vorzunehmenden Gebührenanrechnungen. Für die Beantwortung der Frage, wer sich in welchem Umfang auf die Anrechnung berufen kann, ist zunächst zwischen dem Innenverhältnis des Anwalts zum Auftraggeber und dem Außenverhältnis des Mandanten zum Erstattungspflichtigen zu unterscheiden. 34

a) Innenverhältnis und Außenverhältnis

§ 15a Abs. 1 RVG stellt klar, dass der Rechtsanwalt frei wählen kann, ob er vom Auftraggeber die volle Geschäfts- oder die volle Verfahrensgebühr oder beide anteilig vermindert oder beide in voller Höhe fordern kann. Insgesamt kann jedoch nicht mehr gefordert werden als der um die Anrechnung verminderte Gesamtbetrag der beiden Gebühren. Hierauf sollte für den Fall der vollen Berechnung beider Gebühren ausdrücklich hingewiesen werden, um dem Vorwurf einer Gebührenüberhebung (§ 352 StGB) jede Grundlage zu nehmen. 35

Ein Dritter kann sich auf die Anrechnung nur in den in § 15a Abs. 2 RVG genannten Fällen berufen. Dritte sind Personen, die nicht am Mandatsverhältnis beteiligt sind, insbesondere also der ersatzpflichtige Schädiger. Liegt keine der drei im Gesetz genannten Annahmen vor, ist ein Berufen auf eine Anrechnung nicht möglich. Auch wenn der Dritte sich auf die Anrechnung nicht beruft, dürfte davon auszugehen sein, dass der Rechtspfleger die Anrechnung von Amts wegen zu berücksichtigen hat, um eine nach dem Gesetz nicht zulässige doppelte Titulierung zu vermeiden.[23] 36

22 Im Überblick *Volpert*, VRR 2009, 254 ff.
23 *Hansens*, RVGreport 2009, 241 ff.; *Volpert*, VRR 2009, 336.

Die vom Gesetz genannten Möglichkeiten, sich als Dritter auf die Anrechnung zu berufen, lauten:

aa) Erfüllung des Anspruchs auf eine Gebühr

37 Der Dritte kann sich auf die Anrechnung berufen, wenn er den Anspruch auf eine Gebühr, insbesondere die Geschäftsgebühr, bereits, und sei es auch nur teilweise – zum Beispiel außergerichtlich – erfüllt hat.

> *Beispiel*
>
> Hat ein Zahlungspflichtiger vorgerichtlich auf die Geschäftsgebühr eine Teilzahlung erbracht und ist der Zahlungspflichtige im Übrigen zur Zahlung verurteilt und ein weiterer (Teil-)Betrag tituliert worden, so ist die gesamte Geschäftsgebühr – und nicht nur die titulierte – im nachfolgenden Kostenfestsetzungs- bzw. Ausgleichungsverfahren hälftig anzurechnen (AG Passau, Beschl. v. 19.6.2015 – 18 C 1553/14; AG Betzdorf, Beschl. v. 13.5.2016 – 34 C 147/14; AG Koblenz, Beschl. v. 10.5.2016 – 152 C 2224/15). Nach § 15a Abs. 2 RVG ist bei der Kostenfestsetzung bzw.- Ausgleichung eine Geschäftsgebühr anzurechnen, soweit sie vom Gegner erfüllt oder gegen diesen tituliert worden ist. Wurde zum Teil freiwillig gezahlt, ist insoweit bereits Erfüllung eingetreten und der freiwillig gezahlte Betrag ist anzurechnen und im Kostenfestsetzungs- bzw. Ausgleichungsverfahren zu berücksichtigen. Soweit ein weiterer (Teil-)Betrag tituliert wurde, ist aus der Summe dieser beiden Einzelbeträge der Gesamtbetrag hälftig anzurechnen (*Schneider*, NJW-Spezial 2015, S. 733).

bb) Vollstreckungstitel wegen einer der beiden Gebühren

38 Ist die Geschäftsgebühr – und sei es auch nur teilweise – tituliert, kann sich der erstattungspflichtige Dritte ebenfalls auf die Anrechnung, soweit tituliert, berufen. Dies gilt auch im Fall des Unterliegens bei einer Widerklage.[24]

> *Beispiel*
>
> Der Geschädigte klagt die Hauptforderung und die Geschäftsgebühr in voller Höhe als Nebenforderung ein. Die Nebenforderung wird wegen eines Teilunterliegens nur anteilig tituliert. Der Versicherer kann sich bei der Kostenfestsetzung auf die Anrechnung nur insoweit berufen, als tituliert wurde.

39 Bei einer Kostenquotelung kann sich der Dritte daher nur im Umfang der Titulierung auf die Anrechnung berufen.[25]

cc) Geltendmachung beider Gebühren im selben Verfahren

40 Der Dritte kann sich ebenfalls auf eine Anrechnung berufen, wenn beide Gebühren gegen ihn in demselben Verfahren geltend gemacht werden. Dies ist nach der Gesetzesbegründung der Fall, wenn beide Gebühren im Kostenfestsetzungsverfahren geltend

24 OLG Stuttgart VRR 2009, 359.
25 *Volpert*, 2009, 374.

gemacht werden. Hiervon erfasst wird insbesondere die Anmeldung der Mahnverfahrensgebühr nach Nr. 3305 VV RVG neben der Verfahrensgebühr des Erkenntnisverfahrens.

> *Praxistipp*
>
> Die Geschäftsgebühr kann dagegen nicht neben der Verfahrensgebühr im Kostenfestsetzungsverfahren verfolgt werden.[26] Die dritte Variante ist daher im Verhältnis zur Geschäftsgebühr nicht einschlägig.[27]

b) Ausnahmen von der Anrechnung

Die Anrechnung der Geschäfts- auf die Verfahrensgebühr gemäß Teil 3, Vorbemerkung **41**
3 Abs. 4 S. 1 VV RVG, kommt nicht in Betracht, wenn zwischen der erstattungsberechtigten Partei und ihrem Prozessbevollmächtigten keine Geschäftsgebühr i.S.v. Nr. 2300 VV RVG entstanden ist, sondern sie ihrem Prozessbevollmächtigten für dessen vorprozessuales Tätigwerden ein von einzelnen Aufträgen unabhängiges Pauschalhonorar schuldet[28] oder eine Vergütungsvereinbarung geschlossen wurde.

▼ **42**

Muster 17.7: Keine Anrechnung bei Pauschalhonorar/Vergütungsvereinbarung

Der Einwand der Anrechnung der Geschäftsgebühr geht fehl. Die Anrechnung einer Geschäftsgebühr auf die Verfahrensgebühr gemäß Teil 3, Vorbemerkung 3 Abs. 4 S. 1 VV RVG, kommt nicht in Betracht, wenn – wie hier – zwischen der erstattungsberechtigten Partei und ihrem Prozessbevollmächtigten keine Geschäftsgebühr i.S.v. Nr. 2300 VV RVG entstanden ist, weil sie ihrem Prozessbevollmächtigten für dessen vorprozessuales Tätigwerden ein von einzelnen Aufträgen unabhängiges Pauschalhonorar schuldet (BGH NJW 2009, 3364; KG AGS 2010, 511).

Vorliegend hat die Klägerseite mit dem Unterzeichner vereinbart, dass ___./eine Vergütungsvereinbarung für die vorgerichtliche Tätigkeit abgeschlossen, die ein Stundenhonorar vorsieht.

Dies wird vorsorglich zur Glaubhaftmachung anwaltlich versichert. Es liegt mithin ein Pauschalhonorar/eine Vergütungsvereinbarung im o.g. Sinne vor, so dass die zitierte Anrechnungsvorschrift nicht eingreift.

▲

Im Kostenfestsetzungsverfahren kommt die Anrechnung einer Geschäftsgebühr nach **43**
den Nummern 2300 bis 2303 VV RVG auf die Verfahrensgebühr des gerichtlichen Verfahrens ferner nicht in Betracht, wenn beide Gebühren von verschiedenen Rechtsanwälten verdient worden sind.[29]

26 BGH VRR 2006, 320 und VRR 2008, 116.
27 *Volpert*, VRR 2008, 256.
28 BGH NJW 2009, 3364.
29 BGH DAR 2010, 177.

44 ▼

Muster 17.8: Keine Anrechnung bei der Einschaltung mehrerer Anwälte

17.8

Der Einwand, dass vorliegend eine Anrechnung der Geschäftsgebühr zu erfolgen habe, ist nicht zutreffend. Eine Kürzung der Verfahrensgebühr im Kostenfestsetzungsverfahren kommt nur dann in Betracht, wenn im Innenverhältnis zwischen Rechtsanwalt und Mandant eine Anrechnung zu erfolgen hat. Entscheidend für die Anrechnung ist daher, ob der Rechtsanwalt zum Zeitpunkt des Entstehens der Verfahrensgebühr schon einen Anspruch auf eine Geschäftsgebühr aus seinem vorprozessualen Tätigwerden erlangt hat. Hat der erstmals im gerichtlichen Verfahren tätige Anwalt eine solche Gebühr nicht verdient, scheidet eine Anrechnung aus. Die von einem anderen vorprozessual tätigen Anwalt verdiente Gebühr muss sich der prozessual tätige Anwalt nicht anrechnen lassen (BGH DAR 2010, 177).

Vorliegend ist die Klägerseite vorprozessual von den Anwälten vertreten worden. Im Zuge dieser Tätigkeit ist die vorgerichtliche Geschäftsgebühr entstanden. Im Klagverfahren ist jedoch der Unterzeichner für die Klägerseite tätig geworden. Aufgrund der Personenverschiedenheit der jeweils beauftragten Prozessbevollmächtigten hat eine Anrechnung daher nicht zu erfolgen.

▲

45 Darüber hinaus ist bei einem Vergleich genau zu prüfen, ob die Geschäftsgebühr tituliert wurde, ansonsten findet ebenfalls keine Anrechnung statt.

46 ▼

Muster 17.9: Keine Anrechnung mangels fehlender Titulierung im Vergleich

17.9

Im Vergleich ist eine anzurechnende Geschäftsgebühr nur tituliert, wenn der Vergleich eine entsprechende ausdrückliche Formulierung zur Erstattung bzw. Teil- oder Nichterstattung der vorgerichtlichen Kosten der Parteien enthält oder wenn darin die Höhe der als erfüllt anzusehenden vorgerichtlichen Gebühren beziffert bzw. eindeutig bestimmbar ist (BGH, Beschl. v. 7.12.2010 – VI ZB 45/10 – JurBüro 2011, 188; OLG München JurBüro 2010, 23, 24; OLG Naumburg JurBüro 2010, 299, 300; OLG Celle, Beschl. v. 29.9.2010 – 2 W 266/10 – juris). Enthält ein Vergleich keine ausdrückliche Regelung dazu, inwieweit damit vorgerichtliche und mit eingeklagte Anwaltsgebühren abgegolten sind, stellt er keinen Vollstreckungstitel für die Geschäftsgebühr gegen den Dritten dar (AG Andernach, Beschl. v. 31.1.2014 – 63 C 277/13). Nur dann, wenn der Vergleich die Geschäftsgebühr als eigenen bezifferten Gegenstand ausweist, kann konkret festgestellt werden, in welcher Höhe die Geschäftsgebühr auf die entstandene Verfahrensgebühr anzurechnen ist (BGH, Beschl. v. 7.12.2010 – VI ZB 45/10). Der Bundesgerichtshof verlangt unmissverständlich eine klare Regelung wegen des Schicksals der ursprünglich eingeklagten Geschäftsgebühr. Nur in diesem Falle kann sie angerechnet werden gemäß § 15a Abs. 2, Fall 1 RVG (OLG Koblenz, Beschl. v. 18.11.2013 – 14 W 634/13; OLG München, Beschl. v. 1.8.2012 – 11 W 1127/12; OLG Zweibrücken, Beschl. v. 16.2.2011 – 4 W 104/19; OLG Karlsruhe, Beschl. v. 15.4.2010 – 13 W 159/09). Dies ist vorliegend nicht der Fall, da .

▲

Eine anzurechnende Geschäftsgebühr ist jedoch nicht entstanden, wenn die Gegenseite lediglich zur Vorbereitung der Klage i.S.v. § 19 RVG außergerichtlich zur Zahlung aufgefordert worden ist. Dies ist zumindest dann der Fall, wenn der Geschädigte seinem außergerichtlich bereits tätigen Prozessbevollmächtigten bereits von Anfang an einen unbedingten Klagauftrag erteilt hat und dessen Tätigkeit damit zum Rechtszug der Klage gehört.[30] 47

3. Verfolgung der Geschäftsgebühr im Gerichtsverfahren

Der Anwalt wird i.d.R. gehalten sein, die entstandenen außergerichtlichen Anwaltskosten als materiell-rechtliche Schadensposition einzuklagen. Dabei sind die nachfolgenden Grundsätze zu beachten: 48

Wird der beim Verkehrsunfall entstandene Schaden mit der Klage geltend gemacht, sind die als Geschäftsgebühr erfassten Rechtsanwaltskosten eng mit der Hauptsache verbunden und stellen daher lediglich eine Nebenforderung dar, die gem. § 4 ZPO nicht den Streitwert der Hauptsache erhöhen, selbst wenn sie in einem eigenen Klagantrag geltend gemacht werden.[31] Dies liegt allerdings dann anders, wenn (allein) Rechtsanwaltskosten verfolgt werden, die in keiner Abhängigkeit zu einer (nicht gerichtlich verfolgten) Hauptforderung stehen[32] – dies auch im Fall einer Teilerledigung.[33] Die Höhe des Gegenstandswertes der zugesprochenen Geschäftsgebühr bemisst sich aus den begründeten Ersatzbeträgen der Hauptsache.[34] 49

Hat ein Rechtsschutzversicherer eine Zahlung auf die Geschäftsgebühr geleistet, so geht der Anspruch auf Erstattung mit der Zahlung auf den Rechtsschutzversicherer über, § 86 S. 1 VVG. Will der Geschädigte, auch soweit vom Rechtsschutzversicherer gezahlt wurde, die Geschäftsgebühr rechtshängig machen, so muss er vom Rechtsschutzversicherer (Rück-)Abtretung erbitten oder im Wege der gewillkürten Prozessstandschaft Zahlung an den Rechtsschutzversicherer beantragen.

Ferner ist zu beachten, dass die vorprozessual entstandene Geschäftsgebühr im Kostenfestsetzungsverfahren nicht festgesetzt werden kann.[35] Die Geltendmachung der Geschäftsgebühr bleibt vielmehr dem Erkenntnisverfahren vorbehalten. 50

Hat der Mandant die vorgerichtlichen Anwaltskosten noch nicht gezahlt, kann auf Freistellung geklagt werden.

30 OLG Hamm NJW-Spezial 2006, 408; OLG Rostock, Beschl. v. 12.2.2018 – 4 U 100/16.
31 BGH zfs 2007, 284 = FamRZ 2007, 808; ebenso *Thomson*, NJW 2007, 262; *Steebruck*, MDR 2006, 423.
32 BGH VersR 2009, 806.
33 BGH NJW 2008, 999; LG Saarbrücken, Urt. v. 1.6.2018 – 13 S 151/17.
34 OLG Saarbrücken SP 2005, 50.
35 BGH NJW-RR 2006, 501 = MDR 2006, 776; OLG Köln MDR 2007, 118.

▼

17.10 **Muster 17.10: Freistellungsantrag**

Die Beklagte wird verurteilt, den Kläger von einer Forderung seiner Prozessbevollmächtigten wegen der vorgerichtlichen Geltendmachung seiner Schadensersatzansprüche aufgrund des Verkehrsunfalls vom in Höhe von EUR gem. der Kostennote vom freizustellen.

▲

51 Dieser Freistellungsantrag muss die Verpflichtung, von der Freistellung begehrt wird, so genau wie möglich bezeichnen. Es kommt dabei weniger auf die Bezeichnung der Gebührentatbestände, sondern in erster Linie auf das Datum der anwaltlichen Honorarnote an. Der Gebührenanspruch muss fällig sein und setzt daher eine anwaltliche Honorarnote voraus.[36]

52 Der Freistellungsanspruch kann sich jedoch auch in einen „direkten" Zahlungsanspruch wandeln, § 250 BGB. Nach vorerwähnter Norm steht dem Geschädigten ein Ersatzanspruch in Geld (an seine Person) zu, wenn er dem Schuldner eine Frist zur Erfüllung gesetzt und dabei erklärt hat, dass er nach erfolglosem Fristablauf eine Erfüllung ablehnt.[37]

53 ▼

17.11 **Muster 17.11: Umwandlung des Zahlungsanspruchs in einen Freistellungsanspruch**

Es ist unerheblich, ob die Voraussetzungen der §§ 8, 10 RVG erfüllt sind. Der Kläger macht einen materiell-rechtlichen Erstattungsanspruch gegen Dritte geltend. Der Schädiger schuldet im Falle eines Unfalls die Erstattung des für die Wiederherstellung des ursprünglichen Zustands erforderlichen Geldbetrags (Palandt/*Grüneberg*, 78. Aufl., § 249 Rn 11). Der Dritte kann sich in einem solchen Fall nicht darauf berufen, dass die Voraussetzungen von § 8 RVG nicht vorlägen und auch nicht darauf, dass der Rechtsanwalt gegenüber dem Mandanten noch keine Gebührennote i.S.v. § 10 RVG gestellt hat (LG Frankfurt a.M., Urt. v. 27.1.2010 – 2–16 S 162/09; *Mayer/Kroiß*, RVG, 4. Aufl., § 10 Rn 7; AnwK-RVG, 7. Aufl., § 10 Rn 12 und 112), weil die §§ 8, 10 RVG nur das Verhältnis zwischen Anwalt und Mandant betreffen (OLG Koblenz, Urt. v. 5.9.2011 – 12 U 713/10).

Es kommt auch nicht darauf an, ob der Geschädigte den mit der Klage geltend gemachten Betrag bereits seinerseits an den Rechtsanwalt gezahlt hat. Zwar bestand zunächst nur ein Anspruch auf Befreiung des Geschädigten von dessen Verbindlichkeit gegenüber seinem Rechtsanwalt. Dieser Befreiungsanspruch wandelt sich jedoch entweder mit fruchtlosem Verstreichen einer gesetzten Frist gemäß § 250 S. 2 BGB oder aufgrund ernsthafter und endgültiger Erfüllungsverweigerung in einen Zahlungsanspruch (AG Andernach, Urt. v. 21.11.2014 – 62 C 504/14; AG Kaiserslautern, Urt. v. 23.9.2014 – 11 C 895/14; MüKo zum BGB, 6. Aufl., § 250 Rn 7). § 250 BGB eröffnet dem Geschädigten die Möglichkeit, unabhängig von den §§ 249 Abs. 2, 251 BGB zu einem Anspruch auf Geldersatz zu gelangen, wenn er dem Ersatzpflichtigen erfolglos eine Frist zur Herstel-

36 LG Bochum, Urt. v. 22.4.2009 – 9 S 183/08 – juris; LG Kleve, Urt. v. 11.11.2009 – 5 S 88/09 – juris; LG Berlin VersR 2002, 333; LG Aachen, Urt. v. 13.11.2009 – 6 S 122/09.

37 Grundlegend: BGH NJW 2004, 1868; im Bereich des Verkehrsrechts vgl. OLG Brandenburg, Urt. v. 23.10.2008 – 12 U 45/08 – juris und AG Karlsruhe, Urt. v. 18.11.2008 – 5 C 365/08 – juris; LG Koblenz, Urt. v. 2.5.2017 – 5 O 63/16.

lung, d.h. hier Haftungsfreistellung, mit Ablehnungsandrohung setzt. Dem steht es nach ständiger Rechtsprechung des BGH gleich, wenn der Schuldner die geforderte Herstellung oder überhaupt jeden Schadensersatz ernsthaft und endgültig verweigert. Dann wandelt sich der Freistellung- in einen Zahlungsanspruch, wenn der Geschädigte Geldersatz fordert (BGH, NJW 2004, 1868; OLG Hamburg, Urt. v. 27.2.2007 – 7 U 93/05; OLG Frankfurt a.M., Urt. v. 23.8.2011 – 6 U 49/11; LG Hagen, Urt. v. 2.7.2009 – 10 O 24/09).

Lediglich vorsorglich: Dies alles gilt auch für die Umsatzsteuer. Für die Zahlungspflicht des Schädigers genügt der dem Rechtsanwalt erteilte Auftrag zur Schadensregulierung, woraus auch die Pflicht zur Zahlung der Umsatzsteuer auf die Rechtsverfolgungskosten folgt (*Sterzinger*, NJW 2011, 2181).

▲

IV. Einigungsgebühr

1. Grundlagen

Neben der Geschäftsgebühr spielt in der Praxis der Verkehrsunfallbearbeitung die Einigungsgebühr nach Nr. 1000 VV RVG eine wichtige Rolle. Dies gilt umso mehr, als dass das RVG keinen förmlichen Vergleichsabschluss i.S.d. § 779 BGB für den Anfall der Gebühr verlangt. Vielmehr wird für das Entstehen einer Einigungsgebühr (früher „Vergleichsgebühr“) lediglich die Mitwirkung an einem Vertrag gefordert, durch welchen der Streit oder die Ungewissheit der Parteien über ein Rechtsverhältnis beseitigt wird. Dieser Vertrag kann sich auf einzelne Schadenspositionen oder auf die Abrechnung des gesamten Schadens beziehen. Ein gegenseitiges Nachgeben ist dabei nicht zwingend erforderlich. Lediglich bei einem Anerkenntnis oder einem Verzicht fällt keine Einigungsgebühr an. **54**

Diese Gesetzesänderung hat erhebliche Auswirkungen auf die Praxis: Während früher beispielsweise ein für das Vorliegen eines Vergleichs erforderliches gegenseitiges Nachgeben dann nicht vorlag, wenn der Versicherer lediglich aufgrund neu vorgebrachter oder ermittelter Tatsachen einseitig von der ursprünglichen Position Abstand nahm und nunmehr einen erhöhten Betrag ausglich,[38] so kann jetzt die Einigungsgebühr auch bei einem einseitigen Nachgeben entstehen, solange kein Anerkenntnis vorliegt. Eine Einigungsgebühr entsteht auch bei der Vereinbarung einer Ratenzahlung, bei der auf Seiten des Schuldners aufgrund der durchgeführten Zahlung (an sich) kein Nachgeben zu verzeichnen ist.[39] **55**

Eine Einigungsgebühr fällt allerdings nicht an, wenn der abgeschlossene Vertrag ein Anerkenntnis der gesamten Forderung beinhaltet. **56**

Die Höhe der Einigungsgebühr richtet sich danach, ob über den Gegenstand der Einigung ein gerichtliches Verfahren anhängig ist (dann 1,0 Gebühr) oder nicht (dann 1,5 Gebühr). Wird in einem gerichtlichen Verfahren eine Einigung über rechtshängige Gegenstände **57**

38 BGH NJW 1970, 1122.
39 OLG Jena MDR 2006, 1436; AnwK-RVG, 7. Aufl., VV 1000 Rn 97 ff.

wie auch nicht rechtshängige erzielt, ist jeweils zwischen den unterschiedlichen Gegenständen zu unterscheiden und die jeweils einschlägige Gebühr zu berücksichtigen. In der Summe darf jedoch kein höherer Betrag als eine 1,5 Einigungsgebühr aus dem Gesamtwert gefordert werden.

58 Bei den Kosten eines gerichtlichen Vergleichs kann regelmäßig angenommen werden, dass die Parteien diesen der gleichen Kostenregelung wie derjenigen des Rechtsstreits unterwerfen möchten, auch wenn dies nicht ausdrücklich vereinbart wird. Dies deshalb, weil der gerichtliche Vergleich zum eigentlichen Prozessgeschehen gehört, dessen Kosten von den Parteien gewöhnlich als Einheit gesehen werden. Die Kosten eines außergerichtlichen Vergleichs gehören dagegen nur dann zu den zu erstattenden Kosten des Rechtsstreits, wenn die Parteien dies vereinbart haben.[40]

59 Für die Festsetzbarkeit einer Einigungsgebühr reicht es aus, dass glaubhaft gemacht wird, dass die Parteien eine Vereinbarung i.S.v. Nr. 1000 Abs. 1 S. 1 VV RVG geschlossen haben.[41] Die Protokollierung eines als Vollstreckungstitel tauglichen Vergleichs nach § 794 Abs. 1 Nr. 1 ZPO ist daher nicht erforderlich. Es genügt auch, dass die Parteien sich nur über die Hauptsache, nicht aber die Kosten geeinigt haben.[42]

60 Eine Einigungsgebühr kann bei einer Vielzahl von Verhandlungen eintreten, so u.U. auch im Zusammenspiel mit einem Anerkenntnis.

2. Einigungsgebühr und Terminsgebühr

61 Bei einem Vergleich nach § 278 Abs. 6 ZPO entsteht zugleich eine Terminsgebühr.[43] Eine Terminsgebühr bei einer solchen Verständigung kann darüber hinaus auch entstehen, wenn der Anwalt des Klägers bereits einen unbedingten Klagauftrag erhalten hat und es dann zu einer Verständigung kommt.[44] Es genügt auch, dass der Anwalt an einer Besprechung teilnimmt, die auf eine Vermeidung eines Rechtsstreits gerichtet ist, ohne dass ein Rechtsstreit anhängig war.[45]

3. Einigungsgebühr und Klagerücknahme

62 Häufig unterzieht der Haftpflichtversicherer die ihm zugestellte Klage einer nochmaligen Prüfung und kommt zu dem Ergebnis, dass der geltend gemachte Anspruch entgegen seiner Auffassung in der außergerichtlichen Korrespondenz begründet ist. In diesem Fall teilt er dem Rechtsanwalt seine Bereitschaft zum Ausgleich der Klageforderung mit und bittet ihn um Rücknahme der Klage. Hier kommt es auf die genauen Einzelheiten an, ob ein solches Verhalten eine Einigungsgebühr auslöst.

40 Zur Abgrenzung vgl. BGH NJW 2009, 519; OLG Frankfurt a.M. NJW 2005, 2465.
41 BGH NJW 2007, 2187; OLG Düsseldorf JurBüro 2009, 28; der 8. Zivilsenat hat seine diesem entgegenstehende Auffassung (BGH NJW 2006, 1523) zwischenzeitlich aufgegeben.
42 OLG Köln AGS 2010, 219.
43 BGH MDR 2007, 917.
44 BGH NJW-RR 2007, 720; BGH NJW 2010, 530.
45 LG München JurBüro 2007, 26.

Eine einseitige prozessuale Gestaltungserklärung wie eine Klagerücknahme und die gegebenenfalls erforderliche Zustimmung des Prozessgegners hierzu beinhalten als solche keine Vereinbarung im Sinne einer Einigungsgebühr und führen damit grundsätzlich nicht zum Anfall derselben. Etwas anderes gilt jedoch dann, wenn die Parteien über 63

- die Klagerücknahme,
- die Zustimmung der beklagten Partei oder
- einen Verzicht der Beklagten auf einen Kostenantrag

eine Vereinbarung treffen, also einen Vertrag schließen.[46] Der Abschluss eines solchen Vertrags, durch den der Streit oder die Ungewissheit über ein Rechtsverhältnis i.S.v. Nr. 1000 VV RVG beseitigt wird, kann jedoch nur dann angenommen werden, wenn inhaltlich etwas anderes als ein bloßes Anerkenntnis oder ein bloßer Verzicht durch eine der Parteien vereinbart wird. Wird die Klageforderung in vollem Umfang gezahlt und damit im Ergebnis anerkannt, genügt dies nicht. Auch der Umstand, dass die Beklagtenseite sich gleichzeitig zur Übernahme der Verfahrenskosten bereit erklärt und auf einen Kostenantrag verzichtet, stellt keine die Einigungsgebühr auslösende vertragliche Einigung dar.[47]

Zumindest wenn sich die Parteien darüber geeinigt haben, dass für den Fall des Anerkenntnisses die Klage zurückgenommen wird und der Beklagte die Kosten übernimmt, fällt aber die Einigungsgebühr an.[48] Die Einigungsgebühr entsteht jedoch nicht, wenn die Parteien das Verfahren für ruhend erklären und sodann die Klage zurückgenommen wird.[49] 64

Auch ohne Einigung kann gem. Nr. 3104 VV RVG i.V.m. Vorbemerkung 3 Abs. 3 VV RVG eine Terminsgebühr anfallen, wenn eine mögliche Einigung mündlich besprochen und auf diese Weise ein Termin zur mündlichen Verhandlung vermieden werden soll. Für die Entstehung dieser Terminsgebühr genügt es, dass unterschiedliche Vorstellungen der Prozessparteien über die Erledigung des Verfahrens ausgetauscht werden.[50] Erfolgt die Verständigung dagegen lediglich schriftlich, ist eine Terminsgebühr nicht entstanden.[51] 65

V. Pauschalgebühr Akteneinsicht

Häufig beauftragen Kfz-Haftpflichtversicherer den anwaltlichen Vertreter des Geschädigten mit der Anfertigung eines Auszuges aus den amtlichen Ermittlungsakten. In diesen Fällen können die dadurch entstandenen Kosten ebenfalls auf der Grundlage einer Pauschalvereinbarung abgerechnet werden.[52] 66

46 OLG München, Beschl. v. 7.7.2010 – 11 W 1636/10 – SP 2011, 87; OLG Koblenz JurBüro 2006, 638.
47 OLG München, Beschl. v. 7.7.2010 – 11 W 1636/10 – SP 2011, 87; OLG Köln MDR 2006, 539.
48 OLG Nürnberg MDR 2000, 908 zur Vergleichsgebühr.
49 OLG Bamberg MDR 2008, 1425.
50 BGH MDR 2007, 862.
51 SG Duisburg, Beschl. v. 7.3.2008 – S 10 R 320/05 – juris.
52 Empfehlungen des HUK-Verbandes vom 1.1.1989, veröffentlicht in VersR 1989, 567.

Die Vereinbarung sieht vor, dass für die Anfertigung des Auszugs pauschal 26 EUR berechnet werden können. Hinzu kommen die konkret angefallenen Kopierkosten nach Maßgabe der Regelung der Nr. 7000 VV RVG sowie die darauf insgesamt zu berechnende Umsatzsteuer. Wird ein Rechtsanwalt mit der Anfertigung eines Auszugs aus den Ermittlungsakten gegen Erstattung der üblichen Gebühr beauftragt, so ist diese Vereinbarung i.d.R. dahingehend auszulegen, dass eine Auslagenerstattung unter Zugrundelegung der o.g. Sätze des DAV-Abkommens erfolgen soll. Nach Gutachten der Rechtsanwaltskammern des OLG Hamm und des OLG Celle wird das Abkommen auch nach seinem Auslaufen für neue Beauftragungen nach dem 1.7.2004 allgemein weiter angewandt, unabhängig davon, ob der betreffende Rechtsanwalt und/oder Versicherer diesem Abkommen beigetreten sind.[53] Das RVG ist nicht anwendbar, da hier kein Fall einer anwaltlichen Tätigkeit für eine Vertretung vorliegt. Der Anwalt kann daher auch eine höhere Vereinbarung treffen.

67 ▼

Muster 17.12: Aktenauszug

17.12

Versicherung AG

Schaden-Nr./VS-Nr./Az.

Schaden vom

Pkw , amtl. Kennzeichen

Sehr geehrte Damen und Herren,

der Unfall wurde polizeilich aufgenommen, Akteneinsicht wurde bereits erbeten, jedoch noch nicht gewährt. Sollten Sie einen Auszug aus den amtlichen Akten wünschen, teilen Sie mir dies bitte mit. Gerne erstelle ich Ihnen einen Aktenauszug wie folgt:

- Papieraktenauszug mit schwarz-weiß Lichtbildern für 30 EUR zuzüglich Kosten und Umsatzsteuer
- Aktenauszug mit farbigen Lichtbildern in elektronischer Form für 35 EUR zuzüglich Kosten und Umsatzsteuer
- Aktenauszug in Papierform, jedoch mit farbigen Lichtbildern für 40 EUR zuzüglich Kosten und Umsatzsteuer.

Bitte teilen Sie mir für den Fall, dass ein Aktenauszug gewünscht wird, mit, in welcher Form Ihnen dieser übermittelt werden soll. Für den Fall, dass Sie einen Aktenauszug in elektronischer Form wünschen, teilen Sie mir bitte auch eine entsprechende e-Post-Adresse mit.

Mit freundlichen Grüßen

(Rechtsanwalt)

▲

53 AG Münster SP 2009, 160.

§ 18 Korrespondenz mit dem Rechtsschutzversicherer

Jens Dötsch

A. Allgemeines

Im Beziehungsdreieck Rechtsanwalt/Mandant/Rechtsschutzversicherer bestehen ausschließlich Rechtsbeziehungen zwischen 1

- dem Rechtsanwalt und dem Mandanten einerseits sowie
- dem Mandanten und dem Rechtsschutzversicherer andererseits.

Daraus folgt, dass der Mandant auch nach erteilter Deckungszusage durch einen Rechtsschutzversicherer alleiniger Schuldner der Anwaltsgebühren bleibt.

Bei der Deckungszusage handelt es sich – allein zugunsten des Mandanten – um ein 2
deklaratorisches Schuldanerkenntnis gemäß § 781 BGB, woraus folgt, dass der Rechtsschutzversicherer aufgrund dieses Anerkenntnisses mit Einreden und Einwendungen ausgeschlossen ist, die ihm bei dessen Abgabe bekannt waren.[1] Er kann sich also nicht mehr, wenn er umfassend und ordnungsgemäß ins Bild gesetzt wurde, nachträglich auf ein Leistungsverweigerungsrecht berufen und die Deckung wieder entziehen.

Der Umfang jedes Rechtsschutzversicherungsvertrags richtet sich nach den jeweiligen, 3
dem Vertrag zugrundeliegenden, „Allgemeinen Versicherungsbedingungen für die Rechtsschutzversicherung (ARB)". Danach trägt der Versicherer grundsätzlich die gesetzliche Vergütung des Anwalts. Eine etwaig geschlossene Vergütungsvereinbarung begründet gegenüber dem Versicherer keinen höheren Zahlungsanspruch als die gesetzliche Vergütung nach dem RVG.

Bei der Frage, zu welchem Zeitpunkt die Sache beim Rechtsschutzversicherer angemel- 4
det werden sollte, steckt der Anwalt in einem Dilemma: Der Mandant will auf der einen Seite die zügige Bearbeitung der Sache. Dies setzt die frühzeitige Anmeldung beim Rechtsschutzversicherer voraus, damit beispielsweise für den Fall einer ausbleibenden Zahlung durch den KH-Versicherer keine Zeit für eine erst sodann erfolgende Anspruchsanmeldung beim Rechtsschutzversicherer verloren geht. Auf der anderen Seite kann der Rechtsschutzversicherer nach den gängigen ARB den Vertrag kündigen, wenn zwei oder mehr Rechtsschutzfälle innerhalb eines Jahres gemeldet werden. Für die Kündigung kommt es nur auf die Zahl der gemeldeten Fälle an, nicht darauf, ob und in welchem Umfang Leistungen erbracht wurden. Mit einer im Nachhinein nicht erforderlichen Anmeldung gefährdet der Anwalt daher den Versicherungsvertrag.

1 OLG Düsseldorf NJW-RR 1996, 1371; OLG Köln r+s 2001, 248; OLG Oldenburg, Urt. v. 30.8.1995 – 2 U 154/95; LG Paderborn, Beschl. v. 7.5.2021 – 4 O 161/21; OLG Düsseldorf, Beschl. v. 18.5.2008 – 4 U 257/17; BGH NJW 2014/303.

B. Differenz zwischen Kostenanspruch des Anwalts und Kostenerstattungsanspruch des Mandanten

5 Zahlt der Unfallverursacher die entstandenen Anwaltskosten nicht oder nur zum Teil, sind die verbleibenden Anwaltskosten vom Mandanten zu zahlen. Zu unterscheiden ist also zwischen dem Kostenerstattungsanspruch des Mandanten gegenüber einem Dritten einerseits und dem Gebührenanspruch des Anwalts gegenüber dem Mandanten andererseits. Der Mandant kann aus dem Vertrag vom Rechtsschutzversicherer Freistellung im Blick auf den Differenzbetrag verlangen.

6 ▼

Muster 18.1: Geltendmachung des Differenzbetrags bei der Rechtsschutzversicherung

18.1

Versicherung AG

Schaden-Nr.

Schaden vom

Ihr VN:

Sehr geehrte Damen und Herren,

ich komme zurück auf die im Betreff genannte RS-Schadensache. In der Zwischenzeit wurde die außergerichtliche

Schadensabwicklung abgeschlossen. Wie Sie meinem Anspruchsschreiben an den gegnerischen Kfz-Haftpflichtversicherer vom entnehmen können, ging ich bei Mandatsannahme aufgrund der mir von Ihrem VN erteilten Informationen von einer Alleinhaftung des Unfallgegners aus. Dieser Unfallhergang ließ sich jedoch im Zuge der weiteren Schadensabwicklung bedauerlicherweise nicht beweisen. Der gegnerische Kfz-Haftpflichtversicherer legte der Regulierung deshalb lediglich eine 50 %ige Haftungsquote zugrunde. Eine Kopie seines Abrechnungsschreibens vom füge ich Ihnen ebenfalls bei.

Wegen der Kosten meiner Beauftragung verweise ich auf die beiliegende Gebührennote. Wie Sie dieser entnehmen können, bezifferte ich entsprechend dem mir erteilten Auftrag den Gegenstandswert auf der Grundlage einer 100 %igen Haftung des Unfallgegners. Hierauf glich der gegnerische Kfz-Haftpflichtversicherer durch Schreiben vom lediglich einen Teilbetrag in Höhe von aus. In Höhe des offenen Differenzbetrags von EUR besitze ich einen Kostenanspruch gegen Ihren Versicherungsnehmer. Insoweit bitte ich höflich um Ausgleich auf eines meiner Konten. Ich besitze Geldempfangsvollmacht.

Mit freundlichen Grüßen

(Rechtsanwalt)

▲

C. Quotenvorrecht gegenüber dem Rechtsschutzversicherer

Mit einer Zahlung des Rechtsschutzversicherers geht ein etwaiger Erstattungsanspruch auf diesen über, § 86 Abs. 1 S. 1 VVG. Gemäß § 86 Abs. 1 S. 2 VVG darf der Versicherer den Forderungsübergang jedoch nicht zum Nachteil des Versicherungsnehmers geltend machen. Die Anwendbarkeit dieser, vor allem in der Kaskoversicherung gängigen, Regelung des sogenannten Quotenvorrechts ergibt sich für den Bereich der Rechtsschutzversicherung aus deren Qualifizierung als Schadensversicherung.[2] 7

Das Quotenvorrecht kommt immer dann zum Tragen, wenn beim Versicherungsnehmer Rechtsverfolgungskosten verbleiben, wie beispielsweise ein Selbstbehalt, oder aber, wenn anwaltliche Fahrtkosten und Abwesenheitsgelder vom Rechtsschutzversicherer bedingungsgemäß nicht übernommen werden. Voraussetzung der Verrechnung bestimmter Erstattungszahlungen mit anderen (an sich vom Versicherungsnehmer zu tragenden) Kostenpositionen aufgrund des Quotenvorrechts ist allein die Kongruenz der betreffenden Kosten. Kongruent sind nach der Rechtsprechung des BGH[3] grundsätzlich sämtliche Schäden, die ihrer Art nach dem vertragstypischen Risiko entsprechen, also nicht nur die im konkreten Fall tatsächlich versicherten Schäden.[4] Kommt es zu einer Zahlung des Gegners auf die Rechtsverfolgungskosten, ist die Zahlung gemäß dem Quotenvorrecht zunächst – im Innenverhältnis – auf alle Positionen zu verrechnen, die ansonsten vom Mandanten zu zahlen wären.

▼ 8

Muster 18.2: Geltendmachung des Quotenvorrechts gegenüber dem Rechtsschutzversicherer 18.2

Versicherung AG

Schaden-Nr.

Schaden vom

Ihr VN:

Sehr geehrte Damen und Herren,

ich komme zurück auf die im Betreff genannte RS-Sache.

Gemäß § 86 Abs. 1 S. 2 VVG darf der Versicherer den Übergang von Ersatzansprüchen nicht zum Nachteil des Versicherungsnehmers geltend machen. Das Quotenvorrecht gilt auch in der Rechtsschutzversicherung (*van Bühren/Plote*, ARB, 3. Aufl., § 5 Rn 171). Es gilt für sämtliche Rechtsverfolgungskosten, die vom Rechtsschutzversicherungsumfang nicht gedeckt sind (OLG Köln, NJW 1973, 905), also auch für nicht versicherte Reisekosten des Anwalts und der Partei etc. (*Schneider*, RVG professionell, 2008, S. 65; *Rüffer/Halbach/Schimikowski*, Versicherungsvertragsgesetz, § 86 Rn 23 ff.).

2 *Freyberger*, DAR 2001, 93; Prölls/Martin/*Armbrüster*, 31. Aufl. 2021, § 86 VVG Rn 3 ff.
3 BGH VersR 1982, 283.
4 Prölls/Martin/*Armbrüster*, 30. Aufl. 2018, § 86 VVG Rn 13 m.w.N.

Voraussetzung der Verrechnung von Zahlungen mit anderen (an sich vom Versicherungsnehmer zu tragenden) Kosten aufgrund des Quotenvorrechts ist allein die Kongruenz der betreffenden Kosten. Kongruent sind nach der Rechtsprechung des Bundesgerichtshofs (BGH VersR 1982, 283) grundsätzlich sämtliche Schäden, die ihrer Art nach dem vertragstypischen Risiko entsprechen, also nicht nur die im konkreten Fall tatsächlich versicherten Schäden (*Schneider* in van Bühren, Handbuch Versicherungsrecht, 4. Aufl., § 13 Rn 93). Im Bereich der Rechtsschutzversicherung ist daher grundsätzlich von einer Kongruenz sämtlicher aufzuwendender Rechtsverfolgungskosten auszugehen. Es kann daher unter anderem mit folgenden Positionen verrechnet werden:

- der Selbstbeteiligung
- den Reisekosten und Abwesenheitsgeldern des Anwalts
- den Kosten eines Unterbevollmächtigten/Terminsvertreters
- den eigenen Parteiaufwendungen (zum Beispiel Fahrten zu Gerichtsterminen)
- Ansprüchen aus einer Honorarvereinbarung (*Freyberger* in Vorwerk, Das Prozessformularbuch, 8. Aufl., 2005, Kap. 91 Rn 285 ff.).

Das Quotenvorrecht ist nicht nur bei Kostenerstattungen anzuwenden, sondern auch bei Teilleistungen des Gegners. Im Außenverhältnis zum Gegner (Schuldner) gibt § 367 Abs. 1 BGB zwingend die Verrechnung vor, das heißt, dass zunächst auf die Kosten zu verrechnen ist. Eine solche Verrechnung im Innenverhältnis widerspricht jedoch dem Grundgedanken des Quotenvorrechts sowie dem Sinn und Zweck der Rechtsschutzversicherung, das Risiko der Interessenwahrnehmung des Versicherungsnehmers solange abzudecken, wie die Interessenwahrnehmung notwendig ist, das heißt bis zur vollständigen Befriedigung des Versicherungsnehmers (*Schneider* in van Bühren, Handbuch Versicherungsrecht, 4. Aufl., § 13 Rn 95; Harbauer/*Bauer*, ARB 2010, § 17 Rn 142 ff.). Daher sind Teilleistungen des Gegners im Innenverhältnis zwischen Versicherungsnehmer und Rechtsschutzversicherer – abweichend von der Verrechnung gegenüber dem Schuldner – zunächst auf die dem Versicherungsnehmer zustehende Hauptforderung zu verrechnen, bevor der Rechtsschutzversicherer den Forderungsübergang geltend machen kann (OLG Hamm, VersR 2000, 1101).

Das Quotenvorrecht findet daher sowohl Anwendung auf Erstattungen des Schuldners als auch auf zurücklaufende Vorschüsse (beispielsweise vom Gericht oder dem Gerichtsvollzieher), die der Versicherer erbracht hat (*Schneider* in van Bühren, Handbuch Versicherungsrecht, 4. Aufl., § 13 Rn 93).

Das Quotenvorrecht greift sogar dann ein, wenn der Kostenerstattungsanspruch des Gegners den eigenen Erstattungsanspruch übersteigt. Besteht beispielsweise aufgrund eines Urteils oder eines Vergleichs eine Kostenquote von 75 % zu 25 % zulasten des Versicherungsnehmers und werden in die Kostenausgleichung jedoch alle Positionen eingestellt und somit auch solche, die vom Versicherungsumfang nicht gedeckt sind (z.B. Fahrtkosten), so ergibt sich hieraus, dass der Rechtsschutzversicherer aufgrund der Einstellung dieser Positionen in die Kostenausgleichung ungerechtfertigt bereichert wäre, sofern das Quotenvorrecht nicht greifen würde. Denn zu seinen Gunsten würden Positionen eingestellt, die er nicht erbracht hat. Sodann ist der Versicherer ungerechtfertigt bereichert und muss diesen Betrag nach §§ 812 ff. BGB an den Versicherungsnehmer herausgeben (*Schneider*, RVG professionell 2008, S. 65; AG Bonn BRAGO report 00, 31). Mit anderen Worten: Dadurch, dass der Versicherungsnehmer auch die anteiligen nicht vom Versicherungsumfang umfassten Kosten in die Ausgleichung mit einbringt, wird der Versicherer auf Kosten des Versicherungsnehmers um diesen Betrag ungerechtfertigt bereichert und damit würde die Regelung des § 86 Abs. 1 S. 2 VVG unterlaufen. Daher muss der Versicherer diesen Betrag an den Versicherungsnehmer auskehren.

Ihr Ersatzanspruch in Höhe der von Ihnen nicht erstatteten Aufwendung von … EUR ist vorrangig von den festgesetzten Kosten abzuziehen. Es verbleibt ein Differenzbetrag in Höhe von … EUR, der allein auf Ihr Haus übergeht und mithin zu Ihren Händen erstattet wird.

Mit freundlichen Grüßen

(Rechtsanwalt)

▲

D. Deckungszusage für eine negative Feststellungsklage

Für den Fall der Unfallabwicklung hat der Haftpflichtversicherer unberechtigte Ansprüche abzuwehren. Anders ist dies jedoch, wenn der Mandant beispielsweise ein Fahrzeug verkauft hat und sich der Käufer unberechtigter Ansprüche berühmt. In einem solchen Fall kann sich die Erhebung einer negativen Feststellungsklage empfehlen. Nur selten wird eine solche Klage auf erstes Anfordern vom Rechtsschutzversicherer gedeckt, dies zu Unrecht. 9

▼ 10

Muster 18.3: Bitte um Deckungszusage für negative Feststellungsklage 18.3

… Versicherung AG

…

…

Schaden-Nr. …

Schaden vom …

Ihr VN: …

Sehr geehrte Damen und Herren,

ich komme zurück auf die im Betreff genannte RS-Sache.

Es ist Deckung für eine negative Feststellungsklage zu erteilen. Sieht sich ein vorgeblicher Schuldner einer nicht unerheblichen Forderung ausgesetzt, derer sich der vorgebliche Gläubiger berühmt, so besteht ein Feststellungsinteresse für eine negative Feststellungsklage (Zöller/*Greger*, 32. Aufl., § 256 Rn 7). Die Ungewissheit des Bestehens einer Forderung stellt für den vorgeblichen Schuldner eine Belastung dar, weil er jederzeit damit rechnen muss, dass der Gläubiger Klage erhebt und sich die Forderung wider Erwarten als berechtigt herausstellt. Weil der Schuldner für dieses Risiko vorsorgen und gegebenenfalls auch Rückstellungen bilden muss, ist er in seiner finanziellen Dispositionsfreiheit eingeschränkt. Zudem erhöht sich aufgrund des weiteren Zuwartens das Zinsrisiko. Aus diesen Gründen muss ein Rechtsschutzversicherer für eine negative Feststellungsklage Kostendeckung übernehmen, weil ein berechtigtes Interesse des Versicherungsnehmers an dieser Klage besteht (AG Charlottenburg, Urt. v. 15.3.1991 – 6 C 69/91; AG München,

Urt. v. 22.4.2008 – 241 C 2934/08; AG Düsseldorf, Beschl. v. 26.3.2010 – 43 C 3487/09; OLG Hamm, Urt. v. 12.3.1999 – 20 U 217/98; *Rixecker*, zfs 2009, 400–402).

Den ARB ist auch kein Leistungsausschluss für eine negative Feststellungsklage zu entnehmen. Gemäß § 17 Abs. 5 c aa und cc ARB 2008 hat der Versicherer die erforderlichen Leistungen zu erbringen, somit auch Deckung für eine negative Feststellungsklage zu erteilen, es sei denn, die Erhebung der Klage wäre unbillig. Eine negative Feststellungsklage ist jedoch nicht unbillig, weil im Abwarten auf den Eintritt der Verjährung die Gefahr der Verschlechterung der Beweislage liegt.

Im Übrigen ist § 17 Abs. 5 ARB wegen eines Verstoßes gegen das Transparenzverbot unwirksam (Terminsladung des Bundesgerichtshofs vom 22.5.2009 – IV ZR 352/07; *Bauer*, Obliegenheiten des Versicherungsnehmers in der Rechtsschutzversicherung, NJW 2011, 646). Dementsprechend hat die Verbraucherzentrale Hamburg insgesamt neunzehn Rechtsschutzversicherer abgemahnt, die die Klausel dennoch verwenden. Zwischenzeitlich liegen elf rechtskräftige Entscheidungen diverser Gerichte vor, die die Rechtmäßigkeit der Abmahnung wegen der Unwirksamkeit der Klausel bestätigen.

Dies führte dazu, dass in den ARB 2010 § 17 Abs. 5 c nicht mehr enthalten ist, ebenso wie in den ARB 2012 eine derartige Regelung entfallen ist.

Soweit sodann von Versicherern auf § 82 Abs. 1 VVG (Schadensminderungsobliegenheit) verwiesen und unter Bezugnahme auf diese Vorschrift die Deckung verweigert wird, geschieht auch dies zu Unrecht. Dem Versicherungsnehmer ist, wie bereits ausgeführt, ein Zuwarten nicht zuzumuten. Zudem spricht § 82 Abs. 1 VVG davon, dass der Versicherungsnehmer „nach Möglichkeit" für die Minderung des Schadens zu sorgen hat. Eine solche Möglichkeit ist dem Versicherungsnehmer jedoch nicht gegeben, denn er hat keinen Einfluss auf das Verhalten desjenigen, der sich zu Unrecht der Forderung berühmt. Wird derjenige, der sich zu Unrecht einer Forderung berühmt, zur Abgabe einer Erklärung, dass die Forderung nicht besteht, aufgefordert und gibt derjenige die Erklärung nicht ab, so kann negative Feststellungsklage erhoben werden. Denn für den Versicherungsnehmer besteht keine Möglichkeit für eine Minderung des Schadens zu sorgen, zumal er bereits aufgrund des Verhaltens desjenigen, der sich zu Unrecht der Forderung berühmt, eingetreten ist.

Mit freundlichen Grüßen

(Rechtsanwalt)

▲

E. Mandat gegen Rechtsschutzversicherer

11 Lehnt der Rechtsschutzversicherer zu Unrecht die Bitte um Deckungsschutz ab, sollte sich der Anwalt spätestens jetzt förmlich ein gesondertes Mandat gegen den Rechtsschutzversicherer erteilen lassen, um die weitere Korrespondenz mit dem Rechtsschutzversicherer als Schaden wegen einer vertraglichen Pflichtverletzung (§ 280 BGB) oder als Verzugsschaden des Mandanten geltend machen zu können.

▼ 12

Muster 18.4: Mandat gegen den Rechtsschutzversicherer

Versicherung AG

Schaden-Nr.

Schaden vom

Ihr VN:

Sehr geehrte Damen und Herren,

ich komme zurück auf die im Betreff genannte RS-Sache.

Zu Unrecht haben Sie die Deckung abgelehnt. Hierin ist sowohl eine vertragliche (Neben-) Pflichtverletzung als auch eine ernsthafte und endgültige Erfüllungsverweigerung zu sehen, so dass Sie sich in Verzug befinden, § 286 Abs. 2 Nr. 3 BGB.

Ihr VN hat mir zwischenzeitlich ein gesondertes Mandat gegen Ihr Haus erteilt, entsprechende Vollmacht finden Sie beigefügt. Sie werden daher aufgefordert, Deckung zu erteilen bis zum

.

Sollte die Frist fruchtlos verstreichen, werde ich Ihrem VN empfehlen, mir Klageauftrag zu erteilen.

Aufgrund des Verzugseintritts haben Sie auch die weiteren Kosten meiner Tätigkeit, auch wenn nicht von den ARB umfasst, zu tragen. Der Gegenstandswert bemisst sich nach den voraussichtlichen Kosten des beabsichtigten Rechtsstreits für die erste Instanz (ggf. abzüglich einer Selbstbeteiligung des Versicherungsnehmers). Zu Grunde zu legen sind die Anwaltskosten beider Parteien und die Gerichtskosten (AG Karlsruhe, Urt. v. 9.4.2009 – 1 C 36/09; AG Gronau, Urt. v. 9.8.2010 – 11 C 47/08). Diese belaufen sich auf EUR und die Anwaltskosten damit auf EUR. Ich darf um Ausgleich auf eines unserer angegebenen Konten zum genannten Aktenzeichen binnen gesetzter Frist höflich bitten.

Mit freundlichen Grüßen

(Rechtsanwalt)

▲

Praxistipp 13

Wird Deckungsschutz vom Versicherer versagt, weil er keine hinreichende Erfolgsaussicht für die Rechtsverfolgung sieht oder er die Rechtsverfolgung für mutwillig hält, ist ein Stichentscheid oder ein Schiedsgutachterverfahren möglich, 3.4 ARB 2012. Einige Gerichte gehen davon aus, dass für eine Deckungsklage das Rechtsschutzbedürfnis fehlt, solange der Stichentscheid nicht eingeholt wurde.[5] Die herrschende Meinung sieht jedoch zu Recht in der Möglichkeit, einen Stichentscheid

5 LG Stuttgart VersR 95, 1438; LG Köln NJW-RR 87, 544 = zfs 86, 336.

einzuholen, lediglich eine zusätzliche Form der Streitentscheidung, aber kein zwingend der Deckungsklage vorgeschaltetes Schlichtungsverfahren.[6] Der Anwalt erhält für den Stichentscheid eine gesonderte Gebühr nach 2300 VV RVG.

F. Deckung für Klage nur gegen Unfallverursacher

14 Teilweise mag es sich – und sei es nur aus taktischen Gründen – anbieten, Klage nur gegen den Unfallverursacher zu erheben. Unter Umständen erteilt der Rechtsschutzversicherer in einem solchen Fall Deckung nur unter der Bedingung, dass zumindest auch der Haftpflichtversicherer verklagt wird, damit der ausgeurteilte Zahlungsanspruch auch sicher werthaltig ist.

15 ▼

Muster 18.5: Deckung auf Klage nur gegen den Unfallverursacher

Versicherung AG

Schaden-Nr.

Schaden vom

Ihr VN:

Sehr geehrte Damen und Herren,

ich komme zurück auf die im Betreff genannte RS-Sache.

Ich darf um Erteilung einer unbedingten Deckungszusage bitten bis zum .

Ihr VN hat ein berechtigtes Interesse daran, den Haftpflichtversicherer nicht neben dem Unfallverursacher oder gar allein in Anspruch zu nehmen. Im Vergleich zu einem Haftpflichtversicherer besteht bei der alleinigen Inanspruchnahme des Unfallverursachers die Möglichkeit, ein Versäumnisurteil zu erhalten.

Zudem kann bei einer alleinigen Inanspruchnahme des Unfallverursachers der Haftpflichtversicherer keinerlei Erklärungen für den Beklagten abgeben, § 79 ZPO. Der Versicherer muss daher einen Anwalt für den Beklagten beauftragen und die hiermit einhergehenden Kosten übernehmen. Er wird hiervon unter Berücksichtigung der geringen Höhe der Hauptforderung aus wirtschaftlichen Erwägungen absehen und die Klageforderung ausgleichen.

Mit freundlichen Grüßen

(Rechtsanwalt)

▲

6 Nachweise bei Harbauer/*Bauer*, ARB 75, § 17 Rn 10.

Praxistipp 16

Wird der Versicherer nicht mitverklagt, ist unbedingt auf die Einhaltung von § 119 Abs. 2 VVG zu achten, ansonsten besteht die Gefahr, dass der Haftpflichtversicherer Leistungsfreiheit einwenden kann. Darüber hinaus kann die Verletzung der Obliegenheit aus § 119 Abs. 2 VVG eine Berufspflichtverletzung begründen.

G. Aufrechnung gegenüber Rechtsschutzversicherer

Hat der Mandant mehrere Mandate erteilt, die teilweise unter den Deckungsschutz der 17 Rechtsschutzversicherung fallen und teilweise nicht, kann der Anwalt für den Fall einer Zahlung eines Dritten in einer dem Deckungsschutz unterfallenden Sache die Aufrechnung mit einer Forderung gegenüber dem Mandanten aus einer nicht dem Deckungsschutz unterfallenden Sache erklären. Gleiches gilt für den Fall einer Zahlung des Rechtsschutzversicherers in einer versicherten Sache. Auch mit dieser Zahlung kann die Aufrechnung mit einem Gebührenanspruch aus einem nicht dem Versicherungsschutz unterfallenden Mandat erklärt werden, wenn die allgemeinen Voraussetzungen für eine Aufrechnung vorliegen.

▼ 18

Muster 18.6: Aufrechnung gegenüber Rechtsschutzversicherer 18.6

Versicherung AG

Schaden-Nr.

Schaden vom

Ihr VN:

Sehr geehrte Damen und Herren,

ich komme zurück auf die im Betreff genannte RS-Sache.

Die Gegenseite zahlt auf die Rechtsverfolgungskosten einen Betrag in Höhe von . Aus einem weiteren Mandat Ihres VN steht aus meiner Gebührennote vom noch ein Betrag in Höhe von zur Zahlung offen, mit welchem ich hiermit die Aufrechnung erkläre.

Leistet der Rechtsschutzversicherer in einem dem Versicherungsvertrag unterfallenden Mandat an den Rechtsanwalt einen Gebührenvorschuss, so kann der Rechtsanwalt diesen Gebührenvorschuss auch auf ein weiteres, nicht vom Versicherungsvertrag umfasstes, Mandat des Versicherungsnehmers verrechnen. Diese Möglichkeit folgt aus § 406 BGB. § 406 BGB ist auch auf die Fälle des gesetzlichen Forderungsübergangs anzuwenden (Palandt/*Grüneberg*, BGB, 78. Aufl., 2019, § 406 Rn 3). Eine Beschränkung ist angesichts des Wortlauts der Vorschrift und des bezweckten Schutzes des Schuldners der Forderung nicht gerechtfertigt. Soweit teilweise die Wirksamkeit einer solchen Verrechnung/Aufrechnung verneint wird, weil wegen des Forderungsübergangs im Zeitpunkt der Erklärung der Aufrechnung keine Aufrechnungslage mehr gegeben sei (LG München I,

VersR 2006, 257; AG Berlin-Mitte, Juristisches Büro 2008, 38), vermag diese Auffassung nicht zu überzeugen. Das LG München I erkennt zwar, dass zugunsten des Rechtsanwalts die Voraussetzungen einer Aufrechnungsbefugnis gemäß § 406 Alt. 2 BGB vorliegen, hält aber trotzdem diese Bestimmung für nicht anwendbar, da sie zu einem unbilligen Ergebnis führe. Es würden anwaltliche Vergütungsansprüche auf den Rechtsschutzversicherer abgewälzt, für die kein Rechtsschutz besteht. Das ist aber die hinzunehmende Konsequenz der in § 406 BGB zum Ausdruck kommenden gesetzgeberischen Entscheidung (LG Hannover, Urt. v. 9.8.2007 – 8 S 26/07; *Bauer*, NJW 2008, 1500; *Harbauer*, ARB-Kommentar, 9. Aufl. 2018, § 17 Rn 170 ff.; *Schneider* in van Bühren, Handbuch Versicherungsrecht, § 13 Rn 83). Die Rechtsfolge der Möglichkeit der Verrechnung/Aufrechnung ergibt sich zwingend aus der Vorschrift des § 406 Alt. 2 BGB und ist damit eine gesetzgeberische Entscheidung, die nicht in Frage zu stellen ist.

Mit freundlichen Grüßen

(Rechtsanwalt)

▲

H. Kein mehrfacher Anfall der Selbstbeteiligung

19 Teilweise findet sich in den ARB die Regelung, dass die Selbstbeteiligung jeweils pro Leistungsart zu berücksichtigen ist (z.B. § 5 Abs. 3 c ARB 2010). Dies soll dazu führen, dass die Selbstbeteiligung auch dann mehrfach in Ansatz zu bringen ist, wenn aus einem einheitlichen Lebenssachverhalt wie einem Unfall mehrere Leistungsarten betroffen sind (z.B. Geltendmachung von Schadensersatz, Abwehr eines straf- und/oder eines bußgeldrechtlichen Vorwurfs usw.). Die Auffassung kann trotz des eindeutigen Wortlauts der ARB 2010 nicht überzeugen, die ARB 2012 wurden entsprechend geändert, vgl. 3.3.4.

20 ▼

Muster 18.7: Kein mehrfacher Anfall der Selbstbeteiligung

Versicherung AG

Schaden-Nr.

Schaden vom

Ihr VN:

Sehr geehrte Damen und Herren,

ich komme zurück auf die im Betreff genannte RS-Sache.

Zu Unrecht bringen Sie in dieser Sache die Selbstbeteiligung erneut in Abzug. Diese wurde bereits in den Akten , Ihr Aktenzeichen , berücksichtigt.

Soweit Sie sich wegen des mehrfachen Abzugs der Selbstbeteiligung auf die ARB beziehen, rechtfertigen diese den mehrfachen Abzug nicht.

Die Klausel des § 5 Abs. 3 c ARB ist unwirksam. Sie verstößt gegen das Transparenzgebot. Allgemeine Versicherungsbedingungen sind nach der ständigen Rechtsprechung des Bundesgerichtshofs so auszulegen, wie ein durchschnittlicher Versicherungsnehmer sie bei verständiger Würdigung, aufmerksamer Durchsicht und unter Berücksichtigung des erkennbaren Sinnzusammenhangs verstehen muss. Dabei kommt es auf die Verständnismöglichkeiten eines durchschnittlichen Versicherungsnehmers ohne versicherungsrechtliche Spezialkenntnisse an (BGH, Urt. v. 16.7.2014 – IV ZR 88/13). Der verfolgte Zweck und der Sinnzusammenhang sind zusätzlich zu berücksichtigen, soweit sie für den VN erkennbar sind (BGH, Urt. v. 8.5.2013 – IV ZR 84/12).

Der durchschnittliche VN ohne versicherungsrechtliche Spezialkenntnisse wird die Klausel so verstehen, dass die Selbstbeteiligung mehrfach anfällt, wenn verschiedene Leistungsarten aus verschiedenen Lebenssachverhalten betroffen sind. Wenn jedoch, wie vorliegend, aus einem einheitlichen Lebenssachverhalt wie einem Unfall mehrere Leistungsarten betroffen sind, wird der durchschnittliche VN davon ausgehen, dass alle Tätigkeiten des von ihm beauftragten Anwalts, für die Deckung besteht, auch mit einer Selbstbeteiligung erledigt sind. Denn der mehrfache Anfall der Selbstbeteiligung soll aus seiner und aus Sicht des Versicherers nur dazu dienen, dass der VN nicht wegen jeder verschiedenartigen Kleinigkeit zum Anwalt geht, weshalb er mit der Selbstbeteiligung belastet wird.

So liegt der Fall vorliegend aber nicht.

Ihr VN kam einzig und allein wegen des Unfalls. Er kann und muss nicht wissen, dass dieser einheitliche Lebenssachverhalt von den ARB künstlich in verschiedene Leistungsbereiche aufgespalten wird und die Selbstbeteiligung mehrfach anfällt.

Zudem schuldet Ihr Haus aus einem Lebenssachverhalt die Maximaldeckungssumme nur einmal, und zwar für alle Fälle, die aus dem Versicherungsfall – dem Unfall – entstehen. Wäre Ihre Auffassung zutreffend, schuldete Ihr Haus auch in jeder Leistungsart jeweils die Höchstdeckungssumme. Dergestalt sind die Prämien aber nicht kalkuliert.

Zur Vermeidung der Feststellung der Unwirksamkeit der Klausel durch die Gerichte wurden die ARB zwischenzeitlich geändert. Die ARB 2012, 3.3.4 lauten:

„Hängen mehrere Versicherungsfälle zeitlich und ursächlich zusammen, ziehen wir zu Ihren Gunsten die Selbstbeteiligung nur einmal ab".

Auch diese Änderung der ARB bestätigt daher die hiesige Auffassung.

Mit freundlichen Grüßen

(Rechtsanwalt)

▲

Teil 2: Verkehrsstraf- und Bußgeldrecht

Kapitel 1: Verkehrsstrafrecht

§ 19 Einleitung

Sebastian Gutt

Das Verkehrsstrafrecht ist im Verkehrsrecht von ganz entscheidender Bedeutung. Klagt 1 beispielsweise ein Unfallbeteiligter nach dem Verkehrsunfall über Schmerzen gegenüber der herbeigerufenen Polizei, wird unabhängig von der Unfallverursachung von Amts wegen ein Strafverfahren eingeleitet. Neben der Unfallregulierung ist der Anwalt dann häufig auch als Verteidiger gefragt. Der Großteil der Verkehrsstraftaten wird als Massenverfahren bei der Polizei und den Staatsanwaltschaften geführt.

Sicherlich sind im Verkehrszivilrecht verschiedene Streitigkeiten mit Versicherern hinsichtlich einzelner Schadenspositionen besser voraussehbar und es können deshalb auch mehr Muster vorgehalten werden als im Strafrecht. Denn wichtig ist, dass jeder strafrechtliche Fall individuell zu betrachten und auf die konkrete Situation des Mandanten abzustimmen ist. Unter Berücksichtigung des konkreten Einzelfalls ist es aber auch im Strafrecht möglich und sinnvoll, Muster vorzuhalten, um effektiv verteidigen zu können.

Nachfolgend werden einige verkehrsrechtliche Strafdelikte dargestellt, erläutert und zu 2 den in der Praxis häufig vorkommenden Problemen entsprechende Muster offeriert.

§ 20 Unfallflucht (§ 142 StGB)

Sebastian Gutt

A. Einleitung

Das unerlaubte Entfernen vom Unfallort, umgangssprachlich Unfallflucht genannt, beschäftigt Verkehrsrechtler nahezu täglich. Es ist die Tendenz zu erkennen, dass die Verfolgungsbehörden und Gerichte oftmals viel zu schnell davon ausgehen, dass Tatbestand, Rechtswidrigkeit und Schuld vorliegen. Dies mag dem Umstand einer schnellen Aktenbearbeitung geschuldet sein. Tatsächlich dürfte die Unfallflucht nicht nur ein „Massendelikt" sein, sondern auch rechtlich unterschätzt werden. Aufgabe des Verteidigers ist es, Details des individuell erhobenen Vorwurfs herauszuarbeiten und zu problematisieren. 1

Bei der Bearbeitung verkehrsstrafrechtlicher Mandate sind überdies Schnittstellen zu anderen Rechtsgebieten zu berücksichtigen, zum Beispiel zum Versicherungsrecht und dem möglichen Regress des KH-Versicherers.

Die Unfallflucht ist eines der umstrittensten und zugleich auch umfangreichsten Delikte, mit dem man, wie einschlägige Literatur zeigt, ganze Bücher füllen kann. Nachfolgend soll auf die wahrscheinlich häufigsten Konstellationen in der Praxis eingegangen werden. Regelmäßig werden sich Ansätze für die Verteidigung im Bereich des objektiven und subjektiven Tatbestands abspielen, so dass sich die Ausführungen hierauf beschränken.

B. Der objektive Tatbestand

I. Unfall im öffentlichen Straßenverkehr

1. Begriffsbestimmungen

Es muss ein Unfall im öffentlichen Straßenverkehr geschehen sein. 2

Unfall ist ein plötzliches Ereignis, welches im Zusammenhang mit den typischen Gefahren des Straßenverkehrs steht und einen nicht ganz unerheblichen Schaden verursacht.[1] 3

Öffentlicher Straßenverkehr ist der der Fortbewegung dienende Verkehr von Fahrzeugen und Fußgängern auf allen Wegen, Plätzen, Durchgängen und Brücken, die jedermann oder wenigstens allgemein bestimmten Gruppen von Benutzern, wenn auch nur vorübergehend oder gegen Gebühr, zur Verfügung steht.[2] Bereits diese Definition zeigt, dass auch Privatwege öffentlich sein können, wenn deren Benutzung durch einen unbestimm- 4

1 BGH NJW 1972, 1960; BayObLG NJW 1980, 299; OLG Hamm NJW 1982, 2456.
2 *Fischer*, § 315b StGB Rn 3 m.w.N.; BGH DAR 1969, 593; DAR 2004, 529 (jew. zu § 315b StGB).

baren oder zahlenmäßig nicht eng begrenzten Personenkreis vom Berechtigten zugelassen wird.[3]

5 Demgegenüber gibt es beispielsweise auf einem Werksgelände dann keinen öffentlichen Straßenverkehr, wenn der Zutritt lediglich Werksangehörigen und Personen mit nur individueller Erlaubnis möglich ist.[4] So kann sich etwa aus einer entsprechenden Beschilderung als „Privat-/Werksgelände", einer Einfriedung des Geländes und einer Zugangsbeschränkung in Gestalt einer Einlasskontrolle ergeben, dass der Verfügungsberechtigte die Allgemeinheit von der Benutzung des Geländes ausschließen will.[5] Wenn aufgrund solcher Maßnahmen nur einem beschränkten Personenkreis wie den Betriebsangehörigen,[6] wie mit einem besonderen Ausweis ausgestatteten Personen[7] oder wie individuell zugelassenen Lieferanten und Abholern,[8] Zutritt zu dem Betriebsgelände gewährt wird, handelt es sich um eine nicht öffentliche Verkehrsfläche. In diesen Fällen ist der Kreis der Berechtigten so eng umschrieben, dass er aus einer unbestimmten Vielzahl möglicher Benutzer ausgesondert ist.[9]

6 ▼

Muster 20.1: Kein Unfall im öffentlichen Straßenverkehr

20.1

In dem Ermittlungsverfahren

gegen

wegen

erfolgt zur Sache nach erfolgter Akteneinsicht die nachfolgende Einlassung:

Es kann dahinstehen, ob mein Mandant tatsächlich der verantwortliche Fahrzeugführer zum Zeitpunkt des Unfalls war und sich nach dem behaupteten Unfallereignis unerlaubt vom Unfallort entfernte. Aus der Ermittlungsakte ergibt sich, dass sich der Unfall ereignet hat auf dem Werksgelände des Automobilherstellers D. Das Werksgelände dürfen ausschließlich Werksangehörige befahren oder solche Personen, denen eine individuelle Erlaubnis vom Eigentümer ausgestellt wurde.

Öffentlicher Straßenverkehr ist der der Fortbewegung dienende Verkehr von Fahrzeugen und Fußgängern auf allen Wegen, Plätzen, Durchgängen und Brücken, die jedermann oder wenigstens allgemein bestimmten Gruppen von Benutzern, wenn auch nur vorübergehend oder gegen Gebühr, zur Verfügung steht (*Fischer*, § 315b StGB Rn 3 m.w.N.; BGH DAR 1969, 593; DAR 2004, 529 (jew. zu § 315b StGB)). Freilich können auch Privatgelände „öffentlich" sein. Wenn aber durch diese Maßnahmen nur einem beschränkten Personenkreis wie den Betriebsangehörigen, wie mit einem besonderen Ausweis ausgestatteten Personen oder wie individuell zugelassenen Lieferanten und Abholern, Zutritt zu dem Betriebsgelände gewährt wird, handelt es sich um eine nicht öffentliche

3 BGHSt 16, 7; DAR 2004, 399; zfs 2013, 523; LG Krefeld VRS 70, 12.
4 BGH DAR 2004, 399.
5 Vgl. *Hünnekens/Schulte*, Öffentlicher Verkehr auf Betriebs- und Werksgelände, BB 1997, 533, 534 f., zitiert nach BGH DAR 2004, 399.
6 OLG Braunschweig, Urt. v. 8.5.1964 – Ss 87/64 – juris.
7 BGH MDR 1963, 41.
8 OLG Köln DAR 2002, 417.
9 BGHSt 16, 7.

Verkehrsfläche (OLG Braunschweig, Urt. v. 8.5.1964 – Ss 87/64 – juris; BGH MDR 1963, 41; OLG Köln DAR 2002, 417).

Der Unfall ereignete sich folglich nicht im öffentlichen Straßenverkehr. Der objektive Tatbestand des § 142 Abs. 1 StGB ist dementsprechend nicht erfüllt. Ich beantrage daher, das Ermittlungsverfahren gegen meinen Mandanten gem. § 170 Abs. 2 StPO einzustellen.

▲

Zum öffentlichen Straßenverkehr soll indes auch der durch den Verkehrsteilnehmer selbstständig befahrene Bereich innerhalb einer Waschstraße gehören. Maßgeblich sei, ob das Fahrzeug aus eigener Kraft und nicht lediglich mit den zur Anlage gehörenden Vorrichtungen bewegt wird.[10]

2. Teleologische Reduktion: Gefahrenzusammenhang

Allgemein wird zudem eine Art teleologische Reduktion des § 142 StGB dahin vorgenommen, dass sich bei dem Verkehrsunfall gerade die Gefahr des Straßenverkehrs verwirklicht haben muss.[11] Es muss sich ein verkehrstypisches Unfallrisiko realisiert haben. Die reine Beteiligung eines Fahrzeugs und der Umstand, dass die Tat im Straßenverkehr begangen wurde, genügen für sich alleine nicht. Dementsprechend realisiert sich gerade kein verkehrstypisches Risiko, wenn der Fahrer eines Lkw aus diesem heraus einen Pkw mit Flaschen bewirft und sich entfernt, obwohl dieser durch die Flaschen beschädigt worden war. Eine Strafbarkeit nach § 142 Abs. 1 StGB scheidet in diesem Fall aus.[12] Andererseits verwirklicht sich die typische Gefahr des Straßenverkehrs, wenn auf einem Supermarktparkplatz ein Fußgänger mit seinem Einkaufswagen gegen ein geparktes Fahrzeug stößt und dieses beschädigt.[13] 7

▼ 8

Muster 20.2: Fehlender straßenverkehrsspezifischer Gefahrenzusammenhang[14]

20.2

Meinem Mandanten wird vorgeworfen, Mülltonnen aus dem fahrenden Auto heraus gegriffen und nach einer gewissen Strecke wieder losgelassen zu haben. Eine Mülltonne soll gegen ein abgestelltes Fahrzeug geprallt und dieses beschädigt haben. In Kenntnis dieses Schadens soll sich mein Mandant vom Unfallort entfernt haben.

Allgemein wird im Rahmen des § 142 Abs. 1 StGB eine teleologische Reduktion dahin vorgenommen, dass sich bei dem Verkehrsunfall, gerade die Gefahr des Straßenverkehrs verwirklicht haben muss (BGH zfs 2002, 198; VRS 108, 427; OLG Hamm NJW 1982, 2456). Hieran fehlt es aber, wenn das Fahrzeug nur als Werkzeug zur Verwirklichung

10 OLG Oldenburg zfs 2018, 533; vgl. auch AG Erfurt, Beschl. v. 6.5.2015 – 982 Js 14417/13 47 Cs: kein öffentlicher Straßenverkehr.

11 BGH zfs 2002, 198; VRS 108, 427; OLG Hamm NJW 1982, 2456.

12 OLG Hamm NJW 1982, 2456. In Betracht kommen können aber weitere Delikte, z.B. eine Sachbeschädigung gem. § 303 StGB.

13 OLG Düsseldorf NStZ 2012, 350; vgl. auch die Beispiele bei NK-GVR/*Quarch*, 3. Aufl. § 142 StGB Rn 10.

14 Fall angelehnt an BGH zfs 2002, 198.

einer außerhalb des Straßenverkehrs liegenden Tat benutzt worden ist (NK-GVR/*Quarch*, 3. Aufl., § 142 StGB Rn 10). Eine Strafbarkeit meines Mandanten gem. § 142 Abs. 1 StGB scheidet aus.

▲

II. Unfallbeteiligter/Täter

9 Täter einer Unfallflucht kann nur ein Unfallbeteiligter gem. § 142 Abs. 5 StGB sein. Täter ist demnach jeder, dessen Verhalten nach den Umständen zur Verursachung beigetragen haben kann. Es handelt sich um eine Legaldefinition. Erforderlich für die Annahme der Unfallbeteiligung ist nicht, dass jemand den Unfall tatsächlich (mit-)verursacht oder gar (mit-)verschuldet hat. Ausreichend hierfür und für die Begründung seiner Wartepflicht ist, dass er dem äußeren Anschein nach den Unfall (mit) verursacht haben kann.[15] Unfallbeteiligter gem. § 142 StGB ist hingegen nicht, wer sein Fahrzeug vor dem Unfall einem fahrgeübten, fahrtüchtigen Dritten überlassen und sich in der Nähe des Unfallorts aufgehalten hat.[16] Bei nur mittelbarer Mitverursachung muss verkehrswidriges Verhalten oder eine über die normale Verkehrsteilnahme hinausgehende Einwirkung hinzukommen, und zwar muss zwischen dem Verhalten des Täters und dem Unfall ein engerer Zusammenhang bestehen; erst dann, wenn nicht die bloße Anwesenheit des Täters, sondern die besondere Art seines Verhaltens den Unfall mittelbar ausgelöst hat, liegt ein rechtlich relevanter Beitrag zur Verursachung des Unfalls vor.[17] Nicht notwendig ist ein wirklicher, häufig erst ex post feststellbarer Kausalbeitrag zum Unfall, sondern lediglich eine ex ante gegebene Verdachtslage, die einen realen Beitrag vermuten lässt.[18] Insoweit müssen objektiv zureichende Anhaltspunkte dafür vorliegen, den Unfall im vorgenannten Sinne mitverursacht zu haben.[19] Steht zweifelsfrei fest, dass das Verhalten nicht zum Unfall beigetragen haben kann, scheidet eine Unfallbeteiligung aus.[20]

10 ▼

Muster 20.3: Keine Unfallbeteiligung

20.3

Nach erfolgter Akteneinsicht lässt sich mein Mandant wie folgt zur Sache ein:

Mein Mandant ist Halter des Fahrzeugs mit dem amtlichen Kennzeichen . Am Unfalltag überließ er das Fahrzeug dem ebenfalls Beschuldigten . Bereits in der Vergangenheit hatte dieser das Fahrzeug überlassen bekommen und sich stets als zuverlässig erwiesen.

Der Beschuldigte war, wie sich aus der Ermittlungsakte ergibt, fahrtüchtig/-tauglich. Diesen Eindruck hatte auch mein Mandant gewonnen, als er ihm das Fahrzeug überließ. Am Unfallort hat sich mein Mandant zufällig aufgehalten, weil er ebenfalls beim Bäcker Brötchen holen wollte.

15 BGHSt 15, 1; OLG Hamm NZV 1993, 157; OLG Jena DAR 2004, 599.
16 OLG Frankfurt a.M. NJW 1983, 2038.
17 OLG Stuttgart NStZ-RR 2003, 278; OLG Karlsruhe DAR 1988, 281.
18 BayObLG NZV 2000, 133.
19 OLG Frankfurt a.M. NStZ-RR 1996, 86.
20 OLG Köln zfs 1983, 35.

Täter einer Unfallflucht kann nur ein Unfallbeteiligter gem.§ 142 Abs. 5 StGB sein. Täter ist demnach jeder, dessen Verhalten nach den Umständen zur Verursachung beigetragen haben kann. Unfallbeteiligter gem. § 142 StGB ist hingegen nicht, wer sein Fahrzeug vor dem Unfall einem fahrgeübten, fahrtüchtigen Dritten überlassen und sich in der Nähe des Unfallorts aufgehalten hat (*Fischer*, 71. Aufl., § 142 StGB Rn 16; OLG Frankfurt a.M. NJW 1983, 2038). Somit ist bereits der objektive Tatbestand des § 142 Abs. 1 StGB erfüllt.

Ich beantrage daher, das Ermittlungsverfahren gegen meinen Mandanten gem. § 170 Abs. 2 StPO einzustellen.

▲

III. Sich-Entfernen vom Unfallort

Voraussetzung ist stets, dass der Unfallbeteiligte sich vom Unfallort entfernt (Abs. 1) oder sich entfernt hat (Abs. 2). **11**

Unfallort ist die Stelle, an der sich der Unfall ereignet hat und die ggf. beteiligten Fahrzeuge zum Stehen gekommen sind, samt der unmittelbaren Umgebung und eines etwa in unmittelbarer Nähe gelegenen nicht verkehrsgefährdeten Platzes.[21] **12**

Beendet ist das Sich-Entfernen, wenn sich der Unfallflüchtige endgültig in Sicherheit gebracht hat. Bis zu diesem Zeitpunkt ist eine Beihilfehandlung möglich.[22] Beihilfe ist rechtlich nur dann anzunehmen, wenn das Verhalten des Haupttäters im Beendigungszeitraum noch tatbestandsmäßige Qualität hat.

1. Unerlaubtes Sich-Entfernen

Für ein tatbestandsmäßiges Entfernen genügt beim unerlaubten Entfernen vom Unfallort eine Absetzbewegung derart, dass der räumliche Zusammenhang zwischen dem Unfallbeteiligten und dem Unfallort aufgehoben und seine Verbindung zu dem Unfall nicht mehr ohne weiteres erkennbar ist, sodass der Beteiligte nicht mehr uneingeschränkt zur sofortigen Feststellung an Ort und Stelle zur Verfügung steht, sondern erst durch Umfragen ermittelt werden muss.[23] Der Unfallbeteiligte darf sich nicht schon so weit von der Unfallstelle entfernt haben und es darf noch nicht so viel Zeit verstrichen sein, dass an dem inzwischen erreichten Ort feststellungsbereite Personen ohne Weiteres nicht mehr zu erwarten sind.[24] Was noch Unfallort ist, ist also im Einzelfall festzustellen und zu bestimmen, wobei die Rechtsprechung annimmt, dass ein Abstand von 250 m (auf Autobahnen)[25] bzw. 400–500 m[26] diesem Radius nicht mehr entsprechen soll. Richtigerweise lässt sich eine feste Grenze nicht ausmachen, sondern kommt es darauf an, ob noch der genannte unmittelbare räumliche Bezug zu dem Unfallgeschehen gegeben ist.[27] **13**

21 *Fischer*, § 142 StGB Rn 20 m.w.N.
22 OLG Karlsruhe NZW 2018, 43.
23 LG Arnsberg VA 2015, 11.
24 OLG Düsseldorf DAR 2008, 154.
25 OLG Koblenz zfs 1988, 405.
26 LG Arnsberg VA 2015, 11.
27 OLG Hamm DAR 1978, 139; OLG Koblenz zfs 1988, 405; OLG Stuttgart zfs 1981, 290.

14 Nun kann es vorkommen, dass der Unfall bemerkt, aber der Unfallbeteiligte/Unfallverursacher nicht sofort anhalten kann, etwa weil andere Verkehrsteilnehmer sonst gefährdet oder aber der Verkehr behindert würde. Der Mandant fährt also weiter und kommt erst später zum Stehen. Die Polizei schreibt eine Strafanzeige und auch die Staatsanwaltschaft geht davon aus, dass der Mandant sich vom Unfallort entfernt hat, weil er zu weit gefahren ist. Hier sollte der Verteidiger unter Berücksichtigung der Umstände des konkreten Einzelfalls auf § 34 Abs. 1 Nr. 2 StVO verweisen. Danach hat derjenige, der an einem Verkehrsunfall beteiligt ist, den Verkehr zu sichern und unverzüglich beiseite zu fahren. Die Begrifflichkeiten lehnen sich an § 142 StGB an. Neben § 142 StGB ist die Vorschrift wegen § 21 Abs. 1 S. 1 OWiG nicht anwendbar. Die Vorschrift kommt häufig zur Anwendung, wenn eine Strafbarkeit nach § 142 StGB ausscheidet.[28] Aber auch wenn der Verteidiger erkennt, dass Staatsanwaltschaft/Gericht nicht vom Vorwurf der Unfallflucht abrücken wollen, lohnt sich die Argumentation mit dem Rechtsgedanken des § 34 Abs. 1 Nr. 2 StVO nach der hier vertretenen Auffassung. Immerhin stellt die Vorschrift für den Mandant das „geringere Übel" dar. Richtigerweise dürfte dieses Problem im subjektiven Tatbestand abzuhandeln sein. Wegen seiner Nähe zum Tatbestandsmerkmal „Unfallort" erfolgt die Darstellung gleichwohl an dieser Stelle. Dieser rechtliche Ansatz macht auch deshalb Sinn, weil bei einer fehlerhaften Einschätzung des Mandanten über die Reichweite des berechtigten Beiseitefahrens über einen Irrtum, nämlich einen Tatbestandsirrtum nachgedacht werden muss, § 16 Abs. 1 S. 1 StGB. Er irrt über das Tatbestandsmerkmal „Unfallort". Bei konsequenter Anwendung entfällt dann der Vorsatz, eine Strafbarkeit wegen Unfallflucht scheidet aus, wenngleich die Ordnungswidrigkeit gem. § 34 Abs. 1 Nr. 2 StVO geahndet werden könnte.

15 ▼

Muster 20.4: Pflicht zum Beiseitefahren

20.4

Die Staatsanwaltschaft verkennt, dass mein Mandant verpflichtet gewesen ist, beiseite zu fahren. Dies folgt unmittelbar aus § 34 Abs. 1 Nr. 2 StVO. Dabei verkenne ich nicht, dass die Strafvorschriften gem. § 21 Abs. 1 OWiG grundsätzlich vorgehen. Gleichwohl kann der Rechtsgedanke des § 34 Abs. 1 Nr. 2 StVO hier angeführt werden. Nach dem Zusammenstoß erkannte mein Mandant, dass es sich um eine sehr schmale Straße handelte, auf der zum Unfallzeitpunkt wegen des Berufsverkehrs ein starkes Verkehrsaufkommen war. Er wollte daher einen Stau vermeiden und entschied sich, sein Fahrzeug beiseite zu fahren. Sodann wollte er zum Unfallort zurückgehen, um mit dem Geschädigten das weitere Vorgehen zu erörtern. Die Umstände zum Unfallzeitpunkt sowie die örtlichen Gegebenheiten gaben ein räumlich nahes Beiseitefahren nicht her, so dass mein Mandant in der Tat ca. 550 m weiterfuhr. Unabhängig von der zurückgelegten Fahrtstrecke ist anerkannt, dass ein Entfernen dann nicht vorliegt, wenn der Betreffende zur Vermeidung einer Verkehrsbehinderung lediglich eine kurze Strecke zu einem geeigneten Standplatz fährt (OLG Köln zfs 1981, 323). Was eine kurze Strecke ist, ist Auslegungssache. Mein Mandant ging sofort zur Unfallstelle zurück. Zu diesem Zeitpunkt war die Polizei jedoch bereits vor Ort erschienen und eröffnete ihm den Vorwurf der Unfallflucht, der meinen Mandanten verwunderte.

28 NK-GVR/*Krumm*, 3. Aufl., § 34 StVO Rn 24.

Selbst wenn man nun den objektiven Tatbestand noch bejahen wollte, entfällt zumindest der Vorsatz. Mein Mandant befand sich in einem Tatbestandsirrtum, § 16 Abs. 1 S. 1 StGB. Er irrte über das Tatbestandsmerkmal „Unfallort“. Denn er ging davon aus, dass er auch nachdem er zur Seite gefahren war, sich noch am Unfallort aufhielt.

Der subjektive Tatbestand ist dementsprechend nicht gegeben. Ich beantrage, das Ermittlungsverfahren gegen meinen Mandanten gem. § 170 Abs. 2 StPO einzustellen.

▲

▼ 16

Muster 20.5: Schock

Mein Mandant hatte sich wegen des Zusammenstoßes mit dem Fahrzeug des Geschädigten sehr erschrocken. Es war sein erster Unfall. Er ist bisher 20 Jahre unfallfrei gefahren. Aufgrund seines Schockzustandes musste sich mein Mandant zunächst einmal sammeln und den Unfall realisieren. Nur aus diesem Grund kam er erst nach 200 m zum Stehen. Gleichwohl bestand Ruf- und Sichtkontakt zur Unfallstelle. In einem solchen Fall liegt kein Entfernen i.S.d. § 142 StGB vor.[29] 20.5

▲

▼ 17

Muster 20.6: Kein willentliches Entfernen

In dem Ermittlungsverfahren 20.6

gegen

wegen

habe ich die Angelegenheit mit meinem Mandanten besprochen. Er lässt sich wie folgt zur Sache ein:

Mein Mandant wurde infolge des Unfalls ebenfalls nicht unerheblich verletzt. Ich verweise hierzu auf den Entlassungsbericht des Krankenhauses vom .

Vor Ort hatten die Unfallzeugen und – noch vor Eintreffen der Polizei und des Rettungswagens – entschieden, mein Mandant müsse zur weiteren Behandlung umgehend in ein Krankenhaus verbracht werden. Hierhin verbrachte der Zeuge meinen Mandanten letztlich. Mein Mandant selbst war bewusstlos. Er hatte auf die Entscheidung keine Einflussmöglichkeit.

Das unerlaubte Entfernen setzt ein willentliches Sich-Entfernen voraus (OLG Hamm MDR 1979, 333). Wird ein Unfallbeteiligter bewusstlos von der Unfallstelle in ein Krankenhaus gebracht, so entfernt er sich nicht von der Unfallstelle. Er kann daher nicht den Tatbestand des § 142 StGB erfüllen (OLG Köln VRS 57, 406).

Das Ermittlungsverfahren gegen meinen Mandanten ist daher gem. § 170 Abs. 2 StPO einzustellen.

▲

29 OLG Hamm NJW 1985, 445.

18 ▼

Muster 20.7: Unvorsätzliches Entfernen

20.7

Mein Mandant hat von einem Unfall nichts bemerkt. Er war daher auch nicht verpflichtet zu dem Zeitpunkt, als er vom Unfall erfuhr, zum Unfallort zurückzukehren (§ 142 Abs. 2 StGB).

Das BVerfG ist dieser weiten Auslegung entgegengetreten und hat entschieden, dass das unvorsätzliche Entfernen[30] vom Unfallort mit dem Wortsinn der Begriffe „berechtigt und entschuldigt" nicht vereinbar ist und gegen das Analogieverbot des Art. 103 Abs. 2 GG verstößt (BVerfG DAR 2007, 258).

Die Strafbarkeit meines Mandanten wird nun darin gesehen, dass er vom Zeugen später vom Unfall erfuhr und sich sodann entfernte, ohne seine Personalien mitzuteilen.

Eine Strafbarkeit scheidet aus. Auch liegt kein Fall des § 142 Abs. 2 StGB vor, da der Unfallort der Ort ist, an dem sich der Unfall ereignet hat und die ggf. beteiligten Fahrzeuge zum Stehen gekommen sind, samt der unmittelbaren Umgebung und eines etwa in unmittelbarer Nähe gelegenen nicht verkehrsgefährdeten Platzes (*Fischer*, § 142 StGB Rn 20 m.w.N.).

Schon begrifflich konnte sich mein Mandant also später nicht vom Unfallort entfernt haben. Einer Modifizierung des Begriffs „Unfallort" ist der BGH erst kürzlich deutlich entgegengetreten (BGH NStZ 2011, 209; siehe auch OLG Hamburg DAR 2009, 404).

Ich beantrage daher, das Ermittlungsverfahren gem. § 170 Abs. 2 StPO einzustellen.

Vorsorglich weise ich wegen einer möglichen Abgabe der Angelegenheit an die Bußgeldbehörde darauf hin, dass auch eine Verwirklichung des § 34 StVO durch angeblich fahrlässiges Nichtbemerken meinem Mandanten nicht vorgeworfen werden kann. Denn diese Vorschrift erfasst nicht Fälle, in denen sich ein Unfallbeteiligter vom Unfallort entfernt, weil er den Unfall aus Fahrlässigkeit nicht bemerkt hat (BGH zfs 1982, 221; OLG Hamburg a.a.O.).

▲

2. Pflichten des Unfallbeteiligten

19 Die Pflichten des Unfallbeteiligten ergeben sich im Umkehrschluss aus § 142 Abs. 1 Nr. 1 und 2 StGB.

Gemeinsames Tatbestandsmerkmal ist – wie ausgeführt – das Sich-Entfernen vom Unfallort. Die Alternativen unterscheiden sich letztlich dadurch, dass in Abs. 1 Nr. 1 eine feststellungsbereite Person anwesend ist und den Unfallbeteiligten die Vorstellungs- und Anwesenheitspflicht trifft. In Abs. 1 Nr. 2 ist eine solche feststellungsbereite Person nicht anwesend, der Unfallbeteiligte muss daher warten.[31]

Gefordert wird „nur" eine passive Duldungspflicht, will heißen, der Unfallbeteiligte muss die Unfallaufklärung dulden, ohne selbst aufzuklären oder hieran aktiv mitzuwir-

30 Thematisch ist das Problem des unvorsätzlichen Entfernens vom Unfallort im subjektiven Tatbestand angesiedelt. Wegen seines Bezugs zum Sich-Entfernen erfolgt die Darstellung gleichwohl bereits an dieser Stelle.

31 NK-GVR/*Quarch*, 3. Aufl., § 142 StGB Rn 12.

ken.[32] Verlangt wird jedoch, dass er sich gegenüber (nachträglich eintreffenden) feststellungsbereiten Dritten als möglicher Unfallbeteiligter zu erkennen gibt;[33] Name und Anschrift müssen genannt werden und nach Aufforderung muss er sich ausweisen.[34] Die Feststellungsduldungspflicht entfällt erst dann, wenn dem Feststellungsinteresse des Geschädigten restlos genüge getan ist oder wenn der Geschädigte auf die Vornahme weiterer Feststellungen verzichtet.[35]

Das Entfernen nicht vom Unfallort selbst, sondern von einem anderen Ort, an welchem der Täter erstmals von dem Unfall erfuhr, erfüllt nicht den Tatbestand des § 142 Abs. 1 Nr. 1 StGB.[36]

Feststellungsbereite Personen sind freilich die Unfallbeteiligten, aber auch Dritte wie Polizei, Rettungskräfte und Anwohner. Erforderlich ist jedenfalls, dass diese Dritten für die Unfallbeteiligten auch erkennbar den Willen und die Möglichkeit haben, in zuverlässiger Weise Feststellungen zugunsten des Berechtigten zu treffen und diesem zu übermitteln.[37] **20**

Nicht ausreichend ist hingegen, dass ein Feststellungsberechtigter am Unfallort anwesend ist, er aber nicht in der Lage ist, die erforderlichen Feststellungen selbst zu treffen. Ob ein Anwesender am Unfallort insbesondere dazu fähig ist, Feststellungen selbst zu treffen, richtet sich danach, welche Feststellungen im Einzelfall notwendig sind und ob der Anwesende tatsächlich und rechtlich in der Lage ist, die jeweiligen Tatsachen selbst zu erheben.[38]

Diese umfangreichen Voraussetzungen zeigen, dass nicht jeder vor Ort Anwesende auch zwangsläufig feststellungsbereit im Sinne der Vorschrift sein kann. Ist der Unfallbeteiligte nicht in der Lage, die erforderlichen Feststellungen hinreichend sicher selbst zu treffen, darf er sich der Hilfe der Polizei bedienen und der andere Unfallbeteiligte hat eine angemessene Zeit zu warten.[39] Überwiegend geht die Rechtsprechung aber davon aus, dass bei eindeutigem Unfallhergang keine Pflicht besteht, auf das Eintreffen der Polizei zu warten.[40]

Allerdings kann auch auf die Anwesenheit eines Unfallbeteiligten verzichtet werden. Ein solcher Verzicht, der unabhängig von seiner im Einzelnen umstrittenen dogmatischen Einordnung zur Straflosigkeit führt, wenn er wirksam erklärt wird, liegt indes nur vor, wenn das äußere Verhalten des Berechtigten zweifelsfrei erkennen lässt, dass der Unfallbeteiligte alsbaldige Feststellungen nicht mehr treffen will.[41] Eine solche Erklä-

32 OLG Saarbrücken zfs 2001, 518.
33 *Gebhardt*, Verteidigung in Verkehrsstraf- und Ordnungswidrigkeitenverfahren, 9. Aufl., § 43 Rn 128.
34 OLG Nürnberg DAR 2007, 530.
35 OLG Koblenz VRS 71, 187; OLG Düsseldorf DAR 1992, 229.
36 BGH NStZ 2011, 209; LG Lübeck zfs 2022, 589.
37 OLG Zweibrücken DAR 1991, 431; OLG Köln zfs 1983, 31.
38 LG Saarbrücken SVR 2019, 66.
39 BayObLG NZV 1992, 245, sogar bejahend für den Fall eines feststellungsunwilligen Berechtigten; OLG Hamburg, Beschl. v. 30.5.2017 – 2 Rev 35/17.
40 OLG Dresden StraFo 2008, 218.
41 Vgl. OLG Hamburg NZV 2018, 33.

rung kann sogar auch konkludent und insbesondere dadurch erfolgen, dass der Berechtigte dem wahrgenommenen Sich-Entfernen des Unfallbeteiligten nicht widerspricht.[42]

Der Wortlaut des § 142 Abs. 1 Nr. 1 StGB setzt nicht voraus, dass der Feststellungsberechtigte noch am Unfallort anwesend ist, wenn sich der Täter von dort entfernt. Gefordert wird insoweit nur, dass sich der Täter entfernt, bevor er die gebotenen Feststellungen ermöglicht hat. Das bedeutet, dass es irrelevant ist, in welcher Reihenfolge die Unfallbeteiligten den Unfallort verlassen und ob der Täter im Zeitpunkt seines Sich-Entfernens die Pflicht noch gegenüber einer anwesenden Person hätte erfüllen können. Verlässt der Täter also zeitlich nach einer feststellungsberechtigten Person den Unfallort, so kann das Schutzgut des § 142 StGB, nämlich die Sicherung bzw. Abwehr der durch einen Unfall entstandenen zivilrechtlichen Ansprüche, noch immer verwirklicht werden, wenn der Täter zuvor seine Vorstellungspflicht verletzt hat.[43]

21 Ist eine feststellungsbereite Person nicht vor Ort oder können erst andere noch nicht vor Ort erschienene Personen Feststellungen treffen, muss jeder Beteiligte warten.

22 Welche Wartezeit als angemessen anzusehen ist, richtet sich nach den Gegebenheiten des Einzelfalls und den Maßstäben der Erforderlichkeit und Zumutbarkeit.[44] Insbesondere ist auf Zeit, Ort und Schwere des Unfalls, die Verkehrsdichte und die Chancen wirksamer Aufklärung sowie die Höhe des Fremdschadens abzustellen.[45] Der Unfallbeteiligte braucht grundsätzlich nur so lange zu warten, wie mit dem alsbaldigen Eintreffen feststellungsbereiter Personen an der Unfallstelle zu rechnen ist. Die Entscheidung, ob mit deren Erscheinen zu rechnen ist, muss vom Standpunkt eines objektiven Betrachters an der Unfallstelle aufgrund tatsächlicher Anhaltspunkte nach dem regelmäßigen Ablauf der Dinge getroffen werden; rein gedankliche Möglichkeiten genügen nicht.[46] Bei einem Unfall am frühen Nachmittag ist eine Wartezeit von 15 Minuten daher durchaus ausreichend.[47] War die Wartefrist nach den obigen Maßstäben ausreichend, besteht keine Rückkehrpflicht. Sie wird ersetzt durch die Pflichten in Abs. 2 und 3.[48]

23 ▼

Muster 20.8: Ausreichende Wartezeit

20.8

Ein unerlaubtes Entfernen vom Unfallort liegt nicht vor.

Mein Mandant hat unmittelbar nach dem Unfall eine angemessene Zeit gewartet, da feststellungsbereite Personen nicht vor Ort waren.

Welche Wartezeit als angemessen anzusehen ist, richtet sich nach den Gegebenheiten des Einzelfalls und den Maßstäben der Erforderlichkeit und Zumutbarkeit (OLG Hamm VRS 59, 258). Insbesondere ist auf Zeit, Ort und Schwere des Unfalls, die Verkehrsdichte

42 BayObLG, Beschl. v. 5.2.1992 – RReg 1 St 278/91.
43 BGH DAR 2018, 523.
44 OLG Hamm VRS 59, 258.
45 OLG Düsseldorf VRS 87, 290; OLG Köln DAR 1994, 204.
46 OLG Schleswig DAR 1969, 49.
47 OLG Köln zfs 2001, 330; vgl. zur Wartedauer auch Hentschel/König/Dauer/*König*, 47. Aufl., § 142 StGB Rn 41.
48 OLG Köln DAR 1977, 2275.

und die Chancen wirksamer Aufklärung sowie die Höhe des Fremdschadens abzustellen (OLG Düsseldorf VRS 87, 290; OLG Köln DAR 1994, 204).

Ausweislich der Ermittlungsakte betrug der Schaden an dem Zaun 250,00 EUR netto, war also überschaubar. Der Unfall ereignete sich am helllichten Tag um 12:00 Uhr. Mein Mandant ging berechtigterweise davon aus, nicht mehr auf feststellungsbereite Personen zu treffen und fuhr nach 15 Minuten los. Diese Wartezeit genügt in Anbetracht der Umstände (s. hierzu auch OLG Köln, zfs 2001, 330).

War die Wartefrist nach den obigen Maßstäben ausreichend, besteht keine Rückkehrpflicht. Sie wird ersetzt durch die Pflichten in § 142 Abs. 2 und 3 StGB (OLG Köln DAR 1977, 2275). Dem hat mein Mandant dadurch Genüge getan, dass er zur nächstgelegen Polizeistation fuhr.

Das Ermittlungsverfahren ist folglich gem. § 170 Abs. 2 StPO einzustellen.

▲

▼ 24

Muster 20.9: Unverzügliche nachträgliche Mitteilung

Eine Strafbarkeit meines Mandanten gem. § 142 Abs. 1 StGB scheidet aus; er hat den Unfall sowie seine Beteiligung etc. direkt nachträglich mitgeteilt, § 142 Abs. 3 StGB, indem er zur nächsten Polizeistation fuhr.

Die nachträgliche Mitteilung hat unverzüglich zu erfolgen. Unverzüglich bedeutet ohne schuldhaftes Zögern (OLG Hamm, Urt. v. 24.5.1978 – 4 Ss 420/78 = NJW 1977, 207 – juris). Sowohl die Zeit, die dem Unfallbeteiligten für die nachträgliche Meldung zuzubilligen ist, wie auch Art und Umfang der gebotenen und von ihm zu ermöglichenden Feststellungen sowie der Inhalt seiner Meldung hängen davon ab, nach welcher zivilrechtlichen Anspruchsgrundlage der Geschädigte von dem Unfallbeteiligten möglicherweise Schadensersatz beanspruchen kann und welche Tatsachen zur gesetzlichen Grundlage dieses Anspruchs gehören (OLG Oldenburg r+s 1978, 144; OLG Düsseldorf DAR 1980, 124). Dies ist nach den Umständen des Einzelfalls zu bestimmen (BGH zfs 1980, 157).

Die nächstgelegene Polizeistation war nachweislich 20 Minuten entfernt. Mein Mandant ist diese sofort und ohne Umwege angefahren. Dies ist Anbetracht des verhältnismäßig geringen Schadens vollkommen ausreichend.

▲

▼ 25

Muster 20.10: Unverzügliche nachträgliche Feststellung und Eintreffen der Polizei

Eine Strafbarkeit meines Mandanten scheidet aus. Es wird nicht in Abrede gestellt, dass die Polizei bei meinem Mandanten eintraf und ihm den Vorwurf des unerlaubten Entfernens eröffnete. Zu diesem Zeitpunkt war allerdings noch nicht die Frist zur unverzüglichen Ermöglichung von Feststellungen (§ 142 Abs. 3 StGB) abgelaufen.

Der Unfall ereignete sich nachts, und zwar um 2:00 Uhr. Der Schaden war mit einer Höhe von 900 EUR netto überschaubar. In solchen Fällen wird von der Rechtsprechung eine Information am nächsten Morgen toleriert (BayObLG VRS 58, 406; OLG Stuttgart VRS 65, 202). Vor diesem Hintergrund hätte es ausgereicht, wenn mein Mandant wie von ihm geplant den Schaden bis 9.30 Uhr gemeldet hätte.

Wenn vor Ablauf der Frist zur unverzüglichen Ermöglichung von Feststellungen schon die Polizei den betroffenen Kraftfahrer aufgesucht hat, scheidet eine Strafbarkeit aus (AG Gelnhausen DAR 1986, 123; OLG Stuttgart 73, 191).

Ich beantrage daher, das Ermittlungsverfahren gegen meinen Mandanten gem. § 170 Abs. 2 StPO einzustellen.

▲

C. Der subjektive Tatbestand

26 Der subjektive Tatbestand bietet eine Vielzahl von Verteidigungsansätzen. Wegen unerlaubten Entfernens vom Unfallort kann nach §§ 142, 15 StGB nur bestraft werden, wer vorsätzlich gehandelt hat; bedingter Vorsatz genügt.[49]

I. Bemerkbarkeit/Wahrnehmbarkeit des Unfalls

27 Der Vorsatz nach § 142 Abs. 1 muss sich auf alle Merkmale des äußeren Tatbestandes erstrecken. Dazu gehört, dass der Täter weiß, dass es zu einem Unfall i.S.d. § 142 StGB gekommen ist.[50]

28 Unterschieden werden muss zunächst nach der Wahrnehmungsfähigkeit des Fahrzeugführers und der tatsächlichen Wahrnehmbarkeit.[51] Persönliche Einschränkungen des Fahrzeugführers, insbesondere psychologische, gesundheitliche oder körperliche Beeinträchtigungen müssen ausreichend in den Feststellungen und in der Beweiswürdigung eines Urteils hervortreten.[52] Die Wahrnehmbarkeit des Unfalls kann auch aufgrund innerer Einflüsse wie Stress, Angst oder äußerer Einflüsse wie schwierige Verkehrssituation, der Lichtverhältnisse oder Fahrunebenheiten ausgeschlossen sein.[53]

29 Ist die Wahrnehmungsfähigkeit gegeben, muss hinsichtlich der Wahrnehmbarkeit differenziert werden, ob der Unfall visuell und/oder akustisch und/oder taktil wahrgenommen werden konnte. Das Gericht muss klar trennen zwischen subjektiven Einschätzungen und objektiv messbaren Fakten. Bei Einschätzungen eines Unfallgeräusches als „sehr laut" durch einen Zeugen kann es sich um eine subjektive, weder messbare noch reproduzierbare und daher nur wenig aussagekräftige Aussage handeln.[54] Ergibt sich dementsprechend aus der Ermittlungsakte oder wird in der Anklage hierauf Bezug genommen, dass ein Zeuge angegeben hat, er habe in der Nähe gestanden und der „Knall" sei so laut gewesen, dass der Mandant diesen habe wahrnehmen müssen, ist hier anzusetzen. Diese Aussage bedeutet zunächst nichts. Denn der Zeuge ist regelmäßig gänzlich anderen (Umwelt-)Geräuschen ausgesetzt, als der sich im Fahrzeug befindliche Mandant.[55]

49 BGHSt 7, 1122; OLG Hamm NJW 2003, 3286; OLG Hamburg StraFo 2012, 105.
50 Hierzu ausführlich *Gutt/Krenberger*, zfs 2014, 9; KG VA 2015, 181.
51 *Lessing*, DAR 1997, 329.
52 Z.B. Zweifel an der Hörfähigkeit, BeckOK StGB/*Kudlich*, § 142 Rn 48.1.
53 *Lessing*, a.a.O.; *Freyschmidt/Krumm*, Verteidigung in Straßenverkehrssachen, 12. Aufl. 2024, Rn 233.
54 OLG Hamm NJW 2003, 3286.
55 *Gutt/Krenberger*, a.a.O.

Auf entsprechenden Vortrag und Beweisantritt muss zur Klärung der Wahrnehmbarkeit daher üblicherweise ein technischer Sachverständiger bestellt werden, da dem Gericht (und der Staatsanwaltschaft) die notwendige Sachkunde fehlt.[56] 30

Es gibt auch keinen Erfahrungssatz, dass die Berührung zweier Fahrzeuge immer von den Fahrzeuginsassen taktil wahrgenommen wird.[57] Hieraus folgt, dass ein Gericht in der Regel nicht lediglich aufgrund von Zeugenaussagen zur (akustischen) Wahrnehmbarkeit des Verkehrsunfalles den Mandanten verurteilen darf, wenn dieser sich dergestalt einlässt, er habe einen Zusammenstoß nicht wahrgenommen. Richtigerweise ist sogar davon auszugehen, dass Staatsanwaltschaft und Gericht gehalten sind, von Amts wegen ein Sachverständigengutachten einzuholen, wenn der Beschuldigte/Angeschuldigte die Wahrnehmbarkeit des Unfalls in Abrede stellt. 31

▼ 32

Muster 20.11: Keine Wahrnehmbarkeit des Verkehrsunfalls

Von einem Anstoß hat mein Mandant zu keinem Zeitpunkt etwas bemerkt. Ansonsten hätte er selbstverständlich angehalten und seine Unfallbeteiligung zu erkennen gegeben. Auch die Beifahrerin hat meinen Mandanten nicht auf einen etwaigen Zusammenstoß hingewiesen. Auch sie hat nichts bemerkt.

Der subjektive Tatbestand ist daher nicht erfüllt, denn dort ist die Wahrnehmbarkeit des Unfalls angesiedelt (*Gutt/Krenberger*, zfs 2014, 9 ff.).

Beim Einparken hat mein Mandant nie einen Widerstand gemerkt. Durch Zeugen kann die Frage der Wahrnehmbarkeit zudem nur selten zuverlässig geklärt werden. So kann aus der Tatsache, dass ein in der Nähe der Unfallstelle befindlicher Zeuge das Aufprallgeräusch wahrnahm, nicht zwingend geschlossen werden, dass dieses dann auch vom Fahrzeuglenker hätte gehört werden müssen. Bei der Bejahung des Vorsatzes ist auf die individuellen Umstände in der Person meines Mandanten abzustellen und nicht auf die Bemerkbarkeit des Unfalls durch einen Zeugen (*Staub*, DAR Extra 2014, 744). Anstoßgeräusche, die außerhalb von Fahrzeugen gehört werden, werden stets lauter als innerhalb des Fahrzeuges empfunden (*Burg/Rau*, Handbuch der Verkehrsunfallrekonstruktion, S. 735). Zudem waren die Zeugen und mein Mandant gänzlich unterschiedlichen Umweltgeräuschen ausgesetzt und haben sehr wahrscheinlich ein anderes Hörvermögen. Der in 1m Abstand vom Stoß außerhalb des Fahrzeuges gemessene Schallpegel ist oft lauter als der im Innenraum eines beteiligten Fahrzeugs erfasste Pegel. Außerhalb des Fahrzeugs befindliche Zeugen hören daher häufig lautere Geräusche als der beschuldigte Fahrer (*Himmelreich/Krumm/Staub*, Verkehrsunfallflucht, 7. Aufl., Rn 144).

Mein Mandant hört zulässigerweise grundsätzlich Radio während der Fahrt, was sich natürlich auch auf die (akustische) Wahrnehmbarkeit auswirkt.

In diesem Zusammenhang ist auch zu berücksichtigen, dass die Fahrzeughersteller mittlerweile größten Wert darauf legen, dass der Innenraum von Außengeräuschen möglichst gut abgeschirmt wird. Es kommt daher auch auf die Dämpfung der Fahrgastzelle des von meinem Mandanten geführten Fahrzeuges an. Es ist erwiesen, dass der Schallpegel

56 Dazu u.a. Buck/Gieck/*Buck*, Sachverständigenbeweis im Verkehrs- und Strafrecht, 3. Aufl. 2023, § 12; *Wolff*, DAR 1994, 391; *Baumert*, DAR 2000, 283; *Schmedding*, NZV 2003, 24.

57 OLG Köln NZV 1992, 37.

im stoßenden und gestoßenem Fahrzeug sich um das 4 bis 6-fache unterscheiden können, weshalb Insassen des stoßenden Fahrzeugs teilweise wesentlich andere Kollisionsgeräusche wahrnehmen als Insassen im gestoßenem Fahrzeug (*Himmelreich/Krumm/Staub*, a.a.O., Rn 142).

Es wird daher bereits jetzt die

Einholung eines unfallrekonstruierenden Sachverständigengutachtens

sowie eines

biomechanischen bzw. wahrnehmungspsychologischen Gutachtens

angeregt und schon (vorsorglich) zur Klärung der Wahrnehmbarkeit des Verkehrsunfalls beantragt. Die Gutachten werden beweisen, dass mein Mandant einen Zusammenstoß weder merken, sehen, noch hören konnte.

Die Einholung eines unfallrekonstruierenden Sachverständigengutachtens alleine genügt nicht. Darauf weise ich hin. Denn bei diesem wird nahezu immer die individuelle Wahrnehmbarkeit des Anstoßes für den Schädiger außer Acht gelassen. Letzte Klarheit bringt zwangsläufig nur das biomechanisch bzw. wahrnehmungspsychologische Gutachten (*Buck*, DAR 2007, 373).

Der vermeintliche Zusammenstoß war für meinen Mandanten – dies wiederhole ich – nicht wahrnehmbar (vgl. hierzu auch *Himmelreich/Krumm/Staub*, a.a.O. Rn 108 ff.). Zur Kenntnis des Verkehrsunfalls gehört jedoch gerade das sichere Wissen oder jedenfalls das Für-Möglich-Halten, dass sich im Zusammenhang mit dem öffentlichen Straßenverkehr ein Unfall ereignet hat, der zumindest zu einem nicht völlig belanglosen Sachschaden geführt hat. Zur Annahme des Vorsatzes genügt es nicht, dass der Kraftfahrzeugführer nach Sachlage hätte erkennen können oder müssen, dass ein unfallrelevanter Schaden entstanden ist und insofern nur aus Fahrlässigkeit unterlassen hat, sich genauer zu vergewissern.

Darüber hinaus wird das Sachverständigengutachten Aufschluss geben, ob der vermeintliche Zusammenstoß für meinen Mandanten visuell wahrnehmbar war. Es stellt sich die Frage, ob der Anstoß im Blickfeld meines Mandanten lag, bzw. optisch auffällig war, denn der Schutzbereich ist zumeist von Fahrzeugteilen verdeckt.

Zudem wird das Sachverständigengutachten Ausführungen zu der kinästhetischen Bemerkbarkeit machen können.

Es wird beantragt,

das Ermittlungsverfahren gegen meinen Mandanten einzustellen.[58]

▲

II. Bedeutender Fremdschaden bei der Verkehrsunfallflucht

33 In der Praxis ergibt sich oftmals ein weiterer Ansatzpunkt für eine Verteidigung im Rahmen der Klärung, ob ein bedeutender Fremdschaden vorliegt. Der subjektive Tatbestand des § 142 Abs. 1 StGB setzt voraus, dass der Täter sich in Kenntnis eines Unfalls und eines nicht ganz unerheblichen Schadens entfernt.[59] Der Vorsatz muss sich auf das

58 Nach *Gutt/Krenberger*, zfs 2014, 9.
59 *Fischer*, § 142 StGB Rn 38; OLG Hamm zfs 1997, 34; zfs 2003, 590.

Vorliegen eines „Nicht-Bagatellschadens" oder auf die „Nicht-Unerheblichkeit eines Körperschadens" erstrecken.[60] Zum Nachweis des Vorsatzes genügt es nicht, dass der Kraftfahrer hätte erkennen können und müssen, dass ein nicht ganz unerheblicher Schaden entstanden ist und sich hierüber nicht vergewissert hat, da ein solches Verhalten nur fahrlässig wäre.[61] Der Schaden muss tatsächlich eingetreten sein, so dass eine Gefährdung nicht ausreicht. Festgestellt werden muss, dass gerade der Beschuldigte die Erheblichkeit erkannt hat oder für möglich hielt.[62] Ein völlig belangloser Schaden schließt den Tatbestand aus.

1. Höhe und Berechnung des Schadens

a) Abgrenzung zum Bagatellschaden

Völlig belanglos sind Schäden, bei denen üblicherweise keine Schadensersatzansprüche gestellt werden oder allgemein bei Schäden bis zu einer Höhe von maximal 25 EUR.[63] 34

Es ist jedoch eine Tendenz erkennbar, dass der Schwellenwert zwischenzeitlich bei 50 EUR liegt.[64] Mit Rücksicht auf die allgemeine Preissteigerung und insbesondere die Verteuerung von Autoreparaturen ist dies sachlich richtig.[65] 35

▼ 36

Muster 20.12: Belangloser Schaden 20.12

Der subjektive Tatbestand des § 142 Abs. 1 StGB setzt voraus, dass der Täter sich in Kenntnis eines Unfalls und eines nicht ganz unerheblichen Schadens entfernt (*Fischer*, § 142 StGB Rn 38; OLG Hamm zfs 1997, 34; zfs 2003, 590). Ein völlig belangloser Schaden schließt den Tatbestand aus.

Mit Rücksicht auf die allgemeinen Preissteigerungen und insbesondere die Verteuerung von Autoreparaturen ist der Schwellenwert für einen belanglosen Schaden mit 50 EUR anzugeben (OLG Nürnberg DAR 2007, 530).

Bei dem Unfall wurde lediglich das Nummernschild am Fahrzeug des Geschädigten durch meinen Mandanten beschädigt. Der Schaden liegt bei 30 EUR, wie sich aus dem beigefügten Kostenvoranschlag ergibt, und damit unter dem Schwellenwert. Bei einem solch belanglosen Schaden werden üblicherweise keine Schadensersatzansprüche gestellt (OLG Düsseldorf NZV 1990, 158).

Ich beantrage daher, das Verfahren gegen meinen Mandanten gem. § 170 Abs. 2 StPO einzustellen.

▲

60 *Staub*, DAR Extra 2014, 744.
61 *Staub*, DAR Extra 2014, 744.
62 KG NZV 2012, 42.
63 *Fischer*, a.a.O. Rn 11; vgl. hierzu auch ganz ausführlich *Geppert*, DAR Extra 2014, 737.
64 Hentschel/König/Dauer/*König*, 47. Aufl., § 142 StGB Rn 28 m.w.N.
65 OLG Nürnberg DAR 2007, 530; auch *Gebhardt*, Verteidigung in Verkehrsstraf- und Ordnungswidrigkeitenverfahren, 9. Aufl., § 43 Rn 79.

b) Die Berechnung des Fremdschadens, insbesondere § 69 Abs. 2 Nr. 3 StGB

37 Oftmals ist in der Praxis zu erkennen, dass Staatsanwaltschaft und Gericht den Schaden falsch berechnen. Bedeutung hat dies bei der Prüfung des § 69 Abs. 2 Nr. 3 StGB, also der Frage, ob bei Verurteilung die Fahrerlaubnis zu entziehen ist. Formularmäßig wird von der Polizei die Höhe des Sachschadens beim Geschädigten erfragt und um Übersendung eines Gutachtens oder Kostenvoranschlags gebeten. In der Anklage und im Urteil finden sich dann regelmäßig die Bruttobeträge wieder, obwohl nicht geklärt ist, ob der Geschädigte repariert hat oder aber er hat sogar ausgesagt, er habe nicht reparieren lassen. Das kann von Bedeutung sein, wenn es um die Frage geht, ob bei einer Verurteilung „nur" ein Fahrverbot verhängt (§ 44 StGB) oder die Fahrerlaubnis entzogen wird (§ 69 Abs. 2 Nr. 3 StGB). Je höher der Schaden, desto wahrscheinlicher der Entzug der Fahrerlaubnis. Ist der Schaden „grenzwertig", kann es für den Mandanten von ganz entscheidender Bedeutung sein, ob die Mehrwertsteuer in den Schaden miteinzubeziehen ist oder nicht. Dabei wurde der bedeutende Fremdschaden im Rahmen des § 69 Abs. 2 Nr. 3 StGB ab 1.300–1.500 EUR angenommen.[66] Es ist jedoch gerade wegen steigender Reparaturkosten durch Inflation, Preissteigerung etc. sogar die Tendenz zu erkennen, den bedeutenden Fremdschaden noch höher anzusetzen.[67] Richtigerweise ist daher davon auszugehen, dass der bedeutende Fremdschaden zwischenzeitlich oberhalb der früher angenommenen 1.500,00 EUR liegen muss.[68] Das sollte der Verteidiger im Rahmen der Einlassung unbedingt berücksichtigen und vortragen. Bei einem geringeren Sachschaden wird vielfach „nur" ein Fahrverbot verhängt.

38 Nach der Rechtsprechung ist von einem wirtschaftlichen Schadensbegriff auszugehen. Dies folgt aus der Zielrichtung der Vorschrift, nämlich die Feststellung und Sicherung der durch einen Unfall entstandenen zivilrechtlichen Ansprüche. Zur Bemessung des bedeutenden Fremdschadens sind daher nur solche Schadenspositionen heranzuziehen, die zivilrechtlich erstattungsfähig sind.[69] Die Berechnung des Schadens erfolgt also nach zivilrechtlichen Regeln und damit nach § 249 BGB. Berücksichtigung finden bei der Berechnung Reparaturkosten, Abschleppkosten, Wertminderung und Mehrwertsteuer.[70] Das bedeutet im Hinblick auf die Mehrwertsteuer jedoch auch, dass diese nur zu berücksichtigen ist bei Reparatur oder eventuell bei Ersatzbeschaffung (sofern beim Neufahrzeug ebenfalls die Mehrwertsteuer ausgewiesen wird), § 249 Abs. 2 S. 2 BGB. Ergibt sich durch Herausrechnen der Mehrwertsteuer ein Schaden unter 1.300–1.500 EUR, so ist die Fahrerlaubnis nicht zu entziehen.

66 OLG Dresden NZV 2006 104; LG Braunschweig zfs 2005, 100; LG Paderborn zfs 2006, 112; vgl. die Zusammenfassung bei *Krumm*, SVR, 2017, 455 ff.

67 Z.B: LG Bochum, Beschl. v. 6.12.2022 – 1 Qs 59/22: 1.750,00 EUR. LG Hamburg DAR 2023, 637: 1.800,00 EUR; LG Oldenburg DAR 2023, 585; 2.000,00 EUR.

68 OLG Hamm DAR, 2022, 398: jedenfalls nicht unter 1.500,00 EUR.

69 OLG Hamm NZV 2011, 356; OLG Hamm VRR 2014, 442.

70 Hentschel/König/Dauer/*König*, 47. Aufl., § 69 StGB Rn 17.

▼ 39

Muster 20.13: Schadensbegriff, § 69 Abs. 2 Nr. 3 StGB

20.13

Mit der Revision rüge ich die Verletzung des materiellen Rechts. Das Amtsgericht hat den Maßregelausspruch nach § 69 Abs. 2 Nr. 3 StGB wie folgt begründet:

„Der Schaden beläuft sich nach dem von dem Zeugen X hereingereichten Schadensgutachten des Sachverständigen Y auf 1.325 EUR (Bruttoreparaturkosten). Es liegt somit ein bedeutender Sachschaden i.S.d. § 69 Abs. 2 Nr. 3 StGB vor, so dass dem Angeklagten die Fahrerlaubnis zu entziehen war."

Das Amtsgericht verkennt den Schadensbegriff des § 69 Abs. 2 Nr. 3 StGB. Nach der Rechtsprechung ist von einem wirtschaftlichen Schadensbegriff auszugehen. Dies folgt aus der Zielrichtung der Vorschrift, nämlich die Feststellung und Sicherung der durch einen Unfall entstandenen zivilrechtlichen Ansprüche. Zur Bemessung des bedeutenden Fremdschadens sind daher nur solche Schadenspositionen heranzuziehen, die zivilrechtlich erstattungsfähig sind (OLG Hamm NZV 2011, 356; OLG Hamm VRR 2014, 442). Die Berechnung des Schadens erfolgt also nach zivilrechtlichen Regeln und damit nach § 249 BGB. Das bedeutet im Hinblick auf die Mehrwertsteuer jedoch auch, dass diese nur zu berücksichtigen ist bei Reparatur oder eventuell bei Ersatzbeschaffung, § 249 Abs. 2 S. 2 BGB.

Aus dem Protokoll der Hauptverhandlung vom 1.9.2015, dort S. 3, ergibt sich, dass der Zeuge S auf Nachfrage des Gerichts ausgesagt hat, er habe das Fahrzeug weder reparieren lassen, noch eine Ersatzbeschaffung vorgenommen.

Damit ist nach dem wirtschaftlichen Schadensbegriff die Mehrwertsteuer nicht zu berücksichtigen. Der Schaden liegt dementsprechend deutlich unter dem Schwellenwert von 1.300,00 EUR, ab dem von einem bedeutenden Schaden auszugehen ist. Die Fahrerlaubnis war daher nicht zu entziehen.

▲

2. Bemerkbarkeit des bedeutenden Schadens

Mit Bemerkbarkeit ist hier nicht die Bemerkbarkeit eines Schadens an sich gemeint, dass überhaupt ein Schaden entstanden ist, sondern, dass gerade ein bedeutender im Sinne der Vorschrift entstanden ist. Hierauf muss sich der Vorsatz, wie ausgeführt, ebenfalls beziehen. Hier wird oft seitens Staatsanwaltschaft und Gericht argumentiert, ein Zeuge habe gesehen, wie der Mandant ausgestiegen, das vermeintlich geschädigte Fahrzeug angeschaut habe und sei dann gefahren. Damit habe der Mandant vorsätzlich gehandelt. Das muss aber nicht so sein. Dies herauszuarbeiten, ist Sache des Verteidigers. 40

3. Verteidigungsansätze bei §§ 142 Abs. 1, 69 Abs. 2 Nr. 3 StGB

Der Schaden muss alle Merkmale des äußeren Tatbestands umfassen. Der Täter muss daher auch wissen, dass etwas passiert ist und er nicht völlig belanglosen Sachschaden verursacht haben kann. Dabei ist zu berücksichtigen, dass dies gerade bei älteren Fahrzeugen, die schon Gebrauchsspuren aufweisen, nicht ohne weiteres für den Laien zu erkennen sein wird. Diese Kratzer können dann zwar dazu führen, dass der objektive Tatbestand des § 142 Abs. 1 StGB als erfüllt anzusehen ist. Die weiteren Schäden, die 41 erst ein Sachverständiger abschließend eruieren kann, sind in der konkreten Tatsituation für den Geschädigten aber regelmäßig nicht zu erkennen, z.B. Beschädigungen hinter dem Stoßfänger.[71] Dies muss dann dazu führen, dass der subjektive Tatbestand, also Vorsatz, zu verneinen ist. Allenfalls liegt (grobe) Fahrlässigkeit vor, die nicht zu einer Strafbarkeit im Rahmen des § 142 Abs. 1 StGB führt. Zumindest dürfte unter diesem Gesichtspunkt nicht die Fahrerlaubnis entzogen werden, da kein Regelfall gem. § 69 Abs. 2 Nr. 3 StGB vorliegt. Von dem Beschuldigten kann nicht erwartet werden, dass er den identischen Wissensstand hat wie ein Sachverständiger. Der Verteidiger kann hier eventuell auch auf die Ermittlungsakte Bezug nehmen. In der Regel notieren Polizeibeamte die geschätzte Schadenhöhe. Liegt diese ebenfalls deutlich unter 1.300 EUR, so kann gut argumentiert werden, dass offensichtlich auch die Polizei den Umfang des Schadens nicht richtig einschätzen konnte.[72]

42 Wichtig ist, dass nicht nur der durchschnittliche Fahrzeugführer die Erheblichkeit des Schadens hätte erkennen können, sondern dass gerade der Mandant ihn erkannt oder seinen Eintritt für möglich gehalten hat.[73]

4. Irrtum

43 In den oben genannten Konstellationen kann auch ein Irrtum vorliegen, z.B. bei anscheinender Bedeutungslosigkeit des sich dem Mandanten dargebotenen Schadens.

a) Tatbestandsirrtum

44 Ein Tatbestandsirrtum gem. § 16 schließt dabei den Vorsatz aus und führt zur Straflosigkeit.

45 ▼

Muster 20.14: Irrtum über Bedeutungslosigkeit des Schadens

20.14

Mein Mandant lässt sich wie folgt zur Sache ein:

Zutreffend ist, dass mein Mandant aus seinem Fahrzeug ausstieg und zunächst dieses auf mögliche Beschädigungen im Bereich der Stoßstange untersuchte. Nachdem er solche nicht feststellen konnte, schaute er sich das Fahrzeug des Geschädigten an. Dabei erkannte er nur, dass sich das Nummernschild leicht verbogen hatte. Er ging von einem völlig belanglosen Schaden aus und fuhr deshalb weiter. Er konnte und musste als technischer Laie nicht wissen, dass durch den Zusammenstoß eine Schadenerweiterung hinter der Stoßstange eingetreten war, so wie in dem Schadengutachten festgestellt (vgl. hierzu auch LG Wuppertal, DAR 2015, 412). Damit liegt der subjektive Tatbestand nicht vor, zumindest aber liegt ein Tatbestandsirrtum gem. § 16 Abs. 1 StGB vor, der den Vorsatz entfallen lässt. Ein solcher ist allgemein anerkannt bei der irrigen Annahme, dass nur ein völlig belangloser Fremdschaden entstanden ist (*König*, in: Hentschel/König/Dauer, 47. Aufl., § 142 StGB Rn 62 m.w.N.).

71 Vgl. zu § 69 Abs. 2 Nr. StGB LG Wuppertal DAR 2015, 412 m. Anm. *Krenberger*, jurisPR-VerkrR 20/2015 Anm. 3.
72 Vgl. auch LG Oldenburg, DAR 2023, 585.
73 KG DAR 2012, 393.

Ich beantrage daher, das Verfahren gegen meinen Mandanten gem. § 170 Abs. 2 StPO einzustellen.

▲

b) Verbotsirrtum

Der Verbotsirrtum, § 17 StGB, entschuldigt nur bei Unvermeidbarkeit des Irrtums[74] und führt ansonsten zu einer gemilderten Vorsatzstrafe. Ein Verbotsirrtum ist nach strengen Regeln zu prüfen.[75] Daher ist die Abgrenzung von Tatbestands- und Verbotsirrtum zueinander mitunter von Relevanz. 46

▼ 47

Muster 20.15: Abgrenzung Tatbestands-/Verbotsirrtum

Ein strafbares Verhalten meines Mandanten liegt nicht vor, da er einem den Tatbestand ausschließenden Irrtum unterlag (§ 16 Abs. 1 StGB). 20.15

Mein Mandant irrte im konkreten Fall über das Vorliegen des ihm in der Laiensphäre bekannten Tatbestandsmerkmals „Unfall im Straßenverkehr". Mein Mandant hat irrtümlich verkannt, dass es sich um einen Unfall im Straßenverkehr gehandelt hat, als er beim Einladen von auf dem Bürgersteig abgestelltem Schrott versehentlich das Fahrzeug der Geschädigten beschädigte. Zwar ist mein Mandant Berufskraftfahrer und kennt das Verbot des unerlaubten Entfernens vom Unfallort. Gleichwohl liegt kein (vermeidbarer) Verbotsirrtum, sondern ein Tatbestandsirrtum vor. Wer eine korrekte Vorstellung vom Inhalt des § 142 Abs. 1 StGB hatte, aber im Einzelfall über dessen konkrete Anwendung irrte, befindet sich in einem vorsatzausschließenden Tatbestandsirrtum i.S.v. § 16 StGB (LG Aachen NZV 2013, 305; auch *Fischer*, § 142 StGB Rn 29).

Ich beantrage daher, dass Verfahren gegen meinen Mandanten gem. § 170 Abs. 2 StPO einzustellen.

▲

c) Personenschaden

Fremdschaden i.S.d. § 142 Abs. 1 StGB bedeutet nicht nur Sachschaden, sondern selbstverständlich auch Personenschaden. Bagatellverletzungen werden allgemein nicht als bedeutender Schaden angesehen, sondern als belangloser Schaden, so dass eine Strafbarkeit nach § 142 Abs. 1 StGB ausscheidet. Es gilt, dass bei der Berechnung des Schadens ganz unerhebliche, nur vorübergehende Beeinträchtigungen, wie geringfügige Schmerzen, Hautabschürfungen oder blaue Flecken ausscheiden.[76] Anders soll dies nur zu beurteilen sein, wenn eine ärztliche Untersuchung notwendig ist.[77] M.E. bedarf es einer solchen weiteren Unterscheidung nicht, da sie zu Abgrenzungsproblemen und damit Unklarheiten in der Praxis führt. Richtigerweise liegt ein belangloser Schaden ganz allgemein und ausschließlich bei Bagatellverletzungen vor, über die oben genannten Verletzungsarten hinaus z.B. auch Hautrötungen durch Spannung des Sicherheitsgurtes.[78] 48

74 *Fischer*, § 17 StGB Rn 12.
75 Hentschel/König/Dauer/*König*, 47. Aufl., § 142 StGB Rn 63.
76 Burmann/Heß/Hühnermann/Jahnke/*Niehaus*, § 142 StGB Rn 8 m.w.N.
77 Hentschel/König/Dauer/*König*, 47. Aufl., § 142 StGB Rn 28.
78 OLG Karlsruhe DAR 2005, 350 (zu § 229 StGB).

49 ▼

Muster 20.16: Belangloser Personenschaden

20.16 Ein strafbares Verhalten meines Mandanten liegt nicht vor.

Der subjektive Tatbestand des § 142 Abs. 1 StGB setzt voraus, dass der Täter sich in Kenntnis eines nicht ganz unerheblichen Schadens entfernt (*Fischer*, § 142 StGB Rn 38 m.w.N.). Hier ist die Feststellung erforderlich, dass gerade der Beschuldigte die Erheblichkeit erkannt hat oder für möglich hielt (KG NZV 2012, 42). Die behaupteten und gegenwärtig nicht nachgewiesenen Verletzungen des vermeintlich Geschädigten (laut seiner Aussage gegenüber der Polizei Hautrötungen am Schienbein) sind selbst bei tatsächlichem Vorliegen allenfalls als Bagatellverletzungen zu bezeichnen. Grundsätzlich gilt, dass bei der Berechnung des Schadens ganz unerhebliche, nur vorübergehende Beeinträchtigungen, wie geringfügige Schmerzen, Hautabschürfungen oder blaue Flecken ausscheiden (*Niehaus*, in: Burmann/Heß/Hühnermann/Jahnke, Straßenverkehrsrecht, § 142 StGB Rn 8 m.w.N.).

In diesem Zusammenhang ist auch prozessual die Anklage zu bemängeln. Gemäß § 200 StPO muss die Anklageschrift die gesetzlichen Merkmale der Straftat (Umgrenzungsfunktion) enthalten. Dies ist hier nicht der Fall. Die Anklage beschränkt sich lediglich darauf festzustellen, mein Mandant habe den Unfallort verlassen. Der Anklagesatz ist unzureichend. Ausführungen zum subjektiven Tatbestand finden sich dort nicht wieder. Insbesondere ergeben sich aus der Anklageschrift keine Anhaltspunkte dazu, warum mein Mandant einen bedeuteten Schaden hätte bemerken müssen. Bereits dieser Umstand rechtfertigt es, die Anklageschrift nicht zur Hauptverhandlung zuzulassen und das Verfahren einzustellen, § 260 Abs. 3 StPO (*Meyer-Goßner*, StPO, § 200 Rn 8).

▲

§ 21 Fahrlässige Tötung (§ 222 StGB)

Sebastian Gutt

A. Einleitung

Bei der fahrlässigen Tötung kommt es hinsichtlich der Verteidigungsstrategie auf die Umstände des Einzelfalls an. Es gibt eine Vielzahl von Möglichkeiten. So können insbesondere Beweisanträge zur Einholung von Sachverständigengutachten erforderlich werden. Dies wird beispielsweise relevant bei Fußgängerunfällen oder Unfällen mit Radfahrern. Hier ist oft Aufklärungsarbeit durch die Verteidigung erforderlich.[1] 1

Vielfach wird es sich um eine reine Rechtsfolgenverteidigung handeln. Dann muss der Verteidiger taktisch klug vorgehen, also den Mandanten verteidigen, ohne Staatsanwaltschaft/Gericht zu „verärgern“. Das ist mitunter gar nicht so einfach. 2

Häufig dürfte sich für den Mandanten eine Erledigung durch Strafbefehl und somit ohne Hauptverhandlung anbieten. Weiteres Ziel wird es sein, eine Freiheitsstrafe zu vermeiden. Von dieser Konstellation ausgehend könnte eine entsprechende Einlassung wie folgt aussehen:

B. Muster

▼ 3

Muster 21.1: Verteidigung bei fahrlässiger Tötung

In dem Ermittlungsverfahren 21.1

gegen

wegen

darf ich mich bei Ihnen für die gewährte Akteneinsicht bedanken. Ich habe die Angelegenheit mit meinem Mandanten besprochen. Zur Sache erfolgt die nachstehende Einlassung:

Mein Mandant möchte vorausschicken, dass es ihm unfassbar leidtut, dass bei dem Verkehrsunfall Frau verstorben ist. Gerne würde mein Mandant das Geschehene rückgängig machen. Dies ist leider nicht möglich. Mit dem Schicksal und den Schuldvorwürfen wird mein Mandant leben müssen. Dies stellt für ihn und seine Familie eine unheimlich schwierige Situation und psychische Belastung dar.

Gerne hätte mein Mandant mit den Angehörigen gesprochen. Er versteht und respektiert jedoch deren Wunsch, dass diese aktuell keinen Kontakt wünschen. Aus Respekt vor dem Wunsch der Angehörigen, nicht mit meinem Mandanten besprechen zu wollen, ist dieser auch nicht wegen Beileidsbekundungen an diese herangetreten. Dies ist keinesfalls dem Umstand geschuldet, dass mein Mandant sich seiner Verantwortung nicht bewusst ist.

1 Vgl. die insgesamt gute Darstellung aus Sicht des Verteidigers bei *Gebhardt*, Verteidigung in Verkehrsstraf- und Ordnungswidrigkeitenverfahren, §§ 46 ff.

Sofort hat mein Mandant den Verkehrsunfall seinem zuständigen Kfz-Haftpflichtversicherer gemeldet. Die Unfallangelegenheit ist dort in der Bearbeitung. Berechtigte Schadensersatzansprüche werden ausgeglichen werden, wenngleich meinem Mandanten klar ist, dass dies nicht über den schmerzlichen Verlust von Frau hinweghelfen kann.

Zum Unfallhergang selbst kann mein Mandant angeben, dass es zutrifft, dass er mit seinem Fahrzeug über die Kreuzung fuhr. Er hat hier offensichtlich Frau auf ihrem Fahrrad übersehen. Er kann sich dies heute nicht mehr erklären. Eine Antwort auf die Frage des „Warum“ hat er nicht. Er kann nur vermuten, dass er aufgrund der tiefstehenden und auf der Straße reflektierenden Sonne geblendet war.

Technische Mängel am Fahrzeug meines Mandanten bestanden nicht. Ob mein Mandant gebremst hat, ist ihm nicht mehr erinnerlich.

Hinsichtlich einer strafrechtlichen Ahndung möchte ich darauf hinweisen, dass mein Mandant eine Erledigung durch Strafbefehl bevorzugt. Mein Mandant ist strafrechtlich bisher noch nicht in Erscheinung getreten. Er hat sich vollumfänglich geständig zur Sache eingelassen und an der Aufklärung mitgewirkt, soweit er dies konnte. Der Tod von Frau sowie das Ermittlungsverfahren gegen meinen Mandanten haben auf ihn bereits enormen Eindruck gemacht. Es steht nicht zu erwarten, dass mein Mandant erneut strafrechtlich in Erscheinung treten wird und durch eine Hauptverhandlung auf meinen Mandanten eingewirkt werden muss.

Dabei möchte ich darauf hinweisen, dass mein Mandant durch den Unfall selbst schwer verletzt worden ist. Er erlitt mehrere Frakturen und Prellungen. Er befand sich zwei Wochen in stationärer Behandlung. Den Entlassungsbericht des Klinikums füge ich bei. Zudem hat das Fahrzeug meines Mandanten einen wirtschaftlichen Totalschaden erlitten. Das Gutachten liegt ebenfalls an. Mein Mandant hat also auch einen finanziellen Schaden erlitten, denn kaskoversichert ist er nicht, gleichwohl auf ein Fahrzeug zwingend angewiesen. In diesem Zusammenhang erlaube ich mir auf § 60 StGB zu verweisen. Diese Vorschrift ist hier – unabhängig von der strafrechtlichen Verantwortung meines Mandanten – zumindest auf Rechtsfolgenseite zu berücksichtigen, wenigstens aber der Rechtsgedanke, wenn die Vorschrift auch nicht direkt zur Anwendung kommen sollte.

Diese Umstände rechtfertigen aus Sicht der Verteidigung auch die Verhängung einer tat- und schuldangemessenen Geldstrafe. Die Verhängung einer Freiheitsstrafe, dann ausgesetzt zur Bewährung, ist nicht erforderlich. Der Effekt der strafrechtlichen Ahndung der durch meinen Mandanten begangenen Tat kann auch durch die Verhängung einer Geldstrafe erlangt werden.

Zu den persönlichen und wirtschaftlichen Verhältnissen kann mitgeteilt werden, dass mein Mandant in einer festen Beziehung ist und mit seiner Lebensgefährtin drei minderjährige Kinder hat, gegenüber denen eine Unterhaltsverpflichtung besteht. Mein Mandant ist Landwirt. Er ist Betriebsleiter eines Ackerbaubetriebes.

Mein Mandant hat ein monatliches Nettoeinkommen in Höhe von 8.000 EUR.

Im Hinblick auf mögliche Maßnahmen bezüglich der Fahrerlaubnis möchte mein Mandant darauf hinweisen, dass er zwingend auf seine Fahrerlaubnis angewiesen ist, um seiner beruflichen Tätigkeit nachkommen zu können. Staatsanwaltschaft und Gericht werden an dieser Stelle um Verständnis gebeten, dass mein Mandant im Hinblick auf seine berufliche Situation und seine Unterhaltsverpflichtungen Ausführungen zu einer eventuellen Sperrzeit macht. Dies soll nicht falsch verstanden werden. Der strafrechtlichen Verantwortung ist sich mein Mandant, wie ausgeführt, bewusst.

Der Betrieb meines Mandanten befindet sich aktuell in der Frühjahrsbestellung, Dünge- und Pflanzenschutzsaison. Der Betrieb meines Mandanten umfasst 500 ha Ackerfläche an zwei Standorten (Hauptsitz ist , ein Zweigbetrieb befindet sich in).

Aufgrund der niedrigen Preise für landwirtschaftliche Erzeugnisse trägt der Betrieb nicht die Kosten für einen qualifizierten und hochmotivierten Mitarbeiter, da viele Arbeiten Spezialkenntnisse und Genehmigungen (Pflanzenschutzausweis für Ausbringung und Transport, Fahrerlaubnis der Klassen C, E, L, T, etc.) voraussetzen und auch in den späten Abendstunden bzw. an den Wochenenden erledigt werden müssen. Einen Mitarbeiter kann mein Mandant daher nicht einstellen, so dass bei einem längerfristigen Entzug der Fahrerlaubnis die wirtschaftliche Existenz gefährdet ist.

Hierzu verweise ich auch auf das beigefügte und eingeholte Gutachten der Landwirtschaftskammer sowie das Schreiben des Steuerberaters meines Mandanten.

Es wird daher beantragt, für den Fall des Entzuges der Fahrerlaubnis und der Anordnung einer Sperrzeit zumindest eine Ausnahme für die Fahrerlaubnisklassen L, T vorzusehen. Die Möglichkeit einer Ausnahme ist bereits von der Rechtsprechung bejaht worden (vergleiche z.B. LG Kempten DAR 83, 367 und LG Zweibrücken zfs 95, 194). Mein Mandant wird überwiegend auf den landwirtschaftlichen Flächen fahren, wodurch eine feststellbare objektive und subjektive Abschirmung der Gefährdung des Maßregelzwecks und damit der Gefährdung des Straßenverkehrs gewährleistet ist (vgl. hierzu AG Lüdinghausen NZV 2010, 164). Gerade dann, wenn ein landwirtschaftlicher Betrieb bestellt wird, ist von besonderen Umständen auszugehen, die die Annahme rechtfertigen, dass der Zweck der Maßregel dadurch nicht gefährdet wird (AG Alsberg zfs 2010, 168; AG Auerbach (Vogtland) NZV 2003, 207; auch NK-GVR/*Blum*, § 69a StGB Rn 25 m.w.N.; vgl. insgesamt LG Zweibrücken NZV 1996, 252).

▲

§ 22 Fahrlässige Körperverletzung (§ 229 StGB)

Sebastian Gutt

A. Einleitung

Unabhängig von der Unfallverursachung erfolgt durch die hinzugerufene Polizei bei einer möglichen Verletzung eines Unfallbeteiligten eine Strafanzeige von Amts wegen. Das bedeutet, dass somit zunächst gegen den Mandanten wegen fahrlässiger Körperverletzung in Verbindung mit einem Verkehrsunfall ermittelt wird. Dies führt selbstverständlich und nachvollziehbar bei den Mandanten zur Verunsicherung. Sätze wie „Der Unfall wurde doch von dem Anderen verursacht" oder „Der hatte doch nur eine kleine Schramme" hört der Anwalt täglich. Vielfach wird die fahrlässige Körperverletzung von der Staatsanwaltschaft eingestellt und wegen der Verfolgung einer möglichen Ordnungswidrigkeit an die Bußgeldstelle abgegeben. 1

B. Ausgewählte Probleme im Bereich des § 229 StGB

I. Tathandlung: Körperliche Misshandlung und/oder Gesundheitsbeschädigung

Tathandlung ist eine körperliche Misshandlung und/oder Gesundheitsbeschädigung. 2

1. Körperliche Misshandlung

Eine körperliche Misshandlung ist ein übles, unangemessenes Behandeln, das entweder das körperliche Wohlbefinden oder die körperliche Unversehrtheit nicht nur unerheblich beeinträchtigt.[1] 3

2. Gesundheitsschädigung

Eine Gesundheitsschädigung ist das Hervorrufen oder Steigern eines wenn auch nur vorübergehenden pathologischen Zustands.[2] 4

Gerade im Verkehrsrecht spielt die Erheblichkeit eine Rolle. Die Frage, ob eine erhebliche körperliche Misshandlung oder Gesundheitsschädigung vorliegt, bestimmt sich nicht nach dem subjektiven Empfinden des Geschädigten, sondern am Maßstab eines objektiven Betrachters, wobei dann weiter Dauer und Intensität in diese Betrachtung einzubeziehen sind.[3] So stellt eine Hautrötung beispielsweise keine körperliche Misshandlung dar.[4] Gleiches gilt für einen Schock durch einen Stoß.[5] 5

1 Z.B. KG VA 2014, 65; *Fischer*, § 223 StGB Rn 4 m.w.N.
2 *Fischer*, § 223 StGB Rn 8 m.w.N.
3 NK-GVR/*Kastenbauer*, 3. Aufl., § 230 StGB Rn 5.
4 OLG Karlsruhe DAR 2005, 350.
5 OLG Köln StV 85, 17.

3. Einstellung des Verfahrens nach Abschnitt 243 Abs. 3 RiStBV

6 Wie ausgeführt, zeigt sich in der Praxis, dass die Staatsanwaltschaften regelmäßig bei solchen geringen Verletzungen des Unfallgegners und klassischen/alltäglichen Unfallsituationen wie dem Auffahrunfall geneigt sind, das Ermittlungsverfahren einzustellen. Das gilt jedenfalls dann, wenn kein Alkohol und keine Drogen im Spiel waren. In der Sache ist diese Vorgehensweise auch nachvollziehbar, denn auch der noch so umsichtige Kraftfahrer kann Verstöße gegen die Straßenverkehrsordnung begehen, durch die ein Mensch verletzt wird.[6]

7 Für die Einstellung gibt es sogar eine konkrete Vorschrift, nämlich Abschnitt 243 Abs. 3 RiStBV. Es handelt sich aber um eine verwaltungsinterne Vorschrift, die keinen Gesetzescharakter hat, sondern vom Bundesjustizministerium in Zusammenarbeit mit den Justizministern der Länder zur Vereinheitlichung der jeweils genannten Verfahren erlassen wurde.

8 In Abschnitt 243 Abs. 3 RiStBV heißt es:

> *„Ein Grundsatz, dass bei einer im Straßenverkehr begangenen Körperverletzung das besondere öffentliche Interesse an der Strafverfolgung (§ 230 Abs. 1 S. 1 StGB) stets oder in der Regel zu bejahen ist, besteht nicht. Bei der im Einzelfall zu treffenden Ermessensentscheidung sind das Maß der Pflichtwidrigkeit, insbesondere der vorangegangene Genuss von Alkohol oder anderer berauschender Mittel, die Tatfolgen für den Verletzten und den Täter, einschlägige Vorbelastungen des Täters sowie ein Mitverschulden des Verletzten von besonderem Gewicht."*

9 Weiter ist zu berücksichtigen, dass die fahrlässige Körperverletzung ein Antragsdelikt ist, § 230 Abs. 1 StGB, es sei denn, die Staatsanwaltschaft bejaht das besondere öffentliche Interesse an der Strafverfolgung, was in den oben genannten Fällen doch sehr häufig eher unwahrscheinlich ist.

Der Verteidiger sollte schon mit dem Akteneinsichtsgesuch unter Berücksichtigung des oben genannten die Einstellung beantragen.

10 ▼

Muster 22.1: Akteneinsicht mit Antrag auf Einstellung

22.1 In dem Ermittlungsverfahren

gegen

wegen

zeige ich ausweislich anliegender Vollmacht die Verteidigung des Herrn an.

Eine Stellungnahme wird mein Mandant ausschließlich über mich abgeben. Bis dahin wird vom Schweigerecht Gebrauch gemacht.

6 NK-GVR/*Kastenbauer*, 3. Aufl., § 230 StGB Rn 2. Dort ist auch sehr schön die Diskussion um die Sinnhaftigkeit der fahrlässigen Körperverletzung im Straßenverkehr zusammengefasst.

Ich bitte darum, mir kurzfristig

Akteneinsicht

durch Übersendung der Akte in die Kanzlei zu gewähren. Die rechtzeitige Rückgabe der Akten wird anwaltlich zugesichert.

Sollten Sie den Vorgang zwischenzeitlich abgegeben haben, bitte ich um Weiterleitung dieses Schreibens nach dort unter Angabe meines Aktenzeichens.

Schon jetzt wird beantragt,

das Ermittlungsverfahren gegen meinen Mandanten einzustellen.

Begründung:

Ein Strafantrag ist nicht gestellt. Zudem liegt kein besonders grober Verkehrsverstoß vor. Auch ist das Versagen nicht auf eine rücksichtslose oder verkehrsfeindliche Einstellung zurückzuführen. Der Geschädigte hat keine schwerwiegenden Verletzungen erlitten. Eine Körperverletzung i.S.d. § 229 StGB liegt nur vor, wenn die Beeinträchtigungen über eine nur geringfügige Einwirkung auf die körperliche Integrität hinausgehen (BayObLG DAR 2002, 38; OLG Karlsruhe VRS 108, 427). Die Beantwortung der Frage, ob erhebliche Verletzungen vorliegen, die über eine solche geringfügige Einwirkung hinausgehen, ist nicht nach dem subjektiven Empfinden des Geschädigten zu bestimmen, sondern am Maßstab eines objektiven Betrachters (BGH NStZ 2009, 289).

Ebenso weise ich auf Nr. 243 Abs. 3 RiStBV hin.

▲

Praxistipp: Gebühren **11**

Wenn das Verfahren eingestellt wird, hat der Verteidiger durch diese kurze und (noch) abstrakte Einlassung an der Einstellung mitgewirkt, so dass die Gebühr nach Nr. 4141 VV-RVG angefallen ist. Umstritten ist nämlich nach wie vor, ob das bloße Anraten zum Schweigen die Gebühr bereits auslöst. Die wohl überwiegende und zutreffende Meinung geht zwar davon aus, dass der Rat zum gezielten Schweigen ausreichend ist.[7] Begründet wird dies damit, dass für die Mitursächlichkeit jeder Rat des Verteidigers ausreicht. Richtig ist, dass dies dann selbstverständlich auch für den Rat zum Schweigen gelten muss. Allerdings wird das nicht einheitlich so gesehen. Dagegen wird argumentiert, die Einstellung sei in diesen Fällen nicht aufgrund der Mitwirkung des Verteidigers, sondern aufgrund der Entscheidung der jeweiligen Ermittlungsbehörde, keine weiteren Ermittlungen anzustellen, erfolgt.[8] Das ist falsch, denn würde dieses Argument ziehen, würde die Zusatzgebühr nach Nr. 4141 VV RVG nie anfallen. Um Streitigkeiten mit den Rechtsschutzversicherern aus dem Weg zu gehen, könnte in geeigneten Fällen die obige kurze Einlassung bereits mit dem Antrag auf Akteneinsicht gewählt werden.

7 BGH AGS 2011, 128; AG Charlottenburg StraFo 2007, 307; AG Hamburg-Barmbek RVGreport 2012, 109; sehr gute Zusammenfassung bei *Burhoff*, RVGreport 2015, 3.

8 Z.B. AG Halle AGS 2007, 77.

II. Bewusstes Eingehen von Risiken

12 Begibt sich der Geschädigte wissentlich in Gefahr, so scheidet eine (fahrlässige) Körperverletzung regelmäßig aus. Mit dem BGH ist dann der Ursachenzusammenhang zwischen Verstoß und Erfolg oder aber die Rechtswidrigkeit zu verneinen (Flucht zu viert auf Motorroller, Mitfahrer ist bekannt, dass Fahrer unter epileptischen Anfällen leidet[9]). Dies gilt nur dann nicht, wenn der Täter ein überlegenes Wissen gegenüber dem Geschädigten hat.[10]

13 ▼

Muster 22.2: Eingehen eines Risikos

22.2 Eine Strafbarkeit meines Mandanten wegen § 229 StGB scheidet aus. Der Geschädigte hat sich hier freiwillig mit zwei weiteren Personen auf das Mofa meines Mandanten gesetzt und war mit der Fahrt einverstanden. Er wusste, dass das Mofa nicht für drei Personen im Straßenverkehr zugelassen ist und musste infolge der Instabilität damit rechnen, dass es umkippen kann. Es liegt eine eigenverantwortliche Selbstgefährdung des Geschädigten vor. In einem solchen Fall verneint der BGH den Ursachenzusammenhang zwischen Verstoß und Erfolg bzw. die Rechtswidrigkeit (BGH MDR 1959, 856; BGH NZV 1995, 197, auch BGH NJW 1984, 1469).

Ich beantrage deshalb, das Verfahren gegen meinen Mandanten gem. § 170 Abs. 2 StPO einzustellen.

▲

III. Vermeidbarkeit

14 Feststehen muss, dass die Verletzung bei verkehrsgerechtem Verhalten nicht eingetreten wäre. Welches Verkehrsverhalten in der kritischen Verkehrslage verkehrsgerecht gewesen wäre, ist im Hinblick auf die Verkehrswidrigkeit zu beantworten, die als unmittelbare Ursache in Betracht kommt. Im Übrigen ist vom tatsächlichen Geschehensablauf auszugehen.[11] Dabei kommt es nicht auf eine ex-post Betrachtung an, sondern darauf, wie sich die Situation dem Täter in der konkreten Situation vor dem Unfall geboten hat. Dabei hat die Prüfung der Ursächlichkeit mit dem Eintritt der konkreten kritischen Verkehrslage einzusetzen, die unmittelbar zu dem schädlichen Erfolg geführt hat.[12] Hinwegzudenken und durch das der Pflichtwidrigkeit korrespondierende verkehrsgerechte Verhalten zu ersetzen ist daher nur der dem Täter vorgeworfene Tatumstand; darüber hinaus darf von der Verkehrssituation nichts weggelassen, ihr nichts hinzugedacht und an ihr nichts verändert werden.[13]

9 BGH MDR 1959, 856; BGH NZV 1995, 197, auch BGH NJW 1984, 1469.
10 OLG Karlsruhe VersR 1997, 858.
11 BGH zfs 1985, 95; LG Nürnberg-Fürth, Urt. v. 10.10.2006 – 2 Ns 702 Js 67558/2005 – juris; AG Haldensleben, Urt. v. 26.3.2007 – 28 Ls 310/06 – juris.
12 BGH VRS 54, 436.
13 BGHSt 10, 369.

▼

Muster 22.3: Vertretbares Verhalten 15

22.3

Der Erfolg wäre auch bei verkehrsgerechtem Verhalten eingetreten.

Mein Mandant musste einem vom rechts kommenden Fußgänger nach links ausweichen und stieß rechtsseitig mit dem Gegenverkehr zusammen. Es ist trifft zu, dass der Unfall möglicherweise vermeidbar gewesen wäre, wäre mein Mandant geradeaus gefahren. Es kommt aber nicht auf eine ex-post Betrachtung an, sondern darauf, wie sich die Situation dem Täter in der konkreten Situation vor dem Unfall geboten hat. Damals war das Verhalten meines Mandanten verständlich und vertretbar, so dass der Unfall meinem Mandanten nicht vorwerfbar ist und eine Strafbarkeit deshalb ausscheidet (OLG Hamm zfs 1995, 357).

Ich beantrage daher, das Ermittlungsverfahren gegen meinen Mandanten einzustellen.[14]

▲

14 Nach *Gebhardt*, Verteidigung in Verkehrsstraf- und Ordnungswidrigkeitenverfahren, 9. Aufl., § 47 Rn 11.

§ 23 Nötigung (§ 240 StGB)

Sebastian Gutt

A. Einleitung

In der Praxis hat der Verteidiger regelmäßig mit der Verteidigung wegen des Vorwurfs einer Nötigung im Straßenverkehr zu tun. Häufigster Fall dürfte das zu dichte Auffahren sein. Die Beteiligten werden in der Regel nicht durch die Polizei persönlich vernommen, sondern äußern sich schriftlich. Dem schriftlichen Fragebogen liegt ein weiterer Fragebogen bei, der vielfach „Zusatzbogen Aggressionsdelikt im Straßenverkehr" genannt wird. Dort finden sich solche Fragen wieder wie, ob der Geschädigte noch das Kennzeichen des nachfolgenden Fahrzeugs sehen konnte oder ob dieser gar die Lichthupe betätigt hat. 1

B. Tatbestandsmerkmale

Die Nötigung ist gekennzeichnet durch den rechtswidrigen Einsatz von Gewalt oder Drohung mit einem empfindlichen Übel, durch die ein bestimmtes Verhalten des Opfers – das Nötigungsziel (Handlung, Duldung oder Unterlassung) – erreicht werden soll und auch erreicht wird (Nötigungserfolg). 2

I. Empfindliches Übel

Nötigung mit einem empfindlichen Übel ist dabei im Bereich des Verkehrsstrafrechts weitgehend ohne Bedeutung. 3

II. Gewalt

Gewalt im Straßenverkehr kommt hingegen – wie eingangs ausgeführt – schon häufiger vor. 4

Gewalt liegt immer dann vor, wenn die Eigendynamik und die Gefährlichkeit eines in Bewegung befindlichen Fahrzeuges eingesetzt werden, um fremden Willen zu bestimmen.[1] Nötigung in Form von Gewalt im Straßenverkehr ist dann anzunehmen, wenn eine Fahrweise feststellbar ist, die geeignet ist, den anderen Verkehrsteilnehmern als durchschnittlichen Kraftfahrer in Furcht und Schrecken zu versetzen, um durch die Herbeiführung eines gefährlichen Zustands eine Zwangswirkung auf diesen auszuüben und diesen damit zu ungewollten Reaktionen, möglicherweise zu gefährlichem Ausweichen oder zur Herbeiführung einer anderen unfallträchtigen Situation zu veranlassen.[2] Die Behinderungen oder Gefährdungen, z.B. Einsatz von Lichthupe und Signalhorn oder

1 NK-GVR/*Quarch*, 3. Aufl., § 240 StGB Rn 9.
2 OLG Hamm NJW 1991, 3230.

der Abstand der Fahrzeuge zueinander, müssen also von einigem Gewicht sein, um die Bagatellgrenze zu überschreiten.[3]

5 Hauptfall in der Anwendungspraxis des § 240 StGB ist das dichte Auffahren. Hier sind die Umstände des Einzelfalls von entscheidender Bedeutung. Dabei kommt es namentlich auf die gefahrenen Geschwindigkeiten, die Abstände der Fahrzeuge zueinander sowie die Dauer bzw. die Streckenlänge des angeblich bedrängenden Auffahrens an.

6 Unter Berücksichtigung dieser Grundsätze kann von einer Nötigung im Straßenverkehr ausgegangen werden, wenn bei hohen Geschwindigkeiten über mehrere Kilometer sehr dicht auf das vorausfahrende Fahrzeug aufgefahren wird.[4] Erforderlich ist (insbesondere für die Verwirklichung des Merkmals der Verwerflichkeit), dass sich das Handeln massiv ohne vernünftigen Grund darstellt, etwa bei Schikane, Mutwillen, Erziehungsabsicht oder beharrlicher Reglementierung aus Ärger oder eigensüchtigen Motiven.[5] Auch im innerstädtischen Verkehr ist dann eine Nötigung möglich.[6]

III. Intensität

7 Das ungeschriebene Tatbestandsmerkmal „Intensität" erfordert ein Zeitmoment und ist deshalb nur erfüllt, wenn der Vorgang eine gewisse Zeit andauert. Nur dann kann der durchschnittliche Kraftfahrer in Furcht und Schrecken versetzt werden.[7] In der Rechtsprechung wird zum Teil auch die Auffassung vertreten, dass schon alleine das bedrängende Auffahren, also die extreme Verkürzung des Abstands zur Bejahung des Gewaltbegriffs gem. § 240 StGB ausreicht.[8] Richtigerweise kann die Verkürzung des Abstands alleine nicht ausreichen. Vielmehr sind mit der Rechtsprechung für die Annahme von Gewalt eine gewisse Intensität und Dauer des gefährlichen Täterverhaltens zu fordern.[9]

C. Muster

8 ▼

Muster 23.1: Dichtes Auffahren

23.1

Meinem Mandanten wird Nötigung im Straßenverkehr vorgeworfen. Er soll hinter dem Geschädigten hergefahren und diesen durch das dichte Auffahren „belästigt" bzw. – juristisch gesprochen – genötigt haben.

Der Geschädigte hat ausgesagt, mein Mandant habe gedrängelt und sei bei einer Geschwindigkeit von etwa 120 km/h bis auf wenige Meter an ihn herangefahren, und zwar so, dass er letztlich im Rückspiegel nur noch einen Teil der Motorhaube habe sehen

3 OLG Celle, Beschl. v. 26.7.2006 – 22 Ss 110/06 – juris; OLG Düsseldorf NZV 1996, 288.
4 OLG Hamm SVR 2007, 467.
5 OLG Hamm, Beschl. v. 18.8.2005 – 3 Ss 304/05 – juris.
6 OLG Köln DAR 2007, 39.
7 BayObLG NZV 1990, 238.
8 Z.B. OLG Stuttgart DAR 1995, 261.
9 BGH NJW 1964, 1426; OLG Hamm NJW 1991, 3230.

können. Dann habe sich mein Mandant aber wieder „zurückfallen“ lassen. Durch das dichte Auffahren habe sich der Geschädigte extrem bedrängt gefühlt.

Dieser Sachverhalt rechtfertigt eine Verurteilung meines Mandanten gem. §240 StGB nicht.

Allein die Tatsache, dass mein Mandant den Sicherheitsabstand wesentlich unterschritten haben soll, genügt für eine Strafbarkeit nicht. Die Dauer des Nachfahrens und die damit verbundene Gefährdung war nicht dergestalt, dass ein durchschnittlicher Kraftfahrer dadurch in Furcht und Schrecken geriet. Bei einem Heranfahren z.B. bis auf 5 m unter Abgabe von Schall- und Lichtzeichen hat die Rechtsprechung eine rechtswidrige Gewaltanwendung auch nur in Fällen angenommen, in denen die bedrängende Fahrweise über eine Strecke von **mehreren 100 m oder mehr** hinweg stattfand (OLG Celle VRS 38, 431; OLG Karlsruhe VRS 43, 105; OLG Köln VRS 61, 425). In vergleichbaren Fällen kürzerer Dauer wird allgemein eine Strafbarkeit verneint (vgl. OLG Stuttgart DAR 1964, 275, OLG Frankfurt a.M. VRS 56, 286; OLG Karlsruhe zfs 1980, 158).

Ein solcher Fall ist hier nicht einmal nach den Bekundungen des Geschädigten gegeben. Die von ihm behauptete Strecke des vermeintlich bedrängenden dichten Auffahrens liegt deutlich unter dem, was seitens der Rechtsprechung gefordert wird.

Ich beantrage daher, das Ermittlungsverfahren gegen meinen Mandanten gem. §170 Abs. 2 StPO einzustellen.

▲

▼ 9

Muster 23.2: Ausbremsen des nachfolgenden Verkehrs

Aus Sicht meiner Mandantin fuhr der Anzeigenerstatter über einen längeren Zeitraum sehr dicht auf ihr Fahrzeug auf. Damit der Anzeigenerstatter den Sicherheitsabstand wieder einhält und um einen Auffahrunfall zu vermeiden, tippte meine Mandantin das Bremspedal kurz an, damit die Bremslichter aufleuchten.

Eine Nötigung ist hierin nicht zu sehen.

Es trifft vielleicht zu, dass der Anzeigenerstatter hierdurch bremsen musste. Dies aber auch nur, weil er den Sicherheitsabstand gemäß §4 Abs. 1 S. 1 StVO nicht einhielt. Nach dieser Vorschrift ist der Abstand zu einem vorausfahrenden Fahrzeug in der Regel so groß einzuhalten, dass auch dann hinter diesem gehalten werden kann, wenn es plötzlich gebremst wird. Bereits hieraus ergibt sich der Verkehrsverstoß des Anzeigenerstatters. Auf plötzliches, selbst starkes Bremsen muss der Fahrzeugführer noch durch rechtzeitiges Anhalten reagieren können (BGH NJW 1987, 1075; *König*, in: Hentschel/König/Dauer, Straßenverkehrsrecht, 47. Aufl., §4 StVO Rn 8). Im bloßen Aufleuchtenlassen des Bremslichts liegt weder eine (versuchte) Nötigung noch ein gefährlicher Eingriff in den Straßenverkehr (OLG Köln NZV 1997, 318). Richtigerweise ist sogar davon auszugehen, dass bei zu dichtem Auffahren des Hintermannes der Gebrauch des Bremslichtes als Warnzeichen zulässig ist (OLG Karlsruhe zfs 1991, 260).

▲

§ 24 Gefährlicher Eingriff in den Straßenverkehr (§ 315b StGB)

Sebastian Gutt

A. Der objektive Tatbestand

Prägend für dieses Delikt (in sämtlichen Varianten des Abs. 1 Nr. 1–3) ist, dass ein verkehrsfremder Eingriff von außen in den Straßenverkehr vorliegen muss. Liegen demgegenüber vorschriftswidrige Verkehrsverhalten vor, ist § 315b unabwendbar. Denn solche Verstöße im ruhenden und fließenden Verkehr sind abschließend durch § 315c geregelt. Dennoch ergeben sich gelegentlich Abgrenzungsprobleme, da nach ganz herrschender Meinung § 315b auch bei sogenannten verkehrsfremden Inneneingriffen, also Handlungen im Verkehr, vorliegen kann. Hiervon spricht man, wenn der Täter als Verkehrsteilnehmer einen Verkehrsvorgang zu einem Eingriff in den Straßenverkehr pervertiert.[1] Das ist etwa dann der Fall, wenn der Täter sein Kraftfahrzeug nicht als Fortbewegungsmittel benutzt, sondern es als Schadenswerkzeug missbraucht,[2] z.B. auf Polizeibeamten zufährt, auch wenn er im letzten Moment ausweichen möchte.[3] Hierbei geht es um den Einsatz des Fahrzeugs als Werkzeug zur Nötigung, um sich den Fluchtweg zu eröffnen.[4] **1**

In der Praxis spielt in der Regel § 315b Abs. 1 Nr. 3 eine wichtige Rolle.

▼ **2**

Muster 24.1: Keine Pervertierung des Verkehrsvorgangs

24.1

Meinem Mandanten wird folgende Tathandlung vorgeworfen:

Mein Mandant fuhr mit seinem Pkw. Mit in dem Fahrzeug befand sich die junge Bekannte meines Mandanten, Frau , die sich zuvor mit ihrem Freund zerstritten hatte. Sie machte den Vorschlag, den Pkw ihres Freundes zu beschädigen. Mein Mandant erklärte sich hierzu bereit und fuhr zum Wohnanwesen des Freundes, vor dem dessen Pkw abgestellt war. Dort fuhr mein Mandant langsam gegen die Fahrertür des Hondas, die hierdurch großflächig eingedrückt wurde.

Die Staatsanwaltschaft sieht den Tatbestand des § 315b Abs. 1 Nr. 3 StGB als erfüllt an, weil mein Mandant sein Fahrzeug zweckentfremdet ‚als Werkzeug' dazu benutzt habe, den parkenden Pkw zu beschädigen, wodurch sich gleichzeitig die konkrete Gefahr für das fremde Fahrzeug verwirklicht habe.

Diese Auffassung ist rechtlich unzutreffend.

Ein gefährlicher Eingriff im Sinne dieser Vorschrift setzt nach ständiger Rechtsprechung eine grobe Einwirkung von einigem Gewicht voraus (BGHSt 26, 176). Es genügt nicht jeder Eingriff im Straßenverkehr. § 315b StGB ist vielmehr nur dann erfüllt, wenn die darin

1 BGH NStZ 2010, 391; BGH NZV 2012, 249; OLG Hamm VRR 2016, Nr. 2, 3.
2 BGH NZV 1995, 115.
3 BGH DAR 1976, 22.
4 BGHSt 28, 87.

vorausgesetzte konkrete Gefahr die Folge des tatbestandsmäßigen Eingriffs ist, durch den die Sicherheit des Straßenverkehrs beeinträchtigt wird. Erschöpft sich dagegen der Eingriff in der konkreten Gefährdung bzw. Schädigung, scheidet der Tatbestand des § 315b StGB aus (BGH zfs 2002, 198).

So lag der Fall aber hier. Dementsprechend hat sich mein Mandant allenfalls einer Sachbeschädigung strafbar gemacht.

Der Tatbestand ist zudem nur erfüllt, wenn der Eingriff eine konkrete Gefahr nach sich zieht. Die Gefahr muss konkret festgestellt werden.[5] Dies ist der Fall, wenn die Tathandlung über die ihr innewohnende latente Gefährlichkeit hinaus in eine kritische Situation geführt hat, in der – was nach allgemeiner Lebenserfahrung aufgrund einer objektiv nachträglichen Prognose zu beurteilen ist – die Sicherheit einer bestimmten Person oder Sache so stark beeinträchtigt war, dass es nur noch vom Zufall abhing (sog. Beinahe-Unfall), ob das Rechtsgut verletzt wurde oder nicht.[6]

▲

3 Nach der Rechtsprechung des BGH ist erforderlich, dass eine konkrete Gefahr für den Geschädigten bestand. Es muss ein „Beinahe-Unfall" angenommen werden können, die Sicherheit einer Person also so stark gefährdet sein, dass es nur noch vom Zufall abhängt, ob sich die Rechtsgutverletzung realisiert oder eben nicht.[7] Bei Schüssen auf Fahrzeuge im Straßenverkehr setzt § 315b Abs. 1 Nr. 3 StGB voraus, dass der Schutzzweck jedenfalls auch auf die Wirkungsweise der für Verkehrsvorgänge typischen Fortbewegungskräfte zurückzuführen ist. Das ist dann nicht der Fall, wenn der Schaden ausschließlich auf der durch die Pistolenschüsse freigesetzten Dynamik der auftreffenden Projektile beruht.[8]

Bei einem Außeneingriff in den Straßenverkehr sind tatbestandsrelevant nur verkehrsspezifische Gefahren. Eine verkehrsspezifische Gefahr liegt bei Zusammentreffen der Tathandlung und dem Eintritt einer konkreten Gefahr aber nur dann vor, wenn die konkrete Gefahr – jedenfalls auch – auf die Wirkungsweise der für Verkehrsvorgänge typischen Fortbewegungskräfte (Dynamik des Straßenverkehrs) zurückzuführen ist.[9]

4 ▼

Muster 24.2: Konkrete Gefahr

24.2

Nach der Rechtsprechung des BGH ist erforderlich, dass eine konkrete Gefahr für den Geschädigten bestand. Es muss ein „Beinahe-Unfall" angenommen werden können, die Sicherheit einer Person also so stark gefährdet sein, dass es nur noch vom Zufall abhängt, ob sich die Rechtsgutverletzung realisiert oder eben nicht (BGH NZV 2016, 345; BGH DAR 2013, 709).

Es trifft zwar zu, dass mein Mandant auf den Geschädigten mit seinem Fahrzeug zufuhr. Dieser hat jedoch in seiner Vernehmung angegeben, auf das Fahrmanöver meines Mandanten frühzeitig aufmerksam geworden zu sein, sich deshalb umgedreht und gesehen

5 BGH NZV 2015, 308.
6 BGH DAR 2013, 709.
7 BGH NZV 2016, 345; BGH DAR 2013, 709.
8 BGH NZV 2018, 42 m. Anm. *Kerkmann*.
9 BGH NStZ 2021, 743.

zu haben, dass mein Mandant auf dem Gehweg auf ihn zufährt. Er sei dabei nicht schnell gefahren und habe vor ihm abgebremst. Eine konkrete Gefährdung lag daher nicht vor. Der Geschädigte konnte meinen Mandanten frühzeitig erkennen und hatte daher die Möglichkeit auszuweichen, was auch auf die geringe Geschwindigkeit des von meinem Mandanten geführten Fahrzeugs zurückzuführen ist. Eine Strafbarkeit nach § 315b StGB ist nicht gegeben (vgl. hierzu auch BGH NZV 2014, 184), denn es ist gerade nicht festzustellen, dass es nur noch vom Zufall abhing, ob das Rechtsgut verletzt wurde (KG BA 52, 39). Der Geschädigte hatte meinen Mandanten vielmehr stets im Blickfeld und konnte reagieren (hierzu auch BGH NZV 2016, 345).

Das Ermittlungsverfahren ist daher einzustellen, was ich hiermit beantrage.

▲

§ 315b setzt zudem die Gefährdung von Personen oder Sachen von bedeutendem Wert voraus oder dass ein solcher Schaden zumindest gedroht hat. Sachen von bedeutendem Wert werden bei einem Schaden ab 750 EUR angenommen.[10] In Anbetracht der Inflation und steigenden Reparaturkosten sollte diese Grenze überdacht, zumindest nicht als starr angesehen werden. Es würde sich anbieten, erst bei deutlichen höheren Schäden von einem bedeutenden Schaden auszugehen.[11]

▼ 5

Muster 24.3: Schadenhöhe 24.3

Eine Strafbarkeit meines Mandanten ist nicht gegeben. Ausweislich des seitens des Geschädigten zur Ermittlungsakte gereichten Schadensgutachtens ist der Schaden auf netto 650 EUR geschätzt worden. Die Mehrwertsteuer ist mangels Reparatur noch nicht angefallen. Es gilt der wirtschaftliche Schadenbegriff. Zur Bemessung des bedeutenden Fremdschadens sind nur solche Schadenspositionen heranzuziehen, die zivilrechtlich erstattungsfähig sind (OLG Hamm NZV 2011, 356; OLG Hamm VRR 2014, 442). Die Berechnung des Schadens erfolgt nach zivilrechtlichen Regeln und damit nach § 249 BGB. Das bedeutet im Hinblick auf die Mehrwertsteuer jedoch auch, dass diese nur zu berücksichtigen ist bei Reparatur oder eventuell bei Ersatzbeschaffung, § 249 Abs. 2 S. 2 BGB.

Eine Strafbarkeit gem. § 315b StGB setzt die Gefährdung von Personen oder Sachen von bedeutendem Wert voraus oder dass dieser Schaden zumindest gedroht hat. Die Grenze ist bei 750 EUR zu setzen (BGH NZV 2008, 639), richtigerweise aufgrund mittlerweile deutlich höherer Reparaturkosten sowie der Inflation sogar über 750 EUR.

Das Ermittlungsverfahren ist dementsprechend einzustellen.

▲

10 BGH NZV 2008, 639.
11 Siehe hierzu Hentschel/König/Dauer/*König*, § 315b Rn 38 m.w.N.

B. Der subjektive Tatbestand

6 Bei Vorgängen im **fließenden Verkehr** ist mit dem BGH zu fordern, dass neben dem zweckfremden Einsatz des Fahrzeugs hinzukommen muss, dass es zumindest mit bedingtem Schädigungsvorsatz missbraucht wurde.[12] Hier genügt dann allerdings auch die Annahme des bedingten Vorsatzes, der Täter also in Kauf nimmt, dass z.B. jemand gefährdet oder geschädigt wird.[13]

C. Die Qualifikation des § 315 Abs. 3 Nr. 1b

7 Über § 315b StGB findet die Qualifikation des § 315 Abs. 3 Nr. 1b StGB Anwendung, welche die Absicht voraussetzt, eine andere Straftat zu verdecken. Die Qualifikation war kürzlich Grundlage neuerer Entscheidungen des BGH, auf die teilweise nachfolgend eingegangen wird.

Ein klassischer Fall der Qualifikation ist es, wenn der Täter auf der Flucht mit seinem Fahrzeug auf einen Polizeibeamten zufährt (um seine Beute zu erhalten) und diesen zum Sprung zur Seite „zwingt".

Für die Annahme der Qualifikation ist zu prüfen, ob der Täter im Zeitpunkt der Tathandlung nach seiner Vorstellung davon ausgegangen ist, seine Täterschaft hinsichtlich eines (z.B.) vorausgegangenen Diebstahls sei noch nicht in einem die Strafverfolgung sicherstellenden Umfang aufgedeckt.[14]

Verdeckungsabsicht gem. § 315 Abs. 3 Nr. 1b StGB setzt voraus, dass die konkrete Handlung des Täters das Mittel zur Verdeckung der Tat ist. Es genügt nicht, dass der Täter einen zeitlichen Vorsprung erhalten will, um zu fliehen.[15]

Die Verdeckung der Straftat scheidet insbesondere dann aus, wenn diese bereits vollständig aufgedeckt ist und der Täter dies weiß.[16]

8 ▼

Muster 24.4: Verdeckungsabsicht

24.4

Meinem Mandanten wird vorgeworfen, dass er nach dem Diebstahl, bei dem er von dem Personal entdeckt wurde, aus dem Laden geflohen, in sein Fahrzeug eingestiegen und sich mit ca. 50 km/h vom Parkplatz des Ladens habe entfernen wollen. Die Polizei war durch das Personal bereits verständigt und schon auf dem Gelände angekommen. Meinem Mandanten habe sich dann ein Polizeibeamter in den Weg gestellt, um ihn zum Stehen zu bringen. Mein Mandant habe jedoch Gas gegeben und der Polizeibeamte habe sich nur durch einen Sprung zur Seite retten können.

12 BGH zfs 2003, 314; BGH StraFO 2006, 122; BGH NZV 2016, 345.
13 BGH VA 2015, 172; BGH NStZ-RR 1999, 110; BGH, DAR 2012, 390.
14 BGH NStZ-RR 2018, 88; BGH VRS 135, 96–98.
15 BGH NStZ 1985, 166.
16 BGH NJW 2005, 1203.

Die Staatsanwaltschaft geht davon aus, mein Mandant habe in Verdeckungsabsicht mit seinem Fahrzeug auf den Polizeibeamten „gehalten", §§ 315b Abs. 1 Nr. 3, 315b Abs. 3, 315 Abs. 3 Nr. 1b StGB.

Der Vorwurf trifft aus tatsächlichen und rechtlichen Gründen nicht zu.

Mein Mandant hatte mitbekommen, dass die Polizei gerufen und bereits vor Ort war als er floh. Er ging davon aus, dass die Straftat bereits vollständig aufgedeckt sei, nachdem ihn das Personal in dem Laden auf den Diebstahl ansprach. In diesem Fall liegt keine Verdeckungsabsicht vor. Mein Mandant wollte sich lediglich einen zeitlichen Vorsprung gegenüber der Polizei verschaffen, um fliehen zu können.

Nur wenn der Beschuldigte im Zeitpunkt der Tathandlung nach seiner Vorstellung davon ausgeht, seine Täterschaft hinsichtlich des vorangegangenen Diebstahls sei noch nicht in einem die Strafverfolgung sicherstellenden Umfang aufgedeckt, liegt eine Verdeckungsabsicht vor (BGH NStZ-RR 2018, 88, 89; BGH VRS 135, 96).

Eine Strafbarkeit gem. §§ 315b Abs. 1 Nr. 3, 315b Abs. 3, 315 Abs. 3 Nr. 1b StGB scheidet aus diesem Grunde hier aus.[17]

▲

17 Angelehnt an BGH VRS 135, 96–98.

§ 25 Gefährdung des Straßenverkehrs (§ 315c StGB)

Sebastian Gutt

A. Vorbemerkung

§ 315c StGB spielt im Verkehrsstrafrecht eine essenzielle Rolle. Kommt beispielsweise neben einer Alkoholisierung noch ein Verkehrsunfall hinzu, handelt es sich in der Regel nicht um eine Strafbarkeit wegen einer Trunkenheitsfahrt, sondern die Voraussetzungen des § 315c StGB sind zu prüfen. 1

B. Der objektive Tatbestand

I. Führen eines Fahrzeugs im Straßenverkehr

1. Fahrzeug

Mit Fahrzeug ist jedes Fortbewegungsmittel zur Beförderung von Personen und Gütern gemeint.[1] Darunter fallen die typischen Kraftfahrzeuge wie Pkw, Lkw, etc., aber auch z.B. Go-Karts[2] und Fahrräder. 2

▼ 3

Muster 25.1: Kein Fahrzeug

Die Staatsanwaltschaft wirft meinem Mandanten vor, er sei stark alkoholisiert (Blutprobe 1,7 ‰) auf Inline-Skates gefahren. Er sei dabei ins Schwanken gekommen und gegen das Fahrzeug des Geschädigten gefahren und gestürzt, wodurch an diesem Fahrzeug ein Schaden in Höhe von 2.093 EUR netto entstand. 25.1

Die Staatsanwaltschaft geht hier von einer Strafbarkeit meines Mandanten wegen § 315c Abs. 1 Nr. 1a StGB aus.

Diese rechtliche Würdigung verfängt nicht.

Mit Fahrzeug ist jedes Fortbewegungsmittel zur Beförderung von Personen und Gütern gemeint (MüKoStVR/*Hagemeier*, StGB § 315c Rn 6). Inline-Skates sind indes keine Fahrzeuge i.S.d. StVO, § 24 Abs. 1 S. 1 StVO (BGH zfs 2002, 335; LG Landshut DAR 2016, 473), sondern werden nach § 24 Abs. 1 S. 2 StVO behandelt. Sie sind also nach den Vorschriften für Fußgänger zu bewerten.

Damit liegt schon der objektive Tatbestand des § 315c Abs. 1 Nr. 1a StGB nicht vor, so dass das Ermittlungsverfahren gegen meinen Mandanten gem. § 170 Abs. 2 StPO einzustellen ist.

▲

1 MüKoStVR/*Hagemeier*, StGB § 315c Rn 6.
2 OLG Koblenz NJW-RR 2004, 822.

2. Führen eines Fahrzeugs

4 Ein Fahrzeug wird geführt, wenn es unter bestimmungsgemäßer Anwendung seiner Antriebskräfte unter eigener Allein- oder Mitverantwortung in Bewegung gesetzt und es unter Handhabung seiner technischen Vorrichtungen während der Fahrtbewegung durch den öffentlichen Verkehrsraum ganz oder wenigstens zum Teil geleitet wird.[3]

5 Einigkeit besteht darüber, dass das Führen eines Fahrzeugs eine Bewegung desselben voraussetzt, auch wenn diese nicht auf Motorkraft zurückzuführen ist.[4] Somit wird auch ein Fahrzeug geführt, dass abgeschleppt wird. Denn der abschleppende Fahrer könnte das gezogene Fahrzeug nicht allein zielgerichtet im Verkehr bewegen. Es bedarf vielmehr notwendigerweise der Mitwirkung des Fahrers des abgeschleppten Pkws zumindest in Form des Lenkens und Bremsens.[5] Nicht hierhin gehören bloße vorbereitende Handlungen oder solche nach Beendigung der Fahrt,[6] z.B. Abstellen des Motors.[7]

6 Die Frage, ob ein Führen des Fahrzeugs zu bejahen ist, wenn sich das Fahrzeug ohne den Willen und/oder ohne ein Zutun in Bewegung setzt, ist mit der herrschenden Rechtsprechung zu verneinen.[8]

7 ▼

Muster 25.2: Kein Führen des Fahrzeugs ohne Willensakt

Richtig ist, dass mein Mandant beabsichtigte, den Pkw seines Bekannten umzuparken. Dabei ist er von dem Beifahrer- auf den Fahrersitz gewechselt und startete den Motor. Hierbei hat er übersehen, dass der erste Gang bereits eingelegt war, weshalb das Fahrzeug beim Betätigen des Anlassers einen „Sprung" nach vorne machte, wodurch das davor abgestellte Fahrzeug des Geschädigten einen Schaden von 1.800 EUR netto erlitt. Mein Mandant stellt nicht in Abrede, dass er alkoholisiert war.

Es fehlt jedenfalls an dem nach herrschender Rechtsprechung erforderlichen Willensakt. Bezogen auf die sprachliche Auslegung des Begriffs „Führen" ist eine zielgerichtete Handlung Voraussetzung. Wer ohne seinen Willen bewirkt, dass ein Fahrzeug in Bewegung gerät, führt dieses nicht (OLG Frankfurt a.M. DAR 1990, 270; OLG Düsseldorf zfs 1992, 101).

▲

II. Öffentlicher Straßenverkehr

8 Die Norm schützt nur den öffentlichen Straßenverkehr und somit den öffentlichen Verkehrsraum.[9] Von einem solchen ist auszugehen, wenn ausdrücklich oder stillschweigend die Benutzung allgemein oder wenigstens für allgemein bestimmte Gruppen von Benutzern zugelassen ist oder aber die Benutzung faktisch geduldet wird.[10]

3 BGHSt 18, 6; BGH NZV 1989, 32.
4 BGH NZV 1989, 32.
5 BGH DAR 1990, 184.
6 OLG Frankfurt a.M. DAR 1990, 270.
7 OLG Karlsruhe NZV 2006, 441.
8 Z.B. OLG Düsseldorf zfs 1992, 101.
9 BGH zfs 2013, 528.
10 BGH DAR 2004, 529; BGH DAR 2004, 399.

Eine Verkehrsfläche gehört dann nicht mehr zum öffentlichen Verkehrsraum, wenn der Berechtigte dies durch eine entsprechende Handlung nach außen deutlich gemacht hat.[11] 9

▼ 10

Muster 25.3: Betriebsgelände kein öffentlicher Verkehrsraum

25.3

Nach der Arbeit trank mein Mandant mit Arbeitskollegen Alkohol. Er hielt sich anschließend für fahrtauglich und stieg in sein Fahrzeug ein. Auf dem Betriebsgelände, das eingezäunt ist und zu dem nur Mitarbeiter mit entsprechenden Ausweisen Zutritt haben (Einlasskontrolle), soll mein Mandant gegen ein dort abgestelltes Fahrzeug gefahren und dieses erheblich beschädigt haben. Gegenüber der herbeigerufenen Polizei erklärte sich mein Mandant mit der Entnahme einer Blutprobe einverstanden.

Ihm wird nun eine Straßenverkehrsgefährdung vorgeworfen.

Dies ist rechtlich unzutreffend, denn der Unfall hat sich schon nicht im öffentlichen Verkehrsraum abgespielt. Von öffentlichem Verkehrsraum ist auszugehen, wenn ausdrücklich oder stillschweigend die Benutzung allgemein oder wenigstens für allgemein bestimmte Gruppen von Benutzern zugelassen ist oder aber die Benutzung faktisch geduldet wird (BGH DAR 2004, 529; BGH DAR 2004, 399). Eine Verkehrsfläche gehört nicht mehr zum öffentlichen Verkehrsraum, wenn der Berechtigte dies durch eine entsprechende Handlung nach außen deutlich gemacht hat (BGHSt 16, 7; BGH DAR 2004, 399).

Dies war hier der Fall, denn der Unfall hatte sich auf einem Betriebsgelände ereignet, das ausgeschildert ist als „Privat-/Werksgelände" und entsprechend eingefriedet. Es finden Einlasskontrollen statt. Nur Mitarbeiter mit Ausweis erhalten Zugang.

In diesen Fällen ist der Kreis der Berechtigten so eng umschrieben, dass er deutlich aus einer unbestimmten Vielheit möglicher Benutzer ausgesondert ist (BGHSt 16, 7; OLG Braunschweig VRS 27, 458). Schon deshalb ist das Ermittlungsverfahren gegen meinen Mandanten einzustellen, was ich an dieser Stelle beantrage.

▲

III. Fahrunsicherheit

1. Genuss alkoholischer Getränke oder anderer berauschender Mittel

Hier kann auf die Ausführungen zu § 316 verweisen werden. Diese gelten entsprechend. 11

2. Geistige oder körperliche Mängel

§ 315c StGB geht über § 316 StGB hinaus, indem auch die Fahrunsicherheit wegen (anderer) geistiger und körperlicher Mängel unter Strafe gestellt wird. 12

a) Insbesondere vorübergehende oder dauernde Krankheiten

Hierhin gehören z.B. Krankheiten, die generell zur Fahrunsicherheit führen (z.B. Erblindung[12]), aber auch vorübergehende Krankheiten (Gipsbein, Gipsarm). Es kommt bei vorübergehenden Krankheiten oder aber bei Erforderlichkeit von Hilfsmitteln (Brille) 13

11 BGHSt 16, 7; BGH DAR 2004, 399.
12 BGH DAR 2008, 390.

auf die Beeinträchtigung im konkreten Fall an. Es ist also ähnlich wie bei der relativen Fahrunsicherheit vorzugehen und zu prüfen, ob sich der Mangel im Sinne der Fahrunsicherheit ausgewirkt hat.[13]

14 ▼

Muster 25.4: Keine Straßenverkehrsgefährdung bei Fahren ohne Brille

25.4

Es wird durch meinen Mandanten nicht in Abrede gestellt, dass er beim Führen eines Kraftfahrzeugs grundsätzlich auf die Nutzung einer Sehhilfe wegen Kurzsichtigkeit angewiesen ist. Zutreffend ist auch, dass es am besagten Tag zu einem Verkehrsunfall mit Herrn   kam und dessen Fahrzeug hierbei erheblich beschädigt wurde (lt. Bl.   d. Akte 1.500 EUR Nettoreparaturkosten).

Eine Strafbarkeit meines Mandanten gem. § 315c Abs. 1 Nr. 1b StGB ist gleichwohl nicht gegeben.

Grundsätzlich verbietet sich eine Verallgemeinerung (*Gebhardt*, Verteidigung in Verkehrsstraf- und Ordnungswidrigkeitenverfahren, 9. Aufl., § 39 Rn 3). Anerkannt ist vielmehr, dass jeder Fall individuell zu betrachten ist. Bei Erforderlichkeit von Hilfsmitteln kommt es auf die Beeinträchtigung im konkreten Fall an. Es ist also ähnlich wie bei der „relativen" Fahrunsicherheit vorzugehen und zu prüfen, ob sich der Mangel im Sinne der Fahrunsicherheit ausgewirkt hat (*König*, in: Hentschel/König/Dauer, § 315c StGB Rn 5).

Übertragen auf den hiesigen Fall ist festzuhalten, dass eine Fahrunsicherheit meines Mandanten nicht gegeben war. Der Geschädigte fuhr mit seinem Fahrzeug unmittelbar vor meinem Mandanten und war für ihn aus dieser Instanz gut zu erkennen. Der Geschädigte musste dann wegen eines den Zebrastreifen überquerenden Fußgängers bremsen. Meinem Mandanten gelang es nicht mehr, rechtzeitig zu bremsen, und er fuhr auf das Fahrzeug des Geschädigten auf, wodurch dieses beschädigt wurde. Es handelt sich hierbei um eine typische Unfallkonstellation, wie sie sich alltäglich im Straßenverkehr mehrfach ereignet. Die Tatsache, dass mein Mandant seine Brille vergessen hatte, hat sich jedenfalls gerade nicht kausal auf den Verkehrsunfall ausgewirkt.

Das Ermittlungsverfahren ist einzustellen, was ich hiermit beantrage.

▲

b) Insbesondere Müdigkeit

15 Müdigkeit ist eine häufige Unfallursache. Kommt es aufgrund von Müdigkeit zu einem Verkehrsunfall, so kann hierin unter Umständen eine Strafbarkeit gem. § 315c Abs. 1 Nr. 1b begründet liegen.

16 Starke Müdigkeit hat einen erheblichen nachteiligen Einfluss auf die psycho-physische Leistungsfähigkeit des Menschen. Dies ist in der medizinisch-naturwissenschaftlichen Forschung unumstritten. Übermüdung hat unter anderem eine Verlängerung der Reaktionszeit, eine erschwerte Einordnungsfähigkeit für neu auftretende Situationen sowie Störungen der Aufmerksamkeitsfähigkeit und des Tiefensehens zur Folge.[14]

Ein Kraftfahrer, kann bevor er am Steuer einschläft, häufig deutliche Zeichen der Übermüdung an sich wahrnehmen. Dies beruht auf der in den berufenen Fachkreisen gesicher-

13 Hentschel/König/Dauer/*König*, § 315c StGB Rn 5.
14 BayObLG DAR, 2003, 527.

ten Kenntnis, dass ein gesunder, bislang hellwacher und nicht durch den Konsum von Alkohol oder anderen psychoaktiven Substanzen beeinflusster Mensch nicht plötzlich und ohne Vorwarnungen vom Schlaf übermannt wird. Frühsymptome können z.B. Lidschwere, Sehen von Doppelbildern, Fremdkörperreiz in den Augen o.Ä. sein. Schläft der Betroffene gleichwohl ein, so hat er sich entweder über diese Warnzeichen bewusst hinweggesetzt oder er ist der ihm obliegenden Selbstbeobachtung nicht hinreichend nachgekommen.[15]

Zur Annahme einer Strafbarkeit ist allerdings erforderlich, dass die Müdigkeit die Schwelle der Fahruntauglichkeit erreicht. Nicht jede Müdigkeit ist daher „strafbar".[16] Dies setzt stets eine Prüfung im Einzelfall voraus. Dies ist der Ansatz der Verteidigung 17

▼ 18

Muster 25.5: Keine Strafbarkeit wegen Müdigkeit

Nach Akteneinsicht und Besprechung der Angelegenheit lässt sich mein Mandant wie folgt zur Sache ein: 25.5

Meinem Mandanten wird eine fahrlässige Straßenverkehrsgefährdung zur Last gelegt, weil er aufgrund von Müdigkeit fahruntauglich gewesen sei und deshalb auf das Fahrzeug des Geschädigten auffuhr und einen Schaden in Höhe von 1.700 EUR netto verursachte.

Mein Mandant war nicht fahruntauglich. Denn nicht jede Müdigkeit ist „strafbar". Vielmehr ist immer der konkrete Einzelfall zu betrachten (*Quarch*, SVR 2009, 215).

Der Vorfall ereignete sich um 20.50 Uhr am Wochenende. Mein Mandant arbeitet seit mehr als 30 Jahren im Dreischichtsystem beim Automobilbauer W. Er ist es gewohnt, von der Früh- in Spät- und Nachtschicht zu wechseln. Er kommt seit Jahrzehnten damit klar, sich auf die verschiedenen Schlafrhythmen einzustellen. Mein Mandant hatte hiermit nie Probleme.

Der Vorfall ereignete sich während einer sogenannten „Freischicht". Das bedeutet, mein Mandant musste nicht arbeiten. Er hatte die Möglichkeit an diesem Tag auszuschlafen und hat diese auch genutzt. Er hatte sogar mittags noch kurz geschlafen. Als mein Mandant dann mit seinem Auto losfuhr, fühlte er sich ausgeschlafen. Es deutete nichts auf Müdigkeit hin. Eine Müdigkeit, die zu einer Fahruntauglichkeit im Sinne des § 315c StGB führt, ist deshalb nicht gegeben.

Ich beantrage daher, das Ermittlungsverfahren gegen meinen Mandanten gem. § 170 Abs. 2 StPO einzustellen.

▲

IV. Verkehrsverstöße gem. Nr. 2

§ 315c StGB stellt die sogenannten sieben „Todsünden" im Straßenverkehr unter Strafe. 19
Aufgezählt werden besonders gefährliche Verkehrsverstöße, die der Verkehrsteilnahme im Zustand der Fahrunsicherheit gleichgestellt werden. Die einzelnen Verstöße sind teilweise aus sich heraus aufgrund des eindeutigen Wortlauts verständlich, teilweise bedürfen sie der Auslegung. Es handelt sich um eine abschließende Aufzählung.

15 BGH NJW 1970, 520.
16 AG Aachen, Beschl. v. 23.2.2007 – 41Gs 421/07 – juris; *Quarch*, SVR 2009, 215.

1. Grob verkehrswidrig und rücksichtslos

20 Die sieben „Todsünden“, auf die nachfolgend genauer eingegangen werden soll, müssen grob verkehrswidrig und rücksichtslos begangen worden sein. „Grob verkehrswidrig“ betrifft dabei die objektive Seite und „rücksichtslos“ die subjektive. Durch das Wort „und“ wird klargestellt, dass beide Merkmale kumulativ und nicht alternativ vorliegen müssen.

21 Grob verkehrswidrig handelt dabei, wer objektiv besonders gefährlich gegen Verkehrsvorschriften verstößt, die Sicherheit des Straßenverkehrs beeinträchtigt, was nicht selten schwerwiegende Folgen hat.[17]

22 Rücksichtslos handelt, wer sich im Straßenverkehr aus eigensüchtigen Gründen über seine Pflichten gegenüber anderen Verkehrsteilnehmern hinwegsetzt oder wer aus Gleichgültigkeit von vornherein Bedenken gegen sein Verhalten nicht aufkommen lässt und unbekümmert um die Folgen seines Verhaltens darauf losfährt.[18] Gefordert wird ein überdurchschnittliches Fehlverhalten, dass von einer besonderen verwerflichen Verkehrsgesinnung geprägt sein muss.[19]

23 Die grobe Verkehrswidrigkeit und die Rücksichtslosigkeit müssen dabei gleichzeitig vorliegen.[20]

24 Ein Augenblicksversagen genügt nicht,[21] ebenfalls nicht bloße Unaufmerksamkeit oder die auf menschlichem Versagen beruhende irrige Beurteilung einer Verkehrslage.[22] Auch ein lediglich gefährlicher Verstoß gegen die Straßenverkehrspflichten reicht nicht aus, wenn eine Fehleinschätzung des Fahrzeugführers vorliegt, der für sich genommen ein bloßes Augenblicksversagen darstellt.[23] Nur dann, wenn dem Täter nicht nur die die Gefährlichkeit begründenden Umstände bekannt, sondern ihm auch die Gefährlichkeit der Situation bewusst gewesen war, kann von einem gefährlichen Verstoß gegen die Straßenverkehrspflichten auch auf Rücksichtslosigkeit geschlossen werden.[24]

25 ▼

Muster 25.6: Augenblicksversagen, Fahrlässigkeit

25.6 Zwar hat mein Mandant die Lichtzeichenanlage bei Rotlicht überfahren. Er ging jedoch versehentlich davon aus, diese zeige für ihn „grün“, er dürfe also fahren. Es kam dann im Kreuzungsbereich zum Zusammenstoß mit dem Geschädigten, der Vorfahrt gehabt hätte.

Eine Strafbarkeit gem. § 315c Abs. 1 Nr. 2a StGB liegt gleichwohl nicht vor. Der Verkehrsverstoß muss nämlich grundsätzlich grob verkehrswidrig und rücksichtslos sein. Selbst

17 OLG Köln zfs 1992, 68.
18 BGHSt 5, 392; OLG Koblenz DAR 1989, 241.
19 OLG Karlsruhe VRS 107, 292; OLG Köln zfs 1996, 245.
20 OLG Hamm NZV 2006, 388.
21 OLG Stuttgart DAR 1976, 23; OLG Bamberg 2010, SVR 300.
22 OLG Düsseldorf zfs 2000, 413; OLG Karlsruhe zfs 2008, 349; weitere Beispiele auch bei Burmann/Heß/Hühnermann/Jahnke/*Niehaus*, Straßenverkehrsrecht, 28. Aufl., § 315c StGB Rn 11 f.
23 OLG Stuttgart SVR 2018, 151.
24 BayObLG VRS 64, 123.

wenn man noch annehmen könnte, dass das Überfahren der Rotlicht anzeigenden Lichtzeichenanlage grob fahrlässig war, war das Verhalten jedenfalls nicht rücksichtslos. Rücksichtslos handelt, wer sich im Straßenverkehr aus eigensüchtigen Gründen über seine Pflichten gegenüber anderen Verkehrsteilnehmern hinwegsetzt oder wer aus Gleichgültigkeit von vornherein Bedenken gegen sein Verhalten nicht aufkommen lässt und unbekümmert um die Folgen seines Verhaltens darauf losfährt (BGHSt 5, 392; OLG Koblenz DAR 1989, 241). Gefordert wird ein überdurchschnittliches Fehlverhalten, dass von einer besonderen verwerflichen Verkehrsgesinnung geprägt sein muss (OLG Karlsruhe VRS 107, 292; OLG Köln zfs 1996, 245).

Hier ist allenfalls von einem Augenblicksversagen auszugehen, welches das Tatbestandsmerkmal der Rücksichtslosigkeit nicht erfüllt (OLG Stuttgart DAR 1976, 23; OLG Bamberg 2010, SVR 300).

Zu berücksichtigen ist nämlich, dass auch der sorgsame Verkehrsteilnehmer von schweren Fehlern im Straßenverkehr nicht gefeit ist. Dies ist in der Gesamtschau und bei der Würdigung des Verkehrsverstoß mit zu berücksichtigen.

▲

2. Die einzelnen „Todsünden“

a) Nichtbeachtung der Vorfahrt, Nr. 2a

Wichtig zu wissen ist hier, dass nicht nur Verstöße gegen § 8 Abs. 1 StVO gemeint 26
sind. Insoweit ist die Formulierung etwas verwirrend. Vielmehr vertritt der BGH den sogenannten „erweiterten Vorfahrtsbegriff“. Ein Vorfahrtfall ist immer dann gegeben, wenn im öffentlichen Straßenverkehr die Fahrlinien zweier Fahrzeuge (bei unveränderter Fahrweise) zusammentreffen oder gefährlich nahekommen.[25] Dazu gehören alle Fälle, in denen eine straßenverkehrsrechtliche Vorschrift einem Verkehrsteilnehmer den Fahrtvorrang einräumt, wie z.B. auch § 10 S. 1 StVO, der dem fließenden Verkehr den Vorrang u.a. vor vom rechten Fahrbahnrand anfahrenden Fahrzeugen einräumt, aber keine Vorfahrtsverletzung i.S.d. § 8 StVO darstellt.[26] Somit kann hierunter auch ein Verstoß gegen § 6 StVO fallen, der stets von § 5 StVO, also dem Überholen, abzugrenzen ist.[27]

▼ 27

Muster 25.7: Kein Fall der Nichtbeachtung der Vorfahrt 25.7

Gerügt wird die Verletzung materiellen Rechts. Das Amtsgericht hat meine Mandantin entsprechend des Anklagevorwurfs wegen Gefährdung des Straßenverkehrs durch grob verkehrswidriges und rücksichtsloses Nichtbeachten der Vorfahrt zu einer Geldstrafe von fünfzig Tagessätzen zu je 15 EUR verurteilt. Das Landgericht hat die Berufung meiner Mandantin verworfen. Hiergegen richtet sich die Revision.

Das Landgericht hat festgestellt:

Meine Mandantin befuhr mit ihrem Pkw in von einer in eine Hauptstraße einmündende Nebenstraße mit einer Spur je Fahrtrichtung deren letzten Abschnitt zu der Hauptstraße hin. Auf dem letzten Teil vor der Einmündung war auf der zu der Hauptstraße hinführen-

25 BGHSt 11, 219.
26 BGH, Beschl. v. 20.1.2009 – 4 StR 396/08 – juris.
27 Siehe auch *Nugel*, jurisPR-VerkR 15/2009 Anm. 5.

den Fahrbahnseite eine Baustelle angelegt. Deswegen war dort das Befahren der Nebenstraße aufgrund Anordnung des zuständigen Tiefbauamts nur auf einer Spur und in eine Richtung erlaubt, nämlich für den aus der Hauptstraße einfahrenden Verkehr. Für den Verkehr in Richtung Hauptstraße war vor der Baustelle gemäß behördlicher Anordnung das Verkehrszeichen 267 (Verbot der Einfahrt) aufgestellt, an der mit der letzten Querstraße davor gebildeten Kreuzung befand sich das Verkehrszeichen 357 (Sackgasse). Zur tatrelevanten Zeit, am späten Nachmittag des 27.11.2001, war das Zeichen 267 – ebenso das Zeichen 357 – gut erkennbar aufgestellt. Meine Mandantin soll die Baustelle gekannt und gewusst haben, dass die Durchfahrt zu der Hauptstraße grundsätzlich durch das Verkehrszeichen 267 gesperrt ist, das Befahren der Gegenrichtung indes erlaubt war und das Verkehrszeichen dennoch passiert haben, ohne darauf zu achten. Es soll ihr insofern gleichgültig gewesen sein, als sie entschlossen war, ohnehin – unabhängig von seinem Vorhandensein – dort durchzufahren und sich so den sonst erforderlichen Umweg zu ersparen und schneller voranzukommen. In dem Engpass sei ihr, aus der Hauptstraße mit angemessener Geschwindigkeit einbiegend, die Zeugin auf ihrem Damenfahrrad mit eingeschalteter Beleuchtung entgegengekommen. Gleichwohl habe sie ihre Fahrt zunächst unbeirrt fortgesetzt. Sie erwartete, dass die Radfahrerin ausweichen würde. Da es dieser aber nicht mehr gelungen sei, ohne ein auf dem welligen Straßenbelag – die Asphaltierung war provisorisch – gefährliches Ausweichmanöver seitlich an dem Pkw meiner Mandantin vorbeizufahren, hätten die Radfahrerin und meine Mandantin im letzten Moment eine Vollbremsung durchgeführt. Die Fahrzeuge seien in einem Abstand von lediglich noch etwa einem halben Meter voneinander zum Stehen gekommen.

Diese Feststellungen vermögen die Verurteilung meiner Mandantin wegen Gefährdung des Straßenverkehrs durch grob verkehrswidriges und rücksichtsloses Nichtbeachten der Vorfahrt (§ 315c Abs. 1 Nr. 2a StGB) nicht zu tragen.

Ein Vorfahrtfall ist immer dann gegeben, wenn im öffentlichen Straßenverkehr die Fahrlinien zweier Fahrzeuge (bei unveränderter Fahrweise) zusammentreffen oder gefährlich nahekommen (BGHSt 11, 219). Dazu gehören alle Fälle, in denen eine straßenverkehrsrechtliche Vorschrift einem Verkehrsteilnehmer den Fahrtvorrang einräumt (sog. erweiterter Vorfahrtbegriff; BGH, Beschl. v. 20.1.2009 – 4 StR 396/08 – juris).

Ein solcher Fall ist hier nicht gegeben. Es hat eine Verkehrssituation bestanden, die nach dem erkennbaren und zu respektierenden Verständnis des Gesetzgebers von der Reichweite der von ihm aufgestellten Normen der Bestrafung als Vorfahrtverletzung nach der genannten Strafbestimmung nicht zugänglich ist. Für Überlegungen, ob in dem vorliegenden Fall des auf Seiten meiner Mandantin festgestellten Befahrens eines wegen baustellenbedingter Enge als Einbahnstraße ausgeschilderten Abschnitts einer städtischen Nebenstraße in entgegengesetzter Fahrtrichtung eine entsprechende oder entsprechend zu behandelnde Situation vorgelegen hat, ist kein Raum. Es steht entgegen, dass der Gesetzgeber durch eine Ergänzung des § 315c Abs. 1 Nr. 2f StGB das Fahren entgegen der Fahrtrichtung auf Autobahnen oder Kraftfahrtstraßen nachträglich eigens unter Strafe gestellt hat (KG DAR 2004, 459).

Meine Mandantin ist demnach freizusprechen.[28]

▲

28 An KG DAR 2004, 459 angelehnt.

b) Falsches Fahren beim Überholvorgang, Nr. 2b

Unter falschem Überholen ist jedes verkehrswidrige Überholmanöver zu verstehen. Falsches Fahren bei Überholvorgängen umfasst jedes verkehrswidrige Verhalten, das in einem inneren Zusammenhang mit einem Überholvorgang steht.[29] Der strafrechtliche Begriff ist nicht an den des § 5 StVO gebunden, wenngleich bei einem Verstoß gegen § 5 StVO von einem falschen Überholen im strafrechtlichen Sinn ausgegangen werden kann. Ein Verstoß liegt darüber hinaus vor, wenn die festgestellten Verkehrsverstöße bei typisierender Betrachtungsweise das Überholen als solches gefährlicher machen.[30] 28

Der strafrechtliche Begriff des Überholens ist zudem durch Auslegung des Regelungsgehalts der Strafrechtsnorm zu bestimmen. Ausgehend von der Wortbedeutung und unter Berücksichtigung des Umstands, dass das Sichbewegen auf derselben Fahrbahn kein taugliches Kriterium für eine abschließende Erfassung besonders gefährlicher Fälle des Vorbeifahrens liefert, wird das Tatbestandsmerkmal des Überholens auch durch ein Vorbeifahren von hinten an sich in derselben Richtung bewegenden oder verkehrsbedingt haltenden Fahrzeugen verwirklicht, das unter Benutzung von Flächen erfolgt, die nach den örtlichen Gegebenheiten zusammen mit der Fahrbahn einen einheitlichen Straßenraum bilden.[31]

Das Überholen wird definiert als der tatsächliche absichtslose Vorgang des Vorbeifahrens auf demselben Straßenteil an einem anderen Verkehrsteilnehmer, der sich in derselben Richtung bewegt oder verkehrsbedingt wartet.[32] Es handelt sich also um ein Vorbeifahren von hinten an einem anderen Verkehrsteilnehmer. 29

Für den strafrechtlichen Begriff des Überholens kommt es nicht darauf an, dass die Fahrt nach dem Vorbeifahren an dem überholten Fahrzeug auf dessen Fahrbahn fortgeführt wird. Ein Überholen im strafrechtlichen Sinn liegt aber nicht vor, wenn das Vorbeifahren nicht auf der von dem anderen Fahrzeug benutzten Fahrzeug seinen Ausgang nimmt.[33]

Das Überholen beginnt noch nicht, wenn lediglich etwas nach links versetzt gefahren wird, etwa um an dem vorausfahrenden Fahrzeug vorbeischauen zu können.[34] Anders zu beurteilen ist dies nur dann, wenn dabei auf die Gegenfahrbahn ausgeschert und beschleunigt wird.[35] Kommt es hierbei zur Gefährdung des Gegenverkehrs, so kommt statt eines Verstoßes gegen § 5 StVO ein solcher gegen § 1 Abs. 2 StVO in Betracht. Der Überholvorgang beginnt vielmehr spätestens mit dem Ausscheren nach links.[36] 30

29 *Hagemeier*, a.a.O., Rn 50.
30 BGH NZV 2017, 135.
31 OLG Oldenburg zfs 2019, 113.
32 BGH NJW 1968, 1533, 1534; KG r+s 2011, 174.
33 OLG Oldenburg zfs 2019, 113.
34 Ebenso BayObLG DAR 1988, 361.
35 OLG Karlsruhe zfs 2004, 321.
36 OLG Karlsruhe NJW 1972, 962; *Haubrich*, NJW 1989, 1197.

31 Beendet ist der Überholvorgang mit dem Wiedereinordnen in ausreichendem Abstand nach erneuter Fahrtrichtungsanzeige.[37] Ein Fehlverhalten nach Abschluss des Überholens wird von 315c Abs. 1 Nr. 2b StGB nicht erfasst.[38]

32 ▼

Muster 25.8: Kein Überholen

Ein Verstoß meines Mandanten gegen § 315c Abs. 1 Nr. 2b StGB liegt nicht vor.

Meinem Mandanten wird vorgeworfen, den am Straßenrand stehenden Bus überholt zu haben und vor diesem zu früh eingeschert zu sein, weshalb es zum Zusammenstoß mit diesem kam. Der Bus wurde dabei erheblich beschädigt.

Mein Mandant hat nicht überholt.

Das Überholen wird definiert als der tatsächliche absichtslose Vorgang des Vorbeifahrens auf demselben Straßenteil an einem anderen Verkehrsteilnehmer, der sich in derselben Richtung bewegt oder verkehrsbedingt wartet (BGH NJW 1968, 1533, 1534; KG r+s 2011, 174).

Überholt werden nur verkehrsbedingt, z.B. wegen eines Staus, haltende Fahrzeuge (BGH NZV 1994, 413). Der Omnibus hatte jedoch an der Haltestelle gehalten, um Fahrgäste aussteigen zu lassen. Dies ist kein verkehrsbedingtes Halten. Hält ein Omnibus planmäßig, um Fahrgäste aus- und/oder einsteigen zu lassen, ist dieses Verhalten gerade nicht auf die jeweilige Verkehrssituation zurückzuführen, also nicht verkehrsbedingt. Damit ist mein Mandant lediglich vorbeigefahren. Das Verhalten meines Mandanten ist daher ausschließlich an § 6 StVO zu messen. Diese Vorschrift ist nicht von § 315c Abs. 1 Nr. 2b StGB umfasst.

Das Verfahren ist gem. § 170 Abs. 2 StPO einzustellen.

▲

33 *Praxistipp*

Hier ist Vorsicht geboten. Da der BGH – wie gesehen – den sog. erweiterten Vorfahrtsbegriff vertritt, kann ein Verstoß gegen § 6 S. 1 StVO ggf. zu einer Strafbarkeit nach § 315c Abs. 1 Nr. 2a StGB führen, wenn es z.B. zum Zusammenstoß mit dem bevorrechtigten Gegenverkehr kommt.[39]

34 ▼

Muster 25.9: Bremsen nach Abschluss des Überholvorgangs[40]

In der Strafsache

gegen

wegen Straßenverkehrsgefährdung

will ich zur Anklage materiell-rechtlich wie folgt vortragen:

Meinem Mandanten wird vorgeworfen, dass er längere Zeit hinter der auf der linken Fahrspur der BAB 2 fahrenden Zeugin herfuhr. Als diese keine Anzeichen für

37 KG zfs 2007, 202, 203; OLG Hamm DAR 2000, 265.
38 OLG Hamm DAR 2015, 399.
39 KG DAR 2004, 285.
40 Der Entsch. d. OLG Hamm DAR 2015, 399, nachgebildet.

einen Fahrspurwechsel auf die mittlere Fahrspur machte, soll mein Mandant dann auf die mittlere Fahrspur gewechselt haben, um die Zeugin rechts zu überholen. Er soll dann nur wenige Meter vor der Zeugin und unter deutlicher Unterschreitung des Sicherheitsabstands vor dem Fahrzeug der Zeugin wieder eingeschert sein. Dann habe er sein Fahrzeug grundlos gebremst und die Zeugin habe nur durch eine Gefahrenbremsung einen Zusammenstoß vermieden. Hierbei habe sie große Angst und Panik gehabt. Dieser Vorgang soll sich dann noch einige Male wiederholt haben.

Ungeachtet der Tatsache, dass mein Mandant diesen Vorgang gänzlich in Abrede stellt, rechtfertigt er eine Verurteilung wegen § 315c Abs. 1 Nr. 1b StGB nicht. Der Überholvorgang war zu diesem Zeitpunkt nämlich bereits beendet. Beendet ist der Überholvorgang mit dem Wiedereinordnen in ausreichendem Abstand nach erneuter Fahrtrichtungsanzeige (KG zfs 2007, 202, 203; OLG Hamm DAR 2000, 265). Ein Fehlverhalten nach Abschluss des Überholens wird von Nr. 2b nicht erfasst (OLG Hamm DAR 2015, 399).

Die Richtigkeit des Tathergangs unterstellt, wäre das Ausbremsen nicht mehr vom Überholvorgang umfasst, so dass kein Verstoß gegen § 315c Abs. Nr. 1b StGB vorliegt.

Ungeachtet dessen mangelt es auch an einer konkreten Gefahr. Nicht ausreichend sind insoweit nur wertende Umschreibungen und Feststellungen wie etwa ein „scharfes" Abbremsen oder Ausweichen (OLG Hamm DAR 2015, 399). Gleiches gilt für die hier verwendeten Umschreibungen „Angst" und „Panik". Anhand dieser wertenden Begrifflichkeiten kann eine konkrete Gefahr nicht festgestellt werden.

Ein Verstoß gegen § 5 Abs. 1 StVO ist gleichfalls nicht gegeben. Denn erforderlich ist stets eine konkrete Gefahrenlage und nicht bloß die Tatsache, dass mein Mandant rechts überholt haben soll. Nach gefestigter Rechtsprechung muss die Tathandlung über die ihr innewohnende latente Gefährlichkeit hinaus in eine kritische Situation geführt haben, in der – was nach allgemeiner Lebenserfahrung aufgrund einer objektiv nachträglichen Prognose zu beurteilen ist – die Sicherheit einer bestimmten Person oder Sache von bedeutendem Wert so stark beeinträchtigt war, dass es nur noch vom Zufall abhing, ob das Rechtsgut verletzt wurde oder nicht (BGH DAR 2015, 702; BGH DAR 2008, 487). Eine solche Gefahr bestand für die Zeugin nicht. Nach den Ermittlungsergebnissen der Staatsanwaltschaft soll allenfalls durch das spätere „Ausbremsen" eine Gefahr für die Zeugin bestanden haben. Das Rechtsüberholen aber hatte hiermit nichts zu tun.

Ich beantrage daher, die Anklage nicht zur Hauptverhandlung zuzulassen, § 204 Abs. 1 StPO.[41]

▲

c) Falsches Fahren an Fußgängerüberwegen

Erfasst wird nur das Falschfahren an Fußgängerüberwegen i.S.d. § 26 StVO. Das sind allein die durch Zeichen 293 (Zebrastreifen) markierten Fahrbahnflächen.[42] 35

Bei der Feststellung, ob Leib oder Leben des Fußgängers gefährdet waren, muss das Gericht Feststellungen zu den gefahrenen Geschwindigkeiten und auch zu der Beschaffenheit des Fahrzeugs treffen. Ebenfalls muss festgestellt werden, inwieweit im Fall

41 In Betracht kommen könnten freilich andere Straftaten, z.B. eine Nötigung. Dies bedürfte indes ebenfalls weiterer Feststellungen.

42 BGH DAR 2008, 390.

einer Kollision auch Leib und Leben des Fußgängers gefährdet waren,[43] an denen zu Fuß Gehende und ihnen gleichgestellte Verkehrsteilnehmer nach § 26 Abs. 1 S. 1 StVO vor Fahrzeugen uneingeschränkt Vorrang haben und Fahrzeugfahrende gem. § 26 Abs. 1 S. 2, Abs. 2 und 3 StVO sowie § 41 Abs. 1 StVG i.V.m. Anlage 2 und Zeichen 293 besonderen Pflichten unterliegen.[44] Auch hierzu bedarf es im Urteil konkreter Feststellungen.

d) Zu schnelles Fahren an unübersichtlichen Stellen

36 Ein Verkehrsteilnehmer hat seine Geschwindigkeit grundsätzlich den Straßen-, Verkehrs-, Sicht- und Wetterverhältnissen anzupassen.[45]

37 Eine Stelle ist dann unübersichtlich, wenn der Verkehrslauf wegen ungenügenden Überblicks nicht vollständig überblickt werden kann.[46] Die Unübersichtlichkeit muss nicht nur auf den örtlichen Gegebenheiten beruhen. Sie kann sich auch aus anderen Hindernissen ergeben,[47] z.B. Nebel.[48]

38 Ob das Merkmal der „unübersichtlichen Stelle" erfüllt ist, kann nur aufgrund exakter Beschreibungen der Örtlichkeit und präziser Feststellungen der in Betracht zu ziehenden Abmessungen sowie der konkreten Sicht- und Verkehrsverhältnisse zum Tatzeitpunkt erschöpfend beurteilt werden.[49] Die jeweiligen Merkmale sind in dem Urteil darzulegen.[50]

39 ▼

Muster 25.10: Keine unübersichtliche Stelle

25.10 Meinem Mandanten wird eine Straßenverkehrsgefährdung vorgeworfen, weil er sein Fahrzeug mit vereisten und verschmutzten Scheiben führte. Ein Fall des § 315c Abs. 1 Nr. 2d StGB ist nicht gegeben. Denn bei den Scheiben handelt es sich gerade nicht um eine „Stelle" im Verlauf der Fahrtstrecke. Hierauf zielt der Schutzzweck der Norm indes ab (*Niehaus*, in: Burmann/Heß/Hühnermann/Jahnke, Straßenverkehrsrecht, 25. Aufl., § 315c Rn 24 m.w.N.). Eine Strafbarkeit scheidet demgemäß aus.

▲

e) Verletzung des Rechtsfahrgebotes an unübersichtlichen Stellen

40 Hinsichtlich der unübersichtlichen Stelle kann auf die Ausführungen unter Rdn 36 ff. verwiesen werden.

Unter diesen Tatbestand fällt vor allem das Schneiden der Kurve. Voraussetzung ist, dass der Fahrzeugführer zumindest teilweise die rechte Fahrbahnseite überfährt. Es genügt nicht, dass er lediglich auf seiner Fahrbahnseite nicht äußerst rechts fährt.[51]

43 BGH DAR 2008, 487.
44 BGH DAR 2015, 702.
45 OLG Braunschweig NZV 2002, 176, 177; LG Limburg r+s 1987, 190; vgl. auch § 3 Abs. 1 StVO.
46 *Hagemeier*, a.a.O., Rn 60.
47 NK-GVR/*Gutt*, § 3 StVO Rn 5.
48 BayObLG zfs 1988, 225.
49 OLG Hamm DAR 1969, 275.
50 OLG Düsseldorf zfs 1991, 321.
51 BGH VRS 44, 422.

f) Wenden, Rückwärtsfahren und Fahren entgegen der Fahrtrichtung

Erfasst werden vor allem die sog. Geisterfahrten (Fahren entgegen der Fahrtrichtung), 41
die eine außerordentlich große Gefahr darstellen, ebenso deren Versuch.

Es kann sein, dass selbst Geisterfahrten nicht als rücksichtslos und grob verkehrswidrig qualifiziert werden, wenn die Fahrbahn irrtümlich aufgrund eines Augenblicksversagens befahren wurde und der Fahrzeugführer dies noch innerhalb der Auffahrt merkt, wendet und die Autobahn wieder verlässt.[52]

Für das Rückwärtsfahren im Sinne dieser Vorschrift reicht es nicht aus, wenn der Fahrer versehentlich den Rückwärtsgang einlegt. Das Tatbestandsmerkmal des Rückwärtsfahrens beinhaltet – ebenso wie dasjenige des „Führens" i.S.d. Abs. 1 Nr. 1 – ein subjektives bzw. „finales" Element. Wer ohne seinen Willen ein Fahrzeug rückwärts in Bewegung setzt, fährt bzw. führt dieses nicht.[53]

▼ 42

Muster 25.11: Augenblicksversagen 25.11

Mein Mandant lässt sich wie folgt zur Sache ein:

Mein Mandant ist ortsunkundig. Er wollte die Stadt über die BAB 2 in Richtung seiner Heimat verlassen. Es gibt hier mehrere Auf- und Abfahrten. Mein Mandant war durch diese und die Beschilderung irritiert und fuhr versehentlich die Abfahrt hinauf. Noch auf der Abfahrt erkannte er seinen Fehler. Um diesen zu korrigieren und einen Zusammenstoß mit dem Gegenverkehr zu vermeiden, wendete er sofort und fuhr die Abfahrt in Fahrtrichtung zurück.

Mein Mandant handelte also nicht rücksichtslos. Nach der Rechtsprechung handelt rücksichtslos im Sinne der genannten Vorschriften, wer sich zwar seiner Pflichten als Verkehrsteilnehmer bewusst ist, sich aber aus eigensüchtigen Gründen darüber hinwegsetzt oder wer sich aus Gleichgültigkeit nicht auf seine Pflichten besinnt, Hemmungen gegen seine Fahrweise gar nicht erst aufkommen lässt und unbekümmert um die Folgen seiner Fahrweise darauf losfährt (z.B. OLG Düsseldorf zfs 1995, 113). Ein solcher Fall liegt nicht vor, wenn die Fahrbahn irrtümlich aufgrund eines Augenblicksversagens befahren wurde und der Fahrzeugführer dies noch innerhalb der Auffahrt merkt, wendet und die Autobahn wieder verlässt (OLG Oldenburg NStZ 2002, 303).

▲

g) Nichtkenntlichmachung haltender oder liegen gebliebener Fahrzeuge

Die Pflicht zur Kenntlichmachung folgt unmittelbar aus der StVO, nämlich §§ 15 und 43
17 Abs. 4 StVO.

52 OLG Oldenburg NStZ 2002, 303.
53 OLG Zweibrücken zfs 2021, 161.

▼

25.12

Muster 25.12: Keine Pflicht zur Absicherung

Für meinen Mandanten bestand keine Pflicht zur Absicherung seines Fahrzeugs. Diese entfällt grundsätzlich dann, wenn die tatsächliche Absicherung länger dauern würde, als ein zulässiges Entfernen des Fahrzeugs (OLG Köln zfs 1995, 194).

So lag der Fall hier. Mein Mandant kam mit seinem Fahrzeug auf dem Seitenstreifen kurz vor einer Raststelle zum Stehen. Ihm gelang es, sein Fahrzeug wieder zu starten und auf den Rastplatz zu fahren. Der Vorgang dauerte vielleicht eine halbe Minute. Es wäre aufwendiger und gefährlicher gewesen, das Warndreieck aus dem Kofferraum zu holen und aufzustellen.

Eine Strafbarkeit ist demzufolge nicht gegeben.

▲

V. Konkrete Gefährdung

44 Es muss eine konkrete Gefährdung für Leib oder Leben eines anderen Menschen vorliegen, oder fremde Sachen von bedeutendem Wert müssen gefährdet worden sein. Nach gefestigter Rechtsprechung muss die Tathandlung über die ihr innewohnende latente Gefährlichkeit hinaus in eine kritische Situation geführt haben, in der – was nach allgemeiner Lebenserfahrung aufgrund einer objektiv nachträglichen Prognose zu beurteilen ist – die Sicherheit einer bestimmten Person oder Sache von bedeutendem Wert so stark beeinträchtigt war, dass es nur noch vom Zufall abhing, ob das Rechtsgut verletzt wurde oder nicht.[54] Es muss also zu einem Beinahe-Unfall gekommen sein.[55]

45 Nicht ausreichend sind nur wertende Umschreibungen und Feststellungen wie etwa ein „scharfes" Abbremsen oder Ausweichen.[56] Die zugespitzte Gefahrenlage ohne Weiteres nachvollziehbar beschreiben sollen Angaben zum Fahrverhalten des Fahrzeugs, zu Reaktionen des Fahrers oder wahrnehmbaren Veränderungen des verkehrstypischen Geschehensablaufes, wobei beispielhaft quietschende Reifen oder ein Schlingern/Schleudern in einer näher beschriebenen Art und Weise genannt werden.[57] Eine konkrete Gefährdung liegt danach nicht vor, wenn es dem betroffenen Fahrer noch möglich ist, auf das verkehrswidrige Überholen des Fahrers durch ein im Bereich einer verkehrsüblichen Reaktion liegendes Brems- oder Ausweichmanöver zu reagieren und so den Unfall abzuwenden.[58]

46 Eine Straßenverkehrsgefährdung i.S.v. § 315c Abs. 1 Nr. 2b StGB ist ferner nicht anzunehmen, wenn die bestimmungsgemäße Funktion eines Fahrassistenzsystems dazu führt, dass sich eine in einem Kausalverlauf angelegte Gefahr gerade nicht in einem entsprechenden Schadenseintritt realisiert und das Ausbleiben des Schadens daher nicht ohne weiteres als zufällig bewertet werden kann. Die Vermeidung des Schadens beruht in

54 BGH DAR 2015, 702; BGH DAR 2008, 487; OLG Köln VA 2016, 67.
55 BGH, Beschl. v. 28.2.2024 – 4 StR 369/23.
56 BGH NZV 2021, 706; BGH zfs 2023, 409; OLG Hamm DAR 2015, 399.
57 OLG Düsseldorf DAR 1994, 123.
58 OLG Hamm VD 2005, 133; OLG Hamm NZV 1991, 158.

einem solchen Fall nämlich auf einem in der konkreten Situation zu erwartenden automatisierten Ablauf, der insbesondere von einer sonst ggf. möglichen unzureichenden Reaktion des Fahrzeugführers auf eine Gefahrenlage bereits im Ansatz nicht beeinflusst werden kann. Auch von daher dürfte der Umstand, dass eine zur Vermeidung des Zusammenstoßes zweier Fahrzeuge erforderliche Bremsung nicht von einem Menschen, sondern von einem Assistenzsystem ausgelöst worden ist, einen unbeteiligten Beobachter – für sich genommen – nicht zu der Annahme veranlassen, es sei zwar beinahe zum Unfall gekommen, aber gerade noch einmal gut gegangen.[59]

Wer sich sieben Wochen in einem Land mit Linksverkehr aufhielt, handelt regelmäßig **47**
lediglich aus Unachtsamkeit und nicht rücksichtslos, wenn er bei seiner ersten Fahrt in Deutschland gegen das Rechtsfahrgebot verstößt.[60]

Eine Unterzuckerung infolge des Fastens während des Fastenmonats Ramadan, die zu **48**
einer Übermüdung bzw. einem Schwäche-/Ohnmachtsanfall bei dem Fahrer eines Pkws sowie einem hierdurch verursachten Unfall führt, kann eine einmalige Ausnahmesituation darstellen. Eine Wiederholung und weitere Gefährdung der Allgemeinheit ist – jedenfalls in dem hier maßgeblichen Zeitraum bis zur Durchführung der Hauptverhandlung und Urteilsfindung – nicht zu befürchten, wenn der Fastenmonat Ramadan beendet ist. Eine Abwendung von Gefahren erscheint hier deswegen bis zu einer endgültigen Klärung der Tatumstände im Rahmen der Hauptverhandlung nicht erforderlich. Die vorläufige Entziehung der Fahrerlaubnis ist deshalb unverhältnismäßig.[61]

Macht der Tatrichter hier Fehler bzw. begründet er nicht ausreichend die konkrete **49**
Gefahr, bestehen durchaus gute Erfolgsaussichten für eine Revision.

Die konkrete Gefahr muss durch Fahrunsicherheit oder eine der genannten Todsünden **50**
realisiert worden sein. Es muss also Kausalität vorliegen,[62] was bedeutet, dass die Gefahr nicht nur gelegentlich auftreten darf, sondern Folge der Tathandlung sein muss.[63]

VI. Fremde Sache von bedeutendem Wert

Der BGH sieht die Grenze dieser Bedeutsamkeit bei aktuell 750 EUR.[64] In Anbetracht **51**
der Inflation und steigenden Reparaturkosten sollte dies Grenze überdacht, zumindest nicht als starr angesehen werden. Es würde sich anbieten, erst bei deutlichen höheren Schäden von einem bedeutenden Schaden auszugehen.[65]

Das vom Täter geführte Fahrzeug fällt dabei nicht in den Schutzbereich der Norm, da es Tatmittel ist,[66] also nicht „fremd“ ist. Gleiches gilt für ein Leasingfahrzeug.[67]

59 OLG Koblenz DAR 2023, 517.
60 OLG Zweibrücken zfs 2023, 110.
61 LG Potsdam DAR 2022, 403.
62 BGH NStZ-RR 2004, 108.
63 BGH zfs 2014, 715.
64 BGH DAR 2013, 709; OLG Düsseldorf NZV 2017, 98.
65 Siehe hierzu Hentschel/König/Dauer/*König*, § 315b Rn 38 m.w.N.
66 OLG Düsseldorf VRS 87, 29.
67 OLG Nürnberg VersR 1977, 659.

C. Der subjektive Tatbestand

52 Der subjektive Tatbestand, § 315c Abs. 3, weist die Besonderheit auf, dass mehrere Arten der Begehung denkbar sind, die dann im Ergebnis ganz erhebliche Auswirkungen auf das festzusetzende Strafmaß haben. Genau dies macht die Vorschrift mitunter jedoch auch etwas schwieriger zu durchschauen.

I. Vorsatz

53 Es ist zumindest bedingter Vorsatz erforderlich, der hinsichtlich aller Tatumstände vorliegen muss, inklusive der konkreten Gefahr.[68] Bei Abs. 1 Nr. 2 muss der Täter nicht selbst beurteilen, ob grobe Verkehrswidrigkeit und Rücksichtslosigkeit gegeben sind.

II. Fahrlässigkeit nach Abs. 3

54 Liegt Fahrlässigkeit auch nur hinsichtlich eines Tatbestandsmerkmals vor, erstreckt sich der Vorsatz des Täters also beispielsweise nicht auf die konkrete Gefahr, so ist von Fahrlässigkeit auszugehen und die Tat nach Abs. 3 zu beurteilen.[69]

1. Abs. 3 Nr. 1

55 Hier genügt Fahrlässigkeit hinsichtlich des Gefahrerfolgs, was dazu führt, dass es sich um eine Vorsatztat handelt.[70] Man spricht von einer Vorsatz-Fahrlässigkeit-Kombination.

2. Abs. 3 Nr. 2

56 Hier handelt es sich um eine durchweg fahrlässige Tatbegehung.

68 *Fischer*, § 315c StGB Rn 18a.
69 *Fischer*, a.a.O., Rn 19 m.w.N.
70 BGH NZV 89, 31.

§ 26 Trunkenheit im Verkehr (§ 316 StGB)

Sebastian Gutt

A. Vorbemerkung

Mit der Trunkenheitsfahrt ist man in der Praxis überobligatorisch häufig beschäftigt. Vielfach ergeben sich auf Tatbestands-, Rechtswidrigkeits- und Schuldebene wenige Verteidigungsansätze und es wird sich um eine reine Rechtsfolgenverteidigung handeln. Ebenfalls wird es im Rahmen der Verteidigung oft darum gehen, negative zivilrechtliche Auswirkungen bei Annahme von Vorsatz zu vermeiden (z.B. Leistungsfreiheit des Rechtsschutzversicherers). Nachfolgend wird auf die wichtigsten praktischen Probleme eingegangen. 1

B. Der objektive Tatbestand

I. Führen eines Fahrzeugs im Straßenverkehr

Es muss ein Fahrzeug im Straßenverkehr geführt worden sein. Verwiesen werden kann hier auf die Ausführungen zu § 315c StGB, siehe § 27 Rdn 2. 2

Führer eines Kfz ist nur, wer es unter bestimmungsgemäßer Anwendung seiner Antriebskräfte unter eigener Allein- oder Mitverantwortung in Bewegung setzt oder unter Handhabung seiner technischen Vorrichtungen während der Fahrtbewegung durch den öffentlichen Verkehrsraum ganz oder wenigstens zum Teil lenkt; erforderlich ist ein Bedienen wesentlicher Elemente.[1]

Ein Fahrlehrer, der in der konkreten Situation nicht in die Ausbildungsfahrt eingreift, führt nach allgemeinen Kriterien das Kraftfahrzeug nicht.[2]

Bremst der (alkoholisierte) Fahrlehrer demgegenüber kurz vor einem Zusammenstoß, so ist dies als Bedienung einer wesentlichen Einrichtung und damit als Eingriff in den Betriebsvorgang des Fahrzeugs anzusehen. Dann hat auch der Fahrlehrer das Fahrschulfahrzeug geführt.[3]

Fahrzeuge sind z.B. auch Fahrräder oder eine Pferdekutsche,[4] gleiches gilt für ein Segway.[5] Und nach überwiegender Auffassung in der Rechtsprechung ist auch ein E-Scooter ein Elektrokleinstfahrzeug gem. § 1 eKFV.[6] Das gilt allerdings nur für solche E-Scooter, bei denen gemäß **§ 1 Abs. 1 eKFV** die bauartbedingte Höchstgeschwindigkeit 3

1 LG Münster NZV 2018, 243.
2 BGH NZV 2015, 145 zum Handyverstoß.
3 LG Münster a.a.O.
4 OLG Oldenburg DAR 2014, 397.
5 OLG Hamm DAR 2017, 157; OLG Hamburg NZV 2017, 193.
6 OLG Braunschweig zfs 2024, 288; AG Dortmund DAR 2024, 281; LG Osnabrück, Urt. v. 17.8.2023 – 5 NBs 59/23; LG Köln zfs 2024, 228.

nicht weniger als 6 km/h und nicht mehr als 20 km/h beträgt. Kann der E-Scooter eine Höchstgeschwindigkeit von 25 km/h erreichen, handelt es sich nicht um ein Elektrokleinstfahrzeug, so dass für die Frage der absoluten Fahruntüchtigkeit der Grenzwert von 1,1 ‰ gilt.[7]

Das Führen eines Fahrrades setzt aber zumindest voraus, dass sich die Fahrer fest auf dem Sattel sitzend abstoßen.[8]

4 ▼

Muster 26.1: Kein Führen des Fahrrades

26.1 Mein Mandant hatte sein Fahrrad noch nicht geführt. Beim Eintreffen der Polizei war es so, dass mein Mandant beide Füße auf dem Boden stehen hatte und sich mit einer Hand am Lenker festhielt. Auf dem Sattel saß er nicht. Er unterhielt sich mit einem Bekannten, der in seiner Haustür stand.

Voraussetzung für das Führen eines Fahrrades gem. § 316 StGB ist, dass sich der Fahrer fest im Sattel sitzend abstößt. Das Fahrrad muss also in Bewegung gesetzt werden (*Fischer*, § 315c StGB Rn 3a). Das war hier indes nicht der Fall, so dass kein strafbares Verhalten gegeben und das Ermittlungsverfahren einzustellen ist, was ich an dieser Stelle beantrage.

▲

II. Fahruntüchtigkeit infolge Genusses alkoholischer Getränke oder anderer berauschender Mittel

5 Der Täter muss sich zum Tatzeitpunkt in einem Zustand befinden, in dem er nicht in der Lage ist, das Fahrzeug sicher zu führen. Ausreichend ist Fahrunsicherheit, also die mangelnde Fähigkeit, das Fahrzeug sicher im öffentlichen Straßenverkehr zu führen.[9] Ursache dieser Fahruntüchtigkeit muss der Genuss alkoholischer Getränke oder anderer berauschender Mittel sein (Kausalität!).

Von Bedeutung sind die Begriffe relative und absolute Fahruntüchtigkeit.

1. Absolute Fahruntüchtigkeit

6 Der Grenzwert für die absolute Fahruntüchtigkeit beruht dabei auf Erfahrungswerten der Rechtsprechung im Einklang mit der Wissenschaft. Somit gilt, dass ab einem Grenzwert von 1,1 ‰ davon ausgegangen wird, dass der Fahrzeugführer fahruntauglich ist, ohne dass es hierbei auf alkoholtypische Ausfallerscheinungen ankommen müsste. Bei Radfahrern hat sich ein Grenzwert von 1,6 ‰ durchgesetzt.[10] Eine Verteidigung bei absoluter Fahruntüchtigkeit wird sich vielfach auf die Rechtsfolgen beschränken (Höhe der Geldstrafe, Dauer der Sperrzeit bei Entzug der Fahrerlaubnis) oder aber es gibt Anhaltspunkte dafür, dass die Blutprobe rechtswidrig erlangt wurde.

7 BGH NZV 2023, 418.
8 Nach *Gebhardt*, Verteidigung in Verkehrsstraf- und Ordnungswidrigkeitenverfahren, 9. Aufl., § 37 Rn 7.
9 *Fischer*, § 316 StGB Rn 6.
10 OLG Hamm zfs 1992, 198; NK-GVR/*Quarch*, § 316 StGB Rn 5.

2. Relative Fahruntüchtigkeit

Bessere Verteidigungsansätze bestehen hingegen bei relativer Fahruntüchtigkeit, nämlich 7
im Bereich der Frage, ob tatsächlich alkoholtypische Ausfallerscheinungen festgestellt werden konnten. Es geht hier um die Wertung in der Gesamtschau aller relevanten Indizien der Alkoholfahrt, also die Höhe der BAK sowie das individuelle Verhalten des Fahrzeugführers, welches auf die genannten Ausfallerscheinungen während der Fahrt, in seiner Person oder während der Kontrolle zu untersuchen ist.[11] Dabei kommt ab einer BAK 0,3 ‰ relative Fahruntüchtigkeit in Betracht. Unter diesem Grenzwert liegt eventuell eine Ordnungswidrigkeit vor. Wichtig ist noch zu wissen, dass je höher die festgestellte Alkoholisierung ist, desto geringer die Anforderungen zum Beweis an die Feststellung von alkoholbedingten Ausfallerscheinungen sind.[12]

▼ 8

Muster 26.2: Kein Schluss auf relative Fahruntauglichkeit (1)

26.2

In der Strafsache

gegen

wegen Trunkenheitsfahrt

soll der Höhe der festgestellten BAK (0,6 ‰) seitens der Verteidigung zwar nicht entgegengetreten werden. Allerdings liegt gleichwohl kein Fall der fahrlässigen Trunkenheitsfahrt vor.

Die Staatsanwaltschaft stützt ihre Anklage darauf, mein Mandant sei wegen seines alkoholisierten Zustands auf feuchter Straße von der Fahrbahn abgekommen. Hierbei handele es sich um eine alkoholtypische Ausfallerscheinung, weshalb ein Fall der relativen Fahruntüchtigkeit vorliege.

Das ist unzutreffend.

Der Nachweis, dass der Fahrzeugführer einen Unfall infolge alkoholbedingter Fahruntüchtigkeit verursacht hat, ist nicht erbracht, wenn der Fahrzeugführer bei schlechten Straßenverhältnissen mit einer Blutalkoholkonzentration von 0,6 ‰ beim Rechtsabbiegen zu weit nach links abkommt und dadurch im Kreuzungsbereich gegen ein auf der Gegenseite geparktes Fahrzeug fährt. Denn dieses verkehrswidrige Verhalten kann auch auf einem normalen „Fahrfehler“ beruhen, der auch einem nüchternen Fahrer hätte unterlaufen können (LG Leipzig DAR 2006, 402). Dies ist grundsätzlich zu beachten und zu klären, ob auch zahlreiche nicht alkoholisierte Fahrer solche Verstöße begehen, auch wenn dies die Indizwirkung des Verkehrsverstoßes für eine alkoholbedingte Fahruntauglichkeit nicht gänzlich ausschließt (BVerfG VRS 90, 1). Unter Berücksichtigung dieser Grundsätze liegt kein strafbares Verhalten meines Mandanten vor. Auch ein nichtalkoholisierter Verkehrsteilnehmer hätte sich bei den Straßenverhältnissen schlicht „verschätzen“ können und wäre von der Fahrbahn abgekommen. Dies ist von der Staatsanwaltschaft im Rahmen ihrer Ermittlungen und rechtlichen Würdigung nicht berücksichtigt worden.

11 BGH DAR 1982, 296.
12 OLG Düsseldorf DAR 1980, 190; OLG Düsseldorf zfs 1991, 393.

Es wird beantragt, die Anklage nicht zur Hauptverhandlung zuzulassen, das Verfahren also aus tatsächlichen und rechtlichen Gründen nicht zu eröffnen, §§ 199, 200 StPO.

▲

9 ▼

Muster 26.3: Kein Schluss auf relative Fahruntauglichkeit (2)

26.3 Die Angelegenheit habe ich zwischenzeitlich mit meinem Mandanten besprochen. Zur Sache erfolgt die nachstehende Einlassung:

Seitens der Staatsanwaltschaft wird gegen meinen Mandanten wegen einer fahrlässigen Trunkenheitsfahrt ermittelt. Gestützt wird der Vorwurf auf die festgestellte BAK von 0,65 ‰ und darauf, man habe eine alkoholbedingte Ausfallerscheinung feststellen können, weil er „Schlangenlinien" gefahren und die Mittelspur mehrfach überfahren und sein Fahrzeug dann wieder ruckartig nach rechts gelenkt habe.

Die Auffälligkeiten in der Fahrweise genügen nicht, eine alkoholbedingte – relative Fahruntüchtigkeit – zu belegen. Im Fahrzeug meines Mandanten befand sich dessen Freundin, mit der er kurz zuvor einen heftigen Streit gehabt hatte. Dies wirkte sich dann auch auf die Fahrweise aus. Das mehrfache Überfahren der Mittellinie lässt sich schon dadurch erklären, dass mein Mandant seine Freundin im Rahmen der Auseinandersetzung angeschaut hat und deswegen kurzfristig vom Weg abkam. Es ist nachvollziehbar, dass dieser Streit heftiger wurde und von Seiten der Freundin meines Mandanten auch von heftigeren Gesten begleitet gewesen ist. Dies begründet die deutlicheren Spurabweichungen in der Folge. Dass mein Mandant beim Linksabbiegen nicht geblinkt hat, hat keinerlei Indizwirkung, da es sich hierbei nicht um einen alkoholtypischen Fahrfehler handelt (vgl. hierzu auch LG Freiburg NZV 2009, 614). Ferner weise ich darauf hin, dass am Tattag starker Wind herrschte, was sicherlich auch von den Polizeibeamten, die hinter meinem Mandanten fuhren und ihn letztlich anhielten, bestätigt werden kann. Starker Seitenwind wirkt sich gerade bei dem relativ leichten Fahrzeug meines Mandanten, einem Toyota Aygo, aus. Schlangenlinien haben dann keine Indizwirkung (OLG Hamm NZV 1994, 117). Zu berücksichtigen ist ganz allgemein, dass auch viele nicht alkoholisierte Verkehrsteilnehmer Fahrfehler begehen, etwa zu schnell fahren (BGH StV 1994, 543).

Ich beantrage daher, das Ermittlungsverfahren gegen meinen Mandanten gem. § 170 Abs. 2 StPO einzustellen.

▲

10 Bei E-Scootern besteht – soweit ersichtlich – in der Rechtsprechung noch Uneinigkeit. Wohl überwiegend wird auf die für Pkw geltenden Grenzwerte abgestellt,[13] teilweise offengelassen bzw. Bezug genommen auf die Grenzwerte für Fahrradfahrer.[14] Der BGH hat diese Frage bisher nicht entschieden und ebenfalls offengelassen.[15]

Soweit es hier regionale Unterschiede gibt, ergeben sich im Rahmen der Verteidigung Spielräume, etwa um die Annahme der absoluten Fahruntauglichkeit zu vermeiden.

13 OLG Frankfurt a.M. NZV 2020, 582; KG, Urt. v. 10.5.2022 – (3) 121 Ss 67/21 (27/21); LG Lüneburg, Beschl. v. 27.6.2023 – 111 Qs 42/23.

14 OLG Braunschweig zfs 2024, 288.

15 BGH NZV 2023, 418.

11

▼

Muster 26.4: Keine absolute Fahruntauglichkeit bei E-Scootern[16]

26.4

Für meinen Mandanten lasse ich mich wie folgt zur Sache ein:

Mein Mandant befuhr abends mit einem E-Scooter ordnungsgemäß den Fahrradweg. Bei der Verkehrskontrolle durch die Polizeibeamten wurde Alkoholgeruch wahrgenommen. Mein Mandant stimmte einer Blutentnahme zu. Der Laborwert ergibt nun eine BAK von 1,3 ‰. Ihm wird nun absolute Fahruntauglichkeit vorgeworfen.

Dies verfängt nicht.

Die beim Führen eines E-Scooters geforderte psycho-physische Leistungsfähigkeit sowie die von einem alkoholisiertem Zustand eines E-Scooter-Führers für andere Verkehrsteilnehmer ausgehende Gefahr sind mit denen von Führern von Fahrrädern mindestens gleichzustellen (sogar für die Annahme erhöhter Anforderungen im Fahrbetrieb **KG, Urt. v. 10.5.2022 – (3) 121 Ss 67/21 (27/21))**. Das folgt auch aus der Begründung der Verordnung über die Teilnahme von Elektrokleinstfahrzeugen am Straßenverkehr und zur Änderung weiterer straßenverkehrsrechtlicher Vorschriften (eKFV). Danach ähneln Elektrokleinstfahrzeuge in ihren Fahreigenschaften und ihrer Verkehrswahrnehmung sowie einer bauartbedingten Höchstgeschwindigkeit von 12 km/h bis 20 km/h am stärksten denen des Fahrrads, weshalb für diese Elektrokleinstfahrzeuge verkehrs- und verhaltensrechtlich die Regelungen über Fahrräder mit Maßgabe besonderer Vorschriften gelten sollen (BRs-Drucks 158/19 S. 23 und 38).

Für ähnliche Fahreigenschaften sprechen die jeweilige Ausstattung mit zwei Rädern sowie einer Lenkstange. Beiden Fortbewegungsmitteln wohnt auch eine ähnliche Geräuschentwicklung inne. Im Falle von Gefahrenbremsungen verfügt ein E-Scooter – ebenso wie die meisten Fahrräder – über zwei voneinander unabhängige Bremsen **(§ 4 Abs. 1 eKFV)** sowie eine – ebenfalls an vielen Fahrrädern vorhandene – helltönende Glocke **(§ 6 S. 1 eKFV)**.

Da E-Scooter innerhalb geschlossener Ortschaften grundsätzlich nur auf baulich angelegten Radwegen **(§ 10 Abs. 1 S. 1 eKFV)**, aber bei fehlenden Radwegen auch auf Fahrbahnen und in verkehrsberuhigten Bereichen **(§ 10 Abs. 1 S. 2 eKFV)** benutzt werden dürfen, sind sie insbesondere ähnlichen Konfliktsituationen mit Fußgängern sowie anderen Fortbewegungsmitteln wie Fahrradfahrern ausgesetzt. Daher müssen Führer eines E-Scooters das Verkehrsgeschehen mindestens ebenso aufmerksam und konzentriert verfolgen sowie zeitnah auf die Handlungen Dritter reagieren wie Führer von Fahrrädern. Aufgrund ähnlicher technischer Ausstattungen erfordert dies auch gleichgelagerte Reaktionen.

Deshalb sind die für Fahrradfahrer geltenden Grenzwerte zur Bestimmung der absoluten Fahruntüchtigkeit heranzuziehen.

Eine absolute Fahruntüchtigkeit liegt demzufolge nicht vor, weil mein Mandant einen Blutalkoholgehalt von 1,3 ‰ hatte, nicht jedoch von 1,6 ‰.

▲

16 Nach OLG Braunschweig zfs 2024, 288.

C. Der subjektive Tatbestand

12 Zu erkennen ist häufig, dass die Staatsanwaltschaften und Gerichte schnell eine vorsätzliche Tat bejahen, wenn bei dem Mandanten eine besonders hohe BAK festgestellt worden ist. Das ist falsch, wie der BGH erst kürzlich wieder bestätigt hat.[17]

13 Es gibt keinen naturwissenschaftlich oder medizinisch gesicherten Erfahrungssatz, dass derjenige, der eine Alkoholmenge trinkt, die zu einer die Grenze der absoluten Fahruntüchtigkeit übersteigenden Blutalkoholkonzentration führt, seine Fahruntüchtigkeit auch erkennt.[18] Gleichwohl ist auch anerkannt, dass die Höhe der BAK bei der Abgrenzung Fahrlässigkeit und Vorsatz in der Form des dolus eventualis ein gewichtiges Beweisanzeichen sein kann, allerdings nur ein widerlegbares. Der Tatrichter ist durch § 261 StPO nicht gehindert anzunehmen, dass eine Blutalkoholkonzentration umso eher für eine vorsätzliche Tat spricht, je höher sie ist. Er muss sich jedoch bewusst sein, dass er sich lediglich auf ein (widerlegbares) Indiz stützt, das zwar gewichtig ist, aber im Einzelfall der ergänzenden Berücksichtigung anderer Beweisumstände bedürfen kann. Will er die Annahme bedingten Vorsatzes damit begründen, dass ein Täter mit einer hohen Blutalkoholkonzentration im Allgemeinen weiß, dass er große Mengen Alkohol getrunken hat, so dass sich ihm die Möglichkeit einer Fahruntüchtigkeit aufdrängt, muss er erkennen lassen, dass er lediglich einen Erfahrungssatz mit einer im konkreten Fall widerlegbaren Wahrscheinlichkeitsaussage zur Anwendung bringt, nicht aber einen wissenschaftlichen Erfahrungssatz.[19] Die Annahme einer Vorsatztat bedarf einer Prüfung der Einzelumstände – Täterpersönlichkeit, Trinkgewohnheiten, Täterverhalten während und nach der Trunkenheitsfahrt.[20]

Der Verteidiger sollte hierauf hinweisen. Vielfach ist zu erkennen, dass die Staatsanwaltschaften auf diese Argumentation eingehen und von Fahrlässigkeit ausgehen.

14 ▼

Muster 26.5: Fahrlässigkeit trotz hoher BAK

Rein vorsorglich weise ich hinsichtlich der Schuldform darauf hin, dass auch in der Rechtsmedizin bekannt ist, dass mit steigendem Promillewert die Kritik und Erkenntnisfähigkeit abnimmt, der Vorsatz bei hohen Promillewerten also eher zu verneinen ist (BGH, NZV 1991, 117).

Demzufolge besteht auch Einigkeit darüber, dass aus der Höhe des Alkoholwertes allein nicht auf die vorsätzliche Begehung geschlossen werden kann, da es nämlich keinen Erfahrungssatz gibt, dass derjenige, der in erheblichen Mengen Alkohol getrunken hat, sich seiner Fahrunsicherheit bewusst war oder dies billigend in Kauf genommen hat (BGH zfs 2015, 351; vgl. zudem auch OLG München zfs 2005, 467; OLG Stuttgart NZV 2011, 412).

17 BGH zfs 2015, 351.
18 BGH VRS 65, 359.
19 BGH, Beschl. v. 4.3.1988 – 3 StR 518/87 – juris.
20 OLG Düsseldorf SVR 2017, 117.

Es gibt auch keinen Erfahrungssatz, dass man ab einer bestimmten Alkoholkonzentration seine Fahrunsicherheit erkennt und deshalb eine Trunkenheitsfahrt vorsätzlich begeht (OLG Hamm zfs 1998, 482).

Dies wurde in einer Entscheidung des BGH jüngst bestätigt (BGH zfs a.a.O.). Die BAK stellt allenfalls ein widerlegbares Indiz für die Schuldform dar.

▲

D. Schuld

Bei Alkoholdelikten kann die Frage der Schuldfähigkeit von Bedeutung sein. Hierzu 15 wird die Einholung eines medizinischen Sachverständigengutachtens erforderlich sein, um die Schuldfähigkeit abschließend überprüfen zu können. Denn gerade ab einer BAK von 2,0 ‰ kann verminderte und ab einer BAK von 3,0 ‰ Schuldunfähigkeit nahe liegen, was seitens des Gerichts zu prüfen ist.[21]

Probleme bereitet die Frage der Schuldfähigkeit bei alkoholgewöhnten Beschuldigten. Nach der Rechtsprechung des BGH reicht es nicht aus, wenn der Beschuldigte alkoholgewöhnt ist und im Nachgang keine Ausfallerscheinungen gezeigt hat. Denn gerade bei Alkoholgewöhnung können das äußere Leistungsverhalten und die innere Steuerungsfähigkeit auseinanderfallen. Bei Alkoholikern zeigt sich häufig eine durch die Übung gewonnene Kompensationsfähigkeit insbesondere im Bereich grobmotorischer Auffälligkeiten. Dem Verhalten nach der Tat kommt insoweit nur geringe Aussagekraft zu.[22]

▼ 16

Muster 26.6: Alkoholgewöhnung

Hinweisen möchte ich darauf, dass aus dem Umstand, dass mein Mandant ausweislich 26.6 der Ermittlungsakte Bl… keine Ausfallerscheinungen gezeigt und auf Fragen im Kontext geantwortet habe, nicht auf seine Schuldfähigkeit geschlossen werden kann.

Mein Mandant ist alkoholgewöhnt. Er selbst hat erkannt, dass er ein Alkoholproblem hat. Nach der Rechtsprechung des BGH reicht es aber gerade nicht aus, wenn der Beschuldigte alkoholgewöhnt ist und im Nachgang keine Ausfallerscheinungen gezeigt hat. Denn gerade bei Alkoholgewöhnung können das äußere Leistungsverhalten und die innere Steuerungsfähigkeit auseinanderfallen. Bei Alkoholikern zeigt sich häufig eine durch die Übung gewonnene Kompensationsfähigkeit insbesondere im Bereich grobmotorischer Auffälligkeiten. Dem Verhalten nach der Tat kommt insoweit nur geringe Aussagekraft zu (BGH NStZ-RR 2018, 136).

▲

21 *Krumm*, Anm. zu BGH NZV 2018, 386.
22 BGH NStZ-RR 2018, 136.

E. Richtervorbehalt gem. § 81a StPO

17 Der Verteidiger benötigt rund um die Feststellung der BAK ein fundiertes Wissen. Dabei wird bezüglich der Feststellung der BAK der Richtervorbehalt künftig praktisch kaum noch von Bedeutung sein.

I. Allgemeines, insb. § 81a Abs. 2 S. 2 StPO

18 Bei der Entnahme der Blutprobe handelt es sich um einen in § 81a Abs. 1 S. 2 StPO besonders genannten „anderen körperlichen Eingriff".[23] Nach § 81a Abs. 2 S. 1 StPO steht die Anordnung dieser körperlichen Untersuchung des Beschuldigten dem Richter, bei Gefährdung des Untersuchungserfolges durch Verzögerung auch der Staatsanwaltschaft und ihren Ermittlungspersonen zu. M.E. hält das Gesetz die Polizei an, die regelmäßig den ersten Zugriff auf den alkoholisierten Beschuldigten hat, stets den Richter anzurufen und diesen darum zu bitten, dass er die Entnahme einer Blutprobe anordnet. Sinn und Zweck des Richtervorbehaltes ist die vorbeugende Kontrolle der Maßnahme in ihren konkreten gegenwärtigen Voraussetzungen durch eine unabhängige und neutrale Instanz.[24] Voraussetzung der Anordnung der Blutprobenentnahme sind stets hinreichende Anhaltspunkte für merkbare Alkoholbeeinflussung.[25] Hierfür reicht insbesondere schon ein wahrnehmbarer Alkoholgeruch beim Fahrzeugführer aus.[26] In einer neueren Entscheidung des BVerfG, in der es um die Entnahme einer Blutprobe zum Nachweis von Cannabis ging, hatte dieses den Richtervorbehalt betont und ausgeführt, die Strafverfolgungsbehörden müssten regelmäßig versuchen, zunächst eine Anordnung des zuständigen Richters zu erlangen.[27] Wenn die Strafverfolgungsbehörden Gefahr im Verzug annehmen und eigenständig die Entnahme einer Blutprobe anordnen, muss die Gefährdung des Untersuchungserfolges bei Zuwarten auf die richterliche Anordnung mit Tatsachen begründet werden, die auf den Einzelfall bezogen und in den Ermittlungsakten dokumentiert werden, sofern die Dringlichkeit nicht evident ist.[28] Das BVerfG[29] verlangt effektiven Rechtsschutz gegen Maßnahmen mit schwerwiegenden Grundrechtseingriffen oder nahe liegender Willkür, wenn vor Erledigung der Maßnahme kein gerichtlicher Rechtsschutz erlangt werden kann. Das BVerfG stellte zudem klar, dass die Strafverfolgungsbehörden stets versuchen müssten, einen Richter zu erreichen. Erst wenn dies nicht gelinge, bestehe eine Anordnungskompetenz der Strafverfolgungsbehörden, allerdings eine abgestufte. Abgestuft bedeutet, dass die Anordnungskompetenz der Polizei gegenüber der Staatsanwaltschaft als nachrangig betrachtet wird.[30] Ordnet die Polizei die Entnahme der Blutprobe an, muss die Gefahrenlage dann mit auf den Einzelfall bezogenen Tatsachen

23 BVerfG NJW 2007, 1335.
24 BVerfG NJW 1997, 2165.
25 OLG Schleswig NJW 1964, 2215.
26 *Hentschel/Krumm*, Fahrerlaubnis und Alkohol, 8. Aufl. 2023, Rn 10.
27 BVerfG NJW 2007, 1335; OLG Düsseldorf NZV 2011, 456.
28 *Meyer-Goßner/Schmitt*, § 81a StPO Rn 25a.
29 BVerfG, a.a.O.
30 BVerfG NZV 2007, 581; BVerfG zfs 2010, 2864.

begründet werden, die in den Ermittlungsakten zu dokumentieren sind, sofern die Dringlichkeit nicht evident ist.[31]

Die Problematik wurde zwischenzeitlich von dem Gesetzgeber aufgegriffen. Durch das „Gesetz zur effektiveren und praxistauglicheren Ausgestaltung des Strafverfahrens" vom 17.8.2017 hat der Bundestag mit Wirkung vom 24.8.2017 § 81a Abs. 2 S. 2 StPO eingeführt. Abweichend von § 81a Abs. 2 S. 1 StPO bedarf die Entnahme der Blutprobe keiner richterlichen Anordnung, wenn bestimmte Tatsachen den Verdacht begründen, dass eine Straftat nach §§ 315a Abs. 1 Nr. 1, Abs. 2 und 3, 315c Abs. 1 Nr. 1a, Abs. 2 und 3 oder § 316 StGB begangen worden sind. Der Richtervorbehalt ist daher de lege lata praktisch fast komplett abgeschafft worden. Lediglich körperliche Untersuchungen und Eingriffe bedürfen auch weiterhin einer richterlichen Anordnung, soweit nicht Gefahr im Verzug anzunehmen ist.[32]

Die Ausführungen und Muster aus der Vorauflage werden in der Neuauflage noch für die wenigen denkbaren Fälle beibehalten.

In der Praxis stellt sich die Frage, was die Konsequenz ist, wenn nun die Polizei die Entnahme der Blutprobe wegen Gefahr im Verzug anordnet. **19**

Regelmäßig geht es um die Frage, ob die fehlerhafte Anordnung der Entnahme der Blutprobe zu einem strafprozessualem Beweisverwertungsverbot führt.[33] Die Frage nach einem Beweisverwertungsverbot ist nach gefestigter, vom Bundesverfassungsgericht gebilligter obergerichtlicher und höchstrichterlicher Rechtsprechung jeweils nach den Umständen des Einzelfalls, insbesondere nach der Art des Verbots und dem Gewicht des Verstoßes, unter Abwägung der widerstreitenden Interessen zu entscheiden.[34] Besteht ein Beweisverwertungsverbot, folgt aus diesem, dass bestimmte Informationen und Beweisergebnisse nicht zu Lasten des Beschuldigten verwertet werden dürfen.[35] **20**

Wird der Angeklagte nur durch das unverwertbare Beweismittel belastet (was bei Alkoholdelikten im Straßenverkehr fast die Regel sein dürfte), führt dies zum Freispruch.[36] Die Rechtsprechung zu diesem Problemkreis ist trotz eindeutiger Gesetzeslage teilweise unüberschaubar geworden[37] und hat zu Unschärfen und Anwendungsschwierigkeiten geführt.[38] **21**

Jedenfalls, und das wird in der Praxis vielfach anders gehandhabt, ergibt sich Gefahr im Verzug nicht schon allein aus der bloßen Tatsache des Alkoholkonsums.[39] Anders kann man dies vielleicht sehen, wenn die festgestellte Atemalkoholkonzentration in der Nähe eines Grenzwertes liegt. **22**

31 BVerfG NZV 2007, 581.
32 Vgl. hierzu *Stam*, NZV 2018, 155.
33 Siehe hierzu vertiefend: *Fickenscher/Dingelstadt*, NStZ 2009, 124.
34 OLG Hamm StV 2009, 459.
35 *Burhoff*, ZAP 2003, 377; *Meyer-Goßner/Schmitt*, Einl. Rn 55.
36 *Meyer/Goßner/Schmitt*, a.a.O.
37 *Burhoff*, a.a.O., Rn 1172.
38 *Meyer-Goßner/Schmitt*, § 81a StPO Rn 25b.
39 *Hentschel/Krumm*, a.a.O., Rn 25.

23 Liegt hiernach ein Beweiserhebungsverbot vor, so stellt sich die Frage, ob hieraus auch zwangsläufig ein Beweisverwertungsverbot folgt. Dies würde bedeuten, dass die zu Unrecht entnommene Blutprobe nicht zum Gegenstand der Beweiswürdigung und Urteilsfindung gemacht werden darf. Konsequenz muss dann die Einstellung bzw. der Freispruch sein.[40] Ob ein Beweisverwertungsverbot vorliegt, ist jeweils nach den Umständen des Einzelfalls, insbesondere nach der Art des Verbots und dem Gewicht des Verstoßes und der Abwägung der widerstreitenden Interessen zu entscheiden. Ein Verwertungsverbot bedeutet eine Ausnahme, die nach ausdrücklicher gesetzlicher Vorschrift oder aus übergeordneten gewichtigen Gründen im Einzelfall anzuerkennen ist. Von einem Beweisverwertungsverbot ist deshalb nur dann auszugehen, wenn einzelne Rechtsgüter durch Eingriffe fern jeder Rechtsgrundlage so massiv beeinträchtigt werden, dass dadurch das Ermittlungsverfahren als ein nach rechtsstaatlichen Grundsätzen geordnetes Verfahren nachhaltig geschädigt wird und folglich jede andere Lösung als die Annahme eines Verwertungsverbots unerträglich wäre.[41] Eine Ausnahme stellt die bewusste Umgehung des Richtervorbehalts sowie bei willkürlicher Annahme von Gefahr in Verzug dar.[42]

Kommt der Verteidiger zu dem Ergebnis, dass ein Beweiserhebungs- und daraus folgend auch ein Beweisverwertungsverbot vorliegt, muss er der Verwertung der Blutprobe widersprechen (Widerspruchslösung).[43]

24 ▼

Muster 26.7: Widerspruch gegen Verwertung der Blutprobe

26.7

In der Strafsache

gegen

wegen Trunkenheitsfahrt

wird der Verwertung der Blutprobe ausdrücklich

widersprochen.

Die Entnahme der Blutprobe ist unter Verletzung des Richtervorbehalts gem. § 81a StPO erfolgt.

Aus der Ermittlungsakte ergibt sich, dass die Polizeibeamten und die Entnahme der Blutprobe selbst angeordnet haben (vgl. Bl. der Ermittlungsakte). Sie haben dies damit begründet, im Bereich der Polizeiinspektion würde dies immer so gehandhabt. Es wurde nicht einmal versucht, einen Richter zu erreichen. Hierin ist ein völlig willkürliches Verhalten der Polizeibeamten zu sehen, die sich bewusst über den Richtervorbehalt hinweggesetzt haben.

40 Vgl. *Meyer-Goßner/Schmitt*, a.a.O., Einl. Rn 55 m.w.N.
41 OLG Bamberg zfs 2009, 349.
42 OLG Naumburg NZV 2016, 242; BVerfG, a.a.O; OLG Schleswig StV 2010, 618.
43 BGH NJW 2008, 308.

Es liegt hier ein Beweiserhebungsverbot vor. Dieses führt bei Willkür zwingend auch zu einem Beweisverwertungsverbot (BVerfG zfs 2010, 525; OLG Dresden NZV 2009, 464; OLG Schleswig StV 2010, 618). Wird der Beschuldigte/Angeklagte nur durch dieses unverwertbare Beweismittel belastet führt das zur Einstellung bzw. zum Freispruch (*Meyer-Goßner/Schmitt*, StPO, Einl. Rn 55 m.w.N.).

▲

II. Freiwilligkeit

Um die Problematik rund um ein Beweisverwertungsverbot zu vermeiden, geht die Polizei dazu über, den Beschuldigten unterschreiben zu lassen, dass er sich die Blutprobe freiwillig[44] entnehmen lässt. Ab einer bestimmten BAK ist dies durchaus bedenklich, insbesondere zu hinterfragen, ob der Beschuldigte überhaupt noch in der Lage ist, „freiwillig" zu agieren. Der Beschuldigte muss die Sachlage und sein Weigerungsrecht kennen und muss die Einwilligung ausdrücklich, eindeutig und aus freiem Entschluss erklären.[45] Auch muss der Beschuldigte zum Zeitpunkt der Abgabe der Einwilligung in die Blutentnahme genügend verstandesreif sein, um die Tragweite seiner Einwilligungserklärung zu erkennen.[46] Zwar kann die Einwilligungsfähigkeit eines Beschuldigten aufgrund der Stärke des Alkoholeinflusses im Einzelfall zweifelhaft sein – hierfür genügt aber nicht bereits jede alkoholische Beeinflussung.[47] Die Grenze, bei der deutliche Beeinträchtigungen in der Einsichts- oder Steuerungsfähigkeit angenommen werden, liegt nach der Rechtsprechung bei etwa 2 ‰ Blutalkohol.[48] Eine BAK von 1,23 ‰ hindert daher die Wirksamkeit der Einwilligung nicht.[49] Ob aber auch bei 4,02 ‰ der Verzicht auf eine richterliche Anordnung im Hinblick auf eine Einwilligung in eine Blutprobe nicht zu einem Beweisverwertungsverbot führen soll,[50] ist eher fraglich. Für die Annahme einer Einwilligungsfähigkeit bei derartigen Werten ab 2,0 ‰ bedarf es einer näheren Darlegung der insoweit relevanten Umstände, etwa des Vorhandenseins von Ausfallerscheinungen, des vorangegangenen Trinkverhaltens, der Trinkgewohnheiten und ggf. weiterer Umstände, die Anhaltspunkte für die Beurteilung einer Beeinträchtigung der kognitiven Fähigkeiten des Angeklagten aufgrund der gegebenen Alkoholisierung darstellen.[51] Drängt sich dann auf, dass der Beschuldigte aufgrund der Alkoholisierung nicht in der Lage ist, einen freien Willen zu bilden, liegt ein Beweisverwertungsverbot nahe. 25

44 Vgl. *Priemer/Gutt/Krumm*, DAR 2016, 169.
45 *Meyer-Goßner/Schmitt*, a.a.O., § 81a StPO Rn 4 m.w.N.; OLG Hamm, Beschl. v. 2.11.2010 – III-3 RVs 93/10 – juris.
46 OLG Hamm, Beschl. v. 28.4.2009 – 2 Ss 117 – juris; *Heinrich*, NZV 2010, 278 m.w.N.; OLG Hamm, Beschl. v. 2.11.2010 – III-3 RVs 93/10 – juris.
47 LG Saarbrücken, Beschl. v. 13.11.2008 – 2 Qs 53/08 – juris; OLG Hamm, Beschl. v. 2.11.2010 – III-3 RVs 93/10, 3 RVs 93/10 – juris.
48 OLG Hamm, Beschl. v. 2.11.2010 – III-3 RVs 93/10, 3 RVs 93/10 – juris; OLG Hamm NJW-Spezial 2011, 203.
49 OLG Hamm, Beschl. v. 2.11.2010 – III-3 RVs 93/10, 3 RVs 93/10 – juris.
50 So aber: OLG Jena, Beschl. v. 6.10.2011 – 1 Ss 82/11 – juris.
51 OLG Hamm NJW-Spezial 2011, 203.

26 ▼

Muster 26.8: Widerspruch gegen freiwillige Abgabe einer Blutprobe

26.8 Der Verwertung der entnommenen Blutprobe wird

widersprochen.

Es mag sein, dass mein Mandant unterschrieben hat, er willige in die freiwillige Entnahme der Blutprobe ein. Faktisch war er hierzu doch überhaupt nicht in der Lage, was sich den Polizeibeamten aufdrängen musste.

Aus der Strafanzeige ergibt sich, dass mein Mandant sich ohne Hilfe nicht auf den Beinen halten konnte. Er war nicht in der Lage, sich zu artikulieren. Gleichwohl haben die Polizeibeamten ihn ein Formular zur Freiwilligkeit unterschreiben lassen. Bestätigt wird dies auch aus dem Eindrucksvermerk (Bl. der Akte). Hier wurden von den Polizeibeamten alkoholtypische Ausfallerscheinungen dokumentiert, etwa, dass mein Mandant den Finger-Nase-Test nicht mehr ausführen konnte. Aus dem Vermerk des Polizeibeamten ergibt sich, dass auch die Unterschrift erst beim dritten Versuch klappte. Die Blutprobe, deren Verwertung hier widersprochen wird, ergab eine BAK von 4,02 ‰. Freiwilligkeit kann hier nicht mehr gegeben sein (*Priemer/Gutt/Krumm*, DAR 2016, 169). Zudem wurde mein Mandant um 12.00 Uhr angehalten, so dass ein Richter problemlos zu erreichen gewesen wäre, um eine Blutprobe anzuordnen. Es ist hier von Willkür der Polizeibeamten auszugehen, die zur Einstellung bzw. zum Freispruch führen muss (BVerfG zfs 2010, 525; OLG Dresden NZV 2009, 464; OLG Schleswig StV 2010, 618).

▲

F. Sonstige berauschende Mittel

27 Hierunter fallen vor allem solche „Rauschmittel", deren Besitz etc. nach dem BtMG untersagt sind. Ebenfalls können ggf. psychoaktive Medikamente sonstige berauschende Mittel sein. Das ist eine Frage des Einzelfalls.

28 Bei „Drogenfahrten" kann nicht so einfach auf absolute oder relative Fahruntüchtigkeit geschlossen werden wie bei einer Alkoholisierung. In der Rechtsmedizin konnten noch keine gesicherten Grenzwerte erforscht werden. Konsequenz hieraus ist, dass eine einzelfallbezogene Prüfung zu erfolgen hat, um die Frage der relativen Fahruntüchtigkeit klären zu können.[52] Es bedarf daher neben dem positiven Blutwirkstoffbefund noch weiterer aussagekräftiger Beweisanzeichen, die im konkreten Einzelfall belegen, dass die Gesamtleistungsfähigkeit des betreffenden Kraftfahrzeugführers soweit herabgesetzt war, dass er nicht mehr fähig gewesen ist, sein Fahrzeug im Straßenverkehr eine längere Strecke, auch bei Eintritt schwieriger Verkehrslagen, sicher zu steuern.[53] Auch hier gilt das oben zu den Alkoholfahrten gesagte. Nicht jeder Fahrfehler stellt eine typische drogenbedingte Ausfallerscheinung dar.[54]

52 BGH DAR 2022, 642 m.w.N.
53 BGH StV 2012, 324; BGH NZV 2015, 562.
54 BGH DAR 2000, 481.

▼ 29

Muster 26.9: Drogenfahrt – keine drogenbedingten Ausfallerscheinungen 26.9

In der Strafsache

gegen

wegen Trunkenheitsfahrt

bestätigen die Ermittlungsergebnisse nicht den erhobenen Vorwurf der Trunkenheitsfahrt.

Mein Mandant befuhr mit seinem Pkw einen Feldweg. Dieser darf grundsätzlich nicht befahren werden. Die zufällig vorbeigefahrenen Polizeibeamten sahen dies und unterzogen meinen Mandanten einer allgemeinen Verkehrskontrolle. Hierbei stellten sie „süßlichen" Geruch fest und führten einen Drogenschnelltest durch, der positiv ausfiel. Die Staatsanwaltschaft ermittelt nun wegen einer Trunkenheitsfahrt gegen meinen Mandanten.

Festzustellen ist, dass es zwar sein mag, dass mein Mandant positiv auf Cannabinoide getestet wurde. Allerdings reicht dies für die Annahme der Trunkenheitsfahrt nicht aus. In der Rechtsmedizin konnten noch keine gesicherten Grenzwerte für die Annahme der absoluten oder relativen Fahruntüchtigkeit erforscht werden. Konsequenz hieraus ist, dass eine einzelfallbezogene Prüfung zu erfolgen hat, um zumindest die Frage der relativen Fahruntüchtigkeit klären zu können. Es bedarf daher neben dem positiven Blutwirkstoffbefund noch weiterer aussagekräftiger Beweisanzeichen, die im konkreten Einzelfall belegen, dass die Gesamtleistungsfähigkeit des betreffenden Kraftfahrzeugführers soweit herabgesetzt war, dass er nicht mehr fähig gewesen ist, sein Fahrzeug im Straßenverkehr eine längere Strecke, auch bei Eintritt schwieriger Verkehrslagen, sicher zu steuern (BGH StV 2012, 324; BGH NZV 2015, 562). Nicht jeder Fahrfehler stellt eine typische drogenbedingte Ausfallerscheinung dar (BGH DAR 2000, 481).

Aus der Anzeige ergibt sich, dass bei meinem Mandanten keine Anzeichen für eine Drogenbeeinflussung festgestellt werden konnten. Lediglich durch den Geruch wurden die Polizeibeamten wegen eines möglichen Konsums sensibilisiert. Die Tatsache, dass mein Mandant den Feldweg verbotswidrig befuhr, kann zu keiner anderen rechtlichen Bewertung führen. Eine drogenbedingte Ausfallerscheinung ist hierin nicht zu sehen, denn auch andere Fahrzeugführer, die nicht unter dem Einfluss von Drogen stehen, begehen entsprechende Ordnungswidrigkeiten.

Das Ermittlungsverfahren ist dementsprechend gem. § 170 Abs. 2 StPO einzustellen.

Gleiches gilt für das eingeleitete Ermittlungsverfahren wegen eines Verstoßes gegen § 29 BtMG. Auch dieses ist einzustellen. Allenfalls könnte meinem Mandanten der Konsum von Betäubungsmitteln nachgewiesen werden. Dieser ist jedoch nicht gem. § 29 Abs. 1 BtMG unter Strafe gestellt.

▲

Praxistipp 30

Oftmals wird bei Drogenfahrten auch wegen eines Verstoßes gegen das BtMG ein Ermittlungsverfahren eingeleitet. Vielfach kann dem Mandanten aber nur wegen der positiven Blutprobe der Konsum nachgewiesen werden. Dieser ist jedoch nicht unter Strafe gestellt. Es empfiehlt sich daher, im Rahmen der Einlassung hierzu ebenfalls vorzutragen und eine Einstellung zu beantragen.

§ 27 Fahrverbot (§ 44 StGB)

Sebastian Gutt

A. Allgemeines

§ 44 StGB lässt im Gegensatz zur Entziehung der Fahrerlaubnis schon begrifflich die Fahrerlaubnis unberührt. Nach Ablauf des Fahrverbotes muss also keine neue Fahrerlaubnis bei der Fahrerlaubnisbehörde beantragt werden. Insofern ähnelt das strafrechtliche Fahrverbot dem ordnungswidrigkeitenrechtlichen. Es handelt sich um eine Nebenstrafe, der die Warnfunktion zugrunde liegt. Das Fahrverbot ist als sogenannter Denkzettel für nachlässige und leichtsinnige Kraftfahrer vorgesehen, um diese vor einem Rückfall zu warnen und ihnen ein Gefühl für den zeitweiligen Verlust des Führerscheins und den Verzicht auf die aktive Teilnahme am Straßenverkehr zu vermitteln. Diese Warnungs- und Besinnungsfunktion kann das Fahrverbot – auch im Hinblick auf seinen Strafcharakter – aber nur dann erfüllen, wenn es sich in einem angemessen zeitlichen Abstand zur Tat auf den Täter auswirkt. Nach einem längeren Zeitablauf verliert der spezialpräventive Zweck eines Fahrverbots seine eigentliche Bedeutung, so dass nur noch der Charakter als Sanktionsinhalt übrigbleibt.[1] **1**

Das Fahrverbot ist in der Regel anzuordnen, wenn nach Verurteilung gem. § 315c Abs. 1 Nr. 1a, 3 oder § 316 StGB die Entziehung der Fahrerlaubnis unterbleibt.

Fahrverbot und Fahrerlaubnisentziehung bzw. Festsetzung einer isolierten Sperrfrist schließen einander aus. Denn das Fahrverbot gem. § 44 StGB setzt voraus, dass sich der Täter gerade nicht als ungeeignet zum Führen von Kraftfahrzeugen i.S.d. § 69 StGB erwiesen hat. Deshalb kommt ein Fahrverbot neben einer Entziehung der Fahrerlaubnis bzw. der Festsetzung der isolierten Sperrfrist nur in Betracht, wenn das Gericht dem Täter auch das Fahren mit gem. § 4 Abs. 1 S. 2 FeV fahrerlaubnisfreien Fahrzeugen verbieten oder nach § 69a Abs. 2 StGB bestimmte Arten von Kraftfahrzeugen von der Sperre ausnehmen will.[2]

Zwischen der Höhe der Hauptstrafe und der Nebenstrafe besteht eine Wechselwirkung. Das Fahrverbot kommt damit erst dann in Betracht, wenn mit der Hauptstrafe alleine der spezialpräventive Zweck nicht erreicht werden kann.[3] **2**

Die Fahrerlaubnis bleibt unberührt, lediglich deren Ausnutzung wird gehindert.[4]

Um taktische Rechtsmittel zu vermeiden, wurde § 44 Abs. 2 StGB eingeführt. Danach wird das strafrechtliche Fahrverbot erst einen Monat nach Rechtskraft wirksam, sofern der Führerschein nicht schon zuvor in amtliche Verwahrung gelangt. **3**

1 OLG Hamm DAR 2007, 714; OLG Hamm, Beschl. v. 7.2.2008 – 4 Ss 21/08 – juris.
2 BGH NZV 2019, 153; OLG Brandenburg, Urt. v. 11.10.2023 – 1 ORs 11/23.
3 BGH NJW 1972, 1332; OLG Hamm zfs 2004, 428.
4 Hentschel/König/Dauer/*König*, Straßenverkehrsrecht, 47. Aufl., § 44 StGB Rn 2.

Mit der Neuregelung wurde die Fahrverbotsdauer von drei auf sechs Monate angehoben.

Mehrere Fahrverbote sind nunmehr gem. § 44 Abs. 4 StGB nacheinander und nicht nebeneinander zu vollstrecken. Der Abs. 4 gilt nur für Fahrverbote aus verschiedenen Verfahren.

B. Muster

4 ▼

Muster 27.1: Keine Anordnung eines Fahrverbotes gem. § 44 StGB

27.1 In der Strafsache

gegen

wegen

lege ich gegen den Strafbefehl vom , zugestellt am ,

Einspruch

ein.

Zugleich beschränke ich den Einspruch gem. § 410 Abs. 2 StPO auf die Rechtsfolgen und hier auf das Fahrverbot.

Zur Begründung führe ich aus:

Die Anordnung eines Fahrverbotes gem. § 44 StGB ist nicht angezeigt. Das Fahrverbot ist als sogenannter Denkzettel für nachlässige und leichtsinnige Kraftfahrer vorgesehen, um den Täter vor einem Rückfall zu warnen und ihm ein Gefühl für den zeitweiligen Verlust des Führerscheins und den Verzicht auf die aktive Teilnahme am Straßenverkehr zu vermitteln. Diese Warnungs- und Besinnungsfunktion kann das Fahrverbot – auch im Hinblick auf seinen Strafcharakter – aber nur dann erfüllen, wenn es sich in einem angemessenen zeitlichen Abstand zur Tat auf den Täter auswirkt. Nach einem längeren Zeitablauf verliert der spezialpräventive Zweck eines Fahrverbots seine eigentliche Bedeutung, so dass nur noch der Charakter als Sanktionsinhalt übrigbleibt (OLG Hamm DAR 2007, 714; OLG Hamm, Beschl. v. 7.2.2008 – 4 Ss 21/08 – juris).

Zwischen der Höhe der Hauptstrafe und der Nebenstrafe (Fahrverbot) besteht eine Wechselwirkung. Hier hat sich das unerlaubte Entfernen vom Unfallort, welches meinem Mandanten zur Last gelegt wird und bei dem ein Fremdschaden in Höhe von 300 EUR brutto entstand, bereits vor 22 Monaten ereignet. Ein Fahrverbot kann 22 Monate nach der Tat seine „Denkzettelfunktion" nicht mehr erfüllen. Die Anordnung eines Fahrverbotes als Warnungs- und Besinnungsstrafe kommt dann gerade nicht mehr in Betracht (BGH zfs 2004, 133; OLG Hamm zfs 2004, 428; OLG Hamm VRR 2013, 363).

▲

Grundsätzlich besteht bei der Anordnung ein Ermessen. Ausgenommen von diesem tatrichterlichen Ermessen sind nur die in Abs. 1 S. 2 genannten Fälle, nämlich §§ 315c Abs. 1 Nr. 1a oder 316 StGB, sofern eine Entziehung der Fahrerlaubnis nach § 69 StGB unterblieben ist. Dies bedeutet auch, dass die Verhängung des Fahrverbots in den nicht explizit genannten Fällen besonders vom Tatrichter begründet werden muss. Eine allgemeine Regel, dass immer dann, wenn von der Entziehung der Fahrerlaubnis abgesehen wurde, ein Fahrverbot anzuordnen ist, existiert nicht.[5]

Die Begründungspflicht hat auch zur Konsequenz, dass dargelegt werden muss, warum entsprechend des Grundsatzes der Verhältnismäßigkeit keine weniger einschneidenden Maßnahmen gleich oder sogar besser geeignet sind als die Anordnung des Fahrverbots. In Betracht kommt etwa die Erhöhung der Geldstrafe.[6]

▼

Muster 27.2: Absehen vom Fahrverbot, Existenzbedrohung 5

27.2

Von der Verhängung eines Fahrverbots gem. § 44 StGB bitte ich Abstand zu nehmen.

Dem Tatrichter steht bei der Verhängung eines Fahrverbots gem. § 44 StGB grundsätzlich ein Ermessen zu, sofern es nicht um einen der in § 44 Abs. 1 S. 2 StGB genannten Fälle geht. Meinem Mandanten wird indes unerlaubtes Entfernen vom Unfallort vorgeworfen. Dies bedeutet auch, dass die Verhängung des Fahrverbots in den nicht explizit genannten Fällen besonders vom Tatrichter begründet werden muss. Eine allgemeine Regel, dass immer dann, wenn von der Entziehung der Fahrerlaubnis abgesehen wurde, ein Fahrverbot anzuordnen ist, existiert nicht (BayObLG zfs 1980, 221).

Die Begründungspflicht hat auch zur Konsequenz, dass dargelegt werden muss, warum entsprechend des Grundsatzes der Verhältnismäßigkeit keine weniger einschneidenden Maßnahmen gleich oder sogar besser geeignet sind als die Anordnung des Fahrverbots. In Betracht kommt etwa die Erhöhung der Geldstrafe oder ein eingeschränktes Fahrverbot (hierzu BGHSt 24, 348; OLG Köln zfs 1992, 67).

Zu berücksichtigen ist, dass mein Mandant in einem kleinen Dorf ohne jede vernünftige Verkehrsanbindung wohnt, alleine arbeitet, sich keinen Fahrer leisten kann und Vater eines kleinen Kindes ist, weshalb auch die Ehefrau meinen Mandanten nicht während seines Fahrverbots zu den Arbeitsstellen fahren kann. Das Fahrverbot würde sich existenzvernichtend auswirken. Dies geht über die mit einem Fahrverbot üblicherweise verbundenen beruflichen und wirtschaftlichen Nachteile hinaus (vgl. auch LG Amberg 2006, 289).

Nachdem mein Mandant nach schwierigem Anfang nunmehr im dritten Jahr seiner sogenannten Ich-AG sich einen festen Kundenstamm und als Sachverständiger auch die feste Zusammenarbeit mit einem Sachversicherer erworben hat, würden diese Geschäftsbeziehungen existenziell gefährdet sein, wenn er über einen Zeitraum von drei Monaten nicht mehr in der Lage wäre, seine Kunden aufzusuchen.

Höchstvorsorglich rege ich daher an, im Falle der Anordnung eines Fahrverbots bestimmte Arten von Kraftfahrzeugen, nämlich Personenkraftwagen, vom Fahrverbot auszunehmen, weil nur auf diese Weise die drohende Existenzvernichtung meines Mandanten abgewendet werden kann (vgl. LG Cottbus DAR 2007, 716).

▲

5 BayObLG zfs 1980, 221.
6 Hierzu BGHSt 24, 348; OLG Köln zfs 1992, 67.

§ 28 Entziehung der Fahrerlaubnis (§ 69 StGB)

Sebastian Gutt

A. Allgemeines

Von zentraler Bedeutung für den Mandanten ist es, die Entziehung der Fahrerlaubnis zu verhindern, die für ihn regelmäßig eine berufliche und wirtschaftliche Härte bedeutet. Bei der Entziehung der Fahrerlaubnis handelt es sich um eine Maßregel der Besserung und Sicherung (§ 61 Nr. 5 StGB), keine eigenständige Strafe. Die Anordnung dient ausschließlich der Prävention im Hinblick auf die Gefährlichkeit des Täters im Straßenverkehr.[1] 1

Hinweis 2

Wichtig zu wissen ist, dass hieraus gerade nicht folgt, dass die Dauer der Sperrzeit (§ 69a StGB) nach der Schwere der begangenen Straftat zu bemessen ist. Die Dauer der Sperrzeit hängt ausschließlich von der Dauer der voraussichtlichen Ungeeignetheit ab.[2]

B. Tatbestandsmerkmale, Abs. 1

I. Anlasstat

Aus § 69 Abs. 1 StGB ergibt sich, dass eine sog. Anlasstat Voraussetzung für die Entziehung sein muss. Bei dieser Anlasstat muss ein Tatbezug zum Straßenverkehr bestehen. Die Tat muss nämlich beim Führen eines Kraftfahrzeugs, im Zusammenhang mit dem Führen eines solchen oder unter Verletzung der Pflichten eines Kraftfahrzeugführers begangen worden sein. In der strafrechtlichen Anlasstat muss sich die fehlende Eignung symptomatisch ausgedrückt haben und der Täter wegen ihr verurteilt worden sein.[3] Der Tatrichter darf nicht solche Umstände bei seiner Entscheidungsfindung berücksichtigen, die unabhängig von der Straftat zu sehen sind (Eignungsmängel) oder erst durch das Tatgeschehen erworben wurden (Verletzungen).[4] 3

Will das Tatgericht die Fahrerlaubnis entziehen wegen einer Straftat nach § 69 Abs. 1 StGB, also einer solchen Straftat, die nicht im Katalog des Abs. 2 enthalten ist, muss es im Rahmen des Abs. 1 begründen, warum es den Täter für ungeeignet hält, Kraftfahrzeuge zu führen. Dabei muss das Gericht die Tatumstände und die Täterpersönlichkeit jeweils insgesamt würdigen. Das gilt auch mit Blick auf die Dauer einer Sperrfrist gem.

1 BGH NStZ 2008, 279; BGH zfs 2005, 464.
2 MüKoStVR/*Kretschmer*, § 69 StGB Rn 5.
3 *Fischer*, § 69 StGB Rn 13.
4 BGHSt 15, 939; OLG Frankfurt a.M. NStZ-RR 96, 235.

§ 69a StGB.[5] Diese umfangreiche Würdigung ist sogar bei typischen Verkehrsdelikten vorzunehmen, auch wenn dort die Ungeeignetheit nahe liegen mag.[6]

4 ▼

Muster 28.1: Nachträgliche Eignungsmängel

28.1 Die Fahrerlaubnis ist meinem Mandanten nicht zu entziehen, denn die Voraussetzungen des § 69 Abs. 1 StGB liegt nicht vor. Entgegen den Ausführungen in der Anklage sind die körperlichen Beeinträchtigungen erst **durch** den Verkehrsunfall aufgetreten, sie waren **meinem Mandanten** im Vorfeld **nicht** bekannt.

Zum Beweis dieser Tatsache kündige ich bereits jetzt an zu beantragen,

die zeugenschaftliche Vernehmung des meinen Mandanten ständig behandelnden Arztes Dr. sowie

die Einholung eines medizinischen Sachverständigengutachtens.

Der behandelnde Arzt, den mein Mandant von seiner ärztlichen Schweigepflicht entbinden wird, kann bestätigen, dass mein Mandant vor dem Verkehrsunfall ein vollkommen „normales“ Sehvermögen hatte. Das einzuholende Sachverständigengutachten wird aufzeigen, dass es sich bei der teilweisen Erblindung um eine unmittelbare Unfallfolge handelt.

Damit wird feststehen, dass die Eignungsmängel erst nachträglich vorlagen. Der Tatrichter darf nicht solche Umstände bei seiner Entscheidungsfindung berücksichtigen, die unabhängig von der Straftat zu sehen sind (Eignungsmängel) oder erst durch das Tatgeschehen erworben wurden (Verletzungen) (*Fischer*, § 69 StGB Rn 13).

▲

II. Kraftfahrzeug/Pedelecs

5 Hinsichtlich der Definition als Kraftfahrzeug kann auf die Legaldefinition in § 1 Abs. 2 StVG zurückgegriffen werden sowie den „Umkehrschluss“ aus Abs. 3. Neuere Verkehrsmittel, wie z.B. Pedelecs, sind an Abs. 3 zu bemessen.

III. Führen eines Kraftfahrzeugs

1. Führen eines Kraftfahrzeugs, Var. 1

6 Ein Kraftfahrzeug wird geführt, wenn es in bestimmungsgemäßer Weise in Bewegung gesetzt oder gehalten wird. Hier gelten hinsichtlich des Merkmals „Führen“ grundsätzlich keine Besonderheiten gegenüber den Ausführungen hierzu in den anderen Delikten. Allerdings muss das Merkmal ausgelegt bzw. eingeschränkt werden.

5 BGH NZV 2018, 193 m. Anm. *Weder*; BGH NStZ-RR 2019, 209; OLG Karlsruhe zfs 2017, 232.
6 BGH zfs 2005, 464.

„Führen" setzt nach einem Teil der Rechtsprechung nicht unbedingt eigenhändiges Führen voraus.[7] 7

Diese Auffassung ist abzulehnen, und zwar schon begrifflich. Jedenfalls wenn von „beim Führen" gesprochen wird, kann nur eigenhändiges Führen gemeint sein.[8] Ein Beifahrer führt kein Kraftfahrzeug, wenn er keinerlei Einfluss auf das Führen des Kfz hat.

▼ 8

Muster 28.2: Kein Führen eines Kraftfahrzeugs

Mein Mandant hat kein Kraftfahrzeug geführt. Er hatte das Fahrzeug seinem Bekannten ____ überlassen. Diesen kennt er bereits seit Jahren und hat ihm schon öfter sein Fahrzeug überlassen. Nie kam es zu Problemen, Herr ____ war stets zuverlässig. Am Tattag sagte ____ zwar zu meinem Mandanten, er habe zwei Bier getrunken, dem hat mein Mandant aber nichts beigemessen. 28.2

Ein Kraftfahrzeug wird geführt, wenn es in bestimmungsgemäßer Weise in Bewegung gesetzt oder gehalten wird.

Schon begrifflich setzt dies voraus, dass das Fahrzeug eigenhändig geführt wird. Mein Mandant hatte, als ____ mit dem Fahrzeug fuhr, keinerlei Einfluss auf das Führen des Kfz.

Die Fahrerlaubnis ist daher meinem Mandanten nicht zu entziehen (so auch zutreffend LG Köln NZV 1990, 445; vgl. auch BGH zfs 2003, 95).

▲

2. Bei oder im Zusammenhang mit dem Führen eines Kraftfahrzeugs, Var. 2

Hier kommen freilich Verkehrsverstöße in Betracht, gleichfalls solche Taten, bei denen das Kfz zur Durchführung der Tat förderlich war. Letzteres setzt dann aber voraus, dass die Anlasstat tragfähige Rückschlüsse darauf zulässt, dass der Täter bereit ist, die Sicherheit des Straßenverkehrs seinen eigenen kriminellen Interessen unterzuordnen.[9] 9

Die Voraussetzungen der Entziehung der Fahrerlaubnis nach § 69 StGB können bei „Zusammenhangstaten" danach beispielsweise erfüllt sein, wenn sich der Täter bei einer vergleichbaren früheren Straftat, etwa auf der Flucht, verkehrsgefährdend verhalten hat. Bei Banküberfällen kann die Anordnung nach §§ 69, 69a StGB in Betracht kommen, wenn aufgrund objektiver Umstände bei der Tat mit alsbaldiger Verfolgung und Flucht zu rechnen war und der Täter daher eine verkehrsgefährdende Verwendung des fluchtbereit tatortnah abgestellten Kraftfahrzeugs ersichtlich geplant hat oder mit einer solchen naheliegend rechnen musste. Ebenso dürfte jedenfalls in den Fällen gewaltsamer Entführung des Opfers im Kraftfahrzeug des Täters die Verkehrssicherheit regelmäßig gefährdet sein.[10] 10

7 BGH NJW 1957, 1287.
8 Vgl. auch LG Köln NZV 1990, 445; zweifelnd auch BGH zfs 2003, 95.
9 BGH zfs 2005, 486.
10 BGH, a.a.O.

11 Ein Täter, der durch die Begehung schwerwiegender oder wiederholter Straftaten zweifellos charakterliche Mängel offenbart, stellt nicht per se zugleich eine Gefahr für die Verkehrssicherheit dar. So liegt dies etwa bei der bloßen Nutzung eines Kraftfahrzeugs zur Suche nach Tatobjekten oder Tatopfern nicht nahe. Auch bei den Kurierfällen, in denen der Täter im Fahrzeug Rauschgift transportiert, sind Belange der Verkehrssicherheit nicht ohne weiteres berührt.[11]

12 ▼

Muster 28.3: Kein Zusammenhang

In der Strafsache

gegen

wegen

lege ich gegen die vorläufige Entziehung der Fahrerlaubnis Beschwerde ein.

Begründung:

Meinem Mandanten wird Handeltreiben mit Betäubungsmitteln in nicht geringer Menge in sechzehn Fällen vorgeworfen. Teilweise soll er bei der Tatumsetzung ein Kraftfahrzeug genutzt haben, weshalb ihm auf Antrag der Staatsanwaltschaft durch das Amtsgericht – Ermittlungsrichter – die Fahrerlaubnis vorläufig entzogen wurde, § 111a StPO. Der Ermittlungsrichter meint, mein Mandant habe sich ungeeignet zum Führen eines Kfz erwiesen, da er ein Kfz zur Umsetzung seiner Tat genutzt habe.

Diese Begründung ist rechtlich falsch und unzureichend.

Ungeachtet der Frage der Tatbegehung, zu der mein Mandant weiter schweigt, setzt der (vorläufige) Entzug der Fahrerlaubnis eine „Zusammenhangstat" voraus. Ungeeignetheit i.S.d. § 69 Abs. 1 StGB liegt vor, wenn eine Würdigung der körperlichen, geistigen oder charakterlichen Voraussetzungen und der sie wesentlich bestimmenden objektiven und subjektiven Umstände ergibt, dass die Teilnahme des Tatbeteiligten am Kraftfahrzeugverkehr zu einer nicht hinnehmbaren Gefährdung der Verkehrssicherheit führen würde. Dabei muss sich die Ungeeignetheit gerade aus der verfahrensgegenständlichen Tat bzw. den Taten ergeben (BGH DAR 2003, 128; BGH zfs 2015, 229).

Kommt – wie hier – ausschließlich eine charakterliche Ungeeignetheit in Betracht, muss die Anlasstat selbst tragfähige Rückschlüsse auf die Bereitschaft des Täters zulassen, die Sicherheit des Straßenverkehrs seinen eigenen kriminellen Zielen unterzuordnen (BGH zfs 2005, 486). Ein allgemeiner Erfahrungssatz, dass Rauschgifttransporteure bei Verkehrskontrollen zu besonders riskanter Fahrweise entschlossen sind, besteht nicht (BGH DAR 2003, 128). Es genügt nicht, dass das Kfz nur bei Gelegenheit genutzt wurde (BGH zfs 2003, 94). Auch reicht es nicht aus, wenn das Fahrzeug, so der Vorwurf denn überhaupt zutrifft, dem Täter lediglich als Beförderungsmittel dient.

Die Fahrerlaubnis durfte daher nicht (vorläufig) entzogen werden, zumal der Beschluss sich in keiner Weise mit der Frage des „Zusammenhangs" oder der „charakterlichen Ungeeignetheit" auseinandersetzt.

▲

11 BGH DAR 2003, 128; BGH zfs 2015, 229.

3. Verletzung der Pflichten eines Kraftfahrzeugführers, Var. 3

Es muss sich um die Verletzung einer spezifisch dem Kraftfahrer obliegenden Pflicht 13
handeln, nicht aber zwangsläufig um eine Straftat.[12] Die Pflicht muss sich dabei auf das verkehrssichere Führen beziehen.[13]

C. Katalogtaten und Regelvermutung, Abs. 2

Bei Vorliegen der in Abs. 2 genannten Katalogtaten, besteht eine gesetzliche Vermutung, 14
dass der Täter ungeeignet zum Führen eines Kraftfahrzeugs ist. Konsequenz ist, dass eine umfangreiche Prüfung und Begründung der Entziehung der Fahrerlaubnis in den Urteilsgründen nicht erforderlich ist. Eine summarische Prüfung genügt.[14] Erforderlich ist aber gleichwohl, dass der Tatrichter in den Urteilsgründen erkennen lässt, dass er sich der Regelbedeutung bewusst ist. Er muss zeigen, dass die indizielle Wirkung in Ausnahmefällen durchbrochen werden kann.[15]

Bei der Widerlegung der Regelvermutung, die der Verteidiger herausarbeiten sollte, kann zunächst auf die Ausführungen oben zu den jeweils genannten Delikten verwiesen werden. Diese gelten entsprechend und können im Einzelfall dazu führen, dass kein Regelfall vorliegt.

Darüber hinaus gibt es weitere Möglichkeiten, die zur Widerlegung der Regelvermutung 15
führen können. Die Ausnahmen werden vornehmlich in der Person des Täters zu finden sein, aber auch in den Umständen der Tat sowie in der Zeit zwischen Tat und Zeitpunkt der Entscheidung. Auch unbeanstandete Teilnahme am Straßenverkehr über einen längeren Zeitraum nach der Tat kann eine Ausnahme von der Regelvermutung sein.[16] Insgesamt sind an das Vorliegen von Ausnahmegründen allerdings strenge Anforderungen zu knüpfen,[17] was auch die tatsächliche Praxis mehr als deutlich zeigt.

▼ 16

Muster 28.4: Keine Regelvermutung

Ich bitte darum, von der Entziehung der Fahrerlaubnis abzusehen. Mein Mandant ist zwar 28.4
alkoholisiert mit dem Auto gefahren (BAK 1,11 ‰). Wie sich aus der Strafanzeige des Polizeibeamten ergibt, ist er jedoch nicht aufgrund seiner Fahrweise den Polizeibeamten aufgefallen. Vielmehr ist vermerkt, dass mein Mandant sehr umsichtig und langsam fuhr. Zudem handelt es sich um eine verkehrsberuhigte Straße, die (nachweislich) überwiegend von Anwohnern befahren wird. Mein Mandant fuhr lediglich eine kurze Strecke von wenigen Metern, genauer 20 m. Weiter wollte mein Mandant auch nicht fahren, sondern das Fahrzeug lediglich kurz umparken.

12 BGH zfs 2015, 229.
13 *Fischer*, § 69 StGB Rn 11.
14 MüKoStVR/*Kretschmer*, § 69 StGB Rn 42 m.w.N.
15 OLG Hamm zfs 1988, 124; *Fischer*, a.a.O., Rn 22.
16 LG Dresden 1999, 122.
17 *Burmann*, a.a.O., Rn 22.

Dies rechtfertigt es im vorliegenden Fall trotz der Regelvermutung des § 69 Abs. 2 Nr. 2 StGB ausnahmsweise von der Entziehung der Fahrerlaubnis abzusehen (vgl. hierzu auch LG Gera DAR 1999, 420; AG Regensburg zfs 1985, 123). Dabei ist auch zu berücksichtigen, dass mein Mandant kein Wiederholungstäter und noch nie im Straßenverkehr aufgefallen ist. Es sind daher keine übertrieben hohen Anforderungen an die Wiederlegung der Regelvermutung zu stellen (vgl. auch OLG Hamm, Urt. v. 10.11.2015 – III 5RVs 125/15, 5 RVs 125/15 – juris).

▲

17 ▼

Muster 28.5: Keine Regelvermutung, MPU

28.5 Die Verteidigung bittet darum, von der Entziehung der Fahrerlaubnis abzusehen, wenngleich eine Straftat gem. § 315c StGB vorliegt.

Zwar ist die Tat eine Katalogtat gem. § 69 Abs. 2 Nr. 1 StGB. Gleichwohl besteht nach ständiger Rechtsprechung die Möglichkeit, die Regelvermutung zu widerlegen. Dies zeigt auch der Umstand, dass der Tatrichter trotz summarischer Prüfung in den Urteilsgründen erkennen lassen muss, dass er sich der Regelbedeutung bewusst ist. Er muss zeigen, dass die indizielle Wirkung in Ausnahmefällen durchbrochen werden kann (OLG Hamm zfs 1988, 124; *Fischer*, a.a.O. Rn 22).

Mein Mandant hat sich aus freien Stücken umgehend bei der Geschädigten entschuldigt. Er war ersichtlich über sein eigenes Verhalten erschrocken. Er befand sich in einer persönlichen Ausnahmesituation, da .

Um zu zeigen, dass es sich um eine absolute Ausnahmesituation gehandelt hat, die zur Widerlegung der Regelvermutung geeignet ist, hat mein Mandant freiwillig eine MPU durchführen lassen und diese bestanden. Das Gutachten überreiche ich. Es kommt zu dem Ergebnis, dass mit einem Rückfall nicht zu rechnen ist. Diese Umstände rechtfertigen es, von der Entziehung der Fahrerlaubnis abzusehen (siehe hierzu AG Pinneberg SVR 2008, 471; auch LG Köln zfs 1982, 349).

▲

18 E-Scooter prägen immer mehr den Straßenverkehr. Das ist für viele Fluch und Segen zugleich. Einige Gerichte urteilen im Falle einer Trunkenheitsfahrt mit einem E-Scooter eher ein Fahrverbot aus, statt die Entziehung der Fahrerlaubnis und eine Sperrfrist anzuordnen.

Dabei wird in wenigen Ausnahmefällen argumentiert, es liege schon kein Fall des § 69 Abs. 2 StGB vor, weil ein E-Scooter kein Kraftfahrzeug sei und es wird z.B. mit der Historie des § 69 StGB argumentiert, dass der Gesetzgeber seinerzeit E-Scooter nicht im Blick hatte (bzw. haben konnte).[18] Das wird aber wohl abzulehnen sein. Denn diese Auffassung dürfte der Wertung des Verordnungsgebers widersprechen, nach der solche Elektrokleinstfahrzeuge Kraftfahrzeuge sind (**§ 1 eKFV**) und damit den dafür geltenden allgemeinen Vorschriften unterliegen.[19] Auch das historische Argument dürfte nicht ziehen. Der Verordnungsgeber hat in Kenntnis der **§§ 69, 69a StGB** E-Scooter als

18 AG Frankfurt a.M., Urt. v. 6.10.2022 – 981 Ds 938 Js 33612/22.

19 OLG Frankfurt a.M. DAR 2023, 579; OLG Frankfurt a.M., Urt. v. 4.10.2021 – 1 Ss 113/21; KG, Urt. v. 10.5.2022 – (3) 121 Ss 67/21 (27/21); BayObLG, Beschl. v. 24.7.2020 – 205 StRR 216/20.

Kraftfahrzeuge eingestuft. Demgegenüber sind auf E-Bikes und Pedelecs die Vorschriften über Fahrräder anzuwenden (**§ 1 Abs. 3 StVG**).

Allerdings kann der Verteidiger versuchen, die Entziehung der Fahrerlaubnis zu vermeiden und auf die Anwendung des § 44 drängen bzw. diese anregen.[20]

▼ 19

Muster 28.6: Keine Regelvermutung, E-Scooter

Ein Fahrverbot ist im vorliegenden Fall ausreichend und tat- und schuldangemessen. 28.6

Mein Mandant zeigte sich in einer Art und Weise einsichtig, die über die übliche Reue hinausging. Er versicherte glaubhaft, sich immer regelkonform verhalten zu wollen und dass er selber erschreckt gewesen sei, als ihm sein Vergehen bewusst wurde. Seit dem Vorfall ist mein Mandant nicht mehr mit einem E-Scooter gefahren und hat darüber hinaus die E-Scooter-App von seinem Smartphone gelöscht. Auch hat er sich bei der polizeilichen Kontrolle derart überdurchschnittlich höflich und zuvorkommend verhalten, dass der Polizeibeamte dies ausdrücklich hervorhob.

Ferner war mein Mandant bereit, sein Trinkverhalten kritisch zu würdigen. Dass er trotz eines BAK-Wertes von 1,42‰ noch derart klar auftreten konnte, kann seinen Grund darin finden, dass er durch die Polizeikontrolle geschockt und um das Äußerste bemüht war, bei den Polizeibeamten einen guten Eindruck zu hinterlassen.

Mein Mandant ist strafrechtlich zudem in keiner Weise vorbelastet. Zwar weist das Fahreignungsregister zwei Ordnungswidrigkeiten auf; diese stehen jedoch in keinem Zusammenhang mit Fahrten unter Einfluss von Alkohol oder Betäubungsmitteln.

Es liegen hier besondere Umstände vor, die den seiner allgemeinen Natur nach schweren und gefährlichen Verstoß gem. § 69 Abs. 2 Nr. StGB in einem anderen Licht erscheinen lassen als den Regelfall oder die nach der Tat die Eignung günstig beeinflusst haben (AG Flensburg, Urt. v. 16.12.2021 – 430 Ds 112 Js 16025/21). Dies rechtfertigt die Anwendung von § 44 StGB. [21]

▲

20 AG Hamburg, Urt. v. 17.12.2021 – 248a Cs 318/21.
21 Der Fall ist AG Flensburg, Urt. v. 16.12.2021 – 430 Ds 112 Js 16025/21 nachgebildet worden.

§ 29 Sperre der Erteilung der Fahrerlaubnis (§ 69a StGB)

Sebastian Gutt

A. Allgemeines

Mit Rechtskraft der Entziehung der Fahrerlaubnis erlischt diese und der Führerschein wird eingezogen. 1

Neben der Entscheidung zum Entzug der Fahrerlaubnis muss ein Urteil auch eine Frist enthalten, innerhalb derer die Fahrerlaubnisbehörde angewiesen wird, dem Täter keine neue Fahrerlaubnis zu erteilen (Sperrzeit). Die Frist ist – wie ausgeführt – ausschließlich nach der voraussichtlichen Dauer der Nichteignung zu bestimmen.[1] Es handelt sich um eine isolierte Sperre, die gefahrenabwehrenden Charakter hat. Es kommt deshalb nicht darauf an, ob diese Sanktion für den Täter spürbar ist oder nicht.[2]

Die Teilnahme an einer Nachschulung kann für die Dauer der Sperrzeit von Bedeutung sein.[3] Negativ können sich bei der Bemessung der Dauer freilich verkehrsrechtliche Vorverurteilungen auswirken. Demgegenüber spielen allgemeine Strafzumessungsregeln keine Rolle.

Selbst unter Berücksichtigung dieser Umstände steht dem Tatrichter ein durchaus umfangreicher Ermessensspielraum zur Dauer der Sperrzeit zu, obgleich er bei einer langfristigen Anordnung einer Sperrzeit diese umfangreich zu begründen hat. Unabhängig davon ist aber zu erkennen, dass sich in der Praxis in den Bereichen der Staatsanwaltschaft verschiedentlich eigene Praxen zur Dauer der Sperrzeit herausgebildet haben.[4] So kann der Verteidiger seinen Mandanten durchaus auf das vorbereiten, was ihn möglicherweise erwartet. 2

▼ 3

Muster 29.1: Schreiben an Mandanten zur Sperrzeit

Sehr geehrter Herr ___, 29.1

für die Mandatierung und das in mich gesetzte Vertrauen darf ich mich bei Ihnen bedanken.

Mit beigefügtem Schreiben habe ich die Staatsanwaltschaft ___ angeschrieben, angezeigt, dass ich Sie verteidige, um Akteneinsicht gebeten und darauf hingewiesen, dass Sie zunächst von Ihrem Schweigerecht Gebrauch machen.

Vorgeworfen wird Ihnen eine Trunkenheitsfahrt. Unabhängig von der Frage, ob der Vorwurf zutreffend ist, baten Sie um Rückmeldung dazu, wie lange Ihnen die Fahrerlaubnis entzogen wird („Sperre").

1 BGH zfs 2003, 46; BGH NStZ 1991, 183.
2 OLG Hamm DAR 2017, 391.
3 OLG Köln zfs 1981, 95.
4 *Gebhardt*, Verteidigung in Verkehrsstraf- und Ordnungswidrigkeitenverfahren, 9. Aufl., § 58 Rn 20.

Grundsätzlich stellt die Trunkenheitsfahrt eine sogenannte Katalogtat dar, bei der die Ungeeignetheit zum Führen eines Kraftfahrtzeugs im Straßenverkehr (widerleglich) vermutet wird. D.h., im Falle der Verurteilung würde Ihnen die Fahrerlaubnis entzogen und das Gericht würde eine Sperrzeit anordnen, innerhalb derer die Fahrerlaubnisbehörde Ihnen keine neue Fahrerlaubnis erteilen darf.

Die Dauer dieser Sperrzeit richtet sich danach, wie lange Sie als ungeeignet zum Führen eines Kraftfahrzeugs durch den Tatrichter angesehen werden. Die Beantwortung dieser Frage liegt im Ermessen des Gerichts. Es gibt im Bezirk der hier zuständigen Staatsanwaltschaft aber interne Richtlinien hinsichtlich der Dauer der Sperrzeit. Bei sogenannten „Ersttätern" wird in der Regel eine Sperrzeit von 10–12 Monaten verhängt. Die Zeit, in der die Fahrerlaubnis bereits dauerhaft (*vorläufig*) entzogen war, wird angerechnet.

Lassen Sie uns zunächst die Gewährung der Akteneinsicht abwarten. Ich werde zeitnah auf Sie zukommen.

▲

B. Ausnahmen von der Sperre

4 Grundsätzlich dienen die Fahrerlaubnisentziehung und die Sperre allein der Verkehrssicherheit. Dies bedeutet, dass persönliche und wirtschaftliche Folgen bei der Bemessung der Dauer keine Rolle spielen dürfen.[5] Allerdings können Nachteile zu einer Verkürzung der Sperrfrist führen bzw. bei der Bemessung Berücksichtigung finden, wenn zu erwarten ist, dass die Maßregel dem Täter eine besondere Warnung ist.[6] Vorliegen müssen ganz besondere Umstände.[7] Bei Wiederholungstätern gelten noch strengere Anforderungen, z.B. die Beibringung eines medizinisch-psychologischen Gutachtens.[8]

5 Die Mindestdauer der Sperrzeit beträgt sechs Monate. Eine Bindung an diese Frist besteht nur, wenn das Gericht den Täter im Zeitpunkt der Entscheidung noch für ungeeignet hält. Die gem. § 69a Abs. 1 StGB bestimmte Höchstfrist der Sperrzeit beträgt fünf Jahre. Bei Wiederholungstätern innerhalb von drei Jahren ist vorgegeben, dass die Sperrfrist mindestens ein Jahr beträgt, sofern in diesem Zeitraum bereits eine Sperre angeordnet wurde, § 69a Abs. 3 StGB.

Auch bei Vorliegen eines Regelfalls nach **§ 69 Abs. 2 StGB** hat der Tatrichter stets zu prüfen, ob ausnahmsweise von der Entziehung der Fahrerlaubnis abgesehen werden kann, weil der Angeklagte zum Zeitpunkt der Urteilsfällung nicht mehr ungeeignet zum Führen eines Fahrzeuges ist.[9] Hiermit muss sich das Urteil befassen und es muss sich ferner daraus ergeben, dass sich der Richter dieser Möglichkeit bewusst war und eine Abwägung aller fraglichen Umstände vorgenommen hat.[10]

5 BGH NJW 1954, 16.
6 LG Berlin VRS 120, 199; BayObLG StV 1999, 651.
7 OLG Hamm DAR 1971, 330.
8 OLG Hamm BA 53, 189; LG Oldenburg zfs 2002, 354.
9 OLG Karlsruhe, Beschl. v. 4.8.2004 – 1 Ss 79/04.
10 BayObLG DAR 2022, 279.

Die erfolgreiche Teilnahme an einem Nachschulungskurs darf auch nicht erst bei der Prüfung einer etwaigen Abkürzung der Dauer der Sperrfrist berücksichtigt werden, sondern diese Frage ist bereits für die Prüfung einer fortdauernden Ungeeignetheit relevant.[11]

Die Sperre beginnt dabei mit der Rechtskraft der Entscheidung. Gem. § 69a Abs. 5 6
S. 2 StGB ist die zwischen dem letzten tatrichterlichen Urteil und dessen Rechtskraft verstrichene Zeit einer vorläufigen Entziehung der Fahrerlaubnis anzurechnen.

Bei einer nachträglichen Gesamtstrafenbildung nach § 55 Abs. 2 StGB hat der Tatrichter, wenn in der früheren Entscheidung eine Sperre gem. § 69a StGB bestimmt war und der Angeklagte wieder wegen einer Straftat verurteilt wird, die seine fehlende Eignung zum Führen von Kraftfahrzeugen erneut belegt, eine neue einheitliche Sperre festzulegen, die die alte Sperre gegenstandslos macht. Eine Addition ist nicht zulässig.[12]

Das Gesetz sieht in § 69a Abs. 2 StGB die grundsätzliche Möglichkeit vor, bestimmte 7
Arten von Kraftfahrzeugen von der Sperre auszunehmen. Im Umkehrschluss belegt dies auch, dass die Fahrerlaubnis grundsätzlich nach § 69 Abs. 1 StGB ohne Einschränkung zu entziehen ist. Die Fahrerlaubnis muss also komplett entzogen und der Führerschein eingezogen werden.[13] Es müssen besondere Umstände vorliegen, die die Annahme rechtfertigen, dass der Zweck der Maßregel dadurch nicht gefährdet wird. Erforderlich ist eine feststellbare objektive und subjektive Abschirmung der Gefährdung des Maßregelzwecks und damit der Gefährdung des Straßenverkehrs, die zunächst einmal „per se“ durch einen ungeeigneten Kraftfahrzeugführer besteht.[14] Es muss der Schluss möglich sein, der generell ungeeignete Täter sei bei der Benutzung der freigegebenen Fahrzeugart „ungefährlich“.[15]

Solche besonderen Umstände können z.B. vorliegen, wenn es für die Fortführung der 8
Ausbildung zum Landwirt wegen der weit auseinander liegenden Gemarkungen notwendig ist, dass der Angeklagte zumindest diese Führerscheinklassen behalten kann.[16]

▼ 9

Muster 29.2: Ausnahme von bestimmten Arten von Kraftfahrzeugen

Ich rege an, von der Anordnung der Sperre für die Neuerteilung der Fahrerlaubnis die 29.2
Fahrerlaubnisklassen L und T auszunehmen.

Mein Mandant befindet sich im ersten Jahr der Ausbildung zum Landwirt. Ausbilder ist sein Nachbar. Der Betrieb wird allein geführt von diesem, wobei mein Mandant schon vor seiner Ausbildung intensiv mitgeholfen hat, damit sein Nachbar die Flächen überhaupt bewirtschaften konnte. Die Flächen befinden sich in Niedersachsen und Sachsen-Anhalt und sind mit öffentlichen Verkehrsmitteln nicht zu erreichen. Die Gemarkungen liegen

11 OLG Karlsruhe, Beschl. v. 6.10.2016 – 3 (5) Ss 473/16; OLG Karlsruhe, Beschl. v. 4.8.2004 – 1 Ss 79/04; OLG Köln, Urt. v. 5.5.2020 – III-1 RVs 40/20; BayObLG DAR 2022, 279.
12 BGH VRR 2016, Nr. 9, 2.
13 NK-GVR/*Blum*, § 69a StGB Rn 24.
14 AG Lüdinghausen NZV 2010, 164.
15 OLG Karlsruhe VRS 63, 200.
16 AG Alsfeld zfs 2010, 168.

zudem weit auseinander. Hinzu kommt, dass mein Mandant im Rahmen seiner Ausbildung eine Sonderausbildung für Pflanzenschutz genossen hat, weshalb nur er bestimmte Arbeiten ausführen kann.

Für die Fortbildung seiner Ausbildung ist mein Mandant daher zwingend auf die Fahrerlaubnisklassen L und T angewiesen. Mein Mandant wird überwiegend auf den landwirtschaftlichen Flächen fahren, wodurch eine feststellbare objektive und subjektive Abschirmung der Gefährdung des Maßregelzwecks und damit der Gefährdung des Straßenverkehrs gewährleistet ist (vgl. hierzu AG Lüdinghausen NZV 2010, 164). Gerade dann, wenn ein landwirtschaftlicher Betrieb bestellt wird, ist von besonderen Umständen auszugehen, die die Annahme rechtfertigen, dass der Zweck der Maßregel dadurch nicht gefährdet wird (AG Alsberg zfs 2010, 168; AG Auerbach (Vogtland) NZV 2003, 207; auch NK-GVR/*Blum*, § 69a StGB Rn 25 m.w.N.; vgl. insgesamt LG Zweibrücken NZV 1996, 252).

▲

10 Folgt das Gericht den Ausführungen des Verteidigers und schränkt die Sperre ein, muss dann der Mandant eigenständig bei der Fahrerlaubnisbehörde eine dem § 69a Abs. 2 StGB entsprechend eingeschränkte Fahrerlaubnis beantragen. Die Fahrerlaubnisbehörde hat aber in eigener Verantwortung zu prüfen, ob sie die eingeschränkte Fahrerlaubnis erteilt.[17]

11 ▼

Muster 29.3: Aufklärung des Mandanten bzgl. eingeschränkter Fahrerlaubnis

29.3

Sehr geehrter Herr ,

das Gericht hat Sie im Rahmen der Hauptverhandlung wegen fahrlässiger Trunkenheitsfahrt verurteilt. Ausgenommen von dieser Sperre wurden die Fahrerlaubnisklassen L und T.

Sie müssen nun bei der Fahrerlaubnisbehörde des Landkreises eine eingeschränkte Fahrerlaubnis beantragen. Dies mag Sie verwundern, ist jedoch dem Umstand geschuldet, dass die Fahrerlaubnis grundsätzlich nur in Gänze entzogen werden kann, so wie auch im Urteil geschehen. Wenngleich also das Gericht Ausnahmen von der Sperre gemacht hat, werden Sie so behandelt, als hätten Sie keine Fahrerlaubnis. Aus diesem Grund müssen Sie die Fahrerlaubnis – wie ausgeführt – neu beantragen.

Vorsorglich weise ich darauf hin, dass die Fahrerlaubnisbehörde eigenständig prüft, ob die Voraussetzungen für die Erteilung vorliegen und sie nicht an die vom Strafgericht ausgesprochene Ausnahme von der Sperre gebunden ist.

▲

12 § 69a Abs. 7 StGB bestimmt, dass Tatsachen, die nach Erlass des Urteils eingetreten sind, zu einer vorzeitigen Aufhebung der Sperre führen können, wenn es sich um erhebliche Umstände handelt.[18] Hier wird es in der Regel um die bereits genannten Aufbauseminare (z.B. Mainz 77; Achtung: Kurs steht nur Tätern mit maximal 1,59 ‰ zur Verfügung) gehen, wenn diese zur Überzeugung des Richters führen, dass sich

17 NK-GVR/*Blum*, a.a.O.
18 LG Görlitz NZV 2019, 268.

tatsächlich wesentlich etwas an der Ungeeignetheit des Täters geändert hat.[19] Die vorzeitige Aufhebung ist erst nach Ablauf der Mindestfrist in Abs. 7 zulässig/möglich und betrifft grundsätzlich nur die Sperre, sie lässt die Entziehung der Fahrerlaubnis unberührt.[20] Die Fahrerlaubnis muss nach Ablauf der Sperre also neu beantragt werden, § 20 FeV.

▼ 13

Muster 29.4: Antrag auf vorzeitige Aufhebung der Sperrzeit

In der Strafsache

gegen

wegen

beantrage ich gem. § 69a Abs. 7 StGB, die Sperre für die Neuerteilung der Fahrerlaubnis aufzuheben, hilfsweise beantrage ich, die Sperrzeit zu verkürzen.

Begründung:

Mein Mandant ist nicht mehr als ungeeignet zum Führen von Kraftfahrtzeugen anzusehen.

Ausweislich der beigefügten Unterlagen hat sich mein Mandant einer speziellen individualpsychologischen Therapie bei einem entsprechend qualifizierten Psychologen unterzogen. Zusammen mit der Tatsache, dass die Fahrerlaubnis nunmehr bereits seit sieben Monaten entzogen ist, führt dies dazu, dass von einer Beseitigung der angenommenen Ungeeignetheit zum Führen von Kraftfahrzeugen auszugehen ist. Hinzu kommt nämlich, dass mein Mandant sich mehrfach einer Therapie bei einem Facharzt für Neurologie und Psychiatrie unterzogen hat. Auch hier verweise ich auf entsprechende Atteste.

Meinem Mandanten wurden im Rahmen dieser Therapie die Konsequenzen von Alkohol im Straßenverkehr nahegebracht und seine Tat analysiert.

Meinem Mandanten hat dies klar aufgezeigt, dass er seine Einstellung zum Alkohol ändern muss. Er trinkt nun schon seit sechs Monaten überhaupt keinen Alkohol mehr. Auch die zwischenzeitlich abgelaufene Zeit ohne Fahrerlaubnis hat enormen Eindruck bei meinem Mandanten hinterlassen. Mein Mandant hat sich stets, auch schon im Rahmen des Strafverfahrens, reuig und einsichtig gezeigt.

Im Rahmen der von dem Gericht vorzunehmenden Abwägung aller neuer Gesichtspunkte ist davon auszugehen, dass mein Mandant wieder geeignet zum Führen von Kraftfahrzeuge ist, jedenfalls die Sperrzeit verkürzt werden kann (vgl. z.B. AG Dresden SVR 2015, 104; LG Hildesheim, Beschl. v. 20.12.2011 – 26 Qs 179/11; LG Erfurt VRR 2011, 389; LG Dresden zfs 2007, 53).

▲

19 Hentschel/König/Dauer/*König*, Straßenverkehrsrecht, 47. Aufl., § 69a StGB Rn 14.
20 Hentschel/König/Dauer/*König*, a.a.O. Rn 15.

§ 30 Vorläufige Entziehung der Fahrerlaubnis (§ 111a StPO)

Sebastian Gutt

A. Allgemeines

Die vorläufige Entziehung der Fahrerlaubnis dient der Prävention. Die Allgemeinheit soll geschützt werden, bevor eine rechtskräftige Entscheidung ergeht. § 111a StPO steht damit im Zusammenhang mit einer späteren Maßnahme gem. §§ 69, 69a StGB, wie sich auch aus der Tatsache der Anrechnung auf die Sperre ergibt, § 69a Abs. 5 S. 2 StGB. 1

B. Dringender Tatverdacht

Dringende Gründe müssen für den Entzug der Fahrerlaubnis vorliegen, also dringende Gründe für die Annahme einer späteren endgültigen Entziehung. Erforderlich ist somit dringender Tatverdacht, folglich eine große Wahrscheinlichkeit dafür, dass der Beschuldigte die ihm vorgeworfene Tat tatsächlich auch begangen hat.[1] Hierbei handelt es sich um eine vom Gericht anzustellende Prognoseentscheidung, wobei hier ebenso auf die Erleichterungen des § 69 Abs. 2 StGB zurückgegriffen werden kann. 2

C. Ausnahmen

Auch hier besteht die Möglichkeit, dass bestimmte Arten von Kraftfahrzeugen von der vorläufigen Entziehung ausgenommen werden können. Insofern kann auf die Ausführungen hierzu in § 69a StGB verwiesen werden, § 31 Rdn 4 ff. 3

D. Rechtsmittel

Gegen den Entziehungsbeschluss kann gem. §§ 304, 305 S. 2 StPO Beschwerde eingelegt werden, und zwar gem. § 306 Abs. 1 StPO bei dem Gericht, dass die Entscheidung getroffen hat. 4

Eine weitere Beschwerde gegen die Ablehnung der Entscheidung ist demgegenüber gem. § 310 Abs. 2 StPO ausgeschlossen.

1 MüKoStVR/*Krafka*, StPO § 111a.

5 ▼

Muster 30.1: Beschwerde gegen vorläufige Entziehung der Fahrerlaubnis

In der Ermittlungssache

Gegen

wegen Straßenverkehrsgefährdung

lege ich gegen den Beschluss des Amtsgerichts *(Geschäftszeichen, Datum)*, mit dem das Amtsgericht meinem Mandanten die Fahrerlaubnis vorläufig entzogen hat,

Beschwerde

ein und beantrage zugleich,

unter Aufhebung des angefochtenen Beschlusses meinem Mandanten seinen Führerschein wieder auszuhändigen.

Begründung:

(*Hier kann eines der vorangegangenen Muster eingefügt werden, z.B. zur Begründung, warum kein falsches Überholen gem. § 315c Abs. 1 Nr. 2b StGB vorliegt.*)

▲

Der Verteidiger sollte aber immer überlegen, ob aus taktischen Gründen tatsächlich Beschwerde eingelegt wird. Denn die Einlegung der Rechtsbeschwerde bringt auch Nachteile mit sich. Aufgrund der Entscheidung verzögert sich das Ermittlungsverfahren. Außerdem kann es sein, dass sich durch die Entscheidung und Begründung des Beschwerdegerichts der Sachverhalt verfestigt und das erkennende Gericht sich wegen des Beschlusses in einer Hauptverhandlung bestätigt sieht.

§ 31 Fahren ohne Fahrerlaubnis (§ 21 StVG)

Sebastian Gutt

Ebenfalls häufiger hat man es in der Praxis mit der Verteidigung wegen des Vorwurfs des Fahrens ohne Fahrerlaubnis zu tun. Oft wird es sich um eine Rechtsfolgenverteidigung handeln, wenn jemand den Mandanten eindeutig hat fahren sehen. Sollte sich nach Akteneinsicht herausstellen, dass niemand den Mandanten gesehen hat, so wird der Verteidiger ihm empfehlen zu schweigen. 1

Es empfiehlt sich, den Mandant nach einer Ordnungswidrigkeit mit Fahrverbot über das weitere Vorgehen und eventuelle Konsequenzen aufzuklären. Ein Beispiel hierzu: Das Fahrverbot beginnt, wenn der Führerschein in amtliche Verwahrung gelangt (bei der Schonfrist spätestens mit Ablauf von vier Monaten). Die Bußgeldstelle wird dem Mandanten in der Regel den Führerschein so rechtzeitig zurückschicken, dass er sich nach Ablauf des Fahrverbotes direkt wieder legitimieren und fahren kann. In dem Anschreiben wird zwar darauf hingewiesen (genaues Datum), ab wann der Mandant wieder fahren darf. Im Eifer des Gefechts kommt es jedoch vor, dass das Anschreiben nicht richtig oder überhaupt nicht gelesen wird. Die Verwunderung ist dann in einer Verkehrskontrolle groß, wenn dem Mandanten eröffnet wird, dass das Fahrverbot noch nicht abgelaufen und ihm der Verdacht eines Fahrens ohne Fahrerlaubnis eröffnet wird. Das sollte vermieden und der Mandant sensibilisiert werden. Man könnte schon im Bußgeldverfahren nach Rechtskraft wie folgt aufklären:

▼ 2

Muster 31.1: Aufklärung OWi-Fahrverbot: 31.1

Sehr geehrter Herr ,

ich nehme Bezug auf den Hauptverhandlungstermin am vor dem AG in Ihrer Bußgeldsache.

Bedauerlicherweise hat das Gericht in Ihrem Fall keine unzumutbare Härte angenommen und war nicht bereit, vom Fahrverbot abzusehen.

Da Sie bei Rechtskraft das Fahrverbot mangels zugestandener Schonfrist sofort antreten müssten, haben wir das Gericht um die Anberaumung eines Fortsetzungstermins in 2 Wochen gebeten. Sie wollen die Zeit nutzen, um das Fahrverbot besser planen zu können. Vor dem Hauptverhandlungstermin werde ich den Einspruch zurücknehmen. Der Bußgeldbescheid sowie das angeordnete Fahrverbot werden dann rechtskräftig.

Ab dem dürfen Sie kein Fahrzeug mehr im Straßenverkehr führen. Sie begehen eine Straftat, wenn Sie hiergegen verstoßen, nämlich ein Fahren ohne Fahrerlaubnis gem. § 21 StVG mit u.U. weitreichenderen Konsequenzen als in dieser Ordnungswidrigkeit.

Vorsorglich weise ich auch darauf hin, dass die Bußgeldstelle Ihnen in der Regel den Führerschein vor Ablauf des eigentlichen Fahrverbotes zurückschicken wird. Bitte lesen Sie in dem Begleitschreiben genau nach, wann Sie wieder ein Fahrzeug im Straßenverkehr führen dürfen! Fragen Sie gerne auch bei mir nach. Fahren Sie bitte nicht vor Ablauf des Fahrverbotes! Auch hierbei handelt es sich um ein Fahren ohne Fahrerlaubnis und damit um eine Straftat.

Den Führerschein geben Sie bitte am bei der Bußgeldstelle ab. Teilen Sie dort mit, dass der Einspruch gegen den Bußgeldbescheid zurückgenommen wurde und Sie den Führerschein in amtliche Verwahrung geben wollen.

Das Bußgeld überweisen Sie bitte ebenfalls direkt an die Bußgeldstelle unter Angabe des Aktenzeichens. Bitte überwiesen Sie auch die Gebühren und Auslagen. Ich werde Ihren Rechtsschutzversicherer anschreiben und diesen darum bitten, dass er Ihnen die Gebühren und Auslagen erstattet.

Für Rückfragen, insbesondere zum Fahrverbot, stehe ich Ihnen gerne zur Verfügung.

Mit freundlichem Gruß

(Rechtsanwalt)

▲

3 Eine besondere Konstellation ergibt sich bei Unternehmen mit großem Fuhrpark. Oft haben diese einen Fuhrparkleiter, der sich um die Überlassung der Fahrzeuge, Reparaturen etc. kümmert. Es stellt sich die Frage, wie sich Fuhrparkleiter oder aber Unternehmensinhaber strafbar machen können, wenn sie ihre Fahrzeuge an Mitarbeiter überlassen.

Nach **§ 21 Abs. 1 Nr. 2, Abs. 2 StVG** macht sich strafbar, wer fahrlässig als Halter eines Kraftfahrzeugs anordnet oder zulässt, dass jemand das Fahrzeug führt, der die dazu erforderliche Fahrerlaubnis nicht hat. Halter ist, wer das Fahrzeug auf eigene Rechnung gebraucht und wer tatsächlich, vornehmlich wirtschaftlich, über die Fahrzeugbenutzung (als Gefahrenquelle) so verfügen kann, dass es dem Wesen der Veranlasserhaftung entspricht.[1] Halter sind auch Unternehmen, wenn sie Firmenfahrzeuge auf eigene Rechnung in Gebrauch haben, den Nutzen der Verwendung erhalten und die Kosten der Fahrzeugnutzung tragen. Ist die Halterin eine juristische Person oder eine rechtsfähige Personengesellschaft, treffen die Halterpflichten nach **§ 14 Abs. 1 StGB** grundsätzlich deren Vertreter.[2]

Überlässt der Halter einem anderen ein Fahrzeug, hat er grundsätzlich vor der Fahrzeugüberlassung zu überprüfen, ob die Person, der das Fahrzeug überlassen wird, im Besitz der dazu erforderlichen Fahrerlaubnis ist. Der Halter muss sich dazu in der Regel vom Fahrer den Originalführerschein vorlegen lassen, wenn er nicht sicher weiß, dass der andere eine Fahrerlaubnis besitzt.[3] Er hat die Führerscheinklasse und eine etwaige Gültigkeitsdauer zu beachten. Mit einer ihm unverständlichen fremdsprachigen „Bescheinigung" darf er sich nicht begnügen.[4] Der Umstand, dass ein EU-Bürger ein Führerschein-

1 OLG Schleswig, Beschl. v. 20.9.2004 – 2 Ss 133/04 (111/04); KG, Beschl. v. 25.7.2017 – (6) 121 Ss 91/17 (32/17).
2 BayObLG DAR 2023, 463.
3 BGH VRS 34, 354; KG, Beschl. v. 16.9.2005 – (3) 1 Ss 340/05 (86/05).
4 KG VRS 45, 60.

dokument eines EU-Mitgliedstaates vorlegt, begründet für den Halter jedoch keine Pflicht, weitere Nachprüfungen bei der Fahrerlaubnisbehörde oder der Polizei zu veranlassen.[5]

▼

Muster 31.2: Fuhrparkleiter 4

31.2

Meinem Mandanten wird vorgeworfen, fahrlässig Herrn B. ein Fahrzeug zum Führen überlassen zu haben, obwohl dieser die erforderliche Fahrerlaubnis nicht gehabt haben soll.

Dieser Vorwurf verfängt aus tatsächlichen und rechtlichen Gründen nicht.

In seiner Funktion als Fuhrparkleiter hat mein Mandant sich jeden Monat den Führerschein der Mitarbeiter vorzeigen lassen, die einen Dienstwagen zugewiesen bekommen haben. Herr B. hat meinem Mandanten einen französischen Führerschein vorgelegt. Diesen hat mein Mandant kopiert, die Kopie mit Datum versehen und in einem Ordner abgelegt. Für meinen Mandant war nicht ersichtlich, dass die französische Fahrerlaubnis möglicherweise nicht gültig sein könnte.

Er war aber auch nicht zu weiteren Nachforschungen verpflichtet.

Als Fuhrparkleiter muss er sich vom Fahrer den Originalführerschein vorlegen lassen, sofern er nicht sicher weiß, dass der andere eine Fahrerlaubnis besitzt.[6] Er hat die Führerscheinklasse und eine etwaige Gültigkeitsdauer zu beachten. Der Umstand, dass ein EU-Bürger ein Führerscheindokument eines EU-Mitgliedstaates vorlegt, begründet für den Halter jedoch keine Pflicht, weitere Nachprüfungen bei der Fahrerlaubnisbehörde oder der Polizei zu veranlassen (BayObLG DAR 2023, 463).

Meinem Mandanten ist daher kein strafrechtlicher Vorwurf zu machen. Ich beantrage daher, das Ermittlungsverfahren gegen meinen Mandanten gem. § 170 Abs. 2 StPO einzustellen.

▲

Eine weitere Konstellation, die dann und wann auftritt, ist die Problematik der Anerken- 5
nung von EU/EWR-Fahrerlaubnissen, etwa nach Entzug der Fahrerlaubnis und Sperre in Deutschland wegen eines Alkohol-/Betäubungsmittel-Delikts. Auf letzteren Fall soll hier kurz eingegangen werden.

Ansatzpunkt für die Einleitung eines Strafverfahrens ist regelmäßig § 28 Abs. 4 Nr. 3 6
FeV, wonach die entsprechende Berechtigung nicht gilt, wenn dem Inhaber einer EU-Fahrerlaubnis im Inland die Fahrerlaubnis vorläufig oder rechtskräftig von einem Gericht oder sofort vollziehbar oder bestandskräftig von einer Verwaltungsbehörde entzogen worden ist oder die Fahrerlaubnis bestandskräftig versagt worden ist oder die Fahrerlaubnis nur deshalb nicht entzogen worden ist, weil er zwischenzeitlich auf die Fahrerlaubnis verzichtet hat.

5 BayObLG DAR 2023, 463.
6 BGH VRS 34, 354; KG, Beschl. v. 16.9.2005 – (3) 1 Ss 340/05 (86/05).

7 Der Ausschlussgrund des § 28 Abs. 4 S. 1 Nr. 3 FeV findet aufgrund des Anwendungsvorrangs der Anerkennungspflicht aus Art. 2 Abs. 1 der Richtlinie 2006/126/EG keine Anwendung, wenn dem Betroffenen nach Ablauf der in Deutschland angeordneten Sperrfrist für die Wiedererteilung einer Fahrerlaubnis durch einen anderen Mitgliedstaat ein Führerschein ausgestellt worden ist, der nach den Vorgaben der Richtlinie 2006/126/EG die Prüfung der Fahreignung voraussetzt.[7] Dies gilt dann nicht, wenn sich herausstellt, dass die Wohnsitzanforderungen nicht erfüllt worden sind. Wenn demgegenüber die Voraussetzungen insgesamt erfüllt sind, ist die EU-Fahrerlaubnis in Deutschland anzuerkennen und darf nicht etwa noch von der Beibringung eines medizinisch-psychologischen Sachverständigengutachtens abhängig gemacht werden.[8] Dies gilt sowohl für Fahrerlaubnisse, die strafrechtlich, als auch verwaltungsrechtlich entzogen worden sind.[9]

Auch wenn ein Mitgliedstaat die Wiedererteilung einer Fahrerlaubnis nach dem Entzug einer früheren Fahrerlaubnis nach seinen nationalen Vorschriften von strengeren Vorgaben abhängig macht (beispielsweise die MPU in Deutschland), muss er die von einem anderen Mitgliedstaat nach Ablauf der Sperrfrist und unter Wahrung des Wohnsitzerfordernisses erteilte EU-Fahrerlaubnis daher anerkennen.[10] (EuGH, Urt. v. 26.6.2008 – C-329/06 u.a.; *Wiedemann/Funk*, Slg. 2008, I-4635 Rn 54). In diesen Fällen ist der geahndete Fahreignungsmangel durch die von einem anderen Mitgliedstaat bei der späteren Ausstellung eines Führerscheins durchgeführte Eignungsprüfung behoben (EuGH, Urt. v. 19.2.2009 – C-321/07 [ECLI:EU:C:2009:104]; *Schwarz*, Slg. 2009, I-1113 Rn 92 f. und v. 26.4.2012 – C-419/10 [ECLI:EU:C:2012:240]; *Hofmann*, NJW 2012, 1935 Rn 51).

Ein Fahrzeugführer macht sich nach Ansicht des AG Kehl auch nicht wegen Fahrens ohne Fahrerlaubnis strafbar, wenn er zwar seine Fahrerlaubnis in einem Mitgliedstaat der Europäischen Union erworben hat, ihm aber noch kein Führerschein nach dem Muster der 3. Führerscheinrichtlinie, sondern nur eine für das Gebiet des Mitgliedstaats gültige (hier französische) Prüfbescheinigung ausgestellt wurde. In Frankreich gilt, dass der Fahrerlaubnisbewerber unbedingt und auf Dauer die Fahrerlaubnis mit der Ausstellung und Übergabe der Prüfbescheinigung durch den Fahrprüfer erwirbt, sofern keine Einschränkungen auf der Prüfbescheinigung vermerkt sind.[11] An sich zu beachten wäre hier § 29 Abs. 3 FeV, wonach die Berechtigung nach § 29 Abs. 1 Nr. 1 FeV nicht für Inhaber ausländischer Fahrerlaubnisse gilt (auch EU/EWR-Fahrerlaubnisse), die lediglich im Besitz eines Lernführerscheins oder eines anderen vorläufig ausgestellten Führerscheins sind. Deshalb ist die Entscheidung des AG Kehl zweifelhaft.[12]

7 BVerwG, Urt. v. 6.9.2018 – 3 C 31/16; BVerwGE 149, 74 Rn 22 und vom 5.7.2018 – 3 C 9.17; BVerwG, Urt. v. 13.2.2014 – 3 C 1.13 – juris.

8 EuGH zfs 2004, 287; OLG Saarbrücken NJW 2005, 1293.

9 Burmann/Heß/Hühnermann/Jahnke/*Janker/Hühnermann*, 28. Aufl., § 21 StVG Rn 14 ff. sowie 21 ff.

10 EuGH, Urt. v. 19.2.2009 – C-321/07 [ECLI:EU:C:2009:104]; *Schwarz*, Slg. 2009, I-1113 Rn 92 f.; v. 26.4.2012 – C-419/10 [ECLI:EU:C:2012:240] – jeweils juris; *Hofmann*, NJW 2012, 1935 Rn 51.

11 AG Kehl NZV 2019, 362 mit Anm. *Ternig*; AG Kehl, Urt. v. 14.12.2022 – 2 Cs 504 Js 14645/21.

12 Vgl. hierzu AG Kehl NZV 2019, 362 mit Anm. *Ternig*; AG Kehl, Urt. v. 14.12.2022 – 2 Cs 504 Js 14645/21.

In der Praxis ist gleichwohl zu erkennen, dass, wenn der Mandant in einer Verkehrskontrolle der Polizei wegen des EU-Führerscheins „auffällt", ein Ermittlungsverfahren in die Wege geleitet wird, obgleich bei Nachfrage sogar die Fahrerlaubnisbehörden mitteilen, diese Fahrerlaubnis würde akzeptiert, da sie nach Ablauf der Sperrzeit erworben wurde. 8

Der Verteidiger sollte dann gegenüber der Staatsanwaltschaft kurz vortragen, sich insbesondere weitere Dokumente vom Mandanten übergeben zu lassen, z.B. Anmeldung im Mitgliedstaat mit Wohnung etc. Eine entsprechende Einlassung könnte sodann wie folgt aussehen:

▼ 9

Muster 31.3: EU-Fahrerlaubnis nach Sperrzeit in Deutschland

31.3

In dem Ermittlungsverfahren

gegen

wegen

habe ich die Angelegenheit mit meinem Mandanten besprochen.

Ein strafbares Verhalten liegt nicht vor, insbesondere kein Fahren ohne Fahrerlaubnis.

Mein Mandant ist im Besitz einer gültigen Fahrerlaubnis aus dem europäischen Ausland. Er hat sich an die Vorschriften bzw. die durch den Europäischen Gerichtshof aufgestellten Grundsätze gehalten. Ich überreiche hierzu mehrere Unterlagen. Hieraus ist ersichtlich, dass mein Mandant während der Zeit, indem er die ausländische Fahrerlaubnis beantragt bzw. die zugrunde liegende Prüfung absolviert hat, einen ständigen Wohnsitz in Polen hatte. Auch der Nachweis über die Fahrstunden liegt vor. Dem Wohnsitzerfordernis nach ständiger Rechtsprechung des Europäischen Gerichtshofes wurde entsprochen.

Im Ergebnis kommt es hierauf jedoch nicht an, da der Landkreis bereits bestätigt hat, dass mein Mandant die Fahrerlaubnis in Polen nicht während einer laufenden Sperrzeit erworben hat (vgl. hierzu auch OLG Düsseldorf NZV 2007, 484; EuGH zfs 2004, 287; OLG Saarbrücken NJW 2005, 1293, jew. m.w.N.).

Es liegt somit eine gültige Fahrerlaubnis vor. Ich beantrage daher, das Ermittlungsverfahren gemäß § 170 Abs. 2 StPO einzustellen und eine Einstellungsnachricht zu übersenden.

▲

§ 32 Pflichtversicherungsgesetz

Sebastian Gutt

Die Kfz-Haftpflichtversicherung ist eine Pflichtversicherung. Sie wurde zum Schutz der Verkehrsopfer eingeführt. Um die Bedeutung der Pflichtversicherung zu untermauern, wurde ein fahrlässiger und vorsätzlicher Verstoß unter Strafe gestellt, § 6 PflVG. 1

Strafbar ist dabei der Gebrauch des Fahrzeugs nur unter der Voraussetzung, dass die erforderliche Haftpflichtversicherung nicht oder nicht mehr besteht. Vorausgesetzt ist danach, dass der Versicherungsvertrag durch Kündigung, Rücktritt, Anfechtung oder in anderer Weise aufgelöst worden ist.[1] Bei einer Verurteilung müssen die Urteilsgründe erkennen lassen, aufgrund welcher Umstände das Tatgericht von einer zivilrechtlich wirksamen Beendigung des Versicherungsvertrags ausgegangen ist. Es ist entweder darzutun, dass dem Versicherungsnehmer die Kündigung zugegangen ist oder aufgrund welcher tatsächlichen Umstände die Zugangsfiktion des § 13 Abs. 1 VVG zum Tragen gekommen ist.[2] 2

Verstöße gegen die Vertragsbedingungen (Obliegenheitsverletzungen, vgl. § 28 VVG) beeinträchtigen nicht den Bestand des Versicherungsvertrages, sondern führen lediglich zur (ggf. auch nur partiellen) Leistungsfreiheit im Innenverhältnis zwischen Versicherer und Versicherungsnehmer. Die Verletzung einer Obliegenheitspflicht im Rahmen eines bestehenden Versicherungsverhältnisses kann aber nicht die Strafbarkeit nach § 6 Abs. 1 PflVG begründen.[3]

Auch der Beifahrer kann ein nicht haftpflichtversichertes Kfz i.S.d. **§ 6 Abs. 1 Alt. 1 PflVG** gebrauchen (und nicht nur dessen Gebrauch nach **§ 6 Abs. 1 Alt. 2 PflVG** gestatten), wenn er als Käufer und damit (im wirtschaftlichen und „materiellen" Sinn) Halter des Pkw kraft Tatplanung und Kenntnis aller strafbarkeitsbegründenden Umstände die Tatherrschaft hat und die Fahrt der Verfolgung seiner persönlichen Ziele dient.[4]

▼ 3

Muster 32.1: Obliegenheitsverletzungen und Strafbarkeit 32.1

Ich bedanke mich für die gewährte Akteneinsicht und nehme nach Rücksprache mit meinem Mandanten wie folgt Stellung:

Vorgeworfen wird meinem Mandanten ein Verstoß gegen § 6 PflVG. Gemäß der hier zu berücksichtigenden Versicherungsbedingungen für die Krafthaftpflichtversicherung darf das Fahrzeug nicht zu Fahrtveranstaltungen und den dazugehörigen Übungsfahrten verwendet werden, bei denen es auf die Erzielung einer Höchstgeschwindigkeit ankommt und die behördlich nicht genehmigt sind (nicht genehmigte Rennen). Das ergibt sich aus den AKB.

1 OLG Köln DAR 2018, 697.
2 KG zfs 2018, 474; OLG Hamm, Beschl. v. 1.3.2018 – III-5 RVs 20/18 – juris.
3 OLG Celle zfs 2014, 451; OLG Hamm StraFo 2007, 172; BayObLGSt 1993, 75.
4 KG, Beschl. v. 27.2.2023 – 3 ORs 5/23.

Dass mein Mandant hiergegen verstoßen hat, führt indes nicht zu einer Strafbarkeit gem. § 6 PflVG. Es handelt sich hierbei lediglich um eine intern geltende Obliegenheit zwischen meinem Mandanten und seinem Kfz-Haftpflichtversicherer. Der eigentliche Versicherungsvertrag bleibt davon unberührt und besteht fort. Insbesondere bleibt der Versicherer trotz der Obliegenheitsverletzung im Außenverhältnis gegenüber Dritten eintrittspflichtig, § 117 Abs. 1 VVG.

Verstöße gegen die Vertragsbedingungen (Obliegenheitsverletzungen, vgl. § 28 VVG) beeinträchtigen nicht den Bestand des Versicherungsvertrages, sondern führen lediglich zur (ggf. auch nur partiellen) Leistungsfreiheit im Innenverhältnis zwischen Versicherer und Versicherungsnehmer. Die Verletzung einer Obliegenheitspflicht im Rahmen eines bestehenden Versicherungsverhältnisses kann aber nicht die Strafbarkeit nach § 6 Abs. 1 PflVG begründen (OLG Celle zfs 2014, 451; OLG Hamm StraFo 2007, 172; BayObLGSt 1993, 75).

Ich beantrage deshalb,

das Ermittlungsverfahren gegen meinen Mandanten einzustellen.

▲

Zudem wird eine Versicherungspflicht des Fahrzeugs vorausgesetzt, die etwa nur bei solchen Fahrzeugen nicht besteht, denen aufgrund geringer Fahrleistung ein Gefährdungspotential abgesprochen wird (z.B. Gabelstapler) oder bei Fahrzeugen von Städten und Kommunen nicht, weil man davon ausgeht, dass diese finanzkräftig sind.[5]

4 Für die Frage, ob Versicherungsschutz besteht, kommt es ausschließlich auf den formellen Versicherungsschutz an, nicht aber den materiellen (z.B. Verstoß des Versicherungsnehmers gegen Obliegenheiten). Diese berechtigen den Versicherer im Innenverhältnis möglicherweise zum Regress gegenüber seinem Versicherungsnehmer, lassen indes die Haftung nach „außen“ hiervon unberührt, § 117 Abs. 1 VVG. Hier geht es in der Praxis häufig um den „Missbrauch“ roter Kennzeichen.

5 ▼

Muster 32.2: Kein Verstoß bei anderen als Zulassungsfahrten

32.2 Es mag zutreffen, dass mein Mandant das Fahrzeug nicht lediglich für eine Zulassungsfahrt nutzte, da er um 22.42 Uhr angehalten wurde und zu diesem Zeitpunkt die Zulassungsstelle des Straßenverkehrsamts geschlossen war. Gleichwohl ist hierin eine Strafbarkeit meines Mandanten gem. § 6 Abs. 1 PflVG nicht zu sehen. Der Zweck der Fahrt kann dabei sogar offenbleiben, denn dies hätte lediglich zur Konsequenz, dass mein Mandant gegen eine vertragliche Obliegenheit aus dem Versicherungsvertrag verstoßen hätte. Das formelle Bestehen des Versicherungsvertrages bleibt hiervon unberührt. Eine Strafbarkeit ist somit gerade nicht gegeben (vgl. OLG Celle zfs 2014, 451; OLG Hamm zfs 2007, 375).

▲

5 Vgl. hierzu MüKoStVR/*Kretschmer*, § 6 PflVG Rn 13 ff.

Auch das „Frisieren" von Fahrzeugen, z.B. eines Mofas, um höhere Geschwindigkeiten 6
zu erzielen, verstößt nicht gegen § 6 Abs. 1 PflVG. Denn auch in diesem Fall besteht der Haftpflichtvertrag fort.[6]

Demgegenüber wäre der Fall, dass der Versicherungsvertrag gekündigt ist und der Versicherungsnehmer fährt, strafbar, auch wenn noch die Nachhaftung des § 117 Abs. 2 VVG greift. Denn dann besteht lediglich materieller Versicherungsschutz, nicht aber der erforderliche formelle.[7]

Die mittlerweile im Straßenverkehr weit verbreiteten E-Roller/-Scooter können zu interessanten Sachverhaltskonstellationen führen. Das LG Hildesheim hatte über einen Fall zu entscheiden, in dem der Beschuldigte seinen E-Roller dergestalt nutzte, dass er nicht die Kraft des E-Motors nutzte, sondern ihn unter Drogeneinfluss als normalen Tretroller nutzte. Darin sah das LG Hildesheim kein strafbares Verhalten, denn es habe am bestimmungsgemäßen Gebrauch des E-Rollers gefehlt.[8] Die Entscheidung ist nachvollziehbar begründet. Ob diese Konstellation von anderen Gerichten auch so gesehen wird, bleibt aber abzuwarten.[9]

▼ 7

Muster 32.3: Kein bestimmungsgemäßer Gebrauch

Mein Mandant wurde von der Polizei angehalten, als er seinen E-Roller auf dem Bürgersteig trat. Ausweislich der Feststellungen des Polizisten P nutzte er zu diesem Zeitpunkt nicht den E-Motor, sondern bewegte diesen ausschließlich mit dem Fuß, ähnlich wie bei einem Skateboard. Ein Verstoß gegen § 6 PflVG ist vorliegend nicht gegeben.

Es fehlt am bestimmungsgemäßen Gebrauch des E-Rollers. Die von Kraftfahrzeugen ausgehende typische Verkehrsgefahr fehlt in der Regel, wenn ein Kraftfahrzeug durch (betriebs-) fremde Kräfte – beispielsweise durch bloßes Schieben, Ziehen oder durch die eigene Körperkraft – im Verkehr bewegt wird. Bei der Anwendung dieses Grundsatzes auf den vorliegenden Fall ergibt sich, dass die typische Gefahr eines E-Scooters darin besteht, dass er viel höhere, gleichbleibende Geschwindigkeiten erzielt als ein einfacher Tretroller und dass der Fahrer dabei zudem, anders als beim Tretroller, keinen regelmäßigen Bodenkontakt und damit auch weniger körperliche Kontrolle über das Fahrzeug hat. Wird ein E-Scooter hingegen mit bloßer Muskelkraft benutzt, verhält er sich nicht anders als ein für Erwachsene ausgelegter Tretroller (LG Hildesheim zfs 2023, 48).

Ich beantrage daher, das Ermittlungsverfahren gegen meinen Mandanten gem. § 170 Abs. 2 StPO einzustellen.

▲

6 OLG Köln DAR 2004, 283.
7 BGH zfs 1985, 223.
8 LG Hildesheim zfs 2023, 48.
9 S. auch *Koehl*, SVR 2022, 462.

§ 33 Sonstiges

Sebastian Gutt

A. Beauftragung eines Sachverständigen durch Verteidiger

Manchmal kann es sinnvoll sein, wenn der Verteidiger eigene Ermittlungen anstellt oder aber die Ermittlungen der Staatsanwaltschaft überprüfen lassen möchte. Dann empfiehlt sich die Einholung eines Sachverständigengutachtens, etwa zur Frage der Wahrnehmbarkeit des Unfalls beim unerlaubten Entfernen vom Unfallort. 1

▼ 2

Muster 33.1: Beauftragung eines Sachverständigen

Sehr geehrter Herr Dipl.-Ing. ___, 33.1

in einer strafrechtlichen Angelegenheit vertrete ich Herrn ___ wegen des Verdachts des unerlaubten Entfernens vom Unfallort. Die Staatsanwaltschaft hat das beigefügte Gutachten zur Frage der Wahrnehmbarkeit des Verkehrsunfalls eingeholt. Das Gutachten kommt zu dem Ergebnis, mein Mandant habe den Verkehrsunfall wahrnehmen müssen. Wegen der Einzelheiten verweise ich auf die Ausführungen in dem Gutachten.

Mein Mandant bestreitet weiterhin, den Unfall bemerkt zu haben. Namens und in Vollmacht meines Mandanten beauftrage ich Sie mit der Überprüfung des eingeholten Gutachtens sowie der Erstellung eines eigenen Gutachtens. Einen kompletten Auszug aus der Ermittlungsakte füge ich zu Ihrer weiteren Verwendung zum Verbleib bei.

Sollten Sie zu dem Ergebnis kommen, dass das Gutachten nicht zu beanstanden ist, bitte ich aus Kostengründen von der Erstellung eines eigenen, schriftlichen Gutachtens abzusehen und mich telefonisch zu kontaktieren. Eine telefonische Auskunft wäre dann ausreichend.

Für Ihre Bemühungen bedanke ich mich.

▲

Hinweis 3

Bei Verkehrsstraftaten gewähren die Rechtsschutzversicherer bei Taten, die vorsätzlich begangen werden können, nur vorläufigen Deckungsschutz (vgl. Muster-ARB des GDV mit Stand März 2016, dort 2.2.9). Im Falle der rechtskräftigen Verurteilung wegen einer Vorsatztat sind die Kosten zurückzuzahlen. Der Verteidiger sollte dies im Blick haben und die Kosten daher nicht ausufern lassen. Wesentlich günstiger als ein schriftliches Gutachten ist ein mündliches. Die meisten Sachverständigen bieten dies an. Konsequenz aus der lediglich vorläufigen Gewährung von Deckungsschutz ist auch, dass der Verteidiger in solchen Fällen einen auskömmlichen Vorschuss vom Rechtsschutzversicherer anfordern sollte. Denn zwischen Verteidiger und Versicherer besteht kein Vertragsverhältnis, so dass der Versicherer die gezahlten Gebühren nicht gegenüber dem Verteidiger regressieren kann.

4 ▼

33.2

Muster 33.2: Information des Rechtsschutzversicherers über die Beauftragung eines Sachverständigen

Sehr geehrte Damen und Herren,

um eine optimale Verteidigung gewährleisten zu können, ist die Beauftragung eines Sachverständigen erforderlich geworden. Dieser soll sich mit der Frage der Wahrnehmbarkeit des Verkehrsunfalls für meinen Mandanten auseinandersetzen.

Ich habe daher mit dem zu Ihrer Kenntnisnahme beigefügten Schreiben den Sachverständigen ______ mit der Erstellung eines solchen Gutachtens beauftragt. Herr ______ ist ein öffentlich bestellter und vereidigter Sachverständiger. Entsprechend Ihrer Versicherungsbedingungen haben Sie daher die Kosten für die Beauftragung zu übernehmen. Ich bitte um eine kurze Bestätigung.

▲

5 *Hinweis*

Rechtsschutzversicherer tragen in der Regel die Kosten eines Sachverständigen, der öffentlich bestellt und vereidigt ist (vgl. Muster-ARB des GDV mit Stand März 2016, dort 2.3.1.3). Der Verteidiger sollte vor Beauftragung prüfen, ob dies auch von den Bedingungen des Rechtsschutzversicherers des Mandanten umfasst ist und den Sachverständigen von vornherein entsprechend dieser Kriterien aussuchen. Tut er dies nicht, handelt es sich mitunter um eine Falschberatung, die ihn regresspflichtig gegenüber seinem Mandanten machen kann.

B. Verfahrenseinstellung gem. §§ 153/153a StPO – Vorgriff auf zivilrechtliche Ansprüche

6 Für den Verteidiger kann es häufig sinnvoll sein, auf eine Verfahrenseinstellung gem. §§ 153/153a StPO hinzuwirken. Die Erfahrung zeigt, dass die Staatsanwaltschaften zumindest bei Verletzungen, die im Schweregrad nicht über Prellungen und HWS-Verletzungen hinausgehen, somit noch keine Schwerstverletzungen darstellen, durchaus zu einer Einstellung des Verfahrens gem. § 153a StPO bereit sind.

7 Oft ist es der Mandant, der dann im Hinblick auf seine eigenen zivilrechtlichen Ansprüche gegenüber dem Unfallgegner Sorge hat, dass die Zahlung einer Geldauflage einem „Schuldanerkenntnis“ gleichzusetzen ist. Das ist unzutreffend. Das Strafverfahren ist losgelöst vom zivilrechtlichen Verfahren zu sehen. Die tatsächlichen Feststellungen aus anderen Gerichtsverfahren entfalten keine Bindungswirkung für den Richter des Zivilprozesses. Eine Bindung des Zivilrichters an strafgerichtliche Urteile ist mit der das Zivilprozess beherrschenden freien Beweiswürdigung nicht vereinbar.[1] Der Kläger ist im Zivilverfahren gehalten, substantiiert vorzutragen und hat insofern die Beweislast für die von ihm behaupteten Tatsachen. Demgegenüber gilt im Bußgeldverfahren der

1 BGH NJW-RR 2005, 1024.

Amtsermittlungsgrundsatz. Es ist allgemein nicht ungewöhnlich, dass ein Freispruch im Bußgeldverfahren oder Strafverfahren erfolgt, jedoch eine Klage wegen zivilrechtlicher Ansprüche abgewiesen werden kann. Zudem haben die Auflagen und Weisungen gerade keinen Strafcharakter, sondern werden dem Beschuldigten auferlegt. Sie werden als strafähnliche Sanktion angesehen.[2] Gleichwohl ist zu erkennen, dass diese Trennung in der Praxis tatsächlich nicht stringent vollzogen wird. Ist die Einstellung aus Sicht des Verteidigers gleichwohl sinnvoll und zielführend, kann zur Akte ein Schreiben gereicht werden, in dem auf die Unterschiede zwischen Straf- und Zivilrecht hingewiesen wird, der Mandant weiterhin davon ausgeht, dass der Verkehrsunfall nicht von ihm verursacht wurde und auch bei Einstellung weiterhin die Unschuldsvermutung gilt. Dies ist zwar rein deklaratorisch, beruhigt jedoch vielfach den Mandanten und gibt die Möglichkeit, im zivilrechtlichen Verfahren auf dieses Schreiben zu verweisen, so dass keine negativen Rückschlüsse aus der Zahlung der Geldauflage gezogen werden können.

▼ 8

Muster 33.3: Anschreiben Mandant wegen angedachter Verfahrenseinstellung gem. § 153a StPO 33.3

Sehr geehrter Herr ,

zwischenzeitlich sollte Ihnen das Schreiben der Staatsanwaltschaft ebenfalls zugegangen sein. Die Staatsanwaltschaft beabsichtigt, das Ermittlungsverfahren gegen Sie einzustellen, zunächst vorläufig und wenn Sie die Geldauflage von 600 EUR bezahlt haben, endgültig (§ 153a StPO).

Wichtig ist in diesem Zusammenhang zu wissen, dass über Ihre Schuld hier auch bei der Einstellung nach § 153a StPO **nicht** entschieden wird. **Es gilt auch weiterhin die Unschuldsvermutung.** Es dürfen also in einem zivilrechtlichen Prozess keine negativen Rückschlüsse wegen der Zahlung der Geldauflage gezogen werden. Insbesondere liegt bei Zahlung kein „Schuldeingeständnis" vor.

Sollten Sie mit der Einstellung nicht einverstanden sein, muss dies der Staatsanwaltschaft mitgeteilt werden. Es ist dann wahrscheinlich, dass die Staatsanwaltschaft Anklage gegen Sie beim zuständigen Gericht erheben wird und es zu einer Hauptverhandlung kommen wird.

Unter Berücksichtigung dieser Umstände sollte aus meiner Sicht die Zustimmung durchaus erteilt werden.

Bitte teilen Sie mir mit, ob Sie mit der Zahlung einverstanden sind. Ich werde dies dann der Staatsanwaltschaft mitteilen. Bitte beachten Sie auch, dass der Geldbetrag bis zum

zum Kassenzeichen der Staatsanwaltschaft zu überweisen ist. Eine fristgerechte Zahlung ist zwingend erforderlich.

Für Rückfragen stehe ich gerne zur Verfügung.

▲

2 *Meyer-Goßner/Schmitt*, 67. Aufl., § 153a Rn 12.

9 ▼

Muster 33.4: Unschuldsvermutung bei Einstellung gem. §§ 153/153a StPO

In der Strafsache

gegen

wegen

erkläre ich nach Rücksprache mit meinem Mandanten für diesen die Zustimmung zur angedachten (vorläufigen) Verfahrenseinstellung gem. § 153a StPO.

Ich weise vorsorglich darauf hin, dass hiermit kein Geständnis im Hinblick auf die Unfallverursachung und die fahrlässige Körperverletzung gem. § 229 StGB verbunden ist. Mein Mandant zahlt lediglich aus zeitlichen und wirtschaftlichen Erwägungen.

Es gilt somit weiterhin die Unschuldsvermutung (vgl. z.B. BVerfG DAR 1991, 17). Die Unschuldsvermutung ist eine besondere Ausprägung des Rechtsstaatsprinzips und hat Verfassungsrang. Sie ist auch kraft Art. 6 Abs. 2 EMRK Bestandteil des positiven Rechts der Bundesrepublik Deutschland im Range eines Bundesgesetzes (BVerfG NJW 1987, 2427).

▲

C. Anschreiben nach Zustellung des Strafbefehls

10 ▼

Muster 33.5: Anschreiben nach Zustellung des Strafbefehls

Sehr geehrter Herr ,

zwischenzeitlich dürfte Ihnen ebenfalls der Strafbefehl des Amtsgerichts zugegangen sein. Das Amtsgericht hat eine Geldstrafe von 30 Tagessätzen zu 40 EUR verhängt. 30 Tagessätze sind als relativ milde zu bezeichnen, wobei die Tagessatzhöhe von 40 EUR sich nach Ihrem Einkommen richtet. Zudem geht der Strafbefehl von Fahrlässigkeit aus, was ebenfalls eines unserer Ziele war. Gegebenenfalls kann eine Zahlung der Geldstrafe in Raten erfolgen, sofern ein entsprechender Antrag gestellt wird. Sollte dies gewünscht sein, bitte ich um eine entsprechende Rückmeldung.

Darüber hinaus wird die Fahrerlaubnisbehörde angewiesen, Ihnen nach Rechtskraft des Strafbefehls vor Ablauf von noch sechs Monaten keine neue Fahrerlaubnis zu erteilen. Die Fahrerlaubnisbehörden regen an, dass Sie sich wegen der Bearbeitungszeit drei Monate vor Ablauf der Sperrzeit dort melden und eine neue Fahrerlaubnis beantragen. Es ist jedoch davon auszugehen, dass Sie der Landkreis diesbezüglich auch noch anschreiben wird.

Die Dauer der Sperrzeit bewegt sich leicht unterhalb der ständigen Praxis der Staatsanwaltschaft für Ersttäter zehn bis zwölf Monate anzusetzen. In Ihrem Fall wurden neun Monate angesetzt.

Insgesamt kann gesagt werden, dass der Strafbefehl so zu erwarten gewesen ist. Gleichwohl kann gegen diesen innerhalb von zwei Wochen nach Zustellung Einspruch eingelegt werden. Der Einspruch muss fristgerecht innerhalb dieser Frist beim Gericht eingehen. Die rechtzeitige Versendung per Post genügt nicht. Der Strafbefehl ist hier am eingegangen. Ab diesem Zeitpunkt berechnet sich die Frist für den Einspruch. Sollten Sie wünschen, dass ich Einspruch einlege, so bitte ich um eine entsprechende Rückmeldung.

Ohne Ihren konkreten Auftrag werde ich keinen Einspruch einlegen.

Für eventuell aufkommende Rückfragen stehe ich gerne zur Verfügung.

▲

Kapitel 2: Bußgeldrecht

§ 34 Einleitung

Dr. Benjamin Krenberger

Das Verkehrsordnungswidrigkeitenrecht ist in hohem Maße durch die gerichtliche bzw. teilweise vorgerichtliche Praxis bestimmt und in den zugehörigen Gesetzen finden sich nur in rudimentärem Umfang Hinweise und Hilfestellungen für die Verfahrensbeteiligten. Umso wichtiger ist es demnach für den Verteidiger, sich wenigstens zu bestimmten Eckpunkten an Formulierungshilfen orientieren zu können. Solche sind in verschiedenen Büchern und Sammlungen, aber auch im Internet zu finden, doch eine Übernahme von solchen Vorlagen, sei es teilweise oder im Ganzen, ist nur nach sorgfältiger eigener Prüfung zu empfehlen. Denn letzten Endes sind alle Mustertexte und Formulierungshilfen, so auch in diesem Werk, lediglich subjektiv gefärbte Vorschläge eines praxiserfahrenen Autors, deren Erfolg in der Praxis aber stets noch vom jeweils zuständigen Richter und natürlich von den Nuancen des eigenen Falles abhängt, so dass nur dieser konkrete Fall und seine Subsumtion für den Erfolg der Verteidigung maßgeblich sein können. Die in den Fachzeitschriften und Datenbanken veröffentlichten Entscheidungen sowohl der Tatsachen- als auch der Rechtsbeschwerdeinstanz zeigen auch ganz klar, dass der Verteidiger immer mit abweichenden Entscheidungen rechnen muss, die nicht zwingend mit der Ansicht selbst mehrerer anderer Oberlandesgerichte übereinstimmen müssen. Dies ist nun einmal Bestandteil der richterlichen Unabhängigkeit und sorgt in Bußgeldsachen bisweilen für deutlich divergierende Beschlüsse und Urteile. Aus diesem Gesichtspunkt heraus sollen auch die im Folgenden angebotenen Anschreiben, Schriftsätze, Anträge und Formulierungshilfen als Vorschläge gedacht sein, die dem Verteidiger als Rechtsanwender Impulse und Ideen geben können, keinesfalls aber die Eigenschaft der Allgemeingültigkeit oder vollständigen Richtigkeit für sich beanspruchen – auch weil das Verkehrsordnungswidrigkeitenrecht mitunter einer extremen Dynamik unterworfen ist, etwa im Bereich der Akteneinsicht oder der Messverfahren. 1

Ausgehend vom normalen Ablauf eines Bußgeldverfahrens sollen die dort vorzunehmenden Schritte gegenüber der Verwaltungsbehörde, dem Amtsgericht und schließlich dem Oberlandesgericht beleuchtet werden. Besonders hinzuweisen ist dabei darauf, dass die Kommunikation mit der Rechtsschutzversicherung und gebührenrechtliche Aspekte einem gesonderten Kapitel dieses Abschnitts vorbehalten sind. 2

§ 35 Vorverfahren

Dr. Benjamin Krenberger

A. Bestellung gegenüber der Behörde/dem Gericht

I. Bestellungsschreiben und Vollmacht

Wird der Verteidiger vom Betroffenen mandatiert, geht es zunächst darum, sich gegenüber den zuständigen Stellen als **Bevollmächtigter** des Betroffenen zu erkennen zu geben, um einerseits dessen prozessuale Interessen und Rechte zu wahren, andererseits aber auch Informationen zum Geschehen über die Akteneinsicht oder sonstige Anfragen zu erhalten. Die Art, wie sich der Verteidiger gegenüber Behörde und/oder Gericht bestellt, hängt von der Situation ab, in die der Betroffene das Verfahren bereits hat kommen lassen: Direkt nach dem Ereignis inkl. Anhörung durch die Polizei vor Ort? Nach dem Anhörungsbogen? Nach einem Zeugenfragebogen? Nach einem Bußgeldbescheid? Gar nach der Ladung zur Hauptverhandlung? 1

Zu beachten ist stets, dass die Bestellung als „Verteidiger" samt entsprechendem Verhalten zu Rückschlüssen auf eine so genannte formlos erteilte rechtsgeschäftliche **Zustellungsvollmacht** führen kann.[1] Zwar ist die Zustellung an den Verteidiger nur im Rahmen des § 51 Abs. 3 OWiG bei vorliegender Vollmacht mit Zustellungsbefugnis möglich, aber die Rechtsprechung hat nun bereits mehrfach den Umweg der rechtsgeschäftlichen Zustellungsvollmacht gewählt, um einen Verjährungseintritt zu verneinen.[2] Deswegen kann es, gerade wenn der Erlass eines Bußgeldbescheides noch gar nicht im Raum steht, genügen, sich lediglich für den Betroffenen zu bestellen, die ordnungsgemäße Bevollmächtigung anwaltlich zu versichern und darüber hinaus Akteneinsicht zu beantragen. Denn dem Grunde nach ist der Nachweis einer schriftlichen/ nachgewiesenen (Vertretungs-)Vollmacht lediglich im Rahmen des § 73 Abs. 3 OWiG nötig. Selbst § 51 Abs. 3 S. 1 OWiG spricht nur davon, dass für die Zustellung an den Verteidiger die Vollmacht nachgewiesen sein muss, regelt aber selbst keine Vorlagepflicht. Ansonsten haben weder Behörde noch Gericht einen Anspruch darauf, dass sich der Verteidiger durch Vorlage einer schriftlichen Vollmacht legitimiert,[3] es sei denn es läge bereits die Bestellung eines anderen Verteidigers vor. Dass es in der Praxis aber üblich ist, gleich mit der Bestellung die schriftliche Vollmacht einzureichen oder diese nachzureichen, schützt natürlich vor Fehlern im weiteren Verlauf des Verfahrens, wenn es auf die Vorlage einer Vollmacht doch ankommen sollte (Stichwort: Abwesenheitsverfahren). Wer aber Vollmachtsmanagement betreiben möchte, muss dies von Anfang bis zum Ende konsequent tun. Dies zeigen auch Entscheidungen, die etwa in der Vorlage einer 2

1 Vgl. dazu OLG Brandenburg, Beschl. v. 28.11.2022 – 53 Ss-OWi 456/22 = BeckRS 2022, 48274; OLG Karlsruhe, Beschl. v. 8.10.2015 – 2 (7) SsBs 467/15 – AK 146/15 – juris; KG, Beschl. v. 4.9.2013 – 3 Ws (B) 441/13 = VRS 125, 230; KG, Beschl. v. 24.7.2014 – 3 Ws (B) 365/14 = NStZ-RR 2015, 226.

2 *Krenberger/Krumm*, § 51 OWiG Rn 22a.

3 VerfGH RP, Beschl. v. 28.1.2021 – VGH B 71/20 = NJW 2021, 2505.

einzig auf die Akteneinsichtnahme beschränkte Vollmacht das Vorliegen einer Verteidigervollmacht i.S.d. § 51 Abs. 3 S. 1 OWiG sehen.[4] Einzig die bewusste Vorlage einer „außergerichtlichen" Vollmacht ohne Zustellungsbefugnis, um eine so genannte Verjährungsfalle zu konstruieren, dürfte nach der inzwischen ergangenen Rechtsprechung[5] keinen großen Effekt bringen.

3 Wird eine Vollmacht eingereicht, muss zudem berücksichtigt werden, wie diese ausgestellt wird. Eine Vollmacht für das Strafverfahren, etwa nach einem Verkehrsunfall, kann u.U. auch als ausreichende Vollmacht für das nachfolgende Bußgeldverfahren angesehen werden,[6] nicht aber eine Vollmacht für die Firma als Halterin des Kfz für das später folgende Verfahren gegen den Mitarbeiter als Fahrer.[7] Eine auf den konkreten Verteidiger ausgestellte Vollmacht ist für Behörde und Gericht ideal, aber nicht die Regel. Oftmals werden Vollmachten eingereicht, die mehr als einen Anwalt oder gleich die ganze Sozietät benennen. Dies kann, wenn Behörde und Gericht hierauf nicht Acht geben, zu Vorteilen des Betroffenen im Rahmen der Zustellung führen. Denn die Zustellung an die Sozietät kann die Verjährung ebenso wenig unterbrechen wie die Zustellung an den Verteidiger, der sich lediglich mit einer so genannten Blanko-Vollmacht legitimiert hat.[8] Davon zu unterscheiden ist allerdings die Situation, dass zunächst eine Sozietätsvollmacht vorgelegt wurde, später aber nur eine mit § 137 StPO konforme Anzahl von Verteidigern für den Betroffenen tätig geworden sind – dann wird eine wirksame Zustellung befürwortet.[9]

4 Bereits im ersten Bestellungsschreiben ist zudem ein **Widerspruch** gegen die Entscheidung des Gerichts nach § 72 OWiG möglich und sinnvoll:[10] Gerade wenn keine Vollmacht vorgelegt wird und der Hinweis des Gerichts nach § 72 OWiG deshalb fristauslösend an den Betroffenen selbst zugestellt wird,[11] dieser aber zu spät reagiert, kann, nachdem gegen Beschlüsse nach § 72 OWiG keine Zulassung der Rechtsbeschwerde möglich ist, vgl. § 79 Abs. 1 S. 2 OWiG,[12] oftmals kein Rechtsmittel mehr gegen eine rasch getroffene gerichtliche Entscheidung eingelegt werden. Die Wirkung des frühen Widerspruchs gilt später auch gegenüber dem Gericht, selbst wenn der Widerspruch schon gegenüber der Verwaltungsbehörde erfolgt ist.[13] Gleichermaßen denkbar ist das

4 OLG Jena, Beschl. v. 7.3.2016 – 1 OLG 171 SsBs 65/15 (173) = DAR 2016, 715.
5 OLG Braunschweig, Beschl. v. 13.5.2013 – 1 Ss (OWi) 83/13 = NJW 2013, 3111.
6 OLG Bamberg, Beschl. v. 13.9.2011 – 2 Ss OWi 543/11 = jurisPR-VerkR 2/2012 Anm. 5; vgl. auch OLG Zweibrücken, Beschl. v. 6.1.2016 – 1 OWi 1 Ss Bs 9/15 = zfs 2016, 172.
7 OLG Köln, Beschl. v. 4.1.2013 – 1 RBs 334/12 = DAR 2013, 337.
8 U.a. AG Diez, Beschl. v. 21.3.2014 – 11 OWi 69457/13 – juris; AG Neuruppin, Beschl. v. 18.3.2013 – 84.1 OWi 239/12 – juris.
9 OLG Köln, Beschl. v. 19.10.2018 – III-1 RBs 324/18 = NZV 2019, 155; OLG Hamm, Beschl. v. 27.2.2012 – III-3 RBs 386/11 = NStZ-RR 2013, 23.
10 KG, Beschl. v. 7.11.2023 – 3 ORbs 222/23 = BeckRS 2023, 32866.
11 Vgl. LG Duisburg, Beschl. v. 10.1.2013 – 69 Qs-371 Js 1538/12–92/12 = BeckRS 2013, 6535.
12 KG, Beschl. v. 24.1.2024 – 3 ORbs 280/23 = BeckRS 2024, 2108.
13 OLG Jena, Beschl. v. 20.1.2006 – 1 Ss 298/05 = VRS 111, 143; OLG Hamm, Beschl. v. 10.6.2013 – 1 RBs 57/13 = zfs 2013, 653.

Aufstellen einer Bedingung für eine Entscheidung im schriftlichen Verfahren,[14] die auch schon für die Verwaltungsbehörde ein Signal sein kann.

Ebenfalls möglich ist es, bereits im Bestellungsschreiben die **Einstellung** des Verfahrens (nach § 47 OWiG) zu beantragen. Dabei ist allerdings zu berücksichtigen, dass dann üblicherweise die notwendigen Auslagen des Betroffenen diesem auferlegt werden, was auch die anwaltlichen Gebühren beinhaltet.[15] Das Gericht muss vor dieser Entscheidung lediglich die Rechtsprechung des BVerfG[16] hinreichend berücksichtigen und dem Betroffenen zur Auslagenentscheidung rechtliches Gehör gewähren und die Auslagentragung muss auf einem Sachgrund beruhen.[17] Eine Einstellung ist für den Betroffenen also nur bei vorhandener Rechtsschutzversicherung eine gleichwertige Alternative zum Freispruch oder dann, wenn er um jeden Preis die Eintragung von Punkten oder ein Urteil welcher Art auch immer zu vermeiden sucht. 5

▼ 6

Muster 35.1: Bestellung für den Mandanten

An die Zentrale Bußgeldstelle 35.1

Sehr geehrte ,

in dem Bußgeldverfahren gegen den Betroffenen bestelle ich mich für den Betroffenen. Die ordnungsgemäße Bevollmächtigung durch den Betroffenen wird anwaltlich versichert. Der Betroffene wird zunächst von seinem Schweigerecht Gebrauch machen und sich nicht zur Sache einlassen, Angaben darüber hinaus nur über den Unterzeichnenden machen. Direkte Anschreiben an den Betroffenen mögen deswegen fortan unterbleiben.

(*optional*) Mögliche laufende Fristen zur Stellungnahme bitte ich angemessen zu verlängern, bis Akteneinsicht genommen werden konnte, welche hiermit **beantragt** wird.

(*optional/alternativ*) Zudem **beantrage** ich, mir zwecks Akteneinsicht die Originalakten mit Registerauszügen zur Einsicht zu überlassen. Für entstehende Portokosten übernehme ich die persönliche Haftung. Alsbaldige Rückgabe sichere ich ausdrücklich zu. Die Übersendung der Akte auf elektronischem Weg wird bevorzugt und wird, sofern technisch Ihrerseits möglich, ausdrücklich beantragt.

(optional) Einer Entscheidung im schriftlichen Verfahren wird widersprochen, sofern nicht der Betroffene freigesprochen werden soll oder ein Bußgeld unterhalb der Eintragungsgrenze festgesetzt werden soll.

(optional) Bereits jetzt **beantrage** ich zudem, das Verfahren nach § 47 OWiG einzustellen.

(optional) Der Beauftragung eines Sachverständigen ohne vorherige Anhörung und ausdrückliche Genehmigung des Verteidigers wird hiermit widersprochen. Sollten seitens der Verteidigung im Laufe des Verfahrens Fragen bezüglich der Messung gestellt werden, so ist deren Beantwortung lediglich durch den die Messung durchführenden Beamten gewünscht. Die Klärung der Fragen durch einen Sachverständigen soll – vorerst – schon aus Kostengründen unterbleiben. Sollte ein Sachverständiger dennoch und vor allem

14 *Krenberger/Krumm*, § 72 OWiG Rn 24.
15 BeckOK StVR/*Semrau*, § 47 OWiG Rn 38.
16 BVerfG, Beschl. v. 16.8.2013 – 2 BvR 864/12 = NJW 2013, 3569.
17 VerfGH Berlin, Beschl. v. 27.4.2022 – VerfGH 106/20 = BeckRS 2022, 11828.

ohne vorherige Anhörung des Betroffenen beauftragt werden, stellt dies i.S.d. § 21 GKG eine unrichtige Sachbehandlung dar.

▲

II. (Erweiterte) Akteneinsicht

7 Bereits mit dem ersten Kontakt zur Verwaltungsbehörde oder zum Gericht kann, wie gesehen, die **Akteneinsicht** begehrt werden. Zum einen dient das der Prüfung der Erfolgsaussichten der Verteidigung, zum anderen kann nur auf diese Weise auf der Ebene des Verwaltungsverfahrens eine hinreichende Tatsachenkenntnis, ggf. auch Rechtskenntnis gesichert werden.[18] Die Akteneinsicht kann aber durchaus mehrfach begehrt werden, gerade wenn zwischen Bestellung und Termin der Hauptverhandlung einige Zeit verstrichen ist und deswegen zu erwarten ist, dass in der Akte weitere beweisrelevante Unterlagen enthalten sein werden oder bei der ersten Einsicht erkannt wurde, dass wesentliche Bestandteile, die für den Tatverdacht grundlegend wären, in der Akte (noch) nicht enthalten sind.[19]

8 Über die Akteneinsicht kann das Verfahren zudem frühzeitig in eine vom Verteidiger gewünschte Richtung gelenkt werden. Denn zum einen muss im Bereich der „standardisierten Messverfahren“ oftmals die Akte entweder ergänzt werden oder es müssen zusätzlich zur formalen Akte Unterlagen oder Informationen herbeigeschafft werden, um den Verteidigungsanspruch des Betroffenen überhaupt sinnvoll ausfüllen zu können. Damit die benötigten Daten und Unterlagen herausverlangt werden können, müssen die Kriterien der Rechtsprechung des BVerfG erfüllt sein: vorhanden, Bezug zur Messung, Relevanz, frühzeitiger (und ggf. mehrfacher) Antrag. Insbesondere obliegt es dem Betroffenen, durch geeigneten Tatsachenvortrag darzutun, warum eine Relevanz bestimmter Daten oder Unterlagen im konkreten Fall jedenfalls nicht ausgeschlossen ist. Insbesondere muss es dem Betroffenen möglich sein, nach Erhalt der erweiterten Akteneinsicht vorgerichtlich einen Sachverständigen mit der Überprüfung der Messung beauftragen zu können.[20] Dazu benötigt der Sachverständige eben nicht nur die Akte, sondern, je nach Messverfahren, die Messdatei, das Original-Lichtbild, die Bilddateien der gesamten Messserie,[21] ggf. den Beschilderungsplan,[22] den Schulungsnachweis des Messbeamten,[23] den Eichschein, die Bedienungsanleitung des Messgeräts, den Softwarenachweis oder auch Entschlüsselungscodes, wenn die Messdateien vom Gerätehersteller in rechtswidriger Weise verschlüsselt wurden, um bspw. ein vermeintliches Urheberrecht zu schützen.[24] Hier sollte aber kein Standardschriftsatz verwendet werden, in welchem

18 BVerfG, Beschl. v. 12.11.2020 – 2 BvR 1616/18 = BeckRS 2020, 34958 = NZV 2021, 41.
19 BeckOK StPO/*Wessing*, § 147 StPO Rn 24.
20 Vgl. OLG Karlsruhe, Beschl. v. 22.8.2023 – 1 Orbs 34 Ss 468/23 = BeckRS 2023, 23037.
21 Vgl. OLG Köln, Beschl. v. 30.5.2023 – 1 RBs 288/22 = BeckRS 2023, 30556.
22 Vgl. OLG Zweibrücken, Beschl. v. 26.7.2022 – 1 OWi 2 SsBs 84/21 = BeckRS 2022, 21883.
23 Nicht aber des Auswertepersonals, vgl. KG, Beschl. v. 18.9.2023 – 162 Ss 85/23 = BeckRS 2023, 28543.
24 Vgl. OLG Karlsruhe, Beschl. v. 22.8.2023 – 1 Orbs 34 Ss 468/23 = BeckRS 2023, 23037; AG Landstuhl, Beschl. v. 6.11.2015 – 2 OWi 4286 Js 2298/15 = DAR 2016, 39; AG Jena, Beschl. v. 9.10.2015 – 3 OWi 1534/15 = zfs 2016, 114.

sich Verwaltungsbehörde oder Gericht dann aussuchen dürfen, was denn vorliegend gemeint sein könnte, sondern der Verteidiger muss das Einsichtsbegehren, das auf § 147 StPO und ergänzend Art. 6 EMRK zu stützen ist, auch auf den konkreten Fall und das konkrete Messsystem präzisieren. Des Weiteren muss schon mit dem Akteneinsichtsbegehren der weitere Ablauf des Verfahrens mitbestimmt werden, dies durch Fristsetzung und Ankündigung einer Antragstellung nach § 62 OWiG für den Fall der Nichterfüllung des Akteneinsichtsbegehrens. Denn ohne die Einschaltung des Gerichts nach § 62 OWiG, an dessen Entscheidung die Verwaltungsbehörde dann gebunden ist, wäre das Akteneinsichtsbegehren ein stumpfes Schwert, ist es doch eine Voraussetzung, um später im Rahmen der Rechtsbeschwerde einen Verstoß gegen das faire Verfahren rügen zu können.[25] Dabei muss berücksichtigt werden, dass sich der Antrag nach § 62 OWiG erst gegen eine konkrete Handlung oder Unterlassung der Behörde richten kann[26] und nicht schon vorsorglich gestellt werden darf. Dies könnte die Unbeachtlichkeit des Antrags bedingen. Nach Zuleitung der Akten an das Gericht kann der Akteneinsichtsantrag dort erneut gestellt werden, was dann aber keinen Antrag auf gerichtliche Entscheidung mehr darstellt, sondern einen neuen originären Antrag. Die negative Reaktion des Gerichts auf einen solchen Antrag, sei es mittels eines Beschlusses oder mittels einer Verfügung, ist mit der Beschwerde zum Landgericht anfechtbar.[27] Hier kann § 305 StPO nicht ins Spiel gebracht werden, um der Beschwerde die Zulässigkeit abzusprechen, da es sich nur um einen Akteneinsichtsantrag, nie aber um einen Beweisantrag oder gar einen Beweisermittlungsantrag handelt, was nach der ergangenen Rechtsprechung des BVerfG nicht mehr in Zweifel gezogen werden kann.[28] Auch denkbar ist die Anregung der Aktenrückleitung an die Behörde nach § 69 Abs. 5 S. 1 OWiG zwecks Gewährung vollständiger Akteneinsicht.[29]

▼ 9

Muster 35.2: Akteneinsicht

An die Zentrale Bußgeldstelle 35.2

Sehr geehrte ,

hiermit **beantrage** ich (ergänzende) Akteneinsicht in dem Verfahren gegen den Betroffenen wegen des Verdachts einer Verkehrsordnungswidrigkeit. Nach Durchsicht der bislang übersandten Akte sind wesentliche Elemente nicht enthalten, die jedoch für eine ordnungsgemäße Prüfung des dem Betroffenen gemachten Vorwurfs erforderlich sind. Vorliegend handelt es sich um eine Messung mit dem Messgerät ES 8.0 der Firma Kistler Instrumente GmbH (früher eso GmbH). Die Verwaltungsbehörde wird hiermit aufgefordert, an den Verteidiger folgende ergänzende Unterlagen, ggf. in Form eines Links zum Download oder Übersendung als Datei auf dem elektronischen Postweg oder auf einem

25 Vgl. OLG Karlsruhe, Beschl. v. 16.7.2019 – 1 Rb 10 Ss 291/19 = BeckRS 2019, 15301.

26 Göhler/*Bauer*, § 62 OWiG Rn 10.

27 LG Hanau, Beschl. v. 7.1.2019 – 4b Qs 114/18 = zfs 2019, 231; LG Baden-Baden, Beschl. v. 14.9.2018 – 2 Qs 104/18 = zfs 2018, 711.

28 BVerfG, Beschl. v. 12.11.2020 – 2 BvR 1616/18 = BeckRS 2020, 34958 = NZV 2021, 41.

29 AG Saarburg, Beschl. v. 22.8.2018 – 8 OWi 8112 Js 16807/18 = zfs 2018, 654; vgl. zu dieser Vorgehensweise auch OLG Bremen, Beschl. v. 20.10.2023 – 1 ORbs 25/23, BeckRS 2023, 40005.

Datenträger (eine leere DVD ROM liegt bei) binnen drei Wochen zu übersenden, ggf. an einen nach Aufforderung noch zu benennenden öffentlich bestellten und vereidigten Sachverständigen (für Messtechnik):

- die Original-Messdatei des Messtages, ggf. samt Decodierungsschlüssel, sowie das Kalibrierungsbild,
- die Daten und Lichtbilder der gesamten Messserie,
- die Falldatei samt Annullierungsrate,
- das Original-Lichtbild der Messung,
- die aktuelle und zum Messtag gültige Bedienungsanleitung,
- die „Lebensakte" des Messgeräts, hilfsweise eine Übersicht der seit der letzten Eichung vorgenommenen Reparaturen und Nacheichungen, hilfsweise die Benennung des Verwaltungsbeamten, der für diese Vorgänge zuständig ist.

Ich weise explizit darauf hin, dass selbst wenn einzelne angeforderte Unterlagen und Daten nicht Bestandteile der formalen Akte sind, der Betroffene ein Recht auf Einsicht in diese Unterlagen und Daten hat, was sich aus den dem Verfahren zugrunde liegenden Rechtsprinzipien ergibt, die im Grundgesetz und auch in Art. 6 EMRK ihren Niederschlag gefunden haben.

Alle der begehrten Daten und Unterlagen erfüllen die Kriterien, die das BVerfG (NZV 2021, 41) aufgestellt hat, um ein Einsichtsgesuch des Betroffenen zu begründen. Denn die Daten und Unterlagen sind bei der Bußgeldbehörde vorhanden, haben einen direkten Bezug zur Messung und sind auch von Relevanz für die Messung. Im Einzelnen ist hierzu auszuführen .(*optional*) Insbesondere weise ich darauf hin, dass die Beiziehung und Zurverfügungstellung des zur Zeit der Messung geltenden Beschilderungsplans samt verkehrsrechtlicher Anordnung hier unerlässlich ist. Es handelte sich um eine Messung im Baustellenbereich auf der BAB bei km . Die dortige Beschilderung dürfte temporär (gewesen) sein und durch die für die Arbeiten verantwortliche Baufirma aufgestellt worden sein. Sollten sich hierbei jedoch Abweichungen feststellen lassen, vgl. § 45 Abs. 6 StVO, wären die aufgestellten Verkehrszeichen als nichtig anzusehen, sodass mein Mandant sich keines Verstoßes zu verantworten hätte. Das Messprotokoll, das nur die tatsächliche Beschilderung kurz vor der Messstelle erfasst, ist zur Aussage über die Legitimität der Verkehrszeichen untauglich.

Nach fruchtlosem Fristablauf oder bei unvollständiger Übersendung der begehrten Daten und Unterlagen wird bereits jetzt der **Antrag angekündigt**, die Akte dem zuständigen Gericht zur Entscheidung nach § 62 OWiG vorzulegen. Dieses mag dann, sollte insbesondere der Entschlüsselungscode durch den Messgerätehersteller verweigert werden, notfalls mit Zwangsmaßnahmen nach § 95 StPO die Herausgabe durchsetzen (AG Landstuhl, Beschl. v. 6.11.2015 – 2 OWi 4286 Js 2298/15 = DAR 2016, 39).

Es wird insbesondere darauf hingewiesen, dass die Herausgabe der decodierten Daten zwecks Prüfung durch einen Sachverständigen nicht verweigert werden darf, insbesondere nicht unter Berufung auf Geschäftsgeheimnisse. (BGH, Beschl. v. 4.10.2007 – KRB 59/07 = BGHSt 52, 58 ff.)

▼

Muster 35.3: Antrag auf gerichtliche Entscheidung 10

35.3

An die Zentrale Bußgeldstelle ___

Sehr geehrte ___,

hinsichtlich der Ihrerseits getroffenen Entscheidung vom ___ zu meinem Akteneinsichtsgesuch vom ___ stelle ich **Antrag auf gerichtliche Entscheidung** betreffend die von Ihnen abgelehnte Einsicht in folgende Daten und Unterlagen:

a) ___

b) ___

c) ___

Trotz meines ausführlichen Akteneinsichtsbegehrens, das nicht nur die bereits bewilligten d) ___, e) ___ und f) ___ beinhaltete, welche mir auf einem Datenträger inzwischen zur Verfügung gestellt worden sind, werden mir bzw. dem Betroffenen die begehrten a) ___, b) ___ und c) ___ weiterhin vorenthalten und dies rechtswidrig.

Wie im Erstantrag auf Akteneinsicht ausgeführt, sind sowohl a) ___, b) ___ als auch c) ___ bei Ihrer Behörde bzw. bei der ihnen nachgelagerten Verkehrsdienste des PP ___ vorhanden und damit herausgabefähig. Tatsächliche oder rechtliche Gründe, die einer Herausgabe entgegenstehen könnten, gibt es nicht. Insbesondere sind die Gründe ___, welche Sie in Ihrem Ablehnungsschreiben vom ___ aufgeführt haben, nicht belastbar. Denn diese stehen in eklatantem Widerspruch zur Rechtsprechung des BVerfG (NZV 2021, 41). Dass die begehrten a) ___, b) ___ als auch c) ___ unmittelbaren Bezug zur Messung haben, hatte ich bereits im Erstantrag aufgeführt. Entgegen Ihrer Ausführungen liegt auch die erforderliche Relevanz vor. Denn wie ausgeführt besteht folgender technischer Zusammenhang zwischen den begehrten a) ___, b) ___ als auch c) ___ und der verfahrensgegenständlichen Messung. Höchst vorsorglich weise ich darauf hin, dass die Frage der Relevanz einzig aus Sicht des Betroffenen zu beurteilen ist und auch auf tatsächlicher Ebene allenfalls eine Plausibilitätskontrolle zulässig wäre (BGH NZV 2022, 287). Die meinerseits vorgetragenen technischen Zusammenhänge können aber auf tatsächlicher Ebene nicht durch das Ihrerseits vorgebrachte Argument, es handle sich um ein standardisiertes Messverfahren entkräftet werden. Denn es handelt sich nur um einen Akteneinsichtsantrag, mittels dessen Ergebnis überhaupt erst Tatsachen generiert werden sollen, die später in einen Beweisantrag münden sollen, nicht aber um einen Beweisantrag, dessen Wirksamkeit nach dem Maßstab des § 77 OWiG zu bestimmen wäre.

Das zur Entscheidung berufene Gericht möge deshalb auf den Antrag auf gerichtliche Entscheidung hin die Behörde anweisen, die begehrten a) ___, b) ___ als auch c) ___ zwecks Akteneinsicht zur Verfügung zu stellen.

Höchst vorsorglich weise ich darauf hin, dass während des Verfahrens nach § 62 OWiG das Verfahren nicht nach § 69 OWiG über die Staatsanwaltschaft an das zuständige Amtsgericht abgegeben werden darf. Dies würde den Antrag nach § 62 OWiG prozessual überholen. Geschähe dies trotz meines Hinweises bewusst, würde dies dem zugrunde liegenden Verfahren die rechtliche Grundlage entziehen und es wäre nach § 47 OWiG einzustellen.

▲

11 Seit der Einführung der elektronischen Akte nach §§ 110a ff. OWiG i.V.m. §§ 32a ff. StPO und den zusätzlich erlassenen Landesverordnungen ist keineswegs gesichert, dass der Anwalt mit Übersendung einer Aktendatei oder eines Ausdrucks eine vollständige Akte erhält bzw. die Akte hinsichtlich Inhalt und Paginierung mit dem Aktenausdruck übereinstimmt, der später an das Gericht nach § 69 OWiG übersandt wird. Es können Unterlagen fehlen oder später erst hinzugekommen sein, aber es kann auch sein, dass nicht auf jeder Seite der Scanvermerk enthalten ist, welcher die Übereinstimmung mit dem Original bekundet, oder dass die qualifizierte Signatur fehlt, die für die Prüfung der Authentizität der Akte erforderlich wäre. In einem solchen Fall muss die Akteneinsicht erneut und vollständig gewährt werden, ohne dass hierfür noch einmal Kosten anfallen dürfen.[30] Zum anderen kann der Verteidiger in diesem Fall auch beantragen, Einsicht in die entsprechenden Originale zu erhalten, ggf. auch hier über den Umweg des § 62 OWiG. Zu beachten ist zudem, dass der Verteidiger, sofern er die elektronisch geführte Bußgeldakte auch elektronisch anfordert, hierfür nicht mit einer Gebühr belastet werden darf, § 107 Abs. 5 OWiG. Das gilt auch dann, wenn es nur an der Behörde liegt, dass die elektronisch geführte und elektronisch angeforderte Akte ausgedruckt und in Papierform übersandt werden muss. Gegen die Gebührenanforderung muss sich der Verteidiger dann mit einem eigenen Antrag auf gerichtliche Entscheidung wenden, §§ 108, 62 OWiG.

12 ▼

Muster 35.4: Akteneinsicht E-Akte

35.4 An die Zentrale Bußgeldbehörde

Sehr geehrte ,

nach Übersendung eines papiernen Ausdrucks der bei Ihnen elektronisch geführten Akte rüge ich deren Vollständigkeit und Ordnungsmäßigkeit und **beantrage**, mir die begehrte Akteneinsicht vollständig binnen 2 Wochen zu gewähren, hilfsweise die nachfolgend aufgeführten Dokumente

–

–

im Original beizuziehen und zur Einsicht zur Verfügung zu stellen: Die Postzustellungsurkunde auf Bl. d.A. sowie das Messprotokoll Bl. d.A. sind lediglich als Kopie vorhanden, enthalten jedoch keinen Scan-Vermerk. Die Übereinstimmung mit dem Original ist mithin nicht gesichert. Ebenso wenig ist erkennbar, welcher Sachbearbeiter für die Verfügung auf Bl. d.A. verantwortlich zeichnet, mit welcher nach zunächst erfolglosem Zustellungsversuch das Verfahren vorläufig eingestellt und eine Aufenthaltsermittlung des Betroffenen veranlasst wurde.

Nach fruchtlosem Ablauf der Frist wird bereits jetzt der **Antrag angekündigt**, die Akte dem zuständigen Gericht zur Entscheidung nach § 62 OWiG vorzulegen.

▲

30 AG Lüdinghausen, Beschl. v. 13.8.2015 – 19 OWi 166/15 (b) = zfs 2015, 713.

B. Anfrage an das KBA

Der Verteidiger darf sich in der Beratungssituation nur in sehr geringem Umfang auf die Angaben des Betroffenen verlassen, insbesondere dann nicht, wenn es um vorhandene Voreintragungen im Fahreignungsregister geht. Von diesen kann es nämlich stark abhängen, ob der eingangs gewählte Verteidigungsansatz erfolgreich sein wird, etwa wenn es um die Reduktion einer Geldbuße, einen Wegfall eines Fahrverbots wegen Beharrlichkeit, § 4 Abs. 2 BKatV, oder ein mögliches Absehen von der Anordnung eines Fahrverbots gegen Erhöhung der Geldbuße nach § 4 Abs. 4 BKatV geht. Hinzu kommt, dass aus der bloßen Erinnerung des Mandanten eine genaue Prüfung der Tilgungsfristen nach § 29 StVG bzw. der Frage der zeitlichen Unverwertbarkeit im Bußgeldverfahren nicht möglich sein wird. Selbst nach erhaltener Akteneinsicht ist diese Prüfung nicht immer gewährleistet, denn allzu viele Akten enthalten entweder keinen oder nur einen veralteten Auszug aus dem Fahreignungsregister, insbesondere dann, wenn sich das Verfahren bereits eine Weile hinzieht. **13**

Der Anspruch auf Einsicht in das Fahreignungsregister ergibt sich aus § 30 Abs. 8 StVG. Die Einsicht erfolgt unentgeltlich, allerdings muss laut Gesetz ein Identitätsnachweis beigefügt werden, siehe auch § 64 Abs. 1 FeV. Dies empfiehlt sich schon allein deshalb, da nur bei kleinsten (Übertragungs-)Fehlern bezüglich der persönlichen Daten des Mandanten im Anschreiben eine Fehlzuordnung bei der Behörde geschehen kann, was dann einen falschen Registerauszug zur Folge hätte. **14**

Wenn der Verteidiger den Auszug einholt, muss auf § 64 Abs. 2 FeV geachtet werden, der eine Originalvollmacht oder eine Kopie hiervon fordert. Ein Fax ist demnach nicht ausreichend. Im nachfolgenden Muster ist deswegen exemplarisch das Anschreiben mit der Vollmacht verbunden worden. **15**

▼ **16**

Muster 35.5: Auszug aus Fahreignungsregister

An das Kraftfahrt-Bundesamt 35.5
Fördestr. 16

24944 Flensburg-Mürwik

Sehr geehrte ,

für unseren, im Folgenden mit seinen persönlichen Daten näher bezeichneten, Mandanten erbitten wir zu unseren Händen Auskunft aus dem Fahreignungsregister. Die erforderliche Vollmacht ist nach den persönlichen Daten beigefügt. Eine Ablichtung des Bundespersonalausweises ist als Anlage beigefügt.

Name:		Vorname(n):	
Geburtsname:		Geburtsort	
Straße		PLZ, Ort:	

Mit freundlichen Grüßen,

Rechtsanwalt

Vollmacht:

Hiermit bevollmächtige ich RA zur Einholung eines Auszuges aus dem Fahreignungsregister gemäß § 30 Abs. 8 StVG, § 64 Abs. 2 FeV.

Ort, Datum

(*Unterschrift Mandant*)

(*Name Mandant*)

Anlage: Kopie des Bundespersonalausweises des Mandanten

▲

17 Sollte der Registerauszug mehrere Eintragungen aufweisen und dabei auch noch solche von vor dem 1.5.2014 beinhalten, muss der Verteidiger ggf. noch auf die Übergangsvorschriften des § 65 StVG achten und die Tilgungsfristen bzw. die Frage der Verwertbarkeit nach § 29 Abs. 6 StVG korrekt berechnen.

18 Sollte der Verteidiger fehlerhafte Eintragungen entdecken, sind diese im so genannten Berichtigungsverfahren zu rügen. Dies ist jedenfalls gebührenrechtlich eine eigene verkehrsverwaltungsrechtliche Angelegenheit. Sofern ein Interesse daran bestehen könnte, auch in Zukunft – ggf. bis zur Berichtigung – eine fehlerhafte Registerauszugserteilung zu verhindern, kann vom Kraftfahrt-Bundesamt in geeigneten Fällen auch Unterlassung begehrt werden.

19 ▼

Muster 35.6: Berichtigung Fahreignungsregister

35.6

An das Kraftfahrt-Bundesamt

Fördestr. 16

24944 Flensburg-Mürwik

Sehr geehrte ,

ich verweise zunächst auf meine Vollmacht, welche als Kopie in der Anlage beigefügt ist.

In einem Bußgeldverfahren, welches vor kurzem vor dem Amtsgericht gegen meinen Mandanten geführt wurde, wurde ein Auszug aus dem Fahreignungsregister Bestandteil der Verfahrensakte, in welchem eine Voreintragung gegen meinen Mandanten wegen eines Bußgeldbescheides der Zentralen Bußgeldstelle , Az. , Tattag , betreffend den Vorwurf der unerlaubten Benutzung eines Mobiltelefons als Führer des Pkw, Kennzeichen , enthalten war. Diese Eintragung bedarf der Berichtigung, welche ich hiermit namens und im Auftrag meines Mandanten **beantrage**. Nach Einspruch in der genannten Angelegenheit wurde ein Ordnungswidrigkeitenverfahren vor dem Amtsgericht F unter dem Aktenzeichen geführt. In der dortigen Hauptverhandlung erfolgte eine Einstellung des Verfahrens nach § 47 Abs. 2 OWiG. Die Ihrerseits vorgenommene, offenbar auf dem genannten Bußgeldbescheid beruhende Eintragung ist mithin fehlerhaft.

▲

▼

Muster 35.7: Falsche Mitteilung durch KBA 20

An das Kraftfahrt-Bundesamt

Fördestr. 16

24944 Flensburg-Mürwik

Sehr geehrte ,

ich verweise zunächst auf meine Vollmacht, welche als Kopie in der Anlage beigefügt ist.

In einem Bußgeldverfahren, welches vor kurzem vor dem Amtsgericht gegen meinen Mandanten geführt wurde, wurde ein Auszug aus dem Fahreignungsregister Bestandteil der Verfahrensakte, in welchem zum Nachteil meines Mandanten zwei Eintragungen enthalten sind, einmal aufgrund eines Bußgeldbescheides vom , ausgestellt von der Kreisverwaltung , Az. , rechtskräftig seit , und einmal aufgrund eines Bußgeldbescheides vom , ausgestellt von der Zentralen Bußgeldstelle , Az. , rechtskräftig seit . Bezüglich beider Eintragungen war eine Mitteilung an die das Verfahren zuerst führende Zentrale Bußgeldstelle und auch an das Amtsgericht unzulässig. Ich verweise hierzu auf § 29 Abs. 6 StVG, welcher in der Zeit der Überliegefrist eine Mitteilung nur an ausschließlich aufgeführte Berechtigte vorsieht. Zum Zeitpunkt der Erstellung des Registerauszugs hatte die Überliegefrist bereits zu laufen begonnen. Namens und im Auftrag meines Mandanten **beantrage** ich hiermit, in Zukunft die gesetzlich vorgegebenen Auskunftsbeschränkungen bei der Erteilung eines Registerauszugs dringend zu beachten, um zukünftigen falschen und für meinen Mandanten nachteiligen Mitteilungen vorzubeugen.

▲

C. Kennzeichenanzeige

Ein häufiges Problem für den Verteidiger stellen die so genannten **Kennzeichenanzeigen** 21
dar. Mangels eindeutiger Zuordnung des Fahrers über die Halterdaten, etwa wenn eine Firma Halterin des gemessenen Fahrzeugs war, wird die Halterin zuerst angeschrieben. Dies geschieht oftmals in nicht eindeutiger Weise, das heißt, dass der Halterin einerseits der Vorwurf des Verkehrsverstoßes zugewiesen wird, andererseits aber für den Fall der unklaren Fahrereigenschaft die Mithilfe bei der Fahrerbenennung in Zeugenschaft begehrt wird. Das bloße Ignorieren einer solchen Anfrage birgt die Gefahr, dass eine Fahrtenbuchauflage angeordnet wird.[31] Deswegen muss der Verteidiger im Schreiben an die Behörde einen Mittelweg finden, um sich zum einen gegen den Verstoß zu verwahren, andererseits die Unterstützung der Behörde bei der Fahrerfindung nicht auszuschließen. Dies geschieht üblicherweise in der Kenntnis, dass dem Verteidiger des Halters keine Akteneinsicht im Verfahren gegen den Betroffenen zu gewähren ist.[32]

Ein weiterer wichtiger Aspekt einer solchen Konstellation ist, dass der Verteidiger oft 22
zunächst für die Halterin tätig wird, später dann für den Fahrer. Oftmals vergisst die

31 Vgl. BeckOK StVR/*Heinzeller*, § 31a StVZO Rn 22 ff.
32 Vgl. AG Eilenburg, Beschl. v. 30.8.2023 – 8 OWi 510/23 = zfs 2024, 51.

Behörde dabei, dass die für die Halterin eingereichte Vollmacht nicht für das Verfahren gegen den Fahrer gilt, und stellt dann auch im neuen Verfahren den Bußgeldbescheid an den Verteidiger zu. Dies ist unzulässig und unterbricht die Verjährung nicht, sofern keine neue Vollmacht vorgelegt wurde.[33] Sollte es sich bei dem gemessenen Fahrzeug um einen Pkw handeln, der dienstlich und privat genutzt werden darf, somit auch Familienmitglieder als Fahrer in Betracht kommen, muss der Mandant in solchen Fällen weder als Betroffener noch als Angehöriger irgendwelche Auskünfte erteilen, §§ 52, 136, 163a StPO, was auch für eine spätere Kostenentscheidung nach § 109a Abs. 2 OWiG von Bedeutung ist.[34] Für eine spätere Hauptverhandlung ist ergänzend zu berücksichtigen, dass der Betroffene, möchte er einen Entbindungsantrag nach § 73 Abs. 2 OWiG stellen, nicht die Fahrereigenschaft einräumen muss: Bei einer Kennzeichenanzeige besteht für das Tatgericht keine Möglichkeit, die Identität des anwesenden Betroffenen als Fahrer mit anderen Beweismitteln abzugleichen.[35]

23 ▼

Muster 35.8: Klarstellung der Verfahrensbeteiligung

35.8 An die Zentrale Bußgeldstelle

Sehr geehrte ,

ich verweise auf die beiliegende Vollmacht und bestelle mich für unseren Mandanten. Diesem ist von Ihrer Seite ein Anhörungsbogen zugesandt worden, in welchem er in nicht eindeutiger Weise über einen angeblichen Verkehrsverstoß informiert wird. Es ist unklar, ob er als Betroffener oder als Zeuge angehört werden soll. Der behauptete Verkehrsverstoß wurde mit einem Fahrzeug begangen, das auf unseren Mandanten zugelassen ist und ihm als Fahrzeug des Arbeitsgebers zur Verfügung gestellt wurde. Er darf dieses dienstlich und privat nutzen, ebenso seine Familienmitglieder.

Unser Mandant ist demnach weder als Betroffener noch als Zeuge dazu verpflichtet, auf das Anhörungsschreiben zu reagieren und wird auch im weiteren Verfahren keine Angaben Ihnen gegenüber machen. Auf §§ 52, 136, 163a StPO wird insoweit verwiesen. Höchst vorsorglich erklären wir zudem, dass unser Mandant Ladungen durch die Polizei – mangels Verpflichtung – keine Folge leisten wird.

Insofern regen wir an, das Verfahren mangels hinreichenden Tatverdachts einzustellen.

Des Weiteren **beantragen** wir Akteneinsicht zwecks Inaugenscheinnahme möglicher in der Akte befindlicher Beweismittel.

▲

D. Einspruch

24 Der **Einspruch** gegen den erlassenen und zugestellten Bußgeldbescheid kann durch den Betroffenen selbst oder durch den Verteidiger gegenüber der Behörde erfolgen. Der Einspruchswille muss dabei klar erkennbar sein, jegliche zweideutige Formulierung

33 OLG Köln, Beschl. v. 4.1.2013 – 1 RBs 334/12 = DAR 2013, 337.
34 *Krenberger/Krumm*, § 109a OWiG Rn 16.
35 KG, Beschl. v. 11.12.2017 – 3 Ws (B) 310/17 = jurisPR-VerkR 10/2018 Anm. 4.

oder gar die Verwendung des Konjunktivs oder Irrealis sollte vermieden werden.[36] Des Weiteren muss der Einspruch form- und fristgerecht bei der zuständigen Behörde eingegangen sein. Hierzu ist festzuhalten, dass nach wie vor die Einlegung des Einspruchs per (einfacher) E-Mail nicht formgerecht ist,[37] so dass herkömmlicher Schriftverkehr oder Faxübersendung genutzt werden müssen. Denn selbst wenn die Behörde einen Einspruch per E-Mail gelten lassen würde, ist das Gericht später daran nicht gebunden![38] Auch der Verteidiger darf den Einspruch (noch) per Fax einlegen: die „entsprechende" Verweisung in § 110c OWiG auf (u.a.) § 32d StPO zwingt den Verteidiger bislang nicht zur elektronischen Einlegung des Einspruchs im Bußgeldverfahren.[39] Für den Fristlauf muss der Verteidiger darauf achten, an wen der Bußgeldbescheid tatsächlich zugestellt wurde. Hat sich der Verteidiger ohne Vollmacht legitimiert, kann der Bußgeldbescheid verjährungsunterbrechend nur an den Betroffenen zugestellt werden, vgl. § 51 Abs. 3 OWiG. Die Frist beginnt deswegen in einem solchen Fall ab dem Tag der Zustellung bei dem Betroffenen![40]

▼ 25

Muster 35.9: Einspruch 35.9

An die Zentrale Bußgeldstelle

Sehr geehrte ,

ich verweise zunächst auf mein Bestellungsschreiben vom und die als Anlage bereits vorliegende schriftliche Verteidigungs- und Vertretungsvollmacht. Namens und im Auftrag des Betroffenen erhebe ich hiermit **Einspruch** gegen den Bußgeldbescheid der Zentralen Bußgeldstelle , (*optional*)[41] zugestellt am .

(*optional*) Der Betroffene wird zunächst von seinem Aussageverweigerungsrecht Gebrauch machen und sich über seinen Verteidiger äußern. Derzeit ist eine Stellungnahme zum im Bußgeldbescheid erhobenen Vorwurf beabsichtigt. Hierfür wird die Gewährung einer Stellungnahmefrist von 3 Wochen **beantragt**, vor deren Ablauf die Akten nicht der Staatsanwaltschaft zugeleitet werden mögen.

(*optional*) Zugleich **beantrage** ich die Gewährung von Akteneinsicht (auf elektronischem Weg).

(*optional*) Einer Entscheidung im schriftlichen Verfahren wird **widersprochen**.

(*optional*) Bereits jetzt **beantrage** ich die Einstellung des Verfahrens nach § 47 OWiG. (*ggf. nähere Begründung*)

▲

36 *Krenberger/Krumm*, § 67 OWiG Rn 25.

37 AG Köln, Beschl. v. 3.8.2023 – 582 OWi 39/23 = BeckRS 2023, 26178; LG Münster, Beschl. v. 12.10.2015 – 2 Qs 76/15 = zfs 2016, 112; LG Wiesbaden, Beschl. v. 22.1.2019 – 6 Qs 8/19; a.A.: LG Mosbach, Beschl. v. 30.8.2018 – 1 Qs 22/18 = jurisPR-VerkR 4/2019 Anm. 4.

38 Autonome Entscheidung des Gerichts nach §§ 67, 70 OWiG.

39 OLG Karlsruhe, Beschl. v. 22.3.2023 – 2 ORbs 35 Ss 125/23 = NStZ 2023, 622; anders, wenn der Entwurf eines Gesetzes zur weiteren Digitalisierung der Justiz vom 6.3.2024 umgesetzt werden wird: dann wird auch für den Einspruch die elektronische Einreichung verpflichtend für Rechtsanwälte werden.

40 Vgl. für die Problematik des Fristlaufs des Widerspruchs bei § 72 OWiG: LG Duisburg, Beschl. v. 10.1.2013 – 69 Qs – 371 Js 1538/12 – 92/12 – juris.

41 Soll eine fehlerhafte Zustellung später gerügt werden, darf natürlich der Tag der tatsächlichen Zustellung nicht benannt werden, u.a. um den Eintritt der Heilungsfiktion nach § 8 VwZG zu verhindern.

26 Sollte der Verteidiger vom Betroffenen erst nach Zustellung des Bußgeldbescheides erstmals aufgesucht und mandatiert werden, ist natürlich neben der Bestellung und der Einlegung des Einspruchs auch das Gesuch nach Akteneinsicht nicht zu vergessen, ebenso ggf. der Hinweis darauf, dass der Betroffene zunächst von seinem Aussageverweigerungsrecht Gebrauch macht, oder der Antrag, das Verfahren einzustellen, aber auch der Widerspruch gegen eine Entscheidung nach § 72 OWiG.

27 Bisweilen kann es vorkommen, gerade bei Verkehrsunfällen, dass die aufnehmenden Beamten die Sache schon vor Ort zu lösen versuchen. Das ist oftmals zwar sachgerecht, indes nicht immer rechtlich bindend für die Unfallbeteiligten. Wenn etwa vor Ort lediglich eine Verwarnung ohne Geldbetrag ausgesprochen wird – etwa weil die Schuld eingeräumt wurde und der Betroffene ohnehin einen offensichtlichen hohen Eigenschaden zu verzeichnen hat –, kann es nicht selten passieren, dass nachfolgend doch ein Bußgeldbescheid gegen den Betroffenen erlassen wird. Dies ist dem Grunde nach auch zulässig, § 56 Abs. 4 OWiG, kann aber dennoch mit guten Gründen angegriffen werden. Dies ist einer der seltenen Fälle, in denen der Verteidiger aus rein faktischen Gründen versuchen kann, die Behörde zur Rücknahme eines Bußgeldbescheides zu bewegen.

28 ▼

Muster 35.10: Einspruch und Anregung der Rücknahme

35.10

An die Zentrale Bußgeldstelle

Sehr geehrte ,

hiermit lege ich namens und in Vollmacht des Betroffenen Einspruch gegen den Bußgeldbescheid vom ein.

Ich **beantrage** zunächst, den Bußgeldbescheid zurückzunehmen (Göhler/*Thoma*, OWiG, § 56 OWiG Rn 44b). Denn vor Ort hat der den Unfall aufnehmende Polizeibeamte , der hiermit bereits als Zeuge für eine mögliche Hauptverhandlung benannt wird, nach der informatorischen Anhörung der Unfallbeteiligten eine Verwarnung ausgesprochen und dabei auf die Festsetzung eines Verwarnungsgeldes ausdrücklich verzichtet. Dies bezeugen kann der anwesende Beifahrer, Herr , der ebenfalls als Zeuge für eine mögliche Hauptverhandlung benannt wird.

Die Verwarnung darf auch mündlich erfolgen (vgl. Göhler/*Thoma*, § 56 OWiG Rn 16). Dadurch ist der Erlass eines späteren Bußgeldbescheides zwar nicht gehindert, § 56 Abs. 4 OWiG, aber der Vertrauensgrundsatz gebietet gegenüber dem Betroffenen, von dem Erlass eines späteren Bußgeldbescheides abzusehen (vgl. Göhler/*Thoma*, § 56 OWiG Rn 42).

Höchst hilfsweise **beantrage** ich, das Verfahren nach § 47 OWiG einzustellen. Denn dem Mandanten ist durch den eigenverschuldeten Unfall ein hoher Eigenschaden in Form der Selbstbeteiligung in Höhe von EUR *(ggf. zzgl. sonstige Kosten? Mietwagen? Abschleppen?)* entstanden, der bei Bedarf auch nachgewiesen werden kann. Schon für diesen Fall wird, wenn wie hier ein einmaliger Verstoß bei sofortiger Einräumung der Schuld vor Ort vorliegt, die Einstellung des Verfahrens aus Opportunitätsgründen bejaht (vgl. *Gutt/Krenberger*, zfs 2013, 549 ff.). Jedoch ist auch aufgrund der dargelegten und unter Beweis gestellten Vorgehensweise des Beamten vor Ort kein Ahndungsbedarf mehr gegeben, so dass auch diesbezüglich eine Einstellung geboten wäre.

Nur für den unwahrscheinlichen Fall, dass die beantragten Verfahrensweisen nicht eingeschlagen werden, **beantrage** ich ebenfalls höchst hilfsweise die Reduzierung des Bußgelds auf 55 EUR unterhalb der eintragungspflichtigen Grenze, ggf. im Beschlussweg nach § 72 OWiG. Ich weise aber explizit darauf hin, dass aus rechtlichen Gründen der Bußgeldbescheid gar nicht hätte erlassen werden sollen.

▲

Ein durchaus vielseitiges taktisches Mittel für den Verteidiger ist zudem die **Beschränkung** des Einspruchs, üblicherweise auf die Rechtsfolgen. Erforderlich hierfür ist aber eine entsprechende Bevollmächtigung des Verteidigers i.S.d. § 302 Abs. 2 StPO.[42] Zulässig ist diese Beschränkung schon ausweislich des Gesetzes, § 67 Abs. 2 OWiG, und kann auf einzelne prozessuale Taten, aber auch nur auf die Kosten- und Auslagenentscheidung bezogen sein.[43] Allerdings können die Rechtsfolgen Geldbuße und Fahrverbot typischerweise nicht voneinander getrennt werden.[44] Ganz klassisch dient die Beschränkung auf die Rechtsfolgen dazu, einen möglichen Vorwurf der vorsätzlichen Tatbegehung im Urteil zu vermeiden, wenn sich der Bußgeldbescheid zur Begehensform nicht verhält. Abgesehen von Verstößen, die wie die Handynutzung typischerweise nur vorsätzlich begangen werden können,[45] ist es eher üblich, dass der Vorwurf im Bußgeldbescheid von einer fahrlässigen Begehensweise ausgeht und deshalb die Schuldform unerwähnt bleibt. Nach Beschränkung des Einspruchs steht der (fahrlässige) Tatvorwurf dann fest und die Regelfolgen des Vorsatzverstoßes, z.B. § 3 Abs. 4a BKatV[46] sowie Einschränkungen im Rahmen des § 4 Abs. 4 BKatV,[47] bleiben dem Betroffenen erspart. Sollte das Gericht in der Ladungsverfügung oder in der Hauptverhandlung den rechtlichen Hinweis erteilt haben, dass anstelle der bislang als fahrlässig eingestuften Handlung auch eine vorsätzliche Begehensweise in Betracht kommt, hindert dies die Beschränkung des Einspruchs auf die Rechtsfolgen nicht.[48] 29

Des Weiteren ist die Beschränkung auch ein probates Mittel, um der Verwaltungsbehörde bzw. später dem Richter aufzuzeigen, dass der Betroffene den begangenen Verstoß einsieht und die volle Verantwortung dafür übernimmt, was bezüglich der Aspekte Verkehrserziehung und Denkzettel bezüglich eines Fahrverbots nicht unterschätzt werden darf.[49] 30

Schließlich ist die Beschränkung des Einspruchs auch als taktisches Mittel nutzbar. Denn bei der Verwirklichung bestimmter Tatbestände, die ein Regelfahrverbot nach sich 31

42 OLG Bamberg, Beschl. v. 3.4.2018 – 3 Ss OWi 330/18 = zfs 2018, 588; BayObLG, Beschl. v. 21.12.2023 – 202 ObOWi 1264/23 = zfs 2024, 229.

43 NK-GVR/*Krenberger*, § 67 OWiG Rn 10.

44 OLG Hamm, Beschl. v. 25.5.2005 – 2 Ss 207/05 = NZV 2006, 167; OLG Jena, Beschl. v. 25.4.2005 – 1 Ss 244/04 = NZV 2006, 168; BeckOK StVR/*Krenberger*, § 25 StVG Rn 4.

45 AG Landstuhl, Urt. v. 2.4.2015 – 2 OWi 4286 Js 1076/15 = VA 2015, 141; OLG Karlsruhe, Beschl. v. 13.8.2013 – 2 (6) Ss 377/13 – AK 98/13 = Justiz 2015, 14; OLG Bamberg, Beschl. v. 15.1.2019 – 3 Ss OWi 1756/18 = zfs 2019, 169.

46 BeckOK StVR/*Krenberger*, § 3 BKatV Rn 11.

47 BeckOK StVR/*Krenberger*, § 4 BKatV Rn 23.

48 OLG Frankfurt a.M., Beschl. v. 24.11.2022 – 2 Ss-OWi 1149/22 = zfs 2023, 113.

49 BeckOK StVR/*Krenberger*, § 4 BKatV Rn 24.

ziehen, ist das Gericht trotz Beschränkung des Einspruchs auf die Rechtsfolge keineswegs davon entbunden, Feststellungen zu den objektiven Tatumständen zu treffen:[50] Denn z.B. ist die Dauer des Rotlichtverstoßes von mehr als 1 Sekunde eine Frage der Rechtsfolgenzumessung und muss seitens des Gerichts positiv festgestellt werden, wenn sie nicht Gegenstand des Tatvorwurfs im Bußgeldbescheid war. Gleiches gilt bisweilen für die Höhe der Geschwindigkeit. Bei fehlender Angabe der Konzentration des Wirkstoffs des konsumierten berauschenden Mittels wäre sogar die Beschränkung unwirksam, so dass auch hier ein Aufhebungsgrund gegen das spätere Urteil bestünde.[51] Abzugrenzen ist hiervon jedoch die Fallgestaltung, dass die Rechtsbeschwerde auf den Rechtsfolgenausspruch beschränkt wird: Die doppelrelevanten Tatsachen des Urteils können dann nicht mehr erfolgreich angefochten werden.[52] Trifft aber das Tatgericht nach Beschränkung des Einspruchs keine Feststellungen zu den rechtsfolgenrelevanten Umständen und ergeben sich diese auch nicht aus dem dann rechtskräftigen Teil des Bußgeldbescheides, kann das Urteil erfolgreich mit der Rechtsbeschwerde angegriffen werden, so dass durch den neuerlichen Zeitablauf ein weiteres Argument gegen die Anordnung eines Fahrverbots im Raum stünde.

32 ▼

Muster 35.11: Beschränkung auf den Rechtsfolgenausspruch

35.11 An die Zentrale Bußgeldstelle /das Amtsgericht

Sehr geehrte ,

namens und in Vollmacht des Betroffenen erhebe ich hiermit **Einspruch** gegen den Bußgeldbescheid vom , zugestellt am und **beschränke** diesen gemäß § 67 Abs. 2 OWiG auf den Rechtsfolgenausspruch. Die hierfür erforderliche Bevollmächtigung i.S.d. § 302 Abs. 2 StPO wird anwaltlich versichert.

(*optional, zur Vorbereitung möglicher Einwendungen*) Mein Mandant möchte sich seiner verkehrsrechtlichen Verantwortung nicht entziehen und räumt deshalb nicht nur die Fahreigenschaft ein, sondern durch die Beschränkung auf den Rechtsfolgenausspruch auch den Verstoß dem Grunde nach. Es ergeben sich einzig noch Fragen zur Höhe der Geldbuße/zur Anordnung des Fahrverbots, auf welche ich in gesondertem Schriftsatz eingehen werde.

▲

E. Einstellung des Verfahrens wegen Verjährung

33 Eine begehrte Variante, ein Verfahren zugunsten des Betroffenen zu beenden, ist die Einstellung des Verfahrens wegen eingetretener **Verjährung**. Dies geschieht durch Beschluss oder Urteil, je nach dem Stadium des Verfahrens, § 46 OWiG, §§ 206a, 260 Abs. 3 StPO. Die Verjährung ist von Amts wegen zu prüfen, weswegen die Einstellung

50 KG, Beschl. v. 17.2.2015 – 3 Ws (B) 24/15 = VRS 128, 142; die Entscheidung KG, Beschl. v. 12.4.2017 – 3 Ws (B) 31/17 = NZV 2017, 340, beschreibt eigentlich eine andere Verfahrenslage.

51 OLG Hamm, Beschl. v. 11.2.2010 – 3 Ss OWi 319/09 = zfs 2010, 351.

52 OLG Rostock, Beschl. v. 22.12.2015 – 21 Ss OWi 198/15 (B) = jurisPR-VerkR 5/2016 Anm. 6.

etwa auch einem Verwerfungsurteil vorgehen müsste.[53] Allerdings darf der Verteidiger nicht darauf bauen, dass die Verwaltungsbehörde oder das Gericht den Verjährungstatbestand in jedem Fall auch entdecken, sondern er sollte im Wege der Akteneinsicht selbst eine Prüfung durchführen und das gefundene Ergebnis dann rechtzeitig rügen. Denn nur im Fall einer echten Rechtsbeschwerde nach § 79 OWiG muss das Rechtsbeschwerdegericht auch die möglicherweise übersehene Verjährung prüfen. Dies gilt nicht für den Fall der Zulassung der Rechtsbeschwerde: Sofern nicht eine seltene Ausnahme geboten ist,[54] sind weder die übersehene Verjährung noch eine Fehlentscheidung im Einzelfall ein Grund, die Rechtsbeschwerde zuzulassen.[55]

Nur in seltenen Fällen kann sich ein Betroffener auf die „absolute" Verjährungsfrist von zwei Jahren berufen, § 33 Abs. 3 S. 2 OWiG. Diese tritt nur dann ein, wenn zwei Jahre seit der Tat vergangen sind[56] und keine Entscheidung durch Urteil oder nach § 72 OWiG ergangen ist.[57] **34**

Wesentlich häufiger hingegen kommt es vor, dass die Verfolgungsverjährung nicht nach § 33 Abs. 1 OWiG unterbrochen wurde. Bevor allerdings der dortige Maßnahmenkatalog durchgeprüft wird, muss sich der Verteidiger zunächst über die tatsächliche Verjährungsfrist im Klaren sein. Herkömmliche Verkehrsverstöße, z.B. nach § 49 StVO oder nach § 69a StVZO verjähren über §§ 26 Abs. 3, 24 StVG binnen drei Monaten, was eine Abweichung zu § 31 OWiG darstellt, wo auf die Höchstsumme der Geldbuße nach § 17 OWiG abgestellt wird. Manche Verkehrsverstöße unterliegen allerdings nicht dieser kurzen Verjährungsfrist, sondern der gewöhnlichen nach §§ 31, 17 OWiG. Dazu zählt vor allem § 24a StVG, der nicht in der Verweisung des § 26 Abs. 3 StVG enthalten ist. Es wäre deshalb nicht nur fatal für den Betroffenen, sondern auch peinlich für den Verteidiger, wenn er die Einstellung eines Verfahrens wegen einer Drogen- oder Trunkenheitsfahrt begehrt, weil seit Kontrolle und zugleich erfolgter Anhörung des Betroffenen und der nächsten Maßnahme, z.B. dem Erlass des Bußgeldbescheides mehr als drei Monate vergangen sind. Das Gleiche gilt, wenn die Frist des § 31 OWiG falsch berechnet würde. Denn maßgebend ist natürlich nicht die im Bußgeldbescheid ausgesprochene Höhe des Bußgeldes, im Erstfall bei § 24a StVG meist 500 EUR, sondern die bei fahrlässiger/vorsätzlicher Begehung maximal mögliche Höhe der Geldbuße. Diese beträgt bei § 24a StVG eben 1.500/3.000 EUR, vgl. § 17 Abs. 2 OWiG, so dass die Verjährungsfrist mindestens ein Jahr beträgt. **35**

Innerhalb des Katalogs der Unterbrechungstatbestände gibt es nur einen einzigen, der die kurze Verjährungsfrist der regulären Verkehrsverstöße von drei auf sechs Monate **36**

53 *Krenberger/Krumm*, § 74 OWiG Rn 16.

54 Vgl. OLG Celle, Beschl. v. 18.8.2015 – 2 Ss (OWi) 240/15 = zfs 2016, 110; OLG Celle, Beschl. v. 23.7.2015 – 2 Ss (OWi) 206/15 = zfs 2015, 710.

55 OLG Rostock, Beschl. v. 16.12.2014 – 21 Ss OWi 208/14 (Z) = VRS 128, 43; OLG Köln, Beschl. v. 21.2.2014 – 1 RBs 37/14 = jurisPR-VerkR 12/2014 Anm. 6; OLG Hamm, Beschl. v. 14.4.2015 – 1 RBs 65/15 = jurisPR-VerkR 22/2015 Anm. 5.

56 OLG Koblenz, Beschl. v. 8.2.2023 – 4 ORbs 31 SsBs 1/23 = zfs 2023, 352.

57 *Krenberger/Krumm*, § 32 OWiG Rn 11.

verlängert: den Erlass und die Zustellung des Bußgeldbescheides, § 33 Abs. 1 S. 1 Nr. 9 OWiG. Nach dem wirksamen Erlass des Bußgeldbescheides verlängern auch weitere Unterbrechungsmaßnahmen die Verjährung jeweils um sechs Monate. Sollten allerdings der Erlass und die Zustellung des Bußgeldbescheides unwirksam erfolgt sein, bedeutet dies nicht, dass nachfolgende Maßnahmen die Verjährung nicht mehr unterbrechen könnten, sondern es gilt weiterhin die Frist von drei Monaten, die durch neue Maßnahmen eben auch nur um weitere drei Monate verlängert werden kann.[58]

37 Die Judikatur zu den Unterbrechungstatbeständen ist reichhaltig, die Kommentierung ebenso. Dabei gibt es allerdings einige immer wieder streitige Klassiker, die für den Verteidiger relevant sind.

I. Unterbrechung durch Anhörung etc.

38 Zunächst ist auf § 33 Abs. 1 S. 1 Nr. 1 OWiG zu achten, der die Unterbrechung der Verjährung u.a. durch **Anhörung** oder Vernehmung regelt.[59] Für den Betroffenen muss aus dem Anhörungsschreiben klar ersichtlich sein, dass er als Betroffener angesprochen wird und welcher konkrete Tatvorwurf gegen ihn besteht. Des Weiteren können Anhörung und Vernehmung des Betroffenen die Verjährung nur einmal unterbrechen. Auch ist eine zielgerichtete Maßnahme erforderlich. Nicht ausreichend hingegen wäre eine bloße Ermittlung eines möglichen Betroffenen, z.B. durch die beauftragte für den Wohnort zuständige Polizei.

39 ▼

Muster 35.12: Wiederholte Anhörung

35.12

An die Zentrale Bußgeldbehörde

Sehr geehrte ,

nach inzwischen gewährter Akteneinsicht **beantrage** ich namens und in Vollmacht für den Betroffenen, das Verfahren wegen eingetretener Verjährung einzustellen.

Es handelt sich hier um den Vorwurf eines Verstoßes gegen § 8 StVO, weil der Betroffene am bei einem aufgenommenen Verkehrsunfall in der Gemeinde an der Kreuzung -Straße und -Straße die Vorfahrt des vorfahrtberechtigten Verkehrsteilnehmers nicht beachtet haben und dadurch einen Unfall mit beiderseitigem Sachschaden verursacht haben soll. Es erfolgt hier keine Einlassung zur Sache. Allerdings wurde der Betroffene bereits am Unfalltag ausweislich des Vermerks des Zeugen POK , Bl. d.A., als Betroffener angehört und ihm der Erlass eines Bußgeldbescheides angekündigt – so dann später auch geschehen. Nach Abgabe des, zuerst als Strafverfahren wegen § 229 StGB geführten, dann aber nach § 170 StPO diesbezüglich eingestellten Verfahrens durch die Staatsanwaltschaft an die Bußgeldbehörde am und noch vor dem Erlass des Bußgeldbescheides am , zugestellt am , erfolgte seitens der Bußgeldbehörde eine weitere schriftliche Anhörung meines Mandanten, verfügt ausweislich Bl. d.A. am . Diese ging dem Betroffenen jedoch nicht zu, ein Zustellungsnachweis ist nicht in der Akte befindlich.

58 OLG Celle, Beschl. v. 18.8.2015 – 2 Ss (OWi) 240/15 = zfs 2016, 110.
59 *Krenberger/Krumm*, § 33 OWiG Rn 12 ff.

Ungeachtet des Umstands, dass der tatsächliche Zugang des Anhörungsbogens nicht erforderlich ist, um die Verjährung zu unterbrechen, weise ich darauf hin, dass eine nochmalige Anhörung nach derjenigen des Tattages keine erneute Unterbrechung bewirken kann (OLG Braunschweig, Beschl. v. 10.10.2007 – Ss (OWi) 95/07 = SVR 2008, 78). Der Erlass des Bußgeldbescheides erfolgte deshalb nicht rechtzeitig innerhalb der Dreimonatsfrist, um die Verjährung erneut zu unterbrechen.

▲

▼

Muster 35.13: Nicht konkretisierter Tatvorwurf 40

35.13

An die Zentrale Bußgeldbehörde

Sehr geehrte ,

nach inzwischen gewährter Akteneinsicht **beantrage** ich namens und in Vollmacht für den Betroffenen, das Verfahren wegen eingetretener Verjährung einzustellen.

Denn weder der meinem Mandanten zugegangene Anhörungsbogen vom noch der später erlassene Bußgeldbescheid vom konnten die Verjährung unterbrechen. Der Tatvorwurf gegen meinen Mandanten war in beiden Dokumenten nicht so hinreichend konkretisiert, als dass er bei Erhalt der Dokumente davon ausgehen konnte, dass er als Verursacher eines bußgeldbewehrten Verkehrsverstoßes angesprochen worden ist. Der Betroffene wurde namentlich richtig adressiert und ist auch Halter des in den Schreiben aufgeführten Pkw , Kz. . Allerdings ist der meinem Mandanten gemachte Vorwurf so uneindeutig, dass die Konkretisierungsfunktion der Anhörung und auch des Bußgeldbescheides nicht gewahrt ist.

Der Vorwurf lautet auf einen Verstoß gegen § 37 Abs. 2 StVO in der -Straße „an der Lichtzeichenanlage". Die -Straße in ist aber, wie dem Gericht hinlänglich bekannt sein dürfte, jedenfalls ist es über die Suchfunktion in Google Maps leicht erkennbar, km lang und führt nahezu von einem Ende von bis zum anderen als eine der Hauptverkehrsadern der Stadt. Auf dieser -Straße sind insgesamt 12 Lichtzeichenanlagen angebracht. Mangels Angaben einer Querstraße oder einer Hausnummer in Anhörung und Bußgeldbescheid ist es dem Betroffenen nicht einmal im Nachhinein möglich zu eruieren, welchen Verstoß er am behaupteten Tattag und vor allem wo er ihn begangen haben soll. Auf die einschlägige Rechtsprechung weise ich hin (z.B. OLG Koblenz, Beschl. v. 22.3.2021 – 2 OWi 6 SsBs 20/21 = zfs 2021, 412; AG Bitterfeld-Wolfen, Urt. v. 3.9.2012 – 2 OWi 593 Js 7128/12 – juris; AG Schleswig, Beschl. v. 5.7.2018 – 53 OWi 107 Js 8757/18 = jurisPR-VerkR 22/2018 Anm. 6).

Ich weise zudem höchst vorsorglich darauf hin, dass die zur Frage der **Wirksamkeit** des Bußgeldbescheides ergangene Rechtsprechung (KG, Beschl. v. 1.7.2014 – 3 Ws (B) 340/14 = VRS 127, 81) hier nicht einschlägig ist. Denn diese Prüfung erfolgt erst später durch das Gericht unter Heranziehung des übrigen Akteninhalts. Hier geht es aber nicht um die Wirksamkeit des Bescheides, sondern um dessen Konkretisierungsfunktion. Der Betroffene hatte bei Erhalt von Anhörungsschreiben und Bußgeldbescheid gerade keine ergänzende Akteneinsicht und war auch nicht verpflichtet, sich eine solche zu verschaffen.

▲

41 Zu der vorgenannten Konstellation sei darauf hingewiesen, dass die Gerichte bislang diese Problematik, wenn sie sie denn überhaupt (an-)erkennen, nur sehr zurückhaltend im Sinne des Betroffenen entscheiden. Dennoch ist die dogmatische Unterscheidung zwischen Wirksamkeit des Bescheides und der verjährungsunterbrechenden Wirkung wichtig und sollte vom Verteidiger beherrscht und vorgetragen werden.

42 Der Unterbrechungstatbestand der richterlichen Vernehmung nach § 33 Abs. 1 S. 1 Nr. 2 OWiG ist in Verkehrsordnungswidrigkeiten eher selten anzutreffen. Wenn eine Vernehmung aktenkundig ist, muss der Verteidiger über die Akteneinsicht darauf achten, dass diese auch gemäß den formalen Vorgaben der StPO durchgeführt wird. Insbesondere ist eine bloß telefonische „Vernehmung" eines weit entfernt oder im Ausland lebenden Zeugen keine Vernehmung im Sinne der Norm.[60]

II. Unterbrechung durch vorläufige Einstellung

43 Für den Unterbrechungstatbestand nach § 33 Abs. 1 S. 1 Nr. 5 OWiG gibt es vielfältige Rechtsprechung, die eine ebenso große Anzahl von Fehlerquellen der Verwaltung aufzeigen, die es durch die Akteneinsicht zu entdecken gilt. Drei davon sind besonders zu beachten:

44 Zum einen muss die entsprechende Verfügung der **vorläufigen Einstellung** hinreichend autorisiert sein. Ist diese Verfügung jedoch nicht unterzeichnet und lässt auch sonst keinen Aussteller erkennen, ist sie nicht geeignet, den Unterbrechungstatbestand auszulösen.[61] Nach § 33 Abs. 2 Nr. 1 OWiG ist die Verjährung bei schriftlichen Anordnungen in dem Zeitpunkt unterbrochen, in dem die Anordnung unterzeichnet wird. Bei fehlender Unterzeichnung und fehlender sonstiger Autorisierung lässt sich dieser Zeitpunkt aber nicht feststellen.

45 ▼

Muster 35.14: Nicht autorisierte Verfügung

35.14

An die Zentrale Bußgeldbehörde

Sehr geehrte ,

nach inzwischen gewährter Akteneinsicht **beantrage** ich namens und in Vollmacht für den Betroffenen, das Verfahren wegen eingetretener Verjährung einzustellen.

Aufgrund für meinen Mandanten nicht nachvollziehbarer Schwierigkeiten Ihrerseits, den Anhörungsbogen sowie den Bußgeldbescheid meinem Mandanten zukommen zu lassen, wurde ausweislich der übersandten Akte, dort Bl. , das Verfahren vorläufig eingestellt, um den Aufenthaltsort meines Mandanten zu ermitteln. Zwar wurde, was durch einfache Anfrage beim Einwohnermeldeamt hätte eruiert werden können, inzwischen der Bußgeldbescheid an die richtige Wohnadresse des Betroffenen zugestellt, woraufhin der Einspruch erfolgte. Allerdings wurde der Bußgeldbescheid später als drei Monate nach dem Versuch erlassen, das Anhörungsschreiben zu übersenden. Die zwischenzeitlich vorgenommene vorläufige Einstellung des Verfahrens konnte dabei keinen weiteren Un-

60 OLG Bamberg, Beschl. v. 2.3.2015 – 2 Ss OWi 13/15 = DAR 2015, 272.
61 OLG Hamm, Beschl. v. 25.3.2014 – 1 RBs 45/14 = jurisPR-VerkR 12/2014 Anm. 4.

terbrechungstatbestand setzen. Denn ausweislich Bl. d.A. wurde die hierzu ergangene Verfügung weder unterzeichnet noch ist sie in sonstiger Weise, etwa durch Paraphe, Namenskürzel oder eine andere Zuordnungsmöglichkeit autorisiert worden.

▲

Ein weiteres Problem ist die Frage der Auswirkung von Fehlern im Behördenablauf. 46
Kann eine Einstellung nach § 205 StPO, § 46 OWiG die verjährungsunterbrechende Wirkung des § 33 Abs. 1 S. 1 Nr. 5 OWiG auslösen, wenn der Name des Betroffenen und dessen Anschrift stets bekannt waren und lediglich behördenintern aktenkundige Angaben unrichtig zur Kenntnis genommen oder unrichtig übertragen wurden? Relevant wird dies dann, wenn z.B. der Anhörungsbogen wegen Fehladressierung als unzustellbar in den Rücklauf gelangt, solange nicht ein bloßer Irrtum über den Aufenthalt des Betroffenen vorlag, der die Wirkung des § 33 Abs. 1 S. 1 Nr. 5 OWiG nicht beeinflusst hätte.[62] Zu diesem Problemfeld gibt es nun drei Ansichten, so dass der Verteidiger zum einen gut die Details herausarbeiten, gleichzeitig aber auch auf regionale Besonderheiten Acht geben muss:

Das AG Lüdinghausen hat in einer Entscheidung,[63] der Rechtsprechung des OLG Karls- 47
ruhe[64] folgend, die Verjährungsunterbrechung verneint. Wenn es gar keinen Irrtum gab, sondern nur ein internes falsches Übertragen, ist auch die Verschuldensfrage obsolet. Ohne z.B. zweifelhaften Wohnsitz des Betroffenen gibt es für eine verjährungsunterbrechende Wirkung der vorläufigen Einstellung nach § 33 Abs. 1 S. 1 Nr. 5 OWiG keinen Bedarf.[65] Denn die Behörde kann bei eigentlich bekanntem Wohnsitz subjektiv die Merkmale der ohnehin eng auszulegenden Unterbrechungshandlung, der wirklichen Ermittlung des Aufenthalts i.S.v. § 33 Abs. 1 S. 1 Nr. 5 OWiG, gar nicht erreichen.[66]

Daneben gibt es noch die beiden davon divergierenden Ansichten: Einmal die des OLG 48
Bamberg,[67] dass es für die Verjährungsunterbrechung nach § 33 Abs. 1 S. 1 Nr. 5 OWiG aufgrund vorläufiger Einstellung des Verfahrens wegen Unzustellbarkeit an den Betroffenen weder auf die tatsächliche Abwesenheit des Betroffenen ankomme, noch dass ein Irrtum der Verfolgungsbehörde unverschuldet sein müsse. Eine fehlerhafte Unterbrechungshandlung unterbreche die Verjährung nur ganz ausnahmsweise dann nicht, wenn sie wegen eines schwerwiegenden Fehlers unwirksam sei oder wenn nur eine Scheinmaßnahme getroffen worden sei.

Hiergegen wenden sich das OLG Hamm[68] und das Brandenburgische OLG,[69] die konsta- 49
tieren, dass die Frage, ob ein Irrtum der Verfolgungsbehörde unverschuldet sein müsse oder nicht, nur offenbleiben könne, wenn der Irrtum der Bußgeldbehörde über den Aufenthaltsort des Betroffenen auf falschen Angaben einer anderen Behörde (z.B. der

62 Göhler/*Thoma*, § 33 OWiG Rn 27.
63 AG Lüdinghausen, Beschl. v. 12.3.2013 – 19 OWi 20/13 = zfs 2013, 592.
64 OLG Karlsruhe, Beschl. v. 6.3.2000 – 2 Ss 163/98 = DAR 2000, 371.
65 OLG Schleswig, Beschl. v. 20.12.2019 – II OLG 66/19 = BeckRS 2019, 34330.
66 Göhler/*Thoma*, § 33 OWiG Rn 3.
67 OLG Bamberg, Beschl. v. 18.4.2007 – 2 Ss OWi 1073/06 = NStZ 2008, 532.
68 OLG Hamm, Beschl. v. 2.8.2007 – 2 Ss OWi 372/07 = NZV 2007, 588.
69 OLG Brandenburg, Beschl. v. 29.3.2005 – 2 Ss (OWi) 51 Z/05 = NZV 2006, 100.

Polizei) beruhe. Ansonsten dürfe der Irrtum nicht auf dem Verschulden der Behörde beruhen.

50 ▼

Muster 35.15: Irrtum der Behörde

35.15

An die Zentrale Bußgeldbehörde

Sehr geehrte ,

nach inzwischen gewährter Akteneinsicht **beantrage** ich namens und in Vollmacht für den Betroffenen, das Verfahren wegen eingetretener Verjährung einzustellen.

Aufgrund für meinen Mandanten nicht nachvollziehbarer Schwierigkeiten Ihrerseits, den Anhörungsbogen sowie den Bußgeldbescheid meinem Mandanten zukommen zu lassen, wurde ausweislich der übersandten Akte, dort Bl. , das Verfahren vorläufig eingestellt, um den Aufenthaltsort meines Mandanten zu ermitteln. Dies erfolgte dann mittels der auf Bl. d.A. ersichtlichen Auskunft des Einwohnermeldeamts. Daraus wird auch ersichtlich, dass die korrekte Anschrift meines Mandanten bereits seit Aufnahme des behaupteten Verstoßes durch den Zeugen PHM am Unfallort aktenkundig und auch richtig war. Es erfolgte ganz offensichtlich eine fehlerhafte Übertragung innerhalb der Zentralen Bußgeldbehörde. Dies kann nicht zum Nachteil des Betroffenen verwertet werden, denn weder lag ein Verschulden bei ihm vor, noch gab es einen Irrtum, so dass die ansonsten zu thematisierende Verschuldensfrage obsolet ist. Wenn interne Übertragungsfehler geschehen und dennoch das Verfahren vorläufig eingestellt wird, wird folgerichtig das Verfahren hierdurch nicht unterbrochen und ist nunmehr, da zwischen Anhörung und Erlass des Bußgeldbescheides mehr als drei Monate vergangen sind, einzustellen.

▲

51 Es ist explizit darauf hinzuweisen, dass möglicherweise nicht alle Gerichte diese Variante bei behördlichen Irrtümern zwingend teilen. Dennoch ist es für den Verteidiger eine weitere Option, das Verfahren im Sinne des Mandanten zu beenden.

52 Schließlich hat das OLG Celle[70] eine weitere Notwendigkeit der vorläufigen Einstellung aufgezeigt: bei mehrfacher Nutzung dieses Unterbrechungstatbestandes müssen stets beide Komponenten erfüllt sein, also sowohl die erneute vorläufige Einstellungsentscheidung als auch die erneute Ausschreibung zur Aufenthaltsermittlung. Dabei ist zu beachten, dass sich die Komponenten nicht zwingend als eigene Verfügungen in der Akte befinden müssen, sondern es auch für zulässig erachtet wird, wenn diese sich als Handlungen in der Verfahrenshistorie zu Beginn der Akten finden.[71]

53 ▼

Muster 35.16: Vorläufige Einstellung

35.16

An die Zentrale Bußgeldbehörde

Sehr geehrte ,

nach inzwischen gewährter Akteneinsicht **beantrage** ich namens und in Vollmacht für den Betroffenen, das Verfahren wegen eingetretener Verjährung einzustellen.

70 OLG Celle, Beschl. v. 23.7.2015 – 2 Ss (OWi) 206/15 = zfs 2015, 710.
71 OLG Karlsruhe, Beschl. v. 19.9.2018 – 2 Rb 7 Ss 498/18 = BeckRS 2018, 25542.

Aufgrund für meinen Mandanten nicht nachvollziehbarer Schwierigkeiten Ihrerseits, den Anhörungsbogen sowie den Bußgeldbescheid meinem Mandanten zukommen zu lassen, wurde ausweislich der übersandten Akte, dort Bl. , das Verfahren vorläufig eingestellt, um den Aufenthaltsort meines Mandanten zu ermitteln. Dies verlief zunächst erfolglos, so dass kurz vor dem Ablauf der Dreimonatsfrist eine weitere Maßnahme zur Aufenthaltsermittlung veranlasst wurde, vgl. Bl. d.A., was schließlich in die auf Bl. d.A. ersichtliche Auskunft des Einwohnermeldeamts mündete. Weitere zwei Monate später wurde dann der Bußgeldbescheid erlassen. Die zwischenzeitlich erfolgte weitere Ermittlungsmaßnahme war jedoch nicht geeignet, die Verjährung erneut zu unterbrechen. Denn es fehlt an einer ebenfalls erforderlichen erneuten vorläufigen Einstellung des Verfahrens. Der spätere Erlass des Bußgeldbescheides erfolgte erst nach bereits eingetretener Verfolgungsverjährung.

▲

III. Unterbrechung durch Erlass und Zustellung des Bußgeldbescheides

Der wohl kritischste Punkt für die Frage der Verjährung ist die **Zustellung** des Bußgeld- 54
bescheides. Erst diese und nicht nur der Erlass des Bußgeldbescheides kann die Unterbrechung der Verjährung auslösen. Die Zustellung muss dabei innerhalb von zwei Wochen nach Erlass des Bußgeldbescheides erfolgen, §§ 26 Abs. 3, 24 StVG, § 33 Abs. 1 S. 1 Nr. 9 OWiG, damit der Zeitpunkt des Erlasses maßgeblich für die Unterbrechung ist. Geschieht dies nicht, kann erst der Tag der tatsächlichen Zustellung die Verjährung unterbrechen.[72]

Zugestellt werden kann am tatsächlichen Wohnsitz des Betroffenen. Der Betroffene 55
muss dabei an der Wohnadresse zur Zeit der Zustellung tatsächlich gewohnt haben.[73] Es genügt ebenso, wenn der Betroffene zwar nicht mehr an seiner alten Anschrift wohnt, jedoch noch eine Beziehung zur vormaligen Wohnung aufrechterhalten wird.[74] Die Postzustellungsurkunde ist zunächst nur ein Indiz dafür, dass die Wohnung an der angegebenen Adresse bestand. Bei rechtsmissbräuchlichem Verhalten kann sich der Betroffene allerdings nicht auf die fehlerhafte Zustellung berufen.[75]

Versucht die Behörde hingegen die Zustellung in Geschäftsräumen, setzt dies voraus, 56
dass der Betroffene Inhaber der Geschäftsräume ist[76] oder alleiniger Geschäftsführer einer GmbH.[77] Dies ist bspw. nicht der Fall bei einem Geschäftsleiter der GmbH & Co KG;[78] auch für leitende Angestellte, die nicht selbst Gewerbetreibende sind, gilt § 178 Abs. 1 Nr. 2 ZPO nicht.[79]

72 *Krenberger/Krumm*, § 33 OWiG Rn 60.
73 KG, Beschl. v. 29.10.2010 – 3 Ws (B) 508/10 = VRS 120, 31; AG Landstuhl, Beschl. v. 5.5.2021 – 2 OWi 4211 Js 90/21 = BeckRS 2021, 10388.
74 KG, Beschl. v. 4.4.2017 – 3 Ws (B) 43/17 = jurisPR-VerkR 24/2017 Anm. 5.
75 OLG Hamm, Beschl. v. 27.1.2015 – 3 RBs 5/15 = NStZ 2015, 525; BayObLG, Beschl. v. 13.12.2021 – 201 ObOWi 1475/21 = BeckRS 2021, 42222.
76 OLG Celle, Beschl. v. 12.8.2011 – 322 SsBs 167/11 = zfs 2011, 708.
77 VGH Baden-Württemberg, Beschl. v. 23.4.2018 – 10 S 358/18 = NJW 2018, 2507.
78 OLG Bamberg, Beschl. v. 12.12.2005 – 3 Ss OWi 1354/05 = NJW 2006, 1078.
79 BeckOK-ZPO/*Dörndorfer*, § 178 ZPO Rn 12.

57 Weitaus häufiger erfolgt die Zustellung an den **Verteidiger** des Betroffenen. Hier kann der Verteidiger nicht nur zahlreiche Fehler entdecken, sondern teilweise auch Fehler der Behörde gewissermaßen hervorrufen, indem er auf fehlende genügende Aufmerksamkeit auf Seiten der Behörde vertraut.

58 Für die Zustellung des Bußgeldbescheides an den Verteidiger enthält § 51 Abs. 3 OWiG eine Sondervorschrift. Danach gilt der Verteidiger kraft Gesetzes als zustellungsbevollmächtigt, sofern dessen Vollmacht nachgewiesen ist. Eine Abschrift oder Ablichtung der Vollmacht reicht dabei aus, ebenso wie eine Übersendung der Vollmacht per Telefax. Fehlt eine solche Vollmacht, kann das Gericht nicht verjährungsunterbrechend an den Verteidiger zustellen.[80]

59 Diesen Grundsatz muss der Verteidiger insbesondere für eine spätere Rechtsbeschwerde kennen und für sich nutzen. Denn es wird oft versucht, die Zustellung trotz fehlender Vollmacht mit der Konstruktion einer rechtsgeschäftlichen Zustellungsvollmacht zu retten. Konkludentes Verhalten des Anwalts erfüllt diese Voraussetzungen nur dann, wenn Prozesshandlungen vorgenommen werden, die typischerweise einem Verteidiger zugerechnet werden.[81] Die bloße Vertretungsanzeige genügt nicht.[82] Eine großzügigere Auslegung der Vorschrift kann Unklarheit schaffen und sich insbesondere auch zu Lasten eines Betroffenen auswirken. Zweckmäßigkeitserwägungen haben demgegenüber zurückzustehen.[83]

60 Soweit in der obergerichtlichen Rechtsprechung trotz Fehlens einer bei den Akten befindlichen Verteidigervollmacht bzw. in der Hauptverhandlung zu Protokoll erklärten Vollmacht eine wirksame Zustellung angenommen worden ist, betraf dies Fälle, in denen nur eine außergerichtliche Vollmacht zu den Akten gereicht worden war.[84] bzw. die Berechtigung zur Entgegennahme von Zustellungen von der Verteidigervollmacht ausgeschlossen worden war, Stichwort „Verjährungsfalle". Hier müssen Gericht und Verteidigung jeweils klar argumentativ herausarbeiten, warum eine Zustellung nun nicht oder eben doch verjährungsunterbrechend wirken konnte.

61 Ein Mischproblem ist das bereits erwähnte Konstrukt einer **rechtsgeschäftlich erteilten Zustellungsvollmacht**.[85] Dem Grunde nach ähnelt die Anwendung dieser Konstruktion der Argumentation der zuvor zitierten Gerichte, die eine Art von missbräuchlichem Verhalten darin sehen, dass der Verteidiger als solcher agiert, aber eben keine Vollmacht vorlegt (und das ja auch nicht tun muss![86]).

80 OLG Karlsruhe, Beschl. v. 29.10.2020 – 2 Rb 35 Ss 618/20 = BeckRS 2020, 34187; OLG Köln, Beschl. v. 4.1.2013 – 1 RBs 334/12 = DAR 2013, 337.
81 KG, Beschl. v. 24.7.2014 – 3 Ws (B) 365/14 – 162 Ss 100/14 = BeckRS 2014, 22712.
82 OLG Hamburg, Beschl. v. 10.9.2020 – 2 RB 15/19 = BeckRS 2020, 29247.
83 BGH, Beschl. v. 24.10.1995 – 1 StR 474/95 = BGHSt 41, 303; BGH, Beschl. v. 3.12.2008 – 2 StR 500/08 = NStZ-RR 2009, 144.
84 Vgl. dazu OLG Brandenburg, Beschl. v. 4.10.2007 – 2 Ss (OWi) 142 B/07 = VRS 113, 434; OLG Karlsruhe, Beschl. v. 1.7.2008 – 2 Ss 71/08 = NStZ 2009, 295.
85 OLG Braunschweig, Beschl. v. 13.5.2013 – 1 Ss (OWi) 83/13 = DAR 2013, 524.
86 VerfGH RP, Beschl. v. 28.1.2021 – VGH B 71/20, BeckRS 2021, 978.

Auch eine andere Konstellation dürfte allenfalls über den Aspekt des rechtsmissbräuchlichen Verhaltens zu lösen sein:[87] Ein Rechtsanwalt bestellt sich bei der Verwaltungsbehörde zum Verteidiger, reicht allerdings eine auf einen anderen Verteidiger lautende Vollmachtsurkunde zur Akte.[88] Die Verwaltungsbehörde hatte den Bußgeldbescheid dem in Erscheinung tretenden Verteidiger zugestellt und nicht dem Verteidiger, der in der Vollmacht benannt war. Gegenüber dem Amtsgericht berief sich der nach außen in Erscheinung getretene Verteidiger dann auf Verfolgungsverjährung, da nicht an den in der Vollmachtsurkunde benannten Verteidiger zugestellt worden sei. Das Amtsgericht sah dies als rechtsmissbräuchliche „Verjährungsfalle" an. Das OLG Braunschweig ließ die Rechtsbeschwerde zu, verneinte aber den Eintritt der Verjährung. Hierzu führte es aus, § 51 Abs. 3 OWiG enthielte nur die Fiktion einer für und gegen den Betroffenen wirksamen Empfangsberechtigung des gewählten oder beigeordneten Verteidigers, obgleich dieser als solcher nicht rechtsgeschäftlicher Vertreter des Angeklagten, sondern nur dessen Beistand sei (§ 137 Abs. 1 S. 1 StPO).[89] Als Folge dieser gesetzlichen Fiktion komme es für die Wirksamkeit der Zustellung dann nicht darauf an, ob sich auf der zu den Akten gelangten Vollmachtsurkunde eine ausdrückliche Ermächtigung zur Entgegennahme von Zustellungen befinde, und es sei ebenso wenig möglich, diese Befugnis durch eine entsprechende Fassung der Verteidigervollmacht auszuschließen. 62

Mit dem Vorwurf der rechtsmissbräuchlichen „Verjährungsfalle" werden wie oben erwähnt zudem selbst bei für die außergerichtliche Vertretung erteilter Vollmacht ohne Zustellungsvollmacht Zustellungen durch die Obergerichte „geheilt", indem von einer wirksamen und verjährungsunterbrechenden Zustellung ausgegangen wird.[90] 63

Jedenfalls insofern muss der Verteidiger genau darauf achten, ob bei fehlender Vollmacht eine Zustellung unternommen wurde und wie das Gericht, wenn es den Fehler denn überhaupt bemerkt, damit umgeht. 64

▼ 65

Muster 35.17: Zustellung ohne Vollmacht 35.17

An die Zentrale Bußgeldbehörde

Sehr geehrte ,

nach inzwischen gewährter Akteneinsicht **beantrage** ich namens und in Vollmacht für den Betroffenen, das Verfahren wegen eingetretener Verjährung einzustellen.

In vorliegender Sache wurde zuerst gegen die Halterin, die Firma ermittelt, die von mir unter Vorlage der entsprechenden Vollmacht zur Akte vertreten wurde. Nach Einstellung des Verfahrens und Einleitung eines weiteren Verfahrens gegen den Betroffenen, dem das Fahrzeug zum Tatzeitraum überlassen worden war, wurde, was ich nunmehr mit der Akteneinsicht erkennen konnte, der Bußgeldbescheid gegen den Betroffenen vom auch an den Verteidiger zugestellt. Selbst hatte ich den Bußgeldbescheid

87 So auch KG, Beschl. v. 17.10.2011 – 3 Ws (B) 144/11 = VRS 122, 34.
88 OLG Braunschweig, Beschl. v. 13.5.2013 – 1 Ss (OWi) 83/13 = DAR 2013, 524.
89 BayObLG, Beschl. v. 14.1.2004 – 2St RR 188/03 = zfs 2004, 282.
90 Vgl. KG, Beschl. v. 17.10.2011 – 3 Ws (B) 144/11 = VRS 122, 34; KG, Beschl. v. 24.7.2014 – 3 Ws (B) 365/14 = jurisPR-VerkR 12/2015 Anm. 6.

bislang nicht zur Kenntnis genommen, sodass eine Heilung möglicher Zustellungsfehler ausgeschlossen ist. An den Betroffenen wurde kein Bußgeldbescheid zugestellt. Den Einspruch hat in meiner Urlaubsabwesenheit, wie aus dem Einspruchsschreiben ersichtlich ist, der Kollege RA gefertigt. Inzwischen ist jedoch Verjährung eingetreten. Denn die Zustellung geschah, ohne dass für die Verteidigung des Betroffenen eine schriftliche Vollmacht zur Akte gereicht wurde. Es erfolgte lediglich eine Bestellung für den Betroffenen im Schriftsatz vom . Dies genügt jedoch nicht, um eine Zustellungsbefugnis des Verteidigers zu konstruieren. Ohne weitere Vollmacht spezifisch für den Betroffenen kann nicht i.S.d. § 51 Abs. 3 OWiG an den Verteidiger wirksam zugestellt, mithin die Verjährung nicht unterbrochen werden (OLG Köln, Beschl. v. 4.1.2013 – 1 RBs 334/12 = DAR 2013, 337).

▲

66 ▼

Muster 35.18: Zustellung trotz Blankovollmacht

35.18 An die Zentrale Bußgeldbehörde

Sehr geehrte ,

nach inzwischen gewährter Akteneinsicht **beantrage** ich namens und in Vollmacht für den Betroffenen, das Verfahren wegen eingetretener Verjährung einzustellen.

Nach Bestellung für den Betroffenen wurde mit gleichem Schriftsatz eine Vollmacht zur Akte gereicht. Diese bezeichnete, da der Betroffene zunächst nur angehört wurde und noch kein Bußgeldbescheid ergangen war, nicht den Bevollmächtigten ausdrücklich, sondern wies nur die Kanzleiadresse aus. [Hier wiederum Ausführungen zu Zustellung, Abwesenheit und Einspruch bzw. zum Ausschluss der Heilung] Wenn trotz einer solchen Blankovollmacht gleichwohl an den Rechtsanwalt, der sich zur Akte gemeldet hatte, der Bußgeldbescheid zugestellt wird, kann dies die Verjährung mangels ordnungsgemäßer Zustellung nicht unterbrechen (AG Neuruppin, Urt. v. 18.3.2013 – 84.1 OWi 239/12 – juris). Denn eine derartige Vollmacht ist nicht geeignet, die förmliche Sicherheit bei Zustellungsadressaten zu gewährleisten (Göhler/*Thoma*, OWiG, § 33 OWiG Rn 35), was auch der sonstigen Rechtsprechung entspricht (vgl. z.B. OLG Stuttgart, Beschl. v. 21.2.2000 – 3 Ss 87/20 = NStZ-RR 2001, 24; KG, Beschl. v. 16.6.2008 – 3 Ws (B) 13/08 = VRR 2008, 355).

▲

67 ▼

Muster 35.19: Zustellung an die Sozietät

35.19 An das Amtsgericht A

Sehr geehrte ,

nach inzwischen gewährter Akteneinsicht **beantrage** ich namens und in Vollmacht für den Betroffenen, das Verfahren wegen eingetretener Verjährung einzustellen.

Obwohl sich der Unterzeichnende mit Schreiben vom zum Verteidiger des Betroffenen bestellt hat und auch entsprechende Vollmacht zur Akte gereicht hat, wurde der Bußgeldbescheid am an die Anwaltssozietät zugestellt und nicht an den konkreten Verteidiger. Dies reicht nach einhelliger Meinung für die Unterbrechung der Verjährung nicht aus (OLG Celle, Beschl. v. 30.8.2011 – 311 SsRs 126/11 = NZV 2012, 45). Bei einer Zustellung an die Sozietät steht nämlich die Kenntnis des bevollmächtigten Verteidigers nicht in der erforderlichen Form fest (Göhler/*Thoma*, OWiG, § 33 OWiG Rn 35; OLG Brandenburg, Beschl. v. 20.9.2009 – 2 Ss (OWi) 129 B/09 = VRS 117, 305). Dies hat sich hier auch konkret so manifestiert. Denn der Einspruch wurde nicht vom gewählten Verteidiger unterzeichnet, sondern wegen Abwesenheit am Tag der Zustellung von einem Vertreter in der Kanzlei. Die Akte mit dem Bußgeldbescheid wurde dem Unterzeichner erst mit Eingang der Terminsbestimmung des Amtsgerichts zur Hauptverhandlung wieder vorgelegt. Zwischen dem Eingang der Akte nach § 69 Abs. 3 OWiG und der Anhörung des Betroffenen sind inzwischen mehr als drei Monate vergangen, so dass dies die Verjährung nicht mehr wirksam unterbrechen konnte.

Höchst vorsorglich weise ich darauf hin, dass die mangelhafte Zustellung an die Sozietät nicht durch die formlose Übersendung des Bußgeldbescheides an den Betroffenen in Verbindung mit der Unterrichtung über die an den Verteidiger veranlasste Zustellung geheilt wurde (OLG Celle, Beschl. v. 30.8.2011 – 311 SsRs 126/11 = NZV 2012, 45). Eine formlose Übersendung ohne den Willen zur Zustellung genügt nach einhelliger Ansicht nicht für eine Heilung (BGH, Beschl. v. 26.11.2002 – VI ZB 41/02 = NJW 2003, 1192).

▲

Ein ergänzender Hinweis zu den **Heilungsvorschriften**: Das OLG Stuttgart[91] entschied in einem Fall, in welchem die Zustellung des Bußgeldbescheides an den Verteidiger unwirksam war und dem Betroffenen eine Abschrift des Bußgeldbescheides formlos übersandt wurde. Diese Abschrift leitete er an seinen Verteidiger weiter, der sodann Einspruch einlegte. Durch die Weiterleitung an den Verteidiger wurde der Zustellungsmangel innerhalb von zwei Wochen ab Erlass des Bußgeldbescheides geheilt, so das OLG Stuttgart. Eine Heilung des Zustellungsmangels wäre durch den bloßen Zugang des Bußgeldbescheides beim Betroffenen nicht eingetreten, da die Anwendung von § 9 LVwZG einen Zustellungswillen der Bußgeldbehörde voraussetzt.[92] Unerheblich war für die hier angenommene Heilung sogar, dass die Abschrift des Bußgeldbescheides nicht an den Verteidiger, sondern an den Betroffenen adressiert war. Entscheidend sei insoweit die inhaltliche Übereinstimmung.[93] Auch der Umstand, dass das vom Betroffenen an den Verteidiger übermittelte Exemplar des Bußgeldbescheides nicht als „Ausfertigung“, sondern als „Abschrift“ bezeichnet ist, hinderte die Heilung des Zustellungsmangels nicht, so das OLG Stuttgart. Im vorliegenden Fall wurde der Bußgeldbescheid im EDV-Verfahren erstellt: Ein solcher Bescheid ist wirksam, ohne dass er des Abdrucks eines Dienstsiegels oder der Unterschrift des Bediensteten der Verwaltungsbehörde bedarf.[94] 68

Diese Entscheidung stellt den Verteidiger also durchaus vor Probleme. Umgehen kann er die Heilung wohl nur dann, wenn er, sofern er den Zustellungsmangel an sich erkennt, den Einspruch einlegt mit expliziter Betonung, von der Existenz der Abschrift telefonisch 69

91 OLG Stuttgart, Beschl. v. 10.10.2013 – 4a Ss 428/13 = DAR 2014, 100.

92 BGH, Beschl. v. 26.11.2002 – VI ZB 41/02 = NJW 2003, 1192; OLG Celle, Beschl. v. 30.8.2011 – 311 SsRs 126/11 = NZV 2012, 45.

93 BVerwG, Urt. v. 18.4.1997 – 8 C 43/95 = BVerwGE 104, 301; OVG Münster, Beschl. v. 7.10.1975 – X B 766/75 = NJW 1976, 643.

94 BT-Drucks 10/5083; OLG Stuttgart, Beschl. v. 16.10.1997 – 1 Ss 505/97 = DAR 1998, 29.

zu wissen und auftragsgemäß vorsorglich Einspruch einzulegen. Auch spätere Entscheidungen weisen interessante Konstruktionen rund um die Heilung von Zustellungsmängeln auf. Nach dem OLG Jena[95] soll selbst die formlose Übersendung der Durchschrift des Bußgeldbescheides an den Betroffenen die (mglw.) unwirksame Zustellung an den Verteidiger heilen können. Das ist jedoch mit dem VwZG nicht vereinbar, da hier keinerlei Kenntnis des eigentlichen Zustellungsadressaten nachweisbar ist. Die Heilung erfasst nicht den Zustellungswillen der Behörde. Darüber hinaus geht sogar eine Entscheidung des OLG Hamm, die ebenfalls die Heilung der gescheiterten Zustellung an den Verteidiger dadurch heilen will, dass formlos eine Abschrift an den Betroffenen übersandt wurde: an diesen hätte man ja auch (ersatz-)zustellen können. Würde diese Ansicht Konsens werden, wären Zustellungsfehler an den Verteidiger in Zukunft immer heilbar.[96] Diese Rechtsprechung wird jedoch munter fortgesetzt, indem die Rechtsprechung es genügen lässt, dass ein potentieller Ersatzzustellungsadressat eine formlose Abschrift des Bescheides erhält, sofern die Zustellung an den eigentlichen Adressaten scheitert.[97]

F. Einstellung des Verfahrens aus Opportunitätsgründen im Vorverfahren

70 Das Opportunitätsprinzip ermöglicht eine Beendigung des Verfahrens, § 47 OWiG, die zum einen auf den Verhältnismäßigkeitsgrundsatz, zum anderen auf atypische Situationen rekurriert, in jedem Fall aber individuelle Lösungen ermöglicht. Die Behörde entscheidet nach pflichtgemäßem Ermessen. Bei hinreichender Argumentation und ggf. juristischer Kreativität bedarf es lediglich der vollumfänglichen Ausschöpfung des Opportunitätsprinzips bzw. der Auslegung des § 47 OWiG, um auch Fallgestaltungen im Bußgeldverfahren Herr zu werden, bei denen der Betroffene aus oder wegen der Tat Nachteile erlitten hat.[98] Dabei kommen einige typische Fallgestaltungen in Frage.[99]

I. Eigener Sach- und/oder Personenschaden des Betroffenen

71 Erleidet der Betroffene bei Verkehrsunfällen selbst einen beträchtlichen **Schaden**, sei es in Form des Sachschadens oder des Personenschadens, ist oftmals eine Einstellung des Verfahrens möglich. Wirtschaftlich ist es bspw. dann heikel, wenn für den Betroffenen keine Vollkaskoversicherung existiert und er einen erheblichen Eigenschaden tragen muss. Aber auch bei Vollkaskoversicherung kann durch eine hohe Selbstbeteiligung oder durch von der Versicherung nicht erfasste Kosten eine entsprechende Argumentation im Sinne des erlittenen Eigenschadens erfolgen. Im Strafgesetzbuch ist der geschilderte

95 OLG Jena, Beschl. v. 7.3.2016 – 1 SsBs 65/15 = DAR 2016, 715.
96 OLG Hamm, Beschl. v. 8.8.2017 – 3 RBs 106/17 = DAR 2017, 644.
97 BayObLG, Beschl. v. 21.1.2022 – 202 ObOWi 2/22 = NZV 2022, 482; OLG Koblenz, Beschl. v. 31.3.2022 – 1 OWi 233/21 = BeckRS 2022, 11004.
98 Vgl. *Herde*, DAR 1984, 134.
99 Vgl. *Gutt/Krenberger*, zfs 2013, 549 ff.

hohe Eigenschaden explizit in § 60 geregelt. Eine direkte oder analoge Anwendung ist nicht möglich, jedoch kann zumindest der Rechtsgedanke des § 60 StGB auch auf Ordnungswidrigkeiten angewendet werden. Denn sieht das Strafrecht explizit die Möglichkeit vor, dass das Gericht bei eigenem Schaden des Angeklagten von Strafe absehen kann, so muss dieser Rechtsgedanke folgerichtig erst recht im Bußgeldverfahren Anwendung finden, welches ein „Minus" zum Strafrecht darstellt.[100]

Es reicht aber nicht aus, in einer Einlassung gegenüber der Verfolgungsbehörde pauschal 72
den hohen Eigenschaden zu behaupten. Ist der Betroffene wegen des Verkehrsunfalles verletzt worden, empfiehlt es sich, sich ein ärztliches Attest vorlegen zu lassen. Dieses sollte dann unbedingt mit der Einlassung an die Bußgeldstelle weitergeleitet werden. Es sollte jedoch vermieden werden, lediglich auf das Attest zu verweisen. Bereits in dem ersten Beratungsgespräch sollte der Betroffene zu seinen Verletzungen befragt werden, insbesondere auch zu den Verletzungsfolgen. Diese sind der Bußgeldstelle mitzuteilen. Sind die Verletzungen sichtbar, kann der Betroffene in dem Beratungsgespräch darum gebeten werden, Fotos von den Verletzungen zu machen und diese zur Akte zu reichen. Der Verteidiger sollte die Fotos gleichfalls mit der Einlassung und der Bitte um vertrauliche Behandlung an die Bußgeldstelle weiterleiten. Nun hat der Sachbearbeiter plötzlich ein Bild vor Augen und muss sich ganz konkret mit der Einlassung des Verteidigers und den Verletzungen des Betroffenen auseinandersetzen. Die Praxis zeigt, dass dieser „Schock" die Ermessensausübung des Sachbearbeiters durchaus sehr positiv zugunsten des Betroffenen beeinflussen kann.

In der Einlassung könnte wie folgt formuliert werden: 73

▼ 74

Muster 35.20: Einstellung wegen Eigenverletzung

An die Zentrale Bußgeldbehörde

Sehr geehrte ,

nach inzwischen gewährter Akteneinsicht **beantrage** ich namens und in Vollmacht für den Betroffenen, das Verfahren nach § 47 OWiG einzustellen. (*Ausführungen zum Tatvorwurf*)

Mein Mandant ist durch den Verkehrsunfall nicht unerheblich verletzt worden. Er erlitt (*Es folgen Ausführungen zu der Verletzungsart*). Ich überreiche beigefügt ein ärztliches Attest von Herrn Dr. , welcher die Verletzungen meines Mandanten bestätigt. Ebenfalls überreiche ich zur Akte Fotos von den Verletzungen, welche unmittelbar nach dem Unfall gemacht worden sind. Ich bitte diese äußerst vertraulich zu behandeln.

Durch diese Verletzungen hatte mein Mandant über einen langen Zeitraum unter erheblichen Schmerzen und Einschränkungen zu leiden. (*Es folgen Ausführungen zu den Verletzungsfolgen sowie ggf. zu Einschränkungen im Alltag.*)

Aus dem Rechtsgedanken des § 60 StGB, welcher auch im Ordnungswidrigkeitenrecht Anwendung findet, folgt, dass von der Verhängung einer Geldbuße bzw. der Verfolgung

100 *Krenberger/Krumm*, § 1 OWiG Rn 4.

einer Ordnungswidrigkeit abzusehen ist, wenn die Folgen der Tat, die den Betroffenen getroffen haben, so schwer sind, dass die Verhängung einer Geldbuße offensichtlich verfehlt wäre.

Dieser Fall ist hier nach dem oben Geschilderten einschlägig. Wie bereits ausgeführt, ist mein Mandant durch den Verkehrsunfall erheblich verletzt worden. Das Bußgeldrecht und die daraus folgende Sanktion sind darauf ausgerichtet, einen nachdrücklichen Pflichtenappell an den Betroffenen zu richten, künftig Ge- und Verbote zu befolgen. Dieser „Lerneffekt" ist hier jedoch schon erreicht, weil mein Mandant infolge der Ordnungswidrigkeit selbst einen schweren Schaden erlitten hat. Einer Verfolgung als Ordnungswidrigkeit bedarf es daher nicht.

Ich **beantrage** daher, das Bußgeldverfahren gegen meinen Mandanten einzustellen.

▲

75 Neben dem Personenschaden ist der erhebliche **Sachschaden** der Hauptanwendungsfall des Rechtsgedanken des § 60 StGB. Den Umfang kann die Bußgeldstelle von sich aus freilich nicht ermitteln oder kennen. Das bedeutet, der Verteidiger hat sie hierauf hinzuweisen. Es ist angezeigt, dass er in seinem Schreiben an die Bußgeldstelle den Versicherungsschein zum Nachweis mitschickt und – sofern vorhanden – ein Gutachten zur Höhe des Fahrzeugschadens. Sofern der Mandant rechtsschutzversichert ist, kann überlegt werden, ein Sachverständigengutachten nach entsprechender Deckungszusage seitens des Versicherers in Auftrag zu geben. Üblicherweise (z.B. nach § 5 Abs. 1 F aa ARB 2010) trägt die Rechtsschutzversicherung nämlich die übliche Vergütung eines öffentlich bestellten technischen Sachverständigen oder einer rechtsfähigen Sachverständigenorganisation in Fällen der Verteidigung in verkehrsrechtlichen Straf- und Ordnungswidrigkeitenverfahren.

76 ▼

Muster 35.21: Einstellung wegen Eigenschadens

35.21

An die Zentrale Bußgeldbehörde

Sehr geehrte ,

nach inzwischen gewährter Akteneinsicht **beantrage** ich namens und in Vollmacht für den Betroffenen, das Verfahren nach § 47 OWiG einzustellen. (*Nach eventuellen Ausführungen zum Tatvorwurf*)

Zudem hat mein Mandant einen hohen Eigenschaden zu beklagen. Sein Fahrzeug hat einen Totalschaden erlitten. Der Restwert beträgt lediglich EUR. Das Fahrzeug ist quasi wertlos. Ich überreiche in Abschrift das beigefügte Schadensgutachten zur Kenntnis. Eine Vollkaskoversicherung hat mein Mandant nicht abgeschlossen, wie sich aus dem ebenfalls beigefügten Versicherungsschein ergibt. Mein Mandant ist zwingend auf die Nutzung eines Fahrzeugs angewiesen, muss also nun ein neues anschaffen und vollständig aus eigenen Mitteln finanzieren.

Aus dem Rechtsgedanken des § 60 StGB, welcher auch im Bußgeldrecht Anwendung findet, folgt, dass von der Verhängung einer Geldbuße bzw. der Verfolgung einer Ordnungswidrigkeit abzusehen ist, wenn die Folgen der Tat, die den Betroffenen getroffen haben, so schwer sind, dass die Verhängung einer Geldbuße offensichtlich verfehlt wäre. Die Kosten für eine Ersatzbeschaffung übersteigen das Bußgeld um ein Vielfaches, so dass es einer gesonderten Verhängung eines Bußgeldes nicht bedarf. Hierdurch wäre mein Mandant doppelt bestraft.

Ich **beantrage** daher, das Bußgeldverfahren gegen meinen Mandanten einzustellen.

▲

II. Unverhältnismäßigkeit der Kosten der weiteren Verfolgung der Tat

Darüber hinaus bietet § 47 OWiG auch die Möglichkeit, das Verfahren aus anderen Gründen einzustellen. Dies wird in der Praxis am ehesten dann geschehen, wenn die weitere Aufklärung des Falles **Kosten** und zeitlichen Aufwand hervorruft, die mit der im Raum stehenden Sanktion nicht mehr in Einklang zu bringen sind, mithin unverhältnismäßig wären.[101] 77

Dies betrifft vor allem Fälle, in welchen die vorhandenen Beweismittel nicht ausreichen, um den Tatnachweis hinreichend zu führen, sondern zusätzlich eine sachverständige Begutachtung durchgeführt werden müsste, um den Tatnachweis zu erbringen. Es kann dabei um die Identifikation des Betroffenen gehen (anthropologisches/rechtsmedizinisches Vergleichsgutachten), um die Unfallrekonstruktion oder den Einwand des Fehlverhaltens des Unfallgegners, aber auch um Einwendungen gegen die Messung eines Geschwindigkeits-, Abstands- oder Suchtmittelverstoßes. 78

▼ 79

Muster 35.22: Einstellung wegen hoher Kosten

35.22

An die Zentrale Bußgeldbehörde

Sehr geehrte ,

nach inzwischen gewährter Akteneinsicht **rege ich** namens und in Vollmacht für den Betroffenen **an**, das Verfahren nach § 47 OWiG einzustellen. *(Nach eventuellen Ausführungen zum Tatvorwurf)*

Ausweislich Bl. d.A. dient das dort befindliche Messbild bislang zur Konkretisierung des Tatvorwurfs gegen meinen Mandanten. Dieser bestreitet jedoch nach wie vor die Fahrereigenschaft. Das Messbild ist auch nicht dazu geeignet, eine Person durch bloße Wiedererkennung in der Hauptverhandlung zu identifizieren. Denn zum einen befinden sich im Bild zahlreiche Pixel und Artefakte, die wesentliche Teile der Gesichtszüge verdecken. Zum anderen verdecken sowohl der Rückspiegel wie auch ein Navigationsgerät den Blick auf wesentliche Teile der unteren und rechten Teile des Kopfes des Fahrers. Zur Vermeidung der kostenintensiven anthropologischen Vergleichsbegutachtung, die völlig außer Verhältnis zur angedrohten Sanktion steht, (*Anmerkung: Dies kann natürlich nur überzeugend vorgetragen werden, wenn kein Fahrverbot droht.*) sollte deshalb das Ermessen i.S.d. § 47 OWiG ausgeschöpft und das Verfahren eingestellt werden.

▲

101 KK-OWiG/*Mitsch*, § 47 Rn 113.

80

Muster 35.23: Einstellung wegen Mitverschuldens

35.23

An die Zentrale Bußgeldbehörde

Sehr geehrte ,

nach inzwischen gewährter Akteneinsicht **rege ich** namens und in Vollmacht für den Betroffenen **an**, das Verfahren nach § 47 OWiG einzustellen. (*Nach eventuellen Ausführungen zum Tatvorwurf*)

Meinem Mandanten wird vorgeworfen, an der Kreuzung der Straßen und dem dort bevorrechtigten Verkehrsteilnehmer die Vorfahrt rechtswidrig nicht gewährt zu haben. Dies ist indes schon unrichtig, da zum Zeitpunkt der Einfahrt in den Kreuzungsbereich der Unfallgegner noch gar nicht in Sichtweite meines Mandanten gewesen sein kann. Bei Einhaltung der vor Ort geltenden Höchstgeschwindigkeit von 30 km/h hätte der Unfallgegner , was eine simple Weg-Zeit-Berechnung ergibt, noch mindestens m von der Kreuzung entfernt sein müssen, so dass es zu keiner Kollision im Kreuzungsbereich hätte kommen können. So aber muss der Unfallgegner zum einen mit überhöhter Geschwindigkeit unterwegs gewesen sein und zum anderen hätte er auf keinen Fall seinerseits dem, aus seiner Sicht, bevorrechtigten Querverkehr von rechts die Vorfahrt gewähren können. Sowohl den Verstoß der überhöhten Geschwindigkeit wie auch den Verstoß gegen die so genannte „halbe Vorfahrt" stelle ich unter Beweis durch Einholung eines technischen Unfallrekonstruktionsgutachtens, das durch einen hierfür öffentlich bestellten und vereidigten Sachverständigen erstattet werden kann. Zur Vermeidung der hierdurch entstehenden Kosten in vierstelliger Höhe und unter Hinweis darauf, dass es in dieser Sache vornehmlich um die Frage der zivilrechtlichen Regulierung des Unfalls geht, **rege ich an**, das Verfahren nach § 47 OWiG einzustellen.

81

Muster 35.24: Einstellung wegen hoher Kosten

35.24

An die Zentrale Bußgeldbehörde

Sehr geehrte ,

nach inzwischen gewährter Akteneinsicht **rege ich** namens und in Vollmacht für den Betroffenen **an**, das Verfahren nach § 47 OWiG einzustellen. (*Nach eventuellen Ausführungen zum Tatvorwurf*)

Auf dem Messbild Bl. d.A. ist unzweifelhaft zu erkennen, dass sich das Fahrzeug meines Mandanten nicht nur mit den Vorderrädern, sondern auch mit der gesamten Front deutlich nach der als ortsfeste Fahrbahnmarkierung auf der Straße befindlichen Fotolinie für das Messgerät ES 3.0, mit welchem die Messung hier durchgeführt wurde, befindet. Ausweislich der Bedienungsanleitung für dieses Messgerät muss sich das gemessene Fahrzeug allerdings in einer logischen Position zur Fotolinie befinden, ansonsten besteht ein eindeutiges Indiz gegen die Richtigkeit der Messung des betreffenden Fahrzeugs. Nachdem die gutachterliche Überprüfung durch einen öffentlich bestellten und vereidigten Sachverständigen für Messtechnik vorliegend Kosten im vierstelligen Bereich verursachen würde und dies in keinem angemessenen Verhältnis mehr zur in Frage kommenden Sanktion steht, (*Anmerkung: Dies kann natürlich nur überzeugend vorgetragen werden, wenn kein Fahrverbot droht.*) **rege ich an**, das Verfahren gegen meinen Mandanten nach § 47 OWiG einzustellen.

▲

III. Sonstige Fälle

Es gibt keine abgeschlossene Zahl von Fällen oder Sachverhalten, in welchen ein Verfahren durch die Behörde oder das Gericht nach § 47 OWiG zu einem Ende gebracht werden kann. Ein wenig mehr Argumente braucht es meist dann, wenn seitens der zunächst ermittelnden und agierenden Behörde ein Verhalten an den Tag gelegt wird, durch welches das Gericht dazu veranlasst wird, das Verfahren einzustellen. Dies kann rein faktische Gründe haben, etwa die fehlende Mitwirkung der Behörde trotz Erforderlichkeit (fehlende Vervollständigung der Akte trotz mehrfacher Aufforderung), die Ungleichbehandlung von Sachverhalten trotz vorgegebener Richtlinien[102] aber auch Rechtsverstöße. Wird ein Rechtsverstoß entdeckt, begründet dieser nicht automatisch ein Beweiserhebungs- oder ein Beweisverwertungsverbot. Auch ist eine Abwägung zwischen dem Rechtsverstoß und der Bedeutung der Sache vorzunehmen, da die Verfolgung von Ordnungswidrigkeiten mit der Sicherheit des Straßenverkehrs und dem Schutz der anderen Verkehrsteilnehmer bedeutende Ziele verfolgt. Insofern bedarf es eines Verstoßes, der eine beharrliche oder willkürliche Komponente aufweist, um dem zugrundeliegenden Verfahren die Legitimität abzusprechen und eine Einstellung nach § 47 OWiG zu erreichen. 82

▼ 83

Muster 35.25: Einstellung wegen Rechtsverstoßes

An das Amtsgericht 35.25

Sehr geehrte ,

nach inzwischen gewährter Akteneinsicht **rege ich** namens und in Vollmacht für den Betroffenen **an**, das Verfahren nach § 47 OWiG einzustellen. (*Nach eventuellen Ausführungen zum Tatvorwurf*).

Ausweislich des bisherigen Ermittlungsablaufes hat die Bußgeldbehörde, nachdem offenbar eine Divergenz zwischen dem auf dem Messbild erkennbaren männlichen Fahrer und der weiblichen Halterin des Fahrzeugs erkannt wurde, meinen Mandanten nicht zunächst ordnungsgemäß angehört, nachdem die Personendaten möglicher Verwandter der Halterin bzw. männlicher Bewohner der Adresse der Halterin angefordert worden waren. Stattdessen wurde zugleich bei der Passbehörde ein Lichtbild meines Mandanten angefordert, um hiermit einen Abgleich zum Messbild vorzunehmen. Dieses Vorgehen verstößt gegen die insoweit eindeutigen Regelungen der § 22 Abs. 2 und 3 PassG bzw. § 24 Abs. 2 und 3 PAuswG. Es kann auch, nachdem die Behördenmitarbeiter zu rechtmäßigem Handeln verpflichtet sind, davon ausgegangen werden, dass diese sich an geltendes Recht halten. Der Hinweis auf möglicherweise entgegenstehende ältere Rechtsprechung (BayObLG, Beschl. v. 27.8.2003 – 1 ObOWi 310/03 = NJW 2004, 241; OLG Bamberg, Beschl. v. 2.8.2005 – 2 Ss OWi 147/05 = DAR 2006, 336) verfängt hier

102 KK-OWiG/*Mitsch*, § 47 Rn 109.

nicht. Denn hier wurde **willkürlich** das Recht des Betroffenen umgangen, um einen bequemeren und zeitsparenderen Weg zum Tatnachweis zu erhalten. Die willkürliche Ausübung von Rechten stellt aber nach geltendem Verfassungsrecht eine absolute und nicht zu überschreitende Grenze staatlichen Handelns dar, die hier zu einer Einstellung des Verfahrens nach § 47 OWiG führen muss (AG Landstuhl, Beschl. v. 26.10.2015 – 2 OWi 4286 Js 7129/15 = DAR 2015, 710). Zudem widerspricht das Handeln der Ermittlungsbeamten den klaren Regeln des Landesdatenschutzbeauftragten, der über diesen Missstand bereits das den Beamten vorgesetzte Innenministerium informiert und die entsprechende Beendigung der Ermittlungspraxis begehrt hat. Auf das hierzu in veröffentlichte Schreiben des Landesdatenschutzbeauftragten weise ich ausdrücklich hin.

▲

84 ▼

35.26

Muster 35.26: Einstellung wegen Rechtsverstoßes

An das Amtsgericht

Sehr geehrte ,

nach inzwischen gewährter Akteneinsicht **rege ich** namens und in Vollmacht für den Betroffenen **an**, das Verfahren nach § 47 OWiG einzustellen. *(Nach eventuellen Ausführungen zum Tatvorwurf).*

Das hier eingesetzte Geschwindigkeitsmessgerät Typ gehört nicht der die Verkehrsüberwachung durchführenden Stadt , sondern es wird der Stadt durch die juristische Privatperson „zur Verfügung gestellt". Das Messgerät verfügt über einen Eichschein vom . Antragsteller der Eichung war die Fa. . Die Messung wird durch den Zeugen durchgeführt, der für das Messgerät entsprechend geschult ist. Der Zeuge ist allerdings kein Bediensteter der Stadt , sondern ist mit „gesondertem Arbeitnehmerüberlassungsvertrag" seit dem durch die Fa. der Stadt überlassen worden und für 20 Stunden pro Monat für die Stadt tätig. Seine Tätigkeit beschränkt sich auf das wöchentliche Abfahren der Messsäulen, Einsammeln der Daten und das „Einspeisen der Daten in das System". Die Bildaufbereitung erfolgt anschließend durch die Fa. , die die von ihr vorselektierten Daten zur endgültigen Auswertung und Entscheidung über die Verfahrenseinleitung an die Stadt übergibt. Die abschließende Entscheidung erfolgt dann durch (festangestellte) kommunale Bedienstete.

Die Fa. erhält für ihre Tätigkeit und dafür, dass sie der Stadt das Messgerät, sowie den Zeugen „überlässt", eine erfolgsabhängige Vergütung. Je mehr Bußgeldverfahren aus dem „zur Verfügung gestellten Messgerät" eingeleitet werden, desto höher ist der Ertrag für die Fa. .

Vorliegend hat der Bürgermeister der Stadt als zuständige Ortspolizeibehörde unter bewusster und gewollter Umgehung zwingender gesetzlicher Vorschriften Ordnungswidrigkeitsverfahren eingeleitet, bei denen die Beweismittel nicht durch den Hoheitsträger, sondern durch einen sog. privaten Dienstleister, – die Fa. –, erhoben worden sind.

Die Verfolgung und Ahndung von Ordnungswidrigkeiten nach § 47 Abs. 1 OWiG gehören als typische Hoheitsaufgabe jedoch zum Kernbereich staatlicher Hoheitsausübung, für die im Fall von Verkehrsordnungswidrigkeiten gemäß § 26 Abs. 1 StVG Behörden oder Polizeidienststellen zuständig sind. Eine eigenverantwortliche Wahrnehmung dieser Aufgaben durch Privatpersonen ist ausgeschlossen. Die hier vorliegende technische Hilfe von Privatpersonen bei Ermittlungshandlungen hat zudem keinen sachlichen Grund und greift missbräuchlich in Bereiche ein, die ausschließlich dem Hoheitsträger vorbehalten sind.

Selbst wenn das erkennende Gericht ein Beweisverwertungsverbot verneinen wollte, ist die Verfolgung der Handlung des Betroffenen als ahndungswürdig nicht geboten i.S.d. § 47 OWiG. Die staatliche Verkehrsüberwachung umfasst präventive und repressive polizeiliche Aktivitäten im Verkehrsraum zur Erhöhung der Verkehrssicherheit. Sie ist eine hoheitliche Aufgabe der Gefahrenabwehr und wird durch die Polizeibehörden und allgemeine Ordnungsbehörden wahrgenommen. Sie ist vorrangig darauf ausgerichtet, Verkehrsunfälle, insbesondere mit schweren Folgen, zu verhüten und sonstigen Verkehrsgefahren entgegen zu wirken. Darüber hinaus dient sie auch dem Schutz der Bevölkerung vor Gesundheitsbeeinträchtigungen insbesondere durch Lärm und Abgase sowie der Leichtigkeit des Verkehrs. Keine derzeit bekannte gesetzliche Vorschrift verknüpft die Verkehrsüberwachung jedoch mit der Möglichkeit der fiskalischen Sanierung von kommunalen Haushalten und/oder mit der Erstellung privatwirtschaftlicher Geschäftsmodelle, bei denen die staatlichen Bußgelder als Bezahlung für private Dienstleistungen dienen. Wenn wie hier bereits rechtlich nicht sichergestellt ist, dass es sich überhaupt um eine hoheitliche Maßnahme handelt, kann der Betroffene nicht mit den Nachteilen eines ihn möglicherweise sanktionierenden Verfahrens belastet werden (vgl. OLG Frankfurt a.M., Beschl. v. 26.4.2017 – 2 Ss-OWi 295/17 = NStZ 2017, 588).

▲

Soweit durch eine Entscheidung des Saarl. VerfGH[103] der Eindruck entstanden ist, man könne standardisierten Messverfahren, die keine (Roh-)Messdatenspeicherung für eine nachträgliche Plausibilitätskontrolle vorsehen, ein (landes-)verfassungsrechtliches **Verwertungsverbot** entgegenhalten, hat die Rechtsprechung dies nicht bestätigt.[104] Nicht einmal das BVerfG hat eine hierauf gestützte Verfassungsbeschwerde als zulässig erachtet.[105] Sollte sich der Verteidiger hierauf (dennoch) berufen wollen, muss er zusätzlich in der Hauptverhandlung seinen Widerspruch gegen die Verwertung der im Zusammenhang mit der Messung stehenden Beweismittel zu Protokoll erklären. 85

G. Vorläufige Einstellung des Verfahrens (Jugendliche)

Besonderes Fingerspitzengefühl können Verteidiger und (Jugend-)Richter beweisen, wenn es um Verkehrsordnungswidrigkeiten gegen Jugendliche und Heranwachsende geht. Denn dort kann es Sachverhalte geben, die einen eindeutigen Verstoß beinhalten, jedoch von der Rechtsfolge her, also über die bloße Geldbuße samt eintragungspflichtigen Punkten hinaus, so gravierend für den Betroffenen sind [Nachschulung, Verlängerung der Probezeit], dass sich auch eine Verfahrenseinstellung anböte. Wenn der Buß- 86

103 NZV 2019, 414 ff. m. abl. Anm. *Krenberger.*

104 OLG Köln, Beschl. v. 27.9.2019 – 1 RBs 339/19 – juris; OLG Brandenburg, Beschl. v. 19.9.2019 – 1 Z Ss (OWi) 320/19 – juris; OLG Oldenburg, Beschl. v. 9.9.2019 – 2 Ss (OWi) 233/19 – juris; VerfGH RP, Beschl. v. 22.7.2022 – VGH B 30/21 = NZV 2022, 427.

105 BVerfG, Beschl. v. 20.6.2023 – 2 BvR 1167/20 = BeckRS 2023, 16934 = NStZ 2024, 42.

geldrichter aufgrund des eigentlich eindeutigen Verstoßes eine reine Einstellung ebenso scheut wie die Reduzierung der Geldbuße auf 55 EUR, kommt eine Gestaltungsvariante ins Spiel, die in der Kommentarliteratur zwar angedacht, aber offenbar kaum praktiziert wird: die **vorläufige** Einstellung des Verfahrens mit Anordnung von gemeinnützigen Arbeitsstunden. Dies wird durch § 47 Abs. 3 OWiG nicht verboten und in der Kommentarliteratur wird eine (vorläufige) Einstellung mit anderen Auflagen als einer Geldzahlung i.S.d. Abs. 3 durchaus für möglich erachtet.[106] Dies umfasst etwa eine Schmerzensgeldzahlung an den Geschädigten[107] oder die Beseitigung eines rechtswidrigen Zustands. Dazu gehört aber selbstverständlich auch die Ableistung von Sozialstunden. Der bloße Wortlaut des § 47 OWiG verbietet eine vorläufige Einstellung *a maiore ad minus* ebenfalls nicht. Auch ein Vergleich mit § 47 JGG für leichte Verkehrsstraftaten unterstützt die Überlegung der vorläufigen Einstellung. Diese Lösung kann aber nur in bestimmten Fallkonstellationen sinnvoll zum Tragen kommen. Denn im Rahmen des Opportunitätsprinzips ist (auch) entscheidend, ob die Durchführung des Verfahrens und gegebenenfalls die Ahndung notwendig und angemessen sind, um die Verkehrsdisziplin allgemein und beim einzelnen Betroffenen zu steigern.[108]

87 Für eine vorläufige Einstellung ist zunächst erforderlich, dass der Betroffene bisher verkehrsrechtlich weitgehend unbescholten ist, es sich idealerweise um den ersten Verstoß handelt. Des Weiteren darf der Grad der Vorwerfbarkeit des Verhaltens nicht so hoch sein, dass eine Verfahrenseinstellung gar nicht denkbar wäre.[109] Schließlich muss der Betroffene auch eine Einsicht in das Fehlverhalten zeigen: Eine Einstellung kommt also nicht in Betracht, wenn der Verstoß vehement bestritten wird.

88 Als Anwendungsfälle kommen vor allem zwei Gestaltungen in Frage: der Verkehrsverstoß im Laufe der Probezeit, § 2a StVG, mit den Rechtsfolgen nach § 2a Abs. 2 S. 1 Nr. 1 StVG und § 2a Abs. 2a StVG, sowie der Verkehrsverstoß des begleitenden Erwachsenen beim Fahren mit 17 Jahren, § 6e StVG i.V.m. § 48a FeV. Die erwachsene Begleitperson darf nämlich nach § 48a Abs. 5 S. 1 Nr. 3 FeV zum Zeitpunkt der Beantragung der Fahrerlaubnis im Verkehrszentralregister mit nicht mehr als einem Punkt belastet sein.[110] Wenn also durch den Erwachsenen ein Verstoß begangen wurde, der die Punktezahl auf über 1 bringen und damit der Antrag des 16-Jährigen auf Erteilung der Fahrerlaubnis scheitern würde, wäre dies ein so erheblicher Nachteil, dass eine Einstellung geboten erscheint. Dass der Nachteil dabei einer nahestehenden dritten Person droht, ist kein Hindernis.[111]

106 Göhler/*Bauer*, § 47 OWiG Rn 34.
107 Dieser ist weder gemeinnützige Einrichtung noch sonstige Stelle, wenngleich eher die Konstellation benannt wird, dass schon vorab Ersatzansprüche gezahlt wurden, vgl. *Krumm*, SVR 2011, 303.
108 Vgl. *Deutscher*, NZV 1999, 185.
109 *Krumm*, SVR 2011, 303; *Deutscher*, NZV 1999, 185.
110 Zuverlässigkeitskriterium; später gesammelte Punkte sind nicht relevant, *Hentschel/König/Dauer*, § 48a FeV Rn 20; zum anderen darf die Begleitperson nach § 48a Abs. 6 S. 1 FeV keinen Verstoß gegen § 24a StVG während des begleiteten Fahrens begehen.
111 *Herde*, DAR 1984, 134.

▼ 89

Muster 35.27: Vorläufige Einstellung mit Arbeitsauflage

An die Zentrale Bußgeldbehörde /An das Amtsgericht

Sehr geehrte ,

nach bereits erfolgter Bestellung für den Betroffenen und nach erhaltener Akteneinsicht **rege ich an**, das Verfahren nach § 47 OWiG einzustellen.

Mein Mandant ist Heranwachsender im Sinne des JGG und befindet sich hinsichtlich seiner Fahrerlaubnis noch in der Probezeit, die bald beendet wäre. Durch den jetzt begangenen Verstoß, den mein Mandant aus Unachtsamkeit begangen hat und für welchen er die volle Verantwortung übernimmt, würde bei Anordnung des Regelbußgeldes und der daraus resultierenden Bepunktung im Fahreignungsregister die Probezeit verlängert werden und mein Mandant müsste an einem für ihn angesichts seiner geringen Ausbildungsvergütung nur schwer finanzierbaren Aufbauseminar teilnehmen. Allein schon diese (mittelbaren) Folgen des Verstoßes wiegen im Vergleich zur Geldbuße von 80 EUR so schwer, dass sich die Frage des richtigen Verhältnisses zur im Raum stehenden Sanktion stellt. Denn der Betroffene hat sich bisher verkehrsrechtlich vorbildlich verhalten und hat keine Verstöße irgendwelcher Art jemals begangen.

Höchst hilfsweise **rege ich an**, das Verfahren **vorläufig** einzustellen mit der Auflage, binnen zwei Monaten die Ableistung von 25 Stunden gemeinnütziger Arbeit nachzuweisen. Diese Gestaltungsmöglichkeit ist zulässig (vgl. *Gutt/Krenberger*, zfs 2013, 549) und im Zuständigkeitsbereich des Jugendrichters auch geboten. Diese Auflage würde meinen Mandanten, der durch die Ausbildung in seiner Freizeit ohnehin begrenzt ist, deutlich belasten, denn er würde die folgenden drei eigentlich freien Samstage in der Einrichtung (oder einer anderweitigen Einrichtung, z.B. nach Weisung des Gerichts oder der Jugendgerichtshilfe) verbringen, um dort die Arbeitsstunden zu erbringen. Eine entsprechende Bescheinigung würde fristgerecht zur Akte gereicht werden. Nur vorsorglich weise ich darauf hin, dass bei einem Delikt nach z.B. § 21 StVG und einem bislang unbescholtenen Ersttäter ebenfalls eine Einstellung nach § 47 JGG, wenn nicht sogar nach § 45 Abs. 2 JGG in Betracht käme, so dass das kriminalpolitisch weniger bedeutsame Bußgeldrecht keine schwerere Sanktion gegen den Betroffenen auslösen sollte.

▲

H. Entscheidung im Beschlussweg vermeiden/vorbereiten

Wie schon oben bzgl. des Bestellungsschreibens erwähnt, kann der Verteidiger dafür sorgen, dass eine Hauptverhandlung nicht stattfinden muss, sondern über den vorgeworfenen Verstoß des Betroffenen im schriftlichen Weg entschieden wird, § 72 OWiG. Andererseits muss der Verteidiger auch sicherstellen, dass auf diesem Weg keine unliebsame Entscheidung gegen den Betroffenen ergeht, abgesehen von einem immer möglichen Freispruch, § 72 Abs. 1 S. 3 OWiG. Deshalb kann der Verteidiger ab dem ersten Bestellungsschreiben vorsorglich einer **Entscheidung im Beschlussweg** widersprechen. Diese ist in Folge dessen erst dann möglich, wenn der Betroffene oder der Verteidiger 90 einer solchen Entscheidung ausdrücklich zustimmen. Ein bloßes Schweigen auf eine erneute Anfrage des Gerichts ist nicht relevant.[112]

91 Der Verteidiger kann aber in diesem Zusammenhang auch gestalterisch tätig werden, indem er dem Gericht zulässige Bedingungen mitteilt, bei deren Vorliegen der Betroffene mit einer Entscheidung im Beschlussweg einverstanden wäre. Dies betrifft z.B. die Höhe des Bußgeldes, das Absehen von der Anordnung eines Fahrverbots bei Erhöhung der Geldbuße[113] oder den Wegfall des Fahrverbots auf den Nachweis der Teilnahme an einer verkehrspsychologischen Nachschulung hin. Hierbei muss sich der Verteidiger aber ggf. vorab erkundigen, ob und welche Voraussetzungen für ein solches Absehen vom Fahrverbot (regional) bestehen. Denn dem Betroffenen wäre kaum gedient, wenn die Staatsanwaltschaft postwendend Rechtsbeschwerde gegen den Beschluss einlegen würde und das OLG den Beschluss dann kassieren würde. Zudem muss die Bedingung eindeutig formuliert sein. Bloße Anregungen können im schlimmsten Fall zum Nachteil des Mandanten gereichen.[114]

92 ▼

Muster 35.28: Bedingung für Beschluss (1)

35.28

An das Amtsgericht

Sehr geehrte ,

ich verweise zunächst auf mein Bestellungsschreiben vom und die als Anlage bereits vorliegende schriftliche Verteidigungs- und Vertretungsvollmacht. Im Bestellungsschreiben wurde einer Entscheidung im schriftlichen Verfahren widersprochen. Der Betroffene wäre aber mit einer Entscheidung im schriftlichen Verfahren einverstanden, wenn bezüglich des im Raum stehenden Verstoßes das Verfahren nach § 47 OWiG eingestellt werden würde, hilfsweise eine Geldbuße unterhalb von 60 EUR festgesetzt werden würde.

Es handelt sich vorliegend um den Vorwurf eines Verstoßes gegen § 8 StVO. Allerdings hat der Betroffene bereits bei der Unfallaufnahme durch den Zeugen PK angegeben, dass der Unfallgegner seinerseits gegen § 41 StVO durch zu hohe Geschwindigkeit verstoßen hat, immerhin sind vor Ort lediglich 30 km/h als Höchstgeschwindigkeit erlaubt. Schon dies würde ein Mitverschulden des Unfallgegners begründen und die Alleinverantwortung des Betroffenen für den Verkehrsunfall ausschließen, jedenfalls wäre ein Sachverständigengutachten zur Unfallrekonstruktion unumgänglich. Ebenfalls wurde bislang nicht beachtet, dass der Unfallgegner seinerseits die so genannte „halbe Vorfahrt“ zu beachten hat, so dass er seinerseits gegen §§ 1, 3, 8 StVO verstoßen haben dürfte, wenn er mit einer Geschwindigkeit auf die Kreuzung zugefahren ist, die ein rechtzeitiges Halten und Vorfahrtgewähren seinerseits nach rechts nicht zugelassen hätten. Auch dies wäre sachverständig zu begutachten. Angesichts der dabei wohl entstehenden Sachverständigenkosten in vierstelliger Höhe erscheint dies im Vergleich zum im Raum stehenden Tatvorwurf außer Verhältnis zu stehen. Aus diesem Grund wäre der Betroffene, wie oben

112 NK-GVR/*Krenberger*, § 72 OWiG Rn 3.
113 OLG Hamburg, Beschl. v. 10.9.2018 – 2 RB 44/18 = zfs 2019, 49.
114 OLG Bamberg, Beschl. v. 3.9.2015 – 3 Ss OWi 1062/15 = zfs 2016, 170.

beschrieben, mit einer Entscheidung im Beschlussweg einverstanden. Für diesen Fall würde auch auf eine Begründung verzichtet werden, § 72 Abs. 6 OWiG.

▲

▼ 93

Muster 35.29: Bedingung für Beschluss (2)

An das Amtsgericht

Sehr geehrte ,

ich verweise zunächst auf mein Bestellungsschreiben vom und die als Anlage bereits vorliegende schriftliche Verteidigungs- und Vertretungsvollmacht. Im Bestellungsschreiben wurde einer Entscheidung im schriftlichen Verfahren widersprochen. Der Betroffene wäre aber mit einer Entscheidung im schriftlichen Verfahren einverstanden, wenn bezüglich des im Raum stehenden Verstoßes das im Bußgeldbescheid angeordnete einmonatige Fahrverbot, ggf. gegen maßvolle Erhöhung der bisher ausgeworfenen Geldbuße wegfallen würde.

Der Betroffene hat bereits frühzeitig, nämlich bei der Kontrolle durch den Messbeamten, die Verantwortung für den Verstoß übernommen und seine Beweggründe für das fahrlässige zu schnelle Fahren erläutert, was im Vermerk des Zeugen PK auch festgehalten wurde. Bereits im Einspruch wurde die Beschränkung auf die Rechtsfolge erklärt, was ebenfalls zeigt, dass der Betroffene sich seines einmaligen verkehrsrechtlichen Fehltritts bewusst ist, was sich ja auch aus den bislang fehlenden Voreintragungen im Fahreignungsregister ersehen lässt. Der Betroffene hat nunmehr, noch vor Ladung zu einem Hauptverhandlungstermin, aus eigenem Antrieb eine verkehrspsychologische Nachschulung auf sich genommen. Diese wurde als Einzelschulung von dem Unternehmen , dort durch den entsprechend ausgebildeten Verkehrspsychologen durchgeführt, fand in drei Einzelsitzungen zu je Minuten statt und der Betroffene wendete hierfür EUR auf. Die Stundennachweise, die Einschätzung des Verkehrspsychologen sowie der Zahlungsnachweis sind als Anlagen 1 bis 3 diesem Schreiben beigefügt. Ausweislich der Einschätzung des Verkehrspsychologen P ist eine weitere Einwirkung auf den Betroffenen mittels eines Fahrverbots nicht verkehrserzieherisch erforderlich. Dieser ist sich der Bedeutung des Verstoßes bewusst, ohne dass er hierfür eines weiteren „Denkzettels" bedürfte und hat dies durch die freiwillige Teilnahme an der Nachschulung auch dokumentiert.

In einem solchen Fall sollte demnach bereits die Erforderlichkeit der Anordnung eines Fahrverbots auf der Rechtsfolgenseite verneint werden. Sollte das Gericht dieser Rechtsprechung nicht folgen wollen, sollte aber wenigstens vom Fahrverbot nach § 4 Abs. 4 BKatV gegen maßvolle Erhöhung der Geldbuße abgesehen werden (vgl. z.B. AG Mannheim, Beschl. v. 31.7.2013 – 22 OWi 504 Js 8240/13 = zfs 2014, 173). Bei einer entsprechenden Entscheidung im Beschlussweg würde auf eine Begründung des Beschlusses verzichtet, § 72 Abs. 6 OWiG.

▲

In seltenen Fällen kann der Verteidiger für den Betroffenen durch eine rasche Entscheidung im Beschlussweg auch auf ein möglicherweise parallel laufendes Strafverfahren einwirken. Es kann bei der Ermittlungsbehörde bspw. zur Abtrennung einer Verkehrsordnungswidrigkeit nach § 24a StVG von der Verfolgung der ansonsten im Raum stehenden 94

Straftaten, z.B. nach dem BtMG, kommen.[115] Achtet die Staatsanwaltschaft nicht darauf, dass die Verstöße einheitlich verfolgt werden (müssen), kann es passieren, dass dem Betroffenen, gegen den z.B. wegen Verbrechens nach § 29a BtMG ermittelt wird (Fahrt mit großer Menge BtM im Kofferraum, zugleich Fahrer unter BtM-Einfluss), einen Bußgeldbescheid über 500 EUR mit einem Monat Fahrverbot nach § 24a StVG zugestellt bekommt. Der Verteidiger muss hier richtig reagieren. Denn nur wenn eine der Rechtskraft fähige Entscheidung erreicht wird, kann das Verfahrenshindernis der entgegenstehenden Rechtskraft im Strafverfahren geltend gemacht werden, § 84 Abs. 2 OWiG. Dies wäre durch einen Beschluss nach § 72 OWiG möglich.[116]

I. Entscheidung nach § 69 OWiG

95 Auch wenn dies eigentlich das Zusammenspiel zwischen Behörde, Staatsanwaltschaft und Gericht betrifft, kann es für den Verteidiger durchaus taktisch sinnvoll sein, bei dem Gericht die **Rückleitung der Akten** an die Bußgeldbehörde nach § 69 Abs. 5 OWiG zu beantragen bzw. dies anzuregen. Zum einen kann durch eine solche Rückleitung Zeit gewonnen werden, was sich auf Voreintragungen auswirken kann, aber auch auf die Zeitspanne der weiteren unbescholtenen Verkehrsteilnahme seit dem behaupteten Tatvorwurf. Zum anderen können während der Rückleitungszeit Fehler passieren, so dass es z.B. zur Überschreitung der Sechsmonatsfrist und damit zum Eintritt der Verjährung kommt. Und schließlich ist die Rückleitung auch ein Disziplinierungsinstrument, um für die Zukunft zu verhindern, dass Vorwürfe bei Gericht landen, die auf keiner hinreichenden Tatsachenbasis gründen, etwa bei schlechten Messbildern oder im Verwaltungsverfahren ignorierten Beweisanträgen.

96 ▼

Muster 35.30: Zurückverweisung der Sache an die Verwaltungsbehörde

35.30

An das Amtsgericht

Sehr geehrte ,

ich verweise zunächst auf mein Bestellungsschreiben vom und die als Anlage bereits vorliegende schriftliche Verteidigungs- und Vertretungsvollmacht. Nach nunmehr erhaltener Akteneinsicht **rege ich an**, das Verfahren nach § 47 OWiG einzustellen, hilfsweise das Verfahren zunächst nach § 69 Abs. 5 S. 1 OWiG zwecks der Durchführung weiterer Ermittlungen an die Ausgangsbehörde zurückzuverweisen.

Denn der bisherige aus der Akte ersichtliche Sachstand begründet keinen hinreichenden Tatverdacht gegen meinen Mandanten. Dieser wurde als Halter des gemessenen Fahrzeugs angehört, hat den Tatvorwurf und die Fahrereigenschaft bestritten. Trotz eines ungenügenden Messbildes, das keine vernünftige Grundlage für eine belastbare Wiederkennung bietet und trotz des Hinweises aus dem vorgerichtlich eingereichten, auf Bl. d.A. befindlichen Schriftsatz mit dem Hinweis auf einen konkret benannten

115 Vgl. *Krenberger*, DAR 2017, 192 ff.
116 *Krenberger/Krumm*, § 84 OWiG Rn 2.

Blutsverwandten des Halters, der ebenso als Fahrer in Betracht kommen würde, hat die Ausgangsbehörde weder ein anthropologisches Vergleichsgutachten angeordnet noch mögliche Alternativfahrer ermittelt oder überprüft. Diese lückenhafte Ermittlungsführung kann aber nicht zum Nachteil meines, nun mit einem unzutreffenden Tatvorwurf belasteten, Mandanten führen. Die Ausgangsbehörde hat bereits die rechtliche Pflicht, den erbrachten Vortrag zu prüfen und entsprechenden Beweisanregungen nachzugehen. Dies ist nicht geschehen und muss, sofern das Gericht nicht ohnehin aus Opportunitätsgründen das Verfahren einzustellen gedenkt, in ordnungsgemäßer Art und Weise nachgeholt werden.

Nur am Rande möchte ich darauf verweisen, dass die Kosten für ein – meiner Ansicht nach von vornherein sinnloses – Vergleichsgutachten bei der zu erwartenden Unerweislichkeit der Fahrereigenschaft meines Mandanten bei der Behörde verbleiben, ebenso die Anwaltsgebühren bei entsprechender Einstellung dort, und nicht den Justizhaushalt belasten würden. Dies ist in Zeiten strikter Sparzwänge ein nicht zu unterschätzender Aspekt des angeregten Vorgehens.

Ebenfalls möchte ich bereits jetzt höchst vorsorglich darauf hinweisen, dass für den Fall der dennoch stattfindenden Hauptverhandlung ein Freispruch mit Sicherheit zu erwarten wäre, der dann aber nicht auf einer Säumnis des Betroffenen beruhen würde. Denn dieser hat alles getan, um rechtzeitig dem auf ihn gerade nicht zutreffenden Tatvorwurf und einer Hauptverhandlung vorzubeugen. Deshalb dürfte er auch auf keinen Fall mit Kosten oder Auslagen nach § 467 Abs. 2 StPO belastet werden.

▲

▼ 97

Muster 35.31: Zurückverweisung der Sache an die Verwaltungsbehörde

An das Amtsgericht 35.31

Sehr geehrte ,

ich verweise zunächst auf mein Bestellungsschreiben vom und die als Anlage bereits vorliegende schriftliche Verteidigungs- und Vertretungsvollmacht. **Ich rege an**, das Verfahren zunächst nach § 69 Abs. 5 S. 1 OWiG zwecks der Bewilligung vollständiger Akteneinsicht an die Ausgangsbehörde zurückzuverweisen.

Die Verteidigung hat bereits frühzeitig beantragt, neben der Akte selbst auch folgende Beweismittel zu den Akten zu nehmen oder alternativ der Verteidigung auf einem dafür zuzusendenden Datenträger oder als Datei mittels des beA zu übermitteln. Hierauf besteht ein Anspruch, allein schon, um den Vorwurf gegen den Betroffenen überhaupt entkräften zu können. Die Verwaltungsbehörde hat sowohl das Akteneinsichtsgesuch als auch den aufgrund der Untätigkeit der Behörde gestellten Antrag nach § 62 OWiG übergangen. Diese Verkürzung des Rechtsschutzes muss der Betroffene aber nicht hinnehmen, sodass die Akten wie oben beantragt zurückzuverweisen sind (AG Saarburg, Beschl. v. 22.8.2018 – 8 OWi 8112 Js 16807/18 = zfs 2018, 654; vgl. auch OLG Bremen, Beschl. v. 20.10.2023 – 1 ORbs 25/23, BeckRS 2023, 40005).

Hilfsweise möge das angerufene Gericht in eigener Zuständigkeit nunmehr in beschwerdefähiger Form über das Gesuch des Betroffenen entscheiden.

▲

J. Entbindung von der Pflicht des persönlichen Erscheinens, § 73 OWiG

98 Im Bußgeldverfahren ermöglicht § 73 OWiG dem Betroffenen, von der Hauptverhandlung fernzubleiben. Die Rechtsprechung hat sich hier in den letzten Jahren abgesehen von wenigen zu vernachlässigenden Ausnahmen konsolidiert, so dass klar ist, unter welchen Voraussetzungen das Gericht den Betroffenen auf seinen Antrag hin zu entbinden hat. Neben dem Betroffenen selbst können auch der Verteidiger oder der Unterbevollmächtigte den **Entbindungsantrag** für den Betroffenen stellen, letzterer natürlich nur, wenn eine schriftliche, neuerdings „nachgewiesene" Vertretungsvollmacht des Hauptbevollmächtigten i.S.d. § 73 Abs. 3 OWiG spätestens zusammen mit dem Antrag vorgelegt wird. Diese Vertretungsvollmacht ist erforderlich, da zusammen mit der Prozesshandlung des Entbindungsantrags zugleich eine Erklärung zur Sache erfolgen muss. Diese dürfte nur aufgrund einer Verteidigungsvollmacht nicht mit Wirkung für den Betroffenen abgegeben werden. Der Antrag kann, entgegen dem Wortlaut der §§ 73, 74 OWiG nach der h.M. in der Rechtsprechung auch noch zu Beginn der Hauptverhandlung nach Aufruf der Sache gestellt werden.[117] Der Antrag muss rechtzeitig bei Gericht eingegangen sein, wobei bei kurzfristiger Übersendung auf einen Hinweis auf die Dringlichkeit sowie die prominente Positionierung des Antrags zu achten ist.[118] Darüber hinaus kann die Vertretungsvollmacht auch vom Verteidiger selbst unterzeichnet werden.[119]

99 Es ist darauf zu achten, dass das Entbindungsbegehren eindeutig ist. Ebenfalls darf der Antrag nicht in einem umfangreichen Schriftsatz versteckt werden, um ein aufhebbares Verwerfungsurteil zu provozieren.[120]

100 Das Gericht muss den Betroffenen auf seinen Antrag hin entbinden, wenn seine Anwesenheit in der Hauptverhandlung nicht erforderlich ist. Wenn nicht eine rechtlich besondere Konstellation vorliegt, etwa der Übergang ins Strafverfahren, ist die Anwesenheit des Betroffenen nur erforderlich, wenn dessen physische Präsenz für das Gericht unumgänglich ist, um den Tatvorwurf zu prüfen. Dies ist vor allem dann der Fall, wenn ein Messfoto von einem Verkehrsverstoß vorliegt und der Betroffene die Fahrereigenschaft nicht eingeräumt hat. Hat er dies aber getan und darüber hinaus erklärt, dass er keine weiteren Angaben zur Person und zur Sache machen werde, kann seine Anwesenheit durch das Gericht nicht erzwungen werden.[121] Wichtig für den Verteidiger ist dabei, dass der Betroffene nur die Fahrereigenschaft, nicht aber die Tat einräumen muss. Sollte es sich um einen Verstoß mit einem Lkw handeln, bei dem typischerweise nur ein Kennzeichen auf dem Messfoto abgelichtet wurde, ist nicht einmal erforderlich, die Fahrereigenschaft einzuräumen. Denn aus der physischen Präsenz des Betroffenen könnte das Gericht in einem solchen Fall nicht einmal Schlüsse ziehen. Auch bei

117 NK-GVR/*Krenberger*, § 73 OWiG Rn 7.
118 Vgl. BayObLG, Beschl. v. 15.4.2019 – 202 ObOWi 400/19 = BeckRS 2019, 14336.
119 *Krenberger/Krumm*, § 73 OWiG Rn 21.
120 OLG Hamm, Beschl. v. 19.5.2015 – 5 RBs 59/15 = NZV 2016, 98.
121 *Krenberger/Krumm*, § 73 OWiG Rn 8.

Kennzeichenanzeigen bringt die Anwesenheit des Fahrers für das Gericht keinen Vorteil für die Identifikation.[122]

▼ 101

Muster 35.32: Entbindungsantrag

35.32

An das Amtsgericht

Sehr geehrte ,

hiermit verweise ich auf mein Bestellungsschreiben vom und reiche wie angekündigt die schriftliche Vollmacht zur Akte nach. Aufgrund der darin enthaltenen Vertretungsvollmacht gebe ich zunächst für den Betroffenen folgende Stellungnahme ab: Die Fahrereigenschaft betreffend den verfahrensgegenständlichen Verstoß vom auf der BAB wird eingeräumt. Weitere Angaben zur Person und zur Sache werden nicht gemacht. Zugleich **beantrage** ich, den Betroffenen von der Pflicht des persönlichen Erscheinens in der Hauptverhandlung am zu entbinden.

(optional) Höchst vorsorglich wird darauf hingewiesen, dass, obwohl der zugrunde liegende Bußgeldbescheid von einem fahrverbotsbewehrten Verstoß ausgeht, der Betroffene selbst auch diesbezüglich keine weitergehenden Angaben in der Hauptverhandlung zur Person machen wird. Dem steht auch die Pflicht zur Angabe des Berufs nach § 111 OWiG nicht entgegen. Denn diese beträfe die Rechtsfolgenzumessung und ist deshalb vom Aussageverweigerungsrecht des Betroffenen umfasst. Sollten Angaben erforderlich sein, können diese durch den bevollmächtigten Vertreter gemacht werden.

(optional) Höchst vorsorglich wird darauf hingewiesen, dass der Betroffene nicht in der Hauptverhandlung anwesend sein muss, um den geladenen Zeugen POK und PK die Erinnerung an den behaupteten Verstoß zu ermöglichen. Dies wäre unzulässig (KG, Beschl. v. 30.11.2010 – 3 Ws (B) 626/10 = DAR 2011, 146).

▲

Der Verteidiger muss danach mit dem Betroffenen klären, ob er ebenfalls der Hauptverhandlung fernbleiben kann oder soll. Eine Präsenz des Verteidigers ist nach der erfolgten Entbindung des Betroffenen jedenfalls nicht zwingend erforderlich. Ob der Verteidiger das Gericht dann kollegialiter darüber informiert, dass niemand erscheinen wird, ist der persönlichen Einstellung zum Umgang miteinander innerhalb der Rechtspflege überlassen. 102

Ebenfalls muss der Verteidiger darauf achten, dass die erfolgte Entbindung grundsätzlich nur für die konkrete Hauptverhandlung bzw. deren Fortsetzungstermine nach Unterbrechung gilt.[123] Wird die Hauptverhandlung ausgesetzt und neu terminiert, ist auch ein neuer Entbindungsantrag zu stellen. Allerdings geht die Rechtsprechung inzwischen davon aus, dass ein einmal gestellter, allgemein gehaltener Entbindungsantrag ausreicht, um auf dessen Grundlage gleich mehrfach zu entbinden bzw. dass die auf einen allgemein gehaltenen Antrag folgende Entbindungsentscheidung auch für einen verlegten Hauptverhandlungstermin gilt.[124] Der Betroffene hat trotz der Entbindung von der Pflicht des 103

122 KG, Beschl. v. 11.12.2017 – 3 Ws (B) 310/17 = jurisPR-VerkR 10/2018 Anm. 4.
123 OLG Jena, Beschl. v. 9.6.2009 – 1 Ss 101/09 – VRS 117, 342.
124 BGH, Beschl. v. 10.10.2023 – 4 StR 94/22; OLG Karlsruhe, Beschl. v. 9.4.2015 – 2 (7) SsRs 76/15 = NZV 2016, 99; OLG Bamberg, Beschl. v. 30.3.2016 – 3 Ss OWi 1502/15 = StraFo 2016, 212.

persönlichen Erscheinens weiterhin ein Anwesenheitsrecht, sodass er bei unfreiwilliger Verhinderung der Teilnahme sogar einen Terminsverlegungsantrag stellen (vgl. Muster 35.46) oder Wiedereinsetzung in den vorigen Stand bezüglich der durchgeführten Abwesenheitsverhandlung, § 74 Abs. 4 OWiG, beantragen könnte.

K. Vorgerichtlicher Beweisantrag

104 **Beweisanträge** haben sowohl in der Hauptverhandlung als auch weit davor ihren Nutzen und ihre Berechtigung. Zum einen kann die Verwaltungsbehörde durch sinnvoll gestellte Beweisanträge zu einer Korrektur des Verfahrens im Sinne des Betroffenen gebracht werden, nicht nur in Gestalt einer Einstellung nach § 47 OWiG, sondern auch zu einer Modifikation der Geldbuße oder der Anordnung des Fahrverbots. Zum anderen wird durch vorgerichtlich gestellte Beweisanträge die spätere Arbeit des Gerichts beeinflusst. Zum Beispiel kann das Gericht das Verfahren, sollte die Verwaltungsbehörde Beweisanträge schlicht übergangen haben, nach § 69 Abs. 5 S. 1 OWiG zurückverweisen. Alternativ kann das Gericht auch in eigenem Ermessen weitere Ermittlungen anstellen, § 71 Abs. 2 OWiG. Und schließlich können solche Beweisanträge für das Abwesenheitsverfahren nach §§ 73, 74 OWiG von Bedeutung sein. Denn das Gericht muss konkrete Beweisanträge, wenn es ihnen denn im Termin nicht nachgehen will, jedenfalls dergestalt in das spätere Urteil aufnehmen, dass es sich mit ihnen auseinandersetzt und begründet, warum es der Beweiserhebung nicht bedurfte.[125]

105 ▼

Muster 35.33: Zeugenbeweis

35.33 An die Zentrale Bußgeldbehörde

Sehr geehrte ,

nach inzwischen gewährter Akteneinsicht **beantrage** ich namens und in Vollmacht für den Betroffenen, den bisher zum Nachteil meines Mandanten unvollständig aufgeklärten Sachverhalt zur Gänze zu ermitteln.

Ausweislich des Datenerfassungsbogens der den Verkehrsunfall aufnehmenden Zeugen PHK und PK hat mein Mandant die Verantwortung für den Verkehrsunfall bestritten und für das grob verkehrswidrige Fahrverhalten des Unfallgegners mehrere Zeugen benannt. Diese wurden vor Ort erfasst, eine spätere Vernehmung durch die Polizei ist jedoch offensichtlich unterblieben.

Insofern beantrage ich zum Beweis der Tatsache, dass der Unfallgegner kurz vor der Kollision trotz bestehenden Überholverbots regelwidrig zwei Fahrzeuge überholt hat, die Vernehmung des Zeugen *(weitere Daten)* und der Zeugin *(weitere Daten)*.

Dieses Fahrverhalten war zudem für den Betroffenen weder vorhersehbar noch vermeidbar. Schon aus rechtlichen Gründen scheidet demnach eine Verantwortlichkeit des Betroffenen für den Verkehrsunfall aus. Für den Nachweis der technischen Unvermeidbar-

125 NK-GVR/*Krenberger*, § 73 OWiG Rn 7.

keit beantrage ich die Einholung eines schriftlichen Unfallrekonstruktionsgutachtens durch einen hierfür öffentlich bestellten und vereidigten Sachverständigen.

▲

▼ 106

Muster 35.34: Vernehmung Arbeitgeber

35.34

An die Zentrale Bußgeldbehörde

Sehr geehrte ,

nach inzwischen gewährter Akteneinsicht **beantrage** ich namens und in Vollmacht für den Betroffenen, den Arbeitgeber des Betroffenen, (*weitere Daten*), zur Frage der Unverhältnismäßigkeit des im Bußgeldbescheid angeordneten Fahrverbots zu vernehmen. Dem eingereichten Schreiben des Arbeitgebers wurde bislang offenbar keine Bedeutung beigemessen. Die Vernehmung des Arbeitgebers wird jedoch klar ergeben, dass durch die Anordnung des Fahrverbots die Kündigung des Betroffenen aus dem laufenden Arbeitsverhältnis unmittelbar und zwingend folgen würde. Der Betroffene ist, nicht nur privat, sondern auch zur Ausübung seines Berufs auf die Fahrerlaubnis zwingend angewiesen. (*Details hierzu*)

Der durch den Arbeitsplatzverlust eintretende Wegfall der Lebensgrundlage der Familie des Betroffenen wäre auch nicht durch sozialhilferechtliche Ansprüche abgesichert (vgl. OLG Karlsruhe, Beschl. v. 23.4.2019 – 2 Rb 8 Ss 229/19 – juris). (*Details hierzu*)

Höchst vorsorglich wird darauf hingewiesen, dass das Tatgericht die Rechtmäßigkeit einer arbeitsrechtlichen Kündigung inzident vollständig prüfen muss (KG, Beschl. v. 5.2.2019 – 3 Ws (B) 3/19 – juris).

(*optional*) Des Weiteren befindet sich der Betroffene noch in der Probezeit und kann seitens des Arbeitgebers ohne weitere Gründe gekündigt werden (vgl. OLG Bamberg Beschl. v. 7.8.2017 – 3 Ss OWi 996/17 = BeckRS 2017, 135913).

(*optional*) Es gibt auch keine alternativen Einsatzmöglichkeiten im Betrieb für den Betroffenen, etwa in der Verwaltung/im Innendienst.

(*optional*) Die Größe des Betriebs überschreitet die Grenze von fünf Arbeitnehmern nicht, so dass insbesondere die Vorgaben zur Sozialauswahl nach §§ 23, 1 KSchG nicht eingehalten werden müssen.

(*optional*) Angestrebtes Ziel des Betroffenen ist deshalb natürlich der Wegfall des Fahrverbots auf der Rechtsfolgenseite. Sollte die Behörde die Unverhältnismäßigkeit der Anordnung des Fahrverbots verneinen, käme auch ein Absehen vom Fahrverbot gegen moderate Erhöhung der Geldbuße nach § 4 Abs. 4 BKatV in Betracht. Hierzu möge ggf. Rücksprache mit dem Unterzeichnenden gehalten werden, um hiernach gerne im Beschlusswege ohne weitere Begründung darüber entscheiden zu können.

▲

▼ 107

Muster 35.35: Ortstermin

35.35

An die Zentrale Bußgeldbehörde

Sehr geehrte ,

nach inzwischen gewährter Akteneinsicht **beantrage** ich namens und in Vollmacht für den Betroffenen, einen Ortstermin durchzuführen. Dieser wird erweisen, dass der Verstoß dem Betroffenen nicht vorgeworfen werden kann. Denn das die Geschwindigkeit von 50 km/h auf 30 km/h beschränkende Verkehrszeichen befand und befindet sich, was sich auch ausweislich der als Anlage beigefügten Lichtbilder ergibt, immer noch hinter einer dichten Thuja-Hecke, welche das Schild inzwischen sogar vollständig eingeschlossen hat. Es konnte damit keine Wirkung für den Betroffenen entfalten (OLG Hamm, Beschl. v. 30.9.2010 – 3 RBs 336/09 = zfs 2011, 107). Zum damaligen Zeitpunkt war jedenfalls eine den Verkehr beschränkende Regelung für den Betroffenen nicht erkennbar und das Verkehrszeichen hatte auch keine so eindeutig identifizierbare und unverwechselbare Form (OLG Dresden, Beschl. v. 11.2.2015 – OLG 25 Ss 39/15 (Z) = zfs 2015, 651), als dass sich eine bestimmte Verkehrsregelung für den Betroffenen hätte aufdrängen müssen. Gleiches gilt für die örtliche Umgebung, die für den Betroffenen als Ortsunkundigen ebenfalls keine Veranlassung zu einer zwingenden Reduktion der innerorts zulässigen Geschwindigkeit gegeben hatte.

▲

L. Stellungnahme zum Termin

108 In vielen Fällen bietet sich auch eine dem Vorwurf des Bußgeldbescheids entgegenstehende Stellungnahme an, wenn es sich um eine rechtlich streitige Situation handelt und die Ausgangsbehörde die rechtliche Lage möglicherweise falsch eingeschätzt hat.

I. Vorsatz/Fahrlässigkeit

109 Dies betrifft insbesondere Streitpunkte im Bereich der Frage **Vorsatz/Fahrlässigkeit**. Dabei darf allerdings für die Negierung vorsätzlichen Handelns keine widersprüchliche Einlassung abgegeben werden. Denn wenn z.B. zunächst die Fahrereigenschaft bestritten wurde, dann aber mit konkreten Umständen des Tattages (z.B. tiefstehende Sonne, Verdeckung von Verkehrszeichen durch Lkw auf der rechten Fahrspur) Täterwissen offenbart wird, versetzt der Verteidiger den Betroffenen ggf. ungewollt in eine rechtlich nachteilige Situation. Des Weiteren darf, sofern bereits im Bußgeldbescheid vorsätzliches Handeln angenommen wurde, natürlich keinesfalls eine Beschränkung des Einspruchs auf den Rechtsfolgenausspruch erfolgen.

110 ▼

Muster 35.36: Stellungnahme zu Vorsatz

35.36 An das Amtsgericht

Sehr geehrte ,

nach inzwischen gewährter Akteneinsicht gebe ich für den Betroffenen folgende Stellungnahme ab:

Der Betroffene räumt die Fahrereigenschaft ein, denn er ist an diesem Tag auf der fraglichen BAB mit seinem Fahrzeug unterwegs gewesen. Allerdings ist ihm ein Verkehrsverstoß nicht erinnerlich. Insbesondere hat er, bedingt durch die örtlich sehr belebten Verkehrsverhältnisse mit zahlreichen Lkw und durch seine Ortsunkundigkeit an der fraglichen Stelle, das die Geschwindigkeit auf km/h vor der Ausfahrt -

Stadt reduzierende Verkehrszeichen nicht wahrgenommen. Es handelte sich auch nicht um einen Geschwindigkeitstrichter, sondern lediglich um ein Verkehrszeichen anlässlich der Autobahnausfahrt, was sich auch aus dem Messprotokoll ergibt. Entgegen der Vermutung der Rechtsprechung, dass Verkehrsteilnehmer ein ordnungsgemäß aufgestelltes Verkehrszeichen stets wahrnehmen (OLG Koblenz, Beschl. v. 7.5.2014 – 2 SsBs 22/14 = zfs 2014, 530), kann ich hier für den Mandanten bekunden, dass er das Verkehrszeichen gerade nicht wahrgenommen hat, insbesondere da er sich durch Blick auf die Verkehrsleitschilder vergewissern musste, ob er an dieser oder der folgenden Ausfahrt die BAB verlassen müsste. Insofern erachte ich den im Bußgeldbescheid stehenden Vorwurf, des vorsätzlichen Verhaltens mit der entsprechenden Regelfolge nach § 3 Abs. 4a BKatV für nicht angemessen. Der Nachweis, das Verkehrszeichen zum einen wahrgenommen, zum anderen bewusst ignoriert zu haben, wird nicht zu führen sein (vgl. OLG Bamberg, Beschl. v. 1.3.2019 – 3 Ss OWi 126/19 – juris).

(*optional*) Sollte das Gericht dieser Argumentation folgen, erklärt der Betroffene sein Einverständnis mit einer Entscheidung nach § 72 OWiG, welche die Regelfolge für einen fahrlässigen Verstoß festsetzt.

▲

II. Tateinheit/Tatmehrheit

Ein ebenso heikles Thema ist die Abgrenzung zwischen Tateinheit und Tatmehrheit. **111**
Stehen zwei Taten in Tateinheit, etwa im Wege der natürlichen Handlungseinheit, werden aber in zwei getrennten Verfahren verfolgt, so kann die Rechtskraft des einen Verfahrens ein Verfahrenshindernis für das andere Verfahren bilden.[126] Ebenso relevant ist die Abgrenzung für die Frage der Höhe der Sanktionen: es gibt keine Gesamtgeldbuße bei Tatmehrheit, allerdings nach wie vor die Vorgabe, selbst bei Tatmehrheit nur ein Fahrverbot auszusprechen.[127] Leider ist die Einstufung eines Tatkomplexes im Rahmen der natürlichen Handlungseinheit als tateinheitlich oder tatmehrheitlich nicht prognostizierbar, es hängt stattdessen stets von den Faktoren des Einzelfalles ab. Mit einer geeigneten Argumentation lässt sich aber ein Gericht möglicherweise überzeugen, das für den Mandanten günstigere Ergebnis anzunehmen.

▼ **112**

Muster 35.37: Stellungnahme zu Tateinheit

35.37

An das Amtsgericht

Sehr geehrte ,

nach inzwischen gewährter Akteneinsicht gebe ich für den Betroffenen folgende Stellungnahme ab: Entgegen der Einschätzung des Bußgeldbescheides der Zentralen Bußgeldstelle kann eine Ahndung des meinem Mandanten vorgeworfenen Verhaltens nicht mehr erfolgen.

Zwar handelt es sich bei mehreren im Verlaufe einer Fahrt begangenen Verkehrsverstößen eines Kraftfahrzeugführers im Regelfall um mehrere Taten im materiellen und prozessualen Sinne. Eine einzige Tat im Sinne einer natürlichen Handlungseinheit und damit

126 Vgl. *Krenberger*, DAR 2017, 192 ff.
127 BGH, Beschl. v. 16.12.2015 – 4 StR 227/15 = NJW 2016, 1188.

auch im prozessualen Sinne nach § 264 StPO kann ausnahmsweise dann vorliegen, wenn die einzelnen Verkehrsverstöße einen derart unmittelbaren zeitlich-räumlichen und inneren Zusammenhang aufweisen, dass sich der Lebensvorgang als solcher bei natürlicher Betrachtung auch für einen unbeteiligten Dritten als einheitliches zusammengehöriges Tun darstellt.

So liegt der Fall hier. Mein Mandant beging den ersten vorwerfbaren Verstoß, eine Geschwindigkeitsübertretung von 21 km/h außerorts, bereits geahndet durch rechtskräftigen Beschluss des Amtsgerichts (Datum , Az.). Nach Abfahrt von der Bundes- auf die Landstraße erfolgte möglicherweise ein weiterer Verstoß, der dem hiesigen Verfahren zugrunde liegt, eine Geschwindigkeitsüberschreitung außerorts um 42 km/h. Dabei ist festzustellen, dass die beiden Verstöße ausweislich der Bußgeldbescheide um 15.00 Uhr und um 15.02 Uhr begangen wurden. Da die Tatzeiten nur nach Minuten und nicht – zusätzlich – nach Sekunden festgestellt worden sind, beträgt der Zeitraum zwischen beiden Verkehrsverstößen maximal 120 Sekunden und minimal 62 Sekunden, wobei zugunsten des Betroffenen von Letzterem auszugehen ist. Es besteht somit zwischen den Verkehrsverstößen ein äußerst enger zeitlicher und räumlicher Zusammenhang. Darüber sind beide Verkehrsverstöße auch in subjektiver Hinsicht miteinander verbunden, denn beide begangenen Verstöße beruhen ersichtlich auf dem Willen des Betroffenen, die vor ihm liegende Fahrtstrecke möglichst schnell zu durchfahren. Der zwischenzeitlichen Veränderung der Verkehrssituation kommt in diesem Fall angesichts des äußerst engen zeitlichen und räumlichen Zusammenhangs und des verbindenden subjektiven Elementes keine durchgreifende Bedeutung zu (OLG Celle, Beschl. v. 25.10.2011 – 322 SsBs 295/11 = NZV 2012, 196).

Deswegen **beantrage** ich die Einstellung des Verfahrens im Beschlussweg nach § 46 OWiG, § 206a StPO.

▲

III. Fahrverbot

1. Allgemeines

113 Ebenso wichtig ist natürlich auch der vorbereitende Vortrag zur Frage des Wegfalls des **Fahrverbots**, hilfsweise des Absehens vom Fahrverbot gegen Erhöhung der Geldbuße, letzteres geregelt in § 4 Abs. 4 BKatV. Der Verteidiger muss sich dabei nicht nur über die nach der BKatV vorgesehenen Regelfahrverbote im Klaren sein, sondern muss im Vorgriff auf die Hauptverhandlung den Betroffenen auch über ein drohendes Fahrverbot bei entsprechender Vorahndungslage informieren. Geregelt ist Letzteres in § 4 Abs. 2 BKatV als Regelfall, also bei wenigstens einer verwertbaren Voreintragung einer Geschwindigkeitsüberschreitung, die die Grenze von 26 km/h überschritten hat, zuzüglich einer weiteren Geschwindigkeitsüberschreitung in gleicher Höhe. Nach neuerer und mittlerweile auch gefestigter Rechtsprechung kann die Anordnung eines Fahrverbots wegen der Vorahndungslage des Betroffenen aber auch angezeigt sein, wenn der Verkehrsverstoß, selbst bei einer Unterschreitung des „Grenzwertes“ von 26 km/h, wertungsmäßig dem Regelfall eines beharrlichen Pflichtenverstoßes gleichzusetzen ist. Abzuwägen sind in diesem Fall der Zeitablauf zwischen den jeweiligen Tatzeiten (Rückfall-

geschwindigkeit) und der jeweilige Eintritt der Rechtskraft, daneben insbesondere Anzahl, Tatschwere und Rechtsfolgen früherer und noch verwertbarer Verkehrsverstöße.[128] Es bedarf zudem Feststellungen zur Annahme eines auch subjektiv auf Gleichgültigkeit beruhenden besonders verantwortungslosen Verkehrsverhaltens, was sich aus einer Gesamtbetrachtung ergeben kann.[129]

Dabei muss es sich gar nicht zwingend nur um Geschwindigkeitsverstöße handeln, sondern auch andere Verstöße können zur Anordnung eines Fahrverbots wegen eines beharrlichen Pflichtverstoßes führen. Dies wurde bspw. für Verstöße gegen § 23 Abs. 1a StVO entschieden, sofern wenigstens eine relevante Voreintragung mit einer Geschwindigkeitsüberschreitung enthalten war und auch die sonstige einzelfallbezogene Betrachtung für eine Beharrlichkeit sprach.[130] Zudem wurde der einfache Rotlichtverstoß wertungsmäßig dem Geschwindigkeitsverstoß mit mehr als 26 km/h gleichgestellt, so dass man für ein Fahrverbot nicht einmal mehr zwingend erhebliche Geschwindigkeitsverstöße braucht.[131] **114**

Sowohl für den Regelfall der Beharrlichkeit nach § 4 Abs. 2 BKatV als auch für die neueren Konstellationen ist aber in jedem Fall Voraussetzung, dass zum Nachteil des Betroffenen Voreintragungen verwertet werden können. Schafft es der Verteidiger, die Hauptverhandlung terminlich so weit nach hinten zu verschieben, dass eine Voreintragung, z.B. nach Ablauf der Frist nach § 29 StVG, zum Zeitpunkt der Hauptverhandlung nicht mehr verwertbar ist, kann hierauf auch kein Fahrverbot gestützt werden. Zudem hilft ein weiterer Zeitablauf für die Argumentation, der Betroffene fahre seitdem regelgerecht. Ebenfalls nützt es für den Fall der verkehrspsychologischen Nachschulung, wenn Vortaten länger zurückliegen. **115**

2. Wegfall des Fahrverbots

Ein wesentlicher Aspekt der Verteidigung ist der dogmatisch richtige Umgang mit dem Fahrverbot bzw. dessen Wegfall.[132] In viel zu vielen Lehrbüchern, Handbüchern und Kommentaren bestehen die Ausführungen zum Absehen vom Fahrverbot aus einer wild gemischten, manchmal immerhin nach Stichworten sortierten Sammlung von Einzelbeispielen aus der Rechtsprechung, ohne dass die dahinter liegende Systematik aufgezeigt wird und dementsprechend ohne dass der Verteidiger sich diese profund aneignen kann. **116**

Zunächst einmal kann versucht werden, den Eintritt der Rechtsfolge eines Regelfahrverbots selbst zu verhindern, indem man den Tatbestand anzugreifen versucht. Weitere Angriffe gegen das Fahrverbot betreffen dann die Rechtsfolgenseite. **117**

128 BeckOK StVR/*Krenberger*, § 4 BKatV Rn 24.
129 OLG Bamberg, Beschl. v. 30.3.2011 – 3 Ss OWi 384/11 = NZV 2011, 515.
130 OLG Hamm, Beschl. v. 24.10.2013 – 3 RBs 256/13 = zfs 2014, 111; OLG Bamberg, Beschl. v. 23.11.2012 – 3 Ss OWi 1576/12 = zfs 2013, 350.
131 OLG Bamberg, Beschl. v. 6.3.2014 – 3 Ss OWi 228/14 = zfs 2014, 411.
132 Vgl. BeckOK StVR/*Krenberger*, § 25 StVG Rn 47.

118 Hier kann der Verteidiger versuchen, den Erfolgsunwert des Verstoßes als fehlend zu deklarieren. Dabei kommen das Fehlen einer objektiv gesteigerten Gefährlichkeit (z.B. Rotlichtverstoß, aber keine Fußgänger in der Nähe)[133] oder ein erhebliches Mitverschulden eines Gefährdeten in Betracht.

119 Des Weiteren kann der Handlungsunwert der Tat verneint werden, wenn kein besonders nachlässiges, leichtsinniges oder gleichgültiges Verhalten vorliegt. Stichworte hierzu sind Augenblicksversagen,[134] Irrtumslagen oder Messungen, die gegen Richtlinien verstoßen.[135] Denn nur wenn Handlungs- und Erfolgsunwert zusammen vorliegen, ist die Anordnung des Fahrverbots angezeigt.[136]

120 Ein nächster Angriffspunkt ist die fehlende Erforderlichkeit der Anordnung des Fahrverbots. Dies kann z.B. bei einer besonders langen Verfahrensdauer zutreffen.[137] Bezüglich einer freiwilligen Nachschulung dürfte der gesamte Wegfall des Fahrverbots nicht zu bejahen sein. Diese Konstellation kommt meiner Ansicht nach eher bei § 4 Abs. 4 BKatV zum Tragen.

121 Dann kann schlussendlich auch die Angemessenheit der Anordnung zu bestreiten sein. Hier geht es um besondere Härten, etwa privater oder beruflicher Art.[138]

122 Erst wenn all diese Versuche scheitern, kommt die Regelung des § 4 Abs. 4 BKatV ins Spiel. Diese Dogmatik spiegelt sich auch inzident in obergerichtlichen Entscheidungen wider, so etwa, wenn immer wieder konstatiert wird, dass eine Erhöhung der Geldbuße bei Wegfall des Fahrverbots nur vorgenommen werden kann, wenn dessen Anordnung noch geboten war.[139] Der Tatrichter muss sich grundsätzlich auch mit der Möglichkeit des Absehens vom Fahrverbot gegen Erhöhung der Geldbuße befassen, außer wenn es sich bei der Tat um einen besonders schweren Verstoß handelt.[140]

123 ▼

Muster 35.38: Fahrverbot: Unverwertbarkeit von Voreintragungen

35.38

An das Amtsgericht

Sehr geehrte ,

nach inzwischen gewährter Akteneinsicht gebe ich für den Betroffenen folgende Stellungnahme ab:

Im Gegensatz zur rechtlichen Einschätzung der Bußgeldbehörde kann ein Fahrverbot gegen den Betroffenen nicht angeordnet werden. Denn die zur Begründung des Fahrverbots nach § 4 Abs. 2 S. 2 BKatV herangezogene Voreintragung des Geschwindigkeitsverstoßes vom 10.12.2016, rechtskräftig seit dem 3.1.2017, ist gemäß § 29 Abs. 6 StVG aufgrund des Ablaufs der Frist von zwei Jahren sechs Monaten für das Amtsgericht nicht

133 KG, Beschl. v. 3.2.2014 – 3 Ws (B) 15/14 = DAR 2014, 395.
134 AG Landstuhl, Urt. v. 8.5.2014 – 2 OWi 4286 Js 13040/13 = VA 2014, 195; KG, Beschl. v. 5.9.2001 – 3 Ws (B) 420/01 = NZV 2002, 50; OLG Karlsruhe, Beschl. v. 21.12.2009 – 2 (6) SsBs 558/09 = NZV 2010, 412.
135 OLG Oldenburg, Beschl. v. 13.1.2014 – 2 SsBs 364/13 = zfs 2014, 353.
136 BeckOK StVR/*Krenberger*, § 25 StVG Rn 49.
137 OLG Saarbrücken, Beschl. v. 6.5.2014 – Ss (B) 82/12 = jurisPR-VerkR 18/2014 Anm. 5 (Vollstreckungslösung).
138 BeckOK StVR/*Krenberger*, § 25 StVG Rn 85.
139 OLG Karlsruhe, Beschl. v. 30.8.2010 – 1(8) SsRs 382/09 – AK 100/09 = zfs 2011, 231.
140 OLG Hamm, Beschl. v. 1.7.2011 – 1 RBs 99/11 = zfs 2011, 649.

mehr verwertbar. Dass die Hauptverhandlung erst in Kürze am 5.11.2019 stattfinden kann, liegt nicht im Verantwortungsbereich des Betroffenen. Denn zahlreiche Terminsverlegungen und die Einholung eines Sachverständigengutachtens zur verfahrensgegenständlichen Messung haben die verstrichene Zeit bedingt.

Angesichts des Ergebnisses des eingeholten Gutachtens wäre der Betroffene mit einer Entscheidung im Beschlussweg nach § 72 OWiG einverstanden, sofern als Rechtsfolge die Regelgeldbuße für den einzig noch relevanten aktuellen fahrlässigen Verstoß gegen die angeordnete Höchstgeschwindigkeit außerorts um 27 km/h festgesetzt wird.

▲

Ggf. muss der Verteidiger bei Voreintragungen die alten und neuen Fristen des § 29 Abs. 6 StVG beachten. 124

▼ 125

Muster 35.39: Fahrverbot: Keine abstrakte Gefahr 35.39

An das Amtsgericht

Sehr geehrte ,

nach inzwischen gewährter Akteneinsicht gebe ich für den Betroffenen folgende Stellungnahme ab:

Die Erfüllung des Tatbestandes von Nr. 132.3 BKatV indiziert nach § 4 Abs. 1 S. 1 Nr. 3 BKatV in der Regel das Vorliegen einer groben Verletzung der Pflichten eines Kraftfahrzeugführers. In derartigen Fällen kommt in der Regel die Anordnung eines Fahrverbots in Betracht. Die Verhängung eines Fahrverbots im Falle des Vorliegens eines qualifizierten Rotlichtverstoßes hat ihre Ursache darin, dass sich bei länger als einer Sekunde andauernder Rotlichtphase bereits Querverkehr in dem durch das Rotlicht gesperrten Bereich befinden kann und die Einfahrt in den durch das rote Wechsellichtzeichen geschützten Bereich regelmäßig mit nicht unerheblicher Geschwindigkeit erfolgt.

Sind jedoch – wie hier – Umstände ersichtlich, die einer abstrakte Gefährdung anderer Verkehrsteilnehmer entgegenstehen, bedarf es regelmäßig näherer Prüfung, ob das Regelfahrverbot gleichwohl schuldangemessen ist. Zwar hat der Betroffene hier vor der Haltelinie angehalten und hat dann trotz andauernden Rotlichts seine Fahrt geradeaus über die Kreuzung fortgesetzt. Zu diesem Zeitpunkt zeigte die vom Betroffenen aus gesehen linke Spur aber noch Grünlicht für die Linksabbieger, sodass der bevorrechtigte Querverkehr noch gar nicht fahren konnte. Eine Gefährdung war damit zur Gänze ausgeschlossen.

Insofern muss das Amtsgericht auch den seitens der Bußgeldbehörde fehlerhaft nicht berücksichtigten konkreten Milderungsgrund berücksichtigen. Der Betroffene erklärt zudem sein Einverständnis mit einer Entscheidung im Beschlussweg, wenn lediglich die Regelgeldbuße von 200 EUR und kein Fahrverbot festgesetzt werden.

▲

Das vorangehende Muster darf den Verteidiger aber nicht am prospektiven Denken für 126
den Mandanten und dessen Interessen hindern: Wenn bei dem Betroffenen Voreintragungen vorhanden sind, die zu einer Gesamtwertung führen würden, welche die Anordnung eines Fahrverbots wegen beharrlicher Pflichtverstöße im Straßenverkehr erlauben würde, bringt es wenig, das Regelfahrverbot weg zu argumentieren. Dieses kann nicht nur für

den sogenannten „qualifizierten" Rotlichtverstoß, sondern auch für den einfachen Verstoß gegen § 37 Abs. 2 StVO (bei gleichzeitig vorliegenden zusätzlichen Eintragungen im Fahreignungsregister) angeordnet werden, der laut der Rechtsprechung des OLG Bamberg[141] dem Geschwindigkeitsverstoß mit mehr als 26 km/h wertungsmäßig gleichzustellen ist. Sollte es aber möglich sein, zuerst das Regelfahrverbot auszuschließen und mit weiteren Gründen auf der Rechtsfolgenseite auch das Beharrlichkeitsfahrverbot zu Fall zu bringen, lohnt sich der Einsatz entsprechend.

127 Allenfalls kann es – sofern der Sachverhalt dies anbietet – doch relevant sein, auch „nur" für einen lediglich einfachen Rotlichtverstoß mit der Regelgeldbuße in Höhe von 90 EUR zu kämpfen. Denn dies führt dann nur zu einem statt zu zwei Punkten im Fahreignungsregister und einer kürzeren Tilgungsfrist.

128 ▼

Muster 35.40: Fahrverbot: Augenblicksversagen

An das Amtsgericht

Sehr geehrte ,

nach inzwischen gewährter Akteneinsicht gebe ich für den Betroffenen folgende Stellungnahme ab:

Der Betroffene hat sich zwar, wie dies im Bußgeldbescheid korrekt vorgeworfen wurde, wegen eines Verstoßes gegen § 37 Abs. 2 StVO zu verantworten. Ausgehend vom Regeltatbestand des Bußgeldkataloges mit der Ziff. 132.3 ist hier auch von einer Dauer des Rotlichts von länger als 1 Sekunde auszugehen, allerdings nur von fahrlässiger Begehensweise. Hier ist die Einlassung des Betroffenen nicht zu widerlegen, dass er auf das Geradeauslichtzeichen geachtet hatte und dementsprechend nicht wissentlich und willentlich das Rotlicht missachtet hat. Diese Version wird auch durch die Aussage des Zeugen PHK gestützt, der, im Zivilfahrzeug hinter dem Betroffenen stehend, selbst von der Ampelschaltung verwirrt war und zunächst dachte, ebenfalls fahren zu dürfen.

Zudem ist zwar den objektiven Tatumständen nach ein Regelfahrverbot verwirklicht. Hier handelt es sich jedoch um einen atypischen Verstoß in Form des Augenblicksversagens, so dass die Indizwirkung des Fahrverbots entfällt (vgl. BeckOK StVR/*Krenberger*, StVG § 25 Rn 51). Die Rechtsfolge eines qualifizierten Rotlichtverstoßes ist nicht angezeigt, wenn der Betroffene wie hier zunächst das Rotlicht für den Linksabbiegerverkehr beachtete und vorschriftsmäßig anhielt, dann aber nach Umschalten des Lichtzeichens für den Geradeausverkehr auf grün, trotz fortdauernder Rotphase für den Linksabbieger, gleichzeitig mit dem Geradeausverkehr startete (vgl. ebenso KG, Beschl. v. 5.9.2001 – 3 Ws (B) 420/01 = NZV 2002, 50; OLG Karlsruhe, Beschl. v. 21.12.2009 – 2 (6) SsBs 558/09 = NZV 2010, 412). So liegt der Fall hier. Es handelt sich auch nicht um einen so groben Regelverstoß, dass der Betroffene ein Augenblicksversagen nicht für sich geltend machen könnte (vgl. OLG Bamberg, Beschl. v. 22.12.2015 – 3 Ss OWi 1326/15 – juris). Ein Regelfahrverbot ist deswegen nicht anzuordnen.

▲

141 OLG Bamberg, Beschl. v. 6.3.2014 – 3 Ss OWi 228/14 = zfs 2014, 411.

▼

Muster 35.41: Fahrverbot: Keine Erforderlichkeit 129

35.41

An das Amtsgericht

Sehr geehrte ,

nach inzwischen gewährter Akteneinsicht gebe ich für den Betroffenen folgende Stellungnahme ab:

Der Anordnung des im Bußgeldbescheid noch enthaltenen Fahrverbotes steht der Zeitablauf seit der Tatbegehung am entgegen. Denn das Fahrverbot nach § 25 Abs. 1 S. 1 StVG hat nach der gesetzgeberischen Intention in erster Linie eine Erziehungsfunktion. Es ist als Denkzettel- und Besinnungsmaßnahme gedacht und ausgeformt. Das Fahrverbot hat aber seinen Sinn verloren, wenn wie hier zwischen dem Verkehrsverstoß und dem Wirksamwerden seiner Anordnung ein erheblicher Zeitraum liegt und in der Zwischenzeit kein weiteres Fehlverhalten im Straßenverkehr festgestellt worden ist (OLG Hamm, Beschl. v. 24.3.2011 – 3 RBs 70/10 = DAR 2011, 409). Hier liegt der zu ahndende Verkehrsverstoß deutlich mehr als zwei Jahre zurück, was dem Betroffenen nicht anzulasten ist. Denn durch Terminsverlegungen von Amts wegen, Umladungen wegen Richterwechsel und Erkrankungen des Richters, die zwischenzeitliche Aufhebung und Zurückverweisung der ersten, jedoch angefochtenen tatrichterlichen Entscheidung sowie durch die hiernach wegen der Einholung eines Gutachtens zur Messung verstrichenen Zeit wird der Zeitraum zwischen der Tat und der tatrichterlichen Entscheidung mehr als zwei Jahre betragen. Nach Ablauf dieses Zeitraums und angesichts des seither unbeanstandeten Fahrverhaltens des Betroffenen im Straßenverkehr kann von einer Erforderlichkeit der Anordnung eines Fahrverbots keine Rede mehr sein (vgl. OLG Brandenburg, Beschl. v. 29.3.2019 – (1 B) 53 Ss-OWi 681/18 (44/19) – juris).

Der Betroffene erklärt sein Einverständnis mit einer Entscheidung im schriftlichen Verfahren, wenn das Fahrverbot entfällt und zudem die Geldbuße unterhalb des Regelsatzes festgesetzt wird. Denn angesichts der hier bereits verstrichenen Zeit, ohne dass das Verfahren im Sinne der Prozessmaximen gefördert wurde, wäre zudem die Anwendung der Vollstreckungslösung für die beabsichtigte Geldbuße nur folgerichtig (vgl. OLG Saarbrücken, Beschl. v. 6.5.2014 – Ss (B) 82/12 (59/12 OWi) – juris).

▲

▼

Muster 35.42: Fahrverbot: Unverhältnismäßigkeit 130

35.42

An das Amtsgericht

Sehr geehrte ,

nach inzwischen gewährter Akteneinsicht gebe ich für den Betroffenen folgende Stellungnahme ab:

Entgegen der Annahme der Bußgeldbehörde ist im vorliegenden Fall ein Fahrverbot nicht anzuordnen. Denn für den Betroffenen stellt ein solches Fahrverbot einen unverhältnismäßigen Eingriff von nicht zumutbarer Härte dar.

Der Betroffene ist als Außendienstmitarbeiter tätig und sieht durch ein Fahrverbot seine wirtschaftliche Existenzgrundlage gefährdet, da er sein wesentliches Einkommen auf Provisionsbasis verdient. Der Gehaltsnachweis ist als **Anlage 1** zur Klarstellung der Anteile von Grundvergütung und Provisionszahlungen beigefügt. Ebenfalls als **Anlage 2** beigefügt ist eine detaillierte Tätigkeitsbeschreibung und Stellungnahme des Arbeitgebers, deren Inhalt der Arbeitgeber bei Bedarf auch zeugenschaftlich bekunden könnte *(folgend: detaillierte Feststellungen dazu, wie sich die Außendienstmitarbeitertätigkeit im Einzelnen darstellt).*

Bei überregionalen Terminen ist dem Betroffenen die Inanspruchnahme öffentlicher Verkehrsmittel nicht einmal unter Inkaufnahme erheblicher Zeitverluste möglich. Dies liegt daran, dass die Kunden, die der Betroffene zu betreuen hat, ihre kleinen und mittelständischen Betriebe im ländlichen Raum haben, wohin regelmäßige Zugverbindungen oder Busverkehr nicht bestehen. Die Kundenliste ist als **Anlage 3** beigefügt, ebenso exemplarisch Verbindungsausdrucke der Deutschen Bahn als **Anlage 4**, die belegen, dass es dem Betroffenen nicht einmal möglich wäre, an einem Tag zwei Kunden anzufahren oder gar innerhalb eines Tages vom Firmensitz zum Kunden und zurück zu gelangen. Die Benutzung von Taxen ist angesichts des großen Radius des Betreuungsgebietes ebenfalls keine realistische Option.

Die Beschäftigung eines Aushilfsfahrers ist für den Betroffenen, selbst unter Aufnahme eines Übergangskredits nicht möglich. Zum einen bestünden angesichts des großen Betreuungsgebiets diese Zusatzkosten nicht nur aus den Tagespauschalen, sondern zudem aus den Kosten für Übernachtung und Verpflegung, was sich bei einem Einsatz von einem Monat auf fast 10.000 EUR summieren würde. Als **Anlage 5** ist ein Berechnungsbeispiel eines Anbieters für Mietfahrer beigefügt. Zum anderen verfügt der Betroffene nur über einen Dienstwagen, der so haftpflicht- und kaskoversichert ist, dass lediglich der Betroffene oder dessen (nicht vorhandener) Ehepartner das Fahrzeug nutzen dürften, ersichtlich aus dem als **Anlage 6** beigefügten Versicherungsschein.

Auch die zumindest teilweise Überbrückung der Dauer des Fahrverbots durch die Inanspruchnahme von Urlaub ist vorliegend nicht denkbar. Ausweislich der Stellungnahme des Arbeitgebers, der wie gesagt als Zeuge zur Verfügung steht und hiermit auch ausdrücklich benannt wird, hat der Betroffene seinen Jahresurlaub bereits genommen und könnte, selbst unter Ausnutzung der Schonfrist von vier Monaten, keinen weiteren Urlaub nehmen, um das Fahrverbot abzumildern. Denn die Tätigkeit des Betroffenen ist stark saisonabhängig und in den nächsten sechs Monaten besteht deshalb – saisonbedingt – eine betriebliche Urlaubssperre, sofern es um mehr als eine Woche Urlaub geht.

Selbst eine Kombination verschiedener Maßnahmen führt hier, wie ausgeführt, nicht zu einer veränderten Situation des Betroffenen. Würde dieser folglich gezwungen, das Fahrverbot gegen sich vollstrecken zu lassen, müsste er mit der Kündigung rechnen, auch dies ausweislich der Stellungnahme des Arbeitgebers. Hier steht eine solche Beendigung des Arbeitsverhältnisses nicht nur im Raum, sondern wäre sicher und auch rechtens. (*Hier weitere Ausführungen zu den Bedingungen des Arbeitsvertrages, evtl. Sonderkündigungsrecht, Anwendbarkeit des KSchG etc.*)

Zu bedenken ist auch, dass es sich um den ersten groben Verkehrsverstoß des Betroffenen handelt. Die einzige vorhandene Voreintragung betrifft einen Verstoß gegen § 23 Abs. 1a StVO und ist inzwischen beinahe drei Jahre her, so dass im Fall einer Terminierung ohnehin mit einer Unverwertbarkeit i.S.d. § 29 Abs. 6 StVG zu rechnen wäre.

Ich weise vorsorglich darauf hin, dass nach Ansicht des Betroffenen bereits aus den aufgeführten Gründen die Anordnung des Fahrverbots aus Gründen der Verhältnismäßigkeit nicht geboten ist. Dies kann im Beschlusswege entschieden werden.

(optional) Lediglich höchst hilfsweise wäre der Betroffene auch bereit, gegen moderate Erhöhung der Geldbuße ein Absehen vom Fahrverbot im Beschlusswege zu akzeptieren. Allerdings kann dann auf eine Begründung nicht verzichtet werden. Denn dogmatisch ist für eine Erhöhung der Geldbuße kein Raum, wenn schon die Anordnung des Fahrverbots nicht mehr geboten ist (OLG Koblenz, Beschl. v. 7.5.2014 – 2 SsBs 22/14 = zfs 2014, 530).

▲

Die Ausführlichkeit ist nur auf den ersten Blick überraschend, denn die obergerichtliche **131**
Rechtsprechung ist entsprechend anspruchsvoll. Es gibt unzählige Entscheidungen, die unter Aufhebung einer zu gemäßigten tatrichterlichen Rechtsprechung exakt definieren, welche Maßnahmen der Betroffene gegen sich gelten lassen muss, bevor es tatsächlich zur Bejahung einer unzumutbaren Härte kommen kann. Der Verteidiger muss dies wissen und den Tatsachenvortrag entsprechend vorbereiten.

3. Absehen vom Fahrverbot

Wenn das Gericht die Anordnung des Fahrverbots dem Grunde nach bejaht, ist Raum **132**
für die Prüfung nach § 4 Abs. 4 BKatV. Am ehesten besteht die Gelegenheit, bei geständigen (!) und Einsicht dokumentierenden Betroffenen, das Bußgeld angemessen zu erhöhen und das Fahrverbot wegfallen zu lassen.[142] Unter welchen Voraussetzungen dies geschehen kann, wird regional höchst unterschiedlich entschieden und ist dann auch noch von der Individualdisposition des entscheidenden Richters abhängig. Es gibt also keinen sicheren Weg, die Anwendung des § 4 Abs. 4 BKatV zugunsten des Mandanten herbeizuführen, worüber der Betroffene auch zwingend informiert werden sollte.

▼ **133**

Muster 35.43: Fahrverbot: Absehen gegen höhere Geldbuße

An das Amtsgericht 35.43

Sehr geehrte ,

nach inzwischen gewährter Akteneinsicht gebe ich für den Betroffenen folgende Stellungnahme ab:

Der Betroffene ist verkehrsrechtlich bislang nicht vorbelastet und war am Tattag zum ersten Mal überhaupt an der verfahrensgegenständlichen Örtlichkeit mit dem Fahrzeug unterwegs. Infolge dessen hat er bei der Einfahrt in die Tempo-30-Zone das entsprechend beschränkende Verkehrszeichen in fahrlässiger Weise nicht wahrgenommen, konnte allerdings auch aufgrund der örtlichen Bebauung nicht eindeutig darauf schließen, dass es sich hier nicht um die gewöhnliche innerstädtische Geschwindigkeitsanordnung von 50 km/h handelt. (*Hier Details zur Örtlichkeit näher ausführen, ggf. Lichtbilder/Luftaufnahmen beifügen*)

Zum Zeitpunkt der Messung herrschte zudem kein weiterer möglicherweise gefährdeter Verkehr, was der Messbeamte als Zeuge bestätigen kann und was sich aus den Messbildern, aber auch aus dem Messprotokoll bzw. der Auflistung der insgesamt beanstandeten Verkehrsteilnehmer ergibt: Vor und nach meinem Mandanten wurden erst im Abstand

142 BeckOK StVR/*Krenberger*, § 25 StVG Rn 117.

von 10 und mehr Minuten weitere Fahrer gemessen. Der Betroffene erkennt des Weiteren das situationsbedingte Fehlverhalten seinerseits vollumfänglich an, weswegen bereits an dieser Stelle der Einspruch auf die Rechtsfolgen beschränkt wird. Ergänzend auszuführen ist, dass der Betroffene, aber auch seine Familie durch ein Fahrverbot in erheblicher Weise eingeschränkt werden würden. (*Hier weitere Ausführungen*)

Der Betroffene verkennt nicht, dass er bei einem wie hier verwirklichten Regelfahrverbot dem Grunde nach die Folgen zu tragen hat, selbst wenn es sich um eine Ersttat handelt. Allerdings ist angesichts der einschlägigen Rechtsprechung stets zu prüfen, ob nicht ein Absehen vom Fahrverbot gegen Erhöhung der Geldbuße bereits ausreicht, um den gebotenen verkehrserzieherischen Eindruck auf den Betroffenen zu bewirken. Dies ist hier der Fall und wird deswegen ausdrücklich **beantragt**. Denn der Betroffene ist einsichtig, ernsthaft bestürzt über das für ihn gänzlich untypische Fehlverhalten und musste sich zudem mit den oben beschriebenen drohenden erheblichen Einschränkungen für Beruf und Familie bereits auseinandersetzen, u.a. mit seinem Arbeitgeber. Allein schon diese sehr unangenehme Erfahrung als prägender Eindruck ist in Verbindung mit einer erhöhten Geldbuße ausreichend, um fortan das verkehrsgemäße Fahrverhalten des Betroffenen zu bedingen.

Das Gericht möge deswegen antragsgemäß entscheiden, gerne nach § 72 OWiG, aber bei Bedarf auch nach persönlichem Eindruck über den Betroffenen, der selbstverständlich bereit ist, die obigen Ausführungen in einer Hauptverhandlung zu wiederholen.

▲

134 ▼

Muster 35.44: Fahrverbot: Absehen nach verkehrspsychologischer Nachschulung

35.44

An das Amtsgericht

Sehr geehrte ,

nach inzwischen gewährter Akteneinsicht gebe ich für den Betroffenen folgende Stellungnahme ab:

Der Betroffene hat sich das Messvideo angesehen und räumt den von ihm fahrlässig begangenen Verkehrsverstoß vollständig ein, die Messung wird derzeit nicht in Zweifel gezogen. Der verkehrsrechtlich unbescholtene Betroffene ist zudem einsichtig und möchte dies durch die Teilnahme an einer verkehrspsychologischen Nachschulung bei dokumentieren, auch um zu belegen, dass weitere verkehrserzieherische Einwirkungen auf ihn nicht erforderlich wären. (*Weitere Details zur Nachschulung: Dauer, Kosten, Inhalte, Qualifikation des Dozenten*)

Eine solche Nachschulung wird seitens verschiedener Amtsgerichte (u.a. AG Bernkastel-Kues, Urt. v. 21.10.2013 – 8 OWi 8142 Js 18729/13 = zfs 2014, 172; AG Mannheim, Beschl. v. 31.7.2013 – 22 OWi 504 Js 8240/13 = zfs 2014, 173; AG Niebüll, Urt. v. 24.7.2013 – 6 OWi 110 Js 7682/13 (23/13) = zfs 2014, 173; AG Traunstein, Urt. v. 14.11.2013 – 520 OWi 360 Js 20361/13 (2) = DAR 2014, 102; AG Landstuhl, Urt. v. 11.9.2014 – 2 OWi 4286 Js 11751/13 = VA 2014, 283) herangezogen, um vom Fahrverbot abzusehen, was hier das erklärte Ziel des Betroffenen ist.

Es bestünden auch persönliche Gründe, um ein Absehen vom Fahrverbot zu begründen, aber der Betroffene möchte sich nicht „herausreden“. Nachdem der zeitliche und monetäre Aufwand für die Nachschulung wie beschrieben doch recht spürbar sind, wird um

Stellungnahme des Gerichts gebeten, ob die Ansicht der oben zitierten Gerichte ebenfalls geteilt wird und dementsprechend das Fahrverbot wegfallen könnte, ohne dass eine Rechtsbeschwerde der Staatsanwaltschaft sicher droht. Des Weiteren wird um Mitteilung der Einschätzung des Gerichts gebeten, ob die Absolvierung der Nachschulung bereits zu einem Wegfall der Erforderlichkeit des Fahrverbots führt, oder ob eine solche Nachschulung nur im Rahmen des § 4 Abs. 4 BKatV verwertet wird und mit welcher Erhöhung der Geldbuße dann zu rechnen wäre, gerade weil der Betroffene für den Nachschulungskurs voraussichtlich mehr als 400 EUR aufwenden wird. Die Mitteilung kann gerne auch telefonisch erfolgen, hiernach kann nach Vorlage der erfolgreichen Nachschulung dann ein entsprechendes Einverständnis zur Entscheidung nach § 72 OWiG erfolgen.

Es wird des Weiteren darum gebeten, mit der Terminierung der Hauptverhandlung bei ablehnender Mitteilung zunächst abzuwarten, da dann ergänzender Vortrag für die Rechtsfolgenentscheidung nachgereicht werden würde.

▲

Ein in der amtsgerichtlichen Rechtsprechung recht neues, aber konstantes Thema ist das Absehen vom Fahrverbot nach Besuch einer verkehrspsychologischen Nachschulung. In den bisher veröffentlichten amtsgerichtlichen Entscheidungen zeigt sich die klare und begrüßenswerte Tendenz, das Bemühen des Betroffenen zur Vermeidung der Denkzettelfunktion eines Urteils mit Fahrverbot durch Teilnahme an einer verkehrserzieherischen Maßnahme zu honorieren – jedenfalls sofern die Vorahndungslage nicht gegen eine solche Möglichkeit spricht. Je nach Fallgestaltung haben die zitierten Gerichte das Fahrverbot entfallen lassen, reduziert oder gegen Erhöhung der Geldbuße von der Anordnung abgesehen. Zutreffend wird zwar teilweise auf die bisherige obergerichtliche Rechtsprechung verwiesen, dass alleine die Teilnahme an einem Aufbauseminar (für das alte Register nach § 4 Abs. 8 StVG) nicht zu einem Wegfall des Fahrverbotes führen kann.[143] Dass aber generell die Nachschulung schon früher herangezogen wurde, um vom Fahrverbot abzusehen, steht ebenso fest.[144] Wenn natürlich „Intensivtäter" vor Gericht stehen, dürfte die Besinnungs- und Belehrungsfunktion des Fahrverbots durch ein Seminar noch nicht erreicht werden und die Rechtsbeschwerde der Staatsanwaltschaft wird gewiss sein. Umso wichtiger wäre es in solchen Fällen, ggf. Voreintragungen durch Zeitgewinn unverwertbar werden zu lassen. 135

Nachdem diese Vorgehensweise aber unsicher ist, sollte der Verteidiger durch Vorabanfrage bei Gericht und Staatsanwaltschaft klären, ob sich der Besuch eines solchen Seminars für den Mandanten „lohnt". Denn nichts wäre ärgerlicher, als wenn der Seminarbesuch stattfindet, aber die Rechtsbeschwerde der nicht überzeugten Staatsanwaltschaft postwendend auf das Urteil folgt. 136

143 Z.B. OLG Bamberg, Beschl. v. 17.3.2008 – 2 Ss OWi 265/08 = VRS 114, 379; OLG Saarbrücken, Beschl. v 12.2.2013 – Ss (B) 14/13 (9/13 OWi) – juris; OLG Bamberg, Beschl. v. 29.7.2015 – 2 Ss OWi 727/15 = DAR 2015, 656; vgl. auch OLG Zweibrücken, Beschl. v. 12.5.2017 – 1 OWi 2 Ss Bs 5/17= zfs 2017, 471.

144 AG Bad Segeberg, Beschl. v. 5.7.2005 – 8 OWi 361/04 – juris; AG Rendsburg, Beschl. v. 1.12.2005 – 17 OWi 555 Js-OWi 20236/05 (136/05) = NZV 2006, 611; AG Recklinghausen, Urt. v. 8.9.2006, zit. bei *Krumm*, Fahrverbot in Bußgeldsachen, 2. Aufl. 2012, S. 299.

M. Terminsverlegung

137 Ein klassisches Streitfeld im Ordnungswidrigkeitenverfahren ist die **Terminierung** des Gerichts sowie die Möglichkeit, eine Verlegung des Hauptverhandlungstermins zu erreichen. Aus dem Grundsatz der gerichtlichen Terminshoheit nach § 213 StPO resultiert eine Einschränkung der Überprüfbarkeit der Terminsverfügung dahingehend, dass lediglich die Einhaltung der rechtlichen Grenzen des Ermessensspielraumes bei der Entscheidung über die Terminierung nachprüfbar ist. Begehren der Betroffene oder der Verteidiger eine Terminsverlegung und wird dies abgelehnt, unterliegt diese Entscheidung deswegen nicht der Beschwerde nach § 305 StPO. Eine Beschwerde gegen eine Terminsbestimmung ist allerdings trotz § 305 S. 1 StPO zulässig, wenn gewichtige und evidente Fehler der Ermessenentscheidung des Vorsitzenden geltend gemacht werden.[145] Teilweise wird aber vertreten, dass in Bußgeldsachen die Ausnahmen sehr restriktiv gehandhabt werden sollen.[146]

138 Die Ablehnung eines Terminsverlegungsantrags führt zu einer Verletzung des rechtlichen Gehörs, wenn sie auf sachfremden und nicht mehr nachvollziehbaren Gründen beruht und dem Betroffenen dadurch der erste Zugang zum Gericht genommen wird.[147]

139 Bezüglich der Terminierung der Hauptverhandlung muss der Verteidiger ggf. das Anwesenheitsrecht des Betroffenen in Erinnerung bringen, das als Korrelat zur Anwesenheitspflicht in § 73 Abs. 1 OWiG fungiert. Wird es verletzt, kann dies mit der Rechtsbeschwerde gerügt werden.[148] Aus der BGH-Rechtsprechung zum Verwerfungsurteil nach Aufhebung und Zurückverweisung[149] ergibt sich z.B., dass eine anstelle eines gebotenen Verwerfungsurteils erlassene Sachentscheidung das Anwesenheitsrecht des Betroffenen verletzt.[150] Aus dem Anwesenheitsrecht ergibt sich auch das Recht auf Terminswahrnehmung in Begleitung des Wahlverteidigers: Hat der Verteidiger rechtzeitig vor dem Termin einen begründeten Verlegungsantrag wegen seiner Verhinderung gestellt, so hat das Gericht nach pflichtgemäßem Ermessen zu entscheiden, wobei bei einem bestreitenden Betroffenen einem solchen Antrag in der Regel zu entsprechen ist.[151] Aber auch der bereits entbundene Betroffene hat das Recht, von einem gewählten Verteidiger vertreten zu werden.[152]

140 Die Grundsätze einer fairen Prozessführung gebieten bei Anträgen zur Terminsverlegung ein sachgerechtes Umdisponieren des Gerichts. Die formularmäßige Ablehnung von Terminsverlegungsanträgen mit der Begründung, dass aufgrund der hohen Geschäftsbelastung Terminsverlegungen nur in ganz engen Ausnahmefällen möglich seien und die

145 LG Stuttgart, Urt. v. 29.11.2011 – 17 Qs 99/11 = DAR 2012, 38; OLG Stuttgart, Beschl. v. 21.6.2005 – 5 Ws 81/05 = Justiz 2006, 8.
146 Göhler/*Bauer*, § 71 OWiG Rn 25a m.w.N.
147 OLG Hamm, Beschl. v. 22.7.2010 – 3 RBs 200/10 = zfs 2010, 649.
148 U.a. OLG Bamberg, Beschl. v. 30.3.2012 – 3 Ss OWi 360/12 = DAR 2012, 393.
149 BGH, Beschl. v. 18.7.2012 – 4 StR 603/11 = zfs 2013, 109.
150 OLG Bamberg, Beschl. v. 24.10.2012 – 3 Ss OWi 1425/12 = NStZ-RR 2013, 188.
151 KG, Beschl. v. 9.5.2012 – 3 Ws (B) 260/12 = DAR 2012, 395.
152 OLG Dresden, Beschl. v. 12.2.2013 – Ss 911/12 (Z) = zfs 2013, 530.

Verhinderung des Verteidigers grundsätzlich keine solche Ausnahme darstelle, stellt eine grundsätzliche Verkennung des Rechts des Betroffenen dar, sich von einem Anwalt seines Vertrauens vertreten zu lassen.[153] Die Geschäftslage des erkennenden Gerichts – mag sie auch noch so besorgniserregend sein – kann also kein Ablehnungsgrund sein.[154]

Der bestellte Verteidiger ist im Übrigen auch dann zu laden, wenn eine Vollmacht nicht vorliegt oder wenn feststeht, dass er vom Termin bereits Kenntnis hat.[155] **141**

Probleme bereitet vor allem die Situation des erst nach Terminierung bestellten Verteidigers. Ausgehend von einer Entscheidung des KG[156] ist eigentlich davon auszugehen, dass bei rechtzeitig vor dem Termin gestelltem begründeten Verlegungsantrag des Verteidigers wegen seiner Verhinderung bei einem bestreitenden Betroffenen einem solchen Antrag in der Regel zu entsprechen ist. Auch wäre es ein Verfahrensfehler, wenn das Gericht den Betroffenen darauf verweist, sich entweder von einem anderen Anwalt verteidigen zu lassen, hilfsweise die Verteidigung selbst zu übernehmen, ohne sich damit auseinanderzusetzen, ob dies dem Betroffenen angesichts des enormen Zeitdrucks noch zuzumuten ist. Allerdings wurde auch schon entschieden, dass es, wenn der mit der Sache bisher nicht vertraute Verteidiger erst nach der Terminsladung und relativ kurzfristig vor dem Termin neu mandatiert wird, dem Angeklagten zuzumuten sei, sicherzustellen, dass dieser Verteidiger den Termin auch wahrnehmen könne; ebenso wie der Verteidiger bei der Übernahme des Mandats eine offen liegende Terminkollision bedenken müsse.[157] **142**

▼ **143**

Muster 35.45: Terminsverlegung 35.45

An das Amtsgericht ___

Sehr geehrte ___,

nach erhaltener Ladung zum Hauptverhandlungstermin vom ___ muss leider ein **Antrag** auf Terminsverlegung und Anberaumung eines neuen Hauptverhandlungstermins gestellt werden.

Denn an dem gewählten Verhandlungstag muss der seitens des Betroffenen als Wahlverteidiger mandatierte Unterzeichner bereits in einer anderen Sache in ___ vor Gericht auftreten. Die dortige Verhandlung, geführt unter dem Aktenzeichen ___ bei dem Amtsgericht ___, wurde bereits am ___ terminiert und dem hier bestellten Verteidiger am ___ zugestellt, mithin erheblich früher als die jetzt am ___ zugegangene Terminsladung. Die Ladung des Amtsgerichts ___ und das unterzeichnete Empfangsbekenntnis sind diesem Schreiben als **Anlagen 1 und 2** beigefügt, im Übrigen werden die vorstehenden Angaben anwaltlich versichert.

153 OLG Naumburg, Beschl. v. 8.10.2012 – 2 Ss (B) 101/12 = jurisPR-VerkR 10/2013 Anm. 6.
154 OLG Braunschweig, Beschl. v. 20.1.2012 – Ss (OWiZ) 206/11 = StV 2012, 721.
155 OLG Celle, Beschl. v. 2.4.2012 – 322 SsBs 84/12 = NZV 2012, 351.
156 KG, Beschl. v. 9.5.2012 – 3 Ws (B) 260/12 = DAR 2012, 395.
157 OLG Frankfurt a.M., Beschl. v. 20.2.2014 – 3 Ws 172/14 = NStZ-RR 2014, 250.

(optional) Nur zur Sicherheit wird darauf hingewiesen, dass der Betroffene an diesem Tag nicht durch ein anderes Mitglied der Sozietät vertreten werden kann. Zum einen ist der Unterzeichner ausweislich der dem Gericht vorliegenden Vollmacht der einzige gewählte Verteidiger. Zum anderen hat der Betroffene gerade einen Anspruch auf Wahrnehmung des Termins in Begleitung des von ihm gewählten Verteidigers. Auch die Beauftragung eines Termins- oder Unterbevollmächtigten ist aus den genannten Gründen nicht geboten.

▲

144 Eine interessante prozesstaktische Variante ergibt sich noch wie oben erwähnt für den bereits entbundenen Betroffenen. Dieser hat zwar keine Teilnahmepflicht, aber weiterhin ein Teilnahmerecht.[158] Infolgedessen kann er auch um Terminsverlegung nachsuchen, etwa wenn er entschuldigt wäre oder selbst eine andere gerichtliche Verhandlung wahrnehmen müsste.

145 ▼

Muster 35.46: Verlegung wegen Krankheit des Betroffenen

35.46 An das Amtsgericht

Sehr geehrte ,

ich beziehe mich zunächst auf die dem Gericht bereits vorliegende schriftliche Verteidigungs- und Vertretungsvollmacht und **beantrage** im Auftrag und in entsprechender Vollmacht für den Betroffenen, den bereits seit längerem feststehenden Hauptverhandlungstermin am aufzuheben und neu zu terminieren.

Zur Begründung führe ich aus, dass der Betroffene ausweislich des als Anlage beigefügten ärztlichen Attests derzeit nicht reisefähig ist und dementsprechend an der Hauptverhandlung nicht teilnehmen könnte. (*Details zur Erkrankung*) Der behandelnde Arzt möge bei Zweifeln im Freibeweisverfahren angehört werden.

Zwar wurde der Betroffene bereits mit Beschluss des Gerichts vom von der Pflicht des persönlichen Erscheinens entbunden. Allerdings mindert dies nicht das Teilnahmerecht des Betroffenen, welches er durch Erscheinen in der bereits terminierten Hauptverhandlung ausüben wollte. Eine solche darf aber bei entschuldigter Abwesenheit des Betroffenen nicht durchgeführt werden, so dass ich um antragsgemäße Verbescheidung bitte.

▲

146 Schließlich kann es in extremen Fällen auch dazu kommen, dass eine ständige Ablehnung von Terminsverlegungsgesuchen oder eine unsachgemäße Verfahrensleitung zur Annahme der Voreingenommenheit des Gerichts führt.[159] Hierauf muss der Verteidiger entsprechend reagieren, um bei Nichterscheinen im Termin das dann zu Unrecht ergangene Verwerfungsurteil erfolgreich anfechten zu können.

158 OLG Koblenz, Beschl. v. 23.10.2013 – 2 SsRs 90/13 – juris.
159 OLG Naumburg, Beschl. v. 26.8.2014 – 2 Ws 174/14 = zfs 2015, 293.

▼

Muster 35.47: Terminsverlegung und Befangenheitsantrag 147

35.47

An das Amtsgericht

Sehr geehrte ,

ich **beantrage** erneut den Hauptverhandlungstermin vom wegen Verhinderung des Wahlverteidigers des Betroffenen aufzuheben und neu zu terminieren.

Zudem wird der Vorsitzende Richter **wegen Besorgnis der Befangenheit abgelehnt**.

Es besteht an diesem genannten Tag eine bereits angezeigte und nachgewiesene Terminskollision. Höchst vorsorglich sind die anderweitige, früher zugestellte Ladung und das Empfangsbekenntnis noch einmal als **Anlagen 1 und 2** beigefügt. Diese Terminskollision wird nun offenbar seitens des Gerichts ignoriert, nachdem bereits zuvor zwei Mal wegen anderer Terminskollisionen die Hauptverhandlung verlegt werden musste und nunmehr mit Beschl. v. die erneute Terminsverlegung abgelehnt wurde. Zudem sind die Bitten der Verteidigung um Absprache des neuen Hauptverhandlungstermins ebenso ignoriert worden wie die Anregung, den Beginn der Sache nicht jedes Mal auf 8 Uhr zu terminieren, da ja der Betroffene und der Unterzeichnende eine Anfahrt von ca. 200 km auf sich nehmen müssen, um das Anwesenheitsrecht in der Hauptverhandlung wahrnehmen zu können.

Kurz zur Historie der bisherigen Terminierungen: Durch das Amtsgericht ist zunächst auf den , 8 Uhr Termin zur Hauptverhandlung angesetzt worden. Die Ladung ist dem Verteidiger am zugegangen. Der Verteidiger hat mit Schreiben vom unter Hinweis auf eine Terminskollision Verlegung beantragt und um eine Terminsabsprache für den Folgetermin gebeten. Ohne die angeregte/erbetene Abstimmung des Termins, ist durch das Gericht dann, nach Nachweis der Verhinderung durch Vorlage der Ladung in anderer Sache, neu terminiert worden, auf den , 8 Uhr. Aufgrund einer neuerlichen Terminskollision hat der Verteidiger ebenfalls unter unmittelbarer Beifügung der Ladung in anderer Sache wieder um Verlegung gebeten. Ebenfalls ohne die neuerlich erbetene Abstimmung ist dann terminiert worden auf den , 8 Uhr. Da der Verteidiger auch bei diesem Termin erneut verhindert war, musste wiederum Verlegung beantragt werden. Dieses Verlegungsgesuch ist durch den vorsitzenden Richter mit Beschl. v. mit der Begründung zurückgewiesen worden, dass der Termin bereits zweimal auf Antrag des Betroffenen verlegt worden sei und die Prozessbeschleunigung nunmehr die Durchführung der Hauptverhandlung gebiete.

Dieses Verhalten begründet die **Ablehnung** des vorsitzenden Richters **wegen Besorgnis der Befangenheit**. Die sachfremde Ablehnung des begründeten Terminsverlegungsgesuchs lässt ebenso wie die ständige Terminierung auf 08:00 Uhr, was eine Abfahrt gegen 05:30 erforderlich machen würde, Bedenken hinsichtlich der erforderlichen Unvoreingenommenheit des entscheidenden Richters entstehen. Es kommt dabei bereits auf den bloßen Schein einer solchen Voreingenommenheit und fehlenden Objektivität an, nicht darauf, ob sich der Richter tatsächlich für befangen erachtet. Ich weise explizit darauf hin, dass sich eine Besorgnis der Befangenheit auch aus dem Verhalten des Gerichts bei der Terminierung ergeben kann, insbesondere wenn das Gericht nicht auf andere Termine des gewählten Verteidigers Rücksicht nimmt (OLG Bamberg, Beschl. v. 10.10.2005 – 2 Ss OWi 269/05 = NJW 2006, 2341). Die bisher gestellten Verlegungsgesuche erfolgten stets aus einem eigenständigen Sachgrund, sodass nicht einmal ansatzweise Verschleppungsabsicht unterstellt werden könnte (OLG Brandenburg, Beschl. v. 15.9.2022 – 1 OLG 53 Ss-OWi 322/22 = BeckRS 2022, 25688).

▲

§ 36 Hauptverhandlung

Dr. Benjamin Krenberger

A. Beweisaufnahme – Allgemeines

Das Gericht muss von Amts wegen prüfen, ob der im Bußgeldbescheid gemachte Vorwurf zutrifft und ob die im Bescheid angeordneten Rechtsfolgen erforderlich und angemessen sind. Das Gericht muss dabei jedoch nur solche Punkte im Rahmen der Sachverhaltsaufklärung und Beweisaufnahme ansprechen und hinterfragen, die gesetzlich notwendig sind oder sich aufdrängen. Dies kann auch zugunsten des Betroffenen der Fall sein, z.B. im Rahmen des § 17 Abs. 3 OWiG (wirtschaftliche Leistungsfähigkeit des Betroffenen), bei möglichen Ausnahmen von der Anordnung des Fahrverbots oder für die Möglichkeit des Absehens vom Fahrverbot gegen Erhöhung der Geldbuße, § 4 Abs. 4 BKatV. Alles Weitere liegt in der Hand des Betroffenen bzw. des Verteidigers. Der Verteidiger verfügt dabei über verschiedene Hebel, um Handlungen des Gerichts zu veranlassen und zu beanstanden, insbesondere kann er **Beweisanträge** stellen. Diese muss das Gericht, insbesondere wenn sie zulässig und richtig formuliert sind, auch verbescheiden. Der Verteidiger muss hier also auf sein strafprozessuales Wissen zurückgreifen und z.B. darauf achten, dass er keine Negativtatsachen unter Beweis stellt, dass er nicht lediglich einen Beweisermittlungsantrag stellt oder dass das Beweismittel überhaupt geeignet ist, die behauptete Beweistatsache zu belegen. 1

Der Verteidiger muss darüber hinaus darauf achten, dass sein Beweisantrag den Weg in die Protokollierung findet, um sich später im Rahmen der Rechtsbeschwerde nicht mit der negativen **Beweiskraft des Protokolls** auseinander setzen zu müssen. Hierzu kann man den Antrag schriftlich als Anlage zum Protokoll stellen, damit seine Existenz bei den Akten und damit in der Welt ist. Das ist für den Verteidiger aber kein Muss. Der Beweisantrag kann in der Hauptverhandlung auch mündlich gestellt werden, soweit nicht das Gericht nach § 257a StPO eine schriftliche Antragstellung angeordnet hat.[1] 2

▼ 3

Muster 36.1: Zeugenbeweis

Ich **beantrage** hiermit, den Zeugen zu laden und zu vernehmen zum Beweis der Tatsache, dass der Betroffene am Einmündungsbereich der Kreuzung bis zum Stillstand angehalten hat, sich nach rechts und links des möglicherweise vorhandenen Querverkehrs vergewissert hat und dann mit normaler Anfahrgeschwindigkeit begonnen hat, die Kreuzung -Straße/ -Straße zu überqueren. 36.1

Begründung:

Ausweislich der polizeilichen Unfallaufnahme Bl. d.A. wurde der Nachbar, der hier benannte Zeuge , zwar als Unfallbeobachter erfasst. Allerdings erfolgten weder eine Anhörung vor Ort, eine Vorladung zur Vernehmung bei der Polizei oder eine

1 BeckOK-StPO/*Bachler*, § 244 StPO Rn 30.

Ladung zur heutigen Hauptverhandlung. Der dem Betroffenen gemachte Vorwurf des verkehrsrechtlichen Fehlverhaltens kann jedoch durch den neutralen Zeugen vollumfänglich widerlegt werden.

▲

4 Neben der Berücksichtigung der formellen Voraussetzungen des Beweisantragsrechts sind auch die **Besonderheiten des Bußgeldrechts** zu beachten: Neben den Möglichkeiten des § 244 StPO steht dem Gericht auch die pauschale Ablehnungsklausel des § 77 Abs. 2 Nr. 1 OWiG zur Verfügung. Diese erfordert zwar in der Hauptverhandlung kaum Begründungsaufwand. Die Voraussetzungen dieses Ablehnungsgrundes dürfen aber nicht unterschätzt werden: Die Norm lässt die Ablehnung des Beweisantrags nämlich nur zu, wenn das erkennende Gericht – erstens – aufgrund der bisherigen Beweisaufnahme – zweitens – den Sachverhalt für so eindeutig geklärt erachtet, dass – drittens – nach pflichtgemäßem Ermessen die beantragte Beweiserhebung die eigene Beurteilung der Sachlage nicht zu ändern vermag.[2] Dass das Gericht einen Beweisantrag auch erst am Ende der Beweisaufnahme verbescheiden kann, ist möglicherweise nicht jedem Richter klar. Wenn als postwendende Reaktion auf einen Beweisantrag des Verteidigers zu Beginn der Beweisaufnahme, etwa wenn die Begutachtung einer Messung beantragt wird, dieser Antrag per Vordruck nach § 77 Abs. 2 Nr. 1 OWiG abgelehnt wird, kann später möglicherweise die Verfahrensrüge darauf gestützt werden. Denn dass zu diesem Zeitpunkt tatsächlich alle drei Voraussetzungen gegeben waren, dürfte nicht immer der Fall sein, so dass dann die spätere Urteilsbegründung den Ausschlag gibt, ob der Richter den Beweisantrag fehlerhaft abgelehnt hat. Denn dort muss die Beweisantragsablehnung genauso ausführlich wie in einem Strafurteil bzw. einem ablehnenden Beschluss nach § 244 StPO ausfallen.[3]

5 Hat der Verteidiger bereits vor, an der Hauptverhandlung nicht teilzunehmen, sollte man durchaus von der Möglichkeit Gebrauch machen, vor der Hauptverhandlung schriftsätzlich Beweisanträge zu stellen. Zwar sind die meisten Anträge nur als Beweisanregung zu behandeln, aber immerhin muss sich das Gericht überhaupt damit auseinandersetzen.[4]

6 Des Weiteren sollte der Verteidiger die Norm des § 77a OWiG im Hinterkopf haben, wenn in der Beweisaufnahme der Zeugenbeweis durch Urkundenverlesung ersetzt werden soll. Ausweislich § 77a Abs. 4 OWiG ist dies aber mit einem Beschluss zu tun, der zudem nur ergehen kann, wenn die anwesenden Verfahrensbeteiligten zustimmen. Sollte das Gericht zum einen den Beschluss, zum anderen die Einholung der Zustimmung übersehen, ist der Verteidiger zum Widerspruch zu Protokoll verpflichtet, um seine Chancen in der späteren Verfahrensrüge zu wahren.[5]

2 OLG Hamm, Beschl. v. 14.2.2008 – 2 Ss OWi 81/08 = NZV 2008, 417.
3 NK-GVR/*Krumm*, § 77 OWiG Rn 41.
4 OLG Frankfurt a.M., Beschl. v. 4.2.1998 – 2 Ws (B) 53/98 = NStZ-RR 1998, 210; KG, Beschl. v. 24.11.1988 – 3 Ws (B) 342/88 = StV 1990, 255.
5 NK-GVR/*Krumm*, § 77a OWiG Rn 24.

▼ 7

Muster 36.2: Widerspruch gegen Urkundenverlesung

Hiermit erhebe ich zu Protokoll für den Betroffenen **Widerspruch** gegen die Verlesung der Erklärung des Zeugen ___ zur Einrichtung der verfahrensgegenständlichen Messstelle nach § 77a OWiG. Der Zeuge wurde nicht geladen, obwohl seine Aussage beweisrelevant wäre. Die in den Akten befindliche schriftliche Zusammenfassung kann nicht durch Verlesung an die Stelle einer erforderlichen Zeugenvernehmung treten. Die Voraussetzungen der Verlesung liegen mangels Beschlusses des Gerichts und zudem mangels Zustimmung des anwesenden Verteidigers nicht vor. Das anfängliche Schweigen auf die Verlesung ist explizit nicht als Zustimmung zur Verlesung zu werten. Höchst vorsorglich weise ich darauf hin, dass die Rechtsprechung zur Verlesung des Messprotokolls hier keine Anwendung finden kann. 36.2

Ergänzend **beantrage** ich deshalb, den Zeugen ___ zur Hauptverhandlung hinzuzuladen, um ihn zur ordnungsgemäßen Einrichtung der Messstelle befragen zu können, die offensichtlich ja auch das Gericht für beweisrelevant erachtet hat, indem es die schriftliche Stellungnahme des Zeugen verlesen hat und damit in das Verfahren einführen wollte.

▲

Die erforderliche Zustimmung zu der Verlesung einer schriftlichen Aussage oder Stellungnahme eines Zeugen kann auch stillschweigend erklärt werden,[6] zwar unter strengen Voraussetzungen, aber es ist möglich.[7] Insofern kann ein vergessenes Protestieren gegen die beschlusslose Verlesung manchmal gerettet werden, aber sinnvoll wäre es in jedem Fall, sich über die Zustimmung zu erklären. 8

Das Erfordernis der Zustimmung gilt allerdings nicht für die Verlesung des Messprotokolls. Denn darin ist keine Zeugenaussage enthalten, die ersetzt werden müsste.[8] 9

B. Eigenladung von Zeugen und Sachverständigen für den Hauptverhandlungstermin

Ein sehr selten genutztes Beweisinstrument ist die **Selbstladung eines Sachverständigen**, etwa um eine Messung direkt in der Sitzung gutachterlich einschätzen zu können oder um einen gerichtlich bestellten Sachverständigen widerlegen zu können. Geregelt ist diese Möglichkeit in § 220 StPO. Geladen wird der Zeuge/Sachverständige über den Gerichtsvollzieher, § 38 StPO. Die Entschädigung nach JVEG muss hinterlegt und dem Geladenen nachgewiesen sein oder dem Gerichtsvollzieher in bar überlassen werden, § 220 Abs. 2 StPO.[9] Zudem muss in der Hauptverhandlung ein förmlicher Beweisantrag gestellt werden. 10

6 KG, Beschl. v. 2.9.2013 – 3 Ws (B) 438/13 – juris.
7 OLG Köln, Beschl. v. 6.6.2000 – Ss 217/00 (B) = StV 2001, 342.
8 OLG Hamm, Beschl. v. 26.6.2014 – 1 RBs 105/14 = NStZ-RR 2014, 287.
9 Muster für Ladung, Hinterlegung und Zustellungsersuchen finden sich z.B. bei Buschbell/*Schäpe*, Münchener Anwaltshandbuch Straßenverkehrsrecht, 5. Aufl. 2020, § 14 Rn 21 ff.

11 ▼

Muster 36.3: Selbstladung des Sachverständigen

36.3

Hiermit **beantrage** ich, den im Wege des Selbstladeverfahrens geladenen Sachverständigen zur Frage der Ordnungsmäßigkeit der hier verfahrensgegenständlichen Messung des behaupteten Verkehrsverstoßes anzuhören, zu befragen und dessen gutachterliche Einschätzung dazu im Protokoll festzuhalten, dass dem Betroffenen hier allenfalls eine Geschwindigkeit von 24 km/h über der zulässigen Höchstgeschwindigkeit vorgeworfen werden kann.

Zudem stelle ich bereits jetzt den **Antrag**, nach erfolgter Anhörung des Sachverständigen diesen aus der Staatskasse zu entschädigen, § 220 Abs. 3 StPO.

Begründung:

Bereits im Vorfeld der Hauptverhandlung wurde schriftsätzlich vorgetragen, dass die durch Nachfahrt vorgenommene Messung mit den Gerät ProViDa nicht den Vorgaben der Gebrauchsanweisung entspricht. Insbesondere ist auf dem Messvideo zu erkennen und sachverständig nachzuweisen, dass die erforderlichen einheitlichen Abstände zum einen uneinheitlich, zum anderen zu groß sind, um von einem ordnungsgemäßen, geschweige denn standardisierten Messverfahren ausgehen zu können. Die Begutachtung durch den Sachverständigen wird ergeben, dass keineswegs eine vorgeworfene Geschwindigkeit von 42 km/h über der zulässigen Höchstgeschwindigkeit vorgelegen haben kann, sondern allenfalls eine nach Toleranzabzug vorwerfbare Geschwindigkeit von 24 km/h über der zulässigen Höchstgeschwindigkeit. Das Gericht hat jedoch weder ein eigenes Gutachten in Auftrag gegeben, noch den benannten Sachverständigen zum Termin geladen, obwohl er öffentlich bestellt und vereidigt für den Bereich der Messtechnik und der Straßenverkehrsunfälle ist, mithin keine Befürchtung der parteilichen Begutachtung besteht.

Als **Anlagen 1 bis 3** beigefügt sind zum Nachweis der ordnungsgemäßen Ladung im Sinne des § 245 StPO das Ladungsschreiben an den Sachverständigen, die Zustellungsurkunde des Gerichtsvollziehers OGV sowie der Nachweis des hinterlegten entstehenden Entschädigungsbetrages nach dem JVEG. Eine volle Entschädigung des Sachverständigen durch den Betroffenen ist ausweislich der Hinterlegungsbestätigung noch nicht erfolgt.

▲

C. Beweisanträge zu Verkehrsverstößen

12 Auch wenn vieles bereits im Vorfeld geklärt oder beantragt werden kann, muss der Verteidiger auch noch in der Hauptverhandlung agieren oder reagieren können, um den Vorwurf gegen den Betroffenen anzugreifen. Dabei kann es sowohl um die (objektive) Tatbestands- als auch um die Rechtsfolgenseite gehen.

▼

13

Muster 36.4: Sachverständigengutachten zu Geschwindigkeitsmessung

Hiermit **beantrage** ich, ein schriftliches Sachverständigengutachten einzuholen zum Beweis der Tatsache, dass durch die Verwendung einer ungeeichten zusätzlichen W-LAN-Kameraeinheit die vorliegende Messung abweichend von den Vorschriften der Gebrauchsanweisung vorgenommen wurde und damit unverwertbar ist, hilfsweise dass deswegen ein deutlich höherer Toleranzabzug, mindestens von 20 % vorzunehmen ist.

Als Sachverständiger wird der für Messtechnik und Straßenverkehrsunfälle öffentlich bestellte und vereidigte Dipl.-Ing. benannt.

Begründung:

Verfahrensgegenständlich ist eine Geschwindigkeitsmessung mit dem Messgerät ES 3.0. Vorliegend ist aus der Akte bereits ersichtlich, dass am Tag der Messung kein standardisiertes Messverfahren vorlag. Neben den geeichten Kameraeinheiten wurde auch eine nur über WLAN verbundene weitere Kameraeinheit benutzt, um vorzugsweise Nahaufnahmen der Fahrer anzufertigen. Die beweisrelevanten Messbilder zeigen jedoch keinen Fahrer, sondern nur Teilstücke eines Fahrzeugs. Die Begutachtung durch den Sachverständigen soll zum einen darlegen, dass es sich vorliegend um keine ordnungsgemäße, nicht einmal um eine verwertbare Messung handelt. Denn die Identifizierung des Fahrers, aber auch die Feststellung des Verstoßes muss sich aus dem nach der Bedienungsanleitung ordnungsgemäß generierten Messbild ergeben, nicht aus sonstigem Datenmaterial, dessen Quelle nie der Eichung unterlag. Dies hat erhebliche Auswirkungen auf die Zuverlässigkeit der Messung, so dass schon gar nicht von einer ordnungsgemäßen Messung ausgegangen werden kann.

Jedenfalls würde, sofern das Gericht nach Begutachtung zu einer anderen technischen und rechtlichen Einschätzung kommen sollte, der herkömmliche Toleranzabzug nicht mehr genügen, um die hier vorliegenden denkbaren Verkehrsfehlergrenzen zu erfassen. Stattdessen wäre ein höherer Abzug vorzunehmen, der durch den Sachverständigen technisch näher eingegrenzt werden kann, bereits aus rechtlichen Gründen aber auf wenigstens 20 % zu bemessen wäre. Denn es kann sich in diesem Fall nicht um eine andere rechtliche Bewertung handeln, als wenn mit einem ungeeichten Gerät gemessen worden wäre (vgl. KG, Beschl. v. 27.10.2014 – 3 Ws (B) 467/14 = DAR 2015, 99; AG Zeitz, Beschl. v. 30.11.2015 – 13 OWi 721 Js 205989/15 – juris).

Der Betroffene wäre angesichts dieses nunmehr bevorstehenden Beweisaufwands natürlich mit einer Einstellung des Verfahrens nach § 47 OWiG einverstanden, was explizit zusätzlich **beantragt** wird.

▲

▼

14

Muster 36.5: Zeugenbeweis für Dauervideoaufnahme

Hiermit **beantrage** ich die Ladung und Vernehmung der Polizeibeamten PHK und PK'in zum Beweis der Tatsache, dass zur Überwachung von Rotlichtverstößen am verfahrensgegenständlichen Tattag eine anlasslose dauerhafte Videoaufzeichnung des die Lichtzeichenanlage an der Kreuzung -Straße/ -Straße passierenden Verkehrsteilnehmer angefertigt wurde und erst anschließend bei Durchsicht des Videomaterials die Betroffenen als solche herausgefiltert wurden.

Begründung:

Ausweislich des Einsatzberichts des benannten Zeugen PHK , Bl. d.A., wurde am Tattag die Lichtzeichenanlage an der Kreuzung -Straße/ -Straße gezielt und schwerpunktmäßig überwacht. Hierzu wurden nicht etwa entsprechende Beobachtungen vorgenommen, sondern Videoaufnahmen aus einem Überwachungswagen der Polizei hergestellt. Die benannten Zeugen haben diesen Wagen genutzt und zusammen die Videoaufnahmen generiert, später auch ausgewertet. Dem Verteidiger wurde nach entsprechendem vorgerichtlichem Antrag das Videomaterial des Messtages zur Einsicht und sachverständigen Prüfung übermittelt. Ungeachtet der Tatsache, dass auch die konkret den Betroffenen tangierende Messung technisch nicht mit dem Vorwurf im Bußgeldbescheid in Übereinstimmung zu bringen ist, wofür bei Bedarf noch ein separater Sachverständigenbeweis angeboten und beantragt werden wird, ist durch das beschriebene Vorgehen bereits die rechtliche Grundlage für eine Messung wie vorgenommen nicht gegeben. Denn ausweislich der Rechtsprechung des BVerfG (BVerfG, Beschl. v. 20.5.2011 – 2 BvR 2072/10 = NJW 2011, 2783; BVerfG, Beschl. v. 2.7.2009 – 2 BvR 2225/08 = NJW 2009, 3225) besteht hier mangels Rechtsgrundlage auch ein Beweisverwertungsverbot. Ein solches Beweisverwertungsverbot besteht zumindest bei schwerwiegenden, bewussten oder willkürlichen Verfahrensverstößen, bei denen die grundrechtlichen Sicherungen planmäßig oder systematisch außer Acht gelassen worden sind (vgl. BVerfG, Beschl. v. 16.3.2006 – 2 BvR 954/02 = NJW 2006, 2684). Dies ist hier der Fall. Denn die benannte einschlägige Rechtsprechung wurde von den eingesetzten Zeugen völlig willkürlich missachtet, obwohl sie bereits seit mehreren Jahren bekannt ist, sowohl in der Tages- als auch Fachpresse erschien und mit Sicherheit auch innerhalb der Polizeibehörden vermittelt wurde. Insbesondere handelt es sich hier auch nicht um eine bloße Überwachungskamera, mit welcher sich Kennzeichen und Fahrer der Fahrzeuge nicht identifizieren lassen würden, was durch Inaugenscheinnahme des Videomaterials unzweifelhaft erkennbar sein wird.

▲

15 ▼

Muster 36.6: Sachverständigengutachten zum Erlöschen der Betriebserlaubnis

Hiermit **beantrage** ich, ein technisches Sachverständigengutachten zur Frage der Gefährdung von Verkehrsteilnehmern durch die am Fahrzeug des Betroffenen vorgenommene Veränderung einzuholen.

Zum Sachverständigen benannt wird Dipl.-Ing. , öffentlich bestellt und vereidigt für Unfallrekonstruktionen im Straßenverkehr.

Begründung:

Dem Betroffenen wird ein Verstoß gegen § 19 Abs. 5 i.V.m. Abs. 2 S. 2 Nr. 2 StVZO vorgeworfen, weil die am Fahrzeug vorgenommene Veränderung zu einem Erlöschen der Betriebserlaubnis geführt haben soll. Dies ist nicht der Fall und kann durch sachverständige Begutachtung nachgewiesen werden. Der Betroffene hat auf sein Fahrzeug zwar eintragungsfähige, aber nicht eingetragene Sommerreifen des Typs und der Größe aufgezogen. Die Eintragung hat er in fahrlässiger Weise versäumt. Ein Teilegutachten liegt vor. Die kontrollierenden Beamten haben keine Verschleißspuren an den Reifen oder sonstige Hinweise dafür bekunden können, dass die aufgezogenen Reifen die Verkehrssicherheit des Fahrzeugs beeinträchtigen. Von der vorgenommenen

Bereifung geht aber keine technische Gefahr für andere Verkehrsteilnehmer aus, was ein Sachverständigengutachten ohne Zweifel bestätigen wird, so dass – wenn überhaupt – allenfalls eine Ahndung nach TB-Nr. 319500 des bundeseinheitlichen Tatbestandskatalogs mit 50 EUR vorzunehmen wäre, nicht aber eine punktbewehrte Ahndung nach BKat Nr. 214a.2/214b.2 mit 90 EUR.

▲

D. Beweisantrag zur Identitätsfeststellung

▼ 16

Muster 36.7: Zeugenbeweis zwecks Identitätsfeststellung

Hiermit beantrage ich, den Zeugen zu laden und zu vernehmen zum Beweis der Tatsache, dass dieser das verfahrensgegenständliche Fahrzeug am Tattag geführt hat.

Begründung:

Der Betroffene hat die Fahrereigenschaft bereits vorgerichtlich bestritten und auch auf den Hinweis des Gerichts hin dieses Bestreiten aufrechterhalten. Hintergrund war schlicht, dass der Betroffene, dessen Fahrzeug von verschiedenen Bekannten nach mündlicher Absprache mitbenutzt werden darf, nicht mehr genau in Erinnerung hatte, wer an diesem Tag das Fahrzeug genutzt hatte. Zwischenzeitlich stattgefundene Nachforschungen, die durch das ersichtlich schlechte Messbild nicht gefördert werden konnten, haben inzwischen ergeben, wer am fraglichen Tag Fahrer des Pkw gewesen ist.

▲

▼ 17

Muster 36.8: Anthropologisches Vergleichsgutachten

Hiermit **beantrage** ich, zwecks späterer gerichtlicher Schlussfolgerung auf die Fahrereigenschaft des Bruders des Betroffenen am Tattag ein anthropologisches Vergleichsgutachten einzuholen zur Tatsachenbehauptung, dass im auf dem Messbild erkennbaren Gesicht des Fahrers die Merkmale , und eindeutig erkennbar sind, diese ebenso eindeutig dem Bruder des Betroffenen und nur diesem zugeordnet werden können und auch die Annahme, ein Blutsverwandter sei stattdessen auf dem Messbild abgebildet, durch diese eindeutigen Merkmale ausgeschlossen wird.

Zur Sachverständigen benannt wird Dipl.-Biol. .

Begründung:

Die Fahrereigenschaft des Betroffenen ist nicht gegeben. Der tatsächliche Fahrer war der Bruder des Betroffenen, der, zugegebenermaßen, eine große äußerliche Ähnlichkeit zum Betroffenen aufweist. Im Vergleich der Brüder sind jedoch die Merkmale , und prominent und auch exklusiv. Nur der Zeuge , der Bruder des Betroffenen, weist im Gesicht die genannten Merkmale auf, der Betroffene hingegen nicht. Eine frühere Stellungnahme zur Fahrereigenschaft war nicht möglich, da sich der Bruder des Betroffenen auf Geschäftsreise im Ausland befand und sich erst inzwischen die Klärung der Fahrerfrage ergeben hat. Nachdem das Gericht jedoch in der Hauptverhandlung darauf hingewiesen hat, dass es den Betroffenen als Fahrer zu erkennen glaubt und die Fahrereigenschaft des Bruders als Schutzbehauptung ansieht, muss eine gutachterliche Klärung der Identität anhand der genannten Merkmale erfolgen, damit das Gericht seine Schlussfolgerung hinsichtlich der Fahrereigenschaft überdenken kann. Diese Vorgehensweise ist auch erfolgversprechend. Denn anhand der genannten verschiedenen Kennzeichen des Gesichts und der Gesichtsteile werden sich eine hinreichende Anzahl von Distinktionsmerkmalen ergeben, die die Eindeutigkeit der Zuordnung begründet. Der Bruder mag über die Adresse des Betroffenen ebenfalls als Zeuge zur Hauptverhandlung hinzugeladen werden, wenn das Gericht eine Begutachtung im Termin bevorzugt.

▲

E. Beweisantrag zu subjektivem Tatbestand

18 ▼

Muster 36.9: Rechtsmedizinisches Sachverständigengutachten zu § 24a StVG

36.9 Hiermit **beantrage** ich die Einholung eines rechtsmedizinischen Sachverständigengutachtens zur Klärung des Vorwurfs der fahrlässigen Begehung des verfahrensgegenständlichen Verstoßes gegen § 24a StVG: Dem Betroffenen war es vorliegend objektiv und subjektiv unmöglich, die Auswirkung des THC-Konsums zu bemerken.

Als Sachverständiger benannt wird PD Dr. , Institut für Rechtsmedizin der Universität .

Begründung:

Dem Betroffenen wird im Bußgeldbescheid vorgeworfen, trotz nachweisbarer THC-Konzentration im Blut, gemessen wurde hier in der Blutuntersuchung ein THC-Gehalt von 3,9 ng/ml, ein Fahrzeug im Straßenverkehr geführt zu haben. Der Betroffene hat sowohl den erst- und einmaligen Genuss von „Joints" zwei Tage zuvor eingeräumt, bestehend aus einem Gemisch von Tabak und 2–3g getrockneten Marihuanablüten, aber darüber hinaus auch bekundet, dass er sich hiernach sowohl durch Recherche im allgemein zugänglichen Online-Portal Wikipedia, aber auch durch Lektüre verschiedener Gerichtsentscheidungen in frei zugänglichen juristischen Datenbanken nach besten Kräften darüber vergewissert hat, dass die Auswirkungen des Konsums im Straßenverkehr bei einem Konsum wie beschrieben nach 24 Stunden, jedenfalls nach 48 Stunden trotz des komplexen, nicht linearen Abbaus von Betäubungsmitteln im Blut nicht mehr beeinträchtigend bemerkbar wären, da der Grenzwert für eine legitime Teilnahme am Straßenverkehr gemäß § 44 KCanG inzwischen bei 3,5 ng/ml liegt. Zudem hat er selbst, wie bereits schriftsätzlich vorgetragen, aber bislang seitens des Gerichts zu Unrecht nicht gewürdigt, vor Fahrtantritt verschiedene Belastungs- und Reaktionsstichproben durchgeführt, um mögliche Beeinträchtigungen während der Fahrt ausschließen zu können und so die Fahrt ggf. gar nicht erst anzutreten. Schließlich handelte es sich auch um eine Zufallskontrolle, wie die bereits vernommenen Beamten in ihrer Vernehmung erläuterten und es lag demnach kein auffälliges Fahrverhalten des Betroffenen vor. Insofern liegt es geradezu auf der Hand, dass der Betroffene, ohne dass ihn auch nur ein Fahrlässigkeitsvorwurf treffen würde, ein Kraftfahrzeug hätte führen können und dürfen. Denn er hat dem in der Rechtsprechung vorgenommenen Rückschluss auf die subjektive Sorgfaltspflichtverletzung aktiv entgegengewirkt. Dass er in seiner subjektiven Situation auch von der nicht mehr bemerkbaren bzw. relevanten Einwirkung des konsumierten THC ausgehen durfte, wird das Sachverständigengutachten nachweisen, zumal auch in der Blutanalyse auf

Bl. ___ d.A. eine konkret nachweisbare Beeinträchtigung gerade nicht festgestellt werden konnte.

Höchst vorsorglich wird darauf hingewiesen, dass die Rechtsprechung des BGH zum fahrlässigen THC-Verstoß nach § 24a StVG nicht entgegensteht. Denn hier hat sich der Betroffene umfangreich eingelassen und es liegt gerade nicht nur das Blutuntersuchungsgutachten bei ansonsten schweigendem Betroffenem vor.

▲

▼ 19

Muster 36.10: Zeugenbeweis Überladung 36.10

Hiermit **beantrage** ich die Ladung und Vernehmung des Zeugen ___ zum Beweis der Tatsache, dass sich der Betroffene bei der Beladung des Lkw mit Langholz über Zustand, Menge und Beschaffenheit des geladenen Holzes hinreichend versichert hat und es für ihn deshalb keinen Grund gab, von einer Überladung im Sinne des § 34 StVZO auszugehen.

Begründung:

Den Betroffenen kann im vorliegenden Verfahren nicht einmal der Vorwurf fahrlässigen Verhaltens treffen. Hier konnte er die Überladung weder vermeiden noch gab es hierfür irgendwelche äußeren Anzeichen der Überladung, insbesondere nicht durch Verformungen von Achsen, Reifen oder Teilen des Nachläufers oder ein späteres auffälliges Fahrverhalten von Auflieger und Nachläufer während des Transports, weder bei Kurvenfahrten, Bremsungen oder Beschleunigungen. Richtig ist zwar, dass wegen der großen Gefahren, die von überladenen Fahrzeugen und Anhängern für die Sicherheit des Straßenverkehrs ausgehen, an die den Fahrzeugführer treffenden Sorgfaltspflichten strenge Anforderungen zu stellen sind. Er ist grundsätzlich gehalten, unter Anwendung aller ihm zur Verfügung stehenden Möglichkeiten eine Überladung des Fahrzeugs zu vermeiden. Dies hat er hier aber getan. Der Betroffene hat sich bei dem Zeugen ___, dem Verlader, vor Ort, d.h. auf dem Verladeplatz im Wald, über die Art und den Trocknungsgrad der Stämme erkundigt und ihn sodann explizit darauf hingewiesen, unter Beachtung des Eigengewichts von Zugmaschine und Nachläufer die geltende Höchstgewichtsbegrenzung zu beachten. Selbst das äußere Erscheinungsbild der Beladung sowie eine überschlagsmäßige Berechnung des Volumens haben bei dem Betroffenen weder die Gewissheit noch den Verdacht begründen können, dass möglicherweise eine Überladung vorläge. Auch dies, nämlich die äußere Prüfung sowie die Probeberechnung kann der Zeuge ___ bestätigen.

An den Betroffenen waren auch keine erhöhten Anforderungen an seine Sorgfaltspflichten zu stellen. Denn er ist verkehrsrechtlich nicht vorbelastet und es gab auch bislang keine Verfahren wegen Verstoßes gegen Ladungsvorschriften gegen ihn (vgl. OLG Karlsruhe, Beschl. v. 30.3.2000 – 3 Ss 134/99 = DAR 2000, 418).

▲

F. Anträge zu Protokoll

20 In der Hauptverhandlung kann der Verteidiger, gerade wenn die einzelnen gerichtlichen Termine an einem Verhandlungstag in knapper Abfolge aneinandergereiht werden, durch gezielte Anträge die Sache verkomplizieren, hinauszögern und dadurch Fehler hervorrufen – oder gar die Bereitschaft des Gerichts zu einer Lösung im Sinne des Mandanten fördern. Soweit dieses Vorgehen im Einklang mit der StPO steht, darf erst gar nicht der Vorwurf der „Konfliktverteidigung" oder der Verfahrensverschleppung erhoben werden, denn für den Mandanten gilt bis zur Verurteilung immer noch die Unschuldsvermutung, die auch in Masseverfahren nicht dem Zeitdruck preisgegeben werden darf.

I. Befangenheit

21 Die Ablehnung eines Richters wegen **Befangenheit** ist nicht immer, aber oft mit einer unnötigen emotionalen Komponente belastet. Dennoch darf der Verteidiger unangemessenes Verhalten nicht zum Nachteil des Betroffenen hinnehmen, nur um sich dadurch einen günstigeren Verfahrensgang zu erhoffen.

22 ▼

Muster 36.11: Befangenheitsantrag

36.11 Hiermit **lehne ich** namens und im Auftrag des Betroffenen den Vorsitzenden Richter wegen Besorgnis der Befangenheit **ab**.

Begründung:

Nach Beginn der Hauptverhandlung und nach Belehrung über das Aussageverweigerungsrecht des Betroffenen hat dieser über seinen Verteidiger auf die Frage des Gerichts zur Fahrereigenschaft die Erklärung abgegeben, dass die Fahrereigenschaft – nach wie vor – bestritten wird. Der Vorsitzende Richter R nahm diese Äußerung mit spöttischem Schnauben zur Kenntnis und erklärte daraufhin: „Dann hat wohl ein Geist das Fahrzeug gefahren".

Diese Äußerung wurde – trotz entsprechenden Antrags – nicht in das Protokoll aufgenommen, sondern es folgte die Aufforderung, „nun doch endlich die Wahrheit zu sagen".

Dieses Verhalten und die damit einhergehenden unsachlichen Äußerungen begründen erhebliche Zweifel an der Unvoreingenommenheit des Vorsitzenden Richters und auch daran, ob die gesetzlichen Rechte des Betroffenen im Verfahren ausreichend gewahrt werden. Auf die hierzu einschlägige Rechtsprechung wird hingewiesen (KG, Beschl. v. 10.7.2008 – (3) 1 Ss 354/07 (123/07) = NJW 2009, 96; MüKo-StPO/*Conen/Tsambikakis*, § 24 Rn 39).

Dass Äußerungen und Verhalten wie dargelegt erfolgten, kann nachgewiesen werden durch die schriftliche Äußerung des Zeugen , der sich im Vorgriff auf die nachfolgende Hauptverhandlung bereits als Zuhörer im Sitzungssaal befand und die als Anlage zu diesem Antrag beigefügt ist. Zudem werden die dargelegten Angaben anwaltlich versichert.

▲

II. Herbeiführen einer gerichtlichen Entscheidung

Ein im Bußgeldverfahren sehr selten genutztes Instrument ist das Herbeiführen einer **gerichtlichen Entscheidung** nach § 238 Abs. 2 StPO. Die Geltung ist auch im Bußgeldverfahren gegeben, allerdings steht aufgrund der unbestreitbaren raschen Abfolgen vieler Verhandlungen in Verkehrsordnungswidrigkeiten oftmals der Gedanke an dieses Vorgehen nicht an erster Stelle des Verteidigerplans. Allerdings gibt es gar nicht wenige Konstellationen, in welchen der Verteidiger auf diese Maßnahme geradezu setzen muss, gerade wenn es um die spätere Rüge eines Verfahrensfehlers oder gar die Rüge des Verstoßes gegen das rechtliche Gehör des Betroffenen im Rahmen der Rechtsbeschwerde geht. Zu beachten ist dabei aber stets, dass nicht jede Verweigerung gerichtlichen Tuns einen Antrag auf Entscheidung nach § 238 StPO rechtfertigt: Erhebt der Betroffene nach § 257 StPO einen Widerspruch zu Protokoll im Hinblick auf die seiner Ansicht nach nicht rechtmäßige Beweiserhebung oder Beweisverwertung und führt das Gericht diese dann dennoch durch, besteht kein Anspruch auf eine Entscheidung nach § 238 StPO. Denn die Rüge nach § 257 StPO dient nur der Rechtsbeschwerdevorbereitung und zwingt das Gericht weder zu einer Replik noch zu einer anderen Reaktion auf das eigene weitere Vorgehen.[10] 23

▼ 24

Muster 36.12: Herbeiführen einer gerichtlichen Entscheidung

Hiermit **beantrage** ich, die Weigerung des Gerichts, den Antrag der Verteidigung auf Einholung eines schriftlichen Sachverständigengutachtens zur Ordnungsmäßigkeit der verfahrensgegenständlichen Geschwindigkeitsmessung entgegenzunehmen, nach § 238 Abs. 2 StPO zu überprüfen. 36.12

Begründung:

Die Verteidigung hat bereits mehrfach in der Hauptverhandlung darauf hingewiesen, dass bei der verfahrensgegenständlichen Messung die Fahrzeugfront nicht in einer logischen Position zur Fotolinie steht, sondern deutlich über die Fotolinie hinausragt. Allein schon dies begründet einen konkreten Anhaltspunkt für eine Fehlmessung, die von Amts wegen, jedenfalls aber auf Antrag sachverständig zu überprüfen ist. Diese Anträge ignoriert das Gericht bislang und dies mehrfach (vgl. KK-StPO/*Schneider*, § 238 Rn 12) stets mit einem lapidaren Hinweis auf das sog. „standardisierte Messverfahren". Diese Vorgehensweise beschränkt das rechtliche Gehör des Betroffenen und den Grundsatz der Unschuldsvermutung. Man kann hier durchaus schon ein willkürliches Verhalten des Tatrichters unterstellen (vgl. OLG Köln, Beschl. v. 11.5.2023 – 1 ORBs 130/23 = zfs 2023, 708).

▲

10 OLG Düsseldorf, Beschl. v. 22.2.2022 – 2 RBs 25/22 = BeckRS 2022, 2799.

III. Aussetzungsantrag nach Beweiserhebung

25 Des Weiteren kann es den Fall geben, dass zum Termin Zeugen oder Sachverständige geladen worden sind, diese aber nicht in der Ladung benannt worden sind. Dann hat der Verteidiger einen **Anspruch auf Aussetzung** der Verhandlung, § 246 Abs. 2 StPO. Dieser Anspruch besteht bis zum Schluss der Beweisaufnahme, kann also gerade dann eingesetzt werden, wenn der Verlauf der Beweisaufnahme ungünstig gerade durch die neuen Beweismittel ist.

26 ▼

Muster 36.13: Aussetzungsantrag nach neuem Beweismittel

36.13 Hiermit **beantrage** ich, die Hauptverhandlung nach § 246 Abs. 2 StPO auszusetzen und einen neuen Termin von Amts wegen, nicht aber vor Ablauf von vier Wochen zu bestimmen.

Begründung:

In der Hauptverhandlung wurde der Messbeamte, der Zeuge PK , vernommen, unter anderem zum Ablauf der Messung, zum Aufbau der Messstelle, zur Frage des Abweichens von den Landesrichtlinien zur Einrichtung von Messstellen und zur Durchführung der Auswertung der Messergebnisse. In der Ladung zur Hauptverhandlung war der Zeuge nicht als Beweismittel aufgeführt. Eine Vorbereitung der Verteidigung auf die Befragung des Zeugen war deswegen nicht möglich und konnte auch nicht innerhalb der fünfminütigen Vernehmung durch den Vorsitzenden Richter, welcher die Verteidigung ebenfalls folgen musste, nachgeholt werden. Zu einer ordnungsgemäßen Verteidigung gegen den dem Betroffenen gemachten Vorwurf gehört aber auch die hinreichende, ggf. durch vorherige sachverständige Beratung unterstützte Vorbereitung auf den Hauptverhandlungstermin samt den dort zu erwartenden Beweismitteln. Wäre eine Hauptverhandlung in Abwesenheit des Betroffenen (und des Verteidigers) geführt worden, hätte das Gericht den Zeugen gar nicht vernehmen dürfen. Insofern ist eine bloße temporäre Unterbrechung der Hauptverhandlung nicht ausreichend, um dem Bedürfnis des Betroffenen, seinem Anspruch auf rechtliches Gehör Geltung zu verschaffen, Genüge zu tun.

▲

IV. Widerspruch im Rahmen der Beweisaufnahme

27 Ein weiterer wichtiger Aspekt im Rahmen der Beweisaufnahme ist der **Widerspruch** gegen die Verwertung von Beweismitteln. Die Verfahrensrüge muss später konkret darstellen, dass und wann der Widerspruch gegen die Verwertung eines Beweismittels i.S.d. § 257 Abs. 2 StPO erfolgt ist.[11] Der Verteidiger muss hier unbedingt darauf achten, dass sein Widerspruch in das Protokoll aufgenommen wird. Wenn sich das Gericht hiergegen sträubt oder eine Aufnahme gar verweigert, muss der Verteidiger sofort darauf reagieren, § 238 Abs. 2 StPO. Dies gilt nicht, wie oben gesehen, wenn es darum geht, dass das Gericht entgegen des Widerspruchs doch den Beweis erhebt oder würdigt.

11 OLG Schleswig, Beschl. v. 24.6.2010 – 1 Ss OWi 88/10 = jurisPR-VerkR 1/2011 Anm. 4.

28

Muster 36.14: Widerspruch gegen Verwertbarkeit eines Beweismittels

36.14

Hiermit erhebe ich **Widerspruch** gegen die Verwertung der Aussagen der Zeugen PHK und PK'in , soweit diese von der Einlassung des Betroffenen zum Tatvorwurf berichteten.

Begründung:

Dem Betroffenen wird im vorliegenden Verfahren vorgeworfen, das Fahrzeug mit dem Kennzeichen mit einer gegen § 24a StVG verstoßenden Atemalkoholkonzentration zur Tatzeit im öffentlichen Straßenverkehr, nämlich im Bereich der -Straße in geführt zu haben.

Der Beschuldigte hat dies gegenüber den benannten Zeugen zwar eingeräumt. Diese Angabe ist wegen eines Verstoßes gegen die aus den §§ 136 Abs. 1, 163a Abs. 4 StPO folgende Belehrungsverpflichtung der Ermittlungspersonen u.a. über das Schweigerecht des Betroffenen unverwertbar. In der Folge wäre auch eine Vernehmung der Ermittlungsbeamten zu dem Inhalt der gemachten Angaben unverwertbar.

Nach § 136 StPO, der über § 163a Abs. 4 StPO auch für Polizeibeamte im Ermittlungsverfahren gilt, damit über § 46 OWiG auch bezüglich Ordnungswidrigkeiten, ist einem Betroffenen bei Beginn der ersten Vernehmung zu eröffnen, welche Tat ihm zur Last gelegt wird und dass es ihm frei stehe, sich zu der Beschuldigung zu äußern oder nicht auszusagen. Nach st. Rspr. des BGH (seit BGH, Beschl. v. 27.2.1992 – 5 StR 190/91 = NZV 1992, 242) führt der Verstoß gegen § 136 Abs. 1 ggf. i.V.m. § 163 Abs. 4 StPO zu einem **Beweisverwertungsverbot**.

Im Einzelfall ist zwar die Frage der „Belehrungsschwelle", also der Situation, in der eine Belehrung spätestens erforderlich wird, nicht immer einfach zu beantworten. Im Zweifel wird einer frühzeitigen Belehrung der Vorzug zu geben sein. Nach einer Entscheidung des AG Bayreuth (AG Bayreuth, Beschl. v. 17.10.2002 – 3 Cs 5 Js 8510/02 = NZV 2003, 202) ist bei der Suche nach einem zuvor unbekannten Fahrer, dem ein Delikt als Führer eines Kfz zur Last fällt, eine Belehrung des Halters nach § 136 Abs. 1 StPO „zwingend, weil aufgrund der Haltereigenschaft die Fahrzeugführereigenschaft nahe liegt und sich daher der Beschuldigtenkreis derart verdichtet, dass der Halter zum Zeitpunkt der Befragung bereits als potentieller Täter in Betracht kommt".

Das OLG Zweibrücken (OLG Zweibrücken, Beschl. v. 16.8.2010 – 1 Ss Bs 2/10 = zfs 2010, 589) führt aus, dass nicht jeder unbestimmte Tatverdacht bereits die Beschuldigteneigenschaft begründet. Es komme auf die Stärke des Verdachts an, also darauf, ob die Strafverfolgungsbehörde nach pflichtgemäßer Beurteilung von einer ernstlichen Täter- oder Beteiligteneigenschaft des Befragten ausgehen konnte. Vor einer solchen Verdachtsverdichtung sei eine sog. informelle Befragung zulässig und ihre Ergebnisse verwertbar.

Zu beachten ist vom Grundsatz her, dass eine Belehrungspflicht voraussetzt, dass von einem Anfangsverdacht gegen den Befragten auszugehen ist. Hierbei wird man den Ermittlungspersonen einen gewissen Ermessensspielraum einräumen müssen, wobei dieser vor dem Hintergrund der Bedeutung des Schweigerechts im Strafverfahren nicht im Lichte ermittlungstaktischer Interessen zu sehen ist.

Vorliegend fuhren die Beamten nach einer Meldung durch die bisher nicht vernommene Zeugin die per Halterauskunft ermittelte Anschrift des Betroffenen als Halter des

Fahrzeugs mit dem amtlichen Kennzeichen an. Dieses Kennzeichen war durch die Zeugin durchgegeben worden. Die Zeugin hatte auch von Verkehrsverstößen berichtet, u.a. einem Rotlichtverstoß auf Höhe der -Niederlassung in sowie dem Fahren von Schlangenlinien. Die Polizeibeamten fanden das Fahrzeug an der Halteranschrift mit dem von der Zeugin durchgegebenen Kennzeichen vor. An der Motorhaube und dem Auspuff war keine Wärme feststellbar, wobei die Außentemperatur -1°C betrug. Nach zweimaligem Klopfen an der Anschrift -Str. in öffnete der Betroffene und wurde ohne weiteren Hinweis auf den Anlass der Befragung befragt, ob er der Halter des Fahrzeugs sei, was er bejahte. Dann wurde er weiter befragt, ob er gerade mit dem Fahrzeug unterwegs gewesen sei. Auch diese Frage bejahte der Betroffene. Erst nachdem die Beamten in die Wohnung eingelassen wurden und sodann äußere Hinweise auf eine Alkoholisierung des Betroffenen wahrnahmen, wurde er gem. § 136 StPO belehrt und anschließend ein freiwilliger Test mit dem Alkomat Draeger durchgeführt.

In diesem Fall hätte ermessensfehlerfrei eine Belehrung erfolgen müssen, nachdem der Betroffene bestätigte, der Halter des Fahrzeugs zu sein. Zum Zeitpunkt der Befragung stand für die Beamten aufgrund der ihnen bekannten Schilderungen der Zeugin fest, dass zumindest ein Anfangsverdacht einer Ordnungswidrigkeit wegen des in durch den Fahrer des Fahrzeugs begangenen Rotlichtverstoßes vorliegt. Über § 46 Abs. 1 OWiG kommt bereits der § 136 Abs. 1 StPO zur Anwendung. Eine Belehrungspflicht über das Schweigerecht bestand daher bereits, bevor die Beamten die Alkoholisierung des Beschuldigten wahrnehmen konnten, denn auch im Bußgeldverfahren muss sich niemand selbst belasten (so auch LG Saarbrücken, Beschl. v. 27.5.2013 – 6 Qs 61/13 = zfs 2013, 590).

Wäre bei dem Anfangsverdacht einer StVO-Ordnungswidrigkeit die Frage danach, ob der in örtlicher und zeitlicher Nähe zum verursachenden Fahrzeug angetroffene Halter das Fahrzeug gefahren hat, ohne Belehrung über das Schweigerecht zulässig, liefe der durch die § 46 Abs. 1 OWiG, §§ 136 Abs. 1, 163 Abs. 4 StPO gewollte Schutzzweck leer, denn der Betroffene lieferte dann ohne Belehrung regelmäßig den einzigen zu seiner Überführung fehlenden Sachverhaltsbaustein, ohne über seine Rechte belehrt worden zu sein.

Es ist der Ermittlungsakte auch nicht zu entnehmen, dass der Betroffene sein Schweigerecht kannte, als er Angaben zu seiner Fahrereigenschaft machte. Hierfür könnten zwar die aus dem Verkehrszentralregister ersichtlichen Eintragungen v. und v. sprechen. Diese Eintragungen liegen jedoch bereits geraume Zeit zurück. Im Zweifel ist dem Beschuldigten die Kenntnis nachzuweisen, was angesichts des bisherigen Ermittlungsergebnisses nicht der Fall und auch nicht möglich ist.

▲

V. Aussetzungsantrag nach rechtlichem Hinweis

▼ 29

Muster 36.15: Aussetzungsantrag nach Hinweis

Hiermit **beantrage** ich, gemäß § 265 Abs. 4 StPO die Hauptverhandlung nach dem rechtlichen Hinweis des Gerichts, dass auch eine Verurteilung wegen vorsätzlichen Verhaltens in Betracht käme, auszusetzen und von Amts wegen einen neuen Termin zu bestimmen, nicht aber vor Ablauf von 4 Wochen.

Begründung:

Der Hinweis des Gerichts wurde in Abwesenheit des Betroffenen erteilt, der seine Fahrereigenschaft eingeräumt und daraufhin von der Pflicht des persönlichen Erscheinens entbunden worden war. Weitere Einlassungen zur Sache hat der Betroffene bislang nicht gemacht und ausweislich des im Bußgeldbescheid erhobenen Vorwurfs der fahrlässigen Geschwindigkeitsüberschreitung war dies auch nicht erforderlich. Insbesondere deswegen, weil die dem Betroffenen vorgeworfene Geschwindigkeit mit 122 km/h nach Toleranzabzug statt erlaubter 80 km/h zwar fahrverbotsrelevant ist, weswegen hierzu auch entsprechender, durch Privatgutachten untermauerter Vortrag erfolgte. Allerdings war hier nicht zu erwarten, dass das Gericht die Rechtsprechung einiger Oberlandesgerichte zum Rückschluss auf den Vorsatz aus der Höhe der Geschwindigkeit heraus – konkret hier: Vorsatz ab mehr als 40 km/h – auf den vorliegenden Fall anwendet. Jedenfalls erfolgte vorgerichtlich kein Hinweis und angesichts der nur knapp überschrittenen und keineswegs unumstrittenen Grenze der 40 km/h war ein solcher auch nicht zwingend zu erwarten. Nunmehr muss sich der Betroffene aber zunächst einmal selbst zu dieser Konstellation äußern können. Immerhin lag vor Ort nicht einmal ein Geschwindigkeitstrichter vor. Des Weiteren ist beabsichtigt, ein Sachverständigengutachten zur Frage der Bemerkbarkeit der Geschwindigkeit einzuholen. Denn bei unterstellten 122 km/h ist es weder biomechanisch noch technisch zwingend gegeben, dass aufgrund der Geschwindigkeit der vorbeiziehenden Landschaft oder anderen Fahrzeuge oder gar aufgrund der Motorengeräusche des Pkw des Betroffenen ein zwingender Rückschluss auf die positive Kenntnis der gefahrenen Geschwindigkeit gegeben wäre. Eine solche Begutachtung wäre aber nicht innerhalb des Unterbrechungszeitraums zu bewerkstelligen, weswegen dem Antrag wie oben gestellt stattzugeben ist.

▲

G. Hilfsbeweisantrag

Nicht vergessen werden sollte der – wie auch im Strafrecht zulässige – **Hilfsbeweisantrag**. Oftmals wird in Bußgeldsachen nicht einmal plädiert, sondern es werden lediglich Anträge gestellt. In solchen Fällen kann der Hilfsbeweisantrag natürlich leicht übersehen werden. Relevant wird dies v.a. dann, wenn der Verteidiger im Schlussvortrag auf den Freispruch des Betroffenen abzielt. 30

31 ▼

Muster 36.16: Plädoyer mit Hilfsbeweisantrag

36.16

Nach durchgeführter Hauptverhandlung und nach dem Eindruck der Beweisaufnahme **beantrage** ich zunächst, den Betroffenen hinsichtlich des Vorwurfs der fahrlässigen Geschwindigkeitsüberschreitung außerorts um 31 km/h **freizusprechen**.

Die Fahrereigenschaft des Betroffenen ist weder eingeräumt noch nachgewiesen, das Bildmaterial ist für einen Vergleich nicht geeignet und die bisherigen Stellungnahmen der Verteidigung zu einem Alternativfahrer wurden nicht einmal gewürdigt.

Zudem wurde die Auswertung der Rohmessdaten nicht seitens der Verwaltungsbehörde durchgeführt, sondern durch ein Privatunternehmen, so dass die ausgewerteten Daten einem Beweisverwertungsverbot unterliegen, weswegen hiergegen zu Protokoll widersprochen wurde. Auf die nach § 257 StPO außerdem zu Protokoll erhobene Rüge der unzureichenden Einrichtung der Messstelle mit entsprechenden Auswirkungen auf den Toleranzabzug wird verwiesen und Bezug genommen.

Sollte das Gericht dem Antrag nicht folgen wollen und das Verfahren auch nicht nach § 47 OWiG einstellen oder nach § 69 Abs. 5 OWiG an die Verwaltungsbehörde zur (erstmaligen) Auswertung der noch vorhandenen Rohmessdaten zurückgeben, werden folgende **Hilfsbeweisanträge** gestellt:

1. Beantragt werden die Ladung und Vernehmung des Zeugen , Cousin des Betroffenen, zur Tatsache, dass dieser das Fahrzeug am fraglichen Tag gefahren hat aus o.g. Gründen.
2. Beantragt wird des Weiteren die Einholung eines anthropologischen Vergleichsgutachtens zur Klärung der Fahreridentität aus den o.g. Gründen
3. Beantragt wird schließlich die Einholung eines schriftlichen Gutachtens eines öffentlich bestellten und vereidigten Sachverständigen für Messtechnik zum Nachweis dafür, dass aufgrund der vorhandenen Rohmessdaten nach sachverständiger Auswertung eine gemessene Geschwindigkeit nach (erhöhtem) Toleranzabzug von allenfalls 19 km/h über der zulässigen Höchstgeschwindigkeit gegeben ist.

▲

§ 37 Rechtsbeschwerde

Dr. Benjamin Krenberger

A. Allgemeines

Bezüglich der **Rechtsbeschwerde** muss der Verteidiger zunächst nach der zulassungsfreien Rechtsbeschwerde (z.B. mit Fahrverbot oder Geldbuße höher als 250 EUR) und einer solchen mit Zulassungshürde differenzieren. Nur bei der erstgenannten sind alle Verfahrensrügen und die Sachrüge potentiell dazu geeignet, der Rechtsbeschwerde zum Erfolg zu verhelfen – sofern die Formalia gewahrt wurden. Bei der Zulassungsrechtsbeschwerde, also dem Zulassungsantrag samt Rechtsbeschwerde und Begründung, müssen hingegen neben den Formalia auch die Voraussetzungen des § 80 OWiG eingehalten werden.[1] 1

Die **Rechtsbeschwerdebegründung** muss durch den Verteidiger unterzeichnet werden. Es muss erkennbar sein, dass er für die Begründung die Verantwortung übernehmen will und sich an dieser gestaltend beteiligt hat. Es sind deshalb zum einen Formulierungen zu vermeiden, mit denen sich der Verteidiger dergestalt distanziert, dass er die Argumente als vom Betroffenen stammend wiedergibt. Des Weiteren darf bei Unterzeichnung der Begründung kein distanzierendes „i.V." durch einen Verteidiger der Sozietät erfolgen.[2] Zu beachten sind die seit dem 1.1.2022 geltenden **Formvorgaben** für den Verteidiger bei Einlegung und Begründung der Rechtsbeschwerde, §§ 110c OWiG, 32d StPO. 2

B. Die allgemeine Sachrüge

Bei der allgemeinen **Sachrüge** muss der Verteidiger nur einen einzigen Satz schreiben: „Ich rüge die Verletzung materiellen Rechts." Eine Falle tut sich allerdings auf: Wer pauschal und sofort mit der Rechtsbeschwerdeeinlegung die Verletzung materiellen Rechts rügt, versagt sich gleichzeitig die Rettungsmöglichkeit, wegen der Begründungsfrist für die Verfahrensrüge Wiedereinsetzung in den vorigen Stand zu erhalten.[3] Denn mit der Sachrüge wurde ja bereits eine Begründung abgegeben. 3

Der Verteidiger sollte sich bei der allgemeinen Sachrüge zudem im Klaren darüber sein, dass er die Beweiswürdigung des Tatrichters in der Regel nicht erfolgreich angreifen kann. Nur wenn die Grenze des Vertretbaren überschritten wurde, etwa wegen Widersprüchen, Unklarheiten, Lücken, des Verstoßes gegen Denkgesetze oder gegen gesicherte Erfahrungssätze, ist die erstinstanzliche Rechtsanwendung für das Rechtsbeschwerdegericht überhaupt disponibel. Wenn also der Mandant bzw. der Verteidiger lediglich eine andere Auslegung der Beweisergebnisse für sich beansprucht, sollte man klug abwägen, 4

1 Vgl. *Gutt/Krenberger*, DAR 2015, 685; *Fromm*, zfs 2015, 484.
2 OLG Frankfurt a.M., Beschl. v. 1.8.2013 – 2 Ss OWi 565/13 = NStZ-RR 2013, 355.
3 NK-GVR/*Krumm*, § 79 OWiG Rn 39.

ob sich die Rechtsbeschwerde wirklich lohnt, etwa wegen des Zeitgewinns für das Register oder ein Fahrverbot. Allerdings verpflichtet man auch den erstinstanzlichen Richter zur vollen Begründung des Urteils. Das ist wiederum eine potentielle Fehlerquelle, die der Verteidiger für sich nutzen kann.

5 Schließlich darf der Verteidiger die allgemeine Sachrüge, also die falsche Anwendung des materiellen Rechts, nicht mit der Aufklärungsrüge, einer Verfahrensrüge, vermischen. Geschieht dies, kann das Gericht trotz des richtigen „Einleitungssatzes" schlimmstenfalls zu dem Ergebnis kommen, dass gar keine Sachrüge in zulässiger Weise erhoben wurde.[4]

6 Möchte der Verteidiger neben der allgemeinen Sachrüge auch konkrete Verstöße gegen materielles Recht geltend machen, bietet sich eine Formulierung mit „insbesondere" an, da ja dem Rechtsbeschwerdegericht nicht verwehrt werden soll, selbst Verstöße des Erstgerichts zu entdecken.

7 ▼

Muster 37.1: Rechtsbeschwerde: Sachrüge

37.1

An das Amtsgericht

Sehr geehrte ,

hiermit lege ich namens und mit Vollmacht des Betroffenen **Rechtsbeschwerde** gegen das Urteil des Amtsgerichts vom ein.

(*optional*) Bereits an dieser Stelle rüge ich die Verletzung materiellen Rechts und erhebe die allgemeine Sachrüge.

(*optional*) Die Begründung der Rechtsbeschwerde wird nach Zustellung des vollständig begründeten Urteils innerhalb der hierfür vorgesehenen Frist erfolgen. Zusammen mit der Zustellung des Urteils beantrage ich erneut Akteneinsicht.

▲

8 ▼

Muster 37.2: Rechtsbeschwerde: Sachrüge (Verwerfungsurteil mit Fahrverbot)

37.2

An das Amtsgericht

Sehr geehrte ,

hiermit lege ich namens und mit Vollmacht des Betroffenen **Rechtsbeschwerde** gegen das den Einspruch verwerfende Urteil des Amtsgerichts vom ein und beantrage die Aufhebung des angefochtenen Urteils sowie die Zurückverweisung der Sache an das zuständige Amtsgericht zur erneuten Verhandlung und Entscheidung.

Die Rechtsbeschwerde begründe ich mit der Rüge der Verletzung materiellen Rechts, mithin aufgrund der allgemeinen Sachrüge, wie folgt:

Gegen den Betroffenen erging nach § 74 Abs. 2 OWiG das angefochtene Verwerfungsurteil. Der Tenor lautete jedoch auf mehr als die Verwerfung des Einspruchs vom gegen den Bußgeldbescheid vom und enthielt zusätzlich die Anordnung eines Fahrverbots von einem Monat Dauer unter Anordnung der Schonfrist von vier Monaten. Offenbar hat das Gericht diese Anordnung vorgenommen in der Ansicht, die Bußgeldbe-

4 Vgl. BeckOK StVR/*Lay*, § 79 OWiG Rn 182.

hörde habe ein Regelfahrverbot gegen den Betroffenen in rechtswidriger Weise nicht in den Bußgeldbescheid aufgenommen. Denn in der Begründung des Bußgeldbescheides fanden sich Ausführungen und die angewendeten Normen zum Fahrverbot, nicht aber ein dazu passender Ausspruch im „Tenor" des Bußgeldbescheides. Eine solche „klarstellende" Tenorierung im Verwerfungsurteil ist unzulässig, jedenfalls seit der Neufassung des § 74 Abs. 2 OWiG, welche eine Sachentscheidung im einzig vorgesehenen Prozessurteil nicht erlaubt (vgl. dazu OLG Hamm, Beschl. v. 22.8.2011 – 1 RBs 139/11 = zfs 2012, 51; OLG Koblenz, Beschl. v. 1.6.2004 – 1 Ss 311/03 = NZV 2005, 52).

▲

▼ 9

Muster 37.3: Rechtsbeschwerde: Sachrüge (Höhe der Geldbuße)

37.3

An das Amtsgericht

Sehr geehrte ,

hiermit lege ich namens und mit Vollmacht des Betroffenen **Rechtsbeschwerde** gegen das Urteil des Amtsgerichts vom ein und beantrage die Aufhebung des angefochtenen Urteils sowie die Zurückverweisung der Sache an das zuständige Amtsgericht zur erneuten Verhandlung und Entscheidung.

Die Rechtsbeschwerde begründe ich mit der Rüge der Verletzung materiellen Rechts, mithin aufgrund der allgemeinen Sachrüge, wie folgt:

Das Amtsgericht hat den Betroffenen wegen fahrlässigen Überschreitens der zulässigen Höchstgeschwindigkeit unter Anwendung des § 4 Abs. 4 BKatV zu einer Geldbuße von 1.100 EUR verurteilt. Das Urteil enthält zum einen keine Feststellungen zu den wirtschaftlichen Verhältnissen des Betroffenen, obwohl entsprechender Vortrag erfolgte, das Gericht mithin eine Feststellungsmöglichkeit bei vorhandener Feststellungspflicht hatte. Feststellungen zu den wirtschaftlichen Verhältnissen bei Festsetzung einer Regelgeldbuße von mehr als 250 EUR sind nur dann entbehrlich, wenn keine Anhaltspunkte für außergewöhnlich gute oder außergewöhnlich schlechte wirtschaftliche Verhältnisse des Betroffenen vorhanden sind und dieser auch keine Angaben zu seinen wirtschaftlichen Verhältnissen macht. Das Gegenteil war hier der Fall. Denn der Betroffene hat auf die ihm wegen seiner Überschuldung drohende Privatinsolvenz hingewiesen, dies auch durch Urkunden belegt, deren Verlesung Eingang in das Hauptverhandlungsprotokoll, nicht aber in das angefochtene Urteil gefunden haben, ebenso wenig wie die Einlassung des Betroffenen zu seinen wirtschaftlichen Verhältnissen an sich.

Zudem hat das Tatgericht die Grenze des § 17 Abs. 2 OWiG missachtet. Auch wenn man darüber streiten kann, was eine angemessene Erhöhung der Geldbuße bei Absehen vom Fahrverbot darstellt, ist es dem Gericht verwehrt, bei Annahme eines fahrlässig begangenen Verstoßes die Grenze von 1.000 EUR zu überschreiten.[5]

▲

5 BeckOK StVR/*Krenberger*, § 17 OWiG Rn 3.

C. Rechtsbeschwerde gegen die Entscheidung im Beschlussweg

10 Will der Verteidiger gegen die Entscheidung im **Beschlussweg** Rechtsbeschwerde einlegen, muss er die Verfahrensrüge erheben und insbesondere drei wichtige Umstände mitteilen: den Zeitpunkt des Hinweises nach § 72 Abs. 1 S. 2 OWiG, den Widerspruch und dessen Eingang bei Gericht. Diese Details kann der Verteidiger durch die Akteneinsicht verifizieren.

11 Neben diesem Standardfall muss der Verteidiger zudem wissen, dass er auch dann nach § 79 Abs. 1 Nr. 5 OWiG die Rechtsbeschwerde erheben kann, wenn keine oder keine ausreichende Gelegenheit zum Widerspruch gegeben wurde, etwa weil gar kein Hinweis erteilt wurde, der Hinweis fehlerhaft oder irreführend war oder auch weil z.B. ein Verstoß gegen Art. 6 EMRK vorlag, etwa wegen nicht eingehaltener Absprachen. Hier sollte der Verteidiger in der Rechtsbeschwerdebegründung den Wortlaut des Hinweises oder möglicherweise erhobener Bedingungen im Wortlaut mit Eingangsdatum dokumentieren. Unzulässig ist jedoch der Antrag auf Zulassung der Rechtsbeschwerde, wenn im Beschlussweg entschieden wurde, § 79 Abs. 1 S. 2 OWiG.[6]

12 Interessant ist in diesem Zusammenhang das Detail, dass im Gegensatz zur Rechtsbeschwerde gegen ein Urteil dem Gericht hier die volle Akte zur Prüfung zur Verfügung steht, während sonst nur Rechtsbeschwerdebegründung und Urteil herangezogen werden dürfen.[7] Allerdings muss das Tatgericht dennoch einen Bezug zu den in der Akte befindlichen Beweismitteln herstellen.[8]

13 ▼

Muster 37.4: Rechtsbeschwerde gegen Beschluss

37.4 An das Amtsgericht

Sehr geehrte ,

hiermit lege ich namens und mit Vollmacht des Betroffenen **Rechtsbeschwerde** gegen den Beschluss des Amtsgerichts vom ein und beantrage die Aufhebung des angefochtenen Beschlusses sowie den Freispruch des Betroffenen, hilfsweise die Zurückverweisung der Sache an das zuständige Amtsgericht zur erneuten Verhandlung und Entscheidung.

Die Rechtsbeschwerde begründe ich mit der Rüge der Verletzung formellen und materiellen Rechts wie folgt:

1. Sachrüge: Das hier im tatrichterlichen Urteil festgestellte Verhalten des Betroffenen erfüllt weder den Bußgeldtatbestand nach §§ 49, 37 Abs. 2 StVO noch nach §§ 49, 2 Abs. 1 StVO. Auch sonst ist keine Verletzung eines Bußgeldtatbestandes ersichtlich. Im Grundsatz noch zutreffend ist der Ansatz des Amtsgerichts, dass das Umfahren einer Lichtzeichenanlage einen Rotlichtverstoß darstellen kann. Zu dem durch die Lichtzeichenanlage geschützten Bereich gehört der gesamte Kreuzungs- oder Einmündungsbereich,

6 KG, Beschl. v. 31.1.2023 – 3 ORbs 23/23 = BeckRS 2023, 5147.
7 OLG Frankfurt a.M., Beschl. v. 6.2.2002 – 2 Ss-OWi 51/02 = NStZ-RR 2002, 219; NK-GVR/*Krumm*, § 79 OWiG Rn 51.
8 KG, Beschl. v. 8.9.2022 – 3 Ws (B) 209/22 – 122 Ss 91/22 = BeckRS 2022, 29036.

wobei außer der Fahrbahn auch die parallel verlaufenden Randstreifen, Parkstreifen, Radwege oder Fußwege diesem Bereich zuzuordnen sind. Vor diesem Hintergrund ist in der Rechtsprechung anerkannt, dass derjenige, der die Fahrbahn vor einer für ihn Rotlicht zeigenden Ampelanlage verlässt und diese über den Gehweg, Randstreifen, Parkstreifen, Radweg oder eine Busspur umfährt, um hinter der Ampelanlage in dem durch sie geschützten Bereich wieder auf die Fahrbahn aufzufahren, sich eines Rotlichtverstoßes schuldig macht (OLG Hamm, Beschl. v. 25.4.2002 – 2 Ss OWi 222/02 = NStZ-RR 2002, 250). Gleiches gilt, wenn jemand auf einer Fahrbahn mit mehreren durch Leitlinien bzw. Fahrstreifenbegrenzungen und Richtungspfeile markierten Fahrstreifen mit jeweils eigener Lichtzeichenregelung auf der durch Grünlicht freigegebenen Geradeausspur in eine Kreuzung einfährt und nach Überfahren der Haltlinie auf den durch Rotlicht gesperrten Fahrstreifen für Linksabbieger wechselt (BayObLG, Beschl. v. 27.6.2000 – 1 ObOWi 257/00 = NZV 2000, 422).

Das Rotlicht verbietet dagegen nicht, vor der Ampelanlage abzubiegen und einen nicht durch die Lichtzeichenanlage geschützten Bereich zu befahren, etwa auf einen Parkplatz oder – wie hier – ein Tankstellengelände einzufahren. Ebenso wenig untersagt es, von einem nicht durch die Signalanlage geschützten Bereich auf den hinter dieser, durch sie also geschützten Verkehrsraum zu fahren; denn das Rotlicht wendet sich selbstverständlich nur an denjenigen Verkehrsteilnehmer, der es – in seiner Fahrtrichtung gesehen – vor sich findet. Mit einer solchen Vorgehensweise nutzt der Verkehrsteilnehmer lediglich eine Lücke, die es ihm ermöglicht, sich außerhalb der Reichweite des Haltegebots fortzubewegen. Das auch ansonsten zulässige und nicht bußgeldbewehrte Verhalten des Auffahrens und Verlassens eines Privatgrundstücks wird nicht dadurch zur Ordnungswidrigkeit, dass es durch die Vermeidung des Anhaltens vor einer Rotlicht zeigenden Lichtzeichenanlage motiviert ist. Die oben geschilderte Gefährdungslage ist bei einer solchen Verhaltensweise nicht gegeben. Vielmehr ist lediglich die Gefährdungslage des (grundsätzlich aber erlaubten) Ein- und Ausfahrens auf ein bzw. von einem Privatgrundstück gegeben, was aber durch die Wechsellichtzeichenanlage nicht vermindert werden soll. Diese Gefährdungslagen werden durch andere Verkehrsvorschriften hinreichend geregelt (vgl. BGH, Beschl. v. 27.6.1985 – 4 StR 766/84 = zfs 1985, 284).

Auch ein Verstoß gegen §2 Abs. 1 StVO kann in der Verhaltensweise des Betroffenen nicht gesehen werden. Ein Kraftfahrer, der vor einer Straßenkreuzung die Fahrbahn verlässt, um über ein neben der Straße gelegenes Tankstellengelände die Querstraße schneller zu erreichen, verstößt nicht deshalb gegen das Gebot der Fahrbahnbenutzung in §2 Abs. 1 StVO, weil er dazu den Gehweg überqueren muss. Weitere Verstöße gegen bußgeldrechtliche Vorschriften sind nicht erkennbar (OLG Hamm, Beschl. v. 2.7.2013 – 1 RBs 98/13 = NZV 2013, 512).

2. Verfahrensrüge: Des Weiteren wird die Entscheidungsfindung des Gerichts durch Beschluss nach §72 OWiG als verfahrensfehlerhaft gerügt. Vorliegend bestand kein Einverständnis des Betroffenen mit einer Entscheidung im schriftlichen Verfahren. Der Widerspruch des Betroffenen wurde bereits im ersten Bestellungsschreiben des Verteidigers vom unter gleichzeitiger Übersendung einer Verteidigungs- und Vertretungsvollmacht gegenüber der Verwaltungsbehörde erhoben. Die diesbezügliche Erklärung lautet: (*Wortlaut der Erklärung und des Widerspruchs ausführen*). Dieses Schreiben ist bei der Verwaltungsbehörde am ausweislich des elektronischen Eingangsnachweises Bl. d.A. eingegangen und wurde zusammen mit der Bußgeldakte

dem Gericht nach § 69 OWiG übersandt und ging dort ausweislich des Posteingangsstempels Bl. d.A. am ein. Der gerichtliche Hinweis nach § 72 Abs. 1 S. 2 OWiG erfolgte dennoch und ohne weitere Sachausführungen, die möglicherweise den Betroffenen zu einem Umdenken hätten bewegen können, mit Verfügung vom , ausgeführt am , zu finden auf Bl. d.A. Der Hinweis lautet (*Wortlaut ausführen*).

Das Gericht hätte auf dieser Grundlage zum einen keine Entscheidung nach § 72 OWiG außer einem Freispruch treffen dürfen (OLG Hamm, Beschl. v. 27.10.2011 – 1 RBs 177/11 = zfs 2012, 231; OLG Hamm, Beschl. v. 10.6.2013 – 1 RBs 57/13 = zfs 2013, 653), der Betroffene seinerseits musste nicht erneut widersprechen (OLG Jena, Beschl. v. 20.1.2006 – 1 Ss 298/05 = VRS 111, 143).

▲

D. Die Verfahrensrüge

14 Für die **Verfahrensrüge** sind die revisionsrechtlichen Anforderungen der §§ 344, 345 StPO einzuhalten. Dies stellt beinahe die höchste Hürde für eine erfolgreiche Verfahrensrüge dar, wenn es um die zulassungsfreie Rechtsbeschwerde geht. Die Vielzahl von Fehlerquellen ist dabei unerschöpflich, so dass die folgenden Muster lediglich exemplarisch Ansätze für Formulierungen vorschlagen können.

15 ▼

Muster 37.5: Rechtsbeschwerde: Sachrüge und Verfahrensrüge

37.5

An das Amtsgericht

Sehr geehrte ,

hiermit lege ich namens und mit Vollmacht des Betroffenen **Rechtsbeschwerde** gegen das Urteil des Amtsgerichts vom ein und beantrage die Aufhebung des angefochtenen Urteils sowie die Zurückverweisung der Sache an das zuständige Amtsgericht zur erneuten Verhandlung und Entscheidung.

Die Rechtsbeschwerde begründe ich mit der Rüge der Verletzung formellen und materiellen Rechts wie folgt:

1. Sachrüge: Das Gericht hat die auf dem Messbild enthaltenen Messdaten, anhand derer die Tatbegehung durch den Betroffenen ausweislich der Beweiswürdigung des angefochtenen Urteils nachgewiesen werden soll, nicht in rechtmäßiger Weise im Urteil verwertet. In der Beweiswürdigung wird davon gesprochen, dass die Geschwindigkeitsdaten auf dem Messbild Bl. d.A. enthalten seien, auf welches „gemäß § 267 Abs. 1 S. 3 StPO verwiesen wird". Dies ist unzulässig. Nur auf Augenscheinsobjekte, also die Abbildung an sich, kann verwiesen werden. Daten und Texte innerhalb eines Bildes wie hier in dem Messbild müssen verlesen werden. Auf diesem Mangel beruht das Urteil auch. Denn eine anderweitige Quelle für die Höhe der gemessenen Geschwindigkeit hat das Gericht im Urteil nicht angegeben. Dafür spricht auch das Protokoll der Hauptverhandlung, das auf S. 4 vermerkt, dass das „Lichtbild Bl. d.A. in Augenschein genommen" wurde. (vgl. OLG Hamm, Beschl. v. 7.1.2009 – 3 Ss OWi 948/08 NStZ-RR 2009, 151; OLG Hamm, Beschl. v. 20.3.2012 – 3 RBs 438/11 = jurisPR-VerkR 1/2013 Anm. 6)

2. Verfahrensrüge: Bezüglich der Verletzung formellen Rechts wird die Ablehnung des Beweisantrags der Verteidigung auf sachverständige Überprüfung der Messung gerügt, welcher in der Hauptverhandlung des Amtsgerichts am direkt nach Eröffnung der Beweisaufnahme gestellt wurde. Dieser lautete (*Hier Wiedergabe des gesamten Beweisantrags*).

Nachdem der genannte Beweisantrag gestellt und als Anlage zum Hauptverhandlungsprotokoll gereicht wurde, hat das Gericht den Antrag durch Beschluss nach § 77 Abs. 2 Nr. 1 OWiG zurückgewiesen. (*Vollständige Wiedergabe des Beschlusses*)

Dieser Beschluss ist unrichtig, weil bereits die Ablehnungsvoraussetzungen zum Zeitpunkt der Ablehnung nicht vorlagen. Voraussetzung der vereinfachten Ablehnung nach § 77 Abs. 2 Nr. 1 OWiG ist insbesondere, dass eine Beweisaufnahme bereits stattgefunden hat. Dies war aber nicht der Fall. Denn der als Zeuge vernommene Messbeamte ist erst nach Ablehnung des Beschlusses überhaupt in den Sitzungssaal gerufen worden. Dies ist ersichtlich aus der chronologischen Protokollierung, welche die Verteidigung beantragt hatte. Das Protokoll der Hauptverhandlung lautet bezüglich des Ablaufs der Beweisaufnahme: (*Hier Inhalt des Protokolls wiedergeben*).

Zudem war auch, worauf das Gericht später im Urteil abstellt, die Ablehnung des Beschlusses inhaltlich sowohl nach § 77 Abs. 2 Nr. 1 OWiG, aber auch nach § 244 StPO unrechtmäßig gewesen. Wird – wie hier – die fehlerhafte Durchführung der in der Gebrauchs- bzw. Bedienungsanleitung des Herstellers vorgeschriebenen Funktionstests des Geschwindigkeitsmessgeräts behauptet, besteht die Aufklärungspflicht des Gerichts gemäß § 77 Abs. 1 S. 1 OWiG fort. Eine Befreiung von dem Verbot der Beweisantizipation nach § 77 Abs. 2 Nr. 1 OWiG ist dann nicht gegeben. Denn die von der Rechtsprechung aufgestellten Grundsätze für so genannte standardisierte Messverfahren gelten nur dann, wenn das jeweilige Messgerät vom Bedienungspersonal auch standardmäßig, das heißt, im geeichten Zustand, seiner Bauartzulassung entsprechend und gemäß der vom Hersteller mitgegebenen Bedienungs- bzw. Gebrauchsanweisung verwendet worden ist, und zwar nicht nur beim eigentlichen Messvorgang, sondern auch und gerade bei dem ihm vorausgegangenen Gerätetest (Brandenburgisches OLG, Beschl. v. 21.6.2012 – (2 B) 53 Ss-OWi 237/12 (155/12) – juris). Nur durch diesen Test kann mit der für eine spätere Verurteilung ausreichenden Sicherheit festgestellt werden, ob das Gerät in seiner konkreten Aufstellsituation tatsächlich mit der vom Richter bei standardisierten Messverfahren vorausgesetzten Präzision arbeitet und so eine zuverlässige Entscheidungsgrundlage zur Verfügung stellt (vgl. OLG Koblenz, Beschl. v. 12.8.2005 – 1 Ss 141/05 = DAR 2006, 101; OLG Celle, Beschl. v. 26.6.2009 – 311 SsBs 58/09 = NZV 2010, 414).

Die Verteidigung hat in ihren Beweisanträgen, die oben wiedergegeben wurden, konkret und substantiiert dargelegt, dass der Messbeamte den vorgeschriebenen Display- bzw. Visiertest nicht entsprechend den Herstellerangaben in der Bedienungs- bzw. Gebrauchsanweisung für das Messgerät Riegl VG 21-T durchgeführt hat. Das Amtsgericht hat die Beweisanträge mit der Begründung zurückgewiesen, dass die Funktionsweise des Messgeräts und die durchzuführenden Tests bei dem vorliegenden verwendeten Messgerät dem Gericht aus unzähligen Verfahren gerichtsbekannt seien. Zudem habe der Messbeamte , der als Zeuge vernommen worden sei, ausführliche Angaben zu der durchgeführten Messung nebst den durchgeführten Tests gemacht. Danach seien die Tests und auch die Messung einwandfrei durchgeführt worden. Es bedürfe daher weder

der Einsicht in die Bedienungsanleitung, noch der Einholung eines Sachverständigengutachtens.

Das Amtsgericht hat in seinen Urteilsgründen jedoch keine Feststellungen getroffen, welche konkreten Anforderungen der Hersteller an die Durchführung des Funktionstest stellt, wie sie vom Bedienungspersonal ordnungsgemäß durchzuführen sind und ob insbesondere der Messbeamte die entsprechenden Herstellervorgaben tatsächlich eingehalten hat. Auch hat es keine Feststellungen getroffen, ob die vorgeschriebenen Tests nach jedem Anhaltevorgang bzw. Standortwechsel vorgenommen worden sind.

Es hat auch nicht hinreichend dargelegt, dass der Amtsrichter aus eigener Sachkunde in der Lage ist zu beurteilen, dass die Funktionstests einwandfrei durchgeführt worden sind. Hierzu lassen die Urteilsgründe vermissen, ob dem Tatgericht tatsächlich die Bedienungsanleitung für das vorliegende Gerät bekannt war. Das Amtsgericht hat zudem keine Feststellungen getroffen, ob insbesondere für die Durchführung des Tests der Visiereinrichtung die Entfernungsvorgaben des Herstellers eingehalten worden sind.

Wegen der konkreten und substantiierten Behauptungen des Verteidigers des Betroffenen zur Fehlerhaftigkeit des Display- und Visiertests durch den Messbeamten sowie der nicht hinreichend belegten eigenen Sachkunde des Tatrichters hat es jedenfalls nahe gelegen, der beantragten Beweiserhebung nachzugehen oder aber weitere Feststellungen zur ordnungsgemäßen Durchführung des Funktionstests zu treffen, etwa durch Beiziehung der Gebrauchs- und Bedienungsanleitung für das verwendete Laser-Messgerät.

Beides ist unterblieben, so dass die erfolgte Ablehnung der Beweisanträge gegen die Aufklärungspflicht des Gerichts nach § 77 Abs. 1 S. 1 OWiG verstößt.

▲

16 ▼

Muster 37.6: Rechtsbeschwerde: Verfahrensrüge Entbindungsantrag

37.6

An das Amtsgericht

Sehr geehrte ,

hiermit lege ich namens und mit Vollmacht des Betroffenen Rechtsbeschwerde gegen das den Einspruch verwerfende Urteil des Amtsgerichts vom ein und beantrage die Aufhebung des angefochtenen Urteils sowie die Zurückverweisung der Sache an das zuständige Amtsgericht zur erneuten Verhandlung und Entscheidung.

Die Rechtsbeschwerde begründe ich mit der Rüge der Verletzung formellen und materiellen Rechts wie folgt:

1. (*Sachrüge*)
2. Zur Verfahrensrüge wird wie folgt ausgeführt: Gerügt wird die verfahrensfehlerhafte Nichtentbindung des Betroffenen vom persönlichen Erscheinen in der Hauptverhandlung vom , welche zugleich einen Verstoß gegen den Anspruch auf Gewährleistung des rechtlichen Gehörs des Betroffenen darstellt.

Gegen den Betroffenen erging am ein Bußgeldbescheid der Zentralen Bußgeldstelle , in welchem eine Geldbuße von 320 EUR sowie ein Fahrverbot von 1 Monat Dauer bei Gewährung der 4-monatigen Schonfrist nach § 25 Abs. 2a StVG angeordnet wurden. Der Bußgeldbescheid lautet einschließlich des darin umschriebenen Tatvorwurfs wie folgt: (*Hier Details aufführen*)

Hiergegen hat der Betroffene mit Schreiben des unterzeichnenden Verteidigers vom Einspruch eingelegt. Der Schriftsatz befindet sich auf Bl. d.A. und lautet: (*Hier Details aufführen*)

In einem weiteren Schriftsatz, nach Terminierung der Hauptverhandlung auf den , hat der Betroffene mit Schreiben des unterzeichnenden Verteidigers vom , Bl. d.A., die Fahrereigenschaft eingeräumt und angekündigt, keine weiteren Angaben zur Sache oder zur Person zu machen. Das Schreiben lautet: (*Hier Details aufführen*).

Gleichzeitig wurde eine schriftliche Verteidigungs- und Vertretungsvollmacht zu den Akten gereicht, Bl. d.A. Die Vollmacht lautet: (*Hier Details aufführen*).

Diesen Antrag hat das Amtsgericht mit Beschl. v. zurückgewiesen und mitgeteilt, der Betroffene müsse in der Hauptverhandlung Angaben zu möglichen Härtegründen bzgl. der Anordnung des Fahrverbots machen. Weitere Gründe wurden nicht aufgeführt. (*Hier Details aufführen*).

Die Hauptverhandlung wurde am durchgeführt. Weder der Betroffene noch der Verteidiger sind erschienen. Es erging das angefochtene Verwerfungsurteil nach § 74 Abs. 2 OWiG. Das Urteil wurde dem Verteidiger am zugestellt und verhält sich nicht zum Entbindungsantrag des Betroffenen. Es lautet in Tenor und Gründen: (*Hier Details aufführen*).

Das ergangene Urteil hätte nicht ergehen dürfen. Denn das Gericht hätte den Betroffenen auf seinen Antrag hin entbinden müssen, § 73 Abs. 2 OWiG. Der Grundsatz des rechtlichen Gehörs verpflichtet das Gericht, die Ausführungen der Verfahrensbeteiligten zur Kenntnis zu nehmen und in seine Erwägungen einzubeziehen. Eine Gehörsverletzung kann festgestellt werden, wenn das Gericht nach den Umständen des Falles das Vorbringen eines Betroffenen nicht zur Kenntnis genommen oder bei seiner Entscheidung ersichtlich nicht in Erwägung gezogen hat. Der Anspruch auf Gewährung rechtlichen Gehörs ist demnach auch verletzt, wenn das Gericht über den Antrag des Betroffenen auf Entbindung von der Pflicht zum persönlichen Erscheinen in der Hauptverhandlung nicht oder ohne eine auf § 73 Abs. 2 OWiG zurückführbare Begründung ablehnend entscheidet und sich auch im Urteil mit den Gründen, die zur Rechtfertigung des Antrags geltend gemacht wurden, nicht befasst.

Der Betroffene hat mit Schriftsatz eine abschließende Einlassung zum Tatvorwurf abgegeben. Er hat beantragt, ihn von der Verpflichtung zum persönlichen Erscheinen in der Hauptverhandlung zu entbinden und angekündigt, darüber hinaus in der Hauptverhandlung keine weiteren Angaben machen zu wollen. Den Entbindungsantrag hat das Gericht durch Beschluss mit der Begründung zurückgewiesen, die Anwesenheit des Betroffenen in der Hauptverhandlung sei zur Aufklärung der Sach- und Rechtslage erforderlich. Das Amtsgericht hätte aber den Betroffenen bei Gewährung des rechtlichen Gehörs in Bezug auf seinen Entpflichtungsantrag nicht als säumig i.S.d. § 74 Abs. 2 OWiG behandeln dürfen, sondern dem Antrag entsprechen müssen.

Der Tatrichter hat nämlich dem Antrag nach § 73 Abs. 2 OWiG stattzugeben, wenn die gesetzlichen Voraussetzungen der Entbindung vorliegen, wenn sich also der Betroffene zur Sache geäußert oder erklärt hat, er werde sich in der Hauptverhandlung nicht äußern, und seine Anwesenheit zur Sachverhaltsaufklärung nicht erforderlich ist. Gründe, die eine Ablehnung des Entpflichtungsantrags rechtfertigen konnten, lagen hier ersichtlich nicht vor, nachdem der Betroffene seine Fahrereigenschaft eingeräumt und erklärt hatte, dass er weitere Angaben zur Sache in der Hauptverhandlung nicht machen werde. Unter diesen Umständen konnte das Erscheinen in der Hauptverhandlung nur noch ausnahmsweise zur Sachaufklärung erforderlich sein. Anhaltspunkte für eine solche Fallgestaltung – wie etwa die mögliche Überleitung des Bußgeldverfahrens in ein Strafverfahren – sind nicht erkennbar. Die rein spekulative Erwägung, der Betroffene werde in der Hauptverhandlung vielleicht doch Angaben machen, kann eine Aufklärungserwartung und damit die Ablehnung des Entpflichtungsantrags nicht begründen. Daher reicht die theoretische Möglichkeit, der Betroffene werde seinen Entschluss zum Schweigen in der Hauptverhandlung überdenken, nicht aus, dem Betroffenen die Entbindung von der Pflicht zum Erscheinen zu verweigern (OLG Frankfurt a.M., Beschl. v. 8.3.2000 – 2 Ws (B) 133/00 OWiG = zfs 2000, 226; OLG Köln, Beschl. v. 16.10.2012 – 1 RBs 265/12 = NZV 2013, 50). Ebenso wenig kann die Ablehnung damit begründet werden, die Anwesenheit sei erforderlich um aufzuklären, ob der Betroffene sich in der Hauptverhandlung äußere oder nicht (BayObLG, Beschl. v. 27.12.2000 – 1 ObOWi 618/00 = DAR 2001, 371).

Auf diese Weise ist auch der Sachvortrag der Verteidigung zum Angriff der verfahrensgegenständlichen Messung, der nach § 74 Abs. 1 S. 2 OWiG in die Hauptverhandlung einzuführen gewesen wäre, unberücksichtigt geblieben. (*Hier Details aufführen*)

▲

E. Die Zulassungsrechtsbeschwerde

17 Abschließend sollen noch ein paar Besonderheiten für den Verteidiger bei der **Zulassungsrechtsbeschwerde** kursorisch aufgezeigt werden. Zu unterscheiden ist stets zwischen Verfahrensfehlern und der Verletzung des rechtlichen Gehörs.

I. Allgemeines

18 Der Betroffene kann grundsätzlich frei entscheiden, welchen von mehreren Verfahrensverstößen er mit der Rechtsbeschwerde beanstanden möchte. Demgemäß ist auch die Rechtsbeschwerde gegen ein bußgeldrechtliches Verwerfungsurteil weder auf die Rüge der Verletzung des § 74 Abs. 2 OWiG beschränkt noch in sonstiger Weise von der (gleichzeitigen) Erhebung einer entsprechenden Verfahrensrüge abhängig.[9]

19 Wird der Antrag auf Zulassung der Rechtsbeschwerde als unzulässig oder als unbegründet verworfen, ist auch die Anfechtung der Kosten- und Auslagenentscheidung mit der sofortigen (Kosten-)Beschwerde mangels Statthaftigkeit unzulässig.[10]

20 Die Zulassung zur **Fortbildung des Rechts** wird nur in den seltensten Fällen vorgenommen.[11] Das Übersehen oder Übergehen der Verjährung an sich ist bspw. kein Zulassungsgrund. Dies wird schon durch das Gesetz selbst klargestellt und auch die Rechtsprechung

9 OLG Bamberg, Beschl. v. 8.3.2013 – 2 Ss OWi 1451/12 – juris.
10 OLG Bamberg, Beschl. v. 18.12.2014 – 3 Ss OWi 1446/14 = zfs 2015, 53.
11 Vgl. als solche Ausnahme OLG Hamm, Beschl. v. 22.12.2014 – 3 RBs 264/14 = zfs 2015, 712.

hat es zuletzt mehrfach bestätigt.[12] Die Zulassung der Rechtsbeschwerde dient nicht der Herstellung von Einzelfallgerechtigkeit[13] und oftmals geht es nur um Tatsachenfragen und nicht um solche der Rechtsfortbildung.[14] Ausnahmen finden sich dennoch.[15]

II. Der Zulassungsantrag im Zusammenhang mit §§ 73, 74 OWiG

1. Behauptung: Entbindung hätte gewährt werden müssen

Die rechtsfehlerhafte Verweigerung der Entbindung des Betroffenen vom persönlichen **21** Erscheinen ist zunächst ein Verfahrensfehler, ebenso wie das daraufhin ergehende Verwerfungsurteil verfahrensfehlerhaft ist.[16] Hinzukommen kann noch ein Verstoß gegen das rechtliche Gehör.

Der Verteidiger leistet mit der Darlegung, er habe über eine „Vertretungs- und Verteidi- **22** gungsvollmacht" verfügt, einen ausreichenden Vortrag zur besonderen Vertretungsmacht für die Stellung eines Entbindungsantrags nach § 73 Abs. 2 OWiG.[17] Das OLG Hamm[18] ergänzte diese Rechtsprechung dergestalt, dass zur ordnungsgemäßen Begründung der Verfahrensrüge der Vortrag gehört, dass dem Verteidiger, der den Entpflichtungsantrag gestellt hat, eine schriftliche Vertretungsvollmacht erteilt und diese dem Gericht nachgewiesen war, was auch das KG so entschieden hatte.[19] Diese Verfahrensrüge muss zudem aufzeigen, aus welchen Gründen der Tatrichter von seiner Anwesenheit in der Hauptverhandlung einen Beitrag zur Aufklärung des Sachverhalts unter keinen Umständen hätte erwarten dürfen.[20] Erforderlich ist des Weiteren die Mitteilung des genauen Inhalts wenigstens derjenigen Schriftsätze, Einlassungen oder sonstigen Stellungnahmen und Eingaben einschließlich der durch sie bedingten gerichtlichen Reaktionen (etwa zu Fragen der Terminierung oder zur Notwendigkeit der Durchführung einer Hauptverhandlung in Anwesenheit des Betroffenen), aus denen sich der Verstoß gegen § 74 Abs. 2 OWiG entnehmen lassen soll.[21] Der BGH hat dabei der Variante, den Sachvortrag durch Einkopieren der Aktenbestandteile in die Begründungsschrift vorzunehmen, eine klare Absage erteilt.[22] Es kann nicht auf diesem Umweg dem Rechtsbeschwerdegericht die Aufgabe erteilt werden, sich aus dem Akteninhalt die Verfahrensfehler zusammenzusuchen.

12 OLG Rostock, Beschl. v. 16.12.2014 – 21 Ss OWi 208/14 (Z) = VRS 128, 43; OLG Köln, Beschl. v. 21.2.2014 – 1 RBs 37/14 = jurisPR-VerkR 12/2014 Anm. 6; OLG Hamm, Beschl. v. 14.4.2015 – 1 RBs 65/15 = jurisPR-VerkR 22/2015 Anm. 5.
13 OLG Hamm, Beschl. v. 5.6.2014 – 1 RBs 85/14 – juris.
14 Vgl. auch OLG Hamm, Beschl. v. 20.12.1994 – 4 Ss OWi 1102/94 = NJW 1995, 2937.
15 OLG Celle, Beschl. v. 23.7.2015 – 2 Ss (OWi) 206/15 = zfs 2015, 710.
16 OLG Karlsruhe, Beschl. v. 5.6.2012 – 2 (6) SsRs 279/12 = jurisPR-VerkR 3/2013 Anm. 5.
17 OLG Hamm, Beschl. v. 13.7.2011 – 4 RBs 193/11 = jurisPR-VerkR 5/2012 Anm. 5.
18 OLG Hamm, Beschl. v. 23.5.2014 – 5 RBs 70/14 = zfs 2015, 52.
19 KG, Beschl. v. 11.1.2011 – 3 Ws (B) 12/11 = VRS 120, 200; KG, Beschl. v. 27.3.2015 – 3 Ws (B) 148/15 – juris.
20 OLG Zweibrücken, Beschl. v. 20.12.2010 – 1 SsBs 29/09 – juris.
21 OLG Bamberg, Beschl. v. 4.7.2011 – 3 Ss OWi 606/11 = DAR 2012, 88.
22 BGH, Beschl. v. 14.4.2014 – 2 StR 42/10 – juris.

23 Auch ist darzulegen, welcher Sachvortrag, der nach § 74 Abs. 1 S. 2 OWiG in die Hauptverhandlung einzuführen gewesen wäre, infolge der Einspruchsverwerfung unberücksichtigt geblieben ist.[23] Dem Rügevortrag muss jedenfalls dann, wenn nicht ein Sonderfall vorliegt, zu entnehmen sein, ob und gegebenenfalls wie sich der Betroffene im Falle seiner Anhörung geäußert bzw. den Tatvorwurf bestritten hätte.[24]

2. Behauptung: Mandant war genügend entschuldigt

24 Wenn gerügt werden soll, dass der Betroffene doch genügend entschuldigt gewesen sein soll, müssen genaue Angaben zur angeblich doch genügenden Entschuldigung vorgetragen werden.[25] Im Fall der behaupteten ausreichenden Entschuldigung erfordert die formgerechte Begründung der Verfahrensrüge, dass der Betroffene die die Entschuldigung begründenden bestimmten Tatsachen so schlüssig vorträgt, dass sich die Verhinderung zum Terminszeitpunkt aufgrund der konkreten Umstände im Einzelnen für das Rechtsbeschwerdegericht erschließt. Hierzu gehören im Krankheitsfall die jedenfalls nach allgemeinem Sprachgebrauch zu benennende Art der Erkrankung, die aktuell bestehende Symptomatik und die Darlegung der daraus zur Terminszeit resultierenden konkreten körperlichen oder geistigen Beeinträchtigungen.[26]

25 Das KG[27] entschied, dass sich, soweit mögliche Entschuldigungsgründe dem angefochtenen Urteil nicht zu entnehmen sind, der Umfang der Darlegungspflicht der Rechtsbeschwerde dergestalt erweitert, dass das Gericht die geltend gemachten Entschuldigungsgründe zum Zeitpunkt der Verwerfungsentscheidung bereits gekannt hat oder hätte bei pflichtgemäßer Vorgehensweise kennen müssen, aber versäumt hat, sich mit diesen auseinander zu setzen.

3. Sonderfall: keine volle Verfahrensrüge erforderlich

26 Nur in wenigen Sonderfällen muss keine volle Verfahrensrüge erhoben werden. Dies betrifft zunächst den Fall des übergangenen Entbindungsantrags.[28] Das OLG Dresden[29] entschied: Bescheidet das Gericht den vom Betroffenen rechtzeitig vor der Hauptverhandlung gestellten Entbindungsantrag nicht und befasst es sich auch im Verwerfungsurteil in keiner Weise mit dem Antrag, so liegt darin eine Verletzung des Anspruchs auf rechtliches Gehör. Auf den in der Rechtsbeschwerdebegründung fehlenden Vortrag, was der Betroffene im Falle seine Anhörung zur Sache ausgeführt hätte, kommt es in diesem Fall nicht an; das Ersturteil ist wegen des Verfahrensfehlers aufzuheben.

23 OLG Düsseldorf, Beschl. v. 4.4.2011 – 3 RBs 52/11 = SVR 2011, 343.
24 OLG Bamberg, Beschl. v. 4.7.2011 – 3 Ss OWi 606/11 = DAR 2012, 88.
25 OLG Hamm, Beschl. v. 6.9.2011 – 3 RBs 212/11 = NZV 2012, 197.
26 OLG Hamm, Beschl. v. 23.8.2012 – 3 RBs 170/12 = jurisPR-VerkR 15/2013 Anm. 5.
27 KG, Beschl. v. 28.10.2013 – (4) 161 Ss 198/13 (229/13) – juris.
28 OLG Rostock, Beschl. v. 27.4.2011 – 2 Ss (OWi) 50/11 I 63/11 = jurisPR-VerkR 13/2011 Anm. 4.
29 OLG Dresden, Beschl. v. 24.7.2013 – OLG 21 Ss 551/13 (Z) = NZV 2013, 613.

Ebenfalls anerkannt als Sonderfall, in welchem eine volle Verfahrensrüge nicht erhoben werden muss, ist das nicht beachtete Entschuldigungsvorbringen.[30] Soll die Verletzung rechtlichen Gehörs darin liegen, dass erhebliches Verteidigungsvorbringen nicht zur Kenntnis genommen und berücksichtigt worden ist, so kommt es für die Beruhensfrage nämlich nicht darauf an, was der Betroffene noch weiter hätte vortragen können, sondern nur darauf, ob das nicht berücksichtigte Verteidigungsvorbringen entscheidungserheblich sein konnte. Die Versagung des rechtlichen Gehörs liegt in einem solchen Fall in der Nichtberücksichtigung des Entschuldigungsvorbringens, nicht darin, dass dem Betroffenen die Möglichkeit genommen wird, sich zu den im Bußgeldbescheid erhobenen Vorwurf zu äußern, und auch nicht darin, dass durch unzulässige Einspruchsverwerfung die Einlassung des Betroffenen zur Sache unberücksichtigt bleibt. 27

Umstritten ist die Konstellation, wenn das Amtsgericht übersieht, dass es den Betroffenen vom persönlichen Erscheinen entbunden hatte und den Einspruch dennoch nach § 74 Abs. 2 OWiG verwirft. Dann bedarf es zur Begründung des Antrages auf Zulassung der Rechtsbeschwerde nach einer Ansicht keiner Darlegung dazu, welcher Sachvortrag infolge der Verwerfung des Einspruchs nicht berücksichtigt worden ist.[31] Denn der Vergleich mit dem schlicht übergangenen Entbindungsantrag ergibt ja, dass bei bereits erfolgter Entbindung schon der Vortrag erbracht wurde, warum die Anwesenheit des Betroffenen unnötig sein würde und gerade kein weiterer Sachvortrag im Termin erfolgen werde. Das OLG Brandenburg[32] fordert in dieser Konstellation hingegen, dass die Rüge darzulegen habe, welcher Sachvortrag einzuführen gewesen wäre und infolge der Verwerfung des Einspruchs unberücksichtigt geblieben ist. Ansonsten sei die Rechtsbeschwerde nicht zulässig erhoben.[33] 28

4. Verletzung des rechtlichen Gehörs

Neben reinen Verfahrensfehlern muss der Verteidiger wie schon oben angemerkt auch ein besonderes Augenmerk auf die Verletzung des rechtlichen Gehörs legen. Schon der Umstand, dass einem Antrag auf Entbindung von der Verpflichtung zum persönlichen Erscheinen objektiv hätte entsprochen werden müssen, begründet neben dem schon oben genannten Verfahrensfehler zusätzlich die Verletzung des rechtlichen Gehörs.[34] Dabei kann der Antrag auch durch Auslegung zu ermitteln sein.[35] Der Anspruch auf Gewährung rechtlichen Gehörs ist ebenso verletzt, wenn das Gericht über den Antrag des Betroffenen auf Entbindung nicht oder ohne eine auf § 73 Abs. 2 OWiG zurückführbare Begründung ablehnend entscheidet und sich auch im Urteil mit den Gründen, die zur Rechtfertigung 29

30 KG, Beschl. v. 10.3.2011 – 3 Ws (B) 78/11 = NZV 2011, 620; KG, Beschl. v. 10.11.2011 – 3 Ws (B) 529/11 = jurisPR-VerkR 17/2012 Anm. 4; a.A. BayObLG, Beschl. v. 9.7.1998 – 1 ObOWi 309/98 = NZV 1999, 99, wo eine vollumfängliche Verfahrensrüge gefordert wird.

31 OLG Oldenburg, Beschl. v. 11.8.2011 – 2 SsRs 192/11 = NZV 2011, 563.

32 OLG Brandenburg, Beschl. v. 26.6.2014 – (2 Z) 53 Ss-OWi 249/14 (135/14) = VRS 127, 38.

33 Anschluss OLG Düsseldorf, Beschl. v. 4.4.2011 – 3 RBs 52/11 = VRS 120, 343; entgegen OLG Oldenburg, Beschl. v. 11.8.2011 – 2 SsRs 192/11 = NZV 2011, 563.

34 OLG Hamm, Beschl. v. 13.7.2011 – 4 RBs 193/11 = jurisPR-VerkR 5/2012 Anm. 5.

35 OLG Bamberg, Beschl. v. 23.5.2014 – 3 Ss OWi 596/14 = StraFo 2014, 466.

des Antrags geltend gemacht wurden, nicht befasst.[36] Wird der Einspruch des Betroffenen verworfen, ohne dass über einen rechtzeitig gestellten Antrag entschieden worden ist, liegt ebenfalls ein Gehörsverstoß vor.[37] Auch die Nichtberücksichtigung substantiierten Vorbringens des Betroffenen zur Richtigkeit des gegen ihn erhobenen Schuldvorwurfs verstößt bei rechtsfehlerhafter Verwerfung des Einspruchs nicht nur gegen einfaches Verfahrensrecht, sondern enthält auch eine Verletzung des rechtlichen Gehörs.[38]

30 Gleichermaßen gilt beim Abwesenheitsverfahren, so das OLG Dresden,[39] dass die Rechtsbeschwerde wegen der Versagung rechtlichen Gehörs zuzulassen und das erstinstanzliche Urteil aufzuheben ist, wenn der Betroffene entbunden war und die Entscheidungsgründe des Urteils keine Auseinandersetzung mit dem schriftsätzlichen Sachvortrag des Verteidigers des Betroffenen erkennen lassen.

31 Aber auch wenn ein Terminsverlegungsantrag des Betroffenen unsachgemäß abgelehnt wird,[40] stellt das nachfolgende Verwerfungsurteil eine Verletzung des rechtlichen Gehörs dar.[41] Während das OLG Hamm entschieden hatte, dass die Ablehnung eines auf die Verhinderung des Verteidigers gestützten Terminsaufhebungs- oder -verlegungsantrages als solche den Schutzbereich des Art. 103 Abs. 1 GG nicht berührt, so dass ein Verwerfungsurteil in diesem Fall nur verfahrensfehlerhaft wäre,[42] hat demgegenüber das OLG Dresden[43] entschieden, dass eine Versagung rechtlichen Gehörs (des Betroffenen) durchaus gegeben sein kann. Beachten muss der Verteidiger jedoch, dass es ggf. erforderlich sein kann, substantiiert zu dem behaupteten kollidierenden Termin vorzutragen.[44] Zum notwendigen Vorbringen bei der Rüge eines Verstoßes gegen § 218 StPO nach ergangenem Verwerfungsurteil gehört, dass der Verteidiger nicht auf anderem Wege noch vor der Verhandlung Kenntnis von dem Termin erlangt hat.[45]

36 OLG Köln, Beschl. v. 16.10.2012 – 1 RBs 265/12 = NZV 2013, 50.
37 OLG Zweibrücken, Beschl. v. 5.1.2012 – 1 SsBs 45/11 = zfs 2012, 229.
38 OLG Bamberg, Beschl. v. 29.8.2012 – 3 Ss OWi 1092/12 = DAR 2013, 90.
39 OLG Dresden, Beschl. v. 5.8.2014 – OLG 21 Ss 511/14 (Z) = DAR 2014, 708.
40 Vgl. hierzu OLG Frankfurt a.M., Beschl. v. 20.2.2014 – 3 Ws 172/14 = NStZ-RR 2014, 250; OLG Braunschweig, Beschl. v. 20.1.2012 – Ss (OWiZ) 206/11 – juris.
41 OLG Bamberg, Beschl. v. 4.3.2011 – 2 Ss OWi 209/11 = StraFo 2011, 232.
42 OLG Hamm, Beschl. v. 12.11.2012 – 3 RBs 253/12 – juris.
43 OLG Dresden, Beschl. v. 12.2.2013 – Ss 911/12 (Z) = zfs 2013, 530.
44 OLG Schleswig, Beschl. v. 15.7.2014 – 1 Ss OWi 116/14 (133/14) = zfs 2015, 172.
45 OLG Celle, Beschl. v. 2.4.2012 – 322 SsBs 84/12 = NZV 2012, 351.

§ 38 Wiedereinsetzung in den vorigen Stand

Dr. Benjamin Krenberger

A. Wiedereinsetzung in die Einspruchsfrist

Für den Verteidiger können sich in verschiedenen Stadien des Bußgeldverfahrens Gelegenheiten ergeben, den Rechtsbehelf der **Wiedereinsetzung in den vorigen Stand** zu nutzen. Erster Ansatzpunkt ist die versäumte Einspruchsfrist i.S.d. § 67 OWiG. Zu beachten ist, dass die Einspruchsfrist nur dann zu laufen beginnt, wenn der Bußgeldbescheid wirksam an den Betroffenen zugestellt wurde. 1

▼ 2

Muster 38.1: (Unechter) Wiedereinsetzungsantrag

An die Zentrale Bußgeldstelle

Sehr geehrte ,

in der Bußgeldsache Az. **beantrage** ich, das Verfahren gegen meinen Mandanten wegen Eintritts der Verfolgungsverjährung **einzustellen**. Dem liegt folgender Verfahrensablauf zugrunde:

Mit Anhörungsbogen vom warfen Sie meinem Mandanten vor, am in auf der BAB die dort geltende zulässige Höchstgeschwindigkeit von km/h um toleranzbereinigte 21 km/h überschritten zu haben und kündigten ein entsprechendes Bußgeld an. Dieses Anhörungsschreiben hat mein Mandant nie erhalten, ebenso wenig den späteren Bußgeldbescheid. Zwar wurde der Bußgeldbescheid an der ehemaligen Wohnadresse meines Mandanten in den Briefkasten in eingeworfen. Dies ist jedoch das Elternhaus des Betroffenen, wo dieser schon seit geraumer Zeit nicht mehr wohnt und lebt. Ausweislich der Meldebescheinigung vom der Stadt , die ich zum Zwecke der Glaubhaftmachung ebenso wie die beiliegende eidesstattliche Versicherung meines Mandanten als Anlagen und beifüge, hat sich mein Mandant schon im Jahr ordnungsgemäß umgemeldet. Lediglich die Umstellung der Adresse beim KBA war zu dem Zeitpunkt, an welchem Sie die Halterdaten für das Anschreiben abgefragt hatten, noch nicht erfolgt, worauf mein Mandant aber naturgemäß keinen Einfluss hat.

Die Zustellung des Bußgeldbescheids kann aber nur dort wirksam erfolgen, wo der Betroffene seinen Wohnsitz und Lebensmittelpunkt hat. Dies ist klar ersichtlich in und nicht in . Mein Mandant hat den Bußgeldbescheid auch zu keinem Zeitpunkt anderweitig erhalten, weder durch Nachsendung noch durch Übermittlung des Inhalts mittels einer Bilddatei. Die Eltern meines Mandanten lagern die an meinen Mandanten immer noch eingehende Post ungeöffnet im Keller in . Von dem Verfahren hat mein Mandant erst erfahren, als er im Rahmen des Vollstreckungsverfahrens angeschrieben wurde. Den Bußgeldbescheid hat er bis heute nicht erhalten.

Insoweit stelle ich anheim, ihm den Bußgeldbescheid noch einmal zuzustellen, wobei ich schon jetzt darauf hinweise, dass bereits am Verfolgungsverjährung eingetreten und das Verfahren **einzustellen** ist.

Nur für den Fall, dass Sie rechtswidrigerweise von einer wirksamen Zustellung ausgehen sollten, **beantrage** ich **höchst vorsorglich**, dem Betroffenen wegen Versäumung der Einspruchsfrist Wiedereinsetzung in den vorigen Stand zu gewähren.

Zugleich **beantrage** ich, das angeordnete Fahrverbot bis zur Entscheidung in der Sache nicht zu vollstrecken.

▲

3 Der Wiedereinsetzungsantrag kann nach § 52 OWiG bei der Verwaltungsbehörde gestellt werden, wenn dort der Einspruch bereits als verfristet angesehen wird. Ist die Sache bereits bei Gericht anhängig, ist das Gericht für den Wiedereinsetzungsantrag bezüglich des Einspruchs zuständig. Ebenfalls ist das Gericht zuständig, wenn gegen die Entscheidung über den verspäteten Einspruch nach § 70 OWiG der Antrag auf Wiedereinsetzung gestellt wird.

4 Die Wiedereinsetzung kann von Amts wegen gewährt werden, der Antrag kann auch stillschweigend positiv beschieden werden. Wenn das Gericht den Antrag auf Wiedereinsetzung verwirft, muss auch zugleich über den nachgeholten Rechtsbehelf entschieden werden.

5 Die Wirkung der Wiedereinsetzung ist, dass der verspätete Rechtsbehelf als rechtzeitig angesehen wird und das Verfahren so fortgesetzt wird, als ob die Frist nicht versäumt worden wäre. Das bedeutet: Die Rechtskraft des Bußgeldbescheides entfällt ohne weiteres bzw. die Entscheidungen nach §§ 69 oder 70 OWiG werden beseitigt, ohne dass es einer förmlichen Aufhebung bedarf. Weitere Konsequenz: Die Frist zur Verfolgungsverjährung beginnt neu, sofern sie noch nicht abgelaufen war und sofern nicht Vollstreckungsverjährung eingetreten war.

6 Der Verteidiger muss zudem bei der Verwaltungsbehörde bzw. wenn die Sache schon bei Gericht ist, bei diesem zeitgleich Vollstreckungsaufschub beantragen, denn die Vollstreckung des Bußgeldbescheides wird durch den Wiedereinsetzungsantrag nicht gehemmt.

7 Gegen den Beschluss, der den Antrag auf Wiedereinsetzung verwirft, ist die sofortige Beschwerde statthaft. Entscheidungsbefugt ist die Kammer für Bußgeldsachen beim Landgericht.

B. Wiedereinsetzung bezüglich der versäumten Widerspruchsfrist nach § 72 OWiG

8 Gegen die seitens des Gerichts mit mindestens zwei Wochen zu bemessende Frist zur Erklärung über den Widerspruch gegen die Entscheidung im Beschlussweg ist nach § 72 Abs. 2 S. 2 Hs. 1 OWiG die Wiedereinsetzung in den vorigen Stand vorgesehen. Wird der zugleich mit der Rechtsbeschwerde eingelegten Wiedereinsetzung stattgegeben, liegt ein Hindernis für die Entscheidung im schriftlichen Verfahren vor, der Beschluss ist hinfällig und es muss Termin zur Hauptverhandlung bestimmt werden.

Der Verteidiger muss für die Fristberechnung dabei genau beachten, an wen die Aufforderung zur Erklärung zugestellt wurde: Denn für die zweiwöchige Frist zur Einlegung eines Widerspruchs gegen eine Entscheidung durch Beschluss bei fehlender schriftlicher Vollmacht des Verteidigers kommt es auf den Eingang des Anhörungsschreibens beim Betroffenen an.[1] 9

C. Wiedereinsetzung bezüglich des versäumten Hauptverhandlungstermins

Voraussetzung für eine erfolgreiche Wiedereinsetzung bezüglich der versäumten Hauptverhandlung ist, dass der Betroffene von der Ladung zum Termin unverschuldet keine Kenntnis hatte oder ohne Verschulden an der Hauptverhandlung nicht teilnehmen konnte.[2] 10

Der Betroffene kann gem. § 74 Abs. 4 OWiG sowohl gegen das Urteil nach § 74 Abs. 1 OWiG, also das Abwesenheitsverfahren, als auch gegen das Urteil nach § 74 Abs. 2 OWiG, also das Verwerfungsurteil, beim Amtsgericht Wiedereinsetzung in den vorigen Stand beantragen.[3] Über diese Möglichkeit ist er auch explizit zu belehren, § 74 Abs. 4 S. 2 OWiG. 11

Auf den ersten Blick verwundert dabei die Möglichkeit der Wiedereinsetzung bei versäumtem Abwesenheitsverfahren. Immerhin geschieht die Entbindung doch explizit auf Antrag des Betroffenen. Hier aber ist das Korrelat des Anwesenheitsrechts zu beachten: Entscheidet sich der Betroffene, doch an der Hauptverhandlung teilnehmen zu wollen, stehen ihm natürlich die Rechte wie demjenigen zu, der nicht von der Erscheinenspflicht entbunden worden ist. Das Fernbleiben von der Abwesenheitsverhandlung muss aber unfreiwillig sein und der Grund für das entschuldigte Fernbleiben darf nicht vorher bekannt gewesen sein. Bei freiwilliger und bewusst gewählter Abwesenheit besteht kein Wiedereinsetzungsanspruch.[4] 12

Wichtig dabei ist, dass der Verteidiger gleichzeitig die Rechtsbeschwerde einlegt bzw. deren Zulassung beantragt: Die beiden Rechtsbehelfe stehen selbstständig nebeneinander.[5] 13

Die Gründe für die Wiedereinsetzung sind glaubhaft zu machen. Dies entspricht nicht dem Vollbeweis, sondern die Wahrscheinlichkeit der Richtigkeit der Tatsachen ist für das entscheidende Gericht relevant. Eine Arbeitsunfähigkeitsbescheinigung wird nur in 14

1 LG Duisburg, Beschl. v. 10.1.2013 – 69 Qs – 371 Js 1538/12 – 92/12 – juris.
2 Göhler/*Bauer*, § 74 OWiG Rn 47; KK OWiG/*Senge*, § 74 Rn 45.
3 *Krenberger/Krumm*, § 74 OWiG Rn 28.
4 LG Verden, Beschl. v. 20.4.2017 – 1 Qs 41/17 – juris; LG Limburg, Beschl. v. 29.1.2018 – 1 Qs 7/18 – juris.
5 BGH, Beschl. v. 20.3.1992 – 2 StR 371/91 = NJW 1992, 2494; zum Verhältnis der beiden Rechtsbehelfe vgl. OLG Koblenz, Beschl. v. 1.6.2004 – 1 Ss 311/03 = NStZ-RR 2004, 374, und KK OWiG/*Senge*, § 74 Rn 50.

Ausnahmefällen ausreichen,[6] in der Regel werden Angaben zur Art der Erkrankung gefordert.[7]

15 Die falsche Information des Verteidigers über die zu erwartende Verlegung des Hauptverhandlungstermins hilft im Wiedereinsetzungsverfahren nicht über die Verschuldensfrage hinweg. Denn ohne positive Kenntnis davon, ob einem Verlegungsantrag (des Verteidigers oder des Betroffenen selbst) entsprochen und der Termin aufgehoben worden ist, treffen den Betroffenen eine Erkundigungspflicht und auch ein Mitverschulden an der Versäumung der Hauptverhandlung, wenn er nicht erscheint.[8] Dies schließt eine Wiedereinsetzung in der Regel aus. Soweit ältere Entscheidungen gegenteilig zitiert werden, sollte sich der Verteidiger hierauf nicht unbedingt verlassen.[9]

16 Der Betroffene muss für den Vortrag im Wiedereinsetzungsverfahren beachten, dass dort neue Tatsachen vorgetragen werden.[10] Dies können aber ausnahmsweise auch Tatsachen sein, die dem Gericht zwar bekannt gewesen sind oder hätten bekannt sein müssen, und die das Gericht deshalb in seiner Entscheidung auch hätte würdigen müssen, wenn die Urteilsgründe jedoch keine inhaltliche Auseinandersetzung mit ihnen enthalten.[11]

17 Das LG Berlin[12] erläuterte zum Wiedereinsetzungsantrag gegen ein Verwerfungsurteil, dass dieser nicht auf solche Tatsachen gestützt werden kann, die das erkennende Gericht bereits im Verwerfungsurteil als nicht ausreichenden Entschuldigungsgrund gewürdigt hat. Dies gilt auch dann, wenn mit dem Wiedereinsetzungsantrag weitere Tatsachen vorgetragen werden, die den Zweck haben, den bereits gewürdigten Entschuldigungsgrund zu ergänzen, zu verdeutlichen und glaubhaft zu machen.

18 ▼

Muster 38.2: Wiedereinsetzungsantrag

38.2

An das Amtsgericht

Sehr geehrte ,

in der Bußgeldsache Az. **beantrage** ich dem Betroffenen wegen Versäumung des Hauptverhandlungstermins am Wiedereinsetzung in den vorigen Stand zu gewähren.

Zugleich lege ich gegen das am ergangene Verwerfungsurteil **Rechtsbeschwerde** ein, die ich mit gesondertem Schriftsatz begründen werde.

Den Antrag auf Wiedereinsetzung begründe ich wie folgt:

Den auf den bestimmten Hauptverhandlungstermin konnte der Betroffene krankheitsbedingt nicht wahrnehmen, war mithin in seinem Fernbleiben entschuldigt. Er war in einer Weise erkrankt, die es ihm weder erlaubte, die Reise zum Gericht anzutreten, noch

6 LG Zweibrücken, Beschl. v. 13.8.2004 – Qs 79/04 = VRS 107, 314.
7 LG Gießen, Beschl. v. 25.4.2012 – 7 Qs 51/12 – juris; OLG Hamm, Beschl. v. 23.8.2012 – 3 RBs 170/12 = jurisPR-VerkR 15/2013 Anm. 5, zur Rechtsbeschwerde.
8 LG Dresden, Beschl. v. 25.2.2010 – 5 Qs 159/09 – juris.
9 Vgl. Göhler/*Bauer*, § 74 OWiG Rn 47.
10 LG Gießen, Beschl. v. 25.4.2012 – 7 Qs 51/12 – juris.
11 LG Berlin, Beschl. v. 20.5.2011 – 533 Qs 30/11 = VRS 121, 336.
12 LG Berlin, Beschl. v. 28.2.2013 – 517 Qs 98/12 = VRS 124, 157.

es ihm zumutbar machte, einer Verhandlung beizuwohnen. [Hier Details zur Erkrankung] Den am Tag der Hauptverhandlung direkt gestellten Terminsverlegungsantrag konnte die Verteidigung insofern noch nicht mit einem ärztlichen Attest unterlegen, denn der Betroffene sah sich gesundheitlich erst am Folgetag in der Lage überhaupt einen Arzt aufzusuchen, welcher am Hauptverhandlungstag auch nicht zu einem Hausbesuch kommen konnte. Als Anlage zum Antrag wird das ärztliche Attest überreicht, das neben der bereits beschriebenen Erkrankung auch die zeitliche Angabe des den Betroffenen einschränkenden Zustands benennt. Das Attest lautet: *(Wortlaut hier wiedergeben).*

(*Optional*: Sollte die Krankheit nicht im Wortlaut auf dem Attest wiedergegeben werden, sondern als Kürzel nach dem ICD-10, muss eine aus allgemein zugänglichen Quellen herrührende Decodierung beigefügt werden.)

Durch die nun vorliegende attestierte Erkrankung wird die Angabe der Erkrankung des Betroffenen sowie des entschuldigten Fernbleibens auch glaubhaft gemacht, sodass Wiedereinsetzung zu gewähren und ein neuer Hauptverhandlungstermin zu bestimmen sein wird.

▲

D. Wiedereinsetzung in die Rechtsbeschwerdefristen

Schließlich wird die Wiedereinsetzung im Rechtsbeschwerdeverfahren typischerweise **19**
herangezogen bei unklarer oder falscher Belehrung oder bei fehlerhafter Zustellung des erstinstanzlichen Urteils. Allerdings wurde hier auch schon entschieden, dass eine Wiedereinsetzung nicht in Betracht kommt, wenn der Betroffene trotz absehbarer Zustellung eine Urlaubsreise antritt, ohne einen Verteidiger oder Zustellungsbevollmächtigten zu benennen, der fristwahrend Rechtsbeschwerde einlegen könnte. Aber Vorsicht: Wer mit Einlegung der Rechtsbeschwerde bereits die Sachrüge erhebt, hat das Rechtsmittel bereits begründet und kann später keine Wiedereinsetzung für die Verfahrensrügebegründung erlangen.

§ 39 Vollstreckung

Dr. Benjamin Krenberger

A. Vorbemerkung

Wie in jedem Rechtsgebiet muss der Rechtsanwalt die Bedürfnisse des Mandanten auch über die Hauptverhandlung hinaus bedienen. Dazu gehören im Verkehrsordnungswidrigkeitenrecht maßgeblich Anträge betreffend die Vollstreckung des Fahrverbots, §§ 103, 104 OWiG. 1

B. Überlange Fahrverbotsdauer

▼ 2

Muster 39.1: Gerichtliche Entscheidung/Gnadengesuch Fahrverbotsdauer 39.1

An die Vollstreckungsbehörde

Sehr geehrte ,

hiermit wird namens und im Auftrag des Betroffenen **beantragt**, gem. §§ 103, 104 OWiG eine gerichtliche Entscheidung herbeizuführen mit dem Antrag festzustellen, dass das einmonatige Fahrverbot aus dem Urteil des Amtsgerichts vom nur für zwei Wochen vollstreckt werden darf, konkret bis zum .

Hilfsweise wird der Antrag desselben Inhalts als **Gnadenantrag** bei der Vollstreckungsbehörde mit der Bitte um entsprechende Verbescheidung gestellt.

Begründung:

Wie bereits in der Hauptverhandlung erörtert und auch in den Urteilsgründen erwähnt muss der Betroffene aufgrund anderweitiger strafrechtlicher Verurteilung (Amtsgericht , Urt. v. , Aktenzeichen) derzeit ein Fahrverbot nach § 44 StGB von insgesamt drei Monaten Dauer verbüßen. Das Urteil ist als **Anlage** beigefügt, ggf. mögen die Akten bei der Staatsanwaltschaft zum hiesigen Verfahren beigezogen werden. Das dort verhängte Fahrverbot endet ausweislich der Rechtskraft der Entscheidung am , was in ca. zwei Wochen der Fall sein wird.

Parallel hierzu wird jedoch auch das bußgeldrechtliche Fahrverbot vollstreckt, welches jedoch noch über den genannten Zeitpunkt hinausläuft und erst nach dem enden wird. Dies würde eine Anschlussvollstreckung begründen, welche die Gesamtlaufzeit des Fahrverbots auf mehr als drei Monate verlängern würde. Dies übersteigt den Denkzettelcharakter der Nebenfolge Fahrverbot.

Dies widerspricht mithin nicht nur der Intention des Gesetzgebers, sondern findet auch entsprechende Einschränkungen in der – spärlich vorhandenen – Kommentarliteratur (Göhler/*Thoma*, § 20 OWiG Rn 8; *Krumm*, Fahrverbot in Bußgeldsachen, 3. Aufl., S. 481).

Deswegen wird beantragt, gerne im Wege der Abhilfe oder im Wege des Gnadenerweises, ansonsten durch gerichtliche Entscheidung, das bußgeldrechtliche Fahrverbot nicht über den hinaus zu vollstrecken, um dem Betroffenen kein Fahrverbot von insgesamt mehr als drei Monaten zuzumuten.

▲

C. Nichtberücksichtigung von Zeiten der Sicherstellung der Fahrerlaubnis

3 ▼

Muster 39.2: Fehlende Anrechnung

An die Vollstreckungsbehörde

Sehr geehrte ,

hiermit wird namens und im Auftrag des Betroffenen **beantragt**, gem. §§ 103, 104 OWiG eine gerichtliche Entscheidung herbeizuführen mit dem Antrag festzustellen, dass das einmonatige Fahrverbot aus dem Urteil des Amtsgerichts vom durch die Sicherstellung des Führerscheins des Betroffenen in der Zeit vom bis zum bereits für die Dauer von Tagen anrechenbar vollstreckt ist.

Begründung:

Ausweislich der der Vollstreckungsbehörde vorliegenden Bußgeldakte wurde der Betroffene mit im Antrag näher bezeichneten Urteil zu einer Geldbuße von 320 EUR verurteilt, zudem wurde ein Fahrverbot von einmonatiger Dauer angeordnet. Das Verfahren war allerdings anfangs als Strafverfahren mit dem Anfangsverdacht des Verstoßes gegen § 315c StGB geführt und der Führerschein des Betroffenen für die im Antrag genannte Dauer von Tagen gemäß § 94 StPO zunächst sichergestellt worden. In einem solchen Fall schreibt § 25 Abs. 6 S. 3 StVG die Anrechnung der Dauer der Sicherstellung auf das bußgeldrechtliche Fahrverbot vor, wenn nicht besondere Gründe entgegenstehen. Dies ist hier nicht der Fall. Der Betroffene hat die Verurteilung nach § 24a StVG hingenommen, nachdem er den Einspruch ohnehin schon auf die Rechtsfolgen beschränkt, damit also die volle Verantwortung für den Verstoß übernommen hatte.

Im genannten Urteil hat das Gericht jedoch die Frage der Anrechnung schlicht übersehen, mithin weder tenoriert noch in den Urteilsgründen angesprochen. Aus der Nichterwähnung der Anrechnung kann gerade nicht geschlossen werden, dass das Gericht eine Nichtanrechnung ausgesprochen hätte. Denn auch hierzu finden sich keine weiteren Ausführungen, was im Fall der Nichtanrechnung aber nicht einmal ausreichen würde (vgl. BGH, Beschl. v. 12.10.1977 – 2 StR 410/77 = BGHSt 27, 287).

Die insoweit eingetretene Erledigung des Fahrverbots für die Dauer von Tagen möge entsprechend gerichtlich festgestellt werden, gerne bereits im Wege der behördlichen Abhilfe.

▲

§ 40 Schreiben an den Mandanten

Dr. Benjamin Krenberger

Ob und in welcher Form der Verteidiger **den Mandanten informiert und aufklärt**, ist stets vom Einzelfall abhängig, insbesondere wie verständig oder aufgeklärt der Mandant ist, ob Haftungsrisiken bestehen oder ob Gestaltungsspielräume genutzt werden können. Die als exemplarische Muster vorgestellten Anschreiben an den Mandanten sind deshalb nur ein kleiner Ausschnitt aus der Vielfalt von Mitteilungsmöglichkeiten, die der Verteidiger nutzen kann. 1

▼ 2

Muster 40.1: Anschreiben vor Einspruch 40.1

An den Mandanten

Sehr geehrter Herr ,

zwischenzeitlich sollten Sie den Bußgeldbescheid der erhalten haben. Es wurde ein Bußgeld von 320,00 EUR (Regelbuße) sowie ein Fahrverbot von einem Monat Dauer (Regelfahrverbot) samt der so genannten Schonfrist angeordnet. Hinzu kommen die Gebühren und Auslagen, so dass der Gesamtbetrag 348,50 EUR beträgt. Mit Rechtskraft des Bußgeldbescheides würden zwei Punkte im Fahreignungsregister eingetragen werden.

Wir haben den Akteninhalt besprochen. Ich hatte Ihnen erklärt, dass es sich um ein so genanntes **standardisiertes Messverfahren** handelt und für mich **keine Messfehler erkennbar** sind. Wir haben dann darüber gesprochen, ob gegebenenfalls versucht werden solle, vom Fahrverbot abzusehen. Sie sagten, das Fahrverbot würde Sie nicht stören. Wir waren so verblieben, dass wir den Bußgeldbescheid abwarten.

Es besteht die Möglichkeit, **innerhalb von zwei Wochen** nach Zustellung des Bußgeldbescheides ( ) **Einspruch** gegen diesen einzulegen. Der Einspruch muss schriftlich oder zur Niederschrift bei der Zentralen Bußgeldstelle eingelegt werden. Die Frist ist nur gewahrt, wenn er vor Ablauf dieser Frist bei der Behörde eingegangen ist. Es genügt nicht, dass der Einspruch rechtzeitig abgeschickt worden ist.

Hinsichtlich des **Fahrverbotes** gilt, dass Sie das Fahrverbot nicht sofort antreten müssen, sondern spätestens mit Ablauf von vier Monaten seit der Rechtskraft. Dann tritt das Fahrverbot automatisch in Kraft. Sollten Sie dann ein Fahrzeug im Straßenverkehr führen, begehen Sie unter Umständen eine **Straftat**.

Aufgrund unseres Gespräches gehe ich zwar zuvorderst davon aus, dass ich dem Grunde nach ohne Ihren konkreten Auftrag keinen Einspruch einlegen soll. Bitte bestätigen Sie mir dies **binnen einer Woche**. Sollten Sie Ihre Meinung nun doch geändert haben, d.h. soll doch Einspruch eingelegt werden, so bitte ich Sie um Ihre rechtzeitige Rückmeldung, ebenfalls **binnen Wochenfrist**.

Vorsorglich weise ich darauf hin, dass ich, sollten wider Erwarten Verzögerungen auf dem Postweg oder in der sonstigen Kommunikation eintreten, auch ohne konkreten Auftrag zunächst fristwahrend Einspruch gegen den Bußgeldbescheid einlegen werde, um Ihre Rechte zu wahren.

(*Kanzleiverfügung:*

Frist für Einspruch notieren)

▲

3 ▼

Muster 40.2: Anschreiben vor Hauptverhandlungstermin

An den Mandanten

Sehr geehrter Herr ,

zwischenzeitlich hat mich der Landkreis darüber informiert, dass die Angelegenheit an die Staatsanwaltschaft abgegeben worden ist. Hieraus lässt sich schließen, dass der Landkreis den Einspruch nicht für begründet hält und ihm nicht abhilft. Das Schreiben des Landkreises erhalten Sie als **Anlage** zu diesem Schreiben zu Ihrer Information und weiteren Verwendung.

Die Staatsanwaltschaft wird die Akte an das zuständige Amtsgericht weiterleiten. Von dort aus ist mit der Terminierung eines Hauptverhandlungstermins in Kürze zu rechnen. Hierüber werde ich Sie unterrichtet halten. Rechnen Sie jedoch damit, dass auch Sie eine persönliche Ladung formell zugestellt bekommen werden.

Sollten Sie an dem anberaumten Termin aus besonderen Gründen nicht teilnehmen können, setzen Sie sich baldmöglich mit mir in Verbindung, um ggf. Verlegungsanträge stellen oder Entschuldigungsgründe vortragen zu können. Es kann sein, dass Sie z.B. bei einer Erkrankung ein ärztliches Attest vorlegen müssen und das Gericht dessen Richtigkeit bei dem Sie behandelnden Arzt nachprüft.

Wir hatten uns im Rahmen der ersten Besprechung auch über die unzureichende Qualität des Messfotos unterhalten und auch deshalb zunächst gar keine Einlassung abgegeben. Ich gehe davon aus, dass wir diese Strategie zunächst beibehalten und auch in der Hauptverhandlung – zunächst – auf die fehlende Identifizierbarkeit des Fahrers setzen. Eine Gewähr für das Gelingen dieses Vorgehens ist natürlich nicht gegeben, sodass wir auch schon über weitere Einwendungen gegen den Vorwurf und die zugrunde liegende Messung gesprochen hatten.

Sollte Ihnen aus persönlichen Gründen allerdings das weitere Schweigen zur Fahrereigenschaft unangenehm oder unrecht sein, teilen Sie mir dies **baldmöglichst** mit. Die Fahrereigenschaft kann immer noch eingeräumt werden. Dann kann ich für Sie sogar die Entbindung von der Pflicht des persönlichen Erscheinens in der Hauptverhandlung erwirken, sodass Sie an einer Hauptverhandlung gar nicht teilnehmen müssten.

Für Rückfragen stehe ich gerne zur Verfügung.

▲

▼ 4

Muster 40.3: Anschreiben wegen Nachschulung

An den Mandanten 40.3

Sehr geehrter Herr ,

nach inzwischen erfolgter Rücksprache mit dem Gericht wäre der zuständige Richter bereit, in Ihrem Fall von der Anordnung des Fahrverbots gegen Erhöhung der Geldbuße um 150 EUR abzusehen, wenn Sie binnen der nächsten drei Monate an einer verkehrspsychologischen Nachschulung teilnehmen. Ausweislich des diesem Schreiben beigefügten Internetausdrucks des Anbieters würde dies für Sie die Teilnahme an drei Einzelsitzungen zu je Minuten sowie Gesamtkosten von EUR bedeuten, die zusätzlich zu der Geldbuße und den Verfahrenskosten entstehen würden.

Sie müssen nun abwägen, ob Ihnen dieser zeitliche und monetäre Aufwand zu viel ist und sie lieber nach Möglichkeiten suchen, das Fahrverbot anzutreten. Denn der vorliegende Fall bietet nach meiner Einschätzung, die ich Ihnen in der Besprechung bereits erläutert hatte, keine Erfolg versprechenden Angriffspunkte. Ihre persönliche Situation erlaubt auch nicht, mit einer unverhältnismäßigen Härte zu argumentieren, da Sie die Auswirkungen des Fahrverbots durch Urlaubnahme, familiäre Unterstützung und Nutzung des ÖPNV abfedern könnten.

Bitte teilen Sie mir Ihre Entscheidung spätestens **binnen zwei Wochen** mit, damit ich dem Gericht mitteilen kann, ob eine Hauptverhandlung terminiert werden muss.

Für Rückfragen stehe ich gerne zur Verfügung.

▲

▼ 5

Muster 40.4: Anschreiben wegen Fahrverbot

An den Mandanten 40.4

Sehr geehrter Herr ,

in unserem letzten Telefonat hatten Sie mir mitgeteilt, dass ein Absehen vom Fahrverbot gegen Erhöhung der Geldbuße für Sie nicht in Betracht käme. Sie wollten das Fahrverbot daher antreten. Den Einspruch gegen den Bußgeldbescheid habe ich daher auftragsgemäß zurückgenommen. Der Bußgeldbescheid ist somit **rechtskräftig** seit dem . Bitte zahlen Sie die Geldbuße nebst den Verfahrenskosten direkt an den Landkreis .

Zum Fahrverbot beachten Sie bitte was folgt:

Im Bußgeldbescheid vom wurde bestimmt, dass das Fahrverbot nicht mit der Rechtskraft der Bußgeldentscheidung, sondern erst dann wirksam wird, wenn der Führerschein beim Landkreis in amtliche Verwahrung gelangt, spätestens jedoch nach Ablauf von **vier Monaten** seit Eintritt der Rechtskraft. Man spricht hier von der so genannten „Schonfrist“.

Es steht Ihnen nunmehr frei, **innerhalb** von vier Monaten das Fahrverbot anzutreten. Dies geschieht dergestalt, dass der Führerschein in **amtliche Verwahrung** (Landkreis) gelangen muss. Erst wenn er in amtliche Verwahrung gelangt ist, beginnt auch zeitgleich das Fahrverbot! Zum Ablauf des Fahrverbotes wird Ihnen der Landkreis dann den Führerschein zurückschicken.

Bitte beachten Sie, dass das Fahrverbot automatisch wirksam wird, wenn Sie innerhalb der Ihnen zugebilligten Frist von vier Monaten den Führerschein nicht übersandt oder abgeliefert haben. Eine separate Benachrichtigung erhalten Sie dann nicht. Sollten Sie nach Ablauf von vier Monaten ein Fahrzeug im Straßenverkehr führen, begehen Sie eine Straftat, nämlich gem. § 21 StVG das Fahren ohne Fahrerlaubnis. Sie haben dann mit einer Strafe zu rechnen. Deshalb empfiehlt es sich, dass Sie den Antritt des Fahrverbotes genau planen.

Wegen der weiteren Einzelheiten verweise ich auch auf die Hinweise des Landkreises im Bußgeldbescheid vom , dort auf der Rückseite.

Für die Mandatierung und das in mich gesetzte Vertrauen darf ich mich bei Ihnen bedanken.

▲

6 ▼

Muster 40.5: Anschreiben nach Urteil

An den Mandanten

Sehr geehrter Herr ,

zwischenzeitlich sollten Sie über die Staatsanwaltschaft das Urteil des Amtsgerichts erhalten haben. Die Staatsanwaltschaft dürfte Sie zur Zahlung aufgefordert haben. Ich empfehle, dass Sie der Zahlungsaufforderung nachkommen.

Bitte überweisen Sie auch die Kosten des Verfahrens. Im Anschluss bitte ich darum, dass Sie mir eine Kopie zur Verfügung stellen. Ich werde diese dann an Ihren Rechtsschutzversicherer weiterleiten und darum bitten, Ihnen die Kosten des Verfahrens zu erstatten.

▲

Kapitel 3: Gebühren im Straf- und Bußgeldrecht

§ 41 Gebühren des Anwalts in Strafsachen

Jens Dötsch

A. Grund- und Verfahrensgebühr

Die Vergütung des Anwalts als Wahlverteidiger in Strafsachen richtet sich nach Teil 4 des Vergütungsverzeichnisses des Rechtsanwaltsvergütungsgesetzes (VV RVG). Der Anwalt als Wahlverteidiger erhält für die erstmalige Einarbeitung in den Rechtsfall die Grundgebühr nach Nr. 4100 VV RVG. 1

Die Bestimmung der angemessenen Gebühr erfolgt unter Berücksichtigung der Kriterien aus § 14 RVG nach billigem Ermessen. Für ein Abweichen von der grundsätzlich in Ansatz zu bringenden Mittelgebühr genügt es, dass eines der dort genannten Kriterien überdurchschnittlich ist.

Des Weiteren erhält der Anwalt für die außergerichtliche Tätigkeit die Verfahrensgebühr nach Nr. 4104 VV RVG. Wird das Mandat erst nach Zustellung eines Strafbefehls an den Mandanten oder nach Zustellung einer Anklageschrift erteilt, liegt keine außergerichtliche Tätigkeit mehr vor, so dass die Gebühr Nr. 4104 VV RVG nicht mehr anfällt.

B. Terminsgebühr nach Nr. 4102 VV RVG

In verkehrsstrafrechtlichen Verfahren selten, aber möglich, ist der Anfall einer Terminsgebühr für die Teilnahme an einem Termin außerhalb der Hauptverhandlung (Nr. 4102 VV RVG). 2

C. Weitere Verfahrensgebühr

Geht die Strafsache in ein gerichtliches Verfahren über, erhält der Verteidiger eine weitere Verfahrensgebühr, deren Höhe davon abhängt, welches Gericht zuständig ist. Im Verfahren vor dem Amtsgericht fällt eine Gebühr zwischen 44 EUR und 319 EUR (Nr. 4106 VV RVG) an. Ist das Landgericht zuständig, liegt die Verfahrensgebühr zwischen 55 EUR und 352 EUR (Nr. 4112 VV RVG). 3

D. Terminsgebühr für die Teilnahme an der Hauptverhandlung

Auch die Höhe der Terminsgebühr bemisst sich danach, vor welchem Gericht der Hauptverhandlungstermin stattfindet, wobei für jeden Termin die Gebühr erneut entsteht. Für die Teilnahme an einer Hauptverhandlung vor dem Amtsgericht fallen 77 EUR bis 4

528 EUR an. Die Terminsgebühr für landgerichtliche Verhandlungen liegt zwischen 88 EUR und 616 EUR (Nr. 4114 VV RVG) und für Termine vor dem Oberlandesgericht, dem Schwurgericht oder der Strafkammer nach den §§ 74a und 74c GVG zwischen 143 EUR und 1.023 EUR (Nr. 4120 VV RVG).

Nach Vorb. 4 Abs. 3 fällt die Terminsgebühr auch dann an, wenn der Anwalt zu einem anberaumten Termin erscheint, dieser aber aus Gründen, die er nicht zu vertreten hat, nicht stattfindet.[1]

E. Zusätzliche Gebühr

5 Nach Nr. 4141 VV RVG entsteht in folgenden vier Fällen eine zusätzliche Gebühr in Höhe der jeweiligen Mittelgebühr:

I. Strafverfahren wird nicht nur vorläufig eingestellt, Gebühr nach Nr. 4141 Anm. 1 S. 1 Nr. 1 VV RVG

6 Die Gebühr entsteht, wenn das Strafverfahren aufgrund der Mitwirkung des Anwalts nicht nur vorläufig eingestellt wird, und zwar unabhängig davon, in welchem Verfahrensstadium die Einstellung erfolgt, solange eine (weitere) Hauptverhandlung aufgrund der Einstellung entbehrlich wird. Die Gebühr fällt daher nicht an, wenn die Einstellung erst im Hauptverhandlungstermin erfolgt.

Die Gebühr kann auch mehrfach anfallen:

7 ▼

Muster 41.1: Erledigungsgebühr mehrfach/nach Hauptverhandlung

Ein mehrfacher Anfall der zusätzlichen Gebühr gemäß Nr. 4141/5115 VV RVG ist möglich. Wird das Verfahren außergerichtlich nach § 170 Abs. 2 StPO eingestellt, sodann wieder aufgenommen und im gerichtlichen Verfahren nach § 153 StPO eingestellt, fällt die Erledigungsgebühr zweifach an (LG Offenburg JurBüro 1999, 82; AG Osnabrück AGS 2009, 113; AG Düsseldorf RVG-Report 2010, 301; AG Berlin-Tiergarten, Beschl. v. 26.2.2014 – (257 Ds) 261 Js 2796/12 (54/13)). Die Gebühr entfällt nicht deshalb, weil die Staatsanwaltschaft das Verfahren nach dessen Einstellung wieder aufnimmt.

Die zusätzliche Gebühr gemäß Nr. 4141/5115 VV RVG fällt auch dann an, wenn bereits ein Hauptverhandlungstermin stattgefunden hat und das Verfahren erst nach Durchführung dieses Termins eingestellt wird (BGH, Urt. v. 14.4.2011 – IX ZR 153/10).

▲

8 Problematisch ist die Durchsetzung der Einstellungsgebühr, wenn geschwiegen und deshalb eingestellt wird. Vorsorglich sollte daher immer bereits im Bestellungsschriftsatz gleichzeitig die Einstellung beantragt werden.

1 *Hartung/Schons/Enders*, RVG, 3. Aufl. 2017, Vorb. 4 VV Rn 27.

▼

Muster 41.2: Einstellungsgebühr durch Schweigen 9

41.2

Der BGH hat mit Urt. v. 20.1.2011 – IX ZR 123/10 – entschieden, dass der Rat des Verteidigers, in der Sache keine Aussage zu machen, die Voraussetzungen für die Annahme einer Mitwirkung i.S.d. Nr. 4141, 5115 VV RVG erfüllt. Die Auffassung wird von der ganz herrschenden Meinung in Rechtsprechung und Literatur geteilt (AG Charlottenburg AGS 2007 309, 310; AG Düsseldorf, Urt. v. 10.10.2017 – 22 C 102/17; *Burhoff*, in: Gerold/Schmidt, RVG, 25. Aufl., Nr. 5115 Rn 6; *Schneider*, in: AnwK-RVG, 5. Aufl., Nr. 5115 Rn 32; *Bischof/Uher*, RVG, 3. Aufl., Nr. 5115–5116 Rn 30b; *Mayer/Kroiß*, RVG, 5. Aufl., Nr. 5100–5200 Rn 18; *Hartmann*, Kostengesetze, 49. Aufl., Nr. 5115 Rn 1; *Hartung*, in Hartung/Schons/Enders, RVG, Nr. 5115 Rn 9).

Dieser Rat wurde erteilt, ansonsten wäre eine Einlassung erfolgt. Aus der bloßen Bitte um Akteneinsicht ergibt sich, dass der Betroffene keine Einlassung ohne anwaltliche Mitwirkung abgeben wird. Sodann hat die Staatsanwaltschaft/ Bußgeldbehörde abzuwägen, ob der Tatvorwurf bewiesen werden kann.

Entsprechendes gilt für den Rat des Rechtsanwalts nach Erlass eines Bußgeldbescheides, eine Verwarnung oder Ähnliches zu akzeptieren (*Burhoff*, RVG Report 2014, 7).

▲

II. Hauptverfahren wird nicht eröffnet, Gebühr nach Nr. 4141 Anm. 1 S. 1 Nr. 2 VV RVG

Die Gebühr fällt an, wenn das Gericht beschließt, das Verfahren insgesamt nicht zu eröffnen, § 204 StPO. 10

III. Rücknahme des Einspruchs gegen den Strafbefehl, der Berufung oder der Revision

Die Voraussetzung für das Entstehen der Gebühr ist die vollständige Verfahrenserledigung, eine teilweise Rücknahme (z.B. nur wegen des Rechtsfolgenausspruchs oder beschränkt auf einzelne Taten) genügt daher für den Anfall der Gebühr nicht. Der Verteidiger muss an der Rücknahme lediglich mitgewirkt haben, indem er beispielsweise den Rat zur Rücknahme erteilt. Er muss sie also nicht selbst erklären, um die Gebühr geltend machen zu können.[2] 11

Ist bereits ein Hauptverhandlungstermin anberaumt, muss die Rücknahme zwei Wochen vor Beginn des Tages, der für die Hauptverhandlung vorgesehen war, erfolgen, ansonsten kann die Gebühr nicht verlangt werden.

Auch nach einem bereits stattgefundenen Termin kann die Zusatzgebühr verlangt werden, wenn die Rücknahme zwei Wochen vor dem nächsten Termin erklärt wird, denn die Gebühr entsteht, wenn aufgrund der Rücknahme ein (weiterer) Termin entbehrlich wird. 12

2 AnwK-RVG, 8. Aufl., VV Nr. 4141 Rn 92; Gerold/Schmidt/*Burhoff*, RVG, 25. Aufl., Nr. 4141 Rn 37.

13 Vom Gesetz nicht geregelt ist die Frage, ob die Zusatzgebühr auch dann entsteht, wenn sich Verteidiger, Gericht und Staatsanwaltschaft über den Inhalt und Erlass eines Strafbefehls verständigen, der vom Mandanten akzeptiert wird, und wenn deshalb kein Einspruch eingelegt wird. Richtigerweise wird man auch in diesem Fall den Anfall der Zusatzgebühr bejahen.

14 ▼

Muster 41.3: Zusatzgebühr bei Absprache über Strafmaß

Vom Wortlaut ist der Anfall der Zusatzgebühr nicht erfasst, weil das Verfahren weder vorläufig eingestellt wird noch das Gericht beschlossen hat, das Hauptverfahren nicht zu eröffnen. Es wird auch kein Rechtsmittel zurückgenommen.

Dennoch entspricht es dem Sinn der Vorschrift, den Anfall der Zusatzgebühr in analoger Anwendung der Norm zu bejahen (Gerold/Schmidt/*Burhoff*, RVG Kommentar, 25. Aufl., VV Nr. 4141 Rn 33).

Die gewählte Vorgehensweise diente der Vermeidung einer Hauptverhandlung, welche für den Fall des Einspruchs gegen einen nicht abgesprochenen Inhalt eines Strafbefehls anberaumt worden wäre und zu einer Belastung der Gerichte aufgrund des Hauptverhandlungstermins geführt hätte. Eben diese Belastung soll die Zusatzgebühr vermeiden und erreicht diesen Zweck im vorliegenden und vom Gesetzgeber nicht geregelten Fall nur dann, wenn man den Anfall der Gebühr bejaht.

Zudem ist auch kein sachlicher Grund ersichtlich, denjenigen Verteidiger schlechter zu stellen, der vor Erlass eines Strafbefehls auf die Staatsanwalt zugeht und den Inhalt und Erlass desselben erörtert, im Vergleich zur Situation, in der der Verteidiger gegen den Strafbefehl Einspruch einlegt, diesen z.B. auf die Höhe der Tagessätze beschränkt und Zustimmung zu einer Entscheidung im schriftlichen Verfahren erteilt. In einem solchen Fall erhält der Verteidiger die Zusatzgebühr, § 411 Abs. 1 S. 3 StPO i.V.m. Nr. 4141 Anm. 1 S. 1 Nr. 4 VV RVG.

Schließlich wird die analoge Anwendung der Norm auch für den Fall angenommen, in dem der Verteidiger nach Erhebung der Anklage erreicht, dass im Strafbefehlsverfahren entschieden wird, § 408a StPO (AnwK-RVG, 7. Aufl., Nr. 4141 Rn 145), weil auch hierdurch eine Hauptverhandlung vermieden wird. Diesem Fall steht der vorliegende gleich.

▲

15 Für den Fall der Rücknahme der Revision – ebenso wie bei der Rücknahme der Rechtsbeschwerde oder des Antrags auf Zulassung derselben – ist streitig, ob die Erledigungsgebühr anfällt, weil eine Hauptverhandlung in diesen Fällen nur ausnahmsweise stattfindet. Richtigerweise ist der Anfall der Gebühr zu bejahen.

16 ▼

Muster 41.4: Zusatzgebühr bei Rücknahme des Rechtsmittels

Zwar wird in der Rechtsprechung der Anfall der zusätzlichen Gebühr nach Nr. 4141/5115 VV RVG teilweise vom Vorliegen weiterer Voraussetzungen abhängig gemacht, wie beispielsweise dem Umstand, dass zumindest konkrete Anhaltspunkte für eine Terminierung vorliegen oder dass das Rechtsmittel vor Rücknahme begründet werden müsse, dies jedoch zu Unrecht.

Diese – einschränkende – Auffassung ist mit dem eindeutigen Wortlaut des Gesetzes nicht zu vereinbaren. Das Gesetz macht den Anfall der zusätzlichen Gebühr von keiner dieser, von der Rechtsprechung entwickelten, weiteren Voraussetzungen abhängig. Sie werden im Gesetz nicht genannt. Wenn der Gesetzgeber eine weitere Voraussetzung und damit eine Einschränkung für den Anfall der Gebühr gewollt hätte, dann hätte er dies erklärt (AnwK-RVG, 8. Aufl., Nr. 4141 Rn 32; Gerold/Schmidt/*Burhoff*, RVG Kommentar, 25. Aufl., Nr. 4141 Rn 39; *Burhoff*, RVG, Nr. 4141 Rn 43).

Nur diese Auffassung trägt auch dem Sinn und Zweck der zusätzlichen Gebühr Rechnung, die nämlich auch dann anfällt, wenn sich das Verfahren auf sonstige Art und Weise erledigt, und zwar unabhängig davon, ob ein Hauptverhandlungstermin zu erwarten ist. Im vorbereitenden Verfahren ist überhaupt keine Hauptverhandlung vorgesehen. Dennoch erhält der Verteidiger nach dem eindeutigen Wortlaut des Gesetzes auch hier die zusätzliche Gebühr, wenn er an der Erledigung des Verfahrens mitwirkt (AnwK-RVG, a.a.O.). Ein sachlicher Grund für eine andere Behandlung im vorliegenden Fall ist weder gegeben noch ersichtlich.

▲

IV. Verfahrensbeendigung mittels Beschluss nach § 411 Abs. 1 S. 3 StPO, Nr. 4141 Anm. 1 S. 1 Nr. 4 VV RVG

Wird gegen einen Strafbefehl nur insoweit Einspruch eingelegt, als dieser die Höhe der 17
Tagessätze betrifft, kann das Gericht mit Zustimmung des Beschuldigten über die Höhe der festgesetzten Geldstrafe im schriftlichen Verfahren entscheiden. Auch für diesen Fall erhält der Verteidiger, wenn er an dieser Verfahrensweise mitgewirkt hat, die zusätzliche Gebühr, weil anderenfalls eine Hauptverhandlung anberaumt werden müsste.

V. Zusätzliche Gebühr nach Nr. 4142 VV RVG

Bei einer (zusätzlich zur Verteidigung vorgenommenen) Tätigkeit des Anwalts mit Blick 18
auf eine Einziehung oder eine hierzu verwandte Maßnahme, entsteht in jedem Rechtszug die zusätzliche Verfahrensgebühr gemäß Nr. 4142 VV RVG. Die Gebühr fällt sowohl für den Wahl- als auch für den Pflichtverteidiger an, wobei für Letzteren die Beschränkung aus § 49 RVG greift.

Die Gebühr fällt nicht an, wenn im Strafverfahren ein Fahrverbot oder die Entziehung 19
der Fahrerlaubnis angeordnet wird, weil die Entziehung der Fahrerlaubnis keine Einziehung i.S.v. Nr. 4142 VV RVG ist, da sie weder in Nr. 4142 VV RVG noch in § 442 StPO genannt wird.[3] Jedoch bleibt dem Verteidiger unbenommen, eine insoweit erbrachte Tätigkeit bei der Bemessung der angemessenen Gebührenhöhe für die Verteidigung insgesamt unter Berücksichtigung der Kriterien aus § 14 RVG zu berechnen.

Teilweise wird vertreten, dass für die Einziehung des Führerscheins, in welchem sich die Erlaubnis zum Führen von Kraftfahrzeugen verkörpert, ein Vermögenswert und damit die zusätzliche Gebühr in Ansatz zu bringen ist. Der Wert sei danach zu bemessen,

3 OLG Koblenz, Beschl. v. 13.2.2006 – 2 Ws 98/06.

welche finanziellen Mittel der Betroffene aufwenden muss, um von der Verwaltungsbehörde einen neuen Führerschein zu erlangen. Das ist nicht der Preis, der ggf. für Fahrstunden und Fahrerlaubnisprüfung zu zahlen ist, sondern der, der als Verwaltungsgebühr bei der Behörde anfällt.[4]

20 Die Gebühr Nr. 4142 VV RVG ist eine reine Wertgebühr, so dass der Umfang der erbrachten Tätigkeit für die Höhe der Gebühr unerheblich ist. Sie berechnet sich nach dem tatsächlichen Wert der Sache. Sind mehrere Gegenstände betroffen, sind die Einzelwerte zu addieren, § 22 Abs. 1 RVG.

21 Soweit der Anwalt auch in der Strafvollstreckung – also nach Rechtskraft der Entscheidung – weiter tätig ist, können gesonderte Gebühren anfallen, beispielsweise dann, wenn er für die Geldstrafe einen Antrag auf Ratenzahlung oder für den Fall der Entziehung der Fahrerlaubnis einen solchen auf Sperrfristverkürzung stellt.

22 ▼

Muster 41.5: Zusatzgebühr gem. Nr. 4204 VV RVG

41.5

Nach einem Urteil kann ein Antrag auf Sperrfristverkürzung gemäß § 69a Abs. 7 StGB gestellt werden. Abzurechnen ist nach Teil 4 Abschnitt 2 VV RVG, da es sich um eine Tätigkeit im Rahmen der Strafvollstreckung handelt. Für die Tätigkeit im Zusammenhang mit der Stellung des Abkürzungsantrags entsteht eine Verfahrensgebühr nach Nr. 4204 VV RVG (*Burhoff/Volpert*, Nr. 4204 VV Rn 9). Es entsteht zudem mindestens eine weitere Postentgeltpauschale für das Verfahren beim Amtsgericht (OLG Braunschweig AGS 2009, 327).

▲

23 Für eine eventuelle zusätzliche sofortige Beschwerde entsteht nach Vorb. 4.2 VV RVG in Verbindung mit Nr. 4204 VV RVG noch eine weitere Verfahrensgebühr, da in den Verfahren der Strafvollstreckung und im Verfahren über die Beschwerde gegen die Entscheidung in der Hauptsache die Gebühren gesondert entstehen.[5] Die Gebühren für diese Tätigkeit werden also nicht von denen aus dem Ausgangsverfahren mit abgegolten.

24 Erlässt die Staatsanwaltschaft in der Strafvollstreckung eine die Ausgangsentscheidung ändernde Entscheidung zugunsten des Verurteilten, wird nur in den seltensten Fällen auch eine Kostenentscheidung getroffen, die zugunsten des Verurteilten lauten muss. Dies ist sodann zu beantragen, wenn z.B. die Abgabe des Führerscheines gefordert wird, obwohl das Fahrverbot bereits abgeleistet wurde.

4 *Burhoff*, RVG-Report 2006, 191; *Volpert*, VRR 2006, 238.
5 OLG Frankfurt a.M. AGS 2006, 76.

▼ 25

Muster 41.6: Zusatzgebühr in der Strafvollstreckung 41.6

Es wird beantragt,

die Kosten der Verteidigung im Strafvollstreckungsverfahren der Staatskasse aufzuerlegen,

und für den Fall, dass die beantragte Auferlegung nicht erfolgt,

die Entscheidung des Gerichts herbeizuführen.

Der Verurteilte hat seinerzeit zu Beginn des Verfahrens den Unterzeichner zum Verteidiger bestellt. Eine solche Bestellung dauert über den rechtskräftigen Abschluss des Verfahrens hinaus fort bis hin zum Abschluss des Vollstreckungsverfahrens (*Meyer-Goßner*, StPO, 62. Aufl., vor § 137 Rn 4 f.).

Deshalb hat der Verurteilte die Verfügung vom ______ zur Durchführung der Vollstreckung des Fahrverbots aus dem Urt. v. ______ sogleich seinem Verteidiger vorgelegt.

Dieser hat mit Schriftsatz vom ______ Einwendungen gegen die Vollstreckung erhoben und diese im Einzelnen begründet. Auf den genannten Schriftsatz darf Bezug genommen werden.

Diese Einwendungen hat die Vollstreckungsbehörde mit Verfügung vom ______ für zutreffend erachtet und deshalb die Vollstreckungsmaßnahme aufgehoben. Sie hat jedoch davon abgesehen, die Kosten der Verteidigung der Staatskasse aufzuerlegen.

Diese Entscheidung kann keinen Bestand haben.

Jede ein Verfahren insgesamt oder einen selbstständigen Abschnitt eines Verfahrens beendende Entscheidung hat darüber Bestimmung zu treffen, von wem die Kosten des Verfahrens und die notwendigen Auslagen zu tragen sind. Eine solche Kosten- und Auslagenentscheidung ist auch dann zulässig und geboten, wenn ein Verfahren ohne gerichtliche Entscheidung abgeschlossen wird und eine Kosten- und Auslagenentscheidung als Festsetzungsgrundlage erforderlich ist (*Meyer-Goßner*, a.a.O., § 464 Rn 13). So liegt es auch hier im Falle des Abschlusses des Vollstreckungsverfahrens durch Aufhebung der Vollstreckungsmaßnahme. Die für das gerichtliche Verfahren geltenden Bestimmungen in § 464 Abs. 1 und 2 StPO sind auf das Verfahren der Vollstreckungsbehörde entsprechend anzuwenden. Das gilt auch für die Vorschrift des § 464a Abs. 2 Nr. 2 StPO, wonach zu den notwendigen Auslagen eines Beteiligten die Gebühren und Auslagen eines Rechtsanwalts gehören, soweit sie nach § 91 Abs. 2 ZPO zu erstatten sind, also insoweit, als sie zur zweckentsprechenden Verteidigung notwendig waren.

Die Verfügung vom ______ verneint diese Notwendigkeit mit der Erwägung, die Vollstreckungsmaßnahme sei versehentlich ergangen, und weiter, zur Behebung des Versehens habe sich der Verurteilte auf eine telefonische Anfrage beschränken und so erreichen können, dass die Verfasserin des angefochtenen Bescheides die Sach- und Rechtslage geprüft, diese klar erkannt und sogleich die angefochtene Maßnahme aufgehoben hätte.

Diese Erwägung ist, sit venia verbo, absonderlich und mit dem Gesetz nicht zu vereinbaren.

Ein Beschuldigter, Angeschuldigter, Angeklagter oder Verurteilter kann sich stets einen Verteidiger wählen. Für die Erstattungsfähigkeit der dadurch bedingten Kosten kommt es nicht auf die Notwendigkeit der Mitwirkung eines Rechtsanwalts als Verteidiger an, denn diese Erstattungsfähigkeit hängt für sämtliche Verfahrensabschnitte nur davon ab, dass nach der Strafprozessordnung die Tätigkeit des Rechtsanwalts in der Sache zulässig ist (*Meyer-Goßner*, a.a.O., § 464a Rn 9). Dementsprechend ist es zum Beispiel im Erkenntnisverfahren völlig belanglos, ob ein Angeklagter die durch seine Verteidigung bedingten Auslagen durch rechtzeitiges Vorbringen entlastender Umstände hätte vermeiden können (*Meyer-Goßner*, a.a.O., § 464a Rn 9 a.E.). Die Entscheidung darüber, ob ein Verteidiger mit einer Sache befasst wird oder ob sich der mit einem Verfahren Überzogene selbst zu helfen versucht, liegt allein bei ihm. In dieser Hinsicht kann ihm weder das Gericht im Erkenntnisverfahren noch die Vollstreckungsbehörde im Vollstreckungsverfahren eine Vorschrift machen.

Es kommt mithin, wie bereits ausgeführt, allein darauf an, ob die Tätigkeit des Rechtsanwalts als Verteidiger zweckentsprechend war. Daran kann kein Zweifel bestehen. Die Vollstreckungsbehörde hat die angefochtene Maßnahme aus eben den Gründen aufgehoben, welche der Verurteilte durch seinen Verteidiger mit Schriftsatz vom vorgetragen hat.

Zur Überlegung des Bescheides vom , auf einen bloßen Anruf des Verurteilten hin wäre gewiss das Richtige und Nötige veranlasst worden, darf bemerkt werden: Ein Bürger darf davon ausgehen, dass eine Behörde die Sach- und Rechtslage eingehend geprüft hat und ihre jeweilige Anordnung für richtig und mit dem Gesetz vereinbar hält. Dem Bürger ist es in aller Regel mangels hinreichender Rechtskenntnisse nicht möglich zu prüfen, ob die ihn betreffende Maßnahme in der Tat mit dem Gesetz vereinbar ist. Die Erfahrung lehrt auch nicht, dass eine Behörde eine Entscheidung auf bloßen Zuruf hin ändert. Die hier erörterten Erwägungen der Verfügung vom treffen die Sache nicht.

Aus den vorstehend dargelegten Gründen ist den Einwendungen des Verurteilten umfassend, also auch dadurch abzuhelfen, dass die Kosten der Verteidigung im Vollstreckungsverfahren der Staatskasse auferlegt werden.

Für den Fall, dass diese Auffassung nicht geteilt wird, ist die Entscheidung des Gerichts herbeizuführen. § 458 Abs. 1 StPO sieht dies allgemein für den Fall vor, dass Einwendungen gegen die Zulässigkeit der Strafvollstreckung erhoben werden, wie dies hier der Fall war. Die Notwendigkeit der Entscheidung des Gerichts besteht auch dann fort, wenn die Vollstreckungsbehörde auf die Einwendungen hin durch Aufhebung der Vollstreckungsmaßnahme die Erledigung der Hauptsache herbeiführt und letztlich allein noch über Kosten und Auslagen zu entscheiden ist. Es kann keinen Unterschied machen, ob das Gericht mit der Hauptsache zu befassen ist und im Zuge der Entscheidung hierüber auch über die Kosten und Auslagen befindet oder ob vorweg eine Teilerledigung stattfindet.

▲

§ 42 Gebühren des Anwalts in Bußgeldsachen

Jens Dötsch

A. Allgemeines

Die gesetzliche Grundlage für die Vergütung des Anwalts in Bußgeldsachen findet sich 1
in Teil 5 des Vergütungsverzeichnisses des Rechtsanwaltsvergütungsgesetzes (VV RVG). Auch hier entsteht, wie im Strafverfahren – auf die dortigen Ausführungen wird auch wegen der weiteren Gebühren und der Vergleichbarkeit mit Blick auf deren Anfall verwiesen –, zunächst die Grundgebühr, es sei denn, für dieselbe Handlung ist bereits die Gebühr nach Nr. 4100 VV RVG entstanden, weil es dann an der erstmaligen Einarbeitung in die Sache fehlt. Die Gebührenhöhe für die ebenfalls anfallende Verfahrensgebühr richtet sich nach der Höhe der Geldbuße. Nach Vorbemerkung 5.1, Abs. 2 ist maßgebend die zum Zeitpunkt des Entstehens der Gebühr zuletzt festgesetzte Geldbuße.

Weder bei einem Antrag auf Wiedereinsetzung noch bei einem Antrag auf gerichtliche Entscheidung nach § 62 OWiG handelt es sich um gesonderte Tätigkeiten, so dass die Tätigkeit des Anwalts mit der jeweiligen Verfahrensgebühr abgegolten wird, die jedoch unter Berücksichtigung der Kriterien aus § 14 RVG angemessen erhöht werden kann, weil mit beiden Verfahren ein Mehraufwand einhergeht.

B. Verfahren über die Rechtsbeschwerde

Das Rechtsbeschwerdeverfahren und jenes auf Zulassung derselben stellen dieselbe 2
Angelegenheit i.S.d. RVG dar (§ 16 Nr. 11 RVG). Das Honorar richtet sich jedoch nicht mehr nach der Höhe der verhängten Geldbuße.

Die Verfahrensgebühr richtet sich nach Nr. 5113 VV RVG, für den Fall einer Hauptverhandlung kommt die Terminsgebühr gemäß Nr. 5114 VV RVG hinzu. Wird der Anwalt erstmalig im Rechtsbeschwerdeverfahren tätig, fällt zudem auch die Grundgebühr gemäß Nr. 5100 VV RVG an.

Zwar gehört die Einlegung des Rechtsmittels noch zur erstinstanzlichen Tätigkeit, § 19 Abs. 1 Nr. 10 RVG. Anderes gilt jedoch für die Rücknahme desselben.

▼ 3

Muster 42.1: Rücknahme Rechtsbeschwerde

Zwar zählt das Einlegen der Rechtsbeschwerde noch zum amtsgerichtlichen Verfahren 42.1
(§ 19 Abs. 1 S. 2 Nr. 10 RVG), so dass hierfür die Verfahrensgebühr Nr. 5113 VV RVG noch nicht anfällt. Für die Rücknahmeerklärung gilt dies dagegen nicht. Diese löst die Gebühren des Rechtsmittelverfahrens aus, so dass allein für die Rücknahme bereits die Verfahrensgebühr nach Nr. 5113 VV RVG angefallen ist. War die Rechtsbeschwerde zum Zeitpunkt ihrer Rücknahme noch nicht begründet, so ist jedoch die Verfahrensgebühr im unteren Bereich anzusiedeln.

Darüber hinaus ist nach Nr. 5113 VV RVG auch eine zusätzliche Gebühr nach Anmerkung Abs. 1 Nr. 4 zu Nr. 5115 VV RVG angefallen. Die bloße Rücknahmeerklärung reicht als Mitwirkungshandlung aus (LG Braunschweig AGS 2004, 256; *Burhoff*, RVGreport 2015, 86). Für die zusätzliche Gebühr haben die Kriterien des § 14 Abs. 1 RVG keine Bedeutung. Die Gebühr nach Nr. 5115 VV RVG entsteht nach überwiegender Auffassung immer in Höhe der jeweiligen Verfahrensmittelgebühr (*Schneider*, Fälle und Lösungen zum RVG, 6. Aufl., § 36 Beispiel 94).

▲

C. Zusätzliche Gebühren

4 Auch im Bußgeldverfahren kann eine Zusatzgebühr (Nr. 5115 VV RVG) anfallen. Die Gebühr fällt jedoch nur an, wenn der Anwalt an der Erledigung mitgewirkt hat. Unter Mitwirkung wird zumindest eine Förderung der Erledigung verstanden, auch wenn diese nicht ursächlich war (BGH NJW 2009, 368). Es gibt folgende fünf Fälle:

I. Zusätzliche Gebühr nach Nr. 5115 Abs. 1 Nr. 1 VV RVG

5 Die Gebühr entsteht nach Abs. 1 Nr. 1 vorerwähnter Norm, wenn das Verfahren nicht nur vorläufig eingestellt wird.

II. Zusätzliche Gebühr nach Nr. 5115 Abs. 1 Nr. 2 VV RVG

6 Nach Abs. 1 Nr. 2 VV RVG fällt die Zusatzgebühr auch an, wenn der Einspruch gegen den Bußgeldbescheid im vorbereitenden Verfahren vor der Verwaltungsbehörde zurückgenommen wird.

III. Zusätzliche Gebühr nach Nr. 5115 Abs. 1 Nr. 3 VV RVG

7 Wird der Bußgeldbescheid nach Einspruch von der Verwaltungsbehörde zurückgenommen und gegen einen neuen Bußgeldbescheid kein Einspruch eingelegt, fällt die Zusatzgebühr nach Nr. 5115 Abs. 1 Nr. 3 VV RVG an.

IV. Zusätzliche Gebühr nach Nr. 5115 Abs. 1 Nr. 4 VV RVG

8 Wenn sich das gerichtliche Verfahren aufgrund der Rücknahme des Einspruchs gegen den Bußgeldbescheid oder die Rücknahme der Rechtsbeschwerde erledigt, entsteht die Gebühr ebenfalls, vgl. Abs. 1 Nr. 4. Ist jedoch bereits ein Termin zur Hauptverhandlung bestimmt, entsteht die Gebühr nur, wenn der Einspruch oder die Rechtsbeschwerde früher als zwei Wochen vor Beginn des Tages, der für die Hauptverhandlung vorgesehen war, zurückgenommen wird.

V. Zusätzliche Gebühr nach Nr. 5115 Abs. 1 Nr. 5 VV RVG

Schließlich fällt die zusätzliche Gebühr auch dann an, wenn das Gericht nach § 72 Abs. 1 S. 1 OWiG durch Beschluss entscheidet, Nr. 5115 Abs. 1 Nr. 5 VV RVG. 9

VI. Zusätzliche (Verfahrens-) Gebühr nach Nr. 5116 VV RVG

Immer häufiger wird neben dem eigentlichen Bußgeldverfahren zusätzlich der Verfall nach § 29a OWiG angeordnet. Für die Tätigkeit des Anwalts in diesem Verfahren entsteht die zusätzliche Gebühr gemäß Nr. 5116 VV RVG sowohl für den Wahl- als auch für den Pflichtverteidiger, wobei sich die Höhe der Gebühr nach dem Wert der Sache berechnet, § 13 RVG. 10

Die Gebühr nach Nr. 5116 VV RVG entsteht nicht für den Fall, dass neben der Geldbuße ein Fahrverbot angeordnet wurde.[1] Zur Vermeidung von Wiederholungen wird auf die Ausführungen zu Nr. 4141 VV RVG im Strafrechtsteil verwiesen.

D. Bestimmung der Gebührenhöhe

Die Bestimmung der angemessenen Gebührenhöhe ist unter Berücksichtigung der Kriterien aus § 14 RVG vorzunehmen. Die Gebührenbestimmung durch den Anwalt ist erst dann nicht verbindlich, wenn sie unbillig ist, § 14 Abs. 1 S. 4 RVG. Dies ist anzunehmen, wenn die geforderte Gebühr die angemessene um mehr als 20 % überschreitet. 11

▼ 12

Muster 42.2: Bestimmung der Gebührenhöhe

Der Rechtsanwalt bestimmt die angemessene Gebührenhöhe. Die getroffene Bestimmung ist nicht zu beanstanden, sie entspricht der Billigkeit.

Im Einzelnen:

I.

1. Bei der Berechnung der Rechtsanwaltsgebühren ist grundsätzlich von der jeweiligen Mittelgebühr auszugehen. Das Bußgeldverfahren hat durch das RVG eine eigenständige Regelung erhalten in § 42 RVG in Verbindung mit Teil 5 des Anhangs zum RVG.

Die Gebühr ist eine Rahmengebühr, die unter Berücksichtigung der Kriterien aus § 14 RVG, vor allem des Umfangs und der Schwierigkeit der anwaltlichen Tätigkeit, der Bedeutung derselben sowie der Einkommens- und Vermögensverhältnisse des Betroffenen und ggf. des besonderen Haftungsrisiko des Rechtsanwalts, zu bestimmen ist.

Die Gebührenbestimmung des Anwalts ist nur dann unbeachtlich, wenn sie unbillig ist. Eine Abweichung von der „richtigen" Gebühr i.H.v. 20 % ist unbeachtlich und macht die Gebührenbestimmung nicht unbillig (OLG Hamm, Beschl. v. 3.12.2009 – 2 Ws 270/09, BeckRS 2010, 02547 m.w.N.).

1 OLG Koblenz NStZ 2007, 342.

2. Der Gebührenrahmen bei Geldbußen von 60 EUR bis 5.000 EUR richtet sich nach Nr. 5103/5109 VV RVG. Demnach beträgt die Mittelgebühr 176 EUR. Die Mittelgebühr ist grundsätzlich dann zu erstatten, wenn es sich um eine durchschnittliche Angelegenheit handelt.

Bußgeldverfahren wegen Verkehrsordnungswidrigkeiten können stets als durchschnittliche Bußgeldverfahren anerkannt werden. Insbesondere wenn – nach altem Punktesystem – ein Eintrag von mehr als zwei Punkten in Betracht kommt (heute also ab einem Punkt), liegt eine hohe Bedeutung für den Betroffenen vor, so dass sogar eine erhöhte Gebühr zu veranschlagen ist (LG Gera Juristisches Büro 2000, 581; LG Potsdam MDR 2000, 581).

Es ist unzulässig, wenn zur Bemessung der konkreten Gebühr über das in § 14 RVG genannte Kriterium der Bedeutung der Sache auf die Höhe der Geldbuße abgestellt wird. Die Einordnung ist bereits Grundlage für die Wahl der jeweiligen Stufe von Teil 5 VV RVG, nach der sich im Ordnungswidrigkeitenverfahren die anwaltlichen Gebühren berechnen. Die Höhe der Geldbuße darf dann nicht noch einmal herangezogen werden, um innerhalb des Gebührenrahmens die Gebühr noch weiter abzusenken (*Hansens*, RVG Report 2006, 210). Jede andere Auffassung übersieht, dass gerade in Verkehrsordnungswidrigkeitensachen die Mehrzahl der Geldbußen im unteren Bereich festgesetzt werden, es sich also insoweit um die durchschnittlichen Fälle handelt (AG Fürstenwalde, Beschl. v. 24.10.2006 – 3 Jug.Owi 291 Js-OWi 40513/05). Jede andere Sichtweise verschiebt und verkennt auch im Bereich des straßenverkehrsrechtlichen Bußgeldrechts das Gesamtgefüge.

Drohen Eintragungen in das Verkehrszentralregister (heute: Fahreignungsregister), so ist die Mittelgebühr angemessen (LG Wuppertal zfs 2005, 39).

II.

Vom Fehlen einer Einlassung auf eine unterdurchschnittliche Schwierigkeit oder auf einen unterdurchschnittlichen Bearbeitungsumfang zu schließen, verbietet sich. Ansonsten hinge die Gebührenhöhe des Anwalts davon ab, ob der Betroffene von dem ihm zustehenden Schweigerecht Gebrauch macht. Gerade dann jedoch, wenn der Betroffene vom Schweigerecht Gebrauch macht, ist für den Anwalt der Arbeitsumfang ungleich höher, als wenn eine Einlassung abgegeben wird, weil dem Betroffenen die Abwägungskriterien, ob eine Einlassung abgegeben werden sollte oder nicht, ausführlich – so auch vorliegend – eröffnet werden müssen.

Selbst wenn keine Einlassung und keine Einspruchsbegründung abgegeben wird, so führt dies nicht zu einer Reduzierung der jeweiligen Verfahrensgebühr unterhalb der Mittelgebühr (AG Rothenburg AGS 2006, 288).

III.

Liegen keine besonderen Erkenntnisse über die Einkommensverhältnisse des Auftraggebers vor, so ist von durchschnittlichen Verhältnissen auszugehen.

▲

13 Oft werden Gebührennoten, mit welchen die jeweiligen Mittelgebühren in Ansatz gebracht werden, von Rechtsschutzversicherern um 20 %–30 % gekürzt mit dem Argument, es handele sich um eine Angelegenheit, die nicht den Ansatz der jeweiligen

Mittelgebühren rechtfertige. Eine solche Kürzung ist unerheblich, weil sie sich innerhalb des 20-prozentigen Toleranzrahmens bewegt, der dem Anwalt bei der Bemessung der Gebührenhöhe zugebilligt wird (so auch AG Riedlingen, Urt. v. 13.12.2018 – 1 C 170/17).

Meist wird von Versicherern zur vorgeblichen Richtigkeit der von dort vertretenen Auffassung auf zahlreiche gerichtliche Entscheidungen verwiesen, die jedoch in den meisten Fällen Qs-Aktenzeichen tragen. Es handelt sich bei derartigen Entscheidungen um solche, in denen ein Erstattungsanspruch gegenüber der Staatskasse geltend gemacht wurde. Diese Entscheidungen haben jedoch keinerlei Bindungswirkung, insoweit wird auf das Kapitel „Korrespondenz mit dem Rechtsschutzversicherer" (siehe § 43 Rdn 1 ff.) verwiesen.

Es sollte daher bereits zu Beginn des Mandats ein Vorschuss gem. § 9 RVG in Höhe der jeweiligen Mittelgebühr gefordert werden (siehe § 43 Rdn 2 ff.).

E. Kostenerstattung bei Einstellung nach § 47 OWiG

Wird das Verfahren gegen den Betroffenen vom Gericht nach § 47 OWiG eingestellt, 14
sollte das Gericht auf die Kostenfolge hingewiesen werden. Erfahrungsgemäß werden die notwendigen Auslagen des Betroffenen zu Unrecht nicht der Staatskasse auferlegt.

▼ 15

Muster 42.3: Kostenerstattung bei Einstellung nach § 47 OWiG

42.3

Die Kostenentscheidung bei einer gerichtlichen Einstellung nach § 47 Abs. 2 OWiG richtet sich nach § 467 Abs. 1, 4 StPO i.V.m. § 46 Abs. 1 OWiG. Sie muss im Einstellungsbeschluss zwingend enthalten sein.

Grundsätzlich geht das Gesetz davon aus, dass im Falle einer Einstellung die Kosten des Verfahrens und die notwendigen Auslagen des Betroffenen von der Staatskasse übernommen werden, § 467 Abs. 1 StPO. Nur ausnahmsweise kann das Gericht gemäß § 467 Abs. 4 StPO im Falle einer Einstellung nach einer Ermessensnorm davon absehen, die notwendigen Auslagen des Betroffenen der Staatskasse aufzuerlegen. Das Ermessen ist pflichtgemäß auszuüben. Eine pflichtgemäße Ermessensausübung hat folgende Erwägungen zu berücksichtigen:

Steht fest, dass der Betroffene die ihm zur Last gelegte Ordnungswidrigkeit begangen hat, so kommt eine Erstattung außergerichtlicher Auslagen durch die Staatskasse nicht in Betracht. Die Kostenfolge richtet sich vielmehr nach § 467 Abs. 4 StPO, wenn gleichwohl aus Opportunitätsgesichtspunkten eine Einstellung stattfindet.

Bestehen dagegen Zweifel, ob dem Betroffenen prozessordnungsgemäß die ihm zur Last gelegte Tat bewiesen werden kann, so ist die Erstattung notwendiger Auslagen des Betroffenen anzuordnen (*Seitz*, in: Göhler, OWiG, 17. Aufl. 2017, § 47 Rn 49). In verkehrsrechtlichen Verfahren kommt dies insbesondere dann zum Tragen, wenn Messungen mit Fehlern behaftet sind oder sein können. Ist z.B. das Messprotokoll fehlerhaft, kann die Eichung eines Messgerätes nicht festgestellt werden oder steht fest, dass die von den Oberlandesgerichten gestellten Anforderungen an die tatrichterlichen Feststellungen nicht erfüllt werden können und wird deshalb das Verfahren eingestellt, so ist einzig die Kostenentscheidung nach § 467 Abs. 1 StPO i.V.m. § 46 Abs. 1 OWiG ermessensfehlerfrei.

▲

F. Kostenerstattung bei Einstellung wegen Eintritts der Verfolgungsverjährung

16 Auch für den Fall der Einstellung wegen eines Verfahrenshindernisses (wie z.B. die Verjährung) sind die notwendigen Auslagen des Betroffenen der Staatskasse aufzuerlegen, was jedoch ebenso selten geschieht.

17 ▼

Muster 42.4: Kostenerstattung bei Einstellung wegen Verfolgungsverjährung

42.4 Gemäß § 105 Abs. 1, 2 OWiG i.V.m. § 467a Abs. 1 StPO hat die Staatskasse nach Rücknahme eines Bußgeldbescheides und Einstellung des Verfahrens aufgrund des Eintritts der Verjährung die notwendigen Auslagen des Betroffenen zu tragen. Eine Pflicht des Betroffenen zur Tragung der eigenen Auslagen nach den § 105 OWiG, §§ 467a Abs. 1, 467 Abs. 3 Nr. 2 StPO (keine Verurteilung wegen eines Verfahrenshindernisses) kommt vorliegend nicht in Betracht. Die Verjährung ist aufgrund des Verhaltens der Behörde eingetreten, also aufgrund eines Umstandes, der außerhalb der Sphäre des Betroffenen liegt. In einem solchen Fall hat die Staatskasse nicht nur die Kosten des Verfahrens, sondern auch die Auslagen des Betroffenen zu tragen (AG St. Goar, Beschl. v. 16.7.2012 – 2 OWi 47/12; AG Andernach, Beschl. v. 27.6.2023 – 2h JUG OWi 2030 Js 63298/22 jug (2)). Jede andere Entscheidung bürdete dem Betroffenen die schleppende Bearbeitung durch die Verfolgungsbehörde auf, obwohl sie dem Betroffenen auch die Möglichkeit eines Freispruchs mit entsprechender Kostenfolge genommen hat.

▲

G. Terminsgebühr bei geplatztem Termin

18 Für das Entstehen der Terminsgebühr für den sogenannten geplatzten Termin ist nach Vorbemerkung 5 Abs. 3 S. 2 VV RVG entscheidend, ob der Termin für den jeweiligen Rechtsanwalt nicht stattgefunden hat. Dies ist dann der Fall, wenn der Termin aus Gründen, die der Rechtsanwalt nicht zu vertreten hat, nicht stattfindet. Eine körperliche Anwesenheit des Rechtsanwalts im Gerichtsgebäude ist für den Anfall der Terminsgebühr nicht erforderlich. Schon das bloße Antreten der Reise zum Termin lässt die Terminsgebühr entstehen.[2]

2 Hartung/*Schons/Enders*, RVG, 3. Aufl. 2017, Vorb. 4 VV Rn 27.

§ 43 Korrespondenz mit dem Rechtsschutzversicherer in Straf- und Bußgeldsachen

Jens Dötsch

A. Allgemeines

Insbesondere in Straf- und Bußgeldsachen ist eine Durchsetzung des Gebührenanspruchs nach Abschluss des Verfahrens unsicher, sei es, weil die Rechtsschutzdeckung aufgrund einer Vorsatzverurteilung im Nachhinein entfällt oder aber, weil der Mandant mit dem Ergebnis des Verfahrens unzufrieden ist und deshalb nicht zahlt oder ein Zahlungsverbot gegenüber dem Rechtsschutzversicherer ausspricht, an welches dieser gebunden ist. Es ist daher ratsam, bereits vor Abschluss des Verfahrens ausreichende Vorschüsse zu fordern. 1

▼ 2

Muster 43.1: Vorschuss gemäß § 9 RVG

Nach § 9 RVG kann der Rechtsanwalt von seinem Auftraggeber für die bereits entstandenen und die voraussichtlich entstehenden Gebühren und Auslagen einen angemessenen Vorschuss fordern (BGH NJW 2004,1047). Gemäß § 5 Abs. 2 a ARB 2010 ist der Versicherer zahlungspflichtig, sobald der Versicherungsnehmer berechtigterweise in Anspruch genommen wird. Hierzu zählt auch die Forderung eines Vorschusses (*Gerold/Schmidt*, RVG, 25. Aufl. 2021, § 9 RVG Rn 28).

Bei der Höhe des Vorschusses ist die jeweilige Mittelgebühr in Ansatz zu bringen (AG Darmstadt, Urt. v. 27.6.2005 – 305 C 421/04; AG München v. 5.8.2005 – 122 C 10289/05; AG Stuttgart v. 31.10.2007 – 14 C 5483/07, AG Berlin-Mitte v. 28.2.2019 – 122 C 149/18).

Der Vorschussanspruch des Rechtsanwalts dient der Sicherung des späteren Vergütungsanspruchs des vorleistungspflichtigen Anwalts. Die Höhe der Vorschussanforderung unterliegt dabei dem billigen Ermessen des Anwalts. Es gibt keinen Grundsatz dahingehend, dass die Vorschussanforderung hinter der voraussichtlich endgültig entstehenden Gesamtvergütung zurückbleiben muss (OLG Bamberg, Beschl. v. 17.1.2011 – 1 W 63/10). Zu Recht geht vorerwähntes Gericht daher davon aus, dass alle voraussichtlich anfallenden Gebühren, auch eine noch nicht entstandene Terminsgebühr, vorschüssig gefordert werden können. § 9 RVG spricht von einem angemessenen Vorschuss, dies bedeutet lediglich, dass der Anwalt selbst entscheiden kann, bis zu welcher Höhe er den Vorschuss geltend machen will (*Gerold/Schmidt*, RVG, 25. Aufl. 2021, § 9 RVG Rn 7 ff.).

Zu bevorschussen ist demnach auch die Einigungs-/Erledigungsgebühr, sofern die Möglichkeit besteht, dass diese anfällt. Dies ist nur dann nicht der Fall, wenn der Anfall der Gebühr unter keinem rechtlichen Gesichtspunkt möglich ist.

Eine entsprechende Gebührennote ist als Anlage beigefügt. Für den Fall, dass Umstände ein Abweichen von den jeweiligen Mittelgebühren rechtfertigen, behalte ich mir die Korrektur der Gebührennote ausdrücklich vor. Es handelt sich lediglich um einen Vorschuss.

▲

3 *Hinweis*

Der letzte Absatz des vorstehenden Musters (Rdn 2) sollte immer aufgenommen werden, um klarzustellen, dass es sich lediglich um eine Vorschussforderung handelt. Anderenfalls kann der Mandant/Rechtsschutzversicherer einwenden, es handele sich um eine Gebührennote unter Ausübung der Ermessenskriterien aus § 14 RVG, so dass eine spätere erhöhte Abrechnung unter Abweichung von den jeweiligen Mittelgebühren nicht mehr zulässig wäre.

B. Abrechnung bei Freispruch

4 Gelingt dem Anwalt ein Freispruch, sind auch die notwendigen Auslagen des Angeklagten bzw. des Betroffenen von der Staatskasse zu erstatten. Erfahrungsgemäß ist die Staatskasse äußerst zurückhaltend mit der Erstattung von Anwaltsgebühren. Die Entscheidung der Staatskasse darüber, in welcher Höhe Anwaltsgebühren zu erstatten sind, entfaltet – im Gegensatz beispielsweise zur Festsetzung des Gegenstandswertes in Zivilverfahren – keinerlei Bindungswirkung zugunsten des zahlungspflichtigen Mandanten und damit auch nicht gegenüber dem Rechtsschutzversicherer. Sollte dieser aufgrund der Entscheidung der Staatskasse über die notwendigen Auslagen einen gezahlten höheren Vorschuss zurückfordern, geschieht dies zu Unrecht.

5 ▼

Muster 43.2: Abrechnung bei Freispruch

43.2

Kann ein Verteidiger von seinem Auftraggeber, der freigesprochen wurde, innerhalb des gesetzlichen Gebührenrahmens des § 14 RVG eine höhere Vergütung verlangen als im Verfahren nach § 464b StPO gegenüber der erstattungspflichtigen Staatskasse festgesetzt wurde, muss der Rechtsschutzversicherer des Auftraggebers den Unterschiedsbetrag übernehmen (AG Wiesbaden, Urt. v. 22.9.2008 – 93 C 6107/07; AG Charlottenburg, Urt. v. 3.3.2010 – 207 C 463/09). Der BGH hat bereits im Jahr 1972 entschieden, dass der Rechtsschutzversicherer den Differenzbetrag zahlen muss, weil derjenige Versicherungsnehmer, der einen Freispruch erzielt, nicht schlechter gestellt werden darf als derjenige, der verurteilt wird (BGH, Urt. v. 14.7.1972 – VII ZR 41/71). Da im Falle der Verurteilung kein Dritter für die Kosten erstattungspflichtig ist, trägt der Rechtsschutzversicherer die Kosten in vollem Umfang. Dies muss erst recht bei einem Freispruch gelten, wenn die notwendigen Auslagen von der Staatskasse nicht vollständig erstattet werden. Entscheidend ist allein die Höhe der angemessenen Gebühr aus dem Vertragsverhältnis zwischen Mandant und Anwalt.

▲

C. Sachverständigengutachten in der Rechtsschutzversicherung

Insbesondere in Bußgeldverfahren, in denen ein Fahrverbot im Raum steht, sollte die 6
Ordnungsgemäßheit der Messung bereits außergerichtlich mithilfe eines Sachverständigen geprüft werden. Gleiches gilt, wenn das Gericht ein Sachverständigengutachten eingeholt hat, dessen Ordnungsgemäßheit zu prüfen ist. Die gängigen Rechtsschutzbedingungen gewähren hierfür Deckung, der Versicherer sollte daher um gesonderte Deckung gebeten werden.

▼ 7

Muster 43.3: Sachverständigengutachten in der Rechtsschutzversicherung

43.3

Versicherung AG

Rechtsschutzschaden-Nr./VS-Nr./Az.

Sehr geehrte Damen und Herren,

der Rechtsschutzversicherer hat die übliche Vergütung eines öffentlich bestellten technischen Sachverständigen oder einer rechtsfähigen technischen Sachverständigenorganisation zu übernehmen, dies folgt beispielsweise aus

- § 21 Abs. 4 (Verkehrsrechtsschutz) i.V.m. §§ 2j, 5f aa ARB 2008
- § 26 Abs. 3 (Privat-, Berufs- und Verkehrsrechtsschutz für Nichtselbstständige) i.V.m. §§ 2j, 5f aa ARB 2008
- § 23 Abs. 3 (Privat-Rechtsschutz für Selbstständige) i.V.m. §§ 2j, 5f aa ARB 2008
- 2.3.1.3 ARB 2021.

In Fällen, in denen, wie vorliegend, die Eintragung von Punkten im Fahreignungsregister droht, entspricht die Einholung eines Sachverständigengutachtens dem Grundsatz der Verhältnismäßigkeit (§ 17 Abs. 5 c cc ARB; *Roth*, Verkehrsrecht, 4. Aufl. 2015, § 1 Rn 216; *Prölss/Martin*, § 5 ARB 2008 Rn 36).

Mit freundlichen Grüßen

(Rechtsanwalt)

▲

D. Quotelung bei Zusammenfall von Vorsatz- und Fahrlässigkeitstat

Es kommt vor, dass eine vorsätzlich und eine fahrlässig begangene Straftat gleichzeitig 8
verfolgt werden. Für einen solchen Fall ist streitig, ob die vom Rechtsschutzversicherer zu übernehmenden Gebühren des Anwalts zu quoteln sind. Die Tendenz in der neueren Rechtsprechung geht dahin, eine solche Quotelung für unzulässig zu halten.

9 **Muster 43.4: Quotelung bei Zusammenfall von Vorsatz- und Fahrlässigkeitstat**

Versicherung AG

Rechtsschutzschaden-Nr./VS-Nr./Az.

Sehr geehrte Damen und Herren,

bei gleichzeitiger Verurteilung wegen einer vorsätzlichen und einer fahrlässigen Straftat ist der Kostenerstattungsanspruch des Versicherungsnehmers nach § 5 Abs. 1 a ARB 2010 bzw. 2.3.1.2 ARB 2021 nicht nach dem Gewicht der Taten zu quoteln. Das LG Freiburg ist der Auffassung, dass, soweit in Rechtsprechung und Literatur eine Quotelung bei gleichzeitiger Verurteilung wegen eines vorsätzlichen und wegen eines fahrlässigen Vergehens vertreten wird, dem nicht zu folgen ist (LG Freiburg, Urt. v. 6.12.2012 – 3 S 147/12). Eine am Wortlaut orientierte Auslegung des § 2i aa ARB 2010 bzw. 2.2.9 ARB 2021 führen vielmehr dazu, dass dieser nur ausscheidbare Kosten erfasse, die bei der Verteidigung wegen der – vorliegend tatmehrheitlichen – beiden Vergehen der fahrlässigen Gefährdung des Straßenverkehrs nicht angefallen wären. Ausscheidbare Kosten wegen der Vorsatzverurteilung gibt es vorliegend nicht.

Auch das AG Schwedt, Urt. v. 9.7.2013 – 14 C 205/12, ist der Auffassung, dass dem Versicherer ein Quotelungsrecht nicht zusteht. Entsprechendes finde sich nämlich nicht in den zwischen den Parteien vereinbarten Vertragsbedingungen, es fehlt mithin an einer Rechtsgrundlage. Zudem ist das AG Schwedt der Auffassung, dass ein Quotelungsrecht auch nur dann denkbar wäre, wenn ausscheidbare Kosten vorlägen, was in der dort zugrunde liegenden Konstellation – wie auch hier – nicht der Fall war, so dass aus Sicht des Gerichts auch eine Berechnungsgrundlage fehlt.

Aus den ARB ist eine klare Reglung, aus welcher sich eine solche Quotelung ergeben könnte, nicht zu entnehmen, so dass der durchschnittliche Versicherungsnehmer von der Möglichkeit einer Quotelung nicht ausgehen muss.

Mit freundlichen Grüßen

(Rechtsanwalt)

E. Rückwirkender Wegfall der Deckung bei Vorsatztat

10 Kommt es zu einer Vorsatzverurteilung des Mandanten in einem Strafverfahren, kann rückwirkend die Deckung in der Rechtsschutzversicherung entfallen, § 2i aa ARB 2010 bzw. 2.2.9 ARB 2021. In einem solchen Fall ist streitig, ob der Rechtsanwalt zur Auskunft über den Ausgang des Verfahrens gegenüber dem Rechtsschutzversicherer verpflichtet ist. Dies wird teilweise mit guten Argumenten vertreten.[1] Begründet wird diese Auffassung insbesondere mit dem Argument, dass der Mandant mit der Beauftragung des Anwalts zur Abwicklung der Abrechnung mit dem Rechtsschutzversicherer

1 *Van Bühren*, zfs 2010, 428.

konkludent auf die Verschwiegenheitspflicht des Anwalts verzichtet. Daher sollte bei einer Deckungsanfrage klarstellend darauf hingewiesen werden, dass der Anwalt nicht die Obliegenheiten des Versicherungsnehmers aus dem Versicherungsvertrag übernimmt und der Mandant nicht auf die Verschwiegenheitspflicht verzichtet hat.

▼

Muster 43.5: Abwehr des Auskunftsbegehrens des Rechtsschutzversicherers 11

Versicherung AG

Rechtsschutzschaden-Nr./VS-Nr./Az.

Sehr geehrte Damen und Herren,

dem Rechtsschutzversicherer steht kein Auskunftsanspruch über den Verfahrensstand gegenüber dem vom Versicherungsnehmer beauftragten Rechtsanwalt zu (AG Hildesheim, Urt. v. 29.4.2015 – 86 C 2/15). Mangels Vertragsverhältnisses scheidet ein vertraglicher Auskunftsanspruch aus. Ein Vertragsverhältnis besteht nur zwischen Rechtsanwalt und Mandant, hier dem Versicherungsnehmer (AG Aachen, Urt. v. 1.4.2010 – 112 C 182/09; AG Frankfurt a.M., Urt. v. 16.10.2012 – 30 C 1926/12).

Ein Auskunftsanspruch ergibt sich auch nicht auf der Grundlage der §§ 666, 675 Abs. 1 S. 1 BGB, § 11 BORA, § 67 Abs. 1 S. 1 VVG a.F./86 VVG n.F., § 17 Abs. 8 S. 1 ARB 2010, 4.1.8 ARB 2021, §§ 401, 402 BGB analog.

Selbst wenn aufgrund der Zahlung eines Vorschusses der Anspruch auf Erstattung etwaig überzahlter Beträge auf den Versicherer übergeht und diesem ein Auskunftsanspruch als Nebenrecht gefolgt sein mag, steht der Erteilung einer Auskunft die dem Rechtsanwalt aus § 43a Abs. 2 BRAO obliegende Verschwiegenheitspflicht im Verhältnis zu seinem Mandanten entgegen (AG Bonn, Urt. v. 8.11.2006 – 13 C 607/07 = NJW-RR 2007, 355). Diese Pflicht bezieht sich auf alles, was ihm in Ausübung seines Mandates bekannt geworden ist. Dementsprechend ist der Rechtsanwalt gehindert, dem Versicherer Auskunft zu erteilen (*Schulz*, zfs 2010, 2466 ff.; Rechtsanwaltskammer Berlin, Jahresbericht 2005, abrufbar unter *www.rak-berlin.de*). Der Anwalt, der keine Auskunft erteilt, verhält sich nicht berufswidrig (AnwG Frankfurt a.M., Urt. v. 23.11.2011 – IV AG 69/11 – 4 EV 231/11).

Mit freundlichen Grüßen

(Rechtsanwalt)

▲

Teil 3 Verkehrsverwaltungsrecht

§ 44 Einführung

Torsten Bendig/Dr. Matthias Keller

Die nachfolgenden Ausführungen zum Verkehrsverwaltungsrecht in der anwaltlichen Beratung befassen sich im Schwerpunkt mit dem **Fahrerlaubnisrecht**. Daneben wird auch auf die **Fahrtenbuchauflage** und **Rechtsschutzgesichtspunkte** eingegangen. Der mit diesen Themen befasste Rechtsanwalt steht hier regelmäßig vor dem Problem, einen Mandanten zu betreuen, bei dem die Behörde als sein Gegenüber nach klaren Vorgaben der Rechtsprechung entscheidet und häufig die Entscheidungen durch den gewährten Ermessensspielraum gedeckt sind. Da die Behörde – wenn überhaupt – ihr Handeln an kurze Fristen knüpft und die Fahrerlaubnis häufig eines der „höchsten Güter" des Mandanten darstellt, ist schnelles Handeln des Anwalts gefragt. 1

In diesem Rahmen sollen nachfolgend schwerpunktmäßig die Themen rund um den Erwerb sowie den Entzug der Fahrerlaubnis mit den Schwerpunkten **Alkohol, Drogen und charakterliche Mängel, Punktesystem sowie die Anerkennung ausländischer EU-Fahrerlaubnisse** angesprochen werden. Zentraler Begriff in Fahrerlaubnisangelegenheiten ist dabei der Begriff der „Eignung". Mandate im Zusammenhang mit dem Erwerb eines Führerscheins betreffen in erster Linie die Frage, ob der Bewerber körperlich, geistig und charakterlich in der Lage ist, ein Kfz sicher zu führen. 2

Zudem wird auf die Änderungen durch das am 1.4.2024 in Kraft getretene Cannabisgesetz eingegangen. Dieses Gesetz hat in seinem Art. 14 die Fahrerlaubnis-Verordnung geändert und dabei neue Regelungen zur Klärung von Eignungszweifeln bei einer Cannabisproblematik geschaffen, vgl. den neuen § 13a der FeV. 3

Insgesamt ist es die Absicht des aus einem Rechtsanwalt und einem Verwaltungsrichter bestehenden Autorengespanns, dem Anwalt eine **schnelle Orientierung bei der Abfassung von Schriftsätzen** zu ermöglichen. Eine lückenlose Abhandlung der Materie ist nicht beabsichtigt. Insoweit wird auf die einschlägigen Werke verwiesen.[1]

1 Vgl. speziell für die anwaltliche Beratung: *Haus/Zwerger*, Das verkehrsrechtliche Mandat, Band 3: Verkehrsverwaltungsrecht einschließlich Verwaltungsprozess, 3. Aufl. 2017; *Pießkalla/DeVol*, Die Fahrerlaubnis in der anwaltlichen Beratung, 7. Aufl. 2025; *Reisert*, Das Fahreignungsregister in der anwaltlichen Praxis, 2. Aufl. 2015; *Kalus/Möller/Pießkalla/Uhle*, Drogen und Straßenverkehr, 3. Aufl. 2016.

§ 45 Entziehung der Fahrerlaubnis

Torsten Bendig/Dr. Matthias Keller

A. Entziehung der Fahrerlaubnis durch das Strafgericht, § 69 StGB

I. Systematik

§ 69 Abs. 1 StGB regelt die Entziehung der Fahrerlaubnis wegen einer im Zusammenhang mit dem Straßenverkehr begangenen Straftat. Sie ist eine verschuldensunabhängige Maßregel der Besserung und Sicherung (§ 61 StGB), die sich ausschließlich an der Sicherheit des Straßenverkehrs orientiert. § 69 Abs. 2 StGB enthält Regelbeispiele, die der Vereinheitlichung der Rechtsprechung dienen und wonach ein Täter nach Verwirklichung der Tat in der Regel als ungeeignet zum Führen eines Kfz anzusehen ist. Hierbei handelt es sich um: 1

- Gefährdung des Straßenverkehrs (§ 315c StGB),
- Trunkenheit im Verkehr (§ 316 StGB),
- Unerlaubtes Entfernen vom Unfallort (§ 142 StGB),
- Vollrausch (§ 323a StGB).

Bei der Entziehung der Fahrerlaubnis handelt es sich somit nicht um eine Nebenstrafe. Ihre Anordnung und Dauer hängen daher nicht von der Schwere der Tatschuld, sondern ausschließlich von der Ungeeignetheitsprognose des Täters ab. Der Gesetzeszweck des § 69 StGB ist der Schutz der Sicherheit des Straßenverkehrs. Die strafgerichtliche Entziehung der Fahrerlaubnis wegen charakterlicher Ungeeignetheit über Taten im Zusammenhang mit dem Führen eines Kraftfahrzeuges setzt daher voraus, dass die Anlasstat tragfähige Rückschlüsse darauf zulässt, dass der Täter bereit ist, die Sicherheit des Straßenverkehrs seinen eigenen kriminellen Interessen unterzuordnen.[1] 2

Wer bei oder im Zusammenhang mit dem Führen eines Kraftfahrzeuges ein typisches Verkehrsdelikt begeht, verstößt daher regelmäßig dadurch gegen die Pflichten eines Kraftfahrers; dabei sind Verkehrsstraftaten nicht nur solche, die im Katalog des § 69 Abs. 2 StGB aufgeführt sind. Eine in diesem Sinne typische Verkehrsstraftat ist auch das Fahren ohne Fahrerlaubnis, die, wenn sie häufig und nach gerichtlicher Entziehung der Fahrerlaubnis begangen wird, auf fehlende charakterliche Eignung zum Führen von Kraftfahrzeugen hindeutet.[2] 3

Mit Rechtskraft der strafgerichtlichen Entscheidung erlischt die Fahrerlaubnis gem. § 69 S. 1 StGB. Mit dem Urteil ordnet das Gericht zugleich eine Sperre an, vor deren Ablauf die Verwaltungsbehörde keine neue Fahrerlaubnis erteilen darf, § 69a StGB. 4

Die Entziehung der Fahrerlaubnis ist in § 69 StGB an wesentlich engere Voraussetzungen gebunden als im Verwaltungsrecht. Der Strafrichter kann von der Entziehung nur aus- 5

1 BGHSt 50, 93 ff.
2 BGH, Urt. v. 5.9.2006 – 1 StR 107/06 = NStZ-RR 2007, 40.

nahmsweise absehen, wenn er besondere Gründe in den Tatumständen oder in der Person des Täters erkennt, die ein Abweichen vom Regelfall vertretbar erscheinen lassen.[3] Eine derartige Ausnahme sieht die Rechtsprechung mitunter in Fällen nur sehr kurzer Trunkenheitsfahrten.[4]

6 Der in diesen Straftaten verteidigende Rechtsanwalt muss somit versuchen, Umstände darzulegen, die sich von den Tatumständen des Durchschnittsfalls ganz erheblich abheben.[5]

7 **Checkliste:**

- Die Tat selbst hat Ausnahmecharakter.
- Die Gesamtwürdigung der Persönlichkeit des Täters bietet Gewähr dafür, dass er in Zukunft gleiche oder ähnliche Taten nicht mehr begehen wird.
- Es liegen vor oder nach Tatbegehung besondere Umstände vor, objektiver oder subjektiver Art, die den Eignungsmangel entfallen lassen.

Hinweis

Häufig wird die Argumentation der Verteidigung für einen Verzicht auf eine Entziehung der Fahrerlaubnis auf wirtschaftliche Gesichtspunkte des Mandanten gestützt. Dieser Hinweis ist falsch, da der Anknüpfungspunkt der Entziehung die Ungeeignetheit zur Teilnahme am Straßenverkehr ist.[6] Wirtschaftliche Gesichtspunkte können allenfalls mittelbar, etwa in Form einer rascheren Beseitigung des Eignungsmangels als Argument herangezogen werden.

II. Sperrfrist für die Wiedererteilung

8 Bei einer Entziehung der Fahrerlaubnis durch das Strafgericht bestimmt dieses zugleich die Dauer, für die seitens der Fahrerlaubnisbehörde keine neue Fahrerlaubnis erteilt werden darf (sog. Sperrfrist). Diese Sperre ist für die Fahrerlaubnisbehörde bindend. Die Sperre beträgt mindestens sechs Monate und maximal fünf Jahre. Nur in außergewöhnlichen Fällen ist eine lebenslange Sperre zulässig.

9 Das Mindestmaß der Sperrfrist von sechs Monaten verlängert sich auf zwölf Monate, wenn gegen den Täter in den letzten drei Jahren vor der Tat bereits einmal eine Sperrfrist angeordnet worden ist, vgl. § 69a Abs. 3 StGB.

Die Dauer der vorläufigen Entziehung gem. § 111a StPO wird bei der Bemessung der Sperre berücksichtigt. Das Mindestmaß der Sperre verkürzt sich um die Zeit, in der die vorläufige Entziehung wirksam war. Das Mindestmaß darf aber drei Monate nicht unterschreiten.

3 *Heiler/Jagow*, Führerschein, S. 263.
4 Vgl. OLG Düsseldorf, Beschl. v. 7.1.1988 – 5 Ss 460/87 – 3/88 I = NZV 1988, 29.
5 Ausführlich *Janker*, SVR 2004, 139.
6 *Hentschel/König/Dauer*, § 69a StGB Rn 2.

Bei einem Absehen von der Entziehung ist das Strafgericht nach § 267 Abs. 6 S. 2 StPO verpflichtet, in den Urteilsgründen anzugeben, warum die Fahrerlaubnis nicht nach § 69 StGB entzogen und eine Sperre für die Wiedererteilung einer Fahrerlaubnis nach § 69a StGB angeordnet wurde, wenn diese Maßregel nach der Art der Straftat in Betracht kam. Das ist insbesondere auch von Bedeutung, wenn eine Fahrerlaubnis einer bestimmten Klasse nicht entzogen wird. Der Gesetzgeber musste daher in § 3 Abs. 4 StVG eine Kollisionsregel für die Fahreignungsbeurteilung durch das Strafgericht und die Fahreignungsbeurteilung durch die Verwaltungsbehörde treffen. 10

III. Vorrang der strafrichterlichen Entscheidung

Grundsätzlich gilt für die Verwaltungsbehörde der Vorrang der strafrichterlichen Entscheidung, § 3 Abs. 4 S. 1 StVG. Das gilt aber nur zu Lasten des Fahrerlaubnisinhabers. Die Behörde darf zugunsten des Betroffenen anders als das Strafgericht von der Fahreignung ausgehen.[7] 11

Die Verwaltungsbehörde ist aber nur und insoweit an die strafrichterliche Eignungsbeurteilung gebunden, als diese auf ausdrücklich in den schriftlichen Urteilsgründen getroffenen Feststellungen beruht und als die Behörde von demselben und nicht von einem anderen, umfassenderen Sachverhalt als das Strafgericht auszugehen hat.[8] Mit diesem grundsätzlichen Vorrang der strafrichterlichen vor verwaltungsbehördlichen Feststellungen sollen überflüssige, aufwendige und sich widersprechende Doppelprüfungen möglichst vermieden werden.[9] 12

IV. Beratungshilfen für den Mandanten

Für den im Verkehrsverwaltungsrecht beratenden Anwalt ist es insbesondere wichtig, dem Mandanten einen Handlungsweg aufzuzeigen, welche Schritte er unternehmen muss, um seine Fahrerlaubnis zurückzuerlangen. 13

▼ 14

Muster 45.1: Informationsschreiben an Mandanten zur Wiedererteilung der Fahrerlaubnis

45.1

Sehr geehrter Herr ______,

wir haben gemeinsam die Hauptverhandlung am ______ beim AG ______ wahrgenommen. Das Gericht hat Ihnen nunmehr rechtskräftig die Fahrerlaubnis entzogen und eine Sperrfrist von ______ Monaten angeordnet.

Die Sperrfrist für die Wiedererteilung der Fahrerlaubnis endet nach Ablauf der vom Gericht festgesetzten Monatszahl, zu rechnen ab dem Datum der Hauptverhandlung.

Sie müssen den Antrag auf Wiedererteilung der Fahrerlaubnis formularmäßig beim Straßenverkehrsamt – Fahrerlaubnisstelle – stellen. Zuständig ist die Behörde des Ortes, in

7 Vgl. Hentschel/König/Dauer/*Dauer*, § 3 StVG Rn 30.
8 BVerwG, Beschl. v. 17.2.1994 – 11 B 152/93 = zfs 1995, 77 f.
9 BVerwGE 80, 43, 46; VGH BW, Beschl. v. 3.5.2010 – 10 S 256/10 = zfs 10, 415 und VGH BW, Beschl. v. 17.11.2008 – 10 S 2719/08 = zfs 2009, 178; BayVGH, Beschl. v. 21.6.2010 – 11 CS 10.377 = zfs 2010, 597.

dem Sie Ihren Hauptwohnsitz haben. Der ausgefüllte Antrag ist genau drei Monate vor Ende der Sperrfrist zusammen mit folgenden Unterlagen einzureichen:

- Personalausweis oder Reisepass mit Anmeldebestätigung
- ein neueres Passfoto
- Sehtestbescheinigung (wenn Sie die „alte" Klasse 3 hatten, also Lkw bis zu 7,49 t fahren durften, benötigen Sie, soweit Sie auch in Zukunft diesen Besitzstand wahren wollen, also nicht nur eine Fahrerlaubnis für ausschließlich Pkw beantragen wollen, statt der Sehtestbescheinigung das Gutachten eines Augenarztes sowie eine ärztliche Bescheinigung über die körperliche und geistige Eignung).
- Nachweis über Sofortmaßnahmen am Unfallort bzw. bei Führerscheinklasse C, C1 Nachweis über Erste-Hilfe-Grundlehrgang (nicht erforderlich, wenn Ersterteilung der Fahrerlaubnis nach 1991)
- Verwaltungsgebühr
- polizeiliches Führungszeugnis Beleg-Art „O" (bei der Wohnsitzgemeinde zu beantragen, wird direkt an das Straßen-Verkehrsamt übersandt)

Einzelheiten erfahren Sie bei der Fahrerlaubnisstelle.

▲

15 In den Fällen, in denen der Mandant wegen einer Fahrt unter Alkoholeinfluss mit mehr als 1,6 g/‰ verurteilt wurde oder es sich um die zweite Verurteilung wegen einer Alkoholfahrt handelt, wird die Fahrerlaubnisbehörde die Wiedererteilung der Fahrerlaubnis an die Bedingung einer erfolgreichen medizinisch-psychologischen Untersuchung (MPU) knüpfen. Hier ist dringend zu raten, eine solche nicht ohne ausgiebige Vorbereitung zu absolvieren.

16 ▼

Muster 45.2: Mandanteninformation Wiedererteilung nach Fahrerlaubnisentzug mit mehr als 1,6 ‰/Mehrfachtäter

Sehr geehrter Herr

Ihnen ist durch rechtskräftigen Strafbefehl vom die Fahrerlaubnis entzogen worden. Die in dem Tatbestand des Strafbefehls festgestellte BAK lag über 1,6 g/‰. Die Straßenverkehrsbehörde wird die Wiedererteilung der Fahrerlaubnis von einer erfolgreich bestandenen medizinisch-psychologischen Begutachtung abhängig machen.

Ich rate Ihnen an, die Sperrfrist nicht ungenutzt verstreichen zu lassen und sich gründlich auf die medizinisch-psychologischen Begutachtung (MPU) vorzubereiten.

Stellen Sie den Antrag auf Wiedererteilung der Fahrerlaubnis genau drei Monate vor dem Ende der Sperrfrist bei dem für Sie zuständigen Straßenverkehrsamt – Fahrerlaubnisstelle.

Erkundigen Sie sich bitte vorher nach geeigneten Prüfstellen und kontaktieren Sie im Vorfeld vor Antragstellung einen Verkehrspsychologen, um sich beraten zu lassen. Legen Sie dem Verkehrspsychologen bitte den Strafbefehl sowie alle medizinisch relevanten Unterlagen vor.

Tragen Sie dafür Sorge, dass der Gutachter das Gutachten nicht direkt an die Fahrerlaubnisstelle übersendet, sondern ausschließlich an Sie.

Die Verwaltungsbehörde ist verpflichtet, die etwaige Anordnung der Vorlage eines Gutachtens so rechtzeitig zu treffen, dass die Begutachtung bis zu einem Monat vor Ablauf der Sperrfrist durchgeführt werden kann.

Die Straßenverkehrsbehörde wird die Akten nach der Bearbeitung der Begutachtungsstelle zusenden.

Für Rückfragen stehe ich Ihnen auch gerne telefonisch zu Verfügung

Mit freundlichen Grüßen

▲

V. Sperrfristverkürzung

Da des Öfteren jeder Monat, in dem eine Fahrerlaubnis nicht zur Verfügung steht, wichtig ist, kann dahingehend beraten werden, dass der Mandant versucht, die Sperrzeit zu verkürzen. **17**

Eine vorzeitige Aufhebung der Sperre setzt voraus, dass der Mandant neue Tatsachen vorlegen kann, auf die die Entscheidung einer Sperrfristaufhebung gestützt werden kann.[10]

Da bereits bei der Urteilsverkündung alle zu diesem Zeitpunkt bekannten Tatsachen berücksichtigt worden sind, müssen für die Aufhebung der Sperre Tatsachen vorliegen, die eine andere Beurteilung der Eignungsfrage als zum Urteilszeitpunkt rechtfertigen.

Dabei ist zu berücksichtigen, dass die neuen Tatsachen lediglich im Rahmen einer Gefährlichkeitsprognose die erneute Teilnahme am Straßenverkehr als verantwortbar erscheinen lassen.[11] **18**

Anzuführen wäre hier eine Teilnahme an einem Aufbauseminar für alkoholauffällige Kraftfahrer, das eine solche Aufhebung der Sperre rechtfertigt.[12] **19**

Um keine Zeit zu verlieren, sollte der Anwalt schnellstmöglich einen Antrag auf Sperrfristverkürzung bei Gericht einreichen, verbunden mit der Bitte um schnellstmögliche Entscheidung. Es empfiehlt sich, um längere Verweildauern auf der Geschäftsstelle zu verhindern, dort telefonisch nachzufragen, ob die Akte dem zuständigen Richter schon zur Entscheidung vorgelegt wurde **20**

B. Entziehung durch die Verwaltungsbehörde, § 3 StVG

I. Ausgangssituation

Nach einem Verkehrsstraf- bzw. Ordnungswidrigkeitenverfahren schließt sich häufig ein verwaltungsrechtliches Führerscheinverfahren an. Dabei wird der zunächst mit der Verteidigung beauftragte Rechtsanwalt typischerweise gebeten, das Mandat fortzuführen. **21**

10 *Hentschel/König/Dauer*, Straßenverkehrsrecht, StGB, § 69a Rn 14.
11 OLG Karlsruhe NJW 1960, 587.
12 Vgl. beispielhaft OLG Düsseldorf, Beschl. v. 9.1.1984 – 3 Ws 636/83 = VRS 66, 347.

II. Rechtsgrundlage für die Entziehung

22 Droht die behördliche Entziehung der Fahrerlaubnis oder ist sie bereits erfolgt, richtet sich der erste Blick auf die rechtlichen Voraussetzungen, unter denen ein solcher Eingriff in die durch Art. 2 Abs. 1 GG geschützte Mobilität erfolgen darf. Rechtsgrundlage für die behördliche Entziehung ist § 3 Abs. 1 S. 1 StVG.

§ 3 Abs. 1 S. 1 StVG
Erweist sich jemand als ungeeignet oder nicht befähigt zum Führen von Kraftfahrzeugen, so hat ihm die Fahrerlaubnisbehörde die Fahrerlaubnis zu entziehen.

Mit anderen Worten: Entfällt die Eignung oder Befähigung, muss die Behörde die Fahrerlaubnis zwingend entziehen.

III. Eignung und Befähigung

23 Was unter Eignung und Befähigung zu verstehen ist, hat der Gesetzgeber definiert.

Eignung:

Gem. § 2 Abs. 4 S. 1 StVG ist geeignet zum Führen von Kraftfahrzeugen,
- wer die notwendigen körperlichen und geistigen Anforderungen erfüllt und
- zudem nicht erheblich oder nicht wiederholt gegen verkehrsrechtliche Vorschriften oder gegen Strafgesetze verstoßen hat.

Befähigung:

Gem. § 2 Abs. 5 StVG ist befähigt, wer die Kenntnisse besitzt, die ein Fahrerlaubnisbewerber durch theoretische und praktische Prüfung nachzuweisen hat, vgl. § 15 Abs. 1 FeV.

Mit der Befähigung ist die fahrerische Kompetenz gemeint, mithin Verkehrsregelkenntnis, Fahrzeugbedienung und sonstige Kenntnisse. Anders als die frühere Rechtsprechung hat der Gesetzgeber die fehlende Befähigung neben der fehlenden Eignung als einen eigenständigen Begriff und damit als Entziehungsgrund geschaffen.[13]

24 *Beispiel: Der betagte Fahrer*

Der 86-jährige Fahrer touchiert beim Ausparken mehrfach andere Fahrzeuge. Hier kann altersbedingt eine Einschränkung in der Fahrzeugbedienung und damit eine fehlende Befähigung vorliegen.

C. Entziehung der Fahrerlaubnis nach dem Punktesystem, § 4 StVG

I. Punktesystem

25 Das aktuelle Punktesystem beruht auf den zum 1.5.2014 eingeführten Regelungen zum Fahreignungsregister (FAER). Gesetzgeberisches Ziel der Reform war es, die Eintragung

13 Vgl. zur früheren Rechtsprechung: BVerwG, Urt. v. 18.3.1982 – 7 C 69/81 = zfs 1982, 251.

auf verkehrsrelevante Verstöße zu beschränken; zudem sollte das Verfahren vereinfacht und transparenter werden. Verstöße, die keinen unmittelbaren Einfluss auf die Verkehrssicherheit haben, werden dementsprechend nicht eingetragen.

Der Kern des aktuellen Bewertungssystems besteht darin, dass für die jeweiligen Verstöße **ein Punkt, zwei Punkte oder drei Punkte**, je nach Schwere der vorgeworfenen Tat, im FAER eingetragen werden. 26

Das Punktesystem soll vor Gefahren schützen, die von Inhabern einer Fahrerlaubnis ausgehen, die **wiederholt** gegen die die Sicherheit des Straßenverkehrs betreffenden straßenverkehrsrechtlichen oder gefahrgutbeförderungsrechtlichen Vorschriften verstoßen. Die Bestimmungen der §§ 4, 28 StVG sollen sicherstellen, dass Ordnungswidrigkeiten und Verkehrsstraftaten ab einer gewissen Bedeutung **zentral erfasst** und bei zukünftigen Entscheidungen berücksichtigt werden können. Das Punktesystem bezweckt eine Vereinheitlichung der Behandlung von **Mehrfachtätern**. 27

Nach dem Punktesystem erfolgt eine Entziehung nach dem **Erreichen von acht Punkten**. § 4 Abs. 2 S. 2 StVG regelt grundsätzlich, welche Punkte die einzelnen Zuwiderhandlungen nach sich ziehen. Anhaltspunkt für die Bewertung ist der Grad der Gefahren, die infolge der Zuwiderhandlung die Verkehrssicherheit beeinträchtigen: 28

- **1 Punkt**: Verkehrssicherheitsbeeinträchtigende oder gleichgestellte Ordnungswidrigkeiten mit leichteren Nachteilen für die Verkehrssicherheit werden mit einem Punkt bewertet (§ 4 Abs. 2 S. 2 Nr. 3 StVG).
- **2 Punkte**: Für besonders verkehrssicherheitsbeeinträchtigende und ihnen gleichgestellte Zuwiderhandlungen, zudem für Straftaten, werden nunmehr zwei Punkte berechnet (§ 4 Abs. 2 S. 2 Nr. 2 StVG). Hierunter fallen die Ordnungswidrigkeiten, für die die Bußgeldkatalog-Verordnung ein Regelfahrverbot vorsah. Bei den Straftaten fallen solche in die Zwei-Punkte-Kategorie, bei denen es sich entweder um Verkehrsstraftaten im engeren Sinne handelt, oder um Zusammenhangstaten, für die keine Entziehung der Fahrerlaubnis oder isolierte Sperre angeordnet worden ist (z.B. Nötigung, fahrlässige Körperverletzung oder Kennzeichenmissbrauch).
- **3 Punkte**: Mit drei Punkten werden die Straftaten bewertet, die schwerwiegende Gefahren für die Verkehrssicherheit mit sich bringen (§ 4 Abs. 2 S. 2 Nr. 1 StVG). Dies betrifft die gefährlichen Eingriffe in den Straßenverkehr (§ 315b StGB), die Gefährdung des Straßenverkehrs (§ 315c StGB), die Trunkenheit im Verkehr (§ 316 StGB) und außerdem die oben genannten Straftaten, sofern das Gericht eine Fahrerlaubnisentziehung anordnet.

Sobald acht Punkte erreicht sind, ist gem. § 4 Abs. 5 S. 1 Nr. 3 StVG die Fahrerlaubnis zu entziehen.

Praxistipp: Eilantrag 29

Gegen die Entziehung der Fahrerlaubnis beim Erreichen von acht Punkten kann – je nach Bundesland – zunächst Widerspruch oder direkt Klage beim Verwaltungsgericht erhoben werden. Diese Rechtsbehelfe entfalten jedoch keine aufschiebende Wirkung, vgl. § 4 Abs. 9 StVG.

Personen, die sich wegen des von ihnen erreichten Punktestandes als ungeeignet zum Führen von Kraftfahrzeugen erwiesen haben, sollen rasch und wirksam von der Teilnahme am Kraftfahrverkehr ausgeschlossen werden.

Der Betroffene muss daher im Wege des einstweiligen Rechtsschutzes gegen die Entziehung vorgehen und die Anordnung der aufschiebenden Wirkung des Widerspruchs bzw. der Klage beantragen nach, vgl. § 80 Abs. 5 S. 1 Fall 1 VwGO.

II. Fahreignungsseminar

30 In der Beratung ist es wichtig, gerade bei Mandanten, die eine erhöhte Anzahl von Punkten im Fahreignungsregister aufweisen, auf § 4 Abs. 7 StVG hinzuweisen. Dort heißt es:

> ***§ 4 Abs. 7 StVG***
> *„Nehmen Inhaber einer Fahrerlaubnis freiwillig an einem Fahreignungsseminar teil und legen sie hierüber der nach Landesrecht zuständigen Behörde innerhalb von zwei Wochen nach Beendigung des Seminars eine Teilnahmebescheinigung vor, wird ihnen bei einem Punktestand von ein bis fünf Punkten ein Punkt abgezogen; maßgeblich ist der Punktestand zum Zeitpunkt der Ausstellung der Teilnahmebescheinigung. Der Besuch eines Fahreignungsseminars führt jeweils nur einmal innerhalb von fünf Jahren zu einem Punktabzug. Für den zu verringernden Punktestand und die Berechnung der Fünfjahresfrist ist jeweils das Ausstellungsdatum der Teilnahmebescheinigung maßgeblich."*

III. Abfrage beim Kraftfahrtbundesamt

31 Häufig kennt der Mandant seinen aktuellen Punktestand nicht. Um führerscheinrechtlich beraten zu können, empfiehlt es sich, eine Anfrage beim Kraftfahrtbundesamt (KBA) zu stellen. Gem. § 30 Abs. 8 StVG erteilt das Kraftfahrtbundesamt kostenlos Auskünfte über den Punktestand.

32 ▼

Muster 45.3: Anschreiben KBA

45.3

Kraftfahrtbundesamt
24932 Flensburg

Auskunft aus dem Fahreignungsregister für **Herrn** , **geb. am** **in**

Sehr geehrte Damen und Herren,

ausweislich der beigefügten Vollmacht vertrete ich Herrn .

Ich bitte um Übersendung eines aktuellen Auszuges aus dem Fahreignungsregister.

▲

Wichtig ist in diesem Zusammenhang, dass sämtliche Daten, insbesondere auch der **Geburtstag und der Geburtsort** des Mandanten in der Anfrage genannt werden, da andernfalls eine Zuordnung beim KBA nicht gewährleistet werden kann. 33

IV. Maßnahmenstufen

Von besonderer Bedeutung sind die einzelnen Maßnahmenstufen, die bei Erreichen der jeweiligen Punkte durchzuführen sind. Wesentlich ist insoweit, dass keine der Maßnahmenstufen übersprungen werden soll. Im Zentrum der Reformüberlegungen stand die Hoffnung, auf das Verhalten des Betroffenen einwirken zu können. 34

1. Erreichen von 4–5 Punkten

Sind vier oder fünf Punkte erreicht, wird der Fahrerlaubnisinhaber schriftlich ermahnt. Mit diesem schriftlichen Hinweis über die Funktionsweise des Bewertungssystems soll auf eine Verhaltensänderung des Verwarnten hingewirkt werden. Die Ermahnung begründet für den Betroffenen keine belastenden Pflichten und kann daher auch nicht angegriffen werden. 35

2. Erreichen von 6–7 Punkten

Auch beim Erreichen von sechs oder sieben Punkten soll – nochmals – auf den Betroffenen mit dem Ziel einer Verhaltensänderung eingewirkt werden. Der Fahrerlaubnisinhaber ist schriftlich zu verwarnen und darüber zu unterrichten, dass bei Erreichen von acht Punkten die Fahrerlaubnis entzogen wird. 36

3. Erreichen von 8 Punkten

Mit Eintritt der Rechtskraft durch Verwirkung des achten Punkts erfolgt die Entziehung der Fahrerlaubnis. Bei Erlass des Entziehungsbescheids hat die Fahrerlaubnisbehörde den vom KBA mitgeteilten Punktestand auf seine Richtigkeit zu überprüfen, weil das KBA keine verbindlichen Punktekonten führt.[14] 37

Zu beachten ist ferner: 38

- Eine auf Punktabzug gerichtete Verpflichtungsklage ist nicht zulässig. Über eine Reduzierung der Punkte gem. § 4 Abs. 5 StVG ist nämlich nicht durch gesonderten Verwaltungsakt zu entscheiden, sie ist vielmehr inzident bei der Berechnung des Punktestandes im Rahmen einer Entscheidung nach dem Punktesystem gem. § 4 Abs. 3 StVG vorzunehmen. Deshalb wäre eine Leistungs- oder eine Feststellungsklage ebenfalls unzulässig.[15]
- Das von der Rechtsprechung des Bundesverwaltungsgerichts begründete „Tattagprinzip" hat der Gesetzgeber in § 4 Abs. 5 S. 3 StVG übernommen.

14 VGH BW, Urt. v. 9.1.2007 – 10 S 396/06 = zfs 2007, 417.
15 VGH BW, Urt. v. 9.1.2007 – 10 S 396/06 = zfs 2007, 417; BVerwG, Beschl. v. 15.12.2006 – 3 B 49/06 = DAR 2007, 344.

- Das Ausstellungsdatum der Bescheinigung über die Teilnahme an einem Fahreignungsseminar ist maßgeblich.
- Gemäß § 4 Abs. 10 S. 1 StVG darf die Fahrerlaubnisbehörde erst frühestens sechs Monate nach einer wirksamen Fahrerlaubnisentziehung eine neue Fahrerlaubnis erteilen. Diese Frist beginnt mit der Ablieferung des Führerscheins bei der Behörde.

4. Tilgung

39 In der anwaltlichen Praxis stellen Mandanten immer wieder die Frage, ob die jeweiligen Eintragungen im FAER nicht schon längst „gelöscht" seien.

40 Zur Vermeidung von Missverständnissen: Punkte im FAER können gelöscht werden. So werden etwa nach Entzug der Fahrerlaubnis nach § 4 Abs. 3 S. 1 Nr. 3 StVG die Punkte für die vor dieser Entscheidung begangenen Zuwiderhandlungen gelöscht. Nicht gelöscht werden jedoch die der Punktebewertung zugrunde liegenden Verstöße. Diese Eintragungen werden erst nach Maßgabe von § 29 StVG getilgt. Eine davon wieder zu unterscheidende Frage ist, ob solche Eintragungen dann als Grundlage von Maßnahmen nach dem Punktesystem in Betracht kommen.[16] § 29 StVG knüpft die Tilgung von Eintragungen im FAER an den Ablauf bestimmter Fristen. Sinn dieser Tilgungsfristenreglung ist es sicherzustellen, dass diese Eintragungen nicht mehr im Rahmen erneuter Verkehrsverstöße verwertet werden können, vgl. § 29 Abs. 8 S. 1 StVG. Wenn wir nun also die häufig gestellte Frage von Mandanten nach der „Löschung" der Punkte beantworten, dann sprechen wir regelmäßig gerade nicht über das Löschen, sondern über die Tilgung der Eintragungen im FAER.

41 Die Tilgungsfrist beginnt jetzt für alle bußgeld- und strafrechtlichen Entscheidungen einheitlich mit der **Rechtskraft der Entscheidung** (§ 29 Abs. 4 Nr. 1, 2 und 3 StVG).

42 Auf den Tattag kommt es in diesem Zusammenhang nicht an, weshalb es auch unbeachtlich ist, wenn eine Eintragung erst mit großem zeitlichen Abstand zum Tattag erfolgt ist, zumal ein durch Rechtsbehelfe verzögerter Rechtskrafteintritt grundsätzlich in die Risikosphäre des Betroffenen fällt.

Selbst eine dem Gericht zuzurechnende Verfahrensverzögerung gibt jedenfalls dann noch keinen Anlass, eine fiktive Vorverlagerung des Anlaufs der Tilgungsfrist zu erwägen, wenn das Verfahren nicht mehr als zwei Jahre gedauert hat.[17]

43 Für den Lauf der Tilgungsfrist von Aufbauseminaren nach § 2a Abs. 2 S. 1 Nr. 1 StVG, einer psychologischen Beratung nach § 2a Abs. 2 Nr. 2 StVG oder Fahreignungsseminaren nach § 4 Abs. 7 StVG kommt es dagegen allein auf den Tag der Ausstellung der Teilnahmebescheinigung an.

16 Vgl. dazu nur *Bouska/Laeverenz*, Fahrerlaubnisrecht, 3. Aufl. 2004, § 4 Anm. 14, die das im Ergebnis verneinen.
17 VGH BW, Beschl. v. 10.5.2011 – 10 S 137/11 = NZV 2011, 465.

D. Entziehung wegen Eignungsmängeln

I. Überblick

Für die Fahrerlaubnisentziehung ist der Begriff der Eignung von zentraler Bedeutung. **44** Der Fachgesetzgeber hat ihn durch Ausführungsvorschriften näher konkretisiert, namentlich durch die auf der Grundlage von § 6 Abs. 1 Nr. 1 Buchst. c StVG erlassene Verordnung über die Zulassung von Personen zum Straßenverkehr, kurz: Fahrerlaubnis-Verordnung oder FeV. Nach § 46 Abs. 1 S. 2 FeV sind die Voraussetzungen für die Entziehung insbesondere dann gegeben, wenn die Eignung zum Führen von Kraftfahrzeugen deshalb ausgeschlossen ist, weil Erkrankungen oder Mängel nach den Anlagen 4, 5 oder 6 zur FeV vorliegen.

Es geht dabei um folgende – nicht abschließend bestimmte – körperliche und geistige **45** Anforderungen an die Fahreignung:

- Anlage 4 zur FeV: betrifft Erkrankungen und Mängel
- Anlage 5 zur FeV: betrifft besondere Anforderungen (bei „Lkw, Bus, Taxi")
- Anlage 6 zur FeV: betrifft Sehvermögen.

II. Anlage 4 zur FeV: Erkrankungen und Mängel

1. Grundlagen

Anlage 4 zur FeV betrifft die **Eignung und bedingte Eignung** zum Führen von Kraft- **46** fahrzeugen. Für die große Masse der auf eine Alkohol- oder Drogenproblematik beruhenden Entziehungsverfahren spielen diese Vorgaben die entscheidende Rolle.

Die Anlage 4 zur FeV besitzt **Rechtsnormcharakter**. Allerdings liest sich ihr Text wie **47** eine medizinische Tabelle, weil hier das frühere Gutachten „Krankheit und Kraftverkehr" des gemeinsamen Beirats für Verkehrsmedizin beim Bundesverkehrsministerium mit seinen Erkenntnissen eingeflossen ist. Die Bewertungen der Anlage 4 zur FeV können vielfach erst dann eingreifen, wenn zuvor die genannten Krankheitsbilder (Beispiel: „Alkoholabhängigkeit" in Nr. 8.3) im Wege der **Begutachtung** festgestellt worden sind. Damit sich diese Begutachtungen nach einheitlichen und aktuellen Standards richten, hat die Bundesanstalt für Straßenwesen im Auftrag des Bundesverkehrsministeriums die **Begutachtungs-Leitlinien zur Kraftfahreignung** vom 27.1.2014 erarbeitet, die im Verkehrsblatt (VkBl. S. 110) veröffentlicht worden sind. Die jeweils aktuelle Fassung hält die Bundesanstalt für Straßenwesen auf ihrer Internetseite (www.bast.de) vor.

Zudem sind diese Begutachtungsleitlinien mit der durch Verordnung (BGBl I 2014, 357) **48** eingeführten Anlage 4a zum **Normbestandteil** geworden und gelten seit 1.5.2014.

FeV, Anlage 4a (zu § 11 Abs. 5) Grundsätze für die Durchführung der Untersuchungen und die Erstellung der Gutachten
Grundlage für die Beurteilung der Eignung zum Führen von Kraftfahrzeugen sind die ***Begutachtungs-Leitlinien für Kraftfahreignung vom 27.1.2014 (VkBl. S. 110).***[18]*...*

2. Die Vorbemerkung der Anlage 4 zur FeV

49 Die Anlage 4 zur FeV beginnt mit einer Vorbemerkung. Damit zeigt die Norm noch eine gewisse Verbindung zum gutachterlichen Hintergrund, aus dem sie hervorgegangen ist. Die Vorbemerkung besteht aus drei Abschnitten und trifft Aussagen über

- den Inhalt der Anlage 4 (Nr. 1),
- die Feststellung der Eignung durch die Begutachtung (Nr. 2),
- die Anwendbarkeit im Regelfall, die Möglichkeit der Kompensation, die Begutachtung (Nr. 3).

50 ***Vorbemerkung der Anlage 4 zur FeV***

1. *Die nachstehende Aufstellung enthält häufiger vorkommende Erkrankungen und Mängel, die die Eignung zum Führen von Kraftfahrzeugen längere Zeit beeinträchtigen oder aufheben können. Nicht aufgenommen sind Erkrankungen, die seltener vorkommen oder nur kurzzeitig andauern (z.B. grippale Infekte, akute infektiöse Magen-/Darmstörungen, Migräne, Heuschnupfen, Asthma).*
2. *Grundlage der im Rahmen der §§ 11, 13 oder 14 vorzunehmenden Beurteilung, ob im Einzelfall Eignung oder bedingte Eignung vorliegt, ist in der Regel ein ärztliches Gutachten (§ 11 Abs. 2 S. 3), in besonderen Fällen ein medizinisch-psychologisches Gutachten (§ 11 Abs. 3) oder ein Gutachten eines amtlich anerkannten Sachverständigen oder Prüfers für den Kraftfahrzeugverkehr (§ 11 Abs. 4).*
3. *Die nachstehend vorgenommenen Bewertungen gelten für den Regelfall. Kompensationen durch besondere menschliche Veranlagung, durch Gewöhnung, durch besondere Einstellung oder durch besondere Verhaltenssteuerungen und -umstellungen sind möglich. Ergeben sich im Einzelfall in dieser Hinsicht Zweifel, kann eine medizinisch-psychologische Begutachtung angezeigt sein.*

51 Nr. 1 der Vorbemerkung der Anlage 4 zur FeV ist aus sich heraus verständlich.

Nr. 2 der Vorbemerkung der Anlage 4 zur FeV stellt klar, dass Eignungszweifel im Einzelfall **nur durch die dafür vorgesehene Begutachtung** ausgeräumt bzw. bekräftigt werden können.

Die Fahrerlaubnis-Verordnung benennt einzelne Anknüpfungstatsachen für Eignungszweifel und ordnet der jeweiligen Problematik jeweils eine bestimmte Begutachtung zu.

In § 11 FeV geschieht dies allgemein und in § 13 FeV speziell für die Alkoholproblematik sowie in § 14 FeV eigens für die Betäubungs- und Arzneimittelproblematik. Dement-

18 Hervorhebung durch den Autor.

sprechend gilt: Werden Tatsachen bekannt, die auf eine Erkrankung oder einen Mangel nach Anlage 4 hinweisen (§§ 46 Abs. 3, 11 Abs. 2 S. 2 FeV), bedarf es für die einzelfallbezogene Feststellung über die Eignung oder Nichteignung grds. der einschlägigen Begutachtung (z.B. durch ärztliches Gutachten, medizinisch-psychologisches Gutachten, ausschließlich psychologisches Gutachten, Gutachten eines amtlich anerkannten Sachverständigen usw.).

Nr. 3 der Vorbemerkung der Anlage 4 zur FeV enthält eine wichtige Einschränkung des Anwendungsbereichs. Die in der Tabelle vorgenommenen Bewertungen der Eignung und bedingten Eignung gelten **allein für den Regelfall.**

Dies kann zu rechtlichen Auseinandersetzungen mit der Fahrerlaubnisbehörde führen und bedarf daher der näheren Betrachtung.

3. Regelfall und Atypik (Nr. 3 der Vorbemerkung)

In einem durch Entscheidungsroutinen geprägten Behördenalltag kann es leicht passieren, dass die Vorgabe, wonach die Bewertungen der Anlage 4 nur für den Regelfall gelten, ohne Berücksichtigung bleibt. Hier hat die anwaltliche Beratung einzugreifen. Aufgabe des Rechtsanwalts ist es, eine **bestehende Atypik** herauszuarbeiten und im Verwaltungs(gerichts)verfahren geltend zu machen. Rechtlicher Anknüpfungspunkt ist Nr. 3 der Vorbemerkung Anlage 4 zur FeV. Dort wird in Satz 2 davon gesprochen, dass bei Erkrankungen und Mängeln jeweils Kompensationen durch besondere menschliche Veranlagung, durch Gewöhnung, durch besondere Einstellung oder durch besondere Verhaltenssteuerungen und -umstellungen möglich sind; im Zweifel kann eine medizinisch-psychologische Begutachtung angezeigt sein.[19] 52

▼ 53

Muster 45.4: Einwand der Atypik bei Anlage 4 FeV (Methadon)

Zu Unrecht stützt sich die Fahrerlaubnisbehörde darauf, dass nach Nr. 9.1 der Anlage 4 zur FeV die Einnahme von Betäubungsmitteln im Sinne des Betäubungsmittelgesetzes die Fahreignung entfallen lässt. Diese Bewertung greift nicht ein, weil sie nach Nr. 3 der Vorbemerkung der Anlage 4 zur FeV nur für den Regelfall gilt. 45.4

Vorliegend scheidet ein Regelfall aber erkennbar aus, weil der Betäubungsmittelkonsum durch atypische Umstände geprägt ist. Der Konsum ist nämlich ärztlich verordnet und erfolgt im Rahmen einer seit über einem Jahr in jeder Hinsicht erfolgreichen Methadonbehandlung zur Substitution von Heroin. Es ist in der Rechtsprechung anerkannt, dass bei einer gelungenen Substitutionsbehandlung mit Methadon im Einzelfall eine positive Beurteilung der Fahreignung in Betracht kommen kann (BayVGH, Beschl. v. 5.7.2012 – 11 CS 12.1321, Rn 18 f. und OVG Bremen, Beschl. v. 16.3.2005 – 1 S 58/05, Rn 5 ff. – juris).

Nach alledem hätte allenfalls die Anordnung einer medizinisch-psychologischen Begutachtung nach Maßgabe von Satz 2 der Vorbemerkung Nr. 3 der Anlage 4 zu FeV erfolgen

19 Vgl. Vorbemerkung Nr. 3 der Anlage 4 zur FeV.

dürfen (OVG Saarlouis, Beschl. v. 27.3.2006 – 1 W 12/06 = zfs 2006, 355), nicht aber die hier ausgesprochene Entziehung der Fahrerlaubnis, die aufzuheben ist.

▲

4. Übersicht: Krankheiten und Mängel

54 Die in den Hauptabschnitten der Anlage 4 zur FeV gelisteten Krankheiten und Mängel lauten:

Nr. 1 mangelndes Sehvermögen (Verweis auf Anlage 6)
Nr. 2 hochgradige Schwerhörigkeit
Nr. 3 Bewegungsbehinderungen
Nr. 4 Herz- und Gefäßkrankheiten
Nr. 5 Diabetes mellitus (Zuckerkrankheit)
Nr. 6 Krankheiten des Nervensystems
Nr. 7 Psychische (geistige) Störungen
Nr. 8 Alkohol
Nr. 9 Betäubungsmittel, andere psychoaktiv wirkende Stoffe und Arzneimittel
Nr. 10 Nierenerkrankungen
Nr. 11 Verschiedenes (u.a. Tagesschläfrigkeit)

Angesichts ihrer hohen Relevanz in der Praxis sind die Problemkreise **„Alkohol“** (Nr. 8) und **„Betäubungsmittel und Cannabis“** (Nr. 9) im Einzelnen zu betrachten.

5. Alkoholmissbrauch

55 Aussagen zum Alkoholmissbrauch finden sich in Nr. 8.1 der Anlage 4 zur FeV:

Nr. 8.1 der Anlage 4 zur FeV

Krankheiten, Mängel	Eignung oder bedingte Eignung		Beschränkungen/Auflagen bei bedingter Eignung	
	Klassen A, A1, A2, B, BE, AM, L, T	Klassen C, C1, CE, C1E, D, D1, DE, D1E, FzF	Klassen A, A1, A2, B, BE, AM, L, T	Klassen C, C1, CE, C1E, D, D1, DE, D1E, FzF
8. Alkohol				
8.1 Missbrauch (Das Führen von Fahrzeugen und ein die Fahrsicherheit beeinträchtigender Alkoholkonsum kann nicht hinreichend sicher getrennt werden.)	nein	nein	–	–

Krankheiten, Mängel	Eignung oder bedingte Eignung		Beschränkungen/Auflagen bei bedingter Eignung	
	Klassen A, A1, A2, B, BE, AM, L, T	Klassen C, C1, CE, C1E, D, D1, DE, D1E, FzF	Klassen A, A1, A2, B, BE, AM, L, T	Klassen C, C1, CE, C1E, D, D1, DE, D1E, FzF
8.2 nach Beendigung des Missbrauchs	ja wenn die Änderung des Trinkverhaltens gefestigt ist	ja wenn die Änderung des Trinkverhaltens gefestigt ist	–	–

Nach Nr. 8.1 der Anlage 4 zur FeV ist derjenige zum Führen eines Kraftfahrzeugs ungeeignet, der hochgradige Schwerhörigkeit Klammerzusatz definiert der Verordnungsgeber den Missbrauch. Ein Missbrauch ist danach gegeben, wenn das Führen von Fahrzeugen und ein die Fahrsicherheit beeinträchtigender Alkoholkonsum **nicht hinreichend sicher getrennt** werden kann. Im Mittelpunkt steht also die sog. Trennungsproblematik.[20] 56

Nach 8.2 der Anlage 4 zur FeV ist die Fahreignung erst dann wiedererlangt, wenn 57

- der Missbrauch beendet ist und
- die Änderung des Trinkverhaltens gefestigt ist.

Bei der durch Gutachten zu treffenden Feststellung eines Alkoholmissbrauchs sind die durch Anlage 4a zur FeV[21] in Bezug genommenen Begutachtungsleitlinien zur Kraftfahreignung, gültig ab 1.5.2014, zu beachten.

Nach Nr. 3.13.1 dieser Leitlinien ist von „Missbrauch“[22] insbesondere in folgenden Fällen auszugehen: 58

- In jedem Fall (ohne Berücksichtigung der Höhe der Blutalkoholkonzentration), wenn wiederholt ein Fahrzeug unter unzulässig hoher Alkoholwirkung geführt wurde;
- nach einmaliger Fahrt unter hoher Alkoholkonzentration (ohne weitere Anzeichen einer Alkoholwirkung);
- wenn aktenkundig belegt ist, dass es bei dem Betroffenen in der Vergangenheit im Zusammenhang mit der Verkehrsteilnahme zu einem Verlust der Kontrolle des Alkoholkonsums gekommen ist.

20 Haus/Zwerger/*Zwerger*, § 6 Rn 26.
21 Eingeführt durch Verordnung vom 16.4.2014, BGBl I S. 348.
22 Laut Internationaler Klassifikation psychischer Störungen (ICD-10): „Schädlicher Gebrauch“.

6. Alkoholabhängigkeit

59 Aussagen zur Alkoholabhängigkeit finden sich in Nr. 8.3 der Anlage 4 zur FeV:

Nr. 8.3 der Anlage 4 zur FeV

Krankheiten, Mängel	Eignung oder bedingte Eignung		Beschränkungen/Auflagen bei bedingter Eignung	
	Klassen A, A1, A2, B, BE, AM, L, T	Klassen C, C1, CE, C1E, D, D1, DE, D1E, FzF	Klassen A, A1, A2, B, BE, AM, L, T	Klassen C, C1, CE, C1E, D, D1, DE, D1E, FzF
8. Alkohol				
(…)				
8.3 Abhängigkeit	nein	nein	–	–
8.4 nach Abhängigkeit (Entwöhnungs-behandlung)	ja wenn Abhängigkeit nicht mehr besteht und in der Regel ein Jahr Abstinenz nachgewiesen ist	ja wenn Abhängigkeit nicht mehr besteht und in der Regel ein Jahr Abstinenz nachgewiesen ist	–	–

60 Nach Nr. 8.3 der Anlage 4 zur FeV ist derjenige zum Führen eines Kraftfahrzeugs ungeeignet, der alkoholabhängig ist. Die Wiedererlangung der Fahreignung ist nach 8.4 der Anlage 4 zur FeV erst dann wieder anzunehmen, wenn

- die Abhängigkeit nicht mehr besteht und
- in der Regel ein Jahr Abstinenz nachgewiesen ist.

61 Alkoholabhängigkeit ist ein medizinischer Begriff.[23] Bei der Begutachtung sind nach Anlage 4a zur FeV[24] die ab 1.5.2014 gültigen Begutachtungsleitlinien zur Kraftfahreignung jedenfalls als Sollvorgabe[25] zu berücksichtigen. Diese Leitlinien[26] verweisen – wie schon die Vorgängerleitlinien[27] – auf die Internationale Klassifikation psychischer Störungen (ICD-10 Kapitel V).

23 Vgl. *Hentschel/König/Dauer*, Straßenverkehrsrecht, § 13 FeV Rn 1.
24 Eingeführt durch Verordnung vom 16.4.2014, BGBl I S. 348.
25 Vgl. BayVGH, Beschl. v. 17.12.2015 – 11 ZB 15.2200 – juris, wonach das Gericht im Einzelfall auch eine Abweichung akzeptiert.
26 Begutachtungs-Leitlinien zur Kraftfahreignung, Berichte der Bundesanstalt für Straßenwesen, Mensch und Sicherheit, Heft M 115, 1.5.2014, unter Nr. 3.13.2, *www.bast.de*.
27 Begutachtungs-Leitlinien zur Kraftfahrereignung, Stand 2.11.2009, Abschnitt 3.11.2.

Gem. Nr. 3.13.2 der Begutachtungsleitlinien zur Kraftfahreignung[28] kann die sichere Diagnose der Abhängigkeit nur gestellt werden, wenn irgendwann während des letzten Jahres drei oder mehr der dort genannten sechs Kriterien gleichzeitig vorhanden waren: 62

- starker Wunsch oder eine Art Zwang, psychotrope Substanzen zu konsumieren,
- verminderte Kontrollfähigkeit bezüglich des Beginns, der Beendigung und der Menge des Konsums,
- körperliches Entzugssyndrom bei Beendigung oder Reduktion des Konsums,
- Nachweis einer Toleranz,
- fortschreitende Vernachlässigung anderer Interessen zugunsten des Substanzkonsums,
- anhaltender Substanzkonsum trotz des Nachweises eindeutig schädlicher Folgen, die dem Betroffenen bewusst sind.

Dementsprechend ist anerkannt, dass die Fahrerlaubnis-Verordnung den Begriff der Alkoholabhängigkeit nicht selbst definiert, sondern ihn voraussetzt.[29]

III. Betäubungsmittel, Cannabis und Arzneimittel

1. Allgemeines

Die Erteilung der Fahrerlaubnis ist abzulehnen (§ 2 Abs. 2 i.V.m. Abs. 4 StVG) bzw. die vorhandene Fahrerlaubnis zu entziehen (§ 3 Abs. 1 StVG i.V.m. § 46 FeV), wenn die Fahreignung durch eine Konsumproblematik entfällt. Maßgeblich ist die Eignungsbewertung in Nr. 9 der Anlage 4 zur FeV. Diese ist für den Regelfall (Nr. 3 der Vorbemerkung dieser Anlage) verbindlich. Mit dem am 1.4.2024 in Kraft getretenen Cannabisgesetz haben sich die maßgeblichen Faktoren zur Eignungsbewertung beim Konsum von Cannabis geändert. 63

Wegen der herausragenden Bedeutung in der Praxis soll es hier allein um die Einnahme von Betäubungsmitteln und, davon rechtlich zu trennen, den Konsum von Cannabis gehen. Cannabis unterliegt nach neuer Rechtslage nicht mehr den Vorschriften des BtMG. Mit Wirkung vom 1.4.2024 hat Art. 3 Nr. 6 des Cannabisgesetzes diesen psychoaktiv wirkenden Stoff aus der Anlage I zu § 1 Abs. 1 BtMG gestrichen. Nach Nr. 9 der Anlage 4 zur FeV sind Betäubungsmittel und andere psychoaktiv wirkende Stoffe nach ihrem Gefährlichkeitsgrad für Leistungseinbußen beim Führen eines Kfz zu unterteilen, und zwar in 64

- Betäubungsmittel, wie Heroin, Kokain, Ecstasy, LSD oder Amphetamin (Nr. 9.1 der Anlage 4 zur FeV: „*Einnahme von Betäubungsmitteln i.S.d. BtMG*“) und
- Cannabis (Nr. 9.2 der Anlage 4 zur FeV i.d.F. ab 1.4.2024).

28 Nr. 3.13.2, Begutachtungs-Leitlinien zur Kraftfahreignung, Stand 1.5.2014, *www.bast.de*.
29 VGH BW, Beschl. v. 8.9.2015 – 10 S 1667/15, Rn 10 – juris; vgl. auch zur Problematik der Wiedererlangung der Fahreignung nach Alkoholabhängigkeit: *Schubert/Huetten/Reimann/Graw/Schneider/Stephan*, Begutachtungs-Leitlinien zur Kraftfahrereignung, Kommentar, 3. Aufl. 2018, Rn 3.11.2.3.

2. Betäubungsmittel

a) Einmaliger Konsum

65 In Nr. 9 der Anlage 4 zur FeV heißt es betreffend die Einnahme von Betäubungsmitteln:

Krankheiten, Mängel	Eignung oder bedingte Eignung		Beschränkungen/Auflagen bei bedingter Eignung	
	Klassen A, A1, A2, B, BE, AM, L, T	Klassen C, C1, CE, C1E, D, D1, DE, D1E, FzF	Klassen A, A1, A2, B, BE, AM, L, T	Klassen C, C1, CE, C1E, D, D1, DE, D1E, FzF
9. Betäubungsmittel (...)				
9.1 Einnahme von Betäubungsmitteln i.S.d. Betäubungsmittelgesetzes	Nein	nein	–	–

66 In Anknüpfung an diese Bewertung für den Regelfall schließt schon der **einmalige** Konsum einer harten Droge wie Heroin, Kokain, Ecstasy, LSD oder Amphetamin die Fahreignung aus. Auf die Teilnahme am Straßenverkehr oder einen wiederholten Konsum kommt es nicht an. Diese Auffassung hat sich in der verwaltungsgerichtlichen Rechtsprechung durchgesetzt.[30]

b) Begriff der Einnahme

67 Der Begriff der Einnahme einer illegalen Droge setzt eine bewusste und gewollte Aufnahme voraus. Dementsprechend wird in der Praxis nicht selten der Einwand erhoben, die in Rede stehenden Drogen seien durch unbewusste Aufnahme in den Körper des Betroffenen gelangt.

68 *Beispiel: Das vertauschte Glas*

Der B besucht eine Diskothek und gerät bei der Heimfahrt in eine Verkehrskontrolle. Der Polizeibeamte sieht Anzeichen von Drogenkonsum. Die dem B entnommene Blutprobe ergibt einen positiven Befund auf Amphetamin.

Die Straßenverkehrsbehörde entzieht die Fahrerlaubnis unter Anordnung der sofortigen Vollziehung. B stellt beim zuständigen Verwaltungsgericht einen Aussetzungsantrag nach § 80 Abs. 5 VwGO und macht geltend, er habe noch nie in seinem Leben Drogen genommen. Möglicherweise habe ihm jemand ohne sein Wissen Drogen in

30 Vgl. etwa OVG NRW, Beschl. v. 6.3.2007 – 16 B 332/07; OVG Niedersachsen, Beschl. v. 16.2.2004 – 12 ME60/04 – und 16.6.2003 – 12 ME 172/03; OVG Brandenburg, Beschl. v. 22.7.2004 – 4 B 37/04; OVG Saarland, Beschl. v. 30.3.2006 – 1 W 8/06 – juris; VGH BW, Beschl. v. 22.11.2004 – 10 S 2182/04 – juris; HessVGH, Beschl. v. 31.3.2012 – 2 B 1570/11 – juris.

sein Glas getan oder sein Glas vertauscht, als er auf der Toilette oder der Tanzfläche gewesen sei.

Mit einem derartigen Vorbringen wird ein atypischer Geschehensablauf geltend gemacht. 69
Es besteht daher die Gefahr, dass es vom Verwaltungsgericht als bloße Schutzbehauptung eingeordnet wird. Um Gehör zu finden, muss der Betroffene die Hintergründe eines solchen Geschehens vollständig aufdecken und nach Möglichkeit die in Betracht kommenden Beteiligten und ein etwaiges Motiv für deren Verhalten schlüssig und nachvollziehbar darlegen. Es ist nämlich erklärungsbedürftig, warum ein Dritter, der für sich eine illegale Droge teuer erworben hat, diese einfach aus den Händen gibt. Schließlich muss sich der Betroffene auch dazu verhalten, wie und wann er die Wirkung der Droge wahrgenommen und warum er gleichwohl ein Kraftfahrzeug geführt hat. Entstehen dabei Ungereimtheiten, kann dies Zweifel an der Glaubwürdigkeit des Betroffenen wecken.[31]

c) Akt der gebundenen Verwaltung

Liegt die in Nr. 9.1 der Anlage 4 zur FeV enthaltene Regelannahme vor, ist die Entzie- 70
hung der Fahrerlaubnis zwingend vorzunehmen, vgl. § 46 Abs. 1 FeV. Es handelt sich um einen Akt der gebundenen Verwaltung. Ein Ermessen ist der Behörde nicht eingeräumt. Vielmehr handelt sie pflichtwidrig, wenn sie die gesetzlich vorgesehene Entziehung der Fahrerlaubnis nicht verfügt. Meint die Behörde, sie könne es zugunsten des betroffenen Konsumenten einer „harten Droge" bei einer Aufklärungsmaßnahme durch Beibringung eines Gutachtens belassen, ohne dass ein Ausnahmefall (Vorbemerkung Nr. 3 S. 2 der Anlage 4 zur FeV) eingreift, so handelt sie rechtswidrig, weil die einzig rechtmäßige Maßnahme in dieser Situation der Entzug ist, vgl. dazu § 11 Abs. 7 FeV.

d) Wiedererlangung der Fahreignung

Zur Wiedererlangung der Fahreignung nach dem Konsum einer harten Droge sind zwei 71
Nachweise zu führen, und zwar betreffend

- die Abstinenz über ein Jahr (Nr. 9.5 Anlage 4 zur FeV) durch Screenings,
- den stabilen Verhaltens- und Einstellungswandel durch eine MPU.

Der Nachweis über die Abstinenz kann – abgesehen von einer Haaranalyse – durch 72
Urinuntersuchungen („Screenings") geführt werden. Diese müssen die sog. **CTU-Kriterien**[32] erfüllen, welche die Häufigkeit von Urinkontrollen (6 in 12 Monaten bzw. 4 in 6 Monaten), die Erhebungsbedingungen und die qualitativen Anforderungen an das untersuchende Labor festlegen. Bei den Erhebungsbedingungen kommt es u.a. darauf an, dass die Urinabgabe für den Betroffenen **nicht vorhersehbar** ist. Auch muss die Abgabe der **Urinprobe unter direkter Sicht** eines Arztes oder Toxikologen erfolgen, um jede Manipulationsmöglichkeit auszuschließen.

31 Vgl. zum Einwand der unbewussten Aufnahme: BayVGH, Beschl. v. 19.1.2016 – 11 CS 15.2403 – juris, m.w.N.
32 Vgl. dazu Urteilsbildung in der Fahreignungsbegutachtung – Beurteilungskriterien", ab 1.5.2014, hrsg. durch die Deutsche Gesellschaft für Verkehrspsychologie (DGVP) und die Deutsche Gesellschaft für Verkehrsmedizin (DGVM).

73 Ferner ist wichtig: Die Untersuchung muss in einem **nach DIN ISO EN 17025 für forensische Zwecke akkreditierten Labor**[33] stattfinden. Es geschieht in der Praxis nicht selten, dass „negative Drogenbefunde" des Hausarztes bei den Behörden und Gerichten vorgelegt werden. Diese entsprechen regelmäßig nicht den CTU-Kriterien und besitzen daher keine Aussagekraft.

74 Der Nachweis eines stabilen Verhaltens- und Einstellungswandel ist durch Einholung eines medizinisch-psychologischen Gutachtens zu führen. Das folgt aus § 14 Abs. 2 Nr. 1 FeV. Danach ist die Beibringung eines medizinisch-psychologischen Gutachtens zwingend, wenn die Fahrerlaubnis wegen der Einnahme von Betäubungsmitteln (§ 14 Abs. 1 Nr. 2 FeV) entzogen worden ist.

75 *Wichtiger Hinweis: Nachweis der Abstinenz so früh wie möglich beginnen!*

Mandanten, die wegen nachgewiesenem Drogenkonsum die Fahreignung verloren haben, sind in aller Regel dahingehend zu beraten, dass sie direkt nach dem Vorfall den Kontakt zu Beratungsstellen suchen, um – professionell begleitet – an der Wiedergewinnung ihrer Fahreignung durch Drogenscreenings (nach CTU-Kriterien) und eine MPU zu arbeiten.

Wird hingegen – trotz des gar nicht strittigen Konsums einer harten Droge – der Abschluss des Strafverfahrens, das Ergebnis des Verwaltungsverfahrens und des sich anschließenden Verwaltungsprozesses abgewartet, ist diese nicht unerhebliche Zeitspanne für den Nachweis der einjährigen Abstinenz verloren. Die führerscheinlose Zeit für den Mandanten verlängert sich in unnötiger Weise.

3. Cannabis (Rechtslage bis 31.3.2024)

a) Bis 31.3.2024 maßgeblich: Konsummuster

76 Nach der in Altfällen noch maßgeblichen Rechtslage bis 31.3.2024 sind bei der Bewertung der Einnahme von Cannabis für die Fahreignung die nachfolgenden Konsummuster maßgeblich:

- die regelmäßige Einnahme von Cannabis (Nr. 9.2.2 a.F.),
- die gelegentliche Einnahme von Cannabis (Nr. 9.2.1 a.F.) und
- die einmalige Einnahme von Cannabis als sog. Probierkonsum.

b) Probierkonsum von Cannabis

77 Der letztgenannte **Probierkonsum** lässt die Fahreignung unberührt. Bei nur einmaliger Einnahme ist eine Wiederholung nicht zu erwarten mit der Folge, dass für die Zukunft eine Gefährdung der Verkehrssicherheit nicht zu befürchten ist.[34] Hieran hat sich durch die Neuregelung ab 1.4.2024 nichts geändert.

33 Vgl. dazu Urteilsbildung in der Fahreignungsbegutachtung – Beurteilungskriterien", a.a.O.

34 Vgl. zu dieser „Privilegierung" eines einmaligen Probierkonsums: BVerfG, Kammerbeschl. v. 20.6.2002 – 1 BvR 2062/96 = NJW 2002, 2378, 2379.

Eine andere Frage ist es, ob der Einwand des einmaligen Probierkonsums glaubhaft ist, wenn er nach einer polizeilich festgestellten Fahrt unter Drogeneinfluss erhoben wird. In dieser Situation bestehen nämlich für die **Glaubhaftmachung** eines Probierkonsums besondere Anforderungen, welche die Rechtsprechung wie folgt begründet: Es sei vor dem Hintergrund des äußerst seltenen Falles, dass eine Person nach einem einmaligen Cannabiskonsum zum einen bereits kurz darauf ein Kraftfahrzeug führt und zum anderen dann auch noch trotz der geringen Dichte der polizeilichen Verkehrsüberwachung in eine Verkehrskontrolle gerät und die Polizei einen Drogentest veranlasst, in einem Akt der Beweiswürdigung regelmäßig die Annahme gerechtfertigt, dass ohne substantiierte Darlegung des Gegenteils nicht von einem einmaligen Konsum ausgegangen werden muss.[35] 78

Praxistipp: Anwaltliche Ermittlung der persönlichen Konsumangaben (bis 31.3.2024)

Legt sich der Mandant unmittelbar nach einer Rauschfahrt auf Befragen der Polizeibeamten mit Angaben fest, die einen Probierkonsum erkennbar ausschließen (z.B.: „Ich rauche ab und zu Gras, aber fahre dann nie Auto."), ist es in der Folge sehr schwer, davon wieder loszukommen.

Der Anwalt sollte daher bei Mandatsbeginn aktenkundige Konsumangaben, die ggf. auch bei der Blutentnahme erfolgt sein können, genau ermitteln, um wenigstens die Chance zu haben, diese in der einen oder anderen Weise gegenüber der Straßenverkehrsbehörde oder dem Verwaltungsgericht zu relativieren.

c) Fahreignungsrelevanter Konsum (bis 31.3.2024)

Fahreignungsrelevant sind bis 31.3.2024 der regelmäßige und der gelegentliche Konsum von Cannabis. Insoweit stellt die Anlage 4 zur FeV in ihrer alten Fassung folgende Regelfallannahmen auf: 79

Krankheiten, Mängel	Eignung oder bedingte Eignung		Beschränkungen/Auflagen bei bedingter Eignung	
	Klassen A, A1, A2, B, BE, AM, L, T	Klassen C, C1, CE, C1E, D, D1, DE, D1E, FzF	Klassen A, A1, A2, B, BE, AM, L, T	Klassen C, C1, CE, C1E, D, D1, DE, D1E, FzF
9.2 Einnahme von Cannabis				
9.2.1 Regelmäßige Einnahme von Cannabis	Nein	nein	–	–

35 Vgl. dazu BayVGH, Beschl. v. 21.4.2015 – 11 ZB 15.181 – juris; OVG NRW, Beschl. v. 12.3.2012 – 16 B 1294/11 – juris.

Krankheiten, Mängel	Eignung oder bedingte Eignung		Beschränkungen/Auflagen bei bedingter Eignung	
	Klassen A, A1, A2, B, BE, AM, L, T	Klassen C, C1, CE, C1E, D, D1, DE, D1E, FzF	Klassen A, A1, A2, B, BE, AM, L, T	Klassen C, C1, CE, C1E, D, D1, DE, D1E, FzF
9.2.2 Gelegentliche Einnahme von Cannabis	Ja wenn Trennung von Konsum und Fahren und kein zusätzlicher Gebrauch von Alkohol oder anderen psychoaktiv wirkenden Stoffen, keine Störung der Persönlichkeit, kein Kontrollverlust	ja wenn Trennung von Konsum und Fahren und kein zusätzlicher Gebrauch von Alkohol oder anderen psychoaktiv wirkenden Stoffen, keine Störung der Persönlichkeit, kein Kontrollverlust	–	–

d) Regelmäßige Einnahme von Cannabis (bis 31.3.2024)

80 Bei einem regelmäßigen Konsum von Cannabis entfällt nach der Rechtslage bis 31.3.2024 die Fahreignung (siehe den Tabelleneintrag: „nein“). Ein solcher Konsum liegt dann vor, wenn die Droge täglich oder nahezu täglich eingenommen wird.[36]

81 Fraglich ist, ob sich ein derartiges Konsummuster auch über eine **Blutprobenanalyse** feststellen lässt. Maßgeblich ist der Wert des im Blut vorgefundenen Cannabiswirkstoffes THC und seiner Abbauprodukte (THC-COOH = THC-Carbonsäure). Während das THC aufgrund seines schnellen Abbaus nur relativ kurze Zeit nach dem Ende des Konsums im Blut nachweisbar ist, lässt sich regelmäßiger Cannabis-Konsum über das im Stoffwechsel aus THC gebildete THC-COOH bis zu einige Wochen später im Blut nachweisen.[37] Wird die die Blutprobe zeitnah, mithin nur wenige Stunden nach dem letzten Konsum abgenommen, und findet sich darin eine Konzentration an **THC-COOH von 150 ng/ml** und mehr, so ist von einem regelmäßigen Konsum auszugehen.[38]

36 BVerwG, Urt. v. 6.2.2009 – 3 C 1/08 – juris.

37 Vgl. *Schubert/Huetten/Reimann/Graw/Schneider/Stephan*, Kommentar zu den Begutachtungs-Leitlinien zur Kraftfahreignung, 3. Aufl. 2018, S. 178 ff.

38 Haus/Zwerger/*Zwerger*, § 7 Rn 58.

e) Gelegentliche Einnahme von Cannabis (bis 31.3.2024)

aa) Überblick

Die Fahreignung entfällt nach Nr. 9.2.2 alter Fassung zur Anlage 4 der FeV, bei einer 82

- gelegentlichen Einnahme von Cannabis **und**
- dem Vorliegen von **Zusatztatsachen**.

Als mögliche Zusatztatsachen kommen in Betracht:

- keine Trennung von Konsum und Fahren (Rauschfahrten) oder
- zusätzlicher Gebrauch von Alkohol (bzw. anderer psychoaktiv wirkender Stoffe) oder
- Störung der Persönlichkeit oder
- Kontrollverlust.

bb) Gelegentlicher Konsum (bis 31.3.2024)

Zunächst ist festzuhalten, dass schon nach der Rechtslage bis 31.3.2024 bei gelegentli- 83
chem Konsum von Cannabis ohne Zusatztatsache die Fahreignung erhalten bleibt, wie sich aus dem Tabelleneintrag („ja") ergibt. Dabei deckt dieses Konsummuster den Bereich ab, der zwischen dem einmaligen Probierkonsum einerseits und dem regelmäßigen (nahezu täglichen) Konsum andererseits liegt.

Gelegentlicher Konsum liegt dementsprechend dann vor, wenn der Betroffene

- in zumindest zwei Konsumvorgängen Cannabis zu sich genommen hat **und**
- diese Konsumvorgänge einen gewissen, auch zeitlichen Zusammenhang aufweisen.[39]

Bei der Bejahung der letztgenannten Voraussetzung, also des zeitlichen Zusammenhangs zwischen zwei Konsumvorgängen, kann es leicht passieren, dass die zur Entscheidung berufene Straßenverkehrsbehörde „den Bogen überspannt". Es ist Aufgabe des Anwalts, dies zu erkennen und im Wege des Rechtsschutzes vor den Verwaltungsgerichten wirksam zu unterbinden.

▼ 84

Muster 45.5: Kein gelegentlicher Konsum bei Unterbrechung von fünf Jahren nach der Rechtslage bis 31.3.2024

45.5

Verwaltungsgericht

Kläger ./. Beklagte

Aktenzeichen:

wegen: Entziehung der Fahrerlaubnis

Die erhobene Klage begründe ich namens und im Auftrag des Klägers wie folgt:

Der angefochtene Bescheid über die Entziehung der Fahrerlaubnis ist rechtswidrig und verletzt den Kläger in seinen Rechten, vgl. § 113 Abs. 1 S. 1 VwGO. Die Straßenverkehrsbehörde hätte die Entziehung der Fahrerlaubnis nicht auf § 46 Abs. 1 FeV i.V.m. Nr. 9.2.2 der Anlage 4 zur FeV in der bis zum 31.3.2024 geltenden Fassung stützen dürfen. Das

39 BVerwG, Urt. v. 23.10.2014 – 3 C 3/13 = zfs 2015, 173.

gilt auch dann, wenn die alte Rechtslage hier ausnahmsweise noch Anwendung finden sollte.

Der Mandant, der in Kürze sein 23. Lebensjahr vollenden wird, ist kein gelegentlicher Konsument von Cannabis. Er bedauert die aktenkundige Fahrt unter Cannabiseinwirkung aufrichtig. Sie beruht auf einem einmaligen Fehltritt, der sich nicht wiederholen wird. Zwar trifft die Angabe des Mandanten zu, die er am Vorfallstag gegenüber einem Verkehrspolizisten gemacht hat, wonach er an seinem 18. Geburtstag bereits einmal Cannabis probiert habe. Dieser Konsum liegt aber nahezu fünf Jahre zurück mit der Folge, dass er nach der Rechtsprechung nicht mehr in einem Zusammenhang mit dem jetzigen Vorfall gesehen werden darf, vgl. insoweit OVG Lüneburg, Beschl. v. 7.6.2012 – 12 ME 31/12 = zfs 2012, 473.

▲

85 In der Praxis der Behörden und Gerichte steht häufig die Frage im Mittelpunkt, ob sich ein gelegentlicher Konsum über das Gesamtbild der nach dem Vorfall eingeholten **Blutprobenanalyse** feststellen lässt.

86 Ein Ansatz dazu ist der Nachweis des Cannabiswirkstoffes **THC** (z.B.: 3 ng/ml) im Blutserum des Betroffenen und der Umstand, dass dieser psychoaktive Stoff bei Probier- und Gelegenheitskonsumenten **nur 4 bis 6 Stunden im Blut nachweisbar** ist. Findet sich in der Akte die Angabe des Betroffenen, sein einmaliger Konsum liege viel länger zurück (z.B.: „24 Stunden"), so schließen die Verwaltungsgerichte schon deshalb einen einmaligen Konsum aus und nehmen einen gelegentlichen Konsum an. Die Argumentationskette lautet: Bei dem eingeräumten Konsum könne es nicht geblieben sein, weil dieser zeitlich zu weit zurückliege. Der festgestellte THC-Wert lasse sich somit nur durch einen weiteren Konsum erklären, der zeitnäher erfolgt sei. Insgesamt sei damit der gelegentliche Konsum belegt.[40]

87 Ferner können die durch Blutprobenanalyse festgestellten **THC-COOH-Werte** (Carbonsäure als Abbauprodukt des THC) einen Anhalt geben. Dabei erlauben THC-COOH-Werte unterhalb von 100 ng/ml keinen Rückschluss auf gelegentlichen Cannabisgebrauch. Hingegen sprechen Werte **oberhalb von 100 ng/ml THC-COOH** für das Vorliegen eines gelegentlichen Konsums.[41]

cc) Zusatztatsache „Rauschfahrt" (bis 31.3.2024)

88 Ist der gelegentliche Konsum von Cannabis zu bejahen, kommt es für das Entfallen der Fahreignung nach der Rechtslage bis 31.3.2024 maßgeblich darauf an, ob in der Person des Betroffenen sog. Zusatztatsachen vorliegen. Diese werden in Nr. 9.2.2 zur Anlage 4 der FeV aufgelistet.

89 Eine **„Rauschfahrt"**, bei der sich der Betroffene unfähig zeigt, Konsum und Fahren zu trennen, ist in den Entziehungsverfahren der am häufigsten auftretende Umstand, der zum gelegentlichen Konsum von Cannabis hinzutritt.

40 Vgl. zu dieser Beweisführung: OVG NRW, Beschl. v. 2.9.2011 – 16 B 470/11 – juris.
41 OVG NRW, Beschl. v. 5.2.2015 – 16 B 8/15 – juris.

Fraglich ist, ob die **erstmalige Rauschfahrt** eines gelegentlichen Konsumenten ausreicht, um seine Ungeeignetheit zu begründen. Unter Aufgabe seiner früheren Rechtsprechung verneint das BVerwG dies und führt in mehreren Urteilen vom 11.4.2019 richtungweisend aus:[42] 90

> *„Bei einem gelegentlichen Konsumenten von Cannabis, der erstmals unter einer seine Fahrsicherheit möglicherweise beeinträchtigenden Wirkung von Cannabis ein Kraftfahrzeug geführt hat, darf die Fahrerlaubnisbehörde in der Regel nicht ohne weitere Aufklärung von fehlender Fahreignung ausgehen und ihm unmittelbar die Fahrerlaubnis entziehen. In solchen Fällen hat sie gemäß § 46 Abs. 3 i.V.m. § 14 Abs. 1 S. 3 FeV nach pflichtgemäßem Ermessen über die Einholung eines medizinisch-psychologischen Gutachtens zu entscheiden.“*

Praxistipp: Entziehung bei erstmaliger Rauschfahrt nach der Rechtslage bis 31.3.2024 unzulässig 91

In Anknüpfung an die Änderung der höchstrichterlichen Rechtsprechung ist es für die anwaltliche Beratung nunmehr entscheidend, das Augenmerk darauf zu legen, ob der Mandant als gelegentlicher Konsument von Cannabis erstmals durch eine Rauschfahrt auffällig geworden ist. Ist dies der Fall, darf ihm regelmäßig nicht die Fahrerlaubnis entzogen werden. Es kommt allein die Abklärung von Eignungszweifeln in Betracht, und zwar durch die behördliche Anordnung der Einholung eines medizinisch-psychologischen Gutachtens.

In diesem Zusammenhang kommt für den unbemittelten Mandanten, der gerichtlich gegen eine Entziehung der Fahrerlaubnis vorgeht, u.a. die Stellung eines Antrags auf Gewährung von **Prozesskostenhilfe** in Betracht. Die hinreichende Erfolgsaussicht der Rechtsverfolgung ist nach Maßgabe der vorgenannten Rechtsprechungsänderung regelmäßig gegeben.[43] 92

▼ 93

Muster 45.6: PKH-Antrag „Entziehung bei erstmaliger Rauschfahrt“

Verwaltungsgericht

Kläger ./. Beklagte

Aktenzeichen:

wegen: Entziehung der Fahrerlaubnis

hier: Antrag auf Gewährung von Prozesskostenhilfe

Namens und im Auftrag des Klägers wird hiermit beantragt,

für die bereits erhobene Klage mit dem Inhalt, die Ordnungsverfügung vom über die Entziehung der Fahrerlaubnis aufzuheben, ab Erhebung der Klage Prozesskostenhilfe für das Verfahren erster Instanz unter Beiordnung von Rechtsanwalt aus zu gewähren.

42 BVerwG, Urt. v. 11.4.2019 – 3 C 2/18 – u.a. – juris, 1. Leitsatz.
43 Vgl. § 166 VwGO i.V.m. § 114 S. 1 ZPO.

Zunächst ist zum Beleg der Mittellosigkeit auf die in der Anlage beigefügte Erklärung über die persönlichen und wirtschaftlichen Verhältnisse zu verweisen. Die Prozesskostenhilfe ist zu gewähren, weil die Rechtsverfolgung hinreichende Erfolgsaussicht i.S.v. § 166 VwGO i.V.m. § 114 S. 1 ZPO besitzt.

Dem liegt folgender Sachverhalt zu Grunde:

Der Kläger, der zugegebenermaßen hin und wieder Cannabis konsumiert, führte am ein Kraftfahrzeug und stand dabei unter Einfluss von Cannabis. Der THC-Wert betrug ng/ml. Der von der Beklagten deshalb erlassene Entziehungsbescheid hält einer rechtlichen Prüfung nicht stand. Zu Unrecht geht die Begründung des Bescheides von der Annahme aus, aus dem Verstoß gegen das in Nr. 9.2.2 der Anlage 4 zur FeV (Fassung bis zum 31.3.2024) enthaltene Trennungsgebot ließe sich eine Fahrungeeignetheit ableiten. Das gilt selbst dann, wenn die alte Rechtslage hier ausnahmsweise noch anwendbar sein sollte. Bei dem Vorfall handelte es sich um eine erstmalige Fahrt unter Drogeneinfluss. Nach höchstrichterlicher Rechtsprechung zur alten Fassung des Nr. 9.2.2 der Anlage 4 zur FeV ist geklärt, dass eine erstmalige Rauschfahrt die Entziehung der Fahrerlaubnis nicht zu rechtfertigen in der Lage ist, vgl. dazu nur BVerwG, Urt. v. 11.4.2019 – 3 C 2/18 – juris, 1. Leitsatz.

Anlage: Erklärung über die persönlichen und wirtschaftlichen Verhältnisse

▲

94 Nach der in Altfällen noch maßgeblichen Rechtsprechung zur Rechtslage bis 31.3.2024 ist von einer Rauschfahrt im vorgenannten Sinne auszugehen, wenn der Betroffene eine die Fahrsicherheit beeinträchtigende THC-Konzentration **von 1 ng/ml** oder mehr im Blutserum besitzt.[44]

95 Allerdings hatte die aus Fachwissenschaftlern zusammengesetzte sog. Grenzwertkommission im September 2015 empfohlen,[45] erst ab einer THC-Konzentration **von 3,0 ng/ml** oder mehr im Blutserum von einem Verstoß gegen das Trennungsgebot und damit einer Rauschfahrt auszugehen.

96 Die verwaltungsgerichtliche Rechtsprechung ist aber nach der Rechtslage bis 31.3.2024 nicht von der bisher anerkannten Linie eines niedrigen Schwellenwerts von 1 ng/ml THC abgerückt.[46] Insbesondere hat das **BVerwG** diesen Schwellenwert unbeanstandet gelassen.[47]

44 Vgl. etwa OVG NRW, Urt. v. 1.8.2014 – 16 A 2806/13, Rn 31 m.w.N. – juris; a.A. früher BayVGH, Beschl. v. 25.1.2006 – 11 CS 05.1711 = Blutalkohol 2006, 416, 417 ff. m.w.N. (2,0 ng/ml THC).

45 Vgl. Blutalkohol 52 (2015), 322: „Die Grenzwertkommission empfiehlt daher auf der Grundlage dieser Ausführungen bei Feststellungen einer THC-Konzentration von 3,0 ng/ml oder mehr im Blutserum bei gelegentlich Cannabis konsumierenden Personen eine Trennung von Konsum und Fahren i.S.v. Nr. 9.2.2 der Anl. 4 zur FeV zu verneinen."

46 Ausführliche Auseinandersetzung in einem der ersten dazu geführten Klageverfahren: VG Gelsenkirchen, Urt. v. 20.1.2016 – 9 K 4970/15 – juris.

47 Vgl. BVerwG, Urt. v. 11.4.2019 – 3 C 14/17 – juris, 2. Leitsatz.

4. Cannabis (Rechtslage ab 1.4.2024)

a) Cannabismissbrauch (ab 1.4.2024)

aa) Neufassung der Nr. 9.2.1 Anlage 4 zur FeV

Aussagen zum Cannabismissbrauch finden sich ab dem 1.4.2024 in Nr. 9.2.1 der Anlage 4 zur FeV: **97**

Nr. 9.2 der Anlage 4 zur FeV (ab 1.4.2024)

Krankheiten, Mängel	Eignung oder bedingte Eignung		Beschränkungen/Auflagen bei bedingter Eignung	
	Klassen A, A1, A2, B, BE, AM, L, T	Klassen C, C1, CE, C1E, D, D1, DE, D1E, FzF	Klassen A, A1, A2, B, BE, AM, L, T	Klassen C, C1, CE, C1E, D, D1, DE, D1E, FzF
9.2 Einnahme von Cannabis				
9.2.1 Missbrauch (…)	Nein	nein		
9.2.2 nach Beendigung des Missbrauchs	ja wenn die Änderung des Cannabiskonsumverhaltens gefestigt ist	ja wenn die Änderung des Cannabiskonsumverhaltens gefestigt ist	–	–

bb) Neufassung der Neufassung der Nr. 9.2.1 Anlage 4 zur FeV

Nach Nr. 9.2.1 der Anlage 4 zur FeV ist derjenige zum Führen eines Kraftfahrzeugs ungeeignet, der **Missbrauch mit Cannabis** betreibt. Die ab 1.4.2024 geltende Rechtslage definierte das mit dem Klammerzusatz: „*Das Führen von Fahrzeugen und ein die Fahrsicherheit beeinträchtigender Cannabiskonsum können nicht hinreichend sicher getrennt werden*“. Die Neufassung der Neufassung lautet: „*Das Führen von Fahrzeugen und ein Cannabiskonsum mit nicht fernliegender verkehrssicherheitsrelevanter Wirkung beim Führen eines Fahrzeugs können nicht hinreichend sicher getrennt werden.*“ **98**

Die vom Bundesverkehrsministerium eingesetzte **Arbeitsgruppe** (vgl. § 44 des Konsumcannabisgesetzes) hat im März 2024 vorgeschlagen, den Wert der Konzentration von THC im Blut, bei dessen Erreichen das sichere Führen eines Kraftfahrzeuges im Straßenverkehr regelmäßig nicht mehr gewährleistet ist, vom analytischen Grenzwert der Rechtsprechung (1 ng/ml THC) auf **3,5 ng/ml THC im Blutserum** zu erhöhen (vgl. www.bmdv.bund.de/expertengruppe-kurzfassung). Dies hat zu einer Neufassung des § 24a StVG geführt, wonach eine Fahrt unter Cannabiseinfluss erst ab diesem Grenzwert **99** als Ordnungswidrigkeit zu ahnden ist. In Abs. 1a des § 24a StVG heißt es dementsprechend: *„Ordnungswidrig handelt, wer vorsätzlich oder fahrlässig im Straßenverkehr ein Kraftfahrzeug führt, obwohl er* ***3,5 ng/ml*** *oder mehr Tetrahydrocannabinol im Blutserum hat."*

100 Das maßgebliche Merkmal des Missbrauchs ist darin zu sehen, dass das Führen von Fahrzeugen und ein für die Fahrsicherheit relevanter Cannabiskonsum **nicht hinreichend sicher getrennt** werden können. Im Mittelpunkt steht also nach wie vor die sog. Trennungsproblematik.

cc) Fahreignung nach Cannabismissbrauch

101 Nach 9.2.2 der Anlage 4 zur FeV ist die Fahreignung erst dann wiedererlangt, wenn

- der Missbrauch beendet ist und
- die Änderung des Cannabiskonsumverhaltens gefestigt ist.

Bei einer durch Gutachten zu treffenden Feststellung eines Cannabismissbrauchs sind die durch Anlage 4a zur FeV[48] in Bezug genommenen Begutachtungsleitlinien zur Kraftfahreignung, gültig ab 1.5.2014, zu beachten.

102 Der **Cannabismissbrauch** lässt sich – mutatis mutandis – nach den Kriterien bestimmen, die sich zur Feststellung des Alkoholmissbrauchs etabliert haben. Nach Nr. 3.13.1 der Begutachtungsleitlinien zur Kraftfahreignung ist von „Missbrauch"[49] in folgenden Fällen auszugehen:

- In jedem Fall, wenn wiederholt ein Fahrzeug unter unzulässig hoher Cannabiswirkung **(ab 3,5 ng/ml THC im Blutserum)** geführt wurde;
- nach einmaliger Fahrt unter hoher THC-Konzentration;
- wenn aktenkundig belegt ist, dass es bei dem Betroffenen in der Vergangenheit im Zusammenhang mit der Verkehrsteilnahme zu einem Verlust der Kontrolle des Cannabiskonsums gekommen ist.

48 Eingeführt durch Verordnung vom 16.4.2014, BGBl I S. 348.
49 Laut Internationaler Klassifikation psychischer Störungen (ICD-10): „Schädlicher Gebrauch".

b) Cannabisabhängigkeit (ab 1.4.2024)

aa) Neufassung der Nr. 9.2.3 Anlage 4 zur FeV

103 Aussagen zur Cannabisabhängigkeit finden sich ab dem 1.4.2024 in Nr. 9.2.3 der Anlage 4 zur FeV:

Nr. 9.2.3 der Anlage 4 zur FeV (ab 1.4.2024)

Krankheiten, Mängel	Eignung oder bedingte Eignung		Beschränkungen/Auflagen bei bedingter Eignung	
	Klassen A, A1, A2, B, BE, AM, L, T	Klassen C, C1, CE, C1E, D, D1, DE, D1E, FzF	Klassen A, A1, A2, B, BE, AM, L, T	Klassen C, C1, CE, C1E, D, D1, DE, D1E, FzF
9.2 Einnahme von Cannabis				
(…)				
9.2.3 Abhängigkeit	Nein	nein	–	–
9.2.4 nach Abhängigkeit (Entwöhnungs-behandlung)	Ja wenn Abhängigkeit nicht mehr besteht und in der Regel ein Jahr Abstinenz nachgewiesen ist	ja wenn Abhängigkeit nicht mehr besteht und in der Regel ein Jahr Abstinenz nachgewiesen ist	–	–

104 Nach Nr. 9.2.3 der Anlage 4 zur FeV ist derjenige zum Führen eines Kraftfahrzeugs ungeeignet, der cannabisabhängig ist. Die Wiedererlangung der Fahreignung ist nach 9.2.4 der Anlage 4 zur FeV erst dann wieder anzunehmen, wenn

- die Abhängigkeit nicht mehr besteht und
- in der Regel ein Jahr Abstinenz nachgewiesen ist.

bb) Begriff der Cannabisabhängigkeit

105 **Cannabisabhängigkeit** ist ein medizinischer Begriff. Bei der Begutachtung sind nach Anlage 4a zur FeV[50] die ab 1.5.2014 gültigen Begutachtungsleitlinien zur Kraftfahreignung jedenfalls als Sollvorgabe[51] zu berücksichtigen. Diese Leitlinien[52] verweisen

50 Eingeführt durch Verordnung vom 16.4.2014, BGBl I S. 348.

51 Vgl. BayVGH, Beschl. v. 17.12.2015 – 11 ZB 15.2200 – juris, wonach das Gericht im Einzelfall auch eine Abweichung akzeptiert.

52 Begutachtungs-Leitlinien zur Kraftfahreignung, Berichte der Bundesanstalt für Straßenwesen, Mensch und Sicherheit, Heft M 115, 1.5.2014, unter Nr. 3.13.2, *www.bast.de*.

– wie schon die Vorgängerleitlinien[53] – auf die Internationale Klassifikation psychischer Störungen (ICD-10 Kapitel V). Die Abhängigkeit von Cannabis lässt sich – mutatis mutandis – nach den Kriterien bestimmen, die sich zur Feststellung einer Abhängigkeit von Alkohol etabliert haben. Danach ist maßgeblich:

106 Nach Nr. 3.13.2 der **Begutachtungsleitlinien zur Kraftfahreignung**[54] kann die sichere Diagnose der Abhängigkeit nur gestellt werden, wenn irgendwann während des letzten Jahres drei oder mehr der dort genannten sechs Kriterien gleichzeitig vorhanden waren, vgl. zur Alkoholabhängigkeit Rdn 62.

Dementsprechend ist davon auszugehen, dass die Fahrerlaubnis-Verordnung den Begriff der Cannabisabhängigkeit nicht selbst definiert, sondern ihn voraussetzt. Wie sich die Feststellung des Abhängigkeitssyndroms letztlich in der Verwaltungs- und Gerichtspraxis darstellen wird, bleibt abzuwarten. Um eine erste Orientierung über das zu erwartende Begutachtungsergebnis zu ermöglichen, kann der Mandantschaft angeraten werden, auf der Website „drugcom.de" der Bundeszentrale für gesundheitliche Aufklärung (BZgA) einen **anonymen und kostenlosen Selbsttest** zu machen.

E. Eignungszweifel und Sachverhaltsaufklärung

I. Allgemeines

107 Wer als Inhaber einer Fahrerlaubnis die Eignung zum Führen eines Kraftfahrzeugs verloren hat, stellt eine Gefahr für sich und Leib und Leben anderer Verkehrsteilnehmer dar. Angesichts der überragenden Bedeutung der in diesem Fall zu schützenden Rechtsgüter darf die Schwelle des behördlichen Einschreitens schon aus verfassungsrechtlichen Gründen (Art. 2 Abs. 2 S. 1 GG: Recht auf Leben und körperliche Unversehrtheit) nicht zu hoch angesetzt werden.

108 Eine effektive Gefahrenabwehr verlangt es, dass die Straßenverkehrsbehörden tätig werden, wenn ein – z.B. von der Polizei nach § 2 Abs. 12 StVG – mitgeteilter Sachverhalt in der Lage ist, **Zweifel an der Eignung** des Fahrerlaubnisinhabers zu wecken. In § 46 Abs. 3 FeV findet sich dazu folgende Verweisung auf die Erteilungsvorschriften:

> ***§ 46 Abs. 3 FeV***
> *Werden Tatsachen bekannt, die Bedenken begründen, dass der Inhaber einer Fahrerlaubnis zum Führen eines Kraftfahrzeugs ungeeignet oder bedingt geeignet ist, finden die §§ 11 bis 14 entsprechend Anwendung.*

109 Die für anwendbar erklärten Vorschriften der §§ 11, 12, 13 und 14 FeV beinhalten ein ausdifferenziertes **System zur behördlichen Sachverhaltsaufklärung**. Nach ihrem Wortlaut regeln diese Vorschriften die Eignung und Befähigung, welche die **Bewerber einer Fahrerlaubnis** besitzen müssen. Die nach § 46 Abs. 3 FeV vorgesehene Anwendung auf Inhaber einer Fahrerlaubnis muss daher sinngemäß erfolgen.

53 Begutachtungs-Leitlinien zur Kraftfahrereignung, Stand 2.11.2009, Abschnitt 3.11.2.
54 Nr. 3.13.2, Begutachtungs-Leitlinien zur Kraftfahreignung, Stand 1.5.2014, *www.bast.de*.

II. Verweigerung der Mitwirkung

Weigert sich der betroffene Fahrerlaubnisinhaber trotz bestehender Eignungsbedenken an der Sachverhaltsaufklärung, etwa durch Vorlage eines von der Behörde geforderten medizinisch-psychologischen Gutachtens, mitzuwirken, so darf seine Ungeeignetheit aus dieser Weigerung geschlossen werden. Dies folgt aus § 46 Abs. 3 i.V.m. § 11 Abs. 8 FeV. Dort heißt es: 110

> ***§ 11 Abs. 8 FeV***
> *Weigert sich der Betroffene, sich untersuchen zu lassen, oder bringt er der Fahrerlaubnisbehörde das von ihr geforderte Gutachten nicht fristgerecht bei, darf sie bei ihrer Entscheidung auf die Nichteignung des Betroffenen schließen. Der Betroffene ist hierauf bei der Anordnung (...) hinzuweisen.*

Mit der Annahme der Ungeeignetheit des Betroffenen hat der Verordnungsgeber eine **eingriffsintensive Rechtsfolge** geschaffen, deren Voraussetzungen im Einzelfall genau zu überprüfen sind. So entspricht es gefestigter Rechtsprechung, dass eine unbeachtet gebliebene Aufforderung zur Gutachtenbeibringung nur dann die Rechtsfolge des § 11 Abs. 8 FeV nach sich zieht, wenn diese **Anforderung formell und materiell rechtmäßig** ergangen, insbesondere als anlassbezogen und verhältnismäßig anzusehen ist.[55] 111

Es tritt ein Problem der Gewährung effektiven Rechtsschutzes (Art. 19 Abs. 4 GG) hinzu: Eine behördliche **Gutachtenanforderung** der Fahrerlaubnisbehörde ist jedenfalls nach derzeitiger Rechtslage **mangels Verwaltungsaktqualität nicht (!) direkt anfechtbar**. 112

Der Betroffene muss also genau prüfen und erkennen können, ob die behördliche Gutachtenanforderungen den gesetzlichen Vorgaben entspricht. Nur wenn dies nicht der Fall ist, kann er das nicht unerhebliche Risiko eingehen, dass ihm zunächst wegen seiner Weigerung die Fahrerlaubnis entzogen wird, um danach zu versuchen, mit Blick auf die fehlerhafte Gutachtenanforderung beim Verwaltungsgericht eine Aussetzungs- bzw. Aufhebungsentscheidung des Fahrerlaubnisentzugs zu erreichen. 113

III. Eignungszweifel bei Alkoholproblematik

Speziell für den Bereich der Alkoholproblematik ermächtigt § 13 FeV die Behörde zu einer Anordnung, die dem Betroffenen aufgibt, 114

- nach Nr. 1 ein ärztliches Gutachten oder
- nach Nr. 2 ein (eingriffsintensiveres) medizinisch-psychologisches Gutachten

beizubringen.[56] Dieser Normaufbau spiegelt den **Grundsatz der abgestuften Vorgehensweise**[57] und damit der verfassungsrechtlich geforderten Verhältnismäßigkeit wider.

55 BVerwG, Beschl. v. 5.2.2015 – 3 B 16/14, Rn 8 – juris.
56 Wird das rechtmäßig angeforderte Gutachten nicht vorgelegt, ist der Betroffene als ungeeignet zu behandeln, vgl. § 11 Abs. 8 FeV.
57 Haus/Zwerger/*Zwerger*, § 6 Rn 70.

1. Alkoholabhängigkeit (§ 13 Nr. 1 FeV)

115 Wenn Tatsachen die Annahme einer Alkoholabhängigkeit begründen, so knüpft Nr. 1 des § 13 FeV daran die Folge, dass der Betroffene ein **ärztliches Gutachten** (§ 11 Abs. 2 S. 3 FeV) beizubringen hat. Alkoholabhängigkeit ist eine **Krankheit**.[58] Es reicht daher aus, wenn das Bestehen oder Nichtbestehen des Abhängigkeitssyndroms von einem Facharzt diagnostiziert wird; ein medizinisch-psychologisches Gutachten ist nicht erforderlich und daher auch nicht zulässig.[59]

116 ▼

Muster 45.7: Einwand gegen Doppelbegutachtung durch MPU bei Alkoholabhängigkeit

45.7 Die ergangene Ordnungsverfügung vom über die Entziehung der Fahrerlaubnis und die Androhung eines Zwangsgeldes zur Vorlage des Führerscheindokuments ist rechtswidrig und daher aufzuheben.

Die Straßenverkehrsbehörde hätte (*Mandant*) nicht als fahrungeeignet behandeln dürfen. Die Nichtvorlage eines Gutachtens rechtfertigt nach § 11 Abs. 8 FeV und der dazu ergangenen Rechtsprechung (BVerwG, Urt. v. 9.6.2005 – 3 C 21/04 – juris, Rn 22) nur dann die Annahme der Nichteignung, wenn die behördliche Anforderung des Gutachtens rechtmäßig, insbesondere anlassbezogen und verhältnismäßig erfolgt ist.

Daran fehlt es hier. Die Straßenverkehrsbehörde möchte abklären, ob eine Alkoholabhängigkeit vorliegt. Hierzu kommt allein die Vorlage eines ärztlichen Gutachtens in Betracht, vgl. § 13 Nr. 1 FeV. Die gleichwohl getroffene Anordnung einer medizinisch-psychologischen Untersuchung, kurz MPU, schießt über das Ziel hinaus und ist deshalb rechtswidrig. Sie fordert neben der medizinischen Untersuchung in unzulässiger Weise auch noch eine psychologische Untersuchung, mithin eine unzulässige Doppelbegutachtung.

▲

117 Als Tatsachen, die Anhaltspunkte für eine Alkoholabhängigkeit begründen, kommen beispielsweise das Erreichen eines **hohen Blutalkoholwerts**[60] ohne die dafür typischen Ausfall- und/oder Intoxikationserscheinungen[61] in Betracht. Auch ein körperliches Entzugssyndrom bei Reduktion des Alkoholkonsums kann diesen Anhalt bieten oder etwa eine starke Alkoholisierung schon in den Morgen- oder Mittagsstunden. Die aktuellen Begutachtungsleitlinien für Kraftfahreignung enthalten die folgende Aussage:[62]

> *„Werden Werte **um oder über 1,5 ‰ bei Kraftfahrern im Straßenverkehr** angetroffen, so ist die Annahme eines chronischen Alkoholkonsums mit besonderer Gewöhnung und Verlust der kritischen Einschätzung des Verkehrsrisikos anzunehmen.“*

58 Vgl. Anlage 4 zur FeV (Nr. 8.3) und Nr. 3.13.2 der Begutachtungs-Leitlinien zur Kraftfahreignung, Stand 1.5.2014, *www.bast.de*.

59 Haus/Zwerger/*Zwerger*, § 6 Rn 18.

60 Nach BVerwG, Beschl. v. 9.9.1996 – 11 B 61/96 – juris, ist bei Blutalkoholwerten von 1,6 ‰ und mehr regelmäßig von einer Alkoholproblematik auszugehen.

61 Nach *Schubert/Huetten/Reimann/Graw/Schneider/Stephan*, Begutachtungs-Leitlinien zur Kraftfahrereignung, Kommentar, 3. Aufl. 2018, Nr. 2.1.4 zu 3.11.2.3, ist ein Toleranzbildung, die auf Abhängigkeit hinweist, durch eine BAK von 2 ‰ ohne Intoxikationserscheinung belegt.

62 Begutachtungs-Leitlinien zur Kraftfahreignung, Stand 1.5.2014, Nr. 3.13.2, Begründung S. 46, *www.bast.de*.

Entsprechend dem Charakter der Alkoholabhängigkeit als Krankheit müssen die Tatsachen, welche die Annahme der Alkoholabhängigkeit begründen, nicht im Zusammenhang mit dem Straßenverkehr stehen.[63] Dies verlangt die Sicherheit des Straßenverkehrs. Das Risiko, dass ein an Alkoholabhängigkeit Erkrankter bei der Teilnahme am Straßenverkehr ebenfalls unter Alkoholeinfluss steht, liegt auf der Hand und ist daher abzuwenden. Ergibt das nach Nr. 1 des § 13 FeV angeforderte ärztliche Attest eine Alkoholabhängigkeit, ist die Fahrerlaubnis zwingend zu entziehen, vgl. § 3 Abs. 1 S. 1 StVG, § 46 Abs. 1 S. 1 FeV. Ein behördliches Ermessen besteht nicht. 118

2. Wiedererlangung der Eignung

Die Wiedererlangung der Fahreignung nach Alkoholabhängigkeit setzt eine Entwöhnungsbehandlung voraus. Die Fahreignung liegt wieder vor, wenn die frühere Abhängigkeit nicht mehr besteht und in der Regel ein Jahr Abstinenz nachgewiesen ist, vgl. Nr. 8.4 der Anlage 4 zur FeV. Die Feststellung der Wiedererlangung der Fahreignung besitzt – anderes als die Feststellung der Abhängigkeit – neben der medizinischen Seite (bspw. alkoholspezifische Leberwerte) **zusätzlich eine psychologische Seite**. Letztere zielt darauf ab, ob die Verhaltensänderung des Betroffenen sich für die Zukunft als stabil erweisen wird. Dementsprechend ist für den Nachweis der Wiedererlangung der Fahreignung eine **medizinisch-psychologische Untersuchung** erforderlich, vgl. § 13 S. 1 Nr. 2 Buchst. e FeV. 119

3. Alkoholmissbrauch (§ 13 Nr. 2 Buchst. a FeV)

a) Allgemeines

Im Zusammenhang mit dem Verdacht auf Alkoholmissbrauch nennt § 13 Nr. 2 Buchst. a FeV zwei Begutachtungsanlässe: 120

- „Wenn nach dem ärztlichen Gutachten (gem. Nr. 1) zwar keine Alkoholabhängigkeit, jedoch Anzeichen für Alkoholmissbrauch vorliegen oder
- sonst Tatsachen die Annahme von Alkoholmissbrauch begründen (...)“

und knüpft daran jeweils die Folge, dass der Betroffene ein **medizinisch-psychologisches Gutachten** beizubringen hat.

Die erste Alternative (§ 13 Nr. 2 Buchst. a Alt. 1 FeV) für die Durchführung einer **medizinisch-psychologischen Untersuchung (MPU)** ist eng begrenzt und setzt voraus, dass zunächst ein ärztliches Gutachten nach § 13 Nr. 1 FeV angeordnet und vorgelegt worden ist und aus diesem Gutachten Anzeichen für einen Alkoholmissbrauch zu entnehmen sind. Dies dürfte in der Praxis eher selten vorkommen[64] und soll daher nicht weiter erläutert werden. 121

63 So zutreffend: Haus/Zwerger/*Zwerger*, Das verkehrsrechtliche Mandat, § 6 Rn 18; offengelassen: OVG Saarlouis NJW 2004, 243.

64 Haus/Zwerger/*Zwerger*, § 6 Rn 29.

b) „Sonst Tatsachen“ als Auffangtatbestand

122 Die zweitgenannte Alternative des § 13 Nr. 2 Buchst. a FeV („sonst Tatsachen“) ist sehr allgemein formuliert und wirft daher Auslegungsfragen auf. Im Regelungszusammenhang der Nr. 2 des § 13 FeV ist sie, was allerdings nicht unbestritten ist, als ein **Auffangtatbestand**[65] für die Pflicht zur Beibringung eines medizinisch-psychologischen Gutachtens anzusehen.

aa) „Sonst Tatsachen“ und Grundrechte

123 Nach dem Wortlaut der Vorschrift („*sonst Tatsachen die Annahme von Alkoholmissbrauch begründen*“) ist es als Anlass für die MPU nicht einmal erforderlich, dass die Tatsachen, welche den Verdacht auf Alkoholmissbrauch begründen, **im Zusammenhang mit dem Verhalten im Straßenverkehr** offenbar geworden sind. Vielmehr können „sonst Tatsachen“ aus allen Lebenssituationen herrühren, namentlich aus der privaten Lebensführung[66] des Betroffenen, etwa einer starken Alkoholisierung bei Geburtstagsfeiern, Karneval, Gaststättenbesuch, Familienstreitigkeiten etc. Allerdings steht die private Lebensführung unter dem Schutz des **Persönlichkeitsrechts nach Art. 2 Abs. 1 GG**. Dementsprechend ist aus verfassungsrechtlichen Gründen diejenige Schwelle zu bestimmen, ab der die Behörde die Beibringung eines medizinisch-psychologischen Gutachtens fordern darf. Dabei spielt die Funktion der MPU-Anforderung nach § 13 FeV eine maßgebliche Rolle. Die Anforderung dient der Aufklärung von Eignungsbedenken bei einer Alkoholproblematik. Dahinter steht eine mögliche Gefahr für Leben und körperliche Unversehrtheit der anderen Verkehrsteilnehmer und damit für **Rechtsgüter, die nach Art. 2 Abs. 2 S. 1 GG als Recht auf Leben und Gesundheit staatlich zu schützen** sind.

bb) Gefahrerforschungseingriff

124 Da es um die Ermittlung einer Gefahr geht, lässt sich der auslegungsbedürftige Tatbestand einer Gutachtenanforderung in § 13 Nr. 2 Buchst. a FeV („sonst Tatsachen“) als ein im Fahrerlaubnisrecht vorgesehener **Gefahrerforschungseingriff**[67] begreifen. Gemessen daran ist die Anforderung einer MPU gerechtfertigt, wenn

1. aufgrund konkreter tatsächlicher Anhaltspunkte berechtigte Zweifel an der Kraftfahreignung des betroffenen Kraftfahrers bestehen und
2. die angeordnete Überprüfung ein geeignetes und verhältnismäßiges Mittel ist, um gerade die konkret entstandenen Eignungszweifel aufzuklären.

65 Gegen eine solche Einordnung: BayVGH, Beschl. v. 9.2.2009 – 11 CE 08.3028, Rn 14 – juris.

66 BayVGH, Beschl. v. 4.1.2006 – 11 CS 05.1878, Rn 29 – juris.

67 Vgl. zur Herleitung und zu den Voraussetzungen: Haus/Zwerger/*Zwerger*, § 6 Rn 32 f. unter Hinweis auf OVG Saarland, Beschl. v. 18.9.2000 – 9 W 5/00 = zfs 2001, 92, 94, BVerwG, Urt. v. 5.7.2001 – 3 C 13/01 = zfs 2002, 47, 48 f. und BVerfG („Cannabisentscheidung“), Kammerbeschluss vom 20.6.2002 – 1 BvR 2062/96 = zfs 2002, 454, 458.

cc) Konkrete tatsächliche Anhaltspunkte

Für die Anordnung der MPU bedarf es konkreter tatsächlicher Anhaltspunkte. Demgegenüber sind Untersuchungen „ins Blaue hinein" ausgeschlossen. Bloße Vermutungen oder anonyme Hinweise rechtfertigen ebenso wenig eine Begutachtung.[68] Auch der „Verdacht eines Verdachts" ist kein hinreichender Anlass für die Beibringung eines medizinisch-psychologischen Gutachtens. **125**

Ob dabei die Tatsachen, an die der Verdacht anknüpft, der Betroffene könne Alkohol und Fahren nicht trennen, mit dem Straßenverkehr in einem Zusammenhang oder wenigstens in einem mittelbaren Zusammenhang stehen müssen, wird in der Rechtsprechung unterschiedlich gesehen. Jedenfalls verlangt die **Alkoholisierung ohne unmittelbare Verkehrsteilnahme** eine besondere Betrachtung und Würdigung des Einzelfalls. Hier können Fallgruppen[69] eine gewisse Orientierung bieten: **126**

Berufskraftfahrer/Taxifahrer:	MPU (Konfliktlage: Alkohol und Beruf)
behaupteter Nachtrunk bis auf 2,16 ‰:	MPU
Ehestreit/Randale mit hoher BAK:	keine MPU

Bei der Wertung im Einzelfall, ob eine aktenkundige Alkoholisierung ohne Verkehrsbezug ausreicht, den Verdacht auf Alkoholmissbrauch zu begründen, kann das Vorliegen einer früheren Trunkenheitsfahrt eine ausschlaggebende Rolle besitzen. **127**

Beispiel: Die alkoholisierte Mutter **128**

Eine Frau war in der Vergangenheit wegen Trunkenheit im Verkehr zur Verantwortung gezogen worden. Einige Jahre später fiel sie dadurch auf, dass sie erheblich alkoholisiert ihr vierjähriges Kind nachts in einem Lokal nicht mehr beaufsichtigen konnte.

Der VGH BW hat die behördliche Anordnung der medizinisch-psychologischen Begutachtung gebilligt.[70]

Die Zusammenschau der früheren Alkoholauffälligkeit und der späteren erheblichen Alkoholisierung mit sozial verantwortungslosem Verhalten lasse befürchten, dass die Betroffene ihrer Pflicht, bei der Verkehrsteilnahme auf eine strikte Trennung vom Alkoholkonsum zu achten, nicht nachkommen werde.

c) Exkurs: „MPU unter 1,6 ‰"

aa) Anwendung von Nr. 2 des § 13 FeV

Das Schlagwort „MPU unter 1,6 ‰" benennt eine aktuelle Diskussion,[71] die um die Regelungssystematik des Nr. 2 des § 13 S. 1 FeV und seiner Tatbestände kreist. **129**

68 OVG Saarland, Beschl. v. 18.9.2000 – 9 W 5/00 = zfs 2001, 92.
69 Eine Übersicht findet sich bei Haus/Zwerger/*Zwerger*, § 6 Rn 35 ff.
70 VGH BW, Beschl. v. 22.1.2001 – 10 S 2032/00 – juris; zustimmend *Geiger*, DAR 2003, 347; ablehnend: *Himmelreich*, DAR 2002, 60; kritisch auch Haus/Zwerger/*Zwerger*, Das verkehrsrechtliche Mandat, Bd. 3, § 6 Rn 37: *„an der Grenze eines noch mittelbaren Bezugs zur Verkehrsteilnahme"*.
71 Vgl. zum Diskussionsstand: *Koehl*, MPU unter 1,6 ‰?, NZV 2016, 16.

Nr. 2 des § 13 S. 1 FeV knüpft die Pflicht zur Beibringung einer MPU u.a. an folgende Tatbestände:

a) (...) sonst Tatsachen die Annahme von Alkoholmissbrauch begründen,
b) wiederholt Zuwiderhandlungen im Straßenverkehr unter Alkoholeinfluss begangen wurden,
c) ein Fahrzeug im Straßenverkehr bei einer Blutalkoholkonzentration von 1,6 Promille oder mehr
(…) geführt wurde,
d) die Fahrerlaubnis aus einem der unter den Buchst. a bis c genannten Gründe entzogen war (...)

130 So stellt sich zum einen die Frage, ob Buchst. c, der die Gutachtenanforderung von einer Blutalkoholkonzentration in Höhe von 1,6 ‰ und mehr abhängig macht, noch Raum lässt, auch unter 1,6 ‰ nach der allgemeinen Regelung in Buchst. a Alt. 2 („*sonst Tatsachen*“) ein medizinisch-psychologisches Gutachten vom Betroffenen zu fordern.

131 Zum anderen bereitet die Bestimmung des Anwendungsbereichs des Buchst. d Schwierigkeiten. Nach diesem Tatbestand ist ein medizinisch-psychologisches Gutachten beizubringen, wenn die Fahrerlaubnis aus einem der unter „*Buchstaben a) bis c) genannten Gründe*“ entzogen war. Hat beispielsweise das Strafgericht die Fahrerlaubnis wegen einer BAK von 1,4 ‰ nach § 69 StGB entzogen, liegt der Tatbestand des Buchst. c („1,6 ‰“) nicht vor. Es könnte aber wiederum die allgemeine Regelung in Buchst. a Alt. 2 („*sonst Tatsachen*“) in Betracht kommen.

Es ist daher zu bestimmen, im welchen Verhältnis die angesprochenen Tatbestände zueinander stehen.

bb) § 13 FeV Nr. 2: Buchst. c) und Buchst. a)

132 Die **Regelungssystematik des § 13 Nr. 2 FeV** verlangt, dass der spezielle Schwellenwert von 1,6 ‰, den Buchst. c regelt, angewandt und nicht „weginterpretiert“ wird.

133 Indes besteht diese Gefahr der Umgehung des Verordnungstexts nicht, wenn der Sachverhalt Besonderheiten besitzt, die den Regelungsanspruch des Buchst. c, der einzig an die Promillezahl anknüpft, zurücktreten lassen. Das ist dann der Fall, wenn sogenannte **„Zusatztatsachen“** (etwa Anzeichen besonderer Alkoholgewöhnung beim Betroffenen) bestehen, die bei einer Zusammenschau mit einer erheblichen Alkoholisierung, als sonstige Tatsachen i.S.d. Buchst. a die Annahme eines straßenverkehrsrechtlichen Kontrollverlusts und damit den Verdacht auf Alkoholmissbrauch rechtfertigen.

> *Beispiel: MPU unter 1,6 ‰ bei Zusatztatsachen*
>
> Der A führt ein Kraftfahrzeug mit einer Blutalkoholkonzentration von 1,5 ‰ (§ 316 StGB). Sein aktenkundiges Verhalten bei der Blutentnahme (Torkelbogen) lässt auf eine überdurchschnittlich hohe Alkoholgewöhnung schließen.
>
> Eine MPU ist nach dem allgemeinen Tatbestand in Buchst. a des § 13 Nr. 2 beizubringen. Die überdurchschnittlich hohe Alkoholgewöhnung ist eine zusätzliche Tatsache,

welche die Anwendung des speziellen Tatbestands in Buchst. c des § 13 Nr. 2 FeV ausschließt.

cc) „Zusatztatsachen"-Rechtsprechung

Das Normverständnis, wonach bei der Anwendung des § 13 Nr. 2 FeV die Abgrenzung 134
der Anwendungsbereiche der allgemeinen Regelung in Buchst. a Alt. 2 von der speziellen Grenzwertregelung in Buchst. c maßgeblich vom Vorliegen sog. „Zusatztatsachen" abhängt, wird vom VGH BW[72] im Urt. v. 18.6.2012 – 10 S 452/10, Rn 53, veröffentlicht über juris, wie folgt zusammengefasst:

> *„Allerdings rechtfertigt eine einmalige Alkoholfahrt mit einer Blutalkoholkonzentration unter 1,6 ‰ nach dem Willen des Verordnungsgebers für sich genommen nicht die Anforderung eines medizinisch-psychologischen Gutachtens auf der Grundlage des § 13 S. 1 Nr. 2 Buchst. a 2. Alt. FeV. Dies folgt aus dem systematischen Zusammenhang mit der spezielleren Regelung des § 13 S. 1 Nr. 2 Buchst. c FeV, wonach bei einer einmaligen Alkoholfahrt die Beibringung eines medizinisch-psychologischen Gutachtens (nur) angeordnet wird, wenn bei der Trunkenheitsfahrt eine Blutalkoholkonzentration von 1,6 ‰ oder mehr nachgewiesen wurde. Vor diesem Hintergrund ist § 13 S. 1 Nr. 2 Buchst. a FeV so zu verstehen, dass er in Fällen, in denen wie hier nur eine einmalige Alkoholfahrt mit geringerer Blutalkoholkonzentration vorliegt, die Anordnung eines medizinisch-psychologischen Gutachtens nur erlaubt, wenn* ***zusätzliche konkrete Anzeichen*** *für einen Alkoholmissbrauch im straßenverkehrsrechtlichen Sinne vorliegen, also dafür, dass der Betroffene generell zwischen einem die Fahrsicherheit beeinträchtigenden Alkoholkonsum und dem Fahren nicht zu trennen vermag." (Hervorhebung durch den Verf.)*

Fehlt es an Zusatztatsachen im Sinne der Rechtsprechung, ist die medizinisch-psychologische Untersuchung nur dann erforderlich, wenn der Betroffene den Grenzwert von 1,6 ‰ überschritten hat. Dagegen darf die Straßenverkehrsbehörde bei ihrer Gutachtenanforderung nicht verstoßen.

▼ 135

Muster 45.8: Rüge eines Verstoßes gegen den 1,6 ‰-Grenzwert

Die ergangene Ordnungsverfügung vom über die Entziehung der Fahrerlaubnis und die Androhung eines Zwangsgeldes zur Vorlage des Führerscheindokuments ist rechtswidrig und daher aufzuheben. 45.8

Die Straßenverkehrsbehörde hätte *(Mandant)* nicht als fahrungeeignet behandeln dürfen. Die Nichtvorlage eines Gutachtens über eine medizinisch-psychologische Untersuchung (MPU) rechtfertigt nach § 11 Abs. 8 FeV nur dann die Annahme der Nichteignung, wenn die behördliche Gutachtenanforderung rechtmäßig, insbesondere anlassbezogen und verhältnismäßig erfolgt ist.

72 Ebenso BayVGH, Urt. v. 2.12.2011 – 11 B 11.246, Rn 21 – juris; OVG NRW, Beschl. v. 21.1.2015 – 16 B 1374/14, Rn 5 – juris.

Daran fehlt es hier. Insbesondere stellt Buchst. c der Nr. 2 des § 13 FeV hier keine Rechtsgrundlage für die Gutachtenanforderung dar. Der Mandant hat den dort genannten Grenzwert einer Blutalkoholkonzentration von 1,6 ‰ unstreitig nicht erreicht. Vielmehr ist er mit einer Blutalkoholkonzentration von lediglich ‰ als Führer eines Kraftfahrzeuges auffällig geworden. Entgegen der Ansicht der Straßenverkehrsbehörde kann die in Rede stehende Gutachtenanforderung auch nicht auf den Buchst. a Alt. 2 („sonst Tatsachen") der Nr. 2 des § 13 FeV gestützt werden. Hier sperrt die spezielle 1,6 ‰-Regelung in Buchst. c die Anwendung der allgemeinen Vorschrift. Nur der Vollständigkeit halber sei angemerkt, dass sog. Zusatztatsachen, welche nach der Rechtsprechung (vgl. jüngst OVG NRW, Beschl. v. 21.1.2015 – 16 B 1374/14 – juris, Rn 5) ganz ausnahmsweise den Anwendungsbereich der allgemeinen Regelung in Buchst. a Alt. 2 der Nr. 2 des § 13 FeV eröffnen könnten, auch nicht ansatzweise ersichtlich sind.

▲

dd) § 13 Nr. 2 FeV: Buchst. d) und Buchst. a)

136 Besonders strittig gewesen ist das Zusammenspiel von Buchst. d mit Buchst. a, und zwar auch vor dem Hintergrund, welche Rolle der Schwellenwert in Buchst. c dabei spielt. Kann vom Betroffenen die Beibringung eines medizinisch-psychologischen Gutachtens verlangt werden, wenn ihm zuvor die Fahrerlaubnis durch das Strafgericht (§ 69 StGB) wegen einer Trunkenheitsfahrt mit einer BAK von 1,4 ‰ entzogen wurde?[73]

Nr. 2 des § 13 S. 1 FeV knüpft die Pflicht zur Beibringung einer MPU u.a. an folgende Tatbestände:

a) (...) sonst Tatsachen die Annahme von Alkoholmissbrauch begründen,

(...)

c) ein Fahrzeug im Straßenverkehr bei einer Blutalkoholkonzentration von 1,6 ‰ oder mehr (...) geführt wurde,

d) die Fahrerlaubnis aus einem der unter den Buchst. a bis c genannten Gründe entzogen war (...)

137 Dabei zählt zur vorherigen Entziehung i.S.v. Buchst. d („*entzogen war*") auch die Entziehung durch das Strafgericht nach § 69 StGB. Dies ist höchstrichterlich geklärt.[74]

138 Allerdings hatte der **VGH BW** die Auffassung vertreten, dass Buchst. d vor einer Wiedererteilung immer dann eine medizinisch-psychologische Untersuchung verlange, wenn zuvor das Strafgericht die Fahrerlaubnis wegen Trunkenheit im Verkehr (§ 316 StGB: BAK ab 1,1 ‰) entzogen hat. Der Schwellenwert in Buchst. c (BAK ab 1,6 ‰) greife nicht ein. Maßgeblich sei vielmehr das vom Strafgericht bindend festgestellte Vorliegen eines Alkoholmissbrauchs, welcher dem in Buchst. a genannten Grund, namentlich der „Annahme von Alkoholmissbrauch" entspreche.

73 Vgl. § 316 StGB über die Trunkenheit im Verkehr und die Fahrerlaubnisentziehung als eine Maßregel der Besserung und Sicherung nach §§ 61 Nr. 5, 69 Abs. 1 S. 1 und Abs. 2 Nr. 2 StGB.

74 BVerwG, Beschl. v. 24.6.2013 – 3 B 71/12 – juris.

Diese Auffassung hat in der Rechtslehre **heftige Kritik**[75] erfahren. Das **BVerwG** hat die entstandene Rechtsunsicherheit zwischenzeitlich beseitigt und die Auffassung des VGH BW abgelehnt. In den maßgeblichen Leitentscheidungen des BVerwG v. 6.4.2017 heißt es:[76] 139

> *„Ist nach einer einmaligen Trunkenheitsfahrt mit einer Blutalkoholkonzentration von weniger als 1,6 Promille die Fahrerlaubnis durch das Strafgericht entzogen worden, darf die Fahrerlaubnisbehörde die Neuerteilung nicht allein wegen dieser Fahrerlaubnisentziehung von der Beibringung eines positiven medizinisch-psychologischen Gutachtens abhängig machen. Anders liegt es, wenn zusätzliche Tatsachen die Annahme künftigen Alkoholmissbrauchs begründen."*

▼ 140

Muster 45.9: PKH-Antrag bei Wiedererteilung der Fahrerlaubnis und „MPU unter 1,6 ‰"

45.9

Verwaltungsgericht

Kläger ./. Beklagte

Aktenzeichen:

wegen: Klage auf Wiedererteilung der Fahrerlaubnis

hier: Antrag auf Gewährung von Prozesskostenhilfe

Namens und im Auftrag des Klägers wird hiermit beantragt,

für die bereits erhobene Klage mit dem Inhalt,

die Beklagte unter Aufhebung ihres Versagungsbescheides vom zu verpflichten, die Fahrerlaubnis der Klassen antragsgemäß zu erteilen, Prozesskostenhilfe für das Klageverfahren erster Instanz unter Beiordnung von Rechtsanwalt aus zu gewähren.

Zunächst ist zum Beleg der Mittellosigkeit auf die in der Anlage beigefügte Erklärung über die persönlichen und wirtschaftlichen Verhältnisse zu verweisen. Die Prozesskostenhilfe ist zu gewähren, weil die Rechtsverfolgung hinreichende Erfolgsaussicht i.S.v. § 166 VwGO i.V.m. § 114 S. 1 ZPO besitzt.

Dem liegt folgender Sachverhalt zu Grunde:

Der Kläger führte am ein Kraftfahrzeug und stand dabei unter Alkoholeinfluss. Seine BAK betrug 1,4 ‰. Das Amtsgericht verurteilte den Kläger wegen Trunkenheit im Verkehr (§ 316 StGB), entzog ihm die Fahrerlaubnis nach § 69 StGB und verhängte eine Sperre für die Wiedererteilung. Nach Ablauf dieser Sperre hat der Kläger ohne Erfolg die Wiedererteilung der Fahrerlaubnis der Klassen beantragt.

Der von der Beklagten erlassene Versagungsbescheid hält einer rechtlichen Prüfung nicht stand. Zu Unrecht geht die Begründung des Bescheides von der Annahme aus, der Kläger müsse sich vor einer Wiederteilung der Fahrerlaubnis einer medizinisch-psychologischen Untersuchung unterziehen. Eine solche Untersuchung kommt nämlich

75 *Koehl*, DAR 2015, 607; *Zwerger*, DAR 2015, 157; Haus/Zwerger/*Zwerger*, Bd. 3, § 6 Rn 4; *Hillmann*, DAR 2015, 1; *Haus*, zfs 2014, 479; *ders.*, zfs 2014, 719; *Mahlberg*, DAR 2014, 419; *ders.*, DAR 2014, 603; *Ixmeier*, DAR 2015, 36.

76 Vgl. BVerwG, Urt. v. 6.4.2017 – 3 C 24/15, 3 C 13/16 – juris.

nach § 13 Nr. 2 Buchst. d und c) FeV nur dann in Betracht, wenn bei der einmaligen Alkoholfahrt der Schwellenwert einer BAK von 1,6 ‰ überschritten worden ist. Das ist hier eindeutig nicht der Fall (BAK i.H.v. ‰).

Die Beklagte meint offenbar, sie könne sich auf eine inzwischen überholte Rechtsprechung des VGH BW stützen, wonach die Notwendigkeit einer MPU auch unter 1,6 ‰ nach den Buchst. d und a) des § 13 Nr. 2 FeV in Betracht komme, vgl. VGH BW, Urt. v. 7.7.2015 – 10 S 116/15 – juris. Dieser Auffassung hat das BVerwG in seinen Leitentscheidungen vom 6.4.2017 die Grundlage entzogen.

Anlage: Erklärung über die persönlichen und wirtschaftlichen Verhältnisse

▲

4. Wiederholte Zuwiderhandlung (§ 13 Nr. 2 Buchst. b FeV)

141 Nach Buchst. b des § 13 Nr. 2 FeV ist ein medizinisch-psychologisches Gutachten auch dann beizubringen, wenn wiederholt Zuwiderhandlungen im Straßenverkehr unter Alkoholeinfluss begangen wurden.

Für ein wiederholtes Fahren unter Alkoholeinfluss reicht es aus, wenn beispielsweise zwei Ordnungswidrigkeiten nach der 0,5 ‰-Regelung des § 24a Abs. 1 StVG vorliegen.

142 *Hinweis*

Für die anwaltliche Beratung stellt sich hier die Frage der **Verwertbarkeit der Vortaten**. Nach § 29 Abs. 7 StVG i.d.F. vom 1.5.2014 dürfen die Tat und die Entscheidung dem Betroffenen nicht mehr vorgehalten bzw. nicht zu seinem Nachteil verwertet werden, wenn die betreffende Eintragung im **Fahreignungsregister gelöscht** ist.

5. BAK von 1,6 ‰ oder mehr (§ 13 Nr. 2 Buchst. c FeV)

143 Nach Buchst. c des § 13 Nr. 2 FeV ist ein medizinisch-psychologisches Gutachten beizubringen, wenn ein Fahrzeug im Straßenverkehr bei einer Blutalkoholkonzentration von 1,6 ‰ oder mehr oder einer Atemalkoholkonzentration von 0,8 mg/l oder mehr geführt wurde.

Diese 1,6 ‰-Regelung besteht seit dem Inkrafttreten der Fahrerlaubnis-Verordnung am 1.1.1999. Sie stellt eine Verschärfung der bis dahin geltenden Rechtslage dar, die der Gesetzgeber in BR-Drucks 443/1/98, Nr. 12 damit begründet, es sei

> *„davon auszugehen, dass alkoholauffällige Kraftfahrer bereits mit einer BAK ab 1,6 ‰ über deutlich normabweichende Trinkgewohnheiten und eine ungewöhnliche Giftfestigkeit verfügen. Da diese Personen doppelt so häufig rückfällig werden wie Personen mit geringeren Blutalkoholkonzentrationen, ist das (scil.: bisherige) Erfordernis zusätzlicher Verdachtsmomente nicht mehr vertretbar“.*

Dementsprechend ist ab einer BAK von 1,6 ‰ auch bei einer erstmaligen Trunkenheitsfahrt ein medizinisch-psychologisches Gutachten beizubringen. Der Betroffene kann also nicht damit gehört werden, es habe sich um einen außergewöhnlichen Anlass (Geburtstag, Silvester, Karneval etc.) gehandelt. 144

Die Regelung erfasst das Führen eines „Fahrzeugs", also auch die Teilnahme am Straßenverkehr als **Radfahrer**. Der Verordnungsgeber hat nämlich gerade nicht den Begriff „**Kraft**fahrzeug" verwendet mit der Folge, dass bereits die einmalige alkoholisierte Verkehrsteilnahme mit einem Fahrrad die Beibringung eines medizinisch-psychologischen Gutachtens erforderlich macht.[77] 145

6. Vorangegangene Entziehung (§ 13 Nr. 2 Buchst. d FeV)

Nach Buchst. d des § 13 Nr. 2 FeV ist ein medizinisch-psychologisches Gutachten beizubringen, wenn die Fahrerlaubnis aus einem der unter den Buchst. a bis c genannten Gründe entzogen war. 146

Die Regelung knüpft an eine vorangegangene Entziehung an. Diese kann durch die Behörde oder durch das Strafgericht[78] erfolgt sein. Der Betroffene befindet sich in einer Situation der Wiedererteilung und er soll daher durch Beibringung eines medizinisch-psychologischen Gutachtens nachweisen, dass er seine Fahreignung wiedererlangt hat, siehe dazu: Rdn 160.

Schwierigkeiten kann es bereiten, die erfolgte Entziehung einem der in „*Buchstaben a bis c genannten Gründe*" zuzuordnen. Diese Gründe sind: 147

- Anzeichen von Alkoholmissbrauch oder sonstige Tatsachen, die die Annahme von Alkoholmissbrauch begründen,
- wiederholte Zuwiderhandlungen im Straßenverkehr, die unter Alkoholeinfluss begangen wurden,
- Führen eines Fahrzeugs im Straßenverkehr mit einer BAK von 1,6 ‰ oder mehr.

Lag der Grund für die vorangegangene Entziehung in einer einmaligen Trunkenheitsfahrt mit beispielsweise 1,3 ‰, so kommen die letztgenannten Gründe nicht in Betracht. 148

7. Wiedererlangung der Fahreignung (§ 13 Nr. 2 Buchst. e FeV)

Nach Buchst. e des § 13 Nr. 2 FeV ist ein medizinisch-psychologisches Gutachten beizubringen, wenn sonst zu klären ist, ob Alkoholmissbrauch oder Alkoholabhängigkeit nicht mehr besteht. 149

Bestand in der Vergangenheit ein Alkoholmissbrauch oder eine Alkoholabhängigkeit beim Betroffenen, so muss er auch als Erstbewerber um die Erteilung einer Fahrerlaubnis durch medizinisch-psychologisches Gutachten nachweisen, dass er seine Fahreignung wiedererlangt hat.

77 BVerwG, Beschl. v. 20.6.2013 – 3 B 102.12 = zfs 2013, 474.
78 BVerwG, Beschl. v. 24.6.2013 – 3 B 71/12 – juris.

IV. Eignungszweifel bei Cannabisproblematik (ab 1.4.2024)

1. Die Neuregelung in § 13a FeV

150 Zur Klärung von Eignungszweifeln bei Cannabisproblematik ist durch das am 1.4.2024 in Kraft getretene Cannabisgesetz in enger Anlehnung an § 13 FeV (Alkoholproblematik) ein neuer § 13a (Cannabisproblematik) geschaffen worden.

§ 13a FeV lautet:

> *„Zur Vorbereitung von Entscheidungen über die Erteilung oder Verlängerung der Fahrerlaubnis oder über die Anordnung von Beschränkungen oder Auflagen ordnet die Fahrerlaubnisbehörde an, dass*
> *1. ein ärztliches Gutachten (§ 11 Absatz 2 Satz 3) beizubringen ist, wenn Tatsachen die Annahme von Cannabisabhängigkeit begründen, oder*
> *2. ein medizinisch-psychologisches Gutachten beizubringen ist, wenn*
> *a) nach dem ärztlichen Gutachten zwar keine Cannabisabhängigkeit, jedoch Anzeichen für Cannabismissbrauch vorliegen oder sonst Tatsachen die Annahme von Cannabismissbrauch begründen,*
> *b) wiederholt Zuwiderhandlungen im Straßenverkehr unter Cannabiseinfluss begangen wurden,*
> *c) die Fahrerlaubnis aus einem der unter den Buchstaben a und b genannten Gründen entzogen war oder*
> *d) sonst zu klären ist, ob Cannabismissbrauch oder Cannabisabhängigkeit nicht mehr besteht.“*

2. Cannabisabhängigkeit (§ 13a Nr. 1 FeV)

151 Wenn Tatsachen die Annahme einer Cannabisabhängigkeit begründen, so knüpft Nr. 1 des § 13a FeV daran die Folge, dass der Betroffene ein **ärztliches Gutachten** (§ 11 Abs. 2 S. 3 FeV) beizubringen hat. Cannabisabhängigkeit ist wie Alkoholabhängigkeit eine **Krankheit**.[79] Es reicht daher aus, wenn das Bestehen oder Nichtbestehen des Abhängigkeitssyndroms von einem Facharzt diagnostiziert wird; ein medizinisch-psychologisches Gutachten ist nicht erforderlich und daher auch nicht zulässig.[80]

Die Kriterien dafür, wann eine Sucht bzw. Abhängigkeit vorliegt, können in entsprechender Anwendung der Nr. 3.13.2 der **Begutachtungsleitlinien zur Kraftfahreignung**[81] entnommen werden.

Danach kann die sichere Diagnose der Abhängigkeit nur gestellt werden, wenn irgendwann während des letzten Jahres drei oder mehr der dort genannten sechs Kriterien gleichzeitig vorhanden waren, vgl. zur Alkoholabhängigkeit Rdn 62.

79 Vgl. zur Alkoholsucht Anlage 4 zur FeV (Nr. 8.3) und Nr. 3.13.2 der Begutachtungs-Leitlinien zur Kraftfahreignung, Stand 1.5.2014, *www.bast.de*.
80 Zur vergleichbaren Rechtslage bei Alkoholsucht: Haus/Zwerger/*Zwerger*, Das verkehrsrechtliche Mandat, § 6 Rn 18.
81 Nr. 3.13.2, Begutachtungs-Leitlinien zur Kraftfahreignung, Stand 1.5.2014, *www.bast.de*.

3. Wiedererlangung der Eignung nach Cannabisabhängigkeit (§ 13a Nr. 2 Buchst. d FeV)

Nach Buchst. d des § 13a Nr. 2 FeV ist ein **medizinisch-psychologisches Gutachten** beizubringen, wenn *„sonst zu klären ist, ob (…) Cannabisabhängigkeit nicht mehr besteht.“* Die Wiedererlangung der Fahreignung nach Cannabisabhängigkeit setzt eine Entwöhnungsbehandlung voraus. Erforderlich ist, dass die Abhängigkeit nicht mehr besteht und in der Regel ein Jahr Abstinenz nachgewiesen ist, vgl. Nr. 9.2.4 der Anlage 4 zur FeV in der ab 1.4.2024 geltenden Fassung. **152**

4. Cannabismissbrauch (§ 13a Nr. 2 Buchst. a FeV)

a) Allgemeines

Im Zusammenhang mit dem Verdacht auf Cannabismissbrauch nennt § 13a Nr. 2 Buchst. a FeV in Anlehnung an den Alkoholmissbrauch (s. Rdn 120 ff.) zwei Begutachtungsanlässe: **153**

- „Wenn nach dem ärztlichen Gutachten (gem. Nr. 1) zwar keine Cannabisabhängigkeit, jedoch Anzeichen für Cannabismissbrauch vorliegen oder
- sonst Tatsachen die Annahme von Cannabismissbrauch begründen (…)“

und knüpft daran jeweils die Folge, dass der Betroffene ein **medizinisch-psychologisches Gutachten** beizubringen hat.

Die erste Alternative (§ 13a Nr. 2 Buchst. a Alt. 1 FeV) für die Durchführung einer **medizinisch-psychologischen Untersuchung** ist eng begrenzt und setzt voraus, dass zunächst ein ärztliches Gutachten nach § 13a Nr. 1 FeV angeordnet und vorgelegt worden ist und aus diesem Gutachten Anzeichen für einen Cannabismissbrauch zu entnehmen sind. Dies dürfte in der Praxis eher selten vorkommen und soll daher nicht weiter erläutert werden. **154**

b) „Sonst Tatsachen“ als Auffangtatbestand

Die zweitgenannte Alternative des § 13a Nr. 2 Buchst. a FeV („sonst Tatsachen“) ist sehr allgemein formuliert und wirft daher Auslegungsfragen auf. Im Regelungszusammenhang der Nr. 2 des für Alkoholproblematiken geltenden § 13 FeV ist sie, was allerdings nicht unbestritten ist, als ein **Auffangtatbestand**[82] für die Pflicht zur Beibringung eines medizinisch-psychologischen Gutachtens anzusehen. **155**

aa) Mitglied einer Anbauvereinigung

Nach dem Wortlaut der Vorschrift (*„sonst Tatsachen die Annahme von Cannabismissbrauch begründen“*) ist es als Anlass für die MPU nicht einmal erforderlich, dass die Tatsachen, welche den Verdacht auf Cannabismissbrauch begründen, **im Zusammenhang mit dem Verhalten im Straßenverkehr** offenbar geworden sind. Vielmehr können *„sonst Tatsachen“* aus allen Lebenssituationen herrühren, namentlich aus der privaten **156**

82 Gegen eine solche Einordnung: BayVGH, Beschl. v. 9.2.2009 – 11 CE 08.3028, Rn 14 – juris.

Lebensführung des Betroffenen, etwa eines gesteigerten Cannabiskonsums in der Freizeit, etwa als **Mitglied einer legalen Anbauvereinigung** (vgl. §§ 16 ff. des Konsumcannabisgesetzes). Die private Lebensführung steht unter dem Schutz des **Persönlichkeitsrechts nach Art. 2 Abs. 1 GG**. Dementsprechend ist aus verfassungsrechtlichen Gründen diejenige Schwelle zu bestimmen, ab der die Behörde die Beibringung eines medizinisch-psychologischen Gutachtens fordern darf. Dabei spielt die Funktion der MPU-Anforderung nach § 13a FeV eine maßgebliche Rolle. Die Anforderung dient der Aufklärung von Eignungsbedenken bei einer Cannabisproblematik. Dahinter steht eine mögliche Gefahr für Leben und körperliche Unversehrtheit der anderen Verkehrsteilnehmer und damit für **Rechtsgüter, die nach Art. 2 Abs. 2 S. 1 GG als Recht auf Leben und Gesundheit staatlich zu schützen** sind.

bb) Cannabis-Entscheidung des BVerfG aus dem Jahr 2002

157 Leitlinien für die verfassungskonforme Anwendung des § 13a Nr. 2 Buchst. a FeV („*sonst Tatsachen*“) ergeben sich insbesondere aus der **„Cannabis-Entscheidung“** des BVerfG[83] aus dem Jahr 2002. Die Aussagen dieser Entscheidung zur Verfassungsmäßigkeit einer Gutachtenanforderung, die auf der Grundlage der damaligen Regelung in § 15b Abs. 2 StVZO erging, können auf die Gutachtenanforderung nach der jetzigen Regelung in § 13a FeV als **Mindeststandard** übertragen werden. Danach darf die Feststellung des **unerlaubten Besitzes einer kleinen Menge Cannabis** für sich allein nicht zum Anlass genommen werden, dem Betroffenen ein fachärztliches Gutachten auf der Grundlage eines Drogenscreenings abzuverlangen. Die abweichende behördliche und fachgerichtliche Praxis bei der Überprüfung von Fahrerlaubnisinhabern beanstandete das BVerfG als Verstoß gegen

- die allgemeine Handlungsfreiheit des Betroffenen (Art. 2 Abs. 1 GG),
- das allgemeine Persönlichkeitsrecht des Betroffenen (Art. 1 i.V.m. Art. 2 Abs. 1 GG) und
- den Grundsatz der Verhältnismäßigkeit.

Ferner stellte das BVerfG klar,[84] dass die Anforderung zur Beibringung eines Drogenscreenings nur dann in Betracht komme, wenn über den bloßen Besitz von Cannabis hinaus konkrete tatsächliche Verdachtsmomente dafür ermittelt worden sind, dass der Betroffene den Konsum von Cannabis und die aktive Teilnahme am Straßenverkehr nicht zuverlässig zu trennen vermag oder zu trennen bereit ist.

83 BVerfG, Beschl. v. 20.6.2002 – 1 BvR 2062/96 – juris. Ein kostenfreier Abruf ist über die Interseite des BVerfG (*www.bverfg.de*) möglich.
84 BVerfG, a.a.O.

cc) Gefahrerforschungseingriff

Da es um die Ermittlung einer Gefahr geht, lässt sich der auslegungsbedürftige Tatbestand einer Gutachtenanforderung in § 13a Nr. 2 Buchst. a FeV („*sonst Tatsachen*") als ein im Fahrerlaubnisrecht vorgesehener **Gefahrerforschungseingriff**[85] begreifen. Die Anforderung einer MPU ist unter den in Rdn 124 und 125 dargestellten Voraussetzungen gerechtfertigt. 158

5. Wiederholte Zuwiderhandlung (§ 13a Nr. 2 Buchst. b FeV)

Nach Buchst. b des § 13a Nr. 2 FeV ist ein medizinisch-psychologisches Gutachten 159 auch dann beizubringen, wenn wiederholt Zuwiderhandlungen im Straßenverkehr unter Cannabiseinfluss begangen wurden. Für ein wiederholtes Fahren unter Cannabiseinfluss reicht es aus, wenn beispielsweise zwei Ordnungswidrigkeiten nach § 24a Abs. 1 StVG vorliegen.

Nach aktueller Rechtslage hat der Gesetzgeber den für das Vorliegen einer Ordnungswidrigkeit nach § 24a Abs. 1 StVG maßgeblichen THC-Grenzwert erhöht (von 1 auf **3,5 ng/ml THC**), vgl. § 24a Abs. 1a StVG. Damit ist zweifelhaft, ob bereits geahndete Ordnungswidrigkeiten berücksichtigungsfähig sind. Problematisch ist dies, wenn sie auf einem früheren Verhalten beruhen, das zum Zeitpunkt der Entscheidung über die Gutachtenanordnung aufgrund der Erhöhung des THC-Grenzwerts nicht mehr als Ordnungswidrigkeit anzusehen ist.

Für eine Bewertung anhand der aktuellen Rechtslage hat sich der Gesetzgeber jedenfalls im Strafvollstreckungsrecht entschieden. Art. 13 des Cannabisgesetzes führt Art. 316p EGStGB ein. Danach werden solche Strafen im Zusammenhang mit Cannabis nicht weiter vollstreckt, die nach der Rechtslage ab dem 1.4.2024 nicht mehr strafbar sind, vgl. auch Art. 313 EGStGB.

6. Vorangegangene Entziehung (§ 13a Nr. 2 Buchst. c FeV)

Nach Buchst. c des § 13a Nr. 2 FeV ist ein medizinisch-psychologisches Gutachten 160 beizubringen, wenn die Fahrerlaubnis aus einem der unter den Buchst. a und b genannten Gründe entzogen war.

Die Regelung knüpft an eine vorangegangene Entziehung an. Diese kann durch die Behörde oder durch das Strafgericht erfolgt sein. Der Betroffene befindet sich in einer Situation der Wiedererteilung und er soll daher durch Beibringung eines medizinisch-psychologischen Gutachtens nachweisen, dass er seine Fahreignung wiedererlangt hat.

85 Vgl. zur Herleitung und zu den Voraussetzungen: Haus/Zwerger/*Zwerger*, Das verkehrsrechtliche Mandat, § 6 Rn 32 f. unter Hinweis auf OVG Saarland, Beschl. v. 18.9.2000 – 9 W 5/00 = zfs 2001, 92, 94, BVerwG, Urt. v. 5.7.2001 – 3 C 13/01 = zfs 2002, 47, 48 f. und BVerfG („Cannabisentscheidung"), Kammerbeschluss vom 20.6.2002 – 1 BvR 2062/96 = zfs 2002, 454, 458.

Die Spruchpraxis der Gerichte wird zeigen, ob und wie im Einzelfall zu berücksichtigen ist, dass die vorangegangene Entziehung nach aktueller Bewertung nicht gerechtfertigt gewesen wäre.

7. Wiedererlangung der Fahreignung (§ 13a Nr. 2 Buchst. d FeV)

161 Nach Buchst. d des § 13a Nr. 2 FeV ist ein medizinisch-psychologisches Gutachten beizubringen, wenn sonst zu klären ist, ob Cannabismissbrauch oder Cannabisabhängigkeit nicht mehr besteht. Bestand in der Vergangenheit ein Cannabismissbrauch oder eine Cannabisabhängigkeit beim Betroffenen, so muss er auch als Erstbewerber um die Erteilung einer Fahrerlaubnis durch medizinisch-psychologisches Gutachten nachweisen, dass er seine Fahreignung wiedererlangt hat.

Auch hier wird die Spruchpraxis der Gerichte zeigen, ob und wie im Einzelfall zu berücksichtigen ist, dass etwa ein vorangegangener Cannabismissbrauch nach aktueller Bewertung nicht als solcher gewertet werden kann.

V. Eignungszweifel bei Betäubungsmittelproblematik

1. Neufassung des § 14 FeV (ab 1.4.2024)

162 Am 1.4 2024 ist das Cannabisgesetz, ein Artikelgesetz, in Kraft getreten. Art. 1 enthält das Konsumcannabisgesetz und Art. 2 das Medizinal-Cannabisgesetz. Art. 3 Nr. 6 ändert das Betäubungsmittelgesetz und streicht „Cannabis“ aus den dortigen Anlagen I und III (zu § 1 Abs. 1 BtMG). Spricht der Gesetzgeber von „Betäubungsmitteln“ gehört Cannabis nunmehr **nicht** mehr dazu. Dementsprechend hat das Cannabisgesetz in Art. 14 Nr. 1 eine eigene Vorschrift (§ 13a FeV) zur Klärung von Eignungszweifeln bei Cannabisproblematik geschaffen. Die auf Cannabis bezogene Vorschrift des **§ 14 Abs. 1 S. 3 FeV wurde gestrichen**, vgl. Art. 14 Nr. 2 des Cannabisgesetzes.

§ 14 FeV über die Klärung von Eignungszweifeln im Hinblick auf Betäubungsmittel und Arzneimittel lautet daher ab 1.4.2024:

> *„(1) Zur Vorbereitung von Entscheidungen über die Erteilung oder die Verlängerung der Fahrerlaubnis oder über die Anordnung von Beschränkungen oder Auflagen ordnet die Fahrerlaubnisbehörde an, dass ein ärztliches Gutachten (§ 11 Absatz 2 Satz 3) beizubringen ist, wenn Tatsachen die Annahme begründen, dass*
> *1. Abhängigkeit von Betäubungsmitteln im Sinne des Betäubungsmittelgesetzes (…), in der jeweils geltenden Fassung oder von anderen psychoaktiv wirkenden Stoffen,*
> *2. Einnahme von Betäubungsmitteln im Sinne des Betäubungsmittelgesetzes oder*
> *3. missbräuchliche Einnahme von psychoaktiv wirkenden Arzneimitteln oder anderen psychoaktiv wirkenden Stoffen*
>
> *vorliegt. Die Beibringung eines ärztlichen Gutachtens kann angeordnet werden, wenn der Betroffene Betäubungsmittel im Sinne des Betäubungsmittelgesetzes widerrechtlich besitzt oder besessen hat.*

(2) Die Beibringung eines medizinisch-psychologischen Gutachtens ist für die Zwecke nach Absatz 1 anzuordnen, wenn
1. *die Fahrerlaubnis aus einem der in Absatz 1 genannten Gründe durch die Fahrerlaubnisbehörde oder ein Gericht entzogen war,*
2. *zu klären ist, ob der Betroffene noch abhängig ist oder – ohne abhängig zu sein – weiterhin die in Absatz 1 genannten Mittel oder Stoffe einnimmt, oder*
3. *wiederholt Zuwiderhandlungen im Straßenverkehr nach § 24a des Straßenverkehrsgesetzes begangen wurden. § 13 Nummer 2 Buchstabe b bleibt unberührt."*

2. Verdacht auf Drogenabhängigkeit (Nr. 1 des § 14 Abs. 1 S. 1 FeV)

Wenn beim Fahrerlaubnisinhaber Tatsachen vorliegen, welche die Annahme einer Betäubungsmittelabhängigkeit begründen, so knüpft § 14 Abs. 1 S. 1 Nr. 1 FeV daran die Folge, dass der Betroffene ein ärztliches Gutachten (§ 11 Abs. 2 S. 3 FeV) beizubringen hat. Die Abhängigkeit von Betäubungsmitteln ist eine Krankheit. Es reicht daher aus, wenn das Bestehen oder Nichtbestehen der Abhängigkeit von einem Facharzt diagnostiziert wird; ein medizinisch-psychologisches Gutachten ist nicht erforderlich und eine entsprechende Beibringungsanordnung auch nicht zulässig. **163**

3. Verdacht der BtM-Einnahme (Nr. 2 und 3 des § 14 Abs. 1 S. 1 FeV)

§ 14 Abs. 1 S. 1 Nr. 2 und 3 FeV sieht zwingend die Beibringung eines ärztlichen Gutachtens zur Klärung der Konsumgewohnheit vor, wenn Tatsachen die Annahme begründen, dass beim Betroffenen eine **164**
- Einnahme von Betäubungsmitteln i.S.d. BtMG oder eine
- missbräuchliche Einnahme von psychoaktiv wirkenden Arzneimitteln oder
- anderen psychoaktiv wirkenden Stoffen (für Cannabis ist § 13a FeV die lex specialis)

vorliegt.

4. Illegaler BtM-Besitz (S. 2 des § 14 Abs. 1 FeV)

Nach § 14 Abs. 1 S. 2 FeV kann der illegale Besitz von Betäubungsmitteln (Cannabis gehört nicht mehr dazu) die Anordnung der Beibringung eines ärztlichen Gutachtens rechtfertigen. Der notwendige Bezug zur Verkehrssicherheit ist in der Regelung nicht zum Ausdruck gebracht und muss hineingelesen werden. Die Anordnung der Beibringung eines ärztlichen Gutachtens nach § 14 Abs. 1 S. 2 FeV steht im Ermessen („*kann*") der Fahrerlaubnisbehörde. Dies hat zur Folge, dass die Umstände des Einzelfalles, insbesondere auch der Straßenverkehrsbezug und die Art der illegalen Droge, bei der Ausübung des Ermessens einfließen können und müssen. **165**

5. Bis 31.3.2024: Gelegentlicher Cannabiskonsum (S. 3 des § 14 Abs. 1 FeV a.F.)

166 Der bis 31.3.2024 bestehende Tatbestand im aufgehobenen S. 3 des § 14 Abs. 1 FeV a.F. betraf den Cannabiskonsum: Wenn der Betroffene gelegentlich Cannabis konsumierte und weitere Tatsachen Zweifel an der Eignung begründeten, so stand es nach dieser Regelung im Ermessen („*kann*“) der Behörde, ob sie die Beibringung eines medizinisch-psychologischen Gutachtens anordnete. Ab 1.4.2024 ist § 13a FeV bei Eignungszweifeln aufgrund einer Cannabisproblematik einschlägig.

6. Sonstige Tatbestände der MPU-Beibringung (Abs. 2 des § 14 FeV)

167 Sonstige Tatbestände, welche zwingend („*ist*“) die Anordnung der Beibringung eines medizinisch-psychologischen Gutachtens erfordern, finden sich in § 14 Abs. 2 FeV. Die Beibringung der MPU wird verlangt, wenn die Fahrerlaubnis aus einem der in § 14 Abs. 1 FeV genannten Gründe, mithin

- Drogenabhängigkeit,
- Einnahme von Betäubungsmitteln etc.,
- illegaler Besitz von Betäubungsmitteln,

durch die Fahrerlaubnisbehörde oder ein Gericht entzogen war (Nr. 1 des § 14 Abs. 2 FeV),

- zu klären ist, ob der Betroffene noch abhängig ist oder – ohne abhängig zu sein – weiterhin die in Abs. 1 genannten Mittel oder Stoffe einnimmt (Nr. 2 des § 14 Abs. 2 FeV),
- wiederholt Zuwiderhandlungen im Straßenverkehr nach § 24a StVG begangen wurden (Nr. 3 des § 14 Abs. 2 FeV).

§ 46 EU-Führerscheine

Torsten Bendig/Dr. Matthias Keller

A. Einführung in die Problematik

I. Fragestellung

In der anwaltlichen Beratungspraxis läuft die Thematik „EU-Führerscheine" typischerweise auf folgende Fragestellung hinaus: Ist die deutsche Straßenverkehrsbehörde verpflichtet, den ausländischen EU-Führerschein des Mandanten anzuerkennen oder darf sie führerscheinrechtliche Maßnahmen gegen ihn einleiten? 1

II. Führerschein-Tourismus

Problemhintergrund ist häufig der sog. **„Führerschein-Tourismus"**:[1] In Deutschland kommt die Neuerteilung einer Fahrerlaubnis nach Entzug (etwa wegen Alkohol- oder Drogenmissbrauchs) regelmäßig nur dann in Betracht, wenn der Fahrerlaubnisbewerber eine stabile Verhaltensänderung durch eine medizinisch-psychologische Untersuchung nachweist. Aus diesem Grund begeben sich Fahrerlaubnisbewerber in einen anderen EU-Mitgliedstaat, der eine solche – insbesondere psychologische – Untersuchung nicht verlangt, und lassen sich dort einen EU-Führerschein erteilen. Nach Rückkehr verlangen sie die Anerkennung des ausländischen EU-Führerscheins für das Bundesgebiet. 2

III. Vorrang des Unionsrechts

Ausgangspunkt der rechtlichen Überlegungen hat stets der (Anwendungs-) **Vorrang des Unionsrechts**[2] zu sein. Vorrangig zu berücksichtigen sind damit insbesondere 3

- die EU-Richtlinien über den Führerschein,[3]
- der Grundsatz der Anerkennung von EU-Führerscheinen,
- die Ausnahmetatbestände der Nichtanerkennung von EU-Führerscheinen und
- das durch die Rechtsprechung des EuGH in Führerscheinsachen entstandene „Fallrecht".

In diesem Bereich beschränkt sich die Aufgabe des mitgliedstaatlichen Gesetzgebers, EU-Vorgaben, insbesondere die des EU-Richtlinienrechts, ordnungsgemäß umzusetzen.

1 Vgl. dazu *Zwerger*, Europäischer Führerscheintourismus – Rechtsprechung des EuGH und nationale Rechtsgrundlagen, zfs 2015, 184 ff.

2 EuGH, Urt. v. 15.7.1964 – 6/64, Rechtssache „Costa/ENEL", *www.curia.europa.eu.*

3 Vgl. Richtlinie 91/439/EWG v. 29.7.1991 sowie Richtlinie 2006/126/EG v. 20.12.2006; Ende des Jahres 2024 ist mit dem Erlass der Vierten Führerschein-Richtlinie („digitaler Führerschein") zu rechnen.

IV. Umsetzungsrecht in §§ 28, 29 FeV

4 In Deutschland beinhalten §§ 28, 29 FeV die wesentlichen Voraussetzungen zur Anerkennung ausländischer EU-Fahrerlaubnisse. Vor dem Hintergrund des „Führerschein-Tourismus" sind diese Voraussetzungen im Zweifel eher restriktiv gefasst. Wenn EU-Vorgaben eine großzügigere Anerkennung von EU-Führerscheinen verlangen, ist die deutsche Behörden- und Gerichtspraxis daran gebunden. Sie **müssen einen nach §§ 28, 29 FeV an sich einschlägigen Tatbestand** der Nichtanerkennung von EU-Führerscheinen **unangewendet lassen.**[4]

5 Der **53. Deutsche Verkehrsgerichtstag 2015** hat sich mit dieser Problematik näher befasst. Die dortige Diskussion im Arbeitskreis I bietet eine gute Beurteilungsgrundlage für die anwaltliche Beratung, ob ein Verwaltungsprozess zur Durchsetzung von EU-Vorgaben bei der (Nicht-)Anerkennung von EU-Führerscheinen erfolgreich sein kann. Heranzuziehen ist das von *Zwerger* **gehaltene Referat**,[5] das u.a. zu dem Ergebnis gelangt, dass § 28 Abs. 4 S. 1 Nr. 3 FeV (entsprechend Nr. 9 FeV) sowie § 29 Abs. 3 S. 1 Nr. 3 FeV als unionsrechtswidrig anzusehen sind, soweit sie für die Nichtanerkennung der EU-Fahrerlaubnis in Deutschland an die folgenden Tatbestände anknüpfen:

- Versagung des Führerscheins,
- Entzug des Führerscheins und
- Verzichts des Führerscheins.

Diese gravierenden Bedenken an der Europarechtskonformität ergeben sich mit Blick auf den Grundsatz der gegenseitigen Anerkennung von EU-Führerscheinen, den es zu beleuchten gilt.

B. Anerkennungsgrundsatz

6 Die im Jahr 1991 verabschiedete Zweite Führerschein-Richtlinie (91/439) und die im Jahr 2006 verabschiedete Dritte Führerschein-Richtlinie (2006/126) enthalten – gleichlautend – folgenden grundlegenden Passus:

Die von den Mitgliedstaaten ausgestellten Führerscheine werden gegenseitig anerkannt.

Das Unionsrecht stellt damit den **Grundsatz der gegenseitigen unbefristeten Anerkennung** der EU-Führerscheine auf.

7 Der EuGH hat diesen Grundsatz in seiner Rechtsprechung weiter ausgeformt und dabei verdeutlicht, dass die gegenseitige Anerkennung der von den Mitgliedstaaten ausgestellten Führerscheine damit **„ohne jede Formalität"**[6] vorgenommen werden müsse. Die

4 Vgl. zur daraus folgenden Rechtsschutzaufgabe der deutschen Gerichte: *Keller*, in: Fischer/Keller/Ott/Quarch, EU-Recht in der Praxis, 2012, Rn 871 f. unter Hinweis auf EuGH, Urt. v. 9.3.1978 – 106/77 – Rechtssache „Simmenthal II".

5 Eine Langfassung des auf dem 53. Deutschen Verkehrsgerichtstag 2015 von *Zwerger* im Arbeitskreis I gehaltenen Referats zum „Europäischen Führerscheintourismus" ist veröffentlicht in: zfs 2015, 184 ff.

6 EuGH, Urt. v. 6.4.2006 – C-3227/05, Rechtssache „Halbritter", *www.curia.europa.eu.*

Mitgliedstaaten treffe nämlich eine klare und unbedingte Verpflichtung, die keinen Ermessensspielraum in Bezug auf die Maßnahmen einräume, die zu erlassen seien, um dieser Verpflichtung nachzukommen.[7]

▼

Muster 46.1: Feststellung der Inlandsgültigkeit einer EU-Fahrerlaubnis 8

46.1

Verwaltungsgericht

Kläger ./. Beklagte

Aktenzeichen:

wegen: Gültigkeit einer EU-Fahrerlaubnis in der Bundesrepublik Deutschland

Namens und im Auftrag des Klägers beantrage ich, es wird festgestellt, dass der Kläger berechtigt ist, aufgrund seiner bestehenden EU-Fahrerlaubnis Kraftfahrzeuge in der Bundesrepublik Deutschland im Straßenverkehr zu führen.

Der Kläger geriet vor ca. zwei Monaten, und zwar am in eine polizeiliche Verkehrskontrolle. Dabei zeigte er seine EU-Fahrerlaubnis vor. Der kontrollierende Beamte äußerte Zweifel an der Gültigkeit des Dokuments. Es sei vom EU-Mitgliedstaat ausgestellt und weise – aus seiner Sicht unzutreffend – einen dortigen Wohnsitz des Klägers aus. Deshalb werde die zuständige Straßenverkehrsbehörde informiert, die dann eine Aberkennungsentscheidung zu treffen habe. Die Straßenverkehrsbehörde wiederum erklärte, sie sehe keinen Anlass zum Erlass einer Aberkennungsbescheides, da sich die Gültigkeit oder Ungültigkeit der EU-Fahrerlaubnis schon aus dem Gesetz ergebe. Der Kläger habe sich mit dem Erwerb der EU-Fahrerlaubnis auf ein „rechtliches Minenfeld" begeben.

Die Klage ist als Feststellungsklage zulässig. Der Kläger begehrt die gerichtliche Feststellung über das „Bestehen eines Rechtsverhältnisses" im Sinne des §43 Abs. 1 VwGO. Konkret geht es um die öffentlich-rechtliche Berechtigung des Klägers, aufgrund seiner EU-Fahrerlaubnis Kraftfahrzeuge in der Bundesrepublik Deutschland im Straßenverkehr zu führen. Ein berechtigtes Interesse an der baldigen Feststellung ist ebenfalls gegeben. Der Kläger läuft Gefahr, sich des Fahrens ohne Fahrerlaubnis (§21 StVG) schuldig zu machen, wenn er seine Rechtsauffassung nicht vor den Strafgerichten durchsetzen kann.

Die Feststellungsklage ist begründet. Der Kläger ist dazu berechtigt, nach Maßgabe seines EU-Führerscheins im Inland Kraftfahrzeuge zu führen. Das Unionsrecht stellt den Grundsatz der gegenseitigen Anerkennung der EU-Führerscheine auf. Der EuGH hat diesen Grundsatz in seiner Rechtsprechung weiter ausgeformt und spricht von einer klaren und unbedingten Anerkennungsverpflichtung. Daran sind die Behörden der Bundesrepublik Deutschland gebunden.

▲

Ihren Niederschlag im deutschen Recht hat die weitreichende Pflicht zur gegenseitigen Anerkennung in §28 Abs. 1 S. 1 FeV (Wohnsitz des Führerscheininhabers im Inland) und bei §29 Abs. 1 S. 1 FeV (kein Wohnsitz des Führerscheininhabers im Inland). 9

7 EuGH, Urt. v. 19.2.2009 – C-321/07, Rechtssache „Schwarz", Rn 75, *www.curia.europa.eu*; EuGH, Urt. v. 19.5.2011 – C-184/10, Rechtssache „Grasser", Rn 19, *www.curia.europa.eu*.

10 *Beispiel: Anerkennung der EU-Fahrerlaubnis trotz negativer MPU („Akyüz")*

Der A, der in der Vergangenheit mehrfach strafrechtlich in Erscheinung getreten ist, begehrt zunächst in Deutschland die Neuerteilung der Fahrerlaubnis der Klasse B. Die medizinisch-psychologische Untersuchung fällt negativ aus, weil Anhaltspunkte für ein hohes Aggressionspotential gegeben sind, welche die Fahreignung ausschließt. Daraufhin versagt die deutsche Fahrerlaubnisbehörde die Neuerteilung.

In der Folge begibt sich A in die Tschechische Republik und erwirbt dort die Fahrerlaubnis der Klasse B.

Müssen die deutschen Behörden die ausländische EU-Fahrererlaubnis anerkennen? Der EuGH hat dies bejaht[8] und die bestandskräftige Versagung des Führerscheins in Deutschland nicht als anerkennungsschädlichen „Entzug" gelten lassen. Damit hat der EuGH mit der Neuerteilung einen „Schnitt" gemacht und den Rückgriff auf die mit dem Versagungsbescheid getroffenen Feststellungen zur Fahrungeeignetheit des A als unzulässig erachtet.

11 Wie der vorstehende Beispielsfall zeigt, kann der vom Unionsrecht aufgestellte **Grundsatz der gegenseitigen unbefristeten Anerkennung** leicht in einen Konflikt mit der Wahrung der Verkehrssicherheit im jeweiligen Mitgliedstaat geraten. Dieses Spannungsverhältnis bringt die Dritte Führerschein-Richtlinie im 2. Erwägungsgrund einerseits und im 15. Erwägungsgrund andererseits zum Ausdruck:

> *„(2) Die Regelungen zum Führerschein sind wesentliche Bestandteile der gemeinsamen Verkehrspolitik, tragen zur Erhöhung der Verkehrssicherheit bei und erleichtern die Freizügigkeit der Personen, die sich in einem anderen Mitgliedstaat als demjenigen, der den Führerschein ausgestellt hat, niederlassen. (…)*
> *(15) Die Mitgliedstaaten sollten aus Gründen der Verkehrssicherheit die Möglichkeit haben, ihre innerstaatlichen Bestimmungen über den Entzug, die Aussetzung, die Erneuerung und die Aufhebung einer Fahrerlaubnis auf jeden Führerscheininhaber anzuwenden, der seinen ordentlichen Wohnsitz in ihrem Hoheitsgebiet begründet hat."*

Im vorgenannten 15. Erwägungsgrund der Dritten Führerschein-Richtlinie kommen die wesentlichen Elemente der EU-Vorgaben zur **Wahrung der Verkehrssicherheit** zum Ausdruck:

- „Vertikal" sind die Mitgliedstaaten und ihre Straßenverkehrsbehörden zuständig;
- „horizontal" ist grundsätzlich der Mitgliedstaat des ordentlichen Wohnsitzes zuständig;
- „Entzug, Aussetzung, Erneuerung und Aufhebung" einer EU-Fahrerlaubnis sind nach Maßgabe des nationalen Rechts zu bewerten und zu entscheiden.

8 EuGH, Urt. v. 1.3.2012 – C-467/10, Rechtssache „Akyüz", *www.curia.europa.eu.*

C. Wohnsitzprinzip

I. Bedeutung

Bei EU-Führerscheinen, die Zweifel an ihrer Rechtmäßigkeit wecken, ist es für die Beurteilung der Anerkennungsfähigkeit von zentraler Bedeutung, ob die Erteilung des Führerscheins durch die nationale Behörde unter Beachtung der Kompetenzverteilung zwischen den Mitgliedstaaten erfolgt ist. Zur Regelung dieser Kompetenzverteilung knüpfen beide EU-Führerschein-Richtlinien an den **„ordentlichen Wohnsitz"** an. Es gilt – mit anderen Worten – das Wohnsitzprinzip. 12

Die Erteilung des EU-Führerscheins setzt zwingend einen relevanten aufenthaltsrechtlichen Bezug des Fahrerlaubnisbewerbers zum jeweiligen Mitgliedstaat voraus. Dies soll dem Phänomen des „Führerschein-Tourismus" nachhaltig entgegenwirken, bei dem der Unionsbürger versucht, sich allein zum Zwecke des Führerscheinerwerbs nur eine kurze Zeit in einen anderen Mitgliedstaat zu begeben. So müssen Führerscheinbewerber nach Art. 7 Abs. 1 b der Zweiten Führerschein-Richtlinie und Art. 7 Abs. 1 e der Dritten Führerschein-Richtlinie 13

- „ihren ordentlichen Wohnsitz" im Hoheitsgebiet des den Führerschein ausstellenden Mitgliedstaats haben oder
- nachweisen können, dass sie während eines Mindestzeitraums von sechs Monaten dort studiert haben.

II. Begriff des ordentlichen Wohnsitzes

Dabei ist auch der Begriff des „ordentlichen Wohnsitzes" durch das EU-Richtlinienrecht vorgegeben. So definieren Art. 9 Abs. 1 der Zweiten Führerschein-Richtlinie und Art. 12 der Dritten Führerschein-Richtlinie denjenigen Ort als „ordentlichen Wohnsitz", an dem die Person während mindestens 185 Tagen im Kalenderjahr wohnt. 14

D. Nichtanerkennung wegen Wohnsitzverstoßes

I. Ermittlung des Wohnsitzverstoßes

Nach dem Unionsrecht und seiner Kompetenzverteilung zwischen den Mitgliedstaaten obliegt die Überprüfung des ordentlichen Wohnsitzes zunächst **allein** dem Ausstellerstaat der EU-Fahrerlaubnis. Die Behörden des Aufenthaltsstaats des Fahrerlaubnisinhabers – etwa die deutschen Straßenverkehrsbehörden – sollen diese Prüfung anerkennen und nicht etwa zu Lasten des Führerscheininhabers ein zweites Mal vornehmen. Tun sie es gleichwohl, können sie in der Regel darauf nicht die Versagung der Anerkennung der EU-Fahrerlaubnis stützen. Dies hat der EuGH in der Rechtssache „Kapper"[9] entschieden. 15

9 EuGH, Urt. v. 29.4.2004 – C-476/01, Rechtssache „Kapper", *www.curia.europa.eu.*

II. Verstoß folgt aus Führerscheindokument

16 Nur wenn sich für die Behörden des Aufenthaltsstaats, der die EU-Fahrerlaubnis grundsätzlich anerkennen soll, schon „aus dem Führerschein selbst" ein Wohnsitzverstoß ableiten lässt, darf darauf die Versagung der Anerkennung gestützt werden. Dies folgt aus der ständigen Rechtsprechung des EuGH, wie sie beispielsweise in der Rechtssache „Wiedemann"[10] zum Ausdruck kommt. Der deutsche Gesetzgeber hat diese Rechtsprechung in § 28 Abs. 4 S. 1 Nr. 2 Alt. 1 FeV übernommen.

> *Beispiel: Tschechische EU-Fahrerlaubnis mit deutschem Wohnsitzeintrag*
>
> Bei einer Verkehrskontrolle in Deutschland legt der A einen in der Tschechischen Republik ausgestellten Führerschein vor, der in Feld 8 „München" als seinen Wohnort ausweist.
>
> Diesem ausländischen EU-Führerschein kann in Deutschland ohne Weiteres die Anerkennung versagt werden. Schon das Dokument lässt erkennen, dass die Behörden der Tschechischen Republik bei der Ausstellung gegen das im EU-Richtlinienrecht geregelte Wohnsitzprinzip verstoßen haben.[11]

17 Für die Nichtanerkennung spielt es im Übrigen keine Rolle, ob der Aufenthaltsstaat, der den Führerschein anerkennen soll, zuvor führerscheinrechtliche Maßnahmen, ergriffen hat. Das hat der EuGH in der Rechtssache „Schäffler" entschieden.[12]

III. Verstoß folgt aus Informationen vom Ausstellerstaat

18 Folgt der Wohnsitzverstoß aus „vom Ausstellermitgliedstaat herrührende Informationen"[13] ist damit ebenfalls ein Tatbestand gegeben, nach dem ausnahmsweise die Anerkennung des EU-Führerscheins versagt werden darf. Den Tatbestand erfüllen Auskünfte aller Behörden des Ausstellerstaates, aber auch beispielsweise die Auskünfte des Gemeinsamen Zentrums der deutsch-tschechischen Polizei- und Zollzusammenarbeit.[14] Nach der Rechtsprechung des Bundesverwaltungsgerichts reicht es aus, wenn sich aus den „vom Ausstellermitgliedstaat herrührenden Informationen" Hinweise auf den Wohnsitzverstoß ergeben. In diesem Fall können zur Überzeugungsbildung auch andere Informationen herangezogen werden.[15]

19 Hingegen sind allein die Angaben des Führerscheininhabers gegenüber Behörden oder Gerichten des Aufenthaltsstaats **selbst dann nicht (!) verwertbar, wenn darin ein Wohnsitzverstoß eingeräumt wird.**[16]

10 EuGH, Urt. v. 26.6.2008 – C-329/06, Rechtssache „Wiedemann", *www.curia.europa.eu.*
11 Die Tschechische Republik ist zum 1.5.2004 der EU beigetreten, hat aber erst zum 1.7.2006 das Wohnsitzerfordernis in das nationale Führerscheinrecht umgesetzt, d.h. in diesem Zeitraum wurden sehr viele Führerscheine unter Verletzung des Wohnsitzprinzips erteilt, vgl. dazu Haus/Zwerger/*Zwerger*, Das verkehrsrechtliche Mandat, S. 532, Fn 47.
12 EuGH, Urt. v. 19.5.2011 – C-184/10, in der Rechtssache „Schäffler", *www.curia.europa.eu.*
13 EuGH, Urt. v. 26.6.2008 – C-329/06, in der Rechtssache „Wiedemann", *www.curia.europa.eu.*
14 BVerwG, Urt. v. 25.8.2011 – 3 C 9/11, Rn 17 f. – juris.
15 BVerwG, Beschl. v. 24.10.2019 – 3 B 26/19 – juris.
16 Hentschel/König/Dauer/*Dauer*, Straßenverkehrsrecht, 43. Aufl. 2015, § 28 FeV Rn 28.

E. Nichtanerkennung wegen Sperrfrist bzw. Fahrverbots

Die Nichtanerkennung einer EU-Fahrerlaubnis im Inland ist ferner dann gerechtfertigt, wenn der Ausstellerstaat diesen Führerschein ungeachtet des Laufs einer zuvor im Inland verhängten Sperrfrist oder eines Fahrverbots erteilt. Dies findet seinen Niederschlag in § 28 Abs. 4 S. 1 Nrn. 4 und 5 FeV und § 29 Abs. 3 Nrn. 4 und 5 FeV. **20**

Auch nach Ablauf der Fristen vermittelt eine solche Fahrerlaubnis keine Fahrberechtigung.[17] Des Weiteren setzt sich ein solcher Fehler dergestalt fort: Betrifft der Fehler die Erteilung der Fahrerlaubnis der Klasse B und wird später die Fahrerlaubnis der Klasse D erteilt, so ist auch diese höherwertige Klasse, die auf der Klasse B aufbaut, nicht anzuerkennen.[18]

F. Nichtanerkennung unzulässig bei „Entzug, Versagung, Verzicht"

Das deutsche Recht verlautbart in § 28 Abs. 4 S. 1 Nr. 3 FeV und § 29 Abs. 3 S. 1 Nr. 3 FeV Tatbestände der Nichtanerkennung, die nach Maßgabe der EuGH-Entscheidung in der Rechtssache „Hofmann"[19] als unionsrechtlich unzulässig anzusehen sind und daher **unangewendet** bleiben müssen. **21**

Kein hinreichender Grund für die Nichtanerkennung eines ausländischen EU-Führerscheins ist nämlich danach der bloße Umstand, dass zuvor im Aufenthaltsstaat der Entzug, die Versagung oder der Verzicht des Führerscheins erfolgt ist. **22**

Andernfalls hätte dies zur Folge, dass die Neuerteilung des Ausstellerstaats an den Voraussetzungen des Aufenthaltsstaats gemessen würde, im Falle des Aufenthaltsstaates Deutschland insbesondere am Erfordernis der medizinisch-psychologischen Untersuchung. Vor diesem Hintergrund betont der EuGH, dass die Nichterfüllung der nationalen Voraussetzungen nicht dazu führen darf, die Anerkennung von Fahrerlaubnissen anderer EU-Mitgliedstaaten auf unbegrenzte Zeit zu verweigern, denn das widerspräche der aus den Führerschein-Richtlinien abzuleitenden Pflicht zur gegenseitigen Anerkennung, wenn die dort festgelegten Mindestanforderungen eingehalten sind.[20] **23**

17 EuGH, Beschl. v. 3.7.2008 – C-225/07, Rechtssache „Möginger", *www.curia.europa.eu.*
18 EuGH, Urt. v. 13.10.2011 – C-224/10, Rechtssache „Apelt", *www.curia.europa.eu.*
19 EuGH, Urt. v. 26.4.2012 – C-419/10, Rechtssache „Hofmann", *www.curia.europa.eu.*
20 EuGH, Urt. v. 1.3.2012 – C-467/10, Rechtssache „Akyüz", Rn 57 ff., *www.curia.europa.eu.*

G. Maßnahmen nach erteilter EU-Fahrerlaubnis

24 Die Erteilung der EU-Fahrerlaubnis stellt eine Zäsur dar. Umstände, die **nach** diesem Zeitpunkt eingetreten sind, können zum Anlass für führerscheinrechtliche Maßnahmen im Inland genommen werden.[21]

25 Das können Umstände sein, welche die Fahreignung in Frage stellen, wie beispielsweise in Deutschland der einmalige Konsum „harter Drogen" (Nr. 9.1 der Anlage 4 zur FeV). Es können aber auch Umstände sein, welche die Fahreignung lediglich in Zweifel ziehen, wie die wiederholte Alkoholauffälligkeit (§ 13 Nr. 2 b FeV). Kein einschlägiger Maßstab ist insoweit der Grundsatz der gegenseitigen Anerkennung von EU-Führerscheinen. Die mit ihm regelmäßig verbundene Bindungs- oder Sperrwirkung beschränkt sich nämlich auf solche Umstände, die **vor** der Erteilung eingetreten sind, mit anderen Worten auf diejenigen Umstände, welche den Gegenstand der anzuerkennenden Entscheidung des Ausstellerstaats gebildet haben.

26 *Beispiel: Die Cannabiskonsumentin aus Österreich („Aykul")*

Die Österreicherin A hat ihren Wohnsitz in ihrem Heimatland im Grenzgebiet zu Deutschland. Sie konsumiert Cannabis. Als Führerin eines Kraftfahrzeuges gerät sie eines Tages in eine deutsche Verkehrskontrolle. Die von ihr entnommene Urinprobe ergibt eine in Deutschland fahreignungsrelevante Cannabis-Konzentration.

Darf die deutsche Fahrerlaubnisbehörde, die nicht die Behörde des ordentlichen Wohnsitzes ist, die Fahrberechtigung für Deutschland entziehen?

Der EuGH hat dies mit bestimmten Maßgaben bejaht.[22] Bei der Fahrt unter Cannabiseinfluss handele es sich um Umstände, die nach der Erteilung der EU-Fahrerlaubnis entstanden seien. Auf den Grundsatz der gegenseitigen Anerkennung der EU-Fahrerlaubnis komme es nicht an.

Die Kompetenz der nationalen Straßenverkehrsbehörde, führerscheinrechtliche Maßnahmen zu ergreifen, hat der EuGH nicht etwa nach dem Wohnsitzprinzip, sondern nach dem Territorialitätsprinzip beurteilt.

H. Konkrete Maßnahmen der Straßenverkehrsbehörde

27 Bei ihren führerscheinrechtlichen Maßnahmen handelt die deutsche Straßenverkehrsbehörde strikt nach dem im Polizei- und Ordnungsrecht geltenden **Territorialitätsprinzip**. Entscheidungen gelten nur für das Bundesgebiet.

21 EuGH, Urt. v. 6.4.2006 – C-227/05, Rechtssache „Halbritter", Rn 38 ff. *www.curia.europa.eu.*
22 EuGH, Urt. v. 23.4.2015 – C 260/13, Rechtssache „Aykul", *www.curia.europa.eu.*

Eine behördliche Entscheidung ist nicht einmal erforderlich, wenn beispielsweise § 28 Abs. 4 S. 1 Nr. 2 FeV (Wohnsitzverstoß) die Ungültigkeit eines EU-Führerscheins im Bundesgebiet schon kraft Gesetzes vorsieht.[23] Allerdings kann die Straßenverkehrsbehörde nach § 28 Abs. 4 S. 2 FeV einen **feststellenden Verwaltungsakt** über die fehlende Berechtigung erlassen. 28

Die deutschen Behörden entziehen die Fahrerlaubnis, indem sie das **Recht aberkennen, von der EU-Fahrerlaubnis im Inland Gebrauch zu machen**. Entsprechend heißt es in § 3 Abs. 2 StVG: 29

> *„Mit der Entziehung erlischt die Fahrerlaubnis. Bei einer ausländischen Fahrerlaubnis erlischt das Recht zum Führen von Kraftfahrzeugen im Inland. Nach der Entziehung ist der Führerschein der Fahrerlaubnisbehörde abzuliefern oder zur Eintragung der Entscheidung vorzulegen."*

Die nach § 3 Abs. 2 S. 2 StVG bestehende Pflicht, den EU-Führerschein zur Eintragung des Entzugs der Fahrberechtigung vorzulegen, kann mit der Androhung eines Zwangsgeldes bzw. Festsetzung eines Zwangsgeldes durchgesetzt werden.[24] 30

23 BVerwG, Urt. v. 25.8.2011 – 3 C 25.10 – juris.
24 Vgl. zu einem „zweiten Zwangsgeld": OVG Frankfurt/Oder, Beschl. v. 28.8.1998 – 4 B 63/98 – juris.

§ 47 Anwaltliche Beratung und MPU

Torsten Bendig/Dr. Matthias Keller

A. Problemstellung

Die anwaltliche Beratung in Führerscheinangelegenheiten muss von Anfang an in Blick nehmen, wie der Mandant, dem beispielsweise wegen einer Trunkenheits- oder Drogenfahrt die Fahrerlaubnis entzogen wurde oder dem ein solcher Entzug droht, so zeitnah wie möglich, ein neuer Führerschein erteilt werden kann. Nach einem Verlust der Fahreignung wegen Alkohol- oder Drogenmissbrauchs ist es regelmäßig eine **medizinisch-psychologische Untersuchung (MPU)** einer amtlich anerkannten Begutachtungsstelle für Fahreignung (BfF), die als Voraussetzung für die Wiedererlangung der Fahreignung erforderlich ist. 1

Wird dieser spezifische Nachweis – aus welchem Grund auch immer – nicht geführt, läuft der Mandant in eine **Sackgasse**, die bei (gerichtsfesten) Bescheiden der Straßenverkehrsbehörde in der Versagung der Neuerteilung der Fahrerlaubnis endet. Dieses Ergebnis ist besonders misslich, wenn der Mandant aus der zurückliegenden Auffälligkeit seine Lehren gezogen hat und deshalb der Sache nach längst wieder fahrgeeignet ist, ihm aber der rechtlich vorgeschriebene Nachweis der wiederlangten Fahreignung durch eine MPU fehlt. 2

Speziell im Verwaltungsprozess kommt hinzu, dass die gerichtliche Beurteilung einer Anfechtungsklage gegen die behördliche Fahrerlaubnisentziehung nach dem Zeitpunkt der Behördenentscheidung zu erfolgen hat.[1] Tatsachen, die **nach dem Erlass der behördlichen Fahrerlaubnisentziehung** entstanden sind, müssen daher im **Neuerteilungsverfahren** geltend gemacht werden. 3

Vor diesem Hintergrund ist der Mandant rechtzeitig anhand von **Informationsbroschüren** mit der Notwendigkeit und dem Verfahrensablauf, der zur MPU führt, vertraut zu machen. Ein Hinweis auf die Angebote an **verkehrspsychologischer Beratung** darf ebenfalls nicht fehlen. 4

1 BVerwG, Urt. v. 27.9.1995 – 11 C 34/94 – juris.

5 **Der Weg zur MPU:**

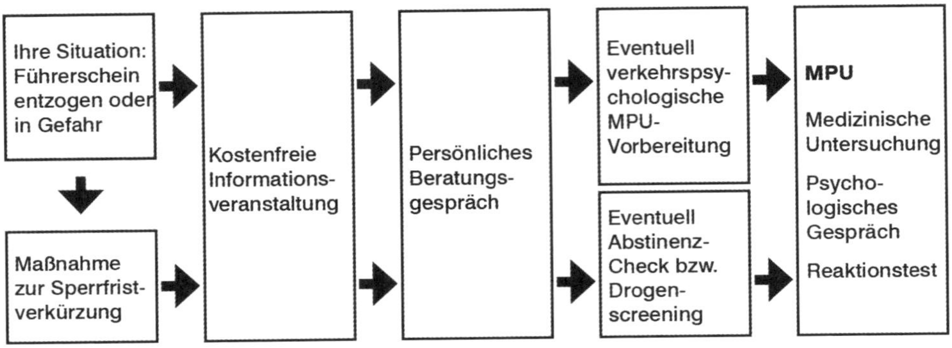

Abb. 47.1: Der Weg zur MPU (© 2015 Bundesanstalt für Straßenwesen)

B. Alkoholproblematik

6 Geht es darum, dass der Mandant nach einer Alkoholabhängigkeit (Nr. 8.3 der Anlage 4 zur FeV) die Fahreignung wiedererlangen will, so ist eine erfolgreiche Entwöhnungsbehandlung notwendig. Voraussetzung nach Nr. 8.4 der Anlage 4 zur FeV ist, dass

- die Abhängigkeit nicht mehr besteht,
- in der Regel ein Jahr Abstinenz nachgewiesen wird und
- die notwendige Verhaltensänderung hinreichend stabil ist.

7 Diese medizinischen und psychologischen Bewertungen erfordern, eine MPU durchzuführen, vgl. auch § 13 S. 1 Nr. 2 e FeV. In dieser Situation ist der Mandant darauf hinzuweisen, dass er es selbst in der Hand hat, die Wiedererlangung der Fahreignung möglichst ohne Zeitverlust nachzuweisen, indem er sich **möglichst frühzeitig** um einen **forensisch verwertbaren Abstinenznachweis** kümmert. Der Mandant sollte sich bei einer Begutachtungsstelle informieren. Es kommen insoweit engmaschige Blutkontrollen zur Feststellung der alkoholspezifischen Leberwerte (Gamma-GT, GPT und GOT oder auch CDT) in Betracht. Zunehmende Bedeutung gewinnt insoweit auch Ethylglucuronid (EtG) als Abbausubstanz des Alkohols. Gelingt der Nachweis der Substanz EtG lässt sich die Alkoholabstinenz sicher ausschließen.

8 Geht es darum, dass der Mandant nach einem Alkoholmissbrauch (Nr. 8.1 der Anlage 4 zur FeV) die Fahreignung wiedererlangen will, so ist nach Nr. 8.2 der Anlage 4 zur FeV dafür Voraussetzung, dass nach Beendigung des Missbrauchs die Änderung des Trinkverhaltens gefestigt ist. Auch hier bedarf es einer MPU, da medizinische und psychologische Fragestellungen (Ist zu erwarten, dass der Betroffene zukünftig Alkoholkonsum und Teilnahme am Straßenverkehr sicher trennen kann?) beantwortet werden müssen.

C. Drogen- und Cannabisproblematik

Insbesondere bei Mandanten, die ein Kraftfahrzeug unter Drogeneinfluss geführt haben, ist es zu beobachten, dass sie ihre Hoffnung fast ausschließlich auf ein günstiges Ergebnis im **Strafprozess** setzen. Dabei ist diese Hoffnung ganz besonders trügerisch. Selbst wenn das Strafverfahren eingestellt wird und im Ordnungswidrigkeitenverfahren (lediglich) eine Geldbuße und ein Fahrverbot verhängt werden, gilt Folgendes: 9

- Jeder Konsum einer „harten Droge“ lässt die Fahreignung entfallen, wie sich aus Nr. 9.1 der Anlage 4 zur FeV ergibt.
- Eine Fahrt unter relevantem Einfluss von (nicht erstmals) konsumiertem Cannabis kann die Fahreignung als „Cannabismissbrauch“ entfallen lassen, wie sich aus Nr. 9.2.1 in der ab 1.4.2024 geltenden Fassung der Anlage 4 zur FeV ergibt.

Beim Konsum einer „harten Droge“ kommt der Betroffene für die Wiedererlangung der Fahreignung nicht an folgenden **Nachweisen** vorbei: 10

- Nachweis der Abstinenz über ein Jahr (Nr. 9.5 Anlage 4 zur FeV) durch **Screenings**
- Nachweis eines stabilen Verhaltens- und Einstellungswandels durch eine **MPU**.

Je nach Einsichtsfähigkeit des Mandanten sollte daher schon während des etwaigen Strafprozesses an einem forensisch verwertbaren Abstinenznachweis (nicht vorhersehbare Kontrollen, Urinabnahme unter Sicht, zertifiziertes Labor etc.) gearbeitet werden.

Beim Vorliegen einer Cannabisproblematik ist nach der Rechtslage **bis zum 31.3.2024** das Konsummuster (gelegentlicher Konsum bzw. regelmäßiger Konsum) maßgeblich. Bei einem „gelegentlichen Konsum mit erstmaliger Rauschfahrt“ darf nach den Urteilen des BVerwG vom 11.4.2019 (3 C 13.17 u.a.) nicht die Fahrerlaubnis entzogen, sondern lediglich die Beibringung eines medizinisch-psychologischen Gutachtens aufgegeben werden. 11

Nach der Rechtslage **ab dem 1.4.2024** kommt es auf das Vorliegen eines Cannabismissbrauchs bzw. einer Cannabisabhängigkeit an, vgl. die Neufassung von Nr. 9.2 der Anlage 4 zur FeV durch Art. 14 des Cannabisgesetzes.

Typischerweise kommt der Betroffene zum Erhalt seiner Fahrerlaubnis weder nach alter noch nach aktueller Rechtslage an einem Nachweis eines stabilen Verhaltens- und Einstellungswandels durch eine MPU vorbei.

Der Nachweis eines stabilen Verhaltens- und Einstellungswandels wird im Rahmen der MPU deutlich leichter gelingen, wenn der Betroffene nachweist, dass auch er in der Lage ist, abstinent zu leben. Eine **einjährige Abstinenz** bietet hier eine gute Grundlage. Ob eine Verkürzung in Betracht kommen kann, sollte in einem persönlichen Beratungsgespräch mit der Begutachtungsstelle geklärt werden. Die ab 1.4.2024 geltende Neuregelung zur „Cannabisabhängigkeit“ in Nr. 9.2.3 der Anlage 4 zur FeV setzt zur Wiedererlangung der Fahreignung nach Entwöhnungsbehandlung voraus, dass „in der Regel eine Jahr Abstinenz nachgewiesen ist“, vgl. Nr. 9.2.4 der Anlage 4 zur FeV. 12

§ 48 Fahrtenbuchauflage

Torsten Bendig/Dr. Matthias Keller

A. Praktische Bedeutung

In der Praxis des Verkehrsverwaltungsrechts spielt das Fahrtenbuch eine nicht unwesentliche Rolle. Gerne neigen Behörden dazu, in Ordnungswidrigkeitenverfahren, in denen kein Fahrer ermittelt werden konnte, Fahrtenbuchauflagen übergebührend auch auf Fahrzeugflotten mit mehreren Fahrzeugen auszudehnen. Mit dem Führen eines Fahrtenbuches soll einem Fahrzeughalter aufgegeben werden, dafür Sorge zu tragen, dass künftig problemlos festgestellt werden kann, welcher Fahrzeugführer den Verkehrsvorschriften zuwider gehandelt hat.[1] 1

B. Zweck der Regelung

Es handelt sich bei der Anordnung zur Führung eines Fahrtenbuches um eine behördliche Maßnahme der vorbeugenden Gefahrenabwehr in Gestalt eines Verwaltungsakts, der in die Rechte des Adressaten eingreift, vgl. dazu § 28 Abs. 1 VwVfG. 2

Mit der Anordnung der Führung eines Fahrtenbuches soll dafür Sorge getragen werden, dass anders als in dem Fall, der Anlass zur Auferlegung eines Fahrtenbuches gegeben hat, künftig die Feststellung eines Fahrzeugführers nach einer Zuwiderhandlung gegen Verkehrsvorschriften ohne Schwierigkeiten möglich ist. 3

Diese Anordnung ist ein sog. Dauerverwaltungsakt. Dessen Rechtmäßigkeit beurteilt sich nach der Sach- und Rechtslage zum Zeitpunkt der gerichtlichen Entscheidung.[2] 4

C. Voraussetzungen

Nur ein Verkehrsverstoß von einigem Gewicht rechtfertigt eine Fahrtenbuchauflage. Wird nur ein einmaliger, unwesentlicher Verstoß festgestellt, der sich weder verkehrsgefährdend auswirken kann noch Rückschlüsse auf die charakterliche Unzuverlässigkeit des Kraftfahrers zulässt, ist die Fahrtenbuchauflage nicht gerechtfertigt.[3] Ein Rechtssatz, dass bei einem erstmaligen Verkehrsverstoß von einigem Gewicht zunächst die Androhung der Fahrtenbuchauflage zu erfolgen hat, steht zwar nicht im Gesetz, ergibt sich aber daraus, dass die Fahrtenbuchauflage mit der Beachtung des Verhältnismäßigkeits- 5

1 Vgl. BVerwG, Beschl. v. 22.6.1995 – 11 B 7/95 = zfs 1995, 397.
2 BVerwG, Urt. v. 28.5.2015 – 3 C 13/14, Rn 12 – juris.
3 BVerwG, Beschl. v. 22.6.1995 – 11 B 7/95 = zfs 1995, 397, m.w.N.; BVerfG, Beschl. v. 7.12.1981 – 2 BvR 1172/81 = NJW 1982, 568; BVerwG, Beschl. v. 16.12.1991 – 3 B 108/91 = zfs 1992, 286; VG Saarland, Beschl. v. 5.2.1997 – 3 F 10/97 A = zfs 1997, 318.

grundsatzes steht und fällt. Die Wesentlichkeit des Verstoßes hängt nicht davon ab, ob dieser zu einer konkreten Gefährdung anderer Verkehrsteilnehmer geführt hat.[4]

6 ▼

Muster 48.1: Einspruch gegen unverhältnismäßige Fahrtenbuchauflage

Landkreis …

– Fahrerlaubnisbehörde –

Aktenzeichen …

Sehr geehrte Damen und Herren,

ausweislich der beigefügten Vollmacht, vertrete ich die rechtlichen Interessen des Herrn ….

Gegen Ihren Bescheid vom …, in dem Sie meinen Mandanten verpflichten, für die Dauer von 12 Monaten für sein Fahrzeug mit dem amtlichen Kennzeichen … ein Fahrtenbuch zu führen, lege ich

Einspruch

ein.

Begründung:

Die Fahrtenbuchauflage ist rechtswidrig und verletzt den Betroffenen in seinen Rechten. Die Voraussetzung für die Anordnung der Führung eines Fahrtenbuches gem. § 31a Abs. 1 StVZO liegen nicht vor.

Es ist allgemein anerkannt, dass nur ein Verkehrsverstoß von einigem Gewicht die von Ihnen beabsichtigte Fahrtenbuchauflage rechtfertigt (vgl. BVerwG, Beschl. v. 22.6.1995 – 11 B 7/95 = zfs 1995, 397 m.w.N.).

Herr … ist bislang weder straf- noch ordnungswidrigkeitenrechtlich in Erscheinung getreten. Mit dem auf meinen Mandanten zugelassen Fahrzeug wurde unstreitig am … in … eine Geschwindigkeitsüberschreitung außerhalb geschlossener Ortschaften von 14 km/h begangen. Mein Mandat war zum Tatzeitpunkt unzweifelhaft nicht der Fahrzeugführer des Fahrzeuges. Trotz intensiver Bemühungen konnte er zur weiteren Sachverhaltsaufklärung nicht beitragen.

Die beabsichtigte Fahrtenbuchauflage erweist sich jedoch als unverhältnismäßig, da die mit dem Fahrzeug meines Mandanten begangene Ordnungswidrigkeit nicht einmal mit einem Punkt i.S.v. Anlage 13 FeV bewertet wird.

▲

7 Unwesentliche Verkehrsordnungswidrigkeiten können also eine Fahrtenbuchauflage nicht auflösen. Ob ein Verstoß von einigem Gewicht vorliegt, entzieht sich einer generellen Klärung und bemisst sich nach den Umständen des Einzelfalls.

8 Ein solcher Verstoß soll jedoch schon bereits dann angenommen werden können, wenn er mit nur einem Punkt i.S.v. von Anlage 13 FeV bewertet wurde.[5] Eine weitere Voraussetzung ist hier, dass die Feststellung eines Fahrzeugführers nach einer Zuwiderhandlung gegen Verkehrsvorschriften nicht möglich war. Erforderlich ist hier jedoch, dass die

4 BVerwG, Urt. v. 17.5.1995 – 11 C 12/94 = zfs 1995, 396, 397.
5 Vgl. BVerwG, Beschl. v. 9.9.1999 – 3 B 94/99 = zfs 2000, 368.

Behörde alle im Einzelfall nötigen und möglichen Nachforschungen zur Ermittlung des Fahrzeugführers angestellt hat.

D. Anwaltliche Verteidigungsmöglichkeiten

I. Behördliche Ermittlungsbemühungen

Ansatzpunkte für anwaltliche Verteidigungsmöglichkeiten gegen die Auferlegung eines 9
Fahrtenbuchs ergeben sich aus der Frage, ob die Behörde hinreichende Ermittlungsbemühungen gezeigt hat.

Unabdingbar ist es, dass die **Behörde ihre diesbezüglichen Nachforschungen unverzüglich** betreibt. Die Behörde muss zeitnah im Einzelfall die möglichen und nötigen Nachforschungen nach dem Fahrer unternommen haben. Ein Anhörungsbogen soll grundsätzlich der Person, auf die das Fahrzeug zugelassen ist, innerhalb von zwei Wochen nach der Zuwiderhandlung zugegangen sein.[6] Eine starre Grenze ist andererseits wiederholt abgelehnt worden. Ein Berufen auf einen überdurchschnittlich langen Zeitraum zwischen Zuwiderhandlung und erstmaliger Konfrontation des Halters mit dem Vorwurf ist nur dann zielführend, wenn der Halter sich im Verwaltungsverfahren darauf beruft, er könne sich nach solch langer Zeit nicht mehr daran erinnern, wer das Fahrzeug zum Tatzeitpunkt geführt haben könnte. 10

Auch dies greift in den meisten Fällen dann nicht, wenn in den Anhörungsbögen ein zur Identifikation des Fahrers taugliches Fahrerbild beigefügt war. Nach der Rechtsprechung des BVerwG ist die **Feststellung des Fahrzeugführers unmöglich**, wenn die Behörde nach den Umständen des Einzelfalles nicht in der Lage war, den Täter zu ermitteln, obwohl sie – insbesondere auch unter Berücksichtigung des Verhaltens des Betroffenen selbst – **alle angemessenen und zumutbaren Maßnahmen getroffen bzw. Ermittlungen** angestellt hat, die erfahrungsgemäß auch Erfolg haben können.[7] Dabei darf die Behörde den Umfang ihrer Ermittlungen insbesondere auch an den Erklärungen und am Verhalten des Halters[8] – bei anwaltlicher Vertretung an den Erklärungen des RA – ausrichten.[9] **Wahllos zeitraubende, kaum Aussicht auf Erfolg bietende Ermittlungen** sind nicht zumutbar;[10] die Behörde ist nicht verpflichtet, „ins Blaue hinein" Ermittlungen anzustellen.[11] 11

6 Beispielhaft BVerwG, Urt. v. 13.10.1978 – VII C 77.74 = NJW 1979, 1054.

7 BVerwGE 18, 107 ff.; BVerwG, Beschl. v. 17.7.1986 – 7 B 6/86 = NJW 1987, 143; BVerwG, Beschl. v. 21.10.1987 – 7 B 162/87 = DAR 1988, 68; BVerwG, Beschl. v. 17.5.1993 – 11 B 50/93 = zfs 1994, 70; VGH BW, Urt. v. 18.6.1991 – 10 S 938/91 = NJW 1992, 132; VG Saarland, Beschl. v. 12.10.1994 – 5 F 155/94 = zfs 1995, 158; 1997, 318; VG Osnabrück, Urt. v. 26.7.1996 – 2 A 137/95 = zfs 1997, 159.

8 NdsOVG, Beschl. v. 23.7.2009 – 12 ME 107/09 = zfs 2009, 599, 600.

9 St. Rspr., vgl. BVerwG, Urt. v. 17.12.1982 – 7 C 3.80 – Buchholz 442.16 § 31a StVZO Nr. 12; VGH BW, Beschl. v. 2.9.1997 – 10 S 1670/97 = zfs 1997, 438; VGH BW, 30.11.1999 – 10 S 2436/99 = zfs 2000, 178.

10 BVerwG, Beschl. v. 17.5.1993 – 11 B 50/93 = zfs 1994, 70; BVerwG, Beschl. v. 16.12.1991 – 3 B 108/91 = 1992, 286; NdsOVG, Beschl. v. 11.7.2003 – 12 ME 274/03 = zfs 2003, 526; NdsOVG, Beschl. v. 23.7.2009 – 12 ME 107/09 = zfs 2009, 599; NdsOVG, Beschl. v. 7.6.2010 – 12 ME 44/10 = zfs 2010, 477.

11 NdsOVG, Beschl. v. 8.11.2004 – 12 LA 72/04 = DAR 2005, 231.

II. Aussichtslose Ermittlungsbemühungen

12 Wann es sich um eine **von vornherein aussichtslose Ermittlungsbemühung** handelt, ist eine Frage des Einzelfalls. Folgende von der Rechtsprechung entschiedene Anknüpfungspunkte können hier für die Argumentation herangezogen werden:

- Es kann sich beispielsweise nach Vorlage des Passfotos des dem Halter ähnlich sehenden Bruders, der als Fahrer in Betracht kommt, eine persönliche **Anhörung des Bruders** aufdrängen. Es kann nämlich nicht von vornherein unterstellt werden, eine Befragung des Bruders des Kfz-Halters werde hinsichtlich der Täterschaft ergebnislos bleiben.[12]
- Im Fall der **kurzfristigen Überlassung eines Fahrzeugs an einen Unbekannten** oder an eine Person, die dem Halter zwar bekannt ist, von der er aber nur den Vornamen kennt und nicht zuverlässig in der Lage ist, zu ihr erneut Kontakt aufzunehmen, muss der Halter die genaue Identität des Fahrzeugführers vorher feststellen und dokumentieren.[13]
- **Wohnt der Halter mit anderen Personen zusammen,** die das Fahrzeug gefahren haben können, so müssen diese im Regelfall befragt werden. Mit Blick auf den Verhältnismäßigkeitsgrundsatz und das Grundrecht auf informationelle Selbstbestimmung ist es aber nicht geboten, in der Nachbarschaft des von der Fahrtenbuchauflage Betroffenen weitere Ermittlungen unter Vorlage des Radarfotos anzustellen.[14]
- Es reicht nicht aus, dass die behördlichen Ermittlungen lediglich tatsächlich möglich sind; sie müssen auch **rechtlich zulässig** sein (Unmöglichkeit der Fahrerfeststellung wegen fehlender rechtlicher Verwertbarkeit der Feststellungen).[15]
- Die Anordnung der Fahrtenbuchauflage ist rechtswidrig, wenn die Behörde ihrer Verpflichtung zu angemessenen und zumutbaren Schritten zur Ermittlung des Täters einer Zuwiderhandlung gegen Verkehrsvorschriften nicht nachkommt. Dies ist der Fall, wenn sie den Halter eines Kfz im Ordnungswidrigkeitenverfahren, der offenkundig als Fahrer ausscheidet, **nicht als Zeugen, sondern als Betroffenen anhört.**[16] Im Gegensatz zur **Anhörung als Betroffener** ist wegen des dann bestehenden Aussageverweigerungsrechts der Halter bei der Anhörung als Zeuge grundsätzlich zur Aussage und damit zur Mitwirkung an der Aufklärung verpflichtet.[17]
- Eine Unmöglichkeit der Täterermittlung ist in diesem Zusammenhang regelmäßig dann anzunehmen, wenn sich der **befragte Fahrzeughalter erkennbar weigert**, an der Aufklärung des Verkehrsverstoßes sachdienlich mitzuwirken.[18] Nach einem Urteil

12 VGH BW, Beschl. v. 26.6.2007 – 19 S 722/07 = zfs 2007, 595.
13 BayVGH, Beschl. v. 6.3.2008 – 11 CS 07.3451 – juris.
14 VG Oldenburg, Beschl. v. 2.7.1998 – 7 B 2199/98 = zfs 1998, 357.
15 VGH BW, Beschl. v. 30.11.2010 – 10 S 1860/10 = zfs 2011, 117; BayVGH, Beschl. v. 30.8.2010 – 11 CS 10.1464 – juris.
16 VGH BW, Beschl. v. 4.8.2009 – 10 S 1499/09 = zfs 2009, 596 = NJW 2009, 3802; VG Würzburg, Urt. v. 10.3.2010 – W 6 K 09.1132 = zfs 2010, 479.
17 VGH BW, Beschl. v. 4.8.2009 – 10 S 1499/09 = zfs 2009, 596.
18 VG München, Urt. v. 12.7.1991 – M 6 K 91.1784 = DAR 1991, 473; OVG Saarland, Beschl. v. 17.11.2009 – 1 B 466/09 = zfs 2010, 119, 120.

des Verwaltungsgerichtshof Baden Württemberg[19] darf dabei entscheidend darauf abgestellt werden, dass der Prozessbevollmächtigte des Betroffenen der Bußgeldbehörde mitgeteilt hat, dass eine Stellungnahme zur Sache nicht abgegeben wird.

- Bei **Motorradfahrern** darf auch davon abgesehen werden, Lichtbilder von dem den Verkehrsverstoß begehenden Fahrer zu fertigen, weil diese aufgrund der Helmpflicht nicht zur Identifikation des Fahrzeugführers beitragen.[20]
- Die Vernehmung eines **Kfz-Halters als Zeuge** zur Frage, wer sein Fahrzeug zum Zeitpunkt des Verkehrsverstoßes geführt hat, ist keine angemessene und der Behörde zumutbare Aufklärungsmaßnahme, wenn der Halter **im Anhörungsbogen keine Angaben zur Sache** gemacht hat und damit die Mitwirkung an der Aufklärung des Verkehrsverstoßes erkennbar ablehnt.[21]
- Die Ermittlungen sind mit angemessener Sorgfalt und zwar unverzüglich aufzunehmen, wobei der Halter binnen weniger Tage, **regelmäßig innerhalb von zwei Wochen**, über den Verstoß zu befragen ist, um die Frage, wer zur Tatzeit sein Fahrzeug geführt hat, noch zuverlässig beantworten zu können. Bereits nach **15 Tagen** kann die Erinnerung an eine bestimmte Fahrt so verblasst sein, dass auch ein auskunftswilliger Halter nicht mehr in der Lage ist, den in Frage kommenden Fahrer zuverlässig anzugeben.[22] Die Frist beruht auf dem Erfahrungssatz, wonach Personen Vorgänge nur einen begrenzten Zeitraum erinnern oder rekonstruieren können. Die Überschreitung der Zweiwochenfrist führt aber nicht zwangsläufig zur Rechtswidrigkeit einer Fahrtenbuchauflage. Die Zweiwochenfrist ist kein formales Tatbestandskriterium der gesetzlichen Regelung und keine starre Grenze.[23]
- Lehnt der Halter innerhalb der 14 Tagesfrist erkennbar die Mitwirkung an den Ermittlungen ab, so ist es – wie oben bereits festgestellt – der Behörde regelmäßig **nicht zuzumuten, wahllos zeitraubende, kaum Aussicht auf Erfolg bietende Ermittlungen** zu betreiben.[24]
- Die **Zweiwochenfrist gilt nicht**, wenn feststeht, dass die Rechtsverteidigung durch die verzögerte Anhörung nicht beeinträchtigt worden ist **(fehlende Kausalität)** oder wenn die **spätere Anhörung** zur effektiven Rechtsverteidigung genügt:

– Wird der Verstoß dem Betroffenen erst **mehr als zwei Wochen nach der Tat mitgeteilt** und steht fest, dass die verspätete Mitteilung über den zugrunde liegenden Verkehrsverstoß keinen Einfluss auf die Erfolglosigkeit der Fahrerermittlung hatte, so ist die Verhängung einer Fahrtenbuchauflage nicht rechtswidrig. Verzögerungen bei der Anhörung des Fahrzeughalters stehen der Anordnung einer Fahrtenbuchauf-

19 VGH BW, Beschl. v. 2.9.1997 – 10 S 1670/97 = zfs 1997, 438 = NZV 1998, 47.
20 BayVGH, Beschl. v. 14.1.2008 – 11 CS 07.1672 – juris.
21 VGH BW, Beschl. v. 30.11.1999 – 10 S 2436/99 = zfs 2000, 178 = VRS 98, 319.
22 BVerwG, Buchholz 442.16 § 31a StVZO Nr. 5, S. 10.
23 VG Oldenburg, Urt. v. 6.7.2011 – 7 A 3283/09 = zfs 2011, 596 ff.
24 BVerwG, Beschl. v. 17.5.1993 – 11 B 50/93 = zfs 1994, 70; OVG Bremen, Urt. v. 3.8.1993 – 1 BA 17/93 = NZV 1994, 168 = zfs 1994, 232 – Ls.; OVG Saarland, Urt. v. 18.7.1997 – 9 R 13/95 = zfs 1998, 38; VG Saarland, Beschl. v. 12.10.1994 – 5 F 155/94 = zfs 1995, 159; VG Saarland, Beschl. v. 5.2.1997 – 3 F 10/97 A = 1997, 318; BayVGH, Urt. v. 6.10.1997 – 11 B 96.4036 = zfs 1998, 117 = DAR 1998, 246; VGH BW, Beschl. v. 6.11.1998 – 10 S 2625/98 = zfs 1999, 39 = NZV 1999, 272.

lage dann nicht entgegen, wenn sie für die Erfolglosigkeit der Ermittlung des Fahrers nicht ursächlich geworden sind. Das gilt namentlich für Fälle, in denen erkennbar ist, dass eine frühere Ermittlung/Unterrichtung nicht zu einem Ermittlungserfolg geführt hätte, weil der Halter ohnehin nicht bereit war, an der erforderlichen Aufklärung mitzuwirken.[25]

- Eine verzögerte Anhörung ist unerheblich, wenn der Halter unter Hinweis darauf, dass das festgestellte Fahrzeug von mehreren Personen benutzt wird, den Fahrzeugführer nicht benennt, **obwohl er sich daran erinnern kann**.
- Eine verzögerte Anhörung ist auch unerheblich, wenn der Halter **objektiv falsche Angaben** macht, um den Sachverhalt zu verschleiern und die Ermittlung des Täters zu verhindern.[26]
- Eine verzögerte Anhörung ist für die unterbliebene Feststellung des Fahrers auch dann nicht ursächlich, wenn dem Halter ein **zur Identifizierung des Fahrers ausreichendes Geschwindigkeitsmessfoto vorgelegt** worden ist, da hier **keine Anforderungen an Erinnerungs-, sondern an Erkenntnisvermögen gestellt** werden.[27]

■ Die Zweiwochenfrist für die Benachrichtigung gilt im Regelfall ferner dann nicht, wenn die Zuwiderhandlung mit dem **Firmenfahrzeug eines Kaufmanns** i.S.d. Handelsrechts im geschäftlichen Zusammenhang begangen worden ist, da es für einen Kaufmann sachgerechtem kaufmännischem Verhalten entspricht, auch Geschäftsfahrten längerfristig zu dokumentieren.[28]

■ Das **Unterbleiben der Aktenübersendung im Ordnungswidrigkeitenverfahren** wirkt sich nicht automatisch negativ auf die Rechtmäßigkeit der Anordnung zum Führen eines Fahrtenbuches aus. Vielmehr ist auch in diesem Zusammenhang – unter Zugrundelegung der Grundsätze zum erforderlichen Ermittlungsumfang bei unzureichender Mitwirkung des Betroffenen – zu prüfen, ob das Unterbleiben der Aktenübersendung kausal für die Nichtfeststellbarkeit des verantwortlichen Fahrzeugführers war. Eine Unbeachtlichkeit ist etwa in den Fällen anzunehmen, in denen dem jeweiligen Halter **mit der Anhörung ein Foto des Fahrers beim Verkehrsverstoß** übersandt wurde. In diesen Fällen ist das Unterbleiben einer beantragten Aktenübersendung unschädlich, weil die Akten bei einem Geschwindigkeitsverstoß außer dem Lichtbild des Fahrers in der Regel nichts enthalten, was für die Identifizierung von Bedeutung ist.[29] Der Zeitraum zwischen Verkehrsverstoß und Anordnung hängt

25 OVG NRW, Urt. v. 7.4.2011 – 8 B 306/11 = DAR 2011, 426.

26 BVerwG, Buchholz 442.16 § 31a StVZO, Nr. 5, S. 10; Nr. 17; VG Saarland, Beschl. v. 5.2.1997 – 3 F 10/97 A = zfs 1997, 318, 319; BayVGH, Urt. v. 6.10.1997 – 11 B 96.4036 = zfs 1998, 117 = DAR 1998, 246.

27 VGH BW, Beschl. v. 20.11.1998 – 10 S 2673/98 = zfs 1999, 130; VGH BW, Urt. v. 16.4.1999 – 10 S 114/99 = 1999, 450 = DAR 1999, 425 = NZV 1999, 396 = VBlBW 1999, 463; NdsOVG, Beschl. v. 8.11.2004 – 12 LA 72/04 = DAR 2005, 231; VG Oldenburg, Urt. v. 6.7.2011 – 7 A 3283/09 = zfs 2011, 596 ff.

28 OVG NRW, Urt. v. 31.3.1995 – 25 A 2798/93 = NJW 1995, 3335; VG Saarland, Beschl. v. 5.2.1997 – 3 F 10/97 A = zfs 1997, 318.

29 VGH BW, Beschl. v. 23.8.1996 – 10 S 1867/96 = zfs 1997, 80 = NZV 1996, 470 f.; VGH BW, Beschl. v. 1.10.1992 – 10 S 2173/92 = NZV 1993, 47 f.; VG Oldenburg, Urt. v. 6.7.2011 – 7 A 3283/09 = zfs 2011, 596 ff.

von den Umständen des Einzelfalles ab. Insbesondere ist die Anordnung auch noch längere Zeit nach dem Verstoß zulässig.[30]

- Weist der Halter eines Fahrzeugs darauf hin, dass das fragliche **Fahrzeug gelegentlich auch von drei weiteren Mitarbeitern** seiner Praxis genutzt wird, so bestehen für die Behörde **konkrete Anhaltspunkte**, um zunächst in diese Richtung zusätzliche Ermittlungen anzustellen. Dies gilt auch, wenn der in Betracht kommende Personenkreis trotz behördlicher Aufforderung vom Halter nicht namentlich benannt wurde.[31] Dort hatte der Betroffene einen bestimmten bzw. konkreten Kreis von Familienangehörigen benannt.
- Der Ordnungswidrigkeitenbehörde kann nach einem Urteil des VG Oldenburg[32] nicht deshalb ein unzureichendes Ermittlungsverhalten entgegengehalten werden, weil zu der Befragung bei der Polizei **kein Dolmetscher** hinzugezogen wurde. Dies gilt zum einen, wenn zur Überzeugung des Gerichts aufgrund der informatorischen Befragung des Klägers in der mündlichen Verhandlung feststeht, dass der Kläger das Anliegen des Polizeibeamten ausreichend verstanden hat und auch seine Äußerungen von dem Polizeibeamten im Wesentlichen richtig verstanden wurden. Im Übrigen weist das VG Oldenburg darauf hin, dass wohl auch keine grundsätzliche Verpflichtung der Polizei besteht, einen Dolmetscher hinzuzuziehen. Art. 6 Abs. 3e EMRK ist auf das behördliche Bußgeldverfahren – zumindest bis zum Erlass eines Bußgeldbescheides – nicht anwendbar.[33]

▼ 13

Muster 48.2: Klage gegen die Anordnung eines Fahrtenbuches

Klage

des

– Kläger/in –

Prozessbevollmächtigte:

gegen

– Beklagte/r –

wegen: Fahrtenbuch

Namens und in Vollmacht des Klägers erheben wir Klage und werden beantragen,

die Ordnungsverfügung des Beklagten vom , Aktenzeichen , mit der dem Kläger eine Fahrtenbuchauflage für sein Fahrzeug angeordnet wurde, aufzuheben.

30 BVerwG, Beschl. v. 16.12.1991 – 3 B 108/91 = zfs 1992, 286.
31 VG Osnabrück, Urt. v. 26.7.1996 – 2 A 137/95 = zfs 1997, 159; vgl. auch BayVGH, Beschl. v. 28.1.1977 – 111 XI 75 = DAR 1977, 110.
32 VG Oldenburg, Urt. v. 6.7.2011 – 7 A 3283/09 = zfs 2011, 596 ff.
33 Vgl. hierzu Karlsruher Kommentar, OWiG, 3. Aufl. 2006, § 46 Rn 6 ff.

Begründung:

Mit der angefochtenen Ordnungsverfügung hat der Beklagte dem Kläger die Führung eines Fahrtenbuches für seine von ihm gehaltenen Fahrzeuge mit den amtlichen Kennzeichen ___, für die Dauer von ___ Monaten, auferlegt. Auslösendes Ereignis für diese Maßnahme war eine mit dem vorbenannten Fahrzeug begangene Geschwindigkeitsüberschreitung außerhalb geschlossener Ortschaften um ___ km/h. Zu einer Ahndung der Angelegenheit kam es nicht, da der verantwortliche Täter nicht ermittelt werden konnte. Das Verfahren wurde gemäß § 49 OWiG eingestellt.

Die Ordnungsverfügung ist rechtswidrig und verletzt den Kläger in seinen Rechten. Die Voraussetzung für die Anordnung der Führung eines Fahrtenbuches gem. § 31a Abs. 1 StVZO liegen nicht vor.

Voraussetzung für die Anordnung eines Fahrtenbuches nach der genannten Vorschrift ist, dass die Feststellung eines Fahrzeugführers nach einer Zuwiderhandlung gegen Verkehrsvorschriften nicht möglich war. Erforderlich ist, dass die Behörde alle im Einzelfall nötigen und möglichen Nachforschungen zur Ermittlung des Fahrzeugführers angestellt hat. Unabdingbar ist in diesem Zusammenhang, dass die Behörde ihre diesbezüglichen Nachforschungen unverzüglich betreibt.

Im vorliegenden Fall erreichte den Kläger als Fahrzeughalter der Anhörungsbogen im Hinblick auf die vorbenannte Ordnungswidrigkeit erst ___ Wochen nach der Tat. Der Kläger hat auf den Anhörungsbogen unverzüglich reagiert und der Bußgeldstelle mitgeteilt, er könne sich nach einem solchen langen Zeitablauf nicht mehr an den Fahrer erinnern, welcher an dem Tattag mit dem Fahrzeug unterwegs gewesen ist. Er hat dargelegt, dass er selbst, aber auch ein ___ als Fahrer in Betracht kommen würde.

Auch das beigefügte Lichtbild ist infolge von Verpixelung und Unschärfe nicht dazu geeignet, eine zweifelsfreie Identifikation zu gewährleisten.

Für die fehlende Ermittlung des Fahrzeugführers ist alleine die verzögerte Sachbehandlung der Ermittlungsbehörde im Bußgeldverfahren verantwortlich. Damit hat die Behörde vorliegend nicht die erforderlichen und ihr zumutbaren Maßnahmen zur Ermittlung des Fahrzeugführers ergriffen mit der Folge, dass die Anordnung der Führung eines Fahrtenbuches rechtswidrig ist. Die angefochtene Ordnungsverfügung ist daher aufzuheben.

§ 49 Checklisten: Verwaltungsakt und Rechtsschutz

Torsten Bendig/Dr. Matthias Keller

A. Überprüfung eines Verwaltungsakts

Checkliste 1

I. Ermächtigungsgrundlage

Ausgehend von einer Ermächtigungsgrundlage, welche die von der Behörde getroffene Maßnahme als Rechtsfolge vorsieht (vgl. § 3 Abs. 1 StVG; § 46 FeV, § 31a StVZO), ist die formelle und materielle Rechtmäßigkeit des Verwaltungsakts zu prüfen.

II. Formelle Rechtmäßigkeit

1. Zuständigkeit der die Verfügung erlassenden Behörde (maßgebend: Spezialregelungen, Regelung i.V.m. jeweiligem Landesorganisationsgesetz):
   a) sachliche Zuständigkeit (vgl. z.B. § 73 Abs. 1 FeV i.V.m. Landesrecht)
   b) instanzielle Zuständigkeit (vgl. z.B. § 73 Abs. 1 FeV: oberste Landesbehörde, höhere Verwaltungsbehörde, untere Verwaltungsbehörde)
   c) örtliche Zuständigkeit (vgl. z.B. § 73 Abs. 2 u. 3 FeV)
2. Form
   a) Grundsatz der Formfreiheit (§ 37 Abs. 2 VwVfG)
   b) Aber: Spezialregelungen beachten (z.B. § 2 Abs. 1 S. 3 StVG, § 4 Abs. 2 S. 1 FeV: amtliche Bescheinigung Führerschein)
3. Verfahren
   a) grundsätzlich ist das Verwaltungsverfahren nicht förmlich (§ 10 VwVfG)
   b) Aber: Spezialregelungen beachten, z.B. §§ 20, 21, 28, 29, 39 VwVfG
4. Beachte:
   a) Heilungsmöglichkeit nach § 45 VwVfG
   b) Unbeachtlichkeit von Verfahrens- und Formfehlern, § 46 VwVfG
   c) Umdeutung, § 47 VwVfG
5. Rechtsbehelfsbelehrung:
   a) Die Rechtsbehelfsbelehrung ist nötig.
   b) Bei Fehlerhaftigkeit bzw. bei Fehlen: Jahresfrist für Einlegung des Widerspruchs, vgl. § 58 VwGO; beachte auch § 58 Abs. 2 VwGO

6. Bekanntgabe des VA, §§ 43, 41 VwVfG:
   a) Unter Umständen: Landesverwaltungszustellungsgesetz bzw. bei entsprechender Anwendbarkeitserklärung: Bundesverwaltungszustellungsgesetz.
   b) Grundsätzlich ist die Behörde in der Wahl der Bekanntgabeform frei. Durch Spezialregelungen kann aber Zustellung vorgeschrieben sein (vgl. z.B. § 73 Abs. 3 VwGO; Regelungen, nach denen die Androhung eines Zwangsmittels zuzustellen ist).

III. Materielle Rechtmäßigkeit

1. Ermächtigungsgrundlage: Für belastende Maßnahmen bedarf es einer gesetzlichen Ermächtigungsgrundlage (Gesetzmäßigkeit der Verwaltung, Art. 20 Abs. 3 GG; vgl. hierzu z.B. § 3 Abs. 1 StVG; § 46 FeV, § 31a StVZO)
2. Untersuchung der tatbestandlichen Voraussetzungen der Ermächtigungsgrundlage: z.B. Erweisen von „Ungeeignetheit“ oder „Nichtbefähigung“; diese Begriffe sind als unbestimmte Rechtsbegriffe ohne Beurteilungsspielraum für die Verwaltung gerichtlich voll überprüfbar.
3. Überprüfung der Rechtsfolge
   a) Gebundene Verwaltung (z.B. sehen § 3 Abs. 1 StVG, § 46 Abs. 1 u. 4 FeV bei Ungeeignetheit oder fehlender Befähigung zwingend die Entziehung der Fahrerlaubnis vor; die §§ 13 und 14 Abs. 1 S. 1, Abs. 2 FeV sehen in den dort beschriebenen Fällen die zwingende Beibringung eines Gutachtens vor)
   b) Ermessensverwaltung mit Entschließungs- und Auswahlermessen; keine Ermessensfehler (vgl. § 40 VwVfG, § 114 S. 1 VwGO), also
      – kein Ermessensmissbrauch,
      – keine Ermessensüberschreitung,
      – kein Ermessensnichtgebrauch.
4. Weitere Rechtmäßigkeitserfordernisse
   a) Wahl des richtigen Adressaten (§ 31a StVZO: Fahrzeughalter)
   b) Bestimmtheitsgrundsatz (§ 37 Abs. 1 VwVfG)
   c) Grundsatz der Verhältnismäßigkeit (z.B. keine Entziehung der Fahrerlaubnis, wenn Auflagen oder Beschränkungen möglich sind)
   d) Dem Adressaten der Verfügung muss die Befolgung der behördlichen Aufforderung rechtlich und tatsächlich möglich sein (vgl. § 44 Abs. 2 Nr. 4 VwVfG; fehlende finanzielle Mittel sind aber kein Fall der tatsächlichen Unmöglichkeit: derjenige, der ein Kfz im Straßenverkehr führen will, hat sich von vornherein den Kosten dieser Verkehrsart zu unterwerfen: z.B. Kosten der TÜV-Untersuchung; MPU-Kosten).

B. Zulässigkeit der Klage vor dem Verwaltungsgericht

Checkliste 2

I. Deutsche Gerichtsbarkeit (§ 173 VwGO i.V.m. §§ 18 ff. GVG)
II. Zulässigkeit des **Verwaltungsrechtsweges** (§ 40 Abs. 1 VwGO)
III. **Statthaftigkeit der Klage**: Klagebegehren richtet sich auf
   1. VA-Aufhebung (FE-Entzug) = Anfechtungsklage (§ 42 Abs. 1, 1. Fall VwGO)
   2. VA-Erteilung (FE-Erteilung) = Verpflichtungsklage (§ 42 Abs. 1, 2. Fall VwGO)
IV. Ordnungsgemäße Klageerhebung
V. Richtiger Klagegegner (§§ 78, 47 Abs. 2 S. 2 VwGO)
VI. **Klagebefugnis**:
   1. Der Adressat eines belastenden VA (FE-Entzug) kann in jedem Falle geltend machen, möglicherweise in seinem Recht auf allgemeine Handlungsfreiheit nach Art. 2 Abs. 1 GG verletzt zu sein (§ 42 Abs. 2 VwGO).
   2. Die Versagung der FE-Erteilung kann den Anspruch des Betroffenen verletzen, der beim Vorliegen der betreffenden Erteilungsvoraussetzungen besteht (§ 2 Abs. 2 StVG: „ist zu erteilen").
VII. Durchführung eines Vorverfahrens (§§ 68 ff. VwGO): Ob ein Vorverfahren in verkehrsrechtlichen Angelegenheiten durchzuführen ist, richtet sich nach der Gesetzgebung des jeweiligen Bundeslandes.
VIII. Klagefrist (§§ 47 Abs. 2 S. 1, 74 VwGO)
IX. Fehlen anderweitiger Rechtshängigkeit (§ 17 Abs. 1 S. 2, Abs. 2 GVG), keine Rechtskraft (§ 121 VwGO)
X. Allgemeines Rechtsschutzbedürfnis

C. Vorläufiger Rechtsschutz nach § 80 Abs. 5 VwGO

Checkliste 3

I. Zulässigkeit des Antrags

Die Zulässigkeitsvoraussetzungen sind:

1. **Verwaltungsrechtsweg** (§ 40 Abs. 1 VwGO)
2. **Statthaftigkeit des Antrags** nach § 80 Abs. 5 VwGO
   a) Auslegung des Eilrechtsschutzbegehrens im Antrag nach § 80 Abs. 5 VwGO ist möglich
   b) **Situation von Anfechtungswiderspruch und Anfechtungsklage** (vgl. § 123 Abs. 5 VwGO)

c) Antrag ist schon vor Erhebung der Anfechtungsklage zulässig (§ 80 Abs. 5 S. 2 VwGO)

d) **angegriffener VA darf nicht unanfechtbar oder erledigt sein**

3. Zuständigkeit des Gerichts: Gericht der Hauptsache (§ 80 Abs. 5 VwGO i.V.m. §§ 45 ff. VwGO)
4. **Antragsbefugnis** (§ 42 Abs. 2 VwGO analog); eine Rechtsverletzung in Art. 2 Abs. 1 GG (allgemeine Handlungsfreiheit) ist durch die sofortige Vollziehung eines belastenden Verwaltungsakts (FE-Entzug) immer möglich.
5. Ordnungsgemäße Antragstellung
6. Richtiger Antragsgegner (§ 78 Abs. 1 VwGO analog); der Antrag ist gegen die Behörde bzw. deren Rechtsträger zu richten, die den angegriffenen VA erlassen hat.
7. Subsidiarität im Falle des § 80 Abs. 2 S. 1 Nr. 1 VwGO; vgl. § 80 Abs. 6 S. 1 VwGO; einschlägig bei sofort vollziehbaren Gebührenbescheiden.
8. **Allgemeines Rechtsschutzbedürfnis**: Hieran fehlt es, wenn die Behörde zugesichert hat, dass sie den VA nicht vor der Entscheidung über das in der Hauptsache eingelegte Rechtsmittel vollziehen wird.

II. Begründetheit des Antrags, Interessenabwägung

Der Antrag ist begründet, wenn bei einer Abwägung das Interesse des Antragstellers, von der Vollziehung einstweilen verschont zu bleiben, das öffentliche Interesse an der sofortigen Vollziehung überwiegt, vgl. § 80 Abs. 5 S. 1 VwGO. Maßgeblich sind die Erfolgsaussichten in der Hauptsache.

1. Erfolgsaussicht in der Hauptsache

Das Aufschubinteresse des Antragstellers überwiegt, wenn sein Rechtsbehelf in der Hauptsache (Widerspruch bzw. Klage) voraussichtlich Erfolg haben wird, weil der damit angegriffene Verwaltungsakt rechtswidrig und rechtsverletzend ist, vgl. § 113 VwGO. In diesem Fall besteht kein öffentliches Interesse an der sofortigen Vollziehbarkeit des Verwaltungsakts.

2. Keine Erfolgsaussichten in der Hauptsache

Wird der Rechtsbehelf des Antragstellers in der Hauptsache (Widerspruch bzw. Klage) voraussichtlich ohne Erfolg bleiben, weil der damit angegriffene Verwaltungsakt als offensichtlich rechtmäßig anzusehen ist, bleibt der Antrag jedenfalls in den Fällen der **gesetzlich angeordneten sofortigen Vollziehung** regelmäßig schon deswegen ohne Erfolg, vgl. § 80 Abs. 2 S. 1 Nr. 1–3 VwGO und beispielsweise § 4 Abs. 9 StVG.

Hat die Behörde hingegen nach § 80 Abs. 2 S. 1 Nr. 4 VwGO die sofortige Vollziehung angeordnet, so gilt nach der gesetzgeberischen Wertung des § 80 Abs. 1 S. 1 VwGO die aufschiebende Wirkung von Widerspruch und Klage des Antragstellers. Das bedeutet, dass neben der Rechtmäßigkeit des angegriffenen Verwaltungsakts noch **ein besonderes Interesse an der sofortigen Vollziehung** hinzukommen muss, um damit das Aufschubinteresse des Antragstellers zu überwinden. Bei der Entziehung der Fahrerlaubnis liegt dieses besondere Vollziehungsinteresse darin, die übrigen Verkehrsteilnehmer vor einem ungeeigneten Fahrerlaubnisinhaber zu schützen.

3. Offene Erfolgsaussichten in der Hauptsache

Lassen sich die Erfolgsaussichten in der Hauptsache nicht einschätzen, ist eine **Folgenabwägung** zu treffen. Dabei sind Folgen, die eintreten, wenn die aufschiebende Wirkung wiederhergestellt wird, die angefochtene Verfügung sich aber als rechtmäßig erweist, gegen die Folgen abzuwägen, die eintreten, wenn die aufschiebende Wirkung nicht wiederhergestellt wird, sich die Verfügung aber später als rechtswidrig erweist. Auf die betroffenen Grundrechte ist in besonderer Weise Bedacht zu nehmen.[1] Diese Abwägung wird bei einer Entziehung der Fahrerlaubnis wegen mangelnder Eignung regelmäßig zulasten des Antragstellers ausfallen. Er kann sein Interesse an motorisierter Fortbewegung, eine vom Grundrecht der allgemeinen Handlungsfreiheit (Art. 2 Abs. 1 GG) geschützte Rechtsposition, und seine damit verbundenen persönlichen Belange in die Waagschale werfen. Dagegen stehen Rechtsgüter von überragender Bedeutung, nämlich vor allem Leib und Leben der übrigen Verkehrsteilnehmer.

1 Vgl. BVerfG, Kammerbeschluss vom 12.5.2005 – 1 BvR 569/05 – juris, Rn 23 ff.

Stichwortverzeichnis

Fette Zahlen bezeichnen den Paragraphen, magere Zahlen die Randnummer innerhalb des Paragraphen. Der Zusatz „M“ vor einer solchen Zahl kennzeichnet, dass unter dieser Randnummer ein Muster zu finden ist; „C“ weist eine Checkliste aus.

Benutzerhinweise für den Download

Zur Nutzung des PDF-Musterverzeichnisses benötigen Sie einen **lokal installierten PDF-Reader**, da die Funktionalität über das reine Anzeigen einer PDF-Seite hinausgeht.

Den Download-Link (URL) finden Sie auf der Seite 4 (IV) des Werks (Impressum). Über diesen Link stellen wir Ihnen sämtliche im Werk enthaltenen Muster und Formulierungsbeispiele zur Verfügung. Zur Nutzung der Muster/Formulierungsbeispiele gehen Sie auf den Download-Link und laden die dort abgelegte zip-Datei auf Ihr Laufwerk herunter. Um den Ordner zu entpacken, klicken Sie mit der rechten Maustaste auf die Datei, wählen „**Alle extrahieren**" und folgen dann den Anweisungen. Die Nutzung der Muster ist unabhängig vom Betriebssystem Ihres Rechners.

Durch das Extrahieren werden ein **PDF-Musterverzeichnis** sowie die **Worddateien** der jeweiligen Muster auf dem von Ihnen gewählten Laufwerk Ihres Rechners abgelegt.

Zur Nutzung des PDF-Musterverzeichnisses benötigen Sie einen kostenlosen PDF-Reader. Das Musterverzeichnis gibt Ihnen einen Überblick über die enthaltenen Muster und erleichtert Ihnen den Zugang zu den Mustertexten. Beim Anklicken des gewünschten Musters in dem PDF-Musterverzeichnis öffnet sich der Text direkt in Microsoft Word oder in dem bei Ihnen eingesetzten Textverarbeitungsprogramm. Dann können Sie die Word-Datei direkt bearbeiten und unter einem neuen Dateinamen abspeichern. Bei Nutzern von Microsoft Word können Sicherheitshinweise auf dem Bildschirm erscheinen. Dort müssten Sie die Nutzung ggf. zulassen. Dies wird in den verschiedenen Wordversionen und Textverarbeitungsprogrammen unterschiedlich gehandhabt. In den einzelnen Word-Dateien sind keine Makros o.ä. eingebunden. Damit die Navigation über das PDF-Musterverzeichnis funktioniert dürfen der Ordner „Muster-Doks" und die ursprünglich gelieferten Dateien nicht umbenannt werden. Speichern Sie die bearbeiteten Worddateien daher stets unter einem neuen Dateinamen ab.

Die in einigen Word-Mustertexten vorhandenen **Formularfelder** können Sie markieren und überschreiben. Sie können sich die Bearbeitung erleichtern, indem Sie diese Formularfelder mit dem Default-Tastaturkürzel Ihres Textbearbeitungsprogrammes ansteuern. Für Microsoft Word ist dies i.d.R. das Tastaturkürzel F11, um zum nächsten Feld zu springen und „UMSCHALT+F11", um zum vorherigen zu springen. Diese Tastaturkürzel werden von der Arbeitsumgebung Ihres Textverarbeitungsprogramms und nicht durch die bereitgestellten Word-Muster-Dateien definiert. Daher können die Tastaturkürzel in alternativen Betriebssystemen und/oder Textbearbeitungsprogrammen (z.B. LibreOffice Writer) abweichen.

Bearbeiten der Muster/Formulierungsbeispiele mit einer anderen Textverarbeitung und/oder einem anderen Betriebssystem

Wenn Sie kein Microsoft Word, sondern ein anderes Textverarbeitungsprogramm auf Ihrem Rechner installiert haben, können Sie die Dateien trotzdem aufrufen und bearbeiten. Gehen Sie dazu direkt auf das gewünschte Muster in dem abgelegten Ordner

„Muster-Doks“. Über diesen Weg können Sie auch auf die Word-Dateien zugreifen, wenn Sie nicht über das mitgelieferte PDF-Musterverzeichnis navigieren möchten. Jedem Mustertext ist eine Nummer zugewiesen, die in dem Download-Symbol neben dem jeweiligen Formular/Mustertext im Buch abgedruckt ist. Über den Dateinamen (p = Paragraf und m = Muster) lässt sich die gewünschte Mustertext-Datei auffinden.